『十三五』国家重点出版物出版规划项目

长江三峡工程文物保护项目

报告 甲种第十四号

重庆市文物局 重庆市水利局 主编

重庆库区考古报告集

重庆市文物考古研究院 编

2004卷·上

科学出版社

内 容 简 介

本书共收录三峡工程重庆库区田野考古发掘简报51篇。长江三峡地区不仅山水雄奇，而且是一座瑰丽的文化宝库。考古发掘表明，自古以来，这里就是中华民族长江文明的重要舞台和文化交流的通道，保存着从旧石器、新石器时代经历夏商周直到宋元明清的各代文物古迹。

本书作为三峡工程重庆库区第八部科学发掘成果的正式报告集，相信对于三峡地区古代历史文化的研究会起到积极的推动作用。

本书可供考古学、历史学等学科研究者，以及高等院校相关专业师生和广大文物考古爱好者阅读、参考。

图书在版编目（CIP）数据

重庆库区考古报告集. 2004卷：全2册 / 重庆市文物考古研究院编. —北京：科学出版社，2023.11

（长江三峡工程文物保护项目报告. 甲种第十四号）

"十三五"国家重点出版物出版规划项目

ISBN 978-7-03-077071-4

Ⅰ. ①重… Ⅱ. ①重… Ⅲ. ①考古发掘–发掘报告–重庆–2004 Ⅳ. ①K872.719.5

中国国家版本馆CIP数据核字（2023）第215578号

责任编辑：王光明 / 责任校对：邹慧卿
责任印制：肖 兴 / 封面设计：陈 敬

科学出版社 出版
北京东黄城根北街 16 号
邮政编码：100717
http://www.sciencep.com

北京中科印刷有限公司 印刷

科学出版社发行 各地新华书店经销

*

2023年11月第 一 版 开本：880×1230 1/16
2023年11月第一次印刷 印张：90 1/4 插页：20
字数：2 671 000

定价：1158.00元（全二册）

（如有印装质量问题，我社负责调换）

"13th Five-Year Plan" National Key Publications Publishing and Planning Project

Reports on the Cultural Relics Conservation
in the Three Gorges Dam Project
A(annual report) Vol.14

Cultural Relics and Heritage Bureau of Chongqing
Chongqing Water Resources Bureau

Collections of Reports on the Archaeological Excavation in the Three Gorges Dam, Chongqing

in 2004 · I

Chongqing Cultural Relics and Archaeology Research Institute

Science Press

長江三峡工程文物保护项目报告

重庆库区编委会

冉华章　江　夏　幸　军　任丽娟　王川平　程武彦　刘豫川

重庆市人民政府三峡文物保护专家顾问组

张　柏　谢辰生　吕济民　黄景略　黄克忠　苏东海　徐光冀

刘曙光　夏正楷　庄孔韶　王川平　李　季　张　威　高　星

长江三峡工程文物保护项目报告

甲种第十四号

《重庆库区考古报告集·2004卷》

编 委 会

主　编　幸　军

副主编　樊丽丽　白九江

编　委　幸　军　樊丽丽　白九江　周大庆

　　　　孙　莉　方　刚　许　雨　席周宽

编　务　于桂兰　王建国　李　琳　余菀莹

　　　　戴胜男　陈珊珊　吴梦玲

目 录

巫山宝子滩遗址2004年度试掘简报

湖南省文物考古研究院
津市市文物保护管理所
巫山县文物管理所

宝子滩位于巫山县曲尺乡权发村一社，长江北岸山坡上，东距巫山县城约17千米。地理坐标为东经109°42′，北纬31°2′30″（图一）。宝子滩遗址位于陈家沟与黄家大沟之间，山势呈西南一东北走向。遗址分布范围长约700、水平宽度约50米，海拔150～160米（图二）。

本年度计划试掘面积100平方米。试掘前，我们对宝子滩遗址进行了踏勘，以确定布方发掘位置。原调查发现的汉代遗址文化堆积位于海拔100米左右，但因三峡水库二期蓄水，文化堆积已被淹没。结合踏勘走访当地群众，确定在现淹没线以上存在大量古墓，尤其是新莽至东汉时期砖（石）室墓目标明确，随处可见。但在现淹没线以上未发现遗址文化堆积，因此我们决定本次发掘以墓葬为主。

发掘工作自2004年12月14日起至21日结束，历时8天。共布5米×5米探方4个，受地形局限，布方分上下两处，各布方2个，相距约7.8米。探方方向为326°。下方T1、T2，上方为T3、T4。在T1、T2的南部断坎边暴露一座砖室墓的甬道，布方目的在于发掘该墓，经发掘为一座新莽时期砖室券顶墓。T3、T4虽无明显墓葬标志，但据当地群众反映，此处有墓砖，故布方发掘。但经发掘只发现散乱砖渣，未发现墓葬（图三）。

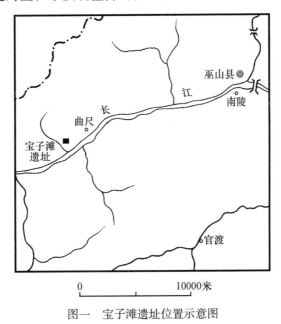

0   10000米

图一　宝子滩遗址位置示意图

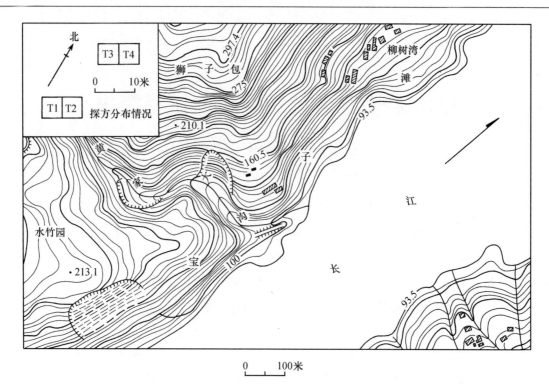

图二　宝子滩遗址探方分布及位置示意图

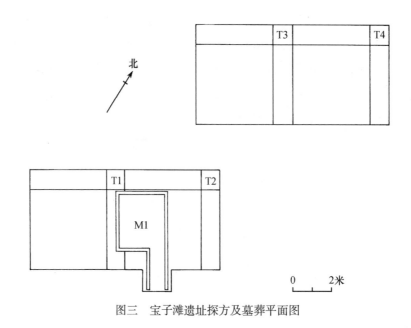

图三　宝子滩遗址探方及墓葬平面图

一、地层堆积

　　遗址各个探方地层简单，均只有两层堆积，其下为生土层。T1、T2的第2层下有M1（图四），以T2西壁为例说明情况（图五）。

　　第1层：黄褐色表土层。厚10～20厘米。土质松软，包含大量植物根茎，少量近代砖瓦、瓷片及碎石等。北厚南薄，为梯田改造所形成。

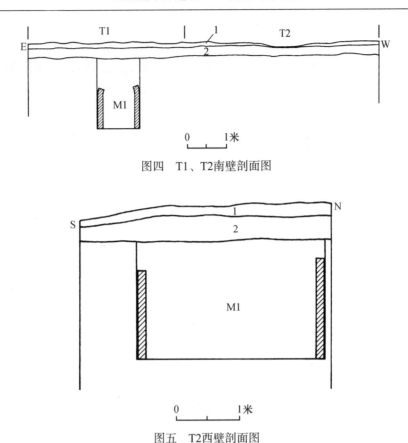

图四　T1、T2南壁剖面图

图五　T2西壁剖面图

第2层：浅黄褐色土。厚20～45厘米。土质松软，黏性较大，包含物大致与第1层相同。

M1开口于第2层下，打破生土层。生土层为深红色黏土，内含大量碎石及石块，结构紧密、板结。

二、墓葬情况

本次试掘清理砖室墓1座，编号M1，发掘情况如下。

M1为带甬道砖室券顶墓，平面呈刀把形。券顶塌陷，现墓葬开口距地表约40厘米。甬道向南，偏向墓室东壁，方向146°。该墓形制较为特殊，甬道狭长，墓室宽短，接近正方形。该墓通长480、残深180厘米，墓室长270、宽245厘米，甬道长210、宽80厘米。墓及券顶以长方形花纹砖错缝平砌，无铺地砖。券顶及墓塌陷较早，可能是墓太宽，券顶跨度大不堪重压所致。在距墓底约60厘米以内全为墓砖堆积。墓底有一层棺木腐朽炭化后留下的黑灰层。从甬道口至墓室后部均见被坍塌墓砖砸得粉碎的人骨，据分析，应有四五具骨架。墓葬可能早年被盗，未见大件器物，只出土了银戒指、琉璃珠等小件器物14件（图六）。

M1出土器物14件，均为小件器物。

铜铃　1件。M1∶1，平面呈铲形，横断面呈桃核形。长方中空柄，下口微凹。通高7.3、口部宽6厘米（图七，1）。

铜戒指　2件。均为封闭环形，圆径，断作三截。M1∶11，直径2.2厘米（图七，2）。

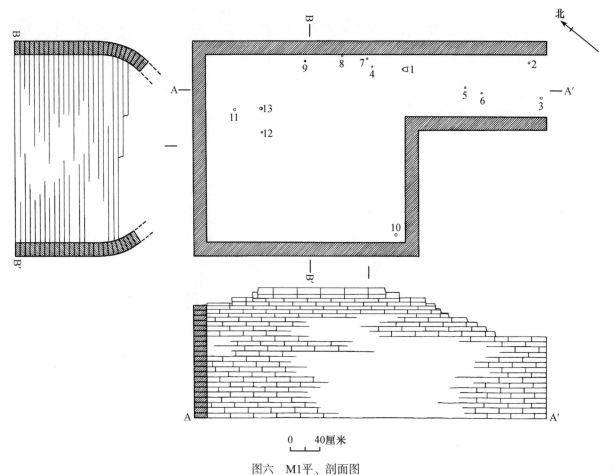

图六　M1平、剖面图

1. 铜铃　2、4～8、12. 银戒指　3、11. 铜戒指　9. 琉璃珠　10. 骨管饰　13. 铜钱（2枚）

M1∶3，直径1.9厘米（图七，3）。

银戒指　7枚。均为封闭环形，圆径或椭圆径。M1∶12，直径1.8厘米（图七，5）。M1∶4，直径1.9厘米（图七，9）。M1∶5，直径1.9厘米（图七，7）。M1∶8，直径1.8厘米（图七，6）。M1∶2、M1∶6、M1∶7三件直径2.1厘米（图七，12、11、4）。

骨管饰　1件。M1∶10，圆管形，两端砍削。长3.7、直径2.2厘米（图七，8）。

琉璃珠　1枚。M1∶9，淡蓝色琉璃。圆台形，中空。上、下有蜻蜓眼状装饰。直径1.2、高0.8厘米（图七，10）。

铜钱　2枚。M1∶13，"大泉五十""货泉"各1枚。"大泉五十"直径2.75厘米（图九，4）。"货泉"直径2.3厘米（图九，5）。

M1墓砖共有三种，其中长方形平板砖两种，长方形坡边砖一种。三种砖均在一面模印横向粗绳纹，平板砖在一长侧边模印网状纹和"曰"字纹、树叶纹等（图八，1、2）；坡边砖在一长侧边模印弧线和车轮纹（图八，3）。平板砖主要用于砌墓壁，坡边砖主要用于砌券顶。平板砖长30～31、宽17～18、厚约6厘米，坡边砖长约32、宽18、厚4.5～5.8厘米（图九，1～3）。

砖（石）室墓为三峡地区新莽至六朝时期流行的墓葬形制，M1为砖室墓，且墓中出土两枚钱币均为新莽时期，因而推断该墓属新莽时期。

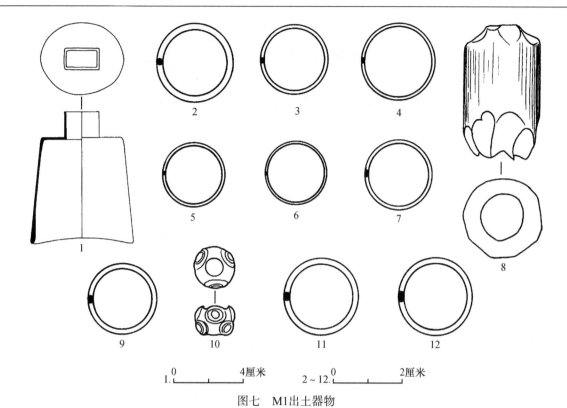

1. ⌒──⌒ 0 ────── 4厘米　　2~12. ⌒──⌒ 0 ────── 2厘米

图七　M1出土器物

1.铜铃（M1：1）　2、3.铜戒指（M1：11、M1：3）　4~7、9、11、12.银戒指（M1：7、M1：12、M1：8、M1：5、M1：4、
M1：6、M1：2）　8.骨管饰（M1：10）　10.琉璃珠（M1：9）

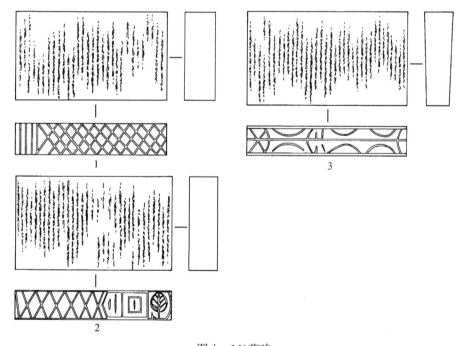

图八　M1墓砖

1、2.墓壁平板砖　3.券顶坡边砖

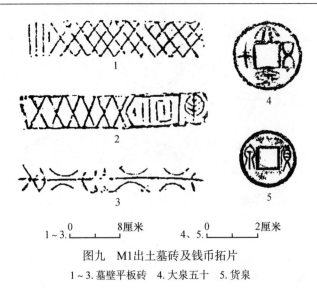

1~3. $\begin{matrix} 0 & \text{8厘米} \end{matrix}$　　4、5. $\begin{matrix} 0 & \text{2厘米} \end{matrix}$

图九　M1出土墓砖及钱币拓片
1~3.墓壁平板砖　4.大泉五十　5.货泉

附记：参加本次调查、发掘及资料整理的工作人员有谭远辉、易继顺、胡明忠；照相：易继顺；绘图：谭远辉；电脑录入：彭芳。

执笔：谭远辉

巫山大滂遗址2004年度发掘简报

湖南省文物考古研究院
津市市文物保护管理所
巫山县文物管理所

　　巫山大滂遗址位于大宁河左岸，地属大昌镇大兴村一社。遗址东南距巫山县城约40千米，西距巫溪县界约3千米，南临大宁河的著名险滩——水口滩，北靠狮子岩和李家坪山。遗址分布于其间较平缓的台地上，地面坐标为东经109°45′，北纬31°17′30″，海拔155～163米（图一）。遗址台地东西长约500、南北宽约50米，总面积25000平方米。以雄黄沟为界，将遗址自然分割为东、西两部分，西面主要为东周遗址文化堆积，东面主要为东周至汉代墓葬。本次发掘我们共在雄黄沟两侧分五个区布31个探方，其中Ⅱ、Ⅳ区位于沟西；Ⅰ、Ⅲ、Ⅴ区位于沟东（图二）。受地形局限，除Ⅲ、Ⅳ区有8个探方为正方向布方外，其余均为侧向布方，均向东偏15°～26°。31个探方中有5米×5米标准方28个，3米×10米探沟1条（T22），60平方米大探方1个（T21）；3米×5米扩方1个（T14扩）。实际发掘面积805平方米（图三）。

　　五个区除Ⅱ区为发掘遗址文化堆积外，其余均为墓葬发掘。但本次发掘工作的主要收获体现在遗址部分。现从遗址和墓葬两部分报告如下。

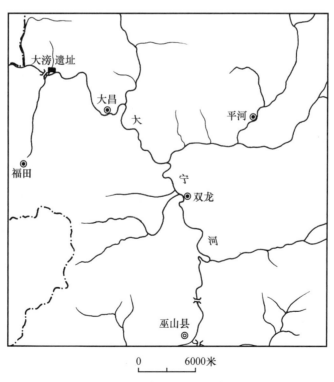

图一　大滂遗址位置示意图

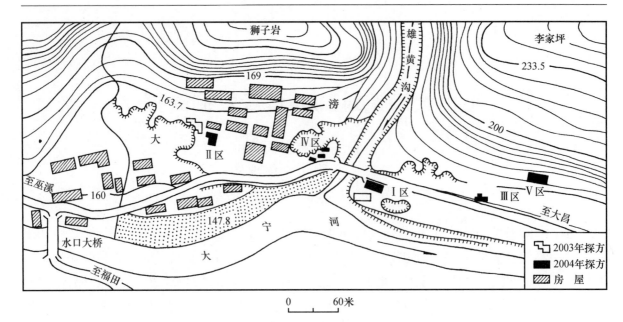

图二　大漖遗址2004年度发掘区示意图

一、遗址部分

本次发掘仅在Ⅱ区发掘到遗址地层，Ⅱ区位于2003年衡阳考古队发掘的A区的东侧。此处共布5米×5米标准探方5个（T9～T13）及3米×10米探沟一条（T22），面积155平方米。受地形所限，因地制宜将探方方向布成北偏东26°。

（一）地层堆积

Ⅱ区地层至东周文化层普遍可分四层，各层基本呈水平状分布于全区，仅在T11的西北部有2B层分布，现以T11～T13北壁及T22、T9、T12西壁为例来加以说明。

T11～T13北壁（图四）。

第1层：黄色表土层。厚0～20厘米。为村民堆码砖坯所筑土埂及杂填土。

第2层：灰褐色农耕土，为堆码砖坯前耕作层。厚15～30厘米。土质松软，肥沃，土色驳杂，含少量现代砖瓦、瓷片。

第2B层：仅分布于T11西北角。褐色土夹大量砂、石、瓦渣等，为现代建筑废弃物堆填。厚15～20厘米。

第3层：深褐色近代扰乱土。厚15～30厘米。土质较板结，夹杂部分清至近代砖瓦、青花瓷片等。

第4层：黄灰色花斑土，为东周文化层。仅厚5～10厘米。因后期扰乱和破坏缘故，地层较薄，包含物不甚丰富，有少量东周时期陶片。

地层堆积总厚度为65～80厘米。

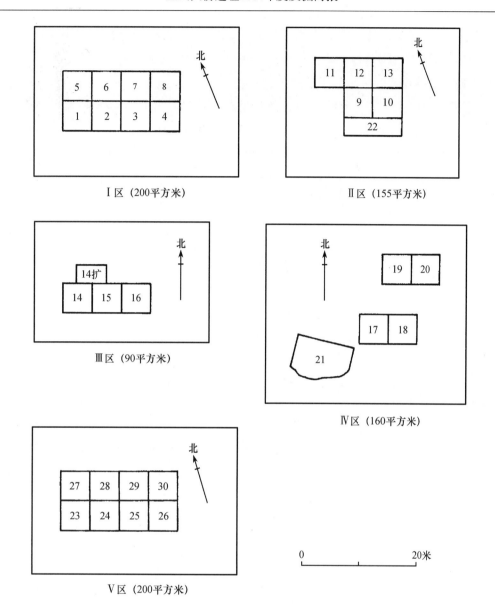

I区（200平方米）

II区（155平方米）

III区（90平方米）

IV区（160平方米）

V区（200平方米）

图三　大溪遗址分区布方平面图

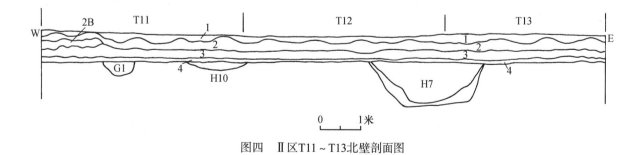

图四　II区T11～T13北壁剖面图

在第4层下发现较多遗迹，内有丰富遗物。全区共发现遗迹15个，其中位于该剖面下的遗迹为G1、H10、H7（图五）。

T22、T9、T12西壁。

地层堆积除无2B层外，其余各层均大致与上述剖面地层相同。各层厚度较均匀，总厚度60～65厘米。该剖面下有H4、G2、H11、H12、H10等遗迹（图六）。

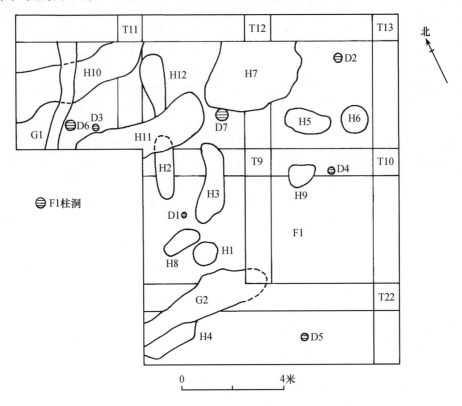

图五　Ⅱ区探方及遗迹分布平面图

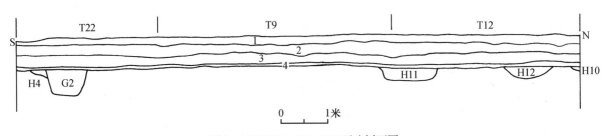

图六　Ⅱ区T22、T9、T12西壁剖面图

（二）遗迹

Ⅱ区共发现遗迹15个，大多位于T9、T11～T13中。其中灰坑12个，灰沟2条，房址1座。均开口于第4层下，打破次生黄沙土层（图版一，1）。

1. 灰坑

灰坑平面形状有腰圆形、袋形、圆形、梯形、不规则形多种，大小不等。

H2　位于T9西北部。长圆形，方向大致与探方方向一致。自T9北端延伸至T12南端，在T12内被H11打破。方向25°。坑口长235、宽74、坑深65厘米（图七）。坑壁斜直，坑底平坦，断面呈斗形。填土灰黑色，内夹有少量炭末和红烧土颗粒，土质松软。出土遗物有鬲、罐、豆、釜、缸、瓮、盂、盆、甑等陶器残片。在坑的北端近底部出土了较多同一个体陶罐的残片，经修复为一件大型高领鼓腹圜底罐。

H3　位于T9中北部，北端极少部分延伸至T12中。与H2平行，相距约1.2米。腰形，方向25°。坑口长302、宽70～110、坑深45厘米（图八）。坑壁南端斜直，两侧弧缓，坑底南低北高呈坡状。填土与H2大致相同。出土遗物有鬲、罐、豆、瓮、盂、甑等陶器残片，还出有卜甲一片。出土的陶片及种类均略逊于H2。

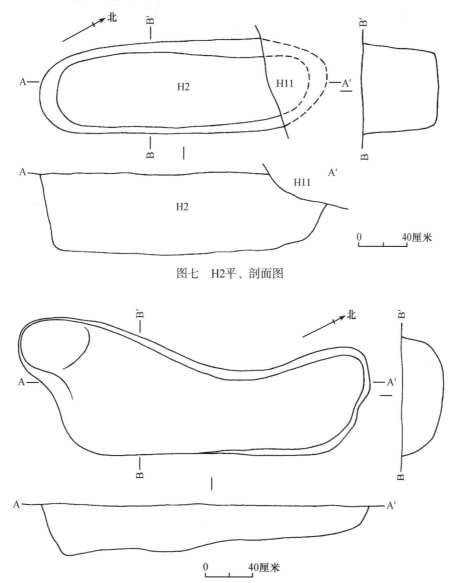

图七　H2平、剖面图

图八　H3平、剖面图

H5　位于T13西南部。卵圆形。方向126°。坑口长180、宽96、坑深65厘米（图九）。坑壁斜直，底略弧，断面略呈斗形。填灰黑色土。出土陶片较少，器形有鬲、豆、釜、盂等。

H6　位于T13东南部，西邻H5。圆形浅坑。坑口直径105～112、深20厘米（图一〇）。坑壁较直，底部平坦，形态较规整，与其他灰坑用途似有别。填土与H2等大致相同，包含物极少，仅见鬲、盆残片数片。

H7　位于T12、T13北端交界处，北部延伸至探方外。不规则形宽坑。方向大约40°。坑口长325、宽256、通深105厘米（图一一）。

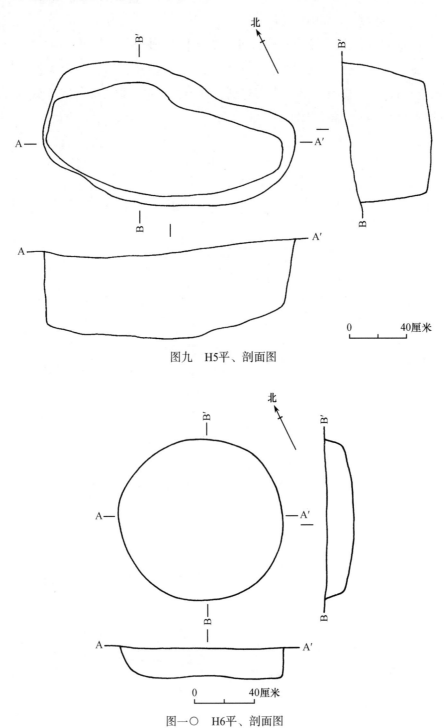

图九　H5平、剖面图

图一〇　H6平、剖面图

坑较深，坑壁两侧斜直，后部弧缓。坑底较小而平，呈圆角方形。填土共分两层，第1层较厚，约1米，填土与H2等大致相同；第2层厚5～35厘米，填黄褐色黏土。第1层中出土遗物极为丰富，共清理陶片20余袋，器形有鬲、缸、豆、釜、瓮、罐、盂、钵、盆、甄、罍、鼎足、缶等；还有陶饼、纺轮、石祖、石锛、大石片、铜箭镞等小件；复原器形有豆、缶、盂等。第2层中包含物数量和种类都极少。

H11　主要位于T11和T12中，局部位于T9北隔梁内，西南段延伸至探方外。呈宽沟状，东西走向，方向98°。坑口长537、宽157、坑深26厘米（图一二）。坑较浅，坑壁弧缓，坑底较

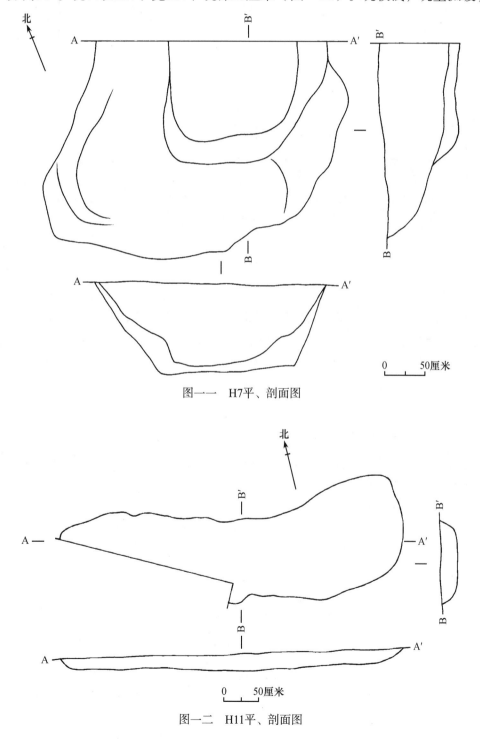

图一一　H7平、剖面图

图一二　H11平、剖面图

平。灰黑色填土松软。包含物不多，器形有鬲、罐、豆、釜、盆等。

H12　靠近T12西壁，南北走向，方向15°。坑口长225、宽40～85、深25厘米（图一三）。平面呈袋状，南端窄，中、北部较宽。南端被H11打破，坑壁斜直，坑底平坦，坑较浅。灰黑色填土中夹杂少量红烧土颗粒。包含物不多，寥寥数片。

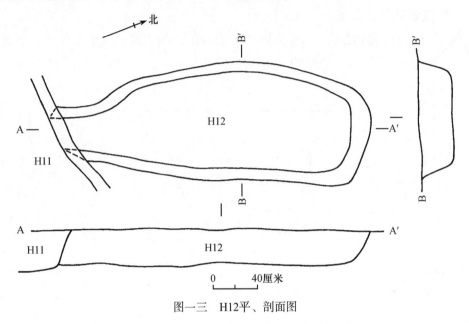

图一三　H12平、剖面图

2. 灰沟

G1　位于T11中部，纵向贯穿于探方南北壁，两端均延伸至探方外。方向30°。坑口长400、宽48～77、深34厘米（图一四）。沟较窄，略弯曲，中部将H10挖断。沟壁斜，沟底北低南高呈平坡状。灰黑色土颜色较深，土质松软驳杂，包含物很少。

G2　由T22西北角向T9东南角倾斜，囊状，形状略似H12，但较长，因而定为沟。东西向，西端窄，东端宽，方向90°。坑口长440、宽75～138、深96厘米（图一五）。西端南壁将H4打破。西端延伸至探方外，东端进入T9东隔梁，坑南北壁斜直略呈阶梯状，平底中间下凹。灰黑色土松软，夹少量炭末及红烧土颗粒。出土陶片中可见鬲、罐、豆、瓮、缸、盂、钵、盆、甑等器形，还有兽骨、石片等。

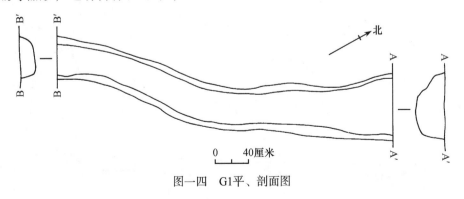

图一四　G1平、剖面图

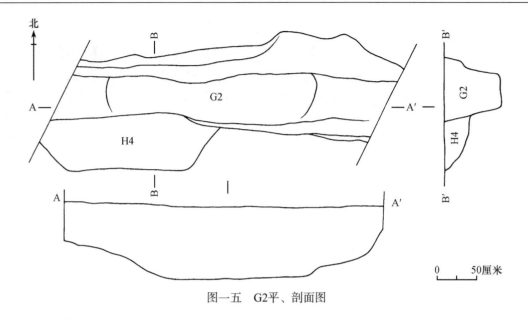

图一五 G2平、剖面图

3. 房址

F1 在第4层下次生黄沙土面上发现柱洞7个，各探方中均有分布。因受发掘面积局限和其他遗迹扰乱等缘故，房屋结构和营造方式已不清楚。除D3与D6之间相距较近外，其他柱洞间距差距不大，在4～6米。大致排列成三角形。7个柱洞除D1为椭圆形外，其余均大致呈圆形。各柱洞大小深浅有别，直径16～40、深10～22厘米。其中D1最小，D6、F7最大；D2最浅，D6最深。均为直壁平底。灰黑色填土较紧密。除D1与D4外，其余柱洞底部都发现陶片，应为柱础（图一六、图一七）。

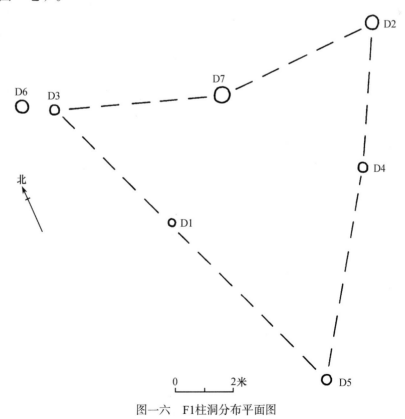

图一六 F1柱洞分布平面图

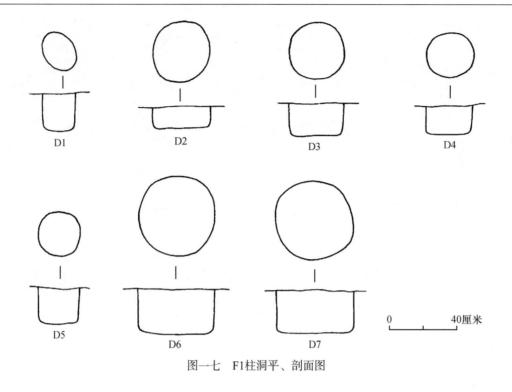

图一七　F1柱洞平、剖面图

（三）遗物

Ⅱ区出土遗物主要为陶器残片，其他质地器物甚少。经统计，出土大小陶片共8218片，其中含小件及修复陶器19件。出土数量最多的遗迹是H7，约占出土总量的46%，其次为T11～T13三个探方的第4层及H2、H3、G2等遗迹，其他探方和遗迹出土较少，大致占总量的10%。陶系以泥质和夹砂的灰陶、红陶为大宗，从总量看，泥质陶与夹砂陶等量齐观，灰陶多于红陶。此外，还有少量外表施黑衣的黑皮红陶和灰陶，黑皮陶基本上都是泥质。

陶器纹饰主要为绳纹，占有纹饰陶片总量的94%。几乎全为粗绳纹，中绳纹和细绳纹极少，有竖向、交错和横断几种。其次为素面陶器，约占陶片总量的16%。有少量弦纹、方格纹、镂孔、附加堆纹、刻划纹、暗纹等（图一八、图一九）。

陶片中可辨器形者共1080片。以鬲的口沿和足最多，约占器形陶片总量的44%；其次有豆、罐、瓮、盆、盂、釜、甑；少量缸、钵、罍、缶、鼎足、纺轮及石片、石锛、石祖、卜甲、铜箭镞等。

出土小件和从陶片中选取器形标本共50件，下面将分类予以叙述。

陶鬲从口部形态分有小口和大口之别；从足部形态分则有柱状足和锥柱状足之别。器腹和足均饰竖向粗绳纹。或上腹饰弦纹，下腹饰横断绳纹。均为夹砂陶。有的上腹及口部为泥质陶，下腹及足夹砂。以灰陶居多，红陶较少，部分黑皮陶。

小口鬲　折沿，束颈。H7：11，圆肩，鼓腹。腹饰横断粗竖绳纹。口径22、腹径约37、残高9.6厘米。口、腹径之比约1：1.7（图二〇，1）。H5：1，肩腹斜伸较直，颈下内凹。肩部饰梯状棱纹，腹饰竖粗绳纹。口径22.4、残高8厘米（图二〇，2）。

大口鬲　有直口折沿和敞口卷沿之分。H7：12，直口，宽平折沿。颈、腹交接微弧。

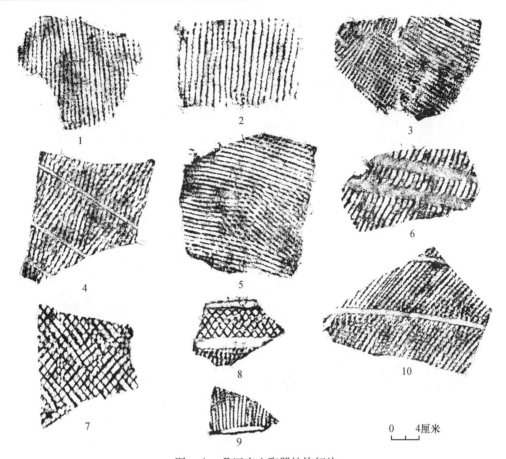

图一八　Ⅱ区出土陶器纹饰拓片

1、2.粗竖绳纹（T12④、T13④）　3、5.交错粗绳纹（T12④）　4、6、10.横断粗绳纹（G2、H7）　7.方格纹（H2）

8.横断方格纹、粗绳纹（T11④）　9.竖中粗绳纹（T11④）

沿下边缘折翘，沿面外缘一周凹沟。腹饰横断粗竖绳纹。口径36、腹径36.4、残高9.2厘米（图二〇，3）。H7：13，形制大致与H7：12同。平折沿外薄内厚，沿面两周凹槽。颈腹交接明显，弧曲较甚。上腹数周弦纹，中下腹饰粗竖绳纹。口径26、腹径28.8、残高7.6厘米（图二〇，4）。H7：14，敞口，圆唇，卷沿，弧颈较长，颈下微向外凸出。略有肩，与腹弧形交接。腹饰粗竖绳纹。口径36、残高13.2厘米（图二〇，5）。

柱状鬲足　高体，横断面呈圆角方形，足窝较浅，通体饰粗竖绳纹。H7：30，足中部略凸出如膝关节。足、腹交接处微弧，几成直线，可见裆较宽，残裆微斜伸。高21.2厘米（图二一，1）。H3：3，足、腹弧形交接，足窝较明显，裆平伸略斜。高15.2厘米（图二一，2）。

锥柱状鬲足　足体上粗下细，有小平跟，呈截尖锥形。较柱状足矮，横断面为圆形。H7：31，足体矮小，锥形更明显。小足窝呈乳突状，与裆间有折。裆平伸略斜。高9.6厘米（图二一，3）。T11④：6，足窝较深，呈漏斗形，裆线向上弧形斜伸。足上部有粗竖绳纹，下部素面。高12.4厘米（图二一，4）。

陶罐　有高领、矮领之分，以高领居多，矮领极少。肩、腹大多饰横断粗竖绳纹，下腹至底饰交错粗绳纹，有的颈部饰弦纹。出土较多罐底残片，均为凹圈底，修复两件陶罐亦然。大

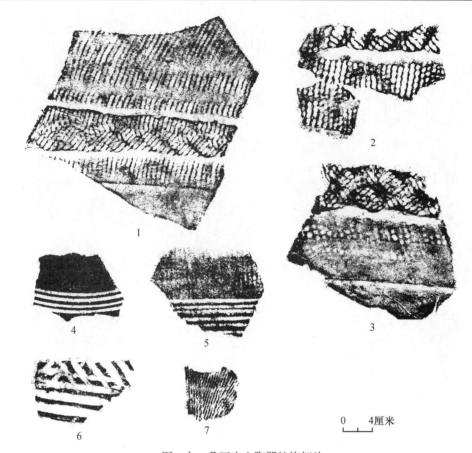

0　　4厘米

图一九　Ⅱ区出土陶器纹饰拓片

1~3.附加堆纹（T12④、H2、H7）　4、5.弦纹（T12④）　6.凸弦纹、交错划纹（G2）　7.擂钵篦划纹（T9④）

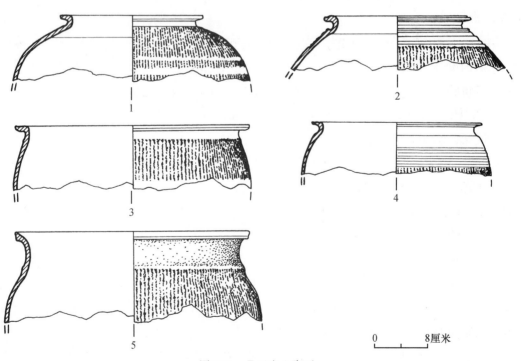

0　　8厘米

图二〇　Ⅱ区出土陶鬲

1、2.小口鬲（H7：11、H5：1）　3~5.大口鬲（H7：12、H7：13、H7：14）

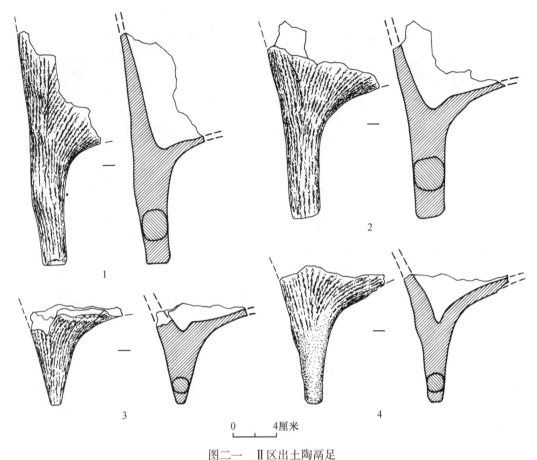

0　　　4厘米

图二一　Ⅱ区出土陶鬲足

1、2.柱状足（H7：30、H3：3）　3、4.锥柱状足（H7：31、T11④：6）

多为泥质灰陶，少量夹砂灰陶和黑皮陶。

高领罐　H2：1，已复原。高领较直，短折沿。斜肩较宽，鼓腹，中腹较直，圜底微凹。中腹至肩饰横断竖绳纹，近底饰交错绳纹。口径18、腹径34、高30.4厘米（图二二，5）。T9④：1，高领向内斜收，成小口，口残。窄肩微耸，其他特征与H2：1同。底残。腹径28.6、复原高度27.2厘米（图二二，3）。H7：21，高领略外张，沿弧折，呈三角形。领、肩磬折。肩、腹饰弦纹、横断竖绳纹。口径20、残高10厘米（图二二，4）。H7：20，高弧领与肩连为一体，平折沿外薄内厚，沿面内凹三匝。领下段饰数周弦纹，肩、腹饰竖绳纹。口径18.8、残高8.8厘米（图二二，2）。

矮领罐　1件。H7：19，矮弧领，宽平折沿，沿面三周凹槽，宽斜肩。领饰瓦棱状弦纹，肩部素面。口径25、残高5.6厘米（图二二，1）。

陶盂　主要区别在腹部，有深腹、浅腹之别；深腹为弧腹，浅腹为折腹。深腹盂多饰弦纹和交错绳纹；浅腹盂多素面。陶系多泥质红陶和泥质黑皮红陶，夹砂陶和灰陶较少。

深腹盂　H7：10，宽平折沿，沿面下凹。短束颈，口微弧，上腹略外斜，下腹弧收，圜底内凹。上腹饰凹凸相间弦纹，下腹及底饰交错绳纹。口径20、腹径20.2、高11.4厘米（图二三，1）。H7：16，弧颈较长，侈口，三角卷沿。肩、腹圆转弧收。上腹饰一周弦纹。口径30、残高6.8厘米（图二三，2）。

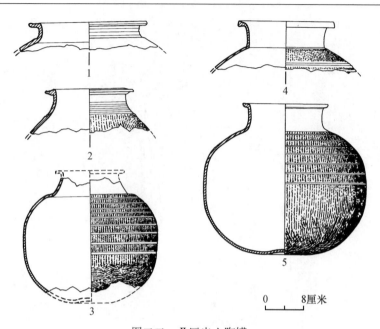

图二二　Ⅱ区出土陶罐

1.矮领罐（H7：19）　2~5.高领罐（H7：20、T9④：1、H7：21、H2：1）

　　浅腹盂　H7：18，长弧颈与肩、腹连为一体，无过渡，下腹急收。斜折沿，沿面三周弦纹。颈、肩交接处一周弦纹。口径23.2、残高5.2厘米（图二三，3）。T12④：2，弧折沿。素面。其他特征与H7：18同。口径20.8、残高6厘米（图二三，4）。

　　陶盘　1件。T11④：1，泥质灰陶。敞口，尖唇，贴沿。上腹斜直，下腹折收，底残。口径19.8、残高4.4厘米（图二三，7）。

　　陶钵　有小口折腹和大口深腹两种。H7：17，泥质灰陶。小口，短弧颈，扁圆折腹。上腹两周弦纹，下腹残。口径14.4、腹径19.6、残高6.6厘米（图二三，5）。H4：1，口沿残片。泥质灰陶。敞口，厚方唇，弧颈，深弧腹。颈、腹饰交错粗绳纹。残高10厘米（图二三，6）。

　　陶豆　有矮柄、中柄、高柄之别。多素面。均泥质陶和泥质黑皮陶。颜色有红、灰、红褐等。另有两件暗纹豆盘。

　　矮柄豆　修复2件，均出自H7。H7：6，圆唇，上腹深直略斜，下腹圆折斜收至底。下腹外部呈波浪形同心圆纹。矮柄较细，呈凹腰形。柄下端与圈座交界处有一周凹沟，圈座平弧曲。素面。口径15.6、高9.8厘米（图二四，1）。H7：5，圆唇，敞口，弧壁，平底。矮柄向外弧张，与豆盘弧形交接。浅盘状圈座较大，整器显得四平八稳。素面。口径17.2、高9.4厘米（图二四，2）。

　　中柄豆　仅见豆柄。H7：22，直柄中高，浅折壁盘状圈座。素面。柄高12厘米（图二四，3）。

　　高柄豆　仅见豆柄。H7：24，柄细高如烛，略弧曲，浅盖状圈座径较小，与柄的高度成反比。柄与圈座交界处呈阶梯状。柄身饰细密弧纹。柄高18.2厘米（图二四，4）。

　　暗纹豆盘　2件。盘内饰赭色放射状暗纹。均敞口弧壁盘，细柄已残。H2：3，盘较浅。口径17.6、残高4.6厘米（图二四，5）。H7：23，盘较深。口径16、残高5厘米（图二四，6）。

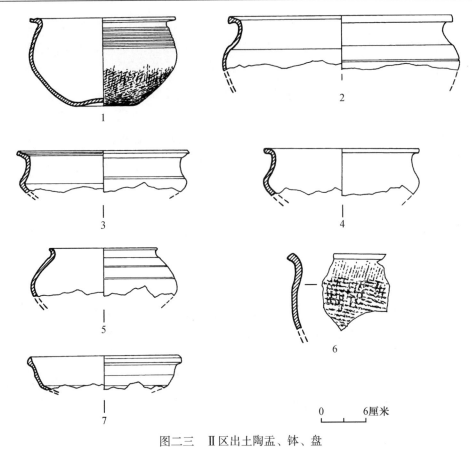

0 6厘米

图二三　Ⅱ区出土陶盂、钵、盘

1、2.深腹盂（H7∶10、H7∶16）　3、4.浅腹盂（H7∶18、T12④∶2）　5、6.钵（H7∶17、H4∶1）　7.盘（T11④∶1）

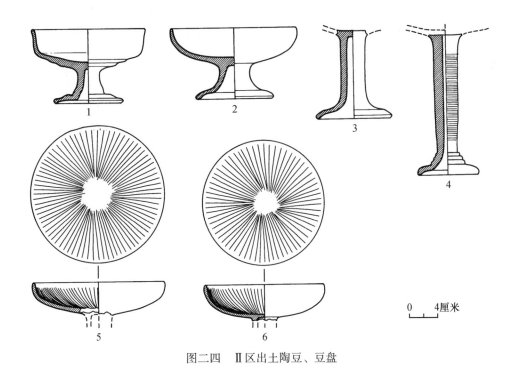

0 4厘米

图二四　Ⅱ区出土陶豆、豆盘

1、2.矮柄豆（H7∶6、H7∶5）　3.中柄豆（H7∶22）　4.高柄豆（H7∶24）　5、6.暗纹豆盘（H2∶3、H7∶23）

陶瓮　均为小口，斜肩较平。饰弦纹。有束颈斜折沿和矮直颈两种。H7∶26，束颈斜折沿，肩上部饰凹凸相间弦纹。口径23、残高7.6厘米（图二五，1）。H7∶28，口沿残片。矮直颈略斜。腹饰弦纹。残高6.4厘米（图二五，2）。

陶缸　T11④∶2，个体较大。泥质黑皮灰陶。喙形短折沿，直壁。有压印绳纹的附加堆纹。口径46、残高4.8厘米（图二五，3）。

陶罍　1件。H7∶27，夹砂黑皮酱红陶。小口，平折沿短而厚，斜肩宽平微向下凹。肩部三周凹弦纹，肩以下残。根据形态分析，应为一种折肩的罍形器。口径17、残高4.4厘米（图二五，4）。

陶盆　个体较大。均折沿，深弧腹，短弧颈。均口、腹残片，底部形态不清，或为圜底。H7∶25，泥质黑皮灰陶。宽平折沿，沿内外均呈波浪形凹曲。颈下一周弦纹，腹下粗绳纹。口径46、残高13.6厘米（图二五，5）。T12④∶3，泥质灰陶。短折沿外薄内厚呈三角形。颈、腹交界较明显，交界处饰一周指甲纹，下腹饰方格纹。口径42、残高6.8厘米（图二五，6）。

陶缶　修复1件。H7∶9，泥质黑皮红灰陶。内敛子母口，高弧颈较粗。圆肩，鼓腹，平底，矮圈足外撇，上腹有对称双耳，耳部位有两周弦纹。口径10、腹径18.4、高19.4厘米（图二六，1）。

陶釜　有束颈斜折沿和敞口弧颈两种。均为粗泥红陶，夹砂或夹炭。H7∶29，束颈短斜折沿，上腹斜直，饰竖粗绳纹。残高3.6厘米（图二六，2）。T11④∶4，敞口，弧颈，厚圆唇。腹饰竖绳纹。残高3.5厘米（图二六，3）。

陶甑　有圆箅和长梭形甑箅两种，均为凹圜底残片。H3∶2，泥质灰陶。底部排列三周小圆孔。素面。孔径1厘米（图二六，5）。H7∶29，夹砂灰陶。底部长梭形孔排列成花瓣状，仅残存一半。饰粗绳纹。孔长2厘米左右（图二六，6）。

陶器耳　1件。T11④∶5，泥质灰陶。弧形腹壁残片上保留一拱曲竖耳，耳面中间凹弧。腹片上有斜向粗绳纹。残高5.6厘米（图二六，4）。

陶鼎足　有高锥状足和矮蹄状足两种，各有标本1件。H7∶32，圆锥形足。夹砂红陶。横

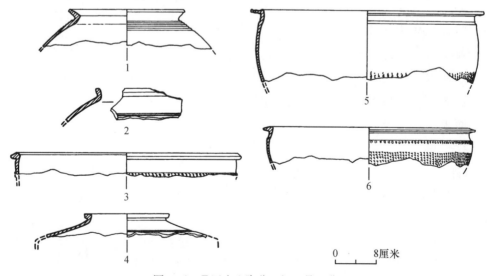

0 ——— 8厘米

图二五　Ⅱ区出土陶瓮、缸、罍、盆

1、2. 瓮（H7∶26、H7∶28）　3. 缸（T11④∶2）　4. 罍（H7∶27）　5、6. 盆（H7∶25、T12④∶3）

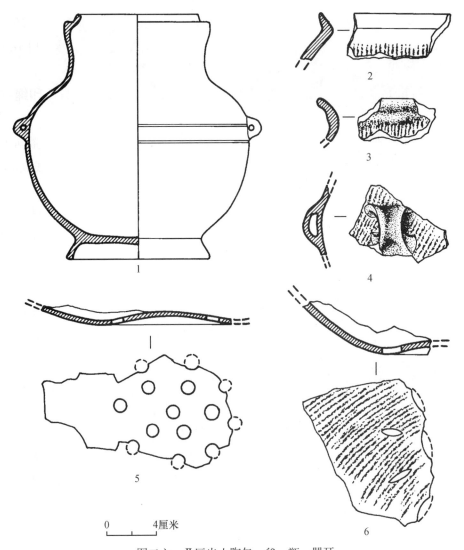

图二六　Ⅱ区出土陶缶、釜、甑、器耳

1. 缶（H7:9）　2、3. 釜（H7:29、T11④:4）　4. 器耳（T11④:5）　5、6. 甑（H3:2、H7:29）

断面呈桃核状，上端连接弧形腹壁。饰竖绳纹。高13厘米（图二七，1）。H7:33，矮蹄形足。粗泥红陶。中部凸出如膝，足底宽平，整体粗壮。素面。高6.6厘米（图二七，2）。

陶纺轮　有饼形和鼓形两种。H7:34，以一块带粗绳纹的夹砂灰陶片敲制而成。中间两面对钻圆孔，孔外大内小斜进，断面呈对顶双梯形。边缘大致敲成圆形，未加修磨。直径约5.5、厚0.65厘米（图二七，4）。T12④:1，厚折腹鼓形。上面下凹，下面平坦，中间有孔。素面。直径3.2、厚2厘米（图二七，5）。

陶饼　1件。H7:8，以一块表面带粗绳纹的夹砂灰陶陶片敲制而成，大致呈圆形，边缘未予修磨。一面微凹，一面微凸，凸面上保留粗绳纹。直径3.8～4、厚0.7厘米（图二七，6）。

石祖　H7:1，灰色石英砂岩砾石琢磨，前部刻槽，顶端刻沟，大小形态都具有较强的仿真性。长12.6、直径3～3.2厘米（图二七，3；图版一，2）。

大石片　H7:7，青色石英砂岩打制。平面略呈椭圆形，正面为石片破裂面，背面为河流砾石自然砾面。体扁薄，线形台面。打击点分散，疤面平坦，系以锐棱砸击法打制。台面右侧

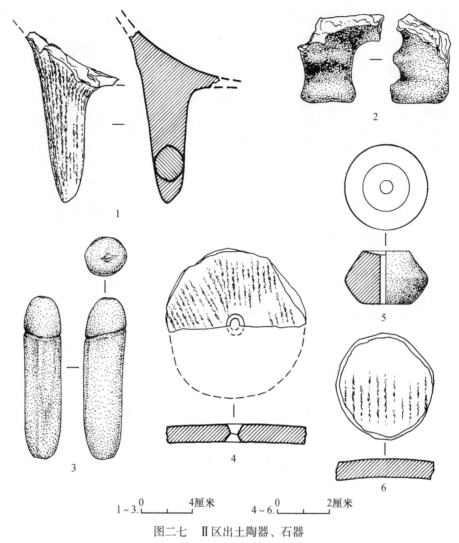

图二七　Ⅱ区出土陶器、石器

1、2.陶鼎足（H7：32、H7：33）　3.石祖（H7：1）　4、5.陶纺轮（H7：34、T12④：1）　6.陶饼（H7：8）

弧形刃缘上有锯齿状小崩疤，方向由背面向破裂面，应为使用痕迹。长15.2、宽10.8、厚1.6厘米（图二八，1）。

石铲　H7：4，青白色石英岩磨制。平面呈弧顶长方形，横断面呈窄长方形。平刃崩缺。长5.3、宽3.7、厚0.9厘米（图二八，2）。

残石器　H7：2，赭色石英砂岩磨制。厚方体，已残，器形不明。残高3.3厘米（图二八，3）。

铜箭镞　H7：3，青铜质。平面呈柳叶形，横断面呈菱形。中脊两侧刻血槽，两侧有叶脉状凸棱，后端有翼。关、铤呈方菱形。锋、翼略残。长8.1、翼宽2厘米（图二八，4）。

铁刨刀　T9④：2，宽体。上端弯曲形成握手，下端为刃，已残。锈蚀严重。此器为刨兽毛用具，现在屠户刨猪毛仍使用此种工具。残宽6.8、残高4.7、厚2.2厘米（图二八，5）。

卜甲　H3：1，大致呈小方块，为龟腹甲截制。一边带有连缀身体的小枝，无烧灼痕。宽3.5～4厘米。

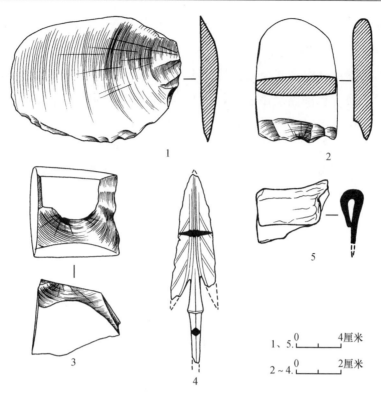

图二八　Ⅱ区出土石、铜、铁器

1. 大石片（H7：7）　2. 石锛（H7：4）　3. 残石器（H7：2）　4. 铜箭镞（H7：3）　5. 铁刨刀（T9④：2）

（四）小结

1. 文化性质及年代

大溪遗址东周遗存的特征及文化性质体现出浓厚的楚文化。其中鬲、盂、罐、豆、盆、瓮、缶等陶器的组合及造型在两湖楚文化遗址及墓葬中司空见惯；纹饰及陶系也如出一辙。因而，毫无疑义，大溪遗址东周遗存的性质应属东周楚文化遗存范畴。器形特征尤与湖北宜昌、江陵等地东周楚文化遗存中的同类器特征一致。

大溪遗址东周遗存的时代跨度较大，其中敞口弧颈大口鬲、锥柱状鬲足、敞口深腹钵、带翼铜镞等与当阳磨盘山遗址①西周晚期遗存相似。其他则表现为春秋至战国早中期特征，如平折沿大、小口鬲，柱状鬲足，束颈斜折沿瓮，各种形态的豆，暗纹豆，器耳，高领罐，宽平折沿的盂、盆、甑等，与江陵纪南城②内松柏鱼池龙桥河、南垣水门等地点出土同类器特征高度一致。如考虑文化传播过程中的滞后性，则大溪遗址楚文化遗存的年代范围应为春秋早期至战国中期。

① 宜昌地区博物馆：《当阳磨盘山西周遗址试掘简报》，《江汉考古》1984年第2期。

② 湖北省博物馆江陵工作站：《纪南城松柏鱼池探掘简报》，《江汉考古》1987年第3期；刘彬徽：《纪南城考古分期初探》，《江汉考古》1982年第1期。

2. 文化特色

上文已论及，大溪遗址东周遗存的主要性质特征为楚文化，基本脱离了本地区西周以来根深蒂固的具有浓郁地方特色的巴文化传统。与大溪遗址距离较近的大昌双堰塘遗址西周时期的文化遗存中楚文化的影响虽已露端倪，但巴文化传统仍占上风，如磨制骨锥、管状网坠在双堰塘遗址中大量存在，甚至在巴文化传统复辟后的汉代遗址中管状网坠也不鲜见，但在大溪遗址东周遗存中却无一见。而锐棱砸击石片和以陶片敲制的陶饼、陶纺轮似为峡江地区传统特色，在楚国腹心地带的楚文化遗存中甚为少见。另生殖崇拜在进入封建社会以后似乎也不多见。但峡江地区古代文化较外界文化发达地区普遍滞后，这在宗教信仰、图腾崇拜方面表现得更为强烈、突出。

二、墓葬部分

本年度在大溪遗址发掘古墓葬6座，分布于除Ⅱ区以外的其他四个区。其中Ⅰ区2座，分别为M1和M4。M1位于T2和T6中，M4位于T8中（图二九）。Ⅲ、Ⅳ区各1座，分别为M2和M3。M2位于T14及T14扩方中（图三〇），M3位于T21中（图三一）。Ⅴ区2座，分别为M5和M6。M5位于T23及T27中，M6位于T24和T25中（图三二）。M4为东周时期土坑竖穴墓；M1、M5、M6为刀把形甬道石室券顶墓，M2、M3为刀把形甬道砖室券顶墓。除M4外，其余均为东汉墓葬，以下按时代先后叙述。

（一）东周墓

M4　位于T8中，开口于第5层下。土坑竖穴，长方形。墓口长3、宽1.9米，开口距地表深1.3米；墓底长2.56、宽1.48、墓深2.6米。方向92°。墓坑挖在次生黄沙土层中，墓壁较直，略斜，墓坑不甚规整，墓底较平。下为坚硬的砂岩层，墓底两端有几块大石头，应是原生土层中的石头。墓中填黄色沙性黏土，填土中夹杂较多夹炭红陶片、黑皮红陶片等；纹饰主要为粗绳纹；器形有釜、罐等。墓中随葬仿铜陶礼器鼎、敦、壶各1件，沿北壁放置。葬具及人骨架均朽无存（图三三）。

3件陶器均为泥质灰陶，器表施有红、白彩，大多脱落。

鼎　M4：1，器身敛口，方唇，深腹，上腹直，下腹折收，底较平，双附耳直立。三足呈卷头状。弧顶盘状盖，平口，盖面三凸纽，盖中鼻纽衔环。盖面三组弦纹，耳下一周凸棱。红、白彩脱落。通耳宽16.8、带盖通高16.3厘米（图三四，1；图版一，3）。

敦　M4：3，身、盖同形，相合呈椭圆形。盖纽做抽象蹲兽状，足呈上下同向卷头形。盖有弦纹。器身、纽、足上均有红、白彩，脱落殆尽。口径15.8、通高19.2厘米（图三四，2；图版一，3）。

壶　M4：2，敞口，方唇，高弧颈，溜肩，鼓腹，平底，大圈足矮直。肩部有对称鼻纽衔环。弓弧形盖，盖周三抽象蹲兽纽，与敦盖纽同形。盖中鼻纽衔环。盖、身数组弦纹。器身颈

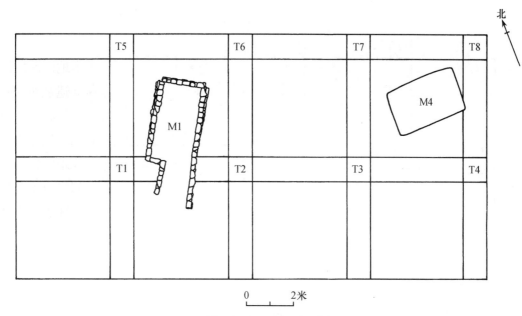

图二九　M1、M4位置图

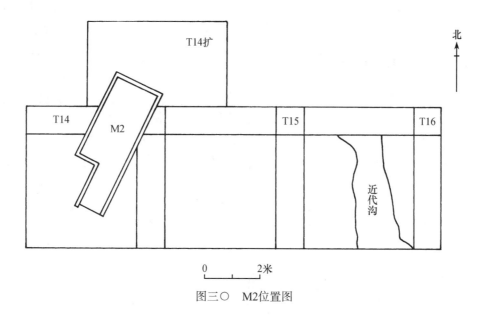

图三〇　M2位置图

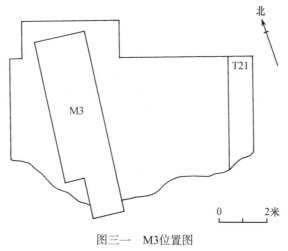

图三一　M3位置图

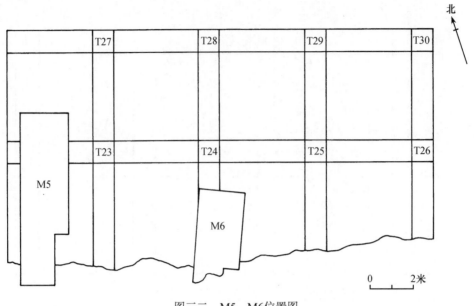

图三二　M5、M6位置图

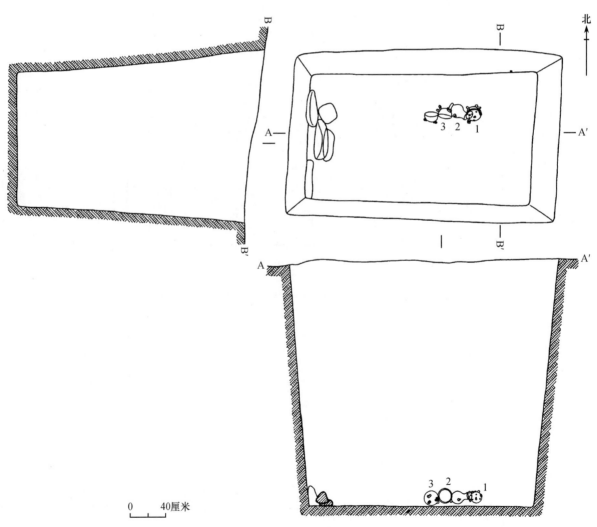

图三三　M4平、剖面图

1.陶鼎　2.陶壶　3.陶敦

部绘白彩红边三角形纹，肩绘一周卷云纹。颈、肩、腹三周红彩。彩绘局部脱落。口径10.2、腹径15.8、带盖通高25.2厘米（图三四，3；图版一，3）。

M4无论从墓葬形制，还是从随葬品组合、形态分析，都与东周楚墓基本特征一致。仿铜陶礼器鼎、敦、壶的组合是东周楚墓最具代表性的组合形态之一，其中鼎的形态略同长沙楚墓中的D型Ⅰ式鼎，敦与B型Ⅲ、Ⅳ式敦接近，而壶与A型Ⅰb式壶形态一致。以上形态在长沙楚墓中分别属于三期4段（鼎、敦）和二期3段（壶），但陶壶上的三角彩绘图案与长沙楚墓三期4段铜壶上的花纹一致。再说，彩绘陶器在长沙楚墓的三期4段较为普遍[①]。因而我们认为M4的

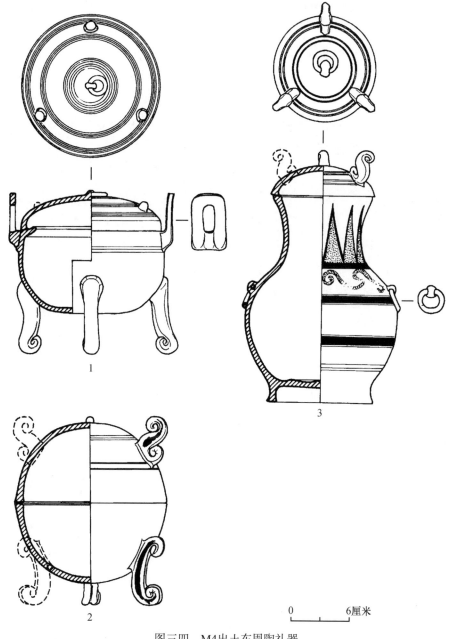

0　　　　　6厘米

图三四　M4出土东周陶礼器

1.鼎（M4∶1）　2.敦（M4∶3）　3.壶（M4∶2）

①　湖南省博物馆、湖南省文物考古研究所、长沙市博物馆等：《长沙楚墓》，文物出版社，2000年。

时代应与长沙楚墓三期4段不相上下，为战国中期偏早。M4的年代处于大溇遗址东周遗存的年代范围之内，因而有理由认为，M4的墓主人应为大溇遗址的居民之一。据2003年衡阳考古队完工报告称，他们在此处也发现过两座东周墓。如此，雄黄沟东西两侧的东周遗存应分属同一居民群体的墓地和村落，在沟东应还存在着一定数量的东周墓葬。

（二）东汉墓

5座。其中3座石室券顶墓（M1、M5、M6），2座砖室券顶墓（M2、M3）。5座墓中没有出土有明确纪年的资料。在三峡地区这类墓葬大多属新莽至东汉时期，考虑到新莽时期为砖、石室墓之滥觞，不似这批墓葬形制完善，故将5座墓葬的时代都定为东汉时期。五座墓均为刀把形甬道双券顶，均坐北朝南，与山势走向垂直。其中M1、M2、M3三座墓甬道偏向东侧，M5、M6甬道偏向西侧。下按编号顺序叙述。

M1　刀把形甬道石室双券顶。券顶已毁，现墓壁位于第5层下，距地表深60厘米。甬道东壁与墓室东壁连为一体，西壁转角窄于墓室。墓以麻块石砌壁及券顶，块石略加工成两面平坦、一侧直边的形态。大小不一，长20～50、宽约20、厚7～25厘米。石块之间的缝隙以石屑充砌。残存墓壁北高南低，北端墓室最深处为1.2米，南端最浅处仅残存0.13米。墓室全位于T6内，甬道位于T2北端及北隔梁中。方向210°。墓通长4.9米，墓室内长3.15、内宽1.8米，甬道长1.75、内宽1.15米，墓壁厚0.2米。墓底铺圆形或长圆形扁体河流砾石，个体较大，直径20～30厘米，少数较小或较大。在墓室北部有较多小砾石填塞于大砾石之间的缝隙中。墓被盗掘和扰乱，墓中大件器物不存，少量陶片散布多处。拼对修复2件陶器——盆和双耳罐；出土1件铜厄环和65枚五铢铜钱。五铢铜钱以1件计，共4件器物。葬具及人骨架不存（图三五）。

陶盆　M1∶3，泥质灰陶。宽斜折沿，口微敛。深弧腹，大平底。腹有两道弦纹。口径20、高9.6厘米（图三六，4）。

陶双耳罐　M1∶2，泥质橙红陶。矮直领，圆唇，圆肩，鼓腹，平底，肩有双耳。肩部有数周弦纹及一周波浪形刻划纹。腹有瓦棱纹，口外有梯状凸棱。口径8.4、腹径15、高12.6厘米（图三六，1）。

铜厄环　M1∶4，青铜质。圆环后有圭形柄。圆环上宽下窄，后宽前窄，前端为双片插销。长4、宽0.9、高1.7厘米（图四一，2）。

五铢铜钱　M1∶1，65枚。方孔圆钱。正面左右书"五铢"二字，素背。正面有外郭无内郭，背面内外均有郭。"五铢"两字字体较宽放，"五"字为对顶弹头形；"铢"字"金"头呈三角形，"朱"上下折笔圆转。钱径2.6厘米。

M2　位于T14及T14扩方中。结构同M1。墓室券顶被毁。现墓壁上部位于第2层下，距地表约0.5米。墓内通长4.65米，墓室长3.1、内宽1.72米，甬道长1.7、宽0.9米，残深1.03米。方向202°。墓壁以菱形几何花纹砖错缝平砌，墓壁厚0.15米；纵向平铺地砖，甬道内铺地砖面上亦有菱形花纹。墓中出有随葬器物13件，其中铜镜1件出于填土中下部、五铢1枚出于填土上部，其余出于底部。陶器集中放置于墓室西南角，葬具及骨架不存（图三七）。

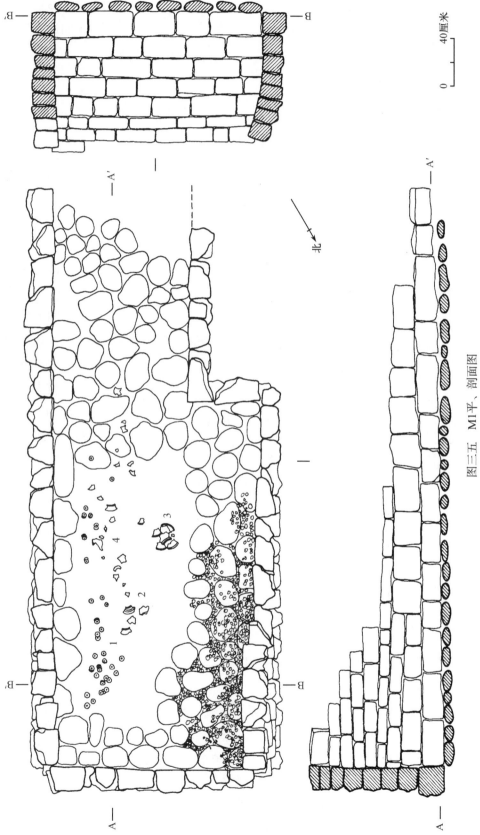

图三五　M1平、剖面图

1. 五铢铜钱　2. 陶双耳罐　3. 陶盆　4. 铜匜环

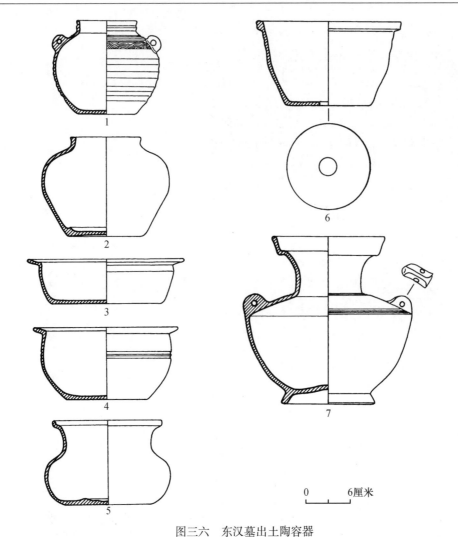

图三六　东汉墓出土陶容器

1. 双耳罐（M1：2）　2. 罐（M2：7）　3、4. 盆（M2：8、M1：3）　5. 釜（M2：5）　6. 甑（M2：6）

7. 盘口折肩壶（M3：1）

墓砖规格及花纹分三种：第一种为平板壁砖，第二种为坡边券顶砖，第三种为平板铺地砖。平板壁砖长37、宽15、厚6.8厘米。一面饰交错粗绳纹，一长侧边饰四组半菱形纹（图三八，2）。坡边券顶砖长39、宽15、厚6.6～7.6厘米。一面饰竖粗绳纹，一较窄的长侧边饰三组半菱形纹（图三八，3）。平板铺地砖长35、宽15、厚6厘米。一面饰交错粗绳纹，另一面饰菱形曲尺纹。一长侧边也饰有四组半菱形纹（图三八，1）。

出土青瓷、陶、铜、铁器共13件。

青瓷盏　2件。形制大致相同。均敞口，弧折斜壁，平底。灰白瓷胎致密坚硬。器内及口外施粉绿色釉，有流釉。M2：2，尖唇，釉层已脱落。口径9.8、高3.25厘米（图三九，1）。M2：3，厚圆唇，腹较M2：2略深，局部脱釉。口径9.7、高3.4厘米（图三九，2）。

陶釜　M2：5，泥质黑皮红陶。浅盘状口，粗弧颈，扁鼓腹，大平底。素面。口径15.4、腹径17.6、高11.4厘米（图三六，5）。

陶甑　M2：6，泥质黑皮红陶。敞口，厚折沿，深腹微折，平底。素面。底部中心有一圆孔。口径20、高11.2厘米（图三六，6）。

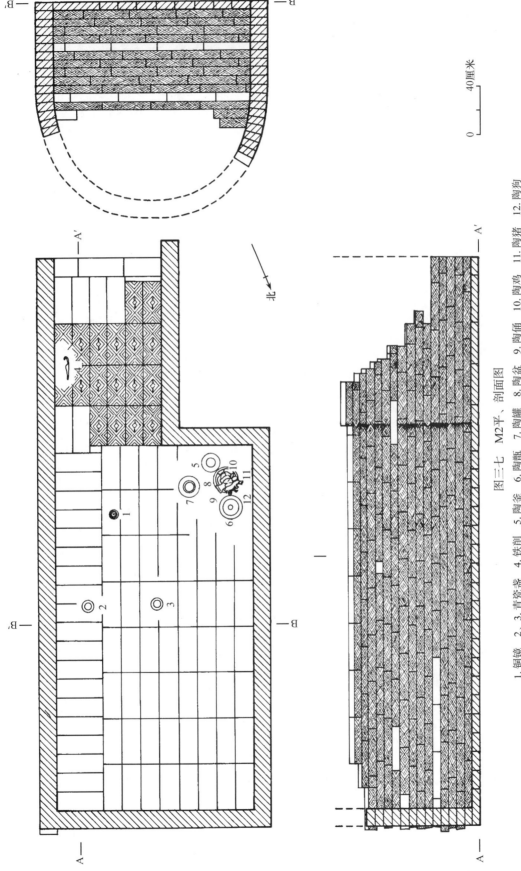

图三七　M2平、剖面图

1.铜镜　2、3.青瓷盏　4.铁削　5.陶釜　6.陶瓶　7.陶罐　8.陶盆　9.陶俑　10.陶鸡　11.陶猪　12.陶狗

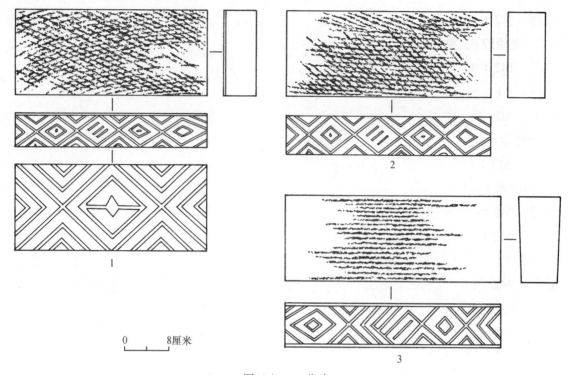

图三八　M2墓砖

1.平板铺地砖　2.平板壁砖　3.坡边券顶砖

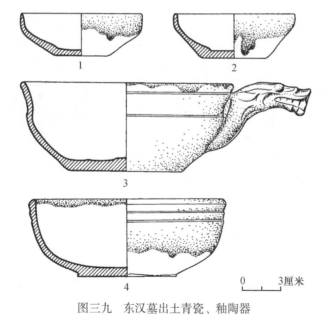

图三九　东汉墓出土青瓷、釉陶器

1、2.青瓷盏（M2：2、M2：3）　3.釉陶魁（M5：1）　4.釉陶钵（M5：2）

陶罐　M2：7，泥质灰陶。矮直领，厚方唇，圆肩，鼓腹，下腹斜收，平底微凹。素面。口径9.7、腹径17.6、高13.2厘米（图三六，2）。

陶盆　M2：8，泥质黑皮红陶。宽斜折沿，斜腹较直，大平底。素面。口径22、高6厘米（图三六，3）。

陶俑　M2：9，砂质黑皮红陶。制作粗陋，前后合范。头戴冠，双手拱于胸前站立，为侍俑。高19厘米（图四〇，1）。

陶鸡　M2：10，砂质黑皮红陶。为公鸡，昂首翘尾，轮廓略具，双足立于圆座上。长13.8、高9厘米（图四〇，4）。

陶猪　M2：11，砂质黑皮红陶。伸头垂尾站立。长17.1、高5.7厘米（图四〇，2）。

陶狗　M2：12，砂质黑皮红陶。昂首翘尾站立，做吠状。制作粗放。长14.4、高6.6厘米（图四〇，5）。

铜镜　M2：1，青铜质。黑色。正面镀水银。圆形，半圆纽，圆纽座。宽素缘，斜边。缘内一周凹圈，纽座外两周弦纹。凹圈与弦纹之间饰八连弧纹。器表有氧化铜胶结。直径8.5、厚0.15厘米（图四一，1）。

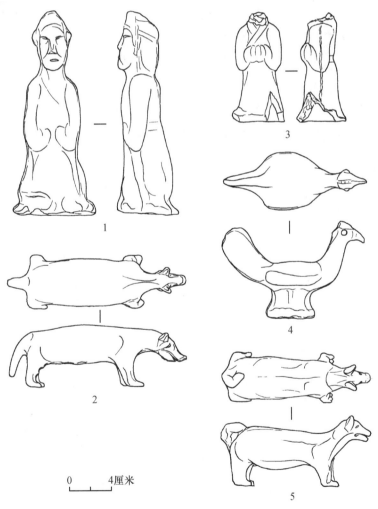

0　　　4厘米

图四〇　东汉墓出土陶人物俑、动物俑

1、3.立俑（M2：9、M5：3）　2.猪（M2：11）　4.鸡（M2：10）　5.狗（M2：12）

　　铜钱　M2：13，青铜质。形制同"五铢"，但钱文难辨，出自M2上部填土中。钱径2.5厘米。

　　铁削　M2：4，窄长削，刃微弧，断面呈三角形，环形首残，圆茎。锈蚀严重。长21、宽2.8厘米（图四一，3）。

　　M3　位于T21中。结构基本同M2，亦为砖室券顶。墓室较长，墓底后部无铺地砖。墓室及甬道券顶保存完好，仅甬道前端因修公路略有损坏。方向185°。墓室券顶上部尚保留约0.55米高的土坑墓穴，现开口于第3层下，距地表约0.5米，距墓底深2.4米。墓内通长7.3米，墓室内长5.5、宽1.8、高1.8米，甬道内长1.8、宽1、高1.35米，墓壁厚0.15米。墓壁及券顶用几何花纹榫卯砖砌成。墓底自甬道口至墓室中后部横铺地砖，甬道为两块半横砖及一块竖砖，墓室四块横砖；墓室后部1.62米长未铺地砖。墓中仅在墓室前端转角处出土1件陶盘口折肩壶。墓中不见葬具及朽痕。出土5具骨架，其中甬道与墓室交界处各2具，墓室中部1具，编号A～E。A骨架肢骨被扰乱；B、D骨架为仰身直肢；C、E骨架为侧身直肢；C骨架个头短小，似为未成年人（图四二）。另外，在墓外土坑填土中出土铁锛1件，墓内填土中出土半枚五铢钱。

　　墓砖均为两端带凹凸榫几何花纹砖，有三种形态，其中坡边砖两种，平板砖一种。坡边砖主要用于砌墓室及甬道券顶，一种为红砂砖，长36.2、宽15、厚5～6.5厘米，一面饰斜弧形粗绳纹，一窄侧边饰两组交叉"五"字纹及弧线纹（图四三，1）；一种为青灰泥质砖，坡边差别不大，其他特征与上同（图四三，3）。平板砖用于砌墓壁和铺地，为青灰泥质砖，长37.2、宽14.2、厚6厘米（图四三，2）。

　　陶盘口折肩壶　M3：1，泥质黑皮灰陶。盘状口，高弧颈，宽折肩，弧腹，圜底内凹，矮圆足外撇。肩有对称扁桥形耳。颈、肩转折处各有两周弦纹。口径15.5、肩宽23.2、高22.4厘米（图三六，7）。

　　铁锛　M3：2，锈蚀严重，刃部残断。平面及俯视均呈长方形，侧面呈长三角形。长方銎。宽6、厚3.4、残高10.4厘米（图四一，4）。

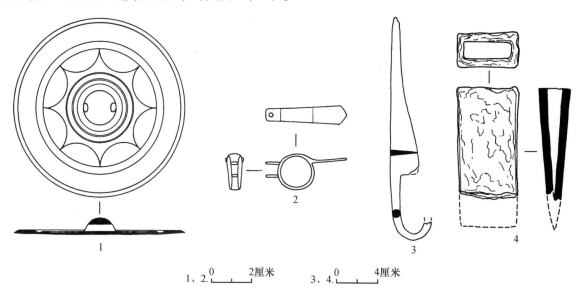

1、2.　|———|———| 2厘米　　　3、4.　|———|———| 4厘米

图四一　东汉墓出土铜、铁器

1.铜镜（M2：1）　2.铜厄环（M1：4）　3.铁削（M2：4）　4.铁锛（M3：2）

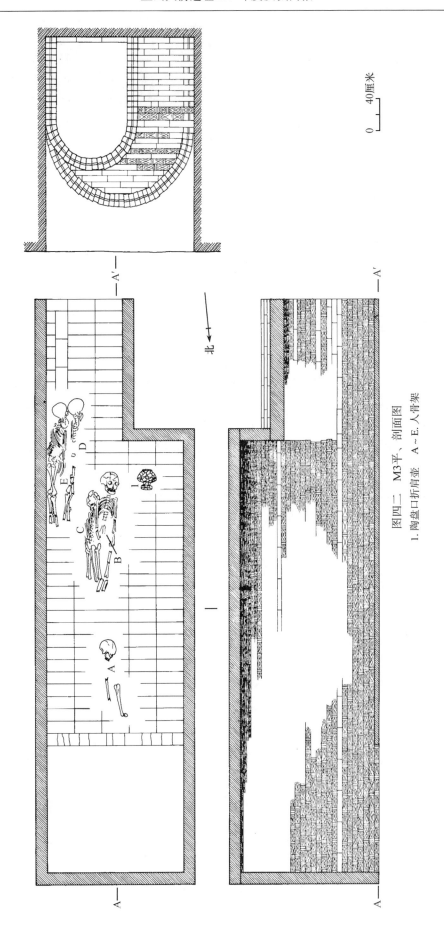

图四二　M3平、剖面图
1. 陶盘口折肩壶　A～E. 人骨架

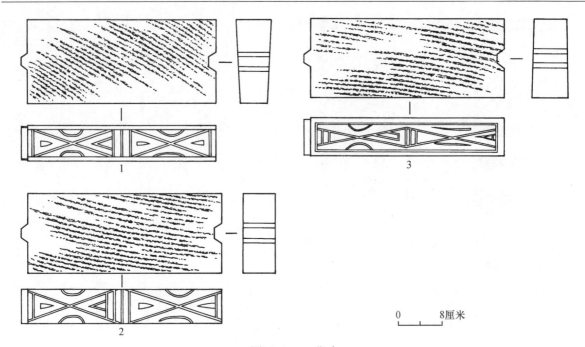

图四三　M3墓砖
1、3.凹凸榫券顶坡边砖　2.凹凸榫墓壁平板砖

五铢　M3：3，残存半片。"五铢"二字尚可辨。钱径2.55厘米。

M5　位于T27南部及T23中。为刀把形石室券顶墓。甬道靠墓壁西侧，墓较长，规模与M3不相上下。墓室及甬道券顶均保存完好，仅甬道前端因位于断坎边略有损毁外，其他部位均完好，但墓内被盗。墓坐北朝南，方向195°。石室券顶上部尚保留约0.2米厚土坑墓穴，内填五花土。现开口于第3层下，距地表深约0.6米，距墓底深约2.3米。石室墓用材及结构与M1同。墓内通长7.6米，墓室内长5.1、宽1.8、高1.8米，甬道内长2.5、宽1.2、高1.25米，墓壁厚0.2米左右。底铺圆形、椭圆形或不规则形河流砾石，直径20～30厘米。墓早年被盗，随葬品被严重扰乱。仅出土釉陶魁、釉陶钵、陶俑各1件及残陶屋1件。葬具及骨架不存（图四四）。

釉陶魁　M5：1，砂质砖红陶。青黄釉。敞口，圆唇，上腹微内弧，下腹斜收，平底。上腹有一龙首形鋬及两周弦纹。通体施釉，口外有重釉现象。口径17.2、通宽23.4、高6.8厘米（图三九，3）。

釉陶钵　M5：2，砂质砖红陶。青黄釉。敞口较直，厚圆唇，弧腹，平底出边呈极矮假圈足状。器外釉不及底，釉过墙至口内。口外有两周梯状弦纹。口径16、底径8、高6厘米（图三九，4）。

陶俑　M5：3，砂质红陶。头残。身着右衽长袍，两手交于胸前，为侍俑。残高10厘米（图四〇，3）。

陶屋　M5：4，泥质灰陶。残损严重。经拼对后可见房顶廊道构件，整体结构不清。

M6　位于T24、T25中。刀把形石室券顶墓，甬道偏向墓室西侧。方向200°。结构及形制均同于M5，规模小于M5。两墓东西并列，相距约6米。M6在东，M5在西，方向大致相同。该墓严重被盗，券顶塌陷，甬道挖毁殆尽。墓中仅出土1枚半鎏金铜泡。葬具及骨架不存。墓残长4.1米，墓室长3.1、宽1.8、残高1.65米；甬道残长及宽均为1米（图四五）。

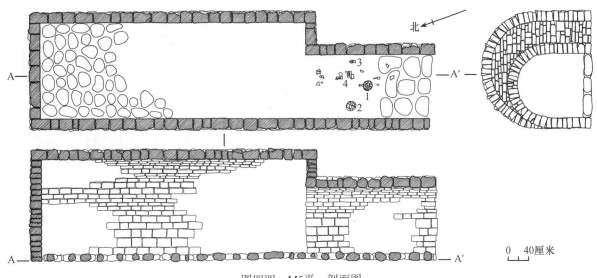

图四四 M5平、剖面图
1.釉陶魁 2.釉陶钵 3.陶俑 4.陶屋

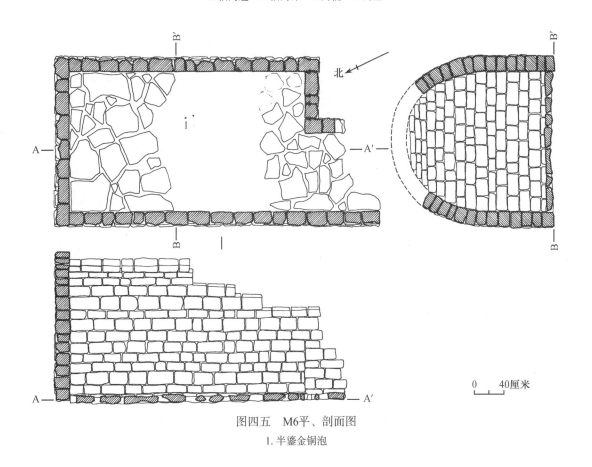

图四五 M6平、剖面图
1.半鎏金铜泡

（三）小结

这批墓中没有出土明确纪年材料。经对比本地区其他同类型墓葬认为，这批墓葬的年代范围应不会晚于东汉时期，而早不过新莽时期。这批墓均为刀把形的砖室或石室券顶墓。这是本地区新莽至东汉时期墓葬的基本特征。

1997年麦沱墓地发掘的时代较明确的13座墓葬的情况表明：本地区新莽以前均为土坑墓；砖室或石室墓滥觞于新莽时期，流行于东汉时期[①]。大溪遗址发现的5座砖（石）室墓为该类型墓葬的完备形态，墓中也未发现新莽时期的标志物（如新莽货币），因而我们将这5座墓葬的时代视为东汉时期。

墓中出土品也能从麦沱墓地属于东汉时期（四期）的墓中（M33、M15）对比出相似因素。如M1中"五铢"钱即为"麦M33"中的Ⅲ式"五铢"；M5中出土釉陶魁、钵在"麦M33"中也有同类器；M3中陶壶的盘状口也是东汉时期流行形态；M2的青瓷盏的形态和工艺更不会早于东汉。

M6与M5结构形制相同，两墓并排而葬，应有一定的内在联系，推测时代应接近。

附记：参与本次发掘的工作人员有易继顺、彭芳、罗敏华、袁辉、汪华英，在此表示感谢！

发掘领队：尹检顺

执行领队：谭远辉　彭　佳

资料整理：谭远辉　彭　佳　易继顺　罗敏华

电脑录入：彭　芳

摄　　影：彭　佳　易继顺

绘　　图：谭远辉

器物修复：汪华英

执　　笔：谭远辉

① 重庆市文化局、湖南省文物考古研究所、巫山县文物管理所：《重庆巫山麦沱汉墓群发掘报告》，《考古学报》1999年第2期。

巫山东坝遗址2004年度发掘简报

中山大学社会学与人类学学院
巫山县文物管理所

东坝遗址位于大昌盆地东缘，大宁河左岸的一级阶地上，因地处大昌镇东面而得名（图一）。遗址范围从大昌古城至大宁河支流洋溪河口，平面大致为长方形，东西长2000、南北宽100～800米，东西走向在其中部折为东北走向，隶属巫山县大昌镇兴盛村和兴隆村。一条南北走向的龙王庙冲沟将遗址分割成东西两部分：遗址东部属大昌镇兴盛村管辖，遗址西部归大昌镇兴隆村管辖。东坝遗址在兴隆村范围内有很多小地名，以兴隆街为界，以南有蓝家寨、石垸子、烟馆子、杜家屋场、杜家槽等，以北有龚家屋场、卢家屋场等。兴盛村范围最著名的是八角丘，是大昌镇客货码头。兴盛村位于遗址东部，地势较低，海拔138～146米；兴隆村位于遗址西部，地势略高，海拔147～156米。

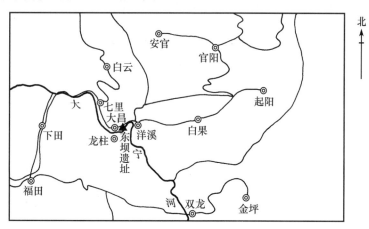

图一　东坝遗址位置示意图

在巫山县早年开展的调查中，东坝遗址有如下记录："大昌镇兴胜村东200米东坝，南距洋溪河80米，遗址地处两河交汇三角二级台地，东西长50、南北宽50米，文化层厚0.2～0.6米，离地表0.5～1米。采集有夹砂红陶、夹砂灰陶片，以绳纹为主。文化层被取土烧窑破坏严重。"[①]1980年1月15日，原大昌九龙公社村民王成荣涉水过河时，在东坝下面的李家滩河床发现一件商代晚期的青铜尊[②]。1985年11～12月，四川省文物管理委员会等单位对巫山境内的古遗址进行调查，东坝遗址位列其中，属商周遗址一类[③]。1987年春季，为进一步了解川东地区

① 四川省巫山县志编纂委员会：《巫山县志》，四川人民出版社，1991年。

② 四川省文物管理委员会等：《巫山境内长江、大宁河流域古遗址调查简报》，《四川考古报告集》，文物出版社，1998年。

③ 四川省文物管理委员会等：《巫山境内长江、大宁河流域古遗址调查简报》，《四川考古报告集》，文物出版社，1998年。

史前文化遗存的分布及其特征，中国社会科学院考古研究所四川工作队又对大宁河流域和长江沿岸的部分遗存进行了调查，其中亦可见到东坝遗址①。以上调查均限于地面采集，对东坝遗址的认识不深。

随着三峡工程的进行，对东坝遗址启动了详细的调查和发掘。20世纪90年代以来，对东坝遗址的多次发掘，之前都在东坝西部的兴隆村进行，具体地点在兴隆村南部的蓝家寨，因此发掘单位又称为"蓝家寨遗址"。"1994年，中国社会科学院考古研究所三峡队调查发现蓝家寨遗址，并于同年进行了较大面积的试掘。"②1999年3月12日至4月10日，湖南省益阳市文物工作队在东坝范围内的蓝家寨遗址发掘560平方米③；2000年4月2日至5月12日，该队对蓝家寨遗址进行第二次发掘，面积1000平方米④；2000年12月12日至2001年1月8日，该队又进行了第三次发掘，发掘面积575平方米⑤。2001年和2002年的两个秋冬，中国社会科学院考古研究所又在蓝家寨遗址进行了两次发掘，每次发掘面积2000平方米⑥。经过多次发掘，蓝家寨遗址的发掘面积在6000平方米以上，主要出土了一批东周时期的文化遗迹和遗物。

2003年，我队承担了东坝遗址的发掘任务。该年的发掘地点位于东坝遗址的东部，即兴盛村范围的八角丘一带。2003年11月3日至12月30日，我们在整个东坝遗址东部的大昌至官阳公路两侧布方发掘，公路以西的发掘探方编为Ⅰ区，公路以东的发掘探方编为Ⅱ区，总共发掘面积1000平方米，主要出土了战国晚期和西汉早期的遗迹和遗物⑦。

2004年东坝遗址的发掘地点位于遗址的西部，即兴隆村范围，蓝家寨亦在其中，我们按其顺序编为Ⅲ区。Ⅲ区北面靠山，南面临水，北距兴隆村村委会约250米，南隔大宁河河岸约80米，地面坐标为东经109°42′54″，北纬31°38′54″，海拔152.5～153米，隶属巫山县大昌镇兴隆村四、五、七组。

本次发掘工作于2004年9月1日进场，9月3～18日在兴隆村南部各地和北面丘陵等地进行勘探工作，勘探面积4万平方米。在取得遗址勘探资料的基础上，2004年9月22日至11月7日，共开5米×5米探方73个，其中在南部地点（蓝家寨）开5米×5米探方60个，发掘面积1500平方米，在中部地点（石垱子）开5米×5米探方9个，发掘面积225平方米；在北部地点（凤凰地）开5米×5米探方4个，发掘面积100平方米。另外，在南部地点探方的发掘过程中曾向东进行了扩方，实际发掘面积总计1850平方米（图二）。

现将2004年度发掘的主要收获报告如下。

① 中国社会科学院考古研究所四川工作队：《四川万县地区考古调查简报》，《考古》1990年第4期。

② 重庆市博物馆、湖南益阳市文物工作队、重庆巫山县文物管理所：《巫山蓝家寨遗址发掘报告》，《重庆库区考古报告集·1998卷》，科学出版社，2003年。

③ 重庆市博物馆、湖南益阳市文物工作队、重庆巫山县文物管理所：《巫山蓝家寨遗址发掘报告》，《重庆库区考古报告集·1998卷》，科学出版社，2003年。

④ 重庆市文化局等：《巫山蓝家寨遗址发掘报告》，《重庆库区考古报告集·1999卷》，科学出版社，2006年。

⑤ 湖南益阳市文物工作队发掘资料，重庆市文化局三峡办提供。

⑥ 资料承中国社会科学院考古研究所董新林先生见告。

⑦ 中山大学人类学系等：《2003年巫山县东坝遗址、洋溪河遗址发掘报告》，《重庆库区考古报告集·2003卷》，科学出版社，2019年。

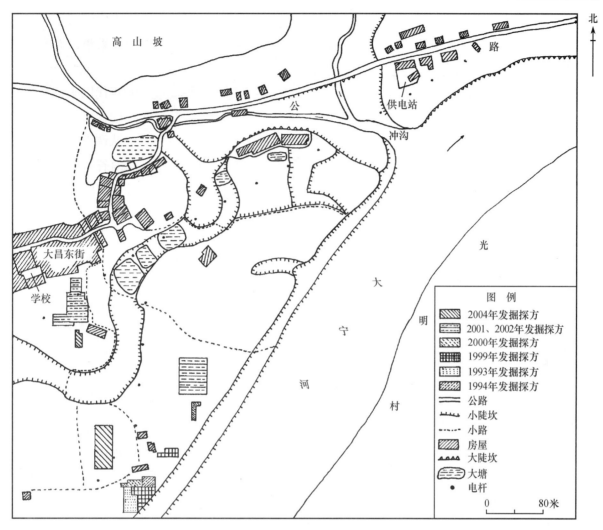

图二 东坝遗址探方分布图

一、地层堆积和遗址分期

（一）地层堆积

这次发掘的三个地点，在发掘之前地面上均种植土豆等农作物。地层堆积最终多的为四层，最少的只有二层，均以黏性土质为其主要堆积。第1、2层在南、中、北三个地点均有分布。而第3、4层只在南部发掘地点的中南部探方中才有分布（图三）。现以T1016～T1416北壁、T1446～T1546北壁的地层剖面为例加以说明。

T1016～T1416北壁地层剖面，共分四层。

第1层：耕土层。厚10～30厘米。灰色黏土，土质疏松，各方均有分布。包含极少的近代瓷片和瓦片。

第2层：红褐色黏土。深10～30、厚10～35厘米。土质较软，内含铁、锰结合斑点，各方均有分布。出有少量的绳纹泥质红褐陶、灰陶等东周时期的陶器物残片，同时还出有釉陶片、青花瓷片、青瓷片等明清时期遗物。本层下压H14、H19、G2等。

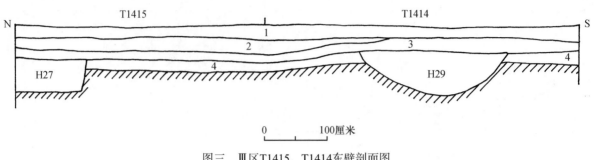

图三　Ⅲ区T1415、T1414东壁剖面图

第3层：灰褐色黏土。深25～45、厚10～20厘米。土质紧结、致密。除T1416中此层无分布外，其余均有分布，出有绳纹夹砂红褐陶鬲足，泥质灰陶豆柄、罐、盆等东周时期遗物。

第4层：黄褐色黏土。深50～60、厚10～15厘米。土质结构紧密，质地坚硬。包含物较少，偶可见到夹砂红褐陶截锥状鬲足、深盘豆等。

第4层以下为致密的黄色生土。

关于南部发掘地点探方各地层的年代，我们主要根据其出土遗物的特征做如下推断。

第1层为现代耕土层。第2层虽然地层中出有东周时期的陶器残片，但主要是明清时期的砖瓦碎片、釉陶片、青花瓷片等，推断其年代应为明清时期。第3层出有泥质灰陶豆、罐、盆和夹砂灰陶圆柱形鬲足，推断其年代为东周时期。第4层的分布范围较小，出土遗物不多，但出土的夹砂红褐陶截锥状鬲足、深盘豆等遗物比第3层所出略早，但仍为东周时期。

T0446、T0546北壁地层剖面（图四），共分二层。

第1层：耕土层。厚20～30厘米。灰色黏土，土质松软，各方均有分布。内含现代陶瓷残片。本层下压M303、M304。

第2层：灰褐色黏土。深20～30、厚10～25厘米。土质稍硬，各方均有分布。出有釉陶器物片、青花瓷片等明清时期遗物。

第2层以下为致密的黄色生土。

关于上述地层的年代，我们根据其出土遗物的形制特征，做如下推断：第1层为现代耕土层。第2层出土的釉陶器物片、青花瓷片等均具有明代晚期至清代早期的形制特征，因此我们推断其年代为明清时期。

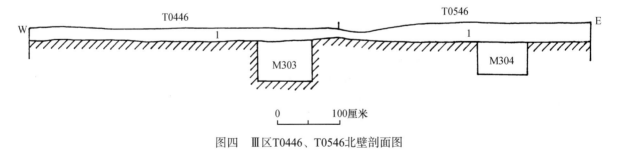

图四　Ⅲ区T0446、T0546北壁剖面图

（二）文化遗迹

这次在遗址Ⅲ区发现的文化遗迹有49个，种类有窑址、房基、灰坑、灰沟和墓葬。其中南部（蓝家寨）发掘点发现遗迹40个，即窑址1座、房基1座、灰坑34个、灰沟4条（图五）；中部石垸子发掘点发现墓葬8座（图六）；北部凤凰地发掘点发现墓葬1座。各个遗迹的层位关系如下（图版二）。

开口于探方第1层下的有H1、H4、M1、M301～M308。

开口于探方第2层下的有H3、H5、H8、H14、H16、H18、H19、H23、H32、H33、H34、G2、G3、G5。

开口于探方第3层下的有Y1、F1、H2、H6、H7、H9～H13、H15、H17、H20～H22、H24～H27、H29～H31、H35、G4。

关于上述遗迹的年代，现根据各个遗迹的层位关系和出土遗物的形制特征，做出如下初步推断。

开口于探方第1层下的M1、M301～M308，均打破第2层，其墓葬形制为长方形土坑或岩坑墓，墓葬中有随葬器物的也都是清代常见的釉陶罐等，因之，这9座墓的年代为清代。开口于探方第1层下的H1和H4，均打破生土层，其填土中只出有泥质灰陶豆、盂、罐等，具有东周时期特征。

开口于探方第2层下的H32、G2、G3、G5，H32打破G5，G5打破生土层，G2打破第3层，G3打破H10、H21及生土层。在上述四个单位的填土中均出有青砖布瓦残片、釉陶器物片、青花瓷碗残片等具有明清时代特征的遗物。开口于探方第2层下的H5、H8、H16、H18、H19、H23、H33均打破第3层，H3、H14、H34均打破生土层，而在它们的填土中均只出了泥质灰陶豆、夹砂灰陶鬲足等具有东周时期特征的遗物。

开口于探方第3层下的F1、H2、H7、H10～H13、H15、H17、H20～H22、H24、H27、H29、H35均打破第4层，H9打破生土层，H25打破H26，而H26打破生土层，在这18个遗迹单位的填土中均出有泥质灰陶豆、夹砂灰陶柱形鬲足等具有东周特征的遗物，因之，初步推断它们的年代为东周时期。开口于探方第3层下的H6打破第4层，虽然该坑填土中未出有可知断代的陶片等遗物，但其层位关系就已经决定了它的年代应为东周时期。开口于探方第3层下的Y1、H26、H30、H31、G4均打破生土层，G4还打破H30，但它们的填土中均有夹砂红褐陶鬲、罐、盆等陶器具有东周时期略早阶段的形制特征，因之，初步推断它们的年代均为东周时期早段。

通过以上对本区探方地层堆积和遗迹的分析，我们了解到东坝遗址Ⅲ区的文化遗存分属东周时期和明清时期，下面我们以第一期文化遗存（东周时期）和第二期文化遗存（明清时期）分别加以叙述。

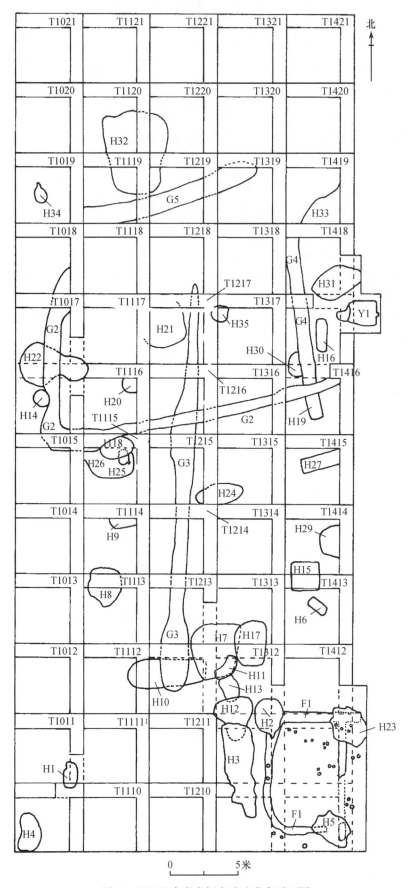

图五　Ⅲ区蓝家寨发掘点遗迹分布平面图

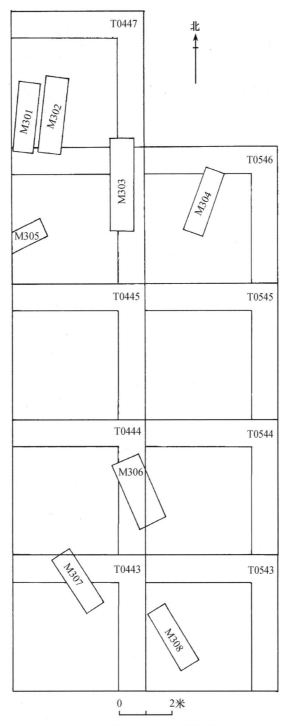

图六　Ⅲ区石垸子发掘点墓葬分布平面图

二、东周时期遗存

东周时期（第一期）文化遗存主要包括Ⅲ区探方第3、4层地层堆积，开口于探方第1层下的部分遗迹如H1和H4，第2层下的部分遗迹如H3、H5、H8、H14、H16、H18、H19、H23、H33、H34以及所有开口于第3层下的遗迹。

（一）遗迹

第1、2层下的部分遗迹和开口于第3层下的所有遗迹，包括房基1座、陶窑1座、灰坑33个、灰沟1条。

1. 房基

1座。

F1　位于T1310、T1311东部，T1410~T1412及其东扩方向。叠压于探方第3层下，打破第4层，同时被H2所打破，为长方形地面式建筑，距地表深50~65厘米。房基平面近长方形，周边为墙基基槽，房基的布局与结构介绍如下。

墙基基槽：残存的房屋墙基平面近长方形，因墙基基石均被破坏取走，仅留基槽。北墙基槽东头向东凸出，超越东墙基槽约90厘米。墙基基槽西南角及西北角平面呈不规则的弧形，北、西、南三面墙基基槽连为一体，南墙基槽与东墙基槽断开约80厘米。东墙基槽中部偏南一段无基槽。基槽坑壁较陡直，除南墙基槽底部东高西低呈斜坡外，其余槽底近平。基槽深3~38、宽40~70厘米，基槽南北方向长885~925、东西方向宽595~690厘米（图七；图版三，1）。

西墙基槽的中南部发现四块较大的石块，东、南两面墙基基槽填土中夹有木炭颗粒，南墙基槽填土中有夹砂红褐陶鬲足、泥质灰陶豆柄、石刀及一些碎陶片，在西、东、北三面基槽各发现柱洞两个，由此可以推定原墙体内夹有木柱，此房应为夹木土筑墙体。

门道：东墙墙基中部偏南一段无基槽，推测这里可能是房屋的前门门道，门道宽约310厘米。南墙与东墙的基槽不相连接，这不相连接无基槽的一段，宽约80厘米，可能为侧门门道。

柱洞：在F1范围内共发现柱洞50个，除基槽内6个柱洞外，其余44个柱洞均分布在屋内和屋外周边一带。柱洞洞口平面有圆形和椭圆形两种，洞壁为圆柱状，平底，口、底直径相等，各洞大小不等，差别很大。口径8~48、深5~25厘米。洞内填土为灰褐色，少数柱洞填土中含有少量陶片和石块。柱洞的平面布局无组合规律可循，但仍可推测此房的顶部应为木柱梁架结构。

房内外堆积：房内地面因受扰乱的缘故，没有堆积，皆为打破生土层。房内的东、南、西三面皆打破生土层，仅北面堆积有一层土，即为房外地面低地堆积的垫土，垫土中无包含物。

房内没有发现隔墙墙基的基槽或隔梁痕迹，房内布局并不清楚，这应是一座古代居民住房，根据F1的层位关系及出土遗物的形制特征，初步推断其年代为东周时期偏晚阶段。

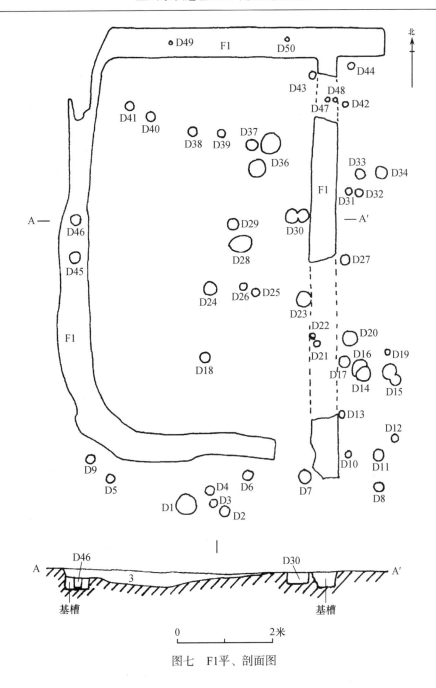

图七 F1平、剖面图

2. 陶窑

1座。

Y1 为烧制陶器的小型窑址。位于T1417的东北部，大部分位于探方的东扩探方内。其叠压于探方第3层下，打破生土层，距地表深40～50厘米。窑址平面呈东西朝向的不规则椭圆形，由于塌陷和扰乱的原因，现存窑址仅见火膛、窑室和烟道三个部分（图八）。

火膛位于窑室的西面，平面大致为梯形，是以人工在地面上挖掘而成，后又采用手工在膛壁上抹泥，底部为斜坡形，靠近窑室的膛底最深。火膛长100、宽40～100、深40厘米。火膛内堆积稍厚，上层为土块、红烧土，下层为5～8厘米厚的草木灰黑土层，内含少量木炭块，仅出数块泥质灰陶片。

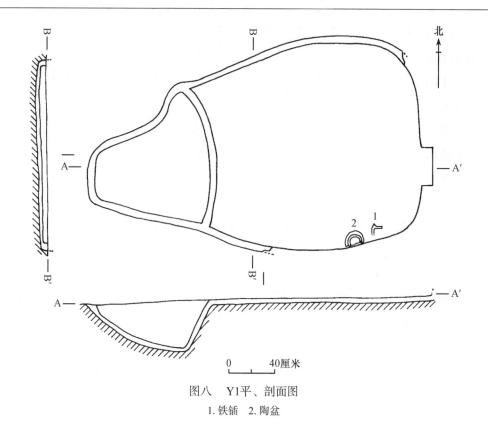

图八　Y1平、剖面图

1. 铁锸　2. 陶盆

窑室位于火膛的东面，在火膛与烟道之间。其平面为圆角方形，窑壁因遭破坏已不清楚，窑底平坦，长290、宽120～180、残高5～8厘米。室内堆积甚薄，为黄黑色和红色烧土块，出有绳纹灰陶片数块、陶盆口沿和铁锸。

烟道位于窑室的东面而紧靠窑室，横截面为长方形，由于受热，在烟道内壁形成了一层3～5厘米厚的硬壁。烟道截面长32、宽10、残高5厘米。烟道填满烟灰。

Y1内出土的少量陶片有泥质和夹砂两种。泥质陶多于夹砂陶；陶色为灰陶和褐陶；绳纹和弦纹为主要纹饰，素面陶占有一定的比例；器形主要有鬲、盂、罐、盆等。

在Y1的西边有烧制陶器使用的引水沟G4，在Y1的西北面有烧制陶器的残次品堆积坑H31，G4和H31均为Y1的附属组合遗存，由此可以推测Y1是一个烧制日用生活陶器的小型窑址。根据Y1的层位关系及出土遗物的形制特征，初步推断其年代为东周时期偏早阶段。

3. 灰坑

共33个。就其坑口的形状来看，灰坑的形状归纳起来有以下6种：近圆形的（含半圆形）6个，即H2、H7、H8、H21、H29、H30；近椭圆形的（含半椭圆形）8个，即H1、H4、H16～H18、H24、H35、H31；近方形的2个，即H15、H20；近长方形的8个，即H3、H6、H9～H11、H13、H19、H27；三角形的1个，H33；不规则形的8个，即H5、H12、H14、H22、H23、H25、H26、H34。坑内填土只有H7、H22为二层，其余均为一层（详见附表一）。现以H31、H7、H15、H17为例，叙述如下。

H31　位于T1418的东南部及其东扩方内，南部坑口被T1417北隔梁所压。开口于探方第

3层之下，打破生土层，坑口距地表深35厘米。坑口平面为不规则的椭圆形，弧形坑壁，凹底。坑口长径340、短径200、深40厘米（图九）。坑内填土为深灰色黏土，内角含灰黄色烧土块，坑内陶片层层叠压，甚为密集。出土的陶片中，泥质陶占大多数，夹砂陶很少；灰陶约占总数的70%，其次为褐陶，此外，还有橙黄陶和红褐陶。绝大多数为绳纹，素面陶很少；器形有鬲、豆、罐等。该坑与Y1仅相距1米，系Y1烧制陶器的残次品堆积坑。根据H31的层位关系及出土陶器的器形特征，初步推断其年代与Y1相同，属东周时期偏早阶段。

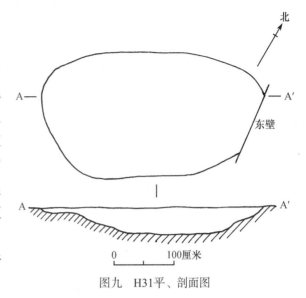

图九　H31平、剖面图

　　H3　位于T1311和T1310的北部。开口于探方第2层下，打破生土层，坑口距地表深28厘米。坑口平面为不规则的长方形，斜弧坑壁，平底，坑口长625、宽226厘米，坑底长610、宽220厘米，深10～23厘米（图一〇）。坑内填土为深灰色黏土，内夹少量木炭颗粒。出土物较丰富，有陶器、铜器和铁器。陶器多为碎片，陶质有泥质灰陶和夹砂陶，其中泥质陶约占93%，夹砂陶仅占7%；灰陶和红褐陶为其大宗，分别占41%和39%，磨光黑陶占10%，橙黄陶和红陶最少，各占5%。绳纹为其主要纹饰，约占陶片总数的75%，圆窝纹极少，素面陶约占24%；主要器形有鬲、豆、罐、盆、瓮、缸和筒瓦，还有铜镞和铁锸出土。

　　H7　位于T1212、T1213、T1312、T1313内。开口于探方第3层下，打破H10、第4层和生土层，同时被H11、H13、H17所打破，坑内距地表深50厘米。坑口平面为不规则的圆形，弧形坑壁，圜底。坑口直径355～380、深50厘米（图一一）。坑内填土分为二层：第1层为灰褐色黏土，内夹有少量黄褐色黏土，厚20～24厘米，土质较硬，出土陶片较多，有泥质陶和夹砂陶两种，其中泥质陶占95%；灰陶为其大宗，占陶质总数的50%；其次为红褐陶，黑衣陶、褐

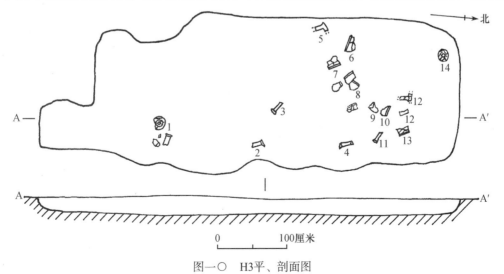

图一〇　H3平、剖面图

1.陶豆　2～4、11.陶豆柄　5、12.铁锸（残）　6.陶盆　7、8.陶盒口沿　9.陶鬲足　10.陶器口沿　13.陶瓮口沿　14.陶豆座

陶较少。绳纹是主要纹饰，占90%以上，另有少量弦纹，方格纹极少。主要器形有罐、鬲、豆等，还有铁削刀出土。第2层为灰黑色黏土，厚25～30厘米，土质结构较软，内含草木灰。出土陶片较多，有泥质陶和夹砂陶两种，泥质陶占80%，灰陶数量最多，其次为红褐陶，红陶、橙黄陶数量很少；绳纹约占总数的90%，另有戳印纹和少量素面陶片，主要器形有罐、豆、鬲、网坠，还有铁器出土。

　　H15　位于T1414的南部和T1413的北部，开口于探方第3层下，打破第4层和生土层，坑口距地表深40厘米。坑口平面呈圆角方形，弧形坑壁，圜底。边长190～200、深35厘米（图一二）。坑内填土为灰黑色黏土，内含草木灰、红烧土颗粒，其中还混杂大量石块。出土的陶片以夹砂陶居多，泥质陶偏少；红褐陶为其大宗，黑衣陶次之，灰陶最少；绳纹约占总数的90%，方格纹极少，素面陶约占10%，主要器形有鬲、豆、罐、鼎、釜、盂等。从此坑的规格形制可知，它是作为某种用途而开掘的，废弃后作为垃圾坑。

　　H17　位于T1313南部和T1312北部。开口于探方第3层下，打破H7和第4层，坑口距地表深45厘米。坑口平面近似椭圆形，北宽南窄，斜直坑壁，坑底高低不平。坑口长325、宽120～220厘米，坑底长280、宽76～160厘米，深40厘米（图一三）。坑内填土为灰黑色黏土，土质松软，内含草木灰及少红烧土颗粒。出有少量陶片，以泥质陶居多，夹砂陶较少；陶色中以灰陶最多，还有红褐陶、黑衣陶等；绳纹为其主要纹饰，素面陶占有一定的比例，主要器形有豆、鬲、盆等。根据此坑的层位关系和出土遗物的形制特征，初步推断其年代为东周时期偏晚阶段。

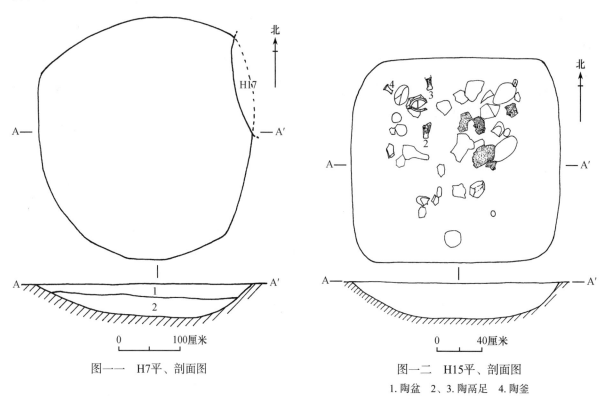

图一一　H7平、剖面图　　　　　　　图一二　H15平、剖面图

1.陶盆　2、3.陶鬲足　4.陶釜

4. 灰沟

1条。

G4　位于T1417、T1418的西部和T1416的北部，开口于探方第3层下，打破H30和生土层。同时其南端被G2所打破，沟口距地表深40～50厘米。沟口平面呈南北走向的长条形，沟壁斜直，平底，已揭示的部分沟口长1050、宽90～130厘米，沟底长同沟口，宽70～80、深50～60厘米（图一四）。沟底北端高出南端60厘米，可见水是由北向南流动的。沟内填土为灰色黏土，出土陶片较多，泥质陶与夹砂陶各占一半；灰陶最多，约占45%，褐陶次之，占30%，红陶、橙黄陶最少；绳纹是唯一的纹饰，占88%，其余为素面陶；主要器形有罐、鬲、豆、盂、釜等。G4与Y1仅相距2米，它们都是属于同一时期的组合遗存，推测G4是Y1烧制陶器时用水的引水沟。

（二）遗物

东周时期的遗物以陶器为主，偶可见到石器、铜器、铁器等。现按类别分述如下。

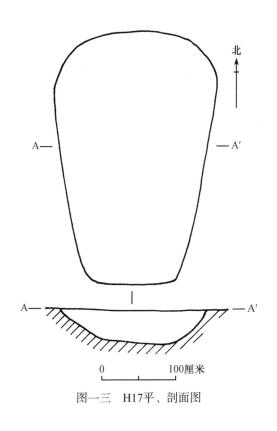

图一三　H17平、剖面图

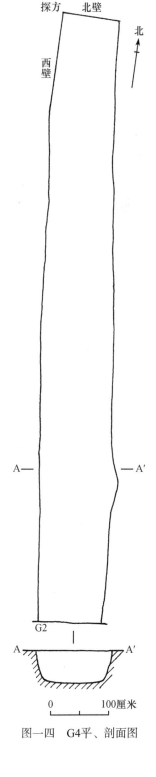

图一四　G4平、剖面图

1. 陶器

　　东周时期的陶器略有早晚，开口于探方第3层下的Y1、H26、H30、H31、G4等单位和第4层略早，其余单位略晚。偏早阶段的陶器多为碎片，完整器很少。总的来看，出土的陶片中有泥质与夹砂两种，夹砂陶略多于泥质陶，陶色有红褐陶、灰陶、褐陶、橙黄陶、磨光黑陶、黑衣陶等。其中以红褐陶数量最多，灰陶、褐陶次之，其他颜色的陶片所占比例较小；纹饰以绳纹为大宗，占70%～90%，除一般绳纹外，还有弦断绳纹、交错绳纹等。此外，还有弦纹、附加堆纹、圆窝纹、方格纹等，但数量都较少，素面陶占有一定比例。陶器器形有鬲、甑、鼎、釜、豆、壶、盂、罐、盆、瓮等，均为生活用品。多使用轮制，在部分陶器的肩部和底部还可以见到旋痕，有的器物除使用轮制外，其部件也使用模制和手制，如三足器鬲、鼎等。现以T1414第4层为例，将陶系、器形统计如表一、表二所示。

表一　T1414第4层陶系统计表　（单位：片）

陶色 陶质 数量 纹饰	泥质				夹砂			合计	百分比/%
	红褐陶	灰陶	橙黄陶	黑衣陶	红褐陶	灰陶	橙黄陶		
绳纹	14	36	19	13	48	13	13	156	83.42
弦纹		6				5		11	5.88
素面	2		8		10			20	10.70
合计	16	42	27	13	58	18	13	187	
百分比/%	8.56	22.46	14.44	6.95	31.01	9.63	6.95		100

表二　T1414第4层陶器器形统计表　（单位：件）

陶色 器形 纹饰 陶质	豆		鬲	釜		盂	罐	合计	百分比/%
	红褐陶	灰陶	红陶	红褐陶	灰陶	红褐陶	灰陶		
泥质 绳纹				1		2	2	5	38.46
泥质 素面	3	2						5	38.46
夹砂 绳纹			2		1			3	23.08
合计	3	2	2	1	1	2	2	13	
百分比/%	23.08	15.38	15.38	7.70	7.70	15.38	15.38		100

　　偏晚阶段的单位有第2层下的东周遗迹、第3层和开口于第3层下的部分遗迹。这一阶段的陶器多为残片，复原的完整器物并不多。就出土的陶片统计来看，有泥质陶和夹砂陶两种，其中泥质陶为多数，夹砂陶为少数；陶色仍以灰陶为主，但红褐陶占有较大的比例，数量仅次于灰陶，橙黄陶数量增多，几乎接近红褐陶的数量，黑衣陶、磨光黑陶比较多见；纹饰仍以绳纹占大多数，在绳纹中除竖行绳纹、斜行绳纹外，还有弦断绳纹、交错绳纹；此外还有少量的弦纹、附加堆纹。素面陶片占有较大的比例；器物类型以生活用器为绝大多数，生产工具较少，

器形有鬲、甗、鼎、釜、甑、豆、盂、壶、罐、盆、瓮、缸及网坠、纺轮、拍、圆饼、筒瓦等。陶器在制法上采用轮制，同时也采用模制和手制，有的陶器则采用几种制法相结合，如三足器鬲、甗、鼎及筒瓦等。现以T1412第3层为例，将陶系、器形统计列表如表三、表四所示。

表三　T1412第3层陶系统计表　　　　　（单位：片）

陶色 陶质 数量 纹饰	泥质				夹砂				合计	百分比/%
	灰陶	红褐陶	橙黄陶	黑衣陶	灰陶	红褐陶	橙黄陶	黑衣陶		
绳纹	72	67	28	11	38	30	11	8	265	86.60
弦纹					5				5	1.63
素面	11	3				11	11		36	11.76
合计	83	70	28	11	43	41	22	8	306	
百分比/%	27.12	22.88	9.15	3.60	14.05	13.40	7.19	2.61		100

表四　T1412第3层陶器器形统计表　　　　　（单位：件）

陶色 器形 纹饰 陶质	盆	豆		釜	罐		合计	百分比/%
	灰陶	灰陶	红褐陶	红褐陶	橙黄陶	黑衣陶		
泥质 绳纹						1	1	7.14
泥质 素面		1	3				4	28.57
夹砂 绳纹				2	1		3	21.43
夹砂 弦纹	6						6	42.86
合计	6	1	3	2	1	1	14	
百分比/%	42.86	7.14	21.43	14.29	7.14	7.14		100

现将各类器形分述如下。

鬲　出土数量较多，形态各异，形制较为复杂。有口沿和足。

口沿　51件。按口沿大小分二型。

A型　50件。大口。分二亚型。

Aa型　16件。侈口，卷沿。分三式。

Ⅰ式：5件。沿面上仰，口径明显大于腹径。H2：12，夹砂红褐陶。卷沿，三角唇，平腹微弧，腹部残。颈饰绳纹抹光，腹饰绳纹。口径28、残高6.8厘米（图一五，1）。

Ⅱ式：6件。口沿沿面外斜近平，口径略大于腹径。T1212③：1，夹砂灰陶。卷沿，方唇，弧腹，腹部残。腹饰绳纹。口径34、残高7.6厘米（图一五，2）。

Ⅲ式：5件。微卷沿，领近直。T1115③：2，泥质红褐陶。方唇，高颈内束，弧腹，腹部残。口径36、残高6厘米（图一五，3）。

Ab型　34件。折沿。又分七式。

Ⅰ式：4件。沿面下垂，中高领。H31：54，夹砂灰陶，器表施黑衣。卷沿，尖圆唇，束颈，圆腹，腹部残。腹饰绳纹。口径36、残高6.8厘米（图一五，4）。

Ⅱ式：4件。沿面外斜，中领。H31：52，方唇，弧腹，腹下残。颈、腹饰绳纹。口径44、残高6厘米（图一五，5）。

Ⅲ式：5件。沿面上仰，中领。H7①：30，泥质橙黄陶，折沿，方唇，腹沿面上仰，颈稍高，弧腹，腹部残。腹饰绳纹。口径32、残高4.4厘米（图一五，7）。

Ⅳ式：8件。平沿，矮领。H24：2，泥质灰陶。折沿，圆唇，短颈，弧腹，腹部残。腹饰竖行绳纹。口径38、残高5.6厘米（图一五，8）。

Ⅴ式：3件。短平沿，矮领。H12：11，夹砂灰陶。平折沿，圆唇，短颈，斜腹，腹部残。颈饰弦纹数周，腹饰绳纹。口径32、残高6厘米（图一五，9）。

Ⅵ式：4件。平沿，沿面有凸唇一周，高领。T1312③：1，泥质红褐陶。折沿，厚圆唇，直领，弧腹，腹部残。腹饰绳纹。口径44、残高8.6厘米（图一五，11）。

Ⅶ式：6件。折沿，沿面上仰。H33：1，已复原为完整器。泥质灰陶。敛口，折沿，沿面上仰，圆腹，弧裆近平，锥柱状足。腹及足上部饰绳纹，口径30.8、残高28厘米（图一五，10）。

B型　1件。小口。T1116④：10，泥质灰陶。卷沿，沿面较宽且斜直，方唇，颈内束，腹微弧，腹部残。颈、腹饰弦断绳纹。口径14、残高5.2厘米（图一五，6）。

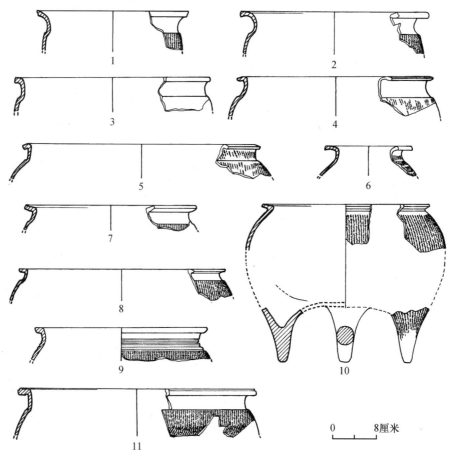

0 _____ 8厘米

图一五　第一期遗存出土陶鬲

1. Aa型Ⅰ式（H2：12）　2. Aa型Ⅱ式（T1212③：1）　3. Aa型Ⅲ式（T1115③：2）　4. Ab型Ⅰ式（H31：54）
5. Ab型Ⅱ式（H31：52）　6. B型（T1116④：10）　7. Ab型Ⅲ式（H7①：30）　8. Ab型Ⅳ式（H24：2）
9. Ab型Ⅴ式（H12：11）　10. Ab型Ⅶ式（H33：1）　11. Ab型Ⅵ式（T1312③：1）

足　65件。按形态、纹饰可分五式。

Ⅰ式：2件。锥足。H33：24，高锥足。夹砂灰陶。足上部内窝较深，足底尖圆，足表有刀削痕。残高10.4厘米（图一六，1）。H1：15，矮锥足。夹砂红褐陶。袋足外表饰绳纹，足表面素面。残高4.6厘米（图一六，4）。

Ⅱ式：14件。锥柱形。T1217④：1，夹砂灰褐陶。足上部内窝较深，足底较平。足表面饰绳纹。残高14.4厘米（图一六，2）。

Ⅲ式：38件。圆柱形。H11：2，夹砂红褐陶。圆柱形足较高，足上部内窝较浅。足表面所饰绳纹到足底。残高15.6厘米（图一六，3）。H12：3，泥质红褐陶。圆柱形足稍矮，足上部内窝较深。足表面饰有稀疏绳纹。残高9.6厘米（图一六，5）。H7①：42，夹砂红褐陶。圆柱形足下垂，其上部内窝较浅。足表面饰绳纹到足底。残高12.8厘米（图一六，6）。

Ⅳ式：2件。束腰圆柱形。H7②：28，夹砂红褐陶。圆柱形足外撇，其上部内窝较浅。足表面饰稀疏绳纹。残高14.8厘米（图一六，7）。

Ⅴ式：9件。锥柱形，足表面有削痕。H7①：36，夹砂红褐陶。足上部内窝较深，足底较平。残高10厘米（图一六，8）。

釜　20件。分五型。

A型　3件。卷沿，束颈。分二式。

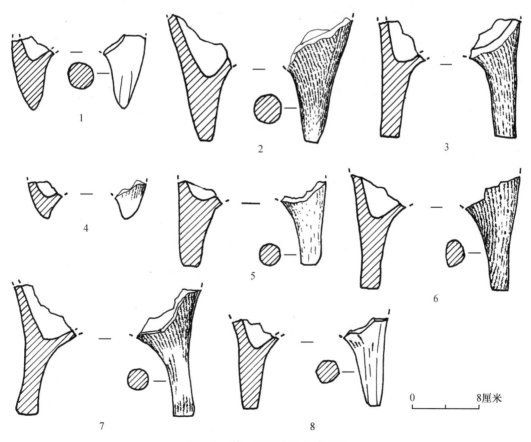

0　　　　　8厘米

图一六　第一期遗存出土陶鬲足

1、4.Ⅰ式（H33：24、H1：15）　2.Ⅱ式（T1217④：1）　3、5、6.Ⅲ式（H11：2、H12：3、H7①：42）

7.Ⅳ式（H7②：28）　8.Ⅴ式（H7①：36）

　　Ⅰ式：1件。沿面较宽，矮领。T1116④：10，泥质灰陶。卷沿，方唇，颈内束，腹微弧，腹部残。颈、腹饰弦断绳纹。口径17.4、残高5.2厘米（图一七，1）。

　　Ⅱ式：2件。中高颈。H7②：32，泥质灰陶，器表施黑衣。小口微侈，卷沿，尖唇，束颈较高，弧腹较深，腹下部残。颈、腹饰斜绳纹。口径20、残高15.2厘米（图一七，2）。

　　B型　9件。侈沿。分二式。

　　Ⅰ式：6件。沿、领外侈。H15：4，夹砂红褐陶。敞口，圆唇，束颈较高，颈下残。口径18、残高4.8厘米（图一七，3）。

　　Ⅱ式：3件。沿微侈，直领。T1414③：4，夹砂红褐陶。口微侈，卷沿，圆唇，束颈较高，弧腹，腹下部残。口径14、残高7.2厘米（图一七，4）。

　　C型　1件。直领，广肩。T1012③：13，泥质灰陶。圆唇，肩部残。领部饰有绳纹。口径20、残高2.4厘米（图一七，5）。

　　D型　5件。形体小巧，属小型釜类。分二式。

　　Ⅰ式：3件。卷沿，沿面上仰。H7②：19，夹砂红褐陶。圆唇，短颈，弧腹，腹部残。口径12、残高3.6厘米（图一七，6）。

　　Ⅱ式：2件。卷沿外侈。F1：18，夹砂红褐陶。口微侈，圆唇，颈内束，颈下残。口径8、残高2厘米（图一七，7）。

　　E型　2件。大口类。H12：6，夹砂红褐陶。敛口，卷沿，圆唇，矮颈，斜肩，肩下残。颈下饰凹弦纹两周，肩饰绳纹。口径32、残高5.2厘米（图一七，8）。F1：2，夹砂灰胎红衣陶。釜形，束颈较高，敞口，圆唇，唇下反贴泥条，形成凸棱一周。斜直腹，腹部残。腹饰圆窝纹。口径30、残高9.7厘米（图一七，11）。

　　鼎足　5件。按形态分为三型。

　　A型　2件。圆柱形。H15：10，夹砂红褐陶。足粗短，足底较平。足上部饰绳纹。足高5.2厘米（图一七，9）。

　　B型　1件。扁锥形。H15：5，夹砂红褐陶。足较矮，足底尖圆。足上部饰绳纹。足高5.2厘米（图一七，10）。

　　C型　2件。蹄形。T1414③：5，夹砂红褐陶。足上部残断，足下部为兽蹄形。残高4厘米（图一七，12）。

　　凸肩罐　4件。T1016③：1，泥质灰陶，器表施黑衣。敛口，直领，方唇，腹上部圆折，腹下部内收，腹下部残。口径16、残高4厘米（图一七，13）。

　　甗　2件。H2：10，夹砂红褐陶。卷沿，方唇，直颈，颈下残。口径36、残高4厘米（图一七，15）。

　　甗腰部残片　2件。H2：4，夹砂灰陶。束腰上部残片，上腹斜收至束腰。上腹饰绳纹。腰径11.6、残高7.2厘米（图一七，14）。

　　豆　51件。分二型。

　　A型　21件。弧腹略深。分四式。

　　Ⅰ式：2件。直口，盘较深。T1414④：1，泥质灰陶。敞口，圆唇，深盘，弧壁下收，盘心微凹，柱状柄较直，中空，喇叭形座。口径15.2、高15.2厘米（图一八，1）。

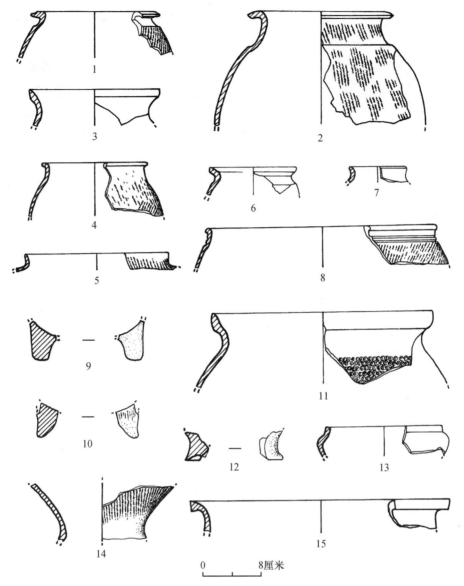

图一七　第一期遗存出土陶釜、鼎、凸肩罐、甑

1. A型Ⅰ式釜（T1116④：10）　2. A型Ⅱ式釜（H7②：32）　3. B型Ⅰ式釜（H15：4）　4. B型Ⅱ式釜（T1414③：4）
5. C型釜（T1012③：13）　6. D型Ⅰ式釜（H7②：19）　7. D型Ⅱ式釜（F1：18）　8、11. E型釜（H12：6，F1：2）
9. A型鼎足（H15：10）　10. B型鼎足（H15：5）　12. C型鼎足（T1414③：5）　13. 凸肩罐（T1016③：1）
14. 甑腰部残片（H2：4）　15. 甑（H2：10）

Ⅱ式：5件。口微敛，盘较深。T1315③：1，泥质灰陶。敛口，方唇，沿面内斜，腹鼓圆，腹下部内收，腹下部残。口径16、残高3.6厘米（图一八，2）。

Ⅲ式：6件。敞口，盘较浅。H4：2，泥质红褐陶。敞口，圆唇，弧壁，深盘，盘底微凹，圆柱形柄中空，喇叭形座已残。口径11.2、残高6.4厘米（图一八，3）。

Ⅳ式：8件。敞口，盘较浅，圈足较高。H10：5，泥质灰陶。敞口，圆唇，弧壁，盘底微凹，圆柱形柄中空，喇叭形座。口径12.8、高13.6厘米（图一八，4）。

A型豆柄　8件。粗柄。T1213③：5，泥质红褐陶，器表施黑衣。盘口已残，圆柱形柄中空，柄腰内束，喇叭形座已残。柄径4.8、残高5.8厘米（图一八，5）。

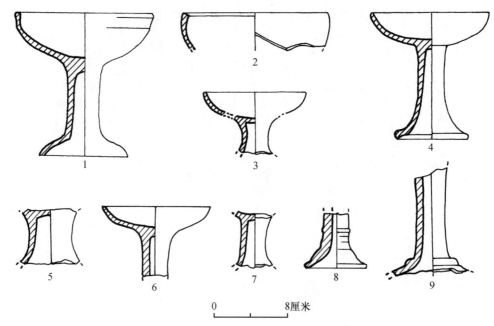

图一八　第一期遗存出土陶豆

1. A型Ⅰ式（T1414④：1）　2. A型Ⅱ式（T1315③：1）　3. A型Ⅲ式（H4：2）　4. A型Ⅳ式（H10：5）
5. A型豆柄（T1213③：5）　6. B型（H7①：59）　7. B型Ⅰ式豆柄（T1116④：4）　8. B型Ⅱ式豆柄（F1：4）
9. B型Ⅲ式豆柄（T1313③：9）

　　B型　11件。斜腹较浅。H7①：59，泥质红陶，敞口，圆唇，弧壁，盘底微凹，圆柱形柄中空，柄下部残。口径12、残高7.2厘米（图一八，6）。

　　B型豆柄　11件。细长柄。分三式。

　　Ⅰ式：4件。喇叭形，稍矮。T1116④：4，泥质灰陶。盘口残缺，盘心微凹，柱状柄腰内束，中空，喇叭形座残。柄径2.8、残高5.6厘米（图一八，7）。

　　Ⅱ式：4件。底座外折。F1：4，磨光黑陶。盘口及柄上部均残，圆柱形柄中空，柄壁较厚，上有凸棱一圈，喇叭形座。座径7、残高5.8厘米（图一八，8）。

　　Ⅲ式：3件。底座外折起台棱。T1313③：9，泥质红陶，器表施黑衣。盘口及柄上部均残，圆柱形柄中空，柄壁较厚，喇叭形座下部残，座上部饰有凸棱一圈。残高11.2厘米（图一八，9）。

　　盆　74件。分五型。

　　A型　9件。侈沿，弧腹内收。分四式。

　　Ⅰ式：2件。沿面下垂，弧腹近直。T1214④：12，泥质红褐陶。卷沿，圆唇，沿面上凹，腹壁较直，腹下残。口径28、残高4.8厘米（图一九，1）。

　　Ⅱ式：3件。侈沿上扬，斜腹内收。H10：25，夹砂灰陶，器表施黑衣。侈口，卷沿，圆唇，沿面上仰，腹部圆折内收，腹下部残。腹下部饰有绳纹。口径24、残高5.6厘米（图一九，3）。

　　Ⅲ式：2件。侈沿，中腹内收。T1014③：4，泥质灰陶，器表施黑衣。侈口，卷沿，方唇，沿面上仰，斜弧腹，腹下部残。口径24、残高4厘米（图一九，2）。

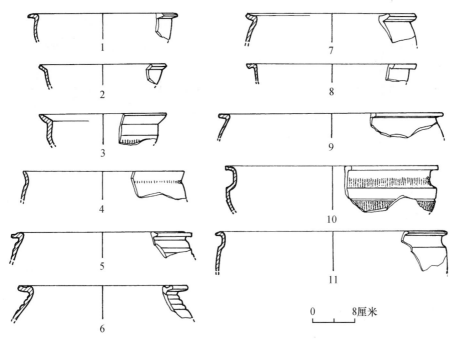

图一九　第一期遗存出土陶盆

1.A型Ⅰ式（T1214④：12）　2.A型Ⅲ式（T1014③：4）　3.A型Ⅱ式（H10：25）　4.A型Ⅳ式（T1415③：1）

5.B型Ⅰ式（H31：44）　6.B型Ⅱ式（T1310③：20）　7、8.B型Ⅲ式（H21：7、T1212③：11）

9.B型Ⅳ式（T1414③：7）　10.C型Ⅰ式（H3：6）　11.C型Ⅱ式（H31：2）

Ⅳ式：2件。直领微侈，弧腹外张。T1415③：1，泥质橙黄陶。侈口，圆唇，弧腹，腹部残。颈部所饰绳纹抹平。口径30、残高5.2厘米（图一九，4）。

B型　21件。折沿，鼓腹。分四式。

Ⅰ式：3件。沿面有凸棱，似子母口。H31：44，夹砂红褐陶，器表施黑衣。敛口，卷沿，圆唇，沿面内侧有凸棱一周，颈不明显，斜腹，腹部残。腹饰凹弦纹数周。口径34、残高4.8厘米（图一九，5）。

Ⅱ式：7件。沿面下凹一周。T1310③：20，泥质红褐陶，器表施黑衣。敛口，卷沿，短颈，腹部残。上腹饰凹弦纹数周。口径32、残高6厘米（图一九，6）。

Ⅲ式：5件。沿面上仰。H21：7，泥质灰陶。厚方唇，弧腹，腹部残。口径32、残高5.2厘米（图一九，7）。T1212③：11，口径32、残高3.2厘米（图一九，8）。

Ⅳ式：6件。沿面平。T1414③：7，泥质灰陶。圆唇，斜弧腹，腹部残。口径42、残高4.4厘米（图一九，9）。

C型　21件。大口，束颈，鼓腹。分五式。

Ⅰ式：3件。中高领，卷沿，方唇。H3：6，泥质灰陶。卷沿，方唇，高领，扁圆腹，腹部残。颈部所饰绳纹抹平，腹饰凹弦纹一周，凹弦纹之下饰有绳纹。口径40、残高8.2厘米（图一九，10）。

Ⅱ式：5件。矮领，尖唇，卷沿，H31：2，泥质红褐陶，器表施黑衣。沿面略外斜，颈稍矮，弧腹，腹部残。素面。口径44、残高7.2厘米（图一九，11）。

Ⅲ式：5件。短颈，平折沿，圆唇。H7①：14，泥质灰陶。敛口，短颈，腹部残。上腹部饰凹弦纹数周。口径34、残高5.6厘米（图二〇，1）。

Ⅳ式：5件。短颈，折沿，沿面有凹槽。H2：2，夹砂灰陶。方唇，弧腹。腹上部饰凹弦纹数周。口径34、残高6.4厘米（图二〇，2）。

Ⅴ式：3件。平折沿较短，短颈微束。H33：28，泥质灰陶，器表施黑衣。圆唇，圆腹，腹下部残。腹部饰弦断绳纹。口径36、残高12.8厘米（图二〇，3）。

D型　21件。形体较小，口径在20厘米左右，最大超过30厘米。个体较小的盆不少报告称为盂。分二亚型。

Da型　6件。深腹高领。分二式。

Ⅰ式：2件。敛口，平折沿。Y1：2，泥质灰陶，器表施黑衣。卷沿，方唇，颈内束，折肩，弧腹下收，底内凹。颈及腹上部饰竖行绳纹，腹下部、底部饰交错绳纹。口径20.8、高13.2厘米（图二〇，5）。

Ⅱ式：4件。束颈直高，方唇，唇面有凹沟。T1414③：1，泥质红褐陶。侈口，卷沿，方唇较厚，弧腹微鼓，腹下部残。腹上部饰竖行绳纹，腹下部饰交错绳纹。口径28、残高17.2厘米（图二〇，6）。

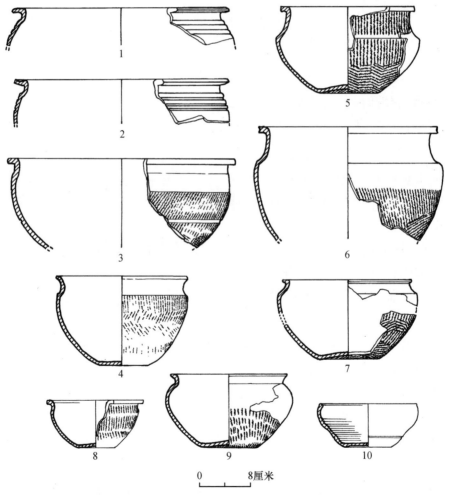

图二〇　第一期遗存出土陶盆

1. C型Ⅲ式（H7①：14）　2. C型Ⅳ式（H2：2）　3. C型Ⅴ式（H33：28）　4. Db型Ⅰ式（H7①：1）　5. Da型Ⅰ式（Y1：2）
6. Da型Ⅱ式（T1414③：1）　7. Db型Ⅱ式（H10：22）　8. Db型Ⅲ式（H22：2）　9. Db型Ⅳ式（H33：21）　10. E型（H15：1）

Db型　15件。浅腹矮领。分四式。

Ⅰ式：5件。侈口，束颈略高。H7①：1，夹砂红褐陶。侈口，卷沿，方唇，弧腹下收，平底。腹上部饰竖行绳纹，腹下部饰交错绳纹。口径21、高13厘米（图二〇，4）。

Ⅱ式：3件。敛口，折沿，矮束颈。H10：22，泥质红褐陶，器表施黑衣。卷沿，尖唇，腹上部鼓圆，腹下部斜收，最大径在腹上部，底内凹。腹上部饰竖行绳纹，腹下部和底部饰交错绳纹。口径20、高12厘米（图二〇，7）。

Ⅲ式：3件。侈沿，束颈不明显。H22：2，泥质灰陶，器表施黑衣。卷沿，圆唇，颈微束，弧腹下收，底微凹。颈饰竖行绳纹，腹饰弦断绳纹。口径15.2、高7.2厘米（图二〇，8）。

Ⅳ式：4件。侈沿，尖唇，矮束颈，腹最大径在其中部。H33：21，泥质灰陶，表面施黑衣。卷沿，圆唇，沿面微翘，束颈，腹部尖圆，腹下部斜收，底内凹。口径18、高11.2厘米（图二〇，9）。

E型　2件。敛口，无颈。H15：1，泥质灰陶，器表施黑衣。方唇，唇面内斜，曲腹下收，底微凹。下腹饰一周凹弦纹。口径15.2、高6.8厘米（图二〇，10）。

罐　73件。按口沿特征分四型。

A型　48件。矮领。分二亚型。

Aa型　23件。侈沿。分五式。

Ⅰ式：8件。矮领略高，侈沿圆折，尖唇。T1418④：3，泥质灰陶，器表施黑衣。口微侈，卷沿，尖唇，沿内侧凹起，颈内束，圆肩，肩部残。颈、肩饰竖行绳纹。口径18、残高4.4厘米（图二一，1）。

Ⅱ式：5件。侈沿，方唇。H24：5，泥质灰陶。侈口，方唇，束颈，圆肩，肩部残。口径16、残高3.2厘米（图二一，4）。

Ⅲ式：4件。平沿，宽沿圆折，尖唇。T1310③：29，夹砂红褐陶。卷沿，圆唇，矮颈，弧腹，腹部残。肩、腹饰绳纹。口径20、残高5.6厘米（图二一，2）。

Ⅳ式：4件。侈沿，沿面有浅凹沟，方唇。H33：11，夹砂灰陶，器表施黑衣。侈口，卷沿，厚圆唇，沿面有凹弦纹一周，颈内束，广肩，肩下部残。颈、肩饰斜绳纹。口径22、残高7.2厘米（图二一，3）。

Ⅴ式：2件。沿面较窄，唇部有凹沟。H33：16，夹砂红褐陶，器表施黑衣。卷沿，双叠唇，矮颈，腹部残。腹、颈饰绳纹。口径14、残高4.8厘米（图二一，5）。

Ab型　25件。折沿。分五式。

Ⅰ式：2件。宽沿圆折。H7②：4，泥质灰陶。卷沿，圆唇，斜肩，肩下残。肩饰凸弦纹数周。口径12、残高4.8厘米（图二一，7）。

Ⅱ式：11件。沿面变窄，沿面微圆凸。H7①：59，泥质红陶。敞口，圆唇，弧壁，盘底微凹，圆柱形柄中空，柄下部残。口径24.3、残高7.2厘米（图二一，6）。

Ⅲ式：4件。折沿，沿面有凹弦纹一周。T1410③：4，泥质灰陶。敛口，圆唇，斜腹，腹部残。口径20、残高5.2厘米（图二一，8）。

Ⅳ式：4件。折沿，沿面较平，T1310③：33，夹砂灰陶。圆唇，短颈，弧腹，腹部残。口

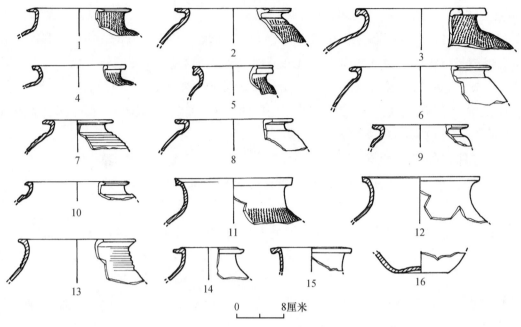

图二一　第一期遗存出土陶罐

1. Aa型Ⅰ式（T1418④：3）　2. Aa型Ⅲ式（T1310③：29）　3. Aa型Ⅳ式（H33：11）　4. Aa型Ⅱ式（H24：5）
5. Aa型Ⅴ式（H33：16）　6. Ab型Ⅱ式（H7①：59）　7. Ab型Ⅰ式（H7②：4）　8. Ab型Ⅲ式（T1410③：4）
9. Ab型Ⅳ式（T1310③：33）　10. Ab型Ⅴ式（H34：1）　11. Ba型Ⅰ式（T1414④：2）　12. Ba型Ⅱ式（H29：1）
13. Ba型Ⅲ式（T1012③：6）　14. Bb型Ⅰ式（H30：15）　15. Bb型Ⅱ式（H7②：22）　16. 罐底（H18：4）

径16、残高3.6厘米（图二一，9）。

　　Ⅴ式：4件。沿面外斜，短尖唇。H34：1，泥质灰陶。口微侈，尖唇，弧肩，肩部残。口径18、残高2.8厘米（图二一，10）。

　　B型　19件。中高领。分二亚型。

　　Ba型　10件。侈沿。分三式。

　　Ⅰ式：3件。侈沿上扬，方唇，唇剖面呈三角形。T1414④：2，泥质灰陶。侈口，沿内侧下凹，似盘口，三角唇，颈略束，斜肩，肩下残。肩部饰竖绳纹。口径20、残高7.6厘米（图二一，11）。

　　Ⅱ式：4件。沿面上仰，方唇。H29：1，泥质灰陶。侈口，折沿，方唇，束颈，颈下残。口径20、残高7.2厘米（图二一，12）。

　　Ⅲ式：3件。平沿，尖圆唇。T1012③：6，夹砂灰陶。口微侈，折沿，圆唇，颈上部内束，斜肩，肩下残。颈部饰凹弦纹数周。口径18、残高7.2厘米（图二一，13）。

　　Bb型　9件。折沿。分三式。

　　Ⅰ式：3件。折沿，沿面凸出，呈子母口状。H30：15，泥质灰陶。卷沿，尖唇，沿面内侧凹起，斜肩，肩部残。口径12、残高5.2厘米（图二一，14）。

　　Ⅱ式：3件。折沿下垂，方唇。H7②：22，泥质灰陶。折沿，方唇，沿面外斜，高颈微束，颈部下残。口径14、残高4厘米（图二一，15）。

　　Ⅲ式：3件。沿面上仰，尖唇。H10：21，泥质灰陶，器表施黑衣。折沿，圆唇，高领，弧腹，腹部残。肩、腹饰绳纹。口径20、残高13.2厘米（图二二，2）。

C型　1件。高领。H3：20，泥质红陶。侈口，卷沿，圆唇，长颈，弧腹，腹部残。颈部饰二道凹弦纹。口径16、残高11厘米（图二二，1）。

D型　5件。大口，直领，H22②：18，泥质红褐陶，器表施黑衣。口微侈，尖圆唇，口沿外侧贴一周泥条形成凸棱，颈斜直，颈下残。口径38、残高8厘米（图二二，3）。

罐底　4件。H18：4，泥质灰陶，器表施黑衣。腹上部均残，下部内收，圈足已脱落，壶底部留有疤痕。底径9.2、残高3.2厘米（图二一，16）。T1414③：6，泥质红褐陶。底微圜，圈足外撇。足径14、高2.4厘米（图二二，5）。

瓮　37件。分二型。

A型　13件。无颈。分四式。

Ⅰ式：1件。宽折沿，溜肩。H7①：1，夹砂灰陶。折沿，方唇，沿面上仰，斜肩，肩下残。肩饰凹弦纹四周。口径26、残高7.6厘米（图二二，4）。

Ⅱ式：5件。卷沿，溜肩。T1012③：14，泥质橙黄陶。圆唇，沿面较平，斜直腹，腹部残。腹饰竖绳纹。口径20、残高4.8厘米（图二二，6）。

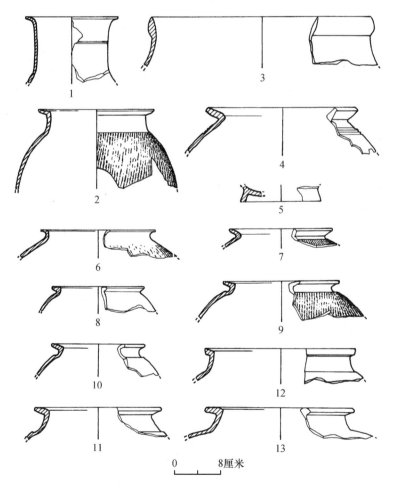

图二二　第一期遗存出土陶罐、瓮

1. C型罐（H3：20）　2. Bb型Ⅲ式罐（H10：21）　3. D型罐（H22②：18）　4. A型Ⅰ式瓮（H7①：1）

5. 罐底（T1414③：6）　6. A型Ⅱ式瓮（T1012③：14）　7. A型Ⅲ式瓮（T1012③：18）　8. A型Ⅳ式瓮（H3：23）

9. B型Ⅰ式瓮（H13：5）　10. B型Ⅱ式瓮（H7②：15）　11. B型Ⅲ式瓮（H7②：2）　12. B型Ⅳ式瓮（H7①：12）

13. B型Ⅴ式瓮（H33：10）

Ⅲ式：4件。折沿，广肩。T1012③：18，夹砂灰陶。卷沿，圆唇，沿面上仰，斜肩，肩下残。肩部饰绳纹。口径18、残高3.2厘米（图二二，7）。

Ⅳ式：3件。短平折沿，圆肩。H3：23，夹灰橙黄陶。圆唇，沿面上翘，弧腹，腹部残。口径16、残高4厘米（图二二，8）。

B型　24件。有颈。分五式。

Ⅰ式：3件。短颈，沿面平。H13：5，夹砂灰陶。卷沿，圆唇，沿面微仰近平，束颈，溜肩，腹部残。肩、腹饰绳纹。口径20、残高6.4厘米（图二二，9）。

Ⅱ式：3件。短颈略长，沿面微凸。H7②：15，夹砂红褐陶。敛口，折沿，圆唇，沿面上仰，束颈，溜肩，肩下残。口径16、残高5.4厘米（图二二，10）。

Ⅲ式：8件。中高颈，沿面弧凸。H7②：2，泥质灰陶。敛口，卷沿，圆唇，沿面上仰，斜颈，腹部残。口径22、残高5.2厘米（图二二，11）。

Ⅳ式：7件。中高颈，平沿面较窄。H7①：12，泥质灰陶。敛口，折沿，圆唇，沿面上仰，斜颈，腹部残。口径26、残高5.6厘米（图二二，12）。

Ⅴ式：3件。中高颈，宽沿。H33：10，夹砂灰褐陶，器表施黑衣。敛口，卷沿，圆唇，沿面上凸，斜颈，广肩，肩下部残。口径26、残高4.6厘米（图二二，13）。

网坠　11件。形制基本相同。H11：7，夹砂灰陶。呈中间粗两端细的纺锤形，横截面为圆形，中间有一纵向圆形穿孔，孔径0.7厘米。长6.5、直径1～1.6厘米。

纺轮　3件。分二型。

A型　2件。算珠形。H14：1，泥质灰陶，器表施黑衣。轮边中部有凸棱一周，中心有一穿孔，孔径0.8厘米。直径4.4、高2.4厘米（图二三，1）。

B型　1件。立面为圆台形。T1214②：1，泥质灰陶。剖面为梯形，上部圆面小，下部圆面大，轮面饰五道凹弦纹，中心有一圆形穿孔，孔径0.4厘米。直径0.6～4、高2.2厘米（图二三，2）。

拍　1件。T1117③：1，夹砂灰陶。柄圆筒状中空，柄尾已残断，拍面呈圆弧形。柄径4.8、拍面直径8.8、残高8.5厘米（图二三，6）。

圆片　1件。T1014③：5，泥质红褐陶。用陶器残片磨制而成，平面大致为圆形，表面仍保留交错绳纹。直径3.9～4.3、厚0.4厘米（图二三，3）。

筒瓦　1件。H3：24，夹砂灰陶。仅残存瓦舌的一部分，横截面呈半圆形，瓦舌尖薄，瓦体较轻。残长3.7、残宽7.2厘米（图二三，4）。

2. 石器

刀　1件。F1：1。以细砂岩磨制而成，形状为扁长形，单面刃，背部中央两面对钻一圆孔，孔径0.4厘米。通长8.8、宽4.2、厚0.7厘米（图二三，5）。

3. 铜器

镞　2件。形制相同。H21：1，锋残断，圆柱形镞身，三棱形铤残。铤残长0.8、铤径0.4、全长8.8厘米（图二三，7）。

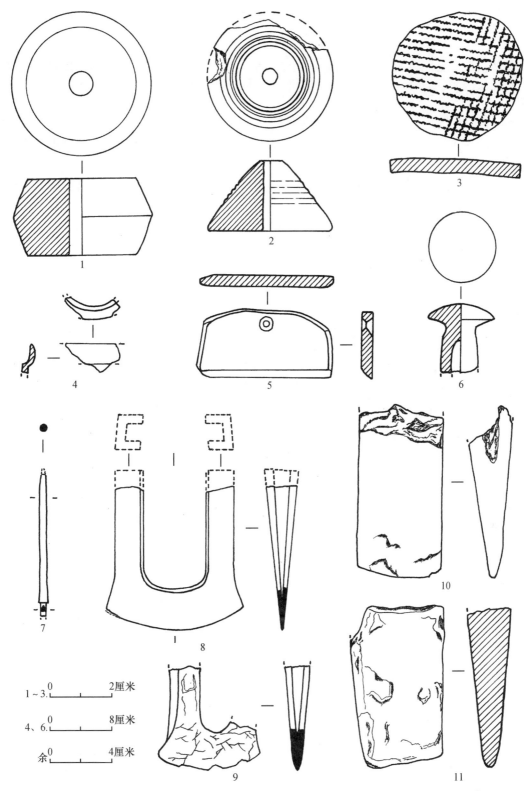

图二三　第一期遗存出土陶器、石器、铜器、铁器

1.A型陶纺轮（H14：1）　2.B型陶纺轮（T1214②：1）　3.陶圆片（T1014③：5）　4.筒瓦（H3：24）

5.石刀（F1：1）　6.陶拍（T1117③：1）　7.铜镞（H21：1）　8.Ⅱ式铁锸（T1310③：1）　9.Ⅰ式铁锸（H3：5）

10.Ⅰ式铁锛（T1121③：1）　11.Ⅱ式铁锛（T1112②：1）

4. 铁器

发现铁锸、铁锛，品种和数量均较少。

锸　8件。分二式。

Ⅰ式：4件。弧形刃外侈。H3：5，平面呈"凹"字形，銎部及一尾残缺，尾内侧作有凹槽。残高6.6、残宽6.4、厚1.8厘米（图二三，9）。

Ⅱ式：4件。弧形刃外凸。T1310③：1，平面呈"凹"字形，銎部残缺，尾内侧作有凹槽。残长9、宽8.8、厚2.2厘米（图二三，8）。

锛　2件。分二式。

Ⅰ式：1件。平面呈长方形。T1121③：1，銎部残缺，侧面呈三角形，弧形刃。残长10.8、宽5.4、厚2.6厘米（图二三，10）。

Ⅱ式：1件。平面呈梯形。T1112②：1，銎部残缺，侧面呈三角形，刃平直。残长10、宽6、厚2.8厘米（图二三，11）。

三、明清时期遗存

明清时期遗存，包括本区探方第1、2层地层部分遗迹，H32、G2、G3、G5、M1、M301～M308和上述各单位所出土的具有明清时代形制特征的文化遗物。

（一）文化遗迹

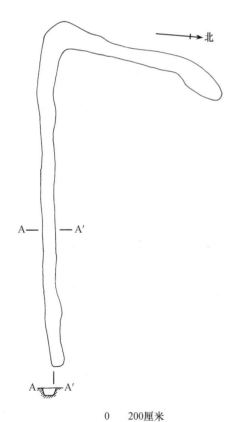

北

属于明清时期的遗迹有灰坑1个、灰沟3条、墓葬9座。H32的坑口为不规则的圆形，3条灰沟的沟口有曲尺形、长条形、弧形（详见附表一）。9座墓葬除M1为长方形竖穴岩坑砖室墓外，其余均为长方形竖穴土坑墓（详见附表二）。现以G2、M1为例加以说明。

G2　位于T1116～T1416、T1015～T1018及T1115内，开口于探方第2层下，打破第3、4层及G3、G4、H18、H19，沟口距地表深25～45厘米。沟口平面呈曲尺形，沟壁斜直，平底。沟口长3335、宽85～100厘米，沟底长同沟口，宽50～70厘米，沟口至沟底深30～85厘米（图二四）。根据沟底北端高出东端100厘米，推断当时的沟水是由北端向南，再折向东端排出。

沟内填土为灰黄色黏土，土质较疏松，出有少量时代较早的泥质灰陶罐口沿，豆柄外主要出有青砖布瓦、青花草叶纹瓷碗等明代时期的遗物。根据G2的层位关系和出土遗物的形制特征，初步推断其年代为明代晚期至清代

A——A'

A——A'

0　　200厘米

图二四　G2平、剖面图

早期。

M1　位于本区北部发掘点（凤凰地）T1～T4内，开口于探方第1层下，打破第2层和生土，墓口距地表深26厘米。墓坑为长方形竖穴岩坑，系猪肝色红石岩，墓坑已遭破坏，墓口残长442～476、残宽360～388厘米，墓底长424～433、宽333～357厘米，墓口至墓底深74～158厘米。墓室位于岩坑中北部，为双拱砖室，分甲、乙两室，即为同穴异室合葬墓。墓室用长29.5、宽15.5、厚9.5厘米的青砖采用错缝平砌五层，两室靠近的墙壁用相同规格的青砖采用横二竖二错缝平砌成一整体。在整体宽墙的中南部，距墓底30厘米高处设置长32、高10厘米的通风窗口。墓室第五层墙砖之上，再用长29.1、宽15.1、厚7.3或10厘米的楔形青砖起拱砌筑，封门墙的砌筑方法与四壁墙相同。墓室壁墙和顶拱砌筑的砖块皆用石灰黏接，内壁用石灰抹平成光面。封门墙外的拱上部用半头砖错缝平砌，形成一面墙，墙外侧用石灰泥平成光面。在封门墙外则用大石块垒砌成封门石墙。甲室长290～296、宽128、高110～123厘米，乙室长288～293、宽130、高106～116厘米（图二五；图版三，2）。甲室拱顶和乙室封门墙上部东边均有

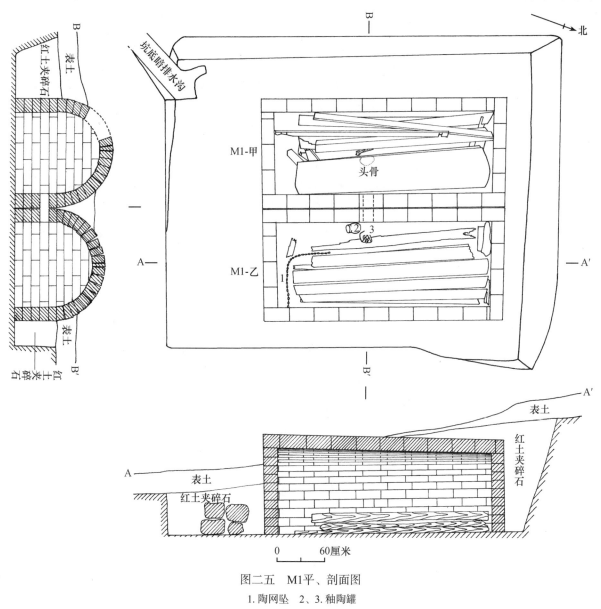

图二五　M1平、剖面图

1. 陶网坠　2、3. 釉陶罐

一处大盗洞，均可证实此墓曾被盗过。在墓坑底部的西南设有一条渗水沟，沟底填有厚约10厘米的碎片，其上填有红土夹碎石。甲、乙两室内各有一具木棺，皆为黑漆平底弧棺，甲室木棺棺盖和棺底分别用5根长木相拼，棺墙柜和挡板分别用3块长木相拼，墙板与盖板、底板皆有子母榫扣合。甲室木棺长237、宽74～80、高66～85厘米。乙室木棺腐烂严重，加之破坏和扰乱，尺寸已不清楚。甲室仅头骨清楚，其他部位散乱，根据木棺的形制和甲室头骨的位置，推断墓主人头向为北，方向333°，葬式不清，墓主应为男性。乙室骨架散乱不堪，墓主应为女性。应是一座夫妻合葬墓。甲室没有发现随葬品，乙室有2件釉陶罐和1件陶网坠。根据M1的层位关系，墓葬形制及随葬器物的特征，初步推断其年代为清代。

（二）文化遗物

明清时期出土的遗物不多，且多为碎片，仅M1随葬的两件釉陶罐为完整器。

青花瓷碗　9件。可分为三型。

A型　4件。腹部宽坦。可分二式。

Ⅰ式：2件。矮圈足，有口沿和底部残片。

口沿　1件。T1114②：3，敞口，圆唇，口沿略撇，斜弧壁内收，腹下部残。口沿内侧饰青花平行线二周，口沿外侧用青花饰圆点纹和锯齿纹各一周，腹外壁用青花饰草叶纹。口径13.9、残高4厘米（图二六，1）。

足底　1件。T1021②：7，腹上部已残，腹下部斜弧壁内收，底微凹，圈足跟尖圆。腹外壁及圈足外侧用青花饰草叶纹，内底及圈足跟裸胎。足径3.4、残高3.3厘米（图二六，2）。

Ⅱ式：2件。圈足较高。T1121②：1，腹上部已残，腹下部斜弧壁内收，底微凹，圈足跟尖圆。腹内壁和圈足外侧上部各饰青花平行线两周，腹外壁用青花饰灵芝纹，圈足跟裸胎。足径6.8、残高5厘米（图二六，6）。

B型　4件。腹部狭窄。可分二式。

Ⅰ式：2件。足跟厚圆。T1121②：4，腹上部已残，腹下部内收，底微凹，圈足厚实。腹外壁和底心用青花饰灵芝纹，足跟外侧及圈足内裸胎。足径4、残高4.4厘米（图二六，3）。

Ⅱ式：2件。足跟尖圆。T1018②：5，仅存底部残片。底微凹，圈足厚实。圈足外侧上部饰青花平行线两周，腹外壁饰梵纹。足径5、残高2厘米（图二六，7）。

C型　1件。斜直腹。T1018②：1，腹上部已残，腹斜直壁内收，底近平，圈足跟尖圆。底心及腹外壁用青花绘花瓣纹，外底用青花饰圆圈纹，圈足外侧釉面有刺瘤，圈足内及足跟部外侧裸胎。足径6、残高4.2厘米（图二六，8）。

青花瓷盏　1件。T1020②：5，仅存底部残片。底近平，圈足轻薄较高。足径13.1、残高1.6厘米（图二六，4）。

青花瓷杯　1件。T1021②：4，仅存腹部残片。斜弧腹内收，底微凹，小圈足。腹外壁用青花绘有花纹，圈足跟裸胎。足径3、残高2.2厘米（图二六，5）。

青花瓷碟　1件。T1020②：2，仅存底部残片。平底，圈足外撇。盘心用青花绘草叶纹。足径4、残高2.4厘米（图二六，9）。

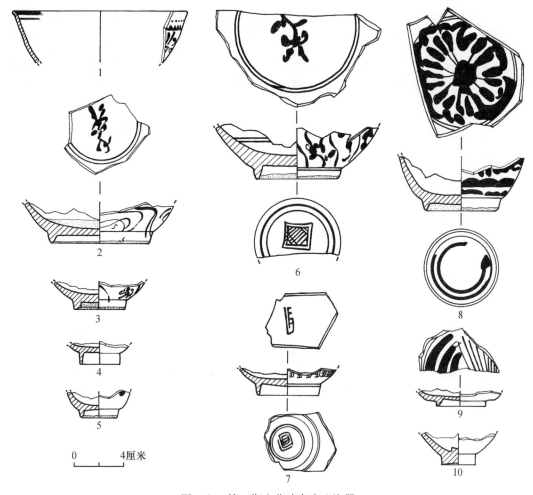

图二六　第二期文化遗存出土瓷器

1、2.A型Ⅰ式青花瓷碗（T1114②：3、T1021②：7）　3.B型Ⅰ式青花瓷碗（T1121②：4）　4.青花瓷盏（T1020②：5）
5.青花瓷杯（T1021②：4）　6.A型Ⅱ式青花瓷碗（T1121②：1）　7.B型Ⅱ式青花瓷碗（T1018②：5）
8.C型青花瓷碗（T1018②：1）　9.青花瓷碟（T1020②：2）　10.黑釉瓷碗（T1020②：1）

　　黑釉瓷碗　1件。T1020②：1，腹上部已残。斜直腹，假圈足底内凹，底心有实瘤。灰白胎，施黑釉。足径2.8、残高2.5厘米（图二六，10）。

　　釉陶罐　3件。可分三型。

　　A型　1件。小口。T1115②：1，夹砂褐胎硬陶，口沿内外及器外表施黄釉，部分釉面已脱落。敛口，圆唇，口沿外侧有凸弦纹一周，短颈，斜肩，肩下残。肩部的黄釉面上饰有小方格纹。口径10、残高6厘米（图二七，1）。

　　B型　1件。敛口。M1-乙：3，褐胎硬陶，口沿内外及器表上部施黄釉。卷沿，圆唇外侈，沿面外斜，无颈，弧腹，平底。口径11.2、底径9.6、高13.8厘米（图二七，2）。

　　C型　1件。侈口。M1-乙：2，褐胎硬陶，流部及腹表施黑釉。直颈，弧腹，平底，口上有一流，与流对称的口沿下附一桥形执手。口径9.6～10.8、底径9.7、高13.8厘米（图二七，3）。

　　釉陶钵　2件。可分二式。

Ⅰ式：1件。沿面凸出。T1021②：3，褐胎硬陶，内施青绿釉，外表施青灰釉。口微敛，斜弧腹，腹下部残。口径28、残高6厘米（图二七，4）。

Ⅱ式：1件。平沿。T1121②：5，红褐胎硬陶，器表施酱黄釉。口微敛，平折沿，弧腹，腹部残。腹上部饰凹弦纹一周。口径24、残高2.8厘米（图二七，5）。

釉陶盆　2件。可分二型。

A型　1件。口沿内卷。T1020②：7，灰胎硬陶。圆唇，斜弧腹已残。沿外侧饰圆珠纹一周。口径40、残高5.2厘米（图二七，6）。

B型　1件。口沿内敛。T1020②：6，褐胎硬陶，器内外均施青绿釉。敛口，斜弧腹，腹部残。口径44、残高3.6厘米（图二七，7）。

釉陶瓮　1件。T1121②：6，红胎硬陶，未施釉。小口，厚圆唇，沿下有凸棱一周，斜颈，颈下残。颈部饰凹弦纹二周。口径14、残高6厘米（图二七，8）。

釉陶灯盏　1件。T1020②：9，残存灯柱。褐胎硬陶，内壁施黑釉。圆柱形灯柱，中空，柱表面饰竹节纹，侧面附一执手，执手残断，喇叭形座也残。柄径2.4、残高8厘米（图二七，9）。

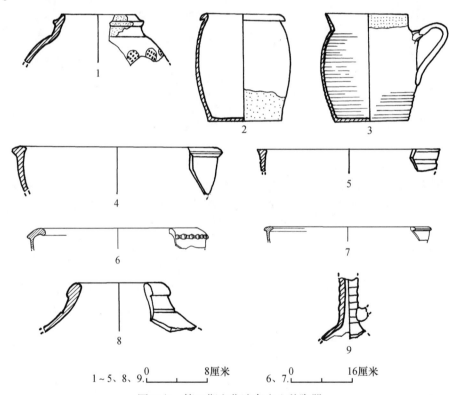

图二七　第二期文化遗存出土釉陶器

1. A型罐（T1115②：1）　2. B型罐（M1-乙：3）　3. C型罐（M1-乙：2）　4. Ⅰ式钵（T1021②：3）
5. Ⅱ式钵（T1121②：5）　6. A型盆（T1020②：7）　7. B型盆（T1020②：6）　8. 瓮（T1121②：6）　9. 灯盏（T1020②：9）

四、结　语

这次东坝遗址Ⅲ区的发掘，揭示了该遗址中存在东周时期和明清时期两个时期的文化遗存。东周时期遗存是该遗址的主体，根据地层叠压关系和遗物特征，可将其分为早、晚两段。

早段包括第4层和开口于第3层下的Y1、H26、H30、H31、G4等，早段陶器中有夹砂陶和泥质陶两种，夹砂陶的数量多于泥质陶；陶色则以红褐陶数量最多，灰陶次之，褐陶占有一定的数量，其他还有橙黄陶、黑衣陶，磨光黑陶较少；绳纹是陶器中的主体纹饰，占有绝大多数，此外还有数量较少的弦纹、附加堆纹、圆窝纹，方格纹极少，素面陶占有一定的比例。遗址第4层出土的泥质灰陶A型Ⅰ式豆（T1414④：1），豆盘较深，Da型Ⅰ式盆（Y1：2）为方唇等与当阳磨盘山春秋时期的同类器相似[1]，因之，我们推断遗址第4层及相关遗迹的文化堆积年代应为春秋早中期。

东周时期晚段遗存包括第3层以及开口于第1层下的H1和H4，开口于第2层下的H3、H5、H8、H14、H16、H18、H19、H23、H33、H34，开口于第3层下的F1、H2、H7、H9～H13、H15、H17、H20～H22、H24～H27、H29、H35等遗迹。出土的陶器中，就陶系来说，有泥质陶和夹砂陶两种，泥质陶多于夹砂陶；陶色则以灰陶数量最多，红褐陶、褐陶次之，橙黄陶数量有增加的趋势，黑衣陶、磨光黑陶比较多见，绳纹虽然仍为主题纹饰，但素面陶也有明显增多，在绳纹中，除有竖绳纹、斜绳纹外，间断绳纹、交错绳纹比较多见，此外还有少量弦纹、附加堆纹等。本段出土的Aa型Ⅰ式鬲（H2：12）为卷沿、三角唇，Ab型Ⅶ式鬲（H33：1）为方唇、弧裆近平、截柱状足，C型Ⅰ式（H3：6）盆为卷沿、方唇，Da型Ⅱ式盆（T1414③：1）为方唇，Ba型Ⅰ式罐侈沿、三角唇等均具有较为典型的春秋时期楚文化特征[2]。Ab型Ⅳ式陶罐（T1310③：33）为平折沿，C型鼎足（T1414③：5），蹄形，夹砂红褐陶，A型Ⅱ式鬲足，圆柱状，足内窝较浅，足表饰绳纹至足底，均与鄂西秭归柳林溪遗址出土的战国时期的同类器相似[3]。

遗址的地层和遗迹堆积中还出土了Ⅰ式鬲足（H1：15），足体呈尖锥状。E型釜（F1：2）、凸肩罐（T1016③：1）等年代可能早到西周[4]，甚至更早，它们的出现并非偶然，它表明在这次发掘地点的周边一带曾有这一时期的文化地层堆积，也有可能是东周时期本地区的文化保留有原有土著文化的特征。

东坝遗址Ⅲ区的东周早、晚二段之间，具有连续性。从鬲口沿的卷沿、三角唇到折沿，圆唇，鬲足由截锥状逐步演变为圆柱形，豆的大口、深盘演变为小口、浅盘等，我们都可以从其演绎发展的过程中观察出其连续性。

---

① 宜昌地区博物馆：《当阳磨盘山西周遗址试掘简报》，《江汉考古》1984年第2期。

② 宜昌地区博物馆：《当阳磨盘山西周遗址试掘简报》，《江汉考古》1984年第2期。

③ 湖北省博物馆江陵考古工作站：《1981年湖北省秭归县柳林溪遗址的发掘》，《考古与文物》1986年第6期。

④ 中国社会科学院考古研究所长江三峡工作队等：《巫山双堰塘遗址发掘报告》，《重庆库区考古报告集·1997卷》，科学出版社，2001年。

　　从陶器、铜器、铁器等的特征来看，东坝遗址的整体文化面貌与大宁河流域的涂家坝[①]、林家码头[②]等东周时期的文化遗存是一致的，与鄂西地区同时期的文化遗存从器物组合到造型都没有大的区别[③]，应该属于楚文化系统，"凹"字形铁锸（T1310③：1）、长方形铁锛（T1121③：1）、筒瓦（H3：24）等诸多与鄂西同时期遗址相同遗物出现，显示了东坝遗址所具有的浓郁的楚文化风格。但釜、凸肩罐的出土则表明有浓郁的土著文化遗留。

　　遗址第2层及相关遗迹中出土的文化遗物有青花瓷碗、盏、杯、碟、黑釉瓷碗、釉陶罐、钵、盆、瓮等，其中B型Ⅰ式青花瓷碗（T1121②：4），腹部狭窄，足跟外侧及圈足内裸胎，底心用青花饰灵芝纹；A型Ⅱ式青花瓷碗，腹部宽坦，底心用青花饰灵芝纹，圈足内有豆腐干花押款。B型Ⅱ式青花瓷碗，圈足厚实，腹外壁用青花饰梵纹，圈足内有豆腐干花押款，它们与大昌古城遗址出土的青花瓷碗形制、青花纹样完全相同[④]，都是盛行于明末和清代早中期的花纹式样，M1为长方形竖穴岩坑砖室墓、M301～M308均为长方形竖穴土坑墓，其开口于探方第1层，打破第2层，部分墓葬中随葬釉陶罐等均为清代所常见的器物，因此这9座墓葬的年代均为清代。故而我们推断遗址第2层及相关遗迹的年代为明代后期至清早中期是较为合适的。

　　总之，这次东坝遗址Ⅲ区的发掘，不仅为弄清峡江地区古代文化序列提供了新的实物资料，而且对探讨峡江地区与周边文化的交流融合过程具有积极的意义。

　　附记：承担本次考古勘探和科学发掘的单位是中山大学人类学系，发掘领队王宏，主要参加人员有中山大学人类学系韦贵耀、2003年级研究生胡在强，技术工作人员刘明怀、王家正、李天智、刘中标、刘忠义、王仁浩等。

器物摄影：金　　陵

线　　图：刘明怀

执　　笔：王　宏　韦贵耀　胡在强　彭锦华

　　① 中山大学人类学系等：《巫山涂家坝遗址发掘报告》，《重庆库区考古报告集·2000卷》，科学出版社，2007年。

　　② 中山大学人类学系等：《巫山林家码头遗址2001年发掘报告》，《重庆库区考古报告集·2001卷》，科学出版社，2007年。

　　③ 湖北省文物考古研究所：《纪南城新桥遗址》，《考古学报》1995年第4期。

　　④ 中山大学人类学系等：《巫山大昌古城遗址发掘报告》，《重庆库区考古报告集·2000卷》，科学出版社，2007年。

附表一　东坝遗址Ⅲ区窑址、房基、灰坑、灰沟登记表

（单位：厘米）

编号	位置	层位关系	形状	规格			现象及包含物	年代
				长	宽	深		
Y1	位于T1417的东北部及东扩方内	叠压于探方第3层下，打破生土层	平面呈不规则的椭圆形	290	180	48	由火膛和烟道三部分构成，平面呈东西方向排列，火膛平面大致为梯形，系在地面上发掘而成，火膛周壁又经手工抹泥，底部为斜坡形。肇窑室的底部最深，火膛内堆积上层为红烧土块，下层为草木灰黑土层，含数块黑土，面为圆角方形，位于火膛与烟道之间，底面平，其壁不清楚，室内堆积为烧土块，出有绳纹灰陶片数块、绳纹黑陶盆口沿、铁锸各1件	东周时期早段
F1	位于T1310、T1311东部T1410～T1412及其扩方内	叠压于探方第3层下，打破第4层，同时被H2所打破	房基平面近长方形，四周为墙基槽	885～925	595～690	3～38	墙基基槽：槽壁较陡直，除南墙槽底东高西低外，其余近平，槽宽40～70，深3～38厘米，西墙基槽内发现石块4块，夹砂红褐陶等，泥质灰陶高两足，石刀等，西、北，东三面墙基各发现柱洞2个。柱洞：除基槽分布在房内有6个柱洞外，其余44个柱洞分布在房内房外，柱洞口有圆形和椭圆形，洞口大小不等，深浅不一，填土为灰褐色，少数洞内有陶片和石块，柱洞内局部有一定规律。门道：东墙墙基槽中部偏南无基槽，可能为前门，房外北部有黄褐色垫土，无包含物	东周时期晚段
H1	位于T1011的东南角	开口于探方第1层下，打破生土层	坑口平面为不规则的椭圆形，弧形坑壁，平底	口190，底180	口110，底90	10	填土为深灰色黏土，内夹大鹅卵石块，出有泥质红陶、灰陶和夹砂红褐陶。多为素面陶，绳纹较少，器形有鬲足和盆口沿	东周时期晚段
H2	位于T1312的东南部和T1311的东北角	开口于探方第3层下，打破第4层和生土层，同时打破F1	坑口为不规则圆形，斜弧形壁，平底	口径210～250，底径180～200		38	填土为灰黑色黏土，内含较多草木灰和红烧土颗粒，出土的陶片主要为泥质红陶，橙黄陶、红陶次之，其他很少，绳纹主要为大宗，器形有两，罐、盂、豆、甏，网坠	东周时期晚段

续表

编号	位置	层位关系	形状	规格（长）	规格（宽）	规格（深）	现象及包含物	年代
H3	位于T1311和T1310的北部	开口于探方第2层下，打破生土层	坑口为不规则的长方形，斜弧壁，平底	口625、底610	口226、底220	10～23	填土为深灰色黏土，内夹少量木炭颗粒，出土的陶片主要为泥质陶，红褐陶为大宗，灰陶、橙黄陶次之，红褐陶较少，以绳纹为主，有圆窝纹、磨光黑陶纹，器形有豆、盆、罐、瓮、缸、筒瓦、铁镯等	东周晚期
H4	位于T1010的西南部	开口于探方第1层下，打破生土层	坑口为不规则的椭圆形，弧形坑壁，平底	254	176	20	填土为灰褐色黏土，出有少量陶片，主要为泥质陶，绳纹较少，素面陶为大宗，器形有豆、盂、罐	东周时期晚段
H5	位于T1410的东南部	开口于探方第2层下，打破第3层和生土层	坑口为不规则形，弧形坑壁，圆形底	270	253	28	填土为灰色黏土，内夹木炭颗粒，大卵石，出土陶片以泥质陶为多，红褐陶为大宗，灰陶次之，磨光黑陶、橙黄陶较少，有方格纹，以绳纹为主，器形有豆、盆、罐、瓮、缸	东周晚期
H6	位于T1413内	开口于探方第3层下，打破第4层	坑口为长方形，竖直壁，平底	口145、底140	口65、底60	20	坑壁经过火烧，烧土壁厚1～2厘米，填土为灰褐色黏土，内含烧土颗粒，木炭块和草木灰，还夹有石块	东周时期晚段
H7	位于T1212、T1213、T1312、T1313内	开口于探方第3层下，打破H10、第4层和生土	坑口为不规则的圆形，弧形坑壁，圜底	口径355～380		50	填土有二层：第1层为灰褐色黏土，厚20～24厘米，出土陶片较多，泥质陶占绝大多数，以绳纹为主，红褐陶次之，器形有罐、豆、盂等，还出土铁削刀；第2层为灰黑色黏土，厚25～30厘米，内含草木灰，陶片中的陶色、陶质、纹饰等与上层基本相同，器形有罐、盂、豆、网坠，还有少许铁器出土	东周时期晚段
H8	位于T1113北部、T1114南部	开口于探方第2层下，打破第3层	坑口为不规则的圆形，斜弧形壁，圜底	口径240～242		66	填土为灰黑色黏土，内含少许草木灰，出土少量陶片，夹砂陶为多数，红褐陶为大宗，灰陶次之，绳纹为主，器形有罐、豆、盂	东周时期晚段

续表

编号	位置	层位关系	形状	规格			现象及包含物	年代
				长	宽	深		
H9	位于T1114东北部	开口于探方第3层下，打破生土层	已揭示的坑口为不规则的长方形，弧形壁，圜底	190	80	30	填土为褐色黏土，内含零星草木灰，出有少量夹砂红陶碎片	东周时期晚段
H10	位于T1212的北部T1112的东北部	开口于探方第3层下，打破第4层，同时被H7、G2所打破	坑口为不规则的长方形，斜弧壁，平底	口560，底500	口170，底40	60	填土为灰色黏土，出土的陶片较多，以泥质陶为主，灰陶最多，其次为红褐陶。灰褐陶与红陶占有一定的比例，主要器形有罐、豆、高等	东周时期晚段
H11	位于T1312的西北角，并为T1212的东隔梁所压	开口于探方第3层下，打破H7、H13和第4层	坑口为不规则的长方形，西壁斜直，其他三壁均为斜弧形，平底	口232，底210	口60~76，底40	25	填土为灰黑色黏土，内含较多草木灰和红烧土颗粒，出土陶片较丰富，泥质陶较多，橙黄陶数量最多，红褐陶次之，黑陶较少，灰陶最少，此外弦纹，90%陶片饰有绳纹，网格纹数量很少，器形有鬲、豆、罐、盆、网坠等	东周时期晚段
H12	位于T1312的西南部其东部T1311的北部其东部被T1211、T1212东隔梁所压	开口于探方第3层下、第4层和生土层	坑口为不规则形，斜直坑壁，底较平	口280，底220	口280，底200	40	填土为灰色黏土，内含草木灰，少量木炭，红烧土颗粒，其中以泥质陶为多，红褐陶与橙黄陶数量最多，灰陶次之，黑衣陶最少，绳纹为大宗，弦纹很少，素面陶比例不到5%，器形有鬲、豆、罐、盆、盂	东周时期晚段
H13	位于T1312的西部	开口于探方第3层下，打破H7、第4层和生土层，同时被H11、H12所打破	所保存的坑口为不规则的长方形，斜弧形壁，底较平	口168，底168	口140，底120	14	填土为黑色黏土，内含草木灰和少量红烧土颗粒，出土陶片以泥质陶最多，橙黄陶为大宗，灰陶次之，以绳纹为主，红褐陶最少，还有弦纹，器形有豆、高、盂	东周时期晚段
H14	位于T1016的中部	开口于探方第2层下，打破生土层	坑口为不规则形，斜弧形壁，圜底	90	58	24	填土为灰黑色黏土，出土陶片很少，多为泥质陶，以灰陶为主，黑衣陶很少，绳纹为大宗，可分辨的器形只有陶纺轮11件	东周时期晚段

续表

编号	位置	层位关系	形状	规格				现象及包含物	年代
				长	宽	深			
H15	位于T1414南部T1413的北部	开口于探方第3层下，打破第4层和生土层	坑口为圆角方形，弧形坑壁，圆底	边长190～200		35	填土为灰黑色黏土，内含草木灰，红烧土颗粒，夹杂大量石块，出土陶片以夹砂陶为多，红褐陶数量居于首位，绳纹为其大宗，器形有高、豆、罐、鼎、釜、盂等	东周时期晚段
H16	位于T1417东部	开口于探方第2层下，打破第3层	坑口近椭圆形，弧壁，底下凹	240	98	10～25	填土为灰黑色黏土，出有大量陶片，其中泥质陶为多数，以红陶、褐陶为最多，绳纹为主要纹饰，器形有罐、豆、高	东周时期晚段
H17	位于T1313南部T1312北部	开口于探方第3层下，打破H7，第4层	坑口近似椭圆形，斜直壁，底高底不平	口325，底280	口120～220，底76～160	40	填土为灰黑色黏土，内含草木灰及少量红烧土颗粒，出有少量陶片，其中以泥质陶居多，灰陶最多，纹饰以绳纹为主，器形有豆、高、盆	东周时期晚段
H18	位于T1115北部	开口于探方第2层和H26，同时被G2所打破	坑口为不规则的椭圆形，弧形坑壁，底微圜	250	124	35	填土为灰褐色黏土，含有少许草木灰，出有少量陶片，其中泥质陶为多数，陶色以灰陶为大宗，纹饰以绳纹为主，器形有罐、高、豆等	东周时期晚段
H19	位于T1416中部	开口于探方第2层下，打破第3层，同时被G2打破	坑口为不规则的长方形，弧形壁，平底	口150，底140	口70～100，底50～80	15～25	填土为灰褐色黏土，内含烧土块和少量卵石，出土的陶片仅有泥质陶，其次为灰褐陶以红陶为多，陶色以红陶为多，纹饰以绳纹为主，器形有罐等	东周时期晚段
H20	位于T1116的东北角	开口于探方第3层下，打破第4层和生土层	已揭示的坑口大体为方形，坑壁陡直，平底	底80	口80，底70	25	填土为灰色黏土，内含少量陶片，其中陶数量最多，夹砂陶次之，灰陶和红褐陶较少，陶色以红陶为主，素面陶占40%，纹饰以绳纹陶片为多数，器形有高、豆、盆、罐等	东周时期晚段

续表

编号	位置	层位关系	形状	规格			现象及包含物	年代
				长	宽	深		
H21	位于T1217内	开口于探方第3层下，打破第4层和生土层，同时敞G3打破	已揭示的坑口为不规则圆形，弧形坑壁，圜底	直径286		66	填土为灰褐色黏土，内夹杂大鹅卵石块，出土陶片较多，陶质以泥质陶为大多数，陶色以褐陶数量最多，灰陶次之，红陶、黑衣陶较少，纹饰以绳纹为单一纹饰，素面陶占有一半，器形有盂、豆、壶、高	东周时期晚段
H22	位于T1017南部、T1117的西南角，T1116的西北角	开口于探方第3层下，打破第4层和生土层	坑口为不规则圆形，弧形坑壁，圜形坑底	544	320	80	填土有二层：第1层黄褐色黏土，厚40~70厘米，出土陶片的陶质以泥质陶为多数，陶色以红陶只占1/3，大部分为素面陶，器形有罐、豆、壶、盂等。第2层：灰褐色黏土，厚10~30厘米，内含较多草木灰，出有大量陶片，其陶质以泥质陶为多数，黑衣陶次之，灰陶最少，绳纹陶片仅占1/3，素面陶最多，红陶占2/3，器形有豆、高、盂、壶	东周时期晚段
H24	位于T1315西部、T1115的东南角	开口于探方第3层下，打破H9和第4层	坑口近椭圆形，弧形坑壁，圜形坑底	350	115	95	填土为灰色黏土，出有少量陶片，其中陶质以泥质陶为多数，陶色以灰陶次之，褐陶最少，纹饰以绳纹最多占90%，红褐陶次之，还有方格纹，素面仅占10%，器形有罐、豆、高、网坠	东周时期晚段
H25	位于T1115的东北部	开口于探方第3层下，打破H26	坑口为不规则圆形，弧形坑壁，圜底	92	68	20	填土为灰褐色黏土，内含木炭颗粒、石块，出土陶片极少，其中以泥质陶为多，灰陶为主，绳纹为唯一的陶面纹饰，可辨器形有罐	东周时期晚段
H26	位于T1115北部	开口于探方第3层下，同时被打破H18、H25打破	坑口为不规则圆形，弧形坑壁，凹底	372	248	32	填土为灰色黏土，出土陶片极少，全部为泥质灰陶，均系灰陶，可辨器形有罐、纹饰—纹饰，绳纹是唯一纹饰	东周时期早段

续表

编号	位置	层位关系	形状	规格 长	规格 宽	规格 深	现象及包含物	年代
H27	位于T1415北部	开口于探方第3层下，打破第4层和生土层	已揭示的坑口为近长方形，随直坑壁，平底	口290、底178	口100、底90	55	填土为灰褐色黏土，内含较多石块，出有较多陶片，其中泥质黄陶为大宗，红褐陶和灰陶次之，黑衣陶最少，橙黄陶仅占5%，其余均为绳纹陶片，素面陶片，器形有盂、釜、豆、鼎、罐及网坠	东周时期晚段
H29	位于T1414的东部	开口于探方第3层下，打破第4层和生土层	已揭示的坑口为半圆形，斜弧坑壁，圜底	240	130	70	填土为深灰色木灰，内含草木灰，陶色以灰陶数量最多，其中泥质陶为大多数，红褐陶次之，黑衣陶数量次之，橙黄陶最少，其余为素面，绳纹陶片约占总数的3/4，器形有鬲、罐、豆	东周时期晚段
H30	位于T1417西南角和T1416的东隔梁下	开口于探方第3层，打破生土层，同时被G4打破	尚存的坑口为半圆形，弧形坑壁，圜底	166	130	40	填土为灰色黏土，均为泥质陶，器形有鬲，仅出有数块陶片，均为绳纹陶片。另外还出有铁镉	东周时期早段
H31	位于T1418东南及东扩探方内，部分被压T1417北隔梁下	开口于探方第3层，打破生土层	坑口为不规则椭圆形，弧形坑壁，凹底	340	200	40	填土为深灰色黏土，甚为密集，坑内陶片层层叠压，出土大量陶片中，坑内烧土块，泥质橙黄陶占约70%，灰陶为大多数，橙黄陶、黑陶、黑衣陶，此外还有红褐陶，绳纹为绝大多数陶的纹饰，器形有鬲、罐、豆	东周时期晚段
H32	位于T1120、T1220、T1119、T1219内	开口于探方第2层下，打破G5和生土层	坑口为不规则圆形，弧形坑壁，平底	口径565~620、底径400~425		35	填土为灰色土夹黄斑黏土，内含石块，出有布纹瓦片，釉陶器物片，白瓷片，青花瓷片等	明清时期
H33	位于T1419东南部	开口于探方第2层下，打破第3层和生土层	已揭示的坑口大致为三角形，弧形坑壁，凹底	300	290	60	填土为红褐色黏土，出土陶片较丰富，大多数为泥质陶，其中陶色以红陶和灰陶为大宗，褐陶次之，橙黄陶最少，绳纹是主要纹饰，泫纹较少，素面陶也很少，器形有鬲、豆、罐、瓮、釜、盂、盆等	东周时期晚段

续表

| 编号 | 位置 | 层位关系 | 形状 | 规格 | | | 现象及包含物 | 年代 |
				长	宽	深		
H34	位于T1019中部	开口于探方第2层下，打破生土层	坑口为不规则形，弧形坑壁，底较平	140	92	25	填土为黄褐色黏土，出土陶片很少，均为泥质灰陶。绳纹是唯一纹饰，素面陶约占总数1/3，器形有豆、罐	东周时期晚段
H35	位于T1317西北角T1217的东隔梁下	开口于探方第3层下，打破第4层和生土层	坑口为半椭圆形，斜直坑壁，平底				填土为灰褐色黏土，内含红烧土颗粒，出有少量陶片，其中泥质陶占大多数，陶色以黑衣陶最多，红褐陶次之，红陶最少，绳纹为大宗，器形有商、罐	东周时期晚段
G2	位于T1116～T1416，T1015～T1018及T1115内	开口于探方第2层下，打破G3、G4、H18、H19和第3、4层	沟口大致为曲尺形，斜直壁，平底	口3335，底3335	口85～100底50～70	30～85	沟底北端高出东端100厘米，沟水由北端向南再折东流出，填土为灰黄色黏土，出有早期泥质灰陶罐等。明清时期的青砖布瓦、青花瓷碗等	明清时期
G3	位于T1212～T1218内	开口于探方第2层下，打破H10、H21和生土层，同时被G2打破	沟口平面呈南北走向的长条形，弧形沟壁，凹槽沟底	2910	50～220	10～50	沟底北端高出南端90厘米，内含草木灰、炭屑，出布纹瓦片、青砖碎片，釉陶片及青花瓷碗残片等	明清时期
G4	位于T1417T1418的西部和T1416的北部	开口于探方第3层下，打破H30和生土层，同时被G2打破	沟口平面呈南北走向的长条形，斜直沟壁，平底	口1050，底1050	口90～130，底70～80	50～60	沟底北端高出南端60厘米，沟水当年是由北向南排出，填土为灰色黏土，出土陶片较多，其中泥质夹砂陶各占一半，灰陶数量最多，褐陶次之，红陶、橙黄陶最少，绳纹陶约占88%，器形有罐、商、豆、盂、釜等	东周时期早段
G5	位于T1119～T1319内	开口于探方第2层下，同时被H32所打破	沟口平面呈弧形，弧形沟壁，凹槽沟底	1350	14～190	50	沟底西端高出东端70厘米，沟水由西向东排出	明清早期

附表二 东坝遗址Ⅲ区墓葬登记表

（单位：厘米）

编号	位置	层位关系	方向/(°)	墓葬形别	墓口尺寸			墓底尺寸			葬具	人骨架与葬式	随葬品	年代
					长	宽	深	长	宽	深				
M1	位于T1~T4内	开口于探方第1层下，打破第2层	333	长方形竖穴岩坑	残442~476	残360~388	26	424~433	333~357	74~158	二室各有一具木棺，夫妻合葬	二具骨架散乱，葬式不清	M1-乙室随葬釉陶罐2件，陶网坠1件	清代
M301	位于T0447西南部T0446北部	开口于探方第1层下，打破第2层	6	长方形竖穴、土坑墓	260	80	25	260	80	40	木棺	已腐朽无存，葬式不清	1石盖、2陶罐	清代
M302	位于T0447西南部T0446北部	开口于探方第1层下，打破第2层	6	长方形竖穴、土坑墓	284	84	25	284	80	65	木棺	尚存部分肢骨，葬式为直肢葬	1石盖、2陶罐	清代
M303	位于T0446东部	开口于探方第1层下，打破第2层	0	长方形竖穴、土坑墓	240	90	25	240	90	70	木棺	仅存肢骨，葬式为直肢葬	1石盖、2陶罐	清代
M304	T0546中北部	开口于探方第1层下，打破第2层	20	长方形竖穴、土坑墓	244	74	30	244	74	50	木棺	骨架腐朽无存，葬式不清		清代
M305	位于T0446西部	开口于探方第1层下，打破第2层	不清	长方形竖穴、土坑墓	已揭示的墓口长150	80	25	已揭示的墓底长150	80	50	不清	骨架腐朽无存，葬式不清		清代
M306	位于T0444东部、T0544西部	开口于探方第1层下，打破第2层	336	长方形竖穴、土坑墓	225	108	25	225	108	40	木棺	骨架腐朽无存，葬式不清		清代
M307	位于T0444南部、T0443北部	开口于探方第1层下，打破第2层	325	长方形竖穴、土坑墓	240	76	30	240	76	44	木棺	骨架腐朽无存，葬式不清	3陶罐	清代
M308	位于T0543西部	开口于探方第1层下，打破第2层	330	长方形竖穴、土坑墓	240	80	25	240	80	40	木棺	骨架腐朽无存，葬式不清		清代

巫山刘家坝遗址2004年度发掘简报

辽宁省文物考古研究院

　　刘家坝遗址位于重庆市巫山县龙溪镇龙溪村西部及北部的一处二级台地上，地处长江支流大宁河右岸，江水自南而来，在此环绕台地转而流向南。此处台地面积较大，地势较平坦。其上大部分为现代农田。该遗址处于三峡水库的三期水位线175米，即将被水库蓄水所淹没（图一）。

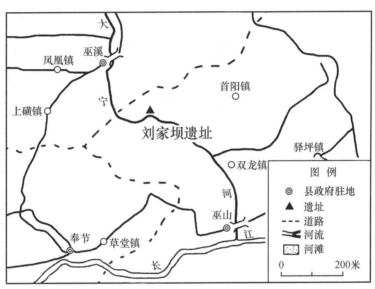

图一　刘家坝遗址位置示意图

　　根据重庆市文化局与辽宁省文物考古研究所达成的协议，我单位组成三峡考古工作队，由李新全副所长任领队，队员有李维宇、樊圣英、惠忠元、吴亚成、邓茂、王晓磊、马洪光等同志，对刘家坝遗址进行考古发掘工作。考古队于2004年11月上旬进驻工地随即展开工作。首先，我们对遗址的整个区域进行了勘探，结合勘探和地表踏查的结果，在台地的近河岸处选择了初步发掘地点。遗址共分为两部分，其中一处为现在龙溪村的西部，面积较小，约1200平方米，我们已发掘900平方米，命名为Ⅰ区；另一处为现在龙溪村的北部，面积较大，约20000平方米，我们已发掘1300平方米，命名为Ⅱ区（图二）。

　　我们主要采取了5米×5米的规格布探方发掘，进行揭露；为了尽可能地对这一区域进行发掘，靠近台地的探方我们尽可能发掘到边缘，田野工作时间为2004年11月16日至12月26日（图三）。

　　在Ⅰ区的最北面的三个探方内发现商周文化层，其和第2层之间存在一层黄沙土间歇层，这层黄沙土厚30～40厘米，这商周文化层才是我们发掘这个遗址的真正目标，很可惜的是这个遗址从十几年前到现在不断地受到大宁河水的冲蚀，现在只在靠近河床的断崖边上的第一级阶

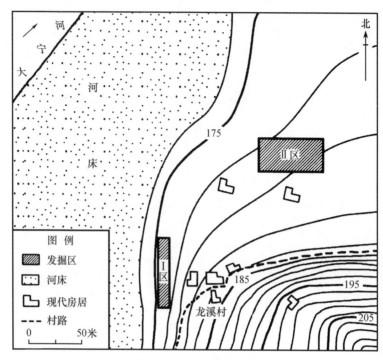

图二　刘家坝遗址发掘区位置示意图

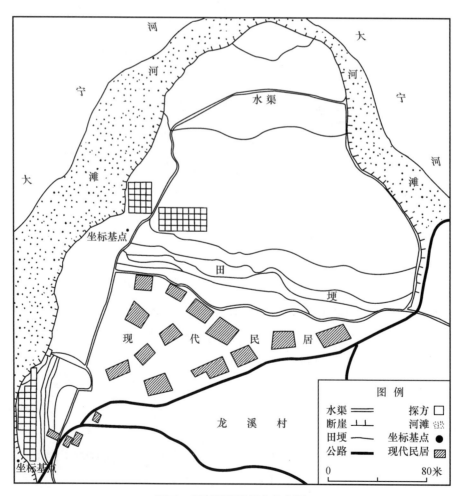

图三　刘家坝遗址探方分布图

地上还保留很少的一部分，大部分已被破坏掉了。遗物为夹砂绳纹的红陶片，都是残片，不见完整器。

Ⅰ区　揭掉表土后即为文化层，文化层较薄，遗迹现象只见灰坑。

该遗址的地层共分为3层。

第1层：现代耕土。厚10～50厘米。主要种植土豆和小青菜，地表零星地散落有现代的砖瓦和瓷片。

第2层：黄褐色水锈土。厚15～60厘米。第2层又可以细分为浅色水锈土层和深色水锈土层。

第2A层：浅色水锈土。厚10～25厘米。属于扰乱层，这层土内含有红烧土粒，土质坚硬。遗物包含很广，明清时期的砖瓦残片、夹砂陶片和青花瓷片等，各个探方内的厚度基本一致，没有发现任何遗迹。

第2B层：深色水锈土层。厚10～35厘米。属于明清时期文化层，只在一部分探方内发现，含有青花瓷片比较多，没有可复原器。只在部分探方内发现了几个浅坑。

灰坑共发现3个，多是浅坑，形状不规则，遗物较少，以石块为主，时代为明清。

第3层：红褐色土。厚20～25厘米。土质坚硬，层面平整，只在近台地边缘局部探方内发现。遗物为夹砂绳纹的红褐陶残片，可辨认器形有罐、钵等。该层为东周时期文化层。没有发现遗迹（图四）。

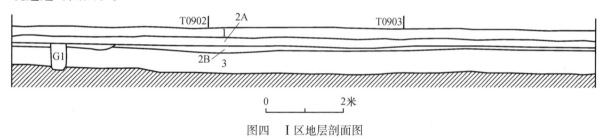

图四　Ⅰ区地层剖面图

Ⅱ区　在这个发掘区域内保存有比较厚的文化层。

地层共分为5层。

第1层：现代耕土。厚10～30厘米。黑褐土，土质较疏松，内含一些近、现代遗物。

第2层：厚20～25厘米。土质较硬，内含大量炭粒、红烧土颗粒等遗物。出土大量瓷片、釉陶片、灰陶瓦片等。可辨器形有盆、盘、罐等。

第3层：厚20～25厘米。红褐色土，土质坚硬，层面平整，出土器物有瓷片、釉陶片、灰陶瓦片等。可辨器形有碗、盘、罐等。

第4层：厚7～15厘米。黑褐土，土质较硬，黏度较大，内含少量炭粒、红烧土颗粒等遗物。出土大量瓷片、釉陶片、灰陶瓦片等。可辨器形有盆、盘、罐等。

第5层：厚约15厘米。黑褐土，土质较硬，黏度较大，内含大量炭粒、红烧土颗粒等遗物。出土大量瓷片、釉陶片、灰陶瓦片等。可辨器形有盆、盘、罐等。

第5层以下为生土。

第1层为现代耕土层；第2、3层为明清时期文化层，遗迹现象主要有灰坑和灰沟；第4、5层为宋元时期文化层，遗迹现象主要是灰坑、墓葬（图五）。

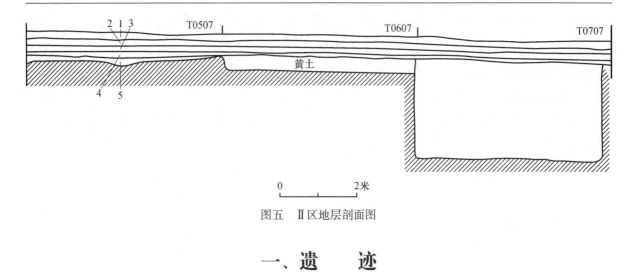

图五　Ⅱ区地层剖面图

一、遗　迹

该遗址中的Ⅰ区内遗迹较少，主要是4个明清时期的灰坑，在此略过。Ⅱ区内发现的遗迹主要有灰坑、沟和墓葬。灰坑发现10个，主要是宋元时期，保存不好，个别灰坑内出土少量遗物。灰沟一共发现2个，皆为明清时期。墓葬发现1座，被盗一空，出土一些器物残片，从遗物和墓葬形制上看应为东汉时期。

1. 墓葬

1座。

M1　开口于第4层下，刀形石室券顶墓。方向26°。墓道位于墓室北部偏西的位置，形状为长方形。由大小不一的石块掺和泥土填堵，不见墓门。墓道上端口长100、宽90、深20厘米，下端口长100、宽90、深180厘米。墓室平面为长方形，长295、宽140厘米。先在地表掘一土坑，在四壁贴砌石块，墓道处留出缺口。多采用泥质页岩平砌，砌至1米高时，东、西两壁开始成拱状券收，脊处块石较大。南、北壁较平直。墓底平铺一层河卵石，其下为细沙。墓内填土可以分为三层：第1层为黄褐色淤沙土，土质细腻纯净，厚80～85厘米。第2层为含炭粒的黑灰色土，土质稍硬，厚10～25厘米。第3层为黄色淤沙土，土质稍硬，细腻，厚20～30厘米。

墓室的东南角有一个盗洞，开口于第3层下。墓室内被盗一空，只是在填土中发现少量的青瓷残片、泥质灰陶残片等遗物，在墓室底部的东北角发现一件泥质灰陶壶的底部。不见人骨。墓口距地表55、墓底距地表300厘米（图六）。

M1内出土遗物。

瓷钵　M1：1，青瓷。轮制。圆唇，敛口，弧壁，平底。口径16、高5.4、底径12厘米（图七，6）。

陶壶　2件。M1：2，泥质红褐陶。陶泥淘洗不干净，轮制。残存口部。方唇，侈口，束颈。口径16、残高5厘米（图七，15）。M1：3，泥质灰陶。轮制。腹部残缺。方唇，直口，束颈，弧腹，圈足。口径14、高34、底径17厘米（图七，16）。

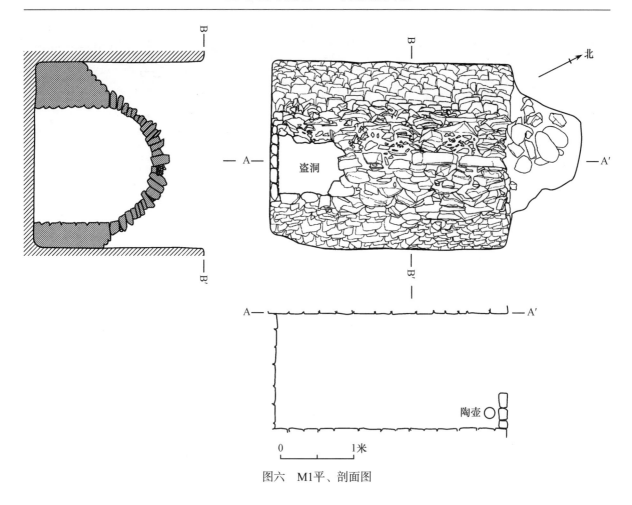

图六　M1平、剖面图

2. 灰沟

2条，均开口于第2层下。

G2　平面呈狭长沟槽状，暴露部分长1350、宽40、深15～35厘米，直壁圜形底。G2内堆积只有一层，黑灰土，较坚硬，内含大量炭粒、烧土块等，出土少量灰陶陶片等。

3. 灰坑

11个，以圆口锅底形为主。大部分较浅。

H3　开口于第5层下，打破生土。平面呈椭圆形，长径为140、短径为115厘米，椭圆形底，坑深40厘米，坑壁不规整。H3内堆积只有一层，黑灰土，较疏松，内含大量石块、炭粒、烧土块等。出土少量陶片、瓷片等，可辨器形有罐、碗、钵等（图八）。

H3内出土遗物主要有：

陶碗　H3：1，泥质灰陶。轮制。残。圆唇，弧壁，平底。口径11、高3、底径4厘米（图七，11）。

瓷钵　H3：2，青瓷。轮制。残。圆唇，口微敛，弧壁，平底。口径10、高3、底径6厘米（图七，2）。

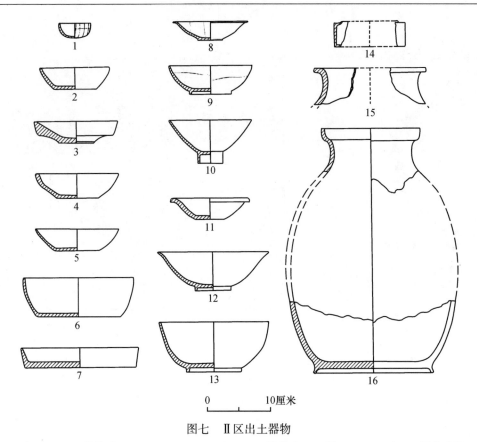

0　　　　　10厘米

图七　Ⅱ区出土器物

1. 瓷盅（H3：3）　2、4、6. 瓷钵（H3：2、H3：5、M1：1）　3、5. 瓷盘（T0708②：1、H3：4）　7. 陶盘（ⅡT0408④：3）

8～10、12、13. 瓷碗（ⅡT0408④：1、ⅡT0307④：1、ⅡT1005④：1、ⅡT1005④：2、ⅠT0902②：1）　11. 陶碗（H3：1）

14. 瓷罐（ⅡT0508④：1）　15、16. 陶壶（M1：2、M1：3）

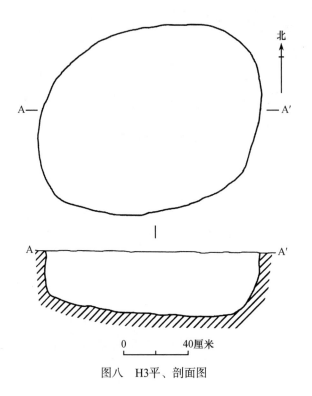

0　　　　　40厘米

图八　H3平、剖面图

瓷盅 H3：3，白瓷。手制。残。外表瓜棱状。直口，圆唇，弧壁，圜底。口径4.5、高2厘米（图七，1）。

瓷盘 H3：4，白瓷。轮制。残。尖唇，敞口，壁微弧，平底。口径12、高3、底径6厘米（图七，5）。

瓷钵 H3：5，酱釉瓷。轮制。残。圆唇，敞口，弧壁，平底。口径12、高3.4、底径6厘米（图七，4）。

二、遗　物

整个遗址中包括Ⅰ区、Ⅱ区遗物零散碎片较多，以瓷器、瓦片为多，还有少量的陶片、铜钱。不见其他器物。大件器物难以复原，可复原多为碗、钵等小件器物。

魏晋时期：无复原器，可辨认器形较少，略过不述。

（一）宋元时期

瓷碗 4件。ⅡT1005④：2，青瓷。灰胎，内满釉，外半釉。轮制。残。圆唇，敞口外撇，弧壁，矮圈足。口径16、高5.4、底径5.2厘米（图七，12）。ⅡT0408④：1，青瓷。灰胎，内满釉，外半釉。轮制。残。圆唇，平沿，敞口外撇，弧壁，平底。口径10.8、高3.6、底径3.6厘米（图七，8）。ⅡT0307④：1，青瓷。灰胎，内满釉，外半釉。轮制。残。尖唇，外撇，弧壁，矮圈足。口径12、高4、底径6厘米（图七，9）。ⅡT1005④：1，青瓷，内满釉，外半釉。轮制。残。尖唇，敞口，斜直壁，高圈足。口径12、高6、底径3.6厘米（图七，10）。

陶盘 ⅡT0408④：3，夹砂灰陶。素面。轮制。残。尖唇，斜直壁，平底。口径17、高2.8、底径16厘米（图七，7）。

瓷罐 ⅡT0508④：1，白瓷，内外均满釉。轮制。残。尖唇，直口，方肩，直壁，平底。口径8、高3.5、腹径3.6、底径3.6厘米（图七，14）。

（二）明清时期

瓷碗 ⅠT0902②：1，白瓷，内外均满釉。轮制。残。圆唇，敞口，弧壁，矮圈足。口径17.7、高7.9、底径8.8厘米（图七，13）。

瓷盘 ⅡT0708②：1，酱釉瓷，内满釉，外不施釉。残。轮制。尖圆唇，敞口，直壁，平底。口径12、高3、底径5厘米（图七，3）。

三、结　　语

　　刘家坝遗址经过勘探之后确定的两处发掘区域，均不见早期遗迹。而在调查和近河沿岸处均发现了东周时期的遗物。采访当地居民得知，前几年大宁河洪水，冲毁的面积较大，不排除早期遗址由于靠近河岸而被冲毁殆尽。此外，魏晋、宋元、明清等各时期在此地的重复建筑、生活对该遗址的破坏也非常严重。

　　附记：本次发掘领队为李新全，参加工作的人员有樊圣英、王晓磊、邓茂、吴亚城、惠中圆、马洪光、李维宇等。绘图人员有吴亚城、邓茂。

执笔：樊圣英　李维宇

巫山龙头山遗址（上溪遗址墓群）2004年度发掘简报

湖南省文物考古研究院
怀 化 市 文 物 处
巫 山 县 文 物 管 理 所

为了配合三峡工程建设，保护库区地下文物，重庆市文化局三峡办委托湖南省文物考古研究所承担三峡工程库区2004年度巫山县龙头山、孝子溪等四处遗址考古发掘工作任务。2004年9月，湖南省文物考古研究所安排怀化市文物处组队实施其中两个项目的发掘任务。

2004年11～12月，怀化市文物处考古队对巫山县龙头山遗址进行了勘探、发掘工作，完成20000平方米的勘探任务，完成发掘面积750平方米。现将工作情况报告如下。

一、龙头山遗址勘探情况

龙头山遗址位于重庆市巫山县大溪乡龙头山村，长江支流大溪河右岸。东距巫山县城50千米，北距瞿塘峡口仅3千米，隔河为奉节县地。

文物普查资料显示，该遗址中心位置处130米水位线上下，已被水淹没。为了弄清遗址的保存现状，按照县文物部门的意见，对该遗址139～175米水位线内的埋藏情况做进一步勘探调查。

由于进场时水位已至139米，调查工作只能在139～175米约25000平方米的地段进行。按照地形由西往东分为四区，Ⅰ区约6000平方米，开挖1米×10米探沟5条，探孔70个，打探洞90个；Ⅱ区约5400平方米，开挖1米×12米探沟3条，探孔80个，打探洞148个；Ⅲ区约5800平方米，开挖1米×10米探沟4条，探孔85个，打探洞86个；Ⅳ区约7400平方米，开挖1米×12米探沟6条，挖探孔70个，打探洞113个。

经过对以上四区的全面调查和勘探，发现该遗址地层堆积简单，农耕土层下就是生土层，仅在Ⅰ区发现宋代地层堆积，未发现宋代以前的文化层堆积及其包含物，确已被水淹消失（图一）。

鉴于以上情况，经请示上级主管部门领导同意，可在相近的范围内进行调查勘探与发掘。于是，我们沿遗址上下3千米范围内进行勘察。通过艰苦细致的调查工作，终于在原大溪遗址（已被水淹）附近名叫上溪的地方发现了汉代遗址及大批墓葬。紧接着我们转移到新的发掘工地，并与当地政府取得了联系，对上溪遗址（墓群）进行发掘，获得了一批珍贵文物及完整的考古资料。因此，本简报实际为上溪遗址（墓群）2004年度发掘简报。

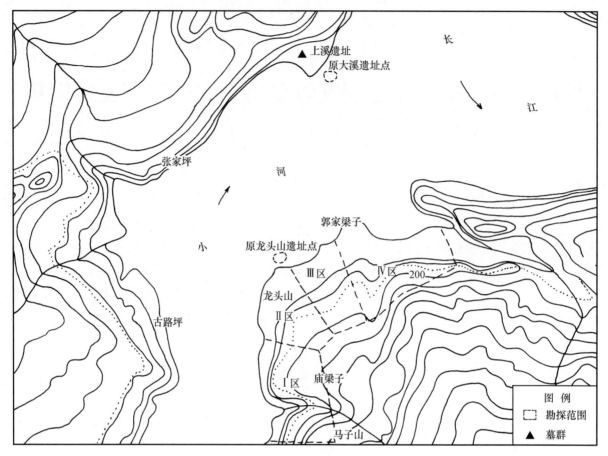

图一　龙头山遗址位置示意图

二、上溪遗址（墓群）发掘概况

　　上溪遗址（墓群）位于巫山县大溪乡大溪村，原大溪遗址（现已被水淹没）西北面上方的缓坡上。根据实地调查情况，在140～175米水位线，总面积达20000平方米的范围内，埋藏有汉代遗址及大批三国两晋时期的墓葬，尤其是刀把形石室墓数量多、规模大、保存好，为巫山县境目前同类型墓地所少有。由于项目计划所限，我们只能有选择地进行发掘工作，共布5米×5米探方30个，发掘总面积750平方米（图二）。发掘分为遗址发掘区和墓葬发掘区。探方编号为统一编号（T1～T30），因计划项目为龙头山，实际发掘地点为上溪，故冠以04巫龙（上溪）代号。

　　遗址区发掘面积150平方米（T1～T6），出土遗物包括陶、石、骨器等类。遗迹有灰坑和龙窑两类。

　　墓葬区发掘面积600平方米（T7～T30），清理墓葬8座，出土遗物包括陶、铜、铁、金、银、料、青瓷等类。现分述如下。

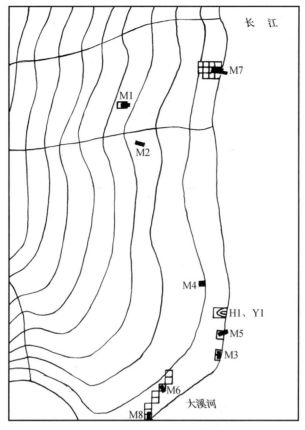

图二　上溪遗址（墓群）2004年度发掘位置示意图

三、汉代遗址发掘

（一）地层堆积及文化遗物

汉代遗址位于139～143米水位线内，现存总面积约500平方米。因关闸水位已至139米，该遗址整体情况已不清。

地层堆积比较简单，现以T2西壁为例说明其地层堆积状况（图三）。

第1层：耕土层。厚40～50厘米。为灰黄色含沙淤土。

第2层：灰黄色土层。厚35～50厘米。含沙量较重，系现代建筑扰乱。包含青砖、明清青花瓷片等。

第3层：灰褐色土层。厚30～50厘米。含沙量少，土质结构较紧密。出土筒瓦、板瓦残片，以及罐、盆、钵类器物残片。

第3层下为生土层。

文化遗物主要是陶器以及大量绳纹瓦片。陶器均为泥质陶，以灰陶为主，褐陶次之。纹饰仅见绳纹。陶器残片可辨器形有

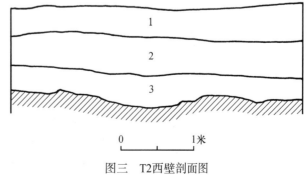

图三　T2西壁剖面图

罐、盆、钵等。

　　罐　选择标本3件。分三型。

　　A型　1件。T2③：1，泥质褐陶。直颈较短。颈部细绳纹（图四，1）。

　　B型　1件。T2③：12，泥质灰陶。侈口，口沿下有一周凸棱（图四，2）。

　　C型　1件。T5③：13，泥质灰陶。直口，无颈，斜折肩。肩饰绳纹（图四，3）。

　　盆　选择标本2件。分二式。

　　Ⅰ式：1件。T2③：4，泥质灰陶。宽沿微凹，侈口，颈下微内收（图四，4）。

　　Ⅱ式：1件。T2③：2，泥质褐陶。宽斜沿，口微侈，深腹，壁残（图四，6）。

　　钵　选择标本1件。T5③：4，泥质灰陶。敞口，圆唇，腹壁内斜近底部折收。口径16厘米（图四，7）。

　　鬲足　1件。T5③：1，夹砂褐陶。锥形。残长7.6厘米（图四，5）。

（二）遗迹及遗物

　　汉代遗址中发现的遗迹有1个灰坑（H1）和1 座龙窑（Y1）。出土遗物有大量筒瓦、板瓦、陶器、骨器和石器等。

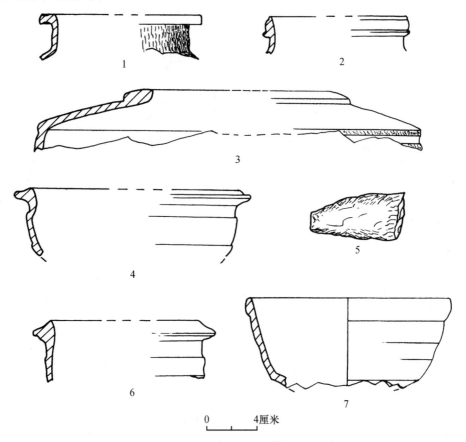

图四　汉代遗址出土陶器

1. A型罐（T2③：1）　2. B型罐（T2③：12）　3. C型罐（T5③：13）　4. Ⅰ式盆（T2③：4）　5. 鬲足（T5③：1）
6. Ⅱ式盆（T2③：2）　7. 钵（T5③：4）

1. 灰坑

H1　位于T5、T6中。开口于第2层下，长4.5、宽2.3～3.5、最深1.1米，坑口平面形状不规则，似肾形。坑底由西向东倾斜（图五）。填土灰褐色，含有大量汉代筒瓦、板瓦残片，出土的陶器残片可辨器形有罐、盆、壶、钵、纺轮，以及网坠、骨管、铜镞等。陶器均为泥质灰陶，个别器物有黑衣。

陶罐　21件。根据口沿特征分四型。

A型　2件。直口高领罐。H1：9，弧沿，直口，高领，斜肩。肩部饰粗绳纹。口径21.4厘米（图六，1）。

B型　2件。侈口罐。H1：36，侈口，矮领。口径12厘米（图六，2）。

C型　5件。盘口罐。H1：19，盘口，弧肩。口径12.4厘米（图六，3）。

D型　12件。敞口罐。H1：23，敞口，斜肩。残高4厘米（图六，4）。

陶壶口沿　2件。H1：29，盘口。口径18厘米（图六，5）。

陶盆　5件。根据口沿特征分三型。

A型　3件。宽斜沿直口盆。H1：14，宽斜沿，直口，腹微鼓。残高5.8厘米（图六，6）。H1：16，残高4厘米（图六，9）。

B型　1件。H1：11，宽平沿，口微敛，颈部二道宽凹弦纹，腹下斜收，平底。口径25.8、底径11.6、高12厘米（图六，7）。

C型　1件。H1：13，宽平沿，直口。颈部饰有弦纹。口径28厘米（图六，8）。

陶钵　6件。根据口沿特征分二型。

A型　4件。敞口钵。H1：22，敞口，外腹壁斜收，颈部有一周凹弦纹。口径18厘米（图六，10）。H1：12，有唇。口径18厘米（图六，11）。

B型　2件。敛口钵。H1：43，凹沿，敛口，鼓腹，一侧沿下有一小穿。口径22厘米（图六，12）。H1：24，腹微鼓。残高4厘米（图六，13）。

陶纺轮　1件。H1：2，鼓形，中穿孔。直径2.7、底径2.7、高1.9厘米（图六，15）。

陶网坠　1件。H1：4，泥质褐陶。中间粗，两头细，呈细长橄榄形。中有穿孔。长4.9、最大径1.6厘米（图六，14）。

陶饼　4件。H1：39，利用板瓦残片加工而成。圆形，周边有明显琢痕。直径4.4厘米（图七，4）。

骨管　1件。H1：1，黄褐色。圆管形，中有穿，两头倒棱磨光无截痕。长3、外径2、穿径1厘米（图六，17）。

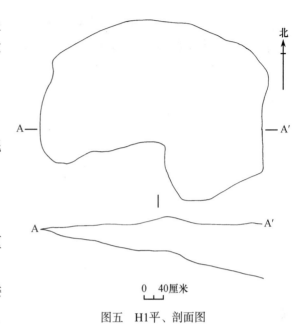

北

A——A'

A——A'

0　40厘米

图五　H1平、剖面图

　　铜镞　1件。H1：3，双翼。断面呈菱形，后有倒刺，椭圆形铤，刃部锋利。残长6.1厘米（图六，16）。

　　筒瓦　数量多。选择标本4件，均复原。H1：8，灰色，横剖面呈半圆形，瓦背前大部分饰粗绳纹，后部抹光。长38、宽16.2厘米（图七，1）。H1：7，长39、宽15厘米。

　　石压　1件。H1：5，青灰色砾石料，椭圆形体，一端磨平。宽6.6、高5厘米（图七，2）。

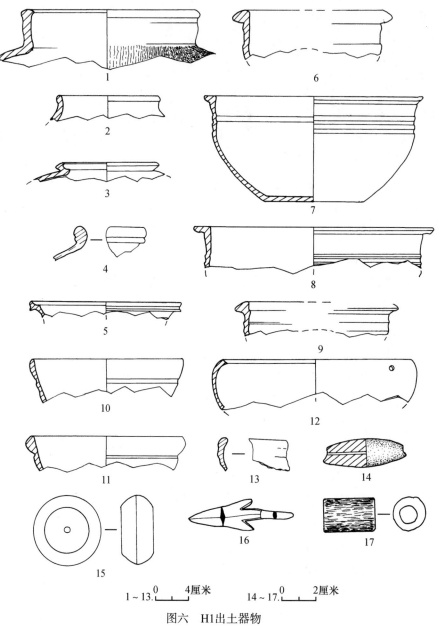

图六　H1出土器物

1. A型陶罐（H1：9）　2. B型陶罐（H1：36）　3. C型陶罐（H1：19）　4. D型陶罐（H1：23）　5. 陶壶口沿（H1：29）

6、9. A型陶盆（H1：14、H1：16）　7. B型陶盆（H1：11）　8. C型陶盆（H1：13）　10、11. A型陶钵（H1：22、H1：12）

12、13. B型陶钵（H1：43、H1：24）　14. 陶网坠（H1：4）　15. 陶纺轮（H1：2）　16. 铜镞（H1：3）　17. 骨管（H1：1）

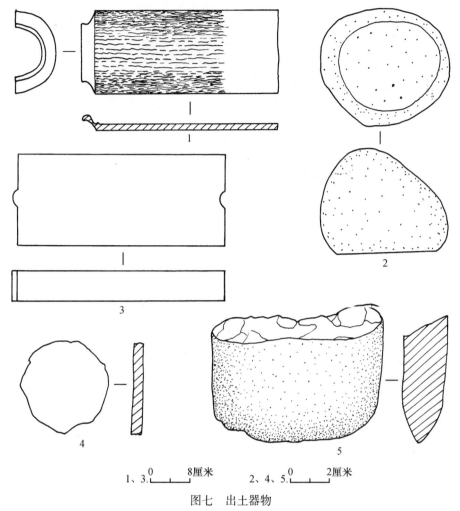

1、3. 0 ┕━┛ 8厘米　　　2、4、5. 0 ┕━┛ 2厘米

图七　出土器物

1. 筒瓦（H1∶8）　2. 石压（H1∶5）　3. 墓砖（M6砖∶1）　4. 陶饼（H1∶39）　5. 石斧（采∶1）

2. 窑址

Y1　位于T5、T6中，开口于H1下，被H1叠压。该窑依山势而建，西高东低呈狭长斜坡状，坡度14°。窑室前部被淹于水下，后部窑壁及底部保存较好。窑室壁已烧结，呈深红色，烧结厚度约5厘米，但近尾部窑壁烧结的火候逐渐变低。整个窑底部铺有一层板瓦，窑顶已垮，烟囱不存。窑室中部一侧掘有小烟孔，长30、宽14厘米。窑室内填满筒瓦、板瓦等建筑材料以及少量罐、钵类日用陶器。残长4.1、宽1.1～1.3、深0.7米（图八）。

出土遗物以瓦类为主，也发现少量陶罐、钵口沿残片。

筒瓦　数量特别多，选择标本5件，已修复。形制同H1∶8。Y1∶2，长38.7、宽15.5厘米；Y1∶3，长39.5、宽16.2厘米；Y1∶4，长39、宽17厘米；Y1∶5，长38.8、宽15.5厘米；Y1∶6，长39、宽15.5厘米。

板瓦　数量多，破碎，均为泥质灰陶，外表饰粗绳纹。Y1∶1，形体大，横切面呈弧形，头部切面直，上起棱为素面，瓦背满饰粗绳纹。长52.4、宽40、厚1.2厘米（图九，1）。

陶罐　7件。根据口沿特征分二型。

A型　6件。小口罐。Y1∶12，侈口，弧颈。口径10厘米（图九，2）。

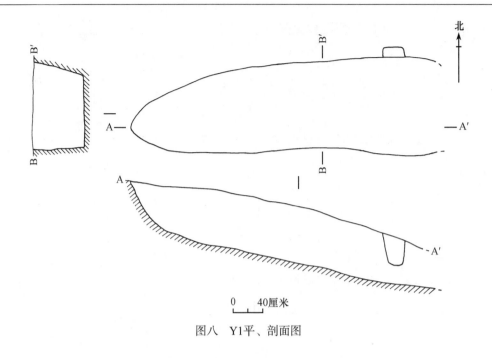

图八　Y1平、剖面图

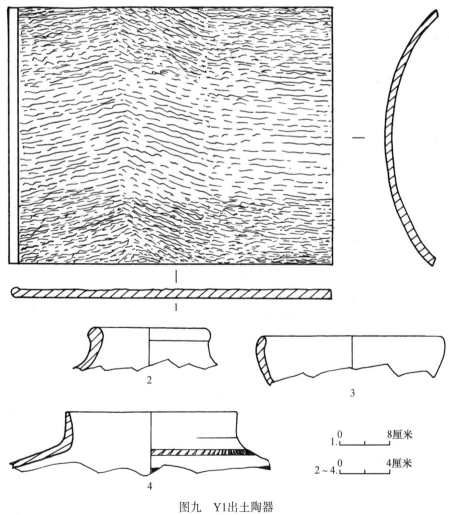

图九　Y1出土陶器

1. 板瓦（Y1∶1）　2. A型罐（Y1∶12）　3. 钵（Y1∶11）　4. B型罐（Y1∶9）

B型　1件。Y1：9，高领，侈口罐。高领，斜肩。肩部饰刻划纹二周。口径14厘米（图九，4）。

陶钵　1件。Y1：11，敛口，肩下内收。口径14厘米（图九，3）。

四、三国两晋墓葬

上溪三国两晋墓群位于大溪遗址上方的山坡上，位置约在139米水位高程之上。因二期关闸水位升高冲刷，一些石室墓葬露头。重庆市文物考古所闻讯于当年6月进行首次发掘，总数20余座，发掘的券顶石室墓，排列密集，规模宏大，是一处重要墓地。在对龙头山遗址勘查无果的情况下，我们转点来此进行调查和发掘，共发掘三国两晋时期的墓葬6座。其中砖室墓2座、石室墓3座、土坑墓1座。另外还发掘宋、明墓2座。石室墓为刀把形，券顶，墓壁未全部砌成。墓葬保存情况较好，被盗掘现象明显少于县城郊区墓地。但在早年开垦梯田时，凡未坍塌的墓室已被扰乱，随葬品丢失，有的墓葬甬道较浅，也有被破坏的情况存在。2座砖室墓规模较小，属小型墓葬。3座石室墓规模较大，其中规模最大的全长7.9米。

墓葬间未出现打破或叠压关系，一般依山势而葬。人骨大多尚存，但保存情况不太理想，骨质多腐朽，个别墓仅见人骨灰痕。从人骨保存的痕迹看，多为合葬墓，同时发现多具人骨共存的现象。

全部墓葬的随葬品种类包括陶、铜、铁、金、银、琉璃、青瓷器七大类，以陶器为多。

在这6座墓中，完全未被盗扰的M7，器物组合齐全，全面反映出墓葬原本的规格、品位和习俗，为断代提供了标尺性的材料，是较为重要的考古资料。

M2　方向105°。刀把形石室墓，券顶已坍塌，墓壁用较规整的块石料砌，上壁因早年垦田损毁呈倾斜状，甬道也遭破坏，墓室内堆满淤土及坍塌碎渣，结构紧密。残长3.6、宽2.2、高1.1米。人骨已朽，仅见骨架灰痕。墓室内随葬品保存较好，总数18件（铜钱、料珠各按1件计算），种类包括铜、铁、银器及料器。甬道内随葬品散失。

铜镯　3件。形制大小相同。M2：4，环状，杆为圆形。直径5.4厘米（图一〇，2）。

铜戒指　1枚。M2：7，保存好，环形。直径1.8厘米（图一〇，10）。

铜带钩　1件。M2：2，鹅形。长嘴，曲首，背有圆形扣。通高2.4厘米（图一〇，5）。

铜饰件　1件。M2：18，截面扁椭圆形，中空，为铁刀鞘饰件。长3.45、宽2.7厘米（图一〇，1）。

铁刀　2件。环首，已锈蚀。M2：1，刀首为扁椭圆形，茎部以麻绳缠绕，一边刃，锋部残。残长96厘米（图一〇，18）。M2：3，刀首为扁方形，茎部用麻绳缠绕，一边刃，单边刃锋。长111.2厘米（图一〇，19）。

银镯　1件。M2：8，环形。杆为扁方形。直径6.4厘米（图一〇，3）。

银戒指　6枚。其中较大的4件，小型2件。M2：10，环形，杆为圆形。直径2.2厘米（图九，7）。M2：15，为小型。直径1.8厘米（图一〇，9）。

料珠　1串。M2：17，共90颗。每颗似米粒大小，中有孔。直径0.15厘米（图一〇，6）。

铜钱　59枚。均为五铢。M2：16-1，钱文清晰规范，"五"字交笔直，"铢"字"金"字

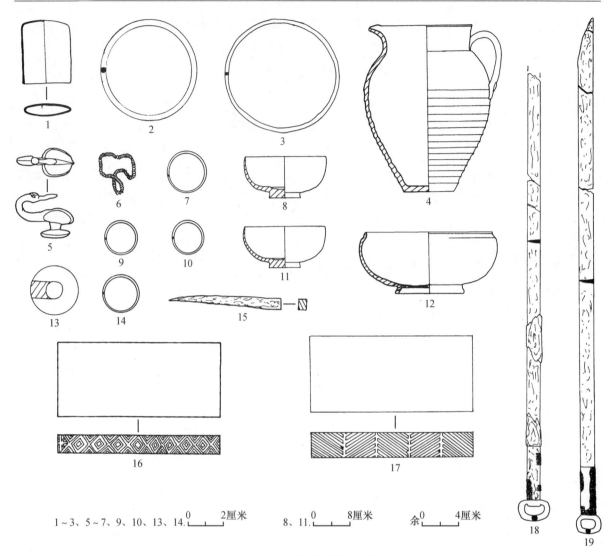

图一○　三国两晋墓葬出土器物

1. 铜饰件（M2：18）　2. 铜镯（M2：4）　3. 银镯（M2：8）　4. 陶单耳罐（M3：1）　5. 铜带钩（M2：2）　6. 料珠（M2：17）

7、9. 银戒指（M2：10、M2：15）　8、11. 青瓷碗（M5：2、M5：1）　10. 铜戒指（M2：7）　12. 陶碗（M6：1）

13. 青瓷饰件（M5：3）　14. 银戒指（M8：1）　15. 铁棺钉（M5：5）　16、17. 花纹砖（M5砖：2、M5砖：1）

18、19. 铁刀（M2：1、M2：3）

头为矢状，"朱"字上方折下圆折。钱径2.4厘米（图一一，3）。

　　M4　方向90°。刀把形石室墓，券拱多数尚存，近甬道处已垮。墓室及甬道均用较规整的石块砌成。墓室长5.13、宽1.85、高1.75米，甬道长1.65、宽0.95米。因山势西高东低及开垦梯土等原因，甬道已暴露，墓室内已被扰动，随葬品物全部散失。

　　M5　方向253°。狭长形砖室墓。四壁砌砖已破坏，是否有券拱已不清楚，坑底铺砖错缝平铺。墓长3.65、宽1.07、墓壁砌砖残高0.54米。墓内人骨散乱，尚存头骨两个，已移位，应为合葬墓。墓砖均为长方形，有薄厚之分，侧面花纹两种图案。M5砖：1，平面抹光，侧面花纹为叶脉纹。长35.5、宽16.4、厚5.4厘米（图一○，17；图一一，2）。M5砖：2，平面抹光，侧面花纹为"回"字形图案。长36.4、宽16、厚4厘米（图一○，16；图一一，1）。随葬品数量少，仅出土青瓷器3件、五铢钱1枚（图一二）。

1、2. 　0 ⌞⌟ 2厘米　　　3~14. 　0 ⌞⌟ 2厘米

图一一　三国两晋墓葬出土墓砖、铜钱拓片

1、2. 花纹砖（M5砖：2、M5砖：1）　3、4、6. 五铢钱（M2：16-1、M6：2-1、M7：4-6）　5. 半两钱（M7：4-1）

7. 货泉（M7：4-7）　8~11. 荚钱（M7：4-2、M7：4-3、M7：4-4、M7：4-5）　12. 直百五铢钱（M7：4-8）

13、14. 五铢钱（M8：6-1、M8：6-2）

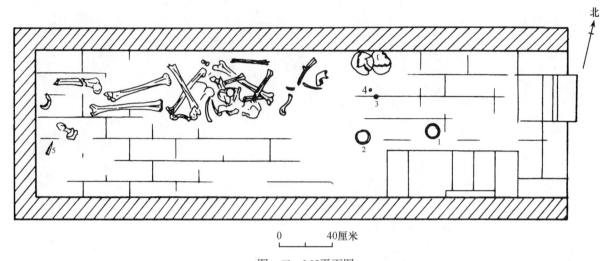

图一二　M5平面图
1、2.瓷碗　3.瓷饰件　4.铜钱　5.铁钉

　　青瓷碗　2件。通体施满釉。M5：1，敛口，深腹，饼足。口径9、底径3.6、高4.4厘米（图一〇，11）。M5：2，敛口，腹下弧收，饼足。口径9、底径3.6、高4.4厘米（图一〇，8）。

　　青瓷饰件　1件。M5：3，圆饼形，中有穿，通体施满釉。直径2.7、高0.95厘米（图一〇，13）。

　　铁棺钉　1件。M5：5，已锈蚀，方体，锥形。长12.8厘米（图一〇，15）。

　　M6　方向145°。长方形砖室墓。山体崩垮致使墓葬暴露受到破坏，券拱不存。墓室残长2.5、宽1.16、深0.7米。墓坑底部满铺一层小砾石，墓壁为单砖错缝平砌，墓砖均为长方形，上有榫头和卯眼，无花纹图案。M6砖：1，长42、宽18、厚6厘米（图七，3）。出土陶碗1件，五铢钱59枚。

　　陶碗　1件。M6：1，敛口，深腹，矮圈足。口径14、圈足径7.6、高6.6厘米（图一〇，12）。

　　五铢钱　59枚。M6：2-1，钱文清晰，无郭，"五"字交笔曲，"铢"字"金"字头为矢状，"朱"字上下圆折。钱径2.3厘米（图一一，4）。

　　M7　方向95°。刀把形石室墓。保存完整，未被盗掘或人为破坏。墓室内长5.5、宽2.37、高2.4米，甬道长2.4、宽1.65、残高4米。墓室、甬道壁均用较规范的块料平砌，两侧墓壁从中部至甬道未满砌封顶，有的部位仅砌一层块石料，唯后部约长1米处砌至封顶并券拱，墓室中也无垮塌的块石料。可见该墓的埋葬时间相当仓促。甬道较短，墓道的位置已垦梯土，故情况不清。墓内填满淤积土及块料碎渣，仅后部券拱下少有空穴。土质结构紧，不易挖动。墓室、甬道底满铺烧土及灰烬，厚5～8厘米，并铺有零散小砾石等。甬道与墓室间铺几块石头作为封门，应是象征性的。

　　随葬品主要存放在甬道内，保存完好。置于墓室后端的5件陶器全部打烂。铜钱存放无规律，墓室内到处可见。金银饰品则出自墓室内的人骨左右。人骨已朽，其灰痕可辨，仅两个下颌骨还未朽蚀，较清晰，该墓应为夫妇合葬墓（图一三）。

　　随葬品共59件，包括陶、青瓷、铜、铁、金、银以及料器七类，另出土铜钱43枚。

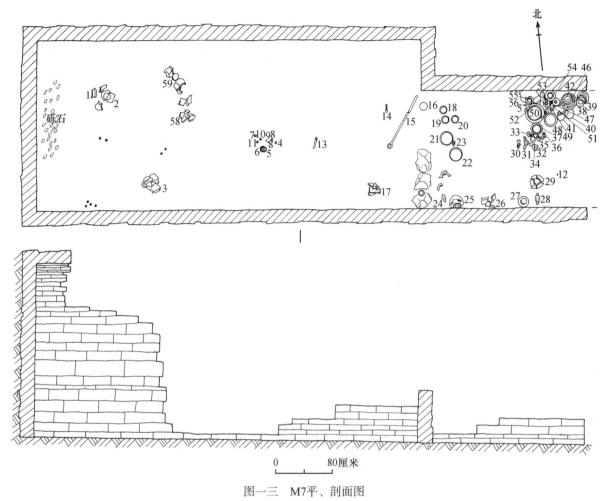

图一三　M7平、剖面图

1～3.陶盘　4.铜钱　5.银镯　6.银戒　7.银顶针　8、9.料珠　10～12.金耳坠　13.银钗　14.银簪　15.铁刀　16.铜镜　17.青瓷四系罐　18～20.青瓷小碗　21、22.青瓷碗　23、43.A型陶鸡　24、46.陶鸭　25.青瓷四系壶　26、29、37、39、58、59.陶罐　27.陶甂　28、31、45.B型陶鸡　30、44、51.陶猪　32～36.C型陶俑　38.青瓷盂　40、41.B型陶俑　42.陶牲畜舍　47、52.A型陶俑　48.陶井　49、53.D型陶俑　50、54、55.陶双耳罐　56.陶灶　57.陶釜

陶器　共38件。器形有罐、双耳罐、盘、灶、釜、甂、井、俑、猪、鸡、鸭、牲畜舍等。

罐　6件。泥质灰陶。M7：58，直口，矮领，弧肩，腹鼓偏上，平底。肩部饰一周凹弦纹。口径13.2、底径10.4、高16厘米（图一四，1）。M7：59，直口，矮领，弧肩，腹下残。口径12、残高3厘米。M7：37，大直口，矮直领，扁鼓腹，矮饼足。口径12、饼足直径11.2、高13厘米（图一四，2）。M7：26，口微敛，矮领，溜肩，腹微扁鼓，大平底。口径8、底径9.2、高11厘米（图一四，6）。M7：29，侈口，束颈，鼓腹，平底。肩部一周凹弦纹。口径11.2、底径10.8、高15厘米（图一四，4）。M7：39，盘口较大，矮粗颈，溜肩，凸鼓腹，平底。肩部一周凹弦纹。口径16、底径12.4、高14.4厘米（图一四，5）。

双耳罐　3件。泥质灰陶。其中M7：54、M7：55，形制大小相同。侈口，矮领，弧肩，腹微鼓，平底。肩部饰对称二拱形耳。M7：54，口径8.4、底径8.4、高11.8厘米（图一四，7）。M7：50，体形较大。侈口，矮领，最大径在肩部，腹下斜收，平底小。肩部饰对称二拱形耳。口径19.2、底径12.4、高18.2厘米（图一四，9）。

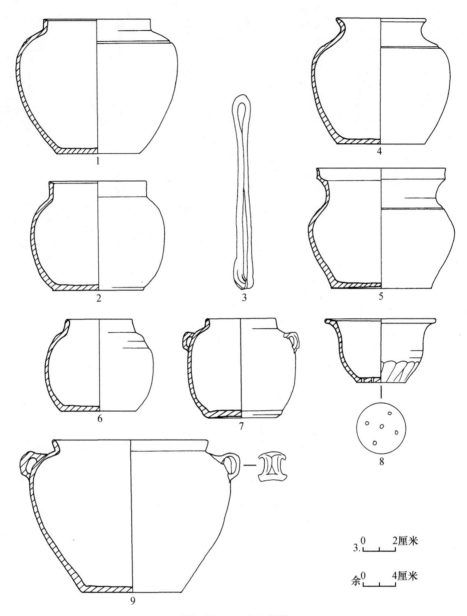

图一四 M7出土器物

1、2、4～6.陶罐（M7：58、M7：37、M7：29、M7：39、M7：26） 3.银簪（M7：14） 7、9.陶双耳罐（M7：54、M7：50） 8.陶甑（M7：27）

盘　3件。泥质灰褐陶。M7：2，宽沿稍凹内斜，深盘，腹下内收，平底。口径21.2、底径12、高7厘米（图一五，2）。M7：1，宽斜沿，浅盘，平底。口径22、底径12、高5厘米（图一五，3）。M7：3，体形较大。宽斜沿，浅盘，平底稍内凹。口径34、底径21.6、高7.2厘米（图一五，4）。

灶　1件。M7：56，体形较大，造型别致，呈鸡尾形。前有方形火门通地，弧形灶面中部有一圆形火眼，出土时上置有陶釜，尾上有一圆形小烟孔。通长22.8、宽18.4、高15厘米（图一五，1）。

釜　1件。M7：57，出土时置于灶上。直口，鼓腹，圜底。口径8、高8.4厘米（图一五，1）。

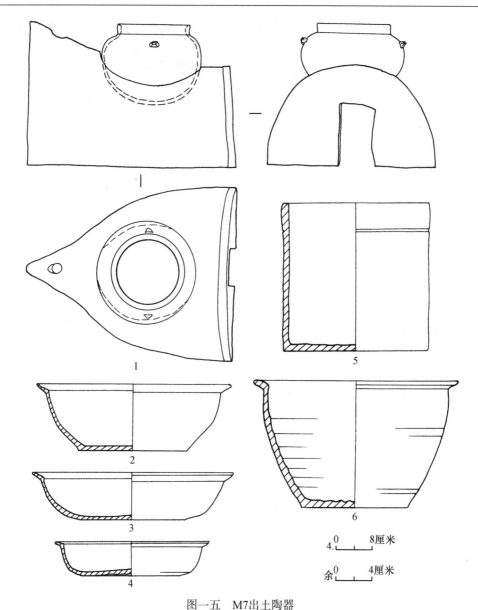

图一五　M7出土陶器

1.灶、釜（M7：56、M7：57）　2~4.盘（M7：2、M7：1、M7：3）　5.井（M7：48）　6.牲畜舍（M7：42）

甑　1件。M7：27，宽斜沿，深腹。平底上有对称五箅孔，腹下有削棱。口径13.6、底径6、高7.6厘米（图一四，8）。

井　1件。M7：48，直筒形，平底。颈有一周凹弦纹。口径16、底径14、高15.6厘米（图一五，5）。

牲畜舍　1件。M7：42，出土时内置有猪、鸡各1件。体形较大，似花钵形。内壁轮制痕明显。口径22.5、底径12、高13.6厘米（图一五，6）。

俑　11件。均为泥质灰陶，火候较高，保存好。根据整体形态及其特征，可分四型。

A型　2件。体形高大，造型别致，保存完好。M7：47，头与身分别做成后套合而成，可以活动。身瓶形，颈部即瓶口，将头插入套合成一整体。无手，足未外露，头顶削平，国字形脸，眼珠凸，鹰鼻，两须外展，张嘴吐舌，似西域人。通高36.4厘米（图一六，1）。M7：52，形态与制作方法大体同M7：47。唯头上饰三个对称角形物（中间角形物残），扁方

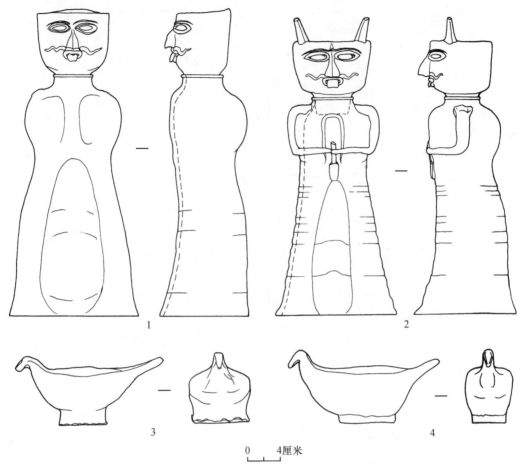

图一六　M7出土陶器

1、2. A型俑（M7：47、M7：52）　3、4. B型鸡（M7：28、M7：31）

形脸，双手合抱一长铲形物于胸前。通高35.2厘米（图一六，2）。

B型　2件。身上小下大似喇叭形座。无手，足未露。M7：41，头上有二角形物，大眼，鹰鼻，张嘴，眼与鼻等距并列，长须直垂，招风耳。通高29.4厘米（图一七，1）。M7：40，面部形态大体同M7：41，唯头角形物稍高。通高29.4厘米（图一七，2）。

C型　5件。制作方法简单，在坯胎上加工成喇叭形身座刻出面部轮廓即成。均无耳、无手，足未露出。M7：35，身瘦长，头椭圆，顶有圆形髻，半月形眼，鹰钩鼻，小嘴微张。通高19.5厘米（图一七，3）。M7：34，整体形态与M7：35大体相同。八字胡。通高19厘米（图一七，4）。M7：33，头圆形。通高15.8厘米（图一八，2）。M7：36，体矮胖，头椭圆形上有髻，鹰钩鼻塌。通高16厘米（图一八，7）。M7：32，发髻高，月形眼，小嘴，无鼻。通高18.4厘米（图一八，1）。

D型　2件。身筒形，站立状。M7：49，双手合抱（手指已残），头上饰有圆髻，招风耳，大眼，鹰鼻，眼与鼻并列有序，小嘴微张。通高16.6厘米（图一八，4）。M7：53，形态与M7：49大体相同。右手已残，头尖形。通高19.5厘米（图一八，3）。

陶猪　3件。泥质灰陶。M7：30，造型逼真，体肥实。翘嘴，耸耳，矮足，夹尾，颈上部有鬃。长15、高6.8厘米（图一八，8）。M7：44，体瘦长，尖嘴，凸眼，足柱形，短尾，无

图一七　M7出土陶俑

1、2. B型（M7：41、M7：40）　　3、4. C型（M7：35、M7：34）

耳，已变形。长14.2、高6厘米（图一八，9）。M7：51，形同M7：44，耳高耸。长13.4、高6厘米（图一八，10）。

陶鸭　2件。泥质灰陶。M7：46，尖嘴紧闭，凸眼，翅呈展状，尾扁微翘，矮足下蹲。长8.2、高3.6厘米（图一八，6）。M6：24，形制同M7：46。长8.4、高3.8厘米。

陶鸡　5件。均为泥质灰陶。根据形态特征，分二型。

A型　2件。小鸡。M7：43，尖嘴紧闭，双眼凸，展翅，翘尾，矮足呈蹲状。造型、比例均失调。长9、高4厘米（图一八，5）。M7：23，形制同M7：43。长8.6、高2.1厘米。

B型　3件。体较大，烧制火候高，保存好。M7：31，嘴呈啄食状，尾上翘，腹下有矮圆座。长18.8、高8.8厘米（图一六，4）。M7：45，形制与M7：31同。长20、高8.3厘米。M7：28，腹下圆座较高。长18.2、高8.2厘米（图一六，3）。

M7共出土铜镜1件、铁刀1件、金耳坠3件、银器5件（包括镯、钗、簪、戒指、顶针各1件）。

铜镜　1件。M7：16，器体小，厚实，镜面锈蚀，背面图案不清，圆形纽座，凹宽沿。直径9厘米（图一九，10）。

铁刀　1件。M7：15，已锈蚀，残断。环首，一边刃，锋残。残长83.2厘米（图一九，19）。

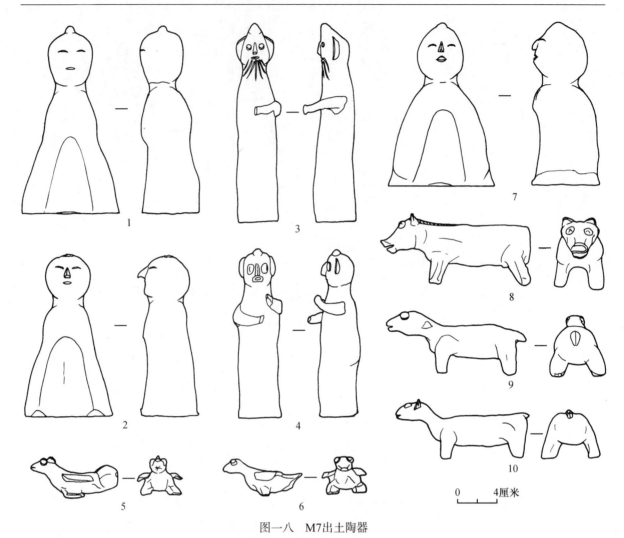

图一八　M7出土陶器

1、2、7. C型俑（M7：32、M7：33、M7：36）　3、4. D型俑（M7：53、M7：49）　5. A型鸡（M7：43）

6. 鸭（M7：46）　8～10. 猪（M7：30、M7：44、M7：51）

　　金耳坠　3件。形制大体相同，大小不一，保存好。均用较小股的金线缠绕呈蛹状，中有穿孔。其中1件出自甬道内。编号M7：10、M7：11、M7：12，分别长1.5、1、0.9厘米（图一九，12～14）。

　　银镯　1件。M7：5，由多股链组成。直径7.2厘米（图一九，11）。

　　银钗　1件。M7：13，前部方形，杆上琢有各种图案，后端锥形。长23厘米（图一九，18）。

　　银簪　1件。M7：14，用较粗银质材料折成两股黏合而成。长11.5厘米（图一四，3）。

　　银戒指　1件。M7：6，环形。直径2.1厘米（图一九，17）。

　　银顶针　1件。M7：7，环形。一侧有抵板较高。直径2.3、最高1.8厘米（图一九，9）。

　　青瓷器　共8件。器形有四系罐、四系壶、盂、碗。

　　四系罐　1件。M7：17，直口，矮领，溜肩，长鼓腹，平底。肩部饰对称四桥形系和一道凹弦纹，腹下露胎。口径11.4、底径11、高16.2厘米（图一九，1）。

　　四系壶　1件。M7：25，盘口，束颈，鼓腹，平底。肩部有四枚对称桥形系，有盖，面

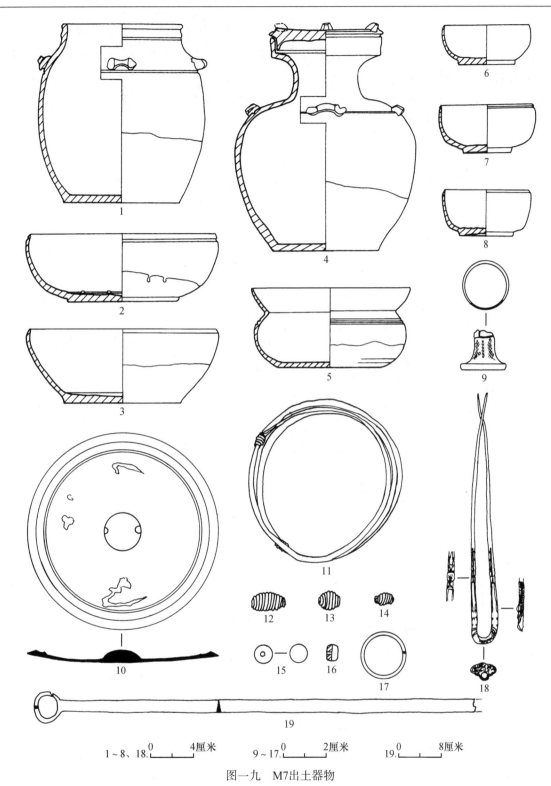

图一九　M7出土器物

1. 青瓷四系罐（M7：17）　2、3. 青瓷碗（M7：21、M7：22）　4. 青瓷四系壶（M7：25）　5. 青瓷盂（M7：38）

6～8. 青瓷小碗（M7：18、M7：19、M7：20）　9. 银顶针（M7：7）　10. 铜镜（M7：16）　11. 银镯（M7：5）

12～14. 金耳坠（M7：10、M7：11、M7：12）　15、16. 料珠（M7：8、M7：9）　17. 银戒指（M7：6）　18. 银钗（M7：13）

19. 铁刀（M7：15）

平，上饰有三乳状纽，腹下露胎。口径10.4、底径10、通高20.6厘米（图一九，4）。

盂　1件。M7∶38，侈口，折颈，扁鼓腹，平底。腹上部二道凹弦纹，腹下露胎。口径14.8、底径10、高7.2厘米（图一九，5）。

碗　2件。M7∶21，敛口，腹鼓，饼足，腹下露胎有釉垂现象。口径17.6、底径10.4、高6.2厘米（图一九，2）。M7∶22，敛口，斜腹，饼足。腹下露胎。口径17.6、底径11.2、高6.8厘米（图一九，3）。

小碗　3件。M7∶19，敛口，深腹，饼足。口沿下一周凹弦纹。口径8.8、足径4.4、高4.4厘米（图一九，7）。M7∶18，敛口，浅腹，饼足。口径8、底径5.4、高3.6厘米（图一九，6）。M7∶20，敛口，深腹，饼足稍凹。口径8、底径5.2、高4.2厘米（图一九，8）。

铜钱　共43枚。包括半两、荚钱、五铢、货泉、直百五铢等。

半两钱　1枚。M7∶4-1，胎薄，无郭，篆体阳文。钱径2.2厘米（图一一，5）。

荚钱　20枚。M7∶4-2，钱径1.8厘米（图一一，8）。M7∶4-3，钱径1.6厘米（图一一，9）。M7∶4-4，钱径1.6厘米（图一一，10）。M7∶4-5，钱径1.4厘米（图一一，11）。

五铢　20枚。钱文清晰规范。"五"字交笔曲，铢字"金"字头呈等腰三角形，"朱"字上下圆折，外郭宽。M7∶4-6，钱径2.6厘米（图一一，6）。

货泉　1枚。M7∶4-7，郭较宽，篆体右读钱文。钱径2.2厘米（图一一，7）。

直百五铢　1枚。M7∶4-8，钱径2.5厘米（图一一，12）。

料珠　2颗。M7∶8，圆形，中有孔。直径0.8厘米（图一九，15）。M7∶9，椭圆形，有穿孔。直径0.75厘米（图一九，16）。

M8　长方形竖穴土坑墓。方向10°。墓坑表面已被垦为梯土，是否有封土堆已不清楚，墓坑四壁垂直，做工规整，长3.8、宽3、深2.9米。葬具已腐，仅残剩一小块棺板，结构不明，坑底周边多铺石块，余则铺就一层河卵石。人骨已朽，尚见四具骨灰痕（图二〇）。

随葬品仅有随身的几件银戒指和24枚铜钱。

银戒指　5件。形制相同。环形，圆杆，其中编号M8∶3，直径2.2厘米；M8∶1，直径2厘米（图一〇，14）；M8∶2、M8∶4、M8∶5，直径2厘米。

铜五铢钱　24枚。分两类。

第一类：无郭。M8∶6-1，"五"字交笔曲，上下两横出头，铢字"金"字头呈三角形，"朱"字上方折下圆折。钱径2.4厘米（图一一，13）。第二类：窄郭。M8∶6-2，"五铢"二字同M8∶6-1。钱径2.4厘米（图一一，14）。

另外，还发掘宋墓1座（M3）、明墓1座（M1）。

M1　已遭损毁，器物丢失。方向300°。残长1.8、宽1、深1.2米。

M3　局部受破坏。方向150°。残长0.8、宽0.7、深1米。随葬陶器1件。

陶单耳罐　1件。M3∶1，直口，鼓腹，小平底，口沿一侧有流，肩部有拱形把。腹部以下轮制痕明显。口径10、底径5.6、高17.9厘米（图一〇，4）。

石斧　1件。采∶1，采集品。顶部已残，双面弧刃。残长6.7厘米（图七，5）。

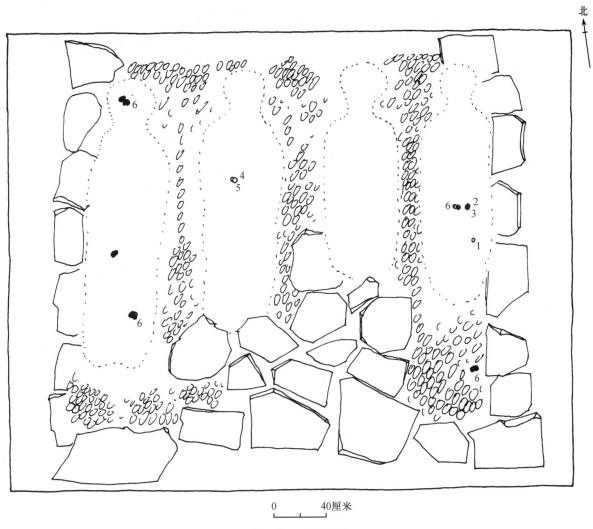

图二〇　M8平面图
1~5. 银戒指　6. 铜钱

五、结　语

因计划发掘的龙头山遗址被淹没，经进一步勘探无获的情况下，工作队在得到有关部门领导同意后，转点到上溪遗址（墓群）进行发掘。获得两大主要收获，即汉代龙窑和三国蜀时期M7的发现与发掘。

1）在遗址发掘区汉代地层堆积及灰坑的发掘，获得了一批重要的文物标本和考古资料。特别是龙窑（Y1）的发现，为我们认识和了解巫山县境汉代龙窑的规模、形制以及建筑用材等方面的情况提供了难得的实物标本及考古资料。

2）发掘墓葬8座。其中M1为明墓，M3为宋墓，余6座为砖室墓2座（M5、M6）、石室墓3座（M2、M4、M7）、竖穴土坑墓1座（M8）。虽然墓葬形制不尽相同，但从出土物十分接近的情况，以及参照巫山江东嘴古墓形制①等推测，其年代大体定在三国两晋时期。

　　本次发掘的M7，是一座未受盗扰保存较完整的墓葬。随葬品丰富，包括陶、铜、铁、金、银、青瓷、料器等七类，钱币达5个币种。特别引人注目的是出土陶俑11件，其中的A型俑2件，造型别致，比例协调，刻划细腻，形态逼真，是重庆库区考古发掘中尚不多见的三国蜀时期陶俑精品。出土的铜钱年代早的有汉半两、汉五铢、货泉，最晚的为"直百五铢"钱，"直百五铢"系刘备于建安十九年（214年）发行的铜钱。这样就为我们推断该墓的年代提供了标尺性材料。

　　附记：本次发掘领队尹检顺，执行领队向开旺，工作人员有田云国、杨志勇、张涛、杨良家、江洪、陈勇兵、胡明忠等。

绘　　图：张　涛
器物修复：向树青
拓　　片：田云国
电脑录入：杨志勇
执　　笔：向开旺

---

① 重庆市文化局等：《巫山江东嘴墓群发掘报告》，《重庆库区考古报告集·1998卷》，科学出版社，2003年。

巫山孝子溪遗址2004年度发掘简报

湖南省文物考古研究院
怀 化 市 文 物 处
巫 山 县 文 物 管 理 所

孝子溪遗址位于重庆市巫山县大昌镇大兴村3组，长江支流大宁河左岸一级台地上。东距大昌镇约20千米，西隔孝子溪为巫溪县地，南临大宁河，往北群山高耸，连绵起伏。

2003年11月，湖南澧县文物管理所对该遗址进行了试掘。2004年11～12月，湖南省怀化市文物处考古队对该遗址进行第二次发掘，共开5米×5米探方28个，编号为04巫孝T1～T28，发掘面积700平方米（图一），获得了一批实物标本和考古资料。现将发掘情况报告如下。

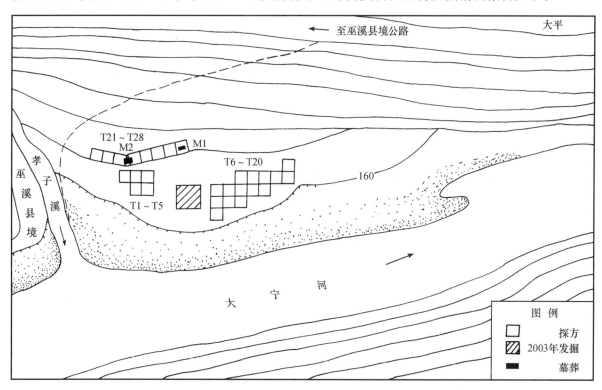

图一 孝子溪遗址位置示意图

一、遗址概况及地层堆积

孝子溪遗址所处台地总面积约1200平方米，项目发掘任务为700平方米。除了2003年发掘的100平方米和堆放散土的小块空地外，台地的全部布方已被挖完。

现存台地地形分为上下两级：一级台地较大，面积约700平方米，海拔160米。原为水稻田，现改种旱粮作物。我们在该台地布5米×5米探方20个，发掘面积500平方米（编号T1～

T20）。发掘深度0.8～1米。从发掘情况看，该台地为清代晚期开垦稻田时形成，文化层已被扰乱，无陶片出土，仅见脱层石斧、石锛及零散动物牙齿等。二级台地高出一级台地（水稻田）约2米。共布5米×5米探方8个（编号T21～T28），发掘面积200平方米。原始文化堆积保存较好，依地势呈斜坡状，且深浅不一。现以T21北壁为例加以说明（图二）。

第1层：耕土层。厚18～20厘米。现种植旱粮作物。

第2层：褐色土层。土质纯净。厚10～20厘米。

第3层：灰黑色土层。土质结构紧。含有红陶罐、豆等残片，但数量不多。厚20～25厘米。

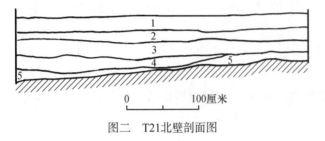

第4层：黄褐色土夹砾石层，结构紧。偶见零散陶片。厚0～30厘米。

第5层：黄褐色土层，结构紧。出土罐、豆、杯类器物残片，以及石斧、石片、石核等。厚10～20厘米。

第5层以下为生土。

图二　T21北壁剖面图

二、墓　葬

共发现2座，编号M1、M2。

M1　位于T25。开口于第2层下，头西脚东顺流而葬，方向265°。长方形竖穴土坑墓，原土回填，四壁较规整，人骨保存较好，为仰身直肢葬，身高154厘米，葬具已朽，结构不明。随葬品仅有八棱形骨器1件，置于胸前左侧。长215、宽95、深130厘米（图三）。

M2　位于T21、T26（扩方）中。开口于第4层下，头东脚西逆流而葬，方向80°。为长方形竖穴土坑墓，填土为原土回填，较纯净，填土中出土1件小石斧。四壁不规整，特别是北壁挖至距坑底约30厘米处时，内缩窄56厘米，形成生土二层台似的平台。人骨保存较完整，为仰身直肢葬，身高165厘米，额骨有一宽3～4厘米的凹痕，不见葬具，无随葬品。墓长260、墓口宽180、墓底宽124、深120厘米（图四）。

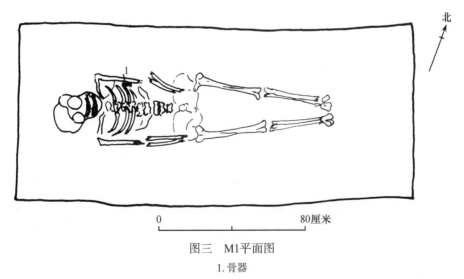

图三　M1平面图

1. 骨器

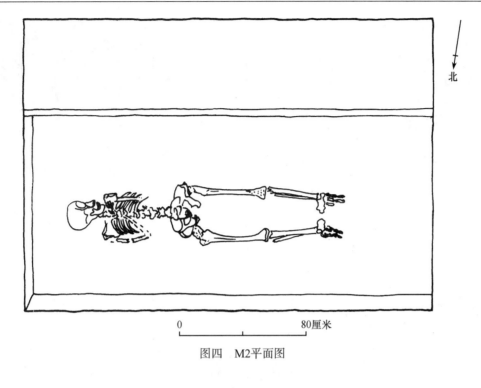

北

0   80厘米

图四　M2平面图

三、遗　物

孝子溪遗址发掘出土的遗物主要为石器和陶器两类，墓葬中出土1件骨器。

（一）石器

1. 打制石器

器形有石核、大石片、小石片、石饼。

石核　1件。T21⑤：4，体略呈椭圆形，在砾石料的两面分布着大小不等的片疤，石质坚硬，保留的自然砾石面少。长13.8、宽11、厚8厘米（图五，1）。

大石片　6件。T21⑤：3，体呈角柄形，两面剥片，其中一面保留自然砾石面较多，一面疤面重叠，刃口锋利。长12、宽12、厚1.5厘米（图五，3）。

小石片　1件。T21⑤：5，直接从砾石上打下的小石片，刃缘有使用崩痕，可作刮削工具。长5.9、宽3.9、厚0.8厘米（图五，4）。

石饼　2件。T27④：2，整体经加工呈扁平椭圆形，一面为自然砾石面，一面打片面平。长8、宽7、厚1.4厘米（图五，2）。

2. 磨制石器

器形包括石斧、石锛、石凿、石璜。

斧　8件。其中4件残甚，4件保存较完整。T22④：1，直长体，厚实。周边有琢制疤痕，刃部磨制已残。残长9.4、宽3.5、厚3厘米（图五，6）。T21⑤：1，器体小，通体精磨，对称

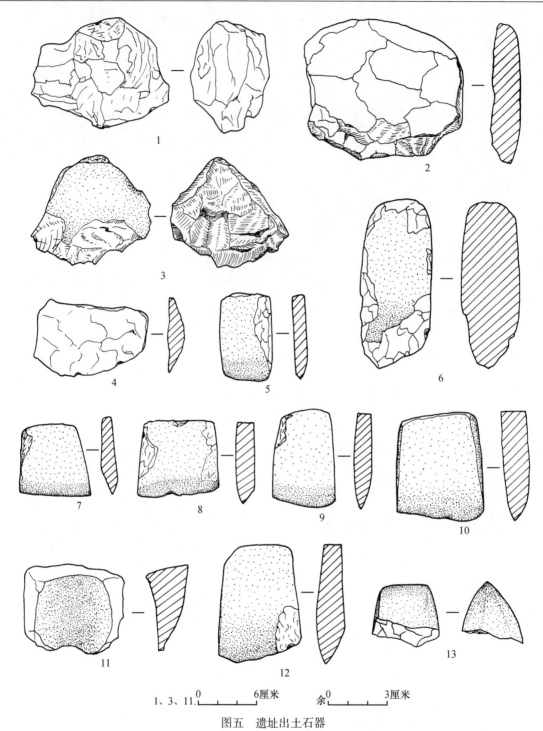

1、3、11.└─┴─┴─┘6厘米　余 0└─┴─┴─┘3厘米

图五　遗址出土石器

1.石核（T21⑤：4）　2.石饼（T27④：2）　3.大石片（T21⑤：3）　4.小石片（T21⑤：5）　5、6、9、10、12.石斧
（M2填土：1、T22④：1、T21⑤：1、T18②：1、T24③：1）　7、8.石锛（T24③：3、T9②：1）　11.砺石（T21⑤：6）
13.石凿（T22③：2）

双面弧刃，弧顶。长4.8、宽3.1、厚0.9厘米（图五，9）。T24③：1，通体精磨，平顶，不对称双面斜刃，一侧有崩疤。长5.9、宽4.2、厚1.5厘米（图五，12）。T18②：1，扰乱地层出土。磨制精细，斜顶，不对称双面斜刃。长5.5、宽4.4、厚1.4厘米（图五，10）。

锛　2件。T24③：3，体宽且短，近方形，通体精磨，一字形单面刃，顶微弧。长3.7、宽3.6、厚0.7厘米（图五，7）。T9②：1，已脱原始文化层。宽大于长，方体，平顶，单面斜刃。长3.9、宽4.2、厚1厘米（图五，8）。

凿　1件。T22③：2，上端已残，体厚实。可见刃部急收成尖刃状。残长3厘米（图五，13）。

璜　1件。T24③：5。已残。磨制精细。残长4.5厘米（图六，19）。

另外，出土砺石1件。T21⑤：6，褐色粗砂岩。正方体，正面被磨成凹形。长10、宽9、厚3厘米（图五，11）。

（二）陶器

数量少，破损严重，均不能复原。器形包括器底、口沿、罐、盘、杯、豆、纺轮等。多泥质红陶，少见泥质褐陶，偶见泥质灰陶。纹饰素面居多，方格纹、绳纹为两种主要纹饰，少量器物上有附加堆纹（图六，16～18；图七，1～6）。

器底　13件。均为泥质红陶。T21⑤：10，下腹斜收至底，平底（图六，1）。T21⑤：7，下腹微收至底，平底（图六，2）。T22④：6，下腹微收近底微折，平底（图六，3）。T22③：3，下腹弧收至底，平底（图六，4）。T24③：8，下腹微弧收至底，平底（图六，5）。

圈足器底　1件。T26④：2，泥质红陶。矮圈足（图六，12）。

口沿　11件。泥质红陶。T22④：3，尖沿，盘口（图六，7）。T23④：1，沿面圆，盘口（图六，8）。

罐　7件。均残。泥质红陶。T22④：5，侈口，束颈（图六，6）。

壶　2件。残。泥质红陶。T27④：3，侈口，直颈（图六，9）。

盘　1件。T27④：5，已残。泥质灰陶。矮圈足（图六，11）。

杯　2件。已残。泥质褐陶。T24③：6，筒形（图六，10）。

豆　2件。已残。T22④：4，泥质灰陶。深盘（图六，14）。

纺轮　1件。T21⑤：2，泥质灰陶。保存完好，上小下大近梯形。素面，中间有圆孔，上径1.5、下径3.7、孔径3、高1.4厘米（图六，15）。

（三）其他

牛牙　2件。保存较好。T24③：4、T2①：1（图六，21、22）。

另外，在墓葬中出土的遗物少，共3件，其中2件出自填土中。

石斧　1件。M2填土：1，器体小，加工简单。仅在前端稍加磨制成不对称双面刃，周身

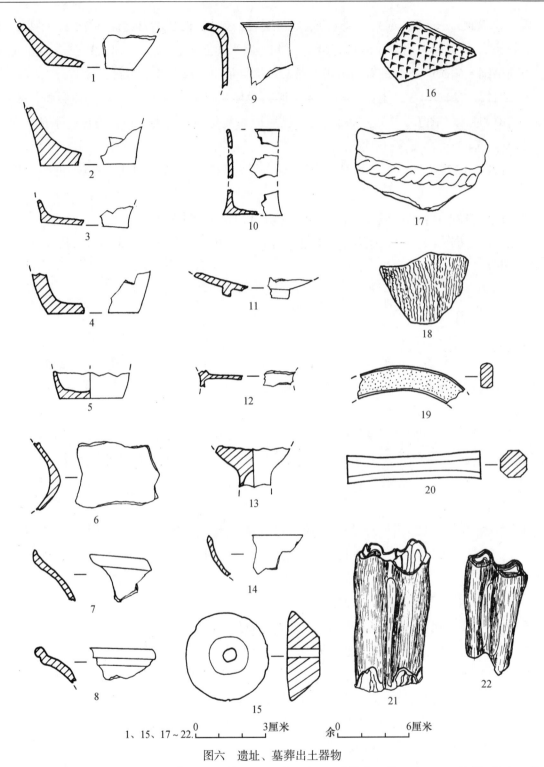

图六　遗址、墓葬出土器物

1～5. 陶器底（T21⑤：10、T21⑤：7、T22④：6、T22③：3、T24③：8）　6. 陶罐（T22④：5）　7、8. 陶器口沿（T22④：3、
T23④：1）　9. 陶壶（T27④：3）　10. 陶杯（T24③：6）　11. 陶盘（T27④：5）　12. 陶圈足器底（T26④：2）
13、14. 陶豆（M2填土：3、T22④：4）　15. 陶纺轮（T21⑤：2）　16～18. 陶片纹饰（T27④：10、T27④：12、T21⑤：12）
19. 石璜（T24③：5）　20. 骨器（M1：1）　21、22. 牛牙（T24③：4、T2①：1）

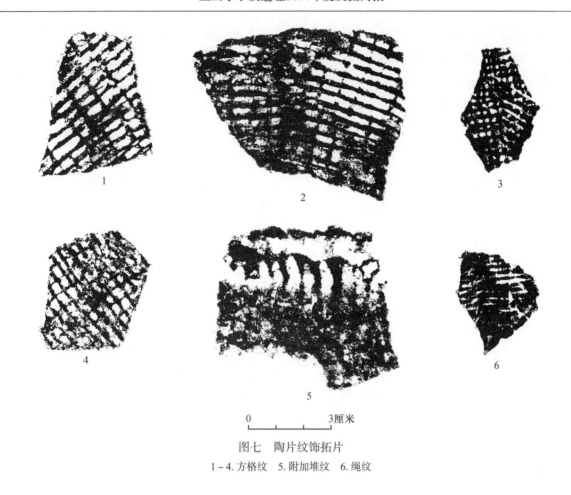

图七　陶片纹饰拓片

1~4.方格纹　5.附加堆纹　6.绳纹

未磨保留自然面，一侧有打琢疤痕。长4.4、宽2.7、厚0.7厘米（图五，5）。

陶豆　1件。M2填土：3，已残。粗柄内空（图六，13）。

骨器　1件。M1：1，黑色。棒状八棱柱体。中部微内弧，似腰鼓。长5.6、直径1.1厘米（图六，20）。

四、结　语

我们在发掘中获得的有关材料证实，清代晚期开垦稻田时孝子溪遗址的大部分地层被扰乱，造成原始地层堆积面积不大。同时，发掘的原始文化地层中的遗物不是很丰富，出土的陶器比较破碎，难以复原。因此，严格来讲，对孝子溪遗存文化属性的认识、年代的推定仍显材料不足。不过，我们从现有材料中看到，该遗存有其自身的一些特点：陶器均为泥质陶，并以红陶为主，灰陶极少；纹饰主要为方格纹、绳纹和堆塑纹，素面居多；打制石器、磨制石器同时存在。打制石器选材讲究，磨制石器体小、磨制精细；墓葬（M2）为逆流而葬，无随葬品。上述特征，在峡江地区新石器时代晚期遗址中有其共同性。出土的陶器形制，可找到类比的实物材料。如本遗址出土的几种形式的器底与忠县中坝Ⅱ区新石器时代晚期遗址发掘出土的

A型器底类同[①]；出土的打制石器、磨制石器可在巫山锁龙新石器时代晚期遗址中找到同类型材料[②]。故此，我们推测孝子溪遗存的年代应属新石器时代晚期。

M2虽无随葬器可资比较，但从其开口于第4层下的情况看，其年代与本遗址确定的年代相当。从保存较好的额骨有被打击而出现裂痕的情况分析，此人应属非正常死亡。M1四壁做工较为规整，墓中上部填土有本遗址第3层的灰黑色土层，这样就明显反映出其年代晚于本遗存的年代。无陶器随葬，仅出土1件骨器，束腰八棱似长腰鼓形，出土时置于胸前一侧。该骨器的形制及其存放位置情况，与涪陵蔺市遗址M5出土角器的形制、存放位置情况完全相同。原报告编写者把该墓的材料与重庆地区战国晚期巴蜀墓葬进行比较后推断：其年代为战国晚期至秦代[③]。故此考虑：M1所出骨器的一致性，该墓的年代应与之相当，为战国晚期。

此次对孝子溪遗址的正式发掘，虽然出土的实物标本不十分丰富，材料也比较单调，但仍为我们了解长江支流大宁河中上游地区的新石器时代晚期文化面貌，提供了一批新的资料和文化讯息，有着较为重要的意义。

　　附记：参加发掘的工作人员有田云国、杨志勇、张涛、杨良家、向树青等。

领　　队：尹检顺

执行领队：向开旺

执　　笔：向开旺

---

① 四川省文物考古研究所等：《忠县中坝遗址Ⅱ区发掘简报》，《重庆库区考古报告集·1998卷》，科学出版社，2003年。

② 成都市文物考古研究所等：《巫山锁龙遗址发掘简报》，《重庆库区考古报告集·1998卷》，科学出版社，2003年。

③ 重庆市文物考古所、涪陵区文物管理所：《涪陵蔺市遗址发掘简报》，《重庆库区考古报告集·1998卷》，科学出版社，2003年。

巫山土城坡墓地2004年度发掘简报

武汉市文物考古研究所
巫 山 县 文 物 管 理 所

巫山土城坡墓地位于重庆市巫山县旧城原巫峡镇境内，地理位置东经109°52′30″，北纬30°05′00″。它西接高山，东临大宁河，南距长江约1000米，是一座依山傍水的高台地。现存台地平面近似椭圆形，南北长达300、东西宽约200米，总面积6万平方米。台地比周围高出20余米，台顶最高处海拔163米。发掘前，大部分地区是巫山中学的校园，地表分布着大小操场、阶梯道路、各式楼房和成排连片茂密的大树（图一）。

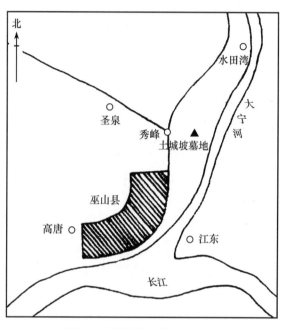

图一　土城坡墓地位置示意图

20世纪50年代，在巫山中学建校园时，就曾陆续发现一些古代墓葬。80年代建造人防工程，又发现多座东汉砖室券顶墓。所以，土城坡墓地一直受到当地文物部门重视。此外，在土城坡墓地邻近地区，还先后发现大量同时期考古学文化遗存。土城坡南面1000米的南门地区，曾发现丰富的汉代文化堆积；西南800米的巫山师范学校及北门口一带，残存部分较宽大的汉代夯土城墙；西北500米以外，分布着瓦岗槽、胡家包等汉代墓地；北面700米处是水田湾墓地；东面400米有踏平墓地；东南隔大宁河与江东嘴墓地遥遥相望。

根据三峡工程文物保护工作需要，武汉市文物考古研究所和巫山县文物管理所共同承担了土城坡墓地抢救性发掘工作。2004年8月，开始对墓地进行分区勘探，稍后，在北面山坡布置探方26个（Ⅰ区），在台地北部小操场布置探方66个（Ⅱ区）。到同年12月底停工时，已经勘探约6万平方米，发掘2576平方米（包括扩方面积）。清理战国时期到东汉时期墓葬77座，晋代至清代墓葬9座，出土各类文物一千多件。

由于受到近、现代人们生产生活活动的影响，大部分墓葬遭受到不同程度的损坏。本报告从战国时期到东汉时期墓葬中，选择保存比较好、内涵相对典型的10座墓葬，进行初步归纳介绍。

一、战国时期墓葬

（一）墓葬形制

ⅡM65　位于Ⅱ区西南部，竖穴土圹。坑口距现地表约40厘米，平面略呈梯形，南北长420、北部宽360、南部宽330厘米，方向为180°。西部被ⅡM49打破，土圹稍受损伤。墓圹内填土为红黄色花土，上部土质较硬，下部土质相对松软。四壁向内斜收，深224厘米。墓底略小，呈长方形。南北长356、东西宽224厘米。底部四周建造熟土二层台，台面宽20～30、高60厘米。墓底横向挖出二道土沟，应该是放置棺椁垫木用，沟宽40、深14厘米。

葬具已经腐烂，从遗留的青灰色痕迹还可以辨识椁的轮廓和棺的位置。墓主人尸骨已经腐朽，只剩下部分牙片和骨渣。单人，仰身直肢，头向南。随葬品主要放置在靠近头部的椁箱中，包括青铜礼器、日用陶器和鹿角等。青铜鼎中装有羊骨，较完整的有肋骨5根、脊骨3节。东部二层台面放有一件严重锈蚀的残铁锛，推测是挖土圹损坏的工具（图二）。

ⅡM37　位于Ⅱ区的东南部，竖穴土圹。坑口距现地表43厘米，平面呈长方形，东西长340、南北宽220厘米。方向为83°。土圹中填土为红黄色花土，土质略硬。四壁稍向内斜收，深约240厘米。墓底稍小，长320、宽192厘米。为了放置葬具的垫木，墓底横向挖出两条土沟，沟宽22、深6厘米。葬具和墓主人尸骸都已经腐烂，痕迹辨别不清。随葬品主要是青铜兵器和仿铜陶礼器，基本放置在墓室东端，仅有一件铜戈放置在墓室中部（图三）。

（二）出土器物

两座墓共出土随葬品25件，多为铜器和陶器，有零星的铁器和鹿角。

1. 铜器

13件。其中较完整和修复的器物有10件，敦、盆未修复。

鼎　1件。ⅡM65：9，子母口，深腹圜底。口部安置双附耳，上腹部饰一周凸弦纹。三蹄足瘦高，上部铸出兽面图案。弧顶圆盖。盖顶中心设置一个环纽，外围立缀三个环纽，饰一周弦纹。器身应为三范合铸，铸痕较明显。蹄足应为分铸后铸接。器底有较厚的烟炱。出土时鼎内盛有羊骨，其中五根肋骨和三节脊骨尚完整。通高24.4、口径18.2厘米（图四，1）。

壶　1件。ⅡM65：5，直口长颈，鼓腹，平底带圈足。腹部对称安置两个铺首衔环，饰三道弦纹。子母口圆盖，盖顶对称立缀四个变形云纽。通高34.7、口径12.8厘米（图四，2）。

匜　1件。ⅡM65：2，直口，有一个较长的流。弧腹斜收，与流对应的腹壁上用铆钉钉穿器壁做成竖纽，衔环。平底，底部有烟熏痕迹。通高8、口径19.3厘米（图四，3）。

勺　1件。ⅡM65：3，勺斗呈箕形。前部勺口宽大，后部勺背安置六边形管状柄，以便连接木柄。勺柄上对应设两个穿孔，应该是以铆钉加固木柄用。长13.5厘米（图四，4）。

镜　1件。ⅡM65：12，圆形，较薄，平缘，素面，镜背中央有一个小弦纽。直径8.5厘米

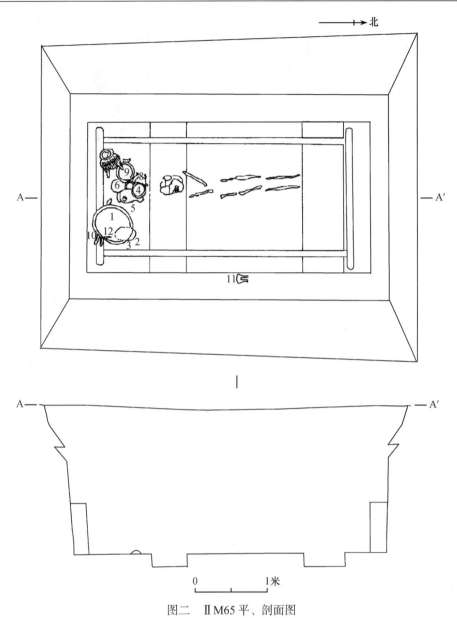

图二 ⅡM65平、剖面图

1.铜盆 2.铜匜 3.铜勺 4.陶钵 5.铜壶 6.陶长颈罐 7.陶鬲 8.铜敦 9.铜鼎 10.鹿角 11.铁臿 12.铜镜

（图四，5）。

戟 1件。（ⅡM37：5、ⅡM37：4），由两件戈组成。戈1（ⅡM37：5），长援略弯，有菱形脊。胡上三穿。长内，内上一穿。通长25.7厘米。戈2（ⅡM37：4），短内。通长20.1厘米（图四，6）。

戈 1件。ⅡM37：1，宽援上扬，带菱形脊。栏侧四穿。宽内，内上一穿。援至内通长19.7厘米（图四，7）。

矛 1件。ⅡM37：6，中脊起凸棱，两侧有下凹的血槽，椭圆形骹，骹上有一个竖耳。椭圆銎。通长14.2厘米（图四，8）。

剑 2件。形制相近。ⅡM37：2，圆首，圆茎半空半实，一字形窄格。剑身起脊，横断面是菱形。通长42.7厘米（图四，9）。

图三　ⅡM37 平、剖面图

1.铜戈　2、3.铜剑　4、5.铜戟　6.铜矛　7、8.陶壶　9、10.陶鼎　11、12.陶敦　12-2.陶匜

2. 陶器

10件。以泥质褐陶为主，有少量泥质灰陶，火候不高，易破碎。陶鼎等未修复。

鬲　1件。ⅡM65：7，泥质胎，灰褐色。窄沿，敛口，束颈，鼓腹，弧裆，三足略高，足底平。肩腹部饰间断绳纹，裆部和足部饰交错绳纹。通高26.7、口径16厘米（图五，1）。

长颈罐　1件。ⅡM65：6，泥质褐陶。轮制。大敞口，粗长颈，鼓腹，平底内凹。肩腹部饰间断绳纹，下腹和底部饰交错绳纹。通高20.3、口径15.8厘米（图五，2）。

钵　1件。ⅡM65：4，泥质褐陶。轮制。窄沿，敛口，束颈，鼓腹，平底。肩腹部饰弦纹，腹部饰竖绳纹和交错绳纹。通高8.6、口径17.3厘米（图五，3）。

敦　2件。形制相同。ⅡM37：11，泥质褐陶。轮制。器内壁可见明显手捏印痕。敦盖为敞口，隆顶略尖。上部设三个变形"S"纽。素面。敦身形制与盖同。通高25.1、口径18.2厘米（图五，4）。

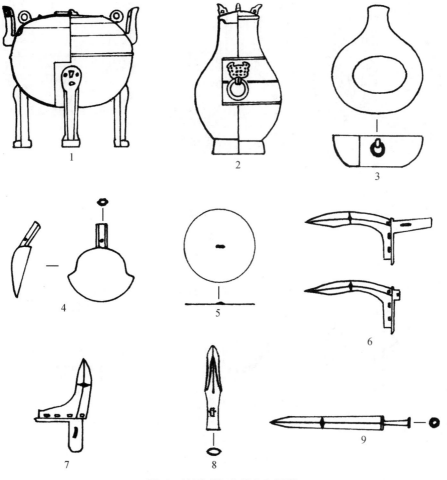

图四　战国时期墓葬出土铜器

1. 鼎（ⅡM65：9）　2. 壶（ⅡM65：5）　3. 匜（ⅡM65：2）　4. 勺（ⅡM65：3）　5. 镜（ⅡM65：12）　6. 戟（ⅡM37：4、ⅡM37：5）　7. 戈（ⅡM37：1）　8. 矛（ⅡM37：6）　9. 剑（ⅡM37：2）

壶　2件。形制相同。ⅡM37：7，泥质褐陶。轮制。子母口，长颈，鼓肩，深腹斜收，平底内凹。肩部设置四个竖耳，饰弦纹。壶盖未复原。通高26.8、口径11.7厘米（图五，5）。

匜　1件。ⅡM37：12-2，泥质褐陶。轮制。敞口，设置短流。腹壁略弧，平底。素面。高3.5、口径16.4厘米（图五，6）。

3. 其他

2件。

铁舌　1件。ⅡM65：11，残断，锈蚀。可辨认出平面为"凹"字形。弧刃，长方銎。

鹿角　1件。ⅡM65：10，残断。

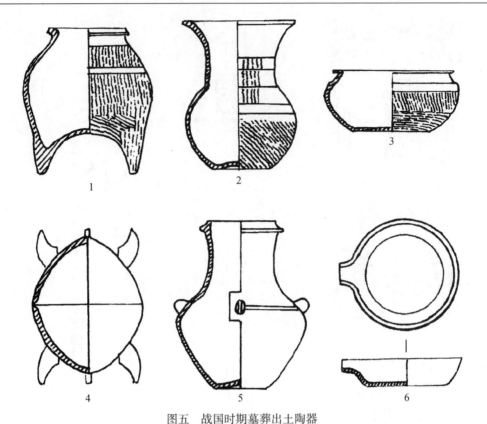

图五　战国时期墓葬出土陶器

1.鬲（ⅡM65∶7）　2.长颈罐（ⅡM65∶6）　3.钵（ⅡM65∶4）　4.敦（ⅡM37∶11）　5.壶（ⅡM37∶7）

6.匜（ⅡM37∶12-2）

（三）小结

两座墓的年代应该存在早晚区别。ⅡM65出土陶器的基本组合为鬲、钵、长颈罐，与湖北当阳赵家湖墓地春秋晚期墓葬随葬陶器组合相同[①]。鬲、钵、长颈罐的形制也大致相近。ⅡM65出土铜器的基本组合为鼎、敦、壶，与湖北荆州雨台山墓地战国早期墓葬随葬铜器组合相同[②]，鼎、壶的形制也大致相近。因此，ⅡM65的年代应该属于战国早期或者稍早。ⅡM37出土陶器的基本组合为鼎、敦、壶，与湖北荆州江陵九店墓地战国中晚期墓葬随葬陶器组合相同[③]，敦、壶的形制也大致相近。ⅡM37出土的戟、戈、矛、剑等铜兵器，与湖北荆州雨台山战国中晚期墓葬出土的同类器物形制也相近。所以，ⅡM37的年代应该属于战国中晚期。

---

① 湖北省宜昌地区博物馆、北京大学考古系：《当阳赵家湖楚墓》，文物出版社，1992年。

② 湖北省荆州地区博物馆：《江陵雨台山楚墓》，文物出版社，1984年。

③ 湖北省文物考古研究所：《江陵九店东周墓》，科学出版社，1995年。

二、西汉时期墓葬

（一）墓葬形制

ⅡM60　位于Ⅱ区的最南端，竖穴土圹。墓上近现代堆积较厚，坑口距现地表最深处达75厘米。坑口平面为长方形，长350、宽160厘米，方向为320°。土圹内填灰褐色花土，稍硬。填土中夹少量残陶片，灰褐色，夹细砂，饰绳纹。四壁略向内斜收，深约180厘米。墓底稍小，长388、宽148厘米。墓底横向挖出两条土沟，沟宽24、深6厘米，应为放置棺椁垫木用。ⅡM60被ⅡM61打破。后者是东汉时期的土洞砖室墓，它从下部将前者的东南角挖毁。葬具和墓主人尸骸已经腐烂。现存随葬品基本放置在墓主人一侧及头端，多为陶器，除少量仿铜陶礼器外，多数是日用陶器和模型明器，伴出部分铜"半两"钱（图六）。

ⅡM56　位于Ⅱ区南部，竖穴土圹。坑口距地表深约56厘米，平面为长方形，长320、宽

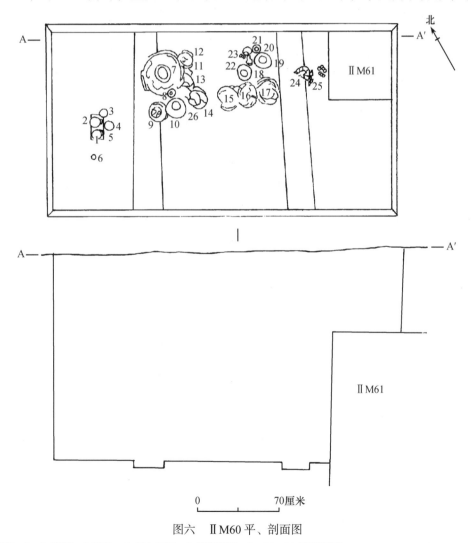

图六　ⅡM60平、剖面图

1、4.陶碗　2、3.陶甑　5.陶灶　6.铜小泡钉　7.陶广肩壶　8、21、22.陶壶形罐　9、11～13、15、16、18、19.陶罐
10、26.陶仓形罐　14.陶鼎　17.陶仓　20.陶釜　23、25.铜半两钱　24.铜镜

210厘米。方向为105°。墓坑内填红黄色花土，土质较硬，四壁稍向内斜收，深约160厘米。墓底稍小于墓口，长304、宽178厘米。葬具完全腐烂，痕迹不明显，墓底未挖安放棺椁垫木的土沟，推测葬具相对简陋。墓主人尸骸仍残余部分头骨和肢骨的骨渣，可以看出是单人，仰身直肢，头向大致朝东南。现存随葬品放置在头端，基本是仿铜陶礼器和少量日用陶器（图七）。

　　ⅡM4　位于Ⅱ区北部，竖穴土圹。开口于第1层下，坑口距现地表深约20厘米，打破ⅡM6（时代为战国）。墓坑内填灰褐色花土，土质稍软，比较容易与ⅡM6坑内填的红黄色花土区分。坑口平面为长方形，长230、宽110厘米。方向为215°。坑壁较陡，深60厘米，墓底长宽与墓口基本相同。墓底未挖安置棺椁垫木的土沟，葬具的腐烂痕迹也不清楚。墓主人尸骸仅剩头骨的部分骨渣，头向西南。随葬品基本放置在墓室中部，主要是陶器，可以归纳为仿铜陶礼器、日用陶器和模型明器三组。伴出数枚铁钱币，锈蚀较严重，钱文应该为"半两"（图八）。

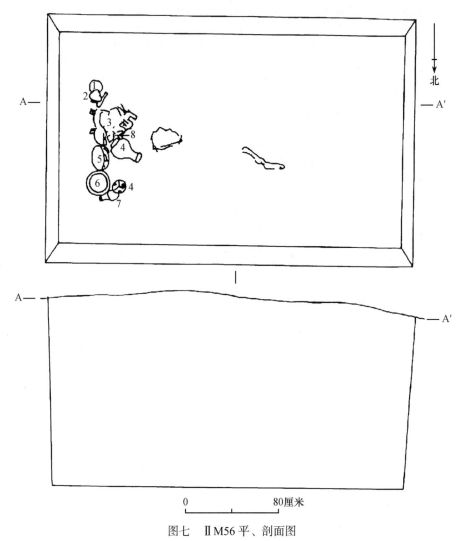

0　　　　　80厘米

图七　ⅡM56平、剖面图

1.陶匜　2.陶小壶　3.陶鼎　4.陶圈底罐　5.陶敦　6.陶盆　7.陶长颈壶　8.陶壶

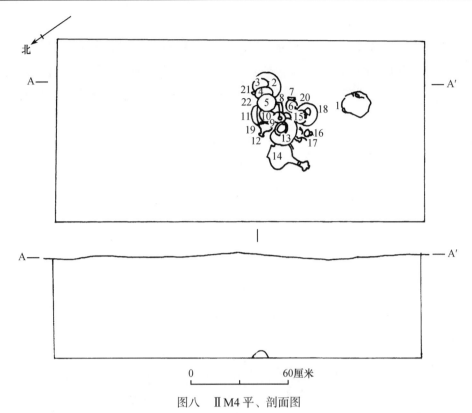

图八　Ⅱ M4 平、剖面图

1.石珠　2.陶敦　3.陶釜　4.陶甗　5.陶碗　6、11.陶鼎　7.陶器　8.陶灶　9、20.陶器座　10.铜璜　12～14.陶蒜头壶
15.陶壶形罐　16.陶小罐　17.陶壶　18.陶璧　19.铜璜　21.铜铃　22.铁钱

（二）出土器物

三座墓共出土各类器物56件。以陶器为主，还有少量铜器和零星铁器、玉石器。

1. 陶器

47件。以泥质陶为主，多见灰色和灰褐色。基本为轮制，大多数陶器火候及硬度有所提高。素面为主，也有绳纹、弦纹和镂孔。部分陶器表面有涂朱砂的现象。少量陶器未修复，零星陶器无法辨识器形。

鼎　4件。根据足部形态分成二型。

A型　2件。高蹄足。可分为二式。

Ⅰ式：1件。ⅡM56：3，蹄足粗、高。泥质灰褐陶。鼎身鼎盖轮制，足和耳是模制后贴附器身。子母口，双附耳。深腹饰一周凸弦纹。平底。安置三个粗大的蹄足，足身经过刮削，内侧有"V"形凹槽。圆盖弧顶，中部设一个衔环纽，外侧立缀三个鸡冠鋬，饰两周凸弦纹。通高26.5、口径19厘米（图九，1）。

Ⅱ式：1件。ⅡM4：6，蹄足稍矮。器形较小。泥质灰褐陶。器身和盖轮制，耳和足是模制后贴附器身。子母口，双附耳。鼓腹略浅，饰弦纹一周。圜底。三蹄足，足内侧削平。圆盖弧顶，外侧立缀三个简化鸡冠鋬。通高6.5、口径6.1厘米（图九，4）。

B型　2件。矮蹄足。可分成二式。

Ⅰ式：1件。ⅡM4：11，深腹。泥质灰褐陶，器身和器盖轮制，足和耳是模制后贴附。子母口，双附耳。深鼓腹，饰凸弦纹一周。外表还残留少许红色朱砂痕迹。圜底，三个矮蹄足，足上部作"人面"图案。圆盖弧顶，中部立缀环纽，外侧贴附三个卧兽纽。通高14.2、口径12.8厘米（图九，2）。

Ⅱ式：1件。ⅡM60：14，浅腹。泥质灰陶。器身和器盖轮制，耳和足是模制后贴附。子母口，双附耳外撇。鼓腹较浅，素面。圜底略平。三个矮蹄足。圆盖弧顶，外侧立缀三个竖环纽，饰弦纹。通高14.6、口径14.7厘米（图九，3）。

敦　2件。ⅡM56和ⅡM4各出土1件，仅修复1件。ⅡM4：2，泥质灰褐陶。器身和盖轮制，纽是模制后贴附。敦盖口略敞，腹略浅，圆弧顶，缀三个"S"形纽。敦身形制与盖相同。通高28.4、口径19.5厘米（图九，5）。

圈足壶　1件。ⅡM4：17，泥质灰褐陶。轮制。圈足是分制后贴附器底。口略呈"盘"形，颈稍长。鼓腹较深，设置双铺首衔环，肩部和腹部饰弦纹。多处残留红色朱砂痕迹。圈

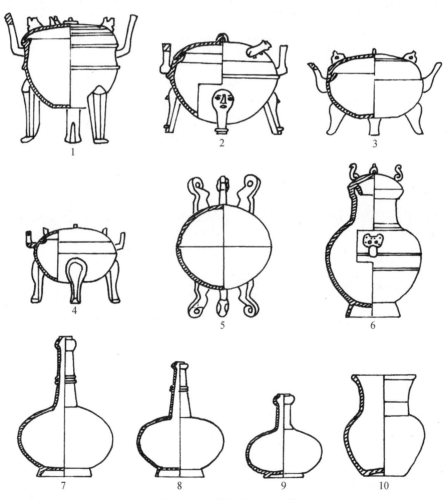

图九　西汉时期墓葬出土陶器

1.A型Ⅰ式鼎（ⅡM56：3）　2.B型Ⅰ式鼎（ⅡM4：11）　3.B型Ⅱ式鼎（ⅡM60：14）　4.A型Ⅱ式鼎（ⅡM4：6）
5.敦（ⅡM4：2）　6.壶（ⅡM4：17）　7、8.Ⅱ式蒜头壶（ⅡM4：14、ⅡM4：13）　9.Ⅰ式蒜头壶（ⅡM4：12）
10.长颈壶（ⅡM56：7）

底，圈足。盖为子母口，弧顶，立缀三个"S"形纽。通高26、口径10.5厘米（图九，6）。

蒜头壶　3件。根据颈部形态分为二式。

Ⅰ式：1件。ⅡM4：12，短颈，无箍。泥质灰褐陶。轮制，圈足是分制后贴附。壶口做蒜头形，短颈，鼓腹略浅，矮圈足。素面。通高9.4厘米（图九，9）。

Ⅱ式：2件。长颈，颈中部有箍。ⅡM4：14，泥质灰褐陶。轮制，圈足是分制后贴附。壶口做蒜头形，长颈带箍，鼓腹略深。圈足。颈、肩部遗留许多红色朱砂痕迹。通高24.1厘米（图九，7）。ⅡM4：13，通高22.9厘米（图九，8）。

长颈壶　1件。ⅡM56：7，泥质灰褐陶。轮制。敞口，粗长颈。鼓肩，腹略深。平底内凹。通高14.3、口径9.6厘米（图九，10）。

圜底罐　1件。ⅡM56：4，泥质灰陶。轮制。侈口，溜肩，圆鼓腹较深，平底略内凹。肩、腹部饰绳纹。通高24.8、口径14.5厘米（图一〇，1）。

广肩壶　1件。ⅡM60：7，泥质灰陶。轮制。窄沿，侈口，粗长颈。广肩，鼓腹较深，平底。腹部饰弦纹和间断绳纹。通高25.8、口径15.5厘米（图一〇，2）。

匜　1件。ⅡM56：1，泥质灰褐陶。轮制。敛口，口部设置有流，鼓腹略浅，腹壁与流对应处贴附一个錾。平底。素面。高5.1、口径12厘米（图一〇，3）。

璧　1件。ⅡM4：18，泥质灰褐陶。正面和背面都戳印双重同心圆纹两圈。直径14.4厘米（图一〇，4）。

小壶　1件。ⅡM56：2，泥质灰褐陶。轮制。圈足是分制后贴附。口微敛。粗长颈。鼓肩，深腹。平底内凹。矮圈足。高10.8、口径8.1厘米（图一〇，5）。

盆　1件。ⅡM56：6，泥质灰褐陶。轮制。窄沿，直口。折腹略深，平底内凹。器底有绳纹，腹部绳纹大多被抹平。高6.1、口径21.4厘米（图一〇，6）。

器座　2件。均为泥质灰褐陶，轮制。器身中空，上下贯通。ⅡM4：20，上盘敞口浅腹。高柄略粗，带四道箍，刻划三组"V"形图案。平底略呈壁状，底面模印出"亚"字形图案。通高11.4、口径6.5厘米（图一〇，7）。ⅡM4：9，上盘敞口浅腹。高柄略粗，带四道箍，饰三角形镂孔和三组"∧"形刻划图案。下为盘状圈足。通高13.5、口径8.6厘米（图一〇，8）。

仓　1件。ⅡM60：17，泥质灰陶。仓身和仓盖轮制，底柱是手制后贴附。圆筒形仓身，腹壁略向内斜收。上部设置长方形活动仓门，长2、宽1.5厘米，仓门和仓壁上安三道锁纽。仓门下有阶梯。平底，四个矮柱足，圆形仓盖，弧顶略平，中部隆凸。通高14、口径16.1厘米（图一一，1）。

仓形罐　10件。按腹部形态可分为二式。

Ⅰ式：2件。扁腹略浅。ⅡM60：26，泥质灰陶。轮制。口稍敛，束颈。扁腹略浅，腹部饰绳束纹两周。平底。圆盖，弧顶稍鼓。通高14、口径10.2厘米（图一一，2）。

Ⅱ式：8件。鼓腹略深。ⅡM60：10，泥质灰陶。轮制。直口，鼓腹较深，饰绳束纹两周，平底。圆盖，弧顶稍平。通高12.3、口径9.7厘米（图一一，3）。

碗　3件。根据腹部形态可分成二式。

Ⅰ式：1件。折腹。ⅡM4：5，泥质灰褐陶。轮制。窄沿直口，折腹，饰弦纹一周，平

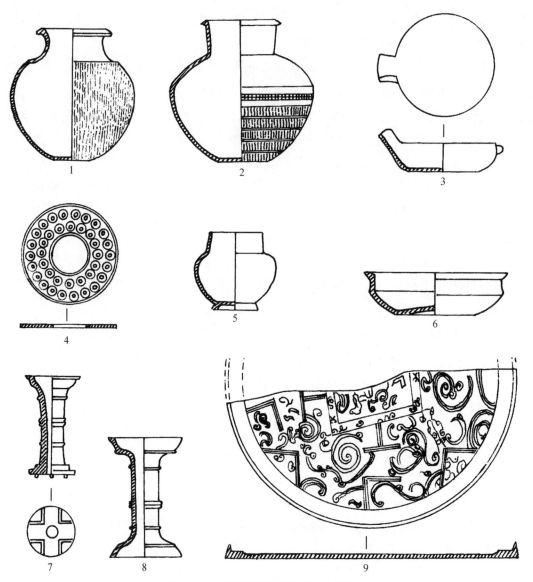

图一〇　西汉时期墓葬出土陶、铜器

1. 圜底罐（ⅡM56：4）　2. 广肩壶（ⅡM60：7）　3. 匜（ⅡM56：1）　4. 璧（ⅡM4：18）　5. 小壶（ⅡM56：2）
6. 盆（ⅡM56：6）　7、8. 器座（ⅡM4：20、ⅡM4：9）　9. 铜镜（ⅡM60：24）（注：未标明质地的均为陶器）

底。高6、口径12.4厘米（图一一，4）。

　　Ⅱ式：2件。鼓腹。ⅡM60：4，泥质灰陶。轮制。窄沿侈口，鼓腹饰弦纹一周，下腹部经过刮削，小平底。高5.2、口径10.4厘米（图一一，5）。

　　釜　2件。根据肩腹部形态分为二式。

　　Ⅰ式：1件。鼓肩。ⅡM4：3，泥质灰陶。轮制。直口，矮领，鼓肩，腹较深，饰二周弦纹，平底。高7、口径7.2厘米（图一一，6）。

　　Ⅱ式：1件。溜肩。ⅡM60：20，泥质灰陶。轮制。直口，溜肩。鼓腹略浅，下腹部经过刮削，平底。高5.2、口径5.7厘米（图一一，7）。

　　甑　3件。根据腹部形态分为二式。

　　Ⅰ式：1件。折腹。ⅡM4：4，泥质灰褐陶。轮制。窄沿，敛口。折腹，饰一周弦纹。平

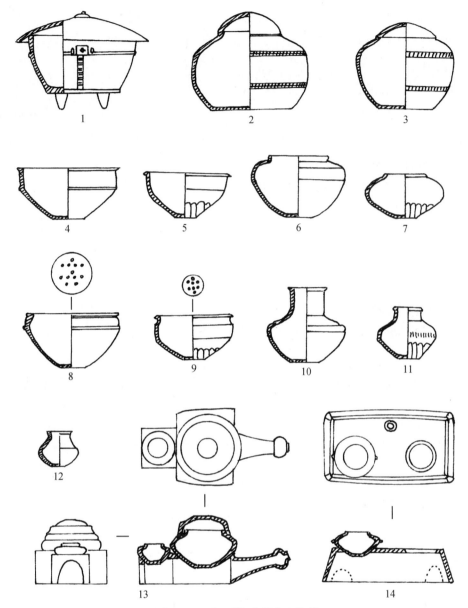

图一一　西汉时期墓葬出土陶器

1. 仓（ⅡM60∶17）　　2. Ⅰ式仓形罐（ⅡM60∶26）　　3. Ⅱ式仓形罐（ⅡM60∶10）　　4. Ⅰ式碗（ⅡM4∶5）　　5. Ⅱ式碗
（ⅡM60∶4）　　6. Ⅰ式釜（ⅡM4∶3）　　7. Ⅱ式釜（ⅡM60∶20）　　8. Ⅰ式甑（ⅡM4∶4）　　9. Ⅱ式甑（ⅡM60∶3）
10. Ⅰ式壶形罐（ⅡM4∶15）　　11. Ⅱ式壶形罐（ⅡM60∶21）　　12. 小罐（ⅡM4∶16）　　13. A型灶（ⅡM4∶8）
14. B型灶（ⅡM60∶5）

底，底部戳出12个箅孔。高6.3、口径11.2厘米（图一一，8）。

Ⅱ式：2件。鼓腹。ⅡM60∶3，泥质灰陶。轮制。窄沿，侈口，鼓腹，下腹部经过刮削，平底，底部戳出8个箅孔。高5.1、口径9.9厘米（图一一，9）。

壶形罐　4件。根据口部和肩部形态分成二式。

Ⅰ式：1件。直口，折肩。ⅡM4∶15，泥质灰陶。轮制。窄沿，直口，长颈，折肩，饰弦纹两周，平底。高8.8、口径5厘米（图一一，10）。

Ⅱ式：3件。侈口，溜肩。ⅡM60∶21，泥质灰陶。轮制。窄沿，侈口，短颈，溜肩，鼓腹略深，下腹部经过刮削，平底。高6.1、口径4厘米（图一一，11）。

小罐　1件。ⅡM4：16，泥质灰褐陶。轮制。敞口，束颈，鼓腹，小平底。高4.3、口径3厘米（图一一，12）。

灶　2件。根据烟道可分成二型。

A型　1件。管状长烟道。ⅡM4：8，泥质灰褐陶，灶身分三部分：前部为单眼小灶带拱形火门，中部为单眼大灶，后部接管状烟道。灶上分别放置大、小两件陶釜。大、小灶身是模制后黏接，烟道是轮制后黏附。长26.5、宽13.1、高10厘米（图一一，13）。

B型　1件。只设出烟孔，无烟道。ⅡM60：5，泥质灰陶。模制。长方形灶身，正面设两个拱形火门，灶面上设双灶眼，后侧中部设排烟孔。长24.2、宽13.1、高6厘米（图一一，14）。

2. 铜器

7件。多数残破和锈蚀。

镜　1件。ⅡM60：24，凸缘，镜身略厚，镜背饰规矩蟠螭纹，方纽座，镜纽等部分残缺。直径17厘米（图一〇，9）。

钱币　数枚。ⅡM60：23，方穿，无郭。钱文为"半两"，应为四铢半两。直径约2.4厘米。

3. 其他

2件。铁钱币和石珠各1件。

铁钱币　ⅡM4：22，锈蚀。钱文字迹模糊难辨，应该是"半两"。

（三）小结

ⅡM4随葬器物大致包括了三种组合。第一种，A型鼎、敦、壶等仿铜陶礼器；第二种，B型鼎和蒜头壶等仿铜陶器；第三种，灶、釜、甑和器座、壶形罐等模型明器和日用陶器。第一种和第二种组合，在许多地区战国至西汉早期墓葬中常见；第三种组合流行于本地区西汉早期到东汉时期墓葬中。B型Ⅰ式鼎和Ⅱ式蒜头壶的形制与湖北宜昌前坪M105出土的铜鼎、铜蒜头壶形制相同[①]；A型Ⅱ式鼎和壶的形制与宜昌前坪M38出土的鼎和壶相近；A型灶的管状烟道，与前坪M16出土陶灶相似；前坪M35也出土铁半两钱[②]。ⅡM4的年代，应该与它们的年代接近，属于西汉早期，大致相当于文帝至景帝时期。

ⅡM56随葬器物以鼎、敦、长颈壶、盆、匜等仿铜陶礼器为基本组合，未见灶等模型明器。而且，A型Ⅰ式鼎的形制也早于ⅡM4出土的A型Ⅱ式鼎，与湖南长沙桐梓坡M42[③]、湖北

---

①　宜昌地区博物馆：《1978年宜昌前坪汉墓发掘简报》，《考古》1985年第5期。

②　湖北省博物馆：《宜昌前坪战国两汉墓》，《考古学报》1976年第2期。

③　长沙市文物工作队：《长沙西郊桐梓坡汉墓》，《考古学报》1986年第1期。

云梦大坟头汉墓等秦代至西汉初期墓葬出土陶鼎类同。所以，ⅡM56的年代，应该早于ⅡM4的年代，属于秦代至西汉初期。

ⅡM60随葬器物以仓、灶、釜、甑和广肩壶等模型明器和日用陶器构成基本组合，仿铜陶礼器仅见一件B型Ⅱ式鼎。从形制观察，B型Ⅱ式鼎和B型灶等也晚于ⅡM4出土的B型Ⅰ式鼎和A型灶。所以，ⅡM60的年代，应该晚于ⅡM4。ⅡM60伴出铜"半两"钱币，不见武帝元狩五年始铸行的"五铢"钱币。它的年代应早于武帝元狩五年，属于西汉中期早段，大致相当于景帝至武帝前段。该墓B型灶、Ⅰ式仓形罐和Ⅱ式壶形小罐，与重庆巫山麦沱墓地M32出土的同类器物形制相同①。发掘者认为，后者的年代属于西汉早中期之交，与ⅡM60年代吻合。

三、王莽时期墓葬

（一）墓葬形制

ⅠM7　位于Ⅰ区北部，墓室为较狭长的砖室，有墓道，整个平面略呈"凸"字形。方向为7°。开口于第1层下，西南角打破ⅠM8（时代为战国）。墓口距现地表深40～100厘米。土圹上部已毁，砖室南北长370、东西宽110厘米。东、南、西三面墙壁是用比较特殊的空心砖平铺顺砌，墙高约140厘米。空心砖长25、宽15、厚12厘米。上、下两面均向内凹，带有六个穿孔。一侧模印网格纹等几何图案（图一四，1）。墓底用宽大的长方形砖铺地。砖长36、宽23.5、厚2.5厘米。正面模印繁缛的网格纹等图案（图一四，2）。无封门砖，北面连接斜坡墓道。墓道宽约80厘米，坡度大约30°。墓葬未设砖券顶，应该以木料等有机物为建材，封盖墓顶。葬具和墓主人尸骸已经腐烂。随葬品多数放置在东西墙下，大量日用陶器和陶质模型明器，还有少量铜器和银器，伴出若干铜"货泉"钱币（图一二）。

ⅡM19　位于Ⅱ区东南部，墓室为砖室，带墓道，平面略呈"凸"字形。方向为122°。开口于第1层下，墓口距现地表55厘米，直接建造在生土中。土圹上部已毁，砖室长410、宽295厘米。四壁采用普通长方形青砖错缝平铺顺砌而成，墙高140～156厘米。青砖长30、宽18、厚6厘米，一侧模印圆弧纹、网格纹和叶瓣纹等图案（图一四，3、4）。墓底前部用长方形青砖铺地，后部用青砖垒砌成棺床，棺床高约16厘米。墓门处用单砖平铺顺砌封门。墓门外设置斜坡墓道，宽约84厘米，坡度20°～25°。从墓葬现存情况观察，ⅡM19也不是砖结构券顶。葬具和墓主人尸骸应该摆放在棺床上，现在已经腐烂。随葬品多数堆放在墓室前部，包括陶器、铜器、釉陶器和少量铁器、玉石器。伴出的铜钱币有西汉"五铢"和"大泉五十"（图一三）。

---

① 湖南省文物考古研究所、巫山县文物管理所：《巫山麦沱汉墓群发掘报告》，《重庆库区考古报告集·1997卷》，科学出版社，2001年。

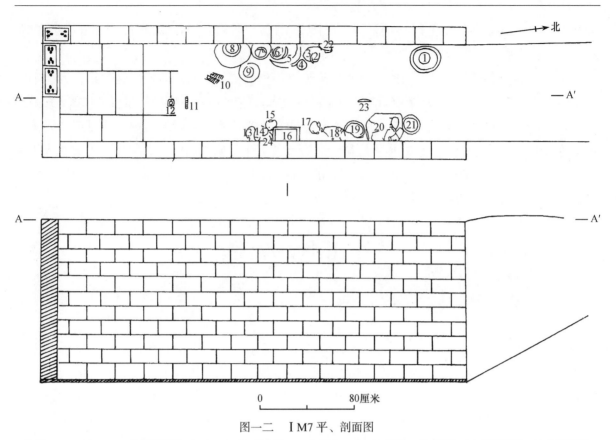

图一二　ⅠM7平、剖面图

1.陶盆　2、7、9、13、18.陶广肩罐　3、4、6、15.陶小罐　5、8.陶瓮　10、11.铜钱　12.银环　14.陶平底壶　16.陶单眼灶
17.陶壶形罐　19.陶盖　20.陶广肩壶　21.陶鼎　22.陶碗　23.铜耳扣　24.陶盂

（二）出土器物

两座墓共出土器物123件。数量以陶器最多，常见日用器和模型明器。铜器次之，常见日用器皿和棺饰。新出现釉陶器，常见仿铜陶礼器和日用器。仍有少量铁器、玉石器和银器。

1.陶器

80件。多为泥质灰陶，也有泥质黄陶，轮制为主，胎壁厚实，具有一定硬度。素面多，部分饰弦纹或绳纹。

鼎　1件。ⅠM7:21，泥质灰陶。鼎身和盖轮制，耳和足模制后贴附。子母口，鼓腹略浅，饰弦纹一周。附异形双耳。圜底略平，三个矮蹄足集中在底部。圆盖，弧顶略平。通高16.9、口径13厘米（图一五，1）。

广肩壶　1件。ⅠM7:20，泥质灰陶。轮制。敞口，长颈。腹较深，平底内凹。肩部饰弦纹和绳束纹，腹部和底部饰交错绳纹。高30.2、口径15.3厘米（图一五，2）。

平底壶　1件。ⅠM7:14，泥质灰陶。轮制。侈口，长颈。鼓腹较深。饰弦纹两周，设置双环纽。平底。子母口圆盖，弧顶较平。立缀三组。通高35、口径12.7厘米（图一五，3）。

仓　11件。根据腹部形态分成二式。

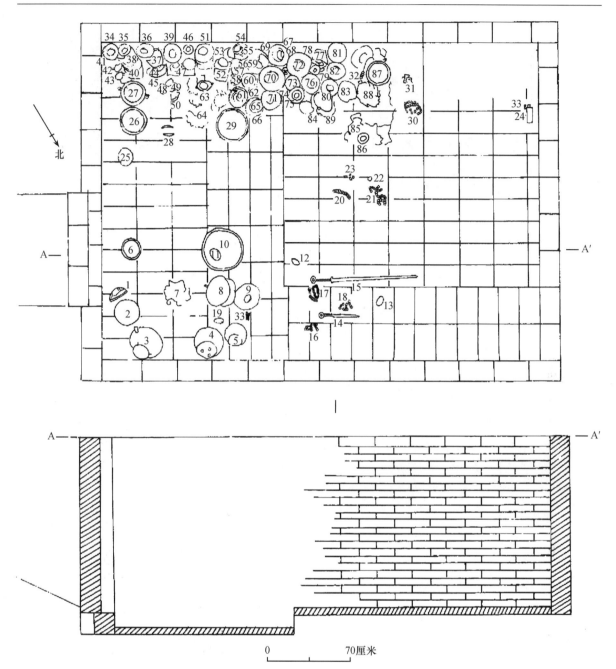

图一三　ⅡM19平、剖面图

1、25. 铜碗　2、26. 铜盆　3、5. 铜壶　4. 釉陶壶　6、28. 铜耳杯扣　7. 釉陶灯　8、27. 铜鍪　9. 铜圆牌饰　10. 铜盆扣饰
11～13、19. 铜泡钉　14. 铁削　15. 铁刀　16～18、20、21、30、32、33. 铜钱　22. 银环　23. 玉石珠串　24. 石黛板、研石
29. 铜扣　31. 铜饰　34～37、41、45、59、75～77、80、82～86. 陶广肩罐　38、40、51～53、62、69～72、81. 陶仓　39. 陶碗
42、44、46、50、55、56、67、73、74、78、79. 陶小罐　43、49、54、58、61. 陶壶形罐　47、60. 陶双眼灶　48、57、66. 陶甑
63、64. 陶釜　65、68. 陶盘　87、89. 釉陶盒　88. 釉陶鼎

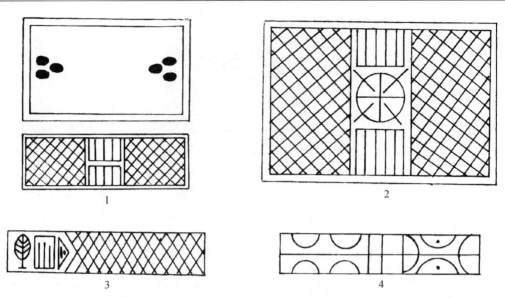

图一四　王莽时期墓葬墓砖花纹

1、2. Ⅰ M7墓砖花纹　3、4. Ⅱ M19墓砖花纹

Ⅰ式：8件。深腹。Ⅱ M19：81，泥质灰陶。轮制。直口矮领，折肩深腹，平底。肩腹部饰绳束纹和弦纹。高21.7、口径11.4厘米（图一五，4）。

Ⅱ式：3件。腹略浅。Ⅱ M19：71，直口矮领，折肩，腹略浅，平底。肩腹部饰绳束纹和弦纹。高19、口径9.7厘米（图一五，5）。

瓮　2件。Ⅰ M7：8，泥质灰陶。轮制。窄沿，直口，折肩，腹较浅。平底。腹饰交错绳纹。高15.1、口径12.6厘米（图一五，6）。

广肩罐　24件。根据口部形态可分为三型。

A型　8件。直口矮领。按肩腹部不同分为二式。

Ⅰ式：4件。折肩深腹。Ⅰ M7：13，泥质灰陶。轮制。矮领直口，折肩深腹，平底。肩部饰绳束纹一周，腹部经过刮削。高15.9、口径10.9厘米（图一五，7）。

Ⅱ式：4件。肩略弧，腹略浅。Ⅰ M7：7，泥质灰陶。轮制。矮领直口，弧肩浅腹，平底。肩部饰绳束纹一周，腹部经过刮削。圆盖，弧顶略平，中央设置柱状纽。高18.9、口径10.2厘米（图一五，8）。

B型　14件。奄口。Ⅱ M19：83，泥质灰陶。轮制。奄口折肩，腹略深，平底。肩部饰绳束纹一周，腹部饰弦纹。高11.8、口径8.1厘米（图一五，9）。Ⅱ M19：36，高11.8、口径8.6厘米（图一五，10）。

C型　2件。侈口，束颈。按肩腹部不同分为二式。

Ⅰ式：1件。折肩，腹略深。Ⅱ M19：59，泥质灰陶。轮制。侈口，束颈。折肩腹略深，平底。肩部饰绳束纹一周，腹部饰弦纹一周，下腹经过刮削。高13.2、口径10.2厘米（图一五，11）。

Ⅱ式：1件。肩略弧，腹略浅。Ⅱ M19：34，泥质灰陶。轮制。侈口，束颈。肩略弧，腹略浅，平底。肩部饰绳束纹一周，腹部饰弦纹一周。高11.8、口径10厘米（图一五，12）。

壶形罐　6件。根据口腹部形态分为二式。

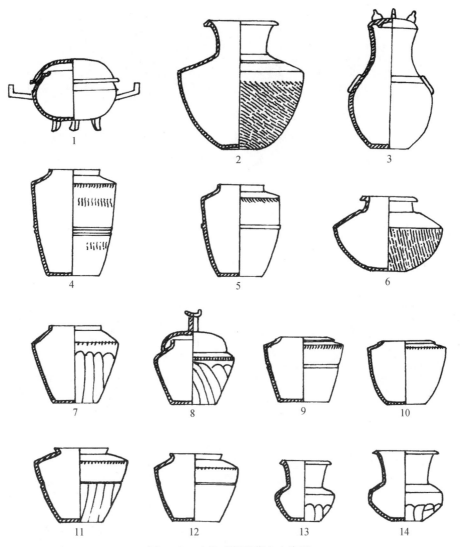

图一五　王莽时期墓葬出土陶器

1. 鼎（ⅠM7：21）　2. 广肩壶（ⅠM7：20）　3. 平底壶（ⅠM7：14）　4. Ⅰ式仓（ⅡM19：81）　5. Ⅱ式仓（ⅡM19：71）
6. 瓮（ⅠM7：8）　7. A型Ⅰ式广肩罐（ⅠM7：13）　8. A型Ⅱ式广肩罐（ⅠM7：7）　9、10. B型广肩罐（ⅡM19：83、
ⅡM19：36）　11. C型Ⅰ式广肩罐（ⅡM19：59）　12. C型Ⅱ式广肩罐（ⅡM19：34）　13、14. Ⅰ式壶形罐（ⅠM7：17、
ⅡM19：58）

　　Ⅰ式：4件。敞口，腹略深。ⅠM7：17，泥质灰陶。轮制。窄沿，敞口，粗长颈，鼓腹略深，平底。饰弦纹一周，下腹经过刮削。高9.2、口径7.7厘米（图一五，13）。ⅡM19：58，高8.5、口径7.5厘米（图一五，14）。

　　Ⅱ式：2件。大敞口，腹较浅。ⅡM19：49，泥质灰陶。轮制。大敞口，粗长颈。扁腹较浅。饰绳束纹，下腹经过刮削。高9.1、口径9.3厘米（图一六，1）。Ⅱ19：43，高7、口径7.8厘米（图一六，2）。

　　釜　3件。按照腹部和底部形态分成二式。

　　Ⅰ式：1件。腹略深，底径略大。ⅡM19：63，泥质灰陶。轮制。侈口矮领，鼓腹略深。设置双竖纽，饰弦纹一周。平底。高7.2、口径9.4、底径6厘米（图一六，3）。

　　Ⅱ式：2件。腹略浅，底径略小。ⅡM19：64，泥质灰陶。轮制。直口矮领，鼓肩，下腹斜收，腹略浅。设置双竖纽衔环，饰弦纹。平底。高5.6、口径8、底径3.5厘米（图一六，4）。

小罐　17件。根据肩部形态分成三型。

A型　3件。溜肩。ⅡM19：42，泥质灰陶。轮制。直口矮领，溜肩，下腹斜收，鼓腹较深，平底。肩饰绳束纹二周。高6.9、口径5.3厘米（图一六，5）。

B型　8件。鼓肩。ⅡM19：74，泥质灰陶。轮制。直口矮领，鼓肩，腹略浅，平底。肩饰绳束纹一周。高7.4、口径7.3厘米（图一六，6）。ⅠM7：4，更小。高5.4、口径5.5厘米（图一六，16）。

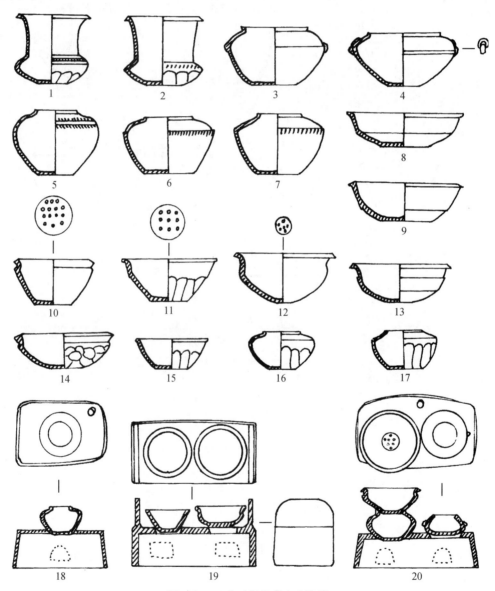

图一六　王莽时期墓葬出土陶器

1、2.Ⅱ式壶形罐（ⅡM19：49、ⅡM19：43）　3.Ⅰ式釜（ⅡM19：63）　4.Ⅱ式釜（ⅡM19：64）　5.A型小罐（ⅡM19：42）

6、16.B型小罐（ⅡM19：74、ⅠM7：4）　7、17.C型小罐（ⅡM19：79、ⅠM7：15）　8.盆（ⅠM7：1）

9、14.盘（ⅡM19：65、ⅡM19：68）　10.B型甑（ⅡM19：66）　11.A型Ⅱ式甑（ⅡM19：57）　12.A型Ⅰ式甑

（ⅡM19：48）　13、15.碗（ⅡM19：39、ⅠM7：22）　18.单眼灶（ⅠM7：16）　19.Ⅱ式双眼灶（ⅡM19：47-1）

20.Ⅰ式双眼灶（ⅡM19：60）

C型　6件。折肩。ⅡM19：79，泥质灰陶。轮制。直口矮领，折肩，腹较浅，平底。肩饰绳束纹一周。高8.2、口径6.6厘米（图一六，7）。ⅠM7：15，更小。高5、口径4.8厘米（图一六，17）。

盆　1件。ⅠM7：1，窄沿侈口，折腹，平底。高7.1、口径25.8厘米（图一六，8）。

盘　3件。ⅡM19：65，泥质灰陶。轮制。窄沿侈口，下腹略折。平底。高4、口径11厘米（图一六，9）。ⅡM19：68，窄沿直口，下腹向内斜收，平底。高3.6、口径9.8厘米（图一六，14）。

甑　3件。根据口部形态分成二型。

A型　2件。窄沿。按腹部和底部分成二式。

Ⅰ式：1件。腹略深，小平底。ⅡM19：48，泥质灰陶。轮制。窄沿侈口，折腹略深，小平底。底部戳出六个箅孔。高5、口径10.8厘米（图一六，12）。

Ⅱ式：1件。腹略浅，底径略大。ⅡM19：57，泥质灰陶，轮制。窄沿侈口，腹略浅，腹壁向内斜收，下腹部经过刮削，平底，底径相对略大。戳出九个箅孔。高5.6、口径13.5厘米（图一六，11）。

B型　1件。方唇。ⅡM19：66，泥质灰陶。轮制。侈口，方唇，腹略深，平底。底部戳出十四个箅孔。高5.8、口径10.3厘米（图一六，10）。

碗　2件。ⅡM19：39，泥质灰陶。轮制。窄沿侈口，折腹，小平底。饰弦纹。高4、口径10.5厘米（图一六，13）。ⅠM7：22，方唇，敞口，腹稍鼓，平底。高4、口径10.2厘米（图一六，15）。

单眼灶　1件。ⅠM7：16，灶面为圆角长方形，长20.8、宽14.5厘米。泥质灰陶。模制。拱形火门，有栏。单灶眼。排烟孔在灶后侧一角（图一六，18）。

双眼灶　4件。根据火墙分成二式。

Ⅰ式：无火墙。2件。ⅡM19：60，灶面为圆角长方形，长26.8、宽14.8厘米。泥质灰陶。模制。两个拱形火门均有栏，双灶眼。在灶后侧中部设置排烟孔（图一六，20）。

Ⅱ式：灶面设火墙。2件。ⅡM19：47-1，灶面为长方形，长28.3、宽13.3厘米。泥质灰陶。模制。两个长方形火门均有栏，双灶眼。灶面两端均设置长方形火墙，一端火墙上带烟道（图一六，19）。

2. 釉陶器

8件。多为轮制。一般在泥质红陶上施红黄釉，釉质莹润，釉层较薄，有些器物表面大面积脱釉。

盒　2件。根据腹部形态分成二式。

Ⅰ式：1件。深腹。ⅡM19：89，泥质红陶，器表施红黄釉。盒身和盖轮制，圈足为分制后贴附。子母口，鼓腹较深，饰弦纹。平底，矮圈足。盖为子口方唇，深腹，饰弦纹，弧顶。小圈足状纽。通高18、口径14.5厘米（图一七，1）。

Ⅱ式：1件。腹略浅。ⅡM19：87，泥质红陶，器表施红黄釉。盒身和盖轮制。圈足为分制后贴附。子母口，扁腹略浅，饰弦纹。平底，矮圈足。盒为直口方唇，腹略浅，弧顶略平。

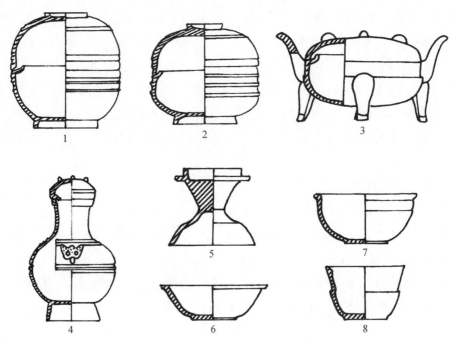

图一七　王莽时期墓葬出土釉陶器

1. Ⅰ式盒（ⅡM19：89）　2. Ⅱ式盒（ⅡM19：87）　3. 鼎（ⅡM19：88）　4. 壶（ⅡM19：4）　5. 灯（ⅡM19：7）

6. 盘（ⅡM19：47-2）　7. 碗（ⅡM19：47-4）　8. 杯（ⅡM19：47-3）

小圈足状纽。通高16、口径15.5厘米（图一七，2）。

鼎　1件。ⅡM19：88，泥质红陶，器表施红黄釉。鼎身和盖轮制。耳和足为模制后贴附。子母口，鼓腹较浅，双附耳外撇，饰弦纹。圜底略平。三个矮蹄足。圆盖，弧顶较平。立缀三纽。通高16、口径15.8厘米（图一七，3）。

壶　1件。ⅡM19：4，泥质红陶，施红黄釉。轮制。圈足为分制后贴附。盘形口，长颈。鼓腹较深，饰弦纹。设置双铺首衔环纽。平底接圈足。盖为子母口，弧顶，立缀三个乳钉纽。通高38、口径12厘米（图一七，4）。

灯　1件。ⅡM19：7，泥质红陶，器表施红黄釉。轮制。灯盘子母口，浅盘。灯座束腰，喇叭状圈足。高7.8、口径6.9厘米（图一七，5）。

盘　1件。ⅡM19：47-2，泥质红陶，器表施红黄釉，脱釉较多。轮制。窄沿，敞口。腹较浅，腹壁向内斜收。平底近似假圈足。高3.8、口径11.7厘米（图一七，6）。

碗　1件。ⅡM19：47-4，高5.2、口径11.2厘米。泥质红陶，器表施红黄釉，部分脱釉。轮制。卷沿，敞口。弧腹较深。平底近似假圈足（图一七，7）。

杯　1件。ⅡM19：47-3，泥质红陶，器表施红黄釉。轮制。侈口，腹壁略直。杯身近筒形。饰弦纹。平底近似假圈足。通高5.4、口径9.2厘米（图一七，8）。

3. 铜器

28件。部分器物锈蚀。

壶　2件。ⅡM19：3，略大。盘口略敞，高领。鼓腹，设置双铺首衔环，饰三组弦纹。平底接圈足。高37.3、口径16.6厘米（图一八，1）。ⅡM19：5，略小。盘口较直。高23.8、口径

9.9厘米（图一八，2）。

盆 2件。ⅡM19：26，从盆底铸痕观察，应为双范合铸。敞口，束颈，鼓肩，腹壁向内斜收，饰弦纹一周。设置双铺首衔环。平底。高19.7、口径19.9厘米（图一八，3）。

盆扣饰 1件。ⅡM19：10，稍厚，横截面为倒"凹"字形。应为镶嵌在漆木盆口沿上的扣饰。直径26厘米（图一八，6）。

圆牌饰 1件。ⅡM19：9-1，稍薄，素面，正面鎏金。应该是用泡钉钉在棺表作为装饰。直径16.6厘米（图一八，7）。

泡钉 4件。ⅡM19：9-2，钉帽直径7、高3.6厘米。圆帽弧顶，正面鎏金。应为上述圆牌饰上的泡钉。

鍪 2件。ⅡM19：8，敞口，束颈，腹略深。立缀双竖环耳。平底。高26厘米。

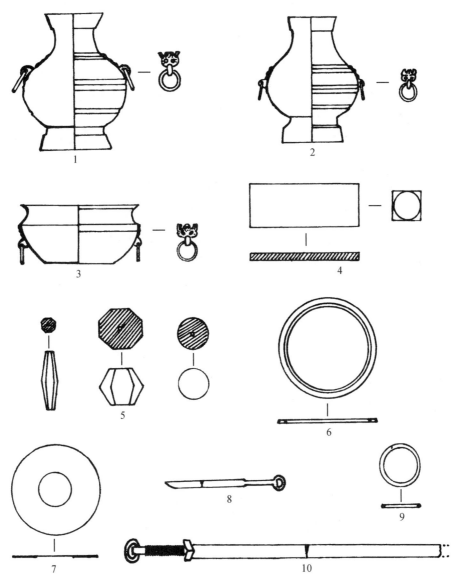

图一八　王莽时期墓葬出土器物

1、2. 铜壶（ⅡM19：3、ⅡM19：5）　3. 铜盆（ⅡM19：26）　4. 黛板、研石（ⅡM19：24）　5. 玉石串珠（ⅡM19：23）

6. 铜盆扣饰（ⅡM19：10）　7. 铜圆牌饰（ⅡM19：9-1）　8. 铁刀削（ⅡM19：14）　9. 银环（ⅠM7：12）

10. 铁刀（ⅡM19：15）

碗 2件。ⅡM19：1，侈口，腹壁略直，平底。高11厘米。

"五铢"钱币 数枚。ⅡM19：16，方穿，有郭。钱文"五铢"，阳文篆书。"金"字头略小，"朱"字头方折，"五"字交笔略弯曲。应为西汉晚期钱币。直径约2.5厘米。

"大泉五十"钱币 数枚。ⅡM19：18，方穿，有郭。钱文"大泉五十"，阳文篆书。直径约2.8厘米。

"货泉"钱币 数枚。ⅠM7：10，方穿，有郭。钱文"货泉"，阳文篆书。直径约2.2厘米。

4. 其他

7件。包括玉石器、铁器和银器。

石黛板、研石 1套。ⅡM19：24，黛板为长方形石板，长12.4、宽5.1厘米。正面光滑莹润，遗留部分红色朱砂痕迹。研石为方座圆顶，高1.1、边长3.1厘米（图一八，4）。

玉石珠串 1套。ⅡM19：23，部分珠饰破碎，现存4枚。八棱管：2枚，红色玛瑙。长1.6厘米。管身近似梭形，横截面为八边形。八棱珠：1枚，白色水晶。直径1.2、高1厘米。圆珠：1枚，红色玛瑙。直径约0.8厘米（图一八，5）。

铁削 1件。ⅡM19：14，环首，直柄。直背，单面刃。残存部分漆木鞘，鞘表部分附有麻布痕迹。柄上缠绕纺织品。长33厘米（图一八，8）。

铁刀 1件。ⅡM19：15，环首，直柄伸入环内。有铁格。直背，单面刃。前部残断。遗留部分漆木鞘，鞘上有麻布痕迹。柄上缠绕纺织品。残长88厘米（图一八，10）。

银环 3件。ⅠM7：12，素面。表面泛黑。直径约2.3厘米（图一八，9）。

（三）小结

巫山地区王莽时期墓葬带有较鲜明的时代特征。在以前的考古工作中，曾时有发现。ⅠM7以空心砖（或称"盒子砖"）为基本建材，无甬道，这种现象与巫山瓦岗槽墓地第二次发掘的M5相同[①]。前者出土的单眼灶、广肩壶、A型Ⅱ式广肩罐、C型小罐和Ⅰ式壶形罐都与后者出土的同类器物形制近似。二者还都伴出"货泉"钱币。所以，ⅠM7的年代，应该与瓦岗槽M5的年代相近，也属于王莽时期。

ⅡM19以长方形青砖为主要建材，但该墓青砖比东汉时期普通青砖略小，长约30、宽约18、厚6厘米，砖上模印叶瓣纹，墓室无砖券顶，这些现象都与巫山麦沱墓地1997年发掘的M29有共同之处。前者出土的Ⅰ式仓、Ⅱ式仓、Ⅰ式双眼灶和Ⅰ式壶形罐等，都与后者出土的同类器物形制近似。二者还都伴出"大泉五十"钱币。所以，ⅡM19的年代，应该和麦沱M29的年代相当，也属于王莽时期。

---

① 南京博物院考古研究所、重庆市博物馆、巫山县文管所：《巫山瓦岗槽墓地发掘报告》，《重庆库区考古报告集·1998卷》，科学出版社，2003年。

四、东汉时期墓葬

（一）墓葬形制

ⅡM50　位于Ⅱ区中部。墓室为砖石结构，带有甬道和墓道，整个平面大致呈刀把形。方向为120°。开口于第1层下，打破ⅡM52（时代为西汉）。墓葬长734厘米。墓室券顶基本垮塌，从后部残余部分观察，是采用普通长方形青砖，侧卧错缝顺砌起券。墓底至券顶高约160厘米。长方形青砖长36、宽15、厚6厘米。一侧模印繁缛的菱形纹图案和双鱼纹图案（图二二，3）。墓室四墙用长方形青砖平铺顺砌，长约584、宽约208厘米。墓底前部用长方形青砖对缝顺砌铺地，后部主要用不规则的石板铺地。墓室前面设置甬道，长150、宽130、高140厘米。墙壁和券顶结构与墓室相同，底部用青砖对缝顺砌铺地。甬道外有斜坡墓道，宽约100厘米，坡度约35°。葬具及墓主人尸骸已经腐烂。现存随葬品大部分堆放在墓室前部。陶器和釉陶器常见日用器和模型明器；铜器多见日用器和少量棺饰；铁器多见刀具。从铜耳杯扣、案扣等扣饰分析，下葬时应该还随葬丰富的漆木器。铜钱币有"五铢"和"货泉"（图一九）。

ⅡM36　位于Ⅱ区东北角。墓室为砖室，带有甬道，整个平面呈刀把形。方向为115°，开口于第1层下，建造在生土中。墓葬残长890厘米。墓室券顶已经损毁。北、东、南三面墙壁采用普通长方形青砖错缝平铺顺砌，后部及西墙残缺，墓室残长830、宽216、残高约120厘米。青砖长38、宽14～16、厚6厘米。一侧模印繁缛的菱形纹等几何纹图案，部分青砖一侧模印"永元十三年"五字（图二二，1、2）。墓底用长方形青砖铺垫。铺垫的方法有两种：一种是对缝平铺；二种是横竖间隔对缝平铺。墓室前端设置甬道，前部被现代建筑损毁，残长60、宽142、残高120厘米。葬具与墓主人尸骸已经腐烂。现存随葬品主要放置在墓室前部和南墙下。陶器和釉陶器常见日用器物、模型明器和家禽俑。铜器常见日用器和服饰。从盆扣、耳杯扣分析，下葬时应随葬部分漆木器。有"五铢"和剪轮"五铢"钱若干（图二〇）。

ⅠM6　位于Ⅰ区东北角。墓室为砖室，带甬道，平面呈刀把形。方向为30°。开口于第1层下，建造在生土中。墓葬残长400厘米。墓室前部券顶已经损毁，后部券顶采用普通长方形青砖侧卧错缝顺砌起券。砖长33、宽13、厚6厘米。一侧模印繁缛的菱形纹等几何纹图案（图二二，4）。墓室东、南、北三面墙壁采用青砖错缝平铺顺砌，后部及西墙残缺，墓室残长380、宽192厘米，墓底至券顶高约180厘米。墓底用青砖铺地，前部竖向错缝平铺，后部横向错缝平铺。墓前设甬道，甬道前部被现代建筑损毁，残长20、宽100、残高110厘米。现存随葬品多数堆放在墓室东北角，陶器和釉陶器常见日用器物和模型明器，铜器常见日用器皿和棺饰，少量银器和琉璃器。有"五铢"钱若干（图二一）。

（二）出土器物

三座墓共出土器物183件。其中，各类铜器明显增加，陶器退居其次，釉陶器大量流行，还有少量铁器、银器等。

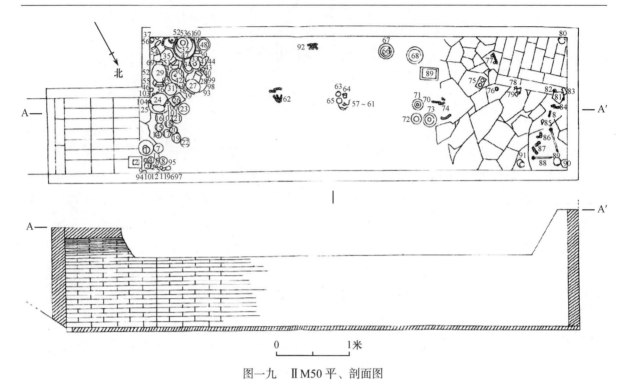

图一九　ⅡM50 平、剖面图

1、24、30、48. 铜鍪　2、26. 铜钫　3、39. 釉陶盘　4、10、33、43、44、53、59、63、64、76、83. 陶小罐　5、79. 釉陶杯
6、8、40~42、46、50、95、97. 陶窄肩罐　7. 铜碗扣　9、13、14、21. 铜耳杯　11、31、36、51、56、71、72、80、89、91. 陶
广肩罐　12、38、49、55、65. 釉陶釜　15~17. 铜平底碗　18、20、68. 铜盆扣　19、29. 陶盘口壶　22、23. 铜盘　25、100. 铜
盆　27、32、35、52、54、67. 釉陶壶　28. 硬陶罐　34、73. 陶广肩壶　37. 釉陶魁　45、75. 陶双眼灶　47. 铜圈足盆　57. 釉陶带
柄杯　58、70. 陶碗　60、61. 铁刀　62、74、77、84、87、92. 铜钱　66. 釉陶碗　69. 铜案扣　78、81、82. 釉陶碗　85. 釉陶勺
86、88. 铁刀削　90. 釉陶甑　93、98、99、102、103. 铜耳杯扣　94. 釉陶匜　96. 釉陶灯　101. 铜泡钉　104. 铜牌饰

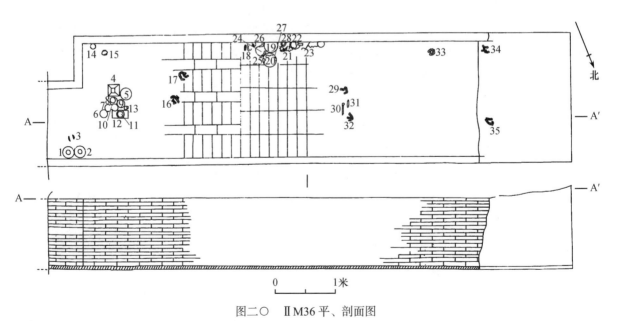

图二〇　ⅡM36 平、剖面图

1、2、19. 釉陶壶　3. 铜耳杯扣　4. 铜钫　5. 铜鍪　6、7、28. 陶窄肩罐　8. 釉陶盘　9. 陶瓮　10. 釉陶灯（2件）
11. 釉陶杯　12、24. 陶双眼灶　13. 釉陶灯　14. 铜圈足碗　15. 铜耳杯　16、17、29、32~35. 铜钱　18、21. 铜盆扣
20. 陶广肩壶　22. 陶釜、壶形罐（4件）　23、25. 陶鸡俑　26. 釉陶带柄杯　27. 釉陶匜、勺　30. 铜刀削　31. 铜带钩

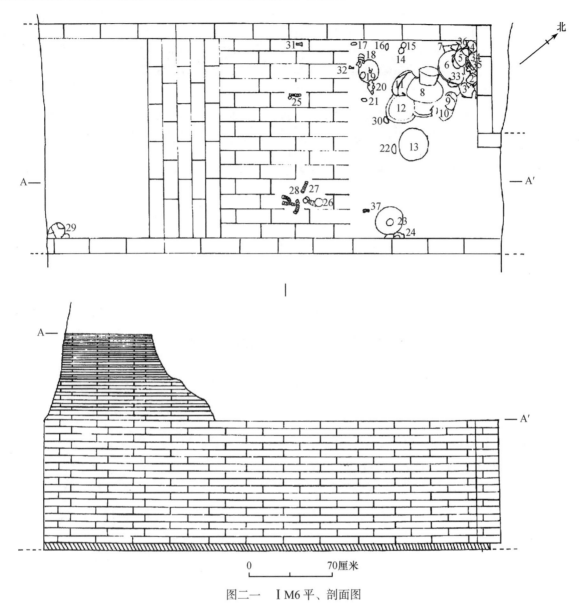

图二一　ⅠM6平、剖面图

1、6.釉陶壶　2、7、9.釉陶碗　3、5、33～35.陶窄肩罐　4.陶双眼灶　8.铜壶　10.陶盖　11.铜鍪　12.铜平底洗　13.铜扣
14～17、21、22、30.铜泡钉　18、20.铜凤鸟　19、23.鎏金铜牌饰　24.釉陶壶　25、28、37.铜钱　26.银镯　27.银环
29.陶罐　31、32.琉璃瑱　36.陶碗

1. 陶器

55件。大多数是泥质灰陶，少量泥质灰褐陶。烧成温度较高，陶器普遍具备一定硬度。轮制为主。常见盘口壶、广肩壶、瓮、广肩罐、窄肩罐、小罐、釜、碗、灶、家禽俑等。

盘口壶　2件。ⅡM50：19，泥质灰陶。壶身轮制。圈足是分制后贴附，盘口高领，鼓腹较深，设置双竖纽衔环，饰凹弦纹。平底接矮圈足。高28.6、口径15.3厘米（图二三，1）。

广肩壶　4件。ⅡM36：20，泥质灰陶。轮制。大敞口，长颈。折肩，肩部饰绳束纹三周。浅腹略鼓，饰交错绳纹，平底内凹。高28、口径20.1厘米（图二三，2）。ⅡM50：73，喇叭形大敞口，肩部饰束绳纹二周，浅腹。高22.7、口径16.7厘米（图二三，3）。

图二二　东汉时期墓葬墓砖拓片

1、2. ⅡM36墓砖花纹　3. Ⅱ50墓砖花纹　4. ⅠM6墓砖花纹

　　瓮　1件。ⅡM36：9，泥质灰陶。轮制。窄沿侈口，束颈，广肩，腹壁向内斜收，圜底。肩和上腹部饰间断绳纹，下腹部饰交错绳纹。高20.3、口径11.6厘米（图二三，5）。

　　广肩罐　9件。根据口部形态分为二型。

　　A型　5件。直口矮领。ⅡM50：71，泥质灰陶。轮制，直口矮领，折肩，筒腹略浅，平底。肩部饰绳束纹一周，腹部经过刮削。高12.7、口径9.3厘米（图二三，4）。

　　B型　4件。敛口。ⅡM50：72，泥质灰陶。轮制。敛口，肩部略弧，饰绳束纹一周。腹壁向内斜收，经过刮削。平底。高14.8、口径10.2厘米（图二三，6）。

　　窄肩罐　17件。根据肩部和腹部形态分成二式。

　　Ⅰ式：7件。折肩，筒形腹。ⅡM50：50，泥质灰陶。轮制。直口，矮领。筒形腹，较深，饰凹弦纹，平底。高12.8、口径9.3厘米（图二三，9）。ⅠM6：34，高13.1、口径9.7厘米（图二三，10）。

　　Ⅱ式：10件。弧肩，腹壁向内斜收。ⅡM36：6，泥质灰陶。轮制。侈口，弧肩，腹壁向内斜收，饰弦纹一周，平底似假圈足。高10、口径9.1厘米（图二三，7）。ⅡM50：6，高10.4、口径7.8厘米（图二三，8）。

　　小罐　11件。根据口部形态分成二型。

　　A型　5件。直口矮领。ⅡM50：63，泥质灰陶。轮制。直口矮领，溜肩，腹壁向内斜收，下腹经过刮削，平底。高6.7、口径7.5厘米（图二三，11）。

　　B型　6件。敛口。ⅡM50：33，泥质灰陶。轮制。敛口，鼓肩，浅腹，腹壁略直，下部经过刮削，平底。高4.7、口径5.8厘米（图二三，12）。

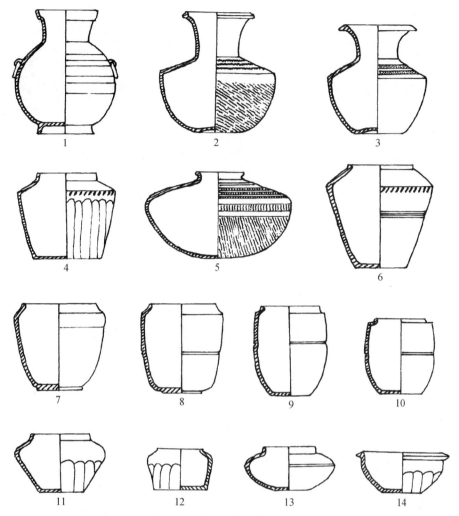

图二三　东汉时期墓葬出土陶器

1.盘口壶（ⅡM50：19）　2、3.广肩壶（ⅡM36：20、ⅡM50：73）　4.A型广肩罐（ⅡM50：71）　5.瓮（ⅡM36：9）
6.B型广肩罐（ⅡM50：72）　7、8.Ⅱ式窄肩罐（ⅡM36：6、ⅡM50：6）　9、10.Ⅰ式窄肩罐（ⅡM50：50、ⅠM6：34）
11.A型小罐（ⅡM50：63）　12.B型小罐（ⅡM50：33）　13.釜（ⅡM36：22-1）　14.碗（ⅡM50：70）

釜　1件。ⅡM36：22-1，泥质灰陶。轮制。直口矮领，腹略浅，小平底。肩饰凸弦纹一周。高5.3、口径6.4厘米（图二三，13）。

碗　4件。ⅡM50：70，泥质灰陶。轮制。窄沿侈口，鼓腹略向内斜收，下部经过刮削，平底。高5.8、口径4.5厘米（图二三，14）。

双眼灶　4件。根据灶面形态分成二型。

A型　1件。无挡火墙。ⅡM50：75，高7.1厘米。泥质灰陶。模制。正面设两个拱形火门，有栏。灶面长方形，长23.6、宽12.1厘米。两个灶眼，排烟孔在后侧中部（图二四，3）。

B型　3件。灶面设挡火墙。ⅡM50：45，高13.5厘米。泥质灰陶，灶身模制。挡火墙是分制后贴附。灶身正面设两个长方形火门，有栏。长方形灶面，长24.5、宽13.1厘米。两个灶眼。两端各设一道长方形挡火墙，墙外表刻划波折纹和太阳纹图案。烟道依附在一端挡火墙上（图二四，1）。ⅡM36：12，一端挡火墙外表刻划波折纹和圆圈纹图案。高11.5、长23.3、宽12.7厘米（图二四，2）。

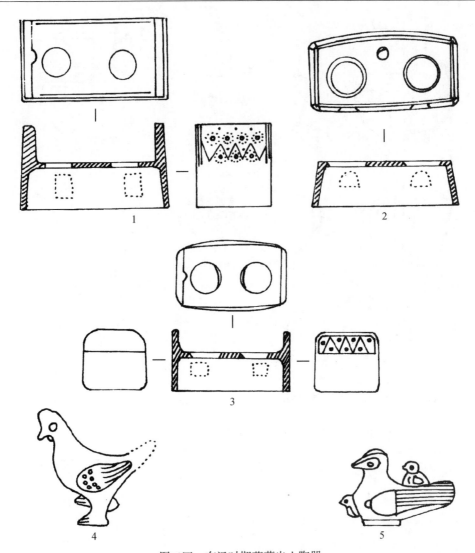

图二四　东汉时期墓葬出土陶器

1、2. B型双眼灶（ⅡM50：45、ⅡM36：12）　3. A型双眼灶（ⅡM50：75）　4. 公鸡俑（ⅡM36：23）

5. 母鸡俑（ⅡM36：25）

公鸡俑　1件。ⅡM36：23，泥质灰陶。模制。立姿。鸡首略垂，鸡冠和眼部涂有红色朱砂，鸡尾略扬。高17.1厘米（图二四，4）。

母鸡俑　1件。ⅡM36：25，泥质灰陶。模制。卧姿。胸前、背上和左右翅下各伏小鸡一只。母鸡冠和背上小鸡头部各涂有红色朱砂。高12.2厘米（图二四，5）。

2. 釉陶器

49件。可分为两种。第一种，软釉陶。陶胎均为泥质红色，多施红褐色釉，有少量绿色釉。釉层厚薄均匀，釉质莹润。常见壶、釜、灯、壶形罐、碗、魁、杯、盘、甑、匜、勺。第二种，硬釉陶。仅1件方格纹罐。

方格纹罐　1件。ⅡM50：28，较细腻的灰白色胎，硬度较高，轮制。敞口，束颈，鼓腹较深，平底内凹。肩、腹部饰方格纹。肩部施青釉，釉层厚薄不匀，有滴釉现象。高29.5、口径16.6厘米（图二五，6）。

壶　12件。根据腹部形态分成二式。

Ⅰ式：5件。鼓腹略深。ⅡM36：19，壶身轮制。圈足是分制后贴附，盘形口略敞，长颈，鼓腹略深，设置双铺首衔环，饰弦纹。平底接高圈足。器表施青绿色釉。高34.6、口径15.6厘米（图二五，1）。ⅡM50：32，子母口圆盖，弧顶，中央立缀一个圆环纽。施青绿色釉。通高32.8、口径14.1厘米（图二五，2）。ⅠM6：1，敞口，矮圈足。颈部和腹部饰弦纹多组。子母口圆盖，浅腹平顶。中部立缀一个圆环纽，外侧立缀三个乳钉纽。器表施红褐色釉。通高32、口径15厘米（图二五，4）。

Ⅱ式：7件。扁腹较浅。ⅡM50：35，盖、身轮制，圈足是分制后贴附。盘口，长颈，扁

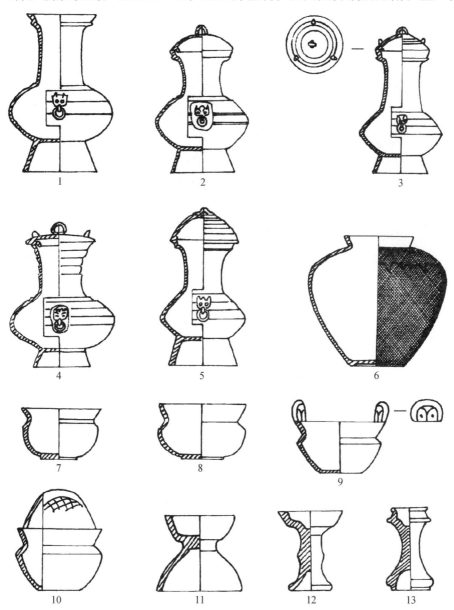

图二五　东汉时期墓葬出土釉陶器

1、2、4. Ⅰ式壶（ⅡM36：19、ⅡM50：32、ⅠM6：1）　3、5. Ⅱ式壶（ⅡM50：35、ⅡM36：2）

6. 方格纹罐（ⅡM50：28）　7~10. A型釜（ⅡM50：12、ⅡM36：22-3、ⅡM50：49、ⅡM50：65）

11. Ⅰ式灯（ⅡM50：96）　12、13. Ⅱ式灯（ⅡM36：13、ⅡM36：10-2）

腹较浅。设置双铺首衔环，饰弦纹。平底接圈足。子母口圆盖，弧顶，中部立缀一个圆环纽，外围立缀三个乳钉纽。饰弦纹。器表施红褐色釉，局部有脱釉现象。通高40.4、口径16.4厘米（图二五，3）。ⅡM36：2，高圈足，圆盖方唇，深腹，隆顶，饰弦纹。器表施红褐色釉。通高34、口径16.7厘米（图二五，5）。

釜　7件。根据口部形态分成二型。

A型　4件。敞口宽沿。ⅡM50：12，轮制。敞口宽沿，束颈。鼓腹略深，平底。施红褐色釉。高5.5、口径9.3厘米（图二五，7）。ⅡM36：22-3，通高6、口径9.4厘米（图二五，8）。ⅡM50：65，圆盖方唇，深腹，隆顶。刻划网格纹。施红褐色釉。通高11、口径9.4厘米（图二五，10）。ⅡM50：49，口沿上立双环耳。器表施红褐色釉，部分脱釉。高7.8、口径10.7厘米（图二五，9）。

B型　3件。矮领，直口或侈口。ⅡM36：22-4，轮制。直口矮领，鼓腹略浅，平底。施红褐色釉，部分脱釉。高6、口径7.2厘米（图二六，2）。ⅡM50：55，高5.1、口径8.7厘米（图二六，3）。ⅡM50：38，侈口，矮领。施红褐色釉。高4.7、口径9.9厘米（图二六，4）。

灯　4件。根据灯盘、圈足形态分成二式。

Ⅰ式：1件。灯盘大，圈足大。ⅡM50：96，轮制。侈口，盘腹略深。灯座为喇叭状大圈足。施红褐色釉，部分脱釉。通高8.5、灯盘直径8厘米（图二五，11）。

Ⅱ式：3件。灯盘小，圈足小。ⅡM36：13，轮制。敞口，浅腹。竹节状高柄，小圈足。施红褐色釉。高9.1、灯盘直径7.5厘米（图二五，12）。ⅡM36：10-2，侈口小盘，高柄，小圈足。施红褐色釉。高9.2、口径4.3厘米（图二五，13）。

壶形罐　2件。ⅡM36：22-2，轮制。大敞口，颈略长。折肩，腹略浅，平底。施红褐色釉。高5.8、口径9厘米（图二六，1）。

碗　7件。根据口部形态分成二型。

A型　5件。窄沿。ⅡM50：82，轮制。窄沿，直口。深腹，饰弦纹。平底。施红褐色釉，局部脱釉。高5、口径11.3厘米（图二六，5）。ⅡM50：78，侈口，腹略浅。高4.4、口径12.2厘米（图二六，6）。ⅠM6：7，浅腹。高4.7、口径11.7厘米（图二六，7）。

B型　2件。无沿。ⅠM6：2，轮制。直口。腹略鼓，略深，饰弦纹。平底，施红褐色釉。高6.1、口径12.5厘米（图二六，8）。ⅡM50：66，敞口，浅腹。高4.8、口径13.1厘米（图二六，9）。

魁　1件。ⅡM50：37，轮制。魁身似碗。直口。腹壁略向内斜收。贴附一个短柱状柄。平底。施红褐色釉。局部脱釉。高5.3、口径12.4厘米（图二六，10）。

带柄杯　2件。ⅡM50：57，轮制。直口。浅腹，腹壁略斜。贴附一个竖錾。平底。施红褐色釉，局部脱釉。高4.7、口径7.3厘米（图二六，11）。ⅡM36：26，深腹，饰弦纹。施红褐色釉。高6.3、口径7.5厘米（图二六，12）。

小杯　3件。根据口部、腹部形态分成二式。

Ⅰ式：1件。直口，深腹。ⅡM50：79，轮制。腹壁直，饰弦纹。平底。施红褐色釉。高5.7、口径7.2厘米（图二六，13）。

Ⅱ式：2件。敞口，浅腹。ⅡM50：5，轮制。腹壁略斜，饰弦纹。平底。施红褐色釉。高

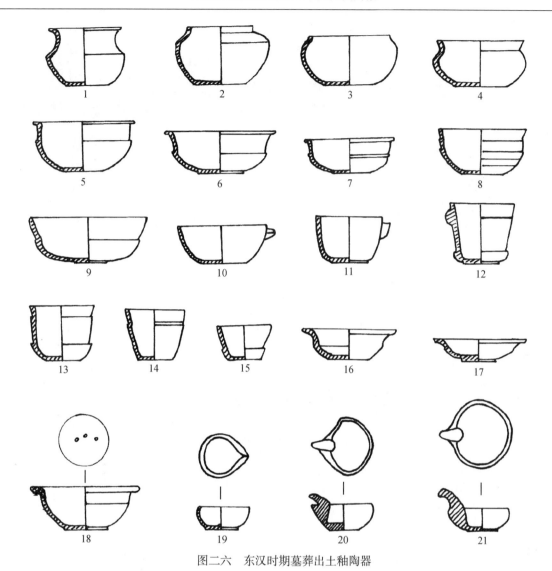

图二六　东汉时期墓葬出土釉陶器

1. 壶形罐（ⅡM36：22-2）　2～4. B型釜（ⅡM36：22-4、ⅡM50：55、ⅡM50：38）　5～7. A型碗（ⅡM50：82、ⅡM50：78、
ⅠM6：7）　8、9. B型碗（ⅠM6：2、ⅡM50：66）　10. 魁（ⅡM50：37）　11、12. 带柄杯（ⅡM50：57、ⅡM36：26）
13. Ⅰ式杯（ⅡM50：79）　14、15. Ⅱ式杯（ⅡM50：5、ⅡM36：11）　16、17. 盘（ⅡM50：3、ⅡM36：8）
18. 甑（ⅡM36：12-2）　19. 匜（ⅡM36：27-1）　20、21. 勺（ⅡM50：85、ⅡM36：27-2）

5、口径6.6厘米（图二六，14）。ⅡM36：11，高3.5、口径6.2厘米（图二六，15）。

盘　3件。ⅡM50：3，轮制。窄沿，敞口，折腹略深，平底。施红褐色釉。高3、口径10.7厘米（图二六，16）。ⅡM36：8，浅腹。施红褐色釉。高2.6、口径10.5厘米（图二六，17）。

甑　3件。ⅡM36：12-2，轮制。窄沿，直口，鼓腹略深。腹饰弦纹。平底上戳三个算眼。施红褐色釉。高4.4、口径12.3厘米（图二六，18）。

匜　2件。ⅡM36：27-1，轮制。口部手捏出尖状流。敛口，鼓腹略浅，平底。施红褐色釉。高2.2、口径5.3厘米（图二六，19）。

勺　2件。ⅡM50：85，勺身轮制。柄是手制后贴附。敛口，鼓腹，一侧安条状柄，平底。施红褐色釉，局部脱釉。通高4.3、口径5.7厘米（图二六，20）。ⅡM36：27-2，通高4.2、口径6厘米（图二六，21）。

3. 铜器

68件。一般为双范或多范合铸。除素面外，多见弦纹，有些饰品上有鎏金。常见钫、壶、盆、鍪、碗、耳杯、盘、扣饰、钱币、刀削、带钩和棺饰。部分器物在使用时经过修补，部分器物出土时严重锈蚀。

钫　3件。根据口部形态分成二型。

A型　2件。口部略呈斗形。ⅡM50：26，侈口，鼓腹肥大，平底接圈足。上腹安置双铺首衔环。下腹部现存两处修补痕迹，均是采用铜片修补，再用铆钉加固。高32.4、口径11.7厘米（图二七，1）。ⅡM50：2，鼓腹。下腹部有一处修补痕迹，是用方形铜片作补丁，用铆钉加固。高28.9、口径9厘米（图二七，2）。

B型　1件。口部略呈浅盘形。ⅡM36：4，盘口，矮领，鼓腹肥大，平底，方圈足略高。上腹设置双铺首衔环。高31.1、口径11.5厘米（图二七，3）。

壶　1件。ⅠM6：8，从器底部"十"字形铸痕观察，应为四范合铸。浅盘口，长颈。扁

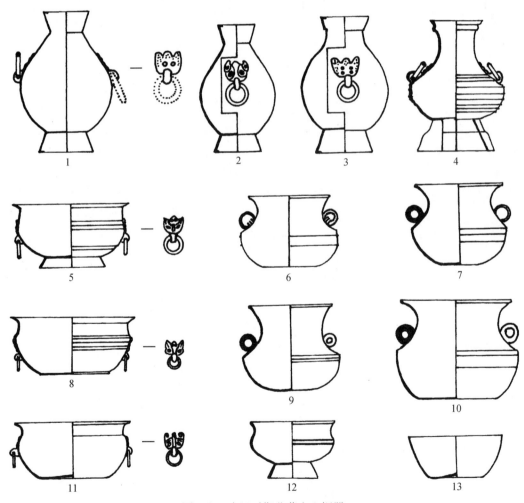

图二七　东汉时期墓葬出土铜器

1、2. A型钫（ⅡM50：26、ⅡM50：2）　3. B型钫（ⅡM36：4）　4. 壶（ⅠM6：8）　5. 圈足盆（ⅡM50：47）
6、7. Ⅰ式鍪（ⅠM6：11、ⅡM50：1）　8、11. 平底盆（ⅡM50：100、ⅡM50：25）　9、10. Ⅱ式鍪（ⅡM50：48、ⅡM36：5）
12. 圈足碗（ⅡM36：14）　13. 平底碗（ⅡM50：15）

腹略浅。平底，八边形圈足。上腹部安置双铺首衔环，腹部饰多道凹弦纹。高37.2、口径15.3厘米（图二七，4）。

圈足盆　1件。ⅡM50：47，器底残余"十"字形铸痕，应为四范合铸。窄沿侈口，鼓腹较深，平底，矮圈足。腹部饰弦纹，有双铺首衔环。高14.6、口径27.5厘米（图二七，5）。

平底盆　3件。ⅡM50：100，从器底铸痕观察，应为双范合铸。窄沿，敞口，束颈。鼓腹，饰弦纹，安置双铺首衔环。平底。高11.3、口径25.5厘米（图二七，8）。ⅡM50：25，平底略内凹。高13、口径28.3厘米（图二七，11）。

鍪　6件。根据口部和腹部形态分成二式。

Ⅰ式：2件。敞口，腹略深。ⅠM6：11，双范合铸。敞口，束颈。缀双竖环耳。扁腹略深，饰弦纹。平底。高16.4、口径20.3厘米（图二七，6）。ⅡM50：1，下腹及底部有烟炱，肩部作补丁的方形铜片上有乳钉和弦纹，应是从废铜器上裁剪。高18.1、口径21.1厘米（图二七，7）。

Ⅱ式：4件。大敞口，浅腹。ⅡM50：48，双范合铸。大敞口，束颈较长，缀双竖环耳。扁腹浅，饰弦纹。平底。下腹及底部有烟炱。高19、口径19.2厘米（图二七，9）。ⅡM36：5，高16.5、口径20.1厘米（图二七，10）。

圈足碗　1件。ⅡM36：14，侈口，束颈。鼓腹，饰凸弦纹。平底，接圈足。高6.3、口径9.7厘米（图二七，12）。

平底碗　3件。ⅡM50：15，敞口，腹壁向内斜收，平底内凹。高6、口径14.2厘米（图二七，13）。

耳杯　5件。ⅡM50：14，杯口椭圆形。敞口，杯壁向内斜收，平底近似假圈足。双耳正面装饰菱形纹图案，杯内底装饰凤鸟展翅图案。高2.1、长径9.2、短径5.3厘米（图二八，2）。ⅡM36：15，高3、长径12.3、短径9.5厘米（图二八，3）。

盘　2件。ⅡM50：22，窄沿，敞口。盆壁斜收，浅腹。平底近似假圈足。口沿沿面装饰菱形纹图案，盆内底装饰龙形纹图案。高2.6、口径15.5厘米（图二八，5）。

带钩　1件。ⅡM36：31，兽首状钩头。扁平钩身，略呈琵琶状。钩身原有纹饰，锈蚀，不清楚。长13厘米（图二八，7）。

刀削　1件。ⅡM36：30，环首，直柄凸入环中。直背，单面刃。鎏金，原有纹饰，锈蚀不清楚。长23厘米（图二八，10）。

耳杯扣　7件。ⅡM50：103，正面呈弯月形，鎏金。横截近似倒"L"形。应为安置在漆木耳杯耳部的扣件。长10.3厘米（图二八，6）。

案扣　4件。ⅡM50：69，正面为曲尺形，鎏金。横截面近似倒"凹"字形。应为安置在漆木案四角的扣件。长11.7厘米（图二八，8）。

凤鸟饰　2件。ⅠM6：18，单范铸。略厚。凤鸟昂首。一足抬，一足着地。长尾上扬，尾尖下卷。展双翅。器表鎏金。通高12.5厘米（图二八，1）。ⅠM6：20，单范铸。略厚。长尾上扬，双足略蹲，展翅欲飞。通高11.7厘米（图二八，4）。器表曾鎏金，凤鸟背面有钉，应为棺饰。

圆牌饰　3件。ⅠM6：19，器壁略薄。素面，鎏金。中部有圆孔，可钉泡钉。应为棺饰。直径26厘米。

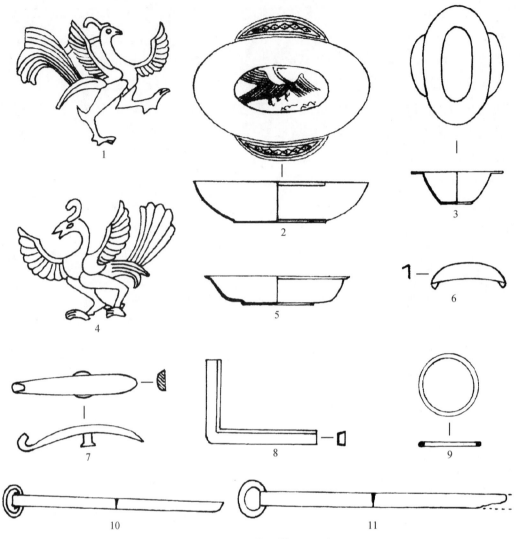

图二八　东汉时期墓葬出土器物

1、4. 铜凤鸟饰（ⅠM6：18、ⅠM6：20）　2、3. 铜耳杯（ⅡM50：14、ⅡM36：15）　5. 铜盘（ⅡM50：22）　6. 铜耳杯扣（ⅡM50：103）　7. 铜带钩（ⅡM36：31）　8. 铜案扣（ⅡM50：69）　9. 银镯（ⅠM6：26）　10. 铜刀削（ⅡM36：30）　11. 铁刀削（ⅡM50：86）

泡钉　8件。ⅡM50：101，圆帽正面鎏金。直径约5.6厘米。

"货泉"　数枚。ⅡM50：62，方穿，有郭。钱文"货泉"，阳文篆书。直径约2.2厘米。

"五铢"　数枚。三座墓均有较多出土。ⅡM36：16，方穿，有郭。阳文篆书。"金"字头略大，"朱"字头圆折，"五"字交笔较弯曲。应为东汉"五铢"钱币。直径约2.5厘米。

剪轮五铢　数枚。ⅡM36：33，方穿，外郭等部分缺失。

4. 其他

11件。常见银环、银镯、铁刀、铁刀削和琉璃耳饰。

银镯　1件。ⅠM6：26，横截面为圆形。直径6.7厘米（图二八，9）。

铁刀削　2件。ⅡM50：86，环首直柄。直背，单面刃。前部已残断。直径约6.7厘米（图二八，11）。

（三）小结

ⅡM36使用部分"永元十三年"纪年砖，东汉和帝"永元十三年"为101年，ⅡM36下葬的时间应该不早于这个时间。该墓出土的Ⅰ式釉陶壶、Ⅰ式陶窄肩罐、B型双眼灶与1998年发掘的瓦岗槽M12出土的同类器物形制近似，出土的Ⅱ式釉陶壶、Ⅱ式釉陶灯和陶公鸡俑与1998年发掘的琵琶洲M4出土的同类器物形制近似[①]。该墓的年代，应该和这两座墓葬年代接近。瓦岗槽M12使用东汉章帝"建初六年"（81年）纪年砖，琵琶洲M4使用东汉安帝"永初五年"（111年）纪年砖，时间都和101年接近。所以，ⅡM36年代应该属于东汉中期。

ⅠM6出土的B型双眼陶灶，Ⅰ式和Ⅱ式陶窄肩罐、Ⅰ式和Ⅱ式釉陶壶、铜鍪、"五铢"钱币等，形制均与ⅡM36同类器物相同。ⅠM6的年代应该与它相当，也属于东汉中期。ⅡM50出土的许多器物，如广肩壶、B型双眼灶、Ⅰ式和Ⅱ式釉陶壶、Ⅱ式釉陶杯、Ⅱ式铜鍪、"五铢"钱币等，都与ⅡM36出土同类器物形制相同；同时，ⅡM50出土的少量器物，如盘口壶、A型双眼灶、小罐、"货泉"铜钱等，不见于ⅡM36，常见于瓦岗槽M12等年代略早的墓葬中。表明ⅡM50的年代大致与ⅡM36相当或略早，基本属于东汉中期或稍早。

五、结　语

Ⅰ区和Ⅱ区发掘表明，巫山土城坡墓地，现在仍然存在数量较多的东周至两汉时期墓葬。虽然墓葬密度较大，但是没有发生同时代墓葬彼此打破的现象，还有一些年代相近、规模相当的墓葬成排成组埋在一起。当时墓地应该存在一定规划，地表应有某些标志，值得在今后的发掘和整理工作中重视。

从战国到东汉，墓葬形制的演变基本经历了三个阶段。战国到西汉时期，以竖穴土圹墓为主。王莽时期或稍早，砖室墓开始出现，并迅速流行。这个时期的砖室墓有许多特点：通常没有砖结构券顶，前部没有甬道，建筑材料多使用特殊空心砖（盒子砖）。表明此时应是土坑竖穴墓向砖室墓转变的过渡时期。东汉早期到东汉晚期，砖室墓使用日渐成熟。墓葬普遍设置券顶和甬道，平面呈刀把形。

可能受政治经济因素的影响，随葬品的变化也有比较明显的规律。战国早期是鬲、钵、长颈壶等日用陶器构成组合。战国中晚期，是鼎、敦、壶、盘、匜等仿铜陶礼器构成组合，伴出数量不等的铜兵器和其他铜器。秦代至西汉早期，主要还是仿铜陶礼器为基本组合，兵器等铜器明显减少。西汉早期到东汉初期，仓、灶等模型明器和广肩壶等日用陶器成为主流，仿铜陶礼器除了在王莽时期一度增加外，越来越少。王莽时期到东汉中晚期，陶质模型明器除仓、灶外，俑、房屋，壶、碗、杯、灯、勺等釉陶器出现并流行，钫、壶、鍪、洗、扣饰、棺饰等铜器大量使用。

① 中国社会科学院考古研究所三峡工作队：《巫山琵琶洲遗址发掘报告》，《重庆库区考古报告集·1998卷》，科学出版社，2003年。

战国时期，楚文化已经在巫山地区形成主流。ⅡM65出土鬲、钵、长颈罐等陶器和鼎、敦、壶等铜器，属于楚墓；ⅡM37出土鼎、敦、壶等仿铜陶礼器和剑、戟等楚式兵器，也属于楚墓。巫山春秋时期属夔国。僖公二十六年秋天，楚灭夔。这里成为楚国疆域。战国时期，楚在此设置巫郡①。两座战国墓葬的墓主人，应该与楚人有密切关系。秦代至西汉早期，巫山地区成为多种文化因素交汇的地方。ⅡM4随葬器物可归纳成四组。第一，以A型鼎、敦、壶为代表，属于楚文化因素；第二，以B型鼎、蒜头壶为代表，属于秦文化因素；第三，以灶、器座、壶形罐为代表属于巫山地方性文化因素；第四，以铁"半两"钱为代表，属于西汉文化因素。秦昭王三十年（前277年），蜀郡太守张若伐楚，占领巫郡②，这里成为秦人势力范围。西汉取代秦后，因为巫地与楚千丝万缕的联系，将巫县归属南郡③。ⅡM4的楚文化因素反映出楚文化在本地根深蒂固。它的秦文化因素表明秦人统治也在当地人们生活中留下某些烙印。从西汉中期、王莽时期到东汉时期，巫山地方性文化因素和汉文化因素日益强大，其他文化因素逐渐消失。

附记：发掘工作由魏航空担任领队，雷兴军担任执行领队。裴健、罗宏斌、陈艳、王浩、郭昌莲、邓汉生、贲广勇等参加发掘。魏航空、陈艳、雷兴军、裴健、郭昌莲参加整理。

绘图：陈　艳
照相：许志斌　裴　健　罗宏斌
执笔：陈　艳

（原载《江汉考古》2009年第2期）

---

① 《巫山县志·卷二·沿革志》，清光绪十九年。
② 《史记·秦本记》。
③ 《汉书·地理志》。

奉节宝塔坪墓群2004年度发掘报告

吉林大学边疆考古研究中心
奉节县文物保护管理中心

　　宝塔坪墓群位于今重庆市奉节县鱼复开发区，与奉节旧县城隔梅溪河相望，东邻耀奎塔，西至奉节梅溪河大桥。该墓群的年代自战国一直延续到明清，墓葬形制多样，自2000年来，对该墓群连续进行了3次发掘，现部分发掘区已被江水淹没。

　　之前的发掘区主要围绕在耀奎塔四周，以耀奎塔为墓群的发掘基点，随着发掘区的逐渐西移，与原来基点的距离渐远，为测量等工作带来很多不便，故本年度发掘区设立了分基点，其坐标为北纬109°32′，东经31°02′，海拔153米。由于地形复杂，暂将本年度发掘区定为宝塔坪墓群Ⅳ区，其下又划分为3个小区，总面积3000平方米。

　　该墓群地层堆积简单，墓葬开口层位一般在第2层下，盗扰情况比较严重。本年度发掘墓葬23座，其中汉墓3座、南朝墓2座、唐墓1座、宋墓11座，由于盗扰严重难以推断时代的墓葬6座。现按年代顺序分述如下。

一、汉代砖室墓

1. ⅣM1012

　　砖室墓，形制特殊，在之前的发掘中没有发现过。共有并列的三个墓室，墓底铺转，墓顶也用砖纵横叠砌，但并不起券，有头箱，墓室之间在墓主的头侧还有洞相通。墓室长3.26、宽2.6、深0.8米。人骨保存相对完整，西侧墓室为成年男性，其他两个墓室均为成年女性，葬式均为仰身直肢，头向240°，葬具全部腐朽，仅发现少量的棺钉（图一）。

　　该墓被盗扰，墓顶部分被毁，随葬品有6件，均为陶器。

　　陶罐　2件。M1012：1，黑灰陶。撇口，圆唇，短颈，丰肩，肩下有一条凹弦纹，肩部有两条凹弦纹，深腹，腹下内收，平底。口径15.3、腹径32.4、底径17.3、高23.8厘米（图二，1）。M1012：2，泥质灰陶。敛口，圆唇，丰肩，肩部有一圈堆纹，深腹，腹下内收。口径12.3、腹径25、底径12.3、高21.8厘米（图二，2）。盗洞处发现陶罐1件，M1012盗：1。

　　陶甑　1件。M1012：6，黑灰陶。方口，方唇，直壁，壁下有一条弦纹，壁下内收，平底，底有7个孔，一大孔居中，六小孔在四周环绕分布，甑外壁布满细弦纹。口径29.6、底径15.8、高16厘米（图二，3）。

　　陶灯　1件。M1012：3，泥质灰陶。油盏撇口，斜壁，平底，盏心有一乳灯，承盘撇口，圆唇，倒置碗形足。口径11、底径14.4、高17.4厘米（图二，4）。

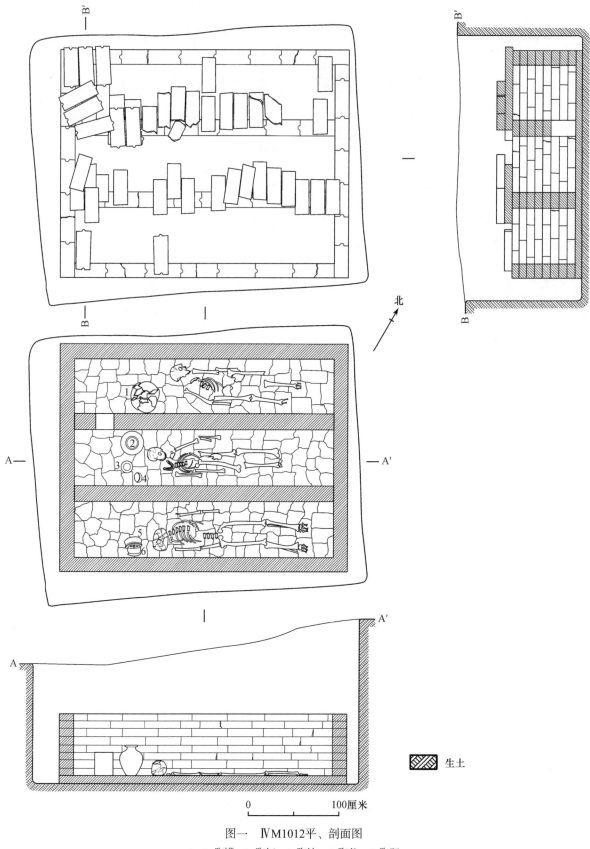

北

0　　　　　　　100厘米

生土

图一　ⅣM1012平、剖面图

1、2.陶罐　3.陶灯　4.陶钵　5.陶釜　6.陶甑

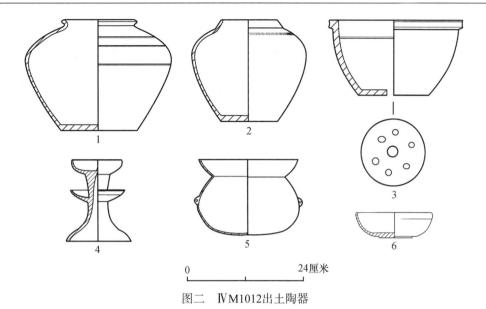

图二　ⅣM1012出土陶器

1、2.罐（M1012：1、M1012：2）　3.甑（M1012：6）　4.灯（M1012：3）　5.釜（M1012：5）　6.钵（M1012：4）

陶釜　1件。M1012：5，撇口，溜肩，球腹，圜底，腹及口部略残，腹部有一对耳。口径22、底径10、高16厘米（图二，5）。

陶钵　1件。M1012：4，泥质灰陶。敛口，圆唇，浅腹，平底假圈足。钵外壁有一条弦纹。口径16.7、底径7.4、高5.4厘米（图二，6）。

2. ⅣM1014

砖室，券顶。严重盗扰，西半部被天然冲沟破坏，墓向北偏东55°。除在墓底发现有3枚五铢外，未发现其他随葬品，也未发现人骨。据残留部分分析，该墓应具有一定规模（图三）。

3. ⅣM2003

长方形砖室墓，双室，有头箱，盗扰。墓向为北偏东5°，墓深0.4、长3、宽1.5米。出土代表两个个体的人骨，由于破损严重难以鉴定性别。葬具全部腐朽，仅余少量棺钉（图四）。

墓底残留少量的随葬品，均位于头箱中。

陶钵　3件。M2003：1，已残。泥质灰陶。敛口，尖唇，浅弧壁，平底。口径16.3、底径8.5、高5.6厘米（图五，1）。M2003：2，泥质灰陶。敛口，尖唇，浅弧壁，平底。口径15.6、底径6.7、高5.6厘米（图五，2）。M2003：3，部分残。夹砂黑陶。敛口，浅弧腹，假圈足。口径16.2、底径6.7、高6.9厘米（图五，3）。

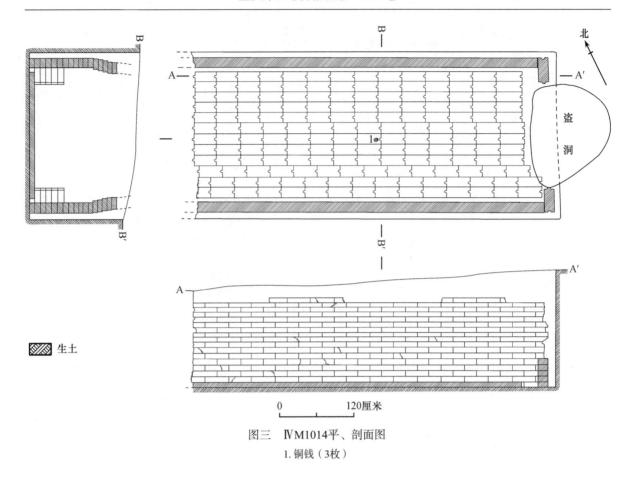

图三　ⅣM1014平、剖面图
1.铜钱（3枚）

二、南朝石室墓和砖室墓

1. ⅣM1001

石室墓，墓室平面形状为长方形，墓顶全部被破坏，方向北偏东80°。墓室长4.7、宽2.4、深1.2米。墓底和部分墓圹由修理较规整的石块砌成（图六）。

由于该墓扰乱严重，未发现人骨，出土少量随葬品，均为瓷器。

瓷碗　2件。M1001：1，青釉，施釉不均。撇口，尖唇，腹壁浅弧形内斜，外壁口下有一条凹弦纹，碗内底有8个支钉痕，平底。口径18.7、底径10.9、高5.9厘米（图七，1）。M1001：2，敛口，圆唇，浅弧腹，碗内底有14个支钉痕，假圈足。口沿下外壁有一条凹弦纹，青釉不均，底部有14个支钉痕，平底。口径15.2、底径10.9、高6.6厘米（图七，2）。

瓷盆　1件。M1001：3，撇口，尖唇，腹部向内凹进，口沿内侧有3个等距离弦纹，碗内壁刻划水波纹一圈，碗心画有葵花图案，有一条一条的刻划纹，另有8个支钉痕，底部有一圈支钉痕，青釉。口径19.9、底径14.1、高7.2厘米（图七，3）。

该墓填土中还出土破损的铭文砖一块，阳文，文字为印章式的反字，可辨识的文字为"彭家起墓故纪"。

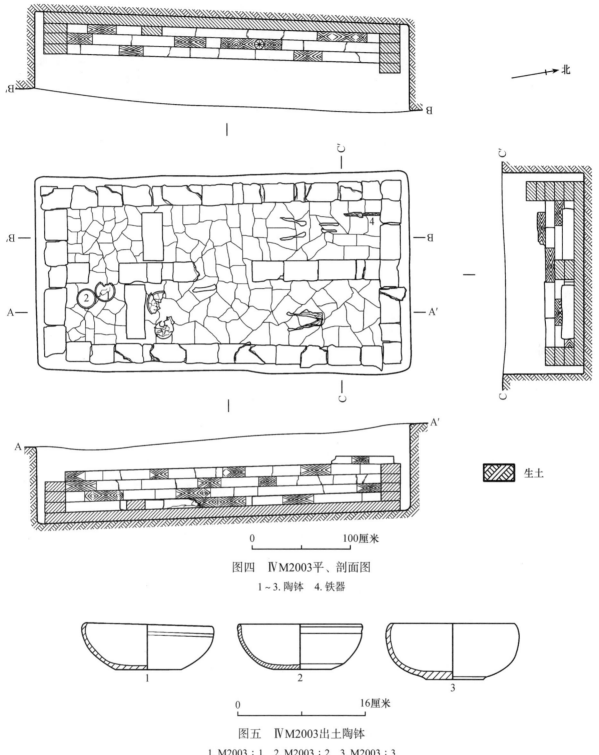

北

生土

图四　ⅣM2003平、剖面图
1～3. 陶钵　4. 铁器

0　　　　　　　　　　16厘米

图五　ⅣM2003出土陶钵
1. M2003：1　2. M2003：2　3. M2003：3

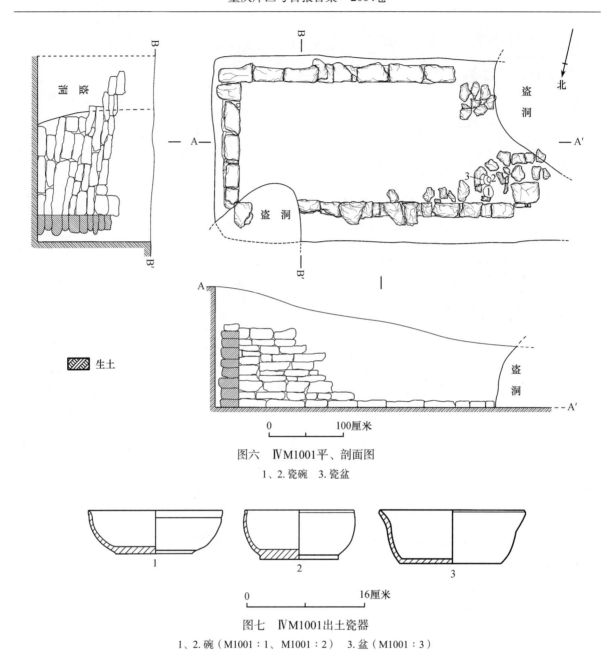

图六 ⅣM1001平、剖面图

1、2.瓷碗 3.瓷盆

图七 ⅣM1001出土瓷器

1、2.碗（M1001：1、M1001：2） 3.盆（M1001：3）

2. ⅣM1002

砖室墓，砖圹砖底，大部分被破坏（图八）。发现少量人骨，性别难以鉴定。仅出土瓷碗1件。

瓷碗 M1002：1，灰白胎。芒口，圆唇，青釉，釉不均，斜壁，凹底。碗内满釉，外壁腰部以上施釉。口径16.4、底径9.4、高6.2厘米（图九）。

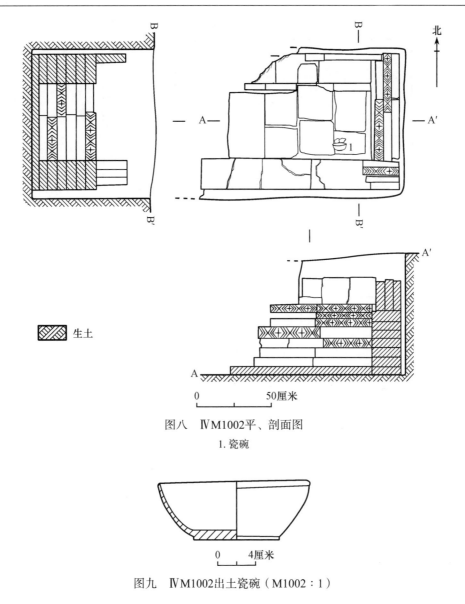

图八　IVM1002平、剖面图
1.瓷碗

图九　IVM1002出土瓷碗（M1002∶1）

三、唐宋墓葬

（一）唐墓

本次发掘仅有唐墓1座，且年代偏晚，编号为IVM2010，被扰。墓葬的形制为土坑竖穴。长2.2、宽1米，方向为北偏东45°。人骨虽已腐朽，仍可分辨葬式为仰身直肢。葬具未保留，仅见棺钉数枚（图一〇）。

出土随葬品3件。

瓷碗　1件。M2010∶1，浅红色胎，胎土较粗。撇口，尖唇，玉璧底，酱色釉，有开裂纹，碗外壁上部有釉，下部无釉，有流釉痕。口径12.7、底径3.9、高5厘米（图一一，1）。

瓷罐　1件。M2010∶3，直口，圆唇，圆肩，鼓腹，平底双耳，腰部以下撒有黄白化妆土，有流痕。口径6.4、底径7.6、高11.7厘米（图一一，2）。

另出土残破陶罐1个，仅余腹部以下，假圈足，腹部以下内收，编号为M2010∶2。

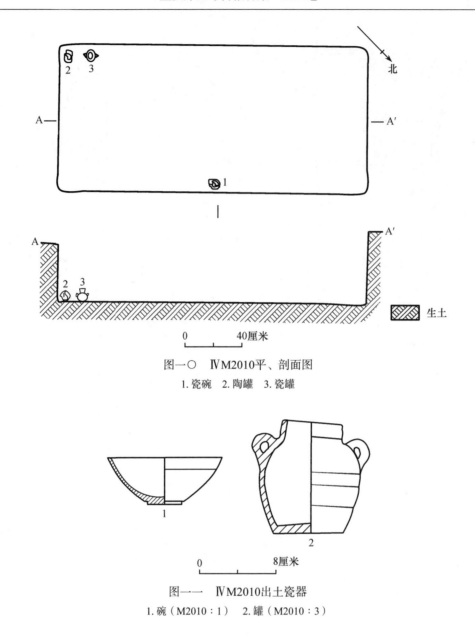

图一〇　ⅣM2010平、剖面图
1.瓷碗　2.陶罐　3.瓷罐

图一一　ⅣM2010出土瓷器
1.碗（M2010∶1）　2.罐（M2010∶3）

（二）宋墓

本次发掘的宋墓数量较多，共有11座。位置相对集中，但形制多样，随葬品也存在较大的差别。

1. ⅣM1004

长方形土坑竖穴墓，扰乱比较严重，剩余部分仅20厘米深，残长2.2米，方向为北偏东50°。有部分人骨保留，据残留的骨骼位置判断葬式为仰身直肢，除少量棺钉外，未发现其他葬具（图一二）。

该墓中出土陶双耳罐1件，M1004∶1，撇口，尖唇，溜肩，鼓腹，腹部有轮制保留六道手指压痕，平底，腹下内收。烧制过程中严重变形，腹下部粘有窑渣。双耳，耳的位置在颈部下。口径9.9、底径8.4、高18.9厘米。伴出1枚绍兴元宝（图一三）。

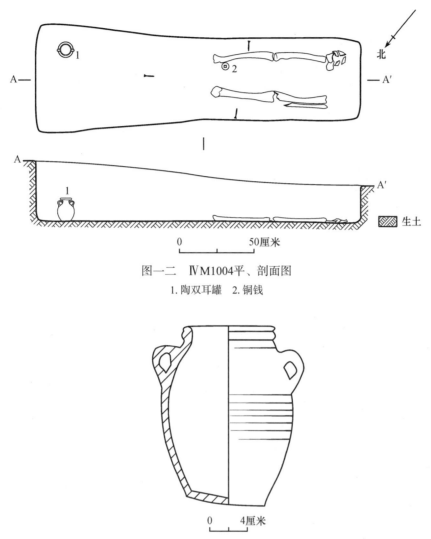

图一二　ⅣM1004平、剖面图

1.陶双耳罐　2.铜钱

图一三　ⅣM1004出土陶双耳罐（M1004∶1）

2. ⅣM1006

长方形砖室墓，墓底铺砖，墓顶盖有石板，上半部被扰乱。该墓的尺寸很小，长1.4、宽0.9、深0.6米，方向为北偏东60°。从形制上推测，该墓应不是一次葬所用（图一四）。

在填土里出土了两枚铜钱，字迹已不可辨。墓室中未发现任何遗物，在墓底方砖下发现一件陶罐，应是在挖好墓穴后用砖构建墓室之前放入，编号为M1006∶1，敛口，尖唇，垂肩，鼓腹，假圈足，底微凹，双耳，一耳残。腰、肩部画有兰花图案，腹部以上施白色化妆土。口径8.82、底径7.4、高12.9厘米（图一五）。

3. ⅣM1008

带墓道的土洞墓，部分被扰乱。墓室长3、宽1.2米。墓道为长方形斜坡式，长2.7米。宝塔坪墓群之前发现的宋墓以土坑竖穴墓为主，其他时代的土洞墓多是利用天然的土坡，这种先挖墓道后挖土洞的墓葬形制是首次发现。墓底铺有长方形砖，铺设的方式是横竖相间。墓室的中部有一腰坑，腰坑中出土一壶，该墓的方向为北偏东50°（图一六）。

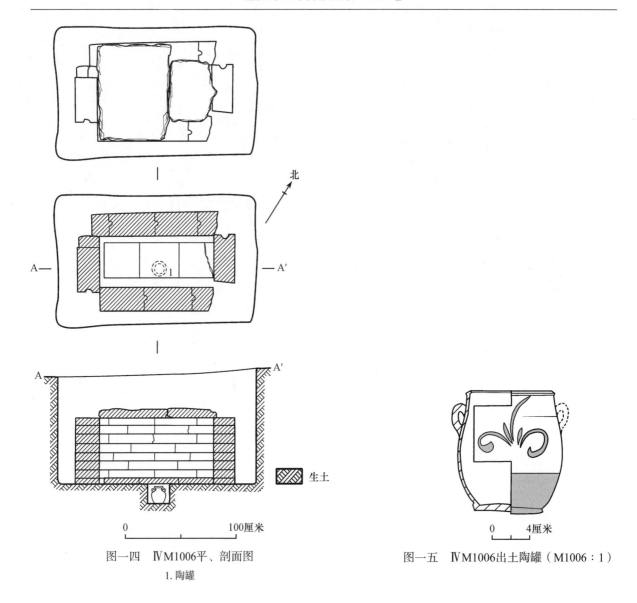

图一四　ⅣM1006平、剖面图
1. 陶罐

图一五　ⅣM1006出土陶罐（M1006∶1）

　　该墓人骨腐朽得比较严重，从残留的人骨痕迹分析，墓主人的头部接近墓室内侧，脚朝向墓道。未发现保留的葬具。共出土器物7件，其中瓷器5件、铁器1件，另有元祐通宝铜钱1枚。

　　瓷器共5件。

　　碗　1件。M1008∶3，口残。青瓷花口，内壁有三组莲花花纹，胎质细白，釉色光滑。圈足。口径11.9、底径3.6、高4.4厘米（图一七，1）。

　　杯　1件。M1008∶4，口沿略残。青瓷直口，直腹，圈足。釉光滑，有润色。腹壁外有海涛纹。口径8、底径6.2、高5.9厘米（图一七，2）。

　　壶　1件。M1008∶6，出土于墓室的腰坑中。缸胎，直口（口部残），方唇，细颈，丰肩，球腹，平底。外壁施黄白色化妆土，有流痕。口径3.8、底径4.1、高10.5厘米（图一七，3）。

　　罐　1件。M1008∶1，制作工艺较粗糙。斜口，尖唇，鼓腹，双耳，平底。腹部在烧制过程中严重变形。腹部以上有酱色釉，大部分已脱落，有流痕。口径13.4、底径8.3、高20.5厘米（图一七，4）。

　　瓶　1件。M1008∶2，撇口，圆唇，细长颈，颈中部有凸出装饰带。圆肩，鼓腹，高圈足。圈足以上施酱色釉。口径3.1、底径5.8、高13.8厘米（图一七，5）。

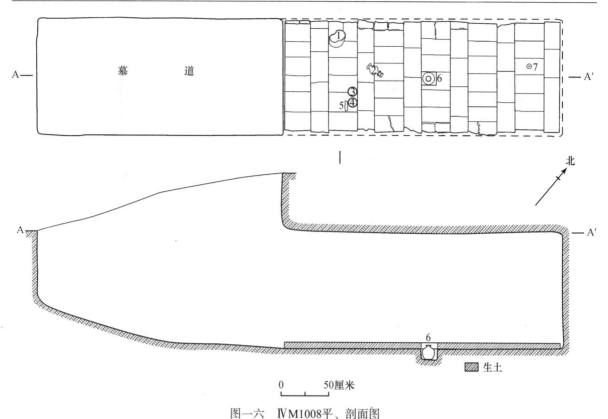

图一六　ⅣM1008平、剖面图

1. 瓷罐　2. 瓷瓶　3. 瓷碗　4. 瓷杯　5. 铁器　6. 瓷壶　7. 铜钱

4. ⅣM1009

带墓道的土洞墓，与M1008相邻，形制同M1008。墓室长2.88、宽1.28米，墓道长3.22米。墓室内铺方砖，方砖的尺寸比较一致，边长约为33厘米。有腰坑，坑中出土1件瓷壶。墓向为北偏东20°。人骨腐朽严重，仅余痕迹。据随葬品推断该墓主应为女性（图一八）。

该墓未被盗扰，出土的随葬品较多，也比较精美。随葬器物共有16件，出土铜钱4枚，铁币数枚，可辨识的有景德元宝、绍圣元宝、天禧通宝。

瓷器　共11件。

碟　3件。M1009：9，白胎，青白釉。六瓣花口，腹下部平折，平底。口径11.5、底径5、高2.3厘米（图一九，1）。M1009：3、M1009：5，形制与尺寸完全一致。敞口，圆唇，浅弧弦壁，圈足。白胎，胎质细腻。青白釉，釉色有渐变，上部釉色偏白，下部偏青。口径7.5、底径2.7、高2.6厘米（图一九，9）。

托盏　2件。M1009：8，杯盘一体，同底。青白釉。直口，圆唇，圈足。杯口径4.2、盘口径8.53、底径2.95、通高3.4厘米（图一九，2）。M1009：7，形制同M1009：8，口部残。杯身略倾斜。杯口径4、盘口径7.9、底径2.8、通高3.2厘米（图一九，3）。

注子　1件。M1009：2，青白釉。敞口，圆唇，折肩，直流，鼓腹，圈足，麻花状把手。口径3.4、底径3、高7.2厘米（图一九，6）。

壶　1件。M1009：12，灰黑色胎。口残。圆肩，鼓腹，凹底，单耳（已残），肩部以上青釉，釉不均，器表有黄白色化妆土。腹径10.5、底径6.6、残高14.4厘米（图一九，13）。

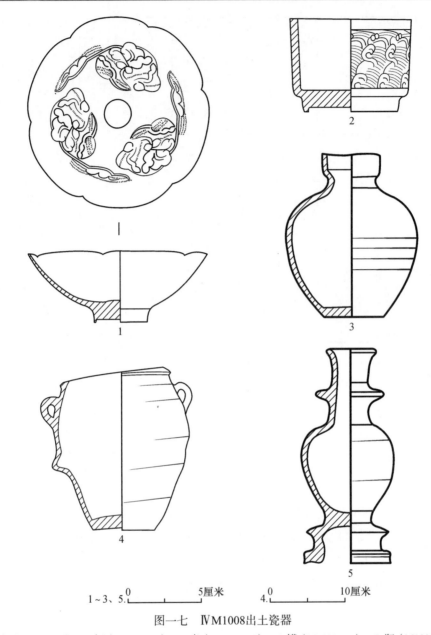

图一七 ⅣM1008出土瓷器

1.碗（M1008：3） 2.杯（M1008：4） 3.壶（M1008：6） 4.罐（M1008：1） 5.瓶（M1008：2）

注碗 1件。M1009：6，青白釉。杯状，莲瓣口，瓜棱腹，圈足。口径5.2、底径3.4、高5.9厘米（图一九，7）。虽然在M1009中该器物与注子（M1009：2）不同出，但注子刚好可以放置在其中，二者的质地也相近，故推测该器物应是为注子加温，与注子配套使用。

碗 1件。M1009：10，口部残。白胎青白釉，釉色通透细腻。斗笠状，敞口，斜直壁，圈足。口径13.5、底径3.7、高5.34厘米（图一九，8）。

杯 1件。M1009：4，口部已残。白瓷，釉质薄，足部无釉。敛口，圆唇，垂肩，圈足。杯外满饰纵向和斜向的刻划纹，有竖绳纹的视觉效果。口径5.2、底径3.1、高4.4厘米（图一九，10）。

罐 1件。M1009：1，双耳，直口，方唇，垂肩，鼓腹，平底。腹部以上为青釉，有流痕。口径12.7、底径9.5、高22.7厘米（图一九，12）。

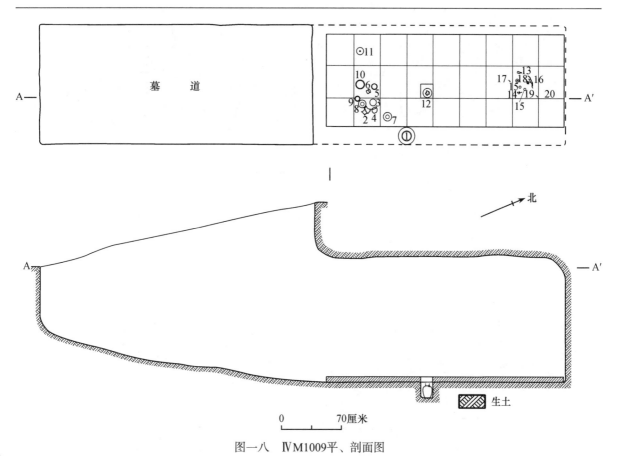

图一八　ⅣM1009平、剖面图

1. 瓷罐　2. 瓷注子　3、5、9. 瓷碟　4. 瓷杯　6. 瓷注碗　7、8. 瓷托盏　10. 瓷碗　11. 铜镜　12. 瓷壶　13、14. 金耳环　15. 头饰　16. 饰品　17. 铜钱（3枚）　18. 铜钱　19、20. 铁器

金器　2组。为金饰。

耳环　M1009：13、M1009：14，一对。做工细致精美，整体形状为叶状，中有镂空花纹。最大长4.7、最大宽2.9厘米（图一九，4）。

头饰　M1009：15，五瓣花形，有三个孔，发掘者推测该饰品应固定在织物上使用，据出土位置判断应在墓主的额部。最大径为2.5厘米（图一九，5）。

铜器　1件。

镜　M1009：11，圆形，镜面光滑，背面围绕镜组有两个动物浮雕，其一为龙，另一个未能辨识。浮雕的周围有凸出弦断纹，最外周缘有二圈堆纹装饰。最大径7.8厘米（图一九，11）。

另出土铜钱4枚、铁币数枚，可辨识的有景德元宝、绍圣元宝、天禧通宝。

5. ⅣM1011

为带墓道的土洞墓，基本形制与M1008、M1009相同，与M1009相邻。墓室长方形，长3.6、宽1.5米，底铺砖，最外侧铺有一圈石条，石条上每隔26厘米凿有一长方形石坑，类似柱洞，推测为架设棺床所用。墓道长2.4米，呈斜坡与墓室相接。墓葬方向为北偏东5°。由于腐朽严重，未发现葬具和人骨（图二○）。

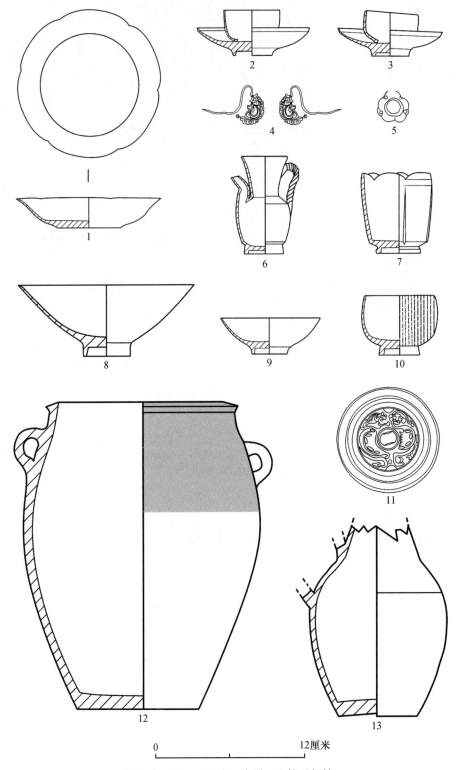

图一九　ⅣM1009出土瓷器、金饰及铜镜

1、9. 瓷碟（M1009∶9、M1009∶3）　2、3. 瓷托盏（M1009∶8、M1009∶7）　4. 金耳环（M1009∶13、M1009∶14）

5. 金头饰（M1009∶15）　6. 瓷注子（M1009∶2）　7. 瓷注碗（M1009∶6）　8. 瓷碗（M1009∶10）　10. 瓷杯（M1009∶4）

11. 铜镜（M1009∶11）　12. 瓷罐（M1009∶1）　13. 瓷壶（M1009∶12）

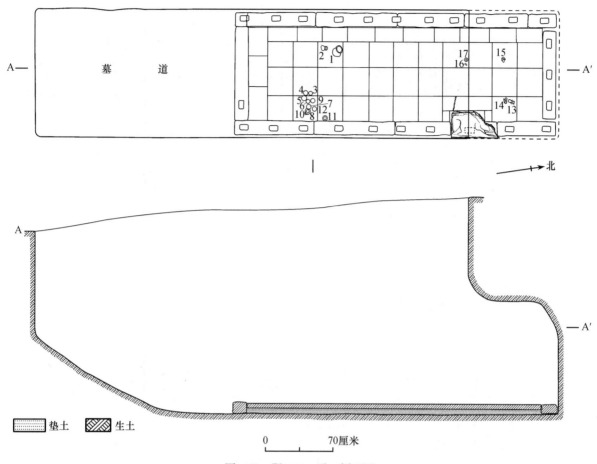

图二○　ⅣM1011平、剖面图

1、2. 瓷罐　3～8. 瓷碟　9. 瓷杯　10. 瓷器盖　11. 瓷托盏　12. 瓷碗　13. 瓷注子　14、15. 瓷托子　16. 带扣　17. 铜钱（3枚）

出土器物16件，出土开元通宝3枚。

瓷罐　2件。M1011：1，斜口，尖唇，口部烧制时严重变形，溜肩，肩部有两道凹弦纹，鼓腹，平底。腰部以上有酱色釉，部分釉已脱落。口径11.7、底径9.5、高23.3厘米（图二一，1）。M1011：2，缸胎。撇口，尖唇，细颈，圆肩，鼓腹，平底，底部有手指压痕。肩部以上施化妆土。口径4.3、底径4.9、高10.2厘米（图二一，2）。

瓷注子　1件。M1011：13，白瓷。敞口，圆唇，折肩，鼓腹，圈足，柄用泥条控制，直流。口径3.1、底径2.6、高7.3厘米（图二一，3）。

瓷碟　6件。M1011：3，青白釉。碟心有摹印的蝶纹，壁浅弧形，假圈足，底无釉。口径8.7、底径4.5、高1.6厘米（图二一，4）。该墓中共出土6件这种瓷碟，形制尺寸基本相同。

瓷器盖　1件。M1011：10，白瓷。半球状，内部无釉。环状柄，已残。最大径6、底径4.6、残高2.3厘米（图二一，5）。

瓷杯　1件。M1011：9，白瓷。敛口，圆唇，垂腹，圈足。口径5.1、底径2.2、高3.8厘米。该器物与器盖（M1011：10）虽不同出，但胎质与装饰都较一致，盖底与杯口也相互契合，应为配套使用（图二一，6）。

瓷托子　2件。M1011：14，白釉。盘口圈足，笔者推测为盛放杯、盘的底座。口径3.5、

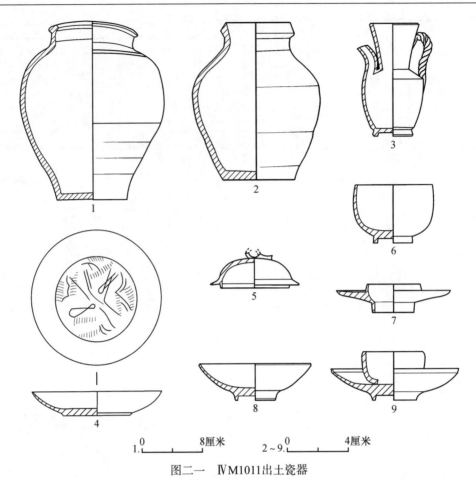

图二一　ⅣM1011出土瓷器

1、2. 罐（M1011：1、M1011：2）　3. 瓷注子（M1011：13）　4. 碟（M1011：3）　5. 器盖（M1011：10）
6. 杯（M1011：9）　7. 托子（M1011：14）　8. 碗（M1011：12）　9. 托盏（M1011：11）

最大径7.6、底径2.8、高1.9厘米（图二一，7）。共发现2件，形制与大小完全相同。

　　瓷碗　1件。M1011：12，青白釉，由口至底釉色渐变。圆唇，浅弧壁，圈足，底无釉。口径7.4、底径2.6、高2.4厘米（图二一，8）。

　　瓷托盏　1件。M1011：11，青白釉。杯盘一体，杯无底，直口，圆唇，盘圈足。杯口径4、盘最大径8.5、底径3、通高3.2厘米（图二一，9）。

6. ⅣM2001

　　瓮棺葬。锅底形墓坑，直径约0.7、深0.5米（图二二）。葬具为一陶四系罐（M2001：1），内有骨灰，出土时已碎，可复原。斜口，圆唇，溜肩，鼓腹，平底，腹部以上施化妆土，肩部以上施青釉。口径11.2、腹径29、底径12、高34.3厘米（图二三）。

7. ⅣM2005

　　长方形砖圹墓，墓室长2.8、宽1.3、深1.6米。墓底无砖，墓顶以长条石封顶。墓向为北偏东5°。该墓被严重盗扰，墓室上部被破坏，未出土随葬品，仅在填土中出土1枚铁钱，钱文不可辨（图二四）。

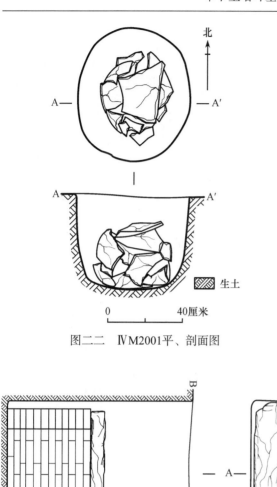

图二二　ⅣM2001平、剖面图

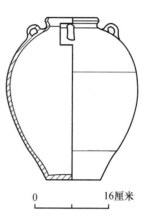

图二三　ⅣM2001出土陶四系罐（M2001∶1）

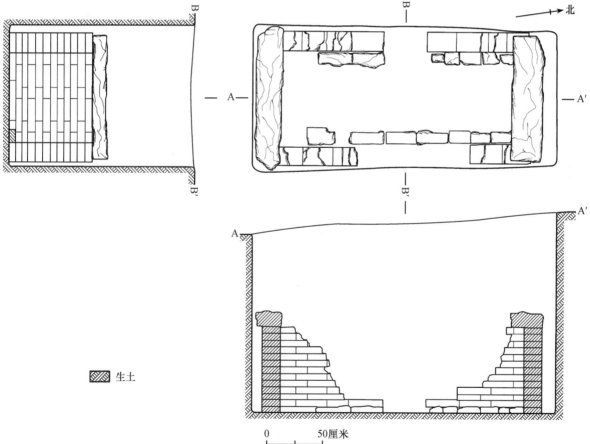

图二四　ⅣM2005平、剖面图

8. ⅣM2006

　　土坑竖穴，砖圹，石条盖顶，墓底铺砖。墓室长2.6、宽1.4、深2.1米。形制与M2005基本相同。墓葬方向为北偏东55°（图二五）。墓东壁已塌，仅保存最底层砖。墓北壁有一龛，长约66、宽12、高约36厘米。未发现葬具，人骨保存差，据随葬品推测墓主应为女性。

　　该墓被盗扰，仅在墓主头部发现首饰数件，另发现"早生天界"字样的银质冥币1枚、开

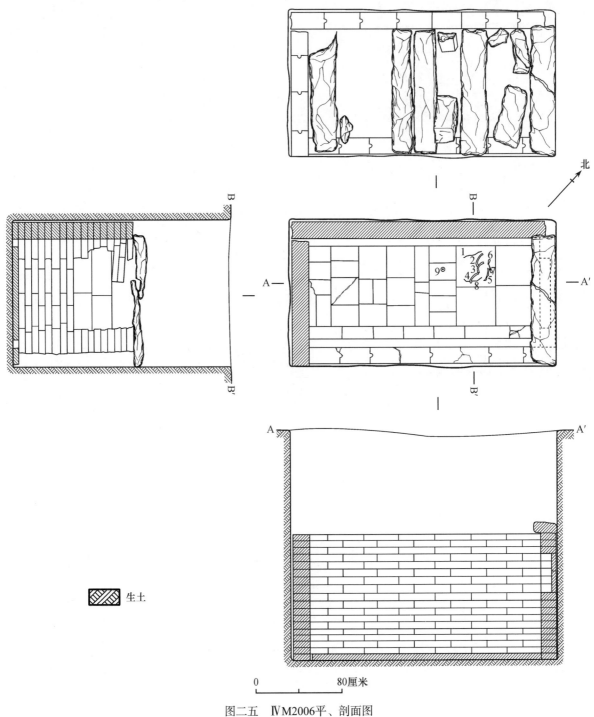

生土

图二五　　ⅣM2006平、剖面图
1、5.银簪　2~4.金饰　6.银钗　7.玉簪　8.铜钱　9.银质冥币

元通宝1枚。

银簪　共出一组两支。M2006：5，截面为方形，尾部残。短簪头部有珠纹浮雕，残长4.9厘米。长簪残长7.6厘米（图二六，1）。

银钗　1件。M2006：6，银片卷制，做工精细。尾部残。钗头有复杂花卉纹饰。残长12厘米（图二六，3）。

金箔一组三片，据摆放位置推测，应是镶嵌在包裹头部的丝织品边缘上。

银质冥币　M2006：9，圆形方孔，银质，单面有阴文"早生天界"的字样。最大径2.3厘米（图二六，4）。

玉簪　1件。M2006：7，玉质通透，天蓝色。长9.2、最大宽1.4厘米（图二六，2）。

墓底所铺的砖为长方形，单面有戳印的文字，共11字，由于戳印浅，不易辨识。

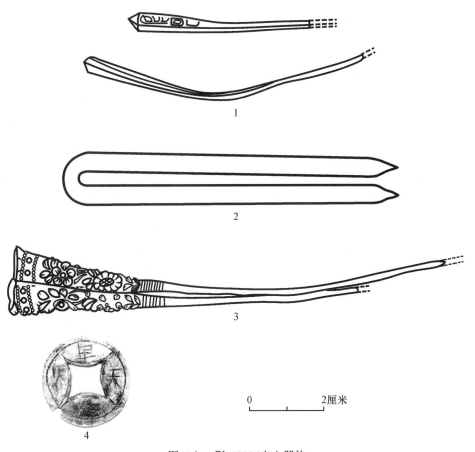

图二六　ⅣM2006出土器物

1. 银簪（M2006：5）　2. 玉簪（M2006：7）　3. 银钗（M2006：6）　4. 银质冥币（M2006：9）

9. ⅣM2007

长方形土坑竖穴墓，长2.4、宽1、深1.35米。方向为北偏东35°（图二七）。

该墓盗扰严重，随葬品也多被破坏，仅发现可复原器物4件，钱币数枚，锈蚀严重，钱文不可辨。

罐　2件。M2007：2，缸胎。直口，尖唇，垂肩，鼓腹，腹下收，假圈足，双耳，腹壁

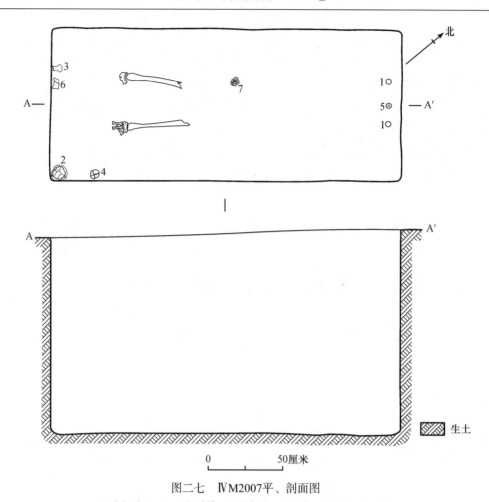

图二七　ⅣM2007平、剖面图

1.鎏金耳环　2、3.缸胎罐　4.釉陶碗　5.铜钱　6.铁器　7.铁钱

上有六道附加堆纹。口径10.6、腹径13.3、底径6、高16.2厘米（图二八，1）。M2007：3，缸胎。撇口，圆唇，束颈，垂肩，垂腹，平底。罐内外壁施有棕色化妆土，腹下部有制胎时留下的刀削痕。罐内有颗粒状褐色物，由于污染严重不能分析（图二八，4）。

釉陶碗　1件。M2007：4，敞口，圆唇，唇部略内收。玉璧底，玟瑙釉，主釉为酱色，浅红色胎，胎土较粗。口径10.4、底径3.6、高6厘米（图二八，2）。

鎏金耳环　1件。M2007：1，一组两个，形似玉璧。外径1.6、内径0.7厘米。有小孔供悬挂使用（图二八，3）。

另外还出有条状铁器，由于锈蚀严重已分辨不出器形。

10.ⅣM2008

土坑竖穴，砖圹，石条盖顶，墓底铺砖。长3.2、宽1.3、深2.8米。方向为北偏东5°。被盗扰，未发现随葬品（图二九）。

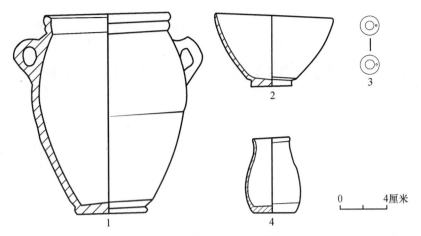

图二八　ⅣM2007出土器物

1、4. 缸胎罐（M2007∶2、M2007∶3）　2. 釉陶碗（M2007∶4）　3. 鎏金耳环（M2007∶1）

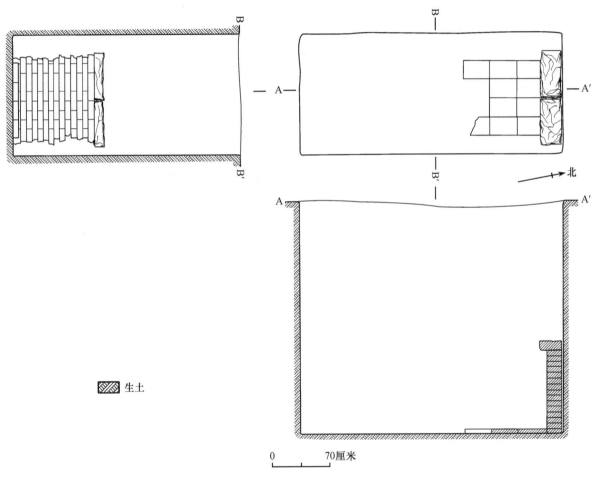

图二九　ⅣM2008平、剖面图

11. ⅣM2009

土坑竖穴，砖圹，石条盖顶，墓底无砖。长2.9、宽1.4、深1.2米。方向为北偏东40°（图三〇）。被盗扰，仅在填土中发现半段石簪。

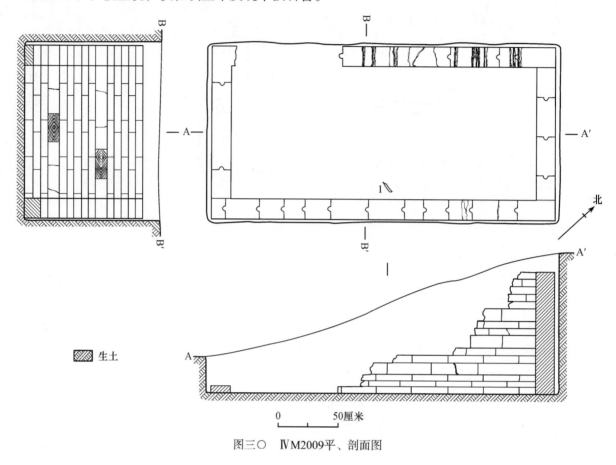

图三〇　ⅣM2009平、剖面图

四、不能推断年代的墓葬

本次发掘中不能推断年代的墓葬共有6座，不能推断的原因是墓葬的形制没有明显的时代特征，也没有出土可供推测时代的器物。

1. ⅣM1003

土坑竖穴墓，上半部被破坏。长1.4、最大宽0.7、残留深度仅0.2米。有人骨残片，未发现葬具和随葬品（图三一）。

2. ⅣM1005

土坑竖穴墓，砖圹，墓底铺有石灰，墓内有大量的木炭，笔者推测该墓是将死者下葬后就经过火烧，然后才向墓内填土。未发现随葬品（图三二）。

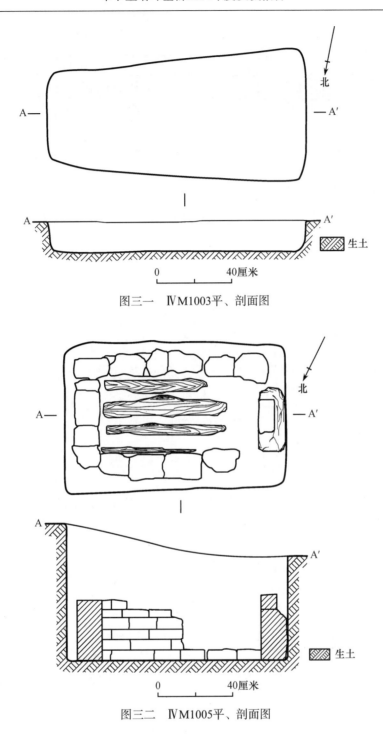

图三一　ⅣM1003平、剖面图

图三二　ⅣM1005平、剖面图

3. ⅣM1007

砖圹墓，墓底铺砖，墓壁的砖是由下至上一纵一横垒砌，墓底的砖为斜向对角铺设。长3、最大宽1.4、深0.26米。有人骨碎片，该墓盗扰严重，未发现葬具和随葬品（图三三）。

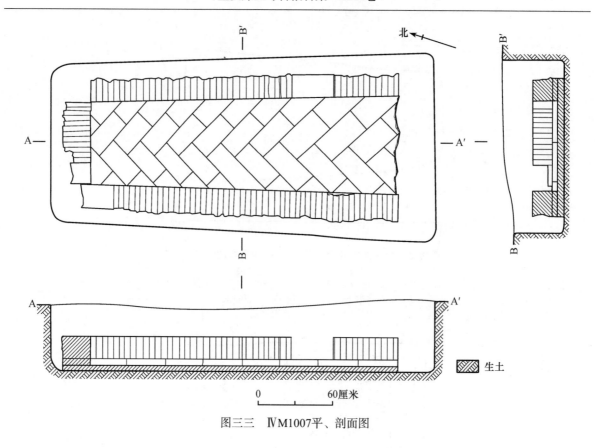

图三三　ⅣM1007平、剖面图

4. ⅣM1010

砖圹墓，墓底铺砖，破坏严重。长1.8、宽1.1、残留深度0.2米。有人骨残段，未发现葬具和随葬品（图三四）。

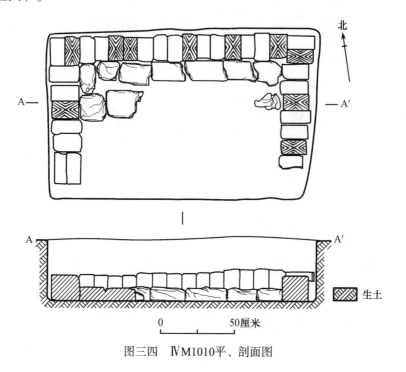

图三四　ⅣM1010平、剖面图

5. ⅣM1013

带墓道的土洞墓，墓向为北偏东55°。规模较大，被盗扰，盗洞在墓葬中部。有人骨残段，未发现随葬品（图三五）。

6. ⅣM2002

长方形，砖圹砖底，长2.2、宽0.9、残留深度0.4米。方向为北偏东5°。人骨保存相对完好，但性别不可辨。葬具腐朽，仅残留几枚棺钉。出土铜指环1枚，填土中还出土1件铁器，器形因腐朽已不可辨（图三六）。

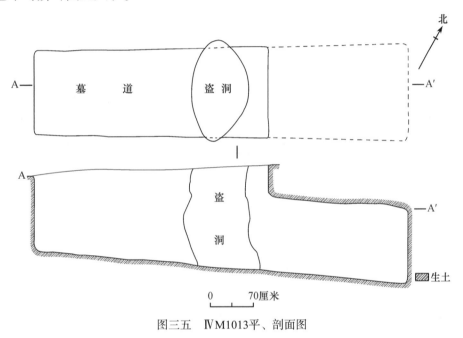

图三五　ⅣM1013平、剖面图

五、结　语

1）以往发掘的汉代墓葬都是砖室券顶，三人合葬的砖室墓（ⅣM1012）在宝塔坪墓群是首次发现，对该墓葬年代的推断是根据墓砖的形制和出土的随葬品。在该墓群中是否存在晚期墓葬利用汉砖建造墓室的情况还难以判断，对ⅣM1012的年代归属问题有待新材料的印证。

2）宝塔坪墓群以往发掘的唐墓数量较多，主要集中在Ⅰ、Ⅱ两个发掘区，出土了一批精美的随葬品。本年度发掘仅见唐墓1座，年代也偏晚，据此分析，Ⅳ发掘区可能已接近唐代墓地的边缘地带。

3）本年度发掘的宋墓主要有三种形制，即带墓道的土洞墓（ⅣM1008、ⅣM1009、ⅣM1011）、用石条盖顶的砖圹墓（ⅣM1006、ⅣM2005、ⅣM2006、ⅣM2009等）和土坑竖穴墓（ⅣM1004等）。从墓葬的规模和随葬品分析，这三种不同形制的墓葬是具有等级差别的。土洞墓ⅣM1008、ⅣM1009、ⅣM1011三座墓葬相邻，形制基本相同，随葬品中都有精美的青白瓷器，摆放的位置也都在墓道与墓室之间，显然这三座墓葬是有关联的，很可能是一处

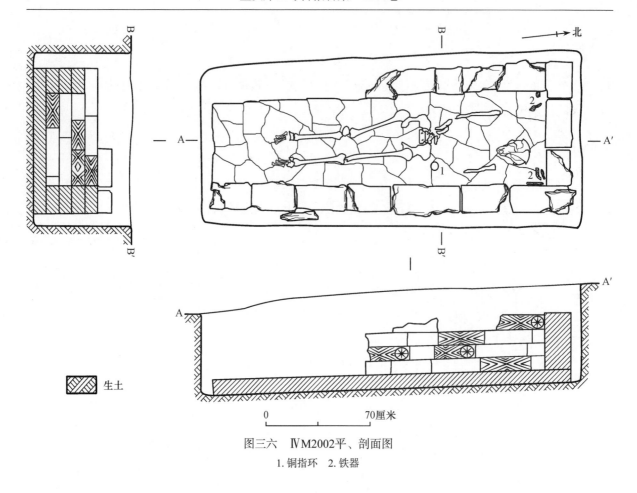

图三六　ⅣM2002平、剖面图

1. 铜指环　2. 铁器

家族墓地。无论从墓葬的规模还是随葬品的精美程度分析，这三座墓葬在本年度发掘的宋墓中等级都是最高的。ⅣM1006、ⅣM2005、ⅣM2006、ⅣM2009的形制基本相同，都是砖圹，石条盖顶。由于盗扰严重，难以从随葬品角度分析墓葬等级。但从墓室规模和ⅣM2006出土的头饰来看，墓主的身份也应比较尊贵，不是普通的平民。以ⅣM1004为代表的土坑竖穴墓，形制简单，随葬品也不丰富，等级最低，可能是平民墓葬。

附记：参加本次发掘的工作人员有余卫东、邵海波、李树国、王庆华、王登亮、徐海斌，在发掘过程中得到了重庆市文化局三峡办和奉节县白帝城文物管理所有关领导的大力支持，武汉市文物考古研究所的魏航空先生和雷兴军先生对器物年代的推断提出了宝贵的意见和建议，在此致谢。

制图：魏　东　黄玉洪
执笔：魏　东　余卫东

奉节三台崖墓群2004年度发掘报告

洛阳市文物考古研究院

三台崖墓群位于重庆市奉节县万胜乡三台村2组，长江西岸朱衣河左岸奉节新县城南侧山崖下，地理位置为北纬31°01′00″，东经109°27′00″。该处墓地地势陡峭，海拔180～210米，面积约60000平方米（图一）。下部为民居和柑橘树，上部为菜地和荒坡。

2002年河北省文物研究所对三台崖墓群进行过试掘，试掘面积500平方米，清理崖墓5座，出土了一批遗物。

2004年9月10日至11月26日，我队对三台崖墓群进行了较大规模的考古发掘。该工地

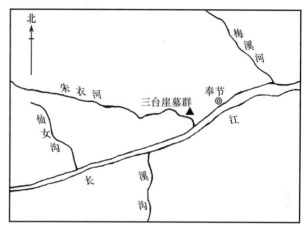

图一　三台崖墓群位置示意图

代号为2004CFS，2004表示时间，C表示重庆市，F表示奉节，S表示三台崖墓群。根据地势及墓葬分布情况，此次发掘重点放在张家包与郭家湾之间的山坡上，本次发掘共布10米×10米探方19个，5米×15米探沟1条，扩方面积5米×10米，实际发掘面积2025平方米（图二）。共发掘墓葬24座，其中崖墓20座、土坑墓3座、砖室墓1座，出土了一批重要遗物。

一、地 层 堆 积

该墓群所处位置地势陡峭，起伏较大，山体岩石大部裸露，地表土壤堆积极薄或缺失，只有近台地处土壤堆积较厚，因而大部分探方无地表层或仅见1层，1层下为山体岩石，仅T17出现2层，第2层下为生土。根据地层包含物推断均为近现代堆积。

第1层：地表层。厚0～1.4米。灰褐色，土质松软，包含较多的料姜石颗粒、植物根系等。

第2层：黄褐色。厚0.05～0.4米。土质疏松，包含较多的料姜石颗粒和红烧土颗粒，遗物有青花瓷片、夹砂陶片、打制石片等。

二、墓 葬 形 制

此次发掘共清理墓葬24座，其中崖墓20座，大部分由斜坡或竖穴斜坡墓道、甬道、墓室组成，部分无甬道，方向180°～230°，墓葬大小差别较大，随葬器物多寡不一，且多数被扰动，根据其平面形状可分为刀形7座（M1～M4、M9、M15、M18）、长方形4座（M7、M12、

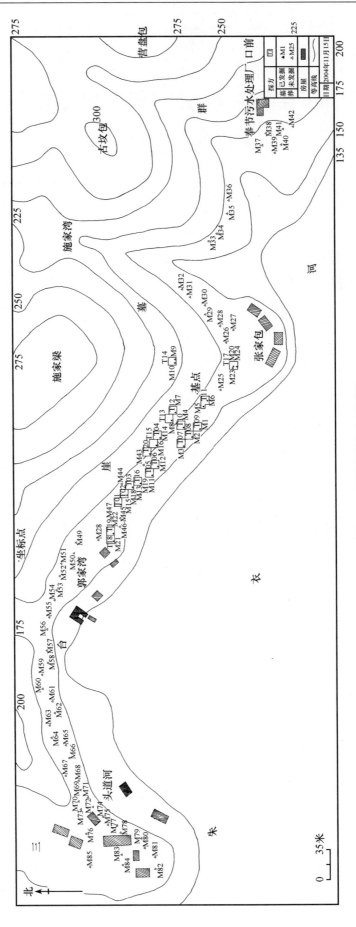

图二　三台崖墓群布方平面图

M14、M21）和"凸"字形9座（M5、M8、M10、M11、M13、M16、M17、M19、M22）三种；土坑墓3座（M20、M23、M24）均为长方形竖穴土坑；砖室墓1座（M6），券顶塌落，因前部被扰，形制不明，墓室平面呈长方形。

（一）崖墓

1. M1

位于T09内，凿于山体岩石之上，由斜坡墓道、甬道、墓室组成，平面呈刀形。墓向210°。墓道口长2.6、宽1.4、距地表0.15～0.4米，底部长2.6、宽1.4、距地表0.15～3米。墓室及甬道顶部距地表2.3～3.4、底部距地表3.75～4.25米，甬道位于墓室南端，平面呈长方形，长2.2、宽1.3、高1.3米，甬道底部低于墓室底部0.15米。墓室平面为长方形，长2.8、宽2.3、高1.45米。墓室内填土被扰，骨架无存。随葬器物残存11件，有陶罐7件，陶灶1件，铁釜、陶豆柄、釉陶壶残片各1件，大部分放置在甬道及墓室结合部位，部分在墓室扰土中，放置位置不详（图三）。

陶罐 7件。M1：1，素面泥质灰陶。侈口，圆唇，鼓腹略扁，腹下斜收，平底略内凹。口径7.4、底径4、腹径10.6、高6厘米（图四，1）。M1：4，素面泥质灰陶。侈口，圆唇，鼓腹，腹下斜收，小平底。口径6.2、底径4.3、高6.6厘米（图四，2）。M1：5，素面泥质灰陶。侈口，圆唇，鼓腹，腹下斜收，小平底。口径5.2、底径3.2、腹径8.8、高7.8厘米（图四，3）。M1：6，泥质灰陶。敞口，圆唇，束颈，颈上饰一道凹弦纹，溜肩，鼓腹，肩饰凹弦纹两道，下腹斜收，平底。口径10.5、底径7.2、腹径16、高10.8厘米（图四，4）。M1：7，素面泥质灰陶。侈口，圆唇，小鼓腹，腹下斜收，小平底。口径8.7、底径4.5、腹径14.4、高9厘米（图四，5）。M1：8，泥质灰陶。侈口，圆唇，颈上饰两道凹弦纹，溜肩，鼓腹，下腹弧收，平底。口径9.6、底径5.1、腹径14.1、高8.1厘米（图四，6）。M1：10，泥质灰陶。侈口，圆唇，颈、腹部各饰一道凹弦纹，溜肩，鼓腹，下腹斜收，平底。口径11、底径11、腹径19、高14厘米（图四，7）。

陶灶 1件。M1：9，素面泥质灰陶。长方高台形，台面有圆形灶坑两个。台面长23.4、宽18.9、高6厘米（图四，9）。

陶豆 1件。M1：3，柄部残片。红陶外施粉釉，内空呈圆筒形。残长6、柄径3.6、胎厚0.6厘米（图四，8）。

釉陶壶 1件。M1：11，盘口残。束颈，鼓腹，圈足。通体施酱釉，颈下及腹部饰有凹弦纹，腹部有对称二铺首，圈足外饰凹弦纹。残高30、宽25.6、底径16.6厘米（图四，10）。

铁釜 1件。M1：2，残片，无法复原。

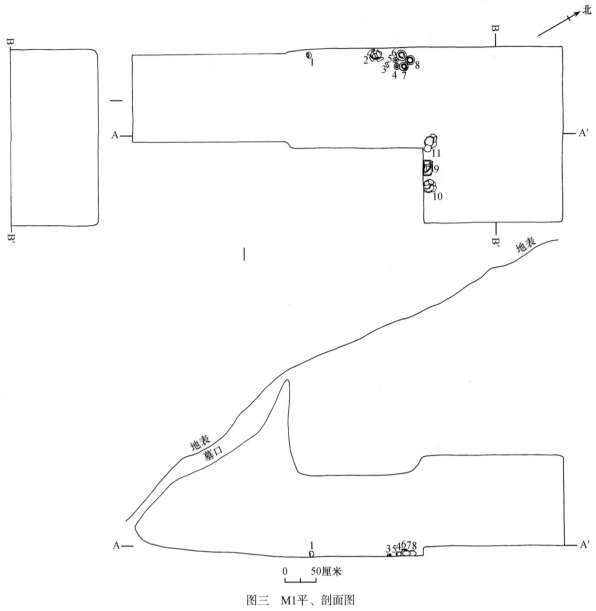

图三　M1平、剖面图

1、4~8、10.陶罐　2.铁釜　3.陶豆柄残片　9.陶灶　11.釉陶壶

2. M2

位于T08内。凿于山体岩石之上，由斜坡墓道、甬道、墓室组成，平面呈刀形。墓向215°。墓道上口长1.1、宽1.11~1.26、距地表0~0.3米，下口长1.1、宽1.11~1.26、距地表0.5~0.96米。甬道及墓室顶部距地表0.45~3.5、底部距地表1.12~2.64米，甬道位于墓室南端，呈长方形，顶稍弧，底部低于墓道0.1米，长1、宽1.26~1.34、高1.2米，墓室长2.4、宽1.8、高1.2米。墓已扰，尸骨无存，随葬器物仅见货泉1枚（图五）。

铜钱　1枚　M2:1，货泉。字体小篆。郭径2.3、穿径0.7、厚0.17厘米（图六）。

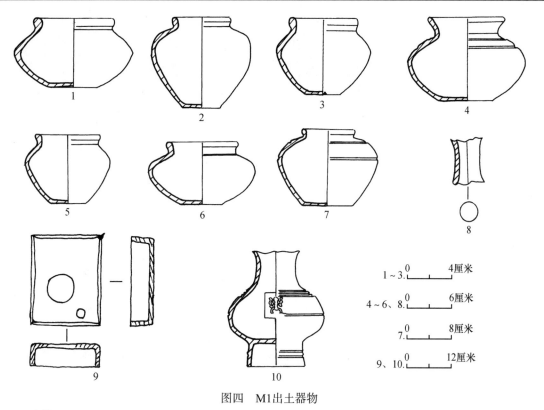

图四　M1出土器物

1~7.陶罐（M1∶1、M1∶4、M1∶5、M1∶6、M1∶7、M1∶8、M1∶10）　8.陶豆（M1∶3）　9.陶灶（M1∶9）
10.釉陶壶（M1∶11）

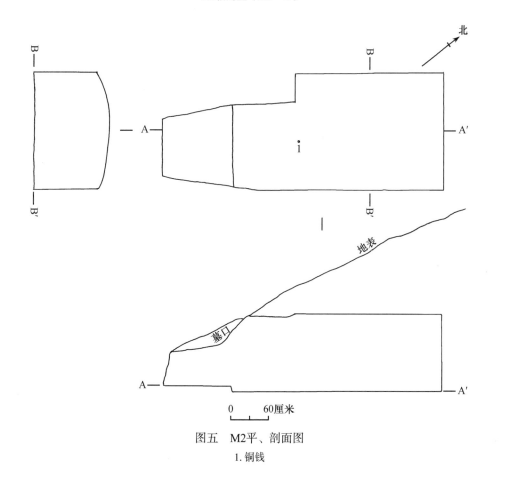

图五　M2平、剖面图

1.铜钱

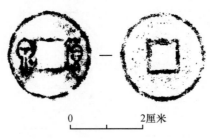

图六　M2出土铜钱拓片（M2∶1）

3. M3

位于T07内。凿于山体岩石之上，由斜坡墓道、墓室组成，平面呈刀形。墓向210°。墓道上口长2.35、宽1.3、距地表0.25～0.5米，下口长1.7、宽1.3、距地表0.5～1.95米。墓室顶部距地表0.6～2.1、底部距地表2米，墓室长2.6、宽1.75、高1.4米。墓室内填淤土已扰，尸骨无存。随葬器物有陶俑、铜钱、陶甑、陶罐、陶片等，因墓内已扰，器物放置位置不详（图七）。

陶俑　1件。M3∶1，泥质红陶。仅存头部，颈以下残。戴圆冠，面目清秀。残高7.4厘米（图八，1）。

陶甑　1件。M3∶3，泥质灰陶。卷沿，圆唇，腹略弧，平底，底有箅孔14个。素面。口径18、底径7、高10.8厘米（图八，2）。

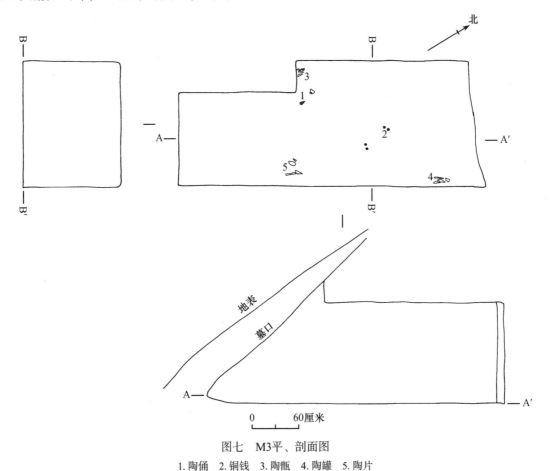

图七　M3平、剖面图

1.陶俑　2.铜钱　3.陶甑　4.陶罐　5.陶片

陶罐　1件。M3:4，泥质灰陶。侈口，圆唇，鼓腹急收。肩腹部各饰二道凹弦纹。口径12.5、腹径21、底径6.5厘米（图八，3）。

陶器盖　1件。M3:5-1，泥质灰陶。尖圆唇，腹略弧，平顶。素面。口径10、顶径3.5、高4厘米（图八，4）。

陶钵　1件。M3:5-2，仅存口沿残片。圆唇，侈口。腹部有一凹弦纹。施酱釉。残长10、残高6厘米（图八，5）。

铜钱　4枚。因出土时放置在一起，编为一号M3:2。

五铢钱　2枚。"五"字中间两笔与上下两横垂直相交，铢字"金"字头呈三角形、"朱"字头方折并高度相同。郭径2.4、穿径0.95厘米（图八，6）。

货泉　2枚。面纹小篆"货泉"，无郭。钱宽2.1、穿径0.8厘米（图八，7）。

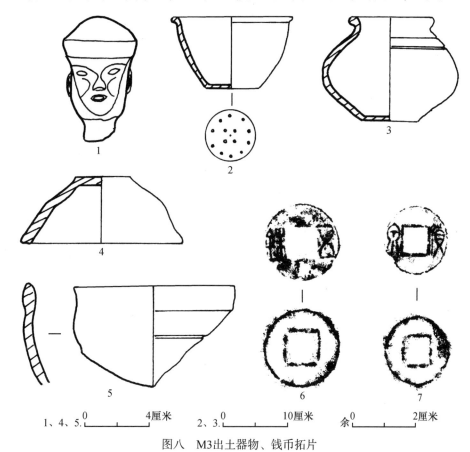

1、4、5. [0—4厘米]　2、3. [0—10厘米]　余 [0—2厘米]

图八　M3出土器物、钱币拓片

1. 陶俑（M3:1）　2. 陶甑（M3:3）　3. 陶罐（M3:4）　4. 陶器盖（M3:5-1）　5. 陶钵（M3:5-2）　6. 五铢钱（M3:2）
7. 货泉（M3:2）

4. M4

位于T10内。凿于山体岩石之上，由斜坡墓道、墓室组成，平面呈刀形。墓向220°。墓道上口长1.2、宽1.2~1.4、距地表1米，下口长1.2、宽1.2~1.4、距地表1.2米。墓室顶部距地表0.4~1.9、底部距地表1.6~3.3米，墓室长2.7、宽2.6、高1.3米。墓室内填淤土部分已扰，尸骨头部无存，肢骨保存较好，头向南，葬式不详，位于墓室西部。随葬器物有铜钱、陶灶、陶罐等，均放置在骨架东侧（图九）。

陶罐　10件。M4：1，泥质灰陶。有盖。盖为覆钵形，圆唇，折腹，平顶。素面。口径13、高4.8、顶径4厘米。罐身圆唇，口微侈，溜肩，弧腹缓收，平底。口径10、腹径21、高14厘米（图一〇，1）。M4：2，泥质灰陶。尖圆唇，斜沿，侈口，矮领，溜肩，弧腹斜收，平底。肩部饰三道凹弦纹。口径11、腹径20、高15厘米（图一〇，2）。M4：3，泥质灰陶。有盖。盖为覆钵形，圆唇，折腹，平顶。口径13、高4.5、顶径4.8厘米。罐身圆唇，口微侈，矮领，溜圆肩，弧腹斜收，平底。肩部饰二道凹弦纹。口径11、腹径20、高12厘米（图一〇，3）。M4：4，泥质灰陶。尖圆唇，侈口，矮领，溜肩，弧腹斜收，平底。素面。口径12.5、腹径20、高15厘米（图一〇，4）。M4：5，泥质灰陶。尖圆唇，平沿，侈口，矮领，溜圆肩，弧腹斜收，平底。肩部饰三道凹弦纹。口径11.5、腹径21、高15厘米（图一〇，5）。M4：6，泥质灰陶。圆唇，敛口，圆肩，鼓腹弧收，平底。素面。口径10、腹径15、高10厘米

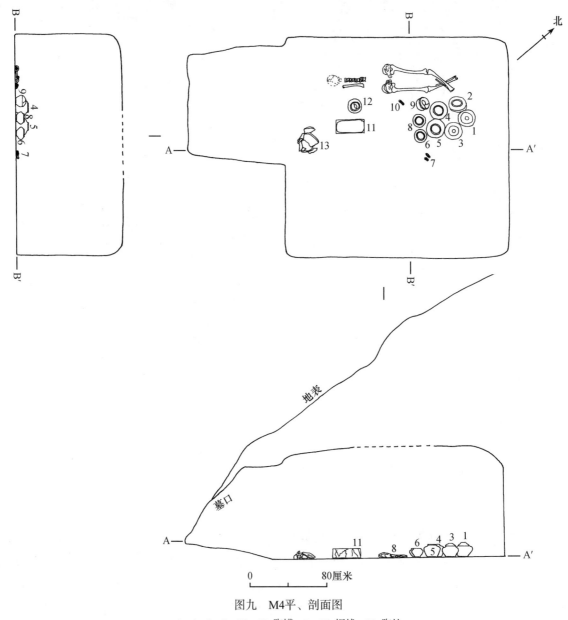

图九　M4平、剖面图

1～6、8、9、12、13.陶罐　7、10.铜钱　11.陶灶

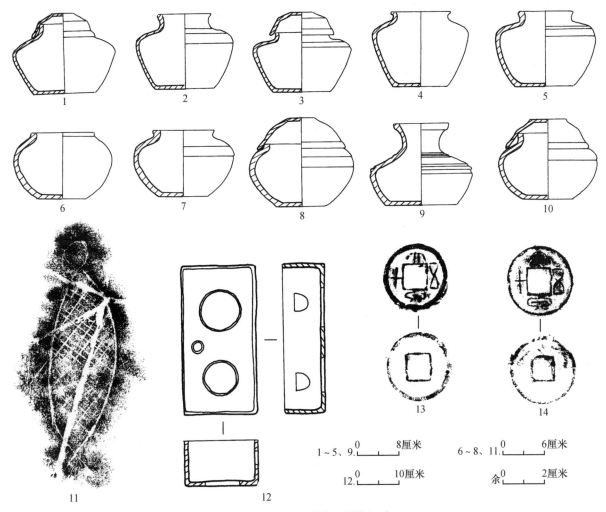

图一〇　M4出土器物、器物拓片

1~10.陶罐（M4：1、M4：2、M4：3、M4：4、M4：5、M4：6、M4：8、M4：12、M4：13、M4：9）　11.陶罐底部鱼形纹饰
（M4：13）　12.陶灶（M4：11）　13.A型铜钱　14.B型铜钱

（图一〇，6）。M4：8，泥质灰陶。罐身圆唇，侈口，溜圆肩，鼓腹弧收，平底。肩部饰二
道凹弦纹。口径9.5、腹径15.5、高14厘米（图一〇，7）。M4：9，泥质灰陶。有盖。盖为覆
钵形，圆唇，折腹，平顶。口径13、高4.8、顶径4厘米。罐身圆唇，口微侈，溜肩，弧腹缓
收，平底。素面。口径9.5、腹径15.5、高10厘米（图一〇，10）。M4：12，泥质灰陶。有
盖。盖为覆钵形，尖圆唇，弧腹，平顶。口径13.5、高4.5、顶径4.2厘米。罐身圆唇，敛口，
圆肩，鼓腹弧收，平底。肩部饰二道凹弦纹。口径11.5、腹径16、高9.5厘米（图一〇，8）。
M4：13，泥质灰陶。尖唇，平沿，敞口，束颈，高领，肩微折，鼓腹缓收，平底。底部刻划
鱼纹，肩及腹部各饰二道凹弦纹。口径11.7、腹径21、高16.5厘米（图一〇，9、11）。

陶灶　1件。M4：11，泥质深灰陶，陶质疏松。台面长方形，有圆形灶坑2个，烟孔一侧
有半圆形火塘2个。素面。长33.5、宽17.5、高10.5、胎厚0.7~1.2厘米（图一〇，12）。

铜钱　29枚。均为"大泉五十"，根据面文字体可分二型。

A型　14枚。面文小篆，字迹漫漶无力，五字上下两部分衔接不正，郭较宽。直径2.6、穿
径1、厚0.2厘米（图一〇，13）。

　　B型　15枚。面文小篆，疏落有致，线条秀美，字迹清晰，无郭。直径2.6、穿径0.9、厚0.2厘米（图一〇，14）。

5. M5

　　位于T11内。凿于山下近台地处，由斜坡墓道、墓室组成，平面呈"凸"字形。墓向220°。墓道上口长2.7、宽1.4、距地表0.3～0.5米，下口长1.8、宽1.4、距地表0.3～2.1米。墓室顶部距地表1.6～4.9、底部距地表2.9～6.2米，墓室长4.7、宽1.8、高1.3米。残存以砖封门的痕迹，墓道顶部及墓室前部均被扰动，墓室内填淤土和乱石块，在墓室西北可见木棺及人骨架朽痕，棺痕长2.1、宽0.8米，头向南。随葬器物有陶俑、铜钱、陶罐、陶器盖、陶釜、陶井、陶塘、铜璜耳、陶钵、陶博山炉、陶勺、陶杯、陶楼、陶案、陶盆、陶仓、陶器残片等，器物放置在墓室内葬具南部与墓道交会处，大部分残碎，部分经修复可复原（图一一）。

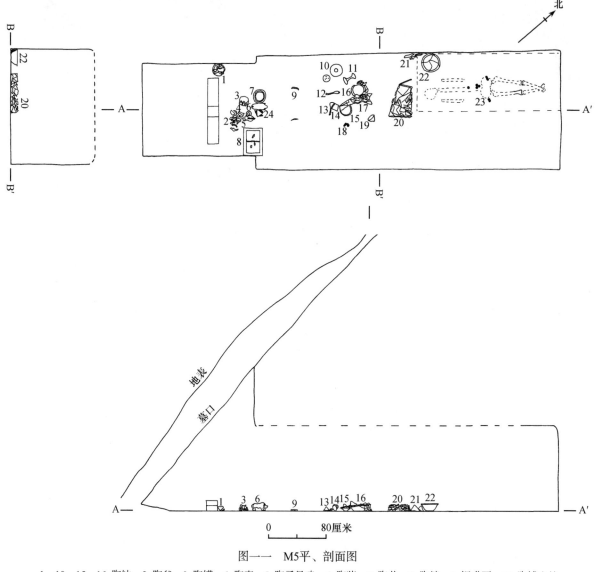

图一一　M5平、剖面图

1、10、15、16.陶钵　2.陶釜　3.陶罐　4.陶壶　5.陶子母鸡　6.陶猪　7.陶井　8.陶塘　9.铜璜耳　11.陶博山炉

12、13.陶勺　14.陶杯　17.陶楼　18、23.铜钱　19.陶博山炉盖　20.陶案　21.陶片　22.陶盆　24.陶仓

陶钵　5件。可分四型。

A型　1件。M5：1，胎泥质红陶，外施酱黄釉。敛口，尖唇，下腹近底急收，小平底。口径15、底径5、腹径15、高5.5厘米（图一二，1）。

B型　1件。M5：21-1，泥质灰陶。口微敛，下腹斜收成平底，口部两侧有附耳，附耳下饰凹弦纹一周。口径18、底径6.6、高6.9厘米（图一二，2）。

C型　1件。M5：16，泥质灰陶，外施黄绿釉。口残。敛口，鼓腹，平底。腹部有宽带凹弦纹一道。腹径18、底径16、残高13厘米（图一二，5）。

D型　2件。形制相同，均为泥质红胎，器内外皆施酱黄釉，平沿，方唇，折腹，敞口，平底。M5：10，口径18.5、底径5.5、高4.5厘米（图一二，3）。M5：15，口径24、底径8、高7.4厘米（图一二，4）。

陶罐　1件。M5：3，夹砂灰陶。残，无法复原。平沿，圆唇，敛口，高颈，斜肩，腹斜收。肩部饰宽带凹弦纹，弦纹之间饰细绳纹。口径12、腹径30、残高12厘米（图一二，6）。

陶釜　1件。M5：2，泥质红陶，外施酱釉。圆唇，斜沿，侈口，束颈，鼓腹，圜底。颈腹间有对称二纽，纽下饰凹弦纹二道。口径12、腹径14、高9厘米（图一二，7）。

陶壶　1件。M5：4，夹砂灰陶。圆唇，侈口，束颈，圆肩，鼓腹斜收，平底。素面。口径4.5、腹径5.5、底径4、高3.5厘米（图一二，8）。

陶子母鸡　1件。M5：5，泥质红陶，周身施酱釉。昂头，翘尾，俯卧，背、胸、双翼处共有小鸡四只。体长17.6、高13厘米（图一二，9）。

陶猪　1件。M5：6，泥质红胎。体形矮胖，直立，瞪眼，噘嘴，卷尾，造型比例恰当。通长23、高12.5厘米（图一二，10）。

陶井　1件。M5：7，泥质红胎，器壁外施酱釉。覆盆形，筒状，底大口小。近底饰两道凹弦纹。口径16、底径20厘米（图一二，11）。

陶塘　1件。M5：8，泥质红陶，陶质极差。残甚。底面长方形，面上一堤中分，塘内泥塑鸭等。残长27、宽17、高4.5厘米（图一二，12）。

铜璜耳　1件。M5：9，鎏金。月牙形。长9.4厘米（图一二，13）。

陶博山炉　2件，其中一件仅有器盖。M5：11，泥质红陶，表施酱釉。器座圈足，高柄，盘口，子母口，盖做覆斗形，外点缀乳突，近顶部有三个长方形镂孔，子母口。通高15.5、口径10.5、底径8厘米（图一二，14）。M5：19，器座无。泥质红陶。覆斗形，外施酱黄油，点缀乳突，近顶部有三个长方形镂孔，子母口。通高6、口径10厘米（图一二，15）。

陶勺　2件。形制相同，均为泥质红陶。器表施酱釉，长柄。M5：12，长16厘米（图一二，16）。M5：13，长15.5厘米（图一二，17）。

陶杯　1件。M5：14，泥质红胎，外施酱釉。直口，方唇，鼓腹，平底。颈腹一侧有一鋬。口径9.5、腹径10.5、底径7、高8.5厘米（图一二，18）。

陶楼　1件。M5：17，仅见楼顶残片。泥质红陶。两面坡，顶正中横列脊梁，两面坡各饰筒瓦五组。残长38、宽12厘米（图一二，19）。

陶案　1件。M5：20，泥质红陶，陶质极差。残，无法修复。长方形案面，四兽足。长31.5、宽11、高8.5厘米（图一二，20）。

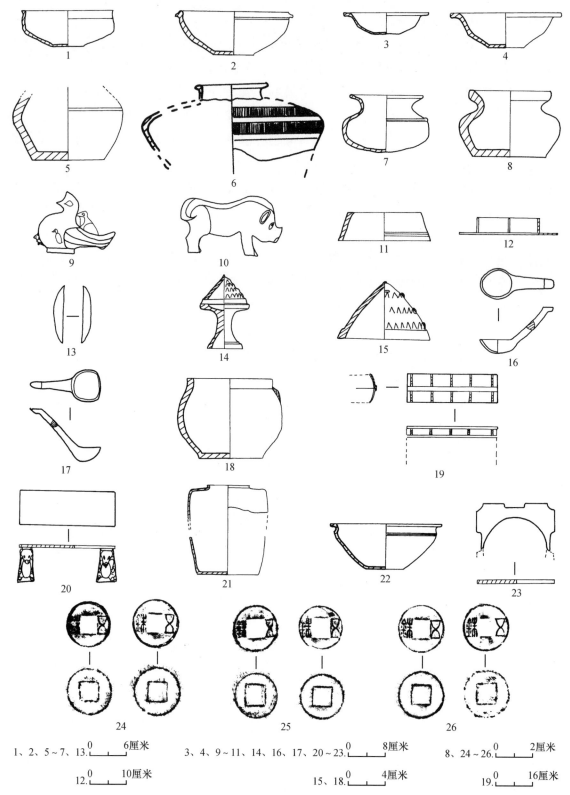

图一二　M5出土器物、钱币拓片

1.A型陶钵（M5∶1）　2.B型陶钵（M5∶21-1）　3、4.D型陶钵（M5∶10、M5∶15）　5.C型陶钵（M5∶16）　6.陶罐（M5∶3）

7.陶釜（M5∶2）　8.陶壶（M5∶4）　9.陶子母鸡（M5∶5）　10.陶猪（M5∶6）　11、23.陶井（M5∶7、M5∶21-2）

12.陶塘（M5∶8）　13.铜璜耳（M5∶9）　14.陶博山炉（M5∶11）　15.陶博山炉盖（M5∶19）　16、17.陶勺（M5∶12、

M5∶13）　18.陶杯（M5∶14）　19.陶楼（M5∶17）　20.陶案（M5∶20）　21.陶仓（M5∶24）　22.陶盆（M5∶22）

24.A型铜钱　25.B型铜钱　26.C型铜钱

陶仓　1件。M5：24，夹砂灰陶。残，无法修复。敛口，圆唇，折肩，筒腹，平底。素面。口径10.5、底径12.5厘米（图一二，21）。

陶盆　1件。M5：22，泥质红胎，内壁施酱黄釉。圆唇，平沿，侈口，沿下内收，斜弧腹，平底。近颈部饰二道凹弦纹。口径25.5、底径8、高10厘米（图一二，22）。

另有陶片若干，编号M5：21-2，均无法修复，可辨器形有井，残甚无法复原（图一二，23）。

铜钱　82枚。编为M5：18、M5：23两号，根据"五铢"的不同写法，可分三型。

A型　38枚。"五"字宽大，中间两笔弯曲，与上下两横相接处垂直，铢字的"金"字头呈三角形，"朱"字头圆折并稍高于"金"字头者，结构比较严谨。郭径2.5、穿径0.95、厚0.13厘米（图一二，24）。

B型　12枚。"五"字中间两笔弯曲，与上下两横相接处垂直，较A型字体修长，铢字写法也有一些差异，结构比较松散，缺乏严谨。郭径2.5、穿径0.95、厚0.1厘米（图一二，25）。

C型　32枚。"五"字弯曲两笔与上下两横夹角变小，但整体无太大变化，铢字结构有失严谨，大体同B型。郭径2.55、穿径0.95、厚0.1厘米（图一二，26）。

6. M7

位于T12内。凿于山体岩石之上，由斜坡墓道、墓室组成，平面呈长方形。墓向220°。墓道上口长2.2、宽1.8、距地表0.1～0.8米，下口长2、宽1.8、距地表0.1～2.1米。墓室顶部距地表0.8～4.1、底部距地表2.2～5.4米，墓室长5.2、宽1.8、高1.3米。墓室内填红褐色淤土已扰，尸骨无存，葬式不详。随葬器物有陶钵、陶罐、陶器盖、铜钱等，因墓室已扰，放置位置不详（图一三）。

陶罐　2件，形制差别不大。M7：1，泥质灰陶。圆唇，侈口，束颈，溜肩，鼓腹斜收，平底。颈下饰二道凹弦纹。口径9.6、腹径16、底径9.6、高11厘米（图一四，1）。M7：2，泥质灰陶。圆唇，敛口，束颈，圆肩，鼓腹弧收，小平底。素面。口径4.4、腹径7.6、底径2.6、高6厘米（图一四，2）。

陶钵　1件。M7：3，泥质灰陶。敛口，鼓腹弧收，平底。腹上饰凸弦纹一道。口径11、腹径14、底径5.1、高7.8厘米（图一四，3）。

陶器盖　1件。M7：5，泥质红胎，外施酱釉。覆钵形，折肩，小平顶。口径18、高6厘米（图一四，4）。

铜钱　64枚，编为同一号M7：4。根据面文字体变化可分四型。

A型　11枚。面文"货泉"笔画较粗，字体圆润，"泉"上半部近圆。郭径2.3、穿径0.7、厚0.19厘米（图一四，5）。

B型　9枚。面文"货泉"笔画纤细，字体清瘦，"泉"近似"炮弹"状。郭径2.25、穿径0.7、厚0.15厘米（图一四，6）。

C型　21枚。面文"货泉"笔画纤细，字体清瘦无力，"泉"上半部近椭圆。郭径2、穿径0.8、厚0.12厘米（图一四，7）。

D型　23枚。剪轮货泉，面文"货泉"笔画纤细，字体散乱无力，"泉"上半部近椭圆，制作极为粗糙，体小量轻质劣。直径1.9、穿径0.8、厚0.06厘米（图一四，8）。

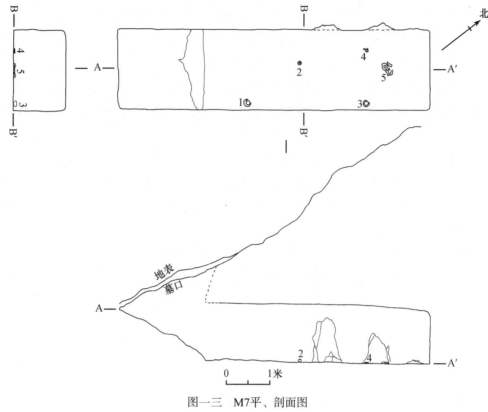

图一三　M7平、剖面图

1、2.陶罐　3.陶钵　4.铜钱　5.陶器盖

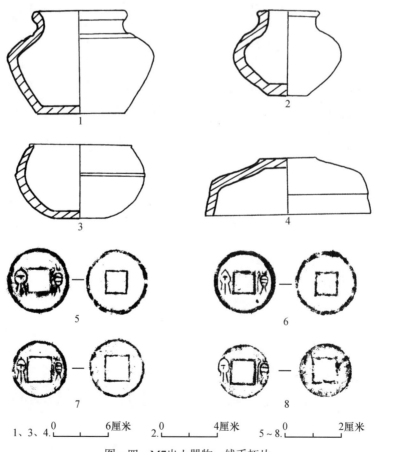

图一四　M7出土器物、钱币拓片

1、2.陶罐（M7∶1、M7∶2）　3.陶钵（M7∶3）　4.陶器盖（M7∶5）　5.A型铜钱　6.B型铜钱　7.C型铜钱　8.D型铜钱

7. M8

位于T13内。凿于山体岩石之上，由竖穴斜坡墓道、甬道、墓室组成，平面呈"凸"字形。墓向230°。墓道上口长4.4、宽1.6、距地表3.6米，下口长2.6、宽1.6、距地表5米。甬道位于墓室南端，平面呈长方形，长2.4、宽1.6、高1.5米。墓室顶部距地表3.5、底部距地表5.2米，墓室长3.8、宽2.8、高1.5米。墓室内填黄褐色淤土已扰，尸骨无存，葬式不详。随葬器物仅见残陶俑头1件，因墓室已扰，放置位置不详（图一五）。

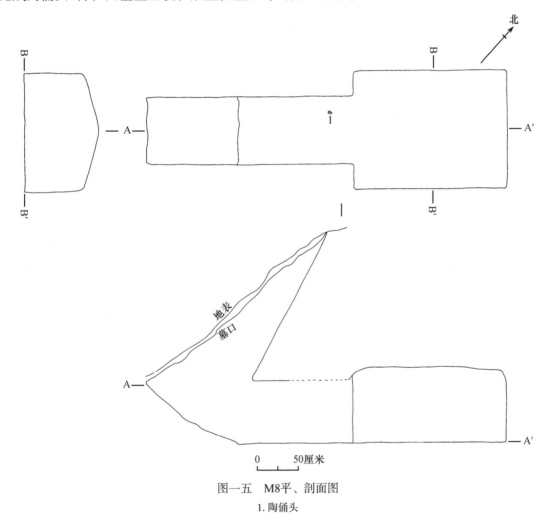

图一五　M8平、剖面图
1. 陶俑头

陶俑头　1件。M8：1，泥质红陶。仅存头部。头戴圆冠，面部清瘦，五官轮廓分明。残高8厘米（图一六）。

8. M9

位于T14内。凿于山体岩石之上，由竖穴斜坡墓道、甬道、墓室组成，平面呈刀形。墓向180°。墓道上口长3.2、宽1.4、距地表0米，下口长3.2、宽1.4、距地表0～3.2米。甬道位于墓室南端，平面呈长方形，长2.1、宽1.3、高1.2米。墓室顶

图一六　M8出土陶俑头（M8：1）

部距地表2~3.6、底部距地表3.3~4.9米，墓室长2.8、宽2.8、高1.3米。墓室内填黄褐色淤土已扰，尸骨无存，葬式不详。随葬器物有陶盂、陶钵、陶耳杯、陶魁、陶杯、陶器盖、铜钱等，因墓室已扰，放置位置不详（图一七）。

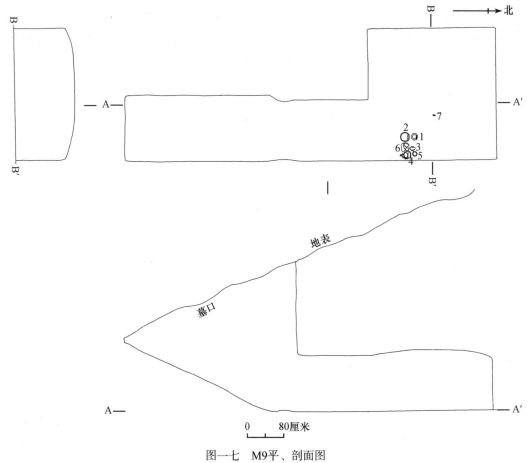

图一七　M9平、剖面图
1.陶盂　2.陶钵　3.陶耳杯　4.陶魁　5.陶杯　6.陶器盖　7.铜钱

陶盂　1件。M9：1，泥质红陶，外施酱釉。尖圆唇，侈口，束颈，鼓腹，平底。腹上三匝宽带凹弦纹。口径13.6、腹径13、底径7.8、高9厘米（图一八，1）。

陶钵　1件。M9：2，泥质红陶，外施酱釉。方圆唇，侈口，折沿，下腹急收成平底。腹上一匝宽带凹弦纹。口径10、底径4.3、高4厘米（图一八，2）。

陶耳杯　1件。M9：3，胎薄，口部椭圆形，弧腹平底，弧形双耳。长径19.3、短径11、耳宽9、高4厘米（图一八，6）。

陶魁　1件。M9：4，泥质红胎，内外施酱釉，外釉不到底。敛口，沿有凹槽，斜腹小平底。腹上有一錾。通长12、高4厘米（图一八，3）。

陶杯　1件。M9：5，泥质红陶，外施酱釉。子母口，直腹，平底。腹上有一附耳，耳上部饰一匝凹弦纹。口径21、底径18、高17厘米（图一八，4）。

陶器盖　1件。M9：6，泥质红陶。覆钵形，喇叭口，尖圆唇，腹弧收成小平底。口径28、高9米（图一八，5）。

铜钱　17枚。M9：7，均为五铢钱，形制相同，"五"字宽大，中间两笔弯曲，"五"字

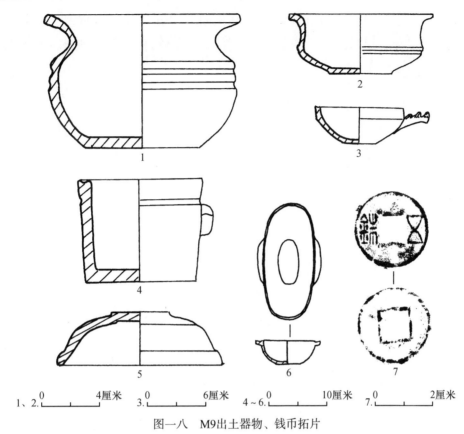

图一八　M9出土器物、钱币拓片

1.陶盉（M9：1）　2.陶钵（M9：2）　3.陶魁（M9：4）　4.陶杯（M9：5）　5.陶器盖（M9：6）　6.陶耳杯（M9：3）

7.铜钱（M9：7）

中间两笔与上下两横夹角较小，铢字的"金"字头呈三角形，"朱"字头圆折并稍高于"金"字头者，结构比较严谨。郭径2.5、穿径0.95、厚0.1厘米（图一八，7）。

9. M10

位于T14内。凿于山体岩石之上，由竖穴斜坡墓道、甬道、墓室组成，平面呈"凸"字形。墓向180°。墓道上口长4.7、宽1.2～1.3、距地表0米，下口长4.1、宽1.2～1.3、距地表4米。墓道与甬道交界处有一块长方形石头，可能作封门用。甬道位于墓室南端，平面呈长方形，长1.3、宽1.9、高1.3米。墓室顶部距地表2～3.6、底部距地表3.3～4.9米，长3.3、宽1.9、高1.5米。墓室内填黄褐色淤土已扰，尸骨无存，葬式不详。随葬器物有陶镇墓兽、陶盆、陶鸡首、铜钱等，因墓室已扰，放置位置不详（图一九）。

陶镇墓兽　1件。M10：1，泥质灰陶俑。蹲立，前腿直立，双角竖立，长舌垂于胸前，面目狰狞。通高22.5厘米（图二〇，1）。

陶盆　1件。M10：2，泥质灰陶。方圆唇，敞口，腹略鼓急收成小平底。素面。口径22、底径6.6、高6.6厘米（图二〇，2）。

陶鸡首　1件。M10：3，泥质灰陶。模制。昂首，高冠。通体施白彩，冠部施红彩。残高8.6厘米（图二〇，3）。

铜钱　10枚。M10:4，均为五铢钱，形制相同。"五"字中间两笔与上下两横垂直相交，铢字右边部分"朱"字较长，结构严谨。郭径2.5、穿径0.95、厚0.1厘米（图二〇，4）。

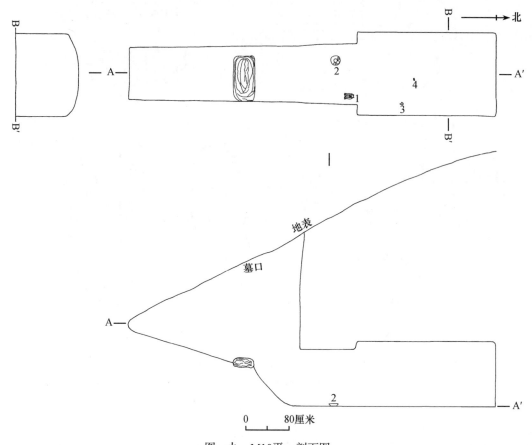

图一九　M10平、剖面图

1.陶镇墓兽　2.陶盆　3.陶鸡首　4.铜钱

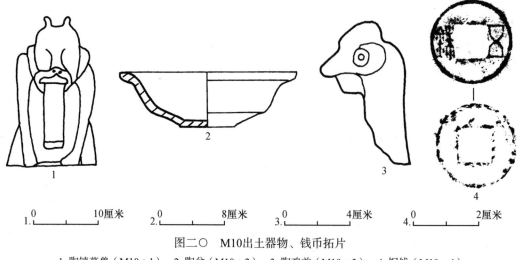

图二〇　M10出土器物、钱币拓片

1.陶镇墓兽（M10:1）　2.陶盆（M10:2）　3.陶鸡首（M10:3）　4.铜钱（M10:4）

10. M11

位于T05内。凿于山体岩石之上，由斜坡墓道、墓室组成，平面呈"凸"字形。墓向200.5°。墓道上口长1.6、宽1.45～1.6、距地表0.16～0.32米，下口长1.6、宽1.45～1.6、距地表0.32～1.28米，墓室顶部距地表0.18～0.22、底部距地表0.34～1.28米，墓室长2.55～2.9、宽2.4、高1.4米。墓室内填黄褐色淤土已扰，尸骨无存，葬式不详。随葬器物仅见扰土中少量陶器残片，无可辨器形者，放置位置不详（图二一）。

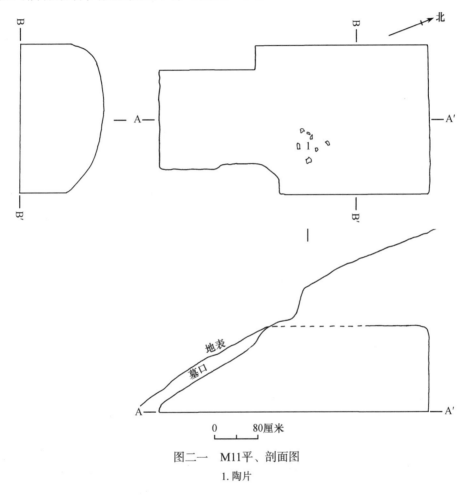

图二一　M11平、剖面图
1. 陶片

11. M12

位于T06内。凿于山体岩石之上，由斜坡墓道、墓室组成，平面呈长方形。墓向215°。墓道上口长0.96～1、宽1.14～1.24、距地表0.21～0.38米，下口长0.96～1、宽1.14～1.24、距地表0.3～1.05米，墓室顶部距地表0.2～2.22、底部距地表1.3～3.32米，墓室长2.9～3.06、宽1.24～1.3、高1.1米。墓室内填黄褐色淤土已扰，尸骨无存，葬式不详，未见任何随葬器物（图二二）。

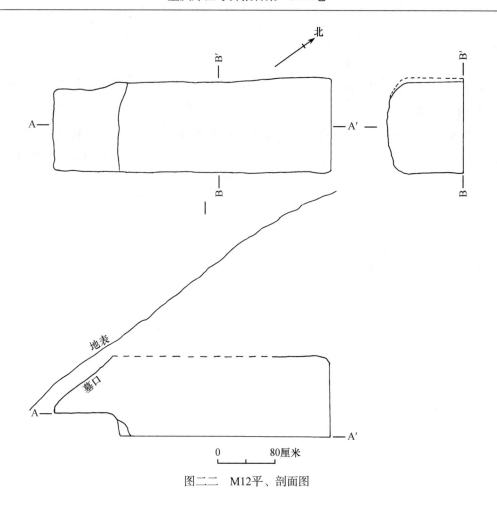

图二二　M12平、剖面图

12. M13

位于T03内。凿于山体岩石之上，由竖穴斜坡墓道、甬道、墓室组成，平面呈"凸"字形。墓向223°。墓道上口长2.2、宽1.18~1.46、距地表0~0.46米，下口长2.2、宽1.18~1.46、距地表0~3.9米。甬道位于墓室南端，平面呈长方形，长1.6、宽1.2~1.4、高1.3米，墓室顶部距地表3.26~4.16、底部距地表4.56~5.86米，墓室长6.6、宽2、高1.7米。墓室内填红褐色淤土已扰，尸骨无存，葬式不详。随葬器物仅见扰土中少量陶器残片及铁刀、铜饰，放置位置不详（图二三）。

铁刀　1件。M13：1，残，锈蚀严重。单刃，直背，环形柄。残长16、宽2.2厘米（图二四）。

铜饰锈蚀严重，器形难辨。

陶片，可辨器形仅有钵1件。M13：3，泥质灰陶。敞口，残高9厘米。无法复原。

13. M14

位于T04内。凿于山体岩石之上，由斜坡墓道、甬道、墓室组成，平面呈"凸"字形。墓向220°。墓道上口长2.5、宽1.42~1.48、距地表0.26~0.36米，下口长2.5、宽1.42~1.48、距地表0.26~3.36米。甬道位于墓室南端，平面呈长方形，长1.6、宽1.58~1.6、高1.3~1.5米，

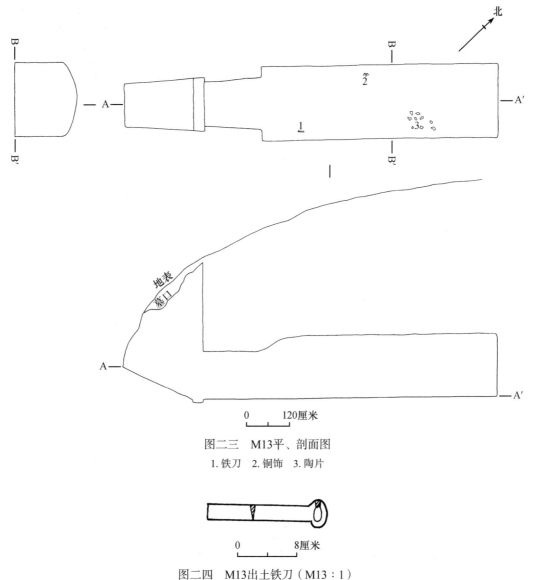

图二三　M13平、剖面图

1. 铁刀　2. 铜饰　3. 陶片

图二四　M13出土铁刀（M13：1）

墓室顶部距地表2.7～3.32、底部距地表4.2～4.82米，墓室长4.8、宽1.8、高1.5米。墓室内填黄褐色淤土已扰，尸骨无存，葬式不详。随葬器物仅见少量铜钱、铁器等，放置位置不详（图二五）。

　　铜钱　5枚。可分二型。

　　A型　2枚。形制相同。"五"字较宽大，中间两笔与上下两横夹角较小，铢字的"金"字头呈三角形，"朱"字头圆折并稍高于"金"字头者，结构有失严谨。郭径2.45、穿径0.95、厚0.1厘米（图二六，1）。

　　B型　3枚。形制相同。"五"字中间两笔与上下两横垂直相交，铢字的"金"字头呈三角形，"朱"字头圆折且两部分高相齐，结构严谨。郭径2.5、穿径0.95、厚0.11厘米（图二六，2）。

　　铁器　1件。M14：2，锈蚀严重，长条形单刃。长9.6、宽3厘米（图二六，3）。

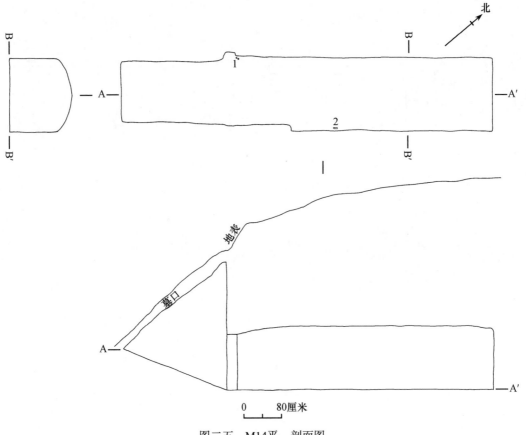

图二五　M14平、剖面图
1.铜钱　2.铁器

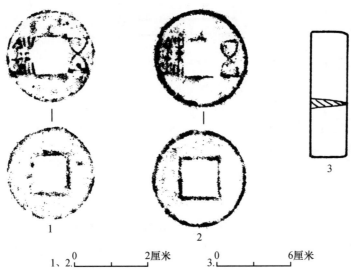

图二六　M14出土钱币拓片、铁器
1.A型铜钱　2.B型铜钱　3.铁器（M14∶2）

14. M15

位于T01内。凿于山体岩石之上，由竖穴斜坡墓道、甬道、墓室组成，平面呈刀形。墓向230°。墓道底部呈斜坡状，上口长2.96、宽1.5、距地表2.8米，下口长2.4、宽1.5、距地表4.2米。甬道平面呈长方形，长1.6、宽1.58～1.6、高1.3～1.5米。墓室顶部距地表2.8～5.1、底部距地表4.2～7.3米，墓室长6、宽2.7、高1.5米。墓室内填红褐色淤土已扰，尸骨无存，葬式不详。随葬器物有陶猪、豆、塘、俑、房、囷、罐，铁器，铜钱等（图二七）。

陶猪　1件。M15：1，泥质红陶。残。俯首，肥头大耳，瞪眼，噘嘴，垂尾卷于臀部一侧。长27、高13.5厘米（图二八，1）。

陶豆　1件。M15：2，泥质红陶，外施酱釉。敛口，弧腹，豆柄中空，下部残，尖圆唇。沿外有一凹弦纹。口径6.6、腹径7.9、高7.4厘米（图二八，2）。

陶塘　1件。M15：3，泥质灰陶。残甚，无法修复。残长28、宽3.5、高8.5厘米（图二八，3）。

陶俑　2件。M15：4，泥质红陶。仅存头部，面部模糊不清。残高8厘米（图二八，4）。M15：5，泥质红陶。面部五官模糊不清，身穿交领长袍，双手交抱于胸前。高20厘米（图

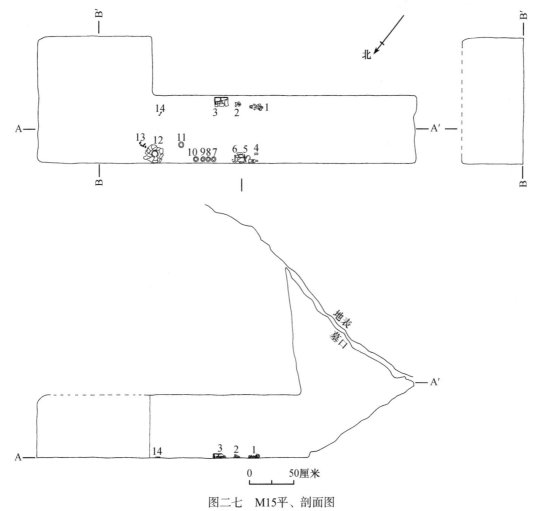

图二七　M15平、剖面图

1.陶猪　2.陶豆　3.陶塘　4、5.陶俑　6.陶房　7～11.陶囷　12.陶罐　13.铜钱　14."S"形铁器

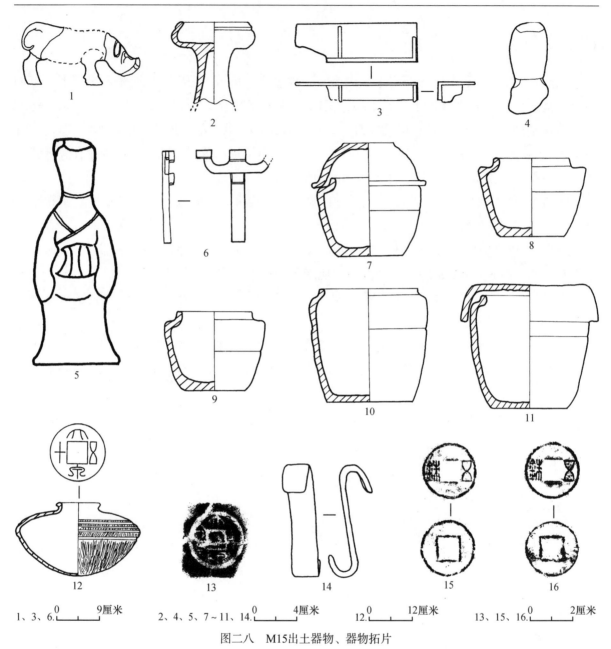

1、3、6. ⊢━━━⊣ 9厘米　　2、4、5、7～11、14. ⊢━━━⊣ 4厘米　　12. ⊢━━━⊣ 12厘米　　13、15、16. ⊢━━⊣ 2厘米

图二八　M15出土器物、器物拓片

1.陶猪（M15：1）　2.陶豆（M15：2）　3.陶塘（M15：3）　4、5.陶俑（M15：4、M15：5）　6.陶房（M15：6）

7～9. A型陶囷（M15：7、M15：8、M15：9）　10、11. B型陶囷（M15：10、M15：11）　12.陶罐及"大泉五十"戳记

（M15：12）　13."大泉五十"戳记拓片（M15：12）　14."S"形铁器（M15：14）　15.A型铜钱　16.B型铜钱

二八，5）。

　　陶房　1件。M15：6，泥质灰陶。仅存部分构件斗拱的一部分。构件残长21厘米（图二八，6）。

　　陶囷　5件。可分二型。

　　A型　3件。M15：7，泥质灰陶。有盖，盖为泥质红陶。覆钵形，圆唇，平沿，敞口，弧腹，平底。素面。口径10.5、高3.8厘米。囷为圆唇，敛口，折肩，腹微弧缓收，平底。肩下有凹弦纹一道。口径7、腹径9.6、高7厘米（图二八，7）。M15：8，泥质灰陶。圆唇，敛口，折肩，肩颈之间有一凹槽，腹微弧缓收，平底。肩下有凹弦纹一道。口径7、腹径10、高7厘米（图二八，8）。M15：9，形制同M15：8。口径7、腹径9.5、高7厘米（图二八，9）。

B型　2件。M15：10，泥质灰陶。敛口，圆唇，直腹微收，平底。腹中部有一凹弦纹。口径9、腹径11、高10厘米（图二八，10）。M15：11，泥质灰陶。有盖，盖为泥质灰陶，外施酱釉。覆钵形，圆唇，平沿，敞口，弧腹，平底。口径13、高3.3厘米。囷为圆唇，敛口，折肩，腹微弧缓收，平底。肩下有凹弦纹一道。口径9、腹径11、高10厘米（图二八，11）。

陶罐　1件。M15：12，泥质灰陶。圆唇，敛口，束颈，折肩，弧腹，圜底。肩腹之间有四道宽带凹弦纹，弦纹间用细绳纹点缀，腹下均饰细绳纹，肩颈接合部有一"大泉五十"戳记。腹径34.2、口径12、高22.8厘米（图二八，12、13）。

铁器　1件。M15：14，状如"S"形，用途不详。宽2、长10厘米（图二八，14）。

铜钱　40枚，归为同一编号M15：13。可分二型。

A型　20枚。形制相同，"五"字中间两笔与上下两横垂直相交，"铢"字两部分高相齐，结构严谨。郭径2.5、穿径0.95、厚0.09厘米（图二八，15）。

B型　20枚。形制相同，"五"字中间两笔与上下两横相交不垂直且较宽大，"铢"字的"金"字头呈三角形，"朱"字头圆折，两部分高相齐，结构严谨。郭径2.5、穿径0.95、厚0.09厘米（图二八，16）。

15. M16

位于T15内。凿于山体岩石之上，由竖穴斜坡墓道、墓室组成，平面呈"凸"字形。墓向217°。墓道底部呈斜坡状，上口长3、宽1.3、距地表0.15～0.2米，下口长3.2、宽1.3、距地表4.2米。墓室顶部距地表2.8～4.8、底部距地表4.3～6.3米，墓室长6.9、宽1.9、高1.5米。墓室内填红褐色淤土已扰，尸骨无存，葬式不详。随葬器物有陶俑、囷、罐、钵、器盖，铜钱及陶片等，放置在墓室前部（图二九）。

陶囷　1件。M16：1，泥质灰陶。子母口，圆唇，折肩，腹斜收，圜底。腹部中间部位有宽带状凸起。口径8.4、腹径11.6、高8厘米（图三〇，1）。

陶罐　1件。M16：2，泥质灰陶。陶质较差。圆唇，侈口，束颈，鼓腹弧收，平底。素面。口径7.4、腹径12、底径5.6、高10厘米（图三〇，2）。

陶俑　2件。M16：3，泥质红胎。高冠，身穿宽袖交领曳地长袍，双手交抱于胸前，面部模糊不清。通高19.2厘米（图三〇，3）。M16：9，泥质红胎。身穿宽袖交领曳地长袍，双手交抱于胸前，面部模糊不清。通高12.6厘米（图三〇，4）。

陶器盖　2件。M16：4，红褐胎，外施酱釉。覆斗状，装饰由顶及盖沿分三部分，依次为"十"字花纹、镂孔、乳钉纹及锯齿纹。通高2.6、口径14.8厘米（图三〇，5）。M16：5，泥质灰陶。覆钵形，喇叭口，鼓腹略折，小平顶。素面。口径17.7、高4.6厘米（图三〇，9）。

陶甑　2件。M16：6-1，尖圆唇，斜沿，侈口，斜腹，平底。沿下饰弦纹，底部镂孔9个。口径40、底径16.4、高23.6厘米（图三〇，7）。M16：6-2，泥质灰陶。浅腹，尖圆唇，腹斜，平底，底部镂孔14个。口径13.5、底径4.8、高4.8厘米（图三〇，6）。

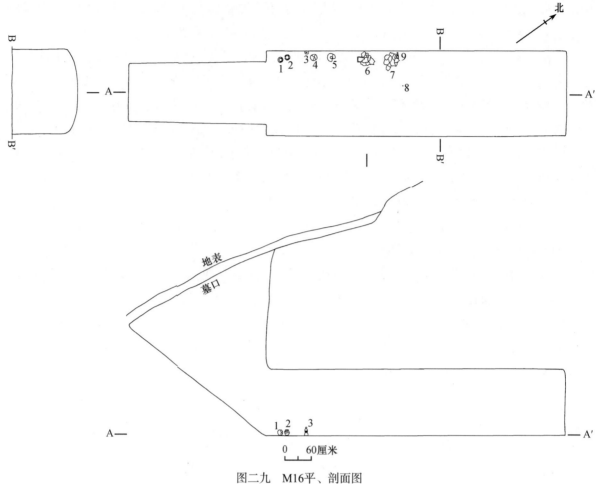

图二九　M16平、剖面图

1.陶囷　2.陶罐　3、9.陶俑　4、5.陶器盖　6、7.陶片　8.铜钱

陶钵　1件。M16：6-3，泥质灰陶。侈口，尖圆唇，腹近底急收，小平底。素面。高5.1、口径13.5、底径3.3厘米（图三〇，10）。

陶片残甚，可辨器形有陶房、陶灶、罐口沿等，均无法复原。M16：6-4，陶灶。长方形高台，台面上有圆形灶坑，侧有弧顶半圆形火门。通体素面。残长18、宽10.5、胎厚0.8～1厘米（图三〇，8）。M16：6-5，陶房残片。灰陶，火候较低。仅见底部残片。残长10.5、宽11.1厘米（图三〇，11）。

铜钱　7枚，编为一号M16：8，可分二型。

A型　6枚。形制相同。"五"字中间两笔与上下两横垂直相交，"铢"字的"金"字头呈三角形，"朱"字头圆折稍高于"金"字头者，结构严谨。郭径2.5、穿径0.95、厚0.12厘米（图三〇，12）。

B型　1枚。面文"五铢"字体较肥胖笔画较粗，"五"字中间两笔与上下两横垂直相交，"铢"字的"金"字头呈三角形，"朱"字头方折稍高于"金"字头者，结构不太严谨。郭径2.5、穿径0.95、厚0.1厘米（图三〇，13）。

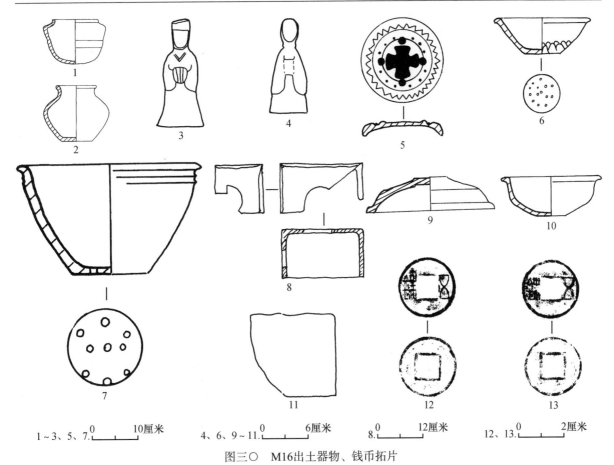

1～3、5、7. |0   10厘米　　　4、6、9～11. |0   6厘米　　　8. |0   12厘米　　　12、13. |0   2厘米

图三〇　M16出土器物、钱币拓片

1. 陶囤（M16：1）　2. 陶罐（M16：2）　3、4. 陶俑（M16：3、M16：9）　5、9. 陶器盖（M16：4、M16：5）
6、7. 陶甑（M16：6-2、M16：6-1）　8、11. 陶灶（M16：6-4、M16：6-5）　10. 陶钵（M16：6-3）　12. A型铜钱（M16：8）
13. B型铜钱（M16：8）

16. M17

　　位于T20内。凿于山体岩石之上，由竖穴斜坡墓道、甬道、墓室组成，平面呈"凸"字形。墓向223°。墓道底部呈斜坡状，上口长4.4、宽1.3、距地表0.1～0.2米，下口长4.1、宽1.3、距地表3.8米。甬道位于墓室南端，呈长方形，长1.6、宽1.4、高1.5米。墓室顶部距地表3.6～4.2、底部距地表5.3～5.9米，墓室长4.3、宽2.8、高1.7米。墓室内填红褐色淤土已扰，尸骨无存，葬式不详。随葬器物有陶俑、勺及陶片等，放置在墓室前部（图三一）。

　　陶俑　1件。M17：1，直立，高冠，交领宽袖长袍曳地，双手交抱胸前，面部模糊不清。通高21厘米（图三二，1）。

　　陶勺　1件。M17：2，红陶。模制。长柄，内施酱釉。素面。通长14.8厘米（图三二，2）。

　　陶囤　2件。可分二型。

　　A型　1件。M17：3-1，泥质红陶。子母口，肩部不凸出。腹部饰宽带凹弦纹，平底。口径9、腹径11、底径6.6、高11.6厘米（图三二，3）。

　　B型　1件。M17：3-7，泥质红陶。子母口，折肩，腹斜收，平底。腹中部饰二匝宽带凹

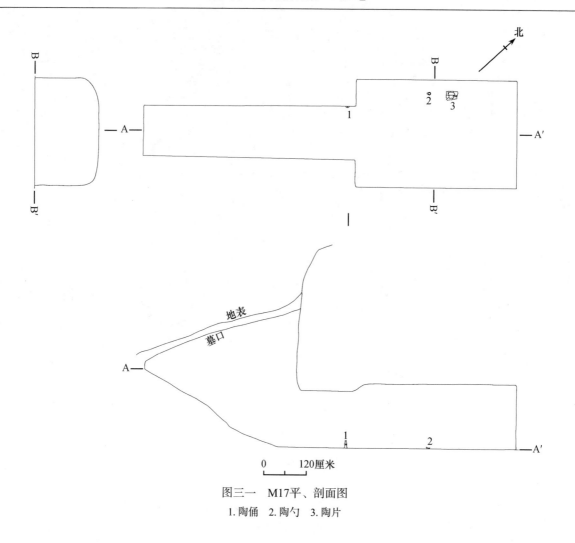

图三一　M17平、剖面图
1. 陶俑　2. 陶勺　3. 陶片

弦纹。口径9、腹径11、底径6.8、高11.4厘米（图三二，4）。

陶魁　1件。M17：3-2，泥质红陶，内外施酱釉。残。直口，沿外饰凹弦纹一道，直柄。残长19、高4.5厘米（图三二，5）。

陶盘　2件。分二型。

A型　1件。M17：3-3，泥质红胎。方圆唇，敞口，平底，弧腹，较浅。素面，内有褐红釉。口径18、高5.4厘米（图三二，6）。

B型　1件。M17：3-4，平沿，浅腹，平底，腹近底弧收。腹饰凹弦纹一道。口径13、底径10、高3厘米（图三二，7）。

陶盂　1件。M17：3-5，红褐胎，内外施酱釉，外釉不到底。圆唇，敞口，束颈，扁鼓腹，底残。腹上部饰凹弦纹。口径11.4、宽13.2、残高9.3厘米（图三二，8）。

陶杯　1件。M17：3-6，泥质红陶。方唇，直口，直腹，平底。素面。口径7、高5.2、底径5厘米（图三二，9）。

陶房　1件。M17：3-9，灰陶，火候较高。残片。仅存房顶部分，下部残失，无法修复。残长14.7、宽11.1厘米（图三二，10）。

陶器残片较多，大部分无法修复，可辨器形还有罐等。

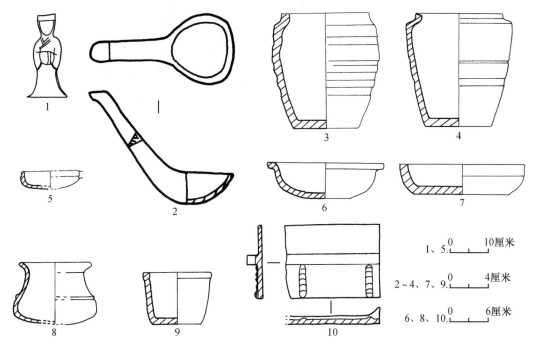

图三二　M17出土陶器

1.俑（M17：1）　2.勺（M17：2）　3.A型囷（M17：3-1）　4.B型囷（M17：3-7）　5.魁（M17：3-2）　6.A型盘（M17：3-3）
7.B型盘（M17：3-4）　8.盂（M17：3-5）　9.杯（M17：3-6）　10.房（M17：3-9）

17. M18

位于T02内。凿于山体岩石之上，由竖穴斜坡墓道、甬道、墓室组成，平面呈刀形。墓向225°。墓道底部呈斜坡状，上口长2.84、宽1.2～1.28、距地表2.87米，下口长2.3、宽1.2～1.28、距地表4.26米。甬道位于墓室南端，呈长方形，长1、宽1.3、高1.4米。墓室顶部距地表3～5.4、底部距地表5.1～7米，墓室长5.3、宽1.7、高1.1～1.6米。墓室内填红褐色淤土已扰，尸骨无存，葬式不详。随葬器物有陶俑、罐、博山炉盖、铁刀等，放置在墓室前部（图三三）。

陶罐　1件。M18：1，泥质灰陶。圆唇，敛口，束颈，折肩，弧腹，圜底。肩部饰四道宽凹弦纹，弦纹之间饰绳纹，腹下及底部均饰绳纹，肩颈之间有"□宜□印"戳记，方形。陶罐口径10、腹径30、高18厘米，戳记边长1.9厘米（图三四，1、2）。

陶俑　2件。M18：2，泥质红陶。仅头部残片。头戴冠，五官不清。残高6.5厘米（图三四，3）。M18：3，头部以下残失。泥质红陶，火候较低。头戴圆冠，面部模糊不清。残高7.5厘米（图三四，4）。

陶博山炉盖　1件。M18：4，泥质红胎，外施酱釉。残片。装饰乳钉纹。残高5.8厘米（图三四，5）。

铁刀　1件。M18：5，锈蚀严重。环柄，双刃。长12.5、宽0.3～1.5厘米（图三四，6）。

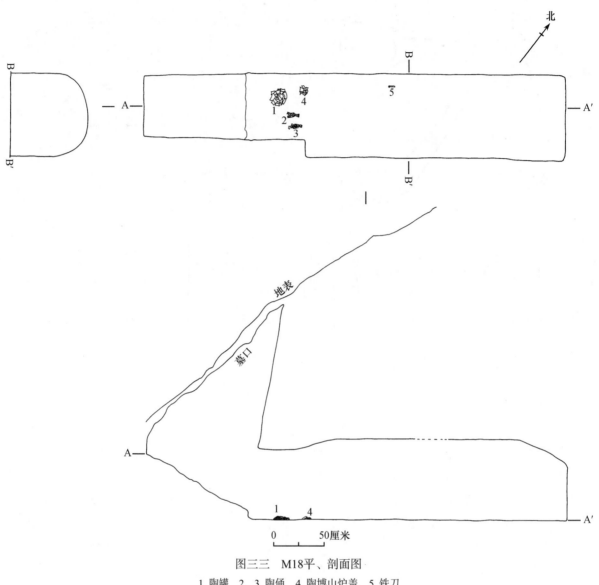

图三三　M18平、剖面图

1. 陶罐　2、3. 陶俑　4. 陶博山炉盖　5. 铁刀

18. M19

位于T16内。凿于山体岩石之上，由斜坡墓道、墓室组成，平面呈"凸"字形。墓向230°。墓道底部呈斜坡状，上部已完全破坏，下口长3、宽1.2米。墓室顶部已破坏，底部距地表4.2～4.82米，墓室长2.8、宽1.8、高1.2米。墓室内填红褐色淤土已扰，尸骨无存，葬式不详。随葬器物仅见陶勺1件，出土于扰土中，放置位置不详（图三五）。

陶勺　1件。M19：1，泥质红褐陶。素面。曲柄。长12厘米（图三六）。

19. M21

位于T18内。凿于山体岩石之上，由竖穴斜坡墓道、墓室组成，平面呈"凸"字形。墓向220°。墓道底部呈斜坡状，上口长2.32、宽1.3、距地表2.44米，下口长1.96、宽0.6米。墓室顶部距地表0～1.4、底部距地表0.68～2.7米，墓室长2.8、宽1.8、高1.3米。墓室内填红褐色淤土已扰，尸骨无存，葬式不详，亦未见任何随葬器物（图三七）。

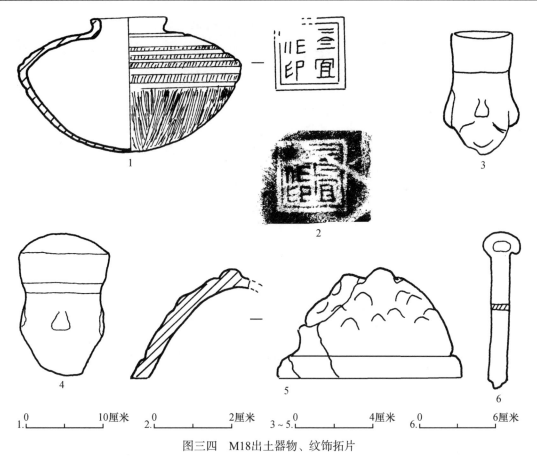

图三四　M18出土器物、纹饰拓片

1. 陶罐及肩部戳记（M18∶1）　2. 陶罐肩部"□宜□印"戳记拓片（M18∶1）　3、4. 陶俑（M18∶2、M18∶3）

5. 陶博山炉盖（M18∶4）　6. 铁刀（M18∶5）

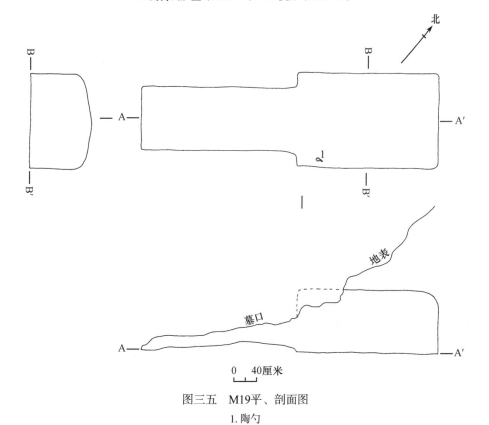

图三五　M19平、剖面图

1. 陶勺

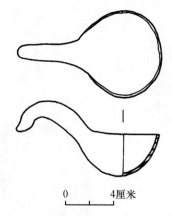

图三六　M19出土陶勺（M19：1）

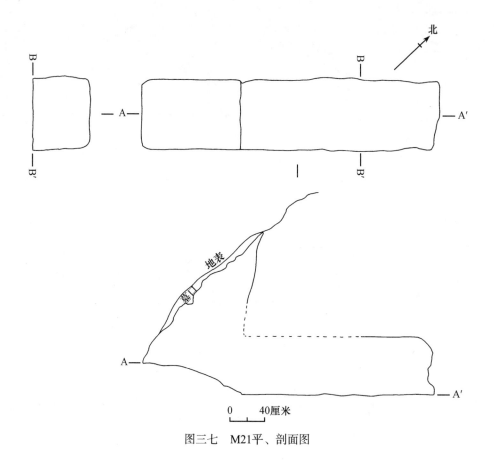

图三七　M21平、剖面图

20. M22

位于T19内。凿于山体岩石之上，由竖穴斜坡墓道、墓室组成，平面呈"凸"字形。墓向190°。墓道底部呈斜坡状，上口长1.94～2、宽1.2、距地表0.18～0.5米，下口长1.94～2、宽1.2、距地表0.5～2.28米。墓室顶部距地表1.15～1.96、底部距地表2.31～3.12米，墓室长2.2、宽1.3、高1.16米。墓室顶大部分已坍塌，内填红褐色淤土已扰，尸骨无存，葬式不详，亦未见任何随葬器物（图三八）。

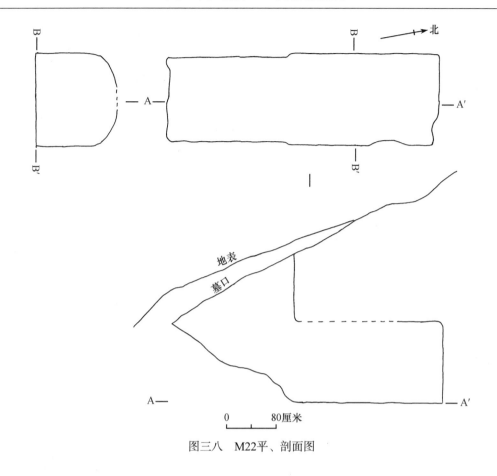

图三八　M22平、剖面图

（二）土坑墓

1. M20

位于T17内。长方形竖穴土坑墓，口底同大，直壁，平底，墓向20°。墓口距地表0.4米，墓底距地表1.4米，墓室长2.2、宽1.1～1.2、深1米。填土为五花土，墓内有人骨架一具，大部分已腐朽，头向朝北，葬具为木棺，可见一棺一椁朽痕，棺上似涂朱漆，棺外椁内殉狗一只。随葬器物有陶钵、陶罐、陶盆、陶甑、铜钱等，可能放置在棺椁顶部或棺椁之间。铜钱分别放在人骨腰部（均为五铢）或狗骨架腹部（均为大泉五十）（图三九）。

陶钵　1件。M20：1，泥质灰陶。敞口，折腹，腹斜收成小平底。腹部饰两周凹弦纹。口径18、底径6、高6.3厘米（图四〇，1）。

小陶罐　1件。M20：2，泥质灰陶。口微侈，鼓腹，小平底。腹部残。素面。口径9.3、腹径12、底径6.3厘米（图四〇，2）。

陶盆　1件。M20：3，泥质灰陶。残，陶质较差，无法修复。敞口，尖圆唇。残高3.2厘米（图四〇，3）。

陶甑　1件。M20：4，泥质灰陶。残，口部残，陶质极差，无法修复。腹斜收，平底，底部有孔12个。底径5.4、残高3.3厘米（图四〇，4）。

铜钱　有五铢和大泉五十两种。

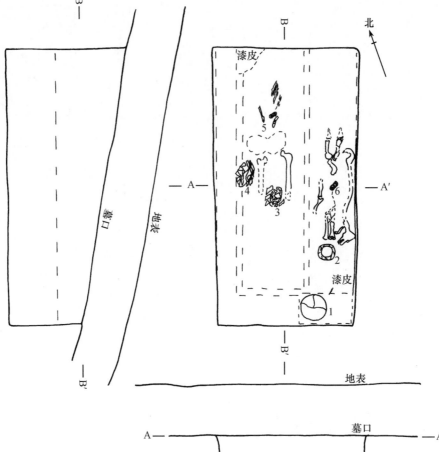

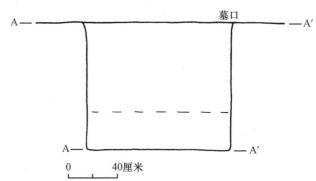

图三九　M20平、剖面图

1.陶钵　2.小陶罐　3.陶盆　4.陶甗　5、6.铜钱

五铢钱　10枚，编为M20：5。形制相同，"五"字中间两笔与上下两横垂直相交，"铢"字的"金"字头呈三角形，"朱"字头方折，两部分高相齐，结构严谨。郭径2.5、穿径1、厚0.1厘米（图四〇，5）。

大泉五十　9枚，编为M20：6。根据形制及面文变化可分三型。

A型　4枚。字体纤细圆润，"五""十"较细长。郭径2.5、穿径1、厚0.15厘米（图四〇，6）。

B型　2枚。面文小篆，"五、十"较宽大，"大泉"亦肥阔，郭较宽。郭径2.5、穿径0.95、厚0.12厘米（图四〇，7）。

C型　3枚。面文小篆，字体瘦小而无力，缺乏生气。郭径2.4、穿径0.95、厚0.1厘米（图四〇，8）。

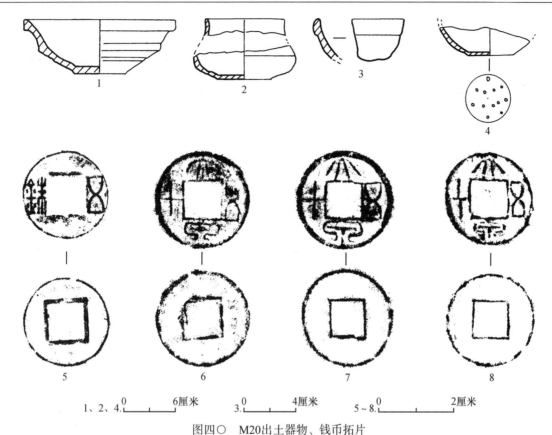

图四〇　M20出土器物、钱币拓片

1.陶钵（M20：1）　2.小陶罐（M20：2）　3.陶盆（M20：3）　4.陶甑（M20：4）　5.五铢铜钱（M20：5）
6.A型"大泉五十"铜钱　7.B型"大泉五十"铜钱　8.C型"大泉五十"铜钱

2. M23

位于T17内。长方形竖穴土坑墓，口底同大，直壁，平底，墓向110°。墓口距地表0.2米，墓底距地表1.05～1.1米，墓室长2.1、宽1～1.1、深0.8米。填土为五花土，底见棺木朽痕，未见人骨架及朽痕，亦未见随葬器物，疑为二次迁葬墓（图四一）。

3. M24

位于T17内，被M20打破。长方形竖穴土坑墓，口大同小，平底，墓向20°。墓口距地表0.4米，墓底距地表0.6～0.7米，墓室长3、宽2.6、深0.3米。填土为五花土，墓内未见人骨架，葬具为木棺，可见一棺一椁朽痕，棺上似涂朱漆。随葬器物有陶钵、陶罐、陶盏、陶囷、陶三足盒、铜钱等，放置在棺椁顶部或棺椁之间，铜钱均为五铢（图四二）。

陶三足盒　1件。M24：1，泥质灰陶。子母口，浅弧腹，底部三足。素面。口径12.6、高5厘米（图四三，1）。

陶钵　1件。M24：2，泥质灰陶。敞口，下腹斜收成小平底。素面。口径16.5、底径5.6、高6.3厘米（图四三，2）。

陶盏　1件。M24：4，泥质灰陶。敞口，浅腹，平底。口部一侧有一附耳。素面。口径12.6、底径7、高4厘米（图四三，3）。

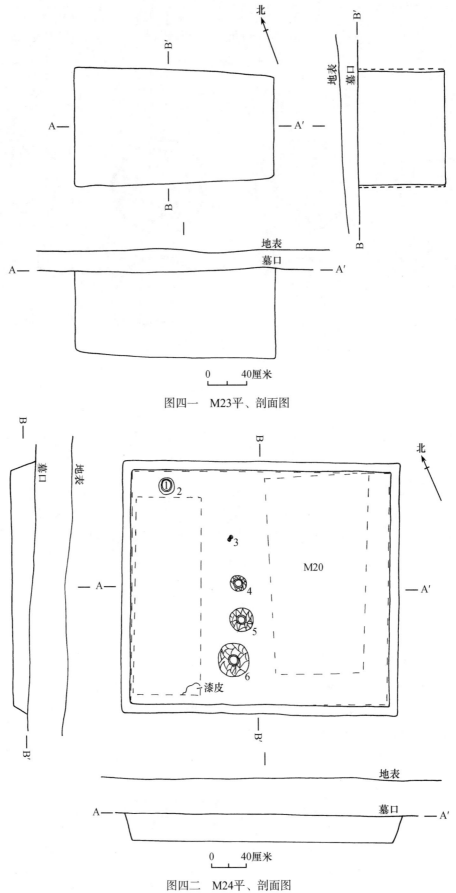

图四一　M23平、剖面图

图四二　M24平、剖面图

1.陶三足盒　2.陶钵　3.铜钱　4.陶盏　5.陶囷　6.陶罐

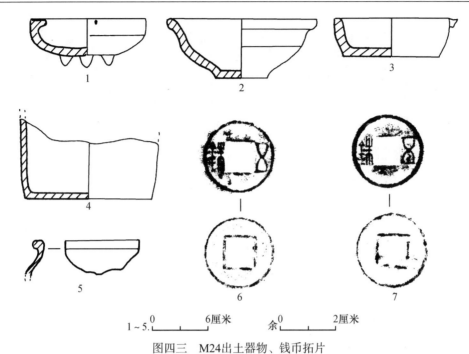

图四三　M24出土器物、钱币拓片

1.陶三足盒（M24：1）　2.陶钵（M24：2）　3.陶盏（M24：4）　4.陶囷（M24：5）　5.陶罐（M24：6）

6.A型铜钱　7.B型铜钱

陶囷　1件。M24：5，泥质灰陶。残，无法修复。仅存腹以下，直腹，平底。腹径15、底径14、残高6厘米（图四三，4）。

陶罐　1件。M24：6，泥质灰陶。仅见口沿残片。圆唇，平沿，敛口，腹以下残。残高3.6厘米（图四三，5）。

铜钱　6枚，编为M24：3。均为五铢钱，可分二型。

A型　4枚。形制相同，"五"字中间两笔与上下两横相交不垂直，"铢"字两部分高相齐，结构严谨。郭径2.5、穿径0.95、厚0.15厘米（图四三，6）。

B型　2枚。形制相同，"五"字中间两笔与上下两横垂直相交，"铢"字的"金"字头呈三角形，"朱"字头方折稍高于"金"字头者，结构不太匀称。郭径2.6、穿径0.95、厚0.18厘米（图四三，7）。

（三）砖室墓

M6

位于T11内。砖室墓，墓道、甬道已无存，形制不明，仅残存墓室，墓室顶部坍塌，墓室内填土被扰，墓壁部分尚存，系用长方形子母扣花边砖错缝平铺叠砌，第八层开始起券，券顶用子母扣花边楔形砖券砌，墓室底部砖为纵排平铺，仅存少许（图四六）。墓室后壁见二盗洞，墓室平面呈长方形，口距地表0.35～1.1米，墓口长8.26、宽3.32米，底距地表1.5～3.45米，墓底残长8、宽2.8米。墓向220°。随葬器物有釉陶四系罐、粗瓷罐、陶俑、铁剪等（图四四）。

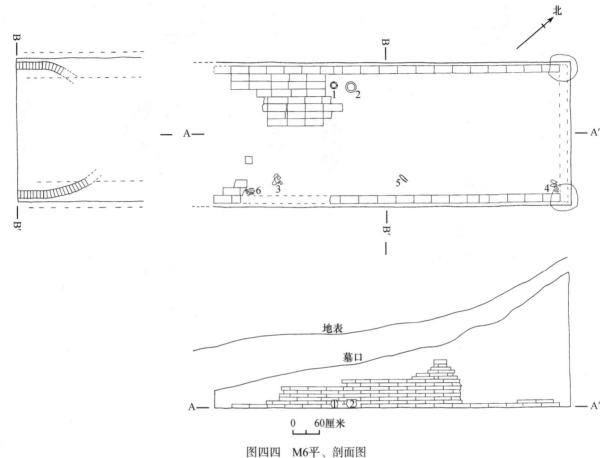

图四四　M6平、剖面图

1、6.釉陶四系罐　2.粗瓷罐　3.陶俑残片　4.陶片　5.铁剪

　　釉陶四系罐　2件。形制相同。均灰白胎，胎质坚硬。直口，方唇，弧腹，平底，腹部有对称桥形四系，器外青釉不到底，釉质较好。M6：1，口径12、腹径18、底径11、高17厘米（图四五，1）。M6：6，口径12、腹径15.5、底径11、高17厘米（图四五，2）。

　　粗瓷罐　1件。M6：2，灰胎，质较差。斜沿，敞口，束颈，弧腹，平底。颈下饰细弦纹一道。口径23.5、腹径24、底径12.5、高20厘米（图四五，3）。

　　陶女俑　1件。M6：3-1，夹砂灰陶。头残。涂白，身穿交领长袍曳地，右手执扇，左手部位残。残高29厘米（图四五，4）。

　　陶猪　1件。M6：3-2，夹细砂红陶，外施酱釉。体形较长，肥壮，俯首帖耳，瞪眼，噘嘴，四肢较短，尾垂于臀部右侧。长27、高13.5厘米（图四五，5）。

　　陶子母鸡　1件。M6：3-3，泥质红陶，外施酱釉。头部残。俯卧，双翼下共有四只小鸡蹲卧。残长16、高10.5厘米（图四五，6）。

　　陶房　1件。M6：4，残片。两面坡顶，顶有中脊，两端上翘，两坡面各置筒瓦四组，顶皆施酱绿釉。残高13厘米（图四五，7）。

　　铁剪　1件。M6：5　残，锈甚。残长23.5厘米（图四五，8）。

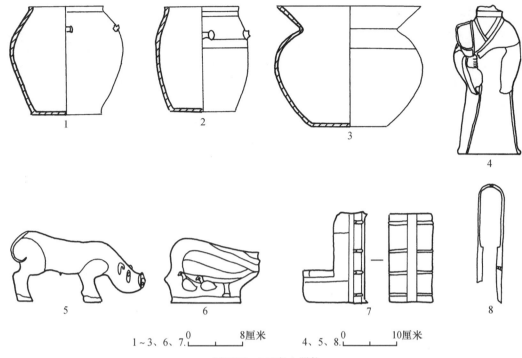

图四五　M6出土器物

1、2. 釉陶四系罐（M6：1、M6：6）　3. 粗瓷罐（M6：2）　4. 陶女俑（M6：3-1）　5. 陶猪（M6：3-2）

6. 陶子母鸡（M6：3-3）　7. 陶房（M6：4）　8. 铁剪（M6：5）

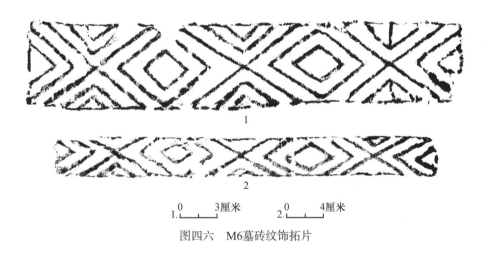

图四六　M6墓砖纹饰拓片

三、年代讨论及墓葬分期

　　这批墓葬因大部分已扰，已无法窥其原貌，下面对各个墓葬分别进行年代讨论。

　　M1平面呈刀形，墓道较短，随葬器物主要有陶罐、釉陶壶、陶灶等。出土釉陶壶造型与遂宁笔架山东汉时期崖墓M1所出陶壶（M1：15）[①]、奉节拖板崖墓群所出陶壶（TM5：6）[②]类似，但此墓出土陶壶外施酱釉，时代可能偏晚。陶灶应属明器。陶罐造型与丰都汇南墓群东

① 四川省博物馆：《遂宁县笔架山崖墓清理简报》，《文物资料丛刊（第9辑）》，文物出版社，1985年。

② 吉林大学边疆考古研究中心：《重庆奉节县三峡工程库区崖墓的清理》，《考古》2004年第1期。

汉中期墓出土陶罐相同或近似①，其时代也应大体相当，故该墓当属东汉中期墓葬。

M2平面呈刀形，墓道较短，随葬器物仅见"货泉"1枚，其时代不会早于新莽时期或东汉早期。

M3平面呈刀形，墓道较短，随葬器物有陶俑、罐、甑等。甑、罐造型为东汉中期较典型器物，墓中东汉晚期"五铢"与莽钱"货泉"同出，这是东汉时期三峡地区崖墓的一个特点，故该墓应为东汉中期墓葬。

M4平面呈刀形，墓道较短，随葬器物以陶罐为主，也有陶灶等。陶罐（M4∶1、M4∶3、M4∶13）造型与奉节三塘崖墓群（SM8）②出土陶罐相同或相近，此造型在其他地区被认定为东汉晚期的墓葬中也多有发现，如（M4∶1、M4∶3）与成都双流沙河村东汉时期崖墓出土Ⅱ型罐相似③，墓中随葬莽钱"大泉五十"，因此该墓应属新莽或东汉早期墓葬。

M5因墓室顶部及墓道全部被扰形制不明，平面呈"凸"字形，出土了一大批釉陶器和动物俑，器形有钵、釜、井、博山炉、勺等，还有陶子母鸡、陶猪等及罐等。该墓出土陶釜、陶勺、陶博山炉、陶钵、陶子母鸡、陶罐与丰都汇南墓群M21、M16、M25、M26出土器物相近，其时代大体在东汉中晚期，罐亦与奉节三塘崖墓（SM10）出土陶罐相似，铜钱均具有东汉中晚期铜钱特点，因而该墓当为东汉晚期墓葬。

M6为砖室墓，盗扰比较严重，随葬器物有四系瓷罐，釉陶猪、陶子母鸡、釉陶房残片等具有典型时代特征器物。四系瓷罐与湖北鄂城石山晋墓M1④所出四系罐、奉节三塘崖墓M10所出四系罐相同，四系罐、猪、子母鸡、房都是典型东汉到两晋时期遗物，从墓砖纹饰亦可推断其应为两晋时期墓葬，可基本断定该墓当为东晋时期墓葬。

M7平面呈长方形，斜坡墓道较短，出土陶器同M4相类似，墓内随葬莽钱"货泉"，其时代也应为新莽或东汉早期。

M8平面呈"凸"字形，为竖穴斜坡墓道，随葬器物仅见陶俑头部残片，面部清瘦，同丰都汇南墓群M18出土男侍俑头部造型相同，其时代应为东汉晚期。

M9平面呈刀形，为竖穴斜坡墓道，随葬器物有陶盂、陶钵、陶魁、陶杯等具有东汉晚期特点器物，随葬"五铢"钱亦属东汉中晚期钱币，由此推断该墓当属东汉晚期墓葬。

M10平面呈"凸"字形，为竖穴斜坡墓道，随葬器物残见陶镇墓兽、铜钱等，其中陶镇墓兽、陶盆、陶鸡首为东汉晚期墓出现，铜钱亦为东汉晚期钱币，该墓为东汉晚期墓葬。

M11、M12平面呈"凸"字形和长方形，斜坡墓道较短，因未发现随葬器物，故无法经随葬器物断代，据其墓葬形制，当为东汉早期墓葬。

M13 平面呈"凸"字形，为竖穴斜坡墓道，随葬器物仅见铁器或陶器残片，据陶器口沿残片特征推断其为东汉晚期墓葬。

M14平面呈"凸"字形，斜坡墓道较短，随葬器物有铁器或陶器残片，墓中出土"五铢"

① 四川省文物考古研究所、丰都县文管所：《丰都汇南墓群发掘报告》，《重庆库区考古报告集·1998卷》，科学出版社，2003年。

② 吉林大学边疆考古研究中心：《重庆奉节县三峡工程库区崖墓的清理》，《考古》2004年第1期。

③ 李加锋：《双流华阳乡沙河村崖墓发掘简报》，《四川文物》1991年第6期。

④ 湖北省博物馆：《鄂城两座晋墓的发掘》，《江汉考古》1984年第3期。

钱，特征为东汉早、中期钱币，大致推断该墓年代属东汉中期。

M15平面呈刀形，为竖穴长斜坡墓道，随葬器物陶豆、陶囷、陶罐、陶房等均为东汉中晚期较典型器物，"五铢"铜钱亦有明显东汉中后期特征，据此可大致推定该墓为东汉晚期或稍晚至蜀汉时期。

M16平面呈"凸"字形，为竖穴斜坡墓道，随葬器物部分同M15，如陶囷等，该墓还出土几件陶俑，面目模糊不清。此外，该墓还出土有陶器盖、陶甑、陶钵、陶罐等生活用具或明器，具有明显东汉时期特征。墓中随葬东汉前期或中期"五铢"钱币也反映该墓属东汉中期墓葬或偏晚。

M17平面呈"凸"字形，为竖穴斜坡墓道，随葬陶俑同M16，陶囷同M15，该墓还出土釉陶器如魁、盘、盂、房等，这些器物在丰都汇南墓群中都伴随东汉中期铜钱出土，从而推定该墓年代大体与之同时，属东汉中期或偏晚。

M18平面呈刀形，为竖穴斜坡墓道，出土的直领绳纹圜底陶罐大约在东汉早期出现且延续时间较长，丰都汇南墓群于东汉晚期与"五铢"伴出[①]，而在奉节拖板崖墓群与四系瓷罐伴出，曲柄陶勺在丰都汇南墓群与东汉晚期"五铢"伴出，但结合随葬陶俑、酱釉博山炉盖特征，我们推定该墓应为东汉晚期墓葬或稍晚。

M19平面呈"凸"字形，斜坡墓道较短，随葬品仅见曲柄陶勺1件，因其被与M18形制相同的墓葬打破，故其时代应比M18要早，但也应为东汉中期墓葬。

M20为竖穴土坑墓，有东汉晚期"五铢"与莽钱"大泉五十"同出，这是东汉晚期墓葬的典型特征，该墓应为东汉晚期墓葬。

M21平面呈"凸"字形，为斜坡墓道向竖穴斜坡墓道过渡，为崖墓，破坏严重，未见随葬器物，据其墓葬形制，当为东汉中期墓葬。

M22平面呈"凸"字形，为斜坡墓道向竖穴斜坡墓道过渡，为崖墓，破坏严重，未见随葬器物，据其墓葬形制，当为东汉中期墓葬。

M23为竖穴土坑墓，未见随葬器物也无人骨朽痕，仅见些许木质朽痕，可能为二次迁葬墓，时代不明。

M24为竖穴土坑墓，被M20打破，随葬东汉早期五铢，应为东汉早期。值得注意的是，该墓出土的陶三足盒与带附耳陶盏较为少见，可能带有地方性特征。

通过以上对各墓葬的年代讨论，初步将这批墓葬分为四期。

第一期：新莽至东汉早期，有M2、M4、M7、M11、M12、M24。这一阶段的墓葬除M24为竖穴土坑墓外，其余几座崖墓开凿时皆先在断崖前开短斜坡墓道，然后修建墓室，随葬器物以陶器为主，不见釉陶器出现，随葬铜钱以莽钱"货泉""大泉五十"或者东汉早期五铢钱为主，不见共出现象，墓葬平面呈刀形、"凸"字形和长方形三种，以"凸"字形为主。

第二期：东汉中期，有M1、M3、M14、M19、M21、M22。这一阶段的墓葬墓道逐渐变长，向竖穴长斜坡墓道过渡，墓葬形制向大发展，随葬器物仍以陶器为主，釉陶器开始出现，随葬铜钱都是东汉早期或中期"五铢"钱与莽钱"货泉""大泉五十"共出，墓葬平面呈刀形

---

①　四川省文物考古研究所、丰都县文管所：《丰都汇南墓群发掘报告》，《重庆库区考古报告集·1998卷》，科学出版社，2003年。

和"凸"字形两种，以"凸"字形为主。

第三期：东汉晚期，有M5、M8、M9、M10、M13、M15、M16～M18、M20。这一阶段的墓葬除M5因墓室顶部及墓道全部被扰性质不明、M20为竖穴土坑墓外，其余墓葬的墓道已完全变为长斜坡竖穴墓道，墓葬形制以大型为主，墓室及甬道部分变窄变长，随葬器物数量大增，釉陶大量出现，随葬铜钱以东汉中期或晚期"五铢"钱为主，墓葬平面呈刀形和"凸"字形两种，以"凸"字形为主。

第四期：东晋时期，仅M6一座。M6为砖室墓，墓室面积较大，墓室前部及墓道均遭破坏，形制不明。

四、结　语

以上各个时期的崖墓从形制、规模以及随葬器物多寡上来看都存在较大差别，可能与墓主的身份和社会经济地位有一定的关系，这批崖墓墓道填土多为红褐色黏土或砂石土块，封门均未见特殊处理，方向在180°～230°，应与当时的埋葬习俗或地形有关。此外，在近台地处发现了一些与崖墓时代相当的较小型竖穴土坑墓的情况表明，因为修建崖墓费时费力，没有一定的经济实力是很难承担如此工程的，可见崖墓应是当地较有经济实力的人的墓穴，而土坑墓则是当时平民的埋葬之所。此次发掘出土遗物较丰富，墓葬形制多样，为我们研究三峡地区东汉时期的墓葬分期以及时人的埋葬风俗等都提供了较为翔实的资料。

附记：参加奉节县三台崖墓群2004年度发掘的有乔栋（领队）、吴业恒（执行领队）、王咸秋、蔡梦珂、赵书水、贾小龙、陈战备、杨汝涛、贺浩亮（奉节县白帝城文物管理所）等，赵书水、贾小龙、陈战备、杨汝涛绘制线图并承担器物修复和拓片工作，吴业恒、王咸秋照相，线图由褚卫红描绘，蔡梦珂、王咸秋、陈战备还参加了部分资料整理工作。本次发掘工作得到奉节县白帝城文物管理所的大力支持，在此表示诚挚的谢意。

执笔：吴业恒

奉节上平皋墓地2004年度发掘简报

岳阳市文物考古研究所
奉节县文物保护管理中心

为配合三峡水利工程建设，受重庆市文化局三峡办委托，湖南省岳阳市文物考古研究所于2004年11～12月对奉节县上平皋墓地进行了抢救性考古发掘，现将此次发掘情况及主要收获简报如下。

一、墓地及工作概况

上平皋墓地位于重庆市奉节县康乐镇平皋村，位于长江支流梅溪河北岸一、二级台地上。东距康乐镇4千米，东南距奉节县城约20千米。背靠大山，南隔梅溪河与雪花村海坝相望。地理坐标为东经109°2′54″，北纬30°08′17″，海拔160～190米（图一）。墓地主要分布在东起长花河，西至高岭沟这一长约3000米的狭长形坡地上。

该墓地于20世纪80年代末90年代初调查发现，但其主体部分都在民国初年围堰筑堤时遭到严重破坏，故保存状况较差。墓地所在的河边一级台地在20世纪80年代被辟为鱼池。原有的居民屋场在移民搬迁后已成废墟，现地表广种果树、红薯和蔬菜等作物。1993年冬和1994年春，

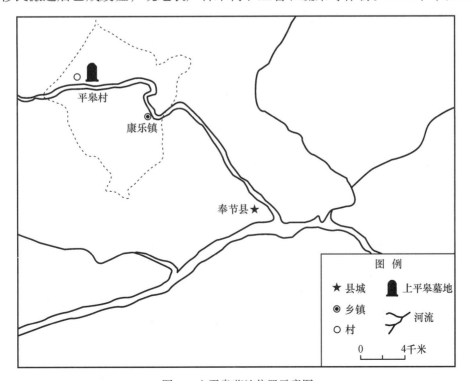

图一　上平皋墓地位置示意图

吉林大学考古系在对奉节县三峡水库淹没区内的地下文物进行全面调查、复查和试掘时，曾在上平皋清理了1座东汉时期的砖室墓[①]。

由于墓地保存状况较差，勘探和发掘工作难度很大。通过近10天的调查、走访和有针对性的勘探，我们最终选择在渡口嘴嘴、长花河等地段开了5个探方，发掘面积500平方米（图二）。发现墓葬遗迹虽多，但大多破坏殆尽，仅存遗痕。此次，我们发掘清理了三座墓葬。在这三座墓葬中，除M2保存较完整，出土器物较多外，M1的甬道已遭破坏，仅在墓室后部有少量保存。而M3因地处梅溪河边，长年河水冲刷和人为破坏已使墓葬扰乱严重，出土物甚少且零散。因此，本简报的主要内容也就是位于长花河的M1、M2这两座墓葬。

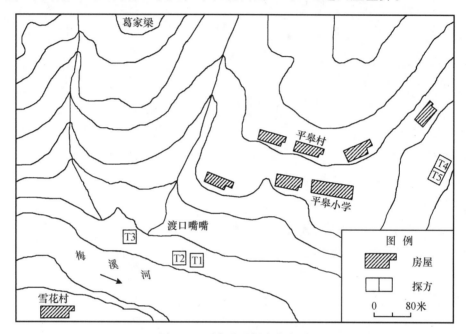

图二　上平皋墓地探方分布图

二、墓葬形制

本次发掘的三座墓均为砖室券顶墓，编号分别为2004FPM1～2004FPM3（下文省略2004FP）。M3破坏较为严重，仅存部分墙砖，券拱已不见。M1、M2虽前部遭到破坏，但墓室后端券拱还有部分保存，基本能看出墓室结构和形制。从发掘清理的情况来看，三座墓葬均开口于表土层下，墓坑直接开挖在生土层中。

M1　长方形砖室墓，位于T4西南角，方向300°，开口层距地表约70厘米。此墓甬道和墓室前部已遭破坏，仅存墓室后端，券拱尚有部分保存。残存的墓室曾遭扰乱，崩塌的拱砖散落在墓室填土中。墓底平铺不规则石块，表面光滑平整。墓室残长266（北）～376（南）、宽282、券拱高290厘米。墓墙采用长方形模印几何纹砖横平错缝砌筑。随葬品数量较少且较零乱，计有陶碗、陶罐、瓷碗、铁刀、铁削等7件（图三）。

① 吉林大学考古系：《四川省奉节县三峡工程库区砖室墓清理报告》，《三峡考古之发现（二）》，湖北科学技术出版社，2000年。

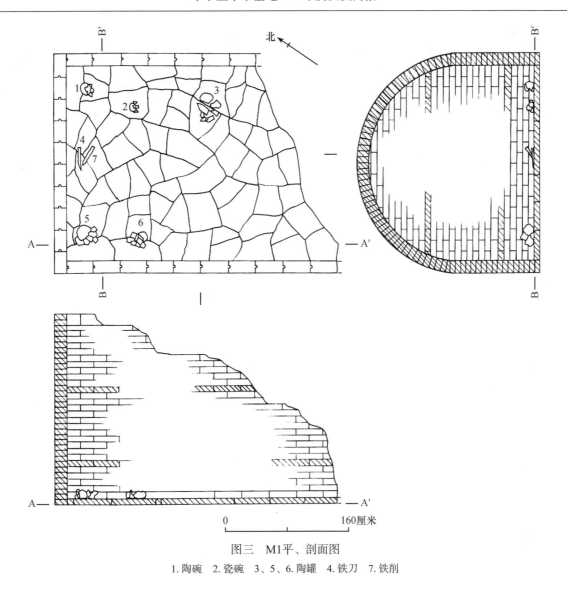

图三　M1平、剖面图
1.陶碗　2.瓷碗　3、5、6.陶罐　4.铁刀　7.铁削

　　M2　位于T5西北角，有部分延伸至T5北隔梁中，与M1基本平行，且相距仅1米左右。平面呈"凸"字形，开口层距地表约110厘米，方向301°。除甬道前部有部分破坏外，保存基本完整。甬道和墓室前部券拱已坍塌，但墓室后部券拱尚有部分保存。坍塌的墓砖散落在填土中。墓室长300、宽180、券拱高186厘米，甬道残长60（北）～150（南）、宽158、残高60～100厘米。墓墙采用长方形模印菱形和三角形组合纹饰砖，横平错缝砌筑，墓底满铺不规则石块，表面光滑平整。甬道较墓室地面低11厘米，且墓室口部横铺一140厘米×30厘米的整块条石，条石侧面磨平抛光。随葬品多置于甬道西南角，同时，在墓室前部南侧和墓室后部亦有少量分布。随葬器物以陶器为主，器类有罐、钵、甑、盂等生活用具，仓、灶、水塘鱼池盘等模型明器以及人物俑、动物俑等。另外还出土青瓷碗、铜镜及锈蚀严重的铜带钩和少量铜钱等（图四）。

　　M3　位于T2中部偏南，应属刀把形砖室墓，方向100°。墓顶及甬道已遭破坏，残存墓口距地表深约50厘米。墓墙为模印菱形和三角形组合花纹砖横平垒砌。墓室长318、宽298、残高60～90厘米，甬道残长30、宽160厘米。墓底错缝平铺长方形绳纹砖，因该墓已被严重扰乱，随葬品仅见陶罐和猪俑、鸡俑残片各1件（图五）。

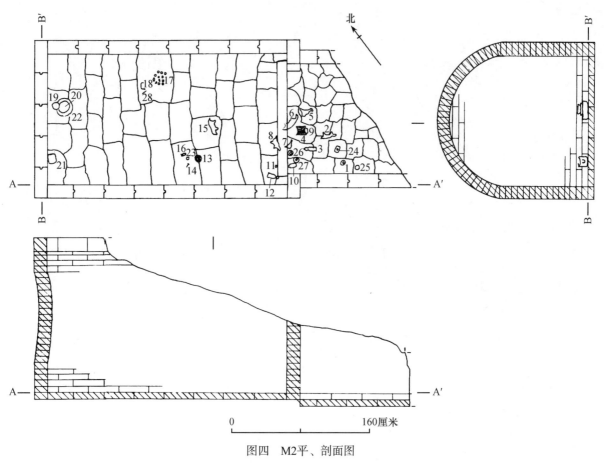

图四　M2平、剖面图

1、3、10、12.陶人物俑　2.陶羊　4、9.陶盆　5、8.陶鸡　6.陶猪　7.陶鸭　9.陶罐残片　11.铜钱　13.铜镜　14.铜饰
15.陶穿山甲　16.铜带钩　17.串珠　18.铜饰件　19.陶釜　20.陶甑　21.陶仓　22.陶水塘鱼池模型盘　23.瓷碗　24.陶灶
25.陶钵　26、27.陶盂　28.陶簪（尖）

三、随葬器物

此次发掘清理的三座墓葬，出土随葬器物共计30件。包含生活用具、模型明器、工具和装饰品等。

1.陶器

绝大部分为泥质灰陶，只有极个别为泥质红陶、泥质红褐陶和黑衣陶。除少数模型器外，生活用具火候均较高，故保存状况较好。在这些随葬陶器中，按其功用又可分为生活用具、模型明器和各种类别的俑。生活用具有罐、盆、钵、釜、盂、甑、碗等，均为轮制；模型明器有仓、灶、水塘鱼池模型盘等，多为手制；陶俑则分为人物俑和动物俑两大类，工艺多为合范制作。陶器表面多素面，纹饰仅见弦纹。

罐　2件。M1∶3，泥质灰陶。直口，圆唇，短直领，广肩，鼓腹，下部斜收，大平底。肩部稍残，器表有青灰斑块。腹部有四道凹弦纹。口径12.8、高28厘米（图六，1）。M3∶1，泥质灰陶。仅存口部。斜方唇，侈口，卷沿，高领。口径15、残高4.5厘米（图六，6）。

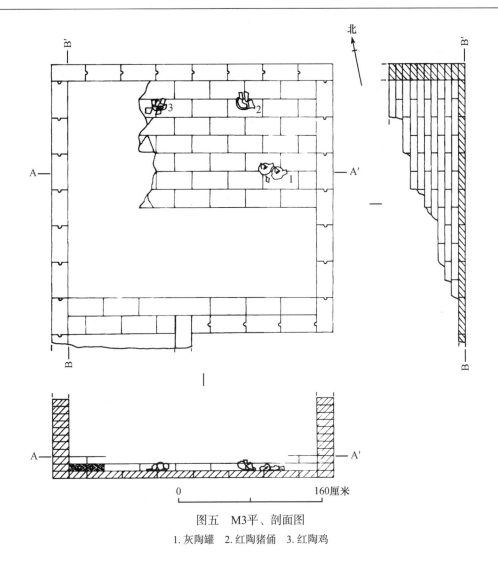

图五　M3平、剖面图
1.灰陶罐　2.红陶猪俑　3.红陶鸡

盆　2件。M2：4，泥质灰陶，施黑衣。敛口，尖圆唇，宽平沿，鼓腹，底部残。颈部有两周凹弦纹。口径28.8、残高8厘米（图六，5）。M2：9，泥质灰陶。火候高，质地坚硬。口微侈，尖圆唇，筒形腹较深，腹部有轮制痕迹，底部残。口径16.8、残高8厘米（图六，10）。

钵　1件。M2：25，泥质灰陶。侈口，尖圆唇，斜折沿，微束颈，扁圆腹，小平底。口径10.5、高4.8厘米（图六，2）。

釜　1件。M2：19，泥质红褐陶，黑灰胎。因质地极差，已无法修复。侈口，圆唇，束颈，垂腹，圜底近平。腹部饰凸弦纹一周。口径18.8、高14厘米（图六，3）。

盂　2件。形制大体相同，只是规格尺寸略有异。M2：26，泥质灰陶。直口，圆唇，斜折肩，扁圆腹，平底略上凹。口径9.4、高4.4厘米（图六，9）。M2：27，泥质灰陶，器表施黑衣。口径8、高5厘米（图六，8）。

甑　1件。M2：20，泥质灰陶。敞口，折沿，圆唇，深腹，平底。器表素面，器底正中及周围均匀排列5个箅孔。口径24.2、底径12、高10.4厘米（图六，11）。

碗　1件。M1：1，泥质灰陶，质地较硬。侈口，圆唇，腹外鼓，坦底，圈足略外撇。口

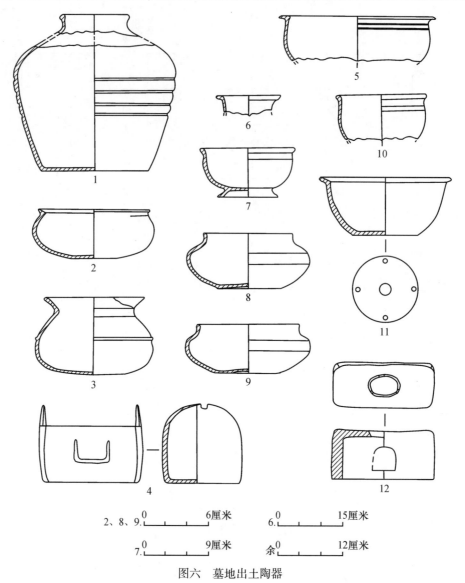

图六　墓地出土陶器

1、6.罐（M1：3、M3：1）　2.钵（M2：25）　3.釜（M2：19）　4.仓（M2：21）　5、10.盆（M2：4、M2：9）
7.碗（M1：1）　8、9.盂（M2：27、M2：26）　11.甑（M2：20）　12.灶（M2：24）

径13.2、高6.6厘米（图六，7）。

灶　1件。M2：24，泥质黑皮陶，褐红胎，陶质极差。器形呈长方体，灶面略下凹，椭圆形锅台，灶门呈圆拱状。手制。长18.8、宽8、高8.8厘米（图六，12）。

仓　1件。M2：21，泥质灰陶。正面呈长方形，整体似房屋，两侧高出两边，中间设有置脊檩的凹槽，正面有"U"字形镂孔。长19.6、宽14、高14.4厘米（图六，4）。

水塘鱼池模型盘　1件。M2：22，泥质灰陶。整体为圆盘形，敛口，圆唇，鼓腹，大平底。盘内泥塑水塘鱼池，水塘内塑有象征性的游鱼、水鸟、小船以及供船停泊的缆桩、船锚等。盘口径26.4、高5.2厘米（图八，1）。

人物俑　4件。似为拟人化的生肖俑，均为泥质灰陶。M2：10，尖冠，高鼻，竖耳，双手手指置于肋下。通高16.4厘米（图七，5）。M2：1，俑身局部泛黄，身体前倾，尖冠，长袍着地，瞪目，高鼻，右手拱于胸前，手掌扶于胸口上。通高21.2厘米（图七，7）。M2：12，胎

图七　M2出土陶俑

1. 猪（M2：6）　2. 穿山甲（M2：15）　3. 羊（M2：2）　4~7. 人物俑（M2：3、M2：10、M2：12、M2：1）

质极差。俑身局部泛黄，尖冠，凸目，高鼻，双耳竖立齐眉，咧嘴，凸颌，双乳耸立，长袍着地，双手抱袖于胸前。通高15.5厘米（图七，6）。M2：3，头戴尖冠，小眼，高鼻，竖耳，长袍着地，双手相交垂于胸前。通高20.8厘米（图七，4）。

穿山甲　1件。M2：15，泥质灰陶。吻部短凸，昂首做吐舌状，三角眼，竖耳，体瘦长，通体压印小圆圈以作甲壳，腿粗壮，短尾下垂。身长17.6、高6.2厘米（图七，2）。

猪　1件。M2：6，泥质灰陶。体瘦长，昂首，吻部粗壮前凸，口微长，双目做长圆形，凝视前方，竖耳，足粗壮，足底有凹槽，尾部自然下垂，有野猪的特征。身长16.8、高8.2厘米（图七，1）。

羊　1件。M2：2，泥质灰陶。昂首回视，咧嘴做咩状，竖耳，体硕，足粗壮，短尾略上翘，似为母羊。身长14.5、高6.6厘米（图七，3）。

鸡　2件。M2：8，泥质灰陶。尖短喙，高冠，双目圆睁，肥颈，短尾，双翼做展翅状。身长10、高9.6厘米（图八，10）。M2：5，泥质灰陶。短尖喙，小冠，三足，双翅展开，做奔跑状，形如乳鸡。身残长9.3、高9厘米（图八，8）。

鸭　1件。M2：7，泥质灰陶。长扁喙前伸，双目圆睁，长颈，尾上扬，双翅做展开状，双足虚化成圆筒状。身长15、高8.4厘米（图八，9）。

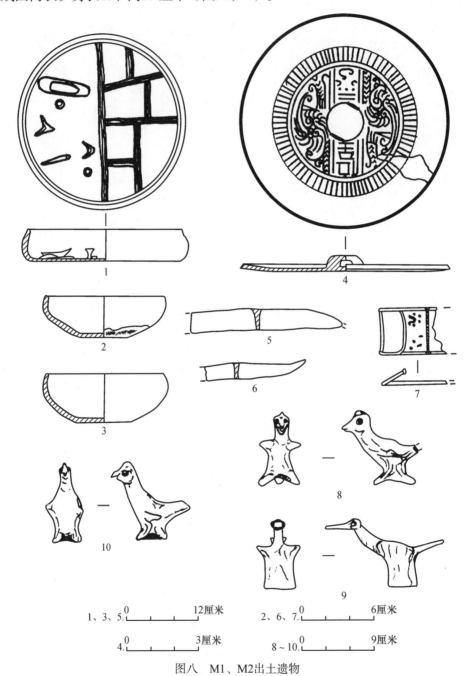

图八　M1、M2出土遗物

1.陶水塘鱼池模型盘（M2：22）　2、3.瓷碗（M2：23、M1：2）　4.铜镜（M2：13）　5.铁刀（M1：4）
6.铁削（M1：7）　7.铜带钩（M2：16）　8、10.陶鸡（M2：5、M2：8）　9.陶鸭（M2：7）

2. 瓷器

2件。均为瓷碗，形制基本相同。M2：23，口微敛，圆唇，弧壁，平底。豆绿色釉多已脱落，近底部露胎。口径10、高3.4厘米（图八，2）。M1：2，口微敛，尖圆唇，腹外弧，下部斜收，平底。器表施极薄的豆绿色釉，未开片。口径10、高4厘米（图八，3）。

3. 铜器

2件。铜镜和铜带钩各1件。

镜　M2：13，泡形纽，斜缘，中圈一周太阳纹，太阳纹内有双凤相对，中间有铭文，通体浅绿色，稍残。直径8.7、沿厚0.2厘米（图八，4）。

带钩　M2：16，因锈蚀严重，形体已残。残件呈翠绿色，有镂空图案，质地较差，呈粉状。残长5.6、宽3.8厘米（图八，7）。

4. 铁器

2件。均为工具，因锈蚀严重，仅见残件。

削　1件。M1：7，弓背形脊，刃尖上扬。残长16.8、宽2.4厘米（图八，6）。

刀　1件。M1：4，方脊，薄刃，脊、刃均下弧。残长25.2、宽3.2厘米（图八，5）。

5. 装饰品

1件。M2：17，手镯，或曰串珠。由玛瑙、翡翠、琉璃、玻璃及料珠等珠饰组成。颜色有红、绿、蓝和无色透明等，形体大小不一，或为圆形、扁圆形，或为六方体形，中间有对钻穿孔，用以穿绳。因系绳已腐朽无存，再加之有些料珠质地较差，发掘时该手镯已散乱于墓中，个别已粉末，完整或修复完整的共11粒，但整体形状却无法复原。

四、结　语

本次在上平皋墓地共清理三座墓葬，其中M3已被严重破坏，随葬品几乎损失殆尽。M1的甬道和墓室前端也已在农田改造中被毁，随葬器物很少，且严重扰乱。因此，上平皋墓地清理出的器物不多，且随葬品大多出自M2之中。从墓葬形制和菱形、三角形组合花纹砖以及器物组合特征等观察和分析，M3为刀把形墓，时代应属东汉晚期；M1和M2的时代可能稍晚，两座墓葬相隔仅1米左右，无论是形制还是随葬器物等都高度接近，其时代也应该一致。M2出土的4件人物俑，实际是拟人化的生肖俑，只是生肖特征不是很明显，但其与东汉时期的人物俑又有明显区别，却与魏晋南北朝以来各地开始逐渐盛行随葬生肖俑有明显的渊源关系。同时M2出土的青瓷碗与丰都汇南墓群[①]发掘出土的两晋时期的A型Ⅰ式青瓷碗基本相同。由此，我们

---

① 四川省文物考古研究所等：《丰都汇南墓群发掘简报》，《重庆库区考古报告集·1997卷》，科学出版社，2001年。

推断此两座墓的时代亦应为两晋时期，这为研究渝东地区汉晋时期墓葬的形制和特点提供了新的资料。

　　附记：上平皋墓地的发掘得到了重庆市文化局三峡办、重庆市文物考古所和奉节县文物管理所的大力支持与热情帮助，在此一并致谢！

　　参加本次发掘和整理的有郭胜斌、欧继凡、罗仁林、胥卫华、吴承翟、万猛等同志。

绘图：胥卫华　万　猛
执笔：吴承翟　胥卫华

奉节溪沟古墓群2004年度发掘简报

岳阳市文物考古研究所
奉节县文物保护管理中心

为配合三峡工程建设，受重庆市文化局三峡办委托，湖南省岳阳市文物考古研究所于2004年11～12月，对重庆市奉节县溪沟古墓群进行了考古发掘工作，共开探方5个，发掘面积500平方米。共清理墓葬7座，其中砖室墓3座、崖洞墓4座。这些墓葬早年和近年均遭受了不同程度的破坏或盗掘，共出土文物47件（含20枚铜币）。现将发掘情况报告如下。

一、墓地概况及墓葬形制

（一）墓地概况

溪沟古墓群位于长江南岸，地属奉节县大堡村二社。墓葬分布范围东起滴水沟，西至溪沟水与长江交汇处，均在凤梁嘴山南面临江的斜坡上。北隔长江与三江乡三塘村相望，西隔溪沟水与肖家包崖墓相对。奉节县在其东，相距约60千米，地理坐标东经109°18′50″，北纬30°57′36″，高程145～200米（图一）。墓地因20世纪50年代当地兴建仓库，已遭到严重破坏，近年又因盗墓猖獗，墓群破坏更甚，多数墓被盗掘一空，整个墓地保存状况极差。

此次经调查、勘探和发掘出来的古墓葬，主要分布在墓地三个不同的地点，其中肖家屋场分布有两座（M2、M3）、白果树垱分布有一座（M1）、飞机洞分布有四座（M4～M7），除M4～M7为崖洞墓以外，其余均为砖室墓（图二）。

（二）墓葬类型与形制

此次发掘的墓葬形制有两类，即砖室墓、崖洞墓。

1. 砖室墓

3座。除一座保存较完整外，其余两座破坏较甚。依其平面形态可分为二型。

Ⅰ型　1座。平面形状为刀把形。

M2　墓室长280、宽250、深240厘米，方向280°，甬道长250、宽150、深125厘米。墓室及甬道壁皆用长方形子母口的几何花纹砖错缝平砌，墓底无铺地砖，券顶用子母口楔形几何花纹砖错缝侧立券拱。随葬品主要分布在墓室四周及甬道与墓室的接合处（图三）。

Ⅱ型　2座。平面形状为长方形。其中M1保存较好，M3受到严重破坏。

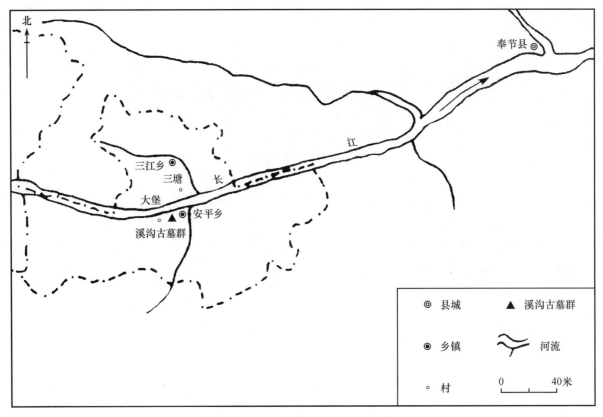

图一　溪沟古墓群位置示意图

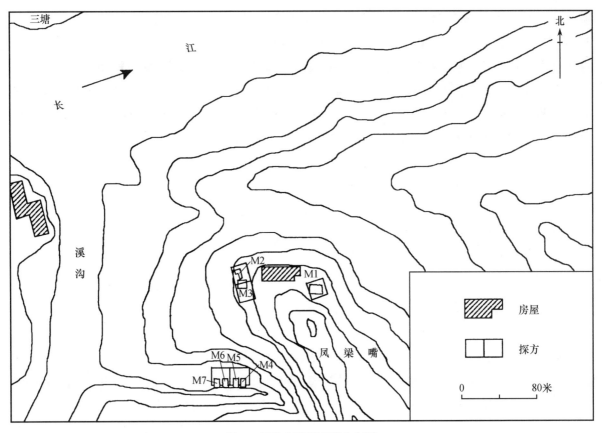

图二　溪沟古墓群墓葬分布图

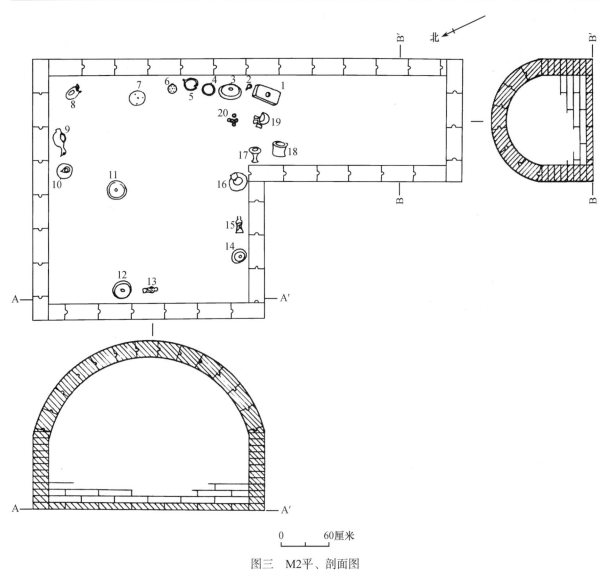

图三　M2平、剖面图

1. 陶灶　2. 陶匜　3、12、16. 陶钵　4、17. 陶灯　5. 陶魁　6. 釉陶博山炉盖　7. 陶壶盖　8、9. 陶鸡　10、18. 陶罐
11. 陶碟　13、15. 陶俑　14. 青瓷碗　19. 陶碗　20. 五铢钱

　　M1　墓顶及墓室的北部已被破坏，墓室残长260、宽215、残深80厘米。墓室墙壁均用带子母口的长方形几何花纹砖错缝平砌，墓底用长方形素面砖错缝平铺。墓顶根据发掘时墓葬填土中倒塌的大量楔形砖情况，推测其券拱亦用带子母口的几何花纹砖侧立错缝券拱。随葬品主要分布在墓底的南端（图四）。

2. 崖洞墓

　　4座。全部分布在飞机洞的峭崖上。洞室方向均为35°，依其平面形制不同，可分二型。

　　Ⅰ型　2座。平面形状呈"凸"字形。墓室凿于崖壁之内，甬道（通道）凿于峭壁之外的缓坡上。

　　M4　洞口高295、宽310厘米。洞室长475、宽310、高300厘米。洞壁不太规整，顶做不规则穹隆状。甬道长310、宽100、高170厘米。墓室填土中散见东汉时期的陶片及宋代的瓷器及

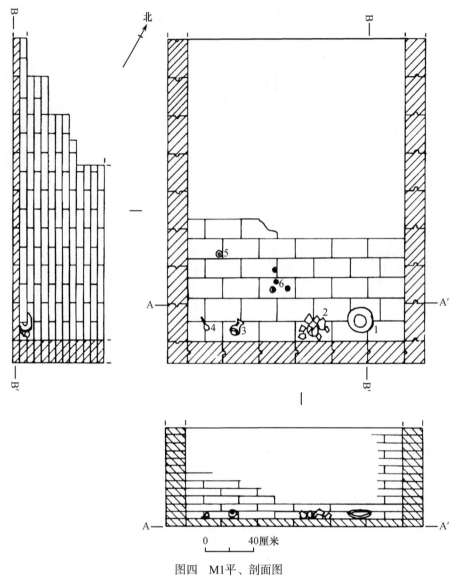

图四　M1平、剖面图

1.陶罐　2.陶杯　3.陶灯　4.陶勺　5.铁钱　6.五铢钱

棺钉（图五）。

M6　洞口高225、宽245厘米。洞室长580、宽250、高230厘米。洞壁凿得较平整，顶为不规则平顶，局部有岩石下塌的现象。甬道长320、宽125、高150厘米。随葬品主要分布在洞室底部的近洞口处（图六）。

Ⅱ型　2座。平面形状呈长方形。洞口均开凿于峭壁之上，均无甬道（通道）。

M5　洞口高120、宽90厘米。洞室长190、宽90、高125厘米。洞室顶做不规则弧形。随葬品仅见几枚东汉时期的五铢钱（图七）。

M7　洞口高150、宽90厘米。洞室长260、宽90、高150～160厘米。洞壁开凿得极为规整、陡直。洞顶也较为平整，局部略呈弧状。随葬品也仅见有东汉时期的几枚五铢钱（图八）。

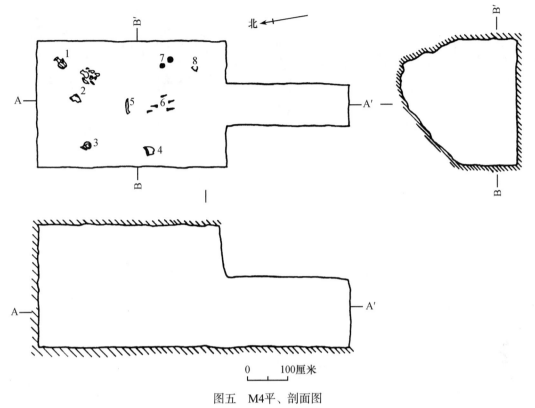

图五 M4平、剖面图

1.瓷壶 2.瓷壶残片 3.陶罐残片 4.瓦片 5.铁刀（残） 6.铁棺钉 7.铁钱 8.瓷碗

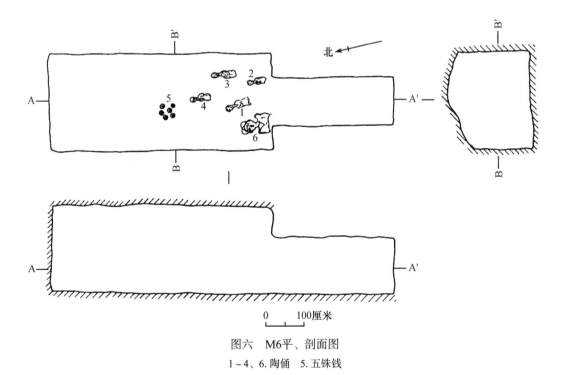

图六 M6平、剖面图

1~4、6.陶俑 5.五铢钱

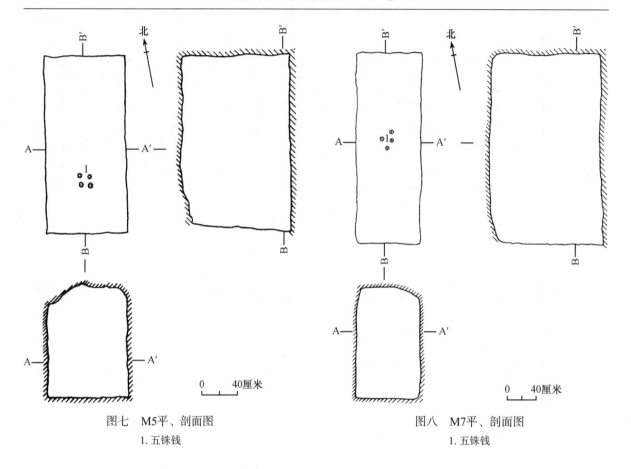

图七　M5平、剖面图
1. 五铢钱

图八　M7平、剖面图
1. 五铢钱

（三）墓砖

形式有长方、斜边（楔形）两种。长方体砖均用于墓室墙壁或铺地，楔形砖均用于墓室券拱顶。用于墙壁或券拱的墓砖均有榫卯结构，砖的侧面还有几何形纹饰；用于铺地的墓砖均无榫卯结构，且较墙壁砖更薄，砖面及侧面均无纹饰。

现以M1及M2的少数标本予以说明。M1的墓墙砖及铺地砖的形制主要是长方体，墙壁砖的长宽及厚度基本一致，均有榫卯结构，砖的侧面均有几何形图案。砖长37、宽17、厚7厘米。铺地砖既无纹饰装饰亦无榫卯结构，砖长30、宽17、厚6厘米。

M2的墓砖有两种：一为砌墓壁的长方体砖，砖的形制、结构、大小、纹饰基本一致，砖长42、宽20、厚8厘米，均有榫卯结构，其侧面均有几何形图案；另一为砌券顶的长方体坡边（楔形）砖，砖的形制、结构、大小、纹饰也基本一致，砖长30、宽20、厚8厘米，均有榫卯结构，其侧面亦均有几何形纹饰图案。

二、出土遗物

此次发掘共出土文物47件。这些器物类型主要为生活用器、模型器、小型明器、人物和动物俑、工具、兵器、货币等。

（一）陶器

有红陶、灰陶、黑皮陶、釉陶等，以泥质陶为主，釉陶次之，少见夹砂陶。陶器以素面为主，有少量的弦纹及几何形图案装饰，还有极少的戳印及刻印纹。器形有人物俑、动物俑、灯、罐、壶盖、博山炉盖、钵、碗、盆、杯、碟、匕、魁、灶等。陶器烧造火候较高，制法以轮制、模制为主，部分明器为手制。

陶俑　9件。模制，范痕清晰可见。分人物俑与动物俑，其中人物俑7件、动物俑2件。除一件残破较甚，其余均较为完整。

男立俑　3件。M2：13，泥质红陶。火候不匀，器上部为浅灰色。头戴平顶冠，面目清晰，竖耳，面部微前倾。身着交叉领宽袖着地长袍，双手拱于胸前。通高22.5厘米（图九，6）。M2：15，泥质灰陶。头戴平顶冠，面目清晰，面带微笑，竖耳。身着交叉领宽袖着地长袍，双手拱于胸前。通高22.5厘米（图九，1）。M6：1，泥质灰陶。头戴平冠，冠带垂于耳后。面目不清，身着交叉领宽袖着地长袍，双手拱于胸前，前露足尖。通高20厘米（图九，2）。

女立俑　4件。M6：2，泥质灰陶。头戴包巾垂于肩后。面目不清，身着宽袖长袍垂于地，双手拱于胸前，双足露脚尖。通高19厘米（图九，7）。M6：3，夹细砂灰陶。头戴头巾垂于肩后，面目不清。身着交领宽袖着地长袍，双手拱于胸前。双足尖微露。通高14厘米（图九，5）。M6：4，夹细砂灰陶。面目不清。头戴头巾垂于肩后，身着交领宽袖着地长袍，双手拱于胸前，右足尖微露。通高12.5厘米（图九，3）。M6：6，泥质灰陶。胸以下残。头梳盘发高髻，面目清晰，略带微笑。身着交叉领长袍（根据残片可见），双肩着有高耸饰物。残高28厘米（图九，4）。

陶鸡　2件。均站立，翘首。M2：8，泥质红陶。体肥胖，高冠。通高15、残长9.1厘米（图一〇，6）。M2：9，泥质红陶。体肥胖。双翼微张。通高12、长11.4厘米（图九，8）。

陶罐　3件。依其形态可分三型。

A型　1件。圆唇，卷沿，侈口，束颈，鼓腹，圜底。M1：1，泥质红胎，器口沿及器表着浅黄色釉。器腹部饰三纽乳钉纹和二周凹弦纹。口径13.8、通高12厘米（图九，9）。

B型　1件。方唇，侈口，束颈，鼓腹，平底。M2：10，泥质红胎黑皮陶。器腹中部饰一道凸弦纹。口径10.5、通高12厘米（图九，10）。

C型　1件。圆唇，弇口，折肩，矮圈足。M2：18，泥质灰陶。肩下饰二周凹弦纹。口径13.2、通高8.4厘米（图一〇，8）。

壶盖　1件。M2：7，泥质红胎陶。表施浅黄色釉。圆形，盖面呈龟背状，盖中间有圆形蒂，其周有三凸泥状乳钉。盖径17.2、通高4.8厘米（图一〇，4）。

碗　1件。M2：19，器内及器外壁口沿下施浅绿色釉，开小片。器下部及底部露胎。圆唇，直口，深弧腹，圆饼形足。口径12.8、通高7厘米（图一〇，11）。

杯　1件。M1：2，泥质红胎，表施浅黄色釉。尖唇，直口，筒形腹，平底。器外侧上部有一小鋬。口径8、通高6厘米（图一一，7）。

碟　1件。M2：11，泥质红胎，表施浅黄色釉，大部分已脱落。圆唇，宽平沿外卷，浅腹，平底。口径12、通高2.6厘米（图一〇，5）。

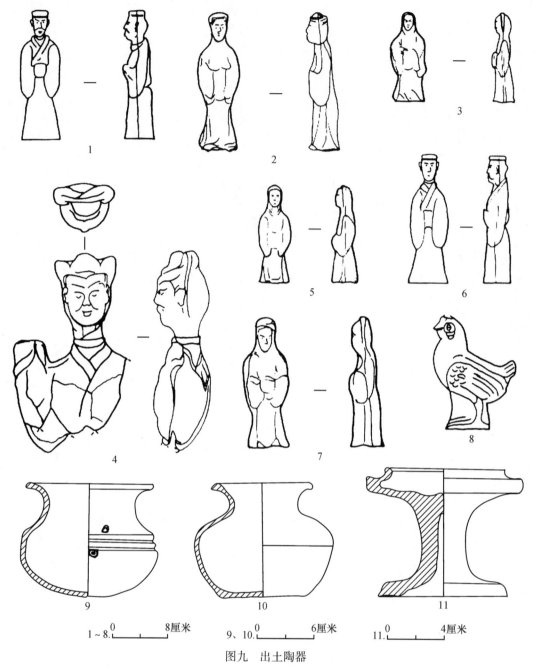

图九　出土陶器

1、2、6. 男立俑（M2：15、M6：1、M2：13）　3～5、7. 女立俑（M6：4、M6：6、M6：3、M6：2）　8. 鸡（M2：9）

9. A型罐（M1：1）　10. B型罐（M2：10）　11. B型灯（M2：17）

　　魁　1件。M2：5，泥质红胎，器内壁施红褐色釉。大部分已脱落，颈下部饰一周凹弦纹，器近底部有四道轮制痕。方唇，侈口，下腹内收，平底。器表口沿下一侧置一小錾，形似鸟喙。口径11、通高4.4厘米（图一一，3）。

　　匜　1件。M2：2，泥质红陶。敞口，浅腹，圜底，器口沿一侧有手捏流。口径5.4、通高2.6厘米（图一○，9）。

　　博山炉盖　1件。M2：6，泥质红胎，表施浅黄色釉。盖下有一周模印的三角形锯齿状纹。中间有浮雕。器壁有多个长方形小孔。盖形似盉。盖径12.4、通高6厘米（图一○，1）。

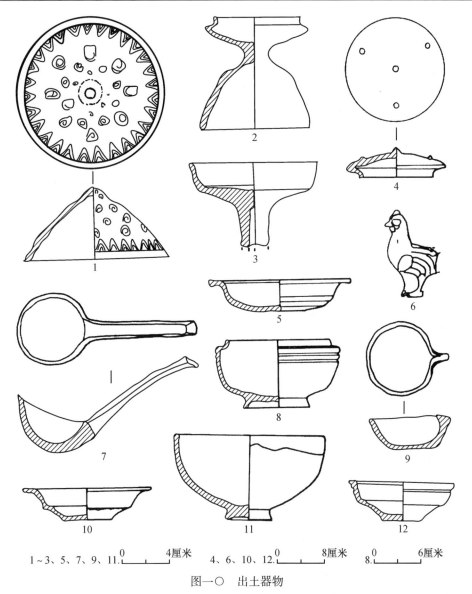

1~3、5、7、9、11. |⎯⎯|⎯⎯| 0　　4厘米　　　4、6、10、12. |⎯⎯|⎯⎯| 0　　8厘米　　　8. |⎯⎯|⎯⎯| 0　　6厘米

图一〇　出土器物

1. 釉陶博山炉盖（M2：6）　2. A型陶灯（M1：3）　3. C型陶灯（M2：4）　4. 陶壶盖（M2：7）　5. 陶碟（M2：11）

6. 陶鸡（M2：8）　7. 陶勺（M1：4）　8. C型陶罐（M2：18）　9. 陶匜（M2：2）　10、12. 陶钵（M2：12、M2：3）

11. 陶碗（M2：19）

　　钵　3件。均为泥质红胎，釉陶，器腹浅而折，平底。M2：12，器内施浅黄色釉，器外侧口沿下为浅褐红色。方圆唇，侈口，宽平沿。口径22、通高5.2厘米（图一〇，10）。M2：3，器表施浅黄色釉。斜方唇，敞口。口径18.4、通高6.4厘米（图一〇，12）。M2：16，器表施浅黄色釉。斜方唇，敞口。口径18.4、通高6.4厘米（图一一，6）。

　　灯　3件。均为泥质红胎，表施浅黄色釉。大部分已脱落。视其形态可分三型。

　　A型　1件。直口，折盘，高喇叭形座。M1：3，圆唇。口径7.2、通高9.2厘米（图一〇，2）。

　　B型　1件。敛口，浅折盘形成一周平台。M2：17，圆唇，高粗柄，圈足呈喇叭形。口径8.6、通高9厘米（图九，11）。

C型　1件，圆唇，直口，折壁，浅盘。M2：4，圈足残，形似豆。口径10.8、残高7厘米（图一〇，3）。

勺　1件。M1：4，勺内壁施酱红色釉。勺体平面呈圆形，侈口，尖唇，圜底。半圆柱形柄上翘，端部平折。勺口径6、柄长9.2厘米（图一〇，7）。

灶　1件。M2：1，泥质灰陶。灶体呈长方形，灶面有锅台，锅台侧有一圆形小烟眼。灶台一侧有火门。灶长18、台面宽9、高6.6、锅台径6.6厘米（图一一，2）。

（二）瓷器

碗　1件。M4：8，残。白瓷开小片。敞口，斜弧壁，矮圈足。口径10、通高4厘米（图一一，5）。

壶　2件。形态、大小、质地、色泽、纹饰均相同。M4：1，灰白胎，豆绿色釉。开小片，器腹饰有二组燕鸟纹。敞口，高直颈，四瓣形腹，平底。八棱形流上翘，宽扁形鋬。口径10、底径10.7、高19厘米（图一一，1）。

（三）铁器

刀　1件。M4：5，锈蚀严重。脊断面呈菱形，弧形刃。残长18厘米（图一一，4）。

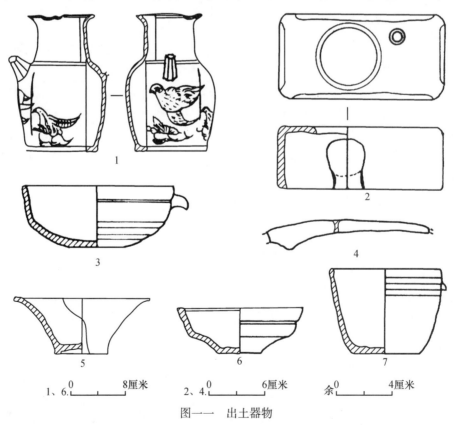

图一一　出土器物

1.瓷壶（M4：1）　2.陶灶（M2：1）　3.陶魁（M2：5）　4.铁刀（M4：5）　5.瓷碗（M4：8）　6.陶钵（M2：16）
7.陶杯（M1：2）

三、结　语

此次发掘的古墓葬主要有砖室墓和崖洞墓两种。砖室墓的平面形态有刀把形和长方形两种。墓砖多有榫卯结构，其侧立面多饰有几何形花纹。墓壁及铺地的砌法均为错缝平铺，墓顶则为错缝侧立的楔形砖券顶。崖洞墓主要开凿于较为陡峭的悬崖处，均为单室墓。根据目前的考古发现，以上两种形态的墓葬是我国西南地区，特别是三峡地区最为流行的墓葬，其中崖洞墓一直到宋代以后都还较为流行，但大多是沿用前期的洞穴。

关于这批墓葬的时代，根据出土的器物特征分析：人物、动物俑的器物特征、质地、色泽均与万州松岭墓地[1]、万州武陵镇瓦屋村、忠县周家垸子东汉墓[2]出土的同类器物相同或相似。其他器物，如A型罐（M1：1）与巫山麦沱汉墓的Ⅱ式釜（M33：4）[3]，A型灯（M1：3）与万州安全墓地的B型灯（M1：54）[4]、博山炉盖（M2：6）、魁（M2：5）、勺（M1：4）与万州松岭包墓地的同类器（M3：31、M9：15、M9：23）[5]，C型罐（M2：18）、壶盖（M2：7）与云阳李家坝37号岩坑墓的盒（M37：18）、壶盖（M37：22）[6]，陶灶（M2：1）与巫山瓦岗槽汉墓的同类器（M10：18）[7]均相同或相似。巫山麦沱Ⅱ式釜（M33：4）的时代为东汉前期，云阳李家坝37号岩坑墓的时代为王莽时期，万州松岭M3、M9的时代大体相当于东汉中晚期，万州安全墓地M1的时代为东汉中晚期。因此，推测奉节溪沟这批墓葬的时代大体从东汉的早期一直延续到中晚期。

另外，根据崖洞墓发掘的情况，多数墓上层堆积中出土宋代的陶瓷器，而下层堆积中又出土东汉时期的陶俑或五铢钱，如M4上层堆积中出土宋代的瓷执壶、残瓷碗、铁钱，而下层出土多枚东汉时期的五铢钱，因此，推测这批崖洞墓开凿及使用的时代当在东汉时期，其后又被宋代人沿用。

发掘：郭胜斌　罗仁林　欧继凡

吴承翟　胥卫华

绘图：罗仁林　胥卫华

执笔：胥卫华　罗仁林　吴承翟

① 青海省文物考古研究所三峡工作队等：《万州松岭包墓地发掘报告》，《重庆库区考古报告集·1997卷》，科学出版社，2001年。

② 湖南省岳阳市文物考古研究所三峡发掘资料。

③ 湖南省文物考古研究所等：《巫山麦沱汉墓群发掘报告》，《重庆库区考古报告集·1997卷》，科学出版社，2001年。

④ 陕西省考古研究所等：《万州安全墓地发掘报告》，《重庆库区考古报告集·1997卷》，科学出版社，2001年。

⑤ 青海省文物考古研究所三峡工作队等：《万州松岭包墓地发掘报告》，《重庆库区考古报告集·1997卷》，科学出版社，2001年。

⑥ 四川大学历史文化学院考古系等：《云阳李家坝37号岩坑墓发掘报告》，《重庆库区考古报告集·1997卷》，科学出版社，2001年。

⑦ 南京博物馆考古所等：《巫山瓦岗槽汉代墓地发掘报告》，《重庆库区考古报告集·1997卷》，科学出版社，2001年。

奉节营盘包墓地2004年度发掘报告

南 京 大 学 历 史 学 院
奉节县文物保护管理中心

一、墓地概况

2004年，由南京大学历史系考古专业师生组成的工作队对重庆奉节永安镇（原幸福乡）营盘包墓地进行发掘。本次发掘是在2003年基础上的第二期发掘，发掘工作从11月初至12月中旬，历时38天。由于墓葬中心区白马小学尚未拆迁，我们只能在小学外围进行钻探发掘，没能按原计划完成本年度的发掘任务。2005年秋季，将2004年度剩余计划与2005年度计划合并进行发掘。本报告是按2004年度计划任务面积而写，故有一部分实际是2005年秋季完成的。最后完成的2004年度计划，墓葬22座，出土各类文物共计234件（组）。

营盘包墓地地处奉节县永安镇白马村十社，位于长江北岸的坡地，海拔145～165米，西距奉节新县城约3千米，墓地中心地理坐标为东经109°30′13″，北纬31°02′29″，海拔约150米（图一）。

永安镇是奉节老县城所在地，白马村除民居外，还有白马小学、白马自来水厂和私人盐厂。营盘包墓地以靠近江边的白马小学为中心，2003年发掘时，由于白马小学尚未拆迁，重点发掘了墓地北部白马水厂以东和盐厂以南部分。2004年计划拆迁的白马小学仍未拆迁，我们只好在小学周围进行钻探，发掘了小学围墙南和位于东北方向池塘沟西岸斜坡上的8座墓葬。2005年小学拆迁后又发掘了计划的剩余面积，发掘墓葬10座（图二）。

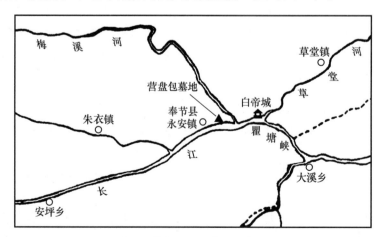

图一　营盘包墓地位置示意图

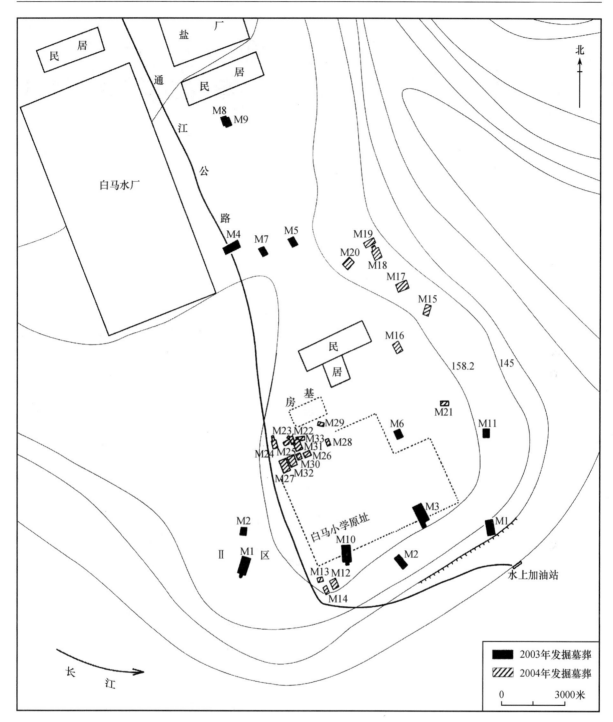

图二 营盘包墓地墓葬分布图

　　墓地地层堆积简单，大部分地区表土层下为近代扰乱层，扰乱层的厚度不一，有的地方厚2米以上。扰乱层以下即为生土，土坑墓均开口于近代扰乱层下，打破生土层。发掘中墓圹坑壁脱落现象明显，墓圹完整者埋藏也较深，多在2米以上。

二、战国墓葬

本次发掘清理战国土坑墓2座，皆为小型长方形土坑墓，其中1座被晚期严重打破，仅残存一角，出土器物1件。

（一）M19

M19位于墓地东北部陡坎之下面向池塘沟的斜坡西段，东距池塘沟水面约25米，地势西高东低。地表原种植柑橘树，表土层较厚，墓口距地表0.7米。墓葬南与M18紧邻并打破M18墓道，西南距M20约8米。长方形竖穴土坑墓，开口于表土层下，距地表0.25~0.4米，方向243°，长3、宽1.7、深3~4米。黄褐色填土，较湿软。墓底中心一棺，棺痕长1.96、宽0.88、残高0.08米。单人仰身直肢，头向西面北，骨架保存较差。棺内骨架北侧自腹部向脚端顺向排列陶敦、鼎、壶各2件，依次为陶敦、陶敦、陶鼎、陶壶、陶壶、陶鼎，右侧腰间置铁剑1把（图三）。

该墓出土陶器6件、铁器1件。其中陶器皆为泥质灰陶。共6件，为鼎、敦、壶组合2套。

陶鼎　2件。带盖，盖、身子母口扣合。盖顶近平，圆折肩，盖顶中央和外围各一圈凸棱，外圈凸棱等距离立三个梯形实心纽，两长方形附耳微外撇。三柱足，微外撇。M19：3，

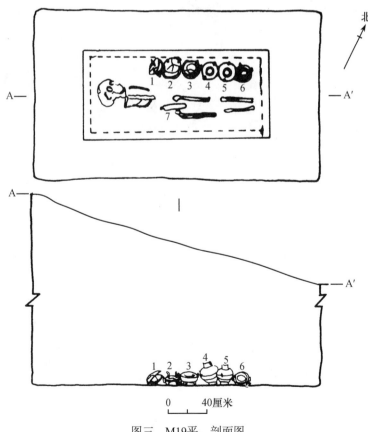

图三　M19平、剖面图

1、2.陶敦　3、6.陶鼎　4、5.陶壶　7.铁剑

直口，圆唇，腹较深，圜底。口径13.4、腹径16.2、高15.8厘米（图四，1）。M19：6，口微敛，方圆唇，圆折腹，腹稍浅，圜底近平。口径13、腹径16、通高16.5厘米（图四，4）。

陶敦　2件。盖、身皆方唇，身下三云形支足，盖上三个同样的云形纽，较足稍小，上下两部分基本对称，合成圆球状。器上隐约可见斑驳的红、白彩，纹饰难辨。M19：1，纽根部一道细凹弦纹。口径16.2、腹径17.6、通高19厘米（图四，2）。M19：2，纽根和足根部各一道凹弦纹。口径16.5、腹径17.8、通高18.6厘米（图四，3）。

陶壶　2件。侈口，方唇，长颈，溜肩，鼓腹，圈足。带盖，盖圆弧顶，子口，盖上三云纽。腹上部两侧各一耳，耳上穿孔很小。下腹部、耳部和颈、肩交界处各饰一道凹弦纹。器身。出土时隐约可见斑驳彩色。M19：4，口径8.4、腹径18、底径11、高23.5厘米，盖高3.6厘米（图四，5）。M19：5，口径8.5、腹径17.8、底径11、高24.4厘米，盖高3.6厘米（图四，6）。

铁剑　1件。M19：7，剑身较宽而薄，柳叶形，无明显剑脊，扁平剑茎，茎末端残，上残存半个小孔。锈蚀严重，出土时剑身残存木鞘朽痕。宽4、茎宽1.2、通长27.8厘米（图四，7）。

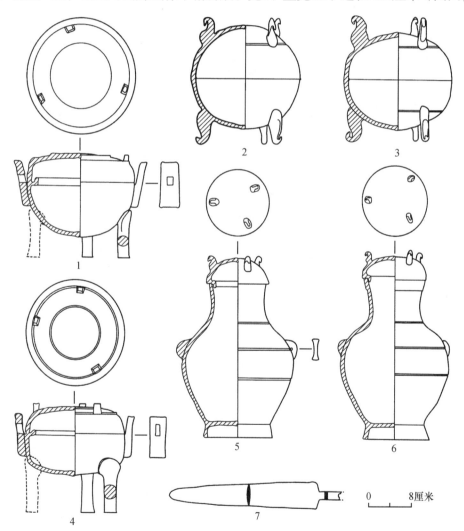

图四　M19出土器物

1、4.陶鼎（M19：3、M19：6）　2、3.陶敦（M19：1、M19：2）　5、6.陶壶（M19：4、M19：5）　7.铁剑（M19：7）

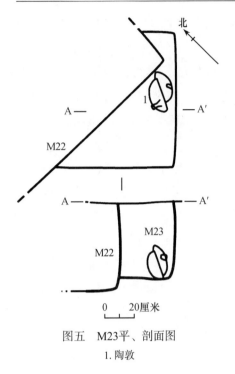

图五　M23平、剖面图
1.陶敦

（二）M23

M23位于墓地南部中段白马小学教室北墙外，墓葬南部被M22打破，西南紧邻M25，开口于表土层下，距地表40厘米。表土为建校时的垫土。为长方形竖穴土坑墓，墓室大部分被M22打破至底部，东北角尚存。墓室残长0.68、宽0.76米，墓坑深尚有0.5米。墓底部东北角出土陶敦1件（图五）。

陶敦　M23：1，泥质灰陶。直口，方唇，整体呈圆球形，上下两部分对称，三云形足，盖上三纽，纽呈牛角形向上弯曲。盖顶纽部一周饰浅凹弦纹。口径16.4、高16.2厘米（图七，1）。

三、汉代墓葬

共发掘汉代墓葬19座，其中土坑墓18座、砖室墓1座。墓葬分布于白马小学及其周围。土坑墓大多保存完好，砖室墓遭破坏或盗扰比较严重。下面按土坑墓、砖室墓分别说明。

（一）土坑墓

1. M12

M12位于白马小学墙外西南方向，距小学南墙约8米。地表原为橘树、红薯等。开口于近代扰乱层（第2层）下，地表北高南低，墓口距地表0.3～1米。长方形土坑竖穴墓，方向335°。长3.2、宽2.5、墓穴深4.4～4.7米。直壁，墓内填土黄褐色，较硬。坑壁自然脱落明显。墓底存一木椁印痕，木棺无存。椁内东、西两侧发现骨灰，可判断为二人合葬，头向北。根据板灰痕迹，推测木椁长2.5、宽1.73米。椁内北部、骨痕之间出土铁鍪、铁凿各1件（图六），铁鍪出土时锈蚀严重，无底。铁鍪、铁凿之间发现漆皮的痕迹。

铁鍪　1件。M12：1，敞口，高领，溜肩，鼓腹，肩、腹交接处左右对称的两个环形耳，双耳饰索绹纹。锈蚀严重，仅口、颈部完整，耳以下部分残失。口径12.8、腹径21、残高14.5厘米（图七，2）。

铁凿　1件。M12：2，长条形，锻銎，銎断面呈椭圆形，由表面的铁皮卷包而成，向刃部方向逐渐内收，至凿身处向两侧渐宽，形成宽刃。通长9.6、銎长5.5、刃宽4厘米（图七，3）。

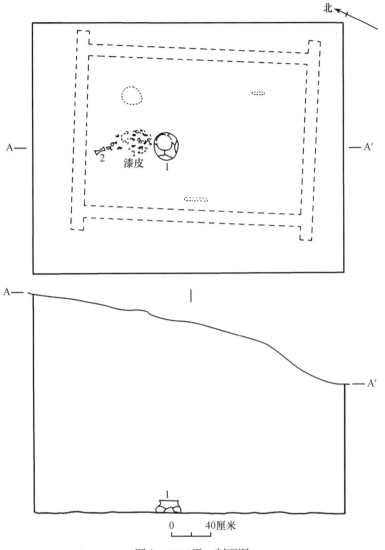

图六 M12平、剖面图
1.铁鍪 2.铁凿

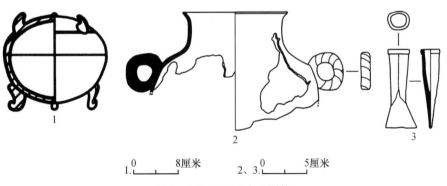

图七 M12、M23出土器物
1.陶敦（M23：1） 2.铁鍪（M12：1） 3.铁凿（M12：2）

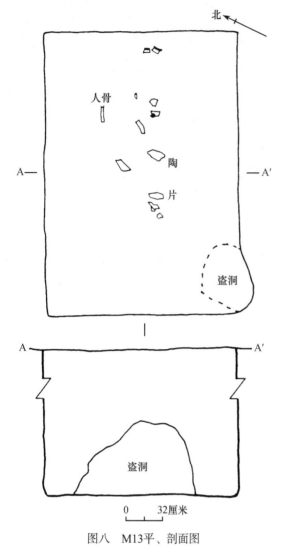

图八 M13平、剖面图

2. M13

M13位于M12西北，两墓相距约4米，南与M14相距2米。地表为杂树丛。开口于近代扰乱层（第2层）下，墓口距地表0.6～0.8米。

长方形竖穴土坑墓。长2.4、宽1.73、墓穴深2.3米。坑壁规整，墓底长2.4、宽1.7米。墓内填土黄褐色，含灰土点、土质较硬。该墓被严重盗扰，盗洞从墓圹西北角直达墓底，然后顺墓底向南至墓圹南壁，并在南壁上挖进一个浅洞。墓底杂乱地散置十几块碎陶片，仅见一段人骨，发现板灰痕迹（图八）。

3. M14

M14位于M13以南2米，地表原为杂树丛，开口于近代扰乱层（第2层）下，墓口距地表0.7米，南壁上部被一东西向现代沟打破。

长方形竖穴土坑墓，长2.91、宽1.75、墓穴深2.71米。坑壁规整，口底同大。墓内填土黄褐色，土质较硬。墓底中部发现棺木朽痕，人骨无存，出土铁鍪1件、铜钱1枚（图九）。

铁鍪 1件。M14：1，侈口，高领，束颈，溜肩，鼓腹，圜底。肩、腹交界处大环耳一对。锈蚀严重。口径14.3、腹径20.4、高16.5厘米（图一〇，1）。

铜钱 1枚。M14：2，半两钱，钱文模糊不清。背平素，狭穿。直径3.1、穿边0.8厘米（图一〇，2）。

4. M15

M15位于墓地东北部，在营盘包台地东侧池塘沟的西岸陡坡上，表面原为橘树、杂树等。东距水面约30米，墓口顺着斜坡西高东低，开口于表土层下，墓口距地表0.3～1.3米。

长方形竖穴土坑墓，方向210°，墓口长3.05、宽1.65、深1.7～2.3米。墓壁垂直，口底同大。填土较干而松，褐色。根据残存板灰痕迹，复原木棺长2.2～2.47、宽0.92～1.2米。人骨保存极差，肢骨不全，仅见粉状骨灰痕，可辨明为单人仰身直肢墓，头向西。据头骨眼窝形状判断应为男性。人骨腰部右侧出土短剑1把，右腿右边出土陶罐1件，头骨右边出土铜镞1件。铜剑南侧有一片红色漆皮（图一一）。

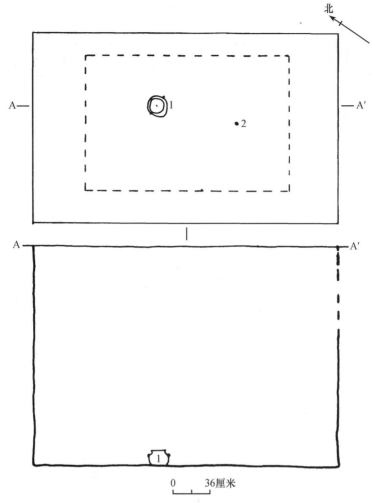

北

0 　　36厘米

图九　M14平、剖面图

1.铁鍪　2.铜钱

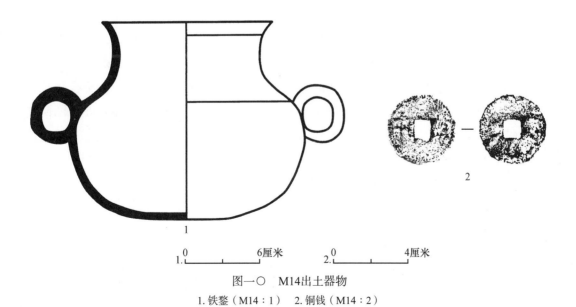

0 　　6厘米　　　0 　　4厘米

图一〇　M14出土器物

1.铁鍪（M14∶1）　2.铜钱（M14∶2）

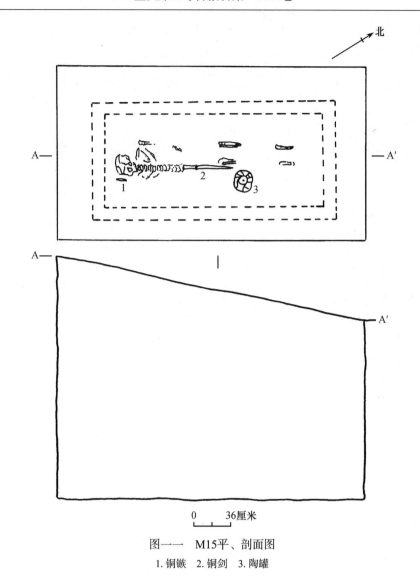

图一一　M15平、剖面图

1.铜镞　2.铜剑　3.陶罐

陶罐　1件。M15：3，泥质灰陶。侈口，平折沿，尖唇，高领，溜肩，鼓腹，大平底。腹部饰一周带状凹弦纹。口径8.5、腹径16.3、底径8.8、高13.3厘米（图一二，3）。

铜剑　1件。M15：2，柳叶形，中间起脊，横断面呈菱形，自剑锋向后逐渐变宽，剑身、茎交接处有用两层竹片包裹木头做成的椭圆形格，中间的木头已腐朽。扁茎较厚，断面亦呈菱形，茎端上有一孔，出土时茎中段尚有夹缚在剑茎上的竹木片的残留物。剑身长25.5、剑格宽4.8、剑茎长6.28、通长33厘米（图一二，1）。

铜镞　1件。M15：1，三棱形，三面内凹，三条刃尖削锋利，铁铤，铤断面圆形。铤长4、通长6.7厘米（图一二，2）。

5. M16

M16位于墓地东北部台地，东距民房1米，民房以东即为面向池塘沟的坡地，东北距M15约17米，地表为杂树。开口于表土层下，表土层厚达1.1米，为村民建房时的垫土。

长方形竖穴土坑墓，方向155°，墓口长4.05、宽2.2、深2.5米，直壁，填土灰黄色，较松

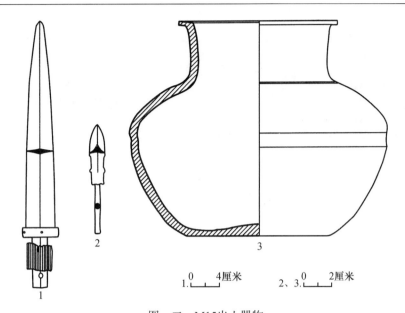

图一二　M15出土器物
1. 铜剑（M15∶2）　2. 铜镞（M15∶1）　3. 陶罐（M15∶3）

软，含细沙，上层含少量料姜石。墓底一椁二棺，二人合葬，仰身直肢，二棺东西并排相错，东侧棺靠南，骨架头向南，并向西（内侧）歪，上肢弯向肋骨部，两臂置于胸前；西侧棺靠北，骨架头向北，两手合于腹部。骨骼腐朽。初步判断，头向南者为女性，头向北者为男性。据牙齿咬合面磨损程度，经吉林大学魏东先生鉴定男性年龄30岁左右，女性35～40岁，牙齿有龋洞。两棺各在脚端棺外与椁之间留出一段空间，随葬器物全部出于西侧男性棺脚端的空间内，有陶器、小件铜器和铜钱等25件（组），东侧女性棺脚端棺外的空间则空无一物（图一三）。

出土器物有陶器、小件铜器和铜钱等。

（1）陶器

18件。

鼎　1件。M16∶1，泥质灰陶。带盖，整体呈扁圆形。盖、身以子母口扣合。盖顶近平，正中有一扁平立纽，四周三小纽残缺，亦作扁平状。鼎身浅腹，口沿下至耳一周削掉薄层，然后再稍凸起平滑过渡至底，圜底近平，两附耳长方形，弧形外撇。三蹄足外撇。口径17、腹径19.8、连耳宽25、通高15.5厘米（图一四，1）。

罐　9件。分五型。

A型　3件。泥质灰陶。无颈，鼓腹，广肩，圜底近平，器身扁圆。M16∶2，口微敛，方唇，溜肩，肩、腹之间有一周凸棱，罐内放置小动物骨骼。口径11、腹径16、高6.8厘米（图一四，8）。M16∶7，侈口，圆唇，肩与腹处贴附对称两系。口径7.2、腹径13、高5.3厘米（图一四，5）。M16∶16，敛口，方唇，腹部略直。口径8.5、腹径15.5、高7.2厘米（图一四，11）。

B型　2件。直口，方唇，短直领，鼓腹，圜底，器身扁圆，肩、腹部贴附对称两系。M16∶10，泥质黑陶。口微侈，广肩，下腹部至底有修削痕。口径5.8、腹径11.6、高5.2厘米

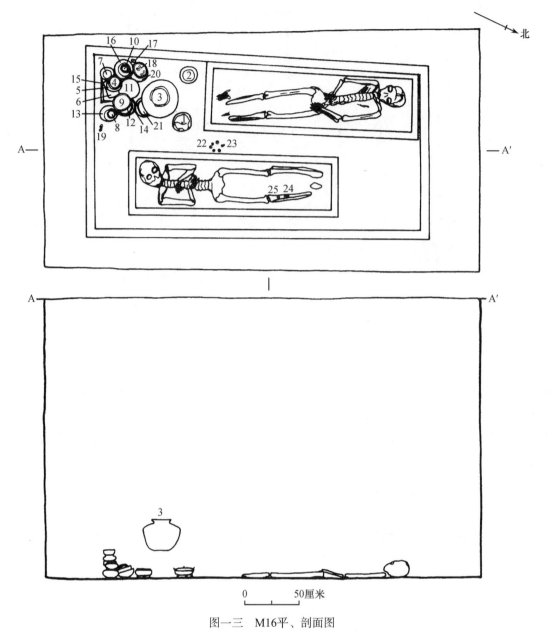

图一三　M16平、剖面图

1.陶鼎　2、3、5、7、8、10、13、16、19.陶罐　4、12、14.陶甑　6、15.陶灶　9、11.陶钵　17、18、20、22.铜钱
21.陶盒　23.铜带钩　24.铜剑格　25.铜饰件

（图一四，15）。M16：19，泥质灰陶。溜肩，腹急收至底，腹外凸，器身扁，圜底近平。口径9.2、腹径14.3、高4.4厘米（图一四，16）。

　　C型　1件。M16：3，泥质灰陶。口微侈，平折沿，束颈，颈较长，广肩，鼓腹，大平底，底微内凹。肩部饰间断绳纹带，腹、底满饰绳纹。口径11、沿宽1.8、腹径31、高23.8厘米（图一四，2）。

　　D型　1件。M16：13，泥质红陶。敛口，平折沿，束颈，颈极矮，折肩，直腹，下部折收至小平底，口、底大小相近，器形上下对称。肩、腹交接和腹部折收处各有一道附加堆纹，两道附加堆纹间刻划一向右倾斜的"干"字形符号。口径6、腹径16.2、底径6、高9.8厘米（图一四，6）。

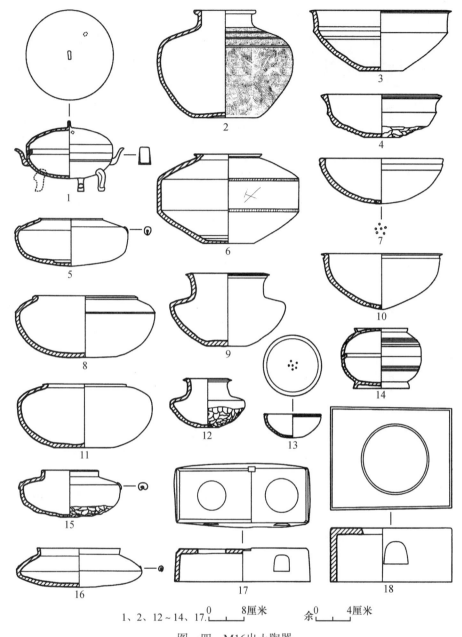

图一四　M16出土陶器

1. 鼎（M16：1）　2. C型罐（M16：3）　5、8、11. A型罐（M16：7、M16：2、M16：16）　6. D型罐（M16：13）
9、12. E型罐（M16：8、M16：5）　15、16. B型罐（M16：10、M16：19）　3、4. 钵（M16：11、M16：9）
7、10、13. 甑（M16：14、M16：4、M16：12）　14. 盒（M16：21）　17、18. 灶（M16：15、M16：6）

　　E型　2件。泥质灰陶。侈口，平折沿，尖圆唇，高领，折肩，小平底。M16：5，底近圜形，下腹部有修削痕，内有鱼骨。口径9、腹径17.2、底径5、高10.8厘米（图一四，12）。M16：8，内放置有鱼骨。口径8.1、腹径13.2、高8.1厘米（图一四，9）。

　　钵　2件。泥质灰陶。小平折沿微下斜，尖唇，斜弧腹，腹部一周凸棱，小平底。M16：9，口微敛，下腹部有修削痕。口径12.8、底径4、高4.7厘米（图一四，4）。M16：11，侈口。口径15.1、底径5、高6.7厘米（图一四，3）。

　　甑　3件。泥质灰陶。敛口，弧腹，圜底。M16：4，平沿尖唇，沿下至腹部正中较直，向下弧至底，底尖圆。底部正中7个算孔。口径12.6、高6.2厘米（图一四，10）。M16：12，方唇。腹上部饰一道凹弦纹，底部6个小孔，器外残留朱砂痕。口径12、高5厘米（图一四，13）。M16：14，口沿下一道凹弦纹，底部正中六个圆形算孔。口径13.1、高5厘米（图一四，7）。

　　盒　1件。M16：21，泥质灰陶。子母口，圆唇，盖方唇，圈底外侈，上下对称，整体呈扁球状，盖、身各饰三道凹弦纹，并残留模糊不清的彩绘。口径15.7、腹径18.6、底径13、通高13.4厘米（图一四，14）。

　　灶　2件。泥质灰陶。外形长方体，折角处皆抹平，圆角。有单眼灶和双眼灶两种。M16：6，灶面略呈梯形，有灶眼1个，孔径7.9～7.4厘米，外（上）大内（下）小，对应侧壁灶门一个。灶门拱形，平底，高2.5、底宽2.8厘米。灶长14、宽11～11.5、高6厘米（图一四，18）。M16：15，泥质灰陶。侧边里侧略外弧，灶面有2个灶眼，左边灶眼直径6.4、右边灶眼直径7.4厘米，灶眼上、下收分不明显，两灶眼对应侧壁2个灶门，灶门拱形顶，左侧灶门高3.2、底宽4厘米，右侧灶门高3.7、底宽3.4厘米。灶面后方中间偏右、灶的边缘有一长方形的小孔，示意两灶眼共用的烟囱。灶面长30、宽12.1厘米，灶底长31、宽14.1厘米，高6.4厘米（图一四，17）。

　　（2）铜器

　　3件。

　　带钩　M16：23，鹅首，琵琶钩身，背椭圆形纽。身宽0.95、通长4厘米（图一五，2）。

　　剑格　M16：24，菱形，中间长方形孔，孔长1.73、宽0.27厘米，孔上下两端内凹而不穿透。通长5.2、宽0.9、厚0.74厘米（图一五，1）。

　　饰件　M16：25，黑色，残。为器物柄端的首部，圆形首附一残断的茎。首面有阴线纹的图案或符号，无法辨识。直径2、残高0.85厘米（图一五，3）。

　　（3）铜钱

　　4件。53枚。有半两钱和五铢两种。

　　半两钱　47枚。根据有无外郭分为二型。

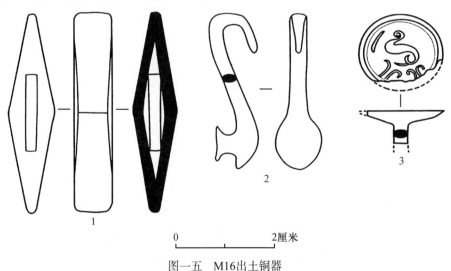

图一五　M16出土铜器

1. 剑格（M16：24）　2. 带钩（M16：23）　3. 饰件（M16：25）

A型 38枚。面无内、外郭，背平素。制作粗糙，有的外缘连有浇铸时留下的浇口铜，俗称"灯笼钱"。钱文不清，写法亦不统一，"两"字有双两（图一六，1、2）和十字两（图一六，3、4）。直径2.1～3.3、穿径0.7～1厘米。

B型 9枚。面有外郭，外郭较细，无内郭，背平素，"两"字有双山两（图一六，5、6）和十字两（图一六，7～9）。直径2.2～2.4、穿径0.7～0.9厘米。

五铢钱 6枚。面有外郭，无内郭，背有内外郭，形制、钱文较统一。在穿上似有凸起星点。"五"字两笔曲交，朱头方折。直径2.5、穿径1.1厘米（图一六，10～13）。

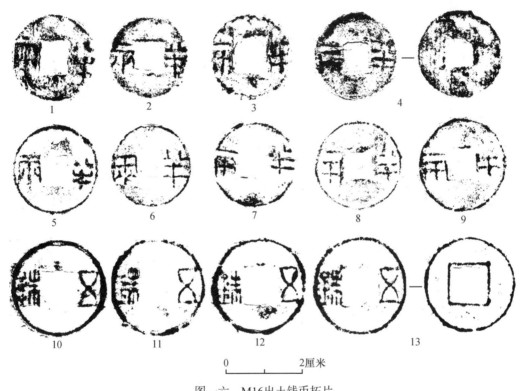

0　　　　　2厘米

图一六　M16出土钱币拓片

1～4.A型半两　5～9.B型半两　10～13.五铢

6. M17

M17位于墓地东北部面向东边冲沟池塘沟西岸的陡坡之上，西北距M18约15米，东南距M15约10米，东距冲沟水面约25米。墓口距地表0.3～0.6米。墓葬为长方形竖穴土坑墓，方向210°，长4.05、宽2.3米，墓口顺着斜坡西高东低，墓坑深2.5～6.1米，墓内填土灰黄色，细沙土，较松软。据墓底灰痕迹复原为一椁一棺，椁的大小仅能容棺，仅见几截朽腐的人骨，可辨头向为南。由于填土疏松，墓坑较深，发掘时台阶留在西侧，待打台阶时发现压在台阶之下、距墓底50厘米高度有一排器物，在椁棺西侧靠墓壁顺向排列，计有鼎、盒、壶各2件。判断系置放棺椁后填土至此，再放置器物，填土由于椁板和墓壁挤压形成熟土二层台，无明显的台面，其余三面都未发现二层台，故未做复原（图一七）。

出土陶器6件。

鼎 2件。泥质灰陶。带盖，盖顶中央扁平立纽衔环，环贴附于盖上，子母口，圆唇，两

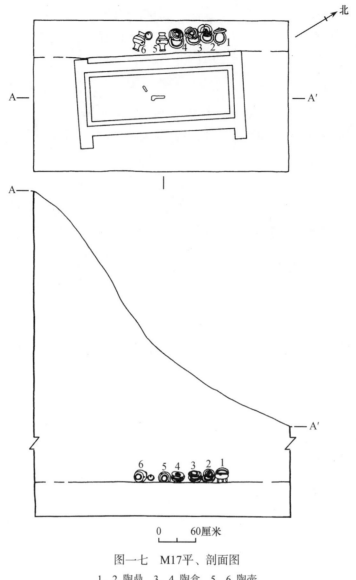

图一七　M17平、剖面图

1、2.陶鼎　3、4.陶盒　5、6.陶壶

立耳斜外撇，腹较深，圜底，三蹄足稍外撇，器身整体呈球形。盖上两圈凸棱，腹部耳下一圈凸棱。对称长方形竖耳微外撇。腹部饰一道凸棱及凹弦纹，底部饰绳纹。上腹部及盖上涂有白地红黑彩绘，大部分脱落，模糊难辨。M17：1，盖顶近平，两圈凸棱使盖顶形成二层台面。口径12.8、高16.5厘米（图一八，3）。M17：2，圜底尖圆，腹部凸棱不明显，鼎内有小动物骨骼。口径12.8、高16厘米（图一八，5）。

　　盒　2件。泥质灰陶。子母口，圆唇，器身和器盖合成一圆球状，圈底。器盖和腹部各有两道凸棱，器外涂有彩绘，大部分脱落，模糊不清。M17：3，口径6.6、腹径17.7、底径9、高14厘米（图一八，4）。M17：4，口径6.9、腹径16.3、底径8、通高14厘米（图一八，6）。

　　壶　2件。泥质灰陶。盘口，方唇，盖弧顶，三云纽，以子口扣于盘口之上。细长颈，最大颈在肩腹部，自肩以下急收至底，高圈足，喇叭形。腹部最宽处有对称饼状立纽，纽上穿细孔、连环，环贴附于器腹上。颈、肩部可见彩绘。M17：5，广肩，肩部纽上饰两道凹弦纹，腹部一道凸弦纹，腹下部近圈足处一周凸棱，器盖、颈、肩部白地红、黑两色彩绘山峰形。口

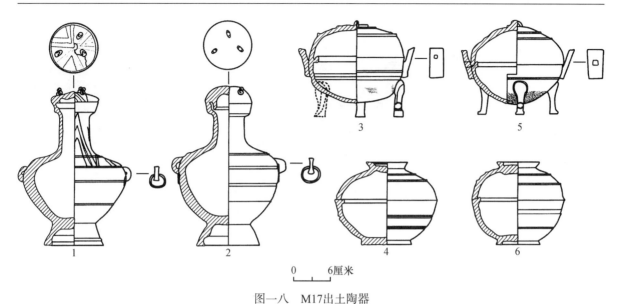

图一八　M17出土陶器

1、2.壶（M17：5、M17：6）　3、5.鼎（M17：1、M17：2）　4、6.盒（M17：3、M17：4）

径7、腹径10.3、底径10.6、通高27.5厘米（图一八，1）。M17：6，溜肩，鼓腹，肩部一道凸弦纹，纽下沿腹部一道凹弦纹，腹部一道凸弦纹，腹下近圈足处一道凸棱。肩腹部隐约可见白地红、黑彩绘。口径8、腹径17.8、底径10.8、高27.4厘米（图一八，2）。

7. M18

M18位于墓地东北部面向东边冲沟池塘沟西岸的陡坡上，地势从西北向东南倾斜。与M19相邻，墓道一角被M19打破。距墓圹东南门不到10厘米有新盗洞，表明该墓险些被盗。

墓葬开口于表土层下，为带一斜坡墓道的土坑竖墓。墓口距地表0.25～0.4米，方向300°，长3.9、宽2.6米，斜坡墓道位于墓圹西端，偏于南侧。墓道长3、宽1.3米。墓坑深2.2～2.6、墓道深2.19～2.23米。填土黄褐色，较湿。墓底有宽14～30、高28厘米的生土二层台，墓道北壁亦有生土二层台与墓底二层台相接，该二层台又分二级逐渐增高，后端被M19打破，高度不明。墓道南壁下无二层台。墓底靠墓道一侧置一椁二棺，复原椁长约2.89、宽1.6米。二棺并列，北侧棺稍小。二人仰身肢，头向西，保存状况差。随葬器物置于南边墓壁之下和两棺中段，南壁下一排器物压于椁和左侧棺的边上，有铜洗、铜釜及陶器多件，两棺中段器物压墓主身、腹部位，有釉陶壶、盒等陶器，陶器下压一铜削。左侧墓主头骨右边有一陶罐。墓道与墓室相接处北侧出土一陶罐。除南壁下一排器物相对完整，其余皆破碎严重，有的明显属于一件器物的碎片或附件被分置在不同的地点，个别器物无法修复。铜钱分置于两棺之中，北侧棺内三处，编号M18：26、M18：27、M18：30，南侧棺内和脚端棺外各一处，编号M18：28、M18：29，皆为五铢钱。墓室后椁外虽有较大空间，但无一葬品（图一九）。

出土器物有陶器、釉陶器、石器、铜器和铜钱。陶器经修复有35件，器类为罐、盆、壶、盒、甑、灶、熏炉等，以罐为主。釉陶器2件。铜器3件，为洗、鍪、削各1件。石器为黛板1件。铜钱5组计95枚，皆为五铢钱。

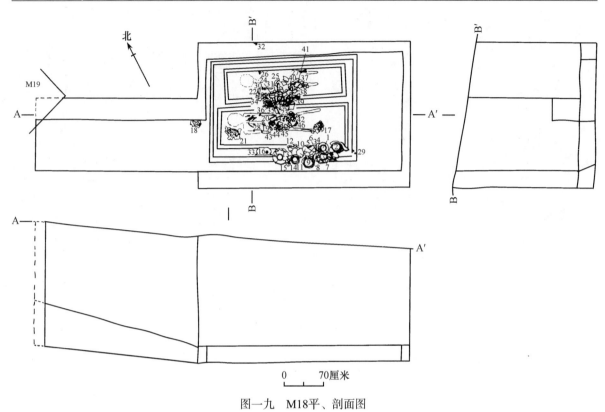

图一九　M18平、剖面图

1、6、10、11、17、18、23、34、35、41、43、45、46.陶罐　2.陶壶　3、4、8、37～39.陶盆　5、12～15、21.陶罐（带盖）
7.釉陶壶　9.铜鍪　16.铜洗　19、40、44.陶甑　20、24.陶灶　22.石黛板　25.釉陶盒　26～30.铜钱　31.铜削　32、33.陶饰件
36.陶熏炉　42.陶盒

（1）陶器

均为泥质灰陶，多素面，偶见少量弦纹和网格纹。

罐　19件。根据器形特征粗分为四型。

A型　14件。小口、束颈、鼓腹、大平底，侈口，圆唇，口沿外翻，短颈，广肩或溜肩。多数陶罐的肩部有二至三道凹弦纹，弦纹间饰网格纹带。有的以小盆为盖，盖敞口尖圆唇，斜折腹，小平底。腹部饰一至三道凹弦纹。M18∶1，圆唇，广肩。肩部饰二道凹弦纹，弦纹之间饰网格纹，器腹内壁有轮制遗留的凹凸弦纹。口径9.2、腹径17.2、底径11.8、高12.2厘米（图二〇，1）。M18∶12，广肩。肩部饰凹弦纹及网格纹。以盆为盖，盖腹部饰两道凹弦纹，器内壁有轮制痕迹。罐口径10.8、腹径24.5、底径15、高17.5厘米，盖口径13.5、底径5、高6.5厘米（图二〇，5）。M18∶6，圆肩。肩部饰凹线纹及网格纹。口径8.5、腹径20、底径12、高13.3厘米（图二〇，9）。M18∶14，肩部饰一道凹弦纹，以盆为盖。罐口径9、腹径21、底径12.5、高12厘米，盖口径13.5、底径4.4、高4.2厘米（图二〇，14）。M18∶21，肩部饰两道凹线纹，下腹部饰一道凹弦纹，弦纹以上饰腹部饰间断绳纹。以盆为盖。罐口径10、腹径23、底径14.5、高16厘米，盖口径13、底径5、高4.8厘米（图二〇，16）。M18∶35，肩部饰三道凹弦纹，弦纹间饰两条网格纹带。口径10.5、腹径24.2、底径16.2、高17.4厘米（图二〇，2）。M18∶13，肩部饰凹线纹及网格纹。以盆为盖。罐口径8.5、腹径23.8、底径14.6、高15厘米，盖口径13.2、底径4.7、高4.5厘米（图二〇，6）。M18∶45，肩部饰凹弦纹及网格纹。口径9.8、腹径23.6、底径14.5、高15厘米（图二〇，10）。M18：34，肩部饰凹弦纹及网格纹。口径10、腹径23.5、底径12、高15.5厘米（图二〇，15）。M18：41，肩部饰凹弦纹及网格纹。口径9.2、腹径19、底径11、高13.6厘米（图二〇，17）。M18：10，肩部饰凹弦纹及网格纹。口径8.4、腹径22.4、底径12.4、高15.3厘米（图二〇，3）。M18：5，肩部饰三道凹弦纹，弦纹间饰两条网格纹带。以盆为盖，相对罐口，盖口径较小，仅可扣合在罐口沿上，盖腹部饰两道凹弦纹。罐口径10.8、腹径24.5、底径15、高17.5厘米，盖口径13.5、底径5、高6.5厘米（图二〇，7）。M18：15，肩部饰凹弦纹及网格纹。有盖，盖口径较大，与罐口似不相配套。罐口径9.5、腹径23、底径13、高15.4厘米，盖口径17、底径5.7、高6.5厘米（图二〇，11）。M18：18，肩部仅饰两道凹弦纹。以盆为盖。罐口径10、腹径23、底径13.6、高16厘米，盖口径13、底径4.5、高5厘米（图二〇，18）。

B型　1件。M18：17，敛口，宽平斜折沿，长颈，斜折肩，腹弧收至大平底，沿外一道凹弦纹，颈、肩交接处和肩部各饰一道凹弦纹，器腹内壁有明显轮制痕迹，凹凸不平。以盆为

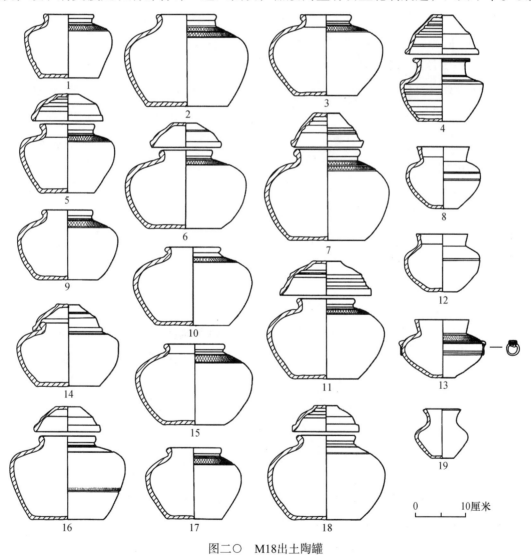

图二〇　M18出土陶罐

1~3、5~7、9~11、14~18. A型（M18：1、M18：35、M18：10、M18：12、M18：13、M18：5、M18：6、M18：45、M18：15、M18：14、M18：34、M18：21、M18：41、M18：18）　4. B型（M18：17）　8、12、13. C型（M18：43、M18：11、M18：46）　19. D型（M18：23）

盖，盖侈口尖圆唇，斜折腹，腹较深，内壁有明显较制痕，小平底。罐口径9、腹径16.6、底径9.6、高12厘米，盖口径13.6、底径4.4、高7.5厘米（图二〇，4）。

C型　3件。广口，微敛，方唇，高折颈向外斜直至口，溜肩鼓腹，小平底。M18：11，腹部饰一道凹弦纹。口径9.1、腹径15、底径6、高11厘米（图二〇，12）。M18：43，腹部饰二道凹弦纹。口径9、腹径14.9、底径5.6、高11.7厘米（图二〇，8）。M18：46，侈口，方唇，腹外凸，腹急斜收至底，底更小，口底直径对比明显。肩部饰凹弦纹及网格纹带，腹部饰两道凹弦纹，肩、腹之间对称器耳附环，环贴附于器腹。口径9.8、腹径16.3、底径5、高11厘米（图二〇，13）。

D型　1件。M18：23，敞口，尖唇，束颈，溜肩，鼓腹，平底。最大腹径在肩、腹交接处，下部斜收至底。素面。口径6.8、腹径10.5、底径4.5、高9.3厘米（图二〇，19）。

壶　1件。M18：2，盘口，方唇，长颈，溜肩，球形腹，圈足，器形整体粗短。肩部两侧贴附对称铺首衔环。带盖，盖圆弧顶，子口内敛，圆唇，扣合于盘口之内。盖顶中央一扁形立纽，周围三组缺失。肩部和肩、腹交接部以及下腹部各饰二道凹弦纹。圈足中部一道凸弦纹。口径14.2、腹径31.6、底径18.6、通高40厘米，盖口径13.5、腹径15.3、高7.7厘米（图二一，1）。

盆　6件。根据器底大小和腹部特征分为二型。

A型　5件。敞口，尖圆唇，斜折腹，小平底，口底大小对比十分明显，腹上饰一或二道凹弦纹，内壁有一道道轮制痕迹。大小相近，形制与M18出土陶罐的罐盖一致，应亦属罐盖类。M18：3，折腹下饰两道凹弦纹。口径13.4、底径4.2、高5.3厘米（图二一，3）。M18：4，腹下部饰一道凹弦纹。口径13.8、底径4、高5.4厘米（图二一，4）。M18：37，腹部饰一道凹弦纹。口径14、底径4、高5.5厘米（图二一，6）。M18：39，折腹上部饰一道凹弦纹。口径13、底径4.2、高5厘米（图二一，11）。M18：38，折腹下部饰一道凹弦纹。口径16.3、底径5、高6.5厘米。

B型　1件。M18：8，侈口，折沿外翻，尖唇，圆弧腹，平底稍大，口、底直径对比不强烈。腹下部饰一道凹弦纹。口径13.5、底径5.5、高7厘米（图二一，2）。

甑　3件。M18：19，敞口，斜折沿，尖唇，斜弧腹，小平底，底上无规律分布圆形箅孔10个。腹上部饰一道凹弦纹。口径13、底径15、高6.5厘米（图二一，5）。M18：44，形制与M18：19相近，斜折腹，平底微内凹。腹部饰一道凹弦纹，底上分布11个箅孔。口径14、底径5.6、高6.6厘米（图二一，8）。M18：40，敞口，平折沿，弧腹，小平底，底上分布4个箅孔，中间一孔较小，3个大孔等距离分布于四周。口径12.8、底径4.5、高6.2厘米（图二一，7）。

盒　1件。仅存器盖。M18：42，直口，方唇，折肩直腹，短圈足形盖纽。腹部饰二道凹弦纹。口径19、底径11、高8厘米（图二一，9）。

熏炉　1件。M18：36，身、盖子母口扣合。炉身直口方唇，折肩折腹，腹斜直至短柄，圈足，圆折肩。炉盖尖顶，上部自尖顶十字刻划至中部，四区阴线刻划层峦形，中部和近口沿处各饰一道凹弦纹，弦纹之间有一圈长方镂孔，共有14个。口径10.5、最大腹径14.8、炉高11.7、底径12.8、通高21.3厘米（图二一，10）。

灶　2件。弧边长方体双眼双灶门。灶眼圆形，上大下小，自灶面略向下向内倾斜，灶门拱形。M18：20，灶面与底同大，灶面右壁略向内斜。左侧灶眼直径7、右侧灶眼直径9厘米。

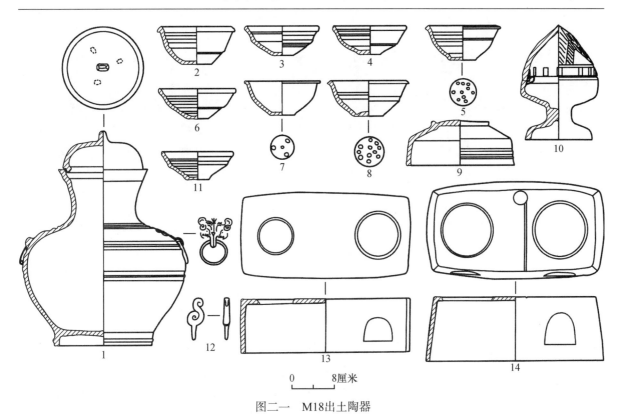

图二一　M18出土陶器

1.壶（M18：2）　2.B型盆（M18：8）　3、4、6、11.A型盆（M18：3、M18：4、M18：37、M18：39）
5、7、8.甑（M18：19、M18：40、M18：44）　9.盒盖（M18：42）　10.熏炉（M18：36）　12.饰件（M18：33）
13、14.灶（M18：20、M18：24）

灶门高4.6、底边5.5厘米。灶长31~32.2、宽14~16、高10厘米（图二一，13）。M18：24，面大底小，侧面呈梯形。左侧灶眼直径10.1、右侧灶眼直径11厘米。灶面后部偏右有一小圆孔代表烟囱，直径2.5厘米，灶门高6、底边6.1厘米（图二一，14）。

饰件　2件。为插在器盖上的云形纽，卷曲成"S"形，下端连榫头。M18：32，榫头长2、通高6.8厘米。M18：33，榫头长2.6、通高7.8厘米（图二一，12）。

（2）釉陶器

从两棺中段出土陶片中修复釉陶壶、盒各1件，通体黄褐釉，夹砂，陶胎较硬。

壶　1件。M18：7，内侧口、颈相交处稍有弯折，略具盘口，直口，方唇，长颈，溜肩，鼓腹，假圈足，足和腹交界处内凹形成一圈折线，肩部堆塑对称铺首衔环。弧顶盖，盖顶中央隐约凸起一盖纽，纽外一圈凸起的小圆点，盖上满饰花纹，盖与壶身以子母口扣合。口沿下2厘米处饰浅凹弦纹二道，肩上和腹中部各饰浅凹弦纹三道，弦纹之间有刻划和堆塑动物、云气纹，阴纹刻划的云气纹间，分上下两层布置凸起的动物、人物，形成宽7.5厘米的装饰带。纹饰带上层自左而右依次为：铺首衔环两侧上面两个相向的同体形的奔兽；一人骑马右向奔驰，前方一大鸟展翅正向骑马人走来；大鸟后方一狮形兽，头顶飘火焰冠，张口前驱；二人相向做搏击状，左边一人持剑状物，右边一人徒手；铺首衔环两侧相向的奔兽；熊做人立状，舞臂张口向右，与右方一张口前驱的有翼虎形兽相呼应；虎形兽后一奔鹿；奔鹿后面又是二人相向搏击。下层为猴、鹿相间，一律向左奔驰。整个画面以左向为前。盖上纹饰以枝蔓和云气为地纹、阳纹，主纹为绕纽分布的龙、虎、熊和朱雀，龙、虎间有一手持仙草的羽人，周围布置八只奔兽，有奔鹿等。口径13.7、底径16.8、腹径30、高37.6厘米，加盖高41.3、盖口径15.2厘米（图二二）。

　　盒　1件。M18：25，盖、身子母口扣合，盖折肩，身折腹，腹近直，尖圆唇。高圈足。盖纽浅盘状。盖肩、腹及器身腹部满饰花纹，以云纹为地，皆阳纹，堆塑动物、人物纹为主纹。盖纽外围一周饰虎、熊、狮、朱雀等动物6个，虎、狮做奔跑状，熊四肢展开舞动、狮间有羽人1个。外围饰鹿、猴等小型兽12个，猴做漫步状，其余做奔跑状，盖身饰奔兽、狩猎纹，有向左奔跑的猛虎，头向左侧置的四肢张开的熊，右边一人骑奔马回首射向熊，右边与马头相对一奔虎，虎右依次两奔兽，后边的奔兽后下方一漫步的猴，再向右为人物骑马射熊同前，马前一人相向迈步而来，人后为有翼虎形奔兽，虎后并列一大一小两个向右的奔兽，奔兽对面为向右的奔虎，虎后一头向左侧置的熊。器身花纹自左向右依次为：人物骑马回首射熊，熊直立舞动前肢张口面向射箭者，熊和马之间上方有一奔鹿；马右方两个向左的有翼虎形奔兽，一前一后；右方上边一小猴，下边一奔鹿；再向右为一展翅向前的朱雀；朱雀右上方一小猴；向后为一奔兽，奔兽右上方为一向右的小奔兽；向右一右向奔兽，奔兽右上方一小猴；向右一熊正面立，展肢，面向右与一小人做搏击状；小人后为一左向奔虎，虎右上方一小猴；再向右为一人骑马回首射箭，马前一小人向马伸臂；再向右为人物骑马回首射熊，熊形象同前，人熊之间的上方一向右奔跑的小兽，马前一小人。盒盖身和器身的画面都以射熊为中心内容，盒身与盖身画面不同的是，熊做正面而立，而非倒地侧置。奔跑的猛兽和漫步的小猴装点画面并渲染气氛，布置在画面上部或下部边缘。口径9.3、腹径20.7、底径11、高18.8、盖纽直径9.6厘米（图二三）。

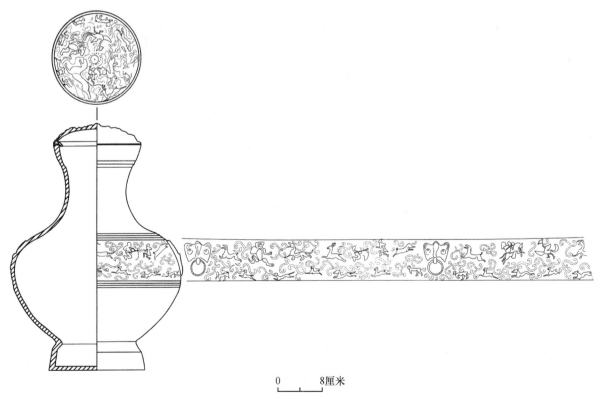

0　　　　　8厘米

图二二　M18出土釉陶壶（M18：7）

（3）石器

黛板　1件。M18：22，黑色，细砂岩。长方形，两面光滑平整，一角残。长15、宽5.7、厚0.5厘米（图二四，4）。

（4）铜器

洗、鍪、削各1件。

洗　M18：16，折沿上斜，束颈折肩，鼓腹，大平底。腹上对称两个大环耳。因在墓中受自然积压略有变形。口径24、腹径24.2、底径16.5、高13.5厘米（图二四，1）。

鍪　M18：9，侈口，束颈，折肩，鼓腹，圜底，腹部单环耳，耳为索辫形，腹中部有细

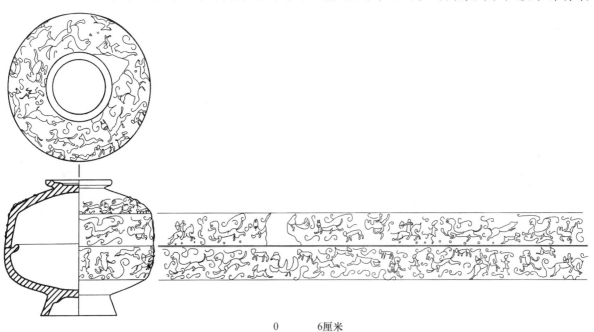

0　　　　6厘米

图二三　M18出土釉陶盒（M18：25）

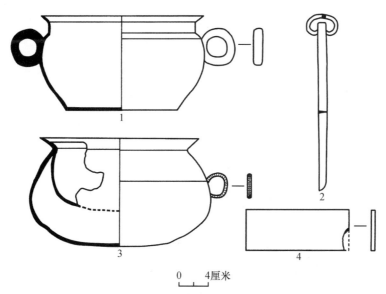

0　　　4厘米

图二四　M18出土铜器、石器

1.铜洗（M18：16）　2.铜削（M18：31）　3.铜鍪（M18：9）　4.石黛板（M18：22）

凸弦纹一道穿过环耳。铜鍪外有烟炱。口径23、腹径26.6、高15.5厘米。鍪内置一铜釜，釜口沿与鍪口沿紧贴并锈结在一起，已残缺过甚，无法提取，未作编号。口径10、复原高10.1厘米（图二四，3）。

削　M18∶31，环形首，刀身直而长，刃前端斜弧至刀背，形成刀尖。出土时器表粘连木鞘痕迹。刀背厚0.4、通长25.3厘米（图二四，2）。

（5）铜钱

五铢钱　95枚。出土于五个位置，属于北侧稍小棺的三组，编号M18∶26、M18∶27、M18∶30，属于南侧棺的两组，编号M18∶28、M18∶29，皆朱头方折，面有内郭，背有内、外郭。以下按组描述。

M18∶26，6枚。外郭较宽。M18∶26-1，"五"字交笔微曲，字体较瘦长。直径2.56厘米（图二五，1）。M18∶26-2，"五"字交笔弯曲，上、下两横连于外郭。直径2.58厘米（图二五，2）。M18∶26-3，穿上横郭，"五"字两笔曲交，与上、下两横交接处近于垂直。直径2.6厘米（图二五，3）。

M18∶27，64枚。外郭细而不匀，"五"字交笔弯曲。直径2.4～2.5厘米。M18∶27-1，穿上横郭，"五"字上下两横连于外郭。直径2.42厘米（图二五，4）。M18∶27-2，同前。直径2.46厘米（图二五，5）。M18∶27-3，"五"字曲交，"朱"头明显高于"金"旁。直径2.5厘米（图二五，6）。M18∶27-4，"朱"头高于"金"旁，"五"字与上下两横相接处略见内收。直径2.41厘米（图二五，7）。M18∶27-5，一侧郭至细，与金旁紧靠，"五"字同前。直径2.42厘米（图二五，8）。M18∶27-6，穿上横郭，"五"字与上下两横相接处，内侧上笔垂直，外侧上、下微内收。直径2.4厘米（图二五，9）。

M18∶30，12枚。M18∶30-1，外郭较宽，"五"字交笔缓曲，上下横连于外郭。直径2.6厘米（图二五，10）。M18∶30-2，外郭不匀，一边较细，"五"字与上下两横相接处垂直。直径2.45厘米（图二五，11）。

M18∶28，9枚。M18∶28-1，"五"字曲交，金头锐角三角形。直径2.6厘米（图二五，15）。M18∶28-2，外郭较宽，穿上横郭，"五"字与上下两横相接处略见垂直。直径2.6厘米（图二五，16）。

M18∶29，4枚。M18∶29-1，外郭较宽，"五"字斜交。直径2.54厘米（图二五，12）。M18∶29-2，"五"字曲交，朱头外伸，高于金旁。直径2.51厘米（图二五，13）。M18∶29-3，磨郭钱，"五"字曲交，与上下横相接处内收。直径2.35厘米（图二五，14）。

8. M20

M20位于墓地东北部池塘沟西岸陡坎下的斜坡上，东北距M18、M19约8米，墓葬西北角坐标N31°02′14.6″，E109°30′15.5″。地势西高东低，以西有一排护坡石。该处坡度相对平缓，地表种有红薯，耕土层出土乾隆通宝铜钱。耕土层下一层为垫土，墓葬开口于该层之下。

长方形竖穴土坑墓，墓口距地表0.4～0.9米，方向250°。墓口长4、宽2.8～3米，东端稍窄。墓壁略内收，墓底长3.5、宽2.6米。墓内填土灰黄色，稍带沙性，西半边较干硬，东半边较黏湿，应为西陡东缓，东部积雨水较多的缘故。墓圹底部熟土二层台环绕椁周清晰可见，呈

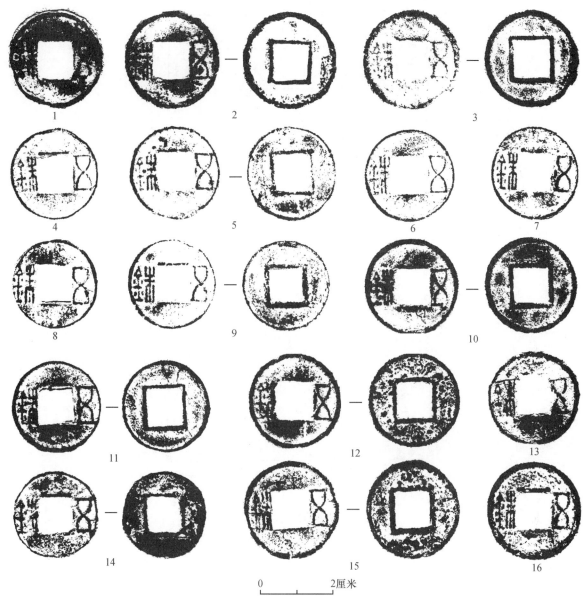

图二五　M18出土钱币拓片

1. M18：26-1 2. M18：26-2 3. M18：26-3 4. M18：27-1 5. M18：27-2 6. M18：27-3 7. M18：27-4 8. M18：27-5

9. M18：27-6 10. M18：30-1 11. M18：30-2 12. M18：29-1 13. M18：29-2 14. M18：29-3 15. M18：28-1 16. M18：28-2

黄褐色，质坚硬，与填土区别明显，高0.6米。墓底一椁一棺，单人葬，头向西，肢体只存几枚牙齿和右边一段腿骨，可判断为仰身直肢葬。据灰白色板灰痕迹，复原椁长2.7、宽1.92米，棺长2、宽1米。随葬品共10件，其中陶罐1件置于二层台西北角，紧靠墓西壁。铜鼎、铜扣饰位于棺椁之间的西南角，铁削、铜印压在铜镜背上，置于墓主头部右侧，铜带钩置于头部左侧，玉塞及两枚铜串珠位于头部正上方（图二六）。

出土器物共10件，类型齐全，有陶、铜、铁、漆器和玉石器。铜鼎残碎严重，未能修复，漆器无存，仅见铜扣饰。

（1）陶器

罐　1件。M20：1，平折沿，沿宽1.8厘米，尖唇，束颈，圆折肩，大鼓腹，圜底内凹。自

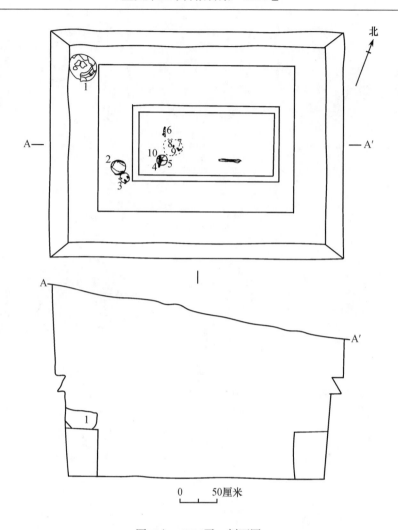

图二六　M20平、剖面图

1.陶罐　2.铜扣饰　3.铜鼎　4.铁削　5.铜镜　6.铜带钩　7.玉塞　8.铜串珠　9.铜印　10.玉石料珠

肩以下至圜底满饰绳纹，纹饰清晰。口径15.5、腹径33.5、底径8、高28厘米（图二七，1）。

（2）铜器

类型有镜、扣饰、带钩、铜珠、印，鼎残甚未能修复。

镜　1件。M20：5，锈蚀破碎严重，镜体较薄，只拼对未修复。桥形纽，已残断，背饰一圈细弦纹，其余无法辨认。镜体局部残留织物痕迹。直径14.7厘米（图二七，3）。

串珠　2枚。形制大小一致。M20：8，两头细中间粗，圆折鼓腹，其中一头向内束再向外折至鼓腹。中间有穿孔。直径0.8、高0.9厘米（图二七，6）。

印　1枚。M20：9，印面正方形，背呈二级台阶内收，半圆纽。印文为篆文"赞印"二字。边长1.1厘米（图二七，7）。

带钩　1件。M20：6，鹅首，目、鼻清晰，长颈弯曲，首至颈中段截面呈半圆形，以下扁平状，至腹部渐宽，整体呈螳螂形。腹中段凸起立体动物形装饰，镶绿松石。自该装饰向后复为扁平状，左右两边各套装的一条透雕龙形装饰，可以折合。腹部动物形饰前、后两端各一长0.5厘米的支柱，背部一帽形纽。通体鎏银，龙形饰和带纽鎏金。通长17.2厘米（图二七，4）。

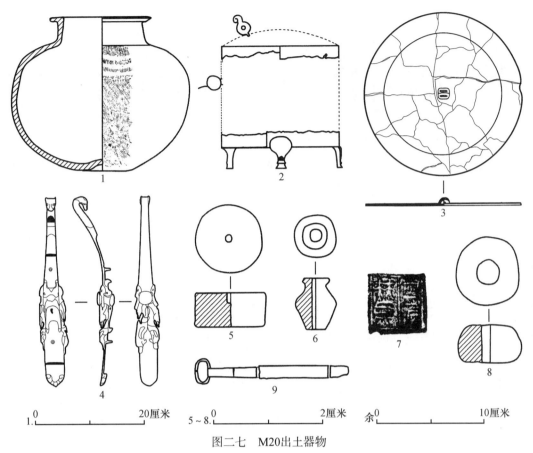

图二七　M20出土器物

1. 陶罐（M20：1）　2. 铜扣饰（M20：2）　3. 铜镜（M20：5）　4. 铜带钩（M20：6）　5. 玉塞（M20：7）

6. 铜串珠（M20：8）　7. 铜印（M20：9）　8. 玉石料珠（M20：10）　9. 铜削（M20：4）

（3）铁器

仅1件铁削。M20：4，环首，削身为厚厚的铁锈包裹，断为三截，削尖残失。局部残存有鞘痕，并有织物包裹的痕迹。残长14.3厘米（图二七，9）。

（4）漆器

仅1件漆樽的铜扣饰。M20：2，为漆樽的附件，有器盖下沿的铜箍，器底铜箍附三足，器盖上的"S"形云纽2个，附于器身中段的鋬手1件。除足、纽和耳，箍皆残破。云纽"S"形，通长6.2厘米。足呈蹄形，高2.8厘米。圆形鋬手仅容一指，前端有插入器壁的上下两个端头，残，后端带一略呈弧形的抓手，残长7.4厘米。据铜箍复原漆樽的腹径为11厘米（图二七，2）。

（5）玉石器

玉塞　1件。M20：7，整体呈圆柱形，中有一小孔未通。因出土于墓主头骨上方，暂定为塞耳或鼻的玉塞。直径1.3、高0.6厘米（图二七，5）。

料珠　1枚。M20：10，土灰色，扁形珠状，中有穿孔，微残，粗糙无光，有多处砂眼。直径1.2、高0.7厘米（图二七，8）。

9. M24

M24位于墓地南部中段白马小学教室北墙外，东距M22、M23约6米。墓葬开口于表土层下，小学建校时曾在这里垫有很厚的土，墓口距地表0.7米。

长方形竖穴土坑墓，带墓道，平面呈"甲"字形，方向345°。墓道在墓圹北边，偏于一侧，长2、宽1米，墓道底与墓底相平。墓壁平直，墓室长2.7、宽2.54、深1.7米。据板灰分布，墓底仅存一方形椁，长、宽为2.42米，近墓道一边因受挤压变形。椁中残留几处棺灰，但无法复原棺的具体位置和大小。人骨无存，葬式不明。随葬品均为陶器，共12件，置于椁内中部，大致呈南北一线布置，据此可判断该墓为一椁二棺，随葬品在两棺之间（图二八）。

出土器物仅陶器，均为泥质灰陶，陶色略有差别。共12件，其中1件残缺过多，未能修复。

罐　7件。分五型。

A型　3件。直口，方唇，短直颈，鼓腹，最大腹径在中部，大平底。M24：5，颈微束，口稍大于底。口径6.5、底径5.5、腹径10、高5.5厘米（图二九，2）。M24：7，口小于底。口径4.8、底径5.6、腹径9.1、高4.6厘米（图二九，7）。M24：8，口稍大于底。口径5.4、底径4.6、高6厘米（图二九，1）。

B型　1件。M24：1，颈以上残。肩近平，圆折肩，最大径在肩、腹交接处，自肩以下斜

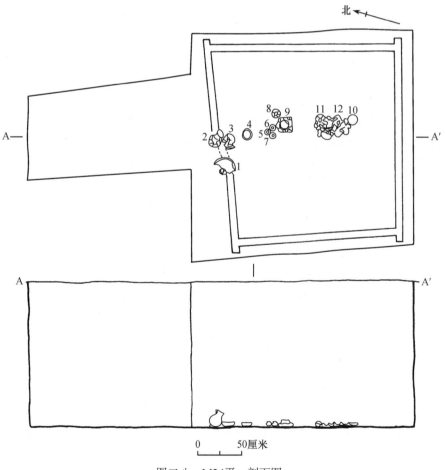

图二八　M24平、剖面图

1、2、5～8、12.陶罐　3、11.陶器盖　4、10.陶盘　9.陶甑

收至底，大平底。底径7、腹径11、残高4.5厘米（图二九，4）。

C型　1件。M24：6，短直颈，直口，方唇，斜肩，直腹，折肩、折腹，腹下部折收至大平底。口径4.7、底径5.5、腹径8.7、高5厘米（图二九，5）。

D型　1件。M24：12，上部残。广肩，折肩斜收至底，最大径在肩部，底内凹。肩以下至底饰粗绳纹，上腹部抹凹弦纹一周，将绳纹分为上、下两部分。腹径25.8、底径9、残高15.2厘米（图二九，10）。

E型　1件。M24：2，侈口，圆唇，束颈，近垂腹，大圜底。口径10.8、腹径15、高14.1厘米（图二九，12）。

盘　2件。泥质黑皮陶，陶胎灰色。M24：4，方唇，口微敛，小平底。器形不整，器底偏于一边。口径10.5、底径5.5、高2.6厘米（图二九，9）。M24：10，直口，方唇，底不明显，为刮削成近圜底。因与M24：4陶色一致，而与器盖类陶色不同，归入陶盘。口径11、高3厘米（图二九，8）。

甑　1件。M24：9，泥质灰褐陶。敞口，小平沿，斜腹，小平底，底部有7个箅孔，中心1个，周边等距离分布6个。口径8.6、底径3.2、高5.2厘米（图二九，11）。

器盖　2件。泥质灰陶，弧腹。M24：3，盖顶近平，尖圆唇。口径14、高5.1厘米（图二九，3）。M24：11，口微敛，盖顶弧平。口径14、高5.3厘米（图二九，6）。

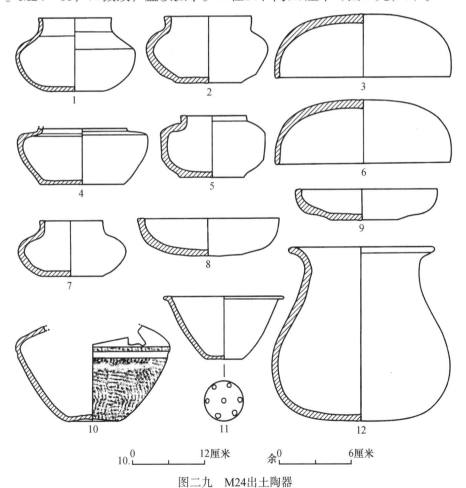

图二九　M24出土陶器

1、2、7. A型罐（M24：8、M24：5、M24：7）　3、6. 器盖（M24：3、M24：11）　4. B型罐（M24：1）

5. C型罐（M24：6）　8、9. 盘（M24：10、M24：4）　10. D型罐（M24：12）　11. 甑（M24：9）　12. E型罐（M24：2）

10. M25

M25位于墓地南部中段白马小学教室北墙外，墓道被M22打破。开口于第1层垫土下，距地表0.75米。该墓为长方形竖穴土坑墓，带墓道，墓道偏于一侧，平面呈刀把形，方向225°。墓道长1.6、宽1.1米，墓道东南角被M22打破。墓道底与墓室平，墓圹长2.66、宽1.8、高0.7～0.77米。填土中出土豆柄、鬲足、鼎足等。葬具一椁一棺，棺痕无存。椁长2.2、宽1.64米，椁内靠南壁残存骨架一具，可辨为仰身直肢，头西脚东。椁内西北角尚有骨渣一处，似为头骨碎片，基本可以确定，该墓为二人合葬，头向一致。葬品均为陶器，置于南侧骨架的脚端、头侧和腿骨之上（图三○）。

随葬器物皆为陶器，有罐、釜、器盖。

罐　3件。器形各有特点，差别较大。M25：1，泥质灰陶。口、底部残失。丰肩，圆折肩，鼓腹。腹部饰绳纹。腹径20.7、残高12.2厘米（图三一，1）。M25：2，夹砂灰陶。侈口，圆唇，束颈，圆鼓腹，小口、大平底。上腹部饰两道凹弦纹。口径9.6、腹径19.7、高13.5厘米（图三一，2）。M25：3，泥质灰陶。侈口，宽平沿，尖唇，束颈，折肩，肩近平，鼓腹，圜底。口径10.6、腹径20.1、高15厘米（图三一，5）。

釜　1件。M25：4，泥质红陶。侈口，尖唇，束颈，鼓腹，圜底。腹部及底饰细绳纹。口径14.3、腹径20.5、高16.5厘米（图三一，4）。

器盖　1件。M25：5，泥质灰陶。直口，尖圆唇，圆弧顶，顶部有4个小孔，十字对称分布。该器与釜类迥异，暂定为器盖。口径13.3、高4.8厘米（图三一，3）。

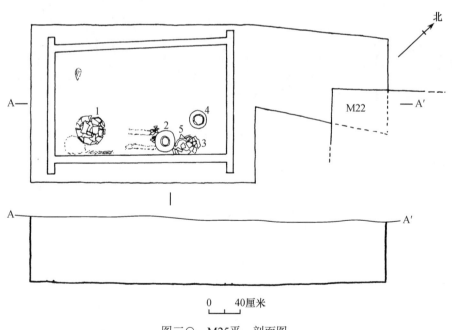

图三○　M25平、剖面图

1～3.陶罐　4.陶釜　5.陶器盖

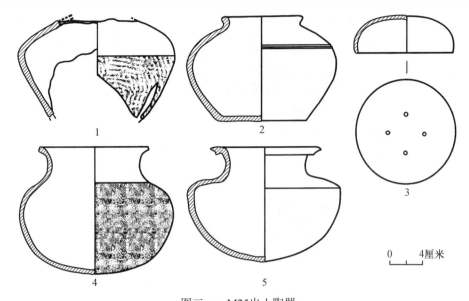

图三一　M25出土陶器

1、2、5.罐（M25：1、M25：2、M25：3）　3.器盖（M25：5）　4.釜（M25：4）

11. M26

M26位于白马小学北面一排教室房址之下，西北距M22约6米、距M31近2米，西距M30近2米。地表为修建校舍所垫的混凝土，土质坚硬，呈灰褐色，水泥地面。发掘时需先揭掉水泥面，墓口距地表0.8米，北边中部被一近代墓打破，但未扰及墓室。

长方形竖穴土坑墓，方向240°，墓口长3、宽2.8米，墓壁垂直，口底同大，墓圹深3米。据板灰分布，墓底一椁二棺，两棺东西向置于椁内南部，南北并列。复原椁长2.6、宽2.52米，南棺长2、宽0.68米，北棺长2.12、宽0.58～0.74米。骨架均腐朽，南侧棺内骨架保存相对较好，北侧较差，皆为仰身直肢葬，头向西。椁北部空间内偏西放置随葬器物。随葬器物破碎严重，杂乱堆积置于椁内，大体呈东西向置放成几排，有陶器、铜钱等。棺内未发现葬品。

另外在椁内东北角放置牛肋骨数根，西北角放置人头骨1个及肢骨3根，无葬具，肢骨间发现五铢钱2枚（M26：1）。疑为从他处迁来合葬之捡骨葬。

距地表深2.1米处开始发现椁板灰痕和椁四周由于椁板和墓壁的挤压形成的熟土二层台，宽0.09～0.18米，东边椁与坑壁间隙大，二层台也较宽。二层台内侧皆贴有较厚的板灰，最厚处0.06米。台高约1.7米，这也就是椁的原始高度。发掘中二层台因较酥松无法保留（图三二）。

出土器物有陶器26件和铜钱2组。

（1）陶器

皆为泥质灰陶，有罐、盆、甑、盒、壶、灶，有一陶盂无法修复。器物以罐为主，可分为仓罐和圜底罐两类。

仓罐　11件。分二型。

A型　9件。小口，宽沿，尖唇，无颈，折肩弧腹，大平底，器形较矮，带浅盘形盖，盖直口，方唇，弧顶。M26：3，口径9、底径11.8、肩径17.5、高11.7、带盖通高14.5、盖口径12、

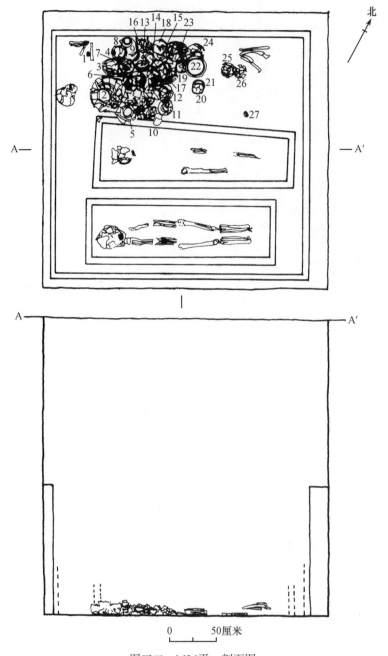

图三二　M26平、剖面图

1、27.铜钱　2.陶壶　3、4、6、8、9、11、12、15～17、18、22～24、26.陶罐　5、10.陶盒　7.陶灶　13.陶甑　14.陶盂
19～21、25.陶盆

高3.2厘米（图三三，1）。M26：4，下腹有制胎时修抹成的一道道凸棱。口径9、底径13.2、肩径16.5、高12、带盖通高14、盖径14.8、高3.2厘米（图三三，4）。M26：11，盖缺失，器腹有抹痕。口径8.2、底径12.4、肩径16.5、高11.5厘米（图三三，8）。

　　B型　2件。斜方唇，广口折肩，无颈，近直腹，大平底，口底大小相近。带浅盘形盖，盖方唇，折肩，弧顶，与罐肩径同大，扣合在肩上，盖合后整体呈筒形。腹上部饰二道凹弦纹。M26：9，口径13、底径15.1、高15.5、盖高3.5、盖径18、加盖通高17.7厘米（图三三，3）。

　　圜底罐　4件。圜底。据口、颈特征分为三型。

A型　2件。小口平折沿，扁圆腹，圜底，底部有稀疏细绳纹，不甚清晰。M26：12，口径7、腹径15、高9.7厘米（图三三，5）。M26：17，沿微向下斜，形成尖唇。口径7、腹径13.5、高8.5厘米。

B型　1件。M26：8，大口高直领，口沿内斜形成尖唇，腹部三圈凹弦纹，圜底，扁圆腹。口径9.5、腹径12.8、高8.5厘米（图三三，7）。

C型　1件。M26：16，广口，侈口，尖唇，长颈微束，腹部不明显，颈、腹交接处一周凸棱，以下为腹部，腹高仅4.5厘米。圜底近平。器形类釜而口大腹小。口径12.5、腹径14.5、高9.5厘米（图三三，9）。

图三三　M26出土陶器

1、4、8.A型仓罐（M26：3、M26：4、M26：11）　2.甑（M26：13）　3.B型仓罐（M26：9）　5.A型圜底罐（M26：12）
6、10.盒（M26：5、M26：10）　7.B型圜底罐（M26：8）　9.C型圜底罐（M26：16）　11.壶（M26：2）
12、13.盆（M26：19、M26：21）　14.灶（M26：7）

盆　4件。小平底。据口沿情况分为二型。

A型　3件。侈口，尖圆唇，沿外圆凸。M26：19，口径12、底径7、高5.2厘米（图三三，12）。M26：20，口径12、底径5.7、高4.8厘米。M26：25，口径11.8、底径5、高4.2厘米。

B型　1件。M26：21，侈口，尖圆唇，沿下一周内凹，向下弧收至小平底，腹较深。口径13.6、底径7、高7厘米（图三三，13）。

壶　1件。M26：2，侈口，方唇，长束颈，圆鼓腹，肩两侧贴附两个对称铺首衔环，圈足。肩、腹部各有二道凹弦纹，颈、肩及腹多处发现斑驳的红色。口径14.5、腹径30.6、底径15.7、高30厘米（图三三，11）。

盒　2件。敛口，尖圆唇，腹壁稍直，上下对称，以子母口扣合，盖直口方唇。圈足。盖和腹部各有一圈凹弦纹。M26：10，口径16.5、底径13厘米，盖径19.5、底径11厘米，通高16厘米（图三三，10）。M26：5，陶盒盖。直口，方唇，折肩，圈足形钮。饰两道凹弦纹。口径18.5、盖钮径10.2、高6.7厘米（图三三，6）。

甑　1件。盆形，尖唇，沿下一周内凹，大口小平底，底上带箅孔。腹较深。M26：13，底上有6个小孔，中间1个、5个分布于四周。口径15、高8、底径5厘米（图三三，2）。

灶　1件。M26：7，长方体，灶面有圆形灶眼2个，对应侧边2个圆形灶门。左边灶眼直径9、右边灶眼直径11.5厘米，两灶眼之间靠后方一小圆孔，表示烟道。灶门呈上大下小不规则圆形。出土时右边灶眼上放置一陶甑（M26：13）。长35.5、宽17、高8.8厘米（图三三，14）。

（2）铜钱

五铢钱　12枚。面无内郭，其中1枚残。按出土位置分为两组。

M26：1，2枚。外郭较细，"五"字斜交，瘦长，"铢"字模糊不清。M26：1-1，穿上横郭。直径2.5、穿边1.1厘米（图三四，1）。M26：1-2，直径2.45厘米（图三四，2）。

M26：27，10枚。外郭稍宽，朱头方折，直径2.5厘米。M26：27-1、M26：27-2，穿上郭，"五"字斜交（图三四，3、4）。M26：27-3，穿上横郭，"五"字曲交，朱头外展（图三四，5）。M26：27-4～M26：27-8，"五"字曲交（图三四，6～10）。M26：27-9，"五"字曲交，与上、下两横交接处微内收（图三四，11）。M26：27-10，"五"字曲交，面有四决纹（图三四，12）。

12. M27

M27位于白马小学西侧南北向教室的北端，与M32东西并列，东距M32仅1米，东北距M26约4米，墓葬西北角坐标北纬31°02′12.7″，东经109°30′15.4″。地表为校舍拆除后的建筑垃圾、水泥地面，水泥面下叠压石子、三合土，墓葬开口于建筑基槽和水泥地面下的垫土之下，距地表0.45米。破碎水泥层和墙基槽长条石的工作费时费力。向下逐渐松软，夹杂较多炭末及少量瓦片，碎砖块、青花瓷片等，也属建校时的垫土。

长方形土坑竖穴墓，方向336°，墓口长5.5、宽3.4米，直壁，墓高1.7米。墓内填土黄褐色，干硬，似经夯打，但未发现夯层、夯窝。墓底四周留有宽8～34、高5厘米的生土二层台，东西长边二层台宽，南北两端较窄。墓底中间从南向北并列八棺，每棺内都有一具骨架的残迹。二层台下尚有间断板灰痕迹，复原椁长5.2、宽2.8米，板厚10厘米，是一大型木椁。

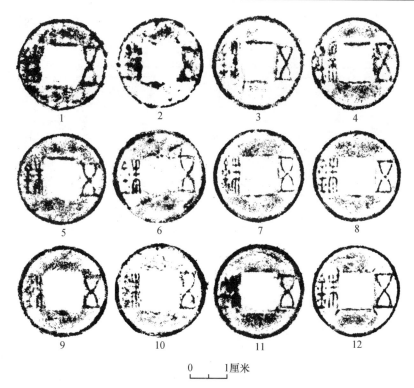

图三四 M26出土钱币拓片

1. M26：1-1　2. M26：1-2　3. M26：27-1　4. M26：27-2　5. M26：27-3　6. M26：27-4　7. M26：27-5　8. M26：27-6
9. M26：27-7　10. M26：27-8　11. M26：27-9　12. M26：27-10

将椁内棺木由南而北编号1~8，1号长190、宽56厘米，2号长185、宽56厘米，3号长182、宽56厘米，4号长182、宽56厘米，5号长182、宽56厘米，6号长186、宽62厘米，7号长190、宽52厘米，8号长213、宽58厘米，棺板厚4~5厘米。人骨架已朽成粉状，头向西者为1、3、4、5、8号棺内骨架，头向朝东者有2、7号棺内骨架，6号棺内人架残缺过甚头向不能判别。可辨为仰身直肢葬。南部1~5号紧靠在一起，6、7、8三棺间留有间隙，7、8号棺之间的空隙最大，随葬陶器多数置于7、8号棺之间偏于7号棺一侧（一半压在7号棺内北侧），6号棺内南侧，破碎不堪，本同属一件器物的碎片并不在一起，几乎看不到成形器，不像是原地挤压所致。5号棺内骨架上发现铜钱，4号棺发现铜钱和一石研磨棒，1~3号棺内则未发现任何葬品（图三五）。

出土器物主要为陶器，修复34件，另有铁鼎1件、铜钱5组、石研磨棒1件。

（1）陶器

陶器以罐、盆为主，泥质灰陶，素面为主，个别器饰有绳纹。罐类器形式多样，按陶罐、圜底罐、仓罐、筒形罐进行分类描述。

罐　7件。泥质灰陶。分二型。

A型　2件。侈口，尖唇，宽沿，沿面微弧，束颈，颈稍长，折肩弧腹，大平底。素面。M27：4，沿宽1.2、口径10、底径10.5、腹径13、高9厘米（图三六，1）。M27：8，沿宽1.5、口径9、底径8、腹径11.8、高8厘米（图三六，5）。

B型　5件。侈口，圆唇，短束颈，鼓腹，大平底。肩上抹一道浅凹弦纹，弦纹上一圈网格

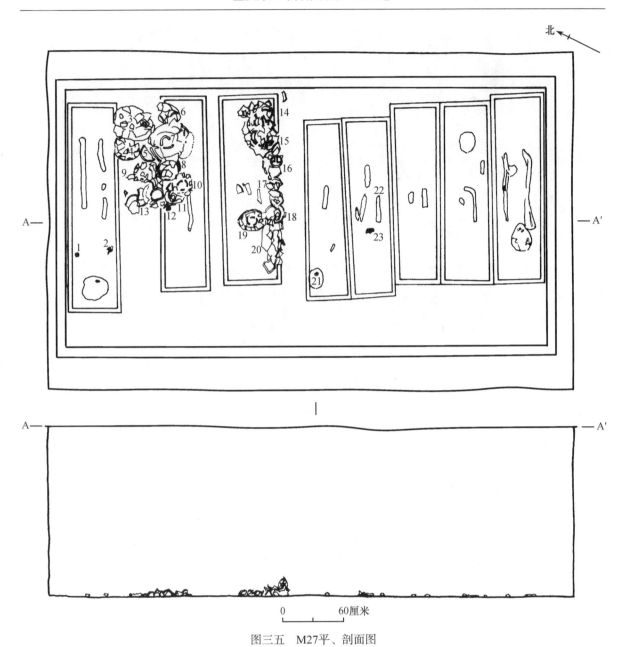

图三五 M27平、剖面图

1、2、12、21、23.铜钱 3.陶壶 4、7~11、13~17、19、24~27.陶罐 5、29.铜甑 6.陶盒 18.铁鼎 20.陶灶
22.石研磨棒 28.陶壶盖 30~41.陶盆（部分器物被叠压）

纹宽带。M27：9，器形欠规整，口向一边倾斜，一边高一边低。口径9、底径8.5、腹径13.6、高9厘米（图三六，8）。M27：10，口径10.5、底径9、腹径14.1、高9厘米（图三六，9）。M27：11，口径10.5、底径11、腹径18.5、高11.4厘米。M27：13，口径9、底径9、腹径13.6、高9厘米（图三六，12）。M27：24，肩上只有一圈浅凹弦纹而无网格纹带。口径10.5、底径9、肩径14.1、高9厘米（图三六，13）。

圜底罐 6件。泥质灰陶。分三型。

A型 3件。折沿宽平，尖唇，直口，短直颈较细，折颈，广肩，圆折腹，圜底。饰绳纹。M27：7，沿微下斜，腹大而扁圆，短颈，鼓腹，圜底。自肩中部至底饰纵向绳纹，肩至腹中部在绳纹间抹压四道宽凹弦纹，形成绳纹带。沿宽2、口径10、腹径24.1、高14.5厘米（图三六，3）。M27：16，器形较小。腹至底饰细绳纹，绳纹不甚清晰。沿宽1.8、口径11.5、腹径16.8、高11厘米（图三六，10）。M27：19，沿面微弧凸。腹至底饰细绳纹，绳纹不甚清晰。沿宽2.1、口径11.5、肩径17.3、高12厘米（图三六，14）。

B型 2件。直口，尖唇，高直颈，折肩，鼓腹，圜底。腹部饰二道凹弦纹。M27：25，口径9、直颈高2.7、腹径12、高8厘米（图三六，2）。M27：26，腹扁圆，圜底近平。出土时置于灶上。口径9、直颈高3、腹径11.8、高8厘米（图三六，6）。

C型 1件。M27：17，器形较小。敛口，圆唇，短领，溜肩，鼓腹，圜底近平。器残，仅剩口沿和底部残片。口径2.8、腹径7.4、高5.7厘米（图三六，7）。

仓罐 2件。泥质灰陶。沿向内斜，尖唇，无颈，折肩，腹微弧，口底大小相近。应有盖，盖缺失。M27：14，口径11、腹径15、底径11、高15厘米（图三六，15）。M27：15，口径11、腹径14、底径11、高14厘米（图三六，11）。

筒形罐 1件。M27：27，泥质黑皮陶。斜沿，沿向外侧下微斜，尖唇，器壁近直，较厚重，壁厚0.9厘米。筒形，似量器。器壁内外黑皮脱落殆尽，露出灰色陶胎。口径12、底径11、高10厘米（图三六，4）。

盆 12件。泥质灰陶，皆为小型明器，制作粗糙。根据口沿和器腹形状粗分为三型。

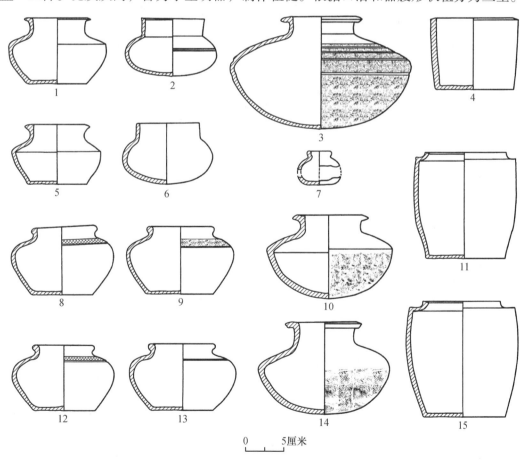

图三六 M27出土陶罐

1. M27：4 2. M27：25 3. M27：7 4. M27：27 5. M27：8 6. M27：26 7. M27：17 8. M27：9 9. M27：10
10. M27：16 11. M27：15 12. M27：13 13. M27：24 14. M27：19 15. M27：14

A型　4件。附沿尖唇，小平底，器壁有明显的泥条盘筑痕迹，器腹形成较明显的上下两段。M27：30，口径14、底径5.5、高5.8厘米（图三七，3）。M27：31，口径17、底径5、高8.6厘米。M27：36，口径16.2、底径4.5、高6.4厘米。M27：41，口径14、底径4.8、高6厘米（图三七，4）。

B型　7件。附沿尖唇，小平底，器腹较平滑地弧至器底。M27：32，口径16.5、底5.5、高6.8厘米。M27：33，口径12、底径3.7、高5.1厘米（图三七，9）。M27：34，口径13.5、底径5、高5.3厘米。M27：37，口径12、底径4.5、高6.6厘米（图三七，5）。M27：38，口径14、底径4.3、高5.4厘米（图三七，8）。M27：39，口径13.5、底径4、高5.5厘米。M27：40，口径13.7、底径4.2、高5.5厘米。

C型　1件。M27：35，斜沿，向内下倾斜，尖唇，沿下内凹，弧腹，饼底。腹饰二道凹弦纹。口径14、底径5.5、高6.8厘米（图三七，11）。

壶　1件。M27：3，泥质灰陶。口、颈残失，未能修复。溜肩，鼓腹，圈足，肩部有两对称梯形实心纽，肩中部和器耳部饰四道凹弦纹，圈足外一道凸弦纹。腹径24、底径12.5、残高17.5厘米（图三七，1）。

壶盖　1件。M27：28，泥质灰陶。方唇，子母口，圆弧顶。为碎片修复而成，原器未见，不能确定是否与M27：35一体。口径12、高5.5厘米（图三七，2）。

盒　1件。M27：6，泥质灰陶。由上下两部分对称组成，子母口扣合。卷沿圆唇，折腹，圈足。盖直口方唇，折肩，盖腹两道凹弦纹，盖纽略小于圈足。口径7、腹径17.8、底径8.5、高15厘米（图三七，6）。

甑　2件。泥质灰陶。斜折沿，尖唇，沿下一圈内凹，腹中部一圈凸弦纹，圜底。底上6个小孔呈梅花状分布。M27：5，口径15.5、高6.9厘米（图三七，7）。M27：29，口径16、高7.5厘米（图三七，10）。

灶　1件。M27：20，泥质灰陶。长方体双眼灶，灶面较灶底稍小，左边灶眼直径8.5、右边灶眼直径8厘米。灶眼上大下小，向内倾斜，便于放置炊器，左边灶眼附圜底罐（M27：26）。两眼之间后侧一直径2厘米的小孔示意烟囱。对应两个灶眼，一侧有两个拱形灶门。面长31、宽16.5、底长32、宽17.5、高11.5厘米（图三七，12）。

（2）石器

研磨棒　1件。M27：22，黑色细砂石。长条形，似墨棒，一端呈正方形，另一端呈长方形。四面磨制光滑，两端有研磨痕迹，应为与黛板组合使用的研子。长6.9厘米（图三七，14）。

（3）铁器

鼎　1件。M27：18，锈、残严重，未能修复。口微侈，腹近直，圆折成底，大平底，三矮足，足断面呈半圆形，口沿上对称附长方形立耳，耳外撇。口径20.2、底径15.4、通高12.6厘米（图三七，13）。

（4）铜钱

共5组32枚，有半两、大泉五十、五铢三种，以大泉五十为主。按出土位置分组介绍。

M27：1，大泉五十3枚，出于8号棺骨架胸部左侧。外郭较宽。直径2.7、穿边1厘米。M27：1-1，"大"字首笔一横作半圆弧，次笔、三笔分开较小，较直，"泉"字中竖不清（图

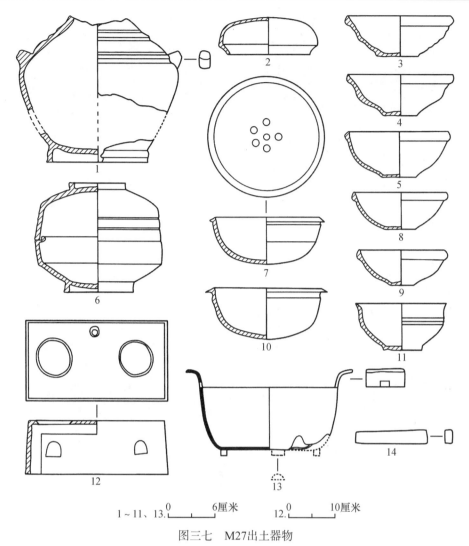

图三七 M27出土器物

1. 陶壶（M27：3） 2. 陶壶盖（M27：28） 3～5、8、9、11. 陶盆（M27：30、M27：41、M27：37、M27：38、M27：33、
M27：35） 6. 陶盒（M27：6） 7、10. 陶瓿（M27：5、M27：29） 12. 陶灶（M27：20） 13. 铁鼎（M27：18）
14. 石研磨棒（M27：22）

三八，1）。M27：1-2，"大"字首笔分开，超过穿，次笔、三笔分开较大，"泉"字中竖断开（图三八，2）。

M27：2，大泉五十3枚，其中1枚残，出于8号棺骨架胸部右侧。外郭较宽，"大"字首笔展开较宽，"泉"字中竖断形。直径2.7、穿边1厘米（图三八，3、4）。

M27：12，大泉五十10枚，出于7号棺内北侧。多数钱文不清，大小一致，"大"字首笔均作分开式，次笔、三笔分开较大，"泉"字中竖断开。直径2.7、穿边1厘米（图三八，5～7）。

M27：21，五铢2枚，1枚微残，出于5号棺头端北侧，与头骨痕迹同一位置。M27：21-1，面无内郭，"五"字斜交，朱头方折。直径2.5、穿边1厘米（图三八，8）。

M27：23，五铢13枚，半两1枚，出于4号棺中部。

五铢钱 外郭较宽，面无内郭，"五"字曲交，朱头方折，金头小三角形，朱头高于金旁。M27：23-1、M27：23-2，"五"字两笔与上、下两横相接处内收（图三八，9、10）。

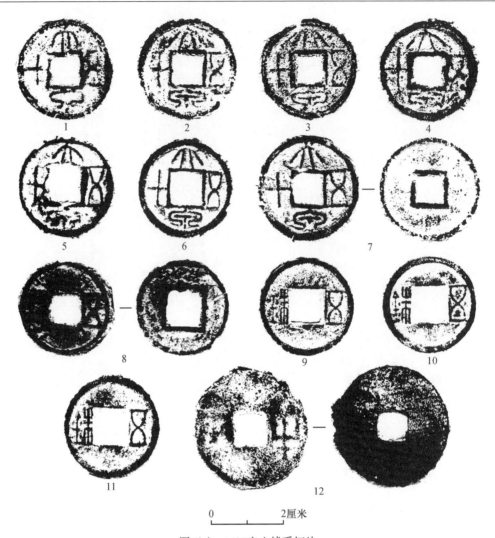

0 　　　　　　2厘米

图三八　M27出土钱币拓片

1、2.大泉五十（M27：1-1、M27：1-2）　3、4.大泉五十（M27：2）　5~7.大泉五十（M27：12）　8.五铢（M27：21-1）
9~11.五铢（M27：23-1、M27：23-2、M27：23-3）　12.半两（M27：23-14）

M27：23-3，"五"字内收不明显（图三八，11）。

半两钱　M27：23-14，周边不整，穿孔局狭，背平素，"半"字头方折，下横较短，"两"字省上横，钱文不清。直径3.13、穿边0.8厘米（图三八，12）。

13. M28

M28位于白马小学院内北排教室南面，西南距M26约9米，原是小学举行升国旗仪式的地方，地表为水泥地面，光滑平整。砸开水泥面，下面有很厚的垫土，墓葬开口于垫土之下，距地表0.45米。

该墓为长方形竖穴土坑墓，方向330°。墓圹南北长2.5、东西宽1.46、墓高1.48米。据墓底板灰分布，葬具为一椁一棺，复原椁长2.2、宽1.3米，棺长1.82、宽0.54米。棺置于椁内西侧，棺内人架1具，为仰身直肢，朽残。椁内东侧中部的随葬器物有铁釜、陶罐各1件（图三九）。

陶罐　1件。M28：2，泥质灰陶。口微侈，宽平沿，束颈，溜肩，圆鼓腹，腹下面微内

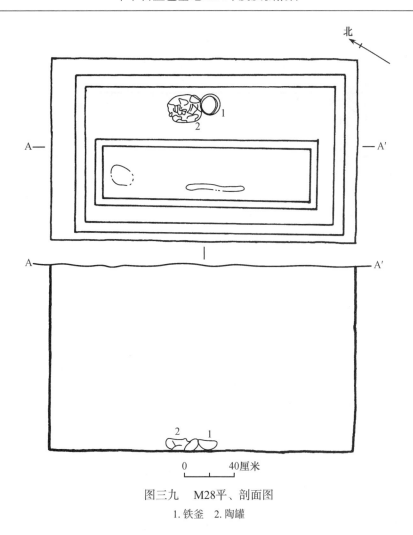

图三九　M28平、剖面图
1.铁釜　2.陶罐

凹形成器底，器底较小。制作极粗糙，器形不整，不对称，置于平面上时器口呈倾斜状态。颈至底部满饰绳纹，绳纹杂乱且模糊不清。沿宽1.5、口径11.6、底径6.8、高24.9厘米（图四九，6）。

铁釜　1件。M28：1，侈口，方唇，深腹，腹斜弧收至器底，平底微凹。口沿上立对称耳，已残缺，扁形三足微外撇。器壁为厚厚的铁锈所包，厚约0.48厘米，并残破一缺口。口径16、底径8、残高9.5厘米（图四九，7）。

14. M29

M29位于白马小学北面一排教室房基的北边，东南距M28约6米，西南距M33约8米。地表为建筑垃圾、水泥地面，水泥地面下为房基垫土。墓葬开口于垫土之下，距地表0.5米。

长方形竖穴土坑墓，方向为285°。墓口东西长2.75、宽1.5、墓高1.23米。墓底一棺，复原棺长2.15、宽0.7米。人架一具，仰身直肢，朽残。棺内东北角随葬陶罐1件（图四〇）。

陶罐　M29：1，泥质灰陶。侈口，平折沿，高领束颈，溜肩折腹，大平底。口径10.2、底径9.3、高16厘米（图四九，5）。

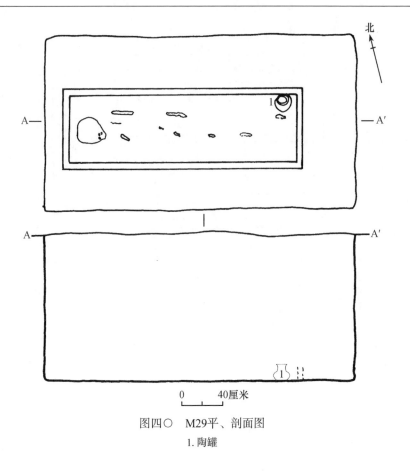

图四〇　M29平、剖面图
1. 陶罐

15. M30

M30位于白马小学院内，东距M26近2米，北距M31不足1米，西南与M32相邻。地表原为水泥地面，其下为垫土。墓葬开口于垫土层之下，距地表0.45米。

长方形竖穴土坑墓，方向285°。墓口南北长2.7、东西宽1.6、墓高1.9米。墓内填土较松软。墓底一棺一椁，棺位于椁内西侧（右侧），尸骨腐朽，可辨单人仰身直肢葬，墓主腰部斜置柳叶形铜剑1把。椁内东侧（左侧）的棺椁之间，中部置陶壶1件，东南角置罐、盆、甑、灶、鼎等陶器9件，大致呈南北一条线摆放（图四一）。

出土器物除1件铜剑外，皆为陶器。

（1）陶器

器形有罐、壶、盆、甑、灶、鼎，均为泥质陶。

罐　4件。M30：6，灰黑陶。直口，方唇，短直颈，溜肩，鼓腹，圜底。肩、腹交接处饰一道凹弦纹。口径5.4、腹径11.2、高5.8厘米（图四二，4）。M30：9，灰陶。直口，方唇，溜肩，鼓腹，圜底。口径5、腹径9.2、高6厘米（图四二，8）。M30：11，黑陶。敛口，尖圆唇，束颈极短，丰肩，鼓腹，小平底。腹部饰一道宽凹弦纹。口径6.8、腹径12.1、底径4.2、高6.5厘米（图四二，1）。M30：7，灰陶。侈口，方唇，高颈微束，丰肩，鼓腹，斜收至小平底。鼓腹部饰一道宽凹弦纹。口径5.5、腹径11.1、底径4、高9.5厘米（图四二，7）。

盆　1件。M30：10，黑灰陶。侈口，方唇，圆折腹，下腹斜收至小平底。上腹部饰一道

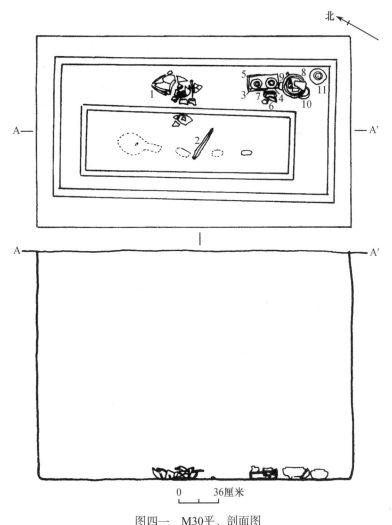

图四一　M30平、剖面图

1. 陶壶　2. 铜剑　3、4. 陶甑　5. 陶灶　6、7、9、11. 陶罐　8. 陶鼎盖　10. 陶盆

宽凹弦纹。口径10.6、底径3.8、高5.3厘米（图四二，2）。

壶　1件。M30：1，灰褐陶。盘口，方唇，长颈较粗，斜肩，圆鼓腹，圈足微外撇。肩部有对称桥形纽。纽部位置饰一道宽凹弦纹，腹下部饰三道窄凹弦纹。口径13.9、腹径27.8、底径15.6、高26.5厘米（图四二，5）。

鼎盖　1件。M30：8，仅修复鼎盖。灰陶。直口，方唇，折肩弧顶，盖顶中心一扁平立纽，纽上一小圆孔，周围等距离分布三个实心小纽。口径20、高3.3厘米（图四二，10）。

甑　2件。出土时置于陶灶上。M30：3，灰黑陶。侈口，方唇，圆折腹，下腹斜收至小平底，下腹部有刀修削的痕迹，底部有6个箅孔，中心1个、周围5个。口径10.5、底径4.4、高5厘米（图四二，3）。M30：4，黑陶。口微敛，方唇，圆折腹，上腹稍直，下腹弧收，圜底，底部有5个箅孔呈"十"字形分布。口径9.2、高4.2厘米（图四二，6）。

灶　1件。M30：5，出土时上置2件陶甑（M30：3、M30：4），灰陶。整体呈长方形。灶面上两灶眼，灶眼左小右大，皆小口，以便放置陶甑，侧面各对应灶门一个，左边灶门呈长方形，右边灶门为梯形。灶后侧中间一烟囱。长28、宽14、高7厘米（图四二，9）。

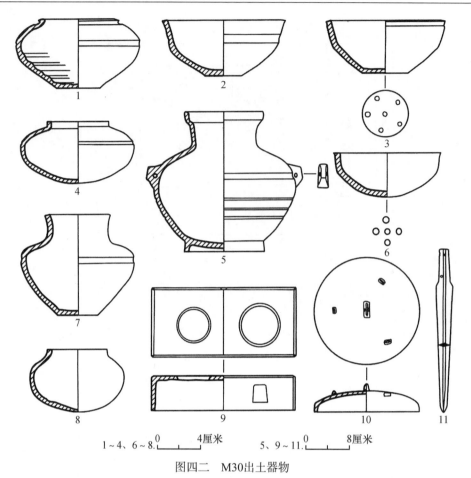

图四二　M30出土器物

1、4、7、8.陶罐（M30：11、M30：6、M30：7、M30：9）　2.陶盆（M30：10）　3、6.陶甑（M30：3、M30：4）
5.陶壶（M30：1）　9.陶灶（M30：5）　10.陶鼎盖（M30：8）　11.铜剑（M30：2）

（2）铜器

剑　1件。M30：2，剑身较细长，自锋向后逐渐加宽，柳叶形，中有窄脊，断面略呈菱形，无格，扁茎较长较窄，茎有两孔。通长31厘米（图四二，11）。

16. M31

M31主体位于墓地南部中段白马小学教室北墙外，一小部分压于墙基之下，东南距M26近2米、距M30不足1米，西北一角被近代砖室墓打破，东北角又打破M33。墓葬开口于墙基和垫土之下，距地表0.4米。

长方形竖穴土坑墓，方向335°。墓口南北长4.2、东西宽3.3、墓高1.9米。墓内填土较松软。墓底一椁，棺的位置及大小不明，椁内西北角发现头骨痕迹。随葬器物集中置于椁内西侧靠南，有陶罐、陶盆、陶碗、陶灶等，灶上左置甑，右置罐。一陶碗单独放于椁内西侧中段，另有一陶罐置于椁内东侧，约在墓主腰部位置单独放置一不明用途的铁件（图四三）。

出土器物有陶器10件（组），均为泥质灰陶，铁器1件。

（1）陶器

罐　5件。分三型。

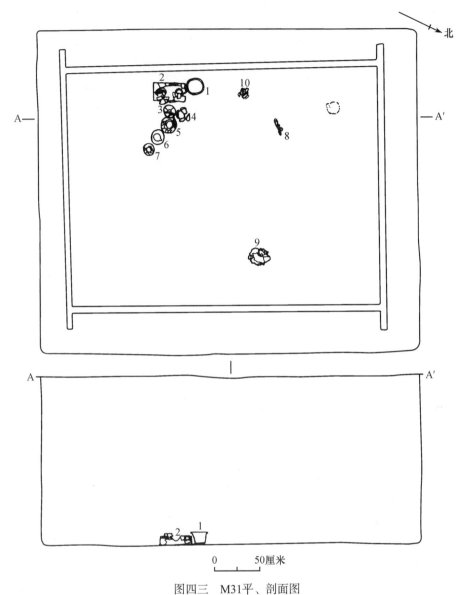

图四三 M31平、剖面图

1、4.陶盆 2.陶灶（含陶罐、陶甑） 3、10.陶碗 5~7、9.陶罐 8.铁件

A型 3件。卷沿，圆唇，短束颈，小口鼓腹，腹扁圆，大平底。肩上抹一道浅凹弦纹。M31：5，口径9、腹径17.5、底径11.5、高11.5厘米（图四四，1）。M31：6，口径9、腹径17.6、底径10.5、高11.5厘米（图四四，6）。M31：9，口径9、腹径17.2、底径11.2、高11厘米（图四四，9）。

B型 1件。M31：2-1，斜沿尖圆，沿向内斜，束颈鼓腹，折肩，平底，口底大小相近，出土时置于灶M31：2右眼上。制作粗糙。口径10.5、底径7.5、腹径12.8、高7.6厘米（图四四，12）。

C型 1件。M31：7，斜沿尖唇，沿向内向下倾斜，短束颈，上腹部鼓，下腹斜弧收至平底，底小于口。口径10.5、腹径13、底径7、高8厘米（图四四，11）。

盆 2件。M31：1，平折沿，沿面微向上弧凸，斜直腹，大平底。腹壁不甚规整，有轮制痕迹。器形不对称，口部一边稍高。沿宽1.7、口径23.3、高13.2、底径13厘米（图四四，8）。M31：4，宽平沿，折沿，弧腹小平底，器形不整，一边高一边低。沿宽1、口径11.9、底

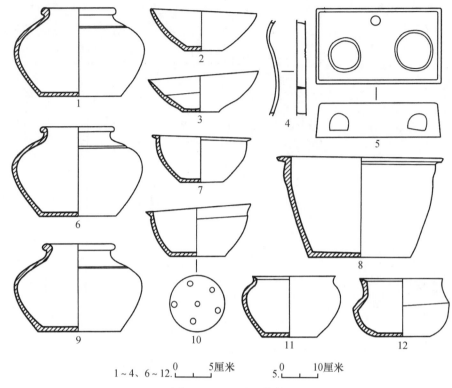

图四四　M31出土器物

1、6、9、11、12. 陶罐（M31：5、M31：6、M31：9、M31：7、M31：2-1）　2、3. 陶碗（M31：3、M31：10）

4. 铁件（M31：8）　5. 陶灶（M31：2）　7、8. 陶盆（M31：4、M31：1）　10. 陶甑（M31：2-2）

径6.5、高5.5～6.8厘米（图四四，7）。

　　碗　2件。器形基本一致，广口，尖圆唇，小平底，从口沿向下弧收至底。制作粗糙，器形不规整，口一边高一边低。M31：3，口径14.3、底径7、高4.5～5.5厘米（图四四，2）。M31：10，该件器物为陶片修复，器壁厚薄不匀，内壁明显形成分层棱线。口径14.8、底径4.5、高4.5～5.5厘米（图四四，3）。

　　灶　1件。M31：2，长方形双眼灶，灶面稍小于灶底。灶面两灶眼，左小右大，左边直径8.5、右边直径10.5厘米。灶眼上大下小，以便放置炊器时与之密切接触，放置稳当。两眼之间后侧一直径2.5厘米的小孔。灶台一侧有与灶面灶眼相对应有两个拱形灶门。出土时右眼上一陶罐（M31：2-1），左眼上陶片修复一甑（M31：2-2）。面长33、宽18.5、底长33.6、宽19.5、高9厘米（图四四，5）。

　　甑　1件。M31：2-2，为陶灶（M31：2）左眼上的陶片修复而成。盆形，平折沿，沿下一周内凹，口微敛，平底较大，整体呈盆形。平底上有6个小孔呈梅花状分布。器形不对称，一边高一边低。口径12.5、底径7.6、高5～6.8厘米（图四四，10）。

　　（2）铁器

　　仅1件。M31：8，铁条弯曲成弧形，最长的一条略呈"S"形，锈蚀严重，器形和用途不明。残长11.9厘米（图四四，4）。

17. M32

M32主体位于白马小学校园北面一排教室房基之下，向南伸至房基之南的空地，东北距M30约2米，西与M27相邻不足1米。地表为拆迁后留下的水泥面及建筑房基，建筑基槽内砌填有大长条石，中间用砖瓦块填缝。房基以外部分均为水泥地面，下叠压石子、白灰、泥沙搅拌形成的三合土，坚硬，厚10厘米，自下渐变松散，土色呈灰色泛黄，土质松散，内含料姜石、白灰点、木炭末及少数的瓦片、碎砖块、青花瓷片、废塑料等，为建校时平整地面后的垫土。墓葬开口于垫土层下，距地表0.5米。

长方形竖穴土坑墓。墓口南北长4.15、东西宽2.8、墓高1.8米。墓内填土为五花土，上部土质较松软，下部略紧，密度较大，似夯打过，但未发现明显夯层。墓底一椁二棺，皆已腐朽。椁长3.85、宽3.35米。二棺并列置于椁内北部，占有椁内不到一半的空间。南侧棺长1.75、宽0.45米，棺内骨架痕一具，仰身直肢，头向西。北侧棺长1.85、宽0.6米，棺内骨架痕一具，仰身直肢，头向东。随葬品置于椁内南部较大空间内，横向（东西向）摆放两排，共28件，除1件铜鍪外，其余皆为陶器，破碎严重（图四五）。

出土器物主要为陶器，以陶钵为主，其次为罐。模型明器有陶灶和陶井台各1件。另有铜鍪1件。

（1）陶器

均为泥质灰陶，素面为主，少数饰网格纹或弦纹。

罐 7件。共分三型。

A型 1件。M32：1，平折沿，沿较宽，口微侈口，中长颈近直，鼓腹，底内凹。颈部有两处刻划，肩部饰两道凹弦纹，下腹及底部饰篮纹。口径10、腹径19、高14.2厘米（图四六，1）。

B型 5件。侈口，卷沿圆唇，束颈较短，鼓腹，大平底。M32：2，肩部隐约两道细弦纹。口径9.5、腹径18.5、底径11.6、高13厘米（图四六，5）。M32：3，肩部饰凹弦纹两周。口径10.2、腹径18.8、底径11、高13厘米。M32：6，肩部饰两道凹弦纹，弦纹间饰网格纹带，腹部饰两道凹弦纹。口径9、腹径20.8、底径12.6、高15厘米。M32：4，颈稍长，带盖，盖顶似斗笠，内侧有子口，大小仅为罐口径的一半。肩部饰两道凹弦纹，弦纹间饰网格纹带。口径10、腹径18.1、底径10、通高16厘米（图四六，4）。M32：5，短颈，带盖，盖顶呈圆弧形，内侧子口为罐口径之半，器身较扁圆，大平底。肩部饰凹弦纹两周。口径9.7、腹径24、底径12.8、通高15.8厘米（图四六，7）。

C型 1件。M32：26，侈口，方唇，唇微向内向下斜，颈近直、较长，丰肩，折颈，鼓腹，小平底，鼓腹部位对称附两耳，各穿一环贴附于器腹之上。颈中部饰两道凹弦纹，腹部与两耳同高，饰两道宽凹弦纹。口径8.3、腹径13、底径5、高9厘米（图四七，13）。

仓罐 1件。M32：8，侈口，沿向内向下斜，形成尖唇，短颈折肩，腹近直，大平底，整体呈筒形。腹上部及中部各饰一道凹弦纹。口径14、腹径18.7、底径15.5、高18厘米（图四六，6）。

图四五　M32平、剖面图

1～6、26.陶罐　7.陶井台　8.陶仓罐　9、10.陶锺　11～19、21、23.陶钵　20、28.陶盒　22.铜鍪　24.陶盆　25.陶甑
27.陶灶

　　锺　2件。方唇，长颈，圆鼓腹，圈足，带盖，盖折腹弧顶，子口，顶上三纽。肩部两侧对称铺首衔环。M32：9，假盘口，盖顶三纽缺失，只留三个圆孔。肩部和腹部各抹出二道凹弦纹，铺首衔环处上下弦纹之间。口径14.7、腹径29.5、底径16.8、通高39.3厘米（图四六，3）。M32：10，盘口，盖顶部四周插有三个云形纽。肩、腹部、铺首部位各饰二道凹弦纹，下腹部饰一道凹弦纹。口径13.5、腹径29、底径18.3、通高42.8厘米（图四六，9）。

　　盒　2件。上、下两部分对称组成，呈子母口扣合，上部母口方唇，下部子口。盖、身皆圆折腹，腹近直，圈足和圈足形盖纽。身、盖腹中部各饰二道凹弦纹。M32：20，尖圆唇。口径10、底径10.6、高18.1厘米（图四六，2）。M32：28，斜沿尖唇，上部略宽于下部。口径10、腹径19、底径10、高17.3厘米（图四六，8）。

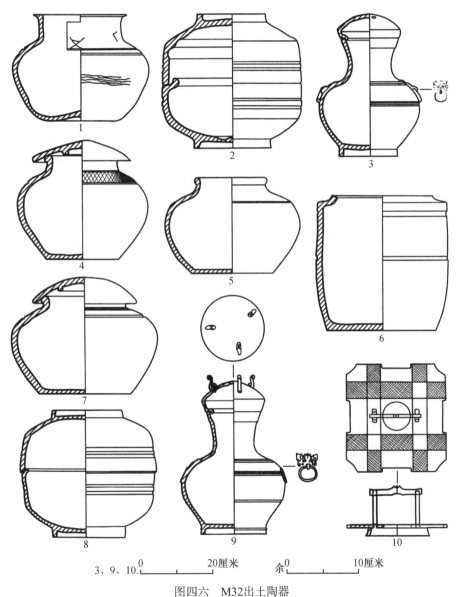

图四六　M32出土陶器

1. A型罐（M32：1）　2、8. 盒（M32：20、M32：28）　3、9. 锺（M32：9、M32：10）　4、5、7. B型罐（M32：4、M32：2、M32：5）　6. 仓罐（M32：8）　10. 井台（M32：7）

盆　1件。M32：24，侈口，斜折沿，尖圆唇，弧腹近斜直，小平底。上腹部饰一周堆纹。口径12、底径5、高7.5厘米（图四七，12）。

钵　11件。据器腹特征分三型。

A型　6件。侈口，圆唇或尖圆唇，圆折腹，下腹弧收近斜直，小平底，器内壁有数道盘筑痕迹。M32：12。口径14.5、底径5、高5厘米（图四七，1）。M32：15，尖圆唇。腹部饰三道凹弦纹。口径17.5、底径5.8、高6.3厘米（图四七，2）。M32：17，尖圆唇。口径13.2、底径4.6、高4.8厘米。M32：18，圆唇。腹部饰一道凹弦纹。出土时内置动物肩胛骨。口径13、底径4.8、高4.4厘米（图四七，4）。M32：21，圆唇。腹下部饰一道凹弦纹。口径15、底径4.8、高4.7厘米（图四七，6）。M32：23，尖圆唇。上腹部有一"十"字形刻划，下腹部饰一周凹弦纹。出土时内置动物骨骼。口径18、底径6.4、高6.3厘米（图四七，5）。

B型　4件。侈口，圆唇或尖圆唇，折腹，上腹部近直，下腹部微内弧，小平底。M32：11，尖圆唇。口径17.8、底径6、高6厘米（图四七，8）。M32：14，圆唇。下腹部饰一道凹弦纹。口径13、底径5、高4.5厘米（图四七，10）。M32：16，圆唇。腹部饰一道凹弦纹。口径14.1、底径4.5、高5.5厘米（图四七，7）。M32：19，圆唇。口径14、底径4.7、高4.5厘米。

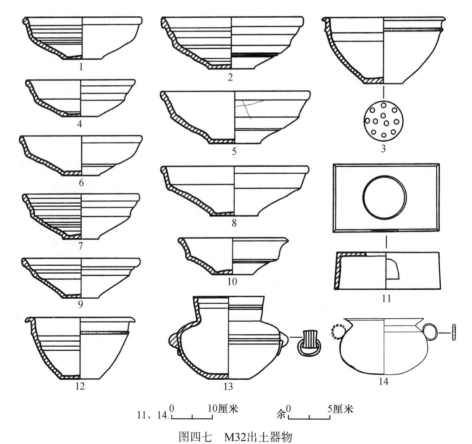

图四七　M32出土器物

1、2、4、5、6.A型陶钵（M32：12、M32：15、M32：18、M32：23、M32：21）　3.陶甑（M32：25）

7、8、10.B型陶钵（M32：16、M32：11、M32：14）　9.C型陶钵（M32：13）　11.陶灶（M32：27）

12.陶盆（M32：24）　13.C型陶罐（M32：26）　14.铜鍪（M32：22）

C型　1件。M32：13，敞口，圆唇，腹斜收至小平底。腹部饰凹弦纹一周。口径14.5、底径4.6、高4.8厘米（图四七，9）。

甑　1件。M32：25，侈口，平折沿，弧腹较深，小平底。腹上部饰一周堆纹，底部正中有11个箅孔，中间3个、周周8个。口径13.5、底径4.8、高8厘米（图四七，3）。

灶　1件。M32：27，整体呈长方体，单眼灶，灶面中部有一灶眼，灶一侧有一拱形灶门，火眼前侧有一拱形灶口。长26.4、宽16.7、高9厘米（图四七，11）。

井台　1件。M32：7，方形井台，抹角，四边正中各有一长条形缺口，中间圆形井口，井台下面的井口渐宽。井口上有井架，为左右两柱架一横梁，梁呈扁形弯曲状，中间一侧有弧形凹口，另一侧为山形凹口。井台上井口四边刻划"井"字形斜方格纹带。井台长29、宽18.5厘米、井口直径7.6、井架高10.4厘米（图四六，10）。

（2）铜器

鍪　1件。M32：22，沿外侈，大敞口，折颈内束，鼓腹，圜底，腹部两侧各一大环耳，一耳缺失。耳呈索辫形扭绞。沿内侧及肩部各饰一周凸弦纹，底有烟炱痕。口径20、腹径22、高13.6厘米（图四七，14）。

18. M33

M33位于墓地南部中段白马小学教室北墙外，西距M22约1米，墓葬西南角被M31打破。开口于垫土层下，距地表0.5米。

长方形竖穴土坑墓，方向115°。墓口南北长2.7、东西宽1.6、墓高2米。墓内填土上层较紧密，下层稍松软。墓葬被M31打破，但未打破至底。墓底正中一棺，棺长2.2、宽0.84～0.94米，头端稍宽。单人仰身直肢葬，尸骨朽腐，仅残存骨粉。随葬器物集中放置于棺内头端，头左侧一陶鼎，右侧一铜镜，胸部右侧一剑，仅余剑格和剑首，应为木剑（图四八）。

出土器物为陶器1件，铜器2件（组）。

（1）陶器

鼎　1件。M33：4，仅存鼎身，耳、足及盖全失。子口，方唇，折腹，圜底，器底足的位置留有相应的疤痕。口径16.7、腹径20、高9厘米（图四九，2）。

（2）铜器

镜　1件。M33：1，镜面、背平直，拱形纽，镜背原有红色漆绘花纹，油漆多已脱落，原为红漆遮盖部分露出浅蓝色暗花，纽座四叶纹，镜缘饰菱形纹，中间部分饰卷草纹。锈蚀严重，纹饰多半不清。直径13.9、厚0.03厘米（图四九，1）。

剑附件　2件。M33：3，剑格，菱形，中间有穿纳木剑的扁圆形孔，孔长2.4、宽0.9厘米，格长6.6、宽2.6厘米（图四九，3）。M33：2，剑首，圆形内凹，首弧凸的一面连扁圆形短剑茎，茎上有凹口以安装木剑柄。长3.2、直径5厘米，茎长2.2、长径1.75、短径1厘米（图四九，4）。

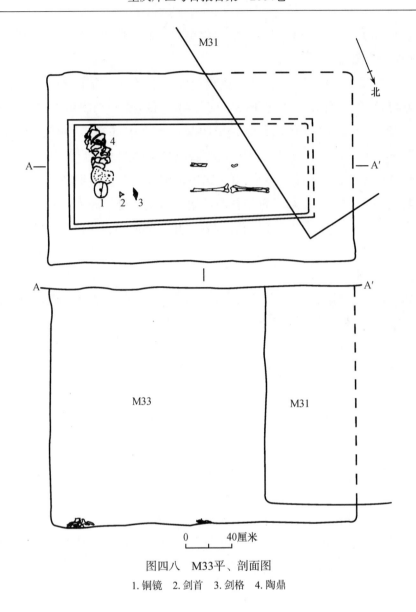

图四八　M33平、剖面图

1.铜镜　2.剑首　3.剑格　4.陶鼎

（二）砖室墓

M21

　　M21位于墓地东部、台地的东部边缘，西距白马小学30米，西北距M16约23米，墓葬西北角坐标北纬31°02′12.9″，东经109°30′17.2″。这里原为唐姓村民的宅基，2004年我们就听唐说过，在他家的厨房地上有一洞，深不及底。2005年在我们进驻前几个月，房屋一拆除即被盗墓贼盗发。现地面堆积建筑垃圾，盗洞被建筑垃圾掩盖，地表散见菱形花纹砖，从盗洞边上的土中发现五铢钱1枚，显为墓中所出。发掘时先清理建筑垃圾，用大铁锤砸破水泥地面。墓上存在很厚的房基垫土，墓口距地表0.85米。盗洞位于墓顶前部，拆除墓顶从墓门向后两个砖的长度，横向五排券砖，长约1、宽约0.5米。

　　长方形券顶砖室墓，方向90°。墓室东西长3.16、南北宽1.72米，拱顶高1.42米。墓门在墓室东端，墓门上方券顶上以子母砖砌有高0.32米的压门短墙以示门楣，门楣仅余中间3.4米，

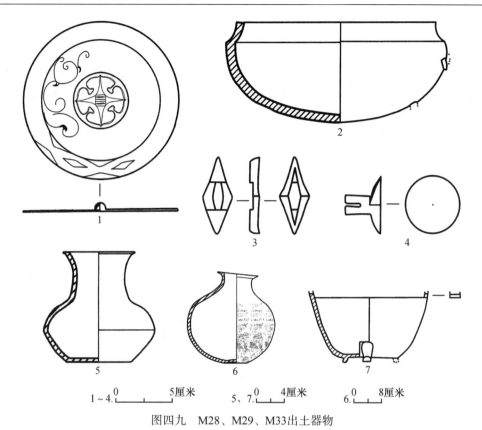

1~4. 0 ____ 5厘米　　　5、7. 0 __ 4厘米　　　0 __ 8厘米 6.

图四九　M28、M29、M33出土器物

1. 铜镜（M33∶1）　2. 陶鼎（M33∶4）　3. 铜剑格（M33∶3）　4. 铜剑首（M33∶2）　5、6. 陶罐（M29∶1、M28∶2）
7. 铁釜（M28∶1）

南、北两端残，砌法为：先平铺砖至券顶，顶上平铺一层砖与墓门平齐，再纵向立砌一层砖向前、后探出，母口向前（外）。墓门开敞，无封门砖（曾被盗过）。墓壁错缝平砌，墓砖向内的一侧有菱形花纹，最下一层在墓底平面之下，为基础，自第十层砖开始起券，券顶立砖22排，以子母砖前后错缝咬合，在较大缝隙挤夹陶片或瓦片。墓室前段2/3被盗墓贼向下挖穿约20厘米，墓壁也随之下陷，后段不足1米的地方覆盖很厚的淤土，清理淤土，发现底不铺砖，但加工平整。淤土下发现陶器、铜钱和铁件，尸骨无存（图五〇）。因墓葬被盗，残存器物有陶器6件，皆为完整器，铜钱35枚（含盗洞外采集的1枚），铁器1件。

（1）陶器

罐　5件。分二型。

A型　4件。泥质灰陶。器形较小。侈口，圆唇，束颈，鼓腹，腹部扁圆，最大径在中部，小平底，口底大小相近。M21∶4，口径5.6、腹径11.6、底径3.8、高7.7厘米（图五一，1）。M21∶6，口径5.5、腹径11.7、底径4、高7.6厘米（图五一，2）。M21∶7，口径6、腹径12、底径4.5、高7.8厘米（图五一，5）。M21∶8，口径5.6、腹径11.7、底径4.5、高7.6厘米（图五一，4）。

B型　1件。M21∶5，泥质黑皮陶。圆唇，束颈，鼓腹，最大径在上部，大平底。肩部中间一道凹弦纹，腹上部最宽处一道较宽凹弦纹。罐内残存碎鸡骨。口径14、腹径31.6、底径16.5、高25.4厘米（图五一，6）。

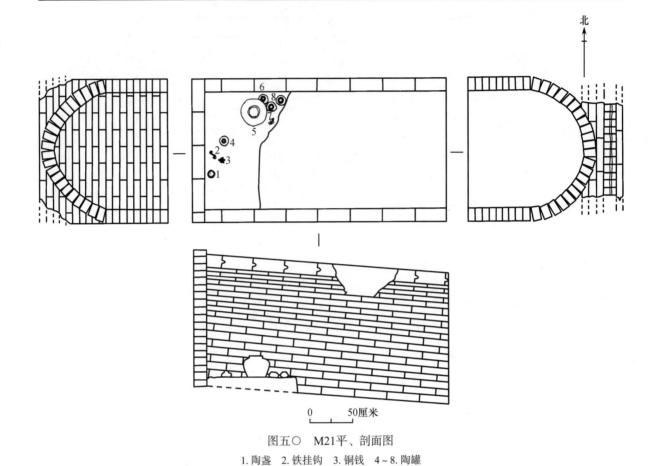

图五〇　M21平、剖面图

1.陶盏　2.铁挂钩　3.铜钱　4~8.陶罐

图五一　M21出土陶器

1、2、4、5.A型罐（M21:4、M21:6、M21:8、M21:7）　3.盏（M21:1）　6.B型罐（M21:5）

盏　1件。M21：1，泥质灰陶。平口，方唇，弧腹，小平底。口径8.1、底径3.2、高4厘米（图五一，3）。

（2）铁器

仅1件。M21：2，整体呈"S"形，可能为铁挂钩。长9.5、宽2厘米（图五二，6）。

（3）铜钱

35枚，其中3枚残，皆为五铢钱。面无内郭，"五"字曲交，朱头圆折。直径2.5厘米左右。

M21：3-1，"五"字较狭瘦长，短于穿边，与外郭不连，"铢"字模糊不清。直径2.5厘米（图五二，1）。M21：3-2、M21：3-3，"五"字曲交，较宽肥，朱头圆折并外展，金旁三角形较大。直径分别为2.55、2.24厘米（图五二，2、3）。M21：3-4，"五"宽肥，金旁紧靠外郭并随外郭略有弯曲，三角形较大，高于朱头。直径2.5厘米（图五二，4）。M21：3-5，"五"字曲交，与外郭不连。直径2.55厘米（图五二，5）。

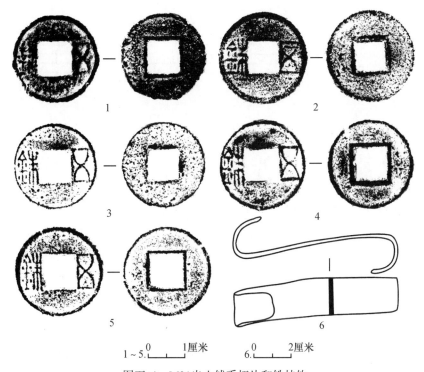

图五二　M21出土钱币拓片和铁挂钩

1～5.钱币拓片（M21：3-1、M21：3-2、M21：3-3、M21：4-4、M21：5-5）　6.铁挂钩（M21：2）

四、不明年代墓葬

营盘包墓地发掘的几座无随葬品的小型土坑墓，墓葬结构等也无明显年代特征，对其年代不便做出判断，单独罗列于下。

M22

M22位于墓地南部中段白马小学教室北墙外，开口于表土层下，距地表40厘米。该墓打破

M23和M31一角。

长方形砖室墓，上部无存，南北长2.64、东西宽1.08、残高0.5米。墓室被严重盗扰，填土夹杂近现代砖、瓦等。墓壁错缝叠砌，以石灰勾缝，仅存2～6层砖。墓室北端墓壁外紧靠墓壁残存一段砖墙，立砖一竖一横，横砖两层相叠，与竖砖等高，可能为墓门。墓底残留石灰，并横向单层铺三道平行砖墙以支棺，仅存8枚铁棺钉。墓砖长34、宽14.5、厚8厘米（图五三）。

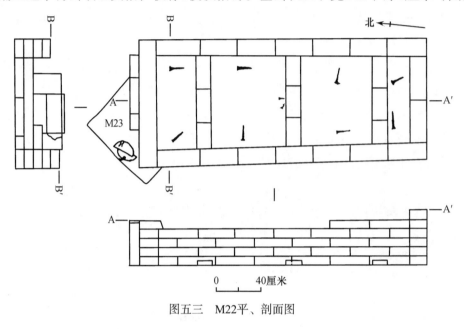

图五三　M22平、剖面图

五、结　语

本年度计划涉及的22墓，除M22为不明时期墓，其余墓的年代均在战国至汉代。存在打破关系墓有以下几组：M19打破M18，M22打破M31、M23和M25，M31打破M33，这些可以作为判断墓葬相对早晚的参考。但这些打破关系不足以解决营盘包墓地的时代问题，而个别墓可根据墓葬形制和出土的钱币、器物组合等推定大致的年代，其余墓葬的年代还可以通过器物排队等方式来解决。

M19出土鼎、敦、壶陶器组合，器物组合和器形都带有比较典型的战国晚期文化的特点，该墓属战国晚期。M23仅出土1件陶敦，与M19相同。敦在营盘包和附近的桂井墓地不见于汉墓，因此M23时代同属战国晚期。

M20出土方形铜印1枚，印面阴刻小篆体的"赞印"二字。赞为人名。目前所见的私印多为四字印，以单名入印在汉代比较少见。单名印主要见于武帝以前，有以下几例：湖北云梦大坟头西汉早期墓出土方形玉印，鼻纽，印面阴刻篆书"遫"[1]；江陵凤凰山文帝时期汉墓M168墓主为五大夫"遂"，出土方形玉印，鼻纽，印面阴刻篆书"遂"[2]；荆州高台西汉初年墓有

① 湖北省博物馆、孝感地区文教局、云梦县文化馆汉墓发掘组等：《湖北云梦西汉墓发掘简报》，《文物》1973年第9期。

② 湖北省文物考古研究所：《江陵凤凰山一六八号汉墓》，《考古学报》1993年第4期。

两座墓各出1枚覆形半环鼻纽铜印，一枚未刻字，一枚阳刻篆书"發"字[①]；名后带"印"的有河南三门峡汉墓出土的台形铜印，背呈三级台阶内收，鼻形纽，印面长方形，长1.6、宽1厘米，印文为阴刻的篆书"超印"二字。该墓同出西汉早期半两钱，时代为西汉初期[②]。目前所见单名印和单名后带"印"字的印章只见于西汉早期，因此与湖北相近的奉节营盘包汉墓出土的单名印也应为西汉早期阶段。

M14出土半两钱和铁鍪，时代亦应为西汉早期。

M16出土半两钱和五铢钱，五铢钱"五"字两笔曲交，朱头方折，为西汉五铢。结合半两钱的情况，可判断该墓为西汉中期。

M17出土鼎、盒、壶两套。这种组合在西汉晚期墓葬中基本消失，因此该墓年代应为西汉早中期。

M32出土盒、罐，盒未见退化迹象，无鼎，判断该墓年代为西汉中期。

M18出土铜钱皆为五铢钱，"五"字相交的两笔有斜交和曲交，有的与上下两横笔相接处有明显的内收，有昭宣五铢的特点，又出现磨郭五铢。该墓属西汉晚期。

M26出土五铢钱有武帝和晚期特点，亦未见有东汉钱币，当属西汉晚期。

M27是一座八人合葬墓，出土钱币有半两、五铢和大泉五十，五铢钱中未见东汉五铢，因此该墓最后的埋葬时代当为新莽时期。

M21出土钱币35枚，皆为东汉五铢，但又未见东汉晚期五铢中的小钱、磨郭等形式，墓葬结构为不带甬道的单室小型墓，时代当为东汉早中期。

本年度任务所发掘的22座墓，其中砖室墓遭破坏，而土坑墓保存相对完好，是研究三峡地区汉墓的重要依据。其中M27为8人合葬墓，墓底中间从南向北并列8棺，头向或东或西，随葬陶器多数置于墓坑北端的3个棺之间，破碎不堪，几乎看不到成形器，但也不像是原地挤压所致，本同属一件器物的碎片置于不同的地方，可以判断该墓为多人迁葬墓，在迁葬过程中，把原来随葬的器物一同搬来，致使破碎严重。M27为目前所知该地区土坑墓人数最多的一例，所反映的情况较为特别，值得注意。

附记：参加本次发掘的有刘兴林（领队）、刘建安、周俊、孙彦、陈刚、陈厚清、王海平、韩光纯等，器物修复：韩长明、韩光纯、韩双林。研究生刘建安、吴昊、张仁杰、张玮、王婷、唐来恩、孙剑秋等参加了后期资料整理和电脑描图工作。发掘工作得到当地政府、奉节县白帝城文物管理所和兄弟考古队的大力支持与帮助，在此一并致谢！

执笔：刘兴林

---

① 湖北省荆州博物馆：《荆州高台秦汉墓》，科学出版社，2000年，第115页。
② 三门峡市文物工作队：《三门峡市司法局、刚玉砂厂秦人墓发掘简报》，《华夏考古》1993年第4期。

附表　营盘包墓地墓葬登记表

墓号	类型	方向/(°)	形制	规格/米	人骨与葬具	随葬器物	年代	备注
M12	土坑墓	335	长方形	长3.2、宽2.5、墓穴深4.4～4.7	二人合葬、有木椁板灰痕	铁锸1、铁凿1	西汉早期	
M13	土坑墓	335	长方形	长2.4、宽1.73、墓穴深2.3	仅见一段人骨		西汉早期	被盗
M14	土坑墓	330	长方形	长2.91、宽1.75、墓穴深2.71	棺木朽痕、人骨无存	铁锸1、铜钱（半两钱）1	西汉早期	
M15	土坑墓	210	长方形	墓口长3.05、宽1.65、墓口顺着斜坡西高东低，开口于表土层下，墓坑深1.7～2.3	单人仰身直肢葬、残存板灰痕	铜剑1、陶罐1、铜镞1	西汉晚期	
M16	土坑墓	155	长方形	墓口长4.05、宽2.2、墓高2.5	仰身直肢、一棺二人合葬	陶鼎1、陶罐9、陶鉢2、陶盒1、陶灶2、铜带钩1、铜剑格1、铜饰件1、铜钱（半两、五铢）53枚	西汉中期	
M17	土坑墓	210	长方形	墓口长4.05、宽2.3、墓口顺着斜坡西高东低，墓坑深2.5～6.1	一椁一棺、仅见几截朽腐的人骨	陶鼎2、陶盒2、陶壶2	西汉中期	
M18	土坑墓	300	墓室长方形，墓底斜坡墓道，平面"凸"字形	长3.9、宽2.6，斜坡墓道位于墓圹西端，偏于南侧 墓道长3、宽1.3，墓坑深2.2～2.60，墓道深2.19～2.23	一椁、二棺并列，北侧棺稍小，二人仰身肢，头向西，保存状况差	陶罐19、陶壶6、陶瓿3、陶盒1、陶灶1、陶薰炉2、铜饰件2、釉陶壶2、釉陶盒1、石黛板1、铜洗1、铜削1、铜钱（五铢）95	西汉晚期	
M19	土坑墓	243	长方形	墓口长3、宽1.7、墓穴深3～4	一棺、单人仰身直肢、头向西面北、骨架保存状况差	陶敦2、陶鼎2、陶壶2、铁剑1	战国晚期	
M20	土坑墓	250	长方形，墓底有高0.6米的熟土二层台	墓室东西长4、南北宽2.8～3、东端稍窄，墓壁略内收，墓底长3.50、宽2.6	一椁一棺、单人葬、头向西，肢体只存儿枚牙齿和右边一段腿骨，可判断仰身直肢葬	陶罐1、铜扣饰1、铜鼎1、铁削1、铜镜1、铜带钩1、玉塞1、铜串珠2、铜印1、料珠1	西汉早期	
M21	砖室墓	90	长方形券顶、无甬道	墓室东西长3.16、南北宽1.72、拱顶高1.42		陶罐5、陶盏1、铁带钩1、铜钱（五铢）35	东汉中期	被盗
M22	砖室墓		长方形	南北长2.64、东西宽1.08、残高0.5	仅余8枚铁棺钉	随葬品无存	不明年代	仅存墓底部分

续表

墓号	类型	方向/(°)	形制	规格/米	人骨与葬具	随葬器物	年代	备注
M23	土坑墓		长方形	墓室残长0.68、宽0.76、墓坑深尚有0.5	人骨、棺痕无存	陶敦1	战国晚期	大部分被M22打破，仅残存一角
M24	土坑墓	345	长方形带墓道，平面呈"甲"字形	墓道在墓圹北边，偏于一侧，长2、宽1，墓道底与墓室平直，墓室长2.7、宽2.54、深1.7	仅存一椁，此可判断该墓为一椁二棺，人骨无存，葬式不明	陶罐7、陶盘2、陶瓿1、陶器盖2	西汉晚期	
M25	土坑墓	225	长方形带墓道，墓道偏于一侧，平面呈刀把形	墓道长1.6、宽1.1，墓道底与墓室平，墓圹长2.66、宽1.8、高0.7~0.77	一椁二棺，仰身直肢葬，头西脚东	陶罐3、陶盒1、陶器盖1	西汉晚期	
M26	土坑墓	240	长方形	墓口长3、宽2.8、墓壁垂直，口底同大、墓圹深3	一椁二棺，皆为仰身直肢葬，头向西，西北角放置人头骨1个及肢骨3根，无葬具	陶罐15、陶盆4、陶壶1、陶盒2、陶瓿1、陶灶1、铜钱（五铢）12	西汉晚期	
M27	土坑墓	336	长方形	墓口南北长5.5、东西宽3.4、直壁，墓高1.7	墓底中间从南向北并列8棺，外有一大型木椁。可辨头向者，向西5棺，向东2棺，仰身直肢葬	陶罐16、陶盆12、陶壶1、陶盒1、陶器盖2、陶瓿1、陶灶1、研磨棒1、铁鼎1、铜钱（半两、大泉五十、五铢）32	新莽至东汉初期	
M28	土坑墓	330	长方形	墓圹南北长2.5、东西宽1.46、墓高1.48	一椁一棺，内人架1具，仰身直肢，朽残	铁釜1、陶罐1	西汉中期	
M29	土坑墓	285	长方形	墓口东西长2.75、宽1.5、墓高1.23	一棺，人架1具，仰身直肢，朽残	陶罐1	汉代	
M30	土坑墓	285	长方形	墓口南北长2.7、东西宽1.6、墓高1.9	一椁一棺，尸骨腐朽，可辨单人仰身直肢葬	陶罐4、陶盆1、陶壶1、陶鼎盖1、陶甑2、陶灶1、铜剑1	西汉晚期	

续表

墓号	类型	方向/（°）	形制	规格/米	人骨与葬具	随葬器物	年代	备注
M31	土坑墓	335	长方形	墓口南北长4.2、东西宽3.3、墓高1.90	一椁，椁内西北角发现头骨痕迹	陶罐5、陶盆2、陶碗2、陶灶1、陶甑1、铁器1	西汉中期	
M32	土坑墓	340	长方形	墓口南北长4.15、东西宽2.8、墓高1.8	一椁二棺，棺内骨架痕迹各一具，仰身直肢，头向一东一西	陶罐7、陶仓1、陶盆2、陶盆1、陶钵11、陶甑1、陶灶1、陶井台1、铜釜1	西汉中期	
M33	土坑墓	115	长方形	墓葬被M31打破，墓口南北长2.7、东西宽1.6、墓高2米	一棺，单人仰身直肢葬，尸骨朽腐，仅残存骨粉	铜镜1、铜剑首1、铜剑格1、陶鼎1	西汉早期	

奉节赵家湾墓地2004年度发掘简报

武汉大学考古学及博物馆学系
武汉大学科技考古研究中心

　　赵家湾墓地位于重庆市奉节县朱衣镇口前村2队，属长江北岸的二级台地，东距奉节新城约5千米（图一）。受重庆市文物局三峡办委托，2001年6～8月，武汉大学考古队对该墓地进行了钻探与发掘，共发掘砖室墓8座，编号M1～M8。2004年9月至2005年1月，武汉大学考古队再次对该墓地进行钻探与发掘，共清理墓葬20座，编号2004FZM9～2004FZM28（下文简称M9～M28），该墓地分为东、西两区，其中西区地势平缓，发掘土坑墓3座、砖室墓10座（图二）；东区地势较陡，清理崖墓7座，出土各类文物300余件（图三）。现将第二次发掘的资料简报如下。

一、东汉墓葬

（一）墓葬概况

　　共15座，可分为砖室墓和崖墓两大类。

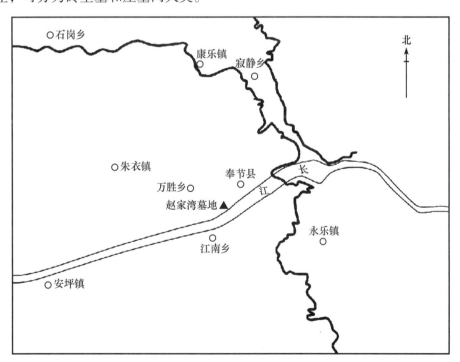

图一　赵家湾墓地位置示意图

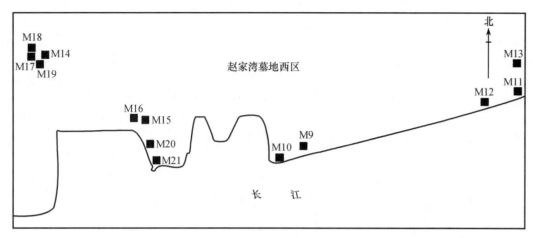

图二　赵家湾墓地位置示意图

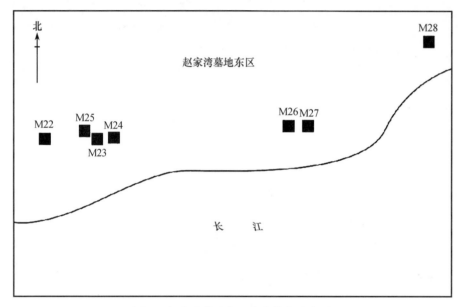

图三　赵家湾墓地东区崖墓分布示意图

1. 砖室墓

8座，均位于墓地西区。其中M10、M12和M13保存较好。按结构分二型。

A型　2座。平面呈"凸"字形，由甬道和长方形墓室组成，甬道位于墓室南侧中部，墓室横列，券顶或甬道在改造梯田时被部分破坏。按起拱的情况分为二亚型。

Aa型　1座，M10。东西向起拱。方向175°。甬道宽1.78米，东侧残长0.4、残高0.07米，与墓室拐角宽0.7米；西侧残长0.6、残高0.07米，与墓室拐角宽0.66米。墓室东西长3.06、南北宽2.6、残高0.14～1.3米（图四）。墓室和甬道均先砌墙后铺地。墙体用长38、宽18、厚8厘米的几何纹花纹砖，单砖错缝平砌，仅内侧见纹饰（图五，1）。墓室北部铺地用长38、宽18、厚7厘米带榫卯结构几何纹花纹砖，错缝横铺共8行，南部铺地用不带榫卯结构残砖，甬道铺地用墙砖。

墓内堆积分两层：第1层黄褐色土，较黏，含小石子、红烧颗粒和草木灰等，厚0.7米；第2

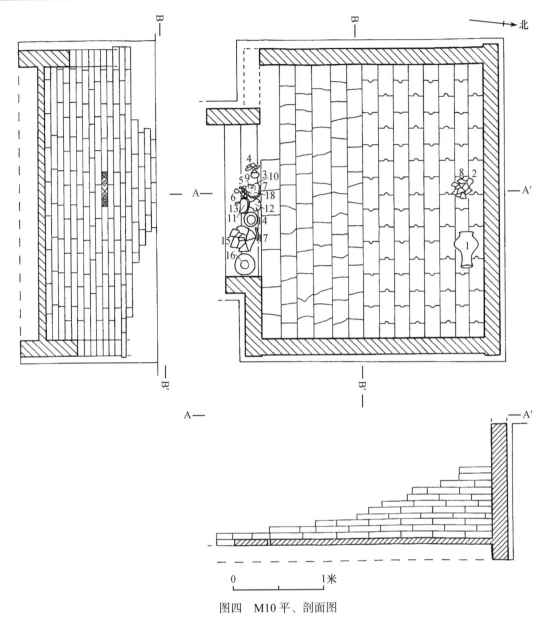

图四　M10平、剖面图

1.陶锺　2、4～8、11、15、17.陶片　3.陶熏盖　9、12、14.陶罐　10.陶盘　13.陶勺　16.陶钵　18.陶器盖

层红褐色土，土质细腻，含沙，厚0.6米。

因破坏严重，葬具不存，人骨架已粉化。

随葬品分布于甬道与墓室交界处，保存较差，多破碎。

Ab型　1座，M12。南北向起拱。方向165°。甬道宽1.2、东侧残长2.4、残高0.08～1.3米，0.9米处起券，西侧残长1.36、残高1.18米，甬道两侧与墓室拐角均宽0.94米。墓室东西长3.82、南北宽2.56米，顶部被破坏（图六）。墙体用长40、宽18、厚8厘米的几何纹花纹砖，单砖错缝平砌，仅内侧见纹饰（图五，2）。券顶用长40、宽18、厚7～8厘米带榫卯结构楔形几何纹花纹砖，单砖错缝平砌，仅内侧见纹饰。未铺地，底面平整。

墓内堆积为大量碎砖、碎石。

因破坏严重，葬具及人骨架均已不存。

图五　出土墓砖拓片（示意图）

1. M10墓砖花纹　2. M12墓砖花纹　3. M13墓砖花纹　4. M15墓砖花纹　5. M11 墓砖花纹　6. M18 墓砖花纹

墓室西北部经盗扰，随葬品散落于甬道及墓室其他各处，保存较差，多破碎。

B型　1座，M13。由甬道、前堂和后室组成，甬道位于前堂南侧中部，券顶或甬道在改造梯田时被部分破坏。方向135°。甬道券顶不存，长1.2、宽1.3米，西侧残高0.37米，与前堂拐角宽0.3米，东侧残高0.29米，与前堂拐角宽0.38米。前堂券顶不存，长2.3、宽1.88米，西侧残高0.74米，与后室拐角宽0.5米，东侧残高0.55米，与后室拐角宽0.45米。后室北部券顶保存较好，东西向起券，南北长5.22、东西宽2.82～2.85米，南壁较宽，券顶残长1.1米，东壁残高1.52～2.75、西壁残高1.63～2.75米，均呈北高南低台阶状，北壁完好，墙脚以基石取代墙砖，高2.75米，0.8米处起券，南壁残高1～1.42米，西侧较高（图七）。墓室和甬道均先砌墙后铺地。墙体用长45、宽1、厚8厘米的几何纹花纹砖，单砖错缝平砌，仅内侧见纹饰（图五，3），拐角处为平砌。券顶用砖两种：一种长46、宽18、厚8～9厘米的带榫卯结构楔形几何纹

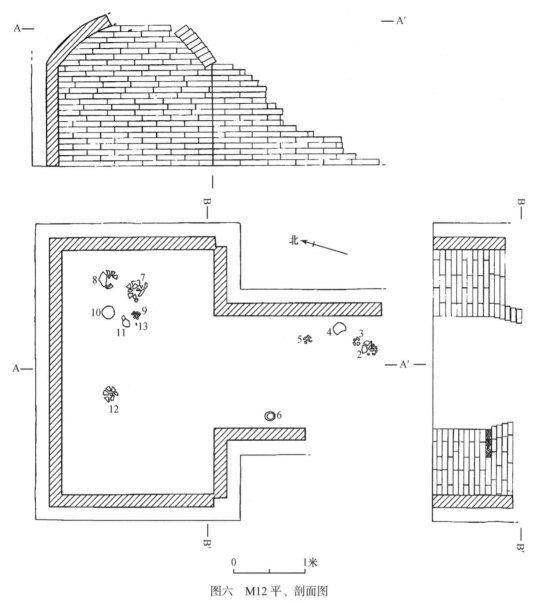

图六　M12平、剖面图

1~3、5、8、11.陶片　4、7.陶盆　6.陶仓　9.铜钱　10.陶熏盖　12.陶甑　13.耳珰

花纹砖，一种长43、宽16、厚9厘米的几何纹花纹砖，单砖错缝平砌，砌筑不规整，缝隙较大处塞有绳纹瓦片以加固。铺地用残砖横铺，其中甬道和前堂铺设较规整，甬道4排，前堂11排，后室铺设不规整。

墓内填土分为三层：第1层灰色沙石土，较松，分布于墓室北部，厚0.8米；第2层黄色泥土，较松，较湿，含残砖，分布于墓室北部，厚1.2米；第3层黄褐色土，较松，含草木灰、残砖、陶片、俑头等，分布于整座墓，厚0.4~0.6米。

因破坏严重，葬具仅见铁质棺钉，人骨架不存。

随葬品分布于甬道、前堂和后室东侧，钱币分布在后室西北部，保存较差，多破碎。

另M15破坏严重，仅存部分墓室，方向170°。墓室平面呈长方形，残长3.06、宽2.9、残高0.2~0.7米。墙体用长46、宽17、厚9厘米的几何纹花纹砖，单砖错缝平砌，仅内侧见纹饰（图五，4）。铺地用宽17、厚9厘米的残砖横铺。

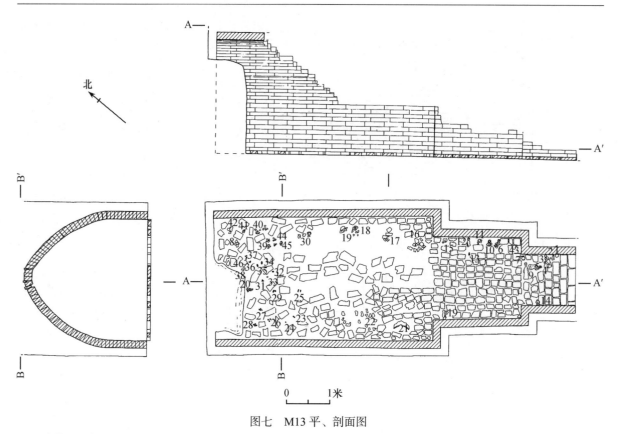

图七　M13 平、剖面图

1、7. 陶罐　2. 陶鸡俑　3、6、8、10、11、15～22、38～41. 陶片　4、5、9. 陶俑　12、14、30. 陶俑头　13、23、24、26～29、31、32、34～37. 铜钱币　25. 铜杯系　33. 料器　42. 陶锤　43. 陶钵　44、45. 陶器盖　46. 陶黛板

墓内填土为红褐色土，土质疏松，含少量草木灰、红烧颗粒及石块。

因破坏较严重，葬具仅见棺的漆皮，人骨架2具，经扰动，东南部1具，见头骨和肢骨，西北角1具，仅存头骨。

随葬品分布于墓室东南部，保存较差，多破碎。

M9、M16、M20、M21均破坏严重，仅存墓室一角，无人骨及随葬品。

2. 崖墓

崖墓7座。均位于墓地东区，开凿于岩壁上，北依山崖，南临长江。按组成结构分三型。

A型　4座，M24～M26、M28。由墓道和墓室组成。以M26为例，方向120°。斜坡状墓道平面近梯形，长3米，开口宽1.68～2.3、底宽1.45～2.2米，靠近墓室侧较宽。墓室平面近梯形，长2.8、宽2.3～2.75、高1.4～1.8米，靠近墓道侧较宽、较高（图八）。

墓内堆积为红褐色土，夹杂碎石。

未见葬具，人骨架2具，均无头骨，东、西两侧各1具。

随葬品分布于人骨架周围，其中西侧分布较多，保存较差，多破碎。

B型　2座，M22和M27。由墓道、墓室和壁龛组成。以M22为例，方向300°。墓口已垮塌，斜坡状墓道，长4.5、宽1米。墓室平面近长方形，长2.2、宽1～1.14米，后壁略宽，弧顶近平，高1.1米。壁龛清理前已垮塌，位于墓室西侧靠近墓道处，平面呈不规则椭圆形，残长

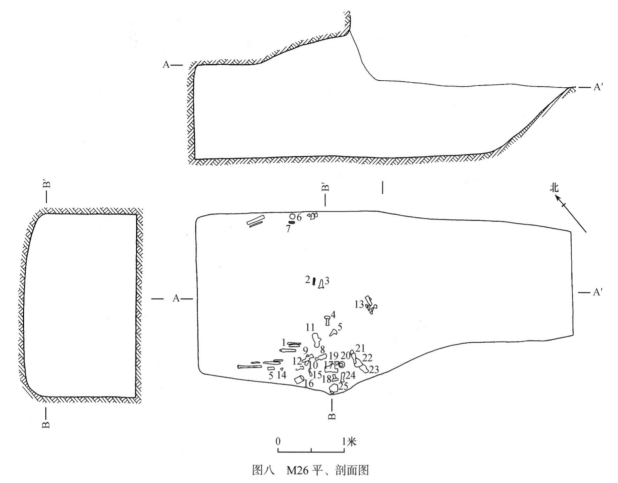

图八　M26 平、剖面图

1、3、4、13～15、19、23.陶片　2、7.铜钱币　5、12.陶勺　6、16.陶杯　20.陶釜　8～11、17、22、24.陶俑　18.陶灯
21.陶猪俑　25.陶罐

1.5、残宽0.3～0.8、残高0.57米（图九）。

　　墓内堆积为黄色土，夹杂碎石。

　　因破坏严重，葬具及人骨架均已不存。

　　随葬品分布于壁龛中，保存较差，多破碎。

　　C型　1座，M23。由墓道、甬道和墓室组成。方向145°。斜坡状墓道平面呈梯形，长1.3、开口宽1.1～1.5、底宽1～1.4米，靠近甬道侧较宽。甬道平底，平面呈梯形，长3.2、宽1.5～1.7米，靠近墓室侧较宽，弧顶，高1.4～1.5米。墓室平面近长方形，长2.9、宽1.8～1.9米，弧顶近平，高1.6～1.7米。墓室内设棺床，与墓室同大，高出甬道0.2米（图一〇）。

　　墓内堆积为黄沙土，夹杂碎石。

　　葬具仅见棺床，人骨架发现1具，经扰动，头骨见于墓室西南部，肢骨见于墓室北部。

　　随葬品分布于墓室东西两侧，西侧较多，保存较差，多破碎。

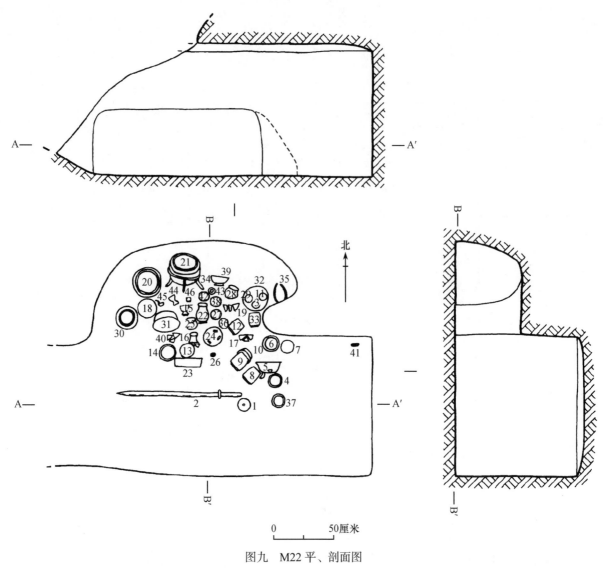

图九　M22 平、剖面图

1. 铜镜　2. 铁剑　3、29、45. 陶杯　4、14、30、37、38、42. 陶罐　5. 陶鼎　6、8、9、12、33. 陶仓　7、10、11、27、36. 陶钵
13. 陶甄　15. 陶熏　16、44. 陶灯　17、19、40. 陶片　18. 铜环　20. 铁釜　21. 铜釜　22. 陶锺　23. 陶灶　24. 陶器盖
　　25、28. 陶釜　26、41. 铜钱　31. 陶盆　32. 陶盘　34. 铁釜架　35. 铜圈　39. 陶盒　43. 陶器　46. 陶黛砚

（二）随葬品

随葬品按质地可分为陶、铁、铜、银和料器等，以陶器为多。

1. 陶器

陶器保存较差，多破碎。完整及修复的陶器共113件，可分为生活用具、模型明器和俑类等。生活用具以罐、钵、盆、盘为多，另有器盖、甄、锺、釜、灯、熏、杯、勺、鼎、盒、魁等，均为轮制；模型明器有灶和仓，灶为手制，仓为轮制；俑类以人物俑为多，另有鸡俑和猪俑，均为合范制作。

生活用具以泥质陶居多，红陶和灰陶所占比例相当，有一定数量釉陶，但绝大多数脱釉严

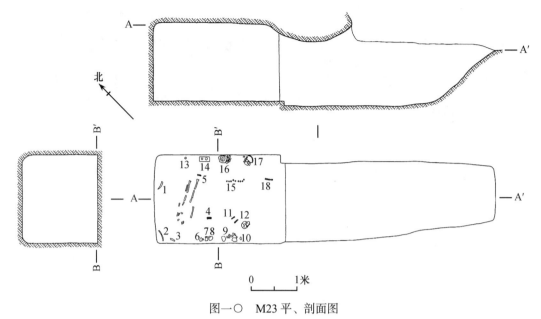

图一〇　M23平、剖面图

1～3.铁釜架　4、5、11、12、15、18.铜钱币　6、7、10、16、17.陶片　8.陶灯　9.陶熏盖　13.银戒指　14.陶灶

重，露出红胎，模型明器均为泥质灰陶，俑类均为泥质红陶。

罐　19件。按口部分三型。

A型　7件。翻口，卷沿，圆唇，束颈，鼓腹。按颈部分三式。

Ⅰ式：4件。束颈，近无，泥质灰陶。M22：4，肩部饰凹弦纹两周。平底略凹。口径9.8、腹径15.6、底径8.4、高10.9厘米。M25：3，平底略凹。口径9.4、腹径17.2、底径10.4、高11.8厘米（图一一，1）。M22：37，肩部饰凹弦纹两周。平底略凹。口径12、腹径14.6、底径8.6、高9.8厘米。M27：7，个体较小，假圈足，平底。口径5、腹径8.4、底径4.4、高6.4厘米。

Ⅱ式：2件。束颈，泥质灰陶，平底。M10：14，肩部饰印纹两周。口径11.2、腹径16.3、底径7.8、高11.7厘米。M10：12，肩部从上而下饰凹弦纹一周及印纹两周。口径10.4、腹径15.6、底径7.7、高11厘米（图一一，2）。

Ⅲ式：1件。M26：25，泥质灰陶。束颈，较长。最大径位于中部，假圈足，平底。口径9.8、腹径15.4、底径8、高12厘米（图一一，3）。

B型　5件。直口，圆唇，高领。按带錾与否分二亚型。

Ba型　3件。肩腹接合处设两实心錾，平底。按领部和肩部分三式。

Ⅰ式：1件。高领较长，溜肩。M22：14，泥质灰陶。肩腹接合处饰凹弦纹两周，弧腹。口径11.6、腹径16.8、底径8.4、高12.4厘米（图一一，4）。

Ⅱ式：1件。M22：42，泥质红陶。高领，折肩，斜腹。口径11、腹径16.6、底径9.8、高10.8厘米（图一一，5）。

Ⅲ式：1件。M25：2，泥质红陶。高领较短，束颈，折肩，弧腹。口径10.8、腹径13.2、底径6.2、高9厘米（图一一，6）。

Bb型　2件。无錾，平底，泥质红陶。折肩，弧腹。按颈部分二式。

Ⅰ式：1件。M22：30，斜颈。口径9.4、腹径11、底径5.4、高7.6厘米（图一一，7）。

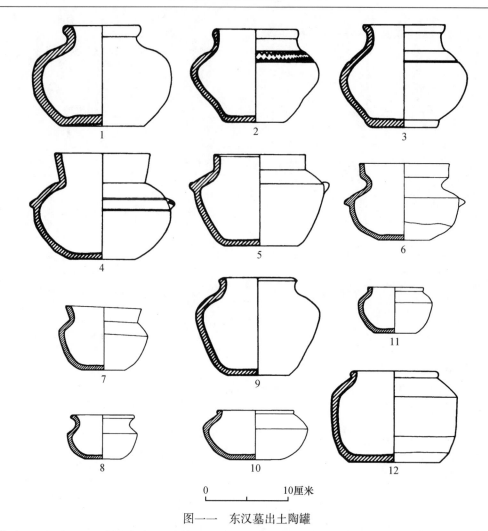

0　　　　　　10厘米

图一一　东汉墓出土陶罐

1. A型Ⅰ式（M25：3）　2. A型Ⅱ式（M10：12）　3. A型Ⅲ式（M26：25）　4. Ba型Ⅰ式（M22：14）　5. Ba型Ⅱ式（M22：42）　6. Ba型Ⅲ式（M25：2）　7. Bb型Ⅰ式（M22：30）　8. Bb型Ⅱ式（M13：7）　9. Ca型（M27：14）　10. Cb型Ⅰ式（M22：38）　11. Cb型Ⅱ式（M13：1）　12. Cc型（M27：8）

　　Ⅱ式：1件。M13：7，束颈。口径8、腹径8.3、底径4.4、高5.2厘米（图一一，8）。

　　C型　7件。直口，圆唇，颈部近无。按腹部分三亚型。

　　Ca型　3件。斜腹。M27：14，泥质灰陶。最大径位于上腹部，平底。口径9.4、腹径15、底径7.5、高11.5厘米（图一一，9）。M27：17，泥质灰陶。肩上部饰凹弦纹一周，最大径位于中部，平底。口径11.4、腹径17.2、底径6.6、高12.6厘米。M27：13，泥质红陶。平底。口径9.5、腹径15.2、底径6.8、高10.4厘米。

　　Cb型　3件。弧腹，泥质红陶。折肩，平底。按腹部深浅分二式。

　　Ⅰ式：2件。弧腹较浅。M22：38，口径9.2、腹径12.6、底径6.4、高5.8厘米（图一一，10）。M10：9，口径7、腹径10.6、底径4.5、高4.9厘米。

　　Ⅱ式：1件。M13：1，弧腹较深。口径6.6、腹径9、底径5、高5.4厘米（图一一，11）。

　　Cc型　1件。M27：8，直腹，近底弧收。口径10.6、腹径15.6、底径10.8、高10.8厘米（图一一，12）。

钵　8件。个体较小。按口沿分三型。

A型　1件。M15：4，泥质红陶。敛口，无沿，圆唇，弧腹，平底内凹。口径10.8、底径6、高3.8厘米（图一二，1）。

B型　4件。泥质灰陶。侈口，无沿，圆唇外包，弧腹，平底。M22：11，口径11.8、底径4.2、高4.8厘米（图一二，2）。M22：27，口径11.6、底径4、高4.8厘米。M22：7，口径12、底径4.6、高4.6厘米。M22：10，口径12.2、底径4.4、高5.2厘米。

C型　3件。敞口，平折沿。按腹部和底部分三式。

Ⅰ式：1件。M22：36，釉陶，红胎，施酱黄釉，大部分脱落。尖唇，斜腹，近底弧收，平底。腹部饰凹弦纹两周。口径13、底径6、高4.6厘米（图一二，3）。

Ⅱ式：1件。M10：16，泥质红陶。圆唇，斜腹，近底折收，平底。口径16.5、底径6、高6厘米（图一二，4）。

Ⅲ式：1件。M13：43，泥质灰陶。圆唇，弧腹，假圈足，平底。口径17.8、底径6.8、高5厘米（图一二，5）。

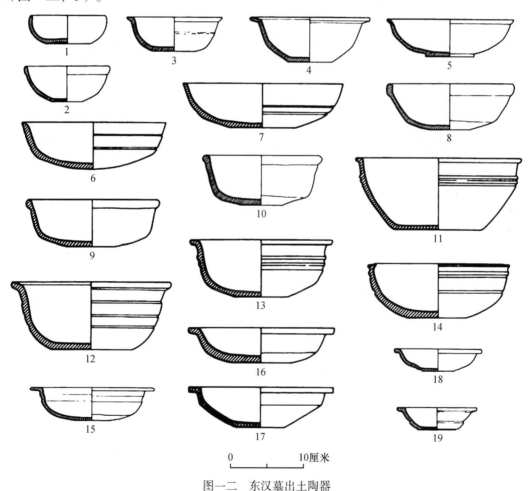

0　　　　　10厘米

图一二　东汉墓出土陶器

1. A型钵（M15：4）　2. B型钵（M22：11）　3. C型Ⅰ式钵（M22：36）　4. C型Ⅱ式钵（M10：16）　5. C型Ⅲ式钵（M13：43）　6. A型Ⅰ式盆（M27：5）　7. A型Ⅱ式盆（M27：22）　8. B型Ⅰ式盆（M12：4）　9. B型Ⅱ式盆（M27：2）　10. B型Ⅲ式盆（M25：1）　11. C型Ⅰ式盆（M22：31）　12. C型Ⅱ式盆（M12：7）　13. C型Ⅲ式盆（M27：21）　14. D型盆（M27：20）　15. Ⅰ式盘（M22：32）　16. Ⅱ式盘（M27：18）　17. Ⅲ式盘（M27：12）　18. Ⅳ式盘（M10：10）　19. Ⅴ式盘（M15：2）

盆　9件。个体较大。按口沿分四型。

A型　2件。敞口，圆唇，泥质红陶。腹部饰凹弦纹两周。按腹部和底部分二式。

Ⅰ式：1件。M27：5，斜腹，近底折收，圜底。口径19.8、高6.2厘米（图一二，6）。

Ⅱ式：1件。M27：22，弧腹，平底。口径22、底径9、高6厘米（图一二，7）。

B型　3件。无沿，圆唇外包，泥质灰陶。按腹部和底部分三式。

Ⅰ式：1件。M12：4，敛口，斜腹，近底折收较缓，平底。口径17.7、底径5.6、高6.2厘米（图一二，8）。

Ⅱ式：1件。M27：2，侈口，斜腹，近底折收较急，平底。口径18.2、底径6、高6.4厘米（图一二，9）。

Ⅲ式：1件。M25：1，侈口，斜腹较深，近底折收较急，平底略凹。口径16.7、底径5.8、高6.7厘米（图一二，10）。

C型　3件。均泥质红陶。平折沿，圆唇，平底。按腹部分三式。

Ⅰ式：1件。M22：31，侈口，折腹。上腹部饰凸弦纹两周。口径23.3、底径13、高9.6厘米（图一二，11）。

Ⅱ式：1件。M12：7，敞口，弧腹。上腹饰凹弦纹三周。口径21.8、底径11.6、高9厘米（图一二，12）。

Ⅲ式：1件。M27：21，侈口，弧腹，近底折收。上腹部饰凸弦纹三周。口径19.4、底径7.5、高7.4厘米（图一二，13）。

D型　1件。M27：20，泥质红陶。子母口，圆唇。弧腹，近底折收，平底。上腹部饰凹弦纹三周。口径20、底径8、高7.2厘米（图一二，14）。

盘　8件。均泥质红陶。腹较浅。按底部和腹部分五式。

Ⅰ式：1件。M22：32，侈口，平折沿较宽，圆唇，弧腹，近底折收，圜底。饰凹弦纹一周。口径17.2、高4.4厘米（图一二，15）。

Ⅱ式：2件。弧腹，近底折收，平底，敞口，平折沿，圆唇。M27：18，沿面内凹。饰凹弦纹两周。口径19.9、底径8、高4.4厘米（图一二，16）。M27：3，口径14.4、底径6.2、高4厘米。

Ⅲ式：1件。M27：12，侈口，平折沿，方唇，折腹，平底。口径19.8、底径7、高5.4厘米（图一二，17）。

Ⅳ式：1件。M10：10，敛口，平折沿，圆唇，弧腹，平底。口径13.2、底径4.6、高3厘米（图一二，18）。

Ⅴ式：3件。曲腹，假圈足，平底略凹，平折沿较宽，方唇。M15：2，直口。口径11.2、底径5.5、高3厘米（图一二，19）。M15：3，敛口。口径12.4、底径4.8、高3.4厘米。M15：5，直口。口径12、底径5、高3.4厘米。

器盖　6件。按盖顶分二型。

A型　4件。平顶。按盖身分二亚型。

Aa型　3件。盖身微鼓。按口沿分二式。

Ⅰ式：2件。子母口，子口较低，内折沿。M22：24，泥质红陶。盖顶设一乳钉状纽，盖身中部设三乳钉状纽。顶径8、底径14.5、高5.4厘米（图一三，1）。M27：19，红釉陶，红胎。已残。盖身残留一乳钉状纽。顶径5.6、底径16.4、高4.5厘米。

Ⅱ式：1件。M27：9，泥质红陶。子母口，子口较高，内折沿。盖上设三乳钉状纽。顶径6、底径13.4、高4.5厘米（图一三，2）。

Ab型　1件。M13：45，泥质红陶。盖身平。盖顶平凸，盖身饰凹弦纹两周，沿较平。顶径4.4、底径9.6、高2.4厘米（图一三，3）。

B型　2件。圆顶。按口沿分二式。

Ⅰ式：1件。M13：44，泥质红陶。直口，方唇。底径8.2、高3.8厘米（图一三，4）。

Ⅱ式：1件。M10：18，红釉陶。沿面起棱。底径9.6、高4.6厘米（图一三，5）。

熏盖　5件。直口，方唇。按盖身分二型。

A型　3件。盖身微鼓。按口沿分二式。

Ⅰ式：2件。沿面起棱不明显。红釉陶，红胎。M12：10，盖中央饰凸起桃形十字纹，周围点缀凸起绕枝纹，外围设三乳钉形纽。顶径4.6、底径15.6、高3.4厘米。器盖。采集：1，顶端设一乳钉状纽，盖身饰凸起葵菱纹，沿边饰凹弦纹一周。顶径5、底径13.2、高5厘米（图一三，6）。

Ⅱ式：1件。M23：9，泥质红陶。沿面起棱明显。盖顶饰乳钉状纽，四周饰菱形纹，其外围弦纹间隔乳钉纹，最外围饰凸起状波折纹。顶径4.2、底径14.6、高3.8厘米（图一三，7）。

B型　2件。盖身鼓。M27：4，泥质红陶。盖顶塑鸟嘴纽，盖身阴刻网格纹，下饰凹弦纹两周。底径11.4、高8厘米。M10：3，红釉陶，红胎。盖顶塑鸟嘴纽，纽下设一孔，盖身阴刻网格纹，下饰凹弦纹一周。底径8.4、高5厘米（图一三，8）。

熏　2件。盘子母口，粗短柄，按盘和座的深浅分二型。

A型　1件。M22：15，红釉陶，红胎，大部分脱釉。盘较浅，大喇叭形座。口径6.3、底径10.4、高9.6厘米（图一三，9）。

B型　1件。M27：6，泥质红陶。盘较深，喇叭形座，较浅。口径11、底径8、高8.3厘米（图一三，10）。

灯　4件。均红釉陶，红胎，大部分脱釉，按柄的长短和座的深浅分三型。

A型　2件。粗短实心柄，大喇叭形座，方唇，按盘的口沿分二式。

Ⅰ式：1件。M22：16，盘直口。口径8、底径10.2、高9.4厘米（图一三，11）。

Ⅱ式：1件。M23：8，盘敞口。口径8.2、底径10.2、高9厘米（图一三，12）。

B型　1件。M22：44，粗实心柄，喇叭形座，较浅。盘敞口，方唇。沿下饰凹弦纹一周。口径11.4、底径8.2、高10.6厘米（图一三，13）。

C型　1件。M26：18，粗长柄，中空，喇叭状座，较深。盘直口，方唇内凹，盘较浅。口径9.5、底径10.5、高13.5厘米（图一三，14）。

另M22：43，泥质红陶。已残，仅存粗短实心柄，大喇叭形座。底径9.6、残高6.4厘米。因盘不存，难辨器形为熏或灯（图一三，15）。

釜　5件。敞口，束颈。按耳分三型。

A型　2件。无耳，鼓腹，圜底。按肩分二式。

图一三　东汉墓出土陶器

1. Aa型Ⅰ式器盖（M22∶24）　2. Aa型Ⅱ式器盖（M27∶9）　3. Ab型器盖（M13∶45）　4. B型Ⅰ式器盖（M13∶44）

5. B型Ⅱ式器盖（M10∶18）　6. A型Ⅰ式熏盖（采集∶1）　7. A型Ⅱ式熏盖（M23∶9）　8. B型熏盖（M10∶3）

9. A型熏（M22∶15）　10. B型熏（M27∶6）　11. A型Ⅰ式灯（M22∶16）　12. A型Ⅱ式灯（M23∶8）　13. B型灯（M22∶44）

14. C型灯（M26∶18）　15. 器座（M22∶43）

　　Ⅰ式：1件。M22∶25，泥质灰陶。折肩。肩部饰凹弦纹两周。口径10.4、腹径12.3、高7.9厘米（图一四，1）。

　　Ⅱ式：1件。M25∶5，釉陶，施酱黄釉，腹部及内壁未施釉，红胎。溜肩。口径13、腹径14.4、高8.4厘米（图一四，2）。

　　B型　1件。M15∶6，泥质红陶。沿上附两环耳。器形较扁，折沿上扬，沿面内凹，平底。口径8、腹径8、底径5、高5厘米（图一四，3）。

C型　2件。颈部附两竖耳，红釉陶，红胎，大部分脱釉，卷沿，圆唇，折肩，斜腹弧收，平底。按颈部分二式。

Ⅰ式：1件。M22：28，颈较长，两实心耳。口径10、腹径9.2、底径5、高5.5厘米（图一四，4）。

Ⅱ式：1件。M26：20，颈极长，一耳实心，一耳中穿。上腹部饰弦纹两周。口径13.4、腹径14.4、底径7.5、高11.6厘米（图一四，5）。

筒形杯　4件。直口略侈，方唇，筒形腹，较深，上腹部设一扁平竖耳，平底。按下腹部分三式。

Ⅰ式：2件。近底弧收，上腹部饰凹弦纹两周，下腹部饰凹弦纹一周。M22：3，泥质红陶。耳残。口径11、底径5、高8.4厘米。M22：29，红釉陶，红胎，大部分脱釉。口径8.2、底径4.6、高6.2厘米（图一四，6）。

Ⅱ式：1件。M26：16，泥质红陶。近底折收。上腹部饰凹弦纹三周。口径10、底径8.6、高5厘米（图一四，7）。

Ⅲ式：1件。M26：6，泥质红陶。近底略斜收。上腹部饰凹弦纹两周。口径9、底径8、高8.3厘米（图一四，8）。

勺形杯　2件。敛口，圆唇，浅弧腹，把捏制，留指窝纹。按底分二式。

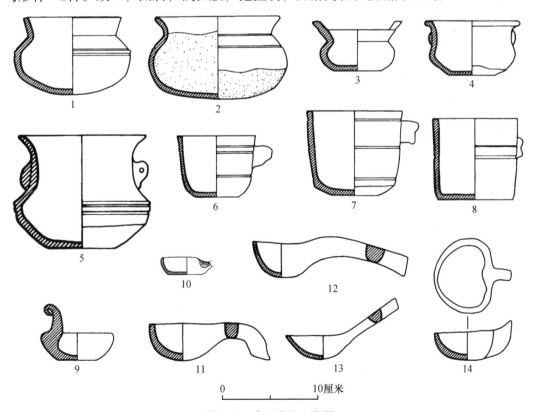

图一四　东汉墓出土陶器

1.A型Ⅰ式釜（M22：25）　2.A型Ⅱ式釜（M25：5）　3.B型釜（M15：6）　4.C型Ⅰ式釜（M22：28）　5.C型Ⅱ式釜（M26：20）　6.Ⅰ式筒形杯（M22：29）　7.Ⅱ式筒形杯（M26：16）　8.Ⅲ式筒形杯（M26：6）　9.Ⅰ式勺形杯（M22：45）　10.Ⅱ式勺形杯（M15：7）　11.A型Ⅰ式勺（M25：7）　12.A型Ⅱ式勺（M26：5）　13.A型Ⅲ式勺（M10：13）　14.B型勺（M27：10）

Ⅰ式：1件。M22：45，红釉陶，红胎，大部分脱釉。平底。把卷尖。腹径7.6、底径4、高5.6厘米（图一四，9）。

Ⅱ式：1件。M15：7，泥质红陶。假圈足，平底。腹径5.4、底径3.8、高1.8厘米（图一四，10）。

勺　5件。按勺面形状分二型。

A型　4件。勺面呈椭圆形。按柄的上翘程度分三式。

Ⅰ式：1件。M25：7，红釉陶，红胎，大部分脱釉。柄与勺面持平，末端下垂。柄断面呈半圆形。长12.6、高3.8厘米（图一四，11）。

Ⅱ式：2件。柄上翘略弧，横断面呈半圆形，末端平。M26：5，泥质红陶。长16.4、高3.6厘米（图一四，12）。M26：12，长14.2、高5.4厘米。

Ⅲ式：1件。M10：13，泥质红陶。直柄上翘。柄端断面呈拱形。长12.2、高2.6厘米（图一四，13）。

B型　1件。M27：10，泥质红陶。勺面呈桃形。柄上留指窝纹。长8.2、宽7.2厘米（图一四，14）。

甑　4件。按口沿分二型。

A型　1件。M22：13。泥质灰陶。敛口，无沿，圆唇外包。弧腹，平底，设20个箅孔。口径16.2、底径4、高7.2厘米（图一五，1）。

B型　3件。平折沿。按腹部深浅分二亚型。

Ba型　1件。M25：4，泥质灰陶。侈口，尖唇，斜腹，平底，设8个箅孔。口径19.5、底径7.5、高11.9厘米（图一五，2）。

Bb型　2件。敞口，圆唇，泥质红陶，斜腹，平底。M27：15，设7个箅孔。口径16.2、底径5.6、高6厘米。M12：12，设5个箅孔。口径14.4、底径5.6、高6厘米（图一五，3）。

魁　1件。采集：2，红釉陶，红胎。直口，圆唇，沿下饰凹弦纹两周，设一鳌头形柄，弧腹，凹圜底。口径18.4、底径12、柄长4.8、高8.7厘米（图一五，4）。

盒　1件。M22：39，红釉陶，红胎，大部分脱釉。子母口，内折沿，尖圆唇，斜腹，近底弧收，饰凹弦纹五周，圈足，平底。口径18.8、底径9.2、高8.2厘米（图一五，5）。

鼎　1件。M22：5，红釉陶，红胎，大部分脱釉。子母口，内折沿，尖圆唇，附两环耳，斜腹，饰凹弦纹五周，圜底，三"S"形足。口径16.2、高12.6厘米（图一五，6）。

黛板　1件。M13：46，泥质灰陶。呈长方形，一面磨制光滑。长11.4、宽6.2厘米（图一五，7）。

黛砚　1件。M22：46，泥质灰陶。上部圆角方形，较厚，下部方形，较薄。长3、宽2.8、厚1.4厘米（图一五，8）。

锺　3件。按圈足分二型。

A型　2件。高圈足外撇。方唇，颈内收，下部近直，上腹部设两铺首衔，通体饰凹弦纹和凸弦纹数周。按口部分二式。

Ⅰ式：1件。M22：22，红釉陶，通体施釉，红胎，大部分脱釉。侈口近敞，最大径位于中腹部，平底略凹。口径14.6、腹径22.2、底径13.4、高27.5厘米（图一六，1）。

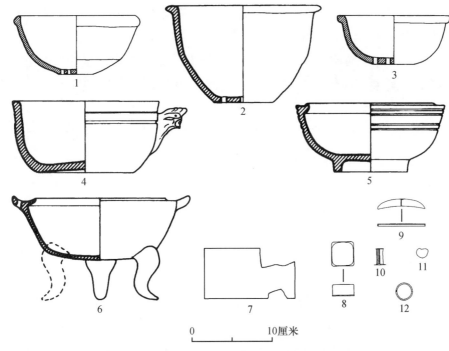

图一五　东汉墓出土陶、铜、料、银器

1. A型陶甑（M22：13）　2. Ba型陶甑（M25：4）　3. Bb型陶甑（M12：12）　4. 陶魁（采集：2）　5. 陶盒（M22：39）

6. 陶鼎（M22：5）　7. 陶黛板（M13：46）　8. 陶黛砚（M22：46）　9. 铜杯系（M13：25）　10. 耳珰（M12：13）

11. 料器（M13：33）　12. 银戒指（M23：13）

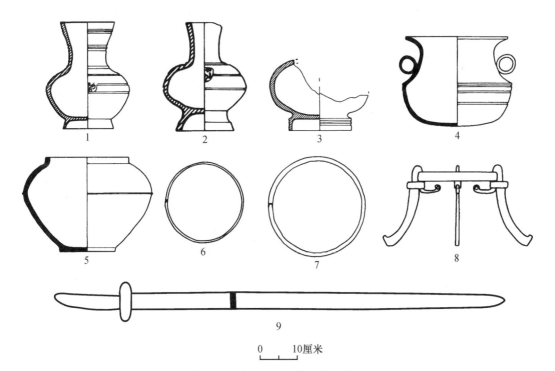

图一六　东汉墓出土陶、铜、铁器

1. A型Ⅰ式陶锺（M22：22）　2. A型Ⅱ式陶锺（M13：42）　3. B型陶锺（M10：1）　4. 铜釜（M22：21）

5. 铁釜（M22：20）　6. 铜环（M22：18）　7. 铜圈（M22：35）　8. 铁釜架（M22：34）　9. 铁剑（M22：2）

Ⅱ式：1件。M13：42，黄釉陶，红胎，腹以下釉脱落。侈口，最大径位于中腹部，平底。口径11、腹径22、底径15.4、高28厘米（图一六，2）。

B型　1件。M10：1，泥质红陶。腹以上残，腹部微鼓，较扁，腹部与圈足结合处内凹，饰凹弦纹两周。圈足较直。腹径26.5、底径16.4、残高18.2厘米（图一六，3）。

灶　2件。均泥质灰陶。长方形灶面。按火眼数量分二型。

A型　1件。M22：23，一火眼。一圆形火眼位于灶面中央，对应一馒头形灶门，一小圆形排气孔位于灶面一角。长22.4、宽15.8、高7.5厘米（图一七，1）。

B型　1件。M23：14，两火眼。两圆形火眼，左小右大，对应两方形灶门，左小右大。长23.2、宽11.2、高6.6厘米（图一七，2）。

仓　6件。均泥质灰陶。子母口，内折沿，方唇，筒形腹。按腹部分三式。

Ⅰ式：1件。M22：9，腹略弧，最大径位于下腹部，平底。中腹部饰凹弦纹一周。口径8.7、底径9.4、高12.8厘米（图一七，3）。

Ⅱ式：4件。腹略弧，最大径位于中腹部，平底。上腹部饰凹弦纹一周。M22：33，口径9.8、底径9.6、高13.3厘米（图一七，4）。M22：8，口径9.4、底径9.4、高13.5厘米。M22：6，口径9.8、底径9.5、高13厘米。M22：12，口径9.8、底径9.8、高13.2厘米。

Ⅲ式：1件。M12：6，腹较鼓，最大径位于中腹部，平底略凹。最大径上方饰凹弦纹两周。口径10.4、底径9、高12.3厘米（图一七，5）。

人物俑　13件。均为泥质红陶。其中较完整的9件，分直立俑和跪坐俑。

直立俑　8件。中空，直立，穿阔袖及地长袍，双手相执，置于胸前袖内。按头饰分五型。

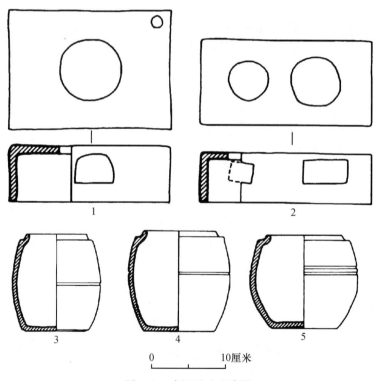

图一七　东汉墓出土陶器

1. A型灶（M22：23）　2. B型灶（M23：14）　3. Ⅰ式仓（M22：9）　4. Ⅱ式仓（M22：33）　5. Ⅲ式仓（M12：6）

A型　3件。头戴武弁，束双髻于两侧。M13：5，体态纤细。底径7.8、高22.4厘米（图一八，1）。M13：9，体态魁梧。底径8.6、高22.6厘米。M13：4，体态魁梧。底径8.8、高22.9厘米。

B型　1件。M26：8，头戴进贤冠。内穿圆领内衣，袍右衽。底径10、高25厘米（图一八，2）。

C型　1件。M26：17，巾上帻。下身残，内穿圆领内衣，袍右衽。底径9、残高21.4厘米（图一八，3）。

D型　1件。M26：24，头束髻。内穿圆领内衣，袍右衽，足着履，微露。底径6.4、高20.4厘米（图一八，4）。

E型　2件。头饰难辨。M26：9，有头饰，难辨，内穿圆领内衣，袍右衽，足着履，微露。底径8.6、高19.6厘米（图一八，5）。M26：10，头部细节难辨，内穿圆领内衣，袍右

0　　　　　　　　20厘米

图一八　东汉墓出土陶俑

1. A型直立俑（M13：5）　2. B型直立俑（M26：8）　3. C型直立俑（M26：17）　4. D型直立俑（M26：24）

5. E型直立俑（M26：9）　6. 跪坐俑（M26：22）　7. 俑上半身（M26：11）　8. A型俑头（M13：14）　9. B型俑头（M13：12）

10. 鸡俑（M13：2）　11. 猪俑（M26：21）

衽。底径6.8、高16.8厘米。

跪坐俑　1件。M26：22，中空，跪坐，头戴平巾帻，内穿圆领内衣，外穿右衽阔袖长袍，右手垂于大腿处，左手握拳举至脸颊。高21厘米（图一八，6）。

俑上半身　1件。M26：11，中空，残存头部及胸部，侧面正身，头系圆巾，置于后脑勺，头偏右，内穿圆领内衣，外穿右衽阔袖长袍，左手握空拳微提。残高17.2厘米（图一八，7）。

俑头　3件。实心。按头饰分二型。

A型　2件。头戴武弁，"V"字形沿，束双髻于两侧，左侧圆形，右侧三角形。M13：14，高12.6厘米（图一八，8）。M13：30，高14.8厘米。

B型　1件。M13：12，头戴平巾帻，平沿。高7.6厘米（图一八，9）。

鸡俑　1件。M13：2，泥质红陶。仅存鸡头，高冠，微昂，尖喙。残高11.6厘米（图一八，10）。

猪俑　1件。M26：21，泥质红陶。站立状，猪头低伸，阔嘴，隆鼻，双耳下垂，猪身肥圆，四肢粗壮。长27.2、高13.3厘米（图一八，11）。

2. 铁器

共5件。有铁釜、铁釜架和铁剑等。

釜　2件。直口，方唇，溜肩，颈肩接合处饰凸弦纹一周，腹弧收，假圈足，平底。M22：20，口径22.6、腹径35、底径15、高24.7厘米（图一六，5）。M27：1，口径21.6、腹径32、底径10、高24.2厘米。

釜架　2件。M22：34，三折足固定于铁圈上。圈口直径28.4、高21厘米（图一六，8）。M23：1，已残，仅剩两足和一圈。残高19厘米。

剑　1件。M22：2，锈蚀严重，剑身笔直，细长。长127.2、剑刃宽2、剑鞘宽3.5厘米（图一六，9）。

3. 铜器

共138件。有铜釜、铜镜、铜环、铜圈和钱币等。

釜　1件。M22：21，敞口，卷沿，方唇，束颈，折肩，肩设两竖式环耳，腹微鼓，饰凹弦纹三周，圜底近平。口径27.4、腹径31.4、高23厘米（图一六，4），发现时置于铁釜架（M22：34）上。

镜　1面。M22：1，圆形，锈蚀严重，圆形纽，方形纽座，纹饰分内外两圈，内圈以规矩纹为主，配八枚乳钉，两枚一组的乳钉将规矩纹均分为四区，外圈饰实心三角齿纹一周及空心波折纹一周，素卷边。直径9.1、纽高1、厚0.4厘米（图一九）。

环　1件。M22：18，圆形，"U"字形截面。外圈直径20.3、截面直径0.5厘米（图一六，6）。

圈　1件。M22：35，圆形，"凹"字形截面。外圈直径25.4、截面宽1.2厘米（图一六，7）。

铜杯系　1对。M13：25，新月形，沿面内凹。长6、宽0.9厘米（图一五，9）。

图一九　东汉墓出土铜镜（M22∶1）拓片

"五铢"钱　共133枚。按郭分二型。

A型　114枚。郭完整，"朱"旁字头圆折。直径2.6、孔径0.9、厚0.1厘米。按"五"字分四亚型。

Aa型　37枚。"五"字较窄，斜直交股，外放较甚。分二式。

Ⅰ式：26枚。M22有8枚，M12有8枚。"铢"字较短，"金"旁为四短竖，"朱"旁上短下长明显。M22∶26-1（图二〇，1）。M12∶9-1（图二〇，2）。

Ⅱ式：11枚。"铢"字细长，"金"旁为四短竖，"朱"旁上短下长。M26∶2-1（图二〇，3）。

Ab型　16枚。"五"字较宽，斜直交股，外放较甚。"铢"字"金"旁近四点，"朱"旁上短下长明显。M23∶15-1（图二〇，4）。

Ac型　43枚。"五"字较窄，圆形交股，"铢"字"金"旁近四点，"朱"旁上下长度接近。M13∶13-2（图二〇，5）。

Ad型　18枚。"五"字较宽，圆形交股。按"铢"字结构不同，分二式。

Ⅰ式：5枚。"铢"字"金"旁近四点，"朱"旁上下长度接近。M25∶26-3（图二〇，6）。

Ⅱ式：13枚。"铢"字"金"旁近四点，"朱"旁上短下长明显。M23∶12-1（图二〇，7）。

另M15出土A型"五铢"钱5枚，但锈蚀严重，细节难辨。

B型　14枚。剪边。"铢"字"金"旁近四点，"朱"旁字头方折，短横较两竖略长，上短下长，"五"字较宽，斜直交股。M23∶5-2（图二〇，8）。

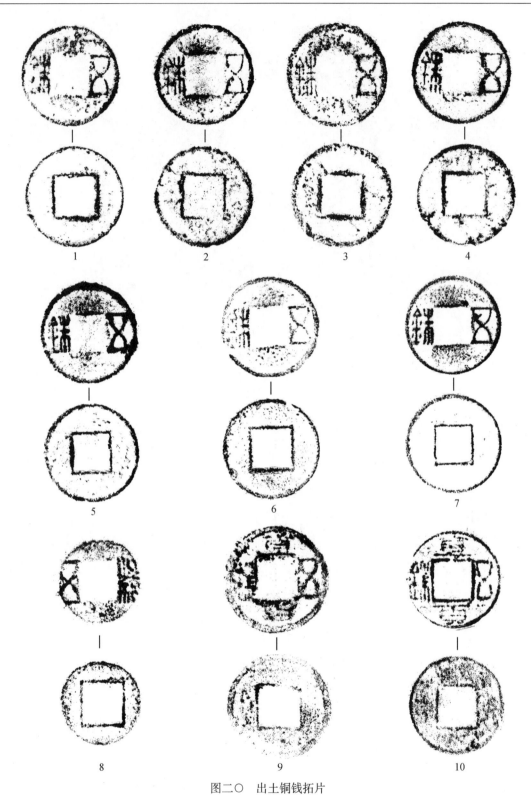

图二〇　出土铜钱拓片

1、2. Aa型Ⅰ式"五铢"钱（M22：26-1、M12：9-1）　3. Aa型Ⅱ式"五铢"钱（M26：2-1）　4. Ab型"五铢"钱（M23：15-1）

5. Ac型"五铢"钱（M13：13-2）　6. Ad型Ⅰ式"五铢"钱（M25：26-3）　7. Ad型Ⅱ式"五铢"钱（M23：12-1）

8. B型"五铢"钱（M23：5-2）　9. A型"直百五铢"钱（M11：1-2）　10. B型"直百五铢"钱（M11：3-1）

4. 料器

耳珰　1件。M12：13，玻璃质，深蓝色半透明，圆柱状，两端隆起，一端宽，一端窄，均内凹，中穿一空。顶径1、底径1.5、高2厘米（图一五，10）。

另有1件破碎严重，器形难辨。M13：33，玻璃质，绿色透明。残长1.5、残宽1厘米（图一五，11）。

5. 银器

银戒指　1件。M23：13，实心圆环。直径1.1厘米（图一五，12）。

（三）分期与年代

推测上述墓葬出土随葬品组合可分为两组：

第一组：A型Ⅰ式、Ba型Ⅰ式、Ba型Ⅱ式、Ba型Ⅲ式、Bb型Ⅰ式、Ca型、Cb型Ⅰ式、Cc型罐，B型、C型Ⅰ式钵，A型Ⅰ式、A型Ⅱ式、B型Ⅰ式、B型Ⅱ式、B型Ⅲ式、C型Ⅰ式、C型Ⅱ式、C型Ⅲ式、D型盆，Ⅰ式、Ⅱ式、Ⅲ式盘，Aa型Ⅰ式、Aa型Ⅱ式器盖，A型Ⅰ式熏盖，A型、B型熏，A型Ⅰ式、B型灯，A型Ⅰ式、A型Ⅱ式、C型Ⅰ式釜，Ⅰ式筒形杯，Ⅰ式勺形杯，A型Ⅰ式、B型勺，A型、Ba型、Bb型甑，盒，鼎，A型Ⅰ式锤，A型、B型灶，Ⅰ式、Ⅱ式、Ⅲ式仓，Aa型Ⅰ式、Ad型Ⅰ式"五铢"钱，铜釜，铜镜，铁釜，铁剑。

第二组：A型Ⅱ式、A型Ⅲ式、Bb型Ⅱ式、Cb型Ⅱ式罐，A型、C型Ⅱ式、C型Ⅲ式钵，Ⅳ式、Ⅴ式盘，Ab型、B型Ⅰ式、B型Ⅱ式器盖，A型Ⅱ式、B型熏盖，A型Ⅱ式、C型灯，B型、C型Ⅱ式釜，Ⅱ式、Ⅲ式筒形杯，Ⅱ式勺形杯，A型Ⅱ式、A型Ⅲ式勺，A型Ⅱ式、B型锤，人物俑，动物俑，Aa型Ⅱ式、Ab型、Ac型、Ad型Ⅱ式、B型"五铢"钱。

两组之间的器类和型式差别明显，虽然彼此没有叠压打破关系，但根据所分型式的早晚差别，两组可对应两期：

第一期，墓葬有M22、M12、M27和M25。

第二期，墓葬有M15、M10、M26、M13和M23。

两期墓葬所出"五铢"钱的"铢"字均为圆折，具有典型东汉"五铢"钱特征，故年代上限不会早于东汉早期。

第一期，日用陶器组合中以罐、钵、盆、盘、甑、釜等常见，偏早的M22所出遗物中，Ⅰ式筒形杯、Ⅰ式勺形杯、Ⅱ式仓和铁剑见于年代约为东汉中晚期的巫山水田湾ⅢM8和ⅢM5[①]，而所出A型熏、Ba型Ⅰ式罐和Ⅰ式仓则较巫山水田湾ⅢM8和ⅢM5所出同类器物器形略早，A型熏和A型Ⅰ式灯见于奉节周家坪M3[②]，该墓所出遗物年代定为东汉早期，墓葬年代

---

① 武汉市文物考古研究所、巫山县文物管理所：《重庆巫山水田湾东周、两汉墓发掘简报》，《文物》2005年第9期。

② 武汉大学历史文化学院考古系：《重庆奉节县周家坪墓地发掘简报》，《江汉考古》2005年第2期。

定为东汉中期，M22仍见鼎和盒为标志的陶"礼器"组合，其中陶鼎与年代定为东汉中期的奉节营盘包M1[①]所出相近，且该文作者论述陶鼎"在四川地区的墓葬中，其使用的年代下限可到东汉中期"，而规矩镜则流行于西汉晚期—东汉中期。故M22年代可定为东汉中期。其他墓葬的年代，从随葬品型式看略晚，但仍属东汉中期。

　　第二期，日用陶器组合基本为第一期的延续，型式有所发展，但器类减少，不见第一期中的盆、甑等，同时数量明显减少。偏早的M10所出A型Ⅱ式罐，见于涪陵蔺市M1[②]，该墓年代定于东汉中晚期，Ⅳ式盘见于年代为东汉中晚期的丰都南汇M16[③]。第二期墓葬的年代上限不早于东汉中晚期。偏晚的M23新出有B型"五铢"钱（即剪边"五铢"钱），这类"五铢"钱最早的纪年材料见于陕西西安昆仑机械厂东汉墓[④]，该墓有桓帝延熹九年（166年）纪年，在非纪年墓材料中，此类五铢东汉早期不见，中期已有出土，晚期多见。第二期墓葬的年代下限不晚于东汉晚期。M9、M16、M20、M21、M24和M28未见随葬品，但墓葬形制与其他汉墓接近，年代大约为东汉中晚期。另采集的熏盖和魁也是常见的东汉中晚期遗物。

二、蜀汉墓葬

（一）墓葬概况

　　M11　位于墓地西区东南部，砖室墓，平面呈"凸"字形，由甬道和墓室组成，券顶及甬道已在改造梯田时被破坏，方向152°。甬道位于墓室南部中间，破坏严重，仅存西侧部分，残长0.8、残高0.08～0.24米，与墓室拐角宽0.44米。墓室平面呈长方形，南北长2.6、东西宽2.32～2.44米，北壁略宽，东壁残长2、残高0.08～0.24米，西壁残高0.24～1.28米，均呈北高南低台阶状，北壁墙脚以基石取代墙砖（图二一）。墙体用长40、宽18、厚8厘米的几何纹花纹砖，单砖错缝平砌，仅内侧见纹饰（图五，5）。未铺地，底面平整。

　　墓内填土为浅褐色土，含大量几何纹环纹砖，判断为垮塌堆积。

　　因破坏严重，葬具及人骨架均已不存。

　　随葬品散落各处，保存情况较差，多破碎。

（二）随葬品

　　共计22件。随葬品按质地可分为陶器和铜器。

---

　　①　吉林大学考古学系：《四川省奉节县营盘包东汉土坑墓清理简报》，《江汉考古》1999年第1期。

　　②　重庆市文物考古所等：《涪陵蔺市遗址发掘简报》，《重庆库区考古报告集·1998卷》，科学出版社，2003年。

　　③　四川省文物考古研究所等：《丰都汇南墓群发掘报告》，《重庆库区考古报告集·1998卷》，科学出版社，2003年。

　　④　王育龙：《西安昆仑厂东汉墓清理记》，《考古与文物》1989年第2期。

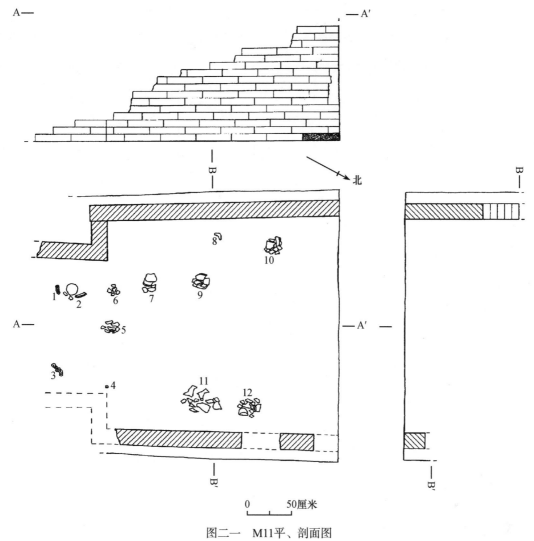

图二一　M11平、剖面图

1、3、4.铜钱　2.陶盘　5、6.陶钵　7.陶器盖　8～12.陶片

1. 陶器

共4件。器类有钵、盘和器盖。

钵　2件。敞口，无沿。按底分二型。

A型　1件。M11：5，泥质红陶。方唇内凹，斜腹，近底弧收，平底。口径14.8、底径6.4、高5厘米（图二二，1）。

B型　1件。M11：6，泥质灰陶。方唇，弧腹，圜底。口径11、高3.6厘米（图二二，2）。

盘　1件。M11：2，泥质红陶。敞口，折沿上仰，圆唇，斜腹，凹圜底。口径15、底径8、高3.6厘米（图二二，3）。

器盖　1件。M11：7，泥质红陶。平顶，盖顶设一锥状纽，盖身微鼓。沿边有一道凹弦纹。顶径5.4、底径17、高6厘米（图二二，4）。

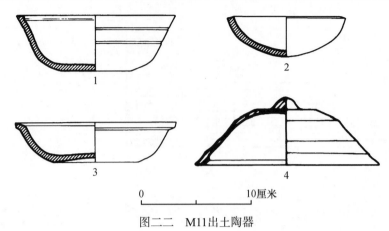

图二二　M11出土陶器

1. A型钵（M11：5）　2. B型钵（M11：6）　3. 盘（M11：2）　4. 器盖（M11：7）

2. 铜器

"直百五铢"钱　共18枚。按郭分二型。

A型　9枚。宽郭，字形宽，字体粗。M11：1-2（图二〇，9）。

B型　9枚。窄郭，字形窄，字体细，尤以"五"字显细长。M11：3-1（图二〇，10）。

（三）年代推测

M11出土"直百五铢"钱。《三国志》载："军用不足，备甚忧之。巴曰：'易耳，但当铸直百钱，平诸物贾，令吏为官市。'备从之，数月之间府库充实。"据此推测，M11的年代上限不会早于"直百五铢"钱的始铸年代建安十九年（214年）。M11组合仍以陶器为主，与该墓地东汉晚期的陶器比较，器类较近，器形已有较大变化，中间过程虽有缺环，但可佐证M11年代属蜀汉时期。

三、东晋墓葬

（一）墓葬概况

M18　位于墓地西区西北部，砖室墓，平面呈"凸"字形，由甬道和墓室组成，券顶垮塌，甬道西侧被M17打破超过墓底0.2米，方向150°。甬道位于墓室南部中间，仅存东侧部分，长1.7、残宽0.7、残高0.57～0.7米，甬道东侧与墓室拐角宽0.22米。墓室平面呈长方形，南北长4.8、东西宽1.9米，东壁残高0.35～0.57米，西壁残长4.1、残高0.35～0.75米，北壁残高0.35～0.57米（图二三）。

墓室和甬道均先砌墙后铺地。墙体用长34、宽14、厚7厘米的几何纹花纹砖，单砖错缝平砌，仅内侧见纹饰（图五，6）。墓室北壁中间有一砖砌柱台，东西长0.34、南北宽0.14、残高0.42米，墓室东北角与西北角各竖铺单砖5层，高0.35米。铺地用长34、宽14、厚7厘米的素面

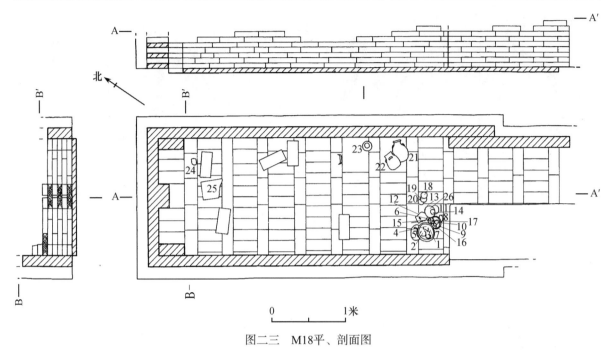

图二三　M18平、剖面图

1. 瓷盆　2～4、6、10、15～20. 瓷杯　5. 瓷双系罐　7、26. 瓷盘　8. 铜耳杯　9、14. 瓷碗　11. 瓷片　12、22. 瓷四系罐　13. 瓷水盂　21. 瓷盘口四系壶　23. 瓷唾盂　24. 铁甬　25. 石板

砖，一排竖一排横平铺，北壁柱台前缺一铺地砖。在墓内垮塌堆积中，见宽15、厚4.5～7厘米的长短不一的楔形单面几何纹砖，判断为券顶用砖。

墓内填土分为六层：第1层为褐色土夹石块，土质板结，厚1米；第2层深褐色土，较纯，厚1米；第3层灰褐色土，较细较纯，松散，厚0.8米；第4层黄褐色土，含砖头，厚0.2米；第5层砖头堆积，厚0.8米；第6层淤泥，厚0.3米。

因破坏严重，葬具见铁质棺钉和垫棺的平铺墓砖五块，人骨架已不存。

随葬品散落各处，保存较差，多破碎。

（二）随葬品

共计25件。随葬品按质地可分为瓷、铁、铜和石器。

1. 瓷器

共计22件。均为青瓷，器类有壶、罐、唾盂、水盂、盆、碗、盘和杯等。

四系盘口壶　1件。M18：21，浅盘口，圆唇，短束颈，溜肩，肩周设四系对称，弧腹，凹圜底。口径13.8、腹径26.8、底径15、高26.5厘米（图二四，1）。

双系罐　1件。M18：5，圈口，方唇，肩设双耳，斜腹，平底。口径20.4、腹径24.6、底径12.4、高16厘米（图二四，2）。

四系罐　2件。直口，尖圆唇，溜肩，肩周设四系对称，弧腹渐收，平底，施釉至腹部。M18：12，口径12.6、腹径18.3、底径12、高18.5厘米。M18：22，口径11.8、腹径17、底径

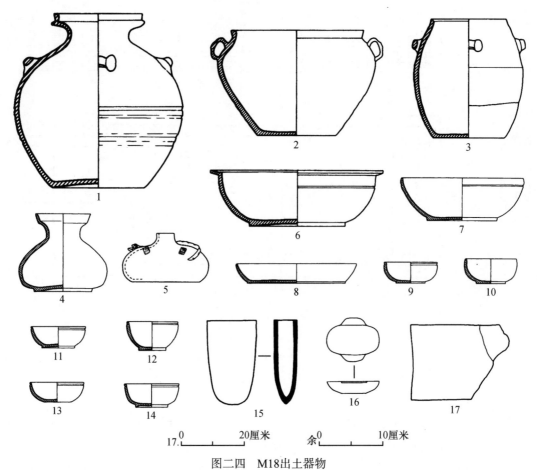

图二四　M18出土器物

1. 四系盘口壶（M18:21）　2. 双系罐（M18:5）　3. 四系罐（M18:22）　4. 唾盂（M18:23）　5. 蛙形水盂（M18:13）
6. 盆（M18:1）　7. 碗（M18:14）　8. 盘（M18:26）　9. Aa型Ⅰ式杯（M18:3）　10. Aa型Ⅱ式杯（M18:20）
11. Ab型Ⅰ式杯（M18:17）　12. Ab型Ⅱ式杯（M18:4）　13. B型杯（M18:18）　14. C型杯（M18:16）
15. 铁盉（M18:24）　16. 铜耳杯（M18:8）　17. 石板（M18:25）（未注明质地者为瓷器）

11.6、高18.5厘米（图二四，3）。

　　唾盂　1件。M18:23，盘口，束颈，鼓腹，凹圜底。口径8.7、腹径13.8、底径10.3、高11.8厘米（图二四，4）。

　　蛙形水盂　1件。M18:13，小口，短直颈，扁圆腹，腹部塑蛙的头尾和四肢，四肢已残，平底。口径2.8、腹径13.8、底径10.8、高7.4厘米（图二四，5）。

　　盆　1件。M18:1。敛口，折沿上仰，圆唇，腹部饰凹弦纹一周，假圈足，内凹。口径27.3、底径15、高8.5厘米（图二四，6）。

　　碗　2件。假圈足，内凹。M18:14，敛口，圆唇，沿下饰凹弦纹一周，腹部斜收。口径19.2、底径11、高6.5厘米（图二四，7）。M18:9，直口，尖圆唇，沿下饰凹弦纹一周，浅腹，假圈足，内凹。口径16、底径8.4、高5.8厘米。

　　盘　2件。侈口，尖唇，浅腹，假圈足，平底。M18:26，口径19、底径15.4、高3厘米（图二四，8）。M18:7，口径19、底径15.4、高3厘米。

　　杯　11件。按底部分三型。

A型　8件。假圈足。分二亚型。

Aa型　6件。平底。按腹部分二式。

Ⅰ式：3件。弧腹较浅，直口，圆唇，沿下饰凹弦纹一周。M18：15，口径10.6、底径6.4、高3.8厘米。M18：6，口径8.6、底径5、高3.2厘米。M18：3，口径8.4、底径4.6、高3.2厘米（图二四，9）。

Ⅱ式：3件。弧腹，敛口，圆唇，沿下饰凹弦纹一周。M18：20，口径8.1、底径5.2、高3.8厘米（图二四，10）。M18：2，口径8.2、底径5、高4厘米。M18：10，口径8.3、底径4.4、高4.2厘米。

Ab型　2件。底内凹，按腹部分二式。

Ⅰ式：1件。M18：17，弧腹较浅。直口，圆唇，沿下饰凹弦纹一周。口径8.6、底径5.4、高3.3厘米（图二四，11）。

Ⅱ式：1件。M18：4，弧腹。敛口，圆唇。沿下饰凹弦纹一周不明显。口径8.2、底径4.4、高4.4厘米（图二四，12）。

B型　2件。平底。直口，圆唇，沿下饰凹弦纹一周，弧腹较浅。M18：19，口径8.6、底径5.4、高3.3厘米。M18：18，口径8.6、底径5.4、高3厘米（图二四，13）。

C型　1件。M18：16，圈足，平底。直口，圆唇，斜腹，近底弧收。口径8.8、底径5.2、高3.6厘米（图二四，14）。

2. 铁器

臿　1件。M18：24，截面呈锥形，中空，双面开刃。长13、宽8、厚3.6厘米（图二四，15）。

3. 铜器

耳杯　1件。M18：8，口呈椭圆形，外设两鋬，鋬平行于杯口略低，浅弧腹，平底。口径6.2～8.3、高2厘米（图二四，16）。

4. 石器

石板　1件。M18：25，青石质，呈长方形，已残。长19～28、宽23、厚2.3厘米（图二四，17）。

（三）年代推测

M18随葬品以青瓷为主，组合为四系盘口壶、双系罐、四系罐、唾盂、水盂、盆、碗、盘和杯等，其中四系盘口壶、四系罐、唾盂、杯等时代特征明显，四系盘口壶和唾盂见于南京象山M8王仚之墓[1]中，王仚之卒于太和二年（367年），四系盘口壶还见于鄂城塘角头M3[2]中，墓葬年代定为西晋—东晋初年。故该墓年代定为东晋中期。

---

① 南京市博物馆：《南京象山8号、9号、10号墓发掘简报》，《文物》2000年第7期。

② 湖北省文物考古研究所、鄂州市博物馆：《湖北鄂州市塘角头六朝墓》，《考古》1996年第11期。

四、明代墓葬

（一）墓葬概况

M14、M17和M19均位于墓地西区西北部，长方形竖穴土坑墓，按有无头龛分为二型。

A型　1座，M14。无头龛。方向335°。开口长2.4、宽1.2米，底长2.3、宽0.9米，深1.4米，斜壁，平底（图二五）。

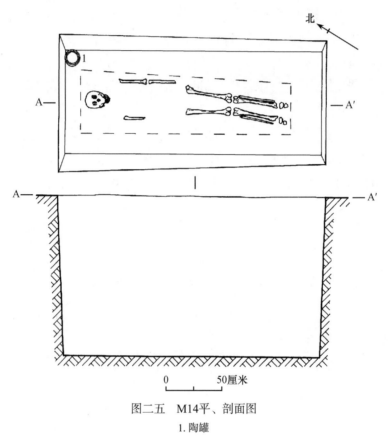

图二五　M14平、剖面图
1. 陶罐

墓内填土分两层：第1层黄褐色土，土质紧密，含小石子和草木灰等，厚0.5～0.8米；第2层由石灰和黄土拌和而成，土质坚硬，含沙，厚0.15～0.2米。

木质单棺，仅存棺灰，梯形，长1.88、宽0.44～0.56米，北宽南窄。人骨1具，仰身直肢，头向335°，面向朝上，头枕一长方形土枕。

随葬品置于棺外东北角。

B型　2座。有头龛。M17和M19形制相似，M19因西南部被一现代墓打破，无法完全清理，故以M17为例。

M17方向155°。打破M18。开口长2.2、宽0.74米，底长2.2、宽0.7米，深0.65米，直壁，平底。长方形头龛位于南侧中间偏西，开口与墓圹一致，宽0.3、进深0.16、深0.45米，底部利用M18铺地砖（图二六）。

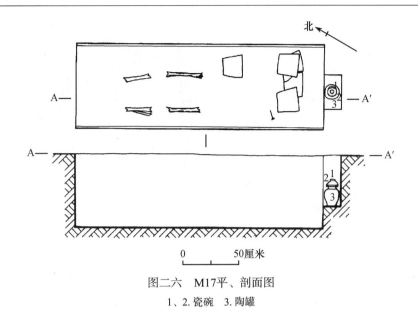

图二六　M17平、剖面图
1、2. 瓷碗　3. 陶罐

墓内填土为黄褐土，含小石粒，土质疏松。墓底摆放六块长23、宽17～20、厚1.5厘米的素面灰陶小瓦。

葬具见铁质棺钉，人骨架1具，保存较差，葬式难辨，下垫一层厚2厘米的草木灰。

随葬品置于头龛内，其中两碗倒扣于罐上。

（二）随葬品

共计7件。随葬品按质地可分为陶器和瓷器。

1. 陶器

罐　3件。按颈分二型。

A型　2件。短直颈外撇，泥质褐陶，直口，圆唇，溜肩，最大径位于上腹部，腹部饰弦纹数周，平底。M17：3，口径9.2、腹径15.3、底径9、高17.4厘米。M19：1，口径9.6、腹径15.6、底径9、高19.1厘米（图二七，1）。

B型　1件。M14：1，束颈近无。青釉陶，上部施釉，红胎，敛口，尖唇，弧腹，最大径位于上腹部，饰凹弦纹一周，凹圜底。口径13、腹径15.3、底径11.5、高17.5厘米（图二七，2）。

2. 瓷器

碗　4件。均为青花瓷，通体施釉，敞口，圈足，平底。按腹部分二型。

A型　2件。腹斜收，折沿上仰，方唇，上腹部及内底饰云花纹，内壁近底处饰弦纹两周。M17：1，口径13.5、底径5.9、高4.1厘米。M17：2，口径13.4、底径5.8、高4.2厘米（图二七，3）。

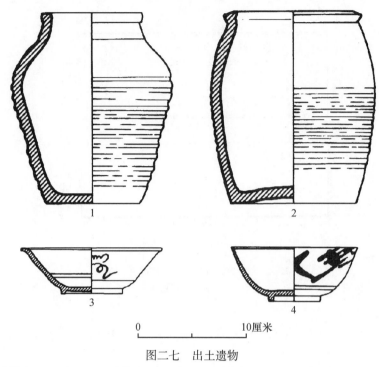

图二七　出土遗物

1. A型陶罐（M19：1）　2. B型陶罐（M14：1）　3. A型瓷碗（M17：2）　4. B型瓷碗（M19：2）

B型　2件。腹弧收，圆唇，内底饰万字纹及弦纹一周，外腹部饰云花纹。M19：2，口径11.8、底径4.8、高5厘米（图二七，4）。M19：3，口径12.6、底径5、高5厘米。

（三）年代推测

这三座墓葬形制和随葬品摆放方式类似，年代应基本接近，所出青花碗时代特征明显，另A型罐见于年代为明代的万州安全M28[①]，故三座墓葬年代属明代。

五、结　语

赵家湾墓地虽然规模不大，随葬品质地一般，不少墓葬遭破坏致使随葬品组合不全，但从东汉中期到蜀汉时期的时间序列较完整，较好地反映了该地区当时的历史风貌。东汉时期，该地砖室墓与崖墓并行，从随葬品看两者之间并未见明显的时代或等级差别。M22所出鼎、盒等陶"礼器"证明了峡江地区陶"礼器"的出现下限可到东汉中期。M11所出器物是以该墓地东汉中晚期的随葬品为祖型发展而来，而伴出"直百五铢"钱既反映了时间信息又表明了文化属性——该墓是典型的蜀汉墓葬。M18所出的大量青瓷器与长江中上游东晋时期墓葬所出无异，说明峡江地区在东晋时期文化面貌上已与长江中上游地区趋同。

---

① 重庆市文化局等：《万州安全墓地发掘报告》，《重庆库区考古报告集·1998卷》，科学出版社，2003年。

　　附记：本次发掘领队为武汉大学历史学院考古学及博物馆学系王然教授，参加发掘的人员有熊跃泉、杨淼、张荣辉、董少清、杨明宝。

绘图、描图：詹世清　杨　淼

器物修复：冯春兰

执　　笔：王　然　李　洋

（原载《江汉考古》2009年第1期）

云阳三坝溪墓群（遗址）2004年度发掘报告

成都文物考古研究院
绵阳市博物馆
云阳县文物保护管理所

三坝溪墓群（遗址）是1992年由四川省文物考古研究所和云阳县文物保护管理所调查发现的，1993年四川大学又对该遗址进行了复查。三坝溪墓群（遗址）位于云阳县双江镇三坝村一社长江北岸二级台地上，是一处面积约20000平方米的临江台地。遗址北侧为老云双公路，西侧为倒马溪（小潘家沟），南临长江，东为石板沟。遗址北高南低，向长江缓慢倾斜，海拔145～175米。地理坐标为东经108°45′，北纬30°56′（图一）。2003年2～12月，成都文物考古研究所和绵阳市博物馆先后对该遗址进行了两次发掘。两次共发掘1062平方米，清理了20座墓葬，同时发现了商周时期的文化遗存。

受重庆市文化局委托，2004年11月12日至2005年1月16日，成都文物考古研究所、绵阳市博物馆对三坝溪墓群（遗址）进行了第三次发掘。这次发掘分三个区域布方，共布5米×5米探方4个，10米×10米探方20个，实际发掘面积2100平方米。三个布方区域分别为：在黄岭坪区域以陈家老院子房基西南角为基点布10米×10米探方15个、5米×5米探方1个，其中东区布10米×10米探方11个、5米×5米探方1个，探方编号为2004YST20～2004YST30和

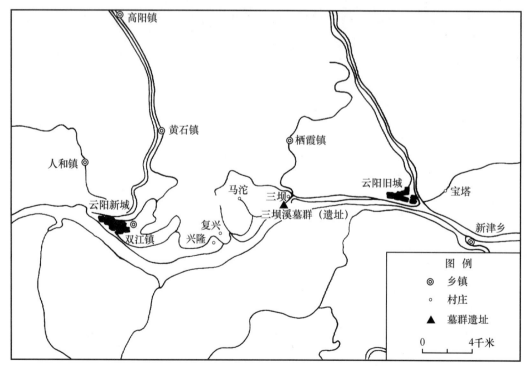

图一　三坝溪墓群（遗址）位置示意图

2004YST35，中区布10米×10米探方2个，探方编号为2004YST31、2004YS T32，西区布10米×10米探方2个，探方编号为2004YST33、2004YST34；在石板沟区域以何家老屋西南角为基点，布10米×10米探方4个、5米×5米探方3个，探方编号为2004YST36～2004YST42；在石草包区域以航标杆为基点布10米×10米探方1个，编号为2004YST43（图二）。本次发掘共清理了墓葬17座，排水沟1条，灶1座，灰坑2个。下面将分遗址和墓葬两部分对本次发掘的主要收获予以介绍，其中除墓葬以外的遗迹都在遗址部分介绍。

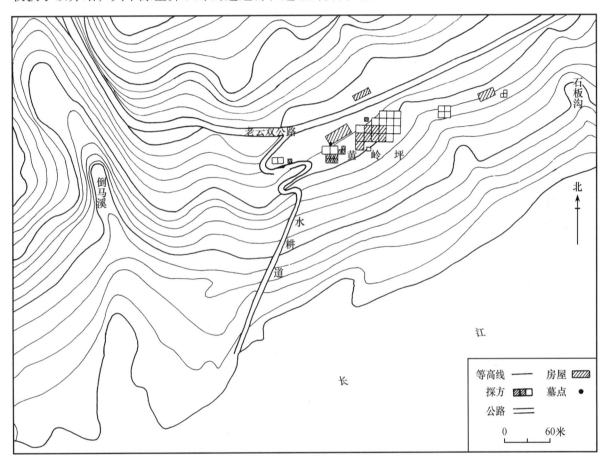

图二　三坝溪墓群（遗址）2004年度发掘布方图

一、遗　址

（一）地层堆积

发掘区内的文化层堆积极不均匀，有的探方内很薄，第2层之下即为生土，有的探方内堆积最厚处在3米以上。为便于工作，整个发掘区分黄岭坪、石板沟、石草包三个区域；黄岭坪又分东、中、西三区，东区地层为6层，中区地层为8层，西区为3层；石板沟分东、西两区，东区地层为4层，西区地层为11层；石草包地层为3层。现以石板沟西区T39的西壁和黄岭坪东区T36东壁及中区T31南壁为例加以说明。

石板沟西区T39西壁（图三）。

第1层：灰褐色。厚0.07～0.17米。土质疏松，呈颗粒状。包含大量植物根茎，呈坡状堆积，分布于全方。

第2层：红褐色土。厚0～0.31、深0.04～0.49米。土质疏松，内夹杂碎石块，呈坡状堆积，分布于探方的绝大部分。

第3层：灰褐色黏土。厚0～0.38、深0.21～0.76米。土质较紧密，内夹杂一些碎石块，呈坡状堆积，分布于探方的西部。

第4层：黄褐色黏土。厚0～0.87、深0.35～1.18米。土质较紧密，内夹杂大量汉代瓦片，呈坡沟状堆积，分布于探方的西北部。

第5层：暗红色黏土。厚0～0.37、深0.81～1.19米。夹大量碎石，呈坡状堆积，分布于探方北部。无出土物。

第6层：红褐色沙土。厚0～0.38、深1.08～1.51米。土质较紧密，夹杂一些碎石及汉代瓦片，分布于探方的西北部。

第7层：红褐色黏土。厚0～0.46、深0.41～1.91米。内夹杂一些碎石和少许汉代瓦片，分布于探方的西北部。

第8层：红褐色黏土。厚0～0.51、深0.28～1.41米。内夹杂大量碎石，呈坡状堆积，分布于探方的西南部。出土少许汉代陶瓦片。

第9层：灰褐色土。厚0～0.64、深0.68～1.52米。夹杂一些碎石块，呈坡状堆积，土质略紧密，分布于探方的西部。出土极少汉代瓦片。

第10层：灰黄色黏土。厚0～0.61、深0.85～2.03米。土质较紧密，含一些炭屑，呈沟状堆积，分布于探方的西部。出土一些战国时期陶片，可辨器形有罐、豆、鬲等。

第11层：灰褐色沙黏土。厚0～0.47、深0.69～2.82米。土质较紧密，内夹杂一些炭屑，呈沟状堆积，分布于探方的西部。出土一些战国时期的陶片。可辨器物有鬲、罐等。

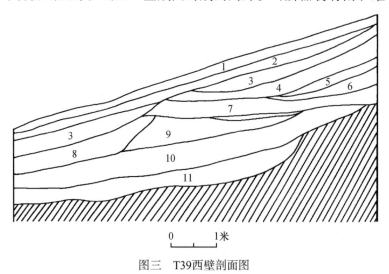

图三　T39西壁剖面图

黄岭坪东区T36东壁（图四）。

第1层：灰褐色土。厚0.25～1.2米。土质疏松，呈颗粒状。包含大量植物根茎，呈坡状堆积，分布于全方。

第3层：灰褐色黏土。距地表深0.25～0.35、厚0～0.35米。土质较疏松，包含物有汉代瓦当、板瓦、盆等残片和碎石，呈坡状堆积，分布于探方的南部。

第4层：红褐色土。距地表深0.25～0.85、厚0.25～0.4米。土质较疏松，包含物有汉代瓦当、板瓦、盆等残片和碎石，呈坡状堆积，分布于探方的东部。

第5层：红褐色黏土。距地表深0.6～0.85、厚0～0.7米。土质较紧密，包含物有少量红烧土颗粒和碎石块，呈沟状堆积，分布于探方东北部。

第6层：灰褐色土。距地表深0.7～1.2、厚0.3～0.8米。土质较疏松，包含物有少量商周时期陶器残片，呈坡状堆积，仅分布于探方东部。

第2层东壁缺失。

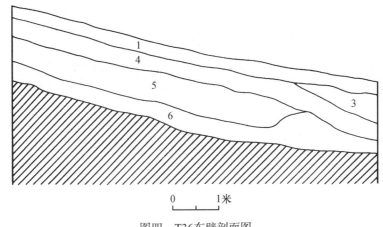

图四　T36东壁剖面图

中区T31南壁（图五）。

第1层：褐色土。厚0.1～0.25米。土质疏松，呈颗粒状，包含大量植物根茎，呈坡状堆积，分布于全方。现代盗洞开口于该层下，椭圆形，深0.91米。

第3层：灰褐色黏土。深0.1～0.25、厚0～0.72米。土质紧密，板结或块状，包含物有绳纹瓦片、瓦当、筒瓦、板瓦等，呈坡状堆积，分布于探方绝大部分，仅西南部分缺失。

第4层：红褐色沙土。深0.15～0.7、厚0～0.25米。土质疏松，内含较多碎石，呈坡状堆积，分布于探方的西部和南部。

第5层：红褐色黏土。深0.4～0.95、厚0～0.35米。土质较紧密，较硬，内含较多石块和少许汉代瓦片，呈沟状堆积，分布于探方中部。

第7层：暗红色黏土。深0.12～0.6、厚0～0.2米。土质紧密，呈块状，较硬，土质较纯，呈坡状堆积，分布于探方的东北部和西部。

第8层：灰褐色黏土。深0.34～1.2、厚0～1.23米。土质细密，质软，含少许红烧土块和炭灰，包含物较多，出土一些商周时期的陶片，分布于探方西南部，其他地方缺失。主要器物有小平底罐、高柄豆、鬲等。

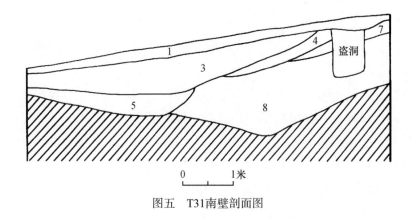

图五　T31南壁剖面图

第2、第6层南壁缺失。

第8层其下为紫红色生土或基岩。

东区第4、7、8层分别相当于西区第3、4、5层。根据堆积所包含的遗物特征，可以把本遗址分为三个文化时期：

商周时期文化遗存：以黄岭坪中区第8层和东区第6层为代表。

东周时期文化遗存：以石板沟西区第10、11层和黄岭坪西区第5层为代表。

汉晋时期文化遗存：以石板沟西区第4层和黄岭坪中区、东区第3层为代表。

（二）商周时期文化遗存

本次发掘未见商周遗迹，出自地层堆积当中的遗物有陶器、石器及少量动物骨骼。

1. 陶器

绝大部分为破碎陶片。制作方法大多为泥条盘筑成形，口沿内外和器腹上部加以轮修，其余部分均手工修整，个别器物为手工捏制。

陶质分为夹砂和泥质两大类，以夹砂陶为主，泥质陶较少。夹砂陶又有夹粗砂和夹细砂两种，以夹细砂为主，夹细砂陶陶土中加有极细的沙粒和贝壳粉末，部分陶土经过淘洗，陶质细腻。夹粗砂陶陶土中掺有细小沙粒和石粒，也杂有少量石英。整个遗址中，陶器以夹砂细陶为主，夹粗砂陶和泥质陶较少。

由于烧制火候不均，陶色多不纯正，还出现夹胎现象。陶色可分为红、褐、灰、黑、橙黄几种。以黑、灰、褐陶为主，红陶次之，橙黄陶较少，还有少量白陶和黑皮陶，黑皮陶多经磨光。另有部分夹砂陶器内外表面焦黑，应为使用过程中造成的。烧制陶器的火候普遍较低。

陶器中多素面陶，饰纹者较少。纹饰以组状绳纹、方格纹常见，凹凸弦纹、划纹、花边少见（图六）。装饰手法有拍印、压印、戳印、堆饰、刻划等；拍印纹饰多浅而模糊，其他则较清晰、深刻。

由于陶片破碎，多不辨器形。依口沿、底足残片观察，器形以平底为主，三足器和圜底器、圈足器较少。经拼对修复，可辨认、分类的器形有缸、鬶、尊、罐、豆形器、豆、盆、杯、纺轮等。

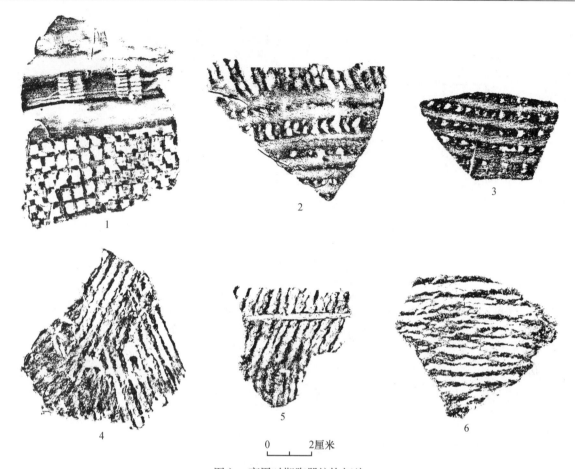

图六　商周时期陶器纹饰拓片

1. T35⑥：4　2. T35⑥：7　3. T35⑥：10　4. T35⑥：6　5. T35⑥：11　6. T35⑥：17

缸　　均为口部残片。选择标本2件。根据口部变化可分为二式。

Ⅰ式：1件。口微敞。T35⑥：2，夹粗砂褐陶。口部残片。方唇，唇部内凹，深弧腹。上腹饰一道规整的附加堆纹，其下饰方格纹。口径40、残高12.8厘米（图七，2）。

Ⅱ式：1件。敞口。T35⑥：1，夹粗砂褐陶，内掺少量石英颗粒。口部残片。圆唇，敞口，腹壁较斜直。上腹饰一道附加堆纹。口径40、残高13.4厘米（图七，1）。

小平底罐　　数量较多，修复1件。体形较小，多为夹细砂陶，轮制。根据口沿的变化，可分为二型。

A型　　卷沿。根据唇沿变化的不同，可分为二亚型。

Aa型　　3件。敛口，尖圆唇。根据肩部变化，可分三式。

Ⅰ式：1件。耸肩。T31⑧：3，夹细砂红陶。尖圆唇，耸肩，下腹斜收，底较小。素面。口径14、腹径16、底径3、通高10.4厘米（图七，3）。

Ⅱ式：1件。圆肩。 T31⑧：18，夹细砂褐陶。口部残片。尖圆唇，卷沿，圆肩，下腹斜收。素面。口径14、残高5厘米（图七，4）。

Ⅲ式：1件。溜肩。T31⑧：26，夹细砂黑陶。口部残片。尖唇，卷沿，敛口。上腹饰交错绳纹。口径14、腹径16、残高6厘米（图七，5）。

Ab型　　5件。侈口，矮领。根据肩部变化，可分为三式。

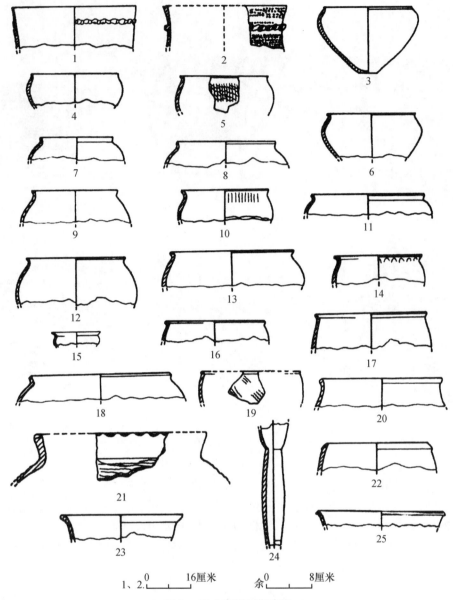

图七　出土商周时期陶器

1. Ⅱ式缸（T35⑥：1）　2. Ⅰ式缸（T35⑥：2）　3. Aa型Ⅰ式小平底罐（T31⑧：3）　4. Aa型Ⅱ式小平底罐（T31⑧：18）　5. Aa型Ⅲ式小平底罐（T31⑧：26）　6. Ab型Ⅰ式小平底罐（T35⑥：19）　7～9. Ab型Ⅱ式小平底罐（T31⑧：27、T31⑧：21、T31⑧：30）　10. Ab型Ⅲ式小平底罐（T35⑥：21）　11. Ba型Ⅰ式小平底罐（T31⑧：23）　12、13. Ba型Ⅱ式小平底罐（T31⑧：14、T31⑧：22）　14. Ba型Ⅲ式小平底罐（T35⑥：12）　15. Bb型小平底罐（T36⑥：16）　16. Ⅰ式折沿罐（T31⑧：29）　17. Ⅱ式折沿罐（T31⑧：16）　18. 矮领罐（T31⑧：9）　19. 束颈罐（T31⑧：20）　20. 敛口罐（T31⑧：19）　21. 花边罐（T31⑧：4）　22. 附沿罐（T35⑥：20）　23. 盆（T35⑥：15）　24. 豆形器（T31⑧：5）　25. 尊（T31⑧：25）

　　Ⅰ式：1件。耸肩。T35⑥：19，夹细砂黑皮陶。口腹残片。尖圆唇，卷沿，侈口，圆肩弧曲圆鼓，下腹斜收。素面。口径14、腹径16、残高7厘米（图七，6）。

　　Ⅱ式：3件。圆肩。T31⑧：27，夹细砂黑陶。口部残片。圆唇，卷沿，矮领。素面。口径12、残高3.6厘米（图七，7）。T31⑧：21，夹细砂黑陶。口部残片。圆唇，卷沿，矮领，腹较鼓。素面。口径16、残高3.6厘米（图七，8）。T31⑧：30，夹细砂褐陶。口部残片。尖圆唇，卷沿，颈微束。素面。口径14、残高5厘米（图七，9）。

Ⅲ式：1件。溜肩。T35⑥：21，夹细砂黑陶。口部残片。圆唇，卷沿，口微敞。沿下饰短竖绳纹。口径14、腹径15.2、残高4.8厘米（图七，10）。

B型　折沿。根据口、腹的不同，可分为二亚型。

Ba型　4件。腹大于口。根据肩部变化，可分三式。

Ⅰ式：1件。耸肩。T31⑧：23，夹细砂黑皮陶。尖圆唇，折沿，侈口，耸肩。素面。口径18、腹径20、残高3.2厘米（图七，11）。

Ⅱ式：2件。圆肩。T31⑧：14，夹细砂黑皮陶。口部残片。圆唇，折沿，侈口，矮领束颈，圆肩，鼓腹。素面。口径16、腹径19.2、残高7.4厘米（图七，12）。T31⑧：22，夹细砂灰陶。口部残片。方唇，折沿，侈口，圆肩，鼓腹。素面。口径20、腹径22.8、残高5.6厘米（图七，13）。

Ⅲ式：1件。溜肩。T35⑥：12，夹细砂灰陶。口部残片。圆唇，折沿，敛口，溜肩。沿下饰窝印纹。口径14、腹径14.8、残高4.4厘米（图七，14）。

Bb型　1件。口大于腹。T36⑥：16，夹细砂灰陶。口部残片。尖圆唇，折沿，沿面微凹，敛口，鼓腹。素面。口径8、腹径7.2、残高2厘米（图七，15）。

折沿罐　2件。根据肩部变化，可分为二式。

Ⅰ式：1件。溜肩。T31⑧：29，夹细砂灰陶。口部残片。圆唇，斜折沿，沿面向内倾斜，敛口，溜肩。素面。口径16、残高3.2厘米（图七，16）。

Ⅱ式：1件。肩部不明显。T31⑧：16，夹细砂黑陶。口部残片。圆唇，敛口，折沿，弧腹。素面。口径14、残高4.4厘米（图七，17）。

矮领罐　1件。T31⑧：9，夹细砂黑皮陶。口部残片。尖圆唇，敞口，圆肩。素面。口径22.4、残高3.9厘米（图七，18）。

束颈罐　1件。T31⑧：20，夹细砂红褐陶。口部残片。圆唇，侈口，束颈，溜肩。素面。口径20、残高4.4厘米（图七，19）。

敛口罐　1件。T31⑧：19，夹细砂灰陶。口部残片。尖唇，敛口，弧腹。口径16、残高5厘米（图七，20）。

花边罐　1件。T31⑧：4，夹细砂红陶。口部残片。圆唇，侈口，斜领略直，广肩。肩部饰粗绳纹，唇部用物戳压成波浪形花边。口径28、残高3.6厘米（图七，21）。

附沿罐　1件。T35⑥：20，夹细砂灰陶。口部残片。尖唇，沿贴附，敛口，弧腹。素面。口径16、残高4.4厘米（图七，22）。

尊　1件。T31⑧：25，夹细砂褐陶。口部残片。尖圆唇，敞口，领斜直。素面。口径20、残高2.4厘米（图七，25）。

盆　1件。T35⑥：15，夹细砂灰陶。口部残片。圆唇，折沿，敞口，弧腹，斜直腹。素面。口径20、残高3.6厘米（图七，23）。

豆形器　1件。形似豆而盘有孔与柄相通，故名豆形器。T31⑧：5，盘柄残段。泥质灰陶。盘部呈杯形，底部有孔通向柄部；高柄，柄中部略鼓。素面。残高19厘米（图七，24）。

豆盘　1件。T31⑧：13，夹细砂黑皮陶。口部残片。方唇，敞口，盘腹斜弧。素面。口径24、残高6厘米（图八，7）。

豆柄　6件。可分为三型。

A型　3件。柱状柄。T31⑧：7，夹细砂黑皮陶。柄部残段，中部饰二道凹弦纹，下部呈喇叭状，中空。残高12厘米（图八，2）。T31⑧：11，夹细砂褐胎黑皮陶。柄部残段，高柄柱状，下呈喇叭形，中空。素面。残高16厘米（图八，1）。T35⑥：22，泥质灰陶。柄部残段，中空。素面。残高12厘米（图八，3）。

B型　1件。上下细中间粗的纺锤形。T35⑥：8，夹细砂红褐陶。柄部残段，柱状中空。素面。残高9.8厘米（图八，4）。

C型　2件。竹节状柄。T31⑧：12，泥质红褐陶。柄部残段，中部饰一凸棱，中空。残高16厘米（图八，5）。T31⑧：6，泥质灰陶。柄部残段，中空。残高11.4厘米（图八，6）。

豆底座　2件。均为喇叭形圈足。T31⑧：8，夹细砂褐陶。底部残片。喇叭形圈足，足外撇。底部饰一道凹弦纹。底径16.4、残高7.2厘米（图八，8）。T31⑧：24，泥质褐陶。底部残

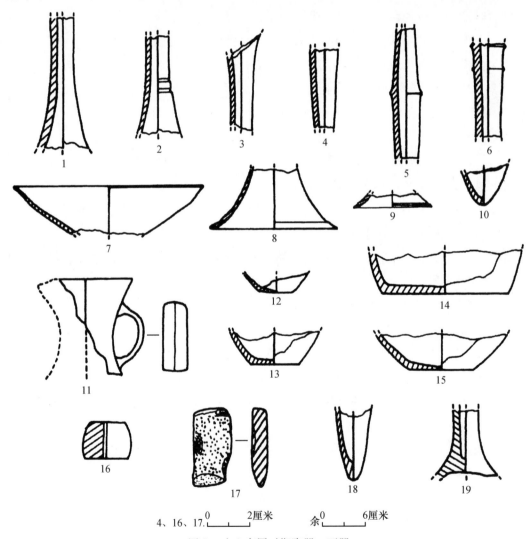

4、16、17. ┠0───2厘米┨　　余 ┠0───6厘米┨

图八　出土商周时期陶器、石器

1~3.A型豆柄（T31⑧：11、T31⑧：7、T35⑥：22）　4.B型豆柄（T35⑥：8）　5、6.C型豆柄（T31⑧：12、T31⑧：6）
7.豆盘（T31⑧：13）　8、9.豆底座（T31⑧：8、T31⑧：24）　10.尖底杯（T35⑥：14）　11.鬶（T31⑧：10）
12、13.A型器底（T35⑥：11、T31⑧：17）　14、15.B型器底（T31⑧：31、T31⑧：15）　16.纺轮（T31⑧：2）
17.磨制石锛（T31⑧：1）　18.器足（T35⑥：9）　19.器盖（T31⑧：28）（除17外余均为陶器）

片。喇叭形圈足，足外撇。底部饰二道凹弦纹。底径10、残高1.8厘米（图八，9）。

尖底杯 1件。T35⑥：14，夹细砂灰陶。底部残片。下腹斜弧。残高5.2厘米（图八，10）。

器盖 1件。T31⑧：28，泥质灰陶。盖柄残片，柄较高，柱状中空。柄径1.6、残高4厘米（图八，19）。

鬶 1件。T31⑧：10，夹细砂红陶。口部残片。敞口，尖圆唇，束腰，口及上腹部捏出一较宽的流，与流相对的另一侧附一宽大的竖耳。素面。口径12、残高11.6厘米（图八，11）。

器足 1件。为鬶、盉类三足器之足。T35⑥：9，夹细砂红陶。足部残段。呈圆锥状，中空。素面。足跟径4.4、残高8.6厘米（图八，18）。

器底 均为平底，残余器物底部和部分腹片。根据底部形态，可分为二型。

A型 小平底。T35⑥：11，夹细砂灰陶。底腹残片。斜腹弧曲，底小。素面。底径4、残高2.2厘米（图八，12）。T31⑧：17，夹细砂黑陶。底部残片。斜弧腹，平底稍大。素面。底径6、残高4厘米（图八，13）。

B型 大平底。T31⑧：31，夹细砂灰陶。底部残片。下腹较直，近底微弧，平底。素面。底径16、残高5.2厘米（图八，14）。T31⑧：15，夹细砂褐陶。底部残片。下腹斜直，平底。素面。底径8、残高4.4厘米（图八，15）。

纺轮 1件。T31⑧：2，夹细砂灰陶。算珠形。素面。直径3、高2.2、孔径0.2厘米（图八，16）。

2. 石器

磨制石锛 1件。T31⑧：1，灰色砾石。平面略呈梯形，通体磨光，平刃偏锋，顶略弧。长4.8、宽2.4、厚1厘米（图八，17）。

此外，还在地层中出有不少动物骨骼，比较零碎，以鱼骨为主，还有少量其他动物肢骨、肋骨、牙齿等。

（三）东周时期文化遗存

1. 遗迹

只发现灰坑1个。

H5 位于T21中部偏东南角，距地表0.48～0.53米，开口于第2层下，打破生土层。平面为长方形，长约2.8、宽1.7～1.8米，坑壁较直，坑底略平，深1.9米（图九）。坑内填土为杂花土，土质较紧密，呈块状，出土一些陶片，器形有豆、陶等。

2. 遗物

出自地层的遗物有陶、铜、骨、石等类型，以陶器为主。

（1）陶器

多为轮制，也有部分手制，器形较为规整。以夹砂陶居多，泥质陶也占相当比例。陶色以

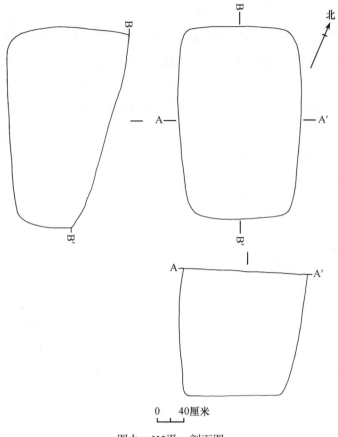

0　　40厘米

图九　H5平、剖面图

灰陶为主，红、褐陶较少，黑陶极少。纹饰以绳纹为主，也有一定数量素面，其他纹饰少见（图一〇）。器形有鬲、豆、罐、壶、釜等。其中以鬲、豆居多。

鬲　选择标本27件。分口沿和足，其中口沿17件、足10件。

口沿　17件。根据口沿变化分为三型。

A型　4件。平折沿，沿较宽。根据沿面及肩、腹的变化可分为四式。

Ⅰ式：1件。沿面外倾，圆肩。T35⑤：35，泥质灰陶。口部残片。圆方唇，平折沿，直口，矮束颈，圆肩。肩部以下饰竖绳纹，腹部有一周凹弦纹。口径28、残高7.4厘米（图一一，1）。

Ⅱ式：1件。平沿。T37⑦：1，夹细砂红陶。口部残片。方唇，平折沿，沿较宽，沿面较鼓，口微侈，束颈，圆肩，弧腹。肩以下饰竖向间断绳纹。口径27.2、残高10.4厘米（图一一，2）。

Ⅲ式：1件。平沿内凹。T35⑤：43，夹细砂灰陶。口部残片。方唇，平折沿，沿面内凹，敛口，束颈，斜肩，弧腹。肩以下饰竖向绳纹。口径32、残高6厘米（图一一，3）。

Ⅳ式：1件。鼓肩。T35⑤：36，泥质褐陶。口部残片。方唇，平折沿，沿面较平，口较直，束颈，肩部较鼓。素面。口径40、残高9厘米（图一一，4）。

B型　5件。折沿，沿较窄。根据肩部变化可分为三式。

Ⅰ式：2件。圆肩。T35⑤：33，泥质褐陶。口部残片。尖唇，平沿，口近直，矮束颈，圆

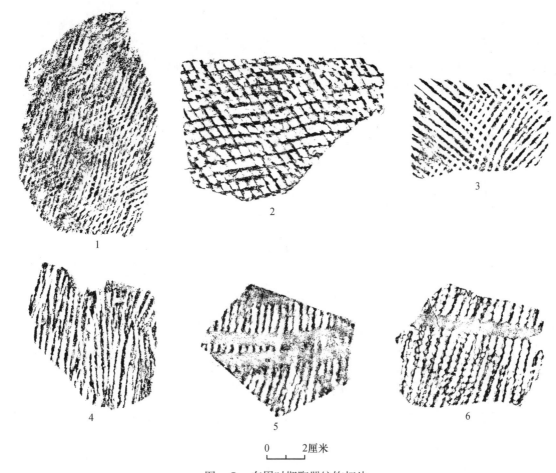

图一〇　东周时期陶器纹饰拓片

1、3~6.绳纹陶片（T35⑤：49、T35⑤：46、T35⑤：50、T35⑤：59、T35⑤：48）　2.戳印纹陶片（T35⑤：4）

肩。肩部以下饰竖绳纹。口径28、残高4.8厘米（图一一，5）。T35⑤：42，泥质灰陶。口部残片。方唇，平沿，口微侈，矮束颈，圆肩。肩部以下饰竖绳纹。口径20、残高4.4厘米（图一一，6）。

Ⅱ式：2件。斜肩。T35⑤：32，泥质褐陶。口部残片。斜方唇，平折沿，口微侈，矮束颈，斜肩。颈部下饰一周戳印纹。口径2.5、残高4.2厘米（图一一，7）。T35⑤：34，夹细砂褐陶。口部残片。尖唇，平沿，侈口，矮束颈，斜肩。颈部饰竖绳纹。口径34、残高4.4厘米（图一一，8）。

Ⅲ式：1件。溜肩。T39⑩：13，夹细砂黑皮陶。口部残片。圆方唇，平折沿，侈口，束颈，溜肩。径腹之间饰一周戳印纹。口径41、残高5.2厘米（图一一，9）。

C型　8件。卷沿，束颈。根据颈部的变化可分为三亚型。

Ca型　3件。近肩部束颈。根据肩部变化可分为三式。

Ⅰ式：1件。矮领、圆肩。T39⑩：9，泥质红陶。口部残片。尖圆唇，卷沿，侈口，矮束颈，圆肩。颈部以下饰竖绳纹。口径17.2、残高7厘米（图一一，10）。

Ⅱ式：1件。领稍高，圆肩。T39⑪：4，夹粗砂红陶。口部残片。圆唇，侈口，束颈，圆肩，弧腹。肩以下饰竖向绳纹。残高6厘米（图一一，11）。

Ⅲ式：1件。溜肩。T35⑤：40，夹细砂黑陶。口部残片。圆唇，敞口，束颈，溜肩，弧腹。肩以下饰竖向绳纹，内壁有手抹痕迹。口径18、残高6.2厘米（图一一，12）。

Cb型　2件。中部束颈。T39⑩：14，泥质黑皮陶。口部残片。尖圆唇，卷沿，侈口，束颈。颈部以下饰竖绳纹。口径20、残高4厘米（图一一，13）。T35⑤：29，夹细砂红陶。口部残片。圆唇，卷沿，侈口，束颈。颈部以下饰竖绳纹。口径22、残高4.4厘米（图一一，14）。

Cc型　3件。近口部束颈。T35⑤：52，泥质红陶。口部残片。尖圆唇，卷沿，侈口，束颈，斜肩，鼓腹。肩部以下饰竖绳纹。口径14、残高4.8厘米（图一一，15）。T37⑦：12，

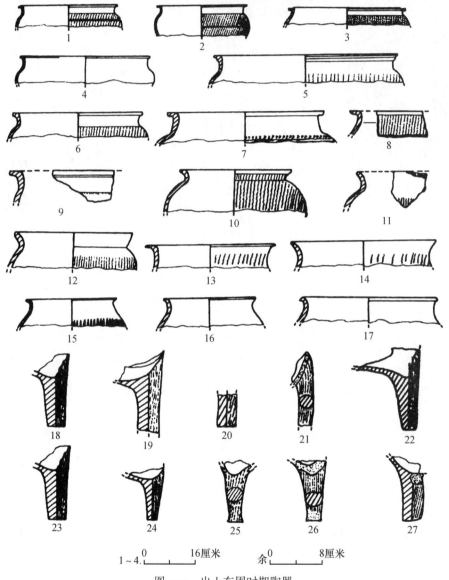

图一一　出土东周时期陶器

1.A型Ⅰ式鬲（T35⑤：35）　2.A型Ⅱ式鬲（T37⑦：1）　3.A型Ⅲ式鬲（T35⑤：43）　4.A型Ⅳ式鬲（T35⑤：36）　5、6.B型Ⅰ式鬲（T35⑤：33、T35⑤：42）　7、8.B型Ⅱ式鬲（T35⑤：32、T35⑤：34）　9.B型Ⅲ式鬲（T39⑩：13）　10.Ca型Ⅰ式鬲（T39⑩：9）　11.Ca型Ⅱ式鬲（T39⑪：4）　12.Ca型Ⅲ式鬲（T35⑤：40）　13、14.Cb型鬲（T39⑩：14、T35⑤：29）　15~17.Cc型鬲（T35⑤：52、T37⑦：12、T35⑤：39）　18~21.A型鬲足（T37⑦：7、T35⑤：17、T21⑤：5、T37⑦：8）　22~24.B型鬲足（T39⑩：1、T37⑦：9、T37⑦：5）　25、26.C型鬲足（T37⑦：6、T39⑪：3）　27.D型鬲足（T39⑩：2）

夹细砂褐陶。口部残片。圆唇，卷沿，侈口，束颈，圆肩。素面。口径14、残高4.8厘米（图一一，16）。T35⑤：39，泥质红陶。口部残片。尖唇，卷沿，侈口，束颈。素面。口径20、残高4.4厘米（图一一，17）。

鬲足　10件。均为夹粗砂陶，足体遍饰中粗绳纹，有的足底也饰绳纹。根据形状不同可分为四型。

A型　4件。柱状足，断面为圆形。T37⑦：7，夹粗砂褐陶。肥柱状高实足跟，袋窝狭陡。通体饰竖向绳纹。残高12.2厘米（图一一，18）。T35⑤：17，夹粗砂红陶。肥柱状高实足跟，袋窝狭陡。通体饰竖向绳纹。足底残。残高14.2厘米（图一一，19）。T21⑤：5，夹粗砂褐陶。柱状实足跟。通体饰竖向绳纹，足底也饰绳纹。残高5.6厘米（图一一，20）。T37⑦：8，夹粗砂红陶。瘦柱状高实足跟。通体饰竖向绳纹。残高12.4厘米（图一一，21）。

B型　3件。上粗下细的锥状足。T39⑩：1，夹粗砂红陶。锥状高实足跟，袋窝平缓。通体饰竖向绳纹。残高13.8厘米（图一一，22）。T37⑦：9，夹粗砂灰陶。瘦锥状实足跟，足跟内侧较平。通体饰竖向绳纹。残高11厘米（图一一，23）。T37⑦：5，夹粗砂红陶。锥状短实足跟，袋窝平缓。通体饰竖向绳纹。残高8.8厘米（图一一，24）。

C型　2件。蹄形足。T37⑦：6，夹粗砂红陶。似兽蹄。通体饰竖向绳纹。残高10.2厘米（图一一，25）。T39⑪：3，夹粗砂红陶。袋窝平缓。通体饰竖向绳纹。残高10厘米（图一一，26）。

D型　1件。矮柱足略弧。T39⑩：2，夹粗砂红陶。足短粗，略弧。通体饰竖向绳纹。残高10.8厘米（图一一，27）。

豆　选择标本10件。其中豆柄5件、豆座3件、豆盘2件。

豆柄　5件。均为柄盘残段，根据柄部变化，可分为四式。

Ⅰ式：1件。矮柄。T37⑦：4，夹细砂红陶。豆盘残缺。柄极短，圈足外撇。素面。底径4.2、残高2厘米（图一二，1）。

Ⅱ式：2件。中柄。T35⑤：6，夹细砂灰陶。盘柄残段。柱状柄，中空，喇叭形圈足。素面。底径9.6、残高8.6厘米（图一二，2）。T39⑩：8，夹细砂灰陶。盘柄残段。柱状柄，中空。残高6.6厘米（图一二，3）。

Ⅲ式：1件。高柄。T35⑤：21，泥质灰陶。盘柄残段。柱状柄，中空。素面。残高9.6厘米（图一二，4）。

Ⅳ式：1件。实心柄。T39⑩：7，泥质红陶。柄部残断。柱状，实心。素面。残高6.4厘米（图一二，5）。

豆座　3件。T39⑩：22，泥质红陶。喇叭形圈足，盘柄残。素面。底径9.2、残高6.4厘米（图一二，7）。T35⑤：25，泥质灰陶。喇叭形圈足外撇，盘柄残。素面。底径8.4、残高3.2厘米（图一二，8）。T37⑦：3，泥质红陶。豆盘残缺，喇叭形圈足。素面。底径8、残高5.4厘米（图一二，9）。

豆盘　2件。T39⑩：6，泥质灰陶。圆唇，敞口，斜弧腹，浅盘，内底稍凸，柄残。素面。口径14、残高4.6厘米（图一二，6）。T35⑤：41，泥质灰陶。圆唇，盘口稍直，盘腹浅坦，柄残。素面。口径14.8、残高3厘米（图一二，10）。

　　矮领罐　3件。T41④：7，夹细砂黑皮陶。口部残片。圆唇，卷沿，侈口，矮领束颈，圆肩。肩部饰绳纹。口径18.4、残高6.8厘米（图一二，11）。T35⑤：37，夹细砂黑皮陶。口部残片。圆唇，卷沿，侈口，矮领束颈，圆肩，鼓腹。肩部饰绳纹。口径10.8、残高6.2厘米（图一二，12）。T41④：8，夹细砂灰陶。口部残片。圆唇，卷沿，侈口，矮领束颈。素面。口径16.8、残高4厘米（图一二，13）。

　　高领罐　3件。T35⑤：30，夹粗砂褐陶。口部残片。圆唇，侈口，束颈。口径18、残高6厘米（图一二，15）。T21⑤：1，夹细砂褐陶。口部残片。圆唇，卷沿，侈口，束颈。素面。

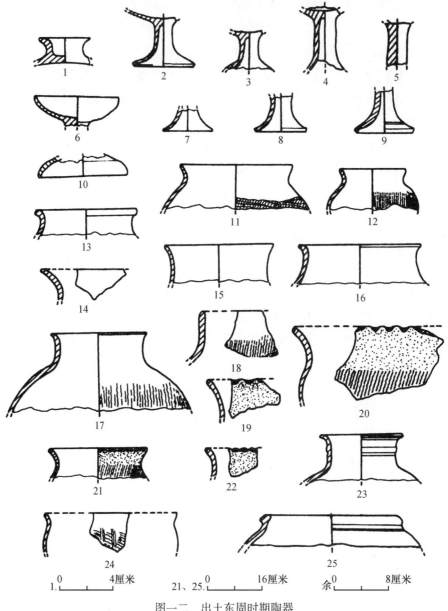

图一二　出土东周时期陶器

1. Ⅰ式豆柄（T37⑦：4）　2、3. Ⅱ式豆柄（T35⑤：6、T39⑩：8）　4. Ⅲ式豆柄（T35⑤：21）　5. Ⅳ式豆柄（T39⑩：7）　6、10. 豆盘（T39⑩：6、T35⑤：41）　7～9. 豆座（T39⑩：22、T35⑤：25、T37⑦：3）　11～13. 矮领罐（T41④：7、T35⑤：37、T41④：8）　14～16. 高领罐（T41④：5、T35⑤：30、T21⑤：1）　17. 束颈罐（T41④：1）　18. 直领罐（T37⑦：10）　19. A型Ⅱ式花边罐（T41④：9）　20. A型Ⅰ式花边罐（T41④：4）　21、22. B型花边罐（T41④：3、T39⑩：17）　23. 壶（T21⑤：3）　24. 釜（T21⑤：2）　25. 瓮（T37⑥：1）

口径20、残高6厘米（图一二，16）。T41④：5，夹细砂褐陶。口部残片。圆唇，沿外翻，敞口，束颈，圆肩。素面。残高4.8厘米（图一二，14）。

束颈罐　1件。T41④：1，夹细砂黑皮陶。口部残片。尖圆唇，侈口，领较高，束颈，圆肩，鼓腹。肩部以下饰竖向绳纹。捏制。口径14.8、残高11.6厘米（图一二，17）。

直领罐　1件。T37⑦：10，夹粗砂红陶。口部残片。圆唇，直口，领较直，肩部以下饰竖向绳纹。残高7.6厘米（图一二，18）。

花边罐　4件。根据花边形态的不同可分为二型。

A型　2件。波浪形花边。根据花边深浅的变化可分为二式。

Ⅰ式：1件。花边压痕较深。T41④：4，夹细砂灰陶。口部残片。圆唇，侈口，束颈，圆肩，口部为波浪形花边，颈部有手抹痕迹。肩部以下饰斜向绳纹。口径36、残高11厘米（图一二，20）。

Ⅱ式：1件。花边较浅。 T41④：9，夹细砂褐陶。口部残片。圆唇，侈口，束颈，口部为波浪形花边。口径32、残高5.8厘米（图一二，19）。

B型　2件。点窝状花边。 T41④：3，夹细砂灰陶。口部残片。圆唇，侈口，束颈，圆肩，口部为点窝状花边。肩部饰竖绳纹。口径32.8、残高9.2厘米（图一二，21）。T39⑩：17，夹细砂红陶。口部残片。圆唇，侈口，束颈，口部为点窝状花边。口径24、残高4.4厘米（图一二，22）。

壶　1件。T21⑤：3，泥质红陶。口部残片。圆唇，侈口，束颈，广肩。颈部饰二周凹旋纹。口径13.6、残高7厘米（图一二，23）。

釜　1件。T21⑤：2，泥质褐陶。口部残片。圆唇，侈口，束颈，鼓腹。腹部饰交错绳纹。口径22、残高6厘米（图一二，24）。

瓮　1件。T37⑥：1，泥质褐陶。口部残片。圆唇，沿面较鼓，敛口，束颈，广肩。素面。口径42、残高9.2厘米（图一二，25）。

钵　3件。根据口部形态可分为三式。

Ⅰ式：1件。敞口。T39⑩：21，泥质褐陶。口部残片。圆唇，敞口，斜弧腹。素面。口径18、残高2.8厘米（图一三，1）。

Ⅱ式：1件。口微敛。T41④：6，夹细砂黑皮陶。口部残片。圆唇，敛口，弧腹。素面。口径12、残高5.6厘米（图一三，2）。

Ⅲ式：1件。敛口。T41④：2，夹细砂黑皮陶。口部残片。圆唇，敛口，鼓腹。腹部饰绳纹。口径16.4、残高9厘米（图一三，3）。

器底　选择标本4件。均为平底，根据底腹夹角的变化可分为二型。

A型　1件。底腹夹角稍小。T35⑤：24，夹粗砂灰陶。底腹残片。腹较直。素面。底径8、残高6.4厘米（图一三，4）。

B型　3件。底腹夹角较大。根据底腹变化可分为二式。

Ⅰ式：1件。下腹弧收。T35⑤：23，泥质灰陶。底部残片。平底内凹。素面。底径6.4、残高7.4厘米（图一三，5）。

Ⅱ式：2件。下腹斜收。T37⑦：2，泥质褐陶。底部残片。腹近底斜直。素面。底径6、残高4.6厘米（图一三，6）。 T21⑤：4，夹细砂褐陶。底部残片。腹近底斜直收。素面。底径10、残高1.6厘米（图一三，7）。

器盖 1件。T35⑤：22，泥质灰陶。盖柄残片。柄较高，柱状中空。柄径1.6、残高3.7厘米（图一三，8）。

网坠 2件。T35⑤：3，夹细砂红陶。略残。呈橄榄形，中部鼓度小。素面。长7.3、直径2.1、空径0.4厘米（图一三，10）。T35⑤：1，泥质灰陶。两端皆残。呈橄榄形，中部鼓度小。素面。残长4.2、直径2、空径0.3厘米（图一三，9）。

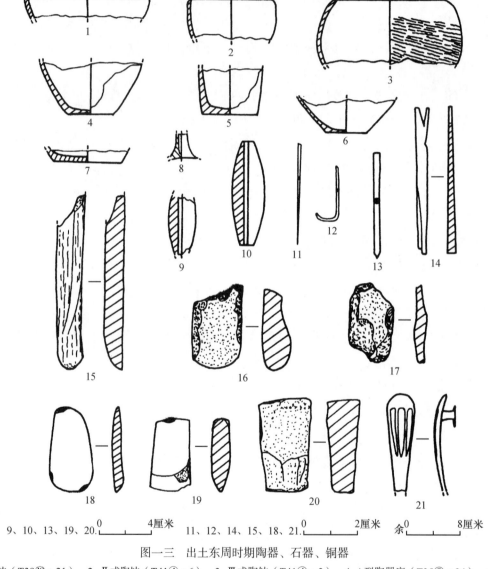

9、10、13、19、20.⊢—0—⊣4厘米　11、12、14、15、18、21.⊢—0—⊣2厘米　余⊢—0—⊣8厘米

图一三　出土东周时期陶器、石器、铜器

1. Ⅰ式陶钵（T39⑩：21） 2. Ⅱ式陶钵（T41④：6） 3. Ⅲ式陶钵（T41④：2） 4. A型陶器底（T35⑤：24） 5. B型Ⅰ式陶器底（T35⑤：23） 6、7. B型Ⅱ式陶器底（T37⑦：2、T21⑤：4） 8. 陶器盖（T35⑤：22） 9、10. 陶网坠（T35⑤：1、T35⑤：3） 11. 铜针（T35⑤：8） 12. 铜鱼钩（T35④：14） 13. 铜锥形器（T35⑤：11） 14. 铜叉形器（T35⑤：13） 15. 骨刀（T35⑤：9） 16、17. 砍砸器（T35⑤：4、T35⑤：10） 18. 石斧（T43③：1） 19. 石锛（T35⑤：7） 20. 石料（T35⑤：12） 21. 铜带钩（T35⑤：2）

（2）铜器

5件。

鱼钩　1件。T35④：14，形状似"L"形，制作较精致，钩尖部分残断。残长1.95、宽0.8、厚0.1厘米（图一三，12）。

带钩　1件。T35⑤：2，琵琶形，制作较精致，钩首端圆弧，尾部分残断，表面饰三条刻划纹。残长3.4、宽1、厚0.2厘米（图一三，21）。

针　1件。T35⑤：8，似锥形，针尖部分锋利，针鼻部分残断。残长3.6厘米（图一三，11）。

锥形器　1件。T35⑤：11，残。圆柱形，一端磨成尖锥形，通体较光滑。残长7.4、直径0.4厘米（图一三，13）。

叉形器　1件。T35⑤：13，长条形，两端残，断面呈梯形。残长5.2、宽0.5、厚0.3厘米（图一三，14）。

（3）骨器

1件。

为骨刀。T35⑤：9，残。器形不规整，有刀刻划痕，一面较光滑，锋端已残断。残长6.1、宽1、厚0.7厘米（图一三，15）。

（4）石器

5件。

打制石器　2件。均为砍砸器。T35⑤：4，黑色花岗岩砾石加工，正面边缘修出刃缘，背面保留自然砾石面。长11.6、宽7、厚4厘米（图一三，16）。T35⑤：10，灰色砾石。两面保留部分砾石面，周边加工出刃缘。长10.8、宽6.2、厚1.6厘米（图一三，17）。

磨制石器　3件。为石斧、锛等小型生产工具。

石斧　1件。T43③：1，花岗岩砾石。平面呈长方形，通体磨光，弧刃中锋。长11.8、宽6.2、厚1.2厘米（图一三，18）。

石锛　1件。T35⑤：7，灰黑色砾石。平面略呈梯形，通体磨光，平刃偏锋。长5、宽3、厚1.2厘米（图一三，19）。

石料　1件。T35⑤：12、灰色砾石。平面略呈梯形，上下端面磨光，其他面无明显打磨痕迹。长6.5、宽3.7、厚2.4厘米（图一三，20）。

（四）汉代文化遗存

1. 遗迹

发现有灰坑1个，灶1座，沟1条。

H4　位于T32东南部，开口于第2层下，距地表0.31～0.34米，打破生土。探方内仅暴露一部分，另一部分压在探方的东壁及北壁下，由于大部分压在隔梁下，平面形状不甚清楚，推断可能为圆形。坑口暴露部分长3.1、宽2.3米，坑底呈锅底状，深0.9米（图一四）。壁、底无加工痕迹。坑内填土为五花土，土质较紧密，夹有一些石块，含一些汉代瓦片，此外还出土铁器，器形有锛、钩、牌等。

　　Z1　位于T32西部偏北。开口于第3层下，距地表0.35～0.38米，打破生土。Z1平面呈椭圆形。坑口最大径0.59米，坑底呈坡形，坑壁略直，且都有红烧土板结，坑深0.19～0.31米（图一五）。Z1内填土含沙，土质疏松，内夹较多的红烧土颗粒和一些炭屑，推断应为一灶，此外在T32东壁第3层下发现一层炭屑，可能与该灶有关。

　　G1　位于T41、T42西部偏北。开口于第3层下，距地表0.35米，打破生土。平面形状为长条形。残长5.8、宽0.3、深0.3米。沟内用长60、直径23.6厘米的圆形陶管套接，此沟应为排水沟（图一六）。

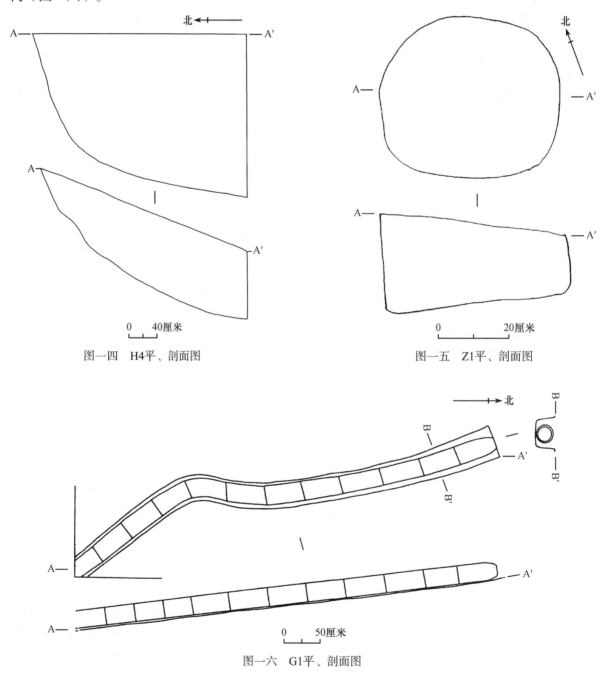

图一四　H4平、剖面图

图一五　Z1平、剖面图

图一六　G1平、剖面图

2. 遗物

（1）陶器

鼎　1件。T38③：11，泥质红陶。残。圆唇，敛口，腹壁较直，底残失，残留一足，足跟残失。素面。口径14、残高7.8厘米（图一七，1）。

钵　2件。根据腹部变化可分为二式。

Ⅰ式：1件。深腹。T39④：6，泥质灰陶。口部残片。圆唇，侈口，斜弧腹。腹部饰一道凹弦纹。口径16.8、残高4.8厘米（图一七，2）。

Ⅱ式：1件。浅腹。T31③：9，泥质灰陶。残。尖圆唇，侈口，弧腹，平底略内凹。素面。口径17.2、高5.6厘米（图一七，3）。

釜　1件。T37④：1，泥质灰陶。口部残片。尖圆唇，侈口，束颈，圆肩。肩部以下饰绳纹。口径11.6、残高7.1厘米（图一七，4）。

矮领罐　1件。T37⑤：1，夹细砂灰陶。口部残片。方唇，直口，平折沿，矮领，束颈。唇部饰一周凹弦纹，余素面。口径16、残高4.8厘米（图一七，5）。

（2）铁器

5件。

牌　1件。T31③：8，平面呈梯形，锈蚀严重。残长5.3、宽2.3～3.1、厚0.4厘米（图一七，6）。

钩　3件。H4：2，略残，已锈蚀。平面呈"S"形。长8、宽1.4厘米（图一七，7）。H4：3，略残，已锈蚀。锥形，横剖面为方形。残长7.1厘米（图一七，9）。H4：4，残，已锈蚀。形制同H4：3。残长4.2厘米。

锛　1件。H4：1，残，已锈蚀。平面为长方形，弧刃。残长9、宽6厘米（图一七，8）。

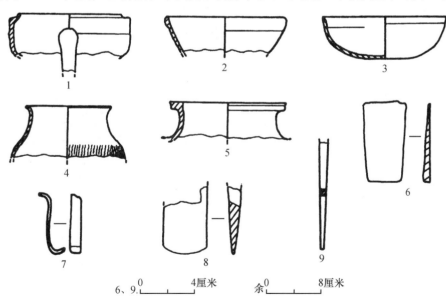

图一七　出土汉代器物

1. 陶鼎（T38③：11）　2. Ⅰ式陶钵（T39④：6）　3. Ⅱ式陶钵（T31③：9）　4. 陶釜（T37④：1）　5. 陶矮领罐（T37⑤：1）

6. 铁牌（T31③：8）　7、9. 铁钩（H4：2、H4：3）　8. 铁锛（H4：1）

（3）建筑材料

本时期出土大量建筑材料，大多为板瓦、筒瓦残片，还有相当数量的瓦当和排水管。

板瓦　形体普遍较大，外饰竖绳纹，中部一般有1～2道手抹的横向凹弦纹。T39④∶2，泥质灰陶。较完整。平面呈长方形，器身隆起呈拱桥形，顶端沿面斜直，器身饰间隔绳纹，顶端部分素面，内饰布纹。模制。长42.4、宽35.6、厚1、高7.6厘米（图一八，4）。

筒瓦　呈半环形，夹细砂灰褐陶。弧度高低不等，瓦头翻卷，筒身通体饰纵向绳纹，内壁印有布纹或绳纹。T38③∶9，夹细砂灰褐陶。较完整。侈口，圆唇，束颈，筒形器身，上饰有间隔绳纹，底接一卷云纹瓦当，器表有七道竖棱边，器内饰间隔布纹。长34.8、宽14.8、厚1厘米（图一八，3）。T38③∶2，夹细砂灰陶。较完整。侈口，圆唇，束颈略短，筒形器身，饰

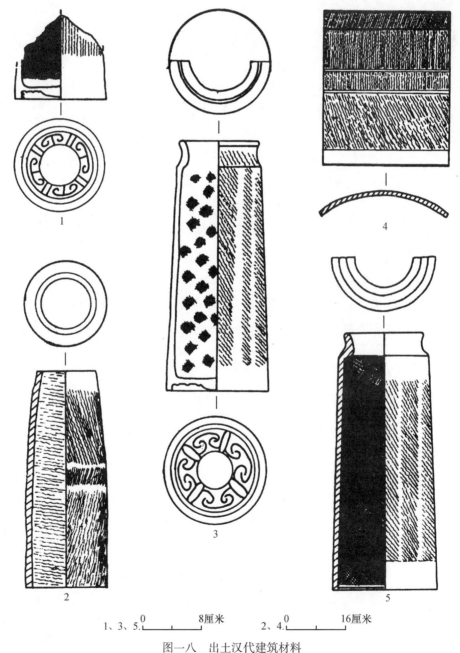

图一八　出土汉代建筑材料

1. 瓦当（T31③∶10）　2. 排水管（G1∶2）　3、5. 筒瓦（T38③∶9、T38③∶2）　4. 板瓦（T39④∶2）

间隔绳纹，顶端、底端部分素面，内壁满饰布纹。长35.6、宽15、厚1厘米（图一八，5）。

瓦当　均饰卷云纹，当面以双线四等分。T31③：10，泥质褐陶。较完整。接于筒瓦的底端，平面为圆形，外郭素面，内郭中心为一圆纽，外凸，纽径4.8厘米，边缘平分为四分，内各有一卷云纹。当径13.2、残长11.8（图一八，1）。T38③：5，泥质褐陶。圆形，外郭素面，内郭内凹有一圈纽，外凸，纽径4.5厘米，外缘被平分为四分，内各饰一卷云纹。当径14厘米（图一九，1）。T31③：2，泥质褐陶。圆形，外郭素面，内郭内凹有一圈纽，外凸，纽径5.6厘米，外缘被平分为四分，内各饰一卷云纹。当径13.5厘米（图一九，2）。

排水管　夹细砂灰陶。筒状，断面呈梯形，器表饰绳纹，器内有模印痕迹，模制。G1：2，较完整。口径16.4、底径23.6、长60、壁厚1.5厘米（图一八，2）。

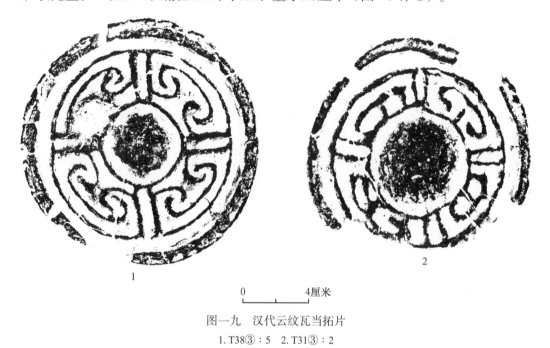

图一九　汉代云纹瓦当拓片
1. T38③：5　2. T31③：2

二、墓　葬

三坝溪墓群（遗址）本次共清理墓葬17座，其中砖室墓3座、土坑墓14座。三坝溪墓群（遗址）墓葬叠压、打破关系比较多。如T21西北部和T24西南角的4座土坑墓，M27打破M33，M31打破M32，M32打破M33。T24东北部的两座土坑墓M24叠压并打破M25。T22西北和T23西南的土坑墓M23打破M26。

此次发掘的土坑墓和砖室墓打破的地层基本上都是生土层，但土坑墓的墓葬填土里一般都有商周时期的陶片，有壶、釜、缸、器盖、器足、豆和各种罐类等器形，以及多种纹饰的陶片。这些器形的特征和特点与该遗址商周时期的地层堆积出土的同类器形完全一致。砖室墓均为东汉时期，均遭到严重破坏，但结构基本完整，M21、M30为长方形，M22为刀把形。随葬品大部被盗，出土釉陶豆、陶罐、陶盆、陶甑、陶盒、陶案、铜泡钉及钱币等。为东汉早、中期墓葬。土坑墓均为长方形竖穴，大部分有二层台、埋藏较深，以鼎、敦、壶、豆为基本器物组合，部分墓葬出有铜剑、戈、矛、镞，个别墓出土玉璜。为战国至西汉早期墓葬，以楚墓为主。下面分时代予以叙述。

（一）东周时期墓葬

共8座。主要分布于黄岭坪东部及石草包区域，均为长方形竖穴土坑墓，大部分有二层台、埋藏较深。

1. M25

（1）墓葬形制

M25位于T24东北部，开口于第2层下，长方形竖穴土坑墓，西壁及南壁被M24打破，墓内填土为黄褐色泛青黏土，质疏松，含有较多陶片，距墓口1米到二层台有黄沙一层。墓口距地表约0.2米，墓向46°，墓口长3.6、宽1.9米，墓底长2.46、宽1.2米，深2.1米。四壁有二层台，东壁二层台宽0.54、西壁宽0.6、南壁宽0.3、北壁宽0.46米，深0.5米。未发现葬具，为仰身直肢葬（图二〇）。

（2）随葬器物

墓室的西南角随葬陶盆1件。

陶盆　M25：1，夹细砂灰陶。复原。敛口，折沿，圆唇，束颈，腹微鼓，腹近底弧内收，平底，底心内凹成一窝坑。器物沿部以下满饰绳纹。口径24、高11.2厘米（图二一）。

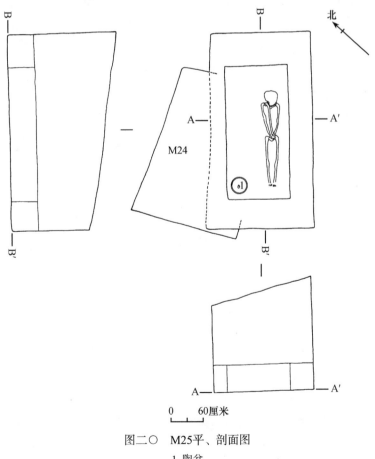

0　　　60厘米

图二〇　M25平、剖面图

1. 陶盆

墓葬填土中出土的商周时期遗物。

墓葬填土里有较多商周时期的陶片，有壶、缸、鬲、盏、豆和各种罐类等器形，陶片纹饰有绳纹、弦纹、附加堆纹等（图二二）。

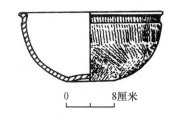

图二一　M25出土陶盆（M25：1）

缸　M25填：2，夹粗砂褐陶。残。侈口，方唇，微束颈，深腹，较斜直。颈贴塑一周点窝纹，器表满饰方格纹。口径40、残高16厘米（图二三，1）。

盘口罐　M25填：1，泥质灰陶。残。浅盘口，尖圆唇，束颈，鼓肩。肩饰三周凹旋纹。口径18、残高9.8厘米（图二三，2）。

盘口罐　M25填：53，泥质灰陶。残。红胎，浅盘口，夹唇，束颈。素面。口径18、残高7厘米（图二三，3）。

束颈罐　M25填：52，夹细砂灰陶。残。敞口，圆唇，束颈。素面。口径20、残高5厘米（图二三，4）。

矮领罐　M25填：11，夹细砂灰陶。残。侈口，圆唇，束颈，广肩。素面。轮制。口径20、残高7.8厘米（图二三，5）。

高领罐　M25填：51，泥质褐陶。残。敞口，方唇，束颈。颈饰一周凹旋纹。口径18、残高5.2厘米（图二三，6）。

敛口罐　M25填：36，夹细砂褐陶。残。敛口，圆唇内卷，圆肩。肩饰绳纹。口径16、残高3厘米（图二三，7）。

卷沿罐　M25填：38，夹细砂灰陶。残。敞口，圆唇，折沿，曲弧腹。素面。口径28、残高3.6厘米（图二三，8）。

折沿罐　M25填：41，泥质灰陶。残。敞口，圆唇，束颈，广肩。素面。口径14.4、残高

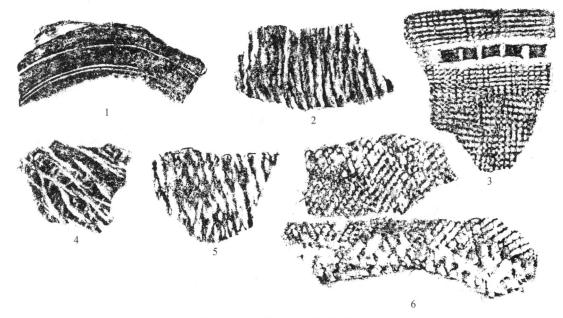

图二二　M25填土出土陶器纹饰拓片

1. M25填：1　2. M25填：6　3. M25填：4　4. M25填：2　5. M25填：7　6. M25填：10

2.1厘米（图二三，12）。

壶　M25填：18，泥质褐陶。残。敞口，方圆唇，矮领。口径18、残高6厘米（图二三，13）。

尊　M25填：6，泥质黑皮陶。残。灰胎，敞口，尖唇，长细颈。素面。口径10.4、残高7厘米（图二三，14）。

鬲　3件。M25填：4，夹细砂灰陶。残。侈口，圆唇，束颈，圆鼓腹，颈部以下饰交错绳纹，手制。口径14、残高8.2厘米（图二三，16）。M25填：17，残。夹细砂灰陶。侈口，圆唇，束颈，圆鼓腹。腹部饰绳纹。口径12、残高6.2厘米（图二三，17）。M25填：25，残。夹细砂黑皮陶。侈口，圆唇，束颈，圆肩。素面。器表有手捏痕，手制。口径10、残高4厘米（图二三，18）。

钵　M25填：31，夹细砂黑陶。残。敛口，圆唇，上腹鼓，下腹斜内收。素面。口径14、残高3厘米（图二三，19）。

豆柄　M25填：54，夹细砂灰陶。残。柄上饰两周凹旋纹，中空。残高13.4厘米（图二三，15）。

尖底杯　M25填：47，夹细砂灰陶。残。下腹斜收成尖底。素面。残高3.5厘米（图二三，9）。

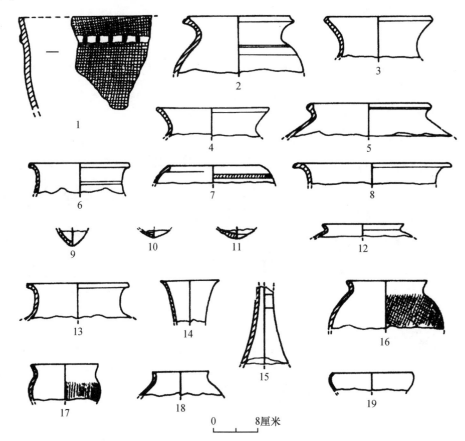

图二三　M25填土出土陶器

1.缸（M25填：2）　2、3.盘口罐（M25填：1、M25填：53）　4.束颈罐（M25填：52）　5.矮领罐（M25填：11）
6.高领罐（M25填：51）　7.敛口罐（M25填：36）　8.卷沿罐（M25填：38）　9.尖底杯（M25填：47）　10、11.尖底盏
（M25填：48、M25填：29）　12.折沿罐（M25填：41）　13.壶（M25填：18）　14.尊（M25填：6）　15.豆柄（M25填：54）
16~18.鬲（M25填：4、M25填：17、M25填：25）　19.钵（M25填：31）

尖底盏 2件。M25填：48，夹细砂灰陶。残。仅存底部，不规整。素面，内壁有轮痕。残高1.4厘米（图二三，10）。M25填：29，夹细砂灰陶。残。小平底。素面，不规整。残高1.5厘米（图二三，11）。

2. M27

（1）墓葬形制

M27位于T24南部，开口于第2层下，长方形竖穴土坑墓，墓内填土为黄褐色泛青黏土，质地疏松，内含少量商周时期陶片。墓口距地表约0.2米，墓口长2.35、宽0.6米，墓底长2.35、宽0.6米。未发现葬具（图二四）。

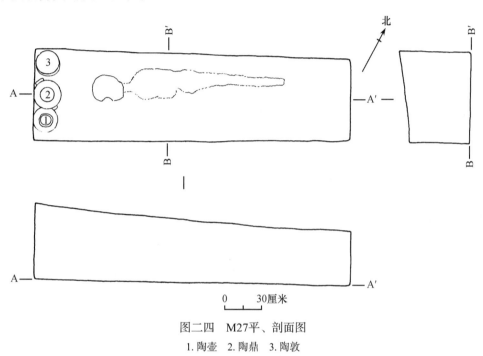

图二四 M27平、剖面图
1. 陶壶 2. 陶鼎 3. 陶敦

（2）随葬器物

墓室西部随葬有陶壶、陶鼎、陶敦各1件。

陶壶 M27：1，夹细砂灰陶。复原。侈口，尖圆唇，折沿，短领，上腹鼓，下腹较斜直，平底略内凹。素面。轮制。高14.2、口径10.2、腹径14.8、底径9.2厘米（图二五，1）。

陶鼎 M27：2，夹细砂灰陶。复原。子母口，有盖，盖为圆形，盖面略隆，上有纽，盖内壁中心刻划"十"字，器身似釜，敛口，方唇，略束颈，扁鼓腹，附两个桥形耳，浅圜底，三个刀形足。器身、器盖轮制，耳足模制后黏合。盖直径20、通高19.4、口径17.6、腹径21厘米（图二五，2）。

陶敦 M27：3，夹细砂灰陶。复原。盖和器身都作半圆球形，各有三个羊形足，上下合成球形，盖可却置。素面。轮制后粘连六个羊形足。盖高10.6、直径16.8、器身高9.6、直径16.8厘米（图二五，3）。

墓葬填土中出土的商周时期遗物。

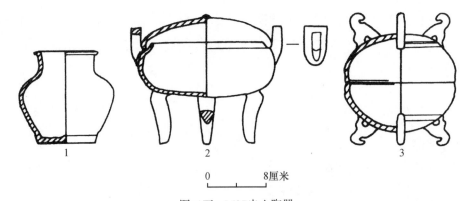

图二五　M27出土陶器
1.壶（M27：1）　2.鼎（M27：2）　3.敦（M27：3）

图二六　M27填土出土陶盆（M27填：2）

墓葬填土里有少量商周时期的陶片，能看出器形的有陶盆等。

陶盆　M27填：2，夹细砂灰陶。残。敛口，圆唇，折沿，弧腹。素面。残高2.5、口径36厘米（图二六）。

3. M29

（1）墓葬形制

M29位于T25，开口于第2层下，长方形竖穴土坑墓，墓内填土为黄褐色杂花土，土质疏松，沙性较重，内含较多商周时期陶片。墓口距地表约0.35米，墓向64°，墓坑口大底小，墓口长3.2、宽2米，墓底长2.7、宽1.24米。未发现葬具，为仰身直肢葬（图二七）。

（2）随葬器物

墓室西部随葬有陶豆2件、陶盒1件、陶敦1件、陶鼎1件、陶壶1件。

壶　M29：5，泥质红陶。残。侈口，方唇，筒颈，鼓腹，平底。颈饰两周凹旋纹，腹饰四周凹旋纹。高24、口径11.7、腹径17.6、底径10厘米。有盖，子母口，盖呈蘑菇形，高4.5、直径11.7厘米（图二八，1）。

豆　2件。M29：1，夹细砂灰胎，外有灰黑色陶衣。复原，口部略残。敛口，方唇，腹较斜直近盘底折收。柄略长，浅圈足。盘外壁饰一周凹旋纹。高14.4、口径12.4、底径9厘米（图二八，4）。M29：3，夹细砂灰陶。复原，底略残。敛口，方唇，腹近底折收，底略内凹，柄较长，浅圈足。高14.4、口径12.2、底径9厘米（图二八，5）。

盒　M29：2，泥质灰陶。复原。盖和器身形状相同，侈口，方唇，浅腹，壁腹较直近底弧收。盖面、器底各饰有三周凹旋纹。高4.8、直径15厘米（图二八，3）。

鼎　M29：4，泥质灰陶。复原。子母口，有盖，盖为圆形，盖面隆起，上饰两周凸旋纹。器身为敛口，圆唇，腹壁较直，附两个桥形耳，底部较平，下有三个蹄形足。器盖，器身轮制，耳足模制后黏合，器身残留彩绘痕。高15.6、直径16.8、口径14.8、腹径15.6厘米（图二八，2）。

敦　M29：6，泥质灰陶。复原。高16、直径15.5厘米（图二八，6）。

墓葬填土中出土的商周时期遗物。

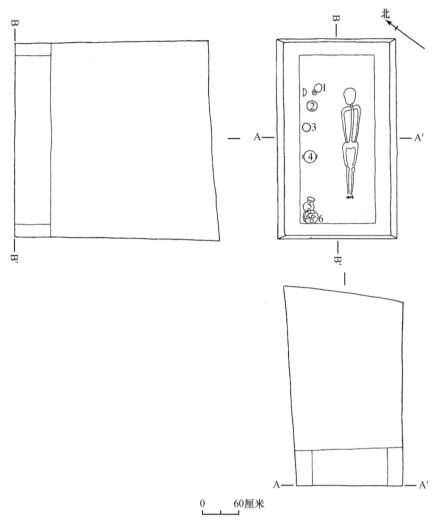

图二七　M29平、剖面图

1、3.陶豆　2.陶盒　4.陶鼎　5.陶壶　6.陶敦

墓葬填土里有较多商周时期的陶片，器形有壶、鬲、盏、杯、钵、器盖、豆和各种罐类等，陶片纹饰有绳纹和弦纹（图二九）。

小平底罐　M29填：27，夹细砂褐陶。残。侈口，圆唇，束颈，鼓肩。素面。残高2.8、口径14厘米（图三〇，1）。M29填：52，夹细砂灰陶。残。小平底，腹近底弧内收。素面。残高3.2、底径2厘米（图三〇，2）。

高领罐　M29填：25，夹细砂灰陶。残。敞口，圆唇外卷，束颈。素面。残高6、口径20厘米（图三〇，3）。

敛口罐　M29填：3，夹细砂褐陶。残。敛口，圆唇，鼓肩。肩饰交隔绳纹。残高2.4、口径19.2厘米（图三〇，4）。

花边口沿罐　M29填：15，夹细砂褐陶。残。敞口，圆唇，唇饰点窝状花边，束颈。残高7.2、口径40厘米（图三〇，5）。M29填：46，夹细砂灰陶。残。侈口，圆唇，唇饰点窝状花边，束颈。残高3.6、口径34厘米（图三〇，6）。

壶　M29填：1，泥质灰陶。残。敞口，圆唇，长束颈。颈饰两周凹旋纹。残高10.4、口径

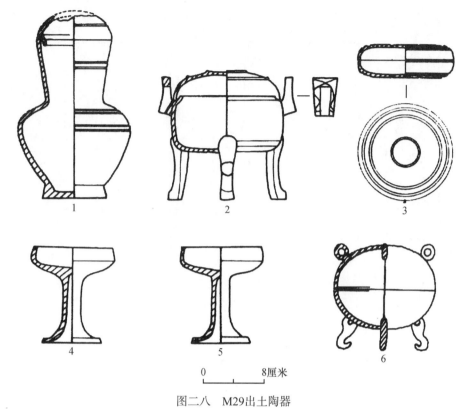

图二八　M29出土陶器

1.壶（M29：5）　2.鼎（M29：4）　3.盒（M29：2）　4、5.豆（M29：1、M29：3）　6.敦（M29：6）

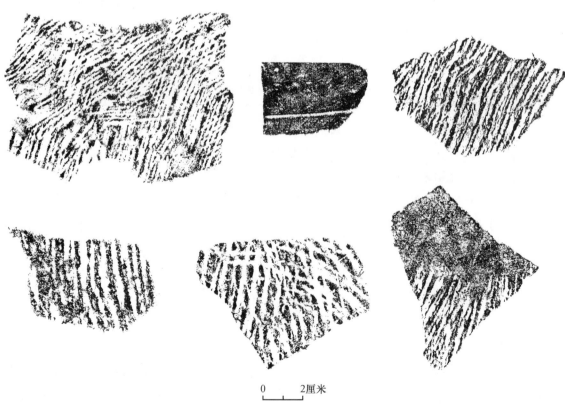

图二九　M29填土出土陶器纹饰拓片

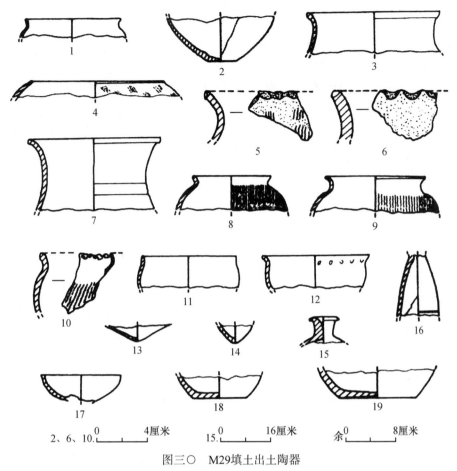

图三〇　M29填土出土陶器

1、2. 小平底罐（M29填：27、M29填：52）　3. 高领罐（M29填：25）　4. 敛口罐（M29填：3）　5、6. 花边口沿罐（M29填：15、M29填：46）　7. 壶（M29填：1）　8～10. 鬲（M29填：33、M29填：12、M29填：55）　11、12. 钵（M29填：36、M29填：35）　13. 尖底盏（M29填：44）　14. 尖底杯（M29填：56）　15. 器盖（M29填：53）　16. 豆柄（M29填：54）　17. 豆盘（M29填：38）　18、19. 器底（M29填：25、M29填：2）

19.6厘米（图三〇，7）。

　　鬲　3件。M29填：33，夹细砂灰陶。残。侈口，圆唇，束颈，圆鼓腹。颈部以下饰绳纹。残高4.9、口径11.2厘米（图三〇，8）。M29填：12，夹细砂红陶。残。敞口，圆唇，束颈，鼓肩。颈部以下饰绳纹。残高5.2、口径15.2厘米（图三〇，9）。M29填：55，夹细砂灰陶。残。侈口，圆唇，束颈，圆鼓腹。腹部饰绳纹。残高4.4、口径12厘米（图三〇，10）。

　　钵　2件。M29填：36，夹细砂褐陶。残。口微侈，圆唇，微束颈，腹略鼓。素面。残高4.6、口径14厘米（图三〇，11）。M29填：35，泥质红陶。残。侈口，圆唇，折沿，圆腹。沿下饰有点窝纹。残高5.2、口径19.6厘米（图三〇，12）。

　　尖底盏　M29填：44，夹细砂灰陶。残。下腹斜收成尖底，不规整，器内壁有轮痕。残高2.4厘米（图三〇，13）。

　　尖底杯　M29填：56，夹细砂黑陶。残。斜直腹，近底收成尖底。素面。残高2.6厘米（图三〇，14）。

　　豆柄　M29填：54，泥质褐陶。残。柄部断面呈梯形，上饰有两周凹旋纹。残高8.8厘米

（图三〇，16）。

豆盘　M29填：38，泥质灰陶。残。敞口，方唇，弧腹略折。素面。残高3.6、口径12厘米（图三〇，17）。

器盖　M29填：53，夹细砂褐陶。残。喇叭形圈顶握手，短柄。素面。残高3.6、径4.3厘米（图三〇，15）。

器底　2件。均为平底。M29填：25，泥质灰陶。残。平底，腹近底弧收。素面。残高3.2、底径8厘米（图三〇，18）。M29填：2，夹细砂灰陶。残。平底略内凹，腹近底略弧。素面。残高4、底径11.6厘米（图三〇，19）。

4. M32

（1）墓葬形制

M32位于T21内，开口于第3层下，长方形竖穴土坑墓，墓内填土为褐色杂花土，土质疏松，内含少量商周时期陶片。墓口距地表约0.45米，墓向343°，墓壁较直，墓口残长1.94、宽1.4米，墓底残长1.94、宽1.4米，深1.15米。未发现葬具，墓室南部被M31打破。在墓室的西北角发现盗洞一个（图三一）。

（2）随葬器物

随葬器物有陶罐1件和陶圜底罐1件。

圜底罐　M32：1，泥质灰陶。复原。敞口，圆唇，微束颈，溜肩，鼓腹，圜底。器身颈部以下满饰绳纹。高12.8、口径13.4、腹径14.8厘米（图三二，1）。

罐　M32：2，泥质灰陶。复原，略残。侈口，圆唇，扁鼓腹，平底略内凹。上腹饰有一周凹旋纹。高11.4、口径14.4、腹径21.6、底径10厘米（图三二，2）。

墓葬填土中出土的商周时期遗物。

墓葬填土里有少量商周时期的陶片，能看出器形有陶罐等。

罐　M32填：4，泥质红陶。残。侈口，尖圆唇，束颈。素面。残高5.2、口径32厘米（图三三）。

5. M33

（1）墓葬形制

M33位于T21北部、T24南部，开口于第2层下，为长方形竖穴岩坑墓，内填土基本为红褐色页岩碎块，质疏松，内含少量商周时期陶片。墓口距地表约0.2米，有二层台，墓室北西侧为熟土二层台，南东为生土二层台，东西二层台宽0.6米，南北二层台宽0.5米，墓向352°。墓壁较直，墓口与墓底的尺寸基本一致，均为长3.7、宽2.5、深2.2米。未发现葬具，为侧身直肢葬（图三四）。

（2）随葬器物

随葬器物有陶、铜、玉器共24件。其中陶豆7件、豆形器2件，壶、鼎、敦各2件。铜剑、矛和戈各1件，铜条1件，铜镞4件。玉饰件1件。

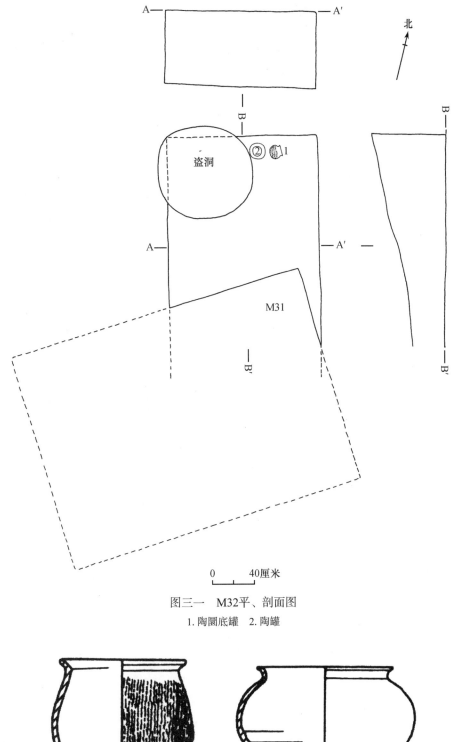

图三一　M32平、剖面图

1. 陶圜底罐　2. 陶罐

图三二　M32出土陶器

1. 圜底罐（M32：1）　2. 罐（M32：2）

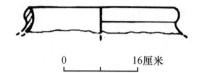

图三三　M32填土出土陶罐（M32填：4）

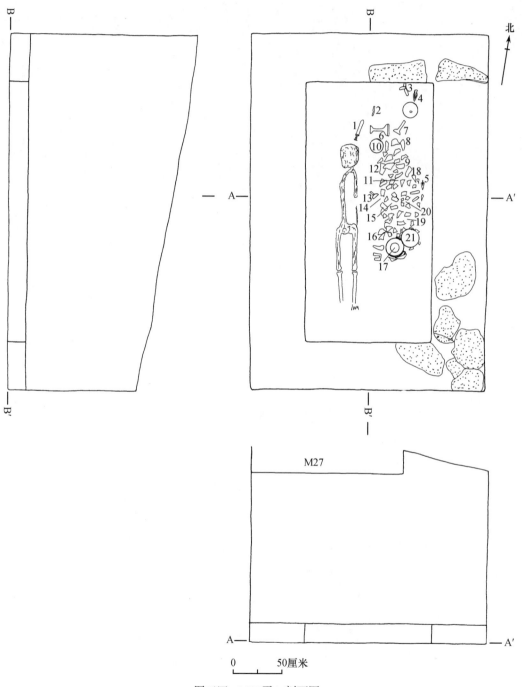

图三四　M33平、剖面图

1.铜匕首　2.铜条　3.铜戈　4.铜矛　5.铜箭镞　6~9、14、15.陶豆　10、12.陶壶　11、18.陶豆形器　13.陶器盖
16、17.陶鼎　19、21.陶敦　20.玉饰件

1）陶器。

豆　M33：7，泥质灰陶。复原。豆盘口微敛，尖圆唇，浅坦腹，圆柄较高，喇叭形浅圈足。素面。高18.8、口径15.1、底径9.3厘米（图三五，1）。M33：6，泥质灰陶。复原。豆盘口微敛，尖圆唇，浅坦腹。圆柄较高，喇叭形浅圈足。素面。高19、口径14.8、底径9.1厘米（图三五，2）。M33：8，红胎，泥质黑皮陶。残。口微侈，尖圆唇，浅坦腹，柱形柄身，喇叭状浅圈足。M33：9，夹细砂灰陶。复原。盘口为侈口，尖圆唇，浅坦腹，柄较高，喇叭状圈足。素面。高18、口径14.4、底径9.5厘米（图三五，3）。M33：15，泥质灰陶。复原。敛口，直盘。腹底平坦，圆柱形柄身。喇叭状浅圈足。素面。高17.4、口径12.6、底径9.6厘米（图三五，4）。M33：14，红胎，泥质黑皮陶。残。敛口，方唇，直腹，底较坦平，圆柱形柄身，喇叭状浅圈足。

豆形器　M33：11，泥质黑皮陶，红胎。残碎。器身与豆相近，豆盘上接一束腰形筒身，已残。盘底略平坦，柱形柄身，喇叭状浅圈足，器内表多轮痕。素面。残高7.6、底径10厘米（图三五，5）。M33：18，红胎，泥质黑皮陶。残碎。

壶　M33：12，红胎，泥质黑皮陶。残。有盖，子母口，盖面圆隆，敛口，圆唇，器身为敛口，方唇，束颈，圆肩，上腹鼓，下腹较斜直，浅圈足。素面。轮制。盖高2.8、直径9.6厘米，壶身残高20.2、口径8.4、底径11、腹径16厘米（图三五，6）。M33：10，红胎，泥质黑皮陶。复原带盖，子母口，盖面略圆隆。侈口，方唇，束颈，斜肩，腹最大径在上腹，浅圈足。盖高3.4、直径12厘米，壶身高26.3、口径11.4、底径10.9、腹径21.7厘米（图三五，7）。

鼎　M33：17，泥质黑皮陶，红胎。复原。有盖，无子母口，盖面隆起，盖顶平坦，上有两周凸棱，外周凸棱饰三个对称纽，尖呈三角形，下端横切一平台，中心有一半环形纽身。器身为敛口，平沿，圆唇内卷，直腹，圜底，上腹左右各饰一桥形立耳，腹壁饰一周凸棱，下接三个兽面形蹄形足，足面有七个棱边。高17.8、口径18.8厘米（图三五，8）。M33：16，红胎，泥质黑皮陶。残。有盖，盖面圆隆，平顶，上有两周凸棱，外周凸棱边饰三个对称纽，顶中心饰一纽，已残失。器身为敛口，圆唇内卷，腹较斜直略弧，底平坦，腹左右各饰一桥形立耳，腹中饰一周凸棱，下接三个兽面形蹄足，足面有七道棱边，鼎壁残留彩绘痕。高23.2、口径18厘米，盖高3.8、直径18厘米（图三五，9）。

敦　M33：19，泥质黑皮陶，红胎。残，部分复原。盖和器身为半球形，各有三个兽形角或足，上下合成球形，器身为敛口，方唇。素面。轮制，兽角为模制后黏接。盖高12.6、直径18厘米，器身高12.6、口径18厘米（图三五，10）。M33：21，泥质黑皮陶，残碎。无法修复。

器盖　M33：13，泥质黑皮陶，红胎。残。敛口，方唇斜直，直腹，盖面微隆。高4、直径13.6厘米（图三五，11）。

2）铜器。

戈　M33：3，略残。援锋尖锐，中有背，援末有一方形穿，直内有一长方形穿。有阑，阑内有两个长方形穿。长22.2、器厚约0.3厘米（图三六，1）。

匕首　M33：1，较完整。已锈蚀，尖部残断，刃部已不明显，体短，中有菱形背。柱形柄，上有两个圆格，柄末端有一喇叭状剑梢。已残。长23厘米（图三六，2）。

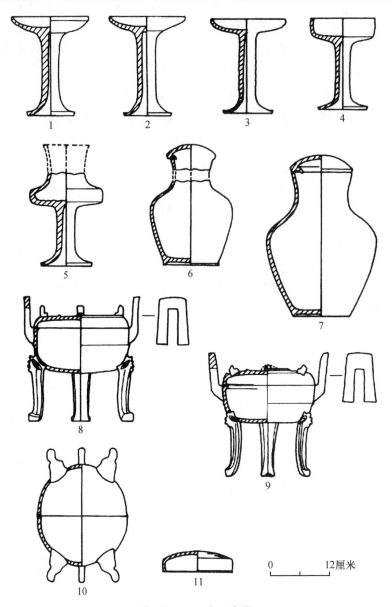

图三五　M33出土陶器

1～4.豆（M33：7、M33：6、M33：9、M33：15）　5.豆形器（M33：11）　6、7.壶（M33：12、M33：10）

8、9.鼎（M33：17、M33：16）　10.敦（M33：19）　11.器盖（M33：13）

矛　M33：4，较完整。已锈蚀，长叶，叶最宽处在中部，两弓形耳位于叶末处，圆形銎。銎径2.3、长16厘米（图三六，3）。

条　M33：2，已锈蚀，略成长方体，一端较圆，另一端断面略成方形，条身有两道凹槽，较浅。长13.5厘米（图三六，4）。

箭镞　4件。M33：5-1，尖锋，后锋做尖状，中背凸起，双翼，铤长。长7.2厘米（图三六，5）。M33：5-2，残。尖锋，三翼，后锋做尖状，长铤。通长5.2厘米（图三六，6）。

3）玉器。

均为玉饰件。M33：20，残。底端较尖，器身饰一周凹槽。残长2.9厘米（图三六，7）。

墓葬填土中出土的商周时期遗物。

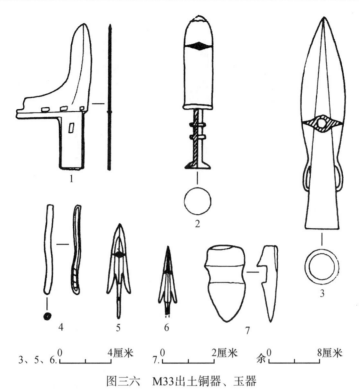

图三六　M33出土铜器、玉器

1. 铜戈（M33：3）　2. 铜匕首（M33：1）　3. 铜矛（M33：4）　4. 铜条（M33：2）　5、6. 铜箭镞（M33：5-1、M33：5-2）

7. 玉饰件（M33：20）

墓葬填土里有少量商周时期的陶片，能看出器形有陶豆、花边口沿罐等。

豆柄　M33填：2，泥质灰陶。残。仅存柄部，中空。素面。残高7.6厘米（图三七，1）。

花边口沿罐　M33填：3，夹细砂灰陶。残。侈口，圆唇，点窝状花边，束颈。残高3.2、口径约40厘米（图三七，2）。

6. M34

（1）墓葬形制

M34位于T20北部、T21南部，开口于第4层下，长方形竖穴土坑墓，墓葬填土为一种泛青的黄褐色沙黏土，土质疏松，内含少量商周时期陶片。墓口距地表约1.5米，有熟土二层台，东西方向二层台宽0.6米，南北方向二层台宽0.5米，墓向162°。墓壁较直，墓口长3.2、宽2.26米，墓底长2.22、宽0.95米，深1.2米。未发现葬具，仰身直肢葬（图三八）。

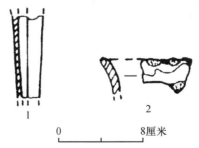

图三七　M33填土出土陶器

1. 豆柄（M33填：2）　2. 花边口沿罐（M33填：3）

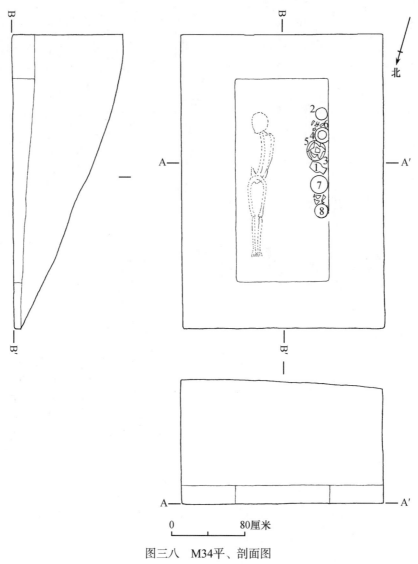

图三八　M34平、剖面图

1. 陶壶　2. 陶豆　3、7. 陶鼎　4、6. 陶豆形器　5、8. 陶敦

（2）随葬器物

随葬器物有陶壶1件，陶豆1件，陶豆形器、鼎、敦各2件。

豆　M34：2，红胎，泥质黑皮陶。残碎。敛口，方唇，浅腹，盘腹较直，近底斜直收，圆柄，喇叭状圈足。素面。高14.6、口径16、底径9.1厘米（图三九，1）。

豆形器　M34：4，泥质灰陶。复原。子母口，有盖，圆形盖，盖面微隆。器身形似豆身，盘上为一束腰形筒身，侈口，方唇，圆柄，喇叭状圈足。素面。高27、口径10.4、底径10厘米，盖高2.2、直径10.4厘米（图三九，2）。M34：6，泥质灰陶。复原。子母口，有盖，圆形，盖面微隆。器身形似豆身，盘口上接一束腰形筒身，为侈口，方唇，底接一短圆柄，喇叭形圈足。高21.4、口径10、底径9.2厘米，盖高2.5、直径8.8厘米（图三九，3）。

壶　M34：1，泥质灰陶。复原。侈口，尖唇，平沿，束颈，腹最大径在上部，圈足，上腹饰一对模印的兽面形耳，内穿有圆环。素面。轮制。高34、口径14、腹径24.4、底径15厘米（图三九，4）。

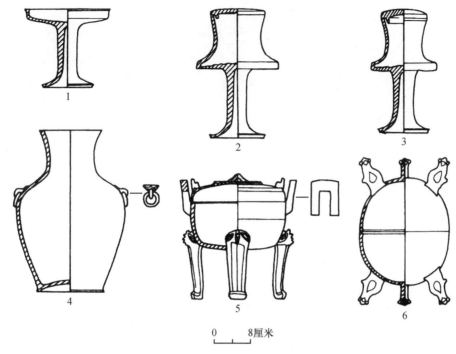

图三九　M34出土陶器

1.豆（M34：2）　2、3.豆形器（M34：4、M34：6）　4.壶（M34：1）　5.鼎（M34：3）　6.敦（M34：5）

鼎　M34：3，泥质黑皮陶，红胎。残碎。有盖，覆钵形，盖面有两周凸棱，上有四纽，顶部一个，外周凸棱上对称分布三个，已残。器身为敛口，方唇，弧腹较深，底部下凹，下接三个兽形蹄足，足面分棱。通高23.2、口径18厘米（图三九，5）。

敦　M34：5，泥质黑皮陶，红胎。复原。盖和器身都做半圆球形，各有三个羊形足，上下合成球形，盖可却置。高31、直径20.6厘米（图三九，6）。

墓葬填土中出土的商周时期遗物。

墓葬填土里少量商周时期的陶片，能看出器形的有陶罐等，陶片纹饰有绳纹和方格纹（图四〇）。

罐　M34填：1，泥质红陶。残。敛口，方唇，广肩。素面。残高4、口径31.8厘米（图四一）。

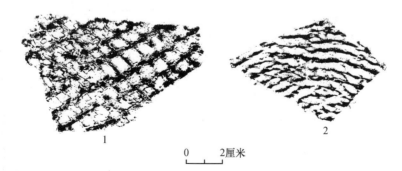

图四〇　M34填土出土陶器纹饰拓片

1.方格纹（M34填：2）　2.绳纹（M34填：3）

图四一　M34填土出土陶罐（M34填：1）

7. M37

（1）墓葬形制

M37位于T43，开口于第3层下，长方形竖穴土坑墓，墓内填土为黄褐色杂花土，土质疏松。墓口距地表约1米，有熟土二层台，东西方向二层台宽0.26、南北方向二层台宽0.22米，墓向38°。墓壁较直，墓口长3、宽2.04米，墓底长2.52、宽1.5米，深2.34米，未发现葬具。墓室南部有一圆形盗洞（图四二）。

（2）随葬器物

随葬器物有陶豆1件、陶豆形器1件、陶鼎1件。

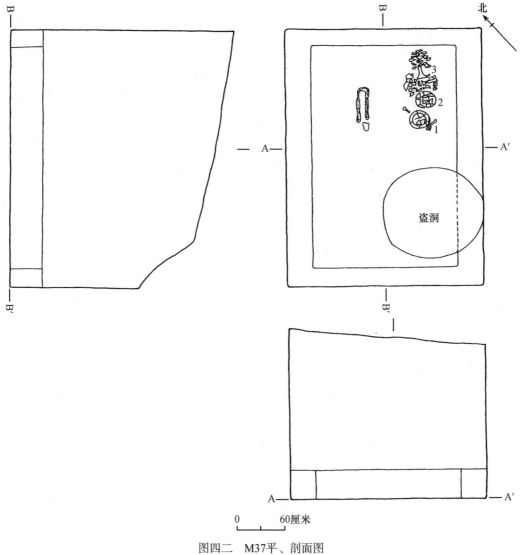

图四二　M37平、剖面图

1.陶鼎　2.陶豆　3.陶豆形器

豆形器　M37∶3，泥质红陶。残碎。带盖，子母口，盖呈圆形，盖面略隆。器身呈豆形，豆盘上接一束腰状筒身，侈口，方唇，下接圆柄，喇叭状圈足。素面。盖高1.2、直径9.6厘米，通高15.6、口径8、底径10厘米（图四三，2）。

豆　M37∶2，泥质红陶。残碎。

鼎　M37∶1　泥质灰陶。残碎。子母口，缺盖，口微敛，圆唇，器身似釜身，腹有一道凸棱，饰两个桥形立耳，下接三个兽面蹄足，足面有棱边。通高26、口径18厘米（图四三，1）。

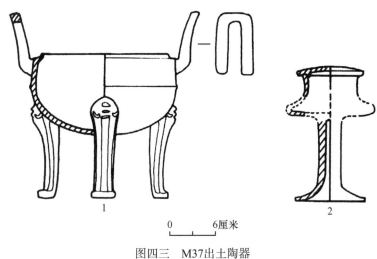

0　　　　6厘米

图四三　M37出土陶器
1.鼎（M37∶1）　2.豆形（M37∶3）

（二）西汉时期墓葬

共3座。主要分布于黄岭坪中部及东部，均为长方形竖穴土坑墓，大部分有二层台、埋藏较浅。

1. M23

（1）墓葬形制

M23主体在T21东北和T22西北，开口于第1层下，墓葬填土比较花杂，泛青的黄褐色沙黏土和灰黑土较多。此墓呈长方形，墓口长3.5、宽2.28米，底部长3.5、宽1.28米，现存高度1.4米。墓室南、北两侧有熟土二层台，宽0.46、高0.4米。墓葬方向67°。由于盗扰，没有发现棺椁痕迹（图四四）。

（2）随葬器物

出土陶勺、匏、豆等随葬器物的残片和铜饰件。

1）陶器。

勺　M23∶1，夹细砂灰陶。较完整。勺体呈半椭圆形，壁弧收，小平底。勺柄为锥形，较直。勺柄、勺体之间有捏合痕迹。素面。高8.4厘米（图四五，1）。

匏　M23∶2，泥质灰陶。较完整。似烟斗状，上端为一圆球形，球面有一椭圆形孔，顶

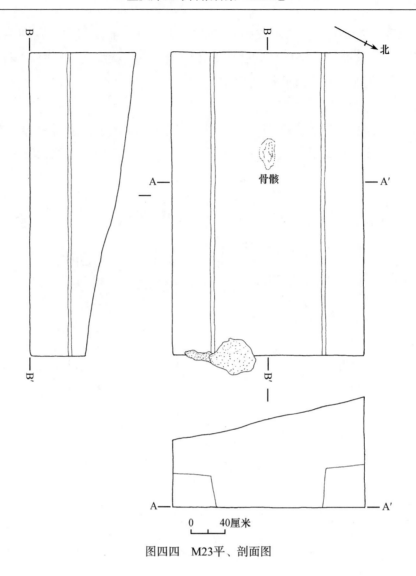

骨骸

0　　40厘米

图四四　M23平、剖面图

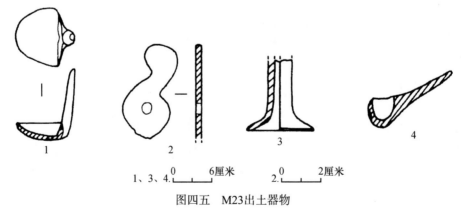

1　　　　　　2　　　　　3　　　　　　4

1、3、4. 0　　6厘米　　　2. 0　　2厘米

图四五　M23出土器物

1. 陶勺（M23：1）　2. 铜饰件（M23：4）　3. 陶豆（M23：3）　4. 陶匏（M23：2）

端有一凹窝，下接一锥形直柄。长10厘米（图四五，4）。

豆　M23：3，夹细砂褐陶。残。仅存部分豆柄及底。柱形柄，中空，喇叭状圈足。素面。残高8.3、底径8厘米（图四五，3）。

2）铜器。

均为铜饰件。M23：4，残。已锈蚀，上有一圆孔。残长4.7厘米（图四五，2）。

2. M24

（1）墓葬形制

M24主体在T24东北部，开口于第1层下，墓葬填土比较花杂，为一种泛青的黄褐色沙黏土。墓室平面近长方形，墓室四周有熟土二层台，宽0.5、高0.25米，二层台上一层薄薄的黄沙。墓葬口大、底略小，上口长3、宽2.3米，底部长2.2、宽1.36米，现存高度0.95米。方向68°。由于盗扰，没有发现棺椁痕迹（图四六）。

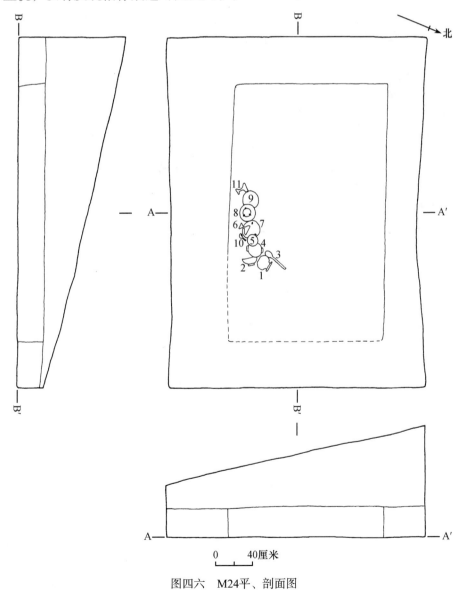

0　　　40厘米

图四六　M24平、剖面图

1.陶罐　2.陶盒　3.铜勺　4.陶鼎　5、6、11.陶豆　7、9.铜鼎　8.陶壶　10.陶匏

（2）随葬器物

共13件。可辨器形有陶罐、鼎、壶、盒、匏、豆和铜鼎、钫、勺、饰件等。

1）陶器。

罐　M24：1，夹细砂灰陶。复原。侈口，尖唇，折沿，束颈，微鼓肩，扁鼓腹，圜底。腹部饰一周凹旋纹，凹旋纹以下饰绳纹。高12.4、口径12.1、腹径16.2厘米（图四七，1）。

鼎　M24：4，夹细砂灰陶。复原。子母口，有盖，盖为半球形，上有三个兽形纽。器身似釜身，敛口，尖圆唇，圆鼓腹，上腹饰两个桥形耳，圜底，下有三个蹄形足，腹饰一周凹旋纹。器盖，器身轮制，纽、耳、足模制后黏合。通高16.4、口径14.8厘米（图四七，2）。

壶　M24：8，夹细砂灰陶。略残。有盖，子母口，盖面微圆隆，上有三个兽形耳，一耳残。侈口，圆唇，束颈，上腹鼓，腹左右饰有两个环形纽已残。腹身饰六周凹旋纹，圈足较

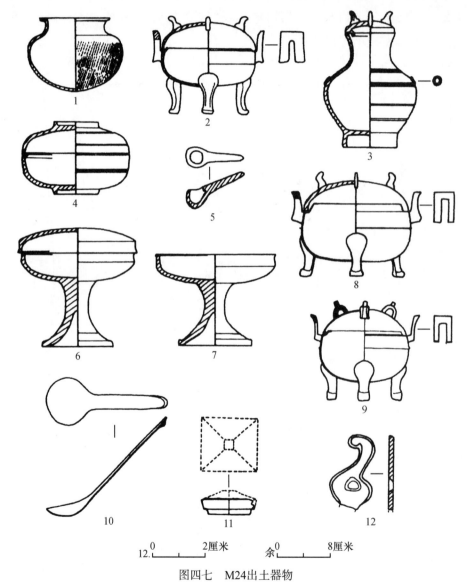

图四七　M24出土器物

1. 陶罐（M24：1）　2. 陶鼎（M24：4）　3. 陶壶（M24：8）　4. 陶盒（M24：2）　5. 陶匏（M24：10）
6、7. 陶豆（M24：5、M24：11）　8、9. 铜鼎（M24：7、M24：9）　10. 铜勺（M24：3）　11. 铜器盖（钫）（M24：13）
12. 铜饰件（M24：12）

高。轮制。通高22.8、口径8.2、底径9.2厘米（图四七，3）。

盒　M24：2，夹细砂灰陶。复原。子母口，器身、器盖呈碗形，器盖盖面微鼓，上有一圈足式盖钮，盖面饰有二周凹旋纹。高5.5、直径17.2、钮径7.4厘米。器身敛口，圆唇，圆鼓腹，腹饰有两周凹旋纹，圈足。高10.5、口径6.5、底径7.6厘米（图四七，4）。

匏　M24：10，夹细砂灰陶。较完整。呈烟斗形，上端为一球形，中有一圆孔，孔径约2厘米，下接一锥形把。素面。长9.8厘米（图四七，5）。

豆　M24：11，夹细砂灰陶。复原。浅盘腹，口微敛，腹壁较直近底弧内收，短柄，喇叭状圈足，足部刻划一周凹槽，有明显的轮痕。轮制。高13.5、口径18、底径11厘米（图四七，7）。M24：5，夹细砂灰陶。复原。盖面隆起，呈穹隆状顶。素面。高17.5、底径10.1厘米（图四七，6）。

2）铜器。

鼎　M24：7，复原。子母口，有盖，盖为泥质灰陶。半圆球形，上有三个钮。器身为铜制，似釜，敛口，方唇，腹壁略直近底弧收，附两个桥形耳，下有三个蹄形足。器盖为轮制，钮模制后黏合。盖高6.6、直径18.1厘米，器身高12.3、口径18.1厘米（图四七，8）。M24：9，残。子母口，有盖，盖呈半球形，上有三个半环形钮。器身为敛口，圆唇，似釜身，腹部圆鼓，圜底，上腹两端附有桥形耳，下接三个蹄形足，钮、耳、足黏合紧密。盖高5.8、直径14.4、器身高11.6、口径12.4厘米（图四七，9）。

勺　M24：3，残。勺身呈椭圆形，勺把平面呈长方形，把端圆弧，下有一钮，勺把内凹成槽。残高16.8、长20.8厘米（图四七，10）。

器盖（钫）　M24：13，残。斗形，顶端残。敛口，斜壁，小平顶。残高2.8厘米（图四七，11）。

饰件　M24：12，残。上端呈圆形，中有一孔，下端为一钩形。残高3.1、厚0.2厘米（图四七，12）。

3. M28

（1）墓葬形制

M28位于T27内，开口于第3层下，长方形竖穴土坑墓，墓内填土为杂花土，土质疏松，含有少量陶片。墓口距地表约0.51米，墓向345°，墓坑口大底小，墓坑长2.94、宽2.68米，墓底长2.66、宽2.5米，深0.78米。未发现葬具，仰身直肢葬，在墓室西部发现圆形盗洞两个（图四八）。

（2）随葬器物

共30件。分别为玉璜1件、玉饰件1件、铜剑1件、铜戈1件、铜车马饰件2件、铜饰件11件、陶壶3件、陶豆1件、陶鼎2件、陶砚1件、陶壶器盖2件、陶器盖（钫）2件、陶器盖1件、鼎足1件。

1）陶器。

鼎　M28：16，泥质灰陶。残碎。盖缺失，子母口，母口为敛口，圆唇，器身似釜身，圆鼓腹，圜底，腹部有一道凸棱，桥形耳附于上腹左右，底下黏合三个蹄形足，器身残留彩绘

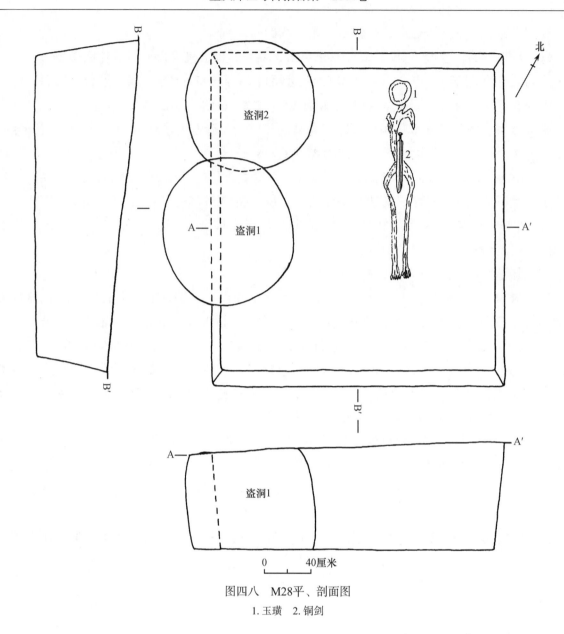

图四八　M28平、剖面图
1. 玉璜　2. 铜剑

痕。残高17、口径15.6厘米（图四九，1）。M28：11，泥质灰陶。残碎。盖缺失，子母口，母口为敛口，方唇，圆鼓腹，上腹左右附两个桥形耳，足残缺。器表残留彩绘痕。残高10.8、口径23.4厘米（图四九，2）。

　　壶　M28：5，泥质褐陶。残碎。侈口，尖唇，长颈，上腹鼓，下腹斜直收，平底。器表残留彩绘痕。底径12、腹径24厘米（图四九，3）。M28：13，泥质灰陶。残碎，无法修复。敛口，内唇为尖唇，外唇微弧上翘，长颈。颈部饰两周凹旋纹。残高8.6、口径12.2厘米（图四九，4）。

　　豆　M28：10，夹细砂黑皮陶。豆盘残。盘腹近底坦，柄略短，中空，足残缺。残高12厘米（图四九，5）。

　　砚（？）　M28：15，泥质灰陶。残碎。砚面圆隆，边缘有一周水槽，圈足较高。素面。残高6.6厘米（图四九，6）。

器盖（钫）　M28：8，泥质灰陶。残。斗形，口微敛，直壁，小平顶，盖面四边中间各有一圆孔。孔径约0.4厘米，高4.6厘米（图四九，7）。M28：9，泥质灰陶。残。斗形，口微侈，直壁折，斜收为小平顶，盖面四边中间各有一圆孔。孔径0.4厘米（图四九，8）。

器盖　M28：6，泥质灰陶。完整。口部为子口，蘑菇状，盖面圆隆。素面。高3.6、直径6.5厘米（图四九，10）。M28：7，泥质灰陶。残。覆钵形，盖面圆隆。素面。高4.4、直径14厘米（图四九，9）。

兽形足（鼎）　M28：12，泥质灰陶。残。足跟部缺失。兽面为左右各三个圆圈纹对称，中有一半圆形嘴部，器身与足部黏合处有多道划刻纹，较平行排列，足器表残留彩绘痕，后部黏合处以下留有凹槽，横断面为三角形。残高10.2厘米（图四九，11）。

2）铜器。

戈　M28：4，残断，已锈蚀。剑形援身，援末有一长方形穿，直内有一长方形穿。阑残断，上残留有两个长方形穿。残长10.8厘米（图五〇，3）。

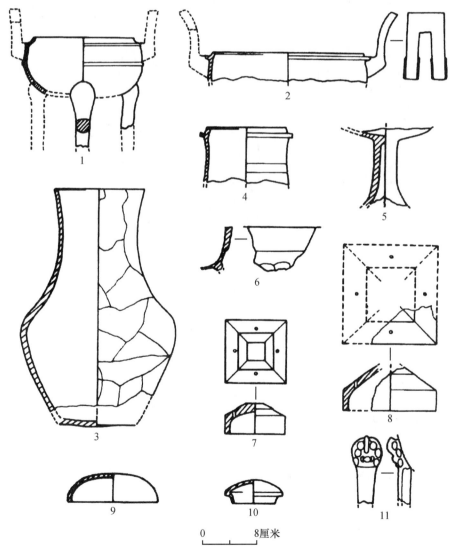

图四九　M28出土陶器

1、2. 鼎（M28：16、M28：11）　3、4. 壶（M28：5、M28：13）　5. 豆（M28：10）　6. 砚（M28：15）　7、8. 器盖（钫）（M28：8、M28：9）　9、10. 器盖（M28：7、M28：6）　11. 兽形足（M28：12）

剑　M28：2，较完整，已锈蚀。剑锋及刃部已不太明显，剑身有菱形脊，柱形柄，上有两个圆形格，柄末端为一喇叭状剑梢。长51.4厘米（图五〇，1）。

饰件　M28：18，残。三个上细下粗圆管状物相连，上各有一钩，有的已断，断面呈梯形。残高8.3厘米（图五〇，2）。

3）玉器。

玉璜　M28：1，残。半环形，表面光滑，中有一圆孔，圆孔处有一道切割痕，制作较精致，厚度均匀。残长12.8、宽2.5、高4.4厘米（图五〇，4）。

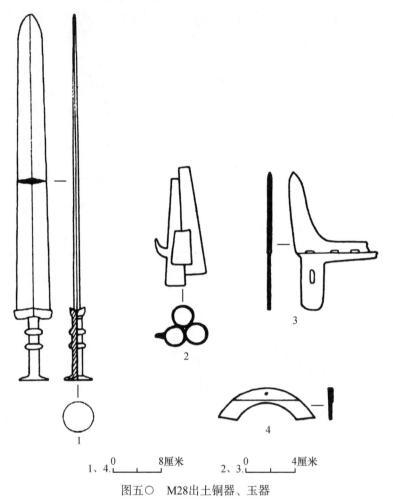

图五〇　M28出土铜器、玉器
1. 铜剑（M28：2）　2. 铜饰件（M28：18）　3. 铜戈（M28：4）　4. 玉璜（M28：1）

（三）东汉时期墓葬

共3座。主要分布于黄岭坪西部及中部，均为砖室墓。结构基本完整的只有1座。

1. M21

（1）墓葬形制

M21在T33中部，开口于第2层下，墓葬填土为杂花土，略偏紫红，平面呈长方形。墓室铺地砖为长方形，大多长42、宽22、厚10厘米左右。素面无纹。铺砌方法是两端横铺，中部竖铺。墓壁是用饰几何菱形纹的长方形砖（图五一）错缝铺砌，这些砖基本上都是长42、宽20、厚10厘米左右。墓室长3.68、宽3.28、残高1.64米。墓葬方向118°（图五二）。

（2）随葬器物

墓内几乎被盗扰一空，仅出土陶甑、案、豆等器物的碎片，共计4件遗物。

甑　M21：1，泥质灰陶。残。敛口，平沿，斜直腹，底残失。素面。残高13.2、口径40厘米（图五三，1）。

案　M21：4，泥质红陶。残，仅存部分案沿。素面。残长19.6、宽16、厚2.5厘米（图五三，4）。

釉陶豆　M21：2，夹细砂红陶。豆盘残。短柄，圈足，通体施绿釉，釉部分脱落。残高8、底径10厘米（图五三，2）。M21：3，夹细砂红陶。残。豆盘为敛口，圆唇，浅直腹，底略平坦，短柄，足部残。通体施绿釉，釉部分已脱落。残高10、口径11.6厘米（图五三，3）。

0 —— 4厘米

图五一　M21墓砖纹饰拓片

2. M22

（1）墓葬形制

M22主体在T36北部，开口于第2层下。墓葬填土为红褐色杂花土，土质紧密。平面呈刀把形，甬道位于墓室前侧一边，甬道残损严重。墓室呈长方形，墓室铺地砖大多数为长方形，基本上长42、宽21、厚10厘米左右。素面无纹。铺地方法基本是平行纵向铺砌，两端为横向铺砌。墓壁是用饰几何菱形纹的长方形砖（图五四）错缝铺砌，基本上长42、宽21、厚8厘米左右。M22墓底也是先砌壁砖，再铺地砖的。由于墓室后壁受到山体挤压而前倾，上部甚至已经垮塌到墓室。墓长3.75、宽3.25、残高0.85米（图五五）。

（2）随葬器物

墓内几乎被盗扰一空，该墓室出土陶钵、罐等器物碎片，共计4件遗物和18枚钱币。

陶罐　M22：6，泥质红陶。残。口、颈部残失，斜肩，上腹鼓，下腹较斜直略弧，平底。素面。器内有轮痕，轮制。残高9、腹径12.8、底径7.6厘米（图五六，1）。M22：5，泥质红陶。残。敛口，微束颈，溜肩，鼓腹，腹以下残。素面，器内有明显的轮痕，轮制。残高

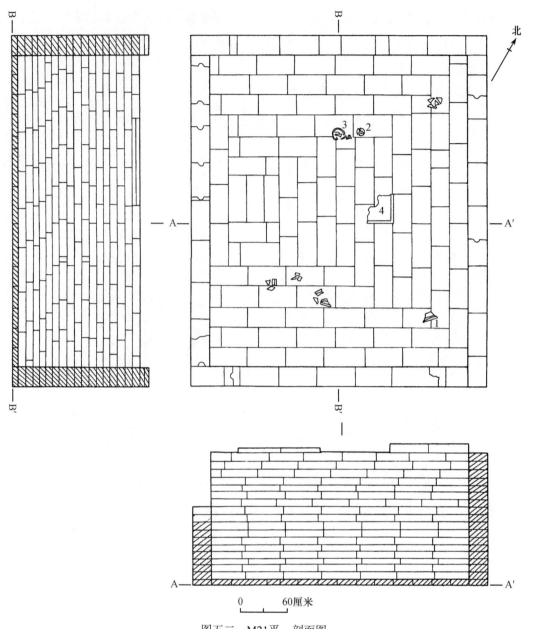

图五二　M21平、剖面图
1. 陶甑　2、3. 釉陶豆　4. 陶案

7.6、口径11.2、腹径15.2厘米（图五六，2）。

　　陶钵　M22：3，夹细砂灰陶。完整。侈口，圆唇，弧腹，腹近底弧内收，平底略内凹。素面，器表多轮痕，泥条盘筑经慢轮加工。高8、口径21.1、底径8厘米（图五六，3）。M22：4，泥质红陶。残。口微侈，折沿，圆唇，束颈，弧腹略鼓，平底。素面，泥条盘筑经慢轮加工。高6、口径20.2、底径7.2厘米（图五六，4）。

　　钱币　共18枚。均为五铢钱（图五七）。

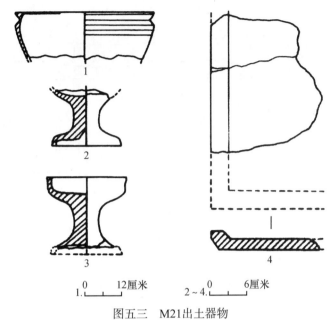

图五三　M21出土器物

1. 陶甑（M21：1）　2、3. 釉陶豆（M21：2、M21：3）　4. 陶案（M21：4）

图五四　M22墓砖纹饰拓片

3. M30

（1）墓葬形制

M30在T34南部，开口于第1层下，墓葬填土为红褐色杂花土，土质紧密。墓室平面呈长方形。墓室铺地砖是横向一块或两块平行铺砌，部分平行纵向铺砌。墓壁是用饰几何菱形纹的长方形砖错缝铺砌，基本上长42、宽21、厚8厘米左右（图五八）。从现存墓底看，该墓是先砌壁砖，再铺地砖的。墓室长2.5、宽2.1、残高1.5米。墓葬方向4°（图五九）。

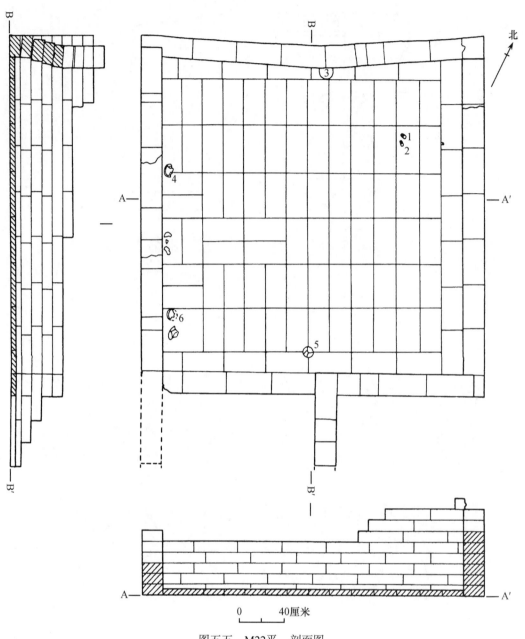

图五五　M22平、剖面图

1、2.钱币　3、4.陶钵　5、6.陶罐

（2）随葬器物

墓内几乎被盗扰一空，仅在墓室西北部出土陶瓿、罐、盒、壶、钵、仓等器物的碎片和铜泡钉，共计18件遗物。

1）陶器。

罐　M30：9，夹细砂灰陶。残。口微敛，圆唇，微束颈，广肩以下残。肩饰三周凹旋纹。残高4.3、口径13.4厘米（图六〇，1）。

圜底罐　M30：3，夹细砂灰陶。残。口微侈，尖圆唇，折沿，束颈，广肩，上腹鼓，圜底。上腹饰间隔绳纹，下腹饰绳纹。残高20.3、口径11.1厘米（图六〇，2）。

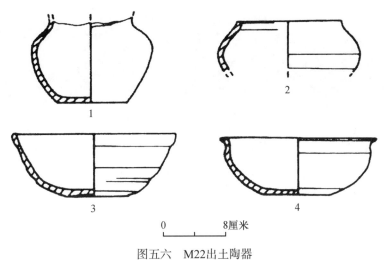

图五六　M22出土陶器

1、2.罐（M22：6、M22：5）　3、4.钵（M22：3、M22：4）

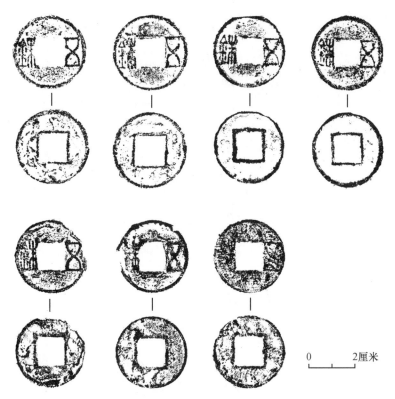

图五七　M22钱币拓片

　　壶　M30：14，泥质红陶。残。仅存部分口沿，为盘口壶，盘口为侈口，圆唇，盘腹较弧，腹以下残。残高3.2、口径12厘米（图六〇，3）。

　　盒　M30：12，夹细砂红陶。残。盖缺失，母口为侈口，圆唇，弧腹以下残。上腹饰两周凹旋纹。残高5.4、口径15.6厘米（图六〇，4）。

　　钵　M30：2，泥质褐陶。残。侈口，圆唇，弧腹，平底。素面。泥条盘筑经慢轮加工。高6.5、口径16.8、底径6.4厘米（图六〇，5）。M30：16，泥质灰陶。残。侈口，尖圆唇，弧腹，腹部以下残。素面。残高5.2、直径18厘米（图六〇，6）。

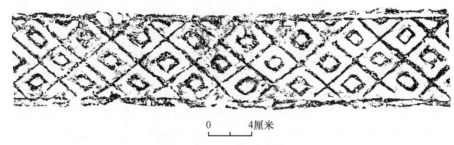

图五八　M30墓砖纹饰拓片

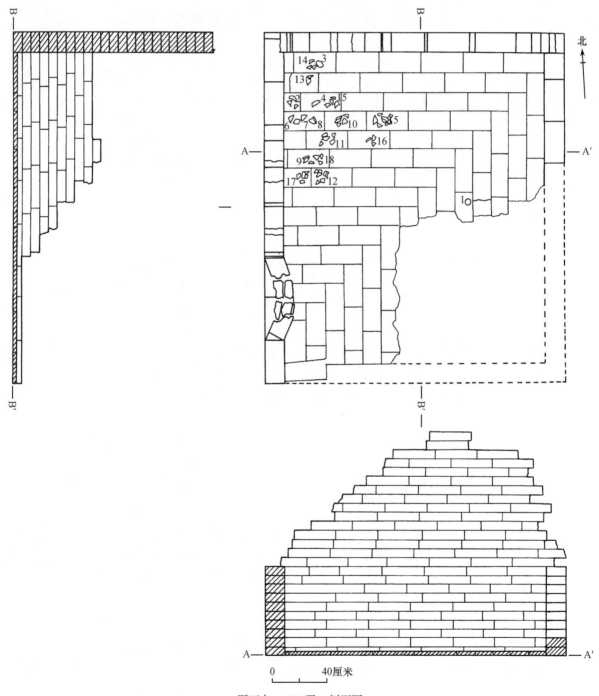

图五九　M30平、剖面图

1.铜泡钉　2、16.陶钵　3、9.陶罐　4.陶仓　5.陶甑　6~8、11、13.陶器盖　10、15、17、18.陶器底　12.陶盒　14.陶壶

仓　M30：4，泥质灰陶。残。器表饰三周凹旋纹。轮制。残高10.4、直径28.4厘米（图六〇，9）。

甑　M30：5，夹细砂灰陶。残。敛口折沿，弧腹，底残失。器表有轮痕，轮制。残高11.2、口径40厘米（图六〇，7）。

器盖　M30：13，夹细砂红陶。残。覆钵形。素面。残高3.8、口径18厘米（图六〇，8）。M30：11，泥质红陶。残。覆钵形，器壁较厚，子口为侈口，圆唇。素面。残高3.6、直径14.8厘米（图六〇，10）。M30：8，泥质红陶。残。覆钵形，盖面隆起。素面。高4.4、直径18.8厘米（图六〇，13）。

器盖（仓）　M30：6，泥质红陶。残。覆钵形，内卷沿，器表有轮痕。残高4、底径18厘米（图六〇，11）。M30：7，泥质红陶。残。覆钵形，内卷沿，器表有轮痕。残高4.8、底径18厘米（图六〇，12）。

器底（甑）　M30：10，夹细砂灰陶。残。仅存部分底部，上穿有多个圆形孔，孔径约0.4厘米。直径9.2厘米（图六〇，15）。

器底　M30：18，泥质灰陶。残。平底，腹近底坦弧收。素面。轮制。残高2.2、底径5.2

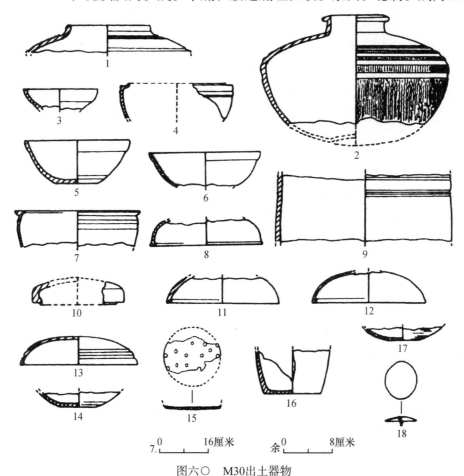

图六〇　M30出土器物

1. 陶罐（M30：9）　2. 陶圜底罐（M30：3）　3. 陶壶（M30：14）　4. 陶盒（M30：12）　5、6. 陶钵（M30：2、M30：16）　7. 陶甑（M30：5）　8、10、13. 陶器盖（M30：13、M30：11、M30：8）　9. 陶仓（M30：4）　11、12. 陶器盖（仓）（M30：6、M30：7）　14. 陶器底（M30：18）　15. 陶器底（甑）（M30：10）　16. 陶器底（仓）（M30：15）　17. 陶器底（钵）（M30：17）　18. 铜泡钉（M30：1）

厘米（图六〇，14）。

器底（仓）　M30：15，泥质灰陶。残。平底，腹壁较斜直。素面。器内有明显轮痕，轮制。残高6.8、底径9厘米（图六〇，16）。

器底（钵）　M30：17，残。夹细砂灰陶。平底，腹近底坦弧收。素面。轮制。残高2、底径6.2厘米（图六〇，17）。

2）铜器。

泡钉　M30：1，残。钉帽呈圆形，帽身略隆起，帽钉已残。残高1.2、直径5.6厘米（图六〇，18）。

（四）时代不明墓葬

共4座，主要分布于黄岭坪东部及石草包区域，均为长方形竖穴土坑墓，部分有二层台。因盗掘严重，无随葬器物，无法确定具体年代。根据墓葬形制，这批墓葬应为战国—西汉时期墓葬。

1. M26

M26位于T23西南部，T22的西北部，开口于第2层下，墓内填土为黄褐色泛青黏土，质地疏松。长方形竖穴土坑墓，墓口距地表约0.2米，东、西及南壁被M23打破，墓向328°，墓口残长2.2、残宽2.05米，墓底残长1.56、残宽1.6米。未发现葬具及随葬品（图六一）。

2. M31

M31位于T21西北部，开口于第3层下，墓内填土为杂花土，土质疏松，内含少量商周时期陶片。长方形竖穴土坑墓，墓口距地表约0.7米，墓向55°，墓口及墓底均长2.8、宽2米。未发现葬具及随葬品（图六二）。

墓葬填土里有少量商周时期陶片，多饰有绳纹（图六三），能看出器形的有陶小平底罐、壶、尖底杯等。

小平底罐　M31填：2，泥质灰陶。残。侈口，圆唇，折沿，束颈，鼓腹。素面。残高5.9、口径25.3厘米（图六四，1）。

壶　M31填：4，泥质褐陶。残。敞口，圆唇，长束颈。素面。残高4.2、口径18.5厘米（图六四，2）。

尖底杯　M31填：13，泥质灰陶。残。下腹斜收成尖底。素面。残高2.2厘米（图六四，3）。

器底　M31填：6，夹细砂灰陶。残。腹近底较斜直，平底。素面。残高4.2、底径19厘米（图六四，4）。

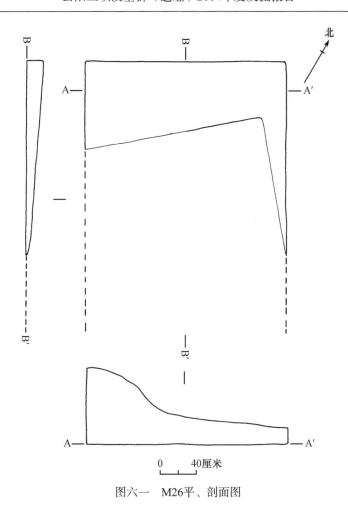

图六一　M26平、剖面图

3. M35

M35位于T20东部，开口于第4层下，墓葬填土比较花杂，为一种泛青的黄褐色沙黏土，内含少量商周时期陶片。长方形竖穴土坑墓，墓口距地表约0.8米，墓向67°，墓壁较直，墓口与墓底均长3、宽1.5、深1.3米。未发现葬具，无随葬品（图六五）。

墓葬填土里有少量商周时期的陶片，多饰有绳纹（图六六），能看出器形的有陶罐、器座等。

罐　M35填：6，泥质灰陶。残。敛口，方唇，短颈。素面。残高3.5、口径22厘米（图六七，1）。

器座　M35填：7，泥质灰陶。残。喇叭形圈足。素面。残高3.4、底径22厘米（图六七，2）。

4. M36

M36位于T43，开口于第3层下，墓内填土为杂花土，土质疏松。长方形竖穴土坑墓，墓口距地表约0.3米，有熟土二层台，东西方向二层台宽0.5、南北方向二层台宽0.4米。墓向332°，墓壁较直，墓口长3、宽2.1米，墓底长2.21、宽1.1米，深1.32米，未发现葬具。此墓被盗，无随葬品（图六八）。

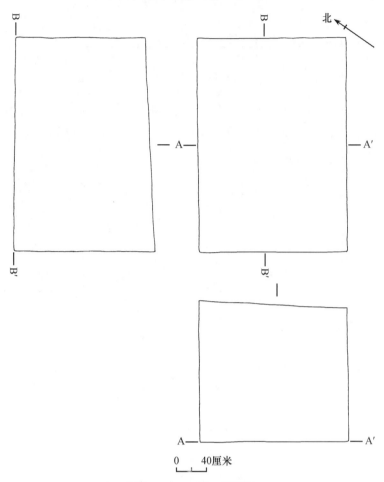

图六二　M31平、剖面图

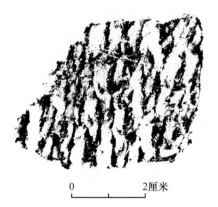

图六三　M31填土出土陶器纹饰拓片

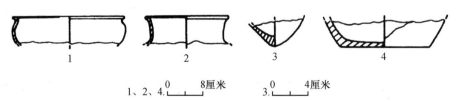

图六四　M31填土出土陶器

1. 小平底罐（M31填：2）　　2. 壶（M31填：4）　　3. 尖底杯（M31填：13）　　4. 器底（M31填：6）

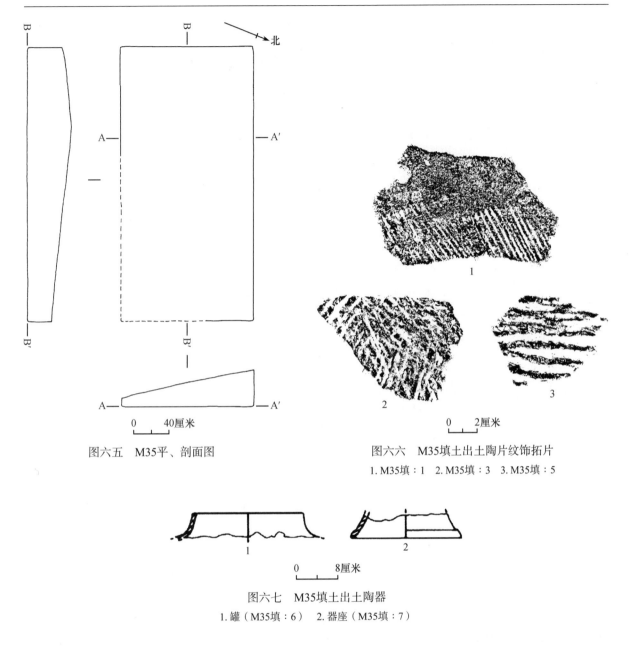

图六五　M35平、剖面图

图六六　M35填土出土陶片纹饰拓片
1. M35填：1　2. M35填：3　3. M35填：5

图六七　M35填土出土陶器
1. 罐（M35填：6）　2. 器座（M35填：7）

三、认识和收获

通过这次工作，我们对三坝溪墓群（遗址）的收获与认识主要有以下四点。

首先，基本弄清了三坝溪墓群（遗址）的文化面貌。三坝溪遗址是峡江地区一处重要商周时期遗址，其年代大致在商代晚期的殷墟二期至两汉时期。因地质灾害（泥石流和滑坡），该遗址已被大面积破坏，仅在地势低洼处得以部分保存。通过三次发掘，基本弄清了该遗址的布局，商周时期，人们主要生活在黄岭坪区域；东周时期和汉代，人们主要生活在石板沟区域，黄岭坪东部和石草包区域为战国中、晚期至西汉早期墓葬区；黄岭坪西部和北部，为东汉墓葬区。

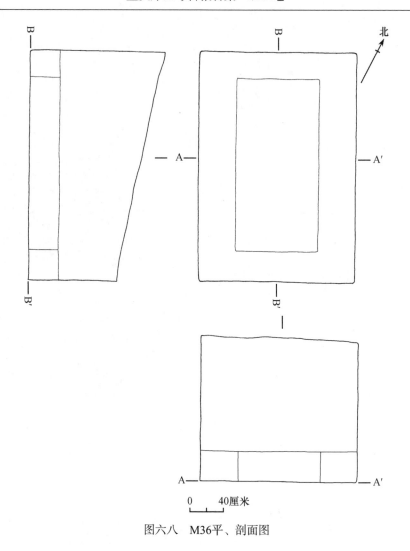

图六八　M36平、剖面图

其次，大量汉代建筑材料的出土和陶质排水管的发现，说明此区域在汉代已不是一般的居住区，可能是发挥一定重要作用的中心区域。

再次，根据地层堆积判断，此区域在东周时期和汉代先后经历三次较大的泥石流或滑坡，为研究峡江地区地质灾害提供了第一手资料。

最后，三坝溪墓群（遗址）为三峡地区这一时期的文化状况及其与邻近文化交流提供了新的线索和角度。三坝溪墓群（遗址）的墓葬时代与马粪沱墓地基本一致，应与马粪沱墓群有着密切联系，有可能与旧县坪遗址也有着密切的关系，应该是旧县坪遗址的墓葬区之一。三坝溪墓群（遗址）（商周地层出土器物）的文化面貌与峡江地区的涪陵镇安遗址、蔺市遗址和万州中坝子遗址以及湖北宜昌中堡岛遗址、朝天嘴遗址有相同的地方。如具有三星堆文化特点的高柄豆、小平底罐等器物的出土，为研究商周时期巴蜀文化交流提供了重要的实物资料；具有二里冈因素的大口缸为研究商周时期巴蜀与中原文化交流提供了重要的实物资料。

附记：本年度三坝溪墓群（遗址）发掘领队王毅。参加发掘的工作人员有宋建民、巩三、夏良明、杨伟、任银、张玉涛。室内整理工作由宋建民、巩三、夏良明、张玉涛完成。修复巩三、刘云昌，拓片巩三，绘图夏良明，摄影杨伟。此次发掘在重庆市文化局三峡办的指导下，得到云阳县文物保护管理所的大力支持和配合，在此表示感谢。

执笔：宋建民　李　生　杨　伟

云阳丝栗包遗址2004年度发掘简报

四川大学考古文博学院

云阳县文物保护管理所

丝栗包遗址在三峡库区建设前隶属重庆市云阳县双江镇群益村和塘坊村，现归属搬迁后云阳新县城城区。遗址位于新县城南侧，地处长江北岸边。地理坐标东经108°42′、北纬30°55′、海拔134～190米（图一）。

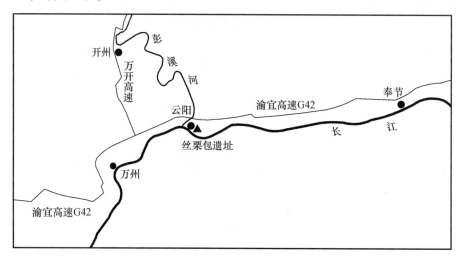

图一　丝栗包遗址位置示意图

2003年10月至2004年1月，四川大学历史文化学院考古系等单位对遗址进行了第一次发掘。本年度再次对该遗址进行了发掘，发掘时间为2004年2～6月。发掘地点为Ⅱ、Ⅳ、Ⅴ区，共布探方50个，其中5米×5米探方12个、10米×10米探方38个，总发掘面积共为3800平方米（图二）。

Ⅱ区的江边台地遗址仍是本年度发掘的一个重点，本年度发掘区域位于2003年度发掘区的东侧和北侧，为连续布方，其中布10米×10米的探方7个、5米×5米的探方12个，发掘面积1000平方米。

Ⅳ区为一墓地，东距丝栗包约600多米，小地名为风箱背，三峡库区建设前属于双江镇群益村十组。这一带为长江北岸的缓坡岗丘地貌，海拔140～175米。我们进入发掘现场时当地正在修建云阳长江大桥。据悉在开挖桥墩基础时，已经破坏了部分墓葬，另外南京大学三峡考古队也在这一带清理了部分墓葬。发掘采用连续布方法进行，共布10米×10米探方3个，实际发掘面积为300平方米，发掘汉墓2座，明清、近代土坑3座。

Ⅴ区为一江边台地遗址，东距风箱背约200米，小地名为塘坊码头，三峡库区建设前隶属双江镇塘坊村四组。由于三峡库区二期水位的上涨，我们进入现场时这里已是一个半岛，原遗

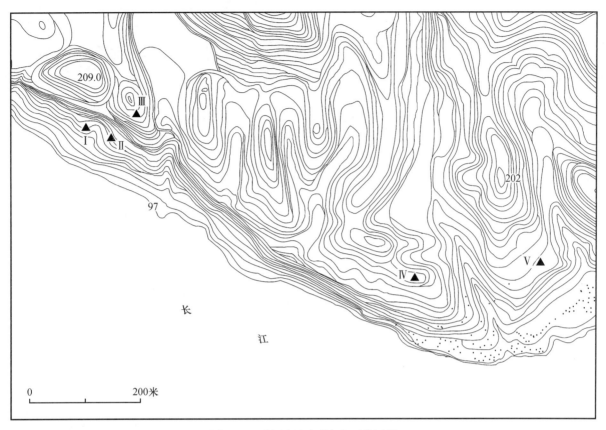

图二　丝栗包遗址地形与各区位置图

址的南面和东面已被江水淹没。遗址残余部分海拔141～143米。我们对遗址残存部分进行了全面发掘揭露，共布10米×10米探方25个，发掘面积2500平方米。

一、地层堆积

（一）Ⅱ区地层堆积

本区的地层堆积共分为17层。现以Ⅱ区T45西壁剖面为例介绍如下（图三）。

第1层：地表层，可分为二亚层。第1A层为现代耕土层，本探方无此层。第1B层为现代屋基瓦砾层，有大量瓦砾和2～3层屋基条石等，为三峡移民户的屋基。本层厚0～18厘米。

第2层：近代洪水泛滥沙泥层，除较多的大片灰色屋瓦之外，基本上未见其他文化包含物。本层可细分为三亚层。第2A层厚6～40厘米，第2B层厚4～27厘米，第2C层厚0～56厘米。

第3层：灰褐色泥土。有条石房基、砾石平铺的活动面、炭渣、瓦砾等，时代为清代。本探方无此层。

第4层：洪水泛滥淤沙淤泥层，基本无包含物。本层可细分为四亚层，本探方仅有第4D层。厚7～19厘米。

第5层：暗土黄色泥沙层。厚20～33厘米。该层有石房基建筑，出土青花瓷片、土瓷片等。时代为明清时期。

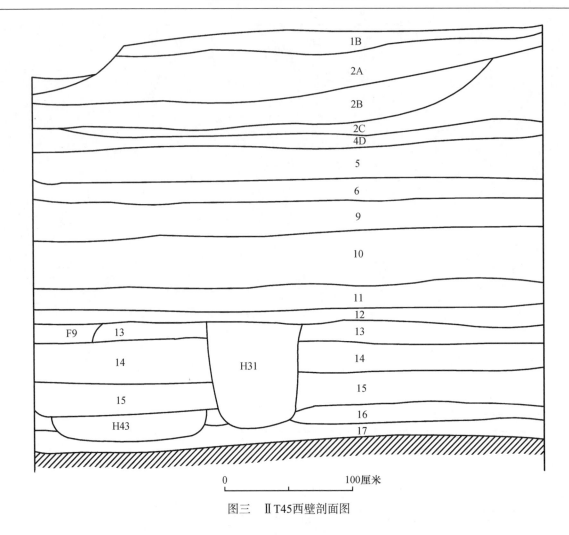

图三　Ⅱ T45西壁剖面图

　　第6层：土黄色泥土。厚12～18厘米。少有文化包含物，出土黑瓷片、青瓷片、土瓷片、板瓦、泥质陶片。时代约为宋代。

　　第7层：出土黑瓷片、青瓷片、土瓷片、板瓦、泥质陶片。时代约为宋代。本探方无此层。

　　第8层：灰褐色泥土。出土泥质灰陶的盆、钵、罐、碟、器盖、缸，青瓷碗、盘、罐、碟、壶，筒瓦、板瓦、砖等。时代约为唐宋时期。本探方无此层。

　　第9层：暗褐色泥土。厚20～31厘米。包含物极多，出土墓葬，遗物有泥质灰陶的盆、钵、罐、碟、器盖、缸，青瓷碗、盘、罐、碟、壶，筒瓦、板瓦、砖等。时代约为唐代。

　　第10层：暗土黄色沙泥土。厚35～42厘米。出土泥质灰陶的盆、钵、罐、碟、器盖、缸，青瓷碗、盘、罐、碟、壶，筒瓦、板瓦、砖等。时代约为隋唐至南朝。

　　第11层：黄色沙泥土。厚15～22厘米。仅局部存在，出土瓮棺，遗物有泥质灰陶的钵、罐、甑，筒瓦、板瓦等。时代约为汉代。

　　第12层：褐黄色沙泥土。厚7～17厘米。包含物很少，有汉代的瓦片和陶片。时代约为汉代。

　　第13层：土黄色沙土层。厚11～17厘米。有大量的红烧土，有的地方成片分布，为建筑遗迹。出土夹砂褐陶、夹砂灰陶、黑陶的高柄器、小平底杯、罐，磨制石斧、锛，打制石斧、刮削器、刀、网坠、打制石片等。时代约为商周时期。

第14层：暗土黄沙土层。厚19～33厘米。出土夹砂褐陶、夹砂灰陶、黑陶的高柄器、小平底罐、小平底杯、鬶、罐，打制石斧、锛、刮削器、刀、打制石片等。时代约为商周时期。

第15层：灰土黄沙层。厚20～29厘米。出土陶罐、杯、盘、盆、缸，石器和兽骨等。时代约为新石器时代晚期。

第16层：黄褐沙泥层。厚7～15厘米。出土陶器、石器和兽骨等。时代约为新石器时代晚期。

第17层：黄沙层。厚10～18厘米。出土陶罐、杯、盆、尖底厚壁缸，石器和兽骨等。时代约为新石器时代晚期。

（二）Ⅳ区地层堆积

第1层：表土层。含有大量碎石，土坑的开口就位于此层下。

第2层：黄褐土层。有很少量的汉代瓦片、瓦当等，时代为汉代。墓葬的开口位于此层下。

第3层：生土。

（三）Ⅴ区地层堆积

本区的地层堆积共分为10层。现以Ⅴ区T11南壁剖面为例介绍（图四）。

第1层：地表层，可分为二亚层。第1A层为现代耕土层，厚4～12厘米。第1B层为现代屋基瓦砾层，有大面积的坚硬三合土和屋基条石等，本探方无此层。

第2层：黄泥耕土层。可能为水田土，基本上未见文化包含物。时代约为清代。还可分为二亚层，其中第2A层厚19～42厘米，第2B层厚10～23厘米。

第3层：黄褐色泥土。有条石房基、砾石平铺的活动面、炭渣、瓦砾等，时代为明清时期。本探方无此层。

第4层：黄褐色沙泥层。厚7～35厘米。该层出土青花瓷片、土瓷片、瓦片等。时代为明清时期。

第5层：暗土黄色泥沙层。出土黑瓷片、青瓷片、土瓷片、板瓦、泥质陶片。时代约为唐

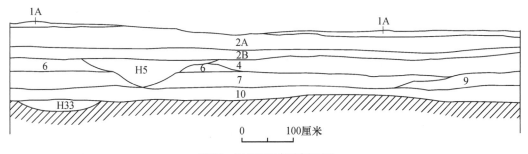

图四　Ⅴ区T11南壁剖面图

宋时期。本探方无此层。

第6层：土黄色泥土。厚4～27厘米。少有文化包含物，出土陶罐、青瓷片、土瓷片、板瓦等。时代约为唐代。

第7层：土黄褐色泥土。厚6～35厘米。出土陶釜、陶罐、青瓷片、土瓷片、板瓦等。时代约为六朝时期。

第8层：褐色泥沙土。出土泥质灰陶的鬲、豆、盆、钵、罐、器盖等。时代约为东周时期。本探方无此层。

第9层：灰褐色沙泥土。厚4～27厘米。包含物较多，遗物有陶小平底罐、高柄器、罐、器盖、缸等。时代约为商代。

第10层：暗土黄色沙泥土。厚11～31厘米。出土陶卷沿罐、折腹盆、敛口盆、盘、尖底厚壁缸等。时代为新石器时代晚期。

二、本年度遗存概述

（一）主要遗迹

共发现灰坑76个、墓葬9座、瓮棺葬5座、建筑遗迹13处、窑1座、灰沟9条，时代从新石器时代一直到明清时期。

1）新石器时代：灰坑5个。

2）夏商时期：建筑遗迹8处、墓葬2座、灰坑25个。

3）东周时期：灰坑1座、灰沟2条。

4）汉代：墓葬1座、瓮棺葬3座、灰坑1个。

5）六朝—唐代：灰坑33个。

6）唐代：墓葬4座、瓮棺葬2座、陶窑1座。

7）唐宋时期：建筑遗迹5处、灰沟4条。

8）宋代：灰坑2个。

9）明清时期：墓葬2座、灰坑9个、灰沟3条。

（二）主要遗物

出土遗物类别有陶器、瓷器、铜器、铁器、石器、蚌器等，种类繁多。时代从新石器时代至明清时期。

1）新石器时代：石器的主要器类有斧、锛、切割器、刮削器等，陶器的主要器类有折沿罐、卷沿罐、折腹钵、敛口钵、杯等。

2）夏商时期：石器的主要器类有斧、锛、刮削器等，陶器的主要器类有小平底罐、高柄豆、高柄灯形器、鼓腹罐、高领罐、瓠、单耳罐、花边口沿罐、鬶、器盖等，另外还有穿孔蚌刀。

3）东周时期：石器有锛，陶器的主要器类有侈口罐、卷沿罐、溜肩罐、直口罐、豆、鬲、甗等。

4）汉代：陶器的主要器类有罐、盆、钵、甑、盒、豆、壶、仓、井、马、俑、灯，铜器有五铢钱，铁器有釜。另外，还有瓦当、板瓦、筒瓦、砖等。

5）六朝时期：陶器的器类有罐、盆等，青瓷器的器类有碗、盂等。

6）唐宋时期：陶器的器类有盆、罐、钵、小碟（盅）、器盖、拍、网坠、瓦当、板瓦、筒瓦、六朝砖、唐砖，青瓷器的器类有碗、盘、碟、带系罐、双沿罐、带流罐，铜器有钱币，另有石网坠、卜甲等。

7）明清时期：青花瓷器的器类有碗、碟、盘等，土瓷的器类有罐、缸等，另有铜钱等。

三、新石器时代遗存

（一）遗存概述

在本遗址发现的众多遗存中，本年度发掘简报重点介绍新石器时代的遗存。

1. 遗迹

新石器时代的地层堆积仅分布在Ⅱ区南部的部分探方和Ⅴ区的少数探方内。两个年度共发现的遗迹仅有灰坑9个，Ⅱ区的灰坑开口分别位于第17层下、第16层下、第15层下和第14层下，Ⅴ区的灰坑位于第10层下。

2. 遗物

出土的遗物数量较多，根据质地可以分为石器、陶器等。

（1）石器

石器基本上以砾石为原料。根据制作方法可分为打制和磨制两类，其中以打制石器数量为多。

打制石器的器类有斧、锛、锛形器、锄形器、凿形器、切割器、刮削器、砍砸器、锥（钻）、锥形器、尖状器等。其中以切割器、刮削器和斧的数量较多。

磨制石器有通体磨制和局部磨制两种，器类有斧、锛、凿、刀、矛、切割器、环、磨石等，其中以锛和斧的数量较多。

（2）陶器

陶质陶色：从陶质方面观察，有夹砂陶和泥质陶两类，其中以夹砂陶数量居多。在夹砂陶中又可分为夹粗砂和夹细砂两类。夹砂陶有褐色、灰褐色、红褐色、灰黑色、黑褐色、灰色、黄褐色、红色等，还有个别为外表黄色内表橘红色。由于烧制时火候不均而在器表呈现出不同的颜色，也有相当一部分陶器的器表颜色与内层颜色不一。泥质陶深褐色、黑色、灰色（有灰白色或浅灰色）、红褐色、黄褐色，还有外表黑色内表红色，其中磨光陶占有一定比例，陶色主要有深褐色和黑色。

制作方法：陶器普遍用泥条盘筑法制作成形，再用慢轮修整，部分器物的内壁还经刮制修整，外表磨光。也有少量器物为轮制。在泥质和夹砂的陶器中都使用了在器物接合部用加贴泥片加固的方法。壶的口沿部分也有加贴泥片制作的。

纹饰：陶器表面装饰纹饰较为盛行，所占比例较高。从纹饰制作方法方面观察，主要有拍印纹、刻划纹、戳印纹、压印纹、附加堆纹、抹划纹、彩绘等。纹饰的种类比较丰富，如果按照图案构成观察，在每类制作方法中都有多种图案。这些图案有的是单一纹饰，也有的是数种纹饰组合，构成复合纹饰。不同种类的纹饰所装饰的器类和部位也有一定的规律。

器类：主要有折沿罐、盘口罐、卷沿罐、折沿盆、折腹钵、曲腹钵、壶、厚壁缸、尊形器、筒形杯、曲腹杯、盘等。

（二）遗存举例

1. H16

位于T39的北部。开口于第13层下，直接打破第16层。坑口距地表深2.65米。整个灰坑为口大底小，坑口平面为圆形，平底，最大直径0.73、坑底最大直径0.5、深0.5米。坑底、坑壁较平整，未发现特别加工的痕迹（图五）。坑内堆积为青灰色粉砂土，土质较软。出土石器、陶器和鱼骨、动物残骨等。

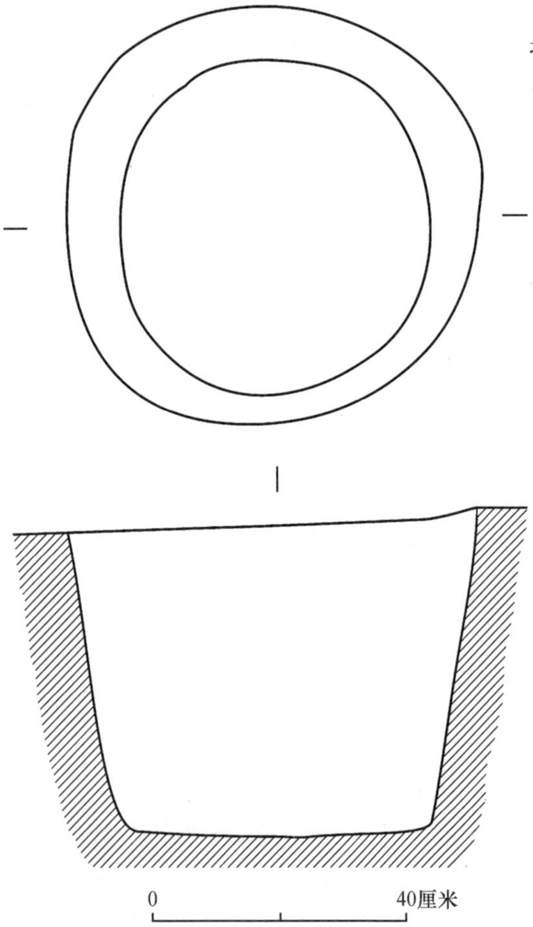

（1）陶器

陶器有泥质红褐陶、夹砂红褐陶、夹砂黄褐陶、夹砂内灰黑外褐陶等。

纹饰：有绳纹、划纹、压印纹（口沿）、瓦棱纹等。

绳纹　H16：6，陶器腹片，夹砂陶，拍印交错中粗绳纹（图六，1）。H16：2，罐口沿，夹砂红褐陶，模糊绳纹（图六，2）。

划纹　H16：7，陶器腹片，夹砂陶，较杂乱的竖斜细线划纹（图六，3）。

器类：共4件。陶片破损严重，可辨器类的仅有罐、钵等。

折腹钵　1件。H16：1，褐衣泥质红褐陶，器表均磨光。敞口，尖圆唇，下腹及底部残。上腹饰七道瓦棱纹。口径25.2、残高3.5厘米（图七，1）。

罐　3件。H16：2，夹砂红褐陶。仅存口沿。敞口，方唇。唇上有斜向压印绳纹，沿外表饰较为模糊的中粗绳纹。残高1.5厘米（图

图五　H16平面、剖视图

0 ————————— 40厘米

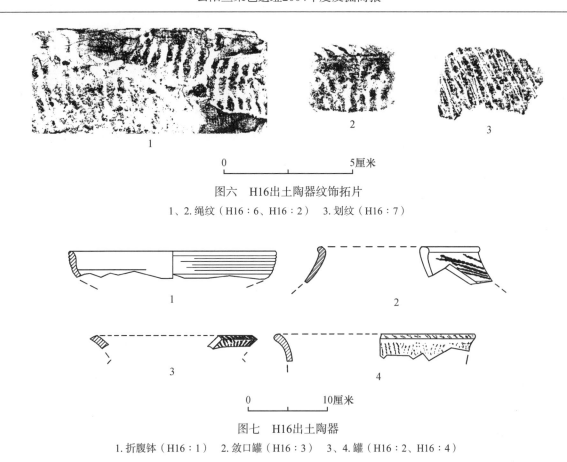

图六　H16出土陶器纹饰拓片

1、2.绳纹（H16：6、H16：2）　3.划纹（H16：7）

图七　H16出土陶器

1.折腹钵（H16：1）　2.敛口罐（H16：3）　3、4.罐（H16：2、H16：4）

七，3）。H16：3，夹砂黄褐陶。仅存口肩部。敛口，厚唇，溜肩。肩部饰稀疏的横斜绳纹。残高4.3厘米（图七，2）。H16：4，夹砂内灰黑外褐陶。仅存口沿。敞口，圆唇。唇部饰压印斜绳纹，唇部以下饰绳纹。残高3.2厘米（图七，4）。

（2）石器

切割器（锛形）　1件。H16：5（原H16：1），灰色海成岩。石片石器。近长方形，先加工成形，然后从砾石上打下后不再修整。顶部是修整打制石片的台面。刃部利用砾石皮的光洁面直接作为刃部，尚有明显的使用痕迹。长3.8、宽2.7、厚0.8厘米（图八，1）。

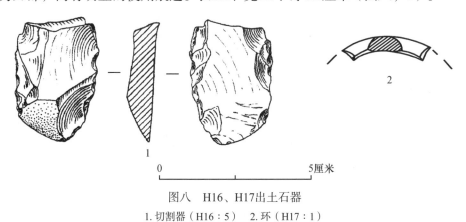

图八　H16、H17出土石器

1.切割器（H16：5）　2.环（H17：1）

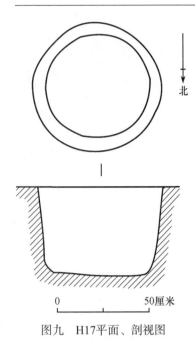

图九　H17平面、剖视图

2. H17

位于T39的东南部。开口于T39的第13层下，打破第16层。坑口距地表深2.65米。坑口为圆形，最大直径70厘米，坑底部稍小，最大直径56厘米，整个灰坑呈口大底小状，灰坑内深45厘米，坑底、坑壁未发现特别加工之痕迹。平面为圆形，平底，口部略大于底部，坑壁较平整。坑内堆积为青灰色粉沙土，土质较软，坑内堆积没有分层。坑内出土物有陶器、石器等残件，另有鱼骨、动物残骨和碎石等（图九）。

（1）陶器

陶器有泥质黑皮褐陶、泥质灰陶、粗泥褐陶、夹粗砂褐陶、夹粗砂红褐陶等。

纹饰：H17：7，腹部，泥质陶，菱形交错细绳纹（图一〇，1）。H17：8，腹部，夹砂外红褐内黑陶，菱形交错绳纹（图一〇，2）。H17：9，腹部，夹砂陶，拍印菱形交错细绳纹（图一〇，3）。H17：13，腹部，泥质陶，较杂乱的平行细线绳纹，方向不同，略有交错（图一〇，4）。H17：16，腹部，泥质陶，横向细线纹（图一〇，5）。H17：10，肩腹部，泥质陶，方格交错细线纹，再饰抹划纹上加平行点状戳印纹（图一〇，6）。H17：12，肩腹部，泥质陶，瓦棱纹（图一〇，7）。H17：14，腹部，夹砂陶，拍印稀疏的细绳纹、划纹（图一〇，8）。H17：15，腹部，泥质

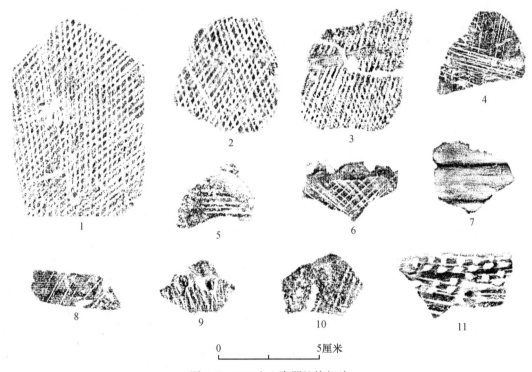

图一〇　H17出土陶器纹饰拓片

1～5、10.绳纹（H17：7、H17：8、H17：9、H17：13、H17：16、H17：11）　6、11.划纹加戳印纹（H17：10、H17：3）
7.瓦棱纹（H17：12）　8.绳纹加划纹（H17：14）　9.绳纹加划纹加凸点纹（H17：15）

陶，交错细线绳纹、划纹（图一〇，9）。H17：11，腹部，泥质陶，模糊的平行斜线细绳纹（图一〇，10）。H17：3，肩腹部，泥质陶，较稀疏的横斜条细划纹，再施四排平行点状戳印纹（图一〇，11）。

器类：可辨器类的主要有罐（折沿罐1、侈口罐1）、缸、圈足器等6件。

折沿罐　1件。H17：3，泥质黄褐陶。沿部磨光且较平，圆唇，上腹微鼓。口沿以下先通饰横斜向划纹，再在近口部饰四排平行点状戳印纹。口径14.8、残高4.2厘米（图一一，2）。

圈足器　1件。H17：4，褐衣泥质黄褐陶。器表均磨光，仅存圈足，略呈喇叭形。圈足底径8.4、残高4.1厘米（图一一，3）。

平底器　1件。H17：5，夹砂红陶，内表面着褐色。仅存下腹和底部，平底。下腹和外底部饰斜绳纹。底径14.2、残高1.7厘米（图一一，4）。

敞口器　1件。H17：6，仅存口沿，器类不详。夹（细）砂灰褐陶，口部微敞，沿部外撇。口径26、残高3.2厘米（图一一，1）。

厚壁缸　1件。H17：2，夹粗砂红褐陶。仅存残片，器形不详。厚3.8厘米。

侈口罐　1件。H17：1，仅存残片，器形不详。

（2）石器

出土数量很少，均为残片，大体可辨器类的有盘状砍砸器1、小刀1、镯1件。另外还有制作石器时产生的石片1件。

环　1件。H17：1，仅存一残段，横剖面近半圆形。残长2.5、最宽约0.95厘米（图八，2）。

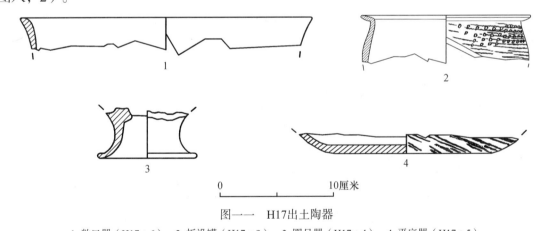

图一一　H17出土陶器

1.敞口器（H17：6）　2.折沿罐（H17：3）　3.圈足器（H17：4）　4.平底器（H17：5）

3. H44

位于Ⅱ区T45西南角，开口位于第15层下，打破第16层。平面基本呈圆形，口大底小，坑壁略向内倾斜，坑口距地表深3.2米。口径0.5、底径0.4、深0.55米。坑内填土为黄灰色泥土，土质较疏松，夹杂较多红烧土块，出土遗物主要有陶器（图一二）。

陶器的陶质陶色有泥质灰褐陶、泥质红褐陶、磨光黑皮陶、泥质灰黑陶、夹粗砂红褐陶、夹粗砂褐陶（外褐里灰黑）、夹细砂灰黑陶等。

纹饰：凹弦纹、篮纹、细绳纹、粗绳纹、划纹、瓦棱纹、箍带纹、篦划纹等。

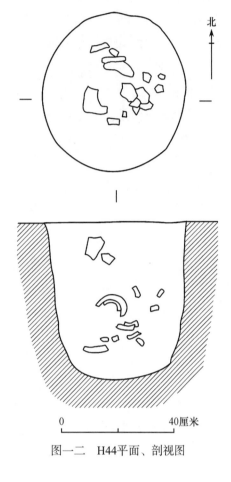

图一二　H44平面、剖视图

H44：7，卷沿罐口肩部，夹砂红褐陶，口沿黑、褐陶，口沿先拍印再压印。肩部拍印斜线或交错细绳纹（图一三，1）。H44：5，折沿罐口沿，夹砂外黑内褐陶，先饰零乱的划纹，再加交错网格抹划纹（图一三，2）。H44：13，可能为壶的肩部，夹砂外黑内褐陶，先饰较零乱的篦划纹，再饰划纹的凹弦纹二道（图一三，3）。H44：16，肩腹部，夹砂内黑外褐陶，先饰斜线绳纹，再饰二道抹划凹弦纹（图一三，6）。H44：15，腹部，泥质黑皮红褐陶，先饰斜线的篦划纹，再饰箍带纹上压印竖向绳纹（图一三，5）。H44：14，折沿或卷沿罐口肩部，夹砂褐陶，平行的椭圆点状戳印纹（图一三，4）。

器类：共12件。折沿深腹罐、壶、折腹钵、曲腹钵、瓮、杯、缸等。

折沿罐　3件。H44：12，泥质灰陶。折沿，圆唇，腹微鼓，下腹和底部残。先在器身通饰交叉划纹和细线纹作为底纹，再在上腹饰斜划纹，最后饰五道抹划凹弦纹。口径20.8、残高13.9厘米（图一四，1）。H44：5，泥质黄褐胎，器内表灰褐色。折沿，圆唇，下腹和底部残。唇部以下通饰斜向的细划纹和细绳纹，再饰略粗的抹划纹。口径17.6、残高5.8厘米（图一四，11）。H44：4，夹砂内灰褐外黄褐陶。折沿，圆唇，颈部以下残。唇部以下饰斜向细绳纹。口径21.4、残高2.4厘米（图一四，9）。

图一三　H44出土陶器纹饰拓片

1. 绳纹（H44：7）　2. 抹划纹（H44：5）　3. 篦划纹加凹弦纹（H44：13）　4. 戳印纹（H44：14）　5. 篦划纹加箍带纹加绳纹（H44：15）　6. 绳纹加凹弦纹（H44：16）

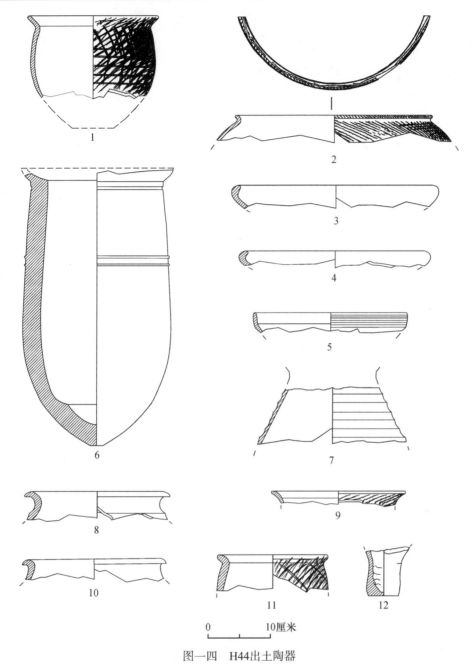

0   10厘米

图一四　H44出土陶器

1、9、11.折沿罐（H44：12、H44：4、H44：5）　2.卷沿瓮（H44：7）　3、4.曲腹钵（H44：9、H44：8）
5.折腹钵（H44：10）　6.厚壁缸（H44：1）　7、8、10.壶（H44：6、H44：3、H44：2）　12.杯（H44：11）

　　壶　3件。H44：6，泥质灰褐陶，器表磨光。口部和腹部以下残，仅存溜肩，现存六道瓦棱纹。残存最大径23.6、残高8.8厘米（图一四，7）。H44：3，泥质黄褐陶，器表仅为磨光褐陶。卷沿，圆唇，溜肩。肩部饰瓦棱纹。口径23.2、残高4.7厘米（图一四，8）。H44：2，黄褐细泥胎，表面均为磨光灰褐色。卷沿，尖圆唇，溜肩，肩部以下残。口径22.8、残高3.6厘米（图一四，10）。

　　折腹钵　1件。H44：10，黑衣泥质灰褐陶，通体磨光。敞口，圆唇，折腹，下腹及底部残。上腹饰多道瓦棱纹。口径24.2、残高3厘米（图一四，5）。

曲腹钵　2件。H44：9，黑褐衣泥质灰褐陶，通体磨光。敞口，尖圆唇，曲腹，下腹及底部残。口径30.6、残高3.5厘米（图一四，3）。H44：8，褐衣泥质红褐陶胎，器表磨光，但多已脱落，仅内壁存有磨光褐衣。轮制。敛口，尖圆唇，曲腹，下腹及底部残。口径28.2、残高2.5厘米（图一四，4）。

卷沿瓮（罐）　1件。H44：7，夹砂红黄褐陶，火候不均。卷沿，圆唇，圆肩，腹部以下均残。唇部及口沿上方均饰压印斜向绳纹，肩部通饰斜向细绳纹。口径31.4、残高4.2厘米（图一四，2）。

杯　1件。H44：11，泥质黑衣红褐陶。泥条盘筑。口部残，上腹外敞，下腹较直，平底。底径4.6、残高7.7厘米（图一四，12）。

厚壁缸（尖底缸）　1件。H44：1，夹粗砂褐陶。基本复原。直口微敛，折沿，唇部残，深腹下部微鼓，尖底。口沿下方饰凹弦纹一道，上腹饰凸弦纹二道。最大残口径24.2、残高42.8厘米（图一四，6）。

此外，可辨器类的还有折沿深腹罐2、折沿盆1件（片）等。

4. H45

位于Ⅱ区T51南部居中位置，部分位于T52北隔梁内。开口于第16层下，打破第17层。坑口距地表深3.2米。平面基本呈椭圆形，底面呈圆形，口大底小，坑壁略向内倾斜。口径1～1.2、坑深0.1、底径0.9米。坑内填土为黄灰色，土质较疏松，坑内出土石片、石器和陶器残件等（图一五）。

（1）陶器

陶质陶色：有泥质灰陶6片、泥质红陶5片、泥质黑陶8片、泥质灰黑陶15片、泥质褐陶18片、夹砂黑褐陶4片、夹砂褐陶7片、夹砂红褐陶2片（件）等。泥质陶中有一部分为磨光陶。

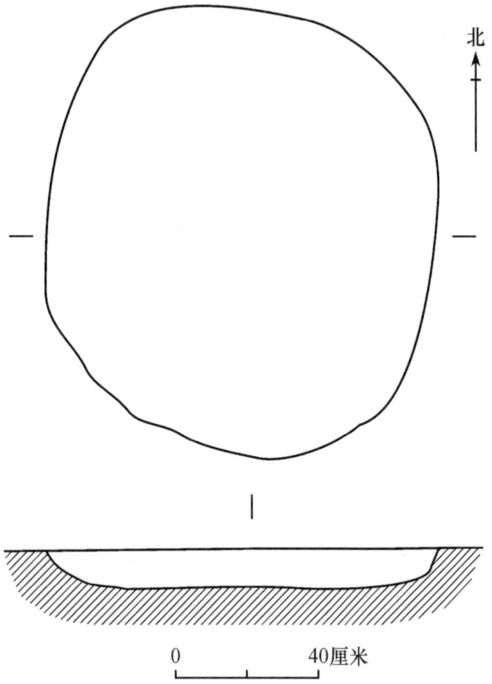

陶器纹饰：有戳印纹、划纹、压印纹、细绳纹、瓦棱纹、篮纹等。

H45：23，卷沿（卷沿罐/侈口罐？）口沿，夹砂黑褐陶，火候不均，先饰竖斜线划纹，再在上部饰二排平行的条状戳印纹，4条1组；下部有两条划纹的弦纹（图一六，1）。H45：6，折沿罐口沿，夹砂黑褐陶，肩部先饰斜线划纹，再饰二排点状椭圆点状戳印纹（图一六，3）。H45：11，折沿罐口沿，夹砂外褐内黑陶，饰竖斜划纹一直到口沿（图一六，5）。H45：12，深腹罐近底部，夹砂外黑衣内褐陶，拍印竖斜线的细绳纹和稀疏的斜划纹，底部也有相同的纹饰（图一六，2）。H45：7，壶肩部，泥质灰陶，瓦棱纹（图一六，9）。H45：27，腹部，夹砂褐陶，先饰拍印斜细绳纹、划纹，再饰划纹的弦纹二道（图

图一五　H45平面、剖视图

0　　　40厘米

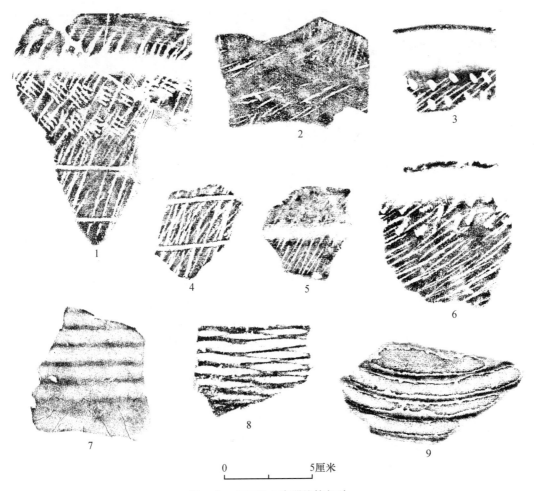

图一六　H45出土陶器纹饰拓片

1. 划纹加戳印纹加弦纹（H45：23）　　2. 绳纹加划纹（H45：12）　　3. 划纹加戳印纹（H45：6）　　4. 绳纹加划纹加弦纹（H45：27）　　5. 划纹（H45：11）　　6. 绳纹加戳印纹加压印纹（H45：5）　　7、9. 瓦棱纹（H45：24、H45：7）　　8. 篮纹（H45：26）

一六，4）。H45：26，厚壁器腹部，夹砂红褐陶，拍印篮纹（图一六，8）。H45：24，折腹钵腹部，泥质外磨光黑陶内红褐陶，瓦棱纹（图一六，7）。

　　器类：可辨识器类的陶器共有34件，除有2件可复原之外，都为残件。

　　折沿罐　1件。H45：5，夹砂黑褐陶。折沿，圆唇，溜肩，下腹及底部均残。唇部以下先通饰斜向细绳纹，再饰点状戳印纹2排，上排3个1组，下排4个1组，唇部压印绳纹。口径12、残高7.9厘米（图一六，6；图一七，6）。

　　盘口罐　1件。H45：15，夹砂灰褐陶。折沿，方唇，肩部以下均残。唇上饰斜向压印粗绳纹，唇下口沿满饰斜向绳纹。口径14.2、残高2.8厘米（图一七，7）。

　　小折腹罐　1件。H45：10，泥质外灰内红陶。敞口，圆唇，折腹，下腹残。口径10.6、残高5.1厘米（图一七，9）。

　　尊形器（？）　1件。H45：8，磨光褐衣泥质灰陶。敞口，翻沿，尖圆唇，上腹直，下腹及底部残。口径21.6、残高3.1厘米（图一七，11）。

　　壶　3件。H45：2，泥质灰陶。仅存颈部，高领直颈。饰四道凸弦纹。最大残径14.5、残

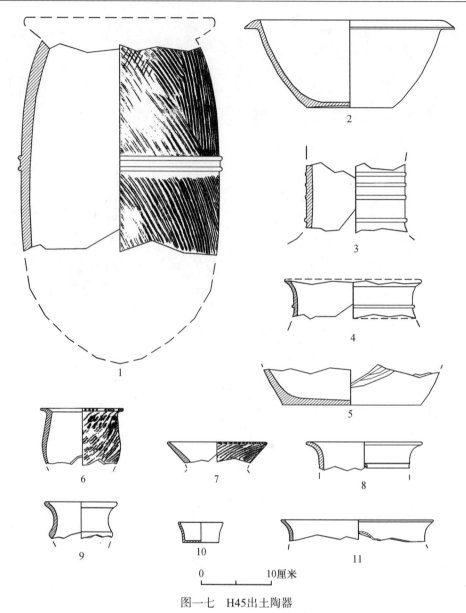

图一七　H45出土陶器

1. 厚壁缸（H45∶3）　2. 折沿盆（H45∶4）　3、4、8. 壶（H45∶2、H45∶14、H45∶9）　5. 平底器（H45∶13）
6. 折沿罐（H45∶5）　7. 盘口罐（H45∶15）　9. 小折腹罐（H45∶10）　10. 杯（H45∶1）　11. 尊形器（H45∶8）

高9.6厘米（图一七，3）。H45∶14，泥质灰黑陶。仅存口颈部。敞口外翻，唇部残，高领，饰凸弦纹一道。残口径约19.4、残高5.3厘米（图一七，4）。H45∶9，磨光黑衣红陶。敞口外翻，圆唇，颈部残。残存有一道凸弦纹。口径16.5、残高4厘米（图一七，8）。

折沿盆　1件。H45∶4，泥质红陶。可复原。敞口，折沿微卷，圆唇，腹部向下内收，平底。口径29.8、底径12.2、通高10.9厘米（图一七，2）。

杯　1件。H45∶1，细泥黄陶，器表通施红彩。可复原。敞口，壁较直略内弧，平底。口径6.5、底径5.6、高2.9厘米（图一七，10）。

厚壁缸　1件。H45∶3，夹砂褐陶。仅存器身。先通体饰斜向篮纹，局部交错，再在器约中腹部部位饰一道附加堆纹的箍带纹。最大腹径28.6、残高28.4厘米（图一七，1）。

平底器　1件。H45：13，泥质（有自然含砂）灰陶。仅存下腹和底部。腹上饰斜绳纹。底径19.5、残高5.6厘米（图一七，5）。

此外，可辨器类的还有折沿深腹罐口沿4片、卷沿壶口沿3片、瓦棱纹壶6（颈肩部）片、厚壁尖底缸4片、平底5（底部有纹饰1）片、折腹钵1片（件）等。

（2）石器

可辨识器类的石器共有13件，其中较为完整的有8件。可分为磨制石器和打制石器两类。

1）磨制石器。

斧　1件。H45：17，深灰色海成岩。双面通体磨制，但两侧和一面还较多地保留有打制时的痕迹。平面基本呈长方形，顶部为不规则的圆弧形，刃部为圆角弧形，留有使用痕迹。长13、宽5.6、厚2厘米（图一八，4）。

锛　3件。H45：19，黄白色海成岩。砾石石器，主要为打制，多为单向加工，局部二次修整，仅刃部局部双面磨制。平面呈顶端略窄的梯形长方形，下部分段，圆弧顶，刃部略呈弧形。长7.5、宽3.6、厚1.2厘米，刃部宽0.4厘米（图一八，1）。H45：21，绿色海成岩。通体磨制，但边缘局部仍可见打制时留有的痕迹。形制规范，平面呈顶端略窄的梯形长方形，圆弧顶，双面刃微有弧形。长4.7、宽3.8、厚1厘米，刃部宽1.6厘米（图一八，2）。H45：18，灰绿色海成岩。通体磨制，但边缘仍留有明显的打制时二次加工的痕迹。形制较规范，平面呈顶端略窄的梯形长方形，顶部保留砾石面，为不规则圆弧形。刃部已残，双面磨制，有使用痕迹。长6.2、宽2.9、厚1.9厘米，刃部宽2厘米（图一八，3）。

磨石　1件。H45：16，棕红色砂岩。不规则形，多面都有磨制痕迹。最长9.3、最宽8.2、厚2.8厘米（图一八，8）。

2）打制石器。

刮削器　1件。H45：22，红褐色海成岩。打制，石片石器。平面呈不规则椭圆形，利用砾石的自然台面直接打击，打下的石片直接使用，刃部有多次使用痕迹。长8.4、宽13.5、厚1.9厘米（图一八，6）。

切割器　2件。H45：20，黄褐色海成岩。打制，石片石器，平面略呈圆形，利用砾石的自然台面直接打击，打下的石片直接使用，刃部留有多次使用痕迹。长7.3、宽5.9、厚1.1厘米（图一八，5）。H45：25，深灰色火山岩。打制，石片石器平面原略呈椭圆形，已残断。两侧刃部都有使用痕迹。宽4.6、残长2.2、厚0.7厘米（图一八，7）。

可辨识器类的石器还有刮削器2件、切割器（小刀）2件、尖状器（锥）1件。另还有可能是在制作石器过程中产生的石片9件、石核1件。

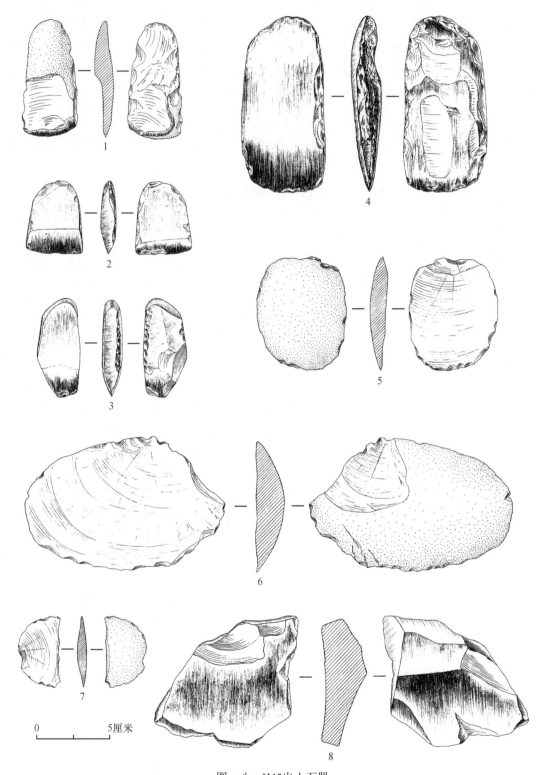

图一八　H45出土石器

1~3.锛（H45：19、H45：21、H45：18）　4.斧（H45：17）　5、7.切割器（H45：20、H45：25）　6.刮削器（H45：22）
8.磨石（H45：16）

四、结　语

1. 遗址性质

通过本年度的发掘，对该遗址的主要分布和基本文化内涵有了更进一步的了解。该遗址地处长江北岸，可以分为2个邻近的江边台地聚落，其中Ⅰ区和Ⅱ区为同一处聚落，Ⅴ区又为另一处聚落。人类在这2处聚落居住和频繁活动的最早年代都可以上溯到新石器时代晚期。延续的时代也都很长，从新石器时代晚期、夏商、周、两汉、六朝、唐、宋、明、清等，其中新石器时代晚期、夏商时期和唐代的文化遗存为本遗址现存文化堆积的主要构成部分，但是Ⅴ区在东周时期有人类居住活动，而Ⅱ区却不见这一时期的人类活动。

2. 新石器时代遗存

现存的新石器时代遗存主要分布在Ⅱ区。在Ⅴ区，新石器时代的地层只是局部尚有保存，并且其新石器时代晚期遗存的年代要略晚于Ⅱ区的新石器时代晚期遗存。这些遗存的发现，为我们全面认识三峡地区新石器时代晚期文化面貌提供了新的重要资料。

3. 夏商遗存

在本年度Ⅱ区发掘中，又新发现了多处商代前后的建筑遗迹。本年度的发掘，使我们对这一时期的房屋布局和结构有了进一步的认识。这一时期该遗址（Ⅱ区）的人们主要居住在地面式木骨泥墙的房屋中。房内中部有火塘，地面为烧土活动面。在房屋周围有窖穴。在遗物方面，今年又新发现一些新的陶器器类，如除了去年已发现最常见的小平底罐、高柄豆或高柄器、高领罐、鬶、缸之外，还新发现觚形器、单耳罐、带流盆等。这些都对我们全面认识三峡地区夏商时期文化提供了新的资料。总之，夏商时期遗存的新发现，是本年度发掘的重要收获之一。

4. 唐代遗存

在去年发掘的基础上又有许多重要的新发现。例如，在Ⅱ区新发现有唐代墓葬，在Ⅴ区新发现唐代灰坑、建筑等遗迹以及大型卜甲等遗物。这为我们全面了解、认识三峡地区唐代文化提供了新的资料。这也是本年度发掘的重要收获之一。

附记：本年度项目领队为罗二虎。先后参加发掘工作的有罗二虎、常怀颖、伍秋鹏、陈果、王运辅、王林、冷文娜、祁自立、孟晓玲、黄广民、金鹏功、赵振江、程红坤、湛红雁、陈昀等。参加后期整理工作的有罗二虎、常怀颖、伍秋鹏、陈果、王运辅、高金玉、黄文博、侯存龙、周军、李儒欣、宋丹、焦蒙等。绘图张麦平、罗二虎、王运辅、吕千云、高金玉。

执笔：罗二虎　陈　果　侯存龙　陈　昀

云阳云安盐场遗址2004年度考古发掘简报

中 国 国 家 博 物 馆
河 北 省 文 物 保 护 中 心
云 阳 县 文 物 保 护 管 理 所

图一　云阳云安盐场遗址地理位置示意图

云安盐场遗址位于重庆市云阳县云安镇，中心地理位置坐标东经108°50′52″，北纬31°3′41″，海拔150～170米。遗址面积15万平方米，南北长500、东西宽300米，遗址文化层超过5米，主要为炉渣堆积。遗址于1987年发现，1994年由四川大学历史系考古学专业在编制该地区三峡文物保护规划时进一步落实。遗址为一汉代盐场遗址，延续使用至明清，在中国盐业发掘史上具有重要地位。该遗址是三峡水库淹没区内文物保护工程的一处重要遗址，发掘等级为B级（图一）。

云安盐场遗址的考古发掘工作从2001年正式开始，2004年12月至2005年1月，中国国家博物馆和河北省文物保护中心考古队联合对遗址进行了2004年度的考古发掘。现将本年度的发掘情况报告如下。

一、发掘区概况

云安盐场遗址2004年的主要发掘任务是盐厂中心区的发掘，根据云安盐场遗址中心区的实际情况，在考古调查和勘探的基础上，我们选择了三个发掘区，分别记为Ⅰ、Ⅱ、Ⅲ区，发掘面积共计3000平方米，布方情况如下（图二；图版四）。

Ⅰ区位于汤溪河北岸、罗汉山南侧的二级台地，即原云安第二小学院内的操场内，布5米×5米探方48个，布方方向北偏西42°；Ⅱ区位于拆除后的云安盐厂厂区南部台地上的废墟内，布10米×10米探方12个，布方方向北偏东39°；Ⅲ区位于原云安盐厂厂区东部，布10米×10米探方6个，布方方向北偏西45°。

由于云安镇的搬迁工作尚未完成，盐场中心区和部分居民区虽然已拆去地上建筑，但房屋地基、硬化的厂区地面及道路仍然覆盖地表，拆除后的厂房或民居的建筑垃圾原地堆放，尤其是厂区内的建筑垃圾可谓堆积如山，高1～4米，且较大的石条、水泥块较多，厂区内地面都经混凝土硬化，厚10～30厘米，厂房或车间的基槽、柱基甚至是以钢筋混凝土浇筑而成，有的以大石条奠基。发掘地的以上现状为考古发掘工作带来了前所未有的困难。我们租用了大型挖掘

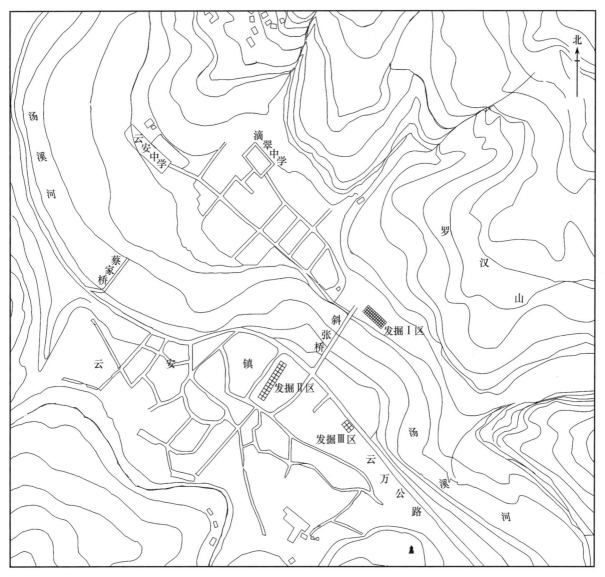

图二 云安盐场遗址2004年度发掘布方示意图

机（含拖车）、自动装卸车等工程机械清理了地面上的建筑垃圾和硬化厂区地面，无法使用大型机械的区域则雇佣壮工用大锤和撬杠等工具肩扛手搬，最终克服了各种困难开始正常的发掘工作。本次发掘仅各发掘区清理地表以上各种建筑堆积的工作量便已远超正常发掘的工作量，进入正常的考古发掘后，仍然有各种建筑地基残存，严重影响发掘进度，而且本次发掘区内的地层较厚，Ⅰ区发掘最深处3.75米，已到生土，Ⅱ区和Ⅲ区最深处为5.2米，仍未到生土，因盐水不断渗入，被迫停止发掘。最深处的发掘地层时代为宋代。

二、地层情况

（一）Ⅰ区地层

本发掘区从地面至生土层共有7层，分别以T0411、T0412东壁（图三）及T0208、T0308、T0408南壁（图四）为例说明。

第1层：表土层。整个区域的大部为学校篮球场混凝土硬面，厚度不一，10～15厘米。时代为现代。

第2层：分为三个亚层。

第2A层：灰黄色沙质黏土。土质疏松，含建筑垃圾和石块，基本遍布整个发掘Ⅰ区，有青花瓷片等出土物。时代为清末至民国。

第2B层：颜色较第2A层稍浅。土质疏松，含沙量也大于上层，分布于发掘Ⅰ区的东部，出土物以青花瓷为主。时代为清代。

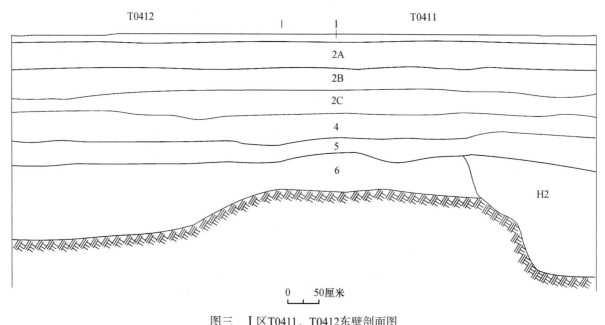

图三　Ⅰ区T0411、T0412东壁剖面图

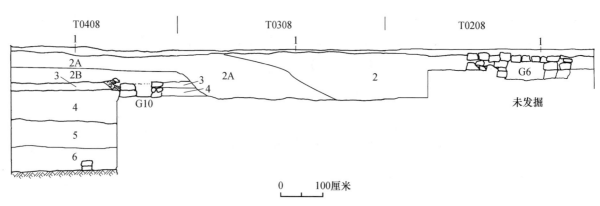

图四　Ⅰ区T0208、T0308、T0408南壁剖面图

第2C层：灰褐色沙质黏土。土质紧密，分布于发掘Ⅰ区东部，出土物以青瓦片为主，器物多为青花瓷片。

第3层：浅黄色沙土。较疏松，纯净无遗物，淤土。除个别区域外，基本分布于整个发掘Ⅰ区。

第4层：褐黄色沙质黏土。土质较疏松，含较多的建筑瓦砾及石块，出土白瓷片。时代为元至明代。

第5层：棕黄色沙质黏土。土质较致密，包含建筑瓦砾及石块等，出有白瓷、青瓷及釉陶等残片。时代为宋代。

第6层：黑褐色沙质黏土。土质较疏松，地层中灰烬增多，圆饼实心足瓷碗等物大量出现，并有少量琉璃瓦及灰陶瓦当、滴水等，其时代应为宋代，但汉唐遗物也夹杂其中，汉代的绳纹瓦、花边大砖时有出土。

第7层：生土层。棕红色黏土，含少量毛石碎块。

Ⅰ区地层可分为上、中、下三大层，以第3层的黄色淤土和建筑遗迹为界。上层堆积包括第1、2层，向汤溪河方向呈斜坡状分布，各探方内情况略有不同，据包含物分析，上层堆积出土遗物多为青花瓷，时代当为清代早期至近代；中层堆积为第3层黄色淤土和其下众多建筑遗迹，以及第4层，出土遗物以青花瓷、青瓷为主，时代为明代；下层即为明代堆积，以下直至生土地层，包括第5、6层，大致呈水平分布，出土遗物有瓷片、釉陶、瓦当、滴水及琉璃构件等，为宋代层。

（二）Ⅱ区地层

发掘Ⅱ区地表为混凝土地面，以下皆为生产用垃圾填埋，地表以下约50厘米处即有制盐遗迹的开口。整个Ⅱ区的地层分布略呈南高北低的缓坡状，以煤灰、炉渣、碎石、沙砾等填埋，各层堆积为制盐生产过程中反复利用、填埋而成，土质、土色变化较大，填埋土可大致划分为三期填土。以T0201、T0202南壁说明（图五）。

第1层：地表混凝土地面。

第2层：包括A、B、C三个亚层。三个亚层皆以制盐废料的填埋物为主，土质疏松，主要依据包含物划分，其土色变化较大，颜色深浅不一。

第2A层：以灰黄色为主。包含沙土、煤渣、炉渣等。

第2B层：以黑褐色为主。含大量的煤灰、炉渣。

第2C层：以红褐色土为主。含大量的炉渣、烧土颗粒。

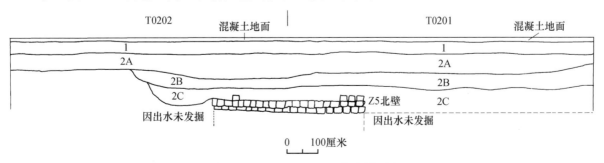

图五　Ⅱ区T0201、T0202南壁剖面图

（三）Ⅲ区地层

与Ⅱ区的地层大致相当。

三、遗　迹

（一）Ⅰ区遗迹

Ⅰ区遗迹主要以生活遗迹为主，上层晚期遗迹有房址、护坡、排水沟、水池等，其中房址大都破坏殆尽，仅存地面、柱洞、水池等属清中期至近代遗迹；中层遗迹以房址为主，其中F1、F2等房址的地面、铺地砖、柱础等皆有不同程度保存，出土物相对丰富，属明代遗迹；下层遗迹为房址墙基、灰坑等。现分别择要介绍如下。

1. 水池

Ⅰ区发掘水池4个，其开口层位及形制各有不同，但可大至分为A、B二型。

A型　1个，记为池1，开口于第2层下，距地表深0.25厘米，水池为长方形，开口稍宽，至底部略向内收，长1.5、宽1~1.1、壁厚约0.2米，残高45~50厘米。南端西侧部分残毁。砌筑方法为直接在地面上以毛石砌筑四壁，内壁和底部抹三合土，三合土抹面不均匀，厚1~5厘米（图六）。

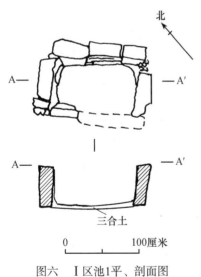

图六　Ⅰ区池1平、剖面图

B型　3个，编号为池2~池4，其中池2和池4开口于第1层，池3开口于第2层下。3个水池的构筑方法大致相同，即直接在地面下挖成坑，坑皆不规则，沿坑壁局部以毛石砌筑以固四壁，或以泥土填筑，或直接以坑作池，内壁以三合土抹面修整，下面以池3为例进行简要介绍。

池3　位于T0203东北角，开口于第2层下，距地表深0.25厘米，西南角被G1叠压并打破。水池形状不规则，近似弧边方形，开口至底部略向内收，开口处最宽1.5、深0.6米。池3的砌筑方法为直接在地面下挖成坑，坑不规则，沿坑壁局部以毛石砌筑以固四壁，或以泥土填筑，内壁以三合土抹面修整，三合土厚度不一，最厚处约5厘米（图七；图版五，1）。

2. 房址

Ⅰ区共发掘清理房址3座，皆保存较差。Ⅰ区的房址均开口于第3层下，形制相近，下面以F2为代表做简要介绍。

F2　位于T0404、T0405、T0406、T0407内，开口于第3层下，被G4、墙基5叠压，距地表深1.05米。F2残存地基和地面部分，长14.2、残宽4米。地基周边为石条砌筑，地面为三合

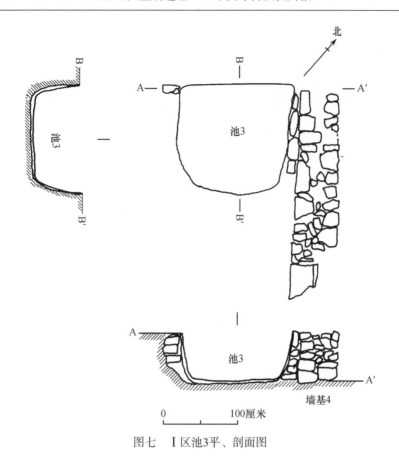

图七 Ⅰ区池3平、剖面图

土垫基，地面经火烤烧，用以防潮，其上铺"人"字形铺地砖，砖为红、青二色，长22.5、宽14.5、厚4.5厘米。残存柱础5个及柱洞1个，柱础两个一组呈西北—东南向排列，其中仅中间一组保持原位，同组的两个柱础之间间距为50厘米，下方上圆，边长40～50、高25厘米。F2应为背靠罗汉山，面向汤溪河的较大型建筑的前廊，其主体建筑应在东北侧（图八；图版五，3）。

3. 护坡

Ⅰ区共发现护坡2处。护坡1位于T0304、T0305、T0306、T0307内。其方向与布方方向相同，为北偏东42°。开口于第1层下，距地表深0.15厘米，其北端在T0307中部截断，南部被G4打破，南端在T0304内露出小部，全长12.7米，北宽南窄，宽1.8～2.42米，护坡的砌筑面高低不一，使护坡1开口至底部高度呈东高西低状，高0.6～0.9米。护坡1的砌筑方法为直接在地面向上砌筑，以毛石、沙土、白灰等混合，两侧多为大块毛石，中部多为小块毛石和河卵石，毛石大小不一，多为形状不规则的小毛石，主要以白灰和沙土固定（图九）。

4. 水沟

Ⅰ区共发掘水沟11条，编号为G1～G11，皆为石构造水沟，开口层位皆在第3层以上，时代为明清。下面以表格的形式对每条水沟进行简要介绍（表一）。

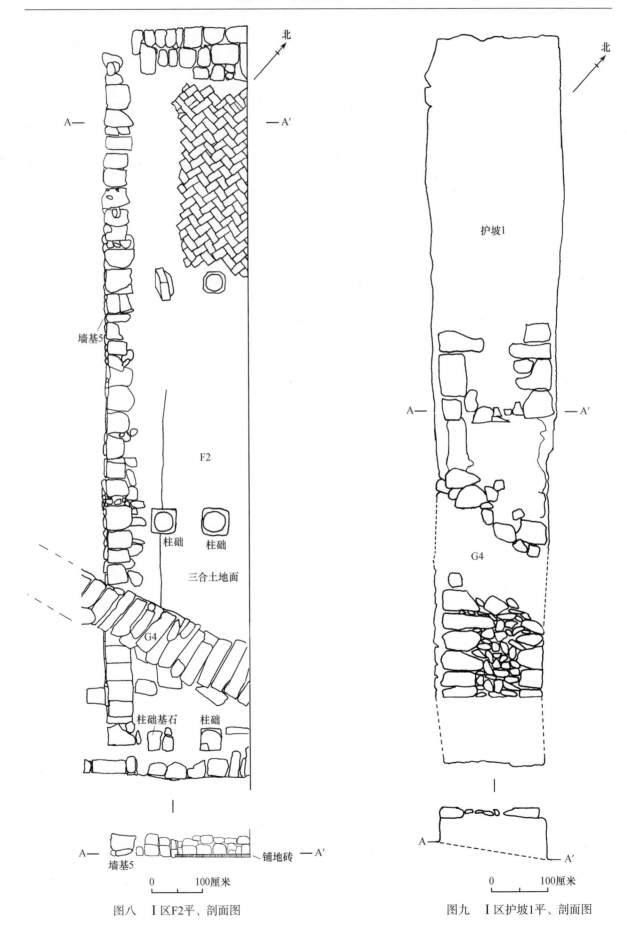

图八　Ⅰ区F2平、剖面图

图九　Ⅰ区护坡1平、剖面图

表一　Ⅰ区水沟发掘信息记录表

遗迹单位	开口层位	结构	所在探方	填土及主要包含物	备注
G1	第1层下	底部以三合土夯实，以毛石砌筑两壁	T0103 T0203	黄色沙质淤土	东自T0203内被破坏而截断，西至T0103西端
G2	第1层下	底部以三合土夯实，以毛石砌筑两壁	T0103 T0203	黄色沙质淤土，较纯净	东自T0203内被破坏而截断，西至T0103西端
G3	第3层下	底部未经加工，以大小不一的毛石砌筑两壁	T0310	填土为黄褐土，底有淤沙，含少量石块及白灰粒	东被F1打破，西延伸至T0210的东隔梁，并在此断开
G4	第1层下	以毛石铺地，以大小不一的毛石砌筑	T0404 T0405 T0305 T0205 T0206 T0106	沟内填土为黄沙质淤土，较纯净	打破护坡1、墙5，以及2A、2B等地层
G5	第1层下	底部略经夯打，以大小不一的毛石砌筑两壁	T0107 T0207 T0307 T0306	沟内西段填浅黄色沙土，为淤积形成，无盖顶石部分的填土为黄褐土，底有淤沙，含少量石块及白灰粒	在T0107和T0207的西端保存完整，上有盖顶石，余段存沟的两侧石壁
G6	第1层下	底部以毛石和三合土筑底，以大小不一的毛石及三合土砌筑两壁	T0107 T0207 T0208 T0308 T0408	沟内填土为浅黄色沙土	沟的南部大部保存完整，上有盖顶石，北段存沟的两侧石壁
G7	第2A层	底部略经夯实，以大小不一的毛石砌筑两壁	T0102 T0202 T0201	填土为浅黄色沙土	在T0202东端折向南进入T0201内，且在此残断
G8	第2B层	底部未见加工痕迹，以大小不一的毛石砌筑两壁	T0104 T0204 T0304 T404	沟内填土为浅黄色沙土	在T0204内被水池4打破，大部破坏较严重，部分沟壁保存尚好，无盖顶石
G9	第2A层	底部未加工，南侧壁以白灰和三合土抹平，其高度明显高过北壁，北壁以毛石砌筑，不甚规则	T0410	水沟内填土为黄褐色，土质疏松，含瓦块、石块、白灰等较多	沟壁保存尚好，无盖顶石
G10	第2B层	底部未见加工痕迹，G10两壁以毛石砌筑	T0408 T409	填土为黄褐色，含少量石块、白灰等	北端被G6打破。G10破坏较严重，沟壁保存尚好，无盖顶石
G11	第1层	底部略经夯打，以大小不一的毛石砌筑两壁，顶以较大条石横向平铺	T0107 T0207	沟内填土为浅黄色沙土，无盖顶石部分的填土为黄褐土，底有淤沙，含少量石块及白灰粒	沟在T0107西端保存完整，上有盖顶石，中段被G6打破，余段存沟的两侧石壁

5. 灰坑

Ⅰ区仅发掘灰坑2座，皆呈不规则形。其中H1为清代灰坑，H2为宋代灰坑，出土较多遗物。以H2为例，H2位于发掘Ⅰ区东北角的T0411东南部，因发掘环境所限，此灰坑未能完整发掘；从发掘的部分看，H2开口于第5层下，填土呈灰褐色，土质疏松，底部不规则，下为生土，共出土器物11件。

6. 墙基

Ⅰ区共清理墙基12座，均为石构造，下面以表格的形式对每座墙基进行简要的介绍（表二；图版五，2）。

表二　Ⅰ区墙基发掘信息记录表

遗迹单位	开口层位	砌筑方法	所在探方	保存状况
墙基1	第2A层	先在底部以三合土抹平，以毛石与白灰、沙土等混合砌筑，并在两侧壁上用三合土抹平	T0208 T0209 T0210 T0211 T0212	保存较差，南北向残长23.37米，墙宽35～40厘米，大部仅残存底部，南端在T0208被G6打破，并在此中断
墙基2	第1层下扰层	先在底部以三合土抹平，以毛石与白灰、沙土等混合砌筑，并在两侧壁上以白灰抹平	T0409 T0410	保存较差，南北向残长6.19米，墙宽47～50厘米，大部仅残存底部，在南端的T0409中仅存底部一层三合土基础及小块毛石，余部存高最高四层毛石
墙基3	第3层	先在底部夯平，以毛石砌筑墙体，毛石相对砌筑整齐	T0407	保存较差
墙基4	第2层	底部一层三合土基础，上砌毛石，两侧壁上白灰抹平	T0203	残长2.73米，墙宽50～61厘米
墙基5	第2A层	以较大条石或毛石在平地筑底（无槽），其上层以毛石垒砌	T0404 T0405 T0406 T0407	墙体宽约50厘米，残高0.35～0.55米。被G4打破南部
墙基6	第4层	先在底部以三合土抹平，以毛石与白灰、沙土等混合砌筑，局部有土坯块砌筑	T0411	保存较差，大部仅残存底部，在南端稍好
墙基7	第1层	先在底部稍挖浅基槽，以毛石与白灰、沙土等混合向上砌筑	T0303	墙7在南端保存较好，存高最高五层毛石
墙基8	第2B层	先在底部夯平，以毛石与泥土砌筑两墙体两侧，毛石相对砌筑整齐，中部毛石多为小块毛石混合泥土填筑	T0403	墙8保存较差，实际发掘残长1.47、宽0.8米左右，残高25厘米
墙基9	第3层	先在底部夯平，以毛石与泥土等砌筑，毛石大小不一，墙体两侧的毛石相对砌筑整齐，中部毛石多为小块毛石混合泥土填筑	T0407	残长3.55米，墙体东部略宽，宽0.75～0.8米，残高12～45厘米
墙基10	第2B层	先在底部夯平，以毛石与泥土等砌筑	T0409	墙10保存较差，存高最高3层毛石
墙基11	第5层	由毛石和青砖混筑，砖皆残，绳纹砖，当为利用废弃的汉砖	T0412	南北向残长2.05米，残存底部一排毛石
墙基12	第1层	先在底部稍挖浅基槽，以毛石与白灰、沙土等混合向上砌筑	T0303	墙6残长3.45米，墙宽0.5～0.65米，残高40～65厘米

（二）Ⅱ、Ⅲ区遗迹

Ⅱ、Ⅲ区制盐遗迹主要是盐井及制盐作坊。Ⅱ区是本次发掘发现遗迹最多，也是最重要的区域。遗迹为由灶、房址、水池、排水沟等组成的数个成组的作坊区，大都经多次翻修利用，形制变化较大，现择要介绍如下。

1. 盐井

本次发掘共清理方井2口。方井形制较小，其内壁有木架构残存，其废弃年代当不会久远。J1位于Ⅱ区T0205的东部，平面呈方形，内边长130、壁厚40厘米。J1四壁为先掏挖土坑，以三合土抹面，后层层搭建土板，木板长140、宽25、厚10厘米，木板间相互咬合连接，木板外侧抹三合土使之与土坑壁的三合土壁间形成空隙，内填小块毛石，层层填筑而成。因发掘空间过小，未能到底（图一〇；图版八，1）。

2. 灶

本次发掘的制盐用灶共6座，其中Ⅱ区5座、Ⅲ区1座，其中生活用灶3座皆在Ⅱ区。制盐用灶多保存不完整，但各灶保存部分不同，分别揭示了制盐用灶各部位的情况，使我们能够大致勾勒出一个完整的制盐烧造过程。下面分别以Ⅱ区Z7、Z4、Z5、Z8说明。

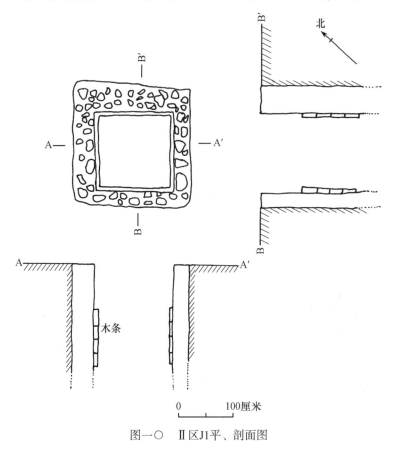

图一〇　Ⅱ区J1平、剖面图

Z7   位于Ⅱ区东北部、T0206的南部和中部，主体仅存灶的通风口（俗称下洞）部分，包括输煤的台阶和八字形通向灶口的墙壁两部分。墙壁呈"八"字形，口部大，里面小。这样利于通风和人的活动，口中部的侧墙与八字洞反向折出，北边为11层楼梯，南侧为墙。灶口出处宽4米。其深度为1.7米，露出的总长度为5.5、东端宽1.6米。墙壁全部用石条砌筑，石条大小厚薄不一，厚10～20、宽20～30、长20～120厘米。石条间以三合土抹缝。阶梯共有11层，每层高度不等，在13～18厘米，楼梯的建筑材料为毛石，其大小厚薄不一。楼梯的最上一步台阶因为晚期活动被破坏了一部分，楼梯的总长度为3.1、宽1.8米，高差为2米（图一一）。Z7

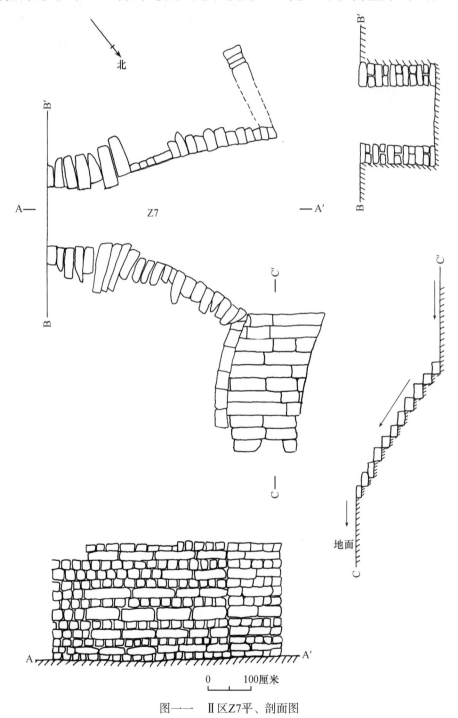

图一一   Ⅱ区Z7平、剖面图

北侧、台阶以东为F8，其西为储煤的盐池组合（即池29、池30、池31、池33、池34、池35组合），这样的位置显示了Z7在制盐流程中属于前端流程，并具有相当完备的设施和工艺。

Z4、Z5　位于Ⅱ区的南部，其主体部位位于T0101和T0201及其隔梁内，部分遗迹在T0102和T0202内。Z4、Z5南北并排，下洞部分共用一壁，而Z4下洞的北壁参差不平，未见加工修整的痕迹，且Z5南壁的部分三合土硬面压在Z4下洞上，所以Z5的时代是晚于Z4的，且是利用了Z4的下洞北壁加以改造后建成，因此我们把Z4、Z5合起来叙述。两灶均开口于第2A层下，距地表深0.7~1.2米，方向为布方方向（北偏东39°）的东西向，灶口向西，灶膛位于东部。Z5下洞部分基本呈"八"字形，Z5南壁的东部利用Z4的北壁而其西部破坏了Z4下洞的北壁，因而Z5下洞的南壁略呈"S"形，深1.5米，因出水未发掘到底。Z4、Z5总的残长为16米，Z5下洞最宽处2.5米，其东端逐渐变窄，在1.35米处以石条封口，石条长度不一，宽皆为15、厚10~12米，此处应为其灶膛的入口，灶膛两壁上残留小毛石砌成的灶台，长1.75、宽1.25米，小毛石呈条状，略向内起券，上抹三合土，表面呈弧形，为架设大口灶锅的支撑。灶台的东侧两壁残存高度较少，灶台已无存，两壁间残留铁锈痕和锈铁块，且两壁间对称，应是放置炉条处，其长度为1.6米。推测炉条长约130、宽约10、厚5~7厘米。炉条东侧仍有一段墙壁，两侧墙壁烧痕较重，未见其他遗迹现象，推测也是灶台的部分，Z5最东端为密集的木桩，据调查，此为盐场后期建房打的地基，约10米深，因其破坏，Z5的烟道部分已无存，也因出水而无发掘的必要。Z4的砌法与Z5类似，但其内部布局与Z5有较大差别。首先，Z4未见有大口锅的痕迹，其灶膛较小，灶台通长130、宽120厘米，其东侧两壁间的上方有长约6米的用盐砖砌筑的不规则墙壁，墙壁两侧为炉渣与盐的结晶混合而成的土壁，且呈上窄下宽的梯形状，类似田垄，因此，Z4应为一灶一锅的"垄"灶（图一二；图版六，1、3；图版七）。

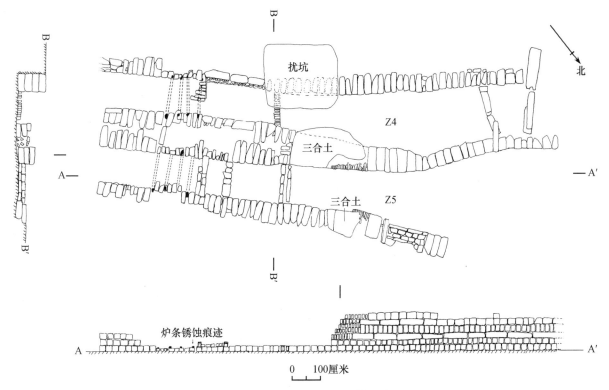

图一二　Ⅱ区Z4、Z5平、剖面图

　　Z8　位于Ⅱ区的中部，T0104内，开口于第2C层下，距地表2.5米，最深处距地表5.2米。方向基本上与探方的东西方向（探方方向为北偏东39°）平行，口东灶西。Z8的形状为长条形，口部较窄，灶部较宽。口部宽90、灶部宽110～150厘米；下洞处采用宽23～30、长80、厚13厘米的条石砌筑，砌筑方法大致为"一顺二丁"，较齐整，共暴露出8米长的灶，下洞长330、宽90～110厘米。Z8在本探方内暴露出三级灶台。第一级灶台宽108、长110～130厘米，此灶台抬升度较大，最低处和最高处相差90厘米。灶台的边为毛石砌成，长94、宽15、厚10厘米，灶台中间为宽14～23厘米的小毛石块相错平向叠砌，两石块间留有较宽的空隙。第一级灶台和第二级灶台中有台阶相通。台阶为小毛石组成，仅能侧脚向上，宽10～15、高15～18、长30～50厘米。第二级灶台较平，毛石砌边，石长50、宽15、厚5厘米。灶台长150、宽140厘米，中间用宽12、长20、厚6厘米大小不一的小条石平向架起，平铺的小条石下用小条石丁字架起，中间所留空隙很大。第三级灶台在本探方内仅露出长150、宽67厘米的一段，其砌边毛石逐渐加大，规格为长41、宽20、厚13厘米，有的或大或小。其上边未见小毛石，推测其构造方法和第一级、第二级灶台相同，可能被晚期活动毁坏。第三级灶和下洞落差较大，最深处为2.7米。此灶的三级灶台为后期改造形成（图一三）。灶内的堆积为粉状颗粒，细分可以分成若干个小亚层，其变化只是在土色上，土质及包含物等无变化，所以不再分层，土质较松软，土色为灰红色，包含物为粉尘状煤灰。在第二级灶台和第一级灶台处有一片明代瓷片。与Z8相关的其他遗迹只有F7，F7只有四个石础，推断可能是一个棚顶形建筑（图版六，2）。

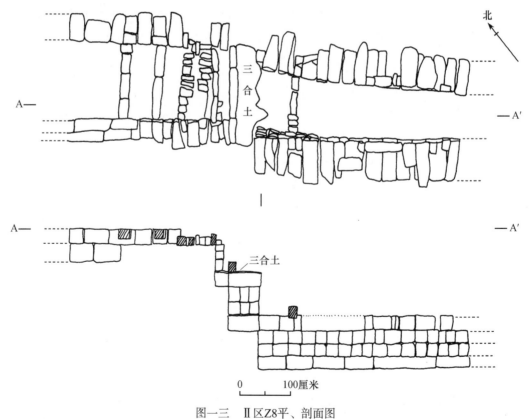

图一三　Ⅱ区Z8平、剖面图

3. 房址

Ⅱ区清理的房址均为与制盐相关的房址，普遍位于灶的通风口（即下洞）两侧，显然是烧灶制盐流程的一部分。

F1　位于Ⅱ区西南角，T0101内，开口于第2A层下，距地表深55厘米。F1平面呈长方形，方向近坐北朝南，残间宽4.55、长3.9米，地面为多次踩踏形成的硬面，北墙用红色盐砖筑成，盐砖多用长条状，规格不一，长约48、宽约32、厚约20厘米，或窄或薄。北壁一段采用双墙方式。F1南壁无存，其东、西两壁以毛石砌筑，规格不一。F1北壁厚48、残高50厘米，东壁厚65、残高55厘米，西壁厚30、残高29厘米。F1东北角有三级台阶通向F2，台阶高分别为10、20、25厘米。西墙有门道，宽1.6米，两侧墙以毛石砌成（图一四；图版八，2）。

4. 水池

39座，其中Ⅱ区35座、Ⅲ区4座。Ⅱ区的大部分水池相互间成组排列，形制相似，用途明显，共计6组，依水池的用途可分为A、B、C三型，其他独立成池的依形制可分为D、E、F三型。以下例说明。

A型　有3组，分别为池9、池10组合、池6～池8组合及池12、池13组合，此类组合的特点是组合内的水池均为长方形，且水池相接，四壁均以石条构筑，形制规整。从制盐流程看，用途为浸泡"垄土"或"冰土"的浸泡池。

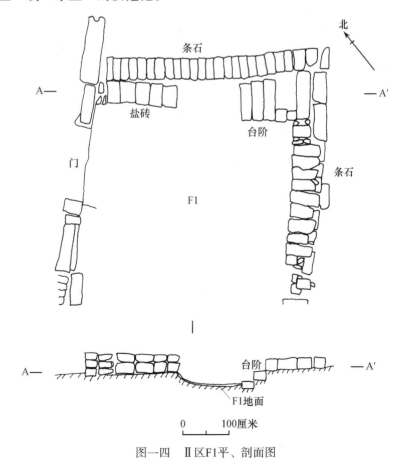

图一四　Ⅱ区F1平、剖面图

池9和池10　位于T0202东北角，Z6南侧。开口于第2A层下，皆为长方形，池9长2、宽1.3、深1.2米，池10长1.75、宽1.5、深1.2米。二水池构筑方式相同，用七层长短不一的毛石自底向上错缝平砌，且中间共用一壁。在第6层共壁上，池9内南北横向搭一条石条，用以增加踩踏面。池9内填土为炉渣和建筑垃圾，较疏松；池10内为红色黏质土，质地紧密、坚硬（图一五；图版八，3）。

B型　有3组，分别为池1～池4组合；池18～池21、池28组合；池23～池26组合。此类组合的特点是池的深度不大，其中全部或部分水池可以互通，部分水池内有浅坑，很显然，本组水池是用来滤澄成品盐的滤澄池。

池1～池4　位于Ⅱ区南部T0201内的南端，灶4南侧。均开口于第2A层下，方向基本为东西方向。皆为长方形。池1残长1.5、宽1.2、深0.7米（因距白兔井很近，池1下已出水，未至底），池1的壁采用小毛石砌边，以三合土抹壁筑成，距地表深55厘米。池2残长1.2、宽0.95、深35米，距地表深0.15米，池2的构造方法是利用池3的一半，其东部再铺以一层小毛石垫边，内以厚约2厘米的三合土抹壁而成。池3长2.9、宽92、深0.5米，距地表深55厘米，构造方法是用几块大毛石筑边，毛石长1.32、宽0.2、厚0.1米，在内壁抹三合土，三合土厚3～5厘米，池3的东部内有一深10、直径42厘米的圆槽。池4的构造方法与池3相同，毛石条规格也一致，底部为东高西低的缓坡，在其西部内池底有一深38、直径74厘米的圆坑，池4残长3.6、宽2.26米。本组水池填土皆为建筑堆积（图一六；图版八，4）。

C型　仅有1组，为池29～池31、池33～池35的组合。此组均位于发掘Ⅱ区T0106内，在T0206内有部分露出，均开口于第2B层下，距地表250厘米。池29～池31、池33～池35均为长方形或近长方形。因此组合的水池均仅在三合土地面上残留高3～5厘米的三合土凸起，所以其结构不清楚。池29残长为3.2、残宽2.05米，池30残长5.8、残宽2米，池31残长7.5、宽2.1米，池33残长8.05、宽2.75米，池34残长3.7、宽2.36米，池35残长3.77、宽2.05米。池29～池31、池33～池35的东侧即为Z7的下洞，其表层皆为硬结的煤末，为储煤池（图一七）。

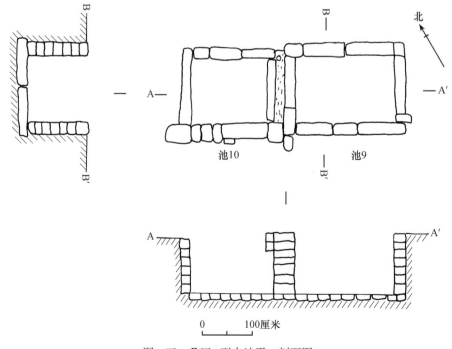

图一五　Ⅱ区A型水池平、剖面图

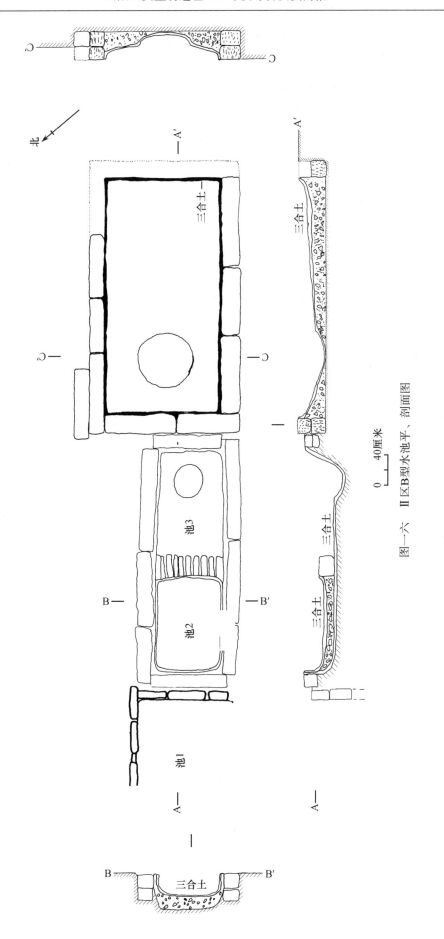

图一六　Ⅱ区B型水池平、剖面图

　　D型　圆形或椭圆形。2座，为Ⅱ区池14、池15。池14，位于发掘Ⅱ区T0204内。开口于第2A层下，距地表1.2米，池14先挖土坑，在坑内用厚5厘米的木条做壁，抹以5厘米的三合土，近口部以长短不一的小石条砌筑四周，石条厚8～15、长15～30、宽13厘米。在池周壁内有5～7厘米的卤水结晶，为使用过程中形成，使池壁总厚10～30厘米。池径约2、深1.35米。池内堆积多为建筑垃圾，近底部有煤渣。从池壁结晶看，池的用途为存储卤水之用（图一八）。

　　E型　长方形。7座。包括Ⅱ区池16、池17、池27，Ⅲ区池1～池4。形制与A型相同但独立成池，用途相同。

　　Ⅱ区池17　位于发掘Ⅱ区T0105内。开口于第2A层下，距地表0.57米。近长方形。四壁以单层大小不一的条石错缝平砌，内壁及底部皆抹三合土，厚3～5厘米。池17基本呈西北—东南向，中轴通长2.84、宽1.72、深0.97米，壁厚0.14～0.23米。池17池内堆积物上部分为建筑垃圾，近底部为煤渣（图一九）。

　　Ⅲ区池4　位于发掘Ⅲ区T0203南部，其南侧伸入探方南壁。池的结构较特殊，平面形状为长方形，方向为北偏东30°，从西侧到东侧逐渐向下倾斜，呈簸箕状。构造方式为直接挖土坑成池壁，以三合土抹平，北、东两边在近口部以残砖围砌两层。东西长1.82、南北宽1.58、深0.6米。池4内堆积多为炉渣，炉渣内含有少量的瓦块、石块及青花瓷片等物（图二〇）。

　　F型　不规则形。4座，均分布于发掘Ⅱ区，有池5、池11、池22、池32。此类水池形状不规则，池5、池11、池22结构相同，均在土坑上抹三合土成池，特点和用途与B型池相近。池32利用Z6的灶壁，在其侧以三合土筑壁，形制虽与上述三池不同，但用途一致。

　　Ⅱ区池5　位于发掘Ⅱ区的南部T0202内，开口于第2A层下，距地表深55厘米。方向为北偏东39°。池5的形状为两个小圆相连，其构造方法为在地上挖坑，北侧用小毛石砌边，中间隔以条形石，以三合土泥抹壁。池5残长2.48、宽2.22、深0.14米（图二一）。

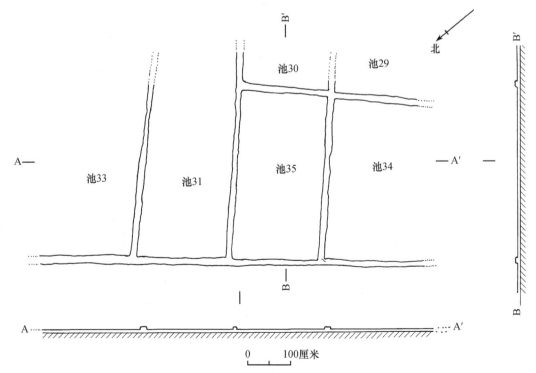

0　　　　100厘米

图一七　Ⅱ区C型水池平、剖面图

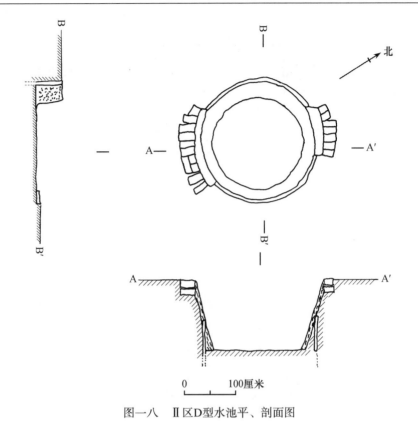

图一八　Ⅱ区D型水池平、剖面图

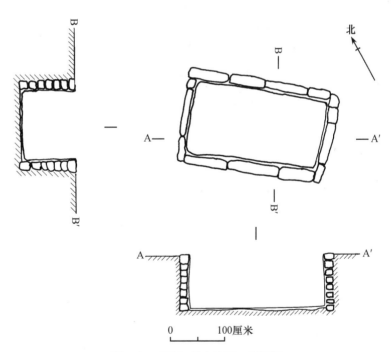

图一九　Ⅱ区E型水池平、剖面图

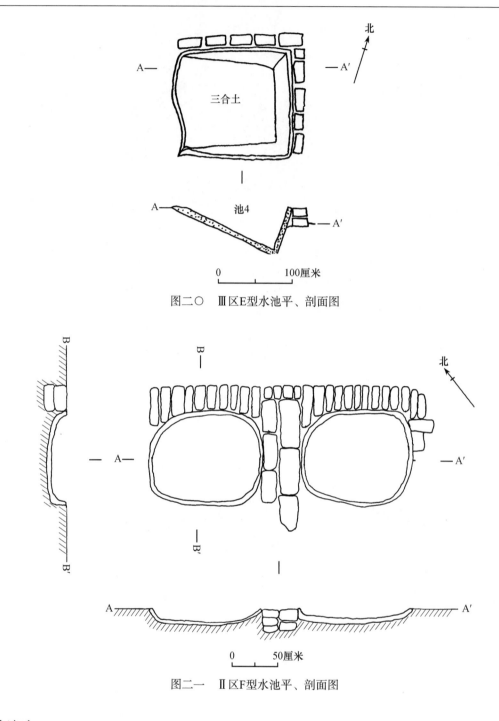

三合土

池4

0　　　　　　　100厘米

图二〇　Ⅲ区E型水池平、剖面图

0　　　50厘米

图二一　Ⅱ区F型水池平、剖面图

5. 其他遗迹

　　排水沟　共计10条，详见表三。

　　生活用灶　3座。均位于Ⅱ区房址内，编号为Z1、Z2、Z3，其形制相同，均为简易的小灶，有不同程度的残缺。以Z3为例，Z3位于发掘Ⅱ区北端的T0206内北部F8内西侧。平面呈梯形。其构造方式为用大小、长短不一的小毛石砌边，毛石小者24、宽10、厚10厘米，大者长102、宽18、厚10厘米。灶残存7层毛石，灶尾的上部用小石垫为柱，上着较大石块，留出5个宽约6、高9厘米的灶孔。Z3残长1.8、尾宽0.6、口宽1、深0.7米（图二二）。

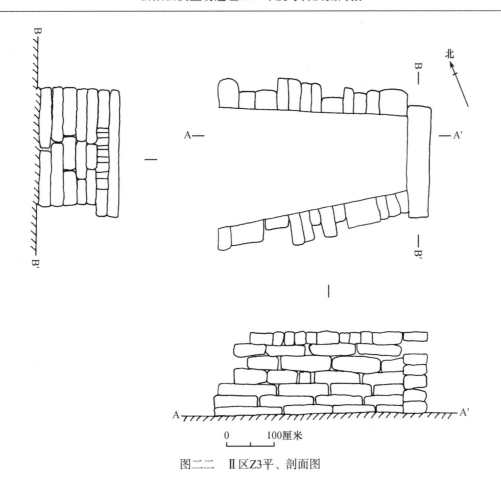

0 　　　100厘米

图二二　Ⅱ区Z3平、剖面图

表三　Ⅱ、Ⅲ区排水沟发掘信息记录表

遗迹单位	开口层位	结构	所在探方	包含物	备注
Ⅱ区					
G1	第1层下	长条形，用石条砌成，石条铺地，两侧竖向平铺两条石条，然后再盖上石条	T0103	炉渣	G1打破Z6，叠压在Z6的堆积层之上
G2	第2A层下	G2平面上呈长条形，用石条砌筑，石条铺地	T0105	炉渣	因为晚期活动破坏较大，G2上部已无存，仅残留部分底部
G3	第2A层下	G3平面上呈长条形，用石条砌筑，采用石条铺地，两壁立石，后再盖以石条	T0205		G3残长4.4、宽1.35米
Ⅲ区					
G1	第2层下	G1为砖砌成，内抹三合土	T0101 T0102	G1内堆积为灰黑色及红色炉渣	
G2	第2层下	石条铺地，两侧竖向平铺两条石条，石条间以三合土填缝	T0202	内部堆积为炉渣，含有少量石块	G2只残存T0202内的一小段，其余均被破坏
G3	第2层下	沟为石条砌成，上面盖有石条	T0102		G2现在只残存一段，残长7.58米
G4	第2层下	条石砌成，底部为长方形石板，两壁为石板。内壁及底部均抹有三合土	T0103 T0203	G4内堆积为灰黑色炉渣，含有少量石块	现存沟的西端只有底部石板，其余两壁残留石板，在沟的东部（T0203）上部残留有石盖板

续表

遗迹单位	开口层位	结构	所在探方	包含物	备注
G5	第2层下	大石条砌成，沟口向下逐渐变窄，剖面呈"U"字形，G5的东部有大石条铺的盖板。沟内壁及底用水泥、石灰抹面	T0103 T0203	黑灰色炉渣，含有少量石块	保存较好
G6	第2层下	底部为三合土。两壁为石块垒砌	T0103	灰色炉渣，含有少量石块	北壁较为完整，但南壁残损较为严重，仅余少量石块，约10块
G7	第2层下	两壁及沟底用石条垒砌	T0103	灰色炉渣，含有少量石块	沟的西北侧壁破坏严重，石条大多已失。东南壁较为完整

四、遗　物

本遗址出土的遗物主要集中在发掘Ⅰ区，其中尤以瓷器残片为多，有青花瓷、白瓷、青瓷，其中不乏精细瓷片，器形有碗、盅、勺等。陶器有瓦当、滴水、琉璃残件等建筑构件和灯、盆、碗、罐等。Ⅱ、Ⅲ区出土物较少，主要是做工粗糙的青花瓷片、铁片等。已复原器物共计76件。现择要介绍如下。

（一）宋代地层中出土的早期遗物

本次发掘中出土了一些汉代的花纹砖及绳纹瓦，皆出于Ⅱ区的第6层中，汉代遗物与第6层的宋代瓷片共出，多为后期建筑上的再利用（图二三，6、7、12、13、15）。

石造像　ⅠH2：8，砂岩质。头部及手部、下肢残缺，胸前戴佛珠，右手屈臂持物，左手手印不详，根据造型和服饰推断其时代当不晚于五代。残高94、宽95厘米。与之共出的有宋代建筑构件和宋代瓷器（图二四）。

（二）宋代遗物

1. 建筑构件

多出土于第5层或第5层下H2，类型有瓦当、滴水和勾头。

瓦当　皆为圆形瓦当。依据当面图案可分五式。

Ⅰ式：1件。菊花纹。ⅠT0408⑤：2，泥质灰陶。圆形带筒瓦（残），当面呈圆形，下部残缺。径12、厚1.2、残长12.1厘米（图二三，4；图二五，1）。

Ⅱ式：1件。牡丹花朵纹。ⅠT0408⑤：3，泥质灰陶。圆形，上部带瓦处残缺。径11.6、厚1.2厘米（图二三，3；图二五，2）。

Ⅲ式：1件。当面饰芙蓉、棕榈图案。ⅠH2：4，泥质灰陶。周边饰连珠纹。直径10.4、壁厚1.2厘米（图二三，14；图二五，3）。

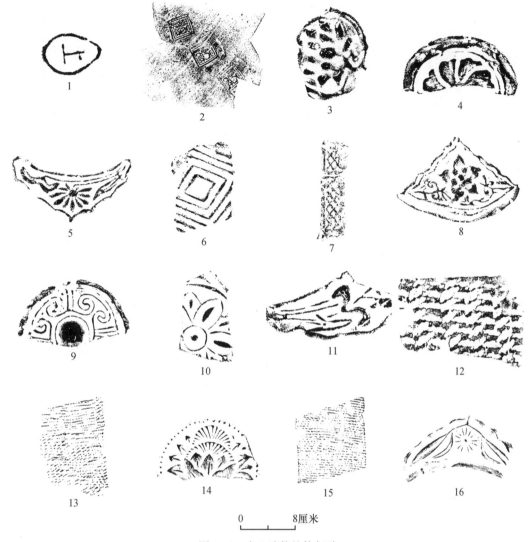

图二三 出土遗物纹饰拓片

1. 勺（ⅠT0211②：1-2） 2. 印文陶片（ⅠF1：1） 3、4、9、10、14. 瓦当（ⅠT0408⑤：3、ⅠT0408⑤：2、ⅠH2：2、ⅠH2：3、ⅠH2：4） 5、11、16. 滴水（ⅠT0408⑤：1、ⅠH2：5、ⅠH2：6） 6、7. 汉代花纹砖（ⅠT0411⑥：3、ⅠT0411⑥：4） 8. 勾头（ⅠH2：1） 12、13、15. 汉代绳纹瓦（ⅠT0411⑥：5、ⅠT0412⑥：1、ⅠT0411⑥：2）

Ⅳ式：1件。周边饰卷云纹。ⅠH2：2，圆形，中心饰一颗宝珠，应为四组，现存两组。直径16、厚1.2厘米（图二三，9；图二五，5）。

Ⅴ式：1件。外围饰花卉（残缺）。ⅠH2：3，当面呈圆形，中心一珠状凸起，外一同心圆。厚1.2厘米（图二三，10；图二五，8）。

滴水 均为弧边三角形，带仰面板瓦。依纹饰可分三式。

Ⅰ式：1件。当部饰芙蓉花、叶，缘部为凹形花式，仰面部有粗布纹。ⅠT0408⑤：1，泥质灰陶。当面呈弧边三角形，带仰面板瓦。全长29.6、宽19、高10.8、厚1.2厘米（图二三，5；图二五，9）。

Ⅱ式：1件。当面饰芙蓉图案，缘面为凸形花式口。ⅠH2：6，泥质灰陶。带仰面板瓦，板瓦残缺。残长17.6、宽20、高10.2、厚2厘米（图二三，16；图二五，4）。

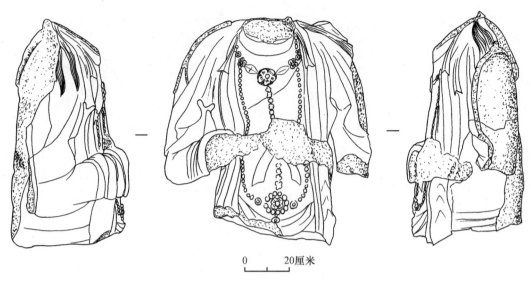

0 ——— 20厘米

图二四　Ⅰ区出土石造像（ⅠH2：8）正、侧视图

Ⅲ式：1件。花式缘，中饰缠枝花朵，当面纹饰为印模制成。ⅠH2：5，泥质灰陶。带覆面瓦，当部呈三角形。残长14.2、宽20、高6.6、厚1.2厘米（图二三，11；图二五，7）。

勾头　1件。ⅠH2：1，泥质灰陶。带覆面瓦，当部呈正三角形，左边缘残缺，瓦面无存，花式缘，中饰缠枝花卉，当面纹饰为印模制成。瓦面与勾头半径12、壁厚1厘米（图二三，8；图二五，6）。

2. 瓷器

以白釉刻划花碗为多，另有黑釉、酱釉、青釉等瓷类。

碗　可分为六式。

Ⅰ式：2件。花式口沿（共分六瓣），小圈足。ⅠH2：11，白瓷。敞口，尖圆唇，黄白釉，足底心无釉。器外壁轮制旋纹尚存。口径18、底径5、通高6.5厘米（图二六，1）。ⅠT0411⑤：1，大敞口，尖唇，影青釉，白胎，足底心无釉。内饰刻划花草纹。口径16.4、底径4.75、通高4.5厘米（图二六，2）。

Ⅱ式：1件。ⅠT0412⑤：2，大敞口，圆唇，斜直腹，小圈足。胎色灰白，上釉前先施化妆土，内壁满釉，内底有涩圈，外壁半釉，流釉。口径19、底径5.2、通高5.3厘米（图二六，3）。

Ⅲ式：2件。敞口，小圈足，腹略弧，形似斗笠。ⅠH2：7，尖唇，有芒口，胎很薄，釉色白中泛黄，内外壁饰划花纹，小圈足下无釉，足施釉。口径13、底径4、通高4.8厘米（图二六，4）。ⅠH2：10，白瓷。敞口，尖唇，灰胎，上有化妆土，釉色不均，小圈足下无釉。口径12、底径3.6、通高4.6厘米（图二六，6）。

Ⅳ式：1件。ⅠT0411⑤：2，侈口，平沿，尖唇，颈微束，腹微鼓，斜直腹，玉璧底。内外皆施黑釉，外釉略不至底。口径11.4、底径3.6、通高5.1厘米（图二六，5）。

Ⅴ式：1件。ⅠT0411④：1，侈口，尖圆唇，斜直腹，小圈足，内呈球形底，并有叠烧痕一周。通体施白釉，外侧釉不到底，釉色白泛黄。口径10、底径4、通高5.2厘米（图二六，7）。

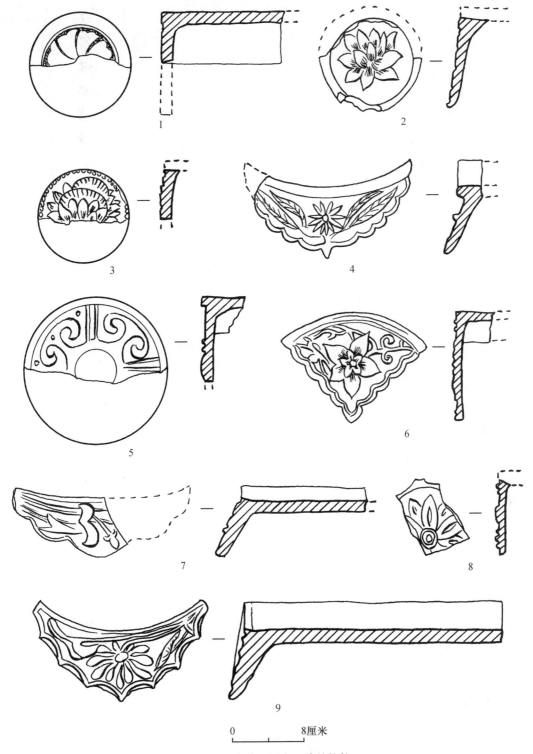

图二五　宋代地层出土建筑构件

1. Ⅰ式瓦当（ⅠT0408⑤：2）　2. Ⅱ式瓦当（ⅠT0408⑤：3）　3. Ⅲ式瓦当（ⅠH2：4）　4. Ⅱ式滴水（ⅠH2：6）　5. Ⅳ式瓦当（ⅠH2：2）　6. 勾头（ⅠH2：1）　7. Ⅲ式滴水（ⅠH2：5）　8. Ⅴ式瓦当（ⅠH2：3）　9. Ⅰ式滴水（ⅠT0408⑤：1）

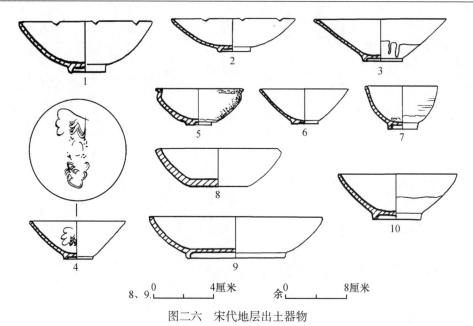

图二六　宋代地层出土器物

1、2. Ⅰ式碗（Ⅰ H2：11、Ⅰ T0411⑤：1）　3. Ⅱ式碗（Ⅰ T0412⑤：2）　4、6. Ⅲ式碗（Ⅰ H2：7、Ⅰ H2：10）

5. Ⅳ式碗（Ⅰ T0411⑤：2）　7. Ⅴ式碗（Ⅰ T0411④：1）　8. 陶碟（Ⅰ T0411⑤：4）　9. 盘（Ⅰ T0411⑤：3）

10. Ⅵ式碗（Ⅰ T0412⑤：1）（除8外，均为瓷器）

　　Ⅵ式：1件。Ⅰ T0412⑤：1，敞口，圆唇，斜直腹，着酱釉，色棕黑，胎质褐色，粗糙，内有涩圈，外釉不到底。口径15.6、底径6.7、通高5.3厘米（图二六，10）。

　　盘　1件。Ⅰ T0411⑤：3，尖唇，圆腹，圈足，斜削足。素面。施青白釉，釉不到底，内有涩圈一周，涩圈上有刮痕一周。口径11.4、圈足内径6.4、高2.7、壁厚0.2厘米（图二六，9）。

3. 陶器

　　宋代地层中出土的陶器多为泥质灰陶，泥质红陶次之。器形有罐、瓮、碟等，多为残片，可复原的仅1件。

　　碟　Ⅰ T0411⑤：4，泥质灰陶。尖唇，斜直腹，小平底，底有旋纹。素面。口径8、底径3.8、通高2.5、壁厚0.4厘米（图二六，8）。

（三）明代遗物

　　以青瓷及青花瓷片较多。可复原的仅2件。

　　Ⅰ F2：1，碗。侈口，圆唇，斜鼓腹，高圈足内有尖状凸起。施豆青釉，圈足内不施釉。碗内壁饰旋纹，外壁饰刻划花纹。口径8.6、底径3.3、通高5.4、壁厚0.2厘米（图二七，1）。

　　Ⅰ F1：1，印文陶片。釉陶，青釉，褐胎，上有（元祐寿记）戳印三组，为同一戳印。残长19.2、宽18.8、厚0.5厘米（图二三，2）。

（四）清代遗物

数量较多，以青花瓷类为多，器形亦较丰富，有碗、盘、勺、盅等。另有陶盆、灯等。

1. 瓷器

基本为青花瓷。

碗　依外形变化可分八式。

Ⅰ式：侈口，圆唇，腹较深，圈足。ⅠT0301②B：3，内外施青灰釉，圈足底去釉，饰青花彩，内沿处及底各有一双线圈，中心画一石块，上生兰草，下饰水波，外侧绘山林树木，树下有农舍2座，山中有宝塔1，山下江水，山倒映于水，微波荡漾，天空有大雁作"人"字形飞翔，水中之清浅处有石露出水面，上着兰草。足底有双线一周，内有一曲方形戳记，笔绘而成，不是文字，其内容不可识，似是一种符号，落地处釉被刮掉。口径18、底径8.1、通高8厘米（图二七，2）。

Ⅱ式：深腹碗，侈口，斜直腹，圆唇，圈足。ⅠT0302②：1，内外施青灰釉，圈足底去釉，饰青花彩，外饰团花，内饰二层双道蓝线，内、外底皆有纹饰，因残缺而不清。口径13.2、底径7.8、高6.8厘米（图二七，12）。ⅠT0412②B：1，豆青底，底部无釉，外饰缠枝草纹，内部底部饰团花，口沿有铁线一周。口径10.8、底径6.4、高6厘米（图二七，5）。

Ⅲ式：侈口，圆唇，斜腹微弧，圈足。ⅠT0203②：4，青花彩，豆青底子，内有涩圈，下腹有双线纹一周，底心有一方形图案，外绘多株花卉以斜线分隔。圈足无釉。口径16、底径8、通高6.9厘米（图二七，3）。ⅠT0203②：2，豆青底子，外侧一道中线分成上下二层，又以飘逸竖斜线分出小格，每格内画花卉一组，内侧也有一道中线。碗心草书一"寿"字。口径14、底径6.2、高6.4厘米（图二七，18）。ⅠT0204②：7，侈口，圆唇，底色黄白，彩如蓝黑墨水，漫漶不清，内有涩圈一道。口径12.8、底径7.2、通高4.8厘米（图二七，9）。ⅠT0203②：1，芝云状花卉，外绘六组，内绘五组，内有一周无釉，中心有青花方款，但字迹漫漶不清，花卉亦多有晕色，瓷质粗糙。口径14.4、底径7.4、高6厘米（图二七，10）。ⅠT0302②：2，足心外凸，内有涩圈一道，内心饰团花纹，内中有双道蓝彩，内心亦有一道蓝彩，彩迹漫漶，外部纹饰严重晕色。口径14.4、底径7.2、高6厘米（图二七，13）。

Ⅳ式：敞口，圆唇，口微外撇，斜直腹，圈足。ⅠT0204②：8，釉色白中泛黄，内外釉皆不到底，内无纹饰，外用印模一周几何花卉纹，纹饰颜色墨青。口径16、底径8.7、通高5.7厘米（图二七，6）。ⅠT0301②B：4，胎质粗糙，釉色光亮，豆青底，内饰团花，双道蓝彩，外部图案不清，晕色严重，内有一圈无釉。口径20、底径8.4、高8.4厘米（图二七，4）。

Ⅴ式：侈口，尖唇，弧腹，圈足。ⅡT0202②A：1，内有涩圈一道，外饰山水及月落江影纹，内以简笔线条描绘，如飞云状。口径12.4、底径6.1、高5厘米（图二七，8）。ⅠT0301②：3，彩墨蓝，白底，釉内外皆不到底，内无纹饰，外饰几何花卉纹一周，足心外凸。口径16、底径8.8、高5.6厘米（图二七，11）。ⅠT0204②：4，敞口，圆唇，弧腹，圈足，足心外凸，外饰青花，青花色灰暗，黄白色胎，黄白色釉，釉不及底，碗底施釉，

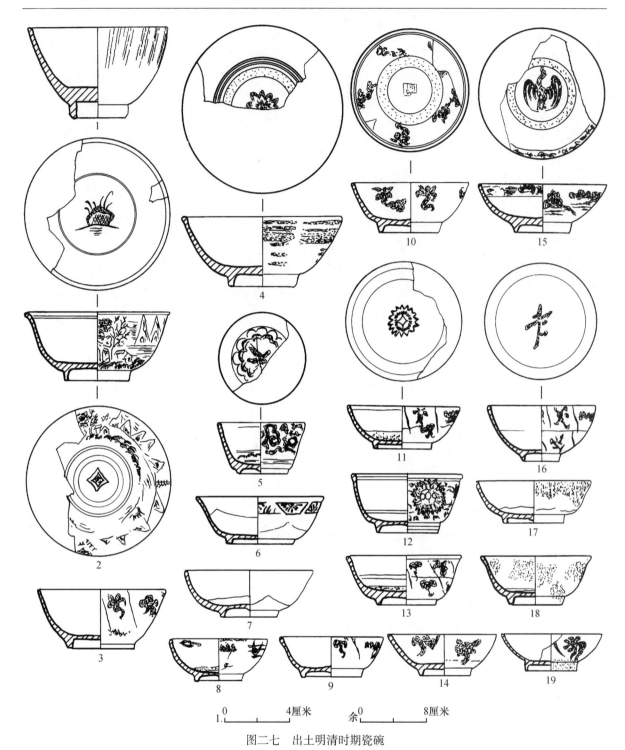

图二七　出土明清时期瓷碗

1.明代（ⅠF2∶1）　2.Ⅰ式（ⅠT0301②B∶3）　3、9、10、13、18.Ⅲ式（ⅠT0203②∶4、ⅠT0204②∶7、ⅠT0203②∶1、ⅠT0302②∶2、ⅠT0203②∶2）　4、6.Ⅳ式（ⅠT0301②B∶4、ⅠT0204②∶8）　5、12.Ⅱ式（ⅠT0412②B∶1、ⅠT0302②∶1）
7、8、11、15、17.Ⅴ式（ⅡT0102②A∶2、ⅡT0202②A∶1、ⅠT0301②∶3、ⅠT0204②∶4、ⅡT0102②A∶1）
14.Ⅵ式（ⅠT0204②∶6）　16.Ⅶ式（ⅠT0203②∶3）　19.Ⅷ式（ⅠT0204②∶5）

裸胎处有明显刀刮痕。底有涩圈一道。口径13.2、底径6.4、高4.4厘米（图二七，15）。ⅡT0102②A：1，内外釉皆不及底，所绘内容为水墨渲染乌云浊雾。口径14、底径7.6、高5.2厘米（图二七，17）。ⅡT0102②A：2，粗白瓷，胎质粗糙。内外釉皆不到底，釉色发黄，光泽度差。口径16、底径7.9、高5.4厘米（图二七，7）。

Ⅵ式：敞口，尖唇，斜直腹，圈足。ⅠT0204②：6，青灰胎，豆青釉，釉不到底，外饰三组青花花卉图案，碗内底不施釉，饰三朵花卉，图案颜色灰暗。口径12.8、底径6.4、通高4.8厘米（图二七，14）。

Ⅶ式：侈口，圆唇，斜直腹，小圈足。ⅠT0203②：3，施豆青釉，着青花彩。图案内容似花似云，彩头黑蓝，笔亦不工，且有晕色，花间有斜竖条界开，内沿下有一道蓝彩，底有一青花描绘"老"字。口径13、底径4.4、通高6.5厘米（图二七，16）。

Ⅷ式：敞口，尖唇，圆腹肩，圈足。ⅠT0204②：5，青灰胎，豆青釉，釉不及底，外饰三组青花花卉图案，碗内底不施釉，饰三朵青花花卉图案，青花发色灰暗。口径13.2、底径6、高4.8厘米（图二七，19）。

盅　根据外形变化可分四式。

Ⅰ式：敞口，尖唇，斜直腹，圈足。ⅠH1：2，青花彩，豆青底子，花卉内容内外一致，均为上下二层，上六组、下四组，以竖曲线分开，内以花瓣分隔，一花一云搭配作画，其花又似奔跑之犬，其云如"士"字而拖一卷曲之尾。口径6.5、底径3.3、通高3.8厘米（图二八，1）。

Ⅱ式：侈口，圆唇，腹微弧，圈足。ⅠT0212②：1，青花彩，豆青底子，外饰草叶，内沿下和底分别饰双道线纹，底部粗绘一动物图案，因着彩过浓，分辨不清。口径5、底径2.5、高径2.8厘米（图二八，2）。

Ⅲ式：侈口，圆唇，弧腹，圈足。ⅠT0209②：1，青花彩，豆青底子，足底无釉。绘画内容：内心点一点儿，外侧绘画似竹。口径5、底径2.2、通高2.5厘米（图二八，4）。

Ⅳ式：侈口，圆唇，口外撇，斜直腹，圈足。ⅠT0301②B：1，青花彩，豆青底子，足底无釉。绘画内容：内心青花点抹，外壁绘草叶纹。口径6.2、底径2.7、高3.4厘米（图二八，3）。

盆　根据腹部的不同可分二式。

Ⅰ式：敞口，圆唇，弧腹，平底微凹。ⅠT0204②：1，足底微凸，灰胎，质地较粗糙，酱釉，蘸半釉，釉面多气泡。口径18.4、底径11.5、高7厘米（图二九，1）。

Ⅱ式：敞口，圆唇，斜直腹，平底微凹。ⅠT0204②：2，青花，豆青底子，内外图案一致，皆饰花卉、云朵，并用斜线界开，内有涩圈一道。口径18.8、底径12.6、高6.6厘米（图二九，2）。

小罐　ⅠT0301②：1，平口，方唇，鼓腹，肩部稍凸起，底部残损（可能是小平底），腹间正楷小字书"羊城徐吉祥"五字。酱紫釉，口部无釉。口径2.8、底径1、最大腹径4.7、通高3.6厘米（图二九，6）。

勺　根据唇部及柄的上翘弧度不同可分三式。

Ⅰ式：敞口，尖首，尖圆唇，柄做45°上翘。ⅠT0211②：1-1，勺，透明釉可见胎骨，无纹饰，仅在边沿处抹了青花彩，勺内平，底微凹，并有一凸文“上”字。ⅠT0211②：1-2，青釉较薄可见胎骨，仅在边沿处抹青花彩，内底平，底部微凹，有一凸文“上”字。全长9.3、匙部最宽处4.9厘米（图二三，1；图二八，7）。

Ⅱ式：敞口，尖首，圆唇，翘柄52°。ⅡT0202②：2，柄首为蝴蝶装饰。豆青底子，勺底青花彩绘团花。全长10.7、最宽处5厘米（图二八，5）。

Ⅲ式：敞口，尖首，尖圆唇，柄作30°上翘。ⅡT0202②A：3，豆青底子，上下均饰缠枝花卉。全长12.2、匙部最宽4.3厘米（图二八，8）。

碟　ⅡZ5：1，侈口，圆唇，斜直腹，小圈足，豆青底子，施红彩，画“蝌”与“寿”字，底款为一阴文“興”字。口径6.7、底径3.7、通高2.5厘米（图二九，3）。

盘　根据外形变化可分为二式。

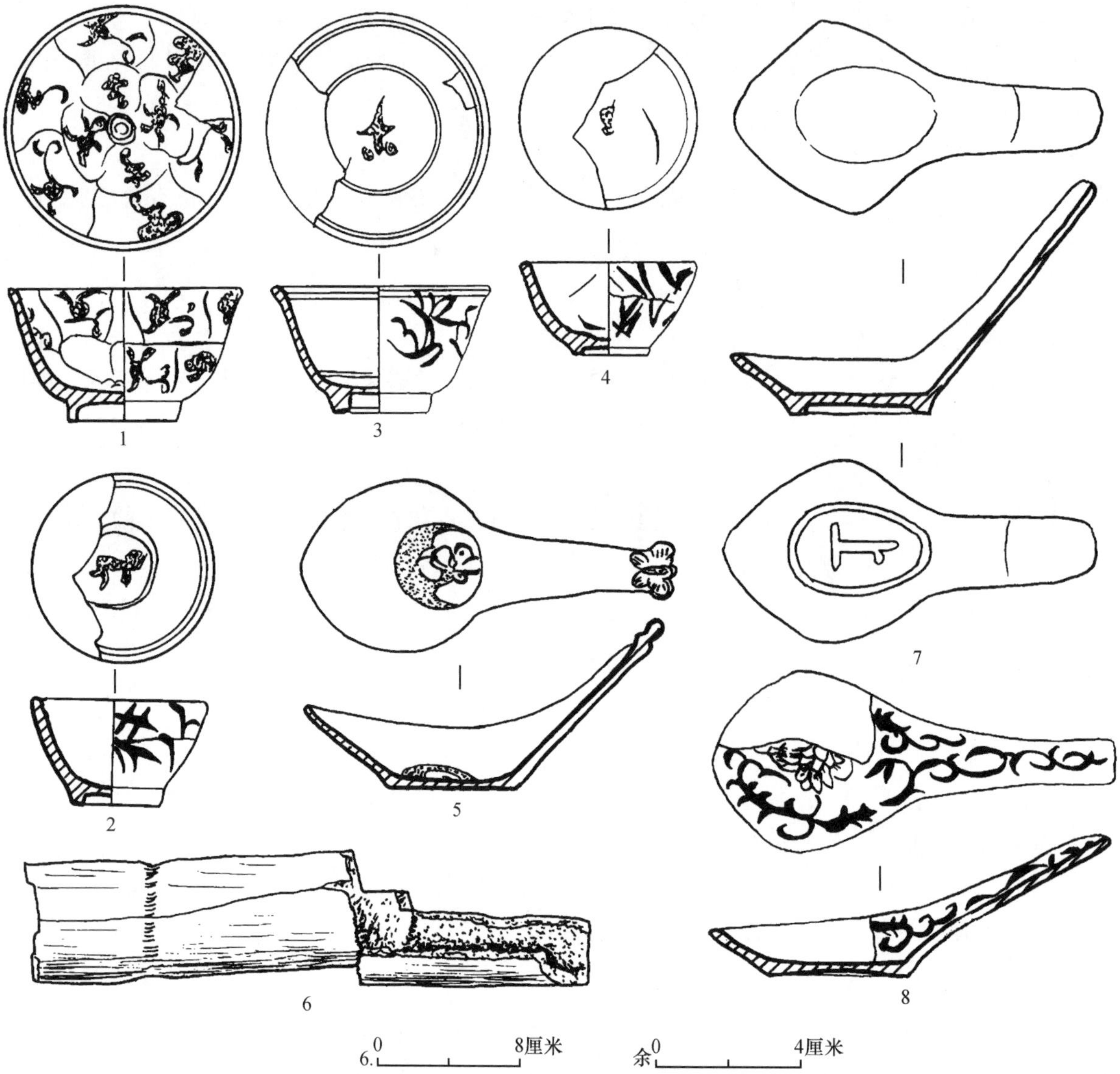

图二八　清代地层出土器物

1. Ⅰ式盅（ⅠH1：2）　2. Ⅱ式盅（ⅠT0212②：1）　3. Ⅳ式盅（ⅠT0301②B：1）　4. Ⅲ式盅（ⅠT0209②：1）　5. Ⅱ式勺（ⅡT0202②：2）　6. 竹管（ⅡZ7：1）　7. Ⅰ式勺（ⅠT0211②：1-2）　8. Ⅲ式勺（ⅡT0202②A：3）

（除6外，均为瓷器）

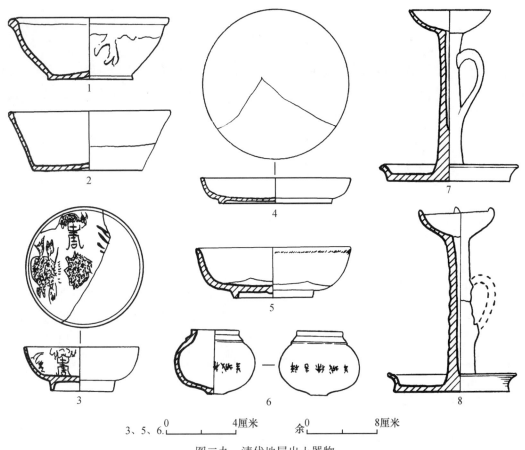

图二九　清代地层出土器物

1. Ⅰ式瓷盆（ⅠT0204②：1）　2.Ⅱ式瓷盆（ⅠT0204②：2）　3.瓷碟（ⅡZ5：1）　4.Ⅱ式瓷盘（ⅡF2：1）
5. Ⅰ式瓷盘（ⅠT0201②B：1）　6.瓷小罐（ⅠT0301②：1）　7、8.陶灯（ⅠT0106②：1、ⅠT0303②：1）

Ⅰ式：侈口，尖圆唇，小圈足底。ⅠT0201②B：1，施豆青釉，外青花彩一周，釉不到底。口径9、底径4.7、通高2.9厘米（图二九，5）。

Ⅱ式：敞口，尖唇，圆腹，圈足，斜削足。ⅡF2：1，盘底青釉书朱子治家格言，因残缺，缺失大部，应为格言前几句："黎明即起，洒扫庭除，要内外整洁。既昏便息，关锁门户，必亲自检点。一粥一饭，当思来处不易。半丝半缕，恒念物力维艰。宜未雨而绸缪，毋临渴而掘井。自奉必须俭约，宴客切勿流连。器具质而洁，瓦缶胜金玉。饮食约而精，园蔬胜珍馐。勿营华屋，勿谋良田。"口径17.3、圈足内径12.2、高2.8、壁厚0.2厘米（图二九，4）。

2. 陶器

灯　ⅠT0303②：1，泥质红褐陶，质硬，上部施青釉。自柄中部以下无釉。上有一储油小盘，小盘上有三个三角形凸起，盘底有一孔与柄相通，以利储油，柄很高，有指抹旋纹，柄中有一执手，下部有一大盘，口微侈，唇圆，沿平，中心与柄相连。上部直径8.8、座直径15、通高20.5厘米（图二九，8）。ⅠT0106②：1，上部为一碟形小盘，中心有一孔与柄相通，柄细而高，居中，柄中间有一执手，下部是侈口浅盘，质地为泥质红陶，上部着青绿釉，下部无釉。高19、上部直径9.8、下部直径15厘米（图二九，7）。

3. 竹器

竹管　ⅡZ7：1，毛竹制成，仅出土两段残管，其中大管断为上、下两片，外层竹皮已被腐蚀殆尽，内壁附着盐结晶，小段剩余半片，其一端削成薄壁，应为管道的接合处。外径6.6、内径4.7、残长13.5～19厘米（图二八，6）。

五、结　语

云安镇的考古调查与发掘，使我们对云安盐场遗址有了进一步的了解。云安镇是一个历史悠久，以制盐为业的古镇，根据记载和实地调查表明，制盐从汉代起始，推之可能还要更早。众所周知，食盐是人体所必需，同时也是百味之首。我国古代的食盐主要有四大来源，即海盐、池盐、岩盐和井盐。云安盐场属井盐，其盐井较多，清代以前就有百余口盐井，盐水较为丰实，盐质较好，是三峡流域及四川、湖北等地的主要产盐区之一。此次对云安盐场的发掘使我们对古代的盐井制盐工艺以及当时社会经济状况有了一定的了解，并得出了以下几点不成熟的认识。

1. 关于清代井盐生产流程的认识

Ⅱ、Ⅲ区的各探方内与制盐相关的遗迹遍布，几无空隙，其分布明显以制盐流程中的各道工序成组排列，反映了制盐过程的各个方面。每一组作坊以灶为中心，其下洞位于成套的房址内或房址一侧，并以阶梯互通，房子的用途当为存储燃料、工具、成品以及盐工的休息之所；灶台周围为道路、成组水池、排水沟等，其中水池一般为2组，用途分为浸泡盐池和滤澄池；灶台中、后部为"垄"，即卤水拌成泥砖垒成"垄"形，表面铺上煤渣，反复浇卤，使水分蒸发，煤渣吸收盐分后，换取放入浸泡池内以卤水浸泡，再回收至锅，以提高卤水浓度。据相关史料载，此制盐工艺称为"浇垄法"，灶称"垄灶"始于乾隆二十四年（1759年），初为一灶一锅，清末改为一灶多锅。从发掘的Z4、Z5来看，原为一灶一锅的"垄灶"，后期加长加宽下洞，改为一灶多锅。可能后来又改造为"田灶"，因现代盐厂的改造使之破坏严重，未见全貌。

2. 关于清代以前灶的形制的认识

盐业志及云阳县志中对清代以前的制盐工艺所述极少。据本次发掘情况来看，Z8从开口层位、距地表深度以及灶的形制来看应早于清代初期，或曾后期改造后在清初使用过。Z8不同于其他清代灶的特征有如下几点：①Z8的方向与清代灶的方向相反。②Z8下洞与灶台部分的度差较其他灶要大得多，落差近2.5米，符合盐业志中提到的早期盐灶的特点。③Z8周边既无"垄灶"之浇盐于煤渣的现象，更没有"田灶"的盐砖。④Z8填土中虽有煤灰，但密度很小，应是后期填埋所致。因此，我们推断其时代当不晚于清初。

3. 关于云安镇发展历史的认识

Ⅰ区出土了较大比例的精细瓷，尤其是较精细的宋代青、白瓷以及建筑构件的出土证明此地应为富人聚居区，多种外地官窑产品的大量输入（出土）至少可以证明来往此地的商人（盐商）的流动性较大，为云安盐业在宋代的兴盛提供了佐证。

4. 关于早期井盐生产工艺的探索

云安盐场遗址的文化堆积极厚，尤其是井盐生产区的文化层厚度、发掘工作量大大超出预计，根据近几年的发掘情况来看，明清至民国的炉渣堆积厚5~6米。云安盐场遗址发掘的大部分工作基本上围绕在此深度范围开展，对更早期的井盐生产状况的了解甚少。而且制盐作坊的各个组成部分多以石砌，对考古发掘来说，仅清理明、清时期的遗迹已是耗时良久，若仅以人工把整个明、清时期的堆积完全清理、清除后再向下发掘，资金和工期上的困难及消耗恐怕难以承受。因此，我们建议今后的发掘工作，在已经充分取得清代制盐工艺的考古资料的前提下，使用大型工程机械清除以上地层，即把地表下5米的土层去除后，再正常向下发掘，以便最高效率地寻找和揭示云安盐业的源头。否则，在有限的资金条件下，想要完成云安盐场遗址课题的研究，以我们现在的了解来看条件尚不充分。

5. 关于云安盐场遗址中心区发掘选址的问题

据现状及调查了解，原盐厂厂区现拆迁区内几乎无布方发掘之余地，原因主要是剩余区域内或是大型成品车间，或是现代制盐车间，这些区域内遍布大型钢筋水泥柱基，水泥标号极高，挖掘机对此也毫无办法，而且水泥柱基据说深十余米，小型柱基浇筑形式类似，尤其是柱基间的距离很近，其间无法布方，就算勉强发掘，其间的遗迹早已破坏殆尽，发掘意义不大。建议今后的发掘选择已拆迁的小型厂区宿舍或民居区域内。另外，Ⅰ区遗址为生活聚居区，尤其是商人聚居区的发掘对研究云安盐业的发展有较大意义，建议增加此区域的发掘面积，以进一步了解其内涵，尤其是早期遗存的发现和揭示，能够更进一步了解当时云安盐业的全貌。

领队：杨　林

绘图：杨永贺　梁纪想

摄影：张　羽

执笔：王建伟　任亚珊　江　霆

云阳旧县坪遗址2004年度台基建筑发掘简报

吉林省文物考古研究所
云阳县文物保护管理所

　　旧县坪遗址是三峡重庆库区一处重要的古代文化遗址，位于连接云阳新老县城公路南侧的双江镇建民村二队，西南距云阳新县城双江镇约12千米。自1999年度起，发掘工作由吉林省文物考古研究所组织进行。

　　遗址地处长江北岸临江的一个狭长高地之上，西南窄，东北宽，略近狭长梯形。长江从遗址西南至东北环流东去。其东北部E区较平坦，是遗址三个台地中较大的一个，四周环绕低山矮丘。2001年底曾在该区南部发现一座大型夯土基址及其上建筑一角，但未做扩方发掘。2004年对其大面积揭露时，发现台基建筑整体保存较好，周边还出土了"汉巴郡朐忍令广汉景云"碑和一些肖形础石，显然是遗址中一座重要建筑。今将台基建筑及其相关遗物先行整理，简报如下。

一、地层堆积

　　E区所在的台地俗称大坪，形状不甚规则，表面较平坦。约东西宽150、南北长180米。夯土台基位于E区南部和S区交接处，为上下叠压、两个时代的夯土台基。现以04YJET0411～04YJET0711西壁为例（遗址统一地层编号），介绍本发掘区域内的堆积情况（图一）。

　　第1层：现代耕土层。厚0.2～0.45米。黑褐色，土质疏松。

　　第2层：厚0.15～0.3米。棕红色，土质疏松，略呈沙性。出土青花瓷片等少量明清遗物。

　　第2B层：厚0～0.25米。红褐色，土质较松软，未见包含物。

　　第3层：厚0～0.3米。浅黄色，土质较致密、纯净，含沙。发掘区内断续分布，出土零星泥质灰陶绳纹瓦片，推测为自然流水搬运沉积层。

　　第4层：厚0～1.25米。黄褐色，仅在台基北侧分布。含少量瓦片和白瓷片。

　　第5A层：厚0～0.64米。灰黑色，土质致密。堆积中夹杂大量的炭屑、烧土粒，并出土大量泥质灰陶绳纹瓦残片，越接近该层底部出土的瓦片个体越大，堆积亦越密集。此层另出土铜钱、铜镞、绿釉瓷片等遗物。此层主要堆积于上层夯台东南坡上，呈西北高东南低的坡状堆积。推测可能是上层夯台建筑废弃倒塌后形成的堆积层。

　　第5B层：厚0～0.65米。红褐色，土质较致密，之中夹杂风化的红色砂岩小块。包含物较纯净，仅出土少量碎小瓦片。此层断续堆积于上层台基东南角部，推测为自然力形成堆积。

　　第5C层：厚0.15～0.5米。黑绿色，土质较疏松。含沙、炭屑量较大。局部含沙量大的地方色泽偏绿，含炭量大的地方色泽偏黑，堆积中出土少量陶纺轮、铜镞等遗物。上层夯土台基

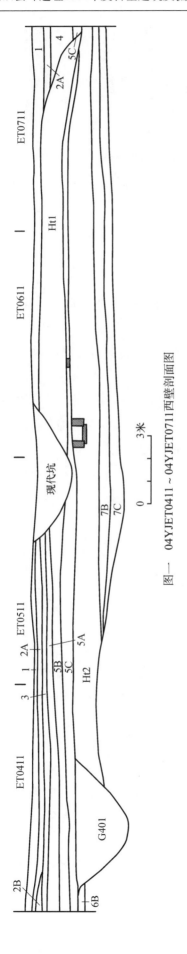

图一　04YJET0411～04YJET0711西壁剖面图

（04YJEHt1）的局部起建于此层上，该层下叠压下层夯土台基（04YJEHt2）。推测为下层台基建筑废弃后自然力形成的堆积层。

第6、7A层：无分布。在对下层夯土台基（04YJEHt2）解剖时，发现台基东南局部直接建造于基岩之上，其余各处的地层堆积还有。

第7B层：厚0~0.5米。黑褐色，土质较致密，夹杂少量绳纹瓦片。此层上发现一座花纹砖垒砌的残破房址，层中出土"大泉五十"铜钱1枚，下层夯土台基建于此层上。

第7C层：厚0~0.6米。黄褐色。土质较致密，包含少量瓦片。其下为红色基岩。

二、上层夯土台基

上层台基（04YJEHt1）规模较大，平面近长方形，横截面呈梯形。限于布方面积，台基东北端未做发掘。台基略呈东北—西南走向，清理部分顶面宽约7、底面宽12、长约37米。由于起建地面凹凸不平，夯筑时又未经平整，台基夯土厚度差别较大，在0.9~1.8米。夯台以黄、红、黑色花土夯筑，局部根据不同色土所占比例不同，剖面上可划出0.1~0.3米的夯层，最多处可见8层，夯层上不见夯窝。

台基表面破坏严重，不见原生地面，仅于东南部靠近台基边缘处发现不等距柱洞5个，其南侧台基中间区域，出有许多残碎板瓦。根据现存遗迹尚难辨识台基上的整体建筑布局，从瓦片中夹杂的瓷片观察，其年代应在六朝中晚期。

此台基整体叠压在下层夯台北半部之上，只间隔一层厚0.15~0.9米的第5C层。其宽度不及下层的04YJEHt2，但长度较之大了很多，两端均在下层台基之外。

三、下层夯土台基

（一）夯土台的形制、结构和构筑方式

下层台基（04YJEHt2）大致呈东西稍长、南北略窄的长方形覆斗状。长边方向北偏东50°（图二）。台基顶面略微平坦，周缘破坏较严重，平面近圆角长方形。顶面残长30.7、宽21.5米，底面长31.8、宽24.3米。夯台起建地层凹凸不平，导致不同部位夯土的厚度有差异。最薄处0.8、最厚处1.5米。

台基以红色砂岩风化土和黄绿色钻土夯筑而成，夯土较为松散，硬度不高。夯层上不见夯窝。从台基的解剖情况看，多数地段夯层较为清晰，但夯层分布不均，厚度也不尽相同。夯层厚0.15~0.3米，局部厚0.5米以上。一般4~6层，西北部达到10层。其中1~5层较为连贯，相对较为水平，5层下的夯层则断续分布，厚度也因地势而异。夯土中夹杂陶、瓦碎片，夯台中部偏北位置的第9层夯层中出土"大泉五十"铜钱1枚。

台基表面不平，南部中段存留最高，西部保存最差，表面有多处被打破的凹坑。西南角近40平方米已遭人为破坏。东南角经人工修整出平面，留有石砌墙基、础石和残渠等遗迹。从解

图二　04YJEHt2全景（由西向东摄）

剖情况看，东北角以黄绿色黏土和红褐色风化土交替夯筑，剖面上呈坡状叠压，和其他部位有所不同，可能是台基损坏后进行的修补。台基南侧有一条沿其底边挖出的拦截山水的长沟，东西两侧各有一个蓄水的大坑。

（二）遗迹

台基上共清理出房址1座、水渠2条、窖藏1处，以及可能是奠基坑和墙基的残迹，分述如下。

1. 房址

房址（04YJEF401）起建于下层夯土台基之上，长边方向北偏东51°。尚存磉墩、础石、柱洞和用条石、花纹砖垒砌的墙基数段，均居于台基西北部。从现存遗迹分析，04YJEF401为面阔3间、进深1间，外围有廊的建筑格局，主体建筑东侧另有一增建的简易建筑（图三）。

主体建筑发现8处磉墩，分为南北两排，每排4处，两两相对。南排磉墩自西向东（S1～S4），以磉墩中心计，间距分别为6、6.5、5.8米，北排磉墩由西向东（S5～S8），间距分别为5.8、6.5、5.8米，两排间距约4米。

磉墩平面近圆角方形，系挖坑后夹石填土夯筑而成。边长约2、坑深约1.3米。口大底小，内夯层平，多数夯筑10层左右，层厚0.1～0.2米。夯层中夹垫1～3层卵石，卵石层平面呈长方形，分布范围未及坑的边缘，仅略大于其上所放置的础石。所用卵石经筛选，长径均约15厘米。

础石现存16块，多数尚在原位。明显未经移动的6块在磉墩上，自西向东、由南至北分别编号C1～C6。S1、S5磉墩上的础石缺失。础石均为深褐色砂岩，5块为方形，边长0.65～0.8米；1块为圆形，直径约0.9米。厚度均约0.2米。

C1和C2、C4和C5之间，分别设一间础（C7、C8），均处于各排中轴线上偏西位置，可能

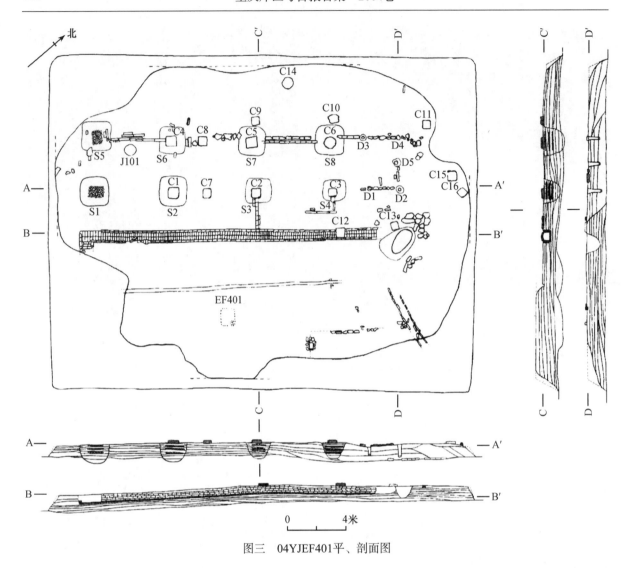

图三　04YJEF401平、剖面图

是没有移动的补间或增间础石。其形状、质地、规格与磉墩上础石相同，唯其下不设磉墩。

北排础石以北约1.6米有3块础石（C9～C11），质地、形制与主础石相同，均方形。排列与北排础石平行，础石间距为5.8、7.5米，可能为廊柱之础。西侧的2块与C5、C6位置相对应，东侧C11位于增建房址柱洞D5之外2.2米处。

南排础石南侧，也有2块质地、形制与磉墩础石相近的方形础石。1块在C3之南水渠之上（C12），1块在其东3.5米处（C13），两础石排列与04YJEF401南列础石大致平行，间距约为2.2米，可能是其南侧之廊础。其中摆放不甚平整，位置亦可能稍有移动，C12压在排水渠上，显然并非原来位置。

其余的3块皆位于台基边缘，距离房址稍远，排列亦不规则，可能均非原位。东边的2块为方形（C15、C16），边长0.65～0.7、厚0.22米。南北排列，间距约1米。北边1块（C14）为圆形，直径0.8、厚0.2米，几乎贴近台基边缘。

04YJEF401的墙基主要发现于北排础石之间和东侧增间柱洞附近，南侧只见两段隔墙基础，分别以条石、块石和花纹砖混筑。西侧磉墩S1和S5之间仅残存2块块石，墙基已经破坏，其西散落数块砖石，未知是否来自墙基。

北侧墙基基本贯通。内中S5和C4之间，墙基以双排条石垒砌，内侧条石6块，保存基本完好，外侧条石残存2块。C4和C5之间，墙基分作两部分，西部由2块修理规整的纵向摆放的条石和1块未经修整的块石构成，东部以未经修整的块石垒砌，且略偏于北侧。其东C5和C6之间，墙基用内外双层花纹砖垒砌，内侧存砖2层，外侧存砖1层。

南排础石之间未见墙迹，东间之南却见有两部分不相连接的墙基。东部墙基长约2.3米，北端连于C2，南端直达04YJEF401南侧水渠。此墙以两排几何花纹砖构筑，西排存砖3块，单层摆放，东排存砖10块，作两层平砌。下层7块保存完好，上层仅余3块，其南端外侧，立埋3块相同花纹砖，顶面与上层砖表面相平。西部墙基呈折尺形，以经修整的条石立砌，条石宽约0.12米。其南北向段长约1米，单层石条，西折段长2.3米，北侧并置1块花纹砖。

04YJEF401东边增建的简易建筑，现存5个呈长方形分布的圆形柱洞，三面留有墙基。柱洞（D1～D5）直径均约0.2米，底部均垫石块或半块花纹砖。其中D2～D4上口径约0.5米，D1、D4深约0.6米，D2、D3、D5深约1.1米，直至夯台底部。从分布看，D1～D4四柱平面呈南北方向的长方形，约长3.5、宽2米。D5为增柱，位于D4和D2之间，间距大致相等。柱间墙基均为砖石结构，整体来看，原筑墙体只有三面，西边或借04YJEF401东墙。其北面墙基与04YJEF401北墙基础呈一直线。此墙基础东西两段筑法不一，东段用单层石块摆砌，西段以单层几何花纹砖排铺。南侧墙基较之04YJEF401南排础石中心线内缩0.3米，筑法与北墙相同，但在D1～D3只发现1块花纹砖，此砖以西或辟有门。D1～D2段墙基之北，单独摆放1块条石，方向与墙基相垂直，顶面高出墙基较多。东侧墙基由于加柱洞（D5）的存在而自然分成两段，南段D2和D5之间以未经修整的块石和残砖条石砌筑，方向与南北两墙均相垂直，外层摆有块石、条石各一，内侧只存一方形石块。北段D4和D5之间一段已遭破坏，其东散布10余块呈外弧形分布的砖石，很可能就是原来这段墙基的材料。

总体来说，04YJEF401主体建筑的磉墩、础石一带，破坏扰动不大。但除西、北两侧，其余三对南北础间和南排四础之间都未见墙基。夯台表面清理中，也没有发现土墙或木骨泥墙的迹象。故不能排除04YJEF401木构墙体和开放式两廊的可能。此外，门址迹象不清。但房址东南分布有两片嵌入夯台的块石，石块大小和间距不等，但表面基本平齐。一片在C14东侧，一片在其南，相距2米，二者略有高差，中间夯土呈坡状，西半边被一开口于第5C层表的灰坑打破，疑是04YJEF401南廊向东转南的路面。

2. 水渠

渠（04YJEQ401）位于04YJEF401南侧，呈折尺形，长边方向与房址一致，以长条和榫卯花纹砖修砌。渠身整体处于夯台地面之下，顶面与台基表面平齐，平面呈折尺形，其西端南折。水渠两端残，中段保存较完好。东西向残长2.3米，东端未及增建房址东墙，西端略长出04YJEF401西墙，南折部分残长约0.7米。渠约外宽0.9、内宽0.5、深0.5米。渠底东高西低，高差0.4米。水渠中部在C2南侧墙体以北，保存有长约0.75米的拱形渠顶，8排榫卯砖并排侧立于水渠侧壁上。每排均以2块榫卯砖榫卯相扣拱砌，砖两端的榫卯卡于水渠侧壁之上。水渠侧壁以4层花纹砖构筑，底部并排横铺两道长条花纹砖，侧壁砖平砌于渠底砖上。现渠壁大部分存留砖3～4层，底面和侧壁平整，南折段侧壁损坏严重，局部仅存砖1～2层。

04YJEQ401砌筑整齐，砖的形制有四种。渠底和侧壁下两层砖为整砖，一侧面饰双轮几何纹或浮雕车马纹，渠壁上层混用有榫卯的券顶砖，其侧面纹饰均为中间加三横线的双轮几何纹。券拱渠顶的榫卯砖侧面纹饰为加单轮的菱形几何纹。从渠内壁平整而未见鼓凸的情况看，该渠是在夯土台基夯成后砌筑的。此渠与04YJEF401方向一致，花纹砖与房址墙基及其南侧隔墙基础用砖的形制、规格几乎没有区别，渠内填土为第5C层土，只出有少量残瓦，未见其他杂物。据此04YJEQ401应是04YJEF401的组成部分，即其南侧庭院的排水渠。

渠（04YJEQ402）位于下层夯台南部，北距水渠南侧壁约3米，打破夯台。截面呈梯形，残长约15.7、口宽0.2～0.35、底宽约0.15、深约0.15米。沟内堆积第5C层土，质地疏松，较为纯净，仅出土少量泥质灰陶绳纹瓦片。其走向与房址和以04YJEQ401一致，有可能也是同时期的遗迹。

3. 窖藏

窖藏（04YJEH102）位于04YJEF401西间北部，靠近墙基。开口于下层夯土台基表面，直径约1、深0.7米。坑为圆形圜底，形制不甚规整，底壁亦不光滑。填红褐色土，质较硬，和夯台上部夯土质地接近。出土1件黄绿釉四系瓷罐、2件青瓷碗、2件铁三足灯，全部放置在1件双錾耳铜洗中。

4. 其他遗迹

台基南半部中央偏西处，解剖时发现一长方形坑（04YJEK401），开口于现存夯土层表。坑内为一层夯土，四壁较直，平底。口底长1.2、宽0.9、深0.14米。坑内东南角处覆置陶钵1件，中央有一似犬的头骨及数段肢骨。其北有1件铜盘，盘下压有一或两件难以辨认的铁器。从坑内的夯土看，此坑应是在04YJEHt2建造时有意构筑，可能和建筑奠基或祭祀有关。

台基东南角处有一道嵌入台基之中的断续墙基，为单排大小不等的石块摆成，方向与04YJEQ401基本相同。残长5.2米。其西1.5米处有1块长0.45、宽0.25米的长方形石础，同样嵌入台基，四面均围有碎石。墙基东端还有一条残渠（04YJEQ408），壁为石板立砌，底部未铺石，渠底略呈北高南低状。西北至东南向。残长5.5、宽0.5米。总体分析，该渠和房址残基均应为更晚时期的建筑，又因其南部均已超出台基范围，也与04YJEF401无关。

四、相关遗物

下层夯台周边及其上的夯土（04YJEHt1）中出土遗物较多，包括陶、石、铜、铁器等。内中以上层台夯土里的1件"蛮夷邑长"铜印、几件汉代肖形础及夯台南侧出土的1件汉碑较为重要，现简介如下。

蛙形石础　出土于04YJEF401北侧上层夯台填土之中，东北距石蟾蜍约1米。暗红色砂岩雕成，底部为一长方形基座，厚8厘米。座上雕一蛙，头部残缺，腹部圆鼓，背部被磨成一个圆形平面，身中部横向断裂。蛙后腿蹲踞，脚大，四趾，略向内斜。通长73、宽60、通高27厘米（图四、图七）。

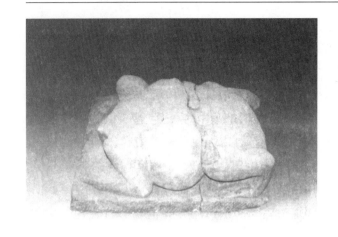

图四　蛙形石础

图五　兽形石础

兽形石础　出土于夯台南侧的上层夯土中，暗红色砂岩雕成。底部长方形基座厚9厘米，座上雕一神兽，兽颈粗壮、上昂，头残，颈上有三道凸棱，正面一段卷曲状纹。肩部有羽翼，背部平，腹部圆鼓。四肢粗短，脚宽大，四趾尖锋利。粗尾，由身下至左侧两腿间伸出，尾尖一分为二，搭于脊背上部。腹左侧雕有一小兽，双圆耳，面部残。通长94、宽56、残高50厘米（图五、图八）。

禽形石雕　出土于上层夯台的夯土中，仅存头部和一爪，分为2块，均为红色砂岩。头基本完整，正面雕有长喙，喙顶有两个椭圆形鼻孔。嘴中衔一长条形物，已残。枣核形立目，圆眼珠，眼后下部有近半圆形耳郭。面下部有三道横曲线。爪前端三趾，呈细长锥形，雕于基座之上，座残。厚约9厘米（图九、图一〇）。

蟾蜍石雕　出土于04YJEF401北侧的第5C层，青灰色砂岩雕成，下连一长方形基座。头略高于脊背，双目大而外凸，弯月形眉，目间一鼻，大口紧闭，下一方框，框内有四道竖向凸棱。腹部圆鼓，垂于基座上，臀部浑圆，正中雕一圆形肛门。背平，中央偏后有一边长25、深20厘米的正方形槽。前腿粗短，爪四趾，后腿蹲卷，爪朝前。长119、宽100、通高78、底座厚17.5厘米（图六、图一一）。

"汉巴郡胸忍令广汉景云"碑　出土于台基东南，与台基相距约17米，出土时断为两截。碑身下半部分被用作一座5C层上建筑的础石，背面折断处留有多个清晰的錾坑。碑身的上半段出土于下段西北方向的第5C层中，间隔2.3米，均覆置，碑文面朝下，整体保存基本完好。淡红色砂岩雕刻而成，底部有长方形的榫，榫端已折。

碑首高55厘米，正反两面各刻三条晕线，正面晕线左起，晕环内正中为"妇人掩门"，为高浮雕，右门内开，妇人探身于门外，右手扶于左门之上，身半遮半露。妇人形体丰满，小嘴，大耳，头梳高髻，身着长袍，衣袖宽大；左右分饰金乌、玉兔，为浅浮雕，左侧的金乌圆目，短喙，顶有冠，长颈，两翅做展翅欲飞状。长尾，尾羽朝下，左腿直立，右腿略弯曲上抬，足似鹰爪。玉兔做人形，体修长，高鼻，小嘴，长耳立于头顶。双臂前伸，右臂略向后错，手心向上，掌中各横卧一物，做行走状。碑出土时妇人唇上、金乌尾羽及玉兔腋下等数处发现极小块的朱彩，推测原浮雕上曾有彩绘。

碑文四周阴刻云纹，上下云纹带较宽，间饰形态各异的4只飞鸟，上方云纹带正中一圆

图六　蟾蜍石雕

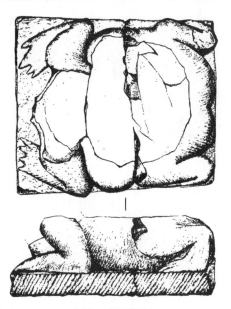

图七　蛙形石础

图八　兽形石础

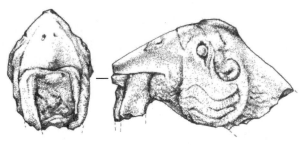

图九　禽形石雕

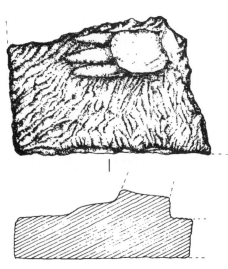

图一〇　禽形石雕

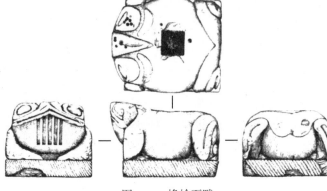

图一一　蟾蜍石雕

穿。碑左右侧有浮雕青龙白虎，头上部均有大小相近的两圆。左侧青龙侧首，杏核眼，长吻，大口微张，口中舌、齿清晰，一角，长身，四肢相对较为粗短，右侧白虎头近圆形，双圆耳，圆眼，宽鼻，阔口。身颈修长，前肢错落，爪四趾，尾部亦细长弯曲。通高240、宽95、厚22厘米（图一二）。

碑文保存完好，字迹清晰，为隶书，共367字。此碑立于熹平二年，碑主景云叔于是东汉和帝时的朐忍县令，卒于永元十五年，灵帝时其同乡后任朐忍令雍涉为之所立。录文如下：

汉巴郡朐忍令广汉景云叔于以永元十五年季夏仲旬己亥卒君帝高阳之苗裔封兹楚
熊氏以国别高祖龙兴娄敬画计迁诸关东豪族英杰都于咸阳攘竟藩卫大业既定镇安海内
先人伯况匪志慷慨术禹石纽汶川之会帏屋甲帐龟车留遗家于梓潼六族布列裳统相袭名
右冠盖君其始仕天资明哲典牧二城朱紫首别强不凌弱威不猛害政化如神蒸民乃厉州郡
并表当亨符艾大命颠覆中年徂殁如丧考妣三载泣怛遏勿八音百姓流泪魂灵既载农夫恻
结行路抚悌织妇喑咽吏民怀慕户有祠祭烟火相望四时不绝深野旷泽哀声忉切追歌遗风
叹绩亿世刻石纪号永永不灭乌呼哀哉乌呼哀哉赞曰皇灵炳壁郿令名矣作民父母化洽平
矣百工维时品流刑矣善劝恶惧物咸宁矣三考绌敕陟幽明矣振华处实畅遐声矣
重曰皇灵禀气卓有纯兮惟汶降神挺斯君兮未升卿尹中失年兮流名后载久而荣兮勒
铭金石表绩勋兮冀勉来嗣示后昆兮
熹平二年仲春上旬朐忍令梓潼雍君讳涉字伯宁为景君刊斯铭兮

五、结　语

旧县坪遗址发掘已历经数年，其为汉代朐忍县城的证据也日见充分。此次E区大型台基建筑的清理及其相关遗物的发现，又使我们得到以下认识。

1）下层夯台起建层即第7B层及夯台第9层夯层中分别出土"大泉五十"，表明下层夯台的年代上限可能早至新莽。其上叠压的第5C层和上层夯台夯土中均未见晚于六朝时期的遗物，故下限亦应不晚于六朝，是旧县坪遗址历年发掘到的年代最早的夯土台基。从周边地层出土的肖形础石和残瓦看，其上建筑的规格亦为旧县坪遗址中等级最高的建筑。

2）下层夯台周边出土的肖形础石，从造型特点、雕刻技法上看，年代应在东汉时期。其中石础上神兽的爪、翅、尾部，以及腹侧雕小兽的形制，均与四川雅安姜城遗址出土的城门神兽相似[1]，颈部的一段曲状纹，与雅安石羊上的神兽额下束须基本相同[2]。

这些肖形础石与04YJEF401所用的方、圆础石风格迥异，应非04YJEF401的构件。另外，04YJEF401采用础下磉墩的做法，室内窖藏（04YJEJ401）中出有明显魏晋时期特征的四系瓷罐，可证04YJEF401的年代是在六朝时期。故这些肖形础石和石雕，应为04YJEHt2上最初建筑

---

① 雅安市文物管理所、四川省文物考古研究院：《雅安汉代石刻精品》，四川人民出版社，2005年，第66、70页。

② 雅安市文物管理所、四川省文物考古研究院：《雅安汉代石刻精品》，四川人民出版社，2005年，第66、70页。

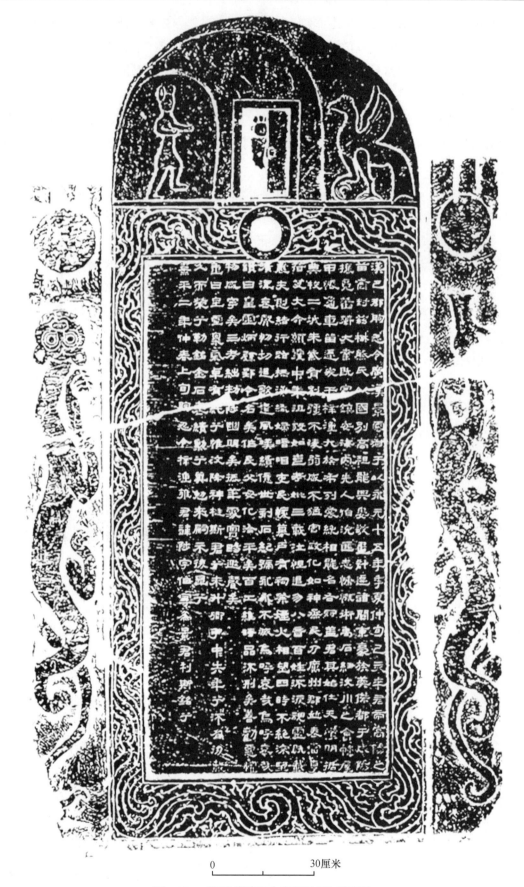

0　　　　　　　　　30厘米

图一二　　"汉巴郡胸忍令广汉景云"碑拓片

的遗物。从出土的钱币看，夯台很可能筑于东汉初年，而能够使用肖形雕础的建筑应属官衙。

3）"汉巴郡胸忍令广汉景云"碑的出土，是本次发掘的一大收获。此碑字迹清晰，文辞华美，碑身四周刻有宽大的纹饰，具有很高的研究和欣赏价值。此碑内容以叙述景云身世及赞颂政绩为主，应属德政碑。其出土位置与台基只隔一沟，应与下层台基存在直接关系。

4）建于下层台上的04YJEF401，规模较大，廊室分明，构筑精细，所用础石经修整，南侧水渠也较规整，在旧县坪遗址六朝建筑中等级最高，亦应为衙署所在。从现存遗迹现象上看，其年代晚于下层夯台，04YJEF401并非台上原来建筑，只是利用了早期台基。

5）从多年发掘的资料看，胸忍城至迟在东汉时期应已形成基本明确的城市分区。C区为冶铸区；K区为制陶区；A区和R区位于遗址边缘，地势险要，居住址和遗物较少，可能偏重防御；E、S两区依山临江，向北视野开阔，此次又发现大型台基建筑，应为衙署区。东汉末年连年战乱，三国鼎立后政权几经交替，频繁的动乱可能导致了胸忍衙署建筑的多次破坏和翻新改建。大致在蜀汉时期，胸忍相继分出汉封、羊渠二县[①]，辖地已经小了很多，衙署建筑可能也没有了昔日规模。另外，肖形础石中的残损部位，可能是有意毁坏的结果。

附记：碑文隶定由丛文俊完成。

摄影：王志刚　赵海龙

绘图：王新胜

拓片：林世香

执笔：赵海龙　王志刚

（原载《文物》2008年第1期）

---

① 云阳县志编纂委员会：《云阳县志》，四川人民出版社，1999年，第68页。

云阳大地坪遗址2004年度发掘报告

株 洲 市 博 物 馆
湖南省文物考古研究院
云阳县文物保护管理所

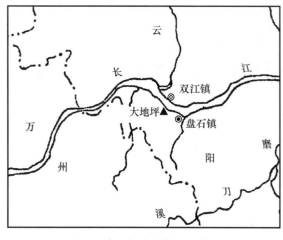

图一　大地坪遗址位置示意图

为了配合三峡水利工程建设，湖南省株洲市博物馆于2004年10～11月对重庆市云阳县大地坪遗址进行了第四次考古发掘。大地坪遗址位于重庆市云阳县盘石镇长江南岸龙安村北部的二、三级阶地上，地理坐标为东经108°42′45.63″，北纬30°54′36″，海拔130～170米（图一）。遗址涉及大地坪周边的乌龟包、斑竹岭等几个小地点，于2002～2003年发掘了三次，发现新石器时代、夏商周、东周、汉晋和唐宋多个时期的原生文化层遗存。本次发掘在前三次基础上选择了E、F区进行，E区布5米×5米探方3个，8米×8米探方2个，10米×10米探方12个，F区布5米×5米探方5个，总发掘面积1528平方米。本次发掘发现了夏商周、东周和汉晋时期文化遗存，以夏商周时期文化遗存为本次发掘的主要发现。出土了一批石、陶、骨、铜、铁、瓷器和动植物等遗物。现将此次发掘简报如下。

一、地形地貌和地层堆积

大地坪遗址位于长江南岸的二阶台地上，北部面向长江，南靠拾阶而上的台地和山脉，两侧是较为开阔、纵横交错的台地。根据调查和山丘走向，本次发掘将大地坪遗址分为E、F区，E区位于活龙村8组双叉河之西的斑竹岭，F区位于活龙村13组的小盘石乌龟包（图二）。

（一）E区T18北壁

E区根据地形在落差不等的几个台地布三组探方，其中以T18～T20三个方堆积深厚、地层序列最为完整，下面以T18北壁剖面为例将地层堆积介绍如下（图三）。

第1层：表土层。厚10～90厘米。黑灰色黏土，全方分布。包含铁钉、塑料制品等现代产品。

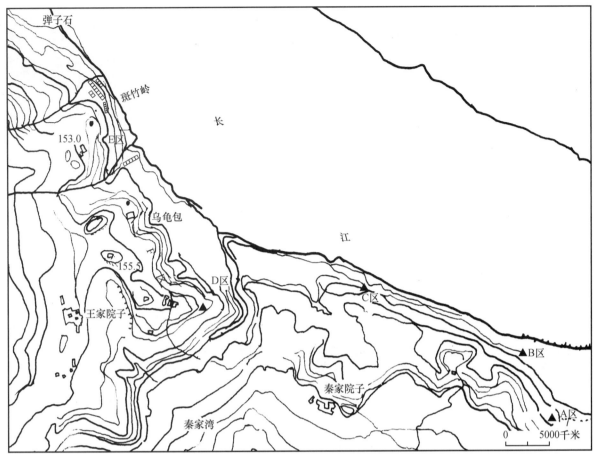

图二　大地坪遗址E区、F区探方位置示意图

第2层：宋代文化层。厚30厘米。灰黑色黏土，土质较松。该层为宋代扰乱层，主要出土物有商周时期陶片、东周典型楚式鬲、秦半两铜钱、唐代的青瓷碎片以及宋代的斗笠碗等。

第3层：汉晋文化层。厚30～100厘米。灰色黏土，土质较疏松。包含物有瓦当、陶片、青瓷片和半两钱等。

第4层：商周文化层。厚50厘米。黄褐色黏土，土质较紧密。包含物有红烧土碎块、炭渣、陶片和打制石器等，可辨器形有鬲、鼓肩小平底罐、灯形器、长柄豆、矮柄豆、大口罐和深腹罐等。

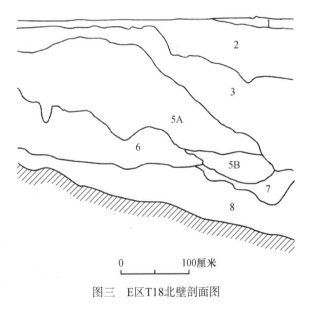

图三　E区T18北壁剖面图

第5层：商周文化层。根据土色变化分为A、B二亚层。

第5A层：厚1～70厘米。黑色黏土，黏性大，土质较疏松。在探方内不连续分布，出土物丰富。包含物有炭渣、红烧土、鱼骨、兽骨、陶片和石器等物，可辨器形有鬲、盂、鼓肩小平罐、大口罐、小口罐、釜、高柄豆、矮柄豆、灯形器、器盖、长颈壶和单耳罐等。

第5B层：厚20厘米。黄色黏土，黏性大，土质较疏松。分布于探方东北角，土层相对纯净，出土包含物较少，有炭渣、红烧土、鱼骨、兽骨、陶片和石器等物，可辨器形有鬲、鼓肩小平底罐和单耳罐等。

第6层：商周文化层。厚20～80厘米。灰色黏土。出土少量陶片，包含物有红烧土碎块、大量炭渣、陶片和打制石器等。

第7层：商周文化层。厚20厘米。青灰色黏土，分布于探方东北角。包含物有红烧土碎块、大量炭渣和少量陶片。

第8层：商周文化层。厚15厘米。黄色黏土，土质较纯净。出土极少量陶片。其下即生土层。

（二）F区T2东壁

F区所在的乌龟包山丘山脊及其东部台地现已辟为梯田，根据地形趋势顺着台地的方向前后布5个探方。以堆积厚的T2东壁剖面为例将地层堆积介绍如下（图四）。

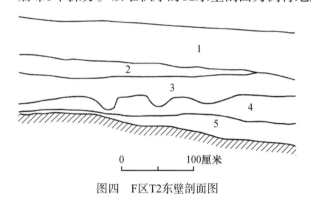

图四　F区T2东壁剖面图

第1层：耕土层。厚50～80厘米。灰色砾土和淤土，土质疏松。包含物有植物根系、炭渣、红烧土颗粒、青花瓷片、青砖瓦碎块、细小砾石和石器等。

第2层：明清文化层。厚30厘米。黄色黏土，含砾质较多，土质疏松。包含物有青花瓷片、红烧土颗粒、炭渣、陶片和石器等。

第3层：汉晋文化层。厚1～20厘米。灰色黏土，土质较紧密。包含物有商周时期陶片、汉代瓦片和六朝青瓷片，器形有碟、盘、碗等。

第4层：商周文化层。厚40厘米。灰褐色黏土，土质紧密。包含物有陶片、红烧土块、石器等，可辨器形有高柄豆、尖底杯和罐等物。

第5层：新石器时代末期至夏代文化层。厚35厘米。黄褐色粉砂质黏土，土质较上一层略为疏松。包含物有打制石器和陶片等。可辨器形有罐、钵和盆等。

第5层下即生土层。

二、新石器时代末期至夏代遗存

大地坪遗址第四次发掘发现的考古遗存较为丰富，在F区发掘区最底层发现了新石器时代末期到夏代的文化层堆积，即T1～T5的第5层。该层分布不连续，堆积较薄，最厚处35厘米。包含物相对较少，出土器物相对贫乏，以陶片和石器为主，石器有砍砸器、刮削器和石锛等；陶器可辨器形有大口罐、钵和尖底杯等，纹饰有戳刺纹和细绳纹等，没有发现遗迹。

（一）石器

大地坪一期遗存出土的石器较少，有砍砸器、石锛和刮削器等。这些石器多经打制而成，个别石锛的刃口部经过局部磨光。同时还发现了一些从石核上剥下来的石片和石屑，这些都是加工石器的副产品，间接证明了这些石器是就地加工的事实。遗址发现的石器多数都有使用的痕迹。

石锛　发现很少，标本1件。

2004YDFT1⑤：7，大致呈长方形。顶部保留原生砾石面，呈圆弧状，有破损，两侧打制成规则条形，刃部圆弧状，磨制光滑，有缺口。残长9.3、宽6.9、厚1.6厘米（图五，1）。

刮削器　多系利用剥落的石片加工而成，发现较少，标本2件。

2004YDFT1⑤：8，大致呈弧四边形。顶部有打击点和垂直向散射的放射线，两侧有缺口，刃部圆弧状，崩落缺口较多。残长10.8、宽8.2、厚1.2厘米（图五，2）。

2004YDFT1⑤：9，大致呈不规则断尖三角形。利用石片加工而成，顶部和一个侧面有打击点和垂直向散射的放射线，两侧及刃部敲击留下来的缺口较多，刃部呈锯齿弧形。残长4.5、宽4.1、厚0.6厘米（图五，3）。

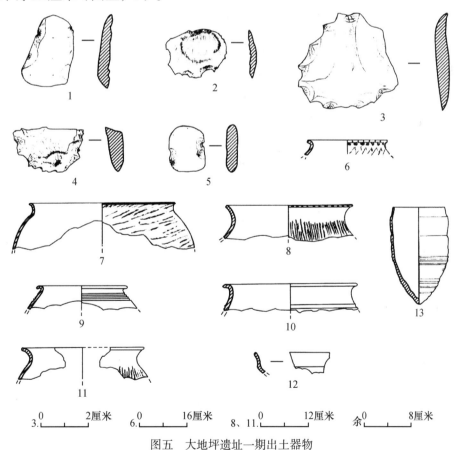

图五　大地坪遗址一期出土器物

1.石锛（2004YDFT1⑤：7）　2、3.刮削器（2004YDFT1⑤：8、2004YDFT1⑤：9）　4.砍砸器（2004YDFT1⑤：6）

5.石网坠（2004YDFT1⑤：5）　6～8.陶花边口沿罐（2004YDFT1⑤：3、2004YDFT1⑤：1、2004YDFT1⑤A：2）

9、10.陶矮领罐（2004YDFT1⑤：2、2004YDFT1⑤：10）　11.陶高领罐（2004YDFT1⑤A：3）

12.陶折腹钵（2004YDFT1⑤：4）　13.陶尖底杯（2004YDFT1⑤A：1）

砍砸器　发现标本1件，用石核打制加工而成。

2004YDFT1⑤：6，大致呈弧三角形。顶端平直，为石核断裂面，两侧有交互敲击留下的锯齿状缺口，崩落缺口较多，尾部有打击点和垂直向散射的放射线。残长12、宽9.5、厚2.8厘米（图五，4）。

石网坠　发现标本1件。

2004YDFT1⑤：5，大致呈弧边长方形。顶、尾端保留原生砾石面，顶端平直，尾端圆弧，两侧中部留下石锤交互敲击形成的亚腰形缺口。残长7.8、宽6.2、厚2.1厘米（图五，5）。

（二）陶器

本次发掘的大地坪一期遗存出土陶器数量很少，陶片残破不堪，可辨器形不多。以夹砂灰陶为主，夹砂红陶次之，有少量黑陶和黑衣陶。器形主要有大口罐、矮领罐和钵等，纹饰以细绳纹、戳印纹等为主。

花边口沿罐　发现口沿标本3件。2004YDFT1⑤：3，夹砂红褐陶。残。侈口，卷沿，圆唇，唇外沿有锯齿状花边，唇下饰压窝纹一周，其下饰交叉细绳纹。手制。口沿28、残高5厘米（图五，6）。2004YDFT1⑤：1，夹砂红褐陶。残。侈口，圆唇，高领，鼓腹，唇外沿有锯齿状花边，其下饰斜向细绳纹。轮制。口沿25、残高8厘米（图五，7）。2004YDFT1⑤A：2，夹砂红陶。残。喇叭口，圆唇。唇外沿有锯齿状花边，其下饰竖向细绳纹。手制。口径30、残高8厘米（图五，8）。

矮领罐　发现很少，标本2件。2004YDFT1⑤：2，夹砂红褐陶。残。敛口，卷沿，圆唇，鼓腹。肩下饰几道凹弦纹，余素面。手制。口径15、残高5厘米（图五，9）。2004YDFT1⑤：10，泥质灰陶。残。侈口，卷沿，圆唇。素面。手制。口径24、残高4.8厘米（图五，10）。

高领罐　发现很少，标本1件。2004YDFT1⑤A：3，夹砂灰陶。残。侈口，卷沿，圆唇，高领，圆腹。上腹饰竖向细绳纹。手制。口径33、残高8厘米（图五，11）。

折腹钵　发现很少，标本1件。2004YDFT1⑤：4，泥质灰陶。残。侈口，圆唇，折腹。素面。轮制。残高3.6厘米（图五，12）。

尖底杯　发现很少，标本1件。2004YDFT1⑤A：1，泥质灰陶。残，可复原。敛口，深腹，尖底。颈下、腹部以及下腹部有轮制留下的痕迹，呈弦纹使器表起伏不平。轮制。口径11.6、高16.4厘米（图五，13）。

三、商周遗存

本期遗存是大地坪遗址本次发掘的主要收获，以E区18号探方第4～8层和F区的1～5号探方的第4层为代表，发掘发现了丰富的商周时期文化遗存，发现房址2座，灰坑3个。出土了一批石、陶、骨器和动植物遗存。

（一）遗迹

本次发掘共发现了商周时期的房址2座、灰坑3个。

1. 房址

大地坪遗址发现的房址，编号为2004YDFT1④下F1和2004YDFT2④下F5。这2座房址在探方内只发现了属于房屋建筑的柱洞，而没有发现平面布局和遗物，故而要对房屋的性质和功用做出合理的推测较为困难。现以F1为例做一简要介绍。F1位于F区T1西北部，开口于第4层下。F1发现9个柱洞，从平面布局上看可以连成一个不规则的椭圆形，面积5平方米左右（图六）。在发现柱洞的内部空间发现了大片红烧土堆积，里面包含少量陶片，这些陶片和探方第4层出土的陶片基本一样。柱洞大多数呈圆形，直径在10～25厘米，个别呈椭圆形。D1直径15、深9厘米，D2直径25、深4厘米，D3直径20、深15厘米，D4直径12、深9厘米，D5直径10、深6厘米，D6直径15、深10厘米，D7直径11、深8厘米，D8直径25、深11厘米，D9直径13、深15厘米。

2. 灰坑

大地坪遗址本次发现的灰坑较少，形制有方形、圆形和不规则形。编号为2004YDFT2④下H4、2004YDFT2④下H6和2004YDFT3④下H7。其中H7出土遗物相对较为丰富，其他两个灰坑都没有发现成形的器物，故以H7为例做一个简单介绍。

H7 位于大地坪遗址F区T3内，开口于第4层下，平面大致呈圆形，探方壁较直，呈直筒形（图七）。直径90～110、深53厘米。填土为灰褐色松软黏土，包含物较为丰富，有炭渣、

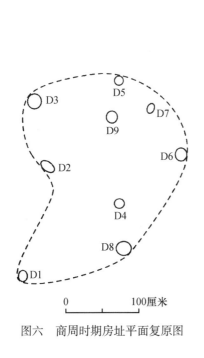

图六 商周时期房址平面复原图

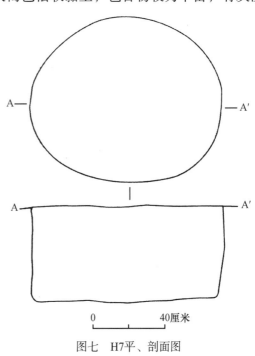

图七 H7平、剖面图

红烧土块、陶片和石块等。

出土物以陶片为主，可辨器形有大口罐和直口杯等，大口罐发现数量相对较多。

采集口沿　标本3件。2004YDFT3④下H7：1，泥质红褐陶。残。侈口，圆唇，束颈，圆鼓腹。颈下饰一圈压窝纹，肩下饰斜向细绳纹。手制。口径24、残高12厘米（图八，1）。2004YDFT3④下H7：2，夹砂红陶。残。侈口，圆唇，束颈，圆鼓腹，花边口沿。肩下饰规整的交错细绳纹。手制。口径20、残高5厘米（图八，2）。2004YDFT3④下H7：3，残。夹砂褐陶。直口，卷沿，短直径，圆鼓肩，圆弧腹。素面。手制。口径18、残高8厘米（图八，3）。

直口杯　发现标本1件。2004YDFT3④下H7：4，夹细砂红褐陶。残。直口，圆唇，深腹，上腹较直，下腹微弧收。唇外有一周细小刻划短线，杯体饰斜向细绳纹。口径15、残高10.4厘米（图八，4）。

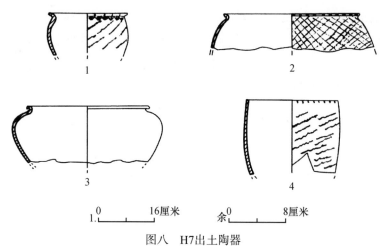

图八　H7出土陶器

1~3.大口罐（2004YDFT3④下H7：1、2004YDFT3④下H7：2、2004YDFT3④下H7：3）　4.直口杯（2004YDFT3④下H7：4）

（二）遗物

出土遗物以陶片占据绝对数量，另外还出土了大量的石器和石片等物。

1. 陶器

出土陶器以夹砂陶为主，泥质陶很少，其中夹砂陶以夹砂黑、褐陶为主，泥质陶多制作精美，器形规整，磨制光滑。器形主要以敞口鬶、封顶盉、矮足鬲、大口宽腹盆、橘皮纹釜、鼓肩小平底罐、高领罐、花边口沿罐、高柄灯形器、高柄浅腹豆、高中低柄的器盖和圈足碗等最为典型，数量也较多，同时也出土了大口缸、鸟头柄勺和纺轮等与四川盆地发现的三星堆商周时期文化遗存相同的文化遗物。

器盖　出土数量较多，质地多为泥质陶，少数为夹细砂陶。制作精良，按照盘体特征可分二型。

A型　盖体呈盘状。2件。泥质灰陶和夹细砂黑陶各1件。2004YDET18⑤：69，泥质灰陶。纽残，盖体呈浅盘状，敞口，折领，圆弧浅腹。素面。轮制。口径19、残高3厘米（图九，1）。2004YDET18⑤：70，夹砂黑陶。纽残，盖体呈浅盘状，敞口，折腹，圆弧浅腹。素面。轮制。口径17、残高3.8厘米（图九，2）。

　　B型　盖体呈覆钵状。发现数量较多，主要出土于18号探方第4层和第5层，以盖纽的形状不同分为二式。

　　Ⅰ式：标本5件。多为喇叭状短柄纽。多出土于第5层。2004YDET18⑤：37，夹砂灰褐陶。喇叭状短柄纽，盖体呈覆钵状，敞口，弧腹。素面。轮制。底径17.8、高5.4厘米（图九，3）。2004YDET18⑤：40，泥质磨光黑陶。喇叭状纽，纽柄细略高，盖体呈覆钵状，敞口，斜直腹。靠近纽柄部有几道凹弦纹。轮制。底径17、高5.3厘米（图九，4）。

　　Ⅱ式：标本3件。多为浅杯形盖纽器盖。均为泥质陶，多出土于第4层。2004YDET18④：1，

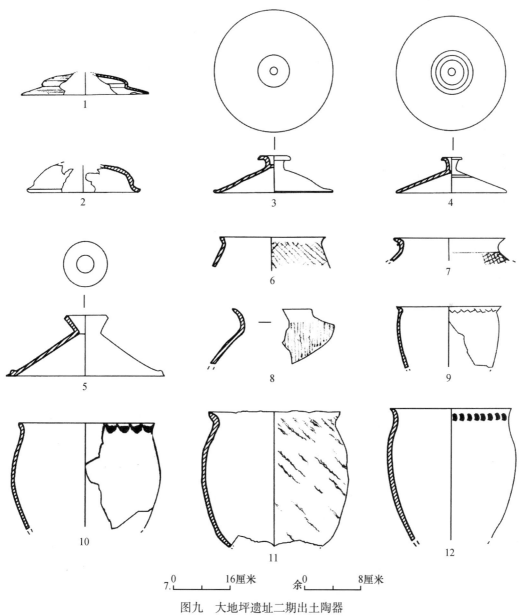

图九　大地坪遗址二期出土陶器

1、2. A型器盖（2004YDET18⑤：69、2004YDET18⑤：70）　3、4. B型Ⅰ式器盖（2004YDET18⑤：37、2004YDET18⑤：40）

5. B型Ⅱ式器盖（2004YDET18④：1）　6. Aa型Ⅰ式大口罐（2004YDET18⑥：5）　7、8. Aa型Ⅱ式大口罐（2004YDET18④：19、

2004YDFT1④：1）　9. Ab型Ⅱ式大口罐（2004YDET18④：23）　10～12. Ab型Ⅰ式大口罐（2004YDET18⑤：14、

2004YDET18⑤：13、2004YDET18⑤：32）

泥质黑灰陶。杯形纽，盖体呈覆钵状，敞口，口沿外侧起一周凸棱，斜直腹。素面。轮制。底径24、纽径7、高8.8厘米（图九，5）。

大口罐　本次发掘出土最为丰富的遗物，按照特征不同可以分为三型。

A型　大口深鼓腹罐。出土数量较多，根据口径形式的不同可分为三亚型：Aa型高领束颈深腹罐，Ab型矮领深腹罐，Ac型矮领内折颈深鼓腹罐。

Aa型　大口罐出土数量较多，一般多残存口沿部分，故而口颈变化明显。根据出土地层和颈肩部形状的不同，还可将Aa型的大口罐分为二式。

Ⅰ式：标本2件。喇叭口，矮领斜肩状。出土于E区T18第6、8层，出土数量较少，均为夹砂陶。2004YDET18⑥：5，夹砂红陶。残，仅存口沿。喇叭口，圆唇。颈部饰规整细密交错绳纹。轮制。口径14、残高5厘米（图九，6）。

Ⅱ式：标本9件。喇叭口，高束领。出土于E区T18第4、5层和F区T1第4层，出土数量较多，有夹砂陶和泥质陶。2004YDET18④：19，夹砂红褐陶。残，仅存口沿。喇叭口，圆唇，高领。颈部以下饰规整细密交错绳纹。轮制。口径34、残高9.7厘米（图九，7）。2004YDFT1④：1，泥质灰陶。残，仅存口沿。喇叭口，尖圆唇，高领。颈部以下饰竖向细绳纹。手制。残高8厘米（图九，8）。

Ab型　大口罐出土数量相对较多，各层出土的形态很接近，根据其最大腹径所在处的不同分为二式。

Ⅰ式：标本3件。最大腹径靠近中部。多出土于E区T18第5层，出土很少，均为夹砂陶。2004YDET18⑤：14，夹砂红褐陶。残。侈口，圆唇，深鼓腹。口沿外侧有一周用指甲掐的压窝纹。手制。口径21、残高15厘米（图九，10）。2004YDET18⑤：13，夹砂红褐陶。残，侈口，圆唇，束颈，深圆鼓腹。口下饰稀疏斜向细绳纹。手制。口径20、残高19.2厘米（图九，11）。2004YDET18⑤：32，泥质红褐陶。残。侈口，尖唇，深鼓腹。口沿外侧有一周用指甲掐的压窝纹。手制。口径17、残高18.4厘米（图九，12）。

Ⅱ式：标本9件。最大腹径靠近口沿部。多出土于E区T18第4层，出土数量相对较多，以夹砂陶为主。2004YDET18④：23，夹砂红褐陶。残。侈口，尖唇，矮领，深圆鼓腹，口沿外侧有一周用指甲掐的压窝纹。手制。口径16、残高8.8厘米（图九，9）。2004YDET18④：26，夹砂红褐陶。残。侈口，尖唇，深腹微鼓。素面。手制。口径14、残高7.2厘米（图一〇，1）。

Ac型　大口罐出土数量较少，根据其最大腹径所在处的不同分为二式。

Ⅰ式：标本1件。最大腹径靠近中部。出土很少，多出土于E区T28第5层。2004YDET18⑥：4，泥质红褐陶。残。侈口，圆唇，束颈内折，深圆鼓腹。素面。手制。口径8.4、残高10.8厘米（图一〇，2）。

Ⅱ式：标本1件。最大腹径靠近口沿部。出土很少，多出土于E区T18第4层。2004YDET18④：24，夹砂褐陶。残。侈口，圆唇，矮领内折，深圆鼓腹。素面。手制。口径9、残高8厘米（图一〇，3）。

B型　矮领浅腹罐。在E区T18的第4、5层最常见，其他单位少见，根据其最大腹径所在处的不同分为二式。

Ⅰ式：标本15件。最大腹径靠近中部偏下位置。多出土于E区T18第5层，出土数量较多，

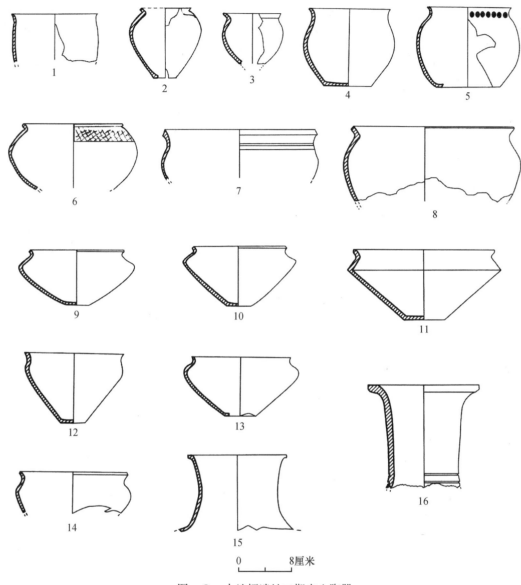

图一〇 大地坪遗址二期出土陶器

1.Ab型Ⅱ式大口罐（2004YDET18④：26） 2.Ac型Ⅰ式大口罐（2004YDET18⑥：4） 3.Ac型Ⅱ式大口罐（2004YDET18④：24）

4～6.B型Ⅰ式大口罐（2004YDET18⑤：41、2004YDET18⑤：23、2004YDET18⑤：20） 7、8.B型Ⅱ式大口罐（2004YDET18④：13、

2004YDET18④：16） 9～11.C型Ⅰ式大口罐（2004YDET18⑤：9、2004YDET18⑤：10、2004YDET18⑤：43）

12～14.C型Ⅱ式大口罐（2004YDET18④：43、2004YDET18④：29、2004YDET18④：27） 15、16.A型Ⅰ式长颈壶

（2004YDET18⑤：46、2004YDET18⑤：47）

夹砂陶居多，少数泥质陶。2004YDET18⑤：41，夹砂红褐陶。侈口，尖唇，束颈，深圆鼓腹，平底。手制。口径13、高12厘米（图一〇，4）。2004YDET18⑤：23，泥质红褐陶。底残。侈口，尖唇，束颈，深圆鼓腹。口下饰一周压窝纹。手制。口径12.6、高12厘米（图一〇，5）。2004YDET18⑤：20，夹砂灰陶。残。侈口，圆唇，束颈，深圆鼓腹。肩部饰交错细绳纹。手制。口径16、残高10厘米（图一〇，6）。

Ⅱ式：标本6件。最大腹径靠近口肩部。多出土于E区T18第4层，出土数量相对较多，夹砂陶占多数，泥质陶数量相对较少。2004YDET18④：13，泥质褐陶。残。敞口，尖唇，束颈，圆鼓腹。素面。轮制。口径24、残高7.5厘米（图一○，7）。2004YDET18④：16，夹砂灰褐陶。残。侈口，方唇，唇面有凹槽，矮领内折，圆鼓腹。素面。手制。口径28、残高11.7厘米（图一○，8）。

C型　大口折肩罐。在整个发掘区都比较多见，以T18第4、5层最为集中，其他地层也有出土。根据其腹部最大径所在位置的不同可分为二式。

Ⅰ式：标本11件。腹部最大径在肩部，呈折肩状。出土数量相对较多，但仅见于E区T18第5层，泥质陶和夹砂陶均有，器形大致相近。2004YDET18⑤：9，夹砂灰褐陶。侈口，方唇，束颈，折肩，斜腹弧收成小平底。素面。轮制。口径14.8、高8.5厘米（图一○，9）。2004YDET18⑤：10，泥质灰褐陶。侈口，方唇，束颈，折肩，斜腹弧收成小平底。素面。轮制。口径14.8、高9.5厘米（图一○，10）。2004YDET18⑤：43，泥质灰黄陶。侈口，圆唇，束颈，折肩，斜直腹收成小平底。素面。手制。口径22.8、高11厘米（图一○，11）。

Ⅱ式：标本11件。腹部最大径在口部，圆肩。出土数量相对较多，E区T18第5层和F区几个探方的第4层均发现过这类器物的残片，尤以E区T18第4、5层出土最为集中，泥质陶和夹砂陶均有，器形大致相近。2004YDET18④：43，泥质灰褐陶。侈口，尖唇，圆鼓肩，斜深腹收成小平底。素面。轮制。口径15.5、高10.8厘米（图一○，12）。2004YDET18④：29，泥质灰褐陶。底残。侈口，尖唇，圆鼓肩，斜深腹收成小平底。素面。轮制。口径16、高9厘米（图一○，13）。2004YDET18④：27，泥质灰褐陶。残。侈口，方唇，圆鼓肩，弧深腹。素面。轮制。口径17、残高7厘米（图一○，14）。

长颈壶　出土相对较少，大多数为泥质陶，少数为夹砂陶。仅见于E区T18第4、5层，根据口沿不同可分为三型。

A型　喇叭口。根据颈部不同可分为二式。

Ⅰ式：标本4件。颈部较长，发现于E区T18第5层，发现数量相对较少，多为泥质陶。2004YDET18⑤：47，黑皮磨光陶。残存口颈部。喇叭口，平沿，方唇，长颈较直。颈部断折处有两道凹弦纹。轮制。口径17、残高15厘米（图一○，16）。2004YDET18⑤：46，黑皮磨光陶。残存口颈部。喇叭口，平沿，圆唇，长颈较直向内斜弧。素面。轮制。口径15.5、残高11.5厘米（图一○，15）。

Ⅱ式：标本2件。颈部相对较短，发现于E区T18第4层，发现数量相对较少，多为泥质陶。2004YDET18④：10，泥质红褐陶。残存口部。喇叭口，尖唇，直颈相对较短。颈中部有两道弦纹。轮制。口径16、残高10厘米（图一一，1）。2004YDET18④：11，泥质红褐陶。残存口部。喇叭口，平沿，圆唇，直颈相对较短。颈中部有三道弦纹。轮制。口径18、残高8厘米（图一一，2）。

B型　标本3件。直口，口外下部带凸棱。发现数量相对较少，形态变化不大。2004YDET18④：4，泥质黑褐陶。残存口部。直口，口外下侧有一周凸棱，长颈较直，下部外弧。颈下部有三道弦纹。轮制。口径14.8、残高26厘米（图一一，3）。2004YDET18④：12，泥质灰陶。残存口部。直口，口外下侧有一周凸棱，长颈较直，下部外弧。素面。轮制。口径9、残高8厘米（图一一，4）。2004YDET18⑤：50，泥质黑皮磨光红陶。残存口部。直口，口外下侧有一周凸棱，长颈内弧，下部外弧。颈下部有二道弦纹。轮制。口径9、残高12厘米

图一一　大地坪遗址二期出土陶器

1、2. A型Ⅱ式长颈壶（2004YDET18④：10、2004YDET18④：11）　3~5. B型长颈壶（2004YDET18④：4、2004YDET18④：12、
2004YDET18⑤：50）　6、7. C型Ⅰ式长颈壶（2004YDET18⑤：48、2004YDET18⑤：49）　8、9. C型Ⅱ式长颈壶（2004YDET18④：8、
2004YDET18④：9）　10、11. A型Ⅰ式豆（2004YDET18⑤：12、2004YDET18⑤：64）　12. A型Ⅱ式豆（2004YDET18④：34）
13、14. S型豆（2004YDET18④：2、2004YDET18⑤：76）　15、16. A型豆形器（2004YDET18④：33、2004YDET18⑤：61）
17~19. B型豆形器（2004YDET18④：30、2004YDET18⑤：62、2004YDET18⑤：58）

（图一一，5）。

C型　敛口。发现数量也比较少，根据颈部的不同分为二式。

Ⅰ式：标本2件。颈部细长。数量少，见于E区T18第5层。2004YDET18⑤：48，泥质黑皮磨光红陶。残存口部。敛口，口外一侧有一圆形穿孔，长颈内弧，下部外弧。颈下部有三道弦纹。轮制。口径12.5、残高27厘米（图一一，6）。2004YDET18⑤：49，泥质黑皮磨光红陶。残存口部。敛口，口沿外伸成凸棱状，长颈内弧，下部外弧。素面。轮制。口径15、残高22.2

厘米（图一一，7）。

Ⅱ式：标本2件。颈部相对较短。数量少，见于E区T18第4层。2004YDET18④：8，夹砂红褐陶。残存口部。敛口，颈上部内折呈喇叭状，下部外弧。素面。轮制。口径5、残高5厘米（图一一，8）。2004YDET18④：9，泥质黑灰陶。残存口部。敛口。颈上部内折呈喇叭状，下部外弧。素面。轮制。口径7、残高3.9厘米（图一一，9）。

陶豆　大地坪遗址发现的特征较强的器物，根据形态不同可分为二型。

A型　高柄豆。发现较多，特征明显可以分为二式。

Ⅰ式：标本5件。细高柄，底部呈喇叭式。相对发现较多，除1件复原标本外，其余多为柄底残片。2004YDET18⑤：12，泥质黑皮磨光红陶。敞口，豆盘深直，下部折成弧底，细高柄。底部呈喇叭式，卷平沿。柄下部有两道高凸棱。轮制。口径19、高20.4厘米（图一一，10）。2004YDET18⑤：64，夹砂灰陶。残存豆柄底部，细高柄。底部呈喇叭式，平沿外侈。喇叭状底中部有凸棱。轮制。残高5.8厘米（图一一，11）。

Ⅱ式：标本1件。细高柄，底部呈深腹覆钵式。相对发现较少。2004YDET18④：34，泥质黑陶。残存豆柄底部，细高柄。底部呈深腹覆钵式，平沿外卷。覆钵状底中部有道凹弦纹。轮制。底径8.4、残高8.8厘米（图一一，12）。

B型　标本2件。矮柄豆。发现很少。2004YDET18④：2，泥质灰陶。可复原。敞口，豆盘深直，下部折成弧底，矮柄，底部很小呈覆钵式，平沿。素面。轮制。口径11.8、底径4.4厘米（图一一，13）。2004YDET18⑤：76，夹砂灰陶。残存豆柄底部。矮柄，底部呈喇叭式，平沿内收呈矮圈足状。素面。轮制。残高5.8厘米（图一一，14）。

豆形器　发现残片数量很多，和细高柄豆形制很像，只是相当于豆盘的顶部是和底部一样是空的，因形命名，也有人将其命名为灯形器，以为是作为放置灯具用的器具。本次发掘出土的残片多属于柄部和底部，多数不能分型分式，根据底部形态的不同可分为二型。

A型　标本6件。喇叭式底部。在遗址E、F区的几个地层都可见到，没有完整器难以据地层划分式别。2004YDET18④：33，泥质黑皮磨光黑陶。残存底部。细高柄，下部渐呈喇叭式，平沿，沿外有凸棱。柄靠近底部有两道凹弦纹。轮制。底径15.4、残高14.8厘米（图一一，15）。2004YDET18⑤：61，泥质灰陶。残存豆柄底部。细高柄，下部渐呈喇叭式，平沿，沿外有凸棱。柄上部残短，有两道凹弦纹。轮制。底径15.4、残高21厘米（图一一，16）。

B型　标本10件。深腹尊式底部。在遗址E、F区的几个地层都可见到，没有完整器，难以据地层划分式别。2004YDET18④：30，泥质黑灰色陶。残存柄底部。细高柄，下部渐呈深腹尊式，平沿。柄中部有道凸棱。轮制。底径10、残高38厘米（图一一，17）。2004YDET18⑤：62，泥质灰陶。残存豆柄。细高柄呈流线型，两端细中间粗，上部残存部分没底的盘体，下部残存深腹尊式底。柄中部有凸棱，柄靠近底部有三道细弦纹。轮制。残高15.8厘米（图一一，18）。2004YDET18⑤：58，泥质灰陶。残存柄底部。细高柄，下部渐呈深腹覆钵式，钵壁较直，平沿。素面。轮制。底径12.4、残高23厘米（图一一，19）。

单耳罐　标本4件。发现数量比较少，E区T18第5层及以下地层出土比较集中，形态较为接近。多数为大口高束颈鼓腹罐，耳部多为绳索状。2004YDET18⑤：17，泥质红陶。敞口，高束颈，腹部微圆折呈鼓腹状，平底。在口下颈部粘有桥形绳索状单耳。素面。器身轮制，器耳粘贴合成。口径12、底径6.5、高16厘米（图一二，1）。2004YDET18⑥：1，泥质红褐陶。喇叭口，细高束领，腹部微圆折呈鼓腹状。在口下颈部粘有桥形绳索状单耳。素面。器身轮制，器耳粘贴合成。口径9.2、残高13.6厘米（图一二，2）。

大口缸　标本4件。发现数量相对较少，多数为夹砂陶，体形硕大。2004YDET18④：18，夹砂红褐色陶。残。敛口，平沿外凸，鼓肩，深圆腹。素面。手制。口径23、残高13厘米（图一二，3）。2004YDET18⑤：19，夹砂黑褐色陶。残。侈口，厚方唇，短束颈，鼓肩，深圆腹。颈部有戳刺点三排环绕器身一周。手制。口径28、残高7.2厘米（图一二，4）。

鬶　标本7件。本次发掘发现的商周时期典型器物，泥质陶居多，也有夹砂陶。一般都有

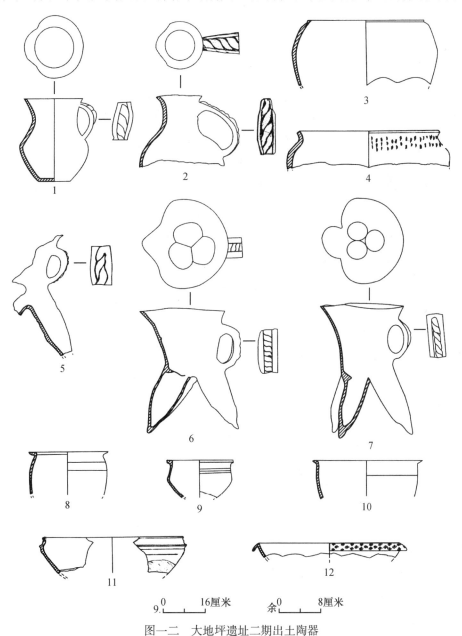

图一二　大地坪遗址二期出土陶器

1、2. 单耳罐（2004YDET18⑤：17、2004YDET18⑥：1）　3、4. 大口缸（2004YDET18④：18、2004YDET18⑤：19）

5～7. 单耳鬶（2004YDET18④：21、2004YDET18⑤：2、2004YDET18⑤：5）　8、9. A型宽沿盆（2004YDFT1④：4、2004YDET18⑤：51）　10～12. B型宽沿盆（2004YDET18④：14、2004YDET18⑤：44、2004YDET18⑧：3）

单耳，罐式腹下连接空三足，形态较为接近。2004YDET18④：21，泥质红褐色陶。残。敞口，弧腹内收连接三个空带足，带足有实跟足尖，口下和下腹部连接桥形绳索状单耳。素面。手制。残高23.2厘米（图一二，5）。2004YDET18⑤：2，泥质红陶。敞口，口部有捏成三角状的流，弧腹内收连接三个空带足，带足有实跟足尖，口下和下腹部连接桥形绳索状单耳。素面。手制。口径17、高23.2厘米（图一二，6）。2004YDET18⑤：5，夹砂红陶。敞口，口部有捏成三角状的流，弧腹内收连接三个空带足，带足有实跟足尖，口下和下腹部连接桥形绳索状单耳。素面。手制。口径17.2、高24.8厘米（图一二，7）。

宽沿盆　出土数量比较少，根据腹部深浅不同划分二型。

A型　标本2件。深腹盆。发现较少。2004YDFT1④：4，泥质红褐色陶。残。敛口，宽平沿，深弧腹。肩部有两道凹弦纹。手制。口径16、残高8.5厘米（图一二，8）。2004YDET18⑤：51，泥质黑皮红褐陶。残。微敛口，平沿，厚方唇，深弧折腹。颈部有三道细弦纹。轮制。口径26、残高15厘米（图一二，9）。

B型　标本4件。浅腹盆。发现较少，绝大多数为泥质陶，形态也有变化，数量太少划分式别意义不大。2004YDET18④：14，泥质红褐色陶。残。微侈口，平沿，尖唇，直腹微内弧。腹部有一道细弦纹。轮制。口径22、残高7厘米（图一二，10）。2004YDET18⑤：44，泥质灰色陶。残。敛口，圆唇，鼓肩有凸棱，浅弧腹。腹部有几道弦纹。轮制。口径28、残高6.9厘米（图一二，11）。2004YDET18⑧：3，夹砂红褐色陶。残。敞口，宽弧沿外弧，浅弧腹。沿面戳刺点呈梅花状一周。手制。口径28、残高2.8厘米（图一二，12）。

尖底盏　标本4件。发现较少，商周地层出土较少，后期地层也有所出土。2004YDET18④：13，泥质红陶。侈口，尖唇内弧，折颈，弧腹收成尖底。素面。轮制。口径13、残高8.5厘米（图一三，1）。2004YDFT1③：12，夹砂红褐色陶。口残。深直腹内收成尖底。素面。手制。残高11厘米（图一三，2）。

钵　标本2件。出土较少，均为夹细砂陶。2004YDET18④：7，夹砂黄褐陶。敞口，方唇，浅弧腹收成小平底。素面。轮制。口径22.6、通高4.4厘米（图一三，3）。2004YDET2④：1，夹砂黑褐陶。直口，尖唇，鼓肩，浅弧腹内收成小底。素面。轮制。口径28、残高3.6厘米（图一三，4）。

碗　标本4件。多数为圈足碗，也有个别假圈足碗，形制大致相似，多为夹细砂质陶，也有泥质陶。2004YD采集：1，夹砂灰褐陶。敞口，厚圆唇，斜直壁内收，下为假圈足底。素面。轮制。口径22.6、通高9.8厘米（图一三，5）。2004YDET18⑤：56，夹砂褐陶。口残。斜直壁内收，下有高圈足。素面。手制。底径11、残高14.8厘米（图一三，6）。

鬲　标本3件。发现很少，鬲足发现较多。2004YDET18⑤：6，夹砂黑陶。侈口，圆唇，束颈，弧腹微鼓，连裆空三足，足端有矮足跟。颈以下饰斜向密集规整的细绳纹。手制。口径20.8、通高28厘米（图一三，7）。2004YDET18⑦：1，夹砂灰褐陶。鬲足残片，大致呈空心锥形，体形较瘦长。手制。残高9厘米（图一三，9）。

斝　标本1件。2004YDET18⑤：34，泥质褐陶。残。直口，深直腹下连三片状足，足残，口下粘有一桥形耳。口下有一周凸棱，凸棱上有刻划几何线条构成规整图案，腹部偏下有两道附加堆纹，其上有刻划规整的三角状图案，耳上有戳刺装饰图案。手制。口径10.4、残高11.2

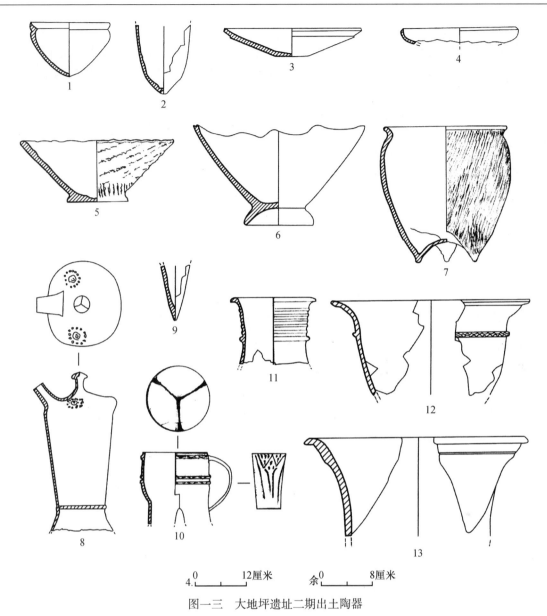

图一三 大地坪遗址二期出土陶器

1、2. 尖底盏（2004YDET18④：13、2004YDFT1③：12） 3、4. 钵（2004YDET18④：7、2004YDET2④：1）

5、6. 圈足碗（2004YD采集：1、2004YDET18⑤：56） 7. 连裆鬲（2004YDET18⑤：6） 8. 封口盉（2004YDET18⑤：33）

9. 鬲足（2004YDET18⑦：1） 10. 斝（2004YDET18⑤：34） 11. 器座（2004YDET18⑤：57） 12、13. 大口尊

（2004YDET18⑤：52、2004YDET18⑤：53）

厘米（图一三，10）。

盉 标本1件。2004YDET18⑤：33，夹细砂褐陶。残。封口式，顶部有一伞状纽，一侧有管状长流，顶面伞状纽两侧有两个戳刺小圆圈构成的太阳纹，盉体上半部呈上大下细直筒状，在折腰残段上部有一种附加绳索状堆。手制。残高25.2厘米（图一三，8）。

大口尊 标本2件。2004YDET18⑤：52，夹细砂黑皮红褐陶。残。喇叭口外撇，厚方唇，深直腹微内弧收成小底状，底残。腹部中间有一道附加堆纹，其上有指甲按压形成的压窝纹规律分布堆纹一周。轮制。口径33、残高17.2厘米（图一三，12）。2004YDET18⑤：53，夹细砂灰陶。残。喇叭口，圆唇，深腹内弧，下腹较直，底残。肩部有凸棱，其上一道凹弦纹。轮制。口径37、残高15.7厘米（图一三，13）。

器座　标本2件。2004YDET18⑤：57，泥质红褐陶。残。喇叭口，卷沿，深腹内弧成亚腰形空心。器体有数道细弦纹，下部近残处有一道较高的凸棱。轮制。口径14.2、残高10.5厘米（图一三，11）。

甑　标本1件。2004YDFT2H4：1，泥质灰陶。口残。下腹向内折收成平底，底微凹，底部有五排不规则的圆形气孔，共计15个，孔径2.4厘米左右。腹部靠近断口处饰两道刻划细弦纹带。轮制。底径20.2、残高19厘米（图一四，1）。

纺轮　标本2件。发现较少，均为泥质陶。2004YDET18⑤：82，泥质褐陶。呈截尖陀螺状，中间有圆形小孔。素面。轮制。最大径3.3、残高2.6厘米（图一四，2）。2004YDET18⑤：83，泥质褐陶。呈截尖陀螺状，中间有圆形小孔。锥状体上有两道较深凹弦纹。轮制。最大径3、残高1.9厘米（图一四，3）。

鸟首勺柄　标本1件。2004YDET18⑤：80，夹细砂褐陶。残存柄呈圆角长三角状，柄面有用硬质工具雕刻鸟首图案，细端圆角制成弯钩鸟喙状。残长7.4厘米（图一四，4）。

2. 石、骨器

本次发掘的石器和骨角器数量很少，故放在一起介绍。石器以磨制石器为主，也有打制者，磨制器形主要有石锛、石镞和小雕刻器等，打制石器器形有石锄、刮削器和砍砸器三种。骨角器只发现了2件残破的骨锥。现简要介绍如下。

砍砸器　标本1件。2004YDET18⑤：86，大致呈不规则扇形，系利用石片打制而成。顶端有打击点和放射线，两侧有敲击痕迹，刃端呈扇形，有崩落缺口且进行了二次修正。长10、宽7.4、厚1.2厘米（图一四，5）。

刮削器　标本2件。发现较少。2004YDET18⑤：88，大致呈不规则扇形，系利用石片打制而成。顶端有打击点和放射线，两侧有敲击痕迹，刃端呈扇形，有崩落缺口且进行了二次修正。长10、宽10.4、厚2厘米（图一四，6）。2004YDET18⑤：87，大致呈截尖三角形，系利用石片打制而成。顶端及两侧较平直，刃端呈圆弧形，有崩落缺口。长8、宽4.8、厚1.2厘米（图一四，7）。

石锄　标本3件。发现较少，均打制而成。2004YDET18⑤：85，大致呈尖状三角形，系利用石片打制而成。顶端呈长条形，尾端肥大呈圆弧形刃口，刃口有缺口。长12.8、宽8、厚0.8厘米（图一四，8）。2004YDET18⑤：89，系利用石片打制而成。顶端呈窄长条片形，尾端肥大呈长方形，刃端呈弧形，有缺口。长11.5、宽8、厚1.1厘米（图一四，9）。

石锛　标本5件。发现数量相对较多，均为磨制，多为局部磨制而成。2004YDET18⑤：41，大致呈长条扁平状。顶端圆弧形保留原生砾石面，并有缺口，两端打制规整，弧形刃口经过磨制而成，留下使用所致的缺口。长12、宽8.8、厚3.2厘米（图一四，10）。2004YDET18⑤：91，大致呈长条扁平状。顶端较平直，两端打制后经过磨制较为规整，刃口磨制而成，损坏较大，留下使用所致的缺口。长7.1、宽4.2、厚1.2厘米（图一四，12）。2004YDET18⑥：10，大致呈长条扁平状。顶端较窄，有缺口和疤痕，两侧及刃部打制后经过磨制较为规整，刃口损坏较大，留下使用所致的缺口。长7.8、宽5.2、厚2厘米（图一四，11）。

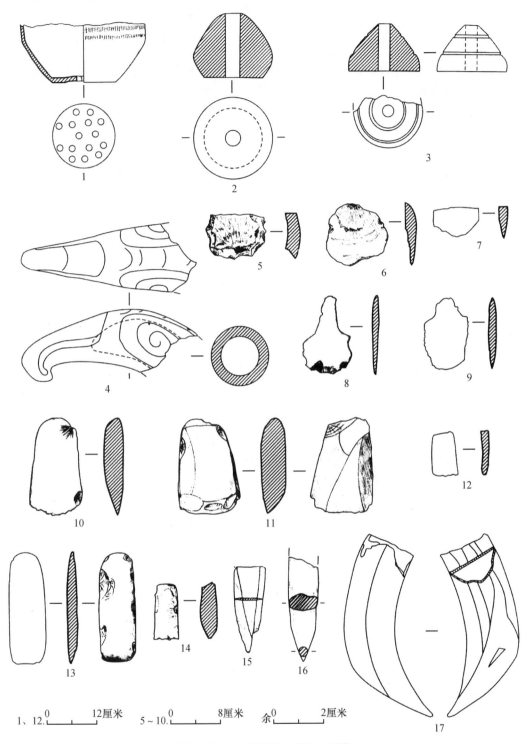

图一四　大地坪遗址二期出土器物

1. 陶甑（2004YDFT2H4：1）　　2、3. 陶纺轮（2004YDET18⑤：82、2004YDET18⑤：83）　　4. 陶鸟首勺柄（2004YDET18⑤：80）

5. 砍砸器（2004YDET18⑤：86）　　6、7. 刮削器（2004YDET18⑤：88、2004YDET18⑤：87）　　8、9. 石锄（2004YDET18⑤：85、

2004YDET18⑤：89）　　10～12. 石锛（2004YDET18⑤：41、2004YDET18⑥：10、2004YDET18⑤：91）　　13. 雕刻器（2004YDET18④：39）

14. 石凿（2004YDET18④：90）　　15. 石镞（2004YDET18④：40）　　16、17. 骨锥（2004YDET18④：38、2004YDET18⑤：81）

雕刻器　标本1件。2004YDET18④：39，大致呈长条扁平状。顶端圆弧形，有缺口，两侧磨制较为规整，刃口磨制而成，有细小的缺口。长4.5、宽1.6、厚0.4厘米（图一四，13）。

石凿　标本1件。2004YDET18④：90，大致呈长条扁平状。顶端残破，两端打制后经过磨制较为规整，刃口磨制而成，损坏较大，留下使用所致的缺口。长2.3、宽1.1、厚0.7厘米（图一四，14）。

石镞　标本1件。2004YDET18④：40，呈三角状。尖残，通体磨制而成。长3.5、宽1.3、厚0.1厘米（图一四，15）。

骨锥　标本2件。2004YDET18④：38，锥状扁圆状体。顶端残，磨制规整，尖部呈三角形。残长4.3、宽1.6、厚0.6厘米（图一四，16）。2004YDET18⑤：81，大致呈弯月状。顶端残，刃端磨制成三角状尖。残长7.5、宽2.2、厚0.4厘米（图一四，17）。

四、战国及以后遗存

大地坪遗址本次发掘的三期遗存是指地层零星发现的战国到明清时期的遗物和地层。本次发掘发现东周晚期墓葬1座，同时发现了汉晋时期的地层堆积，但这一时期的地层堆积较薄，罕见出土物，能代表地层年代的遗物发现亦极少。

墓葬　在F区T2第3层下发现一座东周时期墓葬，编号2004YDFT③下M1。M1被开口于同一地层下的H6打破，而H6出土物几乎全是被扰乱上来的商周时期的陶片，故而这组打破关系意义不大。M1平面为长方形竖穴土坑墓，脚端被H6破坏，头端保存完好，没有发现葬具，仰身直肢葬，头向朝北，面向朝西，骨架保存不全，下肢骨被灰坑破坏，在头端靠近墓壁的地方随葬陶高领罐1件。墓坑残长155、宽54、残深16厘米（图一五）。

M1出土随葬品仅有1件陶高领罐。2004YDFT2③下M1：1，泥质黄褐陶。微侈口，宽平沿，方唇，高领较直，圆腹斜收成小底，底内凹。腹部最大径有两道凹弦纹，弦纹下饰斜向细绳纹（图一六）。

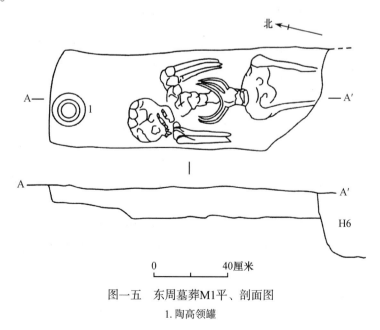

图一五　东周墓葬M1平、剖面图

1.陶高领罐

图一六　东周墓葬M1出土高领罐（2004YDFT2③下M1：1）

秦汉时期遗物　秦代半两 2枚。2004YDET20③B：1，青铜质。圆形方孔，外郭缘残破，一面模印有阳文的"半两"二字。直径2.4厘米（图一七，6）。2004YDET20③B：2，青铜质。圆形方孔，外郭较窄，一面模印有阳文的"半两"二字。直径2.8厘米（图一七，7）。

汉晋时期遗物　出土陶瓷器和铜器等，器形有陶盆、青黄釉瓷钵、青釉瓷轮和青铜小刀等。

陶盆　标本3件。2004YDET18②：1，泥质灰陶。直口，弧沿外撇，弧腹内斜收成平底。素面。口径46.5、底径23.2、通高16.5厘米（图一七，1）。

瓷钵　标本1件。2004YDET19④：1，青黄色釉。敛口，圆唇，鼓肩，弧腹，平底。腹部

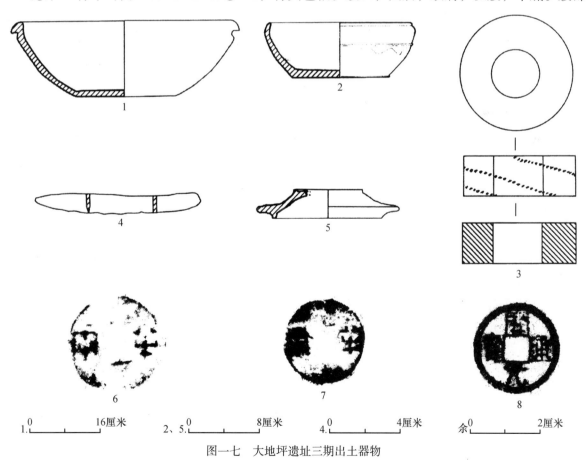

图一七　大地坪遗址三期出土器物

1.陶盆（2004YDET18②：1）　2.瓷钵（2004YDET19④：1）　3.瓷轮（2004YDET19③B：1）　4.青铜小刀（2004YDFT2③：1）
5.瓷器盖（2004YDET20③A：3）　6、7.半两（2004YDET20③B：1、2004YDET20③B：2）　8.开元通宝（2004YDET20③A：1）

靠下有道凸棱。口径16、底径11、通高6厘米（图一七，2）。

瓷轮　标本1件。2004YDET19③B：1，青白釉瓷质。平面呈圆环状，环壁较厚，侧面有戳刺小点环绕环体构成横"S"形图案。环径3.2、孔径1.4、厚0.95厘米（图一七，3）。

青铜小刀　标本1件。2004YDFT2③：1，青铜质。长条弯月状、刃通体铸成，刃部呈弧形，有缺口，刀尖锋锐，刀背稍宽，刀体横截面呈三角形。长9.5、宽1、厚0.1厘米（图一七，4）。

唐代遗物　发现开元通宝和黄釉瓷器盖等物。

瓷器盖　标本1件。2004YDET20③A：3，黄釉瓷质。盖体呈双唇口式环状，内唇沿平，沿边有凸起；外唇较宽，呈缓坡状撇出一个宽沿。釉质较差，脱落严重。口径8、底径12、高3.2厘米（图一七，5）。

钱币　开元通宝1枚。2004YDET20③A：1，青铜质。圆形方孔，外郭较宽，一面模印有阳文的"开元通宝"字样。直径2.6厘米（图一七，8）。

五、结　语

本次发掘发现了新石器时代末期到夏商周乃至汉唐时期的文化遗存，大大丰富了大地坪遗址的文化内涵。其中以商周时期遗存为主体，发现了这一时期的房址、灰坑遗迹以及大量遗物，对于研究三峡地区商周时期考古学文化性质以及文化序列都有重要的意义。

本次发掘的最早遗存仅在F区部分探方最底层有所发现。出土物很少，石器以砍砸器、刮削器和石锛为代表，陶器以大口罐、折腹钵和深腹尖底杯为代表构成了本期遗存的典型文化面貌。陶器特征和大地坪遗址第一次发掘的新石器时期遗存、哨棚嘴遗址[①]、老关庙遗址[②]和玉溪坪遗址[③]发现的新石器时代晚期的同类器物比较接近，所出标本多为罐，侈口弧肩，未见哨棚嘴遗址典型的直筒腹罐，其时代可能略晚，大致为新石器末期至夏代。

商周时期是本次发掘的主体和主要部分，发掘发现房屋基址和灰坑。出土了一大批陶器和少量石器，陶器主要有器盖、大口罐、长颈壶、豆、豆形器（灯形器）、单耳罐、鬲、宽沿盆、尖底盏、钵、圈足碗、鬲、斝、盉、大口尊、甑、器座、纺轮和鸟首勺柄等，其中以大口罐、长颈壶、豆、豆形器等器物组合最具特征，出土数量多，是本次遗址第二期遗存发现的典型器物。

根据地层对其进行分型定式的研究，可以将遗址出土的商周时期文化遗存大致分为前后紧密联系又有所发展的两个阶段。第一阶段以E区T18第4层，F区T1、T2的第4层为代表，第二阶段以E区T18第5～8层为代表。第一阶段陶器以B型Ⅰ式器盖，Aa型Ⅰ式、Ab型Ⅰ式、Ac型Ⅰ

①　北京大学考古学研究中心等：《忠县哨棚嘴遗址发掘报告》，《重庆库区考古报告集·1999卷》，科学出版社，2006年。

②　吉林大学考古系学：《四川奉节老关庙遗址第一、二次发掘》，《江汉考古》1993年第3期；吉林大学考古系等：《奉节县老关庙遗址第三次发掘》，《四川考古报告集》，文物出版社，1998年。

③　邹后曦、袁东山：《重庆峡江地区的新石器文化》，《重庆·2001三峡文物保护学术研讨会论文集》，科学出版社，2003年。

式、B型Ⅰ式、C型Ⅰ式大口罐，A型Ⅰ式、C型Ⅰ式长颈壶和A型Ⅰ式豆为代表；第二阶段陶器以Aa型Ⅱ式、Ab型Ⅱ式、Ac型Ⅱ式、B型Ⅱ式、C型Ⅱ式大口罐，A型Ⅱ式、C型Ⅱ式长颈壶和A型Ⅱ式豆为代表。

东周及其以后的遗存在本次发掘中属于零星发现，共发现东周时期的墓葬1座，以及少量汉唐时期的文化遗存遗物。

领　　队：席道合

执行领队：李景业

发　　掘：席道合　李景业　陈晓华　黄阳秋

　　　　　江少华　雷建军　王　峰　刘　峰

摄　　影：席道合　李景业　黄阳秋　江少华

　　　　　雷军建

修复拓片：黄阳秋　王　峰

器物绘图：李景业　陈晓华　黄阳秋　江少华

　　　　　雷　军　王　峰　刘　峰

电子制图：肖长秋　粟林洪　谢朝阳

后期整理：李永锋　黄阳秋　雷　明

执　　笔：李永锋

万州大丘坪墓群2004年度发掘报告

重庆市文物考古研究院
万 州 区 博 物 馆

大丘坪墓群地处重庆市万州区武陵镇下中村七组，位于长江北岸一级台地上，海拔150～162.5米，中心地理坐标为北纬30°30′33″，东经108°15′33″。墓地现存面积约60000平方米。墓地地形依山傍水，周围遗址、墓葬密集，其东临长江，西依尖山，北接柑子梁墓群及大浪口河沟，南隔小浪口河沟与武陵墓群、下中村遗址相望（图一）。

大丘坪墓群在1986年四川省文物普查时首次发现，为配合三峡工程建设，1994年、2002年厦门大学三峡考古队、河南洛阳市文物工作二队先后在墓群上进行工作，共发掘墓葬6座。2003年11月至2004年3月，受重庆市文化局三峡办委派，重庆市文物考古所及万州区博物馆联

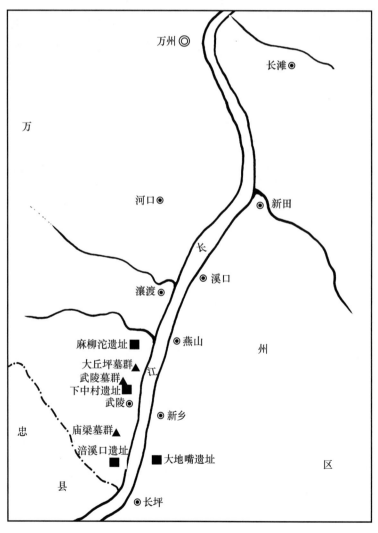

图一　大丘坪墓群位置示意图

合组成考古队对墓群进行了首次大规模发掘，共完成发掘面积3000平方米，发掘战国和两汉时期墓葬13座，其中土坑墓9座、砖室墓4座。

2004年2月，考古队对大丘坪墓群再次进行大规模发掘，发掘重点仍在Ⅰ区范围内，在Ⅱ区布了几条探沟及少量探方进行解剖，为来年大规模发掘进行准备。发掘方法采用布探方发掘和定穴发掘相结合的方法，对少数远离布方区且所处位置地形狭窄的墓葬进行定穴发掘。探方号及墓葬号都续接上年度的编号。田野工作时间从2004年4月11日至2005年1月9日，分两阶段完成规划发掘面积3000平方米，共发掘墓葬11座（图二）。

考古队由重庆市文物考古所邹后曦任领队，工作人员有万州区博物馆的向渠奎、彭学斌、岳宗英、李应东、郑燮、刘江、谭建华，陕西技工吕积明、姚本安、齐军、牟联芳等。

本年度发掘的11座墓葬经整理、分析研究，可划分为战国、西汉、东汉、南北朝四个不同时期墓葬，现分别予以介绍。

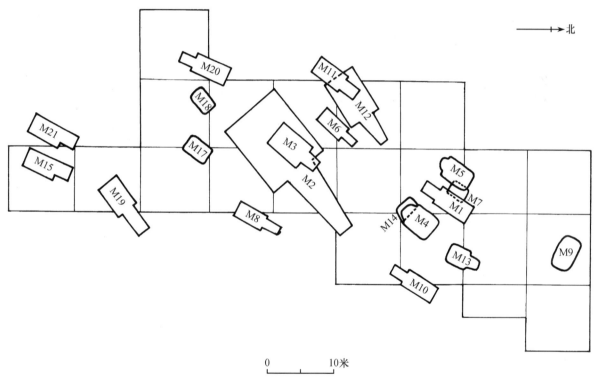

图二　大丘坪墓群2004年度发掘墓葬分布图

一、战国时期墓葬

1座。

M19　位于T131内，墓道部分延伸至东隔梁外。墓葬开口于第1层下，打破生土，现存墓口距地表深约0.2米。形制为长方形竖穴土坑墓，带斜坡墓道，方向52°。墓圹口大底小，墓室口长5、宽3.7米，底长3.6、宽2.2米，墓口至底深度为4.4米，墓壁从墓口向下内斜至2.8米处变垂直，上壁修整平滑，下壁因土层中沙粒、料姜石较多而显得凹凸不平。墓底四周筑熟土二层台，后壁一端二层台高0.25、宽0.6米，另三面二层台高0.4、宽0.28~0.3米，底面于生土上挖两条东西向枕木槽，长2.2、宽0.38、深0.16米。斜坡墓道位于墓坑北壁正中，上口长4.3、宽2.02米，底坡长5.74、宽2.02米，坡度为32°。墓内填土为黄褐色五花土，较纯净。葬具为单棺单椁，从残存板灰观察，棺长1.98、宽0.7米，葬人骨一具，保存较差，仅存骨痕，葬式为仰身直肢葬（图三）。

随葬品共3件。其中陶壶2件，置于墓室后壁二层台上；铜带钩1件，原置棺内，葬具朽烂后，散落至枕木槽内。

陶壶　2件。仿铜礼器。侈口，方唇，长束颈，椭圆腹，圈足略外撇，腹部一对称圆系。M19：1，泥质灰陶。子母口平弧盖，盖面附四对称穿孔纽，圜底下垂。器表浅刻纹饰，现大多模糊不清，依稀可见四道凹弦纹及菱格纹。口径12、腹径17.6、底径12.4、高30.6厘米（图四，1）。M19：2，泥质灰陶。无盖，圜底下垂更甚。器表浅刻纹饰，以四道凹弦纹把器表分为五区，从上至下各区内分别刻划竖向水波纹、横向水波纹、菱格纹、"S"形云气纹、菱格纹。口径11.7、腹径17.7、底径13.2、高27厘米（图四，2）。

铜带钩　1件。M19：3，体形较小，鸭形钩。长4.5厘米（图四，3）。

M19位于发掘Ⅰ区南部，与2003年发掘的两座战国时期墓葬（M2、M12）相邻，墓葬形

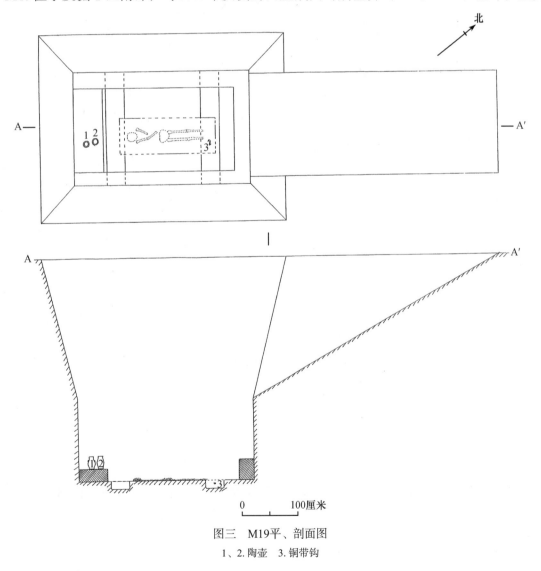

图三　M19平、剖面图

1、2.陶壶　3.铜带钩

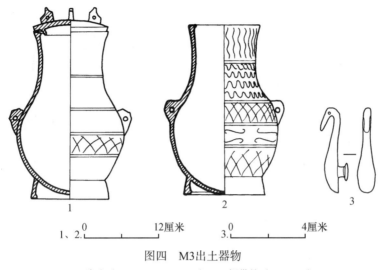

图四　M3出土器物

1、2.陶壶（M19∶1、M19∶2）　3.铜带钩（M19∶3）

制、墓内棺椁设置及墓向基本相同[1]，虽然随葬器物较少，器形与上述两墓无可比对，但出土陶壶与云阳故陵楚墓M3中陶壶较为接近[2]，器表密布云气纹、水波纹、菱格纹等，在战国中期楚文化器物中常见[3]，因此M19年代应与上年度发掘的M2、M12相同，均为战国中期墓葬。

二、西汉时期墓葬

2座。编号为M17、M18。

（一）墓葬形制

M17　位于T105、T132、T133内，开口于第1层下，打破紫红色生土。墓上有一现代盗洞，形制为长方形竖穴土坑墓，无墓道，方向42°，墓口长3.5、宽2.35～2.5米，底长3.08、宽1.9～1.94米，墓残深2.1米，墓底除北部外另三面设生土二层台，台宽0.2～0.4、高0.25～0.35米。墓内填土为灰黑色五花土，较疏松。该墓被盗扰严重，葬具不详，未见骨架，仅墓内东北角残留少量器物，器形有灰陶壶、罐、钵、杯、"五铢"钱等，共计14件（图五）。

M18　位于T101、T132内，开口于第1层下，打破紫红色生土，该墓被一扰坑打破，形制为长方形竖穴土坑墓，无墓道，方向42°，墓长3.15、宽1.85、残深0.7～0.75米。填土为黄褐色五花土，较松软。葬具为一棺一椁，现仅存板灰，椁长2.9、宽1.65、残高0.6米，两端挡板厚0.07米，椁底板横向铺置，现可看出四块，宽0.15～0.28、长1.65米，棺范围不详，墓室

①　重庆市文物考古所、万州区博物馆：《重庆万州区大丘坪墓群发掘报告》，《重庆库区考古报告集·1998卷》，科学出版社，2003年。

②　中国历史博物馆故陵考古队：《云阳故陵楚墓发掘报告》，《重庆库区考古报告集·1998卷》，科学出版社，2003年。

③　郭德维：《江陵楚墓论述》，《考古学报》1982年第2期。

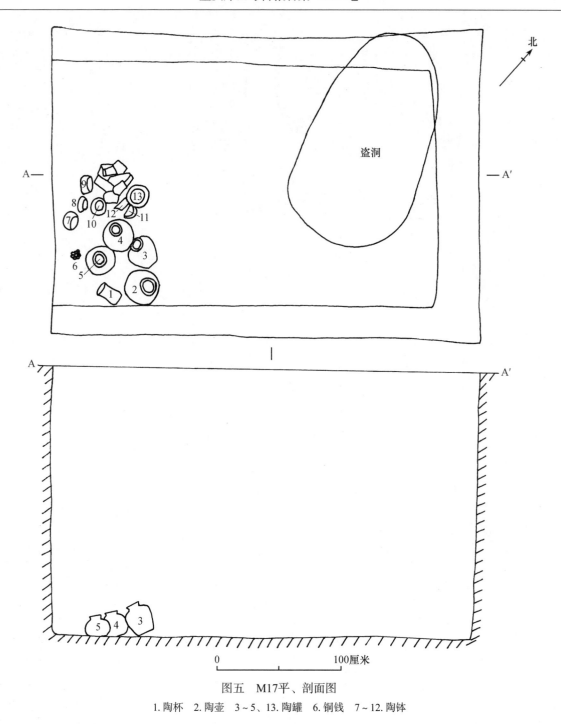

图五　M17平、剖面图

1.陶杯　2.陶壶　3～5、13.陶罐　6.铜钱　7～12.陶钵

东侧葬人骨一具，仅见头骨骨粉部分和少量牙齿珐琅质空壳。棺内骨架头侧和胸部位置放置三堆铜钱，棺外有随葬器物15件，陶器均为灰陶，器形有壶、罐、钵等，另有五铢铜钱46枚（图六）。

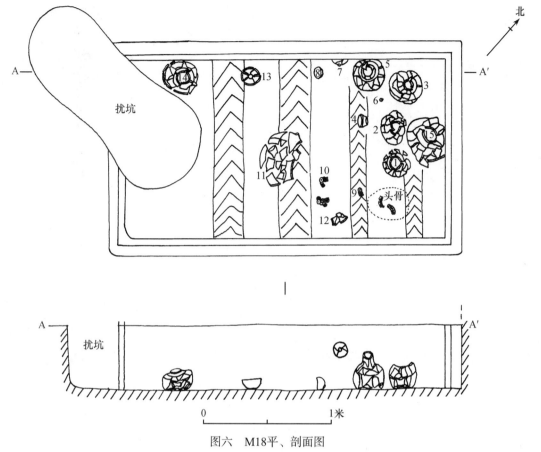

图六　M18平、剖面图

1～3、11、14、15.陶罐　4、7、8、12、13.陶钵　5.陶壶　6、9、10.铜钱

（二）随葬器物

共清理陶器15件，钱币67枚。

陶壶　2件。根据肩部形态分二型。

A型　溜肩。M17：2，夹砂灰陶。侈口，方唇，束颈，溜肩，鼓腹，高圈足外撇，肩部附对称铺首衔环，器形规整。肩、上腹、下腹、圈足各饰两道凹弦纹。口径9.3、腹径19、高21.4厘米（图七，1）。

B型　折肩。M18：5，泥质黄褐陶。口部残失。束颈，鼓肩，弧腹，圈足外撇，胎较薄。肩部饰两道凹弦纹。腹径22.9、底径11.6、高19厘米（图七，2）。

陶圈底罐　2件。M18：15，泥质灰褐陶。直口，折沿，尖唇，直领，折肩，弧腹，圈底。下腹至底饰竖向绳纹。口径13.4、腹径21.2、高15厘米（图七，3）。

陶平底罐　3件。均为小口，圆唇，束颈，鼓腹，大平底。根据体形特征分二型。

A型　2件。颈较长，腹部最大径位于上腹，体形较小。M17：3，泥质灰黑陶。素面。口径11.6、底径17.8、高18厘米（图七，4）。

B型　1件。颈较短，腹部最大径位于中腹，体形较大。M17：13，泥质灰陶。肩部饰两道凹弦纹。口径8.6、底径13.6、高15厘米（图七，5）。

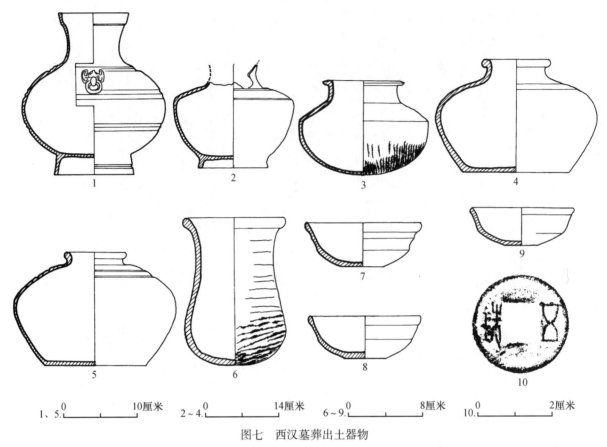

图七　西汉墓葬出土器物

1. A型陶壶（M17：2）　2. B型陶壶（M18：5）　3. 陶圜底罐（M18：15）　4. A型陶平底罐（M17：3）　5. B型陶平底罐
（M17：13）　6. 陶杯（M17：1）　7、8. A型陶钵（M18：13、M17：7）　9. B型陶钵（M18：8）　10. "五铢"铜钱

陶杯　1件。M17：1，胎较厚，泥质灰陶。敞口，圆唇，深垂腹，圜底。下腹至底饰斜向粗绳纹。口径11、高15.2厘米（图七，6）。

陶钵　7件。形制为敞口，尖圆唇，平底，体形较小。根据腹部形态分二型。

A型　5件。斜弧腹，下腹至底部贴泥片加厚。M18：13，泥质黄褐陶。腹部饰一道凸弦纹。口径12.4、底径4.5、高4.6厘米（图七，7）。M17：7，泥质灰陶。素面。口径12.2、底径4、高4.5厘米（图七，8）。

B型　2件。折弧腹，下腹至底不作加厚处理。M18：8，泥质灰陶。素面。口径11.2、底径3.5、高4厘米（图七，9）。

钱币　67枚。钱文均为"五铢"，"五"字交笔弯曲，"朱"字头方折。钱径2.5～2.6、穿宽1厘米（图七，10）。

（三）年代分析

两座墓葬均为较狭长竖穴土坑墓，墓内葬人骨一具，与稍后王莽时期墓葬中普遍埋葬多具尸体的宽坑墓有所不同；随葬品数量较少，陶器质地均为泥质灰陶，无红陶及釉陶器，器物组合为罐、壶、钵等实用器，既不见西汉早中期盛行的鼎、盒、壶仿铜礼器，也没有王莽时期常见的杯、案、盘、勺等墓内祭奠用器，实用器中圜底罐与云阳故陵西汉墓M15B型罐形制相同[1]，A型平底罐器形与忠县崖脚墓地西汉墓BM10圆肩罐相同[2]。钱币最晚为西汉宣帝—平帝时期的五铢[3]。综上所述，M17、M18应为西汉晚期土坑墓。

三、新莽时期墓葬

2座，编号为M23、M25。

（一）墓葬形制

M23 位于Ⅱ区T202西北部，部分延伸至西壁外。开口于第1层下，打破紫红色生土。该墓上有一盗洞（未到墓底）。墓葬形制为长方形竖穴土坑墓，无墓道，方向23°，墓长3、宽2、现存深度1.4米。填土为灰褐五花土，较疏松。棺椁及骨架情况不明，仅在墓底南部发现两块木板朽灰痕，推测为椁板。随葬器物28件，器形有陶罐、盆、釜、甑、钵、井，铜釜、钱，铁剑，漆器等（图八）。

M25 位于Ⅱ区T202东北部，部分延伸至东隔梁外。开口于第1层下，打破紫红色生土。形制为长方形竖穴土坑墓，无墓道，方向19°。墓长3.6、残宽2.6、现存深度1.34米，墓葬东部由于后期地表取土较多，受到较严重破坏，现东壁情况不详，但二层台尚保留少许。墓底四面均设熟土二层台，台面宽0.1～0.3、高0.16～0.2米。填土为灰褐色五花土，较疏松。棺椁保存状况极差，从现存零散板灰及铜钱摆放位置观察，该墓为一椁二棺，椁室长3、宽2.4米，两具棺东西并排放置，西棺长1.76、宽0.62米，东棺长1.56、宽0.5米，尸骨朽烂严重，性别、年龄、葬式不详。随葬器物有陶罐、盆、钵、豆、井、研子、黛板，铜釜、壶、洗、带钩、钱币，铁釜等共56件（图九）。

（二）随葬器物

复原器物76件，分陶、铜、铁等类，另有钱币129枚。

1. 陶器

67件。

圜底罐 11件，形制为小口，斜肩，圜底。根据腹部形态分三型。

A型 3件。球形腹。M25：44，泥质灰褐陶。敛口，圆唇，无领，薄胎。器表饰弦纹及短

---

① 中国历史博物馆故陵考古队：《云阳故陵楚墓发掘报告》，《重庆库区考古报告集·1998卷》，科学出版社，2003年。

② 北京大学三峡考古队：《忠县崖脚墓地发掘报告》，《重庆库区考古报告集·1998卷》，科学出版社，2003年。

③ 唐石父：《中国古钱币》，上海古籍出版社，2004年。

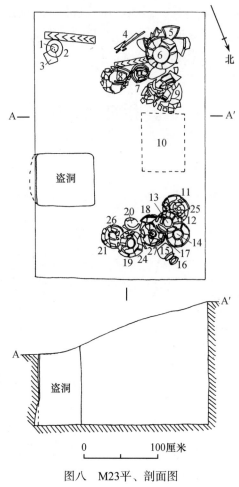

图八　M23平、剖面图

1、11、16、17、25. 陶钵　2、7. 陶洗　3. 漆器　4. 陶井　5. 陶甑　6、12. 陶釜　8. 陶盆　9、13~15、18、19、21、26、27. 陶罐
10. 漆案　20. 铜釜　22、28. 铜钱　23. 铜指环　24. 铁剑（部分器物被叠压）

细绳纹。口径15.4、腹径32、高24.2厘米（图一〇，1）。

M25：48，泥质灰陶。敛口，方唇，短领。肩、腹部饰暗网格纹及凹弦纹。口径12、腹径27、高20厘米（图一〇，2）。

B型　1件。斜弧腹。侈口，折沿，尖唇，束颈，溜肩，圜底近平。M25：49，泥质灰陶。肩部饰横断绳纹，腹部以下饰斜向绳纹。口径14.6、腹径28.9、高20厘米（图一〇，3）。

C型　7件。扁弧腹。M23：14，泥质灰陶。直口，折沿，尖唇，直领。器表饰斜向绳纹。口径17.1、腹径33.1、高18.3厘米（图一〇，4）。M23：18，泥质灰陶。肩部刻划一"邓"字，下腹至底饰斜向绳纹。口径17.1、腹径31、高14厘米（图一〇，5）。

平底罐　29件。根据肩部形态分五型。

A型　10件。鼓肩。形制为侈口，卷沿，圆唇，束颈，弧腹，平底。M25：20，泥质灰陶。肩部涂红彩，有一道凹弦纹。口径16、底径18.3、高23厘米（图一〇，6）。M23：21，泥质灰陶。唇部一道凹槽，肩部饰弦断绳纹。口径16、底径18、高22厘米（图一〇，7）。

B型　6件。圆肩。小口，卷沿，圆唇，短领，斜弧腹，大平底。M23：9，夹砂黑灰陶。肩部一道凹弦纹。口径10.9、底径19、高18厘米（图一〇，8）。

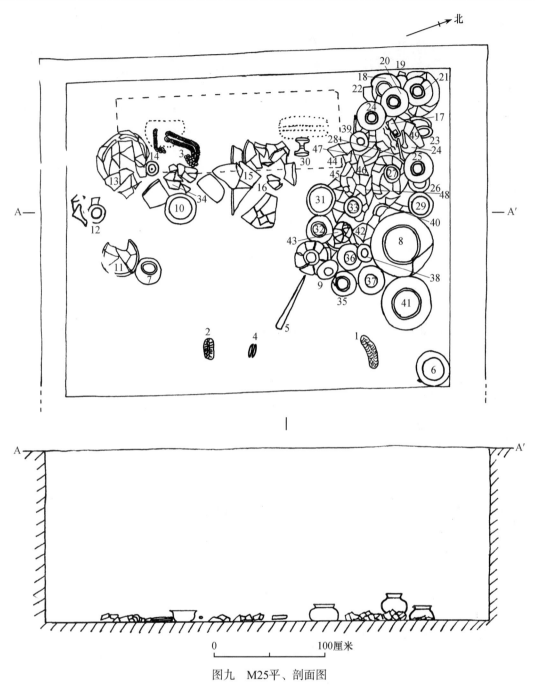

图九 M25平、剖面图

1～3.铜钱 4.铜耳杯扣 5.铁剑 6.铜釜 7.铜壶 8、9.铁釜 10.铜洗 11、13、15.陶盆 12、14、22、25、43.陶钵 16.铜钗 17.陶黛板 18～21、23、26、27、29、32～39、42、44、47～49.陶罐 24.陶壶 28、31.陶井 30.陶豆 40.陶坛 41.陶甑 45.研子 46.铜带钩

C型 5件。溜肩。直口，圆唇，束颈，弧腹，平底。M23：15，泥质青灰陶。唇部一道凹槽，上腹饰横断绳纹。口径11.6、底径14、高14厘米（图一〇，9）。

D型 4件。折肩。根据口、颈部形态分二亚型。

Da型 2件。敛口，短颈。M23：27，泥质黑灰陶。肩部饰二道凹弦纹及暗菱格纹，腹部饰横断绳纹。口径11、底径14、高15.8厘米（图一〇，10）。

Db型 2件。直口，长束颈。M25：23，泥质灰陶。素面。口径22、底径18、高22厘米

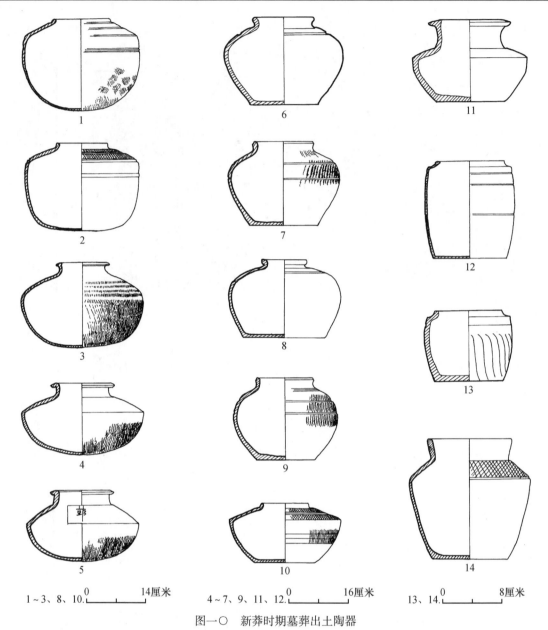

1~3、8、10.|0_____14厘米   4~7、9、11、12.|0_____16厘米   13、14.|0_____8厘米

图一〇　新莽时期墓葬出土陶器

1、2. A型圜底罐（M25：44、M25：48）　　3. B型圜底罐（M25：49）　　4、5. C型圜底罐（M23：14、M23：18）

6、7. A型平底罐（M25：20、M23：21）　　8. B型平底罐（M23：9）　　9. C型平底罐（M23：15）　　10. Da型平底罐（M23：27）

11. Db型平底罐（M25：23）　　12. Ea型平底罐（M25：29）　　13. Eb型平底罐（M23：26）　　14. 壶（M25：24）

（图一〇，11）。

E型　4件。平肩（筒形）罐。敛口，方唇，无领，筒形腹，平底，从出土时情况看，该类罐可兼具仓、井等功用。依据腹部深浅分二亚型。

Ea型　2件。深腹。M25：29，泥质灰陶。腹部饰二道凹弦纹。口径18.3、底径19.4、高25厘米（图一〇，12）。

Eb型　2件。浅腹，体形较小。M23：26，泥质灰陶。上腹饰一道凹弦纹，中腹以下器表有较明显刀削修整痕。口径9.2、底径9.4、高9.3厘米（图一〇，13）。

壶　1件。侈口，方唇，斜颈，折肩，斜直腹，平底。个体较小。M25：24，夹砂灰褐陶。肩部饰暗网格纹。口径11.4、底径10.2、高15.9厘米（图一〇，14）。

盆　6件。根据口部形态分二型。

A型　4件。敞口。卷沿，斜腹，平底。依据腹部状况及个体大小分二亚型。

Aa型　2件。斜直腹，厚胎，个体较大。M25：15，泥质灰黑陶。器表饰一道凸弦纹。口径46、底径27.6、高23.2厘米（图一一，1）。

Ab型　2件。斜弧腹，个体较小。M25：11，泥质灰陶。器表饰二道凸弦纹及短细绳纹。口径27.4、底径13.7、高17.1厘米（图一一，2）。

B型　2件。敛口。卷沿，尖唇，折腹，平底，薄胎，M25：13，泥质灰陶。上腹饰一道凸弦纹。口径33、底径16.2、高16.3厘米（图一一，3）。

洗　2件。均为敛口，斜方唇，沿下内束，斜弧腹，平底。M23：7，泥质灰陶。素面。口径15.4、底径8.2、高7厘米（图一一，4）。M23：2，底部下凹。夹砂灰黑陶。素面。口径18.4、底径7.5、高6.4厘米（图一一，5）。

釜　2件。根据口部形状分二型。

A型　1件。敛口，体形较小。M23：12，敛口，宽折沿，尖圆唇，垂腹，圜底。夹砂黑灰陶。沿面一道凹弦纹，腹至底部饰斜向粗绳纹。口径18.2、腹径17、高11.7厘米（图一一，6）。

B型　1件。直口，形制仿铁釜，体形较大。M23：6，直口，方唇，圆腹，矮圈足。腹部有一对称圆錾。泥质青灰陶。口径23.9、底径10.6、高25.5厘米（图一一，7）。

甑　2件。形制为盆形，凹底，箅孔细密。M23：5，泥质黑褐陶。腹部饰短细绳纹。口径33、底径12.4、高15.3厘米（图一一，8）。

豆　1件。浅盘，方唇，折腹，中粗柄，覆钵状圈足。M25：30，夹砂灰褐陶。柄部有三道凸棱。口径10.8、底径10.7、高11.5厘米（图一一，9）。

钵　8件。形制为敞口，尖圆唇，斜弧腹，平底。根据体形大小分二型。

A型　4件。体形较大，唇部及下腹加厚处理。M23：1，泥质灰陶。素面。口径16.4、底径6.5、高6厘米（图一一，10）。

B型　4件。体形较小，仅唇部加厚。M23：25，泥质灰陶，厚胎。素面。口径13.6、底径4.8、高5厘米（图一一，11）。M25：16，泥质灰陶，薄胎。器形规整。内底饰细密暗网格纹。口径10.1、底径3.5、高3.1厘米（图一一，12）。

坛　1件。罐状，双沿，外沿较低，内沿较高，双沿间自然形成一凹槽以覆钵储水密闭。M25：40，泥质灰褐陶。肩部饰一组辫索状附加堆纹。口径12、底径14.6、高22.5厘米（图一一，13）。

井　2件。模型明器。由井架、井盖、井桶、汲水罐四部分组成。

井架、井盖　井盖平面呈"井"字形，四角圆弧内凹，中心有一圆形井圈，两旁各有一长方形插孔以插井架，井架上置悬山形横梁，井盖下有圈足可套于井桶上，M23：4，泥质灰陶。盖面饰阴线方格纹及交错划纹。边长28.5、通高12.6厘米（图一一，14）。

井桶、汲水罐　井桶为一筒形罐代替，内置一小罐以取水。M25：31，泥质灰陶。井桶口径13.4、底径13.2、高4.1厘米，汲水罐口径4.8、底径3.1、高4.1厘米（图一二，1）。

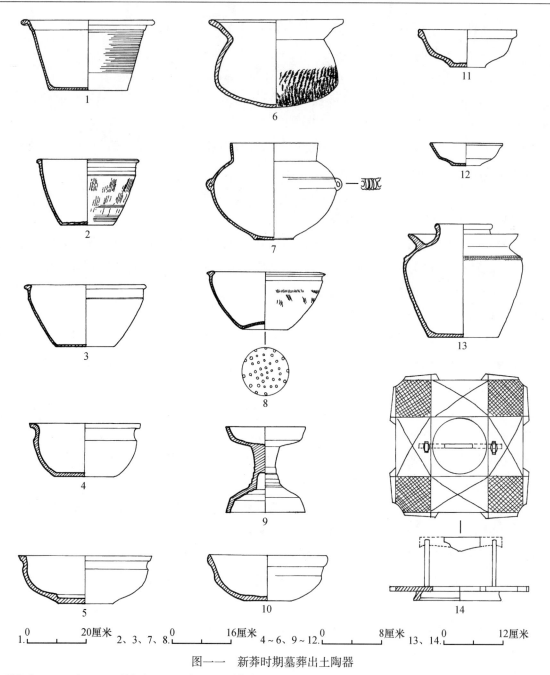

0　　　　　20厘米　　0　　　　　16厘米　　0　　　8厘米　　　0　　　12厘米
1.　　　　　　　　　　2、3、7、8.　　　　　　4~6、9~12.　　　　　13、14.

图一一　新莽时期墓葬出土陶器

1. Aa型盆（M25：15）　2. Ab型盆（M25：11）　3. B型盆（M25：13）　4、5. 洗（M23：7、M23：2）　6. A型釜（M23：12）
7. B型釜（M23：6）　8. 甑（M23：5）　9. 豆（M25：30）　10. A型钵（M23：1）　11、12. B型钵（M23：25、M25：16）
13. 坛（M25：40）　14. 井（M23：4）

　　研子　1件。圆纽，方底座，器形规整，底面有明显使用痕。M25：45，泥质灰陶。纽面浮雕龙纹。通高1.4、纽径3.2、底宽3.2厘米（图一二，2）。

　　黛板　1件。M25：17，泥质灰陶。长方形薄板，与研子配套使用。素面。长13、宽5、厚0.6厘米（图一二，3）。

2. 铜器

容器胎较薄，出土时破碎严重，暂无法修复，小件有耳杯扣、带钩、钗、指环、钱币等。

耳杯扣　5件。为漆木耳杯耳部扣件。月牙形，器表鎏金。M25：4，长10、宽1.9厘米（图一二，4）。

带钩　1件。鸭形钩体，圆形钉柱。M25：46，体形较小，钩首残。残长3.2厘米（图一二，5）。

钗　1件。M25：16，两端为"U"形龙头，中部各置四圆环，并以两细铜条连接，器身浅刻网格纹，器形精致。通长15.4厘米（图一二，6）。

指环　1件。M23：23，直径2.5厘米（图一二，7）。

钱币　129枚。钱文有"五铢"及"大泉五十"两种。

五铢　104枚。五字交笔弯曲，朱字头方折。直径2.5、穿宽1.1厘米（图一二，8）。

大泉五十　25枚。大字呈燕翅形，泉字中竖中断。直径2.5、穿宽1厘米（图一二，9）。

3. 铁器

釜　1件。M25：8，直口，方唇，竖领，溜肩，鼓腹，圜底。腹部有一对称圆环，锈蚀严重。口径30、腹径44、高32厘米（图一二，10）。

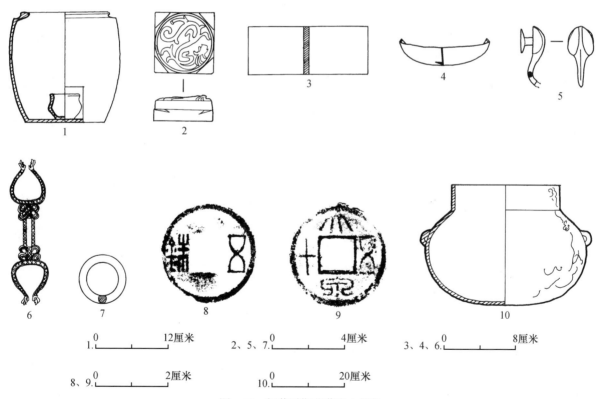

图一二　新莽时期墓葬出土器物

1.陶汲水罐（M25：31）　2.陶研子（M25：45）　3.陶黛板（M25：17）　4.铜耳杯扣（M25：4）　5.铜带钩（M25：46）
6.铜钗（M25：16）　7.铜指环（M23：23）　8."五铢"铜钱　9."大泉五十"铜钱　10.铁釜（M25：8）

（三）年代分析

　　M23、M25两墓相邻较近，大小相似，形制为竖穴土坑墓，无墓道，墓坑较宽，长宽之比均在1∶1.5左右。随葬器物中仍沿用上期流行的罐、钵等实用器，基本器物组合为罐、盆、甑、钵，新增仓、井等模型明器，墓葬时代应较M17、M18晚。随葬品中未见上年度发掘墓葬中常见的杯、案、盘、勺成套墓内祭奠用器，亦未见釉陶器，钱币中最晚的大泉五十为减重型大泉五十，发行时间为始建国元年[①]。未见新莽末年流行的小型大泉五十、小货泉等种类。综上因素，M23、M25为新莽时期墓葬是明确无疑的，它的时代应该略早于上年度发掘的一批新莽至东汉初期的墓葬。

四、东汉时期墓葬

　　4座，编号为M16、M21、M22、M24，其中又分土坑墓和砖室墓两类，下面分别予以介绍。

（一）土坑墓

　　2座。编号为M22、M24。

1. 墓葬形制

　　M22　位于Ⅱ区T201北部，向东延伸至东隔梁外，开口于第1层下，距地表深约0.3米。形制为长方形竖穴土坑墓，带甬道及斜坡墓道，方向210°。墓室口长4.8、宽4.3、墓深3.5米，墓室底长4.2、宽3.4米，底面用长方形绳纹砖铺地，砖长0.4～0.5、宽0.2、厚0.08米，墓室除入口外，其他三面均设熟土二层台，台面宽0.3～0.5、高0.5米。甬道口长3.6～3.75、宽2.1～2.4米，直壁斜坡底，底长3.3、宽2.1～2.4米，坡度15°。底面南部设一熟土二层台，台面宽0.5、高0.5米。墓道口长1.1、宽1.4～1.7米，直壁斜坡底，底长1.25米，坡度为25°。墓室与甬道部分填土颜色不一，墓室部分填土为黄褐色五花土，经夯打，较致密，夯层厚0.25～0.3米，每层之间均撒草木灰；甬道及墓道部分填土为灰褐色五花土，未经夯打，较松软。填土中设两祭坑，一个在墓室西北角，形状为长方形土坑，长1、宽0.5～0.6、深0.7米，坑内埋陶器釜、钵、罐共3件；另一个在甬道中部距墓口0.2米处，用七块"朱"字纹砖及"富贵"砖砌边、盖面，内置陶器4件，器形为两罐、两钵。葬具为一椁双棺，木质棺椁已朽烂仅存板灰，椁长3.1、宽2.6米，两棺并排放置，东棺长2.3、宽1米，西棺长2.1、宽0.95米。棺内仅见零星骨粉，葬式不明。随葬器物129件，有陶器、铜器、铁器、银器、琉璃器等。

　　M24　位于Ⅱ区T203北部，开口于第1层下，距地表深0.35～0.85米。形制为长方形竖穴土坑墓，无墓道。墓口长4.14～4.2、宽3.6～3.76米，墓底长4.04～4.12、宽3.58～3.6、墓深3.12

米，底面铺素面砖，砖长0.45、宽0.22、厚0.04米，四面设熟土二层台，台面宽0.2~0.5、高0.5米。填土为灰褐色五花土，较致密。葬具为一椁一棺，木质葬具朽烂仅存板灰，椁长3.4、宽2.7米，棺置于椁室西部，长2、宽1米，棺内葬人骨一具，仅存下肢骨部分，其他部分已朽为骨粉，葬式为仰身直肢葬，年龄、性别不详。随葬品44件，有陶器、铁器和铜钱等（图一三）。

2. 随葬器物

共178件。分陶器、铜器、铁器、银器、琉璃器等。

（1）陶器

共132件。分生活用具、模型明器、俑等类。

圜底罐　28件。根据腹部形态分四型。

A型　4件。鼓腹。小口，折沿，尖唇，短领，斜肩，鼓腹，圜底，个体较大。M22：46，泥质灰褐陶。肩部刻划"申"字，饰弦断绳纹，下腹至底饰斜向绳纹。口径12、腹径34.3、高20.2厘米（图一四，1）。

B型　8件。圆弧腹。依据体形大小分二亚型。

Ba型　2件。大罐。小口，卷沿，尖唇，束颈，溜肩。M24：25，泥质灰陶。肩部饰弦断绳纹，腹至底饰斜向绳纹。口径13.1、腹径31.7、高20.5厘米（图一四，2）。

Bb型　6件。小罐。直口，卷沿，尖唇，斜直领，溜肩。M24：32，泥质灰褐陶。下腹至底部饰斜向绳纹。口径12.7、腹径22.7、高15.1厘米（图一四，3）。

C型　12件。斜弧腹。直口，平折沿，尖唇，直领，折肩，胎较厚。M24：2，泥质灰陶。腹部较圆。下腹至底饰斜向绳纹。口径19、腹径35、高21厘米（图一四，4）。M22：14，泥质灰陶。腹部较扁。下腹至底饰细绳纹。口径11.5、腹径17.2、高9厘米（图一四，5）。

D型　4件。垂腹。个体较大，敛口，圆唇，无领，折肩。M22：115，泥质灰陶。肩部涂红彩，彩下为凹弦纹及暗网格纹。口径15.6、腹径32.3、高26.8厘米（图一四，6）。

平底罐　49件。根据体形大小分二型。

A型　9件。大罐。高度在24~28厘米。依据领、颈部状况分四亚型。

Aa型　1件。斜领。敛口，卷沿，尖唇，溜肩，弧腹，平底略内凹。M22：66，泥质灰陶。腹部模印方块网格纹。口径20.8、底径20、高25.5厘米（图一四，7）。

Ab型　3件。束颈。侈口，圆唇，圆肩，斜弧腹。M22：53，泥质黑灰陶。肩、腹部饰暗网格纹及凹弦纹。口径19、底径20.2、高28厘米（图一四，8）。

Ac型　4件。短领。直口，圆唇，圆肩，斜弧腹。M24：29，泥质灰陶。肩、腹部饰戳点纹及弦断绳纹。口径16、底径17.1、高26厘米（图一四，9）。

Ad型　1件。无领。敛口，方唇，圆肩，斜弧腹。M24：5，泥质青灰陶。肩、腹部饰弦断绳纹及短细绳纹。口径19.6、底径18.2、高24.8厘米（图一四，10）。

B型　40件。小罐。高度在12~20厘米。依据肩部情况分四亚型。

Ba型　12件。圆肩。M22：6，泥质灰陶。敛口，卷沿，尖唇，圆肩，斜弧腹，平底。肩部饰斜红彩，领至上腹饰暗网格纹。口径13.4、底径14.4、高15厘米（图一四，11）。

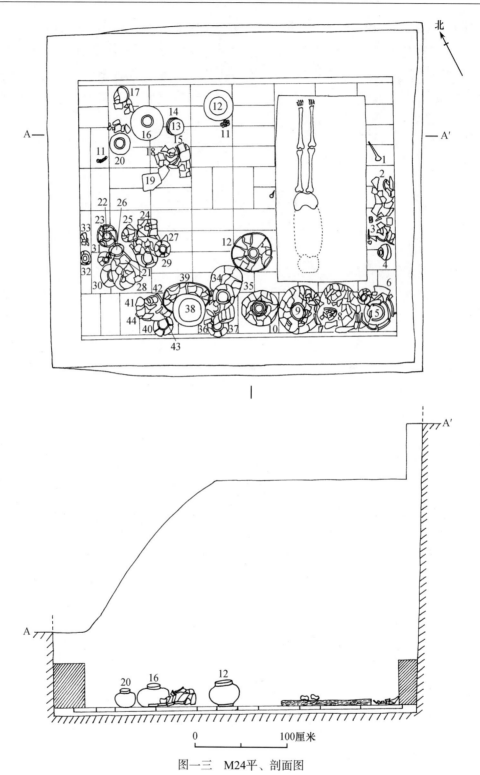

图一三　M24平、剖面图

1. 棺钉　2~5、10、12、16、20、23、25~32、34、37、40、41. 陶罐　6、8、9、39. 陶盆　7、13~15、17、18、22、35、36、
42. 陶钵　11. 铜钱　19、21、38. 铁釜　24. 陶井　33. 陶片　43. 陶汲水罐　44. 陶甑

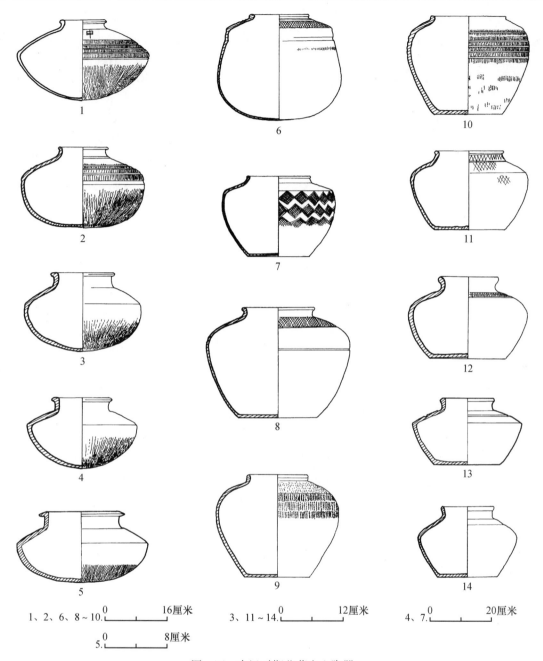

图一四 东汉时期墓葬出土陶器

1. A型圜底罐（M22：46） 2. Ba型圜底罐（M24：25） 3. Bb型圜底罐（M24：32） 4、5. C型圜底罐（M24：2、M22：14）
6. D型圜底罐（M22：115） 7. Aa型平底罐（M22：66） 8. Ab型平底罐（M22：53） 9. Ac型平底罐（M24：29）
10. Ad型平底罐（M24：5） 11、12. Ba型平底罐（M22：6、M24：30） 13. Bb型平底罐（M22：96）
14. Bc型平底罐（M22：56）

M24：30，泥质灰陶。侈口，圆唇，束颈，圆肩，斜弧腹，平底。肩部饰凹弦纹及两周锯齿纹。口径12.1、底径15、高15.5厘米（图一四，12）。

　　Bb型　16件。折肩。直口，圆唇，直领，弧腹，平底。M22：96，泥质灰陶。肩部饰两道凹弦纹，涂红彩。口径11.2、底径13.2、高12.5厘米（图一四，13）。

　　Bc型　6件。鼓肩。侈口，圆唇，筒形腹，平底。M22：56，泥质灰陶。肩部饰两道凹弦纹。口径10.5、底径12、高13.4厘米（图一四，14）。

Bd型　6件。筒形罐。敛口，圆唇，平折肩，筒形腹，平底。M22：47，体形较大。泥质灰陶。素面。口径22.7、底径24、高30.7厘米（图一五，1）。M22：15，体形较小。泥质灰陶。素面。口径8.5、底径7.8、高11.4厘米（图一五，2）。

釜　2件。均为敞口，宽折沿，圜底。根据腹部形态分二型。

A型　1件。圆弧腹。M22：62，泥质灰褐陶。腹至底部饰凹弦纹及斜向绳纹。口径30.7、腹径37.3、高29.3厘米（图一五，3）。

B型　1件。垂腹。M22：7，夹砂红陶。腹至底部饰竖向绳纹。口径28.8、腹径33.1、高18.2厘米（图一五，4）。

甑　4件。盆形。根据口部形态分二型。

A型　1件。敞口，平底，箅孔较大。M24：44，泥质灰褐陶。器表饰附加堆纹及模印方格纹。口径46.6、底径18.9、高23.5厘米（图一五，5）。

B型　3件。敛口，平底内凹，箅孔较小。M22：45，泥质灰陶。上腹饰一道凹弦纹。口径42.3、底径20.8、高22.7厘米（图一五，6）。

盆　5件。根据体形大小分二型。

A型　4件。大盆。敛口，折沿，尖唇，斜腹，平底。M22：9，泥质灰陶。上腹饰一道凸弦纹。口径41.2、底径19.6、高22.2厘米（图一五，7）。

B型　1件。小盆。侈口，圆唇，沿下内束，斜腹，平底。M22：50，泥质黑灰陶。素面。口径44、底径14.7、高14.7厘米（图一五，8）。

钵　11件。形制为敞口，尖圆唇。小平底。根据腹部情况分三型。

A型　4件。折腹。M24：18，泥质灰黑陶。内底有刻划记号。口径18.1、底径5.2、高7.1厘米（图一五，9）。

B型　3件。深弧腹，M22：54，泥质灰陶。素面。口径16.6、底径6.6、高7.1厘米（图一五，10）。

C型　4件。浅弧腹，M22：8，泥质灰陶。素面。口径16.6、底径5.4、高5.6厘米（图一五，11）。

纺轮　1件。亚腰形，管状孔，体形较敦实。M22：28，泥质灰陶。素面。直径3.5、孔径0.3、高2.3厘米（图一五，12）。

研子　2件。形状为圆纽，方底座。

M22：98，泥质灰陶。纽面刻字"长×富×"，第2、4字模糊不清。纽径2.8、底宽3.3、高1.7厘米（图一五，13）。M22：99，泥质红陶。纽面凸塑龙纹及连珠纹，底座上部四角分别有一长两短凹槽，底面四角有两等长凹槽。纽径2.8、底宽3、高1.1厘米（图一五，14）。

角形器　1件。M22：120，泥质红褐陶。形似鹿角，中部有一圆形穿孔，用途不明。长8、宽8.8厘米（图一五，15）。

井　2件。均为模型明器。M24：24，泥质灰陶。仅见井盖部分，平面形状呈"井"形，中间有一圆形井口，井口两侧各有一小孔以插井架，下有圈足与井桶套合。盖面饰阴线方格纹、矩形纹、三角圆弧纹及麦穗纹。边长22.6、井口径6.4、高2.2厘米（图一六，1）。

图一五　东汉时期墓葬出土陶器

1、2. Bd型平底罐（M22：47、M22：15）　3. A型釜（M22：62）　4. B型釜（M22：7）　5. A型甑（M24：44）

6. B型甑（M22：45）　7. A型盆（M22：9）　8. B型盆（M22：50）　9. A型钵（M24：18）　10. B型钵（M22：54）

11. C型钵（M22：8）　12. 纺轮（M22：28）　13、14. 研子（M22：98、M22：99）　15. 角形器（M22：120）

M22：117，泥质灰陶。井分架、盖、身三部分，井架为两柱平顶式，两柱内曲，下贴一短柱加固，顶下正中横列一梁，井盖平面呈"井"字形，正中有一圆形井孔，井身呈梯形，口大底小。素面。盖宽17.5、底径17.1、井口径7.2、通高31厘米（图一六，2）。

　　楼房　1件。模型明器。M22：17，泥质黑灰陶。活动楼层，活动房顶，屋顶为四坡五脊庑殿顶，中脊两瓴翘起，瓴下贴翘板一对。上层为阳台式房体，以一斗三升联拱支撑檐板，檐板下有五个饰板，阳台正面护栏中间镂菱形棂格，阳台下斜收成三角形。下层为长方形空心箱形，坡形顶，有瓦垅七道，两垂脊上翘，房体为斗拱檐架结构，两斜板从柱旁伸出支撑中心斗拱，门虚掩。上层房体檐板上饰红彩连弧纹，檐下饰板上红彩绘三角菱格纹，斗拱及下层房体檐板上亦有彩绘，但已模糊不清。通高34、底座长5.14、宽22.8厘米（图一六，4）。

　　作坊　1件。模型明器。M22：89，泥质黄褐陶。整体造型为一长方形廊道式舂碓作坊，房顶为两面坡顶，有中脊，两面各有瓦垅七道，顶板和房板为长方形平板，平板四角由四根圆形空心立柱承托构成无墙廊道框架，顶板下中插嵌2块长方形檐板，底板中心有圆形臼窝一

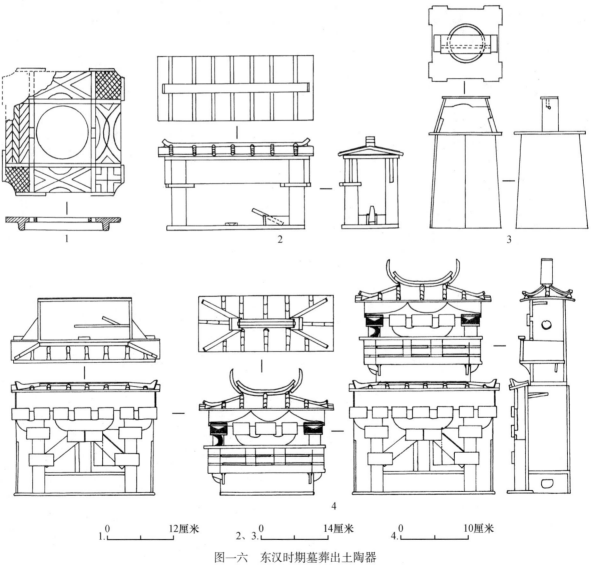

图一六　东汉时期墓葬出土陶器

1、2.井（M24：24、M22：117）　3.作坊（M22：89）　4.楼（M22：17）

个，另一侧靠近立柱附近有一梯形原料槽，槽口置长条形碓棒一个。顶长37.4、顶宽15.3、底长33.2、底宽15.5、通高21.2厘米（图一六，3）。

陶俑　25件。均出土于M22中，大多为合范模制，少量为手捏而成，陶质多为泥质陶，以红陶为主，少量灰陶，可分人物俑、动物俑两类。

佩剑侍卫俑　2件，泥质红陶。站立，双目平视前方，右衽宽袖长袍，足尖外露，左肋挟剑。M22：25，头戴进贤冠。高24.2厘米（图一七，1）。M22：23，头着帻巾。高22.5厘米（图一七，2）。

佩刀侍卫俑　1件。M22：74，泥质灰陶。头着帻，右衽窄袖短袍，裤腿及双足外露，左肋挟环首短刀一把，双手拱于胸前。高20.3厘米（图一七，3）。

狩猎俑　1件。M22：113，泥质红褐陶。站立，头束独髻，髻上漆黑彩，双目平视前方，身着交领短服，穿长裤、长靴。左手下垂，提一小圆袋，右手上举过肩做投掷状。高19.3厘米（图一七，4）。

驾驭俑　1件。M22：16，泥质红陶。踞座，头戴进贤冠，双目平视前方，身着右衽方袖长服，双臂平举做驾驭状，袖中有两圆洞，可能原安装木手。高19.7厘米。

母子俑　1件。M22：20，泥质红陶。全形由一妇女背负孩童组成，妇女头束高髻，交领右衽长裙，挽袖，裙边缝缀，足尖外露，背上用背带绑一孩童，左手挽孩童手，右手执拨浪鼓，背带于胸前挽结，背上孩童头部前倾外露，右手亦执鼓棒。高19.2厘米（图一七，5）。

男侍从俑　4件。头着帻，双目平视前方，面部较模糊，身着右衽长服，足尖外露，双手拱于胸前。M22：35，泥质红陶。高16.8厘米（图一七，6）。

女侍俑　2件。头束高髻，右衽广袖长袍及地，下摆缝缀，足尖外露，双手拢于胸前。M22：70，泥质灰陶。高19.6厘米（图一七，7）。

抚琴俑　1件。M22：21，泥质灰陶。圆顶冠，头微仰，交领长袍，褶袖，踞座，琴置膝上，双手抚琴。高17.7厘米（图一七，8）。

抚耳听乐俑　1件。M22：82，泥质红陶。踞坐，头梳双髻，脑后盘发一周，身体微前倾，头侧仰，身着百褶袖右衽长裙，右手抚耳，左手置膝上，做听乐状。高18.6厘米（图一八，1）。

杂耍俑　1件。体形较小。M22：100，泥质灰陶。头着帻，微上仰，身着交领短服，双手平举，腿弓步下蹲。高8.2厘米（图一八，2）。

鸡　1件。M22：30，泥质灰陶。站立，昂首，高冠，尾羽高扬，体态雄健。长17.4、高20.2厘米（图一八，3）。

狗　1件。M22：119，泥质红褐陶。站立，头微仰，平视前方，双耳竖立，颈套项圈，尾上翻置于背上，肌肉线条清晰。长40.8、高35.2厘米（图一八，4）。

（2）铜器

小件铜器26件，钱币146枚，未见青铜容器，仅出漆木器上的附件及车马饰件等。

盆圈　2件。为套合漆木盆口沿的边圈，有大小两种，外表鎏金。M22：95，截面呈"U"形。直径26.6厘米（图一八，5）。M22：108，截面呈"V"形。直径14.4厘米（图一八，6）。

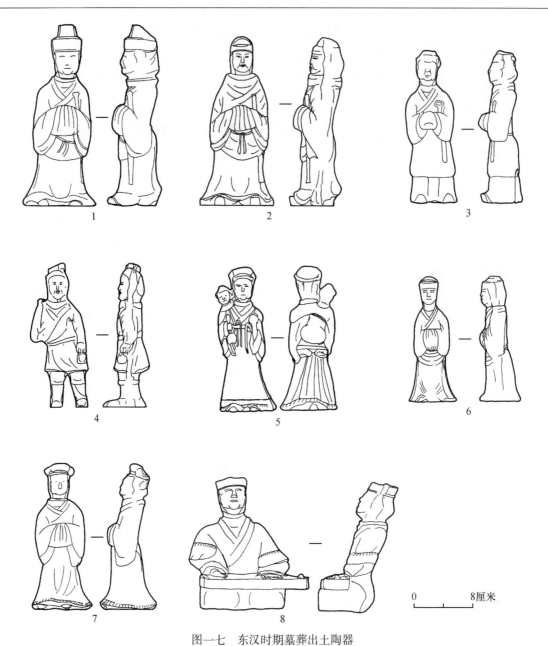

图一七　东汉时期墓葬出土陶器

1、2.佩剑侍卫俑（M22∶25、M22∶23）　3.佩刀侍卫俑（M22∶74）　4.狩猎俑（M22∶113）　5.母子俑（M22∶20）

6.男侍从俑（M22∶35）　7.女侍俑（M22∶70）　8.抚琴俑（M22∶21）

　　带钩　1件。M24∶76，蛇形钩，圆钉柱，体较粗壮。长12厘米（图一八，7）。

　　漆卮鋬手　1件。M22∶101，扁柄，圆环，环上两钉可嵌入木胎体。长4.6、宽1.4厘米（图一九，1）。

　　鞘饰　1件。为剑鞘顶端饰件。M22∶118，体略呈梯形，顶端圆弧形封头，口部有銎与剑鞘套接。长2.9、宽1.4厘米（图一九，2）。

　　耳杯扣　4件。月牙形，体薄小，器表鎏金。M22∶105，长7、宽1厘米（图一九，3）。

　　牌饰　1件。顶端为龙形，下有鱼纹方座与牌体相连，牌体长方形，两面均有细密尖状凸点，器表鎏金。M22∶73，通高14、宽4.1、厚0.5厘米（图一九，4）。

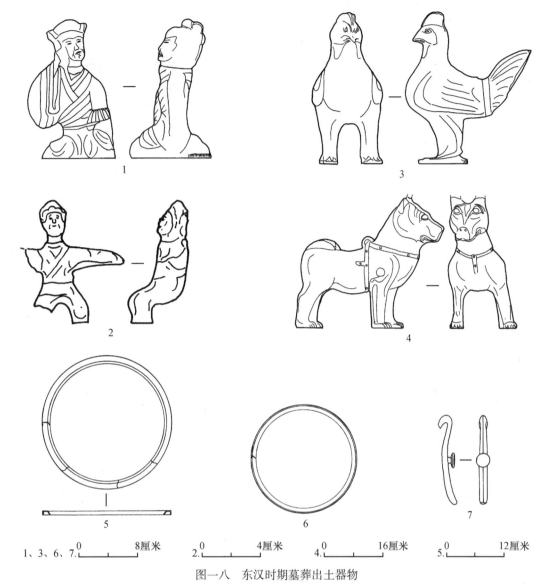

图一八　东汉时期墓葬出土器物

1. 陶抚耳听乐俑（M22：82）　　2. 陶杂耍俑（M22：100）　　3. 陶鸡（M22：30）　　4. 陶狗（M22：119）

5、6. 铜盆圈（M22：95、M22：108）　　7. 铜带钩（M24：76）

车马饰件　17件。有軎、衔、镳、泡钉、盖弓帽等，器表均鎏金。

軎　3件。M22：34-1，个体较大，帽形，弧顶，腰部有一卯眼，顶部起凸棱，口外侧饰一周凹弦纹。口径3、高3.3厘米（图一九，5）。M22：34-2，筒形，平顶。器表饰三道凸棱。口径1.5、高2.1厘米（图一九，6）。M22：34-3，鼓形，平顶。中腹部起一道凸棱。口径1.3、高1.4厘米（图一九，7）。

衔　1件。由两节链条组成，两端圆环内套镳。M22：112，长16厘米（图一九，8）。

镳　2件。长条带形，与衔配套。M22：77，长12厘米（图一九，9）。

盖弓帽　6枚。圆球顶，管状身，中部斜出一刺。M22：110，通长2.8厘米（图一九，10）。

泡钉　5枚。帽状，半圆形长钉。M22：83，长1.9、帽径2厘米（图一九，11）。

钱币　146枚。钱文有五铢、货泉两种。

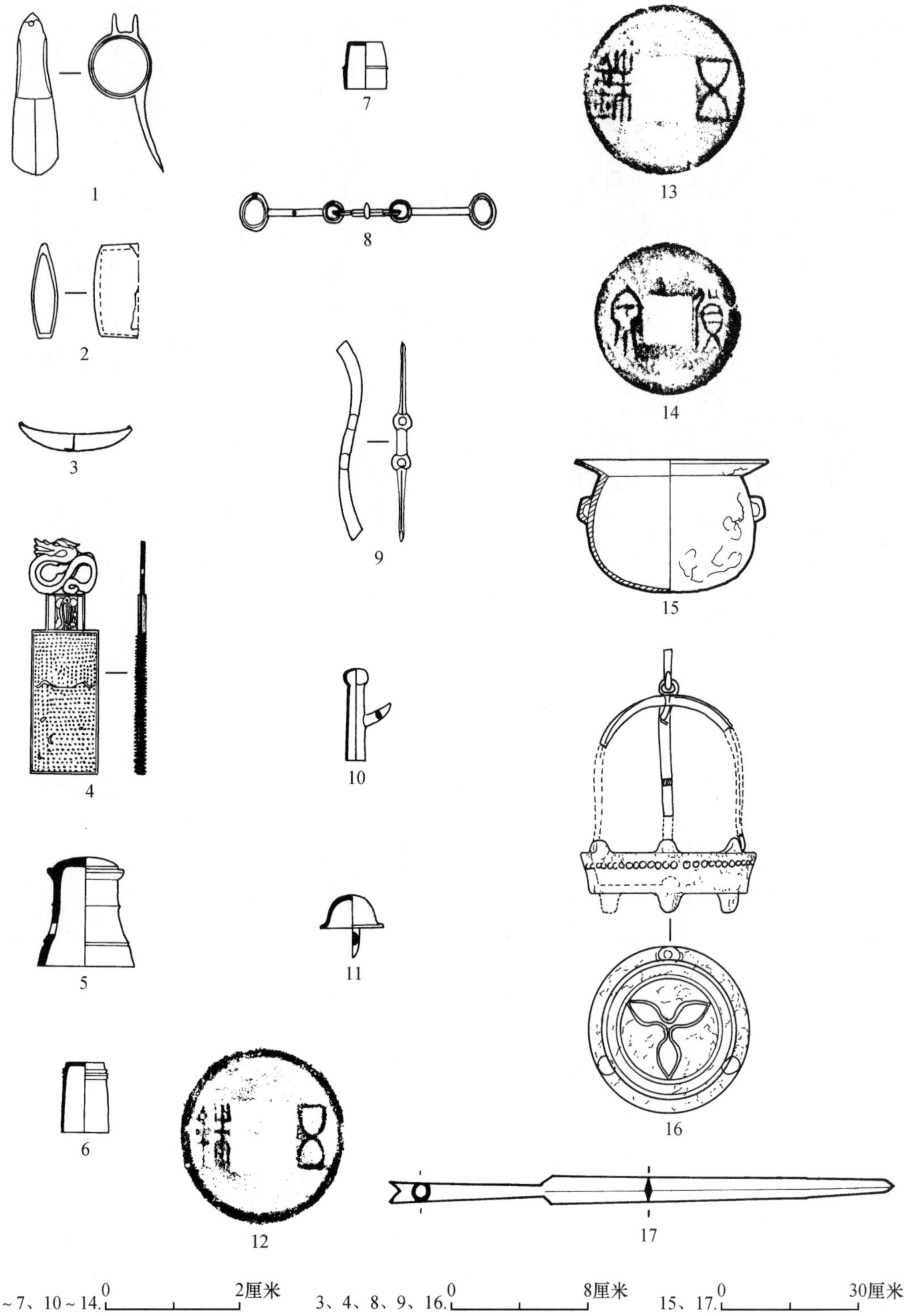
1
2
3
4
5
6
7
8
9
10
11
12
13
14
15
16
17
1、2、5～7、10～14. 0 2厘米
3、4、8、9、16. 0 8厘米
15、17. 0 30厘米

图一九　东汉时期墓葬出土器物

1. 漆卮铜鋬手（M22：101）　2. 铜鞘饰（M22：118）　3. 铜耳杯扣（M22：105）　4. 铜牌饰（M22：73）　5～7. 铜軎（M22：34-1、M22：34-2、M22：34-3）　8. 铜衔（M22：112）　9. 铜镳（M22：77）　10. 铜盖弓帽（M22：110）　11. 铜泡钉（M22：83）　12、13. 五铢　14. 货泉　15. 铁釜（M24：19）　16. 铁灯（M22：69）　17. 铁铍（M22：80）

五铢   121枚。其中37枚五字交股弯曲，"朱"字头方折，"金"旁较"朱"旁略低。直径2.5、穿宽1厘米（图一九，12）。

另外96枚，五字交股弯曲，上下两横不出头，"朱"字头圆折，"金"字四点较长。直径2.5、穿宽1～1.1厘米（图一九，13）。

货泉   13枚。钱文篆体横读，"泉"字中竖中断。直径2.2、穿宽0.7厘米（图一九，14）。

（3）铁器

18件。均为M22出土。分炊煮器、生活用具、兵器、农具等类，器形有釜、灯、剑、刀、匕、铍、镰、锯、钩等。

釜   2件。敛口，折沿，斜方唇，垂腹，圜底。上腹附对称圆耳，锈蚀严重。M22：19，口径30、高20厘米（图一九，15）。

灯   1件。盘形吊灯，盘底承三对称短足，三条灯梁吊接灯盘，灯梁上部相交处设卯环与灯梁相连，灯盘口沿外侧饰一周圆点纹，外底中心为一柿蒂纹，以两重圆圈纹环绕。M22：69，口径10.9、底径9.8、残高15.8厘米（图一九，16）。

铍   1件。形状似矛，前部为剑、尖锋、宽腊、狭锷，剑身残附木鞘朽痕，后部接长銎，銎口呈"V"形，以下装柄。M22：80，通长109厘米（图一九，17）。

铜格铁剑   2件。M22：12，细长身，菱形铜格，扁圆茎，无首，锋残，出土时剑身上附木鞘朽痕。残长101、格宽4.4厘米（图二〇，1）。

长刀   2件。直刃，环首，偏锋，刀身与柄等宽。M22：11，出土时刀身附木鞘朽痕，鞘上髹黑漆。残长101.9厘米（图二〇，2）。

短刀   5件。均为直刃，环首，偏锋，根据刀身与柄接合部情况分二型。

A型   3件。刀身与柄等宽，二者无明显分界。M22：67，圆形首，出土时刀身附木鞘朽痕。长28.5厘米（图二〇，3）。M22：78，椭圆首，体形较小，出土时刀身附木鞘朽痕。残长20.8厘米（图二〇，4）。

B型   2件。柄位于锋部一侧，略窄于刀身。M22：102，椭圆首。残长28.2厘米（图二〇，5）。

砍刀   1件。直刃，环首，平头无锋，柄略窄于刀身。M22：68，长31厘米（图二〇，6）。

匕   1件。体形较小，无刃，环首，偏锋，直柄。M22：87，长12.9厘米（图二〇，7）。

镰   1件。弯月形，平头，锐刃，厚背，身与柄无明显分界，柄末端上卷成首。M22：71，长22.8厘米（图二〇，8）。

锯   1件。刀形，平头，宽身，刃齿细密，细圆柄位于一侧。M22：86，残长29.7、锯身宽4.8厘米（图二〇，9）。

钩   1件。细长弯钩体，环首，钩体近环处拧成螺纹，中部截面为正方形，钩尖至弯钩处截面呈圆形。M22：107，长67.8厘米（图二〇，10）。

（4）银器

1件。

指环   1件。M22：88，体细小。直径2厘米（图二〇，11）。

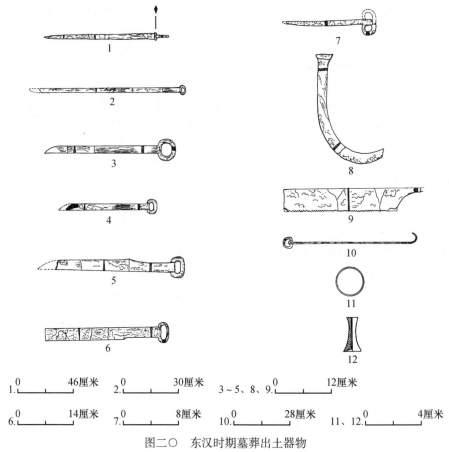

图二〇　东汉时期墓葬出土器物

1. 铜格铁剑（M22：12）　2. 铁长刀（M22：11）　3、4. A型铁短刀（M22：67、M22：78）　5. B型铁短刀（M22：102）
6. 铁砍刀（M22：68）　7. 铁匕（M22：87）　8. 铁镰（M22：71）　9. 铁锯（M22：86）　10. 铁钩（M22：107）
11. 银指环（M22：88）　12. 琉璃耳珰（M22：75）

（5）琉璃器

1件。

耳珰　1件。亚腰形，管状中空，两端大小不等，呈淡绿色。M22：75，长2.4厘米（图
二〇，12）。

（二）砖室墓

2座，编号为M16、M21。M16保存较差，仅存甬道部分，随葬品亦所剩无几，现对保存较
好的M21重点进行介绍。

M21　位于Ⅰ区南部，由于地势环境狭窄，该墓为定穴发掘所获。开口于耕土层下，距地
表深约0.4米。形制为刀形墓，分墓室、甬道及斜坡墓道三部分。方向20°。墓圹总长9.1、宽
2.34～3.16米。墓葬现存铺地砖、壁砖局部券顶砖及封门砖，铺地砖为素纹砖，壁砖为菱格、
几何纹砖，券顶为榫卯结构十字三角几何纹砖，壁砖较零乱。现代沼气池正好修建在墓室与甬
道转角处，并直达墓底，故现无法获取墓室与甬道的长度。墓室宽2.6、残深1.5米，东南部用
单层砖砌出一边箱，箱内又用砖隔出三格，格内放置随葬品，边箱长2.16、宽0.78、高0.1米。

甬道宽1.8、残深1.7米，甬道与墓道之间以砖封门。斜坡墓道长1.8、宽2.36米，坡度40°。墓室内扰乱较重，未发现棺木及人骨痕迹，仅在甬道内发现小段肢骨朽痕。随葬品较丰富，共72件，种类有陶器、铜器、铁器、铅器、石器等（图二一）。

1. 陶器

52件。均为泥质陶，器形有锺、罐、囷、钵、熏、灯、井、房、作坊、塘、俑等。

釉陶锺　1件。盘口，方唇，长颈，扁腹，高圈足。M21：49，泥质红陶，酱黄釉。肩部附对称铺首衔环。器表饰凹弦纹。口径15.3、底径14.9、高31.5厘米（图二二，1）。

圆肩罐　2件。形制为侈口，圆唇，束颈，圆肩，斜腹，平底。M21：3，泥质灰褐陶。体形较大。肩部饰细密网格纹。口径16.6、底径20.6、高24.1厘米（图二二，2）。M21：17，泥质灰褐陶。体形略小。肩部饰锯齿纹。口径11、底径15.1、高17.2厘米（图二二，3）。

鼓肩罐　2件。侈口，方唇，束颈，鼓肩，斜腹，平底。M21：68，泥质灰陶。肩饰凹弦纹。口径10.6、底径8.5、高12厘米（图二二，4）。

折肩罐　1件。侈口，卷沿，圆唇，束颈，折肩，斜弧腹，平底。M21：47，泥质灰陶。器表饰锯齿纹及凹弦纹。口径10.8、底径8、高10.7厘米（图二二，5）。

囷　1件。敛口，圆唇，溜肩，筒腹，平底，上腹部附对称贯耳。M21：1，泥质红陶。器表饰凹弦纹。口径13、底径14.2、高21.8厘米（图二二，6）。

钵　9件。敞口，圆唇，斜折腹，平底，唇部加厚处理，胎较厚。M21：44，口径18、底径5.8、高6.5厘米（图二二，7）。

熏　1件。子母口，斜弧腹，浅盘，中柄，喇叭形圈足，山形盖，盖面有一镂孔。M21：5，泥质红陶。盖上饰浮雕山峦。口径10.9、底径9.8、通高15.5厘米（图二二，8）。

灯　1件。敞口，圆唇，折腹，浅盘，盘心下凹，中柄，喇叭形圈足。M21：63，泥质灰陶。柄足相交处饰三道凹弦纹。口径11、底径10.8、高14厘米（图二二，9）。

井　模型明器，1套。分井盖、井架、井桶、汲水罐四部分，井架残失。

井盖　M21：66，泥质灰陶。平面呈"井"字形。盖面阴刻网格纹，鱼纹、几何纹。长21.6、高1.5厘米（图二二，10）。

井桶　M21：35，泥质灰陶。形状为一筒形罐，较矮胖。口径13.1、底径15.1、高18.3厘米（图二二，11）。

汲水罐　M21：27，泥质灰陶。形状为一平底厚胎小罐，器形不规整。口径3.9、底径4.5、高2.5厘米（图二二，12）。

房　2件。模型明器。M21：45，泥质灰陶。上、下层结构，现仅存下层，呈长方体空心箱形，房顶前部有五道瓦垄，后部空置，檐板下以一壮斗三升联拱承托，侧墙下部有对称圆孔。长37.6、宽12.4、高30.4厘米（图二二，13）。

作坊　1件。M21：52，泥质灰黑陶。顶板和底板为长方形平板结构，四角以四赤身力士承托构成无墙廊道框架形，顶板下部插嵌2块长方形檐板。底板中部有一方形工作台，作坊两侧用薄板隔出原料槽。长28.4、宽8.7、高14.5厘米（图二二，14）。

塘　3件。模型明器。体呈长方形，四周起塘埝，堤中分，堤缺在中部偏于一侧。M21：6，

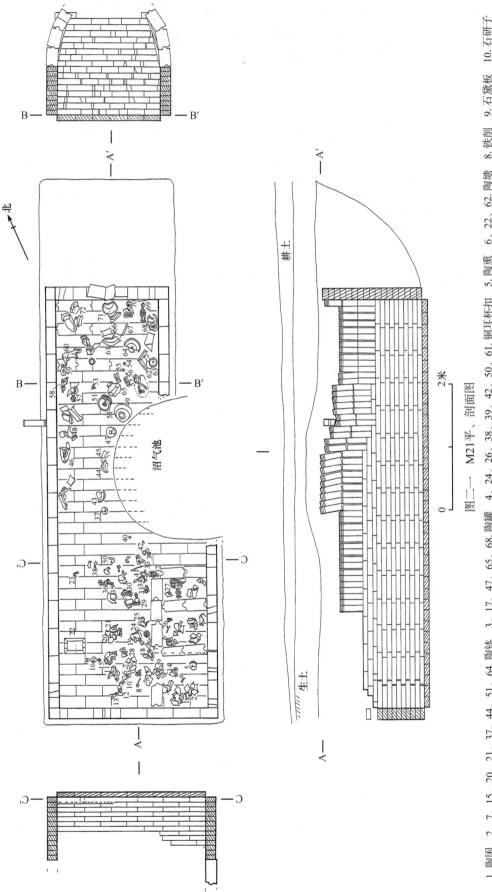

图二一　M21平、剖面图

1. 陶囷　2、7、15、20、21、37、44、51、64. 陶钵　3、17、47、65、68. 陶罐　4、24、26、38、39、42、50、61. 铜耳杯扣　5. 陶熏　6、22、62. 陶塘　8. 铁削　9. 石磨板　10. 石研子　11. 陶鸡　12~14、16、18、19、29~32、36、43、46、57、58、69~71. 陶俑　23. 铜钱　25、33、59. 陶子母鸡　27. 陶汲水罐　28、45. 陶房　34. 铜器足　35. 陶井桶　40、56. 铜指环　41. 铜簪　48. 陶狗　49. 釉陶锺　52. 陶作坊　53. 陶俑　54. 铜泡钉　55. 铅泡钉　60、72. 陶猪　63. 陶灯　66. 陶井　67. 铁锥

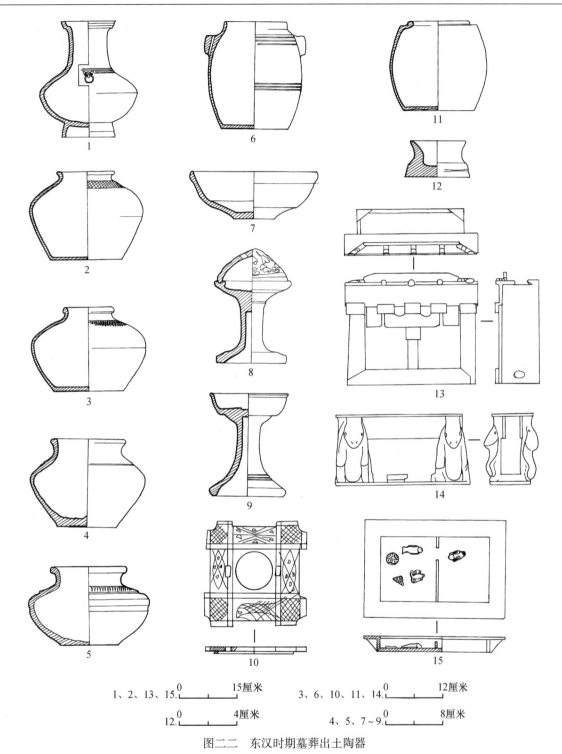

图二二　东汉时期墓葬出土陶器

1.釉陶锺（M21：49）　2、3.圆肩罐（M21：3、M21：17）　4.鼓肩罐（M21：68）　5.折肩罐（M21：47）

6.囷（M21：1）　7.钵（M21：44）　8.熏（M21：5）　9.灯（M21：63）　10.井盖（M21：66）　11.井桶（M21：35）

12.汲水罐（M21：27）　13.房（M21：45）　14.作坊（M21：52）　15.塘（M21：6）

泥质红陶。塘中动、植物为莲、鱼、蛙、鸭。长40.1、宽26.8、高4.2厘米（图二二，15）。

俑　25件。绝大多数为泥质红陶，少数为泥质灰陶，均为合范模制而成，有侍从俑、劳作俑、侍卫俑、舞乐俑、鸡、猪、犬等类。

男侍俑　3件。M21：69，头戴进贤冠，交领右衽广袖束腰长袍，双手拱于胸前，足尖微外露。高24.5厘米（图二三，1）。

女侍俑　3件。M21：71，头梳高髻，脑后盘发一周，面部较模糊，身着广袖右衽长服，下摆缝缀，足尖外露，双手拢于胸前。高19.8厘米（图二三，2）。

庖厨俑　1件。M21：70，跪坐，头着幞巾，交领右衽长服，身体略后仰，案置膝上，双手抚案做劳作状。高15.2厘米（图二三，3）。

图二三　东汉时期墓葬出土陶俑

1.男侍俑（M21：69）　2.女侍俑（M21：71）　3.庖厨俑（M21：70）　4.执刀挟盾俑（M21：46）　5.吹箫俑（M21：58）
6.击鼓俑（M21：19）　7.抚琴俑（M21：36）　8.舞蹈俑（M21：57）

执刀挟盾俑 1件。M21：46，体形高大雄健，头戴圆帽，帽下沿有齿状褶一周，后脑缩发，神态威武，身着短服长裤，足蹬便靴，右臂空洞无物，左手执长柄短刀，臂弯挂盾牌。高62厘米（图二三，4）。

吹箫俑 2件。M21：58，跪坐，头戴尖帽，双手握箫，一端含口中，一端置膝上，做吹奏状。高18.7厘米（图二三，5）。

击鼓俑 1件。M21：19，跪坐，头戴进贤冠，脑后缩发，身着广袖右衽长服，鼓置膝前，左手抚鼓，右手上举做敲击状。高18.1厘米（图二三，6）。

抚琴俑 2件。M21：36，跪坐，圆冠，冠下沿有一周齿状褶，眉目清晰，面带微笑，身着右衽广袖长服，琴置膝上，左手抚琴，右手食指勾琴弦。高30.4厘米（图二三，7）。

舞蹈俑 1件。M21：57，束高髻，右衽长裙，裙下摆缝缀，右手提裙，左手斜举，做舞蹈状。高20.5厘米（图二三，8）。

抚耳听乐俑 3件。M21：31，跪坐，头梳高髻，脑后盘发一周，身着广袖右衽长服，体微前倾，左手置膝上，右手抚耳，做听乐状。高17厘米（图二四，1）。

俑头 1件。M21：32，身体部分残失，仅存头部，头梳两异形髻，一为圆髻，形态俏皮可爱。残高9.2厘米（图二四，3）。

狗 1件。M21：48，泥质灰陶。站立，龇牙咧嘴，昂首哮天，顶上套项圈，尾上翻置于背上。长21.7、高18.6厘米（图二四，5）。

猪 2件。M21：60，头低垂，长吻，瘦身，粗腿，长尾微卷。长23.5、高11.5厘米（图二四，6）。

公鸡 1件。M21：11，站立，尖喙高冠，昂首翘尾。高19.8、长18.2厘米（图二四，2）。

子母鸡 3件。母鸡卧伏，胸前卧一小鸡，双翼下各有两小鸡，背上驮一仔鸡。M21：33，方形底座。通长15.2、高12.8厘米（图二四，4）。M21：59，无底座。长14.6、高12.8厘米（图二四，7）。

2. 铜器

13件。均为小件器物或漆木器构件，另有铜钱42枚。

器足 1件。M21：34，马蹄形，顶端有一方形榫头，足心内空，上部饰兽面纹。高12厘米（图二五，1）。

耳杯扣 8件。为漆耳杯扣件。M21：4，体呈月牙形，器表鎏金。长6.9、宽1.1厘米（图二五，2）。

簪 1件。M21：41，椭圆顶，体形细长，上部截面为长方形，下部截面为圆形。长23.2厘米（图二五，3）。

指环 2件。M21：56，直径2厘米（图二五，4）。

泡钉 1件。M21：54，帽形，短粗钉，器表鎏金。直径1.95、高1.2厘米（图二五，5）。

铜钱 42枚。钱文均为"五铢"。直径2.5、穿宽1厘米（图二五，6）。

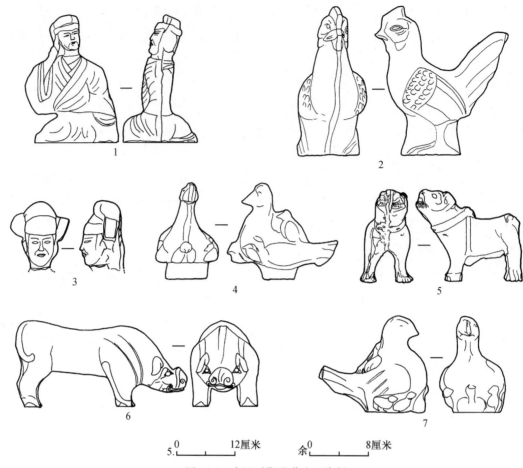

图二四　东汉时期墓葬出土陶俑

1. 抚耳听乐俑（M21：31）　2. 鸡（M21：11）　3. 俑头（M21：32）　4、7. 子母鸡（M21：33、M21：59）

5. 狗（M21：48）　6. 猪（M21：60）

3. 铁器

2件。

削　1件。M21：8，环首，扁柄，无格，锋残。残长17.2厘米（图二五，7）。

锥　1件。M21：67，环首，圆锥体。长14.7厘米（图二五，8）。

4. 铅器

2件。

衔　1件。M21：53，车马器。长6.6厘米（图二五，9）。

泡钉　1件。M21：55，车马器，帽形，纽扣状。直径1.95、高1.3厘米（图二五，10）。

5. 石器

2件。

研子　1件。M21：10，圆台纽，正方形底座较薄。底座宽2.8、通高1.9厘米（图二五，11）。

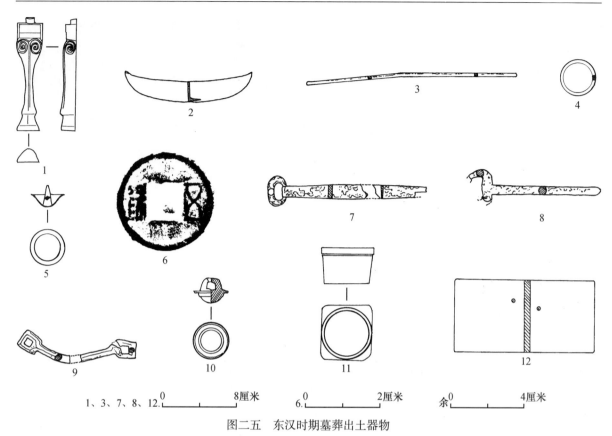

图二五　东汉时期墓葬出土器物

1.铜器足（M21：34）　2.铜耳杯扣（M21：4）　3.铜簪（M21：41）　4.铜指环（M21：56）　5.铜泡钉（M21：54）
6.五铢　7.铁削（M21：8）　8.铁锥（M21：67）　9.铅马衔（M21：53）　10.铅泡钉（M21：55）　11.石研子（M21：10）
12.石黛板（M21：9）

黛板　1件。M21：9，长方体，器形较厚实，通体打磨精细，正面微凹，似长期使用所致，背面有两圆形钻孔。长15.3、宽7.8、厚0.9厘米（图二五，12）。

（三）年代分析

M22、M24两座土坑墓形制上仍然承袭了西汉、王莽时期以来流行的"棺周于身，土周于椁"的旧制，但开始在墓室底部铺砖，这种土坑墓局部用砖的营造方式明显是介于早期土坑墓及后期完全形态砖室墓之间的一种过渡形态，其墓葬开凿及下葬时间也应介于两者之间；三峡地区完全形态的砖室墓开始流行的准确时期目前尚无法考证，但巫山麦沱墓群出土的"永元十五年（103年）作治"墓壁砖表明至迟在东汉中期，三峡地区已流行带券顶的完全形态砖室墓[①]；上述两座土坑墓之下限应在此之前。墓葬出土钱币最晚近的为东汉建武五铢，则说明墓葬上限在东汉建武十六年（40年）以后[②]。

---

① 湖南省文物考古研究所：《巫山麦沱汉墓群发掘报告》，《重庆库区考古报告集·1997卷》，科学出版社，2001年。

② 《后汉书·光武帝纪》卷一："初，王莽乱后，货币杂用布、帛、金、粟。是岁（建武十六年），始行五铢钱。"

M21为带券顶砖室墓，从墓葬形制到随葬器物都具有峡江地区东汉中晚期墓葬特征。墓内出土的大量陶房、作坊、井、塘等模型明器及鸡、犬、猪等俑类都充分反映了东汉庄园经济鼎盛时期的面貌。

五、六朝时期墓葬

2座，编号为M15、M20。

（一）墓葬形制

M15 位于Ⅰ区南部T130内，开口于第1层下，打破生土，现存墓口距地表深约0.2米。形制为刀形土圹券顶砖室墓，分墓室、甬道、斜坡墓道三部分。方向32°。墓葬破坏较严重，券顶垮塌，墓室后部无存。墓圹残长4.28～6.64、宽2.08～3.08米。券顶砖为"十"字几何纹砖，壁砖为车轮、钱文砖，铺地砖素面（图二七）。墓室残长1.76～4.12、宽2.48米，甬道长2.26、宽1.48米，斜坡墓道长1.4、宽1.1米，坡度45°，墓道与甬道之间用砖封门，封门砖较零乱，一近代粪坑扰至墓室底部。葬具不详，在墓室东北角发现小段肢骨朽痕。随葬品现存14件，器形有陶罐、仓、井，青瓷壶、碗，铜耳杯扣，铁削等（图二六）。

M20 位于Ⅰ区中部T149内，开口于第1层下，打破生土，距地深0.2～0.3米，形制为"凸"字形土圹券顶砖室墓。分墓室、甬道、斜坡墓道三部分。方向195°。墓葬破坏较严重，

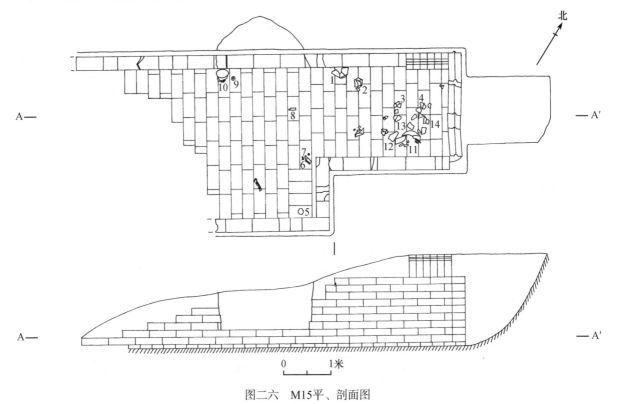

图二六 M15平、剖面图

1.铜耳杯扣 2～4、7.铜钱 5.陶井 6.陶房 8.铁削 9.瓷盏 10.瓷壶 11.陶罐 12.瓷碗 13.陶仓 14.陶钵

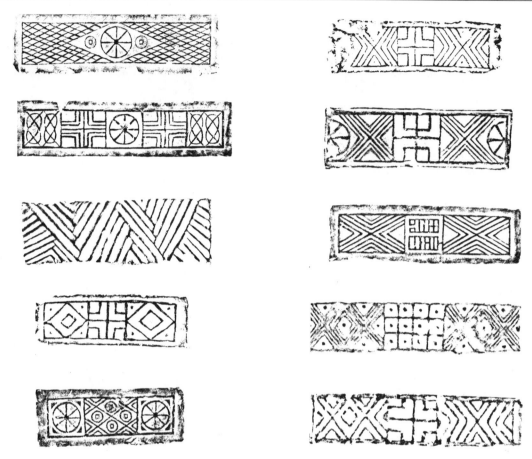

图二七　M15、M20出土墓砖纹饰拓片

券顶垮塌，甬道部分封门砖、壁砖及部分铺地砖被取走。墓圹长8.18、宽2.94米，券顶砖有两种"富贵"砖、三角半圆纹砖，壁砖亦有两种，乳钉-菱格纹砖、十字-几何纹砖，铺地砖素面无纹（图二七）。墓室长5.04、宽2.48米，甬道长1.6、宽1.4米，坡度42°。在墓室东南部发现一具头骨朽痕及木板灰痕，推测葬具为木棺，随葬品现存14件，器形有陶釜、瓷壶、瓷碗、瓷盏、铜钱等（图二八）。

（二）随葬器物

共28件。分陶器、瓷器、铜器、铁器等类。

陶釜　1件。M20：2，泥质黑灰陶。侈口，宽折沿，方唇，弧腹，圜底。胎体较厚，制作不规整。下腹至底饰竖向粗绳纹。口径28、高19厘米（图二九，1）。

陶罐　1件。M15：11，泥质灰陶。小口，圆唇，直领，广折肩，斜弧腹，圜底。肩部饰弦断绳纹，腹至底部饰竖向绳纹。口径12.8、腹径38.9、高20.3厘米（图二九，2）。

陶仓　1件。M15：13，泥质灰褐陶。直口，方唇，短领，折肩筒腹，平底，制作规整，烧制火候较高。上腹戳印小方格纹。口径12.8、底径14.9、高27.7厘米（图二九，3）。

陶井　1件。模型明器，仅存井盖部分。M15：5，泥质灰陶。平面呈"井"形，中部有圆形井口，井口两侧各有一方形小孔以插井架，盖下有圈足。盖面阴刻网格纹、麦穗纹及三角半

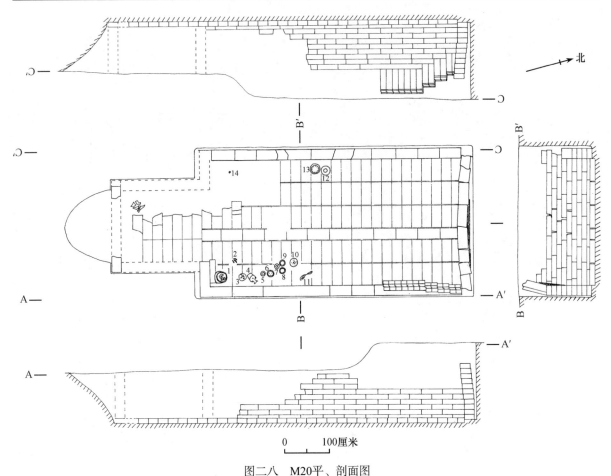

北

0　　　100厘米

图二八　M20平、剖面图

1、3、4.青瓷壶　2.陶釜　5、10、11.青瓷盏　6~9、12、13.青瓷碗　14.铜钱

圆纹。边长17.1、高1.8、井口径5.9厘米（图二九，4）。

青瓷盘口壶　4件。根据体形大小分二型。

A型　2件。大壶。口残，束颈，溜肩，斜腹，平底。器表施青黄釉不及底。M15：10，肩部附对称四桥形系。腹部有两道凹弦纹。底径12.8、残高30.9厘米（图二九，5）。M20：4，肩部附四对称泥条扁系。底径9、残高26厘米（图二九，6）。

B型　2件。小壶。盘口较深，束颈，溜肩，弧腹，平底。器表施青黄釉不及底，肩部附对称四泥条扁系。M20：1，口径6、底径5.6、高13.3厘米（图二九，7）。

青瓷碗　1件。青绿釉。敛口，尖圆唇，斜弧腹，饼足，内底略下凹。M20：12，口径15.2、底径9.6、高6.8厘米（图二九，8）。

青瓷盏　4件。通体施青黄釉。直口，尖唇，弧腹，饼足，胎较厚。M15：9，口径8.2、底径5.6、高3.4厘米（图二九，9）。

铁削　1件。M15：8，平头，直刃，细长柄，个体较小。长16.4、宽1.6厘米（图二九，10）。

铜耳杯扣　1件。月牙形，器表鎏金。M15：1，长6.9、宽1厘米（图二九，11）。

铜钱　9枚。钱文有五铢、半两两种。

五铢　8枚。质地较差，字迹漫漶。直径2.5、穿宽1厘米（图二九，12）。

半两　1枚。钱体轻薄，似非实用币。直径1.8、穿宽0.8厘米（图二九，13）。

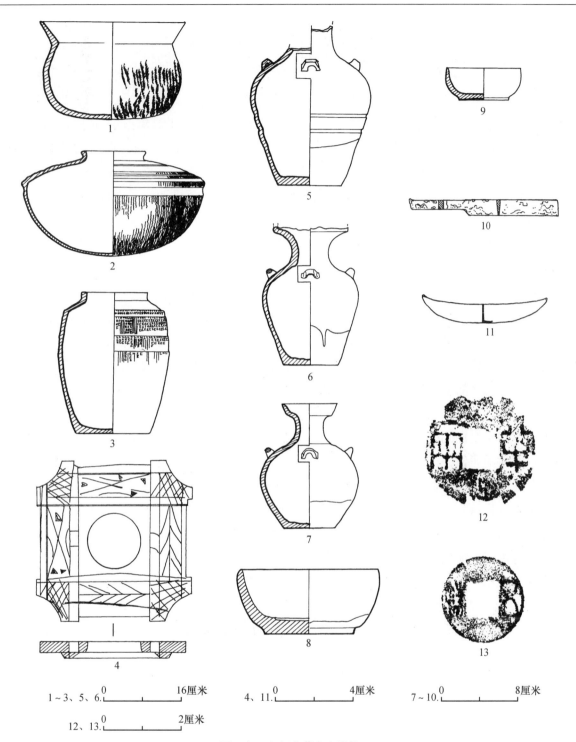

图二九　六朝墓葬出土器物

1. 陶釜（M20∶2）　2. 陶罐（M15∶11）　3. 陶仓（M15∶13）　4. 陶井（M15∶5）　5、6. A型青瓷盘口壶（M15∶10、M20∶4）　7. B型青瓷盘口壶（M20∶1）　8. 青瓷碗（M20∶12）　9. 青瓷盏（M15∶9）　10. 铁削（M15∶8）　11. 铜耳杯扣（M15∶1）　12. 五铢　13. 半两

六、小　结

　　大丘坪墓群是长江三峡沿岸一处重要的古墓葬地点。两年来共发掘战国至南北朝时期墓葬24座，墓葬分布较密集，大多集中在临江向阳处的较高坡地上。但墓葬之间打破关系较少，表明埋葬时应有封土等标识。根据两次发掘材料，大丘坪墓群墓葬形制从战国中期至南北朝时期有由长墓道、竖穴土坑墓→短墓道（或无墓道）竖穴土坑墓→土坑墓局部用砖→完全形态砖室墓演化的趋势。随葬器物组合由战国时期鼎、簋、壶等仿铜礼器向西汉时期罐、甑、盆、钵等实用器转化；新莽—东汉初期受中原丧葬文化中墓内祭奠习俗的影响又增添了杯、案、盘、勺等一套具有显著时代标志祭器；至东汉早期以后，再而增添了猪舍鸡犬、俳优乐伎等陈设，且有越演越烈之势，充分反映了当时社会"厚资多藏，器用如生人"的丧葬观念，M22出土的种类较多的铁质工具也说明了当时的社会生产力有了长足的发展和进步。

　　武陵镇汉时属巴郡临江县（今忠县）地，《华阳国志》载临江县因盛产食盐为当时"一郡所仰"，"其豪门亦家有盐井，严、甘、文、扬、杜为大姓，杨宗符称武陵"。这是文献中关于武陵的最早记载。本次发掘为弄清墓地与当时人居住环境的情况，我们特意在临江断坎至山顶一线布设一批解剖探方进行发掘，但未发现六朝以前的文化层位。据老乡讲，江水冲刷致使临江台地垮塌，从20世纪50年代至今，台下后缩足有30米。万州武陵一带都是类似地形，古墓葬密集，但均未发掘同时期文化遗址，因此，初步推测当时人们沿用山地地区的传统低居高葬的习俗，即生活居住在沿江低矮的台地上，而死后葬所则选择在后面山顶或山坡处。现在江水几乎把台地冲刷殆尽，直逼坡地底处，其生活场所自然无法保存。

　　两年来的发掘资料表明，大丘坪墓群是峡江地区墓葬较密集、延续时间较长的一处古墓群，除典型西汉早中期的墓葬尚未发现外，上起战国，下至六朝，各时期墓葬时空关系承接紧密，既有继承又有演化，它的发掘有助于我们进一步了解峡江地区战国至六朝时期经济生活及丧葬观念的变化，为墓葬的分期及器物断代提供了可靠的标尺。

绘图、摄影：李应东

执　　笔：彭学斌　张　媛

万州大湾墓群2004年度发掘报告

沈阳市文物考古研究所
重庆市文物考古研究院
万 州 区 文 物 管 理 所

大湾墓群位于重庆市万州区溪口乡胜利村二组，地处长江右岸（南岸）的二级台地上，东经108°20′29.1″～108°20′37.9″，北纬30°37′42.9″～30°37′49.6″，海拔140～175米。墓群西北临长江，南与窑坝窑址隔一冲沟相望，北与滩垴窑址相邻。墓葬分布范围由北向南包括碾盘塝台地、大湾台地、瓦子堡、转堡、小村及庙堡台地。地表种植作物包括水稻、蔬菜等粮食作物及果树等经济作物。根据地理环境及遗迹分布情况，我们将大湾墓群分为三个区域，其中大湾台地为墓群的中心分布区域，大湾台地以南至庙堡台地为南区，包括瓦子堡、转堡、小村及庙堡等四个台地（即2004年发掘的Ⅰ区），碾盘塝台地为北区（即2004年发掘的Ⅱ区）。

我所在2003年下半年曾接受重庆市文化局三峡办委托，与重庆市文物考古所共同对大湾墓群进行了第一次考古勘探、发掘工作，在中心分布区域共发掘东汉至六朝时期古墓葬8座。2004年11～12月，我所继续对大湾墓群的南、北两个区域进行考古勘探、发掘，在各台地上依地形布置5米×5米、10米×10米、5米×10米、4米×6米的探方总计31个，发掘东汉、六朝时期墓葬8座，实际发掘面积1850平方米（图一、图二）。现将本次考古发掘情况报告如下。

一、地 层 堆 积

2004年的发掘区域包括庙堡、小村、转堡、瓦子堡（以上为Ⅰ区）和碾盘塝（Ⅱ区）等五个台地，台地之间以冲沟相隔。由于近现代农耕及造田活动，发掘地点的自然堆积破坏较严重，所发现墓葬也都遭到了不同程度的破坏。五个台地的地层堆积均比较简单，现分别介绍如下。

（一）庙堡台地

该处地层可分两层，以T17西壁为例（图三）。

第1层：耕土。厚25～35厘米。为灰褐色黏土，土质细密，黏性较大，普遍分布于发掘区域，包含大量植物根茎及零星红褐陶片。M3、M4开口于该层下，直接打破生土。

第2层：修整梯田时形成的花土。厚0～25厘米。土质疏松，仅见于台地西南角，包含一定姜芽石及红褐陶片，其下为生土。

图一　大湾墓群Ⅰ区布方和遗迹分布示意图

（二）小村台地

以T23南壁为例（图四），该处地层仅见一层耕土层，厚6～30厘米，为灰褐色黏土，土质细密，黏性较大，普遍分布于发掘区域，包含大量植物根茎和少量花纹砖残块，其下即为生土。

（三）转堡台地

该处地层可分为两层，以T2北壁为例（图五）。

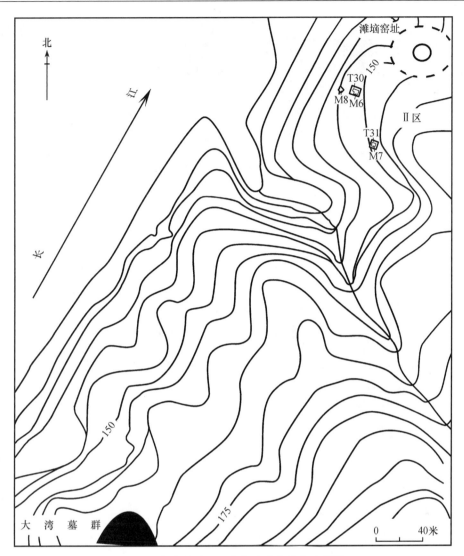

图二　大湾墓群Ⅱ区布方及遗迹分布示意图

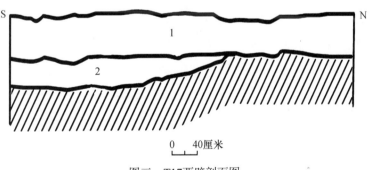

图三　T17西壁剖面图

第1层：耕土。厚6～50厘米。为灰褐色黏土，土质细密，黏性较大，普遍分布于发掘区域，包含大量植物根茎及零星红褐陶片。

第2层：修整梯田时形成的填土堆积。厚0～145厘米。顺坡势向下逐渐增厚，土质略显疏松，包含大量姜芽石及少量红褐陶片，仅分布于台地邻江坡地部分区域，其下为生土。M2、M5开口于第2层堆积下，打破生土。

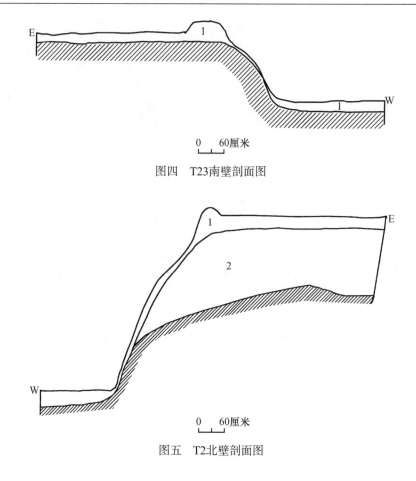

图四　T23南壁剖面图

图五　T2北壁剖面图

（四）瓦子堡台地

该处地层可分为三层，以T1东壁为例（图六）。

第1层：耕土。厚20～40厘米。为灰褐色黏土，土质细密，黏性较大，普遍分布于发掘区域，包含大量植物根茎及零星红褐陶片。

第2层：修筑梯田时形成的填土堆积。厚0～30厘米。主要为黄褐色黏土，泛灰，见水锈，土质略显紧密，呈颗粒状，其间见现代遗物及生活垃圾，该层堆积于发掘区域大部可见。

第3层：黄褐色亚黏土。厚0～45厘米。土质较纯净，包含少量姜芽石，被破坏较为严重，仅分布于发掘探方的部分区域。第2、3层顺坡势向下逐渐增厚。其下为生土。

M1开口于第2层堆积下，打破第3层堆积及生土。

（五）碾盘塝台地

该处地层可分为二层，以T31北壁为例（图七）。

第1层：耕土。厚10～50厘米。为灰褐色黏土，土质细密，黏性较大，普遍分布于发掘区域，包含大量植物根茎及零星红褐陶片。

第2层：黄褐色黏土，泛灰。厚0～50厘米。在局部区域较厚，土质细密，包含少量陶片及现代瓷片，分布于发掘区域大部。其下即为生土。

M6～M8均开口于第2层堆积下，打破生土。

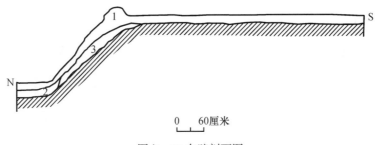

图六 T1东壁剖面图

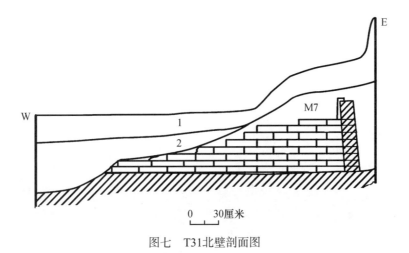

图七 T31北壁剖面图

二、墓葬形制及出土遗物

（一）一号墓

一号墓位于 I 区的瓦子堡台地上，编号M1。

M1为一座土圹砖室墓葬。墓室已被严重破坏，仅残存一角，形制不明，方向42°。墓葬残长432、残宽210、残高76厘米。墓壁用长方形青灰砖错缝平砌而成，墓砖规格42厘米×21厘米×10厘米，一侧模印菱形网纹、铜钱及车轮图案构成的组合纹饰（图二〇，1）。墓葬填土为黄褐色黏土，土质略显疏松，其间混杂大量残砖。于墓室北端东侧发现人头骨一具，已朽烂。墓室后部近墓室壁处发现棺钉朽烂痕迹，未发现其他葬具，墓底不见铺砖（图八）。

该墓共出土随葬器物5件（串饰以1件计）。

青瓷唾壶　1件。M1：1，残缺部分口沿。圆唇，盘口，短束颈，溜肩，鼓腹，假圈足，底微凹。灰白胎，青釉，施釉不及底，釉层较薄，有细碎开片。口径12.6、底径14.4、高11.4厘米（图一〇，1）。

青瓷钵　2件。M1：2，口沿微残。圆唇，口微敛，沿下饰一道凹弦纹，腹微鼓，假圈足，底微凹，内底有15个支钉痕，外底有13个支钉痕。灰白胎，通体施青釉，釉层较厚，凝釉处呈绿色，有细碎开片。口径14.5、底径10.8、高6.4厘米（图一〇，2）。M1：3，残。方圆唇，口微敞，沿下饰一道凹弦纹，弧腹内收，凹底。灰色胎，施青釉，釉不及底，釉层剥落严重，剥釉处可见青灰色化妆土。口径15.8、底径10、高5.4厘米（图一〇，3）。

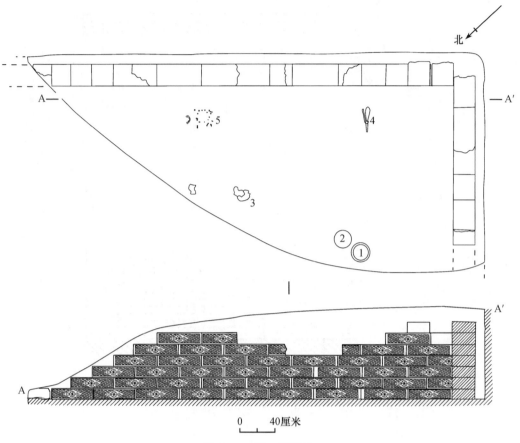

图八　M1平、剖面图

1.青瓷唾壶　2、3.青瓷钵　4.铁剪　5.串饰

铁剪　1件。M1∶4，铁质，锈蚀严重，残断为四截。剪身与柄连为一体，单丝扭制而成，双刃交叉，刃部断面为楔形，柄部断面为方形。长23.4厘米（图一〇，12）。

串饰　1件。M1∶5，出土时较零散，质地以料为主，兼有石质，颜色丰富，有绿、蓝、红、黄、黑等，总数在400枚左右。直径0.3～1厘米（图一〇，10）。

（二）二号墓

二号墓位于Ⅰ区的转堡台地上，编号M2。该墓葬在2003年调查中即已发现，并在该处采集到青瓷钵1件。2004年我们到现场时，发现有近期盗掘的痕迹。

M2为一土圹砖室墓葬，方向307°。墓葬平面呈刀把形。墓室残高84厘米，墓葬全长552、宽304厘米。墓道已毁，形制不明。甬道为长方形，长222、宽188厘米。墓砖规格42厘米×21厘米×10厘米，一侧模印对称半菱形纹与十字图案构成的组合纹饰（图二〇，4）。墓葬填土为黄褐色亚黏土，土质略显疏松，其间混杂大量残砖。墓室中部北侧铺有两行青砖，仅三排，墓底铺有一层纯净细沙。在墓室后部发现棺钉朽烂痕迹，未发现其他葬具（图九）。墓室后部还发现动物下颌骨，较粗壮，牙齿较大，应非人类骨骼，附近散落若干动物獠牙。

M2填土中出土铁矛1件，墓室中出土遗物6件。

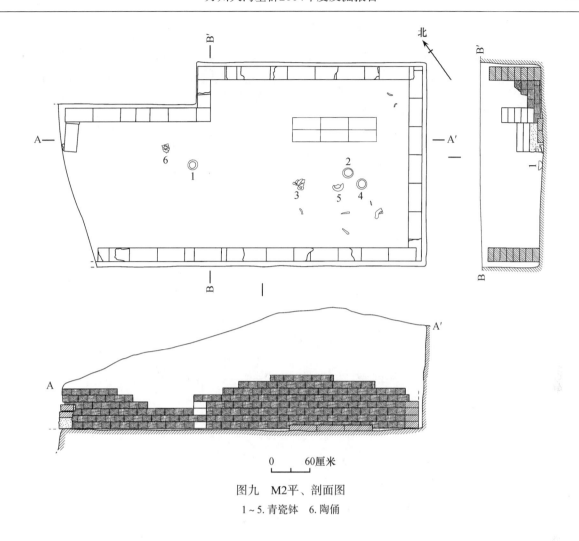

图九 M2平、剖面图
1~5.青瓷钵 6.陶俑

铁矛 1件。M2填土：1，铁质，锈蚀严重。圆銎，銎口部有一小钻孔，孔径约0.4厘米。銎部正中开一孔，孔锈蚀呈不规则形，銎部内收与矛身相接，刃部呈圆弧状。长19.4厘米（图一〇，11）。

青瓷钵 5件。M2：1，圆唇，直口，沿下饰两道凹弦纹，腹内收，底微凹，内底饰一道凹弦纹，中心微凸，灰白胎，施半釉，剥釉处可见青灰色化妆土。口径15.7、底径10.4、高6.2厘米（图一〇，4）。M2：2，圆唇，直口，沿下饰两道凹弦纹，腹内收，底微凹，内底饰一道凹弦纹，中心微凸，灰白胎，施半釉，剥釉处可见青灰色化妆土。口径15.5、底径12.2、高5.7厘米（图一〇，5）。M2：3，圆唇，直口，沿下饰两道凹弦纹，腹内收，底微凹，内底饰一道凹弦纹，中心微凸，灰白胎，施半釉，剥釉处可见青灰色化妆土。口径16.2、底径11.6、高6.4厘米（图一〇，6）。M2：4，尖圆唇，口微敞，沿下饰一道凹弦纹，弧腹内收，假圈足，平底，内底饰一道凹弦纹，且有10个支钉痕，灰白胎，施青釉，釉不及底，有细碎开片。口径17、底径10.2、高6.4厘米（图一〇，7）。M2：5，尖圆唇，口微敞，沿下饰一道凹弦纹，弧腹内收，假圈足，平底，内底饰一道凹弦纹，且有10个支钉痕，灰白胎，施青釉，釉不及底，有细碎开片。口径17、底10.2、高5.8厘米（图一〇，8）。

陶俑 1件。M2：6，泥质红陶。为一坐像，头部残缺，双臂合拢，手残缺，双腿跪坐。残高13、宽11厘米（图一〇，9）。

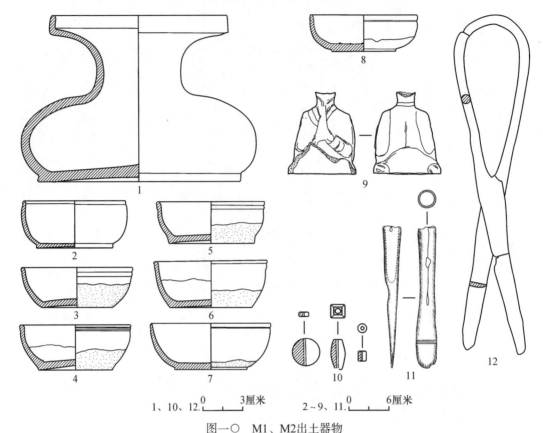

1、10、12. |0___3厘米|　　　2~9、11. |0___6厘米|

图一〇　M1、M2出土器物

1.青瓷唾壶（M1：1）　　2~8.青瓷钵（M1：2、M1：3、M2：1、M2：2、M2：3、M2：4、M2：5）　9.陶俑（M2：6）

10.串饰（M1：5）　　11.铁矛（M2填土：1）　　12.铁剪（M1：4）

（三）三号墓

三号墓位于Ⅰ区的庙堡台地上，编号M3。

M3为一土圹砖室墓葬，方向270°。墓葬平面为长方形，已被严重破坏。墓葬长354、宽194、残高34厘米。墓门及墓室西、北壁均被严重破坏，仅墓室南壁保存相对较好，所用墓砖可分两种：墓室北壁残留的两块墓砖为楔形子母砖，一侧模印对称半菱形纹与富贵字样构成的组合纹饰（图二〇，2）；墓室西、南壁所用墓砖一侧模印菱形回字纹饰（图二〇，7），墓砖规格42厘米×18厘米×10厘米。墓葬填土为黄褐色黏土，土质略显疏松，其间混杂大量残砖。未发现葬具及骨骼（图一一）。

该墓出土器物8件。

青瓷钵　2件。M3：1，圆唇，口微敞，沿下饰一道凹弦纹，腹内收，平底。淡紫红色胎，施青釉，釉不及底，有流泪痕，釉层剥落严重，剥落处可见灰白色化妆土。口径15.5、底径11.2、高5.6厘米（图一二，1）。M3：2，圆唇，直口，沿下饰两道凹弦纹，腹内收，假圈足，底微凹，内底饰一道凹弦纹。灰白胎，内外底均不施釉，釉为青色，剥釉处可见青灰色化妆土。口径15.8、底径9.6、高6.2厘米（图一二，2）。

青瓷四系盘口壶　1件。M3：3，圆唇，盘口，短束颈，溜肩，肩上对称分布四个桥状贴

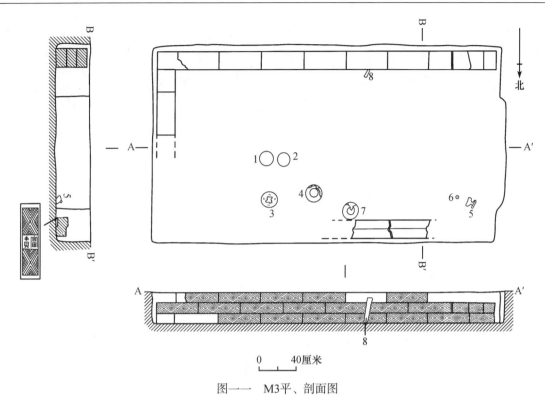

图一一　M3平、剖面图

1、2.青瓷钵　3.青瓷四系盘口壶　4、7.陶罐　5.釉陶灯　6.五铢钱　8.铁刀

耳，鼓腹，平底。淡红色胎，施半釉，釉色青，有细碎开片，剥釉处可见青灰色化妆土，有流泪痕。口径11.1、底径9.4、最大腹径15.9、高17.6厘米（图一二，3）。

陶罐　2件。M3：4。泥质灰陶。圆唇，侈口，短束颈，颈上饰一道凸弦纹，溜肩，肩上一道凹弦纹上饰一圈宽约10厘米的梳齿纹，鼓腹内收，平底。口径10、底径7.2、最大腹径15.5、高11.2厘米（图一二，4）。M3：7，泥质灰黑陶。口沿残缺。束颈，腹微鼓，平底。素面。底径11.7、最大腹径16、残高14.4厘米（图一二，7）。

釉陶灯　1件。M3：5，圆唇，直口，灯盘为盘形，灯柄较短，灯座为钵形。泥质红陶胎，施青釉。剥落严重。口径7.7、底径11、高9厘米（图一二，5）。

五铢钱　1枚。M3：6，篆书"五铢"二字，光背，"五"字圆折，"铢"字漫漶不清。外郭径2.2、穿径0.8厘米（图一二，6）。

铁刀　1件。M3：8，铁质，仅存部分。通体锈蚀严重，直背，直刃，断面为楔形。残长14.1、宽2.2～3.8、刀背宽0.6厘米（图一二，8）。

（四）四号墓

四号墓位于Ⅰ区的庙堡台地上，编号M4。

M4为一土圹砖室墓葬，方向205°。墓葬平面呈刀把形，已被严重破坏。墓葬长780、宽292、残高32厘米。墓葬甬道长274、宽144厘米，甬道口铺有数块较大卵石，墓底铺有一层纯净细沙。所用墓砖均为子母砖，一侧模印菱形回字纹饰，规格40厘米×20厘米×10厘米。墓葬

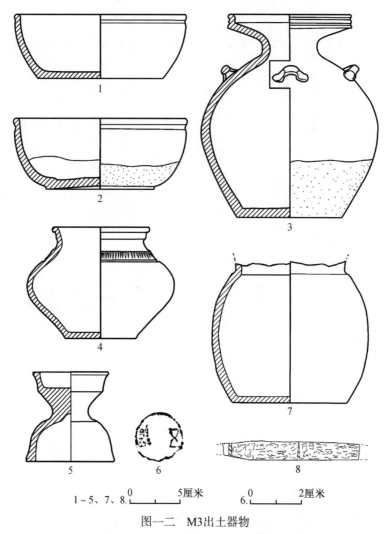

图一二　M3出土器物

1、2.青瓷钵（M3∶1、M3∶2）　3.青瓷四系盘口壶（M3∶3）　4、7.陶罐（M3∶4、M3∶7）　5.釉陶灯（M3∶5）

6.五铢钱（M3∶6）　8.铁刀（M3∶8）

填土为黄褐色亚黏土，含少量沙，土质略显疏松，包含大量姜芽石，其间混杂大量残砖。在墓室内发现三具人类骨骼，其中两具为成年个体，位于墓室后部，已被扰乱，一具头南足北，一具头东足西；另一具为未成年个体，位于墓室中西部，头骨无存，从肢骨看，应为头南足北。三具骨骼均保存较差，分布较为凌乱。未见葬具痕迹（图一三）。

该墓出土器物5件。

五铢钱　2枚。形制相同。M4∶1、M4∶2，篆书"五铢"二字，光背，"五"字中间二画圆折，"铢"字的"朱"字头方折，"金"字头呈三角形。外郭径2.2、穿径0.8厘米（图一五，6、7）。

陶灯盏　1件。M4∶3，泥质灰黑陶。微残。总体呈盘状，盘口为圆唇，中部有杯状凸起，杯口为圆唇，平底。上口径5.2、下口径15.4、底径10.4、高3厘米（图一五，5）。

青瓷钵　1件。M4∶4，圆尖唇，敛口，唇上有黑色斑点，沿下饰一道凹弦纹，弧腹内收，假圈足，平底，内底有11个支钉痕。灰胎，外壁施半釉，釉为青色，釉层较厚。口径16.8、底径10.2、高6.7厘米（图一五，2）。

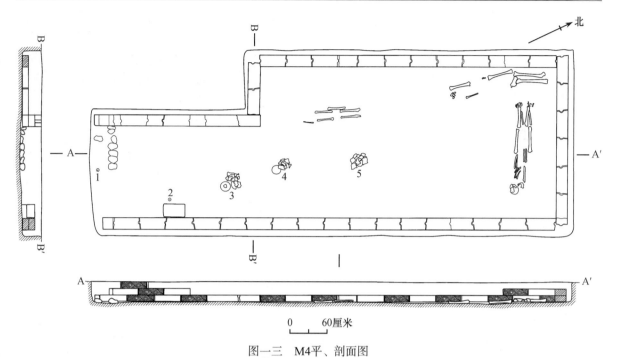

图一三　M4平、剖面图

1、2.五铢钱　3.陶灯盏　4.青瓷钵　5.青瓷四系罐

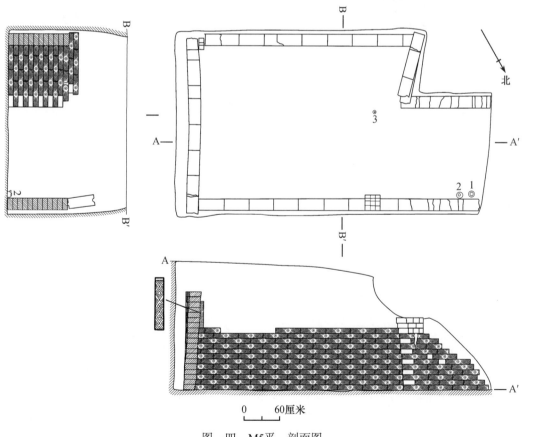

图一四　M5平、剖面图

1、2.青瓷钵　3.五铢钱

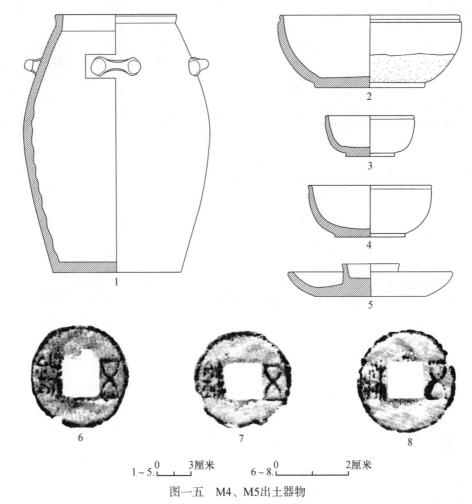

1~5. ⌞0　　3厘米⌟　　　6~8. ⌞0　　　　2厘米⌟

图一五　M4、M5出土器物

1. 青瓷四系罐（M4∶5）　2~4. 青瓷钵（M4∶4、M5∶1、M5∶2）　5. 陶灯盏（M4∶3）　6~8. 五铢钱（M4∶1、M4∶2、M5∶3）

　　青瓷四系罐　1件。M4∶5，平方唇，口微敞，上腹部对称分布四个横桥状贴耳，腹微鼓，腹部有数个瘤状凸起，平底。灰色胎，施半釉，釉色青，有细碎开片，剥釉处可见青灰色化妆土。口径11.7、底径12.4、最大腹径18、高23.7厘米（图一五，1）。

（五）五号墓

　　五号墓位于Ⅰ区的转堡台地上，编号M5。

　　M5为一土圹砖室墓葬，方向310°。墓葬平面呈刀把形，甬道前端已被破坏，墓室保存相对较好，尚可见券顶砌筑工艺。墓室西南角发现盗掘痕迹。墓葬长506、宽286、残高200厘米。墓葬甬道残长140、宽140厘米。墓室西壁向东倾斜，与东壁不平行。墓室东壁受挤压，向内略弧。所用墓砖有两种：一种为长方形，规格40厘米×18厘米×10厘米，一侧模印菱形回纹与太阳纹构成的组合纹饰（图二○，5），主要用以砌筑墓室、甬道壁；另一种为子母砖，规格与长方形砖相同，一侧模印菱形回纹，主要用以砌筑墓葬券顶。墓底不见铺砖，墓室内未发现葬具（图一四）。

该墓出土青瓷器2件，五铢若干（铜钱以1件计）。

青瓷钵　2件。均出土于墓葬甬道口北侧。M5：1，尖唇，口微敞，沿下饰一道凹弦纹，弧腹内收，假圈足，平底。灰白胎，施青色釉，釉不及底，釉层较厚，有细碎开片，内底饰一道凹弦纹。口径8.2、底径4.7、高3.8厘米（图一五，3）。M5：2，尖唇，口微敞，沿下饰一道凹弦纹，弧腹内收，假圈足，平底。灰色胎，外壁施半釉，釉色青，几乎全部剥落，剥釉处可见青灰色化妆土。口径11.6、底径6.6、高4.8厘米（图一五，4）。

五铢钱　若干。出土于墓室南侧近甬道处，锈蚀严重，唯有1枚可辨钱文，为"五铢"。M5：3，篆书"五铢"二字，"五"字中间二画圆折，"铢"字不清。外郭径2.2、穿径0.8厘米（图一五，8）。

（六）六号墓

六号墓位于Ⅱ区碾盘塝台地上，编号M6。

M6为一土圹砖室墓葬，方向290°。墓葬平面呈刀把形，甬道及墓室已被局部破坏。墓室残高100、长322、宽270厘米，甬道长210、宽150、残高40米。目前所见所用墓砖可分两种：一种为子母砖，一侧模印菱形回纹图案（图二○，8），主要以之砌筑墓室壁；另一种为长方形墓砖，规格为38厘米×18厘米×6厘米，大多素面，少数一侧模印"××××"形图案，用以铺砌墓室及甬道底部。墓葬填土为黄褐色亚黏土，呈块状，土质略显疏松，其间混杂一定残砖。墓室底部见骨骼朽烂痕迹。出土数枚棺钉，已锈蚀，未发现其他葬具（图一六）。

出土陶器2件，青瓷器10件，泥质灰陶器1件，铁器1件，银饰2件，料珠若干（以1件计），铜钱数枚（以1件计）。

陶器盖　M6：1，泥质红陶胎，表面施一层青黄色釉，方唇，器形不规整。器盖正中饰四蒂纹，往外对称分布三个乳钉，乳钉与四蒂纹之间分布四组水波纹，向外是二道凹弦纹，凹弦纹之间饰三角折线纹，三角中各有一乳钉，再向外是二道凹弦纹。口径16.2、高3.6厘米（图一九，1）。

釉陶盘　M6：2，泥质红陶胎。器形不规整。方唇，小折沿，敞口，凹底。施青黄色釉，釉不及底，且剥落严重。口径19.8、底径9、高4.4厘米（图一九，6）。

灰陶罐　M6：3，泥质灰黑陶。尖唇，卷沿，束颈，溜肩，肩上饰一道凹弦纹，弧折腹，平底。口径8.4、最大腹径14.6、底径7.4、通高13.3厘米（图一九，7）。

青瓷钵　10件。M6：4，尖唇，直口，沿下饰一道凹弦纹，腹略鼓，假圈足，圈足底有一道凹弦纹，平底，内底可见12个支钉痕。灰白胎，圈足及底不施釉，釉为青色，凝釉处泛绿，有细碎开片。口径15.6、底径9.6、高7.2厘米（图一九，12）。M6：5，器形不规整，尖唇，敛口，沿下饰一道凹弦纹，弧腹内收，平底，内底可见15个支钉痕。灰胎，釉为青色，釉不及底，剥釉处可见青灰色化妆土。口径16.4、底径9.8、高5.6厘米（图一九，13）。M6：6，尖圆唇，敛口，沿下饰一道凹弦纹，腹略鼓，假圈足，平底。灰胎，施青釉，釉不及底，有流泪痕，凝釉处泛绿，有细碎开片。口径7.8、底径3.8、高3.8～4.2厘米（图一九，14）。M6：7，圆唇，直口，沿下饰一道凹弦纹，弧腹内收，假圈足，底微内凹，内底粘有大量窑渣。灰胎，

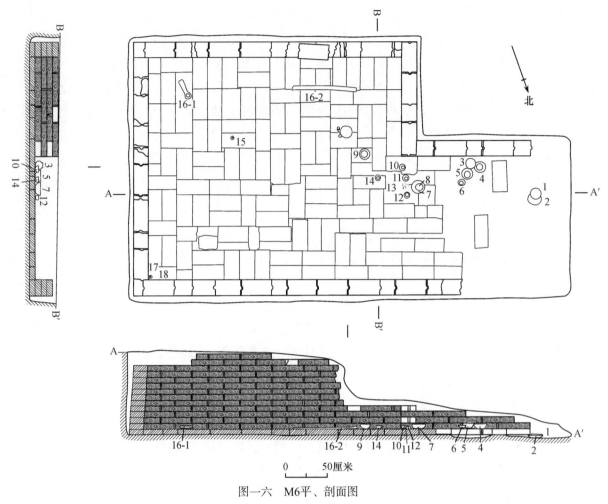

图一六　M6平、剖面图

1.陶器盖　2.釉陶盘　3.灰陶罐　4～12、14.青瓷钵　13.串饰　15.五铢钱　16.铁刀　17、18.银饰件

施青釉，釉不及底，釉层基本剥落，剥落处可见青灰色化妆土。口径20.7、底径14.2、高7.6厘米（图一九，2）。M6：8，尖唇，直口，沿下饰一道凹弦纹，腹略鼓，假圈足，平底，内底粘有大量窑渣。灰白胎，施青釉，釉不及底，有细碎开片，釉层基本剥落，剥落处可见青灰色化妆土。口径8、底径5.2、高3.8厘米（图一九，15）。M6：9，圆唇，口微敛，沿下饰一道凹弦纹，弧腹内收，平底，内底可见11个支钉痕。黄红胎，施青釉，釉不及底，釉层基本剥落，剥落处可见青灰色化妆土。口径18.6、底径12.6、高6.8厘米（图一九，8）。M6：10，尖圆唇，直口，沿下饰一道凹弦纹，腹略鼓，假圈足，平底。灰白胎，施青釉，釉不及底，有细碎开片，釉层基本剥落，剥落处可见青灰色化妆土。口径8、底径4、高4.4厘米（图一九，4）。M6：11，尖圆唇，直口，沿下饰一道凹弦纹，腹略鼓，假圈足，平底，内底有一道凹弦纹。灰胎，通体施青釉，有细碎开片，剥落处可见青灰色化妆土。口径7.2、底径4.6、高4厘米（图一九，9）。M6：12，尖圆唇，直口，沿下饰一道凹弦纹，腹略鼓，假圈足，平底，内底有二道凹弦纹且见3个支钉痕，外底可见同心圆螺纹，且粘有2块窑渣。灰胎，施青釉，釉不及底，有细碎开片，剥落处可见青灰色化妆土。口径8.2、底径5、高4.2～4.6厘米（图一九，10）。M6：14，器形不规整，尖唇，直口，沿下饰一道凹弦纹，腹略鼓，假圈足，平底。器外壁上粘有支垫钉痕。灰胎，施青釉，釉不及底，有细碎开片，剥落处可见青灰色化妆土。口

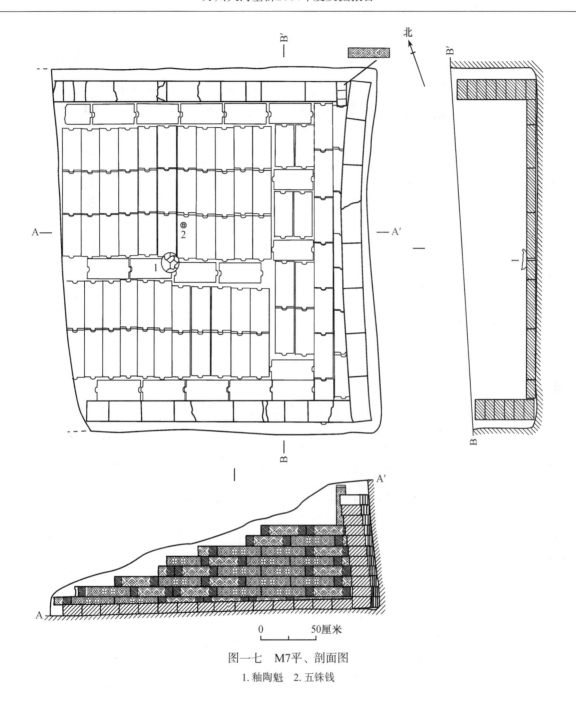

图一七　M7平、剖面图

1. 釉陶魁　2. 五铢钱

径8.2、底径4.2、高4.4厘米（图一九，17）。

串饰　M6：13，出土时较零散，质地以料为主，兼有石质，颜色丰富，有绿、蓝、红、黄、黑等。总数在100枚左右。直径0.5～1厘米（图一九，16）。

五铢钱　M6：15，若干，出土时为一叠，均残破。剪轮五铢钱文不清晰。可辨钱文者均为五铢钱。篆书"五铢"二字，"五"字中间二画圆折，"铢"字"金"头呈三角形。剪轮五铢外郭径1.9、穿径0.8厘米（图一九，19）。

铁刀　M6：16，铁质。环首，直柄，直背，直刃，刃部断面呈楔形。通长103、刀身长70、宽0.9厘米，刀把长33、宽0.7厘米，刀背厚0.8、刀把厚0.6厘米（图一九，22）。

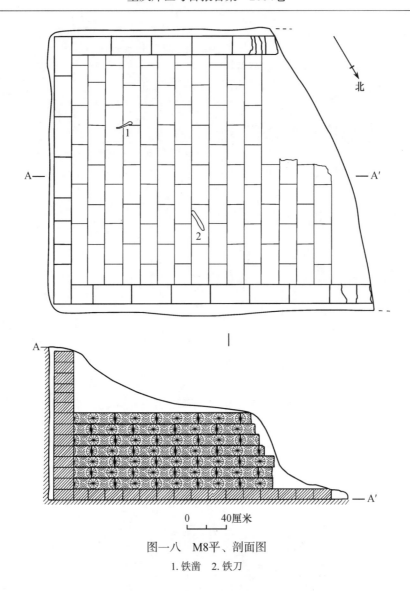

图一八　M8平、剖面图
1.铁凿　2.铁刀

　　银饰件　2件。M6：17，银质。已扭曲变形，由一根银丝制成，两头磨为尖状，中间拍扁略成菱形。推测为发簪。最宽处0.8、银丝径0.1厘米（图一九，3）。M6：18，银质。由一根银丝弯曲而成，已变形，两头变细缠成扭丝状，形成一环。推测为手镯。银丝径0.15厘米（图一九，5）。

（七）七号墓

　　七号墓位于Ⅱ区碾盘塝台地上，西北距M6约45米，编号M7。

　　M7为一土圹砖室墓葬，方向290°。墓葬已被严重破坏，仅残留部分墓室，形制不明。墓室残高112、墓葬残长272、宽262厘米。所用墓砖可分三种：其中两种均为长方形墓砖，规格均为40厘米×18厘米×9厘米，一侧模印图案纹饰相近（图二〇，3、6），较繁复，主要以之砌筑墓室壁；第三种为子母砖，一侧模印纹饰各与前两种砖相同，主要用于砌筑券顶，墓室底部也用它铺地。该墓葬所用墓砖火候较差，模印花纹也显粗糙。墓葬填土为黄褐色亚黏土，泛

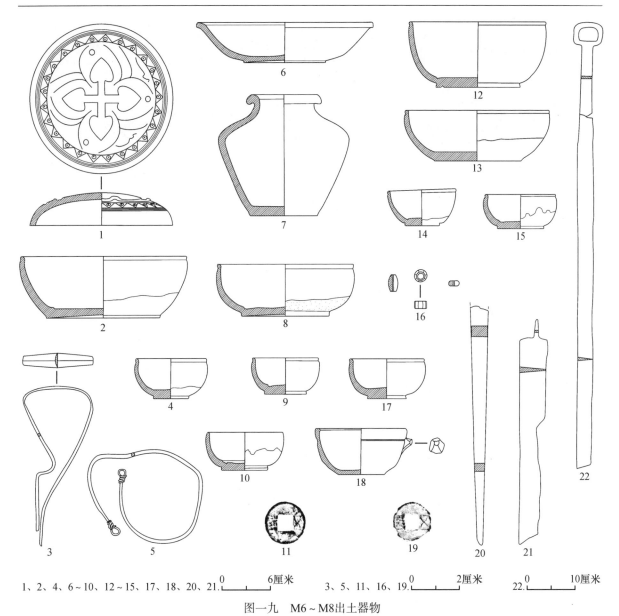

1、2、4、6~10、12~15、17、18、20、21. 0 ⌐___ 6厘米   3、5、11、16、19. 0 ⌐___ 2厘米   22. 0 ⌐___ 10厘米

图一九   M6～M8出土器物

1. 陶器盖（M6：1）   2、4、8～10、12～15、17. 青瓷钵（M6：7、M6：10、M6：9、M6：11、M6：12、M6：4、M6：5、M6：6、M6：8、M6：14）   3、5. 银饰件（M6：17、M6：18）   6. 釉陶盘（M6：2）   7. 灰陶罐（M6：3）   11、19. 五铢钱（M7：2、M6：15）   16. 串珠（M6：13）   18. 釉陶魁（M7：1）   20. 铁凿（M8：1）   21、22. 铁刀（M8：2、M6：16）

灰，含少量沙，土质呈颗粒状，其间混杂一定残砖及红褐陶片。墓室底部见骨骼朽烂痕迹。见棺钉，已基本被锈蚀，未发现其他葬具（图一七）。

出土釉陶器1件，铜钱数枚（以1件计）。

釉陶魁   M7：1，泥质红陶。圆唇，口微敛，沿下有一捏制小纽，弧腹内收，平底。器身上满施青黄色釉，基本已剥落。口径11.5、底径5.2、高5厘米（图一九，18）。

五铢钱   M7：2，篆书"五铢"二字，光背，"五"字中间二画圆折。外郭径2.2、穿径0.8厘米（图一九，11）。

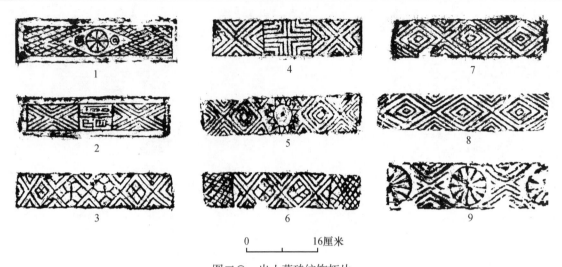

图二〇　出土墓砖纹饰拓片

1. M1　2、7. M3　3、6. M7　4. M2　5. M5　8. M6　9. M8

（八）八号墓

八号墓位于Ⅱ区碾盘塝台地上，东距M6约10米，因长江涨水，墓葬前部被崖土塌方破坏。墓葬暴露后，已被人盗掘。此次仅对墓室进行清理。编号M8。

M8为一土圹砖室墓葬，方向315°，仅余墓室后部。墓葬开口于黄褐色黏土堆积下，打破生土。墓室残高144、残长312、宽230厘米。目前所见墓砖仅一种，长方形，规格43厘米×19厘米×11厘米，一侧模印对称三角纹与车轮图案构成的组合纹饰（图二〇，9）。墓室底部青砖铺地。未发现骨骼及葬具（图一八）。

出土铁器2件。

铁凿　M8：1，铁质。整体呈长方锥体，顶部残缺，通体锈蚀严重。残长26.2厘米（图一九，20）。

铁刀　M8：2，铁质。柄部及刃部均残。直背，直刃，断面为楔形，通体锈蚀严重。残长24.6厘米（图一九，21）。

三、结　语

此次发掘所发现的墓葬均已被破坏，出土遗物较少，且未出土有明确纪年或题记的遗物。因此，只能依据出土遗物及墓砖与其他资料的对比来推断各墓葬的时代。

M6为刀把形砖室墓，长方形墓砖铺地，随葬器物见釉陶器、青瓷器、铁器、银器等，以青瓷器为主，但只见钵，其形制与忠县涂井蜀汉崖墓出土的青瓷钵基本相同，M6：3陶罐与丰都冉家路口墓群东汉中晚期墓葬出土的Da型Ⅱ式罐[①]相似，仅罐身略高，M6：16铁刀与忠

①　四川省文物考古研究所：《丰都县三峡工程淹没区调查报告》，《三峡考古之发现（二）》，湖北科学技术出版社，2000年。

县涂井蜀汉崖墓出土的M13：43环首铁刀[①]相似、M6：17银饰件与忠县涂井蜀汉崖墓出土的M5：77银发叉[②]近似，M6：2釉陶盘与巫山麦沱汉墓群出土的M15：21Ⅲ式碟[③]形制相似，麦沱M15为东汉时期墓葬。东汉时期，墓葬随葬器物以陶质明器为主，多见釉陶器，至东汉晚期，青瓷器开始逐渐代替陶制明器，M6出土器物以青瓷器为主，但未见六朝时期常见器物如盘口壶、鸡首壶等，综上所述，M6的时代应为东汉晚期。

M7被破坏，仅余墓室，子母砖铺地，M7：1釉陶魁与万州庙湾墓地出土的东汉晚期M3：6釉陶魁[④]相似，仅柄部较短，其墓葬形制与M6相似，其时代为东汉晚期应无大错。

M1被破坏较严重，出土物较少，M1：1青瓷唾壶与忠县涂井蜀汉崖墓M6：3[⑤]、秭归蟒蛇寨汉晋墓群M15：19唾壶[⑥]相似，M1：4铁剪形制与丰都汇南墓群出土的M27：20剪[⑦]形制基本相同，其时代应为蜀汉时期。

M2、M5相邻，均为刀把形砖室墓，墓砖形制相似，所出土青瓷钵形制亦极相近，其时代应当相同。M2：2青瓷钵与巫山江东嘴墓群出土的M9：1[⑧]钵相似，M2：4、M2：5、M5：1青瓷钵形制与巫山江东嘴墓群M1：2[⑨]和M7：1[⑩]、巴东老屋场墓群M3：1[⑪]钵基本相同，其时代应为两晋时期。

M3为一长方形土圹砖室墓，仅残余墓室底部，M3：3青瓷四系盘口壶与云阳故陵楚墓

①　四川省文物管理委员会：《四川忠县涂井蜀汉崖墓》，《三峡考古之发现》，湖北科学技术出版社，1998年。

②　四川省文物管理委员会：《四川忠县涂井蜀汉崖墓》，《三峡考古之发现》，湖北科学技术出版社，1998年。

③　湖南省文物考古研究所、巫山县文物管理所：《巫山麦沱汉墓群发掘报告》，《重庆库区考古报告集·1997卷》，科学出版社，2001年。

④　重庆市博物馆、万州区文物管理所：《万州庙湾墓地发掘报告》，《重庆库区考古报告集·1997卷》，科学出版社，2001年。

⑤　四川省文物管理委员会：《四川忠县涂井蜀汉崖墓》，《三峡考古之发现》，湖北科学技术出版社，1998年。

⑥　广东省文物考古研究所、湖北省秭归县博物馆：《秭归蟒蛇寨汉晋墓群发掘报告》，《湖北库区考古报告集（第一卷）》，科学出版社，2003年。

⑦　四川省文物考古研究所、丰都县文管所：《丰都汇南墓群发掘报告》，《重庆库区考古报告集·1998卷》，科学出版社，2003年。

⑧　中国文物研究所、吉林大学考古学系：《巫山江东嘴墓群发掘报告》，《重庆库区考古报告集·1998卷》，科学出版社，2003年。

⑨　中国文物研究所、吉林大学考古学系：《巫山江东嘴墓群发掘报告》，《重庆库区考古报告集·1998卷》，科学出版社，2003年。

⑩　中国文物研究所、吉林大学考古学系：《巫山江东嘴墓群发掘报告》，《重庆库区考古报告集·1998卷》，科学出版社，2003年。

⑪　黑龙江省文物考古研究所：《巴东老屋场墓群发掘报告》，《湖北库区考古报告集（第一卷）》，科学出版社，2003年。

M10：1①、忠县崖脚墓地DM2：21②、巴东黎家沱遗址M11：7③盘口壶形制相似，短颈，上腹显大，重心在上部，具有六朝前期特征，M3：4陶罐与丰都汇南墓群M34：3④罐形制基本相同，其时代应为六朝前期。

M4为一刀把形砖室墓，墓室狭长，墓葬被破坏较为严重，仅残余墓葬底部，出土器物较少，M4：5四系罐与云阳故陵楚墓M10：15⑤四系罐形制基本相同，其时代当为六朝时期。

M8被严重破坏，仅余部分墓室，长方形墓砖铺地，仅出土两件锈蚀较严重的铁器，时代较难以确定。该墓葬与M6相邻，均为土圹砖室墓，墓底用砖铺地，修筑工艺及墓砖形制与M6、M7相似，其时代应为东汉或六朝时期。

附记：参加此次发掘的有陈山（领队）、赵晓刚、朱寒冰、林栋、韩玉岩、张宏涛。参加资料整理的人员有赵晓刚、朱寒冰、林栋、韩玉岩、张宏涛。摄影赵晓刚、朱寒冰。修复韩玉岩、张宏涛。绘图韩玉岩、张宏涛。万州区五桥文管所的牟秀贵同志负责协调工作。此次发掘工作得到重庆市文物考古所、万州区博物馆等单位的支持和帮助，深表谢意。

执笔：赵晓刚　朱寒冰　林　栋

① 中国历史博物馆故陵考古队、云阳县文物管理所：《云阳故陵楚墓发掘报告》，《重庆库区考古报告集·1998卷》，科学出版社，2003年。

② 北京大学考古文博学院三峡考古队、重庆市忠县文物管理所：《忠县崖脚墓地发掘报告》，《重庆库区考古报告集·1998卷》，科学出版社，2003年。

③ 山东大学考古系：《巴东黎家沱遗址发掘简报》，《湖北库区考古报告集（第一卷）》，科学出版社，2003年。

④ 四川省文物考古研究所、丰都县文管所：《丰都汇南墓群发掘报告》，《重庆库区考古报告集·1998卷》，科学出版社，2003年。

⑤ 中国历史博物馆故陵考古队、云阳县文物管理所：《云阳故陵楚墓发掘报告》，《重庆库区考古报告集·1998卷》，科学出版社，2003年。

万州石槽溪墓群2004年度发掘报告

山　东　大　学　考　古　系
南京航空航天大学考古与艺术研究所
万　州　区　文　物　管　理　所

2004年11～12月，为配合三峡库区地下文物保护工作，受重庆市文化局三峡文物保护工作领导小组办公室委托，山东大学考古系与南京航空航天大学考古与艺术研究所组成联合考古队，在重庆市万州区文物管理所的协作下，对石槽溪墓群（遗址代码为04WS）进行了第二期考古发掘。

石槽溪墓群属B级考古发掘项目，位于万州区新乡镇金福村六组，地理坐标为东经108°13′21″、北纬30°25′28″，高程150～175米，第二期计划发掘面积1000平方米。第一期考古发掘工作已于2004年元月完成，清理出崖墓30座、石室墓1座，出土各类器物38件。第二期考古发掘在第一期的工作基础上，继续进行考古调查，在临江岩面处发现1座崖墓、墓群南部发现5座石室墓（图一），随即进行了清理。此次考古工作共清理石室墓5座、崖墓1座（依2004年度墓葬发掘顺序，分别编号M32～M37），出土陶杯、瓷碗等器物。

现将此次考古发掘收获，报告如下。

一、崖　墓

M37　位于石槽溪墓群西北部。墓葬已被晚期严重扰乱，墓内空无一物，现存后壁下部、左右两壁局部，其余部位不存（图二）。残存部分平面呈长方形，残长4.8、宽1.9～2.9、高1.1～2.2米，方向355°。

墓室后壁中部设两个长方形壁龛，呈上下排列，大小相同，均长0.78、宽0.4、深0.3米；壁龛左侧有一凹坑，长0.2、宽0.1、深0.16米。墓内积土中未发现任何遗物。墓室各壁均有加工痕迹，墓壁与顶、底的结合处工具痕迹密集，凿痕清晰，所用工具为尖首，凿迹宽约1厘米，长度不一。

二、石　室　墓

石槽溪墓群二期考古发掘工作，清理出5座石室墓。其中2座为双室墓，3座为多室墓，这些墓葬所处的地势均较平坦。在考古发掘前5座墓葬已被晚期严重扰乱，墓内出土器物不多，但其结构具有典型的时代特征，结合墓内出土器物与墓壁镌刻纪年文字，为确定石室墓的相对年代提供了依据。下文将据墓葬形制，分别予以介绍。

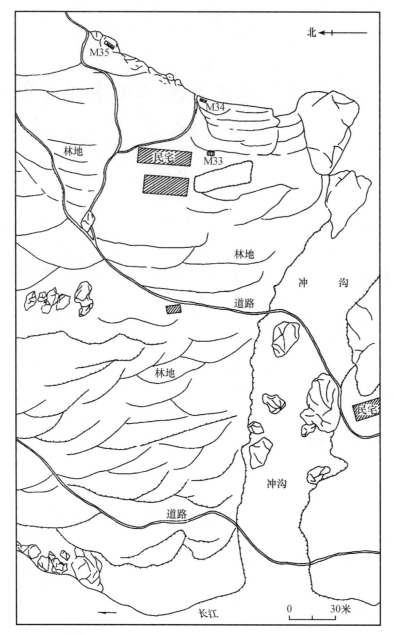

图一　石槽溪墓群2004年发掘区墓葬分布示意图

（一）双室墓

双室墓为M32与M36，均位于石槽溪墓群二期发掘区北部，两座石室墓相距约30米。

1. M32

为长方形双室石墓，全长2.3、宽1.96、高1.4米，方向325°。由方形条石砌筑，墓葬由封门及东、西两个墓室构成（图三）。封门石位于两个墓室前部，由两块方形条石构成，分别封堵两个墓室。东、西两个墓室均呈长方形，直壁，平顶，尺寸相同，长2.1、宽0.68～0.72、高1.2米。室内均横置三根条石，长0.68、宽0.2、高0.2米。组成石壁的条石厚0.2米，长度不一。墓

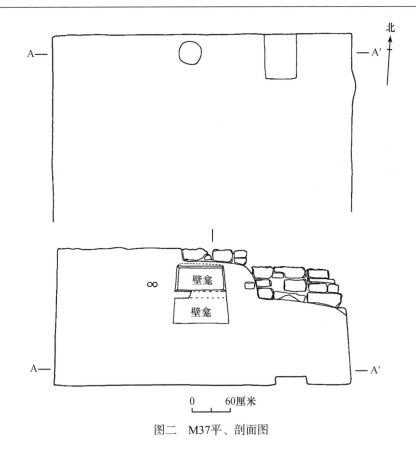

图二　M37平、剖面图

葬结构简单，不设石刻及壁龛等。墓室内清理出3个铁质棺钉，未发现明显的骨骼痕迹。

墓室内出土2件瓷器，灰白胎。

瓷碗　1件。M32：1，尖圆唇，葵形敞口，斜腹，小平底。豆青釉，釉层较薄。口径11.9、底径2.7、高4.5厘米（图八，1）。

瓷托盘　1件。M32：2，敞口，尖圆唇，浅盘，斜腹，圈足。瓷质细腻，奶黄色釉。口径10、底径3.9、高2厘米（图八，3）。

2. M36

为长方形双室墓，全长2.2、宽2.1、高1.53米，方向325°。由方形条石砌筑，墓葬由封门及东、西两个墓室构成（图四）。封门石位于墓室前部，由两块方形条石构成，两块均残。东、西两个墓室均呈长方形，直壁，平顶，尺寸相同，长2、宽0.76、高1.14米。两个墓室砌筑于三根条石上，条石长1.82、宽0.44～0.48、高0.14米。组成石壁的条石厚0.2米，长度不一。墓葬结构简单，不设石刻及壁龛等。墓室内未发现明显的葬具或骨骼痕迹。

墓室中部清理出1件陶杯。

陶杯　1件。M36：1，泥质灰陶胎。圆唇，侈口，弧腹，下腹斜收，假圈足，平底。腹部刻划一道凹弦纹。口径11.4、底径9、高8.4厘米（图八，2）。

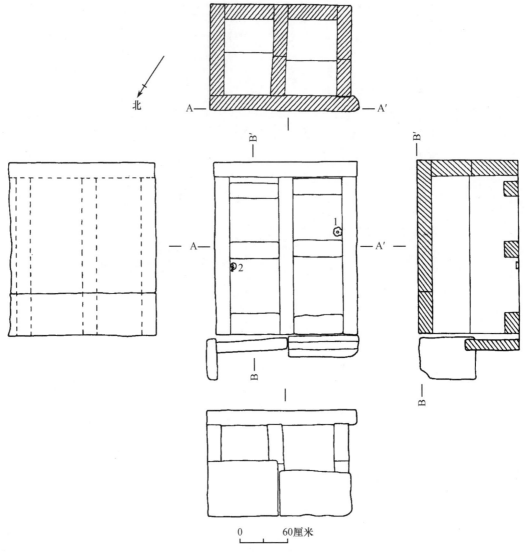

图三　M32正立面、俯视及平、剖面图

1. 瓷碗　2. 瓷托盘

（二）多室墓

多室墓分别为M33、M34、M35，均位于石槽溪墓群二期发掘区东北部。

1. M33

为长方形四室石墓，墓室外有呈圆锥形的封土，全长2.8、宽5.06、高1.85米，方向282°。由方形条石砌筑，墓葬由封门及四个墓室构成（图五）。封门石砌筑于墓室前部，由两块长方形条石构成，宽0.89、厚0.23、高1.15米。北部三个墓室残损，被晚期严重扰乱，但从残存部分来看，四个墓室结构相同，以其中一个墓室为例进行介绍，墓室呈长方形，直壁，拱顶，后壁设一个火焰形壁龛。该墓被晚期严重扰乱，墓室内未发现葬具及器物。

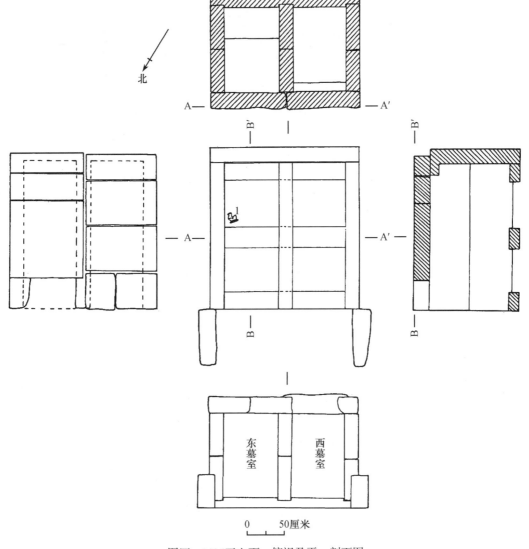

图四 M36正立面、俯视及平、剖面图
1. 陶杯

2. M34

为长方形三室石墓，全长2.8、宽4.41、高2.15米，方向280°。由方形条石砌筑，墓葬由封门及三个墓室构成（图六）。封门缺失，墓门立柱有纪年题刻，阴刻真书"崇祯八年乙亥岁仲夏月吉旦"（图九），墓门下部有长条状凹槽，应为封门的插槽，封门宽1.06、高1.5米。墓室结构保存较好，平面呈长方形，直壁，平顶，后壁设火焰形壁龛。

北侧墓室，北壁设两个壁龛，南壁石刻缺失，残存两个方形壁洞与中部墓室相通，后壁饰浅浮雕门楼及案台。门楼为重檐庑殿顶、鱼形鸱尾，正脊中部置一火焰形宝瓶、仿木结构立柱，火焰形壁龛外部刻作门形。立柱两侧各置一插花宝瓶，瓶作侈口、束颈、广肩、弧腹、平底状。案台上部呈长方形，侧面饰卷云纹，支足呈曲线状，案中部刻划倒三角形，以祥云纹填充。顶部饰高浮雕圆形图案，内刻三枝阔叶圆形花卉。墓室长2.57、宽1.02、高2.1米，壁龛宽0.35、高0.46、深0.1米。

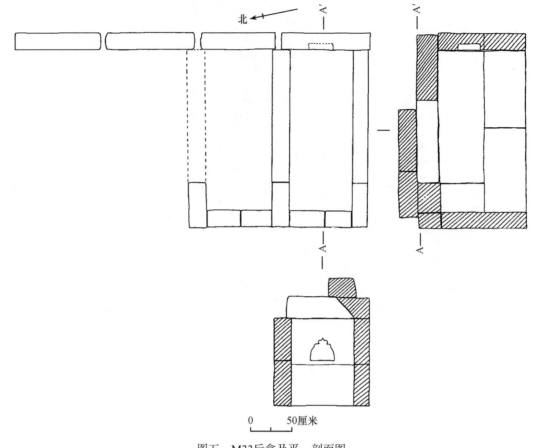

图五　M33后龛及平、剖面图

中部墓室，北壁壁洞与北侧墓室相通，南壁置两个钱形石刻于壁洞内，后壁饰浅浮雕门楼及案台。门楼为重檐庑殿顶、鱼形鸱尾，正脊中部置一火焰形宝瓶、仿木结构门额及立柱，火焰形壁龛外部刻作门形。两侧门墙上饰插烛宝瓶纹，瓶作侈口、束颈、斜肩、垂腹、圈足状。案台上部呈长方形，侧面饰三组卷云纹，外以长方形框为椁，支足呈曲线状，案中部刻划倒三角形，以祥云纹填充。顶部饰高浮雕圆形图案，内刻二龙戏珠云气纹。

南侧墓室，北壁所置与中部墓室的南壁相同，南壁设两个壁龛，后壁饰浅浮雕门楼及案台。门楼为重檐庑殿顶、鱼形鸱尾，正脊中部置一火焰形宝瓶、仿木结构门额及立柱，火焰形壁龛外部刻作门形。两侧门墙上饰插花宝瓶纹，瓶作侈口、束颈、广肩、弧腹、平底状。案台上部呈长方形，侧面饰瑞兽花草纹，支足呈曲线状，案中部刻划倒三角形，以祥云纹填充。顶部饰高浮雕圆形图案，内刻祥云"月"字纹及双凤鸟。

该墓被晚期严重扰乱，墓室内未发现葬具及器物。

3. M35

为长方形四室石墓，全长3.13、宽4.56、高2.55米，方向290°。由方形条石砌筑，墓葬由封门及四个墓室构成（图七）。封门缺失，墓门下部有长条状凹槽，应为封门的插槽，封门宽1.12、高1.33米。墓室结构保存较好，平面呈长方形，直壁，平顶，后壁设火焰形壁龛。

南侧第一墓室，南壁设两个壁龛，北壁残存一个壁洞与第二墓室相通，后壁饰浅浮雕门楼

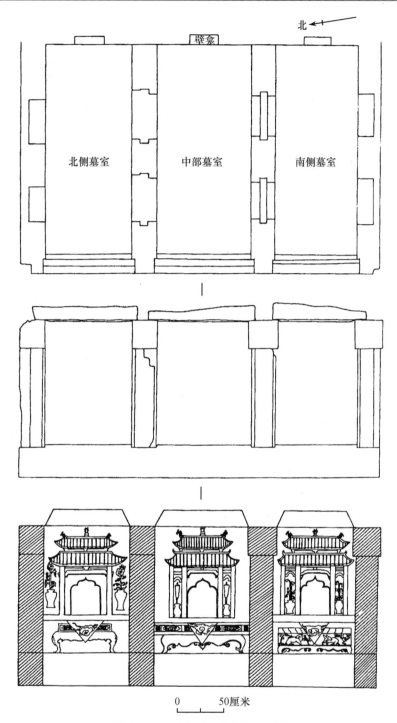

北

壁龛

北侧墓室　　　　中部墓室　　　　南侧墓室

0　　　　50厘米

图六　M34正立面、后龛及平面图

及案台。门楼为重檐庑殿顶、鱼形鸱尾、平脊，中部置一宝瓶、仿木结构立柱及斗拱，火焰形壁龛外部刻作门形。立柱两侧各置一插花宝瓶，瓶作侈口、弧颈、斜肩、鼓腹、平底状。下部呈案台形，支足呈曲线状。顶部饰高浮雕图案，内刻圆形花卉，边饰四片云纹。墓室长2.8、宽1.04、高2.3米，壁龛宽0.46、高0.54、深0.22米。

南侧第二墓室，南、北壁各残存一个壁洞，与南侧第一、北侧第二墓室相通，后壁饰浅浮雕门楼及案台。门楼为重檐庑殿顶、鱼形鸱尾、平脊，中部刻划一塔形结构、仿木结构立柱及

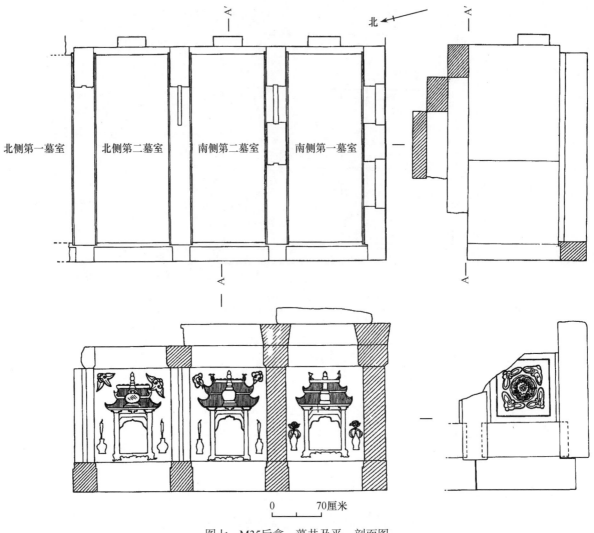

图七　M35后龛、藻井及平、剖面图

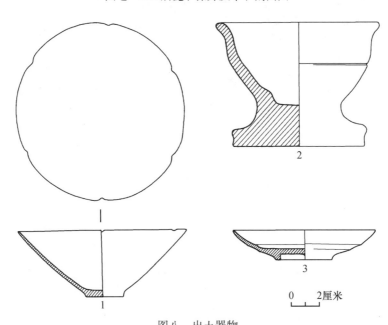

图八　出土器物

1. 瓷碗（M32：1）　2. 陶杯（M36：1）　3. 瓷托盘（M32：2）

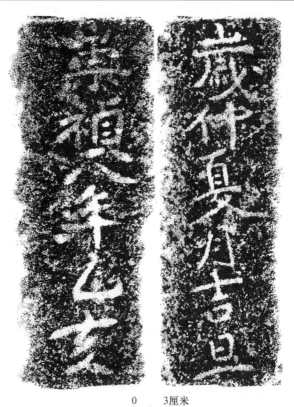

0　　3厘米

图九　M34题刻拓片

斗拱，火焰形壁龛外部刻作门形，屋檐翘角处饰云气纹。立柱两侧各置一插烛宝瓶，瓶作侈口、弧颈、斜肩、鼓腹、平底状。门下部呈案台形，支足呈曲线状。顶残。

　　北侧第二墓室，南壁残存一个壁洞，与南侧第二墓室相通，后壁饰浅浮雕门楼及案台。门楼为重檐庑殿顶、鱼形鸱尾、平脊，中部刻划一塔形结构、仿木结构立柱及斗拱，火焰形壁龛外部刻作门形，屋檐翘角处饰云气纹。立柱两侧各置一插烛宝瓶，瓶作侈口、弧颈、斜肩、鼓腹、平底状。门下部呈案台形，支足呈曲线状。顶残。

　　北侧第一墓室，墓室残缺严重，南壁残存墓壁下部，其余结构不详。

　　该墓被晚期严重扰乱，墓室内未发现葬具及器物。

三、结　语

（一）崖墓的相对年代

　　石槽溪墓群此次所清理的1座崖墓，未发现有明确的纪年性材料，通过与整个西南地区的纪年崖墓资料进行对比，石槽溪墓群2004年度所发掘的崖墓相对年代为东汉末期到南北朝早期[①]。M37残损严重，从墓室所设置的壁龛与墓葬结构分析，其相对年代与2004年度发掘的30座崖墓的时代相当，也应为东汉末期至南北朝早期。

① 　南京市博物馆等：《重庆市万州区石槽溪墓群发掘报告》，2004年度重庆市考古发掘项目，待刊。

（二）石室墓的相对年代

双室石墓　M32与M36相距甚近，且结构相同，风格相似，相对年代也应相近。这两座双室墓均未发现纪年性文字，但M32内清理出的器物具有典型的时代特征。

白瓷碗（M32：1）与岳池代家坟M1[①]内所出的白瓷碗（M1：2）形制相同，且墓葬形制相近，具有可比性，据此推断石槽溪墓群M32与M36的相对年代为宋代。

多室石墓　M33、M35与M34结构相同，石刻图案风格相近，应为同一时期的墓葬。M34是一座有纪年题刻的墓葬，其纪年为"崇祯八年乙亥岁仲夏月吉旦"。崇祯八年即1635年，因此，M34的相对年代为明代晚期。宜宾县明代郭成墓[②]为多墓室结构，墓室后壁饰高浮雕仿木门楼、下部为案台，墓志表明郭成墓为明代万历年间墓葬，其墓室结构、石刻风格相近与此次发现的这三座多室石墓相同，据此推断，M33与M35的相对年代亦为明代晚期。

1644年，张献忠率领农民起义军入川，12月称帝建立政权，国号"大西"，定成都为"西京"。川渝地区随即陷入多年乱世之中，先后遭到张献忠、明军、清军及地方豪强滥杀，继而是南明与清军的战争；还有吴三桂反清战争，当地社会、经济、人口遭到严重破坏。《四川通志》记载："蜀自汉唐以来，生齿颇繁，烟火相望。及明末兵燹之后，丁口稀若晨星。"据康熙二十四年人口统计，经历了长时间大规模战事的四川省人口仅9万余人。直至清朝康熙年间，兵荒马乱、刀光剑影的川渝地区方才平息下来。清政府为了解决这一地区劳动力和生产粮食的问题，采取"移民垦荒"的举措，全国十余个省的移民相继到四川定居。大量外来移民对四川的充实，客观上也带来了清初川渝地区社会面貌、经济生活、风俗习惯的变化。

此次清理的三座明代多室石墓，建筑风格、石刻艺术与川渝地区明代晚期石室墓葬具有共同的时代特点，为研究明代晚期沿江居民的社会面貌、经济生活与埋葬习俗提供了一份重要的考古资料。

附记：本年度考古发掘领队为车广锦，工作人员有苏照秀、刘志标、阎启新、李鹏、岳涌、张华、沈利华、龚巨平、许尔昂等。

执笔：沈利华　张　华　龚巨平　岳　涌

① 广安市文化体育局、岳池县文化体育局：《岳池代家坟古墓群发掘简报》，《四川文物》2003年第2期。
② 四川省文物考古研究所：《宜宾县革坪村明代郭成石室墓清理简报》，《四川文物》2002年第5期。

万州瓦子坪遗址2004年度发掘报告

山东博物馆

一、发 掘 概 况

瓦子坪遗址位于重庆市万州区陈家坝街道晒网村，距万州市区约10千米。遗址在长江南岸的一处平坦的坪坝上，名为晒网坝，地理坐标为东经108°26′30″，北纬30°34′13″，海拔135～152米（图一）。整个遗址面积较大，超过10万平方米，分属多个自然村，在早年的考古调查中，将晒网坝上的遗迹分为两个部分，即"瓦子坪遗址"和"糖坊墓群"，因此在后来的发掘中均分作两个部分来发掘，瓦子坪遗址位于晒网坝的东侧。为配合三峡库区的建设工作，山东省博物馆考古队于2001～2003年对瓦子坪遗址发掘了三次，发掘面积8200平方米。

自2003年6月以后，三峡库区开始蓄水，最高水位的海拔达140米，因此遗址底部淹没于水下，整个遗址成为孤岛，只有西南角有一条羊肠小道与陆地相连。2004年10～11月，山东博物馆考古队又对瓦子坪遗址进行了第四次发掘。

此次发掘面积为2000平方米，分为A、B两个发掘区，位于遗址的东北角，即长江的南岸。地层堆积较为简单，下面将分区介绍其区域内的地层堆积情况。

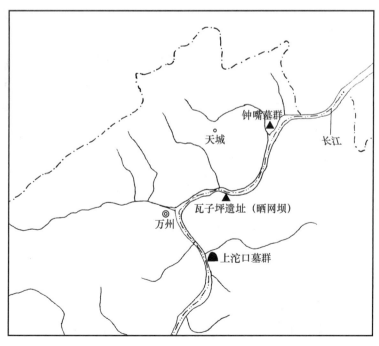

图一　瓦子坪遗址位置示意图

（一）A区

由上而下分四层。

第1层：为耕土层。厚10~15厘米。

第2层：为近现代层。褐色黏土，出土瓷片、瓦片，晚清墓葬在此层下开口。厚0~25厘米。

第3层：为晚清层。灰褐色土，出土瓷片、瓦片，东汉、六朝砖室墓葬在此层下开口。厚0~30厘米。

第4层：为沙土层。应是淤积而成的，钻探3米以下仍未变化。

A区内各层分布不一样，较薄的地方耕土层下即见早期砖室墓。

（二）B区

也可分为四层，堆积与A区大体相似。

第1层：为耕土层。厚10~25厘米。

第2层：为近现代层。灰褐色黏土，较致密，出土瓷片、瓦片、砖块等，早期砖室墓葬在此层下开口。厚0~30厘米。

第3层：为淤积的沙土。较疏松，含料姜石。厚约120厘米。

第4层：为纯净的沙土层。应是淤积而成的，钻探3米以下仍未变化。

B区的各层分布也不均衡，多数早期砖室墓葬即在第1层耕土下开口，B区第3、4层应与A区第4层相当。

本次发掘共清理汉代、六朝时期墓葬11座，其中A区3座、B区8座；另外还有多座晚清墓葬（图二）。除铜钱外，出土各类器物共257件（套），其中陶器216件、铁器12件、铜器11件、瓷器16件、其他类2件。发掘编号沿用前几次发掘的惯例，即2004CWWM1~2004CWWM11，"CWW"是"重庆万州瓦子坪"的简称，"2004"为2004年度发掘。下面详细介绍此次发掘的墓葬资料。

二、西汉时期墓葬

本次发掘仅发现1座西汉时期墓葬，为M11，长方形。

（一）墓葬形制

M11　位于发掘B区的T1801内，墓向18°。土坑墓，墓口呈圆弧状。墓葬平面长182、宽91、深18~30厘米。墓内出土8件陶器、1件漆器，漆器无法取出。另有1件片状骨骼，不见其他骨骼（图三）。

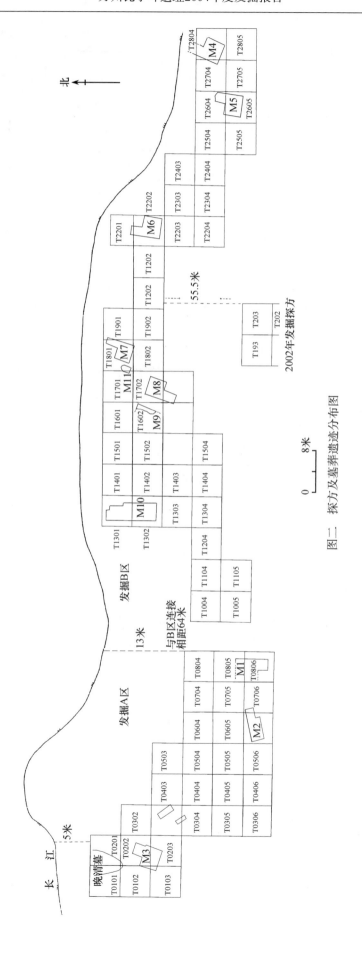

图二　探方及墓葬遗迹分布图

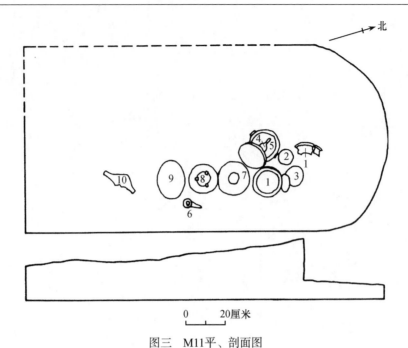

图三　M11平、剖面图

1、7.陶盒　2、3.陶豆　4.陶勺　5.陶鼎　6.陶斗　8.陶壶　9.漆器　10.骨骼

（二）出土器物

1. 陶器

共8件。均为灰陶，保存完好，随葬器物组合应是鼎、盒、豆、壶。

鼎　1件。M11：5，子母口，上腹壁稍直，圜底，三蹄形足略外撇，腹部中央有一道凸棱；圆鼓形盖，盖顶部饰三个"S"形纽。口径16.3、腹径16.7、通高17.3厘米（图四，1）。

盒　2件。M11：7，子母口，上腹壁稍直，有矮圈足，外壁有两道凹弦纹；盖的形体与盒身相对称，顶部亦有矮圈足。口径14、底径5.4、通高13厘米（图四，3）。

壶　1件。M11：8，束颈，折腹，圈足，上腹部饰一对铺首衔环和多道弦纹；盖和壶连成一体，盖顶部饰三个"S"形纽。口径7.4、底8.2、通高17厘米（图四，2）。

豆　2件。M11：2，浅盘，盘底近平，细柄，小圈足；有盖，直口，顶部微鼓。口径10、底径5.2、通高7.4、盖高1.6厘米（图四，4）。

勺　1件。M11：4，柄上端稍残。口径6.4、高6.8厘米（图四，6）。

斗　1件。M11：6，烟斗状。口径1.7、柄长5.2厘米（图四，5）。

2. 其他

清理遗物中，有漆皮痕迹，其中1件为圆形，但无法取出原物。另外在器物附近有一枚片状骨骼，应为肩胛骨类，但不能断定为人类骨骼。

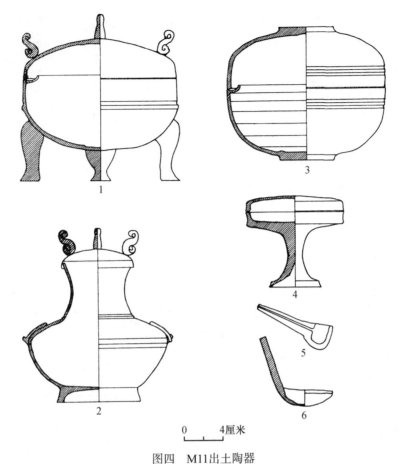

0 —— 4厘米

图四 M11出土陶器

1. 鼎（M11：5） 2. 壶（M11：8） 3. 盒（M11：7） 4. 豆（M11：2） 5. 斗（M11：6） 6. 勺（M11：4）

三、东汉晚期、蜀汉时期墓葬

共计7座，分别为M3～M9，其中除M9破坏较甚外，其他墓葬平面形状均为刀形。下面根据墓葬的大体方向可将墓葬分为两类，即向北和向南。

（一）墓葬方向向北

此类墓葬方向大体朝北，正对长江，共有5座，分别为M3～M7，其中M4和M5，M6和M7为并穴墓。

1. M3

位于发掘A区的T0202、T0203、T0103、T0102内，墓向10°。砖室墓，由甬道和墓室组成，总长360、墓室宽296厘米，甬道宽180厘米（图六）。在甬道口的前端有一段斜坡入口，类似墓道。墓葬保存完好，甬道和墓室的弧形券顶均无丝毫的坍塌，墓内集满了淤沙（图五）。甬道东西向起券，下层砖壁（1～10层）由条砖平垒而成，上层砖壁由子母口楔形券砖（共29层）横券而成。墓室南北向起券，起券方式与甬道一致，底部平垒的条砖为12～13层，上部横券的楔形砖达47层。铺地砖用整砖铺成，较规整，不过甬道和墓室入口处不见铺地砖。墓砖有两种：一种是条砖，长41、厚8厘米，花纹为菱形；另一种是子母口楔形券砖，长42、窄口厚6厘米，花纹为菱形。

　　在墓室的西侧有3具人体骨骼，南北向并列摆放，均保存不太好，紧邻西壁的仅见两段肢骨，另两具能看出人形，有头骨，均为仰身直肢，头向北。骨骼间距较小，不似有木质葬具的迹象。

　　共出土器物56件，其中陶器51件、铜器4件、铁器1件。器物分三堆放置：大部分放在甬道的西侧，出土了釜、甑组合器皿；一小部分放在墓室的东侧，也有釜、甑组合器；另一堆放置在墓室的西北角即人体骨骼的顶端，多为红陶明器。

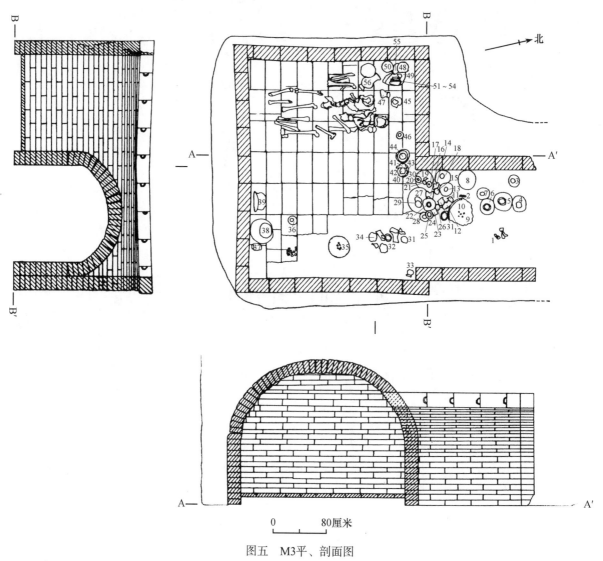

图五　M3平、剖面图

1.铜带钩　2.五铢钱　3、4、7、13、15、17、20～22、28、32、34、36、40、47.陶罐　5、6、56.陶壶　8、18、29、30.陶圜底罐　9、27、35、52、53.陶甑　10.铜釜　11、19、25、41～44、46、48、54.陶钵　12、37.陶囷　14.陶釜　16、33、49.陶灯　23、26.陶杯　24.陶壶盖　31.陶熏炉盖　38.铁釜　39.铜盆　45.陶魁　50、55.陶鼎　51.陶熏炉

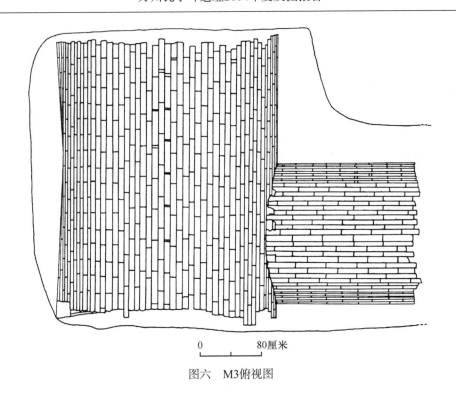

0 _____ 80厘米

图六　M3俯视图

2. M4

位于发掘B区的T2704、T2804内，墓向16°。砖室墓，由甬道和墓室组成，总长460、墓室宽330厘米，甬道宽160厘米（图七）。甬道部分破坏较甚，仅存与墓室相连的一小部分。甬道内东西壁起券，下部条砖7层，7层上起券，以有弧面的子母口砖竖券，保留两层竖券砖。墓室内有一道南北向双层砖墙将之分为西、东两室，修砌隔墙的时间和用意不明，因为隔墙，东室完全处于封闭状态（图八）。整个墓室内南北壁起券，下部条砖10层，10层上起券，以有弧面的子母口砖竖券，保留两层竖券。没有铺地砖。墓砖可分为条砖和子母口券砖、子母口楔形券砖和垫砖四种。条砖，长41、宽19、厚10厘米，为网格纹；子母口券砖长26、宽19、厚9厘米，带花纹的一面呈凹弧状，花纹为菱形纹；子母口楔形券砖，长40、宽19、厚7～9厘米，为菱形花纹；另有一种垫砖，长10～14厘米，是从字母口券砖的砖母口一端截下来的，偶尔用在竖券中。

出土的3具人体骨骼的原始状态均不成人形，均是多段肢骨成堆摆放在头骨的下面，疑为二次葬。3具骨骼由北而南一字排开，北侧一具头向东，南侧二具头向西，头骨和肢骨均较细，不似成年人。

出土器物均在东室发现，分层放置。上层离墓底40厘米左右，该层有3件器物，其中1件铁釜、2件陶器，3具人体骨架亦在该层发现。下层即墓底，有17件器物，集中在东室的北侧，其中1件铁釜、16件陶器。值得注意的是，上层的一件熏炉盖和下层的一件豆形炉身可合为一器。西室没有发现器物，只有若干铜钱，东室则没有发现铜钱。

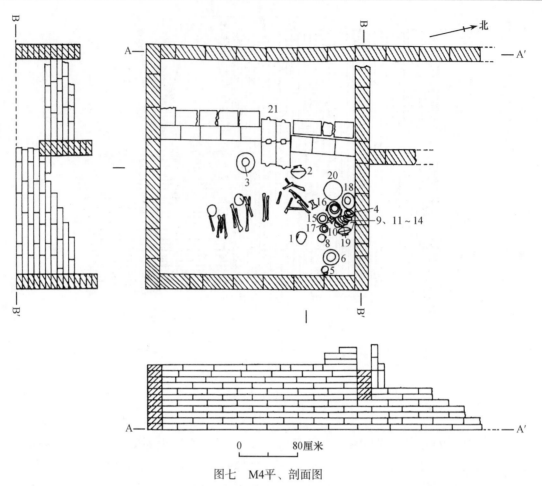

图七 M4平、剖面图

1.陶熏炉 2、5、6、15、16、18、20.陶罐 3、4.铁釜 7.陶鼎 8、10.陶魁 9、11、13.陶钵 12.陶鼎盖 14.陶甑

17.陶豆 19.陶杯 21.五铢钱

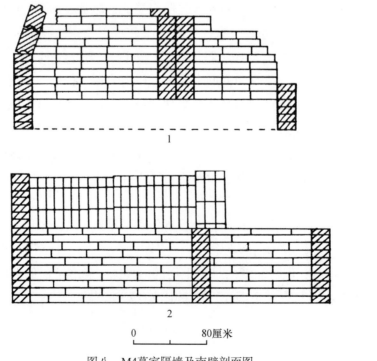

图八 M4墓室隔墙及南壁剖面图

1.M4东室西壁（隔墙） 2.M4南壁

3. M5

位于发掘B区的T2604、T2605内，墓向7°。砖室墓，由甬道和墓室组成，总长454、墓室宽360厘米，甬道宽180厘米（图九）。甬道保存完好，从东西壁起券，下部10层条砖平垒，上部以子母口楔形砖横券27层。墓室南北壁起券，下部8层条砖，向上6层子母口券砖横券，再往上以子母口砖竖券。墓室的西壁有双层砖墙，推测原始的西墙因积压变形，又在内侧另砌一道砖墙，第二道砖墙何时垒砌是一个值得关注的问题，此墓葬为多人合葬墓，西壁内侧砖墙可能是在合葬时开墓后增砌的。没有铺地砖，墓砖分条砖、子母口券砖、子母口楔形券砖和垫砖四种（图一〇，1），其形制和花纹与M4砖一致。

墓中填土是含沙量较小的红褐色黏土，极不利于人骨骼的保存，只在墓室内发现零星的肢骨。器物不多，集中在墓室的西北角，用几块砖象征性围绕着器物堆周旁，似为长方形器物箱。甬道内除1件器物盖外，空无一物。共计12件器物，除1件铜釜外其余均为陶器。在墓室中央，零星见有五铢钱。

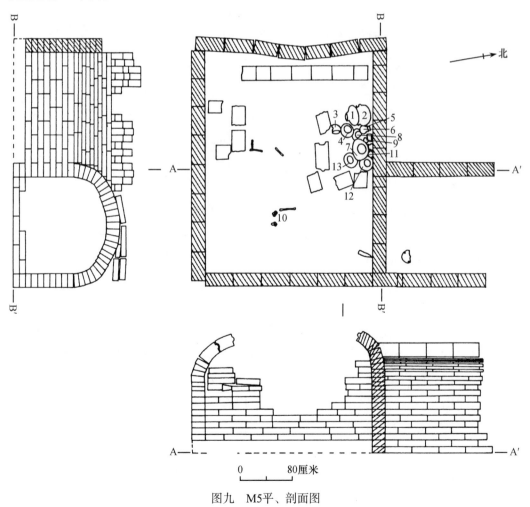

图九　M5平、剖面图

1.陶圈底罐　2.铜釜　3、4、6、8、12.陶罐　5.陶杯　7、13.陶壶　9.陶灯（残）　10.五铢钱　11.陶囷

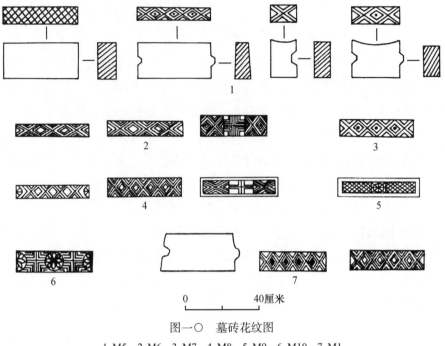

图一〇　墓砖花纹图

1. M5　2. M6　3. M7　4. M8　5. M9　6. M10　7. M1

4. M6

位于发掘B区的T2201、T2202内，墓向6°。砖室墓，由甬道和墓室组成，总长640、墓室宽344厘米，甬道宽180厘米（图一一）。在甬道口的前端有一条长110厘米的斜坡入口，类似墓道。甬道保存较好，在进入墓室的甬道还保存了一段完好的弧形券顶。甬道东西向起券，下层砖壁（1~9层）由条砖平垒而成，上层砖壁由子母口楔形券砖横券而成。墓室南北向起券，起券方式与甬道一致，保留的横券砖层多达10层。墓室东壁破坏较多，但未扰动墓室随葬品。铺地砖较规整，均由子母口状楔形券砖铺成（图一二）。墓砖有三种，分别是条砖，长41、宽19、厚10厘米，花纹为菱形；子母口楔形券砖，长40、宽19、厚7~9厘米，花纹为菱形；子母口券砖，长36、宽20、厚11厘米，花纹为十字、菱形组合纹（图一〇，2）。其中子母口券砖仅在铺地砖上散见几块，似乎没有参与墓葬的建筑。

墓中共发现7具人体骨骼，保存稍好，均仰身直肢，头向均朝墓口，依其位置可分三组。第一组为甬道内2具，初步判断东侧为男，西侧为女；第二组为墓室西2具，初步判断东侧为男，西侧为女；墓室东3具，初步判断中间为男，两侧为女。有的人头骨下枕残砖块或石块，与M8类似。清理中在人骨上层有较多漆皮遗迹，但有的漆皮为圆形器物状，难以确定漆皮是否葬具上的，亦难确定是否有葬具，但从骨骼和墓壁间的空隙看（有的空隙不足10厘米），似乎没有葬具。出土器物不多，共计6件，其中1件铁带钩，1件石黛板，其余均为陶器，陶器主要放在甬道中，还有1件陶器出土在墓道的斜坡中。另外有五铢钱若干，铜钱多散见于人的头骨处。

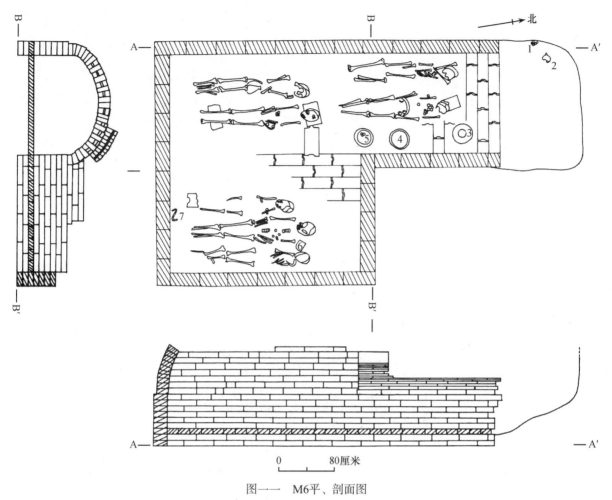

图一一 M6平、剖面图

1. 铜钱 2. 陶魁 3、5. 陶罐 4. 陶釜 6. 石黛板 7. 铁带钩

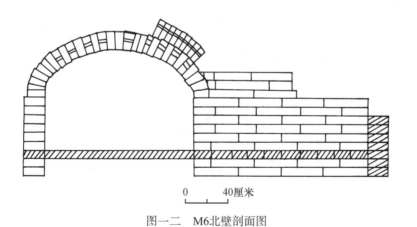

图一二 M6北壁剖面图

5. M7

　　位于发掘B区的T1801内，墓向15°。砖室墓，由甬道和墓室组成，总长480、墓室宽322厘米，甬道宽156厘米（图一三、图一四）。甬道前端有长方形斜坡墓道，长150厘米。甬道东西向起券，下部为9层条砖平垒，上部以楔形子母口券砖横券，尚保留4层横券砖层。墓室南北向起券，构筑方式大体同甬道，券顶破坏较甚，仅在南壁上层残余2～3层横券砖层。有铺地砖，较为规整。墓砖为条砖和楔形子母口券砖两种，砖纹为菱形（图一〇，3）。

　　墓中人体骨骼保存不好，据现场观察，推测有5个个体，4具不明、1具向北，其中2具整齐地摆放在墓室东部。在墓室东侧的2具尸骨范围内发现大量红色漆皮，应为漆棺残留。随葬器物十分丰富，有铜、铁、琉璃、陶等各种质地，以陶器为主。器物集中在甬道口和墓室的东北侧，其中甬道口发现累叠5件铜铁釜的现象，大量器物在墓室的东北侧，多层累叠，大型器具

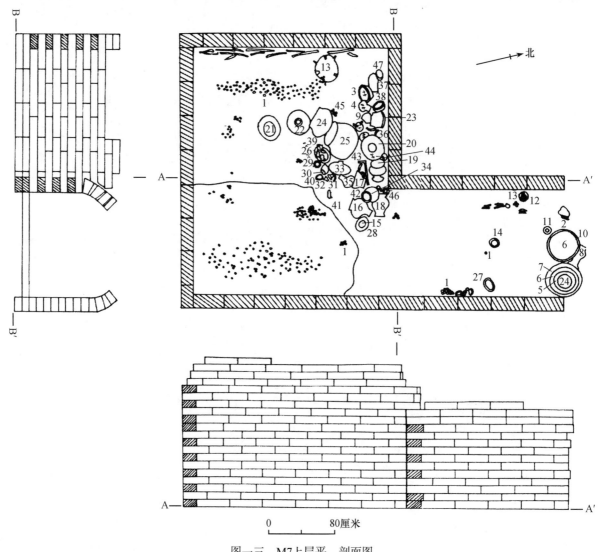

图一三　M7上层平、剖面图

1.五铢钱　2.铜柿首　3、5、10.铜釜　4、6、7、24、25.铁釜　8、16、18、19、34、35、44.陶壶　9、29.陶甑

11、14、15、20、27、40、41、45.陶罐　12、13、43、46.陶钵　17.铜魁　26、30.陶困　21.陶釜　22、33.陶圈底罐

23.铁支架　28.铜盆　31、32.陶熏炉　36.陶勺　37.陶楼　38.陶盒　39.陶鼎　42.陶盘　47.陶熏炉盖

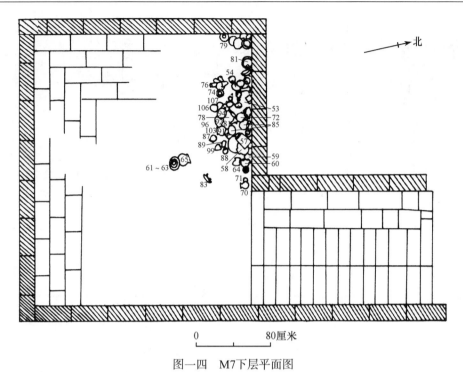

0   80厘米

图一四　M7下层平面图

48、50、54、64、74.陶熏炉　49、62、63、66、68、82、94、96、99、105、106.陶钵　51、69、88.陶盘　52、55、59、72、

73、77、90、92、102.陶魁　53、60、76、80、89.陶杯　56、71.陶勺　57、58、65、67、70、75、91、93、95、97.陶罐

61、87.陶灯　78、81.陶釜　79、85、86、98、104.陶甑　83.陶猪　84.陶盆　100、101、103.陶熏炉盖　107.陶囷

（部分器物被叠压）

在上，小型器物在下。另外还发现大量五铢钱，集中在骨架周围，还有成串的存在，分布在墓内各处，总数有300余枚。

（二）墓葬方向向南

此类墓葬的方向大体朝南，背对长江，共2座，编号为M8、M9。

1. M8

位于发掘B区的T1702内，墓向198°。砖室墓，由甬道和墓室组成，总长496、墓室宽324厘米（图一五）。甬道保存较好，甬道长196、宽176厘米。甬道下层由5~7层平砖垒砌，其上再以子母口券砖竖券成弧形顶；甬道前端仍保留有完整的10行券砖的弧形券顶；甬道内砖纹为车轮形。墓室保存也较好，其下层由9层条砖垒砌，其上用楔形砖横垒起券，券顶大部分破坏，多者残留8行砖；砖纹有3种，车轮形、菱形、斜菱形，错缝叠压（图一〇，4）。有铺地砖，较有规律。

墓中的人体骨骼保存尚好，共有8具，头向与墓向一致，均仰身直肢葬，可分为三组。其中甬道3具，为第一组，自西而东一字排开，中间骨骼为男性，西侧为女性，东侧头骨不见，性别不明。墓室5具，自西而东一字排开，依据骨骼的距离可分作两组，西侧两具为第二组，保存较好，头骨、四肢均存，该组前端还有一具独立的头骨；东侧3具可为第三组，保存稍差，最东侧一具没有头骨，仅存肢骨。

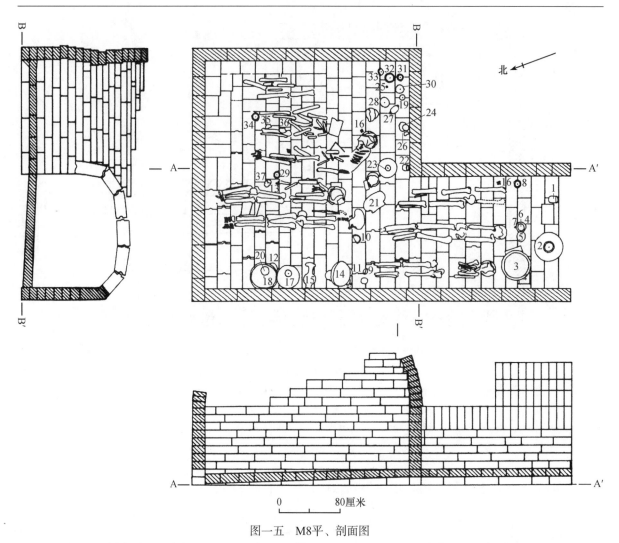

图一五　M8平、剖面图

1、5、8、22、34.陶囷　2、15.陶壶　3、14、18.陶甑　4.铁釜　6、11、17、24、29.陶罐　7、9.陶魁　10、12、13、20、26、28、30、32.陶钵　16.五铢钱　19、33.陶灯　21、27、36.陶釜　23.陶圈底罐　25.铜环　31、35.陶熏炉　37.陶杯

墓中随葬品的位置大体也可分为三组。甬道口为一组，在甬道第一组骨骼的头端；墓室西壁旁侧为一组，靠近第二组骨骼的西侧；墓室东南角为一组，靠近第三组人骨的头端。多数头骨下枕一块半砖，第二组人骨的脚骨下也枕一块砖。骨骼之间、骨骼和墓壁之间的空隙太小，估计没有木质葬具。墓中器物能够复原的约37件，以陶器为主，灰陶、红陶皆有。另有铁器、银指环、琉璃耳珰等，有的腐蚀较甚。铜钱零散地散落于人的身侧和头部。

2. M9

位于发掘B区的T1602内，残甚，可根据相邻墓葬及其墓室方位判断其墓向为200°。破坏严重，只残留东侧墓壁和部分铺地砖，最高约20厘米，只有3层砖（图一六）。因此其结构不甚明晰。但依双墓并穴合葬中两墓相互背倚的规律和M8联系判断，该墓甬道应在南，总体朝南向。只有一种平砖，长43、宽10厘米，砖纹为车轮网格纹（图一○，5）。墓中不见任何遗物和骨骼。

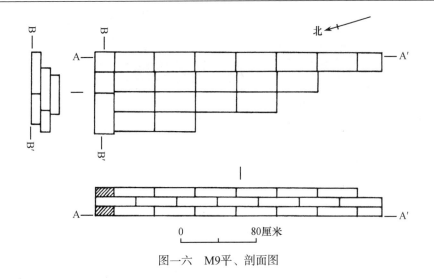

图一六　M9平、剖面图

（三）出土器物

1. 陶器

共计206件。

（1）钵类

红陶钵　共31件。分二型。

A型　14件。直口，平沿，上腹稍直，下腹内收成小平底。分二亚型。

Aa型　13件。腹壁呈弧状内收。M3：25，下腹内折小平底。内壁施褐釉。口径11.6、底径5、高5厘米（图一七，1）。M7：46，沿内扣，腹稍浅。口径10、底径4.2、高3厘米（图一七，2）。

Ab型　1件。折腹更为明显。M7：13，直口，平沿，上腹直，下腹内折小平底。外壁通施褐釉。口径17.5、底5.2、高6厘米（图一七，3）。

B型　17件。卷沿，口稍敞，腹外壁多饰凹弦纹，有的腹壁折很明显，下腹斜收成小平底。M3：54，口稍直，腹较深，下腹内折。外壁饰凹弦纹。口径17、底径5、高7厘米（图一七，5）。M7：68，下腹内折成小平底。内壁施青釉外壁饰弦纹。口径6.9、底径2.3、高5.3厘米（图一七，4）。

灰陶钵　共5件。分二型。

A型　4件。敞口，圆唇，斜折腹，外壁常见多道折痕，小平底。M3：41，外壁常见多道折痕。口径17、底径7、高6.5厘米（图一七，6）。

B型　1件。M7：94，直口，小平沿，腹微鼓，矮圈足。口径16、底径7、高7.4厘米（图一七，7）。

（2）罐类

红陶小罐　共33件。分四型。

A型　12件。卷沿，圆唇，折腹，小平底。M3：4，整体稍高，小平底。口径10、底径10、高14.6厘米（图一八，1）。M7：57，整体稍矮。口径7.2、底径6、高5厘米（图一八，2）。

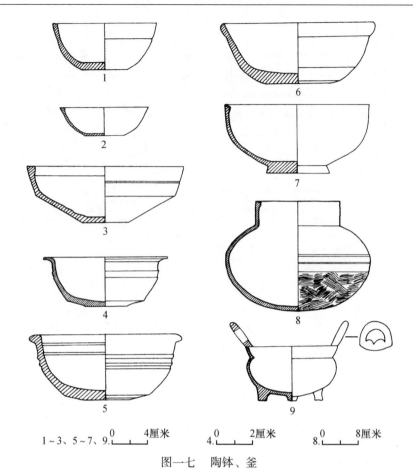

1~3、5~7、9. 0 ⌞___⌟ 4厘米   4. 0 ⌞__⌟ 2厘米   8. 0 ⌞___⌟ 8厘米

图一七　陶钵、釜

1、2.Aa型红陶钵（M3：25、M7：46）　3.Ab型红陶钵（M7：13）　4、5.B型红陶钵（M7：68、M3：54）

6.A型灰陶钵（M3：41）　7.B型灰陶钵（M7：94）　8.A型釜（M7：21）　9.B型釜（M7：81）

　　B型　7件。直口，直领稍内束，折腹，小平底，有的肩端有盲鼻。M3：15，肩端没有盲鼻。口径8、底5.6、高6.3厘米（图一八，3）。

　　C型　12件。大敞口，卷沿，束颈。分二亚型。

　　Ca型　7件。形体较小，折腹，小平底。M3：40，外施半釉褐。口径9、底径5.8、高8.1厘米（图一八，4）。M7：27，口部略似盘口。口径8.8、底径5、高5.6厘米（图一八，5）。

　　Cb型　5件。形体较大，颈下有一对盲鼻，腹壁略直，下腹部鼓出，圈底。M4：18，口径11、底径6、腹径11、高8.8厘米（图一八，7）。

　　D型　2件。敛口，沿面内折，折腹，小平底。M7：14，盘口，尖鼓腹。口径8.4、底径5.6、高4.2厘米（图一八，6）。

　　直领罐　共4件。有红陶，也有灰陶，形制与红陶小罐的B型相似。直口，有斜肩，肩下有一对盲鼻，鼓腹，有的腹部折痕明显。M7：40，圆鼓腹，下腹壁有削痕。口径12、腹径17.6、底径11、高12.3厘米（图一八，8）。

　　扁腹罐　共22件。均为灰陶，腹部扁圆，有的上腹折痕明显。可分二型。

　　A型　11件。小口，卷沿，短颈，广肩，扁腹，圈底。下腹部满饰绳纹。M7：20，口径10、腹径29.8、高18厘米（图一九，1）。

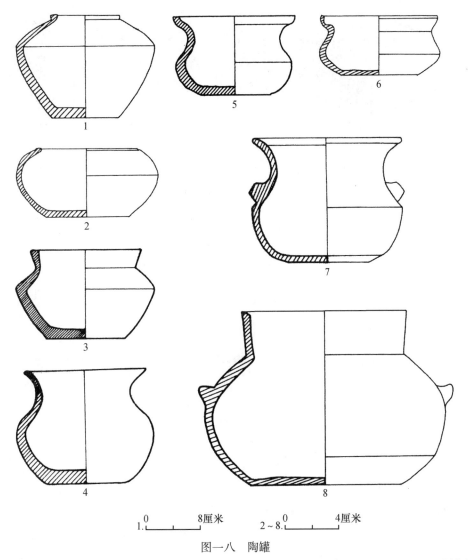

图一八 陶罐

1、2. A型小罐（M3：4、M7：57） 3. B型小罐（M3：15） 4、5. Ca型小罐（M3：40、M7：27） 6. D型小罐（M7：14）

7. Cb型小罐（M4：18） 8. 直领罐（M7：40）

B型 11件。直口，平沿，短颈，折腹，多为圜底。下腹部常见绳纹。M3：22，折腹，下腹壁有削痕。口径12、腹径21.2、高14.4厘米（图一九，2）。M4：2，下腹部饰绳纹。口径12、腹径21.6、高13厘米（图一九，3）。

困 共11件。多为灰陶，也有红陶。分二型。

A型 9件。口微敛，圆唇，折肩，筒形腹较深，平底，腹外壁常饰凹弦纹。根据陶色的不同和腹部的区别可分为二亚型。

Aa型 1件。灰陶，腹壁稍内收。M7：107，子母状口，腹较深。口径10.8、底径10.4、高16.8厘米（图一九，8）。

Ab型 8件。红陶，腹中部微鼓出。M3：37，腹外壁饰凹弦纹。口径10.4、腹径13.4、底径10.2、高14.4厘米（图一九，7）。

B型 2件。口微敛，折肩，斜腹内收，腹部较A型浅得多，平底。M7：26，腹外壁饰两

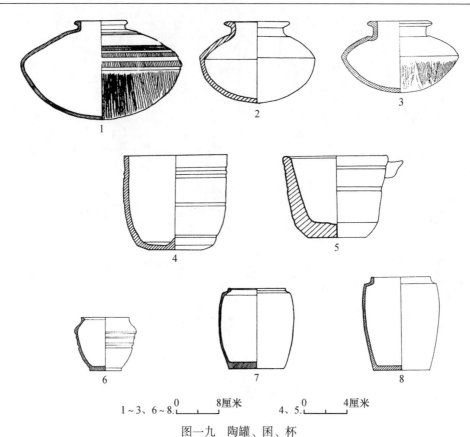

图一九　陶罐、囷、杯

1. A型扁腹罐（M7∶20）　2、3. B型扁腹罐（M3∶22、M4∶2）　4. B型杯（M3∶26）　5. A型杯（M4∶19）
6. B型囷（M7∶26）　7、8. A型囷（M3∶37、M7∶107）

道凸弦纹。口径9、底径6、高9.6厘米（图一九，6）。

大口罐　1件。M6∶5，灰陶。大口稍直，卷沿，圆唇，上腹鼓出，下腹斜收成小平底。

壶　共14件。多为红陶，个别为灰陶。分三型。

A型　3件。大盘口，盘较浅，颈部高而直，圆鼓腹，圈足较高。腹部饰一对铺首衔环和三道凹弦纹。M7∶35，口径14.8、腹径14、底径14、高33.5厘米（图二○，1）。

B型　5件。盘口，盘较深，直颈较短，圆鼓腹，圈足较矮。腹部饰一对铺首衔环和三道凹弦纹。M7∶18，口径15、腹径20.8、底径14.8、高26.8厘米（图二○，2）。

C型　6件。盘口不似上两型明显，颈部内束，扁鼓腹，上腹两道凹弦纹，下腹三道凹弦纹，一对铺首衔环。M3∶5，口径14.2、底径17、高30厘米（图二○，3）。

釜　共8件。依陶色和形体大小，分二型。

A型　3件。灰陶，直口，直领，高领略内束，鼓腹，圜底。M7∶21，口径18.6、腹径32、高23.4厘米（图一七，8）。

B型　5件。红陶，折沿，内沿面下凹，沿外侧有一对立耳，颈部内束，腹微鼓，圜底，有的有三矮足。M7∶81，有三矮足。口径11.6、腹径11、高7.6厘米（图一七，9）。

甑　共16件。依形体和陶色分二型。

A型　8件。形体大，均为灰陶，大敞口，卷沿，上腹壁微鼓，下腹壁急收，多为凹底。有的上腹外壁饰凹弦纹。M3∶35，口径32、腹径29.5、高18厘米（图二一，1）。

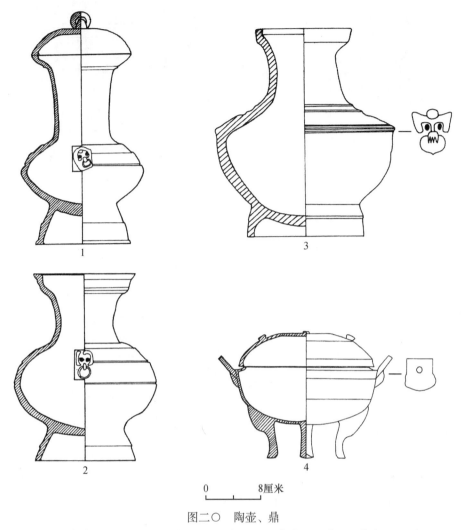

图二〇　陶壶、鼎

1. A型壶（M7：35）　2. B型壶（M7：18）　3. C型壶（M3：5）　4. 鼎（M3：50）

B型　8件。形体小，多为红陶，少数为灰陶，呈钵形，斜腹，有的外壁有折痕，小平底。M3：52，口径18.2、底7.2、高7.5厘米（图二一，2）。

熏炉　共11件。均为红陶，分二型。

A型　7件。子母口，沿部较深，束腰，大喇叭状圈足。M7：31，口径4.4、底径9、高7.2厘米（图二三，4）。

B型　4件。豆形，子母口沿部较浅。依盘的深浅和柄的区别可分为二亚型。

Ba型　1件。浅盘，直柄粗而高。M7：74，口径9、底径9、高10厘米（图二三，1）。

Bb型　3件。深盘，柄稍矮，稍细，假圈足呈覆盘状。M4：1，口径11.2、底径8、高16.7厘米（图二三，5）。

熏炉盖　共5件。大多不能和同单位的熏炉相配备，分三型。

A型　倒"V"形镂孔（有的为倒"U"形），三组并列，象征山形，并在倒"V"形内侧刻划网格纹。M7：101，口径13、高9.4厘米（图二三，2）。

B型　刻划三组网格纹，各自呈倒"V"形，三组倒"V"形顶端各有一镂孔。M7：47，

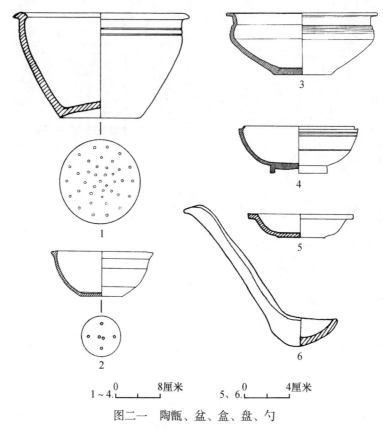

图二一　陶甑、盆、盒、盘、勺

1. A型甑（M3：35）　2. B型甑（M3：52）　3. 盆（M7：84）　4. 盒（M7：38）　5. 盘（M7：88）　6. 勺（M7：56）

口径12.9、高6.9厘米（图二三，3）。

　　C型　外壁饰浅浮雕博山形，有镂孔四个。M7：100，口径11.4、高7厘米（图二三，6）。

　　灯　共8件。均为红陶，分二型。

　　A型　1件。呈豆形，浅盘，盘壁直，盘底平，柄高而直，矮圈足。M7：87，口径10.8、底径8.2、高12厘米（图二二，1）。

　　B型　7件。类豆状，有的有短柄，有的盘部和足部的连接处呈亚腰状。依盘的深浅、盘和足的大小差异可分二亚型。

　　Ba型　5件。浅盘，盘径小而喇叭状圈足径大。M8：33，口径7、底径9.8、高8.4厘米（图二二，2）。

　　Bb型　2件。盘较深，盘径和圈足径大体相当。M3：16，口径8.5、底径10、高9.4厘米（图二二，4）。

　　杯　共10件。均为红陶，分二型。

　　A型　5件。直口，筒形腹，单鋬，平底。M4：19，近底处，腹部内折成底。口径9.8、底径5.3、高7.4厘米（图一九，5）。M7：80，筒形腹微鼓，大平底。施褐色釉，沿下饰凹弦纹。口径10.2、底径9、高9.5厘米。

　　B型　5件。直口，腹壁斜直内收，无鋬，小平底。M3：26，筒形腹微鼓无鋬平底。沿下饰三道弦纹。口径9.6、底径5、高8.4厘米（图一九，4）。

　　魁　共15件。均为红陶，分三型。

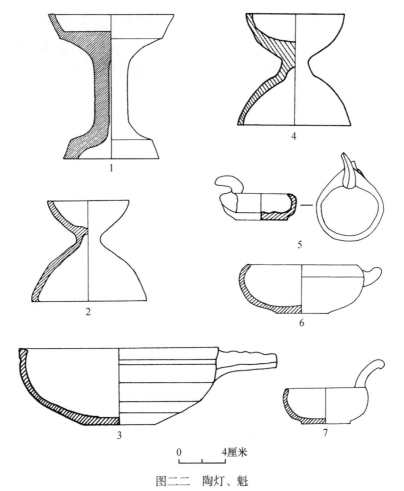

图二二 陶灯、魁

1. A型灯（M7∶87） 2. Ba型灯（M8∶33） 3. C型魁（M7∶52） 4. Bb型灯（M3∶16） 5. Aa型魁（M7∶77）

6. B型魁（M7∶59） 7. Ab型魁（M7∶55）

A型 10件。钵形，口沿上的曲形錾呈鸟首状，依錾的高矮不同又可分二亚型。

Aa型 7件。錾下端呈流状，是将钵口沿捏塑而成，曲形錾低矮。M7∶77，纵口径4.5、横口径6、底径4.4、高2.2厘米（图二二，5）。

Ab型 3件。錾下端手捏痕迹不如Aa型明显，曲形錾高而直。M7∶55，口径6.8、底径4.2、高5.2厘米（图二二，7）。

B型 4件。钵形，腹壁上侧贴塑一鸟首錾，錾小而短，钵未变形。M7∶59，口径9.7、底径4.5、高4厘米（图二二，6）。

C型 1件。钵形，直口，上腹壁直，下腹壁内收成小平底，上腹壁一侧横出一龙形錾。M7∶52，口径17.2、底径6.2、高6.4厘米（图二二，3）。

勺 共3件。M7∶56，长柄。内壁施褐釉。纵口径6.6、横口径5.8、通高11.6厘米（图二一，6）。

鼎 共4件。均为红陶，为钵形，子母口，沿下附耳，有的耳略外撇，圜底，三蹄形足略外撇。外壁饰凹弦纹。M3∶50，口径18.6、器高12.9、足高7.4、盖径20.2厘米（图二〇，4）。

盘　共4件。M7∶88，宽平沿，浅腹，小平底。口径9.4、底径4、高2厘米（图二一，5）。

盆　1件。M7∶84，平折沿，短束颈，鼓肩，斜腹，小平底。肩饰三道弦纹，内壁施褐釉，外壁肩部施一道褐釉。口径26.6、底径10、高10.5厘米（图二一，3）。

盒　1件。M7∶38，仅见盒身不见盖，盒身为子母口，斜壁，矮圈足。饰弦纹。口径18.6、底径10、高8厘米（图二一，4）。

楼　1件。M7∶37，分上下两部分，上层为住房，有栏杆，下层似为猪圈。宽37、厚10.6、高29.4厘米（图二四，1、2）。

猪　1件。M7∶83，模型明器。嘴、耳、尾稍残。长16.3、高8.2、粗5.2厘米（图二四，3）。

2. 铁器

共计11件。

釜　共9件。

A型　5件。大敞口，外侈宽折沿，圆鼓腹，圜底，口径大于腹径。M7∶4，肩部饰一对环。口径26.8、腹径26.8、高20厘米（图二五，2）。

B型　4件。敛口，扁鼓腹，下腹急收成小平底。M7∶7，口径27.4、腹径39.6、底径10、高28.8厘米（图二五，1）。

支架　1件。M7∶23，上部为环形圈，下部三足。直径30.6、高19、足高14.6厘米（图二六，1）。

带钩　1件。M6∶7，呈"S"形。长14、宽2.7、厚2.5厘米（图二六，4）。

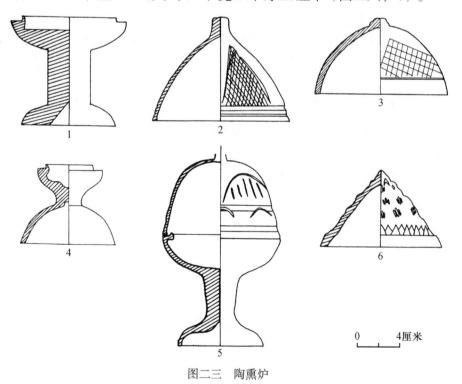

0　　4厘米

图二三　陶熏炉

1. Ba型（M7∶74）　2. A型熏炉盖（M7∶101）　3. B型熏炉盖（M7∶47）　4. A型（M7∶31）　5. Bb型（M4∶1）
6. C型熏炉盖（M7∶100）

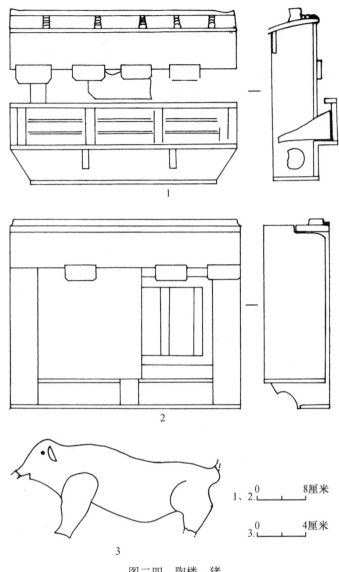

图二四　陶楼、猪

1、2.楼（M7：37-1、M7：37-2）　3.猪（M7：83）

3. 铜器

共计11件。

釜　共5件。依形制不同，可分二型。

A型　3件。大敞口，外侈宽折沿，斜弧腹体下垂，圜底，上腹部有对称两环耳和两道凸弦纹。M7：3，口径18、腹径21、高18厘米（图二五，3）。

B型　2件。大敞口，有束颈，弧折成肩，肩上双环耳，腹壁略直，上饰二道或三道凸弦纹，平底或圜底。M7：5，口径27、腹径28.4、高21厘米（图二五，4）。

盆　2件。M7：28，侈口，斜直壁，深腹，底部内凹。口径25.6、底径13.6、高9.8厘米（图二六，3）。

魁　1件。M7：17，簋形，腹部一侧有一兽形长鋬圈足。口径21.6、底径15.6、高14.4、柄长12厘米（图二六，2）。

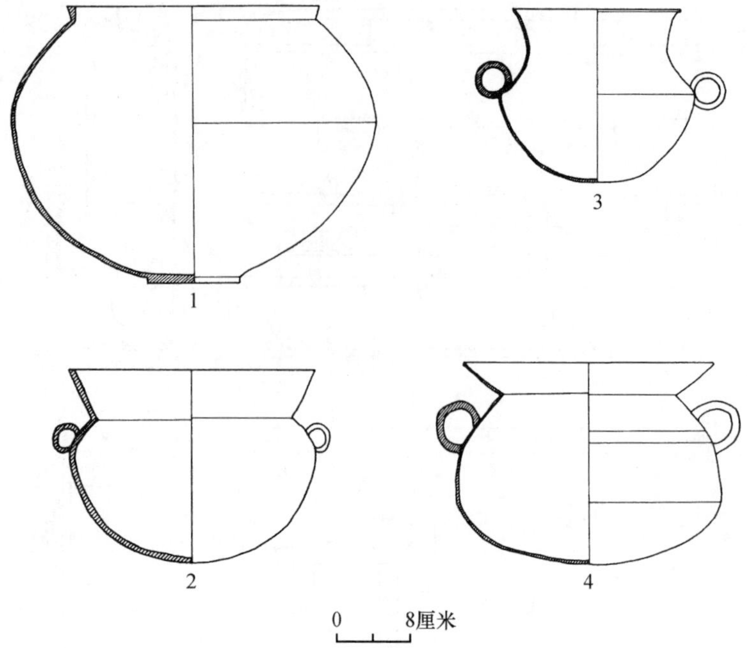
1
2
3
4
0 8厘米

图二五　铁釜、铜釜

1. B型铁釜（M7∶7）　2. A型铁釜（M7∶4）　3. A型铜釜（M7∶3）　4. B型铜釜（M7∶5）

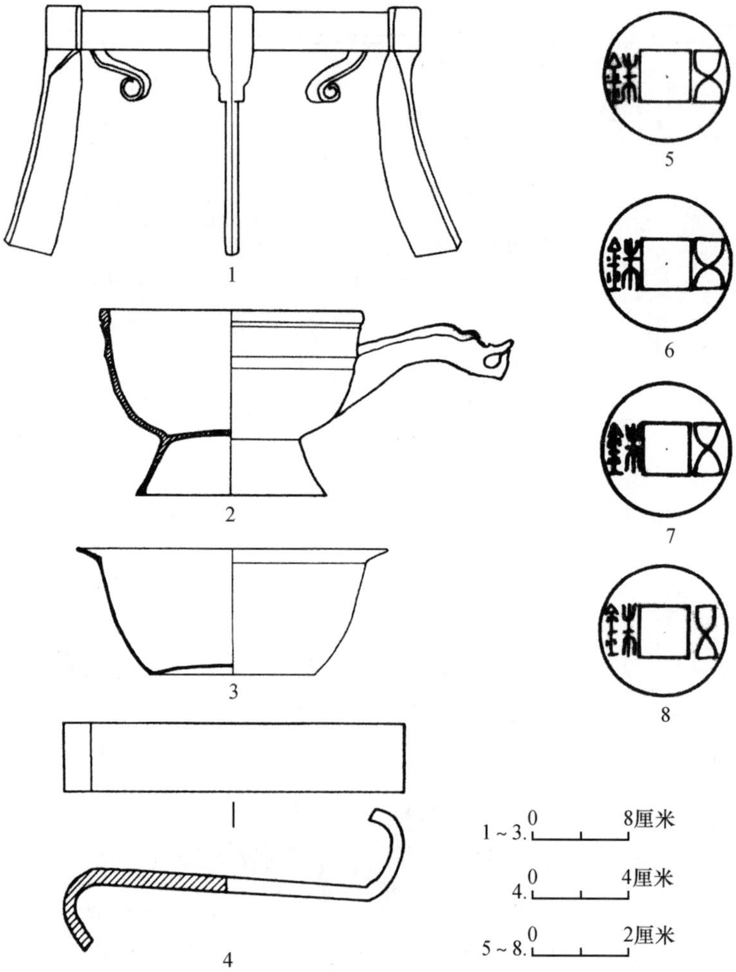
1
2
3
4
5
6
7
8
1～3. 0 8厘米
4. 0 4厘米
5～8. 0 2厘米

图二六　铜器、铁器及铜钱

1. 铁支架（M7∶23）　2. 铜魁（M7∶17）　3. 铜盆（M7∶28）　4. 铁带钩（M6∶7）　5～8. 铜钱（M3∶2、M4∶21、M5∶10、M8∶16）

带钩　1件。M3：1，短小，呈"S"形，做鸟体状。长4.2、头径1.8、高1.7厘米。

栉首　1件。M7：2，弯月形。长7.4、宽1.1厘米。

环　1件。M8：25，环形。内径1.6、外径2厘米。

铜钱　标本见图二六，5～8。

4. 其他类

石黛板　1件。M6：6，呈长方形。长10.6、宽8、厚1.6厘米。

耳珰　在M7、M8中均有发现，琉璃制，蓝色，有的腐蚀较甚。

四、六朝时期墓葬

共3座，编号M1、M10、M2，均为刀形。根据墓葬方向不同亦可分为三类。

（一）墓葬方向朝北

M10　位于发掘B区的T1301、T1302内，墓向0°，为正北方向。砖室墓。墓葬是先挖成土坑，再依着土坑壁砌砖而成，总长840、宽280厘米（图二七）。由甬道、前墓室、后墓室组成。甬道口发现三块封门砖，但不规整。墓葬上部破坏严重，下部残存砖壁最高约100厘米，有9层砖，最低仅3层。从后室保存较高的墓壁来看，底部6～7层条砖为平铺，之上用子母口券砖竖券。铺地砖完好。砖纹只有一种，为莲花几何纹（图一〇，6）。

此墓保存有部分人体骨骼，位于后室西侧，判断为2个个体。其中一个个体保存头骨、盆骨及肢骨，另一个个体在其旁侧仅存下肢骨骼。不见棺木痕迹，但在头骨和下肢骨下有一层垫砖。

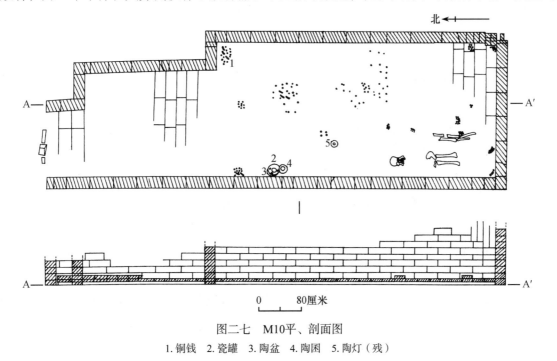

图二七　M10平、剖面图
1. 铜钱　2. 瓷罐　3. 陶盆　4. 陶囷　5. 陶灯（残）

后室保存高度较甬道和前室高，出土器物均在后室。共4件，其中瓷器1件，陶器3件，另有大量五铢钱，多为剪轮五铢，铜钱成堆出土，似是多次倾洒所致。

（二）墓葬方向朝南

M1　位于发掘A区的T0805、T0806内，墓向181°。砖室墓。由甬道和墓室组成，总长564、甬道宽200厘米，墓室宽度不明（图二八）。墓葬破坏严重，在甬道处最多残留5层砖高度，错缝叠压；墓室破坏殆尽，部分墓壁砖也不存，估计是后人取砖用作他途所致。没有发现铺地砖。砖有子母口券砖和条砖两种，条砖长约40、厚10、宽20厘米，两种砖砖纹均为菱形几何花纹（图一〇，7）。墓中没有发现任何遗物，只是在甬道内发现零乱的人体骨骼，有头骨和一些肢骨。

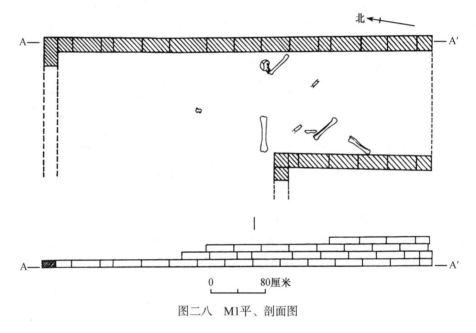

图二八　M1平、剖面图

（三）墓葬方向朝东北

M2　位于发掘A区的T0606、T0706内，墓向75°。砖室墓。先挖成土坑，再依着土坑壁砌砖而成，由甬道和墓室组成，总长540、宽216厘米（图二九）。墓葬上部破坏一部分，下部保存尚好，墓壁保存高度为80～132厘米。甬道口东侧有竖立的石条，应是封门之用；甬道壁保存较好，底层为8层条砖垒砌，其上起券，以子母口楔形砖横砌。墓室较长，长达380厘米，在墓室底部中央有一层砖将之分割；砖壁下部以平砖垒砌，其上横券，方法与甬道相同。墓室东西两壁残留10行砖，错缝叠压，1～5行（南北壁）墓砖素面和菱形花纹相错。铺地砖保存较好，上抹一层石灰面。

墓内随葬器物十分零乱，瓷器大多破碎，但许多可以复原。一些迹象表明，该墓曾被盗扰，在墓口处有一个近现代的大坑，估计入侵者是从这里进入的。出土器物主要为瓷器，可复原者16件，另有1件陶器及五铢钱、银指环等。人体骨骼保存较少，也失去了原有的位置，只能判定至少有1个个体。

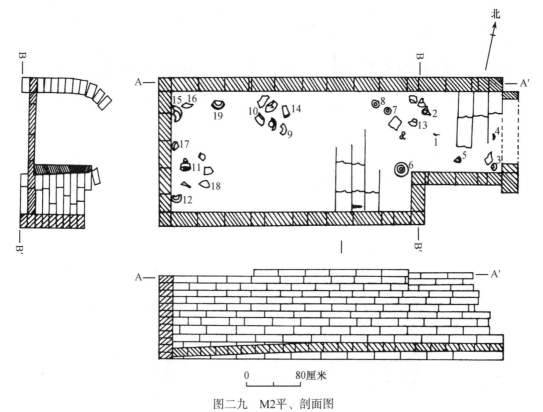

图二九　M2平、剖面图

1.五铢钱　2.银指环、铅珠　3～10、12～14、17～19.瓷碗　11.瓷罐　15.陶甑　16.瓷唾壶

（四）出土器物

1. 瓷器

共计17件。

大碗　5件。口径在15厘米左右。依口沿的变化分二型。

A型　4件。口沿稍敞，腹壁斜直，口沿下腹壁外侧有一道或两道较深凹弦纹，大平底。M2：14，口沿有支钉痕，内外壁施釉，外壁为半釉。口径15、底径9.4、高7.4厘米（图三〇，1）。

B型　1件。平折沿，口稍直，腹壁稍鼓，外壁有一道较浅的凹弦纹。M2：6，口径20.8、底径6.2、高6.4厘米（图三〇，2）。

小碗　9件。口径8厘米左右。依口、腹部的变化分为三型。

A型　2件。口沿内敛，小平底，应是盏类器物。M2：18，尖圆唇，上腹略鼓出。内外壁施釉，外壁为半釉。口径6.6、底径3、高2.1厘米（图三〇，4）。

B型　6件。口稍敞，腹下壁内收较急，外壁口沿下有一道较深且宽的凹弦纹。M2：8，内外壁均施青釉，饼形底。口径9.6、底径5.6、高3.6厘米（图三〇，5）。M2：3，腹壁圆弧。外壁口沿下有一道凹弦纹较浅。口径8、底径5、高3厘米（图三〇，6）。

C型　1件。口直，上腹壁直，下腹壁内折，小平底。M2：19，口径8.6、底径4.8、高3厘米（图三〇，7）。

罐　2件。M2：11，为泡菜罐。双口沿，四个对称桥形纽，口沿外壁多道凹弦纹，腹壁

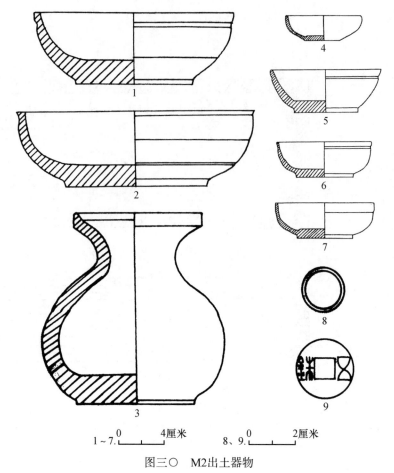

图三〇　M2出土器物

1. A型大瓷碗（M2：14）　2. B型大瓷碗（M2：6）　3. 瓷唾壶（M2：16）　4. A型小瓷碗（M2：18）　5、6. B型小瓷碗
（M2：8、M2：3）　7. C型小瓷碗（M2：19）　8. 银指环（M2：2）　9. 五铢（M2：1）

拍印方格纹，大平底。口径16.4、腹径29、底径16.8、高32厘米（图三一，1）。 M10：2，直口，有矮直领，上腹圆鼓，下腹斜直，平底，有四个对称的贯耳，整体瘦长。口径10、底径10.4、最大腹20、高20.8厘米（图三一，4）。

　　唾壶　1件。M2：16，盘口，腹圆鼓下垂。青釉。口径11.4、底10.4、高16厘米（图三〇，3）。

2. 陶器

　　共4件。

　　甑　1件。M2：15，灰陶。方折沿，厚唇，腹壁斜直，平底，5个箅孔大而规整。口径25.4、底径13.8、高16.6厘米（图三一，2）。

　　盆　1件。M10：3，灰陶。方沿，厚唇，外腹壁较直，平底。口径13、底径7.3、高8.7厘米（图三一，3）。

　　困　1件。M10：4，灰陶。卷沿，有短肩，弧腹内收，平底，整个形体较矮。口径12.8、底径7.2、最大腹径15、高8.4厘米（图三一，5）。

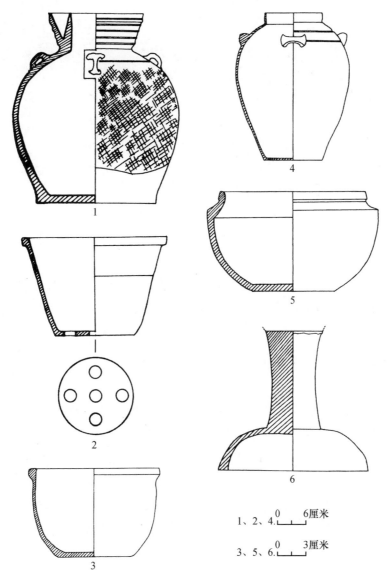

图三一　M2、M10出土器物

1、4.瓷罐（M2：11、M10：2）　2.陶甑（M2：15）　3.陶盆（M10：3）　5.陶困（M10：4）　6.陶灯（M10：5）

灯　1件。M10：5，灰陶。灯盘残失。直柄，豆形底座。口径13.2、残高11.8厘米（图三一，6）。

3. 其他

有银指环、铅珠、料珠，统一编号为M2：2。银指环直径1.8厘米；铅珠直径0.6、高0.5厘米；料珠直径0.4、高3.5厘米（图三〇，8）。M2：1，五铢钱。外径2.5、孔径0.9、厚0.15厘米（图三〇，9）。

五、结　语

（一）墓葬年代

除本次发掘的M11以外，整个晒网坝遗址前后多次发掘中共发现砖、石室墓葬60余座，大体可分作陶器墓和瓷器墓两大类。从出土的器物来看，陶器墓中均不见瓷器出土，瓷器墓中有的有少量陶器出土，一般瓷器墓中出土的陶器和陶器墓中出土的陶器区别较大。2002CWTM10已被确定为蜀汉墓葬，该墓均为陶器，可作为断代的标尺，也是过渡性的墓葬[①]。从墓葬形制及合葬情况来看，瓷器墓墓室相对要狭长，其中一些墓葬方向为东北斜向，而陶器墓的墓向是没有东北斜向的；陶器墓常见合葬4人以上的尸骨，而瓷器墓则很少见。在以往的报告整理中，我们将陶器墓一般定在东汉晚期，有的也可到蜀汉时期，而将瓷器墓定为六朝时期[②]。本次发掘的陶器墓和瓷器墓与前几次发掘的墓葬在形制和器物特征上均具有极大的一致性，因此下面主要将本次发掘墓葬和前几次墓葬进行对比。

1. 陶器墓

本次出土的大多数陶器类型在前几次发掘中均有发现，钵、罐、壶、釜、甑、杯、魁、熏炉等仍是陶器墓中常见的器物组合。如A、B型红陶钵和A型灰陶钵均见于2001CWTM12[③]；B型陶囷和2001CWTM9：12、2001CWTM12：15、2001CWTM12：34陶囷类似；A型高子母口熏炉及Cb型红陶小罐在2001CWTM10 蜀汉墓中均有发现；A型陶扁腹绳纹罐在2001CWTM12、2001CWTM13中均有出土；B型陶扁腹罐在2001CWTM10、2001CWTM13也均有出土。同时也出土了几类前几次发掘中不见的新的类型，如陶鼎、陶勺、全足灰陶钵等。

大量的陶器具有东汉末期特征，有的还与蜀汉时期的陶器较一致，因此大体将这些陶器墓的年代定为东汉晚期，有的墓葬年代可能晚至蜀汉时期。

2. 瓷器墓

M10：4陶囷、M10：3陶盆和2002CWWTM3：1陶囷、2002CWTM5：16陶盆几乎一致，因此 2004CWWM10在2002CWT的报告中可归属于第一期墓葬，其年代可判定为蜀、晋时期[④]。M1虽然没有器物出土，但其墓砖与M2几乎一致，方向几乎为正方向，此点与M10相似，且墓室相对较为狭长。M1的年代应和M10相当。

M2中A型大碗和B、C型小碗在2002CWTM6中均有所见，如同盏类的A型小碗则在

①　山东省博物馆：《重庆晒网坝一座蜀汉墓的发掘简报》，《江汉考古》2007年第4期。

②　李大营、肖贵田：《重庆地区东汉六朝时期合葬墓中的有关问题》，《重庆·2001三峡文物保护学术研讨会论文集》，科学出版社，2003年。

③　山东省博物馆：《重庆万州糖坊墓群第二次发掘报告》，未发表。

④　山东省博物馆：《重庆万州糖坊墓群第三次发掘报告》，未发表；《重庆晒网坝一座晋代墓葬的发掘》，《江汉考古》2004年第1期。

2002CWWM7中比较多见，本次发掘出土的1件瓷唾壶在2002CWTM7中也有发现，推测M2的相对年代应该介于2002CWTM6和2002CWWM7之间，可定为东晋墓葬，在2002CWT的报告中属于第二期墓葬。

3. M11

该墓短而窄，墓圹不太明晰，没有葬具痕迹，除1件片状骨骼外，不见其他骨骼。片状骨骼应为肩胛骨的部分。器物组合十分明显，为鼎、盒、壶、豆。器物特征具有战国晚期至西汉早期的特征，如鼎盖和壶盖上的"S"形纽在长沙战国晚期楚墓中的敦、壶盖上常见[①]，长沙马王堆1号西汉早期墓中鼎、壶盖上亦见。总体看，M11中矮蹄形足的鼎，盖、身对称式的盒，与宜昌前坪西汉墓中第一组陶器组合中的鼎、盒一致[②]，也与长沙马王堆1号墓中的漆、陶鼎、盒一致，因此，大体判定M11的年代为西汉前期。

（二）相关习俗

并穴合葬在陶器墓中仍然常见，如M4和M5、M6和M7、M8和M9。多人合葬墓流行，多者一墓中埋葬尸骨七八具之多，如M8中清理出8具人体骨骼，M6中有7具人体骨骼。少有葬具的痕迹，很多人体骨骼离墓壁不足10厘米，不似有木质葬具的现象。在多人合葬墓中常见随葬器物分组放置的现象，一般随葬品放在人体骨骼的近旁，如M8人体骨骼分三组放置，随葬品也是分三组放置。M4的墓室分为东、西两部分，东室主要放置人体骨骼和随葬品，但东室完全与甬道隔绝，其现象值得讨论；另外M4的3具人体骨骼似为二次迁葬而来，在晒网坝遗址中这种现象的发现还是第一次。墓葬方向仍然有三种，正对长江、背对长江及东北斜向，东北斜向的墓葬年代要晚到南朝以后。

发掘：杨　波　于秋伟　肖贵田
　　　禚柏红　惠夕平　苏兆秀等
整理：于秋伟　肖贵田　禚柏红
　　　朱　华　于　品等
绘图：禚柏红　于秋伟　肖贵田
摄影：于秋伟
执笔：杨　波　肖贵田　于秋伟
　　　禚柏红

---

① 湖南省博物馆等：《长沙楚墓》，文物出版社，2000年。

② 湖北省博物馆等：《宜昌前坪战国两汉墓》，《三峡考古之发现》，湖北科学技术出版社，1998年。

附表一　东汉晚期墓葬出土器物统计汇总表

器物	型别	M3	M4	M5	M6	M7	M8
红陶钵	Aa	25、44	9			12、43、46、49、66、82、96	10、12、13
	Ab					13	
	B	19、42、43、48、54	11、13			62、63、68、105、106	20、26、28、30、32
灰陶钵	A	11、41、46				99	
	B					94	
红陶小罐	A	4、17、20、36	16	3		11、57、65、67、70	11
	B	15、21	6	6		91、95	6
	Ca	32、40				27、75、93	24、29
	Cb	34、47	18			45、58	
	D					14、97	
直领陶罐		3、7				15、40	
陶扁腹罐	A	8、18、29、30		1	3	20、22、33	17、23
	B	13、22、28	2、5、15、20	4、8、12		41	
陶囷	A	12、37		11		107	1、5、8、22、34
	B					26、30	
陶壶	A					8、19、35	
	B	6				18、34	2、15
	C	5、56		7、13		16、44	
陶釜	A				4	21	21
	B	14				78、81	27、36
陶甑	A	9、35				9、86、104	3、14、18
	B	27、52、53	14			29、79、85、98	
陶熏炉	A					31、32、50、54、64	31、35
	Ba					74	
	Bb	51	1			48	
陶熏炉盖	A	31				101、103	
	B					47	
	C					100	
陶灯	A		*			87	
	Ba	49		9		61	19、33
	Bb	16、33					
陶杯	A	23	19			53、60、80	
	B	26		5		76、89	37

续表

器物	型别	M3	M4	M5	M6	M7	M8
陶魁	Aa	45	8			72、77、92、102	9
	Ab				2	55、73	
	B		10			59、90	7
	C					52	

器物		M3	M4	M5	M6	M7	M8
陶勺						36、56、71	
陶鼎		50、55	7			39	
陶盘						42、51、69、88	
陶盒						38	
陶盆						84	
陶楼						37	
陶猪						83	
其他		24陶壶盖	17陶豆、12陶鼎盖（?）		5陶罐、6石黛板		
铜器	釜 A	10				3、10	
	釜 B			2		5	
	其他	1带钩、2铜钱、39盆	21铜钱	10铜钱	1铜钱	1铜钱、2栉首、28盆、17魁	16铜钱、25环
铁器	釜 A		3、4			4、24	4
	釜 B	38				6、7、25	
	其他				7带钩	23支架	
总计（件、套）		56	21	13	7	107	37

附表二　六朝时期墓葬出土器物统计汇总表

器物	型别	M2	M10
大瓷碗	A	5、10、12、13、14	
	B	6	
小瓷碗	A	4、18	
	B	3、7、8、9、17	
	C	19	
瓷罐		11	2
瓷唾壶		16	
陶器		15甑	3盆、4囷、5灯
其他		1五铢，2银指环、铅珠	1五铢
总计（件、套）		17	5

附表三　西汉时期墓葬M11出土陶器统计汇总表

器物名称	器物号
盒	1、7
豆	2、3
勺	4
斗	6
鼎	5
壶	8

万州下中村遗址2004年度发掘报告

重庆市文物考古研究院
万 州 区 博 物 馆

下中村遗址位于重庆市万州区武陵镇下中村十一、十二组，东邻长江，西靠尖山，北隔小浪口与大丘坪墓群相望，南依原武陵旧场镇。遗址地势西高东低，东部为近江台地，地势平坦，地表种植蔬菜，并间布零星民房，海拔135~150.1米；西部为坡地与低矮的山梁及山梁间的沟谷地带，地表为梯级水稻田，海拔150.1~175米。遗址总面积约6万平方米，其中心地理坐标为东经108°15′42″、北纬30°30′25″。

该遗址是1985年文物普查时发现的（图一）。为配合三峡工程建设，1994年厦门大学考古队对遗址进行了复查和试掘。2001年10月至2003年5月，重庆市文物考古所与万州区博物馆联合组队，在对遗址进行全面钻探的基础上，先后进行了三次大规模的发掘，完成了海拔135~150.1米三峡水库二期蓄水区域的发掘任务，共计完成发掘面积6000余平方米，发现了从新石

图一　下中村遗址位置示意图

器到明清各个时期的文化遗存和遗物，并确定了唐宋时期的文化堆积是本遗址的主体文化。
2004年9月至2005年1月，考古队对遗址进行了第四次发掘，田野工作历时近四个月，完成规划
发掘面积7000平方米。本年度发掘的遗址主要集中在海拔150.1～160米，即临江台地与山梁相
交的坡地上。为弄清该区域内遗址的堆积情况，分别在遗址南部的Ⅴ区、北部的Ⅷ区、中部的
Ⅶ区进行布方发掘，其中Ⅴ区布10米×10米探方15个，Ⅷ区布10米×10米探方14个，Ⅶ区布10
米×10米探方20个、5米×10米探方42个、5米×5米探方1个，清理一批宋代的房址、灰沟，发
掘墓葬15座，并出土了大量同时期的文化遗物（图二）。由于本次发掘的墓葬数量较多，加上
未发现与墓葬同一时期的文化层位，故下面分遗址和墓葬两部分对本次发掘所获进行报告。

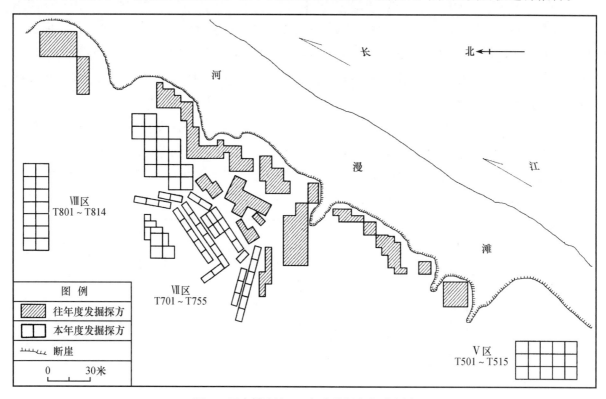

图二　下中村遗址2004年度发掘布方示意图

一、遗址部分

（一）地层堆积

由于三个发掘区距离较远，因此各区地层堆积的性质和土质、土色都不尽相同，加之地处
坡地，久经自然和人为破坏，使得各区之间以及同一区内各发掘点之间地层堆积的厚薄及层次
多少不一，区别较大，即便是相邻探方，地层的堆积层次也不一定相同，故本遗址的地层只在
相邻发掘单位间统一划分。探方、遗迹均由工地统一编号，并紧接往年的编号。现以T501、
T801、T727北壁剖面为例，介绍各区的地层堆积情况。

T501北壁剖面（图三）。

第1层：现代耕土层。厚15～30厘米。土色黑褐色，土质疏松，包含物有植物根茎和现代

瓦片、瓷片等。

第2层：近现代堆积层。层面距地表深15～30、厚20～35厘米。土色灰褐色，土质较疏松，包含物为近现代瓦块、瓷片等。

第2层以下为浅黄色生土。

T801北壁剖面（图四）。

第1层：现代耕土层。厚7～20厘米。土色黑褐色，土质疏松，土质中含植物腐殖物及少量现代砖、瓦残片。

第2层：近现代堆积层。层面距地表深7～20、厚8～30厘米。土色红褐色，土质较疏松，内含一些近现代陶瓷片。

第3层：明清文化层。层面距地表深20～34、厚15～30厘米。土色黄褐色，土质较疏松，本层堆积仅分布于探方北部。包含物有青花瓷碗、盘等的残片。

第3层以下为浅黄色生土。

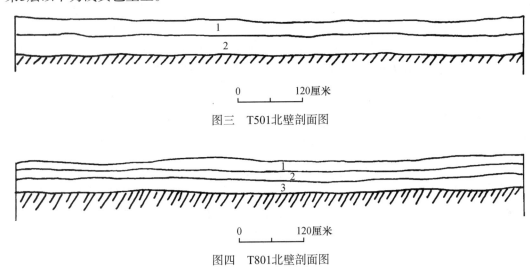

0   120厘米

图三　T501北壁剖面图

图四　T801北壁剖面图

T727北壁剖面（图五）。

第1层：现代耕土层。厚8～28厘米。土色黑褐色，土质疏松。包含物有植物根茎、现代瓦块、瓷片等。

第2层：近现代堆积层。层面距地表深8～28、厚8～25厘米。土色黑褐色，土质较疏松，包含物有近现代瓦块、瓷片、釉陶片等。

第3层：明清堆积层。层面距地表深25～40、厚10～35厘米。土色灰褐色，包含物有明清青花瓷片、宋代瓷片等，探方西部距地表深35～70、厚1～35厘米。

第4层：宋代堆积层。层面距地表深48～85、厚0～50厘米。土色黄褐色，土质较紧密，包含物有青灰色和红褐色瓦块，釉陶片及青、白、影青和柿色釉瓷片等，可辨器形有罐、盆、碗、盏、碟、单柄带流三足釜等，G7、F29均在本层下开口。

第5层：宋代堆积层。层面距地表深64～122、厚14～36厘米，土色灰黄褐色，土质疏松，包含物有内布纹、外素面的陶瓦残片，青瓷、白瓷残片，米黄釉陶片等，可辨器形有罐、盆、碗等。

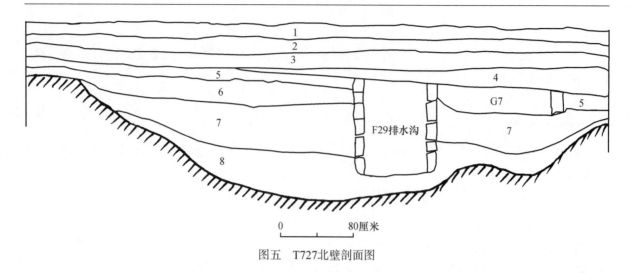

图五　T727北壁剖面图

第6层：宋代堆积层。层面距地表深60～90、厚0～30厘米。土色青褐色，土质紧密，包含物有砖头、瓦块、瓷片，可辨器形有壶、碗、罐、器盖、单柄带流三足釜等。

第7层：宋代堆积层。层面距地表深75～125、厚0～90厘米。土色深黄色，土质紧密，包含物有砖头、石块、草木灰星、釉陶片、灰陶片、瓷片、铜条等。可辨器形有壶、罐、碗、灯、碟、盘等。

第8层：宋代堆积层。层面距地表深115～175、厚0～60厘米。土色青灰色，土质紧密，包含物有灰屑、瓦块、瓷片、陶片等，可辨器形有盘、碟、碗、铃、罐、盖等。

第8层以下为浅黄色生土。

从三个发掘区的地层堆积情况可以看出，该区域内有明清和宋两个时期的文化堆积，其中又以宋代文化堆积为主，一般堆积层厚0.2～1.2米，个别地方可达1.7米；而明清时期堆积层较薄，遗迹、遗物均较少，故本报告明清部分暂不做介绍。

（二）遗迹

属于宋代的遗迹有房址2座、灰沟2条。

1. 房址

本次清理房址两座，编号F25、F29。F29保存较差，仅存部分石基及一段排水沟，结构不详。现以保存较好的F25为例介绍如下。

F25　位于Ⅶ区中部，开口于第5层下，打破生土。房址面积较大，分布于T709～T711、T713～T717八个探方，为地面式建筑，坐西向东，面江背山，平面形状呈长方形，基础部分为石构房基，根据地形高低错落布局，局部挖基槽，其余大部分直接建在生土面上，现存主体房屋、回廊、进出踏步、水池、石槽、屋外排水沟、石槽护坎等，后期修缮后又增加了望楼、偏房、厕所、一道踏步，并将主体房屋西北部的一间房屋改建成灶房。现分别叙述如下（图六）。

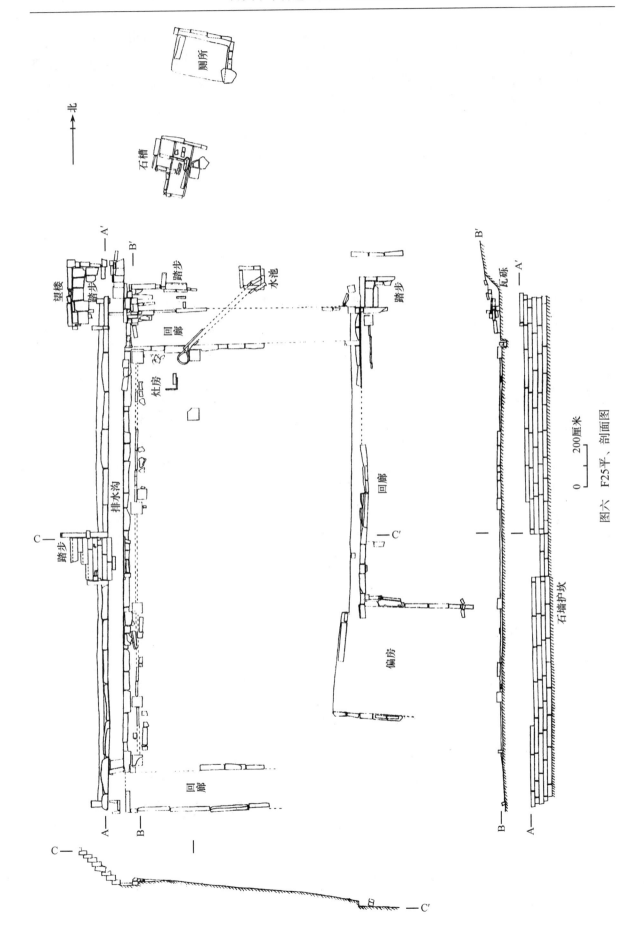

图六　F25平、剖面图

主体房屋　从现存七块柱础石的排列情况观察（其中4号柱石与5号柱石间原应有一柱石，6、7号柱石为后期改建时增设），主体为五间房屋，房屋前部破坏严重，进深情况不详，根据柱石间距推算五间房屋的面阔分别为2.7、4.3、4.55、4.3、2.7米。中间房屋面阔最宽，且与后门踏步正对，由此推测这间房屋可能是一屋内通道。柱石平面呈长方形，外露部分加工精细，平整而光滑，埋于地下部分加工较粗糙，柱石之间以条形石基相连，石基长0.35～0.95、宽0.15～0.18、厚0.1米，从外露石基厚度判断，房屋后墙为木板墙体。

回廊　位于主体房屋左右两侧及前部，用石条砌筑廊沿。右侧回廊宽1.75、残长6.77米，现存石条一层；左侧回廊宽1.65、长11.2米，现存石条二层；前部回廊由于破坏十分严重，宽度不详，长度约为19.55米，现存石条一至三层。

踏步　现清理出踏步4道，可分为前门、后门、侧门、房内踏步，前三个踏步均为垂带式，分别介绍如下。

前门踏步　位于主体房屋东北角，可通前回廊和左侧回廊，仅存踏步下铺地石，铺地石残长1.62、宽1.2米，铺地石两侧用石条固定。

侧门踏步　位于左侧回廊北部，逐级而下可入左回廊，现存西侧垂带石及下级石，下级石长1、宽0.25、厚0.17米，垂带石残高0.82米。

后门踏步　位于主体房屋后面、石墙护坎中部。现存八级踏步及两侧垂带石，踏步长1.93、宽0.22～0.24米，相邻两级踏步之间的高差为0.17～0.22米，踏步上原设置木门，在第三级踏步石上有方形门柱洞两个，间距1.75米，柱洞宽0.07～0.14、深0.06米，第四级踏步石上有圆形门轴洞两个，间距1.02、洞径0.03米，正对踏步的房屋后檐石上凿了一道凹槽，推测是当初将石板或木板铺于排水沟上，用以连接房内通道与后门踏步（通向地势更高的一层台面上，此处应为后院部分，但因地势较高，遭到更为严重破坏，现尚未发现建筑遗迹）。

房内踏步　位于主体房屋西北角左侧回廊上，为再次修缮后增设，连通望楼与左回廊，制作极不规整，破坏严重。现存踏步五级，残长1.2、宽0.25～0.31、高0.2～0.27米。

石墙护坎　位于主体房屋后部，与主体房屋用排水沟相隔，现存长23.65、高1.05米，南北向排列，紧靠斜坡坡体砌筑而成，所用石条尺寸大致相同，加工打凿精细、砌筑规整，石条5层除最上面一层未设"金边"外，以下4层全设为"金边"，根据护坡的需要，石墙局部进行了增高。

水池　位于左侧回廊外，平面呈长方形，长0.88、宽0.75、残存深0.24～0.47米，池壁用石条错缝砌筑而成，以黄褐色夹细小料姜石的生土为底，底部平整，且含少量水锈，第二次修缮时水池已废弃不用。

石槽　位于主体建筑北部，经过后期修缮。修缮前，平面呈东西向长方形，长2.32、宽0.76、高0.35米，四壁用小石条砌筑；修缮后，用石条砌筑一个平面呈南北向长方形石槽压于原东西向石槽之上，使整个石槽面积增大并分隔成一些小格。石槽以浅黄色带料姜石的生土为底，凹凸不平，且东北高西南低，略呈斜坡状。该石槽破坏严重，东西长1.23～2.32、南北残长0.76～2.18、残深0.15～0.65米。

排水沟　位于主体房屋后边与石槽护坎之间，残长23、宽0.75～0.78米，以房屋后檐石和石墙护坎为边，以黄褐色带细小料姜石的生土为底，底部距后檐石0.23米。

望楼　为后期修缮后增设。位于主体房屋西北部，石墙护坎上部，平面呈南北向长方形，面阔3.2米，由石墙护坎向内进深1.9米，用大小不一的石条砌筑墙基，残存石基一层，高0.13米，屋内地面前低后高（即东低西高），微呈斜坡状，用薄石板铺地，靠近石墙部分石板被破坏，暴露出石板下为瓦砾堆积。望楼地面与主体房屋柱石顶部之间高差约1.5米，在望楼前面排水沟东北侧有南北向一排石板，石板之间相互套掺叠压，由南向北呈斜坡状，以此推测望楼屋檐流水可先下滴到石板上再流入排水沟。

灶房　为第二次修缮时将主体房屋北部一间的西北角改建而成，6、7号柱石为改建时增设。灶房内现存注水槽、蓄水池等，注水槽位于东北角紧贴柱石，平面呈"瓢"状，用砂石打制精细，流口向外，将墙基凿个缺口，用小石条侧立砌筑成排水道，贯穿左回廊，并压于原回廊外弃后不用的水池上。排水道残长4.9、宽0.17～0.22、深0.12～0.15米。蓄水池位于灶房中部，破坏严重，现存两块侧立石板，呈"L"形状，宽0.5、残高0.11米。

偏房　为修缮后增设，位于主体建筑前部偏南处，并打破主体建筑前部回廊，破坏十分严重，现存部分平面呈长方形，残长6、进深5.2米，保存石基1～2层，加工规整。

厕所　为修缮后增设，位于主体建筑北部，现存长方形土坑及坑沿石基。土坑长2.5、宽1.72、深0.97～1.14米，直壁、规整，底部为黄褐色含料姜石生土，凹凸不平，坑口沿用小石条围砌石基，破坏严重，现存东、北两边坑沿石基各1层，石条大小规格不等，砌筑随便。

弃后堆积　F25的弃后堆积呈灰褐色，夹杂大量青灰色、红褐色板瓦、筒瓦残片，红烧土颗粒，碎小石块，并出土大量碗、盘、碟、盏、罐、盆、瓦当等的残片，以及铜条、铜钱等。

2. 灰沟

灰沟共计两条，编号为G6、G7。现以保存较好的G6为例进行说明。

G6　位于T723、T724两个探方的东部，并延伸进T724东隔梁中，平面略呈曲尺形，长12.5、宽0.15～0.35米，水沟两侧用规则的石条砌筑，局部用残汉砖加高，沟内用青灰色筒瓦相互套接形成槽内水管，沟顶平盖石板。根据沟的西北端被一东西向石条封堵，推测沟的流向是由西北流向东南，并进而折转向东流去。沟内填土呈黄褐色，土质较硬，含少量的炭屑、瓦块、瓷片等（图七）。

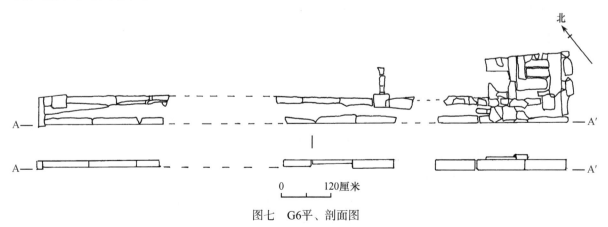

0　120厘米

图七　G6平、剖面图

（三）遗 物

地层及遗迹内出土遗物众多、种类丰富，按质地可分为瓷器、陶器、石器、铜器、钱币等类。

1. 瓷器

有精、粗之分，精细者胎质洁白细腻，釉色莹润光亮，以湖田窑的青白瓷为代表；粗者胎质较粗，以灰白色为主，多先施一层护胎釉，再施青、黑、青灰、酱、白、柿色等色釉，多内壁满釉、外半釉。以素面为主，纹饰有印花、刻花、釉下绘花等，器形有碗、盏、碟形灯、灯、盘、盆、碟、钵、研磨器、罐、壶、盖、盒、饼等。

敛口碗　15件。根据腹部的深浅可分为二型。

A型　2件，深弧腹。依足部变化分二式。

Ⅰ式：1件。饼足。G7：38，敛口，圆唇，深弧腹，足墙上窄下宽。紫红色胎，胎质非常坚硬，施青黄色釉，内壁满釉，外壁只施及上腹部。口径13、足径4、高5.8厘米（图八，1）。

Ⅱ式：1件。圈足。T724④：15，直口微敛，圆唇，深弧腹，圈足外墙根向内侧斜。灰白色胎，施黑褐色釉。口径13.6、足径5.4、高7.3厘米（图八，2）。

B型　13件。浅弧腹。均为圈足，釉色有黑、黑褐、青白、白色等。F25：24，口微敛，尖唇，斜弧壁，圈足，足跟上宽下窄，外底微下凸。白色胎，施青白色釉，内壁饰刻花。口径17.1、足径5.7、高5.1厘米（图八，3）。

敞口碗　34件。根据腹部的区别分为三型。

A型　9件。弧腹。均为圈足，釉色有青白、白、柿、绀黑、黑等。依腹部不同可分为深弧腹和斜弧腹二亚型。

Aa型　3件。深弧腹。T713④：23，芒口外敞，方唇，深弧腹，矮圈足，内足墙与底之间形成一道凹槽。胎质洁白细腻，施青白釉，内壁满釉，外壁施釉不及底，外底呈火石红色。外壁刻划双层莲瓣纹。口径14、足径6、高6.6厘米（图八，4）。

Ab型　6件。斜弧腹。T710④：4，敞口，尖唇，斜弧壁，矮圈足。灰白色胎，柿色釉，内满釉，外半釉，有垂釉痕。口径16.8、足径6、高6.5厘米（图八，5）。

B型　18件。斜直腹。根据圈足由矮向高的变化分为二式。

Ⅰ式：5件。F25：45，敞口，尖唇，斜直腹，内坦底，外矮圈足。黄褐色胎，施白釉，内满釉，外釉不到底。口径15、足径6.2、高3.5厘米（图八，6）。

Ⅱ式：13件。T713④：28，敞口，圆唇，斜直壁，圈足，内底涩圈。灰色胎，青褐色釉，内满釉，外半釉。内壁饰压印的缠枝菊花。口径15、足径6.2、高7厘米（图八，7）。

C型　7件。腹壁陡斜，即俗称的"斗笠碗"。根据足部区别分二式。

Ⅰ式：4件。小饼足。F25：69，六出葵花敞口，尖唇，斜直壁。白胎，施白釉，内满釉，外壁施釉不及底，内壁与花口相对有六条筋。口径13、足径3.5、高4.7厘米（图八，8）。

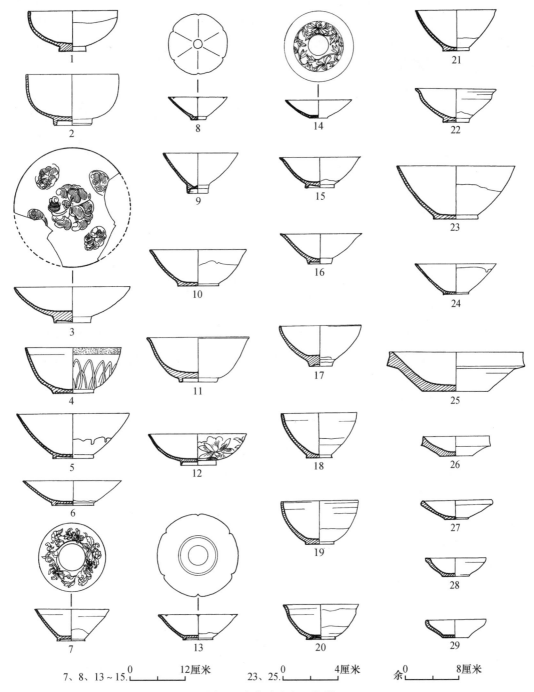

7、8、13~15. 0 12厘米   23、25. 0 4厘米   余 0 8厘米

图八　宋代遗迹出土瓷器

1. A型Ⅰ式敛口碗（G7：38）　2. A型Ⅱ式敛口碗（T724④：15）　3. B型敛口碗（F25：24）　4. Aa型敞口碗（T713④：23）
5. Ab型敞口碗（T710④：4）　6. B型Ⅰ式敞口碗（F25：45）　7. B型Ⅱ式敞口碗（T713④：28）　8. C型Ⅰ式敞口碗
（F25：69）　9. C型Ⅱ式敞口碗（T713④：4）　10. A型Ⅰ式侈口碗（T715④：7）　11. A型Ⅱ式侈口碗（T707④：11）
12. A型Ⅲ式侈口碗（H45：1）　13. B型Ⅰ式侈口碗（T742⑤：12）　14. B型Ⅱ式侈口碗（G7：53）　15. C型Ⅰ式侈口碗
（F29：5）　16. C型Ⅱ式侈口碗（T746②：1）　17. A型Ⅰ式盏（H46：1）　18. A型Ⅱ式盏（T731⑤：2）　19. A型Ⅲ式盏
（T755⑤：4）　20. B型Ⅰ式盏（T724④：6）　21. B型Ⅱ式盏（T710④：6）　22. B型Ⅲ式盏（T724④：4）　23. C型Ⅰ式盏
（G7：17）　24. C型Ⅱ式盏（T746③：3）　25. A型Ⅰ式碟形灯（F25：48）　26. A型Ⅱ式碟形灯（F25：49）　27. B型Ⅰ式碟形
灯（G7：51）　28. B型Ⅱ式碟形灯（G7：40）　29. C型碟形灯（T709③：9）

Ⅱ式：3件。小圈足较高。T713④：4，敞口，尖唇，腹壁斜直，内底有圆凸。白胎，施白釉。口径10.8、足径3、高5.8厘米（图八，9）。

侈口碗　30件。依腹部区别分为三型。

A型　5件。弧腹。根据足部变化分为三式。

Ⅰ式：1件。饼足。T715④：7，侈口，圆唇，弧腹，内底有支钉痕。灰褐色胎，施青釉，内壁满釉，外半釉。内底饰凹弦纹一道。口径14、足径6、高5.2厘米（图八，10）。

Ⅱ式：2件。圈足内斜。T707④：11，侈口，圆唇，深弧腹。黄白色胎，柿色釉，内满釉，外足底无釉。口径14.9、足径5.5、高6.4厘米（图八，11）。

Ⅲ式：2件。高圈足。H45：1，芒口外侈，尖唇，弧腹。白色胎，施青白色釉，釉面光亮且有裂纹。外壁饰刻划的莲瓣纹。口径14.6、足径5.2、高5厘米（图八，12）。

B型　7件。斜弧壁。分二式。

Ⅰ式：3件。六出花瓣口外侈。T742⑤：12，尖唇，斜弧壁，圈足。米黄色胎，施黑釉，内满釉，外下腹及底足无釉露胎。口径18、足径6.5、高5.5厘米（图八，13）。

Ⅱ式：4件。敞口。G7：53，尖唇，斜弧壁，圈足。灰色胎，施白釉，釉色泛黄，内满釉，外半釉。内饰缠枝菊花纹。口径15、足径4、高3.9厘米（图八，14）。

C型　18件。曲弧腹。分二式。

Ⅰ式：8件。外矮圈足，足墙外斜。F29：5，侈口，尖唇，曲弧壁，内坦底。米黄色胎，施白釉，内满釉，外半釉。口径18、足径6.2、高6.5厘米（图八，15）。

Ⅱ式：10件。高圈足，外墙内敛，内墙外斜，内墙与底之间形成一道凹槽。T746②：1，侈口，尖唇，曲弧壁。白色胎，施青白釉，釉面有长裂纹。口径12、足径3.4、高4.3厘米（图八，16）。

盏　18件。依口部特征分为三型。

A型　7件。敛口盏。依腹部变化分三式。

Ⅰ式：3件。上腹微鼓，下腹内收较急。H46：1，敛口，圆唇，小饼足上凹。灰白色胎，施黑釉。内外壁有窑变的玳瑁纹。口径12、足径3.2、高5.8厘米（图八，17）。

Ⅱ式：1件。斜弧腹内收。T731⑤：2，敛口，圆唇，内小尖底，外饼足。灰白色胎，施黑釉，内满釉，外半釉。口径11.2、足径3.6、高6.4厘米（图八，18）。

Ⅲ式：3件。弧腹。T755⑤：4，敛口，圆唇，饼足。灰白色胎，施黑釉，内满釉，外半釉。口径11.3、足径4、高6.2厘米（图八，19）。

B型　9件。侈口盏。依腹部变化分三式。

Ⅰ式：2件。斜弧腹。T724④：6，侈口，尖圆唇，矮圈足。紫红色胎，施黑釉，釉面有裂纹。口径11、足径4、高5厘米（图八，20）。

Ⅱ式：5件。斜直壁。T710④：6，侈口，外唇下微收，矮圈足。灰白色胎，口施白釉，器身施黑釉。口径12、足径4、高5.8厘米（图八，21）。

Ⅲ式：2件。斜直壁内收较急。T724④：4，侈口，圆唇。灰白色胎，施黑釉，内满釉，外半釉，釉面有裂纹。口径12.4、足径4、高5.8厘米（图八，22）。

C型　2件。敞口盏。依足部变化分二式。

Ⅰ式：1件。饼足。G7：17，敞口，尖唇，斜弧腹。灰褐色胎，施青灰色釉，内壁满釉，外半釉，釉面有裂纹。口径8.8、足径3.4、高3.8厘米（图八，23）。

Ⅱ式：1件。矮圈足。T746③：3，敞口，尖唇，斜弧壁。褐色胎，施黑色釉，内满釉，外壁只施及口外，且有垂釉痕。口径12、足径4、高4.5厘米（图八，24）。

碟形灯　16件。根据腹部特征分为三型。

A型　6件。斜直腹。分二式。

Ⅰ式：4件。侈口，外唇沿内束并下翘。F25：48，内外壁斜直，平底。黄褐色胎，施青黄色釉。口径10.2、底径3.6、高2.4厘米（图八，25）。

Ⅱ式：3件。敞口，圆唇，外唇沿下翘。F25：49，内弧壁，外壁斜直，平底。灰白色胎，胎质较粗，胎中含石子颗粒，内壁及唇沿施柿色釉。口径10.2、底径5、高2.8厘米（图八，26）。

B型　7件。斜弧腹。分二式。

Ⅰ式：2件。圆唇。G7：51，敞口，斜弧腹，饼足。内壁施青褐色釉，外壁素面。口径10.9、足径3.9、高2.7厘米（图八，27）。

Ⅱ式：5件。尖圆唇。G7：40，敞口，弧腹，饼足。内壁及外上壁施青黄色釉。口径9.2、足径4.2、高2.6厘米（图八，28）。

C型　3件。斜曲腹。T709③：9，敛口，厚圆唇，平底。内壁施青褐色釉，外壁素面。口径9.3、底径4、高2.6厘米（图八，29）。

带座灯　3件。均残，有的保存灯盘部分，有的保存灯座部分。G7：18，敛口，平折沿，尖唇，弧腹，内底下凹，座残，灯盘与座相接处捏塑成花瓣形。紫褐色胎，外壁施青黄色釉。残高8.6厘米（图九，1）。G7：28，圆弧形座面，座沿内折，座上有圆柱形柄，柄中部捏塑成花形。黑褐色胎，柄中部施青褐色釉。残高4厘米（图九，2）。

盘　5件。根据腹部特征分三型。

A型　2件。折腹。依足部差别分二式。

Ⅰ式：1件。饼足，足底有划痕。T724④：8，侈口，尖圆唇，折腹。灰褐色胎，施青黄色釉，内壁满釉，外壁只施及口外。口径15.6、足径5.5、高4.2厘米（图九，3）。

Ⅱ式：1件。矮圈足。T710④：1，侈口，尖唇，折腹，内底坦。灰白色胎，施柿色釉。口径20、足径5.4、高4.3厘米（图九，4）。

B型　2件。弧腹。依足部变化分二式。

Ⅰ式：1件。矮圈足。T724④：1，侈口，尖唇，弧腹，内坦底。灰白色胎，器身先施一层化妆土，再施白釉，内满釉，外半釉，釉面有裂纹。口径16、足径6、高3.5厘米（图九，5）。

Ⅱ式：1件。圈足。F25：50，敛口，圆唇，弧腹，内壁光滑，外壁呈莲瓣状。灰白色胎，施青绿釉。口径12.6、足径7.3、高3.5厘米（图九，6）。

C型　1件。斜直腹。F25：4，敞口，圆唇，斜直壁，平底。灰白色胎，施柿色釉。口径12.5、底径8.6、高2.2厘米（图九，7）。

盆　12件。根据腹部特征分二型。

A型　4件。斜曲腹。G7：58，敛口，圆唇，唇外一凹槽。紫红色胎，施米黄色釉，内满

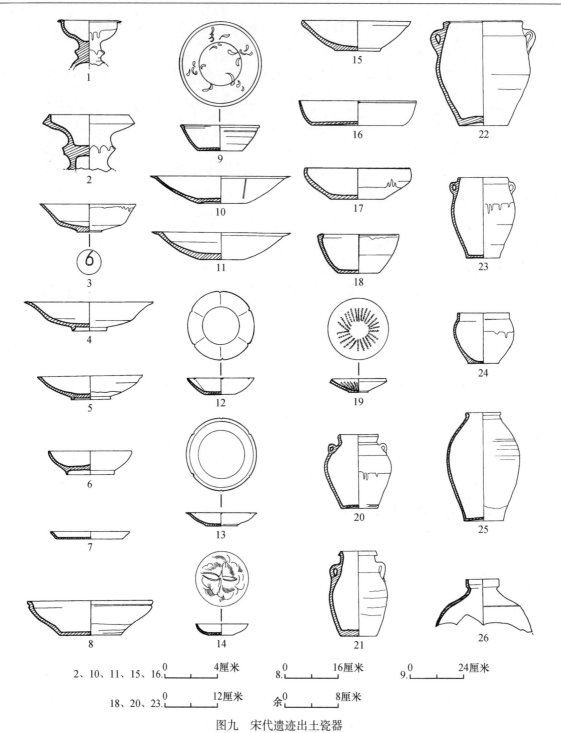

图九　宋代遗迹出土瓷器

1、2. 带座灯（G7∶18、G7∶28）　3. A型Ⅰ式盘（T724④∶8）　4. A型Ⅱ式盘（T710④∶1）　5. B型Ⅰ式盘（T724④∶1）
6. B型Ⅱ式盘（F25∶50）　7. C型盘（F25∶4）　8. A型盆（G7∶58）　9. B型盆（F25∶71）　10. A型Ⅰ式碟（T732③∶1）
11. A型Ⅱ式碟（T751⑥∶4）　12. A型Ⅲ式碟（T724④∶9）　13. Ba型碟（F25∶31）　14. Bb型碟（F25∶2）　15. C型碟
（T707⑥∶21）　16. D型碟（T709②∶1）　17. A型钵（T723③∶2）　18. B型钵（T713④∶30）　19. 研磨器（T724④∶31）
20. Aa型Ⅰ式罐（T743④∶3）　21. Aa型Ⅱ式罐（T709⑧∶10）　22. Ab型Ⅰ式罐（T746③∶9）　23. Ab型Ⅱ式罐
（T746③∶14）　24. Ba型罐（G7∶25）　25. Bb型罐（T707⑥∶30）　26. Bc型罐（T713④∶22）

釉，外壁只施及口外，有垂釉痕。口径38、底径19、高10.2厘米（图九，8）。

B型 8件。弧腹，有的素面，有的内壁有褐绿或黄绿色彩绘纹饰。F25：71，敛口，圆唇，浅弧壁，平底微内凹。紫红色胎，施米黄色釉，内壁满釉，外壁不上釉，内壁釉下用褐绿两色彩绘水珠纹。口径36、底径20、高11.4厘米（图九，9）。

碟 27件。依整体形态分四型。

A型 8件。依底部变化分三式。

Ⅰ式：3件。平底内凹。T732③：1，侈口，平折沿，尖唇，浅弧腹，内壁起六条筋。白色胎，胎质细腻，施青白釉，内壁满釉，外壁施釉不及底，釉面光亮且有裂纹。口径10.8、底径3.8、高2厘米（图九，10）。

Ⅱ式：5件。平底。T751⑥：4，侈口，平折沿，尖唇，浅弧腹，内壁中部有折棱。白胎，施青灰色釉，釉面有裂纹。口径10.6、底径3.4、高2厘米（图九，11）。

Ⅲ式：2件。平底下凸似假圈足。T724④：9，六出葵花口外侈，平折沿，尖唇，浅弧腹，内壁与花口对应起六条筋，内壁与底交接处有一凸棱。白色胎，胎质细腻，施青白釉，釉泽光亮。口径11、底径4.3、高2厘米（图九，12）。

B型 16件。依口部特征分为二亚型。

Ba型 7件。花口。F25：31，六出花瓣敞口，尖唇，斜弧腹，平底。内壁与花口对应起六条筋。白胎，施青白釉，釉泽光亮。口径10.4、底径4.4、高2.3厘米（图九，13）。

Bb型 9件。素口。F25：2，敞口，尖唇，弧腹，平底。胎质洁白细腻，壁薄底厚，施青白釉。内壁刻划花叶纹。口径8、底径3.8、高1.7厘米（图九，14）。

C型 2件。T707⑥：21，敞口，圆唇外卷，斜弧腹，平底下凸似假圈足。胎质洁白细腻，施青白釉，釉泽光亮且有裂纹。口径10、底径3.4、高2.2厘米（图九，15）。

D型 1件。T709②：1，芒口内敛，圆唇，弧腹，平底内凹。白色胎，施青白釉。口径8、底径6、高1.8厘米（图九，16）。

钵 2件。依腹部区别分二型。

A型 1件。上腹微鼓，下腹斜内收。T723③：2，敛口，圆唇，平底，内底有支烧痕。红褐色胎，施青釉，内外壁均半釉。口径16、底径8、高5.2厘米（图九，17）。

B型 1件。深弧腹。T713④：30，敛口，方唇，平底，外中腹部一道凸棱。紫红色胎，施青褐色釉，内壁满釉，外壁施及口外。口径18.6、底径8.6、高8.8厘米（图九，18）。

研磨器 1件。T724④：31，敞口，斜方唇，唇面下凹，内坦底，浅斜直腹，饼足，内壁中部用竹器类工具剔出成行的小方坑。灰褐色胎。素面。口径11、底径3、高2厘米（图九，19）。

罐 9件。分二型。

A型 6件。双系罐。依领部特征分二亚型。

Aa型 4件。领较高。

Ⅰ式：2件。T743④：3，口微敛，斜方唇，直领，溜肩，上腹微鼓，下腹内收，平底内凹。肩附一对扁曲系。紫红色胎，米黄釉施及腹中部，有垂釉痕。口径8.6、底径8.4、高16.2厘米（图九，20）。

Ⅱ式：2件。T709⑧：10，侈口，外圈唇，弧领，深圆腹，平底。肩附两圆曲系。灰褐色胎，青褐釉施及下腹部，有流釉痕。口径5.8、底径5.4、高12.6厘米（图九，21）。

Ab型　2件。无领。

Ⅰ式：T746③：9，敛口，方唇，深弧腹微鼓，平底内凹。肩附一对扁曲系。黑灰色胎，施青黄釉，内壁满釉，外半釉，釉剥落严重。口径12、底径7.4、高15.5厘米（图九，22）。

Ⅱ式：T746③：14，敛口，方唇，深圆腹，平底。肩附一对圆曲系。紫红色胎，青褐色釉施及上腹部，有垂釉痕。口径11.7、底径7.6、高17.8厘米（图九，23）。

B型　3件。无系罐。依整体特征分三亚型。

Ba型　1件。G7：25，直口，方唇，矮直领，圆腹，平底。紫红色胎，青黄釉施至中腹部，有流釉痕。口径7.8、底径4.6、高7.5厘米（图九，24）。

Bb型　1件。T707⑥：30，侈口，圆唇外卷，束领，深圆腹，平底内凹。灰褐色胎，米黄釉施及下腹部。口径5.2、底径4、高16厘米（图九，25）。

Bc型　1件。T713④：22，小盘口，束颈，圆肩，腹残。紫红色胎，施青黄色釉。肩饰凹弦纹一道。口径5、残高8厘米（图九，26）。

壶　3件。依整体形态分二型。

A型　2件。G7：54，直口，方唇，筒形领较高，领下部外扩，圆肩，深圆腹，饼足。颈、肩之间有一扁曲系，系上有两道凹槽，肩附一圆曲长流。紫红色胎，青黄釉施及中腹部，有垂釉痕，釉剥落严重。颈、肩各饰凹弦纹一道。口径5.6、底径7.6、高18.8厘米（图一〇，1）。

B型　1件。T707⑥：35，敛口，方唇，葫芦颈，颈以下残。紫红色胎，施青黄釉。口径7.1、残高7.8厘米（图一〇，2）。

盖　6件。分二型。

A型　4件。有纽。依盖面差别分三亚型。

Aa型　1件。圆弧形盖面。T746③：16，饼状高纽。紫红色胎，面施青黄釉。盖面径18.3、高7.8厘米（图一〇，3）。

Ab型　2件。曲形盖面。T742④：6，蘑菇状纽。紫褐色胎。施黄釉。盖面径10.4、高4.2厘米（图一〇，4）。

Ac型　1件。盖面较平直。T716⑤：5，蘑菇状纽。沿宽榫浅。灰白色胎较粗，面施柿色釉。盖面径12、高2.2厘米（图一〇，5）。

B型　2件。无纽，均为青白釉粉盒盖。T707③：24，瓜瓣形，盖顶平，侧沿内弧。白色胎，面施青白釉，内壁有胭脂痕。盖面径7.4、盖口径9.4、高1.8厘米（图一〇，6）。T713④：21，圆弧形盖面，盖沿内曲。白色胎，施青白釉，口部无釉，盖身压印成瓜瓣形。盖面径7.5、高1.5厘米（图一〇，7）。

粉盒　1件。T713④：24，子口，尖唇，瓜瓣形腹，平底，缺盖。白色胎，施青白釉，内满釉，外壁仅施及上腹。口径5.4、底径5.8、高2厘米（图一〇，8）。

瓷饼　1件。F25：12，器形小巧，圆饼形，较薄，器身经过磨制。灰白色胎，未施釉。直径1.4、厚0.2厘米（图一〇，9）。

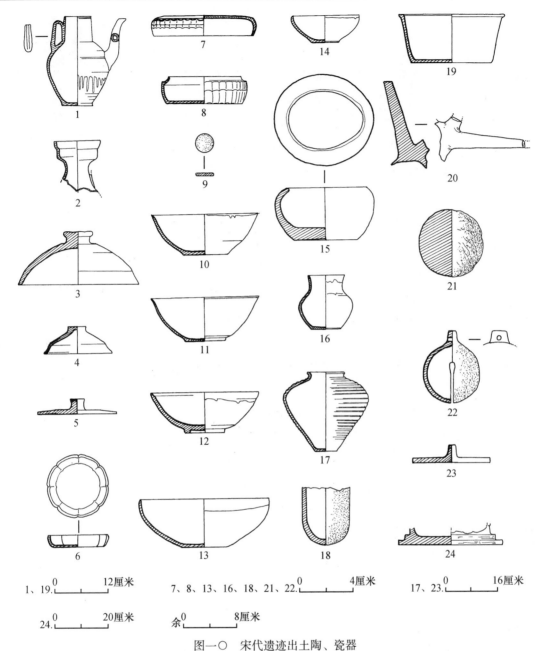

图一〇　宋代遗迹出土陶、瓷器

1.A型瓷壶（G7：54）　2.B型瓷壶（T707⑥：35）　3.Aa型瓷盖（T746③：16）　4.Ab型瓷盖（T742④：6）

5.Ac型瓷盖（T716⑤：5）　6、7.B型瓷盖（T707③：24、T713④：21）　8.瓷粉盒（T713④：24）　9.瓷饼（F25：12）

10.A型陶碗（F25：34）　11.B型陶碗（T710④：5）　12.C型陶碗（T713④：9）　13.A型陶盏（T724④：7）　14.B型陶盏

（F25：17）　15.A型陶罐（T732④：2）　16.B型陶罐（F25：14）　17.C型陶罐（T742⑤：10）　18.陶杯（G7：19）

19.陶盆（T760③：1）　20.单柄带流三足陶釜（T707⑥：35）　21.陶球（T761④：1）　22.陶铃（T727⑦：3）　23、24.陶盖

（T713④：29、T715④：1）

2. 陶器

陶器可按质地分为泥质陶器和夹细砂陶器两种，颜色有青灰、灰褐、灰黑、黄褐、红褐、紫红色等，火候有高有低，碗、盏等烧制火候较高。陶器以素面为主，有少量弦纹，内、外壁往往施一层浅色护胎釉，口部再施米（浅）黄色化妆土一周，可辨器形有碗、盏、罐、杯、盆、釜、球、铃、盖等。同时，此发掘区域的地层及房屋遗迹中还出土了数量较多的板瓦、筒瓦、瓦当、滴水等建筑材料，大多为残片，完整者很少，以泥质灰陶为主，有少量泥质红褐陶。

碗　4件。依足部特征分三型。

A型　2件。平底。F25：34，侈口，尖唇，深弧腹。红褐色泥质陶。内、外壁均施一层浅色护胎釉，口部涂浅黄色化妆土一周。口径16.2、底径6.8、高6厘米（图一〇，10）。

B型　1件。饼足。T710④：5，侈口，尖唇，深弧腹，饼足，红褐色胎。口施米黄色化妆土一周。口径16.4、足径6.3、高6.5厘米（图一〇，11）。

C型　1件。圈足。T713④：9，侈口，尖唇，内壁唇下一凹槽，深弧腹，红褐色胎，施米黄色釉，内壁满釉，外壁施及口外。口径16.4、足径6.4、高6厘米（图一〇，12）。

盏　8件。依足部特征分二型。

A型　3件。平底。T724④：7，敛口，尖唇，弧壁，平底。灰褐色胎。内、外壁均施一层护胎釉，口部施米黄色化妆土一周。口径9.8、底径3.4、高3.6厘米（图一〇，13）。

B型　5件。饼足。F25：17，敛口，外圈唇，弧壁，矮饼足，足底制作不规整。灰褐胎。内、外壁均施浅色护胎釉，口部施米黄色化妆土一周。口径10.2、底径4、高4厘米（图一〇，14）。

罐　3件。依整体形态分三型。

A型　1件。T732④：2，口部平面略呈椭圆形，敛口，圆唇，弧腹，平底微内凹。器形厚重。青灰色泥质陶。素面。口径8.5～11.2、底径9.5～9.7厘米（图一〇，15）。

B型　1件。F25：14，侈口，尖唇，高领微束，溜肩，圆腹，平底下凸似假圈足。器形小巧。灰褐色胎，颈部施青黄釉。口径2.8、底径2.2、高4厘米（图一〇，16）。

C型　1件。T742⑤：10，侈口，外卷唇，矮束领，耸肩，腹部向下急收成小平底。夹粗砂陶，胎质坚硬。颜色不一，部分呈青灰色，部分呈红褐色，未施釉。器表饰凹弦纹。口径11、底径6.2、高23.5厘米（图一〇，17）。

杯　1件。G7：19，口部残缺。灰褐色夹粗砂陶，胎厚。深圆腹，圜底。素面。口径3.6、残高4.3厘米（图一〇，18）。

盆　1件。T760③：1，青灰色夹细砂陶。敞口，折沿，圆唇，斜直腹，平底。素面。口径24.8、底径18.8、高10.8厘米（图一〇，19）。

单柄带流三足釜　数量多，多为口部或柄足残片，无完整器。T707⑥：35，圆锥状长柄连于腹部一侧，并于一足相连，灰褐色夹砂陶，器壁很薄（图一〇，20）。

球　3件。均为青灰色夹细砂陶。实心圆球体，器表不光滑。素面。T761④：1，直径5厘米（图一〇，21）。

铃　1件。T727⑦：3，铃身呈球形，中空，下部开口，扁平纽中部有一圆形穿孔，内无舌。夹细砂陶，青灰色。素面。直径4.4、通高5.4厘米（图一〇，22）。

盖　2件。T713④：29，盖面平直，中部有一圆柱状纽，胎体厚重，青灰色细砂陶。素面。直径24、通高5.3厘米（图一〇，23）。T715④：1，盖面平直，无纽，双层榫。灰褐色泥质陶，胎较厚。素面。直径40、残高6厘米（图一〇，24）。

板瓦　形体较大，横切面呈圆弧形，多内布纹、外素面。T709⑥：11，宽25.2、长33.2、壁厚1.5厘米（图一一，1）。

筒瓦　横切面呈半圆形，前端有一瓦舌便于顺序套接，多内布纹外素面，也有少量内外均为素面的。T709⑥：12，长31.5、宽13.3、壁厚1.2、瓦头口径8.6厘米（图一一，2）。

瓦当　依当面纹饰分为五型。

A型　莲瓣纹瓦当。1件。F25：61，泥质灰陶。轮廓较宽且高，中部为莲心，内圈为一周莲瓣，莲瓣间用树枝分隔，外圈为一周连珠纹。残存直径12.5厘米（图一一，3）。

B型　莲花纹瓦当。2件。M21填土：1，泥质灰陶。瓦当中心部位为一朵盛开的莲花，外轮廓呈花瓣状。直径10.7厘米（图一一，4）。T746③：8，外轮廓较高，中心部分为一朵盛开的八瓣莲花，外圈为一周乳钉纹。直径11厘米（图一一，5）。

C型　菊花纹瓦当。1件。M21填土：2，泥质灰陶。圆形，画面为一朵盛开的菊花。直径11厘米（图一一，6）。

D型　树叶纹瓦当。1件。T755⑦：5，泥质灰陶。圆形，中心部分为一株枝叶繁茂的小树，外圈为一周连珠纹。直径12厘米（图一一，7）。

E型　兽面纹瓦当。1件。T707④：7，泥质灰陶。圆形，中心为一兽头，其外两圈凸弦纹，外缘为一周连珠纹，外轮廓较高且宽。直径12.8厘米（图一一，8）。

滴水　1件。T707⑥：29，半圆形。饰菊花纹。长14.8、宽5.7厘米（图一一，9）。

3. 石器

镇纸　1件。T714②：1，长方形底板四面磨制光滑，一狮子俯卧其上，头偏一侧，显出一副很警觉的神态。青灰色，石质细腻，采用圆雕与线刻相结合的手法，残长7.35、宽3、高3.8厘米（图一一，10）。

4. 铜器

簪　2件。F25：30，圆锥状长条中部弯曲，断面呈圆形。残长20.2厘米（图一一，11）。F25：58，圆弧形，带凹形扣槽，两端不平齐。直径4.8厘米（图一一，12）。

5. 钱币

遗址内出土钱币分铜钱和铁钱两类。

（1）铜钱

政和通宝　4枚。方孔圆钱，正、背面均有内外郭，钱文为篆书对读。素背。G7：47，直径2.45厘米（图一一，13）。

图一一　宋代遗迹出土建筑构件、铜器与钱币拓片

1. 板瓦（T709⑥：11）　　2. 筒瓦（T709⑥：12）　　3. A型莲花纹瓦当（F25：61）　　4、5. B型莲花纹瓦当（M21填土：1、
T746③：8）　　6. C型菊花纹瓦当（M21填土：2）　　7. D型树叶纹瓦当（T755⑦：5）　　8. E型兽面纹瓦当（T707④：7）
9. 滴水（T707⑥：29）　　10. 石镇纸（T714②：1）　　11、12. 铜簪（F25：30、F25：58）　　13. 政和通宝（G7：47）
14. 祥符通宝（F25：66）　　15. 熙宁元宝（T716③：3）　　16. 元祐通宝（T746③：3）　　17. 庆元通宝（采：16）

祥符通宝　2枚。方孔圆钱，正、背面均有内外郭，且外郭较宽。素背。钱文为楷书环读。F25：66，直径2.5厘米（图一一，14）。

熙宁元宝　4枚。方孔圆钱，正、背面均有内外郭，且外郭较宽。素背。钱文为篆书环读。T716③：3，直径2.4厘米（图一一，15）。

元祐通宝　6枚。方孔圆钱，正、背面均有内外郭。素背。钱文四字篆书环读。T746③：3，直径2.4厘米（图一一，16）。

（2）铁钱

铁钱数量较多，但锈蚀特别严重，能辨明钱文的只有"庆元通宝"一种。

庆元通宝　采：16，方孔圆钱，正、背面均有内、外郭，钱文四字楷书环读，背面穿的上下有"汉五"二字。直径2.5厘米（图一一，17）。

二、墓葬部分

本次发掘的15座墓葬集中分布在遗址的第Ⅶ发掘区，其中土坑墓12座、砖室墓3座。这些墓葬有的开口在宋代房址下，有的开口在现代房址或耕土层下，墓葬上口均受到不同程度的扰乱和破坏。下面将根据墓葬时代的早晚顺序对这15座墓葬进行详细介绍。

（一）战国墓葬

本次共发掘2座，均为土坑墓，编号为M10、M26。

1. 墓葬形制

M10　位于T701内，开口于第3层下，直接打破生土，墓口距地表深0.5～1.2米。长方形竖穴土坑墓，无墓道，墓向202°。墓室口大底小，墓口长3.92、宽2.76米，墓底长2.92、宽1.66米，墓口至墓底深2.5米。墓内填土为红褐色五花土，包含少量红烧土颗粒、炭屑、石块、动物骨骼等。墓底四周有熟土二层台，二层台高0.12、宽0.14～0.28米。葬具已朽，仅见朽痕，为一棺一椁。椁室长2.52、宽1.24米，椁底板由五块宽0.2～0.28、长2.5米的木板拼合而成。椁底有两道横向枕木槽，枕木已朽，北端枕木槽为1.44米×0.24米，深约0.12米；南端枕木槽为1.38米×0.2米，深约0.12米。棺置于椁室东侧，朽毁严重，仅余底板灰痕，底板灰痕尺寸为1.6米×0.44米。棺内发现人骨架1具，仅残存骨痕和2颗牙齿的珐琅质空壳，葬式为仰身直肢葬，双手交叉置于腹前，性别、年龄等不详。随葬品置于椁室内，大量集中在南部近头部处，部分器物塌落在枕木沟内，共出土器物11件。可辨器形有陶鼎、壶、铜铃、铜环、水晶球等。陶器质地疏松，器表涂红彩，已成泥状，无法修复（图一二）。

M26　跨T759、T760、T762、T763四个探方，开口于第1层下，直接打破生土，墓口距地表深0.15～0.18米。形制为长方形竖穴土坑墓，带斜坡墓道，墓向62°。墓室平面呈长方形，口大底小，墓口长5.6、宽4.04米，墓底长4.3、宽2.66米，墓口至墓底深5.15米。墓底四周有生土二层台，二层台高0.8、宽0.2～0.47米。墓室前有长斜坡墓道，墓道口长6.2、宽1.96～2.32米，

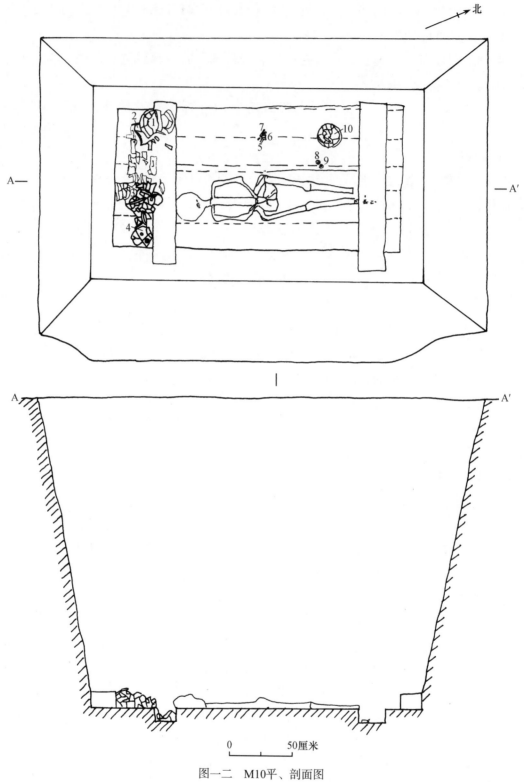

图一二　M10平、剖面图

1、2.陶鼎　3、4.陶壶　5.骨镵　6.铜铃　7.料珠　8、9.铜环　10.陶盒底长7.42、宽1.4～1.88米，坡度为27°。墓道底离生土二层台高度为0.76米。葬具为一棺一椁，腐朽严重，椁仅余底板灰痕，据灰痕观察其尺寸为2.96米×1.92米，高度不清。棺置于椁室东侧，只隐约可见朽痕，从朽痕观察，棺的尺寸为2.16米×1.08米，高度不清。棺内置人骨架1具，保存较差，仅余骨粉和部分牙齿的珐琅质外壳，其葬式、性别、年龄等均不详。随葬品置于棺内，部分器物落入枕木沟内，共出土随葬品6件。均为青铜器。戈、矛、铎、戈镈位于人骨架东侧，其中矛、戈镈均落入枕木槽内，两者在一条直线上，且方向一致，有可能是一件兵器，中部秘部分无法清理，从现存长度判断，这件矛长度约2.3米。剑在棺内人骨痕迹上，位于人骨架的胸部；镦位于人骨架的西侧（图一三）。

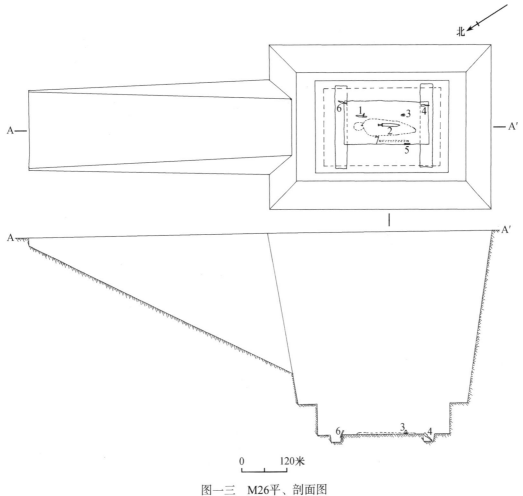

图一三　M26平、剖面图

1. 铜戈　2. 铜剑　3. 铜铎　4. 铜戈镈　5. 铜镦　6. 铜矛　7. 木秘

2. 出土器物

两座战国墓共出土器物16件。可分为陶、铜、骨、料器四类。

陶器　5件。出自M10内，陶质疏松，非常残碎，均无法修复。可辨器形有鼎、壶、盒，器表普遍涂红彩。

铜器　9件。有铃、环、戈、剑、戈镈、镦、矛、铎等。

铃　1件。M10：6，椭圆筒形，口凹弧形，半环纽，顶平，铃内置横杆，上挂长条形且断面呈三角形的舌，铃身上部饰六个为一组的四组乳钉纹。通高5.8厘米（图一四，1）。

　　环　2件。M10：8，环身呈"桃"形，一侧有长方形柄。环最大径3.5厘米，柄长1.3厘米（图一四，2）。M10：9，器身及横断面均呈圆形。直径3.7厘米（图一四，3）。

　　戈　1件。M26：1，长援上仰，菱形脊，长方形内下角有一缺口，长胡，栏上三穿，胡上二穿。通长29厘米（图一四，4）。

　　剑　1件。M26：2，剑身断面呈菱形，中脊隆起，有格，柱状柄中空，圆形剑首。通长55.2厘米（图一四，5）。

　　戈镈　1件。M26：4，扁圆筒形，前窄后圆，中间有一道箍。通长18.6厘米（图一四，6）。

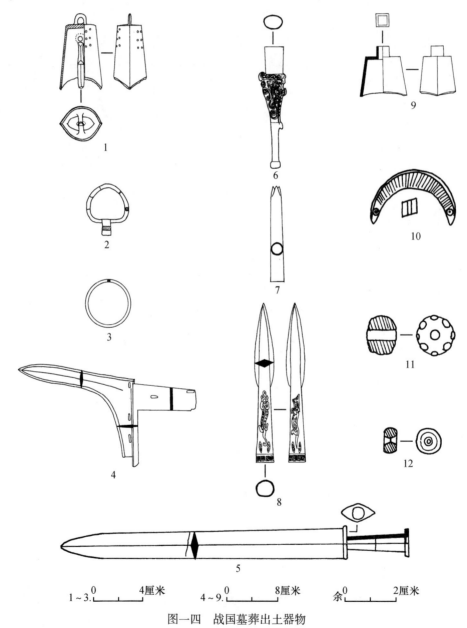

图一四　战国墓葬出土器物

1. 铜铃（M10：6）　2、3. 铜环（M10：8、M10：9）　4. 铜戈（M26：1）　5. 铜剑（M26：2）　6. 铜戈镈（M26：4）
7. 铜镦（M26：5）　8. 铜矛（M26：6）　9. 铜铎（M26：3）　10. 骨镳（M10：5）　11. 琉璃球（M10：7-1）
12. 水晶珠（M10：7-2）

镦 1件。M26：5，圆管状，尾部呈三锥足状。通长14.6厘米（图一四，7）。

矛 1件。M26：6，短身，圆骰，中脊圆隆，叶较宽，弧刃，尖锋，两面饰虎纹，一面呈侧卧状，一面呈匍匐状，骰外饰云雷纹一周。通长24.4厘米（图一四，8）。

铎 1件。M26：3，钲体短阔，口部呈凹弧形，不附舌，顶部平，骰为方形内空。通高7.6厘米（图一四，9）。

骨器 1件。

镰 M10：5，半圆形，器身两面均刻放射状线纹，器身中部有一圆形穿孔，两端各有大小圆圈相互套合，好似"两只眼睛"，使器物造型整体呈"鸟啄"状。直径3.1厘米（图一四，10）。

料器 1件。

琉璃球 M10：7-1，球形，浅蓝色，不透明，中有圆形穿孔。直径1.5、孔径0.4厘米（图一四，11）。

水晶珠 1件。6颗。大小形制基本一样。M10：7-2，扁圆形，中有穿孔，白色。素面。直径1厘米（图一四，12）。

3. 墓葬时代

两座墓从墓葬形制到出土器物组合，都具有明显的楚文化因素，应为典型的楚墓。M10、M26两座墓的墓口长、宽之比均超过3：2，为宽坑墓；M26无陶器出土，所出青铜器为战国中晚期楚墓中常见器物，铜戈（M26：1）与奉节上关遗址所出同类器（M32：6）相似，至于矛上所反映出的巴文化因素，应看作是楚文化传入此地后受本土巴文化影响所致；M10中鼎、壶、盒的组合，是战国中晚期楚墓常见的器物组合。综上所述，将这两座墓的时代定为战国中晚期。

（二）汉代墓葬

本次清理的汉代墓葬共8座，编号为M12～M15、M17、M22、M24、M25，其中土坑墓7座、砖室墓1座。7座土坑墓均为长方形竖穴土坑，按照墓道的不同可分为无墓道、带竖井式墓道、带竖井式短斜坡墓道及甬道四种形制。

1. 竖穴土坑墓

M13 位于T707东南部，开口于第7层下，墓室东北角被晚期文化层扰乱严重，现存墓口距地表深0.9～1.54米。墓葬为长方形竖穴土坑墓，口大底小，墓口长3.8、宽2.1米，墓底长3.3、宽1.7米，墓口至墓底深0.86～1.5米，无墓道，墓向37°。墓内填土为黄褐色五花土，含料姜石颗粒。骨架朽烂严重，仅依稀可见小块骨痕，葬式不详，未发现葬具痕迹。随葬品均置于墓室北部，共8件。器形有陶罐、陶豆、铜环等（图一五）。

M22 位于T718东隔梁中，并延伸出东隔梁外，开口于耕土下，打破M24，墓室东部破坏严重，西部墓底下陷（M24椁室坍塌填土下沉所致），现存墓口距地表深0.15～0.3米。墓葬为

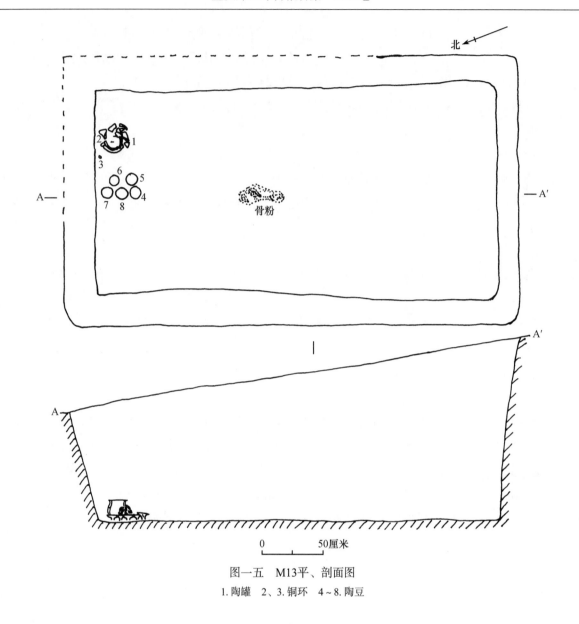

图一五　M13平、剖面图
1. 陶罐　2、3. 铜环　4～8. 陶豆

　　长方形竖穴土坑墓，无墓道，墓向124°，墓室长3.54、宽1.72、残深0.02～0.6米。墓内填土为灰褐色花土，发现两具棺木朽痕，棺身髹漆，棺内发现人骨粉末，均为东西向，其性别、年龄等不详。随葬器物有陶罐10件，陶豆、陶钵、铜盆各1件，铜泡钉3件，五铢钱若干枚（图一六）。

　　M25　长方形竖穴土坑墓，墓向241°。坑壁陡直不光滑，墓室长3.5、宽2、深1.4米，墓底四周有熟土二层台，二层台高0.72、宽0.2～0.22米。墓底铺有一层厚4～6厘米的青膏泥，中部下凹，由于青膏泥和棺、骨架混为一体，棺木与骨架的具体情况均不详。随葬器物有陶、铜、铁、漆木器四类共9件。其中漆木器已朽烂，积存处留有鲜红色的朽痕，器形有陶罐、陶盆、铁釜等（图一七）。

　　M17　长方形竖穴土坑墓，带竖井式墓道，墓向216°。墓道位于墓室南部，呈长方形竖井式，长2.48、宽2.32～2.66、深2.76米，墓道底部平整，墓道底部高于墓室底部0.14米，墓道与墓室相接处呈斜坡状。墓口与墓底同大，墓壁陡直不光滑，局部拍打加工，墓内填土为灰褐

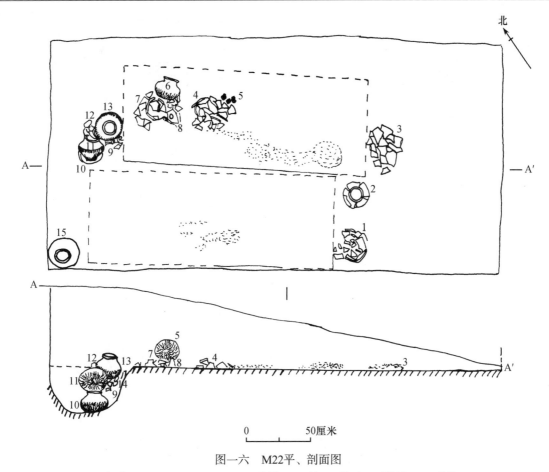

图一六　M22平、剖面图

1.铜盆　2～4、6、7、10～13、15.陶罐　5.五铢　8.陶豆　9.铜泡钉　14.陶钵

色花土，墓室填土比墓道更坚硬，应是经过夯筑，填土中含少量商周陶片和砾石。墓室呈长方形，长4.22、宽2.7～2.9米，墓口距墓底深2.9米，葬具已朽，从朽痕观察应为一椁双棺，椁长3.8、宽1.88米，双棺并排置于椁内，棺身髹红漆，两具棺均长2.27、宽0.7米。棺内各置尸骨一具，均腐朽仅存粉末痕迹，但可辨认头均向东北。随葬品置于头端棺椁之间，可辨器形有罐、甑、壶、釜、斧及半两钱等，罐、壶器身涂红彩，铁斧斜插于墓壁中，距墓底约0.35米（图一八）。

　　M24　长方形竖穴土坑墓，带短斜坡墓道和甬道，墓向127°。被M21、M22同时打破。墓口与墓底同大，坑壁陡直。墓室平面呈长方形，长4.04、宽2.44、深5.3米。甬道和墓道位于墓室东侧，墓道长1.24～1.35、宽1.75～2.06、深1.98～2.4米，坡度为18°。甬道长1.39～1.44、宽2.06～2.44、残深2.9米。因墓口部分遭破坏，墓葬已非原来的深度。墓室、墓道填土为灰黄色花土，含沙重，并含有大量的料姜石颗粒，应是原坑土回填。甬道内填土含泥较重，且非常紧密，似经过夯筑。葬具为一椁两棺，均已腐朽，仅存灰痕。从灰痕观察，木椁长3.62、宽1.95、残高0.48米，北侧棺长2.18、宽0.68米，南侧棺长2.2、宽0.72米，高度不清。棺身髹漆，两具棺内各发现尸骨1具，仅存灰痕，北侧棺内人头骨向东，仰身葬；南侧棺内人头骨向西，葬式不清。随葬品主要置于棺椁之间，在北侧棺内和甬道也发现部分器物。共出土器物29件。分陶器、铜器和钱币三大类，以陶器为大宗，陶罐口至肩部普遍施红彩（图一九）。

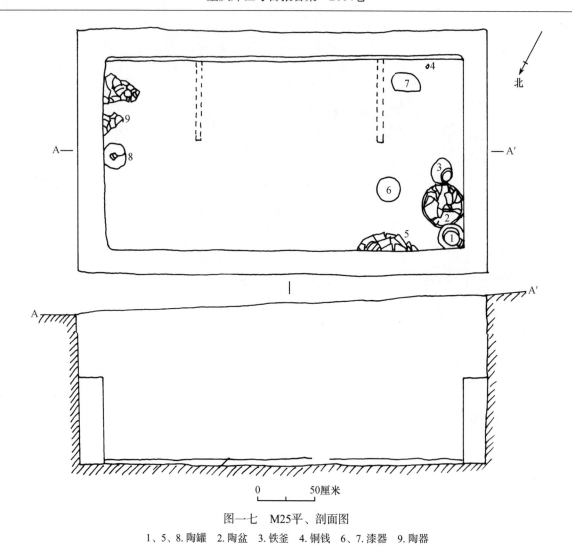

图一七　M25平、剖面图

1、5、8.陶罐　2.陶盆　3.铁釜　4.铜钱　6、7.漆器　9.陶器

2. 砖室墓

1座，M15。位于T712的中部，开口于第4层下，直接打破生土，墓向115°。由于受后期扰乱、破坏严重，M15仅存墓室后部，墓室前部、甬道、墓道及券顶等情况不详。墓内填土为灰黄色花土，土质坚硬，夹杂较多残砖和宋代的瓦块、瓷片等。墓壁为长方形单砖错缝平砌，砖向墓内一侧饰几何纹，砖的尺寸为42厘米×21厘米×8厘米；墓底为榫卯砖纵向平铺，铺地砖之间缝隙较大，砖的尺寸不规范，长边长34～42、短边长 30～38、宽20～22、厚8厘米，墓内未发现尸骨和葬具痕迹，从墓底残留的漆皮推测葬具可能是木棺。残存随葬品位于墓室一侧，有陶器、铁器及钱币等（图二〇）。

3. 出土器物

8座汉墓共出土器物90件、钱币126枚。按质地可分为陶器、铁器、铜器及铅器等。

（1）陶器

68件。以泥质陶和夹细砂陶为主，颜色有灰、灰褐、青灰等，以素面为主，纹饰有绳纹、弦纹、斜方格纹等。按器形可分为甑、罐、钵、盆、釜、豆、方壶等类。

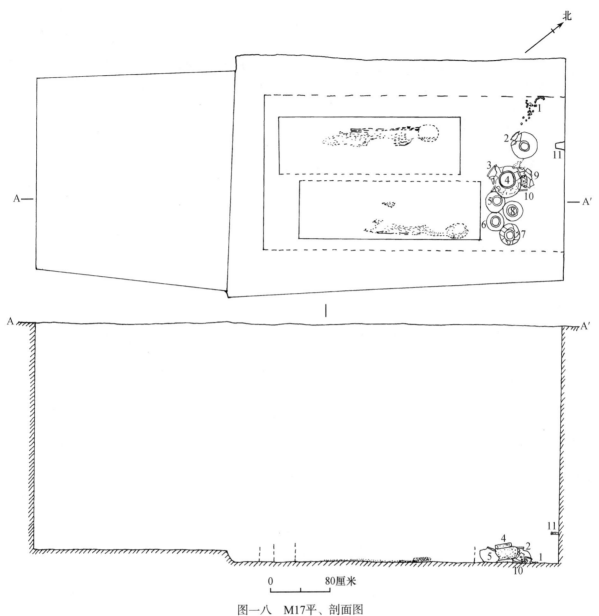

图一八　M17平、剖面图

1. 四铢　2、5~8.陶罐　3.陶甑　4.铁釜　9.陶方壶　10.铁支架　11.铁斧

　　甑　5件。依腹部特征分二型。

　　A型　4件。斜弧腹。M17：3，灰褐色夹细砂陶。敛口，平折沿，方唇，束颈，内凹底带圆形小箅孔。腹饰带状细绳纹。口径32.3、底径10.8、高17厘米（图二一，1）。

　　B型　1件。弧腹近斜，下腹斜收。M15：2，口微敛，外翻沿，尖圆唇，底微内凹，上带圆形箅孔。口径35.2、底径18.4、高22厘米（图二一，2）。

　　罐　41件。完整和可复原的有34件。依底之不同，分三型。

　　A型　8件。平底。依器形特征分二亚型。

　　Aa型　1件。M12：5，夹细砂陶陶。口微侈，尖圆唇，圆肩，斜腹，平底微内凹。肩饰两周凹弦纹和一周带状绳纹。口径11.3、底径14、高24厘米（图二一，3）。

　　Ab型　7件。侈口，圆唇外卷，束颈，鼓肩，鼓腹，平底。依器形腹部最大径位置的变化

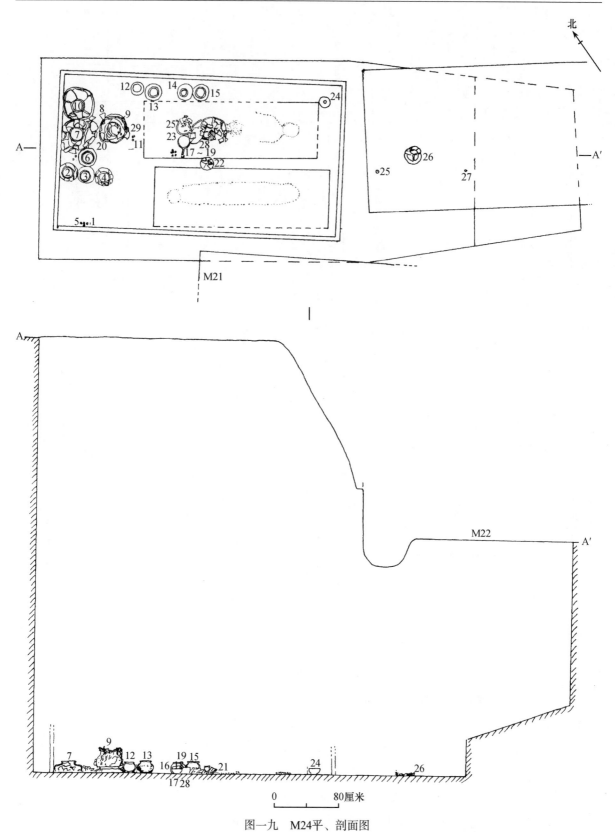

图一九　M24平、剖面图

1、5、11、16、27.钱币　2~4、6、7、10、12~15.陶罐　8、21.陶瓿　9.铁釜　17~19、22、24、26、28.陶钵　20.陶釜

23.铁削　25.陶纺轮　29.铁支架

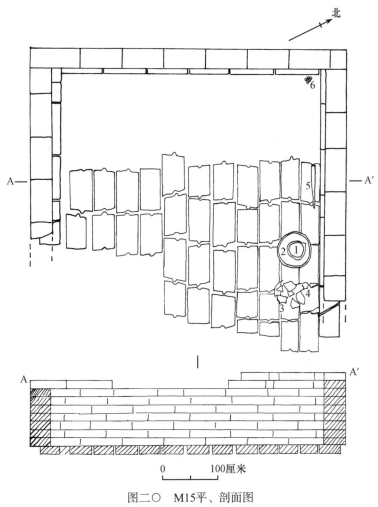

图二〇　M15平、剖面图

1.陶盆　2.陶甑　3.陶钵　4.陶罐　5.铁刀　6.钱币

分二式。

Ⅰ式：4件。器物最大径在上腹部。M12：6，泥质灰陶。敛口，圆唇外卷，矮束领，肩部圆鼓，弧腹内收，平底。径、肩相交处及肩部各饰凹弦纹一周。口径15.8、底径15.8、高19厘米（图二一，4）。

Ⅱ式：3件。器物最大径下移至中腹部。M14：6，灰黑色夹细砂陶。敛口，圆唇外卷，直领，肩部圆鼓，扁圆腹，平底。中腹以上涂红彩，肩饰刻划的斜方格纹。口径11.4、底径17、高16.2厘米（图二一，5）。

B型　31件。圜底。依腹部特征分三亚型。

Ba型　28件。折腹。依器物肩部与底部的变化分三式。

Ⅰ式：2件。肩部略显圆鼓，圜底。M25：8，夹细砂灰褐陶。直口，平折沿，方唇，矮直领，肩部圆鼓，弧腹内收。肩饰凹弦纹二周。口径8.3、高14.7厘米（图二一，6）。

Ⅱ式：24件。方斜折肩，圜底。M12：3，夹细砂灰陶。口微侈，平折沿，方唇，直领，广斜折肩。下腹及底饰交错细绳纹。口径14.2、高15.3厘米（图二一，7）。

Ⅲ式：2件。广斜折肩，圜底近平。M12：8，直口，平折沿，尖唇，直领，广斜折肩，扁圆腹。下腹及底饰交错细绳纹。口径14、高15.9厘米（图二一，8）。

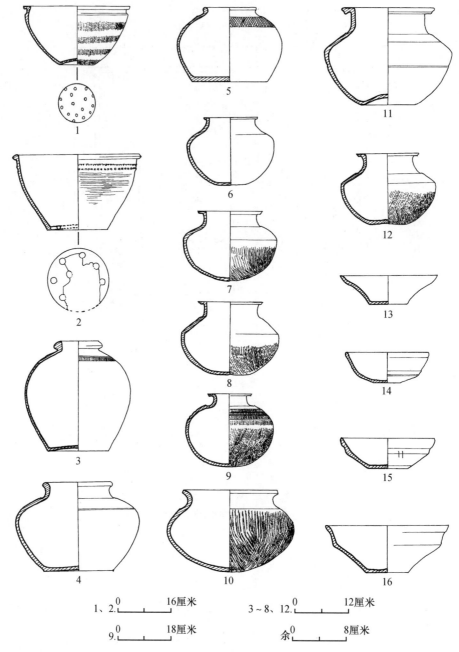

1、2. └─────┘16厘米　　　3～8、12. └─────┘12厘米

9. └─────┘18厘米　　　余 └─────┘8厘米

图二一　汉代墓葬出土陶器

1. A型甑（M17：3）　2. B型甑（M15：2）　3. Aa型罐（M12：5）　4. Ab型Ⅰ式罐（M12：6）　5. Ab型Ⅱ式罐（M14：6）
6. Ba型Ⅰ式罐（M25：8）　7. Ba型Ⅱ式罐（M12：3）　8. Ba型Ⅲ式罐（M12：8）　9. Bb型罐（M24：10）
10. Bc型罐（M13：1）　11、12. C型罐（M12：4、M24：15）　13. A型钵（M24：22）　14. B型Ⅰ式钵（M12：12）
15. B型Ⅱ式钵（M12：9）　16. B型Ⅲ式钵（M24：26）

Bb型　2件。球形腹。M24：10，青灰色夹细砂陶。侈口，平折沿，方唇，矮束领，圜底。肩以上涂红彩，肩饰带状细绳纹，腹、底饰交错细绳纹。口径16.2、高26.5厘米（图二一，9）。

Bc型　1件。垂腹。M13：1，夹细砂灰陶。敞口，斜折沿，方唇，束领，斜肩，圜底。腹饰粗绳纹。口径14、高27厘米（图二一，10）。

C型 2件。凹底。M12：4，泥质灰陶。直口，平折沿，方唇，高直领，广斜折肩，弧腹内收，凹底。肩及腹部各饰凹弦纹一周。口径14、高14.2厘米（图二一，11）。M24：15，夹细砂灰褐陶。口微侈，平折沿，方唇，高领微束，广斜折肩，弧腹内收，凹底，下腹及底饰细绳纹。口径13.7、高15.5厘米（图二一，12）。

钵 13件。依腹部特征分三型。

A型 3件。曲腹。M24：22，泥质灰褐陶。敞口，方唇，曲腹，小平底。口径14.6、底径5.5、高4.2厘米（图二一，13）。

B型 6件。折腹。依器形变化分三式。

Ⅰ式：2件。折腹但不明显。M12：12，夹细砂灰黑陶。敞口，尖圆唇，上腹斜立，下腹内收，折腹不明显，平底。口径12、底径4.1、高4.5厘米（图二一，14）。

Ⅱ式：2件。折腹明显。M12：9，夹细砂灰陶。敞口，尖圆唇，下腹斜收，平底。口径13.6、底径5.7、高4.5厘米（图二一，15）。

Ⅲ式：2件。下腹曲内收。M24：26，夹粗砂灰黑陶。敞口，尖圆唇，下腹内收，小平底，内壁软，旋痕明显。口径18.3、底径6.2、高6.8厘米（图二一，16）。

C型 4件。弧腹。依钵底的不同分二亚型。

Ca型 3件。斜弧腹，平底。M24：28，夹细砂灰褐陶。口微敛，方唇，斜弧腹，平底。口径16.2、底径7、高5.5厘米（图二二，1）。

Cb型 1件。圆弧腹，圜底近平。M22：14，夹细砂灰褐陶。敛口，圆唇，弧腹内收，圜底近平。口径13.6、高4.8厘米（图二二，2）。

盆 1件。M15：1，夹细砂灰褐陶。直口，折沿，尖唇，上腹微鼓，下腹内收，平底。素面。口径35.3、底径16、高20.8厘米（图二二，3）。

釜 1件。M24：20，夹细砂青灰色陶。敞口，斜折沿，尖唇，束颈，溜肩，垂腹，环底。肩上有一周凸棱，两侧各有一圆曲耳。口径24.5、高19厘米（图二二，4）。

方壶 1件。M17：9，泥质褐胎磨光黑皮陶。口微敞，束颈，腹外鼓，器身两侧各饰一铺首，足微外撇，盖为覆斗形，上饰四个孔钉状纽，器壁较厚。器身涂红彩。口边长12.5、足边长12.3、通高55厘米（图二二，5）。

豆 5件。形制、大小基本相同。均为灰褐色夹细砂陶，素面无纹饰，外壁不甚光滑。M13：8，口微敛，圆唇，曲腹内收，豆盘较浅，小喇叭状圈足，外底有小凸。口径10.8、足径3.9、高4厘米（图二二，6）。M13：5，敛口，圆唇，口下外壁有一周凹槽，曲腹内收，豆盘较浅，小喇叭状圈足，外底有小凸。口径10.6、足径3.9、高4.1厘米（图二二，7）。

纺轮 1件。M24：25，夹砂黑灰色陶。算珠形，中有圆形穿孔。直径4.3、高1.4厘米（图二二，8）。

（2）铁器

14件。因锈蚀残损严重，少有保存完整的，部分已成碎片不能取起。计有刀、削、釜、斧、锄等。

刀 2件。M12：2，直背弧刃，刃薄背厚，尖部残，柄呈溜尖状，表面锈蚀严重。残长41.2厘米（图二二，9）。M15：5，直背弧刃，刃薄背厚，尖部残缺，直柄，表面锈蚀严重。

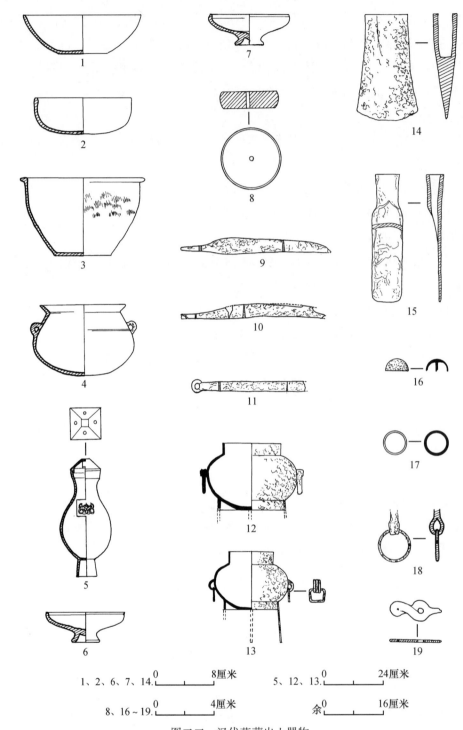

1、2、6、7、14. 0 ⊢——⊣ 8厘米　　　5、12、13. 0 ⊢——⊣ 24厘米

8、16～19. 0 ⊢——⊣ 4厘米　　　余 0 ⊢——⊣ 16厘米

图二二　汉代墓葬出土器物

1. Ca型陶钵（M24：28）　2. Cb型陶钵（M22：14）　3. 陶盆（M15：1）　4. 陶釜（M24：20）　5. 陶方壶（M17：9）

6、7. 陶豆（M13：8、M13：5）　8. 陶纺轮（M24：25）　9、10. 铁刀（M12：2、M15：5）　11. 铁削（M12：1）

12、13. 铁釜（M17：4、M24：9）　14. 铁斧（M17：11）　15. 铁锄（M12：14）　16. 铜泡钉（M22：9）

17、18. 铜环（M13：3、M13：2）　19. 铅器（M14：8）

残长39.6厘米（图二二，10）。

削　1件。M12：1，削身呈长条形，直背直刃，刃薄背厚，柄、身分界不明显，柄端为椭圆形环首，表面锈蚀严重。残长30.8厘米（图二二，11）。

釜　3件。形制基本相同，只是大小略有差异，均置于三脚支架上，表面锈蚀严重。M17：4，直口，方唇，直领，扁圆腹，圜底近平，腹两侧各一折耳衔环，置于立脚形铁支架上，支架已残。口径22.5、高26.4厘米（图二二，12）。M24：9，直口，直领，扁圆形腹，圜底近平，腹两侧各一折耳衔环，置于三脚支架上，釜身与支架已锈得无法分开。口径21、釜身高23.2、通高36厘米（图二二，13）。

斧　1件。M17：11，略呈梯形，长方形銎，弧形刃部，表面锈蚀严重。通长14.4厘米（图二二，14）。

锄　1件。M12：14，椭圆筒形柄，锄身呈长条形，弧背、弧刃，表面锈蚀严重。通长34厘米（图二二，15）。

（3）铜器

6件。计有环、盆、泡钉等。

盆　1件。M22：1，由于胎体太薄，已锈蚀成碎块，无法复原其器形。

泡钉　3枚。形制、大小基本相同。M22：9，伞状钉帽，下接锥状钉身，器表锈蚀严重。泡面径1.6、通高0.75厘米（图二二，16）。

环　2件。M13：3，圆环形，断面呈圆形，表面锈蚀严重。直径1.6厘米（图二二，17）。M13：2，铁衔。圆形铜环，衔柄上有残留的木纹，说明原是钉在木器上，器身布满铜绿锈和铁红锈。环径2.2厘米（图二二，18）。

（4）铅器

2件。均为铅饰，形状、大小一致。M14：8，短柄，器身略呈"8"字形，上、下各有一大一小两个圆形穿孔，灰白色。素面（图二二，19）。

（5）钱币

126枚。8座汉墓中M12、M13未出土钱币，其余各墓均出土了数量不等的钱币，以M14、M17、M22、M24所出占绝大多数。计有半两、五铢、大泉五十等。

半两　66枚。出自M14、M17、M25、M24四座墓中，按直径大小可分为三型。

A型　5枚。均出自M25，方孔圆钱，正背均无内外郭，钱文较浅且模糊。直径2.1~2.2厘米（图二三，1）。

B型　1枚。出自M17，方孔圆钱，正、背面均无内外郭，钱文高起。直径2.7厘米（图二三，2）。

C型　60枚。出自M17、M14、M24，方孔圆钱，正、背面均无内外郭，钱文高起。直径2.2~2.4厘米（图二三，3）。

五铢　55枚。出自M24、M22两墓中。圆形方穿，正面有外郭而无内郭，背面内、外郭均有，郭较高，钱文低于外郭，"五"字交叉两笔弯曲，"铢"字的"金"字头呈三角形，低于或与"朱"字平齐，"朱"字头上笔方折，下笔圆折，有的正面穿上或穿下有一横。直径2.5厘米（图二三，4）。

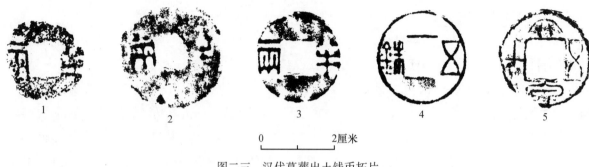

图二三　汉代墓葬出土钱币拓片

1.A型半两　2.B型半两　3.C型半两　4.五铢　5.大泉五十

大泉五十　5枚。均出自M15中。方孔圆钱，正背面均有内、外郭，钱文篆书对读，素背。直径2.6厘米（图二三，5）。

（三）六朝时期墓葬

此次共清理六朝时期墓葬2座，编号M16、M21。

1. 墓葬形制

M16　位于T726东南部，开口于第3层下，直接打破生土。该墓为刀形砖室墓，受扰乱破坏严重，券顶情况不详，现存墓道、墓室、甬道三部分。长方形斜坡土墓道残长50厘米；甬道平面呈长方形，长255、宽155、残高0～6厘米，甬道口用长方形楔形砖横向封门，现仅存底层封门砖，残长82、宽20、残高10厘米；墓室平面呈长方形，长435、宽235、残高26～56厘米。墓壁用长方形单砖顺长错缝平砌，砖向墓内一侧饰几何纹，砖的尺寸为42厘米×20厘米×10厘米；墓底为长方形素砖横向平铺，砖的尺寸为42厘米×22厘米×4厘米。墓内填土为黄褐色花土，含大量宋代陶瓷片，清理时未发现葬具和人骨的朽痕，残存随葬品3件。其中1件青瓷盏、1件青瓷杯、1件青瓷器盖（图二四）。

M21　位于T718的东南部和T719的东北部，并延伸进两探方的东隔梁中，开口于第3层下，打破M24左侧墓壁和生土。该墓为一刀形砖室墓，由于受扰乱破坏严重，券顶、甬道口封门和墓道情况不详。墓室平面呈长方形，长412、宽296、残高16～62厘米；甬道位于墓室前端靠右侧，残长100、宽220、残高0～40厘米。墓壁为长方形单砖顺长错缝平砌，墓底用长方形和楔形两种砖纵向平铺，所用砖的上下两个宽面均饰粗绳纹，一侧饰菱形纹，砖均为青灰色，烧制火候不高，残损严重，完整者长45、宽16、厚8厘米。根据墓室尾部左右两侧发现的铁棺钉和人骨朽痕推测，葬具为木棺，且横向置于墓室尾部。随葬品主要置于墓室前部靠右侧墓壁处和墓室后部，共出土器物16件。按质地分为青瓷、铁、铜、银、琉璃、料珠、金等（图二五）。

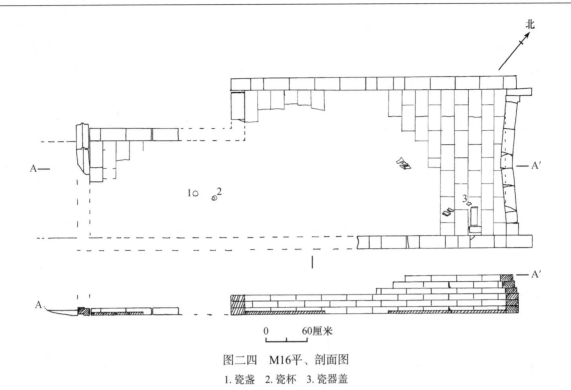

图二四　M16平、剖面图

1.瓷盏　2.瓷杯　3.瓷器盖

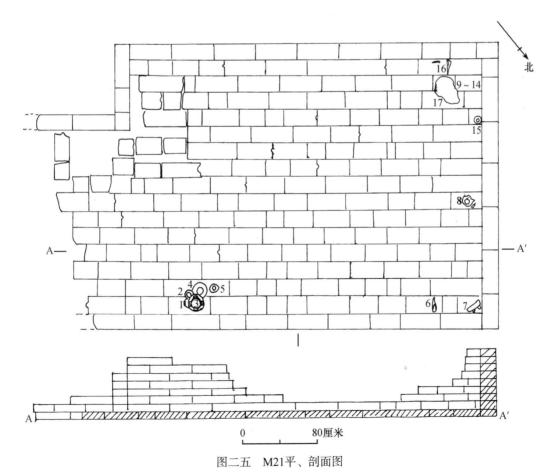

图二五　M21平、剖面图

1、5、9、10.青瓷杯　2.瓷罐　3.青瓷四系罐　4.青瓷碗　6、16.铁钉　7.铁镳斗　8.青瓷壶　11.金饰件　12.琉璃耳珰

13.料珠　14.银条　15.铜线圈　17.人骨架

2. 出土器物

两座墓葬共出土器物18件。按质地可分为青瓷、金、银、铜、铁、琉璃、料珠等。

（1）青瓷器

10件。釉色青中泛黄，釉面有细小裂纹，胎色灰白。器形有碗、杯、罐、盖等。

碗　1件。M21：4，侈口，尖圆唇，斜弧腹，饼足。灰白色胎，施青黄色釉，内壁满釉，外壁施釉不及底，内底有支钉痕。口径16、底径11.5、高7厘米（图二六，1）。

杯　7件。依口部特征分二型。

A型　2件。敛口。M16：2，口微敛，圆唇，弧腹，饼足。灰白色胎，施青黄色釉，釉面有裂纹。口径9.2、底径4.4、高3.2厘米（图二六，4）。

B型　5件。侈口。M21：10，尖圆唇，斜弧壁，饼足。灰白色胎，青黄色釉，内壁满釉，外壁施釉不及底。口径8.1、足径4.9、高4厘米（图二六，7）。

罐　1件。M21：2，直口，方唇，溜肩，深腹微鼓，平底，肩附四个横向桥形系，系为手制后黏接，外壁中腹以上施青绿釉，釉面有裂纹，其余无釉露灰白色胎。肩饰凹弦纹二周。口径11、底径11.1、高18.6厘米（图二六，2）。

盖　1件。M16：3，圆拱形盖面，顶中部圆形纽座内置一桥形纽。灰白色胎，面施青黄色釉，釉面有小裂纹。盖沿及中部各饰凹弦纹一道。盖面径9.6、高2.8厘米（图二六，5）。

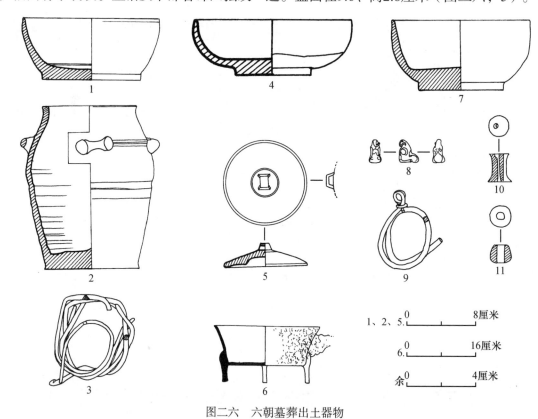

图二六　六朝墓葬出土器物

1. 青瓷碗（M21：4）　2. 青瓷罐（M21：2）　3. 铜线圈（M21：15）　4. A型青瓷杯（M16：2）　5. 青瓷盖（M16：3）
6. 铁鐎斗（M21：7）　7. B型青瓷杯（M21：10）　8. 金器（M21：11）　9. 银条（M21：14）　10. 琉璃耳珰（M21：12）
11. 料珠（M21：13）

（2）金器

1件。M21：11，器形小巧，呈蹲兽状，顶端有扁曲形环纽，器身有一椭圆形穿孔。高1.32厘米（图二六，8）。

（3）银条

1件。M21：14，用断面呈圆形的银条卷曲呈圈状，头粗尾细，尾部挽成结（图二六，9）。

（4）铜器

1件。铜线圈。M21：15，用断面呈圆形的铜线挽成圈状，残损严重（图二六，3）。

（5）铁器

3件。有壶、钉两类。

鐎斗　1件。M21：7，敞口，斜弧腹内收，平底，三蹄状足，柄残。口径25、通高12.9厘米（图二六，6）。

钉　2件。均出自M21，锈蚀严重，残断。

（6）琉璃器

1件。M21：12，耳珰，亚腰形，穿孔未在正中而是偏于一侧。蓝色，透明。高1.6厘米（图二六，10）。

（7）料珠

1件。M21：13，略呈圆柱体，中有穿孔，表皮有剥落现象，浅绿色，微透明。直径1.25、穿径0.4、高1.02厘米（图二六，11）。

（四）元末明初墓葬

本次共清理元末明初墓葬3座，编号为M19、M20、M23，均为长方形竖穴土坑墓，受后期扰乱破坏严重，同时打破F25。

1. 墓葬形制

M19　墓向123°。位于T713西南部，开口于第3层下，打破第4层及F25排水沟和后檐墙基，为长方形竖穴土坑墓，口、底同大，长255、宽106、残高36～104厘米，墓壁陡直，但不规整，墓内填土为灰褐色花土，含大量草木灰、陶瓷片等，未发现葬具和人骨朽痕，出土随葬器物共3件。为2件青瓷碗重叠反扣于1件青瓷罐上（图二七）。

M20　墓向299°。位于T717的北部，并延伸至T717北隔梁中。为长方形竖穴土坑墓，口、底同大，长250、宽96、残深50～60厘米，墓室西北角遭破坏。墓内填土为灰褐色五花土，包含大量陶瓷片和炭屑。墓壁陡直不光滑。根据葬具朽痕及四周分布的棺钉推测，葬具为木棺，长182、宽50～60、厚2～4厘米。棺内发现人骨架1具，为仰身直肢葬，随葬器物有青瓷罐1件、铁棺钉4件（图二八）。

M23　位于T716东隔梁的北部，并延伸进T714的西部，开口于第3层下，打破F25及生土，墓向312°。长方形竖穴土坑墓，口、底同大，墓室残长120～210、宽102、现存墓口至墓底深10～12厘米。墓内填土为灰褐色五花土，包含物为瓷片、炭屑等，墓壁陡直不光滑。墓

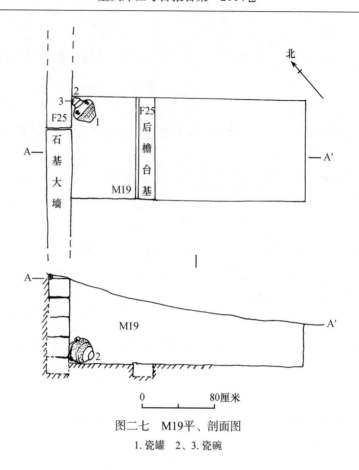

图二七　M19平、剖面图

1. 瓷罐　2、3. 瓷碗

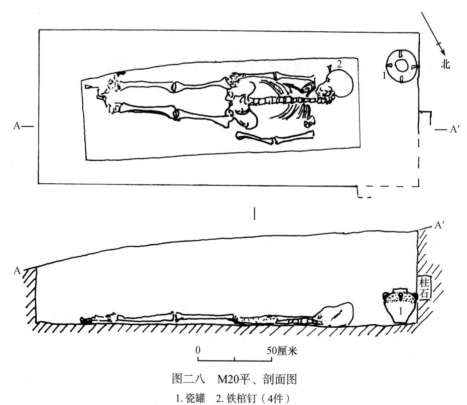

图二八　M20平、剖面图

1. 瓷罐　2. 铁棺钉（4件）

内发现人骨架1具，为仰身直肢葬，骨架下有一层竹席或草席腐烂的朽痕。未发现随葬器物（图二九）。

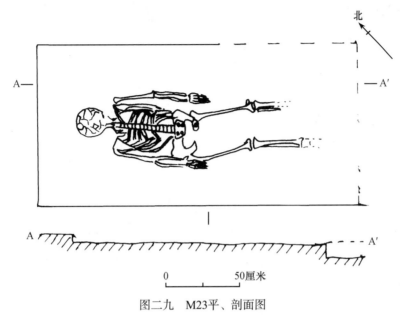

图二九　M23平、剖面图

2. 出土器物

三座墓共出土器物8件。按质地分瓷器和铁器两类。

（1）瓷器

4件。器形有碗、罐。

碗　2件。大小、器形基本一样。M19：3，敞口，厚唇，斜弧腹，圈足，内底稍凸，外底有细小鸡心。砖红色胎，施青绿釉，内外底、足无釉，造型厚重。口径14.8、足径6、高7厘米（图三〇，1）。

罐　2件。M19：1，直口，圆唇，矮领微束，鼓肩，腹壁斜直内收，小平底，肩附四扁曲系，紫红色胎，青褐色釉施及中腹部。口径11、底径9.8、高20.2厘米（图三〇，2）。M20：1，口微敛，圆唇外卷，矮斜领，深圆弧腹，小平底微内凹，肩附四扁曲系。紫红色胎，胎中含细小的白石英颗粒，青褐色釉施及中腹部。口径10、底径6.5、高22.3厘米（图三〇，3）。

（2）铁器

4件。均为棺钉，长短、器形基本一样。M20：2，长约15厘米（图三〇，4）。

3. 墓葬时代

M19和M20两墓出土器物中的碗、罐造型厚重，碗足沿平，具有明显的元末明初风格。M23虽无器物出土，但根据其开口层位和墓葬形制，其时代应与M19、M20接近。

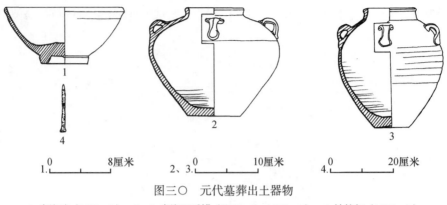

图三〇　元代墓葬出土器物

1. 青瓷碗（M19：3）　2、3. 青瓷四系罐（M19：1、M20：1）　4. 铁棺钉（M20：2）

三、初步认识

本年度是下中村遗址自2001年首次发掘以来规模最大的一次发掘。通过本年度的发掘，我们取得了如下收获。

1）本次发掘，我们基本弄清了遗址在整个台地的分布范围。此次发掘我们分别在遗址的Ⅷ、Ⅶ、Ⅴ三区布方发掘，发掘结果证明，遗址的Ⅷ、Ⅴ两区只有明清和近现代堆积，宋代及其以前的堆积主要集中在遗址的中部。且本次在遗址中部台地与山梁相交的坡地及山梁上发现大批叠压在宋代地层下的墓葬，证明在宋以前这一带是墓葬区。通过历年发掘的地层堆积情况可看出，整个下中村台地的开发过程是由东部江边逐渐向西部开发的过程。

2）本次发掘的15座墓葬是历年下中村遗址发掘中墓葬最多的一次，尤其是这批战国、西汉及元末明初墓葬的发掘，使下中村遗址的墓葬的年代从战国到明清无一缺环，大批同时期遗物的出土为我们研究这一时期的墓葬制度及其丧葬观念提供了有价值的实物资料。

3）F25的发掘是本次发掘的一大收获。F25规模较大，房基保存较好。从出土的大量实用生活用具可看出，F25是一处较大的民用建筑。遗物中黑釉瓷、酱釉瓷数量明显增多，青白瓷碗、盘、盏类器物中刻花、印花较繁杂，出土较多铁钱。这些特征说明F25应是南宋时期的一座民用建筑。F25的发掘为我们研究南宋时期民用建筑的结构、民用瓷的构成等提供了极为宝贵的资料。

4）M21墓室后部铺地砖被有意凿出一小坑，将2个青瓷杯上下扣合置于坑内，上面倒置的青瓷杯高度正好与墓底平行，扣合的杯内放置金饰件、琉璃耳珰、料珠、铜条、银条等贵重器物，其中铜条、银条均绕成圈状。置于棺木附近，说明是有意将当时人们认为的贵重物品置于墓主人身旁，同时由于位置的隐秘，也可以起到很大的防盗作用。

整理：岳宗英　彭学斌　李应东
　　　郑　燮　雷　声
绘图：李应东
执笔：岳宗英　雷　声

忠县渔洞十一队墓地2004年度发掘报告

郑州大学历史学院
忠县文物保护中心

一、地理环境和发掘经过

渔洞十一队墓地位于重庆市忠县洋渡镇渔洞村，南距洋渡镇约3千米，北距县城约20千米（图一）。

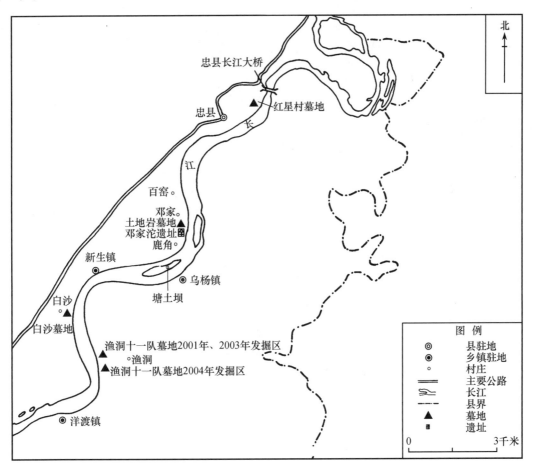

图一　渔洞十一队墓地位置示意图

　　1994年北京大学三峡库区考古队调查发现该墓群。2001年、2003年，郑州大学三峡考古队分别对该墓群进行了两次发掘，共清理墓葬6座[①]。2004年度的发掘始于10月21日，首先进行调查与钻探工作。在前两次发掘的墓群上游，即今临江庙上小学南侧的山坡台地上发现墓砖线索。2004年11月2日开始发掘，12月初结束，发掘10米×10米探方15个，清理墓葬7座（图二），接前两次发掘的墓葬连续编号。

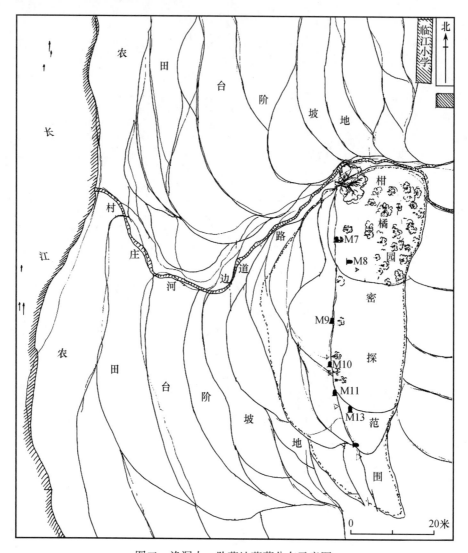

图二　渔洞十一队墓地墓葬分布示意图

　　① 郑州大学历史学院、重庆市文化局三峡办、忠县文物管理所：《重庆忠县渔洞十一队墓地发掘报告》《重庆忠县渔洞十一队墓地第二次发掘报告》，待刊。

二、墓葬形制及随葬品

本次发现的墓葬7座，按建造材料的不同分砖室墓和石砌墓两种。

（一）砖室墓

5座。根据平面形状分为刀形和"凸"字形。

1. 刀形墓

3座。由墓室和甬道两部分组成，甬道与墓室北壁砌成一线，南壁东部一端内折形成直背刀形。

（1）M7

M7开口于第1层下，打破生土。全长560厘米，方向70°。

墓室顶部无存，四壁用花纹砖错缝顺砖平砌而成，花纹纹样为车辐形加三角形（图一四，7）。长3.7、宽3、残深约0.6米，平砖铺地。甬道长1.9、宽2.15、深约0.6米，平砖铺地。墓内填黄灰褐色杂土，由于人为盗挖，封门砖无存。土中掺杂较多的砖块及陶器、陶俑、铜锈等残片（图三）。随葬品多已残破，修复陶器5件，另有铜钱6枚。

陶豆 1件。M7：6，夹细砂灰陶。轮制。残。浅盘口，圆方唇，喇叭形柄，外侈。素面。口径10、底径11.2、高14.8厘米（图四，5）。

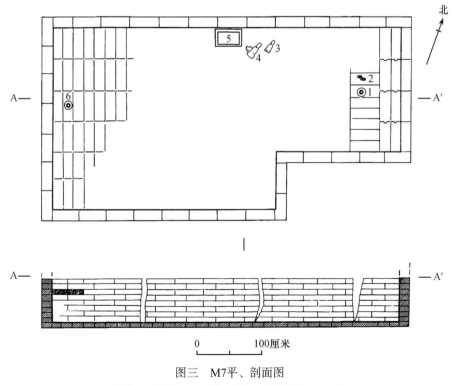

图三 M7平、剖面图

1.陶钵 2.铜钱 3、4.陶立俑 5.陶池塘模型 6.陶豆

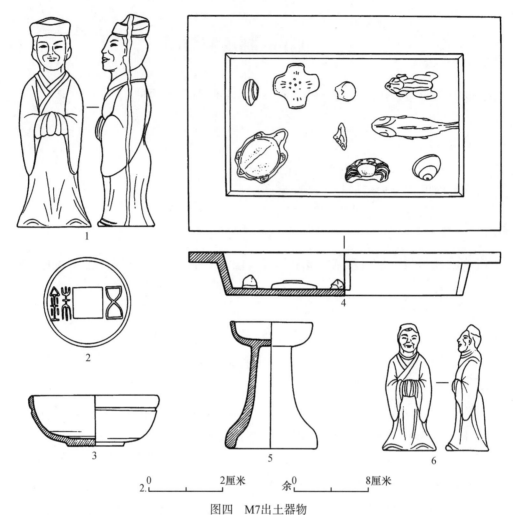

图四　M7出土器物

1、6. 陶立俑（M7：4、M7：3）　2. 铜钱（M7：2-1）　3. 陶钵（M7：1）　4. 陶池塘（M7：5）　5. 陶豆（M7：6）

　　陶钵　1件。M7：1，泥质灰陶。修复完整。敞口，尖圆唇，弧腹内收，饼形足。口径15.2、底径6.4、高6厘米（图四，3）。

　　陶立俑　2件。M7：3，泥质红陶。合范模制。头戴冠，右衽及地长袍，下摆宽大，双手合抱于腹前。通高14.8厘米（图四，6）。M7：4，泥质灰陶。合范模制。头戴冠，右衽及地长袍，下摆宽大，双手合抱于胸前。通高24.8厘米（图四，1）。

　　陶池塘模型　1件。M7：5，泥质灰陶。模制。残。平面呈长方形，宽平折沿，斜直腹，平底。塘内底部有鱼、龟、蚌、蟹等泥塑浮雕。长37.2、宽25.2、通高5厘米（图四，4）。

　　铜钱　6枚，均为五铢钱。M7：2-1，铜质，浇铸而成。圆形方穿，穿背面有郭，两侧有篆文"五铢"二字。钱径2.6、穿径1、郭径0.1厘米（图四，2）。

　　（2）M8

　　M8开口于第1层下，打破生土。墓全长4.62米，方向72°。

　　墓室顶部无存，四壁花纹砖错缝平铺而成，底部花纹砖平铺。墓室长2.92、宽2.02、残存高度0.4米；甬道四壁及底部与墓室砌法相同。长1.7、宽1.6、残高0.4米。

　　墓内为淤积黄褐色五花黏土，大部被盗扰。骨架一具，葬具、葬式不详（图五）。

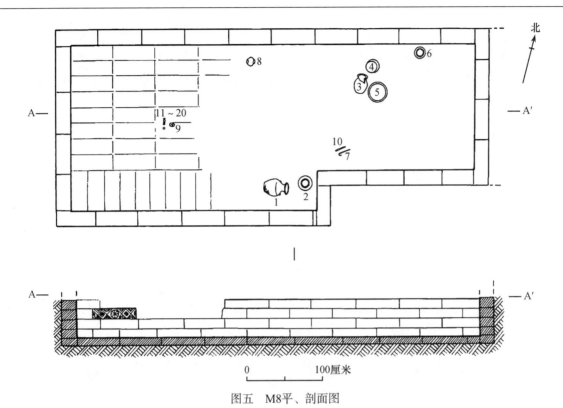

图五　M8平、剖面图

1. 瓷盘口壶　2. 瓷双耳罐　3. 瓷四系罐　4. 瓷钵　5. 铁镳斗　6. 瓷碗　7、10. 铜簪　8. 瓷小罐　9. 铜钱　11. 铜铃

12、14～20. 琉璃珠子　13. 骨珠子

随葬品共20件。

瓷盘口壶　1件。M8：1，灰白胎，青釉，盘口施釉，外施半釉。轮制。残。浅盘口，束颈，鼓肩，下腹内收，平底。下腹有旋痕。口径13.6、底径10、高25.4厘米（图六，6）。

瓷双耳罐　1件。M8：2，青灰胎，青釉已脱落。敛口，平沿，圆唇，鼓腹，下腹弧内收，平底。肩附桥形双系，下腹有旋痕。口径10、底径10、高18厘米（图六，1）。

瓷四系罐　1件。M8：3，灰白胎，青釉已脱落。敛口，平沿，沿面有一周凹槽，鼓腹，下腹弧内收，平底。肩附桥形四系。器表饰凹弦纹两周。口径11、底径10.4、高16.4厘米（图六，2）。

瓷小罐　1件。M8：8，灰白胎，青釉，内满釉，外部施釉不及底。直口，微敛，鼓肩，下腹斜内收，平底。口径4、底径4.8、高4厘米（图六，4）。

瓷钵　1件。M8：4，灰白胎，青釉，内满釉，外半釉，大部已脱落。轮制。敛口，圆唇，腹微曲，平底。唇下有一周凹槽，器表饰凹弦纹一周。口径15.2、底径10.4、高5.6厘米（图六，3）。

瓷碗　1件。M8：6，灰白胎，青釉，内外施釉均不及底。敞口，尖圆唇，深弧腹，饼状足。口径15.2、底径7.2、高8厘米（图六，5）。

铁镳斗　1件。M8：5，铁质。浇铸。残。盆形斗，敞口，腹微垂，平底，附足已残。唇下有一周凸棱。口径17、底径11、残高7厘米（图六，7）。

铜铃　1件。M8：11，铜质。浇铸。椭圆形，顶有双孔。长径2.8厘米（图六，15）。

铜簪　2件。M8:7，铜质。打制。整体呈"U"形，两端残。残长6厘米（图六，19）。M8:10，铜质。打制。长条状，环首残。残长7厘米（图六，18）。

铜钱　1枚。M8:9，半两钱。圆形，方穿，钱郭残破。钱文为篆文"半两"。钱径3.2、穿径0.75厘米（图六，20）。

琉璃珠子　8个。M8:12，青绿色。圆球形，中有穿孔。直径1.5、孔径0.2厘米（图六，8）。M8:14，浅蓝色。圆柱形，中有穿孔。长1.1、径0.9、孔径0.2厘米（图六，9）。M8:15，宝石红。四棱形，中间鼓，两头细，有孔。长1.5、两端宽0.4、中部宽0.7、孔径0.2厘米（图六，16）。M8:16，浅黄色。扁圆形，中有穿孔。长径0.8、孔径0.2厘米（图六，13）。M8:17，黄白色。四棱形，中间略鼓，折腹，两头细，中有穿孔。长1.1、两

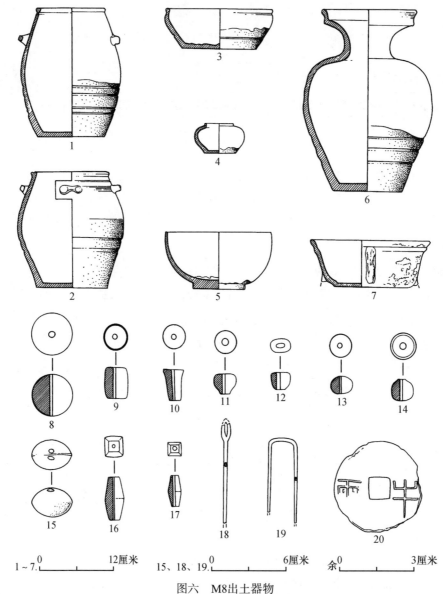

图六　M8出土器物

1.瓷双耳罐（M8:2）　2.瓷四系罐（M8:3）　3.瓷钵（M8:4）　4.瓷小罐（M8:8）　5.瓷碗（M8:6）　6.瓷盘口壶（M8:1）　7.铁镰斗（M8:5）　8、9、11~14、16、17.琉璃珠子（M8:12、M8:14、M8:19、M8:20、M8:16、M8:18、M8:15、M8:17）　10.骨珠子（M8:13）　15.铜铃（M8:11）　18、19.铜簪（M8:10、M8:7）　20.铜钱（M8:9）

端宽0.3、中间宽0.5、孔径0.15厘米（图六，17）。M8：18，蓝绿色。近葫芦形，上部略残，中有穿孔。直径0.8、高0.8、孔径0.2厘米（图六，14）。M8：19，蓝绿色。近葫芦形，微残，中有穿孔。径0.4～0.8、高0.8、孔径0.2厘米（图六，11）。M8：20，青色。平面呈椭圆形，剖面近梯形，上大下小，中有穿孔。长径0.7、短径0.5、高0.6、孔径0.3厘米（图六，12）。

骨珠子　1个。M8：13，骨质。剖面呈筒形，上大下小，中有穿孔。长1.1、直径0.4～0.7、孔径0.2厘米（图六，10）。

（3）M10

M10开口于第1层下，打破生土。方向264°，全长4.2米。

甬道及墓室顶部被毁无存。墓室长2.38、宽2.48、残高0.6～0.8米，花纹砖铺地，花纹纹样以几何图形为主（图一四，4、6）；甬道长1.66、宽1.44、残高0.1～0.6米。

墓室甬道均填黄褐色五花黏土，土质细，结构紧密，质地较硬（图七）。

随葬品13件。

瓷盘口壶　1件。M10：8，灰白胎，青釉，盘口施釉，外满釉。浅盘口，束颈，溜肩，圆鼓腹，下腹斜直内收，平底。肩附桥形双系。口径5.6、底径7.2、通高12厘米（图八，7）。

瓷六系盘口壶　1件。M10：7，灰白胎，青釉，盘口施釉，外施半釉。残。盘口，高领，束颈，溜肩，鼓腹，平底。肩附桥形六系。口径13.6、底径9、通高26.4厘米（图八，2）。

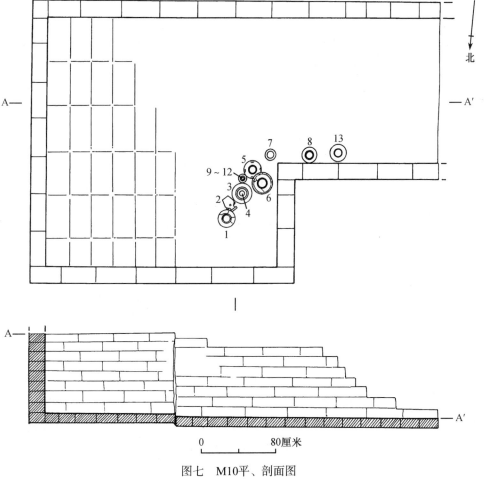

图七　M10平、剖面图

1、6、13.陶釜　2、3.瓷四系盘口壶　4、11、12.瓷盏　5.瓷六系罐　7、8.瓷盘口壶　9、10.瓷钵

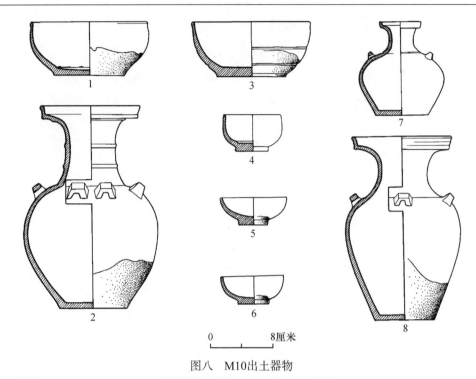

图八　M10出土器物

1、3.瓷钵（M10∶9、M10∶10）　2.瓷六系盘口壶（M10∶7）　4~6.瓷盏（M10∶4、M10∶11、M10∶12）

7.瓷盘口壶（M10∶8）　8.瓷四系盘口壶（M10∶2）

　　　瓷钵　2件。M10∶9，灰白胎，青釉，内满釉，外釉不到底。口微敛，尖圆唇，圆鼓腹，大平底，饼形足。器内底有8支钉痕。口径15.6、底径9.6、高7厘米（图八，1）。M10∶10，灰白胎，青釉，内满釉，外釉不到底。敞口，尖圆唇，弧腹内收，大平底，饼形足。器内底有18支钉痕。口径16、底径9、高7.2厘米（图八，3）。

　　　瓷盏　3件。M10∶4，灰白胎，青釉，内外满釉。口微敛，腹微垂，平底，饼形足。口径7.6、底径4.2、高4.8厘米（图八，4）。M10∶11，灰白胎，青釉，内满釉，外部施釉不到底。残。敞口，尖圆唇，浅斜腹，下腹弧收，饼形足。口径8.8、底径4、高3.6厘米（图八，5）。M10∶12，灰白胎，青釉，内满釉，外部施釉不到底。残。敞口，尖圆唇，斜腹内收，饼形足。口径8.4、底径4、高3.6厘米（图八，6）。

　　　瓷四系盘口壶　2件。M10∶2，灰白胎，青釉呈翠色，盘口施釉，外施半釉。浅盘口，束颈，鼓肩，斜直腹，平底。肩附桥形四耳。口径13.6、底径8、高24厘米（图八，8）。M10∶3，灰白胎，铁红色陶衣青釉，盘口施釉，外施半釉。残。盘口，颈微束，颈部中间略有一圈凸起，溜肩，圆鼓腹，下腹斜直内收，平底。肩附桥形四系。口径16、底径13.6、高33.6厘米（图九，1）。

　　　瓷六系罐　1件。M10∶5，灰白胎，青釉，内满釉，外不到底。直口，尖圆唇，鼓肩，下腹斜内收，平底。肩附六系，下腹部有旋痕。口径16、底径14、高18厘米（图九，5）。

　　　陶釜　3件。M10∶1，夹砂黑胎褐红皮陶。残。侈口，宽斜折沿，沿口内敛，方唇，束颈，圆鼓腹，圜底。器表饰绳纹。口径28、高20.4厘米（图九，3）。M10∶6，夹砂黑胎褐红皮陶。残。侈口，宽斜折沿，圆唇，束颈，鼓腹，底残。器表饰绳纹。口径22.4、残高14厘米（图九，4）。M10∶13，夹砂黑胎褐红皮陶。残。侈口，宽斜折沿，上沿口内敛，方唇，束颈，鼓腹，圜底。器表饰绳纹。口径25.6、高20.8厘米（图九，2）。

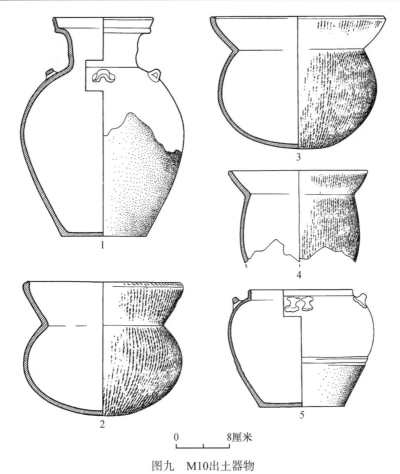

图九　M10出土器物

1. 瓷四系盘口壶（M10：3）　2～4. 陶釜（M10：13、M10：1、M10：6）　5. 瓷六系罐（M10：5）

2. "凸" 字形墓

2座。由墓道、甬道两部分组成，甬道位于墓室西壁正中，平面形状呈"凸"字形。

（1）M9

M9开口于第1层下，打破生土。总长5.2米，方向260°。墓室、甬道均用花纹砖错缝平铺而成，花纹纹样有车辐加菱形、铜钱加菱形以及"富贵"加菱形（图一四，1、2、5）。墓室长3.1、宽2.4、深0.5～1.1米。底部子母砖相扣平铺。顶部用子母立砖起券，残存一层券顶。甬道长2.1、宽1.48、高0.5米，平砖封门。

墓室及甬道内均填黄褐色五花黏土，大部分被人为扰动（图一〇）。

随葬品共5件。

瓷盘口壶　1件。M9：1，灰白胎，青釉，内满釉，外施半釉。残。浅盘口，束颈，鼓腹，下腹斜内收，平底。肩附桥形四系。口径12、底径9、通高24.5厘米（图一一，1）。

瓷碗　1件。M9：2，灰白胎，青釉，内外满釉。残。敞口，尖圆唇，深腹，平底，饼形足。口径14.4、底径6、高7.6厘米（图一一，5）。

瓷盏　1件。M9：3，灰白胎，青釉，内外满釉，大部脱落。口微敛，尖圆唇，弧腹，平底，饼形足。口径9、底径5.6、高4厘米（图一一，3）。

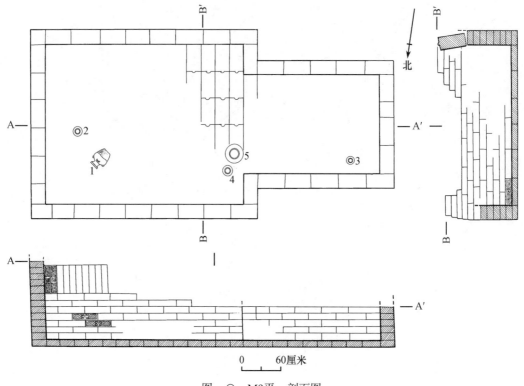

图一〇　M9平、剖面图

1. 瓷盘口壶　2. 瓷碗　3. 瓷盏　4. 瓷钵　5. 陶釜

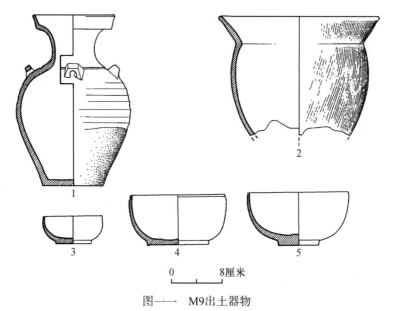

图一一　M9出土器物

1. 瓷盘口壶（M9：1）　2. 陶釜（M9：5）　3. 瓷盏（M9：3）　4. 瓷钵（M9：4）　5. 瓷碗（M9：2）

　　瓷钵　1件。M9：4，灰白胎，青釉，内外满釉。残。敞口，尖圆唇，内弧腹，大平底，饼形足。唇下和足底外部各有一周凹槽。口径14、底径9、高7.2厘米（图一一，4）。

　　陶釜　1件。M9：5，夹砂黑胎红褐皮陶。轮制。残。侈口，宽折斜沿，鼓腹，底残。器表饰纵向细绳纹。口径24、残高17.2厘米（图一一，2）。

（2）M12

M12开口于第1层下，打破生土。全长4.82米，方向182°。墓室、甬道四壁用花纹砖错缝平铺，长2.94、外宽3.14米。底部花纹砖对缝平铺，甬道长1.88、宽1.94米。底部前面用石块平铺，后部用花纹砖纵向平铺。用石封门，花纹砖纹样为菱形（图一四，3）。

由于盗扰，墓室大部分被毁，室内填土为淤积黄褐色黏土，未发现骨架（图一二）。

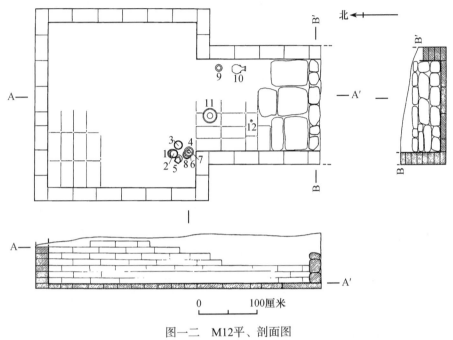

图一二　M12平、剖面图

1、3～6、9.瓷钵　2.瓷盏　7.瓷碗　8、11.瓷罐　10.瓷盘口壶　12.铜钱

随葬品复原12件。

瓷盘口壶　1件。M12：10，灰白胎，青釉，外釉不到底。轮制。残。浅盘口，高领，束颈，鼓肩，斜直腹，平底。肩部有四个桥形耳。口径12.8、底径9.6、高23.2厘米（图一三，1）。

瓷钵　6件。M12：1，灰白胎，青釉，内满釉，外半釉。轮制。残。口微敛，尖圆唇，内弧腹，大平底，饼形足。内有12个支钉痕。口径14.4、底径8.8、高7厘米（图一三，10）。M12：3，灰白胎，青釉，内满釉，外部施釉不到底。残。口微敛，尖圆唇，内斜腹，大平底，饼形足。内底有15个支钉痕。口径15、底径9、高6.4厘米（图一三，2）。M12：4，灰白胎，青釉，内满釉，外部施釉不到底。残。口微敛，尖圆唇，内弧腹，大平底，饼形足。内有10个支钉痕。口径15、底径9、高6.8厘米（图一三，11）。M12：5，灰白胎，青釉，内满釉，外部施釉不到底。残。敞口，尖圆唇，唇下有一周凹槽。内弧腹，大平底，饼形足。内有17个支钉痕。口径15.6、底径9.6、高6.4厘米（图一三，5）。M12：6，灰白胎，青釉，内外满釉。轮制。残。口微敛，尖圆唇，唇下有一周凹槽。内弧腹，大平底，饼形足。内有13个支钉痕。口径15.2、底径9.6、高6.2厘米（图一三，6）。M12：9，灰白胎，青釉，内满釉，外半釉。轮制。残。口微敛，尖圆唇，内斜腹，大平底，饼形足。内有14个支钉痕。口径15.6、底径9、高6.8厘米（图一三，4）。

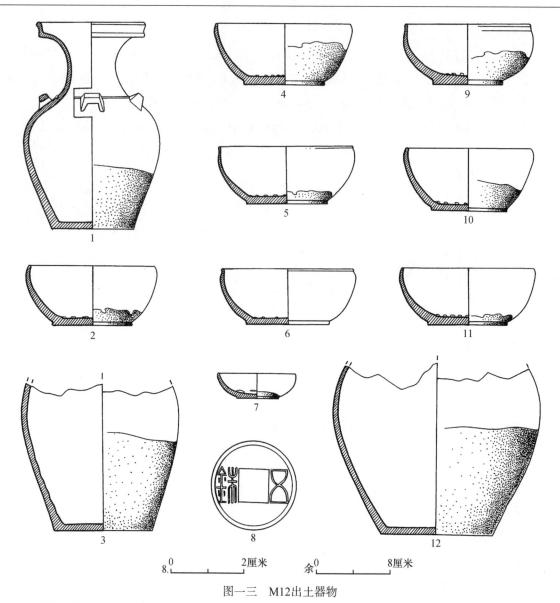

图一三　M12出土器物

1. 瓷盘口壶（M12：10）　2、4~6、10、11. 瓷钵（M12：3、M12：9、M12：5、M12：6、M12：1、M12：4）

3、12. 瓷罐（M12：11、M12：8）　7. 瓷盏（M12：2）　8. 铜钱（M12：12）　9. 瓷碗（M12：7）

　　瓷盏　1件。M12：2，灰白胎，青釉，内满釉，外部施釉不到底，釉面部分脱落。残。敞口，尖圆唇，浅斜腹，平底，饼形足。内有5个支钉痕。口径9、底径5、高2.8厘米（图一三，7）。

　　瓷碗　1件。M12：7，灰白胎，青釉，内满釉，外半釉。轮制。残。口微敛，尖圆唇，鼓腹，平底，饼形足。内有16个支钉痕。口径14.4、底径8、高6.8厘米（图一三，9）。

　　瓷罐　2件。M12：8，青灰胎，浅褐釉，内无釉，外半釉。轮制。口残，鼓腹，平底。底径13、残高19厘米（图一三，12）。M12：11，青灰胎，青釉，外半釉，多脱落。轮制。口残，鼓腹，平底。底径11.6、残高16.4厘米（图一三，3）。

　　铜钱　1枚。M12：12，青铜，浇铸。圆形方穿，穿背面有郭，两侧有篆文"五铢"二字。钱径2.6、郭径0.15、穿径0.9厘米（图一三，8）。

图一四　出土墓砖纹饰
1、2、5. M9　3. M12　4、6. M10　7. M7

（二）石室墓

2座。均为长方形。

1. M11

M11开口于第1层下，打破生土。方向248°。长3.7、宽2、残深0～0.25米，墓室四壁由石块砌成，由于被人为扰动破坏以及地质滑坡塌落，整体面貌不清。

骨架已朽无存，葬具、葬式不详。墓内填土为黄褐色花土，略硬，未分层。有许多塌落于内的基石石块（图一五）。

随葬品共6件。

陶仓　1件。M11：1，夹细砂灰陶。轮制。敛口，圆唇，微折肩，鼓腹，平底。素面。口径10、底径8.5、高14.4厘米（图一六，3）。

陶楼　1件。M11：4，泥质灰陶。分块模制后合制。残。面阔三间，以两方柱间隔，柱顶为一斗三升支撑层檐，进深两间，顶上一层建筑不存。面阔28、进深12、高22厘米（图一六，6）。

陶罐　2件。M11：2，夹砂灰陶。轮制。残。侈口，宽折沿，尖圆唇，唇下有一周凹槽，略呈盘状，鼓腹，最大径略偏上，平底。器表拍印斜方格纹。口径12、底径11.2、高14.5厘米（图一六，5）。M11：3，夹砂褐红胎灰釉。轮制。侈口，圆唇，广折肩，平底。肩饰两周凹弦纹。口径9、底径14、高12.4厘米（图一六，1）。

陶盆　1件。M11：5，泥质灰陶。轮制。口微敛，平折沿，尖圆唇，深斜腹，平底。素面。口径28.8、底径12.5、高14.8厘米（图一六，2）。

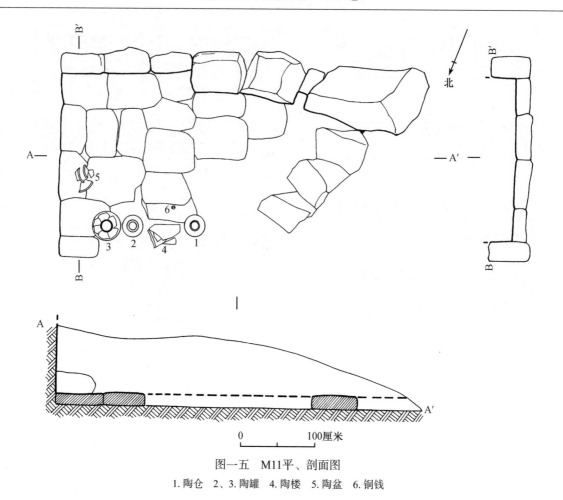

图一五　M11平、剖面图

1.陶仓　2、3.陶罐　4.陶楼　5.陶盆　6.铜钱

五铢钱　1枚。M11:6，铜质。浇铸而成。圆形方穿，穿背面有郭，两侧有篆文"五铢"二字。钱径2.6、郭径0.3、穿径1厘米（图一六，4）。

2. M13

M13开口于第1层下，打破生土。由于自然塌陷及人为破坏等原因，大部被毁无存，仅存东侧墓室上部，残长2、宽2、残高0.2米。墓室内填黄褐色五花黏土，被扰翻，在其底部发现五铢钱6枚。人骨无存，葬具不详（图一七）。

铜钱　6枚。M13:1-1，铜质。浇铸而成。圆形方穿，穿背面有郭，两侧有篆文"五铢"二字。钱径2.6、孔径1、郭径0.15厘米（图一八，1）。M13:1-2，铜质。浇铸而成。圆形方穿，穿背面有郭，两侧有篆文"五铢"二字。钱径2.5、孔径1、郭径0.1厘米（图一八，2）。

三、分组与年代

根据上述7座墓葬出土器物的组合、特征，可将其分为两组。

第一组以M7、M11为代表，随葬品组合以陶俑、陶模型明器、陶罐、陶豆、陶仓等为代表；

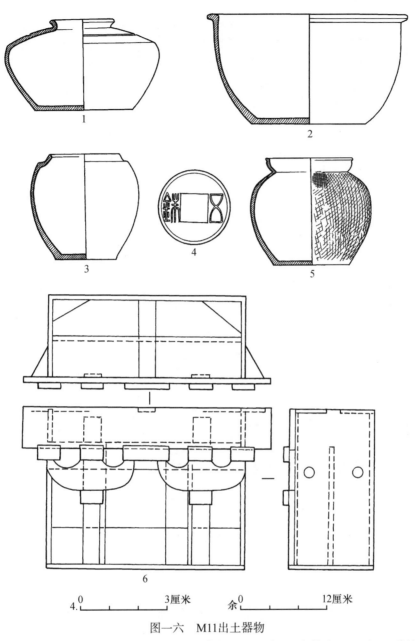

图一六　M11出土器物

1、5.陶罐（M11：3、M11：2）　2.陶盆（M11：5）　3.陶仓（M11：1）　4.铜钱（M11：6）　6.陶楼（M11：4）

　　第二组以M8～M10、M12为代表，随葬品组合以瓷盘口壶、四系罐、钵、碗、盏等为代表。

　　第一组M7：3、M7：4陶立俑分别与忠县土地岩BM1：19、BM1：22男俑特征相近，M7：6陶豆与忠县土地岩BM1：33陶豆形状相近，M11：3陶罐与忠县土地岩BM1：12、BM1：37罐形制相近，M11：4陶楼与忠县土地岩BM1：34陶楼形制相近[①]。M7：5陶池塘模型与忠县老鸹冲AM11：8陶池塘形制相近[②]。忠县土地岩BM1和忠县老鸹冲AM11的年代为东汉

　　①　重庆市文物局、重庆市移民局：《忠县仙人洞与土地岩墓地》，科学出版社，2008年，第80～100页。

　　②　重庆市文物考古所、重庆市文物局：《忠县老鸹冲遗址（墓葬部分）发掘简报》，《重庆库区考古报告集·2000卷》，科学出版社，2007年，第858页。

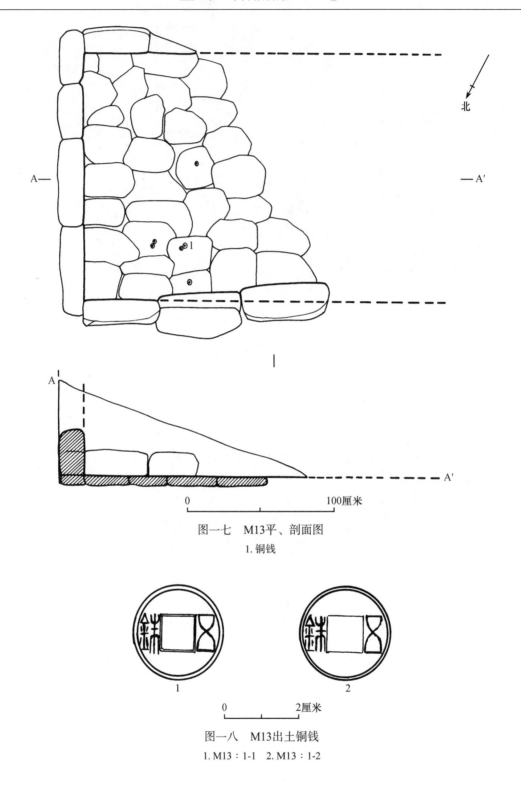

图一七　M13平、剖面图

1. 铜钱

图一八　M13出土铜钱

1. M13：1-1　2. M13：1-2

晚期，故第一组墓葬的年代应当在东汉晚期。第二组M9：1、M10：2、M12：10瓷盘口壶与忠县土地岩ZTAM5：2瓷盘口壶特征相近，M10：5瓷六系罐与忠县土地岩ZTAM511：6罐特征相近①。后者的年代约为南朝晚期。故第二组墓葬的年代应当在南朝晚期。

① 重庆市文物局、重庆市移民局：《忠县仙人洞与土地岩墓地》，科学出版社，2008年，第45、62页。

四、主 要 收 获

本年度渔洞十一队墓地发掘的主要收获有两点。

1）本年度发掘到的2座东汉时期的墓葬，出土物丰富，时代特征明显。石砌墓颇具特色。M7出土的陶池塘模型，形象逼真，栩栩如生，具有较高的艺术价值。这些为研究忠县地区东汉时期的丧葬制度提供了有价值的资料。

2）本年度六朝时期墓葬出土的瓷四系盘口壶、瓷四系罐、瓷碗等器形时代特征明显，为本地区提供了六朝时期墓葬断代的标准器物。

绘图：张清池

执笔：李　锋　付江凤

附表　渔洞十一队墓地2004年度发掘墓葬统计表

墓号	方向/（°）	形制结构	墓道 长×宽×高/米	甬道 长×宽×高/米	墓室 长×宽×高/米	随葬品
M7	70	刀形拱顶砖室墓	无	1.9×2.15×0.6	3.7×3.0×残深0.6	1.陶钵 2.铜钱 3、4.立俑 5.陶池塘模型 6.陶豆
M8	72	刀形砖室墓		1.70×1.60×残高0.4	2.92×2.02×残高0.4	1.瓷盘口壶 2.瓷双耳罐 3.瓷四系罐 4.瓷钵 5.铁鐎斗 6.瓷碗 7、10.铜簪 8.瓷小罐 9.铜钱 11.铜铃 12、14~20.琉璃珠子 13.骨珠子
M9	260	"凸"字形砖砌洞室墓	被扰不详	残长2.1×残宽1.48×残高0.5	3.1×2.4×（0.5~1.1）	1.瓷盘口壶 2.瓷碗 3.瓷盏 4.瓷钵 5.陶釜
M10	264	刀形砖室墓	被扰无存	1.66×1.44×（残高0.1~0.6）	2.38×2.48×（残高0.6~0.8）	1、6、13.陶釜 2、3.瓷四系盘口壶 4、11、12.瓷盏 5.瓷六系罐 7、8.瓷盘口壶 9、10.瓷钵
M11	248	长方形石砌墓	无	无	3.7×2×（0~0.25）	1.陶仓 2、3.陶罐 4.陶楼 5.陶盆 6.铜钱
M12	182	"凸"字形砖室墓	无	1.88×1.94×？	2.94×3.14×（0.1~0.7）	1、3~6、9.瓷钵 2.瓷盏 7.瓷碗 8、11.瓷罐 10.瓷盘口壶 12.铜钱
M13	240	长方形石砌墓	无	无	残长2.0×残宽2.0×残高0.2	1.铜钱

开县铺溪四组墓地2004年度发掘报告

山东大学东方考古研究中心
开 州 区 文 物 管 理 所

一、墓地的发现与发掘

　　位于长江北侧的彭溪河亦称小江，其上源的南河和东河分别发源于四川省开江县东南部的广福乡和开县（现重庆市开州区）东北隅的白泉乡，两支流在开县县城汉丰镇汇合称为彭溪河（亦称为小江），水势明显增大。东南行至渠口镇驻地后，西来的浦里河汇入，河面变得宽阔起来。在渠口镇向下不足10千米的范围内，彭溪河两岸分布着若干面积大小不一的平坝，依次如右岸的渠口坝、左岸的张家坝、右岸的大浪坝、左岸的小浪坝、右岸的余家坝和左岸的龙家坝等。进入云阳县境之后，由于地形的缘故，河床陡然变窄，河水在山谷中迂回前行，直到云阳县双江镇注入长江。也正是利用这一地势，20世纪70年代在云阳县李家坝建起了水坝，俗称小江电站，其淹没区可以上溯到渠口镇驻地。2003年，三峡工程二期完工，蓄水水位提高到海拔135米，小江电站大坝被清除，彭溪河中游的渠口、铺溪一带恢复了原来的自然河面水位。

　　位于铺溪村的大浪坝，是彭溪河中游地区一连串平坝中面积最大的一个，南北长约1000、东西宽约1000米，面积约0.83平方千米。大浪坝说是平坝，其实整个平坝并不平整，而是由若干个不同方向的大大小小土岭组成。铺溪村原为一条年代久远的老街，西连渠口，东接云安。铺溪村现划分为十个村民小组，即人民公社时期的生产队，当地习惯称之为社，目前一般人还是称某某社。大浪坝上至少有三处遗址和墓地：铺溪四组位于大浪坝的东南部；长塝在西部沿彭溪河的一条南北向土陵上；红岩子则坐落在大浪坝北部一东西向土陵上。红岩子往东，彭溪河掉头东南行，在彭溪河拐弯的大浪坝东北角坡地上有一个小小的居民点，因为村内居民均为蒋姓，故当地人称其为蒋家院子。

　　1994年3月，为了编制开县三峡淹没区地下文物保护规划，山东大学开县考古队第一分队对大浪坝进行了系统踏查。由当地干部和村民引导，在铺溪四组蒋家院子村南的民房墙壁上发现花纹砖。调查村民后获悉，花纹砖出自房舍后面的坡地。查看具体位置后将其定为一处墓地，遂以铺溪四组命名之（图一）。虽然在这里发现了由农民早年挖出来的花纹墓砖，但调查中并未发现明确的墓葬。所以，制订规划时还是将这一处地点定为级别最低的一级，规划发掘面积只有100平方米，属于试掘的性质。

　　2004年，重庆市文化局三峡办委托山东大学东方考古研究中心负责铺溪四组墓地的发掘工作。12月，考古队进驻铺溪村后，先后数次在大浪坝进行实地调查，寻找遗址和墓地的具体位置和线索。2004年9月4日，开县发生了历史上罕见的特大洪灾，大浪坝上的居民点均被洪水冲

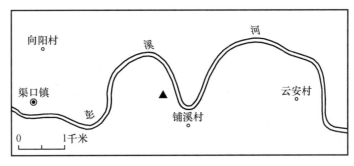

图一　铺溪四组墓地位置示意图

垮，铺溪四组的蒋家院子也未能幸免，原有的居民点已不复存在。所以，复查时由于失去了村舍的参照，一直找不到这一地点。

2005年1月，完成了西部渠口坝上两处小地点的发掘任务之后，我们再次实地考察大浪坝东部区域，调查中发现了现在发掘的地点。这一地点本来属于铺溪十组，因为当地人发音不清楚，"十"和"四"接近，所以我们就错听为四组，从而把这一地点作为铺溪四组来对待了。后来才知道，这里并不是铺溪四组，过去是十组，后来又改为五组。至此，也只能将错就错了。

由于在村民的房屋上发现了明确的大型花纹砖，而且当事人能够确指花纹砖的出处。所以，在后来的钻探中，比较顺利地探查出一些墓葬及遗迹的线索。经过这些工作之后，我们于2005年3月中旬开始对这一墓地进行发掘，到4月中旬结束，前后历时一月有余。发掘采用探方法，先后布12个5米×5米的探方，揭露面积300平方米，发现不同时期的墓葬3座。

二、周围环境及地层堆积

铺溪四组墓地位于大浪坝东南部边缘，坐落在一个向东南方向凸出的不甚规则的三角形台地上。台地的后端与大浪坝连为一体，并以梯田的形式表现出渐次升高的趋势。其他三侧则为较矮的断崖。台地东北较为低平，不远处即为彭溪河，东南去200米处是铺溪老街。墓地海拔151.6～154.65米（图二）。

墓地所在位置原来大部分是民宅，随着三峡工程的开展，居住于此的村民渐次外迁，房屋也随之拆毁，目前只在后面保留着两座尚未搬走农户的房屋。台地上种植蔬菜、油菜和其他农作物，台地周边有竹林和树木，根据发掘工作的需要，陆续将竹林和树木砍伐。

根据村民指认，我们一开始就在三角形台地的前端钻探。由于这里破坏较为严重，所以，一直感觉有一些遗迹分布在地下，深度也较深。后来的发掘证明多数都是晚期铺垫所致。在台地前端中部，发现了3座呈前后排列的墓葬。

铺溪四组墓地的地层堆积较为简单，并且时代均比较晚。下面以T2110南壁为例予以说明（图三）。

第1层：耕土层。厚15～30厘米。灰褐色土，质地较软，结构疏松。

第2层：深15～30、厚45～65厘米。浅黄褐色土，主要分布于探方的东南部，质地松软，

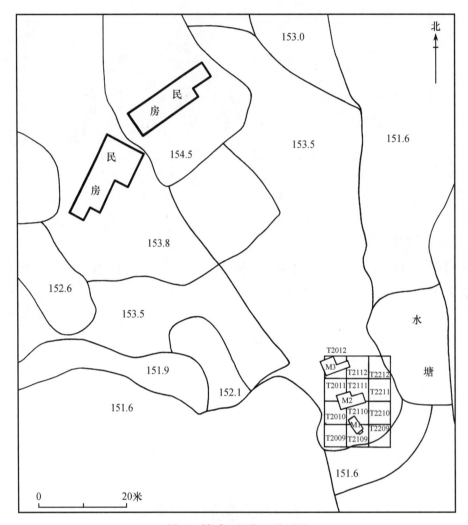

图二　铺溪四组墓地平面图

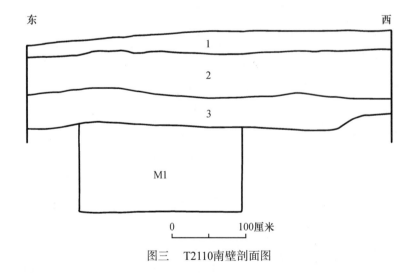

图三　T2110南壁剖面图

结构疏松。包含物中既有近现代的炉渣、瓷片，也有汉代的砖块。

第3层：深65～90、厚20～50厘米。黄褐色土，质地较硬，结构紧密。内含少量近代瓷片、瓦片等。3座墓葬均开口于此层下。

第3层以下为生土。

三、墓葬形制和出土遗物

铺溪四组墓地共发现3座墓葬，编为M1、M2、M3，以下分别予以介绍。

（一）M1

1. 墓葬形制

M1位于T2109西北部，部分延伸至T2110内。开口于第3层下，打破生土层（图四）。

墓葬形制为土坑竖穴石椁墓，方向325°，大致呈东南—西北方向。墓室平面呈一端较窄的不规则长方形，直壁平底。墓口长358、宽180～250、深114厘米。墓口北端距地表125厘米，海拔151.25米；南端距地表80厘米，海拔152.2米。墓葬上半部受到比较严重的破坏，棺室保存尚好。

墓内填灰褐色花土，含较多黄土块，质地较为疏松，含少量汉代的砖块、小石头及近代瓷片，填土内发现1件清代的青花瓷碗，已残。棺室内填灰色淤土，黏性较大。

墓葬四周原用石条和砖垒砌边框，形成一石（砖）椁。由于受到较为严重的破坏，垒砌的石条多已不存，仅在两侧和南端的局部保留一层。南端为2块，石条为长方体，东面的一块长124、宽16～20、厚30厘米，西面的一块长86、宽20～22、厚35厘米；东侧残存3块，北面的一块长78、宽18～24、厚30厘米，中间的一块长90、宽20～26、厚32厘米，南面的一块长102、宽20、厚32厘米；西侧保存7块残砖，分三层，长26～32、宽14～20厘米，每层砖厚8厘米。

墓内周边有较宽的生土二层台。棺室位于向下挖出的土坑中，位置在椁室的偏东北部，土坑长272、宽80～100、深80～84厘米。墓内有一木棺，尚未完全腐朽，一端平齐，另一端侧板出头。棺长216、脚端宽50、头端宽62厘米，板灰厚度为2～6厘米，残存高度北端44、南端14厘米。

墓室的南端外侧有一个长方形坑，直壁平底，底部与椁底平齐。长114、宽56、深28厘米。周围用石块垒砌，垂直于墓壁相连处用石灰抹缝，东端石块长52、宽20、厚38～42厘米，南端长72、宽8、厚28厘米，西端被破坏。底部铺一层薄石板，南北各一块，连接处用白石灰抹平，北端一块长72、宽8、厚4厘米，南端一块长72、宽2、厚4厘米。坑内已无任何遗物，可能已被盗走。

棺内有人骨架一具，保存较差，头向北偏西，方向为325°，面向东，仰身直肢，为成年女性。

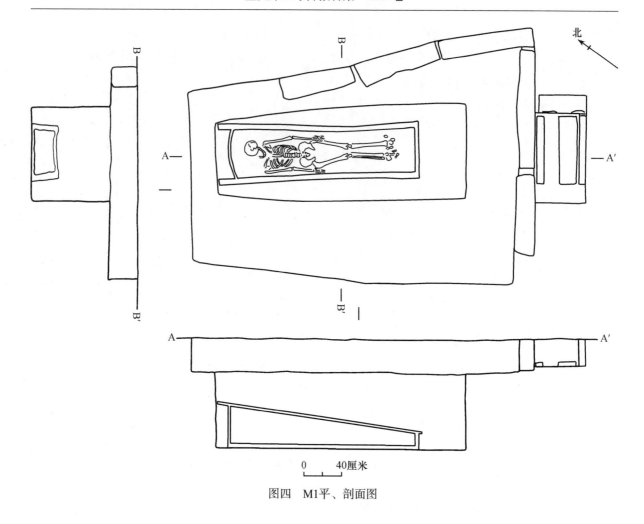

图四　M1平、剖面图

2. 出土遗物

墓内无随葬品。在墓葬填土中发现1件残瓷碗。

M1：01，残存一侧。青花瓷，灰白色胎。敞口，弧腹，矮圈足，内壁底部有支钉痕迹，外壁饰花叶图案。口径8.5、底径3.9、高5.4、厚0.2～0.7厘米（图五）。

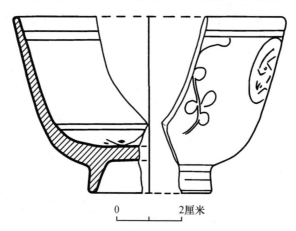

图五　M1填土中出土瓷碗（M1：01）

（二）M2

1. 墓葬形制

M2位于T2111西南部，部分延伸至T2011、T2010、T2110内。开口于第3层下，打破生土层（图六）。

墓葬形制为土坑竖穴砖室墓，方向77°，大致呈东北—西南方向，朝向彭溪河。墓葬由墓室和墓道两部分组成，平面呈带把刀形，通长6米。墓葬上部的券顶部分已被破坏，部分塌落于墓室之内，下半部则保存较好。现存墓口东端距地表约100厘米，海拔152.5米；西端距地表约60厘米，海拔152.9米。墓底海拔东端为152、西端为151.78米。

墓室平面近方形，南北长334、东西宽320厘米。保存较好的北壁高114厘米，有10层平铺垒砌的横砖和1层纵向竖立的起券砖，起券砖的排列方式为一正一倒，并略向内侧倾斜。墓室底部东西纵向平铺一层青砖，共14列，由于北部5列砖较厚（8厘米），南部9列较薄（4厘米），墓底呈现北高南低的状态。

墓道位于墓室东壁南半部，平面呈长方形，东西长280、南北宽204、深50～108厘米。两侧边壁错缝平铺垒砌花纹砖，北壁最上部尚保留一层纵向竖立的起券砖，南壁只余数块，排列方式与墓室北壁相同。墓道底部为平底，未铺砖。

墓砖有两类：一类为四壁下部和铺地砖，大小不甚一致：用于垒砌墓壁的较大，长44、宽20、厚8厘米（图七，1）；墓底的14列铺地砖，除了2列起券砖和3列墓壁砖外，其余9列为较小的长方形砖，长25、宽20、厚4厘米。另一类为券砖，带有弧度，底部为平面，上部为斜面，向内倾斜，券砖的两端分别有榫卯，使之连接后更加坚固。墓室的券砖略大，长30～34、宽20、厚8厘米（图七，2）。墓道的券砖略小，长20～26、宽20、厚8厘米（图七，3）。墓砖侧面有模印的花纹，纹样比较简单，均为连续的成组菱形纹，只是复杂程度和组数略有区别。

墓内填黄褐色花土，土质较黏，质地较硬，结构紧密，有水锈斑点并夹杂一些红烧土粒。此外，还夹杂着较多碎花纹砖块，应为墓壁和墓顶塌陷所致。

清理过程中没有发现棺椁腐朽的痕迹，但在墓底局部发现很多红色的漆片，有的成片分布，可能与棺、椁有关。

墓内有4具人骨架，墓室和墓道内各有2具，均已高度腐朽。1具位于墓室中部，残存头骨、一段上肢骨和两段下肢骨以及一半骨盆痕迹；第2具位于墓室南部，残存两段肢骨的痕迹，其上铺满铜钱；第3具位于墓道北侧近墓室处，残存头骨、一段上肢骨和三段下肢骨的痕迹；第4具位于墓道南侧近墓室处，残存头骨和两段下肢骨痕迹。墓室内的2具为成年人，墓道内的两具为未成年人，由于骨骼腐朽严重，墓主的葬式、性别、具体年龄均不详。

墓内共发现96件（组）随葬品，其中铜器16件（组）、铁器8件、石器1件、釉陶49件、陶器21件、贝币1组。

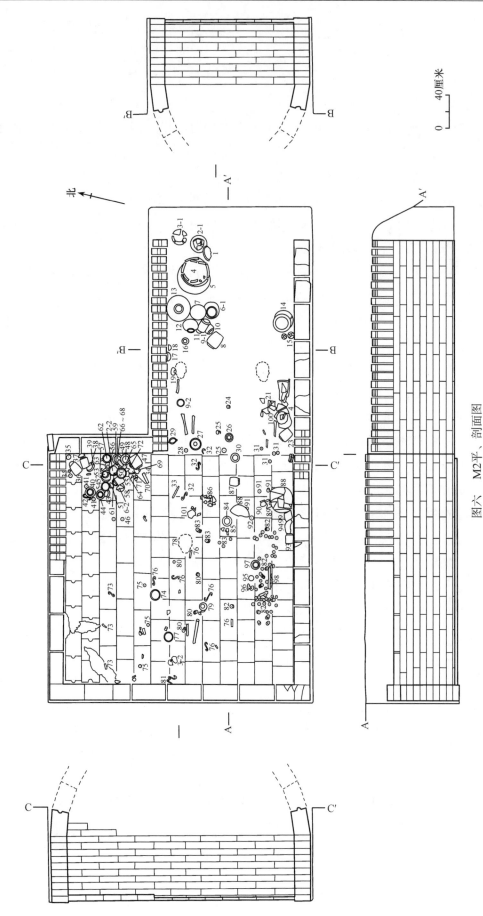

图六　M2平、剖面图

1、58、67、70. 釉陶器盖　2、3、6. 釉陶盘口壶　4、94. 陶瓶　5. 铁釜　7. 铜盆　8～10、23、36、37、40、47、55、72、87、93. 陶仓　11～13. 陶罐　14. 铜釜

15、49、59、65、89、96. 釉陶灯　16. 釉陶杯　17、54、71、74、85、95. 釉陶勺　18、48. 釉陶勺　19、30、38、39、50、86、100. 釉陶碗　21、88、99. 陶小口圈底罐　34. 石黛板

24、28、31、46、75、80、82、83、91. 釉泡　25、35、41、56、92. 铜泡　26. 釉陶甗　27. 釉陶釜　29、68. 釉陶双耳釜　32、42、57、73、76、81. 铁削　33. 铁钩

43、44、51、63、69、79、97. 釉陶罐　52、90. 釉陶盂　53. 陶器盖　61、62、77. 釉陶魁　64、66、84. 釉陶匜　98. 贝币　101. 釉陶钵（20、22、45、60、78整理过程中撤号，其余共96件）

0　　40厘米

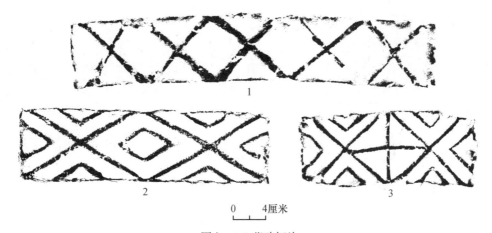

图七　M2墓砖拓片

1.四壁下部和铺地砖　2.墓底砖　3.墓道砖

2. 出土遗物

（1）铜器

16件（组）。器形有釜、盆、铜泡和铜钱。

釜　1件。M2：14，置于墓道靠近南壁偏东处，保存完整。侈口，尖唇，卷沿，粗束颈，短折肩，弧腹，大平底。肩部两侧有对称的环形耳，肩和腹上部各有一周凸棱。口径21.4、最大腹径22.1、底径13、高15.9～16.3、厚0.15～0.27厘米（图八，4）。

盆　1件。M2：7，位于墓道东北部，保存完好。敞口，尖唇，口沿外伸，弧腹略鼓，矮假圈足。颈部有两周凸棱和一周凹槽。口径20.4、底径10.7、高8.2、厚0.1～0.3厘米（图八，5）。

铜泡　5组，共8件。除M2：25置于墓道中，其他均放在墓室内。形制相同，帽面为圆弧

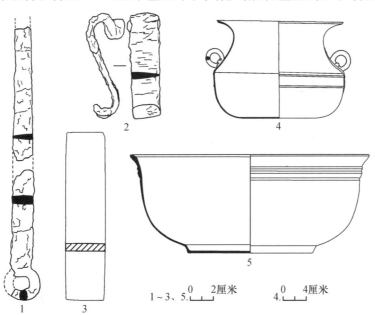

图八　M2出土器物

1.铁削（M2：33）　2.铁钩（M2：81）　3.石黛板（M2：34）　4.铜釜（M2：14）　5.铜盆（M2：7）

形，钉截面多为圆形。

M2：25，残损较甚。

M2：35，3件。保存一般。M2：35-1，帽径6、钉高2.07、帽厚0.15厘米（图九，1）。M2：35-2，帽径6.1、钉残高1.6、帽厚0.2厘米（图九，2）。M2：35-3，帽径3.9、钉残高1.2、帽厚0.1厘米（图九，6）。

M2：41，2件。保存较好。M2：41-1，帽径6、钉高1.18、帽厚0.16厘米（图九，3）；M2：41-2，帽径3.9、钉残高1.2、帽厚0.1厘米（图九，7）。

M2：56，保存较好。帽径6、钉高2.14、帽厚0.14厘米（图九，4）。

M2：92，保存一般。钉截面近菱形。帽径5.5、钉高1.41、帽厚0.12厘米（图九，5）。

铜钱　分别放于墓室和墓道的9个位置，为9组，共118枚。均为五铢钱，形制为圆形，方穿。

M2：24，3枚。置于墓道中部偏西，基本保存完整。直径2.6、穿径0.96、郭宽0.18厘米（图一〇，1）。

M2：28，1枚。置于墓道西北角与墓室相连处人骨脚部附近，保存完整。直径2.67、穿径1、郭宽0.12～0.18厘米（图一〇，2）。

M2：31，12枚。置于墓道与墓室相连处南部人骨脚部附近，基本保存完整。M2：31-1，直径2.45、穿径0.9、郭宽0.08厘米（图一〇，3）。M2：31-2，直径2.45～2.52、穿径0.9、郭宽0.08厘米（图一〇，4）。

M2：46，3枚。置于墓室东北部，保存一般。

M2：75，7枚。置于墓室西北部，保存较差。

M2：80，37枚。置于墓室中部人骨附近，基本保存完整。直径2.58、穿径0.95、郭宽0.12厘米（图一〇，5）。

M2：82，32枚。置于墓室南部人骨附近，基本保存完整。M2：82-1，直径2.5、穿径0.8～0.9、郭宽0.08～1厘米（图一〇，6）。M2：82-2，直径2.5、穿径0.85～0.95、郭宽0.08～1厘米（图一〇，7）。M2：82-3，直径2.5、穿径0.8～0.9、郭宽0.08～1厘米（图一〇，8）。

M2：83，19枚。置于墓室中部人骨头部附近，基本保存完整。M2：83-1，直径2.6、穿径1、郭宽0.08厘米（图一〇，9）。M2：83-2，直径2.6、穿径1、郭宽0.1厘米（图一〇，10）。

M2：91，4枚。置于墓室东南部，其中一枚保存完整。直径2.6、穿径1、郭宽0.1～0.15厘米（图一〇，11）。

（2）铁器

8件。器形有釜、削和钩。

釜　1件。M2：5，置于墓道东北部，残损严重，已无法修复。

削　1件。M2：33，位于墓室东部，前锋残断，表面锈蚀严重。器身呈长条形，直背，斜直刃，近圆形环首。残长21.6、宽1.5～2厘米（图八，1）。

钩　6件。分置于墓室内不同位置。

M2：81，置于墓室靠近西壁中部，保存完整，表面锈蚀严重。平面为长方形，侧面呈"S"形。长8.9、宽2.5、厚0.6厘米（图八，2）。

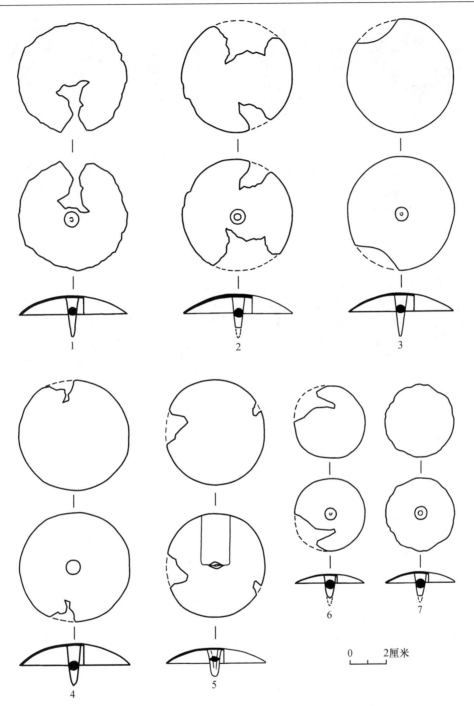

图九　M2出土铜泡

1. M2：35-1　2. M2：35-2　3. M2：41-1　4. M2：56　5. M2：92　6. M2：35-3　7. M2：41-2

（3）石黛板

1件。M2：34，置于墓室东北部，保存完整。黑色石质，扁薄长方形，通体磨制，一面不甚光滑。长13.9、宽3.25、厚0.6厘米（图八，3）。

（4）釉陶器

49件。绝大多数器表的釉色已脱落，仅保留痕迹。器形的种类较多，有釜、双耳釜、甑、罐、盘口壶、盂、盆、钵、魁、碗、勺、卮、杯、灯和器盖。

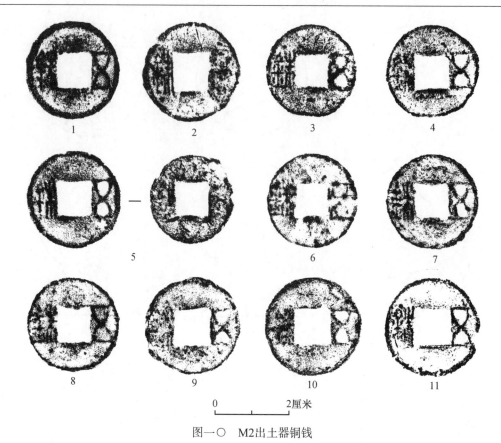

图一〇　M2出土器铜钱

1. M2：24　2. M2：28　3. M2：31-1　4. M2：31-2　5. M2：80　6. M2：82-1　7. M2：82-2　8. M2：82-3　9. M2：83-1
10. M2：83-2　11. M2：91

　　釜　1件。M2：26，位于墓道西部，保存完整。泥质红陶，釉已脱落，釉色不清。侈口，圆唇，折沿处向内起棱，斜折肩，肩腹相交处显著外凸，弧腹，平底微内凹，底部不平整。素面。口径8.1、最大腹径9.5、底径5.5、高5、厚0.45～0.7厘米（图一一，13）。

　　双耳釜　2件。

　　M2：29，放在墓道西北角靠近北壁，保存完整。泥质红陶，内壁全部和外壁上部有酱黄色釉。侈口，圆唇，鼓腹，平底微内凹。口沿上有一对对称的环形斜立耳。素面。口径9.5、最大腹径9.2、底径4.8、器高5.2、通高6.3、厚0.4～0.75厘米（图一一，14）。

　　M2：68，置于墓室东北部，保存完整。泥质红陶，口沿内外两侧残留酱色釉。侈口，圆唇，折沿，鼓腹，近底部折收，平底。口沿上有一对对称的环形斜立耳。素面。口径11.1、最大腹径10.46、底径4.5、器高5.7～6、通高7.9～8.4、厚0.5～0.6厘米（图一一，15）。

　　甑　1件。M2：27，位于墓道西北部与墓室相连处的人骨脚部附近，保存完整。泥质红陶，釉已脱落，釉色不清。盆形甑，敞口，方唇，窄沿，弧腹，平底，底部有6个小箅孔。腹偏上部有一周凹槽。口径13.3、底径5、高5.1、厚0.4～0.7厘米（图一二，9）。

　　小口罐　3件。

　　M2：44，位于墓室东北部，保存完整。泥质红陶，釉已剥蚀。矮直口，广折肩，扁腹较浅，近底部折收，有一排较短的刮痕，平底。素面。口径8.4、最大腹径12.1、底径4.8、高5.1～5.4、厚0.5～0.6厘米（图一一，12）。

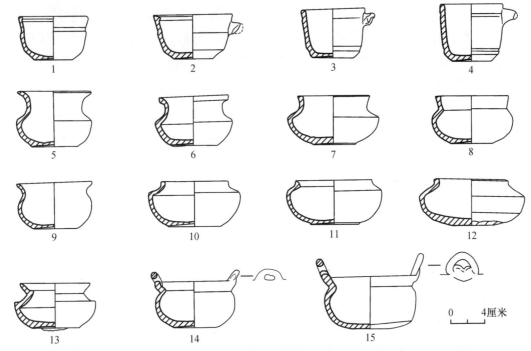

图一一　M2出土釉陶器

1. 杯（M2：16）　2~4. 厄（M2：84、M2：66、M2：64）　5、6. 盂（M2：52、M2：90）　7~12. 罐（M2：79、M2：69、M2：43、M2：51、M2：63、M2：44）　13. 釜（M2：26）　14、15. 双耳釜（M2：29、M2：68）

M2：51，置于墓室东北部，保存完整。泥质红陶，釉已剥落，釉色不清。敛口，窄折肩，弧腹，平底微内凹。素面。口径7.7、最大腹径10.5、底径6、高5.1、厚0.4~0.6厘米（图一一，10）。

M2：63，放在墓室东北部，保存完整。泥质红陶，釉已剥蚀殆尽。口近直，窄折肩，圆腹，平底内凹。素面。口径8.8、最大腹径11、底径5.5、高4.8~5、厚0.4~0.5厘米（图一一，11）。

侈口罐　4件。

M2：43，置于墓室东北部，保存完整。夹极细砂红陶，釉已脱落，釉色不清。侈口，圆唇，卷沿，束颈，溜肩，鼓腹，平底内凹。素面。口径8.6、最大腹径8.4、底径5.2、高5.3、厚0.35~0.5厘米（图一一，9）。

M2：69，位于墓室东北部，保存基本完整。泥质红陶，釉已剥蚀殆尽。口微侈，窄圆肩，鼓腹，平底微内凹。素面。口径8.4、最大腹径9.3、底径5、高5.3、厚0.4~0.6厘米（图一一，8）。

M2：79，置于墓室中部人骨附近，保存基本完整。泥质红陶，釉已剥蚀殆尽。口微侈，微束颈，斜折肩，弧腹斜收，平底微内凹。素面。口径8.2、最大腹径10.4、底径4.8、高5.4~5.5、厚0.4~0.6厘米（图一一，7）。

M2：97，在墓室南部人骨附近，破碎严重，已无法修复。泥质红陶，釉已剥蚀殆尽。

盘口壶　3件，皆有盖。

M2：2，置于墓道东北部，保存完整。泥质红陶，器表有酱黄偏绿色釉。壶（M2：2-1）为盘口外张，窄平沿，粗长颈，圆肩，圆鼓腹，高圈足。肩部塑有一对对称的兽面铺首衔环，盘口底部位置有一周凸棱，颈肩交界处有两周阶状凸起，腹部有两周凹槽，圈足中部有一周阶状凸起；壶盖（M2：2-2）为覆盘形，沿面有一周宽凹槽，以与壶口相扣合，弧壁，小平顶中部有环状纽，盖面有三个柱状泥突，盖面有六周折棱。壶口径15.3、最大腹径21.3、足径14.7、高26.7、厚0.6～0.8厘米；盖口径15.2、高4.5、加纽高6.5、厚0.4～0.7厘米；全器通高33.4厘米（图一三，1）。

M2：3，位于墓道东北角，保存完整。泥质红陶，器表有酱黄色釉。壶（M2：3-1）为盘口外张，窄平沿，粗长颈，圆肩，圆鼓腹，高圈足。肩部塑有一对对称的兽面铺首衔环，盘口底部位置有一周凸棱，颈肩交界处有两周阶状凸起，腹部有两周凹槽，圈足中部有一周阶状凸起；壶盖（M2：3-2）为覆盘形，斜平沿，弧壁，小平顶上有环状纽，盖面有三周折棱，近口沿位置有一周浅凹槽。壶口径14.8、最大腹径19.4、足径14.8、高27.2、厚0.6～0.8厘米；盖口径14.7、高4.3、加纽高7.2、厚0.4厘米；全器通高34.4厘米（图一三，2）。

M2：6，置于墓道东北部，保存完整。泥质红陶，器表有绿色釉。壶（M2：6-1）为盘口外张，窄平沿，粗长颈，圆肩，圆鼓腹，高圈足。肩腹部塑有一对对称的兽面铺首衔环，盘口底部位置有两周凸棱，颈肩交界处有两周较宽的凹槽，腹部和圈足中部有四周凹槽；壶盖（M2：6-2）为覆盘形，圆唇，斜平沿，平顶上有环状纽，纽残，盖面有四周折棱。壶口径13、最大腹径20.5、足径14.8、高26.9、厚0.6～1.2厘米；盖口径13.5、高3.8、加纽残高5.4、厚0.3～0.4厘米；全器通高33.2厘米（图一三，3）。

盂　2件。

M2：52，位于墓室东北部，保存完整。泥质红陶，外壁下部和内壁口沿有保存较好的酱黄色釉，施釉粗糙而不规整，内壁有零散的釉滴，外壁釉下线不整齐。侈口，圆唇，卷沿，高束颈，窄折肩，浅弧腹，平底微内凹。素面。口径8.3、最大腹径8.6、底径5.4、高6.3、厚0.4～0.7厘米（图一一，5）。

M2：90，置于墓室东南部。泥质红陶，釉已脱落。侈口，方唇，卷沿，颈，窄折肩，下腹斜收，平底微内凹，底部不平整。素面。口径8、最大腹径9、底径5.3、高5.7、厚0.4～0.6厘米（图一一，6）。

盆　6件。

M2：17，位于墓道靠近北壁中部，保存完整，器形不规整。泥质红陶，釉已剥蚀。敞口，方唇，宽折沿，沿面有宽而浅的下凹，浅弧腹，平底内凹。素面。口径12.1～12.3、底径5、高3～3.8、厚0.3～0.5厘米（图一四，4）。

M2：54，置于墓室东北部，破碎严重，保存极差，不能修复。

M2：95，位于墓室南部人骨附近。泥质红陶，釉已剥蚀殆尽。敞口，方唇，宽沿斜折，弧腹，平底，内底呈圆台状下凹。腹部有两周浅凸起。口径18.2、底径7.9、高4.9、厚0.3～0.5厘米（图一四，6）。

M2：71，置于墓室东北部，基本完整。泥质红陶，内壁为酱黄色釉。敞口，圆唇，卷沿，圆腹，平底。内壁中部有一周凹槽，外壁中部有两组凹槽和阶状凸起组合，下腹部有两周折痕。口径13.5～13.6、底径5.1、高5、厚0.4～0.6厘米（图一二，6）。

M2：74，位于墓室中部，保存完整。泥质红陶，釉已脱落，釉色不清。敞口，圆唇，宽折沿，浅腹，平底微内凹，底部不平整。腹部有一周凹槽。口径12.2、底径5.7、高3.2、厚0.3～0.6厘米（图一二，4）。

M2：85，置于墓室东南部，保存完整。泥质红陶，釉已脱落，釉色不清。敞口，圆唇，折沿，圆腹，平底内凹。腹部有一周凹槽。口径13.5～13.6、底径5.5、高4.8～4.6、厚0.3～0.6厘米（图一二，5）。

钵　1件。M2：101，位于墓室中部偏东，保存较差。泥质红陶，釉已剥蚀殆尽。口微敛，弧腹，平底微内凹。器壁有三周轻微的阶状凸起。口径13.4、底径5.4、高5～5.4、厚0.7厘米（图一四，5）。

魁　3件。

M2：61，置于墓室东北部，保存完整。泥质红陶，内壁有酱黄色釉。直口，弧腹，下腹部内收，平底。一侧有角状錾手，腹中部有一周凹槽。口径12.9、底径5.4、高4.75、厚0.4～0.5厘米（图一四，3）。

M2：62，位于墓室东北部，保存完整。泥质红陶，内壁有酱黄色釉。敛口，弧腹，下腹部内收，平底。一侧有角状錾手，腹中部有一周凹槽。口径10.2、底径5.8、高4.8、厚0.4～0.5厘米（图一四，2）。

M2：77，置于墓室中部偏西，保存完整。泥质红陶，釉已剥蚀殆尽。直口微敞，弧腹，下腹部折收，小平底微内凹，底部不平整。一侧有角状錾手，腹中部有一周凹槽，内外壁表面呈轻微的波浪状。口径12.2、底径5.1、高5.2、厚0.3～0.6厘米（图一四，1）。

碗　7件。

M2：19，位于墓道北部偏西人骨头部附近，保存完整。泥质红陶，釉已剥蚀。口微敛，沿内侧有一周凹槽，弧腹，平底。素面。口径9.8、底径5.2、高3.7、厚0.4～0.55厘米（图一二，1）。

M2：30，置于墓室东南部与墓道相连处，保存完整。泥质红陶，釉已脱落，釉色不清。器体不规整，向一面严重倾斜。敞口，窄沿向内倾斜，弧腹，平底微内凹。上腹部有一周凹槽，内外壁呈波浪状起伏。口径12.6、底径5.9、高5.35、厚0.4～0.7厘米（图一二，11）。

M2：38，位于墓室东北部，保存较好。泥质红陶，内壁有酱黄色釉痕迹。敞口，圆唇，卷沿，弧腹，近底部微折收，平底。腹部有一周凹槽。口径13.2、底径6.1、高5、厚0.3～0.4厘米（图一二，8）。

M2：39，置于墓室东北部，保存基本完整。泥质红陶，内壁有酱黄色釉痕迹。敞口，圆唇，卷沿，浅腹，近底部折收，器内底部下凹，平底。下腹部有一周凹槽和一周阶状凸起。口径14、底径5.25、高4.3、厚0.3～0.7厘米（图一二，7）。

M2：50，位于墓室东北部，保存基本完整。泥质红陶，内外壁有酱黄色釉。敛口，窄平沿，弧腹，近底部折收，平底。上腹部有一周阶状凸起。口径14.7、底径6.2、高5.3～4.7、厚0.3～0.5厘米（图一二，10）。

M2：86，位于墓室东南部。泥质红陶，釉已剥落殆尽。敞口，圆唇，窄沿外斜，弧腹，平底。素面。口径10.2、底径5.2厘米、高3.9、厚0.3～0.7厘米（图一二，2）。

M2：100，置于墓道西南部人骨附近，器底残失。泥质红陶，青釉。敞口，窄斜沿，弧

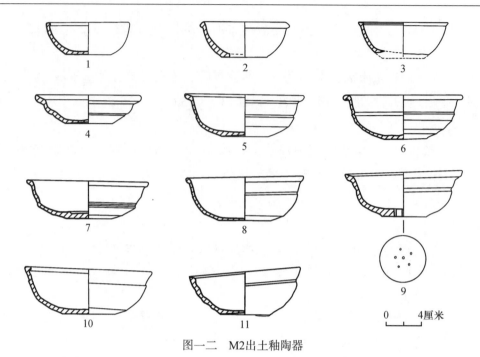

图一二　M2出土釉陶器

1～3、7、8、10、11.碗（M2：19、M2：86、M2：100、M2：39、M2：38、M2：50、M2：30）　4～6.盆（M2：74、M2：85、M2：71）　9.甑（M2：27）

腹。素面。口径10.1、残高3.3、厚0.4～0.5厘米（图一二，3）。

勺　2件。

M2：18，位于墓道靠近北壁中部，保存较差。泥质红陶，釉已剥落殆尽。勺体为钵形，敞口，斜壁，平底。口沿一侧捏合，外端残。素面。残长7.3、底径3.9、残高3.8、厚0.3～0.6厘米（图一三，4）。

M2：48，置于墓室东北部，保存完整。泥质红陶，釉已剥落，釉色不清。勺体为钵形，敛口，斜弧腹，平底内凹。一侧有较长的角状把手，素面。口径4.8～6.2、底径3.7、长9、高2.7、通高4.7、厚0.4～0.5厘米（图一三，5）。

卮　3件。

M2：64，置于墓室东北部，保存完整。泥质红陶，外壁和内壁的口沿部分有保存极好的酱色釉。直口微外张，直壁，近底部折收，平底微内凹。口下一侧有角状把手，口下有一周凹槽，近底部有一组阶状凸起。口径7.3、底径4.5、高6.4、厚0.6厘米（图一一，4）。

M2：66，位于墓室东北部，保存完整。泥质红陶，内壁全部和外壁下腹部残留有酱色釉。直口微敛，直壁微内斜，近底部折收，平底微内凹。口沿下一侧有角状把手，口下和近底部各有一周凹槽。口径7.3、底径4.5、高5.4～5.6、厚0.56厘米（图一一，3）。

M2：84，置于墓室东南部，杯身完整，把残。泥质红陶，釉已剥落。整体近似深腹碗形，口微敞，窄沿内斜，斜壁近底部折收，平底微内凹，底部不平整。口下一侧有角状把手，腹部一周凹槽。口径9、底径4.4、高4.9、厚0.65厘米（图一一，2）。

杯　1件。M2：16，放在墓道中部偏北，保存完整。泥质红陶，内外壁釉已剥落。直口微外张，有颈，腹近底部微折收，平底微内凹。内外壁上部各有一周凹槽。口径8、底径4.5、高

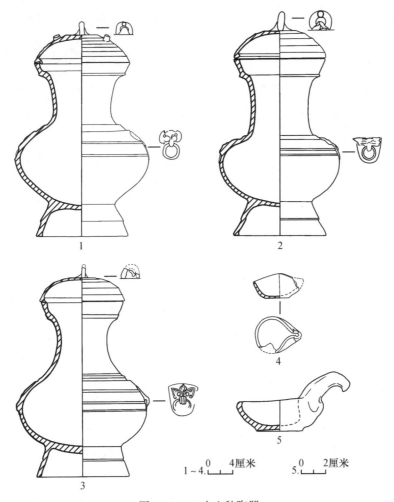

图一三　M2出土釉陶器

1～3.盘口壶（M2：2、M2：3、M2：6）　4、5.勺（M2：18、M2：48）

4.9、厚0.4～0.7厘米（图一一，1）。

灯　6件。均为泥质红陶。豆形，盘部分别为碗形、盘形和子口盘形；覆碗形粗大圈足；均为素面。

M2：65，置于墓室东北部，保存完整。盘内有酱黄色釉。碗形，口微敞，深腹。口径8.2、足径9.8、高8.5～8.8、厚0.54厘米（图一五，1）。

M2：15，位于墓道靠近南壁中部，圈足缺失。没有发现釉痕。碗形，口微敛，深腹。口径8.4、残高5、厚0.4～0.6厘米（图一五，6）。

M2：59，置于墓室东北部，保存完整。灯盘内有酱色釉。盘形，口微敛，浅腹。口径8.6、足径9.05、高7.6～7.8、厚0.45厘米（图一五，4）。

M2：96，位于墓室南部人骨附近，圈足残。残余零星浅酱色釉。盘形，近直口，浅腹。口径8.8、残高5.6、厚0.3～0.9厘米（图一五，5）。

M2：49，置于墓室东北部，保存完整。釉已脱落，釉色不清。子口内敛，浅腹。口径6.4、腹径8.8、足径9.8～10.4、高8.6～8.8、厚0.3～0.9厘米（图一五，2）。

M2：89，位于墓室东南部，保存基本完整。釉已脱落，釉色不清。子口内敛，浅腹，盘外壁有轮制时形成的两周凸棱。口径7.5、腹径9.2、底径10、高7.8、厚0.3～0.8厘米（图一五，3）。

器盖　4件。

M2：1，位于墓道东北部。泥质红陶，有釉脱落的浅黄色釉痕迹。覆钵形，敞口，斜平沿，圆腹，小平顶中部有环状纽，盖面有三个柱状泥突和四周折棱。口径15.6、高4.8、加纽残高7.4、厚0.4～0.5厘米（图一四，10）。

M2：58，置于墓室东北部，保存较好。泥质红陶，外表有黄绿色釉脱落后的黄白色衣。覆碗形，敞口，窄平沿，圆腹，尖顶。盖面上有两组刻划细线网格纹和四个长条形镂孔。口径9.7～9.9、残高4.2、厚0.47厘米（图一四，9）。

M2：67，位于墓室东北部。泥质红陶，釉已剥落。覆碗形，窄平沿，斜腹外弧，平顶倾斜。素面。顶径4.3、口径9.7、高5.4、厚0.3～0.4厘米（图一四，7）。

M2：70，置于墓室东北部，保存完整。泥质红陶，内外壁残留黄白色釉痕。覆碗形，敞口，窄平沿，圆腹，顶部凸起。沿下内壁有一周凹槽。口径9.5、高4.7、厚0.5厘米（图一四，8）。

（5）陶器

21件。器形有甑、仓、罐和器盖。

甑　2件。深腹，盆形。

M2：4，位于墓道东北部及西南部人骨附近，基本完整。泥质灰陶。敞口，圆唇，平折沿，斜腹内收，平底内凹，底部有细算孔41个。口沿下有两周阶状凸起。口径34.5～35、底径15.2、高19.5、厚0.6厘米（图一六，2）。

M2：94，置于墓室靠近南壁偏东，基本完整。泥质灰陶。敞口，圆唇，窄沿，圆腹，平

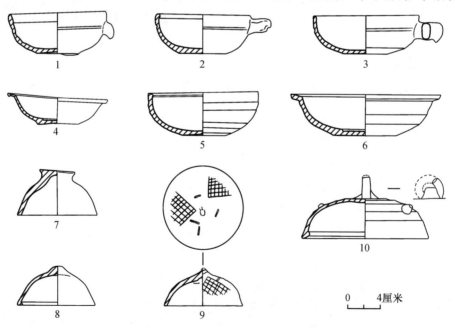

图一四　M2出土釉陶器

1～3.魁（M2：77、M2：62、M2：61）　4、6.盆（M2：17、M2：95）　5.钵（M2：101）　7～10.器盖（M2：67、M2：70、M2：58、M2：1）

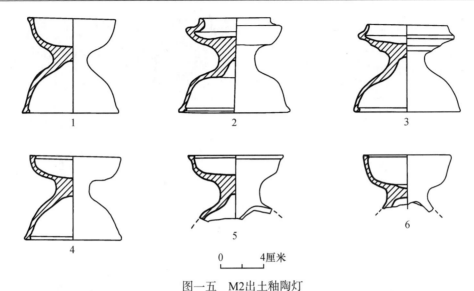

图一五　M2出土釉陶灯

1. M2：65　2. M2：49　3. M2：89　4. M2：59　5. M2：96　6. M2：15

底，底部有粗算孔9个。口沿下有两周阶状凸起。口径34.6～35.2、底径16、高18.5、厚0.4～0.6厘米（图一六，1）。

仓　12件。形制整体为筒形，矮子口，窄肩，直壁外弧，平底较大。

M2：8，置于墓道中部，保存完整。泥质灰陶。整体瘦高，子口亦略高。器表和内壁呈轻微的波浪状，素面。口径12.4～12.7、底径12～12.4、高20.3～21.2、厚0.5～0.6厘米（图一七，1）。

M2：9，置于墓道东北部，基本完整。夹极细砂灰陶。仓（M2：9-1）上腹部饰有一周凹弦纹和一周凹槽，下腹器表有一排刀削痕迹；仓盖（M2：9-2）为覆碗形，敞口，斜壁，近顶部折收，平顶。素面。仓口径9.8、底径10.4、高12.5、厚0.4～0.6厘米，仓盖口径10.9～11.8、顶径4.5、高4.4、厚0.48～0.6厘米，通高16.3厘米（图一七，9）。

M2：10，位于墓道东北部，保存完整。夹极细砂灰陶。仓体中上部饰一周凹槽，下腹有一排刀削痕迹，内壁呈瓦棱状起伏。口径9.2、底径8.1、高11.9、厚0.4～0.7厘米（图一七，6）。

M2：23，置于墓道西南角，保存完整。泥质灰陶。器体较粗矮，仓体中上部饰有一周凹槽，下腹有一排刮削痕迹，内壁呈瓦棱状起伏。口径10、底径8.7、高10.8～11.1、厚0.5～0.7厘米（图一七，5）。

M2：36，位于墓室东北角，保存完整。泥质灰陶。仓（M2：36-1）上部有两周凹槽，下腹有两排刀削痕迹，器底轮旋痕迹明显；仓盖（M2：36-2）为覆盆形，敞口，斜壁，近顶部折收，平顶。素面。器身口径9.3、底径10.8～11、高13.4～13.1、厚0.3～0.8厘米，仓盖口径11.9、顶径5、高4.3、厚0.2～0.5厘米，通高16.8厘米（图一七，10）。

M2：37，置于墓室东北角，保存完好。夹极细砂灰陶。仓（M2：37-1）中部饰有一周凹槽；仓盖（M2：37-2）为覆盆形，敞口，斜壁，平顶。外壁有一周折痕和两周下凹，素面。仓口径8.5、底径10.2、高13.4、厚0.5～1.1厘米，仓盖口径11.5、顶径4.15、高4.2、厚0.3～0.5厘米，通高16.8厘米（图一七，11）。

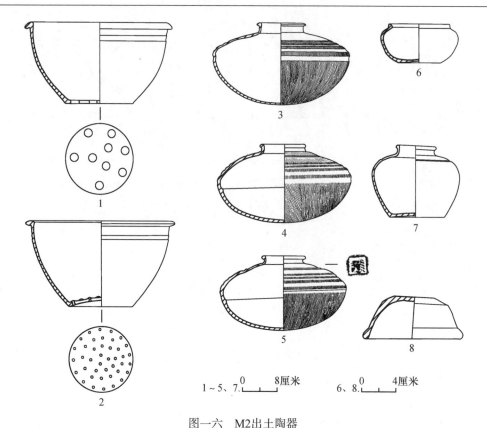

图一六　M2出土陶器

1、2.甑（M2：94、M2：4）　3～5.小口圜底罐（M2：99、M2：21、M2：88）　6、7.罐（M2：11、M2：12）

8.器盖（M2：53）

　　M2：40，位于墓室东北部，保存完整。泥质深灰陶。器体较粗矮，腹中部有两周凹槽，下腹有两排不甚规整的刀削痕迹。口径9、底径10～10.2、高10.9～11.1、厚0.4～0.6厘米（图一七，3）。

　　M2：47，置于墓室东北部，保存完整。泥质灰陶。腹中部有一周凹槽，下腹有一排不规整的刀削痕迹，内壁呈瓦棱状起伏。口径9.1～9.4、底径10.3～10.5、高13.1～13.3、厚0.6～0.7厘米（图一七，8）。

　　M2：55，位于墓室东北部，保存完整。夹极细砂灰陶。仓（M2：55-1）中部饰有一周凹槽，下腹有一排刀削痕迹；仓盖（M2：55-2）为覆盆形，敞口，斜壁，平顶，外壁有一周折痕和两周下凹，素面。仓口径9、底径10.4～10.7、高13.2～13.3、厚0.4～0.7厘米，仓盖口径11.2、顶径5.2、高3.6～4、厚0.3～0.5厘米，通高16.3厘米（图一七，12）。

　　M2：72，置于墓室东北部，保存完整。泥质灰陶。腹中部有两周凹槽。口径8.5、底径11.3、高11、厚0.3～0.7厘米（图一七，4）。

　　M2：87，位于墓室东南部，基本完整。泥质深灰陶。腹中有两周凹槽。口径9～9.3、底径6.8、高10.4、厚0.3～0.7厘米（图一七，2）。

　　M2：93，置于墓室靠近南壁偏东，保存完整。泥质灰陶。腹上部有一周凹槽，下腹有两排刀削痕迹，内壁呈瓦棱状起伏。口径9.8、底径9、高12.3、厚0.5～0.6厘米（图一七，7）。

　　罐　6件。分为平底罐和圜底罐两类。

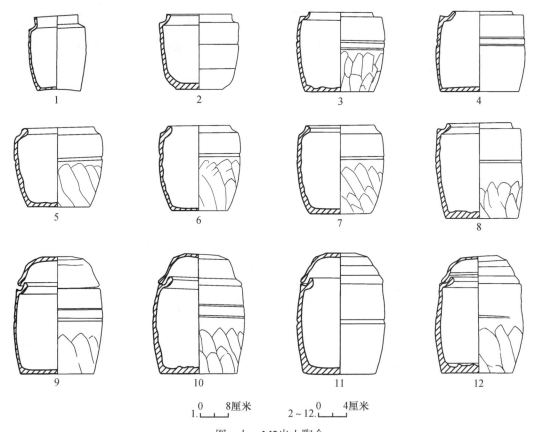

图一七 M2出土陶仓

1. M2：8 2. M2：87 3. M2：40 4. M2：72 5. M2：23 6. M2：10 7. M2：93 8. M2：47 9. M2：9 10. M2：36
11. M2：37 12. M2：55

平底罐 3件。

M2：11，放在墓道东北部，基本完整。泥质红陶。侈口，圆唇，窄折沿，窄肩，鼓腹，平底微内凹。素面。口径7、最大腹径9、底径5、高4.5、厚0.3～0.5厘米（图一六，6）。

M2：12，置于墓道东北部，保存完整。泥质灰陶。直口，圆唇，短束颈，圆肩，鼓腹，下腹斜收，平底内凹。肩部有一周凹槽。口径9.5、最大腹径20.3、底径12.7、高16.1～16.6、厚0.5～0.7厘米（图一六，7）。

M2：13，位于墓道东北部靠近北壁，破碎严重，保存极差，无法修复。泥质红陶。

圜底罐 3件。整体呈扁圆体，小口，短颈，广肩，圆腹，大圜底。

M2：21，置于墓道西南部人骨附近，保存完整。泥质灰陶。内壁腹部有一周凸棱，颈下有一周较深的凹槽，凹槽的上下位置有排列整齐的暗纹，肩以下位置以四周凹槽为界，布满竖向细绳纹。口径10.9～11.3、最大腹径31.3、高18、厚0.4～0.7厘米（图一六，4）。

M2：88，位于墓室东南部，保存完整。泥质灰陶。内壁腹部有一周凸棱，颈下有两周较深的凹槽，肩以下位置以四周凹槽为界，布满竖向细绳纹，紧挨颈下的肩部有一个方形印章形下凹，内容不清。口径10.2、最大腹径29.8、高17、厚0.4～0.8厘米（图一六，5）。

M2：99，置于墓室靠近南壁东部，保存较好。泥质灰陶。折肩上下有四周抹弦纹，弦纹之间及以下饰竖绳纹。口径11.4、最大腹径31.8、高18.8、厚0.4～0.8厘米（图一六，3）。

器盖　1件。M2：53，置于墓室东北部，保存完整。泥质灰陶。覆盆形，应为仓盖。敞口，圆唇，斜壁，平顶。口径11.7、顶径4.7、高5、厚0.2～0.6厘米（图一六，8）。

（6）贝币

1组。

M2：98，置于墓室南部人骨附近，破碎严重。

（三）M3

1. 墓葬形制

墓葬形制为土坑竖穴砖室，方向75°，大致呈西南—东北方向，朝向彭溪河。墓葬由墓室和墓道两部分组成，平面呈带把刀形，通长5.9米。墓葬上部的券顶部分已被扰乱破坏，部分塌落于墓室之内，下半部则保存较好。现存墓口距地表40～50厘米，海拔153～153.1米。现存墓口距墓底深80～90厘米（图一八）。

墓室平面近方形，南北长336、东西宽320厘米，砖壁现存9层，系采用模印花纹砖或素面砖错缝平铺垒砌而成，西壁上部明显向内倾斜。砖室内净空间南北长296、东西宽280厘米，砖墙厚20厘米。墓室底部平铺一层纵向排列的青砖。

墓道位于墓室东壁南半部，平面呈长方形，东西长270、南北宽190厘米，两侧长边错缝平铺垒砌花纹砖，亦保存有9层，与墓室内的高度平齐，内净空间长270、宽150厘米，砖墙厚20厘米。墓道底部平铺一层青砖，并与墓室的地砖连成一体，但系单独铺就。

墓砖的大小略有差别，基本尺寸为长40、宽20、厚10厘米。花纹砖的纹样主要有两种：一种是内外重叠的连续菱形纹图案，数量较多（图一九，下）；另一种略显复杂，两端各有一组菱形纹，中部两侧各有两个半组的菱形纹，中间则为一对相背的卷云纹，之间以两个小圆圈及之间的连线相界隔（图一九，上）。墓室和墓道的砖壁交替使用两种花纹砖，其中以第二种较多，第一种略少。墓室底部及墓道范围内的底部错缝平铺一层长砖，系东西向成列铺就，从交接位置的情况看，系先铺好墓室的地面，之后铺设墓道底。墓道东端的墓道口底部没有铺砖，而是垫一层熟土并打实，使之与砖面持平。

墓内填黄褐色花土，土质较黏，质地较硬，结构紧密，包含少量水锈点及红烧土颗粒。填土中夹杂少量碎花纹砖块，可能为墓壁和墓顶塌陷所致，填土的底部有很多散乱的红色漆片痕迹，可能与棺椁或漆器有关。

墓葬清理过程中没有发现棺椁的痕迹，但墓室底部发现散乱的红漆痕迹，应为棺或者椁的遗留。

墓内只发现部分人骨，已高度腐朽。在墓室南部正对着墓道的位置发现一段上肢骨及一小段下肢骨痕迹，东西向排列，据此推断头应向东。此外，在墓道中部偏东位置发现一对玻璃质耳珰，其位置当是人体的头部。据此推断，M3所埋葬的人数至少为2人。

墓内发现75件（组）随葬品，其中铜器6件（组）、铁器3件、釉陶52件、陶器12件、琉璃器2件。

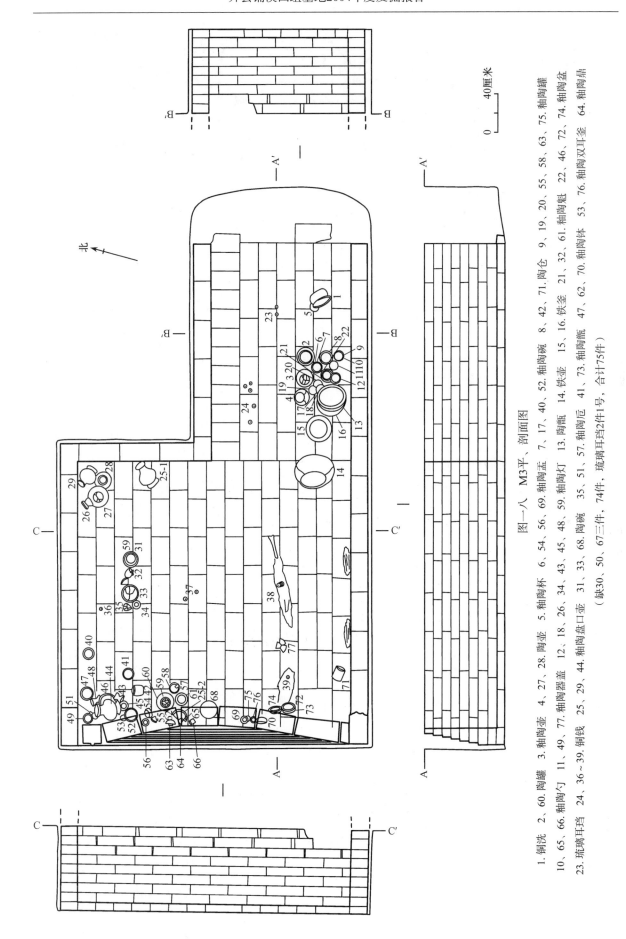

图一八　M3平、剖面图

1.铜洗　2、60.陶罐　3.釉陶壶　4、27、28.陶壶　5.釉陶杯　6、54、56、69.陶碗　7、17、40、52.釉陶壶　8、42、71.陶仓　9、19、20、55、58、63、75.釉陶罐　10、65、66.釉陶勺　11、49、77.釉陶器盖　12、18、26、34、43、45、48、59.釉陶魁　13.陶甑　14.陶灯　15、16.铁釜　21、32、61.釉陶盆　22、46、72、74.釉陶盆　23.琉璃耳珰　24、36～39.铜钱　25、29、44.釉陶盘口壶　31、33、68.釉陶碗　35、51、57.釉陶匜　41、73.釉陶甑　47、62、70.釉陶钵　53、76.釉陶双耳釜　64.釉陶鼎

（缺30、50、67三件、74件、琉璃耳珰2件1号、合计75件）

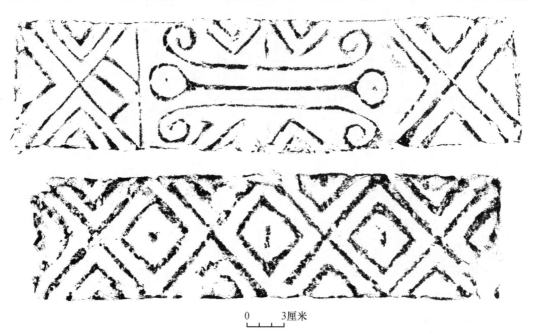

0 ⊢⊣⊢⊣ 3厘米

图一九　M3花纹砖拓片

2. 出土遗物

（1）铜器

6件（组）。器形有铜洗和铜钱。

洗　1件。M3：1，置于墓道东南部，保存完整。侈口，尖圆唇，宽折沿，粗短颈，弧腹斜收，平底。腹部有对称的兽面铺首，衔环残失。上腹部有三周凸棱。口径22.7、最大腹径22、底径13.8、高9.6、厚0.2～0.4厘米（图二〇，4）。

铜钱　共5组13枚。均为五铢，圆形，方穿。

M3：24，1组6枚，放在墓道西北部，其中1件保存完整。直径2.5～2.6、穿径1、郭宽0.08～0.11厘米（图二〇，7）。

M3：36，1组4枚，置于墓室北部，其中3枚保存完整。M3：36-1，直径2.5～2.6、穿径0.9～0.95、郭宽0.08～0.13厘米（图二〇，8）；M3：36-2，直径2.5～2.6、穿径1、郭宽0.08～0.1厘米（图二〇，9）。

M3：37，1组6枚，位于墓室中部，其中2枚保存完整。直径2.6、穿径1、郭宽0.08～0.15厘米（图二〇，10）。

M3：38，1组4枚，置于墓室南部，保存较差。直径2.3～2.57、穿径0.9～1、郭宽0.08～0.09厘米（图二〇，11）。

M3：39，1组3枚，位于墓室西南部，其中一枚保存完整。直径2.43～2.53、穿径0.95、郭宽0.08～0.1厘米（图二〇，12）。

（2）铁器

3件。器形有釜和壶。

釜　2件。均置于墓道西南部，保存完整，表面锈蚀严重。2件釜的形制相同，器腹整体呈

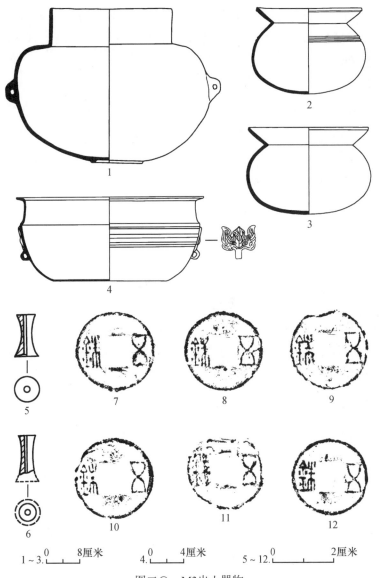

图二〇　M3出土器物

1. 铁壶（M3：14）　2、3. 铁釜（M3：15、M3：16）　4. 铜洗（M3：1）　5、6. 琉璃耳珰（M3：23-1、M3：23-2）

7～12. 铜钱（M3：24、M3：36-1、M3：36-2、M3：37、M3：38、M3：39）

扁球形，侈口，方唇，宽折沿，圆肩，圆腹，圜底。

M3：15，肩部有两周凸棱。口径26、最大腹径27.5、高20.6、厚0.5～0.7厘米（图二〇，2）。

M3：16，素面。口径29、最大腹径30、高20.5、厚0.75厘米（图二〇，3）。

壶　1件。M3：14，位于墓室东南角与墓道相连处，保存完整，表面锈蚀严重。高直口，窄肩圆折，圆鼓腹，近底部急收，圈足既小且矮。腹部两侧有对称的竖耳。素面。口径29.5、最大腹径48、底径12.5、高36.3、厚0.6厘米（图二〇，1）。

（3）釉陶器

52件。器形有鼎、双耳釜、甑、罐、壶、盘口壶、盉、盆、钵、魁、碗、勺、卮、杯、灯和器盖。

鼎　1件。M3：64，置于墓室靠近西壁偏北，保存较差。泥质红陶，外表有较好的酱黄色釉。口部残，窄肩，鼓腹，大平底，足残。素面。腹径11.8、底径9.2、残高6、厚0.45～0.68厘米（图二一，6）。

双耳釜　2件。

M3：53，位于墓室西北角，保存完整。泥质红陶，内外壁中上部有酱黄色釉。侈口，尖唇，折沿，鼓腹，斜折肩，平底微内凹。口沿有一对对称的环形斜立耳。素面。口径11、最大腹径10.5、底径5.6、高5、通高7、厚0.5～0.7厘米（图二一，8）。

M3：76，置于墓室靠近西壁偏南，保存完整。泥质红陶，内外壁上半部有酱黄色釉。侈口，折沿，圆腹，近底部折收，缓圜底。口沿有一对对称的环形斜立耳。素面。口径10、最大腹径9.2、高6.05、通高8.35、厚0.38厘米（图二一，7）。

甑　2件。

M3：41，位于墓室西北部，保存较好。泥质红陶，釉已剥落殆尽。盆形，敞口，圆唇，卷沿，弧腹，平底微内凹，底部有5个箅孔。腹中部有一周阶状凸起。口径12.5、底径5、高4.6、厚0.42～0.65厘米（图二一，4）。

M3：73，置于墓室靠近西壁偏南，保存较差。泥质红陶，釉已剥落殆尽。盆形，敞口，圆唇，斜壁，近底部折收，平底，底部有5个箅孔。腹中部有一周凹槽，近底部有一排刀削痕

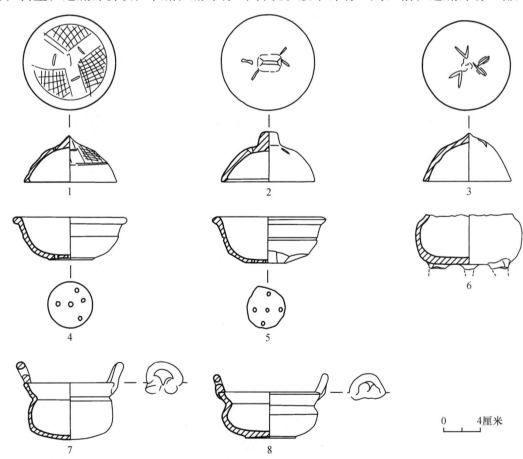

图二一　M3出土釉陶器

1～3.器盖（M3：49、M3：11、M3：77）　4、5.甑（M3：41、M3：73）　6.鼎（M3：64）

7、8.双耳釜（M3：76、M3：53）

迹。口径12.4、底径4.5、高4.9、厚0.3～0.44厘米（图二一，5）。

罐　7件。

M3：9，位于墓道西南部，保存较差。泥质红陶，釉已剥落殆尽。直口外敞，高领，窄折肩，斜腹，平底。器壁较厚，素面。口径9、最大腹径10.3、底径6、高5.4、厚0.5～1厘米（图二二，11）。

M3：19，置于墓道西南部，保存一般。泥质红陶，釉已剥落殆尽。侈口，圆唇，折沿，斜腹，平底，器壁较厚。腹中部有一组凹槽和阶状凸起组合。口径10.7、最大腹径11、底径6、高5.4、厚0.58～0.9厘米（图二二，12）。

M3：55，位于墓室靠近西壁偏北，口部残。泥质红陶，釉已剥落殆尽。敛口，斜折肩，鼓腹，近底部折收，假圈足状平底。素面。腹径10.6、底径6、残高5.6、厚0.44～0.56厘米（图二二，13）。

M3：75，置于墓室靠近西壁偏南，口颈部残失。泥质红陶，釉已剥落殆尽。圆腹，平底。素面。腹径9.4、底径5、残高5、厚0.5厘米（图二二，14）。

M3：58，置于墓室靠近西壁偏北，基本完整。泥质红陶，釉已剥落殆尽。口微外侈，短折肩，圆腹，平底内凹。素面。口径9、最大腹径10.9、底径6、高6.5、厚0.35～0.5厘米（图二二，15）。

M3：20，置于墓道西南部，保存完好。泥质红陶，釉已剥落殆尽。敛口，斜折肩，鼓腹，下腹斜收，平底。素面。口径7.9、最大腹径10.05、底径5.5、高4.9、厚0.5～0.6厘米（图二二，9）。

M3：63，位于墓室靠近西壁偏北，保存完整。泥质红陶，内外壁局部保留黄绿色釉。敛

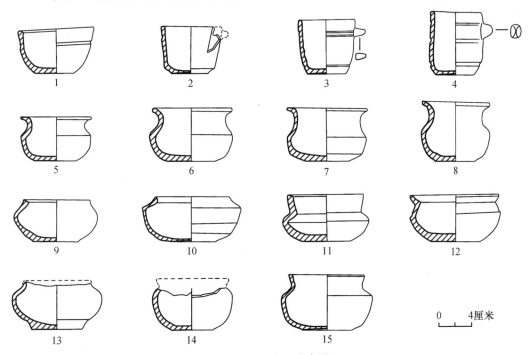

图二二　M3出土釉陶器

1.杯（M3：5）　2～4.匜（M3：57、M3：51、M3：35）　5～8.盂（M3：56、M3：6、M3：54、M3：69）

9～15.罐（M3：20、M3：63、M3：9、M3：19、M3：55、M3：75、M3：58）

口，窄折肩，圆腹，腹壁有折棱，平底微内凹。口径8.8、最大腹径11.7、底径5.4、高5.3、厚0.4～0.7厘米（图二二，10）。

直口壶　1件。M3：3，位于墓道西南部。泥质红陶，表面有黄绿色釉。筒形高直口，窄斜沿微侈，圆肩，扁球形腹，圈足残失。肩部有两个对称的兽面铺首衔环，颈肩交界处有阶状凸起，肩部有两周凹槽。口径11.8、最大腹径21.4、残高27.2、厚0.74～1厘米（图二三，1）。

盘口壶　3件。皆有盖。

M3：25，壶位于墓室靠近东壁北部，盖在墓室靠近西壁偏北处。泥质红陶，表面有酱黄绿色釉。壶（M3：25-1）的口部残，粗高束颈，溜肩，圆鼓腹，高圈足。肩部有一对对称的兽面铺首衔环，颈、腹部有四周凹槽，颈肩交界处有两周阶状凸起，圈足中部有一周凸棱；壶盖（M3：25-2）为覆盘形，子母口，弧腹，小平顶上有环状纽，盖面中部有三个柱状泥突。壶的最大腹径24、足径14.3、残高27、厚0.49～1.07厘米，壶盖口径15.5、高4.6、厚0.48～0.81厘米（图二三，3）。

M3：29，置于墓室东北角，基本完整。泥质红陶，壶身为酱色釉，壶盖为黄绿色釉。壶（M3：29-1）为盘口，窄平沿，粗高束颈，溜肩，圆鼓腹，高圈足。肩部有一对对称的兽面铺首衔环，口沿下有一周凹槽，颈肩交界处有两周阶状凸起，腹部有两周凹槽，圈足中部有一周凸棱；壶盖（M3：29-2）为覆盘形，子母口，弧腹，小平顶中部有环状纽，盖面上有三周折棱。壶的口径13.4、最大腹径22.7、足径15.5、高29.5、厚0.4～0.6厘米，壶盖口径13.4、高6、厚0.5～0.98厘米，全器通高35.7厘米（图二三，4）。

M3：44，置于墓室西北角，保存完整。泥质红陶，表面有酱黄绿色釉。壶（M3：44-1）为盘口，窄平沿，粗高束颈，溜肩，圆鼓腹，高圈足。肩部有一对对称的兽面铺首衔环，颈、腹部有四周凹槽，颈肩交界处有三周阶状凸起；壶盖（M3：44-2）为覆盘形，子母口，弧腹，小平顶中部有环状纽，盖面中部有三个柱状泥突，盖壁有三周折棱。壶的口径13.8、最大腹径22、足径13.6、高26、厚0.43～0.8厘米，壶盖口径13.8、高6.2、厚0.42～0.65厘米，全器通高31.8厘米（图二三，2）。

盂　4件。

M3：6，位于墓道西南部，保存完整。泥质红陶，釉已剥蚀殆尽。侈口，方唇，卷沿，束颈，折肩，下腹部斜收，平底。素面。口径9.7、最大腹径10、底径6、高6.2、厚0.5～0.7厘米（图二二，6）。

M3：54，置于墓室靠近西壁偏北，基本完整。泥质红陶，内外壁上半部施酱黄色釉。侈口，圆唇，卷沿，粗高颈，折肩，下腹折收，平底。素面。口径9.5、最大腹径9.35、底径5.2、高6.3、厚0.34～0.75厘米（图二二，7）。

M3：56，位于墓室靠近西壁偏北，保存完整。泥质红陶，内外壁上半部施酱黄色釉。器体较矮，侈口，圆唇，卷沿，折肩，圆腹，平底。素面。口径8.5、最大腹径8.3、底径5、高5.2、厚0.45～0.6厘米（图二二，5）。

M3：69，置于墓室靠近西壁偏南，保存完整。泥质红陶，内外壁上半部施酱黄色釉。侈口，圆唇，卷沿，粗颈较高，折肩，圆腹，平底。素面。口径8.2、最大腹径8.3、底径4.8、高7、厚0.45～0.6厘米（图二二，8）。

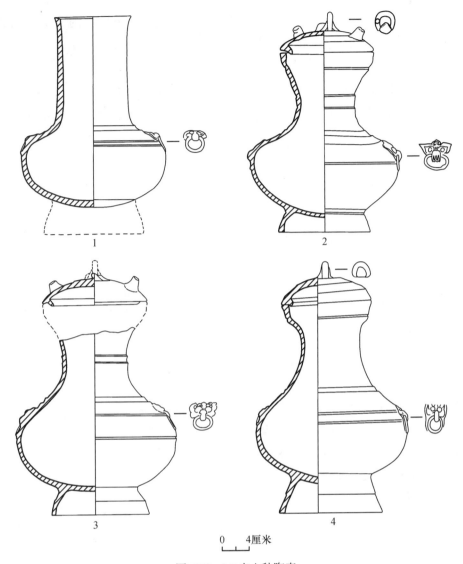

0　　4厘米

图二三　M3出土釉陶壶

1. 直口壶（M3：3）　　2～4. 盘口壶（M3：44、M3：25、M3：29）

盆　4件。

M3：22，位于墓道西南部，保存较好。泥质红陶，釉已剥蚀殆尽。敞口，圆唇，宽沿斜折，弧腹，平底内凹，内壁底部下凹。腹部有一周凹槽。口径13.2、底径5.7、高4.3、厚0.48～0.7厘米（图二四，11）。

M3：46，置于墓室西北角。泥质红陶，内壁残留零星的酱黄绿色釉。敞口，圆唇，宽折沿，弧腹，近底部折收，平底，内壁底部下凹。折腹位置有一周凹槽和一周阶状凸起。口径17.2、底径5、高4.6、厚0.38～0.5厘米（图二四，15）。

M3：72，位于墓室靠近西壁偏南，基本完整。泥质红陶，内壁有酱黄绿色釉。器体歪斜较甚，敞口，圆唇，卷沿，弧腹，平底微内凹。腹中部有两周较浅的阶状凸起，近底部有一排刀削痕迹。口径14.6、底径4.5、高6.3、厚0.35～0.43厘米（图二四，13）。

M3：74，置于墓室靠近西壁偏南，保存较好。泥质红陶，内壁有较好的酱色釉。敞口，方唇，宽折沿，沿面下凹，弧腹，近底部折收，平底，内壁底部下凹。内外壁近底部各有一周折棱。口径16.2、底径6.4、高5、厚0.47厘米（图二四，14）。

钵　3件。

M3：47，位于墓室西北角，基本完整。泥质红陶，内壁有酱黄色釉。口微敛，弧腹，近底部折收，平底。腹部和内壁底部各有一周凹槽，近底部有的排明显的刀削痕迹。口径12.5、底径5.2、高5.2、厚0.33～0.5厘米（图二四，6）。

M3：62，置于墓室靠近西壁偏北，保存完整。泥质红陶，内壁有青黄色釉痕。直口，窄平沿，弧腹，近底部折收，平底。口沿内壁有一周凹槽，腹部有两周阶状凸起。口径13.8、底径5.8、高4.85、厚0.35～0.5厘米（图二四，7）。

M3：70，位于墓室靠近西壁偏南，保存完整。泥质红陶，内壁留有较好的酱色釉。口微敛，弧腹，近底部折收，小平底微内凹。腹部有一周凹槽。口径14.2、底径5.5、高5.6、厚0.38～0.6厘米（图二四，8）。

魁　3件。

M3：21，置于墓道西南部，基本完整。泥质红陶，内壁残余零星浅黄色釉。近直口，圆腹，小平底微内凹。一侧有角状鋬手，腹部有一周凹槽。口径12.8、底径5.6、高4.8、厚0.3～0.62厘米（图二四，3）。

M3：32，置于墓室北部，保存较好。泥质红陶，内外壁的上半部有绿色釉。敛口，圆腹，近底部微折收，平底。一侧有残失的角状鋬手痕迹，腹部有一周凹槽，底部有刮削痕迹。口径13.2、底径6.2、高5.4、厚0.39～0.58厘米（图二四，4）。

M3：61，位于墓室靠近西壁偏北，保存完整。泥质红陶，内壁残存零星的酱色釉。口微内敛，弧腹，平底内凹。一侧有角状鋬手，腹部有一周凹槽。口径10.2、底径4.5、高4.5、厚

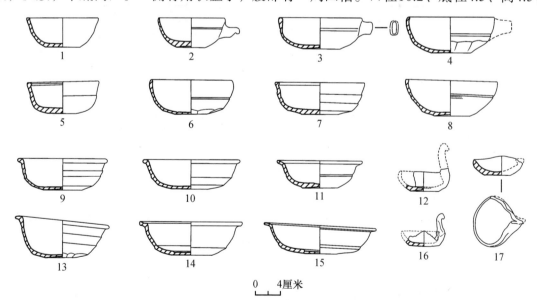

图二四　M3出土釉陶器

1、5、9、10. 碗（M3：17、M3：7、M3：40、M3：52）　2～4. 魁（M3：61、M3：21、M3：32）　6～8. 钵（M3：47、M3：62、M3：70）　11、13～15. 盆（M3：22、M3：72、M3：74、M3：46）　12、16、17. 勺（M3：66、M3：65、M3：10）

0.45～1厘米（图二四，2）。

碗　4件。

M3：7，置于墓道西南部，保存较好。泥质红陶，釉已剥蚀殆尽。敞口，窄斜沿微敛，斜壁，平底。腹中部有一周阶状凸起。口径11.2、底径4.5、高5、厚0.53～0.9厘米（图二四，5）。

M3：17，位于墓道西南部，保存较差。泥质红陶，内外壁皆施浅青黄釉，釉已剥蚀为粉末状。敞口，斜壁，平底。口径11.3、底径5.4、高4.4、厚0.42～0.62厘米（图二四，1）。

M3：40，置于墓室西北部，保存完整。泥质红陶，内壁有黄绿色釉。敞口，圆唇，卷沿，弧腹，近底部折收，平底微内凹。腹部有两周阶状凸起。口径14、底径6、高4.8、厚0.3～0.4厘米（图二四，9）。

M3：52，位于墓室西北角，保存完整。泥质红陶，内外壁的上半部有酱色釉。敞口，圆唇，卷沿，浅弧腹，近底部折收，平底。内壁底部有明显的轮制痕迹，腹部有一周阶状凸起。口径15.2、底径5.6、高4.5、厚0.62厘米（图二四，10）。

勺　3件。均为泥质红陶。

M3：10，置于墓道西南部。釉已剥蚀殆尽。钵形勺，敞口，斜腹，平底，一侧有内合式捏錾手，捏錾头部残失。长7.8、残高3、厚0.49～0.59厘米（图二四，17）。

M3：65，位于墓室靠近西壁偏北处，保存较差。内壁残存零星酱黄绿色釉。钵形勺，口微敛，斜腹，平底。一侧有较长的竖钩状把手。残长6.2、残宽4.2、高5.2、厚0.35～0.6厘米（图二四，16）。

M3：66，置于墓室靠近西壁偏北处，保存较差。内壁残存零星酱黄绿色釉。钵形勺，残，口微敛，斜腹，平底。把手残失。残长6.8、宽7.9、残高3.6、厚0.47～0.58厘米（图二四，12）。

卮　3件。

M3：35，位于墓室北部，基本完整。泥质红陶，器表和内壁上部施浅青黄釉，釉剥蚀严重。直口，直腹，近底部折收，平底微内凹。一侧有角状錾手，器表上中下各有一周凹槽。口径6.2、底径4.7、高7.4、厚0.55厘米（图二二，4）。

M3：51，置于墓室西北角，保存完整。泥质红陶，外施浅青黄色釉，釉剥蚀严重。直口，直腹略内收，平底微内凹。一侧有角状錾手，器表有三周凹槽。口径6.8、底径4.5、高6.3、厚0.47厘米（图二二，3）。

M3：57，位于墓室近西壁偏北，保存较好。泥质红陶，外壁上半部和内壁近口沿部位施浅酱黄色釉，釉剥蚀严重。直口，近直腹，底部向内折收，平底微内凹。口沿一部分残失，一侧应有角状錾手，器表上部有一周阶状凸起。口径7.2、底径4.5、高5.5、厚0.3～0.55厘米（图二二，2）。

杯　1件。M3：5，置于墓道东南部，基本完整。泥质红陶，釉已剥蚀殆尽。杯体较矮，直口，弧腹，平底。腹上部有一周凹槽。口径9.1、底径4.9、高5.3、厚0.34～0.64厘米（图二二，1）。

灯　8件。均为泥质红陶。豆形，盘部分别为碗形、盘形和子口盘形，覆碗形粗高圈足。

均为素面。

M3：48，位于墓室西北角，保存完整。盘内壁和器表有酱色釉。敞口，碗形深盘，盘底中部下凹。口径8.8、足径9.95、高9、厚0.38～0.92厘米（图二五，2）。

M3：26，置于墓室东北角，保存完整。盘内壁和器表有酱色釉。口微敛，斜壁，圈足底部内敛。内壁有一周凹槽。口径8.8、足径10.4、高9.1、厚0.5～0.9厘米（图二五，3）。

M3：59，位于墓室靠近西壁偏北，基本完整。盘内壁和器表保存较好的黄绿色釉。近直口，浅盘，平底。口径9.6、足径11、高11.4、厚0.43～0.9厘米（图二五，7）。

M3：12，置于墓道西南部，保存完整。残存零星浅青黄色釉。子口较高内敛，斜腹。口径8.4、足径11.8、高11.2、厚0.4～1.2厘米（图二五，6）。

M3：34，位于墓室北部，基本完整。盘内壁和器表有黄绿色釉。子口内敛，斜腹。口径7.4、足径12.2、高10、厚0.43～0.82厘米（图二五，5）。

M3：45，放在墓室西北角，保存完整。盘内壁和器表有酱色釉。矮子口内敛，斜腹，盘底和圈足上部各有一周阶状凸起。口径7.7、足径10.5、高8.4、厚0.44～0.8厘米（图二五，1）。

M3：18，位于墓道西南部。外施浅青黄色釉，釉已剥蚀呈粉末状。保存盘底部及覆碗形大圈足。足径12.7、残高9.2、厚0.4～0.93厘米（图二五，8）。

M3：43，置于墓室西北角。没有发现釉痕，剥蚀殆尽。残存盘底及以下的覆碗形高圈足。足径9.9、残高8.1、厚0.34～0.98厘米（图二五，4）。

器盖　3件。泥质红陶。形制均为覆碗形，敞口，斜弧壁，尖顶。

M3：11，位于墓道西南部，基本完整。釉已剥蚀殆尽。口沿部微敛，顶部正中有条形板状竖纽，纽的四角各向外伸出一个长条形镂孔。口径10.2、高5.4、厚0.69～0.8厘米（图二一，2）。

M3：49，置于墓室西北角，保存完整。盖面残存零星的酱黄色釉。口沿部微敛。表面有浅的波浪状起伏，顶部有三个长条形镂孔，之间有三组三角网状刻划纹，其下有一周凹弦纹。口径10.5、高5、厚0.34～0.4厘米（图二一，1）。

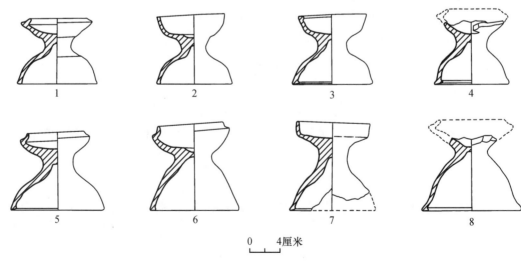

0　　　　4厘米

图二五　M3出土釉陶灯

1. M3：45　2. M3：48　3. M3：26　4. M3：43　5. M3：34　6. M3：12　7. M3：59　8. M3：18

M3：77，位于墓室西南部，保存完整。器表有酱黄色釉。以尖顶为中心，向外分布着三组"V"字形镂孔。口径9.6、高5.15、厚0.3~0.5厘米（图二一，3）。

（4）陶器

12件。器形有甑、仓、罐、壶和碗。

甑　1件。M3：13，位于墓道西南部，基本完整。泥质灰陶。深腹盆形，口微敛，圆唇，窄沿，上腹外弧，下腹斜内收，平底内凹，底镂箅孔33个。腹上部有两周凹槽。口径30.8、底径12.8、高17.7、厚0.3~0.6厘米（图二六，7）。

仓　3件。形制为矮母口，粗筒形，平底。

M3：8，置于墓道西南部，保存完整。泥质偏浅黄色灰陶。矮子口内敛，腹壁微外弧。内壁呈瓦棱状起伏，器表有两周凹槽。口径8.46、底径10、高12.7、厚0.3~0.6厘米（图二六，4）。

M3：42，位于墓室西北部，基本完整。泥质灰陶，偏浅黄色。器体略细，矮子口内敛，圆唇，腹微外弧。腹部有一周凹槽。口径9、底径9.5、高13.1、厚0.3~0.6厘米（图二六，5）。

M3：71，置于墓室靠近南壁西部，保存完整。泥质灰陶。矮子口内敛，腹微外弧。腹部有一周凹槽。口径10、底径10.5、高13.1、厚0.45~0.7厘米（图二六，6）。

罐　2件。

M3：2，置于墓道西南部，保存完整。泥质灰陶。侈口，方唇，折沿，圆肩，圆腹，平底微内凹。口沿外侧饰抹绳纹，上腹部饰弦断绳纹。口径17.8、最大腹径22.6、底径12.6、高9.75、厚0.3~0.8厘米（图二六，8）。

M3：60，位于墓室靠近西壁偏北，保存完整。泥质灰陶。小口，尖唇，窄平沿，短直颈，广折肩，扁腹，大圜底。腹至底部饰竖绳纹。口径11.4、最大腹径18.4、高10、厚0.6~0.9厘米（图二六，9）。

壶　3件。

M3：4，置于墓道西南部，保存完整。泥质灰陶。侈口，束颈，斜折肩，斜直腹，矮圈足。颈肩交界处有三周阶状凸起，折肩处有三周凹槽。口径12.5、足径12、高18.9、厚0.4~0.6厘米（图二六，11）。

M3：27，位于墓室东北角。泥质灰陶。口及颈大部残失，束颈，广折肩，斜腹微外弧，矮圈足。颈肩交界处有三周阶状凸起，肩部有规整的网状暗纹，折肩处有两周凹槽。肩径23.4、足径14.4、残高16.2、厚0.5~0.64厘米（图二六，12）。

M3：28，置于墓室东北角，基本完整。泥质灰陶。近似于盘口，口外侈，束颈，斜折肩，鼓腹，下部斜内收，圈足。颈肩交界处有三周阶状凸起，肩部有规整的网状暗纹，折肩处有两周凹槽。口径11.8、足径13、高18.4、厚0.4~0.6厘米（图二六，10）。

碗　3件。

M3：31，位于墓室北部，保存完整。泥质灰陶。敞口，弧腹，平底。口沿下外壁有一周凹弦纹，近底部有两周折痕。口径15.6、底径5.4、高6.4、厚0.15~0.6厘米（图二六，1）。

M3：33，置于墓室北部，保存基本完整。泥质灰陶。敞口，弧腹，平底。口沿下外

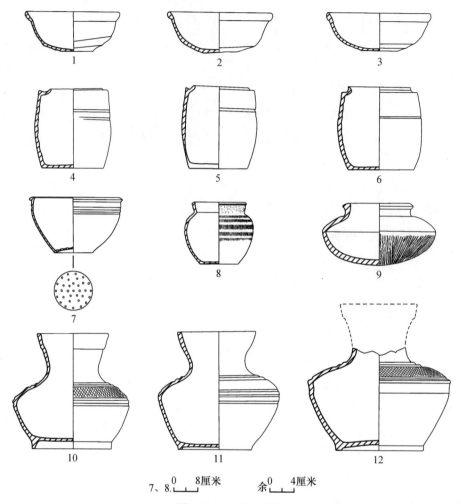

7、8. ├─0─┴─8厘米┤　　余├─0─┴─4厘米┤

图二六　M3出土陶器

1～3.碗（M3：31、M3：33、M3：68）　4～6.仓（M3：8、M3：42、M3：71）　7.甑（M3：13）　8、9.罐（M3：2、
M3：60）　10～12.壶（M3：28、M3：4、M3：27）

壁有一周凹弦纹，近底部外壁有一周折痕。口径17、底径5.7、高6.5、厚0.3～0.5厘米（图二六，2）。

M3：68，位于墓室靠近西壁偏北，保存完整。泥质灰陶。敞口，弧腹，平底。口沿下外壁有一周凹弦纹，近底部外壁有两周折痕。口径17、底径6、高6.1、厚0.25～0.61厘米（图二六，3）。

（5）琉璃器

2件。器形为耳珰。位于墓道中部偏东处，当在人体耳侧。

M3：23-1，浅蓝色琉璃质。束腰圆筒形，一端略大，另一端略小，大端内凹，中间有一孔纵向贯穿器身。长1.4、小端径0.64、腰径0.4、大端径0.81、孔径0.2厘米（图二〇，5）。

M3：23-2，一端残。白色琉璃质。微束腰圆筒形，中间有一孔纵向贯穿器身。残长1.28、一端径0.59、腰径0.4、另一端残径0.56、孔径0.17厘米（图二〇，6）。

四、结　语

铺溪四组墓地的发现和发掘是开县三峡淹没区田野考古工作的一个意外收获。这一墓地虽然目前只发现了两座早期墓葬，但墓葬保存相对较好，在大浪坝和渠口坝的五处墓地中属于较好的一处。只是受规定的发掘面积所限，没有做更大面积的发掘。

M1的时代明显较晚，从墓葬的形制和墓葬填土内发现部分青花残瓷碗来看，其时代不会早于清代中期。所以，M1的时代应为清代中晚期甚至更晚。

在调查和发掘工作中，开县的彭溪河两岸地区发现数量较多的汉至六朝时期的墓葬，这些墓葬存在着许多相同和相似的特点。例如，墓葬的方向不甚固定，但特征明显，基本上是随着河流的转动而变化，无论是河的左岸还是右岸，墓葬的大方向始终朝向彭溪河，这背后定有其深刻的文化内涵；墓葬形制和结构主要存在土坑墓、砖室墓和石室墓三大类，其中以使用一个侧面模印花纹的青砖垒砌墓室和墓道的墓葬为主，而墓砖的花纹以连续的菱形花纹数量最多；形制清楚和保存较好的墓葬多有墓道，墓道多偏向墓室的一侧，整体呈所谓的"带把刀形"，也有墓道位于墓室一端中部，即所谓的"凸"字形墓葬；墓内应有棺椁，只是腐朽过甚而无法区分和清理出来；绝大多数墓葬的人骨保存极差，从部分能够看出人骨数量的墓葬可知，多数墓葬为多人合葬；墓葬内随葬品的陈放规律性不强，往往墓室和墓道内均有，通常放置得比较散乱；随葬品以陶器为主，存在大量釉陶和明器，根据墓主身份的不同，也有一定数量的漆器、铜器、铁器和铜钱等。上述特点表明，彭溪河流域汉晋时期的社会，人们在处理死者方面存在着完全相同的信仰和习俗。而一座墓葬埋葬多人的现象，显示了当时人们的血缘关系是维系当时社会关系的重要纽带。

M2和M3的墓葬形制相同，大小相若，排列方式为一南一北，之间的距离不足5米。随葬品种类、典型器物的形制等均比较相似。所以，这两座墓葬的时代基本一致，M2或略早。

两座墓葬均出土少量铜器和铁器。如M2的双耳铜釜、铜盆和铜泡，M3的兽面铺首铜洗和铁釜、铁壶等。两墓均出土一定数量的五铢钱。从两汉之际到东汉晚期，墓葬随葬陶器中釉陶的数量和所占比例不断增多和提升。如M2在全部70件陶器中，釉陶为49件，占70%；M3共出土64件陶器，釉陶为52件，比例超过80%。综合墓葬形制、陶器组合及形制特点分析，铺溪四组两座墓葬的时代大约在东汉早、中期。

绘图：王　芬　刘善沂

摄影：王　芬

执笔：栾丰实　李　贝　王　芬

丰都玉溪遗址2004年度新石器时代遗存发掘简报

重庆市文物考古研究院
丰 都 县 文 物 管 理 所

一、遗址概况和发掘经过

　　玉溪遗址位于重庆市丰都县高家镇金刚村二社，地处长江右岸二级阶地上，遗址中心地理坐标为东经107°51′38″，北纬 30°02′14″（图一）。按照三峡文物保护规划，遗址面积为80000平方米。玉溪遗址所在地明显可以分为两部分，临江一带地势平坦，海拔153～155米；靠内侧部分海拔较高，在171～175米，地势亦相对平坦，在两者之间，系不太陡的缓坡。遗址北面紧邻玉溪河和玉溪大沟。玉溪遗址的东面地势略高，主要是村民的民房。玉溪遗址是高家镇遗址群的重要组成部分，北隔玉溪河与玉溪坪遗址相望；南隔冲沟与金刚背、石地坝、范家河、秦家院子、袁家岩等遗址相邻。遗址西面为长江，长江在高家镇一带系南北流向，江对岸为坡度较大的陡山。

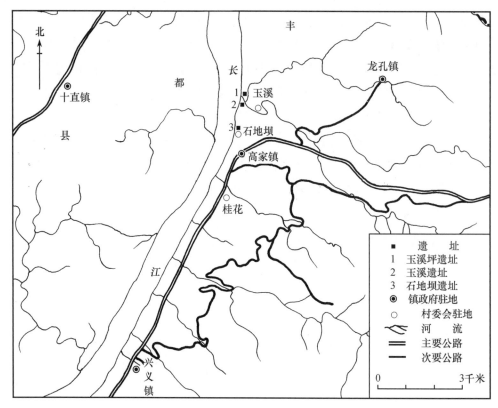

图一　玉溪遗址位置示意图

玉溪遗址是1992年实施三峡库区文物保护规划时，由四川省文物考古研究所调查发现的，当时采集到各类标本25件。1993年、1994年又多次对其进行了复查，并于1994年4月进行试掘，在遗址西北部开4米×2米探沟一条，深2.6米，文化层可分为9层，出土少量陶片，发现大量骨渣、打制石片等[①]。在1995年据此形成的《四川省丰都县文物古迹保护规划报告》中，玉溪遗址被定为A级发掘项目。1999年4~5月，重庆市博物馆考古队（现重庆市文物考古研究院）对玉溪遗址进行了考古勘探，钻探面积达120000平方米，这次钻探基本搞清了玉溪遗址文化遗存的分布范围和文化内涵，对以后的发掘工作具有指导意义；1999年5~7月，重庆市博物馆考古队对玉溪遗址进行了首次正式发掘，发掘面积800平方米，同年9~12月，进行了第二次发掘，发掘面积达1225平方米。这两次发掘，发现了新石器时代晚期、商周和唐宋时期的遗物[②]。1999年12月至2000年5月，重庆市文物考古所（现重庆市文物考古研究院）对玉溪遗址进行了第三次发掘，发掘面积为500平方米，发掘区域集中分布在遗址北部的所谓骨渣带上，发现了十分丰富的骨渣和石制品，以及少量的陶器。这次发掘，发现了重庆乃至四川盆地最早的新石器时代遗存，具有十分重要的意义，相关考古工作者进而提出了"玉溪下层文化"的命名[③]。2001年4~5月，重庆市文物考古所第四次发掘玉溪遗址，发掘面积达1575平方米，发现了较丰富的唐宋遗存[④]。

2004年下半年和2006年2~5月，重庆市文物考古所对玉溪遗址进行了两次发掘，两次发掘共布探方和探沟62个，其中在遗址北部紧邻2000年度发掘探方处共布5个5米×5米探方，自北而南分别是ⅢT0401、ⅢT0402、ⅢT0403、ⅢT0304、ⅢT0305；再往南于1998年度探方的西边，布5米×5平方米探方4个，自北而南分别是ⅢT0610、ⅢT0711、ⅢT0712、ⅢT0713；在遗址A区的南部还布有5米×5米探方9个，编号为T32~T40，另外还有10米×10米探方7个，编号为T64~T70。B区共布5米×5米探方18个，编号为T14~T31；10米×10米探方3个，编号为T48~T50；探沟12米×4米、20米×4米5条，编号为T41、T42、T61~T63。C区共布5米×5米探方13个，编号为T42~T47、T51~T58；10米×10米探方2个，编号为T59、T60。除T32~T35、T42~T47、T64布方方向略偏东外，其余探方均为正方向布方。探方扩方后，实际发掘面积超过3000平方米。发现大量新石器、商周、汉晋、唐宋、明清时期遗存。现仅将两次发掘的新石器遗存简报如下。

① 四川省文物考古研究所：《丰都县三峡工程淹没区调查报告》，《四川考古报告集》，文物出版社，1998年。

② 重庆市文物考古所：《丰都玉溪遗址勘探、早期遗存发掘简报》，《重庆库区考古报告集·1998卷》，科学出版社，2003年；重庆市文物考古所：《丰都玉溪遗址发掘简报》，《重庆库区考古报告集·1999卷》，科学出版社，2006年。

③ 邹后曦、袁东山：《重庆峡江地区的新石器文化》，《重庆·2001三峡文物保护学术研讨会论文集》，科学出版社，2003年。

④ 资料现存于重庆市文物考古研究院。

二、地层堆积

　　玉溪遗址临江台地部分土层深厚，新石器时代遗存主要分布在遗址临江的北部，靠近玉溪河汇入长江的嘴上；遗址南部当地俗称"庙包"靠江的地带也有少量新石器时代遗存。新石器时代中期遗存主要发现于A区北部的T0401、T0402、T0403、T0304、T0305（图二），新石器时代晚期遗存除上述探方有分布外，在C区南部临江的庙包一带，T45～T47（图三）、T51～T54等探方都有分布，而其他探方的新石器时代文化遗存极为零星。

　　由于新石器时代的堆积主要发现于遗址的最北端（A区）和最南端（C区）两个片区，两地的文化堆积景观、埋藏性质、文化内涵等方面均有较大差异，故分为北部和南部分别介绍。

1. A区北部的文化堆积

　　A区北部的新石器时代遗存主要发现于T0401、T0402、T0403、T0304、T0305等5个探方，这5个探方均位于布方坐标系的第Ⅲ象限，紧邻2000年发掘的新石器时代遗存的西边。本次发掘的5个探方即位于断坎处，每一探方均跨坎上和坎下。文化层堆积并非水平，系从西南向东北方向倾斜，而且堆积的层次存在差异，大体上看，东北方向堆积厚、层次多，相对西南方向的堆积时代略晚，而西南方向的堆积薄、层次少，堆积时代较早。当然，造成厚薄不均状况的原因也可能是后期耕作将西南方向的堆积削掉一部分。在发掘过程中，因为地层堆积深厚、复杂，各探方的地层没有统一，而是自行由晚及早编号，但遗迹号由工地统一发放。发掘完毕后，除T0401、T0402间地层关系对应清楚，没有打隔梁外，其余探方均打掉隔梁，进行了地层对应，并将这5个探方的地层按早晚顺序统一进行了重新编号。需要说明的是：本报告除文化层描述采用统一编号外，遗迹、遗物部分的描述仍按原探方编号。

　　A区北部的文化堆积深厚，统编地层共计74层（附表），现仅选取部分典型剖面进行介绍（图四、图五）。需要说明的是，在考古发掘进行过程中，南京大学朱诚教授组织该校测量人员对玉溪遗址、玉溪坪遗址的高程进行了精确到毫米的测量，测量以遗址B区最上的一个大地测量点为基准点，该点海拔167.3米，采用的是国家高程。玉溪遗址共测得5个数据，分别是①T0402西南角探方坐标原点所在地面：海拔154.747米；②T0403西南角坐标原点第2层层表：海拔154.659米；③T0403东南角（隔梁内）地面：海拔154.733米；④T0304西北角地面：海拔155.047米；⑤T0305西南角坐标原点第2层层表：海拔154.746米。本报告在描述各文化层深度时，均为海拔高度，其依据是以上述测量为参考，推算出各层层表海拔高度（精确到厘米）。

2. C区南部的文化堆积

　　C区南部临江的庙包一带分布有新石器时代遗存，T45～T47、T51～T54几个探方都有分布，而其他探方的新石器时代文化遗存极为零星。

　　C区南部包含新石器遗存探方地层关系较为简单，以T47为例进行介绍（图六）。

　　第1层：耕土层。厚5～25厘米。灰褐色，夹杂大量现代植物根系，少量木炭屑及零星红烧土颗粒。

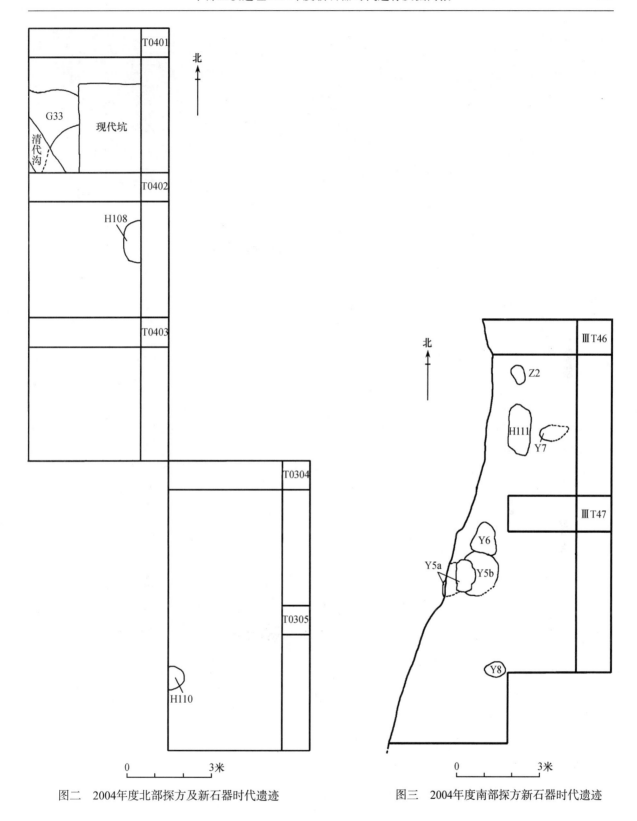

图二　2004年度北部探方及新石器时代遗迹　　　　　图三　2004年度南部探方新石器时代遗迹

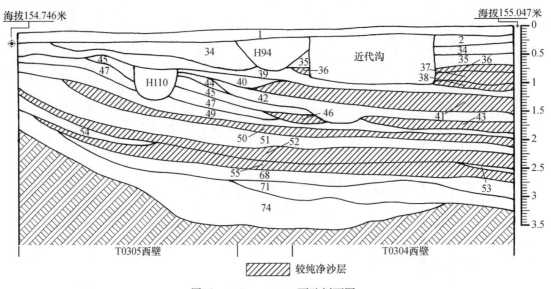

图四　T0304、T0305西壁剖面图

第2层：扰乱层。深5～52、厚0～75厘米。浅灰褐色，土质疏松，夹杂大量现代瓦片、石块等。

第3层：明清层。可分为二亚层。

第3A层：深20～70、厚0～50厘米。浅灰色，土质较杂，疏松，夹杂大量煤渣、石块等。

第3B层：深15～95、厚0～83厘米。浅灰色，土质较软，夹杂较多煤渣，石块。包含物有少量青花瓷片及褐色粗瓷片。可辨器形有碗、罐等。

第4层：明清层。可分二亚层。

第4A层：深40～115、厚0～65厘米。浅灰黄褐黏土，土质硬，夹杂较多石块。包含物有少量青花瓷片。可辨器形有碗等。

第4B层：深35～125、厚0～40厘米。黄褐色黏土，土质硬，较纯，夹杂少量石块、零星红烧土颗粒。包含物有少量青花瓷片。可辨器形有碗、杯等。本层下叠压G34。

第5层：明清层。深35～180、厚0～50厘米。浅灰褐色，土质较硬。夹杂较多炭屑、零星红烧土颗粒。包含物有少量青花瓷片。可辨器形有碗等。

第6层：汉代层。深50～190、厚0～30厘米。浅黄褐色粒土，土质硬，夹杂较多炭。包含物较多，有砖块、板瓦。砖块较大，平面多布有绳纹，侧面饰方格纹。板瓦为灰色，多为内布纹外绳纹，有少量内外绳纹。本层下叠压Y5、Y6。

第7层：玉溪上层文化层。深65～255、厚0～50厘米。黄褐色黏土，土质硬。夹杂较多炭屑。包含物较少，均为陶片，泥质。主要为蓝灰色，有少量红褐陶，纹饰多为绳纹，素面较少。本层下叠压Y8。

第7层下为生土，浅黄色纯净黏土。

2004年度发现新石器遗存从类型上看，遗物多出土于文化堆积之中，遗迹数量较少；从时代上看，可以分为玉溪下层文化、玉溪上层文化和玉溪坪文化。这里以时代为序进行介绍。

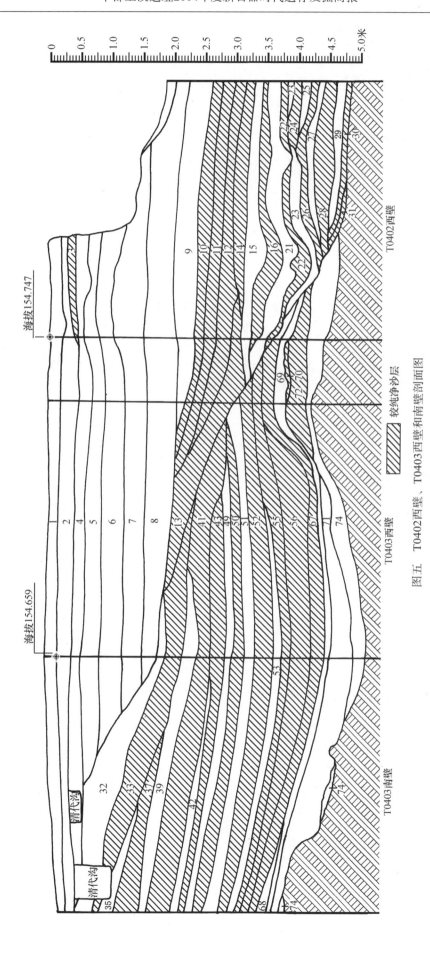

图五　T0402西壁、T0403西壁和南壁剖面图

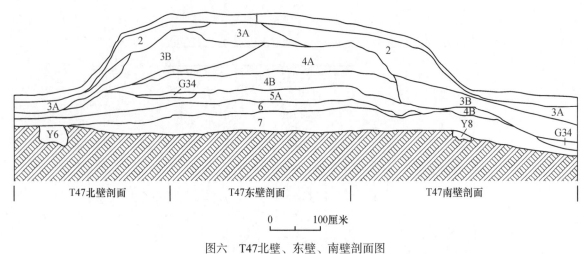

0　　100厘米

图六　T47北壁、东壁、南壁剖面图

三、玉溪下层文化遗存

仅分布在遗址北部长江与玉溪河交汇处台地的10多个探方内，2004年度仅在T0304、T0305、T0401、T0402、T0403等5个探方发现玉溪下层文化遗存。

（一）遗迹

遗迹数量少，仅发现沟1条、灰坑1座。

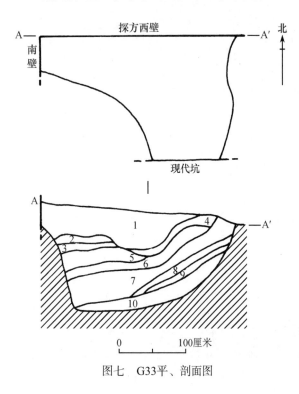

0　　100厘米

图七　G33平、剖面图

1. 沟

共1条，编号为G33。

位于T0401西南部。西、南两侧部分被压入隔梁内。叠压于第12层下，打破第12层下的相应地层至生土。

沟口平面近梯形，由口至底渐渐内收，沟壁成弧状。沟长135、宽95～295、深70～138厘米（图七）。

沟内堆积共分10层，各层具体情况如下。

第1层：厚0～55厘米。浅褐色沙土。较疏松，含较多料姜石颗粒。有较多动物残骨、石片、螺壳、红烧土颗粒、灰烬等出土。分布于整个沟内。

第2层：厚0～15厘米。青灰色沙土。较纯净而疏松，无包含物。分布于沟的西南部，略呈水平堆积。

第3层：厚0～15厘米。灰褐色沙土。略泛红色，较疏松。含大量动物残骨、灰烬、石片、螺蚌残壳等，略呈水平分布于沟的西南部。

第4层：厚0～20厘米。红灰色沙土。较疏松而纯净，无包含物。由北向南呈陡坡堆积，分布于沟的西北部及中部。

第5层：厚0～26厘米。青色沙土。较疏松而纯净，无包含物。由北向南略呈坡状堆积，分布于沟的西南部。

第6层：厚0～20厘米。灰褐色沙土。土质较紧密，含大量动物残骨、石片、蚌螺壳、灰烬、烧土颗粒等。由东北向西南呈坡状堆积，遍布整个沟内。

第8层：厚0～13厘米。青灰色沙土。较疏松而纯净，无包含物。由东北向西南呈陡坡堆积，分布于沟的北半部。

第9层：厚0～14厘米。浅红褐色沙土。较紧密，夹大量料姜石颗粒，不见其他包含物。由东北向西南呈陡坡堆积，遍布沟的北半部。

第10层：厚0～25厘米。深青色沙土。夹大量料姜石颗粒，不见其他包含物。由东北向西南呈坡状堆积，遍布整个沟底。该层下为灰黄色极纯净而疏松的沙土，为生土。

2. 灰坑

共1座，编号为H108。

位于T0402的东北部。叠压于T0402的第12层下，打破第12层下的相应地层至生土。

坑口平面呈半圆形，半径约60厘米。由口至底逐渐内收，近锅底状，弧壁，壁不直不光滑，未发现加工痕迹（图八）。

坑内堆积仅1层，厚58～73厘米，为深灰黑色沙土，较疏松。含较多的石片、动物残骨、蚌螺残骨、灰烬、烧土颗粒等。

（二）遗物

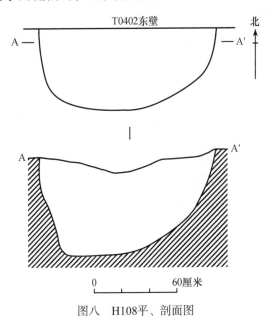

图八　H108平、剖面图

1. 陶器

本年度出土玉溪下层文化陶片约250片，有以下几个方面的特点：均为夹砂陶，未见泥质陶。陶土多选择侏罗纪紫红色泥岩风化土，没有经过淘洗。可细分为夹粗砂和夹细砂两种，粗砂为与胎土质地相同的泥岩颗粒，粒径较大，似为人工打碎的泥岩加入；细砂为石英细砂，粒径极小；大多数为泥片贴塑法制作。陶片明显起层，一般可观察到2～3层的片状结构，部分外层剥落后，内层层表隐约可见绳纹痕，可能是制作时为了使两片结合更紧密。陶器口部和腹部多套接，个别器物口部有小泥片以弥补坯胎阴干时的龟裂痕。釜类造型不规整，圈足多由圜底器加泥条形成，接合部很厚；陶器烧成温度较低。陶色以红褐陶为主，颜色不均，陶质极疏松、易碎；多绳纹，基本未见其他纹饰。绳纹一般遍饰器身，多为散乱或纵向较浅的中粗绳纹，存在少量较深的细绳纹；流行绳压小花边，多饰于器口及圈足外沿（纹饰拓片）；素面陶有抹红色泥浆的做法；器类简单，以圜底器为主，圈足器、平底器次之，不见三足器；器类简单，仅釜、罐、碗、盆、钵、杯、器底七类。

　　釜　出土数量较多，均为泥片贴塑法手制，口、腹两部分黏接成器。器表通体拍印中粗散乱的麻点状绳纹，唇面多压印出绳纹花边。T0304㉑：339，夹较多粗大页岩颗粒红褐陶，器壁较薄。侈口，卷折沿，方唇，束颈，斜肩。唇部、沿外及腹饰竖向细绳纹，绳纹印痕较浅，略乱。口径12、残高5.6厘米（图九，1）。T0403⑮：4，夹细砂褐陶。侈口，折沿，圆方唇，束颈，鼓肩。沿外及腹壁饰竖向细乱绳纹。口径16、残高4厘米（图九，2）。T0304⑳：332，夹细砂红褐陶。侈口，卷折沿，沿面微凹，束颈。唇部压印绳纹形成花边，沿外饰竖向绳纹。口径12、残高2.6厘米（图九，3）。T0304⑳：14，夹细砂红褐陶。侈口，卷折沿，方唇，唇面微凹，束颈。唇部压印绳纹花边，器表自沿外饰竖向细绳纹，颈部绳纹被抹光，内壁亦有抹痕。口径18.6、残高3.6厘米（图九，4）。T0304⑳：11，夹细砂褐陶，胎芯呈黑色。侈口，卷沿，方唇，弧腹。唇面压印稀疏的绳纹，形成细花边；沿外饰少量绳纹，腹壁饰竖向细绳纹，印痕较深而清晰，另有少许斜向粗绳纹，与细绳纹形成交叉。口径22.8、残高9厘米（图九，5）。T0304⑨：342，夹细砂和少量页岩颗粒，褐陶。颈部略收，溜肩，弧腹，圜底。饰较乱竖向绳纹，印痕不深。最大腹径15、残高11.8厘米（图九，6）。T0304⑳：334，夹细砂灰黑陶。侈口，卷折沿，方唇，束颈，斜肩。腹壁饰竖向细乱绳纹，沿外壁亦见零星绳纹，应为绳纹被抹所致。口径11.2、残高3.4厘米（图九，7）。T0305⑯：340，夹细砂红陶，略偏褐。侈口，折沿斜立，方唇，沿面微凹。大口，腹壁弧直。沿外及腹壁外饰略粗的竖向乱绳纹，印痕较浅，绞股较长。残高6.6厘米（图九，8）。T0304⑳：12，夹较多页岩颗粒，灰黑陶。断面上能观察到3层泥片。侈口，折沿，沿面近平，垂腹微鼓。唇部勒浅花边，沿外侧及腹饰竖向细密绳纹，近底处有烟炱痕。口径18、残高12.2厘米（图九，9）。

　　碗　数量较多，泥片贴塑法制器，有绳纹和素面两类。

　　绳纹碗　器物外壁装饰绳纹，部分唇面压印出绳纹花边。标本T0304⑳：15，夹细砂灰黑陶。敞口，方唇，斜弧壁，腹较深。自唇外缘以下外壁饰细密的竖向细绳纹，纹饰印痕清晰。口径14.8、残高4厘米（图一〇，1）。T0304⑳：338，夹细砂及少量页岩粗颗粒，红陶。敞口，方唇，斜壁略弧。腹饰竖向浅乱绳纹，唇面压印少许绳纹花边。口径19.8、残高3.6厘米（图一〇，2）。T0304⑳：335，夹紫红色页岩颗粒，器表红色，圈足部分呈灰褐色。圈足微外撇，方唇。外壁饰少量细绳纹。圈足底径14、残高3厘米（图一〇，4）。T0304⑳：13，夹少量细砂及页岩颗粒，红陶。斜直壁，深腹，矮圈足，足壁外撇。足与器身接制，在结合处的外壁抹平。腹饰横向或斜向细绳纹，绳纹印痕清晰。圈足底径9.2、残高7.3厘米（图一〇）。T0403⑲：1，夹大量细砂，亦含少量粗砂，褐陶。敞口，斜弧壁。外饰竖向细绳纹。口径20、残高2.8厘米（图一〇，3）。

　　素面碗　素面，器表抹光。T0304㉑：343，夹大量粗页岩颗粒，紫红色陶。敞口，方唇，斜直壁，深腹，底平，下附矮圈足，足壁略外撇。内壁略经抹光。口径26、圈足底径12、高13.6厘米（图一一，3）。T0403⑰：1，夹大量页岩颗粒，并以页岩风化土制胎，紫红色。敞

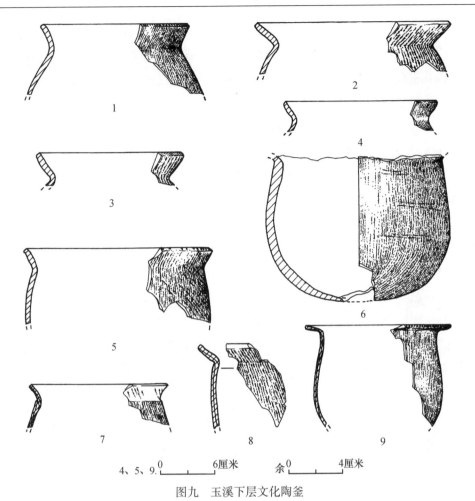

4、5、9.0 —— 6厘米　　　余0 —— 4厘米

图九　玉溪下层文化陶釜

1. T0304㉑：339　2. T0403⑮：4　3. T0304⑳：332　4. T0304⑳：14　5. T0304⑳：11　6. T0304⑨：342　7. T0304⑳：334
8. T0305⑯：340　9. T0304⑳：12

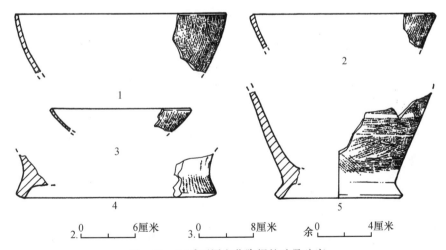

2.0 —— 6厘米　　3.0 —— 8厘米　　余0 —— 4厘米

图一〇　玉溪下层文化陶绳纹碗及碗底

1~3.绳纹碗（T0304⑳：15、T0304⑳：338、T0403⑲：1）　4、5.绳纹碗底（T0304⑳：335、T0304⑳：13）

口，尖圆唇，斜弧腹，腹较深。口径20、残高6厘米（图一一，4）。T0403⑰：3，夹大量页岩颗粒，并以页岩风化土制胎，紫红色。敞口，尖圆唇，斜弧腹。口径20、残高3.6厘米（图一一，2）。T0403⑰：2，夹大量页岩颗粒，并以页岩风化土制胎，紫红色。敞口，方唇，斜直腹。口径28、残高2.4厘米（图一一，1）。

　　盆　数量较少。T0304⑳：10，夹紫红色粗页岩颗粒，但也夹有细页岩颗粒，红陶。泥片贴塑法成器。敞口，沿微外撇，方唇，斜直壁略弧，至底急收，下残，可能为近平的圜底。唇面压印绳纹，形成花边。腹壁上部饰竖向浅细绳纹，近底部绳纹不明显，可能被抹去。内壁磨光。口径48.8、残高12厘米（图一二，5）。

　　钵　数量较少。T0304⑪：341，夹细砂灰褐陶，器表内外磨光。泥片贴塑法成器，口沿有一小块附加的泥片，似为加固陶胎阴干时的裂缝。敞口，圆方唇，斜壁微弧，至底急收，但底极浅。口径28.8、残高10厘米（图一二，4）。

　　器底　数量较少，应为罐类器物底部。T0304⑳：337，夹细砂红陶，有少量黑色斑块。斜弧腹，平底。腹饰竖向浅细绳纹，底素面。以泥片贴塑法成器。底径6、残高5.4厘米（图

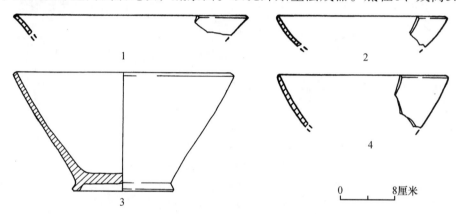

图一一　玉溪下层文化陶素面碗
1. T0403⑰：2　2. T0403⑰：3　3. T0304㉑：343　4. T0403⑰：1

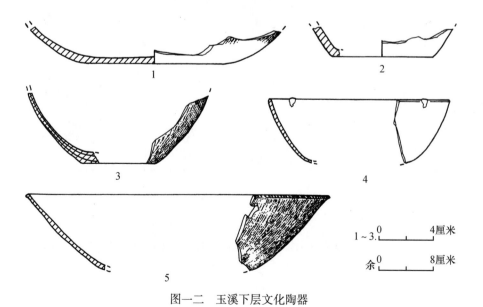

图一二　玉溪下层文化陶器
1～3. 器底（T0402⑱：49、T0402⑭：25、T030420：337）　4. 钵（T0304⑪：341）　5. 盆（T0304⑳：10）

一二，3）。T0402⑱：49，夹细砂褐陶。斜弧腹，平底，但腹壁与底之间转折较缓。靠上部饰少量细绳纹，底素面。底径10.9、残高2.6厘米（图一二，1）。T0402⑭：25，泥质灰陶。火候较高。下腹斜收，平底。素面。底径7.8、残高2.3厘米（图一二，2）。

2. 石器

本年度发现石器数量较多，有石斧、石锛、石锄、盘状器、砺石、石核、石片等，其中，以石斧、盘状器、石片数量居多。

石斧　有打制石斧和磨制石斧两类。

打制石斧因毛坯产生方式不同，可细分为石片石斧、石核石斧两类。

石片石斧　数量较多，由石片打制而成。T0304㉒：72，在石片左右两侧及一端由背面向劈裂面修理成形，背面为砾石自然面。刃部呈圆弧状，偏锋，有使用小碎疤；圆弧状顶部。残长17.4、宽9.4、厚3.7厘米（图一三，1）。T0304⑧：19，只修整了石片的上下两端，左右两侧平直。劈裂面和背面均见修理小疤。平直刃，偏锋，顶部近平。长10.6、宽6.8、厚2.8厘米（图一三，2）。T0402⑫：85，较薄，左上端缺失。背面为砾石自然面。刃部呈圆弧状，正锋。残长14.6、宽8.1、厚1.7厘米（图一三，3）。T0304⑳：43，劈裂面周缘及背面两侧均见密集的修理疤痕。弧顶，两侧边略弧，圆弧刃，偏锋。刃部有少量使用小碎疤。长15、宽7.8、厚3厘米（图一三，4）。T0304㉑：2，背面为砾石自然面，正面为石片劈裂面。修理方式为沿石片周缘由背面向劈裂面加工，有较多的修理疤。尖弧顶，两侧外弧，圆弧刃，正锋。长20.6、宽9.4、厚3.4厘米（图一三，5）。T0304㉓：93，在劈裂面的右侧有修理疤痕。背面与打击点相对处有崩疤。刃部已用残。圆弧顶、两侧平直、圆弧刃，刃部右侧缺失。长11.8、宽6.6、厚1.5厘米（图一三，6）。

石核石斧　数量较多，由砾石或石核打制修理而成。T0304⑧：22，利用石核直接修理而成。顶端尚留有部分砾石自然面。打击点在砾石一侧靠上的一端。左侧和刃部有双向修理疤。背面保留部分砾石自然面。圆顶，两侧略弧，弧刃，中锋。长14.4、宽7.6、厚2.6厘米（图一四，1）。T0402⑱：1，利用自然砾石直接修理而成。修理方法是沿椭圆形砾石的下部两侧和下端，向一面打击修理，形成石斧毛坯。大部分保留砾石自然面。斜弧顶，一侧腰外鼓，一侧腰内凹，刃部斜弧，中锋。长16.6、宽7.6、厚3厘米（图一四，2）。T0304⑳：42，利用石核直接修理而成。正面两侧有大量修理痕，上部留有一小块砾石自然面。刃部则向正、背两面双向修理。背面保留大部分砾石自然面。平顶，斜肩，两侧边略弧，上窄下宽。刃部近平。高20.1、宽10.4、厚4.5厘米（图一四，3）。

磨制石斧　均为局部磨制，大部分仅磨制刃部。因毛坯产生方式不同，可细分为石片石斧、石核石斧两类。

石片石斧　T0305⑬：23，刃部磨制。两侧均见劈裂面向背面修理疤痕，左侧见背面向劈裂面修理疤痕，刃部有使用疤痕。弧顶，两侧斜直，弧刃，中锋。长8.9、宽5.1、厚1.7厘米（图一五，1）。T0304⑳：57，劈裂面刃部磨制，有少量使用残缺。两侧均见向劈裂面和背面的双向修理疤痕。背面多为砾石自然面。弧顶近平，两侧近直，弧刃。长9.8、宽4.8、厚1.4厘米（图一五，2）。T0402⑯：44，刃部磨制。左右两侧均见修理疤痕，均向劈裂面单向修理，

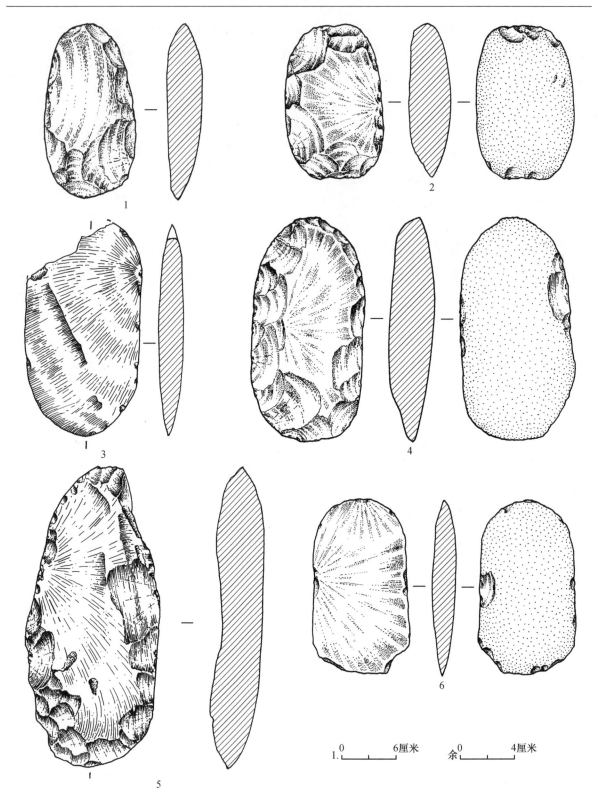

图一三 玉溪下层文化打制石片石斧

1. T0304㉒：72　2. T0304⑧：19　3. T0402⑫：85　4. T0304⑳：43　5. T0304㉑：2　6. T0304㉓：93

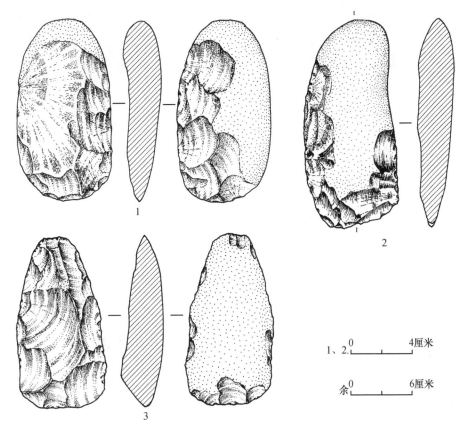

图一四　玉溪下层文化打制石核石斧
1. T0304⑧：22　2. T0402⑱：1　3. T0304⑳：42

但背面亦有少量崩疤。背面大部分留有自然面。刃部正面磨制，尚见斜向擦痕。刃部有少量残缺。弧顶，两侧较直，弧刃，偏锋。长9.4、宽5.6、厚1.6厘米（图一五，3）。T0403㉓：97，石片打成后，在左右两侧及刃部由背面向劈裂面修理成形。背面为砾石自然面。该器劈裂面刃部磨制，呈圆弧状，中锋，有使用小碎疤。上端已用残。残长6、宽7.4、厚2.4厘米（图一五，4）。T0304⑱：38，局部磨制。在二次剥片的劈裂面磨制刃部，周缘有修理疤。弧顶，弧边，弧刃，中锋略偏。长15、宽9、厚2.8厘米（图一五，5）。T0403㉕：1，局部磨制。上端已残，背面保留砾石自然面，两侧有少量修理疤，由背面向正面单向打击修理。刃部两面均磨制。弧刃，偏锋。残长4.2、宽5.6、厚1厘米（图一六，4）。

石核石斧　T0304㉖：58，局部磨制。利用石核制成。劈裂面经琢打后，大部分经过磨制，但仍有少量打制痕未磨尽。器表有大量的竖向擦痕。两侧边也磨制，但磨制不十分平整，且不与正面及背面垂交，不具棱角；背面绝大部分为砾石自然面，顶端有少量修理小疤，刃缘左侧有小块磨制痕。弧顶，两侧较直，圆刃，中锋。长14.4、宽6.4、厚2.8厘米（图一五，6）。T0403⑮：2，局部磨制。上端已残，背面保留砾石自然面。两侧有少量修理疤，由背面向正面单向打击。刃部单面磨制。圆弧刃，中锋。残长9、宽11、厚9厘米（图一六，5）。采：1，局部磨制。利用自然砾石加工而成。沿砾石的两侧向中间进行打击修理，一面有少量使用留下的小坑点，刃部磨制。圆弧顶，一侧外鼓，一侧略凹，弧刃，中锋。长12.4、宽6.4、厚1.4厘米（图一六，1）。

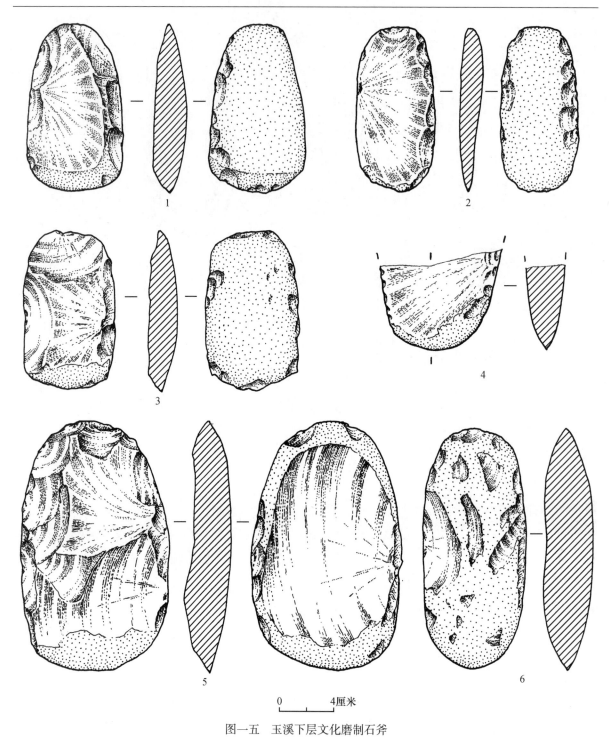

0 ___ 4厘米

图一五　玉溪下层文化磨制石斧

1. T0305⑬：23　　2. T0304⑳：57　　3. T0402⑯：44　　4. T0403㉓：97　　5. T0304⑱：38　　6. T0304㉖：58

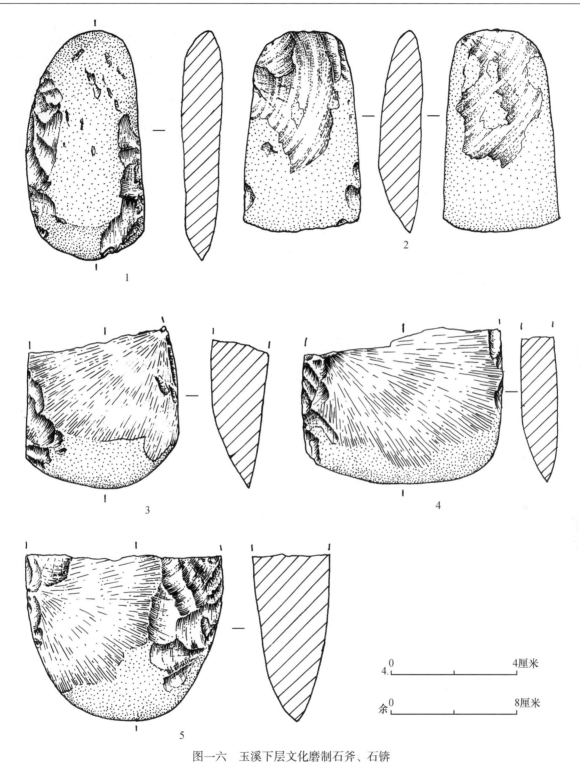

图一六　玉溪下层文化磨制石斧、石锛

1、4、5.磨制石斧（采：1、T0403㉕：1、T0403⑮：2）　2、3.磨制石锛（T0304㉒：73、T0305㉗：9）

磨制石锛　数量较少，局部磨制，不见通体磨光者。T0304㉒：73，器形规整，应为一砾石经琢制成形后，再磨制而成的石核石器。梯形，弧顶，两侧斜直，平刃略弧，偏锋。器身大部分磨制，仅有部分未磨尽的打制痕。顶部及正背两面偏上部分不光滑，有大量细坑状痕，可能是使用痕迹，刃部有使用残缺，顶部有使用时打击剥落后的坑疤。长11、宽6.4、厚2.3厘米（图一六，2）。T0305㉗：9，局部磨制。石片石器。上端已残，背面保留砾石自然面。两侧有少量修理疤，由背面向正面单向打击修理。刃部单面磨制。弧刃，侧锋。残长8.8、宽8.4、厚3厘米（图一六，3）。

砾石　数量较少，现存平面呈不规则形。T0402㉖：74，褐色砂石。底面为较平整自然面。正面为磨面，有1个较宽而浅的凹面。凹面长10、宽3.2、深0.4厘米；砾石残长14.8、宽20.4、厚2厘米（图一七，3）。T0403㉑：3，褐色砂石。底面为较平整自然面。正面为磨面，有一个较窄而浅的凹槽。磨槽宽4.8、残长16.8、砾石厚4.9厘米（图一七，4）。

尖状器　共1件。T0304㉝：273，打制石片。呈桃形。远端尖圆，两侧有少量使用崩疤。背面为砾石自然面。高14、宽18.6、厚2.5厘米（图一七，2）。

石锄　1件。T0304㉖：94，石片较薄。总体呈圆角三角形。背面周缘有修理疤痕，但大部分保留砾石自然面。尖顶，弧刃，偏锋。高8.8、宽10.4、厚1.8厘米（图一七，1）。

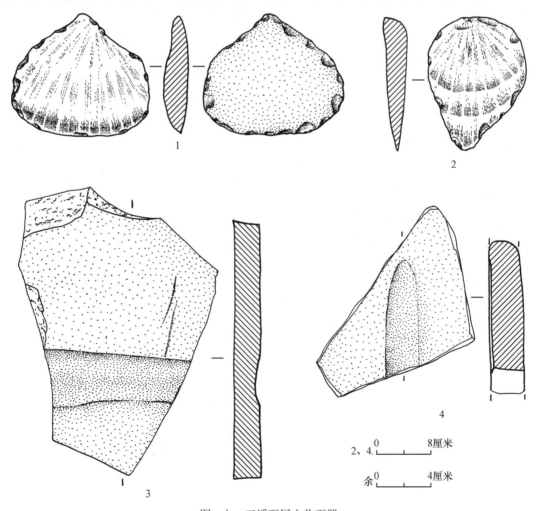

图一七　玉溪下层文化石器

1. 锄（T0304㉖：94）　2. 尖状器（T0304㉝：273）　3、4. 砾石（T0402㉖：74、T0403㉑：3）

　　盘状器　数量较少，石片石器，整体形状呈盘状，可能为刮削器。T0304⑬：35，背面和劈裂面周缘均有打制修理疤痕，背面多为砾石自然面。高9.8、宽14.8、厚2.1厘米（图一八，1）。T0304⑳：217，劈裂面周缘有少量的崩疤，背面为砾石自然面。直径12～13.2、厚1.8厘米（图一八，2）。T0304㉑：64，背面周缘有修理疤痕，远端有使用残缺，但大部分保留砾石自然面。直径10.8～12.9、厚2.7厘米（图一八，3）。T0304㉓：86，劈裂面有1个修理疤；背面与打击点相对处有较大的崩疤，另在石片边缘较厚处，有多个由劈裂面向正面进行修理的小疤，背面大部分保留砾石自然面。直径10.5～12、厚3厘米（图一八，4）。

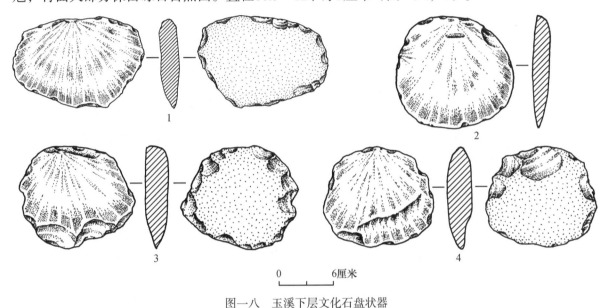

0　　　　　6厘米

图一八　玉溪下层文化石盘状器

1. T0304⑬：35　2. T0304⑳：217　3. T0304㉑：64　4. T0304㉓：86

　　石核　数量较多，均为利用砾石剥片后所遗石制品。

　　T0305㉒：269，近椭圆形。在一侧偏左处，砸击剥一次石片而成。该石核与打击点相对的远端和右侧有少量崩疤。高10.8、宽16.8、厚2.7厘米（图一九，1）。T0304㉒：262，近椭圆形。在一侧偏右处，砸击剥一次石片而成。正面顶端尚有少量未剥尽的砾石自然面。与打击点相对的远端和右侧有使用的崩疤；背面与打击点相对处有一片崩疤，另有修理小疤和使用时的小碎疤。高8.4、宽12.3、厚2.6厘米（图一九，2）。T0403⑰：12，不规则椭圆形。在正面有两个剥石片的片疤，两打击点相对，分别位于石核的两端；打击面不相交，大小相近；均为宽长形片疤。左侧石核阴面长4.7、宽9.7厘米；右侧石核阴面长5.6、宽9.2厘米。正面残留较多自然面，背面全为砾石自然面。长14.4、宽12.6、厚4厘米（图一九，3）。T0403⑰：11，圆形。在正、背两面各有一个剥石片的片疤，两打击点垂交，分别位于石核的顶端和一侧；石片疤痕呈椭圆形。正面顶端石核阴面长9.9、宽8.1厘米；正面右侧有一小疤，系背面打片时，与打击点相对产生的小崩疤。崩疤长2.5、宽6.6厘米；背面石核阴面长9.2、宽11.4厘米。正、背面均残留部分自然面。石核长14.8、宽12、厚3.7厘米（图一九，4）。

　　石片　数量较多，打击点位于近端略靠一侧，部分有简单修理疤痕，可能曾作为石片工具使用。

　　T0305⑳：59，宽远大于长。劈裂面远端有少量修理疤痕。背面为砾石自然面。高7.6、

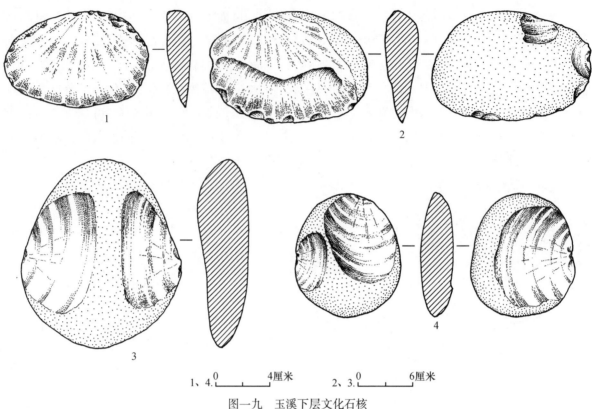

图一九　玉溪下层文化石核

1. T0305㉒：269　2. T0304㉒：262　3. T0403⑰：12　4. T0403⑰：11

宽15.8、厚1.5厘米（图二〇，1）。T0304㉒：261，近椭圆形。左右两侧及远端有密集的修理和使用小疤。高12、宽16.2、厚1.8厘米（图二〇，2）。T0304㉓：276，宽远大于长。背面为砾石自然面。劈裂面远端有几个使用崩疤，可能曾作刮削器用。高8.4、宽15.6、厚2.2厘米（图二〇，3）。T0304㉓：272，近长方形。宽大于长。背面为砾石自然面，但在与打击点相对处有崩疤。劈裂面远端有密集的修理小碎疤。高7.3、宽12.1、厚2.7厘米（图二〇，4）。T0304㉓：95，宽大于长。劈裂面和背面周缘有简单修理疤痕，背面大部分保留砾石自然面。高7.1、宽10.9、厚1.5厘米（图二〇，5）。T0304⑧：128，整体近椭圆形。劈裂面周缘有修理小疤。背面为砾石自然面。圆弧顶、两侧斜弧，弧刃，偏锋。高15.2、宽11.6、厚2.8厘米（图二〇，6）。

3. 骨器

本年度发现骨器数量较少，一般选用牛、羊等陆生动物肢骨，进行纵剖切割，初打成所需形状，再经磨制而成，主要有骨锥、骨凿、骨针三类，其中以骨锥数量居多。

骨锥　长条形。一端一般可有2～3道不等的凹槽，应为系穿所用。T0305⑳：4，一端平，一端尖利。上端背面及两侧刻有几道短而浅的凹槽，可能是系绳用。一面有骨腔凹面，凹面内有较多滋养孔。器身可观察到竖向打磨痕。长8.2、最大径1厘米（图二一，5）。T0305⑳：5，一端已残。现存上端背面及两侧刻有二道短而浅的凹槽，可能是系绳用。顶部尖利。一面有骨腔凹面。器身可观察到竖向打磨痕。残长4.8、最大径1.1厘米（图二一，3）。

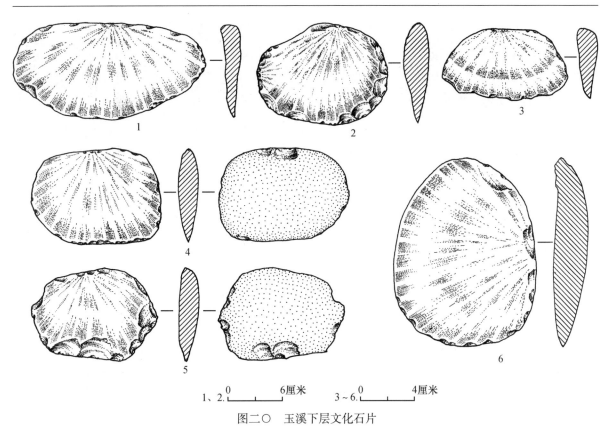

1、2. 0 ⊢━━━┤ 6厘米　　3～6. 0 ⊢━━┤ 4厘米

图二〇　玉溪下层文化石片

1. T0305⑳：59　　2. T0304㉒：261　　3. T0304㉓：276　　4. T0304㉓：272　　5. T0304㉓：95　　6. T0304⑧：128

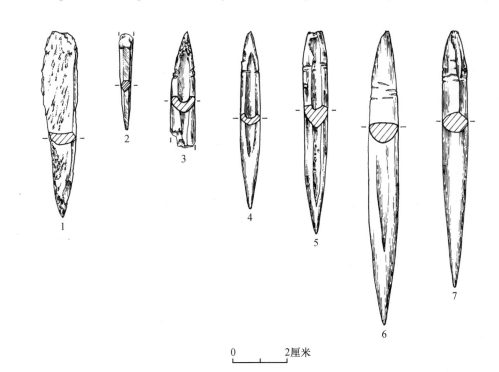

0 ⊢━━━┤ 2厘米

图二一　玉溪下层文化骨器

1. 凿（T0403⑪：22）　　2. 针（T0305⑳：6A）　　3～7. 锥（T0305⑳：5、T0305⑳：6B、T0305⑳：4、T0305⑨：1、
T0403⑯：2）

T0305⑳：6B，一端略钝，一端尖利。上端背面及两侧刻有几道短而浅的凹槽，可能是系绳用。一面有骨腔凹面，凹面内有较多滋养孔。器身可观察到竖向打磨痕。长7.2、最大径0.8厘米（图二一，4）。T0305⑨：1，一端尖利，一端略钝。上端刻有几道短而浅的凹槽，可能是系绳用。截面为半圆形。器身可观察到竖向和少量斜向打磨痕。长12、最大径1.3厘米（图二一，6）。T0403⑯：2，通体磨光。一端尖利，一端较钝。顶端可见骨滋养孔，上部有几道短刻槽，断面近圆形。器身可观察到竖向磨痕。长10.5、最大径1.2厘米（图二一，7）。

骨凿　T0403⑪：22，一面为骨自然面，另一面为骨腔凹面。上端圆，下端尖刃，刃部磨制。长7.6、最宽1.5厘米（图二一，1）。

骨针　T0305⑳：6A，长条形。一端已残，一端尖利。断面呈六边形。器身可观察到斜向磨痕。残长3.9、最大径0.6厘米（图二一，2）。

四、玉溪上层文化遗存

本年度在北部T0402和南部T43～T47共6个探方发现玉溪上层文化的文化层和少量遗迹。

（一）遗迹

玉溪上层文化发现遗迹数量较少，有陶窑、灰坑、灶等。

1. 陶窑

共发现4座陶窑，分别编号为Y5～Y8，这里仅对Y5、Y7进行介绍。

Y5　位于T47的西北部，北邻Y6，西邻断崖，南距Y8约2.1米。叠压于第6层下，打破生土。

窑室呈椭圆形，斜壁内收，底略呈平状。窑底略呈半圆形。窑底边长0.6、长径0.48米。窑残高约0.65米，窑顶长约0.87、残长约0.6米；火门，根据火边推测，在窑室西面，大小不详；火膛，根据窑底向上高0.12～0.18米烧面呈蓝灰色，且底部有较多块状的烧流物，推测为火膛范围，长约0.6、宽约0.48米；火道，东高西低，北高南低呈较大斜坡状，总体来说，由外向内呈斜坡状，推测可能是为了利于自然进风，深约0.42、宽约0.96米；窑顶，推测窑顶为拱洞形，烟囱位置不详；窑壁，厚约0.4米，周围有宽约0.1米的红烧土范围（图二二）。

窑内填土为较多大块红烧土，夹杂较多青灰色烧土硬块（同窑壁厚度基本相同）及较多红烧土粗颗粒。包含物较多，均为陶片。陶片呈蓝灰色，陶质坚硬，有少量陶片附有烧焦的块状物；纹饰以网格纹为主，有少量绳纹。

Y7　位于T46中部偏东，西南距Y6约3米。开口于第7层下，打破生土。

窑室及窑顶部分均被晚期破坏，现仅残留窑底部分。从残留现状看，呈椭圆形，口大底小。坑西壁向内呈斜坡状较大，东壁向内略呈斜状，而南、北二壁却向外呈斜状（呈袋状）。而坑的东北部有两个耳状，并有相连接的迹象（其周边均为青灰色烧土）。窑周边均为青灰色烧土。西壁斜坡整个壁呈青灰色烧土面。底部呈红烧土面。窑四周均有不同程度的红烧土范围。窑口残长约0.86、残宽约0.44、深0.13～0.44米。西壁青灰色烧土壁厚0.03米。底部红烧土厚0.02米（图二三）。

窑坑内填土呈黄褐色，夹杂少量红烧土块，无包含物。

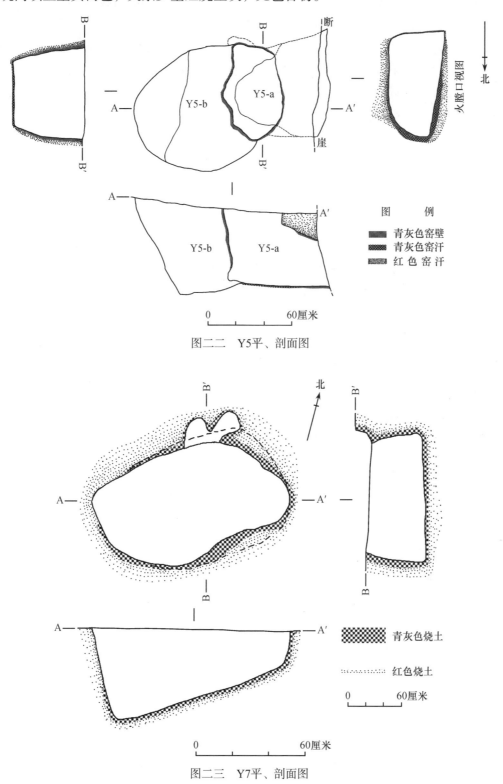

图二二　Y5平、剖面图

图二三　Y7平、剖面图

2. 灰坑

共发现2座灰坑，编号为H110、H111，H110形制简单，这里仅对H111进行介绍。

H111　位于T46中部偏南，北距Z2约0.5米。叠压于第7层下，打破生土。

坑口平面呈椭圆形，口大底小，坑壁大部呈直壁，北壁小部向内呈斜坡状，平底，坑壁无加工痕迹。坑口长1.3、底长1.2、宽0.4～0.58米，深0.14～0.34米（图二四）。

填土呈黄褐色，较纯净，土质硬，夹杂少量炭屑。包含物较多，均为陶片，泥质陶，陶色以蓝灰陶为主，有少量红褐陶，纹饰有素面、绳纹，二者数量相当。

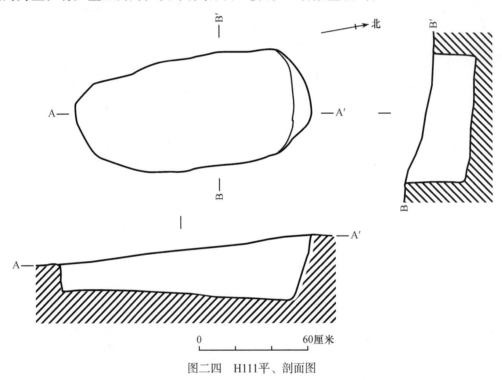

图二四　H111平、剖面图

3. 灶

共发现1座，编号为Z2。

Z2　位于T46西北部，南距H111约0.5米。叠压于第7层下，打破生土。

灶坑形状呈椭圆形，直壁，平底，长约0.61、宽0.2～0.4、深0.14～0.24米，坑壁较光滑，无加工痕迹（图二五）。

坑内填土呈浅灰褐色，土质较硬，夹杂少量炭屑，包含物仅1片泥质灰陶绳纹陶片。

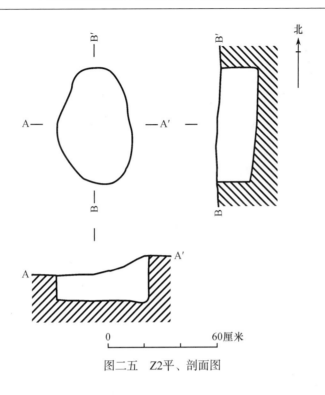

图二五　Z2平、剖面图

（二）遗 物

1. 陶器

数量较少，以平底器居多。可辨器形有折沿罐、卷沿罐、带錾筒腹罐、带錾盆、盘、喇叭口壶、钵、瓮、器底等。

折沿罐　侈口，折沿。T46⑦：5，泥质灰陶。唇外折近平，斜腹微鼓。腹部有横向绳纹。口径28、残高8厘米（图二六，1）。T0402④：9，夹大量粗石英颗粒褐陶。斜方唇。唇面及沿外壁饰竖向绳纹。口径22、残高2.6厘米（图二七，1）。

卷沿罐　侈口，卷沿。T46⑦：7，泥质灰陶。沿面略下斜，方唇。直腹微外鼓，素面。口径29.6、残高2厘米（图二六，2）。Y5：7，夹粗砂灰褐陶。沿外卷，唇面压印绳纹，唇外侧戳印花边，沿下及腹壁饰中菱格纹。口径20.4、残高3.6厘米（图二八，1）。

带錾筒腹罐　泥质灰陶。泥条盘筑法成器，内壁有泥条痕，火候较高。T46⑦：8，敞口，斜方唇，斜直腹，口大腹小，底已残。唇沿下有二錾耳，系粘贴而成，两錾间距7.8厘米（以錾中心计）。器身饰斜向绳纹，绳股较粗而整齐，印痕清晰。口径19.2、残高7.2厘米（图二六，6）。Y6：2，斜直腹，腹大底小。从近底处看，壁已开始变厚，内壁急收，应为平底，尖底的可能性较小。器身饰斜向的绳纹。残高9厘米（图二六，8）。Y5：3，敞口，斜方唇，斜直腹，口大腹小，底已残。唇沿下有一錾耳，系粘贴而成。器身饰斜向绳纹，绳股较粗而整齐，印痕清晰。口径18.4、残高14厘米（图二八，3）。

带錾盆　上腹有一斜垂的横向宽錾。T46⑦：12，泥质红陶。敛口，弧腹。素面。残高4.6厘米（图二六，7）。

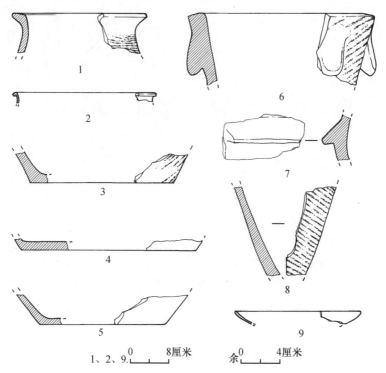

图二六　南部探方出土玉溪上层文化陶器

1. 折沿罐（T46⑦：5）　　2. 卷沿罐（T46⑦：7）　3～5. 器底（T46⑦：10、T46⑦：2、T46⑦：11）　　6、8. 带錾筒腹罐

（T46⑦：8、Y6：2）　7. 带錾盆（T46⑦：12）　9. 盘（T46⑦：6）

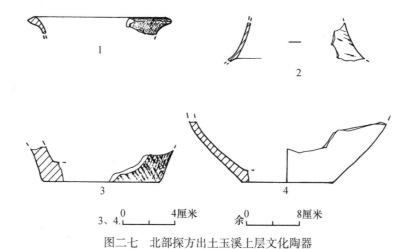

图二七　北部探方出土玉溪上层文化陶器

1. 折沿罐（T0402④：9）　　2. 喇叭口壶（T0402④：12）　　3、4. 器底（T0402④：11、T0402④：10）

盘　敞口，呈盘状。T46⑦：6，泥质红褐陶。敞口，圆唇，斜腹，腹较浅。素面。口径25.6、残高2.4厘米（图二六，9）。

喇叭口壶　喇叭口，束颈。T0402④：12，泥质灰陶。胎较薄。喇叭口，但仅剩领部，上下均残。上饰少量斜划纹。残高5.2厘米（图二七，2）。

钵　泥质灰陶，敛口或微敛口，斜弧腹，火候较高。Y5：6，火候较高，烧流变形，口部平面呈椭圆形。敛口，鼓肩，斜腹微弧，平底略凹。口径13～14.2、高7.2厘米（图二八，

4）。Y5：5，口微敛，圆唇，肩略鼓，斜弧腹。整器有烧流现象。口径11.6、残高3.4厘米（图二八，5）。

瓮　泥质灰陶，敛口。Y5：2，方唇，唇沿加厚，颈部略束，溜肩，圆腹，下残。素面。口径18.8、残高15.2厘米（图二八，7）。

器底　均为平底，不见尖底、圈足或圜底器。T46⑦：10，泥质红陶。外壁饰有少量斜向绳纹。底径15.2、残高3厘米（图二六，3）。T46⑦：2，泥质红陶。素面。底径19、残高1.2厘米（图二六，4）。T46⑦：11，泥质灰陶。素面。底径13.2、残高3厘米（图二六，5）。T0402④：11，夹较粗的石英砂，红褐陶，胎较厚。上部已残。斜壁，近底处微凹，底平。器表饰斜向粗绳纹。底径9、残高2.4厘米（图二七，3）。T0402④：10，泥质褐皮陶。上部已残，鼓腹，下斜收，底平。素面。底径7.9、残高4.6厘米（图二七，4）。Y5：4，泥质灰陶。斜弧腹，底已残，但从器壁观察，已近底。腹饰斜向绳纹。复原底径13.2、残高6厘米（图二八，2）。

2. 石器

仅发现石斧1件。

石斧　Y5：1，顶平，两肩斜，两侧斜直，圆弧刃，侧锋。两侧磨制，正面大部分磨制，周缘有打击修理疤，背面保留砾石自然面，刃部多已用残。高11.6、宽7.2、厚2.2厘米（图二八，6）。

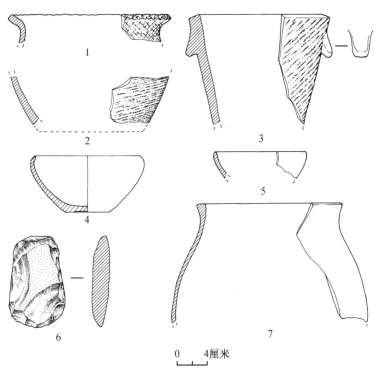

图二八　Y5出土玉溪上层文化陶、石器

1.陶卷沿罐（Y5：7）　2.陶器底（Y5：4）　3.陶带錾筒腹罐（Y5：3）　4、5.陶钵（Y5：6、Y5：5）　6.石斧（Y5：1）

7.陶瓮（Y5：2）

五、玉溪坪文化遗存

本年度仅在北部T0402、T0403等探方发现玉溪坪文化的文化层。

仅发现少量陶器，可辨器形有折盘口罐、折沿罐、厚胎盆和器底等。

折盘口罐　折盘口，唇面有压印绳纹。T0402③:6，夹细砂，亦含极少量的粗砂，红褐陶。口微敞，折沿，沿面较宽，唇部上勾，直腹微弧。唇部压印绳纹，形成花边。领部饰极薄的箍带纹一周，腹饰斜向交错线纹。口径29.6、残高8.4厘米（图二九，1）。T0402③:4，夹砂黑陶。口微内敛，折沿斜立，沿面较宽，唇部内勾，腹微鼓。唇外缘勒绳纹，唇部折棱上亦压印绳纹。口径28、残高3.2厘米（图二九，2）。T0402③:5，夹细砂灰黑陶。口微敞，折沿斜立，沿面较宽，唇部内勾，直腹。唇部勒花边。口径32、残高3.2厘米（图二九，3）。

折沿罐　直口，折沿。T0403③:1，泥质黑褐陶，磨光，胎芯呈红褐色。沿面较窄，略下斜，尖圆唇，腹壁较直。口径28、残高2.5厘米（图二九，4）。

厚胎盆　厚胎、微敛口，夹粗砂红陶。T0402③:7，口微敛，方唇，肩部微鼓，底残。肩部饰左斜向粗绳纹，其下饰右向斜粗绳纹。唇面亦压印有浅绳纹，形成花边。残高5.3厘米（图二九，6）。T0402③:3，口微敛，方唇，肩部微鼓，弧腹斜收，腹较浅，底残。腹壁自口以下饰斜向粗绳纹，唇面亦压印浅绳纹，形成花边。胎较厚，最厚处约1.5厘米。复原口径28、残高9.6厘米（图二九，7）。

器底　平底。T0403③:2，泥质褐陶。火候较高。上部已残，斜壁，平底。底径14、残高4厘米（图二九，5）。

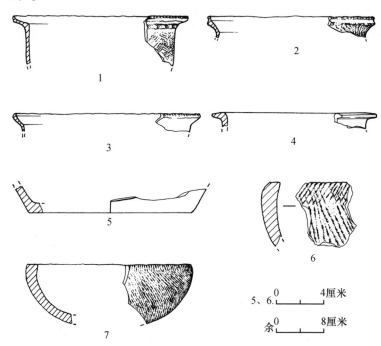

图二九　玉溪坪文化出土陶器

1~3.折盘口罐（T0402③:6、T0402③:4、T0402③:5）　4.折沿罐（T0403③:1）　5.器底（T0403③:2）

6、7.厚胎盆（T0402③:7、T0402③:3）

六、结　语

玉溪遗址曾在1998年、1999年的考古发掘中晚期堆积中发现了新石器时代遗存，甲组遗存[①]应包括玉溪上层文化、玉溪坪文化和中坝文化三支考古学文化；2000年，首次在遗址北部的所谓骨渣带上发现了新石器时代原生堆积，这批遗存包含了十分丰富的骨渣和石制品，以及少量的陶器，从文化内涵上看，涵盖了玉溪下层文化和玉溪上层文化两类遗存[②]。

本年度发现的新石器遗存包括玉溪下层文化、玉溪上层文化和玉溪坪文化三支考古学文化，其中，玉溪坪文化原生堆积为该遗址首次发现，新发现了玉溪上层文化的陶窑和灶坑，对于确定该遗址的性质、重庆地区新石器时代考古学文化的谱系研究具有重要意义。

（一）玉溪下层文化

本年度遗址北部探方统编地层第15～74层均属于玉溪下层文化，从陶器特征和组合上分析，可分为三段，其中，早段以第49层及以下为代表，出土陶器多夹紫红色页岩颗粒，颗粒较粗，且有的陶器颗粒十分密集，仅以少量紫红色页岩风化土作黏合土烧制而成，火候极低，部分陶器甚至完全选用紫红色页岩风化土制胎，均为泥片贴塑法制成，器类有釜、大口圈足碗、平底盆、钵等；中段以第32～48层为代表，出土陶器中夹细砂陶较多，夹紫红色页岩颗粒的数量较少，且其颗粒偏细，数量偏少，制法多为泥片贴塑法，器类有釜、敞口圜底钵等；晚段以第15～31层为代表，出土陶器绝大多数夹细砂，制法虽仍有泥片贴塑法，但出现了泥条盘筑法，发现极少量交错绳纹形成的菱格纹和泥质灰陶片等较晚的文化因素。2006年，美国华盛顿大学第四纪年代实验室对本年度采集的7个骨头样品进行了测试，各段的年代相对集中，年代范围在距今7844～6350年（表一）。

表一　2004玉溪遗址部分地层兽骨测年表

样品地层	统编地层	实验室编号	AMS^{14}C年龄（骨胶原）a BP	校正年龄/aBP（cal）		考古年代
				1σ范围（起—止）	2σ范围（起—止）	
T0403⑦	8	XA57	5398±84	6287～6169	6312～5986	玉溪上层文化早期
T0403⑨	32	XA58	5567±40	6350～6306	6410～6288	玉溪下层文化晚期
T0403⑪	35	XA59	5709±90	6570～6407	6669～6308	玉溪下层文化晚期
T0403⑮	42	XA60	6168±99	7163～6939	7268～6846	玉溪下层文化中期
T0403⑲	51	XA61	6795±123	7533～7510	7844～7431	玉溪下层文化早期
T0403㉑	53	XA62	5773±100	6667～6467	6758～6394	玉溪下层文化早期
T0403㉗	71	XA63	6365±55	7325～7249	7422～7207	玉溪下层文化早期

---

①　重庆市文物考古所：《丰都玉溪遗址勘探、早期遗存发掘简报》，《重庆库区考古报告集·1998卷》，科学出版社，2003年。

②　重庆市文物考古所、丰都县文物管理所：《丰都玉溪遗址2000年度发掘简报》，待刊。

（二）玉溪上层文化

本年度发现的玉溪上层文化，北部探方与南部探方出土陶器存在着较大的差异，似可分为两组，其中，北部组出土陶器泥质陶和夹砂陶数量相当，夹砂陶多为夹粗砂，泥质陶均为灰陶，夹砂陶均为褐陶，纹饰有绳纹、划纹，素面陶亦占一定比例，器类绝大多数为平底器，有厚胎侈口罐、厚胎圜底直口盆、喇叭口壶等；南部组出土陶器绝大多数为泥质陶，泥质陶中多数以陶色纯正的灰陶为主，陶器纹饰以横向略斜的较粗绳纹为主，此外，还有少量箍带纹、绳纹、菱格纹等，素面陶亦占有一定比例，器类以平底器为大宗，可能有极少量尖底或小平底，可辨器形有带錾的筒腹缸、敛口平底钵、附耳钵、瓮、侈口鼓肩罐、卷沿深腹罐等。从玉溪上层文化出土陶器有灰陶比例随时间递减的趋势以及北部组不见时代较早的带錾器分析，南部组应早于北部组。

4座残陶窑的发现是本年度玉溪上层文化的重要收获，文化层中的陶器与陶窑内的非常接近，表明当时陶窑的产品主要用于该遗址的日常生活；Y7、Y8均叠压于第7层下，形制较为简单，规模稍小，而Y5、Y6则叠压于第6层下，形制较为复杂，规模较大，对于探讨玉溪上层文化时期陶器烧制工艺的发展变化具有积极意义；4座陶窑出土陶器特征和组合相似，表明其时代使用时间应该相去不远，烧陶工艺的进步发生在较短的时间内；H111内包含物均为泥质陶片，陶色以蓝灰陶为主，有少量红褐陶，纹饰有素面、绳纹，二者数量相当，其间夹杂少量炭屑，联系到距离较近的Y7填土中仅夹杂少量红烧土块，无包含物分析，H111很可能是Y7取土烧窑后处理清窑废弃堆积形成的遗迹。

（三）玉溪坪文化

本年度发现了玉溪坪文化的原生堆积，未发现遗迹现象，仅在文化层中发现少量这一文化遗物，出土陶器为少量折盘口罐、折沿罐、厚胎盆和器底等，此前曾在晚期堆积中发现少量玉溪下层文化遗物。结合隔玉溪河与玉溪遗址相望、相距不过几十米的玉溪坪遗址这一时期遗存非常丰富分析，玉溪遗址已不再是这一区域聚落中心，聚落中心转移到了邻近的玉溪坪遗址，玉溪遗址沦为玉溪坪文化的边缘地带。

附记：参加玉溪遗址2004年田野考古发掘的有白九江、汪伟、王胜利、祁自立、史来兴、吕亚怀、史全新、史浩善、陶一波，绘图徐静，修复王海阔、陈芙蓉。项目领队邹后曦，项目负责人白九江。田野发掘过程中，南京大学朱诚教授团队在遗址开展了环境考古工作，土壤浮选采样鉴定由马晓娇开展植物考古研究、李凤开展动物考古研究，相关成果已另文刊发。

执笔：白九江

附表　A区北部的文化堆积

统一地层	T0304 T0305	T0403	T0402	T0401	土质、土色	深度/米	厚度/厘米	包含物	叠压遗迹
1	1	1	1	1	疏松、灰黄色土		0～35	较多石子、少量碎瓦片、塑料残块等	
2	2	2A	2A	2A	较紧密、灰黑色沙泥土	154.65～154.74	5～25	少量缸胎硬陶片、青花瓷片、夹砂陶片、铁块等	
3		2B	2B	2B	较疏松、浅褐色沙土	154.54～154.44	0～15	少量青瓷片、缸胎硬陶、打制石片等	
4		3	3	3	较紧密、浅灰黄色沙泥土	154.34～154.44	0～35～35	零星动物残骨、石片、鹅卵石、陶片等。陶片可辨器形有折沿深腹罐、泥质喇叭口壶、夹砂厚胎盆等	
5		4	4	4	较紧密、浅黄褐色沙泥土	154.12～154.24	0～30	零星陶片、石片、动物残骨等，陶片破碎，器形不可辨	
6		5	5	5	较紧密、青黄色黏土	153.84～154.15	0～40	零星炭粒、骨渣等	
7		6	6	6	较坚硬紧密、浅黄色黏土	153.52～153.76	0～62	零星陶片、炭粒、骨渣	
8		7	7	7	较坚硬细密、黄褐色黏土	153.14～153.24	0～70	少量泥质褐陶和灰陶片，器形不可辨	
9		8A	8	8	细密坚硬、浅黄褐色黏土	152.49～152.76	0～53	零星动物骨渣、打制石片、烧石块等	
10		8B	9	9	较紧密、青黄色沙土	152.14～152.70	0～30	含较多细料姜石颗粒，十分纯净，无其他文化遗物	
11		8C	10A	10A	较紧密、黄褐色沙土	151.98～152.70	0～40	较多细料姜石颗粒，出土极少量的动物骨渣	
12		8D	10B	10B	极紧密、深黄色沙土	151.74～152.54	0～35	极纯净，不出文化遗物	
13		8E	10C	10C	细致紧密、浅青黄色沙土	151.72～152.53	0～40	极纯净，不出文化遗物	
14			11	11	较紧密、浅青色沙土	151.59～151.79	0～32	极纯净，不出文化遗物	
15			12	12	较细密、浅灰褐色沙土	151.44～151.67	0～48	大量的动物残骨、石片、火烧石块、灰烬、红烧土颗粒、零星陶片等	G33、H108

续表

统一地层	T0304 T0305	T0403	T0402	T0401	土质、土色	深度/米	厚度/厘米	包含物	叠压遗迹
16			13A		较细密、浅青色沙土	151.24 ~ 151.54	0 ~ 43	较多石片、动物残骨、灰烬等	
17			13B		较疏松、灰褐色沙土	151.08 ~ 151.46	0 ~ 17	大量石片、骨渣、炭粒、螺壳等	
18			13C		较疏松、青灰色沙土	151.05 ~ 151.45	0 ~ 14	零星炭粒、螺壳等	
19			13D		较疏松、深灰色沙土	151.04 ~ 151.43	0 ~ 15	较多骨渣、石片、红烧土、炭粒、螺壳等	
20			13E	13	较疏松、青褐色沙土	151.03 ~ 151.42	0 ~ 10	零星石片、动物残骨等	
21			14	14	较细密、灰褐色沙泥土	151.02 ~ 151.54	0 ~ 30	大量石片、动物残骨、螺壳、灰烬、陶片等	
22			15	15	较疏松、浅黄色沙土	150.74 ~ 151.29	0 ~ 35	少量骨渣、石片、螺壳等	
23			16	16	较紧密、灰黑色沙土	150.54 ~ 151.02	0 ~ 20	大量石片、动物残骨、炭粒、螺壳、蚌壳等	
24			17	17	较疏松、浅黄褐色沙土	150.84 ~ 150.94	0 ~ 20	较纯净，不出文化遗物	
25			18	18	较疏松、浅灰褐色沙土	150.69 ~ 150.74	0 ~ 30	大量石片、动物残骨等	
26			19	19	较疏松、浅青褐色沙土	150.42 ~ 150.69	0 ~ 27	较纯净，不出文化遗物	
27			20	20	较疏松、棕褐色沙土	150.41 ~ 150.64	0 ~ 20	大量石片、动物残骨、红烧土颗粒、灰烬、螺壳、蚌壳等	
28			21	21	较疏松、青黄色沙土	150.30 ~ 150.49	0 ~ 40	较纯净，不出文化遗物	
29			22	22	较紧密、青褐色沙土	150.14 ~ 150.24	0 ~ 30	较多的石片、动物残骨、灰烬、烧土颗粒、螺壳等	
30			23	23	较紧密、浅青色沙土	149.99 ~ 150.27	0 ~ 23	零星灰烬、骨渣等	
31			24	24	较疏松、红褐色沙土	149.98 ~ 150.25	0 ~ 12	较纯净，不出文化遗物	
32		9			较松软、灰色土	152.89 ~ 154.19	0 ~ 63	大量鱼骨渣，少量田螺壳、鹿角及较大动物残骨	
33		10			较疏松、浅黄色淤土	152.39 ~ 154.04	0 ~ 50	少量鱼骨渣及较大动物残骨、零星红烧土颗粒及炭屑	

续表

统一地层	T0304 T0305	T0403	T0402	T0401	土质、土色	深度/米	厚度/厘米	包含物	叠压遗迹
34	3				较紧密、灰褐色土	154.51～154.74	15～20	少量炭屑、石块、石片等	
35	4	11			较疏松、黑色土	154.53～154.57	0～25	少量骨屑、炭粒	
36	5				疏松、褐黄沙土	154.28～154.42	10～20	少量打制石器毛坯	
37	6	12			较疏松、黄沙土	154.20～154.24	0～40	少量打制石器	
38	7				疏松、灰黄色沙土	153.98～154.09	10～20	极少量骨渣、石片	
39	8	13			疏松、黑褐色土	153.89～154.74	0～25	大量骨渣、螺壳，少量陶片、石片	
40	9				疏松、灰色沙土	153.97～154.29	5～25	纯净，不出文化遗物	
41	10	14			疏松、灰黄沙土	153.78～154.08	0～42	极少量骨渣、炭屑，少量打制石器毛坯、骨锥	
42	11	15			疏松、黑褐色土	153.49～154.10	0～40	较多石片、陶片及动物骨头	
43	12	16			疏松、灰褐色沙土	153.34～154.44	0～30	少量骨渣、炭屑、石片、石块、动物骨头和陶釜残片	
44	13				较紧密、灰色土	153.88～154.23	5～15	较多炭屑、骨渣，少量打制石器毛坯和红烧土颗粒	
45	14				较疏松、灰褐色沙土	153.49～154.54	10～25	较多红烧土颗粒、骨渣，少量打制石器毛坯	
46	15				疏松、黄色沙土	153.34～153.54	5～15	纯净，不出文化遗物	
47	16				较疏松、灰褐色土	153.39～154.54	5～20	较多骨渣，少量陶片和打制石器	
48	17				紧密、黄色土	153.32～154.41	10～20	纯净，不出文化遗物	
49	18	17			较疏松、灰褐色土	153.14～154.39	0～25	大量陶片、打制石器及其毛坯、石料，较多炭屑、骨渣	
50	19	18			较疏松、灰黄色沙土	153.04～154.09	0～20	少量骨渣、炭屑、陶片、石片及动物骨头	
51	20	19			疏松、黑褐色土	152.89～154.24	0～30	较多蚌壳、红烧土颗粒、陶片、骨锥及动物骨头	
52	21A	20			较疏松、黄色沙土	152.78～153.94	0～28	少量骨渣、石器毛坯、石块、动物骨头等	

续表

统一地层	T0304 T0305	T0403	T0402	T0401	土质、土色	深度/米	厚度/厘米	包含物	叠压遗迹
53	21B	21			较紧密、浅灰色土	152.53 ~ 153.64	0 ~ 18	较多红烧土颗粒、炭屑，少量陶片、石片、鱼骨渣等	
54	22				较疏松、灰褐色沙土	152.99 ~ 153.84	5 ~ 20	大量炭屑，少量陶片及打制石器	
55	23	22			较紧密、灰褐色土	152.44 ~ 152.99	5 ~ 33	少量陶片、石块、炭屑、骨渣	
56	24	23			较紧密、黄色淤沙层	152.42 ~ 152.74	0 ~ 42	3件大型长嘴形陆生动物头骨，少量夹砂红陶片	
57				25	较紧密、黄褐色沙土	153.29 ~ 153.84	0 ~ 39	较多动物残骨、石片、烧土颗粒、蚌螺残壳等	
58				26	较紧密、浅灰褐沙土	153.34 ~ 153.74	0 ~ 20	较纯净，不出文化遗物	
59				27	较细密、灰褐色沙土	153.19 ~ 153.69	0 ~ 25	较多动物残骨、石片、蚌螺残壳等	
60				28	较细密、灰黄色沙土	153.09 ~ 153.52	0 ~ 15	纯净，不出文化遗物	
61				29	较细密、灰黑色沙土	152.94 ~ 153.47	0 ~ 13	较多动物残骨、石片、烧土颗粒、灰烬等	
62			25		较紧密、灰褐色沙土	154.49 ~ 152.61	0 ~ 20	大量石片、动物残骨、灰烬、螺蚌残壳等	
63			26		较紧密、浅灰黄色沙土	153.04 ~ 154.39	0 ~ 18	大量石片、动物残骨、灰烬、零星烧土颗粒等	
64			27		较疏松、灰黄色沙土	151.56 ~ 154.24	0 ~ 15	纯净，不出文化遗物	
65				30	较细密、黄灰色沙土	152.74 ~ 153.32	0 ~ 35	大量料姜石颗粒	
66			28	31	较紧密、棕褐色沙土	151.39 ~ 154.33	0 ~ 27	较多石片、动物残骨、烧土颗粒、灰烬、蚌螺残壳等	
67		24	29	32	较疏松、青色沙土	150.79 ~ 154.39	0 ~ 43	较纯净，不出文化遗物	
68	26	25			较疏松、红褐色沙土	152.29 ~ 153.19	0 ~ 35	大量动物骨头，较多红烧土颗粒、炭屑、螺壳	
69		26A	30		较紧密、灰红色沙土	150.64 ~ 154.52	0 ~ 41	较多动物残骨、石片、蚌螺残壳、灰烬、烧土等	
70		26B			较紧密、浅黄色沙土	151.19 ~ 151.31	0 ~ 10	较纯净，不出文化遗物	

续表

统一地层	T0304 T0305	T0403	T0402	T0401	土质、土色	深度/米	厚度/厘米	包含物	叠压遗迹
71	27	27		33	较紧密、浅棕色沙土	150.49～151.47	0～70	大量动物残骨、石片、烧土颗粒、灰烬等	
72		28	31	34	较紧密、青褐色沙土	150.49～153.99	0～45	大量料姜石颗粒，不出文化遗物	
73		29			较紧密、黄褐色土	150.44～151.25	0～28	少量鱼骨渣、鹿角、炭	
74	28	30	32	35	较松软、黄褐色淤土	150.04～153.83	0～50	零星木炭屑及石片	

丰都汇南墓群2004年度发掘简报

重庆市文物考古研究院

常　德　博　物　馆

一、墓地概况

　　汇南墓群分布于丰都新县城三合街道（原汇南乡）的长江沿岸一带，与老县城隔江相望。其范围东起龙河与长江交汇处，西至峡南溪，在长约3.5、宽约1千米的缓坡与平坝或冲沟交错分布的狭长地带，集两汉至六朝时期的墓葬千余座，为1992年四川省文物考古研究所进行三峡工程淹没区文物调查时所确认。1993～2003年，四川省文物考古研究所、四川大学、重庆市博物馆、重庆市文物考古所等单位先后对其进行了七次较大规模的发掘。

　　2004年秋，在库区文物保护工作进入后期阶段，受重庆市文化局委托，重庆市文物考古所联合湖南省常德博物馆对汇南墓群进行了一次终结性的发掘，此次发掘任务为2550平方米，由丰都县文物管理所协作进行（图一）。

　　汇南墓群因丰都新县城滨江路与防护大堤的建设，以及历次大规模的发掘，墓群的原生地貌已发生了彻底改变。本次发掘在经过缜密的调查和周详的勘探后，决定将本年度大部分计划在汇南墓群最东端的龙河与长江交汇处的庙嘴坡地进行，余下面积在丰都县文物管理所李国洪

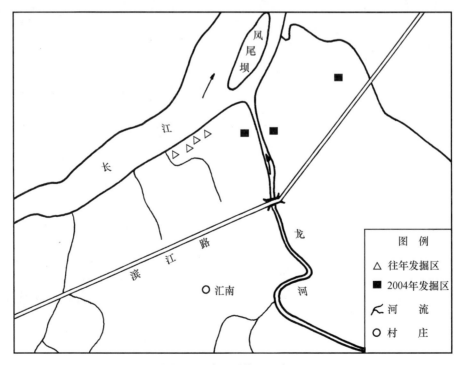

图一　汇南墓群位置示意图

所长的建议下，在龙河东岸的柏树嘴和葫芦溪两个坡地完成（图二）。

　　本次实际完成发掘面积2564平方米，共发掘两汉时期的墓葬22座（图三）。庙嘴探区：为一缓坡地带，探区中有一小道通往临江庙宇。该区共布方18个，开挖17个，发掘面积1700平方米，清理墓葬16座，编号为"2004FHM1、M2……M16"，其中三座（M3、M9、M14）为砖室墓，余为土坑竖穴墓（图四）。葫芦溪探区：也为一缓坡地带，发掘面积为400平方米，清理发掘M17砖室墓一座（图五）。柏树嘴探区：为长江沿岸防护林坡地，环保式地发掘464平方米，清理砖室墓两座（M18、M19）、土坑竖穴墓三座（M20、M21、M22）（图六）。兹将发掘情况简报如下。

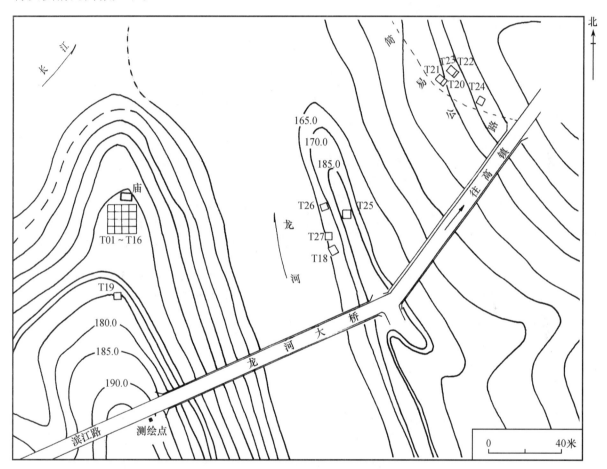

图二　汇南墓群发掘区域分布图

二、墓葬形制

　　此次所发掘的22座墓葬，多集中分布于庙嘴坡地，但部分墓葬或因耕作或因现代烧窑取土或因水土流失而遭到不同程度的破坏。按其构筑方法可分为土坑墓和砖室墓两种形制。

（一）土坑墓

　　16座。其中13座出于庙嘴坡地，余3座出于柏树嘴。所有土坑墓的原生地貌情况均已改

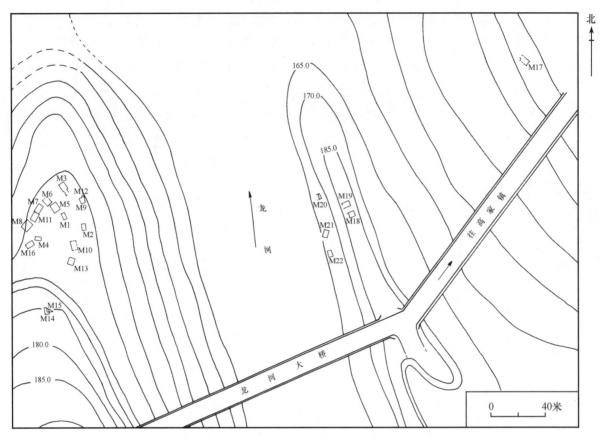

图三 汇南墓群发掘墓葬平面分布图

变，M12、M15分别被砖室墓M9、M14打破，M11北端墓室的上层部分被M7打破，M20、M21、M22的墓室部分或保存不完整或被扰乱。16座土坑墓均为竖穴土坑，除M8近似宽方形外，余为长方形。三座墓有生土二层台（M7、M16、M22），其中M16和M22只设单边二层台。M10墓室已破坏，但墓底残存岩石数块。墓葬方向多向长江或面龙河，葬具不存，葬式不明。

M16 处庙嘴坡地山脊，位于T05东南角，向东延伸到其隔梁，往南至T01北隔梁中。为一保存相对完整的长方形土坑竖穴墓，填土为黄褐色五花土，墓向236°，墓壁较规整，其西壁设有30厘米宽的生土二层台，台面距墓底44厘米。墓口略大于墓底，墓口长370、宽230厘米，墓底长330、宽210厘米，墓底距地表248厘米。

随葬品共出31件套（除铜钱外），主要置于墓室的东南部和西部，多为陶器，器类以罐、钵居多，而陶罐有的又以陶钵为盖倒置于罐口上。另出有铜釜陶甑一套，以及铜鍪、铁斧、铁刀等（图七）。

M8 处庙嘴西坡，位于T05北隔梁，延伸到T09中，与M11相隔130厘米左右，为一近似宽方形的土坑竖穴墓，填土为黄褐色五花土，墓向220°。墓口距地表深25、墓深85～280厘米，墓口长400、宽340厘米，墓底长375、宽316厘米。

随葬品共出19件套（铜钱除外），多为陶器，以罐、钵居多，另出铁斧、铜泡钉（残）等（图八）。

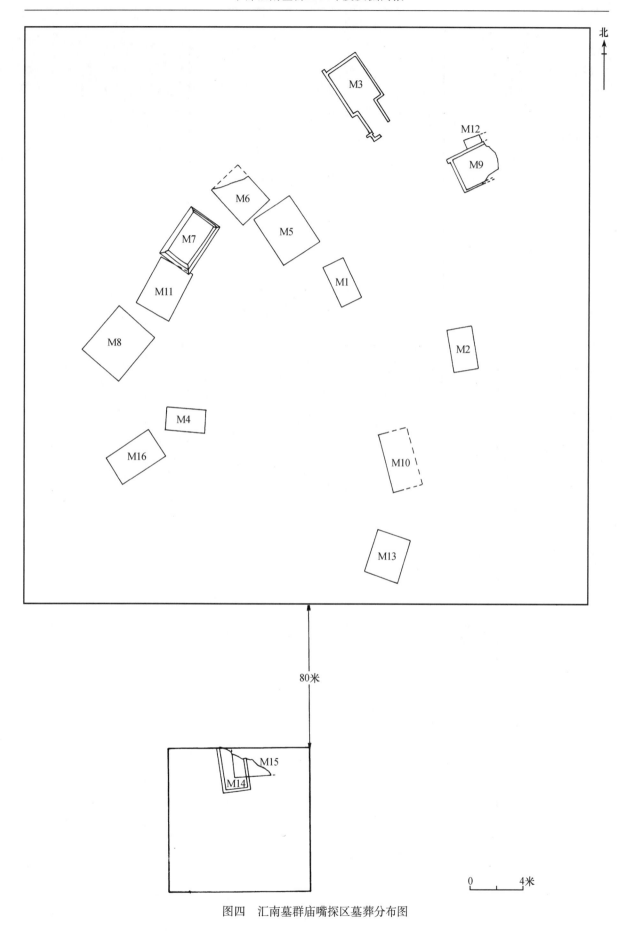

图四　汇南墓群庙嘴探区墓葬分布图

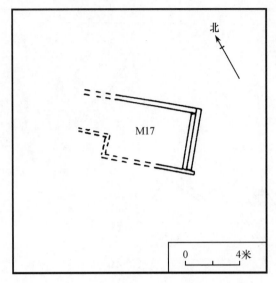

图五　汇南墓群葫芦溪探区墓葬分布图

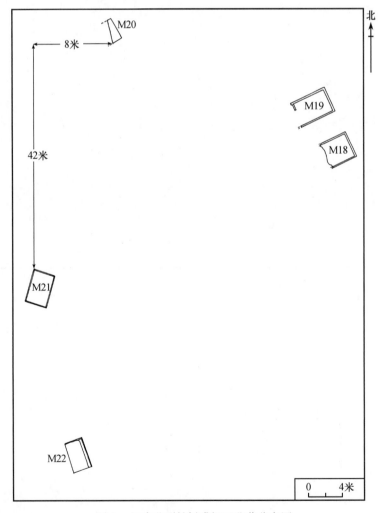

图六　汇南墓群柏树嘴探区墓葬分布图

图七 M16平、剖面图

1、2、7、10、12、14、16、17、19～22、25、31、32.陶罐 3.铁斧 4、28.铁刀 5.陶甑 6.铜钱 8、9、11、23、26.陶钵
13.陶釜 15.铜鍪 18.陶瓮 24.铜釜陶甑一套 27、30.铁环首刀 29.铁铲

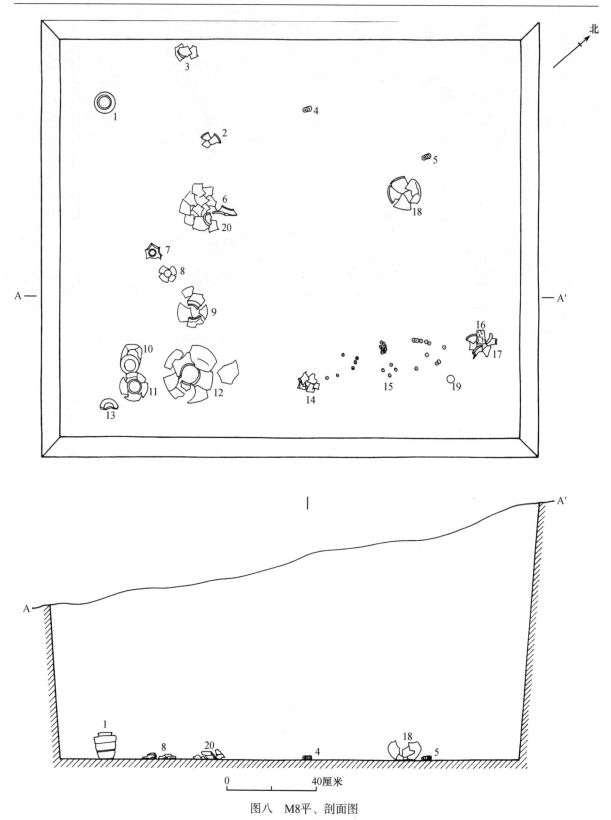

图八　M8平、剖面图

1、3、9~12、14、17、18.陶罐　2、7、8、13、20.陶钵　4、5、15.铜钱　6.陶碗　16.铁斧　19.铜泡钉

（二）砖室墓

6座。分布于三个探区。墓葬同样多向长江或朝龙河，其原生地貌情况也发生了彻底改变。发掘结果表明，六座砖室墓均受不同程度的破坏，或墓室残，或甬道及墓道破坏殆尽，券顶部分或已毁或因坍塌而不存或只留少许痕迹。葬具不存，葬式不明，其中M14虽残留人牙一颗，但也无法辨明葬式。尤以M17为甚，墓室近乎不存，器物也散存无几。

从残存的墓葬情况看，依其平面形制可分为"凸"字形和刀把形两种。构筑墓葬的砖，均为青灰色，其规格不一，长33～45、宽17～19、厚7～8厘米，有条形砖和楔形砖两种，部分砖的长端带子母扣榫，向墓室的一侧饰有纹饰，主要是以各种菱形几何纹组成，并间以乳钉纹、十字纹或十字纹囿于圆圈纹等（图九，1～6）。

M3　处庙嘴坡地最北端，T15的中部偏北，平面呈"凸"字形。墓室上部已全部破坏，券顶不存，填土为黄褐色原坑土返填。

甬道为墓室南部的凸出部分，平面呈长方形，其底与墓室为同一平面，甬道口略有残缺，内长217、宽135、残深48厘米，墓底距地表最高处约80厘米。

墓室位于甬道北部，平面呈长方形。墓室底长328、宽238、残深32～105厘米，墓底距地表最高处为120厘米。

墓室四壁和甬道均有长方形子母扣榫青砖错缝平砌，砖长42～44、宽19、厚8厘米。砖面模印绳纹，向墓室的一侧模压有菱形纹或菱形纹间以乳钉纹的组合纹饰，在距墓底64厘米高处的第九层墓砖为素面。从墓底至墓壁88厘米处开始起券。

墓中所出随葬品共14件套（除铜钱外），主要放置于甬道及墓室近甬道处，以釉陶器居多，器类有钵、灯、罐、魁、小杯等，另有陶井、陶甗及铁刀等（图一〇）。

M19　位于柏树嘴坡地山脊，南侧3米处为几乎盗扰一空的M18，按勘探结果，将两墓同时归于布方面积为12米×12米的T25内。

该墓平面呈刀把形，甬道设于墓室西部的南侧，因受一现代墓的打破与叠压，甬道只残有痕迹，其底与墓室为同一平面。墓葬方向为245°，券顶不存。墓室底长315、宽220、墓室残深120厘米，墓底距地表深155厘米。甬道长不明，宽166、残高120厘米。墓室四壁及甬道用长方形青砖错缝平砌，朝墓室的一侧饰有菱形纹间以十字纹，或菱形纹间以十字纹囿于圆圈纹中的组合纹饰（图九，5、6）。从墓底起的第11层墓砖为素面，至第17层起开始起券。

随葬品因后期盗扰而放置零乱，主要集中于墓室近甬道口和墓室的中后部。随葬品共出21件套（除铜钱外），主要为陶器及俑类，器类有灯、魁、屋、罐、水塘、人物俑等（图一一）。

图九　墓砖纹饰拓片

1. M18　2. M14　3. M9　4. M3　5. M19　6. M19

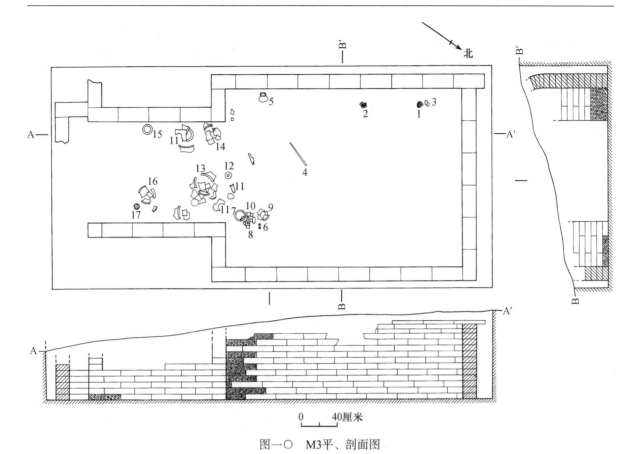

图一〇　M3平、剖面图

1、2、6. 铜钱　3. 石砚板　4. 铁刀　5. 陶罐　　7、9. 釉陶钵　8. 釉陶灯　10. 陶片　11. 陶井　12. 釉陶小罐　13. 陶钵　14. 陶甗
15. 釉陶釜　16. 釉陶魁　17. 釉陶小杯

三、随葬器物

　　22座墓中有4座被盗扰一空，有的墓葬只残留数件或少量陶片。铜钱出土500余枚，其中铜半两两枚（一枚钱文锈蚀），余均为五铢钱币，其他随葬品共出257件套（含人牙）。按质地可分为陶器（或釉陶）、铜器、铁器、石器等，以陶器或釉陶类为随葬品的主要构成，分陶俑、模型明器和生活实用器三大类，器形多为汇南墓群以往发掘出土过的器物组合。

（一）陶器

　　保存相对完整，共出221件套，其中完整及复原的有93件套，余因破损严重而无法修复。生活用具类以罐、钵、甗为多，另有瓮、釜、锤、灯、勺、魁、杯、筒形器等，模型明器有井、水塘（不能复原）、鸡、屋等，陶俑造型各异。

　　陶质以泥质陶和夹砂陶为主。又分为灰陶、红陶、釉陶三类，其中灰陶比红陶的火候要高。所出釉陶一般里外施釉，釉胎结合不紧密，部分釉已脱落。纹饰主要有弦纹、绳纹、凸棱纹、刻划网状纹、拍印方格纹等，以凹弦纹和绳纹为常见。

　　罐　38件。依器物的整体形态分为五型。

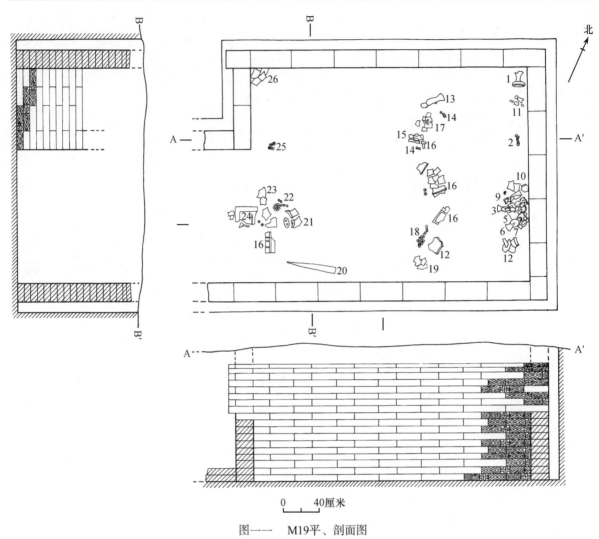

图一一　M19平、剖面图

1、8.釉陶灯　2、14、18、22、25.铜钱　3~7、11、13、15.陶人俑　9、16.陶屋　10.陶魁　12、26.陶罐　17.釉陶钵
19.陶片　20.铁刀　21.陶甑　23.釉陶锺　24.陶水塘

　　A型　8件。圜底。依肩颈和腹部的变化可分三式。

　　Ⅰ式：6件。其中一件有倒扣置的钵式盖。溜肩，鼓腹，收腹较缓。M16：25，有钵式盖。夹砂灰陶。口微外侈，尖唇，敛口，矮领。肩部抹成数条带状，并饰有间断绳纹，腹下部饰竖向绳纹。口径14.4、通盖高27厘米（图一二，1）。

　　Ⅱ式：1件。斜折腹，收腹较剧。M2：15，夹细砂灰陶。高领，卷沿，尖唇。腹饰绳纹。口径15、高15.8厘米（图一二，8）。

　　Ⅲ式：1件。溜肩，深鼓腹，圆圜底。M11：16，夹细砂灰陶。方唇，口微敛，矮领。肩饰一对称双耳，肩、腹饰间断绳纹及斜向绳纹。口径11、高22厘米（图一二，2）。

　　B型　21件。平底微凹或平底，有的罐口扣有钵式盖。依口沿和肩部变化分为三式。

　　Ⅰ式：16件。卷沿，弧肩，鼓腹，平底内凹。M8：12，夹细砂灰陶。肩部饰网格纹和三道凹弦纹，腹下部有轮制痕迹及凹弦纹一道。口径11.6、底径14、高17.2厘米（图一二，3）。

　　Ⅱ式：3件。圆厚唇微侈，圆折肩，下腹斜收，平底微凹。M3：5，夹细砂灰陶。口大于底。肩腹饰凹弦纹数道。口径10.4、底径6.4、高11.6厘米（图一二，6）。

Ⅲ式：2件。尖唇，沿外有一凹槽。M16：20，有倒扣置的钵式盖。夹细砂灰陶。圆肩鼓腹，平底。肩及上腹饰绳纹并被一道凹弦纹间断，下腹数道细弦纹。口径10.8、底径11、通盖高17厘米（图一二，5）。

C型　5件。筒形腹。依腹部变化分为二式。

Ⅰ式：1件。弧腹微鼓，最大径在腹中部。M19：12，泥质灰陶。尖唇，敛口，耸肩，深腹，平底有些变形。素面。口径12.8、底径13.6、高18.4厘米（图一二，10）。

Ⅱ式：4件。弧腹近直，最大腹径在上部。M8：1，夹细砂灰陶。尖唇，敛口，平肩，深筒腹，平底微凹。腹饰三道凹弦纹。口径14.4、底径15、高20.4厘米（图一二，7）。

D型　3件。高领，平底微凹。依领部和肩部特征可分二式。

Ⅰ式：2件。尖唇，口外侈，斜直颈，溜肩鼓腹。M16：12，泥质灰陶。腹部有一对称环状耳。口径24.4、底径20.6、高27.2厘米（图一二，11）。

Ⅱ式：1件。圆唇，高直领。M2：16，夹细砂灰陶。溜肩鼓腹，下腹斜下收。肩、腹部饰间断绳纹，下腹可见数道细凹弦纹。口径10.8、底径10、高13.8厘米（图一二，9）。

E型　1件。标本M14：9，夹细砂灰陶。方唇，侈口，卷沿，短领，溜肩，深腹，平底。颈、腹饰细绳纹，近底部有指窝纹。口径19、底径17.4、高20.5厘米（图一二，4）。

钵　25件。依器物整体特征可分为四型。

A型　18件。折腹。依口沿或腹部的变化可分为五式。

Ⅰ式：13件。上腹较斜，折腹不明显。M16：23，夹细砂灰陶。圆唇，侈口，下腹微曲内收，平底内凹。素面。口径13.2、底径4.6、高4.4厘米（图一三，1）。

Ⅱ式：1件。上腹向外微曲，圆折腹明显。M3：13，夹细砂灰陶。圆唇，侈口，腹较深，下腹内收，平底。素面。口径18.2、底径5.8、高6.4厘米（图一三，2）。

Ⅲ式：2件。折腹不明显。M6：4，泥质灰陶。圆唇，侈口，腹近弧，下腹急收，小平底。素面。口径17.6、底径5.4、高7.2厘米（图一三，3）。

Ⅳ式：1件。M6：8，泥质灰陶。方唇，口沿外侈，折腹明显，下腹内收，小平底微凹。素面。口径14、底径4.4、高5.3厘米（图一三，4）。

Ⅴ式：1件。M14：8，泥质红胎，内外施青釉。圆唇，口沿外侈，斜折腹，小平底。素面。口径18.4、底径5.4、高6.2厘米（图一三，5）。

B型　5件。依口沿和腹部特征可分三式。

Ⅰ式：3件。卷沿，平底微凹。M16：8，泥质灰陶。侈口，方唇，沿下内曲，深弧腹，平底内凹。器表素面，器内壁可见压印的痕迹，器内底为压印的菱形纹。口径33、底径16、高5.8厘米（图一四，1）。

Ⅱ式：1件。M3：9，夹细砂红胎，内外施青釉。方唇，口沿外折，小折肩，深腹下内曲，平底内凹。颈部饰凹弦纹三道。口径22.6、底径8.4、高9.7厘米（图一三，8）。

Ⅲ式：1件。M5：6，泥质红陶，施釉，多已剥落。尖唇，侈口，深腹，上部饰两环形耳，平底。口径26、底径16、高12.6厘米（图一三，7）。

C型　1件。M3：7，泥质红胎，施青釉。方唇，口部近直，圆折腹，平底内凹。素面。口

图一二　　陶罐

1. A型Ⅰ式（M16：25）　　2. A型Ⅲ式（M11：16）　　3. B型Ⅰ式（M8：12）　　4. E型（M14：9）　　5. B型Ⅲ式（M16：20）

6. B型Ⅱ式（M3：5）　　7. C型Ⅱ式（M8：1）　　8. A型Ⅱ式（M2：15）　　9. D型Ⅱ式（M2：16）　　10. C型Ⅰ式（M19：12）

11. D型Ⅰ式（M16：12）

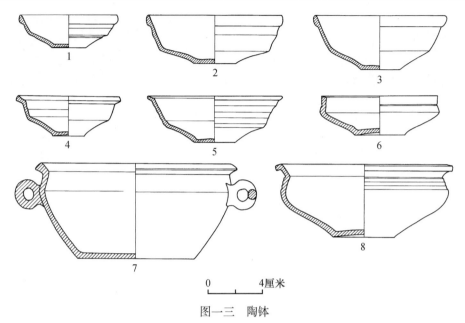

图一三　陶钵

1. A型Ⅰ式（M16：23）　2. A型Ⅱ式（M3：13）　3. A型Ⅲ式（M6：4）　4. A型Ⅳ式（M6：8）　5. A型Ⅴ式（M14：8）
6. C型（M3：7）　7. B型Ⅲ式（M5：6）　8. B型Ⅱ式（M3：9）

径16、底径6.8、高5.2厘米（图一三，6）。

D型　1件。M9：14，泥质红陶。尖唇，口微敛，深腹，平底略凹。器表施釉，但多已脱落。沿外有两周凹弦纹，下腹近底部可见刀削痕。口径17.8、底径6.4、高5.6厘米（图一四，2）。

灯　3件。依口部特征分二型。

A型　2件。盘口。依灯盘和座部的变化分二式。

Ⅰ式：1件。M3：8，细砂红胎，内外施青釉。素面。口微敛，浅盘，矮柄显粗，喇叭状座。口径9.6、底径8.6、高9.6厘米（图一四，5）。

Ⅱ式：1件。M19：1，细柄中空，覆钵形座。盘外有一周凹弦纹。口径12.4、底径10、高12.2厘米（图一四，6）。

B型　1件。M19：8，泥质红陶，器外施青釉。尖唇，双浅盘，高柄中空，覆钵形座。口径6.8、底径11.4、高12.2厘米（图一四，7）。

勺　2件。其中一件残断。M5：7，泥质红胎，器外施釉，但多已脱落。舌条状长柄。通长22.4厘米（图一四，4）。

杯　1件。M3：17，砂质红胎，外施青釉。方唇，敛口，深腹，平底内凹，口沿下一侧附有实心小耳。口径9.6、底径6.6、高9厘米（图一四，3）。

魁　1件。M3：16，砂质红胎，内外施青釉。方唇，敛口，弧腹，平底。附加一兽面形柄。口径17.2、底径6.2、高6.5厘米（图一四，8）。

甑　4件。依底部的不同分为二式。

Ⅰ式：2件。弧腹近斜，下腹斜收，平底。M6：22，夹砂灰陶。卷沿，敛口，深腹，底部算孔11个。上腹有一凸棱纹，腹部可见轮制痕迹。口径32.4、底径16、高19厘米（图一五，1）。

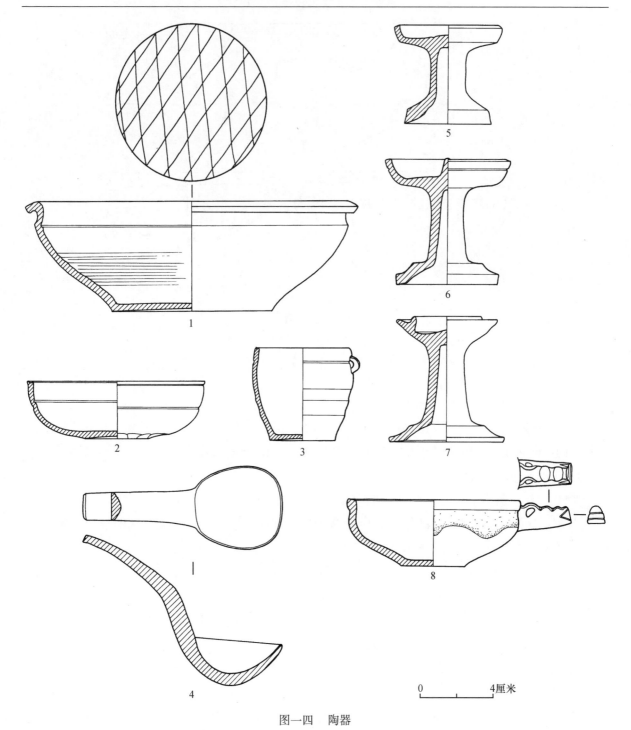

0　　　　　4厘米

图一四　　陶器

1.B型Ⅰ式钵（M16：8）　2.D型钵（M9：14）　3.杯（M3：17）　4.勺（M5：7）　5.A型Ⅰ式灯（M3：8）
6.A型Ⅱ式灯（M19：1）　7.B型灯（M19：8）　8.魁（M3：16）

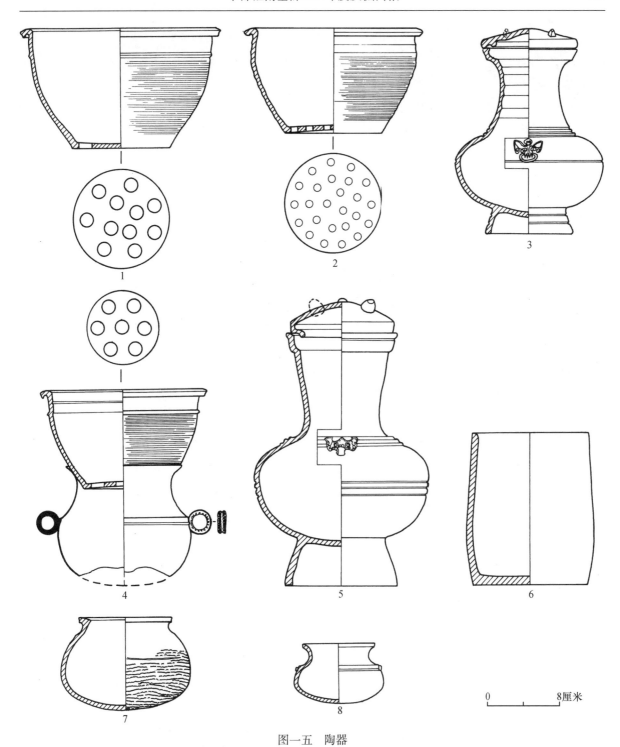

图一五　陶器

1. Ⅰ式甑（M6：22）　　2. Ⅱ式甑（M2：11）　　3. B型锺（M14：2）　　4. 铜釜陶甑（M16：24）　　5. A型锺（M6：28）
6. 筒形器（M7：18）　　7. A型釜（M16：13）　　8. B型釜（M3：15）

Ⅱ式：2件。弧腹微鼓，下腹斜收，大平底内凹。M2：11，夹细砂灰陶，方唇，敛口，深腹，底部算孔众多。腹部有轮制痕迹。口径26.2、底径15.8、高16.6厘米（图一五，2）。

锺　3件，其中1件残。依整体形态分为二型。

A型　1件。M6：28，泥质红陶。尖唇，盘口，溜肩，鼓腹，高足呈喇叭状。承盖，盖上有三小纽。肩部有一对称兽面铺首，肩、腹分别饰有三周弦纹。口径18、底径18.2、通盖高45.5厘米（图一五，5）。

B型　2件。M14：2，泥质红胎，通体施釉。盘口，弧颈，鼓腹，矮圈足呈喇叭状。颈、腹、足均饰有凹弦纹，肩有一对称兽面衔环铺首。承盖，盖上有三小纽。口径15.4、底径14.4、通盖高32.5厘米（图一五，3）。

筒形器　1件。M7：18，泥质黑陶。通体素面。口近直，上腹内敛，深筒形腹，下腹微鼓，大平底。口径19.2、底径19、高24厘米（图一五，6）。

釜　2件。依口沿和腹部变化分为二型。

A型　1件。M16：13，夹细砂灰陶。口径小于腹径，方唇，沿外有一凹槽，垂腹，圜底。腹下部饰横向绳纹。口径15.2、高14.6厘米（图一五，7）。

B型　1件。M3：15，夹砂红胎，内外施青釉。方唇，侈口，弧颈，折肩，垂腹，圜底。肩部有二实心小纽，且有一周凹弦纹。口径11.8、高9.5厘米（图一五，8）。

瓮　3件。依颈部特征分二型。

A型　2件。矮领。M5：11，泥质灰陶。尖唇，沿外有一凹槽，广肩，深腹内收，平底内凹。腹身大部饰间断绳纹。口径27、底径22、高43厘米（图一六，1）。

B型　1件。短颈。M14：1，泥质灰陶。火候较高。尖唇，卷沿，广折肩，深鼓腹，大平底略凹。肩部有两方相同的铭文款，"巨（长）利千万"，腹上部饰拍印网格纹。口径24.4、底径21、高28厘米（图一六，2；图二一，1）。

屋　2件，其中一件不能完全复原。M9：27，泥质灰陶。活动房顶俯视呈长方形干栏状，长条状中脊两瓯翘起，中脊两侧各等距设筒瓦垄7组。屋正面是斗拱檐架结构，中立两柱，柱上各施一斗三升的斗拱上承檐，左、右两间下施矮墙。整体结构系先制成各部构件后再拼接而成，造型较为逼真写实。长37.2、宽15.2、高29厘米（图一七，1）。

井　4件。均只残存井台。M6：32，夹细砂灰陶。井台平面呈井字形，圆形井口。井台四角饰网纹，其中两侧台面各饰一鱼形纹。长22～24.8、孔径7.2、高3.3厘米（图一七，2）。

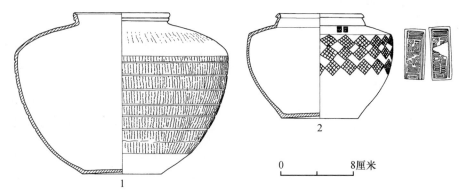

图一六　陶瓮

1. A型（M5：11）　2. B型（M14：1）

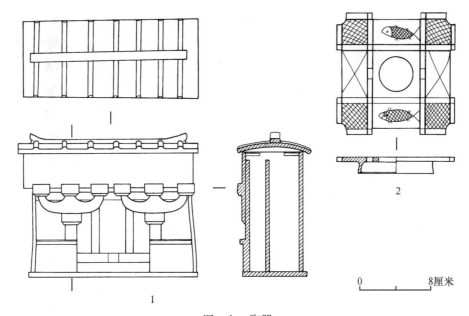

图一七　陶器

1.屋（M9：27）　2.井（M6：32）

俑　14件。均为合范模制而成。陶质多为泥质和夹砂陶，陶色以红陶和灰陶为主。可分为人物俑和动物俑两类。

人物俑　13件。其中M9、M19各出5件，M10出有1件。有抚琴、持物、操（拱）手、击鼓俑等。

持物俑　1件。M9：8，泥质红陶。跪坐式，头戴高冠，双手持物高举，似吹芦笙或呈物状。高18厘米（图一八，1）。

击鼓俑　1件。M10：5，泥质灰陶。面目丑陋，头戴高冠，右衽，右手持棒于胸前，左手放置于鼓面，跪坐，鼓置于左腿前。高19.5厘米（图一八，3）。

操（拱）手俑　10件。M19：6，泥质红陶。圆顶冠，圆领，宽袖长袍，裙摆着地，双手操于胸前且藏于袖内。高20.6厘米（图一八，4）。M10：6，泥质红陶。平顶冠，圆领，下肢残，双手操于胸前并藏于袖中。残高16.4厘米（图一八，2）。M9：2，夹细砂灰陶。高髻，圆领，着长裙，裙摆着地，面带微笑，双手操于胸前并藏于服袖中。高19.5厘米（图一八，5）。M19：5，泥质红陶。束高髻扎巾，圆领，右衽宽袖着地长裙，双手操于胸前且藏于袖中。高27厘米（图一九，2）。

抚琴俑　1件。M19：4，泥质红陶。跪坐式，表情严肃，头戴高冠，身穿左斜衽长裙服，双膝前置一案几式琴弦乐器，两袖翻卷，左手抚琴，右手做弹奏状。高17.2厘米（图一九，1）。

动物俑　只修复1件。M9：3，夹砂灰陶。子母鸡，昂头，翘尾，俯卧，鸡背蹲伏一小鸡。高8.7厘米（图一九，3）。

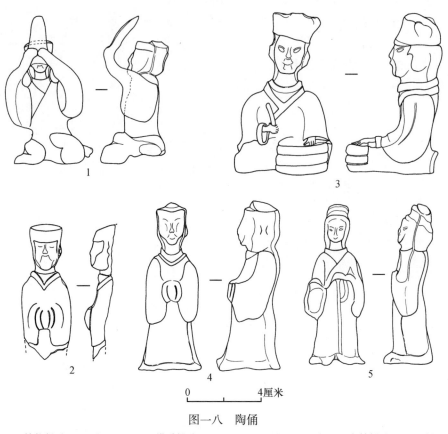

图一八　陶俑

1.持物俑（M9∶8）　　2、4、5.拱手俑（M10∶6、M19∶6、M9∶2）　　3.击鼓俑（M10∶5）

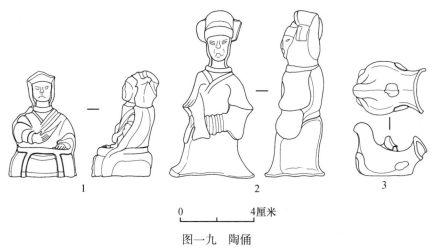

图一九　陶俑

1.抚琴俑（M19∶4）　　2.拱手俑（M19∶5）　　3.动物俑（M9∶3）

（二）铜器

所出器物较少，共计11件，其中4件只存残片而不辨器形。可辨器形有鍪、釜、铃、印章等。

鍪　4件。形制相同，一件完整，两件残缺但可辨器形。M11∶15，方唇，侈口，束颈，折肩，鼓腹，圜底。肩部有一对称圆环耳，其一耳为条索纹，腹有两周凸棱纹。口径19、高19

厘米（图二〇，1）。

釜　1件。M16:24，与陶甑同出，侈口，折肩，鼓腹，圜底残，上腹有一凸弦纹。肩下有一对称圆环耳，但残，耳上有条索纹。口径19、残高17.6厘米（图一五，4）。

铃　1件。M6:2，编钟状，周身饰小乳钉纹，顶部有一椭圆形悬挂孔，内悬不规则菱形撞击杆。通高3.25厘米（图二〇，2）。

印章　1枚。M17:1，印文正面和四个侧面近似正方形，长宽均为1.8厘米。纽近似方柱形，纽高1.2厘米，长宽为1厘米，纽孔径为0.3厘米。印文正面阴刻有"□祖上疏"（图二一，4），一侧面阴刻有"□祖言疏"（图二一，3），两侧面除印文中的"祖"字（图二一，5）清楚外，其余均模糊，还有一侧面印文完全模糊，纽的顶部像变形的鸟兽纹（图二一，2）。

（三）石器

2件。斧和凿各1件，均出于同一墓中。

斧　1件。M6:29，出于陶罐（M6:14）内，用磨圆度较高的河流砾石加工而成，只磨制两侧及刃部，双面刃。长7.9、宽3.45、最厚2厘米（图二〇，3）。

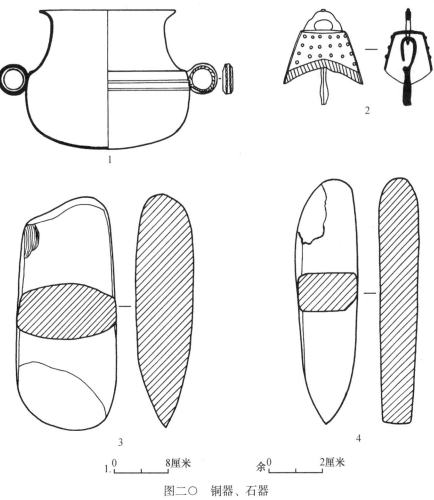

图二〇　铜器、石器

1. 铜鍪（M11:15）　2. 铜铃（M6:2）　3. 石斧（M6:29）　4. 石凿（M6:31）

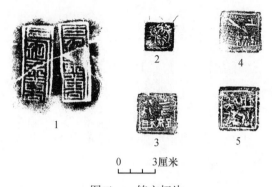

图二一　铭文拓片

1.陶瓮口沿铭文（M14∶1）　　2～5.铜印章铭文（M17∶1）

凿　1件。M6∶31，出于陶罐（M6∶24）内。长条形，用河流砾石加工而成，只磨制两侧及刃部。长8.3、宽2.2厘米（图二〇，4）。

（四）铜钱

出土500余枚，其中铜半两有两枚（一枚锈蚀），余全为五铢钱币。以M8、M9、M11、M16、M19所出为多，M9出土近200枚。五铢钱币多锈蚀严重，仅有少数能看出钱文特征。

半两　2枚。M1∶6，圆形，方孔。钱径2.4、穿宽0.9厘米（图二二，1）。

五铢　分二型，以Ⅱ型为多。

Ⅰ型　有周郭，正方穿，钱文清瘦规范。"五"交叉两笔较直或微曲，"铢"字"金"头较小，为镞形或三角形，"朱"字头方折，多数"金"比"朱"所居位置略低。钱径2.4～2.5、穿宽1～1.1厘米（图二二，2～8）。

Ⅱ型　有周郭，正方穿，钱文较Ⅰ型趋粗，但较规范。"五"字交叉两笔弯曲，"铢"字"金"字头较大，为三角形，四点也较Ⅰ型加长。钱径2.5、穿宽1厘米（图二二，9～14）。

（五）铁器

共出土22件，其中1件大型铁釜无法复原，余均为生产工具类，因锈蚀严重，完整器较少，计有刀、斧、铲、锸等。

环首刀　6件。M2∶10，锈蚀残断，环首，单面刃，刀背平直。残长23、宽1.6～2.3、厚0.2～0.4厘米（图二三，5）。

直柄刀　7件。M16∶4，保存较完整，但表层锈蚀。长条形，直柄，单面刃，柄部残有木柄痕迹，刀背平直，刃部呈弧线至刀尖。长64.5、宽2～3.2、厚0.2～0.8厘米（图二三，1）。

弧形刀　1件。M4∶2，保存较完整，但表层锈蚀。椭圆形銎，柄部较长，单面刃，刀近柄部平直，下部呈弧形至刀尖。长36、宽4.8～5.2、厚0.2～0.5厘米（图二三，4）。

斧　3件。形制相同。M16∶3，保存完好，表层锈蚀。长方形銎，下部略宽，纵向截面呈"V"形。长12.5、宽7～8厘米（图二三，3）。

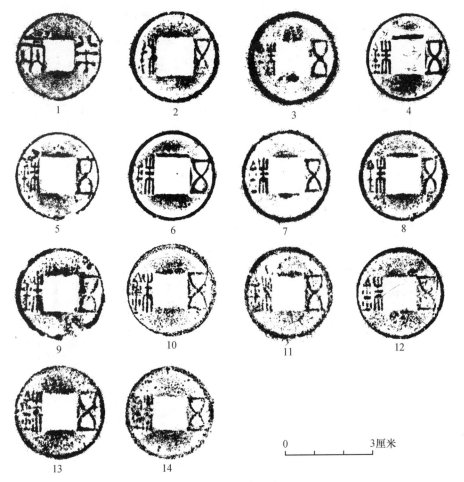

图二二　铜钱拓片

1. 半两（M1：6）　　2～8. Ⅰ型五铢（M2、M16、M11、M8、M6、M7、M5）　　9～14. Ⅱ型五铢（M22、M9、M17、M3、M19、M14）

铲　3件。形制相同。M16：29，保存完好，但表层锈蚀。长方形铲身，銎为椭圆形，柄部较直，且銎内残有木柄痕迹。长31、宽7.4～8、厚0.5厘米（图二三，6）。

锸　1件。M11：3，锈蚀严重，凹字形残存一半，内侧有凹槽。长11.6、宽13.1厘米（图二三，2）。

四、结　　语

1. 墓葬年代

因此次发掘为汇南墓群的最后一次大规模发掘，我们在采取定点布方和流动的查漏补缺的发掘形式下，共发掘两汉时期墓葬22座，其中土坑墓16座、砖室6座。墓葬规模均不大，且多数墓葬都遭到不同程度的破坏。

土坑墓均为竖穴式，个别设有二层台或单边二层台。除M10外，随葬器物以陶器居多，并出有少量铜器、铁器及钱币等。陶器器类以罐、钵、甑为主。铜器器类单一，只出鍪、铃、泡

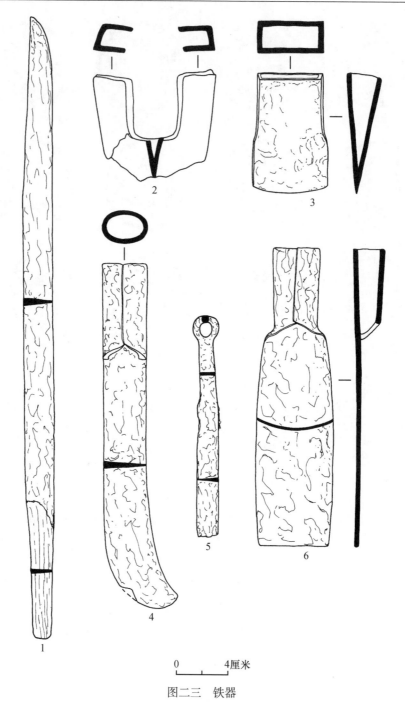

0　　　　4厘米

图二三　铁器

1. 直柄刀（M16∶4）　2. 锸（M11∶3）　3. 斧（M16∶3）　4. 弧形刀（M4∶2）　5. 环首刀（M2∶10）　6. 铲（M16∶29）

钉。铁器有刀、铲、斧、锸等。M1中出有两枚铜半两，其他多数墓中均出有Ⅰ型五铢钱币。综观之，所出器物多为西汉中后期所流行的器类及型式，再加上铜半两及西汉中晚期常见的五铢钱币与之相共存，故这批土坑墓（M1、M2、M4～M8、M11、M16、M22）的年代大致为西汉中晚期。4座土坑墓（M13、M15、M20、M21）因受到不同程度破坏或因其他而不见随葬品，故墓葬年代不明。M12因只出土一件陶罐而无法确定墓葬时代。

M10和6座砖室墓（M3、M9、M14、M17～M19）的墓葬形制和随葬品在与上述土坑墓存在较大差异。

从M10墓底所残存的数块岩石分析，很可能该墓墓底用石块铺就而成，而6座砖室墓也受不同程度的破坏。其中M9、M14、M18只存部分墓室，故墓葬形制不明，M3平面呈凸字形，M17、M19为刀把形砖室墓。这7座墓葬所出器物与上述土坑墓的差异较大，增加了许多新的型式，但也是以往汇南墓群曾经出土的器类和组合。从器物的特征、器类及组合分析，与1993～2003年汇南墓群，1997年度巫山麦沱、瓦岗槽、双堰塘等地的东汉墓所出随葬器物有诸多的相似性，其时代应当接近。如M3出土的釉陶魁、杯、釜，M9出土的陶屋，以及M10、M9和M19所出造型各异的人俑、动物俑等，均为这批墓所出器物之精品，与其共生的Ⅱ型五铢钱币，说明了这7座墓的时代应界定为东汉时期。

综上所述，此次发掘的22座墓葬的时代为西汉中晚期至东汉中晚期。

2. 所获认识

此次发掘属汇南墓群的最后一次大规模发掘，和以往相比，所清理的22座墓葬不见蜀汉、两晋或南朝时期的墓葬，这是历次发掘中没有的现象。也许是因丘陵坡地埋葬区域的限制，墓葬分布也相对集中，除个别砖室墓打破土坑墓的局部外，土坑墓之间、砖室墓之间没发现叠压或打破关系，且所有的墓葬大多顺长江或依龙河而葬，分布似有一定的规律可循，应是同族或有血缘关系的家族墓地。

秦汉统一以来，巴蜀地区得到了有效管理和开发利用，其文化也完全融入了大一统的汉文化系统之中。但同时仍保持了一定的地域特色，如墓葬随葬的陶器中不见鼎，铜器中也无一铜镜入葬，这与周边地区及中原地区存在着明显的地域差异。因此，本次发掘的墓葬数量或规模虽然有限，但所反映出的个别信息仍不失为三峡地区，尤其是丰都地区两汉时期的墓葬研究提供了更为丰富的第一手资料。

3. 存在疑点

M17中所出"铜印章"之定名是否准确，以及该器物之用途因暂无可参照之资料，故有待进一步确定。

修复：刘颜春　潘志勇

拓片：刘颜春　潘志勇

摄影：徐小林

绘图：李付平

执笔：邹后曦　袁东山　文　智

丰都大湾墓群2004年度发掘报告

重庆市文物考古研究院
宝 鸡 市 考 古 研 究 所
丰 都 县 文 物 管 理 所

大湾墓群原位于丰都县高家镇大湾村，由于2002年三峡库区大规模移民，行政区划发生变化，原大湾村行政建制不再存在，大湾河以东划入桂花村，原大湾河以西的大湾村六、九、十、十一社与汶溪村合并，划为汶溪四社。大湾墓群位于现在的高家镇桂花村、汶溪四社区域。

20世纪90年代初，长江沿岸文物普查确定大湾墓群为东北起于原高家镇长江导航站，西南止于原大湾村，长江南岸的一级台地上。中心地理坐标为东经107°49′56″，北纬29°59′29″。海拔160米。面积37500平方米。时代为汉代。

一、墓地及工作概况

今年大湾墓群是继2001年度、2002年度、2003年度发掘之后进行的第四次发掘，按照协议发掘1500平方米。四年来，大湾墓群的考古发掘基本是由东区向西区，从低海拔到高海拔的区域进行发掘工作。

大湾墓群位于长江南岸一、二级台地上，台地被多条南北向的冲沟下切分割成独立缓坡状土包。今年工作的重点区域是在墓群的东南部豆芽沟（河）两岸，其中右岸当地人俗称"黄泥包"，包上相对平坦，古墓葬分布在顶部，现为蔬菜种植地；左岸当地人称"庙儿山"，比较平坦，东边现代墓比较集中，古墓葬靠近豆芽沟，还有豆芽沟西南部名为"租地包"的坡地上。本次发掘的地点位于沿江公路上部的迁建区（图一；图版九，1），与前几年发掘的大湾墓群东区为一整体，只因公路穿过把墓群分割。

2004年10月29日进入工地开始发掘，11月27日结束田野发掘工作。共发掘墓葬14座（图二～图四）。现将各墓葬情况报告如下。

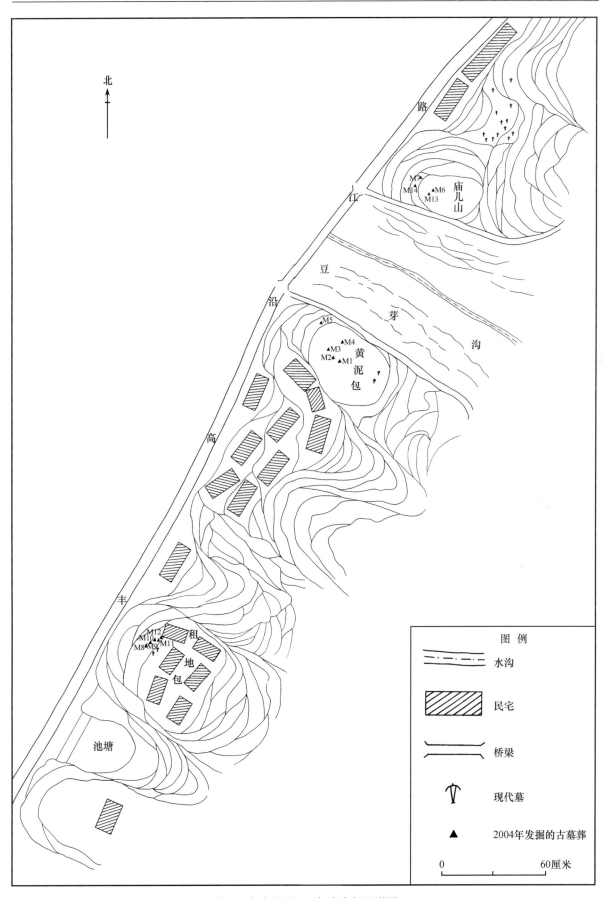

北

路

江

豆

沿

芽

沟

高

黄泥包

丰

租地包

池塘

M7
M14　M6
M13　庙儿山

M5
M4
M3　黄泥包
M2　M1

M12
M10　M11
M8　M9

图例

水沟

民宅

桥梁

现代墓

2004年发掘的古墓葬

0　　　　　60厘米

图一　大湾墓群2004年度发掘地形图

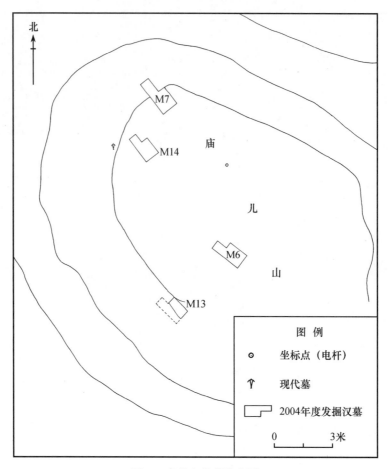

图二　庙儿山墓葬分布图

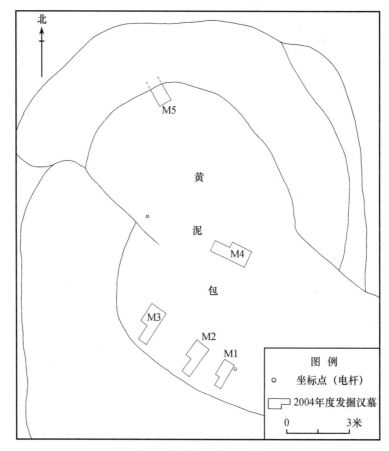

图三　黄泥包墓葬分布图

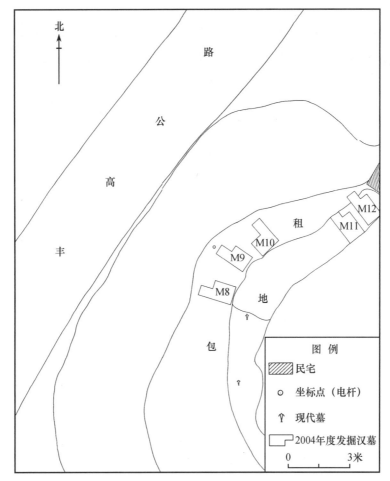

图四 租地包墓葬分布图

二、墓葬概述

（一）M1

1. 墓葬形制、结构

M1位于丰都县高家镇桂花村五社，豆芽沟右岸丰高公路以上的一个叫黄泥包的独立而且顶部较为平坦的缓坡台地的西南部。西距M2约2.5米。

M1为一座刀形砖室墓，方向220°。墓葬开口于耕土层下，距现地表20厘米。由于田间耕作破坏严重，仅剩余墓葬底部。墓葬的构筑方法是直接构筑于生土中，先挖刀形土圹，土圹规整，四壁经过拍打、修整。而后于土圹之内起砖壁，墓壁与土圹壁间留有10厘米的空隙，空隙内填红褐色五花土。M1土圹残长430、宽150～200、残深70厘米。

墓葬由墓道、甬道、墓室三部分组成，通长400、高70厘米（图五）。

墓道 斜坡土圹式，长50、宽130、残高20厘米。

甬道 平面呈长方形。长110、宽90、残高40厘米。甬道前端两壁间有砖砌的封门，长90、残高40厘米。甬道南壁与墓室南壁连成一体，北壁作90°北拐，形成墓室北壁。甬道南北

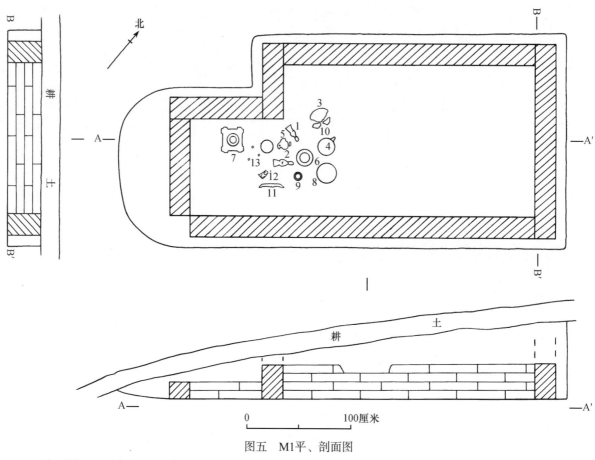

图五　M1平、剖面图

1、2.陶立侍俑　3.釉陶钵　4.釉陶匜　5.陶子母鸡　6.陶罐　7.陶井台　8.陶钵　9.陶小罐　10.釉陶博山炉盖　11.陶井架
12.陶熊足座　13.钱币

壁为自地面向上以长方形条砖错缝叠砌而成，砖侧面的菱形几何花纹均朝向甬道内，封门稍混乱。底部为生土，稍作修整。

　　墓室　平面呈长方形。东西长240、南北宽140、残高70厘米。墓室各壁亦为长方形条砖错缝叠砌而成。砖侧面的菱形几何纹朝向墓室内。砖间有黄褐色黏土。后壁于南北两侧壁顶端外起墙，不与两壁交错咬合。墓室地面与甬道处同一地平，为生土地面。

　　墓内现填黄褐色黏土、残碎砖块和少量料姜石块。

　　葬具腐朽无存，尸骨无存，葬式、头向不明。

2. 出土器物

　　出土随葬品13件，位置在墓室前部和甬道内，计有陶立侍俑、釉陶钵、陶罐各2件，釉陶匜、陶子母鸡、釉陶博山炉盖、陶井架、陶井台、陶熊足座等各1件，五铢钱币1枚。

　　陶立侍俑　2件。M1：1，泥质红陶。头部残缺。立姿。头戴平顶冠，面目不清。着宽袖及地长袍，下摆呈大喇叭状。双手拥抱于胸前。为模制前后两半拼接而成。通高20厘米（图六，1；图版一〇，1）。M1：2，泥质红陶。发髻残。立姿。头戴平顶冠，脑后发髻残。头部前伸，面目模糊，颧骨高凸。内着高圆领褰衣，外着右衽窄袖及地长袍，束腰，长袍下摆呈大喇叭状。双手相拥抱于胸前。模制前后两半拼接而成。通高18厘米（图六，2）。

陶子母鸡　1件。M1：5，泥质红陶。母鸡伏卧，昂首，尖喙，宽肥体，筒状尾上翘。背负小鸡一只，胸前伏一只，双翅下各遮伏小鸡一只。母鸡体表以多线条表现羽毛。中空，底有圆形孔。模制左右两半拼接而成。通高9、长13.8厘米（图六，3；图版一〇，2）。

釉陶钵　1件。M1：3，釉陶。敞口，圆唇，宽平沿稍斜，上腹外斜，至腹中急折收成小平底。器内表施酱黄色釉，外表釉层脱落，露泥质红陶胎。轮制。口径18.6、通高5.6、底径6厘米（图六，4）。

陶钵　1件。M1：8，泥质灰陶。敞口，圆唇，口外附沿，斜腹较浅折收成小平底。轮制。通高8、口径21、底径7.2厘米（图六，5）。

釉陶匜　1件。M1：4，釉陶。敛口，方唇，浅腹外鼓，下腹内收成小平底。口沿外附接短柱状柄，柄端下折。口沿下饰两周凹弦纹。内外表施酱黄色釉，釉层有脱落。泥质红陶胎。轮制。口径21、通高8、底径7厘米（图六，6）。

陶罐　1件。M1：6，泥质灰陶。侈口，圆唇，束颈，溜肩，鼓腹，下腹内收成小平底。肩部饰两周凹弦纹。轮制。通高10、口径10.2、底径7.6、腹径15.4厘米（图六，7）。

陶小罐　1件。M1：9，泥质灰陶。侈口，圆唇，束颈，肩部较平，扁腹外鼓，平底。器形较小，应为水井模型中的水桶罐。轮制。通高2.8、口径3.1、底径3.5、腹径5.7厘米（图六，8）。

釉陶博山炉盖　1件。M1：10，釉陶。圆锥乳状，器顶部一小圆乳顶，器表浮雕山形，三角印纹，盖中部有戳划的细孔。器外表施酱黄色釉，内壁未施釉。模制。通高6、口径10.8厘米（图六，9）。

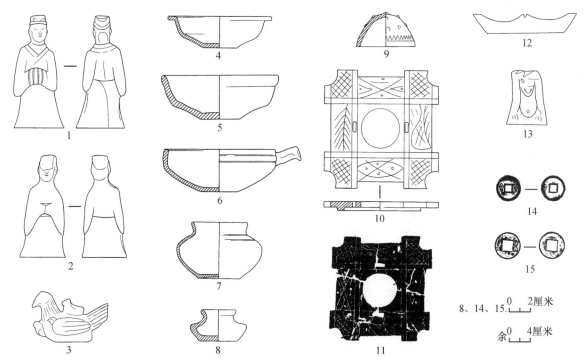

图六　M1出土器物

1、2.陶立侍俑（M1：1、M1：2）　3.陶子母鸡（M1：5）　4.釉陶钵（M1：3）　5.陶钵（M1：8）　6.釉陶匜（M1：4）
7.陶罐（M1：6）　8.陶小罐（M1：9）　9.釉陶博山炉盖（M1：10）　10、11.陶井台及拓片（M1：17）　12.陶井架（M1：11）
13.陶熊足座（M1：12）　14.货泉拓片（M1：13②）　15.五铢钱币拓片（M1：13①）

陶井台　1件。M1：7，泥质灰陶。"井"字形，四弧角，圆形井口，两侧有小方孔一对以插井支架。正面四角处刻划小菱形网格，四边刻划鱼纹、水草纹。背面在井口外出一圆形凸棱。边长21、孔径7、厚1.6厘米（图六，10、11）。

陶井架　1件。M1：11，泥质灰陶。"山"形，两端上翘，中间弧形凸起三角状，正中小三角缺口。应为井架上部的横梁。长19、宽3.4、厚0.8厘米（图六，12）。

陶熊足座　1件。M1：12，泥质灰陶。残。熊为蹲坐式，高浮雕，头部大且长，枣圆目，高鼻，圆嘴，圆鼓腹，露脐。背部内凹。应为陶案的足座。模制。通高9.6、宽7.5厘米（图六，13）。

钱币　共8枚。均为铜质。两种，分别为货泉和五铢钱币，表面锈蚀。五铢钱币，6枚，M1：13①，边郭规整，字迹清楚。"五"字中间两笔弯曲；"金"字头呈三角形，"朱"字上下端略方折。直径2.5、穿径1厘米（图六，15）。货泉，2枚，M1：13②，边郭宽厚，字迹清楚。"货泉"两字为针篆体。"泉"字直竖中断。直径2.2、穿径0.6厘米（图六，14）。

墓砖　1块。M1：01，泥质灰陶。残。长方形条砖，一长侧面饰菱形几何纹，上下面饰绳纹，其余素面。长46、宽20、厚6.5厘米（图七）。

图七　M1墓砖（M1：01）纹饰拓片

（二）M2

1. 墓葬形制、结构

M2位于丰都县高家镇桂花村五社，豆芽沟右岸丰高公路以上的一个叫黄泥包的独立而且顶部较为平坦的缓坡台地的西南部。M2在M1与M3之间，东南距离M1约2.5、西北距M3约5.3米。

为一座刀形砖室墓，方向225°。墓葬开口于耕土层下，距现地表20厘米。由于田间耕作破坏墓葬顶部。墓葬的构筑方法是直接构筑于生土中，先挖规整的刀形土圹，四壁经过拍打、修整。而后于土圹之内起砖壁，再券墓葬顶部。墓壁与土圹壁间留10～20厘米的空隙，空隙内填红褐色五花土。M2土圹长610、宽210～290、残深160厘米。

墓葬由墓道、甬道、墓室三部分组成。总长580、高160厘米（图八）。

墓道　斜坡土圹式，长120、宽210、残高110厘米。

甬道　平面呈长方形。长205、宽135、残高135厘米。甬道前端外有砖砌的封门，长194、残高110厘米。甬道南壁与墓室南壁连成一体，北壁作90°北拐，形成墓室北壁。甬道南北壁为长方形条砖错缝叠砌而成，在自下向上的第九层砖（第九层砖为素面向内）起开始逐步向内

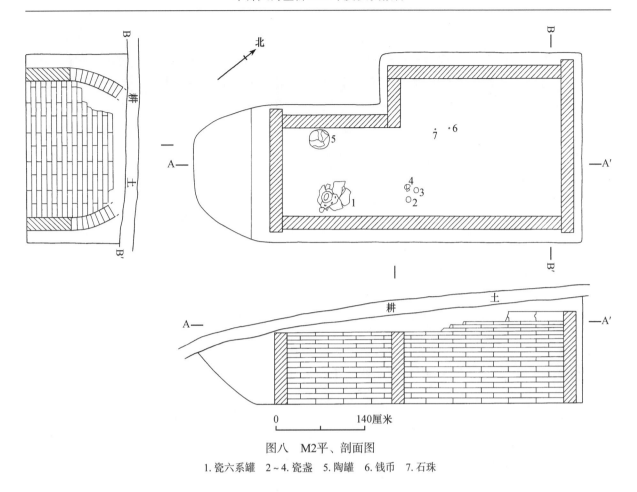

图八　M2平、剖面图
1. 瓷六系罐　2~4. 瓷盏　5. 陶罐　6. 钱币　7. 石珠

券，形成券顶。现券顶破坏不存。砖侧面的菱形几何花纹均朝向甬道内，封门稍混乱，堆砌不整齐。底部为生土，稍作修整。

墓室　平面呈长方形。长255、宽210、残高160厘米。墓室各壁亦为长方形条砖错缝叠砌而成，在自下向上的第九层砖（第九层砖为素面向内，与甬道相连一体）起开始逐步向内券，形成墓室券顶。现券顶破坏坍塌。砖侧面的菱形几何纹朝向墓室内。砖间有黄褐色黏土。后壁于南北两侧壁后端外起墙，未与两壁交错咬合。墓室地面与甬道处同一地平，为生土地面。

墓内现填黄褐色黏土、残碎砖块和少量料姜石块。其中砖块多为带有子母榫卯结构的外厚内薄的楔形砖，是墓葬券顶用砖。

葬具腐朽无存，尸骨无存，葬式、头向不明。

2. 出土遗物

出土随葬品7件，位置在甬道内，计有瓷六系罐1件、瓷盏3件、陶罐1件、钱币1枚、石珠1件。

瓷六系罐　1件。M2：1，瓷。口沿部残。侈口，束直颈，圆肩，鼓腹，下腹斜内收，平底。肩部六个桥形纽，纽间饰一道凹弦纹。侈口内壁及器表施一层青绿色釉，下腹及底未施釉，釉层不均匀亦不致密，或浅绿，或深绿色，脱落严重。灰白胎。器形较大。表面有泥条盘筑痕迹，快轮修整。残高36、底径17、腹径35厘米（图九，1；图版一〇，4）。

盏　3件。M2：2，瓷。口沿部残。口微敛，尖圆唇，浅腹微外鼓，平底，饼足。唇外饰凹弦纹一道。除饼足外其余均施青色釉。釉层较薄，有脱落，灰白胎较厚。轮制。通高3.6、口径8.4、底径4.6厘米（图九，2）。M2：3，瓷。口沿部残。敞口，尖圆唇，浅弧腹，饼足。唇外饰一道凹弦纹。除饼足外其余均施青色釉，釉层不致密，易脱落，薄胎灰白。轮制。通高3.4、口径8.5、底径4.4厘米（图九，3）。M2：4，瓷。敞口，尖圆唇，浅弧腹，饼足。唇外饰一道凹弦纹。器表均施青色釉。釉层薄不致密，足部有气泡，薄胎灰白。轮制。通高3.2、口径8.2、底径4.4厘米（图九，4）。

陶罐　1件。M2：5，泥质灰陶。敛口，卷圆唇，束颈斜直，斜折肩，深鼓腹，下腹弧内收，平底。通体素面无饰。轮制。通高15.8、口径14、底径16、最大径24.4厘米（图九，5）。

钱币　1枚。M2：6，铜质，为五铢钱币，表面锈蚀，字迹不太清楚。"五"字中间两笔弯曲，"铢"字显矮胖，"金"字头呈三角形，"朱"字上端方折，下端略圆。直径2.6、穿径1厘米（图九，6）。

石珠　1件。M2：7，石质。绿色小圆柱状，正中一小穿孔。通高0.6、外径0.6、孔径0.15厘米（图九，7）。

墓砖　1块。M2：01，泥质灰陶。残。平面呈长方形，两长侧薄厚不一呈楔形，两短侧面有半圆柱状榫卯结构。较薄侧面饰菱形几何纹，上下面饰绳纹，其余素面。长46、宽20、厚7～8厘米（图一○）。

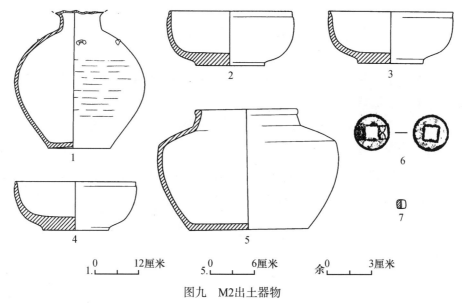

图九　M2出土器物

1.瓷六系罐（M2：1）　2～4.瓷盏（M2：2、M2：3、M2：4）　5.陶罐（M2：5）　6.五铢（M2：6）　7.石珠（M2：7）

图一○　M2墓砖（M2：01）纹饰拓片

（三）M3

1. 墓葬形制、结构

M3位于丰都县高家镇桂花村五社，豆芽沟右岸丰高公路以上的一个叫黄泥包的独立而且顶部较为平坦的缓坡台地的西南部。M3东南距M2约5.3米。

为一座刀形砖室墓，方向210°。墓葬开口于耕土层下，距现地表20厘米。由于人为挖掘墓砖，墓葬严重破坏。墓葬的构筑方法是直接构筑于生土中，先挖规整的刀形土圹，四壁经过拍打修整。而后于土圹之内起砖壁，再券墓葬顶部。墓壁与土圹壁间留有10厘米的空隙，空隙内填红褐色五花土。M3土圹长630、宽200～300、残深160厘米。

墓葬由墓道、甬道、墓室三部分组成。总长600、残高155厘米（图一一；图版九，2）。

墓道　斜坡土圹式，南北两边呈弧形。长100、宽180、残高60厘米。

甬道　平面呈长方形。长215、宽145、残高110厘米。甬道前端外有砖砌的封门，长196、残高60厘米。甬道南壁与墓室南壁连成一体，北壁作90°北拐，形成墓室北壁。甬道南北壁为长方形条砖错缝叠砌而成，砖侧面的菱形几何花纹均朝向甬道内，封门稍混乱，堆砌不整齐。底部为生土，稍作修整。

墓室　平面呈长方形。长285、宽240、残高155厘米。墓室各壁亦为长方形条砖错缝叠砌

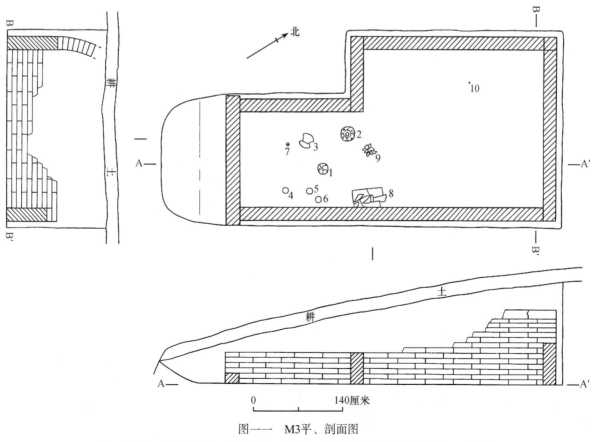

图一一　M3平、剖面图

1、3. 瓷碗　2. 瓷四系壶　4、5. 瓷盏　6. 陶盏　7. 陶纺轮　8. 陶房　9. 陶钵　10. 钱币

而成，在自下向上的第十层砖开始逐步向内券，形成墓室券顶。现券顶破坏坍塌。砖侧面的菱形几何纹朝向墓室内。砖层间垫有一层薄薄的黄褐色黏土。后壁于南北两侧壁内与两壁交错咬合砌成。墓室地面与甬道处同一地平，为生土地面。

墓内现填黄褐色黏土、残碎砖块和少量料姜石块。其中墓室内的砖块多带有子母榫卯结构的外厚内薄的楔形砖，为墓葬券顶部所用的砖。

葬具腐朽无存，尸骨无存，葬式、头向不明。

2. 出土遗物

出土随葬品10件，位置在甬道内，计有瓷四系壶1件、瓷盏2件、瓷碗2件、陶盏1件、陶纺轮1件、陶房1件、陶钵1件、钱币1枚。

瓷碗　2件。M3：1，瓷。敞口，尖圆唇，深弧腹，圈底，饼足。唇外饰一道凹弦纹。通体施青色釉，釉层薄，不致密，开细小裂纹。碗内底和饼足有因垫烧留下的瓷斑。通高6.4、口径16.5、底径10厘米（图一二，1）。M3：3，瓷。口部残。口微敛，圆唇，浅腹外鼓，平底，饼足。口外饰一道凹弦纹。通体施青色釉，釉层稍厚，开细小裂纹。内底和足底有因为垫烧而留下的痕迹。厚胎灰白，轮制。通高6.2、口径15、底径11.3厘米（图一二，2）。

瓷四系壶　1件。M3：2，瓷。口部残，束长颈，圆阔肩，鼓深腹，下腹斜内收，平底。肩部四个桥形纽。颈下部饰凹弦纹一道。上腹部以上施青色釉，釉层薄，开细小裂纹。下腹及底露灰白胎。轮制。残高19.4、残口径7.2、腹径19.1、底径11.4厘米（图一二，3；图版一〇，3）。

瓷盏　2件。M3：4，瓷。敞口，尖唇，浅腹微外鼓，平底，饼足。除足部外其余均施青色釉，釉层易脱落，露灰白胎。薄胎。轮制。通高3.8、口径8.3、腹径8.7、足高0.5、底径5厘米（图一二，4）。M3：5，瓷。口部残。敞口，尖唇，浅腹外鼓，平底，饼足。口外饰一道凹弦纹。除饼足外其余均施青色釉。轮制。通高3.6、口径8.2、腹径8.7、底径5.3厘米（图一二，5）。

陶盏　1件。M3：6，泥质灰陶。口部残。敞口，圆唇，弧腹内收，小平底。口沿外饰一道凹弦纹。轮制。通高3.6、口径7.5、底径4.2厘米（图一二，6）。

陶纺轮　1件。M3：7，泥质灰陶。圆饼形，稍厚，正中一圆形孔，孔内残有部分铁棒。直径4.1、孔径0.9、厚1厘米（图一二，7）。

陶房　1件。M3：8，泥质红陶。屋面呈长方形。平檐，正中施方形通脊，两端上翘，前檐施筒瓦五垄。三柱两开间。正中立柱，一斗三升承前檐下挡板。两侧列立角柱，有柱头。屋中两间相通。平基。分体制作后拼接而成。通高26、长36.6、宽11.6厘米（图一二，8；图版一〇，5）。

陶钵　1件。M3：9，泥质灰陶。敞口，圆唇，附沿，斜腹，下腹折收成小平底。轮制。通高7、口径17.5、底径6厘米（图一二，9）。

钱币　1枚。M3：10，五铢钱铜币。边郭规整，字迹清楚。"五"字中间两笔弯曲，"金"字头呈小三角形，"朱"字长，上端方折，下端圆。直径2.6、穿径1.1厘米（图一二，10）。

墓砖　1块。M3：01，泥质灰陶。长方形条砖，一长侧面饰菱形几何纹，上下面饰绳纹。其余素面。长47、宽18、厚9.5厘米（图一三）。

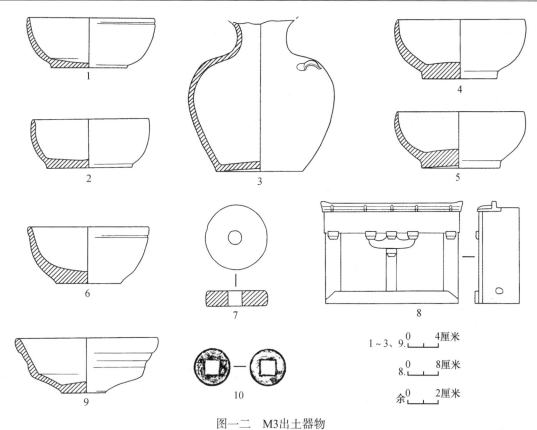

图一二　M3出土器物

1、2.瓷碗（M3：1、M3：3）　3.瓷四系壶（M3：2）　4、5.瓷盏（M3：4、M3：5）　6.陶盏（M3：6）
7.陶纺轮（M3：7）　8.陶房（M3：8）　9.陶钵（M3：9）　10.五铢拓片（M3：10）

图一三　M3墓砖（M3：01）纹饰拓片

（四）M4

1. 墓葬形制、结构

M4位于丰都县高家镇桂花村五社，豆芽沟右岸丰高公路以上的一个叫黄泥包的独立而且顶部较为平坦的缓坡台地的东部。西南距M3约14米。

为一座刀形砖室墓，方向300°。开口于耕土层下，距现地表24厘米。由于当地人屡次挖掘墓砖，墓葬被严重破坏，部分已为土圹壁。墓葬的构筑方法是直接在生土中构筑，先挖规整的刀形土圹，四壁拍打修整。而后于土圹之内砌砖壁。墓室北土圹由于挖掘太宽，在砖墙外侧又夯一道宽46、长360厘米的土墙。其余墓壁与土圹壁间有14厘米的空隙，内填红褐色五花土。M4土圹长740、宽210～330、残深135厘米。

　　墓葬由墓道、甬道、墓室三部分组成。总长650、残高135厘米（图一四；图版九，3）。

　　墓道　斜坡土圹式，墓道口端两边呈弧形。长140、宽210、残高125厘米。

　　甬道　平面呈长方形。长210、宽170、残高130厘米。甬道前端外有砖砌的封门，残长160、残高12厘米。甬道南壁与墓室南壁连成一体，北壁作90°北拐，形成墓室北壁。甬道南壁为长方形条砖错缝叠砌而成，砖侧面的菱形几何花纹均朝向甬道内，北壁为土圹，砖被撬完，封门稍混乱，堆砌不整齐。底部为生土，稍作修整。

　　墓室　平面呈长方形。长300、宽230、残高135厘米。墓室南壁亦为长方形条砖错缝叠砌而成，砖侧面的菱形几何纹朝向墓室内。砖层间垫有一层薄薄的黄褐色黏土。墓室北壁破坏为土夯的墙壁。后壁于南北两侧壁外砌成，未与两壁交错咬合。墓室地面与甬道处同一地平，均为生土地面。

　　墓内现填黄褐色砂土、残碎砖块和少量料姜石块。

　　葬具腐朽无存，尸骨无存，葬式、头向不明。

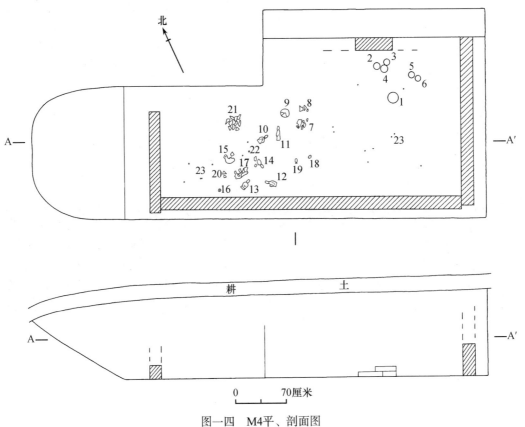

图一四　M4平、剖面图

1.瓷碗　2~6.瓷盏　7.釉陶盉　8.釉陶杯　9.釉陶器盖　10.陶吹埙俑　11、18.陶立侍俑　12.陶击鼓俑　13.陶抚琴俑　14.陶跪侍俑　15.陶子母鸡　16.陶纺轮　17.陶猪　19.陶俑头　20.釉陶博山炉盖　21.陶釜　22.银指环　23.钱币15枚

2. 出土遗物

出土随葬品23件（组），大多出土于甬道内，部分于墓室。计有瓷碗1件，瓷盏5件，釉陶盂、杯、器盖、博山炉盖各1件，立侍俑2件，吹埙俑、击鼓俑、抚琴俑、跪侍俑各1件，陶俑头1件，陶子母鸡、猪各1件，陶釜1件、陶纺轮1件、银指环1件、钱币1组等。

陶吹埙俑　1件。M4：10，泥质红褐陶。跪坐姿。束圆髻于脑上，涂黑发。方脸庞，高鼻，墨线画出弯眉、双目。着窄袖长服，袖口及领口涂抹黑色。双手抱埙抵唇部，腮鼓起做吹奏状。模制前后两半拼接而成。通高16.4、宽11.8厘米（图一五，1；图版一一，1）。

陶立侍俑　2件。M4：11，泥质红褐陶。立姿。戴进贤冠，脑后梳髻。双目微眯，颧骨高凸，嘴角上翘，面带微笑。内着高领褙衣，外着宽袖右衽短袍，内着及地长服，束腰。双手相拥抱于身右肋处似作揖状。模制前后两半拼接而成。通高24、宽9厘米（图一五，2）。M4：18，泥质红褐陶。立姿。戴进贤冠，脑后梳髻。面目清楚。颧骨高凸，嘴角上翘，面带微笑。内着高领褙衣，外着右衽宽袖短袍，内着及地长服，束腰。双手相拥抱于身右肋处似作揖状。模制前后两半拼接而成。通高24厘米（图一五，3；图版一一，3）。

陶击鼓俑　1件。M4：12，泥质红褐陶。跪坐姿。梳高圆髻于脑上，面目清楚。双眉紧蹙，目微闭，宽鼻，颧骨部肌肉高凸，咧嘴露上齿，吐舌。内着高领褙衣，外着右衽宽袖长服。束腰。圆鼓置于两腿之间，左手扶鼓上，扬起右臂，右手微握准备击鼓。面部表情丰富，深情投入状。模制前后两半拼接而成。通高18.2厘米（图一五，4；图版一一，4）。

陶抚琴俑　1件。M4：13，泥质红褐陶。女性。跪坐姿。束高髻扎巾，额上佩短流苏装饰。头微低，双目微睁，高鼻，颧骨微凸，嘴紧闭。面部表情温和。内着窄袖高领褙衣，外着右衽宽袖长服，外罩短袖华服，百褶花袖边。腰部束带。双手抚琴。模制前后两半拼接而成。通高18厘米（图一五，5；图版一一，2）。

陶跪侍俑　1件。M4：14，泥质红褐陶。跪坐姿。头戴平顶冠，冠后两角凸起，脑后垂冠带。双目细长，高鼻，颧骨高凸，嘴微闭。圆高领褙衣，外着宽袖长服。上身前探，双手相拥抱于胸前。模制前后两半拼接而成。通高21.2厘米（图一五，6）。

陶子母鸡　1件。M4：15，泥质红褐陶。昂首，尖喙，冠稍凸，瞪圆目，肥硕体胖，尾扁厚。母鸡体上后伏一只小鸡，左右两翅下各遮伏一只小鸡。体下有小圆孔。模制左右两半拼接而成。通高13.8厘米（图一五，7；图版一○，6）。

陶猪　1件。M4：17，泥质红陶。立姿。耸耳，瞪目，尖长嘴，尖唇上卷。背鬃高耸，腰部肥硕下沉。尾卷于臀上。四肢外八字直立。下腹有圆孔。模制左右两半拼接而成。通高12.6、长23.2厘米（图一五，8）。

陶俑头　1件。M4：19，泥质红陶。女性。梳高髻扎巾，前额上佩流苏状饰物。面目清楚，双目微睁，高鼻，颧骨部稍高，嘴紧闭。应为一乐侍俑的头部。残高6.8厘米（图一五，9）。

瓷碗　1件。M4：1，瓷。口残。口微敛，圆唇，浅腹微鼓，平底。除外底和腹下部未施釉，其余均施青釉，釉层较薄，开细小裂纹。内底留有垫烧后的瓷斑。灰白胎。轮制。通高6.2、口径15.6、腹深5、底径10.4厘米（图一六，1）。

图一五　M4出土陶俑

1. 吹埙俑（M4：10）　　2、3. 立侍俑（M4：11、M4：18）　　4. 击鼓俑（M4：12）　　5. 抚琴俑（M4：13）

6. 跪侍俑（M4：14）　　7. 子母鸡（M4：15）　　8. 猪（M4：17）　　9. 俑头（M4：19）

　　瓷盏　5件。M4：2，瓷。口沿修复。敞口，尖圆唇，浅腹微外鼓，平底，饼足。口外饰一道凹弦纹。除饼足及下腹部未施釉，其余均施青色釉。釉层脱落较多，露灰白胎。轮制。通高4、口径8.6、腹深3.2、底径5.6厘米（图一六，2）。M4：3，瓷。口沿修复。口微敛，圆唇，浅腹外鼓，底近平，饼足稍高。唇外饰一道凹弦纹。除饼足外，其余均施青色釉，釉色光亮，稍致密，开细小裂纹。灰白胎。轮制。通高4.2、口径7.8、腹深3.2、底径5厘米（图一六，3）。M4：4，瓷。口沿稍残。敞口，尖唇，浅腹外鼓，平底，饼足。唇外饰一道凹弦纹。除饼足未施釉外，其余均施青色釉，釉层脱落较多。器壁较厚。轮制。通高2.9、口径8、腹深2.2、底径4.4厘米（图一六，4）。M4：5，瓷。口沿修复。敞口，薄唇，浅腹，平底。唇外饰一道凹弦纹。除外底未施釉外其余施青色釉，釉层光亮致密。灰白胎。轮制。通高3.8、口径8、腹深3.1、底径5.6厘米（图一六，5）。M4：6，瓷。口沿残，修复。口微敞，尖圆唇，腹部微外鼓，平底，饼足。唇外饰一道凹弦纹。除饼足外，其余均施青色釉。釉层有脱落。轮制。通高4.2、口径8.2、腹深3.6、底径5.4厘米（图一六，6）。

釉陶盂　1件。M4：7，釉陶。侈口，方唇，斜沿，束颈，弧肩，扁腹外鼓，下腹急收成小平底。肩部饰一道凹弦纹。侈口部及器表施酱黄色釉，下腹及底部未施釉，露泥质红陶胎。轮制。通高8.5、口径10.8、腹径12.8厘米（图一六，7）。

釉陶杯　1件。M4：8，釉陶。口微敛，方唇，深腹微外鼓，平底。上腹部饰一道凹弦纹。腹部施酱黄色釉。轮制。通高7.8、口径8.2、底径7.8厘米（图一六，8）。

釉陶器盖　1件。M4：9，釉陶。弧形盖顶，上有三小乳钉。方唇，子母口。盖顶施一层酱黄色釉，泥质红陶胎。应为釉陶锺的盖子。通高3.4、口径12.4、外径15.6厘米（图一六，9）。

釉陶博山炉盖　1件。M4：20，釉陶。圆锥乳状，器顶部一小圆乳顶，器表浮雕山形。器外表施酱黄色釉，内壁未施釉，釉层脱落严重，露泥质红陶胎。模制。通高5、口径11.5厘米（图一六，10）。

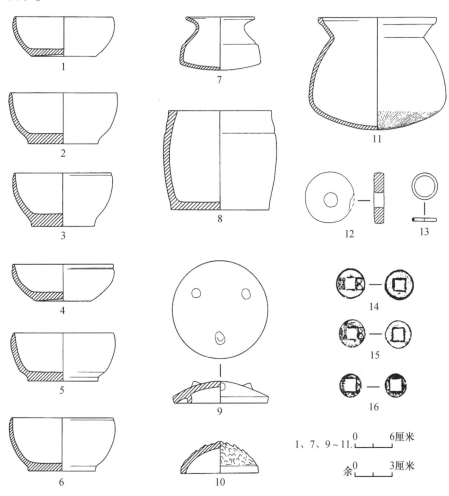

图一六　M4出土器物

1. 瓷碗（M4：1）　2~6. 瓷盏（M4：2、M4：3、M4：4、M4：5、M4：6）　7. 釉陶盂（M4：7）　8. 釉陶杯（M4：8）
9. 釉陶器盖（M4：9）　10. 釉陶博山炉盖（M4：20）　11. 陶釜（M4：21）　12. 陶纺轮（M4：16）　13. 银指环（M4：22）
14~16. 五铢（M4：23①、M4：23②、M4：23③）拓片

陶釜　1件。M4：21，泥质灰陶。侈口，圆唇高凸，高斜领，束颈，斜肩，鼓腹下垂，下腹折内收成圜底。圜底部表饰交错绳纹。轮制。通高17.6、口径19、腹径22.2厘米（图一六，11）。

陶纺轮　1件。M4：16，泥质灰陶。残。扁平圆形，正中一圆孔。外径4、孔径1.1、厚0.8厘米（图一六，12）。

银指环　1件。M4：22，银质。圆环形。外径2、内径1.6、厚0.25厘米（图一六，13）。

钱币　共20枚，均为五铢钱币。铜质，表面锈蚀。依据形制、大小分为三种。M4：23①，边郭规整，字迹清楚。"五"字中间两笔弯曲，"金"字短，"朱"字长，"金"字头呈三角形，"朱"上端方折，下端圆润。直径2.6、穿径0.9厘米（图一六，14）。M4：23②，外郭被剪掉，表面锈蚀。"五"字中间弯曲，"铢"字稍矮胖，"金"字头呈三角形，"朱"字上端左圆右方，下端方折。正面穿上部有一短横。直径2.4、穿径0.9厘米（图一六，15）。M4：23③，外郭被剪厉害，"五"字中间两笔弯曲，"金"被剪，"朱"字字迹不清，上左圆右方，下端方折。直径1.9、穿径0.9厘米（图一六，16）。

墓砖　1块。M4：01，泥质灰陶。残。长方形条砖，一长侧面饰菱形几何纹，正中菱形中填以"十"字纹，上下面饰绳纹，其余素面。长44、宽20、厚7.5厘米（图一七）。

0 —— 3厘米

图一七　M4墓砖（M4：01）拓片

（五）M5

1. 墓葬形制、结构

M5位于丰都县高家镇桂花村五社，豆芽沟右岸丰高公路以上的一个叫黄泥包独立而且顶部较为平坦的缓坡台地的西北部。东南距M4约19.8米。

残留长方形墓室部分，为砖室，形制不明。方向310°。开口于耕土层下，距现地表10～27厘米。位于一高土崖处，前部在较低的台地上，后部在土崖下，墓葬的砖墓壁破坏留存很少。构筑方法是直接在生土中构筑，先挖规整的土圹，四壁拍打修整。而后于土圹之内砌砖壁。墓壁与土圹壁间有10厘米的空隙，内填红褐色五花土。M5土圹残长550、宽290、残深140厘米。

墓葬残留的墓室，平面略呈长方形。残长240、宽205、残高95厘米。墓葬各壁均被破坏，仅南墓壁剩余部分的一层砖。墓内现填黄褐色砂土、残碎砖块和少量料姜石块。墓底为生土地面（图一八）。

葬具腐朽无存，尸骨无存，葬式、头向不明。

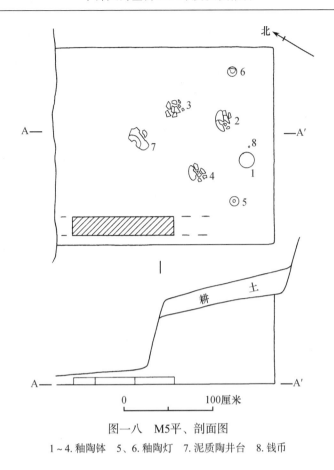

图一八　M5平、剖面图

1~4.釉陶钵　5、6.釉陶灯　7.泥质陶井台　8.钱币

2. 出土遗物

出土随葬品8件，出土于墓室中部。计有釉陶钵4件、釉陶灯2件、陶井台1件、钱币1枚等。

釉陶钵　4件。M5：1，釉陶。直口，方唇，上腹稍直，中折斜内收，小平底。直口外饰一道凹弦纹。器外表施酱黄色釉，泥质红陶胎。轮制。通高6.4、口径14.6、腹径16、腹深5.2、底径6厘米（图一九，1）。M5：2，釉陶。敞口，方唇，平沿，沿下束进，腹外鼓，下腹斜收，小平底。束颈部下饰两道凹弦纹。器表原施酱黄色釉，釉层脱落严重，泥质红陶胎。轮制。通高8.2、口径16.4、腹径19、腹深7、底径8.6厘米（图一九，2）。M5：3，釉陶。敞口，圆唇，窄平沿，斜折腹内收，小平底。器表原施酱黄色釉，釉层脱落。轮制。通高6、口径16.1、腹径14.8、腹深4.8、底径5.6厘米（图一九，3）。M5：4，釉陶。口微敛，方唇，浅直腹折内收，小平底。口沿外饰一道凹弦纹。器表原施酱黄色釉，釉层脱落。轮制。通高6、口径13.8、腹径15.4、腹深5、底径7.2厘米（图一九，4）。

釉陶灯　2件。M5：5，釉陶。上部残缺，束长柄，喇叭状底座。柄下部饰三道细凹纹。器表施酱黄色釉。轮制。残高7.4、底径9.5厘米（图一九，5）。M5：6，釉陶。上部残，束长柄，柄中起三圆棱，喇叭状底座。器表施酱黄色釉。轮制。残高7.6、底径9厘米（图一九，6）。

陶井台　1件。M5：7，泥质灰陶。"井"字形，四弧角，圆形井口，两侧有小方孔一对

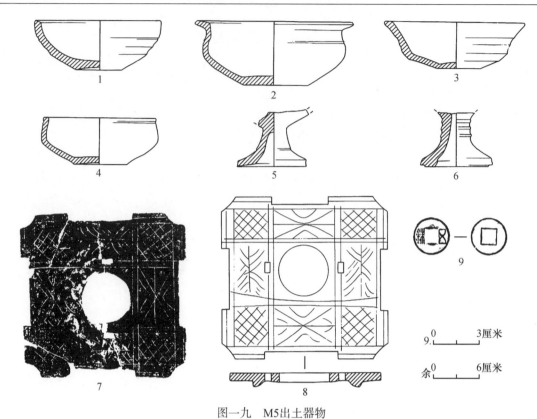

图一九　M5出土器物

1~4.釉陶钵（M5:1、M5:2、M5:3、M5:4）　5、6.釉陶灯（M5:5、M5:6）　7、8.陶井台及拓片（M5:7）

9.五铢钱拓片（M5:8）

以插井支架。正面四角处刻划小菱形网格，四边刻划水草纹。背面在井口外出一圆形凸棱。长21.8、宽20.8、厚1厘米（图一九，7、8）。

钱币　五铢1枚。M5:8，边郭规整，字迹清楚。"五"字中间两笔弯曲，"金"字头似一箭头，四点松散。"朱"字长，上端左圆右方，下端圆润。直径2.6、穿径1厘米（图一九，9）。

墓砖　1块。M5:01，泥质灰陶。残。长方形条砖，一长侧面饰菱形几何纹，上下面饰绳纹，其余素面。长45、宽20、厚7厘米（图二〇）。

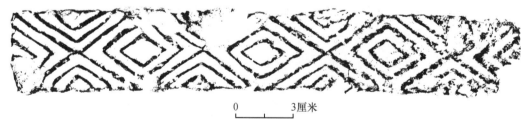

图二〇　M5墓砖（M5:01）拓片

（六）M6

1. 墓葬形制、结构

M6位于丰都县高家镇桂花村四社，豆芽沟左岸丰高公路以上的一个叫庙儿山的独立而且顶部较为平坦的缓坡台地的西部。西北距M7约18米。

为一座刀形砖室墓，方向300°。开口于耕土层下，距现地表22厘米。墓葬顶部破坏。墓葬的构筑方法是直接在生土中先挖规整的刀形土圹，四壁拍打整齐。而后于土圹之内砌砖壁，在一定高度后向内券砌，形成券顶。墓壁与土圹壁间有20厘米的空隙，内填红褐色五花土。M5土圹长640、宽200～256、残深110厘米。

墓葬由墓道、甬道、墓室三部分组成。总长600、残高110厘米（图二一）。

墓道　斜坡土圹式，墓道口端两边呈弧形。长145、宽205、残高90厘米。

甬道　平面呈长方形。长175、宽130、残高105厘米。甬道前端内有砖砌的封门，残长130、残高65厘米。甬道西壁与墓室西壁连成一体，东壁作90°东拐，形成墓室东壁。甬道两壁为长方形条砖错缝叠砌而成，自下向上第九层砖开始内券，形成甬道券顶。侧面的菱形几何花纹均朝向甬道内，封门稍混乱，堆砌不整齐。甬道地面与墓室在同一平面，而且为一体的"人"字形砖铺地。

墓室　平面呈长方形。长280、宽200、残高110厘米。墓室东、西壁亦为长方形条砖错缝叠砌而成，自下向上第九层砖开始内券，形成墓室券顶。砖侧面的菱形几何纹朝向墓室内。砖

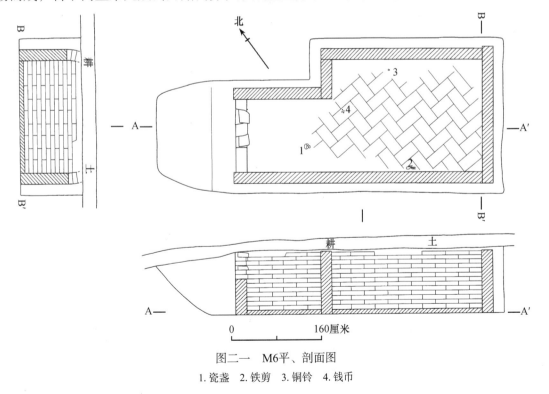

图二一　M6平、剖面图

1.瓷盏　2.铁剪　3.铜铃　4.钱币

层间垫有一层薄薄的黄褐色黏土。墓室后壁在东西两侧壁外砌成，未与两壁交错咬合。

墓内现填黄褐色黏土、残碎砖块和少量料姜石块。

葬具腐朽无存，尸骨无存，葬式、头向不明。

2. 出土遗物

出土随葬品4件，计有瓷盏1件、铁剪1件、铜铃1件、钱币1枚。

瓷盏　1件。M6：1，瓷。敞口，尖圆唇，浅弧腹，平底，饼足。除饼足外，其余均施青色釉，灰白胎，釉层易脱落。轮制。通高3.4、口径7.8、底径4.6厘米（图二二，1）。

铁剪　1件。M6：2，铁质，表面锈蚀。柄部椭圆形，两刃相交，均为直背薄刃，锋部均为弧形。长17.4厘米（图二二，2；图版一二，5）。

铜铃　1件。M6：3，铜质，锈蚀。圆球状铃体，上扁平系纽，有细孔。下正中开圆弧形为铃口。通高2.1厘米（图二二，3）。

钱币　五铢4枚。M6：4，边郭规整，字迹模糊。"五"字中间两笔弯曲；"铢"字矮胖，"金"字头似一箭头，"朱"上下方折。直径2.5、穿径1厘米（图二二，4）。

墓砖　1块。M6：01，泥质灰陶。长方形条砖，一长侧面饰菱形几何纹，菱形中填小乳钉，上下面饰绳纹，其余素面。长41.5、宽19.5、厚7厘米（图二三，1）。

铺地砖　1块。M6：02，泥质灰陶。长方形条砖，一长侧面饰菱形几何纹，菱形中填小乳钉，上下面饰绳纹，其余素面。长41.5、宽19.5、厚6.5厘米（图二三，2）。

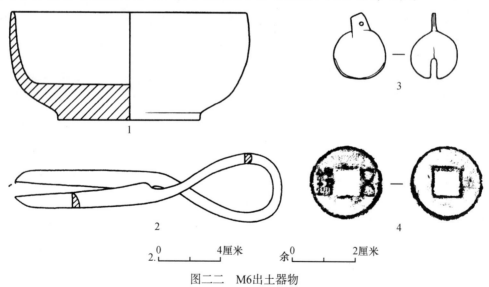

图二二　M6出土器物

1. 瓷盏（M6：1）　2. 铁剪（M6：2）　3. 铜铃（M6：3）　4. 五铢（M6：4）

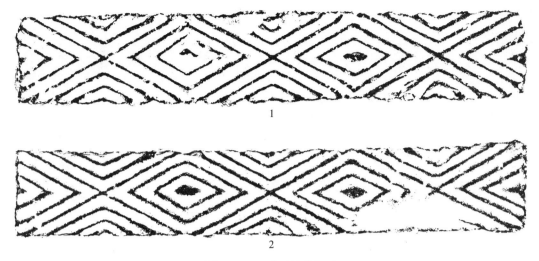

图二三　M6墓砖纹饰拓片
1.墓砖（M6：01）　2.铺地砖（M6：02）

（七）M7

1. 墓葬形制、结构

M7位于丰都县高家镇桂花村四社，豆芽沟左岸丰高公路以上的一个叫庙儿山的独立且顶部较为平坦的缓坡台地的西部。东南距M6约18米。

为一座刀形砖室墓，方向310°。开口于耕土层下，距现地表28～56厘米。位于一较高土崖处，甬道处于土崖下的台地上，墓室于土崖上。故墓室保存较好，甬道保存较浅。墓葬的构筑方法是直接在生土中先挖规整的刀形土圹，四壁拍打整齐。而后于土圹之内砌砖壁，在一定高度后向内券砌，形成券顶。墓壁与土圹壁间有10厘米的空隙，内填红褐色五花土。M7土圹长550、宽194～290、残深40～140厘米。

墓葬由墓道、甬道、墓室三部分组成。总长520、残高40～140厘米（图二四）。

墓道　斜坡土圹式。残长55、宽195、残高30厘米。

甬道　平面呈长方形。长190、宽135、残高40厘米。甬道前端内有砖砌的封门，残长104、残高16厘米。甬道南壁与墓室南壁连成一体，北壁作90°北拐，形成墓室北壁。甬道两壁为长方形条砖错缝叠砌而成。侧面的菱形几何花纹均朝向甬道内，封门稍混乱，堆砌不整齐。底为生土地面，稍做修整。

墓室　平面呈长方形。长275、宽230、残高140厘米。墓室南、北壁为长方形条砖错缝叠砌而成，自下向上第九层砖开始内券，形成墓室券顶。券顶现破坏坍塌。砖侧面的菱形几何纹朝向墓室内。砖层间垫有一层薄薄的黄褐色黏土。墓室后壁在南北两侧壁外砌成，未与两壁交错咬合。

墓内现填黄褐色黏土、残碎砖块和少量料姜石块。

葬具腐朽无存，尸骨无存，葬式、头向不明。

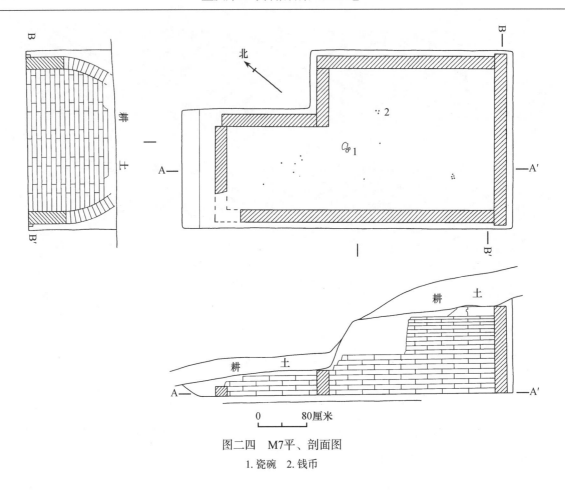

图二四　M7平、剖面图
1. 瓷碗　2. 钱币

2. 出土遗物

出土随葬品2件，计有瓷碗1件、钱币1枚。

瓷碗　1件。M7∶1，瓷。敞口，圆唇，弧腹，平底。唇外稍内凹。外上腹和内表施青色釉，下腹及底部未施釉，灰白胎。轮制。通高6.4、口径15.8、底径10.8厘米（图二五，1）。

钱币　共28枚，依据形制大小可分为两种。M7∶2①，20枚。边郭规整，字迹清楚。"五"中间两笔弯曲，"铢"字矮胖，"金"字头呈三角形，"朱"上下端略圆润。直径

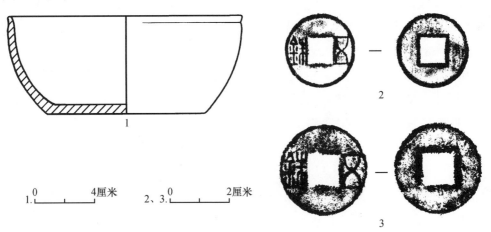

图二五　M7出土器物
1. 瓷碗（M7∶1）　2、3. 五铢钱拓片（M7∶2①、M7∶2②）

2.6、穿径0.9厘米（图二五，2）。M7：2②，8枚。外郭被剪掉，字迹清楚。"五"中间两笔弯曲，"铢"字矮胖，"金"字头呈三角形，四点有连接，"朱"上下端略圆润。直径2.4、穿径0.9厘米（图二五，3）。

墓砖　1块。M7：01，泥质灰陶。残。长方形条砖，一长侧面饰菱形几何纹，上下面饰绳纹，其余素面。长44.5、宽20、厚6.5厘米（图二六）。

0   3厘米

图二六　M7墓砖（M7：01）纹饰拓片

（八）M8

1. 墓葬形制、结构

M8位于丰都县高家镇桂花村五社，当地人俗称"租地包"上的南部。距离M9约2米。

为一座刀形砖室墓，方向295°。开口于耕土层下，距现地表22厘米。墓葬的构筑方法是直接在生土中先挖规整的刀形土圹，四壁拍打整齐。而后于土圹之内砌砖壁，在一定高度后向内券砌，形成券顶。墓壁与土圹壁间有10～15厘米的空隙，内填红褐色五花土。M8土圹长550、宽216～300、残深210厘米。

墓葬由墓道、甬道、墓室三部分组成。总长520、残高60～130厘米（图二七）。

墓道　斜坡土圹式。两边呈弧形。残长95、宽195、残高60厘米。

甬道　平面呈长方形。长150、宽135、残高80厘米。甬道前端外有砖砌的封门，残长170、残高55厘米。甬道南壁与墓室南壁连成一体，北壁作90°北拐，形成墓室北壁。甬道两壁为长方形条砖错缝叠砌而成。侧面的菱形几何花纹均朝向甬道内，封门稍混乱，堆砌不整齐。底为生土地面，稍做修整。

墓室　平面呈长方形。长275、宽235、残高130厘米。墓室南、北壁亦为长方形条砖错缝叠砌而成，自下向上第九层砖开始内券，形成墓室券顶。券顶现破坏坍塌不存在。砖侧面的菱形几何纹朝向墓室内。砖层间垫有一层薄薄的黄褐色黏土。墓室后壁在南北两侧壁外砌成，未与两壁交错咬合。墓室地面为生土地面。

墓内现填黄褐色黏土、残碎砖块和少量料姜石块。

葬具腐朽无存，尸骨无存，葬式、头向不明。

2. 出土遗物

出土随葬品31件（组），出土于甬道和墓室内，计有釉陶钵4件，陶钵、釉陶盂、釉陶灯、釉陶杯、釉陶匜、釉陶博山炉盖各一，舞俑、跪侍俑、童俑、吹埙俑各一，陶猪、子母

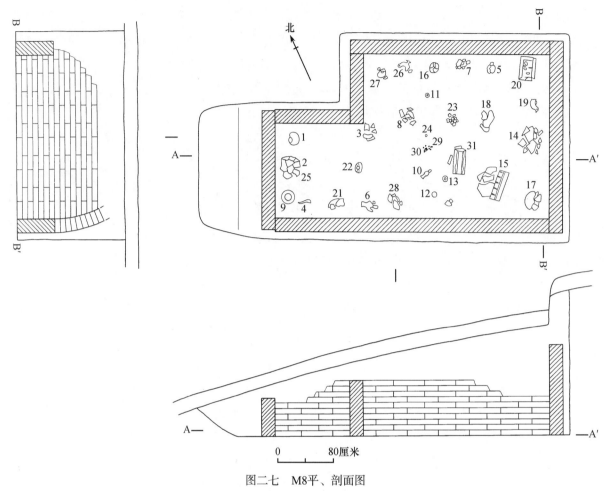

图二七　M8平、剖面图

1、21、25、28.釉陶钵　2、9、24、27.陶罐　3.釉陶盂　4.陶勺　5.釉陶匜　6.陶舞俑　7、22.陶跪侍俑　8.陶井台
10.陶童俑　11.釉陶灯　12.釉陶杯　13.釉陶博山炉盖　14.陶案　15、31.陶房　16.陶钵　17.陶甑　18.陶猪
19.陶子母鸡　20.陶塘　23.陶吹埙俑　26.陶公鸡　29.铜指环　30.钱币

鸡、公鸡各一，陶房2件，陶案、陶塘、陶井台各一，陶罐4件，陶甑、陶勺、铜指环各一，钱币。

陶舞俑　1件。M8：6，泥质红陶。立姿。束高髻，面目不清。外着右衽宽袖长服。束细腰。右手高举于右上侧，袖下垂。左手于左下侧提裙下摆。上体向右扭且后倾，左脚前探，右脚向后，呈舞动状。模制前后两半拼接而成。通高19.8厘米（图二八，1；图版一一，5）。

陶跪侍俑　2件。M8：7，泥质红陶。跪坐姿。戴平顶冠，面目模糊。内着圆高领褒衣，外着右衽宽袖长服，下摆宽大。双手相拥抱于胸前。模制前后两半拼接而成。通高17.3厘米（图二八，2）。M8：22，泥质红陶。残。跪坐姿。束高髻，面目残。内着圆高领褒衣，外着右衽宽袖长服，束腰，裙摆宽大。双手相拥抱于胸前。模制前后两半拼接而成。通高20.4厘米（图二八，3）。

陶吹埙俑　1件。M8：23，泥质红陶。跪坐姿。戴尖帽，双目微闭，高鼻，鼓腮。着窄袖长服，双手抱埙抵唇部吹奏状。模制前后两半拼接而成。通高16.4厘米（图二八，4；图版一一，6）。

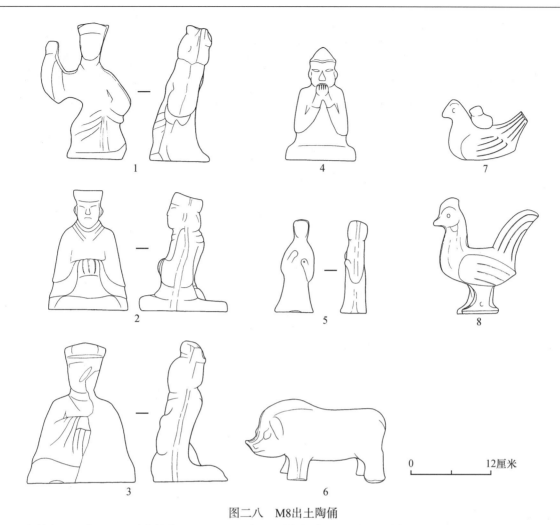

图二八　M8出土陶俑

1. 舞俑（M8：6）　　2、3. 跪侍俑（M8：7、M8：22）　　4. 吹埙俑（M8：23）　　5. 童俑（M8：10）　　6. 猪（M8：18）

7. 子母鸡（M8：19）　　8. 公鸡（M8：26）

陶童俑　1件。M8：10，泥质红陶。立姿。无冠，面目不清。着宽袖长服。双手右高左低执物状。模制前后两半拼接而成。通高13.5厘米（图二八，5）。

陶猪　1件。M8：18，泥质红陶。立姿。低首，鼓圆目，鼻上卷。背鬃耸起、宽肥体下垂，臀后开小圆孔。矮粗足。模制左右两半拼接而成。通高11.8、长21.8厘米（图二八，6；图版一二，1）。

陶子母鸡　1件。M8：19，泥质红陶。卧姿。尖喙，圆目。宽肥体。背上伏一只小鸡。体上以多的细凹痕表现羽毛。尾上翘呈半圆筒状。体下有小圆孔。模制左右两半拼接而成。通高8.4、长13厘米（图二八，7）。

陶公鸡　1件。M8：26，泥质红陶。立姿。昂首，高冠，尖喙，圆目。体肥，浮雕两翅。尾呈半圆锥状上翘。模制左右两半拼接而成。通高17、长16厘米（图二八，8；图版一二，2）。

釉陶钵　4件。M8：1，釉陶。敞口，方唇，斜沿，浅腹，弧折内收，小平底。器内壁施酱黄色釉。通高5、口径17.5、底径4.8厘米（图二九，1）。M8：21，釉陶。直口微敛，方唇，浅腹，下腹急内收，小平底。口外一周内凹。器外施酱黄色釉，釉层多脱落。通高5、口径15.4、底径5.8厘米（图二九，2）。M8：25，釉陶。直口，方唇，浅腹，下腹急内收，小平底。直口外饰一道凹弦纹。器外表施酱黄色釉，釉层多脱落，露泥质红陶胎。通高5、口径16、底径5.4厘米（图二九，4）。M8：28，釉陶。敞口，圆唇，斜沿，束颈，浅腹外鼓，下腹斜内收，小平底。肩部饰三道凹弦纹。器内壁施酱黄色釉。内底有因垫烧而残留的三支点痕迹。通高7.8、口径22.6、底径7.6厘米（图二九，5）。

陶钵　1件。M8：16，泥质灰陶。敞口，圆唇，束颈，鼓腹，下腹急内收，小平底。素面。通高11、口径28、底径9厘米（图二九，3）。

陶罐　4件。M8：2，泥质灰陶。敛口，厚圆唇，束颈斜直，斜折肩，鼓腹，平底。通体素面。轮制。通高15.8、口径14.4、肩径24.4、底径16.6厘米（图二九，6）。M8：9，泥质灰陶。侈口，圆唇，束颈，溜肩，鼓腹，平底。肩部饰两道凹弦纹，弦纹之间一道齿状戳划纹。轮制。通高10.6、口径10.4、腹径15.6、底径7.6厘米（图二九，7）。M8：27，泥质灰陶。侈口，圆唇，束颈，溜肩，鼓腹，平底。肩部饰两道凹弦纹，弦纹之间一道齿状戳划纹。轮制。通高10.2、口径10、腹径15、底径7.4厘米（图二九，8）。M8：24，泥质灰陶。口沿残，修复。侈口，圆唇，束颈，斜折肩，鼓腹，平底。通体素面。器形小，应为井中的小井桶。通高3.5、口径3.3、腹径5.4、底径3.8厘米（图二九，9）。

釉陶盂　1件。M8：3，釉陶。侈口，方唇，卷沿，束颈，斜肩，鼓腹，下腹急内收，小平底。肩部饰一道凹弦纹。口沿部、腹外部施酱黄色釉，釉层多脱落，露泥质红陶胎。通高

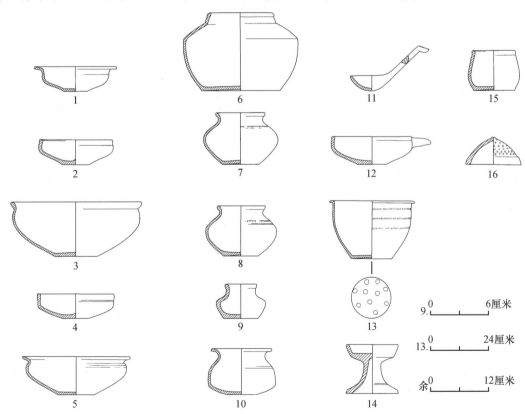

图二九　M8出土器物

1、2、4、5. 釉陶钵（M8：1、M8：21、M8：25、M8：28）　3. 陶钵（M8：16）　6～9. 陶罐（M8：2、M8：9、M8：27、M8：24）　10. 釉陶盂（M8：3）　11. 陶勺（M8：4）　12. 釉陶匜（M8：5）　13. 陶甑（M8：17）　14. 釉陶灯（M8：11）　15. 釉陶杯（M8：12）　16. 釉陶博山炉盖（M8：13）

9.4、口径12.8、腹径14.2、底径6厘米（图二九，10）。

陶勺　1件。M8：4，泥质灰陶。残。敞口，方唇，弧腹，圜底，斜长柄，上平下圆，端部下折。长16.6厘米（图二九，11）。

釉陶匜　1件。M8：5，釉陶。敛口，圆唇，浅腹，下腹内收，小平底。有柱状直柄，端部稍下折呈锥状。口外饰一道凹弦纹。器表施一层酱黄色釉，釉层脱落严重，露泥质红陶胎。通高5.6、口径16.8、底径6.2厘米（图二九，12）。

陶甑　1件。M8：17，泥质灰陶。敞口，圆唇，窄沿，深腹微外鼓，下腹弧内收，平底。底部十个圆穿孔。上腹部饰三道齿状戳划纹，下腹有拍打的绳纹痕迹。轮制。通高23.5、口径36.6、底径17厘米（图二九，13）。

釉陶灯　1件。M8：11，釉陶。盘口，方唇，浅腹，平底，束高柄，喇叭状足。柄、足内空。灯盘的内壁、柄下部及足上表施酱黄色釉，釉层多脱落，露泥质红陶胎。通高10、口径10.8、足径10.8厘米（图二九，14）。

釉陶杯　1件。M8：12，釉陶。口微敛，方唇，下腹部微外鼓，平底。口外一周内凹。腹外施酱黄色釉，釉层多脱落，泥质红陶胎。通高8.2、口径9、腹径10.4、底径8.6厘米（图二九，15）。

釉陶博山炉盖　1件。M8：13，釉陶。圆乳状，正中顶部一小乳钉。敞口，方唇。器外表浮雕有山形、三角印纹。外表施酱黄色釉。通高5.6、口径11.6厘米（图二九，16）。

陶井台　1件。M8：8，泥质灰陶。"井"字形，四弧角。正中一圆孔，圆孔外侧有两小方孔。正表刻划平行双线"井"字分割，角的边沿刻单线。四角的方框内填菱形网格纹，四长边的框内填水草纹、鱼纹等。边长21.8、厚2厘米（图三〇，1、2）。

陶案　1件。M8：14，泥质灰陶。长方形案面，下有两顺长垂直的挡板，面板下挡板外端接四长方形立柱，下有长方形垫板。通高15、长28、宽10.6厘米（图三〇，3；图版一二，3）。

陶房　2件。M8：15，泥质灰陶。平面呈横长方形。平顶，直棱脊，两端上翘。前顶施筒瓦五垄。平基，三开间，中立两柱，各有一斗三升承宽檐额。立柱与侧墙之间下部以挡板相连，立柱之间开阔。房体中间有隔墙分为前厅后室，隔墙正中开小门通往后室。通高26.4、长33.2、宽11厘米（图三〇，4；图版一二，4）。M8：31，泥质灰陶。楼房分上、下两层。上层平面呈横长方形。悬山式，两面坡顶，前后出檐。平脊，两端上翘。前坡施筒瓦五垄。宽檐额，左右侧墙外无立柱，上端有柱头。正中立一柱，有一斗三升承檐。屋下外围设围栏，栏上设卧棂三组。两侧的围栏下方各有望孔一个。下层亦呈横长方形。平顶，前部施筒瓦七垄。平脊，两端上翘。宽檐额。平基。地基出屋外，且抹去两角，上立两柱，各一斗三升承檐。屋两侧设角柱承顶。屋的地面高出一台。屋内左侧靠外扎小隔墙。右侧开阔。上层置于下层屋顶后部。通高60、长35、宽16厘米（图三〇，5）。

陶塘　1件。M8：20，泥质灰陶。长方形。宽平沿，浅直腹。塘中设两短埂，一侧浮雕贴上龟、螺、鱼、莲蓬，另一侧是雁、蛙。沿下腹外设有斜撑。通高4、长37、宽24厘米（图三〇，6）。

铜指环　1件。M8：29，铜质。细圆环状。外径1.9、厚0.15厘米（图三〇，7）。

钱币　共30枚，均为五铢铜币。依据形制大小可分为两种。M8：30①，25枚。边郭规整，字迹清楚。"五"字中间两笔弯曲；"金"字头似一箭头，"朱"字竖笔中断，上端方折，下端圆润。背部穿上方有一点。直径2.6、穿径1厘米（图三〇，8）。M8：30②，5枚。外郭被剪掉，表面锈蚀，字迹不清楚。"五"字中间两笔弯曲；"金"字头呈三角形，"朱"字上端方折，下端圆润。直径2.3、穿径0.9厘米（图三〇，9）。

墓砖　1块。M8：01，泥质灰陶。残。长方形条砖，一长侧面饰菱形几何纹，上下面饰绳纹，其余素面。长43.5、宽19、厚7厘米（图三一）。

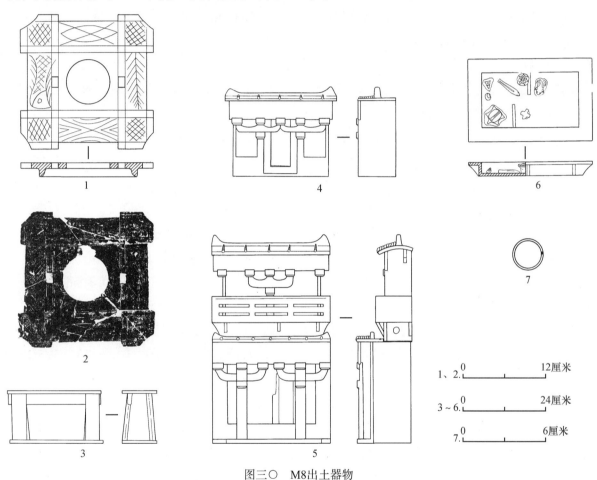

图三〇　M8出土器物

1、2.陶井台及拓片（M8：8）　3.陶案（M8：14）　4、5.陶房（M8：15、M8：31）　6.陶塘（M8：20）
7.铜指环（M8：29）　8、9.五铢（M8：30①、M8：30②）

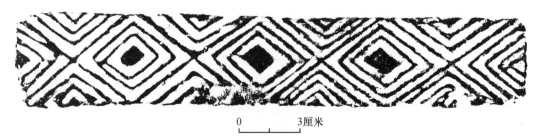

图三一　M8墓砖（M8：01）纹饰拓片

（九）M9

1.墓葬形制、结构

M9位于丰都县高家镇桂花村五社，当地人俗称"租地包"上的西南部。在M8与M10之间，南距M8约2米，北距M10约1米。

为一座刀形砖室墓，方向310°。开口于耕土层下，距现地表20厘米。墓葬的构筑方法是直接在生土中挖一个规整的刀形土圹，四壁拍打整齐。而后于土圹之内砌砖壁，在一定高度后向内券砌，形成券顶。墓壁与土圹壁间有10厘米的空隙，内填红褐色五花土。M9土圹长530、宽200~280、残深130厘米。

墓葬由墓道、甬道、墓室三部分组成。总长500、残高70~130厘米（图三二）。

墓道　斜坡土圹式。两边呈弧形。残长90、宽200、残高70厘米。

甬道　平面呈长方形。长160、宽135、残高80厘米。甬道前端外有砖砌的封门、残长190、残高50厘米。甬道南壁与墓室南壁连成一体，北壁作90°北拐，形成墓室北壁。甬道两壁为长方形条砖错缝叠砌而成。侧面的菱形几何花纹均朝向甬道内，封门稍混乱，堆砌不整齐。底为生土地面，稍作修整。

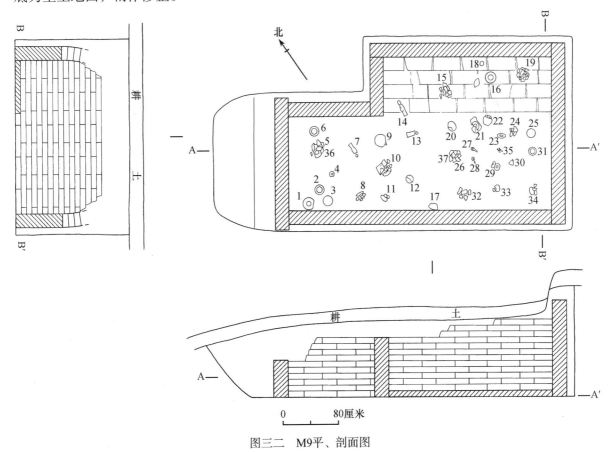

图三二　M9平、剖面图

1、5、8、26.釉陶钵　2、6.釉陶杯　3、11、17、20、24、33、34.陶钵　4、25.釉陶灯　7、13、14.陶立侍俑　9.釉陶匜　10.陶甑　12、31.釉陶器盖　15、16、36、37.釉陶盉　18、30.釉陶博山炉盖　19.陶猪　21.陶井台　22、32.陶罐　23.铜耳杯　27、28.釉陶勺　29.釉陶博山炉　35.钱币

墓室　平面呈长方形。长250、宽220、残高130厘米。墓室南、北壁亦为长方形条砖错缝叠砌而成，自下向上第九层砖开始内券，形成墓室券顶。券顶现破坏坍塌不存。砖侧面的菱形几何纹朝向墓室内。砖层间垫有一层薄薄的黄褐色黏土。墓室后壁在南北两侧壁外砌成，未与两壁交错咬合。墓室地面的南部与甬道在同一地平为生土地面，北部宽为80厘米的砖铺地，采用长方形条砖顺着墓室方向基本错缝铺成，与墓室南部在同一地平。墓内现填黄褐色黏土、残碎砖块和少量料姜石块。

葬具腐朽无存，尸骨无存，葬式、头向不明。

2. 出土遗物

出土随葬品37件（组），出土于甬道和墓室内。计有釉陶钵4、杯2、灯2、博山炉1、匜1、器盖2、盂4、博山炉盖2、勺2，陶钵7、甑1、井台1、罐2，陶立侍俑3、猪1，铜耳杯1，钱币1组。

陶立侍俑　3件。M9：7，泥质红陶。立姿。头戴平顶冠，面目模糊，高鼻。脑后梳髻。身着宽袖曳地长服，束腰。双手相拥抱于胸前。模制前后两半拼接而成。通高19.4厘米（图三三，1）。M9：13，泥质红陶。立姿，身体微后倾。头戴平顶冠，面目不清。身着宽袖长服，下摆拖地，束腰。双手相拥抱于胸前。模制前后两半拼接而成。中空。通高17.4厘米（图三三，2）。M9：14，泥质红陶。立姿，身体微后倾。头戴平顶冠，面目不清。身着宽袖长服，下摆拖地。双手相拥抱于胸前。模制前后两半拼接而成。中空。通高17.2厘米（图三三，3）。

陶猪　1件。M9：19，泥质红陶。四肢残。立姿。垂首，唇上卷，眉骨高凸，背鬃耸立，腰背下沉，体宽肥。臀部后开小圆孔。四肢残。模制左右两半拼接而成。通高10、长21.4厘米（图三三，4）。

陶罐　2件。M9：22，泥质灰陶。侈口，圆唇，束颈，溜肩，鼓腹，下腹斜内收，平底。肩部饰一道凹弦纹，弦纹之下饰一周戳划纹。轮制。通高11.4、口径10.8、腹径16、底径8厘米（图三四，1）。M9：32，泥质灰陶。侈口，圆唇，束颈，斜肩，鼓腹，下腹弧内收，平底。肩部饰一道齿状戳划纹。轮制。通高10.6、口径10、腹径16.8、底径8.2厘米（图三四，2）。

陶甑　1件。M9：10，泥质灰陶。敞口，尖唇，折沿，深腹外鼓，下腹斜内收，平底。腹外饰五道齿状戳划纹。底部有圆孔。轮制。通高22、口径39、底径17.6厘米（图三四，3）。

陶井台　1件。M9：21，泥质灰陶。"井"字形，四弧角，正中圆孔，孔外两方形孔。四角刻划方格网纹，四边刻划水草纹、鱼纹。背面圆孔外凸一圆棱。边长21厘米（图三三，5、6）。

陶钵　7件。M9：3，泥质灰陶。敞口，圆唇，附沿，弧腹折内收，小平底。轮制。通高4.5、口径12.8、底径4.6厘米（图三五，1）。M9：11，泥质灰陶。敞口，圆唇，附沿，斜上腹折内收，小平底。轮制。通高6.6、口径17、底径5厘米（图三五，2）。M9：17，泥质灰陶。敞口，尖唇，附沿，斜腹折内收，小平底。轮制。通高6.8、口径18.4、底径6厘米（图三五，3）。M9：20，泥质灰陶。敞口，尖唇，附沿，斜腹折内收，小平底内凹。轮制。通高6、口径18、底径5.6厘米（图三五，4）。M9：24，泥质灰陶。敞口，圆唇，附沿，斜上腹折内收，

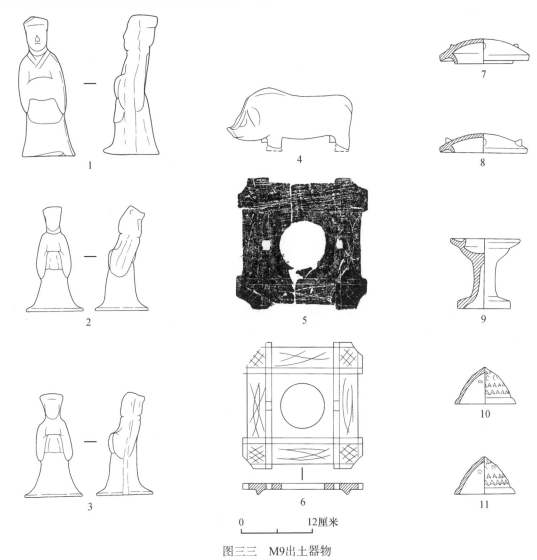

图三三　M9出土器物

1~3.陶立侍俑（M9：7、M9：13、M9：14）　4.陶猪（M9：19）　5、6.陶井台及拓片（M9：21）　7、8.釉陶器盖
（M9：12、M9：31）　9.釉陶博山炉（M9：29）　10、11.釉陶博山炉盖（M9：18、M9：30）

小平底。轮制。通高4.6、口径12.4、底径4厘米（图三五，5）。M9：33，泥质灰陶。敞口，圆唇，附沿，斜上腹，折内收，小平底。轮制。通高4.8、口径12.4、底径4.4厘米（图三五，6）。M9：34，泥质灰陶。敞口，圆唇，附沿，斜上腹，折内收，小平底。轮制。通高6.6、口径18、底径6.4厘米（图三五，7）。

釉陶钵　4件。M9：1，釉陶。直口，方唇，浅直腹折内收，小平底。直腹外内凹一周。器外表施一层酱黄色釉，内壁及唇部未施釉，露泥质红陶胎。轮制。通高5.7、口径15.4、底径5.4厘米（图三五，8）。M9：5，釉陶。敞口，方唇，窄平沿，束颈，鼓腹弧内收，小平底。器表通施酱黄色釉，外表釉层已脱落。轮制。通高9、口径22、底径8厘米（图三五，10）。M9：8，釉陶。直口微敛，方唇，浅直腹折内收，小平底。口外内凹一周。器外表施酱黄色釉，泥质红陶胎。轮制。通高6、口径15.2、底径5.4厘米（图三五，9）。M9：26，釉陶。敞口，方唇，窄平沿，束颈，鼓腹，下腹斜内收，小平底。通高8.8、口径21.6、底径7.4厘米（图三五，11）。

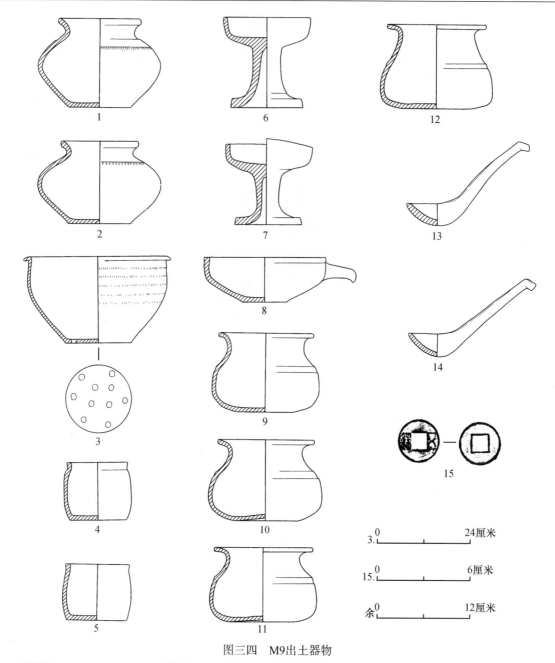

图三四　M9出土器物

1、2.陶罐（M9：22、M9：32）　3.陶甑（M9：10）　4、5.釉陶杯（M9：2、M9：6）　6、7.釉陶灯（M9：4、M9：25）
8.釉陶匜（M9：9）　9~12.釉陶盂（M9：15、M9：16、M9：36、M9：37）　13、14.釉陶勺（M9：27、M9：28）
15.五铢（M9：35）

釉陶杯　2件。M9：2，釉陶。直口，方唇，深腹微外鼓，平底。口外内凹一周。上腹部施一层酱黄色釉，泥质红陶胎。轮制。通高7.4、口径8、腹径9、底径7.4厘米（图三四，4）。M9：6，釉陶。直口，方唇，深腹微外鼓，平底，口外内凹一周。仅腹部施酱黄色釉，泥质红陶胎。轮制。通高7.4、口径8.2、腹径9、底径7.8厘米（图三四，5）。

釉陶灯　2件。M9：4，釉陶。敞口，方唇，浅腹，平底，束长柄，喇叭状足。柄、足底中空。柄、足相接处饰一道凹弦纹。器表均施一层酱黄色釉，釉层脱落严重，泥质红陶胎。轮制。通高11.6、口径11.5、底径9.4厘米（图三四，6）。M9：25，釉陶。直口，方唇，浅直

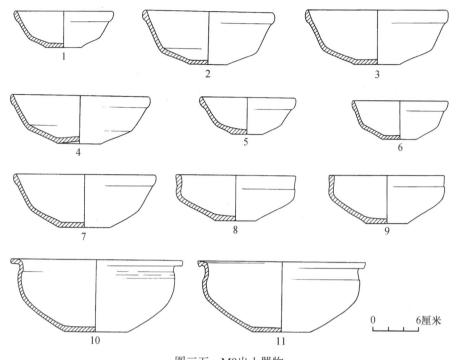

图三五 M9出土器物

1～7.陶钵（M9：3、M9：11、M9：17、M9：20、M9：24、M9：33、M9：34） 8～11.釉陶钵（M9：1、M9：8、M9：5、M9：26）

腹，平底，束长柱柄，喇叭状足。柄、足底中空。底与柄部相接处饰凸棱一周。除底、足下部未施釉外，其余施酱色釉，釉层有流淌，泥质红陶胎。轮制。通高11.2、口径11.4、底径9.2厘米（图三四，7）。

釉陶匜 1件。M9：9，釉陶。直口微敛，方唇，浅直腹折内收，小平底。直腹外接一柱状柄，柄端下折呈锥状。直腹外饰一道凹弦纹。器表通施酱黄色釉，外表釉层脱落严重。轮制。通高5.7、口径16、底径6厘米（图三四，8）。

釉陶器盖 2件。M9：12，釉陶。覆钵状，顶上三角分布三乳钉。方唇，子母口。盖顶施酱黄色釉，泥质红陶胎。轮制。通高4.2、口径10、外径15.6厘米（图三三，7）。M9：31，釉陶。覆钵形，顶上三角分布三乳钉。方唇，子母口。上表面和唇部施一层酱黄色釉，泥质红陶胎。轮制。通高3.2、口径10.6、外径15.2厘米（图三三，8）。

釉陶盂 4件。M9：15，釉陶。侈口，方唇，卷沿，束颈，弧折肩，鼓腹，下腹急内收，平底。肩部饰凹纹一周。口沿部和腹部施酱黄色釉，泥质红陶胎，釉层有脱落。轮制。通高10.2、口径12.6、腹径14.4、底径7.4厘米（图三四，9）。M9：16，釉陶。侈口，方唇，卷沿，束颈，弧折肩，鼓腹，下腹急内收，平底。肩部饰凹纹一周。口沿部和腹部施酱黄色釉，泥质红陶胎，釉层有脱落。轮制。通高10.4、口径12.8、腹径14.8、底径8.4厘米（图三四，10）。M9：36，釉陶。侈口，方唇，卷沿，束颈，弧折肩，鼓腹，下腹急内收，平底。肩部饰一周凹弦纹。口沿及腹部施一层酱黄色釉，泥质红陶胎。轮制。通高9.6、口径13、腹径14.2、底径8.6厘米（图三四，11）。M9：37，釉陶。侈口，方唇，卷沿，束颈、长弧折肩，鼓腹，下腹急内收，平底。肩部饰一周凹弦纹。口沿及腹部施一层酱黄色釉，泥质红陶胎。轮制。通高10.8、口径13、腹径14.8、底径9厘米（图三四，12）。

釉陶博山炉　1件。M9：29，釉陶。浅盘，子母口，束柱状柄，喇叭状足。柄、足底中空。柄上部与盘相接处饰弦纹一周，柄部和足表面施一层酱黄色釉，釉层易脱落。轮制。通高11.6、上径12、底径9厘米（图三三，9）。

釉陶博山炉盖　2件。M9：30，釉陶。圆乳状，正中顶上一圆乳钉，偏上部有条状孔六个，两层呈三角状分布。表面层状饰三角印纹，浮雕山形。表施酱黄色釉，泥质红陶胎。模制。通高6.2、口径10.4厘米（图三三，11）。M9：18，釉陶。圆乳状，正中顶部有圆乳钉，偏上有四个小长方形孔，表面层状饰有三角印纹和高浮雕山形。表面施酱黄色釉，泥质红陶胎。模制。通高6.2、口径10.4厘米（图三三，10）。

釉陶勺　2件。M9：27，釉陶。敞口，方唇，浅弧腹，圜底、长斜柄，截面为半圆形，柄端下折。勺正表面施酱黄色釉，泥质红陶胎。长16厘米（图三四，13）。M9：28，釉陶。敞口，方唇，浅弧腹，圜底、长斜柄，截面为半圆形，柄端下折。勺正表面施酱黄色釉，泥质红陶胎。长16.4厘米（图三四，14）。

铜耳杯　1件。M9：23，铜质。整体椭圆状。敞口，浅弧腹，平底，饼足。两长弧边附月牙形錾，錾的正面外围饰三角连线纹，中间被三组三角连线纹分成四个小区分别填以菱形网格纹。腹内壁通饰云纹。内底外围一周饰三角连线纹，中间被五组三角连线纹分成六个小区，两边填连珠纹，中间四组三角纹。外底饰虎纹，虎呈腾飞状、昂首、长角，瞪圆目，张大嘴；四爪分别前后奔驰状，曲体、长毛后飘，尾上翘；形象逼真，动感十足。通高2.1、长9.4、耳宽7.8厘米（图三六，1~4；图版一二，6）。

钱币　共3枚，均为五铢，铜质。M9：35。边郭规整，字迹清楚。"五"中间两笔弯曲，"金"字头似一箭头，"朱"字上端方折，下端圆润。直径2.5、穿径1厘米（图三四，15）。

墓砖　1块。M9：01，泥质灰陶。长方形条砖，两侧薄厚不一呈楔形，两短侧有子母榫卯结构。较薄侧面饰菱形几何纹，菱形中填小乳钉，上下面饰绳纹，其余素面。长43、宽19、厚6~6.5厘米（图三七）。

（十）M10

1. 墓葬形制、结构

M10位于丰都县高家镇桂花村五社，当地人俗称"租地包"上的西南部。

为一座曲尺形砖室墓，方向320°。开口于耕土层下，距现地表16厘米。墓葬的构筑是在生土中挖一个比较规整的曲尺形土圹坑，四壁拍修整齐。而后于土圹之内砌砖壁，在一定高度后再向墓内券砌，形成券顶。墓壁与土圹壁间有10厘米的空隙，内填红褐色五花土。M10土圹残长490、宽180~340、残深155厘米。

墓葬由墓道、甬道、墓室三部分组成。总长470、残高50~120厘米（图三八）。

墓道　斜坡土圹式。两边呈弧形。残长75、宽200、残高50厘米。

甬道　平面呈长方形。长185、宽120、残高60厘米。甬道前端外有砖砌的封门，残长

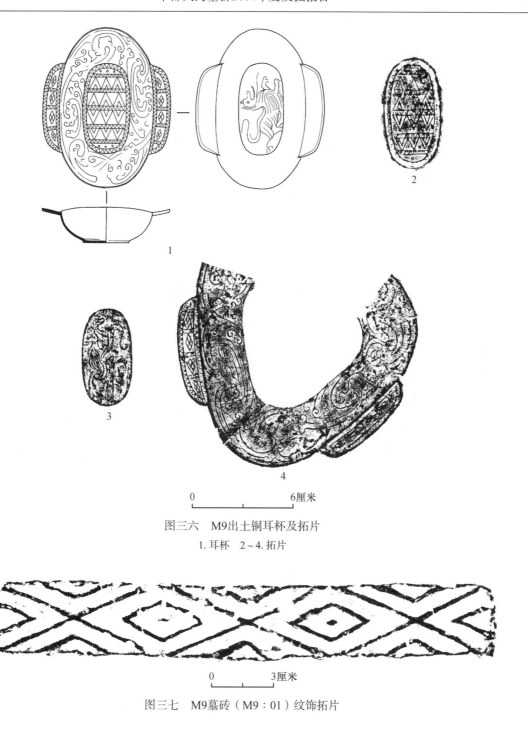

图三六　M9出土铜耳杯及拓片
1. 耳杯　2～4. 拓片

图三七　M9墓砖（M9：01）纹饰拓片

156、残高40厘米。甬道北壁与墓室北壁连成一体，南壁作90°南拐，形成墓室南壁。甬道两壁为长方形条砖错缝叠砌而成。侧面的菱形几何花纹均朝向甬道内，封门稍混乱，堆砌不整齐。底为生土地面，稍作修整。

　　墓室　平面呈长方形。长210、宽280、残高120厘米。墓室南、北壁亦为长方形条砖错缝叠砌而成，墓室后壁在南北两侧壁外砌成，未与两壁交错咬合，亦为长方形条砖错缝叠砌，自下向上第十层起开始向墓室内券曲，形成墓室券顶。现券顶遭破坏已不存在。墓壁的砖侧面菱形几何纹朝向墓室内。砖层间垫有一层薄薄的黄褐色黏土。墓室地面为生土地面。墓内现填黄

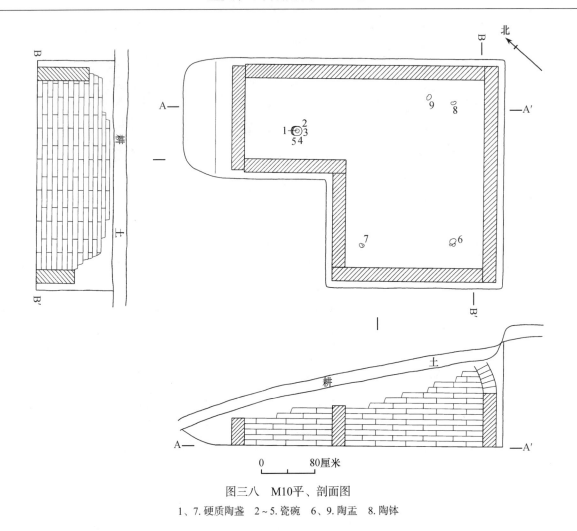

图三八　M10平、剖面图

1、7.硬质陶盏　2~5.瓷碗　6、9.陶盂　8.陶钵

褐色黏土、残碎砖块和少量料姜石块。

葬具腐朽无存，尸骨无存，葬式、头向不明。

2. 出土遗物

出土随葬品9件，在甬道中部出土一叠瓷碗，其余出土于墓室。有瓷碗4件、陶盏2件、陶钵1件、陶盏2件。

硬质陶盏　2件。M10：1，口沿残。直口，尖圆唇，浅腹外鼓，平底，饼足。唇外饰一道凹弦纹。除饼足外其余均施一层青色釉，釉层均脱落。灰白胎。轮制。通高3.4、口径7.8、腹深2.4、底径4.4厘米（图三九，1）。M10：7，残。直口，尖圆唇，浅腹外鼓，平底，饼足。唇外饰一道凹弦纹。除饼足外其余均施一层青色釉，釉层均脱落。灰白胎。轮制。通高3.9、口径8.4、腹深2.7、底径4.8厘米（图三九，2）。

瓷碗　4件。M10：2，瓷。口沿残。敞口，圆唇，浅斜腹，平底。腹上部和内壁均施一层青色釉，釉层易脱落，灰白胎。轮制。通高5.2、口径15、腹深4.3、底径8.4厘米（图三九，3）。M10：3，瓷。口沿残。敞口，圆唇，浅斜腹，平底，饼足。腹上部和内壁均施一层青色釉，釉层易脱落，灰白胎。内底有因垫烧而留下的斑点。轮制。通高6.4、口径14.8、腹深

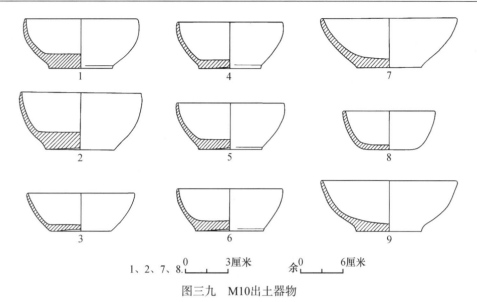

1、2、7、8. ┠0─────3厘米┨ 余 ┠0─────6厘米┨

图三九 M10出土器物

1、2.瓷盏（M10：1、M10：7） 3~6.瓷碗（M10：2、M10：3、M10：4、M10：5） 7、8.陶盂（M10：6、M10：9）

9.陶钵（M10：8）

5.2、底径8.6厘米（图三九，4）。M10：4，瓷。口沿残。敞口，圆唇，浅斜腹，平底，饼足。腹上部和内壁均施一层青色釉，灰白胎。轮制。通高6.4、口径15、腹深5、底径8.8厘米（图三九，5）。M10：5，瓷。敞口，圆唇，浅斜腹，平底。腹上部和内壁均施一层青色釉，灰白胎。轮制。通高5.8、口径14.8、腹深4.4、底径9.4厘米（图三九，6）。

陶盂　2件。M10：6，泥质灰陶。敞口，方唇，弧腹内收，平底。厚胎。轮制。通高3.4、口径9.6、底径4.6厘米（图三九，7）。M10：9，泥质红陶。敞口，圆唇，浅弧腹，饼足。唇部饰蓝色釉，内底部可见白色粉末，应为青釉脱落所致。烧制温度极高，胎接近瓷质。通高3.5、口径9.6、底径4.6厘米（图三九，8）。

陶钵　1件。M10：8，泥质红陶。残。敞口，圆唇，斜腹内收，平底。腹上部及内壁施一层黑釉。烧制温度极高，胎已接近瓷质。通高5.3、口径13.2、底径6厘米（图三九，9）。

墓砖　1块。M10：01，泥质灰陶。残。平面呈长方形，两长侧面薄厚不一呈楔形，两短侧面有子母榫卯结构。较薄侧面饰菱形几何纹，两边菱形中填"×"纹。上下面饰绳纹。其余素面。长43.5、宽19、厚7~8.5厘米（图四○）。

┠0─────3厘米┨

图四○ M10墓砖（M10：01）纹饰拓片

（十一）M11

1. 墓葬形制、结构

M11位于丰都县高家镇桂花村五社，当地人俗称"租地包"上的东部。M11西南距M10约7.3米处。

为一座刀形砖室墓，方向325°。开口于耕土层下，距现地表30厘米。墓葬的构筑是在生土中挖一个比较规整的刀形土圹坑，土圹壁拍修整齐。而后于土圹之内砌砖壁，在一定高度后再向墓内券砌，形成券顶。墓壁与土圹壁间有10厘米的空隙，内填红褐色五花土。M10土圹残长370、宽164～250、残深130厘米。墓葬在一高坎下，墓室前部及甬道在坎下的台地上，保留较少；墓室后部在高坎下，保留较多。甬道前部和墓道被台地边的土埂截断破坏，现不存在。

墓葬由甬道、墓室两部分组成。总长340、残高60～130厘米（图四一；图版九，4）。

甬道　平面呈长方形。残长105、宽115、残高60厘米。甬道南壁与墓室南壁连成一体，北壁作90°北拐，形成墓室北壁。甬道两壁为长方形条砖错缝叠砌而成。侧面的菱形几何花纹均朝向甬道内。底为生土地面，稍作修整。

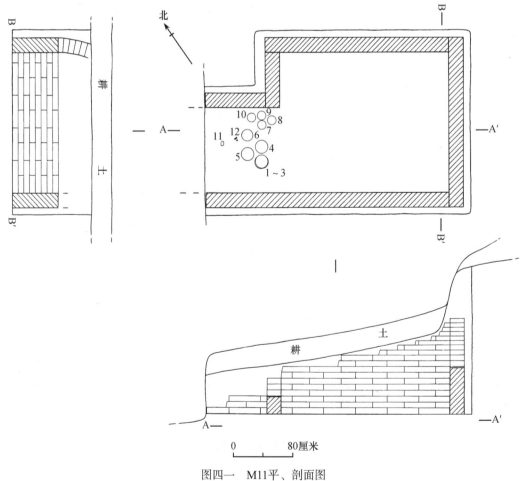

图四一　M11平、剖面图

1～6.瓷碗　7～10.瓷盏　11.陶俑头　12.钱币

墓室　平面呈长方形。长235、宽190、残高130厘米。墓室南、北壁亦为长方形条砖错缝叠砌而成，自下向上第八层起开始向墓室内券曲。墓室后壁在南北两侧壁外砌成，未与两壁交错咬合，亦为长方形条砖错缝叠砌。墓壁的砖侧面菱形几何纹朝向墓室内。砖层间垫有一层薄薄的黄褐色黏土。墓室地面与甬道地面为同一地平，为生土地面。甬道与墓室内现填红褐色黏土、残碎砖块和少量料姜石块。

葬具腐朽无存，尸骨无存，葬式、头向不明。

2. 出土遗物

出土随葬品12件，位于甬道后部。有瓷碗6件，瓷盏4件，陶俑头1件，钱币2枚。

瓷碗　6件。M11∶1，瓷。敞口，圆唇，浅弧腹，平底，饼足。除器外下腹及饼足未施釉外，其余施青色釉，釉层有流淌，且有脱落。内底有垫烧支点痕迹。灰白胎。通高3.5、口径14.6、腹深5.2、底径9厘米（图四二，1）。M11∶2，瓷。敞口，圆唇，浅弧腹，平底，饼足。器内壁及器外表腹中部以上施青色釉、腹中部以下未施釉，釉层多脱落，有流淌。灰白胎。器内底有垫烧支点痕迹。通高6、口径15、腹深5、底径9.4厘米（图四二，2）。M11∶3，瓷。敞口，圆唇，浅弧腹，平底，饼足。唇部饰一道凹弦纹。器内壁及器外表腹中部以上施青色釉、腹中部以下未施釉。灰白色厚胎。器内底有垫烧支点痕迹。通高7、口径16.6、腹深5.3、底径9.8厘米（图四二，3）。M11∶4，瓷。敞口，圆唇，浅弧腹，平底，饼足。唇部饰一道凹弦纹。除腹下部及饼足部未施釉，其余施青色釉，釉层有脱落。灰白胎。器内底有垫烧支点痕迹。通高5.9、口径14.4、腹深4.4、底径9厘米（图四二，4）。M11∶5，瓷。敞口，圆

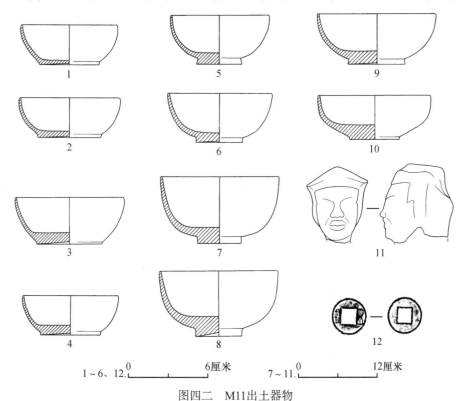

图四二　M11出土器物

1～6. 瓷碗（M11∶1、M11∶2、M11∶3、M11∶4、M11∶5、M11∶6）　7～10. 瓷盏（M11∶7、M11∶8、M11∶9、
M11∶10）　11. 陶俑头（M11∶11）　12. 五铢（M11∶12）

唇，弧腹内收，平底，假圈足。仅圈足部未施釉，其余施青色釉，釉层有脱落。灰白胎。通高7.4、口径15、腹深5.6、底径6.8厘米（图四二，5）。M11∶6，瓷。敞口，圆唇，弧腹内收，平底，假圈足。唇部饰一道凹弦纹。器内底、器外腹下部及圈足部未施釉，其余施青色釉，釉层细腻光滑，开细小裂纹。灰白胎。通高7.4、口径16、腹深6、底径7厘米（图四二，6）。

瓷盏　4件。M11∶7，瓷。直口，尖圆唇，深弧腹，平底，饼足小且高。器内壁及器外腹上部施青色釉，下腹及饼足部未施釉，釉层光滑，开小裂纹。灰白胎。通高5、口径9、腹深3.7、底径3.3厘米（图四二，7）。M11∶8，瓷。直口，尖圆唇，深弧腹，平底，饼足小且高。器内壁及器外腹上部施青色釉，下腹及饼足部未施釉，釉层有脱落。灰白胎。通高4.7、口径9、腹深3.4、底径3.5厘米（图四二，8）。M11∶9，瓷。敞口，圆唇，浅弧腹，平底，饼足。器内壁及器外腹上部施青色釉，下腹及饼足部未施釉。灰白胎。通高3.8、口径9.2、腹深2.8、底径4.4厘米（图四二，9）。M11∶10，瓷。敞口，圆唇，浅腹，平底，饼足。器内壁及器外腹上部施青色釉，下腹及饼足部未施釉。厚胎，灰白色。通高3.3、口径8.8、腹深2.2、底径3.8厘米（图四二，10）。

陶俑头　1件。M11∶11，泥质红陶。戴平巾帻，脑后梳高髻，面目清楚，高鼻，双唇微启。残高5.8厘米（图四二，11）。

钱币　共2枚，均为五铢。M11∶12，边郭规整，字迹清楚。"五"中间两笔弯曲，"金"字头似一箭头，"朱"字上端方折，下端圆润。直径2.5、穿径1.1厘米（图四二，12）。

墓砖　1块。M11∶01，泥质灰陶。长方形条砖，一长侧面饰菱形几何纹，上下面饰绳纹，其余素面。长42.5、宽19.5、厚7厘米（图四三）。

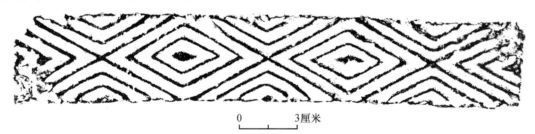

0　　　　3厘米

图四三　M11墓砖（M11∶01）纹饰拓片

（十二）M12

1. 墓葬形制、结构

M12位于丰都县高家镇桂花村五社，当地人俗称"租地包"上的东部。M11的东北，距M11约0.9米处。

为一座刀形砖室墓，方向330°。开口于耕土层下，距现地表20～30厘米。墓葬的构筑是在生土中挖一个比较规整的刀形土圹坑，土圹壁拍修整齐。而后于土圹之内砌砖壁，在一定高度后再向墓内券砌，形成券顶。墓壁与土圹壁间有10厘米的空隙，内填红褐色五花土。M10土圹残长570、宽200～290、残深200厘米。墓葬在一高坎下，甬道和墓道在坎下的台地上，保留较少；墓室后部在高坎下，保留较多。

墓葬由墓道、甬道、墓室三部分组成。总长540、残高80～130厘米（图四四）。

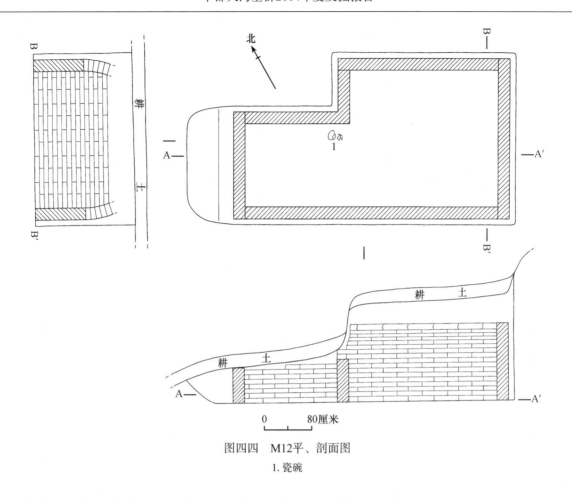

图四四　M12平、剖面图
1. 瓷碗

墓道　斜坡土圹式，两边弧形。残长80、宽200、残深60厘米。

甬道　平面呈长方形。长200、宽140、残高80厘米。甬道南壁与墓室南壁连成一体，北壁作90°北拐，形成墓室北壁。甬道前部有砖封门，堆砌较混乱，砖侧面素面和菱形花纹混乱。甬道两壁为长方形条砖错缝叠砌而成。侧面的菱形几何花纹均朝向甬道内。底为生土地面，稍作修整。

墓室　平面呈长方形。长260、宽230、残高130厘米。墓室南、北壁亦为长方形条砖错缝叠砌而成，自下向上第十一层起开始向墓室内券曲，且第十一层砖素面朝墓室内，一直延续到墓室。墓室后壁在南北两侧壁外砌成，未与两壁交错咬合，亦为长方形条砖错缝叠砌。墓壁的砖侧面菱形几何纹朝向墓室内。砖层间垫有一层薄薄的黄褐色黏土。墓室底与甬道底在同一地平，为生土地面。甬道与墓室内现填红褐色黏土、残碎砖块和少量料姜石块。

葬具腐朽无存，尸骨无存，葬式、头向不明。

2. 出土遗物

出土随葬品瓷碗1件，位于甬道后部。

瓷碗　1件。M12：1，瓷。敞口，尖圆唇，深腹外鼓，下腹弧内收，平底，矮假圈足。除圈足外其余均施青釉。内底有垫烧支点痕迹。灰白胎。口径15、腹深6.4、底径8.2、通高8厘米（图四五）。

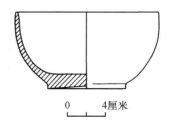

图四五　M12出土瓷碗（M12：1）

墓砖　1块。M12:01，泥质灰陶。平面长方形，两长侧面薄厚不一呈楔形，两短侧面有子母榫卯结构。较薄侧面饰零星几何纹，菱形中填菱形乳钉，上下面饰绳纹，其余素面。长40、宽18、厚6.5～7厘米（图四六）。

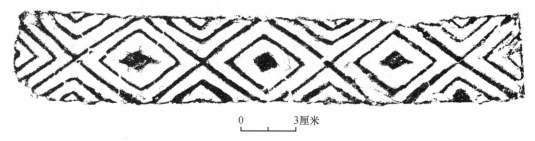

0　　　3厘米

图四六　M12墓砖（M12:01）纹饰拓片

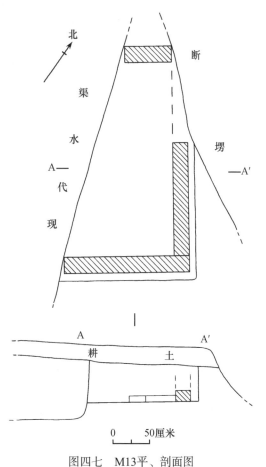

0　　50厘米

图四七　M13平、剖面图

（十三）M13

1. 墓葬形制、结构

M13位于丰都县高家镇桂花村四社，当地人俗称"庙儿山"上的东部。东北距M6约8.5米。破坏严重，仅剩余墓室一角。方向307°。开口于耕土层下，距现地表20厘米。墓葬构筑在生土中，墓壁与土圹壁间有10厘米的空隙，内填红褐色五花土。土圹残长300、残宽150、残深50厘米。墓室残长240、残宽120、残高50厘米。墓壁为长方形条砖错缝叠砌。墓壁的砖侧面菱形几何纹朝向墓室内。砖层间垫有一层薄薄的黄褐色黏土。墓室底为生土地面。墓室内现填红褐色黏土、残碎砖块和少量料姜石块（图四七）。

葬具腐朽无存，尸骨无存，葬式、头向不明。

2. 出土遗物

无随葬品出土。

墓砖　1块。M13:01，泥质灰陶。平面呈长方形，两长侧面薄厚不一呈楔形，两短侧面有子母榫卯结构。较薄侧面饰菱形几何纹，菱形中填菱形乳钉，上下面饰绳纹，其余素面。长43、宽18、厚6.5～7.5厘米（图四八）。

0　　　3厘米

图四八　M13墓砖（M13:01）纹饰拓片

（十四）M14

1. 墓葬形制、结构

M14位于丰都县高家镇桂花村四社，当地人俗称"庙儿山"上的东部。北距M7约4.5米。

为一座刀形砖室墓，方向305°。开口于耕土层下，距现地表20厘米。墓葬的构筑是在生土中挖一个比较规整的刀形土圹坑，土圹壁拍修整齐。而后于土圹之内砌砖壁。墓壁与土圹壁间有10厘米的空隙，内填红褐色五花土。M10土圹残长530、宽180～250、残深80厘米。

墓葬由墓道、甬道、墓室三部分组成。总长540、残高80～130厘米（图四九）。

墓道　斜坡土圹式，两边弧形。残长90、宽180、残深50厘米。

甬道　平面呈长方形。长175、宽120、残高60厘米。甬道西壁与墓室西壁连成一体，东壁作90°东拐，形成墓室东壁。甬道前部有砖封门、残留少部分，堆砌较混乱。甬道两壁为长方形条砖错缝叠砌而成。侧面的菱形几何花纹均朝向甬道内。底为生土地面，稍作修整。

墓室　平面呈长方形。长235、宽190、残高80厘米。墓室东、西壁亦为长方形条砖错缝叠砌而成。墓室后壁在东西两侧壁外砌成，未与两壁交错咬合，亦为长方形条砖错缝叠砌。墓壁的砖侧面菱形几何纹朝向墓室内。砖层间垫有一层薄薄的黄褐色黏土。墓室底与甬道底在同一地平，为生土地面。甬道与墓室内现填红褐色黏土、残碎砖块和少量料姜石块。

葬具腐朽无存，尸骨无存，葬式、头向不明。

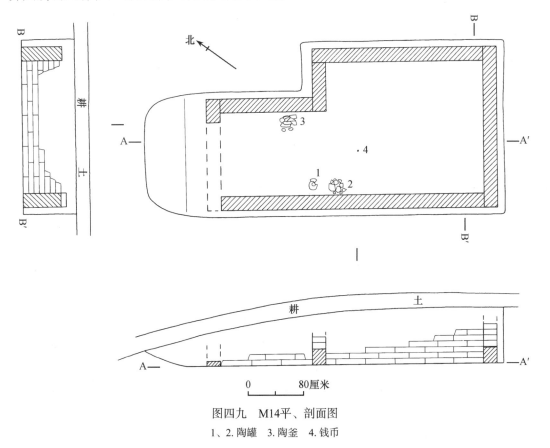

图四九　M14平、剖面图

1、2.陶罐　3.陶釜　4.钱币

2. 出土遗物

出土随葬品4件，位于甬道后部，有陶罐2件、陶釜1件、钱币1枚。

陶罐　2件。M14：1，泥质灰陶。侈口，厚圆唇，束颈，弧肩，鼓腹，下腹斜内收，平底。肩部饰凹弦纹两道。轮制。通高10.2、口径10、腹径14、底径6.8厘米（图五〇，1）。M14：2，筒形罐。泥质灰陶。敛口，厚圆唇，直肩，筒形深腹，中部外鼓，平底。通体素面。通高17.8、口径12.4、腹径20.8、底径13.6厘米（图五〇，2）。

陶釜　1件。M14：3，泥质红陶。侈口，圆唇，卷沿，束颈，斜肩，鼓腹，下腹折内收，圜底。颈下部饰凹弦纹一道，腹部以下饰绳纹。轮制。通高17.6、口径20.4、腹径27.4厘米（图五〇，3）。

钱币　1枚。为五铢，表面锈蚀。M14：4。边郭规整，字迹清楚。"五"中间两笔弯曲，"金"字头三角形，"朱"字上端下端圆润。直径2.5、穿径1厘米（图五〇，4）。

墓砖　1块。M14：01，泥质灰陶。长方形条砖，体有些变形。一长侧面饰菱形几何纹，菱形中填菱形乳钉，上下面饰绳纹，其余素面。长45、宽18、厚7.5厘米（图五一）。

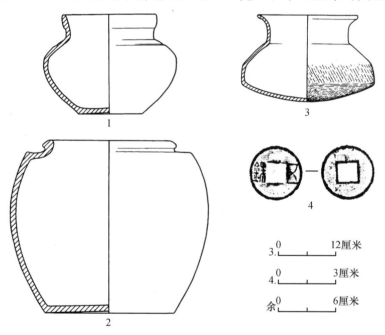

图五〇　M14出土器物

1、2. 陶罐（M14：1、M14：2）　3. 陶釜（M14：3）　4. 五铢（M14：4）

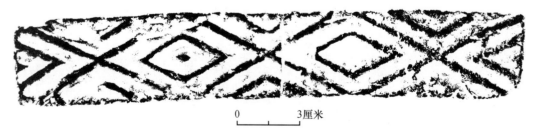

图五一　M14墓砖（M14：01）纹饰拓片

三、时代划分

以下主要依据墓葬形制和出土的器物，与前面几次发掘的墓葬及出土物进行对比，并参照其他地区的同类墓葬，就此次发掘的墓葬进行大致的时代划分。

M1墓葬形制为刀形砖式墓，出土的随葬品有附沿小平底灰陶钵、窄平沿的折腹釉陶钵、釉陶匜以及出土的两件立侍俑都有东汉时期特征。而陶罐（M1：6）与丰都93汇M16：2十分相似，而93汇M16时代为新莽时期至东汉初年[①]；灰陶钵（M1：8）与99FHBM21：15陶钵相似，该M21时代为东汉早期[②]；釉陶钵（M1：3）、匜（M1：4）与99FHDM16出土的M12：2陶钵、M16：9陶魁相似，该M16时代为东汉中期[③]。陶俑形体小，并且面目模糊，早期特征明显。再有出土的五铢和货泉的时代特征为东汉早期。因此，M1的时代应该在东汉早期偏晚。

M2出土器物以青瓷器为主，3件瓷盏为浅腹平底饼足均为两晋时期风格，另瓷六系罐由于口部残缺，暂定名为罐。器形较大，大圆鼓腹显胖，最大腹径在中部，有西晋时期瓷器特征。故M2的时代应为西晋。

M3出土器物中瓷器特征明显，瓷碗、瓷盏形制均表现出两晋特点，其中瓷四系壶与93丰都汇南（M1：5）极为相似[④]，出土的陶房为东汉晚期、蜀汉时期流行的模型明器。所以M3的时代大致为西晋早期。

M4随葬的瓷碗和瓷盏具有蜀汉时期、西晋早期瓷器风格，厚胎，浅腹平底，釉不及底。出土的陶俑呈现形体一般，却有面目清楚、施朱挂彩、制作精细、风格迥异的特点，可能为少见。彩绘俑在丰都汇南墓群曾出土过，如99FHDM18、M26[⑤]，但制作粗糙。其中一件抚琴俑（M4：13）的发饰和头饰与1998年云阳故陵东汉墓出土的A型陶女俑（M9：3）十分相似[⑥]。因此，M4的时代大致可定为蜀汉时期。

M5的墓葬形制不明，只能依据出土的器物进行类型学比较对照，推断其相对的时代。该墓出土的釉陶钵4件，均表现出东汉时期的风格。其中釉陶钵（M5：3）与99FHDM16：2Gb型

---

① 四川省文物管理委员会、四川省文物考古研究所、丰都县文物管理所：《丰都县汇南两汉—六朝墓发掘简报》，《四川考古研究论文集》，《四川文物》1996年增刊。

② 四川省文物考古研究所、丰都县文管所：《丰都汇南墓群发掘报告》，《重庆库区考古报告集·1998卷》，科学出版社，2003年。

③ 四川省文物考古研究所、丰都县文管所：《丰都汇南墓群发掘报告》，《重庆库区考古报告集·1998卷》，科学出版社，2003年。

④ 四川省文物管理委员会、四川省文物考古研究所、丰都县文物管理所：《丰都县汇南两汉—六朝墓发掘简报》，《四川考古研究论文集》，《四川文物》1996年增刊。

⑤ 四川省文物考古研究所、丰都县文管所：《丰都汇南墓群发掘报告》，《重庆库区考古报告集·1998卷》，科学出版社，2003年。

⑥ 中国历史博物馆故陵考古队、云阳县文物管理所：《云阳故陵楚墓发掘报告》，《重庆库区考古报告集·1998卷》，科学出版社，2003年。

钵相似[①]，M5：4釉陶钵与1993年丰都汇南M5出土的B2式钵（M5：10）相似[②]，因此可以判定M5的时代大致为东汉中晚期。

M6出土的瓷盏胎厚呈灰白色，釉不及底，有西晋早期特征。可判定该墓的时代大致为西晋早期。

M7出土的瓷碗与1998年汇南M10：32相似[③]，时代为西晋时期。

M8出土的釉陶器物和出土的陶俑具有鲜明的东汉晚期特征，可断定该墓葬的时代大致在东汉晚期。

M9的出土器物与M8的器物有很多相似之处，如灰陶罐、甑以及釉陶钵、盂等。都具有东汉中晚期的陶器特征。不同之处在陶俑的形体上，M9的陶俑比较小，面目模糊不清。M9的陶俑具有中期风格。所以M9的时代大致在东汉中期。

M10出土的瓷器具有典型的西晋时期特色。出现硬质陶器——陶盏2件，烧制温度极高，接近瓷质。这在以前未出现过。应是从陶器过渡到瓷器中间的产物。所以该墓的时代为西晋时期。

M11出土的瓷碗、瓷盏等有西晋时期特色，同时出土残俑头面目比较清楚，和M4出土的陶俑相似，因此M11的时代为蜀汉时期。

依据M12出土的瓷碗可以判定，M12的时代大致为西晋时期。

M13墓葬形制不明，也无随葬品出土，无法判定墓葬的时代。

M14出土的陶筒形罐具有东汉中晚期井罐特点，同时出土的灰陶罐亦为东汉中晚期特色，故M14的时代为东汉中晚期。

综上所述，此次发掘的墓葬大致分为三个阶段：东汉时期——M1东汉早期偏晚，M9东汉中期，M5、M14东汉中晚期，M8东汉晚期；西晋时期——M3、M6西晋早期，M2、M7、M10、M12西晋时期；蜀汉时期——M4、M11。M13时代不详。

四、结　语

1）对大湾墓群的文化内涵有了进一步的了解，为建立陶器文化序列奠定了基础。

经过以前三次发掘，应该说我们对大湾墓群的文化内涵有了一定的认识，但由于没有找到时代比较明确的蜀汉时期的墓葬，陶器的序列有一定的缺环。今年发掘的M4，出土的陶器既保留有东汉的特征——红釉陶、立侍俑、抚琴俑、吹埙俑、击鼓俑等，又有西晋的一些文化因素——小型瓷器如瓷碗、盏及釉不及底的特点，这些因素具有明显的过渡时期的特征，所以我们推断M4为蜀汉时期的墓葬。正是由于这一座墓葬的发现，大湾墓群从西汉到南朝的墓葬才

① 四川省文物考古研究所、丰都县文管所：《丰都汇南墓群发掘报告》，《重庆库区考古报告集·1998卷》，科学出版社，2003年。

② 四川省文物管理委员会、四川省文物考古研究所、丰都县文物管理所：《丰都县汇南两汉—六朝墓发掘简报》，《四川考古研究论文集》，《四川文物》1996年增刊。

③ 四川省文物考古研究所、丰都县文管所：《丰都汇南墓群发掘简报》，《重庆库区考古报告集·1997卷》，科学出版社，2001年。

得以全面的反映，即西汉—东汉—蜀汉—南朝，这就为建立大湾墓群的陶器文化序列奠定了基础。

2）由于大湾墓群时代的连续性，为建立丰都地区的汉代—南朝的陶器文化序列提供了新线索。

丰都地区经过试掘或发掘的汉代及其以后的墓葬主要有汇南墓群、上河嘴墓群、槽房沟墓群、冉家路口墓群、赤溪墓群等，其中除汇南墓群位于江南外，其他墓群均位于江北。从我们初步掌握的资料看，丰都地区江南江北的墓葬尽管有一定的共性，但差异还是比较明显的，如汉代陶俑的陶色、器形、脸部表情等，江北陶俑陶色为灰色、脸部经过修饰、表情丰富、器形大，而江南陶俑陶色为红色、脸部没有经过修饰、器形小。这些特点为我们进一步研究丰都地区西汉到南朝时期墓葬的分布、分期与时代、陶器文化特征及葬俗等提供了丰富的资料。同时，大湾墓群时代上的连续性，又为建立丰都地区汉代及其以后墓葬的文化序列提供了可能和帮助。

3）大湾M4出土陶俑的考古类型学意义。

经过将M4出土的吹埙俑、抚琴俑、击鼓俑、立侍俑和以前出土的同一类型的陶俑进行对照比较，结合研究以前峡江地区其他发掘资料中的陶俑，可以初步归纳出从东汉时期到蜀汉时期陶俑发展变化的一般特征及规律。首先是丰都地区江南江北的陶俑，从类型学角度讲，既有相同之处，也有比较大的差异。相同处在于均为模制或以模制为主，均为泥质陶，大江南北的陶俑器类基本上是相同的。不同之处则在于：江南墓葬中东汉到蜀汉的陶俑以泥质红陶为主，随时代变化陶俑的颜色变化规律为纯红色到红褐色，少见灰色。陶俑的制作方法是先模制发展到在模制的基础上刻划，从面目不清到面目清楚，刻划细腻，面部表情丰富，并且施彩。俑的体形也是逐渐变大。而江北的墓葬中陶俑的颜色是以泥质灰陶为主，也有少量的红陶，形体也是由小到大。我们认为M4出土的陶俑具有蜀汉时期的标准特征，可能是陶俑制作工艺达到一个较高水平的反映。而丰都地区江南、江北陶俑陶色的不同，是否为区系类型的一种反映，还有待研究。

附记：参加此次发掘的有刘军社、王颢、杨富科、陈恩乾、刘军户、张喜文、李伸前、李永忠等。

领　　　　　　　　队：邹后曦

执　行　领　队：刘军社

绘　　　　　　　图：陈恩乾　刘军户

修　　复、拓　　印：张喜文　李永忠

照相、摄像、资料整理：王　颢　刘军社

执　　　　　　　笔：王　颢　刘军社

附表　大湾墓群2004年度发掘墓葬登记表

序号	墓葬编号	时代	墓葬形制	方向/(°)	墓道	甬道	墓室	出土器物
					墓葬规格(长×宽×高)/厘米			
1	M1	东汉早期偏晚	刀形砖室墓	220	50×130×20	110×90×40	240×140×70	陶立侍俑2、釉陶钵1、陶匜1、陶罐2、陶钵1、陶子母鸡1、陶井台1、陶井架1、釉陶博山炉盖1、陶熊足座1、铜钱币1
2	M2	西晋时期	刀形砖室墓	225	120×210×110	205×135×135	255×210×160	瓷六系罐3、瓷盏1、瓷罐1、铜钱币1、石球1
3	M3	西晋早期	刀形砖室墓	210	100×180×60	215×145×110	285×240×155	瓷碗2、瓷盏2、瓷四系壶1、陶盏1、陶纺轮1、陶房1、陶钵1、铜钱币1
4	M4	蜀汉时期	刀形砖室墓	300	140×210×125	210×170×130	300×230×135	瓷碗1、盏5、釉陶盂、杯、器盖、博山炉盖各1、陶立侍俑2、陶吹埙俑、古鼓俑、抚琴俑、俑头、子母鸡、猪、釜、纺轮各1、银指环1、铜钱币1
5	M5	东汉中晚期	不明	310			240×205×95	釉陶钵4、釉陶灯2、陶井台1、铜钱币1
6	M6	西晋早期	刀形砖室墓	300	145×205×90	175×130×105	280×200×110	瓷盏1、铁剪1、铜铃1、铜钱币1
7	M7	西晋时期	刀形砖室墓	310	55×195×30	190×135×40	275×230×140	瓷碗、铜钱币1
8	M8	东汉晚期	刀形砖室墓	295	95×195×60	150×135×80	275×235×130	釉陶钵4、釉陶盂、灯、匜、杯、博山炉盖各1、陶舞俑1、童俑2、跪侍俑2、吹埙俑1、陶猪、子母鸡、公鸡各1、陶案1、房2、塘1、井台1、罐4、陶瓿、钵、勺各1、铜指环1、铜耳钱币1
9	M9	东汉中期	刀形砖室墓	310	90×200×70	160×135×80	250×220×130	釉陶钵4、杯2、灯2、匜1、器盖2、盂4、博山炉盖2、勺2、陶钵7、井1、井台1、罐2、立侍俑3、猪1、博山炉1、铜耳杯1、线币1
10	M10	西晋时期	曲尺形砖室墓	320	75×200×50	185×120×60	210×280×120	瓷碗4、陶盂2、钵1、盏2
11	M11	蜀汉时期	刀形砖室墓	325		105×115×60	235×190×130	瓷碗6、盏4、陶俑头1、铜钱币1
12	M12	西晋时期	刀形砖室墓	330	80×200×60	200×140×80	260×230×130	瓷碗1
13	M13	不明	不明	307			240×120×50	瓷碗1
14	M14	东汉中晚期	刀形砖室墓	305	90×180×50	175×120×60	235×190×80	陶罐2、釜1、铜钱币1

「十三五」国家重点出版物出版规划项目

长江三峡工程文物保护项目报告 甲种第十四号

重庆市文物局 重庆市水利局 主编

重庆库区考古报告集

重庆市文物考古研究院 编

2004卷·下

科学出版社

内 容 简 介

本书共收录三峡工程重庆库区田野考古发掘简报51篇。长江三峡地区不仅山水雄奇，而且是一座瑰丽的文化宝库。考古发掘表明，自古以来，这里就是中华民族长江文明的重要舞台和文化交流的通道，保存着从旧石器、新石器时代经历夏商周直到宋元明清的各代文物古迹。

本书作为三峡工程重庆库区第八部科学发掘成果的正式报告集，相信对于三峡地区古代历史文化的研究会起到积极的推动作用。

本书可供考古学、历史学等学科研究者，以及高等院校相关专业师生和广大文物考古爱好者阅读、参考。

图书在版编目（CIP）数据

重庆库区考古报告集. 2004卷：全2册 / 重庆市文物考古研究院编.
—北京：科学出版社，2023.11
（长江三峡工程文物保护项目报告.甲种第十四号）
"十三五"国家重点出版物出版规划项目
ISBN 978-7-03-077071-4

Ⅰ.①重…　Ⅱ.①重…　Ⅲ.①考古发掘–发掘报告–重庆–2004
Ⅳ.①K872.719.5

中国国家版本馆CIP数据核字（2023）第215578号

责任编辑：王光明 / 责任校对：邹慧卿
责任印制：肖　兴 / 封面设计：陈　敬

科学出版社 出版
北京东黄城根北街 16 号
邮政编码：100717
http://www.sciencep.com
北京中科印刷有限公司 印刷
科学出版社发行　各地新华书店经销
*

2023年11月第　一　版　　开本：880×1230　1/16
2023年11月第一次印刷　印张：90 1/4　插页：20
字数：2 671 000

定价：1158.00元（全二册）
（如有印装质量问题，我社负责调换）

"13th Five-Year Plan" National Key Publications Publishing and Planning Project

Reports on the Cultural Relics Conservation
in the Three Gorges Dam Project
A(annual report) Vol.14

Cultural Relics and Heritage Bureau of Chongqing
Chongqing Water Resources Bureau

Collections of Reports on the Archaeological Excavation

in the Three Gorges Dam, Chongqing

in 2004 · II

Chongqing Cultural Relics and Archaeology Research Institute

Science Press

长江三峡工程文物保护项目报告

重 庆 库 区 编 委 会

冉华章　江　夏　幸　军　任丽娟　王川平　程武彦　刘豫川

重庆市人民政府三峡文物保护专家顾问组

张　柏　谢辰生　吕济民　黄景略　黄克忠　苏东海　徐光冀

刘曙光　夏正楷　庄孔韶　王川平　李　季　张　威　高　星

长江三峡工程文物保护项目报告

甲种第十四号

《重庆库区考古报告集·2004卷》

编 委 会

主 编　幸　军

副主编　樊丽丽　白九江

编　委　幸　军　樊丽丽　白九江　周大庆

　　　　孙　莉　方　刚　许　雨　席周宽

编　务　于桂兰　王建国　李　琳　余菀莹

　　　　戴胜男　陈珊珊　吴梦玲

目 录

丰都石地坝（冶锌）遗址群2004年度发掘报告

重庆市文物考古研究院

丰都县文物管理所

重庆市丰都县地处三峡库区西部、四川盆地东部边缘，长江由西南向东北横贯中部，沿途有龙河、渠溪河、碧溪河等小河注入长江。沿江及其支流两岸有许多缓坡台地，地理条件较好，土质肥沃、气候温和，适宜人类繁衍生息。从丰都高家镇旧镇到龙孔乡凤凰嘴段沿长江右岸一级阶地地势平坦，短短三四千米距离内就分布有桂花村、秦家院子、袁家岩、石地坝、玉溪、玉溪坪等10余处遗址，这些遗址被冲沟和小山嘴隔断，形成了一个既相互联系又相对独立的遗址群，其时代从旧石器一直延续到明清，文化内涵十分丰富。

1958年秋，长江考古队首次在丰都县境内沿江的以上部分台地上发现散落的坩埚、红烧土块、炭渣等冶炼遗物；1987年文物普查和1992年三峡库区文物调查确认为冶炼遗址。为配合三峡工程，2004年，河南省文物考古研究所对位于丰都县兴义镇杨柳寺村的庙背后遗址进行第二次发掘，经有关领域的专家共同分析研究，首次确定为炼锌遗址；2004年，河南省考古研究所以文物普查资料为线索，对丰都县境内沿江两岸进行了针对性的实地徒步调查；同年，重庆市文物考古所组成一行十余人的炼锌遗址考古调查工作队，在前两次调查的基础上，对丰都县内长江沿岸进行了较为细致的调查、勘探和试掘工作，确认并新发现了同类冶锌遗址共计18处。

为弄清单个炼锌遗址布局，炼炉的形制、结构，冶锌工艺流程以及年代等问题，2004年9月至2005年1月，重庆文物考古所在对丰都秦家院子、袁家岩、石地坝、九道拐等四个遗址进行了重点勘探的基础上，对上述遗址进行了考古发掘，揭露面积2476.5平方米，清理冶炼炉16座、灰坑21个、沟9条，出土大量冶炼遗物。现将发掘情况报告如下。

一、遗址概况及发掘情况

秦家院子、袁家岩、石地坝遗址均位于丰都县高家镇关田村长江右岸的一级台地上，台地较平缓。西临长江，东依小山包，三个遗址之间隔冲沟彼此相邻。遗址现存面积在3000～40000平方米，高程148～175米（图一）。

秦家院子遗址 南、北隔冲沟分别与毛家包墓地、袁家岩遗址相望。中心地理坐标为东经107°49′56″，北纬29°59′29″，海拔148～152米。现存面积约4000平方米。2001年重庆市文物考古所对遗址南部进行了小规模发掘；2002年9～12月对该遗址早期遗存进行了较大规模的发掘，出土一批新石器至商周时期遗物。本次发掘区选择在该遗址北部和中北部，以2001年布方总基点为基点，采用象限法正南北向共布5米×5米探方49个，按坐标系统一编号，其中中北部（第二象限）布方27个，编号2004FQT0623～2004FQT0823、2004FQT0622～2004FQT1022、

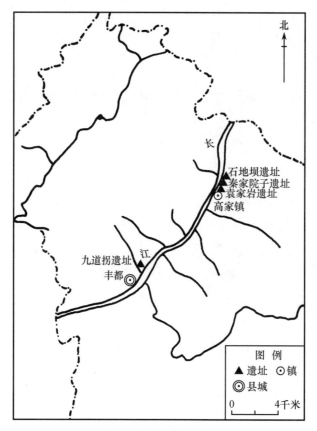

图一　遗址位置示意图

2004FQT0621～2004FQT1021、2004FQT0520～2004FQT1020、2004FQT0519、2004FQT0518～2004FQT0718、2004FQT0322、2004FQT0323、2004FQT0222、2004FQT0223，北区（第一象限）布方22个，编号2004FQT0229、2004FQT0329、2004FQT0929～2004FQT1129、2004FQT0228～2004FQT1128、2004FQT0227～2004FQT0627、2004FQT0927、2004FQT1027。实际发掘面积1225平方米（图二）。

　　袁家岩遗址　南隔冲沟与秦家院子相望，海拔152米，现存面积约3000平方米。2001年在遗址北部和台地东部的山包上进行了发掘，清理出商周时期遗存和一批汉魏时期的墓葬。这次发掘区选择在遗址南部，按正方向布5米×5米探方13个，按2001年该遗址墓葬发掘区编号系统编号：2004FYT6～2004FYT18，发掘面积325平方米（图三）。

　　石地坝遗址　东南距高家镇新镇约500米，南、北两侧隔冲沟分别与信号台、袁家岩遗址相望。中心地理坐标北纬30°1′48″，东经107°51′28″，海拔155～175米，遗址总面积4万多平方米。1999～2002年，重庆市文物考古所分三个年度对该遗址早期遗存进行了较大规模发掘，发掘面积5000余平方米，出土大量商周时期遗存，为早期巴文化的认识、巴蜀文化关系等研究提供了重要实物资料。本次发掘区选择在遗址北部、南部，以1999年工地发掘总基点为基点，共计探方20个，其中北区布5米×5米探方8个，编号2004FST0545～2004FST1045、2004FST2044～2004FST3044；南区布5米×5米探方12个，编号2004FST1116～2004FST1416、2004FST1117～2004FST1417、2004FST1118～2004FST1418。实际发掘面积431平方米（图四）。

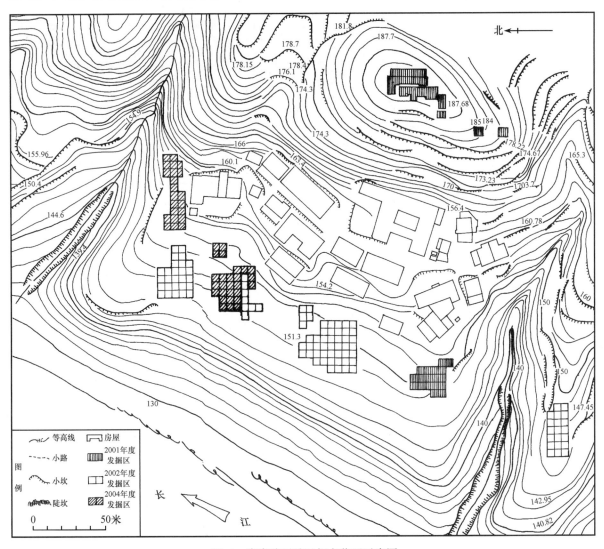

图二　秦家院子遗址探方位置示意图

　　九道拐遗址　位于丰都县镇江镇朗溪村七组，长江左岸较为陡峭的坡地上，西北距镇江镇约300米，海拔160～180米，遗址面积约25000平方米。2004年4月，该遗址由河南省文物考古研究所调查发现；2004年11月，重庆市文物考古所对该遗址进行了复查、勘探，发现了三片冶锌废弃堆积区，并勘探出相应的三组冶炼炉；本次对遗址的东、中、西部进行了发掘，按330°布探方4个，编号2004FJT1～2004FJT4（T1面积为10米×8米，T2面积为10米×10米，T3面积为10米×9米，T4面积为7米×8米），实际发掘面积495.5平方米（图五）。

二、地层堆积

　　本次发掘探方均位于台地（坡地）边缘地带，由于受江水冲刷和改田改土影响，堆积厚度不尽相同，下面以堆积较厚的部分典型探方剖面为例进行说明。

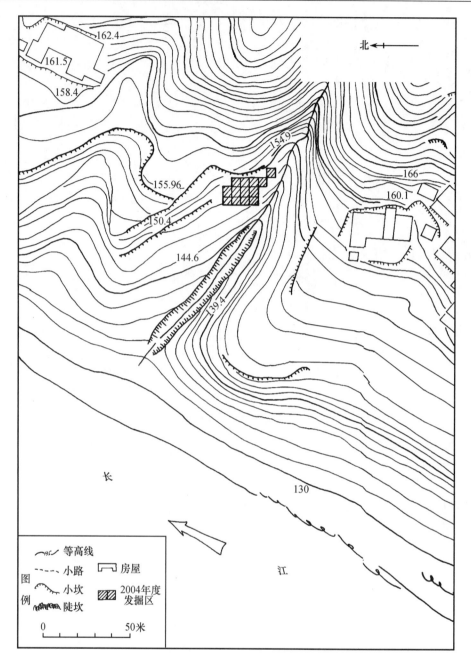

图三　袁家岩遗址探方位置示意图

（一）秦家院子

1. 南区 T0622～T1022 北壁（图六）

　　第1层：现代农耕土层。厚10～15厘米。灰褐色粉砂土，结构较疏松。包含少量现代杂物及植物根茎。

　　第2层：距地表深10～15、厚0～70厘米。灰黄色粉砂土，结构较紧密。包含少许炭渣、近代瓷片等。分布于东部探方。

　　第3层：距地表深25～80、厚0～30厘米。红褐色粉砂土，结构较疏松。包含零星炭粒、反应罐残片等。

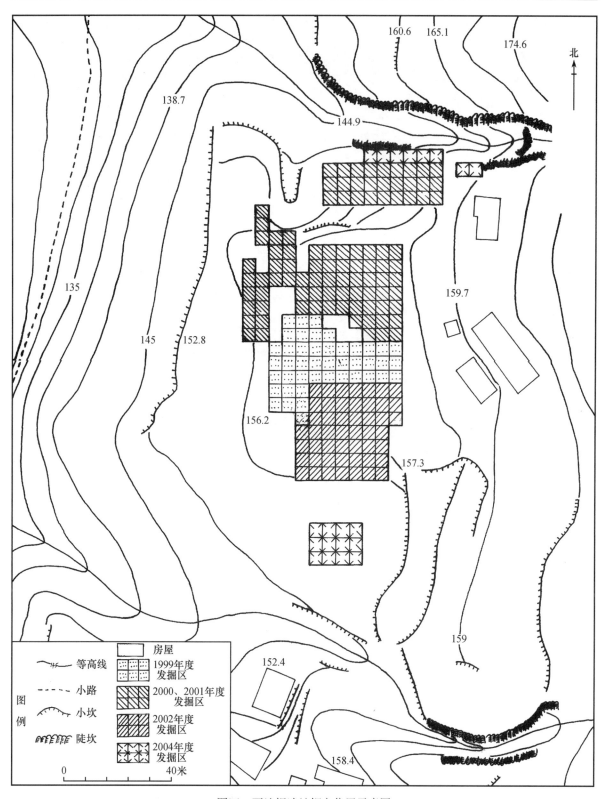

北

图例

～～ 等高线
- - - 小路
小坎
陡坎

□ 房屋
1999年度发掘区
2000、2001年度发掘区
2002年度发掘区
2004年度发掘区

0 ————— 40米

图四　石地坝遗址探方位置示意图

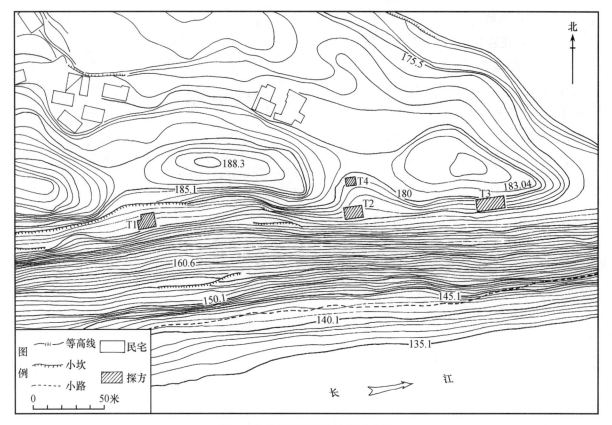

图五　九道拐遗址探方位置示意图

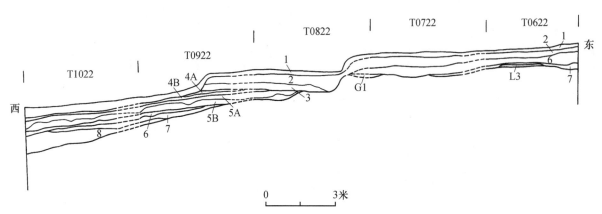

图六　秦家院子遗址南区T0622～T1022北壁剖面图

第4层：洪水淤积层，仅分布于西部探方，分二亚层。

第4A层：距地表深25～90、厚0～15厘米。青灰色粉砂土，结构较疏松，质地细腻，纯净无包含物。

第4B层：距地表深30～105、厚0～15厘米。红褐色砂土，结构较紧密，质地细腻，纯净无包含物。

第5层：早期农耕土层，仅分布于西部探方，分二亚层。

第5A层：距地表深30～90、厚0～30厘米。灰褐色粉砂土，结构较疏松。包含少量炭粒、炭渣等。

第5B层：距地表深30～105、厚0～35厘米。灰色粉砂土，结构较疏松。包含少量炭渣及零星清末民初青花瓷片等。

第6层：距地表深75～135、厚0～16厘米。红褐色黏土，结构较紧密，质地细腻。仅分布西部探方。

第7层：距地表深90～136、厚0～25厘米。灰褐色粉砂土，结构较紧密。包含少量炭渣、炭粒。3号炉（L3）开口本层下。

第8层：距地表深100～115、厚0～75厘米。青灰色砂土，结构疏松，纯净无包含物。仅分布于西部探方，G1开口于本层下。

2. 北区 T0428～T0628 南壁剖面（图七）

第1层：现代农耕土层。厚15～35厘米。灰褐色粉砂土，结构疏松。包含少量植物根茎及现代杂物等。

第2层：洪水淤积层。距地表深15～35、厚20～65厘米。红褐色粉砂土，结构较松软，质地细腻。包含物少，仅见少量青花瓷片等。

第3层：早期农耕土层。距地表深20～80、厚20～65厘米。灰色砂土，结构较紧密。包含少量草木灰、红烧土颗粒等。

第4层：淤积层，分三亚层。

第4A层：距地表深20～155、厚10～40厘米。灰色粉砂土，结构较松软，质地细腻。无包含物。

第4B层：距地表深20～155、厚0～20厘米。红褐色粉砂土，结构较松软，质地细腻。

第4C层：距地表深50～165、厚0～20厘米。灰黄色粉砂土，结构较松软。包含少量瓷片、反应罐残片等。

第5层：距地表深60～185、厚0～25厘米。黑褐色粉砂土，结构较疏松。包含少量炭渣、反应罐残片等。冶炼炉L2开口于本层下。

秦家院子堆积可归纳为三大层，即近现代耕土层，（含南区第1～3层，北区第1层）、洪水淤积层（含南区第4、6、8层，北区第2、4层）和清末民初的耕作层（田垅，南区含第5、7层，北区第3层），后两者交替叠压。冶炼炉均位于第3层下，废弃堆积主要集中倾倒在冲沟内，整个地层由东向西倾斜。

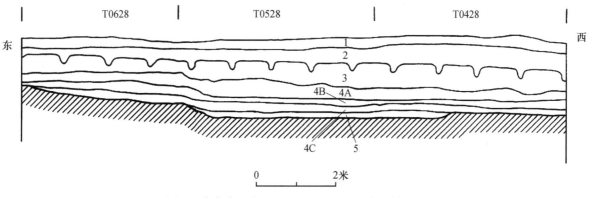

图七　秦家院子遗址北区T0428～T0628南壁剖面图

（二）袁家岩遗址

T6、T7东壁剖面（图八）。

第1层：现代农耕土层。厚10～25厘米。灰褐色粉砂土，结构疏松。包含少量现代杂物及植物根茎等。

第2层：距地表深10～25、厚25～40厘米。黄褐色粉砂土，结构较疏松，夹杂大量的料姜石颗粒。包含少量青花瓷片和瓦片等。

第3层：距地表深20～65、厚0～25厘米。浅褐色砂土，结构较紧密，较纯净。

第4层：距地表深20～90、厚0～45厘米。灰黑色煤灰层，结构疏松，包含少量青花瓷片、反应罐残片等。

第5层：距地表深20～125、厚0～40厘米。黄褐色黏土，结构较紧密，夹杂少量煤渣。包含少量青花瓷片、反应罐残片等。

第6层：距地表深20～175、厚0～45厘米。灰黑色煤渣层，结构疏松。包含汉砖、反应罐残片、青花瓷片等。冶炼炉、引水沟、炼煤坑、柱洞等开口于本层下。

该遗址堆积大致分为三大层，即近现代耕土层（含第1、2层）、洪水淤积层（含第3层）和冶炼物废弃堆积（含第4～6层），整个地层由北向南倾斜。

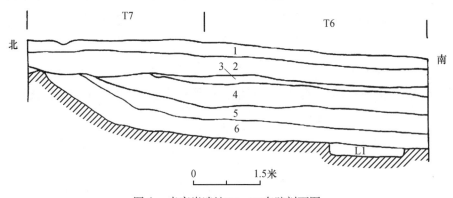

图八　袁家岩遗址T6、T7东壁剖面图

（三）石地坝遗址

T0745、T0845南壁剖面（图九）。

第1层：现代农耕土层。厚20～70厘米。灰黑色粉砂土，结构疏松。包含少量现代杂物及植物根茎等。

第2层：距地表深20～70、厚20～50厘米。灰褐色粉砂土，结构较松软。包含少量瓦片、青花瓷片等。

第3层：距地表深20～95、厚0～55厘米。灰黑色煤渣层，结构疏松。包含少量反应罐残片。分布于西部探方。

第4层：距地表深70～90、厚0～45厘米。红褐色粉砂土，结构较松软，质地细腻。纯净无包含物。分布于东部探方。

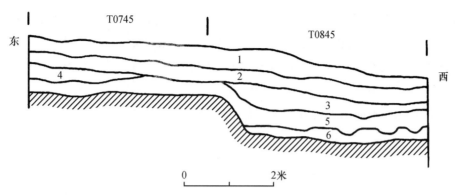

图九 石地坝遗址T0745、T0845南壁剖面图

第5层：距地表深65～150、厚20～50厘米。黄色粉砂土，结构较松软。包含少量瓷片等。

第6层：距地表深65～180、厚0～40厘米。灰黑色煤渣层，结构疏松。包含少量瓦片、瓷片、红烧土块等。分布于西部探方。本层下发现冶炼炉L1。

石地坝遗址堆积大致分为三大层，即近现代耕土层（含第1、2层）、洪水淤积层（含第4层）和冶炼物废弃堆积（含第3、5、6层），整个地层由东向西倾斜。

综合以上遗址的堆积情况，从堆积性质、成因及包含物分析，其地层堆积大致经历了三个阶段：第一阶段为明清时期堆积，第二阶段为洪水淤积，第三阶段为现代农耕堆积。冶炼址均选择在地势较高的地方，遗存多数建造于生土上。

三、主要遗迹

遗迹主要包括房子、冶炼炉、坑、沟及柱洞等。

（一）房子

1座。

FJF1 位于九道拐遗址T3中部，坐东朝西，方向220°。开口于第4层下，打破生土。由房子、房前工作台及室外活动面组成。

房子平面呈长方形，通长7.2、宽4.58、面阔6.38（两间）、进深3.76米。墙体采用黄土夯筑，宽0.37～0.45、残高0.1～0.7米，南北两道墙及中部的隔墙中部各有1个柱洞（呈一直线），直径0.16厘米。其中北部房间面阔2.96、进深3.76米，房内残留一用汉砖砌成的圆形火膛（已塌），直径0.48、深0.58、残高0.1～0.2米，膛内残留草木灰和煤炭；南面房间面阔2.85、进深3.76米。房子保留内外两个门道，外门道是房子通往室外的通道，宽0.88、进深0.37米，残留门柱柱洞，直径0.1、深0.3米；内门道宽0.9、进深0.68米，留有用汉砖砌成的门槛。房子内堆积有三层，第1层：灰黑色煤渣含大量反应罐残片等，为房子废弃后的堆积；第2层：纯净黄色砂土层，为墙体倒塌时形成的堆积；第3层：灰黑色细煤灰层，有踩塌面，残留少量青花瓷片、锌块、冷凝盖等，为房屋室内活动面。

　　工作台位于房子西段墙体的北侧，紧靠F1墙体。平面呈梯形，内部用黄土夯筑，外部用汉砖和石块包砌，上铺以石板。上宽1.1、下宽1.4、高0.25米。其西、南有三个柱洞（D1～D3），D1直径0.1、深0.08米，D2、D3直径0.25、深0.2米。

　　室外活动面位于房子西部，较平整（低洼处用黄色砂土填平），有明显的踩塌面。

　　房西北侧有一坑，平面呈不规则圆形，坑底经夯筑。直径约1、深0.12米（图一〇）。

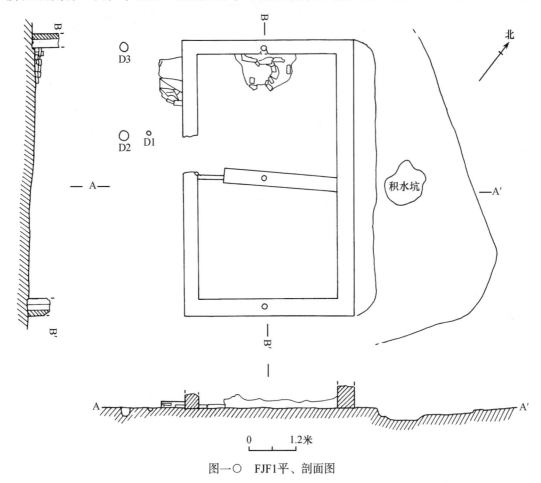

图一〇　FJF1平、剖面图

（二）冶炼炉（编号L）

　　清理发掘冶炼炉16座。平面均为长条形，由炉床、窑室两部分组成。炉床多在生土上平整而成，高出地面5～10厘米，两边残留掏火窝。窑室为马槽形，由墙体、炉栅构成。炉栅多为汉砖，置于炉床上，下投放柴火，上放置反应罐和煤饼。根据冶炼炉的体量分三型。

　　A型　炉床长6.8～7.4、宽1.5～1.6米，高出地面5厘米。

　　FJL5　位于九道拐遗址T1中部，开口于第3层下，被L4、L6叠压，同时打破L10。破坏严重，仅残留炉床部分，长6.8、宽1.5～1.55米，热辐射形成的红烧土厚5～20厘米。炉床面残存南北两排掏火窝（间距为65厘米），平面为椭圆形，长径15～30、短径10～12、深5～7厘米，间距10～13厘米。炉床西部残存一段用黄土夯筑的端墙，长120、宽25、残高10～15厘米（图一一）。

FQL3　位于秦家院子遗址T0623、T0622、T0723中部。开口于第7层下，打破生土。破坏严重，仅残留炉床（红烧土面）部分，残长7.3、宽1.6米，高出地面约5厘米，热辐射形成的炉床红烧土最厚达50厘米（图一二）。

B型　炉床长7.8～8.5、宽约1.6米，高出地面7～8厘米。

FJL2　位于九道拐遗址T3中部，方向220°。开口于第4层下，被H3打破。炉床长7.8、宽1.6米（上部宽1.2、下部宽1.6米），炉床高于地面8.5厘米，热辐射形成的红烧土厚约40厘米。东、西两端保留有墙，墙体中间为土坯，两面用汉砖包砌；炉床上残存27列炉栅，用宽20、厚7～8厘米的汉砖侧砌而成，间距为18厘米，炉栅间堆积大量煤渣，另有少量反应罐残片等；炉床面炉栅之间有用于掏煤渣、通风的椭圆形掏陷窝，长径30、短径13～18、深6～7厘米。炼炉西部有一房屋，北部有煤坑和引水沟（图一三）。

FQL2　位于秦家院子遗址T0428～T0628北部。开口于第5层下，打破生土。残留炉床及部分炉栅、墙体。炉床由两层垫土构成：第1层，厚0～12厘米，黄灰色粉砂土，含零星烧土

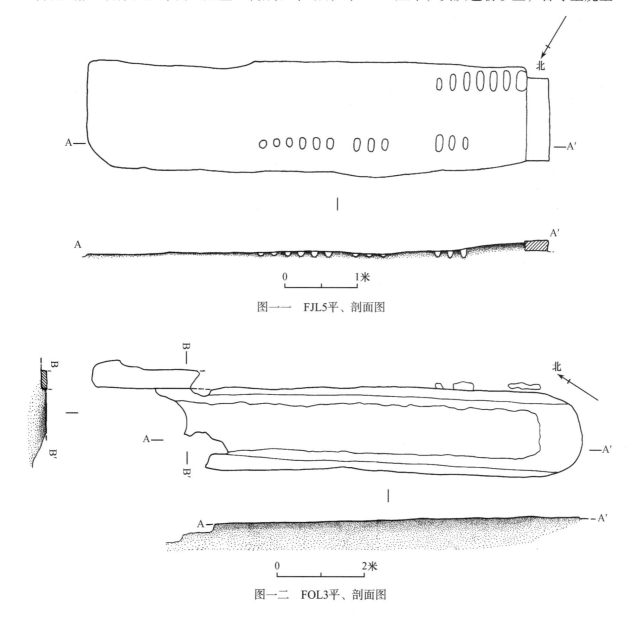

图一一　FJL5平、剖面图

图一二　FOL3平、剖面图

颗粒；第2层，厚0～40厘米，灰黑色粉砂土，含少量煤渣、反应罐残片；炉床长8.44、宽1.62米，高出地面6厘米，热辐射形成的红烧土厚20～30厘米。东西两端发现用烧土块砌成的墙体，西墙残长60、宽30、残高16～18厘米，东墙残长104、宽20、残高20～22厘米。汉砖砌成的炉栅间距为12～16、残长88、宽7～9、残高20厘米（图一四）。

FYL1　位于袁家岩遗址T6、T7东部，开口于第6层下，打破生土。炉床西部破坏严重（形成断坎），残长8.4、残宽1.6米，热辐射形成的红烧土厚10～60厘米；北部残留17排由汉砖构成的炉栅，间距13～16、高18厘米。炉栅之间上部堆积粉红色煤灰，下部为未燃烧的煤块。炉床东部有一长约9.6、宽2米的工作面，上留有厚5～10厘米的踩踏面和细煤渣层。其东部有一排柱洞（编号D1～D5），深20～30厘米，D2～D4直径约10厘米，D1、D4直径约15厘米，推测该炉有顶棚。另有一条引水沟、炼煤坑（图一五）。

C型　破坏严重，仅残留炉床。长约10、宽0.9～2米，残高5～8厘米。

FQL1　位于秦家院子遗址T0927、T0928、T1028内，开口于第1层下。炉床残长10.7、宽2米，热辐射形成的红烧土厚30厘米；北、南部残留二排掏火窝，间距18～20、深5～8厘米；

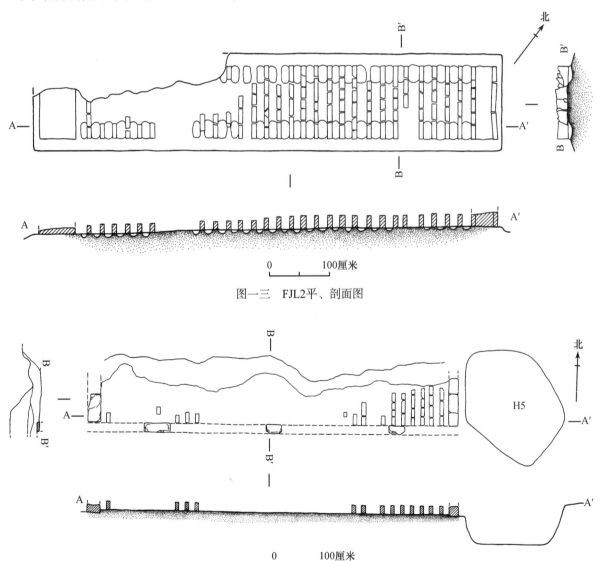

图一三　FJL2平、剖面图

图一四　FQL2平、剖面图

南部残留长7.5、宽0.6米的灰黑色工作面，有明显的踩踏痕迹；冶炼炉南、北两侧各有一排柱洞（D1～D11），平面呈圆形和长方形，圆形柱洞直径20～25、深15～25厘米，长方形柱洞长30～35、宽15～18、深20～30厘米，推测该冶炼炉有顶棚；距炉床60～80厘米处有一条排水沟，残长9.5米，宽0～50、深8～10厘米（图一六）。

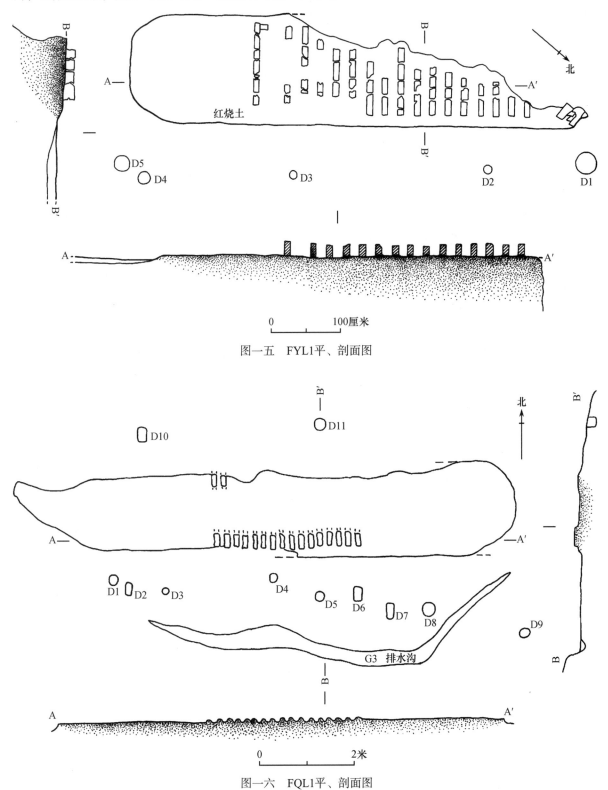

图一五　FYL1平、剖面图

图一六　FQL1平、剖面图

FJL10　位于九道拐遗址T1中部。开口于第3层下，被L4～L8叠压。炉床面破坏严重，残留厚约30厘米热辐射红烧土。长10.4、残宽0.92～1.29米。炉床上残留南、北两排掏火窝，排距约60厘米，掏火窝呈椭圆形，长径约30、短径10、深8～10、窝距9～10厘米（图一七）。

FSL1　位于石地坝遗址T0845、T0945、T1045的南部，开口于第6层下，距地表深80～170厘米。炉床面破坏严重，长约9.8、宽1.1～1.5米（图一八）。

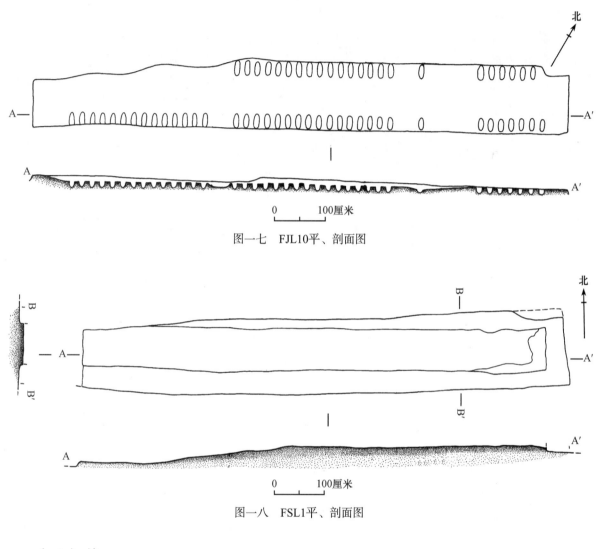

图一七　FJL10平、剖面图

图一八　FSL1平、剖面图

（三）坑

共计22个。根据使用功能分为煤坑、炼煤坑（整煤池）、取土坑、垃圾坑等四大类。

1. 煤坑

形状较规整，平面多为椭圆形；斜直壁，平底；壁、底面均经过加工，较光滑；坑内底层往往堆积有原煤。

FJH1　位于九道拐遗址T3中北部。开口于第4层下，打破生土。长径约246厘米，短径不详，深40厘米。坑内堆积上层为疏松的灰黑色煤渣层，含大量反应罐残片等，下层为黑色的原煤（图一九）。

　　FJH2　位于九道拐遗址T2北部。开口于第3层下，打破生土。坑口距地表深75、长径72、短径48、深20～25厘米。坑内填以灰黑色煤渣，底部有少量煤块等（图二〇）。

　　FJH5　位于九道拐遗址T1中北部。开口于第3层下，打破生土。长径360、短径220～260、深36～85厘米。坑内填土为灰黑色煤渣层，出土大量反应罐残片，底部残留厚约1厘米的原煤和未烧过的煤饼（图二一）。

　　FQH9　位于秦家院子遗址T0323中南部、T03222中北部。开口于第4层下，坑口距地表深15厘米。此坑西部遭破坏，残存部分近椭圆形，长径260、短径130、深46厘米。坑内堆积二层，上层厚0～40厘米，黑灰色炭渣层，含少量反应罐残片、红烧土块等；下层残留厚2～6厘米的原煤（图二二）。

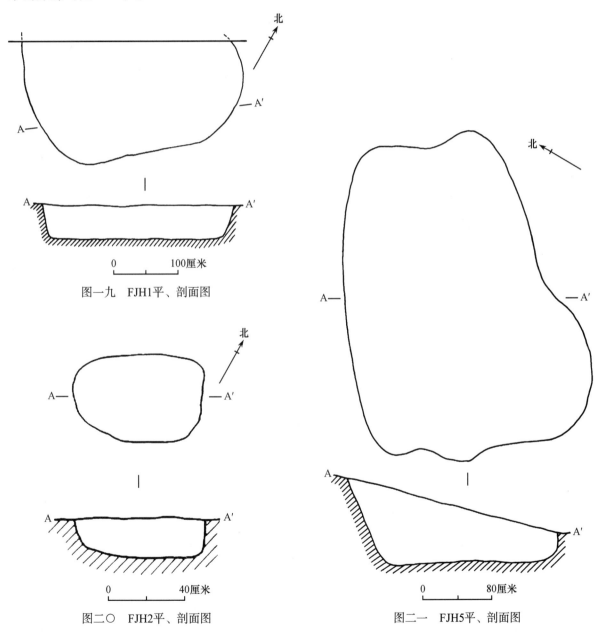

图一九　FJH1平、剖面图

图二〇　FJH2平、剖面图

图二一　FJH5平、剖面图

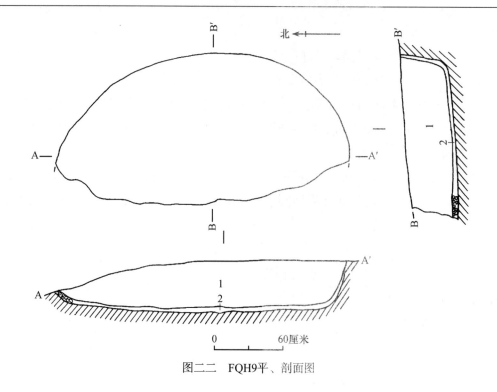

图二二　FQH9平、剖面图

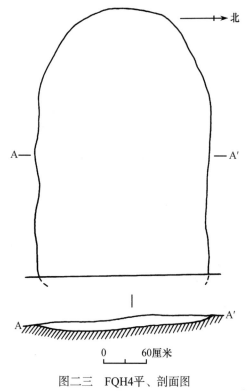

图二三　FQH4平、剖面图

　　FQH4　位于秦家院子遗址T1128东部，部分延伸至T1128东隔梁内。开口于第2层下，坑口距地表深30～40厘米。弧壁、平底。长径355、短径240、深12厘米。坑内堆积原煤（图二三）。

2. 炼煤坑

　　也称整煤池。该类坑体量较大，底部堆积原煤与黏土的混合物，一层原煤一层黄色（灰黄色）黏土交替叠压，部分坑内残留有煤饼。

　　FQH7　位于秦家院子遗址T0622南部、T0621北部，开口于第7层下，坑口距地表深100厘米。坑口平面呈不规则形，弧壁，平底，坑壁、底面加工痕迹明显。长径440、短径240、坑深68厘米。坑内堆积有两层：上层，厚45～56厘米，为较疏松灰黑色炭渣层，含少量反应罐残片；下层，厚18～20厘米，为原煤与灰色黏土混合层（图二四）。

　　FYH1　位于袁家岩遗址T8南部，向南延伸至T7北隔梁内。开口于第6层下，打破生土。坑口平面呈不规则椭圆形（西部已毁），直壁，平底。长径2.9、短径1.9、深0.45米。坑内堆积分二层：第1层，厚20～25厘米，疏松灰黑色煤渣，含大量反应罐残片、红烧土块及少量青花瓷片；第2层，厚15～20厘米，黑色原煤夹少量灰黄色黏土层，出土一小片青花瓷片（图二五）。

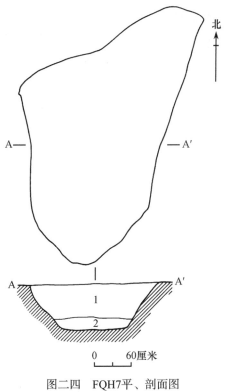

图二四　FQH7平、剖面图

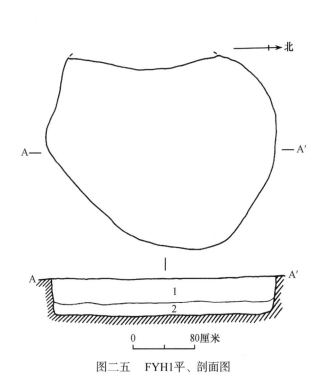

图二五　FYH1平、剖面图

3. 取土坑

　　FQH6　位于秦家院子遗址T0623东北角，坑口距地表深85～110厘米，开口于第7层下，打破生土。坑口（已发掘部分）平面呈长条形，长410、宽110～140、深74～130厘米。东壁较直，南壁上部直，下部留有一踏步，坑底因取土形成中部高两边低的阶梯形。坑内堆积较疏松的灰黑色炭渣，夹少量红烧土块、反应罐残片等。由于坑壁、底的土质、土色与炼煤坑内的黏土、煤饼内的掺和物相同，据此推断该类坑作为取土之用（图二六）。

4. 垃圾坑

　　该类坑往往形状不太规整，包含物杂乱。
　　FQH1　位于秦家院子遗址T0229的中部，开口于第1层下，打破第4、5层。平面不规整，弧壁，底部起伏不规整。长径2.2、短径1.35、深0.95米。坑内填以灰黑色粉砂土，包含物杂乱，出土大量碎石片、青花瓷片、硬陶片等，

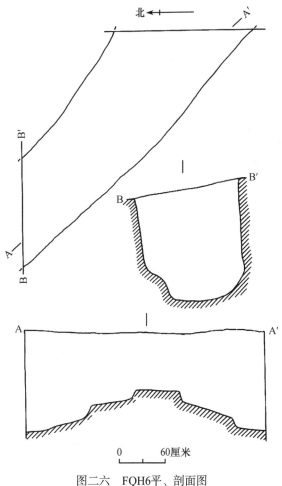

图二六　FQH6平、剖面图

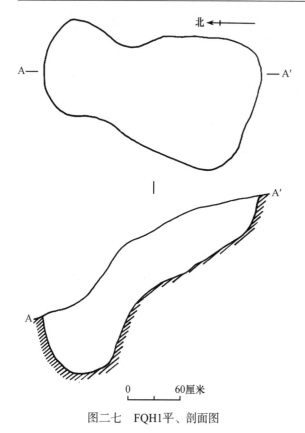

图二七　FQH1平、剖面图

器形有碗、盘、杯等（图二七）。

　　FYH2　位于袁家岩遗址T6南部，距地表深80～195厘米，开口于第6层下，打破L1和生土。斜弧壁，平底，加工痕迹不明显。直径1.7、深0.8米。坑内堆积分二层：第1层，厚30～40厘米，灰黑色煤渣层，土质疏松，出土少量反应罐残片等；第2层：厚25～35厘米，黄褐色黏土，土质较紧密，出土少量反应罐残片、汉砖、青花瓷片及红烧土块等（图二八）。

　　FJH3　位于九道拐遗址T3的西北部。开口于第4层下，打破生土和L2。平面呈不规则圆形，北壁较斜直，南壁斜弧，坑底较平坦，坑壁有加工痕迹。最大径382、深140厘米。坑内填土分二层：第1层，厚130厘米，黄色砂土层，土质较疏松，夹大量砂石和料姜石。第2层，厚10～40厘米，灰黑色煤渣层，土质较疏松，含大量红烧土块、汉砖、反应罐残片等（图二九）。

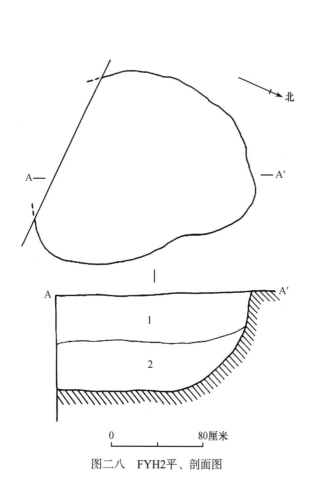

图二八　FYH2平、剖面图

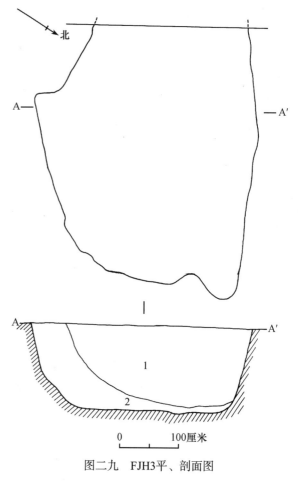

图二九　FJH3平、剖面图

（四）沟

发现9条。据成因、用途分为引水沟、排水沟和冲沟三类。

1. 引水沟

此类沟细而长，较浅，往往有一定的倾斜度，低的一端与炼煤坑相接。

FYG1　位于袁家岩遗址T7、T6内，并向东南向延伸，西北与一炼煤坑（H1）相连。开口于第6层下，打破生土。平面呈长条形（北部接近H1部分较宽），大致由东南向西北倾斜；弧壁，底光滑。发掘部分长8.4、宽0.1～0.6、深0.08米。坑内堆积疏松的灰黑色煤渣，推测为L1的引水沟（图三〇）。

2. 排水沟

FJG1　位于九道拐遗址T2西部，沟口距地表深45～60厘米，开口于第3层下，打破生土。平面呈长条形，北高南低（落差约120厘米），沟底较平。沟口宽34～92、沟底宽16～78厘米。沟内填土为灰黑色煤渣，含少量反应罐残片等（图三一）。

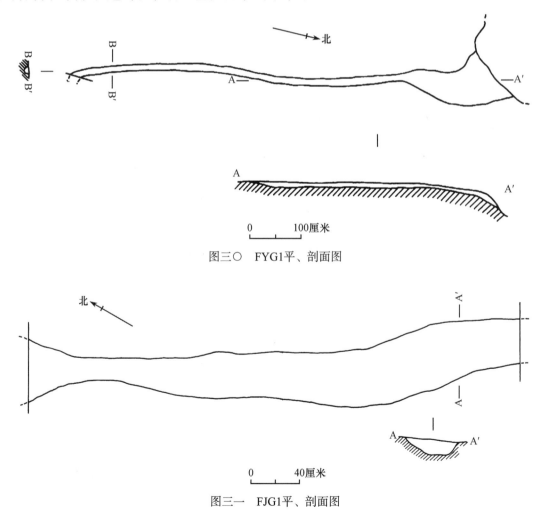

图三〇　FYG1平、剖面图

图三一　FJG1平、剖面图

3. 冲沟

FSG1　位于石地坝遗址南区T1117、T1118、T1217、T1218、T1316、T1317、T1318、T1417等8个探方内。距地表深30~120厘米，开口于第3层下，打破生土。平面呈不规则的长条形（东北高西南低），沟壁、底部因水的冲刷起伏变化较大，极不规整。发掘部分长约20、宽2~6.4、深1.2~2.2米。沟内堆积分两层：第1层，厚5~80厘米，较疏松的浅灰色砂土，主要分布在沟的北部，出土大量瓦片等；第2层，厚0~220厘米，灰黑色煤渣层，包含大量煤渣、红烧土块、青花瓷片及反应罐残片等冶炼废弃物（图三二）。

（五）柱洞

31个。均位于冶炼工作场内，多数分布在冶炼炉的两侧。平面多为圆形，部分为长方形。

FQD1~FQD3　位于秦家院子遗址T0322的东部，开口于第4层下，打破生土。平面呈圆形，直壁，平底，壁、底面光滑。三个柱洞处于一条直线上（D1、D2间距140厘米，D2、D3间距120厘米），其中D1、D2直径25厘米，深分别为8、15厘米，D3直径30、深25厘米。柱洞内填土为煤渣及煤块（图三三）。

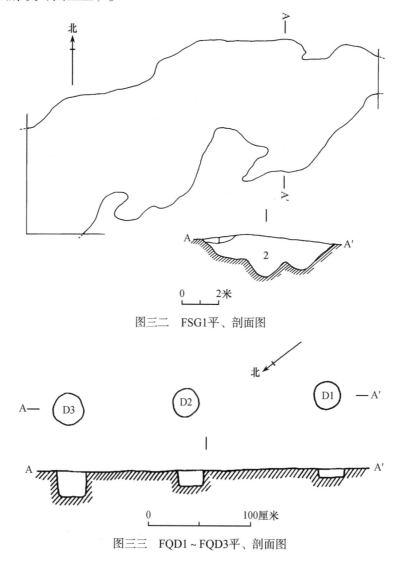

图三二　FSG1平、剖面图

图三三　FQD1~FQD3平、剖面图

四、遗　物

出土遗物以冶炼用的装烧器皿——陶质反应罐为主，日常生活陶瓷器次之，另有少量与其冶炼有关的铁、石制品。此外，出土大量冶炼炉炉壁残块和一定量的煤、木炭等燃料。

1. 反应罐

出土数量大，但多为残片，完整器仅49件。由反应室和冷凝区两部分组成。

（1）反应室

为一种灰色夹砂硬陶的深腹罐。轮制（内壁有明显的轮制弦纹）。基本形态为侈口，卷沿，圆唇，深腹，平底。据肩、腹部形态分三型。

A型　14件。曲腹（下腹内收）。FQT1029③：5，口径9.5、底径9、通高28.5厘米（图三四，1）。FJT1③：1，口径9.5、底径7、通高28.4厘米（图三四，2）。

B型　25件。弧腹。FQG1：9，口径9.5、底径8、通高27.3厘米（图三四，3）。FJT3④：11，口径9.5、底径8、通高27厘米（图三四，4）。FYT6⑥：2，口径9.5、残高18厘

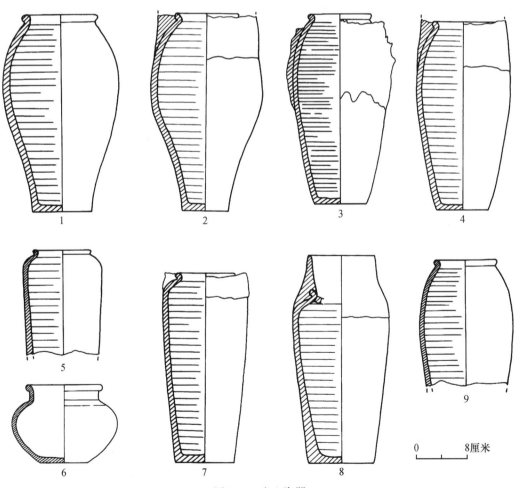

图三四　出土陶器

1、2.A型深腹罐（T1029③：5、FJT1③：1）　3、4、9.B型深腹罐（FQG1：9、FJT3④：11、FYT6⑥：2）

5、7、8.C型深腹罐（FYT7⑥：1、FQH7：2、FJT2③：1）　6.浅腹罐（FJT3④：1）

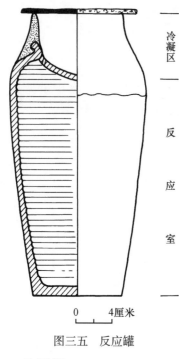

冷凝区

反

应

室

0　　4厘米

图三五　反应罐

米（图三四，9）。

C型　10件。斜直腹。FQH7：2，口径9、底径9、通高29厘米（图三四，7）。FJT2③：1，口径9.5、底径10、高25厘米。冷凝区口径10、通高30厘米（图三四，8）。FYT7⑥：1，口径9、残高15厘米（图三四，5）。

（2）冷凝区

就是在罐体的肩部再用黏土（耐火泥）上接一节，口径9.5、高5.5厘米，罐口放置的冷凝窝，与最上口的盖板一起形成反应罐的冷凝区（图三五）。

冷凝窝是冷凝区的组成部分，用黄沙泥捏制而成，置于冷凝区内反应罐的口部。平面呈圆形，内凹，一侧戳有长方形的透气孔，用来盛接冶炼出的气态冷凝成液态的金属锌。FQT1021⑥：1，直径9.5、厚3厘米，透气孔长约2、宽1厘米（图三七，3）。

2. 生活器

（1）陶器

仅出土1件陶罐。FJT3④：1，泥质灰陶。侈口，卷沿，直领，鼓腹，平底。口径11.4、腹径16、底径7.4、通高11.2厘米（图三四，6）。

（2）瓷器

多为残片，复原器仅22件。以青花器瓷器为主，类主要有碗、盘、杯等。

碗　19件。根据口部形态分三型。

A型　13件。敞口。据腹部形态分二亚型。

Aa型　3件。斜腹。分二式。

Ⅰ式：斜直腹。FQH1：9，敞口，尖圆唇，斜直腹，矮圈足，有色圈。器表表饰草叶纹。口径14、底径7、通高5.2厘米（图三六，1）。

Ⅱ式：斜弧腹。FQT0329③：5，敞口，圆唇，斜弧腹，内底微凸，圈足较高。内壁装饰鱼纹，外壁饰以花卉。口径13、底径6.4、通高5厘米（图三六，2）。

Ab型　10件。弧腹。FJT3④：5，敞口，尖圆唇，弧腹，矮圈足。内壁装饰变形的蟠螭纹，器表饰草叶纹、平行线纹。口径13、底径5、通高5.4厘米（图三六，5）。FJT3④：3，敞口，尖圆唇，弧腹，矮圈足。内壁装饰变形的蟠螭纹，器表饰草叶纹。口径13、底径5.8、通高5厘米（图三六，6）。FJT3④：2，敞口，尖圆唇，弧腹，矮圈足。内壁装饰变形的蟠螭纹，器表饰草叶纹、平行线纹。口径13、底径4.6、通高5.5厘米（图三六，7）。FQH1：16，敞口，圆唇，弧腹，圈足较高，有涩圈。器表饰团花、缠枝玫。口径12、底径6.4、通高5.2厘米（图三六，3）。FQH1：14，敞口，尖圆唇，弧腹，矮圈足。外壁饰草叶纹。口径13、底径6.2、通高5厘米（图三六，4）。

B型　5件。侈口。FQG1：7，侈口，尖圆唇，弧腹，小圈足。器表饰草叶纹。口径12、底

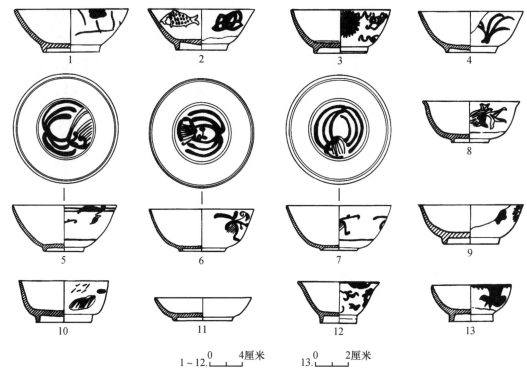

图三六　出土瓷器

1. Aa型Ⅰ式碗（FQH1：9）　2. Aa型Ⅱ式碗（FQT0329③：5）　3～7. Ab型碗（FQH1：16、FQH1：14、FJT3④：5、FJT3④：3、FJT3④：2）　8、9. B型碗（FQG1：7、FQT1218③：1）　10. C型碗（FQH1：5）　11. 盘（FQH1：1）　12. A型杯（FQH1：3）　13. B型杯（FQH1：2）

径4.6、通高5厘米（图三六，8）。FQT1218③：1，口微侈，尖圆唇，弧腹，圈足底。外壁饰团花纹。口径13、底径7、通高4.8厘米（图三六，9）。

C型　1件。直口。FQH1：5，直口微敞，尖圆唇，直弧腹，圈较高足，有涩圈。器表饰草叶纹。口径11、底径6.8、通高5厘米（图三六，10）。

盘　1件。FQH1：1，敞口，尖圆唇，斜弧腹，圈足，有涩圈。器内饰鸟纹和草叶纹。口径12、底径7.2、通高2.8厘米（图三六，11）。

杯　分二型。

A型　1件。FQH1：3，侈口，圆唇，斜弧腹，圈足较直。器表饰团花缠枝纹。口径10、底径4.4、通高5厘米（图三六，12）。

B型　1件。FQH1：2，敞口，微敛，圆唇，斜弧腹，圈足约外撇，底不施釉。器表饰草叶纹。口径5、底径2.7、通高2.2厘米（图三六，13）。

3. 铁制品

2件。

器盖　FJF1：1，圆饼形。直径12、厚1.4厘米（图三七，1）。

铁钎　FJF1：2，长条形，呈锥状（一端大、一端小），锈蚀严重。残长26厘米（图三七，4）。

4. 石器

2件。

器盖　T3④：4，圆饼形。残。直径12、厚1.4厘米（图三七，2）。

范　T0920⑤：1，残。中部打磨成圆窝形。残长22、宽8.8～18、厚3.6～8厘米（图三七，5）。

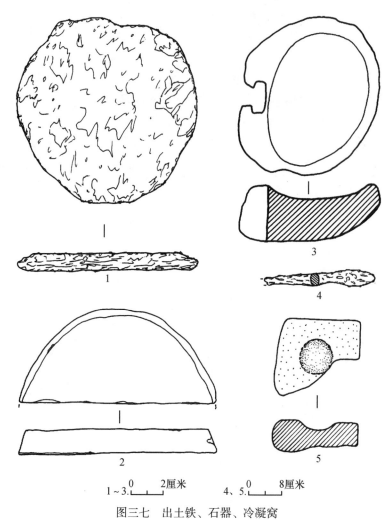

1～3. [比例尺] 0——2厘米　　4、5. [比例尺] 0——8厘米

图三七　出土铁、石器、冷凝窝

1. 铁器盖（FJF1：1）　2. 石器盖（T3④：4）　3. 冷凝窝（FQT1021⑥：1）　4. 铁钎（FJF1：2）　5. 石范（T0920⑤：1）

五、分期与年代

本次清理冶炼炉16座，形制、结构基本相似，年代跨度应该不会太大。通过对冶炼炉具体形制的梳理，对出土遗物尤其是反应罐、瓷器的仔细类比，发现冶锌遗址仍存在阶段性的变化。参照冶锌遗址考古调查所获取的清代以及近现代冶炼炉的材料，我们做了分期的尝试，将本次发掘的考古材料大致分为三个阶段。

第一阶段：冶炼炉（A型）整体形态稍显宽、短，长宽比4.5：1。炉床长6.8～7.4、宽1.5～

1.6米，高出地面5厘米。反应罐（A型）为鼓肩，曲腹，下腹急内收，小平底。

　　第二阶段：冶炼炉（B型）变长，长宽比约5：1。炉床长7.8～8.5、宽约1.6米，高出地面7～8厘米。反应罐（B型）为溜肩，弧腹，整体形态变得瘦长，底变大。

　　第三阶段：冶炼炉（C型）瘦长，长宽比约7：1。炉床长约10、宽0.9～2米，残高5～8厘米。反应罐（C型）为广肩，斜直腹，平底。整体形态变得瘦长，底变大。

　　冶炼废弃堆积主要倾倒在冶炼炉附近的冲沟或临江低矮地方，最能直接帮助我们断代的器物主要是人们活动留下的瓷器。从秦家院子1号沟、秦家院子3号沟以及九道拐1号房子出土的青花瓷看，为明代中期至晚期。

六、结　语

　　我国是世界上最早掌握炼锌技术的国家之一，明末宋应星《天工开物》（1637年）关于用泥罐"开炼倭铅"，是目前世界上有关炼锌技术的最早记载。在历史悠久的坩埚冶炼铜等技术的基础上，我国古代人民发明创造了具有自己特色的坩埚冶锌法，通过对四处冶锌遗址的发掘，我们对冶锌遗址有了一定认识，获得了宝贵的实物资料。

　　1）基本弄清了冶锌遗址分布规律及遗址内布局情况。冶锌遗址均选择在长江两岸的土质台地、坡地上（尤以前者最多、分布最密集），从选址上充分考虑到了冶锌所需的原料、材料及产品运输的方便，解决了冶炼过程中的用水问题，同时考虑了足够的空间堆放原、材料和倾倒大量的冶炼废弃物。

　　冶锌遗址群由若干个遗址组成，每个遗址又有若干个冶炼场。单个冶炼场由工作区和废弃堆积区构成，工作区内有冶炼炉、煤坑、煤炭整理池（炼煤坑）、引水沟等与冶炼相关的设施。冶炼炉分布极有规律，或位于台地（坡地）临江面地势较高的地方，或位于冲沟的一侧，利用地形坡度进行自然抽风；煤坑、炼煤坑位于炼炉的附近；临江的低地及冲沟往往是倾倒冶炼废弃物的场所（图三八）。

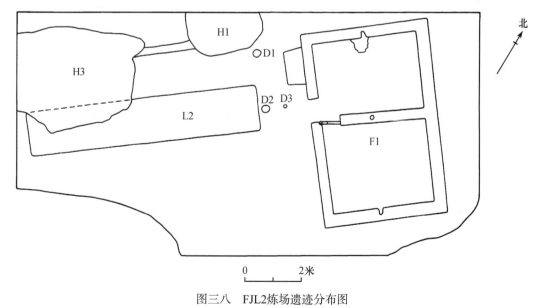

图三八　FJL2炼场遗迹分布图

2）对冶炼炉的形制、结构有了初步认识。炼炉平面呈长条形，由炉床、窑室两部分组成。炉床多建于生土上，高于地面4～8厘米，床面上设置炉栅，留有掏火窝，构成窑室的下面部分；冶炼炉两端直接在炉床用土坯砌墙，两边在炉栅上用砖砌墙，上部形成一个"马槽"形的窑室。部分炼炉（秦家院子一、三号炉）的炉床两侧残留成排柱洞，推断这时已出现带炉棚的冶炼炉。其整体形态由宽、短向瘦长发展。

3）冶锌工艺过程的复原：装料、入炉、冶炼、毁罐取锌。将脱硫后的氧化锌矿砂、煤（炭）粉按一定比例盛入反应罐后，在罐口用黏土（耐火泥）做出内凹带孔的冷凝窝封盖反应罐，然后在反应罐的肩部用黏土（耐火泥）上接一节，与最上口盖板一起形成冷凝区；在反应罐入炉前器身外壁包裹一层黄泥，以防止在高温冶炼过程中罐体发生破裂。将反应罐置于冶炼炉的炉栅上，四周堆放煤饼；炉栅内投放柴薪、木炭等燃料，点火引燃煤饼。当窑室温度达到一定程度的时候，反应罐内的锌矿与煤（炭）发生化学反应（$ZnO+CO \rightarrow Zn+CO_2$），还原出气态锌，锌蒸气通过冷凝窝的透气孔上升至冷凝区冷却，冷凝窝盛接冶炼出的气态凝成液态的金属锌。冶炼完成后，冷却，最后打破反应罐，取出锌块。每个反应罐只能使用一次。

4）丰都冶锌遗址群的发掘为研究我国古代冶锌技术的起源、发展和进步的过程提供了极其重要的实物资料，具有十分重要的意义。同时，该遗址群发现的遗址数量多，单个冶炼址的规模较大，从清理的16座冶炼炉分析，其冶炼技术已相当成熟。因此，在该区域是否还有比它更原始的冶炼遗址存在，需进一步开展工作。

附记：本次发掘工作得到丰都县文物管理所的大力支持，在此表示感谢。参加本次发掘的工作人员有袁东山（领队）、李大地（执行领队）、曾先龙、廖育方、龚玉龙、杨爱民、周浩、孙绍伟、王道新、胡文忠、王新柱等。

领　　　队：袁东山
修　　　复：蔡远富
摄　　　像：曾先龙
绘　　　图：张典维
资料整理：李大地　杨爱民
执　　　笔：李大地　袁东山

巫山大溪遗址2001年度六朝墓葬发掘简报

重庆市文物考古研究院
巫山县文物管理所

一、概　况

　　大溪遗址位于重庆市巫山县大溪乡大溪村，遗址中心地理坐标为东经109°30′31″，北纬31°0′15″，海拔135～147米。遗址位于长江三峡瞿塘峡东出口的南岸，大宁河宽谷的西端。大溪河为三峡南岸一级支流，南北向河流，在入长江口附近，大溪河折向东北环绕遗址汇入长江，与长江共同围合成一片半岛形阶地（图一）。

　　大溪遗址所在地系盛家山山麓向长江河漫滩过渡地带的斜坡台地，台地西高东低，北窄南宽，自北向南呈窄长条形。据《长江三峡工程淹没及迁建区文物古迹保护规划》，大溪遗址为三峡工程地下文物保护A级发掘点。2000年，重庆市文物考古所承担了巫山县大溪遗址的考古发掘任务。2000年5月，重庆市文物考古所成立大溪遗址工作队，并对遗址进行了较详细的调查、勘探和测绘，初步确认了遗存的分布区域和聚落内部的功能分区，并依照遗址中的杨家沟、桥沟和竹林沟三条大冲沟，自北向南将遗址依次分为Ⅰ、Ⅱ、Ⅲ区（图二）。同年10月，工作队对大溪遗址进行了2000平方米发掘，清理了一批新石器、商周遗存。

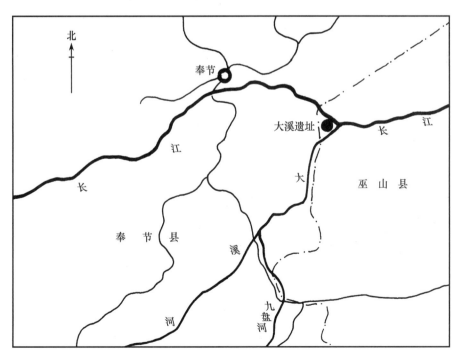

图一　大溪遗址位置示意图

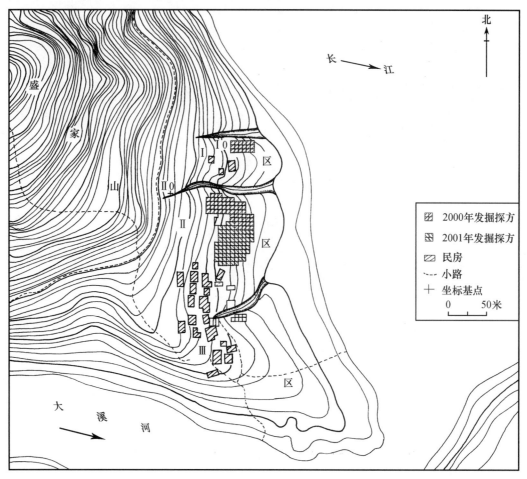

图二　大溪遗址地形及2001年发掘探方分布图

　　2001年10月12日至2002年1月25日，重庆市文物考古所大溪遗址工作队对遗址再次开展了2000平方米的发掘工作。本次发掘布方均位于遗址Ⅱ区中部，紧接2000年度在Ⅱ区所布探方的南边，延续上一年度的坐标系，探方编号原则同前。本次共清理各时期灰坑448座、墓葬165座，另有沟、灶等遗迹。其中，墓葬中有汉至六朝墓葬9座，简报如下。

　　该批墓葬排列较为规整，由西向东大体可分为4排，第1排1座，第2排4座，第3排3座，第4排1座，大多数墓葬墓向为向东略偏北，朝向长江的流向，1座为正东向，1座为东向略偏南（图三）。

二、地层堆积

　　汉至六朝墓葬被叠压于不同地层下，部分在汉至六朝文化层下，打破大溪文化层；部分墓葬墓口在明代层下发现，直接打破生土。以ⅡT1816南壁、西壁和ⅡT1213东壁、南壁为例，介绍如下。

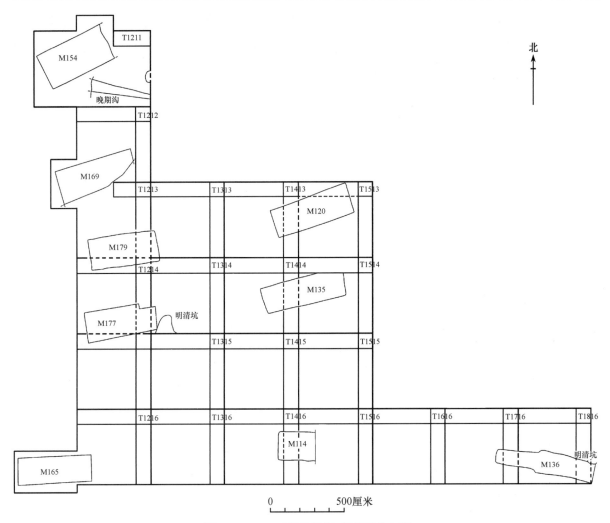

图三　2001WDⅡ区汉至六朝墓葬分布图

（一）ⅡT1816剖面

该方地层共分4层。第2层为明清时期，又分为三个亚层。第3层为汉至唐宋时期，又分为四个亚层，其中第3A层为唐宋时期，第3B、3C、3D层为汉至六朝时期。第4层以下为新石器时代大溪文化层（图四）。

第1层：厚10～15厘米。灰色耕土层。内含植物根茎、青花瓷片、近代瓦片等。

第2A层：深10～15、厚0～45厘米。土质松软，黄灰色沙土。内含青花瓷片、瓦片、砖块等。

第2B层：深10～56、厚30～70厘米。土质软，深灰色沙土。内含瓦片、砖块、青花瓷片、白灰渣、石块、木炭灰点等。

第2C层：深70～95、厚10～42厘米。土质较软，黄灰色沙土。内含物有石块、瓦片、青花瓷片等。

第3A层：深90～130、厚30～65厘米。土质较硬，深灰色粉沙土。出土物有绳纹瓦片、布纹瓦片、白瓷片等。

第3B层：深150～165、厚0～60厘米。土质较硬，黄灰色黏土。内含绿釉陶片、铁块、绳纹板瓦片、筒瓦片、青瓷片、夹砂红陶片、泥质红陶片等。陶片中器形有鼎足、钵口沿、罐口沿等。

第3C层：深150～215、厚5～75厘米。土质较硬，灰褐色粉沙土。内含砖块、石块、绳纹板瓦片、筒瓦片、夹砂红陶片、泥质红陶片、灰陶片等。

该层下叠压ⅡM136，直接打破第4层。

第3D层：深200～230、厚0～65厘米。土质较硬，浅灰褐色沙土。分布于探方东南部。包含物有少量新石器时代夹砂红陶片、另有绳纹板瓦片、石块、鱼骨渣、红烧土颗粒等。

第4层：深205～230、厚10～30厘米。土质较软，黄灰色沙土。包含零星鱼骨渣。

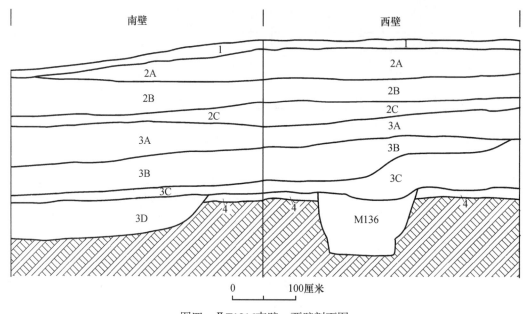

图四　ⅡT1816南壁、西壁剖面图

（二）ⅡT1213剖面

该方地表由西向东倾斜。共分2大层，其中第2层为明代文化层，又可进一步划分为五个亚层。第2层下即为生土（图五）。

第1层：厚15～27厘米。呈褐灰色，土质松软，为现代耕土层。包含近现代瓷片、碎砖块、石块、瓦片及植物根茎。

第2层：包含物主要为明清时期的瓦片、瓷片、碎砖块，另有汉至六朝时期的残砖块、青瓷片等，还有东周时期的楚文化鬲足、豆柄，以及少量大溪文化夹砂陶片等。

第2A层：深15～27、厚0～20厘米。浅褐色土，土质较软。分布于本方西南部。

第2B层：深15～45、厚30～57厘米。深褐色土，土质较硬。本层分布全方。

第2C层：深70～85、厚25～38厘米。浅褐色土，略带沙性，土质较软。

第2D层：深100、厚0～25厘米。浅黄色粉沙土。分布于探方西南角。

第2E层：深98～135、厚25～67厘米。灰褐色土，土质略松软。

此层下叠压ⅡM179。

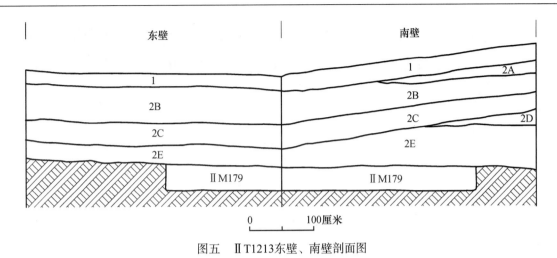

图五　ⅡT1213东壁、南壁剖面图

三、墓葬介绍

本次发掘的9座墓葬可分为砖室墓、石室墓、土洞墓三种形式，其中砖室墓2座、石室墓6座、土洞墓1座。砖室墓、石室墓均先开挖竖穴土圹，再砌筑墓室。土洞墓则是先挖竖穴浅土圹，再顺坡向内掏挖洞室。砖室、石室墓有4座平面呈刀形，4座前部被毁形制不明。这批墓葬除2座墓没有随葬品外，其余或多或少有一些随葬品。由于墓葬多被生产活动和盗掘扰乱，现存骨架、随葬品多凌乱无序。随葬品有瓷器、陶器、铁器和铜钱。

（一）砖室墓

共2座。墓墙用青砖错缝平砌，拱顶用楔形砖砌筑。

1. ⅡM114

ⅡM114位于ⅡT1516西部和ⅡT416东部，墓口叠压于ⅡT1516第2C层之下，直接打破新石器时代文化层，墓口距地表深250厘米。

该墓为长方形土圹砖室墓，方向88°。现存墓室后半段，平面呈长方形，顶部及前端被毁，墓壁仅剩4、5层墓砖，墓底采用人字形纹铺地。墓砖侧面纹饰有几何波折纹、车轮+十字几何纹两种。土圹残长250、宽184、残深30厘米，墓室残长224、宽146、残高24厘米，墓砖长35、宽17、厚6厘米（图六；图版一三，1）。

墓室堆积灰黑色褐土，土质结构致密，夹杂残砖块、陶片等。东北角有零乱木灰渣痕迹。因扰乱严重，墓内肢骨零乱，残破的头骨位于墓室西侧偏南处，葬式不明。

随葬品大多不存，仅在墓室西南角出土2枚小铜钱，钱文漫漶不清。

2. ⅡM165

ⅡM165位于ⅡT1216西南部，墓口叠压于第3层下，距地表100厘米，打破生土。

ⅡM165为竖穴土圹砖室，方向80°。该墓仅残存墓室部分。墓室平面呈长方形，拱顶坍

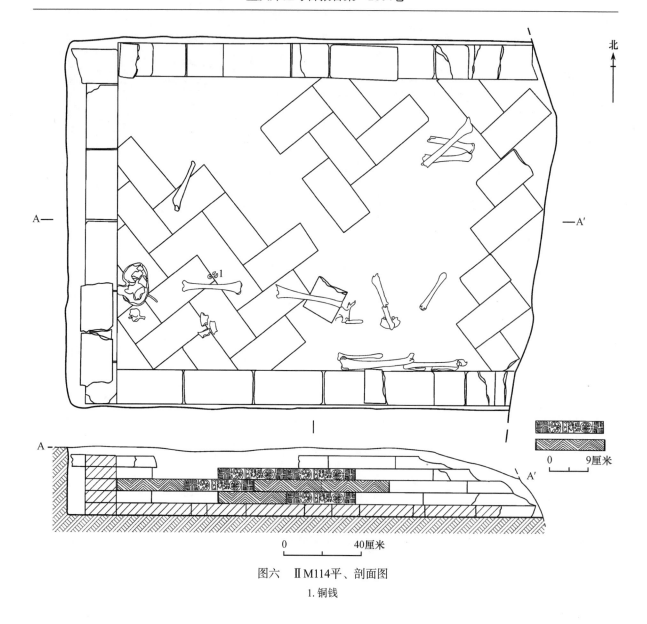

图六　ⅡM114平、剖面图
1.铜钱

塌，墓墙用长方形砖错缝平砌，侧墙顶可见弧壁券顶结构的楔形砖。墓内铺地砖用二顺一丁平铺。墓室前、后方两侧均设向内凸出的4个方柱，现存3个，两侧方柱之间相距100厘米。方柱凸出部分宽18、长34、残高66厘米。方柱可能具有将墓室分割为甬道、前室、后室的意义。墓砖侧面印刻重菱纹。墓圹残长504、宽175、深25～194厘米，墓室长500、宽134、高15～170厘米，墓砖长34、宽16、厚6厘米（图七）。

墓葬室内堆积黄褐色杂土，出土少量宋代瓷碗残片、陶香炉、铁镞等，室内未见葬具和骨架的痕迹。

随葬品置于墓室前端，均为青瓷器，灰白色或米灰色瓷胎，有碗、盏、熏炉、四系罐和盘口壶，分别介绍如下。

瓷碗　3件。ⅡM165：2，口微敞，尖圆唇，沿下内折形成凹旋纹，斜弧腹。饼底。施青釉不及底。口径17.2、底径11.6、高6厘米（图八，2；图版一五，1）。ⅡM165：3，口微敞，尖圆唇，沿下内折形成凹旋纹，斜弧腹。平底。施青釉不及底。口径11、底径7.3、高4厘米

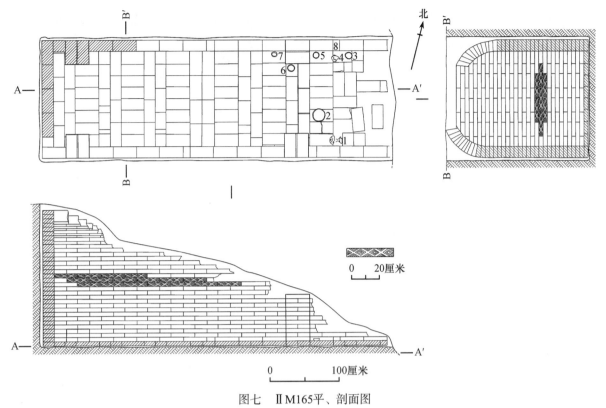

图七　ⅡM165平、剖面图

1.瓷熏炉　2、3、6.瓷碗　4.瓷四系罐　5、7.瓷盏　8.瓷盘口壶口沿

（图八，4；图版一五，2）。ⅡM165：6，敛口，弧腹，饼底。内底有多个支钉痕。口径9.2、底径5.4、高3.7厘米（图八，8；图版一五，3）。

瓷盏　2件。ⅡM165：5，敛口，口微残，弧腹微鼓，饼底。外壁施半釉。内底有多个支钉痕。底径4.6、高3.5厘米（图八，3；图版一六，3）。ⅡM165：7，口微敞，薄圆唇，斜弧腹，饼底，底周有旋削痕。施青釉不及底。内底有多个支钉痕。口径8.3、底径 5.2、高4.5厘米（图八，6；图版一六，4）。

瓷四系罐　1件。ⅡM165：4，侈口，卷沿，圆唇，鼓肩，斜腹，平底。肩部施四个横条形耳，器身大部施青色酱釉，釉厚处泛黑。口径8.4、底径7.2、高6.8厘米（图八，7；图版一七，3）。

瓷盘口壶　1件。ⅡM165：8，仅剩盘口残片。盘沿口直，圆唇，沿壁微内弧，盘内曲面，壁下饰两道旋纹。施青釉。口径12.8、残高2.2厘米（图八，5）。

瓷熏炉　1件。ⅡM165：1，灯盏已残，残缺部分可见镂孔痕迹，斜弧壁，底近圜。托柱侈口，折沿，中柄，空心。托盘敞口，圆唇，外沿饰旋纹，斜腹，平底。施淡青色釉，釉不及底。灯盏托盘底釉旋切偏心圆纹。托盘口径13.2、底径9.2、通高11.8厘米（图八，1；图版一八，4）。

墓室填土中出土4件宋代遗物，计有瓷斗笠碗、陶香炉、铁镢。

瓷斗笠碗　2件。白色胎。敞口，圆唇，斜直壁内收，小饼足。外表施青釉。ⅡM165：01，釉下刻草叶纹。口径12、底径2.8、高4.8厘米（图九，1）。ⅡM165：02，釉内带有不规则的白点。口径12、底径2.8、高4.8厘米（图九，2）。

陶香炉　1件。ⅡM165：04，泥质灰陶。宽折沿，沿面外斜，尖唇低垂，直腹微敞，底略圜。外侧有3个黏接疤痕，似为三足器。口径14、残高6.6厘米（图九，4）。

铁镞　1件。ⅡM165：03，被铁锈包裹。前锋后铤，铤端为圆柱形，前锋为四棱形，中部粗，锋尖较钝。通长7厘米（图九，3）。

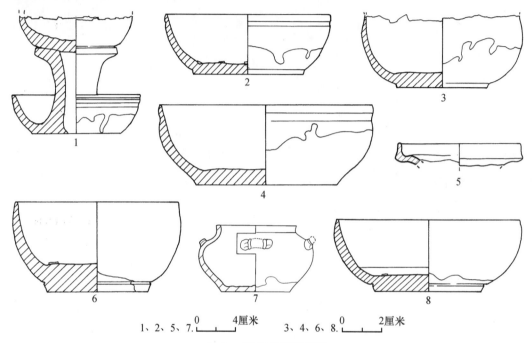

图八　ⅡM165随葬瓷器

1.熏炉（ⅡM165：1）　2、4、8.碗（ⅡM165：2、ⅡM165：3、ⅡM165：6）　3、6.盏（ⅡM165：5、ⅡM165：7）

5.盘口壶（ⅡM165：8）　7.四系罐（ⅡM165：4）

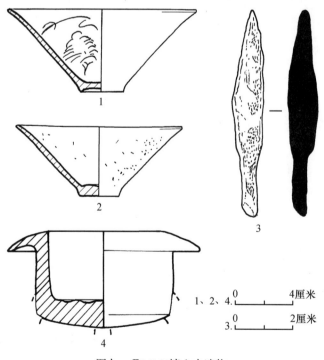

图九　ⅡM165填土内遗物

1、2.瓷斗笠碗（ⅡM165：01、ⅡM165：02）　3.铁镞（ⅡM165：03）　4.陶香炉（ⅡM165：04）

（二）石室墓

石室墓系先挖土圹，再砌筑石室。石室用敲打较为规整的石灰岩（一般是沿节理面破裂平整的）石块砌筑，石块薄厚不一，其间用黏土填垫。墓墙错缝平砌，地面平铺石板，也有用小石子铺就。室内壁面比较规整，室外则参差不齐。石材一般长20～50、宽20～30、厚4～15厘米，个别石块厚度超过20厘米。铺地石子大小直径2～3厘米。6座石室墓中有4座平面呈刀形，2座前侧被毁不详。

1. ⅡM120

ⅡM120位于ⅡT1513北部隔梁内，西侧延伸至ⅡT1413内。ⅡM120叠压于第2C层下，打破第2D层，墓室中间偏北处有一直径40厘米的椭圆形盗洞。墓口距地表深105厘米。

ⅡM120为长方形竖穴土圹石室墓，方向73°。整体平面呈刀形，由甬道、墓室两部分组成。墓室平面呈长方形，墓顶被毁，现存墓墙高矮不等。甬道位于墓室的东端，平面呈短长方形，右侧墙壁不存。墓底用细鹅卵石铺地。土圹长542、宽180～200、残深62～110厘米，墓室长406、宽120、残高60～118厘米，甬道残长90、宽94、残高58厘米。墓底所铺细鹅卵石直径2～3厘米不等（图一〇；图版一四，1）。

墓内堆积褐色花土，结构致密，夹杂花边陶釜、罐、板瓦、筒瓦等残片。颅骨俯置于甬道口，尺骨等散置于墓室内，葬式不明。

该墓存随葬品2件，均为青瓷器。瓷碗置于墓室东南角，瓷盘口壶位于中部，紧贴北壁。

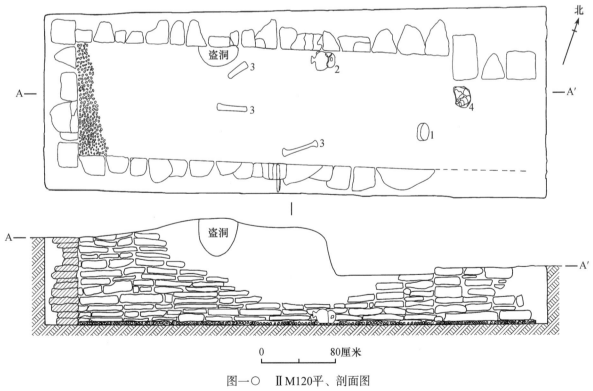

图一〇　ⅡM120平、剖面图
1.瓷碗　2.瓷壶　3.肢骨　4.头骨

瓷碗　1件。ⅡM120：1，灰白色瓷胎。敞口，弧腹，饼底。沿下饰凹旋纹一周，内底有多个支钉痕。口径16、底径8.8、高6.3厘米（图一一，2；图版一五，4）。

瓷盘口壶　1件。ⅡM120：2，灰白色瓷胎。盘口已残，矮领，束颈，广肩，肩部平，斜腹，平底。肩部有两组对称的4个横耳：一组圆弧顶，为条形耳，其一侧有泥条堆纹；另一组为平顶桥形耳。肩部饰凹旋纹，应为上下接制处，腹部有拉坯旋痕。最大径18、底径10.8、残高15厘米（图一一，1；图版一八，2）。

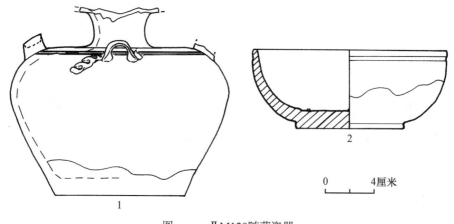

图一一　ⅡM120随葬瓷器

1. 盘口壶（ⅡM120：2）　2. 碗（ⅡM120：1）

2. ⅡM135

ⅡM135位于ⅡT1514的西北部，向西延伸至T1414内，墓口叠压于第2E层下，打破T1514第3层。墓口距地表深110厘米。

ⅡM135为长方形竖穴土圹石室墓，方向75°。该墓平面呈刀形，由墓室、甬道两部分组成。墓顶缺失，墓室东壁中部、西壁东部及后壁均朝外倾斜。甬道位于墓室的东端，平面呈梯形，东端略宽。墓底较平，铺一层细鹅卵石。土圹长570、宽180、残深130厘米，墓室长386、宽126、残高96厘米，甬道残长80、宽90～110（约）、残高80厘米（图一二）。

墓内堆积褐色土，夹杂大量泥质灰陶片，出土小件有陶祖、骨片、石凿等。由于被扰，墓内骨架散乱，葬式无法判断，经鉴定骨骼分属两个个体，男子年龄35岁左右，女性30～35岁。未发现葬具。

随葬品瓷器2件，分别为青瓷盏和青瓷钵。

瓷盏　1件。ⅡM135：2，口微敞，唇薄略呈子口状，外侧有折痕，斜弧腹，饼底，底周有旋削痕。施青釉不及底，内底有多个支钉痕。口径8、底径4.5、高3.9厘米（图一三，5；图版一六，5）。

瓷钵　1件。ⅡM135：1，口微敞，圆唇，斜弧腹，平底，内底坦，微凹。口沿下饰一道凹旋纹。施青釉不及底。内底有多个支钉痕。口径17、底径9.9、高5.6厘米（图一三，6；图版一六，6）。

填土中遗物可分辨器形者4件，分别为陶祖、石凿、骨片。

陶祖（触器）　1件。ⅡM135：01，泥质灰褐陶。整体呈三叉形。双根略残，前部有一

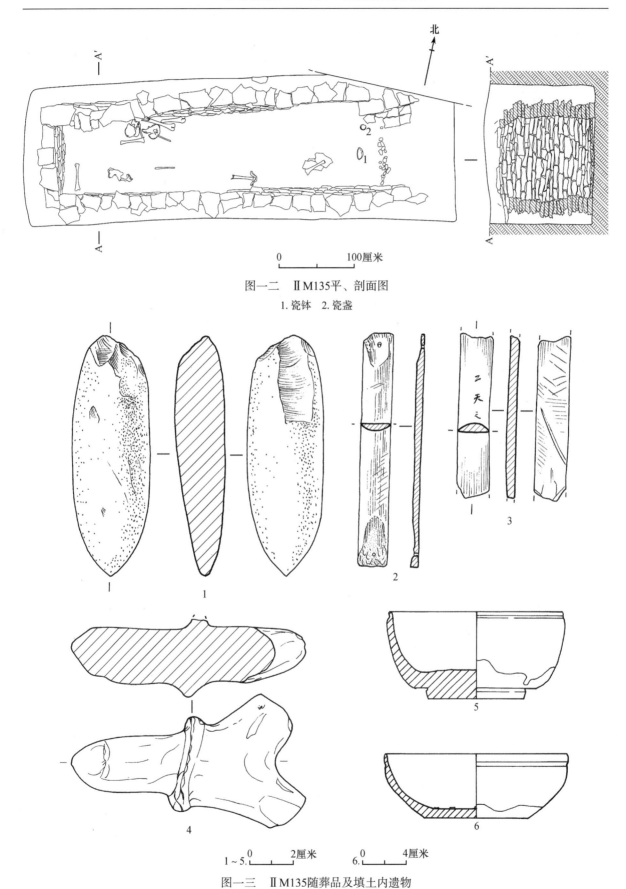

图一二　ⅡM135平、剖面图

1. 瓷钵　2. 瓷盏

图一三　ⅡM135随葬品及填土内遗物

1. 石凿（ⅡM135：03）　2、3. 骨片（ⅡM135：02-1、ⅡM135：02-2）　4. 陶祖（ⅡM135：01）　5. 瓷盏（ⅡM135：2）
6. 瓷钵（ⅡM135：1）

箍，茎圆形，头部尖圆。长10.7、宽6厘米（图一三，4；图版一八，6）。

　　石凿　1件。ⅡM135：03，灰绿色石英岩。近圭形。选取自然砾石加工而成。仅刃口磨制。顶端斜，有砸击的互交崩疤，崩疤3层鳞片状，个别疤痕较深。两面弧，稍有扭曲感。两侧近直，下端双面磨刃，刃口锋利。残长10.8、宽3.6、厚2.3、刃缘长0.4厘米，刃角89.3°，重135.6克（图一三，1）。

　　骨片　2件。长方形片状，选材于动物肢骨，通体精细磨制光滑。ⅡM135：02-1，两端各穿一小孔，正面圆弧，背面平；一端稍残，另一端背面见骨松质。长10.3、宽1.4、厚0.3厘米（图一三，2）。ⅡM135：02-2，两端残，正面圆弧，背面平。正面由上而下刻3个字，"二""天""之"。残长7.4、宽1.4、厚0.4厘米（图一三，3）。

3. ⅡM154

　　ⅡM154位于ⅡT1211的西北角，墓口叠压于ⅡT1211第3层下，打破东周文化层第4层。墓口距地表高度约35厘米。

　　ⅡM154为长方形竖穴土圹石室墓，方向65°。墓室长方形，墓顶和东端残缺，墓底平铺薄石板。土圹长550、宽244、残深10厘米，墓室长470、宽166、残高106厘米（图一四）。

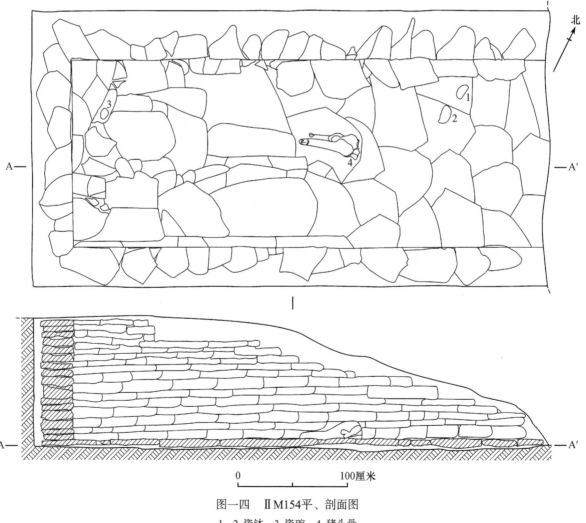

图一四　ⅡM154平、剖面图

1、2.瓷钵　3.瓷碗　4.猪头骨

室内堆积褐色花土，土质疏松，夹杂石块及大量陶片。墓内骨架和葬具不存。

墓内现存随葬青瓷碗和青瓷钵3件，墓室中部置一猪头骨。

瓷碗　1件。ⅡM154：3，口微敞，尖圆唇，沿面向内略凹，外侧形成折痕，斜弧腹，平底。内底周沿有一圈凹槽。施青釉不及底。口径11.2、底径7、高4.8厘米（图一五，1；图版一五，5）。

瓷钵　2件。口微敞，圆唇，上折沿，沿面有多道旋纹，斜腹，内外壁施青釉均不及底。ⅡM154：2，平底略凹。口径16.4、底径11.7、高6厘米（图一五，2；图版一七，2）。ⅡM154：1，平底。口径16、底径12、高6厘米（图一五，3；图版一七，1）。

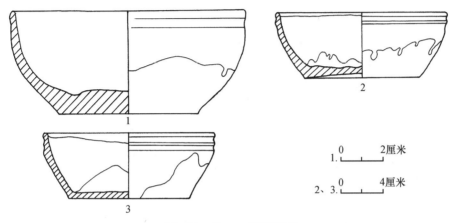

图一五　ⅡM154随葬瓷器

1.碗（ⅡM154：3）　2、3.钵（ⅡM154：2、ⅡM154：1）

4. ⅡM169

ⅡM169位于ⅡT1213的北隔梁内，部分位于ⅡT1212内，墓口叠压于第2B层下，打破第3A层。墓口距地表深75～120厘米。

ⅡM169为竖穴土圹石室墓，方向70°。该墓由墓室、甬道组成。墓室平面为长方形，墓壁现存7层石板。甬道位于墓室的东端，东端、西侧均残缺。墓底略向东倾斜，用薄石板铺就，石板大小不一，就形镶补而成。土圹长530、宽236～246、残深26～70厘米，墓室长430、宽160、残高20～66厘米，甬道残长60、残宽约70、残高20厘米（图一六）。

墓内堆积灰褐土，土质较硬，结构紧，内含较多的炭粒、红烧土小颗粒，还有倒塌的墓室墙体石板，出土板瓦、筒瓦、陶罐残片、瓷片等。因破坏严重，墓室东南角仅余两节股骨和尺骨残断块。

墓内未见随葬品。

5. ⅡM177

ⅡM177位于T1214南部，墓口叠压于ⅡT1214第3层之下，打破第4层。墓口距地表深120厘米。

ⅡM177为长方形竖穴土圹石室墓，方向76°。该墓平面呈刀把形，由甬道和墓室组成。墓室平面呈长方形，墓壁残存5～6层石块，其余被毁。甬道位于墓室一侧，短长方形，外侧开

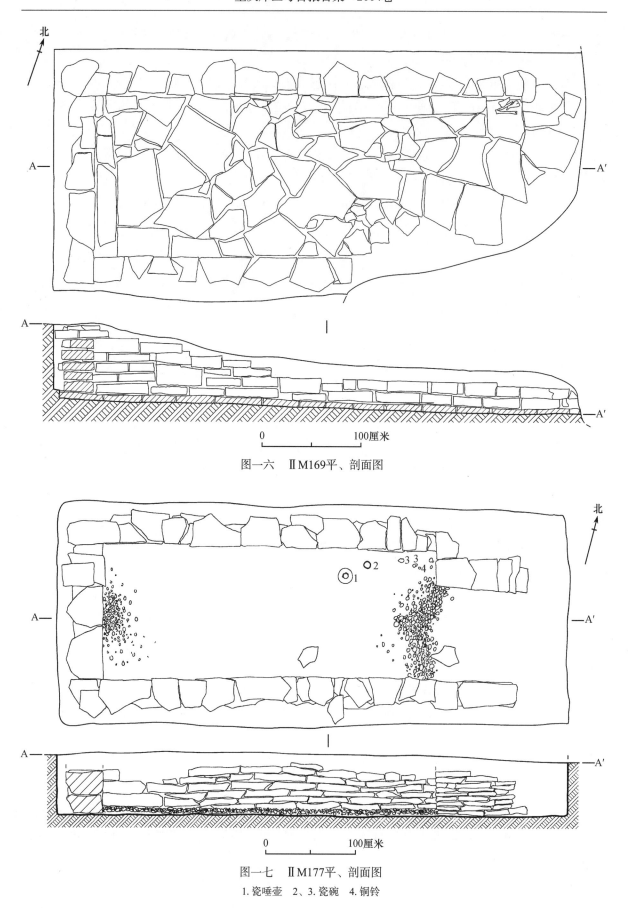

图一六　ⅡM169平、剖面图

图一七　ⅡM177平、剖面图

1.瓷唾壶　2、3.瓷碗　4.铜铃

口。墓底铺小鹅卵石。墓圹长500、宽240、残深60厘米，墓室长400、宽169、高40厘米，甬道长100、宽100、高50厘米（图一七；图版一四，2）。

墓室内堆积灰褐色花土，含少量陶片及宋、明清瓷片。墓底见腐朽的骨渣和一块脊椎骨，葬式不明。

随葬品位于墓室东北角，有青瓷唾壶、青瓷碗、铜铃。

瓷碗　2件。灰白色胎。尖圆唇，沿下微向内弧，斜弧腹，饼底。施青釉不及底。ⅡM177：2，敛口，内底有多个支钉痕。口径6.9、底径4.2、高3厘米（图一八，1；图版一五，6）。ⅡM177：3，口微敞。口径7.8、底径5.1、高3.1厘米（图一八，3；图版一六，1）。

瓷唾壶　1件。ⅡM177：1，灰白色胎。口已残，束颈，广肩，肩部外斜弧，垂腹，最大腹径靠下，假圈足，足径较大。内底有旋痕。施酱色青釉不及底。最大腹径13.2、底径10.8、残高8厘米（图一八，4；图版一八，3）。

铜铃　1件。ⅡM177：4，圆球形，表面布满绿色铜锈。上部有一环形小纽，下半部开口。器表有同心圆状纹饰。通高2.3、圆径2厘米（图一八，2；图版一八，5）。

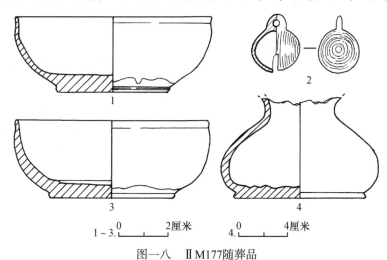

图一八　ⅡM177随葬品

1、3.瓷碗（ⅡM177：2、ⅡM177：3）　2.铜铃（ⅡM177：4）　4.瓷唾壶（ⅡM177：1）

6. ⅡM179

ⅡM179位于ⅡT1213东南部，第2D层下，打破生土，墓口距地表深160厘米。

ⅡM179为长方形竖穴土圹石室墓，方向80°。该墓由墓室和残甬道组成。长方形墓室，券顶无存，墓壁仅剩2层石块。甬道位于墓室东端，仅剩墓室前方左侧拐角处，只能反映甬道的宽度，长度不明。墓底平铺小石子，多为细鹅卵石，高低不平。土圹残长460、宽202、残深12～28厘米，墓室长330、宽140、高12～28厘米，甬道宽80厘米（图一九）。

墓内堆积灰褐色花土，土质较硬，夹杂明清时期的瓷片、瓦片、砖块等。墓底见有铁棺钉。

出土随葬品有陶双耳罐、瓷鸡首壶、瓷碗、石黛板、铜钱。

瓷碗　1件。ⅡM179：2，口微敞，圆唇，沿面向内略凹，形成折痕，斜弧腹，饼底。施青釉不及底，内底有多个粗大支钉痕。口径9.3、底径6、高3.9厘米（图二○，3；图版

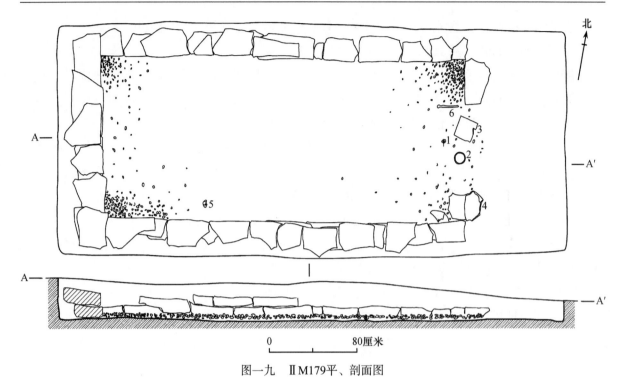

图一九　ⅡM179平、剖面图

1.瓷鸡首壶　2.瓷碗　3.石黛板　4.陶双耳罐　5.铜钱　6.铁棺钉

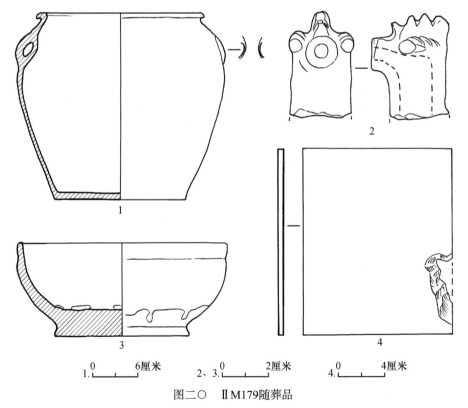

图二○　ⅡM179随葬品

1.陶双耳罐（ⅡM179：4）　2.瓷鸡首壶（ⅡM179：1）　3.瓷碗（ⅡM179：2）　4.石黛板（ⅡM179：3）

一六，2）。

瓷鸡首壶　1件。ⅡM179：1，流呈鸡首状，直颈昂扬，齿状冠，圆眼凸鼓，三层眼皮，喙形流口呈圆管状。流口上沿有双弧线纹。残高4.5厘米（图二〇，2）。

陶双耳罐　1件。ⅡM179：4，泥质灰陶。轮制。敛口，口沿外卷，沿面弧，尖唇下垂，鼓肩，腹壁斜内收，平底。肩部有对称的带形双耳，双耳坑窝状内凹。腹部有拉坯旋痕。口径21.5、腹径27.3、底径18、高24厘米（图二〇，1；图版一七，5）。

石黛板　ⅡM179：3，灰色页岩。通体磨制。长方形薄板片，一侧残缺一豁口。一面磨制光滑，一面仅将节理面略磨制。长15.7、宽12.8、厚0.5厘米（图二〇，4）。

铜钱币　1枚。腐朽严重，钱文漫漶不清。

（三）土洞墓

1座。ⅡM136，位于ⅡT1816的南部，西端延伸至ⅡT1716、东端延伸至ⅡT1916东南角。墓口叠压于ⅡT1816第3C层下，打破第4层。口部距地表深230～260厘米。

ⅡM136为竖穴土坑横土洞墓，方向275°。由墓道和洞室两部分组成，墓道与墓室不在一条中轴线上，墓室稍偏南侧，且墓道比墓室宽。该墓洞室坍塌，仅剩后方顶部约105厘米。墓室平面为长方形，拱形洞顶，墓底用小鹅卵石铺就。墓道位于墓室的东端，平面呈长方形，直壁，底平。墓壁表面平整，光滑，工具痕迹不显。墓室长308、宽80～136、残深64～130厘米，

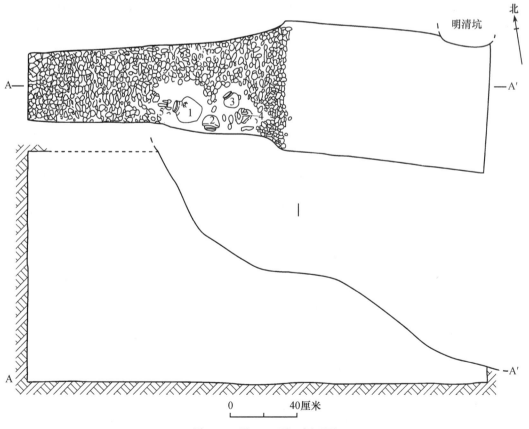

图二一　ⅡM136平、剖面图

1. 瓷四系罐　2、3. 陶罐　4. 铁炉　5. 铁棺钉

墓道长240、宽152、残高24~64厘米，墓底鹅卵石径2~5厘米（图二一；图版一三，2）。

　　人骨腐朽严重，散乱，仅见盆骨、锁骨、脊椎骨和指骨等几小块骨头，葬式不明。棺木腐朽，可见灰痕长160、宽50厘米，棺痕周边有铁钉，灰痕距洞室西端约15、距北侧13~23、距南边22~34厘米。

　　随葬品共5件，有陶器、瓷器和铁器。器形有陶折肩罐、瓷四系罐、铁炉和铁棺钉。

　　陶折肩罐　2件。均泥质灰陶。ⅡM136：3，敛口，唇沿外翻，斜领，折肩，肩斜平，鼓腹，平底，底似假圈足。素面。口径9.8、底径8、高13厘米（图二二，1；图版一八，1）。ⅡM136：2，敛口，厚圆唇，斜领，折肩，肩斜平，上腹较直，下腹斜收，平底。领部饰一周暗纹，肩部及腹通体饰斜条暗纹。口径10.8、底径8.8、高14厘米（图二二，2；图版一七，6）。

　　瓷四系罐　1件。ⅡM136：1，敛口，折沿直立，斜肩，鼓腹，弧收为平底。肩部饰四个横条形耳，器身下部见少量布纹，通体施酱釉。口径12.6、腹径24.8、底径14.4、高28.8厘米（图二二，3；图版一七，4）。

　　铁炉　1件。ⅡM136：4，四高条形梁，盆形炉，敞口，浅腹，平底，下承四矮足，足与梁上下对应。炉盆口径13.3、盆高3、整器高26.2厘米（图二二，4）。

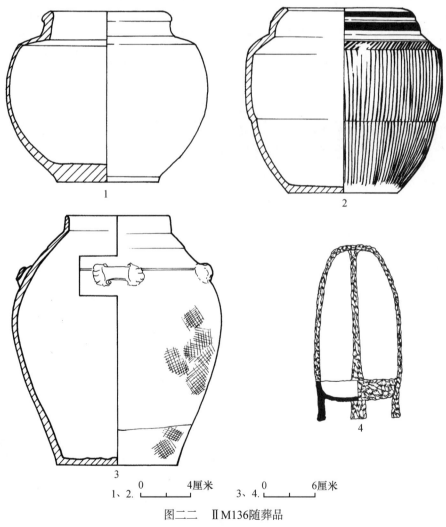

1　　　　　　　　　　　　2

3

1、2　0 ———— 4厘米　　　3、4　0 ———— 6厘米

图二二　ⅡM136随葬品

1、2.陶折肩罐（ⅡM136：3、ⅡM136：2）　3.瓷四系罐（ⅡM136：1）　4.铁炉（ⅡM136：4）

四、结　语

本次发掘的墓葬存有随葬品者，均有青瓷器伴随出土，且基本不见东汉、蜀汉时期的青瓷器。除ⅡM136外，也不见陶俑和生活用陶器出土。可见，这批墓葬的时代大体应在两晋南北朝时期。

具体的器物方面，ⅡM120：2瓷盘口壶与忠县翠屏山M602：44号盘口壶相似[①]，时代约当西晋晚期。ⅡM165：4的瓷四系罐显得矮胖，与忠县翠屏山M201：22号四系罐相似[②]，年代约当东晋偏早。ⅡM136：1瓷四系罐器身瘦高，与万州上河坝M2：1号青瓷罐相近[③]，年代约在东晋晚期至南朝早期。ⅡM177：1青瓷唾壶腹部重心靠下，具有东晋晚期至南朝早期的时代特征。其他如ⅡM154约当西晋晚期至东晋早期，ⅡM135约属于南朝早期阶段。

综上所述，这批墓葬大体上可分为两期。其中，ⅡM120、ⅡM165、ⅡM154为第一期墓葬，时代约在西晋晚期至东晋早期阶段；ⅡM136、ⅡM177、ⅡM135为第二期墓葬，时代约在东晋晚期至南朝早期；其余未出土随葬品的墓葬时代难以明确。

这批墓葬排列比较整齐，相互间没有直接的打破关系，说明该批墓葬存在一定的规划。从第二排和第三排墓葬中时代较为明确者看，年代较早者位于北部，年代较晚者位于南部，可能埋葬时是按家族由北至南逐渐修筑墓室的。

此外，这批墓葬的随葬青瓷器多有残损，一般口沿多被敲掉或敲掉部分；青瓷熏炉（ⅡM165：1）不但口沿残缺不全，底部还敲有小孔；另有部分器物只有局部或残缺半边。这些现象应该与毁器葬俗有关，相关随葬品应该是生前的日用品，或许当时的观念认为，器物敲毁部分随葬后，死者才可以在另一个世界享用。

附记：本次考古发掘领队为邹后曦，执行领队为白九江，参加发掘的人员有白九江、徐克诚、陈芙蓉、林必诚、许文英、杨晓红、姚本安、梁志、丁敬民。张光敏负责出土器物修复，白九江负责照相，徐静负责绘图。

执笔：白九江　徐克诚

①　重庆市文物局、重庆市移民局：《忠县翠屏山崖墓》，科学出版社，2011年，第105页，图八〇，4。

②　重庆市文物局、重庆市移民局：《忠县翠屏山崖墓》，科学出版社，2011年，第14页，图七，8。

③　青海省文物考古研究所三峡工作队、万州区文物管理所：《万州上河坝墓地发掘简报》，《重庆库区考古报告集·1997卷》，科学出版社，2001年，第434页，图五，3。

巫山下湾遗址2002年度发掘简报

武汉市文物考古研究所
重庆市文物考古研究院
巫山县文物管理所

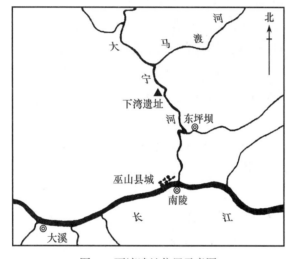

图一　下湾遗址位置示意图

下湾遗址位于巫山县双龙镇下湾村一至四社内，东邻大宁河（图一）。地理坐标东经109°52′28″，北纬31°11′02″，海拔120～160米。遗址北部较高的台地分布有零星东周时期墓葬、窑址和其他遗存，中部台地分布有较为丰富的汉代和东周时期遗存，西部山坡分布着清代和宋代的遗存，墓葬主要分布在西部山地，中部台地高出大宁河水面近10米，为下湾遗址的中心区，面积约1万平方米。遗址总面积约10万平方米。

2002年5月至10月18日，武汉市文物考古研究所等单位根据《重庆市文化局三峡库区文物抢救工作2002年规划》，对下湾遗址进行了大面积的勘探和考古发掘。2002年5月18日至7月10日完成勘探94000平方米，据钻探所见文物分布情况，在遗址范围内布置和发掘了3米×10米探沟5条，并清理竖穴土坑墓1座。2002年8月18日至10月20日布置和发掘了3米×10米探沟7条，5米×5米探方72个，累计发掘面积2215平方米（图二）。发现东周、两汉、宋代等时期的陶窑、房址、墓葬、灰坑、灰沟等遗迹103处。出土了石器、铜器、陶器、瓷器、钱币等文物180余件，对研究和了解峡江地区古代文化面貌具有重要意义。

一、地　层　堆　积

遗址西部为山地，东邻大宁河，因受山洪的冲积和河水泛滥的共同作用，遗址的上层覆盖有1.4～1.8米的沙质淤积土层。现以T44西壁为例（图三）。将遗址的地层堆积介绍如下。

第1层：耕土层。厚30～35厘米。土色灰褐，质地疏松，内含植物根茎及现代瓦渣、瓷片等。

第2层：黄灰土层。厚20～35厘米。质地较板结，纯净无物。

第3层：褐灰土层。厚10～45厘米。质地疏松，纯净无物。

第4层：黄褐斑土层。厚20～45厘米。质地疏松，无包含物。

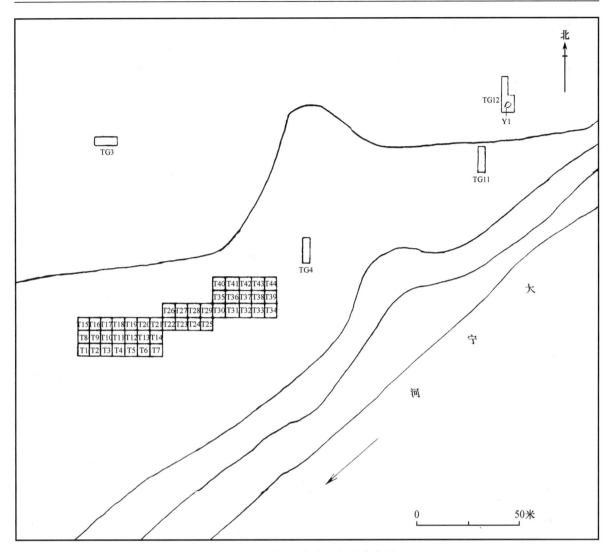

图二　下湾遗址探方、探沟分布图

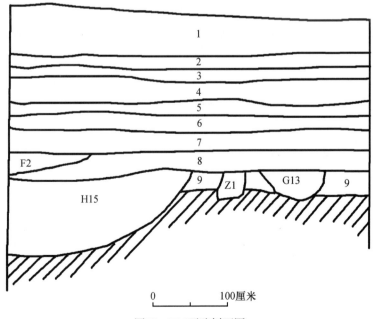

图三　T44西壁剖面图

第5层：红褐斑土层。厚10～20厘米。质地板结，无包含物。

第6层：黄灰土层。厚10～30厘米。质地板结，无包含物。

第7层：灰黄土。厚25～35厘米。质地板结，内含少量的青花瓷片、瓦等清代遗物，为清代文化层。

第8层：灰黑土层。厚10～35厘米。质地较硬，夹杂较多的石块及少量的红烧土颗粒。出土陶盆、罐、壶、瓮、豆、青砖、板瓦和"五铢"货币以及大量的夹砂、泥质陶片等汉代遗物，为汉代文化层。第8层下有G1～G29、H1～H62。

第9层：黄土层。厚30～35厘米。质地较细密疏松，出土鬲、壶、罐、瓮、豆盘、豆柄等较多的夹砂、泥质陶片等东周遗物，为东周文化层。

生土层：黄斑土，质地细密硬结，距地表深约3米。

二、东周遗存

（一）遗迹

发现窑址1座、灰沟29条、灰坑61个。

1. 窑址

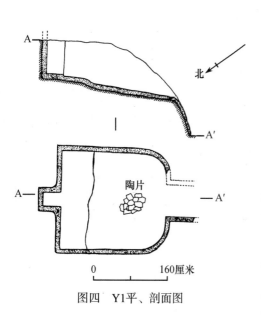

图四　Y1平、剖面图

Y1　位于TG12南部，距遗址中心区约80米。Y1开口第1层下，打破生土，方向26°。窑顶部及火膛均残缺，由窑门、火膛、窑床、烟道等组成。窑门至烟道长3.2米。窑门已残，宽0.7、残高0.2米。窑床平面近方形，平整而坚硬，宽1.6～2.1米，由窑后壁向火膛倾斜，坡度8°。烟道平面呈长方形，长0.4、宽0.3米，底和窑床平，位于窑后壁中部。窑墙壁和窑床底呈红色，经高温长期烘烤所致。在窑室出土有鬲足、鬲口沿、罐以及少量的夹砂陶片（图四）。

2. 灰沟

均开口第8层下，其平面呈长条状，沟底有平底、凹底等。

G9　位于遗址的中部，自北而南贯穿T27、T23、T24。开口于第8层下打破第9层和生土层。西北至东南向。西北端呈半弧形，东南端伸入T24南壁内不明。沟壁下斜内收，近平底。长4米，西北端口宽1.32、底宽0.76米，东南端口宽2.32、底宽2米，沟深0.4米。沟内堆积分二层，第1层：灰黑土，土质疏松，夹有较多的灰烬及碎石，厚0.2米；第2层：灰黄土，土质疏松，底部夹有砂石，厚0.2米。内出土以夹砂红陶和灰陶为主，可辨器形有盆、瓮、罐等（图五，1）。

G10 位于T39的北部偏东。开口于第8层下，打破第9层和生土层。近南北走向。南端呈方形，北端伸入北壁不明。沟壁斜直规整，平底。长3.2、口宽1.4～1.6、底0.84、深1.2米。沟内堆积可分二层，第1层：灰褐色，土质疏松，厚0.84米；第2层：黑褐色，土质疏松，厚0.36米。内出陶纺轮，铜镞，夹砂陶鬲、盆、罐、瓮，泥质灰陶豆等陶器残片（图五，2）。

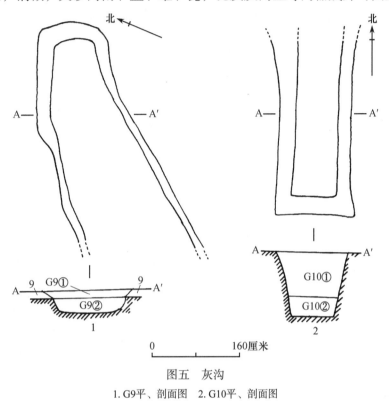

图五　灰沟

1. G9平、剖面图　2. G10平、剖面图

3. 灰坑

分为圆形，斜壁、平底；椭圆形，弧形坑底；方形，直壁、平底等多种类型。

H43 位于T20西部。开口于第8层下，打破第9层和生土。平面呈椭圆形，斜弧壁，锅状底。长径2、短径1.28、深0.8米。填土灰黑色，质地疏松，内含少许木炭碎块和灰烬，动物骨骸碎块。出土夹砂、泥质陶片，多素面和绳纹（图六，1）。

H10 位于T31的北部。开口于第8层下，打破第9层和生土。平面呈圆形，斜直壁，平底。口径1.4、底径0.64、深0.5米。填土为黑褐色，较松软。出有夹砂、泥质陶片，多素面和绳纹。可辨器形有盆、罐等（图六，2）。

H6 位于T33的西北部。开口于第8层下，打破第9层和生土。平面呈圆角长方形，直壁，平底。长1.24、宽0.8、深0.14米。填土灰黑色，质地疏松。内含较多的动物骨骸，骨骸较粗大，为大型动物骨骸（图六，3）。

H40 位于T20的东南部。开口第8层下，打破H46和第9层。平面呈圆角方形，斜弧壁，弧形底。口宽0.86、深0.8米。填土灰黑色，质地疏松。含少量的夹砂、泥质陶片和大量的草木灰烬，动物骨骸等（图六，4）。灰坑出土的遗物按质地分有陶、铜、铁、石、骨角等五类。其中，陶器残片出土量较大，而且可辨器形种类较多，兽骨出土也较多，铜器、铁器、石器出

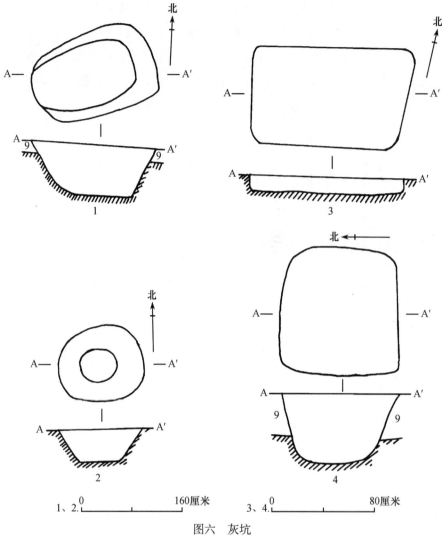

图六　灰坑

1. H43平、剖面图　2. H10平、剖面图　3. H6平、剖面图　4. H40平、剖面图

土量相对较少。出土陶器残片19000余片。质地分为夹砂和泥质两大类，以红陶、灰黄陶、灰陶、褐陶为主。夹砂陶居多，约占出土陶片总数的70%，夹砂略有粗细之分。陶器残片纹饰种类较丰富，主要有模印纹、附加堆纹、刻划纹等三类，其中以模印纹为主。模印纹可分绳纹和网格纹等。刻划纹和附加堆纹数量较小，通常和其他纹饰相互组合（图七）。经整理，出土陶片可辨器形种类有鬲、盆、罐、豆、瓮、器盖、甑、纺轮等。

（二）遗物

按质地分陶、铜、石、兽角等类。

1. 陶器

鬲口沿　14件。可分二式。

Ⅰ式：10件。沿面内凹折沿。G2：5，夹砂灰褐陶。窄沿，敞口，方唇，颈略束。腹饰绳

图七 陶片纹饰拓片

1. 分段绳纹（T37⑨） 2. 绳纹（G2） 3. 弦纹（T32⑨） 4. 网格纹（G10） 5. 刻划纹（T17⑨）

纹。口径38厘米（图八，1）。G22：11，夹砂灰黄陶。窄沿，口微敞，束颈。腹饰绳纹。口径41厘米（图八，2）。Y1：1，夹砂褐陶。窄沿，束颈。腹饰绳纹。口径32厘米（图八，3）。

Ⅱ式：4件。沿面下斜，折沿。G2：14，夹砂褐陶。口微敞，尖圆唇，束颈，折肩，腹壁斜弧内收。饰绳纹。口径34厘米（图八，4）。T33⑨：19，夹砂红陶。口微敞，尖唇，束颈。腹饰绳纹。口径30厘米（图八，5）。

鬲足 7件。分四式。

Ⅰ式：1件。T37⑨：14，夹砂红陶。锥形足。饰绳纹。高8厘米（图八，7）。

Ⅱ式：3件。Y1：2、T42⑨：10、T27⑨：11，夹砂红陶。柱形足。饰绳纹。高分别6、10、11厘米（图八，8～10）。

Ⅲ式：2件。柱足，饰绳纹有刮削痕。T33⑨：18，夹砂灰黄陶。残高9厘米（图八，11）。T26⑨：11，夹砂红陶。削刮不明显。高10厘米（图八，12）。

Ⅳ式：1件。尖锥足。素面。足部上端有刮削痕。T41⑨：11，高4厘米（图八，6）。

盆 162件。分斜腹和鼓腹两类。

斜腹盆 4件。斜腹。G8：10，泥质灰陶。敞口，尖圆唇，平底。肩部饰弦纹。口径

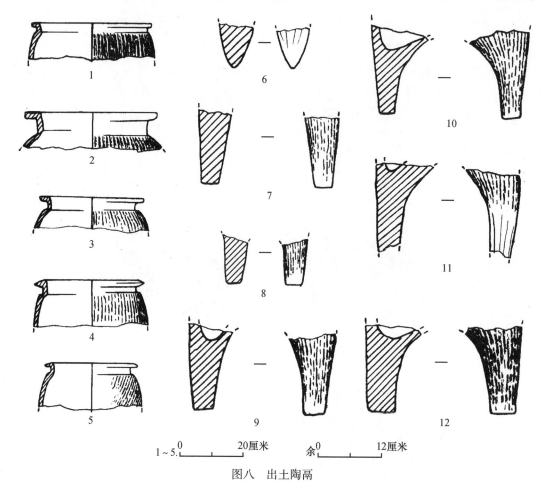

图八　出土陶鬲

1~3. Ⅰ式口沿（G2：5、G22：11、Y1：1）　4、5. Ⅱ式口沿（G2：14、T33⑨：19）　6.Ⅳ式足（T41⑨：11）

7. Ⅰ式足（T37⑨：14）　8~10. Ⅱ式足（Y1：2、T42⑨：10、T27⑨：11）　11、12.Ⅲ式足（T33⑨：18、T26⑨：11）

40.1、高19.5、底径21.8厘米（图九，1）。T33⑨：11，夹砂红陶。敛口，尖唇。腹饰绳纹。口径30厘米（图九，2）。

鼓腹盆　158件。分A、B、C三型。

A型　49件。窄沿。据颈部变化分二式。

Ⅰ式：42件。颈部不明显。H11：12，夹砂灰陶。口微敛，尖唇。素面。口径45厘米（图九，3）。H4：5，夹砂灰黄陶。口微敛，尖唇。素面。口径37厘米（图九，4）。T39⑨：12，泥质灰黄陶。口微敛，尖唇。肩部饰凸弦纹。口径48厘米（图九，5）。

Ⅱ式：7件。束颈。H38：11，夹砂灰黄陶。口微敛，圆唇。口径45厘米（图九，6）。T30⑨：19，夹砂灰黄陶。口微敛，尖唇。腹饰绳纹。口径42厘米（图九，7）。H4：11，夹砂灰黄陶。敞口，尖圆唇，平底。素面。口径39、高19、底径20厘米（图九，8）。

B型　108件。宽沿。据唇部变化分四式。

Ⅰ式：24件。尖唇。颈部不明显。H2：14，夹砂灰陶。颈部不明显，口微敛。口径50厘米（图九，9）。T31⑨：13，夹砂灰陶。口微敛，器身稍小。口径44厘米（图九，10）。

Ⅱ式：25件。圆唇。G22：19，夹砂灰陶。颈部不明显，口微敛，沿面外斜。腹饰绳纹。口径47厘米（图九，11）。G10：15，夹砂黄陶。束颈，口微侈。腹饰绳纹。口径45厘米（图九，12）。G10∶18，夹砂灰陶。束颈，口微敛。腹饰绳纹。口径48厘米（图九，13）。

Ⅲ式：28件。方唇。G25∶12，泥质褐陶。束颈，口微敛，折肩。腹饰绳纹。口径40厘米（图九，14）。G10∶16，泥质褐陶。束颈，直口，折肩。腹饰分段绳纹。口径55厘米（图九，15）。G10∶17，夹砂红陶。束颈，侈口，圆溜肩。腹饰绳纹。口径43厘米（图九，16）。

Ⅳ式：31件。尖圆唇。G7∶12，夹砂灰陶。束颈，口微敞。沿面外斜。腹饰绳纹。口径46厘米（图九，17）。G9∶14，泥质灰陶。束颈，口微敞。腹饰绳纹。口径44厘米（图九，18）。G21∶13，夹砂灰陶。束颈，口微敛。肩饰附加堆纹，腹饰绳纹。口径51厘米（图九，19）。

C型　1件。G9∶15，翻沿。夹砂灰陶。敞口，方唇，颈微束。肩部饰弦纹三道。口径50厘米（图九，20）。

罐　58件。可分为高领圜腹罐、直口矮领罐、翻沿罐、侈口罐、敛口罐。

高领圜腹罐　6件。分二式。

Ⅰ式：5件，鼓腹，溜肩。H50∶13，夹砂灰陶。口微侈，平沿，圆唇。肩腹饰绳纹。口径26.4厘米（图一〇，1）。T31⑨∶19，泥质灰陶。口微侈，沿略外斜，尖唇。腹饰绳纹。口径16.5、残高25.2、腹径29厘米（图一〇，2）。

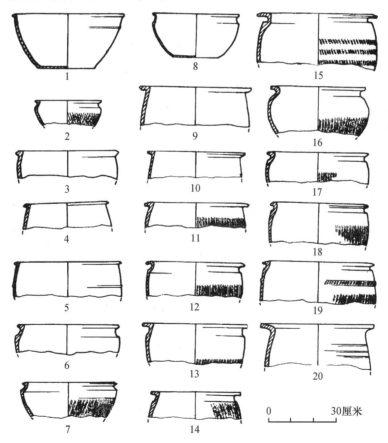

图九　出土陶器

1、2. 斜腹盆（G8∶10、T33⑨∶11）　3～5. A型Ⅰ式鼓腹盆（H11∶12、H4∶5、T39⑨∶12）　6～8. A型Ⅱ式鼓腹盆（H38∶11、T30⑨∶19、H4∶11）　9、10. B型Ⅰ式鼓腹盆（H2∶14、T31⑨∶13）　11～13. B型Ⅱ式鼓腹盆（G22∶19、G10∶15、G10∶18）　14～16. B型Ⅲ式鼓腹盆（G25∶12、G10∶16、G10∶17）　17～19. B型Ⅳ式鼓腹盆（G7∶12、G9∶14、G21∶13）　20. C型鼓腹盆（G9∶15）

Ⅱ式：1件。H38：13，肩部较鼓。夹砂灰陶。口微侈，束颈，圆唇。肩腹饰绳纹。口径17厘米（图一〇，3）。

直口矮领罐　4件。直口，矮领。T31⑨：16，夹砂红陶。尖圆唇。口径20厘米（图一〇，4）。T43⑨：11，夹砂灰黄陶。圆唇，口微侈，颈略束。口径12厘米（图一〇，5）。

翻沿罐　4件。沿面外翻。分二式。

Ⅰ式：2件。沿面外翻较窄。H43：11，夹砂红陶。口微侈，束颈。腹饰绳纹。口径20厘米（图一〇，6）。T39⑨：14，夹砂灰黄陶。口微侈，束颈。腹饰绳纹。口径30厘米（图一〇，7）。

Ⅱ式：2件。沿面外翻较宽。G24：16，夹砂灰陶。口侈，方唇，束颈。口径48厘米（图一〇，8）。H16：11，夹砂灰黄陶。侈口，方唇，束颈。口径58厘米（图一〇，9）。

侈口罐　20件。侈口，高领。分四式。

Ⅰ式：10件。方唇。Y1：4，夹砂红陶。束颈，溜肩，沿面外斜。领部有弦纹，肩腹饰绳

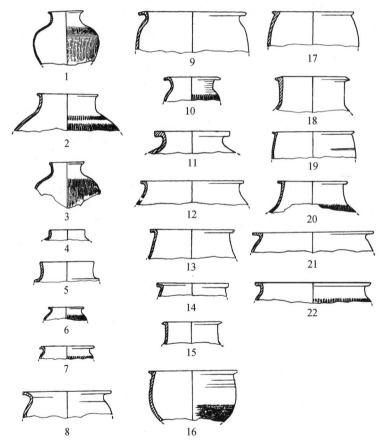

2、5、11～13、15、16、18、21、22. ⊢0—12厘米⊣　　余 ⊢0—30厘米⊣

图一〇　出土陶器

1、2. Ⅰ式高领圜腹罐（H50：13、T31⑨：19）　3. Ⅱ式高领圜腹罐（H38：13）　4、5. 直口矮领罐（T31⑨：16、T43⑨：11）　6、7. Ⅰ式翻沿罐（H43：11、T39⑨：14）　8、9. Ⅱ式翻沿罐（G24：16、H16：11）　10～12. Ⅰ式侈口罐（Y1：4、T39⑨：15、G22：16）　13. Ⅱ式侈口罐（H16：12）　14. Ⅲ式侈口罐（G10：20）　15、16. Ⅳ式侈口罐（G9：18、Y1：5）　17、18. Ⅰ式敛口罐（T31⑨：15、T30⑨：16）　19. Ⅱ式敛口罐（H4：15）　20. Ⅲ式敛口罐（G22：17）　21、22. Ⅳ式敛口罐（H29：11、H15：12）

纹。口径24厘米（图一〇，10）。T39⑨：15，夹砂灰黄陶。束颈，溜肩，平沿。口径20厘米（图一〇，11）。G22：16，夹砂红陶。束颈，平沿，上有凹槽。口径22厘米（图一〇，12）。

Ⅱ式：5件。唇缘下勾呈三角形。H16：12，夹砂灰黄陶。平沿。仅存颈部。口径18厘米（图一〇，13）。

Ⅲ式：2件。沿面有凹槽。G10：20，夹砂灰陶。方唇，仅存颈部。口径38厘米（图一〇，14）。

Ⅳ式：3件。尖唇。G9：18，窄沿，沿面外斜，仅存颈部。口径13厘米（图一〇，15）。Y1：5，夹砂黄陶。无颈，弧腹。肩部起三道棱。腹饰绳纹。残高10.4、口径19.2厘米（图一〇，16）。

敛口罐　24件。敛口。分四式。

Ⅰ式：19件。三角形沿较厚。T31⑨：15，夹砂灰黄陶。无颈，弧腹，素面。口径45厘米（图一〇，17）。T30⑨：16，泥质灰陶。高颈。仅存颈部。口径16厘米（图一〇，18）。

Ⅱ式：1件。H4：15，三角沿较薄，沿面有凹槽。无颈，弧腹。饰弦纹一道。口径44厘米（图一〇，19）。

Ⅲ式：1件。G22：17，三角沿略圆，沿面有凹槽。高领。肩下饰绳纹。口径38厘米（图一〇，20）。

Ⅳ式：3件。宽沿，束颈。H29：11，夹砂红陶。圆唇。肩下饰绳纹。口径25厘米（图一〇，21）。H15：12，夹砂红陶。圆唇。口径25厘米（图一〇，22）。

豆　39件。分二式。

Ⅰ式：32件。豆盘稍浅，柄较高细。G10：11，泥质灰陶。敞口，尖唇，柄内空，足已残。口径16.8、残高12厘米（图一一，1）。G22：15，泥质灰陶。豆盘残，豆柄内空，柄饰螺旋纹，圈足呈喇叭状。残高14、底径8厘米（图一一，2）。G10：12，泥质灰陶。盘已残，柄内空，圈足呈喇叭状。底径9.2、残高10厘米（图一一，3）。

Ⅱ式：7件。豆盘稍深，柄稍粗短。G4⑨：11、G4⑨：12，泥质灰陶。敞口，尖圆唇，柄内空，圈足已残。口径16、残高13.6厘米（图一一，4）。

瓮　31件。分直口、敛口、束颈三类。

直口瓮　16件。直口。分A、B二型。

A型　14件。无沿或窄沿。分二式。

Ⅰ式：11件。矮领，直口，方唇。T31⑨：17，夹砂灰陶。广溜肩。口径23.2厘米（图一一，5）。Y1：3，夹砂红陶。溜肩。口径19.2厘米（图一一，6）。H38：15，泥质灰黄陶。广溜肩。口径35厘米（图一一，7）。

Ⅱ式：3件。卷沿或小卷沿。G10：23，夹砂红陶。口略侈，颈微束，斜肩。素面。口径16厘米（图一一，8）。G10：24，夹砂红陶。口略侈，束颈，溜肩。肩饰弦纹。口径16.4厘米（图一一，9）。

B型　2件。沿较宽。分二式。

Ⅰ式：1件。T33⑨：15，方唇。夹砂灰黄陶。口微侈，束颈，广肩。素面。口径35厘米（图一一，10）。

Ⅱ式：1件。T36⑨：11，尖唇。夹砂红陶。口微侈，束颈，广肩。口径33厘米（图一一，11）。

敛口瓮　9件。敛口。分二式。

Ⅰ式：6件。矮领，广溜肩。T37⑨：17，夹砂灰黄陶。口微侈，束颈，尖圆唇。口径20厘米（图一一，12）。

Ⅱ式：3件。无领，斜肩。H62：12，夹砂灰黄陶。束颈，尖圆唇。口径35厘米（图一一，13）。H38：12，夹砂灰黄陶。束颈，尖唇。口径30.7厘米（图一一，14）。

束颈瓮　6件。束颈。分二式。

Ⅰ式：2件。三角沿较厚。G3：12，夹砂灰黄陶。口微侈，广溜肩。口径25厘米（图一一，15）。

Ⅱ式：4件。三角沿较薄。G8：3，夹砂灰黄陶。敛口，溜肩。口径27.2厘米（图一一，16）。

钵　1件。H62：11，夹砂灰陶。敛口，颈微束，弧腹，平底。素面。高18、口径25、底径10厘米（图一一，17）。

器盖　2件。T31⑨：20，泥质红陶。方唇，缘凸起呈子母扣，弧盖，顶残。口径22厘米（图一一，18）。

箅子　5件。T33⑨：4、T30⑨：1，均为夹砂灰陶。圆孔，有的饰刻划纹，孔有大小之分（图一一，19、20）。

纺轮　4件。均为泥质灰陶，算珠形。G10：1，直径4、孔径0.6、厚1.5厘米（图一一，21）。

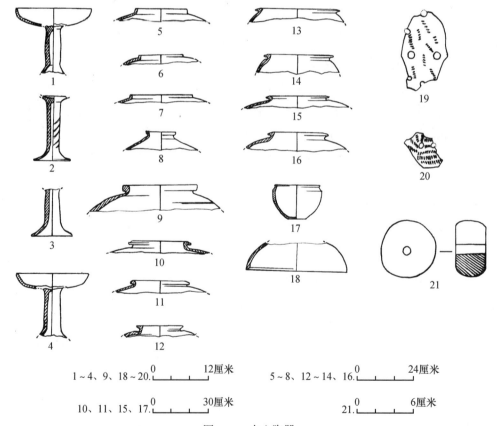

图一一　出土陶器

1～3. Ⅰ式豆（G10：11、G22：15、G10：12）　4. Ⅱ式豆（G4⑨：12）　5～7. A型Ⅰ式直口瓮（T31⑨：17、Y1：3、H38：15）　8、9. A型Ⅱ式直口瓮（G10：23、G10：24）　10. B型Ⅰ式直口瓮（T33⑨：15）　11. B型Ⅱ式直口瓮（T36⑨：11）　12. Ⅰ式敛口瓮（T37⑨：17）　13、14. Ⅱ式敛口瓮（H62：12、H38：12）　15. Ⅰ式束颈瓮（G3：12）　16. Ⅱ式束颈瓮（G8：3）　17. 钵（H62：11）　18. 器盖（T31⑨：20）　19、20. 箅子（T33⑨：4、T30⑨：1）　21. 纺轮（G10：1）

2. 铜器

带钩　1件。T4⑨：2，钩首已残。钩身镶嵌变形云纹，有圆形扣纽，纹饰精美。残长6.6、扣纽直径0.8厘米（图一二，1）。

镞　1件。G10：6，铤已残，双翼斜长后掠有边刃，棱状脊，截面呈菱形。残长4.4、翼宽2.6厘米（图一二，2）。

鱼钩　1件。T33⑨：1，钩尖呈三角形，有倒钩，钩柱截面呈圆形。长3.6厘米（图一二，4）。

3. 其他

石刀　1件。H16：2，灰白色。仅存刀头，双刃，中间内凹。残长3.5厘米（图一二，3）。

石球　4件。G10：3，灰白色。球状，球面已蚀。直径3.2厘米（图一二，5）。

兽角　1件。H4：1，灰黄色。角干处分叉，尖角。长21、角干最大直径6.4厘米（图一二，6）。

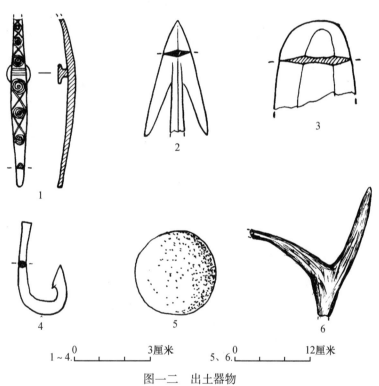

图一二　出土器物

1. 铜带钩（T4⑨：2）　2. 铜镞（G10：6）　3. 石刀（H16：2）　4. 铜鱼钩（T33⑨：1）　5. 石球（G10：3）

6. 兽角（H4：1）

（三）小结

这一时期的遗存均开口于第8层下。除少数遗迹单位和第9层的年代相近外，其他遗迹单位应略晚于第9层。陶器以夹砂陶为主，制作以轮制为主，烧制火候均匀，器形规范。纹饰以绳纹为主，另有弦纹、方格纹、附加堆纹等。器形主要有鬲、盆、豆、罐、瓮等，其中鬲和荆州一带东周遗址所出相近①。鼓腹盆与忠县中坝遗址所出的A型盆类似②。Ⅰ式豆与云阳李家坝东周墓地的A型Ⅲ式豆相近③，这一时期遗存年代应在春秋晚期。

三、汉代遗存

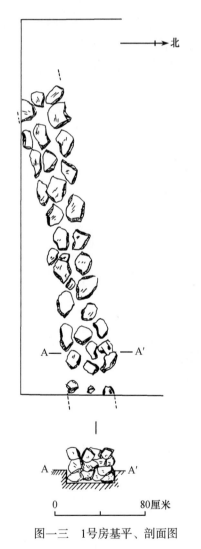

图一三　1号房基平、剖面图

（一）遗迹

发现房基两处。均开口于第7层下，打破第8层。由大小不一的乱石块堆砌而成，长条状。1号房基，位于T6的南面，向东延伸至探方东壁内，向西南延伸至探方南壁。长3.35米（图一三）。

（二）遗物

按质地有陶、铜、铁、石器等。

1. 陶器

广肩壶　3件。分A、B二型。

A型　1件。T41⑧：10，泥质灰陶。口较敞，广肩略折，尖圆唇，长颈，斜弧腹，凹底。肩下饰戳印圆点纹，腹至底饰绳纹。高31、口径18.7、腹径33、底径10厘米（图一四，1）。

B型　2件。口稍敞，广肩略溜。T14⑧：10，泥质灰陶。尖唇，长颈，弧腹，底残。腹饰绳纹。残高28.5、口径15.6、腹径32.3厘米（图一四，2）。

盆　25件。分A、B、C、D、E五型。

A型　6件。折沿，方唇。T5⑧：15，夹砂灰陶。口微侈，

① 湖北省荆州博物馆：《枣林岗与堆金台》，科学出版社，1999年。

② 四川省文物考古研究所：《忠县中坝遗址发掘报告》，《重庆库区考古报告集·1997卷》，科学出版社，2001年。

③ 四川大学历史文化学院考古系、云阳县文物管理所：《云阳李家坝东周墓地发掘报告》，《重庆库区考古报告集·1997卷》，科学出版社，2001年。

束颈，弧腹。腹饰绳纹。口径36厘米（图一四，3）。T2⑧：11，夹砂灰黄陶。口微敛，束颈。素面。口径46厘米（图一四，4）。

B型　11件。斜折沿，尖唇。T21⑧：15，口微侈，束颈。素面。口径34厘米（图一四，5）。

C型　3件。窄沿，尖圆唇。T21⑧：14，夹砂灰陶。口微敛，颈部不明显。素面。口径34厘米（图一四，6）。

D型　4件。沿面内斜，圆唇。T12⑧：12，泥质灰陶。口微敛，束颈。素面。口径34厘米（图一四，7）。

E型　1件。T20⑧：12，泥质红陶。沿面有凹槽，厚圆唇，口微侈，束颈。口径36厘米（图一四，8）。

斜腹盆　1件。T18⑧：10，泥质灰黄陶。敞口，尖圆唇，平底。腹饰绳纹。高29、口径52、底径20厘米（图一四，9）。

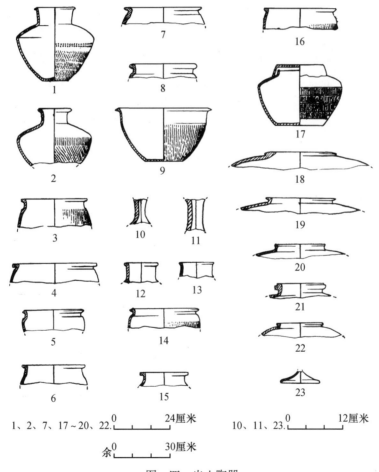

1、2、7、17～20、22. ⊢0────24厘米┤　　10、11、23. ⊢0───12厘米┤

余 ⊢0────30厘米┤

图一四　出土陶器

1. A型广肩壶（T41⑧：10）　2. B型广肩壶（T14⑧：10）　3、4. A型盆（T5⑧：15、T2⑧：11）　5. B型盆（T21⑧：15）
6. C型盆（T21⑧：14）　7. D型盆（T12⑧：12）　8. E型盆（T20⑧：12）　9. 斜腹盆（T18⑧：10）　10. A型豆
（T21⑧：17）　11. B型豆（T15⑧：14）　12、13. A型罐（T18⑧：11、T5⑧：11）　14. B型罐（T21⑧：15）　15. C型罐
（T19⑧：12）　16. D型罐（T34⑧：13）　17. A型瓮（T5⑧：13）　18. B型瓮（T21⑧：11）　19. C型瓮（T21⑧：13）
20. D型瓮（T32⑧：12）　21. E型瓮（T17⑧：12）　22. F型瓮（T17⑧：13）　23. 器盖（T29⑧：13）

豆 11件。分A、B二型。

A型 8件。短柄，浅盘。T21⑧：17，泥质灰陶。柄内空。残高5.2厘米（图一四，10）。

B型 3件。柄稍高。T15⑧：14，泥质灰陶。柄内空。残高6.4厘米（图一四，11）。

罐 12件。分A、B、C、D四型。

A型 7件。高领，口较直。T18⑧：11，夹砂灰陶。圆唇，口微侈。口径18厘米（图一四，12）。T5⑧：11，夹砂灰陶。尖圆唇，口微侈。口径19厘米（图一四，13）。

B型 2件。无领，束颈。T21⑧：15，夹砂灰陶。口微侈，弧腹。腹饰绳纹。口径38厘米（图一四，14）。

C型 1件。T19⑧：12，夹砂灰陶。领稍矮，口略直，方唇，颈微束。口径26厘米（图一四，15）。

D型 2件。颈部不明显。T34⑧：13，夹砂灰黄陶。口微敛，尖圆唇，颈微束。腹饰绳纹。口径40厘米（图一四，16）。

瓮 13件。分A、B、C、D、E、F六型。

A型 2件。直口，广肩略溜。T5⑧：13，夹砂灰黄陶。矮领，圆唇，平底。腹饰绳纹。上有一器物残片作盖。高29、口径24、腹径47、底径26厘米（图一四，17）。

B型 2件。敛口，宽沿。T21⑧：11，夹砂红陶。束颈，广肩。口径32厘米（图一四，18）。

C型 1件。T21⑧：13，口略直，窄沿。夹砂灰黄陶。束颈，尖圆唇，广肩。口径32.2厘米（图一四，19）。

D型 5件。直口，方唇。T32⑧：12，夹砂红陶。口微敛，广溜肩。口径28厘米（图一四，20）。

E型 2件。口略直，厚圆唇。T17⑧：12，夹砂灰黄陶。平沿，唇折至颈。口径26厘米（图一四，21）。

F型 1件。直口，尖圆唇下斜。T17⑧：13，夹砂灰黄陶。束颈，窄沿。口径21厘米（图一四，22）。

器盖 1件。T29⑧：13，泥质红陶。顶已残，尖圆唇，呈喇叭状。口径9厘米（图一四，23）。

算子 10件。T17⑧：15，均为泥质灰陶。圆孔，有的面有刻划纹，大多为素面，孔有大小之分（图一五，1）。

纺轮 4件。均为泥质灰陶。鼓形，有台面，素面。T20⑧：4，直径5、孔径0.6、厚2.2厘米（图一五，2）。T35⑧：1，算珠形。直径4.1、孔径0.6、厚1.6厘米（图一五，3）。T32⑧：2，直径3.3、孔径0.4、厚1.9厘米（图一五，4）。

瓦 陶质。以泥质灰陶占大部分，有少量为夹砂陶。瓦面纹饰为绳纹，数量很多。唇部的宽窄、深浅有些差异，形制大体相似。T17⑧：14，泥质灰陶。半圆形。当部素面，瓦面饰有绳纹。宽15.5厘米（图一五，5）。

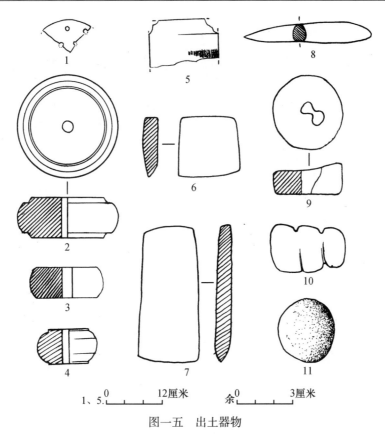

图一五　出土器物

1. 陶算子（T17⑧：15）　　2~4. 陶纺轮（T20⑧：4、T35⑧：1、T32⑧：2）　　5. 陶瓦（T17⑧：14）　　6、7. 石锛（T9⑧：1、T17⑧：1）　　8. 石锥（T21⑧：1）　　9. 石纺轮（T20⑧：6）　　10. 石网坠（T18⑧：1）　　11. 石球（T21⑧：1）

2. 铜器

　　带钩　2件。T21⑧：3，残，仅见兽形钩首。残长4.9厘米（图一六，1）。

　　带扣　2件。T28⑧：1，平面均呈"日"字形，截面扁圆。长1.5、宽2.3厘米（图一六，2）。T22⑧：1，两穿口中间凸出。长3.5、宽2.7、厚0.4厘米（图一六，3）。

　　权　2件。T44⑧：1，长方形，尖圆形孔纽，中空，两侧有割缝。长3.1、宽1.6、壁厚0.1厘米（图一六，4）。T20⑧：5，平面呈"凸"字形，方形孔纽，中空，两侧有割缝。长3.1、宽1.8、壁厚0.2厘米（图一六，5）。

　　镞　3件。T5⑧：2，四棱形锋翼，圆柱形长铤。长9厘米（图一六，6）。T24⑧：1，残。三棱形锋刃。残长2.4厘米（图一六，7）。T24⑧：2，残。三棱形锋，铤残。残长3.4厘米（图一六，8）。

　　刀柄　1件。T31⑧：2，圆筒形。长7.4、孔径0.8厘米（图一六，9）。

3. 铁器

　　带钩　1件。T34⑧：1，已锈蚀，钩头呈兽首状上端，截面圆形，下端锈蚀不辨。残长6.8厘米（图一六，10）。

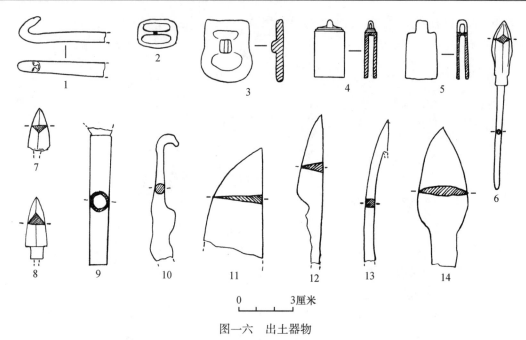

图一六　出土器物

1. 铜带钩（T21⑧：3）　2、3. 铜带扣（T28⑧：1、T22⑧：1）　4、5. 铜权（T44⑧：1、T20⑧：5）　6～8. 铜镞（T5⑧：2、T24⑧：1、T24⑧：2）　9. 铜刀柄（T31⑧：2）　10. 铁带钩（T34⑧：1）　11、12. 铁刀（T19⑧：3、T14⑧：1）　13. 铁叉（T31⑧：3）　14. 铁镞（T20⑧：1）

刀　2件。均已残。T19⑧：3，仅存刀锋。残长6厘米（图一六，11）。T14⑧：1，单刃呈弧状，刀背平，柄已残。残长8厘米（图一六，12）。

叉　1件。T31⑧：3，截面圆角状，长条弧形，圆锥形叉头，有倒钩。残长15.4厘米（图一六，13）。

镞　1件。T20⑧：1，已锈蚀，双刃锋，铤残，截面扁平。残长7.8厘米（图一六，14）。

4. 石器

锛　2件。T9⑧：1，青色夹白色斑点石质。磨制精细，平背，弧形刃。长3.15、上宽3.1、下宽3.4厘米（图一五，6）。T17⑧：1，青灰色石质。磨制。长方形，弧肩，弧形刃。长7.2、宽3.3厘米（图一五，7）。

锥　1件。T21⑧：1，青灰色。磨制。长条形，截面呈圆形，锥头较尖。长7厘米（图一五，8）。

网坠　1件。T18⑧：1，石质。灰白色。系绳槽经磨制。长4厘米（图一五，10）。

纺轮　1件。T20⑧：6，青灰色。磨制。扁圆形，一面孔为圆形，一面为不规则形。直径3.8、孔径0.7厘米（图一五，9）。

球　8件。均为圆球形，磨制。T21⑧：1，青灰色。直径3.1厘米（图一五，11）。

（三）小结

本次发掘的汉代遗存，根据所出遗物可分为两段。这一时期的主要遗迹为两处房址。由于保存状况不好，只有局部得以保留，建筑为地面式，用石质材料砌墙基。层表所出花纹砖、筒瓦、板瓦、零星的柱洞和散落的石块，无法得知其平面结构。花纹砖多为模印几何纹，筒瓦、板瓦饰绳纹背面为布纹应为东汉遗存。陶器以泥质灰陶为主，制作以轮制为主，烧制的火候均匀而色纯，器形较规范。纹饰有绳纹，另有弦纹、刻划纹、戳印纹等。器形主要有罐、盆、瓮、豆、广肩壶、纺轮等。A型广肩壶与巫山麦沱汉墓B型Ⅱ式罐相似[①]。斜腹盆与忠县中坝遗址Ⅰ式盆相似[②]。本期陶器中未发现汉代早期的典型器物。本期遗存年代应为西汉晚期至东汉时期。

四、墓　葬

根据墓葬的分布情况，布置5米×5米的探方28个，地层堆积较简单，发掘古墓葬8座。均开口于耕土层下建入生土层之中，主要有土坑墓、砖室墓、石室墓三种形制。

（一）墓葬形制

据其墓葬形制可分为土坑、砖石、石室三大类。

1. 土坑墓

共3座。皆为土坑竖穴，墓坑填五花土，土质松软。

M1　方向340°。坑口平面呈矩形，长3.7、宽2.6米。墓壁陡斜，深4.56米。墓底长3.24、宽2.16米。在坑壁的一端有一龛高0.52、宽0.6、深0.35米，龛距墓底深1.9米。出土陶壶、漆耳杯2件，其中漆耳杯仅见漆皮，上有朱色彩绘。棺椁置于墓坑中间，椁以下及棺椁内积满青灰色淤泥。其中椁室由盖板、两侧板、挡板和底板组成。盖板分别由六块木板组成，长2.2、宽1.1～1.3米。侧板长2.2、宽0.7、厚0.12～0.16米。椁室高0.8米。木棺长1.9、宽0.92米，由盖板、侧板、挡板、底板组成，其中底板两侧见榫槽，宽0.04、深0.04米。椁底两端见枕木朽痕（图一七）。

M4　方向260°。坑口平面呈矩形，长2.1、宽1.2米。墓壁陡斜，深1米。墓底见有人骨架朽痕，底长2、宽1.1米。两端坑壁建有一龛，龛底距坑底深0.72米，龛高0.3、宽0.3、深0.3米，龛内出陶罐1件（图一八）。

2. 砖室墓

共2座。分单室和双室，据其形制分A、B二型。

A型　1座。单室。M5，平面呈"凸"字形，建入竖穴土圹中，土圹长5、宽2.4、高2米，圹底填有一层熟土。墓由墓道、墓室、排水沟组成。墓道及墓室用长方形砌筑砖，砖长33、

①　湖南省文物考古研究所：《巫山麦沱汉墓群发掘报告》，《重庆库区考古报告集·1997卷》，科学出版社，2001年。

②　四川省文物考古研究所：《忠县中坝遗址发掘报告》，《重庆库区考古报告集·1997卷》，科学出版社，2001年。

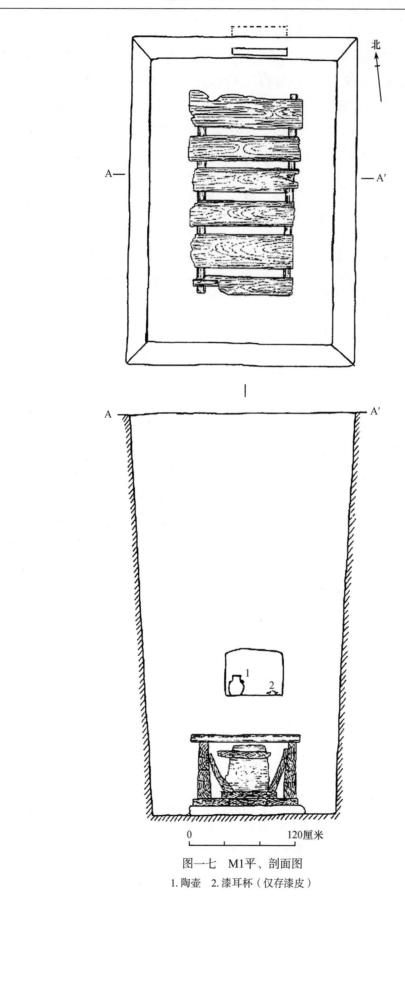

图一七　M1平、剖面图

1. 陶壶　2. 漆耳杯（仅存漆皮）

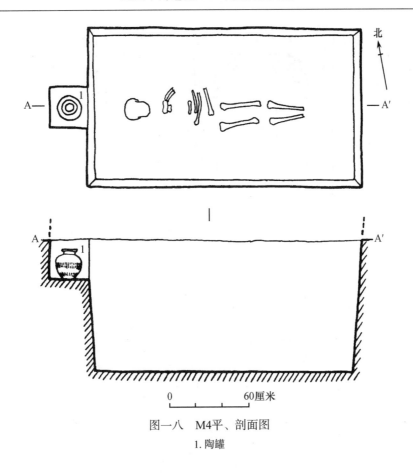

图一八　M4平、剖面图
1. 陶罐

宽16、厚5.6厘米，一侧模印几何形花纹。墓室底用单砖平铺，墓道用卵石铺地，残长1.4、宽1.88、高1.4米。墓壁用单砖错缝平置顺砌。券顶已残但仍可看出用单砖侧卧起券。排水沟建入墓室内西侧由墓道出，由卵石和石块铺成，墓室处宽16、深3厘米，墓道处长1.08、宽0.28米。随葬品多放置于墓前室西侧，有铜、陶、石器15件（图一九）。

B型　1座。双室。M2，平面呈矩形，建入土圹之中。墓为双室并列，用青灰色单砖砌筑，两侧墓壁已毁仅见后壁，壁中建有一龛。两墓中间两墙相隔，墙中间各有一窗相通。壁用单砖错缝平置顺砌，砖长30、宽20、厚4厘米。墓底大部分铺地砖已毁，在墓的前室见有花纹和素面方砖铺地，花纹砖一面模印水草纹，长36、宽8、厚5厘米。方砖一块有偶蹄类蹄印，长宽各36、厚5.5厘米。榫头砖一块长36、宽23、厚5厘米，上有动物蹄印一对。墓室长3.5、宽3.12、残深1.1米。随葬品被扰乱，多散落在前室和室外，有铜、铁、瓷等质地遗物（图二〇）。

3. 石室墓

共3座。形制大同小异，用石块砌筑。

M3　平面呈"凸"字形，建入土圹之中，土圹长5.7、宽1.8～3.08、残高1.8米。墓由甬道、墓室组成。甬道残长0.88、宽1.2米。墓室长3.62、宽2.42、残高0.8米。用较规整的石块错缝平置顺砌而成，墓底用碎小卵石铺地。顶虽已残，但可看出用石块侧卧起券。在甬道和墓室内出土随葬品共计30件。按质地可分铜、铁、陶等三类（图二一）。

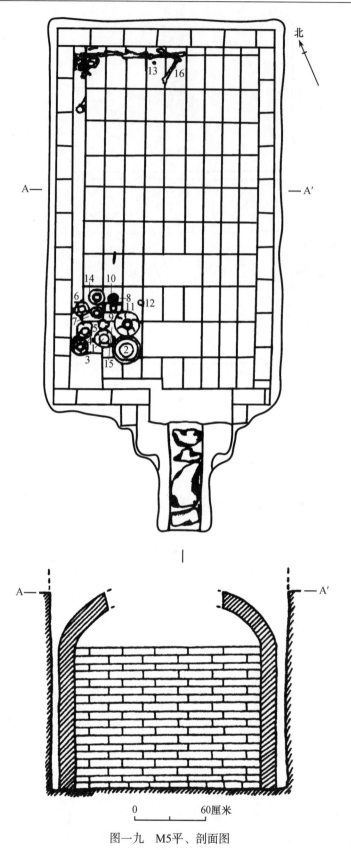

图一九　M5平、剖面图

1.铜鍪　2.铜洗　3、5、6、9、14.陶罐　4.陶碗　7、15.陶壶形器　8.陶灶　10.陶甑　11.陶壶　12、13.五铢　16.人骨架

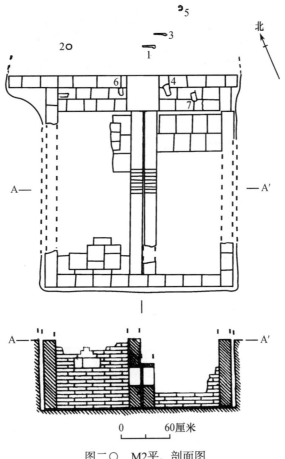

图二〇　M2平、剖面图

1、3. 铜钗　2. 陶罐　4、7. 铁铲　5. 铁环　6. 瓷盏

　　M6　方向325°。平面呈"凸"字形，建入岩穴之中，墓圹在山体上凿穴成，长6.32、宽3、高2.52米。墓室系用大小不一的石块砌成，砌法为平置错缝顺砌，长5.6、宽2.4、高1.4米。券已残，仅从两侧可见其石块侧卧起券。甬道口有封门石块，甬道长3.1、宽1.7、残高0.1～0.4米。墓底为墓圹底。出土随葬品6件，按质地分为铜、陶等类。

（二）遗物

　　按质地分铜、铁、釉陶、陶器等类，分述如下。

1. 铜器

　　鍪　1件。M5：1，侈口，束颈，折肩，肩有一对称耳。腹上饰弦纹二道，圜底。高17.5、口径20.9厘米（图二二，1）。

　　洗　1件。M5：2，侈口，尖唇，腹较深，上饰弦纹，腹部饰一对兽形铺首衔环，底为圈足。口径26.2、底径12.1、高11.4厘米（图二二，2）。

　　钗　2件。M2：1，长条形，截面呈圆形，钗头桥形纽相连，头部钗条饰弦纹，中间钗条略细。长20.3厘米（图二二，3）。

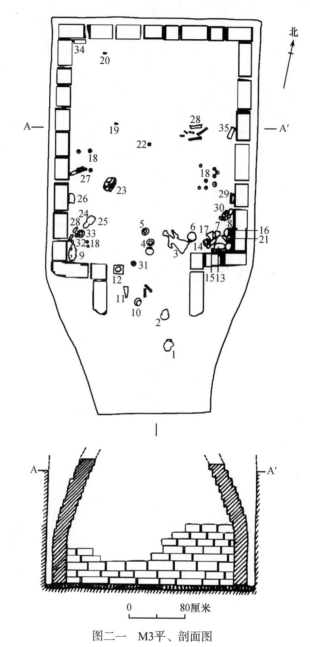

0 　　　　80厘米

图二一　M3平、剖面图

1.陶釜　2、28.人骨架　3、9、11、14、16、17、25~27、30.陶俑　4、31、32.陶碗　5~8、21.陶罐　10.陶钵　12.陶灶
13.陶壶　15.铁刀　18、22.铜钱　19、20.石填　23.铁扣　24.陶壶形器　29.人牙　33.陶甑　34、35.花纹砖

2. 铁器

环　1件。M2:5,锈蚀严重。呈环状,截面呈圆形。直径9.6厘米（图二二,4）。

刀　1件。M3:15,残,仅见刀身。背厚,刃薄。残长16.4厘米（图二二,5）。

3. 釉陶器

多数在红胎上施黄釉。常见为瓿、碗、钵等器形。

瓿　1件。M6:3,侈口,方唇,束颈,溜肩,弧腹斜收,平底,肩部有四系。釉面脱落,黄灰色胎。通体饰网格纹。高43、口径28.6、底径21.4、腹径47.3厘米（图二二,6）。

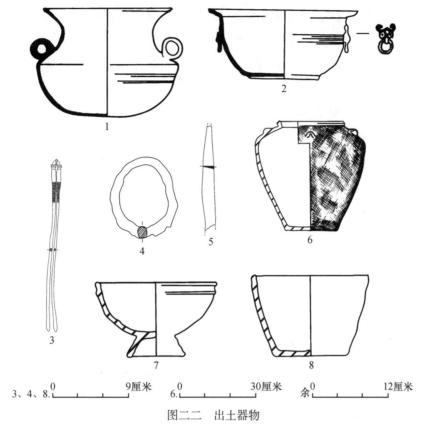

3、4、8. 0 ⊢————⊢ 9厘米   6. 0 ⊢————⊢ 30厘米   余 0 ⊢————⊢ 12厘米

图二二　出土器物

1. 铜鍪（M5：1）　2. 铜洗（M5：2）　3. 铜钗（M2：1）　4. 铁环（M2：5）　5. 铁刀（M3：15）　6. 釉陶瓿（M6：3）
7. 釉陶碗（M8：9）　8. 釉陶钵（M8：8）

碗　1件。M8：9，侈口，方唇，弧腹，高圈足呈喇叭状。釉面脱范，红胎。高12.1、口径20.1、底径10.2厘米（图二二，7）。

钵　1件。M8：8，敞口，尖唇，斜直腹，平底，腹壁有轮痕。釉脱落，红胎。高9.7、口径14.9、底径9.5厘米（图二二，8）。

4. 陶器

分日用陶器、模制明器。以泥质灰陶为主，一般素面，有的饰弦纹、绳纹等。

壶　4件。据形态特征分三型。

A型　1件。M1：1，泥质黄灰陶。侈口，束颈，圆唇，溜肩，鼓腹，圜底，腹上有对称双耳系。高22.6、口径10.5、腹径18厘米（图二三，1）。

B型　1件。M3：13，口颈已残。溜肩，鼓腹，肩部有二耳系，肩饰弦纹，圈足。残高18.4、底径13、腹径24厘米（图二三，2）。

C型　2件。平底。M6：6，泥质灰黄陶。高领，直口微侈，斜方唇，折肩，弧腹，平底。素面。高18.5、口径13.2、底径9.6厘米（图二三，3）。

广肩壶　3件。分三式。

Ⅰ式：1件。M4：1，平底稍凹。泥质灰陶。侈口，长颈，广溜肩，弧腹。肩饰刻划纹，腹饰绳纹。高33.6、口径16.8、底径14.4厘米（图二三，4）。

Ⅱ式：1件。M8：2，凹底。泥质褐陶。侈口，沿外翻，高领，广折肩，弧腹下收。肩部饰刻划纹，腹饰绳纹。高21.8、口径14.8、底径10.5厘米（图二三，5）。

Ⅲ式：1件。M5：11，平底。泥质灰陶。口已残，高领，广折肩，弧腹下收。肩部饰刻划纹，腹饰绳纹。残高18.5、底径8、腹径23.3厘米（图二三，6）。

广肩罐　9件。据腹部变化分为三式。

Ⅰ式：3件。腹较浅。M3：21，泥质灰陶。敛口，折肩，平底。高11.3、口径9、底径8.3厘米（图二三，7）。

Ⅱ式：4件。腹稍深。M3：6，泥质灰陶。直口，溜肩，平底。腹下有刮削痕。高12.6、口径9.8、底径9.5厘米（图二三，8）。

Ⅲ式：2件。腹较深。M5：6，泥质灰陶。侈口，广肩，腹斜直，平底。肩下饰刻划纹，腹有刮削痕。高13.3、口径9.4、底径9.9厘米（图二三，9）。

壶形器　6件。据沿部变化分二型。

A型　5件。据肩腹部变化分三式。

Ⅰ式：1件。鼓腹溜肩。M8：4，泥质灰陶。侈口，高领，平底。肩饰刻划纹。高11.5、口径10.3、底径7.3厘米（图二三，10）。

Ⅱ式：2件。鼓腹折肩。M6：2，泥质灰黄陶。侈口，高领，平底。肩部饰有二道刻划纹。高10.4、口径11、底径4.6厘米（图二三，11）。

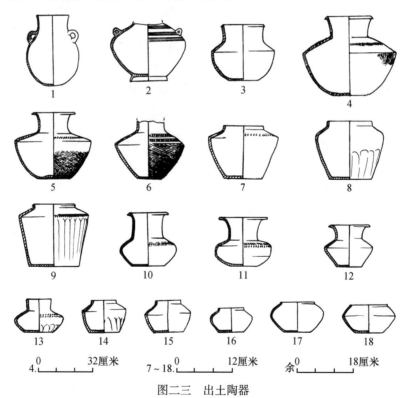

图二三　出土陶器

1. A型壶（M1：1）　2. B型壶（M3：13）　3. C型壶（M6：6）　4. Ⅰ式广肩壶（M4：1）　5. Ⅱ式广肩壶（M8：2）
6. Ⅲ式广肩壶（M5：11）　7. Ⅰ式广肩罐（M3：21）　8. Ⅱ式广肩罐（M3：6）　9. Ⅲ式广肩罐（M5：6）　10. A型Ⅰ式壶形器
（M8：4）　11. A型Ⅱ式壶形器（M6：2）　12. A型Ⅲ式壶形器（M5：7）　13. B型壶形器（M3：24）　14. Ⅰ式小罐（M3：7）
15. Ⅱ式小罐（M3：5）　16. Ⅲ式小罐（M5：9）　17. Ⅰ式釜（M8：7）　18. Ⅱ式釜（M3：1）

Ⅲ式：2件。折腹。M5：7，泥质灰陶。侈口，溜肩，腹斜直，平底。高8.9、口径9、底径5.8厘米（图二三，12）。

B型　1件。M3：24，直口。泥质灰陶。长颈，溜肩，鼓腹，平底。肩部饰戳印纹一圈，腹下有刮削痕。高7、口径5.6、底径6.2厘米（图二三，13）。

小罐　6件。据肩腹部变化分三式。

Ⅰ式：3件。折肩，深腹。M3：7，泥质灰陶。直口，斜弧腹，平底。腹部有刮削痕。高6.7、口径5.9、底径6.5厘米（图二三，14）。

Ⅱ式：2件。鼓肩，腹略浅。M3：5，泥质灰陶。直口，斜弧腹，平底。素面。高6.7、口径6.3、底径6.4厘米（图二三，15）。

Ⅲ式：1件。M5：9，溜肩，浅腹。泥质灰陶。口微敛，腹弧壁下收，平底。素面。高5.2、口径6、底径5.5厘米（图二三，16）。

釜　2件。据腹部变化分二式。

Ⅰ式：1件。鼓腹较深。M8：7，泥质灰褐陶。口微敛，溜肩，腹斜弧，平底。素面。高6.4、口径7.6、底径5.8厘米（图二三，17）。

Ⅱ式：1件。折腹较深。M3：1，泥质灰陶。口微敛，斜溜肩，腹斜弧，平底。素面。高6、口径8、底径6厘米（图二三，18）。

甑　5件。据其形制分二型。

A型　3件。窄沿。据腹部变化分二式。

Ⅰ式：1件。M3：33，腹较浅。泥质灰陶。侈口，斜腹，平底，底有圆孔5个。高5、口径13.7、底径6厘米（图二四，1）。

Ⅱ式：2件。腹较深。M5：10，泥质灰陶。侈口，腹斜直，平底，底有较多的小圆孔。高4.7、口径12、底径4.8厘米（图二四，2）。

B型　2件。侈口，圆唇。M6：3，泥质灰陶。弧腹，平底，底部有8个圆孔。高7、口径13.5、底径4.5厘米（图二四，3）。

碗　3件。据形制分二型。

A型　1件。窄沿。M5：4，泥质灰陶。敞口，腹斜直，平底。素面。高4、口径9.6、底径4.8厘米（图二四，4）。

B型　2件。侈口，圆唇。M8：5，泥质灰陶。敞口，弧腹，平底。素面。高5.2、口径10.9、底径3.5厘米（图二四，5）。

灶　2件。据形制分二型。

A型　1件。M3：12，平面近方形。泥质灰陶。单火眼，烟道在灶角，单火门。素面。长13.8、宽10.2、高7.7、底长15.9厘米（图二四，6）。

B型　1件。M5：8，平面呈长方形。泥质灰陶。单火眼，灶面一角置烟道一个，单火门。长18.6、宽11.3、高6.3厘米（图二四，7）。

盘　2件。M6：2，泥质灰黄陶。敞口，尖圆唇，折腹，矮圈足。素面。高4.1、口径16.8、底径4.7厘米（图二四，8）。

俑　4件。皆为女俑。据其形态分二型。

1~5、8、13. 0 ⊢———⊣ 12厘米   6、7、12. 0 ⊢———⊣ 18厘米

9~11. 0 ⊢———⊣ 24厘米   14、15. 0 ⊢———⊣ 3厘米

图二四　出土器物

1. A型Ⅰ式陶甑（M3：33）　2. A型Ⅱ式陶甑（M5：10）　3. B型陶甑（M6：3）　4. A型陶碗（M5：4）　5. B型陶碗（M8：5）
6. A型陶灶（M3：12）　7. B型陶灶（M5：8）　8. 陶盘（M6：2）　9、10. A型陶俑（M3：26、M3：9）　11. B型陶俑
（M3：3）　12. 陶猪俑（M3：11）　13. 瓷盏（M2：6）　14. A型石瑱（M3：19）　15. B型石瑱（M3：20）

A型　3件。立俑。M3：26，泥质红陶。额头包巾，高髻，五官聚拢，广袖长服，双手抱握放于腹部。高35厘米（图二四，9）。M3：9，泥质红陶。削额包巾，高髻，五官聚拢不清，双手抱握于胸部，广袖长服。高34.8厘米（图二四，10）。

B型　1件。M3：3，舞俑。泥质红陶。头包巾高髻，五官聚拢，一手臂上举，体呈舞姿，广袖长服。高38.5厘米（图二四，11）。

猪俑　1件。M3：11，泥质红陶。站立状，体态较肥，昂首。长23.5、高14厘米（图二四，12）。

瓷盏　1件。M2：6，灰白胎，通体施青白釉不及底，呈斗笠状。敞口，斜腹壁，饼足。高4.6、口径13.6、底径2.9厘米（图二四，13）。

5. 其他

镇　4件。据形态特征分二型。

A型　2件。长条形。M3：19，深蓝色。呈腰鼓状。中间穿孔。长2厘米（图二四，14）。

B型　2件。扁圆形。M3：20，石质灰白色。中间有一系槽。直径0.8厘米（图二四，15）。

（三）小结

本次发掘的8座墓葬，根据其墓葬形制和随葬器物组合可分四期。一期以M1为主，所出A型壶以及墓内建有壁龛等与江陵一带东周墓相近[1]。其年代大致在春秋晚期至战国早期。二期以M4为代表，所出Ⅰ式广肩壶与巫山麦沱汉墓B型Ⅱ式罐相似[2]。其年代大致在西汉晚期。三期可分二段：一段以M8为主，Ⅱ式广肩壶与巫山瓦岗槽汉墓（M10：4）所出壶相似[3]。釉陶豆在巫山汉墓中也常见。其年代大致在东汉中期。二段以M3、M5为代表，所出Ⅰ式小罐、Ⅰ式广肩罐、铜鍪、灶与巫山麦沱汉墓第四期东汉墓所出随葬品相近，其年代在东汉晚期。第四期以M2为代表，其中出土的青白瓷斗笠盏，是北宋时期典型器物，与涪陵石沱遗址所出Ac型Ⅰ式碗相似[4]，其年代大致在北宋中期偏早。

五、结　语

下湾遗址及墓地所出土的器物，石器主要是手工工具和渔猎工具，如斧、锛、锥、镞、石球和个体较大的石网坠。铁器使用的领域比较广泛，包括农具、兵器、渔猎工具和服饰用具，

①　湖北省荆州博物馆：《枣林岗与堆金台》，科学出版社，1999年。

②　湖南省文物考古研究所：《巫山麦沱汉墓群发掘报告》，《重庆库区考古报告集·1997卷》，科学出版社，2001年。

③　南京博物院：《巫山瓦岗槽汉代墓地发掘报告》，《重庆库区考古报告集·1997卷》，科学出版社，2001年。

④　北京市文物研究所、涪陵区博物馆：《涪陵石沱遗址发掘报告》，《重庆库区考古报告集·1997卷》，科学出版社，2001年。

如、刀、镞和带钩等。铜器数量较多，主要有镞、鱼钩、鍪、洗、带钩、钗等。保存相对完好。错银铜带钩在器身上用细银丝镶嵌出云纹，制作精致。陶器种类繁多，常见纺轮、细柄豆、盆、广肩壶、广肩罐、圜底罐、壶形器、灶、男女陶俑和猪等动物俑。硬陶四系瓿形体硕大，肩腹部拍印细密的方格纹，器表施薄釉，显示出较高的制陶工艺。青瓷豆以高岭土做胎，灰白细腻，烧成温度较高，釉色青中泛黄，应该已经进入早期青瓷的范畴。琉璃器多为耳坠等装饰品。另外猪下颌骨、鹿角等动物遗骸也较多见，有的骨角上还残留人工锯割的痕迹。其文化面貌与周边地区同时期的文化存在着密切的联系。下湾遗址具有从春秋晚期至两汉、宋、清等时期连续发展的特点，时代跨度较大。从遗址的文化堆积和出土遗物看，春秋晚期至两汉时期是遗址的发展和繁荣阶段，应是大宁河流域内一处较重要的聚落遗址，它的兴衰与外界的沟通、文化交流有着密切的关系。

附记：本次发掘领队魏航空，参加发掘的人员有许志斌、姚晶华、陈兴付、徐国胜、郑远华、雷霆、贾纪华、赵燕然等。

修复：陈　艳　朱清华
绘图：陈　艳
摄影：许志斌
执笔：许志斌　陈　艳　徐国胜　裴　健

云阳李家坝遗址1999年度发掘简报

四川大学考古文博学院
云阳县文物保护管理所

　　李家坝遗址位于重庆市云阳县高阳镇青树村，处在三峡库区腹心地带的长江北侧支流小江（彭溪河）左岸，遗址中心自然地理坐标为北纬31°6′15″，东经108°41′，南距云阳县新县城双江镇（小江汇入长江处）约30千米，东距新高阳镇约1千米（图一）。遗址北侧山梁上有高家堡、石板梁汉代墓地，南面隔江与走马岭战国两汉墓地相对，东南隔江400米为明月坝唐宋市镇遗址。

　　李家坝为一处东西狭长的河流台地，由北向南流入小江的两条山涧桂家沟和施家沟将李家坝台地由西向东分割为上、中、下三坝。四周群山环绕，小江从其南侧由西向东流过，景色秀丽，四季分明，农业较为发达。

　　李家坝遗址分布在台地西部的上坝，依山临河，南部较为平坦，北侧地势渐高，东北部有一独立小山丘（乌龟堡），海拔为139～148米（最高为168米）。遗址现存分布范围约12万平方米，核心分布区域约3万平方米，是三峡库区一处不可多得的面积较大、保存较好，以商周至两汉六朝遗存为主，下及唐宋至明清各代遗存的大型遗址，是重庆三峡库区地下文物保护规划确定的多年度连续发掘的超大型考古发掘项目，在三峡考古中占有十分重要的地位。

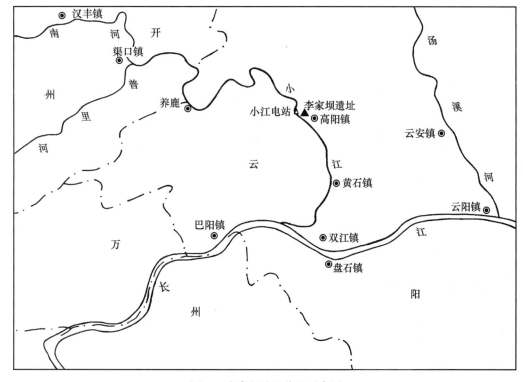

图一　李家坝遗址位置示意图

继1997年[①]和1998[②]年之后，四川大学考古学系在协作方云阳县文物管理所的配合下，于1999年10～12月对该遗址进行了第三次较大规模的发掘。本次发掘执行的是1999年度发掘协议所规定的任务，分别在遗址Ⅰ区东南部和Ⅱ区南部布5米×5米探方64个，发掘面积1600平方米（图二），取得了一批重要成果，尤其是商周时期房址和战国巴人墓葬的发掘，大大丰富了李家坝遗址先秦时期文化的内涵。按照第一、二次发掘报告的体例，本报告简要报道1999年度发掘除Ⅱ区墓葬资料之外的主要收获，有关Ⅱ区巴文化墓地发掘情况将另文介绍[③]。

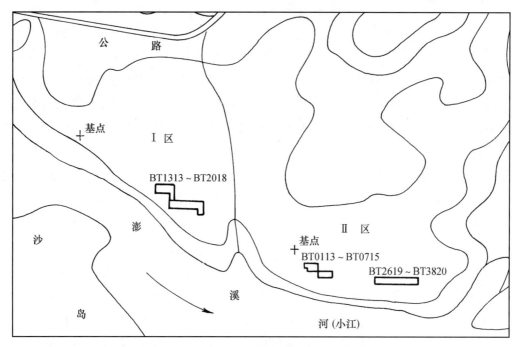

图二　李家坝遗址1999年度发掘区及探方分布示意图

一、地层堆积及文化遗存分类

本年度发掘依照李家坝遗址总体发掘规划，采用象限法布方，探方为5米×5米。分三个发掘点：Ⅰ区B象限布方22个，Ⅱ区B象限东部布方29个、西部布方13个。由于李家坝遗址面积大，地层堆积丰富，各区地层堆积性质和土质土色不尽相同，加之历代人为和自然破坏，使各区以及同一区内各发掘点之间地层堆积的厚薄和层次多寡不一，区别较大，即使是相邻探方，堆积层次也不一定相同。各发掘点地层先由各探方根据本方土质土色独自划分，然后由工地领队分区依据土质土色和各层包含物统一地层，编定各区统一层次序号。遗迹单位编号分区统一发放。现将本年度三个发掘点的地层堆积情况按统一后地层分别介绍如下。

---

① 四川大学历史文化学院考古系、云阳县文物管理所：《云阳李家坝遗址发掘报告》《云阳李家坝东周墓地发掘报告》，《重庆库区考古报告集·1997卷》，科学出版社，2001年。

② 四川大学历史文化学院考古系、云阳县文物管理所：《云阳李家坝遗址发掘报告》《云阳李家坝巴人墓地发掘报告》，《重庆库区考古报告集·1998卷》，科学出版社，2003年。

③ 四川大学考古学系、重庆市云阳县文物管理所：《重庆云阳李家坝巴文化墓地1999年度发掘简报》，《南方民族考古（第七辑）》，科学出版社，2011年。

1. I区B象限地层堆积

本发掘点地层共分为七层，地层比较完整连续，仅个别探方有个别层位缺失。以ⅠBT1615南壁为例（图三）。

第1层：褐色耕土。土质疏松，分布于全探方。厚12～39厘米。夹杂较多的植物根茎，包含青花瓷片等。年代为近现代。

第2层：灰青色沙土。土质疏松，分布于全探方。厚14～47、距地表12～39厘米。包含物甚少，偶见青花瓷片、现代瓦片等。年代为近现代。

第3层：灰褐色黏土。含大量水锈，土质紧密，在探方北部缺失。厚0～15、距地表28～48厘米。出土少量陶片和青花瓷片。年代为明清时期。

第4层：灰黑色黏土。土质紧密，在探方北部缺失。厚0～17、距地表37～77厘米。出土少量陶片和青花瓷片。年代为明清时期。

第5层：灰褐色黏土。土质紧密，分布于全探方。厚8～57、距地表41～78厘米。出土较多陶片以及瓦片等。陶片以泥质陶为主，占53%，夹粗砂陶和夹细砂陶分别占25.5%和21.5%。泥质陶多见灰褐陶、灰陶和黄褐陶，分别占27.8%、24.1%、22.2%，另有少量黑皮陶和红褐陶；夹细砂陶中黑褐陶占36.4%、黄褐陶占27.3%，另有少量红褐陶、灰褐陶和灰陶；夹粗砂陶中红褐陶占61.5%，另有少量灰褐陶、黄褐陶和灰陶。纹饰以素面为主，有纹饰者多为绳纹。可辨器类有盘口罐、缸、盂、盆等，以轮制为主。瓦片为泥质板瓦残片，多内素面外饰绳纹，少数内外皆饰绳纹。99ⅠH15开口于此层下。年代为汉六朝时期。

第6层：黄褐色黏土。土质紧密。分布于全探方。厚7～41、距地表45～101厘米。出土物不多，有陶片和石器等。陶片以泥质陶为主，占55%，夹粗砂陶和夹细砂陶分别占25%、20%。泥质陶中红褐陶占77.3%，另有少量灰褐陶、黄褐陶、灰陶和黑皮陶；夹粗砂陶中黄褐陶占50%、红褐陶占30%、灰褐陶占20%；夹细砂陶中黄褐陶占75%、黑褐陶占25%。以素面为主，绳纹也较为丰富。可辨器类有釜、矮领罐、尖底杯等。年代为东周时期。

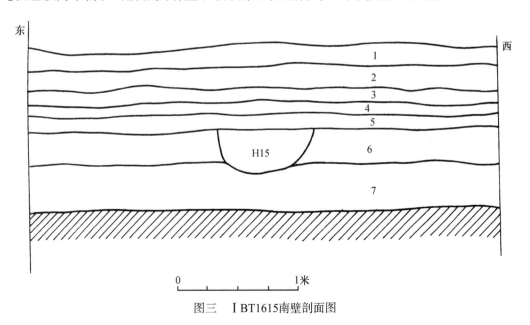

图三　ⅠBT1615南壁剖面图

第7层：红褐色黏土。土质紧密，分布于全探方。厚21~42、距地表91~141厘米。出土物仅有极少夹细砂陶片。素面无纹。年代为东周时期。

此层下为黄褐色生土。

2. Ⅱ区 B 象限地层堆积

本年度在李家坝遗址Ⅱ区的发掘分别在该区东部和西部开展，地层共分为九层，各方层数不一，多有缺失，尤其是西部地表受小江电站泄洪冲刷的影响，地层堆积较薄，层次缺失较多。东部探方的地层堆积以ⅡBT3018北壁为例，西部探方的地层堆积以ⅡBT0413北壁为例。

（1）ⅡBT3018北壁（图四）

第1层：现代耕土。褐色沙土，土质疏松，分布于全探方。厚30~50厘米。

第2层：土质疏松的沙土层，含沙较重。根据土色可分为四亚层。

第2A层：灰青色沙土。土质疏松，分布于全探方。厚10~25、距地表30~50厘米。无包含物。年代为近现代。

第2B层：红褐色沙土。土质疏松，分布于探方中西部。厚0~25、距地表30~45厘米。无包含物。年代为近现代。

第2C层：黄褐色沙土。土质疏松，分布于全探方。厚10~15、距地表35~55厘米。无包含物。年代为近现代。

第2D层：褐色沙土。土质疏松，分布于全探方。厚25~45、距地表45~70厘米。无包含物。年代为近现代。

第3层：灰褐色沙土。土质紧密，含大量水锈，分布于全探方。厚15~20、距地表70~95厘米。出土少量青花瓷片。年代为明清时期。

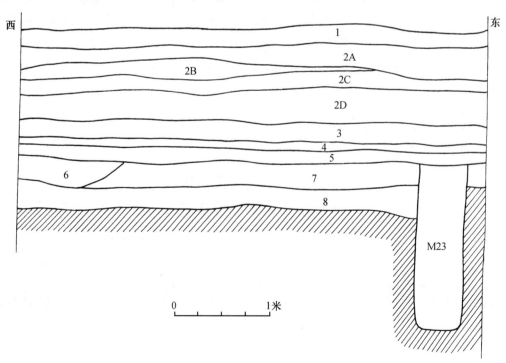

图四　ⅡBT3018北壁剖面图

第4层：灰黑色黏土。土质紧密，含大量细炭屑和少量红烧土斑点，分布于全探方。厚5～12、距地表85～123厘米。出土少量青花瓷片和陶片。年代为明清时期。

第5层：青色沙土。土质较疏松，在探方东南部缺失。厚0～18、距地表95～125厘米。出土物有零星青瓷片、陶片和砖瓦残片等。年代大致为唐宋时期。99ⅡM23开口于此层下。

第6层：黄褐色黏土。土质紧密，分布于探方西部。厚0～40、距地表110～135厘米。出土少量陶片。陶片分泥质陶和夹细砂陶，各占71.4%和28.6%。泥质陶中灰褐陶占30%，灰陶、黄褐陶和黑皮陶各占20%，另有少量红褐陶。夹细砂陶中红褐陶占75%、黑褐陶占25%。可辨器形有釜、尖底杯等，制作方法以手制加慢轮修整为主。器表多为素面，有纹饰者泥质陶以细绳纹略多，弦断绳纹偶见；夹细砂陶偶见粗绳纹和刻划纹。年代为东周时期。

第7层：灰褐色黏土。土质紧密，分布于探方中东部。厚0～43、距地表98～120厘米。出土大量陶片。陶质有夹细砂陶、泥质陶、夹粗砂陶，分别占59.6%、20.7%、19.7%。夹细砂陶中灰褐陶占45.9%、红褐陶占23.9%，另有少量黑褐陶和黄褐陶，偶见灰陶；多为素面，有少量粗绳纹和细绳纹，偶见菱形纹、花边和凹弦纹。泥质陶中灰褐陶和黄褐陶各占31.6%，另有少量灰陶和红褐陶，偶见黑褐陶。夹粗砂陶多见红褐陶和黄褐陶，分别占44.4%和33.3%，另有少量灰褐陶、灰陶和黑褐陶。在制作方法上，泥质陶以轮制为主，夹细砂陶多为手工加慢轮修整，夹粗砂陶多为手制。可辨器形有高领罐、小罐、尖底杯、花边口沿釜、盆、豆、瓮、釜等。该层下有99ⅡF3。年代为商周时期。

第8层：红褐色黏土。土质紧密，分布于全探方。厚15～35、距地表135～160厘米。出土少量陶片。陶质有泥质陶和夹细砂陶，分别占46.7%和40%，夹粗砂陶偶见。泥质陶中灰陶占42.8%、黄褐陶和灰褐陶各占28.6%，绝大多数为素面，偶见细绳纹。夹细砂陶中红褐陶和黑褐陶各占50%，多数饰粗绳纹，偶见细绳纹。可辨器形有盘口罐等，多为手工加慢轮修整。年代为商周时期。

本方缺失第9层，第8层以下即为黄褐色生土。

（2）ⅡBT0413北壁（图五）

第1层：现代褐色耕土。土质疏松，分布于全探方。厚12～26厘米。

第2层仅见第2A层：灰青色沙土。土质疏松，在探方东部缺失。厚0～22、距地表12～26厘米。出土少量青花瓷片。年代为近现代。第2B、第2C和第2D层在本探方全部缺失。

第3层在本方缺失。

第4层：灰黑色黏土。土质紧密，在探方东部缺失。厚0～10、距地表22～46厘米。出土物有少量青花瓷片和陶片等。年代为明清时期。99ⅡM39开口于此层下。

第5层在本方缺失。

第6层：黄褐色黏土。土质紧密，分布于全探方。厚10～30、距地表30～48厘米。出土较多陶片。以泥质陶居多，占70.9%，夹细砂陶和夹粗砂陶分别占20.8%、8.3%。泥质陶多见灰褐陶、灰陶和黑褐陶，分别占32.3%、29.4%和20.6%，另有少量红褐陶、黄褐陶、黑皮陶；绝大多数为素面，仅有少量细绳纹。夹细砂陶中黄褐陶占50%，灰褐陶和红褐陶分别占30%、20%；大多数为素面，另有少量粗绳纹、细绳纹和凹弦纹。夹粗砂陶片均为灰褐陶，素面占75%，细绳纹占25%。陶片过碎，难辨器形。年代为东周时期。

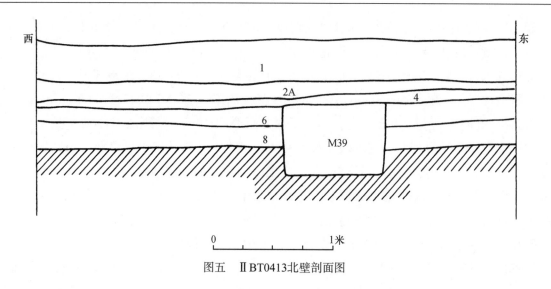

图五　ⅡBT0413北壁剖面图

第7层在本方缺失。

第8层：红褐色黏土。土质紧密，分布于全探方。厚20～25、距地表50～70厘米。出土少量陶片，难辨器形。年代为商周时期。

本方无第9层，第8层以下即为黄褐色生土。

3. 文化遗存分类

根据地层堆积的叠压关系和遗物特征分析，可将李家坝遗址1999年度发掘的文化遗存分为三类：先秦时期文化遗存、汉六朝时期文化遗存和唐宋时期文化遗存。

先秦时期文化遗存，包括Ⅰ区B象限第6、7层，Ⅱ区B象限第6～9层以及开口于这些层次上下的各种遗迹，是本年度发掘所获得的最为丰富和最为重要的资料。

汉六朝时期文化遗存，包括Ⅰ区B象限第5层、Ⅱ区B象限5B层以及开口于这些层次上下的各种遗迹。本期以两汉文化遗存为主体，能确指为六朝时期文化遗存的材料较少。由于汉、六朝文化遗存面貌较为接近，本简报将两者合并论述。

唐宋时期文化遗存，可确指的仅Ⅱ区B象限第5A层以及开口于第4层下的少数灰坑。唐宋以来，由于历代农耕活动和洪水不断泛滥，地层扰动严重，汉六朝文化遗存以上的地层，大多是明清至近现代农耕层和洪水淤积层的相间堆积。明清时期文化遗存资料甚少，暂不列入本简报的文化遗存分类和分期之中。

二、先秦时期文化遗存

1. 遗迹

本年度发现的先秦时期遗迹有灰坑、灰沟、房址和墓葬。

（1）灰坑

共10个（99ⅠH2、99ⅠH4、99ⅠH5、99ⅠH12、99ⅡH2、99ⅡH3、99ⅡH7、99ⅡH11、

99ⅡH13、99ⅡH16）。坑口平面多不规则，少
数呈圆形、圆角长方形、椭圆形。以99ⅡH16、
99ⅠH4、99ⅡH7、99ⅡH11等较为典型。

99ⅡH16　位于ⅡBT0413的南部，向南延伸至
ⅡBT0414。开口于第4层下，打破第6层，距地表
23厘米。坑口平面呈圆形，直壁略斜，阶梯形底。
口径240、深32厘米。填土为黄褐色黏土，内含较
多红烧土块，土质略紧密，出土较多陶片。陶片以
泥质陶为主，夹细砂陶次之，夹粗砂陶最少。泥质
陶多见黄褐陶和红褐陶，各占45.1%、37.5%，另有
少量灰陶、灰褐陶、黑皮陶；绝大多数为素面，有
少量细绳纹，偶见凹弦纹、太阳纹、戳印纹和粗绳
纹。夹细砂陶中，红褐陶占47.6%，黄褐陶和灰褐
陶分别占33.3%、19.1%；大多饰细绳纹或粗绳纹。

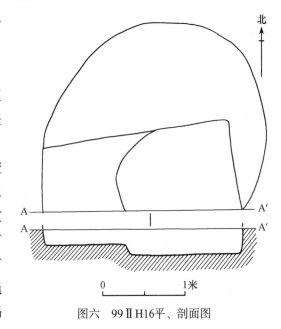

图六　99ⅡH16平、剖面图

夹粗砂陶中黄褐陶和灰陶分别占60%、40%；大多素面无纹，少数饰有细绳纹，偶见凹弦纹。
可辨器形有盆、高领罐等，制作方法以轮制为主（图六、图七）。

99ⅠH4　位于ⅠBT1715中部偏东北处，开口于第6层下，打破第7层，距地表120厘米。坑
口平面呈圆角长方形，弧壁，平底，上口长120、宽90厘米，底长100、宽70厘米，深60厘米。
填土为灰色沙土，土质疏松，包含物有陶片、骨渣等。陶片以泥质陶为主，占58%，夹细砂
陶和夹粗砂陶分别占24%、18%。泥质陶灰陶占69%，另有少量红褐陶和黄褐陶；夹细砂陶中
黄褐陶占50%，其余为黑褐陶、红褐陶、灰褐陶等；夹粗砂陶中灰陶和黄褐陶分别占44.4%、
33.3%，偶见灰褐陶和红褐陶。可辨器类有釜、豆、尖底器、圈足器等，以轮制为主。纹饰以
素面为主，绳纹、弦纹数量较少（图八）。

99ⅡH7　位于ⅡBT3018西部，开口于第5层下，打破第6、7层，距地表115厘米。坑口平
面近椭圆形，底部起伏不平。坑口长180、宽100、深10~50厘米。填土为灰黑色沙土，土质疏

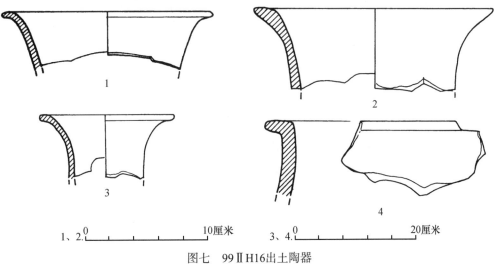

图七　99ⅡH16出土陶器

1~3.高领罐（99ⅡH16：3、99ⅡH16：2、99ⅡH16：1）　4.盆（99ⅡH16：4）

松，内含大量陶片及石块等。陶片以夹细砂陶为主，占78.6%，其中灰褐陶、红褐陶、黑褐陶和黄褐陶分别占28.6%、22.2%、21%和19.8%，偶见黑皮陶和灰陶；大多饰有粗绳纹，素面亦占相当比例，另有少量细绳纹和凹弦纹。可辨器形有小罐、钵、缸、釜等（图九、图一〇）。

99ⅡH11　位于ⅡBT3819东北部，开口于第4层下，距地表70厘米，打破第6层和99ⅡM31。坑口平面呈椭圆形，圜底。坑口长径50、短径35、深40厘米。填土为黑色黏土，包含物不多，仅有少量陶片，以夹细砂陶的数量略多，占54.5%，泥质陶次之，占36.4%，偶见夹粗砂陶。夹细砂陶中黑褐陶和红褐陶各占50%、33.3%，另有少量灰褐陶；多为素面，另有一定数量的粗绳纹等，偶见花边口沿。泥质陶半数为红褐陶，余为灰褐陶和黄褐陶；以素面为主，少数饰有细绳纹以及凹弦纹。夹砂陶多为手工加慢轮修整，泥质陶则多为轮制。可辨器形有缸等（图一一）。

（2）灰沟

1条。编号99ⅠG4，位于ⅠBT1615中部，开口于第5层下，打破第6层，沟口距地表47厘米。呈东北—西南走向的长条形，北宽南窄，弧壁圜底，长320、最宽104、最深58厘米，北端压于ⅠBT1615北壁之下。沟内填土呈黑灰色，土质较疏松，出土陶片、骨渣、石块等。陶片泥质陶和夹粗砂陶各占52.6%、42.1%，偶见夹细砂陶。泥质陶多见黄褐陶和红褐陶，分别占26.7%、23.3%，另有灰陶、灰褐陶、黑皮陶、黑褐陶等；多为素面，有纹饰者以方格纹和粗绳

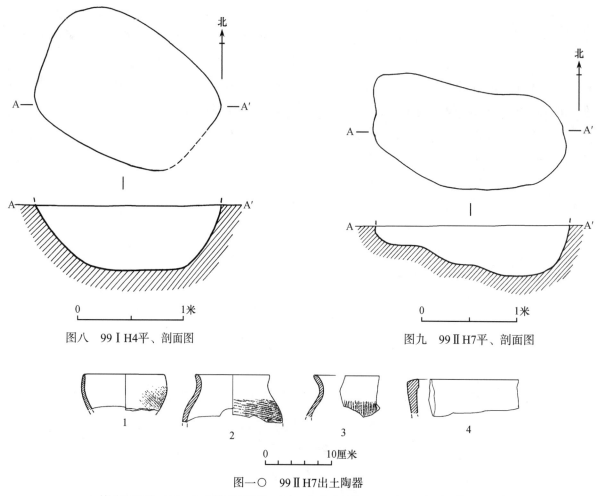

图八　99ⅠH4平、剖面图　　　　图九　99ⅡH7平、剖面图

图一〇　99ⅡH7出土陶器

1.钵（99ⅡH7：11）　2.小罐（99ⅡH7：12）　3.釜（99ⅡH7：13）　4.缸（99ⅡH7：10）

纹较为常见，陶片内侧较平滑，制法以轮制为主。夹粗砂陶绝大多数为红褐陶，另有少量黄褐陶；多饰以粗绳纹；陶片内侧多凹凸不平，制法为手工加慢轮修整。可辨器形有花边口沿釜、矮领罐、钵、盆、器盖、缸以及鬲（甗）足等（图一二）。

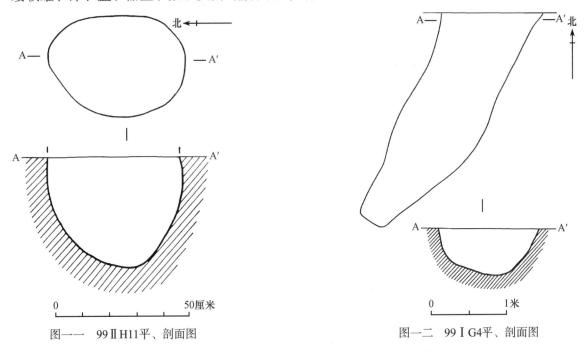

图一一　99ⅡH11平、剖面图　　　　　　　　图一二　99ⅠG4平、剖面图

（3）房址

共5座（99ⅡF1、99ⅡF3、99ⅡF4、99ⅡF5、99ⅡF6）。有长方形和圆角正方形两种，其中，圆角近方形1座（99ⅡF5），其余为长方形。以99ⅡF1和99ⅡF5为例。

99ⅡF1　位于ⅡBT3017中西部，向北延伸至ⅡBT3016南部，向南延伸至ⅡBT3018北部，西侧已被严重破坏，情况不明。开口于第7层下，距地表140～150厘米，打破第8层和生土层，又被99ⅡH2和99ⅡM16打破。残存部分平面呈长方形，南北长410、东西宽270厘米，面积11.07平方米。东、南、北三面保留有墙体的基槽，基槽宽15～20、深40～45厘米，内有柱洞42个，柱洞口径9～11、深40～50厘米，间距不一致，最小间距5厘米，最大间距50厘米。墙体已无存，从基槽及柱洞等推测，应是木骨泥墙。屋内既无明显的居住面痕迹，也未发现灶坑等生活遗迹。屋外东侧和南侧还各有一条基槽，似为被99ⅡF1打破的另一座房址墙体的基槽（图一三）。

99ⅡF5　位于ⅡBT3117南部偏西，部分延伸至ⅡBT3118北部，开口于第7层下，打破第8层。平面略呈圆角方形，坐东北朝西南，地面墙体已无保留，屋内既无明显的居住面痕迹，也未发现灶坑等生活遗迹，四周仅保留墙基槽，进深约145厘米，面积约2.8平方米。墙基槽宽9～18、深17～21厘米。该房址西南侧墙基槽内有四个大小不一的柱洞，直径8～19、深16～19厘米，墙体应是木骨泥墙。西南侧没有基槽遗存，宽约100厘米，可能为门道之所在（图一四）。

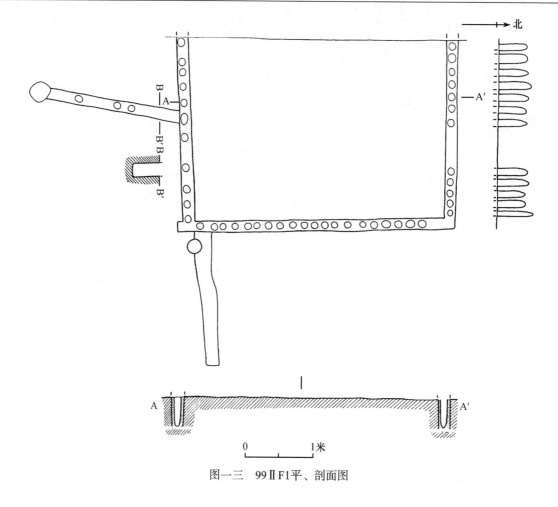

图一三　99ⅡF1平、剖面图

（4）墓葬

共45座。其中Ⅰ区1座、Ⅱ区44座。Ⅱ区的44座另有简报予以报道，这里只介绍Ⅰ区的1座。

99ⅠM1　长方形竖穴土坑墓，位于ⅠBT1715中部，墓向295°，开口于第6层下，打破第7层和生土层，被99ⅠH4打破，墓口距地表140厘米。墓坑长150、宽80、深60厘米。填土为黄褐色五花土，内包含大量陶片。陶片以夹细砂陶为主，泥质陶次之，夹粗砂陶最少。夹细砂陶以灰陶最多，黑陶次之，黄褐陶最少。陶片多为素面。可辨器形有豆、盆、罐和尖底器等。无人骨架和葬具痕迹，亦无随葬品（图一五）。

2. 遗物

出土遗物有陶器和石器两类，绝大多数是陶器，器类十分丰富，发展演变序列比较清楚。

（1）陶器

绝大多数为残片，完整器和可拼对复原者极少。陶质可分为泥质陶、夹细砂陶和夹粗砂陶三种，以夹细砂陶居多，泥质陶次之，夹粗砂陶最少。陶色多为灰陶，灰褐陶、红褐陶、黄褐陶亦较为常见，另外还有黑褐陶、黄陶、红陶、黑皮陶等。多素面，有纹饰者以各种绳纹为主，有粗绳纹、细绳纹、弦断绳纹、交错绳纹，另有凹弦纹、凸弦纹、方格纹、附加堆纹、

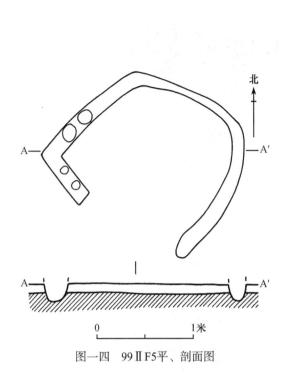

图一四　99ⅡF5平、剖面图

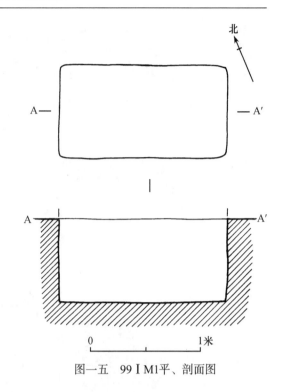

图一五　99ⅠM1平、剖面图

太阳纹以及几何形刮划暗纹等（图一六）。陶器制作常见泥条盘筑再慢轮修整，泥质陶多为轮制。可辨器类丰富，形制多变，有花边口沿釜、花边口沿罐、花边口沿盆、高领罐、盘口罐、矮领罐、筒形罐、小平底罐、小罐、盂、盆、缸、瓮、釜、小釜、尖底杯、尖底钵、尖底罐、尖底盏、平底杯、钵、豆、纺轮、网坠、灯形器等。花边口沿器、罐类和尖底器比较发达。

花边口沿釜　共39件。唇面压印花边。根据口部的不同，可分为三型。

A型　1件。直口略侈。ⅡBT2919⑦：15，夹细砂黑褐陶。波浪状花边较密略浅，肩、腹部饰交错绳纹。残高5.5厘米（图一七，1）。

B型　26件。喇叭形口。根据花边形态的不同，可分为三亚型。

Ba型　9件。波浪状花边。根据花边的稀疏、深浅及颈部的变化，分为三式。

Ⅰ式：2件。长曲颈，内曲较甚，花边较疏较深。ⅡBT3016⑧：11，夹细砂灰褐陶。残高6.4厘米（图一七，2）。

Ⅱ式：3件。曲颈较长，花边较疏较深。ⅡBT3018⑦：1，夹细砂黄褐陶。残高8.6厘米（图一七，3）。

Ⅲ式：4件。曲颈较短，花边较疏较浅。ⅡBT3719⑥：1，夹细砂红褐陶。圆肩，弧腹，小圜底。肩、腹、底饰纵向粗绳纹。通高39、口径44厘米（图一七，5）。

Bb型　12件。锯齿状花边。根据颈部及花边装饰部位的变化，分为三式。

Ⅰ式：5件。曲颈，口沿外卷，花边较疏较深。ⅡBT3116⑧：5，夹细砂黄褐陶。颈下饰纵向细绳纹。残高6.6厘米（图一七，4）。ⅡBT3017⑦：4，夹细砂黄褐陶。颈下饰纵向细绳纹。残高5.4厘米（图一七，9）。

Ⅱ式：6件。长曲颈，花边较疏较深。ⅡBT3016⑧：3，夹细砂黄褐陶。残高5.3厘米（图一七，6）。ⅡBT3016⑧：2，夹细砂黄褐陶。残高5.2厘米（图一七，7）。

1、2、5、6、11、16. 0 ____ 10厘米   3、4、7～10、12～15. 0 ____ 5厘米

图一六　先秦时期陶片纹饰拓片

1. 篮纹（ⅡBT2919⑦：29）　2. 眼形纹（99ⅡM35填土：19）　3. 粗绳纹（ⅡBT2919⑦：53）　4. 米字纹（ⅡBT3017⑦：26）
5. 太阳纹（99ⅡH16：6）　6. 附加堆纹（ⅡBT0213⑥：1）　7. 细绳纹（ⅡBT2919⑦：50）　8. 戳印圆圈纹（99ⅡM25填土：10）
9. 菱形纹（99ⅡM31填土：11）　10. 网格纹（ⅡBT3519⑥：6）　11. 弦断绳纹（ⅡBT2919⑦：55）　12. 凹弦纹（ⅡBT3116⑧：37）
13. 刻划纹（ⅡBT3519⑥：7）　14. 箆点纹（99ⅡM2填土：4）　15. 连珠纹（99ⅡH16：5）　16. 交错绳纹（ⅡBT2919⑦：59）

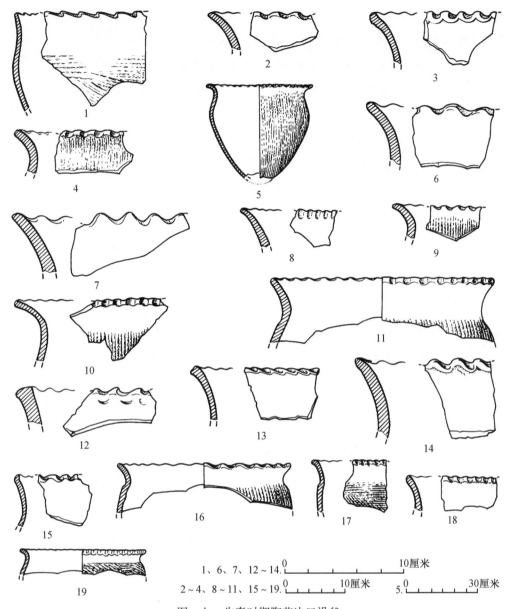

1、6、7、12~14. 0 ┈┈┈┈ 10厘米
2~4、8~11、15~19. 0 ┈┈┈┈ 10厘米
5. 0 ┈┈┈┈ 30厘米

图一七　先秦时期陶花边口沿釜

1. A型（ⅡBT2919⑦：15）　2. Ba型Ⅰ式（ⅡBT3016⑧：11）　3. Ba型Ⅱ式（ⅡBT3018⑦：1）　4、9. Bb型Ⅰ式（ⅡBT3116⑧：5、ⅡBT3017⑦：4）　5. Ba型Ⅲ式（ⅡBT3719⑥：1）　6、7. Bb型Ⅱ式（ⅡBT3016⑧：3、ⅡBT3016⑧：2）　8. Bb型Ⅲ式（ⅡBT3017⑦：13）　10. Bc型Ⅰ式（ⅡBT3116⑧：6）　11. Bc型Ⅱ式（ⅡBT2619⑦：3）　12. Ca型Ⅰ式（ⅡBT3116⑧：36）　13. Ca型Ⅱ式（ⅡBT2919⑦：20）　14. Ca型Ⅲ式（ⅡBT2919⑦：40）　15. Cb型Ⅰ式（ⅡBT2719⑦：30）　16. Ca型Ⅳ式（ⅡBT2619⑦：39）　17. Cb型Ⅱ式（ⅡBT2919⑦：19）　18. Cc型Ⅰ式（ⅡBT3115⑧：2）　19. Cc型Ⅱ式（ⅡBT3019⑦：24）

Ⅲ式：1件。曲颈较长，花边较疏较深，花边在口部外侧。ⅡBT3017⑦：13，夹细砂黄褐陶。残高6.2厘米（图一七，8）。

Bc型　5件。圆窝状花边，花边较疏较深。根据口沿的变化，分为二式。

Ⅰ式：3件。卷沿。ⅡBT3116⑧：6，夹细砂黄褐陶。颈以下饰纵向粗绳纹。残高10厘米（图一七，10）。

Ⅱ式：2件。折沿。ⅡBT2619⑦：3，夹细砂红褐陶。溜肩，肩部饰纵向粗绳纹。口径

36、残高10.6厘米（图一七，11）。

C型　12件。侈口。根据花边形态的不同，可分为三亚型。

Ca型　5件。波浪状花边。根据花边的稀疏、深浅及颈部的变化，分为四式。

Ⅰ式：1件。花边略密较深。ⅡBT3116⑧：36，夹细砂黄褐陶。口部外侧有掐印纹。残高3.2厘米（图一七，12）。

Ⅱ式：2件。花边较密稍浅。ⅡBT2919⑦：20，夹细砂黑褐陶。残高4.4厘米（图一七，13）。

Ⅲ式：1件。花边较疏较深。ⅡBT2919⑦：40，夹细砂灰褐陶。残高6.2厘米（图一七，14）。

Ⅳ式：1件。束颈，花边略疏稍深。ⅡBT2619⑦：39，夹细砂黄褐陶。溜肩近无。肩部饰纵向细绳纹。口径28、残高7.8厘米（图一七，16）。

Cb型　5件。锯齿状花边。根据花边的稀疏、深浅及颈部的变化，分为二式。

Ⅰ式：4件。花边较疏较深。ⅡBT2719⑦：30，夹细砂红褐陶。残高8.2厘米（图一七，15）。

Ⅱ式：1件。花边较疏且浅。ⅡBT2919⑦：19，夹细砂红褐陶。微折肩。弧腹饰交错粗绳纹。残高8.1厘米（图一七，17）。

Cc型　2件。圆窝状花边。根据花边的稀疏、深浅及口部和颈部的变化，分为二式。

Ⅰ式：1件。口沿外翻，长束颈，花边较疏稍浅。ⅡBT3115⑧：2，夹细砂黄褐陶。残高5.6厘米（图一七，18）。

Ⅱ式：1件。口沿外翻略折，短束颈，花边略密且浅。ⅡBT3019⑦：24，夹细砂黄褐陶。溜肩。肩部饰两道凹弦纹及细绳纹。口径20、残高4厘米（图一七，19）。

花边口沿罐　共10件。唇面压印花边。根据口部的不同，可分为三型。

A型　1件。直口略侈。ⅡBT2619⑦：61，泥质黄褐陶。窝状花边较疏且浅，微束颈，颈部略长，圆肩。残高4.8厘米（图一八，1）。

B型　4件。喇叭形口。根据花边形态的不同，可分为二亚型。

Ba型　3件。波浪状花边略密较深。ⅡBT3719⑥：3，夹细砂红褐陶。束颈甚长。残高7.2厘米（图一八，2）。

Bb型　1件。圆窝状花边较密且深。ⅡBT3116⑧：32，夹粗砂黄褐陶。束颈甚长，颈甚内收。颈以下饰斜向粗绳纹。残高7.2厘米（图一八，3）。

C型　5件。侈口。根据花边形态的不同，可分为二亚型。

Ca型　2件。波浪状花边。根据花边的稀疏、深浅及颈部的变化，可分为二式。

Ⅰ式：1件。束颈略短，波浪状花边略密较深。ⅡBT2619⑦：41，夹细砂红褐陶。残高3厘米（图一八，4）。

Ⅱ式：1件。束颈短，花边略疏稍深。ⅠBT1715⑥：6，夹细砂灰褐陶。溜肩。口径20.8、残高7.6厘米（图一八，6）。

Cb型　3件。锯齿状花边。根据花边的稀疏、深浅及颈部的变化，可分为三式。

Ⅰ式：1件。束颈甚长，锯齿状花边略疏较深。ⅡBT3116⑧：7，夹粗砂灰褐陶。残高4.5厘米（图一八，5）。

Ⅱ式：1件。长束颈，锯齿状花边甚疏且浅。ⅡBT2919⑦：16，夹细砂黑褐陶。残高6.6厘米（图一八，8）。

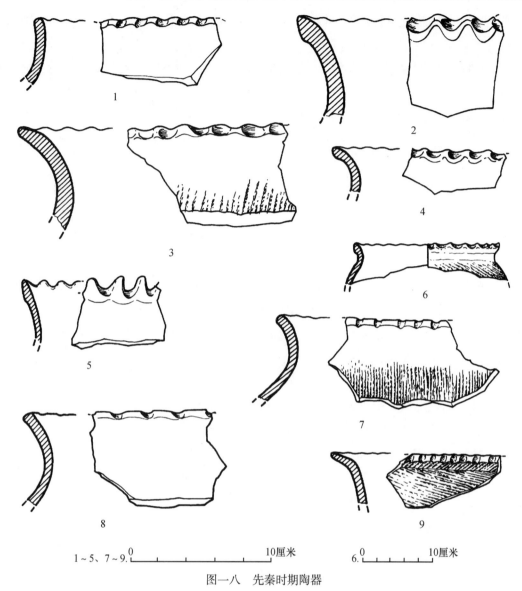

图一八　先秦时期陶器

1. A型花边口沿罐（ⅡBT2619⑦：61）　2. Ba型花边口沿罐（ⅡBT3719⑥：3）　3. Bb型花边口沿罐（ⅡBT3116⑧：32）
4. Ca型Ⅰ式花边口沿罐（ⅡBT2619⑦：41）　5. Cb型Ⅰ式花边口沿罐（ⅡBT3116⑧：7）　6. Ca型Ⅱ式花边口沿罐
（ⅠBT1715⑥：6）　7. Cb型Ⅲ式花边口沿罐（ⅡBT2919⑦：17）　8. Cb型Ⅱ式花边口沿罐（ⅡBT2919⑦：16）
9. 花边口沿盆（ⅡBT3919⑥：7）

　　Ⅲ式：1件。束颈短，锯齿状花边甚疏且浅。ⅡBT2919⑦：17，夹细砂黑褐陶。颈以下饰细绳纹。残高6厘米（图一八，7）。

　　花边口沿盆　1件。ⅡBT3919⑥：7，夹细砂红褐陶。折沿，唇部压印圆窝状花边较疏且浅，斜直壁。口沿外侧及腹部饰斜向细绳纹。残高3.7厘米（图一八，9）。

　　高领罐　共22件。根据口部的不同，可分为五型。

　　A型　1件。子母口。ⅡBT2619⑦：22，夹粗砂黄褐陶。尖唇，斜直领微弧。口径14.8、残高5厘米（图一九，1）。

　　B型　11件。侈口。根据口沿的形态差异，可分为三亚型。

　　Ba型　2件。折沿。根据唇部和颈部的变化可分为二式。

Ⅰ式：1件。斜方唇，高弧领。ⅡBT3115⑧：4，泥质黄褐陶。口径13、残高2.8厘米（图一九，2）。

Ⅱ式：1件。方唇略弧，高领微弧。ⅡBT3018⑦：15，夹细砂灰褐陶。口径18、残高5.6厘米（图一九，3）。

Bb型　3件。卷沿。根据唇部和颈部的变化，可分为三式。

Ⅰ式：1件。圆唇，高领微弧。ⅡBT3019⑦：12，夹细砂黄褐陶。口径24.8、残高4.2厘米（图一九，4）。

Ⅱ式：1件。圆唇，高弧领。ⅡBT2719⑥：11，泥质灰陶。口径17.6、残高6.2厘米（图一九，5）。

Ⅲ式：1件。微卷沿，扁圆唇，高领微弧。ⅡBT0313⑥：1，夹细砂灰陶。口径32、残高5.5厘米（图一九，6）。

Bc型　6件。口沿外翻，高弧领。根据唇部和颈部的变化，可分为三式。

Ⅰ式：1件。斜方唇。ⅡBT3016⑧：18，夹细砂灰陶。残高7.6厘米（图一九，7）。

Ⅱ式：4件。尖圆唇。ⅡBT3116⑧：20，夹细砂黑褐陶。口径17、残高9.4厘米（图一九，8）。

Ⅲ式：1件。圆唇。ⅡBT3619⑥：7，夹细砂黄褐陶。残高3.6厘米（图一九，9）。

C型　6件。喇叭形口。根据口沿的不同，可分为二亚型。

Ca型　4件。折沿，高弧领。根据唇部的变化，可分为二式。

Ⅰ式：3件。尖圆唇，高弧领。ⅡBT2919⑦：26，夹细砂灰褐陶。残高3.2厘米（图一九，10）。99ⅡH16：3，泥质黄褐陶。口径16、残高4.8厘米（图一九，11）。

Ⅱ式：1件。圆唇，高弧领。99ⅡH16：1，泥质红褐陶。口径22、残高10厘米（图一九，12）。

Cb型　2件。口沿外翻，尖圆唇，高弧领。99ⅡH16：2，泥质黄褐陶。口径20、残高6.4厘米（图一九，13）。

D型　2件。敛口，卷沿，圆唇，斜弧领。ⅡBT3017⑥：13，泥质灰陶。口径12、残高3.2厘米（图一九，14）。

E型　2件。直口微侈。根据唇部和颈部的变化，可分为二式。

Ⅰ式：1件。圆唇，弧颈略直。ⅡBT3016⑧：12，泥质灰陶。残高5.8厘米（图一九，15）。

Ⅱ式：1件。方唇略弧，斜弧领。ⅡBT2619⑦：28，泥质黄褐陶。颈部饰凹弦纹一道。口径16.6、残高4厘米（图一九，16）。

小罐　共11件。根据口部的不同，可分为二型。

A型　1件。盘口。ⅡBT2619⑦：25，泥质灰褐陶。双唇，内外唇皆尖，束颈较短，溜肩，弧腹。口径10、残高5厘米（图二○，1）。

B型　10件。侈口。根据肩部的不同，可分为二亚型。

Ba型　7件。溜肩。根据唇部、颈部的变化，可分为二式。

Ⅰ式：6件。圆唇，束颈较长，鼓腹。99ⅡH7：12，夹细砂黑褐陶。圆唇稍尖。肩部饰横向细绳纹。口径13.3、残高7厘米（图二○，2）。ⅡBT3118⑦：1，夹细砂灰褐陶。口径12.4、残高6厘米（图二○，4）。

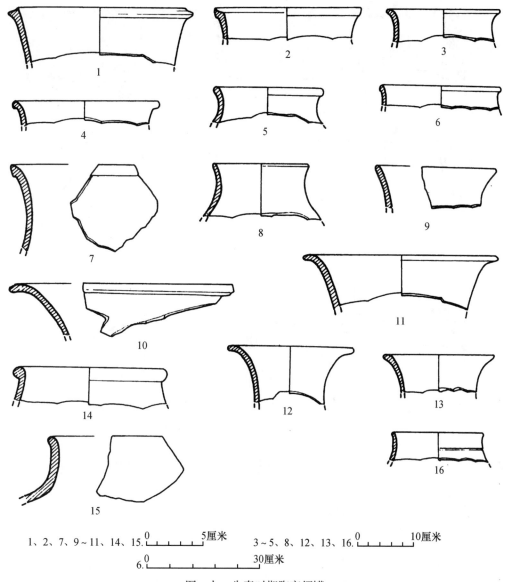

1、2、7、9~11、14、15.　0 ⊢—⊢—⊢—⊢—⊣ 5厘米　　3~5、8、12、13、16.　0 ⊢—⊢—⊢—⊢—⊣ 10厘米

6.　0 ⊢—⊢—⊢—⊢—⊣ 30厘米

图一九　先秦时期陶高领罐

1. A型（ⅡBT2619⑦：22）　2. Ba型Ⅰ式（ⅡBT3115⑧：4）　3. Ba型Ⅱ式（ⅡBT3018⑦：15）　4. Bb型Ⅰ式（ⅡBT3019⑦：12）
5. Bb型Ⅱ式（ⅡBT2719⑥：11）　6. Bb型Ⅲ式（ⅡBT0313⑥：1）　7. Bc型Ⅰ式（ⅡBT3016⑧：18）　8. Bc型Ⅱ式（ⅡBT3116⑧：20）
9. Bc型Ⅲ式（ⅡBT3619⑥：7）　10、11. Ca型Ⅰ式（ⅡBT2919⑦：26、99ⅡH16：3）　12. Ca型Ⅱ式（99ⅡH16：1）
13. Cb型（99ⅡH16：2）　14. D型（ⅡBT3017⑥：13）　15. E型Ⅰ式（ⅡBT3016⑧：12）　16. E型Ⅱ式（ⅡBT2619⑦：28）

　　Ⅱ式：1件。斜方唇，唇面有一道凹弦纹，束颈较直，鼓腹。ⅡBT3219⑥：3，泥质灰陶。肩、腹部饰斜向细绳纹。口径9.2、残高5厘米（图二〇，3）。

　　Bb型　3件。圆肩。ⅡBT2619⑦：52，夹粗砂灰褐陶。尖唇，束颈较短。肩部饰细绳纹。口径10、残高5.4厘米（图二〇，5）。

　　盘口罐　共9件。根据盘口形态的不同，可分为二型。

　　A型　5件。盘口较直。根据盘口的深浅、颈部的差异以及口径的大小，可分为三亚型。

　　Aa型　1件。盘口较深，口径较大，颈部有穿孔，高领。ⅡBT2719⑦：1，泥质灰陶。残高8.2厘米（图二一，1）。

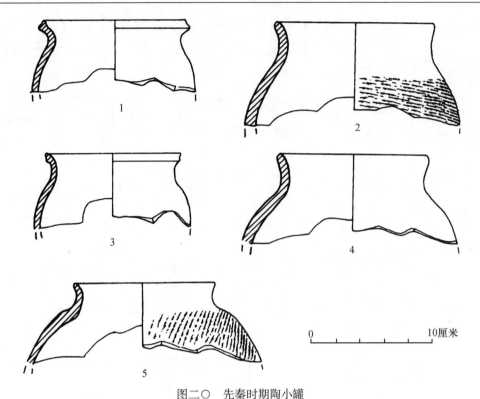

图二〇　先秦时期陶小罐

1. A型（ⅡBT2619⑦：25）　2、4. Ba型Ⅰ式（99ⅡH7：12、ⅡBT3118⑦：1）　3. Ba型Ⅱ式（ⅡBT3219⑥：3）
5. Bb型（ⅡBT2619⑦：52）

　　Ab型　1件。盘口浅，口径甚大，高领。ⅡBT2619⑦：26，泥质红褐陶。口径24、残高3.4厘米（图二一，2）。

　　Ac型　3件。盘口较深，口径较小。根据盘口细微差异以及颈部的变化，可分为三式。

　　Ⅰ式：1件。高领。ⅡBT3018⑧：2，泥质灰陶。残高5厘米（图二一，3）。

　　Ⅱ式：1件。束颈略长。ⅡBT2719⑦：2，泥质黄褐陶。残高4厘米（图二一，4）。

　　Ⅲ式：1件。盘口略外斜。ⅡBT2619⑥：3，夹细砂灰褐陶。口径16、残高3.8厘米（图二一，5）。

　　B型　4件。盘口外斜。根据盘口的深浅以及唇部和颈部的变化，可分为三式。

　　Ⅰ式：2件。盘口较深，双唇比较明显，高领。ⅡBT3219⑥：5，泥质红褐陶。口径17.2、残高4.6厘米（图二一，6）。

　　Ⅱ式：1件。盘口较深，略具双唇，束颈略长。ⅠBT1715⑥：33，夹细砂黄褐陶。口径14、残高6.4厘米（图二一，7）。

　　Ⅲ式：1件。盘口浅，斜方唇，束颈甚短。ⅡBT2719⑥：14，夹细砂灰褐陶。残高2.1厘米（图二一，8）。

　　矮领罐　共3件。根据口部的不同，可分为二型。

　　A型　2件。直口微侈。根据口沿、唇部和颈部的变化，可分为二式。

　　Ⅰ式：1件。扁圆唇，直领略高。99ⅡH2：11，夹细砂灰褐陶。口径18、残高5.6厘米（图二二，1）。

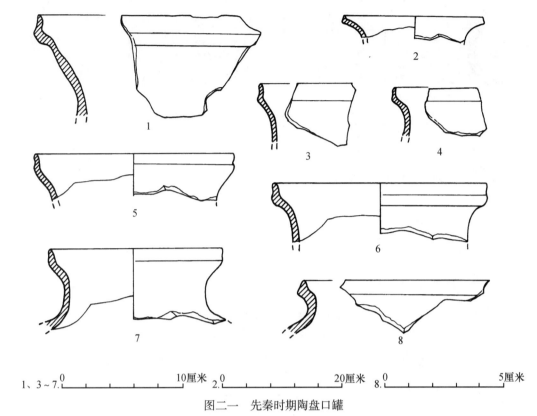

1、3～7. 0 _____ 10厘米 2. 0 _____ 20厘米 8. 0 _____ 5厘米

图二一 先秦时期陶盘口罐

1. Aa型（ⅡBT2719⑦：1） 2. Ab型（ⅡBT2619⑦：26） 3. Ac型Ⅰ式（ⅡBT3018⑧：2） 4. Ac型Ⅱ式（ⅡBT2719⑦：2）
5. Ac型Ⅲ式（ⅡBT2619⑥：3） 6. B型Ⅰ式（ⅡBT3219⑥：5） 7. B型Ⅱ式（ⅠBT1715⑥：33）
8. B型Ⅲ式（ⅡBT2719⑥：14）

Ⅱ式：1件。斜方唇，直领较矮。ⅡBT3219⑥：1，夹细砂黄褐陶。残高4厘米（图二二，2）。

B型 1件。卷沿，圆唇，直领略高，圆肩。ⅡBT3017⑧：3，夹细砂黑褐陶。肩部饰交叉细绳纹。口径13.1、残高5.2厘米（图二二，3）。

筒形罐 共2件。直壁，呈筒形。根据口部形态的不同，可分为二型。

A型 1件。直口微敛，唇面内凹略呈双唇状，器壁略薄。ⅡBT2919⑧：3，泥质灰陶。口径6.8、残高5.2厘米（图二二，5）。

B型 1件。侈口，方唇，器壁较厚。ⅡBT0213⑥：3，夹细砂红褐陶。唇部及颈以下外壁均有刻划纹。口径18、残高5.6厘米（图二二，4）。

小平底罐 1件。ⅡBT2619⑦：100，夹细砂黑褐陶。侈口，尖唇，束颈，溜肩，鼓腹，最大径在上腹部，底部残缺。口径22、残高16.2厘米（图二三，1）。

盂 共6件。根据口沿的不同，可分为三型。

A型 1件。卷沿近平，圆唇，短束颈。ⅡBT3619⑥：8，夹细砂黄褐陶。口径16.8、残高2.6厘米（图二三，2）。

B型 4件。卷沿，短束颈。根据颈部的长短及唇部的变化，可分为二式。

Ⅰ式：3件。尖圆唇，颈略内束，溜肩。ⅡBT3016⑧：9，夹粗砂黑褐陶。残高5.8厘米（图二三，4）。ⅡBT2619⑦：63，夹粗砂灰褐陶。肩部有一道凹弦纹。口径33.2、残高6.6厘

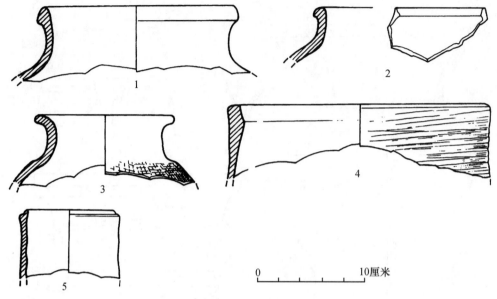

图二二　先秦时期陶器

1. A型Ⅰ式矮领罐（99ⅡH2：11）　2. A型Ⅱ式矮领罐（ⅡBT3219⑥：1）　3. B型矮领罐（ⅡBT3017⑧：3）
4. B型筒形罐（ⅡBT0213⑥：3）　5. A型筒形罐（ⅡBT2919⑧：3）

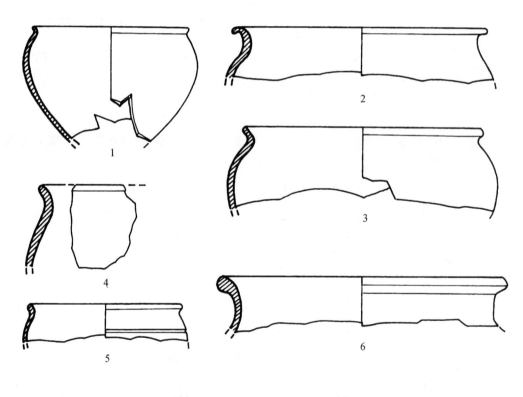

图二三　先秦时期陶器

1. 小平底罐（ⅡBT2619⑦：100）　2. A型盂（ⅡBT3619⑥：8）　3. C型盂（ⅡBT3219⑥：15）　4、5. B型Ⅰ式盂（ⅡBT3016⑧：9、
ⅡBT2619⑦：63）　6. B型Ⅱ式盂（ⅡBT3017⑥：11）

米（图二三，5）。

Ⅱ式　1件。圆唇，短颈内收。ⅡBT3017⑥：11，夹细砂黄褐陶。口径20、残高3.6厘米（图二三，6）。

C型　1件。折沿，方唇，束颈。ⅡBT3219⑥：15，泥质黄褐陶。圆肩。肩部饰横向细绳纹。口径17、残高5.6厘米（图二三，3）。

盆　共19件。根据口部形态的不同，可分为四型。

A型　2件。敞口。根据腹部的深浅以及口沿和唇部的变化，可分为二式。

Ⅰ式：1件。ⅡBT3018⑦：5，夹细砂灰褐陶。卷沿，圆唇，口部内侧有一道凹弦纹，浅腹，斜直壁，大平底。口径26.8、高8.2厘米（图二四，1）。

Ⅱ式：1件。ⅡBT2819⑥：4，夹细砂黄褐陶。平折沿，方唇，腹较深，直壁略内斜。残高5厘米（图二四，3）。

B型　6件。侈口，束颈。根据口部、颈部及腹部的变化，可分为五式。

Ⅰ式：1件。斜方唇，颈部甚短，腹径小于口径。ⅡBT2919⑧：6，夹粗砂黄褐陶。肩、腹部饰凹弦纹。口径20、残高5.2厘米（图二四，2）。

Ⅱ式：1件。斜方唇，颈部甚短，腹略鼓，腹径略小于口径。ⅡBT2619⑦：35，夹粗砂灰褐陶。残高8.5厘米（图二四，5）。

Ⅲ式：1件。斜方唇，唇面略凹，颈部甚短，鼓腹，腹径大于口径。ⅡBT2619⑦：34，夹粗砂灰褐陶。口径39.2、残高9.4厘米（图二四，4）。

Ⅳ式：2件。圆唇，颈部甚短，鼓腹，腹径大于口径。ⅡBT2619⑦：49，夹粗砂黑褐陶。口径34、残高7.8厘米（图二四，6）。

Ⅴ式：1件。尖圆唇，颈部略短微直，鼓腹，腹径大于口径。ⅡBT3319⑥：22，泥质灰褐陶。口径31.6、残高4厘米（图二四，7）。

C型　3件。直口。根据口沿的不同，可分为三亚型。

Ca型　1件。平折沿，圆唇，直壁略外弧。99ⅡH16：4，泥质黄褐陶。残高6厘米（图二四，8）。

Cb型　1件。直口略敛，卷沿，圆唇，直壁略外弧。ⅡBT3319⑥：5，夹细砂黄褐陶。残高3.6厘米（图二四，9）。

Cc型　1件。翻沿，尖圆唇，弧壁内收，上腹有三角形錾。ⅠBT1916⑥：11，泥质黄褐陶。下腹有凹弦纹。残高10.8厘米（图二四，10）。

D型　8件。敛口。根据口部的不同，可分为二亚型。

Da型　1件。尖唇，弧壁，上腹有横向弧顶錾。ⅡBT3720⑥：3，泥质黄褐陶。錾顶饰锯齿状花边纹。口径30.8、残高5.6厘米（图二四，11）。

Db型　7件。折沿，尖圆唇。根据口沿和器腹的变化，可分为四式。

Ⅰ式：2件。内斜折沿，直壁略外斜，上腹有二道凸弦纹。ⅡBT3319⑧：5，泥质灰褐陶。口径18、残高5厘米（图二四，12）。

Ⅱ式：1件。外斜折沿，弧壁。ⅡBT2919⑦：24，夹细砂灰陶。残高4.4厘米（图二四，13）。

Ⅲ式：3件。弧折沿，弧壁。ⅡBT2719⑥：8，泥质灰陶。残高3.2厘米（图二四，14）。

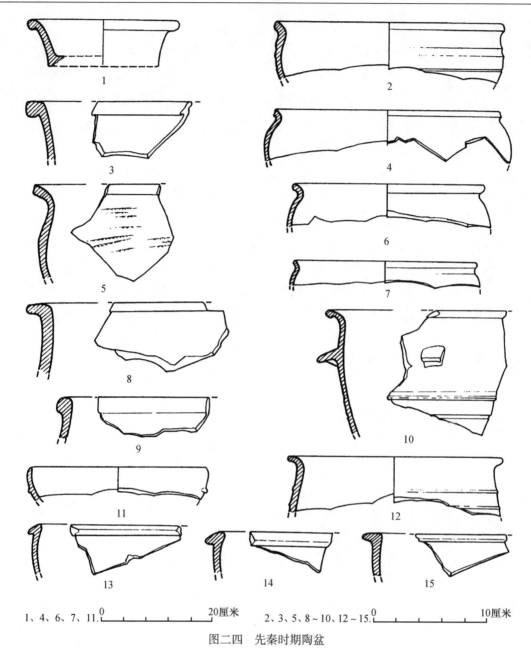

图二四　先秦时期陶盆

1. A型Ⅰ式（ⅡBT3018⑦：5）　2. B型Ⅰ式（ⅡBT2919⑧：6）　3. A型Ⅱ式（ⅡBT2819⑥：4）　4. B型Ⅲ式（ⅡBT2619⑦：34）
5. B型Ⅱ式（ⅡBT2619⑦：35）　6. B型Ⅳ式（ⅡBT2619⑦：49）　7. B型Ⅴ式（ⅡBT3319⑥：22）　8. Ca型（99ⅡH16：4）
9. Cb型（ⅡBT3319⑥：5）　10. Cc型（ⅠBT1916⑥：11）　11. Da型（ⅡBT3720⑥：3）　12. Db型Ⅰ式（ⅡBT3319⑧：5）
13. Db型Ⅱ式（ⅡBT2919⑦：24）　14. Db型Ⅲ式（ⅡBT2719⑥：8）　15. Db型Ⅳ式（ⅡBT2819⑥：5）

Ⅳ式：1件。平折沿，直壁。ⅡBT2819⑥：5，泥质灰褐陶。残高3.8厘米（图二四，15）。

缸　共12件。根据口部的不同，可分为二型。

A型　8件。弇口。根据弇口形态的变化，可分为四式。

Ⅰ式：3件。圆条形弇口，直壁略斜。ⅡBT3116⑧：28，夹细砂黄褐陶。圆唇。残高6.8厘米（图二五，1）。ⅡBT2719⑦：6，夹细砂黄褐陶。方唇略弧，口部外凸。残高6厘米（图二五，2）。

Ⅱ式：2件。三角形弇口。ⅡBT2919⑧：4，夹细砂灰褐陶。方唇，直壁略斜。残高2厘米（图二五，3）。ⅡBT3219⑥：10，夹细砂黄褐陶。方唇，直壁。残高3.6厘米（图二五，4）。

Ⅲ式：2件。长条形弇口。ⅡBT3116⑧：27，泥质灰陶。方唇略弧，唇面略凹，直壁略斜。口径48.6、残高7.2厘米（图二五，5）。ⅡBT3017⑥：14，泥质黄褐陶。方唇，直壁略斜。残高6.8厘米（图二五，6）。

Ⅳ式：1件。内卷沿式弇口。ⅡBT2719⑦：7，夹细砂红褐陶。圆弧唇，直壁。残高5.4厘米（图二五，8）。

B型　4件。敛口。根据唇部和腹壁的变化，可分为三式。

Ⅰ式：1件。方唇内斜，斜弧壁。ⅡBT2919⑧：8，夹细砂黄褐陶。口径40、残高7.6厘米（图二五，7）。

Ⅱ式：1件。方唇略外斜，直壁。ⅡBT3116⑧：33，夹细砂黄褐陶。口径34、残高8.4厘米（图二五，10）。

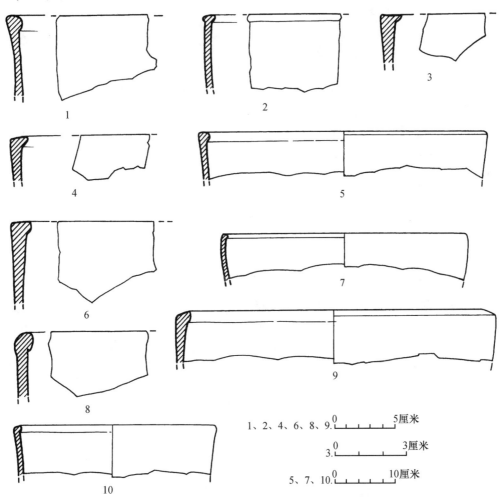

图二五　先秦时期陶缸

1、2.A型Ⅰ式（ⅡBT3116⑧：28、ⅡBT2719⑦：6）　3、4.A型Ⅱ式（ⅡBT2919⑧：4、ⅡBT3219⑥：10）

5、6.A型Ⅲ式（ⅡBT3116⑧：27、ⅡBT3017⑥：14）　7.B型Ⅰ式（ⅡBT2919⑧：8）　8.A型Ⅳ式（ⅡBT2719⑦：7）

9.B型Ⅲ式（ⅡBT2919⑦：13）　10.B型Ⅱ式（ⅡBT3116⑧：33）

Ⅲ式：2件。方唇外斜，直壁略斜。ⅡBT2919⑦：13，夹细砂灰陶。口径24.7、残高4.1厘米（图二五，9）。

瓮　共12件。根据口部的差异，可分为三型。

A型　3件。直口。根据唇部、颈部和肩部的变化，可分为三式。

Ⅰ式：1件。直口微侈，圆唇，有领较高，圆肩略广。ⅡBT3018⑦：12，夹细砂灰褐陶。肩部饰菱形纹。口径16.4、残高6.8厘米（图二六，1）。

Ⅱ式：1件。直口微敛，方唇，口部外侧略凸，束颈，广肩。ⅡBT2719⑦：4，泥质灰褐陶。口径17.2、残高2.6厘米（图二六，2）。

Ⅲ式：1件。直口微侈，方唇外斜，颈微束，广肩。ⅡBT2719⑥：13，泥质灰陶。口径10、残高2.4厘米（图二六，3）。

B型　1件。侈口。ⅡBT2619⑦：18，夹细砂灰陶。圆唇，曲领较高，圆肩。口径20、残高11.4厘米（图二六，4）。

C型　8件。敛口。根据口沿的有无及形态差异，可分为三亚型。

Ca型　6件。无沿。根据唇部、颈部和肩部的变化，可分为四式。

Ⅰ式：1件。方唇，束颈，溜肩。ⅡBT3116⑧：24，泥质灰陶。口径24、残高3.6厘米（图二六，5）。

Ⅱ式：1件。圆唇，束颈，圆肩。ⅡBT3118⑦：4，夹细砂灰褐陶。口部内侧有一道凹弦纹。残高4.2厘米（图二六，6）。

Ⅲ式：3件。圆唇，束颈，圆肩。ⅡBT2919⑦：25，夹细砂灰陶。圆肩略广。残高1.8厘米（图二六，7）。ⅡBT2819⑥：13，夹细砂黑褐陶。口径20.8、残高3.4厘米（图二六，8）。

Ⅳ式：1件。扁圆唇，束颈，圆肩。ⅡBT2919⑦：8，夹细砂灰褐陶。口部内侧有一道凹弦纹。残高2.4厘米（图二六，9）。

Cb型　1件。平折沿，尖唇，圆肩。ⅡBT2719⑥：7，泥质灰陶。残高3厘米（图二六，10）。

Cc型　1件。扁圆唇，弧腹。ⅡBT3219⑥：4，夹粗砂黄褐陶。残高9.8厘米（图二六，11）。

釜　共13件。根据口部的不同，可分为二型。

A型　10件。喇叭形口，束颈。根据口径的大小，可分为二亚型。

Aa型　4件。口径大。根据口沿外翻程度的不同及唇部、颈部的变化，可分为四式。

Ⅰ式：1件。圆唇，长束颈。ⅡBT3115⑧：3，夹细砂黑褐陶。残高3.5厘米（图二七，1）。

Ⅱ式：1件。圆唇，长束颈较短。ⅡBT3018⑥：1，泥质灰褐陶。圆肩。肩部饰横向细绳纹。口径25.6、残高5.6厘米（图二七，2）。

Ⅲ式：1件。圆唇稍尖，束颈。ⅡBT3219⑥：6，夹细砂黄褐陶。溜肩。肩部饰纵向粗绳纹。口径28、残高5.6厘米（图二七，3）。

Ⅳ式：1件。尖圆唇，束颈。ⅡBT3319⑥：8，夹细砂红褐陶。斜肩。肩部饰网格纹及一道凹弦纹。口径20.8、残高5.2厘米（图二七，4）。

Ab型　6件。口径小。根据唇部和颈部的变化，可分为三式。

Ⅰ式：3件。尖圆唇，长束颈。ⅡBT3115⑧：5，夹细砂黑褐陶。口径15、残高3.2厘米

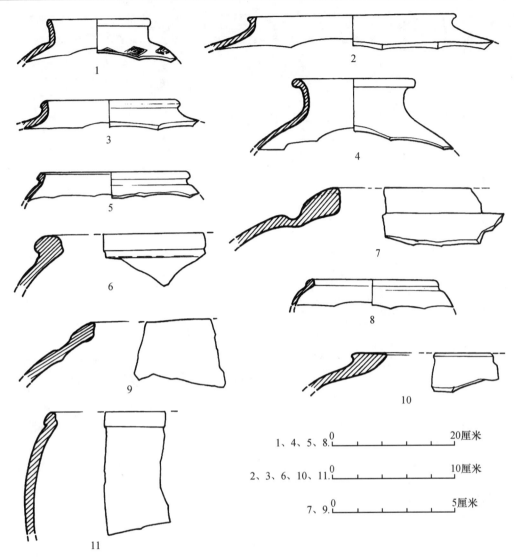

图二六　先秦时期瓮

1. A型Ⅰ式（ⅡBT3018⑦：12）　2. A型Ⅱ式（ⅡBT2719⑦：4）　3. A型Ⅲ式（ⅡBT2719⑥：13）　4. B型（ⅡBT2619⑦：18）
5. Ca型Ⅰ式（ⅡBT3116⑧：24）　6. Ca型Ⅱ式（ⅡBT3118⑦：4）　7、8. Ca型Ⅲ式（ⅡBT2919⑦：25、ⅡBT2819⑥：13）
9. Ca型Ⅳ式（ⅡBT2919⑦：8）　10. Cb型（ⅡBT2719⑥：7）　11. Cc型（ⅡBT3219⑥：4）

（图二七，5）。ⅡBT3018⑦：10，泥质黑褐陶。肩部饰横向粗绳纹。口径16、残高5厘米
（图二七，7）。

　　Ⅱ式：1件。圆唇，短束颈。ⅡBT3820⑥：2，泥质红褐陶。斜肩。残高6.4厘米（图
二七，8）。

　　Ⅲ式：2件。方唇，短束颈。ⅡBT3319⑥：6，夹细砂红褐陶。斜肩。肩部饰斜向细绳
纹。残高7.4厘米（图二七，6）。

　　B型　3件。侈口，口沿外翻明显。根据肩部的不同，可分为二亚型。

　　Ba型　1件。圆肩。ⅡBT3019⑦：16，夹粗砂黄褐陶。方唇外斜，唇面略凹，束颈甚短，
圆肩。口径15.2、残高6厘米（图二七，9）。

　　Bb型　2件。斜肩，短束颈。根据唇部和肩部的变化，可分为二式。

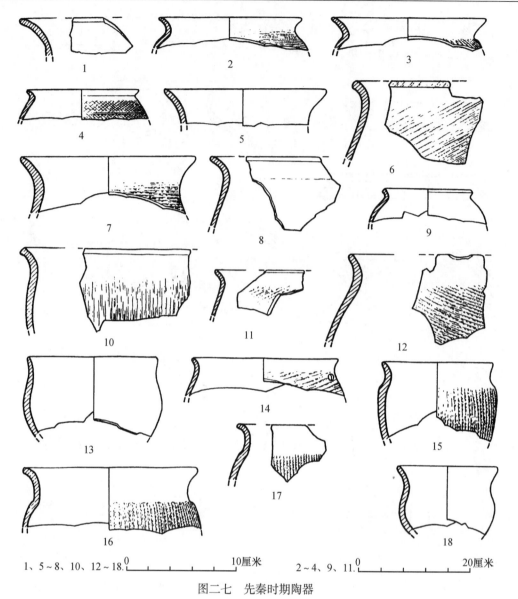

1、5~8、10、12~18. 0 _____ 10厘米　　　　2~4、9、11. 0 _____ 20厘米

图二七　先秦时期陶器

1. Aa型 I 式釜（ⅡBT3115⑧：3）　2. Aa型 II 式釜（ⅡBT3018⑥：1）　3. Aa型 III 式釜（ⅡBT3219⑥：6）　4. Aa型 IV 式釜
（ⅡBT3319⑥：8）　5、7. Ab型 I 式釜（ⅡBT3115⑧：5、ⅡBT3018⑦：10）　6. Ab型 III 式釜（ⅡBT3319⑥：6）
8. Ab型 II 式釜（ⅡBT3820⑥：2）　9. Ba型釜（ⅡBT3019⑦：16）　10. Bb型 I 式釜（ⅡBT2619⑦：33）　11. C型 II 式小釜
（99ⅡH2：14）　12. Bb型 II 式釜（ⅡBT2819⑥：18）　13. A型小釜（ⅡBT2819⑥：15）　14. Ba型 II 式小釜
（ⅡBT3420⑥：2）　15. Bb型 II 式小釜（ⅡBT2619⑦：32）　16. Bb型 I 式小釜（ⅡBT2919⑦：22）　17. Ba型 I 式小釜
（ⅡBT2719⑥：10）　18. C型 I 式小釜（ⅡBT3019⑦：18）

　　 I 式：1件。方唇外斜，斜肩近无。ⅡBT2619⑦：33，夹粗砂灰褐陶。腹部微鼓。唇部饰
细绳纹，腹部饰纵向细绳纹。残高7.4厘米（图二七，10）。

　　 II 式：1件。圆唇，斜肩。ⅡBT2819⑥：18，夹细砂黄褐陶。肩部饰斜向细绳纹。残高8
厘米（图二七，12）。

　　小釜　共7件。根据口部的不同，可分为三型。

　　A型　1件。直口微侈。ⅡBT2819⑥：15，泥质灰陶。尖圆唇，颈微束，斜肩，中腹微
鼓。口径10.8、残高7厘米（图二七，13）。

B型　4件。侈口。根据肩部的不同，可分为二亚型。

Ba型　2件。溜肩。根据唇部、颈部的变化，可分为二式。

Ⅰ式：1件。圆唇，束颈略长，溜肩。ⅡBT2719⑥：10，泥质灰褐陶。肩部饰纵向细绳纹。残高5厘米（图二七，17）。

Ⅱ式：1件。尖圆唇，束颈较短，溜肩。ⅡBT3420⑥：2，夹细砂红褐陶。颈部偏下有镂孔。肩部饰斜向细绳纹。口径13.2、残高3.2厘米（图二七，14）。

Bb型　2件。折肩。根据口沿外翻程度的不同及唇部、颈部和腹部的变化，可分为二式。

Ⅰ式：1件。圆唇，束颈较长，弧腹略直。ⅡBT2919⑦：22，夹细砂黑褐陶。肩部以下饰纵向细绳纹。口径16、残高5.5厘米（图二七，16）。

Ⅱ式：1件。尖唇，微束颈略长，弧腹。ⅡBT2619⑦：32，夹细砂红褐陶。肩部以下饰纵向细绳纹。口径10、残高6.8厘米（图二七，15）。

C型　2件。喇叭形口，圆唇，束颈甚短。根据唇部和肩部的变化，可分为二式。

Ⅰ式：1件。溜肩。ⅡBT3019⑦：18，泥质黑褐陶。中腹微鼓。口径9.3、残高6厘米（图二七，18）。

Ⅱ式：1件。斜肩。99ⅡH2：14，泥质黄褐陶。残高8.4厘米（图二七，11）。

尖底杯（底）　共24件。根据器底和下腹壁内收的程度，可分为五型。

A型　8件。弧壁内收甚急。根据器壁的不同，可分为二亚型。

Aa型　1件。下腹弧折内收成尖圆底。ⅡBT3219⑧：1，夹细砂灰褐陶。近底部处有两道凹痕。残高5厘米（图二八，1）。

Ab型　7件。弧壁。根据底部弧曲的程度，可分为二式。

Ⅰ式：6件。尖圆底，弧壁。ⅡBT2719⑦：22，夹细砂灰陶。残高8厘米（图二八，3）。ⅡBT2619⑦：75，泥质灰褐陶。残高4.8厘米（图二八，2）。

Ⅱ式：1件。尖底，弧壁较直。ⅡBT3018⑥：4，泥质灰陶。器壁内侧有泥条盘筑慢轮修理痕迹。残高5厘米（图二八，4）。

B型　5件。弧壁内收较缓。根据底部的变化，可分为二式。

Ⅰ式：4件。尖圆底。ⅡBT2619⑦：11，泥质灰褐陶。器壁内侧有轮制痕迹。残高3.2厘米（图二八，5）。ⅡBT2619⑦：6，夹细砂黑褐陶。器壁内侧有泥条盘筑慢轮修理痕迹。残高3.2厘米（图二八，8）。ⅡBT2619⑦：73，泥质红褐陶。残高2.8厘米（图二八，11）。

Ⅱ式：1件。尖圆底呈乳突状。ⅡBT2619⑦：68，泥质灰褐陶。残高3.8厘米（图二八，7）。

C型　3件。斜壁缓收成尖圆底。ⅡBT3018⑦：4，泥质黄褐陶。残高3厘米（图二八，10）。ⅡBT2619⑦：65，泥质灰褐陶。器壁内侧有泥条盘筑慢轮修理痕迹。残高3.4厘米（图二八，12）。

D型　2件。器底外曲呈小台状。ⅡBT2619⑦：74，泥质灰褐陶。残高3.6厘米（图二八，6）。ⅡBT2619⑦：19，夹细砂灰褐陶。残高4.4厘米（图二八，9）。

E型　6件。截尖小平底。ⅡBT2619⑦：8，泥质灰褐陶。器壁内侧有泥条盘筑慢轮修理痕迹。残高4.3厘米（图二八，14）。平底略大。ⅡBT2619⑦：69，泥质灰褐陶。残高2.6厘米

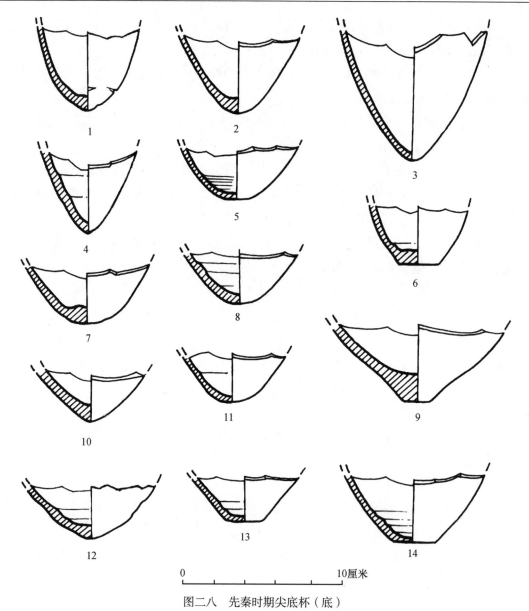

0　　　　　　　　　　　　　10厘米

图二八　先秦时期尖底杯（底）

1. Aa型（ⅡBT3219⑧：1）　2、3. Ab型Ⅰ式（ⅡBT2619⑦：75、ⅡBT2719⑦：22）　4. Ab型Ⅱ式（ⅡBT3018⑥：4）
5、8、11. B型Ⅰ式（ⅡBT2619⑦：11、ⅡBT2619⑦：6、ⅡBT2619⑦：73）　6、9. D型（ⅡBT2619⑦：74、ⅡBT2619⑦：19）
7. B型Ⅱ式（ⅡBT2619⑦：68）　10、12. C型（ⅡBT3018⑦：4、ⅡBT2619⑦：65）　13、14. E型（ⅡBT2619⑦：69、
ⅡBT2619⑦：8）

（图二八，13）。

　　尖底罐　1件。直口，弧腹深。ⅡBT2619⑦：12，泥质灰陶。口径14、残高5.4厘米（图二九，2）。

　　尖底盏　共3件。根据口、腹的不同，可分二型。

　　A型　2件。敛口，斜弧腹较浅。ⅡBT2619⑦：57，夹细砂灰褐陶。圆唇，浅腹。口径19.2、残高3厘米（图二九，1）。

　　B型　1件。敞口，斜直腹较深，尖圆底。99ⅡM3填土：3，夹细砂灰褐陶。口径12.2、高4.5厘米（图二九，3）。

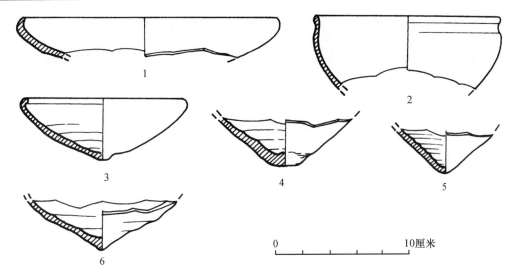

图二九　先秦时期陶器

1. A型尖底盏（ⅡBT2619⑦：57）　2. 尖底罐（ⅡBT2619⑦：12）　3. B型尖底盏（99ⅡM3填土：3）　4. Ⅰ式尖底盏（底）

（ⅡBT3016⑧：29）　5. Ⅱ式尖底盏（底）（ⅡBT2619⑦：2）　6. Ⅲ式尖底盏（底）（ⅡBT2619⑥：7）

尖底盏（底）　共4件。根据底部的变化，可分为三式。

Ⅰ式：2件。平底甚小。ⅡBT3016⑧：29，泥质黑皮陶。残高3.6厘米（图二九，4）。

Ⅱ式：1件。尖圆底。ⅡBT2619⑦：2，泥质红褐陶。残高3.3厘米（图二九，5）。

Ⅲ式：1件。尖底。ⅡBT2619⑥：7，泥质黄褐陶。残高3.6厘米（图二九，6）。

平底杯　1件。ⅡBT2919⑦：28，夹细砂黑褐陶。小平底略大，器壁薄，外撇，内壁轮制痕迹明显。底径4.7、残高3.2厘米（图三〇，1）。

钵　共14件。根据口部的不同，可分为四型。

A型　3件。直口。根据口部和腹部的变化，可分为三式。

Ⅰ式：1件。直口，圆唇，浅折腹。ⅡBT2719⑦：14，夹细砂灰陶。口径16、残高3.4厘米（图三〇，2）。

Ⅱ式：1件。直口微敛，圆唇，浅折腹。ⅡBT2719⑥：4，泥质灰褐陶。口径13.6、残高3.6厘米（图三〇，3）。

Ⅲ式：1件。直口微敛，圆唇，深折腹。99ⅡH7：11，夹细砂黑褐陶。口径12.6、残高5.2厘米（图三〇，4）。

B型　6件。敞口。根据口沿的不同，可分为二亚型。

Ba型　1件。外卷沿紧贴于器壁。ⅡBT2919⑦：10，泥质灰陶。扁圆唇，口部外侧凸起，浅腹，弧壁。口径22、残高4.4厘米（图三〇，5）。

Bb型　5件。无沿。根据口部和腹部的变化，可分为四式。

Ⅰ式：1件。圆唇，深腹，斜直壁略弧内收甚急。ⅡBT2919⑦：9，夹细砂灰褐陶。口径10、残高4.8厘米（图三〇，6）。

Ⅱ式：1件。敞口微敛，圆唇，深腹，弧壁。ⅡBT3620⑥：2，夹细砂灰陶。残高6.9厘米（图三〇，8）。

Ⅲ式：1件。圆唇，浅腹，弧壁。99ⅠG4：9，泥质灰陶。口径15.2、残高4.2厘米（图

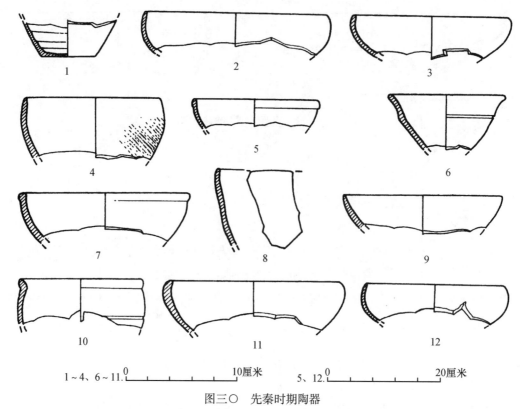

1~4、6~11.⟼0⟶10厘米　　5、12.⟼0⟶20厘米

图三○　先秦时期陶器

1.平底杯（ⅡBT2919⑦：28）　2.A型Ⅰ式钵（ⅡBT2719⑦：14）　3.A型Ⅱ式钵（ⅡBT2719⑥：4）　4.A型Ⅲ式钵（99ⅡH7：11）
5.Ba型钵（ⅡBT2919⑦：10）　6.Bb型Ⅰ式钵（ⅡBT2919⑦：9）　7.Bb型Ⅲ式钵（99ⅠG4：9）　8.Bb型Ⅱ式钵（ⅡBT3620⑥：2）
9.Bb型Ⅳ式钵（ⅡBT3219⑥：22）　10.C型钵（ⅡBT2719⑦：8）　11.D型Ⅰ式钵（ⅡBT3017⑦：14）　12.D型Ⅱ式钵（ⅡBT0213⑥：4）

三○，7）。

　　Ⅳ式：2件。尖圆唇，浅腹，弧壁。ⅡBT3219⑥：22，泥质灰陶。口径14、残高3.6厘米（图三○，9）。

　　C型　1件。侈口。ⅡBT2719⑦：8，泥质灰陶。尖圆唇，弧腹略鼓。腹部饰一道凹弦纹。口径10.2、残高4厘米（图三○，10）。

　　D型　4件。敛口。根据唇部的变化以及鼓腹的程度，可分为二式。

　　Ⅰ式：2件。圆唇，弧腹微鼓。ⅡBT3017⑦：14，夹细砂黑褐陶。口径14.8、残高4.2厘米（图三○，11）。

　　Ⅱ式：2件。尖圆唇，鼓腹。ⅡBT0213⑥：4，泥质灰陶。口径24.4、残高6.2厘米（图三○，12）。

　　豆　共2件。根据豆盘、腹、柄和座的不同，可分为二型。

　　A型　1件。豆盘略深，敞口，折腹，坦底略弧，矮柄，喇叭形座。ⅡBT3219⑥：11，泥质灰陶。口径12.3、底径7.5、高10.4厘米（图三一，1）。

　　B型　1件。残，豆盘弧腹，坦底，柄较矮，盘状座。ⅡBT0313⑥：2，泥质黑皮陶。底径8.8、残高7厘米（图三一，2）。

　　豆盘　共1件。深盘，子母口，弧腹。ⅡBT2919⑦：11，夹细砂灰褐陶。口径13.6、残高3.5厘米（图三一，3）。

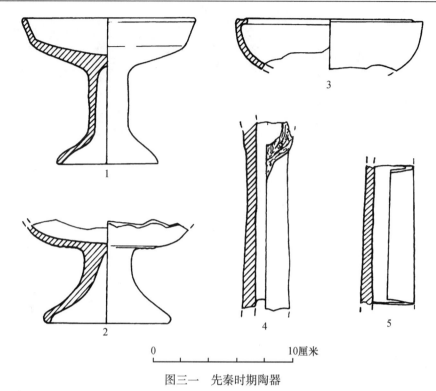

图三一　先秦时期陶器

1. A型豆（ⅡBT3219⑥：11）　2. B型豆（ⅡBT0313⑥：2）　3. 豆盘（ⅡBT2919⑦：11）　4、5. 豆柄（ⅡBT3018⑦：7、ⅡBT3319⑥：1）

　　豆柄　共6件。管状，高柄，较粗。ⅡBT3018⑦：7，泥质灰褐陶。残高13.2厘米（图三一，4）。ⅡBT3319⑥：1，泥质灰陶。残高9.7厘米（图三一，5）。

　　器盖　共9件。根据口部和盖面的不同，可分为三型。

　　A型　6件。内折沿，盖面弧顶。根据唇部的变化以及弧顶的程度，可分为三式。

　　Ⅰ式：1件。弧顶较矮，圆唇。ⅡBT3016⑧：19，泥质黄褐陶。口径19.2、残高2.2厘米（图三二，5）。

　　Ⅱ式：3件。弧顶略高，尖圆唇。ⅡBT2819⑧：2，泥质灰褐陶。口径13.6、残高3.2厘米（图三二，4）。99ⅡH2：16，泥质黄褐陶。口径15、残高2.4厘米（图三二，6）。

　　Ⅲ式：2件。弧顶略高，尖唇。99ⅠH12：5，泥质灰褐陶。口径11.2、残高3.8厘米（图三二，7）。

　　B型　2件。喇叭形口，盖面弧顶较矮，圆唇。ⅡBT3519⑥：8，泥质红褐陶。口径24.8、残高4厘米（图三二，10）。ⅡBT3219⑥：21，泥质黄褐陶。盖面弧顶略直。口径17.6、残高2.4厘米（图三二，9）。

　　C型　1件。内卷沿，盖面弧顶较高。ⅡBT0614⑥：2，泥质灰陶。圆唇。口径10.8、残高3厘米（图三二，8）。

　　器盖纽　共5件。根据纽的形态差异，可分为三型。

　　A型　3件。柱状纽柄，纽口呈喇叭形。ⅡBT2619⑦：16，泥质灰褐陶。纽口外部下斜形成斜方唇，盖已残失。残高5.1厘米（图三二，1）。

　　B型　1件。鸟形纽。ⅡBT3619⑥：10，泥质灰陶。残高3厘米（图三二，2）。

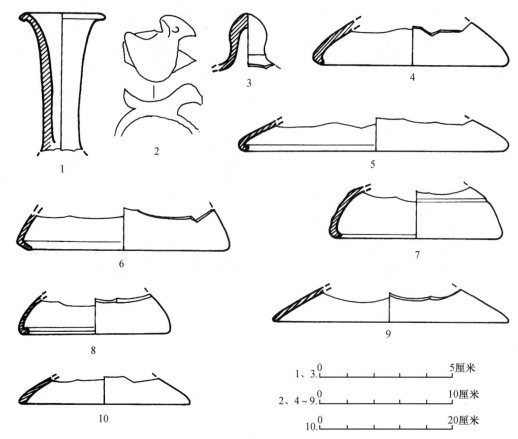

图三二　先秦时期陶器盖（纽）

1. A型器盖纽（ⅡBT2619⑦：16）　2. B型器盖纽（ⅡBT3619⑥：10）　3. C型器盖纽（ⅡBT3420⑥：3）　4、6. A型Ⅱ式器盖
（ⅡBT2819⑧：2、99ⅡH2：16）　5. A型Ⅰ式器盖（ⅡBT3016⑧：19）　7. A型Ⅲ式器盖（99ⅠH12：5）　8. C型器盖（ⅡBT0614⑥：2）
9、10. B型器盖（ⅡBT3219⑥：21、ⅡBT3519⑥：8）

C型　1件。蘑菇形纽，中空。ⅡBT3420⑥：3，泥质灰陶。残高2.1厘米（图三二，3）。

平底器底　共16件。根据底部形态的不同，可分为三型。

A型　1件。大平底。ⅡBT2619⑦：56，夹粗砂灰褐陶。腹壁外撇。底径8、残高3厘米（图三三，1）。

B型　2件。大平底略弧。ⅡBT3116⑧：35，泥质灰陶。腹壁直外撇。底径16.8、残高4厘米（图三三，2）。ⅡBT2619⑥：21，夹细砂黄褐陶。腹壁略弧外撇甚。底径8.8、残高1.8厘米（图三三，3）。

C型　13件。小平底。ⅡBT3017⑦：30，夹细砂灰褐陶。弧腹，内壁有明显轮制痕迹。底径4、残高2.6厘米（图三三，5）。ⅡBT2619⑦：54，泥质黄褐陶。斜直壁内收，平底略内凹，内壁有明显轮制痕迹。底径6.8、残高3.8厘米（图三三，4）。

圈足器底　共5件。根据足壁和足跟的不同，可分为四型。

A型　2件。喇叭形圈足较矮，足壁外撇较甚。根据足跟的变化及足外壁的情况，可分为二式。

Ⅰ式：1件。足跟略内折，足外壁有一道凹弦纹。ⅡBT2619⑦：15，泥质灰褐陶。底径15、残高2.7厘米（图三三，6）。

Ⅱ式：1件。足跟略上卷。ⅠBT1715⑥：28，泥质灰褐陶。底径8、残高2.8厘米（图三三，7）。

B型 1件。喇叭形圈足较高，足壁外撇较甚。ⅡBT3319⑥：2，泥质灰陶。残高3.8厘米（图三三，8）。

C型 1件。喇叭形圈足较大较矮，足壁外撇略内弧，足跟略上翘。99ⅠH4：10，泥质灰陶。底径8.8、残高3.6厘米（图三三，10）。

D型 1件。喇叭形圈足较高，足壁外撇，外壁有一道凹弦纹。ⅠBT1715⑥：34，泥质灰陶。残高9厘米（图三三，9）。

器鎏 共3件。根据外部形状的不同，可分为三型。

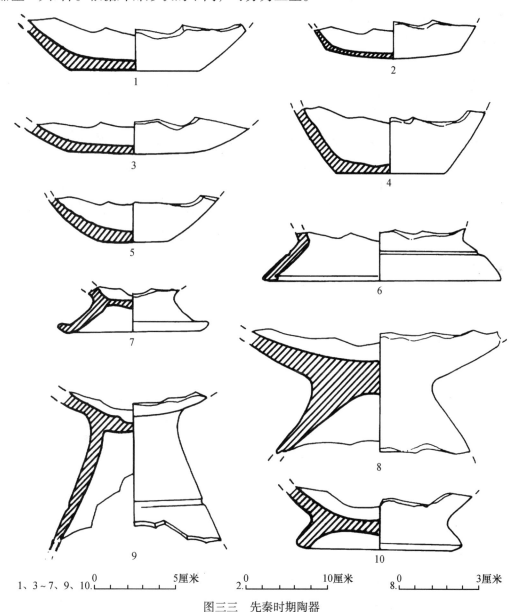

图三三 先秦时期陶器

1. A型平底器底（ⅡBT2619⑦：56） 2、3. B型平底器底（ⅡBT3116⑧：35、ⅡBT2619⑥：21） 4、5. C型平底器底（ⅡBT2619⑦：54、ⅡBT3017⑦：30） 6.A型Ⅰ式圈足器底（ⅡBT2619⑦：15） 7.A型Ⅱ式圈足器底（ⅠBT1715⑥：28）
8.B型圈足器底（ⅡBT3319⑥：2） 9.D型圈足器底（ⅠBT1715⑥：34） 10.C型圈足器底（99ⅠH4：10）

A型　1件。角状。ⅡBT2819⑥：20，泥质灰陶。实心，略弧。残长6.8厘米（图三四，1）。

B型　1件。圆柱状。ⅡBT2819⑥：21，泥质黄褐陶。实心，一端粗，另一端尖圆。残长5.3厘米（图三四，3）。

C型　1件。鸡冠形。99ⅡH2：15，泥质黄褐陶。残高2.8厘米（图三四，4）。

鬲（甗）足　共1件。柱状，实心，尚留有一部分裆，似为平裆，裆、足饰纵向粗绳纹。99ⅠG4：3，夹粗砂红褐陶。残高9.2厘米（图三四，2）。

灯形器　共1件。管状柄较粗，饰四道凹弦纹，一端残留有喇叭形座。ⅡBT3819⑥：1，泥质黄褐陶。残高7.6厘米（图三五，6）。

纺轮　共3件。根据外部形状的不同，可分为三型。

A型　1件。算珠形，中穿孔。ⅡBT3619⑥：3，夹细砂灰褐陶。直径4.4、厚1.7、孔径0.4厘米（图三五，1）。

B型　1件。圆锥形，中穿孔。ⅠBT1916⑥：30，泥质灰褐陶。有同心凹弦纹。上径1.2、底径3、孔径0.4、残高1.6厘米（图三五，2）。

C型　1件。帽形，中穿孔。99ⅡM7填土：1，泥质灰褐陶。平底弧顶。底径3.4、孔径0.4、高1.6厘米（图三五，3）。

网坠　共2件。根据外部形状的不同，可分为二型。

A型　1件。管状。ⅡBT3919⑥：8，泥质黄褐陶。残长3.1、穿径0.6厘米（图三五，5）。

B型　1件。橄榄形。ⅡBT3919⑥：2，残长2.5、穿径0.4厘米（图三五，4）。

（2）石器

本年度李家坝遗址发掘出土的石器不多，均为石斧，制作方法上，既有磨制也有打制。

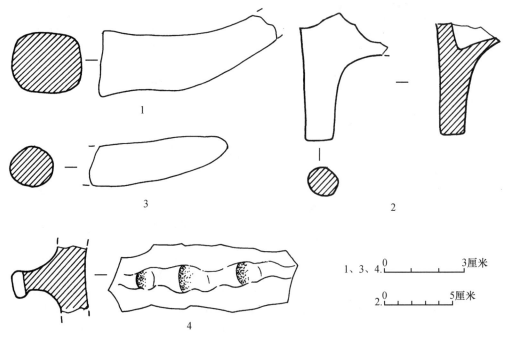

1、3、4 ⊢————⊣ 3厘米 0
2 ⊢————⊣ 5厘米 0

图三四　先秦时期陶器

1.A型器鋬（ⅡBT2819⑥：20）　2.鬲（甗）足（99ⅠG4：3）　3.B型器鋬（ⅡBT2819⑥：21）　4.C型器鋬（99ⅡH2：15）

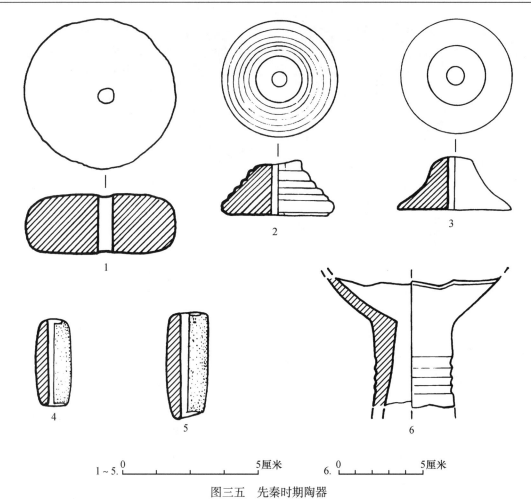

图三五　先秦时期陶器

1. A型纺轮（ⅡBT3619⑥：3）　2. B型纺轮（ⅠBT1916⑥：30）　3. C型纺轮（99ⅡM7填土：1）　4. B型网坠（ⅡBT3919⑥：2）
5. A型网坠（ⅡBT3919⑥：8）　6. 灯形器（ⅡBT3819⑥：1）

斧　共3件。根据制作方式及形状特点，可分为三型。

A型　1件。磨制，长条形，中刃弧。ⅡBT3919⑥：1，残长6.9、宽4.3厘米（图三六，1）。

B型　1件。打制，长条形，中刃弧。99ⅡM38填土：2，残长8.1、宽4.7厘米（图三六，2）。

C型　1件。打制，方形，弧顶，中刃平。99ⅡM38填土：1，长5.9、宽5.8厘米（图三六，3）。

3. 分期与年代

本年度发掘的先秦时期文化堆积以文化层为主，年代跨度较长，房址为地面建筑，未出土遗物，灰坑包含物亦不多，分期和年代意义不够典型，本时期遗存难以精确分期和断代。根据地层单位的叠压打破关系和可辨型式的陶器口沿残片及其组合关系所显示出的期属意义，粗分为三期。

第一期：年代为西周中晚期至春秋早期，包括Ⅱ区第7～9层，Ⅰ区第7层以及开口于Ⅱ区第7层下的房址，以Ⅱ区第7层以及ⅡF1、ⅡF5为代表。陶器以夹细砂灰陶和灰褐陶为主，泥质灰陶、黑陶以及夹粗砂红褐陶、黑陶等各占一定比例。器表多素面，纹饰以绳纹常见，另有方

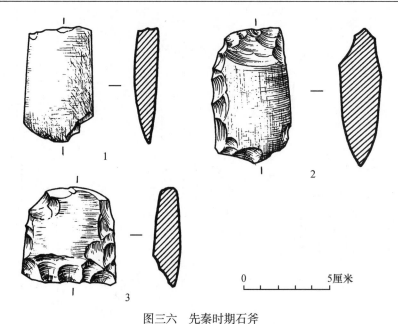

图三六　先秦时期石斧

1. A型（ⅡBT3919⑥：1）　　2. B型（99ⅡM38填土：2）　　3. C型（99ⅡM38填土：1）

格纹、弦纹、划纹等。主要器类有花边口沿釜、平口圜底釜、花边口沿罐、高领罐、盘口罐、盆、尖底杯、尖底盏、高柄豆等。器物口沿喜作花边，流行圜底器和尖底器，文化面貌和特征与重庆三峡库区其他商周时期遗址较为接近，如巫山双堰塘[①]、万州塘房坪[②]、万州中坝子[③]等，由此推知本期遗存的年代应大体与巫山双堰塘等商周遗址相当。Ⅱ区第8、9层出土物甚少，但从同型器物的式别上观察，其年代似乎要早些，或可至西周早期。

第二期：年代为春秋中晚期。典型遗存有ⅡH2、ⅠH4、ⅠH5等。出土陶器以夹细砂灰陶、褐陶为多，另有少量磨光黑陶。器表多素面，纹饰以绳纹常见，另有方格纹、弦纹、刮划暗纹等。器类有花边口沿釜、平口圜底釜、高领罐、盘口罐、花边口沿罐、盆、豆、钵、鬲（甗）等。本段主要器类如花边口沿釜、平口圜底釜、高领罐、盘口罐、花边口沿罐、盆等继承第一期而来，但式别已有明显的变化。花边口沿器仍较流行，小平底器和高柄豆已不见，尖底器急剧减少。新出现的一组器物具有明显的楚文化特征和风格，如鬲（甗）、豆等，与湖北当阳赵家湖春秋楚墓[④]同类器物相似。由此可以推测其年代亦应相当。

第三期：年代为战国，下限可至西汉初年。典型地层单位有Ⅱ区第6层、Ⅰ区第6层，以及ⅡH7、ⅡH13、ⅡH16、ⅠH2、ⅠH12和ⅠG4等。陶器以夹细砂灰陶为主，器类与第二期相似，但几乎不见尖底器，同类器物的型式亦有所变化。结合本年度Ⅱ区战国时期巴文化墓地

---

①　中国社会科学院考古研究所长江三峡工作队、巫山县文物管理所：《巫山双堰塘遗址发掘报告》，《重庆库区考古报告集·1997卷》，科学出版社，2001年，第31～64页。

②　陕西省考古研究所、万州区文物管理所：《万州塘房坪遗址发掘报告》，《重庆库区考古报告集·1997卷》，科学出版社，2001年，第469～500页。

③　西北大学考古队、万州区文物管理所：《万州中坝子遗址发掘报告》，《重庆库区考古报告集·1997卷》，科学出版社，2001年，第347～380页。

④　湖北省宜昌地区博物馆、北京大学考古系：《当阳赵家湖楚墓》，文物出版社，1992年。

的材料[①]，本期时代当在战国至西汉初年。从器物的组合和形制特征看，本期似乎还有早晚之分，Ⅱ区第6层的年代可能要早一些，其上限为春秋晚期或春秋战国之交。

三、汉六朝时期文化遗存

1. 遗迹

本年度李家坝遗址发现的汉六朝时期遗迹有灰坑、灰沟和窑址。

（1）灰坑

共15个（99ⅠH1、99ⅠH3、99ⅠH6、99ⅠH7、99ⅠH8、99ⅠH11、99ⅠH15、99ⅠH16、99ⅠH17、99ⅠH18、99ⅠH19、99ⅡH5、99ⅡH9、99ⅡH12、99ⅡH15），主要分布在Ⅰ区。坑口平面以不规则形和圆形居多，少数呈椭圆形、正方形、长条形和马蹄形。以99ⅠH6、99ⅡH12、99ⅠH18、99ⅠH16、99ⅠH1、99ⅠH11等较为典型。

99ⅠH6　位于ⅠBT1614中部偏西，开口于第4层下，打破第5层，坑口距地表80厘米。平面呈圆形，斜直壁，平底，口径138、底径120、深32厘米。填土为灰黑色沙土，土质疏松，出土较多陶片、瓦片以及石块等。陶片中夹细砂陶和泥质陶各占57.8%、42.2%。夹细砂陶中黑皮陶和灰陶各占35.1%、32.5%，另有少量黄褐陶和灰褐陶；大部分为素面，仅有少量细绳纹、凹弦纹、弦断绳纹和粗绳纹等。泥质陶中，灰陶占55.6%、灰褐陶占44.4%；绝对多数为素面，偶见细绳纹、凹弦纹和弦断绳纹。可辨器形有盆、瓮等，以轮制为主（图三七）。

99ⅡH12　位于ⅡBT2719北部中段，开口于第4层下，打破第6层，坑口距地表67厘米。平面呈椭圆形，弧壁，圜底，坑口长径65、短径58、深26厘米。填土为褐色沙土，土质较疏松，出土较多陶片以及瓦片。陶片分泥质陶、夹细砂陶和夹粗砂陶，各占43%、36.4%、20.6%。泥质陶中灰陶占76.1%，另有少量黄褐陶、灰褐陶和黑皮陶；大多数为素面，纹饰有细绳纹、凹弦纹和弦断绳纹。夹细砂陶有黄褐陶、黑褐陶和红褐陶等，分别占30.8%、28.2%和25.6%；大部分为素面，有少量细绳纹、粗绳纹和方格纹。夹粗砂陶中，黄褐陶和红褐陶分别占40.9%、36.4%，另有少量灰褐陶；绝大部分为素面，偶见细绳纹。泥质陶以轮制为主，夹砂陶以手工加慢轮为主。可辨器形有盘口罐、高领罐、盆等。瓦片全为泥质板瓦残片，大多外饰绳纹内素面（图三八、图三九）。

99ⅠH18　位于ⅠBT1515南部，开口于第4层下，打破第5层，坑口距地表60厘米。平面略呈圆角方形，弧壁，坑底起伏不平，口长130、宽124、深44厘米。填土为青灰色沙土，土质疏松，出土物甚少，仅有10余片陶片，分为夹细砂陶和夹粗砂陶两种，二者比例相当。可辨器形有豆等（图四〇）。

99ⅠH16　位于ⅠBT1614东部，部分压于该方东壁和南壁下。开口于第5层下，打破第6、7层，坑口距地表80厘米。平面不规则，弧壁，圜底，深103厘米。填土为灰黑色沙土，土质疏松，出土大量陶片。陶片有泥质陶、夹细砂陶和夹粗砂陶，分别占41.6%、46%和12.4%。泥质

①　四川大学考古学系、重庆市云阳县文物管理所：《重庆云阳李家坝巴文化墓地1999年度发掘简报》，《南方民族考古（第七辑）》，科学出版社，2011年。

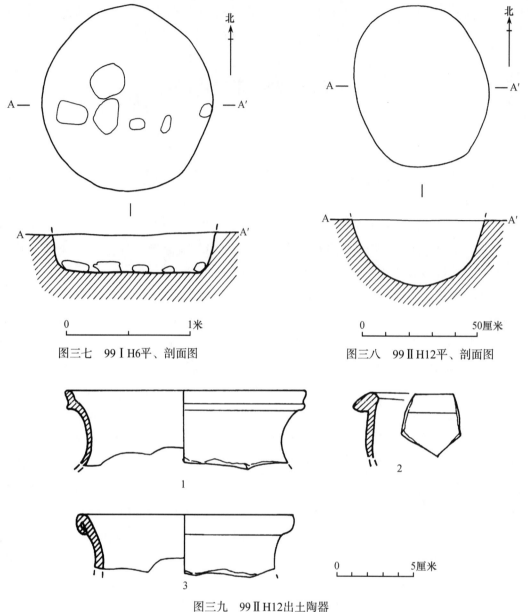

图三七　99ⅠH6平、剖面图

图三八　99ⅡH12平、剖面图

图三九　99ⅡH12出土陶器

1. 盘口罐（99ⅡH12：1）　2. 盆（99ⅡH12：4）　3. 高领罐（99ⅡH12：3）

陶中灰褐陶和灰陶各占31.9%、29.8%，另有少量红褐陶、黑褐陶、黑皮陶和黄褐陶；大多为素面，有纹饰者多细绳纹，偶见方格纹、弦断绳纹、粗绳纹和凹弦纹。夹细砂陶中灰褐陶占50%，另有黑褐陶、灰陶和黑皮陶；以素面为主，有少量细绳纹、弦断绳纹、粗绳纹、方格纹和凹弦纹。夹粗砂陶中红褐陶占50%，另有灰褐陶和黄褐陶；大多纹饰以细绳纹为主，粗绳纹亦有一定数量。可辨器形有小罐、钵等，制法以轮制为主（图四一）。

99ⅠH1　位于ⅠBT2016西北部，部分压于该方北壁和西壁下。开口于第5层下，距地表100厘米，打破第6、7层，被99ⅠH3打破。坑口平面不规则，阶梯状底，深95厘米。填土为灰黑色沙土，土质略紧密，出土较多陶片、瓦片等。陶片泥质陶和夹细砂陶分别占59.3%、33.9%，少见夹粗砂陶。泥质陶中灰陶占40%，另有灰褐陶、黑皮陶、红褐陶、黄褐陶和黑褐

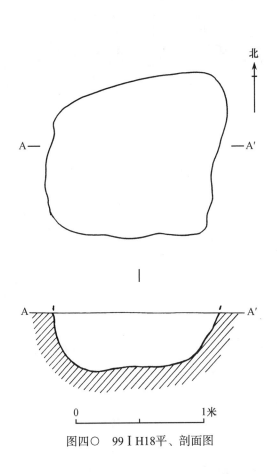

图四〇　99ⅠH18平、剖面图

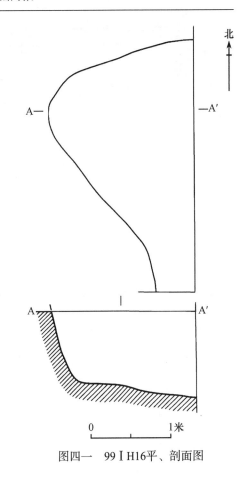

图四一　99ⅠH16平、剖面图

陶；夹细砂陶中灰陶占45%，另有灰褐陶、黄褐陶和黑褐陶；夹粗砂陶中红褐陶占50%，灰褐陶和灰陶各占25%。泥质陶以素面为主，夹砂陶多饰绳纹。可辨器形有高领罐、盆等，以轮制为主（图四二、图四三）。

99ⅠH11　位于ⅠBT1513中部，开口于第4层下，打破第5层，距地表110厘米。坑口平面呈马蹄形，弧壁，圜底，长70、宽45、深40厘米。填土为灰黑色沙土，土质疏松，出土少量青瓷片和建筑构件残片。青瓷片均为灰胎，青灰色釉。可辨器形有罐、碗、钵等。建筑构件残片为泥质板瓦、筒瓦，有青灰、黄褐和红褐色，以青灰为主，板瓦多内外饰绳纹，筒瓦内外均素面（图四四）。

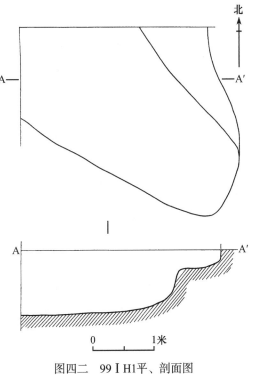

图四二　99ⅠH1平、剖面图

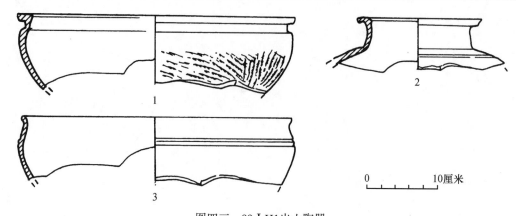

图四三　99ⅠH1出土陶器
1、3.盆（99ⅠH1∶4、99ⅠH1∶7）　2.高领罐（99ⅠH1∶3）

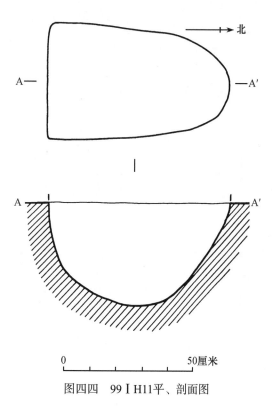

图四四　99ⅠH11平、剖面图

（2）灰沟

1条。

99ⅠG5　位于ⅠBT1515和ⅠBT1516西部，开口于第5层下，打破第6层和生土层，被99ⅠH19打破，沟口距地表95厘米。平面略呈新月形，直壁，平底，长300、宽110～226、深40厘米。填土为灰黑色沙土，土质疏松，包含陶片以及网坠、骨渣等。陶片以夹细砂陶为主，其次为泥质陶，夹粗砂陶最少。夹细砂陶中灰陶、灰褐陶分别占35.6%、32.2%，另有少量红褐陶、黄褐陶、黑褐陶和黑皮陶；夹粗砂陶中红褐陶占28.6%，灰陶和黑褐陶分别占21.4%，另有少量灰褐陶和黄褐陶；泥质陶中灰褐陶和灰陶各占43.3%、30%，另有少量红褐陶、黄褐陶和黑皮陶。以素面为主，细绳纹也有一定数量。可辨器类有缸、豆、盆、钵等，以轮制为主（图四五）。

（3）窑址

1座。

99ⅡY1　位于ⅡBT3114东部偏北，开口于第5层下，打破第9层，窑口距地表141厘米。平面呈椭圆形，斜坡形火道，圜底，长径37、短径17、最深15厘米。窑壁略外凸，厚约3厘米，内壁呈灰色，外壁略呈红色，窑内堆积为灰黑色杂土，土质疏松，较湿，包含物甚少，有少量铁质颗粒（图四六）。

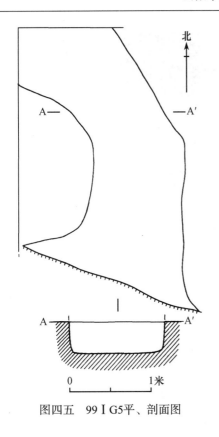

图四五　99ⅠG5平、剖面图

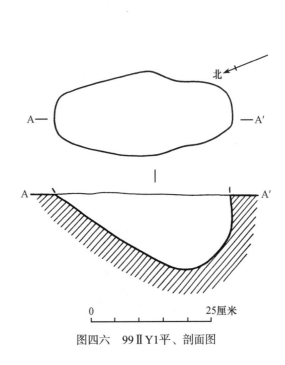

图四六　99ⅡY1平、剖面图

2. 遗物

出土遗物有陶器、瓷器、铜器、石器、骨器及建筑构件等，以陶器为主。

（1）陶器

陶器绝大多数为残片，完整器和可复原者极少。以泥质陶为主，夹细砂陶次之，夹粗砂陶甚少。陶色以灰褐陶为主，灰陶亦较多，另有黄褐陶、红褐陶、黑褐陶及黑皮陶等。纹饰以各类绳纹为主，有粗绳纹、细绳纹、弦断绳纹，另有少量乳钉纹、戳印圆圈纹、方格纹等（图四七）。陶器制作以轮制为主。器形有高领罐、盘口罐、盂、盆、缸、瓮、钵、豆、网坠等。

高领罐　共3件。根据口部的不同，可分为二型。

A型　1件。直口。99ⅠH1：3，泥质灰陶。平折沿，斜方唇，唇面略内凹，直领略弧，圆肩。口径12.4、残高5.6厘米（图四八，2）。

B型　2件。侈口。根据口部的变化，可分为二式。

Ⅰ式：1件。口沿外翻，圆唇，高领弧曲。ⅠBT1916⑤：5，泥质灰褐陶。颈部饰四道凸弦纹和一道凹弦纹。口径14、残高5.8厘米（图四八，4）。

Ⅱ式：1件。口沿外卷紧贴于口部外侧，扁圆唇，高领弧曲。99ⅡH12：3，泥质灰陶。口径12.8、残高3.4厘米（图四八，3）。

盘口罐　共2件。盘口较浅，圆唇，曲颈略长。ⅠBT1615⑤：9，泥质灰褐陶。口径15.6、残高5厘米（图四八，5）。

盂　共1件。ⅠBT1615⑤：6，夹细砂黄褐陶。侈口，圆唇，束颈，溜肩，鼓腹。残高7.1厘米（图四八，1）。

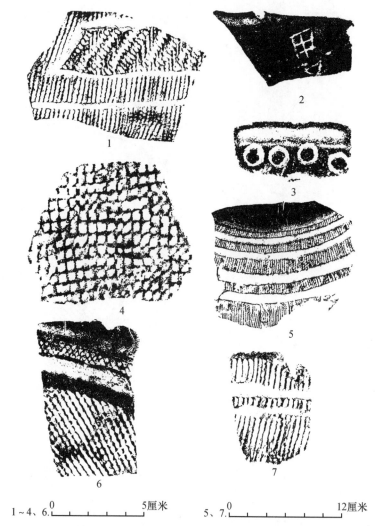

图四七　汉六朝时期陶片纹饰及刻划文字拓片

1、5、7.弦断绳纹（ⅠBT2017⑤：6、99ⅠH8：4、ⅠBT2016⑤：31）　2.刻划"甲□"（99ⅠH8：1）　3.戳印圆圈纹（99ⅠG5：22）

4.方格纹（ⅠBT2016⑤：30）　6.斜向细绳纹（99ⅡH12：2）

　　盆　共5件。根据口部的不同，可分为三型。

　　A型　2件。敛口，折沿。根据口部及器腹的变化，可分为二式。

　　Ⅰ式：1件。99ⅠH1：4，泥质灰陶。平折沿，斜方唇，束颈，弧腹较浅，最大径在上腹。腹部饰交错细绳纹。口径31.2、残高9厘米（图四八，6）。

　　Ⅱ式：1件。99ⅡH12：4，泥质灰陶。外斜折沿，尖圆唇，弧腹微鼓，最大径在中腹。残高4厘米（图四八，7）。

　　B型　1件。侈口。99ⅠH1：7，夹细砂灰陶。圆唇，束颈，圆肩。肩部饰两道凹弦纹。口径32.8、残高7.8厘米（图四八，8）。

　　C型　2件。弇口。根据口部及腹部的变化，可分为二式。

　　Ⅰ式：1件。ⅠBT1615⑤：13，泥质灰褐陶。方唇，弧壁，腹微鼓。口径20.8、残高6.4厘米（图四八，9）。

　　Ⅱ式：1件。ⅠBT1614⑤：1，泥质灰褐陶。折沿，尖圆唇，弧壁。上腹有一道凸棱。残

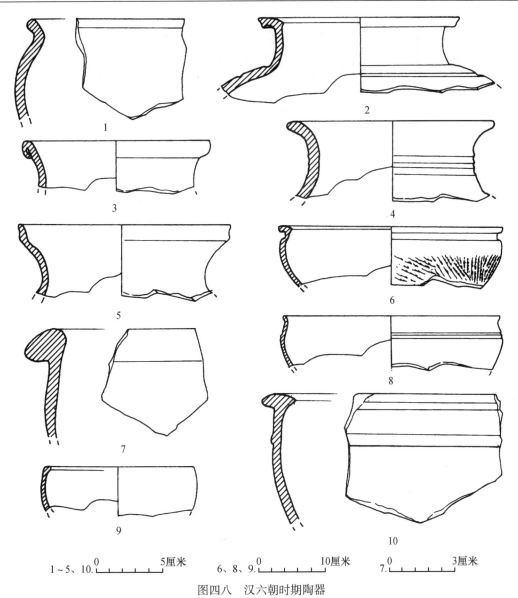

图四八　汉六朝时期陶器

1. 盂（ⅠBT1615⑤：6）　2. A型高领罐（99ⅠH1：3）　3. B型Ⅱ式高领罐（99ⅡH12：3）　4. B型Ⅰ式高领罐（ⅠBT1916⑤：5）

5. 盘口罐（ⅠBT1615⑤：9）　6. A型Ⅰ式盆（99ⅠH1：4）　7. A型Ⅱ式盆（99ⅡH12：4）　8. B型盆（99ⅠH1：7）

9. C型Ⅰ式盆（ⅠBT1615⑤：13）　10. C型Ⅱ式盆（ⅠBT1614⑤：1）

高9.6厘米（图四八，10）。

　　缸　共2件。根据口部的不同，可分为二型。

　　A型　1件。直口微敞。99ⅠG5：22，泥质红褐陶。方唇。外壁饰戳印圆圈纹。残高3厘米（图四九，6）。

　　B型　1件。侈口。ⅠBT1615⑤：4，夹粗砂灰褐陶。斜方唇，唇面略内凹，束颈，鼓腹。口径50、残高5.5厘米（图四九，7）。

　　瓮　1件。敛口，卷沿，圆唇，广肩。99ⅠH6：1，泥质灰褐陶。唇部和肩部饰暗划纹。口径36、残高4.8厘米（图四九，9）。

　　钵　共7件。根据口部的不同，可分为二型。

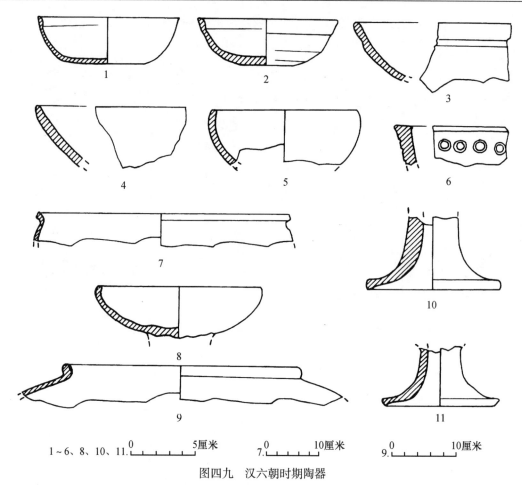

1～6、8、10、11. 　0　　　　5厘米　　　　　7.　0　　　　10厘米　　　　　9.　0　　　　10厘米

图四九　汉六朝时期陶器

1. Aa型Ⅰ式钵（99ⅠH7：1）　2. Aa型Ⅱ式钵（ⅠBT1513⑤：8）　3. Aa型Ⅲ式钵（99ⅠH8：3）　4. Ab型钵（99ⅠH16：2）

5. B型钵（99ⅠH7：6）　6. A型缸（99ⅠG5：22）　7. B型缸（ⅠBT1615⑤：4）　8. 豆盘（99ⅠH7：2）

9. 瓮（99ⅠH6：1）　10、11. 豆座（99ⅠG5：26、ⅠBT1916⑤：30）

　　A型　6件。敞口。根据口沿的不同，可分为二亚型。

　　Aa型　5件。卷沿。根据口、腹、底的变化，可分为三式。

　　Ⅰ式：1件。99ⅠH7：1，泥质灰陶。尖唇内卷紧贴于口内壁，斜直腹，上腹微弧，平底略大。口径11.2、底径5.6、高3.6厘米（图四九，1）。

　　Ⅱ式：3件。尖圆唇内卷紧贴于口内壁，折腹，小平底。ⅠBT1513⑤：8，泥质灰陶。口径10.4、底径4、高3.6厘米（图四九，2）。

　　Ⅲ式：1件。99ⅠH8：3，泥质灰陶。圆唇外卷紧贴于口外壁，弧腹。残高4.6厘米（图四九，3）。

　　Ab型　1件。99ⅠH16：2，泥质灰褐陶。圆唇，弧腹。残高4.6厘米（图四九，4）。

　　B型　1件。99ⅠH7：6，泥质黑褐陶。敛口，圆唇，鼓腹。口径10.4、残高4.2厘米（图四九，5）。

　　豆盘　1件。99ⅠH7：2，泥质灰褐陶。豆盘略深，敛口，圆唇，弧腹，平底略弧。口径12、残高4厘米（图四九，8）。

豆座　共2件。喇叭形座。ⅠBT1916⑤：30，泥质黑皮陶。豆柄较短。底径8.4、残高4.4厘米（图四九，11）。99ⅠG5：26，泥质黄褐陶。豆柄较长。底径10.6、残高5.6厘米（图四九，10）。

网坠　共7件。橄榄形，中穿孔。根据个体的大小，可分为四型。

A型　2件。大型。ⅠBT1515⑤：3，泥质红褐陶。穿径0.5、长6.5厘米（图五〇，4）。

B型　3件。中型。ⅠBT1515⑤：4，泥质灰褐陶。穿径0.4、长5.3厘米（图五〇，5）。

C型　1件。小型。ⅠBT1515⑤：5，泥质灰褐陶。穿径0.5、长4.5厘米（图五〇，6）。

D型　1件。极小型。ⅠBT1515⑤：1，泥质黑褐陶。穿径0.3、长3.1厘米（图五〇，7）。

圈足器　1件。ⅠBT1515⑤：14，泥质黄褐陶。喇叭形圈足，柄甚短，底部有五道同心凹弦纹圆圈。残高2厘米（图五〇，3）。

器耳　共2件。根据形状的不同，可分为二型。

A型　1件。鼻形器耳。ⅠBT1715⑤：53，泥质灰褐陶。高2.5厘米（图五〇，1）。

B型　1件。冠形器耳。99ⅠH3：9，夹细砂灰陶。高1.8厘米（图五〇，2）。

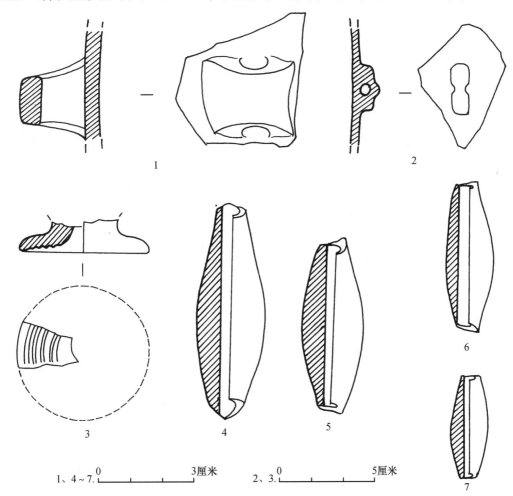

图五〇　汉六朝时期陶器

1. A型器耳（ⅠBT1715⑤：53）　2. B型器耳（99ⅠH3：9）　3. 圈足器（ⅠBT1515⑤：14）　4. A型网坠（ⅠBT1515⑤：3）
5. B型网坠（ⅠBT1515⑤：4）　6. C型网坠（ⅠBT1515⑤：5）　7. D型网坠（ⅠBT1515⑤：1）

（2）瓷器

瓷器分为青瓷和缸胎器两类，以青瓷器较为常见。器形有盘口壶、碗等，多可复原。

1）青瓷器

盘口壶　1件。ⅠBT1513⑤：24，灰白胎。仅存颈部，呈竹节状，高领。残高9.8厘米（图五一，3）。

碗　共2件。根据器底及口部和腹部形态的不同，可分为二型。

A型　1件。ⅠBT2017⑤：7，灰白胎，器表施釉不到底。玉璧式小圈足，足壁直略外撇。底径3.7、残高3.3厘米（图五一，2）。

B型　1件。ⅠBT1513⑤：10，灰白胎，通体施釉。敞口，圆唇，折腹，圈足甚矮，足壁外撇，内底有一圈六个支钉痕。口径17.4、底径7.5、高6.4厘米（图五一，1）。

2）缸胎器

耳　1件。99ⅠH11：1，双桥形耳。灰胎，器表施青黄色釉。高2.2厘米（图五一，4）。

（3）铜器

削刀　1件。99ⅠH17：1，残。直背直刃，横截面呈三角形。残长3.6、宽1.4厘米（图五二，2）。

箭镞　1件。99ⅠG5：1，双翼残。长铤。通长7、铤长4.3厘米（图五二，1）。

（4）石器

刮削器　1件。ⅠBT1615⑤：22，以砾石打制。平顶，弧刃，略呈半圆形。高5.3、宽10、

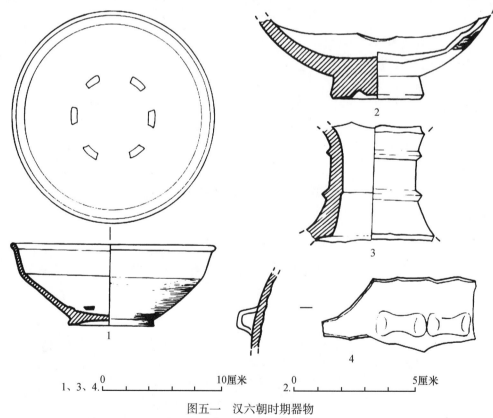

1、3、4. ┣0━━━━━━━━━10厘米┫　　2. ┣0━━━━━5厘米┫

图五一　汉六朝时期器物

1. B型青瓷碗（ⅠBT1513⑤：10）　2. A型青瓷碗（ⅠBT2017⑤：7）　3. 青瓷盘口壶（ⅠBT1513⑤：24）

4. 缸胎器耳（99ⅠH11：1）

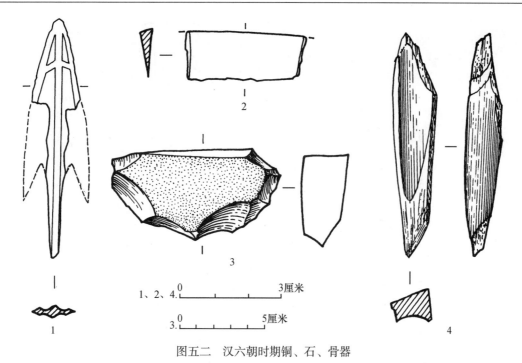

图五二　汉六朝时期铜、石、骨器

1. 铜箭镞（99 I G5：1）　2. 铜削刀（99 I H17：1）　3. 石刮削器（I BT1615⑤：22）　4. 骨锥形器（99 I G5：2）

厚2.6厘米（图五二，3）。

（5）骨器

锥形器　1件。99 I G5：2，长条形，两端尖锐。长6.5厘米（图五二，4）。

（6）建筑构件

瓦当　1件。99 I G5：30，泥质灰陶。圆形当面，当面平。素面。直径9.2、厚1.2厘米（图五三，3）。

筒瓦　共2件。I BT1715⑤：4，泥质灰陶。横截面呈半圆形，面饰斜向细绳纹。长41.6、宽14.4、厚1、高7.6厘米（图五三，1）。

板瓦　共2件。I BT1715⑤：3，泥质黄褐陶。微残，略呈梯形，横截面呈圆弧形，面饰纵向细绳纹。长47.2、宽25.6～29.6、厚1、高9.6厘米（图五三，2）。

3. 分期与年代

本年度发掘的汉六朝时期文化遗存以两汉文化遗存为主体，能确指为南北朝时期文化遗存的材料较少。粗分为两期。

第一期：两汉时期，上限不超过西汉中期。较为典型的地层单位有 II 区第5层、H5、H15以及 I 区的H1、H3、H7、H8、H15、H16等。出土遗物以泥质灰陶盆、钵、罐、缸、瓮等为主。

第二期：南北朝时期。较为典型的地层单位有 I 区的第5层、H6、H11、H18、H19、G5以及 II 区的H9、H12、Y1等。出土遗物除泥质灰陶器外，还有少量的青瓷器，如青瓷盘口壶、碗等。

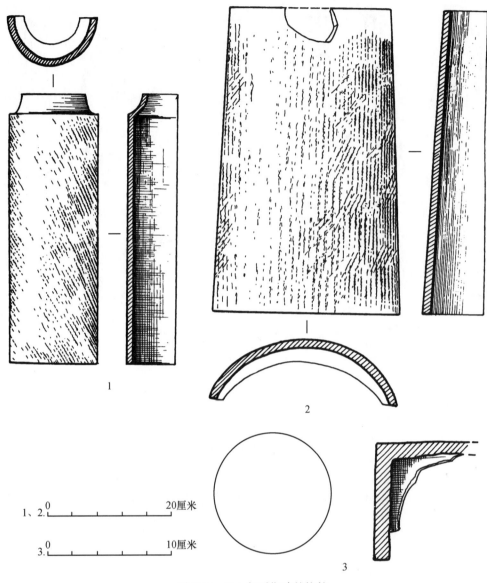

图五三　汉六朝时期建筑构件

1. 筒瓦（ⅠBT1715⑤：4）　2. 板瓦（ⅠBT1715⑤：3）　3. 瓦当（99ⅠG5：30）

四、唐宋时期文化遗存

1. 遗迹

本年度李家坝遗址发现的唐宋时期遗迹不多，仅有灰坑两座。

99ⅡH4　位于ⅡBT3619西南角、ⅡBT3620西北角、ⅡBT3520东北角和ⅡBT3519东南角，开口于第4层下，打破第6、8层及99ⅡM12，坑口距地表81厘米。平面略呈马蹄形，弧壁，坑底起伏不平。最长220、最宽150、深31厘米。填土为灰黑色沙土，土质疏松，出土较多陶片、瓦片、瓷片及少量动物骨骼和陶网坠。陶片有夹细砂陶和泥质陶两种，分别占51.7%和48.3%。可辨器形有盆等。瓷片分为青瓷片和缸胎器片两类，可辨器形有罐、杯等（图五四）。

99ⅡH6　位于ⅡBT3118西南部，开口于第4层下，打破第5层，坑口距地表125厘米。平面呈长方形，弧壁，圜底，长130、宽108、深15～20厘米。填土为灰黑色沙土，土质疏松，出土少量陶片、瓦片和石块等。泥质陶、夹细砂陶和夹粗砂陶分别占55.6%、29.6%、14.8%。陶片过碎，难以辨别器形。瓦片均为板瓦残片，有的内饰布纹外素面，有的内外皆素面（图五五）。

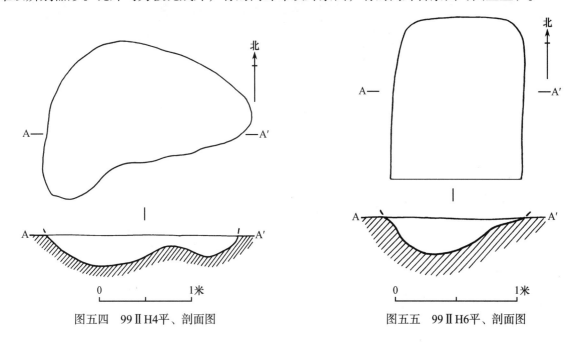

图五四　99ⅡH4平、剖面图　　　　　　　图五五　99ⅡH6平、剖面图

2. 遗物

本年度李家坝遗址唐宋时期遗物出土不多，有陶器、瓷器和建筑构件等，其中瓷器数量稍多。

（1）陶器

盆　1件。ⅡBT3118⑤：3，泥质黄褐陶。敞口，外卷沿紧贴于口外壁，口部内外两侧各有一道凹槽，腹壁内弧。残高7.4厘米（图五六，3）。

（2）瓷器

瓷器分为青瓷和缸胎器两类，器形有罐、瓮、盆。

青瓷罐　1件。99ⅡH4：1，灰胎，器表通体施暗青色釉。深弧腹，矮圈足，内壁有轮制痕迹，口及上腹部残失。底径7.6、残高7.8厘米（图五六，2）。

缸胎瓮　共2件。99ⅡH4：2，灰褐胎，施青釉。侈口，方唇，广肩。肩部饰细绳纹。残高3厘米（图五六，4）。

缸胎盆　1件。ⅡBT3117⑤：2，砖红胎，内外施青釉。直口微敛，平折沿，扁圆唇，弧腹。口径21.4、残高3.4厘米（图五六，1）。

（3）建筑构件

滴水　1件。ⅡBT3017⑤：2，泥质灰陶。面呈三角形，上有纹饰模糊不清。残长5.4、残高4.8厘米（图五六，5）。

3. 分期与年代

本时期李家坝遗址基本成为农耕场所，仅在Ⅱ区发现不连续的唐宋时期的文化层堆积和少数灰坑，文化遗存资料甚少，暂不分期。

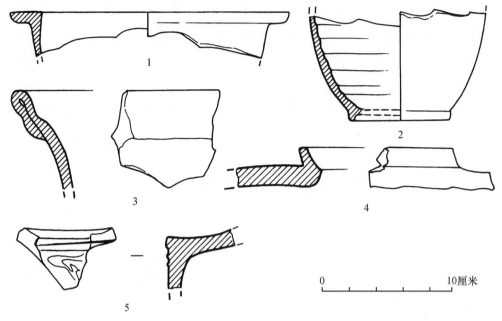

图五六　唐宋时期陶瓷器、建筑构件

1.缸胎盆（ⅡBT3117⑤：2）　　2.青瓷罐（99ⅡH4：1）　　3.陶盆（ⅡBT3118⑤：3）　　4.缸胎瓮（99ⅡH4：2）

5.陶滴水（ⅡBT3017⑤：2）

五、结　　语

　　云阳李家坝遗址是重庆三峡库区一处多年度发掘的重要遗址，根据发掘规划和年度发掘任务的要求，各年度发掘的重点区域有所不同。本年度在既往工作的基础上，获得一些重要的新发现，对深入了解和认识李家坝遗址历代聚落布局和变迁以及先秦时期遗存的文化性质等提供了新的资料。

1. 进一步证实了李家坝遗址商周时期聚落的布局和结构

　　从过去的调查和发掘资料看，李家坝遗址文化堆积的性质随时代和地貌的变迁而不同，反映了生活在这块台地上的先民的居住和生活生产形式处在不断变化之中，其聚落的发展经历了由小到大再到农耕地的过程。本年度Ⅱ区发掘出土的西周至春秋的5座房址，再次证实西周至春秋早中期，李家坝遗址的聚落规模还不太大，生活居住区主要分布在Ⅱ区，Ⅰ区有零星墓葬分布，春秋晚期居住区迁至Ⅰ区并形成大规模的聚落，Ⅱ区则成为墓地[①]。这不仅大大丰富了李家坝遗址先秦时期文化遗存，为进一步研究和复原该遗址商周时期聚落的布局和结构提供了极为重要的新资料，同时也是峡江地区目前可以确认的为数极少的商周时期房址，对加深认识峡江地区先秦时期社会和文化面貌具有重要意义。

---

① 四川大学历史文化学院考古系、云阳县文物管理所：《云阳李家坝遗址发掘报告》，《重庆库区考古报告集·1997卷》，科学出版社，2001年；四川大学历史文化学院考古系、云阳县文物管理所：《云阳李家坝遗址发掘报告》，《重庆库区考古报告集·1998卷》，科学出版社，2003年。

2. 进一步加深了对李家坝遗址先秦时期遗存文化性质和变迁的认识

李家坝遗址商周至汉初遗存十分丰富而且延续时间长，内涵复杂，特征鲜明。商代晚期至西周，以各种花边口沿器、圜底器和尖底器为代表的遗存具有十分鲜明的特色。与成都平原商周时期诸遗址相比，尽管两地出土的小平底器和尖底器等器类相同或相似，但从整体观察，两地文化面貌差异甚大，不宜划归于同一文化范畴。湖北清江香炉石遗址商周文化遗存[①]与李家坝商代晚期至西周遗存较为接近，但李家坝流行花边口沿器，东周以来较为常见的鬲甗类三足器等不见于香炉石遗址，两者应是同一考古学文化的不同地方类型。相对而言，李家坝春秋中晚期至汉初遗存与四川宣汉罗家坝遗址[②]具有较大的共性，两者似属于同一考古学文化类型。根据文献记载，峡西地区是商周时期巴人的传统活动区域，云阳李家坝遗址正在这一范围内。将李家坝遗址商周至汉初的文化遗存视为巴文化，已被学术界普遍认同。李家坝遗址1999年度的发掘，将对全面了解和研究峡江地区巴文化的起源、发展和演变融合的历史轨迹，对巴文化和峡江地区先秦考古学文化区系类型的深入研究起到积极的推动作用。

李家坝遗址1999年度的发掘还进一步揭示，李家坝商周遗存尽管不同时期先后受到蜀文化、楚文化、秦文化甚至越文化等外来文化的强烈影响，具有多种文化交流融合的独特文化特征，但其自身核心的文化特征和传统延绵不绝，在多种文化的交流融合中不断发展。它既与楚文化、秦文化迥然有别，也不同于川西地区的蜀文化。其独特的文化面貌，可能与其社会组织结构以及外来文化进入的方式有关。

附记：本年度发掘执行领队是四川大学考古学系李映福。参加发掘的人员有四川大学考古学系李映福、黄伟、霍巍、李永宪、姚军，研究生曹岳森、赵德云，考古专业1997级学生尹俊霞、刘渝、吴辉、索朗达瓦、赵明辉、张西峰、孙国瑞、胡鑫、吕斌，以及日本留学生林龙太郎、山村秀寿；重庆云阳县文物管理所聂世江、陈昀、孙紫峰、张宇以及技工贺军虎、黄广民、党国平、邵惠珍等。发掘人员在工地进行了资料初步整理。后期室内资料整理有黄伟、周克林、赵德云、何元洪、赵振江、赵晓华、赵忠波、代丽鹃、安剑华、黄广民、金鹏功等。绘图卢引科、代丽鹃、赵红坤、党国平、刘春城、余朝臣等。摄影李映福等。

执笔：周克林　陈　昀　黄　伟
　　　赵德云　何元洪

（原载四川大学博物馆、四川大学考古学系、成都文物考古研究所：《南方民族考古（第七辑）》，科学出版社，2011年）

---

① 湖北省清江隔河岩考古队：《湖北清江香炉石遗址的发掘》，《文物》1995年第9期；湖北省清江隔河岩考古队、湖北省文物考古研究所：《清江考古》，科学出版社，2004年。

② 四川省文物考古研究所、达州地区文物管理所、宣汉县文物管理所：《四川宣汉罗家坝遗址2003年发掘简报》，《文物》2004年第9期。

云阳李家坝遗址2000年度考古发掘简报

四川大学考古文博学院
云阳县文物保护管理所

　　李家坝遗址位于重庆市云阳县高阳镇青树村，地处三峡库区腹心地带长江北侧支流小江（彭溪河）左岸，南距云阳县新县城双江镇约30千米，东距现高阳镇约1千米（图一）。遗址中心自然地理坐标为北纬31°6′15″，东经108°41′。

　　遗址的大规模发掘始于1997年，至2000年已是第4个工作年度。本年度的田野发掘工作分为两个阶段，历时7个多月（2000年10～12月，2001年3～6月），总发掘面积5000平方米。发掘区位于遗址南部临河地带（图二）。简报重点介绍本年度居址遗存的主要情况（墓葬遗存另文刊布）。

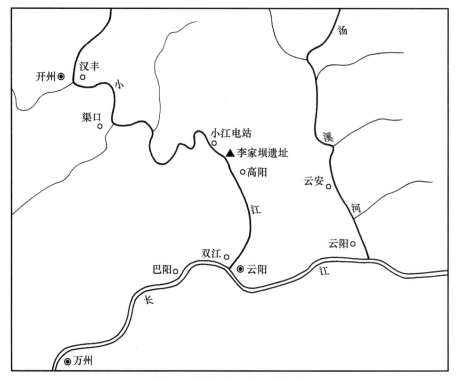

图一　李家坝遗址位置示意图

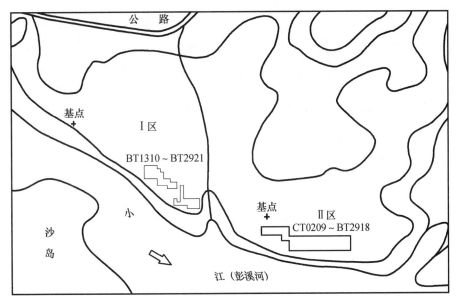

图二　李家坝遗址2000年度探方位置示意图

一、地层堆积

发掘工作按照李家坝遗址总体规划来执行，Ⅰ区发掘面积1700平方米，Ⅱ区发掘面积3300平方米。地层单位编号采用"遗迹按区统一、地层各探方独立"的原则来编制。

（一）Ⅰ区地层堆积

探方均位于本区B象限，分属两个小地形单元，北部地势较高，文化堆积厚2米左右，南部地势略低，堆积北厚南薄，最厚处近3米。北部地层以ⅠBT1711为例，南部以ⅠBT2417为例。

1. ⅠBT1711北壁（图三）

第1层：黄褐色耕土。厚28～52厘米。

第2A～2G层：水平分布的沙层和淤泥层。近现代遗存。

第3层：红褐色黏土。土质疏松。厚0～50厘米。出土少量碎瓷片、残瓦块等。明清时期遗存。

第4层：黄褐色水锈土。土质坚硬。厚0～8厘米。出土少量碎陶片。明清时期遗存。

第5层：红褐色黏土。土质疏松。厚0～32厘米。出土少量瓦片、碎瓷片。明清时期遗存。

第6层：灰褐色黏土。土质较硬。厚0～28厘米。分布于探方东北部。出土大量瓦砾、少量陶片。可辨陶器有盆、豆等。汉六朝时期遗存。

第7层：黄绿色黏土，土质较硬。厚0～66厘米。出土少量陶片，可辨器形有鬲、豆等。先秦晚期遗存。00ⅠF4开口于本层下。

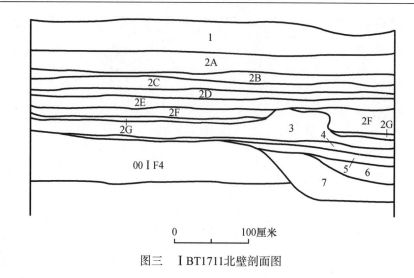

0   100厘米

图三　ⅠBT1711北壁剖面图

2. ⅠBT2417东壁（图四）

第1层：黄褐色耕土。厚17～55厘米。

第2A～2G层：沙层和淤泥层。近现代遗存。

第3A层：红褐色黏土。土质较硬。厚4～52厘米。出土较多青花瓷片、白瓷片。明清时期遗存。

第3B层：灰褐色黏土。土质较硬。厚0～18厘米。探方西南部缺失本层。出土少量青花瓷片、陶片。明清时期遗存。00ⅠH9开口于本层下。

第4层：黑褐色黏土。土质疏松。厚0～28厘米。出土少量陶片以及大量瓦砾。汉六朝时期遗存。

第5层：黄褐色黏土。夹杂红烧土粒，土质较硬。厚28～66厘米。探方西南部缺失本层。出土少量陶片、瓦块。汉六朝时期遗存。

第6层：青黄色沙土。土质坚硬。厚0～24厘米。出土残铁块和少量陶片。先秦晚期遗存。

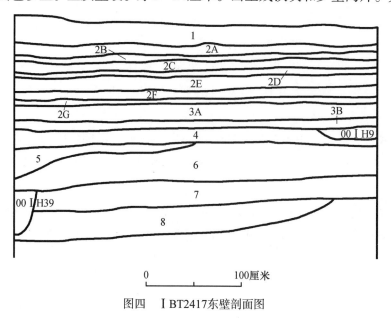

0   100厘米

图四　ⅠBT2417东壁剖面图

00ⅠH39开口于本层下。

第7层：灰黄色沙土。土质疏松。厚0～25厘米。出土少量陶片，可辨器形有盆、高领器等。先秦晚期遗存。

第8层：黄褐色黏土。夹杂红烧土粒，土质疏松。厚0～38厘米。分布于探方北部。出土少量碎陶片。先秦晚期遗存。

（二）Ⅱ区地层堆积

发掘区从西端河滩低地直到台地东端，东西跨距150余米。大部分探方都在本区B象限内。西部缓坡地层以ⅡBT0613为例，台地顶部地层以ⅡBT1914为例。

1. ⅡBT0613东壁（图五）

第1层：灰褐色耕土。厚8～31厘米。

第2层：黄褐色沙土。厚0～18厘米。无文化遗物出土。近现代遗存。

第3层：浅红褐色黏土，夹杂水锈土点。厚12～28厘米。出土青花瓷数片。明清时期遗存。

第4层：深褐色硬土。厚5～8厘米。出土少量瓦片、陶片。明清时期遗存。00ⅡH3、00ⅡM5、00ⅡM6等单位开口于本层下。墓葬为先秦晚期遗存，00ⅡH3为先秦早期遗存。

第5层：浅灰褐色黏土。土质疏松。厚22～39厘米。出土少量陶片。可辨器形有尖底器、圜底釜、花边釜等。先秦早期遗存。

第6层：黄褐色黏土层。土质坚硬。厚25～39厘米。出土少量细碎陶片。先秦早期遗存。

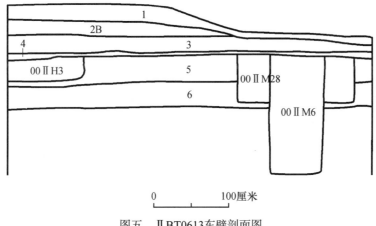

图五　ⅡBT0613东壁剖面图

2. ⅡBT1914东壁（图六）

第1层：灰褐色耕土。厚10～35厘米。

第2A层：黄色沙层。厚0～28厘米。无文化遗物出土。近现代遗存。

第2B层：红褐色沙层。厚10～35厘米。无文化遗物出土。近现代遗存。

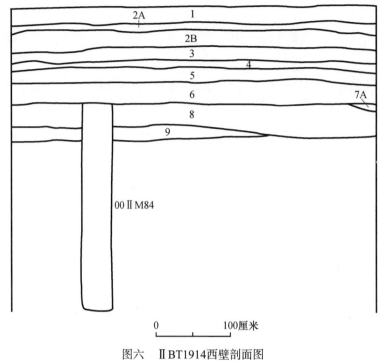

图六　ⅡBT1914西壁剖面图

第3层：浅红褐色黏土，夹杂水锈土点。厚15～28厘米。出土少量碎陶片。明清时期遗存。

第4层：深褐色硬土。厚8～18厘米。出土少量陶、瓷碎片。明清时期遗存。00ⅡG3、00ⅡG4开口于本层下。

第5层：浅红褐色沙土。土质疏松。厚6～20厘米。出土少量陶片。唐宋时期遗存。

第6层：灰褐色黏土。土质疏松。厚0～95厘米。探方西北部缺失本层。出土少量陶、瓷片。唐宋时期遗存。00ⅡM63、00ⅡM79等单位开口于本层下。墓葬均为先秦晚期遗存。

第7A层：姜黄色黏土。土质较硬。厚0～45厘米。分布于探方西北角。无文化遗物出土。汉六朝时期遗存。

第7B层：姜黄色黏土，夹杂大量黑斑，土质较硬。厚0～50厘米。分布于探方东南，本壁缺失。出土少量瓦块。汉六朝时期遗存。00ⅡM68、00ⅡM69开口于本层下。墓葬为先秦晚期遗存。

第8层：深灰褐色黏土。土质松软。厚0～40厘米。出土大量陶片，可辨器类有大口花边罐、尖底器、圜底釜等。先秦早期遗存。

第9层：黄褐色黏土层。土质较硬。厚20～55厘米。无文化遗物出土。先秦早期遗存。

二、遗　迹

遗迹有房址、灰坑、灰沟、窑、灶等。

1. 房址

4座。1座为台基式建筑，3座为唐宋以后简易建筑。

00ⅠF4　跨ⅠBT1509、ⅠBT1511、ⅠBT1710、ⅠBT1711、ⅠBT1712等多个探方。开口于ⅠBT1711第7层下，被00ⅠG9、00ⅠG11等单位打破。00ⅠF4是一座夯土台基式建筑，台基平面呈"凹"字形，方向36°，东西长22、南北宽14米。台基直接建筑于生土上，现基面高出生土面近1米。台基由基层垫土、主建筑台基以及夯土护坡构成。基层垫土台平面呈"凹"字形，长22、宽约14米。土层西厚东薄，最厚处约50厘米。垫土为纯净的浅黄褐色黏土，土质坚硬，但没有明显夯筑痕迹。主建筑台基叠筑于基层土台的南部，东西长21、南北宽8米，厚约50厘米。夯土呈灰褐色，由4~6个小夯层构成，夯层厚6~10厘米。夯窝直径4~6厘米。在基层土台较薄的东部区域，基层垫土与主建筑台基夯土间还加筑一层厚约12厘米的浅灰色夯土层，夯土中散布着数块大型石板。主建筑台基的南侧有宽约1.5米的夯土护坡，护坡堆筑于基层土台之上，最厚处约40厘米，也由厚6厘米左右的小夯层构成。护坡顶面覆有长约20、宽0.35~0.7、厚0.05~0.1米的卵石、碎瓦块散水。

台基面破坏严重，没有发现柱洞、墙基等相关遗存，仅在基面上发现石板四块，东部的两块石板下方垫土中都有多块平铺的大石板，应属有意而为，但其他区域没有同样发现。

基层土台北部东、西两厢凸出部形状已不规整。东厢宽约6.6、纵深3.05米，西厢宽约7.1、纵深3米。台面呈斜坡状下行。在西厢局部区域覆有厚5~10厘米的黄褐色硬土层。西厢北缘外0.5米处有两个直径约0.5米的柱洞，中心间距约2.25米。但不能确定它们是否与00ⅠF4有关。

台基夯土中出土少量陶片。陶器可辨器形有鬲、甗、豆、盆、瓮等。先秦晚期遗存（图七）。

2. 灰坑

共70个。平面形状有近圆形、椭圆形、圆角长方形和不规则形，以后者为多。

00ⅡH7　位于BT0914东南部，开口于第6层下。坑口近圆形，直径0.8、深0.15米。锅状底，底部凹凸不平。填土为灰黑色沙土，土质疏松。出土少量陶片。可辨器形有圜底釜、尖底器等。先秦早期遗存（图八）。

3. 灰沟

20条。除少量唐宋以后形状规则的田地间引水沟渠外，平面形状多不规整。

00ⅠG1　位于ⅠBT2419中部，西北—东南向贯穿ⅠBT2420、ⅠBT2520，直至河岸断崖。开口于ⅠBT2419第7层下。沟北部破坏严重，平面形状不规则，残长约8.3、宽0.4~1.55、深0.74米。沟壁略呈坡状，底凹凸不平。填土分为2层，第2层出土大量陶片以及少量铁器、青铜器小件。可辨陶器器形有鬲、甗、豆、盆等。先秦晚期遗存（图九）。

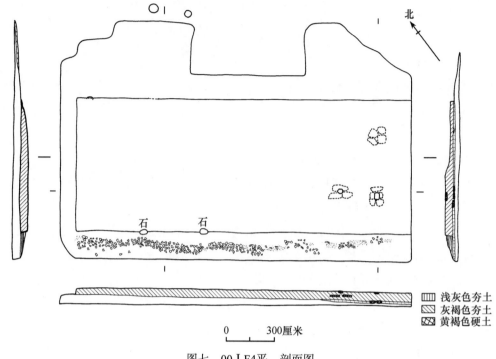

浅灰色夯土
灰褐色夯土
黄褐色硬土

0　　　300厘米

图七　00ⅠF4平、剖面图

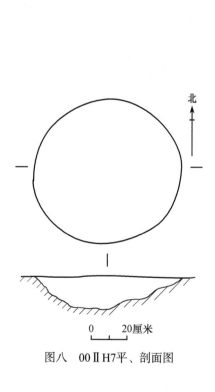

图八　00ⅡH7平、剖面图

0　　　20厘米

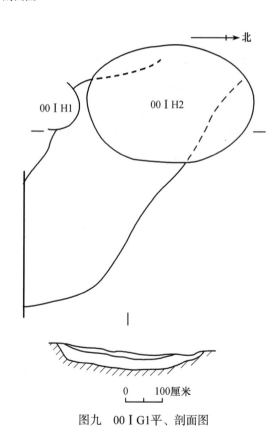

图九　00ⅠG1平、剖面图

0　　　100厘米

4. 窑

Ⅰ区1座已严重破坏，Ⅱ区两座均为"8"字形横穴窑。

00ⅡY1　位于ⅡBT1916东部，开口于第7层下。长3.1、残高0.6米。窑室仅下半部存留，火门部分保存较好，烟道仅存局部。窑室平面近圆形，直径约1.26米。火膛底部长0.9、宽0.4～0.5米。窑室两侧残留高0.4米的土台，应属窑箅支撑柱。窑室壁面红烧土厚约5、局部残留厚0.1～0.3厘米的青灰色烧结面。斜坡式火道。火门位于窑室南侧。操作间长1.24、宽0.5～0.58米。窑内填土呈黑褐色，土质坚硬，火膛底部还保留炭屑灰土。出土陶片较多，可辨器形有大口厚胎花边罐、圜底釜等。先秦早期遗存（图一〇）。

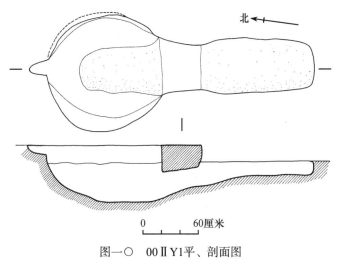

图一〇　00ⅡY1平、剖面图

5. 灶

1个。

00ⅡZ1　位于ⅡBT1716东南部，开口于第6层下。灶口平面近圆形，口径0.74、底径0.42、深0.72米。直壁平底。坑壁局部保留厚1～2厘米的烧结层。填土为灰褐色黏土，土质较硬。上部填土夹杂少量炭块，下部填土夹杂较多红烧土粒。出土少量陶片，可辨器形有圜底釜、尖底器等。先秦早期遗存（图一一）。

三、遗　物

出土遗物大致可以分为先秦早期、先秦晚期、汉六朝、唐宋至明清4个时期。简报主要介绍先秦时期遗物。

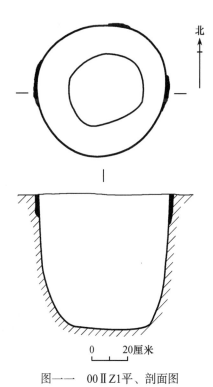

图一一　00ⅡZ1平、剖面图

（一）先秦早期

以陶器为主，有少量石器。

1. 陶器

多泥质陶，夹细砂陶次之，夹粗砂陶略少。陶色多元化，除黑褐陶占比稍小外，红褐陶、黄褐陶、灰褐陶占比接近，色泽不匀现象较为常见。陶器以手制为主。纹饰相对单调，多为绳纹，有少量网格、弦纹、连珠等其他纹样（图一二）。从陶系特征看，这一时期陶器制作技术并不发达，但就居址陶器器类而言，本阶段无疑是各时期中器形最为丰富的时期。可辨器类多样，代表器类有圜底釜、花边釜、大口花边罐[①]、大口深腹罐、盘口壶、小平底罐、尖底杯、尖底盏、尖底罐、盆、直腹缸、圜底钵、敛口罐、灯形器等。圜底器、尖底器、平底器都占有较大比例，圈足器较少，不见三足器。

大口厚胎花边罐　　圜底，大口，唇部压印花边，花边深且形制多样。壁厚一般在1厘米以

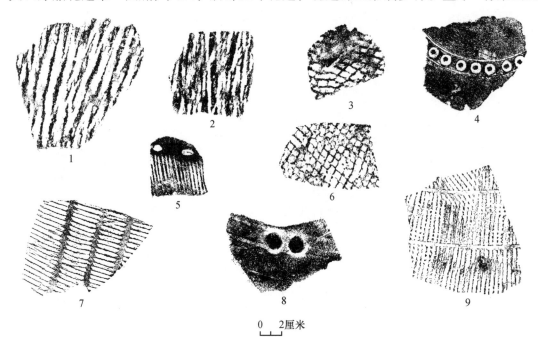

0　　2厘米

图一二　先秦时期常见陶器纹饰

1. 粗绳纹（ⅡBT2914⑦：383）　2. 中绳纹（ⅡBT2914⑦：380）　3、6. 方格纹（ⅡBT2116⑦：12、ⅠBT2015⑧：28）

4. 连珠纹（ⅡBT1714⑦：91）　5. 细绳纹（ⅡBT1714⑧：33）　7. 篮纹（00ⅠH32：2）　8. 乳钉纹（ⅡBT2516⑥：100）

9. 弦断绳纹（ⅠBT2220⑥A：6）

[①]　简报对先秦早期花边器的分类综合考量了体量和陶质、陶色、纹饰等陶系特征。整体上看，部分器类与某些陶系特征存在较强的关联性。如大口厚胎花边罐花边深、胎壁厚，色泽多暖色系（红褐、暖黄褐），器腹多饰粗绳纹。而大口薄胎花边罐陶色多灰褐、姜黄褐，绝大部分都为浅圆窝花边，颈部斜行指抹痕也非常多见，纹饰多细绳纹、网格纹，砂粒分布密度大、器表粗糙，夹砂特征与大口深腹罐接近而与花边釜、圜底釜类略微不同。这表明在某些种类陶器制作中可能存在一定的"范式"。

上，厚者可达2厘米。口径40～50厘米，复原器通高40厘米左右[①]。多为夹粗砂红（黄）褐陶。器表以粗绳纹为主，有的在沿、颈部等距分布圆形穿孔。分为二型。

A型　长沿。分为二式。

Ⅰ式：圆肩。00ⅡY1：5，夹粗砂红褐陶。沿外折，圆窝状花边。腹饰粗绳纹。口径38、残高12.2厘米（图一三，2）。

Ⅱ式：溜肩。00ⅡY1：8，夹粗砂黄褐陶。波状花边。腹饰粗绳纹。口径44、残高17厘米（图一三，5）。

B型　短沿。分为三式。

Ⅰ式：圆肩。00ⅡY1：4，夹细砂灰褐陶。波状花边。颈部有圆形穿孔及戳刺纹，腹饰粗绳纹。口径46、残高11厘米（图一三，1）。

Ⅱ式：溜肩。ⅡBT2716⑧：22，夹粗砂黄褐陶。波状花边。颈部有圆形穿孔，腹饰粗绳纹。口径40、残高11厘米（图一三，4）。

Ⅲ式：溜肩，沿部较Ⅱ式短。ⅡBT2716⑦：2，夹细砂黄褐陶。波状花边。腹饰粗绳纹。口径50、残高19.6厘米（图一三，7）。

大口薄胎花边罐　形态与厚胎者相似，口径35～45厘米。薄胎，壁厚0.5～0.8厘米。以夹砂灰褐陶为主，胎土中砂粒分布密度大，器表粗糙。花边多为浅圆窝状，腹部纹饰以细绳纹、方格纹为主等。分为二型。

A型　领部较高。分二式。

Ⅰ式：侈口。00ⅡH3：16，夹细砂黄褐陶。圆窝状花边。颈部有斜向指抹痕，腹饰细绳纹。口径46、残高7.4厘米（图一三，3）。

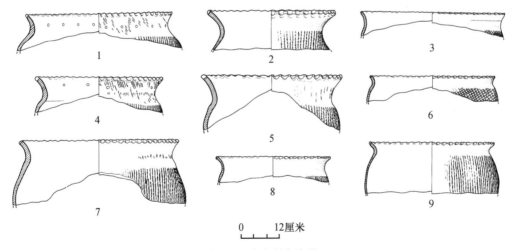

0　　　12厘米

图一三　先秦早期陶器

1. B型Ⅰ式大口厚胎花边罐（00ⅡY1：4）　2. A型Ⅰ式大口厚胎花边罐（00ⅡY1：5）　3. A型Ⅰ式大口薄胎花边罐（00ⅡH3：16）　4. B型Ⅱ式大口厚胎花边罐（ⅡBT2716⑧：22）　5. A型Ⅱ式大口厚胎花边罐（00ⅡYI：8）　6. B型Ⅱ式大口薄胎花边罐（ⅡBT1916⑦：207）　7. B型Ⅲ式大口厚胎花边罐（ⅡBT2716⑦：2）　8. A型Ⅱ式大口薄胎花边罐（ⅡT1916⑦：14）　9. B型Ⅰ式大口薄胎花边罐（00ⅡH6：2）（1～5、8为先秦早期，6、7、9为先秦晚期）

① 大口厚胎花边罐在峡江地区非常多见，但复原器很少。就笔者所见，除李家坝外，忠县瓦渣地、哨棚嘴、中坝等遗址也有少量复原器，口径也多在40厘米左右。

Ⅱ式：敞口。ⅡBT1916⑦：14，夹细砂黄褐陶。圆窝状花边。腹饰细绳纹。口径36、残高7.8厘米（图一三，8）。

B型　矮领。分二式。

Ⅰ式：沿面仰折。00ⅡH6：2，夹粗砂灰褐陶。圆窝状花边。腹饰细绳纹。口径40、残高15.6厘米（图一三，9）。

Ⅱ式：沿面略短。ⅡBT1916⑦：207，夹细砂黄褐陶。圆窝状花边。腹饰网格纹。口径40、残高7.8厘米（图一三，6）。

花边釜　体量较小。口径多在25厘米以下，超过30厘米者较少。分三型。

A型　侈口，鼓腹。分二式。

Ⅰ式：领部略高。00ⅡH4：9，夹细砂红褐陶。卷沿，花边疏浅，颈微束，溜肩。腹饰细绳纹。口径16、残高6厘米（图一四，13）。

Ⅱ式：矮领。ⅡBT2514⑧：7，夹粗砂黑褐陶。侈口，波状花边。腹饰细绳纹。口径32、残高7.5厘米（图一四，14）。

B型　腹弧直。分二式。

Ⅰ式：口微侈。00ⅡH3：8，夹细砂黄褐陶。圆窝状花边，颈微束。腹饰细绳纹。口径22、残高7.8厘米（图一四，15）。

Ⅱ式：侈口。ⅡBT2314⑧：13，夹细砂黄褐陶。圆窝状花边，束颈。腹饰细绳纹。口径14、残高5.8厘米（图一四，11）。

C型　宽沿，斜直腹。ⅡBT2716⑧：72，夹细砂红褐陶。侈口，锯齿状花边。腹饰细绳纹。口径20、残高10.6厘米（图一四，17）。

圜底釜　整体形态与花边釜相同，唯口部没有花边。分为四型。

A型　束颈、圆腹。分二式。

Ⅰ式：高领。ⅡBT2716⑧：31，夹细砂黑褐陶。腹饰细绳纹。口径11.1、残高11厘米（图一四，8）。

Ⅱ式：领部略矮。ⅡBT2314⑧：57，夹细砂灰褐陶。腹饰细绳纹。口径10、残高9.2厘米（图一四，12）。

B型　斜肩，鼓腹。分三式。

Ⅰ式：高领。ⅡBT2716⑧：95，夹细砂灰褐陶。领微束。腹饰细绳纹。口径10、残高6.2（图一四，4）。

Ⅱ式：领部略矮。ⅡBT2114⑧：31，夹细砂红褐陶。束颈。腹饰细绳纹。口径10、残高6厘米（图一四，5）。

Ⅲ式：矮领，颈、肩转折明显。ⅡBT2116⑧：6，夹细砂黑褐陶。口径16、残高6.6厘米（图一四，2）。

C型　颈微束，腹弧直。ⅡBT2914⑧：25，夹细砂黑褐陶。侈口，高领。腹饰中绳纹。口径15.2、残高9厘米（图一四，9）。

D型　垂腹，壁斜直。ⅡBT2314⑨：25，夹粗砂黄褐陶。沿外折。腹饰网格纹。口径24、残高9.2厘米（图一四，18）。

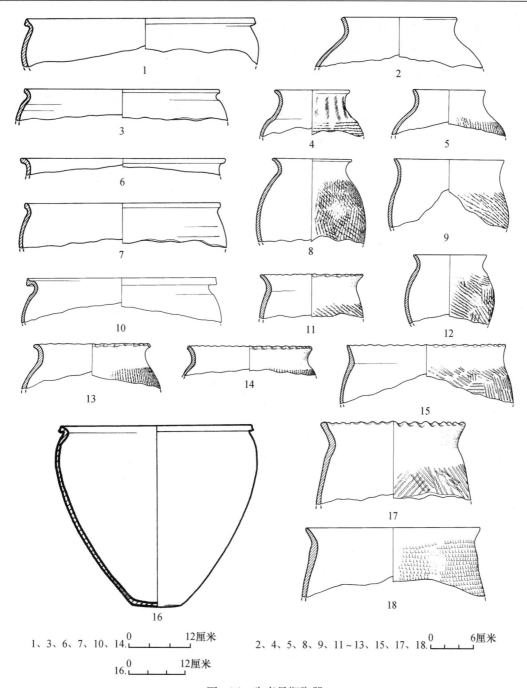

1、3、6、7、10、14. 0————12厘米

2、4、5、8、9、11～13、15、17、18. 0———6厘米

16. 0————12厘米

图一四　先秦早期陶器

1. A型Ⅲ式大口深腹罐（ⅡBT1916⑦：153）　2. B型Ⅲ式圜底釜（ⅡBT2116⑧：6）　3. B型Ⅱ式大口深腹罐（ⅡBT2316⑧：9）

4. B型Ⅰ式圜底釜（ⅡBT2716⑧：95）　5. B型Ⅱ式圜底釜（ⅡBT2114⑧：31）　6. B型Ⅰ式大口深腹罐（ⅡBT0602⑤：13）

7. B型Ⅲ式大口深腹罐（ⅡBT2316⑧：87）　8. A型Ⅰ式圜底釜（ⅡBT2716⑧：31）　9. C型圜底釜（ⅡBT2914⑧：25）

10. A型Ⅰ式大口深腹罐（00ⅡH3：9）　11. B型Ⅱ式花边釜（ⅡBT2314⑧：13）　12. A型Ⅱ式圜底釜（ⅡBT2314⑧：57）

13. A型Ⅰ式花边釜（00ⅡH4：9）　14. A型Ⅱ式花边釜（ⅡBT2514⑧：7）　15. B型Ⅰ式花边釜（00ⅡH3：8）　16. A型Ⅱ式大口深腹罐（00ⅡH1：1）　17. C型花边釜（ⅡBT2716⑧：72）　18. D型圜底釜（ⅡBT2314⑨：25）

大口深腹罐　口径多在40厘米左右，复原器通高38厘米。敛口，窄沿，耸肩，平底，口底径悬殊。多素面。以夹砂黄褐、灰褐陶为主。分为二型。

A型　窄沿，沿折较明显，方唇。分为三式。

Ⅰ式：仰折沿，沿面呈盘口状，圆肩。体量较小。00ⅡH3：9，夹粗砂黄褐陶。束颈。口径32、残高7.4厘米（图一四，10）。

Ⅱ式：折沿，方唇。沿面平整或微内凹。圆肩。00ⅡH1：1，夹细砂黄褐陶。斜腹，平底微凸。口径42、肩径44.2、底径11、通高38厘米（图一四，16）。

Ⅲ式：折沿，方唇，溜肩。ⅡBT1916⑦：153，夹粗砂灰褐陶。口径46、残高9厘米（图一四，1）。

B型　卷沿，圆唇。分三式。

Ⅰ式：沿面略平。ⅡBT0602⑤：13，夹细砂灰褐陶。口径40、残高3.2厘米（图一四，6）。

Ⅱ式：束颈，圆肩。ⅡBT2316⑧：9，夹粗砂灰褐陶。口径38、残高6厘米（图一四，3）。

Ⅲ式：沿面陡直，溜肩。ⅡBT2316⑧：87，夹粗砂灰褐陶。口径38、残高8.4厘米（图一四，7）。

盘口壶　无复原器。盘口、束颈。分为三式。

Ⅰ式：深盘口，颈部曲度较小。ⅡBT0703⑤：1，夹细砂灰陶。口径17、残高4厘米（图一五，1）。

Ⅱ式：深盘口，颈部曲度大。ⅡBT1716⑧：20，泥质红褐陶。口径14、残高5.4厘米（图一五，5）。

Ⅲ式：浅盘口。ⅡBT2114⑧：27，泥质红褐陶。口径16、残高7厘米（图一五，11）。ⅡBT1716⑥：65，泥质灰陶。口径15、残高5.8厘米（图一五，7）。

尖底罐　尖底器中数量最多。分为二型。

A型　直腹。少有复原器，器底数量较多。分二式。

Ⅰ式：深腹。ⅡBT2516⑥：91，夹细砂灰褐陶。口微侈。口径12、残高9.6厘米（图一五，4）。ⅡBT2314⑨：56，泥质黑褐陶。口微侈。口径14、残高6.6厘米（图一五，14）。

Ⅱ式：浅腹。ⅡBT2516⑥：92，夹细砂灰褐陶。口径14、残高4.6厘米（图一五，10）。

B型　束颈，圆腹。分三式。

Ⅰ式：颈微束，器体宽扁。00ⅡG2：10，夹细砂灰褐陶。口径12.2、残高5.6厘米（图一五，13）。

Ⅱ式：颈微束，器体略高。ⅡBT2316⑧：1，泥质灰褐陶。口径12.2、残高9.2厘米（图一五，3）。

Ⅲ式：束颈，器高、宽接近。ⅡBT2516⑥：5，泥质黄褐陶。口径11.2、通高10.8厘米（图一五，9）。

尖底杯　复原器少，多底部。00ⅡH3：4，泥质黄褐陶。口近直，截尖底。口径8.8、底径1.4、通高14.2厘米（图一五，19）。ⅡBT2314⑨：77，泥质黄褐陶。口微侈，截尖底。口径

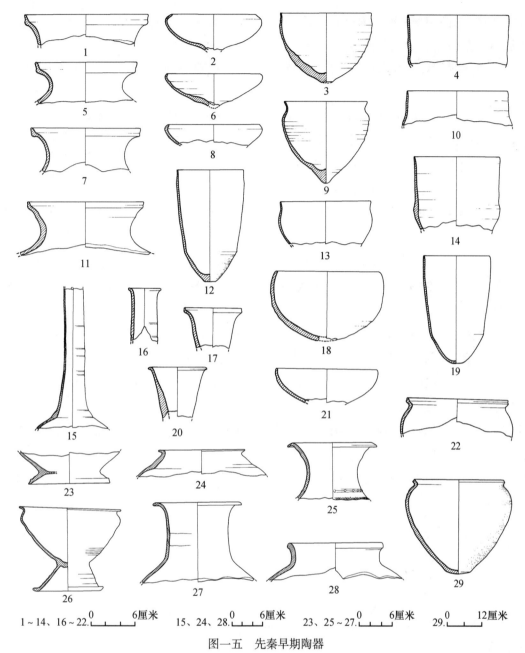

图一五　先秦早期陶器

1. Ⅰ式盘口壶（ⅠBT0703⑤：1）　2. Ⅰ式尖底盏（00ⅡY1：31）　3. B型Ⅱ式尖底罐（ⅡBT2316⑧：1）　4、14. A型Ⅰ式尖底罐
（ⅡBT2516⑥：91、ⅡBT2314⑨：56）　5. Ⅱ式盘口壶（ⅡBT1716⑧：20）　6、8. Ⅱ式尖底盏（00ⅡY1：46、ⅡBT2914⑧：216）
7、11. Ⅲ式盘口壶（ⅡBT1716⑥：65、ⅡBT2114⑧：27）　9. B型Ⅲ式尖底罐（ⅡBT2516⑥：5）　10. A型Ⅱ式尖底罐
（ⅡBT2516⑥：92）　12、19. 尖底杯（ⅡBT2314⑨：77、00ⅡH3：4）　13. B型Ⅰ式尖底罐（00ⅡG2：10）　15. 灯形器柄
（00ⅡH3：7）　16. Ⅲ式灯形器（ⅡBT2116⑧：93）　17. Ⅰ式灯形器（ⅡBT2316⑧：119）　18. A型圈底钵（00ⅡY1：65）
20. Ⅱ式灯形器（ⅡBT2516⑦：81）　21. B型圈底钵（ⅡBT2314⑧：212）　22、29. 小平底罐（ⅡBT2114⑧：206、
00ⅡH3：32）　23. B型圈足罐（ⅡBT1716⑥：91）　24. B型瓮（ⅡBT2514⑧：13）　25、27. 高领罐（ⅡBTI514⑧：1、
ⅡBT1114⑧：2）　26. A型圈足罐（ⅡBT2314⑦：141）　28. A型瓮（ⅡBT1916⑦：169）

8.8、底径1.6、通高14.8厘米（图一五，12）。

尖底盏　数量较多。分二式。

Ⅰ式：盏肩圆厚。00ⅡY1：31，泥质黄褐陶。底微残。口径11.2、残高4.8厘米（图一五，2）。

Ⅱ式：盏肩瘦窄。00ⅡY1：46，泥质黄褐陶。底微残。口径12.6、残高4.2厘米（图一五，6）。ⅡBT2914⑧：216，夹细砂黄褐陶。口径17.4、残高2.6厘米（图一五，8）。

盆　以素面为主，或有弦纹等简单纹饰。分为二型。

A型　窄沿，直腹。少量上腹部附两扁鋬。分二式。

Ⅰ式：卷沿。00ⅡH3：10，夹粗砂黄褐陶。腹饰凹弦纹一周。口径42、残高11厘米（图一六，1）。

Ⅱ式：平折沿。00ⅡY1：105，泥质黄褐陶。侈口，圆方唇。口径29、残高3.6厘米（图一六，6）。ⅡBT1916⑦：224，泥质灰褐陶。侈口，斜直腹。口径40、残高4.7厘米（图一六，2）。

B型　曲腹。分二亚型。

Ba型　束颈，深腹。分二式。

Ⅰ式：耸肩。ⅡBT2516⑦：31，泥质黄褐陶。肩饰凹弦纹一周。口径40.8、残高6.8厘米（图一六，7）。

Ⅱ式：溜肩。ⅡBT2116⑧：70，夹细砂灰褐陶。腹饰凹弦纹。口径28、残高6厘米（图一六，3）。

Bb型　无肩，浅腹。ⅡBT2516⑥：73，泥质灰褐陶。卷沿。腹饰凹弦纹。口径22.8、残高4.8厘米（图一六，8）。

直腹缸　分二型。

A型　厚方唇。口微敛或弇口。素面。ⅡBT2716⑧：54，夹细砂黄褐陶。口径34、残高10.6厘米（图一六，4）。ⅡBT2716⑧：75，夹细砂红褐陶。口径34、残高7.3厘米（图一六，5）。

B型　薄唇，敛口，腹饰绳纹。ⅡBT2716⑧：93，夹细砂黄褐陶。腹饰粗绳纹。口径28、残高6.6厘米（图一六，11）。

灯形器　多见高柄，无复原器。分三式。

Ⅰ式：盘口。ⅡBT2316⑧：119，夹细砂灰陶。口径8、残高5.8厘米（图一五，17）。

Ⅱ式：侈口。ⅡBT2516⑦：81，夹细砂灰陶。口径8、残高6.8厘米（图一五，20）。

Ⅲ式：口近直。ⅡBT2116⑧：93，泥质灰褐陶。杯口下部有长条形镂孔，饰凹弦纹两周。口径4.4、柄径3.6、残高7厘米（图一五，16）。

灯形器柄　00ⅡH3：7，夹细砂黄褐陶。柄部饰有多周凹弦纹，上部有圆形穿孔，座部呈覆钵状。柄径4、残高26.2厘米（图一五，15）。

圜底钵　分二型。

A型　深腹。00ⅡY1：65，夹细砂红褐陶。敛口，圆唇。口径13.6、残高9.2厘米（图一五，18）。

B型　浅腹。ⅡBT2314⑧：212，夹细砂红褐陶。口微敛，圆唇。口径14、残高4.6厘米（图一五，21）。

高领罐　数量较少。ⅡBT1514⑧：1，泥质黄褐陶。喇叭口，平沿外斜。颈部有附加堆纹一周，肩饰细绳纹。口径32.8、残高20.4厘米（图一五，25）。ⅡBT1114⑧：2，泥质黄褐陶。喇叭口，沿外卷，斜肩。口径16、残高14、壁厚0.5厘米（图一五，27）。

小平底罐　数量较多。00ⅡH3：32，夹粗砂红褐陶。折沿，圆肩，小平底微凸。口径24.8、腹径29.4、底径7、通高24.8厘米（图一五，29）。ⅡBT2114⑧：206，夹粗砂黄褐陶。仰折沿，溜肩。口径14、残高5厘米（图一五，22）。

圈足罐　分二型。

A型　高圈足。ⅡBT2314⑦：141，泥质黄褐陶。烧流变形。束颈，耸肩，圈足外撇。口径16.8～20、底径11.6、通高14.6厘米（图一五，26）。

B型　矮圈足。ⅡBT1716⑥：91，夹细砂黑褐陶。器底略平，足壁外撇。足径14.8、残高5.6厘米（图一五，23）。

瓮　数量较少，分二型。

A型　小口，矮领，广肩。ⅡBT1916⑦：169，夹细砂灰褐陶。口微侈，圆唇。口径19、残高7厘米（图一五，28）。

B型　敛口，斜肩。ⅡBT2514⑧：13，夹细砂黄褐陶。窄平沿，尖唇。肩饰凹弦纹一周。口径17、残高5厘米（图一五，24）。

器盖　ⅡBT1716⑥：86，夹细砂灰褐陶。盖面微隆，喇叭状细长纽。口径10.6、纽径2.8、通高4.8厘米（图一六，9）。00ⅡH3：3，泥质黄褐陶。盖口部陡直，小圈足状捉手。器

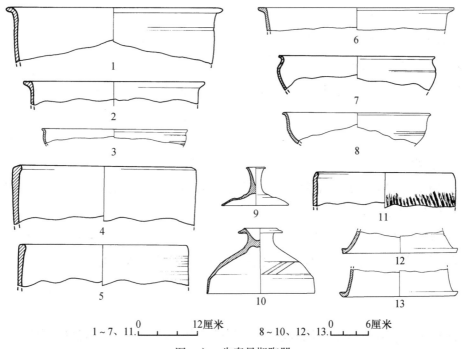

图一六　先秦早期陶器

1. A型Ⅰ式盆（00ⅡH3：10）　　2、6. A型Ⅱ式盆（ⅡBT1916⑦：224、00ⅡY1：105）　3. Ba型Ⅱ式盆（ⅡBT2116⑧：70）
4、5. A型直腹缸（ⅡBT2716⑧：54、ⅡBT2716⑧：75）　7. Ba型Ⅰ式盆（ⅡBT2516⑦：31）　8. Bb型盆（ⅡBT2516⑥：73）
9、10. 器盖（ⅡBT1716⑥：86、00ⅡH3：3）　11. B型直腹缸（ⅡBT2716⑧：93）　12、13. 器座（00ⅡY1：39、ⅡBT0612⑤：1）

表饰凹弦纹两周，弦纹间有三组斜向刻划纹。口径17、通高9.8厘米（图一六，10）。

器座　数量较多，形制多样。00ⅡY1：39，夹细砂灰褐陶。斜直壁。底径18、残高4.2厘米（图一六，12）。ⅡBT0612⑤：1，夹细砂灰褐陶。斜直壁。底径18、残高3.4厘米（图一六，13）。

除上述器类外，还有厚胎圈底杯、羊角杯等其他器形，单体数量均较少。

2. 石器

数量较少，以磨制石器为主。

斧　数量最多。ⅡBT0712⑥：1，磨制，顶部保留自然面。通长6.5、宽5.3、厚2.2厘米（图一七，2）。ⅡBT0613⑤：1，磨制，顶部保留自然面。长7.8、刃宽约5.7、厚2厘米（图一七，1）。

凿　00ⅡH3：1，磨制。单面刃，上部残。残长6.9、宽3.3、厚2.8厘米（图一七，3）。

刀　ⅡBT0814⑤：1，磨制。平面呈梯形，直刃。长10.6、宽3.6、厚0.35厘米（图一七，8）。

（二）先秦晚期

遗物以陶器为主，有少量青铜器、铁器和石器。

1. 铁器

数量较少，有斧、锸、削等。

斧　ⅠBT2219⑥：2，长方形銎，刃残。残长8.6、宽4.8厘米（图一七，4）。

锸　00ⅠG1：200，长9.1、刃宽8.3厘米（图一七，11）。

削　ⅠBT2215⑧：13，直刃，弧背。残长12.5、宽4.7、厚约1.1厘米（图一七，10）。

2. 青铜器

均为小件器物。

带钩　00ⅠG1：201，钩体扁薄，饰勾云纹。残长4.9厘米（图一七，6）。00ⅠH44：1，残长2.9厘米（图一七，5）。

镞　ⅠBT2014⑥：7，三翼刃，铤截面呈三角形。通长6.9厘米（图一七，9）。ⅠBT1813⑦：2，两翼，菱形脊，叶部有血槽。残长6.4厘米（图一七，7）。

3. 陶器

这一时期居址陶器的制作有了明显进步。轮制陶器成为主流，器形规整，同类器物造型一致性较高。烧制火候高，胎土不易剥离。泥质陶占比近半，夹细砂陶次之，夹粗砂陶略少。陶色早晚有别，早段红褐陶占比最高，灰褐陶、黄褐陶次之，晚段以灰褐、黄褐为多，红褐陶占比明显减少。其他如黑褐陶、黑皮陶等数量较少。纹饰以绳纹为主，凹弦纹比较多见，有少量篮纹、网

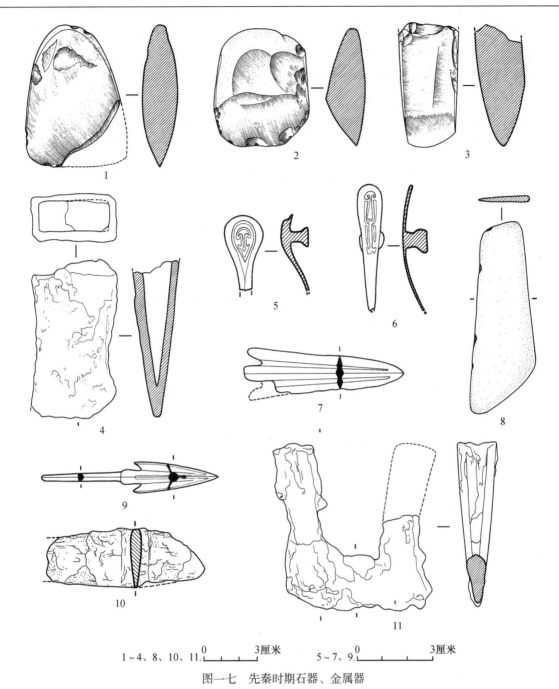

图一七　先秦时期石器、金属器

1、2. 石斧（ⅡBT0613⑤：1、ⅡBT0712⑥：1）　3. 石凿（00ⅡH3：1）　4. 铁斧（ⅠBT2219⑥：2）

5、6. 铜带钩（00ⅡH44：1、00ⅠG1：201）　7、9. 铜镞（ⅠBT1813⑦：2、ⅠBT2014⑥：7）　8. 石刀（ⅡBT0814⑤：1）

10. 铁削（ⅠBT2215⑧：13）　11. 铁锸（00ⅠG1：200）

格纹等其他纹饰。可辨器类相对简单，以圜底釜、鬲、甗、豆、盆、小口圆腹罐、瓮为多，其他器类数量较少，如鼎、盂以及尖底杯、大口深腹罐、盘口壶等先秦早期遗留器形①。

　　鬲（甗）　数量多。分三型。

① 对于先秦晚期单位中出土的先秦早期形态器物可以做不同的解读，或视为早期遗物被扰乱进晚期单位中，或视为早期文化对晚期的影响。从陶系以及形态特征观察，本阶段圜底釜、花边釜较之于早期有较大的变化，而部分器形却难以区分，对这类器物的属性应谨慎认定。

A型　大口、颈肩分明。分二亚型。

Aa型　鼓肩。分三式。

Ⅰ式：高领。00ⅠG1∶54，泥质红褐陶。侈口，平折沿，斜方唇。腹饰纵粗绳纹。口径27.6、残高11.2厘米（图一八，6）。

Ⅱ式：领略矮。00ⅠG7∶25，泥质红褐陶。侈口，平折沿。腹饰粗绳纹。口径36、残高6厘米（图一八，3）。

Ⅲ式：矮领。ⅠBT1511⑦∶12，泥质红褐陶。口微敛，平折沿。腹饰中绳纹。口径36.4、残高5.8厘米（图一八，1）。

Ab型　小圆肩。分二式。

Ⅰ式：高领。00ⅠG1∶58，泥质红褐陶。侈口，平折沿。腹饰粗绳纹。口径28、残高6.8厘米（图一八，5）。

Ⅱ式：领略矮。ⅠBT1511⑦∶9，泥质黑褐陶。卷沿，方唇微凹。腹饰中绳纹。口径32、残高5.7厘米（图一八，4）。ⅠBT2014⑥∶88，泥质黄褐陶。侈口，平折沿，方唇。腹饰中绳纹。口径30、残高5.9厘米（图一八，2）。

B型　大口，溜肩。00ⅠG1∶425，泥质红褐陶。侈口，平折沿。腹饰粗绳纹。口径40、残高6.8厘米（图一八，9）。ⅠBT2014⑥∶83，泥质灰褐陶。直口，平折沿。腹饰中绳纹。口径29.6、残高7.4厘米（图一八，7）。

C型　小口，斜肩，鼓腹。00ⅠG1∶411，泥质红褐陶。侈口，平折沿，矮领。腹饰中绳纹。口径23、残高7厘米（图一八，8）。

鬲（甗）足　数量较多，分尖锥足和柱足两种，前者为多。

尖锥足　ⅠBT2014⑥∶43，夹粗砂红褐陶。扁锥状足，足体饰细绳纹。残高11厘米（图一八，17）。

柱足　00ⅠG1∶240，夹粗砂黄褐陶。圆柱状，平跟饰绳纹，足身饰中绳纹。残高19厘米（图一八，19）。

甗腰　数量较少。00ⅠG7∶201，泥质黄褐陶。腹饰中绳纹，甑部套入鬲部黏接而成。腰径12、残高6.2厘米（图一八，11）。

盆　形态较多，可分为深腹盆、浅腹盆两类。

深腹盆　分二型。

A型　鼓肩，肩颈分明。分二式。

Ⅰ式：高领。00ⅠG1∶23，泥质红褐陶。侈口，平折沿。腹饰中绳纹。口径31.6、残高11.2厘米（图一八，10）。

Ⅱ式：领略矮。ⅠBT2219⑦B∶5，夹细砂灰陶。口微侈，平折沿略内斜。腹饰中绳纹。口径32.2、腹径38.2、残高26.7厘米（图一八，13）。

B型　溜肩。分三式。

Ⅰ式：侈口，领较高。00ⅠG1∶29，夹细砂灰陶。侈口，平折沿略内斜。肩部有三道凸棱，腹饰中绳纹。口径35.6、残高13厘米（图一八，14）。

Ⅱ式：侈口，领部较短。00ⅠG7∶52，夹细砂黑皮陶。侈口，平折沿，方唇。腹饰粗绳

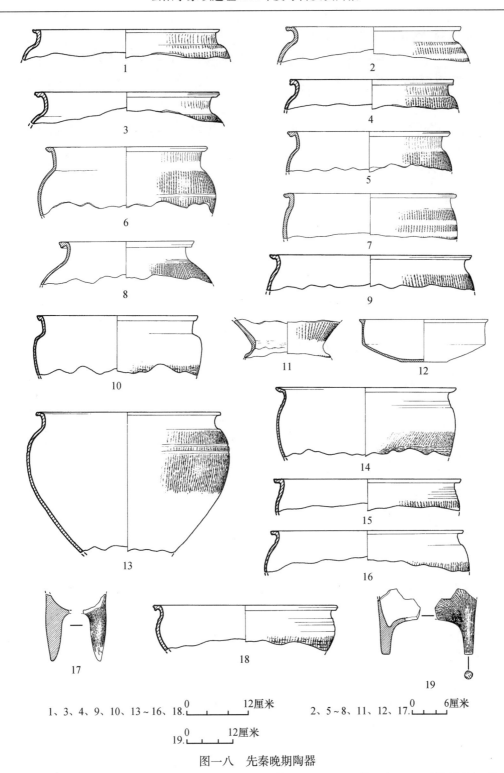

图一八　先秦晚期陶器

1. Aa型Ⅲ式鬲（ⅠBT1511⑦：12）　2、4. Ab型Ⅱ式鬲（ⅠBT2014⑥：88、ⅠBT1511⑦：9）　3. Aa型Ⅱ式鬲（00ⅠG7：25）

5. Ab型Ⅰ式鬲（00ⅠG1：58）　6. Aa型Ⅰ式鬲（00ⅠG1：54）　7、9. B型鬲（ⅠBT2014⑥：83、00ⅠG1：425）

8. C型鬲（00ⅠG1：411）　10. A型Ⅰ式深腹盆（00ⅠG1：23）　11. 甗腰（00ⅠG7：201）　12. B型浅腹盆（ⅠBT2219⑦B：1）

13. A型Ⅱ式深腹盆（ⅠBT2219⑦B：5）　14. B型Ⅰ式深腹盆（00ⅠG1：29）　15. B型Ⅲ式深腹盆（ⅠBT1511⑦：4）

16. B型Ⅱ式深腹盆（00ⅠG7：52）　17、19. 鬲（甗）足（ⅠBT2014⑥：43、00ⅠG1：240）　18. A型浅腹盆（00ⅠG7：43）

纹。口径38、残高7.6厘米（图一八，16）。

　　Ⅲ式：敛口，沿面宽扁。ⅠBT1511⑦：4，泥质灰陶。口微敛，平折沿。腹饰中绳纹。口径36.8、残高6厘米（图一八，15）。

　　浅腹盆　分二型。

　　A型　束颈，圜底。00ⅠG7：43，泥质黑皮陶。侈口，平折沿。腹饰中绳纹。口径36、残高8.6厘米（图一八，18）。

　　B型　折腹，平底。ⅠBT2219⑦B：1，泥质红褐陶。敛口，平折沿，尖唇，小平底。口径19.9、底径8、通高7厘米（图一八，12）。

　　豆　数量很多。可以分为矮柄、中柄、高柄三种。矮柄豆数量最多，高柄豆较少。

　　A型　矮柄豆。柄高多在6厘米以下。分二式。

　　Ⅰ式：豆盘较深，豆座底部无明显转折。00ⅠG1：221，泥质灰褐陶。口径15.2、底径9、通高10.2（图一九，16）。00ⅠG1：215，夹细砂黑褐陶。口径14.4、底径8.9、通高11.6厘米（图一九，14）。

　　Ⅱ式：豆座底部呈阶状（直立或内斜），00ⅠG10：4，泥质灰褐陶。底径10、残高6厘米（图一九，18）。

　　B型　中柄豆。柄高8～10厘米。00ⅠG1：195，泥质灰陶。底径7.6、残高10.5厘米（图一九，17）。

　　C型　高柄豆。数量很少，柄高多在12厘米以上。ⅠBT2219⑦B：14，泥质灰褐陶。浅盘，敛口。盘底饰螺旋状暗纹。口径14.2、残高17.2厘米（图一九，15）。

　　瓮　数量较多。分二型。

　　A型　圆肩。分二亚型。

　　Aa型　窄沿，矮领。00ⅠG1：286，夹细砂黑褐陶。侈口，平折沿，方唇。腹饰粗绳纹。口径31.6、残高16厘米（图一九，12）。

　　Ab型　直口，厚圆尖唇。00ⅠG1：57，泥质黑皮陶。溜肩。腹饰方格纹。口径33.6、残高16.4厘米（图一九，13）。

　　B型　形体较小，小口广肩。00ⅠG1：1，泥质黄褐陶。侈口，厚扁圆唇。口径22、残高4.2厘米（图一九，5）。

　　小口圆腹罐　分二式。

　　Ⅰ式：领较高。00ⅠG1：292，泥质灰陶。平折沿，方唇，凹底。腹饰中绳纹。口径16.2、通高24.9厘米（图一九，10）。

　　Ⅱ式：领较矮。00ⅠG7：78，泥质红褐陶。口微侈，平折沿，圆肩。腹饰细绳纹。口径14、残高5.4厘米（图一九，6）。

　　圜底釜　数量较多。分三型。

　　A型　小口，束颈。分二亚型。

　　Aa型　圆腹。分二式。

　　Ⅰ式：领略高。00ⅠG1：295，夹粗砂红褐陶。卷沿。腹饰中绳纹。口径16.8、通高19.7厘米（图一九，11）。

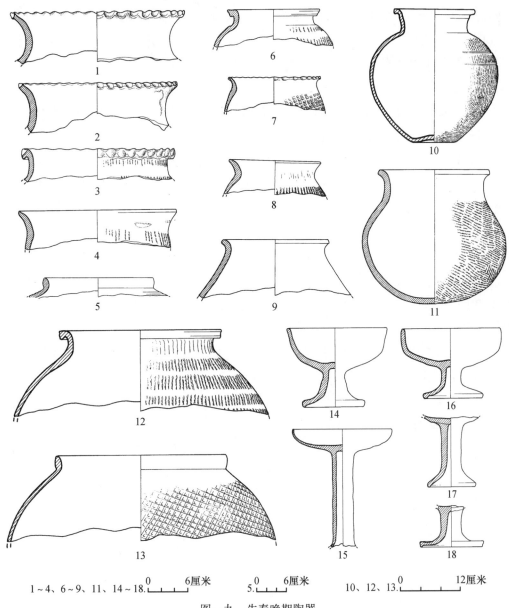

图一九　先秦晚期陶器

1、2.A型Ⅱ式花边釜（00ⅠH46：1、00ⅠG7：23）　3.A型Ⅰ式花边釜（00ⅠG1：80）　4.B型圜底釜（00ⅠG1：83）

5.B型瓮（00ⅠG1：1）　6.Ⅱ式小口圆腹罐（00ⅠG7：78）　7.B型花边釜（00ⅠG1：119）　8.Aa型Ⅱ式圜底釜（ⅠBT2219⑥：111）

9.C型圜底釜（ⅠBT1511⑦：5）　10.Ⅰ式小口圆腹罐（00ⅠG1：292）　11.Aa型Ⅰ式圜底釜（00ⅠG1：295）

12.Aa型瓮（00ⅠG1：286）　13.Ab型瓮（00ⅠG1：57）　14、16.A型Ⅰ式豆（00ⅠG1：215、00ⅠG1：221）

15.C型豆（ⅠBT2219⑦B：14）　17.B型豆（00ⅠG1：195）　18.A型Ⅱ式豆（00ⅠG10：4）

　　Ⅱ式：矮领。ⅠBT2219⑥：111，夹粗砂红褐陶。卷沿。腹饰细绳纹。口径14、残高5厘米（图一九，8）。

　　Ab型　鼓腹。ⅠBT2014⑥：30，泥质灰陶。侈口，圆唇。腹饰方格纹。口径17.4、残高13.4厘米（图二○，2）。

　　B型　大口，直腹。00ⅠG1：83，夹细砂灰褐陶。侈口，沿面较长。腹饰细绳纹。口径24、残高5.6厘米（图一九，4）。

C型　束颈，斜肩，垂腹。ⅠBT1511⑦：5，泥质灰褐陶。卷沿，圆唇。口径16.4、残高8.6厘米（图一九，9）。

花边釜　数量不多。分二型。

A型　矮领、圆肩，鼓腹。分二式。

Ⅰ式：领较矮。00ⅠG1：80，泥质红褐陶。口微侈，方唇，唇面压印深圆窝状花边。腹饰粗绳纹。口径23.2、残高4.8厘米（图一九，3）。

Ⅱ式：领较高。00ⅠG7：23，夹粗砂红褐陶。侈口，尖圆唇压印圆窝状花边。口径24、残高7.4厘米（图一九，2）。00ⅠH46：1，夹粗砂红褐陶。敞口，圆唇压印锯齿状花边。口径26.4、残高7.6厘米（图一九，1）。

B型　溜肩，弧腹。00ⅠG1：119，夹粗砂灰褐陶。侈口，圆唇压印圆窝状花边。腹饰方格纹。口径14、残高5厘米（图一九，7）。

除上述数量较多的器类外，还有平底钵、鼎、盂、大口罐以及尖底器、大口深腹罐等。

钵　00ⅠG1：16，泥质黄褐陶。敛口，圆唇，深腹。腹饰细凹弦纹六道。口径14、残高6.1厘米（图二〇，8）。

鼎　00ⅠG1：297，泥质红褐陶。子母口，平方唇，长方形附耳。腹饰凹弦纹一周。口径18.4、残高9厘米（图二〇，4）。

盂　00ⅠG1：506，泥质灰褐陶。卷沿，颈微束，溜肩，腹斜收，平底微凹。口径18.4、底径8.8、通高8.1厘米（图二〇，3）。

大口深腹罐　00ⅠG1：87，夹粗砂黑褐陶。仰折沿。口径38、残高9.2厘米（图

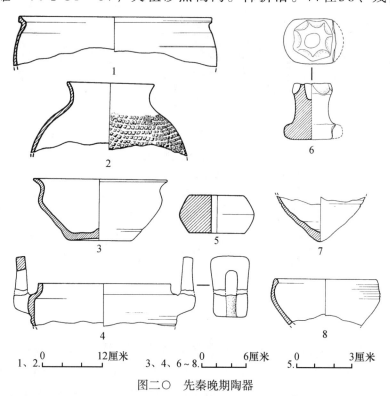

图二〇　先秦晚期陶器

1.大口深腹罐（00ⅠG1：87）　2.Ab型圜底釜（ⅠBT2014⑥：30）　3.盂（00ⅠG1：506）　4.鼎（00ⅠG1：297）
5.纺轮（00ⅠF4：15）　6.垫（ⅠBT1712⑦：3）　7.尖底器（00ⅠG1：169）　8.钵（00ⅠG1：16）

二〇，1）。

尖底器　00ⅠG1：169，泥质灰褐陶。腹饰凹弦纹。残高6厘米（图二〇，7）。

垫　ⅠBT1712⑦：3，夹粗砂红褐陶。椭圆形拍面略残，柱状柄。直径6~8、通高7.4厘米（图二〇，6）。

纺轮　00ⅠF4：15，夹细砂灰褐陶。算珠状，中部有圆穿。腰径4、通高2、穿孔直径0.6厘米（图二〇，5）。

四、结　语

李家坝遗址在三峡库区考古中占有重要地位，1998年度的发掘更是获评当年十大考古新发现。2000年度以后，随着发掘面积大大增加，李家坝遗址文化遗存的面貌得到更为完整的揭示。本年度发掘的收获主要体现在以下几个方面。

1）清楚揭示了渝东峡江地区西周中晚期至春秋早中期考古学文化的面貌。

尽管"瓦渣地文化"已提出多年①，但渝东峡江地区西周中晚期至春秋早中期遗存的面貌实际并不清晰。与忠县瓦渣地②、哨棚嘴③、中坝④，丰都石地坝⑤等遗址相比，李家坝遗址2000年度先秦早期遗存属性较为单纯，这对厘清瓦渣地文化与石地坝文化的关系有着重要意义。本年度先秦早期遗存可以分为两段，早段以ⅡBT0612第5层、00ⅡH3、00ⅡH4等单位为代表，晚段以ⅡBT2314第8层、00ⅡY1等为代表。早段遗存发现较少，以圜底器、尖底器为核心的器群组合显示出其与石地坝文化的密切联系，不过盘口壶、大口薄胎花边罐、大口深腹罐等少见于石地坝文化的器物成为核心器类，小平底罐、灯形器已至其尾声，尖底器群又有新的发展则表明新的文化已经产生。至晚段时，以圜底釜、大口（厚胎、薄胎）花边罐、大口深腹罐、盘口壶、尖底罐、曲腹盆、直腹缸等为核心的器群组合标志着瓦渣地文化的特征已经完全确立。继承之中又有发展，充分体现了巴蜀文化区"文化精进"⑥的传承模式。

从年代上看，早段遗存应晚于石地坝文化，上限为西周中期或略晚。晚段遗存核心年代当为春秋早中期。

---

① "瓦渣地文化"是孙华先生在《四川盆地青铜时代》中提出。从发表的资料看，瓦渣地遗址器群组合比较简单，可能与其性质有关。

② 北京大学考古学系三峡考古队、忠县文物保护管理所：《忠县瓦渣地遗址发掘简报》，《重庆库区考古报告集·1998卷》，科学出版社，2003年。

③ 北京大学考古文博院三峡考古队、重庆市三峡库区田野考古培训班、忠县文物管理所：《忠县瓷井沟遗址群哨棚嘴遗址发掘简报》，《重庆库区考古报告集·1997卷》，科学出版社，2001年；北京大学考古学研究中心、北京大学考古文博学院三峡考古队、重庆市忠县文物管理所：《忠县哨棚嘴遗址发掘报告》，《重庆库区考古报告集·1999卷》，科学出版社，2006年。

④ 四川省文物考古研究所、北京大学考古文博学院、美国UCLA大学、重庆市文物局、忠县文物保护管理所：《忠县中坝遗址1999年度发掘简报》，《重庆库区考古报告集·2000卷》，科学出版社，2007年。

⑤ 重庆市文物考古所、丰都县文物管理所：《丰都石地坝遗址商周时期遗存发掘报告》，《重庆库区考古报告集·1999卷》，科学出版社，2006年。

⑥ 文化精进模式由孙华先生提出，这一模式准确地概括出巴蜀文化区先秦时期考古学文化的发展特点。

2）使得李家坝文化[①]的整体面貌及遗址的文化发展脉络更加清晰。

本年度在Ⅰ区的发掘区是遗址春秋晚期、战国早期遗存分布的核心区域，00ⅠG1、00ⅠG7等典型单位的文化面貌表明，李家坝文化与遗址先秦早期遗存（哨棚嘴文化）之间不是直接承继关系，也非"文化精进"，而是发生了比较剧烈的变革。从居址遗存面貌看，李家坝文化与巫山蓝家寨[②]、秭归庙坪[③]、官庄坪[④]等同期遗存基本可以纳入同一体系，但其墓葬遗存却显非如此。尽管楚文化对李家坝文化丧葬体系影响甚大，但在随葬品体系中，楚文化因素始终不是决定性因素[⑤]。随葬陶器制作质量明显低于居址陶器，常见的随葬陶器除豆等少量器类外，或少见于居址中，或形态区别明显，这都表明李家坝文化存在丧葬用器与日用陶器两套系统。整体上看，李家坝文化的墓葬体系与涪陵小田溪[⑥]、四川宣汉罗家坝[⑦]等同期遗存联系更为紧密。不过在忠县以西地区难觅陶鬲、三足甗的现象却又表明李家坝文化与罗家坝、小田溪等同期遗存居址陶器系统应当存在明显差异。春战时期峡江地区考古学文化的复杂性与楚文化的影响固然密切相关，但其深层次背景却是西周中晚期以降鄂西、渝东峡江地区人群的复杂性[⑧]及这一区域的"国家化进程"[⑨]。

3）推进峡江地区社会发展进程的研究。

尽管破坏严重，00ⅠF4仍然不失为峡江地区先秦时期高等级建筑的代表。复杂的构建方式、独特的建筑形式以及所处地理位置[⑩]都表明其特殊的地位，也说明早在战国时期李家坝遗址可能已经具备了行政性功能[⑪]。而以云阳旧县坪、李家坝，开县余家坝遗址为核心构成的小江流域春秋战国时期聚落群在峡江社会体系的研究中无疑具有极其特殊的学术价值。

---

① 简报所用的"李家坝文化"仅涵括遗址春秋晚期至汉初的文化遗存。

② 重庆市博物馆、湖南益阳市文物工作队、重庆巫山县文物管理所：《巫山蓝家寨遗址发掘报告》，《重庆库区考古报告集·1998卷》，科学出版社，2003年；重庆市文化局、重庆市博物馆、湖南省益阳市文物考古队、重庆巫山县文物管理所：《巫山蓝家寨遗址发掘报告》，《重庆库区考古报告集·1999卷》，科学出版社，2006年；重庆市文物考古所、湖南益阳市文物考古队、重庆市文物局、巫山县文物管理所：《巫山蓝家寨遗址发掘报告》，《重庆库区考古报告集·2000卷》，科学出版社，2007年。

③ 湖北省文物事业管理局、湖北省三峡工程移民局：《秭归庙坪》，科学出版社，2002年。

④ 国务院三峡工程建设委员会办公室、国家文物局：《秭归官庄坪》，科学出版社，2005年。

⑤ 在1997～1999三个年度的李家坝遗址发掘简报中，罗二虎、黄伟两位先生对李家坝墓地的属性多有论述，简报认同他们对墓地属性的基本认定，在此不再赘述。

⑥ 四川省文物考古研究所、涪陵地区博物馆、涪陵市文物管理所：《涪陵市小田溪9号墓发掘简报》，《四川考古报告集》，文物出版社，1998年；重庆市文物考古研究所、重庆市文物局：《涪陵小田溪墓群发掘简报》，《重庆库区考古报告集·2002卷》，科学出版社，2010年。

⑦ 四川省文物考古研究所、达州地区文物管理所、宣汉县文物管理所：《四川宣汉罗家坝遗址2003年发掘简报》，《文物》2004年第9期。

⑧ "人群的复杂性"并不仅仅只是单纯的族属问题，它与国家关系、社会管理体系、商品生产、贸易流通等方面都有密切关联。从这个角度看，单纯依靠墓地去解读区域的社会体系会有极大的片面性。

⑨ 所谓"国家化进程"在此是指地方社会管理体系的发展进程。

⑩ 00ⅠF4位于台地后部（当时的地貌）的最高处。

⑪ 李家坝遗址1994～1995年试掘时出土"胸忍丞印"封泥就已引起了研究者们的注意，其后赵德云、黄伟两位先生结合遗址2001、2002年度的发掘资料在对李家坝遗址聚落变迁的研究中也深入地探讨了这一问题。

　　附记：发掘人员有四川大学黄伟（领队）、霍巍、李永宪、罗二虎、何元洪，贵州省文物考古研究所李飞，云阳县文物管理所张国民、杨迪，四川大学考古学系1998级本科生常怀颖、于桂兰等14人以及留学生佐佐木正治、研究生郭继艳、侯波、吕红亮、仝涛、熊永强、杨勇、赵德云。

　　　　　　　　　　墨线图：逯德军
　　　　　　　　　　执　笔：何元洪　代丽鹃　黄　伟　赵德云

　　　　　　　　　　（原载《江汉考古》2016年第12期）

云阳李家坝遗址2001年度发掘简报

四川大学考古文博学院
云阳县文物保护管理所

李家坝遗址位于重庆市云阳县高阳镇青树村，地处长江北侧支流小江（彭溪河）北岸，东南距云阳县旧县城云阳镇约50千米，南距新县城双江镇约30千米，其西约500米为小江电站（图一）。遗址中心自然地理坐标为北纬31°6′15″，东经108°41′，海拔139～168米。

李家坝为一东西狭长的河流台地，东西长约1300、南北宽100（西端）～500米（东端）。四周群山环绕，北依和尚山，南望走马岭，小江从其南侧由西至东流过。北侧山峦南流的山涧桂家沟和施家沟将李家坝台地分割为上、中、下三坝，历年考古调查、钻探和发掘资料表明，遗址仅分布在上坝，面积约10万平方米，核心分布区域现存面积约3万平方米，中坝和下坝不见文化堆积。根据文化层堆积性质和地势地貌特征，我们将李家坝遗址分为五区（图二）。

1997～2003年，作为三峡工程淹没及迁建区地下文物保护抢救规划的A级项目，四川大学考古学系在云阳县文物保护管理所的协作下，连续7个年度对遗址进行了大规模发掘。2001年度的发掘，分为2001年秋冬季和2002年春季两个季度开展，发掘总面积6350平方米，集中在遗址Ⅰ区和Ⅱ区。其中Ⅰ区清理出一批汉六朝时期遗存，包括房址、灰坑、灰沟、土坑墓等，布局清楚，尤其房址规模大、形制颇具特点，是李家坝遗址自1997年以来最为重要的发现之一，本简报予以重点报道。

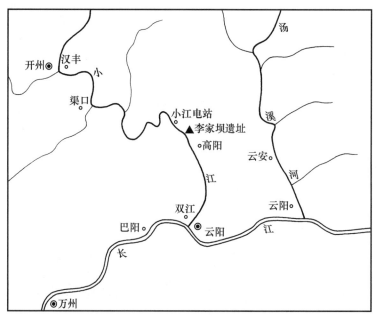

图一 李家坝遗址位置示意图

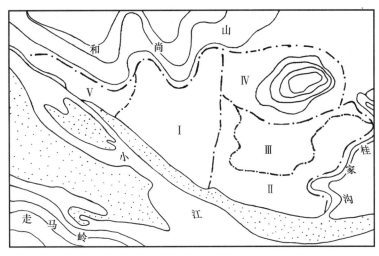

图二　李家坝遗址分区示意图

一、本年度发掘区地形地貌、地层堆积

2001年度在Ⅰ区的发掘，共布设10米×10米探方29个，布方面积2900平方米。其中ⅠDT0301-ⅠDT0402（以下探方号省略区号代码Ⅰ）、CT0101-CT0202、BT0103-BT0204三个探方的南部由于紧靠小江河岸，部分被冲毁，实际发掘面积约为2750平方米（图三）。本年度发掘区可分为东、西两区，二者相距45米。西区北、东北与2002年度发掘区相邻，东南为1997年度发掘区，西、南为台地边缘。东区西北部与1997年度、2002年度发掘区相连，西部、南部与2000年度发掘区相连，东部与2002年度发掘的AT2210-BT2210探沟相隔5米（图四）。

整体而言，2001年度发掘区大部地势较2002年度发掘区略低。西、南紧邻台地边缘的区域地势要明显高一些。因此，西区为李家坝台地上一块略显低凹但内部较为平坦的区域。东区向北、向东，地势逐渐沉降，形成一个规模较大的低凹地带，水塘密布。探沟AT2210-BT2210的发掘及历年在李家坝台地的钻探情况表明，东区以东早期存在一条西北—东南向的大冲沟，长1300米以上，宽17~26米，深4米以上，东区即位于冲沟的边缘地带。

从发掘后的情况看，在有人类活动之前，西区原生地面中部高，四周低。到汉六朝时期，主要选择地势比较高平的地带建造房屋，在平地上起建熟土台基，废弃之后形成高台。这一区域汉六朝时期建筑比较密集，应是其时居住址的中心所在，由于人类活动频繁，对早期文化层的破坏较为严重，只有少数探方发现战国时期文化堆积。另外，一些探方由于地下出水严重，没有发掘至生土，也是造成2001年度较少见到汉六朝以前文化堆积的原因。遗址废弃之后，由于洪水的反复淤积，周围地带地势也逐渐增高，在明清时期以前，地势整体较为高平。为耕作需要，当地居民在开垦农田时，有意识地清理了中部的部分沙层淤积，而在台地边缘未曾耕种，保存了部分晚期洪水淤积层。这样的改造，历史上可能不断发生，根据地层年代的推断，规模比较大的一次应发生在清代。因此西区现地表的状况，是自然和人为原因共同作用的结果。

东区由于位于冲沟边缘，地势整体较低，发掘时地下出水非常严重，清理了一些晚期地层之后就无法继续发掘，其下的地层堆积情况不清楚。从其在李家坝遗址的分布、地势走向及周

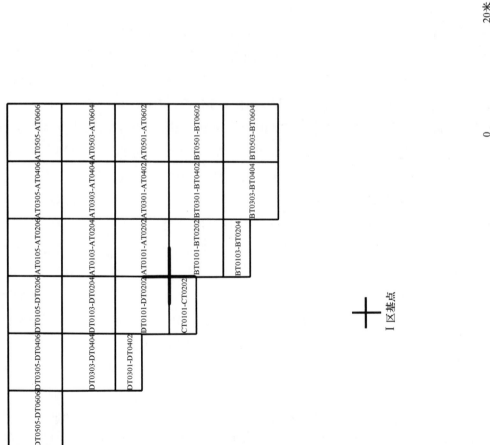

图三　李家坝遗址2001年度 I 区布方图

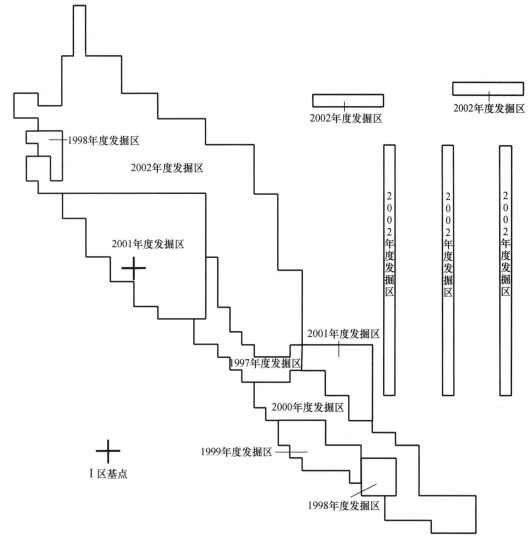

图四　李家坝遗址Ⅰ区历年发掘区分布示意图

边区域的发掘情况看，这里应当属于早期居住址的边缘。

　　我们选择DT0101-DT0202南壁剖面（图五）对地层堆积的具体情况进一步介绍。

　　第1层：深褐色耕土，土质疏松。厚15～37厘米。含有大量植物根茎。为现代耕种层。

　　第2层：应为明清以来历次洪水淤积形成的堆积，可分为A、B、C、D、E、F六个亚层。

　　第2A层：青灰色纯净沙土，土质疏松。厚0～50厘米。探方东南角缺失本层。为近现代洪水淤积形成。

　　第2B层：红褐色淤土，土质较松软。厚0～15厘米。探方东南角缺失本层。为近现代洪水淤积形成。

　　第2C层：青灰色淤沙，土质疏松。厚5～15厘米。出土少量青花瓷片，为清代至民国时期洪水淤积形成。

　　第2D层：红褐色沙土，土质较疏松，局部夹杂少量水锈斑痕。厚0～20厘米。探方西南部缺失本层。出土少量青花瓷片，为清代至民国时期洪水淤积形成。

　　第2E层：青灰色淤土，土质疏松。厚5～15厘米。为清代洪水淤积形成。

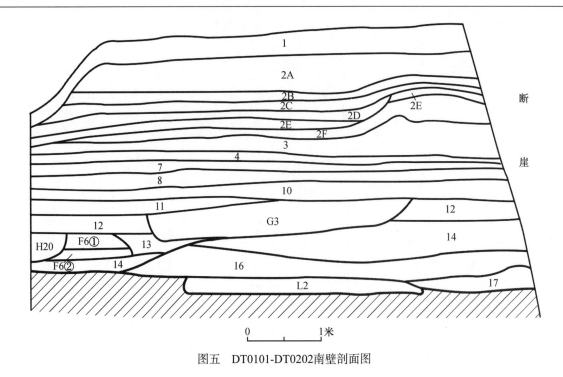

图五　DT0101-DT0202南壁剖面图

　　第2F层：浅黄色淤土，土质疏松。厚0～35厘米。探方东南角缺失本层。为清代洪水淤积形成。

　　第3层：浅褐色黏土，土质紧密坚硬，颗粒较粗。厚10～55厘米。出土少量青花瓷片。为明清时期地层堆积。

　　第4层：褐色黏土，夹杂大量黄色水锈和炭屑，土质紧密坚硬。厚0～15厘米，探方西部缺失本层。出土青花瓷片。为明清时期地层堆积。

　　第5层：灰褐色沙土，土质疏松。探方南部缺失本层。为明清时期地层堆积。

　　第6层：深褐色沙土，夹杂大量炭屑，土质疏松。探方南部缺失本层。为唐宋时期地层堆积。

　　第7层：红褐色沙土，土质疏松。厚0～17厘米。探方西北部缺失本层。出土陶片、瓦片、青瓷片及铜簪等，青瓷片可辨器形有杯、钵等。为唐宋时期地层堆积。

　　第8层：浅灰色黏土，局部微泛红，土质紧密。厚10～25厘米。出土陶片、瓦片、青瓷片及铜簪、铜剑、铁剑及剪轮五铢、孝建四铢钱币等，陶片可辨器形有盆（甑）、缸、尊形器、小口罐、瓮、钵等，瓷片可辨器形有碗、瓶、罐、瓮、盆等。为唐宋时期地层堆积。

　　第9层：黑色黏土，夹杂红烧土块，土质紧密。探方南部缺失本层。为唐宋时期地层堆积。

　　第10层：灰黑色黏土，夹杂红烧土粒或红烧土块，土质紧密。厚12～30厘米。出土陶片、瓦片、青瓷片、石器、铜器以及钱币等。陶器可辨器形有钵、盆、瓮、纺轮等，瓷器可辨器形有碗、罐等，铜器可辨器形有镞、钺、镜、带钩，钱币有五铢钱、大泉五十。为六朝时期地层堆积。

　　第11层：黑色黏土，内含红烧土粒，并夹杂大量砖瓦碎块，土质紧密。厚0～20厘米。探方西、南部缺失本层。出土陶片、瓦片、钱币等。陶器可辨器形有小口罐、盆等，钱币为四铢半两。为六朝时期地层堆积。01ⅠG3（以下遗迹号省略年度代码01、区号代码Ⅰ）开口于本层下。

第12层：深灰色黏土，局部夹杂黄色黏土和青绿色水锈斑点，土质紧密坚硬。厚0~30厘米。探方北部缺失本层。出土数量较多的陶片和瓦片，陶片可辨器形有盆、豆、小口罐、钵等。为东汉时期地层堆积。F6出露于本层下，H20开口于本层下。

第13层：浅灰色黏土，局部夹杂黄土粒或炭屑，土质较为紧密。厚0~30厘米。探方西、北部缺失本层。出土物以瓦片为主，陶片次之，可辨器形有鬲、盆、小口罐、钵、瓮、豆座等。为汉代地层堆积。

第14层：青灰色沙土，局部微泛红，夹杂较多红烧土块，土质较为疏松。厚0~55厘米。探方东南部缺失本层。出土物主要为陶片，可辨器形有瓮、鬲、深腹盆、小口鼓腹罐等。为战国时期到西汉早期地层堆积，F6营建于本层之上。

第15层：灰白色黏土，含沙较重，夹杂少许炭屑，土质较为疏松。探方南部缺失本层。为战国时期地层堆积。

第16层：灰褐色黏土，微含沙，夹杂黄色黏土块和青绿色锈斑，土质较硬。厚0~40厘米。探方东南角缺失本层。出土少量陶片，为战国时期地层堆积。

第17层：灰白色沙土，夹杂红烧土块和青绿色锈斑，土质松软。厚0~32厘米。探方东、北部缺失本层。出土少量陶片，为战国时期地层堆积。L2开口于本层下。

第17层下为黄色生土。

二、房址及出土遗物

本年度共清理汉六朝时期房址11座，F1、F6、F15保存较好，以下具体介绍。

F15　位于DT0103-DT0204大部、DT0105-DT0206西南部、DT0303-DT0404东北部、DT0101-DT0202东北部、AT0103-AT0204西南部，以及DT0305-DT0406东南角、AT0101-AT0202西北角。在各探方出露及营建层次不一，在DT0103-DT0204出露于第11层下，营建于第12~15层之上（不同部位叠压层次不一）；在DT0105-DT0206出露于第11层下，营建于第12层之上，部分叠压于F7、H19之上；在DT0303-DT0404部分出露于第10层下，部分出露于第11层下，营建于第12、13层之上；在DT0101-DT0202出露于第10层之下，营建于第12层之上；在AT0103-AT0204出露于第8层及F12之下，营建于第10层之上；在DT0305-DT0406出露于第10层之下，营建于第10层之上；在AT0101-AT0202出露于第8层之下，营建于第10层之上。东南部被H14、H15打破，中部偏南被H7、H18、H11、Z1打破，打破F14。F15废弃之后，其北部大部分台基又被F1利用构建新的房子。

该房子为台基式建筑，平面呈长方形，为东北—西南向，长约18.5、宽约10米。台基西、北两边采用单排1或2层不规则石板包边，包边石厚0.15~0.25米。东、南两侧未见包边石，推测东侧包边石应是被晚期破坏，南侧原本应是门道的方向，如果此推测不误，则其面向应为218°。

台基四周发现排列有序的柱础14个，编号为D1~D14。北、东两侧的柱础紧邻台基边缘；

西、南两侧的柱础，尤其是南侧，距离台基边缘较远，推测是因为南侧是门道所在，或有廊一类的其他活动空间所致。D1、D6遭晚期破坏，仅约略可见，其他保存较好。除D14为明础外，其他均为暗础。暗础的营建，系在台基平面上下挖圆形坑，直径0.35～0.65、深0.3～0.55米，底部放置厚约0.1米的平整础石，立柱后填土夯实，柱洞直径0.18～0.25米。根据柱础分布状况，我们推测房子的布局为面阔4间，进深1间。每间宽3.5、进深6.3米左右。

台基西南角垫土第2层内埋藏陶小口鼓腹罐2件（F15②：1、F15②：2），保存完整，均内置小型动物骨殖一具；台基中部偏西垫土底部第3层内亦埋藏小口鼓腹罐2件（F15③：2、F15③：3），保存完整，其内均未发现骨殖或其他遗物。我们认为这4件陶罐可能为房子奠基时为举行某种仪式而有意埋藏的。

台基东南角发现排水管，系用筒瓦对扣而成，西高东低，长约5.6米，西侧放置规整的三块石板，可能原本是用来加固排水管口的（图六）。

台基垫土根据土质土色可分三层。

第1层：灰褐色黏土，细密质硬。厚0～0.25米。仅分布在台基东部。出土大量瓦片和少量陶片。瓦片有板瓦、筒瓦之分，前者多于后者。陶片以泥质灰陶为主，另有少量泥质黄褐陶。以素面无纹饰者居多，有纹饰者均为绳纹或弦断绳纹。可辨器形有瓮、深腹盆。

瓮　1件。F15①：1，泥质灰褐陶。直口，窄平沿，斜方唇，矮领。口径20.4、残高3.6厘

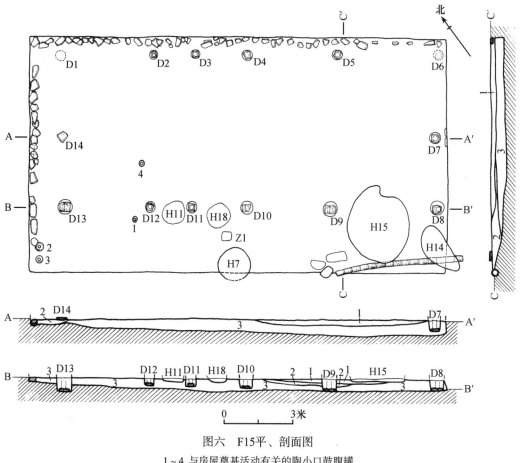

图六　F15平、剖面图

1～4. 与房屋奠基活动有关的陶小口鼓腹罐

1. F15③：2　2. F15③：1　3. F15③：2　4. F15③：3

米（图七，1）。

深腹盆　1件。F15①：2，泥质黄褐陶。敛口，折沿，斜方唇，矮直领。领部滚压纵向绳纹，磨泐严重。残高4.6厘米（图七，4）。

筒瓦　4件。形制一致，器身横截面呈半圆形，厚度均为1厘米左右。3件为泥质黄褐陶，内外壁均拍印绳纹。F15①：3，通长44.4、宽14.4～16.8厘米（图七，7）。F15①：5，通长44、宽14～17.6厘米（图七，9）。F15①：6，通长43、宽14.8厘米（图七，10）。1件为泥质灰陶，外壁拍印绳纹，内壁饰菱形纹。F15①：4，通长40.6、宽14.8～16.4厘米（图七，8）。

第2层：灰褐色黏土，夹杂较多黄土块，土质较紧密。分布于台基西部边缘和东南部。厚0～0.75米。出土陶片和瓦片，数量均不多。陶片可辨器形有小口鼓腹罐、小口圜底罐、深腹盆等。

小口圜底罐　1件。F15②：2，泥质灰褐陶。直口微敛，平沿，斜方唇微凹，矮领，圆弧肩，腹部较饱满，最大腹径近肩部，圜底。肩部饰弦断细绳纹，腹至底部滚压纵向细绳纹。口径13.2、最大腹径34.2、通高26.4厘米（图七，5）。

小口鼓腹罐　1件。F15②：1，泥质灰褐陶。侈口，窄平沿，方唇微凹，矮领，圆肩，鼓

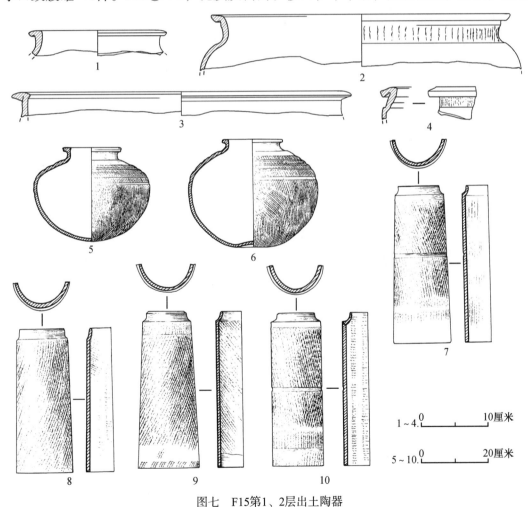

图七　F15第1、2层出土陶器

1. 瓮（F15①：1）　2～4.深腹盆（F15②：5、F15②：3、F15①：2）　5.小口圜底罐（F15②：2）　6.小口鼓腹罐（F15②：1）　7～10.筒瓦（F15①：3、F15①：4、F15①：5、F15①：6）

腹，腹部整体近圆形，最大腹径近中部，圜底内凹。领部滚压纵向绳纹，磨泐严重，肩部饰弦断细绳纹，腹至底部滚压纵向细绳纹。口径14.4、最大腹径38、通高30.6厘米（图七，6）。

深腹盆　2件。F15②：5，夹细砂灰褐陶。侈口，窄沿，斜方唇，矮领，圆肩。领部纵向暗划带状纹。口径44、残高8厘米（图七，2）。F15②：3，夹细砂黄褐陶。直口微敛，弧折沿，尖圆唇，上腹直。口径49.6、残高3.5厘米（图七，3）。

第3层：黄褐色板结土块，夹杂红烧土、灰屑等，土质较紧密。除西部边缘、东南角等少数区域，台基各部均有分布。厚0~0.6米。出土物中基本不见瓦片，陶片数量较多。以泥质灰陶、灰褐陶为主，黄褐陶、黑褐陶次之，红褐陶最少。以素面无纹饰者居多，有纹饰者多见绳纹、弦断绳纹、方格纹。可辨器形有瓮、小口鼓腹罐、小口圜底罐、浅腹盆、深腹盆、豆等。另外还出土一枚五铢钱，残甚，仅约略可辨"五"字。

瓮　2件。F15③：9，泥质灰陶。直口微敛，窄平沿，方唇，矮领，广斜肩。领部滚压纵向绳纹，磨泐严重。口径21.2、残高5.8厘米（图八，1）。F15③：14，泥质黑褐陶。敛口，方唇，口部外侧宽凸一周，广斜肩。残高4.4厘米（图八，2）。

小口鼓腹罐　2件。F15③：2，泥质灰陶。口部残。圆肩，鼓腹，整体较扁圆，最大腹径在上腹，平底内凹，肩部勒印凹弦纹一周，并阴刻一"宪"字。上腹勒印凹弦纹一周，其下至底部滚压纵向细绳纹。最大腹径20.8、残高11.9厘米（图八，7）。F15③：3，泥质灰陶。直口，口缘处略内凸，折沿，方唇，矮直领，广圆肩，深弧腹，最大腹径在上腹，平底内凹。领部滚压纵向绳纹，磨泐严重，肩部饰弦断细绳纹，腹至底部滚压斜向细绳纹。口径12.2、最大腹径25.6、通高20.4厘米（图八，4）。

小口圜底罐　1件。F15③：16，泥质灰褐陶。敛口，平折沿，矮领，圆肩。沿面内缘勒印凹弦纹一周。口径13.2、残高2.4厘米（图八，3）。

浅腹盆　1件。F15③：4，泥质灰陶。敛口，仰折沿，方唇，折腹，下腹急收成圜底。下腹部滚压交错细绳纹。口径24.4、残高7.7厘米（图八，6）。

深腹盆　3件。F15③：10，泥质灰陶。敛口，口沿内侈较甚，平折沿，斜方唇微凹，矮领，削肩，深弧腹。腹部滚压纵向细绳纹之后，再饰指抹弦纹一周。口径37.2、残高13.4厘米（图八，10）。F15③：13，泥质灰褐陶。敛口，口缘内侈较甚，平沿，斜方唇，矮直领，削肩，深弧腹。口径39.2、残高4.4厘米（图八，8）。F15③：19，泥质灰褐陶。敛口，窄折沿，尖唇，矮直领，深弧腹。腹中部以下滚压斜向细绳纹。口径30、残高7.8厘米（图八，9）。

豆盘　1件。F15③：20，泥质灰褐陶。敞口，圆唇，浅弧壁。内壁饰放射状暗划纹。口径14、残高3.2厘米（图八，5）。

F1　位于DT0103-DT0204大部、DT0105-DT0206东南部、AT0103-DT0204中西部，以及AT0105-DT0206西南角、DT0101-DT0202东北角、AT0101-AT0202西北角。在各探方出露及营建层次不一，在DT0101-DT0202、DT0103-DT0204出露于第11层下，营建于第13层之上；在AT0101-AT0202、AT0103-AT0204出露于第8层之下，营建于第12层之上；在AT0105-AT0206内，出露于第10层之下，营建于第12层之上；在DT0105-DT0206内出露于第12层之下，营建于第14层之上。打破F12、F15、H19，东南部紧邻G3（图九）。

该房子系在F15废弃之后，利用其大部分台基，并在北部有所增扩，重新构建而成。台基

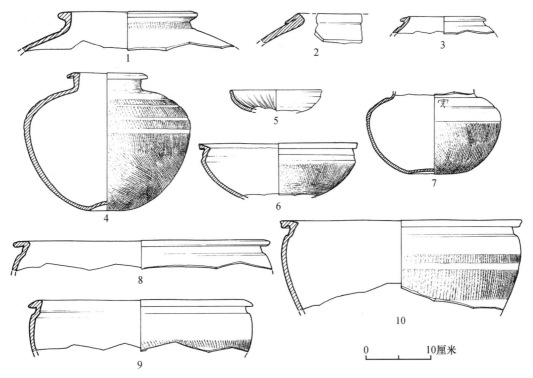

图八　F15第3层出土陶器

1、2. 瓮（F15③：9、F15③：14）　3. 小口圜底罐（F15③：16）　4、7. 小口鼓腹罐（F15③：3、F15③：2）

5. 豆盘（F15③：20）　6. 浅腹盆（F15③：4）　8～10. 深腹盆（F15③：13、F15③：19、F15③：10）

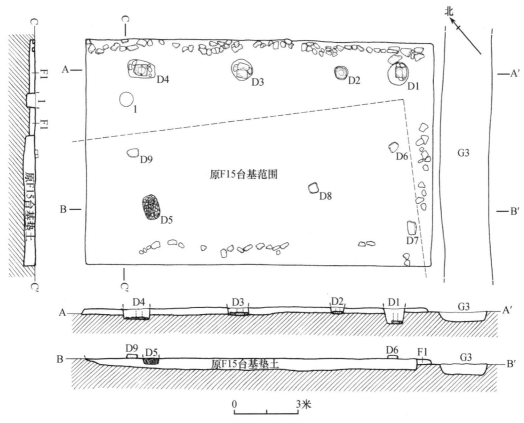

图九　F1平、剖面图

1. 与房屋奠基活动有关的陶瓮（F1：1）

平面亦为长方形，东北—西南向，长约16.3、宽约10米。由于破坏，面向不清楚，如果与F15大体一致，应为227°。台基北、东、南三侧残存包边石，均系单排单层石头，西侧不存。包边石大小不等、形状各异，厚0.15～0.2米。

台基平面共发现柱础9个，其中4个分布于北部台基边缘，编号D1～D4，均为暗础，营建方式和前述F15的情况相同，排列有序，但形制规格有差异，分述如下。

D1　平面近圆形，斜壁，平底，口大底小，口径1.06、底径0.76、深约0.68米。壁、底加工规整，填土为黄褐色土块和灰黑土两层，质地紧密坚硬。出土一些泥质黄褐陶陶片和1枚剪轮五铢钱（因轻薄易碎，无法拓片）。坑底柱础石厚0.1米，柱洞直径0.3米。

D2　东距D1约2.5米，平面为圆形，圜底，直径0.58、深0.2米。壁、底加工规整，填土为黄褐色块状土，略硬，夹杂碎瓦片。柱洞直径0.2米，底部未见础石。

D3　东距D2约4.25米，平面为圆形，直壁，平底，直径0.98、深0.25米。填土为黄褐色块状土，略硬，夹杂碎瓦片。坑底柱础石厚0.05米，柱洞直径0.4米。

D4　东距D3约4.6米，平面近圆角长方形，直壁，平底。长1.26、宽0.8、深0.45米。填土为黄褐色块状土，较硬，夹杂碎瓦片。坑底柱础石厚0.1米，柱洞直径0.28米。

D5　位于台基西南部，构造方式比较特别，系先挖一坑，平面略呈圆角长方形，长约1.2、宽约0.8、深约0.35米，底部较为平坦，于坑内放置大量鹅卵石。我们推测在鹅卵石之上原本放置有由石板构成的柱础，但现已不存。

其余四个（D6～D9）均为明础，即将石板直接置于台基平面。三个位于东部，另一个置于西部近边缘处。石板均近长方形或方形，长0.45～0.65、宽0.35～0.45、厚0.15～0.25米。此四个明础应因后期破坏有移位的可能。

因晚期破坏严重，房屋结构如门道、居住面等情况不详。通过台基规模及现存柱础排列等情况推测，房子面阔或为3间，进深1～2间。

台基西北部埋藏一瓮（F1：1），保存完整，其内未发现骨殖或其他遗物，可能为房子奠基时为举行某种仪式有意埋藏的。

台基东南部的G3，与台基边缘平行，间距0.3～0.5米，二者关系应很密切。

由于是利用早期房屋（F15）台基扩建而成，北部台基垫土与原F15的垫土土色差异明显，泾渭分明。扩建部分垫土为灰黑色黏土，夹杂红烧土粒和大量碎瓦砾。出土遗物以瓦片和陶片为主，另外还发现陶权、青瓷片、铜泡钉、铜镞、铜构件及半两钱、货布、五铢钱等钱币。瓦片有板瓦与筒片，以板瓦居多，约占4/5。板瓦以青灰色为主，另有少量黄褐色和红褐色。纹饰则有内侧素面、外侧饰绳纹和内外均饰绳纹两种，以前者居多。陶片基本为夹细砂陶，有灰陶、黄褐陶、黑陶、红褐陶等。可辨器形有瓮、深腹盆、小口鼓腹罐、钵、网坠等。

瓮　2件。F1：10，泥质灰陶。整器略有变形。敛口，平沿，沿面略弧，斜方唇，直领甚矮，广平肩，深直腹，圜底。通体饰弦断细绳纹。口径20、最大腹径44.8、通高46.7厘米（图一〇，1）。F1：12，泥质灰陶。敛口，方唇，口部外侧有凸棱一周，广肩。口径29.6、残高2.8厘米（图一〇，2）。

深腹盆　5件。F1：2，泥质灰褐陶。敞口，窄沿，沿面弧，斜方唇，斜直腹。口径45.6、残高6.4厘米（图一〇，5）。F1：5，泥质灰陶。敛口，窄平沿，斜方唇，矮领，深直腹。上腹滚压纵向细绳纹。口径48、残高6.6厘米（图一〇，4）。F1：6，泥质灰陶。敛口，口缘内凸较甚成"丁"字口，窄弧沿，尖唇，上腹直。上腹有凸棱一周。口径55.2、残高6厘米（图一〇，3）。F1：8，泥质灰褐陶。敛口，口缘内凸较甚，窄平沿，斜方唇，深直腹，上腹部残存一圆穿。口径29.2、残高6.4厘米（图一〇，10）。F1：9，泥质灰褐陶。直口微敛，窄沿，沿面略弧，斜方唇，深直腹。腹中部有凸棱一周。残高8厘米（图一〇，7）。

小口鼓腹罐　1件。F1：3，泥质灰陶。直口微敛，窄平沿，沿面略弧，方唇微凹，矮直领，圆肩，深圆腹，圜底内凹。肩、腹部饰弦断绳纹，下腹饰交错细绳纹。口径15.6、最大腹径33.2、底径12.8、通高26.6厘米（图一〇，6）。

钵　3件。F1：11，夹细砂灰褐陶。敞口，扁圆唇外卷，弧腹。口径18、残高5.6厘米（图一〇，9）。F1：13，泥质灰陶。敞口，圆唇，斜直腹。口径16.8、残高4.2厘米（图一〇，

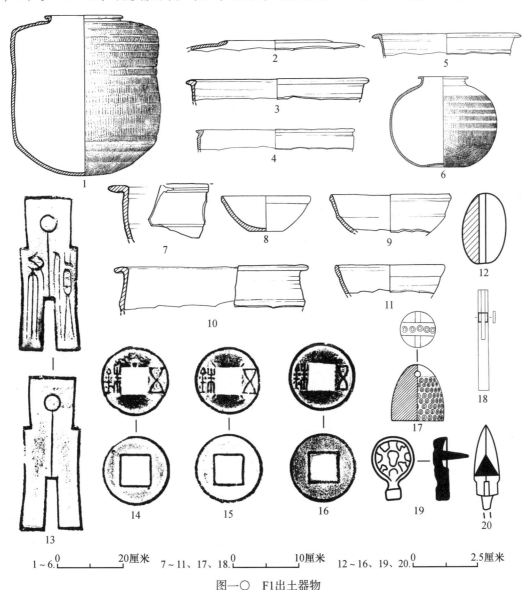

图一〇　F1出土器物

1、2.陶瓮（F1：10、F1：12）　3～5、7、10.陶深腹盆（F1：6、F1：5、F1：2、F1：9、F1：8）　6.陶小口鼓腹罐（F1：3）
8、9、11.陶钵（F1：15、F1：11、F1：13）　12.陶网坠（F1：30）　13.货币（F1：1）　14～16.五铢钱（F1：4、
F1：18-1、F1：18-2）　17.陶权（F1：7）　18.铜构件（F1：14）　19.鎏金器足（F1：16）　20.铜镞（F1：20）

11）。F1：15，泥质灰陶。敞口，扁圆唇外卷，斜直腹，小平底。口径13.2、底径5、通高5.2厘米（图一〇，8）。

权　1件。F1：7，泥质红褐陶。半环形纽，弧壁，平底。通体戳印小圆圈纹。底径8、通高8.2厘米（图一〇，17）。

铜构件　F1：14，扁方管形，一端中空，另一端为实心，开口处有小齿，中部偏上位置有条形穿。通长14.6、宽1.6厘米（图一〇，18）。

铜镞　1件。F1：20，三棱形，关横截面为六棱形，铁铤残。残长3.1厘米（图一〇，20）。

器足　1件。F1：16，鎏金，蹄足，足根饰卷云纹。应为钉扣于木制品上。通高2.3厘米（图一〇，19）。

网坠　F1：30，泥质黄褐陶。椭圆形。通高2.6、穿径0.5厘米（图一〇，12）。

货币　1枚。F1：1，钱形规整，方首，平肩，弧腰，方足，方裆，首有一圆穿，钱文清晰，文字清秀，笔画纤细。通长5.85、首宽1.9、足宽1、裆宽0.3、穿径0.46、厚0.3厘米，重11.7克（图一〇，13）。

五铢钱　3枚。F1：4，钱形规整，外郭极细，背有内郭，轮郭深峻，钱文清晰，文字瘦长，笔画纤细，“五”交笔弯曲略直，“铢”字之“金”字头呈箭镞形，四点短，“朱”字头似为方折。穿上有一星点。钱径2.56、穿宽1.02、外郭宽0.09厘米，重2.8克（图一〇，14）。F1：18-1，钱形规整，外郭细，背有内郭，轮郭深峻，钱文清晰，文字瘦长，笔画纤细，“五”交笔直，“铢”字之“金”字头呈三角形，四点短，“朱”字头方折。面穿有四决文。钱径2.55、穿宽1、外郭宽0.1厘米，重2.6克（图一〇，15）。F1：18-2，钱形规整，外郭细，背有内郭，轮郭深峻，钱文清晰，文字瘦长，笔画纤细，“五”交笔弯曲，“铢”字之“金”字头似呈三角形，四点短，“朱”字头方折。钱径2.55、穿宽0.95、外郭宽0.1厘米，重2.85克（图一〇，16）。

此外还有四铢半两钱2枚（F1：19、F1：22），简报介绍从略。

F6　位于AT0101-AT0202、BT0101-BT0202、BT0301-BT0402，以及AT0301-AT0402西南、DT0101-DT0202东南、BT0103-BT0204东北、CT0101-CT0202东北。在各探方出露及营建层次不一，在AT0101-AT0202最早出露于第7层下，营建于第13层之上；在AT0301-AT0402、BT0101-BT0202、BT0301-BT0402、CT0101-CT0202、DT0101-DT0202等探方出露于第12层下，营建于第14层之上；在BT0103-BT0204出露于第3层下，由于地下水渗出未清理到底，营建层次不明。房基中部偏南被H1打破，西部偏南被H20、G3打破，西南角位于现小江河岸断崖，部分坍塌（图一一）。

房子主体的构建，系在平地上起建夯土台基，平面形状近方形，南北长17.5、东西宽15.9米。台基东北—西南向，面向223°。北、西、南三侧有用石块构筑的包边石。台基平面共有柱础30个，编号D1～D30，排列有序，且相互对应，构筑方式可分为四类。

第一类为暗础，构筑的基本方式与F1、F15相同，但形制基本为长方形，少数近方形，长0.6～0.8、宽0.5～0.6、深0.35～0.7米。这种方式是主要形式，有22个（D1～D18、D20、D24～D26）。柱础石均为近方形的石板，厚约0.1米，柱洞直径均在0.2米左右。D15、D18、D20、D24～D26等6个柱础比较特殊，下部虽有础石及柱洞，但在柱洞口部又放置一块石板。

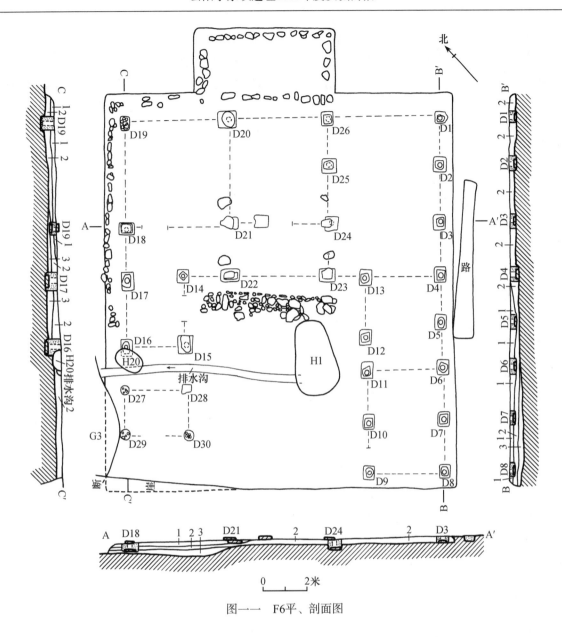

图一一　F6平、剖面图

　　我们推测这种现象的形成，应是房子在使用过程中有修缮，这几个柱础的柱子需要更换，将暗础改为了明础。

　　第二类为明础，即在台基平面上直接放置厚约0.1米的平整柱础石，仅有两处，即D21、D28。从相对位置上分析，我们认为它们应是柱础，而非他处石板移位所致。

　　第三类构筑方式很特别，即在台基平面开挖深约0.3米的长方形土坑，长0.75～0.8、宽0.55～0.6米，在坑底填放较小的卵石两层，在其上置平整石板之后填土，厚约0.05米，再在其上放平整石板作为柱础石，础石基本与台基平面平齐。这种方式仅见于D22、D23。

　　第四类，在挖好的土坑内填放较小的卵石，不放础石，直接在卵石上立柱，四周填土夯实。土坑有圆形和长方形两种，前者包括D27、D29、D30三处，后者仅有D19一处。前者直径0.4～0.45、深0.4～0.5米，后者长0.6、宽0.45、深0.6米。

　　从现存台基及柱础的分布情况看，此房址实为具有正房、廊道、门道、厢房、院落在内，平面形状近倒"凹"字形的庭院遗迹。

正房位于北侧，共3间。第一间由D18、D19、D21、D20构成，平面为方形，进深和宽均约为4.5米；第二间由D20、D21、D26、D25、D24构成，平面近方形，进深约4.5、宽约4.3米；第三间由D23～D26、D1～D4及D13构成，平面为长方形，进深约6.8、宽约4.9米，面积最大。推测三间房屋均为单间，各门道均与南面的廊道相通。廊道位于正房第一间、第二间南侧，平面为"L"形，东西长9.2、南北宽5.1米，入口应位于D14与D15之间。东厢房两间位于台基东南部。第一间由D11～D13、D4～D6构成，平面呈长方形，进深约3.2、宽约3.8米；第二间由D9～D11、D6～D8构成，平面亦为长方形，进深约3.2、宽约4.1米。西厢房两间位于台基西南部。第一间由D15、D16和D27、D28组成，进深2.6、宽约2米；第二间由D27～D30组成，进深2.9、宽约2.4米。从院落中部出现的一条沟渠从西厢房第一间中部穿过，长7、宽0.3、深0.15米，与G3相连通，可能是排水沟。东厢房的构建，比西厢房考究，面积较大，可能与居住活动有关；西厢房面积较小，构筑简易，柱础形式多样，且其中还有排水沟穿过，可能系用来储物或与庖厨等生活活动有关。

廊道与东、西厢房之间，为一空旷地带，南北长约9.2、东西宽约7.6米，面积在60平方米以上，可能是院落。

此外，在正房北侧山墙正中位置，后来又增建一间房子，长6.3、宽3米，亦系建起台基，和原有台基相连，并使用包边石。庭院东侧墙外，发现一条残断道路，长条形，长约7.25、宽0.5～1、厚0.2～0.3米，为黄褐黏土堆积，土质紧密、坚硬，显系长期踏踩所致。

台基垫土根据土质土色的不同可分三层，每层均经过夯实，局部可见夯窝。

第1层：灰褐色黏土，土质较软，夹杂较多的木炭粒、烧土粒。分布于台基西北部与南部。厚0～0.25米。出土瓦片、陶片及"四铢半两"钱币1枚。瓦片可辨板瓦和筒瓦两种，前者居多，均内里素面，表面饰绳纹。陶片以泥质灰陶为主，另有黄褐陶、黑皮陶等，素面无纹饰者约占一半，有纹饰者多为绳纹，另有方格纹等。可辨器形有瓮、小口圜底罐、釜、钵、盘、豆盘等。

瓮　1件。F6①：3，泥质黑褐陶。侈口，扁圆唇外卷，外侧勒印凹槽两周，矮领，广肩。肩部滚压纵向绳纹，磨泐严重。口径34.4、残高7.4厘米（图一二，1）。

小口圜底罐　1件。F6①：9，夹细砂灰陶。直口，口缘略内凸，窄平沿，圆唇，直领较高，广肩。领部滚压纵向绳纹，磨泐严重。口径12.6、残高4.8厘米（图一二，9）。

釜　1件。F6①：7，夹粗砂黑褐陶。敛口，折沿，圆唇，微束颈，深弧腹。腹部滚压纵向中绳纹。口径19.6、残高5.4厘米（图一二，18）。

钵　3件。F6①：5，夹细砂灰褐陶。敞口，圆唇，斜直腹。口径17.2、残高5厘米（图一二，14）。F6①：6，夹细砂灰陶。敞口，扁圆唇内卷，弧腹，小平底微凹。口径12、底径3、通高4.4厘米（图一二，15）。F6①：10，夹细砂灰褐陶。敞口，扁圆唇，斜直腹。口径12.4、残高4.2厘米（图一二，16）。

盘　1件。F6①：12，泥质灰陶。敛口，方唇，弧腹，大平底。上腹滚压纵向细绳纹，下腹部有刀削痕迹。口径22.2、底径17.2、通高6厘米（图一二，17）。

豆盘　1件。F6①：4，泥质灰褐陶。敛口，圆唇内卷，浅弧腹。口径18、残高4厘米（图

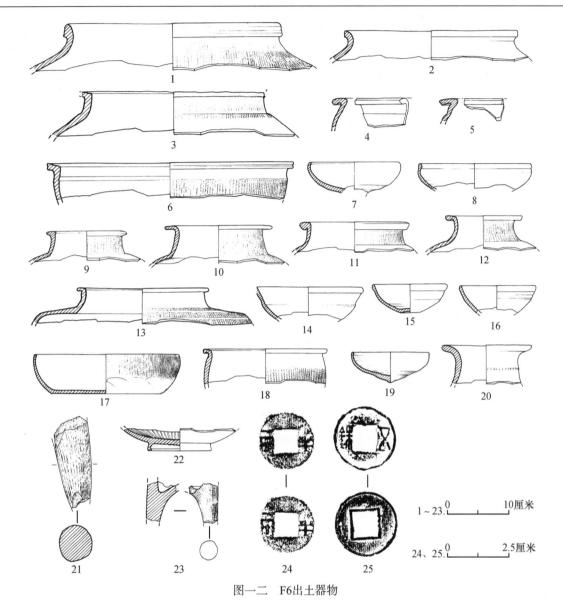

图一二　F6出土器物

1~3.陶瓮（F6①：3、F6③：9、F6③：14）　4~6.陶深腹盆（F6②：5、F6②：11、F6③：4）　7、8.陶豆盘（F6③：7、
F6①：4）　9~12.陶小口圜底罐（F6①：9、F6③：3、F6③：5、F6③：10）　13.陶小口鼓腹罐（F6③：13）

14~16.陶钵（F6①：5、F6①：6、F6①：10）　17.陶盘（F6①：12）　18.陶釜（F6①：7）　19.陶尖底盏（F6②：7）

20.陶高领罐（F6②：6）　21、23.陶鬲足（F6③：11、F6②：12）　22.陶器底（F6②：8）　24.半两钱（F6①：2）

25.五铢钱（F6：1，出土于17号柱础）

一二，8）。

四铢半两　1枚。F6①：2，钱形规整，无内外郭，边缘整齐，钱文平夷，"半"字下横笔长，"两"字上横笔长，"从"字似已简化为一横笔。钱径2.33、穿宽0.82、厚0.12厘米，重2.3克（图一二，24）。

此外还有甑底残片及先秦时期的尖底等。

第2层：灰褐色黏土，夹杂较多木炭粒及少许烧土粒，土质较硬。分布于台基的大部，仅有局部缺失。厚0~0.3米。出土数量较多的陶片、瓦片，另有石斧。瓦片为板瓦、筒瓦两类，以前者为主，均外饰绳纹，内里素面。陶片以夹细砂黄褐陶、泥质灰褐陶为主，另有泥质黄褐陶等，多素面无纹饰，有纹饰者以绳纹为主，另有格纹、附加堆纹等。可辨器形有尖底盏、高领罐、深腹盆、器底、鬲足等。

　　尖底盏　1件。F6②：7，泥质黄褐陶。敛口，上腹较直，下腹弧收成尖底，底部贴附泥片加厚。口径11.8、通高4.6厘米（图一二，19）。

　　高领罐　1件。F6②：6，夹细砂黄褐陶。卷沿，圆唇。领部锥刺三角形纹一周。口径14.4、残高6厘米（图一二，20）。

　　深腹盆　2件。F6②：5，泥质灰褐陶。敛口，口缘内凸较甚，平沿，沿面略弧，斜方唇，矮领，深弧腹。残高4.6厘米（图一二，4）。F6②：11，泥质黄褐陶。敛口，口缘内凸较甚，平沿，沿面略弧，斜方唇，矮领。残高3.5厘米（图一二，5）。

　　器底　1件。F6②：8，泥质灰褐陶。浅弧腹下接矮圈足，内底抹划带状纹，底外部有凹槽两周。底径10、残高3.4厘米（图一二，22）。

　　鬲足　1件。F6②：12，夹粗砂灰陶。圆柱状，跟部残失。足身滚压纵向细绳纹。残高6厘米（图一二，23）。

　　第3层：黄褐色黏土，土质较硬，夹杂较多的黄土块及少量木炭灰烬。分布于台基西部及东南部。厚0～0.4米。出土少量陶片，可辨器形有瓮、深腹盆、小口圜底罐、小口鼓腹罐、豆、鬲等。

　　瓮　2件。F6③：9，夹细砂灰褐陶。侈口，卷沿，方唇，束颈，广斜肩。口径29.6、残高4.6厘米（图一二，2）。F6③：14，夹细砂红褐陶。直口，沿部外侧残，内侧勒印凹槽一周，矮直领，斜肩。领部滚压纵向绳纹，磨泐严重。口径25.8、残高7厘米（图一二，3）。

　　深腹盆　1件。F6③：4，泥质灰陶。口微敛，仰折沿，方唇微凹，直领甚矮，上腹斜直。腹部滚压细绳纹。口径38.8、残高5.6厘米（图一二，6）。

　　小口圜底罐　3件。F6③：3，泥质灰陶。直口微敛，宽沿，沿面略弧，圆唇，直领较高，圆肩。领部滚压纵向绳纹，磨泐严重。口径16.8、残高6厘米（图一二，10）。F6③：5，泥质灰陶。直口，窄平沿，斜方唇，矮直领，斜肩。领部滚压纵向绳纹，磨泐严重。口径17.2、残高4.6厘米（图一二，11）。F6③：10，泥质黄褐陶。侈口，平沿，斜方唇，矮领，圆肩。领部内壁有纵向刮痕，外壁滚压纵向绳纹，磨泐严重。口径12.4、残高5.6厘米（图一二，12）。

　　小口鼓腹罐　1件。F6③：13，夹细砂灰陶。烧制火候极高，肩、腹相交处有变形现象。直口，窄平沿，圆唇，矮领，平肩。肩部饰弦断细绳纹。口径20.8、残高5.4厘米（图一二，13）。

　　豆盘　1件。F6③：7，泥质灰陶。敛口，圆唇，浅弧腹。口径14、残高4.8厘米（图一二，7）。

　　鬲足　1件。F6③：11，夹粗砂红褐陶。圆锥状，跟部残。足身滚压纵向细绳纹。残高14.2厘米（图一二，21）。

　　此外，17号柱础内发现五铢钱1枚，编号F6：1。钱形规整，外郭极细，背有内郭，面郭深峻，钱文略平夷，文字瘦长，笔画纤细，"五"字交笔直略曲，"铢"字之"金"字头呈箭镞形，四点短，"朱"字头方折。穿下有一星点。钱径2.52、穿宽0.96、外郭宽0.09厘米，重3.6克（图一二，25）。

三、其他典型遗迹及出土遗物

除房址外，本年度清理的汉六朝时期遗迹种类尚有灰坑、灰沟、墓葬等。

（一）灰坑

本年度在遗址 I 区共发掘灰坑21座，以H2、H3、H13、H16等为典型。

H2　位于AT0303-AT0404西北角，开口于第10层下，打破第12层、G3。平面呈圆形，弧壁，圜底。坑口直径3.6、深0.2～0.3米。坑内填土为灰黑色沙土，夹杂大量炭屑、卵石及动物骨殖，土质松软，湿度很大。坑内的包含物主要有陶片、瓦片，另外还出有极少青瓷片。陶片以夹细砂陶为主，占93.18%，余为泥质陶。夹细砂陶以灰陶为主，占65.91%，其余灰黑色陶和灰褐色陶分别占25%、9.09%；以素面陶为主，有纹饰者为绳纹、弦纹等。可辨器形有浅腹盆、深腹盆、钵、豆等（图一三）。

浅腹盆　1件。H2：5，泥质黑褐陶。敞口，窄平沿，沿面微凹，斜方唇，浅弧腹。上腹部饰斜向绳纹，磨泐严重。口径28、残高7厘米（图一四，4）。

深腹盆　1件。H2：6，泥质黑褐陶。敛口，圆窄沿，圆唇，弧腹。口径26、残高6厘米（图一四，5）。

钵　2件。H2：1，夹细砂黑褐陶。敛口，圆唇，上腹略直，下腹折收，矮饼足微凹。上腹近口部勒印凹弦纹一周，内底中部模印花瓣纹，饼足上有刻痕。口径18.3、底径9、通高8.6厘米（图一四，1）。H2：2，泥质灰陶。敞口，圆唇，折腹，平底。口径13.2、底径6.4、通高4.4厘米（图一四，2）。

豆盘　1件。H2：8，泥质灰褐陶。敛口，圆唇内卷，圆弧腹。口径21.6、残高7.4厘米（图一四，3）。

H3　位于AT0305-AT0406西南角，开口于第10层下，打破第11层、F5。平面形状不规则，东西最长处4.37米，西宽东窄，西部最宽处3.7米，东部最宽处2.45米，最深处0.4米。坑内填土为灰色杂土，夹杂大量炭屑、红烧土粒。出土遗物有瓦、瓦当、陶片。瓦片板瓦居多，外饰绳纹；筒瓦较少，瓦当为卷云纹。陶片绝大多数为泥质陶，以灰陶最多，另有少量黄褐陶及黑皮陶；少数为夹细砂陶，有灰褐陶和黑褐陶两种。以素面无纹饰者居多，有纹饰者以凹弦纹、绳纹居多，另有少量网格纹。可辨器形有陶深腹

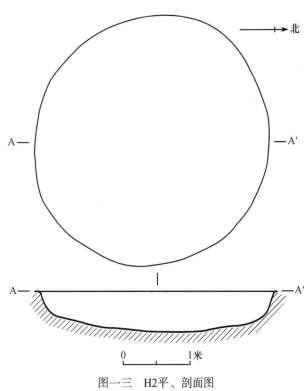

图一三　H2平、剖面图

盆（甑）、器底、瓦当（图一五）。

深腹盆　7件。H3：2，泥质黄褐陶。直口，弧折沿，斜方唇，上腹直，下腹弧收。上腹中部勒印凹槽一周。口径28.8、残高9.2厘米（图一六，1）。H3：3，泥质黑皮陶。敛口，仰折沿，方唇。口径35、残高3厘米（图一六，2）。H3：4，夹细砂灰褐陶。敛口，窄弧沿，

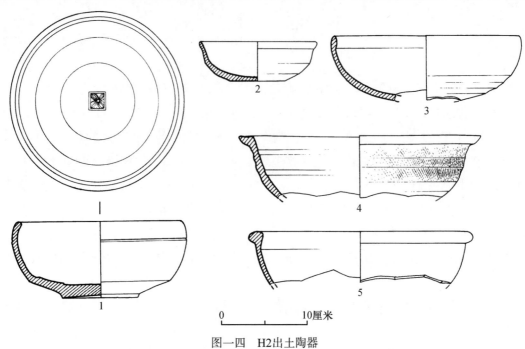

0　　　　　　　　10厘米

图一四　H2出土陶器

1、2.钵（H2：1、H2：2）　3.豆盘（H2：8）　4.浅腹盆（H2：5）　5.深腹盆（H2：6）

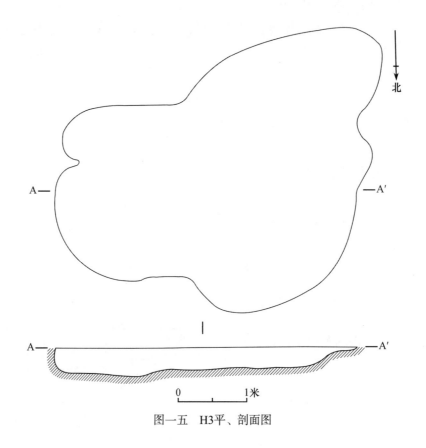

0　　　　　　1米

图一五　H3平、剖面图

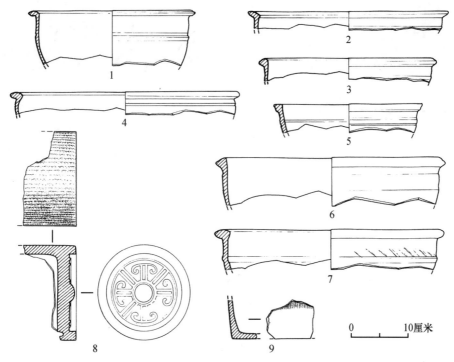

图一六　H3出土陶器

1~7. 深腹盆（H3∶2、H3∶3、H3∶7、H3∶4、H3∶8、H3∶5、H3∶6）　8. 瓦当（H3∶1）　9. 器底（H3∶12）

圆唇。上腹勒印凹弦纹一周。口径39.6、残高3.8厘米（图一六，4）。H3∶5，泥质灰褐陶。侈口，外凸方唇，上腹较直。口径40、残高8.2厘米（图一六，6）。H3∶6，泥质灰陶。敛口，窄弧沿，圆唇，上腹直，上腹与下腹相交处有凸棱一周。口径40、残高7厘米（图一六，7）。H3∶7，泥质灰陶。直口，外凸方唇，上腹直。上腹有凸棱一周。口径31、残高3.5厘米（图一六，3）。H3∶8，泥质灰陶。侈口，外凸方唇，斜直腹。上腹部勒印凹弦纹一周。口径26、残高4.9厘米（图一六，5）。

器底　1件。H3∶12，夹细砂黑褐陶。直腹，大平底。外壁滚压纵向细绳纹。残高6.6厘米（图一六，9）。

瓦当　1件。H3∶1，泥质灰陶。中央有乳突，当面四分格，内饰卷云纹，瓦身饰中绳纹。直径15.6、残长9.2厘米（图一六，8）。

H13　位于BT0301-BT0402东北部。开口于第7层下，打破第12层。平面近椭圆形，长径2.6、短径1.8、最深处0.55米。坑内填土为灰黑色黏土，夹杂炭屑、红烧土粒。出土瓦片、陶片等。陶器可辨器形有瓮、浅腹盆、深腹盆、小口鼓腹罐、器把等，另有网坠及保存较好的瓦当等（图一七）。

瓮　4件。H13∶8，泥质灰褐陶。直口，圆唇，矮领，广肩。领部勒印凹弦纹一周，肩部拍印纵向绳纹。口径30、残高6厘米（图一八，1）。H13∶9，泥质灰陶。敛口，沿部翻折，紧贴于口部外壁，广肩。沿外缘勒印凹弦纹一周。口径32.6、残高4.6厘米（图一八，3）。H13∶13，泥质灰褐陶。直口，窄平折，圆唇，矮直领，广肩。口径28、残高5厘米（图一八，4）。H13∶15，泥质灰陶。直口微敛，窄平沿，圆唇，矮领，广肩。领、肩部拍印纵向绳纹。口径22.4、残高4厘米（图一八，2）。

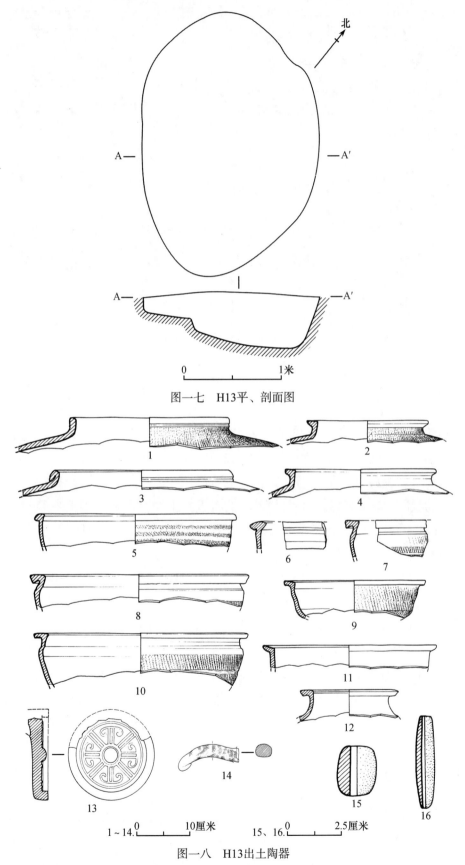

图一七　H13平、剖面图

图一八　H13出土陶器

1~4. 瓮（H13：8、H13：15、H13：9、H13：13）　5~8、10、11. 深腹盆（H13：3、H13：5、H13：14、H13：10、H13：19、H13：18）　9. 浅腹盆（H13：2）　12. 小口鼓腹罐（H13：16）　13. 瓦当（H13：1）　14. 器把（H13：21）　15、16. 网坠（H13：23、H13：22）

小口鼓腹罐　1件。H13：16，泥质灰陶。直口，口内缘略内凸，平沿，沿面略弧，斜方唇微凹，矮领。口径18.4、残高5.6厘米（图一八，12）。

浅腹盆　1件。H13：2，夹细砂灰陶。直口微敛，平沿略内斜，方唇，圆折腹。腹部拍印斜向绳纹，下腹部刀削修整痕迹明显。口径26、残高6.8厘米（图一八，9）。

深腹盆　6件。H13：3，泥质灰陶。敛口，极窄弧沿，尖唇，上腹较直。腹部拍印菱形纹后，用手指抹出弦纹两周。口径37.6、残高6厘米（图一八，5）。H13：5，泥质灰褐陶。口部内敛较甚，极窄弧沿，圆唇，上腹直。残高5厘米（图一八，6）。H13：10，泥质灰陶。口部内敛较甚，平沿，沿面略弧，斜方唇微凹，下缘尖垂，矮弧领，上腹斜直。腹部滚压纵向细绳纹。口径40.8、残高6厘米（图一八，8）。H13：14，泥质灰陶。敛口，平沿，斜方唇微凹，矮领不甚明显，弧腹。上腹滚压斜向细绳纹后，用手指抹出弦纹一周。残高6.6厘米（图一八，7）。H13：18，泥质灰陶。直口，平折沿，圆唇，上腹较直。口径32、残高4.2厘米（图一八，11）。H13：19，泥质黑褐陶。敛口，平沿，沿面略弧，斜方唇，矮直领，斜直腹。腹部滚压斜向细绳纹后，再勒印弦纹一周。口径40、残高9.4厘米（图一八，10）。

器把　1件。H13：21，泥质灰褐陶。羊角状。通体饰断续细绳纹。残长11.4厘米（图一八，14）。

网坠　2件。H13：22，泥质灰陶。细管状。穿径0.3、通高4.25厘米（图一八，16）。H13：23，泥质灰陶。长算珠形。穿径0.7、通高2.25厘米（图一八，15）。

瓦当　1件。H13：1，泥质灰陶。中央有乳突，当面四分格，内饰卷云纹。直径16厘米（图一八，13）。

H16　位于BT0501-BT0602东北部和AT0502-AT0601东南部，向东进入两探方的东隔梁及未发掘区，清理不完整。开口于两探方的第10层下，打破第11层及生土。已发掘部分平面略呈半圆形，直径13.75米，口大底小，底部平坦，深0.6米左右。此灰坑面积较大，可能是利用凹地而形成的（图一九）。

坑内填土根据土质土色的不同可分为四层。

第1层：灰白色黏土，土质紧密。仅分布于坑之北部。厚0～0.3米。出土极少的陶片、青瓷片，无可辨器形。

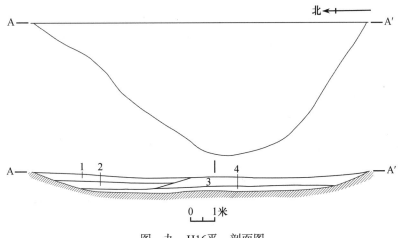

图一九　H16平、剖面图

第2层：灰黑色黏土，土质紧密，夹杂少量红烧土粒和炭屑。仅分布于坑之北部。厚0～0.25米。出土极少的陶片、青瓷片，无可辨器形。

第3层：土质土色接近第2层，但不见红烧土粒和炭屑，瓦砾较多。仅分布于坑之南部。厚0～0.45米。主要出土物除瓦片和较少陶片外，还有纺轮、半两钱等。瓦片有筒瓦、板瓦两种，以前者为主。陶片可辨器形为钵。

钵　1件。H16③：12，泥质灰陶。敞口，尖唇，弧腹，平底微凹。口径11.8、底径4.2、通高4.1厘米（图二〇，3）。

陶纺轮　2件。H16③：2-1，泥质黑褐陶。截尖圆锥状，腹壁呈阶梯状。上径1、底径3、通高2.2、穿径0.5厘米（图二〇，21）。H16③：2-2，泥质灰陶。圆台形，腹壁外鼓。轮身饰数周凹弦纹。直径3.2、通高1.7、穿径0.6厘米（图二〇，22）。

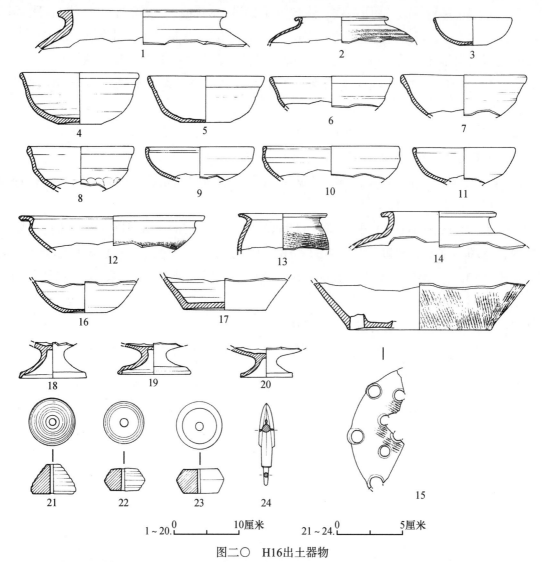

图二〇　H16出土器物

1、2. 瓮（H16④：63、H16④：65）　3～8. 钵（H16③：12、H16④：52、H16④：53、H16④：56、H16④：61、H16④：62）

9～11. 豆盘（H16④：32、H16④：40、H16④：45）　12. 浅腹盆（H16④：71）　13. 釜（H16④：59）　14. 小口鼓腹罐

（H16④：28）　15～17. 器底（H16④：26、H16④：24、H16④：47）　18～20. 豆座（H16④：25、H16④：46、H16④：75）

21～23. 纺轮（H16③：2-1、H16③：2-2、H16④：4）　24. 铜镞（H16④：10）（除24外皆为陶器）

另出土四铢半两1枚、榆荚半两1枚，简报介绍从略。

第4层：灰白色沙土，含有少量炭屑，土质较疏松。较平整地分布于整个坑底。厚约0.2米。出土物主要是大量陶片和较少瓦片。陶片分泥质陶和夹砂陶两种，以泥质灰陶占绝大部分。多数素面无纹饰，有少量饰绳纹、凸弦纹、方格纹、附加堆纹等。陶器可辨器形有瓮、浅腹盆、深腹盆（甑）、钵、小口鼓腹罐、釜、豆、纺轮等，另出1枚铜镞及八铢半两、四铢半两、五铢、"大泉五十"等钱币。

瓮　2件。H16④：63，泥质灰陶。直口微侈，平折沿略外斜，方唇微凹，矮领，广斜肩。口径27.2、残高5.8厘米（图二〇，1）。H16④：65，泥质灰陶。敛口，口缘内凸，平沿，沿面微弧，斜方唇，矮领，广圆肩。肩部饰弦断细绳纹。口径14.2、残高3.9厘米（图二〇，2）。

浅腹盆　1件。H16④：71，泥质灰褐陶。敛口，平沿，沿面略弧，斜方唇，矮领，斜直腹急收。下腹滚压交错细绳纹。口径28.8、残高5厘米（图二〇，12）。

深腹盆　18件。H16④：12，夹细砂灰陶。直口，卷沿，圆唇，深直腹。上腹饰凸弦纹一周。口径48.8、残高7.4厘米（图二一，1）。H16④：16，夹细砂灰陶。敛口，窄沿，沿面弧，圆唇，深弧腹。口径32.8、残高10厘米（图二一，3）。H16④：17，泥质灰陶。敛口，口缘略尖，窄平沿，斜方唇，矮领，深弧腹。下腹滚压纵向细绳纹。口径44、残高6.2厘米（图二一，2）。H16④：21，泥质灰陶。口缘内敛较甚成"丁"字口，窄沿，斜方唇，斜直腹。口径36.8、残高5.2厘米（图二一，4）。H16④：27，泥质灰褐陶。敛口，平折沿，方唇，束颈，削肩。口径28.4、残高8厘米（图二一，5）。H16④：33，泥质灰褐陶。敛口，折沿，斜方唇，深直腹。上腹饰弦断细绳纹。口径56、残高8厘米（图二一，6）。H16④：36，泥质灰褐陶。敛口，口缘内凸较甚，平折沿，方唇，矮领，深弧腹。下腹滚压纵向细绳纹。口径42、残高6.6厘米（图二一，7）。H16④：41，夹细砂灰褐陶。直口微侈，平沿，沿面微凹，斜方唇，矮领，深直腹。腹部滚压纵向断续细绳纹。口径34.8、残高8厘米（图二一，8）。H16④：42，夹细砂灰陶。敛口，平沿，斜方唇，深直腹。口径30.4、残高5.4厘米（图二一，9）。H16④：43，夹细砂灰陶。侈口，宽平沿，圆唇内勾，深直腹。口径49.2、残高5.2厘米（图二一，11）。H16④：49，泥质灰褐陶。敛口，口缘内凸较甚，平沿，方唇微凹，矮领，深弧腹。下腹滚压纵向细绳纹。口径36.8、残高7.4厘米（图二一，12）。H16④：50，泥质灰褐陶。直口微敛，窄弧沿，斜方唇，上腹短直，下腹斜直，平底。上下腹转折处有凸棱一周，内底暗划菱形网格纹。口径35.2、底径18.4、通高19.2厘米（图二一，10）。H16④：54，泥质黄褐陶。敛口，口缘内凸较甚，平沿，斜方唇，矮领，深弧腹。腹部滚压纵向细绳纹。口径40.8、残高7厘米（图二一，13）。H16④：58，泥质灰褐陶。敛口，口缘内凸较甚，折沿，方唇，矮领，深弧腹。腹部滚压纵向细绳纹。口径43.2、残高6.6厘米（图二一，14）。H16④：66，泥质灰陶。口部内敛较甚成"丁"字口，平沿，斜方唇，矮领，深直腹。腹部滚压斜向细绳纹。口径42.4、残高7.2厘米（图二一，15）。H16④：67，泥质灰陶。敛口，平沿，斜方唇，矮直领，深直腹。口径48.4、残高6.4厘米（图二一，16）。H16④：68，泥质灰陶。敛口，口部内凸较甚，平沿，斜方唇，矮领，深弧腹。口径49.6、残高5.8厘米（图二一，17）。H16④：70，泥质灰陶。敛口，平折沿，斜方唇微凹，矮领，削肩，弧腹。领、肩腹部滚压纵向绳纹，磨泐不清，下腹近底部有刀削修正痕迹。口径32.4、残高7.8厘米

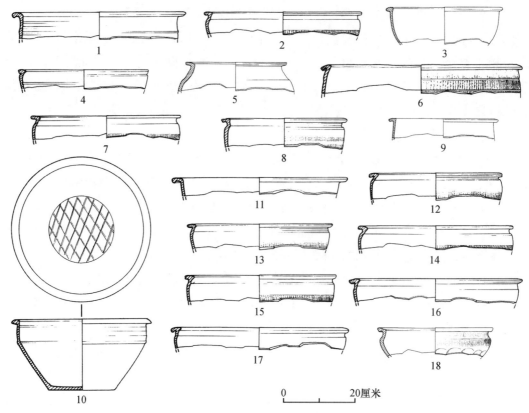

图二一　H16第4层出土陶深腹盆

1. H16④：12　2. H16④：17　3. H16④：16　4. H16④：21　5. H16④：27　6. H16④：33　7. H16④：36　8. H16④：41
9. H16④：42　10. H16④：50　11. H16④：43　12. H16④：49　13. H16④：54　14. H16④：58　15. H16④：66　16. H16④：67
17. H16④：68　18. H16④：70

（图二一，18）。

钵　5件。H16④：52，泥质灰褐陶。敞口，圆唇外卷，弧腹，平底微凹。口径17.4、底径6.5、通高7.6厘米（图二〇，4）。H16④：53，泥质黄褐陶。敞口，圆唇外卷，弧腹，小平底。上腹勒印凹弦纹一周。口径17.4、底径7.6、通高6.8厘米（图二〇，5）。H16④：56，泥质灰陶。敞口，圆唇外卷，上腹斜直，有一道折棱。口径18.8、残高4.5厘米（图二〇，6）。H16④：61，夹细砂灰褐陶。敞口，圆唇外卷，上腹斜直，有一道折棱。口径19.2、残高6厘米（图二〇，7）。H16④：62，泥质黑褐陶。敞口，扁圆唇外卷，上腹斜直，下腹弧收，上下腹之间有一道折棱。下腹近底部可见明显刮削修整痕迹。口径16.4、残高6.4厘米（图二〇，8）。

小口鼓腹罐　1件。H16④：28，泥质灰褐陶。直口微侈，平沿，方唇微凹，矮领，广肩。口径17.6、残高5.4厘米（图二〇，14）。

釜　1件。H16④：59，泥质灰陶。敛口，仰折沿，沿面略弧，斜方唇，束颈，深弧腹。腹部滚压横向细绳纹。口径13.6、残高5.2厘米（图二〇，13）。

豆盘　3件。H16④：32，泥质黄褐陶。敛口，圆唇内卷，弧腹。口径16.8、残高5厘米（图二〇，9）。H16④：40，泥质灰褐陶。敛口，圆唇，深弧腹。腹内壁勒印凹弦纹两周。口径20.8、残高5厘米（图二〇，10）。H16④：45，泥质灰褐陶。敛口，圆唇内卷，深弧腹。口径15.6、残高5.4厘米（图二〇，11）。

豆座 3件。均为矮柄，喇叭口形座。H16④：25，泥质灰陶。座面斜直，底部内折呈盘口状。底径10.4、残高5.3厘米（图二〇，18）。H16④：46，泥质黄褐陶。座面较平，底部内折呈盘口状。底径11.4、残高4.4厘米（图二〇，19）。H16④：75，夹细砂灰褐陶。座面斜直。底径8、残高4.4厘米（图二〇，20）。

器底 3件。H16④：24，泥质灰陶。弧腹，平底微凹。底径6.8、残高4.6厘米（图二〇，16）。H16④：26，甑底。泥质灰陶。下腹斜直，平底微凹，底部由外至内戳出圆穿。下腹及底部均拍印绳纹，磨泐严重。底径20.8、残高7厘米（图二〇，15）。H16④：47，夹细砂灰褐陶。下腹斜直，平底微凹。底径12.8、残高4.8厘米（图二〇，17）。

纺轮 1件。H16④：4，泥质黄褐陶。圆台形，腹壁外鼓。直径2.6、通高1.8、穿径0.5厘米（图二〇，23）。

铜镞 1件。H16④：10，尖锋，三翼形刃，关部较长，铤横截面为圆形。通长6厘米（图二〇，24）。

此外，还出土2件石斧、八铢半两1枚、四铢半两4枚、五铢4枚、大泉五十1枚，简报介绍从略。

（二）灰沟

本年度在遗址Ⅰ区发掘灰沟6条，以G4为例进一步介绍。

G4 位于DT0305-DT0406中部和DT0105-DT0206西北角，北部进入DT0105-DT0206北隔梁下及未发掘区。开口于第10层下，打破两探方的第12层、F3、F14、F16。平面略呈曲尺形，现发掘长度约13.7米。沟之西段为东西走向，用青灰色石块垒砌沟边，上下叠压，多则5层，少则3层，修筑规整，长8.8、口宽0.35～0.5、底宽0.2～0.4、深0.25～0.65米。延伸至东部近转弯处附近，沟底明显沉降；在折向东北的转弯处开始，未用石块垒砌沟边，为较规整的圆弧形，明显经过人为修整，长约4.9、口宽0.9～1.1、底宽0.7～1、深0.65米左右（图二二）。

沟内堆积根据土质土色不同可分为二层。

第1层：深灰色黏土，土质紧密、坚硬，夹杂大量炭屑、红烧土点。厚0.25～0.4米。出土半两钱、陶器残片等。陶器可辨器形有深腹盆、小口鼓腹罐、豆、钵等。

深腹盆 3件。G4①：7，泥质灰褐陶。敛口，口缘内凸较甚，平沿，斜方唇微凹，矮领，深直腹。口径44.8、残高6厘米（图二三，3）。G4①：8，泥质灰陶。敛口，口缘内凸较甚，平沿，斜方唇，矮领，斜直腹。下腹饰弦断细绳纹。口径36.8、残高7.6厘米（图二三，6）。G4①：13，泥质灰褐陶。敛口，口缘内凸较甚，平沿，斜方唇微凹，矮领，深直腹。腹部滚压纵向绳纹，磨泐严重。口径48、残高6.8厘米（图二三，1）。

小口鼓腹罐 1件。G4①：3，泥质黄褐陶。侈口，口缘略内凸，平沿，沿面略弧，斜方唇微凹，领部较高，圆肩。肩部饰弦断细绳纹。口径18、残高10.4厘米（图二三，2）。

豆盘 1件。G4①：14，泥质灰褐陶。敛口，圆唇内卷，圆弧腹。口径20.4、残高5.8厘米（图二三，7）。

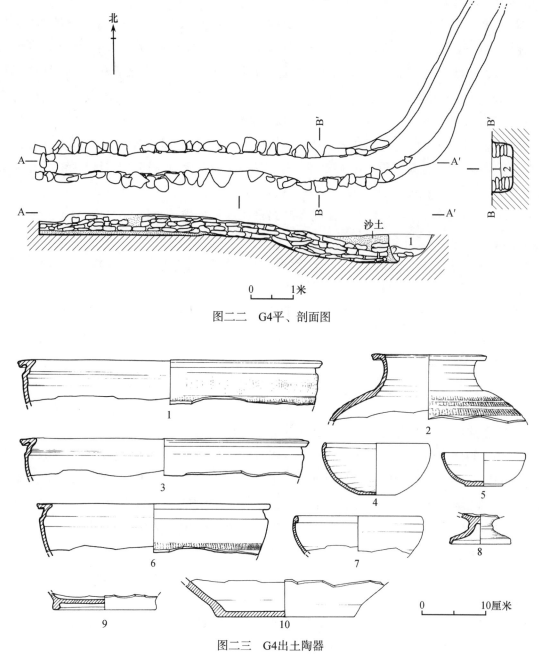

图二二　G4平、剖面图

图二三　G4出土陶器

1、3、6. 深腹盆（G4①：13、G4①：7、G4①：8）　2. 小口鼓腹罐（G4①：3）　4、5. 钵（G4①：5、G4①：6）
7. 豆盘（G4①：14）　8. 豆座（G4①：12）　9. 圈足（G4①：16）　10. 器底（G4①：15）

豆座　1件。G4①：12，泥质灰陶。矮柄，喇叭口形座，底部内折呈盘口状。底径9.6、残高4.6厘米（图二三，8）。

钵　2件。G4①：5，泥质灰褐陶。敛口，圆唇内卷，深弧腹，平底。口径15.5、底径5.8、通高7.8厘米（图二三，4）。G4①：6，泥质灰褐陶。直口微敛，方唇，圆弧腹，矮饼足。口径13、底径6、通高5厘米（图二三，5）。

圈足　1件。G4①：16，泥质灰褐陶。底径16.4、残高2.4厘米（图二三，9）。

器底　1件。G4①：15，夹细砂灰褐陶。下腹斜直，近底部曲折，平底。底径21.6、残高

6.2厘米（图二三，10）。

另出有2枚四铢半两，简报介绍从略。

第2层：淤沙层，夹杂大量炭屑，较疏松。厚0～25厘米。仅分布于沟之东部。此层较为纯净，无包含物。

（三）墓葬

本年度共清理墓葬3座，其中M3系战国时期竖穴土坑墓，本简报从略；其余2墓的年代为汉六朝时期。

M1　位于BT0501-BT0602东部偏南，开口于第8层下，打破第10层、H16。为长方形竖穴土坑墓，长2.08、宽1.02、残深0.04～0.16米。方向315°。从残存头骨、盆骨和肢骨的情况看，应为仰身直肢葬。墓主头骨前置瓷碗1件，碗东侧并排放有漆器，仅余红色漆皮残痕，形制不明。头部西侧墓壁下有大块动物骨骼，可能也具有葬俗上的含义（图二四）。

瓷碗　1件。M1：1，略残。敛口，方唇，弧腹，小饼足微凹。青釉，灰褐胎，内满釉，外施釉不到底。口径14、底径4.8、通高6.8厘米（图二四，1）。

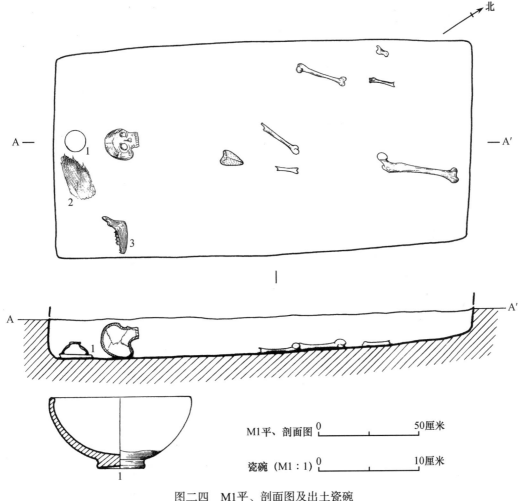

图二四　M1平、剖面图及出土瓷碗

1.瓷碗　2.漆器残痕　3.兽骨

M4 位于BT0503-BT0604中部，开口于第11层下，打破生土。为长方形竖穴土坑墓，长1.96、宽0.9、残深0.35米。方向325°。墓主尸骨仅残留两段肢骨。墓室东南角置一以陶钵作盖的小口圜底罐（图二五）。

带盖小口圜底罐 1件。M4∶1，泥质灰褐陶。敛口，窄弧沿，尖圆唇，矮直领，广斜肩，弧腹，圜底。腹部滚压纵向细绳纹。口径11.6、最大腹径21.2、通高12.3厘米。作为盖子的陶钵亦为泥质灰褐陶，敞口，扁圆唇外卷，弧腹，平底微凹。口径17、底径6.2、通高7厘米。二者组合之后通高16.1厘米（图二五，1）。

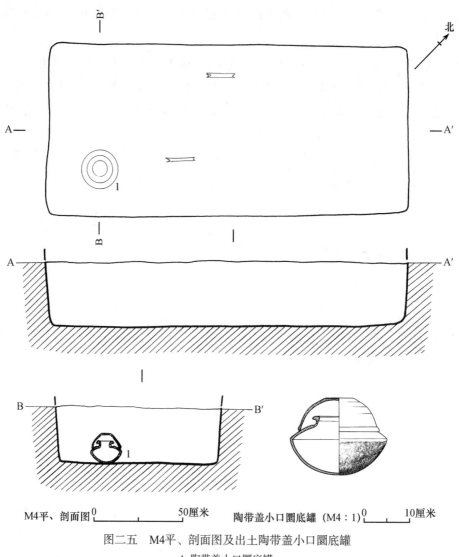

M4平、剖面图 0 ⎣⎯⎯⎯⎯⎯⎦ 50厘米　　陶带盖小口圜底罐（M4∶1）0 ⎣⎯⎯⎦ 10厘米

图二五　M4平、剖面图及出土陶带盖小口圜底罐

1.陶带盖小口圜底罐

四、结　语

　　F15台基垫土最底部的第3层出土五铢钱，虽因残甚钱文特征不明，但表明该房址的兴建当在西汉中期或以后。由于F1利用了F15的部分台基，则F1的兴建年代应为F15废弃年代的下限。F1的D1内发现1枚剪轮五铢钱，年代应为东汉晚期，则F15的使用年代，大体可以确定在西汉中晚期到东汉晚期之间。F1的使用年代，由于垫土内出土青瓷残片，而垫土未能区分出使用和废弃过程中形成的"房内堆积"与房屋建造过程堆积，这些青瓷片也有可能属于房内堆积，则其使用年代，可大体推定在东汉晚期到六朝时期。

　　F6第17号柱础内出土五铢钱1枚（图一二，25），从钱文特征分析，年代应在西汉中期，这是判断F6年代上限的重要依据。至于其年代下限，综合地层关系、出土遗物及房屋的建筑细节情况等分析，应在六朝早期。这个房子的使用时间较长，还可以从柱础构造方式的多样性、正房北侧山墙上增建房屋等情况得到印证，表明在较长时期的使用过程中，屡有修缮增建。

　　H2、H16、M1出有瓷器，年代应在六朝时期。结合地层关系和出土遗物的状况，我们初步将H3的年代定为六朝时期，H13为东汉时期，G4为汉六朝时期，M4为六朝时期。这些年代判断，将来随着相关地层单位资料的进一步公布，将更加清晰。

　　自1997年展开大规模发掘以来，李家坝遗址以先秦时期尤其是东周时期巴文化遗存最为引人关注。本年度在遗址Ⅰ区发掘所获资料，以汉六朝时期遗存为主，一方面表明临河的区域应为汉六朝时期聚落的中心所在，由于人类活动频繁，对早期遗存的破坏较为严重；另一方面，也说明西汉中期汉文化确立之后，此地依然是小区域内的一个繁盛中心。M1、M4为竖穴土坑墓，年代较晚，其在Ⅰ区的出现，可能和97ⅠM11[①]、98ⅠM1[②]等墓葬一起，标志着自春秋晚期以来在遗址Ⅰ区形成的大规模聚落[③]至此宣告废弃。

　　1997年以来，李家坝遗址发现较多的汉六朝时期遗存，包括灰坑、灰沟、陶窑、墓葬[④]及数量较多的各类遗物等，在遗址西北方向山麓地带的高家堡和石板梁[⑤]、小江对岸的走马岭也清理了汉六朝时期的墓地[⑥]，但房屋建筑的情况一直不够清楚，本年度发现并清理的11座汉六朝时期的房址，在相当程度上弥补了这一缺憾，使得汉六朝聚落的整体面貌更加清晰。

---

　　①　四川大学历史文化学院考古学系、云阳县文物管理所：《云阳李家坝遗址发掘报告》，《重庆库区考古报告集·1997卷》，科学出版社，2001年。

　　②　四川大学历史文化学院考古学系、云阳县文物管理所：《云阳李家坝遗址发掘报告》，《重庆库区考古报告集·1998卷》，科学出版社，2003年。

　　③　四川大学历史文化学院考古学系、云阳县文物管理所：《云阳李家坝遗址发掘报告》，《重庆库区考古报告集·1998卷》，科学出版社，2003年。

　　④　李家坝遗址汉六朝时期的墓地，以遗址Ⅳ区（小地名乌龟包）最为集中，参见四川大学考古学系、重庆市云阳县文管所：《云阳李家坝遗址Ⅳ区汉六朝墓葬发掘简报》，《南方民族考古（第八辑）》，科学出版社，2012年。

　　⑤　四川大学历史文化学院考古学系、云阳县文物管理所：《云阳李家坝10号岩坑墓发掘报告》《云阳李家坝37号岩坑墓发掘报告》，《重庆库区考古报告集·1997卷》，科学出版社，2001年。

　　⑥　重庆市文物局、重庆市移民局：《云阳走马岭墓地》，科学出版社，2011年。

　　我们相信，随着资料的进一步整理和完整报告的发表，本年度发掘所获遗存必将为研究峡江地区汉六朝时期社会文化面貌、构建分期编年序列，乃至探讨全国范围内该时期的基层聚落等重要学术问题提供宝贵资料。

　　附记：本次发掘领队为四川大学考古学系白彬，参加发掘的人员有四川大学考古学系黄伟、何元洪，硕士研究生杨勇、侯波，本科生于桂兰，技工贺军虎、祁自力、王小朋、李保国、贺美娟等。现场摄影白彬、黄伟、何元洪。资料整理周克林、王波、代丽鹃、赵晓华、赵振江、谢莉亚、黄伟、何元洪、白彬、赵德云等。器物修复金鹏功、赵振江。拓片黄广明、赵振江。绘图代丽鹃、谢莉亚等，墨线清绘卢引科、刘春城、余朝臣。

执笔：赵德云　陈　昀　何元洪

代丽鹃　白　彬

　　（原载四川大学博物馆、四川大学考古学系、成都文物考古研究所：《南方民族考古（第十三辑）》，科学出版社，2017年）

云阳李家坝遗址2002年度发掘简报

四川大学考古文博学院
云阳县文物保护管理所

李家坝遗址是三峡工程淹没及迁建区地下文物保护抢救规划的A级项目，关于其位置、地形、分区及历年发掘区位置等基本信息，可参见《云阳李家坝遗址2001年度发掘简报》[①]，此处不再重复。

2002年度的发掘，分为春夏季和秋冬季两个时段进行，总发掘面积8115平方米，是历年最大的一次。其中Ⅰ区发掘面积近7000平方米，清理出一批战国到汉六朝时期聚落居住址遗存，年代明确，价值重要。由于遗迹丰富，遗物众多，限于篇幅，本简报重点报道其中的汉六朝时期聚落居住址遗存。

一、本年度发掘区地形地貌和地层堆积

2002年度在Ⅰ区布设5米×5米探方34个，10米×10米探方38个，10米×15米探方2个，5米×10米探沟1条，5米×15米探沟1条，5米×20米探沟1条，5米×30米探沟2条，5米×50米探沟6条（图一），共计6975平方米，发掘面积大，对于判断遗址Ⅰ区原生地貌、地层堆积成因和特点等问题提供了条件。

总体而言，Ⅰ区现地表由北向南倾斜，北部近山，地势较高；南部近小江河岸，地势较低。除东部邻近水塘密布的低凹地带地势有所沉降外，其余区域变化较为平缓，没有大的地势起伏。本年度发掘区位于Ⅰ区偏北，地势较2001年度发掘区为高。

本年度发掘区内的原生地貌与现地形地貌差异较大。从发掘后的情况看，西北最高，往南、往东渐次降低，降低的幅度远比发掘前为大；东部由于早期即有一条从北部山峦而下的大冲沟的存在，地势最低。发掘前的地形地貌，是在数千年人类活动、洪水冲积等反复淤积的基础上，近现代平整耕地最终形成的结果。因此，发掘区内各处地层堆积厚薄和层次不一，最厚者达5米，可以区分为29层；最薄处0.5米左右，仅可区分为4~5层。堆积年代早可至春秋晚期，历战国、两汉、六朝、唐宋、明清直至近现代。

具体而言，本年度发掘区可以分为西北区、中区、东区三个区域，以下分别介绍。

西北区：在02ⅠDT0518-0521（以下探方号省略年度代码02、区号代码Ⅰ）、DT0516-0617、DT0514-0615、DT0913-1004、DT0712-0813等探方，地层堆积最薄处仅0.5米左右，可分4~5层。在DT0511-0613南部、DT0313-0414东部堆积厚度及层次开始发生变化。以DT0313-0414南

① 四川大学考古学系、云阳县文物管理所：《云阳李家坝遗址2001年度发掘简报》，《南方民族考古（第十三辑）》，科学出版社，2017年。

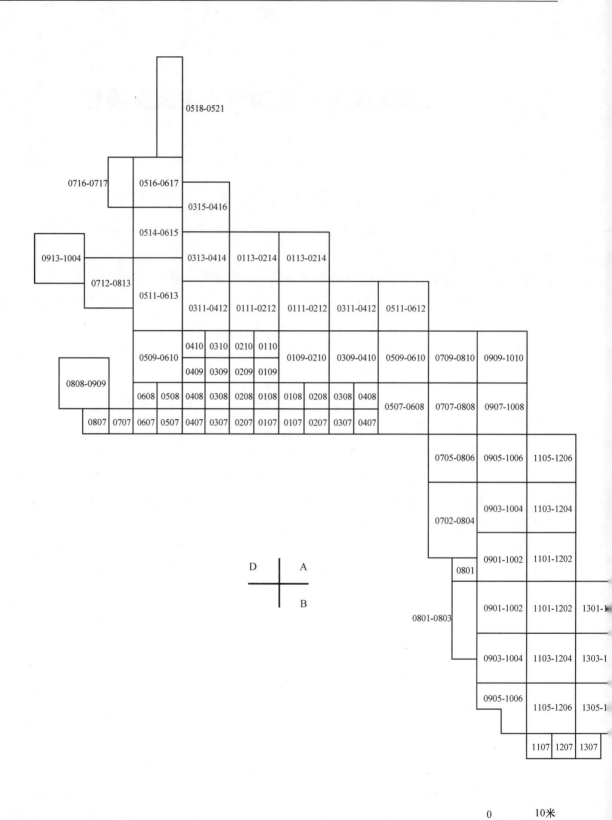

图一　李家坝遗址2002年度Ⅰ区布方

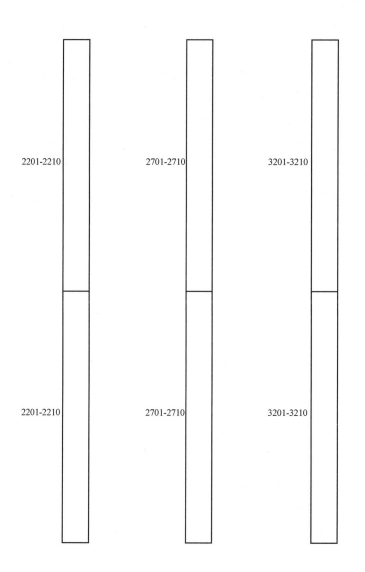

壁（图二）为例说明。

第1层：深褐色沙土，土质疏松。厚0.05～0.3米。内含较多植物根系，为现代耕种层。

第2层：浅褐色黏土，土质紧密。厚0～0.25米。探方西部缺失本层。包含较多植物根系及瓦砾，为近现代地层堆积。

第3层：红褐色淤沙，土质松软。探方西、南部缺失本层。为清代至民国时期洪水淤积形成。

第4层：青黄色沙土，土质松软。厚0～0.2米。仅分布于探方中南部。为清代至民国时期洪水淤积形成。

第5层：红褐色黏土，土质紧密。厚0～0.3米。探方西北部缺失本层。为明清时期地层堆积。

第6层：黄褐色黏土，夹杂零星灰色斑点，土质紧密。厚0～0.38米。探方西北部缺失本层。为明清时期地层堆积。

第7层：灰褐色黏土，夹杂零星灰色斑点，土质紧密。厚0～0.3米。探方北部缺失本层。为唐宋时期地层堆积。

第8层：褐色黏土，夹杂零星灰色斑点，土质紧密。厚0～0.2米。探方西、北部缺失本层。出土瓷片和瓦砾残渣等，瓷片可辨器形有钵等。为唐宋时期地层堆积。

第9层：黑色黏土，含水较重，土质松软。厚0.1～0.65米。出土大量陶片和瓦片。陶片可辨器形有缸、瓮、盆（甑）、小口圜底罐、直领罐、钵、豆等。为六朝时期地层堆积，02ⅠH13（以下遗迹号省略年度代码02、区号代码Ⅰ）、H19开口于本层下。

第10层：灰黄色黏土，土质紧密。厚0～0.5米。探方西、北部缺失本层。出土少量瓦片及大量陶片，陶片可辨器形有深腹盆、浅腹盆、小口圜底罐、釜、盒、豆、钵等。为东汉时期地层堆积。

第11层：灰褐色黏土，夹杂少量沙和灰烬，土质紧密。厚0.1～0.3米。由北向南略呈斜坡堆积。为东汉时期地层堆积。

第12层：灰色黏土，土质紧密。厚0～0.2米。仅分布于探方西南角。为西汉时期地层堆积。

第13层：黄褐色黏土，土质紧密。仅分布于探方东北部。为战国时期地层堆积。

第13层下为黄色生土，F25营建于生土之上。

中区：此区与西北区的界限，已如前述；与东区的界限，大体在AT0311-0412、AT0509-0610、AT0707-0808的东部，其东地势再次下降。本区域内地层堆积厚1.5～2米。以AT0109-0210西壁（图三）为例说明。

第1层：深褐色沙土，土质疏松。厚0.08～0.25米。包含较多植物根茎，有零星青花瓷片出土，为现代耕种层。有近现代扰坑开口于本层下。

第2层：褐色黏土，土质较疏松。厚0.12～0.2米。出土零星青花瓷片，为近现代地层堆积。

第3层：青灰色淤沙，土质疏松。厚0.08～0.35米。为清代至民国时期洪水淤积形成。

第4层：红褐色淤泥，土质较紧密。厚0.05～0.1米。为清代至民国时期洪水淤积形成。

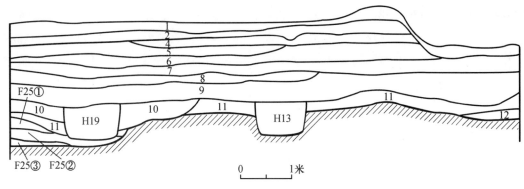

图二　DT0313-0414南壁剖面图

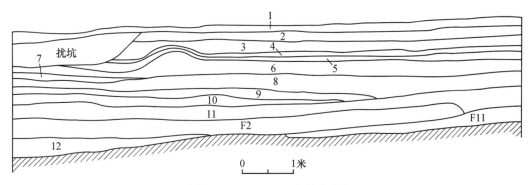

图三　AT0109-0210西壁剖面图

第5层：青灰色淤沙，土质较疏松。厚0.05～0.2米。为清代至民国时期洪水淤积形成。

第6层：红褐色沙土，土质较疏松。厚0.1～0.45米。出土少量青花瓷片，为清代至民国时期洪水淤积形成。

第7层：青黄色淤沙，土质疏松。厚0～0.1米。探方东北部缺失本层。为清代至民国时期洪水淤积形成。

第8层：红褐色黏土，夹杂黄色锈斑，土质结构紧密。厚0.1～0.4米。出土少量青瓷片、青花瓷片及陶片。为明清时期地层堆积。

第9层：灰褐色黏土，夹杂黑色锈斑，土质紧密。厚0～0.2米。探方东南、西北部缺失本层。出土少量陶片和青瓷片。为唐宋时期地层堆积。

第10层：褐色黏土，夹杂黑色锈斑，土质紧密。厚0～0.2米。探方北部缺失本层。出土大量陶片、较多瓦片及少量瓷片，陶片可辨器形有缸、盆（甑）、钵等。为唐宋时期地层堆积。

第11层：黑色黏土，包含较多红烧土粒，土质疏松。厚0.15～0.45米。出土物有大量陶片和瓦片，另有部分青瓷片以及五铢钱等。陶片可辨器形有缸、瓮、盆（甑）、小口鼓腹罐、钵等。为六朝时期地层堆积。此层下叠压F2、F11。

第12层：灰色黏土，土质较疏松。厚0～0.38米。探方东北部缺失本层。出土较多陶片。为西汉时期地层堆积。F2营建于本层之上。

第12层下为黄色生土，F11营建于生土之上。

东区：此区域由于地势较低，堆积层次较厚。地层最丰富的一个探方是BT1103-1204，共29层。这种状况形成的原因，除了地势较低之外，更兼有一条大冲沟从AT0511-0612开始，沿AT0709-0810、AT0707-0808、AT0907-1008等一直向南，直到BT1105-1206折而向东，从BT1305-1406穿出本年度发掘区。这些状况导致东部区域自唐宋以来洪水冲刷形成的堆积得以完整保存。第1～14层（个别探方甚至到第19层）堆积的成因，都是由于洪水反复冲刷而形成的。以BT1103-1204北壁（图四）为例说明。

　　第1层：深褐色沙土，土质疏松。厚0.05～0.25米。内含大量植物根茎，为现代耕种层。

　　第2层：褐色黏土，土质较紧密。厚0.1～0.35米。为近现代地层堆积。

　　第3层：青灰色淤沙，土质疏松。厚0.05～0.35米。为清代至民国时期洪水淤积形成。

　　第4层：青灰色淤泥，土质紧密。厚0.05～0.35米。为清代至民国时期洪水淤积形成。

　　第5层：红褐色淤土，含沙较大，夹杂黑斑。厚0.15～0.3米。为清代至民国时期洪水淤积形成。

　　第6层：青灰色淤沙，土质疏松。厚0.1～0.15米。为清代至民国时期洪水淤积形成。

　　第7层：红褐色沙土，夹杂黄斑，土质较紧密。厚0.1～0.5米。为清代至民国时期洪水淤积形成。

　　第8层：红褐色黏土，土质较紧密。探方东、北部缺失本层。为明清时期地层堆积。

　　第9层：黄褐色黏土，夹杂黄斑，土质紧密。厚0.05～0.12米。为明清时期地层堆积。

　　第10层：灰褐色黏土，含少量沙，土质较疏松。厚0～0.4米。探方西南角缺失本层。为唐宋时期地层堆积。

　　第11层：黄色沙土，土质疏松。探方北部缺失本层。为唐宋时期地层堆积。

　　第12层：褐色黏土，夹杂少量黑斑，土质较紧密。探方北部缺失本层。为唐宋时期地层堆积。

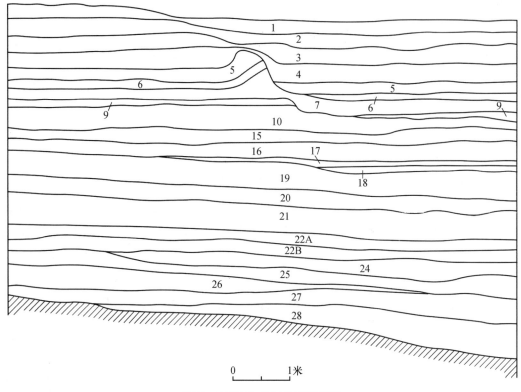

图四　BT1103-1204北壁剖面图

第13层：浅灰色黏土，夹杂铁锈斑点，沙性较重，土质较紧密。探方北部缺失本层。为唐宋时期地层堆积。

第14层：灰褐色黏土，夹杂密集黑斑，土质较硬。探方东、北部缺失本层。为唐宋时期地层堆积。

第15层：黄褐色沙土，土质较疏松。厚0~0.25米。探方西南部缺失本层。为唐宋时期地层堆积。

第16层：灰色黏土，夹杂少量黑斑，土质细腻紧密。厚0~0.35米。探方西南部缺失本层。为唐宋时期地层堆积。

第17层：黄灰色黏土，夹杂大量黑斑、黄斑，土质较硬。厚0~0.12米。探方西南部缺失本层。为唐宋时期地层堆积。

第18层：黄灰色黏土，夹杂少许黑、黄色锈斑，土质稍硬。厚0~0.1米。仅分布于探方东北部和东南部。为唐宋时期地层堆积。

第19层：红褐色黏土，夹杂褐斑，土质紧密。厚0.35~0.5米。为唐宋时期地层堆积。

第20层：灰黑色黏土，夹杂红褐色锈斑，内含炭屑和烧土残碎块，土质较紧密。厚0.18~0.3米，分布呈西南部高东北部低的走势。出土较多青瓷片、瓦片、陶片，陶片可辨器形有深腹盆、浅腹盆、豆、瓮、小口鼓腹罐等，瓷片可辨器形有碗等。为六朝时期地层堆积。

第21层：黑色黏土，土质较紧密。厚0.45~0.55米。出土大量陶片和瓦片，陶片可辨器形有瓮、深腹盆、小口鼓腹罐、器盖等。为六朝时期地层堆积。

第22A层：灰黄色黏土，土质较紧密，东南部土质较纯净，北半部含少量炭屑、残碎骨殖。厚0~0.25米。探方西南角缺失本层。出土陶片可辨器形有瓮、深腹盆、小口鼓腹罐、豆、盒、器盖等。为东汉时期地层堆积。

第22B层：灰黄色黏土，夹杂少量绿色锈点，土质较紧密。厚0~0.25米。探方西南部缺失本层。出土瓦片、陶片等，陶片可辨器形有深腹盆、小口鼓腹罐、豆、盒等。为东汉时期地层堆积。

第23层：灰色黏土，内含大量炭屑、黄土残块和少量烧土块，土质较紧密。厚0~1米。探方西、北部缺失本层。为西汉时期地层堆积。

第24层：浅灰色沙土，夹杂绿色锈斑，土质较紧密。厚0~0.35米。探方西南部缺失本层。出土少量陶片，可辨器形有豆等。为战国晚期到西汉早期地层堆积。

第25层：灰色沙土，夹杂较多绿色锈点和炭屑，土质较紧密。厚0~0.4米。探方东南部缺失本层。出土少量陶片，可辨器形有鬲、深腹盆、小口鼓腹罐、高领罐、釜、豆等。为战国晚期到西汉早期地层堆积。

第26层：深灰色黏土，内含大量炭屑，土质较疏松。厚0~0.4米。探方东南部缺失本层。出土大量陶片，可辨器形有瓮、鬲、深腹盆、小口鼓腹罐、花边口沿罐、釜、豆、器盖等。为战国时期地层堆积。

第27层：灰黄色黏土，夹杂绿锈及少量炭屑，土质较疏松。厚0~0.45米。探方西南部缺失本层。出土较多陶片，可辨器形有鬲、深腹盆、高领罐、豆等。为战国时期地层堆积。

第28层：浅灰色黏土，夹杂大量炭屑及少量绿色锈点，土质湿黏，含沙较重。厚0~0.6

米。探方西南部缺失本层。出土少量陶片，可辨器形有鬲、小口鼓腹罐、花边口沿罐、釜等。为春秋晚期到战国早期地层堆积。

第28层下为黄色生土。

二、汉六朝时期典型遗迹

本年度发掘的汉六朝时期遗存，除各探方的相关地层外，还有一批遗迹，包括房址、灰坑、灰沟、窑、灶坑、墓葬等。

1. 房址

共清理汉六朝时期房屋基址18座，保存状况不一。从构建方式上看，大体可分为两种类型。

A型　于地面起建台基，再于其上构建房屋。数量最多，达17座（F2～F5、F9～F16、F18、F19、F21、F22、F26），是汉六朝时期的主要建筑形式。由于各种人为和自然原因的破坏，整体保存状况不佳。以下以保存较好的F9、F16为例介绍。

F9　主体部分位于AT0507-0608、AT0705-0806、AT0707-0808三个探方内，东北角延伸进入AT0907-1008、AT0905-1006内。在不同探方出露层次和坐落层次不一。在AT0707-0808内出露于第18层下，营建于第23层之上；在AT0705-0806内出露于第13层下，营建于第14层及生土之上；在AT0507-0608内出露于第15层下，营建于第16层及生土之上。被G2打破，F14、H29开口于其下。台基平面呈较规整的长方形，长约15.5、宽约9米。台基系用石头垒砌台边，中间层层垫土夯筑，夯筑痕迹隐约可见。垫土大致可分6层。第1层：灰黄色黏土，土质紧密，厚0.1～0.2米；第2层：黄色黏土夹杂少量烧土块，土质紧密，厚0.1～0.5米；第3层：黄褐色黏土，土质紧密，厚0.05～0.15米；第4层：灰黄色黏土夹杂炭屑，土质紧密，厚0.05～0.33米；第5层：黄褐色黏土，土质紧密，厚0.08～0.23米；第6层：灰褐色黏土夹杂炭屑，土质紧密，厚0.06～0.65米。其中，第1、2、6层分布范围较大，第3～5层仅有局部铺垫。

房址北部由于紧邻一大沟，在垫土过程中铺有排列有序的石条，用以加固台基。台基平面发现5个柱洞（编号D1～D5），但排列不很规整，台基北部发现3个，中部、南部各发现1个。柱洞直径0.4～0.5、深0.2～0.5米。大致推测房子面阔三间、进深两间，推测门位于房屋南部，左右两侧各一，面朝彭溪河，方向209°。

台基东南角垫土内发现一陶瓮（F9：6），口部盖一石板，器表有火烧痕迹，且在台基西部包边石中发现一些货泉。推测它们均与某种奠基仪式有关（图五）。

F16　主体位于DT0113-0214北部，延伸进入AT0113-0214西北角，出露于第10层下，营建于生土及 H38、H40、H43、H45、F25之上。其北部现为陡坎，房基西北部的相当部分已不存；从平面形制分析，房基的西南部也有部分残缺。推测原平面应为长方形，残长最长处13.5、宽9米。房基垫土为黑黄交错的黏土，土质极其紧密，厚0.2～0.75米，无分层情况。居住面因长期踩踏，土质极为坚硬。平面发现柱础5个。其中明础2个（Zc1、Zc2），系将厚10厘

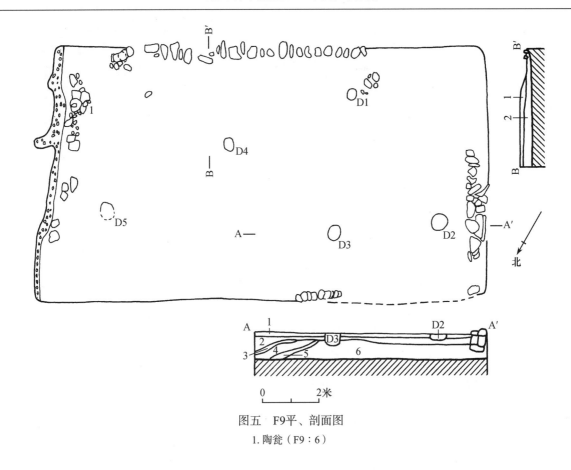

图五　F9平、剖面图
1.陶瓮（F9∶6）

米左右的平整石板直接置于台基上，石板形状不甚规整，长约0.3、宽约0.25米，它们或有因后期破坏造成移位的可能。暗础3个（D1、D2、D3），D1直径约0.5、深约0.4米，底部平铺三块石板；D2直径约0.5、深约0.6米，底部为数块鹅卵石；D3直径约0.35、深约0.5米，底部垫有一层小鹅卵石。台基东部残存墙基包边石长约2.5米，为两层石板堆积，高约0.2米，其外侧用瓦片平铺，推测为散水。西南部发现一条暗槽，长约3.75、宽约0.25、深约0.8米，功用不明。台基南侧偏西发现一方形坑，边长约0.4、深约0.6米，填土为黑土，内埋一陶小口鼓腹罐，其内发现有青膏泥，以一矮柄豆为盖。结合其他房址的同类遗存看，这个小口鼓腹罐可能与某种奠基仪式有关。台基东南角外部发现排水管，系用筒瓦铺就，延伸进入台基（图六）。

　　B型　平整地面，不建台基，直接立柱。仅1座，即F1。

　　F1　位于AT0307、AT0308内。出露于第7层下，建于第8层层表，打破F2。房屋破坏严重，从现存情况看，仅残存房子的东北部分，其规模、布局、朝向等无从判断。共发现残存柱础6个（Zc1~Zc6），其中Zc1~Zc3位于一条直线上，间距约0.5米，Zc5、Zc6位于一条直线上，间距1.7米。两条直线的延伸线彼此垂直。从Zc4的位置，我们推测此房址的结构应是带有回廊的建筑。从Zc4和Zc1~Zc3构成直线的距离看，回廊宽1米左右。6个柱础的构建方式大致可分为两种：Zc1~Zc5为明础，其中Zc1~Zc3、Zc5四个柱础用长、宽0.3~0.4、厚0.1米的近方形平整石板直接置于地面；Zc4是用三块石板铺接。Zc6的做法不同，是在地面先下挖一个直径为0.56、深0.5米的圆形坑，坑底平铺2~3层鹅卵石，再于其上填充黑灰色黏土，夯实之后置长0.55、宽0.3~0.45、厚0.2米的平整石板，石板表面与地表齐平（图七）。

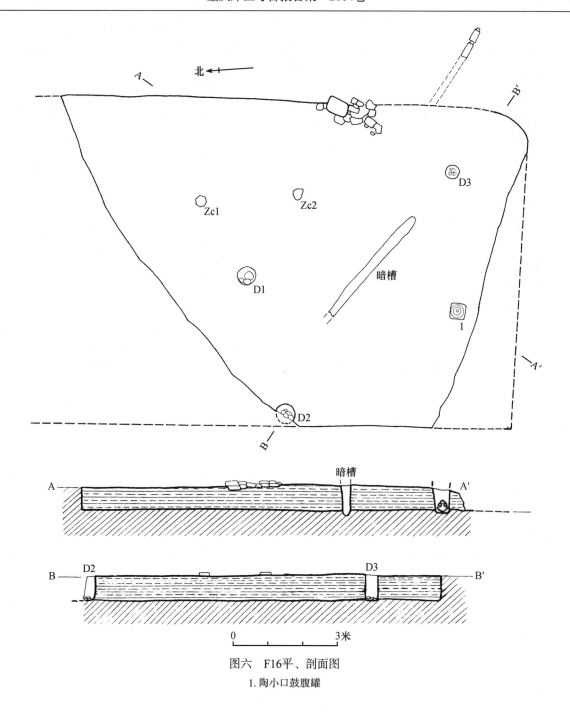

图六　F16平、剖面图

1. 陶小口鼓腹罐

2. 灰坑

共清理汉六朝时期灰坑31座，H13、H14、H17、H21、H23、H48等形制完整、出土遗物较为丰富，以下逐一介绍。

H13　位于DT0313-0414南部，部分延伸至DT0311-0412内。开口于DT0313-0414第9层下，打破第10、11层及生土。平面略呈圆角长方形，口大于底，坑口长2.16、宽1.18米，坑底长1.72、宽1.08米，深0.38～0.55米。填土为灰黑色黏土，水分较大，夹杂较多炭屑，出土遗物较多，有瓦片、陶片和五铢钱等。瓦片多为板瓦；陶片均为泥质陶，多为素面，以灰褐陶为主，黑褐陶次之，可辨器形有瓮、深腹盆、浅腹盆、钵等（图八）。

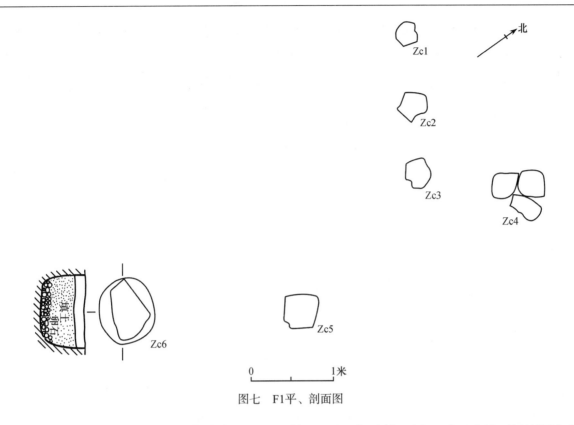

图七　F1平、剖面图

H14　位于DT0808-0909中部偏南。开口于第9层下，打破第10层。平面略呈不规则圆角长方形，口大底小，斜直壁，底部较平坦。坑口长1.83、宽1.72米，坑底长1.73、宽1.62米，深0.18~0.2米。坑内填土为灰褐色黏土，夹有大量砖瓦石块等，出土较多瓦片、陶片。陶片以泥质陶为主，另有夹细砂陶。泥质陶陶色主要有灰、黑褐、灰褐陶，另有极少红褐陶。以素面无纹饰者居多，有纹饰者多为凹弦纹，其他尚有粗绳纹、细绳纹和交错绳纹。夹细砂陶陶色以灰褐陶居多，另有少量黑褐陶；素面无纹饰者占一半左右，有纹饰者以网格纹为主，另有粗绳纹和弦断绳纹。可辨器形有瓮、深腹盆、浅腹盆、小口鼓腹罐等（图九）。

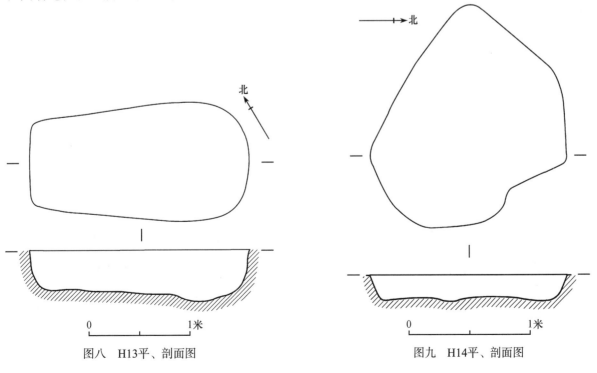

图八　H13平、剖面图　　　　　　　　　图九　H14平、剖面图

H17　位于DT0111-0212东北部。开口于第12层下，打破第13层。平面略呈长方形，最长处2.5、最宽处1、深0.1～0.2米。填土为黑色黏土，含有炭屑与骨头，灰坑南部有数量较多的石头与瓦片堆积。出土遗物包括建筑构件和陶片。建筑构件包括卷云纹瓦当、板瓦等。陶片以泥质陶为主，夹细砂陶也较多，另有极少夹粗砂陶。泥质陶陶色以灰、灰褐色为主，少量为黑褐、黄褐和红褐色。以素面无纹饰者占绝大多数，有纹饰者以粗绳纹较多，其他尚有网格纹、细绳纹、凹弦纹和弦断绳纹等。夹细砂陶中灰陶较多，另有黑褐陶、黄褐陶、灰褐陶和红褐陶。以素面无纹饰者为主，有纹饰者粗绳纹最多，其他尚有弦断绳纹、凹弦纹、网格纹和凸弦纹。可辨器形有深腹盆、小口鼓腹罐、小口圜底罐、釜，另有网坠1件（图一〇）。

H21　位于DT0113-0214西南角。开口于第10层下，打破第11层。平面略呈长方形，长2.16、宽1.82、深0.38米。坑内填土为黑色黏土，出土较多瓦砾、碎砖及陶片。陶片以泥质陶为主，夹细砂陶次之，夹粗砂陶极少。夹细砂陶以黑褐陶为主，另有较少灰陶和黄褐陶。以素面陶为主，有纹饰者均为弦断绳纹。泥质陶以灰陶为主，灰褐陶次之，黑褐陶和黄褐陶较少。多为素面陶，有纹饰者以细绳纹为主，另有少量凹弦纹和弦断绳纹。可辨器形有深腹盆、小口鼓腹罐、钵、釜等（图一一）。

H23　位于AT0905-1006西南角。开口于第13层下，打破F14。平面近圆形，长径约2.1、短径约1.9、深0.55米。填土为黑灰色沙土，较疏松，夹杂大量炭屑、红烧土、石块及骨渣等。出土大量瓦片及陶片。陶片基本为泥质陶，陶色以灰褐为主，灰陶次之，另有黄褐、黑褐及黑皮陶。以素面无纹饰者为主，有纹饰者以细绳纹居多，另有弦断绳纹、粗绳纹、凹弦纹和附加堆纹。可辨器类有缸、深腹盆、小口鼓腹罐等（图一二）。

H48　位于DT0716-0717西南角，部分延伸进入未发掘区。开口于第2层下，打破第3层及生土。根据已发掘部分推测其平面近圆形。坑口南北现长2.6、东西宽1.96、深1.08米。弧壁，底部略呈锅底形。坑内堆积杂乱，有灰褐色、灰黑色土，夹杂较多的红烧土块和炭屑，土质松软。在距坑口约0.2米处有大块乱石堆积。出土少量瓦片和数量较多的陶片。瓦片均为黄褐

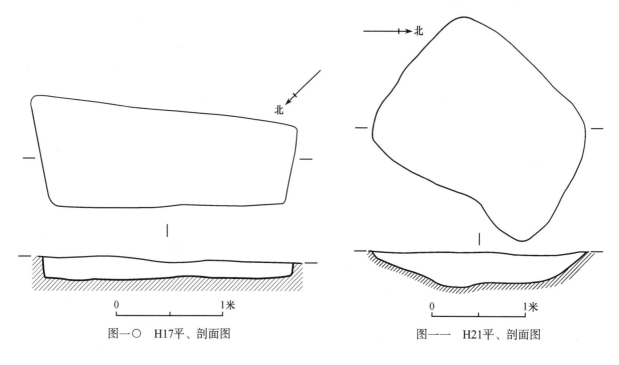

北　　　　　　　　　　　　　北

0　　　　　1米　　　　　　　　0　　　　　1米

图一〇　H17平、剖面图　　　　　　图一一　H21平、剖面图

色, 内侧有布纹, 外侧为绳纹。陶片中泥质陶占绝大多数, 夹细砂陶和夹粗砂陶很少。泥质陶以灰陶为主, 灰褐陶次之, 另有黑褐陶、红褐陶。以素面无纹饰者为主, 有纹饰者以弦断绳纹和交错绳纹最多, 粗绳纹次之, 另有极少细绳纹和附加堆纹。可辨器形有瓮、深腹盆、小口鼓腹罐、豆等(图一三)。

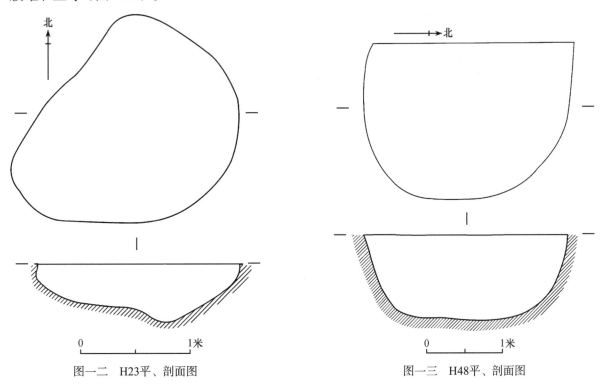

图一二　H23平、剖面图　　　　　　　　　　图一三　H48平、剖面图

3. 灰沟

共清理汉六朝时期灰沟3条, 以G3、G5为例介绍。

G3　位于DT0712-0813东南部, 向东延伸到东隔梁下。开口于第3层下, 打破第4层及生土。平面呈长条形, 清理部分口部长14.5、宽1～1.75米, 沟口略宽于沟底。由于底部凹凸不平, 深度并不一致, 西部深约1.2、东部深0.35～0.5米。沟内填土较为杂乱, 无明显分层现象, 但上部堆积以灰沙土夹红烧土、灰烬为主, 下部堆积为灰黑色土, 夹杂大量的炭屑及乱石, 土质松软, 沟东部堆积较薄的区域为灰色淤土夹杂炭屑。出土遗物有瓦片和陶片两类, 以后者为主。陶片中泥质陶占绝对多数, 夹细砂陶数量较少。前者以灰陶为主, 另有灰褐陶、黑褐陶、黄褐陶、红褐陶及黑皮陶。以素面无纹饰者最多, 有纹饰者中交错绳纹和弦断绳纹均较多, 其他尚有细绳纹、粗绳纹、网格纹。可辨器形有深腹盆、浅腹盆、小口鼓腹罐、豆等(图一四)。

G5　位于AT0309-0410、AT0311-0412内。开口于第12层下, 打破F11、F12及生土。平面略呈弧形, 大致南北向, 长约16、宽0.7～1.3、深0.1～0.3米。沟内填土为黑褐色黏土, 出土物主要是陶片。以泥质陶为主, 其余为夹细砂。泥质陶以灰陶为主, 余为灰褐陶、黄褐陶、黑褐陶、红褐陶。以素面无纹饰者为主, 有纹饰者以弦断绳纹为主, 其他尚有细绳纹、粗绳纹、凹弦纹、附加堆纹。夹细砂陶以灰褐陶为主, 余为黄褐陶、黑褐陶、灰陶、红褐陶。以素面无纹饰者为主, 有纹饰者以弦断绳纹为主, 余为细绳纹、粗绳纹、凹弦纹。可辨器形有小口鼓腹罐、深腹盆、缸、钵、釜等(图一五)。

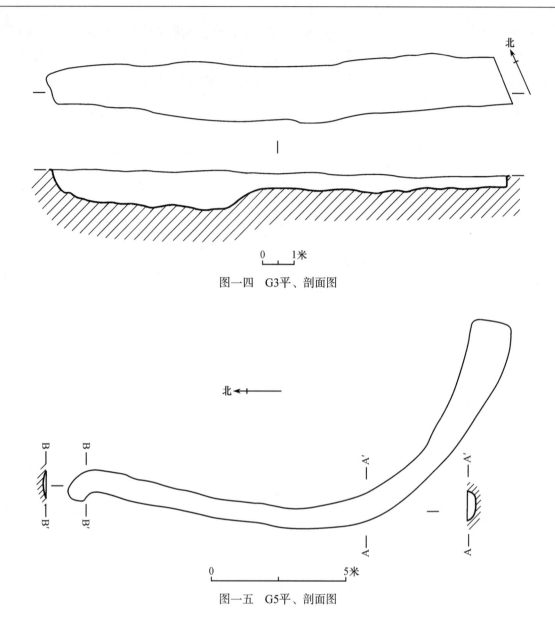

图一四　G3平、剖面图

图一五　G5平、剖面图

4. 窑

1座。

Y1　位于AT0111-0212南部，部分压于AT0109-0210北隔梁下。开口于第11层下，打破F11。现只残存火膛部分，其他均已被破坏。火膛为圆角长方形，长2.6、宽1、深0.2～0.22米。底部和窑壁残存炭屑层，分布较为均匀，厚0.02～0.04米。火膛内填土为黄褐色黏土，夹杂大量炭屑，少量骨渣和动物牙齿。出土陶瓦碎片，陶片均为泥质陶，残破较甚，纹饰有绳纹和菱形纹（图一六）。

5. 灶坑

共清理汉六朝时期灶坑9座，形制结构一致。以Z3为例介绍。

Z3　位于AT0509-0610西北部。开口于第12层下，打破第13层。平面近圆形，直径0.68～

0.8米。灶壁走势不一,直壁或斜直壁,深0.15米。底部较为平坦,四壁及底均有厚0.01~0.02米的红烧土层覆盖。坑内填土为灰黑色黏土,夹杂较多的炭屑,出土瓦片、陶片及网坠1件。陶片数量不多,破碎较甚,无可辨器形(图一七)。

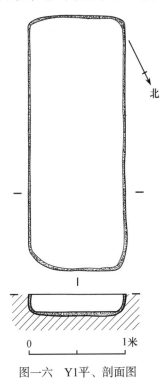

图一六 Y1平、剖面图

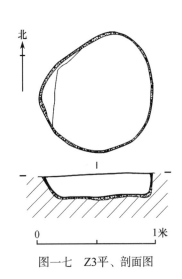

图一七 Z3平、剖面图

6. 墓葬

均为瓮棺葬,共10座。以M4、M5为例介绍。

M4 位于DT0111-0212西南部。开口于第12层下,打破第13层。墓葬的构建,系在平地上开挖土坑,坑口平面近圆角方形,边长约0.45、残深约0.2米。在坑中放置一小口圜底罐为葬具,内有零星骨渣,以一深腹盆覆盖于小口圜底罐之上为盖。小口圜底罐(M4:1)为泥质灰陶,口部残,广肩,弧腹,圜底,最大腹径在肩腹之交。肩部拍印弦断细绳纹,腹部滚压纵向细绳纹。最大腹径34.2、残高20厘米。深腹盆(M4:2)为泥质灰陶,敛口,窄平沿,沿面略弧,斜方唇微凹,下缘尖垂,矮领,斜直腹,底部残。腹部滚压纵向细绳纹及指抹弦纹一周。口径38.8、残高11厘米(图一八)。

M5 位于AT0903-1004东南部。开口于第15层下,打破第16、17层。墓葬的构建,系在地表开挖圆形竖穴坑,坑口直径约0.55、坑底直径0.45、残深0.35~0.4米。在坑中放置一陶瓮为葬具,其内未见骨骸,应已腐朽。陶瓮上扣置一浅腹盆为盖。瓮(M5:1)为泥质灰陶,直口,平折沿,沿面略弧,方唇,矮直领,广肩,深弧腹,最大腹径在腹中部,小圜底微凹。通体饰弦断细绳纹。口径23.6、腹径47.8、高43.4厘米。浅腹盆(M5:2)亦为泥质灰陶,敛口,平沿,方唇微凹,矮领,浅弧腹,圜底。腹部滚压斜向中绳纹。口径24、高7.2厘米(图一九)。

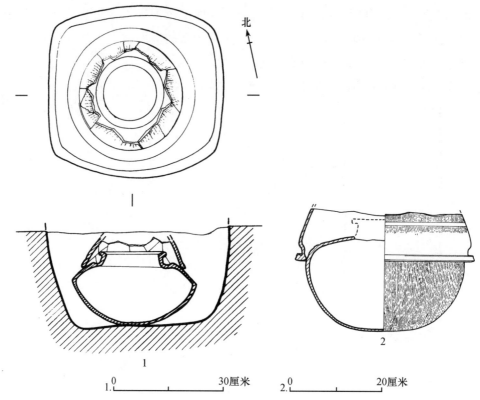

北

0　　　　　　　　　30厘米
1.

0　　　　　20厘米
2.

图一八　M4平、剖面图及修复后的陶质葬具

1. M4平、剖面图　2. 以深腹盆（M4∶2）为盖的小口圜底罐（M4∶1）

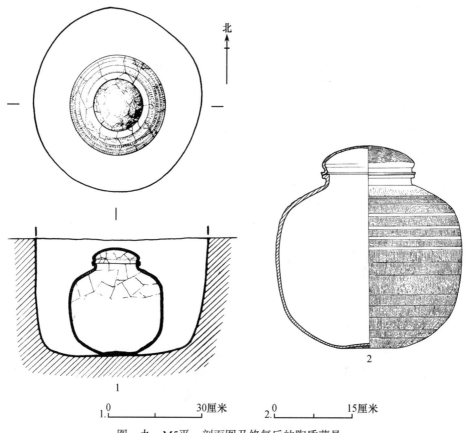

北

0　　　　　　　　　30厘米
1.

0　　　　　15厘米
2.

图一九　M5平、剖面图及修复后的陶质葬具

1. M5平、剖面图　2. 以浅腹盆（M5∶2）为盖的瓮（M5∶1）

三、汉六朝时期遗物

本年度发掘出土的各类遗物标本丰富，有3000余件，主要是陶器，另有瓷器、瓦、瓦当、钱币及少量青铜器等。限于篇幅，本简报重点介绍其中的陶器、瓷器和钱币的情况。

1. 陶器

汉六朝时期陶器的种类有缸、瓮、浅腹盆、深腹盆、圈足盆、小口鼓腹罐、小口圜底罐、高领罐、直领罐、盒、盘、豆、釜、钵、器盖、拍、权等，另有器把、器耳、圈足、尖底、平底等器物残件。

缸 28件。根据沿的有无及口、领部的特征，分为四型。

A型 11件。无沿，直领，椭圆腹。AT0311-0412⑫：300，泥质黄褐陶。直口，口缘略内凸，方唇，圆肩。领部内侧拍印斜向绳纹，经修整抹光已模糊，肩部滚压交错粗绳纹，腹部饰弦断粗绳纹。口径44.8、残高32.4厘米（图二〇，1）。AT0109-0210⑪：43，泥质黄褐陶。直口，口缘内凸，方唇微凹，广肩。直领内侧、外侧分别滚压斜向和纵向绳纹，磨泐严重，肩部滚压交错粗绳纹及弦断粗绳纹。口径46、残高13.2厘米（图二〇，2）。DT0210⑧：22，泥质黄褐陶。直口，口缘尖凸，方唇，溜肩。直领内侧、外侧分别滚压斜向和纵向绳纹，磨泐严重，肩部滚压交错粗绳纹。口径44.8、残高13.6厘米（图二〇，3）。

B型 3件。窄平沿或短折沿，领部收束。AT0905-1006⑱：14，夹细砂黄褐陶。侈口，圆唇。领部滚压斜向绳纹，磨泐严重。口径38、残高5.9厘米（图二〇，4）。H6：8，夹细砂黑

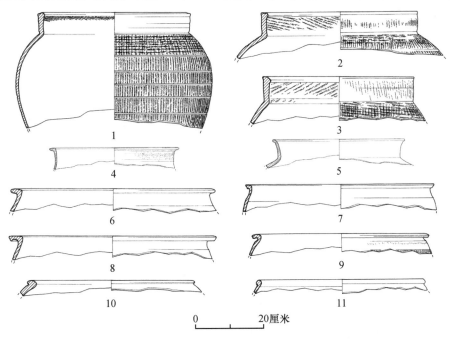

图二〇 汉六朝时期陶缸

1~3. A型（AT0311-0412⑫：300、AT0109-0210⑪：43、DT0210⑧：22） 4、5. B型（AT0905-1006⑱：14、H6：8）
6~9. C型（DT0509-0610⑨：9、F11：36、DT0509-0610⑨：6、AT1103-1204㉑：13） 10、11. D型（AT0311-0412⑫：35、
AT1103-1204⑱：5）

皮陶。侈口，方唇，广肩。口缘处勒印凹弦纹一周。口径39.2、残高7.7厘米（图二〇，5）。

C型　11件。敛口，窄沿。DT0509-0610⑨：9，泥质灰陶。圆唇，上腹斜直外撇。口径60、残高6.4厘米（图二〇，6）。F11：36，夹细砂灰褐陶。斜方唇微凹，深弧腹。口径56、残高7.4厘米（图二〇，7）。DT0509-0610⑨：6，泥质黑皮陶。斜方唇微凹，下缘尖垂，上腹斜直外撇。口径60.8、残高7.2厘米（图二〇，8）。AT1103-1204㉑：13，夹细砂黄褐陶。斜方唇内凹，溜肩。上腹滚压纵向细绳纹。口径52、残高6.2厘米（图二〇，9）。

D型　3件。敛口，无沿。AT0311-0412⑫：35，夹细砂灰褐陶。圆唇外卷，圆肩。口径48.8、残高4.4厘米（图二〇，10）。AT1103-1204⑱：5，夹细砂黄褐陶。圆唇外卷，溜肩。口径48.4、残高4厘米（图二〇，11）。

瓮　173件。根据领部的有无，分为二型。

A型　144件。有领。根据沿的有无，分为二亚型。

Aa型　43件。无沿。根据口、颈部形态的变化，分为三式。

Ⅰ式：7件。敞口，束颈。AT0707-0808⑲：5，泥质灰陶。方唇微凹，广肩。口径24、残高6.6厘米（图二一，1）。DT0207⑩：2，夹粗砂灰陶。方唇，广肩。领部滚压纵向绳纹，磨泐严重，肩部滚压纵向细绳纹。口径24、残高4.8厘米（图二一，2）。

Ⅱ式：18件。侈口，扁圆唇或尖圆唇外撇。AT0511-0612⑰：26，夹细砂灰陶。束颈，斜肩。肩部拍印方格纹。口径34、残高10厘米（图二一，3）。DT0208⑬：2，夹细砂灰褐陶。溜肩。肩部拍印方格纹。口径40、残高12.2厘米（图二一，4）。BT1105-1206⑰：20，夹细砂黄褐陶。斜肩。肩部勒印凹弦纹一周，上腹拍印方格纹。口径40、残高8.8厘米（图二一，5）。

Ⅲ式：18件。直口，圆唇。BT1105-1206⑱：3，泥质灰褐陶。圆肩。肩部刻划字符并拍印方格纹。口径36、残高16厘米（图二一，6）。AT0311-0412⑫：39，夹细砂灰陶。广肩。口径28.4、残高6.2厘米（图二一，7）。F12：34，泥质黑皮陶。平折窄沿，斜肩较阔，深弧腹，小平底外侧贴泥条加厚。肩、腹部压印方格纹。口径34、底径14.4、复原高度63.6厘米（图二一，12）。

Ab型　101件。有沿。根据沿部形态的变化，分为二式。

Ⅰ式：15件。敛口，折沿或卷沿。AT0511-0612⑰：21，泥质灰陶。尖圆唇，斜肩。肩部近上腹部勒印凹弦纹一周。口径22、残高6.4厘米（图二一，8）。AT1101-1202⑰：5，夹细砂灰陶。斜方唇，斜直领。口径19.2、残高3.2厘米（图二一，9）。

Ⅱ式：86件。平沿，矮领，广肩。F22：16，夹细砂灰褐陶。直口，尖唇。上腹部勒印凹弦纹两周。口径21.6、残高8厘米（图二一，10）。DT0210⑨：6，泥质灰陶。侈口，口缘处略内凸，方唇微凹。领部滚压纵向绳纹，磨泐严重。肩部饰弦断细绳纹。口径22.4、残高11.4厘米（图二一，11）。F9：6，泥质灰褐陶。敛口，尖唇，深直腹，下腹急收，圜底内凹。肩部滚压纵向绳纹，磨泐严重，肩腹之交饰附加堆纹一周，腹至底部饰弦断细绳纹。口径24.2、腹径51.8、高44厘米（图二一，13）。DT0309⑪：4，泥质灰陶。敛口，斜方唇内勾紧贴于壁。肩及上腹饰弦断细绳纹。口径28、残高17.2厘米（图二一，14）。G4：2，夹细砂灰褐陶。敛口，斜方唇微凹，深直腹，圜底残。通体饰弦断细绳纹。口径29.2、腹径50.6、残高47.2厘米

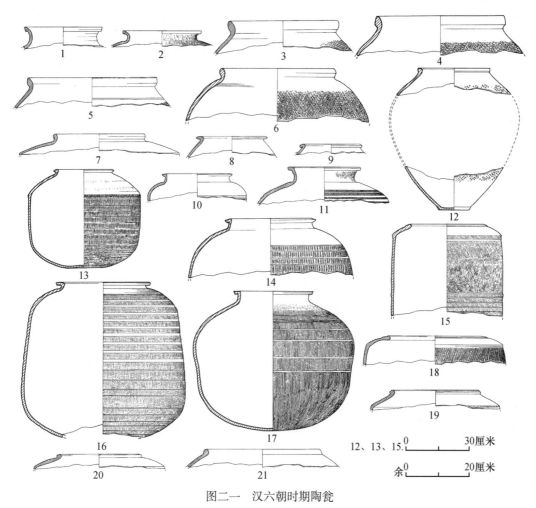

图二一　汉六朝时期陶瓮

1、2. Aa型Ⅰ式（AT0707-0808⑲：5、DT0207⑩：2）　　3~5. Aa型Ⅱ式（AT0511-0612⑰：26、DT0208⑬：2、BT1105-1206⑰：20）
6、7、12. Aa型Ⅲ式（BT1105-1206⑱：3、AT0311-0412⑫：39、F12：34）　　8、9. Ab型Ⅰ式（AT0511-0612⑰：21、AT1101-1202⑰：5）
10、11、13、14、16、17. Ab型Ⅱ式（F22：16、DT0210⑨：6、F9：6、DT0309⑪：4、G4：2、DT0110⑧：2）　　15、18. Ba型
（AT0509-0610⑮：1、BT1103-1204㉑：17）　　19~21. Bb型（AT0109-0210⑪：76、AT0509-0610⑬：82、DT0313-0414⑨：26）

（图二一，16）。DT0110⑧：2，夹细砂灰褐陶。直口微侈，斜方唇微凹，直腹，圜底。肩、上腹部饰弦断细绳纹，下腹至底部滚压纵向细绳纹。口径24.4、腹径49.6、高41.8厘米（图二一，17）。

B型　29件。无领。根据口、唇部形态的差异，分为二亚型。

Ba型　13件。弇口，肩部较平，直腹。AT0509-0610⑮：1，泥质黑褐陶。圆唇，口部外侧有宽凸棱一周。上腹饰指抹弦纹一周并滚压斜向和交错粗绳纹，下腹饰附加堆纹一周及弦断粗绳纹。口径33.5、腹径51.9、残高41厘米（图二一，15）。BT1103-1204㉑：17，泥质灰褐陶。圆唇，口部外侧有宽凸棱一周，折肩。腹部滚压斜向粗绳纹。口径28、残高8.6厘米（图二一，18）。

Bb型　16件。敛口，外卷唇，广肩。AT0109-0210⑪：76，泥质黑皮陶。唇面有凹槽一周。上腹饰弦断粗绳纹。口径28.6、残高6.2厘米（图二一，19）。AT0509-0610⑬：82，夹细砂灰陶。口部外侧有宽凸棱一周。口径26、残高4.4厘米（图二一，20）。DT0313-0414⑨：26，泥质灰陶。斜肩。口径36.6、残高5.6厘米（图二一，21）。

　　浅腹盆　117件。口径20～30厘米，极少超过30厘米。根据沿、领的有无及其特征，分为五型。

　　A型　63件。有沿，有领。根据沿、领、腹、底等形态的差异，分为三亚型。

　　Aa型　55件。窄沿，领部较长，折腹，圜底。根据沿、口、领部形态的变化，分为五式。

　　Ⅰ式：11件。直口或敛口，沿略仰折或略卷，领部较高。DT0712-0813③：4，泥质灰褐陶，底部夹细砂。斜方唇。腹部滚压斜向细绳纹。口径24.8、残高7厘米（图二二，1）。AT0108⑩：4，泥质黑褐陶。方唇。领部滚压纵向绳纹，磨泐严重，腹部滚压斜向细绳纹。口径26、残高5.6厘米（图二二，2）。DT0511-0613④：14，泥质灰陶。斜方唇，下缘尖垂。腹部滚压斜向中绳纹。口径34、残高8.8厘米（图二二，4）。

　　Ⅱ式：14件。直口，窄平沿，领部规整。AT0905-1006⑳：16，泥质灰陶。方唇。下腹滚压交错细绳纹。口径26、残高7.2厘米（图二二，3）。DT0408⑩：14，泥质灰褐陶。方唇。口径16.8、残高4厘米（图二二，5）。

　　Ⅲ式：15件。敛口，仰折沿或平沿，领部由下至上向内倾斜。DT0108⑩：7，泥质灰褐

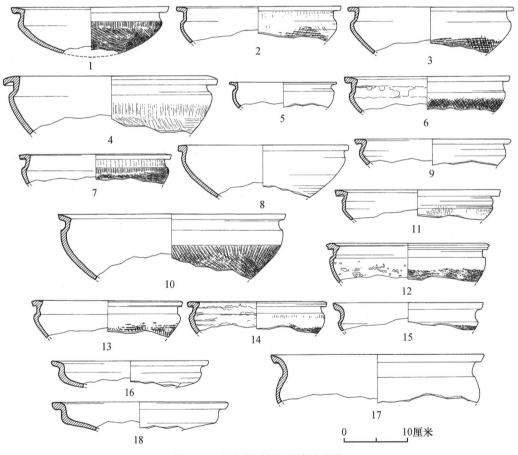

图二二　汉六朝时期A型陶浅腹盆

1、2、4. Aa型Ⅰ式（DT0712-0813③：4、AT0108⑩：4、DT0511-0613④：14）　3、5. Aa型Ⅱ式（AT0905-1006⑳：16、
DT0408⑩：14）　6～9. Aa型Ⅲ式（DT0108⑩：7、DT0109⑩：8、AT1103-1204㉑：21、DT0309⑪：17）
10、11. Aa型Ⅳ式（DT0208⑫：1、F21③：11）　12～14. Aa型Ⅴ式（H22：21、AT0109-0210⑪：68、DT0210⑨：22）
15、17. Ac型（AT0108⑧：4、DT0208⑬：14）　16、18. Ab型（BT0903-1004⑲：15、BT0903-1004⑳：13）

陶，内壁施乳白色化妆土，脱落严重。方唇。腹部滚压交错细绳纹。口径26、残高5.4厘米（图二二，6）。DT0109⑩：8，泥质黑褐陶。斜方唇微凹。领部纵向拍印绳纹，磨泐严重，腹部滚压纵向和横向中绳纹。口径24、残高4.6厘米（图二二，7）。AT1103-1204㉑：21，泥质灰陶。方唇。口径26.8、残高8厘米（图二二，8）。DT0309⑪：17，夹细砂灰褐陶。斜方唇。口径24.4、残高4厘米（图二二，9）。

Ⅳ式：7件。敛口，窄沿，领部不规整。DT0208⑫：1，夹细砂灰陶。斜方唇。腹部滚压交错细绳纹。口径36、残高10厘米（图二二，10）。F21③：11，夹细砂灰褐陶。斜方唇微凹。腹部滚压纵向绳纹，磨泐严重。口径26、残高4.6厘米（图二二，11）。

Ⅴ式：8件。敛口，窄沿，领部不规整，口缘内侧尖凸。H22：21，泥质灰褐陶。斜方唇内凹。腹外部滚压横向细绳纹。口径25.6、残高6厘米（图二二，12）。AT0109-0210⑪：68，泥质灰陶。斜方唇略凹。沿内缘勒印凹弦纹一周，腹部滚压斜向细绳纹。口径24、残高5.6厘米（图二二，13）。DT0210⑨：22，泥质灰陶。方唇微凹。腹部滚压交错细绳纹。口径22、残高5厘米（图二二，14）。

Ab型　6件。窄沿，领部极矮，弧腹，圜底。BT0903-1004⑲：15，夹细砂灰褐陶。扁圆唇，下腹近底部有削痕。口径25.2、残高4厘米（图二二，16）。BT0903-1004⑳：13，夹细砂黄褐陶。扁圆唇。口径28、残高4.3厘米（图二二，18）。

Ac型　2件。仰折沿，束颈，溜肩。AT0108⑧：4，泥质灰褐陶。斜方唇。腹部滚压横向细绳纹。口径23.6、残高4.2厘米（图二二，15）。DT0208⑬：14，泥质灰褐陶。斜方唇。口径33.6、残高7.4厘米（图二二，17）。

B型　19件。窄沿，无领。根据腹部的深浅，分为二亚型。

Ba型　7件。腹部较浅。G3：2，夹细砂灰褐陶。敞口，口缘内有凸棱一周，斜方唇略凹，折腹。口径27、残高4.4厘米（图二三，1）。DT0310⑧：42，夹细砂黑褐陶。敞口，斜方唇微凹，斜直腹。口缘处有凹槽一周，上腹滚压纵向绳纹，磨泐严重。口径28、残高6.2厘米（图二三，2）。

Bb型　12件。腹部略深。AT0509-0610⑬：55，夹细砂灰褐陶。口微侈，方唇，弧腹。口径22、残高5.6厘米（图二三，3）。DT0311-0412⑫：35，泥质灰褐陶。敞口，斜方唇，斜直腹。口径32、残高6.1厘米（图二三，4）。

C型　22件。窄沿，无领，上腹较直，下腹急收。根据腹部形态的变化，分为二式。

Ⅰ式：18件。腹部略深。H6：4，夹细砂灰陶。直口微敛，斜方唇。下腹勒印凹弦纹两周。口径18.4、残高5.8厘米（图二三，5）。DT0712-0813③：11，泥质灰陶。直口微敛，方唇。腹部滚压纵向绳纹，磨泐严重。口径24、残高5厘米（图二三，6）。F21③：4，泥质灰陶。直口，斜方唇略凹。口径26、残高5.4厘米（图二三，7）。DT0209⑬：25，夹细砂黄褐陶。直口微侈，口缘略内凸，圆唇。上腹部滚压纵向绳纹，磨泐严重。口径24、残高4.6厘米（图二三，8）。

Ⅱ式：4件。腹部较浅。BT0903-1004⑱：25，泥质灰褐陶。直口微敛，斜方唇微凹，下缘尖垂。口径27.2、残高3.8厘米（图二三，9）。BT1103-1204⑳：18，泥质灰褐陶。直口，斜方唇微凹。口径29.2、残高4.6厘米（图二三，10）。

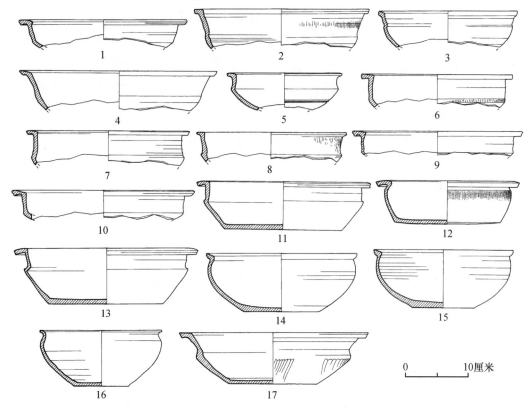

图二三　汉六朝时期B、C、D、E型陶浅腹盆

1、2. Ba型（G3：2、DT0310⑧：42）　3、4. Bb型（AT0509-0610⑬：55、DT0311-0412⑫：35）　5～8. C型Ⅰ式（H6：4、DT0712-0813③：11、F21③：4、DT0209⑬：25）　9、10. C型Ⅱ式（BT0903-1004⑱：25、BT1103-1204⑳：18）　11～13、17. D型（AT0905-1006⑳：10、F3：7、AT0705-0806⑬：35、DT0808-0909⑨：3）　14～16. E型（H25：1、BT1105-1206⑰：4、DT0410⑨：2）

　　D型　6件。平沿，腹中部有明显转折，平底。AT0905-1006⑳：10，夹细砂黑褐陶。直口微敛，沿面略弧，斜方唇微凹，直领，大平底。口径23.7、腹径25、高7.4厘米（图二三，11）。F3：7，泥质黄褐陶。敛口，沿面略弧，斜方唇，大平底微凸。上腹部滚压纵向绳纹，磨泐严重。口径22.8、底径16.8、高6.6厘米（图二三，12）。AT0705-0806⑬：35，夹细砂灰陶。直口微侈，斜方唇微凹，大平底。口径25.4、底径18.4、高8.5厘米（图二三，13）。DT0808-0909⑨：3，夹细砂灰褐陶。敞口，斜方唇微凹，平底。上腹有凸棱一周，下腹可见刀削修整痕迹。口径26.1、底径13.9、高7.9厘米（图二三，17）。

　　E型　7件。窄翻沿，腹部圆润，平底，器形均较小。H25：1，夹细砂灰褐陶。敛口，扁圆唇。口径24、底径11.8、高9厘米（图二三，14）。BT1105-1206⑰：4，泥质灰褐陶。敛口，扁圆唇。口径19.6、底径10、高8.8厘米（图二三，15）。DT0410⑨：2，泥质灰陶。直口微侈，矮领。口径20、底径8.8、高8.6厘米（图二三，16）。

　　深腹盆　701件。口径40～60厘米。根据沿、领的有无，分为四型。

　　A型　430件。有沿，有领。根据沿、领部形态的差异，分为三亚型。

　　Aa型　389件。平沿或平沿略卷，领部较矮。根据口部形态的变化，分为六式。

　　Ⅰ式：22件。侈口。DT0315-0416③：21，夹细砂红陶。斜方唇微凹，溜肩。口径34、残高7.2厘米（图二四，1）。F19：9，夹细砂灰褐陶。斜方唇，弧腹。口径31、残高5.5厘米（图二四，2）。DT0208⑬：8，泥质灰陶。斜方唇，溜肩。肩部勒印凹弦纹两周。口径34、残高5.8厘米（图二四，3）。

Ⅱ式：67件。直口。DT0208⑬：7，夹细砂灰陶。方唇微凹，弧腹。腹部滚压纵向细绳纹。口径40、残高12.4厘米（图二四，4）。DT0309⑪：12，泥质灰陶。沿面有轮修痕，斜方唇微凹，深弧腹。腹部滚压纵向中绳纹并饰指抹弦纹一周。口径45.6、残高9.5厘米（图二四，5）。BT1105-1206⑱：4，泥质灰陶。斜方唇微凹，弧腹。腹部饰弦断细绳纹。口径40.8、残高10.8厘米（图二四，6）。

Ⅲ式：16件。直口走势竖直，因沿内侧凸出成敛口。H22：20，泥质灰褐陶。斜方唇内凹，弧腹。腹中部滚压横向细绳纹并饰指抹弦纹一周。口径35.8、残高15.8厘米（图二四，7）。DT0210⑨：23，泥质灰褐陶。方唇微凹，弧腹。肩部滚压纵向中绳纹并饰指抹弦纹一周。口径40、残高7.6厘米（图二四，8）。

Ⅳ式：147件。敛口，领内部斜直。AT0511-0612⑯：20，泥质黄褐陶。斜方唇内凹，弧腹。上腹滚压纵向细绳纹并饰指抹弦纹一周，下腹滚压斜向或交错细绳纹。口径51、残高13.2厘米（图二四，9）。AT0905-1006⑰：2，夹细砂灰陶。方唇微凹，上腹弧，下腹斜直。腹部滚压斜向细绳纹并饰指抹弦纹一周。口径46、残高11.8厘米（图二四，10）。F16：21，夹细砂灰褐陶。沿部有凹槽两周，斜方唇，斜直腹，上腹内壁有凹槽三周。腹中部滚压纵向中绳纹。口径38.4、残高10.4厘米（图二四，11）。

Ⅴ式：100件。敛口，沿内侧凸出，领部不甚规整。AT0107⑨：11，泥质黑褐陶。斜方唇微凹，斜直腹。腹部滚压斜向细绳纹并饰指抹弦纹一周。口径30、残高10.6厘米（图二四，12）。AT0702-0804⑮：31，泥质灰褐陶。斜方唇，弧腹。腹部滚压纵向细绳纹并饰指抹弦纹一周。口径37.6、残高7.4厘米（图二四，13）。G4：8，夹细砂灰陶。斜方唇内凹，弧腹。腹部滚压斜向细绳纹并勒印凹弦纹一周。口径36、残高8.4厘米（图二四，14）。H12：2，夹细砂灰陶。斜方唇，弧腹，圜底。上腹部滚压纵向细绳纹并饰指抹弦纹一周，中腹至底部滚压交错细绳纹。口径40.8、高20.5厘米（图二四，15）。

Ⅵ式：37件。敛口，领部不甚规整，沿内侧凸出较甚成"丁"字口。AT0107⑨：31，泥质灰褐陶。斜方唇微凹，上腹直。腹部滚压纵向细绳纹。口径51.2、残高6.2厘米（图二四，16）。AT0511-0612⑯：32，夹细砂灰陶。斜方唇，上腹直。口径55.6、残高5.8厘米（图二四，17）。AT0905-1006⑭：7，泥质灰陶。方唇，上腹直。口径41.5、残高5.8厘米（图二四，18）。

Ab型　34件。平沿或平沿略卷，领部较高。F18：5，夹细砂黑褐陶。微侈口，口缘有凸棱一周，斜方唇，弧腹。沿面饰细凸弦纹两周。口径44、残高6.8厘米（图二四，19）。BT1107-1207⑩：4，夹细砂灰陶。微侈口，圆唇，弧腹。领部滚压纵向绳纹，磨泐严重，腹部滚压纵向中绳纹。口径30.8、残高9.2厘米（图二四，20）。DT0511-0613④：26，夹细砂黑褐陶。微侈口，圆唇，圆弧腹。领部滚压纵向绳纹，磨泐严重，中腹滚压纵向绳纹，下腹绳纹为斜向。口径34、残高20厘米（图二四，23）。DT0208⑬：5，泥质黄褐陶。直口，口缘略内凸，尖圆唇，深直腹。腹部滚压斜向细绳纹并饰附加堆纹一周。口径50、残高14.8厘米（图

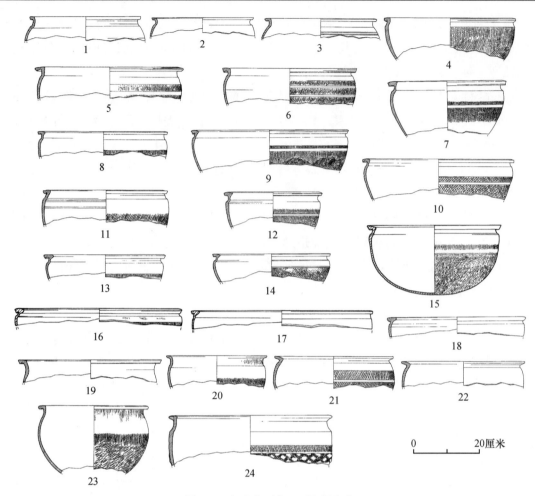

图二四　汉六朝时期A型陶深腹盆

1～3. Aa型Ⅰ式（DT0315-0416③：21、F19：9、DT0208⑬：8）　4～6. A型Ⅱ式（DT0208⑬：7、DT0309⑪：12、BT1105-1206⑱：4）　7、8. Aa型Ⅲ式（H22：20、DT0210⑨：23）　9～11. A型Ⅳ式（AT0511-0612⑯：20、AT0905-1006⑰：2、F16：21）　12～15. Aa型Ⅴ式（AT0107⑨：11、AT0702-0804⑮：31、G4：8、H12：2）　16～18. Aa型Ⅵ式（AT0107⑨：31、AT0511-0612⑯：32、AT0905-1006⑭：7）　19、20、23、24. Ab型（F18：5、BT1107-1207⑩：4、DT0511-0613④：26、DT0208⑬：5）　21、22. Ac型（DT0511-0613④：33、BT1105-1206⑰：7）

二四，24）。

Ac型　7件。仰折沿，矮领。BT1105-1206⑰：7，泥质灰褐陶。敛口，方唇，弧腹。口径38.8、残高7.5厘米（图二四，22）。DT0511-0613④：33，泥质灰陶。敛口，方唇，弧腹。腹部滚压斜向粗绳纹并饰指抹弦纹一周。口径36、残高9.6厘米（图二四，21）。

B型　205件。有沿，无领。根据口、腹部形态的变化，分为四式。

Ⅰ式：15件。敞口，斜直腹。G3：1，夹细砂灰褐陶。折沿，斜方唇微凹。上腹有凸棱一周。口径42、残高6.4厘米（图二五，1）。BT1105-1206⑯：7，泥质灰褐陶。折沿，斜方唇。上腹有凸棱一周。口径54、残高6厘米（图二五，2）。

Ⅱ式：36件。直口或侈口。AT0905-1006⑳：41，夹细砂黑褐陶。平折沿，沿面微凹，尖唇内勾。上腹滚压纵向绳纹，磨泐严重，上下腹转折处有凸棱一周。口径44、残高7.8厘米（图二五，3）。DT0712-0813③：13，泥质灰褐陶。平折沿，沿面微凹，方唇。口径28、残高4.4厘米（图二五，4）。H23：1，泥质灰褐陶。平折沿，方唇。上腹滚压纵向绳纹，磨泐严重，中腹部有凸棱三周，下腹部饰弦断斜向细绳纹。口径27、残高10.4厘米（图二五，5）。

Ⅲ式：88件。直口或敛口，折沿，弧腹。F15：19，夹细砂灰褐陶。直口微敛，斜方唇内勾。上腹外壁有凸棱一周，内壁相应位置为凹槽。口径48、残高8.2厘米（图二五，6）。DT0210⑧：33，泥质灰褐陶。直口微敛，尖唇。上腹有宽凸棱两周，凸面滚压纵向粗绳纹。口径68.4、残高14.4厘米（图二五，7）。BT0903-1004⑱：24，泥质灰褐陶。直口微敛，尖圆唇。上腹外壁有凸棱一周，内壁相应位置为凹槽。口径43.6、残高11.4厘米（图二五，8）。H17：2，夹细砂灰褐陶。敛口，尖圆唇。腹部勒印凹弦纹两周。口径47.2、残高18.7厘米（图二五，9）。

Ⅳ式：66件。"丁"字口，弧腹。DT0509-0610⑧：1，泥质灰褐陶。平折沿，沿面略弧，尖圆唇。上腹有凸棱一周。口径42、残高9厘米（图二五，10）。AT1105-1206⑱：5，泥质灰褐陶。平折沿，尖唇内勾紧贴于壁。上腹有凹槽一周，下腹滚压纵向细绳纹。口径43.2、残高9.2厘米（图二五，11）。AT0709-0810⑮：21，夹细砂灰褐陶。平折沿，沿面略弧，斜方唇微凹。口径33.2、残高8.2厘米（图二五，13）。BT1105-1206⑯：11，泥质黑褐陶。平沿，沿面略弧，斜方唇，领甚矮。口径40、残高6厘米（图二五，14）。

C型　60件。短沿内侈，无领。根据腹部走势，分为三亚型。

Ca型　6件。上腹深直。AT0109-0210⑪：93，夹细砂灰褐陶。直口微敛，尖圆唇。腹部饰弦断细绳纹。口径56.8、残高11.2厘米（图二五，12）。AT0511-0612⑮：36，泥质黄褐陶。直口微敛，尖唇。腹部勒印凹弦纹两周。口径28.2、残高5.9厘米（图二五，15）。

Cb型　28件。上腹短直，下腹斜收。DT0111-0212⑪：9，泥质灰褐陶。直口微敛，折沿，尖唇。口径31.2、残高6.2厘米（图二五，18）。AT0309-0410⑫：15，泥质灰褐陶。敛口，折沿，沿面微凹，尖唇，平底微凹。口径42、底径18、复原高度24.8厘米（图二五，19）。H27①：32，泥质灰陶。直口微敛，折沿，尖圆唇。上腹外壁有凸棱一周，内壁相应位置为凹槽。腹部滚压纵向绳纹，磨泐严重。口径26.8、残高10.8厘米（图二五，20）。DT0409⑧：14，泥质灰陶。卷沿，圆唇。上腹有凸棱三周。口径29.2、残高7.2厘米（图二五，21）。

Cc型　26件。整体为弧腹，平底。AT0109-0210⑪：17，夹细砂灰褐陶。敛口，折沿，尖圆唇。口径24.7、底径18.7、高12.2厘米（图二五，22）。G5：10，夹细砂灰褐陶。敛口，折沿，尖圆唇。上腹外壁有凸棱一周，内壁相应位置为凹槽。口径32、残高9.1厘米（图二五，23）。H27①：29，泥质灰陶。直口微敛，平折沿，斜方唇。上腹外部有凸棱两周，内壁近口部有凹弦纹一周。口径27.2、残高8厘米（图二五，24）。AT0208⑧：17，夹细砂灰褐陶。直口微敛，折沿，尖圆唇。腹部饰叶脉纹。口径30、残高7.6厘米（图二五，25）。

D型　6件。无沿，无领。腹壁整体走势斜直，器形较小。DT0309⑨：51，夹细砂灰褐陶。敞口，圆唇。口部外侧有宽凸棱一周，凸面勒印凹弦纹三周。口径34、残高9.8厘米（图二五，16）。DT0313-0414⑨：48，夹细砂灰陶。敞口，方唇。口部外侧有宽凸棱一周，凸面勒印凹弦纹三周。口径32.8、残高6.8厘米（图二五，17）。

圈足盆　可确认的仅1件。F3：3，泥质灰褐陶。敞口，平折沿，圆角方唇，弧腹，矮圈足。上腹部有凸棱三周，下腹部及底外部各有一个刻划符号，似"山"字。口径24.6、足径

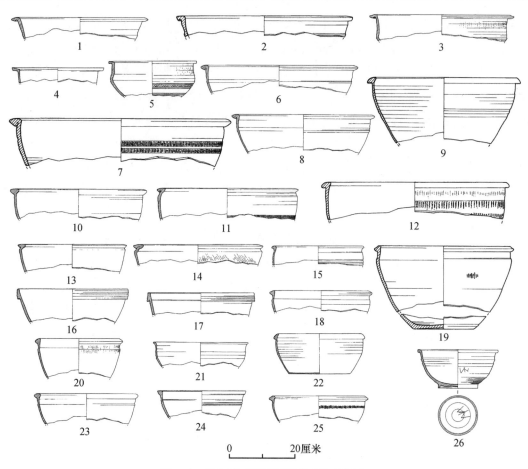

图二五　汉六朝时期陶深腹盆和陶圈足盆

1、2. B型Ⅰ式深腹盆（G3：1、BT1105-1206⑯：7）　3～5. B型Ⅱ式深腹盆（AT0905-1006⑳：41、DT0712-0813③：13、H23：1）

6～9. B型Ⅲ式深腹盆（F15：19、DT0210⑧：33、BT0903-1004⑱：24、H17：2）　10、11、13、14. B型Ⅳ式深腹盆

（DT0509-0610⑧：1、AT1105-1206⑱：5、AT0709-0810⑮：21、BT1105-1206⑯：11）　12、15. Ca型深腹盆（AT0109-0210⑪：93、

AT0511-0612⑮：36）　16、17. D型深腹盆（DT0309⑨：51、DT0313-0414⑨：48）　18～21. Cb型深腹盆（DT0111-0212⑪：9、

AT0309-0410⑫：15、H27①：32、DT0409⑧：14）　22～25. Cc型深腹盆（AT0109-0210⑪：17、G5：10、H27①：29、

AT0208⑧：17）　26. 圈足盆（F3：3）

12、足高1.2、通高11.3厘米（图二五，26）。

　　小口鼓腹罐　口沿标本较多，达197件，但可以观察整器器形的标本不多。与小口圜底罐相比，口径略大，在15～20厘米，多具平沿。从少数复原器和残存腹部的标本来看，大体可分为二式。

　　Ⅰ式：肩部较窄，整体器形不高，下腹较瘦削。AT0108⑩：12，泥质黄褐陶。直口，平折沿，沿面略弧，方唇，矮直领。肩部饰弦断细绳纹，腹部滚压交错中绳纹。口径17.6、残高12.8厘米（图二六，1）。F11：92，泥质灰陶。直口，平折沿，斜方唇微凹，矮直领，弧腹。肩部及上腹部各饰凹弦纹两周，腹部滚压斜向中绳纹。口径14.6、最大腹径26、残高14.8厘米（图二六，2）。

　　Ⅱ式：肩部较广，整体器形较高，下腹圆鼓。F14：6，泥质灰褐陶。直口微侈，平折沿，沿内缘有凹弦纹一周，斜方唇内凹，下缘尖垂，领部较高，圜底微凹。领部滚压纵向绳纹，磨

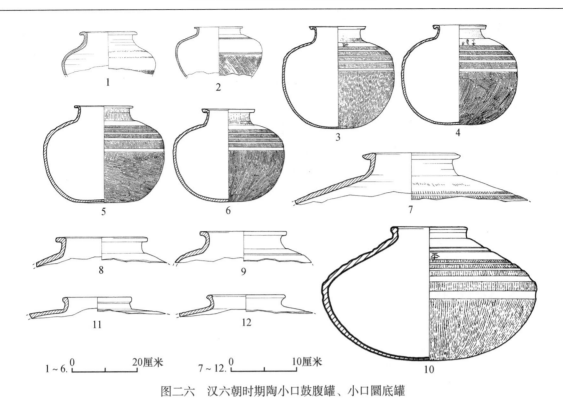

图二六 汉六朝时期陶小口鼓腹罐、小口圜底罐

1、2. I式小口鼓腹罐（AT0108⑩：12、F11：92） 3～6. Ⅱ式小口鼓腹罐（F14：6、DT0111-0212⑬：1、DT0509-0610⑨：12、
DT0509-0610⑨：13） 7、10～12. Ⅱ式小口圜底罐（AT0907-1008⑬：21、AT0709-0810⑯：1、AT0308⑨：12、AT0309-0410⑫：10）
8、9. I式小口圜底罐（DT0109⑩：15、DT0209⑬：21）

泐严重，肩部饰弦断细绳纹并阴刻一"尚"字，腹至底部滚压纵向细绳纹。口径17.2、高30.2
厘米（图二六，3）。DT0111-0212⑬：1，泥质灰陶。直口微侈，平沿，沿面略弧，斜方唇微
凹，矮领，圜底微凹。肩部阴刻"个宋□九半"五字，肩及上腹部饰弦断细绳纹，下腹至底部
滚压斜向细绳纹。口径16.7、腹径35.6、高29.5厘米（图二六，4）。DT0509-0610⑨：12，泥
质灰褐陶。直口，平折沿，斜方唇，直领较高，圜底。领部滚压纵向绳纹，磨泐严重，肩部
饰弦断细绳纹，腹至底部滚压斜向细绳纹。口径17.8、腹径33.6、高27.2厘米（图二六，5）。
DT0509-0610⑨：13，泥质灰褐陶。直口微侈，平折沿，沿面略弧，方唇，直领较高，圜底
微凹。领部滚压纵向绳纹，磨泐严重，肩部饰弦断细绳纹，腹至底部滚压斜向细绳纹。口径
15.6、腹径33.7、高26.3厘米（图二六，6）。

小口圜底罐 54件。根据肩、腹部形态的变化，分为二式。

I式：24件。斜弧肩，腹部较深。DT0109⑩：15，泥质灰陶。直口微敛，平折沿，沿面
略弧，方唇，矮直领。口径14、残高4.4厘米（图二六，8）。DT0209⑬：21，泥质灰褐陶。侈
口，平折沿，方唇，矮曲领。肩部勒印凹弦纹一周。口径13.2、残高4.6厘米（图二六，9）。

Ⅱ式：30件。广肩，扁腹。AT0907-1008⑬：21，泥质灰陶。直口微敛，平沿，斜方唇，
矮领。肩部饰弦断细绳纹。口径15、残高7.6厘米（图二六，7）。AT0709-0810⑯：1，泥质灰
陶。直口，圆唇，直领极矮，圜底。肩部饰弦断细绳纹，阴刻一"平"字，腹至底部滚压纵向
细绳纹。口径9.6、最大腹径33.4、高19.8厘米（图二六，10）。AT0308⑨：12，泥质灰陶。直
口微侈，窄平沿，圆唇，直领甚矮。肩部勒印凹弦纹一周。口径10.6、残高3.1厘米（图二六，

11）。AT0309-0410⑫：10，泥质灰陶。直口微侈，口缘内凸，圆唇外卷，束颈。肩部勒印凹弦纹两周。口径12、残高3.2厘米（图二六，12）。

高领罐　4件。形制各不相同。AT0311-0412⑫：117，泥质黄褐陶。直口微侈，平方唇，直领。领部饰凸弦纹三周。口径9、残高4.6厘米（图二七，1）。DT0310⑧：20，泥质灰褐陶。直口，方唇，高直领，圆肩。肩部勒印凹弦纹一周。口径11、残高14厘米（图二七，3）。AT0509-0610⑬：85，夹细砂灰陶。喇叭口，圆唇，斜直领。口径17.4、残高5.7厘米（图二七，2）。DT0309⑨：33，泥质灰褐陶。喇叭口，斜方唇，长斜肩。肩腹之交勒印凹弦纹两周，上腹滚压纵向细绳纹。口径24.8、残高14厘米（图二七，4）。

直领罐　10件。形制与A型缸接近，但口径差异很大。DT0311-0412⑫：41，泥质灰褐陶。直口微敛，斜方唇，矮直领，折肩。肩、上腹部饰方格纹及指抹弦纹各一周。口径20、残高6.6厘米（图二七，5）。DT0313-0414⑨：10，泥质灰陶。直口微敛，圆唇，直领，圆肩。肩部滚压纵向粗绳纹及指抹弦纹一周。口径24.8、残高7厘米（图二七，6）。DT0511-0613③：86，夹细砂灰陶。直口微敛，斜方唇，矮直领，圆肩。肩及上腹拍印菱形纹。口径18、残高6.8厘米（图二七，7）。

盒　7件。根据底部形态的差异，分为二型。

A型　1件。圜底。DT0315-0416④：5，泥质黑皮陶。子母口，方唇，弧腹，圈足残。腹部勒印凹弦纹三周。口径15.2、残高8厘米（图二七，8）。

B型　6件。平底。DT0313-0414⑩：3，夹细砂灰褐陶。子母口，方唇，弧腹，平底。上腹勒印凹弦纹两周。口径17、底径11.4、高9.6厘米（图二七，9）。DT0313-0414⑩：4，夹细砂灰褐陶。子母口残，斜直腹，平底微凹。腹部滚压纵向绳纹，磨泐严重。底径14.2、残高6.1厘米（图二七，10）。

盘　6件。根据口、腹、底部形态的差异，分为二型。

A型　2件。直口，直腹，圜底。H22：23，泥质灰褐陶。方唇，浅腹。唇外缘压印锯齿状花边，并饰附加堆纹一周，其上压印纵向条形花边。口径28、残高4.2厘米（图二七，11）。

B型　4件。敞口，斜直腹，大平底。AT0309-0410⑫：32，夹细砂红褐陶。斜方唇。口径37.6、底径35.5、高4.2厘米（图二七，12）。DT0309⑨：35，夹细砂灰褐陶。方唇。腹部滚压斜向绳纹，磨泐严重。口径38、底径33.8、高6厘米（图二七，13）。DT0309⑨：41，夹细砂灰褐陶。方唇。上腹滚压纵向绳纹，磨泐严重。口径31、底径29.6、高6.5厘米（图二七，14）。

豆　汉六朝地层共出土标本247件，其中修复或基本修复标本不多，多数是豆柄或豆盘，豆柄有高柄、中柄、矮柄、无柄之分，豆盘有深腹、浅腹的不同。247件标本中的相当一部分，应属战国至西汉早期遗物在晚期地层单位中的发现。我们可以确认为西汉中期以后的豆仅有一类高柄、柄部为束腰形、圈足底座外缘锐折较甚的标本，数量不多。F11：30，泥质黄褐陶。圆管状柄，喇叭口形座。底径8.2、残高10.2厘米（图二七，15）。DT0409⑨：43，泥质灰褐陶。底径9.2、残高10.2厘米（图二七，16）。DT0209⑬：9，泥质黑皮陶。底径9、残高10.7厘米（图二七，17）。AT1105-1206⑳：10，泥质黑皮陶。底径9.6、残高10.6厘米（图二七，18）。

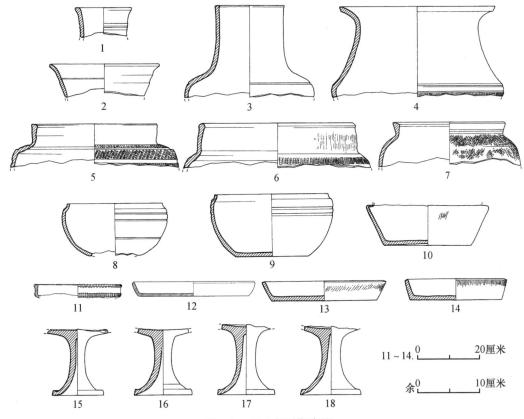

图二七　汉六朝时期陶器

1～4. 高领罐（AT0311-0412⑫：117、AT0509-0610⑬：85、DT0310⑧：20、DT0309⑨：33）　5～7. 直领罐（DT0311-0412⑫：41、DT0313-0414⑨：10、DT0511-0613③：86）　8. A型盒（DT0315-0416④：5）　9、10. B型盒（DT0313-0414⑩：3、DT0313-0414⑩：4）　11. A型盘（H22：23）　12～14. B型盘（AT0309-0410⑫：32、DT0309⑨：35、DT0309⑨：41）　15～18. 豆（F11：30、DT0409⑨：43、DT0209⑬：9、AT1105-1206⑳：10）

釜　83件。根据沿部的有无，分为二型。

A型　40件。有沿。分为四亚型。

Aa型　13件。卷沿，束颈。BT1105-1206⑱：17，夹粗砂红褐陶。圆唇，垂腹，最大腹径靠下部。腹部滚压纵向细绳纹。口径19.2、残高15.6厘米（图二八，1）。F13②：30，夹细砂黑褐陶。侈口，圆唇，弧腹。腹部滚压纵向细绳纹。口径10.6、残高5厘米（图二八，2）。DT0315-0416④：9，夹粗砂红褐陶。侈口，圆唇，垂腹。腹部滚压横向中绳纹。口径18、残高9厘米（图二八，3）。

Ab型　17件。仰折沿，无领。G5：9，夹细砂黑褐陶。圆唇外卷，弧腹，推测为圜底。口缘饰凹弦纹一周，上腹部饰不甚清晰的弦断绳纹，底部滚压纵向细绳纹。口径21.6、残高12.8厘米（图二八，4）。DT0111-0212⑭：15，泥质灰褐陶。方唇，斜肩。口径12、残高2.9厘米（图二八，5）。AT1103-1204⑳：6，夹细砂红褐陶。方唇，斜肩。上腹滚压纵向细绳纹。口径15、残高5.2厘米（图二八，6）。

Ac型　6件。卷沿或仰折沿，有领。DT0311-0412⑭：11，泥质灰褐陶。直口微侈，圆角方唇，溜肩。肩部滚压纵向中绳纹。口径14、残高5.4厘米（图二八，7）。DT0208⑬：1，泥质灰陶。方唇，溜肩，鼓腹，整体扁圆，最大腹径在肩腹之交，圜底。肩部饰凹弦纹两周，下腹

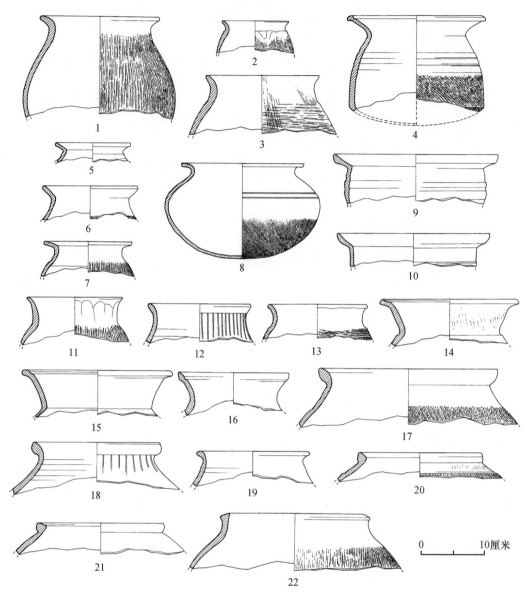

图二八　汉六朝时期陶釜

1～3. Aa型（BT1105-1206⑱：17、F13②：30、DT0315-0416④：9）　4～6. Ab型（G5：9、DT0111-0212⑭：15、AT1103-1204⑳：6）

7、8. Ac型（DT0311-0412⑭：11、DT0208⑬：1）　9、10. Ad型（DT0511-0613③：87、DT0309⑨：45）　11～13. Ba型Ⅰ式

（F22：1、DT0308⑩：2、DT0516-0617③：：12）　14～16. Ba型Ⅱ式（AT0707-0808⑯：9、DT0309⑨：11、F13②：23）

17～19. Bb型Ⅰ式（DT0511-0613④：8、AT0108⑩：13、F18：1）　20、21. Bb型Ⅲ式（AT0309-0410⑫：17、AT1101-1202⑯：1）

22. Bb型Ⅱ式（DT0313-0414⑩：20）

部滚压斜向细绳纹。口径19.4、高14.6厘米（图二八，8）。

　　Ad型　4件。仰折沿，直腹，口比腹大。DT0511-0613③：87，夹细砂灰褐陶。口微敛，沿面微凹，斜方唇。腹部饰宽凸棱两周。口径26、残高7.7厘米（图二八，9）。DT0309⑨：45，泥质黑褐陶。直口，沿面微凹，尖圆唇。腹部饰凸棱一周。口径24、残高5.2厘米（图二八，10）。

　　B型　43件。无沿。根据领部形态的差异，分为二亚型。

　　Ba型　32件。敞口，高领。根据领部形态的变化，分为二式。

Ⅰ式：17件。束颈，弧度均匀。F22：1，夹粗砂红褐陶。圆唇，溜肩。肩部滚压纵向细绳纹。口径15.2、残高7.4厘米（图二八，11）。DT0308⑩：2，夹细砂灰陶。圆唇，长斜肩。颈、肩部暗划细带状纹。口径16.4、残高6厘米（图二八，12）。DT0516-0617③：12，夹粗砂红褐陶。圆唇，溜肩。肩部滚压斜向细绳纹。口径15.6、残高5.4厘米（图二八，13）。

Ⅱ式：15件。颈下部有转折，口部较大。AT0707-0808⑯：9，夹细砂灰褐陶。口缘处有凹槽一周，斜方唇，斜肩。领部滚压纵向绳纹，磨泐严重。口径22、残高7.2厘米（图二八，14）。DT0309⑨：11，夹细砂黄褐陶。圆唇，斜肩。口缘处饰凹弦纹一周。口径24、残高7.4厘米（图二八，15）。F13②：23，夹细砂红褐陶。斜方唇。口径17.6、残高6.6厘米（图二八，16）。

Bb型　11件。矮领或无领，扁圆唇。根据口、唇部形态的变化，分为三式。

Ⅰ式：7件。敞口，扁圆唇外侈，矮领。DT0511-0613④：8，泥质灰陶。斜肩。肩部拍印方格纹。口径28、残高9厘米（图二八，17）。AT0108⑩：13，泥质灰陶。斜肩。肩部暗划纵向带状纹。口径20.4、残高7厘米（图二八，18）。F18：1，夹细砂灰褐陶。长斜肩。口径18、残高5.4厘米（图二八，19）。

Ⅱ式：1件。口近直，矮领。DT0313-0414⑩：20，夹粗砂灰陶。方唇，溜肩。肩部滚压纵向细绳纹。口径23.6、残高8.8厘米（图二八，22）。

Ⅲ式：3件。敛口，无领。AT0309-0410⑫：17，夹细砂灰褐陶。厚斜方唇，广斜肩。肩部滚压纵向粗绳纹。口径19.2、残高4.6厘米（图二八，20）。AT1101-1202⑯：1，泥质灰褐陶。扁圆唇，斜肩。口径20.4、残高4.8厘米（图二八，21）。

钵　93件。依据口、腹部形态，分为四型。

A型　12件。大口，浅腹。根据口部形态的变化，分为三式。

Ⅰ式：4件。直口。AT0707-0808⑲：10，泥质灰褐陶。圆唇内卷，圜底。口径17.2、残高5厘米（图二九，1）。F11：103，泥质灰陶。直口微敛，圆唇。口径23.6、残高5.6厘米（图二九，2）。

Ⅱ式：7件。敞口。AT0709-0810⑮：33，泥质灰陶。圆唇，斜直腹。口径20、残高5.4厘米（图二九，3）。DT0309⑨：39，夹细砂灰褐陶。圆唇，斜直腹。口径20、残高5厘米（图二九，4）。F16：20，泥质灰陶。斜方唇，唇面有凹槽一周，圆弧腹。口径21.6、残高4.6厘米（图二九，5）。

Ⅲ式：1件。敞口，有短沿。DT0310⑧：55，夹细砂灰褐陶。圆唇，斜直腹。腹部饰凸棱一周。口径24、残高4.8厘米（图二九，6）。

B型　76件。口径较小，深腹。根据腹部形态的差异，分为三亚型。

Ba型　21件。斜直腹，近底部急收。根据口部形态的变化，分为二式。

Ⅰ式：2件。口部稍向内折，呈直口或口微敛。AT0311-0412⑫：61，泥质灰陶。圆唇内卷。上腹勒印凹弦纹一周。口径15、残高6.1厘米（图二九，7）。DT0511-0613③：11，泥质黄褐陶。圆唇。口部外侧勒印凹弦纹一周。口径16、残高4.5厘米（图二九，8）。

Ⅱ式：19件。敞口。AT0111-0212⑪：70，泥质灰陶。圆唇。口径16、残高4.8厘米（图二九，9）。AT0707-0808⑮：6，泥质灰褐陶。圆唇外卷。口径17、残高6厘米（图二九，

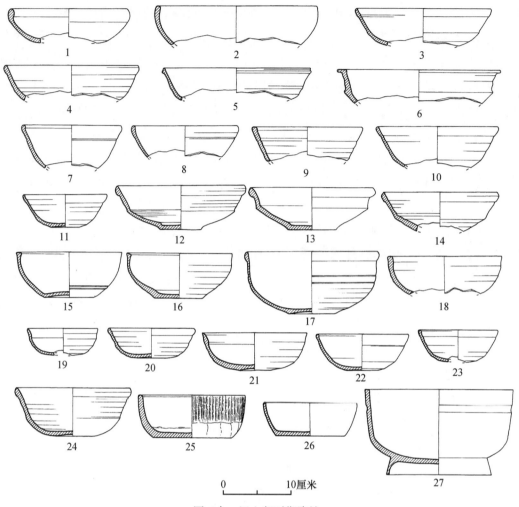

图二九　汉六朝时期陶钵

1、2. A型Ⅰ式（AT0707-0808⑲：10、F11：103）　3～5. A型Ⅱ式（AT0709-0810⑮：33、DT0309⑨：39、F16：20）

6. A型Ⅲ式（DT0310⑧：55）　7、8. Ba型Ⅰ式（AT0311-0412⑫：61、DT0511-0613③：11）　9～11. Ba型Ⅱ式（AT0111-0212⑪：70、

AT0707-0808⑮：6、AT0707-0808⑯：4）　12～14. Bb型（AT0511-0612⑮：19、AT0907-1008⑬：30、DT0808-0909⑧：13）

15、16. Bc型Ⅰ式（DT0315-0416③：2、AT0108⑩：16）　17、18. Bc型Ⅱ式（AT0509-0610⑮：2、DT0208⑬：15）

19～24. Bc型Ⅲ式（AT0109-0210⑪：14、AT0307⑧：6、DT0309⑨：10、DT0113-0214⑩：106、G5：6、BT1105-1206⑱：30）

25、26. C型（DT0210⑧：23、DT0309⑨：9）　27. D型（AT1101-1202⑯：15）

10）。AT0707-0808⑯：4，泥质灰褐陶。圆唇，小平底微凹。口径12、底径4.2、高4.6厘米（图二九，11）。

　　Bb型　10件。折腹。AT0511-0612⑮：19，夹细砂灰褐陶。扁圆唇外卷，小饼足。口径19、底径6.2、高6.3厘米（图二九，12）。AT0907-1008⑬：30，夹细砂黄褐陶。扁圆唇外卷，小平底。口径17.8、底径7、高6厘米（图二九，13）。DT0808-0909⑧：13，夹细砂灰陶。扁圆唇外卷。口径17.2、残高5.6厘米（图二九，14）。

　　Bc型　45件。弧腹，腹部较为圆润。根据口部形态的变化，分为三式。

　　Ⅰ式：9件。敛口。DT0315-0416③：2，泥质灰陶。直口微敛，方唇，小平底微凹。下腹勒印凹弦纹两周。口径14、底径7.4、高6.4厘米（图二九，15）。AT0108⑩：16，泥质红褐陶。直口微敛，方唇，小平底。口径15.6、底径7.2、高6.4厘米（图二九，16）。

Ⅱ式：4件。直口。AT0509-0610⑮：2，泥质灰陶。扁圆唇外卷，小平底微凹。上腹勒印凹弦纹两周。口径18.6、底径6.8、高8.8厘米（图二九，17）。DT0208⑬：15，泥质黑皮陶。方唇。口径16.8、残高5.4厘米（图二九，18）。

Ⅲ式：32件。敞口。AT0109-0210⑪：14，夹细砂灰褐陶。尖圆唇。口径10.4、残高3.8厘米（图二九，19）。AT0307⑧：6，夹细砂红褐陶。扁圆唇外卷，小平底微凹。口径12.4、底径4、高4.2厘米（图二九，20）。DT0309⑨：10，泥质灰陶。扁圆唇内卷，小平底微凹。口径15.4、底径4.6、高5.3厘米（图二九，21）。DT0113-0214⑩：106，泥质灰陶。扁圆唇内卷，小平底微凹。上腹勒印凹弦纹一周。口径13.6、底径4.6、高5.2厘米（图二九，22）。G5：6，夹细砂黄褐陶。圆唇。口径11.8、残高4.6厘米（图二九，23）。BT1105-1206⑱：30，泥质黑褐陶。扁圆唇外卷，小平底微凹。口径17、底径5.4、高6.8厘米（图二九，24）。

C型　4件。底径较大。DT0210⑧：23，夹细砂灰陶。侈口，方唇，弧腹。上腹滚压纵细绳纹，下腹有刮削痕，腹与底黏接而成。口径16、底径11.6、高6厘米（图二九，25）。DT0309⑨：9，泥质灰陶。直口微敛，圆唇，斜直腹。口径13、底径10.2、高4.7厘米（图二九，26）。

D型　可确认的仅1件。圈足。AT1101-1202⑯：15，泥质黑褐陶。侈口，方唇，斜直腹，下腹弧内收，圜底下接矮圈足，足壁略外撇。上腹勒印凹弦纹一周。口径20.4、足径15.4、足高2.5、通高12.1厘米（图二九，27）。

器盖　14件。依据整体形态，可分为四型。

A型　7件。有檐，应为壶盖。AT0905-1006⑳：12，泥质灰陶。子母口，纽残。顶部饰凹弦纹两周。口径9.2、残高3.4厘米（图三〇，1）。DT0409⑨：31，泥质灰褐陶。子母口，平顶，顶部三纽残。口径8.4、残高1.4厘米（图三〇，2）。F13②：10，夹粗砂灰褐陶。子口，方唇，阶状壁。口径9、高3.6厘米（图三〇，6）。

B型　3件。覆钵形，可能为瓮等器物的盖子。DT0111-0212⑪：8，夹细砂灰陶。折壁，弧顶显尖，壁由外至内有小圆穿，用凹弦纹间隔。口径16、残高4.6厘米（图三〇，3）。DT0507⑩：3，泥质黑皮陶。大口径，弧壁。口径30.8、残高3.2厘米（图三〇，4）。AT0905-1006⑳：11，泥质灰陶。覆钵状。口部外侧残存一贯耳及饰凹弦纹两周，顶部饰凹弦纹两周。口径30、高8厘米（图三〇，5）。

C型　2件。覆碟形。F13②：35，泥质黄褐陶。敞口，圆唇，弧壁近平。口径15.2、残高2厘米（图三〇，7）。F15：7，泥质灰陶。弧壁，平顶。口径20、残高1.6厘米（图三〇，8）。

D型　2件。有圈足形捉手。DT0308⑩：3，泥质红褐陶。捉手径5.8、残高8.6厘米（图三〇，9）。BT1103-1204㉑：16，泥质黄褐陶。弧顶。捉手径8、残高4.6厘米（图三〇，10）。

拍　3件。F9：7，夹细砂灰褐陶。整体略呈蘑菇状，拍面略弧，圆管状柄。柄部滚压纵向细绳纹。直径10.4、柄径5.2、通高7.2厘米（图三〇，11）。

权　2件。DT0808-0909⑧：1，泥质灰陶。器表戳印小圆圈纹。底径7.8、穿径0.5、高7.2厘米（图三〇，12）。

此外尚有网坠、纺轮、器底、器把及瓦、瓦当等，简报介绍从略。

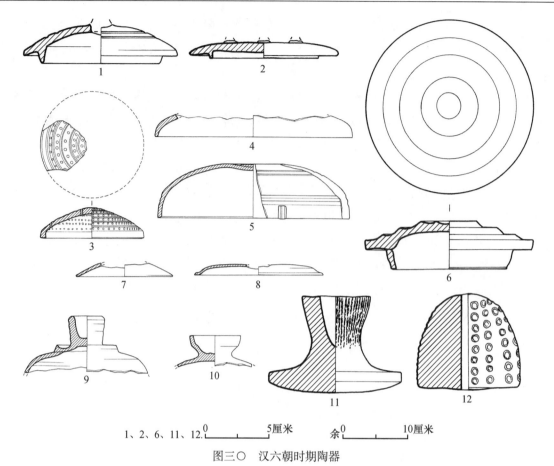

1、2、6、11、12.　0 ┣━━━━━┫ 5厘米　　　余 0 ┣━━━━━┫ 10厘米

图三〇　汉六朝时期陶器

1、2、6. A型器盖（AT0905-1006⑳：12、DT0409⑨：31、F13②：10）　3～5. B型器盖（DT0111-0212⑪：8、DT0507⑩：3、

AT0905-1006⑳：11）　7、8. C型器盖（F13②：35、F15：7）　9、10. D型器盖（DT0308⑩：3、BT1103-1204㉑：16）

11. 拍（F9：7）　12. 权（DT0808-0909⑧：1）

2. 瓷器

本年度六朝地层单位出土瓷器数量不少，但可复原的标本不多，有瓮、四系罐、碗等种类。

瓮　2件。BT0901-1002⑰：3，灰白粗砂胎，酱黄釉，内壁无釉。敛口，仰折沿极窄，沿面略弧，斜方唇，鼓肩。口径20、残高3.2厘米（图三一，1）。

四系罐　3件。DT0113-0214⑩：8，乳白胎，青釉，外满釉，内未施釉。侈口，圆唇，斜直矮领，弧肩，肩部附四个对称桥形耳，深直腹，大平底内凹。口部外壁及肩部各勒印凹弦纹一周。口径9.2、底径14.6、复原高度16厘米（图三一，2）。

碗　6件。BT1103-1204⑳：1，灰白胎，青釉略泛黄，釉面有冰裂纹，内满釉，外壁釉不及底。直口微敛，尖唇，圆弧腹，小饼足微凹。口径10、底径3.8、高5.6厘米（图三一，3）。BT1303-1404⑲：4，灰白胎，青釉，釉色较暗，内满釉，外壁釉不及底。直口，尖圆唇，弧腹，矮饼足微凹。口部外侧釉下勒印凹弦纹一周。口径8.2、底径5.4、高3.4厘米（图三一，4）。BT1105-1206⑮：8，灰白胎，青釉，釉面有冰裂纹，内满釉，外壁釉不及底。直口，尖圆唇，弧腹，大平底略凹。内底有近方形瓷石支钉痕若干。口径15.4、底径9.8、高5.5厘米（图三一，5）。

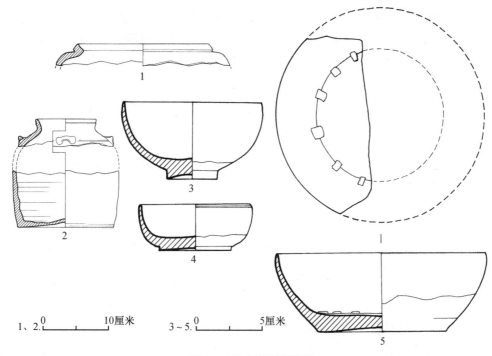

图三一　汉六朝时期瓷器

1. 瓮（BT0901-1002⑰：3）　2. 四系罐（DT0113-0124⑩：8）　3～5. 碗（BT1103-1204⑳：1、BT1303-1404⑲：4、
BT1105-1206⑮：8）

3. 钱币

汉六朝地层单位共出土各类钱币265枚，包括"安邑二釿"1枚、"半两"131枚（包括战国半两、秦半两、八铢半两、四铢半两、榆荚半两等）、"五铢"73枚、"货泉"44枚、"大泉五十"15枚、"小泉直一"1枚。简报介绍从略。

四、汉六朝时期遗存的分期与年代

根据地层关系和遗物的类型学分析，本年度汉六朝时期的遗存可分为三期。

第一期：西汉中晚期。能够确认为本期兴建的房址共4座，除F16外，尚有F5、F11、F26；H48、G3等典型单位亦属此期。房屋建筑的形式，均是在平地上营建熟土台基，部分台基边缘用大小不一的石头构筑"包边石"，再于台基上用明础和暗础立柱建房。值得注意的现象是，台基上往往埋藏一个或数个完整陶罐，我们分析这或许与某种奠基仪式活动有关。

此期出现五铢钱。陶器组合包括：B型缸、C型缸、Aa型Ⅰ式瓮、Aa型Ⅱ式瓮、Aa型Ⅰ式浅腹盆、Aa型Ⅰ式深腹盆、Ab型深腹盆、Ac型深腹盆、Ⅰ式小口鼓腹罐、Aa型釜、Ab型釜、Ac型釜、Ba型Ⅰ式釜、Bb型Ⅰ式釜、A型Ⅰ式钵、Bc型Ⅰ式钵、Bc型Ⅱ式钵。除此之外，Aa型Ⅲ式瓮、Ab型Ⅰ式瓮、Ab型Ⅱ式瓮、Ba型瓮、Aa型Ⅱ式浅腹盆、Aa型Ⅲ式浅腹盆、Ab型浅腹盆、Ba型浅腹盆、C型Ⅰ式浅腹盆、D型浅腹盆、Aa型Ⅱ式深腹盆、Aa型Ⅲ式深腹盆、Aa型Ⅳ式深腹盆、Aa型Ⅴ式深腹盆、B型Ⅰ式深腹盆、B型Ⅱ式深腹盆、Ⅰ式小口鼓腹罐、Ⅰ式小口圜底罐等在此期已经出现，但数量少，主要流行于下一期。

第二期：新莽及东汉时期。能够确认为本期兴建的房址共7座，除F9外，尚有F2、F3、F12、F14、F18、F21，数量多于一期，但保存普遍不好；H13、H14、H17、H21、H23、G5、Y1、Z3等典型单位亦属此期。建筑形式基本沿袭上期，但用石头在台基周围构筑包边石成为主流的做法，几乎见于每一座房子；在台基上埋藏一个或数个陶罐，或许与奠基仪式活动有关的遗存愈发多见，在大多数房子的发掘中都有发现；柱础的构建上，暗础极为少见，基本为明础，且多为直接在地面上放置石板。

此期的陶器组合包括：B型缸（数量较一期减少）、D型缸、Aa型Ⅲ式瓮、Ab型Ⅰ式瓮、Ab型Ⅱ式瓮、Ba型瓮、Bb型瓮、Aa型Ⅱ式浅腹盆、Aa型Ⅲ式浅腹盆、Ab型浅腹盆、Ba型浅腹盆、C型Ⅰ式浅腹盆、D型浅腹盆、Aa型Ⅱ式深腹盆、Aa型Ⅲ式深腹盆、Aa型Ⅳ式深腹盆、Aa型Ⅴ式深腹盆、Ab型深腹盆（数量较一期减少）、Ac型深腹盆（数量较一期减少）、B型Ⅰ式深腹盆、B型Ⅱ式深腹盆、B型Ⅲ式深腹盆、Ⅰ式小口鼓腹罐、Ⅱ式小口鼓腹罐、Ⅰ式小口圜底罐、Ad型釜、A型Ⅱ式钵、Ba型Ⅰ式钵、A型盘、B型盒等。A型缸、Aa型Ⅳ式浅腹盆、Aa型Ⅴ式浅腹盆、Bb型浅腹盆、E型浅腹盆、Aa型Ⅵ式深腹盆、B型Ⅳ式深腹盆、Cb型深腹盆、Cc型深腹盆、Cd型深腹盆、Ⅱ式小口圜底罐、直领罐、Ba型Ⅱ式釜、Bc型Ⅲ式钵、C型钵等在此期已经出现，但数量不多，主要流行于下一期。

第三期：六朝时期。本期的房屋建筑，情况较为复杂，可分为三种情况：一是早期房子的沿用，包括F3、F18；二是利用早期台基重建，包括F4、F15，前者构建在F2之上，后者构建在F21之上；三是新建，这种情况除F1外，还有F10，但破坏也十分严重。F1不建台基，直接立柱的形式不见于第一、二期。此外，两座瓮棺葬M4、M5属于此期。

此期出现青瓷器。陶器组合中，除了少数器物，如Ca型深腹盆、Bb型Ⅱ式釜、Ba型Ⅱ式钵、Bb型钵、B型盘等不见于前期，属于本期特有之外，大多数器物系沿用早期器形，如A型缸、Aa型Ⅳ式浅腹盆、Aa型Ⅴ式浅腹盆、Bb型浅腹盆、E型浅腹盆、Aa型Ⅵ式深腹盆、B型Ⅳ式深腹盆、Cb型深腹盆、Cc型深腹盆、D型深腹盆、Ⅱ式小口圜底罐、直领罐、Ba型Ⅱ式釜、Bc型Ⅲ式钵、C型钵等。

五、结　语

本年度在李家坝遗址Ⅰ区发掘的汉六朝时期遗存，在2001年度发掘的基础上，进一步表明西汉中期之后，此地依然是一个区域性中心所在，遗存丰富，等级较高。我们曾经指出，西汉中期以后，李家坝聚落最有可能是乡一级行政单位所在，兼具"津关"和"市"的功能，并有地方大姓的存在①。这个意见随着资料的进一步整理，也日渐清晰。

从先秦时期尤其是战国以来，一直到六朝时期，李家坝遗址一直有人类居住，遗存的延续性是最为显著的特征。就汉六朝时期的房屋建筑而言，尽管细节有所差异，但基本是先构建熟

---

① 四川大学考古学系、云阳县文物管理所：《云阳李家坝遗址2001年度发掘简报》，《南方民族考古（第十三辑）》，科学出版社，2017年。

土台基，夯实之后在上面立柱建房；房屋的朝向，绝大多数为东北—西南向，面临小江（彭溪河）的方向；从使用上说，一些建筑的始筑年代和废弃年代跨越不同的期别，表明使用年代很长，其间屡有修补、增建。从遗物来看，缸、瓮、深腹盆、浅腹盆、小口鼓腹罐、小口圜底罐、釜、钵等的器物组合自战国晚期以来一直延续，各期的变化主要体现在具体器类的形制变化和数量消长上。这些情况表明，汉六朝时期的李家坝聚落，未有中断。

　　峡江地区的汉六朝时期墓葬，目前已有较为深入的认识，但同时期居住址方面的情况，则十分不清楚。李家坝遗址汉六朝时期的居住址遗存，包括房屋建筑及相关遗迹，数量及形制都十分丰富的各类遗物，为构建峡江地区汉六朝时期遗存的分期序列提供了宝贵的材料。

　　秦汉时期基层聚落的研究，是近年来中国考古学界颇为关注的课题[1]，但过去经过一定规模发掘的汉代聚落遗址不多，仅有辽宁辽阳三道壕遗址[2]、江苏高邮邵家沟遗址[3]、河南遂平小寨村遗址[4]、河南内黄三杨庄庭院遗址[5]等，李家坝秦汉六朝聚落遗址资料的进一步整理和公布，必将丰富汉代聚落考古资料，增进学界的相关认识，推动相关研究的深入。

　　附记：本次发掘领队为四川大学考古学系白彬，参加发掘的人员有四川大学考古学系黄伟、何元洪、赵德云，硕士研究生明文秀、李会，1999级本科生何锟宇、赵晓华、索德浩、张彦，2000级本科田野考古实习队13人，技工黄广明、祁自力、上官林全、马兰英、马平娟、李青娥等。资料整理者有周克林、王波、代丽鹃、赵晓华、赵忠波、赵振江、谢莉亚、黄伟、何元洪、白彬、赵德云等。器物修复人员有金鹏功、赵振江，拓片黄广明、赵振江，绘图人员有代丽鹃、谢莉亚等，墨线清绘人员有刘春城、余朝臣、卢引科等，电脑制图人员有代丽鹃、周毅恒、杨雨霏、杨波等。

执笔：赵德云　代丽鹃　何元洪

白　彬　黄　伟

（原载四川大学博物馆、四川大学考古学系、成都文物考古研究所：《南方民族考古（第十六辑）》，科学出版社，2018年）

---

①　中国社会科学院考古研究所：《中国考古学·秦汉卷》，中国社会科学出版社，2010年，第25页。

②　东北博物馆：《辽阳三道壕西汉村落遗址》，《考古学报》1957年第1期。

③　江苏省文物管理委员会：《江苏高邮邵家沟汉代遗址的清理》，《考古》1960年第10期。

④　河南省文物研究所：《河南遂平县小寨汉代村落遗址水井群》，《考古与文物》1986年第5期。

⑤　河南省文物考古研究所、内黄县文物保护管理所：《河南内黄三杨庄汉代聚落遗址第二处庭院发掘简报》，《华夏考古》2010年第3期。

云阳李家坝遗址Ⅳ区汉六朝墓葬2003年度发掘简报

四川大学考古文博学院
云阳县文物保护管理所

　　李家坝遗址位于重庆市云阳县高阳镇青树村，地处长江北侧支流小江（彭溪河）北岸，东南距云阳县旧县城云阳镇约50千米，南距新县城双江镇约30千米，其西约500米为小江电站。遗址中心自然地理坐标为北纬31°6′15″，东经108°41′，海拔139～168米。

　　李家坝为一东西狭长的河流台地，东西长约1300、南北宽100（西端）～500米（东端）。四周群山环绕，北依和尚山，南望走马岭，小江从其南侧由西至东流过。北侧山峦南流的山涧桂家沟和施家沟将李家坝台地分割为上、中、下三坝，历年考古调查、钻探和发掘资料表明，遗址仅分布在上坝，面积约10万平方米，核心分布区域现存面积约3万平方米，中坝和下坝不见文化堆积。根据文化层堆积性质和地势地貌特征，我们将李家坝遗址分为五个区（图一）。

　　1997～2002年，作为三峡工程淹没及迁建区地下文物保护抢救规划的A级项目，四川大学考古学系在云阳县文物保护管理所的协作下，连续6个年度对遗址进行大规模发掘。由于小江的常年冲刷，尤其是20世纪70年代小江电站兴建以后，对沿河岸一带的文化堆积破坏日益严重，我们的发掘规划和具体实施，优先考虑沿河岸地带，逐渐向北拓展。遗址的Ⅲ区和Ⅳ区，地势较高，且原分布有村民房舍，所以直到2003年春季，在村民搬迁之后，我们才组织力量进行发掘。

　　本年度在Ⅲ区和Ⅳ区的发掘，总面积4000平方米，在Ⅲ区清理战国晚期墓葬14座，汉六朝墓葬1座；Ⅳ区清理战国晚期墓葬3座，汉六朝时期墓葬18座。Ⅳ区的18座汉六朝墓葬，种类多样，有的保存完好，极大地丰富了李家坝汉六朝时期遗存的内涵，十分重要，现简报于后。

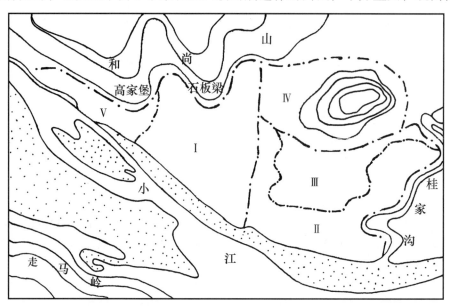

图一　李家坝遗址分区示意图

一、概　述

　　Ⅳ区小地名乌龟包，为小江北岸二级台地上一座独立的小山丘，海拔145～168米。山丘整体略呈圆形，山顶较平，形成一个小平坝，南坡和西南坡较为平缓，北面和东面则为陡崖。南坡坡脚原本分布有青树村13组村民的房舍，发掘时村民已搬迁，房舍被拆毁。

　　在山丘较为平缓的地带，村民们顺坡势开垦出小片的农田，种植红苕、玉米、花生等旱地作物及柑橘树等。土层较为瘠薄，之下即为紫红色砂岩。18座汉六朝墓葬，主要分布于山顶较为平敞的地带，在南坡上也有少量分布，北面和东面没有发现。从墓葬分布和墓道的方向来看，墓葬朝向是临河（小江）的方向（图二）。墓葬均开口于表土层下，直接开凿在砂岩中。

　　18座墓葬，可以分为竖穴岩坑墓、石室墓和砖室墓三种类型。

　　竖穴岩坑墓：有M7、M16两座。墓穴直接开凿于紫红色砂岩中，M7带有斜坡墓道。

　　石室墓：仅M4一座。其构筑方式是先在砂岩上开凿一竖穴岩坑，地面加以平整，然后用加工好的石条构筑墓壁，墓室顶部由于破坏严重，情况不明。

　　砖室墓：包括M1～M3、M5、M6、M8～M15、M17、M18，计15座。建造方式基本相同，都是在山体紫红色砂岩上开凿竖穴坑，然后用长方形墓砖沿坑壁筑造墓室及墓道。所用墓砖基本为花纹砖，规格、纹饰均有所不同（图三）。除M1不带墓道，平面形状近方形，M2南部被毁情况不明之外，其余墓葬均呈曲尺形。墓室底部多数为紫红色砂岩，略经平整，仅M14发现有铺地砖，M6墓底铺垫一层均匀的卵石，M13可能使用青膏泥涂抹墓底。墓室顶部发掘前都已被破坏，从部分保存相对完整的墓葬看，一般在距墓底90厘米高度处起券，券顶所用砖一般为子母砖，墓道封门多用旧砖叠砌而成，封门下或有排水沟，如M2、M6、M10。

　　关于葬具的使用，岩坑墓基本未受扰动，情况比较明确，2座墓葬均未使用。石室墓和砖室墓由于扰乱严重，没有发现较为完整的葬具，判断起来存在一定的困难。M9、M14、M17三墓中均发现成片炭屑痕迹，可能是木质葬具朽毁的遗留；M3墓室正中南北向放置两排砖，间距约120厘米，应为放置棺木的垫砖；M14还出有龙形饰，极有可能是棺饰。以上四墓，均有理由推测原来是使用了木质葬具的。此外，11座墓（M1～M3、M6、M7、M9、M12、M14～M17）出有铜泡钉，可能原来也是棺木上的饰件，但未受后期扰动且未使用棺木的M7也出土铜泡钉，可见其也有装饰于其他物品的可能性。还应当注意到的是，由于发现墓主骨殖的墓葬，多数都不止一具，属于合葬墓，因此，同一座墓葬中不同墓主是否都使用葬具，也不能一概而论。M5墓室西北角及M11墓室中部及墓道发现的人骨，均仅见股骨，有的重叠放置，应为"二次葬"，从出土情境分析，这些"二次葬"都未使用葬具。多座墓葬墓道中发现人骨，从墓道的规格及随葬品数量、放置情况看，似也未使用葬具。

　　在葬俗上，除少数后期破坏严重的墓葬，大多数墓葬中所葬人骨都不止一具，且如上所述，有的墓葬中还有"二次葬"的现象，可能是"归葬"的反映。另一个重要的现象是，存在利用前代墓坑造墓的情况。这种状况有两组，一组为M1、M16、M19，其中M19为战国晚期竖穴岩坑墓，新莽时期的竖穴岩坑墓M16利用M19之四壁，建造于M19的填土之中，东汉早期的砖室墓M1的东、南二壁又利用M16的墓壁，西壁加砌砖壁，北壁另砌砖壁建造而成；另一组

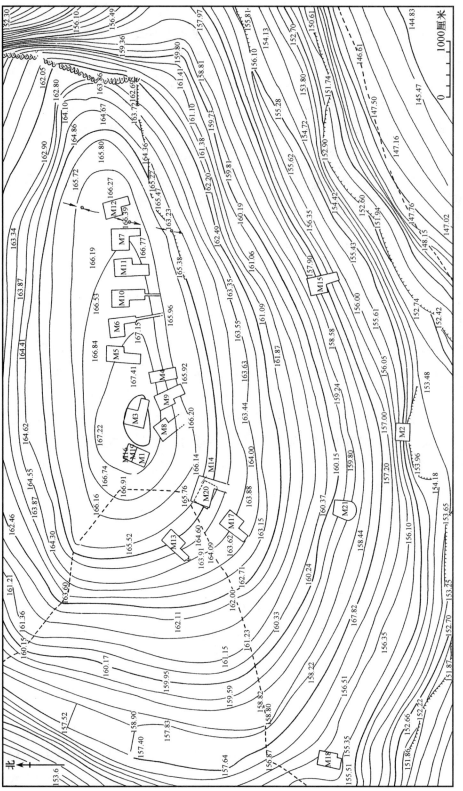

图二　李家坝遗址Ⅳ区地形及墓葬分布图

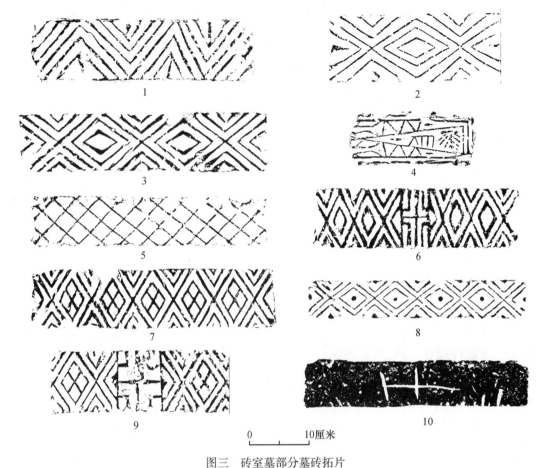

图三　砖室墓部分墓砖拓片

1、2. M11墓砖　3. M8墓砖　4、6、9. M6墓砖　5. M3墓砖　7. M9墓砖　8. M14墓砖　10. M15墓砖

为M14与M20，M20为战国晚期竖穴岩坑墓，新莽到东汉早期的M14建造于其上（具体情况见后文）。这种现象的出现，除了可能是因为在砂岩上开凿墓室相对不易，偶然发现前人墓室之后加以利用可以减少工程量之外，或许还具有某种葬俗上的意义。

18座墓葬中，除了M18被盗扰一空，没有出土随葬品以外，其余17座墓葬虽大多也经不同程度的破坏，但仍出土釉陶、陶、瓷、铜、铁、银、琉璃等随葬品共计800余件，另有五铢、货泉、大泉五十、直百五铢、定平一百、太平百钱等各类钱币1650余枚。各墓出土随葬品一个引人注目的现象是，可以明显地分为实用器和明器两组。属于明器类的，最大宗的是各种釉陶器，包括鼎、壶、盒、鍪、釜、魁、铞、盆、甑、卮、灯、熏炉、勺等器皿以及房屋模型及各类人物俑、动物俑等。器皿形制一般不见于同时期居住址遗存，体形多数较小，烧造火候不高，不见使用痕迹，有的模仿铜器意图明显，如鼎、壶、盒、鍪、铞等，这些情况反映了它们可能是专为随葬制作的明器。陶器均为泥质灰陶，陶色有深、浅之差异，器类不多，圜底罐、盆、甑、钵等最为常见，器形均见于同时期居住址遗存。用泥质灰陶制作随葬明器，最为常见的是仓，其形制亦可在同时期居住址遗存中见到，只是体形小得多。另外一个值得注意的现象是，在少数较晚时期的墓葬中出土的陶器，器形也明显较小，如M5出土的盆、甑等器物，这可能反映出，在较晚阶段，陶器中也有专为随葬制作的明器。

以下我们选取不同时期有代表性的5座墓葬进行介绍，其余墓葬的简单情况可参见附表。

二、墓葬介绍

（一）M7

该墓位于乌龟包丘顶西南侧，方向172°，为一带斜坡墓道的四人合葬墓。墓口深24～28、墓底深144～150厘米。墓室呈横长方形，南北长310、东西宽376厘米，口底同大。斜坡墓道位于墓室南端东侧，坡度25°，长230、宽134厘米，墓道入口处与墓室底部尚有20厘米左右的高差。墓葬填土为红褐色黏土，土质较硬。

墓室北部并排陈放4具尸骨，未发现葬具痕迹。头向皆朝南，均仰身直肢。Ⅰ号墓主位于最西侧，身旁随葬品最为丰富，应是四人中地位最尊者；Ⅳ号墓主位于最东侧，形体较小，身上没有任何随葬品。四具人骨的牙齿经鉴定，Ⅰ、Ⅳ号墓主的年龄在30～35岁，Ⅱ号墓主在35～40岁，Ⅲ号墓主在55岁以上。由于人骨保存状况极差，性别无法准确判断。不过从人骨及随葬品的分析可以做一些推测。Ⅰ号墓主身侧放置陶印章，Ⅰ、Ⅱ号墓主身上均有铜带钩，且体形高大，骨骼较粗壮，可能均为男性；Ⅲ号墓主身形略小，骨骼略纤细，于上身发现石纺轮，可能为女性；Ⅳ号墓主无从推测（图四）。

随葬品放置有序，大体集中于四个区域：

墓道入口处：除1件铜盆、1件铜泡钉和1件陶小罐外，其他都是釉陶器，有盆、魁（2件）、卮、熏炉、灯（2件）、熏炉盖、长柄勺、盒盖（2件）等，长柄勺置于5号魁之内（图五）。

Ⅰ、Ⅱ、Ⅲ号墓主头前：除11件铜泡钉之外，有釉陶器和陶器，釉陶器包括鍪（2件）、铞（2件）、盒盖等；陶器则包括仓（4件）及甑、瓮、壶（图六）。

Ⅰ号墓主身上及身右侧：以身右侧最为集中，左侧没有发现。右上肢侧放置釉陶盒、釉陶长柄勺、陶圜底罐、3件叠置在一起的陶钵等，盆骨右侧置铁釜，大腿之上及右侧放置陶瓮、陶直领罐、陶盆等体形较大的容器，小腿附近放置陶圜底罐、釉陶盆、铜刁斗等，脚下放置陶甑、陶圜底罐等。另外，如上所述，上肢及侧边发现有陶印章和铜带钩，另有成串铜钱置于盆骨位置（图七）。

Ⅳ号墓主头前靠近墓室东壁：数量不多，有2件釉陶壶和陶钵、陶仓各1件（图八）。

除上述四处区域外，Ⅱ号墓主腰间发现铜带钩，脚下放置铜刁斗和陶仓盖；Ⅲ号墓主脚下放置铜鍪（图九），盆骨位置亦如Ⅰ号墓主放置成串铜钱，另还放置石纺轮。

从各种情况分析，本墓四个墓主应为一次葬入，未经晚期扰乱和破坏，除填土过程及后期沉积等造成随葬品略有位移之外，发掘时的状况基本反映了下葬时的原貌。

出土随葬品71件，有青铜器、釉陶器、陶器、铁器、石器、印章等，另有钱币51枚。

1. 青铜器

18件。

盆　1件。M7：3，敞口，仰折沿，方圆唇，弧腹，平底，矮圈足。口径20、底径9.7、通

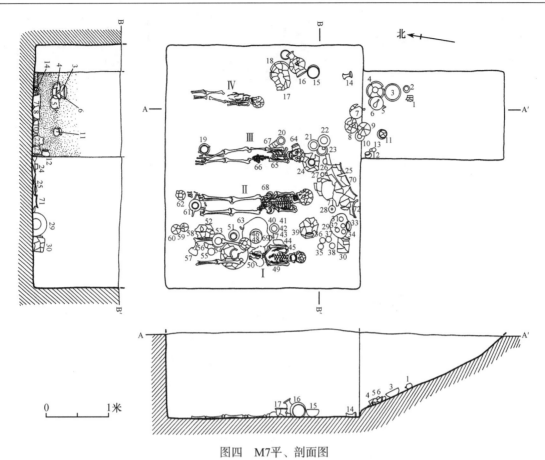

图四　M7平、剖面图

1.釉陶卮　2、55.釉陶熏炉盖　3.铜盆　4、56.釉陶盆　5、7.釉陶魁　6、45.釉陶长柄勺　8、9、71.釉陶盒盖

10、20.釉陶熏炉　11、14.釉陶灯　12.陶小罐　13、26～28、31～38.铜泡钉　15、41～43、48.陶钵　16、17.釉陶壶

18、23、30、64、67.陶仓　19.铜鍪　21、22.釉陶鋬　24、72.釉陶销　25、58.陶甑　29、54.陶瓮　39.陶壶　40.釉陶盒

44、52、60.陶圈底罐　46.铁釜　47、59、62、70.陶仓盖　49、68.铜带钩　50、66.钱币　51.陶直领罐　53.陶盆

57、61.铜刁斗　63.釉陶鼎　65.石纺轮　69.陶印章

高7.5厘米（图五，1）。

　　鍪　1件。M7：19，敞口，翻沿，方唇，束颈，折肩，上腹较直，下腹弧内收成圜底，颈部对称位置附环状双耳。上腹饰两道凸弦纹，器表有烟熏痕迹。口径13.6、腹径14.8、通高13.7厘米（图九，2）。

　　刁斗　2件。M7：61，敞口，翻沿，扁圆唇，束颈，溜肩，上腹较直，下腹弧内收成圜底，肩部一侧为环状耳，一侧有长柄，柄横截面为半圆形。上腹饰两道凸弦纹。口径12.8、腹径14.7、通高12.8、柄长8.5厘米（图九，1）。M7：57，保存状况极差，朽蚀损毁严重。敞口，翻沿，扁圆唇，束颈，耸肩，扁圆腹，圜底，肩部一侧为环状耳，另一侧接柄，柄横截面为半圆形。上腹饰两道凸弦纹，肩部残留麻类编织物残迹。口径约12、最大腹径16、残高12厘米（图七，1）。

　　带钩　2件，形制基本一致。M7：49，钩呈回首状，背面有一扁圆纽。长9、高1厘米（图七，20）。M7：68，长10、高1.6厘米（图九，5）。

　　泡钉　12件。形制基本一致（图六，15～18）。伞形，背面中心有垂直小钉，均表面鎏

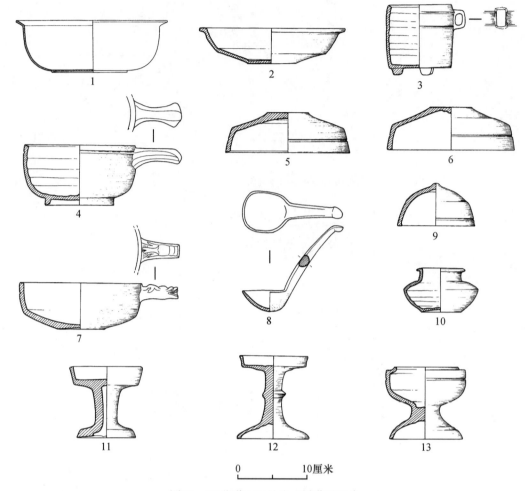

图五　M7墓道入口处出土随葬品组合

1. 铜盆（M7：3）　2. 釉陶盆（M7：4）　3. 釉陶卮（M7：1）　4、7. 釉陶魁（M7：5、M7：7）　5、6. 釉陶盒盖（M7：8、M7：9）　8. 釉陶长柄勺（M7：6）　9. 釉陶熏炉盖（M7：2）　10. 陶小罐（M7：12）　11、12. 釉陶灯（M7：11、M7：14）　13. 釉陶熏炉（M7：10）

金，规格有差异。M7：27，直径5.5、帽高0.8、通高2.1厘米（图六，15）。M7：33，直径6、帽高1、通高1.9厘米（图六，16）。

2. 釉陶器

24件。

鼎　1件。M7：63，泥质橘红陶胎，褐釉，部分已剥落。弧形盖面，上有三个乳钉状纽，子母口，浅圆腹，圜底，上腹附长方形双耳，耳上有圆形孔，三蹄足外撇。鼎口径13.6、高8.6、盖径17、高5.1、通高13.6厘米（图七，2）。

壶　2件。M7：16，泥质橘红陶胎，褐釉。敞口，长束颈，圆肩，鼓腹，高圈足。肩部对称位置饰铺首衔环，并饰三道凸弦纹，腹中部饰一道凹弦纹。弧形盖，上有三个乳钉状纽。口径11.6、最大腹径22.6、底径18、通高36.5厘米（图八，3）。M7：17，泥质橘黄陶胎，褐釉。敞口，长束颈，广弧肩，扁鼓腹下接圈足。肩部对称位置饰铺首衔环，并饰三道凸弦纹，腹中部饰一道凹弦纹。弧形盖,上有三个乳钉状纽。口径14、最大腹径26、底径17.4、通高35.5厘米(图八,4)。

盒　1件。M7:40,泥质橘黄陶胎,褐釉,内壁及圈足内未施釉。子母口,盖已缺失,上腹直,下腹弧收,矮圈足。上腹饰一道凹弦纹。口径13.6、足径10、通高7.4厘米(图七,4)。

魁　2件。M7:5,泥质橘红陶胎,褐釉,除圈足内侧,器内外均施釉。敛口,方唇,深腹,上腹微鼓,下腹略弧,矮圈足,上腹接长柄,柄端略呈蛇头形。近口部饰一圈凹弦纹。口径14.8、底径10、通高8.4、柄长7厘米(图五,4)。M7:7,泥质橘红陶胎,褐釉,釉层色泽均匀,内壁有脱落。直口,方唇,浅腹,上腹略直,下腹斜收,小平底略凹,上腹接龙头形柄。近口处饰一圈凹弦纹。口径16.4、底径7、通高6.4、柄长5.4厘米(图五,7)。

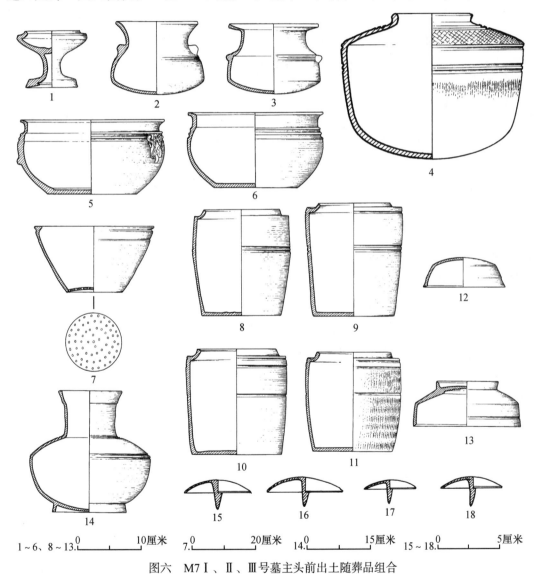

图六　M7 Ⅰ、Ⅱ、Ⅲ号墓主头前出土随葬品组合

1. 釉陶熏炉(M7:20)　　2、3. 釉陶鍪(M7:21、M7:22)　4. 陶瓮(M7:29)　5、6. 釉陶锅(M7:24、M7:72)

7. 陶甑(M7:25)　8~11. 陶仓(M7:23、M7:30、M7:64、M7:67)　12. 陶仓盖(M7:70)　13. 釉陶盒盖(M7:71)

14. 陶壶(M7:39)　15~18. 铜泡钉(M7:27、M7:33、M7:35、M7:36)(此组器物中包括11件铜泡钉,形制基本一致,此处兹举4件)

绢　2件。M7∶24，泥质橘红陶胎，黄绿釉，通体施釉，釉色不均，局部泛褐。直口，短仰折沿，方唇，颈部收束，鼓腹，平底。上腹饰两个铺首衔环，不甚对称，并饰三道凸弦纹。口径20、底径14.2、最大腹径23.2、通高11.4厘米（图六，5）。M7∶72，泥质橘红陶胎，黄绿釉，釉色不均，局部泛褐。直口，短仰折沿，圆方唇，鼓腹，平底。上腹饰两道凹弦纹。口径18.4、底径13、最大腹径21.6、通高11.5厘米（图六，6）。

盆　2件。M7∶4，泥质橘红陶胎，褐釉，底部未施釉，釉层色泽均匀，口沿部位有脱落。敞口，平沿，方唇，浅弧腹，小平底。口径18.8、底径7、通高5厘米（图五，2）。M7∶56，泥质橘红陶，釉多已剥落。敞口，平沿，圆方唇，浅弧腹，矮饼足。腹部饰一道凹弦纹，内腹有一道折棱。口径16.8、底径8、通高8厘米（图七，5）。

鍪　2件。M7∶21，泥质橘红陶胎，褐釉，器底釉层已剥落。敞口，圆唇，束颈，溜肩，垂腹，最大腹径位于下部，圜底，肩部对称位置附二乳钉状纽。上腹饰两道凹弦纹。口径12、最大腹径14.8、通高11厘米（图六，2）。M7∶22，泥质橘红陶胎，褐釉，口沿下及器底釉层已剥落。直口，翻沿，圆方唇，长束颈，折肩，腹部斜直，最大腹径位于下部，圜底，肩部对称位置附二乳钉状纽。沿部饰一道凹弦纹，上腹饰两道凹弦纹。口径9.2、最大腹径15、通高10.5厘米（图六，3）。

熏炉　2件。M7∶10，泥质橘红陶胎，褐釉。子母口，上腹较直，下腹弧收接矮柄，喇叭形底座。上腹饰一道凹弦纹。口径8.4、底径10.5、通高10厘米（图五，13）。M7∶20，泥质橘红陶胎，褐釉，部分已剥落。轮制。子母口，浅盘，浅弧腹，柄略高，喇叭形底座。口径7.6、底径8.3、通高8.6厘米（图六，1）。

灯　2件。M7∶11，泥质橘红陶胎，褐釉，多已剥落。敞口，方唇，浅盘，盘壁斜直，高柱状柄，喇叭形底座。口径9.6、底径8.6、通高10厘米（图五，11）。M7∶14，泥质橘红陶胎，褐釉，通体施釉，底内壁釉已剥落。敞口，方唇，浅腹，高竹节形柄，喇叭形底座。口径9.2、通高11.7、底径10.4厘米（图五，12）。

卮　1件。M7∶1，泥质橘黄陶胎，褐釉，内壁及底未施釉。敛口，方唇，筒腹微鼓，平底，三乳钉状足，上腹部一侧有环形柄。上腹饰两圈凹弦纹。口径8、最大腹径9.7、底径9、通高9.8厘米（图五，3）。

长柄勺　2件。M7∶6，泥质橘红陶胎，褐釉，部分已脱落。勺体平面呈椭圆形，敞口，方唇，长柄。勺体高2.8、通长14.6、通高12厘米（图五，8）。M7∶45，泥质橘红陶胎，通体施褐釉。勺体平面呈椭圆形，敞口，方唇，长柄弧折。勺体高3.4、通长18、通高9厘米（图七，6）。

盒盖　3件。M7∶8，泥质橘红陶胎，褐釉。圆形小平顶，折腹。近口处饰一圈凹弦纹。口径16.8、顶径6、通高5.9厘米（图五，5）。M7∶9，泥质橘红陶胎，褐釉，器表满釉，里无釉。形制、装饰与M7∶8一致。口径16.4、顶径6、通高5.5厘米（图五，6）。M7∶71，泥质橘红陶胎，褐釉，部分已剥落。顶部为大圈足形捉手，折腹，下腹直。上腹饰一道凹弦纹。口径16、捉手径10、通高7厘米（图六，13）。

熏炉盖　2件。M7∶2，泥质橘红陶胎，褐釉。敛口，方唇，盖体半球形，顶部有乳突状捉手。近口处饰一圈凹弦纹。口径10、通高6厘米（图五，9）。M7∶55，泥质橘红陶胎，褐釉。敛口，方唇，圆锥状盖面，上部有4个三角形外翘炉孔，下部沿盖周围有两圈由外向内戳出的炉孔，下排炉孔中交织有锯齿形刻划纹一周，中部亦有一周较粗大的锯齿纹，上排炉孔位于其上，顶点向下有四条划纹，平面形状似花瓣形。口径10、通高8.2厘米（图七，10）。

3. 陶器

25件。均泥质灰陶。

壶　1件。M7：39，敞口，方唇，颈部略直，广肩，扁弧腹，圜底下接矮圈足。肩部饰三道凸弦纹。口径14、足径17.8、最大腹径29、通高28厘米（图六，14）。

圜底罐　3件，形制基本一致。M7：44，直口，平沿略外卷，尖圆唇，矮领，广斜肩，弧腹，圜底。口径8.4、最大腹径21.3、通高14厘米（图七，7）。M7：52，腹部饰斜向细绳纹。口径9.2、最大腹径22.4、通高15厘米（图七，8）。M7：60，底部饰斜向细绳纹。口径9.2、最大腹径21.5、通高14.2厘米（图七，9）。

直领罐　1件。M7：51，烧造火候原因造成陶色不均。侈口，斜方唇，斜直领，斜直肩，斜直腹，平底微内凹，肩部对称位置有乳钉状双耳。口径13.2、底径12.5、最大腹径20、通高14.4厘米（图七，3）。

小罐　1件。M7：12，直口微侈，平沿略外卷，尖圆唇，矮直领，斜折肩，弧腹，平底微内凹，有线切割痕迹。口径5.2、底径5.6、通高6厘米（图五，10）。

盆　1件。M7：53，侈口，平沿略外卷，扁圆唇，深腹，上腹略直，下腹略弧，平底，腹中部有一道凸棱。口径16.4、底径9.4、通高9.3厘米（图七，11）。

甑　2件。M7：25，"丁"字口，平沿，尖唇，深腹，腹壁较直，平底内凹，不甚规整，小箅孔由外向内戳出，以同心圆状分布。上腹饰一道凹弦纹，不甚明显，近口处有一道折棱。口径32.8、底径17、通高20.3厘米（图六，7）。M7：58，敛口，平沿，尖圆唇，浅弧腹，平底微内凹，底部箅孔由外向内戳穿，个别未穿透，箅孔以同心圆状分布。口径16、底径7.5、通高6.8厘米（图七，12）。

瓮　2件。形制、装饰基本一致，均陶色不均匀，局部泛黑。M7：29，敛口，圆唇，无领，广斜肩，上腹斜直，下腹弧收成圜底。肩部压印方格纹，不甚明显，肩近口部饰两道凸弦纹，肩、腹相交部饰一道凸弦纹，上腹部饰两道凹弦纹，上腹局部饰纵向细绳纹。口径11.2、通高21.8厘米（图六，4）。M7：54，肩部未压印方格纹。口径11.2、通高21.1厘米（图七，19）。

钵　5件。形制基本一致。M7：15，敞口，扁圆唇外卷，弧腹，平底。口径16、底径5.7、通高6.5厘米（图八，1）。M7：41，口径15.6、底径6.4、通高5.8厘米（图七，15）。M7：42，口径16、底径6、通高6.1厘米（图七，16）。M7：43，口径17.2、底径、通高6.3厘米（图七，17）。M7：48，口径16.4、底径6、通高6厘米（图七，18）。

仓　5件。形制基本一致。M7：18，子母口，筒腹，腹部压印三道凹弦纹。口径10、底径11.5、通高16.6厘米（图八，2）。M7：23，陶色不均，部分偏黑。腹中部压印两道凹弦纹。口径11.2、底径12.6、通高16.2厘米（图六，8）。M7：30，陶色不均，部分偏红褐，器形不甚规整。腹部压印两道凹弦纹。口径10.4、底径13、通高17.3厘米（图六，9）。M7：64，陶色

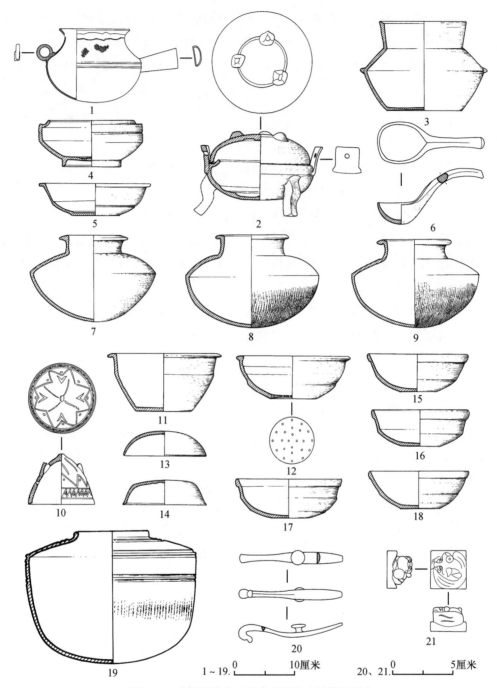

图七　M7 Ⅰ号墓主身上及身右侧出土随葬品组合

1. 铜刁斗（M7：57）　　2. 釉陶鼎（M7：63）　　3. 陶直领罐（M7：51）　　4. 釉陶盒（M7：40）　　5. 釉陶盆（M7：56）

6. 釉陶长柄勺（M7：45）　　7~9. 陶圜底罐（M7：44、M7：52、M7：60）　　10. 釉陶熏炉盖（M7：55）　　11. 陶盆（M7：53）

12. 陶甑（M7：58）　　13、14. 陶仓盖（M7：47、M7：59）　　15~18. 陶钵（M7：41、M7：42、M7：43、M7：48）

19. 陶瓮（M7：54）　　20. 铜带钩（M7：49）　　21. 陶印章（M7：69）

不均，局部泛黑或褐，器形不甚规整。上腹压印三道凹弦纹。口径11.2、底径14.4、通高16.2厘米（图六，10）。M7：67，上腹压印三道凹弦纹。口径10.4、最大腹径15.3、底径12.6、通高15.2厘米（图六，11）。

仓盖　4件，形制基本一致，均弧形盖面，顶部略平。M7：47，口径14、通高4厘米（图七，13）。M7：59，口径12.8、通高3.9厘米（图七，14）。M7：62，口径13.2、通高4厘米（图九，3）。M7：70，口径11.6、通高4.5厘米（图六，12）。

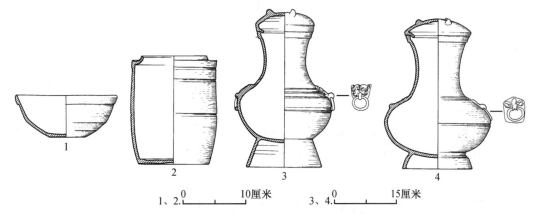

图八　M7Ⅳ号墓主头前靠近墓室东壁出土随葬品组合
1. 陶钵（M7：15）　2. 陶仓（M7：18）　3、4. 釉陶壶（M7：16、M7：17）

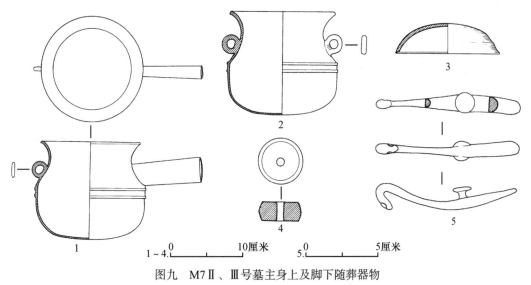

图九　M7Ⅱ、Ⅲ号墓主身上及脚下随葬器物
1. 铜刁斗（M7：61）　2. 铜鏊（M7：19）　3. 陶仓盖（M7：62）　4. 石纺轮（M7：65）　5. 铜带钩（M7：68）

4. 钱币

共出土51枚，发掘时编为M7：50、M7：66两个编号。

M7：50，出土时位于Ⅰ号墓主盆骨之上，原可能穿缀成串，现系缀的绳索已朽蚀不见。共16枚，其中10枚锈蚀严重，钱文清晰可辨的6枚均为西汉五铢（图一〇，1、2）。

M7：66，出土时位于Ⅲ号墓主盆骨位置，原可能穿缀成串，现系缀的绳索已朽蚀不见。共35枚，其中4枚锈蚀严重，钱文清晰可辨的31枚有合面五铢（图一〇，3）、西汉五铢（图一〇，4、5）、东汉五铢三种（图一〇，6~10）。

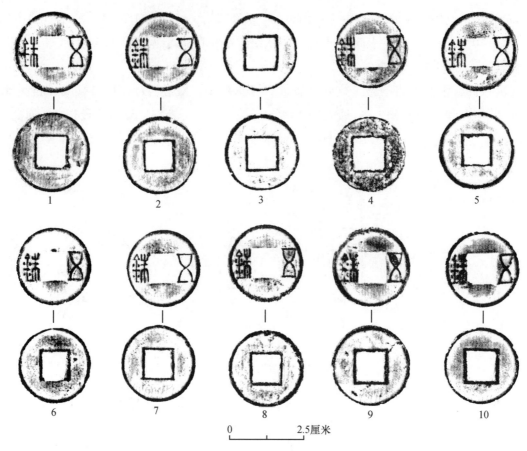

图一〇　M7出土的部分钱币

1、2、4、5.西汉五铢（M7：50-1、M7：50-4、M7：66-2、M7：66-8）　3.合面五铢（M7：66-1）　6～10.东汉五铢（M7：66-12、
M7：66-13、M7：66-16、M7：66-19、M7：66-20）

5. 其他

铁釜　1件。M7：46，残甚，仅略可辨其形。

石纺轮　1件。M7：65，算珠形，表面光滑。直径2.6、高1.3、孔径0.4厘米（图九，4）。

陶印章　1件。M7：69，平面呈正方形，上有兽纽，印面及纽面有部分朱红染料，印文已磨平。长3、高2.3厘米（图七，21）。

（二）M8

位于Ⅳ区T1210、T1310、T1309，乌龟包丘顶西南侧，为一带墓道的石坑砖室墓，方向135°。墓葬开口于表土层下，墓室墓口残深10～26、墓底残深46～120厘米，墓道上口残深10～14、下口残深46～62厘米。墓砖为长方形菱形花纹砖，长42、宽16～17、厚8～9厘米（图三，3）。墓室平面近方形，东西长约280、南北宽约266厘米；墓道位于墓室南侧，大部被毁，残长86、宽166～168厘米。墓室与墓道的顶部已遭破坏，结构不明。墓葬填土为褐色黏土。

由于破坏严重，墓内尸骨及随葬品放置散乱，葬式、葬具等情况皆无从推断。从残留骨殖判断，墓内至少葬有5具尸骨，墓道内2具（Ⅰ、Ⅱ），墓室中部由西至东大体并排3具（Ⅲ～Ⅴ）。比较特殊的情况有二：一是这些骨殖基本为肱骨、胫骨和股骨，未见颅骨和牙齿；二是每具尸骨周围均有数量较多的钱币，总数近800枚之多，而受扰动程度较轻、随葬品集中的墓室东南角，却没有钱币发现。Ⅰ号人骨经过鉴定，由于保存较差，仅可判断系成年人骨殖，具体年龄和性别等情况不明。

残存随葬品丰富，有铜、釉陶、陶、琉璃、银器及数量较多的钱币，比较集中地分布于两个区域：①墓室东南角，②Ⅳ号人骨周围（图一一）。

墓室东南角：随葬品虽残破，但十分集中，重叠摞置，总数达39件，占了除钱币之外随葬品总数的50%以上，种类有釉陶器和陶器。釉陶器包括壶（2件）、盆（3件）、甑、小罐（6件）、卮、熏炉、熏炉盖、壶盖（3件）等（图一二）；另有男侍俑（2件）、佩刀俑、彩绘女俑、马、镇墓兽、房及残陶俑（3件）、俑头残块（2件）等（图一三）。陶器包括圜底罐、平底罐、小罐（2件）、盆、甑（3件）、钵、卮、仓等（图一四）。

Ⅳ号人骨周围：残存数量不多，但大体环绕Ⅳ号人骨放置，东侧放置陶平底罐、擂钵和钵

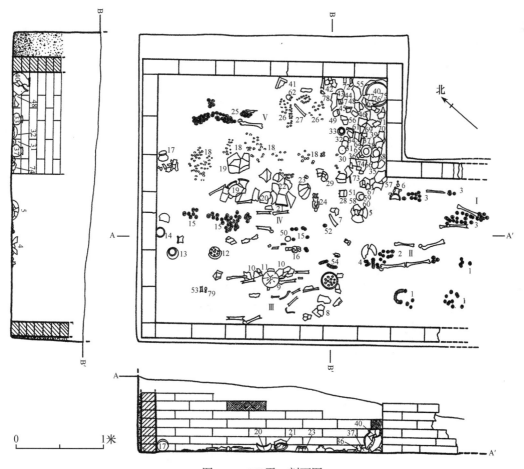

图一一　M8平、剖面图

1～3、15、18、25、26、54.钱币　4、16、47.残釉陶俑　5、20、22、29、66.陶钵　6.釉陶灯　7、27.银钗　8、19、68.陶平底罐　9.陶釜　10、23、46、69.釉陶壶　11、43、64、65.釉陶壶盖　12、40、70、73.陶甑　13、17、37、39.陶小罐　14、28、49.陶卮　21.陶擂钵　24、42.釉陶佩刀俑　30、62.釉陶卮　31.釉陶熏炉盖　32、33、44、56、61、67.釉陶小罐　34.釉陶甑　35、38、57.釉陶盆　36.釉陶熏炉　41.釉陶案　45.釉陶马　48.陶圜底罐　50.银手镯　51、58～60.铜耳杯　52.银指环　53、79.琉璃耳珰　55.陶盆　63.釉陶彩绘女俑　71、78.釉陶男侍俑　72.陶仓　74.釉陶房　75.釉陶镇墓兽　76、77.釉陶俑头残块

（2件）；大体在脚部位置有釉陶壶、佩刀俑，银钗和银指环也放在附近，应当是脱离了原生位置；西侧还有银手镯1件（图一五）。如果上述器物均原是Ⅳ号墓主随葬品的话，从银质装饰品来看，其很有可能是女性。

1. 铜器

4件。

耳杯　4件，两两成套，M8：51与M8：58、M8：59与M8：60器形、装饰、规格完全相同。M8：51，整体呈椭圆形，长侧有对称长圆弧形双耳，敞口，弧壁，椭圆形平底。平底内侧模印鱼纹，有鳍和须，双耳上模印连续"田"字纹。器口长径11、短径6.5、器底长径5.4、短径2.4、通高2.6厘米（图一六，1）。M8：59，整体呈椭圆形，长侧有对称长圆弧形双耳，敞口，弧壁，椭圆形平底。平底内侧模印鱼纹，双耳上模印连续"田"字纹。器口长径8.7、短径5.2、器底长径4、短径2、通高2厘米（图一六，2）。

2. 釉陶器

37件，其中器皿23件、模型器14件。

壶　4件。M8：10，泥质橘黄陶胎，透明釉，圈足及内壁未施釉。盘口，长束颈，圆肩，扁圆腹，圜底下接喇叭形高圈足。肩部对称位置饰铺首衔环，肩、腹部饰三圈凹弦纹。口径13.2、底径15.3、通高28.5厘米（图一七，1）。M8：23，泥质橘红陶胎，茶绿釉，圈足未施釉。盘口，颈部斜直，弧折肩，扁圆腹，圜底下接喇叭形高圈足。肩部对称位置饰铺首衔环，肩部饰三圈凹弦纹。口径12、足径14.1、通高26.7厘米（图一五，1）。M8：46，泥质橘红陶胎，黄褐釉，内壁及圈足未施釉。盘口，颈部斜直，圆肩，扁圆腹，圜底下接喇叭形高圈足。肩部对称位置饰铺首衔环，肩部饰两圈凹弦纹，圈足中部靠下饰一圈凹弦纹。口径13.2、足径17.4、通高26.6厘米（图一二，1）。M8：69，泥质橘黄陶胎，黄褐釉，内壁及圈足未施釉。盘口，颈部斜直，圆弧肩，扁圆腹，圜底下接喇叭形高圈足。肩部对称位置饰铺首衔环，肩、颈相接处饰两圈凸棱。口径14.4、足径18、通高31厘米（图一二，2）。

盆　3件。M8：35，泥质橘黄陶胎，褐釉，多已剥落。直口，平沿，尖圆唇，弧腹，平底微内凹。上腹饰一道凹弦纹。口径9.4、底径4.6、通高3.6厘米（图一二，6）。M8：38，泥质橘红陶胎，褐釉，多已剥落。敛口，圆唇，深弧腹，平底。口沿内外侧各饰一道凹弦纹。口径9、底径4.4、通高4.6厘米（图一二，4）。M8：57，泥质橘红陶胎，釉层剥落。直口，方唇，深弧腹，平底。上腹饰一圈凹弦纹。口径9.6、底径4.8、通高4.6厘米（图一二，5）。

甑　1件。M8：34，泥质橘红陶胎，釉层剥落。敞口，窄沿，尖唇，弧腹，平底，5个小箅孔由外向内戳出。上腹饰一道凹弦纹。口径9.8、底径5.3、通高4.3厘米（图一二，3）。

小罐　6件。均泥质橘黄陶胎，釉层剥落。M8：32，口微敛，方唇，斜直领，折肩，深弧腹，平底微内凹。口径6.2、底径4.5、通高5.3厘米（图一二，7）。M8：33与M8：32形制基本一致。口径6.2、底径4.3、通高6厘米（图一二，8）。M8：44，直口，仰折沿，斜方唇，束颈，折肩，弧腹，平底微内凹。口径4.2、底径3.9、通高4.9厘米（图一二，9）。M8：56，敛口，翻沿，方唇，溜肩，折腹，平底。口径8、底径5.1、通高4.8厘米（图一二，10）。

M8：61，敞口，翻沿，圆方唇，束颈，溜肩，弧腹，平底。上腹饰两道凹弦纹。口径10、腹径12.6、底径6、通高9厘米（图一二，11）。M8：67，直口，斜方唇，斜肩，弧腹，平底。口径8.2、底径6、通高5.6厘米（图一二，12）。

　　卮　2件。M8：30，泥质橘红陶胎，釉层剥落。直口微敛，方唇，深腹，平底，矮饼足，一侧黏接锥状把手。腹部饰两圈凹弦纹。口径7、足径3.7、通高4.6厘米（图一二，13）。M8：62，泥质橘红陶胎，釉层剥落。形制基本同M8：30，唯无把手。口径6.4、底径3.8、通高4.6厘米（图一七，2）。

　　灯　1件。M8：6，泥质橘黄陶胎，釉层剥落。敞口，圆唇，浅腹，矮柄中空，喇叭形高

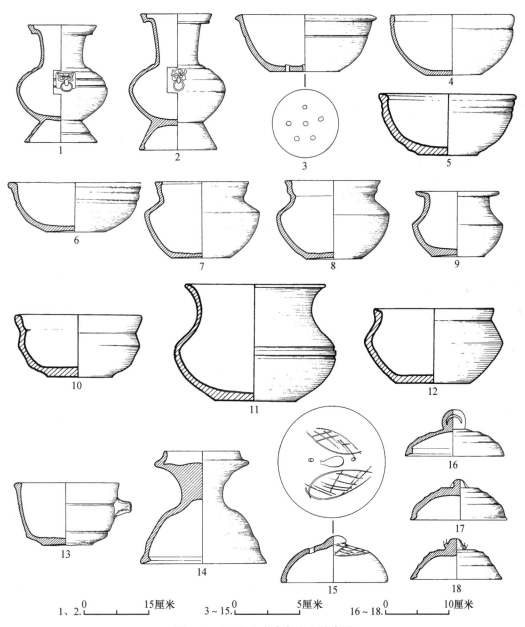

图一二　M8墓室东南角出土釉陶器

1、2. 壶（M8：46、M8：69）　3. 甑（M8：34）　4～6. 盆（M8：38、M8：57、M8：35）　7～12. 小罐（M8：32、M8：33、M8：44、M8：56、M8：61、M8：67）　13. 卮（M8：30）　14. 熏炉（M8：36）　15. 熏炉盖（M8：31）　16～18. 壶盖（M8：43、M8：64、M8：65）

圈足。口径6、底径9.5、通高8.6厘米（图一七，3）。

熏炉 1件。M8：36，泥质橘黄陶胎，褐釉，大多剥落。子母口，矮柄，喇叭形高圈足。口径5.6、底径9.8、通高8.5厘米（图一二，14）。

壶盖 4件。数量和壶相同，可能是配套使用，但无法确认。M8：11，泥质橘黄陶胎，釉层剥落。敛口，弧形盖面，顶有扁圆纽，中穿孔。口径8、通高8厘米（图一七，4）。M8：43，泥质橘红陶胎，褐釉，多已剥落。敛口，斜方唇，弧形盖面，顶有环形提手，两边贴泥片以加固。面有数圈细弦纹。口径15.2、通高7厘米（图一二，16）。M8：64，泥质橘黄陶胎，褐釉，内壁未施釉。敛口，斜方唇，弧形盖面，顶有鼻形纽。盖面饰四道凸棱。口径15.6、通高6厘米（图一二，17）。M8：65，泥质橘红陶胎，褐釉，内壁未施釉。敛口，斜方唇，弧形盖面，顶有环形纽，已残，两边贴泥片加固。盖面饰四道凸棱。口径12.8、通高6厘米（图一二，18）。

熏炉盖 1件。数量和熏炉相同，可能是配套使用，但无法确认。M8：31，泥质橘黄陶胎，釉层剥落。敛口，圆唇，弧形盖面，盖顶有一捏制凸纽。盖面饰两片叶形纹饰，叶内刻划网格纹。口径8.3、通高3.6厘米（图一二，15）。

案 1件。M8：41，泥质橘黄陶，釉层剥落。案呈长方形，四边有高沿，下有牛头状四足。通长54、宽35.2、高6.8、沿宽1.5、足高4.8厘米（图一七，5）。

房 1件。M8：74，泥质橘红陶，釉层剥落。残甚，无法修复，形制不详。

佩刀俑 2件。M8：24，泥质橘黄陶胎，釉层剥落。面目神情平静，略带笑意。头戴巾帻，身着右衽长袍，腰间束带，背后有带垂至袍下，双手交置于腹间，竖挎一环首刀，刀有穗。通高22.6厘米（图一五，6）。M8：42，形制、规格均与M8：24一致（图一三，2）。

男侍俑 2件。M8：71，泥质橘红陶胎，釉层剥落。面带微笑，神情愉悦。头戴平巾帻，身着长袍，右衽，露履，双手置于胸前，一手食指横伸。通高50.6厘米（图一三，1）。M8：78，泥质橘红陶胎，釉层剥落。面带微笑，神情愉悦。头戴介帻，深衣垂地，右衽，双手置于胸前，左臂在上，腰间束带。残高65.9厘米（图一三，3）。

彩绘女俑 1件。M8：63，泥质橘黄陶胎，釉层剥落。面目表情愉悦，圆髻、眼眶尚存黑彩。立姿，深衣垂地，双手垂拱于胸前。通高36.5厘米（图一三，4）。

俑头残块 2件。M8：77，头戴平巾帻，双目微闭。残高31.8厘米（图一三，6）。M8：76，仅余鼻、口等部位。

另有M8：4、M8：16、M8：47三件俑，残甚不能辨其形。

马 1件。M8：45，泥质橘黄陶胎，釉层剥落。马头及身体中部残缺。立姿，短尾，马腿粗壮，骨节突出，马蹄平展，似装有蹄铁。马体健壮剽悍，气势雄壮。全长约56、残高47厘米（图一三，5）。

镇墓兽 1件。M8：75，泥质橘红陶胎，釉层剥落。头部及胸部残，蹲坐状。残高14.6厘米。

图一三　M8墓室东南角出土釉陶俑

1、3.男侍俑（M8：71、M8：78）　2.佩刀俑（M8：42）　4.彩绘女俑（M8：63）　5.马（M8：45）

6.俑头残块（M8：77）

3. 陶器

24件。均泥质灰陶。

圜底罐　1件。M8：48，直口微敛，圆方唇，矮领，广弧肩，扁弧腹，圜底。肩及上腹部饰六道凹弦纹，并在其上压印绳纹，底部压印细绳纹。口径8.8、最大腹径31.6、通高17.6厘米（图一四，5）。

平底罐　3件。M8：8，敛口，方唇，矮领，圆肩，深鼓腹，平底。口径8.6、底径11.6、通高15.2厘米（图一八，4）。M8：19，敛口，圆唇，无颈，圆肩，上腹略鼓，下腹斜收，平底。肩及上腹先纵向压印绳纹，再饰两圈凹弦纹，腹中部饰两圈凹弦纹。口径7.5、底径8、通高10.5厘米（图一五，2）。M8：68，直口，斜方唇，矮直领，溜肩，弧腹，平底。肩及上腹压印绳纹。口径14.2、底径13、通高15厘米（图一四，6）。

小罐　4件。M8：13，敞口，圆唇，斜直领，溜肩，鼓腹，圜底略平。口径9.6、通高9厘米（图一八，2）。M8：17，侈口，圆唇，折肩，上腹较直，下腹弧收，平底。上腹饰一圈凹弦纹。口径8.8、底径7.4、通高6.6厘米（图一八，3）。M8：37，敛口，短沿，圆唇，矮领，弧肩，鼓腹，平底内凹。领与肩相接处饰一圈凹弦纹。口径6、底径7.2、通高9.5厘米（图一四，7）。M8：39，敛口，圆唇，弧肩，圆腹，平底。口径6.8、底径6.3、通高7.3厘米（图一四，8）。

盆　1件。M8：55，敛口，卷沿，圆唇，深弧腹，平底。口径27、底径16.4、通高12.8厘米（图一四，4）。

甑　4件。M8：12，直口微敛，卷沿，圆唇，深弧腹，下腹及底部残，但同出带有由外向内戳出箅孔的底部，可确认为甑。上腹近口沿处有三道折棱。口径29.6、残高15.8厘米（图一八，1）。M8：40，敛口，平折沿，尖唇，深弧腹，平底，9个箅孔由外向内戳出。上腹压印纵向细绳纹，在其上再压印三圈细弦纹。口径31.2、底径19.6、通高19.6厘米（图一四，1）。M8：70，敛口，窄平沿，尖圆唇，深弧腹，平底，8个箅孔由外向内戳出。上腹压印纵向细绳纹，在其上再压印三圈细弦纹。口径28.8、底径16.4、通高16.8厘米（图一四，2）。

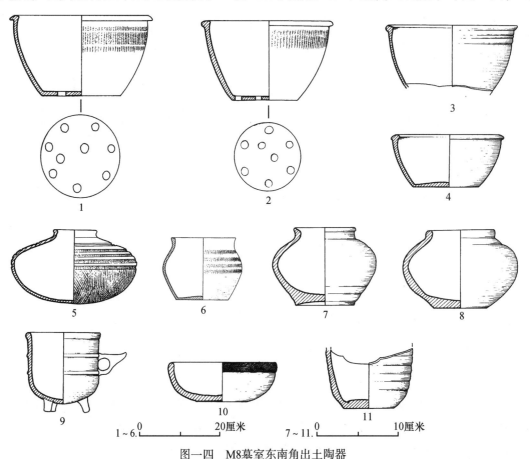

图一四　M8墓室东南角出土陶器

1~3.甑（M8：40、M8：70、M8：73）　4.盆（M8：55）　5.圜底罐（M8：48）　6.平底罐（M8：68）

7、8.小罐（M8：37、M8：39）　9.厄（M8：49）　10.钵（M8：66）　11.仓（M8：72）

M8：73，敛口，窄翻沿，圆唇，深弧腹，下腹及底部残，但同出带有由外向内戳出算孔的底部，可确认为甑。上腹饰三道凹弦纹。口径33、残高16厘米（图一四，3）。

釜　1件。M8：9，敞口，翻沿，方唇，束颈，斜肩，上腹直，下腹扁圆，圜底。颈部有一圈凸棱，不甚明显；腹与颈相接处、腹与底相接处均有明显折棱，底部密布绳纹。口径13.6、通高11.8厘米（图一八，5）。

卮　3件。M8：14，口残。筒腹，平底，底部残留一个乳钉状足，从残片可知，腹部至少饰四道凹弦纹（图一八，6）。M8：28，侈口，扁圆唇，筒腹，平底，下有三个乳钉状足，一侧有把手，已残。腹部饰四圈凹弦纹。口径8.8、通高7.6厘米（图一八，7）。M8：49，直口，扁圆唇，筒腹，圜底下接乳钉状三足，一侧有"6"字形鋬手。腹部饰两圈凸弦纹。口径8、通高9.2厘米（图一四，9）。

钵　5件。M8：5，敛口，扁圆唇，弧腹，平底。口径14.8、底径6.7、通高6.9厘米（图一八，8）。M8：20，直口，扁圆唇，上腹较直，下腹弧收，平底。口径13.6、底径6、通高4.4厘米（图一五，4）。M8：22，敛口，扁圆唇，弧腹，平底。口径13.6、底径6.4、通高4.9厘米（图一五，5）。M8：29，胎体较厚。侈口，扁圆唇，弧腹，平底。上腹饰一圈凹弦纹。口径11.2、底径4.3、通高4厘米（图一八，9）。M8：66，敛口，圆唇，弧腹，平底微内凹。口部外侧有一圈黑色陶衣。口径12、底径5.8、通高4.8厘米（图一四，10）。

擂钵　1件。M8：21，弇口，圆方唇，斜直筒腹，平底。口径11.6、底径8、通高11厘米（图一五，3）。

仓　1件。M8：72，上部残，应为筒腹，平底。底径6、残高7.2厘米（图一四，11）。

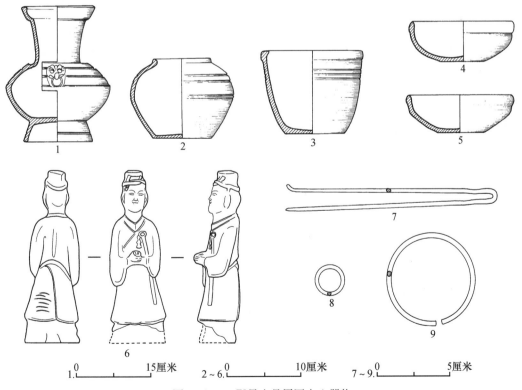

图一五　M8Ⅳ号人骨周围出土器物

1. 釉陶壶（M8：23）　2. 陶平底罐（M8：19）　3. 陶擂钵（M8：21）　4、5. 陶钵（M8：20、M8：22）　6. 釉陶佩刀俑（M8：24）　7. 银钗（M8：7）　8. 银指环（M8：52）　9. 银手镯（M8：50）

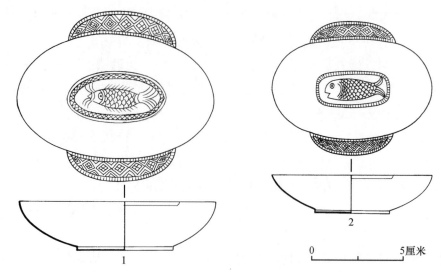

图一六　M8出土铜耳杯

1. M8：51　2. M8：59

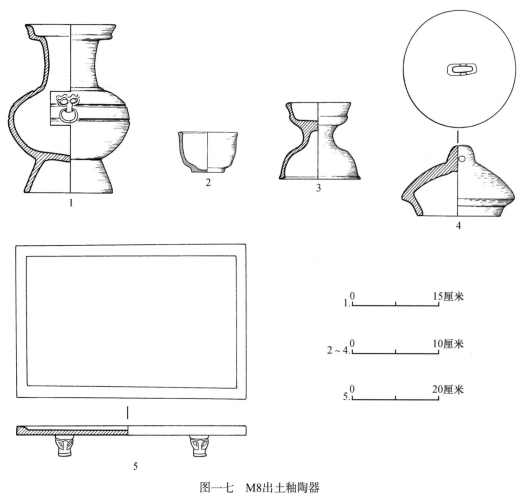

图一七　M8出土釉陶器

1. 壶（M8：10）　2. 卮（M8：62）　3. 灯（M8：6）　4. 壶盖（M8：11）　5. 案（M8：41）

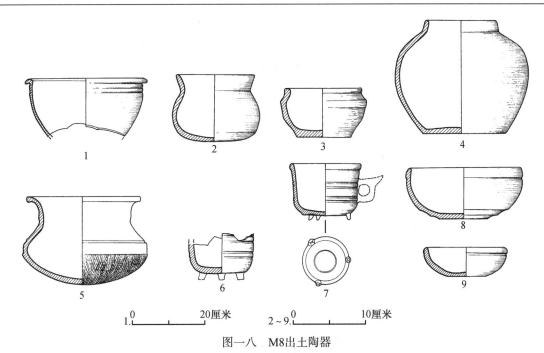

图一八　M8出土陶器

1.甑（M8：12）　2、3.小罐（M8：13、M8：17）　4.平底罐（M8：8）　5.釜（M8：9）　6、7.卮（M8：14、M8：28）
8、9.钵（M8：5、M8：29）

4. 钱币

共出土近800枚，出土时编为M8：1、M8：2、M8：3、M8：15、M8：18、M8：25、M8：26、M8：54。种类丰富，有四铢半两、西汉五铢、货泉、大泉五十、东汉五铢、直百五铢、小五铢、对文五铢、侵轮五铢、磨郭五铢、剪轮五铢、合背五铢、花穿五铢及少量铅质五铢。

M8：1，出土时位于墓道西部，分为相邻近的三堆，有的排列整齐，呈"U"形，原来应穿缀成串。共40枚，大部分朽蚀严重，有西汉五铢（图一九，2、3）、东汉五铢、对文五铢（图一九，10）、剪轮五铢等类型。

M8：2，出土时位于墓道中Ⅱ号人骨范围内，部分也有曾经穿缀的迹象。共72枚，多朽蚀严重，有西汉五铢、东汉五铢（图一九，6、7）、对文五铢、剪轮五铢（图一九，15）、小五铢（图一九，16）等类型。

M8：3，出土时位于墓道中Ⅰ号人骨范围内，散落成片。共69枚，多朽蚀严重，有西汉五铢、东汉五铢、侵轮五铢（图一九，8）、对文五铢、剪轮五铢等类型。

M8：15，出土时位于墓室中部Ⅳ号人骨范围内，散落成片。共94枚，多朽蚀严重，有四铢半两（图一九，1）、西汉五铢、货泉、东汉五铢、铅质五铢（图一九，11、12）、对文五铢、剪轮五铢等类型。

M8：18，出土时位于Ⅳ、Ⅴ号人骨之间，大体呈带状分布。共153枚，多朽蚀严重，有西汉五铢、货泉（图一九，5）、大泉五十（图一九，4）、东汉五铢、对文五铢、剪轮五铢、花穿五铢（图一九，13）、小五铢（图一九，17）、直百五铢（图一九，18）等类型。

M8：25，出土时位于Ⅴ号人骨偏北位置，分布较为密集。共68枚，部分朽蚀，有货泉、

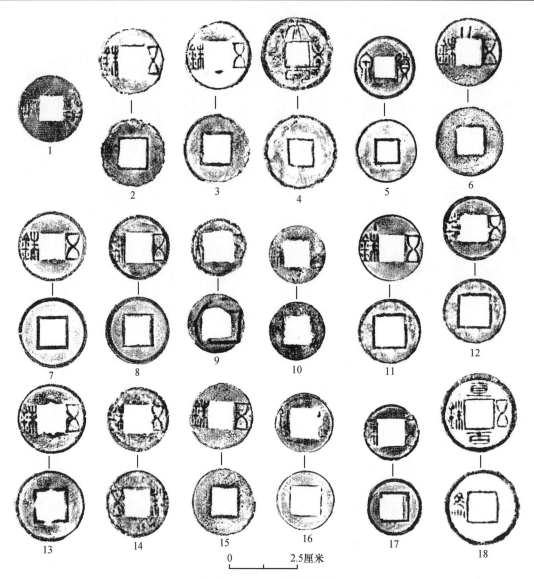

图一九　M8出土的部分钱币

1. 四铢半两（M8：15-1）　　2、3. 西汉五铢（M8：1-5、M8：1-6）　　4. 大泉五十（M8：18-1）　　5. 货泉（M8：18-2）
6、7. 东汉五铢（M8：2-15、M8：2-19）　　8、9. 侵轮五铢（M8：3-9、M8：26-13）　　10. 对文五铢（M8：1-2）　　11、12. 铅质五铢
（M8：15-6、M8：15-7）　　13. 花穿五铢（M8：18-5）　　14. 合背五铢（M8：54-4）　　15. 剪轮五铢（M8：2-5）　　16、17. 小五铢
（M8：2-1、M8：18-4）　　18. 直百五铢（M8：18-3）

东汉五铢、对文五铢、剪轮五铢、侵轮五铢等类型。

M8：26，出土时位于Ⅴ号人骨偏南位置，分布较为密集。共出土近240枚，因部分朽蚀残断，无法准确统计数量。有西汉五铢、大泉五十、东汉五铢、侵轮五铢（图一九，9）、对文五铢、剪轮五铢等类型。

M8：54，出土时位于Ⅲ号人骨脚部位置，原本应穿缀成串。共27枚，保存相对较好。有四铢半两、西汉五铢、货泉、东汉五铢、对文五铢、剪轮五铢、磨郭五铢、合背五铢（图一九，14）、侵轮五铢等类型。

5. 其他

银钗　2件，形制一致。M8：7，镊子状，钗体圆柱形，一端端头略弯曲，呈钩状。长14.7厘米（图一五，7）。M8：27，长17.2厘米。

银手镯　1件。M8：50，环形，有缺口，环体圆柱形。粗约0.3、整器直径约6厘米（图一五，9）。

银指环　1件。M8：52，圆环形。直径2厘米（图一五，8）。

琉璃耳珰　2件，形制一致。M8：53，略残，束腰圆柱形，一头略大，中有穿孔。高1.5厘米。M8：79，高1.6厘米。

（三）M9

位于Ⅳ区T1410西南部，向东南延伸至T1409北部，西北角跨入T1310东隔梁内，地处乌龟包丘顶西南侧，为一带墓道的石坑砖室墓，方向155°。墓葬开口于耕土层下，墓室墓口残深18~26、墓底残深174~178厘米，墓道上端口残深10~14、下端口残深46~62厘米。墓砖为长方形菱形田字纹砖，长40、宽20、厚8~10厘米（图三，7）。墓室东西宽约290、南北长约316厘米，墓道长238、宽184厘米。墓室与墓道的顶部已遭破坏，结构不明。墓葬填土为褐色黏土，夹杂褐色砂粒及碎砖渣。

在墓道东壁下发现少量人骨（M9：32）。墓室东侧有一片区域土色偏黑，其形成原因可能有三：①经过火烧；②地面为防潮铺设炭屑层；③木质葬具腐朽留下的痕迹。因缺乏有力的证据，尚不能确指，我们倾向第三种可能。墓主数量、葬式等情况均不清楚。

由于早期扰乱严重，随葬品散布于墓室与墓道内，有铜、釉陶、陶、铁器等，另于墓室北壁及东壁下发现数量较多的动物獠牙，可能与墓内随葬的食物有关（图二〇）。

1. 铜器

6件。

錾　1件。M9：1，敞口，方唇，束颈，溜肩，鼓腹，圜底近平，颈部附对称环形辫索双耳。上腹饰两道凸弦纹，器表有合范痕迹。口径20.4、通高18.4厘米（图二一，3）。

刁斗　2件。M9：2，敛口，仰折沿，方唇，深弧腹，平底，腹中部有一长直柄，柄横截面为椭圆形，与柄对称位置附一环形耳。腹部有一宽棱，其上饰数道凸弦纹，器表面有合范痕迹。口径16.8、通高9.3、底径13、柄长19.4厘米（图二一，1）。M9：3，敛口，圆唇，深弧腹，上腹略直，倒"八"字形高圈足，一侧附龙首形柄。上腹饰一道凸弦纹。口径19.2、通高14.8、底径16、柄长10.9厘米（图二一，2）。

泡钉　3件（M9：10、M9：44，前者2件），均表面鎏金，伞状，朽蚀严重。

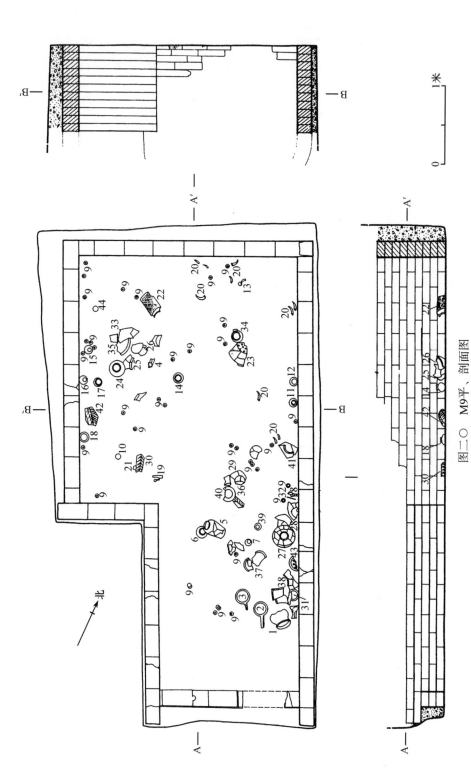

图二〇　M9平、剖面图

1. 铜鐅　2、3. 铜勺斗　4. 釉陶吹笛俑　5、24、40. 陶仓　6. 陶钵　7、11、12、14、15、18. 釉陶盆　8. 釉陶盆　9. 钱币　10、44. 铜泡钉　13. 铁带钩　16. 釉陶熏炉　17. 釉陶器盖残片　19. 铁削　20. 动物猴牙　21. 银箔残片　22. 筒瓦　23、25、33、43. 陶瓦　26、34、35. 陶甑　27、41、42. 陶圈底罐　28. 釉陶直领罐　29. 陶直领罐　30. 陶器残片　31. 陶碗　32. 人骨　36. 陶釜　37、38. 陶盆（甑）　39. 陶盂

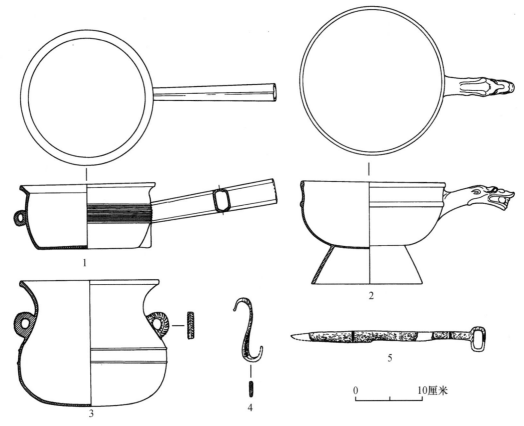

图二一　M9出土铜、铁器

1、2. 铜刁斗（M9：2、M9：3）　3. 铜鍪（M9：1）　4. 铁带钩（M9：13）　5. 铁削（M9：19）

2. 釉陶器

11件，其中10件为器皿、1件为俑。

直领罐　1件。M9：28，底部残。泥质橘黄陶胎，釉层剥落。敞口，斜方唇，斜折肩，深弧腹，肩部对称位置附乳钉状耳。肩部饰两道凹弦纹。口径10.8、残高12厘米（图二二，8）。

盆　6件。体形均小，显系明器，有平沿、浅腹和无沿、深腹两种。M9：11，泥质橘黄陶胎，釉层剥落。敞口，方唇，弧腹，平底微内凹。口径8.4、通高2.5、底径4.6厘米（图二二，4）。M9：12，泥质橘黄陶胎，釉层剥落。敞口，斜方唇，沿外侧有一道凸棱，弧腹，平底微内凹，底有线切割痕迹。口径10.4、底径4、通高2厘米（图二二，5）。M9：18，泥质橘黄陶胎，釉层剥落。敞口，方唇，弧腹，矮饼足不甚规整，底有用线切割痕迹。腹中部和内壁各饰一道凹弦纹。口径12.8、通高3.2、足径4.5厘米（图二二，6）。以上3件属前者。M9：7，泥质橘黄陶胎，釉层剥落。弧腹，平底微内凹，底部有明显线切割痕迹。上腹饰一道凹弦纹。口径8.8、底径4.8、通高4.2厘米（图二二，1）。M9：14，泥质橘红陶胎，釉层剥落。弧腹，平底微内凹。口径7.2、通高3、底径5.2厘米（图二二，2）。M9：15，泥质橘黄陶胎，釉层剥落。弧腹，平底微内凹，底部有明显线切割痕迹。腹中部饰一道凹弦纹。口径8.8、底径5、通高4厘米（图二二，3）。以上3件属后者。

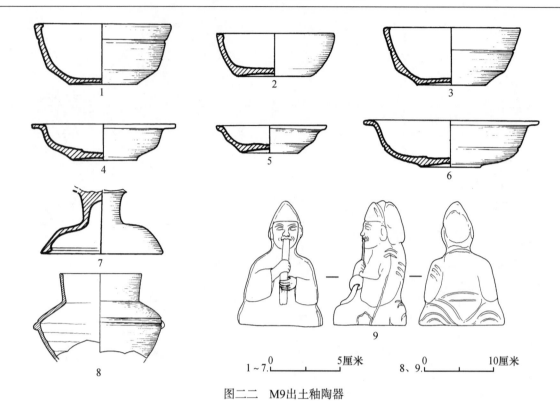

图二二　M9出土釉陶器

1～6. 盆（M9：7、M9：14、M9：15、M9：11、M9：12、M9：18）　7. 熏炉（M9：16）　8. 直领罐（M9：28）
9. 吹笛俑（M9：4）

　　熏炉　1件。M9：16，炉盘及部分柄已残。泥质橘红陶胎，釉层剥落。柱状柄，喇叭口形圈足。残高4.4、底径9厘米（图二二，7）。

　　吹笛俑　1件。M9：4，泥质橘黄陶胎，釉层剥落。身体前后系分别捏制，然后黏接。头戴尖顶帽，踞坐，双手捧笛吹奏。通高17厘米（图二二，9）。

　　另有M9：8、M9：17两件，均泥质橘黄陶胎，前者为罐，后者为器盖，均残甚不能复原。

3. 陶器

　　20件。均泥质灰陶。

　　圜底罐　3件。M9：27，口微侈，圆唇，广弧肩，扁弧腹。肩部压印五圈凹弦纹，肩下部及上腹部饰四圈菱形网格纹，底部拍印细绳纹。口径8.4、最大腹径31、通高16.7厘米（图二三，1）。M9：41，口、底均残。广弧肩，扁弧腹。肩上部压印两道凹弦纹，肩下部及上腹部先拍印竖向细绳纹，再横向压印四条宽带，下腹及底部拍印交错绳纹。残高12.8厘米（图二三，2）。M9：42，底部残。直口，窄沿，尖唇，广弧肩，扁弧腹。肩中部压印两道凹弦纹，肩下部及上腹部先拍印竖向细绳纹，再横向压印四条宽带，下腹及底部拍印交错绳纹。口径9.4、残高16厘米（图二三，3）。

　　直领罐　3件。M9：26，直口微敛，斜方唇，领微弧，圆肩，深鼓腹，平底微内凹。上腹部饰三圈粗绳纹。口径17.2、底径13.5、最大腹径23.7、通高17.1厘米（图二三，11）。

M9：34，直口微敛，斜方唇，领微弧，丰肩，深弧腹，平底，肩部附对称双耳。肩及上腹部饰两圈纹饰带，上腹部以两条凹弦纹构成，纹饰带内为以点纹组成的长方形为间隔的屋脊纹。口径12.4、底径10.6、通高15.4厘米（图二三，13）。M9：35，侈口，斜方唇，斜直领，圆肩，深弧腹，平底，肩部对称位置附双耳。肩及上腹部有四圈由小方格组成的纹饰带。口径13.6、底径11.2、通高15.4厘米（图二三，12）。

　　盆　1件。M9：29，敛口，平沿略卷，尖圆唇，深弧腹，下腹斜收较甚，平底。上腹饰两道凹弦纹。口径34.4、底径17、通高24.6厘米（图二三，7）。

　　盆（甑，底残，器形不明）　2件。M9：37，"丁"字口，平沿略卷，圆唇，深弧腹。上腹饰四道凹弦纹。口径31.2、残高14厘米（图二三，5）。M9：38，敛口，平沿，圆唇，深弧

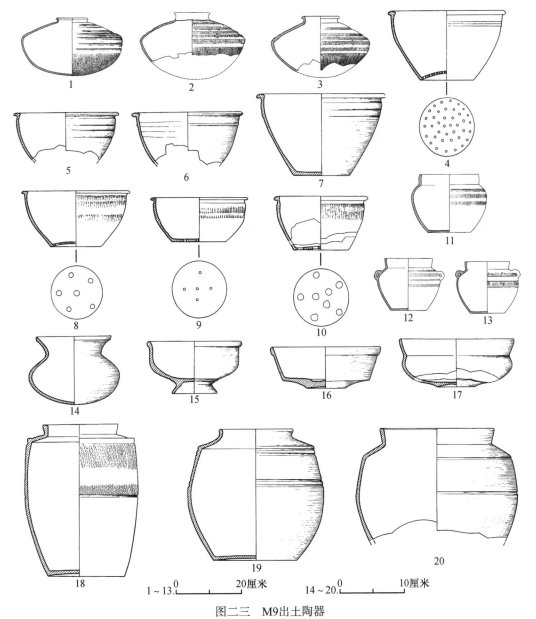

图二三　M9出土陶器

1～3.圈底罐（M9：27、M9：41、M9：42）　4、8～10.甑（M9：33、M9：25、M9：23、M9：43）　5、6.盆（甑）

（M9：37、M9：38）　7.盆（M9：29）　11～13.直领罐（M9：26、M9：35、M9：34）　14.釜（M9：36）

15.碗（M9：31）　16.钵（M9：6）　17.盂（M9：39）　18～20.仓（M9：5、M9：24、M9：40）

腹，上腹有一道折棱。上腹饰数道不明显的弦纹。口径30.4、残高15.3厘米（图二三，6）。

　　甑　4件。M9：23，敛口，平沿略卷，圆唇，矮领，深弧腹，平底，底残，尚有5个由内向外戳出的箅孔。口径26.4、底径16.8、通高13厘米（图二三，9）。M9：25，"丁"字口，平沿略卷，尖圆唇，深弧腹，平底微内凹，有5个较大的箅孔。上腹部压印间断细绳纹。口径29.6、底径16、通高16.5厘米（图二三，8）。M9：33，"丁"字口，窄卷沿，圆唇，深弧腹，平底内凹，底有分布均匀的由外向内戳出的小箅孔。上腹饰三圈凹弦纹。口径32、底径16.8、通高20.5厘米（图二三，4）。M9：43，部分腹部及底残。敛口，窄卷沿，圆唇，深弧腹，近口处有一道折棱，底部残留箅孔较大。上腹部拍印绳纹。口径28.8、残高16厘米（图二三，10）。

　　釜　1件。M9：36，直口，仰折沿，束颈，鼓腹，圜底。口径11.2、通高10厘米（图二三，14）。

　　碗　1件。M9：31，敞口，圆唇，微鼓腹，喇叭形圈足。口径15.5、底径7、通高7.8厘米（图二三，15）。

　　钵　1件。M9：6，敞口，扁圆唇外卷，斜折腹，小平底微凹，有明显轮修痕迹。内底压印两道凹弦纹。口径16、通高6.2、底径6厘米（图二三，16）。

　　盂　1件。M9：39，敛口，仰折沿，圆唇，折腹，小平底。口径17.2、高7厘米（图二三，17）。

　　仓　3件。M9：5，子母口，筒形腹，上腹微鼓，平底微凹，近口处有一道折棱。腹中部饰一圈凹弦纹，上腹压印细小菱形纹两圈。口径9.6、底径11.5、通高23厘米（图二三，18）。M9：24，子母口，鼓腹，平底微凹。腹部压印四道凹弦纹。口径10、底径12.5、最大腹径21、通高19.5厘米（图二三，19）。M9：40，底残。子母口，鼓腹，上腹及腹中部饰两道凹弦纹。口径16.4、残高16.6厘米（图二三，20）。

4. 钱币

　　共出土147枚，编为M9：9。形制较完整、钱文较清晰者111枚，零星散布于墓室与墓道各处，有西汉五铢（图二四，1、2）、货泉（图二四，4）、大泉五十（图二四，3）、对文五铢（图二四，8）、剪轮五铢（图二四，9、10）、磨郭五铢（图二四，11、12）、东汉五铢（图二四，5～7）等种类。

5. 其他

　　铁带钩　1件。M9：13，残，"S"形。残长8.5、宽2.2、厚0.4厘米（图二一，4）。

　　铁削　1件。M9：19，残断成三截，长条形，环首。残长23.5、宽1～1.6厘米（图二一，5）。

　　另有银箔残片（M9：21）等。

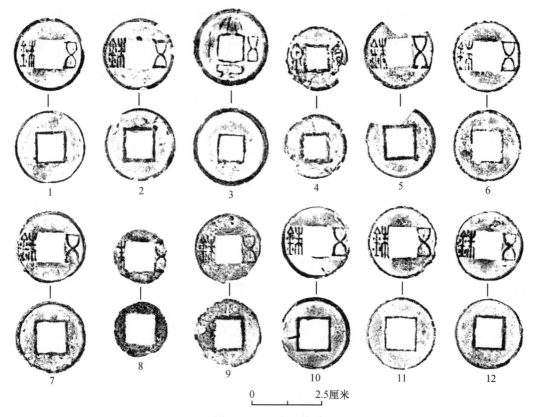

图二四　M9出土钱币

1、2.西汉五铢（M9：9-17、M9：9-25）　3.大泉五十（M9：9-1）　4.货泉（M9：9-2）　5～7.东汉五铢（M9：9-27、M9：9-32、M9：9-37）　8.对文五铢（M9：9-3）　9、10.剪轮五铢（M9：9-8、M9：9-11）　11、12.磨郭五铢（M9：9-12、M9：9-15）

（四）M10

主体位于T1711东南部，向北延伸至T1712南部，东北角跨入T1812，东部进入T1811，西南、东南分别进入T1710及T1810，地处乌龟包丘顶东侧，为一带墓道、排水沟的石坑砖室墓，方向187°。墓葬开口于耕土层下，墓室墓口残深15～20、墓底残深45～74、墓道残深50厘米。墓砖为长方形菱形花纹砖，长约40、宽约20、厚约10厘米。墓室平面近方形，东西宽约290、南北长约314厘米，地面即为紫红色砂岩，略经平整；墓道位于墓室东侧，残长263、宽150厘米。墓道砖墙仅靠近墓室处残存120～150厘米，封门情况无从知晓。排水沟位于墓道南端正中，为在砂岩上开凿之长方形沟槽，口宽底窄，口宽30、底宽14、残深50、长290厘米。墓室与墓道的顶部已遭破坏，结构不明，墓葬填土为褐色黏土，夹杂碎砖渣及料姜石。

由于早期破坏严重，墓主尸骨无存，是否使用葬具等情况也无从判断。

残存少量随葬品集中放置于墓室北部及中央位置，有釉陶器、陶器、瓷器、铁器等（图二五）。

釉陶小罐　1件。M10：8，口部残。泥质橘红陶胎，釉层剥落。束颈，折肩，弧腹，矮饼足，底有用线切割的痕迹。残高5.2、底径4.2厘米（图二六，9）。

陶仓　1件。M10：2，泥质灰陶。子母口，微鼓腹，下腹较弧，平底微内凹。上腹及腹中

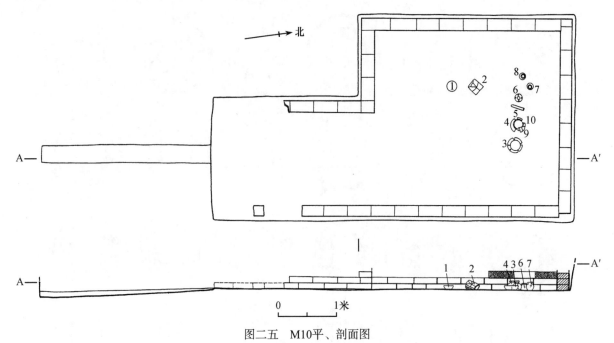

图二五　M10平、剖面图

1、3、7.瓷碗　2.陶仓　4.铁釜　5.铁削　6.瓷四系罐　8.釉陶小罐　9.穿孔贝饰　10.陶仓盖

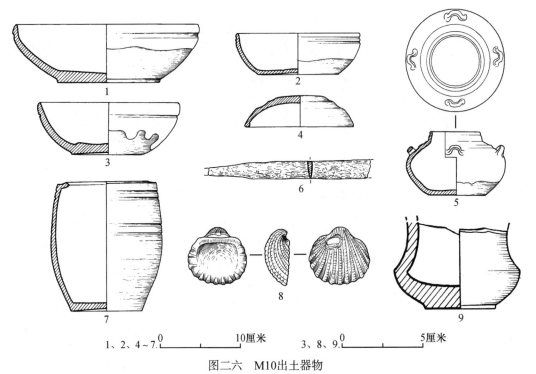

图二六　M10出土器物

1~3.瓷碗（M10∶3、M10∶1、M10∶7）　4.陶仓盖（M10∶10）　5.瓷四系罐（M10∶6）　6.铁削（M10∶5）

7.陶仓（M10∶2）　8.穿孔贝饰（M10∶9）　9.釉陶小罐（M10∶8）

部各饰两道凹弦纹。口径9.2、底径8.7、通高15.4厘米（图二六，7）。

陶仓盖　1件。M10：10，泥质灰陶，弧形盖面。口径12.6、通高3.4厘米（图二六，4）。

瓷碗　3件。M10：1，青釉，下腹及内外底未施釉。直口，圆唇，浅弧腹，大平底微凹。上腹近口处饰两圈凹弦纹。口径14.4、底径10、通高4.8厘米（图二六，2）。M10：3，青釉，下腹及外底未施釉。直口微敛，尖圆唇，浅弧腹内收，矮饼足。内底边沿有均匀分布的一圈支钉痕迹，底有明显线切割痕迹。上腹近口处饰一圈凹弦纹。口径22、底径12.8、通高7厘米（图二六，1）。M10：7，青釉，下腹及底未施釉。敞口，尖圆唇，浅弧腹，矮饼足，内底凸出。上腹饰一圈凹弦纹。口径8.4、底径4.6、通高3厘米（图二六，3）。

瓷四系罐　1件。M10：6，绿釉，下腹及底未施釉。敛口，圆唇，矮直领，圆肩，扁弧腹，平底，肩部附四个桥形系。口沿处饰一圈凹弦纹，肩部有一道折棱。口径5.6、底径6.8、通高7.5厘米（图二六，5）。

铁削　1件。M10：5，朽蚀严重，长条形，一端略窄，断面呈三角形，应为单面起刃。残长20.2、宽1~2.2厘米（图二六，6）。

另有穿孔贝饰（M10：9）1件（图二六，8）。

（五）M14

位于T1008东北部、T1108西部，向西北延伸至T1009东南部，东北进入T1109，地处乌龟包山腰西南近顶处，为一带墓道的石坑砖室墓，方向192°。墓葬开口于表土层下，叠压于M20之上。墓室墓口残深27~36、墓底残深48~87厘米；墓道上端口残深18~37、下端口残深22~65厘米。墓砖长方形，长约43、宽约21、厚约9厘米，侧面多饰菱形纹。墓室东西长约412、南北宽约296厘米。由于M14叠压于M20之上，M20为一竖穴岩坑墓，填土相对松软，所以在M20的范围内，即墓室的西、南部分沉陷，使墓室高低不均。墓室原使用青、红两色的砖铺地，西部为青砖，东部为红砖。现西部青砖铺地保存较好，尚可成片，青砖长约43.5、宽21.5、厚9厘米。东部红砖仅残存数块，有两种：一种为子母口楔形砖，长37、宽22、厚6~8厘米，子母口直径4厘米，一侧饰菱形花纹，平面饰绳纹；另一种为条形砖，长38.5、宽18、厚9厘米，侧饰菱形花纹（图三，8），仅存1块。墓道长193、宽105厘米。墓室与墓道的顶部已遭破坏，结构不明。墓葬填土为黄褐色黏土，土质较硬，夹杂汉砖碎块。

人骨仅见一小节股骨，位于墓室西壁下，在其南侧不远发现龙形铜饰和数枚铜泡钉，可能是棺木上的饰件；在墓室北壁附近沉陷的边缘有木头腐朽的痕迹。据上述情况推测可能使用了木质葬具（图二七）。

随葬品有铜器、釉陶器、陶器及钱币等，放置有序，大体集中放置于三个区域：①墓室中部；②墓室南壁下；③墓室东壁下近墓道处。墓室北部东西向基本沿沉陷的边缘放置5件铜炊器，有釜、鏊（2件）、刁斗（2件），偏东的3件基本在一条直线上，偏西的2件有所偏移，没有发现其他随葬品，是一个很特殊的现象。从现存状况分析，可能此墓的北部曾受到较严重破坏，而其余部分则扰动较轻，有的甚至较为完整地保存了下葬时的原貌。如①区域偏西位置放置一组泥质灰陶器皿，有8件仓、2件平底罐和1件圜底罐（图二八），置于青色铺地

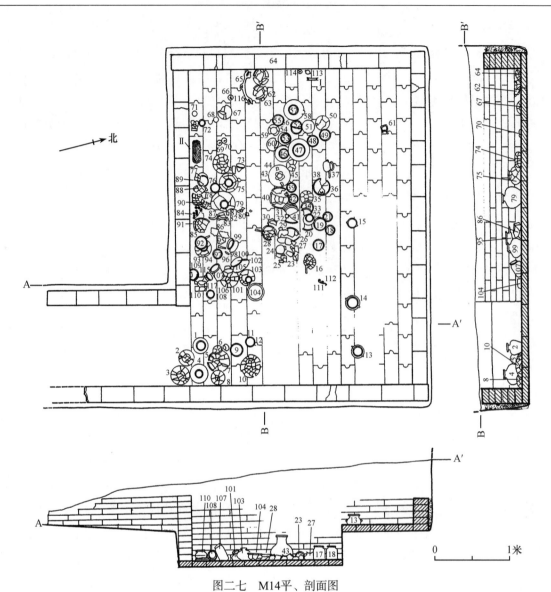

图二七　M14平、剖面图

1、32.陶甑　2、14、15.铜鍪　3、46、79、99、101、103.陶圈底罐　4、5.陶壶　6、23、27.釉陶熏炉　7、41、81、86.釉陶鉼

8、9、22、30、34、35、45、59、74、75、85、104.釉陶盆　10、26、43.釉陶壶　11、105.釉陶鍪　12、16、82、94.釉陶长柄勺

13.铜釜　17、19、25.釉陶仓　18、48、49、50、51、52、53、54、55、63、64、95、97、107、110.陶仓　20.釉陶直领罐

21、24、29、96、98.陶钵　28、31、100.釉陶盒　33、78.陶盆（甑）　36、40.釉陶鼎　37、61.铜刁斗　38、88、89.铁削

39、72、76、109.釉陶卮　42、60、102.釉陶壶盖　44、56、84、106、111.钱币　47、57.陶平底罐　58、66、69、70、71、114.

铜泡钉　62.铜环形饰　65、116.铜龙形饰　67、80、115、117.陶仓盖　68、113.铜球形饰　73.釉陶熏炉盖　77、92.釉陶魁

83、90、91、108.釉陶灯　87、93.釉陶盒盖　112.铜带钩

Ⅰ.人骨　Ⅱ.漆器痕迹

砖上，整齐有序，其中4件仓两两相对，甚至未曾倾覆。釉陶盆和釉陶壶盖各1件位于南部边缘，应当是经过位移的，原本并不在这个区域。在偏南位置上3件仓之间有4枚大泉五十铜钱（M14：56）。偏东位置上则主要是一组釉陶器，有2件鼎、2件壶、2件盒、2件熏炉、4件盆（其中M14：22、M14：35两件残甚不能复原）、1件直领罐、1件卮、1件长柄勺，另外还有3件釉陶制作的仓（其中M14：25残甚不能复原），在本墓地十分少见（图二九）。除釉陶器

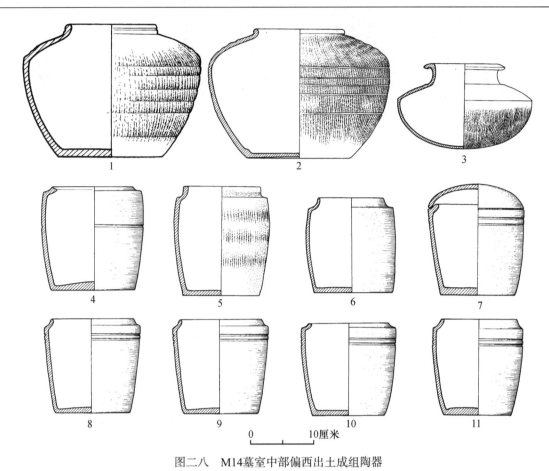

图二八　M14墓室中部偏西出土成组陶器

1、2. 平底罐（M14：47、M14：57）　　3. 圜底罐（M14：46）　　4～11. 仓（M14：48、M14：49、M14：50、M14：51、M14：52、M14：53、M14：54、M14：55）

外，还有泥质灰陶盆1件、甑1件、3件钵、1件仓。此外还出土1件铁削。在M14：43釉陶壶附近放置大泉五十铜钱3枚。这个区域正好位于沉陷地带，器物应当都已经脱离原生位置，但组合尚比较完整。②区域的堆积，则由于沉陷造成的整体位移，器物混杂在一起，但大致可以看出，其和①区域相反，可能西部原本主要放置釉陶器，东部是泥质灰陶器。③区域则从墓道向内依次放置铜鍪，泥质灰陶甑、圜底罐、壶（2件），釉陶盆（2件，其中M14：9不能复原）、铜、熏炉、壶（M14：10，不能复原）、鍪、长柄勺等（图三〇），基本保持着原状。

在M14发掘完毕后，由于上述墓室西、南部位的沉陷现象，我们判断其下应有竖穴岩坑墓，即后编号为M20的战国晚期墓。在清理M20填土过程中，于距M14墓室底部130厘米左右的平面上，发现6件釉陶器及陶器，未发现人骨及葬具痕迹。由于这些器物风格与M20迥异，而与M14没有明显差异，我们推测此种现象的形成，当是人们在建造M14时，发现在M20的范围内土质较周围松软（由于建造在砂岩上，这是很容易发现的），于是向下挖了一段距离，意识到这是一座早期的墓葬而停止，或出于辟邪之类的目的，埋入一些器物，然后回填，继续建造M14。以下我们将此单位编号为M14B，出土器物单独介绍。M14B出土器物的平面分布及其与M14和M20的关系参见图三五。值得注意的是，其器物的放置，似乎有故意将属于一件器物的不同部件分开的现象，如釉陶壶的壶体与壶盖、釉陶盒的盒体与盖，彼此相距都较远，

图二九　M14墓室中部偏东出土釉陶器组合

1、2. 鼎（M14：36、M14：40）　3、4. 壶（M14：26、M14：43）　5、6. 盒（M14：28、M14：31）　7、8. 熏炉（M14：23、

M14：27）　9.直领罐（M14：20）　10、11.盆（M14：34、M14：30）　12.厄（M14：39）　13.长柄勺（M14：16）

14、15.仓（M14：17、M14：19）　16.铟（M14：41）

M14B：2号仓与M14B：6仓盖亦可能配套使用，因为不能像壶与盒那样确认，故暂且分开编号。鉴于M14B不太可能受到后世的扰动，我们认为这种现象当是某种葬俗的体现。

1. 铜器

18件。其中6件为容器，其余为饰件、泡钉等。

釜　1件。M14：13，敛口，仰折沿，扁圆唇，束颈，溜肩，鼓腹，圜底近平，肩部附对称环形双耳。肩部饰两道凸弦纹。口径13.6、最大腹径15.2、通高11厘米（图三一，1）。

鍪　3件。M14：2，敞口，仰折沿，圆唇，束颈，溜肩，直腹，圜底，颈部附对称环形双耳。上腹饰两道凸弦纹，器表有合范痕迹。口径20.4、通高18.4厘米（图三〇，1）。

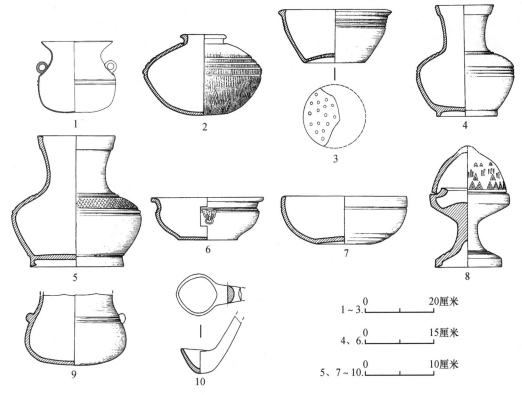

图三○　M14墓室东壁下近墓道处出土随葬品组合

1. 铜鍪（M14：2）　2. 陶圜底罐（M14：3）　3. 陶甑（M14：1）　4、5. 陶壶（M14：4、M14：5）　6. 釉陶铟（M14：7）

7. 釉陶盆（M14：8）　8. 釉陶熏炉（M14：6）　9. 釉陶鍪（M14：11）　10. 釉陶长柄勺（M14：12）

M14：14，下腹及底部残。敞口，翻沿，扁圆唇，束颈，溜肩，肩、腹相交处转折较明显，肩部附对称环形双耳。上腹饰两道凸弦纹。口径16.8、最大腹径17.2、残高11厘米（图三一，2）。M14：15，敞口，翻沿，扁圆唇，束颈，折肩，鼓腹，圜底。肩部附对称环形双耳。上腹饰两道凸弦纹。口径13.4、最大腹径16.8、通高15厘米（图三一，3）。

刁斗　2件。M14：37，敞口，翻沿，扁圆唇，束颈，溜肩，圆腹，圜底近平，颈部一侧附横截面为半圆形的直柄，柄对称位置附一环形耳。上腹饰两道凸弦纹，外壁有烟炱。口径12.8、腹径14.8、通高13厘米（图三一，4）。M14：61，残破较甚。敞口，翻沿，扁圆唇，短束颈，溜肩，鼓腹，圜底，肩部一侧附环形耳，对称位置装柄，横截面呈半圆形，上附一环形耳。上腹饰两道凸弦纹。口径10.8、最大腹径11.9、通高10厘米（图三一，5）。

带钩　1件。M14：112，钩做长蛇回首状，背面有一扁圆纽。通长10.3、通高1.7厘米（图三一，8）。

龙形饰　2件，形制一致，均表面鎏金。M14：65，整体呈弧形，中部上方有一半圆形环，可能是用于系挂，两端各有一龙头，双角，呈张口吐舌状。通长47.7、高17厘米（图三一，6）。M14：116，通长47.3、高16.8厘米（图三一，7）。

球形饰　2件，形制完全一致。M14：113，表面鎏金，整体呈椭圆形，上下两端各有一穿孔。孔径2、腹径5.7、通高6厘米（图三一，9）。

环形饰　1件。M14：62，残甚，表面鎏金。

泡钉　6件，形制一致，表面鎏金。M14：69，直径7.2、通高3厘米（图三一，10）。

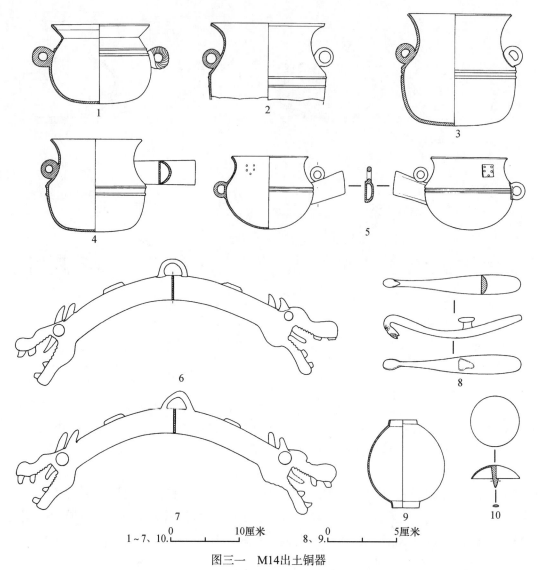

图三一　M14出土铜器

1.釜（M14：13）　　2、3.鍪（M14：14、M14：15）　　4、5.刁斗（M14：37、M14：61）　　6、7.龙形饰（M14：65、M14：116）
8.带钩（M14：112）　　9.球形饰（M14：113）　　10.泡钉（M14：69）

2. 釉陶器

53件。其中5件盆和1件仓仅略具其形，无法复原。

鼎　2件。M14：36，泥质橘红陶胎，黄褐釉。弧形盖，盖顶上饰柿蒂纹；鼎子母口，折肩，扁弧腹，圜底下接三蹄足，肩部附对称外撇曲耳，中有穿孔，腹部有一道凸棱。盖径15、鼎口径13.8、腹径21.9、通高18.5厘米（图二九，1）。M14：40，泥质橘黄陶胎，釉层剥落。子母口，半球形腹，圜底，三蹄足接于腹部较上位置，上腹对称位置置外撇曲耳，中有穿孔，上腹有一道凸棱。口径13.8、腹径19.2、通高15.6厘米（图二九，2）。

壶　3件。M14：26，泥质橘红陶胎，釉层剥落。盘口，长束颈，圆肩，鼓腹，圜底下接喇叭形圈足，肩、腹相交部对称位置附铺首衔环。肩部饰三道凸弦纹和三道凹弦纹，圈足上饰一道凸弦纹。口径12、最大腹径25.6、足径16.8、通高36.8厘米（图二九，3）。M14：43，泥质橘黄陶胎，黄褐釉，多已剥落。敞口，方唇，口上部稍外凸，略具盘口意味，束颈，圆肩，扁圆鼓腹，腹最大径在上腹部，圜底下接喇叭形高圈足，肩下部对称位置附铺首衔环。肩饰三道凸弦纹，腹部饰三道凹弦纹。口径12.4、底径18、最大腹径28.8、通高37.6厘米（图二九，4）。M14：10，泥质橘红陶胎，釉层剥落。残甚，无法修复。

盒　3件。M14：28，泥质橘黄陶胎，釉层剥落，整器变形严重。子母口，盖已缺失，浅弧腹，矮圈足。上腹饰三道凹弦纹。口径16.8、足径10.8、通高9.5厘米（图二九，5）。M14：31，泥质橘黄陶胎，釉层剥落。子母口，盖已缺失，上腹较直，下腹弧收，圜底近平，矮圈足。腹部饰三道凹弦纹。口径14.4、足径8.6、通高8厘米（图二九，6）。M14：100，泥质橘黄陶胎，黄褐釉，多已剥落。子母口，盖缺失，浅弧腹，矮圈足。上腹饰两道凸弦纹。口径15、最大腹径19.4、足径11.2、通高9.4厘米（图三二，1）。

直领罐　1件。M14：20，泥质橘黄陶胎，釉层剥落。侈口，圆唇，斜直领，圆肩，弧腹，平底内凹，肩部附对称乳钉状双耳，肩下部有一道折棱。口径9.6、底径10.3、最大腹径17.2、通高12.5厘米（图二九，9）。

钵　4件。M14：7，泥质橘红陶胎，褐釉。敞口，仰折沿，圆唇，矮领，折腹，平底，腹部对称位置饰铺首衔环。口径21、底径12.6、通高9厘米（图三○，6）。M14：41，泥质橘黄陶胎，釉层剥落。敞口，翻沿，方唇，深弧腹，平底微凹，上腹有一道凸棱。口径23.6、底径15、通高12.4厘米（图二九，16）。M14：81，泥质橘黄陶胎，黄绿釉，多已剥落。直口，窄平沿，扁圆唇，深腹，上腹直，下腹弧，平底，腹上部对称位置饰铺首衔环。腹部饰三道凹弦纹。口径19.2、底径12.4、最大腹径20.2、通高10.2厘米（图三二，2）。M14：86，泥质橘黄陶胎，黄褐釉，多已剥落。敛口，翻沿，圆唇，深腹弧，平底，上腹附对称环形双耳。口径22.8、底径15.3、最大腹径25.8、通高12.9厘米（图三二，3）。

盆　12件。有窄平沿、仰折沿、无沿三种。

窄平沿　3件。M14：34，泥质橘黄陶胎，黄褐釉。敞口，方唇，浅弧腹，矮饼足。下腹饰一道凹弦纹。口径22、足径10.8、通高6.6厘米（图二九，10）。M14：75，泥质橘黄陶胎，釉层剥落。敞口，方唇，浅腹弧，内壁有一道折棱，矮饼足。腹部饰一道凹弦纹。口径21、足径10.8、通高6.3厘米（图三二，7）。M14：85，泥质橘红陶胎，釉层剥落。敞口，方唇，浅弧腹，腹部有三道折棱，平底微内凹。口径18.4、底径7.4、通高5.6厘米（图三二，6）。

仰折沿　2件。M14：74，泥质橘红陶胎，釉层剥落。敞口，尖唇，浅弧腹，腹中部有一折棱，矮饼足。口径19.2、足径10.2、通高5厘米（图三二，5）。M14：104，泥质橘红陶胎，黄绿釉。敞口，圆唇，浅弧腹，腹外壁有两道折棱，凸棱小平底。口径18、底径7.2、通高4.8厘米（图三二，8）。

无沿　2件。M14：8，泥质橘黄陶胎，釉层剥落。敛口，圆唇，弧腹，平底内凹。上腹饰一道凹弦纹。口径16.8、最大腹径18.6、底径7.5、通高6.6厘米（图三○，7）。M14：30，泥质橘红陶胎，黄褐釉。直口，方唇，弧腹，平底微凹。腹上部有一道凹弦纹。口径17.6、底径8.8、通高6.2厘米（图二九，11）。

另有M14：9、M14：22、M14：35、M14：45、M14：59五件，残甚无法复原。

鍪　2件。M14：11，泥质橘红陶胎，黄绿釉。口沿已残。束颈，溜肩，垂腹，圜底，

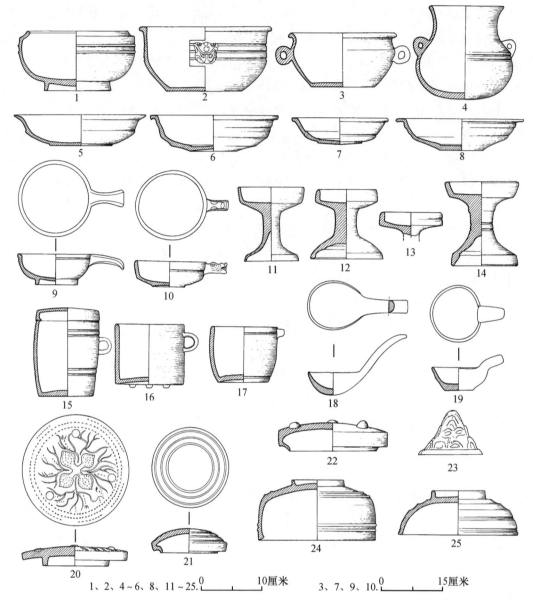

图三二　M14出土釉陶器

1. 盒（M14：100）　2、3. 铞（M14：81、M14：86）　4. 鍪（M14：105）　5～8. 盆（M14：74、M14：85、M14：75、M14：104）　9、10. 魁（M14：77、M14：92）　11～14. 灯（M14：83、M14：90、M14：91、M14：108）　15～17. 卮（M14：72、M14：76、M14：109）　18、19. 长柄勺（M14：82、M14：94）　20～22. 壶盖（M14：102、M14：42、M14：60）　23. 熏炉盖（M14：73）　24、25. 盒盖（M14：87、M14：93）

上腹对称位置附实心双耳。上腹饰两道凹弦纹。残高10、最大腹径15厘米（图三〇，9）。M14：105，泥质橘黄陶胎，黄褐釉。敞口，翻沿，扁圆唇，束颈，溜肩，圆腹，圜底，肩部附对称环状耳。上腹饰两道凹弦纹。口径12.2、最大腹径15.8、通高14.6厘米（图三二，4）。

　　魁　2件。M14：77，泥质橘红陶胎，黄褐釉，圈足内壁未施釉。敛口，方唇，弧腹，圜底近平，矮圈足，近口处装柄，柄梢向下弯曲。上腹饰一道凹弦纹。口径16.2、柄长8.1、底径10.7、通高7.2厘米（图三二，9）。M14：92，泥质橘红陶胎，黄绿釉。直口，圆唇，折腹，上腹直，下腹弧，矮饼足微凹，近口处一侧有一龙首形短柄。上腹饰一圈凹弦纹。口径15.9、底径7.8、柄长5、通高6厘米（图三二，10）。

熏炉　3件。M14：6，泥质橘红陶胎，黄绿釉。圆锥形盖，上压印三角形纹饰，似象征重峦叠嶂；炉座子母口，浅腹，上腹直，矮柄，喇叭形圈足。圈足上有两道凹弦纹。口径6、底径10、通高17厘米（图三〇，8）。M14：23，泥质橘黄陶胎，釉层剥落。子母口，深弧腹，圜底，矮柄，圈足。上腹饰一道凹弦纹。口径10.4、底径6.9、通高10.6厘米（图二九，7）。M14：27，仅余柄及圈足。泥质橘黄陶胎，釉层剥落。残高5.2、足径7厘米（图二九，8）。

灯　4件。M14：83，泥质橘红陶胎，黄绿釉。直口，方唇，浅盘，高柄，喇叭形圈足。口径10、底径9、通高11.6厘米（图三二，11）。M14：90，泥质橘黄陶，釉层剥落。敛口，圆唇，浅盘，矮柄，喇叭形圈足。口径8.4、底径12、通高11厘米（图三二，12）。M14：91，仅余灯盘。泥质橘黄陶胎，褐釉。敛口，圆唇，浅盘。口径8.4、残高3.5厘米（图三二，13）。M14：108，泥质橘红陶胎，黄褐釉。敞口，方唇，浅盘，高柄，喇叭形圈足。柄部饰两道凹弦纹和一道凸弦纹。口径11.2、底径11、通高13.4厘米（图三二，14）。

卮　4件。M14：39，泥质橘黄陶胎，黄褐釉，腹部有竖向刷釉留下的痕迹。弧形盖面，上有三圈同心圆凹弦纹；直口，圆唇，直筒腹，平底微内凹，下接三个乳钉状足，近口处有一扁环形把手。口径10.4、底径10.2、通高14厘米（图二九，12）。M14：72，泥质橘红陶胎，黄褐釉。弧形盖面；直口，筒腹微鼓，平底，上腹一侧有一扁环形把手，已残。上腹及下腹各饰两道凹弦纹。盖口径8、高1.8、杯口径9.2、底径9、通高14厘米（图三二，15）。M14：76，泥质橘黄陶胎，黄褐釉，腹部有竖向刷釉留下的痕迹。直口，圆唇，直筒腹，平底，下接三个乳钉状足，近口处有一扁环形把手。口径10、底径11.2、通高10厘米（图三二，16）。M14：109，泥质橘红陶胎，黄褐釉。直口微敛，方唇，直腹微鼓，平底内凹，上腹附一乳钉状把手。上下腹各饰一道凹弦纹。口径9.6、最大腹径11、底径8.4、通高8.8厘米（图三二，17）。

长柄勺　4件。M14：12，柄残。泥质橘红陶胎，釉层剥落。柄部弯曲，勺体下部圆润，勺平面略呈圆形。残高8、残长8.8厘米（图三〇，10）。M14：16，柄残。泥质橘黄陶胎，釉层剥落。柄部弯曲，勺体下部圆润，勺平面呈椭圆形。残高9.4、残长14.5厘米（图二九，13）。M14：82，泥质橘黄陶胎，黄绿釉。柄部弯曲，勺体下部圆润，勺平面呈椭圆形。通长16.2、通高9厘米（图三二，18）。M14：94，泥质橘黄陶胎，釉层剥落。短柄，勺平面呈圆形，勺体下部钝平，底有用线切割的痕迹。通高5.6、通长12厘米（图三二，19）。

仓　3件。M14：17，泥质橘红陶胎，釉层剥落。子母口，仓盖缺失，上腹较直，下腹略弧，平底。上腹饰三道凹弦纹。口径12、最大腹径17、底径13.8、通高16.6厘米（图二九，14）。M14：19，泥质橘黄陶胎，釉层剥落。子母口，仓盖缺失，微鼓腹，平底。上腹饰两道凹弦纹。口径12.8、最大腹径18、底径14.9、通高16.8厘米（图二九，15）。M14：25，泥质红褐陶胎，釉层剥落。残甚，无法修复。

壶盖　3件。M14：42，泥质橘黄陶胎，釉层剥落。子母口，弧形盖面。面上饰三圈同心圆凹弦纹。口径8.6、通高3.5厘米（图三二，21）。M14：60，泥质橘黄陶胎，釉层剥落。子母口，弧形盖面，上有三个乳钉状纽。口径14、通高5厘米（图三二，22）。M14：102，泥质橘红陶胎，褐釉。子母口，弧形盖面近平。中央饰柿蒂纹，在柿蒂周围有放射状凸起的曲线，其内交织有小乳钉，外围有三圈乳钉纹，内有三个乳钉状纽。口径9.2、通高3.2厘米（图三二，20）。

熏炉盖　1件。M14：73，泥质橘红陶胎，褐釉。盖呈圆锥形，表面层层凸起，似象征火苗或山峦。口径10、通高6.8厘米（图三二，23）。

盒盖　2件。M14：87，泥质橘红陶胎，黄褐釉。敛口，方唇，碗形盖面，顶有圈足状捉手。盖面上下各饰两道凸弦纹。口径17.2、足径8.5、通高9.6厘米（图三二，24）。M14：93，泥质橘红陶胎，黄褐釉。敞口，方唇，浅腹碗形盖面。腹部饰四道凹弦纹。口径18、足径9、通高7厘米（图三二，25）。

3. 陶器

38件。其中2件无法修复，均泥质灰陶。

壶　2件。M14：4，敞口，方唇，口上部稍外凸，略具盘口意味，束颈，圆肩，深弧腹，平底下接矮圈足。肩上部及腹部共饰五道凹弦纹。口径11.4、足径13.5、最大腹径21.6、通高23.3厘米（图三〇，4）。M14：5，敞口，斜方唇，口上部稍外凸，略具盘口意味，束颈，广斜肩，扁弧腹，平底下接矮圈足。肩上部饰两道凹弦纹，腹部饰一道凸弦纹，二者之间饰网格纹。口径9.2、足径13.5、最大腹径19、通高18.6厘米（图三〇，5）。

圜底罐　6件。M14：3，直口，窄平沿，尖唇，矮领，广斜肩，深弧腹。肩下部及腹部先拍印细绳纹，再压印四道凹弦纹。口径9.6、最大腹径34.8、通高22.4厘米（图三〇，2）。M14：46，侈口，卷沿，圆唇，矮领，广弧肩，扁弧腹。腹部以下压印细绳纹。口径10、最大腹径21.8、通高13.2厘米（图二八，3）。M14：79，直口，平沿，圆唇，矮领，广斜肩，扁弧腹。肩下部、腹部及底部均纵向拍印细绳纹，再在肩部压印三道凹弦纹。口径8、最大腹径34.4、通高21.6厘米（图三三，1）。M14：99，直口，平沿，圆唇，矮领，斜肩，深弧腹。腹以下压印交错细绳纹。口径7.8、最大腹径20.7、通高14.7厘米（图三三，3）。M14：101，敛口，窄平沿，尖唇，矮领，广弧肩，深弧腹。腹以下拍印交错细绳纹。口径8、最大腹径20.5、通高13.4厘米（图三三，2）。M14：103，直口，双唇，矮领，斜肩，深弧腹。腹以下压印交错细绳纹。口径9、最大腹径21.7、通高14.6厘米（图三三，4）。

平底罐　2件。M14：47，敛口，圆唇，广弧肩，深弧腹。通体纵向拍印细绳纹，口沿处压印一道凹弦纹，腹部压印五道凹弦纹，不甚明显。口径12.8、最大腹径28、底径16、通高19.8厘米（图二八，1）。M14：57，敛口，圆唇，广弧肩，深弧腹，平底微内凹。肩、腹部拍印细绳纹。口径13.2、最大腹径29、底径16、通高19.8厘米（图二八，2）。

盆（甑，底残，器形不明）　2件。M14：78，敞口，平沿，扁圆唇，深弧腹。口径17.2、残高8厘米（图三三，6）。M14：33，残甚，无法修复。

甑　2件。M14：1，敛口，窄沿，尖唇，深弧腹，平底，小箅孔由外向内戳出。上腹压印三道凹弦纹。口径28、底径17.6、通高14.8厘米（图三〇，3）。M14：32，敛口，窄平沿，尖唇，深弧腹，平底内凹，小箅孔由外向内戳出。口径15.6、底径7.4、通高8.8厘米（图三三，5）。

钵　5件。形制基本一致。M14：21，敞口，扁圆唇外卷，弧腹，平底。口径11.2、底径

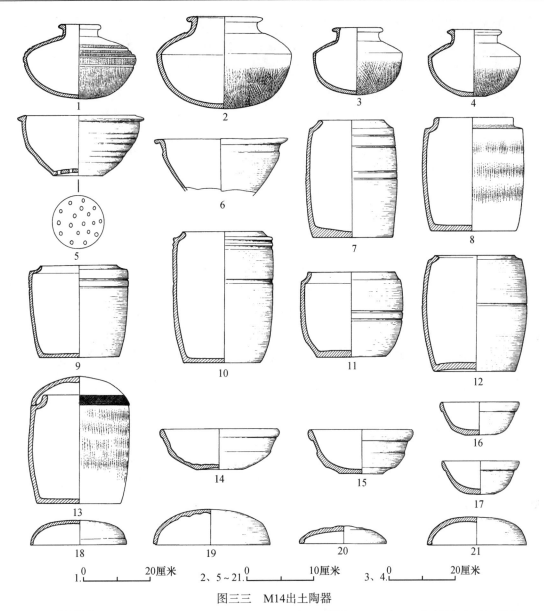

图三三　M14出土陶器

1~4. 圜底罐（M14：79、M14：101、M14：99、M14：103）　5. 甑（M14：32）　6. 盆（瓶）（M14：78）

7~13. 仓（M14：18、M14：63、M14：64、M14：95、M14：97、M14：107、M14：110）　14~17. 钵（M14：29、M14：98、

M14：21、M14：24）　18~21. 仓盖（M14：67、M14：80、M14：115、M14：117）

4.5、通高4.8厘米（图三三，16）。M14：24，口径11.6、底径4.4、通高4.8厘米（图三三，17）。M14：29，平底微内凹，底有明显线切割痕迹，腹中部有一道折棱。口径16.8、底径7.2、通高6厘米（图三三，14）。M14：98，口径15.2、底径6.7、通高6.4厘米（图三三，15）。M14：96，残甚，无法修复。

仓　15件。M14：18，仓盖缺失，腹近筒状，平底。上腹压印四道凹弦纹。口径8.4、最大腹径14、底径12.4、通高17厘米（图三三，7）。M14：48，仓盖缺失，上腹微鼓，平底。上腹饰一道凹弦纹。口径11.8、最大腹径16.6、底径13.2、通高16厘米（图二八，4）。M14：49，仓盖缺失，上腹微鼓，下腹斜直，平底。腹部及口部均间断拍印细绳纹。口径10.8、最大腹径15.6、底径12.3、通高17厘米（图二八，5）。M14：50，仓盖缺失，上腹微鼓，平底。

口径10、腹径14.6、底径12.6、通高14.8厘米（图二八，6）。M14：51，弧形盖，腹壁略斜直，平底。上腹饰两道凹弦纹。口径12.8、最大腹径15.7、底径11.8、通高17厘米（图二八，7）。M14：52，仓盖缺失，腹微鼓，平底，整体略显矮胖。口部及腹部拍印细绳纹。口径14.4、腹径19.2、底径15.5、通高16.6厘米（图二八，8）。M14：53，仓盖缺失，腹斜直，平底。上腹饰两道凹弦纹。口径12、底径11.8、通高14.6厘米（图二八，9）。M14：54，仓盖缺失，腹斜直，平底。上腹饰两道凹弦纹。口径11.6、底径11.7、通高14.2厘米（图二八，10）。M14：55，仓盖缺失，下腹微弧，平底。上腹饰两道凹弦纹。口径11、最大腹径15.5、底径11.7、通高14.2厘米（图二八，11）。M14：63，仓盖缺失，腹微鼓，平底。口部及腹部拍印细绳纹。口径10.2、最大腹径15.6、底径13.2、通高16.4厘米（图三三，8）。M14：64，仓盖缺失，腹微弧，平底，整体略显矮胖。上腹饰两道凹弦纹。口径10.8、最大腹径15.2、底径12、通高13.2厘米（图三三，9）。M14：95，仓盖缺失，腹近筒状，平底，整体略显瘦高。上腹饰三道凹弦纹。口径11.6、最大腹径15.2、底径11.6、通高19.2厘米（图三三，10）。M14：97，仓盖缺失，上腹直，下腹较弧，平底，整体较矮胖。腹部饰两道凹弦纹。口径12、最大腹径15.7、底径10.3、通高12.4厘米（图三三，11）。M14：107，仓盖缺失，腹微鼓，平底微内凹。上腹饰一道凹弦纹。口径11.6、最大腹径16.2、底径12.6、通高17厘米（图三三，12）。M14：110，弧形盖面，近口处有带状黑衣一周，直腹微鼓，平底。腹部间断拍印细绳纹。口径9.6、底径13、通高18.4厘米（图三三，13）。

仓盖　4件。M14：67，弧形盖面，盖顶较平。口径14、通高4厘米（图三三，18）。M14：80，弧形盖面，盖顶有轮修留下的凸棱。口径16.2、通高5.2厘米（图三三，19）。M14：115，弧形盖面较矮。口径12、通高2.6厘米（图三三，20）。M14：117，弧形盖面，盖顶略平。口径14.4、通高5.2厘米（图三三，21）。

4. 钱币

共出土87枚，其中3枚残破，出土时编为M14：44、M14：56、M14：84、M14：106、M14：111五个编号。

M14：44，出土时位于墓室中部偏西，共3枚，均为大泉五十（图三四，1）。

M14：56，出土时位于墓室西部，放置于未经扰动的成组陶器之间，共4枚，均为大泉五十（图三四，2）。

M14：84，出土时位于墓室南壁下，两件釉陶灯之间，共58枚。除残破的4枚之外，余54枚有西汉五铢（图三四，3、4）、大泉五十、东汉五铢（图三四，5、6）、剪轮五铢等几种（图三四，7）。

M14：106，出土时位于墓室南部靠近墓道处，共9枚，有西汉五铢（图三四，8）、东汉五铢两种（图三四，9）。

M14：111，出土时位于墓室中部偏东，与112号铜带钩放置在一起，共13枚，有西汉五铢、东汉五铢（图三四，10～12）两种。

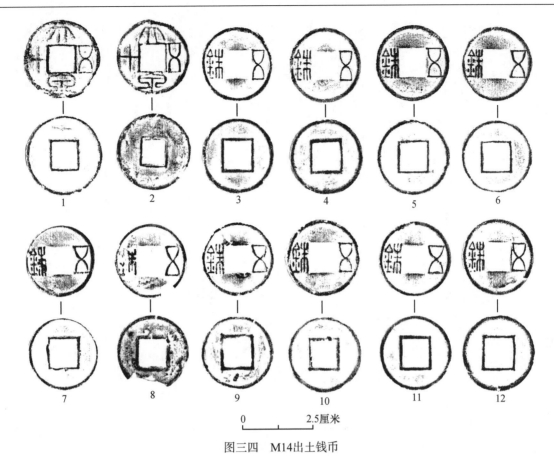

图三四 M14出土钱币

1、2. 大泉五十（M14：44-2、M14：56-2）   3、4、8. 西汉五铢（M14：84-3、M14：84-4、M14：106-1）   5、6、9～12. 东汉五铢
（M14：84-11、M14：84-12、M14：106-7、M14：111-4、M14：111-5、M14：111-7）   7. 剪轮五铢（M14：84-37）

5. 其他

铁削 3件。均朽蚀严重。M14：38，长条形，横截面呈三角形，应为单刃。残长8.9厘米。M14：88，刃为长条形，一端有环首。残长15、宽2.8厘米。M14：89，长条形，一端有鋬，鋬横截面呈扁圆形。残长13.5、宽4厘米。

M14B出土器物：

釉陶壶 1件。M14B：1，泥质橘黄陶胎，黄褐釉。弧形盖，上有三个乳钉状纽；敞口，方唇，口上部稍外凸，略具盘口意味，束颈，圆肩，扁鼓腹，圜底下接喇叭形高圈足，上腹对称位置附铺首衔环。肩、腹部各饰两道凸弦纹，圈足上部有一圈凸弦纹。口径12、足径15.9、通高37.6厘米（图三六，1）。

釉陶盒 1件。M14B：3，泥质橘黄陶胎，褐釉。碗状盖，顶有圈足状捉手，盖面近顶饰两道凸棱，近口处饰两道凸弦纹；盒体子母口，深弧腹下接矮圈足，上腹饰两道凸弦纹。口径19、足径10.8、通高18.4厘米（图三六，4）。

釉陶鍪 1件。M14B：5，泥质橘红陶胎，褐釉。敞口，翻沿，圆唇，束颈，溜肩，垂腹，圜底，肩部对称位置附实心双耳。上腹饰两道凹弦纹。口径8.8、通高11.4厘米（图三六，2）。

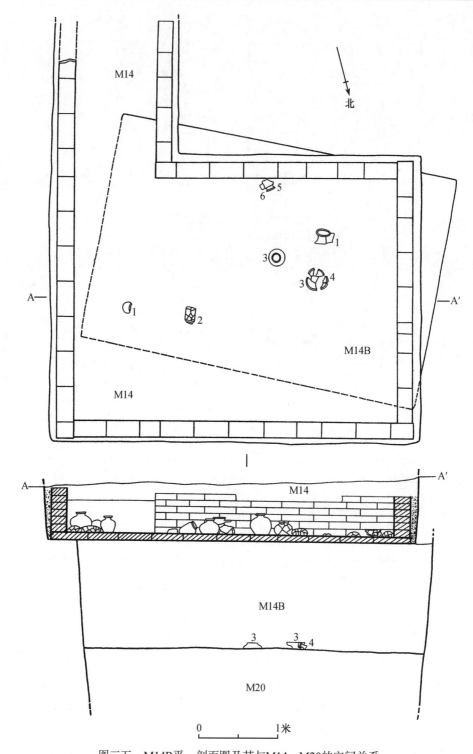

图三五　M14B平、剖面图及其与M14、M20的空间关系

1.釉陶壶（M14B：1）　2.陶仓（M14B：2）　3.釉陶盒（M14B：3）　4.釉陶熏炉（M14B：4）　5.釉陶鋬（M14B：5）

6.陶仓盖（M14B：6）

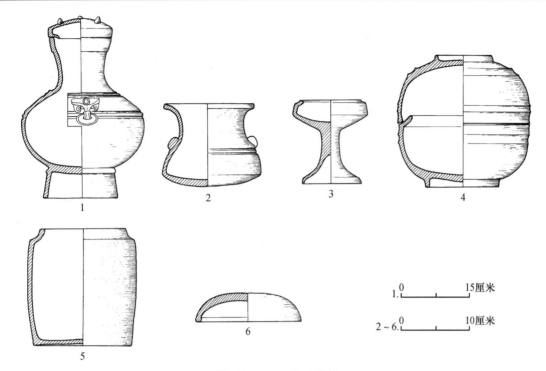

图三六　M14B出土器物

1. 釉陶壶（M14B：1）　2. 釉陶鋬（M14B：5）　3. 釉陶熏炉（M14B：4）　4. 釉陶盒（M14B：3）　5. 陶仓（M14B：2）

6. 陶仓盖（M14B：6）

釉陶熏炉　1件。M14B：4，泥质橘黄陶胎，青釉。子母口，炉盖缺失，浅盘，斜直腹，圆柄，喇叭形圈足。口径7.6、底径8.5、通高11.6厘米（图三六，3）。

陶仓　1件。M14B：2，泥质灰陶。子母口，仓盖缺失，微鼓腹，平底微内凹。口沿处拍印纵向绳纹，不甚明显，腹部亦有零星绳纹。口径10.8、底径14.2、通高16.4厘米（图三六，5）。

陶仓盖　1件。M14B：6，泥质灰陶。弧形盖面。口径13.6、通高4厘米（图三六，6）。

三、分期与年代

上面介绍的5座墓葬，M7属于竖穴岩坑墓，从各种迹象判断，4个墓主应是同时下葬，判断年代相对单纯。而砖室墓的情况则由于存在多次葬入的现象，比较复杂一些。M8和M14虽受到不同程度的破坏，但随葬品放置有一定规律，前者有两处区域，后者有三处区域相对集中，如果能够观察到这些不同区域随葬品组合、器形特征等情况的不同，可以为判断始建年代和使用年代提供证据。M9器物放置比较分散，看不出明显的规律，M10则残存很少，对它们年代的判断，就只能笼统进行。

如果将M8和M14的不同区域视为单独的埋藏单位，这批墓葬从器物组合上观察，可以分为五组（表一）。

表一　墓葬出土器物组合一览表

分组	单位	铜器			釉陶器									陶器															瓷器	钱币					
		釜	勺斗	盆	鼎	壶	盒	魁	鏊	铜	盆	厄	熏炉	灯	俑类	模型器	壶	圜底罐	平底罐	直领罐	小罐	瓮	釜	盆	瓿	厄	钵	仓		西汉五铢	莽钱	东汉五铢	剪轮五铢	小五铢	直百五铢
二	M7	√	√	√	√	√	√	√	√	√	√	√	√	√			√	√		√	√	√		√	√		√	√		√		√			
一	M14B				√	√	√		√				√														√	√			√				
一	M14①区域					√		√			√		√					√	√					√	√		√	√		√	√				
二	M14②区域							√		√	√		√	√				√						√			√	√			√	√			
二	M14③区域	√	√			√			√	√	√		√				√	√		√					√						√				
三	M9	√						√			√	√	√		√			√		√			√	√	√		√	√		√		√			
四	M8①区域					√				√	√	√	√		√	√		√	√		√			√	√	√	√	√		√	√	√	√	√	√
三	M8②区域					√					√				√				√							√				√		√	√		
四	M8其他区域					√					√	√		√		√			√		√		√		√	√	√			√	√	√	√	√	√
五	M10																											√	√						

第一组：即M14B和M14①区域。器物组合为釉陶鼎、壶、盒、鍪、盆、卮、熏炉，陶圜底罐、平底罐、盆、甑、钵、仓，钱币仅见大泉五十。

第二组：包括M7、M14②区域和③区域。器物组合为釉陶鼎、壶、盒、魁、鍪、锅、盆、卮、熏炉、灯，陶圜底罐、直领罐、瓮、盆、甑、钵、仓等，钱币可见西汉五铢、莽钱和东汉五铢。

第三组：包括M8②区域和M9。器物组合为釉陶壶、盆、熏炉等，出现人物俑，陶圜底罐、直领罐、釜、盆、甑、钵、仓，钱币可见西汉五铢、莽钱、东汉五铢、剪轮五铢。

第四组：即M8除②区域之外，包括①区域在内的其他部分。器物组合为釉陶壶、盆、卮、熏炉等，人物俑数量和种类大增，出现房、案等模型器，陶圜底罐、平底罐、小罐、盆、甑、卮、钵、仓，钱币可见西汉五铢、莽钱、东汉五铢、剪轮五铢、小五铢、直百五铢等。

第五组：即M10。器物组合上最引人注目的是瓷器的出现。

各组的同类典型器物，在形制上存在差异并有演变规律可循。如釉陶壶的口部由敞口或口上部稍外凸，略具盘口意味向盘口演变，腹部由圆腹向扁腹演变；釉陶盆腹部由圆腹向折腹演变，器形逐渐变小，制作也逐渐粗糙一些；陶圜底罐的沿部由宽变窄，领部由高变低，整体器形渐趋扁矮；陶盆（甑）类器物的变化主要体现在口部，整体趋势是由敞口、直口向敛口、弇口、丁字口演变；陶仓的变化主要体现在腹部，由直腹向斜直腹或腹部转折再到罐形腹演变（表二）。

从器物组合和典型器物的形制差异上分析，第一组和第二组、第三组和第四组之间的共性较强，据此我们将这批墓葬分为三期5段：

第一期：釉陶器组合上以鼎、壶、盒为最大特征，鍪、锅等显系模仿铜器，均仅见于此期。依据典型器物的特征和钱币的情况，又可分为早、晚两段。

早段：即第一组，釉陶壶腹部圆润；釉陶盆为圆腹，形体较大，制作规整；陶圜底罐沿部宽，领部高，整体器形较高；陶盆为直口；陶仓为直腹；钱币仅见大泉五十。

晚段：即第二组，釉陶壶腹部扁圆；釉陶盆为折腹，形体略小；陶圜底罐沿部略窄，领部有的变矮；陶盆中开始出现敛口；陶仓则有出现折腹的，但不甚明显；钱币中则包括东汉早期五铢。

第二期：釉陶器组合中鼎、鍪、锅等模仿铜器器类的消失和人物俑的出现，是本期最大的特征。在器物制作上，无论是釉陶器还是陶器，都有逐渐变小和粗糙的趋势。主要根据钱币的情况，分为早、晚两段。

早段：即第三组，年代最晚的钱币为剪轮五铢和具东汉晚期特征的五铢钱。

晚段：即第四组，出现小五铢和直百五铢。

第三期：即第五组，出现青瓷器。

各期、段的年代，由于没有出土纪年材料，只能根据与峡江地区汉六朝时期墓葬的对比，结合钱币的情况进行推断。

表二　几种典型器物的形制演变

器类期段		釉陶壶	釉陶盆	圜底罐	陶盆（瓶）	仓
一期	早段	M14：26　M14：43	M14：34	M14：46	M14：32	M14：50　M14：53
	晚段	M7：16　M7：17	M7：56	M14：3　M7：52	M7：25　M7：53	M7：23　M7：64
二期	早段	M8：23	M9：11	M9：27	M9：33　M9：38	M9：5　M9：24
	晚段	M8：46　M8：69		M8：48	M8：55	

注：为排版方便，未按比例。

第一期早段仅出莽钱，器物组合和器形特征与云阳李家坝37号岩坑墓[①]、云阳马沱墓地M12[②]、云阳石家包M11[③]等十分接近，年代应在新莽时期。

第一期晚段器物组合与早段基本一致，但典型器物形制特征有所变化，与万州金狮湾墓群M12、M14[④]等一致，且考虑到M14不同区域的埋葬次序应有连续性，其年代应与早段紧密衔接，从出土较多数量的五铢钱均具东汉早期特征来看，以定在东汉早期为宜。

第二期在器物组合上与上期发生显著变化，表明一、二期之间存在一定的年代缺环。早段的器物组合和典型器物形制与未被盗扰的万州大坪墓地M150[⑤]等接近，出土钱币包括剪轮五铢和东汉晚期特征的五铢钱，其年代可定在东汉晚期，上限或可至东汉中期偏晚。后段出土小五铢和直百五铢，年代应在东汉末至蜀汉时期。

第三期M10出土的青瓷碗和四系罐，与巴东雷家坪02BLM2出土的青瓷钵、青瓷点彩碗和四系罐器形和工艺特征都十分接近，也都出土贝饰，年代应相近，后者的年代被断定在六朝时期[⑥]。从中国早期青瓷器的地域发展看，我们认为从目前的材料看，三国时期峡江地区出现瓷器的可能性不大，其年代以定在两晋或稍后为宜[⑦]。从M10出土陶仓、釉陶小罐等与前期同类器物尚存在联系的情况分析，以西晋时期的可能性大一些。

四、结　语

2003年春季的发掘，是李家坝遗址最后一次田野工作。在Ⅳ区清理的18座汉六朝墓葬，极大地丰富了李家坝遗址汉六朝遗存的文化内涵，为弄清李家坝遗址聚落布局及变迁、峡江地区地方性文化特征乃至汉六朝时期墓葬年代序列等重要学术问题提供了一批新资料。主要收获具体如下。

（1）李家坝汉六朝聚落布局及不同时期聚落格局变迁更加清晰

历年的调查和发掘情况表明，李家坝遗址汉六朝时期的考古学资料十分丰富，是李家坝

①　四川大学历史文化学院考古系、云阳县文物管理所：《云阳李家坝37号岩坑墓发掘报告》，《重庆库区考古报告集·1997卷》，科学出版社，2001年，第300～310页。

②　郑州市文物考古研究所、云阳县文物保护管理所：《重庆云阳马沱墓地汉墓发掘简报》，《文物》2006年第4期。

③　重庆市文物考古研究所等：《云阳石家包10号、11号岩坑墓发掘报告》，《重庆库区考古报告集·2002卷》，科学出版社，2010年，第319～334页。

④　南京市博物馆、南京市文物研究所：《万州金狮湾墓群（二期）发掘报告》，《重庆库区考古报告集·2002卷》，科学出版社，2010年，第624～669页。

⑤　重庆市文物局、重庆市移民局：《万州大坪墓地》，科学出版社，2006年，第59～139页。

⑥　吉林大学边疆考古研究中心、黄石博物馆：《巴东雷家坪》，科学出版社，2009年，第121～129、185页。

⑦　重庆万州晒网坝2001CWTM10是一座保存较好的蜀汉时期墓葬，没有发现瓷器，发掘者认为，晒网坝墓地陶器和瓷器的交替时间只能是蜀汉或蜀汉以后。参见山东省博物馆：《重庆晒网坝一座蜀汉墓发掘简报》，《江汉考古》2007年第4期。

遗址发掘获得的最为重要的成果之一。汉六朝时期的居住址，主要分布于遗址Ⅰ区[①]，墓葬过去发现集中于彭溪河南岸的走马岭[②]，在西北方向山麓地带的高家堡、石板梁等地也有零星发现[③]。此次在Ⅳ区的发掘，在极大地丰富墓地资料的同时，李家坝汉六朝聚落整体格局也更加清晰和完整。

战国到西汉早期，墓地集中于遗址Ⅱ区[④]（参见图一），地处彭溪河北岸一级阶地，而汉六朝时期则向周边山地转移，这种变化背后的社会、经济背景值得今后加以关注。从墓地的分布看，乌龟包墓地或许是居民中某一个或某几个家族的茔地。相关情况，今后结合居址资料，当有更深入的认识。

（2）为认识峡江地区汉六朝墓葬地方性文化特征提供了新资料

和全国同时期墓葬相比，峡江地区汉六朝墓葬出土器物无论在组合还是器形特征上，都受到中原地区的强烈影响，但也存在相当的地方性特点。从本次发掘的情况来看，随葬铜器以釜、鍪、刁斗等炊器等最为常见，且多出土于墓主人脚部附近，无论是器形还是随葬方式，都应是先秦时期巴文化丧葬习俗的孑遗，颇具地方特色；第一期器物组合中釉陶鼎在东汉早期全国其他地方已经十分少见；陶圜底罐在整个东汉时期一直流行，数量较多，器形上颇具地域特点，而少见于其他地区；俑类中吹笛俑、弹奏俑等常见，也是峡江地区的共性。

在葬俗上，M7由于未受盗扰，保留了较为完整的信息。Ⅰ、Ⅱ号墓主身上发现个人用品（带钩、印章），应是丧殓制度的反映；钱币则放置于Ⅰ、Ⅲ号墓主腰间，也是值得注意的，从M8出土钱币的位置分析，原本亦可能属于同样的情况；Ⅰ、Ⅱ、Ⅲ号墓主每人脚边都放置鍪、刁斗等铜炊器的做法，如上所述应为地方传统的孑遗；Ⅰ号墓主地位应最高，身边集中较多数量的随葬品，且都在身体右侧，而Ⅱ、Ⅲ、Ⅳ号墓主头前放置随葬品，与Ⅰ号墓主不同，可能有特殊含义；墓道内的器物以釉陶器为主，是否为葬后祭祀用品，也是值得今后加以关注的。另外，在保存较好的M7、M14及M14B中，都发现有同一器物的不同部件，包括壶体与壶盖、盒体与盒盖、仓体与仓盖，分开放置于不同位置的现象，如M7Ⅰ号墓主上肢处放盒，下肢处放盒盖，极有可能是某种葬俗的体现。巴东县西瀼口墓地M9的发掘者亦注意到相同现

① 已经发表的资料主要有四川大学历史文化学院考古系、云阳县文物管理所：《云阳李家坝遗址发掘报告》，《重庆库区考古报告集·1997卷》，科学出版社，2001年，第209～243页；四川大学历史文化学院考古系、云阳县文物管理所：《云阳李家坝遗址发掘报告》，《重庆库区考古报告集·1998卷》，科学出版社，2003年，第299～347页；四川大学考古学系、重庆市云阳县文物管理所：《重庆云阳李家坝遗址1999年度发掘简报》，《南方民族考古（第七辑）》，科学出版社，2011年，第369～426页。综述性文章可参考黄伟、白彬：《三峡库区李家坝遗址发掘结束》，《2003中国重要考古发现》，文物出版社，2004年，第69～74页；赵德云、黄伟：《重庆云阳李家坝秦汉六朝聚落居住址的初步研究》，待刊稿。

② 重庆市文物局、重庆市移民局：《云阳走马岭墓地》，科学出版社，2011年。

③ 四川大学历史文化学院考古系等：《云阳李家坝10号岩坑墓发掘报告》《云阳李家坝37号岩坑墓发掘报告》，《重庆库区考古报告集·1997卷》，科学出版社，2001年，第289～310页。

④ 已经发表的资料主要有四川大学历史文化学院考古系、云阳县文物管理所：《云阳李家坝东周墓地发掘报告》，《重庆库区考古报告集·1997卷》，科学出版社，2001年，第244～288页；四川大学历史文化学院考古系、云阳县文物管理所：《云阳李家坝巴人墓地发掘报告》，《重庆库区考古报告集·1998卷》，科学出版社，2003年，第348～388页；四川大学考古学系、重庆市云阳县文物管理所：《重庆云阳李家坝巴文化墓地1999年度发掘简报》，《南方民族考古（第七辑）》，科学出版社，2011年，第427～480页。

象①。此外，两组利用前代墓坑造墓的现象，在巫山麦沱墓地也有同类发现②，这些都值得今后在更多材料的基础上进一步研究。

（3）为峡江地区汉六朝时期墓葬年代序列的构建提供了新资料，在方法上有一些探索

近年来，随着三峡库区大规模抢救性发掘的结束，资料陆续发表，数量已经达到相当规模，相关研究也已逐步开展③，但由于这个地区过去汉六朝时期的考古发现和研究基础均较为薄弱，目前对于墓葬年代序列的构建尽管已经取得若干成绩，但也存在一些问题。我们在发掘、资料整理和报告编写过程中，有意在方法上进行一些探索，以期在现有基础上使分期序列更为完善和准确，如：

在器物分类时，将釉陶器和陶器区分开来，在定名上充分考虑明器的模仿对象，如釉陶鍪、铞、魁等，以使随葬品组合及器形演变分析更为清晰和准确；

强调墓葬不同区域的器物组合，将其视为单独的埋藏单位，以便于分析墓葬埋藏次序和形成过程，确定墓葬的始建年代和使用年代，分析不同区域在丧、葬、祭过程中可能具有的不同内涵；

在墓葬年代断定上，分析出土钱币中的最晚种类，是确定墓葬年代上限的重要依据，但尽量避免"以钱断墓"的状况；在缺乏纪年材料的情况下，在与其他墓地年代较为明确的墓葬进行比较时，强调器物组合的重要性，避免以少数典型器物形制特征的比较以确定年代的做法。

以上探索，是否妥当和有效，还需要更多的实践检验，也提请学界同行批评指正。简报由于容量有限，上述想法无法全面展开，构建的年代序列也还存在若干缺环，待正式报告出版后，当更为完整和清晰。

附记：本次发掘领队为四川大学考古学系黄伟，参加发掘的人员有四川大学考古学系何元洪、白彬，技工黄广明、贺军虎、金鹏功、李永忠、祁自力、史来兴等。资料整理有安剑华、周克林、赵德云、黄伟等，其中周克林对出土钱币进行了系统整理。器物修复赵振江、金鹏功等，器物绘图李永忠、赵博安、赵芬明、赵振江等，墨线清绘卢引科，拓片黄广明、赵振江。现场摄影黄伟、何元洪，器物摄影霍大清。人骨鉴定工作由西南民族大学王建华先生承担。

执笔：赵德云　周克林　黄　伟

安剑华　何元洪　代丽鹃

①　广西壮族自治区文物工作队：《巴东县西瀼口古墓葬2000年发掘简报》，《江汉考古》2002年第1期。

②　湖南省文物考古研究所等：《巫山麦沱墓地第四次发掘报告》，《重庆库区考古报告集·2002卷》，科学出版社，2010年，第12~71页。

③　可参见蒋晓春：《三峡地区秦汉墓研究》，巴蜀书社，2010年；朱世学、周百灵：《三峡湖北库区墓葬初步研究》，科学出版社，2010年。

附表　李家坝遗址Ⅳ区汉六朝墓葬登记表

墓号	方向/(°)	种类	形制	墓葬规格/厘米 墓室(底)	墓葬规格/厘米 墓道(底)	骨架状况	随葬品组合 铜器	随葬品组合 釉陶器	随葬品组合 陶器	随葬品组合 瓷器	随葬品组合 钱币情况	年代判断	备注
M1	18	砖室	方形	240×240	无	未发现		鼎、壶、盒、魁、灯、盆、甑	圆底罐、甑、瓮、钵、仓		大泉五十、货泉	东汉早期	①发掘前被盗，附近发现较多残陶片；②利用M16与M19的墓壁建造
M2	84	砖室	现平面近方形	278×260	未发现	残存部分股骨、胫骨	鉴		小罐、卮		东汉五铢、剪轮五铢	东汉晚期	①南部被毁；②有排水沟
M3	95	砖室	曲尺形	360×280	236×142	墓室中部、南部有零星人骨，至少葬3人	镜	壶、盒、鍪、魁、提梁釜、卮、熏炉、灯、盆、甑、直领罐、小罐	壶、圆底罐、甑、罐、碗、钵、仓		东汉五铢、磨郭五铢	东汉中期	墓室中部有两排垫砖，可谓为放置葬具使用
M4	160	石室	长方形	505×260	无	墓室东南有头骨痕迹		子母鸡俑、鸡俑			东汉五铢、直百五铢	蜀汉时期	南壁不存
M5	182	砖室	曲尺形	226×288	280×193	三具人架分别位于墓室西北角、墓室入口处、墓道西侧	镜	壶、魁、熏炉、盆、罐	圆底罐、盆、瓮、仓、案		东汉五铢、磨郭五铢	东汉晚期	
M6	178	砖室	曲尺形	320×280	220×124	未发现		壶、盒、罐、盆、甑、熏炉、灯	壶、圆底罐、釜、甑、碗、钵、仓		东汉五铢、磨郭五铢	东汉中期	①底部铺垫卵石；②有排水沟
M7	172	岩坑	刀把形	310×376	230×134	墓室北部并排陈放4具尸骨	盆、鍪、带钩、刀、斗、泡钉	鼎、壶、盒、魁、卮、炉、灯、盆	壶、圆底罐、盆、甑、瓮、小罐、钵、仓、仓盖		西汉五铢、东汉五铢	东汉早期	随葬品放置可分四组

续表

墓号	方向/(°)	种类	形制	墓葬规格/厘米		骨架状况	随葬品组合				钱币情况	年代判断	备注
				墓室（底）	墓道（底）		铜器	釉陶器	陶器	瓷器			
M8	135	砖室	曲尺形	280×266	86（残）×（166—168）	至少葬5具尸骨，墓道内发现2，墓室中部3	耳杯	壶、盆、甑、罐、卮、灯、熏炉、人物俑、马、镇墓兽、熏炉、壶、盖、案、房	圜底罐、平底罐、小罐、盆、甑、釜、擂钵、卮、钵、仓		剪轮五铢、小五铢、直百五铢等	汉末至蜀汉	有两组随葬品放置比较集中
M9	155	砖室	曲尺形	316×290	238×184	墓室入口靠近墓道东壁下发现少量人骨	鍪、刁斗、泡钉	直领罐、盆、熏炉、吹笛俑	圜底罐、直领罐、盆、甑、釜、碗、钵、盂、仓		东汉五铢、剪轮五铢等	东汉晚期	墓室东北发现较多动物獠牙，可能与随葬食物有关
M10	187	砖室	曲尺形	290×314	263（残）×150	未发现		小罐	仓、仓盖	碗、四系罐		两晋时期	有排水沟
M11	170	砖室	曲尺形	326×270	282×170	墓室中部及墓道内发现两具人骨，保存极差		壶、罐	圜底罐、盆、釜、卮、钵	碗	剪轮五铢、定平一百、太平百钱	两晋时期	
M12	165	砖室	曲尺形	286×270	220×148	墓室中部及墓道中部偏两侧各发现头骨1		盆、甑、罐、盒	釜		磨郭五铢、东汉五铢	东汉晚期	
M13	223	砖室	曲尺形	316×272	238×140	未发现		壶、罐、盆、甑、釜、卮、灯、熏炉	圜底罐、盆、甑、瓶、仓	碗	东汉五铢、磨郭五铢	两晋时期	墓底可能涂抹一层青膏泥

续表

墓号	方向/(°)	种类	形制	墓室(底)	墓道(底)	骨架状况	铜器	釉陶器	陶器	瓷器	钱币情况	年代判断	备注
M14	192	砖室	曲尺形	412×296	193×105	仅见一小节股骨，位于墓室西壁下	釜、鏊、勺、斗、带钩、龙形饰、球形饰、环形饰、泡钉	鼎、壶、盒、魁、直领罐、盆、熏炉、灯、卮、仓、勺、壶盖、熏炉盖、盒盖	壶、罐、圆底罐、平底、钵、盆、甑、仓、仓盖		西汉五铢、大泉五十、东汉五铢、剪轮五铢	新莽到东汉早期	①建造在M20之上；②其下有M14B；③有三组随葬品放置集中
M15	155	砖室	曲尺形	332×272	240×164	墓室北部残骨2，墓道内发现残骨一堆		壶、盒、盆、罐	圆底罐、平底罐、小罐、甑、钵、盆、仓		东汉五铢、轮五铢、对文五铢	东汉晚期	
M16	18	岩坑	长方形	34×236	无	未发现	鏊、卮	鼎、卮、熏炉	圆底罐、平底罐、钵、仓		西汉五铢、货泉、大泉五十	新莽时期	①叠压于M1之下；②利用M19的墓坑；③由于填土塌陷，分为三层
M17	210	砖室	曲尺形	314×290	226×146	墓室西南角靠近墓道处发现少量残骨		壶、魁、卮、提梁盆、釜、熏炉、甑、罐	甑、釜、卮、钵		东汉五铢、剪轮五铢	汉末至蜀	墓室中部有板灰
M18	195	砖室	曲尺形	230×302	75×160	未发现							被盗扰一空

（原载四川大学博物馆、四川大学考古学系、成都文物考古研究所：《南方民族考古（第八辑）》，科学出版社，2012年）

云阳丝栗包遗址2003年度发掘简报

四川大学考古文博学院

云阳县文物保护管理所

　　丝栗包遗址在三峡库区建设前隶属重庆市云阳县双江镇群益村十四组和八组，现归属搬迁后云阳新县城城区。遗址位于新县城南侧，地处长江北岸边。地理坐标东经108°42′、北纬30°55′，海拔134～190米（图一）。

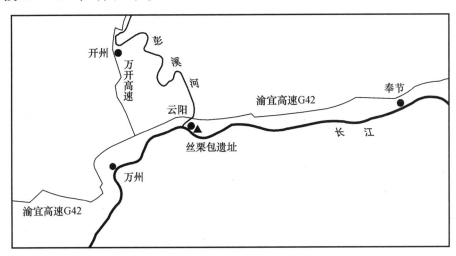

图一　丝栗包遗址位置示意图

　　遗址可以分为两部分，即江边台地遗址和岗崖顶部墓地。

　　岗顶墓地为1987年全国文物普查中发现，1992年曾对该墓地进行复查，1993年12月四川大学历史系考古专业三峡考古队又进行了勘查核实。当时将该墓地称为"尸山包墓地"。但是，我们细问当地乡民，才知该地的准确地名为"丝栗包"，而"尸山包"只是当地乡民对所有这类山冈上墓地的俗称。为了地名的准确可查，我们将该墓地改称为"丝栗包"。台地遗址是2003年9月由四川大学历史文化学院考古系调查发现。

　　2003年10月至2004年1月，四川大学历史文化学院考古系等单位对遗址进行了第一次发掘。发掘面积共为2000平方米，其中台地遗址的发掘共布5米×5米的探方40个，岗顶墓地发掘共布10米×10米探方10个（图二）。

　　江边台地遗址位于丝栗包南侧崖壁下、上岩寺东侧的一处小台地上，当地乡民称为余家坝（也称为余家河坝），海拔134～142米。遗址南面向长江，北靠陡峭山崖。由于三峡库区二期长江水位的上涨（最高水位约为135米），在发掘前台地仅残存一小块缓坡地带，其东西宽约近100、南北深40多米，略呈一个南宽北窄的半圆形。台地的北面是数十米高的山崖耸立，几近垂直，东西两面也都是较陡的斜坡和小岗。台地为北高南低的缓斜坡，有一条被当地乡民称

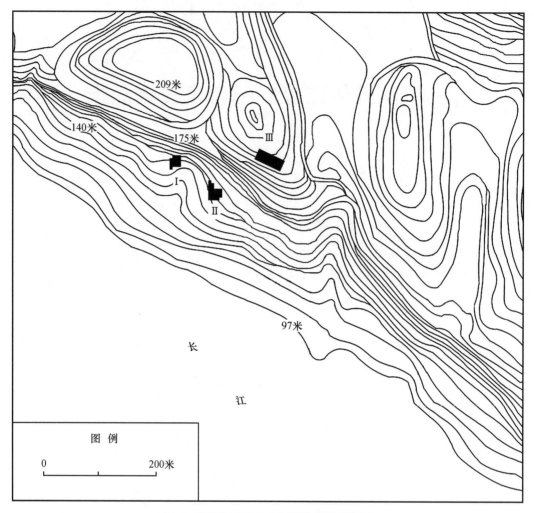

图二　丝栗包遗址2003年度发掘区示意图

为水井湾的小水沟将台地分为东、西两部分，我们将西区划为Ⅰ区，将东区划为Ⅱ区。

　　Ⅰ区面积较小，Ⅰ区共布5米×5米探方16个。Ⅱ区面积较大，本年度仅发掘了一部分，共布5米×5米探方24个。Ⅱ区由于近代民居而形成北高南低的两级阶梯状平地，高度相差3米多，原有两个民居院落（余家院子）。

　　岗顶墓地位于台地遗址北面的山崖峭壁上方，当地乡民称为丝栗包（也称尸山包）。原墓地规模很大，但是因为云阳新县城修建长江库岸工程和滨江花园工程施工而遭到很大的破坏，山冈顶部已被整体削掉10~25米，因此汉墓群也遭到十分严重的破坏，仅在面向长江的南面斜坡地上和东部的一些小山冈上还保留有部分墓葬。我们将岗顶墓地划为Ⅲ区，共布10米×10米探方10个。

一、地层堆积

（一）I 区地层堆积

该区地层堆积的总厚度不详，已发掘部分的地层堆积可分为5层，由于东区的西部和地势略低，发掘至宋代的文化堆积时由于三峡库区二期水位的迅速上涨，探方内先后开始渗水，发掘被迫停止。现以I T16南壁地层剖面为例介绍如下（图三）。

第1层：为现代耕层。厚20～46厘米。土色为黑褐色，土质疏松。包含现代砖、石块、炭渣、植物根茎等。

第2层：为现代房基瓦砾堆积层。厚0～12厘米。分布于探方西部。

第3B层：为黄褐色细砂黏土。厚0～19厘米。土质疏松，纯净无含物。分布于探方西南部。该层可能为清代晚期时的大洪水泛滥而形成。

第3C层：为红褐色黏土。厚12～60厘米。土质较硬，包含物有木炭粒、红烧土块等。本层分布整个探方，年代约为清代。

第4层：为浅灰色，厚9～29厘米。土质坚硬粗黏，结构紧密。包含物有较多木炭粒、红烧土块等，出土少许青花瓷片等。本层分布于整个探方，年代约为明代。H20开口于第4层下，打破第5层。

第5层：黄色砂泥层。厚36～41厘米。土质坚硬，有木炭粒、料姜石等，无遗物出土。本层分布于整个探方。年代约为宋代。

发掘到第5层时，由于此时三峡水库不断提高水位，第5层已经很快位于水位以下，因此不能继续向下发掘，其下的文化层深度和年代均不详。

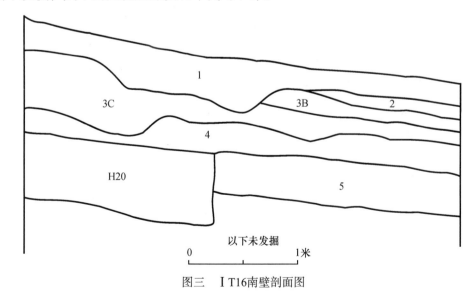

图三　I T16南壁剖面图

（二）Ⅱ区地层堆积

该区的文化层堆积厚，存在着多个时期的文化堆积。由于三峡库区二期水位的迅速上涨，本发掘区地势略低的西部和西南部，发掘宋代至夏商时期的文化堆积时已先后开始渗水，发掘被迫停止，仅发掘区的东部探方发掘到生土层。现以ⅡT31北壁地层堆积情况为例介绍如下（图四）。

第1层：表土层。本层可分二亚层，本探方缺失第1B层。

第1A层：灰褐色泥土。厚15～30厘米。土质疏松。包含物杂质较多，无出土物。分布于探方北部，基本水平。

第1B层：现代房基瓦砾层。土黄色泥土，土质疏松。本探方缺失。

第2层：沙层。暗土黄色，土质疏松，沙中夹有大量紫红色泥土。本探方缺失。

第3层：大砾石层。本探方缺失。

第4层：洪水泛滥形成的淤沙淤泥层。其年代应为清末。本层还可分四亚层，本探方缺失第4A、4D层。

第4B层：青灰色沙层。厚0～16厘米。土质纯净疏松。分布于探方东北部，堆积基本水平，无出土物。

第4C层：红褐色淤土层。厚8～25厘米。包含物较纯净，土质较紧密。本层分布于探方北部，堆积基本水平，无出土物。

第5层：含炭屑灰褐泥土层。厚26～31厘米。包含物中有大量炭屑，土质较紧密。本层全探方分布，堆积基本水平，出土物有青花瓷片、泥质灰陶片、泥质红陶片、绳纹瓦片。根据出土物判断。年代约为明清时期。

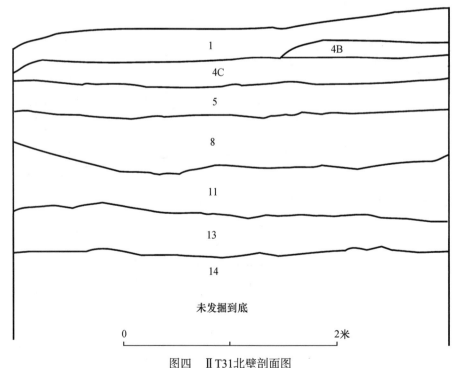

图四　ⅡT31北壁剖面图

第6层：本探方缺失。

第7层：本探方缺失。

第8层：黄褐色泥土层。厚30～51厘米。包含物中含少量料姜石渣，土质较紧密。全探方水平分布，堆积基本水平，本层出土物有泥质灰陶片、泥质红褐陶片、绳纹板瓦片、青瓷片，可辨器形有罐、碗等。根据出土物判断，时代不晚于唐宋。H8位于第8层下，打破第11层。

第9层：本探方缺失。

第10层：本探方缺失。

第11层：土黄色沙土层。厚32～58厘米。包含物中较纯净，土质较紧密。全探方分布，堆积基本水平，出土物有泥质灰陶片、泥质红陶片、黑皮褐陶片、夹砂红褐陶片、绳纹瓦片，纹饰有凹弦纹、附加堆纹，可辨器形有罐、盆，另有铁带钩、鱼骨等。根据出土物判断，时代不晚于汉代。H11位于第11层下，打破第13层。

第12层：本探方缺失。

第13层：土黄色沙土层。厚27～43厘米。包含物中有大量红烧土块，土质松软。全探方分布，堆积基本水平。出土物有夹细砂灰陶、夹细砂红褐陶、泥质灰陶、打制石片、鱼骨等。根据出土物判断，本层的年代约为商代。

第14层：暗土黄沙土层。土质较纯净松软。全探方分布，堆积基本水平，本层未发掘到底，其堆积厚度不详。出土物有泥质灰褐陶片、夹粗砂灰褐陶片、夹粗砂黑陶片，纹饰有细绳纹，器类有高柄豆、高领罐等，另有鱼骨打制石片。根据出土物判断，本层的年代可能为夏商时期。

该探方发掘此层时，由于库区水位上涨而严重渗水，故中止发掘。

（三）Ⅲ区地层堆积

本区各探方的地层堆积都非常简单。

第1层：表土层。厚10～20厘米。土色为灰黑色，土质疏松，含有大量碎石，包含物为现代瓦片、玻璃碎片及少量青花瓷片。表土层乃长时间杂草、植物叶腐烂，岩石风化形成。部分墓葬的墓坑开口位于此层下。

第2层：局部分布，尤其是在南部低凹处。厚10～30厘米。红褐土层，含有大量碎石，另有少量的青花瓷片、瓦片、铁器等。根据出土物判断，本层的年代约为近代至汉代。部分墓葬的开口位于此层下。

第3层：生土层。为黄土层，内含大量自然形成的料姜石层。

二、遗存概述

1. 主要遗迹

建筑遗迹6处、灰坑22个、墓葬13座、瓮棺葬2座、残窑1座。建筑遗迹的时代分别为商代、汉六朝时期、唐宋时期、明代、清代等。灰坑的时代分别为新石器时代灰坑3个、商代灰坑15个、唐宋时期灰坑4个。墓葬的年代有汉代、唐宋时期、明清时期、近现代。瓮棺葬为唐代。窑址的年代不详。

2. 遗物

1）新石器时代晚期：出土石器和陶器等。其中石器可分为打制石器和磨制石器。器类有刮削器、切割器、斧、锛等。陶器可分为夹砂陶和泥质陶两类。夹砂陶的陶色有褐色、灰褐色、红褐色、红色等。泥质陶陶色多为深褐色、黑色、灰色（有灰白色或浅灰色）、红褐色、黄褐色，还有外表黑色内表红色，另外还有极少量的外灰内黑陶、橙黄色陶。陶器的器类主要有折沿罐、卷沿罐、折腹钵（盆）、敛口钵（盆）、杯等。

2）夏商周时期：石器主要有斧、锛、网坠、刮削器等，此外出土大量的石片。陶器有高柄豆、小平底罐、鼓腹罐、高领罐、灯形器、花边口沿罐、鬶（盉）、器盖等。蚌器有穿孔蚌刀。

3）汉墓出土器物有陶器、铜器和铁器等，其中陶器数量占绝大部分。陶器基本为泥质灰陶，器类有鼎、盒、豆、壶、罐、钵、仓、甑、盆、勺。铜器有扣饰、五铢钱等。铁器为锄等。

4）汉—唐宋时期：出土遗物有陶器、瓷器、铜器、铁器和石器等，其中以陶器的数量最多。陶器基本为泥质灰陶。器类有盆、罐、钵、纺轮、小碟（盅）、器盖、拍、网坠、瓦当、板瓦、筒瓦、汉砖、六朝砖、唐砖等。瓷器基本为青瓷，另有少量黑瓷、白瓷等，器类有青瓷碗、盘、碟、带系罐、带流罐、虎子等，铜钱、铁锄、石网坠等。

5）明清时期：主要出土瓷器等。瓷器以青花瓷为主，器类有碗、碟、盘。另有土瓷的罐、缸等。此外还有铜钱等。

本年度重点介绍夏商周时期的遗存。

三、夏商周时期遗存

（一）遗存概述

1. 遗迹

主要是发现灰坑15个、房址1处，另外在第13层的地层内发现有大量的红烧土堆积。灰坑的开口位于第12～14层下。

2. 遗物

有石器、陶器、蚌器，以及鱼骨和兽骨等。

（1）陶器

陶质陶色：陶质以泥质占大多数，夹砂者次之，其中夹粗砂者较多。陶色较纯正，以红褐、黄褐、灰褐者较多，黑衣陶次之，其次为红陶、灰陶、青灰陶等。

制作方法：丝栗包遗址出土陶器以手制为主，轮制较少。

纹饰：陶器以素面较多，也有较多的陶器施加纹饰，纹饰中以绳纹最常见，还有方格纹、抹划纹、弦纹及少量的戳印纹、压窝纹、附加堆纹、花边纹等。极少量陶器数种纹饰同施一器。

器类：其中陶器器形以各种平底器为主，此外还有少量的三足器、圈足器、尖底器和圜底器。主要器类有侈口罐、小平底罐、高领罐、卷沿罐、敛口罐、折沿罐、鼓腹罐、高柄豆、高柄灯形器、鬲、尖底缸、带柄勺、单耳罐、盆等，其中以各种罐类器和高柄器为基本器类，且各种罐类器的数量最多。

（2）石器

数量不多。在石器中以打制石器数量为多，磨制石器数量相对较少，可辨器形有斧、切割器、锛、刮削器、砍砸器、网坠、锥形器、杵和玉环等。

（3）骨器

数量极少。可辨的器类有骨锥等。

（4）蚌器

数量很少。仅为穿孔蚌刀一类。

（二）遗存举例

1. H3

位于Ⅱ区T32东北部，开口位于第13层下，打破第14层，又被H2打破。H3坑口形状为圆形，距地表深0.62厘米，最大直径1.16、底径0.76米，整个灰坑呈口大底小状，坑底，坑壁没有特别加工的痕迹。坑内堆积为灰褐色泥土，土质松软，没有分层（图五）。

出土遗物有陶器、蚌器、石片、鱼骨等。

陶器：有夹粗砂灰陶、夹粗砂褐陶、夹粗砂黑陶、夹陶砂黄陶、泥质黑皮褐陶、磨光黑皮陶，纹饰有细绳纹、划纹（图六，1）、凹弦纹（图六，2）、平行暗划纹等。可辨器类的陶器共14件，有小平底罐、高柄器、大口缸、高领罐、瓮等。

小平底罐　5件。H3：4，泥质黑褐陶。可复原。侈口，尖唇，圆肩，鼓腹，下腹斜收，小平底。口径21.3、底径6、高17.3厘米（图七，4）。H3：6，夹细砂灰褐陶。侈口，沿微折，圆唇，圆肩，腹部向内斜收，底部残。肩部拍印块状斜向细绳纹。口径20、残高16.3厘米（图七，3）。H3：11，泥质褐陶，外饰灰黑衣。侈口，尖圆唇，耸肩，腹部向内斜收，下腹和底部均残。口径16.6、残高10厘米（图七，6）。H3：1，夹细砂黑陶。侈口，尖唇，圆肩，腹部以下均残。口径20.6、残高5.3厘米（图七，7）。H3：10，泥质灰褐陶。仅存下腹及底部。下腹向内急收，平底较小。

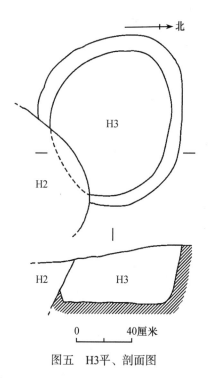

图五　H3平、剖面图

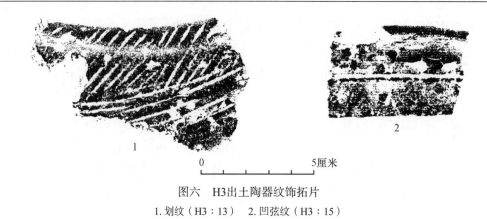

图六　H3出土陶器纹饰拓片
1. 划纹（H3：13）　2. 凹弦纹（H3：15）

为泥条盘筑法制成，制作痕迹明显。底径5、残高2.7厘米（图七，13）。

高柄器　4件。H3：5，泥质灰褐陶。仅存底部喇叭形圈足，底边有一折棱。器表有二道粗划纹。底径14.6、残高3.3厘米（图七，12）。H3：7，泥质磨光黄皮褐陶。仅存底部喇叭形圈足的下半部，底边有一凸棱。底径24.7、残高3.7厘米（图七，9）。H3：12，泥质磨光褐陶。仅存底部喇叭形圈足的下半部，底边有一凸棱。底径20、残高3厘米（图七，11）。H3：14，泥质灰褐陶。仅存豆盘上部残片。沿微折，尖唇，上壁弧形。外饰斜向绳纹。残高3.4厘米（图七，10）。

大口缸　3件。H3：2，夹砂黄褐陶。可复原。大口，折沿，圆唇，上腹微鼓，下腹斜收，平底较小。上腹饰二道凹弦纹。口径46.7、底径17.7、高40厘米（图七，1）。H3：8，夹砂灰褐陶。卷沿，直口，圆唇，腹部及底部均残。器内壁有二道划线。残高6厘米（图七，8）。H3：9，泥质红陶，外表呈褐色。敞口沿外撇，圆唇，上壁较直，下壁及底部均残。沿下饰一道抹划凹弦纹。口径30.7、残高4厘米（图七，14）。

高领罐　1件。H3：3，夹砂灰陶。可复原。敞口，厚沿，圆唇，高领，溜肩，鼓腹，下腹斜收，平底较小。颈部饰二道凹弦纹。口径25.3、底径12.7、高51.3厘米（图七，2）。

瓮　1件。H3：13，夹细砂外黄褐内灰陶。敛口，折沿，尖圆唇，圆肩，腹部以下均残。沿上饰斜向划纹，肩部饰斜向和横斜线划纹。口径35.3、残高4.7厘米（图七，5）。

穿孔蚌刀　1件。H3：15，长9.6、宽5.4厘米（图八）。

2. H22

位于Ⅱ区T38中部，开口于第13层下，打破第14层。坑口呈椭圆形，距地表深3.5厘米，最大径1.6、深0.3米。坑底部稍小，整个灰坑呈口大底小状，坑底、坑壁未发现特别加工之痕迹。坑内堆积为灰黑色泥土，土质较软，没有分层（图九）。

出土遗物有陶器、石片、鱼骨等。

陶器主要有泥质灰褐陶、泥质黑陶、泥质红陶、泥质黑皮褐陶、泥质灰陶、粗泥红陶、夹粗砂红陶、夹砂红褐陶、夹砂褐陶、夹砂黄褐陶等，纹饰有细绳纹、粗绳纹、中绳纹、凹旋纹等。H22：24，高领罐腹部。泥质外黑衣内褐陶。凹弦纹二道（图一〇，1）。H22：25，壶肩部。泥质外灰内褐陶。先饰竖斜线的粗绳纹，再饰横道抹划纹（图一〇，2）。H22：26，壶

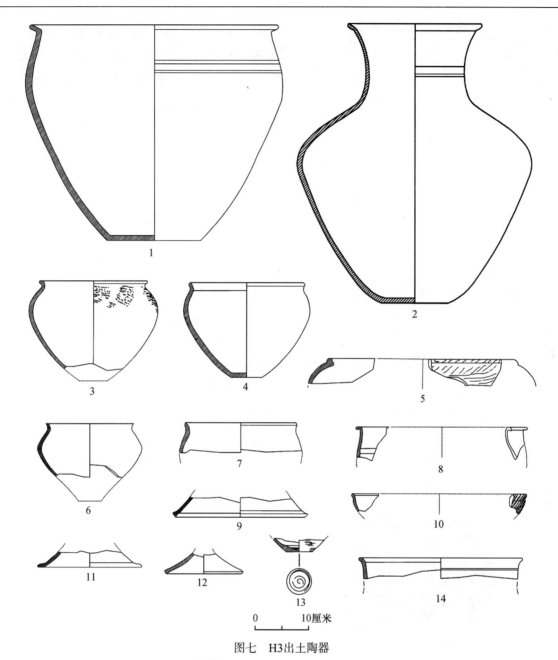

图七　H3出土陶器

1、8、14.缸（H3：2、H3：8、H3：9）　2.高领罐（H3：3）　3、4、6、7、13.小平底罐（H3：6、H3：4、H3：11、H3：1、H3：10）　5.瓮（H3：13）　9～12.高柄器（H3：7、H3：14、H3：12、H3：5）

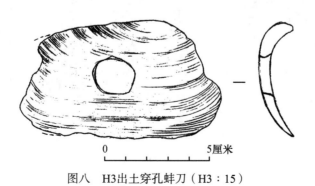

图八　H3出土穿孔蚌刀（H3：15）

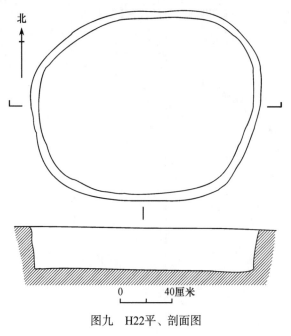

北

0　　　40厘米

图九　H22平、剖面图

腹部。泥质灰黑陶。竖线粗绳纹，局部交错横线绳纹（图一〇，3）。H22：27，壶肩部。厚壁。泥质黄褐陶。竖线粗绳纹（图一〇，4）。

可辨器类的陶器共23件。有高柄豆、小平底罐、高领罐、鼓腹罐、折沿罐、鬶、盉、杯形器、器盖。

小平底罐　2件。H22：5，夹细砂灰黑衣红褐陶。可复原。侈口，圆唇，耸肩，下腹斜收微外弧，小平底。口径14.1、底径4、高12.1厘米（图一一，5）。H22：3，泥质黑衣褐陶。可复原。侈口，圆唇，耸肩，腹部向下斜收，小平底。颈肩部饰凹弦纹一道。口径12.9、底径2.6、高9.4厘米（图一一，4）。

高领罐　3件。H22：16，夹（细）砂灰褐陶。仅存口部残片。敞口，沿微外撇，方唇。残高4.8厘米（图一一，12）。H22：14，夹砂灰褐陶。敞口，沿外折，厚唇略方，高领，颈部以下均残。口径22.9、残高4.7厘米（图一一，11）。H22：13，泥质灰褐陶。口近直，折沿，唇略尖，颈部下部略粗，颈部以下均残。颈部饰二道凹弦纹。口径27.2、残高6.4厘米（图一一，8）。

卷沿罐　1件。H22：15，夹砂青灰陶。直口，卷沿，唇略方，圆肩，肩部以下均残。口径14.1、残高2.6厘米（图一一，9）。

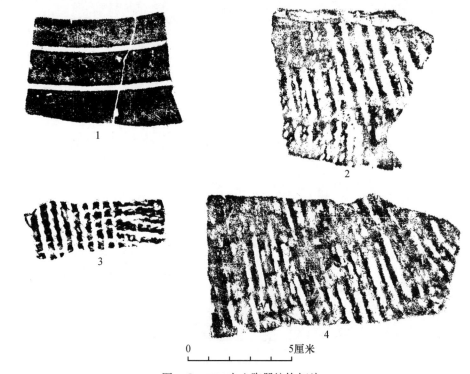

0　　　　　　　5厘米

图一〇　H22出土陶器纹饰拓片

1. 凹弦纹（H22：24）　2. 绳纹加抹划纹（H22：25）　3. 交错绳纹（H22：26）　4. 绳纹（H22：27）

敛口罐 1件。H22：21，夹（细）砂褐陶。口微敛，尖唇，矮领，圆肩，肩部以下均残。口径12.2、残高1.8厘米（图一一，10）。

鼓腹罐 2件。H22：10，泥质红陶，肩部以上为红褐陶。可复原。口微侈，尖唇，圆肩，鼓腹，平底。口径21.2、底径6.5、高25.3厘米（图一一，2）。H22：22，夹砂红褐陶。口部残，直领，圆肩，球形腹，下腹及底部均残。肩腹部通饰纵向细绳纹。最大腹径11、残高5厘米（图一一，3）。

叠形罐 1件。H22：4，黑衣泥黄褐陶。敞口，方唇，高领，斜肩略折，下腹斜收，底部残。口径25.3、残高39.4厘米（图一一，7）。

罐 1件。H22：8，黑衣夹砂褐陶。可复原。侈口，圆唇，耸肩，斜腹内收，小平底。口径29.4、底径10、高28.8厘米（图一一，6）。

瓮 1件。H22：7，灰黑衣夹砂褐陶。仅存腹部，向下斜收。最大残径60.8、残高38.2、壁厚0.8～1.1厘米（图一一，1）。

高柄豆 1件。H22：2，豆盘。黑衣黄褐陶。宽沿，圆唇，浅盘弧壁，柄部以下均残。口径14.9、残高5.1厘米（图一二，5）。

高柄器 4件。H22：20，磨光褐皮泥质灰褐陶。仅存下部残段，底座为喇叭形。残柄上

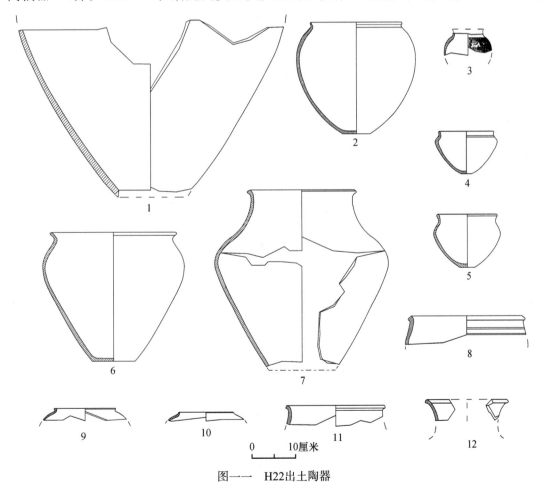

图一一 H22出土陶器

1. 瓮（H22：7） 2、3. 鼓腹罐（H22：10、H22：22） 4、5. 小平底罐（H22：3、H22：5） 6. 罐（H22：8） 7. 叠形罐（H22：4） 8、11、12. 高领罐（H22：13、H22：14、H22：16） 9. 卷沿罐（H22：15） 10. 敛口罐（H22：21）

有一道抹划凹弦纹。残高8.6厘米（图一二，10）。H22∶23，泥质灰褐陶，器表磨光。仅存盘口残段，喇叭形口，沿外撇，沿下有一道刻划凹弦纹。口（底）径14.8、残高3.1厘米（图一二，7）。H22∶11，泥质灰褐陶，器表磨光。仅存座底部分，为喇叭形，底边有一凸棱。圈径18.8、残高1.7厘米（图一二，11）。H22∶12，夹砂黑皮红褐陶。敛口，方唇，弧壁，下部残。上腹有一道抹划凹痕。口径14、残高4.8厘米（图一二，4）。

　　杯形器　1件。H22∶18，泥质灰陶。敞口，尖圆唇，上腹较直，下腹以下均残。口径8.2、残高3.2厘米（图一二，6）。

　　器盖　2件。H22∶17，泥质灰褐陶。仅存器盖下半部。弧壁，厚沿，圆唇。内壁近口部有一凸棱。圈径12.8、残高2.7厘米（图一二，9）。H22∶9，泥质灰褐陶，器表磨光。弧壁，圆唇，器表近口沿部有一道凹弦纹，盖内器表面有刻划符号2个。口径14.2、残高2.2厘米（图

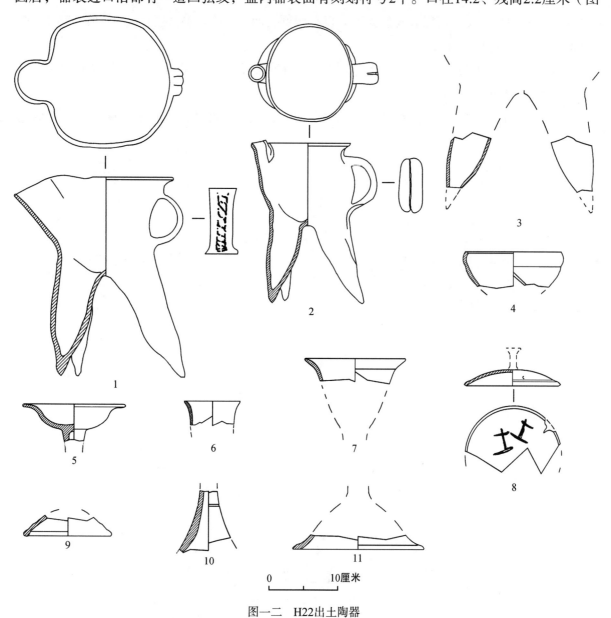

图一二　H22出土陶器

1. 鬶（H22∶1）　2. 盉（H22∶6）　3. 鬶（盉）（H22∶19）　4、7、10、11. 高柄器（H22∶12、H22∶23、H22∶20、
　　H22∶11）　5. 高柄豆（H22∶2）　6. 杯形器（H22∶18）　8、9. 器盖（H22∶9、H22∶17）

一二，8）。

　　鬶（盉）　　1件。H22：19，夹（细）砂红褐陶。仅存袋足。残高7.8厘米（图一二，3）。

　　鬶　　1件。H22：1，泥质红褐陶。可复原。敞口带流，圆唇，束腰，三袋足为乳突底。鋬耳上饰粗绳纹。口径22.2、高28.1厘米（图一二，1）。

　　盉　　1件。H22：6，泥质红褐。可复原。敞口带流，圆唇，束颈，鼓腹，三袋足。鋬耳上饰一道凹槽。口径11.9、高22.7厘米（图一二，2）。

四、结　语

1. 遗址性质

　　通过本年度的勘探和发掘，大体了解了本遗址的主要分布情况和Ⅰ、Ⅱ、Ⅲ区的基本文化内涵。该遗址地处长江北岸，主要由长江边的台地居住遗址和崖壁冈峦上的墓地构成。其江边台地遗址为人类频繁活动居住之地，历经新石器时代晚期、夏商周、两汉、六朝、唐、宋、明、清等。从新石器时代晚期开始，以后历代几乎都有人类居住活动。其中夏商周时期和唐代的文化遗存为本年度江边台地遗址发掘区文化堆积的主要构成部分。汉代的文化堆积由于晚期的严重破坏，现已所存不多，但山冈上墓地中大量汉墓的存在可以说明汉代时该遗址仍有人类频繁活动。

2. 夏商周时期遗存

　　遗址中发现了大量的夏商周时期遗存，其遗迹主要为灰坑和房屋等。房屋遗迹保存情况较差，但根据现存遗迹推测，这一时期该遗址的人们主要居住在地面式木骨泥墙房屋中，在房屋的周围有较多的小型窖穴，窖穴废弃后便作为倾倒废物的场所（灰坑）。在发现遗物中有大量的陶器、打制石器、磨制石器、穿孔蚌器、鱼骨和兽骨等，最常见的陶器器类有小平底罐、高柄豆或高柄灯形器、高领罐、鬶、缸等。根据对发现的陶器的初步观察，可以认为该遗址夏商周时期遗存的年代主要为商代，但也不排除其上限可早到夏代，下限或进入西周初年的可能。从陶器所反映的文化面貌观察，与重庆峡江地区这一时期的遗存大体属于同一性质的文化。此外，与四川西部三星堆文化也有十分密切的关系。再者，该遗址中大量穿孔蚌器的出土，对于我们深入认识三峡地区夏商周时期的文化提供了新的资料。总之，本年度夏商周时期遗存的发现，是这次发掘的重要收获之一。

　　附记：发掘领队罗二虎。先后参加发掘工作的有罗二虎、王林、冷文娜、伍秋鹏、黄广民、金鹏功、赵振江、程红坤、湛红雁、陈昀等。参加后期整理工作的有罗二虎、王林、冷文娜、伍秋鹏、高金玉、贺逸云、周丽等。绘图张麦平、罗二虎、高金玉。

　　　　　　　　　　　　　　　　　　　　　　　　　　　　　执笔：罗二虎

万州中坝子遗址2000年度发掘简报

西北大学文化遗产学院

中坝子遗址位于重庆市万州区（原万县市）小周镇涂家村二组，地处长江北岸的一级台地，地理坐标为北纬30°55′7″、东经108°32′52″，海拔117.4～140米。北靠望丰都山，南临长江滩地，东西为流水冲沟，中心为梯田，周边为柑橘林（图一）。

1997年12月，西北大学考古队对中坝子遗址进行了勘探、测量与发掘规划。1998年2～5月，进行了第一次发掘，发掘5米×5米探方50个，发掘面积1250平方米；1999年2～8月，进行了第二次发掘，发掘5米×5米探方32个，发掘面积800平方米；2000年2～5月，进行了第三次发掘，发掘5米×5米探方20个，发掘面积500平方米。

2000年10月至2001年1月，进行了第4次发掘，发掘5米×5米探方80个，发掘面积2000平方米，发现了一批商周至明清时期的遗迹、遗物，取得了一定收获。本简报着重报道先秦时期遗存。

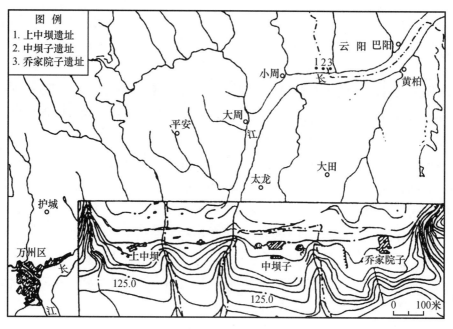

图一　中坝子遗址位置示意图

一、地层堆积

本次发掘的地层堆积由早到晚分别为商周、秦汉、六朝、隋唐、明清时期。由于中坝子遗址的地势呈台阶状分布，每块台地的文化层堆积不尽相同，为了便于工作，将各个台地的地层按照大的文化期进行了统一，然后在大的文化期内依据土质土色的变化细分出若干小层。现以

Ⅰ区T1105～T1405和Ⅱ区T0504～T0508的部分剖面为例进行说明。

Ⅰ区T1105～T1405的文化层堆积自上而下分为5大层，以其中的T1105、T1205南壁剖面（图二，1）为例说明如下。

第1层：耕土层。厚0.2～0.25米。

第2层：褐色黏土层。厚1.1～1.15米。包含物有石器、瓦片、陶片、青花瓷片、"乾隆通宝"等，当为明清时期堆积。依据土质土色的变化，可细分为深红褐色黏土的第2A层、红褐色黏土的第2B层、浅红褐色黏土的第2C层、浅灰褐色黏土的第2D层。

第3层：浅灰褐黏土层。厚0.05～0.32米。包含物有青瓷片、内布纹外素面的筒板瓦、"开元通宝"等。当为隋唐时期堆积。

第4层：深灰褐色粉砂质黏土层。厚025～0.3米。包含物有内外绳纹的筒板瓦等。当为秦汉时期堆积。

第5层：黄褐色粉砂质黏土层。厚0.08～0.7米。包含物有石器、夹砂及泥质陶片等。陶片纹饰有线纹等，可辨认的器形有罐、三足器等，当为商周时期堆积。依据土质土色的变化，可细分为黄褐色粉砂质黏土的第5A层、浅黄褐色粉砂质黏土的第5B层。

第5B层下为纯净的黄色粉砂质生土。

Ⅱ区T0504～T0508的文化层堆积自上而下分为6大层，以其中的T0507、T0508西壁剖面（图二，2）为例说明如下。

第1层：耕土层。厚0.15～0.19米。

第2层：褐色黏土层。厚0.4～0.45米。包含物有石器、瓦片、陶片、青花瓷片等。当为明清时期堆积。依据土质土色的变化，可细分为红褐色黏土的第2A、深红褐色黏土的第2B、浅

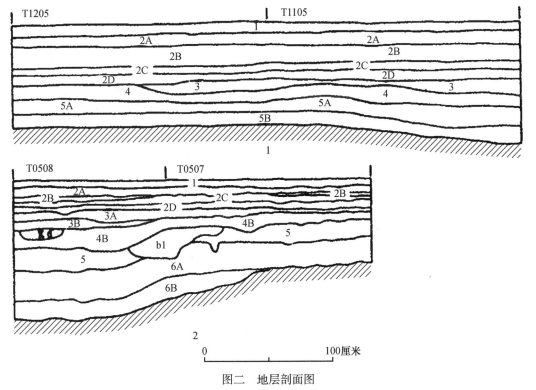

图二　地层剖面图

1. Ⅰ区（T1105、T1205）南壁　2. Ⅱ区（T0507、T0508）西壁

红褐色黏土的第2C、褐色黏土的第2D层。

第3层：灰褐色黏土层。厚0.3~0.35米。包含物有青瓷片、内布纹外素面筒板瓦、莲花纹瓦当等。当为隋唐时期堆积。依据土质土色的变化，可细分为灰褐色黏土的第3A层、浅褐色黏土的第3B层。

第4层：厚0.15~0.5米。包含物有青瓷片等，既与隋唐时期地层中的包含物有别，也与秦汉时期地层中的包含物有异。以青瓷片为主，当为六朝时期堆积。依据土质土色的变化，可细分为深灰色粉砂质黏土的第4A层、浅黄褐色粉砂质黏土的第4B层。

第5层：黄褐色粉砂质黏土。厚0.3~0.45米。包含物有云纹瓦当、内外绳纹的筒板瓦。当为秦汉时期的堆积。

第6层：厚0.5~1米。包含物有夹砂及泥质陶片，可辨认的器形有宽肩小底罐、喇叭口罐、深腹罐等，当为商周时期堆积。依据土质土色的变化，可细分为灰黄色粉砂质黏土的第6A层、深灰黄色粉砂质黏土的第6B层。

第6B层下为纯净的黄色粉砂质生土。

二、商周时期遗存

（一）遗迹

本次发掘可以确认的商周时期遗迹主要是灰坑。灰坑的形状多为不规则形。以H146、H147、H149为例进行说明。

H146　位于ⅡT0505西北部，开口于第6A层下，打破第6B层。平面呈不规则椭圆形。长径1.16、短径0.69、深0.46~0.5米。坑内堆积为灰褐色粉砂质黏土，较疏松。包含物有陶片等，可辨认的器形有觚形器、宽肩小底罐等（图三，1）。其中的觚形器和宽肩小底罐是三峡地区常见的商周时期的典型器物。从叠压打破关系和包含物判断，为商周时期遗存。

H147　位于ⅡT0505西北部，开口于第6A层下，打破第6B层。平面呈不规则椭圆形。长径1.23、短径0.2~0.68、深0.25~0.47米。坑内堆积为灰褐色粉砂质黏土，较疏松。包含物有陶片等，可辨认的器形有觚形器、宽肩小底罐等（图三，2）。其中的觚形器和宽肩小底罐是三峡地区商周时期常见的典型器物。

H149　位于ⅡT0504东北部，开口于第2C层下，打破第6B层。平面呈不规则形。长1.23、宽0.85、深0.16~0.27米。坑内堆积为灰褐色粉砂质黏土，较疏松。包含物有陶片等，可辨认的器形有觚形器、宽肩小底罐等（图三，3）。其中的觚形器和宽肩小底罐是三峡地区商周时期常见的典型器物。

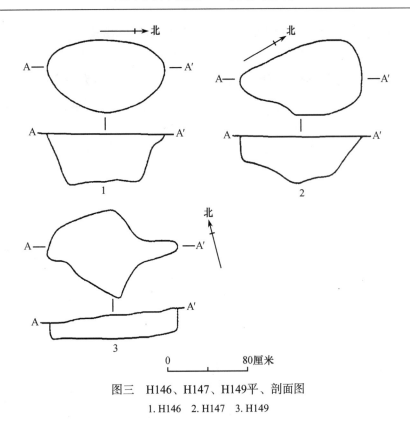

图三　H146、H147、H149平、剖面图
1. H146　2. H147　3. H149

（二）遗物

1. 石器

（1）打制石器

在遗址各发掘区的各个层次均发现数量不等、原料和制作方法相同的打制石核、石片和石器等。在第一次发掘中，曾在商周时期的地层堆积中发现此类石制品集中分布，并与石锤、石砧、砺石、磨制石器、陶器共存的现象[①]。由此可见，中坝子遗址出土的打制石制品主要应属于商周时期，而其他各层零星出土的石制品可能是后来的人们对早期地层扰动而混入的。

原料　石制品包括石锤、石核、石片和石器等，均以磨圆度较好的砾石为原料，主要有燧石、石英岩等。经调查，遗址附近的长江滩地就有大量的这些种类的砾石，故制作石器的原料应是就近采集而来。

石核　均用扁平椭圆形或圆形砾石打击而成。一般一块砾石只剥落一次石片，也有少数剥落2次或2次以上者。剥片后的石核上遗留有一个稍内凹的阴疤，辐射线清楚，其上端有一缺口状打击点，背面是原砾石面或有一小石片疤。ⅠT0603④：1，长4.95、宽7.8、厚1.6厘米（图四，2）。

石锤　为打制石片等的加工工具之一，石质硬度较大。一般未经任何加工，而是直接利用便于手持的长条扁圆形自然砾石。在其一侧或两侧留有打击所致的疤痕，可见加工石器之时主

[①]　西北大学考古队：《重庆万州中坝子遗址先秦时期遗存》，《考古》待刊。

要是利用石锤的侧面进行打击。ⅠT1205⑤A：2，长扁圆形，在其一端的两侧有打击疤痕。长19、宽5.4、厚3.7厘米（图四，1）。

　　石片　绝大多数石片都是利用锐棱砸击法剥落的。这类石片多为长宽指数（宽÷长×100）大于100的横宽型，亦有极少量的纵长形型。H150：1，长3.55、宽4.3、厚0.65厘米（图四，3）。ⅡT0507⑤：1，长4.65、宽6.95、厚0.9厘米（图四，4）。ⅡT0507④B：1，长4.1、宽7.35、厚0.75厘米（图四，5）。ⅡT0507③A：3，长6.3、宽4.75、厚0.7厘米（图四，6）。

　　（2）磨制石器

　　磨制石器数量相对较少，多数为通体磨光，少数为局部磨光。类型有石楔、石凿、雕刻器、石斧等。

　　石楔　多利用小砾石磨制而成。通体磨制。形似斧锛而形体较小，是该遗址常见的石器类型，其主要功能可能是用来劈裂木材。ⅡT0507⑥A：1，单面刃。顶端有打击形成的疤痕，刃部已经崩落成缺口状。长6.25、宽4.3、厚1.6厘米（图五，1）。M37填：1，两面刃较直。顶端有打击疤痕，刃部稍残缺。长6.1、宽5.45、厚1.66厘米（图五，2）。

　　石凿　通体磨制，磨制精细。ⅠT1205④：1，顶端有因打击而形成的剥落痕迹。两面圆弧刃，已残缺。长5.08、宽2.7、厚1.48厘米（图五，3）。

　　雕刻器　通体磨制，磨制精细。ⅠT1205⑤B：2，扁平较薄，两端均有刃。一端为两面刃，较直；另一端为单面刃，圆弧。长4.07、宽2.35、厚0.58厘米（图五，5）。

　　石斧　数量较少。ⅠT1405③：1，利用砾石打磨而成。顶端已残断。两面刃，刃圆弧。残长7.17、宽5.93、厚2.82厘米（图五，4）。

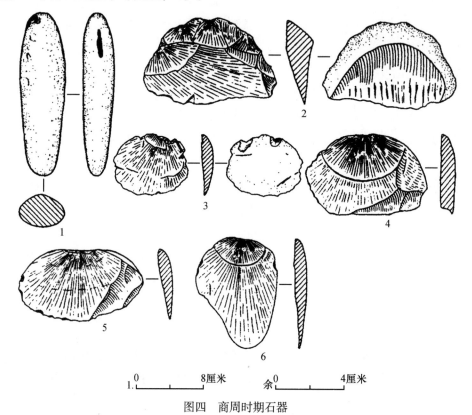

图四　商周时期石器

1.锤（ⅠT1205⑤A：2）　2.石核（ⅠT0603④：1）　3～6.石片（H150：1、ⅡT0507⑤：1、ⅡT0507④B：1、ⅡT0507③A：3）

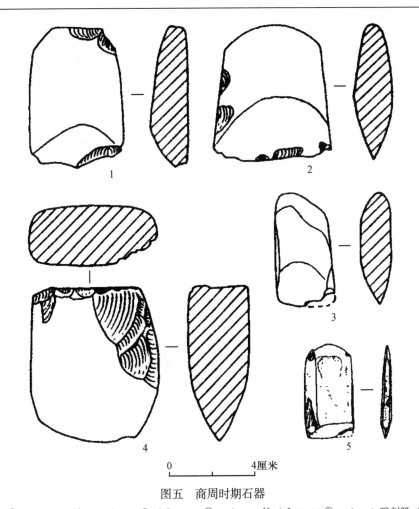

图五　商周时期石器

1、2. 楔（ⅡT0507⑥A∶1、M37填土∶1）　3. 凿（ⅠT1205④∶1）　4. 斧（ⅠT1405③∶1）　5. 雕刻器（ⅠT1205⑤B∶2）

2. 陶器

器形主要有宽肩小底罐、喇叭口罐、觚形杯、豆、盘、纺轮等。

宽肩小底罐　无可复原者。ⅡT0505⑥A∶1，夹细砂灰陶。口径11.4、残高4厘米（图六，1）。

喇叭口罐　无可复原者。ⅡT0505⑥B∶1，泥质灰陶。口径11.4、残高2.4厘米（图六，2）。ⅡT0505⑥B∶2，泥质灰陶。口径18.4、残高4.4厘米（图六，5）。

觚形杯　无可复原者。H149∶1，泥质褐陶。口部残，束腰，底略内凹。残高6.4、底径7厘米（图六，3）。ⅡT0507⑤∶4，夹砂褐陶。口部残，一侧带流。残高8.5、底径6.2厘米（图六，8）。

豆　无可复原者。ⅡT0505⑥A∶2，泥质灰陶。口径17.2、残高4.3厘米（图六，4）。

盘　2件。敞口，斜直腹，矮饼形足。标本ⅡT0507⑤∶5，泥质灰褐陶。口径18、底径9、高3.7厘米（图六，6）。ⅡT0507⑤∶6，泥质灰褐陶。口径18、底径8、高3.2厘米（图六，7）。

纺轮　1件。标本ⅡT0507⑥B∶4，泥质灰褐陶。算盘珠形，一面有双排戳刺纹，其余部分素面。直径3.9、厚1.1、孔径0.4厘米（图六，9）。

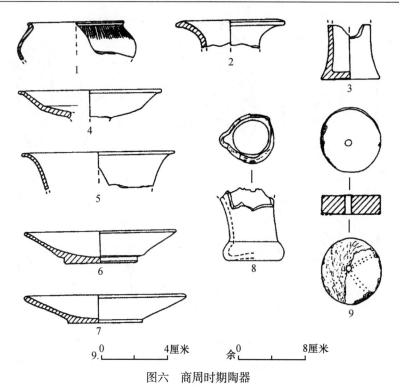

图六　商周时期陶器

1.宽肩小底罐（ⅡT0505⑥A：1）　2、5.喇叭口罐（ⅡT0505⑥B：1、ⅡT0505⑥B：2）　3、8.觚形杯（ⅡT149：1、ⅡT0507⑤：4）　4.豆（ⅡT0505⑥A：2）　6、7.盘（ⅡT0507⑤：5、ⅡT0507⑤：6）　9.纺纶（ⅡT0507⑥B：4）

三、东周时期遗存

（一）遗迹

　　本次发掘发现的东周时期遗迹主要为墓葬，共计3座即M37、M38、M39。

　　M37　方向89°。位于ⅡT0505的西南部，部分叠压于ⅡT0506的北隔梁之下。开口于第2C层下，打破第6A层。为一长方形竖穴土坑墓，长2.26、宽1～1.05、深1.6米。墓室两端各有一熟土二层台，宽0.3～0.4、高约0.12米。骨骼已大部腐朽，随葬品仅1件陶豆（图七，3）。

　　M38　方向360°。位于ⅠT1205东北部，部分叠压于该探方的东隔梁之下。开口于第4层下，打破第5A层。为一长方形竖穴土坑墓，长2.34、宽0.8～0.9、深1.8～1.86米。墓内填土为灰褐色黏土，未见葬具痕迹。骨架保存较差，仅存头骨和部分肢骨。葬式为单人仰身直肢葬，头向北，面向上。随葬品计16件，其中铜镦、镈各1件，玉佩1件，陶豆11件，陶罐2件（图七，1）。

　　M39　方向360°。位于ⅠT1405东北部，部分叠压于该探方的东隔梁之下。开口于第3层下，打破第5A层。为一长方形竖穴土坑墓，长2.3、宽0.8～0.9、深1.58～1.9米。墓内填土为灰褐色黏土，未见葬具痕迹。骨架保存较好，葬式为单人仰身直肢葬，头向北，面向西。随葬品仅1件铜矛，位于头骨右侧（图七，2）。

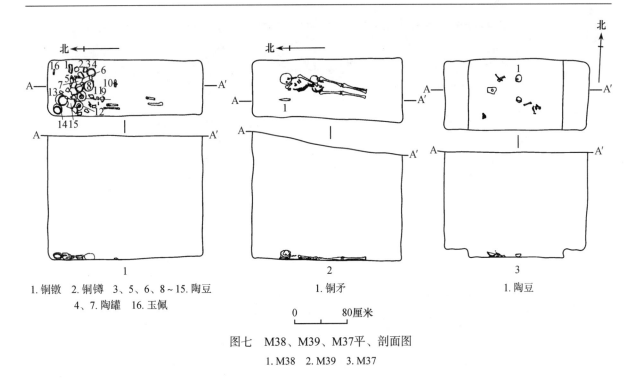

1.铜镦　2.铜镈　3、5、6、8～15.陶豆
4、7.陶罐　16.玉佩

1.铜矛

1.陶豆

0　　　　　80厘米

图七　M38、M39、M37平、剖面图
1. M38　2. M39　3. M37

（二）遗物

本次发掘出土的东周时期遗物主要出自墓葬之中，种类有陶器、铜器、玉器等。

1.陶器

豆　12件。已残，可复原。均为碗形喇叭形矮圈足，足沿稍外撇，素面。深腹者多，浅腹者少。陶质陶色分为泥质红褐色、泥质灰褐色、夹细砂灰色。手制，器身与圈足分别制成后黏接而成。

A型　1件。M38：5，泥质红褐陶。口微敞，卷沿，圆唇，沿下稍内束。斜弧腹，腹较浅。内底下凹，外底较平。口径12.8、足径6.8、高6.6厘米（图八，2）。

B型　3件。M38：9，泥质灰褐陶。敛口，卷沿，圆唇，洞下内束，腹最上部微鼓而折，斜弧腹，腹较深，内底下凹，外底外凸。口径12.2、足径6.6、高7.4厘米（图八，5）。M38：10，泥质红褐陶。形制基本同前。口径11.8、足径6.8、高7厘米（图八，6）。M38：14，泥质灰褐陶。形制基本同前。口径11.5、足径6.6、高7厘米（图八，10）。

C型　4件。M38：8，夹细砂灰陶。敛口，卷沿，圆唇，沿下内束。腹上部微鼓，下部斜弧，腹较深。内底下凹，外底略外弧。口径12.2、足径6.4、高7.6厘米（图八，4）。M38：13，泥质红褐陶。形制大部同前，仅外底较平。口径11.6、足径7、高7.1厘米（图八，9）。M38：15，陶质同前。形制大部同前，仅外底略外弧。口径12.4、足径6.5、高7厘米（图八，11）。M37：1，夹细砂灰褐陶。形制大部同前。口径13.3、足径6.3、高7.4厘米（图八，12）。

D型　4件。M38：3，夹细砂灰陶。敛口，卷沿，圆唇，沿下内束。腹上部外鼓，下部斜

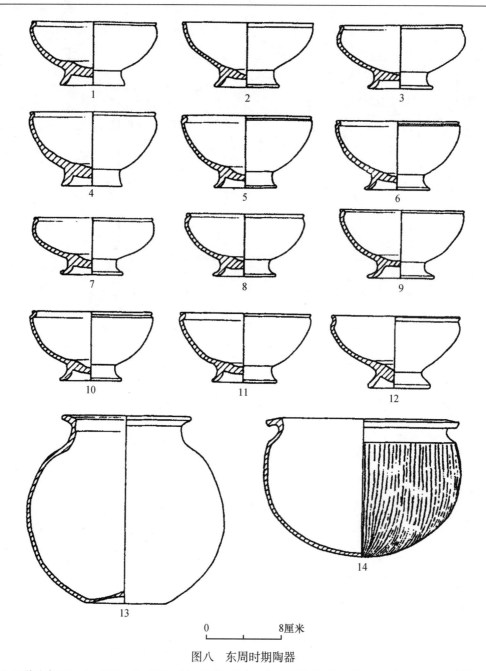

0   8厘米

图八　东周时期陶器

1、3、7、8. D型豆（M38：3、M38：6、M38：11、M38：12）　2. A型豆（M38：5）　4、9、11、12. C型豆（M38：8、M38：13、M38：15、M37：1）　5、6、10. B型豆（M38：9、M38：10、M38：14）　13、14. 罐（M38：7、M38：4）

弧，腹较浅。内底下凹，外底较平。口径12、底径6.8、高6.5厘米（图八，1）。M38：6，陶质、形制基本同前。口径12、底径6.8、高6.6厘米（图八，3）。M38：11，泥质灰褐陶。形制基本同前。口径11.4、底径6.6、高5.9厘米（图八，7）。M38：12，夹细砂灰陶。形制大部同前，仅腹略深。口径11.2、底径6.6、高6.5厘米（图八，8）。

　　罐　2件。M38：4，夹细砂灰陶。口微敞，平折沿稍下斜，方唇。矮束颈，折肩，腹微鼓，圆底。肩以下饰竖向细绳纹。口径17、高14.3厘米（图八，14）。M38：7，夹细砂灰陶。素面。口微敛，斜折沿，圆唇。束颈，颈内侧有一周凹槽。圆鼓腹，底内凹。口径10.8、底径8、高19.4厘米（图八，13）。

2. 铜器和玉器

铜矛 1件。M39：1，出土于头骨右侧。矛体呈柳叶形，圆脊向锋端渐细，銎孔圆形。骹两侧饰有虎形纹（图九，5）。长17.1、最大宽3.1、銎孔内径2厘米（图九，1）。

铜镦 1件。M38：1，圆筒状，平底。上部略粗，下部略细，偏上部有一圆箍，一部一侧有一圆形穿。内存已腐朽的部分木柲。长10.6、径2.1厘米（图九，2）。

铜镈 1件。M38：2，上部一侧圆形一侧方形，其上有一圆形穿，中部偏上有一箍形饰；下部为八棱形，尾端为圆形。通长11、最大宽4.05、銎孔长径2.85、短径2.2厘米（图九，3）。

玉佩 1件。M38：16，已残，器形不明。呈浅绿色，两面阴刻云雷状纹。残长2.5、宽2.2、厚0.25厘米（图九，4）。

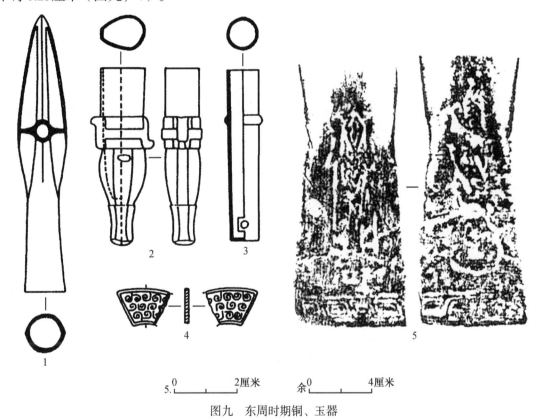

图九　东周时期铜、玉器

1.铜矛（M39：1）　2.铜镦（M38：1）　3.铜镈（M38：2）　4.玉佩（M38：16）　5.铜矛纹饰（M39：1）

四、结　语

通过本次发掘，进一步证明了中坝子遗址是三峡库区需要抢救发掘的重要遗址之一。现将本次发掘的收获归纳如下。

商周时期遗存中大量打制石器的发现，其中包括加工石器的工具——石锤，说明中坝子遗址所出土的打磨制石器特别是打制石器主要属于商周时期。在三峡地区其他地方类似发现也大量存在。由此可见，打制石器是中坝子遗址商周时期文化的一个重要组成部分。众所周知，打制石器属于旧石器时代范畴，但三峡地区在商周时期仍然大量使用，这是一个值得深思的问题。对于这些打制石器的研究，有助于了解当时的工具加工及使用状况，也可进一步了解当时的经济状况。从中坝子遗址石器用料的来源看，为就地取材，加工也较容易，这可能就是为什么属于旧石器时代范畴的打制石器在三峡商周时期文化遗存中还大量使用的原因。通过模拟实验，证明此类打制石器的主要加工方法是西南地区旧石器传统的锐棱砸击法。

此次发现的三座墓葬的随葬器以陶豆为主，豆的形状均为碗形，与其类似的豆在四川什邡城关战国中期墓葬M10、M22曾经出土[①]，四川广元宝轮院战国晚期船棺葬M17～M19、M23中也有出土[②]。说明这种类型的豆主要流行于战国中晚期。因此，中坝子遗址发现的三座墓葬的年代不早于战国中期，下限在战国晚期。东周时期墓葬的发现为三峡地区东周时期墓葬提供了新的实物资料。同时，M39所出土的铜矛，具有典型的巴式铜矛特征，不仅为这批墓葬的族属提供了重要证据，也为进一步研究巴人的分布区域提供了重要证据。

附记：本次发掘是在重庆市文化局和博物馆的领导下，得到万州区和天城文化局、天城文管所、小州镇政府和涂家村村委会的大力支持和配合，谨在此一并表示感谢。

执笔：冉万里

（原载《文博》2002年第3期）

---

① 四川省文物考古所等：《什邡城关战国秦汉墓葬发掘报告》，《四川考古论文集》，文物出版社，1998年。

② 四川省文物考古所等：《广元市昭化宝轮院船棺葬发掘简报》，《四川考古论文集》，文物出版社，1998年。

万州渣子门遗址2002年度发掘报告

山西省考古研究院
万 州 区 博 物 馆

一、引　言

　　渣子门遗址位于重庆市万州区大周镇大周村8组，地处长江北岸，面江背山，坐标为东经108°31′13″，北纬30°35′46″。遗址上原为大周镇政府所在地，已经全部拆迁搬走，地形平坦（图一；图版一九）。该遗址经原先调查，定为旧石器时代遗存，2001年中国科学院古脊椎动物与古人类研究所曾进行过发掘，发掘结果与认识有一定出入。2002年，为配合长江三峡库区文物抢救保护工作，山西省考古研究所承担了该遗址1000平方米的考古发掘任务，工作时间为9～11月。现将2002年发掘情况介绍如下。

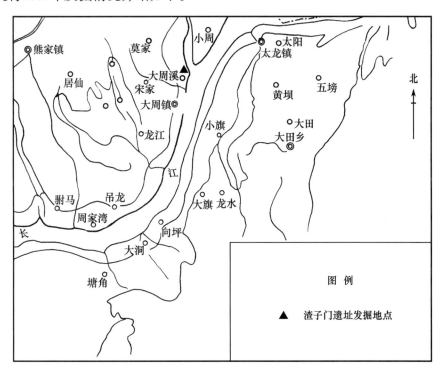

图一　渣子门遗址位置示意图

二、发掘经过及遗址概况

在2001年发掘工作的基础上，我们选择了该次发掘的布方位置，因地面皆为拆迁垃圾、房屋基础及杂草，用5米×5米的探方不便于操作，遂决定用10米×10米的探方，共布方11个，其中10米×10米探方10个，5米×10米探方1个，编号依次为2002CWZT101～2002CWZT111（图二）。

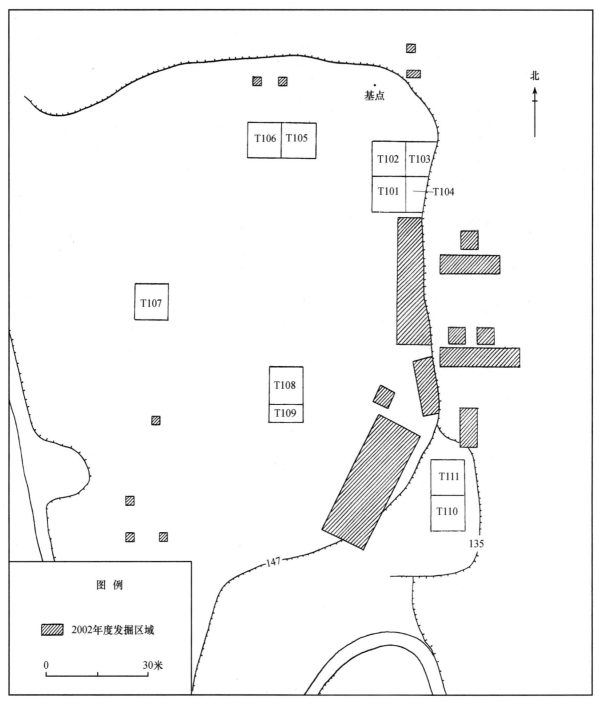

图二　渣子门遗址2002年度发掘区平面图

根据地层土质土色和包含物情况，可将遗址分为六层，具体地层堆积情况见表一。

表一　渣子门遗址2002年发掘地层堆积情况

层号	土质土色	包含物	备注
1		生活垃圾和民房基础	
2	灰色	炉渣、石条、石块、较多瓷片及清代钱币	
3A	黄褐灰，含有烧土块、炭粒	宋代钱币（咸平元宝）、釉陶、瓷器（片）	仅见于T107
3B	黄褐浅灰，含有烧土块、炭粒	绳纹瓦片、陶片及五铢钱	
4	黄褐，含有炭粒	碎陶片及较多磨制石器	
4	黄褐，纯净	出土遗物甚少	

共发掘灰坑4个，编号H1～H4；墓葬6座，编号M1～M6，并进行了相应的扩方发掘。实际发掘面积为1100余平方米（图三）。

在T101第2层发现一层河沙堆积，向江岸倾斜，为河流冲积而成，通过了解，为1870年长江发大水导致。第5层为自然冲积层，纯净无遗物，其余各层应为人工堆积而成。

各探方层位关系：

T101：①→②→③B→M1→④→⑤→生土

T102：①→②→③B→④→⑤→生土

T103：①→②→③B→H2→④→H3→⑤→生土

T104：①→②→③B→④→⑤→生土

T105：①→②→③B→H4→M6→④→生土

T106：①→②→③B⌈→M3→⌉→④→生土
　　　　　　　　⌊→M4→⌋

T107：①→②→③A→③B⌈→H1→⌉→④→生土
　　　　　　　　　　　⌊→M5→⌋

T108：①→②→③B⌈→M2→⌉→生土
　　　　　　　　⌊→④→⌋

T109：①→②→③B→④→生土

T110：①→②→③B→④→生土

T111：①→②→③B→④→生土

下面以T101、T107为例，分别介绍各探方的地层堆积情况（图四、图五）。

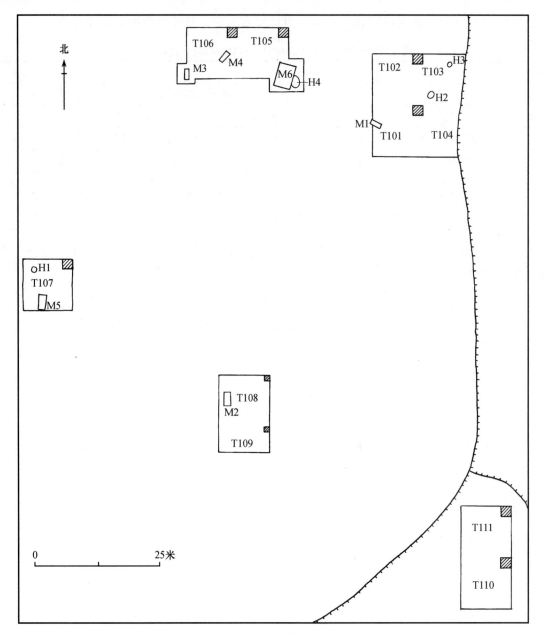

图三 渣子门遗址2002年度遗迹平面图

1. T101

第1层：土色为灰黄色，土质松软。厚50厘米左右。分布遍及全方，含有现代垃圾及房屋基础。

第2层：距地表40厘米。土色为灰褐色，质地较软。厚70~150厘米。分布遍及全方，含有炉渣、石块及石条、瓷片。

第3B层：距地表100厘米。土色为黄褐灰土，质地较硬。厚50厘米以内。分布仅限于本方西半部，含有烧土块、灰粒及绳纹瓦片。

第4层：距地表160厘米。土色为黄褐色，土质较硬。厚70厘米。分布范围遍及全方，含有碎陶片及磨制石器。

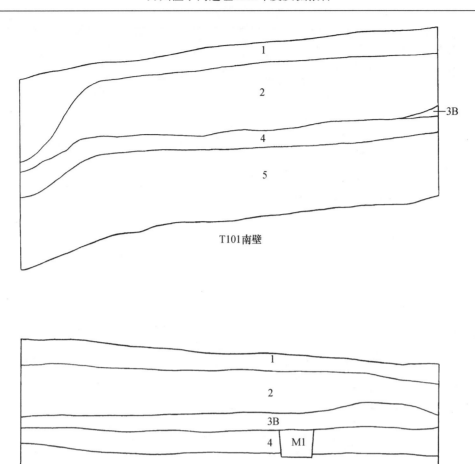

T101南壁

T101西壁

0 —— 2米

图四 T101南壁、西壁地层堆积

第5层：距地表220厘米。土色为红褐色，土质硬。厚120厘米。分布范围遍及全方，较纯净，遗物较少。

2. T107

第1层：土色为灰黄色，土质松软。厚85～150厘米。分布遍及全方。含有现代垃圾及房屋基础。

第2层：距地表110厘米。土色为灰褐色，质地较软。厚160厘米以内，分布于探方西南部，东北部被第1层破坏。

第3A层：距地表160厘米。土色为黄褐灰土，质地较硬。厚20～50厘米。分布仅限于本方西南部，东北部被第2层破坏。含有烧土块、绳纹陶片及钱币。

第3B层：距地表180厘米。土色为黄褐浅灰，土质较硬。厚10～45厘米。分布范围遍及全方，西北部被H1打破。含有碎陶片及磨制石器。

第4层：距地表210厘米。土色为红褐色，土质硬。厚30～100厘米。分布范围遍及全方，中部被M5打破。含有烧土粒，遗物较少。

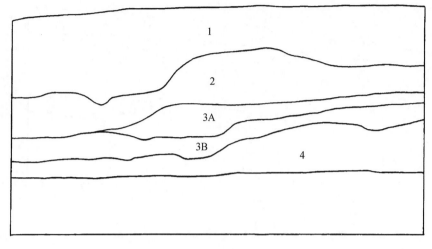

T107南壁

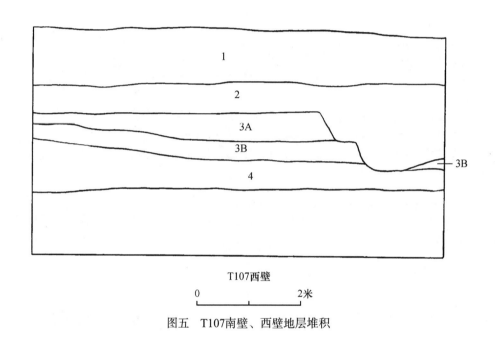

T107西壁

0 　　　　　　　　 2米

图五　T107南壁、西壁地层堆积

三、遗迹、遗物

（一）地层

1. 第2层

（1）陶器

四棱台形器　2件。泥质灰陶，青灰色。形制相似。T101②：2，完整。顶面与底面为正方形，四侧面皆为等腰梯形。顶面中央有小孔，内部中空，但未穿通。两侧对称阴刻钱文图案，另两侧印刻文字，楷书，不甚规整。一刻"弘治十四年九月九日"年款，一为"一十九××庆府×平×"，部分字迹难以辨识。顶径5、底径8.4、高11厘米（图六，4；图版二一，1）。

T101②：3，完整。一侧印刻"八"，另一侧刻"一八Ⅱ（？）"。属性待考。顶径2.6、底径7、高9.2厘米（图六，1）。

滴水　1件。T106②：10，泥质灰陶。残。正面呈三角形，模印莲花纹。最宽21.6、厚1.8厘米（图六，2）。

瓦当　1件。T106②：9，泥质灰黑陶。残。圆形，模印纹饰。中间为莲花纹，周边两圈弦纹。直径12.3、厚1.8厘米（图六，3）。

碗　1件。T107②：2，泥质红陶。口磕。尖唇，口微敛，弧腹较深，饼形实足。素面。口径17、底径11、高7厘米（图八，7）。

紫砂烟锅　1件。T110②：3，完整。上下贯通，小口，斜肩，竖腹，底部中空。肩部四面对称刻4只蝙蝠，头部向内，腹部上下各有凹弦纹一周，中间刻有"刘润堂"款。胎质细腻。制作较精。口径0.6、底径2.4、高3.5厘米（图六，5；图版二一，2）。

（2）瓷器

黄釉罐　1件。T101②：1，口磕。圆唇，口微撇，短颈，溜肩，深腹，平底，内凹。素面。灰胎，胎体稍坚，黄釉，浅薄，釉不及底，上化妆土。口径8.4、底径8.7、高12.6厘米（图六，6）。

黄釉壶　1件。T109②：1，柄残。盘口，带流，束颈，球形腹，圆柄，平底。腹部有旋坯痕。红胎，胎质较疏。周身施浅黄色薄釉，釉不及底。口径6.7、底径6.6、高15.2厘米（图六，7）。

白釉碗　2件。T105②：3，完整，器形较小。尖唇，口微撇，弧腹，圈足，足墙外低内高，外墙较直，内墙外斜，足沿平切。素面。内外壁上部施釉，白釉泛灰。口径6、底径2.8、高2.6厘米（图七，1）。T106②：5，完整。圆唇，微撇口，弧腹，圈足，足墙内外齐平，外墙竖直，内墙外斜，足沿平切。白胎，稍坚。除内底及足沿，内外壁皆施釉，白中泛灰。口径6.2、底径2.8、高3厘米（图七，2）。

青花碗　11件。T105②：5，残。尖唇，侈口，弧腹，圈足，足墙外高内低，外墙内斜，内墙外斜，尖足沿。外壁用青花描绘灵芝纹，发色灰蓝，有晕散。除内底及足沿，内外壁皆施釉，白中泛灰。口径14.4、底径7.5、高5.1厘米（图七，4）。T105②：6，残。尖唇，撇口，壁微弧，圈足，足墙外高内低，外墙内斜，内墙外斜，尖足沿。外壁用青花描绘葵花纹，发色暗黑。除内底及足沿，内外壁皆施釉，白中泛灰，满布开片。口径9.8、底径4.4、高4厘米（图七，5）。T105②：7，残。尖唇，敞口，斜直壁，圈足，足墙外高内低，外墙内斜，内墙外斜，尖足沿。外壁用青花书写"寿"字，发色天蓝。除内底及足沿，内外壁皆施釉，白中泛青，有爆釉孔。口径14.4、底径7.5、高5.4厘米（图七，6）。T105②：8，残。尖圆唇，敞口，腹微弧，圈足，足墙内外齐平，外墙竖直，内墙外斜，足沿平切。外壁用青花描绘灵芝纹，发色灰蓝，有晕散。除内底及足沿，内外壁皆施釉，白中泛灰。口径10.4、底径5.6、高4.6厘米（图七，7）。T106②：3，口磕。尖圆唇，敞口，弧腹，圈足，足墙内外齐平，外墙竖直，内墙外斜，足沿平切，底心有乳突。外壁用青花描绘开光灵芝纹，发色蓝黑，有晕散。除内底及足沿，内外壁皆施釉，白中泛灰。口径9.6、底径4.4、高4厘米（图七，8）。T106②：6，残。尖圆唇，敞口，弧腹，圈足，足墙外高内低，外墙内斜，内墙外斜，

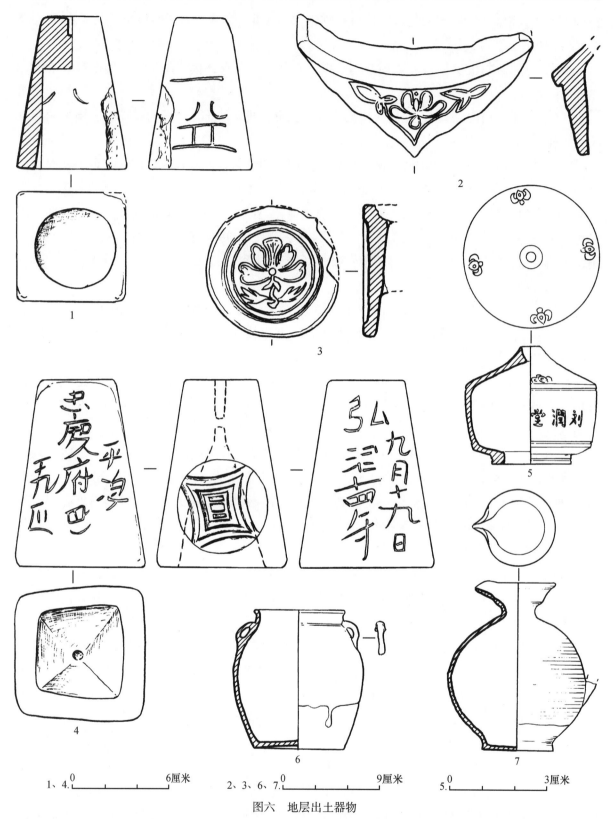

图六　地层出土器物

1、4.陶四棱台形器（T101②：3、T101②：2）　2.陶滴水（T106②：10）　3.陶瓦当（T106②：9）　5.紫砂烟锅（T110②：3）

6.黄釉瓷罐（T101②：1）　7.黄釉瓷壶（T109②：1）

足沿平切。外壁近口沿处用青花描绘弦纹一周，腹部描绘折枝葵花纹，发色黑蓝。白胎，稍坚。除内底及足沿，内外壁皆施釉，白中泛灰。口径8.6、底径4.2、高4.2厘米（图七，9）。T106②：7，残。尖唇，敞口，斜直壁，圈足，足墙较直，内外齐平，足沿平切。外壁用青花描绘灵芝纹，发色蓝黑。白胎，稍坚。除内底及足沿，内外壁皆施釉，白中泛青。口径15、底径7.8、高5.7厘米（图七，10）。T106②：8，残。尖唇，微凸，敞口，弧腹，圈足，足墙外低内高，外墙内斜，内墙外斜，尖足沿。外壁用青花描绘灵芝纹，发色暗黑。除内底及足沿，内外壁皆施釉，白中泛灰，满布开片。口径15.3、底径7.8、高6厘米（图七，11）。T107②：1，口磕。尖圆唇，敞口，斜腹微弧，圈足，足墙竖直，内外齐平，足沿平切。外壁用青花描绘竖条纹，发色蓝黑。灰白胎，稍坚。除内底及足沿，内外壁皆施釉，白中泛灰，满布开片。口

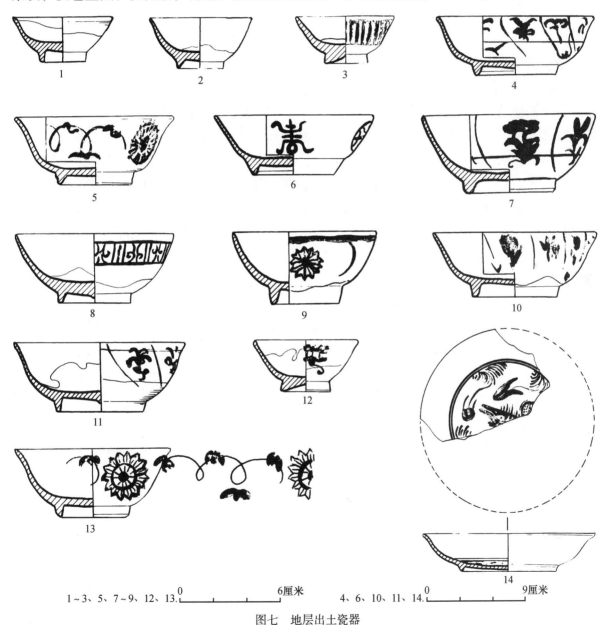

图七　地层出土瓷器

1、2. 白釉碗（T105②：3、T106②：5）　　3～13. 青花碗（T107②：1、T105②：5、T105②：6、T105②：7、T105②：8、T106②：3、T106②：6、T106②：7、T106②：8、T111②：4、T111②：1）　　14. 青花盘（T107②：3）

径6、底径2.6、高3厘米（图七，3）。T111②：1，尖唇微凸，敞口，弧腹，圈足，足墙内外齐平，外墙内收，内墙外斜，尖足沿。外壁用青花描绘葵花纹，发色灰蓝。灰白胎，较坚。釉面光洁，满布开片。口径9.4、底径4.2、高4厘米（图七，13）。T111②：4，口磕。尖唇，微凸，敞口，弧腹，圈足，足墙外撇，外高内低。外壁用青花描绘灵芝纹，发色暗黑。灰白胎，较坚。除内底及足沿，内外壁皆施釉，白中泛灰，满布开片。口径6.4、底径3、高3厘米（图七，12）。

青花盘　1件。T107②：3，残。尖唇，撇口，浅弧腹，平底，圈足。内底青花描绘鱼藻纹，外壁素面。白釉泛青，釉面较平滑。胎质较细腻。口径16、底径9、高3厘米（图七，14）。

青花盆　1件。T107②：4，残。尖唇上翘，宽折沿，深弧腹，平底，圈足。口沿及内外皆以青花描绘花草纹，纹饰简练。白釉泛青，满布开片。灰白胎，稍坚。口径25.5、底径11.4、高9厘米（图八，3）。

青釉壶　3件。T105②：9，残。盘口，束颈，深腹，圆柄，曲流，平底。颈部有凹弦纹两周。红褐色胎，胎质略疏，周身施青釉，釉不及底，施釉不匀。口径6、底径6、高12.9厘米（图八，5）。T106②：1，残。盘口，束颈，深腹，条形柄，曲流，平底，假圈足。素面。红胎，胎质略疏，周身施青釉，釉不及底，施釉不匀，过烧。口径6、底径5.7、高16.2厘米（图八，1）。T106②：2，残。盘口，带流，束颈，深腹，扁圆柄，平底。素面。红胎，胎质略疏，周身施灰褐釉，釉不及底。周身可见旋坯痕。口径8.7、底径8.1、高16.8厘米（图八，2）。

黑釉壶　1件。T106②：4，残。盘口，带流，束颈，球形腹，圆柄，圈足。素面。白胎，胎质较坚，周身施亮黑釉，釉不及底，有垂釉现象。口径5、底径4.8、高8.8厘米（图八，4）。

青釉灯　1件。T110②：1，基本完整。尖唇，敛口，浅腹，内底置灯捻座，高圈足。素面。口径5.8、底径2.6、高3.2厘米（图八，6）。

青釉罐　1件。T110②：2，口微磕。尖唇，折沿，敛口，鼓腹，底内凹。素面。灰褐色胎，夹砂，稍疏。器表施半截青釉，釉面不平。口径11.7、底径10、高15.6厘米（图八，8）。

（3）铁币

嘉庆通宝　1枚。T103②：1，正面钱文为楷书"嘉庆通宝"。对读，背面书"宝云"局地名，满文。径2.5厘米（图九，1）。

道光通宝　1枚。T105②：1，正面钱文为楷书"道光通宝"。对读，背面书"宝×"局地名，满文。径2.3厘米（图九，2）。

（4）石器

斧　1件。T111②：3，青灰色。近长方形，双面刃。高7.1、宽4.8、厚2.1厘米（图一一，9）。

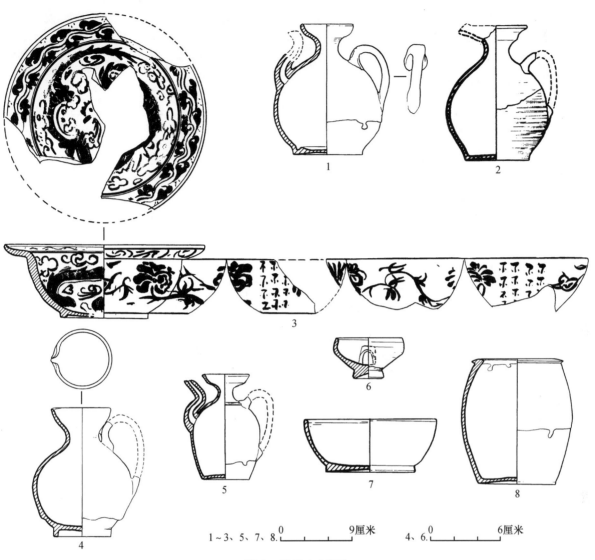

图八 地层出土器物

1、2、5.青釉瓷壶（T106②：1、T106②：2、T105②：9） 3.青花瓷盆（T107②：4） 4.黑釉瓷壶（T106②：4）

6.青釉瓷灯（T110②：1） 7.陶碗（T107②：2） 8.青釉瓷罐（T110②：2）

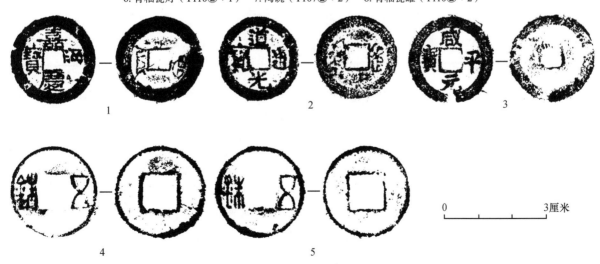

图九 地层出土铜钱拓片

1.嘉庆通宝（T103②：1） 2.道光通宝（T105②：1） 3.咸平元宝（T107③A：6） 4、5.五铢（T108③B：3-1、T108③B：3-2）

2. 第3A层

仅分布于T107。

（1）陶器

灯盏　1件。T107③A：8，红陶。完整。方唇，浅腹，平底，实足。素面。口径12、底径3.5、高3.5厘米（图一〇，3）。

（2）釉陶

器盖　1件。T107③A：7，红陶。盖面薄施灰绿釉。残。尖圆唇，微出沿，盖面隆起，实心纽，两侧置对称圆系。素面。口径12.3、纽径3.5、通高5厘米（图一〇，4）。

（3）瓷器

白釉碗　1件。T107③A：5，完整。尖唇，敞口，斜腹，圈足，挖足较浅，足墙竖直，足沿平切。素面。灰白胎。内施满釉，外不及底。口径18.9、底径6、高6厘米（图一〇，5）。

青釉壶　1件。T107③A：11，残存口部。盘口，细颈。素面。红胎，较疏。芒口，青釉，满布开片。口径6.6厘米（图一〇，6）。

黄釉罐　1件。T107③A：10，残，底缺。红胎，稍坚。施黄釉。圆唇，敛口，束颈，溜肩，双耳，深腹。素面。口径16.1、残高20.6厘米（图一〇，7）。

（4）铜钱

咸平元宝　1枚。T107③A：6，缘部裂。正面钱文为楷书"咸平元宝"，旋读，光背。径2.5厘米（图九，3）。

3. 第3B层

（1）陶器

多为残件。

钵　1件。T107③B：14，泥质灰陶。仅存底部及圈足。壁厚0.6厘米（图一三，11）。

盆　9件。T104③B：9，泥质灰陶。卷沿，束颈，鼓腹，底部残。器表饰绳纹。残高5.1、口径46.5厘米（图一二，1）。T104③B：10，泥质灰陶。折沿，敞口，腹部较深略鼓，底部残。残高5.7、口径11.1厘米（图一二，2）。T104③B：11，泥质灰陶。仅残存口部。卷沿，侈口。口沿以下饰数道弦纹。残高5.1、口径18厘米（图一二，3）。T104③B：12，泥质灰陶。仅残存部分口沿。折沿。器表饰绳纹。残高3.6、厚0.6厘米（图一二，4）。T104③B：13，泥质灰陶。仅存口部。侈口，束颈。残高3.6、口径21厘米（图一二，5）。T109③B：8，泥质灰陶。残存部分口沿。折沿，圆唇（图一二，6）。T109③B：9，泥质灰陶。残存口部。折沿。口径18.9厘米（图一二，8）。T108③B：25，泥质灰陶。残存口沿。敞口，平折沿。器表装饰弦纹。残高3.6、口径16.8厘米（图一二，17）。T108③B：26，泥质灰陶。残存部分口沿。敞口，卷沿。器表装饰弦纹。残高7.5、厚0.6厘米（图一二，18）。

罐　10件。T107③B：15，夹砂灰陶。仅存口沿残片。卷沿。厚0.6厘米（图一三，4）。T108③B：8，夹砂红陶。残存口部。敞口，束颈。唇部有手指压印花边装饰，颈部以下饰绳纹。残高3.1厘米（图一二，7）。T108③B：20，夹砂红陶。仅存部分口沿。卷沿，方唇。

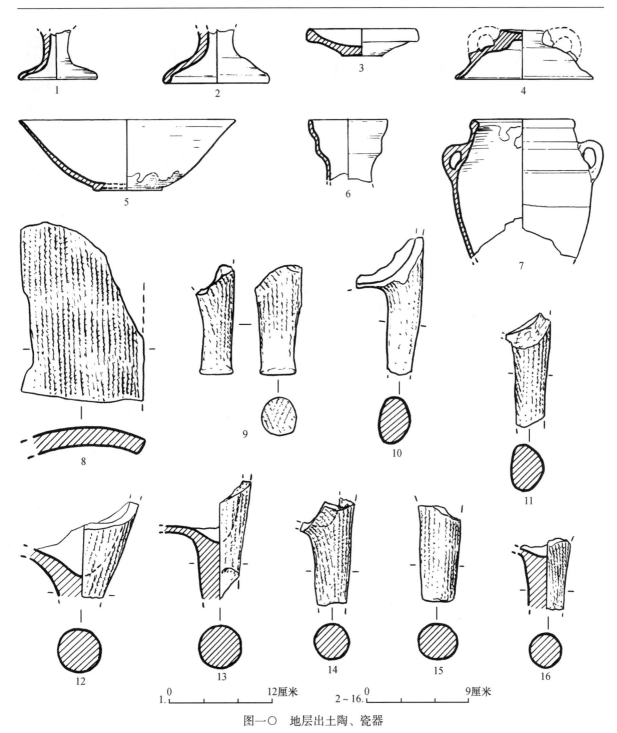

图一〇　地层出土陶、瓷器

1、2.陶豆（T108③B：27、T109③B：12）　3.陶灯盏（T107③A：8）　4.釉陶器盖（T107③A：7）　5.白釉瓷碗（T107③A：5）

6.青釉瓷壶（T107③A：11）　7.黄釉瓷罐（T107③A：10）　8.板瓦（T109③B：7）　9～16.陶器足（T108③B：6、

T108③B：5、T108③B：4、T108③B：7、T109③B：5、T109③B：3、T109③B：2、T109③B：4）

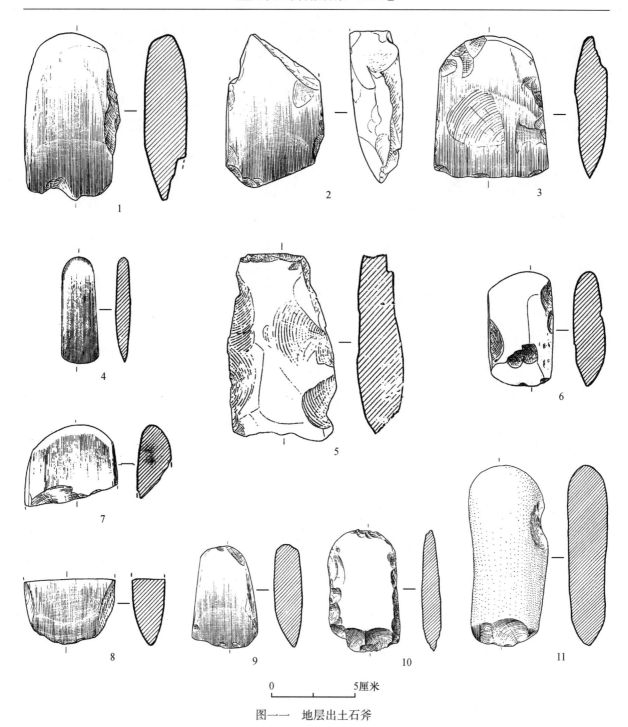

0　　　　　　　5厘米

图一一　地层出土石斧

1. T104③B：2　　2. T104③B：3　　3. T104③B：7　　4. T104③B：4　　5. T105③B：4　　6. T105③B：10　　7. T104③B：5
8. T104③B：6　　9. T111②：3　　10. T108③B：2　　11. T106③B：11

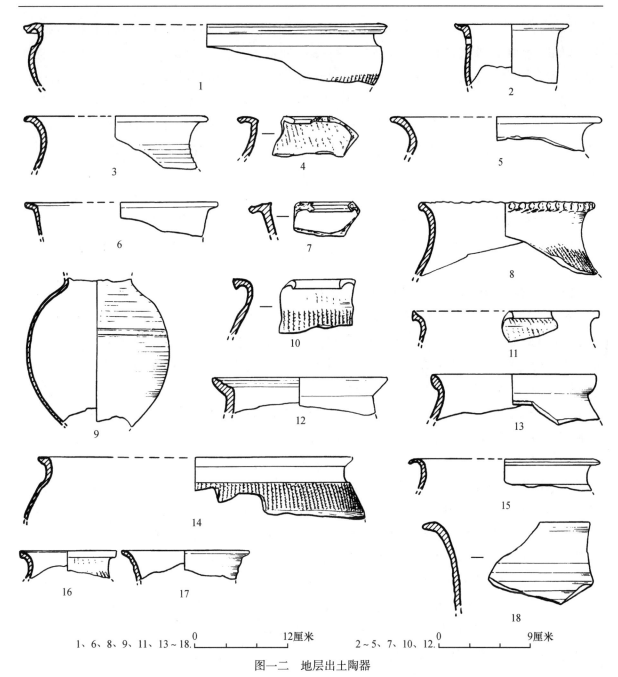

图一二　地层出土陶器

1~6、8、17、18. 盆（T104③B：9、T104③B：10、T104③B：11、T104③B：12、T104③B：13、T109③B：8、T109③B：9、T108③B：25、T108③B：26）　7、9~16. 罐（T108③B：8、T108③B：23、T108③B：20、T108③B：21、T109③B：11、T108③B：24、T109③B：6、T109③B：10、T108③B：22）

颈部以下饰绳纹。残高4.5、厚0.5厘米（图一二，10）。T108③B：21，泥质红陶。仅残存部分口沿。卷沿。外表饰绳纹。残高4、口径24.8厘米（图一二，11）。T108③B：22，泥质灰陶。残存口沿。卷沿，方唇。颈部以下饰绳纹。残高3.2、口径12.4厘米（图一二，16）。T108③B：23，泥质红陶。口、底均缺失。球形腹。器表饰弦纹。残高17.6厘米（图一二，9）。T108③B：24，泥质灰陶。残存口沿。折沿，圆唇。残高6、口径26厘米（图一二，13）。T109③B：6，泥质灰陶。残存口沿及肩部。直口，平折沿，溜肩。肩部饰绳纹。口径40.2厘米（图一二，14）。T109③B：10，泥质灰陶。残存口部。卷沿。口径24.5厘米（图一二，15）。T109③B：11，泥质灰陶。残存口部。折沿。口径16.8厘米（图一二，12）。

豆　2件。T108③B：27，泥质灰陶。残存豆座。喇叭形。外表磨光。残高4、底径9.2厘米（图一〇，1）。T109③B：12，泥质灰陶。残存座。喇叭状。残高4.5、底径16.1厘米（图一〇，2）。

板瓦　1件。T109③B：7，泥质灰陶。残破。背面饰绳纹（图一〇，8）。

器足　8件。柱状，外饰绳纹。T108③B：4，夹砂红陶。残高9.7、直径3厘米（图一〇，11）。T108③B：5，夹砂红陶。残高11.4、直径2.7厘米（图一〇，10）。T108③B：6，夹砂红陶。残高9.3、直径3.3厘米（图一〇，9）。T108③B：7，夹砂灰陶。残高8厘米（图一〇，12）。T109③B：2，夹砂灰陶。残高9、直径3厘米（图一〇，15）。T109③B：3，夹砂红陶。残高8.4、直径3.3厘米（图一〇，14）。T109③B：4，夹砂红陶。残高5.9、直径3厘米（图一〇，16）。T109③B：5，夹砂红陶。残高9、直径3.6厘米（图一〇，13）。

（2）石器

斧　10件。T104③B：2，青色，石质一般。近长方形，刃部残。残长8.2、宽4.8、厚2.1厘米（图一一，1）。T104③B：3，青灰色，石质较硬。加工较细，近长方形，顶部残，双面刃。残长7.5、宽5、厚2.5厘米（图一一，2）。T104③B：4，黄褐色，石质一般。加工精细，舌形，双面刃。残长5.4、宽2、厚0.8厘米（图一一，4）。T104③B：5，青灰色。仅存顶部。残长4、宽5.6、厚1.8厘米（图一一，7）。T104③B：6，青灰色。仅存刃部。加工较好。残长3.1、宽4.7、厚1.5厘米（图一一，8）。T104③B：7，青灰色。近长方形，表面有片疤，双面刃。残长7、宽5.8、厚1.5厘米（图一一，3）。T105③B：4，青灰色。近长方形，周边残破，表面有片疤，双面刃。残长9.3、宽4.7、厚1.7厘米（图一一，5）。T105③B：10，青灰色。近长方形，周边残破，双面刃。长5.7、宽3.3、厚1.6厘米（图一一，6）。T106③B：11，灰色。舌状，双面刃。高12.7、宽5.4、厚2.7厘米（图一一，11）。T108③B：2，青灰色。长方形，边缘残破。高8.5、宽5、厚1.2厘米（图一一，10）。

（3）铜器

五铢钱

T108③B：3，27枚。22枚较为完整，其余皆为残片。

T108③B：3-1，圆形方孔，币文"五铢"，五字交笔弯曲，铢字左右两部分中，"金"头呈三角形，"朱"部圆折。直径2.4厘米（图九，4）。

T108③B：3-2，圆形方孔，币文"五铢"，五字交笔弯曲，铢字左右两部分中，"金"头呈三角形，"朱"部圆折。直径2.4厘米（图九，5）。

4. 第4层

（1）陶器

罐　4件。皆为口沿残片。

T102④：28，夹砂褐陶。器表饰篮纹。厚4.6厘米（图一三，1）。T102④：29，夹砂灰陶。折沿，敞口，高领。器表饰斜线和锥刺纹。残高5.4厘米（图一三，2）。T102④：30，夹砂灰陶。口沿残片。折沿。沿下有手压印纹，器表饰绳纹。残高4.2、厚0.7厘米（图一三，

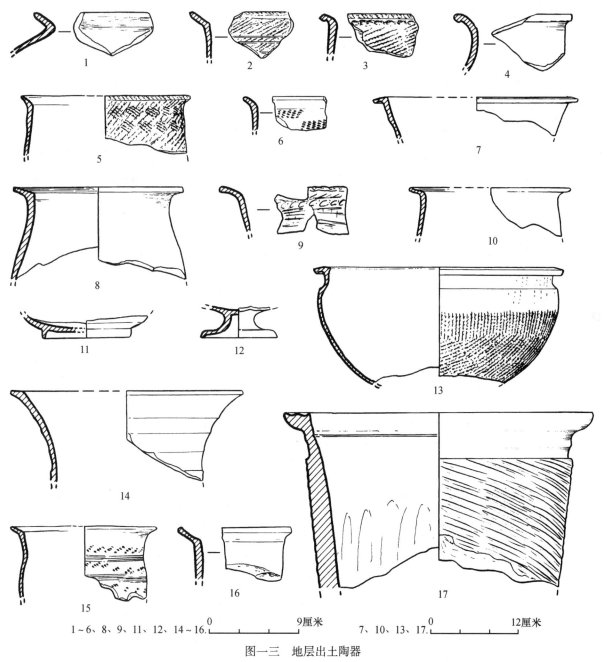

图一三　地层出土陶器

1~4、17. 罐（T102④：28、T102④：29、T102④：30、T107③B：15、T108④：28）　　5~10、15. 盆（T102④：26、
T102④：31、T103④：19、T103④：13、T108④：29、T103④：20、T102④：25）　　11. 钵（T107③B：14）
12. 豆（T103④：23）　　13. 釜（T103④：22）　　14、16. 壶（T102④：24、T102④：27）

3）。T108④：28，夹砂红陶。底部缺失。平折沿，圆唇，直腹。口沿内有一道弦纹，器表饰篮纹。残高22、口径42厘米（图一三，17）

纺轮　3件。扁圆形中有孔，陶质较软。T102④：6，泥质红陶。直径3.8、厚0.8厘米（图一四，1）。T102④：10，泥质灰陶。直径7.9、厚3厘米（图一四，3）。T102④：23，泥质灰陶。略残。一侧有凸出的台面。直径4、厚1.5厘米（图一四，2）。

壶　2件。皆为口沿残片。T102④：24，泥质灰陶。仅口部。浅灰色，敞口，平沿，方唇，束长颈。残高9、口径23.4厘米（图一三，14）。T102④：27，泥质红陶。口沿残片。折沿，敞口，高领。残高5.4厘米（图一三，16）。

盆　7件。皆为口部残片。T102④：25，夹砂红褐陶。仅残存口和上腹部。折沿，束颈。外饰锥刺纹和三道一组的凹弦纹。残高6.9、口径15厘米（图一三，15）。T102④：26，夹砂褐陶。仅残存口部。折沿，敞口，直腹。外饰交错绳纹。残高5.4、口径17.1厘米（图一三，5）。T102④：31，泥质灰（褐）陶。口沿残片。折沿。外饰绳纹。残高3.3、厚0.6厘米（图一三，6）。T103④：19，泥质灰陶。仅残存沿及口部。折沿，方唇，敞口。残高4.8、口径28厘米（图一三，7）。T103④：20，泥质灰陶。仅残存沿及口部。折沿。素面磨光。残高6.4、口径22厘米（图一三，10）。T103④：13，泥质灰陶。仅残存腹部以上。卷沿，敞口。通体磨光。残高9、口径17.4厘米（图一三，8）。T108④：29，泥质灰陶。仅残存部分口沿。敞口，卷沿。口沿下饰锥刺纹和弦纹。残高7、厚0.6厘米（图一三，9）。

釜　1件。T103④：22，泥质灰陶。折沿，束颈，弧腹。底残。器表饰绳纹。残高14、口径34.4厘米（图一三，13）。

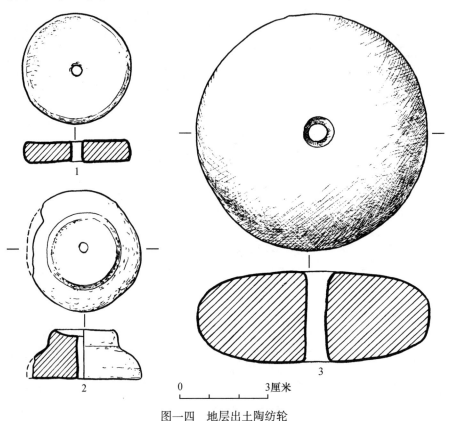

图一四　地层出土陶纺轮

1. T102④：6　2. T102④：23　3. T102④：10

豆 1件。T103④：23，泥质灰陶。残存座，矮柄，喇叭状。残高2.7、底径7.8厘米（图一三，12）。

（2）石器

锛 T107④：9，青色。近方形，顶端遍布片疤，单面刃。长4.7、宽4.6、厚1.4厘米（图一五，1）。

刀 T103④：5，青灰色。长方形，顶部略残，刃部有明显使用痕迹。残长8.4、宽3.6、厚1厘米（图一五，2）。

斧 25件。T102④：4，灰白色。近长方形，由顶至刃渐宽，双面弧形刃，边缘残。长5、宽3.8、厚1.3厘米（图一五，3）。T102④：5，红褐色。近长方形，最厚处近顶部，略残，由顶至刃渐宽，双面弧形刃。长5.2、宽3.3、厚1.3厘米（图一五，4）。T102④：7，青灰色。体扁而较薄，弧形顶，双面直刃。长4.4、宽2.7、厚1厘米（图一五，5）。T102④：9，青色。仅残存近二分之一部分，体扁而较薄，双面弧形刃。长7.8、宽3.1、厚2厘米（图一五，6）。T102④：11，青灰色。舌状，体长而扁，一端有弧形刃。长7.8、宽3.4、厚1.1厘米（图一五，7）。T102④：13，石质较硬。近长方形，由顶至刃渐宽，顶部残失，双面弧形刃，刃缘残。长6.8、宽4.8、厚1.7厘米（图一五，8）。T102④：14，石质一般，青灰色兼有杂色。舌状，体长而扁，一端有弧形刃。长12.8、宽5.5、厚2.8厘米（图一五，9）。T102④：15，棕褐色。近长方形，中部厚，由顶至刃渐宽，顶部残，双面弧形刃，刃缘略残。长8.3、宽4.5、厚2.1厘米（图一五，10）。T102④：16，青灰色。仅残有刃部。为双面弧形刃。残长3.5、宽3.1、厚1.5厘米（图一五，11）。T102④：17，青灰色。近长方形，表面有大片疤，中部厚，弧形双面刃。长6.2、宽3.1、厚2厘米（图一五，14）。T102④：18，青灰色。仅残有一半，近长方形，中部厚，双面直刃。长5.7、残宽3.1、厚1.5厘米（图一五，12）。T102④：19，青灰色。顶端残，近长方形，双面刃，刃部残缺。残长5、残宽6、厚2厘米（图一五，13）。T102④：20，青灰色。近长方形，器身较薄，表面有大片疤，弧形双面刃。长5.8、宽3.5、厚0.5厘米（图一五，15）。T102④：22，青灰色。仅残存下半部。刃缘残。残高7、宽4.9、厚2.7厘米（图一五，16）。T103④：3，青灰色。近长方形，略残，中部厚，弧形双面刃。长7、宽3.6、厚2厘米（图一五，20）。T103④：4，青灰色。残存顶部。残长3、宽3.9、厚1.7厘米（图一五，17）。T103④：6，青灰色。遍布片疤，残破严重。残长9.6、宽6.2、厚2.3厘米（图一五，21）。T103④：7，青灰色。长方形，刃部残。残长6.3、宽4.6、厚1.8厘米（图一五，18）。T103④：8，青灰色。长方形，顶部残，双面弧形刃。残长6.4、宽3.8、厚1.5厘米（图一五，19）。T103④：9，青灰色。长方形，刃部残。残长6.8、宽4.2、厚3厘米（图一五，22）。T103④：11，青色。长方形，顶部及两侧残。残长3.8、宽2.7、厚0.5厘米（图一五，23）。T107④：12，青灰色。长方形，圆顶，双面刃。长8.9、宽3.8、厚2厘米（图一五，24）。T107④：13，青黄色。长方形，周边有残缺，刃部不明显。长6.6、宽5、厚1.4厘米（图一五，25）。T107④：16，青黄色。仅残有刃部，双面刃。残高3、宽4.9、厚2.4厘米（图一五，26）。T107④：17，青灰色。长方形，顶部残，中部厚。长7.5、宽3.3、厚1.7厘米（图一五，27）。

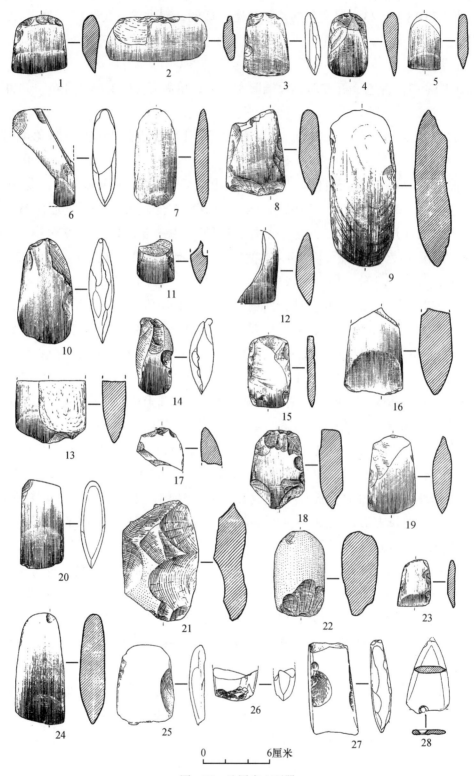

0　　　　　　6厘米

图一五　地层出土石器

1. 锛（T107④：9）　2. 刀（T103④：5）　3~27. 斧（T102④：4、T102④：5、T102④：7、T102④：9、T102④：11、
T102④：13、T102④：14、T102④：15、T102④：16、T102④：18、T102④：19、T102④：17、T102④：20、T102④：22、
T103④：4、T103④：7、T103④：8、T103④：3、T103④：6、T103④：9、T103④：11、T107④：12、T107④：13、
T107④：16、T107④：17）　28. 矛（T102④：8）

矛　T102④：8，褐色。仅残存前半部，近三角形，断面有一残孔。残长6.2、宽4、厚0.5厘米（图一五，28）。

另有石片4片。

T102④：3，青灰色。整体为一近椭圆形石片，表面有片疤。长8.5、宽5.6、厚2厘米（图一六，1）。T102④：12，红褐色。椭圆形片，表面略经加工。长3.9、宽2.6、厚0.5厘米（图一六，2）。T102④：21，为石器上剥落的石片，有片疤和放射状纹。长3.5、宽2.3、厚0.4厘米（图一六，3）。T103④：10，青灰色。无刃部，应是半成品。长6.3、宽3.4、厚0.9厘米（图一六，4）。

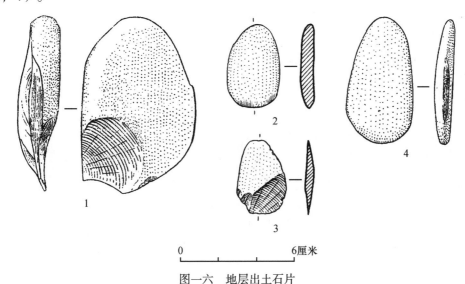

0　　　　　　6厘米

图一六　地层出土石片
1. T102④：3　2. T102④：12　3. T102④：21　4. T103④：10

（二）灰坑

1. H1

平底，直壁，坑口近圆形，开口于第3B层下，北端延伸进探方北壁，直径0.9、深0.5～0.6米（图一七），内部堆积为黄褐灰土。坑底出有陶豆、陶釜、陶盆各1件。

豆　H1：1，泥质灰陶。敞口，浅盘，高柄喇叭座。高12.6、口径15.6、底径9厘米（图一九，1）。

釜　H1：2，夹砂灰陶。敞口，束颈，球形腹，上腹内部有按压痕迹。器表饰绳纹。高12.3、口径11.5、腹径15.1厘米（图一九，4）。

2. H2

椭圆形坑口，圜底，直径约1.3、深约0.6米，坑内堆积为黄褐土，出有泥质灰陶陶罐、陶豆等器物（图一八，左）。

罐　1件。H2：1，泥质灰陶。折沿，束颈，鼓肩，弧腹，平底略凹。肩腹部饰绳纹、弦纹。高28、口径16.8、底径9.6厘米（图一九，5）。

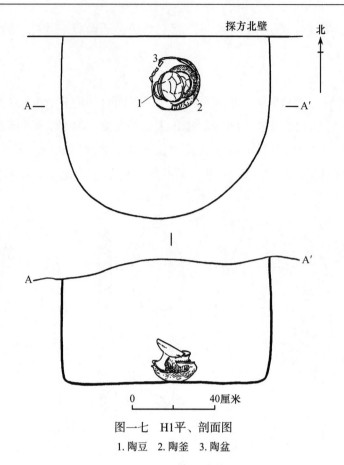

图一七　H1平、剖面图
1. 陶豆　2. 陶釜　3. 陶盆

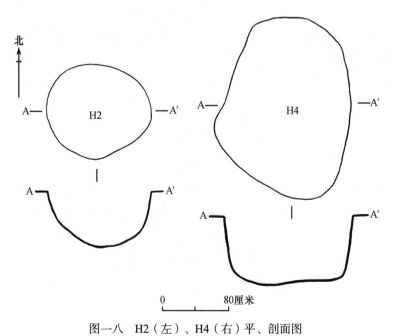

图一八　H2（左）、H4（右）平、剖面图

豆　1件。H2：2，泥质灰陶。仅存豆盘。直口，弧腹。器表磨光。残高6.6、口径16.5厘米（图一九，2）。

3. H3

位于T103北中部，开口于第4层下，且延伸到北隔梁下，口大底小，壁内斜，圜底，坑内堆积为红褐花图，有料姜石及灰粒，出有一夹砂陶罐。

4. H4

位于T105东南部，开口于第3B层下，坑口近椭圆形，直壁，底部不平，长2.1、宽1.5、深0.8米。内部堆积为黄褐灰土，出有泥质灰陶陶壶、陶罐各一件，大泉五十铜钱一枚（图一八，右）。

陶罐　1件。H4：1，泥质灰陶。平沿，微敛口折肩，弧腹，圜底。器表饰绳纹及数道弦纹。高20、口径13.2厘米（图一九，6）。

陶壶　1件。H4：2，泥质灰陶。微盘口，长束颈，鼓肩，弧腹，矮圈足。肩部饰方格暗纹。高18.8、口径11.2、底径11.6厘米（图一九，3）。

另出有"大泉五十"铜钱一枚，编号H4：3。

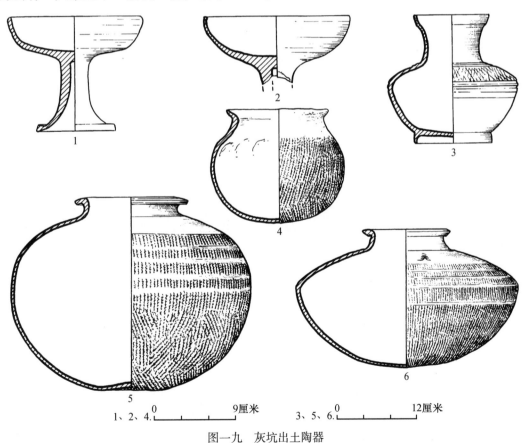

图一九　灰坑出土陶器

1、2.豆（H1：1、H2：2）　3.壶（H4：2）　4.釜（H1：2）　5、6.罐（H2：1、H4：1）

（三）墓葬

渣子门遗址此次共发掘墓葬6座，皆为土坑竖穴墓，口大底小，骨架多腐朽，除M6外，皆为单人葬，除M5为一棺一椁外，余皆单棺，随葬品以陶器为主，另有铜、铁器。M6形制较大，葬有五具骨架，除一具保存较好以外，皆腐朽。有些墓壁有壁龛，内置器物。下面分别介绍。

1. M1

长方形土坑竖穴墓，开口于第3B层下，口大底小，墓圹长2.2、宽0.8、深0.5米，葬具保存不好，应为一棺，尺寸不明。棺内墓主头向西，仰身直肢。墓室中部被盗洞破坏，盗洞中残存铜剑1件（图二〇）。

铜剑　M1：1，锋端收刹。长32、最宽3厘米（图二一；图版二一，3）。

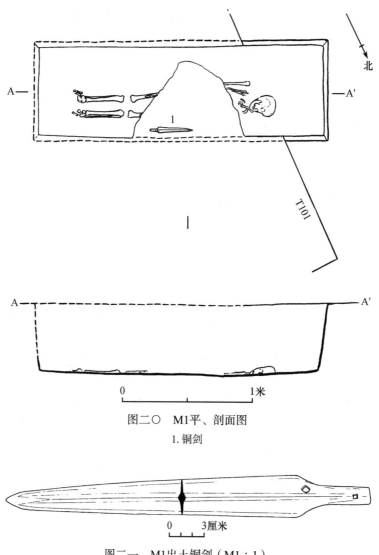

图二〇　M1平、剖面图

1.铜剑

图二一　M1出土铜剑（M1：1）

2. M2

长方形土坑竖穴墓，开口于第3B层下，墓圹长2.4、宽1.3、存深0.2米，葬具保存不好，应为一棺，长2、宽0.7米。棺内墓主头向南，仰身直肢。棺内有残破的陶罐、陶壶各1件（图二二）。

壶　M2∶1，泥质灰陶。敞口，束颈，溜肩斜收腹平底。上腹部饰数道弦纹。高32、口径18.8、底径12厘米（图二四，6）。

罐　M2∶2，夹砂灰陶。折沿，深弧腹，平底略内凹。高28、口径16.8、底径10厘米（图二四，1）。

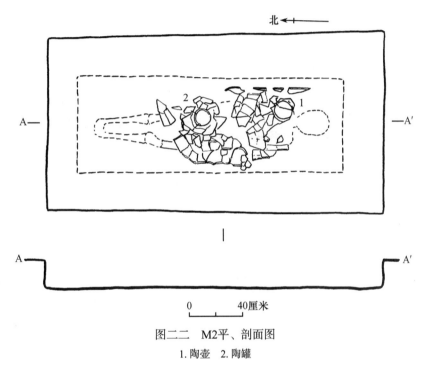

图二二　M2平、剖面图

1. 陶壶　2. 陶罐

3. M3

长方形土坑竖穴墓，脚端略宽，开口于第3B层下，口大底小，墓圹长2、宽0.7～0.9、存深1米，葬具保存不好，应为一棺，长1.7、宽0.5米。棺内墓主头向北，侧身，下身骨架散乱。墓壁东南侧有宽0.5米的壁龛，内置陶釜、陶盘各1件（图二三）。

釜　M3∶1，夹砂灰陶。敞口，束颈球形腹，底部有黑色烟炱。高16、口径12.6厘米（图二四，11）。

盘　M3∶2，泥质灰陶。残缺较多，复原而成，敛口，浅腹，圜底。高3.6、口径13.8、厚0.5厘米（图二四，3）。

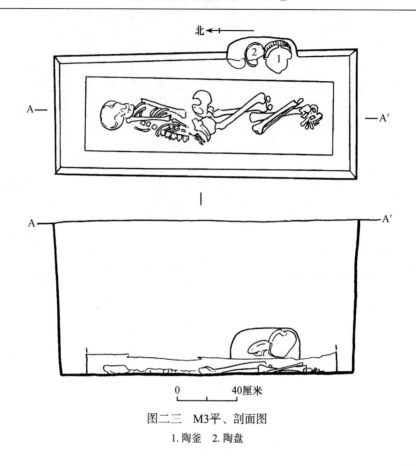

图二三　M3平、剖面图
1. 陶釜　2. 陶盘

4. M4

长方形土坑竖穴墓，脚端略宽，开口于第3B层下，口大底小，墓圹长2.4、宽1～1.2、存深1米，葬具为一棺，长1.9、宽0.5米。棺内墓主头向西南，仰身直肢。墓主头端墓壁距墓底0.6米有宽约0.5米的壁龛，内置陶豆2、陶罐1、陶盆1（图二五；图版二〇，1）。

豆　2件。M4：1，泥质灰陶。微敛口，浅盘，高柄喇叭状座。器表磨光。盘内有放射线状细槽纹饰。高12、口径15.3、底径8.4厘米（图二四，2）。M4：2，泥质灰陶。微敛口，浅盘，高柄喇叭状座。器表磨光。高11.7、口径15.3、底径6.4厘米（图二四，4）。

罐　M4：3，泥质灰陶。侈口，束颈，扁鼓腹，平底内凹。高8.7、口径10.8、底径10.8厘米（图二四，9）。

釜形盆　M4：4，泥质灰陶。平折沿，浅腹，圜底。器表饰绳纹。高9、口径25.5厘米（图二四，8）。

5. M5

长方形土坑竖穴墓，脚端略宽，开口于第3B层下，口大底小，墓圹长2.8、宽1.6～1.5、存深1.8米，墓壁四周有宽0.2～0.5米的二层台，葬具为一椁一棺，椁室为"工"字形，放置方向略倾斜，长2、宽0.9米。棺长1.6、宽0.6米。棺内墓主头向南，仰身直肢（图二六）。墓主头端二层台放置陶罐、陶釜、陶豆。

图二四　墓葬出土陶器

1、9.罐（M2∶2、M4∶3）　2、4、10.豆（M4∶1、M4∶2、M5∶3）　3.盘（M3∶2）　5、11.釜（M5∶2、M3∶1）

6.壶（M2∶1）　7.盆（M5∶1）　8.釜形盆（M4∶4）

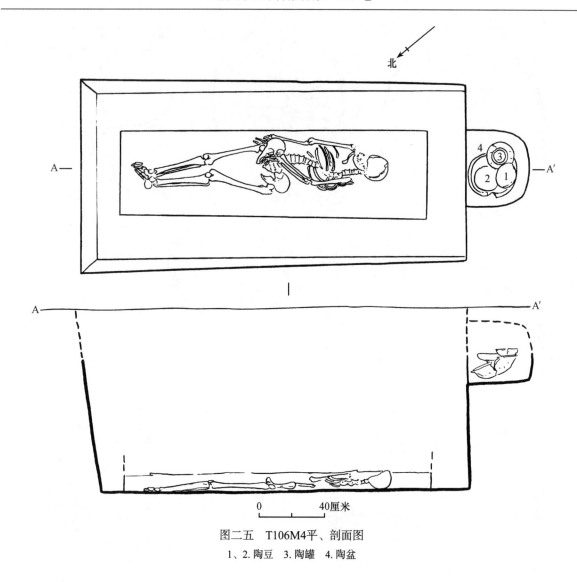

图二五　T106M4平、剖面图
1、2. 陶豆　3. 陶罐　4. 陶盆

盆　M5：1，夹砂灰陶。折沿，束颈，浅弧腹，凹底。器表饰绳纹。高9.6、口径25.5、底径9厘米（图二四，7）。

釜　M5：2，夹砂灰陶。敞口，束颈，球形腹，底部略凹。器表饰绳纹。高12.9、口径5.4、腹径21.6厘米（图二四，5）。

豆　M5：3，泥质灰陶。敛口，浅盘，高柄，座残。残高8.4、口径15.9厘米（图二四，10）。

6. M6

形制较大，为多人合葬墓，墓室内置五棺，墓圹长4.6、宽3.6、存深1.9米，五棺内墓主保存不佳，应皆为东向，五棺自北向南尺寸分别为1.7米×0.6米、1.9米×0.6米、2米×0.5米、1.8米×0.8米、2.4米×0.9米（图二七、图二八；图版二〇，2）。随葬品方面，北二棺墓主上半身位置有铜配件、铜钱，尺寸较大的北四、北五棺随葬品也比较丰富，北四棺上有陶壶5、陶罐2、陶盆，应原先位于棺盖上，北五出有陶罐4、陶壶2、陶鼎2、陶甑4、陶钵5、陶盒4、陶盘、陶豆2、陶囷，分两部分放置，一部分位于东侧棺上，另一部分位于西侧棺外。

随葬品皆为陶器。

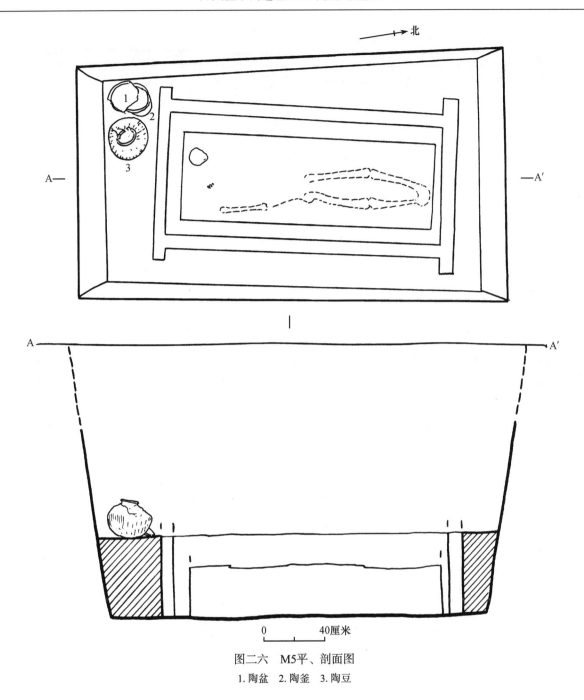

图二六　M5平、剖面图

1. 陶盆　2. 陶釜　3. 陶豆

圜底罐　2件。M6：6，泥质灰陶。平沿，微敛口，折肩，弧腹，圜底。器表饰绳纹及数道弦纹。高25.6、口径15.6厘米（图二九，1）。M6：20，泥质灰陶。折沿，直口，鼓肩弧腹，圜底。肩部饰方格纹，腹部饰绳纹及多道锥刺纹、弦纹。高36、口径18.8厘米（图二九，5）。

平底罐　4件。M6：10，泥质灰陶。折沿，直口，短颈，鼓肩，深腹，平底。器表饰绳纹和数道弦纹。高24.8、口径15.2、底径20.8厘米（图二九，2）。M6：11，泥质灰陶。折沿，直口，短颈，鼓肩，直腹略垂，平底略内凹。器表饰绳纹和数道弦纹。高20.8、口径15.2、底径20厘米（图二九，4）。M6：19，泥质灰陶。直口，鼓肩，弧腹，平底。腹部附二铺首衔环。

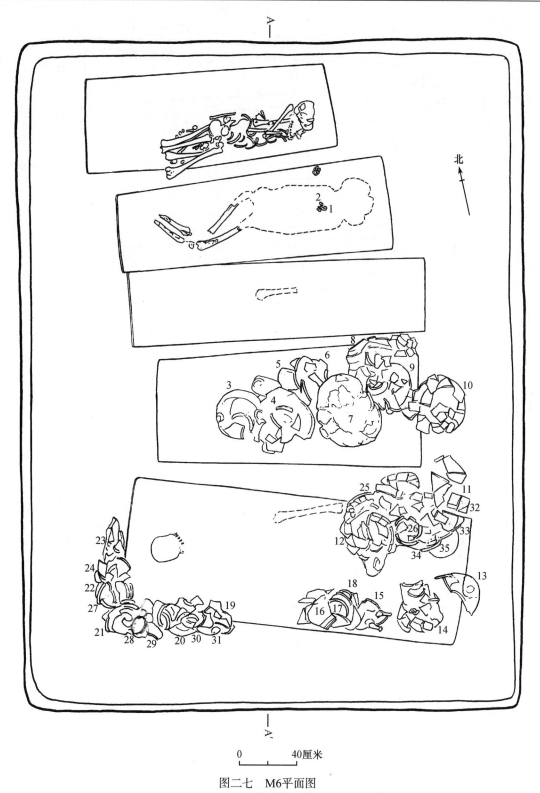

图二七　M6平面图

1.陶配件　2.铜钱（锈蚀不堪）　3、4、7～9、12、14.陶壶　5.陶盆　6、10、11、19、20、28.陶罐　13、15.陶鼎
16、23、26、27.陶甑　17、21、30、31、33.陶钵　18.陶盘　22、25、29、34.陶盒　24、35.陶豆　32.陶囷

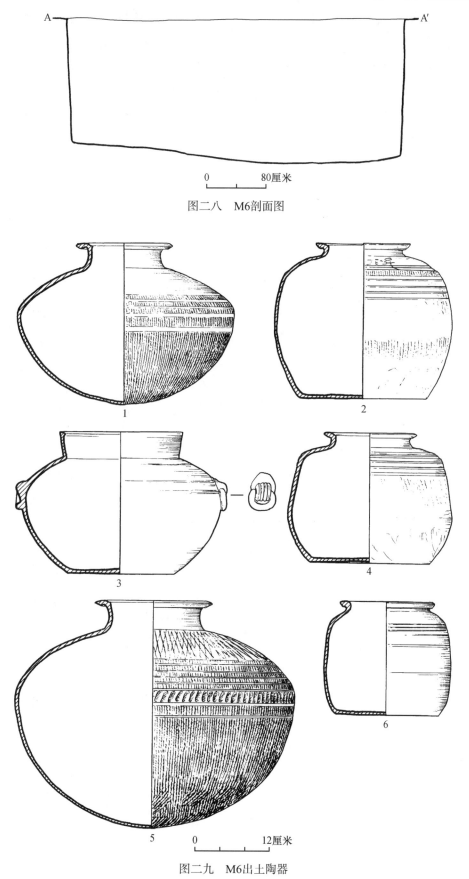

图二八　M6剖面图

图二九　M6出土陶器

1、5.圜底罐（M6：6、M6：20）　2~4、6.平底罐（M6：10、M6：19、M6：11、M6：28）

高22.8、口径20、底径16.8厘米（图二九，3）。M6：28，泥质灰陶。折沿，矮领，鼓肩，直腹，平底。器表饰数道弦纹。高18、口径15.6、底径16.8厘米（图二九，6）。

平底钵　2件。泥质灰陶。敞口斜腹，平底。M6：17，高4、口径12.8、底径4.8厘米（图三〇，1）。M6：21，高5.6、口径18.4、底径6.4厘米（图三〇，2）。

圜底钵　3件。泥质灰陶。侈口折腹，圜底。M6：30，高5.2、口径14厘米（图三〇，4）。M6：31，高4、口径14.4厘米（图三〇，12）。M6：33，高4、口径12.4厘米（图三〇，3）。

鼎　2件。泥质灰陶。盖缺失，器身子母口，浅腹圜底，两长方形附耳，三蹄状足。M6：13、高20、口径21.5厘米（图三〇，14）。M6：15，高20、口径18厘米（图三〇，15）。

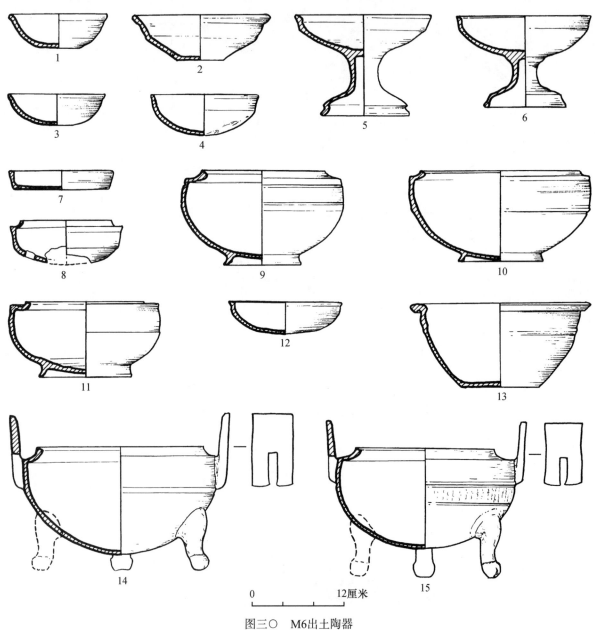

0　　　　　　12厘米

图三〇　M6出土陶器

1、2.平底钵（M6：17、M6：21）　3、4、12.圜底钵（M6：33、M6：30、M6：31）　5、6.豆（M6：24、M6：35）
7.盘（M6：18）　8～11.盒（M6：34、M6：22、M6：25、M6：29）　13.盆（M6：5）　14、15.鼎（M6：13、M6：15）

豆　2件。M6：24，泥质灰陶。敞口，折腹，高柄，喇叭形座。高12.8、口径17.6、底径11.6厘米（图三〇，5）。M6：35，泥质灰陶。侈口，折腹，高柄喇叭座。高11.6、口径17.6、底径10.8厘米（图三〇，6）。

盒　4件。泥质灰陶，缺盖，子母口，弧腹，圈足。器表装饰两道弦纹。M6：22，高12、口径16、底径10厘米（图三〇，9）。M6：25，高11.6、口径16.8、底径11.2厘米（图三〇，10）。M6：29，高9.6、口径16、底径12厘米（图三〇，11）。M6：34，底残。残高2.6、口径12厘米（图三〇，8）。

圈足壶　5件。泥质灰陶，盘口，长束颈，鼓肩弧腹，矮圈足，肩部有两兽首衔环，器表饰数道弦纹。M6：3，高32、口径16、底径16厘米（图三一，1）。M6：4，高28.8、口径14.4、底径18厘米（图三一，3）。M6：8，高35.2、口径16.8、底径20厘米（图三一，2）。M6：12，高26、口径12.4、底径15.6厘米（图三一，4）。M6：14，高30.8、口径14.4、底径18厘米（图三一，6）。

平底壶　1件。M6：9，泥质灰陶。敞口，束颈，鼓肩，弧腹，平底。肩部有两兽首衔环，器表饰数道弦纹。高21.2、口径14、底径16.8厘米（图三一，5）。

另有1件陶壶不能修复，编号M6：7。

盘　1件。M6：18，泥质灰陶。直口，浅直腹，平底。高2、口径13.2、底径12厘米（图三〇，7）。

盆　M6：5，泥质灰陶。平折沿，圆唇，弧腹，平底。器表磨光。高10.8、口径24、底径10厘米（图三〇，13）。

甑　4件。M6：16，泥质灰陶。卷沿，方唇，斜腹，平底有箅孔。高16.4、口径32、底径12.8厘米（图三二，1）。M6：23，泥质灰陶。卷沿，方唇，斜腹，平底有箅孔。器表饰绳纹。高15.8、口径26.7、底径12厘米（图三二，2）。M6：26，泥质灰陶。卷沿，尖唇，腹较浅，平底有箅孔。器表饰绳纹。高11.6、口径26、底径8.8厘米（图三二，3）。M6：27，泥质

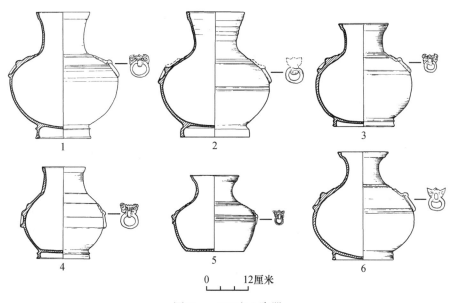

0　　　　12厘米

图三一　M6出土陶器

1～4、6.圈足壶（M6：3、M6：8、M6：4、M6：12、M6：14）　5.平底壶（M6：9）

灰陶。卷沿，尖唇，腹较浅，平底有箅孔。器表饰绳纹。高10、口径23.2、底径11.2厘米（图三二，4）。

　　困　1件。M6：32，泥质灰陶。缺盖，子母口，直腹，平底。器表饰绳纹。高18、口径14.4、底径14厘米（图三二，5）。

　　配件　1件。M6：1，泥质灰陶。为一卷曲钩状。残长4厘米（图三二，6）。

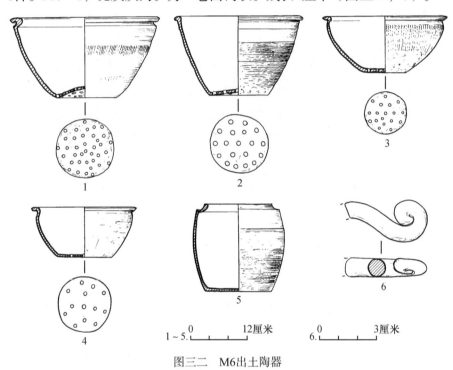

图三二　M6出土陶器

1~4.甑（M6：16、M6：23、M6：26、M6：27）　5.困（M6：32）　6.配件（M6：1）

四、结　语

1. 年代推断

　　渣子门遗址出土遗物丰富，时代跨度较大。根据各文化层中遗物，我们做出如下推测。第2层出有青花瓷器、紫砂器以及嘉庆通宝、道光通宝，应为清代文化层。T107③A层出有"咸平元宝"、釉陶、瓷器，故第3A层应该属于宋代层，第3B层出有夹砂红陶器足、花边口沿罐、陶盒、五铢钱，应为汉代层。第4层没有出土有明确年代标识的器物，陶器多为残片，所出的花边口沿、壶口（T102④：24）与涪陵镇安遗址H8：30、新铺遗址T346④：3相近，据学者研究，应为当地相当于中原商周时期的坝地文化、路家河文化因素[①]，同时又出有罐口，此层应为商周文化层。

　　关于墓葬的年代，从地层关系判断应该属于战国至汉代。峡江地区秦汉墓葬的年代已有学者进行过专门探讨，兹结合其研究对墓葬年代予以判断[②]。

　　①　于孟洲：《峡江地区夏商时期考古学文化研究》，吉林大学博士学位论文，2007年，第253页。

　　②　蒋晓春：《三峡地区秦汉墓的分期》，《考古学报》2008年第2期。

器物组合方面，M6北四棺出有陶壶、陶罐、陶盆，M6北五棺出有陶甑、陶钵、陶囷，皆为西汉中晚期出现的组合。M5随葬陶罐、陶釜、陶豆的组合，时代应属战国末年至西汉早期。

器形方面，以陶壶为例，M6北四棺所出的M6：8、M6：3等，重心在肩部，颈较直，盘口不明显，与麦沱M38：11形制相近或稍晚，为西汉中期偏晚特征[1]；M6：14束颈明显，重心开始下移，口部为盘口，与江东嘴M20：17形制相近，是西汉晚期形制[2]。北二棺内所出铜钱锈蚀严重无法辨认，但可推测M6中五棺的下葬年代应有一定先后。

M2所出陶壶侈口束颈，重心较高，夹砂陶罐腹部颇深，是西汉早期特征。

此外，M3所出陶釜腹部较小，与临江支路M5：9相似[3]，属西汉中晚期特征。综上所述，将各墓年代推定如下：

战国末年至西汉早期：M2、M5。

西汉中晚期：M3、M4、M6（内部各棺，年代互有早晚）

灰坑年代可以通过地层关系和遗物做出推断，整体应属于战国末年到西汉，H1、H2出有陶豆、陶罐（釜），无论从组合和器形来看，都应该属于战国末年到西汉早中期。H4出有"大泉五十"铜钱，再结合其所出陶釜、陶壶形制，推测其为西汉晚期至新莽时期。

2. 相关认识

第一，通过这次发掘，修正了以往对渣子门遗址的认识，从发掘结果来看，未发现旧石器；而发现明清、宋、汉堆积，并予以区分。

第二，与以往仅发现少量石器和陶片不同，此次发掘各时代皆有大量文物出土，大大丰富了遗址的文化内涵。

第三，清理战国至汉代墓葬6座，是该遗址首次发现。

第四，第3B层所出陶器有大量夹砂红陶、夹砂灰陶的器足，花边口沿方唇折沿罐陶罐（鬲），泥质灰陶豆座。据以往研究，夹砂花边口沿陶鬲和细柄豆，应是川东地区东周时期典型器物[4]，尤其是夹砂花边口沿器，花边由连续按压的凹窝构成，不见于鄂西，或是属于当地巴人独有的文化因素。同时，第3B层中包含五铢钱等汉代遗物，由此推测，汉代时重庆地区在受到中原的汉文化因素强烈影响的同时，仍然保留了部分巴、楚文化因素。

此次发掘为研究东周到西汉时期峡江地区文化格局演变提供了新材料。

---

① 湖南省文物考古研究所、巫山县文物管理所：《巫山麦沱汉墓群发掘报告》，《重庆库区考古报告集·1997卷》，科学出版社，2001年；湖南省文物考古研究所等：《巫山麦沱古墓群第二次发掘报告》，《重庆库区考古报告集·1998卷》，科学出版社，2003年。

② 中国文物研究所、吉林大学考古学系等：《巫山江东嘴墓群发掘报告》，《重庆库区考古报告集·1998卷》，科学出版社，2003年。

③ 重庆市博物馆：《重庆市临江支路西汉墓》，《考古》1986年第3期。

④ 吉林大学考古学系：《四川奉节县新浦遗址发掘报告》，《考古》1999年第1期。

　　附记：感谢重庆市文化局三峡办、重庆市文物局、重庆市万州区博物馆、大周镇大周村的干部及村民对我们工作的大力支持和协助。本次发掘领队为石谢尧亭，执行领队为王金平，参加发掘的人员有常如意、褚启俊、史春明、张王俊、张银才、张砚录、马教河。

　　　　　　　　　　　　　　　　　　绘图：马教河
　　　　　　　　　　　　　　　　　　执笔：谢尧亭　王金平　祁　冰

附表　渣子门遗址墓葬登记表

单位	层位	方向/(°)	形制	葬式	葬具	墓室尺寸/米 长	宽	深	葬具尺寸/米 长×宽	随葬品（未标注数量者各为1件）	备注
M1	③B→M1	294	土坑竖穴	仰身直肢	一棺	2.2	0.8	0.5	不明	铜剑	
M2	③B→M2	180	土坑竖穴	仰身直肢	一棺	2.4	1.3	0.2	2×0.7	陶罐、陶壶	东南侧墓壁有壁龛
M3	③B→M3	0	土坑竖穴	侧身	一棺	2	0.7~0.9	1	1.7×0.5	陶釜、陶盘	
M4	③B→M4	220	土坑竖穴	仰身直肢	一棺	2.4	1~1.2	1	1.9×0.5	陶罐、陶盆、陶豆2	头端墓壁有壁龛
M5	③B→M5	193	土坑竖穴	仰身直肢	一椁一棺	2.8	1.6~1.5	1.8	棺1.6×0.6 椁2×0.9	陶盆、陶釜、陶豆	
M6	③B→H4→M6	95（北二）	土坑竖穴	北二棺侧身屈肢	并列五棺	4.6	3.6	1.9	自北向南1.7×0.6 1.9×0.6 2×0.5 1.8×0.8 2.4×0.9	北二：铜配件、铜钱 北四：陶罐4、陶壶2、陶鼎2、陶甑4、陶瓶4 北五：陶壶5、陶罐2、陶盆、陶钵5、陶盒4、陶盘、陶豆2、陶釜	该墓系多人合葬，自北向南并列五棺，北一棺尸骨较杂乱，与北二棺皆为东向，北五棺墓主西向，其余不明

忠县崖脚西汉大墓1994年度发掘报告

北京大学考古文博学院

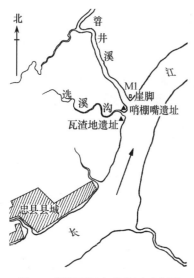

图一　崖脚西汉大墓位置示意图

崖脚西汉大墓位于重庆市忠县老县城东北3千米的忠州镇郑公村。墓葬建在㽏井溪与长江交汇处北侧的缓坡状台地上，其原生地貌系西北高东南低的山前坡地，后平整为梯田，海拔135～170米。墓葬所在地的东北方向为周家院子遗址，西北紧邻忠县中学南墙，西南为㽏井溪，河对岸为哨棚嘴、瓦渣地遗址（图一）。

1994年2～5月，为配合长江三峡水库淹没区地下文物的保护论证工作，北京大学三峡考古队进驻忠县进行调查和发掘[①]。其间，在崖脚遗址布方试掘，发现西汉时期的竖穴土坑木椁墓（编号94ZYM1，以下简称M1）一座，遂进行清理。以下是发掘经过及其收获。

一、墓葬形制

崖脚大墓的形制为长方形竖穴土坑木椁墓，墓底四周建有熟土二层台，保存完好。墓口长575、宽395厘米，墓口距墓底深220厘米，墓室长350、宽265厘米。墓底两侧的二层台宽65厘米，头前二层台宽90厘米，脚底二层台宽135厘米；二层台高50厘米。从墓口到二层台以上填细软的黄沙土，呈坡状堆积至墓底的二层台位置。墓内棺椁及墓主尸骨均腐朽不存，推测墓主头朝西南，方向315°。根据墓室内清理的遗迹现象分析，安葬墓主的漆棺位于墓室中部偏后位置，长约200、宽约100厘米。木棺东侧设有长约115、宽约50厘米的边箱，漆棺之下横置两根宽60厘米的垫木（图二、图三）。

二、随葬器物

墓内随葬品均未经扰动，绝大多数集中放在墓室前端、西壁和东壁的二层台上。计有陶瓮10件、陶罐2件、陶钵19件、陶釜4件、陶盆1件、陶甗1件、陶井2件、铜鍪1件、五铢钱19枚，铁釜、臿、削、剑各1件。陶器以泥质灰色陶为主，也有少量泥质红褐陶和夹细砂灰陶。金属器皿多锈蚀严重。

① 李水城：《忠县崖脚商周时期至唐宋遗址》，《中国考古学年鉴（1995）》，文物出版社，1997年，第221页。

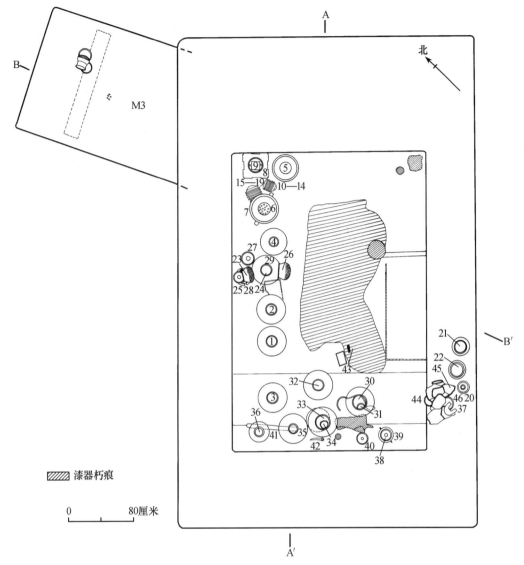

图二　M1平面图

1~4、29、30、32、33、35、45.陶瓮　5.陶盆　6.陶甑　7.铁釜　8.陶井台　9、28.陶井模型　10~20、24、25、27、34、38、

40、44、46.陶钵　21~23、26.陶釜　31、36.陶罐　37.铁甋　39.铜鉴　41.铁剑　42.铁削　43.五铢

在墓室的前端西壁、东壁北角清理发现多处朽烂严重的漆器痕迹，仅存红色漆皮，形状已难以辨识（图二）。

（一）陶器

随葬陶器总计39件，大多保存完好。器类有瓮、罐、钵、釜、盆、甑、陶井模型等，除去陶钵多为素面外，其余多有装饰纹样。一般在器物肩部压印网格暗纹、弦纹，下腹饰以密集的绳纹。

瓮　10件，均完整或可复原。根据器口形态之差异分为二型。

A型　8件。均小口，圆唇外卷，较短的束颈，鼓肩，弧腹，大平底。其中，除1件为夹细

图三　M1剖面图

砂灰陶外，余皆为泥质灰陶。器肩部常装饰三周凹弦纹，弦纹之间压印网格暗纹。M1：1，口径13.8、腹径34.2、底径23.2、通高22.4厘米（图四，1）。M1：2，下腹饰密集的弦纹。口径14.2、腹径34、底径24、通高22.3厘米（图四，2）。M1：3，夹细砂灰色陶。口径12.6、腹径33、底径22、通高22.1厘米（图四，3）。M1：4，下腹饰密集的细弦纹。口径13.4、腹径34.2、底径23.6、通高23.6厘米（图四，4）。M1：29，口径13.4、腹径35.1、底径23.2、通高23.8厘米（图四，5）。M1：32，下腹饰密集的细弦纹。口径14.1、腹径34.8、底径25.4、通高22.4厘米（图四，6）。M1：35，肩部原有的压印网格纹已经模糊。口径14、腹径34.4、底径24、通高22.8厘米（图四，7）。M1：45，此器肩部原有的网格纹已模糊，下腹饰密集的细弦纹。口径14、腹径35.2、底径24.8、通高22.8厘米（图四，8）。

B型　2件。均大口，圆鼓唇，斜直短颈，折肩，鼓腹，平底。M1：30，泥质灰陶。上腹饰弦纹和被弦纹切断的竖绳纹。口径19.8、腹径32.7、底径18、通高23.2厘米（图五，1）。M1：33，泥质灰陶。上腹滚压粗绳纹为底，其上模印套叠的菱形纹和圆点纹，下腹饰密集的细弦纹。口径18.8、腹径34.4、底径17.6、通高23.6厘米（图五，2）。

罐　2件。均小口，圆唇，短束颈，圆鼓肩，平底。M1：31，泥质灰陶。肩部饰凹弦纹。口径9.8、腹径19.4、底径10.8、通高14.3厘米（图五，3）。M1：36，泥质褐色陶。器颈部饰斜向压印暗纹，肩部饰弦纹和被弦纹切断的竖绳纹。口径11.2、腹径25.2、底径14.8、通高16.1厘米（图五，4）。

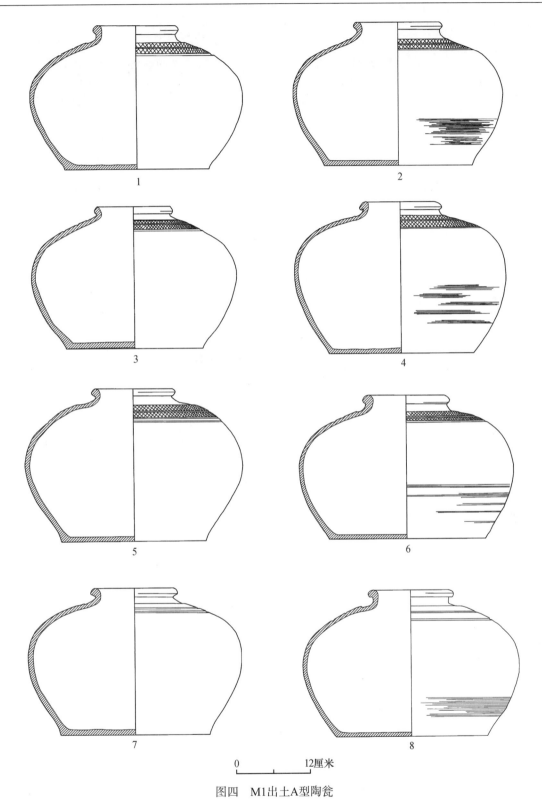

0 ————— 12厘米

图四　M1出土A型陶瓮

1.M1：1　2.M1：2　3.M1：3　4.M1：4　5.M1：29　6.M1：32　7.M1：35　8.M1：45

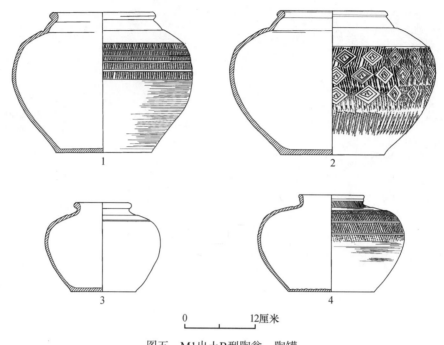

图五　M1出土B型陶瓮、陶罐

1、2.B型瓮（M1：30、M1：33）　　3、4.罐（M1：31、M1：36）

钵　19件。大部分完好或可复原。根据器腹部的形态差异分为二型。

A型　14件。均系泥质灰陶。素面，内壁保留数周轮制的瓦棱痕。均系敞口，圆唇外卷，折腹，下腹内敛，小平底。M1：10，口径13.4、底径4.8、通高4.4厘米（图六，1）。M1：11，口径14.6、底径4.8、通高5厘米（图六，2）。M1：12，口径14.8、底径5、通高5.2厘米（图六，3）。M1：13，口径14.8、底径5、通高4.6厘米（图六，4）。M1：15，口径18.2、底径6.6、通高6厘米（图六，5）。M1：17，口径18、底径6、通高5.9厘米（图六，6）。M1：20，口径14.3、底径3.8、通高4.6厘米（图六，7）。M1：24，口径12.4、底径4.5、通高4.5厘米（图六，8）。M1：25，口径14、底径4.5、通高5厘米（图六，9）。M1：34，口径13.5、底径5.2、通高3.8厘米（图六，10）。M1：38，口径14.2、底径4.8、通高5厘米（图六，11）。M1：40，口径14、底径4.9、通高4.4厘米（图六，12）。M1：44，口径14.5、底径4.2、通高4.6厘米（图六，13）。M1：46，口径15、底径5.2、通高5.2厘米（图六，14）。

B型　5件。均系泥质灰陶。素面，内壁保留数周轮制的瓦棱痕。均系敞口、圆唇外卷、折腹、下腹转折为斜直，小平底。M1：14，口径14.8、底径6.4、通高5.2厘米（图七，1）。M1：16，口径18.4、底径5.6、通高6.3厘米（图七，2）。M1：18，口径17.2、底径5.8、通高6厘米（图七，3）。M1：19，口径18.8、底径5.6、通高6.3厘米（图七，4）。M1：27，口径19.1、底径6、通高6.4厘米（图七，5）。

釜　4件。保存完整。根据器口、颈、腹及底部的形态差异分为二型。

A型　3件。均为泥质灰陶。敛口，方唇，束颈较短，圆鼓腹，圜底。M1：22，下腹饰斜向绳纹。口径17、腹径21.1、通高14.4厘米（图八，1）。M1：23，下腹饰斜向绳纹。口径14.4、腹径18、通高13.1厘米（图八，2）。M1：26，下腹饰横向宽篮纹。口径17、腹径20.2、通高14.4厘米（图八，3）。

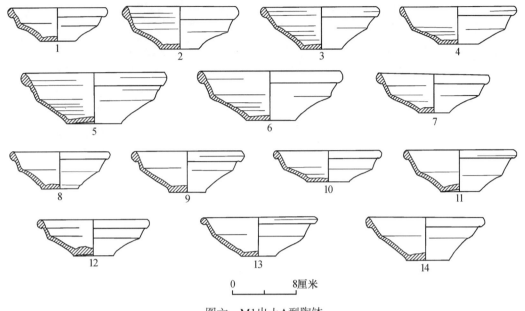

图六　M1出土A型陶钵

1. M1：10　2. M1：11　3. M1：12　4. M1：13　5. M1：15　6. M1：17　7. M1：20　8. M1：24　9. M1：25　10. M1：34
11. M1：38　12. M1：40　13. M1：44　14. M1：46

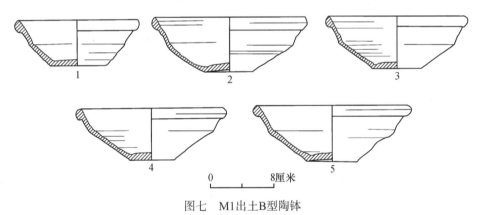

图七　M1出土B型陶钵

1. M1：14　2. M1：16　3. M1：18　4. M1：19　5. M1：27

B型　1件。M1：21，泥质灰陶。方唇，折肩，圆腹，尖圜底。腹部饰竖绳纹。口径14.8、腹径22.4、通高16.4厘米（图八，4）。

盆　1件。M1：5，泥质灰陶。大敞口，外卷的方尖唇，斜弧腹，平底内凹。上腹饰一周凸弦纹，下腹饰密集的细弦纹、凹点纹。口径33、底径15.2、通高20.1厘米（图九，1）。

甑　1件。M1：6，出土时放置在铁釜内，底部已朽烂脱落。泥质灰陶。此器复原为敞口，外卷的尖唇，深腹，斜直腹壁，平底。口沿下饰凹弦纹，其下饰密集的细弦纹。口径34、底径16、通高22厘米（图九，2）。

陶井模型　2件（1套）。保存完整。1件配有井架。泥质灰陶。井身为直筒状，直口，折肩，深腹，大平底。井身饰一组凹弦纹，内壁保留轮制留下的凸棱。M1：28，口径16.4、腹径20.4、底径16.5、通高20厘米（图一〇，1）。M1：9，口径15.4、腹径20.2、底径17.7、通高21.7厘米（图一〇，2）。M1：9出土时附有正方形井台（编号为M1：8）。井台四角凸出，边

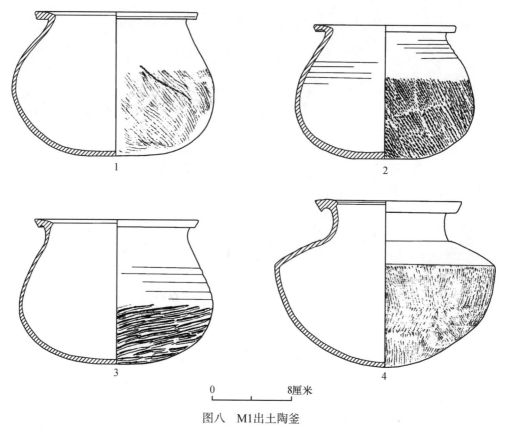

0　　　　　　8厘米

图八　M1出土陶釜

1~3. A型（M1：22、M1：23、M1：26）　4. B型（M1：21）

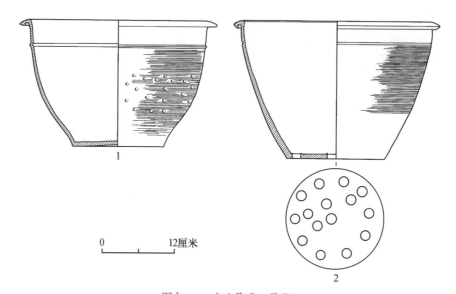

0　　　　　　12厘米

图九　M1出土陶盆、陶甑

1. 盆（M1：5）　2. 甑（M1：6）

角90°内凹，井圈中心为圆形井口，井口两侧附带有井架及汲水辘轳架子。长27.4、宽29.3、通高13.8厘米（图一〇，3）。

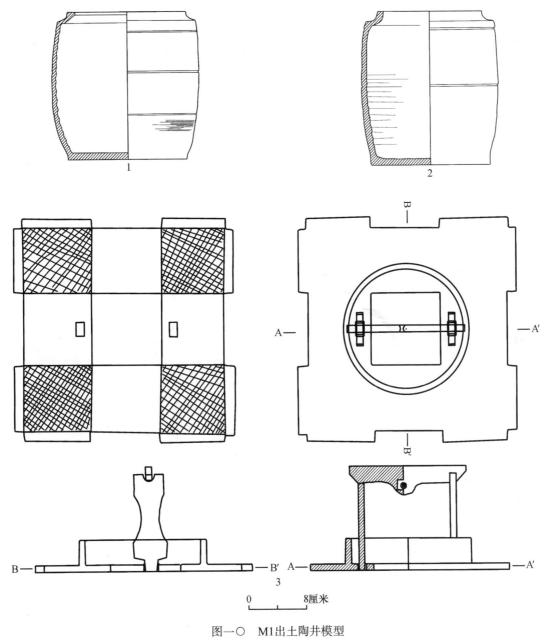

图一〇 M1出土陶井模型

1. M1：28 2. M1：9 3. M1：8

（二）铜器

共20件。计有铜鍪1件和五铢钱19枚，均不同程度锈蚀残损。

鍪 1件。M1：39，喇叭口，束颈，扁圆鼓腹，舒缓的圜底。上腹肩部置一对环耳。出土时器表锈迹斑斑，腹中部断裂残损，器底残留很厚的黑色烟炱。口径13.8、腹径19.2、通高15.6厘米（图一一，1）。

五铢钱 19枚。均不同程度锈残。圆形，方孔，钱文清晰、规整。M1：43-01，正面无内郭，"五"字交笔近直略显微曲，"铢"字"金"头近等边三角形。"朱"字头方折，下缓曲。钱径2.5、穿宽0.9、外郭厚0.1厘米（图一二，1）。M1：43-02，"五"字交笔缓曲，

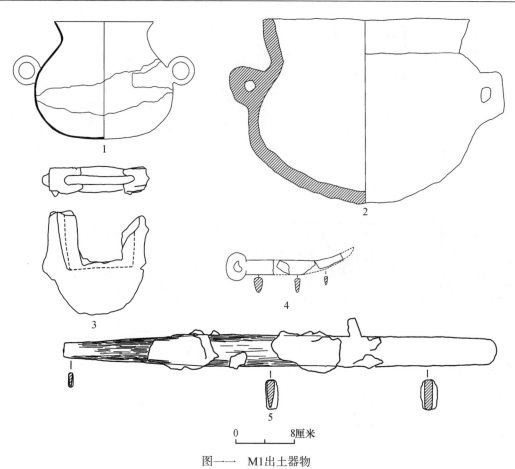

图一一　M1出土器物

1. 铜鍪（M1：39）　2. 铁釜（M1：7）　3. 铁甙（M1：37）　4. 铁削（M1：42）　5. 铁剑（M1：41）

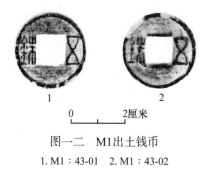

图一二　M1出土钱币

1. M1：43-01　2. M1：43-02

"铢"字"金"头似稍尖锐。"朱"字笔画方折。钱径2.5、穿宽0.9、外郭厚0.1厘米（图一二，2）。

（三）铁器

共4件。计有釜、甙、削、剑等，均锈蚀严重。

釜　1件。M1：7，侈口，束颈，圆鼓腹，圜底。肩部有对称的双环耳。口径28、高24.6厘米（图一一，2）。

甙　1件。M1：37，舌形，扁体，凹首，半圆形刃。残长13.4、刃宽13.6、首宽13.4、首厚

6.8厘米（图一一，3）。

削 1件。M1：42，出土时已残断。单面弧形刃，刃首上翘，环形首。残长15.4厘米（图一一，4）。

剑 1件。M1：41，出土时锈蚀严重，剑身留有木质剑鞘朽烂的残迹。剑背直，刃部亦直，末端斜收成弧形。残长60.6厘米（图一一，5）。

三、结　语

（一）墓葬年代

崖脚西汉大墓随葬陶器有瓮、罐、釜、钵、盆、甑等，为渝东及三峡地区西汉时期墓中常见的陶器组合。在器形上也显示出与这个地区西汉墓随葬器物一致的特点。如A型瓮、B型瓮、A型钵、B型钵、盆、甑等器在重庆、万州等地的西汉墓中都有发现①；B型釜、陶井模型与云阳等地西汉中期墓所出同类器形态接近②。此墓所出五铢钱形态规范标准，文字风格与武帝时"官一""巧一"陶范文字近似③，应属武帝时期铸造的三官五铢。据此可推断此墓的下葬年代应在西汉中期前后。

（二）主要收获

崖脚西汉大墓所在的眢井沟口及沿江一线分布有多处新石器时代、商周时期和汉唐时期的遗址以及战国、西汉时期的土坑墓、东汉砖室墓等。崖脚西汉大墓的发现为该地区秦汉时期的考古提供了重要的新资料。

崖脚大墓底部建有熟土二层台，横置垫木两根，木椁内分置边箱、头箱，其结构显示出楚文化的强烈影响。此墓随葬的A型釜形态为圆鼓腹、圜底，其特点与巴文化的喇叭口陶釜似有某种承继关系，或可谓带有巴文化的遗风。此外，铜鍪这种器类为春秋战国时期巴蜀墓葬的典型器。由此可见，巴文化传统在渝东地区一直延续到西汉时期。崖脚西汉大墓发现大量漆器残迹，有研究者指出，巴蜀漆器与楚国漆器有着一定的渊源关系④。也有研究者将巴蜀漆器的发展直接归因于战国晚期秦国将楚人大规模迁入四川所致⑤。从各地的考古发现看，随葬漆器的汉墓大多集中在湖南、湖北、安徽、江苏等楚国故地，这也体现出楚文化在这一区域的强大影

---

① 重庆市博物馆：《重庆市临江支路西汉墓》，《考古》1986年第3期；湖北省荆州市博物馆、重庆市文物局、重庆市万州区文物管理所：《万州包上秦汉墓发掘报告》，《重庆库区考古报告集·2001卷》，科学出版社，2007年，第913～917页。

② 郑州市文物考古研究所：《重庆市云阳县马粪沱墓地2002年发掘简报》，《文物》2004年第11期。

③ 蒋若是：《秦汉钱币研究》，中华书局，1997年，第113页。

④ 李昭和：《"巴蜀"与"楚"漆器初探》，《中国考古学会第二次年会论文集》，文物出版社，1982年，第93～99页。

⑤ 江章华：《巴蜀地区的移民墓研究》，《四川文物》1996年第1期。

响。除巴、楚文化因素以外，此墓所出模型明器则极具汉文化特色[①]。从上述分析不难看出，楚文化、巴文化在渝东及三峡地区的影响力是深远的，而且它并未随楚文化势力的退出、巴国被秦国兼并而消亡，而是深深地植入到当地的传统文化中，并一直延续至汉代。总之，渝东至三峡地区的土著文化似乎并未受到汉文化的强烈冲击。崖脚西汉大墓的出土物为研究汉代边疆土著文化与汉文化的关系及演进历程提供了新的重要资料。

发掘领队：李水城（北京大学考古文博学院）

发　　掘：吴卫红（安徽省文物考古研究所）

　　　　　刘明利　李水城

绘　　图：李水城

照　　相：吴卫红

资料整理：宋　蓉（北京联合大学应用文理学院历史文博系）

执　　笔：宋　蓉　李水城

附记：本文系1994年2~6月北京大学三峡考古队在忠县崖脚遗址西汉大墓的发掘报告。田野工作主要由吴卫红负责。数年前，我曾请他整理撰写此报告，由于他在安徽工作十分繁忙，未能接手这项工作。值此报告付梓之际，我谨代表北京大学三峡考古队向吴卫红同志，以及参加此次发掘的各位同人、忠县文物管理所表达诚挚的谢意！

李水城

2013年10月补记于北京蓝旗营

---

① 俞伟超：《考古学中的汉文化问题》，《古史的考古学探索》，文物出版社，2002年，第180~190页。

开县迎仙村墓群2000年度发掘简报

重庆市文物考古研究院

迎仙村墓群位于开县（现重庆市开州区）丰乐镇迎仙村，中心地理坐标为东经108°33′29″，海拔180米。该墓群北依迎仙山、凤凰山，一条东西向的县城二环公路从墓群北部穿过后，至东部再由南向北将墓群分割成三部分，现存面积约5000平方米。该墓群于1994年三峡库区文物调查时发现，并纳入三峡水库淹没区地下文物保护规划B级发掘项目。

2000年2月，该墓群在移民新村建设施工中发现汉代砖室墓。受重庆市文化局委托，重庆市文物考古所立即抽调10余名业务人员赶赴开县，于2~3月对该地区进行了详细的调查、勘探和发掘工作。调查面积2平方千米，勘探面积20000余平方米，发掘900平方米，清理墓葬4座。现将调查、勘探、发掘收获报告如下。

一、调查与勘探

迎仙村墓群的调查工作从2月24日至3月4日，历时10天，调查范围包括迎仙村一至九社及附近的水东村七社。调查以地面踏勘结合访问当地村民的方式。通过调查，对该区域地的汉墓分布有了一定了解。

1）迎仙村一至六社大致处于同一海拔，均在二环路与南河沿江街道之间的缓坡上。这里厂房、民居及公用设施密集，仅有数块狭小空地散布于一、二、三、六社，面积近3万平方米。调查工作主要集中于迎仙村六社、三社的两处缓坡地。六社位于南河大桥以西约1千米处，调查地点西北靠凤凰山、南临沿江公路的一处缓坡，其北部、东部各有一池塘，南部公路旁建有仓库，地表种植蔬菜；在这里多处地表和民居的墙上发现有汉代花纹砖，询问老百姓得知系在修建仓库挖掘南墙基时发现的；由于仓库距公路仅3米，中间又密布电线杆，发掘难度极大。另一处调查地点位于迎仙村三社的一片坡地上，其北靠迎仙山，南临二环路，西依迎仙村小学，东面为民居；坡地上部地表种植蔬菜，下部已被挖平建房。在此处发现汉代花纹砖残片。

2）迎仙村七至九社位于二环路以北的山腰台地上，面积约20000平方米。靠山一侧密布房屋，外侧是菜地及池塘。调查中发现在房屋周围有数量众多的清代墓群分布，地表及民居附近也散落有较多明代石室墓的石条，表明该区域是明清时期墓葬区。在田间地头的踏勘显示，耕土系页岩风化而成的风化土，地表无汉代遗物，断坎剖面上也未见汉代文化层及相关遗物。因此，该台地极有可能是在汉代以后，因人口迁移而开发形成的。

3）在迎仙村以东的水东村进行调查时发现，这里山坡土壤系页岩风化土，山坡上满布近现代坟，山脚房屋密集，平坝上鱼塘众多。在水东村七社的一座房屋墙上发现数块印有"长裕号"的明代砖及汉代花纹砖。在农场附近也有发现汉代花纹砖的报告。这与《长江三峡工程淹没及移民迁建区文物古迹保护规划报告》相吻合。

根据调查的结果，将迎仙村一社二环路以内、乡政府旧址以东，迎仙村二、三社（乡政府旧址以西）及迎仙村一社二环路以东，划分为Ⅰ、Ⅱ、Ⅲ区，分别进行了普探及重点勘探，勘探面积20000余平方米。布孔方向依地形、地势而定，孔距2米，重点勘探地区根据实际情况加打梅花孔。

Ⅰ区为一处由北向南倾斜的三角形坡地。北、东、南三面被二环路环抱，西面隔一条南北向机耕道与民居相望，中部有一长方形池塘。勘探基点位于Ⅰ区西北，按正方向布孔2000余个，探孔号按先后顺序编流水号（部分地点在勘探出异常情况后加打的梅花孔未编号），勘探面积6000余平方米。根据勘探结果，该区域地层堆积较浅，文化层深不及2米。在池塘北部的ⅠK97、ⅠK99、ⅠK104、ⅠK107四个孔中均钻出石条一类物体，ⅠK245、ⅠK257两个孔中打出墓砖，判断可能是两座墓。

Ⅱ区为一处上部缓坡、下部较平坦的长方形区域。北临二环路、西靠邮电局综合楼、东为民居、南临天奇饲料公司，下部西面有一个大池塘；地表种植蔬菜及柑橘树。该区域以东北部的一处民居前柑橘树为本区勘探基点，按60°向左右共布孔3000余个（按先后顺序编流水号），勘探面积9000余平方米。勘探结果表明，该区的地层堆积较为深厚，由东北向西南倾斜，耕土层约30厘米以下的红褐色黏土厚230厘米以上，上中包含青花瓷片及大量沙石块、料姜石颗粒等。在8号探沟底部再次勘探发现，第2层土仍不见底。根据各种迹象，这里应是一片滑坡地带，滑坡土层（即第2层）厚4米以上。

Ⅲ区位于一社二环路以东的一处平坝上。北、西部均为房屋，南面有数个池塘，东面被一条南北向小路相隔，属于水东坝的一部分。该区域大部分为缓坡地，地表种植蔬菜。以西北的一处电线杆为本区勘探基点，按正方向共布孔1600余个（探孔号按先后顺序编流水号），勘探面积5000余平方米。从勘探情况看，该区域的地层堆积较厚，呈斜坡状堆积，由北向南倾斜。第1层：耕土层，红褐色黏土，较疏松，厚约30厘米。第2层：近代层，红褐色黏土，土色略红，较疏松，厚320厘米以上。综合以上发现，第2层土很可能是建房和挖池塘的堆土。

此外，对位于汉丰镇双河村汉丰道班内的驷马墓群进行了调查勘探。该墓群位于南河南岸平坝上的一座小土丘顶部，属于汉丰镇新镇建设规划范围。1994年山东大学曾在此抢救性清理了一座砖室墓，出土30余件陶器。该墓群面积近400平方米，大部分位于道班内，四周被建筑及鱼塘包围。地形较为平坦，地表密植柑橘树。此次勘探，采用正方向布，孔间距2米，共布孔50余个。勘探情况表明该墓群地形变动较大，大部分地方深达3米仍有建筑垃圾发现，楼房周围土层瘠薄，表土仅20厘米，以下是深达2米的黄色沙土（砂石风化土），再往下才是土性稍重的红色沙土。未发现汉代遗物。

以上勘探工作表明，迎仙村墓群在一社二环路以内、乡政府旧址以东区域发现有汉代墓葬，其余区域目前可开展勘探工作的地方均未发现汉墓分布。结合调查发现的汉砖和走访老百姓了解的情况，该墓群主体极有可能被大量房屋、厂房、公共设施叠压。

二、布方及地层堆积

（一）布方情况

经过详细的调查、勘探，本次发掘区选择在房屋相对较少、有墓葬埋藏迹象或因土层内含有较多的料姜石、石块、地层堆积较厚，勘探情况不太清楚Ⅰ、Ⅱ区。主要采用拉探沟、发现墓葬后进行扩方清理发掘的方式，受地形限制，探沟（方）的大小也不一致。其中，Ⅰ区：按南北向布探沟7条，编号2000KFYⅠTG1～2000KFYⅠTG7（以下省略2000KFY），分别为17米×2米、22米×2米、24米×2米、10米×1米、17米×1米、15米×1米、12米×3米；探方两个：T1为3.2米×2.5米，T2为6米×4米。Ⅱ区：按南北向布探沟8条，编号2000KFYⅡTG1～2000KFYⅡTG8（以下省略2000KFY），其中ⅡTG1～ⅡTG7均为40米×2米，ⅡTG8为34米×2米。布方面积864平方米。

（二）地层堆积

Ⅰ区　本区内各探沟统一地层，以ⅠTG1北壁为例（图一）。

第1层：厚0～30厘米。灰黑色粉砂土，疏松。含大量小石子、瓦砾。仅分布于探沟西部。为现代建筑垃圾。

第2层：厚25～85厘米。红褐色黏土，较疏松。含有植物根茎和少量石子等。耕土层。

第3层：厚0～100厘米。灰褐色粉砂土，较疏松。含青花瓷片、植物根茎等。近代层。本层下遗迹有M2。

第4层：厚5～25厘米。浅黄色粉砂土，略带黏性，较疏松。含青花瓷片。明清层。

第5层：灰白色胶泥土，较紧密，纯净。应为生土。

Ⅱ区　本区内各探沟统一地层。以ⅡTG8北壁为例（图二）。

第1层：厚15～35厘米。灰褐色粉沙土，疏松。含植物根茎。耕土层。

第2层：距地表15～35、厚0～56厘米。红褐色粉砂土，较疏松，含有植物根茎和少量石子等。近代层。

第3层：距地表15～34、厚25～50厘米。红色黏土，较紧密，夹杂较多的料姜石。

第4层：距地表45～60、厚0～35厘米。深红色黏土，较紧密，夹杂大量细小风化页岩。

第5层：距地表55～70、厚0～60厘米。红色黏土，较紧密，土中夹杂大量砂石。

综上所述，Ⅰ区地形有较大变化，地表有较厚的现代建筑垃圾、堆土。Ⅱ区第3～5层均夹杂大量乱石块，应是滑坡形成的次生堆积。进一步证实了勘探的结论。

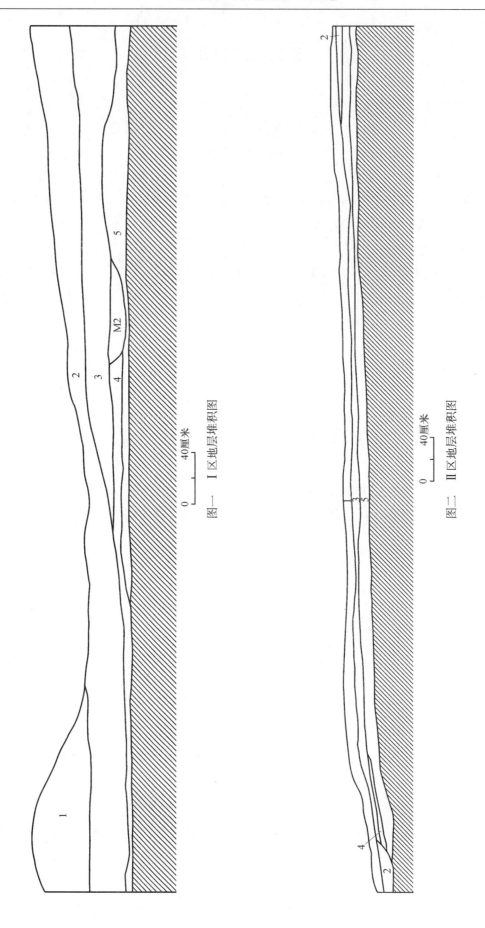

图一　Ⅰ区地层堆积图

图二　Ⅱ区地层堆积图

三、主要遗迹

本次清理发掘墓葬4座，其中东汉砖室墓2座，清代石室墓、土坑墓各1座。

（一）东汉砖室墓

1. 墓葬结构

2座。均为"凸"字形单室墓（M1、M4），由墓圹、墓道、甬道、墓室组成。

墓圹　自生土下挖平面呈"凸"字形的竖穴土坑，距墓壁10～15厘米。

墓道　均为长条形斜坡墓道，宽度小于甬道，两壁较平整。墓道中间有1条排水沟，较墓室地面略低，从甬道前向下斜伸出去。做法为先挖一长条形沟，左右两壁以单砖轮砌，顶上铺砖。

甬道　呈长方形，墙体用长方形单砖错缝平砌，顶部以榫卯砖横列式起券，有铺地砖。

墓室　呈狭长形，四壁用长方形单砖错缝平砌，顶部均以榫卯砖横列式起券。砖间仅少量黄色泥浆铺垫。墓室底部为先砌墙后铺地，铺地方式均为榫卯砖横列式错缝平铺。

墓砖　分长条形砖、楔形砖、榫卯砖三类。

长条形砖，长40～42、宽19～20、厚11～12厘米。以几何形花纹为主，主要用于墓墙上，少量作为他用（图三，3）。

楔形砖，长40、宽19.4、厚11.2～12.2厘米。砖侧面为舞蹈图案的画像砖，数量极少，用于墓墙上（图三，4、5）。

榫卯砖，分两种，一为几何卷叶纹砖，长32、宽19、厚14厘米；一为几何车轮纹砖，长21、宽13.5、厚14厘米（图三，1、2）。

2. 典型墓葬

M4　墓向165°。除墓顶大部分垮塌、墓室后半部有一椭圆形盗洞外，墓葬结构基本完整。墓圹长10.84、宽1.94～2.86米，墓道残长2.1、宽1.22米。甬道长2.5、宽1.8、残高1.5米；券顶已塌，底部前有一排水沟通向墓道，沟壁用长条形砖侧砌，顶部用砖铺盖。墓室长8.2、宽2.72、高2.46米；横列式券顶多已塌陷；墓室后壁有三个"品"字形小龛；墓葬底部从甬道至墓室由低到高呈四级阶梯，以榫卯砖错缝平铺；墓室后部的铺地砖上横列一排长条形砖，因早期扰乱用途不明。从券顶构筑所处的位置看，甬道至墓室分八次起券（图四）。该墓因早期被盗，且经多次扰乱，随葬品几乎荡然无存，仅在墓室东南角清理出数枚五铢钱（图五）及铜朱雀等摇钱树残件，另在甬道底部散落红陶、灰陶残片。

M1　墓向165°。墓室主体部分被民居叠压，未做清理，甬道及墓室前部有一椭圆形盗洞。墓圹残长3.44、宽1.84～2.84米。甬道长1.88、宽1.8、残高1.7～1.8米；横列式券顶；底部较墓室低半层砖，以榫卯砖错缝平铺；甬道前半部铺地砖上横列纵向两排长条形砖，似为"砖台"；甬道前有一排水沟，两壁以墙砖侧砌，顶部用砖铺盖。墓室残长1.56、宽2.74、残高1.9米；横列式券顶。该墓因早期被盗，且经多次扰乱，随葬品荡然无存（图六）。

图三　M1墓砖纹饰拓片

1、2.榫卯砖　3.长条形砖　4、5.楔形砖

（二）清代石室墓

M3　坐北朝南。分祭台、墓室两部分。

祭台　位于墓室前，与墓室相连。平面呈横向长方形，长4.84、宽1.36米；四周围以条石、片石垒砌。祭台前端南北向均匀放置四个条石，分成四格，每格内放置上圆下方的石墩子（图七）。

墓室　口部被两个现代土坑墓打破。墓圹长5.3、宽3.74、残高1.66米。墓室长5.22、宽3.64、残高0.96米；四壁用条石错缝平铺垒砌（残存现东、西两壁），东壁有一小龛；墓室内东西各有一个椁室，平面呈圆角长方形，弧顶，以三合灰、糯米浆构筑而成，顶上倒扣无数青花瓷碗；东椁室长3.1、宽1.08、高0.84米，西椁室长2.66、宽约1、残高0.6米；椁室内放有木棺，尸骨保存较好，均为仰身直肢葬。该墓因破坏严重，随葬品仅存两件（即瓷盏、罐），放置在墓室东墙的侧龛上。

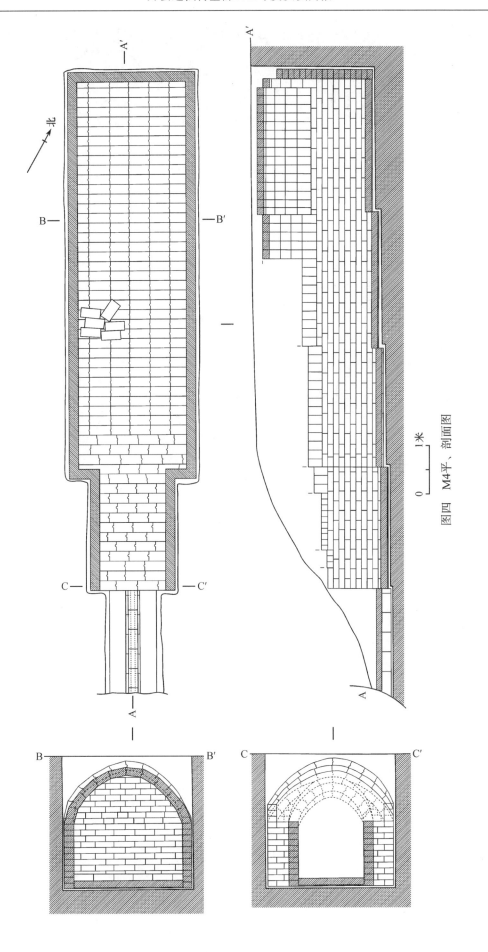

图四　M4平、剖面图

图五　M4出土五铢拓片

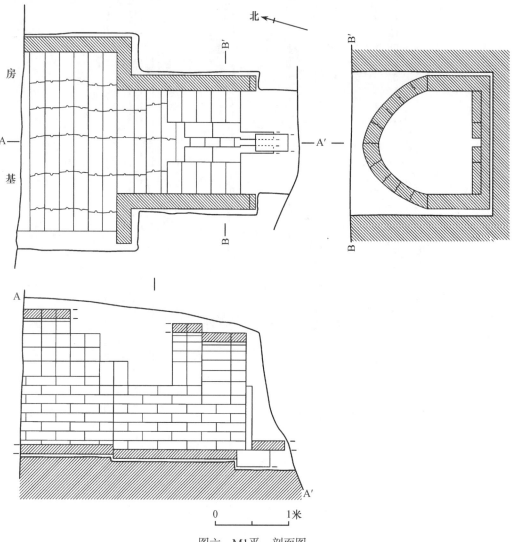

图六　M1平、剖面图

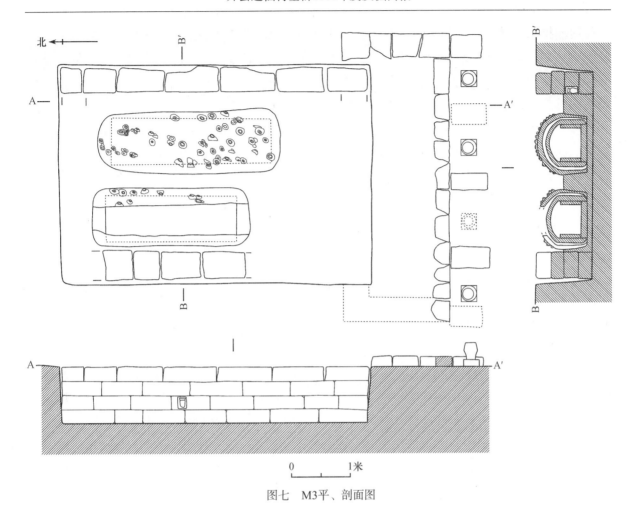

北

B'

A—

B—

B'

A'

B

A

A'

0　　　　　1米

图七　M3平、剖面图

四、结　语

开县历史悠久，商周时期属传说中的梁州，东汉建安二十一年（216年）始置汉丰县，属益州巴东郡。治所驷马南郊村，属东河、南河冲积形成的河谷平原的一部分，地势平坦，为这一时期该地区的政治、经济、文化中心。

通过本次考古工作，对于该地区汉代墓葬埋藏特点有了一定的认识，为今后的考古发掘奠定了基础。迎仙村墓群所在的河谷一级阶地作为墓地，地理位置相当理想。根据我们的调查及勘探结果分析，由于开县缺少长江沿岸的季节性特大洪水，汉墓埋藏普遍较低，主要位于山丘中下部，甚至到山脚平坝上。墓葬集中的迎仙村一、二社交界处的椭圆形台地就在这一区域，目前这一区域两旁密布建筑物，暂时无法开展考古工作，这些都是本次发掘成果不丰的原因。

迎仙村墓群发现的两座墓葬，反映了汉代建筑技术已经相当成熟。如4号墓，将长十余米的券顶设计为错落有致的八重，减小了顶部的压力，设计十分巧妙；为解决排水问题，在墓室底部设计了四级阶梯；此外，在墙体不很水平的地方使用少量的楔形砖，显然是起平衡墙体水平的作用。

迎仙村墓群带有较强的地方因素。在本次发掘中有一些独特之处颇为瞩目，如1号墓甬道两侧的"砖台"，4号墓狭长形墓室、墓室后部的"品"字形小龛，都有值得玩味之处。这是一种地域文化的表现还是一个特例？都有待今后的发掘证实。此外，清代墓葬中用三合土材料做成圆弧顶的椁室、顶上倒扣青花瓷碗的现象，同样值得关注。

本次发掘属配合三峡移民搬迁、新镇建设的抢救性考古工作，发掘规模、范围都太小。发掘出的两座汉墓又因早期被盗，后期多次扰乱，破坏严重，无可修复的陶器，更谈不上器物组合，这无疑限制了本次发掘工作的研究价值。但是，通过本次发掘，该地汉代砖室墓的结构特色已显现出轮廓。随着开县考古工作的全面开展，大批具有地域特色的汉墓材料的发现，对研究峡江地区汉代政治、经济、文化将会起到重要作用。

附记：本次发掘工作得到开县文物管理所的大力支持，在此表示感谢。参加本次发掘的工作人员有袁东山、李大地、方刚、董小陈、李应东、刘文渐、陈彤、陈天银、朱虹敏、王胜利、秦彦彬等。

领　　队：袁东山

摄　　像：李应东　董小陈

绘　　图：陈　涛

资料整理：李大地　方　刚

执　　笔：李大地　方　刚

开县余家坝墓地2003年度发掘简报

山东大学东方考古研究中心
开 州 区 文 物 管 理 所

　　余家坝遗址位于重庆市开县（现开州区）渠口镇云安村余家坝的东北部，周围为群山所环绕，东侧紧邻长江支流彭溪河（图一）。遗址发现于20世纪80年代，后经四川省文物考古研究所三峡考古队调查确认为战国时期墓葬群。1994年，山东大学考古系在制订开县三峡工程淹没区地下文物保护规划时，曾对其进行过小面积发掘[1]。根据重庆市文化局三峡办的安排，2000年、2001年和2002年已对余家坝遗址进行了三次大面积发掘，发掘面积已达13650平方米，发现并清理战国及宋、明时期墓葬128座[2]。墓葬绝大多数属于战国时期，少量可能晚到秦或汉初。出土铜、玉、铁、陶、漆器合计658件，以陶器和青铜器的数量最多。

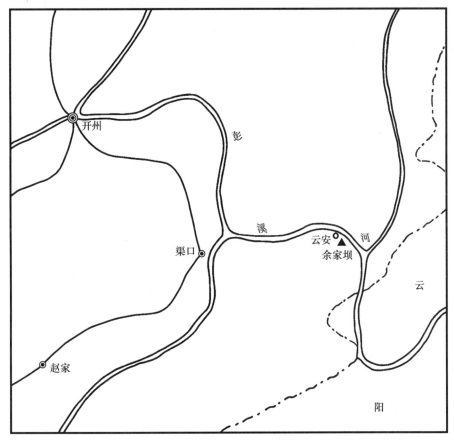

图一　余家坝遗址位置示意图

　　① 山东大学考古系：《四川开县余家坝战国墓葬发掘简报》，《考古》1999年第1期。
　　② 山东大学考古学系、重庆市文化局、开县文物管理所：《重庆开县余家坝墓地2000年发掘简报》，《华夏考古》2003年第4期。

本年度山东大学考古队对余家坝遗址进行了第四次大规模发掘。发掘范围在2002年发掘区的北侧。另外，在村庄西侧和西南的高地上开探沟了解情况，结果，在西南一侧没有新的发现，而在村西则发现有同期墓葬。本次发掘两批探方共计102个，探沟6条，合计发掘面积3012平方米，共发现墓葬23座，均为战国时期，其中个别或可晚到汉初。出土铜、玉、铁、陶、漆器共136件，其中青铜器60件、陶器58件、玉器3件、漆器13件、铁器1件、钱币1枚。

本年度发掘的墓葬在墓葬形制、棺椁制度、随葬品组合以及墓葬分布等方面与以往发掘存在共性的基础上，也表现出了明显的自身特色。进一步加深了我们对余家坝墓地的延续年代、埋葬习俗和文化特征等问题的认识。下面选择M137、M140等5座墓葬予以介绍。

一、墓葬与遗物

M137　　位于余家坝遗址T1354南部，开口于第3层下，打破生土层（图二）。

墓葬形制为土坑竖穴墓，方向94°，东西向，墓室平面呈圆角长方形，口大底小，平底，自东向西倾斜。头端右侧墓壁向内倾斜较甚，墓口头端海拔157.39、脚端157.35米，墓底海拔头端156.81、脚端156.75米。墓口长308、宽150厘米。墓底长302厘米，头端底宽116、脚端底宽146厘米。墓口至墓底深58～60厘米。墓内有熟土二层台，现存高44～45厘米。

墓室填土为黄褐色沙质黏土夹杂较多的青膏泥块、褐色土块等，结构较紧密，颗粒粗糙，分选不好，未发现人为加工迹象，填土不分层。椁室内填土为浅黄褐色花土，土质稍黏，结构较疏松，包含少量黄土粒、灰土块等，质地较粗，分选不好。棺室填土为褐色五花土，土质较黏，结构较疏松，包含黄土粒、褐色土块及灰沙土等，沙性较大，颜色较暗，颗粒细小，分选较好。二层台填土与墓室填土基本一致，质地较硬。椁下铺有厚约4厘米的青膏泥，其范围略大于椁的范围。

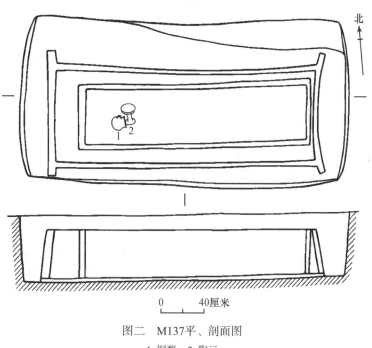

图二　M137平、剖面图

1. 铜鍪　2. 陶豆

墓内置一椁一棺，均已腐朽，灰痕模糊，但涂抹于棺椁上的青膏泥较明显，椁置于墓室中部，平面呈"Ⅱ"形，长268、宽97、残高44厘米，椁端板长约116、板厚约6厘米。棺置于椁内，平面呈长方形，长218、宽60、残高44厘米，板灰厚约6厘米。

棺内葬1人，头向东，人骨架腐朽严重，保存极差，仅残存三枚牙齿和部分左上、下肢骨痕迹，其葬式可能为仰身直肢葬。从随葬品只有生活用具而无兵器等现象推测墓主可能为女性。

共有随葬品2件，其中铜器和陶器各1件。

铜鍪　1件。M137：1，斜置于棺内西端中部，保存较好，微残。尖唇，侈口，束颈，鼓腹，圜底，圆形辫状耳，耳侧视呈麦穗状，耳内侧有一周凸棱。素面，器壁内有十几片垫片痕迹，垫片多呈不规则的方形。口径10.4、最大腹径13.6、高12、厚0.12～0.2厘米（图三，1）。

陶豆　1件。M137：2，斜置于棺内西端中部，保存一般，可复原。泥质黑皮陶，器表经磨光，深灰褐色胎。尖唇，直口微外张，盘壁外折处接近盘口，盘较浅，细高柄，柄中部略外鼓，喇叭形圈足底部外折较甚。素面。口径13.3、盘深1.7、底径9.2、高12.4、厚0.2～0.8厘米（图三，2）。

M140　位于余家坝遗址T0153、T0152、T4153、T4152四个探方之内，开口于第2层下，打破生土层（图四）。

墓葬形制为土坑竖穴墓，方向172°，墓室平面呈长方形。直壁平底，现存墓口头端海拔159.2米，墓底的头部海拔157.74、脚部海拔157.84米，墓口总长298厘米，头部宽130、脚部宽140厘米，墓口到墓底深136厘米，墓内有熟土二层台，现存高度16厘米。

该墓墓室填土为黄褐色花土，夹杂些许黄土块和褐土块粒等，无加工现象，填土不分层。椁内填土为褐色花土，土质较黏，结构较疏松，包含细淤沙、褐色土块、石块等。二层台填土较紧密，土质很硬。

墓室内有一椁，均已腐朽，上部痕迹不清楚，但底部有痕迹可辨，椁室位于墓圹中部，平面呈"Ⅱ"字形，长250、宽78、高16厘米，椁板厚约4厘米。

人骨架腐朽严重，基本看不到骨架痕迹，但从随葬品的部位看，人骨架头应向南。根据随葬品中只见陶质容器再结合本墓群以往的发掘情况来分析，该墓主人应为一女性。

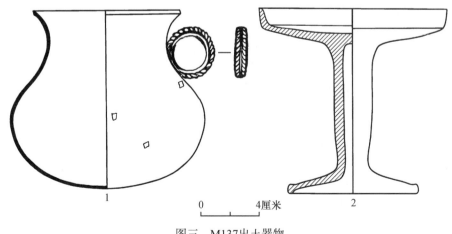

0　　　　4厘米

图三　M137出土器物

1. 铜鍪（M137：1）　2. 陶豆（M137：2）

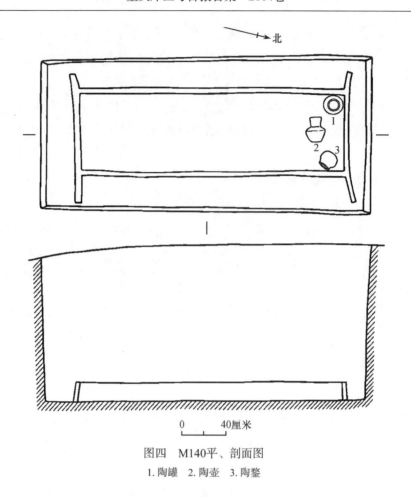

图四　M140平、剖面图
1. 陶罐　2. 陶壶　3. 陶鍪

共有随葬品3件，均为陶器。器形是罐、壶、鍪。

罐　1件。M140：1，置于椁内西北角，出土时保存较好，完整。泥质浅灰褐陶。尖唇，斜平沿微内倾，有短颈，宽肩，腹部平缓斜向内收，平底微内凹，肩径大于器高而呈扁体。素面。口径11.1、最大腹径17.2、底径9.6、高9.4、厚0.4～0.5厘米（图五，1）。

壶　1件。M140：2，放于椁内北部中间部位，保存较好，完整。泥质黑皮陶，红褐色胎。尖唇，口外侈，粗长颈下部微内收，圆弧形肩，腹部平缓向下斜收，平底，底部内壁有两道轮制时形成的凸棱，肩部饰三道很细的凹弦纹。口径12.2、最大腹径16.4、底径9.4、高20.2、厚0.3～0.5厘米（图五，2）。

鍪　1件。M140：3，置于椁内东北角，保存一般，基本完整。夹粗砂红陶，陶质疏松，胎体较厚。圆唇，侈口，卷沿，球形腹，圜底。通体饰有较粗的绳纹。口径14.2、最大腹径20.2、高15.6、厚0.7～1厘米（图五，3）。

M141　位于余家坝遗址T4253西南部，向南延伸至T4252内，开口于第2层下，打破生土层（图六）。

墓葬形制为土坑竖穴墓，方向12°，墓室平面呈长方形。现存墓口头端海拔159.24、脚端海拔159.14米，墓底头端海拔157.82、脚端海拔157.82米；墓口总长298、宽134厘米，墓口距墓底深130～142厘米。墓坑四壁略向内倾斜，墓内四周有熟土二层台，高30厘米。

墓室填土与二层台填土基本一致。为黄褐色花土，土色较暗，夹杂少量红褐色土块，黑色

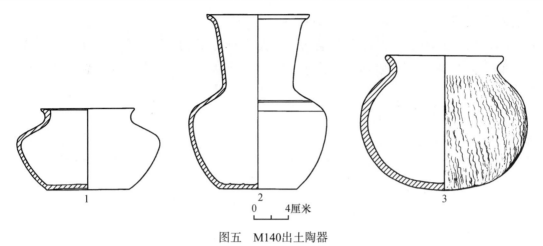

图五 M140出土陶器

1.罐（M140：1） 2.壶（M140：2） 3.鏊（M140：3）

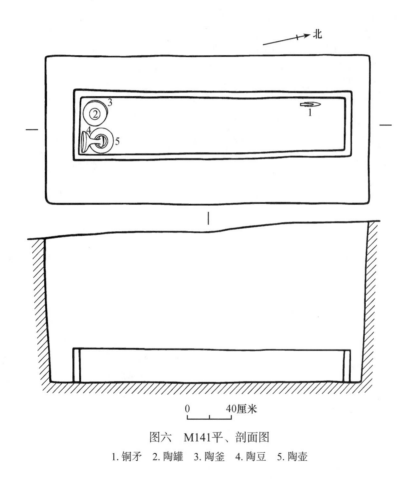

图六 M141平、剖面图

1.铜矛 2.陶罐 3.陶釜 4.陶豆 5.陶壶

土颗粒斑点等，土质较黏，硬度较大，结构较紧密，颗粒粗糙，分选不好。未发现人为加工迹象，填土不分层。棺内填土为深黄褐色花土，土质较黏，结构较疏松，包含黄土块、褐土块及少量沙土等，沙性稍大，颗粒细小，分布均匀。

墓内葬具只有一棺，但已腐朽，有灰痕可辨，棺位于墓圹中部。棺室平面呈长方形，长256厘米，头端宽58、脚端宽64厘米，现存高度30厘米，棺板厚6～7厘米。

人骨架完全腐朽，据随葬品可知头向东，葬式、性别、身高等具体情况不详。

共有随葬品5件，其中铜器1件、陶器4件。

铜矛　1件。M141：1，平置于头端西侧，尖部朝头端，保存较好，尖稍残。前锋平面呈三角形，脊中部断面呈八角形，两侧血槽很深，两叶呈菱形，较宽，叶后部和两侧耳残失，骸近圆筒形。素面。残长16.3、残叶宽3.6厘米（图七，1）。

陶器　4件。器形是壶、罐、豆、釜。

壶　1件。M141：5，平置于M141：4陶豆下部，估计当时放置的时候是扣在一起的，保存较好。泥质灰褐陶。器体稍扁，圆唇，平沿，斜直颈，圆弧形肩，下腹部平直斜收，平底内凹。素面。口径10.6、最大腹径17.5、底径12.4、高13、厚0.4～0.55厘米（图七，2）。

罐　1件。M141：2，倒置于脚端西侧，底部朝上，口部与M141：3陶釜口部对扣，保存较好。泥质灰陶。方唇，唇面有一道凹槽，卷沿，口外侈，弧形腹，腹部最大径位置靠上，平底内凹较甚。颈部以下位置饰有细绳纹。口径15、最大腹径17.6、底径4.1、高12.4、厚0.3～0.4厘米（图七，3）。

豆　1件。M141：4，侧置于脚端东侧，底部扣在M141：5陶壶口沿内，陶质较好，保存完整。泥质灰褐陶。圆唇，口部微内敛，盘较深，盘壁呈弧形，矮粗柄，喇叭形圈足。素面。口径14.6、底径9.2、高12.4、厚0.3～1.2厘米（图七，4）。

釜　1件。M141：3，正置于2号小件下部，口部与M141：2陶罐对扣，陶质疏松，保存不好。泥质灰褐陶，偏黄色。圆唇，口微外侈，直颈较高，球形腹，下腹部斜收较甚，呈圜底趋势，但最底部有内凹，形成很小的内凹平底。颈部以下位置都饰有细绳纹。口径14.6、最大腹

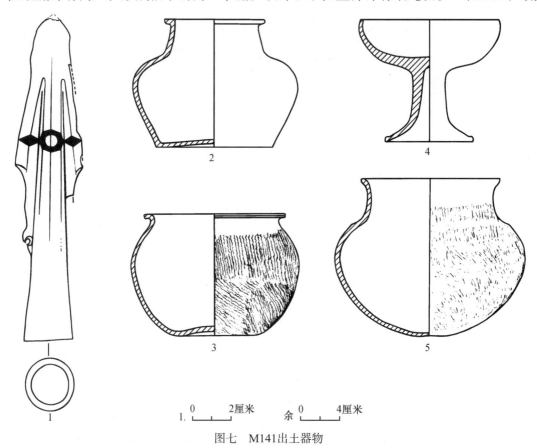

图七　M141出土器物

1. 铜矛（M141：1）　2. 陶壶（M141：5）　3. 陶罐（M141：2）　4. 陶豆（M141：4）　5. 陶釜（M141：3）

径20.1、底径1.8、高16.2、厚0.35～0.5厘米（图七，5）。

M143 位于余家坝遗址T1657西北部，部分延伸到T1658的西南部，开口于第2下，打破生土层（图八）。

墓葬形制为土坑竖穴墓，方向2°，呈北—南走向。墓室平面为长方形，墓壁较直，平底。墓口海拔156.57米，墓口总长290、头端宽120、脚端宽130厘米，墓口到墓底现存深度为36厘米。墓内有熟土二层台，现存高度12厘米。

墓室内填黄褐色花土，含少量黄土块，土质较黏，质地较硬。椁室内的填土为褐色花土，结构较为松软，含黄土粒等。棺内填土比较疏松，为灰褐色花土，含沙多，并夹杂少量黄土块。二层台填土较紧密，略有沙性。

葬具为一棺一椁，均已腐朽，但痕迹可辨。棺椁位于墓的中部，椁为长方形，呈"Ⅱ"字形，长254、头端宽88、脚端宽94、现存高度为12厘米，左右两边的板灰痕迹厚约6厘米，头脚两端厚约8厘米。棺位于椁的中部，平面呈长方形，棺口长210、头端宽60、脚端宽64、现存高度为12厘米，板灰痕迹厚约4厘米。

墓内的人骨架腐朽严重，仅存两段长约10厘米下肢骨，因下肢骨在南端，推测头应向北端，面向和葬式均不详。依据该墓随葬品多为兵器，结合本墓群以往的发掘情况，初步推断墓主可能为男性武士。

共有随葬品8件，其中铜器7件。陶器1件。

铜器 7件。器形有戈、矛、剑、削、镞、钺和鍪。

戈 1件。M143：1，平置于头骨的位置，东西放置，前锋向东，胡向南，没发现木柄痕迹，保存较好，前锋略残。直援，中脊呈四面微内凹的扁菱形，无上阑，直内较长，中部靠前

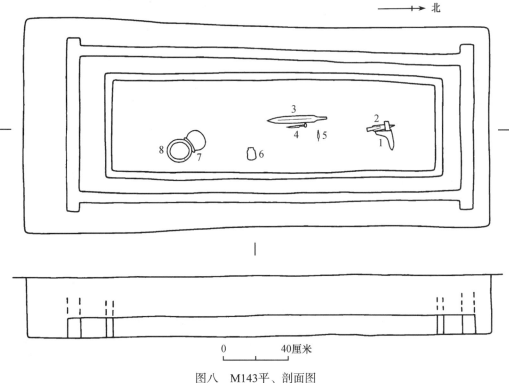

图八 M143平、剖面图

1.铜戈 2.铜矛 3.铜剑 4.铜削 5.铜镞 6.铜钺 7.铜鍪 8.陶豆

位置有一圆形孔，孔前端正背两面各铸有两组共四道凸棱，孔后端正背两面铸有巴族图形文字，阑上部有一个圆形穿，胡部近阑处有两个长方形穿，援胡近阑处一侧正反两面均铸有花纹，花纹形状锈蚀难辨，胡末端向后凸出一牙。残长18.2、宽10.5厘米（图九，6）。

矛　1件。M143：2，平置于头部的位置，在戈内部之下，刃部向北，未发现木柄痕迹，保存较好。长骹矛，前锋平面呈柳叶形，中脊圆隆，叶较窄短，叶后部弯曲，叶的正背两面各铸有两组云雷纹，可兼作血槽之用，骹呈圆筒形，两侧有双弓形耳。骹的后部一面饰有虎纹和巴族图形文字，一面饰有巴族图像，尾端饰一周云雷纹。残长20.8、叶宽3.65厘米（图九，2）。

剑　1件。M143：3，平置于棺内中部偏西，大约在盆骨的右侧，没发现木柄痕迹，有部分剑鞘的皮革痕迹，黑色，保存较好。器形较窄长，平面呈柳叶状，剑身横剖面呈中脊凸出的菱形，边锋较宽，稍内弧，呈血槽状。斜肩，剑茎无格，茎断面呈菱形，茎上、下部各有一圆形穿。剑正背两面还留有虎皮斑纹。残长40.8、宽3.8厘米（图九，1）。

削　1件。M143：4，平置于剑的中部东侧，南北放置，环首向北，锋向南，刃部向东，保存一般，可修复。器形呈长条形，形体较小，直背，弧刃，短柄，椭圆形环首。长8.65、刃宽1.15、环首宽1.5厘米（图九，3）。

镞　1件。M143：5，平置于棺的中部，锋向西，铤向东，保存较好，可修复。三棱形刃，铤部为圆形。长6.06、宽1厘米（图九，4）。

钺　1件。M143：6，平置于棺东部，靠近棺边，下肢骨残存一段在其下面，刃部向东，未发现木柄痕迹，保存较好。器身较细长，束颈略长，窄斜肩，腰微内凹，圆弧刃，刃宽于肩和腰，銎呈圆角长方形。颈部的一面铸有两道弧形凸棱和一个小方形凸棱，另一面则只有一个小方形凸棱。长9.5、宽4.8厘米（图九，5）。

鍪　1件。M143：7，平置于棺内南部偏东，口向下倒置，东侧有残存的一段下肢骨，保存较好。小方唇，尖唇，束颈较长，垂腹，圜底略平，器体较高。椭圆形辫状耳，耳侧视呈麦穗，耳内侧还有一周辫状凸棱。素面，器壁内有二三十个垫片，垫片多为不规则的四边形。口径8.7～9.1、最大腹径10.9、高10、厚0.15～0.2厘米（图九，8）。

陶器　1件。

豆　1件。M143：8，平置于棺的东南部，紧贴铜鍪，豆盘向上，保存较差，可复原。泥质灰陶。器形不规整，圆唇，口部微内敛，盘的深度适中，盘壁呈弧形，内外壁都有波浪状的凸起，细高柄也有轻微的波浪状凸起，喇叭形圈足。素面。口径14.6、底径9.2、高12.4、厚0.3～1.2厘米（图九，7）。

M153　位于余家坝T1352和T1353两个探方之内，开口于第2层下，打破生土层（图一〇）。

墓葬形制为土坑竖穴墓，方向326°。墓室平面呈长方形，四壁大致垂直。墓口海高度157.24、墓底海拔156.64米。墓口距地表深60厘米。墓口总长为280、宽136厘米。墓内四周有熟土二层台。

墓内与二层台填土基本相同，均为红褐色花土，夹杂少量黄土粒、黑土粒斑点等，土质较黏、硬，结构紧密，颗粒粗糙，分选不好。未发现人为加工痕迹，不分层。椁室填褐色花土，

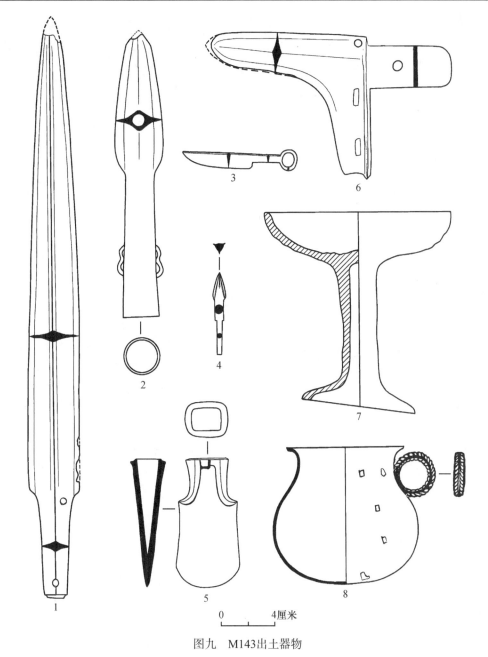

图九   M143出土器物

1. 铜剑（M143：3）   2. 铜矛（M143：2）   3. 铜削（M143：4）   4. 铜镞（M143：5）   5. 铜钺（M143：6）

6. 铜戈（M143：1）   7. 陶豆（M143：8）   8. 铜鍪（M143：7）

土质较黏，结构较疏松，质地较粗，但较均匀，分选较好。棺内填土为浅黄褐色花土，土质较黏，结构较疏松，包含黄土粒、褐土块及少量沙土等，沙性较大，颗粒细小，分布均匀，分选较好。

葬具为一棺一椁，均已腐朽，但灰痕可辨。椁基本位于墓室的中部，平面呈"Ⅱ"字形，长224、头端宽103、脚端宽108、现存高度为60厘米，椁板厚度约为4厘米。棺位于椁室内中部，平面呈长方形，长186、宽60、现存高度为20厘米，棺板厚约4厘米。

人骨保存不好，方向为326°，从现存的上肢骨、下肢骨及头骨残迹观察，葬式为仰身直肢葬，其余情况不明。据随葬品中多为兵器的特点，结合本墓群以往的发掘情况，初步推断墓主

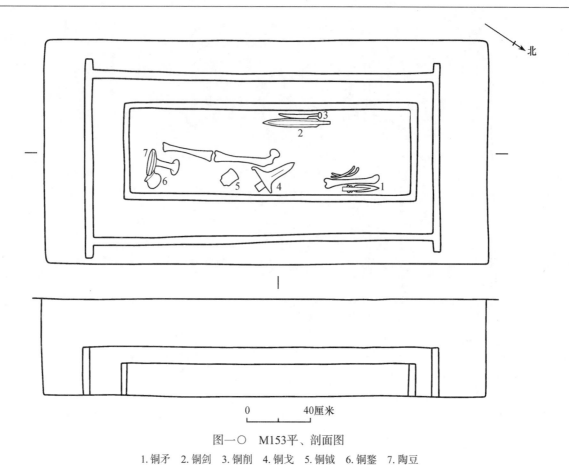

图一〇　M153平、剖面图

1.铜矛　2.铜剑　3.铜削　4.铜戈　5.铜钺　6.铜鏊　7.陶豆

可能为一男性，身高、年龄不详。

　　共有随葬品7件，其中铜器6件、陶器1件。

　　铜器　6件。器形有矛、剑、削、戈、钺和鏊。

　　矛　1件。M153：1，平置于左侧上肢的左侧，保存较好。短骹宽叶矛，前锋平面呈柳叶形，中脊圆隆，叶较宽，叶后部斜收与耳相接，骹呈圆筒形，两侧有双弓形耳。骹的后部一面饰有巴族图形文字，一面纹饰锈蚀不清。长17.8、宽3.75厘米（图一一，2）。

　　剑　1件。M153：2，平置于腹部右侧，保存很好，尖部微残。器形较窄长，平面呈柳叶状，剑身横剖面呈中脊圆凸的菱形，边锋较宽，稍内弧，呈血槽状。斜肩，剑茎无格，茎断面呈四面微内凹的菱形，茎上、下部各有一圆形穿。素面。残长36.7、宽3.6厘米（图一一，1）。

　　削　1件。M153：3，置于铜剑右侧，带鞘，保存较差。器形呈长条形，大小中等，直背，弧刃，短柄，椭圆形环首。长16.5、刃宽1.35、环首宽3.2厘米（图一一，6）。

　　戈　1件。M153：4，置于大腿骨左侧，胡部和内保存较好，援部锈蚀较甚。直援残，中脊呈四面微内凹的扁菱形，阑侧有三穿，最上端为一圆形穿，中下部有两个长方形穿，直内较短，中部靠前位置有一圆形大孔，援后端和胡上有两面对称的虎纹图案，虎头很大，张口吐舌，虎耳凸出斜立，两面对称形成双翼，胡末端向后凸出一牙。长22.6、宽13.9厘米（图一一，4）。

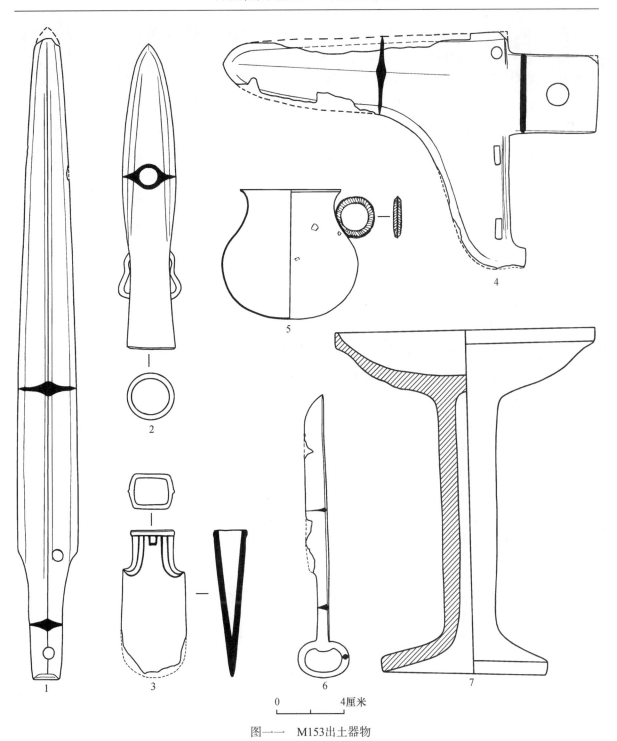

图一一　M153出土器物

1. 铜剑（M153∶2）　2. 铜矛（M153∶1）　3. 铜钺（M153∶5）　4. 铜戈（M153∶4）　5. 铜鍪（M153∶6）

6. 铜削（M153∶3）　7. 陶豆（M153∶7）

钺　1件。M153：5，放于人骨架大腿骨左侧，保存较好。器身较细长，束颈略长，窄斜肩，肩、腰、刃部的宽度基本相同，圆弧刃略残，銎呈圆角长方形。颈部的正背两面铸有两道弧形凸棱和一个小方形凸棱。长8.3、宽4厘米（图一一，3）。

鍪　1件。M153：6，斜放于脚端左侧，保存较好。尖唇，口微侈，束颈较长，垂腹，圜底略平，器体较高。圆形辫状耳，耳侧视呈麦穗状，耳内侧有一周凸棱，器壁有20余个垫片，垫片大多为不规则的四边形。口径6、最大腹径8.2、高7.5、厚0.1～0.13厘米（图一一，5）。

陶器　1件。

豆　1件。M153：7，斜放于脚端左侧，保存较差。泥质黑皮陶，灰褐色胎，胎体厚重。尖圆唇，浅盘，盘内壁为平滑的弧形，外壁有两道波浪状凸起，细高柄，喇叭形圈足底部外折较甚。口径15.7、底径9、高19.7～20.2、厚0.45～1.41厘米（图一一，7）。

二、结　语

通过这次发掘，我们对余家坝墓地的埋葬特点、棺椁制度和文化特征有了进一步的认识。

本次发掘，新发现了两个墓葬分布相对集中的区域：一是遗址的东北部靠近彭溪河一带，发现墓葬10座，据农民说，这里以往经常从彭溪河边断崖上冲出铜器，看来有一定的可信性。另一处是村东（12、13社的老院子）和大水塘的北侧，在1000平方米的范围内发现6座墓葬。

此外，在村西高地上也发现一座与村东相同类型的墓葬。余家坝这一带墓葬分布的特点可以说明两个问题：一是民舍（民房所占的范围不大，在6000平方米左右）下应该也是墓区的范围；二是修筑村东南的大水塘，可能破坏了大量墓葬，因为这一带恰好是墓地的中心区域。

墓葬的埋葬方向不甚一致。就已发现的情况而言，余家坝战国墓葬的埋葬方向相对较乱，但仍有一定规律。简而言之，有东北—西南和东南—西北两大类，两者均占相当比例。除此，还有一些介于两者之间的墓葬，如东西方向和南北方向者。从平面布局上看，两大类墓葬混杂在一起，甚至还有相同方向的墓葬墓主头向相反的现象，这种情况耐人寻味。

余家坝的战国墓葬均有木质葬具，多数墓葬都使用了一椁一棺，相当多的墓葬使用多少不一的白（青）膏泥。部分墓葬在椁或棺下还发现垫木遗存，垫木均为两根，一般安放在两端椁与棺之间的位置，为方木或圆木。

余家坝的23座战国墓葬，除了几座大部分被破坏外，余者均有数量不一的随葬品，最多的25件，少者也有2～3件。随葬品有铜器、陶器、玉器、漆器和铁器等。男性多数随葬一套青铜兵器，组合完整的有戈、剑、矛、钺（或斧）、削，不完整者可能缺少其中一两种。另一类没有兵器，有的使用玉石质装饰品，以玉玦等为常见，应为女性墓葬。随葬品的组合有三种类型：一是如上所述，6件铜器和1件陶豆，或1件铜鍪和1件陶豆再加部分装饰品；二是3件或4件陶器，陶器以罐为主，并排置于棺室的一端；三是以漆器为主，或有一两件陶器。从分布和器物形制方面分析，这三种不同组合的墓葬，主要反映了时代差别，即出铜器的墓葬较早，而只出陶器的墓葬时代较迟一些。

余家坝战国墓葬所反映的文化因素是复杂的。就墓葬随葬品的文化属性而言，既有楚式器物，如铜鼎、陶壶和部分铜戈、有首剑等，也有秦式器物，如铜鍪等，更有特色鲜明的巴文化因素，如铜剑绝大多数无首，剑身有虎形纹样和巴蜀图形文字，戈的个体较大，多有虎形花纹，矛身也多有与剑身相似的花纹和图形文字。这种由复杂的文化因素所构成的文化面貌表明，余家坝墓地的文化性质是在特定的历史背景下多种文化的复合体。

本次发掘的同时，还组织人员对墓地北侧和西南侧的两个台地进行了再次调查，并在部分地段进行了勘探和试掘，以寻找与余家坝墓地的人们相对应的居住区。但仍然没有发现有价值的居住区线索，而在墓地上方略高的区域也发现同一时期的墓葬。对相关问题的探讨特别是寻找居住区的位置，还有待于今后进一步的工作。

附记：余家坝遗址的发掘工作得到了重庆市文化局、开县人民政府以及文广局、文管所、渠口镇政府和云安村的大力协助，在此一并致谢。

领队：栾丰实
发掘：栾丰实　王　芬　陈彤等
绘图：王　芬
执笔：栾丰实　王　芬

石柱砖瓦溪遗址2003年度发掘报告

山 西 省 考 古 研 究 院
石柱土家族自治县文物管理所

一、引　言

　　砖瓦溪遗址属重庆市石柱土家族自治县黎场乡望江村下坝四组，地处长江南岸，面江背山。东经108°6′，北纬30°20′，高程为150～190米（图一）。遗址沿长江南岸自西向东分布有多个台地。遗址分布面积较大，主要遗迹为汉代墓葬，陶片较少，文化层较薄。地表多见汉代

图一　砖瓦溪遗址位置示意图

墓砖，由于历年来平整土地活动频繁，有部分墓葬已经接近底部，另有多处墓葬被盗。2001～2002年山西省考古研究所曾发掘2500平方米，位于遗址第五区，发现清理土坑竖穴墓和砖室墓共27座。2003年3～4月，为配合三峡库区建设的文物保护工作，又在之前发掘区的东北侧，发掘1000平方米，为遗址第六区，共发掘汉代墓葬8座，出土文物千余件，以陶器、铜钱为大宗，次为铁、铜质器物。现将2003年发掘情况介绍如下。

二、遗迹、遗物

五、六区之间相距约140米，此次在六区共布10米×10米探方10个，编号为2003CSZT1～2003CSZT10，地势东南高西北低，堆积较薄（图二）。

遗迹以墓葬为主。所有墓葬皆为表土层下开口，除M30和M33分别为砖室墓和石室墓外，其余皆为土坑竖穴墓，此两墓被破坏严重。土坑竖穴墓平面为长方形或正方形，填土为黄褐花土，未经夯打，直壁较规整。M31、M34有脚窝。葬具为一椁一棺或一椁内并列两棺，保存较差。人骨皆腐朽，成粉状无法采集。保存情况较好者，分为单人和双人葬两种，墓主头向南、北、西皆有（图三）。具体情况见附表。

出土器物以陶、铜、铁质为多，其中陶罐近69件，数量庞大，形制多样，为便于表述，报告中对陶罐进行了分型，标准如表一所示。

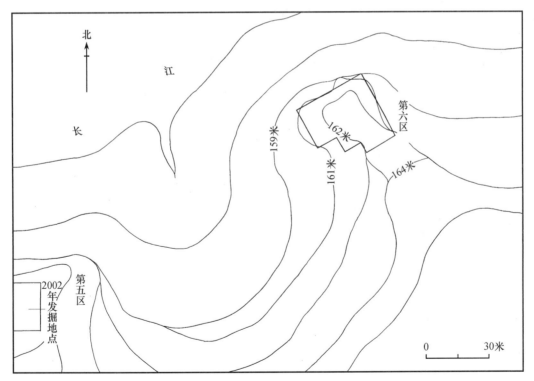

图二　砖瓦溪遗址第六区位置图

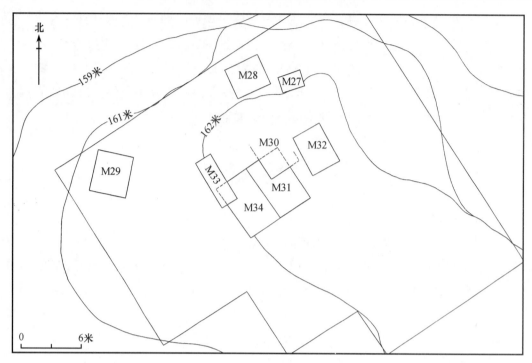

图三　砖瓦溪遗址第六区墓葬分布平面图

表一　报告中各陶罐分型标准

平底罐							圜底罐
A型鼓肩罐		B型鼓腹罐	C型折肩罐		D型圆肩深腹	E型垂直腹	
Aa型鼓肩弧腹	Ab型高领鼓肩弧腹		Ca型折肩有沿	Cb型折肩无沿			

（一）M27

位于发掘区东北，长方形土坑竖穴墓，四壁近直，墓向为东西向，墓圹长2.1、宽1.5、存深0.7米。葬具葬具为一椁一棺，椁长2.1、宽1.2、存高0.5米，棺位于椁室北侧，长1.8、宽0.6、存高0.3米。皆保存较差。墓主骨架不存，头向不明（图四）。随葬品855件，有铜镜、铜铃、铜饰件、铜泡3、铜五铢钱32、石饰品8、石镞、半两钱800、陶罐4、陶盆、陶釜、陶甑、铁釜。铜器主要放置于棺内，类别主要是兵器、钱币、日用品、装饰品等，仅铜钱就832枚，其中一串半两钱，共800枚，位于棺内西端，棺内东放置有铜镜、铜饰件、铜泡3、五铢钱32、两串石饰、石镞。椁内西南侧为盛储器，陈列有陶罐4件、陶盆1件，东南侧为炊煮器，有陶釜、陶甑、铁釜各1件。

1. 陶器

圜底罐　4件。M27：10，泥质灰陶。直口，平折翻沿，方唇，束颈，折肩，圜底。颈及上腹装饰绳纹。高15.6、口径9厘米（图五，1）。M27：11，泥质灰陶。直口，折沿，尖唇，唇下起棱，束颈，圆鼓肩，圜底内凹。下腹部装饰绳纹。高16、口径13厘米（图五，4）。M27：13，泥质灰陶。直口，卷沿，尖唇，唇下起棱，圆鼓肩，圜底。下腹部装饰绳纹。高

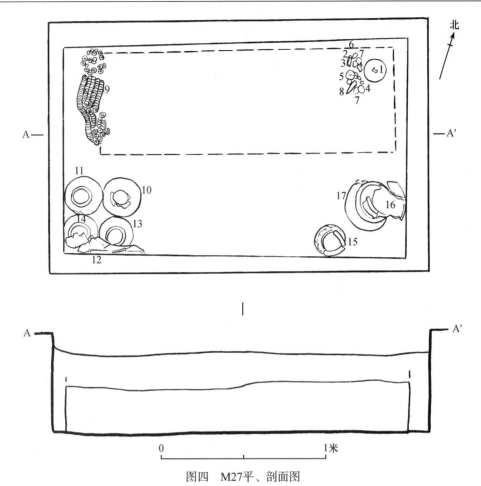

图四　M27平、剖面图

1. 铜镜　2. 铜铃　3. 铜饰件　4. 铜泡3　5. 五铢钱32　6. 石饰8　7. 石饰5　8. 石镞　9. 半两钱800　10、11、13、14. 陶罐
12. 陶盆　15. 陶釜　16. 陶甑　17. 铁釜

14、口径12厘米（图五，2）。M27：14，泥质灰陶。直口，卷沿，尖唇，唇下起棱，高颈，折肩，圜底。下腹部装饰绳纹。高15.8、口径12厘米（图五，3）。

　　釜　1件。M27：15，敞口，束颈，鼓肩，弧腹，圜底。腹部装饰绳纹。高15.4、口径17厘米（图五，5）。

　　盆　1件。M27：12，泥质灰陶。直口，卷沿，尖唇，下腹斜收，平底略内凹。腹部装饰一周弦纹。高14、口径28、底径14厘米（图五，6）。

　　甑　1件。M27：16，夹细砂灰陶。直口，卷沿，圆唇，下腹直收，平底有圆形箅孔。高13.2、口径23.2、底径12厘米（图五，7）。

2. 铜器

　　镜　1件。M27：1，圆形，圆纽座，桥形纽，装饰四乳虎纹。直径15.2厘米（图六）。

　　铃　1件。M27：2，合瓦形，顶端有桥形纽，无舌。高5、铣间距4.6、舞广4.6厘米（图八，6）。

　　饰件　1件。M27：3，长方形中空，顶端有纽。长4.7、宽1.7、厚0.9厘米（图八，7）。

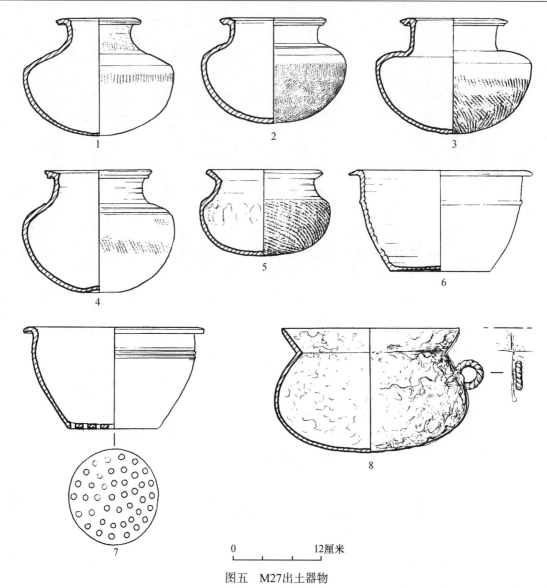

图五　M27出土器物

1~4.陶圜底罐（M27：10、M27：13、M27：14、M27：11）　5.陶釜（M27：15）　6.陶盆（M27：12）　7.陶甑（M27：16）
8.铁釜（M27：17）

　　泡　3件。M27：4，形似图钉，半球形隆鼓，内部有钉。M27：4-1，直径0.9、高0.9厘米（图八，1）。M27：4-2，直径0.7、高0.6厘米（图八，2）。

　　钱币　分为五铢钱和半两钱两种。

　　五铢钱　M27：5，共32枚。五字交笔弯曲，铢字左右两部分平齐，"金"部头呈箭镞形，"朱"部上部方折。直径2.4厘米左右（图七，1、2）。

　　半两钱　M27：9，共800枚。笔画方面，币文字形分两种：一种"半"字下横画和"两"字上横画与字基本等宽，但是书写工整程度不同（图七，3~5）；二种"半"字下横画和"两"字上横画略短（图七，6）。铸口方面，分为斜上方和正上方两类，直径2.3~2.5厘米。

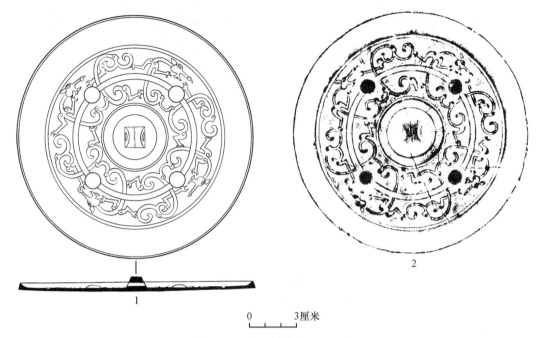

图六　M27出土铜镜（M27∶1）

1. 铜镜　2. 铜镜纹样拓本

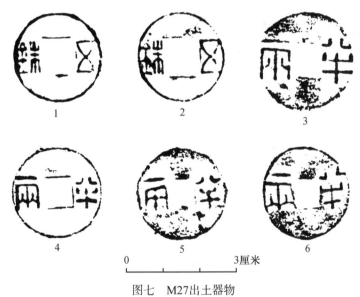

图七　M27出土器物

1、2. 五铢钱（M27∶5）　3～6. 半两钱（M27∶9）

3. 铁器

釜　1件。M27∶17，锈甚。侈口，扁球腹，圜底。腹部有一绹索状环耳。高16、口径24厘米（图五，8）。

4. 石器

饰品　2组。M27∶6，一组共3件，鹅卵石加工而成，饼状，上有一穿供悬挂，涂朱砂，素面。径3.5～4.2、孔径0.6厘米（图八，3）。M27：7，一组共5件，鹅卵石，梭状，上涂有朱砂。长4.5、宽1.4～1.6厘米（图八，4）。

镞　1件。M27：8，柳叶形，截面菱形，铤部残。长8、最宽2.3厘米（图八，5）。

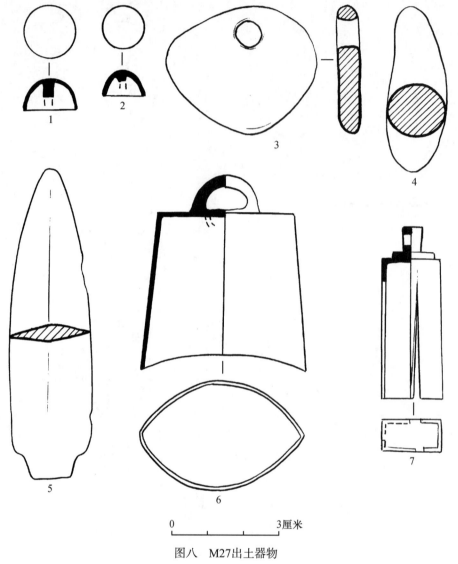

图八　M27出土器物

1、2. 铜泡（M27：4-1、M27：4-2）　3、4. 石饰品（M27：6、M27：7）　5. 石镞（M27：8）　6. 铜铃（M27：2）

7. 铜饰件（M27：3）

（二）M28

位于发掘区东北，M27西侧，墓向为东西向，长方形土坑竖穴墓，四壁近直，墓向大体为东西向，墓圹长3.6、宽3、存深1.2米，葬具仅存一椁，椁长3.2、宽2.5米，棺腐朽不存，但推测应该靠近椁室西、北侧放置，具体棺数亦不明，墓主骨架不存（图九）。随葬品106件。由于葬具不存，器物具体放置空间不明，但可以看出，铜器主要散布在棺所在的范围周边，类别主要是兵器、工具、钱币、日用品，椁内东、南两侧置满容器，有炊煮器陶甑、陶釜及铁釜架，以及大量的陶质盛储器。

图九　M28平、剖面图

1.五铢钱6　2.五铢钱25　3.五铢钱28　4、10.铁刀　5.铁环首刀　6.磨石　7.陶器耳2　8.铁锛　9.铁铲

11、20、25、30、32.陶钵　12.陶甑　13、26、33.陶釜　14.铁釜架　15、18、19、21、28、29、31、34～43.陶罐

16、24.陶盆　17.陶壶　22.陶井　23.陶盒　27.陶囷（其中20为5件，30、36为2件）

1. 陶器

钵　10件。泥质灰陶，敞口，卷缘，折腹，底部与折腹程度略有不同。

M28：11、M28：32，保存极差，残碎不堪，未能拼对。M28：20-1，平底。高4.8、口径12.8、底径5.6厘米（图一〇，1）。M28：20-2，平底。高4.8、口径12.4、底径4.4厘米（图一〇，2）。M28：20-3，平底。高6、口径16、底径6厘米（图一〇，3）。M28：20-4，平底。高6、口径18、底径6厘米（图一〇，6）。M28：20-5，平底。高6.4、口径19.2、底径6.8厘米（图一〇，9）。M28：25，平底假圈足。高5.2、口径13.6、底径4.4厘米（图一〇，4）。M28：30-1，平底。高4.8、口径12、底径4.8厘米（图一〇，5）。M28：30-2，平底。高4.8、口径13.6、底径4.8厘米（图一〇，8）。

釜　3件。M28：13，夹砂红陶。下腹部及以下残失。侈口，高领，圆肩。腹部装饰绳纹。残高16厘米（图一二，3）。M28：26，夹砂灰陶。盖为折腹钵，小平底，敞口，折沿，溜肩，鼓腹下垂，圜底。下腹及底部装饰绳纹。盖高4.8、口径12.8厘米，釜高15.2、口径13.2厘米（图一〇，7）。M28：33，夹砂灰红陶。敞口外侈，束颈，鼓腹，圜底。腹部以下装饰绳纹。高12.4、口径19.6厘米（图一〇，10）。

平底罐　17件。依据腹部和颈部形制可分为三型。

A型　15件。分二亚型。

Aa型　14件。泥质灰陶。微敛口，小折沿或卷沿，圆鼓肩，平底。部分有折腹钵做盖，肩部装饰稍有不同。

1）肩部装饰网格状暗纹。

M28：15，高10、口径9.6、底径12.8厘米（图一〇，11）。M28：18，高12.4、口径13.6、底径10.4厘米（图一〇，12）。M28：28，高23.6、口径11.2、底径16.8厘米（图一〇，16）。M28：29，盖为折腹钵。器盖高6.4、口径17.6厘米，罐高24、口径9.2、底径22.4厘米（图一一，9）。M28：31，高16.4、口径11.6、底径15.6厘米（图一〇，13）。M28：34，高17.6、口径10.4、底径14.8厘米（图一〇，14）。M28：35，盖为折腹钵，小平底。盖高5.2、口径13.2厘米，罐高17.6、口径10.8、底径16厘米（图一〇，15）。M28：36-1，盖为折腹钵，小平底。盖高5.2、口径14.6厘米，罐高17.2、口径11.2、底径16厘米（图一一，6）。M28：40，盖为折腹钵，小平底。盖高5.2、口径12.8厘米，罐高12.8、口径10.4、底径11.6厘米（图一一，2）。M28：38，高18、口径10.4、底径16厘米（图一一，11）。M28：43，高12.8、口径9.2、底径12厘米（图一一，4）。

2）肩上装饰一或两道凹弦纹。

M28：39，盖为折腹钵，小平底。盖高5.2、口径13.2厘米，罐高18.2、口径10.4、底径16厘米（图一一，3）。M28：42，盖为折腹钵，小平底。盖高5.2、口径12.4厘米，罐高14、口径10、底径12厘米（图一一，1）。

3）肩部装饰一窄道绳纹。

M28：41，盖为折腹钵，小平底。盖高5.2、口径12.8厘米，罐高10.8、口径12.4、底径10.6厘米（图一一，7）。

图一〇　M28出土陶器

1~6、8、9.钵（M28：20-1、M28：20-2、M28：20-3、M28：25、M28：30-1、M28：20-4、M28：30-2、M28：20-5）

7、10.釜（M28：26、M28：33）　　11~16.平底罐（M28：15、M28：18、M28：31、M28：34、M28：35、M28：28）

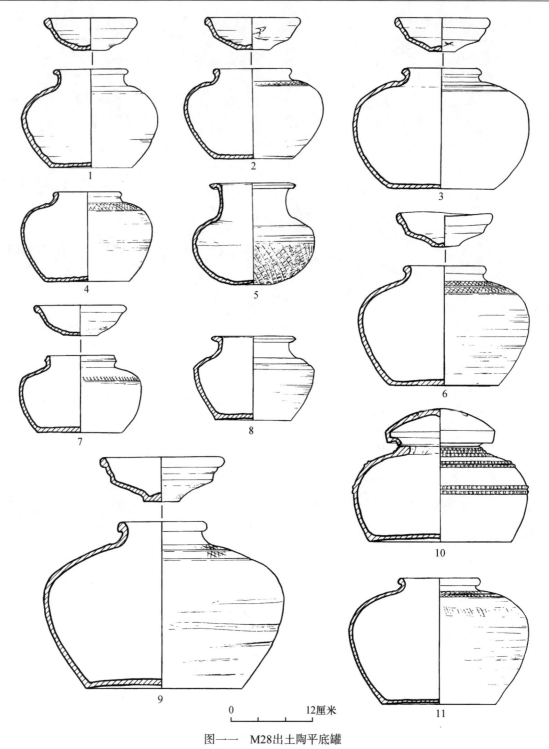

0　　　　　　　12厘米

图一一　　M28出土陶平底罐

1. M28：42　2. M28：40　3. M28：39　4. M28：43　5. M28：36-2　6. M28：36-1　7. M28：41　8. M28：37　9. M28：29

10. M28：19　11. M28：38

Ab型　1件。M28：36-2，泥质灰陶。直口卷沿，高领，圆肩，弧腹，平底略内凹。肩部装饰凹弦纹，腹部装饰方格纹。高14.4、口径10.8厘米（图一一，5）。

B型　1件。M28：19，泥质灰陶。穹隆顶盖，敛口，鼓肩，扁腹，平底内凹。肩腹部有竖道窄附加堆纹。高18.8、底径25.5、口径12厘米（图一一，10）。

C型　1件。M28：37，泥质灰陶。侈口折沿，尖唇，折肩，平底略内凹。肩部装饰一道凹弦纹。高12、口径10、底径10.8厘米（图一一，8）。

圜底罐　1件。M28：21，泥质灰陶。盖为折腹钵，小平底。直口卷沿，尖唇，束颈，鼓肩，圜底。肩腹装饰绳纹。高27.5、口径11.6厘米（图一二，1）。

盒　1件。M28：23，泥质灰陶。器身子母口，折腹，圈足，器身与器盖相似，稍浅。盖身各饰两组凹弦纹。高16.4、口径19.6、底径10厘米（图一二，2）。

壶　1件。M28：17，泥质灰陶。盘口，长束颈，鼓肩，弧腹，矮圈足。肩部有对称两个兽首衔环，肩腹部装饰多道凹弦纹。高28、口径13.2、底径17.2厘米（图一二，5）。

井及构件　M28：22，泥质灰陶。由井盖、井架和汲水罐三部分组成，井盖方形，中有圆形井圈，井盖下有圈足，套接井筒。井盖四角装饰方格纹、一侧装饰鱼纹。井架高16、井圈径8厘米。汲水罐直口卷沿，鼓肩，弧腹，平底。高7.2、口径4、底径4厘米（图一二，6）。

囷　1件。M28：27，泥质灰陶。子母口，圆唇，平折肩，直腹，近底微收，平底。腹部装饰两道凹弦纹。高19.6、口径15.2、底径16.8厘米（图一二，4）。

盆　2件。

M28：24，泥质灰陶。侈口，卷沿，束颈，下腹弧收，平底略内凹。高10.4、口径28、底径15.6厘米（图一三，1）。

M28：16，泥质灰陶。侈口，卷沿，下腹弧收，平底。腹部装饰凹弦纹。高12、口径19.2、底径8厘米（图一三，2）。

器耳　2件。M28：7-1、M28：7-2，形制相同。泥质灰陶。整体为"S"形卷云状，两端一大一小，大的一段有残断痕迹，或为器耳。长4.2、宽2.5、厚1厘米（图一四，3）。

甑　1件。M28：12，泥质灰陶。直口，卷沿，方唇，下腹弧收，平底有圆形箅孔。腹部装饰弦纹。高18.8、口径25.2、底径14.4厘米（图一三，3）。

2. 铁器

刀　3件。M28：4，锈甚，长条形，有柄。长80、宽3.2、厚0.4厘米（图一三，5）。M28：5，锈甚，长条形，柄端有椭圆形环首。长21.5、宽1.1、厚0.3厘米（图一四，2）。M28：10，锈甚，长条形，有柄。长27.7、宽3、厚0.3厘米（图一四，1）。

锛　1件。M28：8，锈甚，长方形銎，自銎至刃部渐宽，刃部弧形。长14.6、銎口长8.6、銎口宽3.8厘米（图一四，5）。

铲　1件。M28：9，锈甚，椭圆形銎，窄长条形铲面。长40、銎口径5.6厘米（图一四，4）。

釜架　1件。M28：14，锈甚，圆圈状铁箍配三支钉，外附三个外撇长足。高26.2、箍径27厘米（图一三，4）。

0　　　　　　12厘米

图一二　M28出土陶器

1.圜底罐（M28：21）　　2.盒（M28：23）　　3.釜（28：13）　　4.囷（M28：27）　　5.壶（M28：17）

6.井（M28：22）

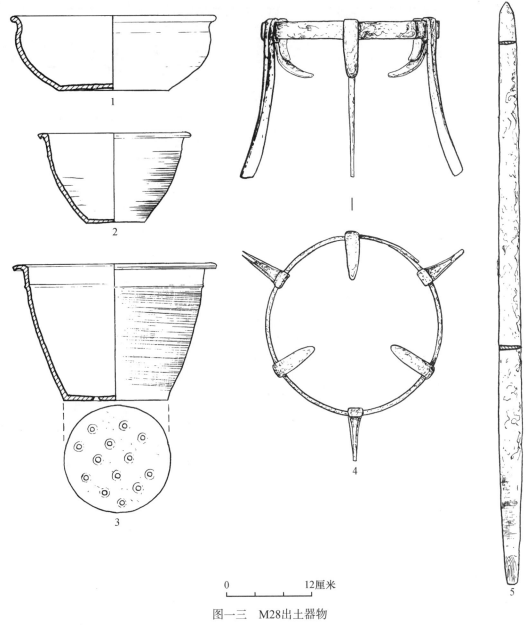

图一三　M28出土器物

1、2.陶盆（M28：24、M28：16）　3.陶甑（M28：12）　4.铁釜架（M28：14）　5.铁刀（M28：4）

3. 铜器

五铢钱　59枚。

M28：1，6枚。

M28：2，共25枚。圆形方孔，币文"五铢"，五字交笔弯曲，铢字"金"部写法有两种：一种"金"头呈三角形，点较长；另一种"金"头部为箭头形，点较短。"朱"部上部方折。直径2.5厘米左右（图一五，1、2）。

M28：3，共28枚。圆形方孔，币文"五铢"写法有两种：一种"五"字交笔较曲，"铢"字左右两部分中，"金"头三角形，"朱"部上部方折；另一种"五"字交笔近直，"铢"字左右两部分中，"金"头呈箭镞形，"朱"上部方折。直径2.3～2.4厘米（图一五，3～5）。

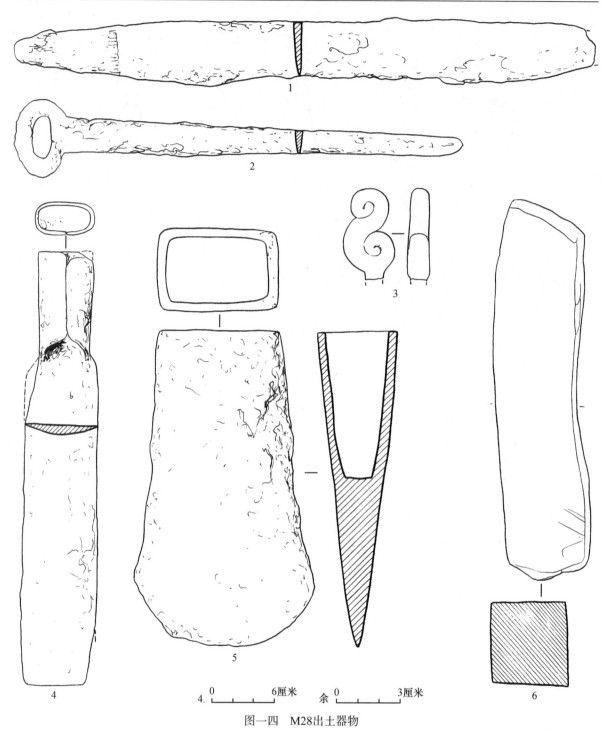

图一四　M28出土器物

1、2.铁刀（M28：10、M28：5）　3.陶器耳（M28：7-1）　4.铁铲（M28：9）　5.铁锛（M28：8）　6.磨石（M28：6）

4. 石器

　　磨石　M28：6，青灰色。长条状，使用的一面略凹陷。长17.4、宽3.8、厚3.7厘米（图一四，6）。

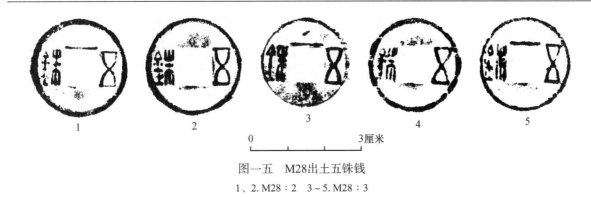

图一五 M28出土五铢钱
1、2. M28：2 3~5. M28：3

（三）M29

位于发掘区西北侧，长方形土坑竖穴，四壁近直。大体为东西向，墓圹长4、宽3.6、存深2.9米。葬具为一椁，椁内双棺南北并列，椁室长3.4、宽3.1、存高0.7米，双棺放置在椁室西北侧，北棺长2.2、宽0.6，墓主骨架腐朽，葬式不明，南棺长2.3、宽0.7米，墓主仰身直肢，头向为280°（图一六）。随葬品132件，有铜五铢钱96、铁釜、铁刀、铁铲、陶甑、陶囷、陶盆、陶井一套4件、陶壶2、陶罐13、陶釜3、陶钵8。铜器主要分布在棺内，北棺内有五铢钱46枚、铁刀1件，南棺内有五铢钱50枚。椁内东、南两侧置满容器，东北角有陶釜2件、陶罐2件，西南角有铁铲、陶钵、陶釜、陶盆、陶甑、铁釜、陶井各1件。其余为盛储器，东南角9件陶罐、1件陶囷东西排成两排，南棺南侧散置有陶壶、陶罐各2件。

1. 陶器

折腹钵 8件。皆泥质灰陶，敞口折腹，平底。M29：23-1，高4.4、口径12.8、底径5.2厘米（图一七，5）。M29：23-2，高5.2、口径12.4、底径5.2厘米（图一七，1）。M29：23-3，高5.6、口径12.4、底径4.8厘米（图一七，2）。M29：23-4，高6.4、口径16.4、底径5.6厘米（图一七，3）。M29：23-5，高6.4、口径16.8、底径6.8厘米（图一七，4）。M29：23-6，高6.4、口径15.6、底径6厘米（图一七，8）。M29：23-7，高6、口径16、底径6厘米（图一七，7）。M29：23-8，高6.4、口径16.8、底径5.2厘米（图一七，6）。

釜 3件。M29：4，盖为一平底钵，器为敞口扁球腹，底部残。器表外装饰绳纹。残高8、口径17.2厘米（图一七，12）。M29：6，盖为一平底钵，器为敞口扁球腹，肩部以下残。器表外装饰绳纹。盖高5.2、口径12.58、底径5.2厘米。器残高6、口径17.6厘米（图一七，14）。M29：24，盖为一平底钵，泥质灰陶。器身夹砂红陶，敞口，折肩圜底。器表装饰绳纹。盖高5.2、口径11.6、底径4.8厘米。器高8、口径12厘米（图一八，4）。

平底罐 13件。依据腹部形态可以分为三型。

Aa型 11件。泥质灰陶。卷沿，鼓肩弧腹，平底或略内凹，有些配有平底钵做盖，肩部装饰稍有不同。

1）肩部装饰网格暗纹和凹弦纹。

M29：7，盖为一平底钵，器为敛口折沿。盖高5.2、口径12、底径5.6厘米。器高16.8、

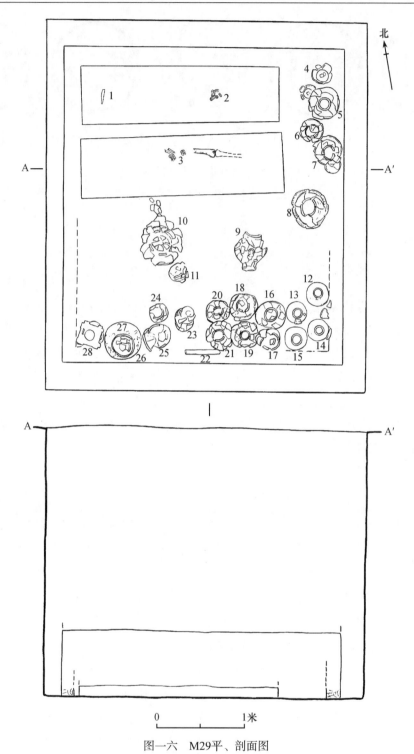

图一六　M29平、剖面图

1. 铁刀　2. 五铢钱46　3. 五铢钱50　4、6、24. 陶釜　5、7、8、11～16、18～21. 陶罐　9、10. 陶壶　17. 陶囷　22. 铁铲

23. 陶钵8　25. 陶盆　26. 陶甑　27. 铁釜　28. 陶井

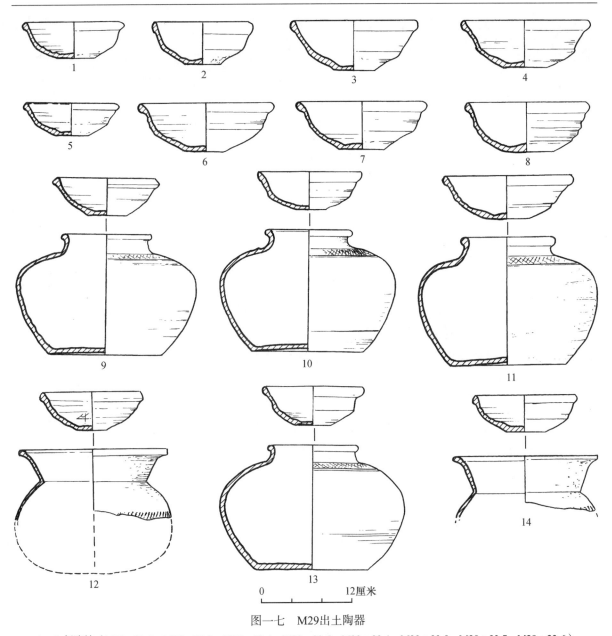

图一七　M29出土陶器

1~8.折腹钵（M29：23-2、M29：23-3、M29：23-4、M29：23-5、M29：23-1、M29：23-8、M29：23-7、M29：23-6）
9~11、13.平底罐（M29：14、M29：13、M29：15、M29：12）　12、14.釜（M29：4、M29：6）

口径11.6、底径16厘米（图一八，1）。M29：12，泥质灰陶。盖为一平底钵。盖高5.2、口径13.2、底径4.8厘米。器高16、口径11.2、底径14.4厘米（图一七，13）。M29：13，泥质灰陶。盖为一平底钵。盖高5.2、口径13.2、底径4.8厘米。器高15.6、口径10、底径14.4厘米（图一七，10）。M29：14，泥质灰陶。盖为一平底钵。盖高5.2、口径12.8、底径4.8厘米。器高16、口径11.2、底径14.8厘米（图一七，9）。M29：15，泥质灰陶。盖为一平底钵。盖高6、口径16.4、底径6厘米。器高16、口径12、底径15.6厘米（图一七，11）。M29：16，泥质灰陶。器高16.4、口径11.6、底径15.6厘米（图一九，3）。M29：21，盖为一平底钵。盖高4.8、口径11.6、底径4.8厘米。器高24.8、口径12.4、底径22.4厘米（图一八，2）。

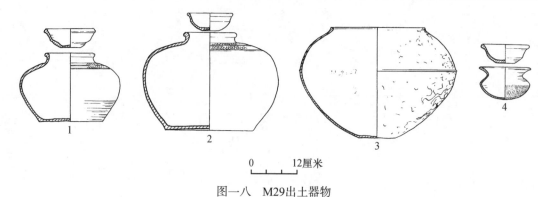

图一八　M29出土器物

1、2.陶平底罐（M29：7、M29：21）　3.铁釜（M29：27）　4.陶釜（M29：24）

2）肩部装饰凹弦纹。

M29：5，泥质灰陶。盖为一平底钵，器侈口，鼓肩扁弧腹，平底内凹。肩部装饰网格暗纹。器高18.4、口径12.4、底径24厘米（图一九，1）。M29：18，泥质灰陶。盖为一平底钵。盖高5.2、口径12.8、底径4厘米。器高16、口径11.6、底径14厘米（图一九，2）。M29：19，泥质灰陶。盖为一平底钵。盖高5.2、口径13.6、底径5.6厘米。器高16.4、口径10.4、底径14厘米（图一九，6）。

Cb型　1件。

M29：8，泥质灰陶。直口，折肩，上腹近直，下腹斜收，平底。肩部装饰方格暗纹，上腹部装饰绳纹和四道旋纹。高20.8、口径17.2、底径16.4厘米（图一九，4）。

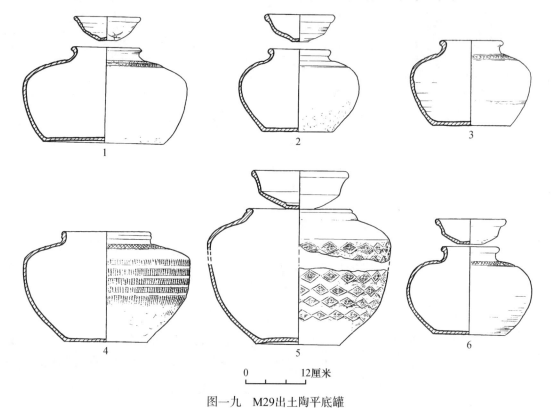

图一九　M29出土陶平底罐

1.M29：5　2.M29：18　3.M29：16　4.M29：8　5.M29：20　6.M29：19

D型 1件。

M29：20，泥质灰陶。盖为一平底钵，器为敛口鼓肩弧腹，平底略内凹。腹部装饰菱形纹。盖高7.2、口径18、底径6厘米。器高25.6、口径19.6、底径20.8厘米（图一九，5）。

困 1件。M29：17，泥质灰陶。盖为一平底钵。器子母口，平折肩直筒腹，下腹略收，平底内凹。盖高6.8、口径16、底径4厘米。器高18.8、口径12.4、底径14.4厘米（图二〇，2）。

壶 2件。M29：9，泥质灰陶。盘口，长束颈，鼓肩，弧腹，矮圈足。肩部有对称两个兽首衔环，肩腹部装饰弦纹。高33.6、口径15.2、底径18厘米（图二〇，1）。M29：10，泥质灰陶，残破未能修复。

井 1件。M29：28，泥质灰陶。由井盖、井架、汲水罐井筒四部分组成，井盖呈井字形，中有圆形井圈，井盖下有圈足，套接井筒，井筒子母口，近直腹，平底。井盖四角装饰方格纹、一侧装饰鱼纹。通高30.8、井圈径10.4厘米。汲水罐敞口鼓腹，平底，高4.4、口径4、底径3.6厘米（图二〇，5）。

盆 1件。M29：25，泥质灰陶。卷沿，方唇，腹弧收，平底。高20、口径27.2、底径14厘米（图二〇，3）。

甑 1件。M29：26，泥质灰陶。卷沿，方唇，腹弧收，平底有箅孔。高22、口径28、底径16厘米（图二〇，4）。

2. 铁器

铲 1件。M29：22，锈甚，椭圆形銎，窄长条形铲面。长39.4、銎口径7厘米（图二一，1）。

刀 1件。M29：1，长条形，带柄。长17.2、宽3、厚0.4厘米（图二一，2）。

釜 1件。M29：27，敛口，圆肩，弧腹，小平底。腹部装饰一道弦纹。高28、口径24、底径9.2厘米（图一八，3）。

3. 铜器

五铢钱 分两组。M29：2，46枚。有郭，圆形方孔，币文"五铢"，有两种写法：一种为五字交笔近直，铢字左右两部分中，"金"头呈三角形，"朱"部方折，整体瘦长。其余"五"字交笔弯曲，"铢"字左右两部分中，"金"头呈箭镞形，"朱"部方折。全部直径2.4厘米左右（图二二，1、2）。

M29：3，50枚。形制与M29：2类似。

（四）M30

砖室墓，打破M31东北角，墓室被破坏严重，仅残存墓底一角，因叠压在M31东北角下陷所残存，墓壁由单排墓砖拼成，南侧有榫卯结构相连。墓底铺石（图二三）。墓内仅残存瓷碗、铜钱各一。

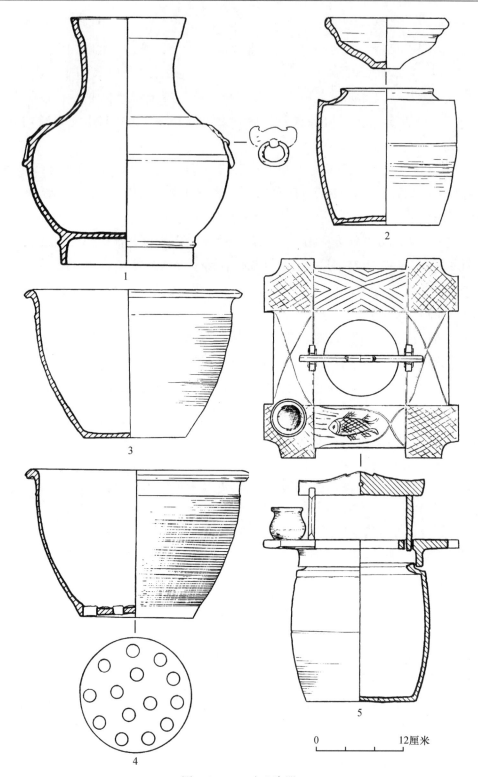

图二〇　M29出土陶器

1.壶（M29：9）　2.囷（M29：17）　3.盆（M29：25）　4.甑（M29：26）　5.井（M29：28）

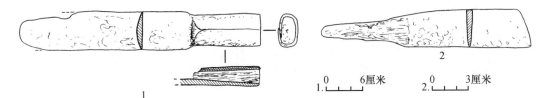

图二一　M29出土铁器

1. 铲（M29：22）　2. 刀（M29：1）

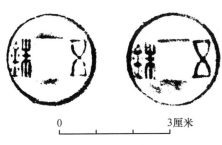

图二二　M29出土五铢钱（M29：2）

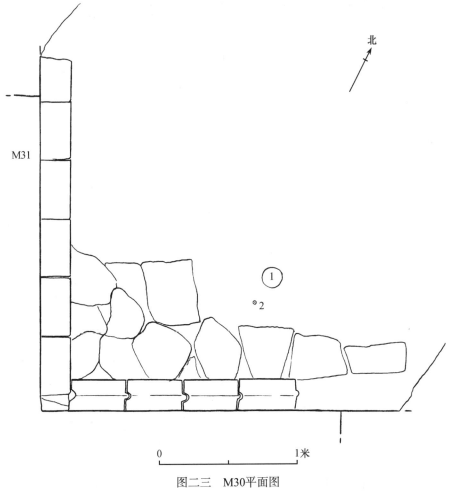

图二三　M30平面图

1. 瓷碗　2. 铜钱

1. 瓷器

瓷碗　M30：1，青灰瓷。微敛口，弧腹，平底，假圈足。高6.4、口径14、底径9.5厘米（图二四，3）。

铜钱　M30：2，锈蚀严重，钱文不清。

2. 墓砖

M30：4，泥质灰陶。整体长方形，边缘有供连接的榫卯。一侧有菱形纹饰，中间有"富贵"二字。长45.2、宽21、厚13.2厘米（图二四，1、4）。

M30：5，泥质灰陶。整体为长方形，一侧有人牵马车图案。长40.8、宽21、高11.6厘米（图二四，2、5）。

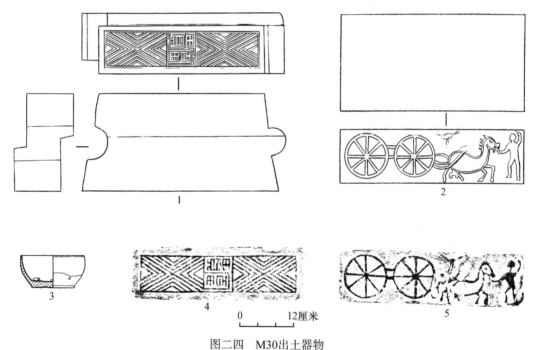

图二四　M30出土器物

1、2. 墓砖（M30：4、M30：5）　3. 青瓷碗（M30：1）　4、5. 墓砖纹饰拓本（M30：4、M30：5）

（五）M31

长方形土坑竖穴，四壁近直，西北东南方向，墓圹长5.7、宽3.4、深5.4米。东北角被M30打破，与M34并列，且西壁打破M34（图二五～图二七）。墓壁四角发现有脚窝，尺寸相近，高0.6～0.7、宽0.5～0.7、深约0.2米。葬具为一椁一棺，椁板保存较好，呈"工"字形，帮板外有高2米，分别宽0.2、0.4米的生土二层台，椁长5.2、宽2.6、存高1.4米。棺置于椁室中部，棺长1.8、宽0.6米，墓主仰身直肢，头向东南，方向为148°（图二八）。随葬品39件，有铜附件3、铜鼎2、铜鍪、铜勺、铜钫、铜盘2、铜铃6、铜带钩、陶壶2、陶甑、陶盒4、陶纺轮、贝2、陶罐9、铁釜、铁灯、铁环首刀，全部放置在头端棺椁之间。可以看出分为几个区域，墓主

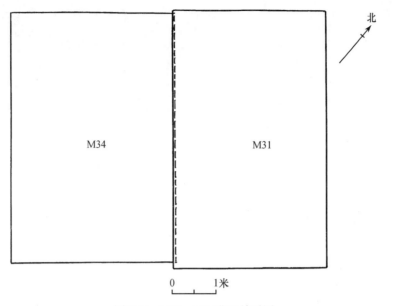

图二五　M31、M34墓口关系图

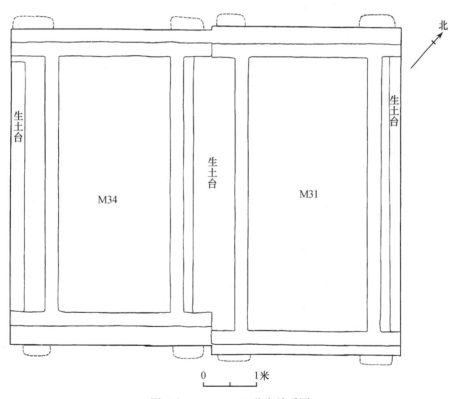

图二六　M31、M34墓底关系图

头端右侧紧贴椁室内壁，放置铜钫、陶壶2，头端放置铜附件3、铜鼎2、铜鍪、铜盘、陶盒4，头端左侧有铁灯、陶甑、陶罐、铁釜，头端紧贴椁室内壁成排放置陶罐8件，其间有陶纺轮、铁环首刀、铜铃6、贝2、铜带钩。

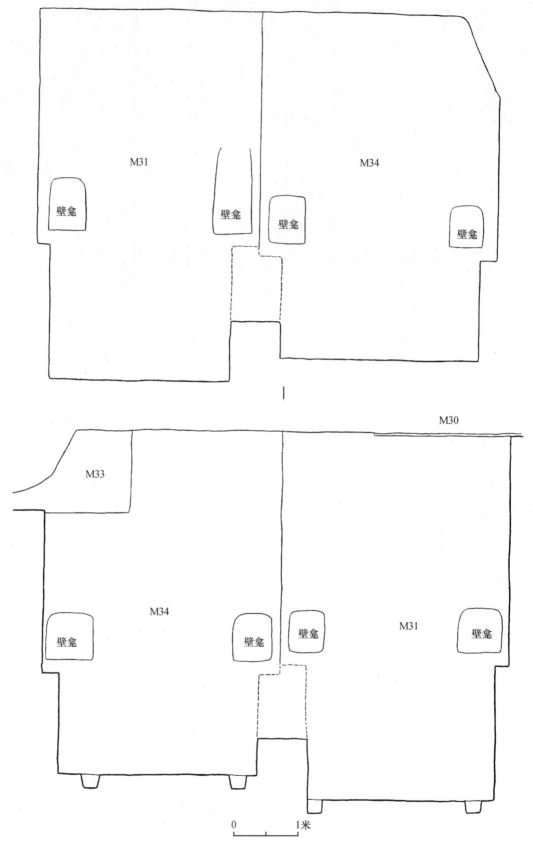

图二七　M31、M34剖视图（上图为面南，下图为面北）

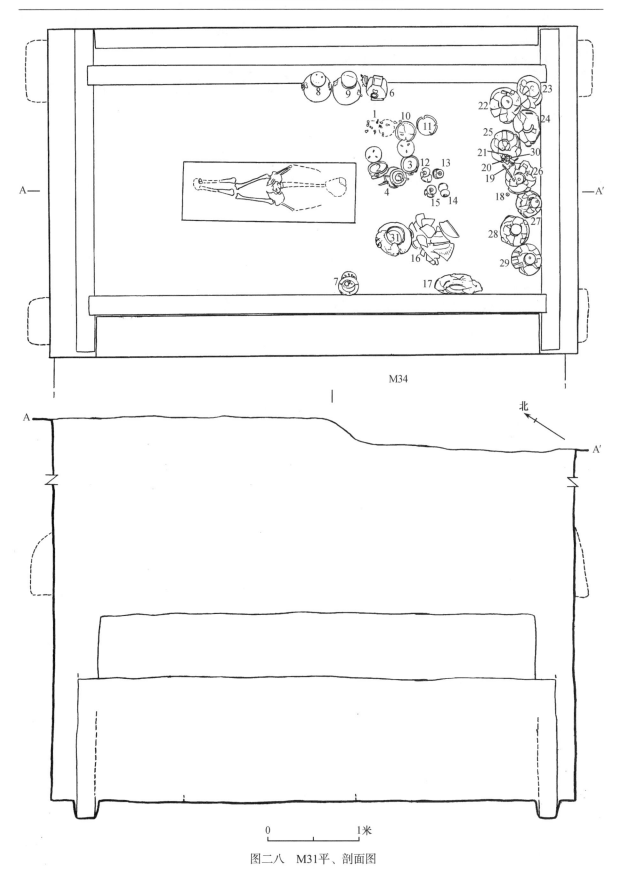

图二八　M31平、剖面图

1.铜附件3　2、3.铜鼎　4.铜鍪　5.铜勺　6.铜钫　7.铁灯　8、9.陶壶　10、11.铜盘　12～15.陶盒　16.陶甄
17、22～29.陶罐　18.陶纺轮　19.铁环首刀　20.铜铃6　21.贝2　30.铜带钩　31.铁釜

1. 陶器

圜底罐　1件。M31：17，泥质灰陶。直口，鼓肩，弧腹，圜底。器表装饰绳纹。高29、径16厘米（图二九，5）。

平底罐　8件。

Aa型　7件。泥质灰陶，皆带盖，盖有纽，罐直口，平折沿，鼓肩，弧腹，平底。

M31：22，罐高21.8、口径13.2、底径20.8厘米（图二九，2）。M31：23，盖纽残失。罐高21、口径13.6、底径24厘米（图二九，1）。M31：24，罐高23.2、口径13.2、底径24厘米（图二九，4）。M31：26，罐高26、口径12.5、底径18厘米（图二九，6）。M31：27，罐高22.5、口径14.6、底径22厘米（图三○，3）。M31：28，罐高20.8、口径14.6、底径22厘米（图三○，1）。M31：29，罐高24、口径13、底径20厘米（图二九，3）。

B型　1件。M31：25，泥质灰褐陶。盖有菌形捉手，罐微敛口，鼓肩，弧腹，平底略内凹。罐高22、口径12.8、底径22厘米（图三○，2）。

盒　4件。泥质灰陶，器身与器盖扣合，斜收腹，圈足，器身与器盖相似。

M31：12，高4、口径10.5、底径4厘米（图三○，4）。M31：13，高4、口径10.8、底径4.8厘米（图三○，5）。M31：14，高4、口径10、底径4厘米（图三○，6）。M31：15，高4、口径10、底径4.4厘米（图三○，7）。

甑　1件。M31：16，泥质灰陶。直口，折沿，方唇，束颈，下腹弧收，平底有圆形箅孔。腹部装饰弦纹。高22.4、口径37.2、底径10.8厘米（图三○，9）。

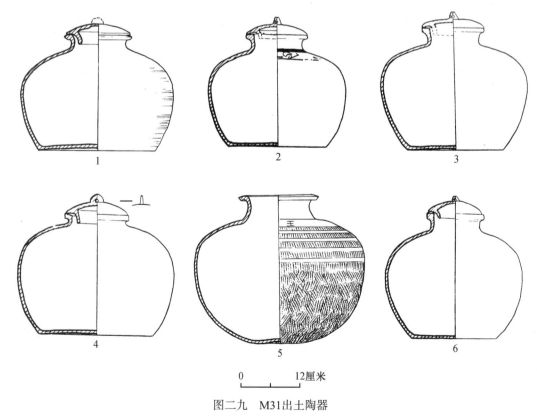

0　　　　12厘米

图二九　M31出土陶器

1~4、6.平底罐（M31：23、M31：22、M31：29、M31：24、M31：26）　5.圜底罐（M31：17）

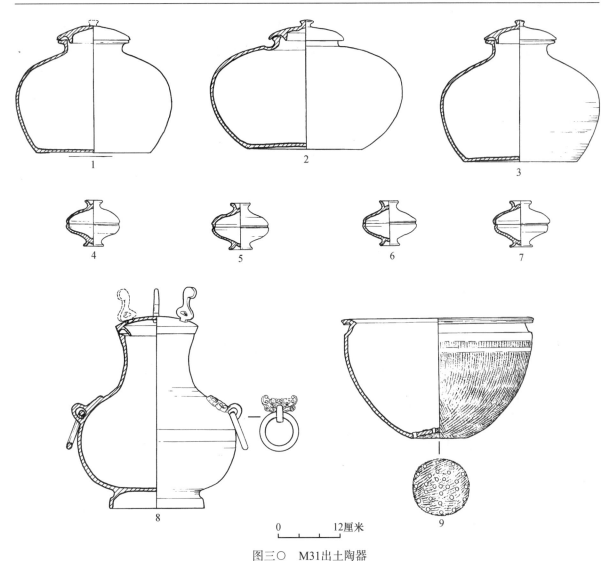

图三〇　M31出土陶器

1~3.平底罐（M31∶28、M31∶25、M31∶27）　4~7.盒（M31∶12、M31∶13、M31∶14、M31∶15）　8.壶（M31∶8）
9.甑（M31∶16）

壶　2件。M31∶8，泥质灰陶。盖有三纽，器盖子母口，器束颈，鼓弧腹，圈足，肩部有对称的兽首衔环。高36、口径16、底径18厘米（图三〇，8）。M31∶9，残碎严重，未能修复。

纺轮　1件。M31∶18，泥质褐陶。外饰旋纹。高1.6、外径3.2、内径0.5厘米（图三三，1）。

2. 铜器

鼎　2件。拱弧盖，三桥形纽，器身为子母口，盆形，敛口，弧腹圜底，腹部装饰一周弦纹。长方形附耳，三矮蹄足。M31∶2，高16.6、口径16厘米（图三一，1）。M31∶3，高16.4、口径16.2厘米（图三一，2）。

鋻　1件。M31∶4，敞口，束颈，鼓腹，圜底，附二环形耳。下有釜架，由一环形箍附三外撇足构成。器高20.2、口径19、腹径23厘米（图三一，4）。

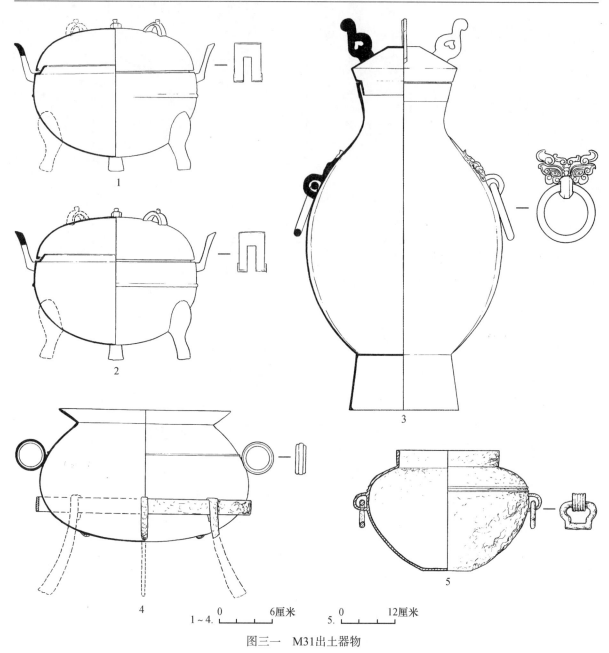

图三一　M31出土器物

1、2.铜鼎（M31：2、M31：3）　3.铜钫（M31：6）　4.铜鍪（M31：4）　5.铁釜（M31：31）

　　勺　1件。M31：5，椭圆形勺，附有短銎，銎截面梯形，内残留有木屑。勺宽8.4、銎长1.8厘米（图三二，6）。

　　钫　1件。M31：6，盖有四纽，器盖子母口，器身束颈，鼓弧腹，高圈足，肩部有对称的兽首衔环。高42.8、口径10.4、底径12厘米（图三一，3）。

　　盘　2件。M31：10，平折沿，直腹，平底，矮圈足。高1.8、口径21、圈足径9.2厘米（图三二，4）。M31：11，残破严重，未能修复。

　　铃　6件。皆合瓦形。

　　M31：20-1，顶端有桥形纽，无舌。高3.8、铣间距4.1、舞广2.5厘米（图三二，5）。M31：20-2，甚扁，顶端有桥形纽，有舌。器表装饰菱格乳钉纹。高3.2、铣间距6.4、舞广3.3

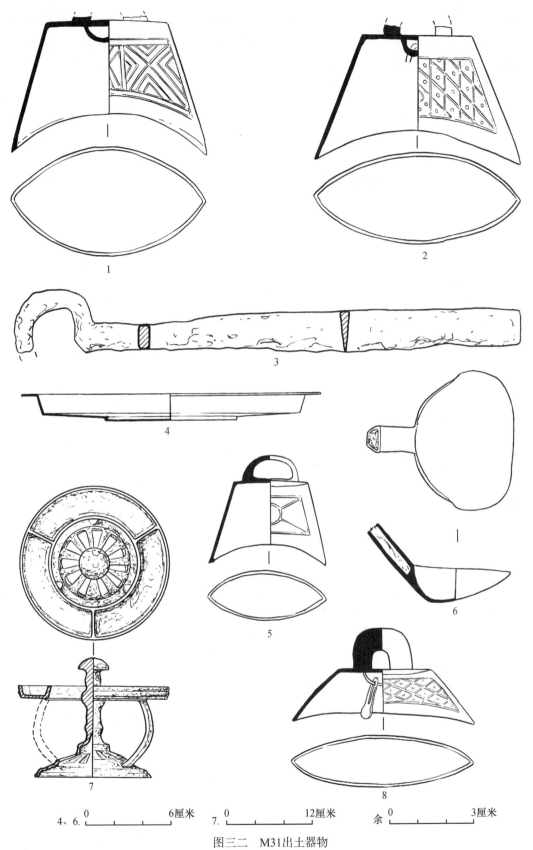

图三二　M31出土器物

1、2、5、8.铜铃（M31：20-4、M31：20-3、M31：20-1、M31：20-2）　3.铁环首刀（M31：19）　4.铜盘（M31：10）

6.铜勺（M31：5）　7.铁灯（M31：7）

厘米（图三二，8）。M31：20-3，顶端有桥形纽已残，有舌已残，器表装饰菱格乳钉纹。残高4.2、铣间距7.4、舞广3.9厘米（图三二，2）。M31：20-4，顶端有桥形纽已残，舌已失，器表装饰菱格纹。残高4.3、铣间距6.8、舞广4.3厘米（图三二，1）。

　　带钩　1件。M31：30，仅残存钩头。残长1.9厘米（图三三，4）。

　　附件　3件。M31：1，共3件，为一件器物的附件（图三三，5～7）。

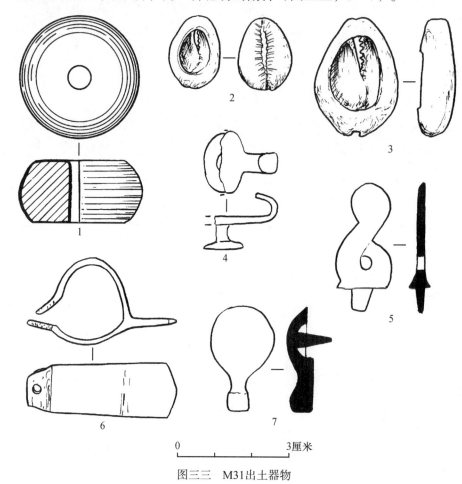

0　　　　　　3厘米

图三三　M31出土器物

1. 陶纺轮（M31：18）　2、3. 贝（M31：21-1、M31：21-2）　4. 铜带钩（M31：30）　5～7. 铜附件（M31：1-2、M31：1-3、M31：1-1）

3. 铁器

　　灯　1件。M31：7，喇叭形座上有圆形柱，柱顶有菌形帽。三弧形架支撑起圆形灯盘，盘内有三个隔断。高16、底径16.8、口径21.2厘米（图三二，7）。

　　环首刀　1件。M31：19，锈甚。长条形，柄端有椭圆形环首。长17.7、宽1.5、厚0.3厘米（图三二，3）。

　　釜　1件。M31：31，直口，鼓肩，弧腹，平底。附有半圆形纽衔环，肩部装饰两道弦纹。高26、口径22.8、底10.8厘米（图三一，5）。

4. 其他

贝　2件。M31：21-1，背有大孔。长3.1、宽2.2、高0.9厘米（图三三，2）。M31：21-2，背有大孔。长1.9、宽1.4厘米（图三三，3）。

（六）M32

位于发掘区东侧，长方形土坑竖穴，四壁近直，西北东南方向，墓圹长4、宽2.9、深2米。墓室内一椁，椁长3.8、宽2.2、存高0.7米。保存较差，椁内东侧双棺并列，两棺皆长2.2、宽0.6米。两棺中墓主头向相反，皆仰身直肢，南棺墓主头向334°（图三四）。随葬品336件，北棺墓主头端有铜镞9、头端棺椁之间散落铜弩机，左侧棺椁之间有铁矛、铁舌，南端墓主头端有半两钱。其余大部分器物放置在椁室西侧。

1. 陶器

钵　5件。皆泥质灰陶，敞口，卷缘，折腹，平底。

M32：22-1，高6.8、口径17.6、底径6.8厘米（图三五，1）。M32：22-2，高6.8、口径20、底径6厘米（图三五，10）。M32：23-1，高6.8、口径17.2、底径6.8厘米（图三五，2）。M32：23-2，高6、口径15.6、底径4.8厘米（图三五，6）。M32：23-3，高4.4、口径12.4、底径4.8厘米（图三五，7）。

鼎　1件。M32：46，泥质灰陶。子母口，弧腹圜底。长方形附耳，三矮蹄足。高14、口径20厘米（图三五，5）。

钫　1件。M32：41，泥质灰陶。盖有四乳形纽，器身盘口，束颈，鼓弧腹，高圈足。肩部有对称的兽首衔环，环残失。高43.6、口径11.2、底径12厘米（图三五，12）。

釜　2件。M32：24，夹砂褐陶。敞口，束颈，鼓肩，腹以下残。残高6.8、口径18厘米（图三五，4）。M32：45，泥质灰陶。敞口，束颈，折腹，圜底。腹部装饰绳纹。高10.8、口径13.6厘米（图三六，11）。

盖　1件。M32：26，泥质灰陶。整体拱起，喇叭形捉手。高6、口径11.2、捉手径6厘米（图三五，3）。

平底罐　5件。

Aa型　1件。M32：25，泥质灰陶。盖为折腹钵，小平底；罐微敛口，鼓肩，弧腹。肩部装饰凹弦纹。盖高4.8、口径13.2厘米，罐高18、口径11.6、底径17.2厘米（图三五，9）。

B型　3件。泥质灰陶。直口，鼓腹，平底略内凹，有些肩部装饰网格纹及两道弦纹。

M32：16，带盖，盖高6、口径14.8、捉手径4.8厘米，罐高18.8、口径9.6、底径18厘米（图三五，11）。M32：18，罐高18.8、口径9.6、底径18厘米（图三六，1）。M32：20，罐高16.8、口径10、底径16.8厘米（图三六，3）。

D型　1件。M32：38，泥质灰陶。盖有喇叭形捉手，罐直口，平折沿，圆唇，鼓肩，弧腹，平底。肩部装饰一道弦纹。罐高22、口径8.4、底径14.4厘米，盖高4、口径8.4、捉手径4

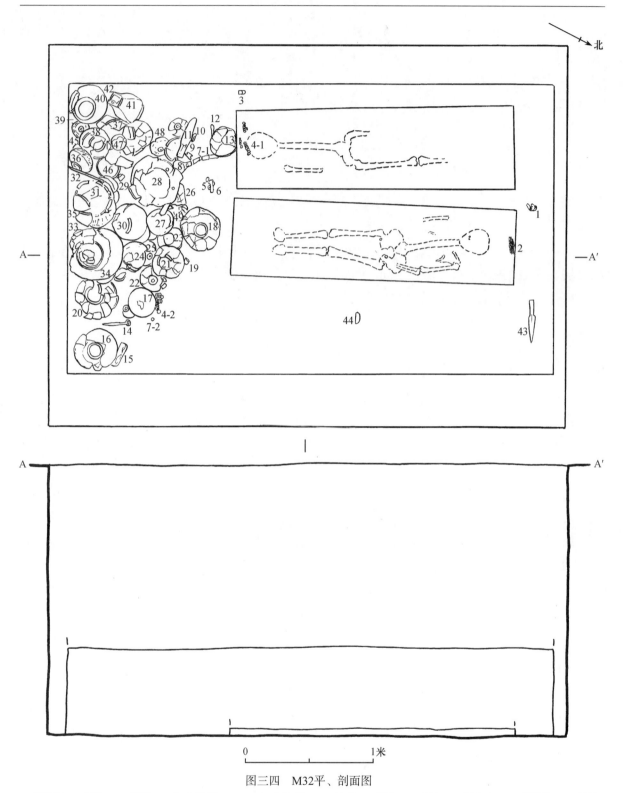

图三四　M32平、剖面图

1.铜弩机　2.铜镞9　3.铜镦　4.小"半两"270　5.大"半两"7　6.铁凿　7.铜泡2　8.铜勺　9.铜车軎　10.铜饰件　11.铁铲　12.铁锛　13.铜盆　14.铁环首刀　15.磨石　16～18、20、21、25、27、36、38、47.陶罐　19.石器　22.陶钵2　23.陶钵3　24、45.陶釜　26.陶盖　28、37、49.陶盆　29.铁残件　30、40.陶壶　31、33.陶甑　32.铁刀　34.铁釜（带架，锈蚀严重未能修复）　35.铁条　39.陶熏　41.陶钫　42.料珠　43.铁矛　44.铁舌　46.陶鼎　48.陶盒

图三五　M32出土陶器

1、2、6、7、10.钵（M32：22-1、M32：23-1、M32：23-2、M32：23-3、M32：22-2）　3.器盖（M32：26）
4.釜（M32：24）　5.鼎（M32：46）　8.圜底罐（M32：17）　9、11.平底罐（M32：25、M32：16）　12.钫（M32：41）

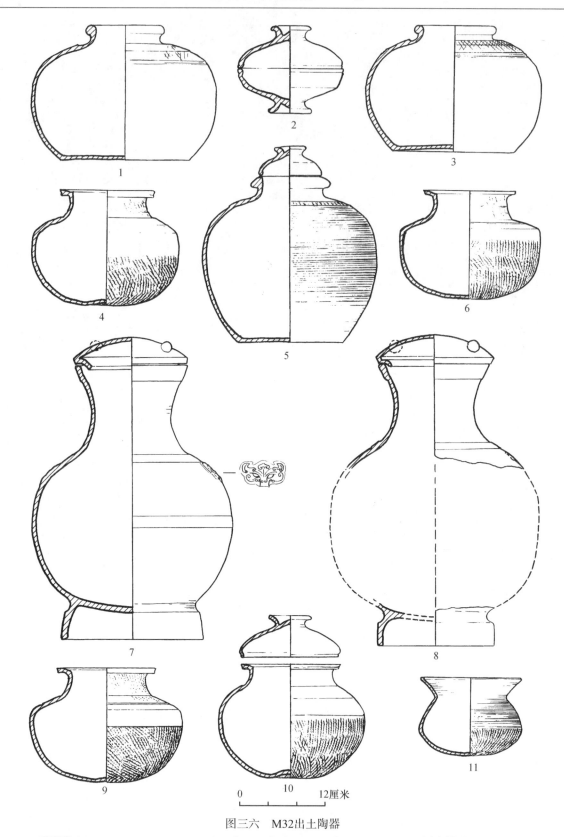

图三六 M32出土陶器

1、3、5. 平底罐（M32：18、M32：20、M32：38） 2. 盒（M32：48） 4、6、9、10. 圜底罐（M32：47、M32：27、
M32：36、M32：21） 7、8. 壶（M32：40、M32：30） 11. 釜（M32：45）

厘米（图三六，5）。

圜底罐　5件。

M32：17，泥质灰陶。盖有喇叭形捉手，罐直口，折沿，鼓肩，弧腹，圜底。颈部装饰绳纹，腹部装饰一周凹旋纹，腹部内壁有指印痕迹。盖高4、口径10、捉手径4厘米，罐高16、口径12.8厘米（图三五，8）。M32：21，泥质灰陶。盖有喇叭形捉手，罐直口，折沿，鼓肩，弧腹，圜底中部内凹。器表装饰绳纹。盖高6、口径13.6、捉手径5.6厘米，罐高15.2、口径11.2厘米（图三六，10）。M32：27，泥质灰陶。直口，折沿，方唇，鼓肩，弧腹，圜底。肩部装饰一周凹旋纹，腹部装饰绳纹。高14.8、口径10厘米（图三六，6）。M32：36，泥质灰陶。微敛口，鼓肩，弧腹，圜底。肩部装饰一周凹旋纹，腹部装饰绳纹。盖高15.6、口径10.8厘米（图三六，9）。M32：47，泥质灰陶。直口，折沿，方唇，鼓肩，弧腹，圜底中部内凹。腹部装饰绳纹。高15.6、口径10.4厘米（图三六，4）。

盒　1件。M32：48，泥质灰陶。器身子母口，折腹，圈足，器身与器盖相似，稍浅。高16.4、口径19.6、底径10厘米（图三六，2）。

壶　2件。M32：30，泥质灰陶。盖子母口，上有三乳钉。器盘口，长束颈，肩腹残，矮圈足。盖高6、口径13.6厘米，器口径14.4、底径15.2厘米（图三六，8）。M32：40，泥质灰陶。盖有三乳形纽，器身口，束颈，鼓弧腹，高圈足，肩部有对称的兽首衔环，环残失。盖高4、口径12.4厘米，壶高37.2、口径14.8、底径19.6厘米（图三六，7）。

盆　3件。M32：28，泥质灰陶。直口，折沿，直领，弧腹，圈足，腹部附有两兽首衔环，环残失。高20.4、口径31.2、底径19.6厘米（图三七，1）。M32：37，泥质灰陶。卷沿，方唇，下腹弧收，平底。腹部装饰一周弦纹。高20、口径28、底径13.6厘米（图三七，3）。M32：49，泥质灰陶。直口，卷沿，方唇，下腹斜收，平底，腹部装饰一周弦纹。高12、口径22、底径11.6厘米（图三七，4）。

熏　1件。M32：39，泥质灰陶。器身子母口，折腹，圈足。器盖与器身相似，稍浅。器盖遍饰三角形镂孔。器高12.4、口径12、底径8.8厘米（图三七，2）。

甑　2件。M32：31，泥质灰陶。直口，卷沿，圆唇，下腹直收，平底有圆形箅孔。高13.2、口径26、底径10.4厘米（图三七，6）。M32：33，泥质灰陶。折沿，方唇，束颈，下腹弧收，平底内凹，底部有箅孔。腹部装饰绳纹。高18.4、口径17.6、底径10厘米（图三七，5）。

2. 料器

料珠　1件。M32：42，球形，中有穿孔。外径1.3、内径0.2厘米（图三八，5）。

3. 石器

磨石　1件。M32：15，长条形，截面为方形。长7.5、宽5.5、高21厘米（图三八，6）。

石器　1件。M32：19，长4.8、宽4、高3.5厘米（图三八，4）。

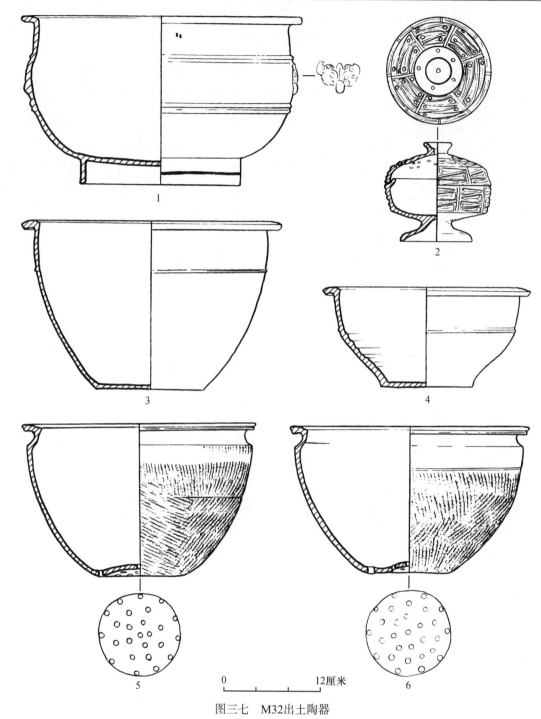

图三七　M32出土陶器

1、3、4.盆（M32：28、M32：37、M32：49）　2.熏（M32：39）　5、6.甑（M32：33、M32：31）

4. 铁器

刀　3件，1件为残件。M32：14，椭圆形环首，长条形刀身。长18.4、宽1.3厘米（图三九，2）。M32：29，为一长方形残件。长3、宽3厘米（图三九，5）。M32：32，锈甚，长条形。长44.4、宽1.5厘米（图三九，1）。

臿　1件。M32：44，弧形片状，两段残。长10.2、宽3.9厘米（图三九，4）。

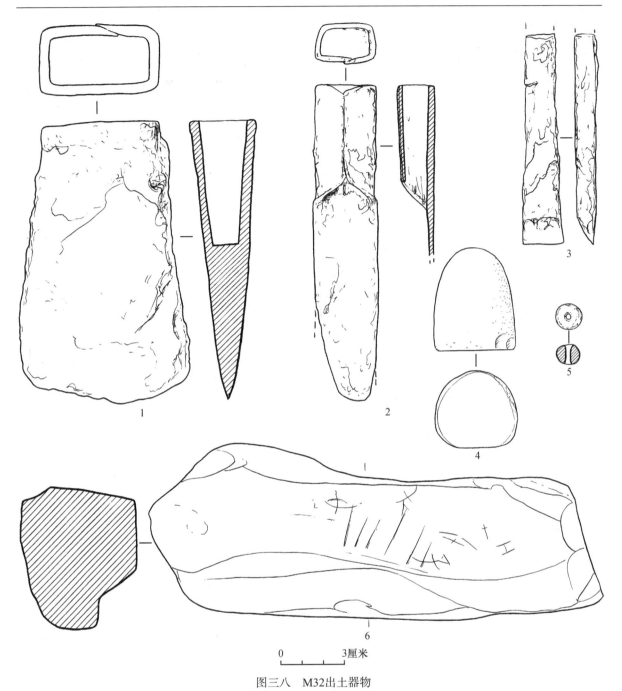

图三八 M32出土器物

1. 铁锛（M32：12） 2. 铁铲（M32：11） 3. 铁凿（M32：6） 4. 石器（M32：19） 5. 料珠（M32：42）
6. 磨石（M32：15）

锛 1件。M32：12，锈甚。长方形銎，自銎至刃部渐宽，刃部弧形。长12.7、最宽8、銎口长5.6厘米（图三八，1）。

铲 1件。M32：11，长条形，一端卷成长方形銎，一端残。残长14.5、宽3厘米（图三八，2）。

凿 1件。M32：6，锈甚。残断，整体细长，单面刃。长9.8、宽2厘米（图三八，3）。

矛 1件。M32：43，矛叶锋端和近銎段折收。圆銎。长33、宽2.6、銎径0.8厘米（图三九，6）。

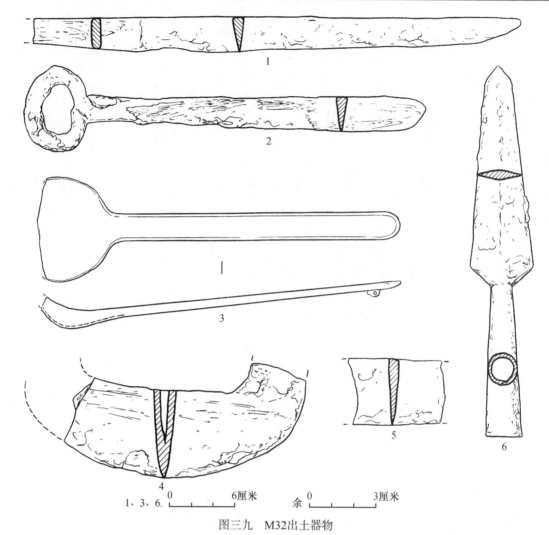

图三九　M32出土器物

1、5. 铁刀（M32：32、M32：29）　2. 铁环首刀（M32：14）　3. 铜勺（M32：8）　4. 铁舌（M32：44）　6. 铁矛（M32：43）

5. 铜器

弩机　1件。M32：1，长9.8、厚2厘米（图四〇，1）。

镦　1件。M32：3，圆筒形，中部一道箍，平底。高6、径3.5厘米（图四〇，2）。

勺　1件。M32：8，半圆形勺，细长勺柄。柄长27、宽2.4厘米（图三九，3）。

车軎　1件。M32：9，圆筒束腰。高3、口径3.9、底径6.1厘米（图四〇，8）。

饰件　1件。M32：10，整体似一帽，边有一孔。高2.3、长6.5厘米（图四〇，9）。

泡　2件。M32：7，半球形泡，内部有钉，M32：7-1，泡径1.8、通高1.8厘米（图四〇，7）。

镞　共9枚。M32：2，共9枚，流线型刃，镞身与铤长短不一，分三翼形和三棱形两种，有些铤部为铁质。三翼形：M32：2-1，铤长2.7、通长7厘米（图四〇，3）；M32：2-2，铤长5.6、通长8.7厘米（图四〇，4）。三棱形：M32：2-3，铁铤，挺长8.6、通长11.1厘米（图四〇，5）；M32：2-4，铤长3、通长8.6厘米（图四〇，6）。

半两钱　分大小两种。

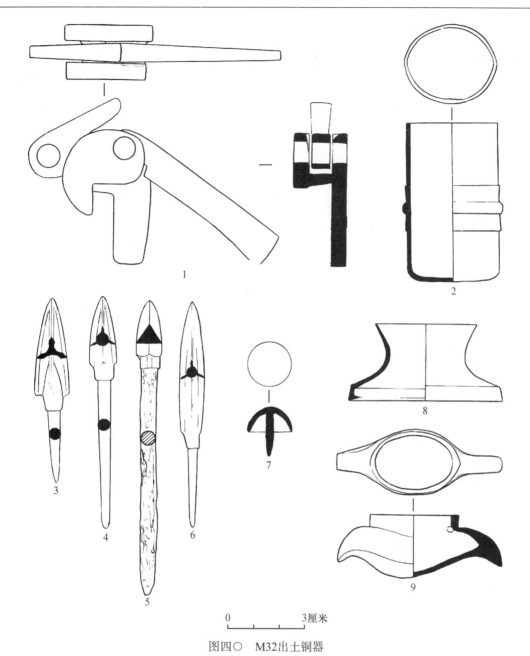

图四〇　M32出土铜器

1. 弩机（M32：1）　　2. 镦（M32：3）　　3～6. 镞（M32：2-1、M32：2-2、M32：2-3、M32：2-4）　　7. 泡（M32：7-1）

8. 车軎（M32：9）　　9. 饰件（M32：10）

　　小"半两"　M32：4，共270枚，"半"字下横画，"两"字上横画与字等长或略短，部分器物可看出铸口为斜向。直径2.1～2.5厘米（图四一，1～4）。

　　大"半两"　M32：5，共7枚，币文不清，"半"字下横画，"两"字上横画与字等长或略短。直径2.9～3厘米（图四一，5～10）。

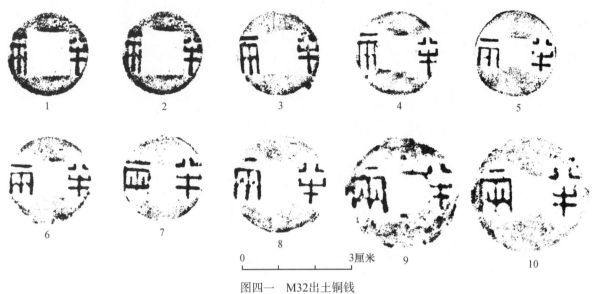

图四一　M32出土铜钱

1～4.小"半两"（M32：4）　　5～10.大"半两"（M32：5）

（七）M33

石室墓，被破坏严重，墓顶无存，墓壁用长方形石条错缝砌成，南半部打破M34，下陷（图四二）。墓内仅存钱币10枚、石板、瓷碗。

1. 石器

板　1件。M33：2，淡灰色石。整体为长方形。长13.5、宽10.4、厚0.7厘米（图四三，5）。

2. 瓷器

碗　1件。M33：3，清灰瓷。敛口，弧腹，假圈足略内凹。高6、口径16、底径11.5厘米（图四三，1）。

3. 铜器

铜钱　M33：1，共10枚。分为三类。

五铢钱　有郭，五字交笔弯曲，铢字左右两部分中，"金"头呈箭镞形，"朱"部上部圆折，下部略折。直径2.5厘米左右（图四三，2）。

剪轮钱　无郭，有些币纹不清。直径1.9厘米（图四三，3）。

太平百钱　有郭，币文顺读，太字从大，百字平首。直径2.3厘米左右（图四三，4）。

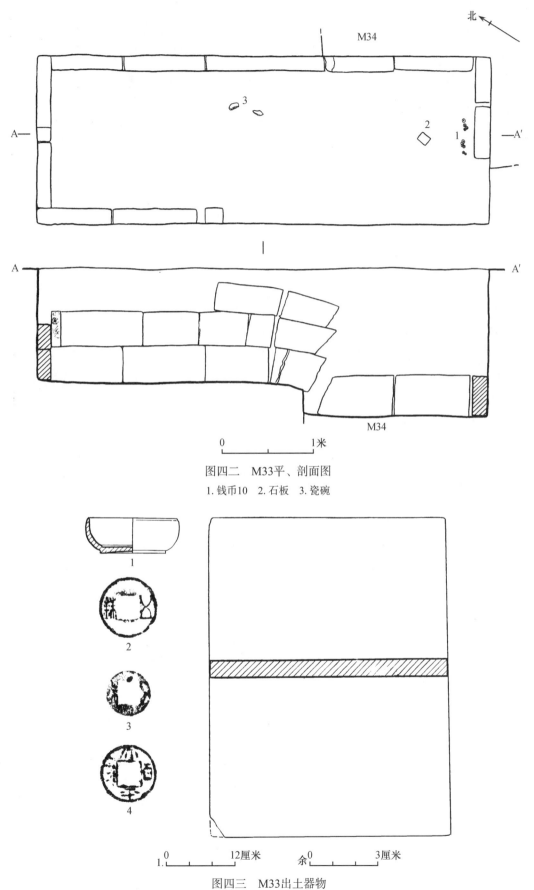

图四二　M33平、剖面图

1. 钱币10　2. 石板　3. 瓷碗

图四三　M33出土器物

1. 瓷碗（M33：3）　2~4. 铜钱（M33：1）　5. 石板（M33：2）

（八）M34

长方形土坑竖穴，四壁近直，西北—东南方向，墓圹长5.7、宽3.4、深5.2米。西北角被M33打破，与M31并列，且东壁被M31打破（图二五～图二七），墓壁四角有脚窝，宽0.7～0.5、高约0.6、深约0.4米。葬具为一椁一棺，椁板保存较好，呈"工"字形，椁长5、宽2.5、存高1.2，帮板外有高1.5米，分别宽0.3、0.35米的生土二层台。棺置于椁室中部，棺长2、宽0.6米，墓主仰身直肢，头向东南，方向135°（图四四）。随葬品135件。铜盖弓帽散布于棺外，棺内放置一件石器。脚端棺椁之间有一铁铲。其余随葬品集中放置在头端棺椁之间。墓主头端左侧为铜蒜头壶、铜鼎2、铜鍪、铜附件3、铁灯、陶壶2、铜钫、铁锛、铜盘2，其余器物以陶容器为主，紧贴椁内壁放置。

1. 陶器

圜底罐　1件。M34：24，泥质灰陶。直口，折沿，方唇，鼓肩，弧腹，圜底中部内凹。腹部装饰绳纹。高24、口径15.8厘米（图四五，4）。

平底罐　12件。皆为Aa型，泥质灰陶。微敛口，卷沿，鼓肩，弧腹，平底或稍内凹。器表装饰各有不同。

1）平底略内凹，肩部装饰凹弦纹。

M34：28，高21.4、口径12、底径20厘米（图四五，2）。M34：40，带喇叭形捉手盖。高21.2、口径12、底径18厘米（图四五，3）。M34：41，高20.5、口径12、底径19厘米（图四五，1）。

2）平底略内凹，肩部装饰网格纹、凹弦纹。

M34：47，高21.6、口径13、底径19厘米（图四六，12）。

3）肩部装饰凹弦纹。

M34：39，高22、口径12、底径17.5厘米（图四六，3）。

4）肩部装饰凹弦纹。

M34：29，高20.8、口径12、底径16.5厘米（图四五，5）。M34：38，高21.6、口径13、底径19.5厘米（图四五，6）。M34：42，高20.5、口径12、底径17厘米（图四五，7）。M34：43，高21.5、口径12、底径19.5厘米（图四五，8）。M34：44，高20、口径12、底径17.5厘米（图四六，1）。M34：45，高22、口径12、底径19厘米（图四六，2）。M34：46，高22.5、口径12.4、底径18.5厘米（图四六，8）。

盒　4件。泥质灰陶。器身与器盖扣合，斜收腹，圈足，器身与器盖相似。M34：30，高7.2、口径12、底径5厘米（图四六，4）。M34：31，高8.8、口径11.6、底径4.4厘米（图四六，5）。M34：32，高9、口径12、底径5厘米（图四六，6）。M34：33，高9、口径12、底径4.5厘米（图四六，7）。

盆　1件。M34：26，泥质灰陶。敛口，折沿，方唇，弧腹，圜底中部内凹。腹部装饰绳纹。高16.8、口径38厘米（图四六，11）。

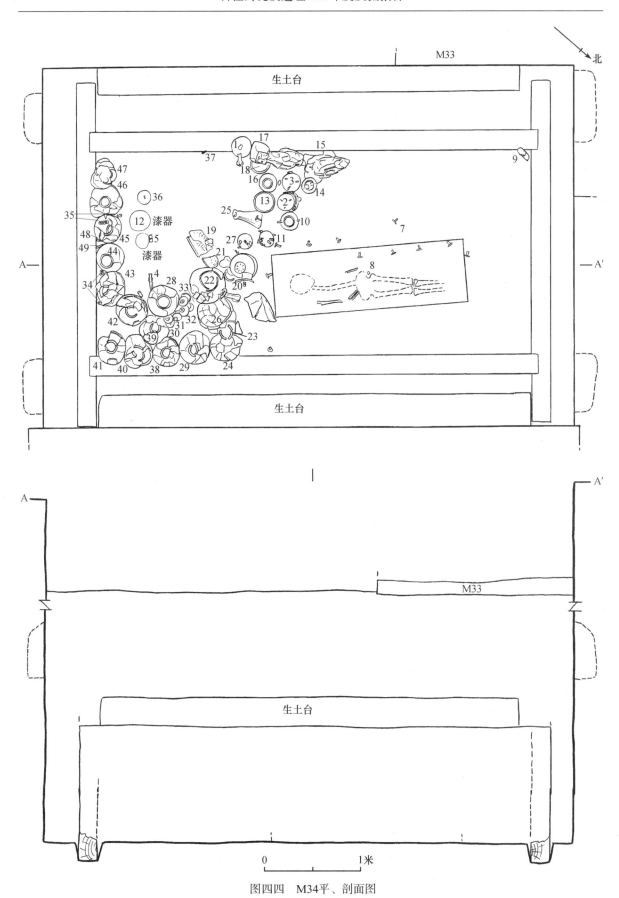

图四四 M34平、剖面图

1.铜蒜头壶 2、3.铜鼎 4.铜矛 5、6.铜镦 7.铜盖弓帽11 8.石器 9.铁铲 10.铜鍪 11.铜附件3 12.漆器2
13、18.铜盘 14.铁灯 15、16.陶壶 17.铜钫 19.陶甑 20.铜甗 21.陶器盖 22.铁釜 23.铁镰 24、28、29、38～47.陶罐
25、27.铁锸 26.陶盆 30～33.陶盒 34.半两钱70 35.半两钱5 36.铜镜 37.铜带钩 48、49.铁凿

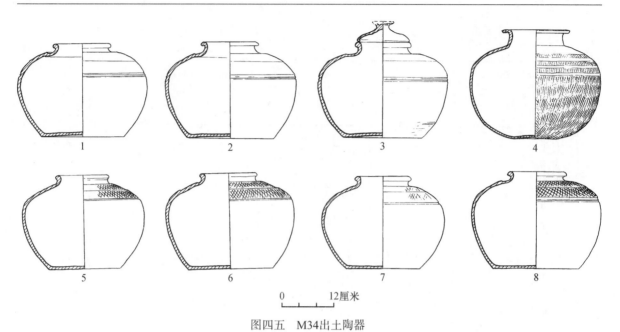

图四五　M34出土陶器

1~3、5~8. 平底罐（M34∶41、M34∶28、M34∶40、M34∶29、M34∶38、M34∶42、M34∶43）　　4. 圜底罐（M34∶24）

器盖　1件。M34∶21，泥质灰陶。隆起，喇叭状捉手。高4.5、口径11.2、捉手径4厘米（图四六，9）。

甑　1件。M34∶19，泥质灰陶。方唇，折沿，束颈，鼓肩，弧腹，小凹底，底部有箅孔。肩部装饰一周凹旋纹，腹部装饰绳纹。高22.8、口径38、底径12厘米（图四六，10）。

壶　2件。M34∶15、M34∶16，未能修复。

2. 石器

M34∶8，灰白色石。应为一器刃部。长2.2、宽2.1、最厚1.1厘米（图四九，7）。

3. 铁器

铲　1件。M34∶9，残。原应为长方形，带一圆形銎。残长17、铲宽7.8、銎径5.6厘米（图四七，5）。

灯　1件。M34∶14，喇叭形座上有圆形柱，柱顶有菌形帽。三弧形架支撑起圆形灯盘，盘内有三个隔断。高11.2、底径10.8、口径13.6厘米（图四八，2）。

镰　1件。M34∶23，弧形片状，銎部由刃卷起而成。长16.8、宽2.8厘米（图四七，3）。

锛　2件。M34∶25，长方形銎，至刃部渐宽，刃部弧形。长9.1、最宽6.3、銎径4.4厘米（图四七，1）。M34∶27，长方形銎，至刃部渐宽，刃部平直。长7.5、最宽6.5、銎径3.8厘米（图四七，2）。

凿　2件。锈甚。整体细长，长方形銎，銎部残，双面刃。M34∶48，长15、宽2.5厘米（图四七，4）。M34∶49，长16.2、宽1.7厘米（图四七，6）。

釜　M34∶22，未能修复。

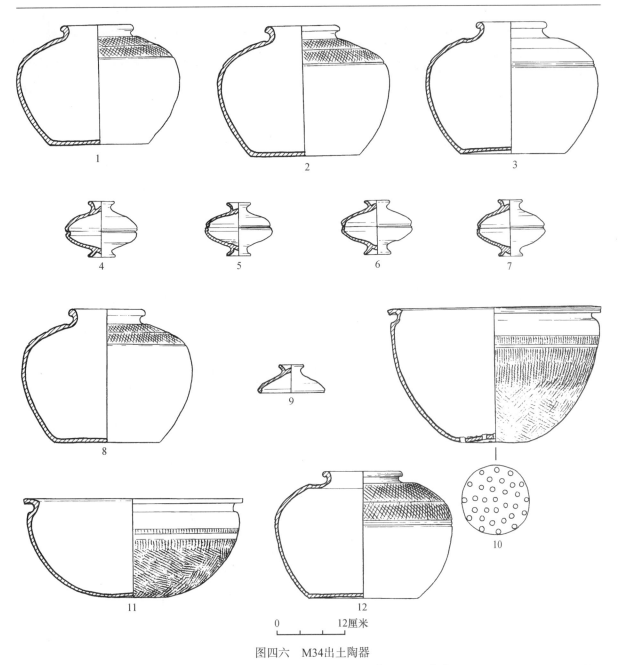

图四六 M34出土陶器

1～3、8、12. 平底罐（M34：44、M34：45、M34：39、M34：46、M34：47） 4～7. 盒（M34：30、M34：31、M34：32、M34：33） 9. 器盖（M34：21） 10. 甑（M34：19） 11. 盆（M34：26）

4. 铜器

蒜头壶 1件。M34：1，蒜头口，细长颈，扁鼓腹，圈足。径上数道箍。高30.2、口径3.2、底径10.6厘米（图四八，1）。

鼎 2件。M34：2，未能修复。M34：3，拱弧盖，三桥形纽，器身为子母口盆形，敛口，弧腹圜底，腹部装饰一周弦纹。长方形附耳，三矮蹄足。高16、口径16.6厘米（图四八，3）。

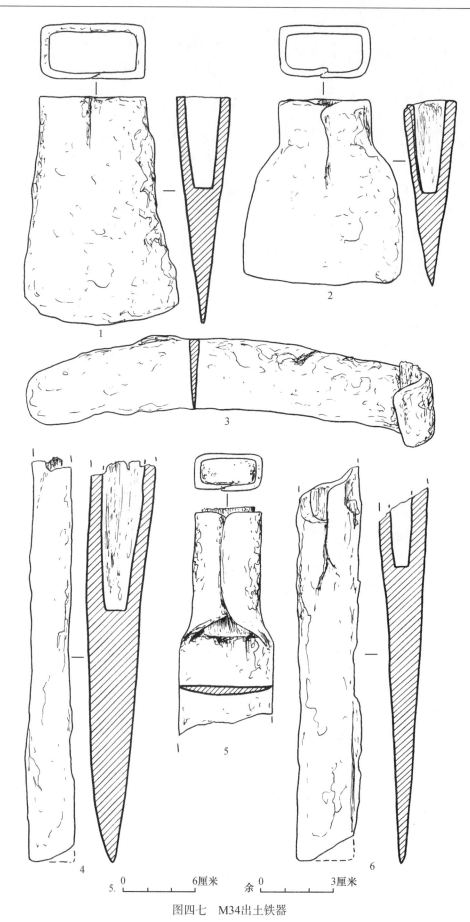

图四七　M34出土铁器

1、2.锛（M34：25、M34：27）　3.镰（M34：23）　4、6.凿（M34：48、M34：49）　5.铲（M34：9）

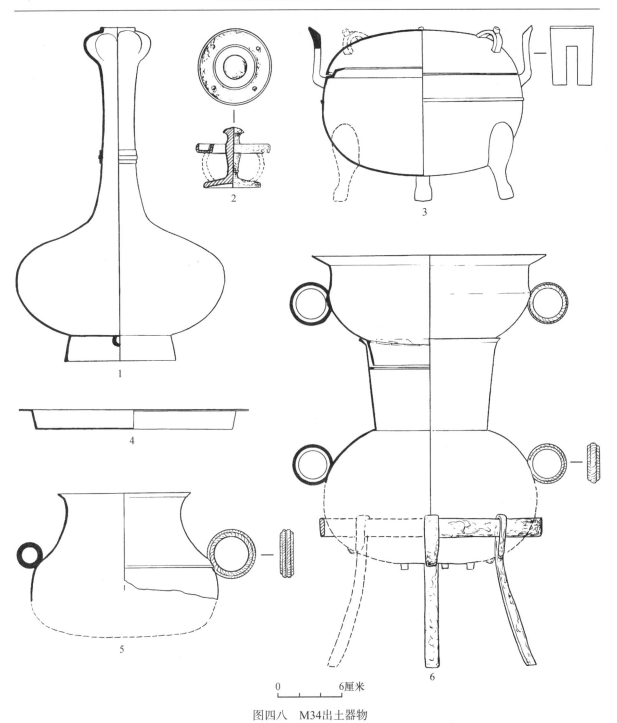

图四八　M34出土器物

1. 铜蒜头壶（M34∶1）　　2. 铁灯（M34∶14）　　3. 铜鼎（M34∶3）　　4. 铜盘（M34∶13）　　5. 铜鋫（M34∶10）

6. 铜瓿（M34∶20）

矛　1件。M34：4，柳叶形矛叶，圆骹，附有两个双连拱形耳。长21.6、宽3.1、骹径2.1厘米（图四九，9）。

镦　2件。M34：5，圆筒形，中部一道箍，平底。高7.3、径3厘米（图四九，1）。M34：6，圆筒形，平底。高6、径2.8厘米（图四九，2）。

盖弓帽　11件。M34：7，圆形帽，长筒形钉，有一弯钩。高4.5、帽径4、口径1厘米（图四九，8）。

鍪　1件。M34：10，敞口，长束颈，鼓腹，圜底，底残。附二环形耳，一大一小。器高9、口径12.4、腹径17.4厘米（图四八，5）。

附件　3件。M34：11-1，当为一器物的合扣。长4.2、宽1.1～1.7、高2.3厘米（图四九，3）。M34：11-2，当为一器物的蹄形足。高2.5厘米（图四九，5）。M34：11-3，当为一器物的纽。长3.7、宽1.5、厚0.2厘米（图四九，4）。

盘　2件。M34：13，平折沿，直腹，平底。高1.7、口径21.4、底径18.4厘米（图四八，4）。M34：18，未能修复。

甗　1套。由盆、箅、釜、釜架4件组成（图四八，6）。

M34：20-1，盆。为甗的一部分，敞口，束颈弧腹，底有圈足，附二环形耳。甗高38、盆口径21.8厘米。M34：20-2，箅。为甗的一部分。甗高38、盆口径21.8厘米。M34：20-3，釜，为甗的一部分，敞口，高领，弧鼓腹圜底，附二环形耳。甗高38、盆口径21.8厘米。M34：20-

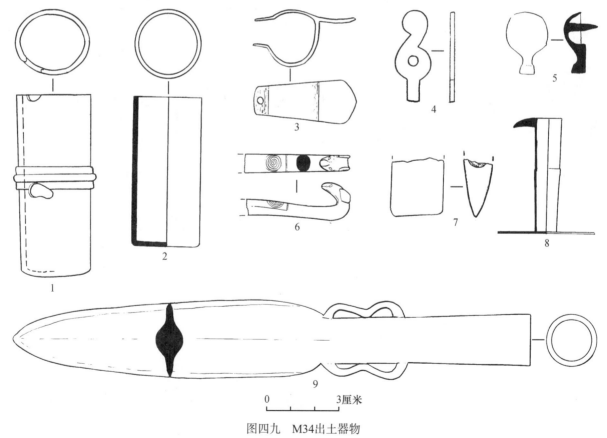

图四九　M34出土器物

1、2. 铜镦（M34：5、M34：6）　3～5. 铜饰件（M34：11-1、M34：11-3、M34：11-2）　6. 铜带钩（M34：37）

7. 石器（M34：8）　8. 铜盖弓帽（M34：7）　9. 铜矛（M34：4）

4，釜架，为甗的一部分。甗高38、盆口径21.8厘米。

钫 M34:17，未能修复。

半两钱 M34:34，70枚，M34:35，5枚，分大小两种。

大"半两" "半"字下横画，"两"字上横画略短。直径3~3.3厘米（图五〇，1~3、6）。

小"半两" "半"字下横画，"两"字上横画稍短或与字等宽。直径2.1~2.5厘米（图五〇，4、5）。

带钩 M34:37，残。仅存兽首状钩头。残长4.2厘米（图四九，6）。

镜 M34:36，未能修复。

另外有两件漆器，已无法修复。

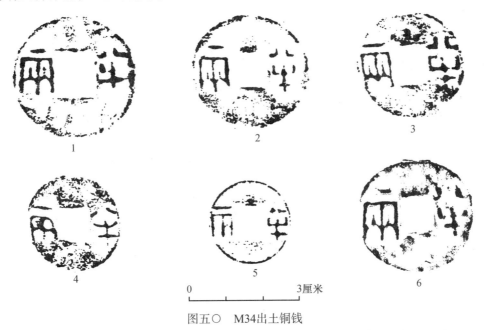

图五〇 M34出土铜钱

1~3.大"半两"（M34:34） 4、5.小"半两"（M34:34） 6.大"半两"（M34:35）

三、结 语

墓葬中所出钱币、铜镜，为墓葬绝对年代的判定提供了重要线索，M32、M34所出半两钱分为大小两种，小者外径2.5厘米左右，大者外径3厘米左右，推测其时代为西汉早期，部分单位年代可以早到秦，下限为武帝元狩五年（前118年）。M27出有汉初半两和五铢钱，根据写法推测应该属于武帝元狩五年以后至宣昭时期。M28出有两种五铢钱，一种五字两笔直交，字体偏瘦，与昭帝时期五铢钱相似；另一种五字两笔末端平行，近似宣帝晚期五铢[1]。M33出有剪轮五铢、太平百钱，其时代已经进入蜀汉时期。

出土陶器方面，以演变特征比较明显的陶壶为例，参考相关研究成果，可以将出土的5件陶壶做如下划分（表二）。

---

[1] 蒋若是：《西汉五铢断代》，《秦汉钱币研究》，中华书局，1997年，第111页。

表二　砖瓦溪墓地出土陶壶形制对比

砖瓦溪	对照器物	分期
M31：8		
M32：30	郫县风情园M16：9[①]	西汉早期（秦末到元狩五年）[②]
M32：40		
M29：9	云阳马粪沱M72：28	西汉中期（汉元狩五年到昭宣之时）
M28：17	云阳故陵M13：10	东汉早期[③]

此外，M31、M34所出铜鼎与凤翔高庄M16：6形制相同，属于秦到西汉早期。M34还出有铜蒜头壶，与凤翔高庄M46：11相似，也说明M34年代较早[④]。M27出有四乳龙纹镜，为宣帝时出现的新样式[⑤]。M30所出有车马纹饰画像砖、青瓷碗，属东汉时期。个别墓葬之间的打破关系也为年代的判断提供了线索。

综上所述，这批墓葬，大体分为四期：

第一期，西汉早期，年代约为秦末到汉元狩五年，M31、M32、M34；

第二期，西汉中期，年代在汉元狩五年到昭宣之时M29、M27；

第三期，东汉时期，M28、M30；

第四期，蜀汉时期，M33。

砖瓦溪为一处大型汉墓群，墓葬数量多，每次发掘都有新的收获和突破。

本次发掘墓葬中，M31打破M34，两墓墓坑相连几乎成为一体，而且年代相去不远，从种种迹象来看，有可能为下葬间隔时间极短的夫妇合葬墓，这种合葬方式在以往发掘中少见，是从夫妇异穴合葬到同穴合葬的过渡形态，为研究夫妇合葬墓的形态演变提供了非常宝贵的材料。M33为石室墓，是该墓地首次发现。

砖瓦溪遗址墓葬时代从秦末一直延续到蜀汉之时，在墓葬形制、葬具、随葬器物方面都表现出一定的自身特色，在三峡地区墓葬中占有重要位置，为研究三峡地区汉代文化面貌和内涵提供了重要材料。

附记：感谢重庆市文化局三峡办、重庆市文物局、石柱土家族自治县文物管理所、黎场乡望江村的干部及村民对我们工作的大力支持和协助。本次发掘领队为谢尧亭，执行领队为王金平，参加发掘的人员有黄鉴、常如意、褚启俊、史春明、张王俊、张银才、张砚录、马教河。

绘图：马教河

执笔：谢尧亭　王金平　祁　冰

①　成都市文物考古研究所、郫县博物馆：《四川郫县古城乡汉墓》，《考古》2004年第1期。

②　余静：《中国南方地区两汉墓葬研究》，吉林大学博士学位论文，2009年，第120页。

③　余静：《中国南方地区两汉墓葬研究》，吉林大学博士学位论文，2009年，第128～130页。

④　中国社会科学院考古研究所：《中国考古学·秦汉卷》，中国社会科学出版社，2014年，第652、653页。

⑤　中国社会科学院考古研究所：《中国考古学·秦汉卷》，中国社会科学出版社，2014年，第660页。

附表　砖瓦溪遗址墓葬登记表

单位	层位	方向/(°)	形制	葬式	葬具	墓圹尺寸/米 长	宽	深	葬具尺寸/米	随葬品（未标注数量者为1件）	备注
M27	①下		土坑竖穴	不明	一椁一棺	2.1	1.5	0.7	椁2.1×1.2 棺1.8×0.6	铜镜、铜铃、铜饰件、铜泡3、铜五铢钱32、石饰品8、石镞、两钱800、陶罐4、陶釜、陶盆、陶盆、铁釜	墓主骨架不存
M28	①下		土坑竖穴	不明	一椁棺数量不明	3.6	3	1.2	椁3.2×2.5	铜五铢钱59、铁环首刀、铁釜架、陶甑、陶、困、陶器耳2、陶盆2、陶壶、陶盆、陶钵3、陶井、磨石10	墓主骨架不存
M29	①下	280	土坑竖穴	北棺不明 南棺仰身直肢	一椁双棺并列	4	3.6	2.9	椁3.4×3.1 北棺2.2×0.6 南棺2.3×0.7	铜五铢钱96、铁釜、铁刀、铁铲2、铜铃、铁釜件、陶甑、陶甂、陶困、陶盆、陶井-套4、陶壶2、陶罐13、陶钵8、陶盆3、陶钵	北棺墓主头向不明，以南棺墓主头向为准
M30	①下	不明	砖室墓	不明	不明	残			残	瓷碗、铜钱、墓砖2	仅存墓底一角被破坏严重，打破M31东北角
M31	①下	148	土坑竖穴	仰身直肢	一椁一棺	5.7	3.4	5.4	椁5.2×2.6 棺1.8×0.6	铜附件3、铜鼎2、铜勺、铜鉴、铜铃6、铜带钩、铁灯、铁环首刀、铁釜、陶壶2、陶盆4、陶甑、陶纺轮、贝2	打破M34，墓角有脚窝
M32	①下	334	土坑竖穴	皆仰身直肢	一椁双棺并列	4	2.9	2	椁3.8×2.2 北棺2.2×0.6 南棺2.2×0.6	铜弩机、铜镞9、铜勺、铜鼎、铜附件、铁釜、铜盆、铁环首刀、磨石、铜泡2、铜镞、铜售、铁釜、料珠、铁条、铁刀、铁釜（带架、锈蚀严重能未修复）、陶罐、陶盖、铁矛、铁釜、铜甗2、铜盆2、铁釜、陶钵5、陶盆3、陶盖、铁盖、陶鼎2、陶壶2、陶盆2、陶盘、陶黑、纺、小"半两"270、大"半两"7	两棺中墓主头向相反，以南棺墓主头向为准
M33	①下	不明	石室墓			5	1.8	1.2	残	铜钱10、石板、瓷碗	残，打破M34西北角
M34	①下	135	土坑竖穴	仰身直肢	一椁一棺	5.7	3.4	5.2	椁5×2.5 棺2×0.6	铜蒜头壶、铜附件3、弓帽11、铜鼎2、铜瓶、铜盘2、铜钫、铜带钩、石器、铁钫、铁灯、铜镜2、半两钱75、半两钱、铁釜、铁镰、铁釜件2、陶甑、陶壶2、陶罐13、陶盆2、陶盒2、铁凿2、漆器2	墓角有脚窝，西北角被M33打破

丰都汇南墓群2000年度发掘简报

四川省文物考古研究院
丰都县文物管理所

　　汇南墓群位于重庆市丰都县人民政府驻地三合街道，这里属长江南岸，与长江北岸的丰都旧县城名山镇隔江相望（图一）。墓葬分布范围原属汇南乡。1992年，四川省文物考古研究所（2004年由"所"改为"院"，以下称"院"）配合丰都县政府在汇南乡秀才湾村进行新县城的前期规划选址和拆迁工作中，在此进行了考古调查勘探，发现该墓群，并在庙嘴梁子和李家梁子进行了部分墓葬的抢救性发掘[1]。在庙嘴梁子发掘出土2座、在李家梁子发掘出土17座，其中李家梁子2座为宋墓，其余17座为汉至六朝墓葬。1994～1996年，丰都县文物管理所又在这里发掘清理出一批墓葬[2]。1995年3月31日，民政部批准丰都县人民政府驻地由名山镇迁至汇南乡秀才湾，随后四川省文物考古研究院对新县城基建施工范围的这处墓群进行了较为详细的调查勘探，并命名为"汇南墓群"[3]。1997年3月14日第八届全国人民代表大会第五次会议通过《关于批准设立重庆直辖市的决定》，丰都县在重庆市直辖后撤销汇南乡，将县人民政府驻地从名山镇迁至三合镇，现为三合街道，汇南乡部分划为汇南村。这片墓群仍旧沿用"汇南墓群"旧名。

　　经四川省文物考古研究院和丰都县文物管理所调查勘探结果，汇南墓群分布在西起斜南溪，东至龙河的23个山沟、缓坡和山梁构成的斜长形浅丘地带上。墓地与墓地之间有山梁或冲沟相隔，每个墓地的墓葬有十余座至数十座不等，由西向东依次分布。现存有会仙堡、蛮洞梁子、粮站梁子、祠堂堡、钟姑娘梁子、加油站梁子、水井湾、桔子塝、吊脚崖等9个墓地。墓群分布范围东西长约3.5、南北宽约1千米，其中心地理坐标为东经107°42′，北纬29°53′，墓葬分布在海拔150～225米，海拔150～195米是墓葬分布最为密集的中心区域（图二）[4]。

　　1998年，重庆市文化局将丰都汇南墓群的发掘工作委托给四川省文物考古研究院（承担方）和丰都县文物管理所（协作方）进行。1998年4～10月，受重庆市文化局的委托，四川

　　① 四川省文物管理委员会、四川省文物考古研究所、丰都县文物管理所：《丰都县汇南两汉—六朝墓发掘简报》，《四川考古研究论文集》，《四川文物》1996年增刊，第103～127页。

　　② 资料存丰都县文物管理所。

　　③ 四川省文物考古研究所：《丰都县三峡工程淹没区调查报告》，《四川考古报告集》，文物出版社，1998年，第281～349页。

　　④ 汇南墓群的分布情况及年代上下限可参见四川省文物考古研究院等：《重庆丰都汇南墓群2001年度发掘简报》，《四川文物》2012年第2期；四川省文物考古研究院等：《重庆丰都汇南墓群2002年度发掘简报》，《四川文物》2012年第6期；四川省文物考古研究院等：《重庆丰都汇南墓群2003年度发掘简报》，《四川文物》2013年第2期。

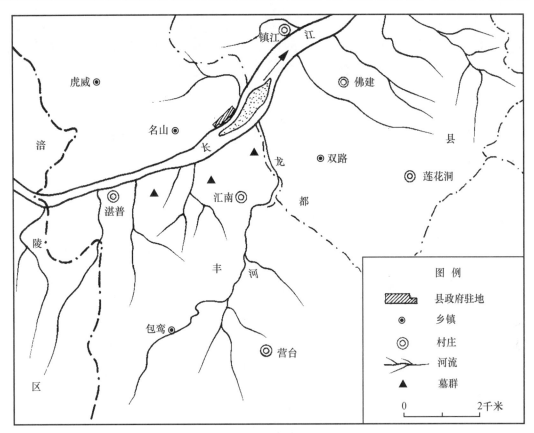

图一　汇南墓群位置示意图

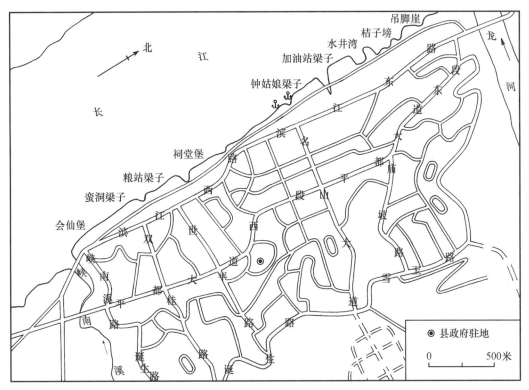

图二　汇南墓群各墓地的分布位置

省文物考古研究院对汇南墓群进行了钻探和发掘①。1999~2000年的委托任务因故未落实，在这期间汇南墓群范围内的丰都新县城建设施工陆续发现一些墓葬，丰都县文物管理所对这些墓葬进行了抢救性发掘。共发掘清理墓葬13座（其中蛮洞梁子2座，编号为2000FHMM2、2000FHMM3；粮站梁子5座，编号2000FHLM1~2000FHLM5；祠堂堡4座，编号2000FHCM1、2000FHCM5、2000FHCM6、2000FHCM8；吊脚崖和桔子塝梁子各发现1座，编号分别为2000FHDM1、2000FHJM1）。从墓葬形制以及出土器物看，这批墓葬的时代为汉代至六朝时期。

墓葬为施工过程中所发现。多数墓葬上部封土破坏较严重，其中有的墓葬在耕土层之下就出现墓葬开口。除2000FHMM3为土坑墓外，其余墓葬均为砖室墓。砖室墓的形制有曲尺形、刀形、"凸"字形以及"中"字形四种。按照重庆市文化局的指示，丰都县文物管理所将发掘的这批墓葬资料移交四川省文物考古研究院进一步整理完善，并纳入2000年的年度报告和今后的综合报告编写中②。下面将土坑墓2000FHMM3以及砖室墓2000FHLM2的出土情况简报如下，其他墓葬资料将在综合报告中发表。

一、土坑墓（2000FHMM3）

（一）墓葬形制、葬具、葬式

竖穴土坑墓，开口距地表深0.3米，墓向322°。平面呈"凸"字形，由墓道和墓室组成。墓道位于墓室西北侧，平面呈长方形，斜坡式，残长2、宽1.8米，底端距墓底0.4米，坡度约45°。墓室呈长方形，长4.24、宽3.8、深3.56米，墓壁较直，经拍打修整。墓底靠四壁有宽0.3~0.5、高0.2~0.3米的熟土二层台（在发掘过程中熟土二层台与填土同时被清除）。墓室底部清理发现木棺共4具，在墓坑内呈纵向平行放置于墓室底部，棺木板灰上的人骨腐朽较甚，头向及葬式难以判断（图三）。

（二）随葬器物

该墓未被盗扰，但墓底随葬器物因受填土挤压大多残破。出土器物共计27件，另出土铜钱若干枚。

①　四川省文物考古研究所、丰都县文物管理所：《丰都汇南墓群发掘简报》，《重庆库区考古报告集·1997卷》，科学出版社，2001年。

②　这批资料共13座墓，发掘时间从1999年初至2001年秋，因未列入后来墓群发掘的统一编号内，为避免墓号重复，将13座墓葬全部纳入2000年度编号。在今后编写综合报告时，将具体交代2000年发掘以外的墓葬的实际发掘时间。

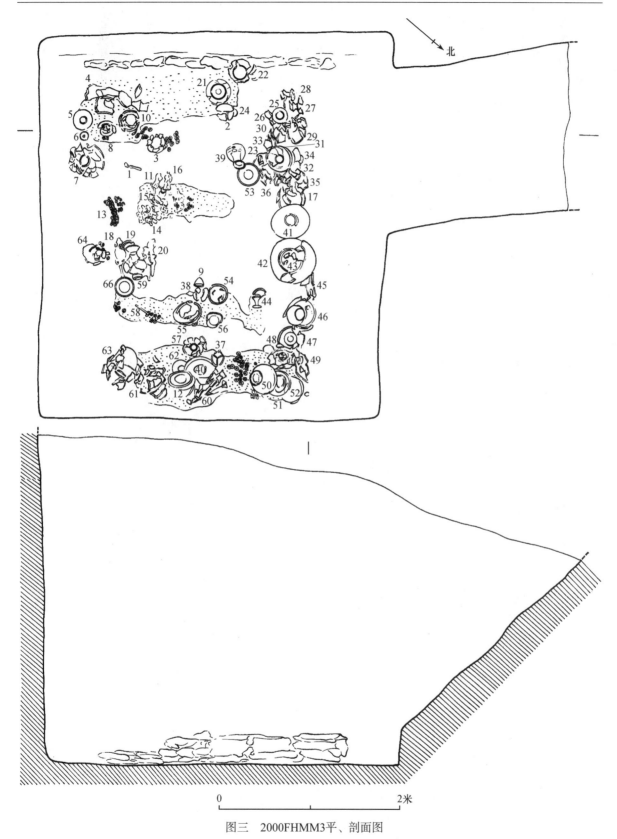

图三　2000FHMM3平、剖面图

1. 铁环首刀　2、3. 陶钵　4、6. 陶豆　5. 铜璧形器　7、11. 陶仓　8. 铜釜　9. 釉陶博山炉盖　10、12. 铜洗　13. 铜钱

14. 铜钵　15. 陶罐　16. 陶釜　17. 陶甑　18. 铜灯　19. 铜锤　20、21. 铜鋈　22. 釉陶罐　23. 釉陶博山炉　24. 陶盆　25. 釉陶器盖

26. 铜扣器　27. 铜饰件　28. 铜鐎斗（余为陶器残片）

1. 陶器

10件。

罐　1件，2000FHMM3：15，泥质灰陶。敛口，卷沿，尖唇，短颈，宽折肩，腹微鼓，平底。口径12.6、底径16.5、高18.8厘米（图四，1；图版二二，1）。

仓　2件。灰陶。敛口，尖圆唇，折肩，筒形腹，腹中部微鼓，平底。2000FHMM3：7，泥质灰陶。口径12.6、底径13.5、高19.2厘米（图四，2）。2000FHMM3：11，夹细砂灰陶。口径12、底径11.5、高17.6厘米（图四，3；图版二二，2）。

釜　1件。2000FHMM3：16，夹砂红陶。敞口，宽折沿，圆唇，球形腹，圜底。颈部以下通体饰竖绳纹。口径21.3、高21.3厘米（图四，4）。

盆　1件。2000FHMM3：24，泥质灰陶。敞口，窄折沿，尖圆唇，唇面有一道凹槽，深弧腹，平底略内凹。上腹饰一周凸弦纹，下腹饰浅细绳纹。口径33、底径17.5、高21.5厘米

图四　2000FHMM3出土陶器

1. 罐（2000FHMM3：15）　　2、3. 仓（2000FHMM3：7、2000FHMM3：11）　　4. 釜（2000FHMM3：16）

5. 甑（2000FHMM3：17）　　6. 盆（2000FHMM3：24）

（图四，6）。

甑 1件。2000FHMM3：17，夹砂灰陶。直口，卷沿，圆唇，深弧腹，平底，底部有9个箅孔。口沿下饰两周压印竖条纹，腹部拍印网格纹。口径38.8、底径18.3、高21.6厘米（图四，5；图版二二，3）。

钵 2件。泥质灰陶。敞口，卷沿，圆唇，斜弧腹，小平底。2000FHMM3：2，口径17.5、底径5.3、高5.6厘米（图五，1）。2000FHMM3：3，腹部有较宽的瓦棱纹。口径17.5、底径5.3、高6.3厘米（图五，2）。

豆 2件。泥质灰陶。均残。2000FHMM3：6，仅存豆盘。侈口，平沿，浅弧腹，平底。口径11.8、残高4.2厘米（图五，3）。2000FHMM3：4，子母口，方唇，鼓腹，束腰形柄，盘底有孔与柄相通。口径11.8、残高4.2厘米（图五，4）。

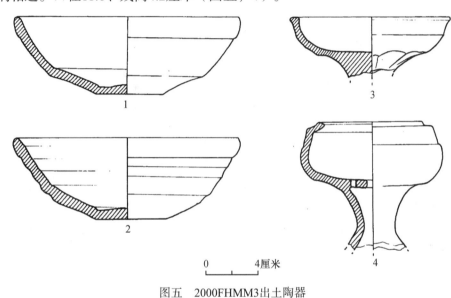

0   4厘米

图五　2000FHMM3出土陶器

1、2.钵（2000FHMM3：2、2000FHMM3：3）　3、4.豆（2000FHMM3：6、2000FHMM3：4）

2. 釉陶器

4件。

罐 1件。2000FHMM3：22，泥质红陶，器表下腹以上施酱红色釉，部分釉脱落。敛口，尖唇，沿面有一周凹槽，斜弧肩，鼓腹，平底。肩部饰三周凹弦纹。口径18.9、底径14、高17厘米（图六，1；图版二二，4）。

博山炉 1件。2000FHMM3：23，器身及盖均为泥质红陶，表面施酱红色釉。尖山形盖，盖口敞，唇方。盖面饰不规则形乳突和一周条形镂孔，口缘饰三角形锯齿纹。器身呈豆形，子母口，圆唇，浅盘，底中部上凸，细长柄，矮圈足。盖径9.6、高6.2厘米，炉盘口径7.2、炉身高9.6、通高15厘米（图六，2；图版二二，5）。

博山炉盖 1件。2000FHMM3：9，泥质红陶，表面施酱红色釉。炉盖尖山形，盖口敞，唇方。盖面饰三个一组的乳突，近口处饰一周三角形锯齿纹。口径11.4、高6.8厘米（图六，4；图版二二，6）。

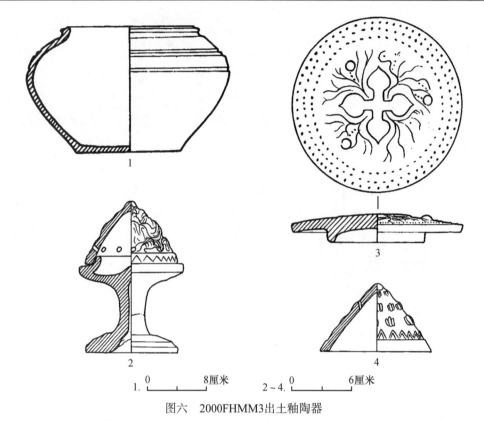

图六　2000FHMM3出土釉陶器

1. 罐（2000FHMM3：22）　2. 博山炉（2000FHMM3：23）　3. 器盖（2000FHMM3：25）　4. 博山炉盖（2000FHMM3：9）

　　器盖　1件。2000FHMM3：25，泥质红陶，外壁施酱红色釉。平顶微弧，子口。顶中部饰柿蒂纹，瓣间饰四组草叶纹间三乳钉，外圈饰三周细乳钉。口径17.1、高2.8厘米（图六，3；图版二二，7）。

3. 铜器

　　12件。

　　锺　1件。2000FHMM3：19，侈口，沿略内折，高束颈，溜肩，鼓腹，下腹残，圈足外斜。肩部饰两个对称的铺首衔环，铺首间及上腹各饰三周凸弦纹。口径13.6、足径14.8、复原高32厘米（图七，1；图版二二，8）。

　　洗　2件。侈口，斜折沿，尖唇，束颈，斜弧腹，平底。颈下饰三周凸弦纹，腹部有两个对称的铺首衔环。2000FHMM3：12，残。口沿变形。口径22.5～26.1、底径13.1、高10.6厘米（图七，3；图版二二，9）。2000FHMM3：10，口径22.9、底径13.3、高10.9厘米（图七，4；图版二三，1）。

　　釜　1件。2000FHMM3：8，侈口，宽折沿，方唇，束颈，垂腹，圜底。上腹有一对辫索纹环耳。器表有烟炱。口径22、高17.4厘米（图七，5；图版二三，2）。

　　鍪　2件。均残。肩部饰两个对称的辫索纹环耳。2000FHMM3：20，腹、底残。侈口，方唇，束颈，折肩。双耳间饰五周凸弦纹。口径17.6、残高14厘米（图七，6）。2000FHMM3：21，口沿残。折肩，鼓腹，圜底。腹部饰三周凸弦纹。残高19.1厘米（图七，2；

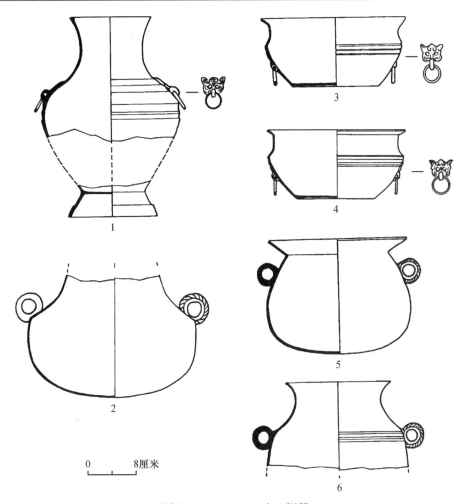

图七　2000FHMM3出土铜器

1. 锺（2000FHMM3：19）　2、6. 鍪（2000FHMM3：21、2000FHMM3：20）　3、4. 洗（2000FHMM3：12、2000FHMM3：10）

5. 釜（2000FHMM3：8）

图版二三，3）。

钵　1件。2000FHMM3：14，表面锈蚀，器壁薄。敞口，尖唇，直腹，圜底较平。口径14.6、高5.8厘米（图八，1、2；图版二三，4）。

鐎斗　1件。2000FHMM3：28，侈口，折沿，方唇，弧腹，圜底。上腹一侧有一中空的长直柄，横剖面为梯形。器表有烟炱。口径21.8、高8.9、通长36.8厘米（图八，5；图版二三，5）。

灯　1件。2000FHMM3：18，锈蚀。口微敞，浅直腹，平底，三蹄足，内底中央有一支钉。口径10.2、底径9.7、高3.6厘米（图八，2）。

璧形器　1件。2000FHMM3：5，圆形，中部有一圆穿，内侧厚，边缘薄。直径18、穿径6.8、厚0.28～0.56厘米（图八，4；图版二三，6）。

饰件　1件。2000FHMM3：27，残。片状，镂空，性质与用途不详。残长8.8厘米（图八，6）。

扣器　1件。2000FHMM3：26，应为漆扣器口沿之扣箍。残断。圆环形，横断面呈"U"形。直径25.2厘米（图八，3）。

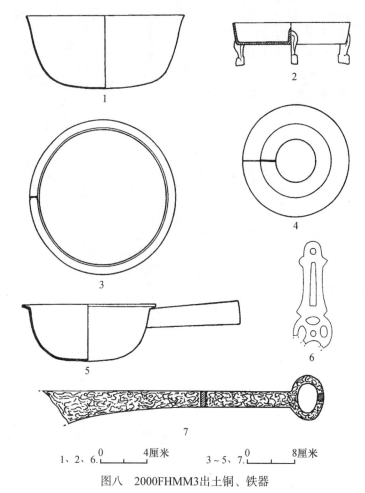

图八　2000FHMM3出土铜、铁器

1. 铜钵（2000FHMM3：14）　2. 铜灯（2000FHMM3：18）　3. 铜扣器（2000FHMM3：26）　4. 铜璧形器（2000FHMM3：5）
5. 铜鐎斗（2000FHMM3：28）　6. 铜饰件（2000FHMM3：27）　7. 铁环首刀（2000FHMM3：1）

4. 铁器

1件。

环首刀　1件。2000FHMM3：1，锈蚀严重，刀尖残断。椭圆形环首，长直柄，直背，弧刃。长48、厚0.8厘米（图八，7）。

二、砖石墓（2000FHLM2）

（一）墓葬形制

墓葬平面呈"凸"字形，墓口距地表深0.8米。墓上原来修建有丰都县粮站仓库，此山梁墓地故名"粮站梁子墓地"。墓向为西南，方向240°。墓道毁坏不存，甬道及墓室结构保存较完整。墓圹略经加工修整，全长6、最宽处2.9、深3.2米，墓圹与砖室间距0.15~0.2米。墓壁以长方形花边砖错缝平铺砌成，墓顶部以楔形子母砖纵向券拱（图九）。

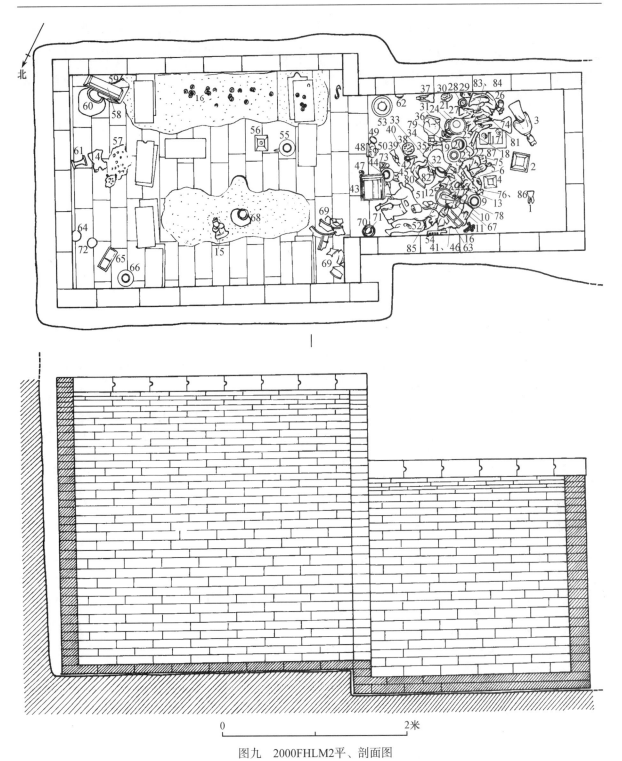

图九　2000FHLM2平、剖面图

1、5、6、10、22、25、27、34、35、73、77～79、85、87.陶侍俑　2.釉陶㐲　3、18、81.陶武士俑　4、56.陶器座

7、12.陶猪　8、52.陶狗　9、20、31、33、44、53、55、66、68.釉陶罐　11.陶抱袋俑　13、29.陶子母鸡　15、80.陶吹箫俑

16.铜"五铢"　17.陶塘　19、60.陶罐　21.釉陶匜　23.陶驾驭俑　24、38、61、62、64、70、72.陶器盖　26.陶舞俑

28.釉陶盖　30、86.陶抚耳俑　32、82.釉陶锺　36、76.陶击鼓俑　40.釉陶勺　42.陶公鸡　45.陶镇墓兽　47、49.釉陶双耳杯

48.陶庖厨俑　50、71.陶双耳杯　51.陶马　54.釉陶畜栏　57.铜摇钱树枝　58、65.陶房　63.釉陶摇钱树座　74.陶提袋持便面俑

（14、37、39、41、43、46、59、67、69、75、83、84为残陶片）

甬道位于墓室东端中部，长2.38、宽2、高2.7米。甬道出口有封门，采用长方形砖错缝横砌，高2.7米。墓室呈长方形，长3.34、宽2.6、高3.2米。墓底以长方形砖错缝横铺，墓室底部较甬道高0.26米。墓砖形制有长方形和楔形子母砖两种，侧面饰菱形几何纹。长方形砖长44、宽19、厚8厘米，楔形子母砖长44、宽19、厚6～8厘米。

墓室底部前、后有枕棺砖，且分布有零星棺灰痕，推测葬具为木棺，已朽尽。人骨2具，腐朽严重，头向及葬式不明。

（二）随葬器物

墓底随葬器物保存较好，大多分布于甬道，墓室内也有少量器物。出土器物共计77件，另出土五铢钱101枚。

1. 陶器

57件。

罐　2件。泥质红陶。2000FHLM2：19，侈口，卷沿，圆唇，圆肩，鼓腹，平底较小，略内凹。肩部饰一周凹弦纹。口径8.5、底径5.2、高10.5厘米（图一〇，2）。2000FHLM2：60，敛口，卷沿，短颈，折肩，深曲腹，平底。口径16.6、底径13.5、高22.8厘米（图一〇，1）。

双耳杯　2件。泥质红陶。平面呈椭圆形，敞口，方唇，浅弧腹，平底，口沿两侧各有一新月形耳。2000FHLM2：50，口部长8.3、宽7厘米，底部长4、宽2.5厘米，高3厘米（图一〇，3）。2000FHLM2：71，口部长8.6、宽8.2厘米，底部长4、宽2.6厘米，高2.6厘米（图一〇，6）。

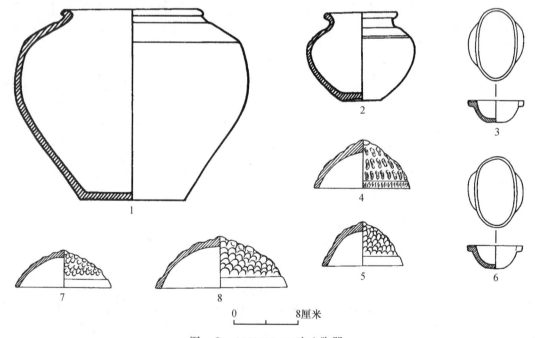

0　　　　　8厘米

图一〇　2000FHLM2出土陶器

1、2. 罐（2000FHLM2：60、2000FHLM2：19）　3、6. 双耳杯（2000FHLM2：50、2000FHLM2：71）　4、5、7、8. 器盖
（2000FHLM2：24、2000FHLM2：62、2000FHLM2：61、2000FHLM2：70）

器盖　7件。泥质红陶。敞口，方唇，依器身高矮分为二型。

A型　3件。器身较高，呈头盔形，顶部有一圆形乳突。2000FHLM2：24，盖面饰若干椭圆形乳突。口径11.6、高5.9厘米（图一〇，4）。2000FHLM2：62，盖面饰若干不规则形乳突。口径10.1、高5.3厘米（图一〇，5）。

B型　4件。器身较矮，弧壁，盖面饰若干不规则形乳突。2000FHLM2：61，口径11.8、高4.4厘米（图一〇，7）。2000FHLM2：70，顶部有一圆形乳突。口径16.4、高6.5厘米（图一〇，8）。

房　2件。泥质红陶。平面呈长方形，悬山式顶，屋顶较平，正脊两端略上翘，前侧有五道瓦垄，屋正面两侧及中间立柱，两侧柱上施一斗，中柱上施一斗三升斗栱，上承檐额。2000FHLM2：58，屋正面柱外设腰墙（腰墙左侧残），腰墙上有横条形镂孔。长33.8、宽11.5、高26.6厘米（图一一，1；图版二三，7）。2000FHLM2：65，左屋无前墙，右屋前墙上刻门，下设门槛。长34.5、宽10.7、高25.8厘米（图一一，2；图版二三，8）。

塘　1件。2000FHLM2：17，泥质红陶。平面呈长方形，截角，宽沿，中部有埂，埂一端留水口，两侧互通。塘底塑有鱼、龟、鸭、莲蓬等动植物。长34.1、宽22.2、高4.5厘米（图一一，3；图版二三，9）。

器座　2件。泥质灰陶。平面呈方形，上部为覆斗状，中间有一方形凹槽，顶部及底部饰

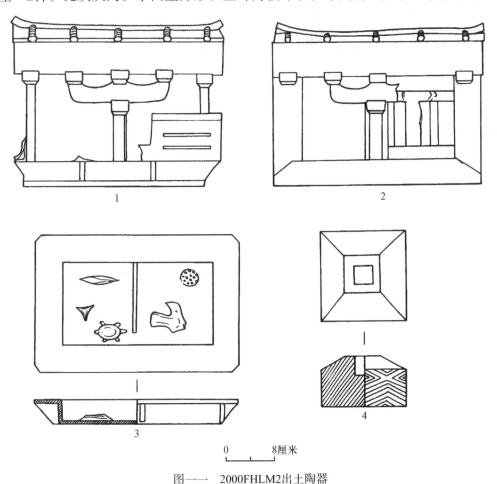

图一一　2000FHLM2出土陶器

1、2.房（2000FHLM2：58、2000FHLM2：65）　3.塘（2000FH LM2：17）　4.器座（2000FH LM2：56）

0   8厘米

图一二 2000FHLM2出土陶侍俑

1、2. A型（2000FHLM2：5、2000FHLM2：6）   3. B型（2000FH LM2：27）   4、7. C型（2000FH LM2：10、
2000FH LM2：35）   5、6. D型（2000FH LM2：34、2000FH LM2：73）   8. E型（2000FH LM2：87）

绳纹，一侧面饰三角形几何纹。2000FHLM2：56，边长14.5、高8厘米（图一一，4）。

侍俑 18件，其中3件较残，另外15件基本完好。均为泥质红陶。两手拢袖拱于胸前，站立状。整体造型是面部较模糊，服饰轮廓不清。根据头部及服饰的差异分为五型。

A型 2件。形体较矮，头部无装饰。穿交领右衽长袍，宽长袖，束腰。2000FHLM2：5，高14.1厘米（图一二，1）。2000FHLM2：6，高14.3厘米（图一二，2）。

B型 2件。其中一件头残。头裹巾，穿"V"领长袍，宽长袖，束腰。2000FHLM2：27，完好。高15.6厘米（图一二，3）。

C型 5件。戴圆形高冠，穿交领右衽长袍，袖部宽大，下垂至体侧，束腰。2000FHLM2：10，高20.5厘米（图一二，4）。2000FHLM2：35，高20.4厘米（图一二，7）。

D型 5件。戴扇形高冠，穿交领右衽长袍，宽长袖，束腰，背微弓。2000FHLM2：34，高19.5厘米（图一二，5）。2000FHLM2：73，高19.2厘米（图一二，6）。

E型　1件。2000FHLM2：87，形体较高。梳山形髻，裹巾，着交领右衽长袍，宽长袖，束腰。高23.2厘米（图一二，8）。

舞俑　1件。2000FHLM2：26，泥质红陶。梳山形髻，束巾，面部丰满，穿交领右衽长裙，宽袖，袖端起褶呈喇叭状，束腰，下摆宽大，左手提裙，右手上扬，跨步起舞。高38.6厘米（图一三，1；图版二四，1）。

武士俑　3件，其中1件头残。2000FHLM2：3，完好。泥质红陶。形体高大，呈站立姿势。戴圆帽，脸瘦长，弯眉，嘴微张，面带笑容，双眼平视前方。外穿交领右衽短袍，长度至膝，前襟呈"人"字形，露内衣下摆，束腰；下穿窄腿短裤，着履。右手握拳上抬，拇指上翘；左手持环首刀于胸前。环首处系带，手臂挎盾，腰间系带上悬挂一刀。高60厘米（图一三，3；图版二四，2）。2000FHLM2：81，泥质红陶，器表施黑衣，多已脱落。戴圆帽，面部丰满，嘴角上翘，微笑，双眼平视前方，站立姿势。穿交领右衽长袍，宽长袖，束腰。右

1　　　　　　　　　　　　2

3　　　　　4　　　　　5

0 ⌞＿＿＿⌟ 8厘米　　　0 ⌞＿＿＿⌟ 16厘米
1、2.　　　　　　　3～5.

图一三　2000FHLM2出土陶俑

1. 舞俑（2000FHLM2：26）　2. 提袋持便面俑（2000FHLM2：74）　3、4. 武士俑（2000FHLM2：3、2000FHLM2：81）

5. 抱袋俑（2000FHLM2：11）

手上抬，手掌残断，左手持环首刀于胸前，环首处系带，手臂挎盾，腰间系带上悬挂一刀。高48.8厘米（图一三，4；图版二四，2）。

　　提袋持便面俑　1件。2000FHLM2：74，泥质红陶。梳山形髻，束巾，于前额束结，穿交领右衽长袍，宽长袖，束腰，站立状。左手提袋，右手持便面置于胸前。高31.9厘米（图一三，2；图版二四，3）。

　　抱袋俑　1件。2000FHLM2：11，泥质红陶。戴圆帽，面部丰满，嘴角微上扬，面露微笑。穿交领右衽长袍，宽长袖，束腰，站立状。右手上抬，手掌残断，左手抱袋横于胸前，袋口朝下，似有物品掉出。高42.2厘米（图一三，5）。

　　驾驭俑　1件。2000FHLM2：23，右手自肘部残断。泥质灰红陶。面部丰满。梳山形髻，束巾，于前额束结。着交领右衽长袍，宽长袖，腕端露内衣袖，束腰。两手前举，做跪坐式驾驭。高25.7厘米（图一四，1）。

　　击鼓俑　2件。跪坐式。2000FHLM2：36，泥质红陶。面容清秀，嘴角上扬，做微笑状。戴圆帽，穿交领右衽长袍，宽长袖，束腰。膝前置一圆鼓，左手抚鼓，右手执槌，做击打状。高27.1厘米（图一四，2；图版二四，4）。2000FHLM2：76，夹砂红陶。笑容满面。戴高冠，穿交领右衽长袍，宽长袖，束腰。膝前置一圆鼓，左手抚鼓，右手握拳做击打状。高18.4厘米（图一四，8；图版二四，4）。

　　　　　　　　　　　　0　　　　　8厘米

图一四　2000FHLM2出土陶俑

1. 驾驭俑（2000FHLM2：23）　2、8. 击鼓俑（2000FHLM2：36、2000FHLM2：76）　3、4. 吹箫俑（2000FHLM2：80、2000FHLM2：15）　5、6. 抚耳俑（2000FHLM2：30、2000FHLM2：86）　7. 庖厨俑（2000FH LM2：48）

吹箫俑　2件。泥质红陶。深目，高鼻，跪坐，身体向左倾斜。戴尖帽，穿长袍，窄袖。双手握箫做吹奏状。2000FHLM2∶15，面部丰满，颧骨高耸。高21.6厘米（图一四，4；图版二四，5）。2000FHLM2∶80，表面施黑衣，多已脱落。脸略瘦。长箫至地。高25厘米（图一四，3；图版二四，5）。

抚耳俑　2件。泥质红陶。穿交领右衽长袍，宽长袖，束腰。跪坐式。2000FHLM2∶30，梳山形髻，束巾。左手抚膝，右手抚耳，身体向右倾斜，头部微仰。高19厘米（图一四，5；图版二四，6）。2000FHLM2∶86，表面施黑衣，多已脱落。梳双髻，束带，袖端起褶，右手抚膝，左手抚耳，坐姿向左倾斜。高18厘米（图一四，6；图版二四，6）。

庖厨俑　1件。2000FHLM2∶48，泥质红陶。梳髻，束巾，穿交领右衽长袍，束腰，跪坐式，膝前置案，左手置于案上，右手持刀。高19厘米（图一四，7；图版二四，7）。

马　1件。2000FHLM2∶51，尾略残。泥质红陶。昂首鼓目，粗颈硕股，尖耳鼓目，张嘴露齿，四肢颀长，短尾上扬，身高体健。背部鬃毛浓密。颈右侧从上至下阴刻"十四日𰀀十六日𰀀"八字。高64.5厘米（图一五，1；图版二四，8）。

猪　2件。泥质红陶。低首，垂耳，三角形鼓目，尾下卷，站立。2000FHLM2∶7，左后肢残。吻部上翘且长。高12.7厘米（图一五，3）。2000FHLM2∶12，吻部较短，体态肥硕，背部鬃毛浓密。右腰处有阴文"五平"二字。高12.7厘米（图一五，7；图版二四，9）。

狗　2件。泥质红陶。站立状，昂首，瞪目，尾上卷贴于背部，颈及前腹系带并穿于背部环中。2000FHLM2∶8，表面施黑衣，大部脱落。短耳，张嘴露齿。高12.7厘米（图一五，8；图版二五，1）。2000FHLM2∶52，形体高大，三角形立耳，闭口，额部有褶皱。高45.5厘米（图一五，4）。

子母鸡　2件。泥质红陶，器表施黑衣，大部脱落。昂首，尖喙，尾上翘，背负一只小鸡，两翼及腹部各依偎一只雏鸡。2000FHLM2∶13，雏鸡前胸刻出覆羽，翅羽长及尾部，母鸡尾羽上翘，做蹲伏状。高14.3厘米（图一五，5；图版二五，2）。

公鸡　1件。2000FHLM2∶42，泥质红陶。造型生动。昂首，尖喙，圆眼，高冠，尾上翘，立于圆形底座上。翅羽、尾羽清晰刻出，翅膀基部刻出短片状覆羽。高20.4厘米（图一五，6）。

镇墓兽　1件。2000FHLM2∶45，泥质红陶。低首，双目凸出，阔嘴，吐舌，舌宽而长至地，前腿直立，后腿弯曲呈蹲踞状。高11.2厘米（图一五，2；图版二五，3）。

2. 釉陶器

19件。

罐　9件。多数残，少数完整。多数为泥质红陶，少数为泥质灰红陶。平底罐。2000FHLM2∶31，泥质红陶，内壁施酱红色釉，外壁施绿釉，底部无釉。直口微敛，方唇，圆肩，腹较深，斜腹微鼓，平底内凹。唇部有一道凹槽。肩、腹相交处饰两周凹弦纹。口径16.8、底径15.2、高19.4厘米（图一六，1；图版二五，4）。2000FHLM2∶66，泥质灰红陶，先施一层酱红色底釉，再施白釉，底部无釉。直口微敛，方唇，圆肩，底略内凹。肩部饰两周凹弦纹。口径9.5、底径8.7、高13.8厘米（图一六，2；图版二五，5）。2000FHLM2∶53，

图一五　2000FHLM2出土陶俑

1. 马（2000FHLM2∶51）　2. 镇墓兽（2000FHLM2∶45）　3、7. 猪（2000FHLM2∶7、2000FHLM2∶12）

4、8. 狗（2000FHLM2∶52、2000FHLM2∶8）　5. 子母鸡（2000FHLM2∶13）　6. 公鸡（2000FHLM2∶42）

残，修复复原。泥质灰红陶，施酱青釉。侈口，平沿，矮领束颈，溜肩，曲腹，上腹微鼓，圈足。肩饰二凹弦纹。口径9.8、底径8.9、高13.1厘米（图版二五，6）。2000FHLM2∶55，肩略残。泥质灰红陶，施酱青釉，器底无釉。侈口，平沿，方唇，矮领，溜肩，深鼓腹，下腹内收，圈足。肩饰二道凹弦纹。口径9.2、底径8、高13.5厘米（图版二五，7）。2000FHLM2∶20，泥质红陶，外表上部施酱釉。直口，方唇，平沿，沿面下凹，直颈略弧，折领，溜肩，鼓腹，下斜收，平底。肩部有一道凹弦纹。口径9.9、底径7、高11.6厘米（图版二五，8）。2000FHLM2∶9，泥质红陶，外壁施酱红色釉，腹中部以下无釉。侈口，短

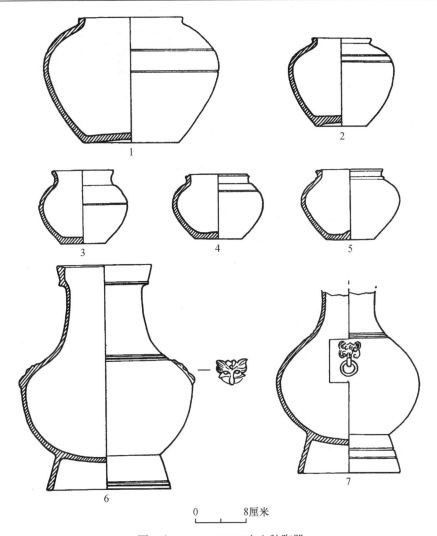

图一六　2000FHLM2出土釉陶器

1～5.罐（2000FHLM2：31、2000FHLM2：66、2000FHLM2：9、2000FHLM2：33、2000FHLM2：44）

6、7.锺（2000FHLM2：32、2000FHLM2：82）

颈，腹较浅，平底。肩、腹相交处饰一周凹弦纹。口径10.2、底径7.2、高11.2厘米（图一六，3；图版二五，9）。2000FHLM2：33，红陶，施酱红釉不及底。平沿直口，肩部饰一周凹弦纹，颈、肩相交处下凹。口径10.5、底径7.8、高10.2厘米（图一六，4；图版二六，1）。2000FHLM2：44，红陶，施酱红釉不及底。颈、肩相交处饰一周凸弦纹。口径10.5、底径8.2、高11厘米（图一六，5；图版二六，2）。2000FHLM2：68，微残。灰红陶，内施酱红釉，外施白釉。直口，平沿微凹，斜敞矮领，溜肩，深鼓腹，下腹斜收，内凹底。肩腹部饰二道凹弦纹。口径9.5、底径8.5、高13.3厘米（图版二六，3）。

双耳杯　2件。泥质红陶，施酱色或酱青色釉，多脱落。椭圆形，敞口，方唇，斜腹，矮饼足。口沿两侧各有一新月形耳。2000FHLM2：47，施酱青色釉。口部长9.8、宽7.5、底部长5.3、宽2.5、高2.9厘米（图一七，5；图版二六，4）。2000FHLM2：49，施酱釉。口部长9.7、宽8.6、底部长5.3、宽2.5、高2.9厘米（图一七，6；图版二六，4）。

奁　1件。2000FHLM2：2，泥质红陶，表面施青绿色釉。体正方，带盖，盖顶部微隆。

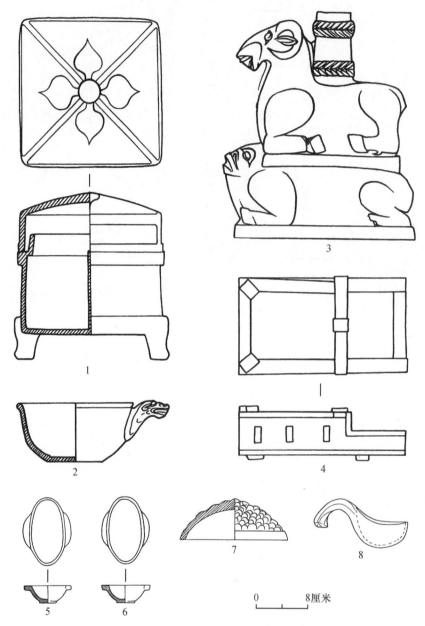

图一七　2000FHLM2出土釉陶器

1. 奁（2000FHLM2：2）　2. 匜（2000FHLM2：21）　3. 摇钱树座（2000FHLM2：63）　4. 畜栏（2000FHLM2：54）
5、6. 双耳杯（2000FHLM2：47、2000FHLM2：49）　7. 器盖（2000FHLM2：28）　8. 勺（2000FHLM2：40）

盖顶对角饰交叉的两道凸棱，中间饰柿蒂纹。奁身呈子母口，方唇，直腹，平底，底部四角各有一矮足。口径19.1、底径24.1、通高26.3厘米（图一七，1；图版二六，5）。

　　锺　2件。泥质红陶，一件施酱红釉，另一件施酱红釉与青釉。长颈，溜肩，鼓腹，圜底，圈足外斜，肩部饰两个对称的铺首衔环。2000FHLM2：32，外壁施酱红色釉，下腹及圈足无釉。盘口，方唇，腹略扁。口沿下饰一周凸棱纹，肩部饰三周凹弦纹，圈足饰两周凹弦纹。口径14.7、足径19.9、高33.5厘米（图一六，6；图版二六，6）。2000FHLM2：82，口部残。先在器表施酱红色釉，再在下腹以上施青黄色釉。腹较圆。肩及圈足各饰两周凹弦纹。足径17、残高31.2厘米（图一六，7）。

匜　1件。2000FHLM2：21，泥质红陶，柄及器身上部施黄釉。敞口，圆唇，弧腹，平底。上腹饰两周凹弦纹。上腹一侧有一龙首形柄。口径17.4、底径10.2、高8.8厘米（图一七，2；图版二六，7）。

勺　1件。2000FHLM2：40，泥质红陶，内壁施酱红色釉。口微敞，方唇，弧腹，圜底，实心曲柄下勾。通长14.3厘米（图一七，8；图版二六，8）。

器盖　1件。2000FHLM2：28，泥质红陶，表面施黄色釉，多已脱落。弧壁，敞口，方唇，盖面饰若干半圆形乳突。口径16.8、高6.2厘米（图一七，7）。

摇钱树座　1件。2000FHLM2：63，泥质红陶，表面施青绿色釉，大部脱落。摇钱树座由蟾蜍和蟾蜍背上驮负的异兽组成。蟾蜍昂首，瞪目，四肢前屈，伏卧在一长方形平板上。蟾蜍背上负一长方形垫板，垫板上一异兽前肢后屈，后肢前屈，跪伏在垫板上。异兽为羊首，长嘴，弯角。高34厘米（图一七，3；图版二六，9）。

畜栏　1件。2000FHLM2：54，泥质红陶，表面施酱色釉。由畜圈和畜饲料槽构成，平面呈长方形，上端有方形宽阑额。饲料槽低矮，前方更低矮于两侧。畜圈栏上有竖条形窗洞。通长26.3、宽14.4、高9.5厘米（图一七，4）。

3. 铜钱

101枚。包括五铢和磨郭五铢两种，绝大多数钱文锈蚀不清。

五铢　79枚。2000FHLM2：16-1，直径2.55、穿径1.1厘米（图一八，1）。2000FHLM2：16-2，直径2.5、穿径1.1厘米（图一八，2）。2000FHLM2：16-4，直径2.5、穿径1.05厘米（图一八，3）。2000FHLM2：16-7，直径2.5、穿径1.05厘米（图一八，4）。

磨郭五铢　22枚。2000FHLM2：16-6，直径2.4、穿径1.1厘米（图一八，5）。2000FHLM2：16-5，直径2.3、穿径1厘米（图一八，6）。

三、结　语

汇南乡是丰都地区汉至六朝时期墓葬分布密集，在长江南岸相互紧邻的21座山梁上汇集了上千座墓葬。这说明，汇南乡在峡江地区，至少从汉代开始，就是政治、经济、文化比较发达的重要地区之一。

2000FHMM3为带斜坡墓道的竖穴土坑墓，随葬品以陶器为主，其次为铜器。该墓还出土了少量釉陶器，而釉陶器是东汉时期才在全国普遍流行。器类以实用器为主，模型明器较少，仅有仓、博山炉等，未见东汉中、晚期该地区墓葬中盛行的俑类。铜洗、鍪与巫山麦沱新莽时期墓葬（M22、M29）出土的同类器物形制相似①。因此，推测墓葬的年代大致为东汉早期。

2000FHLM2为"凸"字形券顶砖室墓，随葬品以陶器为主，也有一定数量的釉陶器。陶器和釉陶器中各种模型器占大宗，如房、塘以及人物俑、动物俑等均为东汉时期该区域常见的

---

①　湖南省文物考古研究所、巫山县文物管理所：《巫山麦沱汉墓群发掘报告》，《重庆库区考古报告集·1997卷》，科学出版社，2001年。

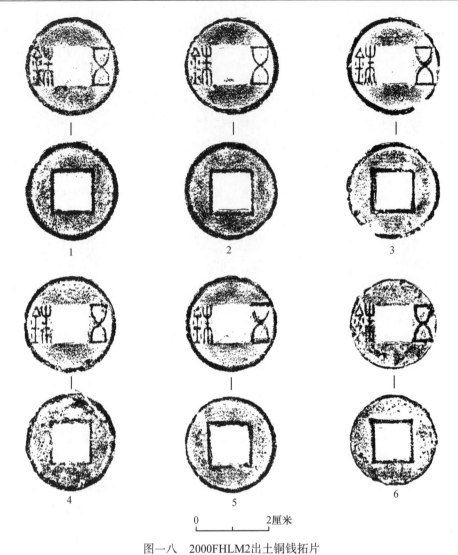

0　　　　　2厘米

图一八　2000FHLM2出土铜钱拓片

1~4.五铢（2000FHLM2：16-1、2000FHLM2：16-2、2000FHLM2：16-4、2000FHLM2：16-7）　5、6.磨郭五铢

（2000FHLM2：16-6、2000FHLM2：16-5）

器形。墓中还出土了东汉中晚期西南地区流行的摇钱树座（2000FHLM2：63）。出土钱币均为五铢，大多数属于东汉中晚期主要流行的货币，另有少数为东汉晚期的磨郭五铢。因此，该墓的年代应为东汉晚期。

发　　掘：李国洪　徐本远　毛　卫　陈游军

绘　　图：罗泽云　曾令玲

修　　复：段家义　曾卷炳

拓　　片：曾令玲

图、照编排：曾　俊　赵　鸽

执　　笔：陈德安　曾　俊

（原载《四川文物》2013年第4期）

丰都秦家院子墓群2001年度发掘报告

重庆市文物考古研究院
丰都县文物管理所

重庆市丰都县位于四川盆地东部边缘，长江由西向东横贯县境。文献记载，该区域秦属巴枳县（今涪陵）；西汉时期属益州郡枳县；东汉和帝永元二年（90年）置县，名平都，后几经易名，至1958年始名丰都县。丰都县城下游的长江沿岸多缓坡台地，遗址和墓群分布密集，仅高家镇旧镇到龙孔乡凤凰嘴的短短3.4千米距离就分布了高家镇、秦家院子、袁家岩、石地坝、信号台、玉溪、玉溪坪、凤凰嘴等10余处遗址和墓地，这些遗址和墓地被冲沟和小山隔断形成既相互联系，又相互独立的遗址群和墓群，而且时代延续很长，从旧石器时代晚期一直延续到明清，文化内涵十分丰富，秦家院子墓群就是其中比较重要的墓群之一（图一）。需说明的是本年度发掘计划为石地坝遗址的发掘，因诸多原因，最后实际发掘的是秦家院子墓群。

图一　秦家院子墓群位置示意图

秦家院子墓群位于重庆市丰都县高家镇关田沟村三、四社，沿长江右岸（东）的一、二级阶地上，其地势东高西低，北部以一条冲沟与袁家岩遗址相隔，南距丰都县城约21千米，东临沿江公路，西距长江约50米，其分布范围南北长约500、东西宽约260米，海拔185～190米，中心地理坐标为东经107°51′41″，北纬29°59′57″，1992年、1994年三峡库区文物调查时发现并复查。

为配合三峡工程建设，抢救保护库区的地下文物，2001年9月中旬至11月底，重庆市博物馆、重庆市文物考古所、丰都县文物管理所对此墓群进行了为期75天的勘探发掘工作，共完成了4万多平方米的勘探，1404平方米的发掘（图二），发掘了汉至六朝古墓葬18座，明清石室墓2座。共出土遗物2500余件（其中含铜钱700余枚，料珠1000余粒），现将本次发掘情况简报如下。

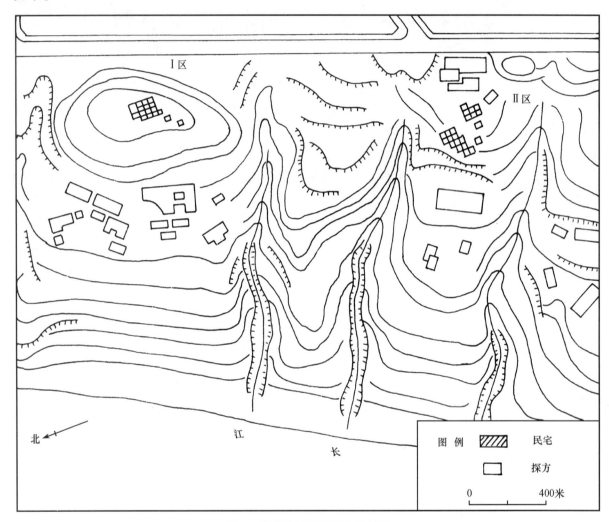

图二　秦家院子墓群探方分布图

一、墓葬分布

　　本次发掘的墓葬分布于两个相对独立的墓地上，分别为团尚堡墓地（Ⅰ区）、毛家堡墓地（Ⅱ区）。

　　团尚堡墓地（Ⅰ区）位于重庆市丰都县高家镇关田沟村三社，西临长江，东依高家镇新镇，南、北两侧为山丘沟谷，团尚堡为一椭圆形小山丘，顶部较平坦，四周均呈阶梯式坡地，其上种植辣椒、红薯等农作物。在堡顶部开5米×5米、6米×7米、7米×7米、6米×10米、6米×13米、10米×10米探方16个，编号为2001FGQⅠ区T1~16，发掘面积727平方米。发掘墓葬10座，分别为2001FGQM1~2001FGQM10（以下省略2001FGQ）。其中M4、M6、M8、M9为竖穴土坑墓，其余为砖室墓（图三）。

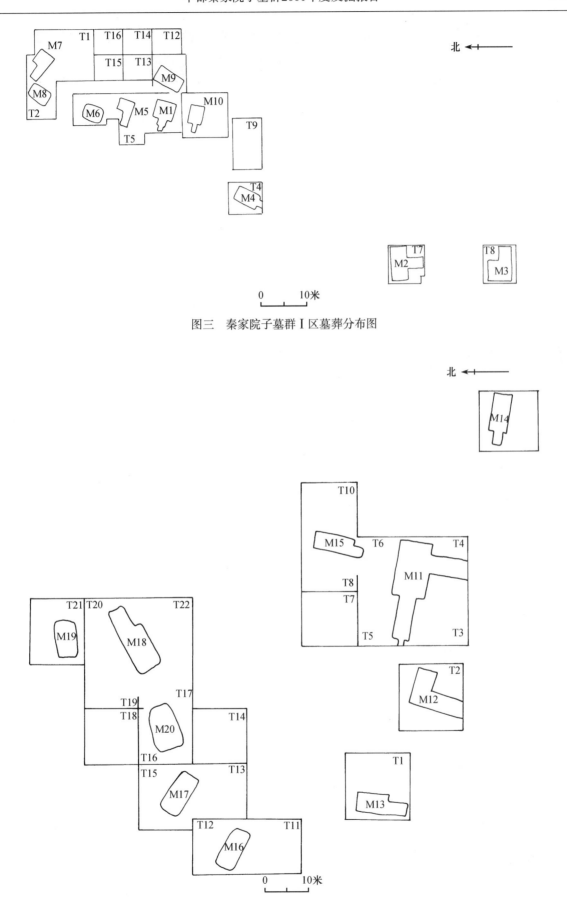

图三　秦家院子墓群Ⅰ区墓葬分布图

图四　秦家院子墓群Ⅱ区墓葬分布图

毛家堡墓地（Ⅱ区）位于重庆市丰都县高家镇关田沟村四社，西临长江，东临高家镇新修沿江公路，该墓地为东西走向的小山丘，顶部较平坦，西、南、北呈阶梯式坡地，其上种植辣椒、红薯等农作物。在堡顶部开5米×5米、6米×7米、7米×7米、6米×10米、10米×10米探方22个，编号为2001FGQⅡ区T1～22，发掘面积677平方米。发掘墓葬10座，分别为M11～M20。其中M11、M12、M13、M14、M18为砖室墓，M15、M19、M20为土坑墓，M16、M17为石室墓（图四）。

二、墓葬形制

本次发掘的20座墓葬，可分土坑墓、砖室墓和石室墓三类（附表）。

（一）土坑墓

7座。两个墓地均有分布。大部分墓葬被扰乱，可分三型。

A型　2座（M9、M15）。长条形竖穴土坑墓。

M9　方向210°。位于团尚堡墓地（Ⅰ区）中部。墓圹长宽比例较大（2/1）。墓口长520、宽250、深176厘米，墓底长480、宽210厘米，墓口略大于墓底，坑壁近直，较光滑，抹泥修整，墓底较平，墓室填土为红褐色花土。该墓为一椁一棺，棺椁板腐蚀，仅存板灰，清理人骨架一具，头南足北，侧身直肢于墓室中，随葬品有11件/套，器物主要是陶器、铜器、铁器和铜钱，陶器主要集中在头箱内，而铁器居于东侧，西侧有一带砂漆皮痕迹，应是一组漆木器的残留，其南端有三枚小铜纽环，应是漆木器上的饰件，所出5枚铜钱均为半两（图五）。

B型　4座。长方形竖穴土坑墓，无墓道（M6、M8、M19、M20）。

M8　方向206°。位于团尚堡墓地（Ⅰ区）北部。墓口距地表深20～30、距墓底160～175厘米。墓口长370、宽250厘米，墓底长334、宽228厘米，墓口略大于墓底，坑壁近直，较光滑，抹泥修整，墓底较平，墓室填土为红褐色花土。该墓为一椁二棺，棺椁板腐蚀，仅存板灰，清理人骨架两具，头南足北，仰身直肢于墓室中，随葬品有41件/套，以陶器为主，有罐、钵、博山炉、甑、勺、井等，少量铁器及部分铜钱等（图六）。

C型　1座。长方形竖穴土坑墓，带墓道（M4）。

M4　方向200°。位于团尚堡墓地（Ⅰ区）中部。墓口长384、宽246、深170厘米，墓室底长330、宽218厘米，墓道位于南端中部，由南向北倾斜近墓底，残长约120、宽约100厘米，坡度40°。墓口略大于墓底，坑壁近直，较光滑，抹泥修整，墓底较平，墓室填土为红褐色花土。该墓为一椁二棺，棺椁板腐蚀，仅存板灰，清理人骨架两具，仰身直肢，已成灰状，根据牙齿、盆骨分析，西侧年龄较轻，女性，年龄35～40岁，头南足北，东侧年龄较长，男性，年龄55～60岁，头北足南，相向而列。随葬品有45件/套，多为陶器、铁器和部分铜钱，主要集中在东侧男性骨架的头部（头向），两骨架间亦有部分器物随葬，骨架周边均置有五铢铜钱。推测为夫妻合葬墓（图七）。

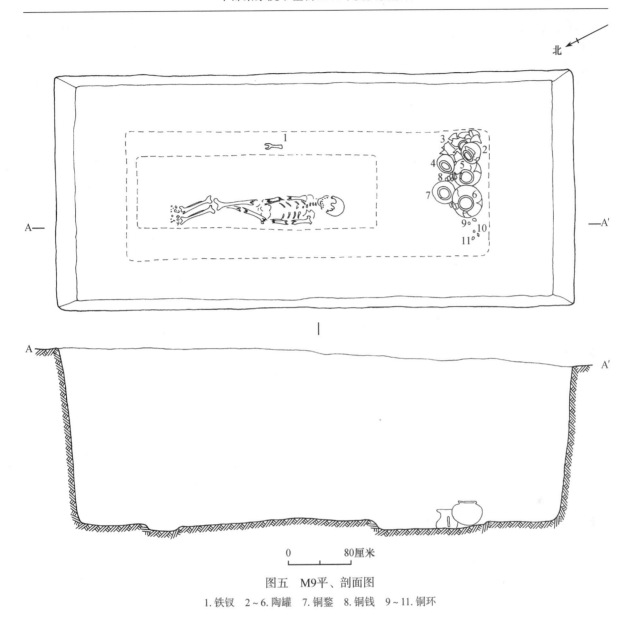

图五　M9平、剖面图

1. 铁钗　2～6. 陶罐　7. 铜鋬　8. 铜钱　9～11. 铜环

（二）砖室墓

11座。其中团尚堡墓地（Ⅰ区）6座、毛家堡堡墓地（Ⅱ区）5座。这11座砖室墓均遭不同程度破坏，大部分券顶无存，残存墓室下部。墓室四壁均用长方形砖错缝平砌，砖长36～42、宽18～24、厚6～10厘米，券顶用楔形砖和榫卯砖起券。一侧装饰纹饰，砖纹向内，主要有菱形几何纹、菱形与乳钉组合、菱形与十字纹组合等。

根据墓室结构，这批砖室墓可分二型。

A型　5座（M1、M2、M10、M11、M14）。平面呈"凸"字形。

M1　方向278°。位于团尚堡墓地（Ⅰ区）中部。墓圹长700、宽490厘米，墓口距地表15～20厘米，距墓底172～310厘米。墓圹与墓砖墙相隔2～10厘米，填土为黄褐色花土。墓圹通长700、宽490、深310厘米，残存部分墓道，残长30、宽150厘米。

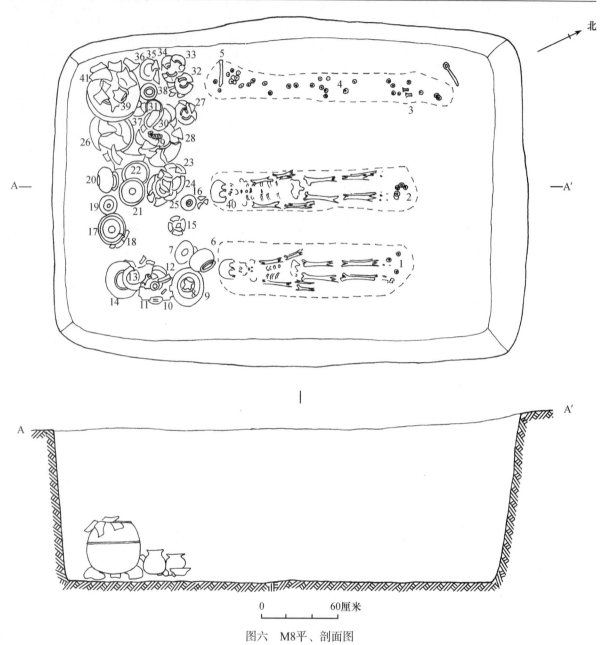

图六　M8平、剖面图

1、2、4、29、34.铜钱　3.耳珰　5、41.铁削　6、7、9、11、12、20、26、27、32.陶罐　8、13、19、21、22、33、37.陶钵
10.陶井　14.银镯　15、17、18、23、25.陶盘　16、31.陶博山炉　24.陶魁　28.陶甑　30.陶锺　35、38.陶釜　36.陶勺
39.铁釜　40.人牙

　　墓室长404、宽240、残高280厘米，墓壁用菱形几何纹砖错缝叠砌，砖长44、宽18、厚8厘米，墓底用砖错缝平铺呈席纹。墓底没有发现人骨朽痕。

　　随葬品22件，主要置放在墓室的北部，料珠已散落成片，甬道内亦有少量分布，主要是陶器、料珠及少量铜钱等（图八）。

　　M11　方向193°。位于毛家堡墓地（Ⅱ区）南部。墓室西与耳室相连，之南又和甬道相通，再南则是斜坡式墓道。墓室、甬道大部、耳室少部尚存券顶。墓圹与墓砖墙相隔2～10厘米，填土为黄褐色花土。墓圹东西通长802、南北通宽892、深60～170厘米。墓道由南向北倾

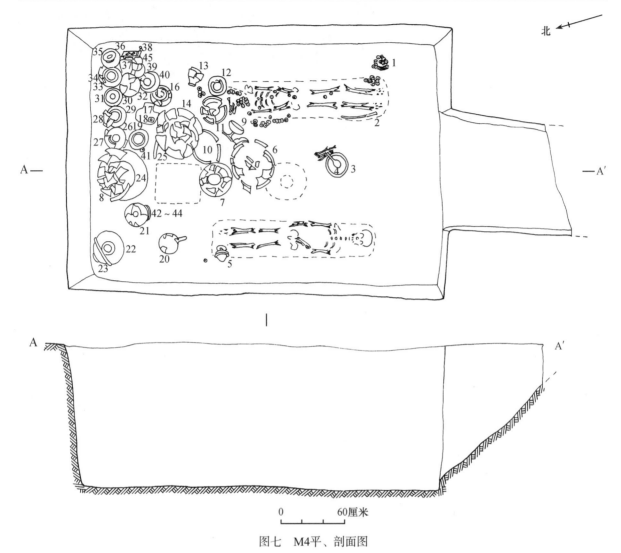

图七　M4平、剖面图

1.铜钱　2.铁刀　3.器盖　4.陶勺　5.陶博山炉　6、11、45.陶盆　7.陶锺　8.陶甑　9.陶灯　10.铜口沿　12.陶盂
13.陶卮　14、18、22、26、29、31、34、36、37、39、40.陶罐　15、21、23、27、28、30、32、33、35、42～44.陶钵
16.陶釜　17.铁铲　19.陶仓　20.陶魁　24.铁釜　25.铁刀　38.陶井　41.石饰件

斜近底，残长110、宽112厘米，坡度15°，甬道长280、宽140、残高112厘米。

　　墓室东西长470、南北宽280、残高156厘米，耳室东西长240、南北宽140、残高116厘米，墓壁用菱形几何纹砖错缝叠砌，砖长44、宽18、厚8厘米，地砖为横向对缝平铺。

　　此墓虽遭盗毁，但仍出土了大量随葬品，共计93件，由于扰乱，随葬器物分布非常零乱，相对而言，主要集中在墓室的西北角及南部，耳室及甬道亦有部分出土。铜钱主要集中在东部及甬道近墓室口外。值得一提的是，此墓出土的模型器如神鸟、浮雕器座等较有特色（图九）。

　　B型　6座（M3、M5、M7、M12、M13、M18）。平面呈刀把形。

　　M12　方向192°。位于毛家堡墓地（Ⅱ区）南部。甬道和墓室上部被毁，墓室与甬道均仅存紧接墙体的少部分顶券，墙体大多保存较好，且甬道口也有封门砖。墓圹与墓砖墙相隔2～10厘米，填土为黄褐色花土。墓圹通长680、宽460、深约300厘米。

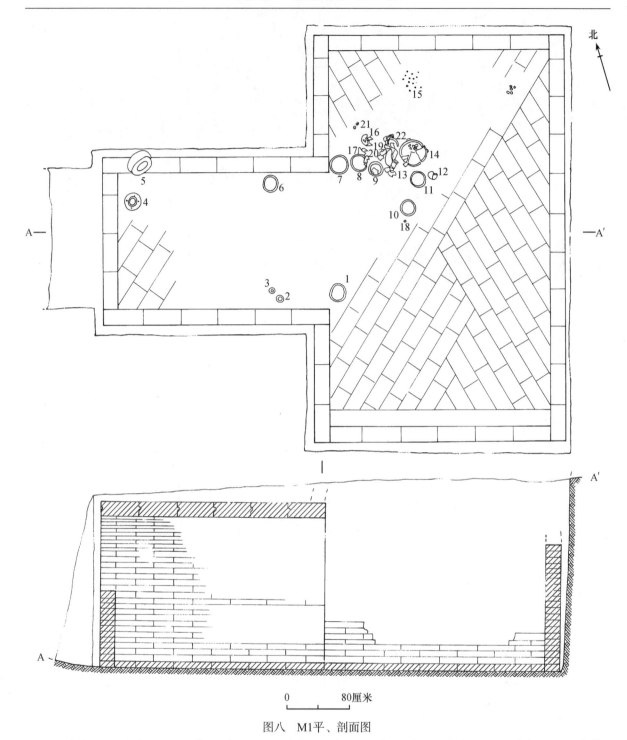

北

0　　　　80厘米

图八　M1平、剖面图

1、16.陶钵　2、3.瓷碗　4、22.瓷罐　5.陶釜　6~12.瓷钵　13.陶甑　14.陶三足盘　15.料珠　17、20.陶狗　18、21.铜钱
19.陶俑头

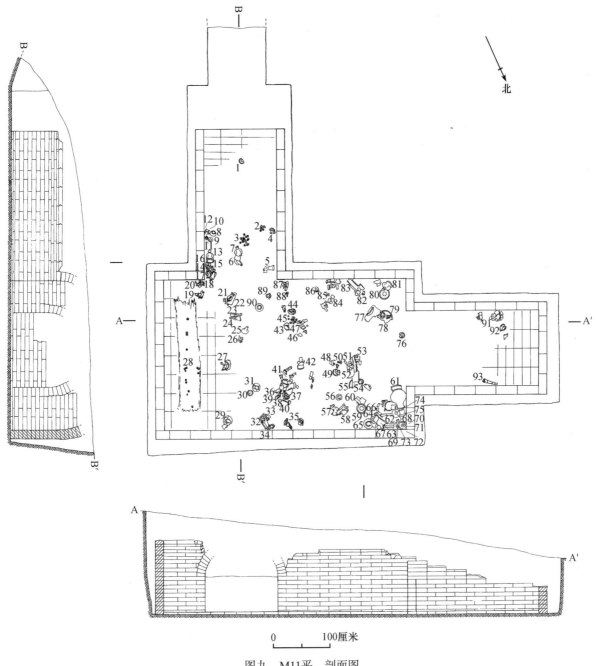

图九　M11平、剖面图

1、4、37、54、56、70~73、76、77、92.陶碗　2、3.铜钱（28枚）　5~7、13~18、23、24、38、43、47、81、86.陶俑
8、9、11、32、34、41、42、59、74、75、89.陶钵　10.铜钱　12、46、52、60.陶屋（模型）　19.陶鸭　20.陶片　21.陶鸡
22、83.陶房　25、68.陶灯　26、64.陶鸟　27.陶井　28.铜钱（15枚）　29、31、35、39、44、49、53、65~67、69、79、90、
91.陶罐　30.陶博山炉　33、58.陶器座　36.陶兽足　40.陶案　45.铜钱（16枚）　48.陶碟　50.铜钱（7枚）　51.铁刀
55、78、80.陶盘　57.陶马　61、62.陶锺　63.陶碓房　82、87.陶俑头　84.石璋板　85.石井盖　88.陶镇墓兽　93.陶房构件

墓道由南向北倾斜几近底，残长120、宽140～150厘米，坡度23°，甬道长245、宽160、残高129厘米，墓室长333、宽234、残高253厘米，墓壁用菱形几何纹砖错缝叠砌，砖长44、宽18、厚8厘米，墓底无铺地砖。墓底没有发现人骨朽痕。

由于此墓被盗扰，随葬器物遍布墓室和甬道内，非常零乱，出土遗物共计76件，以陶器居多，有罐、钵、博山炉、盘、勺、塘、俑等及铜钱等（图一〇）。

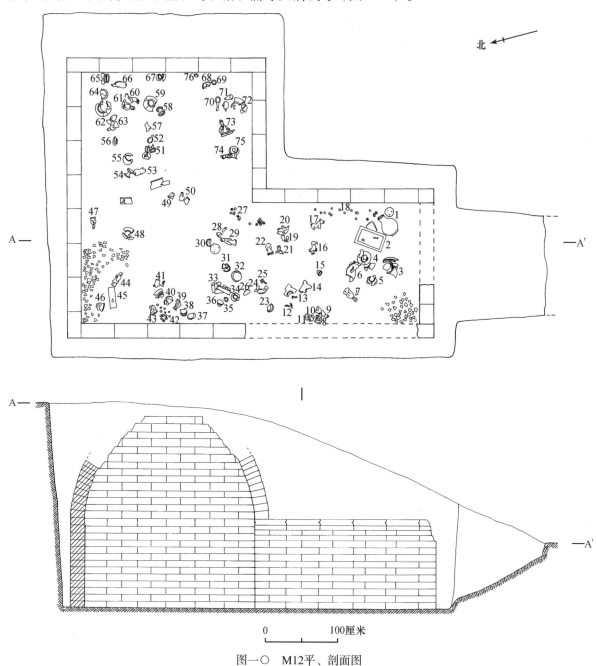

图一〇　M12平、剖面图

1、30、59. 釉陶锺　2. 陶塘　3～5、24、34、39、48、51、55、56、67、72. 陶罐　6. 陶仓　7～10、21、22、28、29、43、44、61～63、73、74. 陶俑　11. 陶杯　12. 铜指环（3个）　13、14. 陶井　15、36. 陶香炉盖　16、17、50. 陶狗　18. 铜钱　19、53、66. 陶猪　20. 陶子母鸡　23、68. 陶盘　25. 铜钱（34枚）　26. 蚌（贝类）　27. 铜钱（53枚）　31、32. 釉陶盘　33. 陶房　35. 陶碟　37、38. 陶碗（残）　40. 釉陶盘　41. 陶公鸡　42. 铜钱（13枚）　45. 陶碓房　46、47、49. 陶俑（残）　52、69、70. 釉陶勺　54、57. 陶香炉　58. 陶博山炉　60. 陶兽腿　64、65. 陶盂　71. 陶房　75. 陶魁　76. 小陶罐

（三）石室墓

2座。M16、M17。均分布在毛家堡墓地（Ⅱ区）。

M16　方向138°。长方形单室墓，墓室下部为土坑，上部用不规则石块叠砌。填土为黄褐色花土。墓圹长430、宽214、深90～200厘米。

墓室长290、宽118、残深50～110厘米。清理人骨架一具，仰身直肢，头部有一瓦枕，无其他随葬品（图一一）。

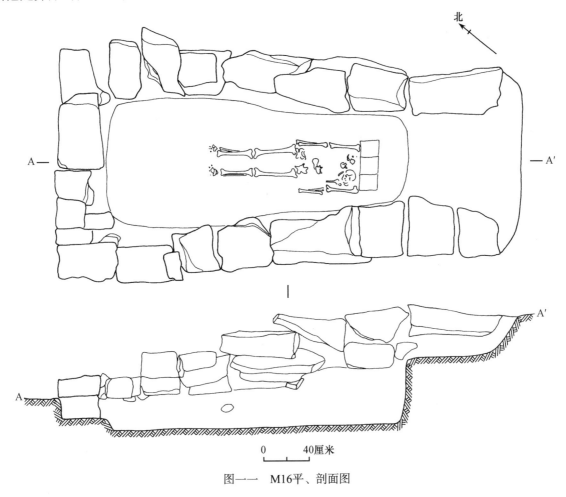

0　　40厘米

图一一　M16平、剖面图

三、出土遗物

这批墓葬出土遗物按质地可以分为陶、瓷、铜、铁、银及玉、石几类，主要以陶器为主。

（一）陶器

完整及修复的陶器有200余件。可以分为生活用具、模型明器及俑类等。生活用具有罐、釜、钵、锺、盘等，多为泥质陶，部分器物施酱黄釉，胎釉结合较差，部分釉已剥落。器物多为轮制。纹饰有绳纹、弦纹、网格纹、戳印纹、压印纹等。模型明器主要有井、塘、房等，泥质居多。俑均合范模制而成，俑身多有刮削整修痕迹。

罐　43件。分平底罐和圜底罐两大类。

平底罐　41件。依腹部的不同可分四型。

A型　6件。鼓腹罐。依体态、重心的变化分二式。

Ⅰ式：3件。重心在腹中部，体较高。M8：9，泥质灰陶。矮领，下腹内收。肩饰水波纹。口径13、底径20.4、腹径28.4、通高20厘米（图一二，1）。

Ⅱ式：3件。重心上移，体较矮。M4：14，泥质灰陶。矮领，下腹内收。肩部饰一道凹弦纹和一道附加堆纹。口径14.9、底径19、腹径30、通高21.8厘米（图一二，2）。

B型　3件。弧腹罐。矮领。依口、底的变化可分二式。

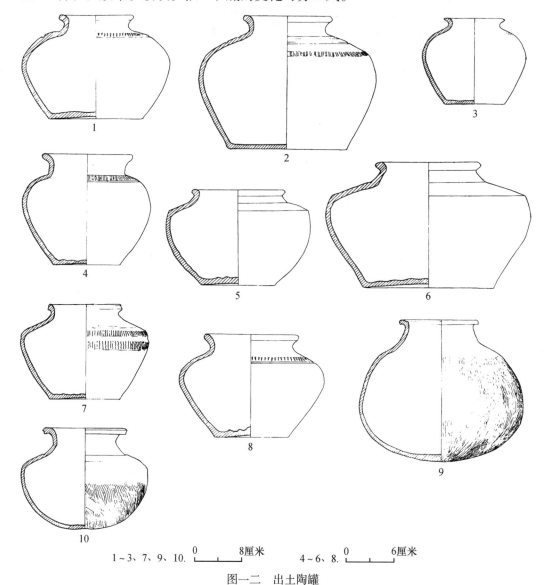

图一二　出土陶罐

1. A型Ⅰ式平底罐（M8：9）　2. A型Ⅱ式平底罐（M4：14）　3. B型Ⅰ式平底罐（M9：4）　4. B型Ⅱ式平底罐（M4：37）
5. Ca型Ⅰ式平底罐（M4：29）　6. Ca型Ⅱ式平底罐（M12：4）　7. Cb型平底罐（M13：8）　8. D型平底罐（M5：9）
9. A型圜底罐（M9：5）　10. B型圜底罐（M13：9）

Ⅰ式：2件。口径略小于底径。M9：4，泥质灰陶。卷沿，方唇。肩部饰一道凹弦纹。口径10.6、底径10.7、最大腹径17.8、高13.7厘米（图一二，3）。

Ⅱ式：1件。口径大于底径。M4：37，泥质灰陶。卷沿，尖圆唇。肩部饰两道凹弦纹间饰线条纹。口径10.2、底径9.3、最大腹径16.1、高13.4厘米（图一二，4）。

C型　8件。折腹罐。依颈部不同可分二亚型。

Ca型　7件。斜直颈。依沿、肩的变化可分二式。

Ⅰ式：4件。宽沿，斜弧肩。M4：29，泥质灰陶。斜沿，尖圆唇，下腹内收。口径11.8、底径9.2、最大腹径17.5、高11.9厘米（图一二，5）。

Ⅱ式：3件。沿较宽，斜肩。M12：4，泥质灰陶。尖圆唇，下弧腹内收。口径13.3、底径16.3、最大腹径25.2、高15.4厘米（图一二，6）。

Cb型　1件。束颈。M13：8，泥质灰陶。尖圆唇，下腹斜弧内收。肩腹部饰弦断绳纹。口径12.5、底径12.6、最大腹径22、高15.6厘米（图一二，7）。

D型　24件。扁腹罐。M5：9，泥质灰陶。束颈，圆唇。肩部饰一道凹弦纹。口径11.6、底径9.4、最大腹径17.8、高12.4厘米（图一二，8）。

圜底罐　2件。根据肩部的不同可分二型。

A型　1件。溜肩。M9：5，泥质灰陶。侈口，宽沿，方唇。腹部饰斜向绳纹。口径14、腹径27.8、通高23.5厘米（图一二，9）。

B型　1件。斜肩。M13：9，泥质灰陶。侈口，折沿，方唇，垂腹。肩下饰绳纹。口径14.2、最大腹径21、高16.6厘米（图一二，10）。

锺　8件。根据圈足高矮分二型。

A型　5件。矮圈足。依腹变化可分三式。

Ⅰ式：1件。近球腹。M8：30，泥质红胎，酱黄釉。铺首衔环，盘口，方唇，圈足。肩、腹、底饰有多道弦纹。子母口盖，弧形顶，三乳钉纽。口径15.8、腹径26.8、足径18、通高31.6厘米（图一三，1）。

Ⅱ式：1件。腹微扁。M4：7，泥质红胎，酱黄釉。肩部饰一对铺首衔环，盘口，方唇，圈足。肩部饰二道凹弦纹，子母口盖，平弧形顶，三乳钉纽。口径15.6、腹径25.8、底径15.8、通高34.9厘米（图一三，2）。

Ⅲ式：3件。扁腹。M12：30，泥质红胎，酱黄釉。肩部饰一对铺首衔环，盘口，方唇，圈足。肩部饰二道凹弦纹，子母口盖，平弧形顶，三乳钉纽。口径15.6、腹径32.5、底径15.8、通高32.5厘米（图一三，3）。

B型　3件。高圈足。M11：62，泥质灰胎施青绿釉。肩部饰一对铺首衔环，盘口，方唇，束颈，肩部饰两道凹弦纹。子母口盖，平弧形顶，三乳钉纽。口径15.7、腹径26.5、底径16、通高39厘米（图一三，4）。

盆　5件。依腹部的不同分二型。

A型　1件。弧腹。M4：6，泥质灰陶。折平沿，方唇，下腹内收。上腹饰一道凸弦纹，下腹饰细划纹。口径37.4、底径20、通高22.2厘米（图一四，1）。

B型　4件。鼓腹。M4：11-2，泥质灰陶。折沿，束颈，平底内凹，下腹弧收。口径24、

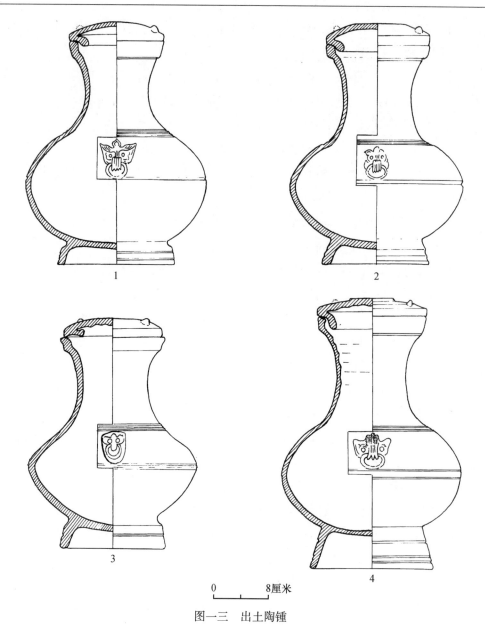

图一三　出土陶锺

1. A型Ⅰ式（M8∶30）　2. A型Ⅱ式（M4∶7）　3. A型Ⅲ式（M12∶30）　4. B型（M11∶62）

底径9.5、通高8厘米（图一四，2）。

仓　5件。依肩的变化分二式。

Ⅰ式：3件。平肩。M4∶19，泥质灰陶。鼓腹，敛口，圆唇，平底。口径11.5、底径11、通高13.9厘米（图一四，3）。

Ⅱ式：2件。耸肩。M12∶6，泥质灰陶。鼓腹，敛口，圆唇，平底。口径16.7、腹径21.4、底径16.2、通高19.8厘米（图一四，4）。

甑　3件。依沿、箅孔的变化可分二式。

Ⅰ式：1件。沿宽、箅孔多。M8∶28，泥质灰陶。直口折平沿，弧腹，平底底部有箅口10个。颈部饰二道戳印纹，腹饰拍打方格纹。口径40、底径19.3、通高22厘米（图一四，5）。

Ⅱ式：2件。沿窄，箅孔少。M4∶8，泥质灰陶。敛口，折平沿，尖圆唇，斜弧腹，平底

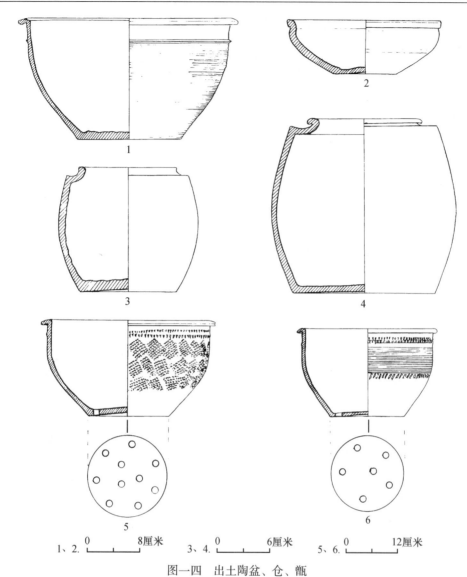

图一四 出土陶盆、仓、甑

1.A型盆（M4：6） 2.B型盆（M4：11-2） 3.Ⅰ式仓（M4：19） 4.Ⅱ式仓（M12：6） 5.Ⅰ式甑（M8：28）

6.Ⅱ式甑（M4：8）

内凹，底部有箅孔6个。颈部饰一道三角形戳印纹，一道附加堆纹，腹饰细划纹。口径31、底径16.5、通高19厘米（图一四，6）。

釜 12件。依底部的不同分二型。

A型 11件。圜底。依腹部的不同分三亚型。

Aa型 3件。折腹。M4：16，夹砂灰褐陶。束颈，方唇。腹饰四道戳印三角形纹，底饰绳纹。口径14.4、腹径16、通高11厘米（图一五，1）。

Ab型 2件。垂腹。M10：2，夹砂灰陶。腹饰纵向绳纹。腹径20.5、残高14.3厘米（图一五，2）。

Ac型 6件。垂腹。依沿部的变化分二式。

Ⅰ式：4件。沿窄。M13：1，夹砂灰褐陶。尖唇，折沿。腹饰纵向绳纹。口径26.2、腹径24.8、高21.8厘米（图一五，3）。

Ⅱ式：2件。沿宽。M1：5，夹砂灰陶。方唇，折沿。腹饰纵向绳纹。口径29.4、腹径26.4、高20厘米（图一五，4）。

B型　1件。平底。M13：7，夹砂灰陶。方唇，束颈。器表饰三道弦纹。口径23.5、底径15、通高16.4厘米（图一五，5）。

钵　61件。根据腹部的不同可分二型。

A型　58件。折腹。依口部的不同可分二亚型。

Aa型　49件。敞口。M4：21-1，泥质灰陶。圆唇，平底，下腹内收。口径18.4、底径4.6、高7厘米（图一五，6）。

Ab型　9件。直口。M8：21，泥质灰陶。方唇，平底，下腹内收。上腹饰一道凹弦纹。口径18.7、底径8、高6.4厘米（图一五，7）。

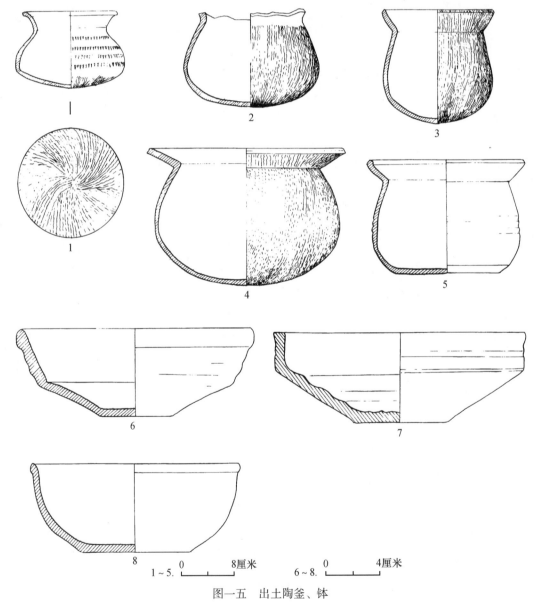

图一五　出土陶釜、钵

1.Aa型釜（M4：16）　2.Ab型釜（M10：2）　3.Ac型Ⅰ式釜（M13：1）　4.Ac型Ⅱ式釜（M1：5）　5.B型釜（M13：7）

6.Aa型钵（M4：21-1）　7.Ab型钵（M8：21）　8.B型钵（M1：16）

B型　3件。弧腹。M1：16，泥质灰陶。圆唇，平底，下腹内收。口径15.8、底径8、高6.3厘米（图一五，8）。

盘　5件。依腹部的变化可分二式。

Ⅰ式：2件。腹深。M8：23，泥质红陶。敞口，折斜沿，圆唇，下腹内收，平底。口径21.4、底径7.4、通高5.4厘米（图一六，1）。

Ⅱ式：3件。腹浅。M11：78，泥质红陶，施酱黄釉。敞口，折斜沿，圆唇，下腹内收，平底。口径21、底径6、通高3.5厘米（图一六，2）。

盂　7件。依腹、底变化可分三式。

Ⅰ式：1件。圜底，重心低。M4：12，泥质红陶，施酱黄釉。侈口，圆唇，束颈，肩上饰有二耳。腹部饰二道弦纹。口径12、腹径14.5、通高10.7厘米（图一六，3）。

Ⅱ式：4件。圜底，重心上提。M12：65，泥质红陶，施酱黄釉。侈口，圆唇，束颈，肩上饰有二耳。腹部饰一道弦纹。口径12.3、腹径13.4、通高10厘米（图一六，4）。

Ⅲ式：2件。平底。重心在腹中部。M18：1，泥质红陶，施酱黄釉。侈口，圆唇，束颈。

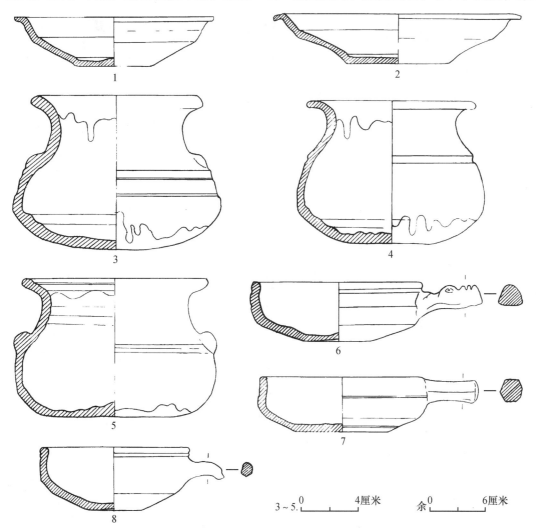

图一六　出土陶盘、盂、魁

1. Ⅰ式盘（M8：23）　2. Ⅱ式盘（M11：78）　3. Ⅰ式盂（M4：12）　4. Ⅱ式盂（M12：65）　5. Ⅲ式盂（M18：1）
6. A型魁（M4：20）　7. B型魁（M8：24）　8. C型魁（M12：75）

肩部饰一道凹弦纹。口径13.1、腹径14、底径8.4、通高9.5厘米（图一六，5）。

魁　5件。根据柄的不同可分三型。

A型　2件。兽首柄。M4：20，泥质灰陶。直口，方唇，平底。上腹饰一道凹弦纹。口径18、底径9、通高6.2、通长24.1厘米（图一六，6）。

B型　1件。条棱柄。M8：24，泥质红陶，施酱黄釉。直口，圆唇，折腹。上腹饰一道弦纹。通长23.6、口径17.6、底径7.2、通高5.7厘米（图一六，7）。

C型　2件。鸟形柄。M12：75，泥质灰陶。直口，圆唇，平底。上腹饰一道凹弦纹。口径16.6、底径7、通高6.2、通长19.8厘米（图一六，8）。

博山炉　7件。根据盘口的不同分二型。

A型　6件。子母口。依盖、盘的变化分二式。

Ⅰ式：4件。盖截面呈半圆状，盘深。M8：31，泥质灰陶。折腹，盘状座，盖面饰刻划纹，高柄。底径9、通高15.7厘米（图一七，1）。

Ⅱ式：2件。盖截面近锥状，盘浅。M4：5，泥质红陶，施酱黄釉。折腹。盖面饰乳突及

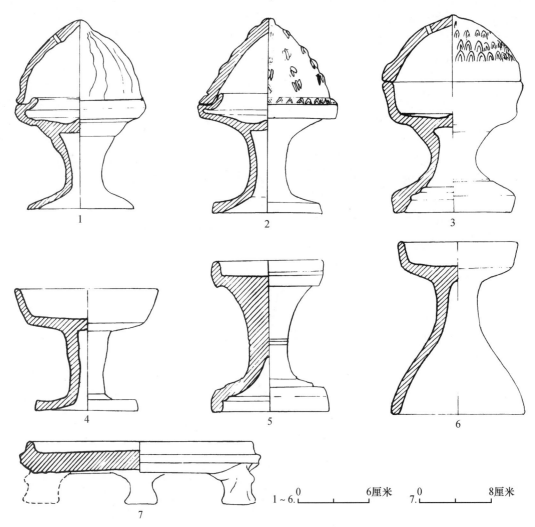

图一七　出土陶博山炉、灯、三足盘

1.A型Ⅰ式博山炉（M8：31）　2.A型Ⅱ式博山炉（M4：5）　3.B型博山炉（M12：58）　4.A型Ⅰ式灯（M4：9）

5.A型Ⅱ式灯（M11：68）　6.B型灯（M11：25）　7.三足盘（M1：14）

刻划三角纹。口径11.6、底径8.9、盖径10.6、盖高6.2、通高15.8厘米（图一七，2）。

B型　1件。直口。M12：58，泥质红陶，施酱黄釉。折腹。盖面饰乳突及刻划三角纹。口径11.8、底径10.6、通高16.8厘米（图一七，3）。

灯　7件。根据座的不同分二型。

A型　4件。盘状底座。依盘的深浅分二式。

Ⅰ式：1件。深盘。M4：9，红陶施酱釉。侈口，方唇，斜直腹，矮细柄。口径12.4、高10、底径8.9厘米（图一七，4）。

Ⅱ式：3件。浅盘。M11：68，红褐陶，施黄绿色陶衣。侈口，方唇，斜直腹，细长柄，座沿方唇。座面饰二道凹弦纹。口径9.8、高12.2、底径10.3厘米（图一七，5）。

B型　3件。喇叭形座。M11：25，泥质灰陶，有朱砂彩绘痕迹。浅盘，侈口，方唇，粗柄，底座较大。口径10.2、高14.3、底径11.6厘米（图一七，6）。

三足盘　1件。M1：14，泥质灰陶。平浅盘，子母口，三兽状足。口径27.4、高7厘米（图一七，7）。

器座　2件。M11：58，红褐陶。下呈三角形，上呈菱形，上部残。上面塑有西王母座龙虎椅，工艺细腻，神态逼真。残高13.5厘米（图一八，1）。M11：33，红褐陶。椭圆筒形，正面中间为门，两边各立一持法器的怪头兽人，兽人上衣下裳，赤脚，技艺细腻。残高21厘米（图一八，2）。

勺　7件。M4：4，泥质红陶。手制。柄身微曲，勺身较深，柄端微折。通长16.7厘米（图一九，1）。

卮　2件。M4：13，泥质红陶。敛口，圆唇，微鼓腹，平底，短錾耳。口径10.8、腹径11.7、底径8.3、通高9.6厘米（图一九，2）。

碗　6件。根据口部的不同分三型。

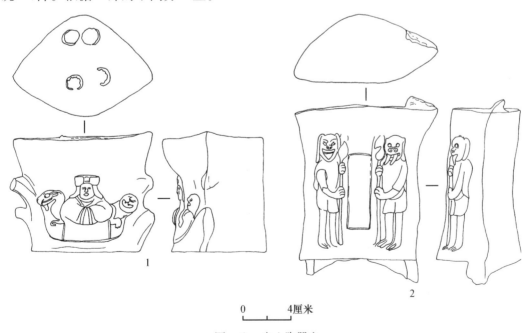

0 ┣━━┫ 4厘米

图一八　出土陶器座

1. M11：58　2. M11：33

A型　1件。直口。M11：54，泥质红褐陶。圆唇，弧腹，圈足。腹饰一凹弦纹。口径23、底径14.5、通高12.8厘米（图一九，3）。

B型　1件。侈口。M11：92，泥质红褐陶。圆唇，弧腹，圈足。口径18.5、底径6.1、通高5.8厘米（图一九，4）。

C型　4件。敛口。M11：4，泥质红褐陶。圆唇，弧腹，饼足。口径9.3、底径3.2、通高4厘米（图一九，5）。

杯　1件。M12：11，泥质红褐陶。圆唇，弧腹，平底内凹。口径6.3、底径1.5、通高5厘米（图一九，6）。

纺轮　1件。M13：17，泥质灰褐陶。截面呈梭形，中有一穿孔。直径4.3、厚0.75厘米（图一九，7）。

井　4件。M8：10，泥质灰陶。盖平面呈"井"字形，中部有一圆形井口，下有圈足，两边有一对长方形小孔，插井架用。四角饰细网格纹。盖边长25.6厘米（图二○，1）。

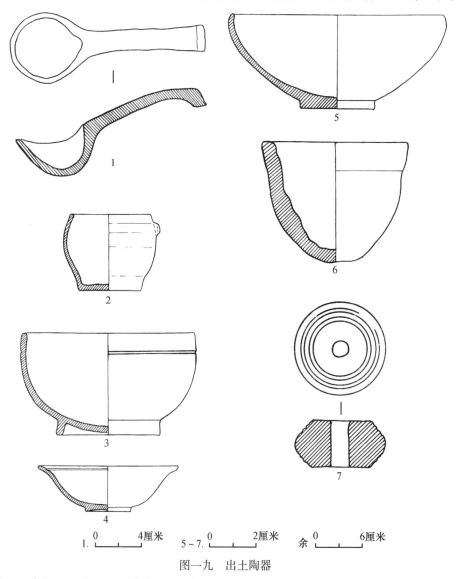

图一九　出土陶器

1. 勺（M4：4）　2. 卮（M4：13）　3. A型碗（M11：54）　4. B型碗（M11：92）　5. C型碗（M11：4）　6. 杯（M12：11）

7. 纺轮（M13：17）

井罐　6件。根据腹部的不同分三型。

A型　1件。扁腹。M4：40，泥质灰陶。侈口，圆唇，平底。口径4.6、底径3、高4.2厘米（图二〇，2）。

B型　4件。鼓腹。M18：29，泥质灰陶。侈口，圆唇，平底。口径4.7、底径4.5、高4厘米（图二〇，3）。

C型　1件。折腹。M12：76，泥质灰陶。侈口，圆唇，平底。口径4.3、底径4、高3.2厘米（图二〇，4）。

陶房　1件。M11：83，泥质灰陶。长方形，悬山式屋顶，脊正面有五道瓦垄，两个一斗三升斗拱。面阔37、深17.6、高31.6厘米（图二〇，5）。

碓房　1件。M12：45，熊柱。长11、宽7.4、残高10厘米（图二〇，6）。

塘　1件。M12：2，泥质灰陶。手制。平面呈长方形，宽平沿，斜壁，平底，塘中用堤半分，塘内泥塑蛙、鳖、螺等。长36.3、宽23.5、高4厘米（图二〇，7）。

案　1件。M11：40，泥质灰陶。敞口，浅斜壁，兽头形足，手制。长129.6、宽88、高32厘米（图二〇，8）。

陶俑　36件。可分人物俑、动物俑两大类。

人物俑　23件。有舞俑、抚琴俑、抚耳听琴俑、击鼓俑、吹箫俑、佩剑侍卫俑及侍俑等。

舞俑　2件。M11：5，泥质红陶。高髻，交领右衽，及地长裙荷叶袖，左手按胯，右手高举，左腿弯曲。高28厘米（图二一，1）。

抚琴俑　1件。M12：73，泥质红陶。圆顶冠，交领右衽，长袍窄袖，跪坐式，琴置于两腿上。高18.3厘米（图二一，2）。

击鼓俑　1件。M12：61，泥质红陶。进贤冠，交领右衽，长袍宽袖，跪坐式，右手持棒靠于胸前，左手置鼓上。高15.8厘米（图二一，3）。

抚耳俑　1件。M12：43，泥质红陶。交领右衽，长袍窄袖，跪坐式，右手抚耳，左手置腿上。高18.2厘米（图二二，1）。

吹埙俑　1件。M12：74，泥质红陶。戴圆形尖顶冠，长袍窄袖，坐立，双手执埙。高16.6厘米（图二二，2）。

侍俑　5件。M11：14，泥质红陶。戴圆形平顶冠，长袍窄袖，站立，双手拢于腹前。高25厘米（图二二，3）。

执鸟童俑　2件。M11：16，泥质红陶。光头，交领右衽，长袍窄袖，站立，露足尖，左手执鸟。高13.7厘米（图二三，1）。

佩剑侍卫俑　2件。M12：21，泥质红陶。戴圆顶冠，交领右衽，及地长袍窄袖，站立，露足尖，双手拢于腹前。高22.3厘米（图二三，2）。

执物俑　1件。M12：7，泥质红陶。交领右衽，长袍宽袖，站立，双手执物于胸前。高20.4厘米（图二三，3）。

驾驭俑　2件。M11：81，泥质红陶。戴平顶冠，交领右衽，长袍宽袖，跪立，双手抬于胸前做驾驭状。高18.8厘米（图二四，1）。

说书俑　1件。M11：86，泥质红陶。梳髻扎巾，裦衣圆领，交领右衽，跪坐略后仰，双

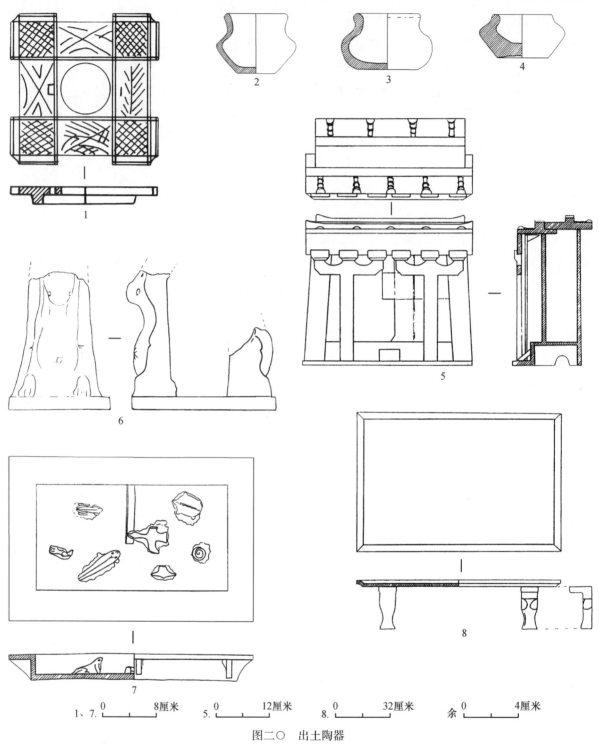

图二〇　出土陶器

1.井（M8：10）　2.A型井罐（M4：40）　3.B型井罐（M18：29）　4.C型井罐（M12：76）　5.房（M11：83）

6.碓房（M12：45）　7.塘（M12：2）　8.案（M11：40）

图二一　出土陶人物俑

1. 舞俑（M11∶5）　2. 抚琴俑（M12∶73）　3. 击鼓俑（M12∶61）

0 _____ 8厘米

图二二 出土陶人物俑

1. 抚耳俑（M12∶43） 2. 吹埙俑（M12∶74） 3. 侍俑（M11∶14）

图二三 出土陶人物俑

1.执鸟童俑（M11：16）   2.佩剑侍卫俑（M12：21）   3.执物俑（M12：7）

手仰置腿上，膝间置搏拊器。整俑先施白陶衣，后着彩绘（已脱落），工艺精细，神情惟妙惟肖。高17.6厘米（图二四，2）。

　　母子俑　1件。M12：62，泥质红陶。母梳髻，交领右衽，长裙窄袖，下摆宽松，缀花边，右手拿摇鼓，左手执背包带子，母负子于背，并用带子系之结于胸前，子头靠母右肩。高18.8厘米（图二四，3）。

　　跪坐俑　1件。M12：44，泥质红陶。交领右衽，长袍窄袖，跪立，双手拢于腹前。高9.8

图二四　出土陶人物俑

1. 驾驭俑（M11：81）　2. 说书俑（M11：86）　3. 母子俑（M12：62）　4. 跪坐俑（M12：44）　5. 听俑（M11：38）

厘米（图二四，4）。

听俑　2件。M11：38，泥质红陶。交领右衽，长袍广袖，跪坐式，右手置腿上，左手垂放。高21.4厘米（图二四，5）。

动物俑　13件。有鸟、鸭、鸡、猪、狗、马及镇墓兽等。

鸟　1件。M11：26，泥质红褐陶。昂头衔珠，巨平绶，展翼翘尾直承绶，立足。技法细腻，神态逼真。高31.7、翼长51.2、宽13.5、绶径19厘米（图二五，1）。

马　1件。M11：57，泥质红褐陶。头微偏，做嘶鸣状，扬尾体肥壮，四肢肌肉饱满有力。高15.8厘米（图二五，2）。

狗　4件。M12：17，泥质红陶。长嘴，耸耳，昂头，兜肚系环，前腿前撇，后腿直立，卷尾。高26厘米（图二六，1）。

猪　2件。M12：19，泥质红陶。长嘴，凸鼻，耸耳，体形肥大卷尾。高13.4厘米（图二六，2）。

公鸡　1件。M12：41，泥质红褐陶。昂头，立足，翘尾，羽毛刻画清晰。高19.3厘米（图二六，3）。

子母鸡　2件。M11：21，泥质红褐陶。昂头翘尾蹲伏状，背负小鸡，身边遮伏3只小鸡，

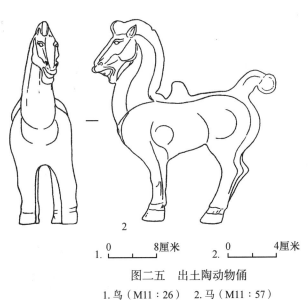

0　　　8厘米
1. ⌞——⌟

0　　　4厘米
2. ⌞——⌟

图二五　出土陶动物俑

1.鸟（M11：26）　2.马（M11：57）

图二六　出土陶动物俑

1. 狗（M12∶17）　2. 猪（M12∶19）　3. 公鸡（M12∶41）　4. 子母鸡（M11∶21）　5. 鸭（M11∶19）　6. 镇墓兽（M11∶88）

小鸡体形均较大，羽毛清晰，形象生动。高13.2厘米（图二六，4）。

鸭　1件。M11∶19，泥质红陶。昂头，立足，羽毛刻画清晰，神情安逸自在。高10.7厘米（图二六，5）。

镇墓兽　1件。M11∶88，泥质红陶。蹲坐，耸耳，双目凸出，张口，吐舌，面目狰狞。残高8.4厘米（图二六，6）。

（二）瓷器

共计25件。

盘口四系壶　4件。依体态的变化分二式。

Ⅰ式：2件。矮胖。M13∶14，青白瓷。盘口，尖圆唇，束颈，鼓腹，平底。肩部饰对称四桥形耳。口径9.1、底径11、高18.5厘米（图二七，1）。

Ⅱ式：2件。瘦长。M5：7，青白瓷。盘口，尖圆唇，束颈，鼓腹，平底。肩部饰对称四桥形耳。口径12.2、底径10.3、高26.3厘米（图二七，2）。

四系罐　2件。M1：4，青白瓷。敛口，圆唇，溜肩，鼓腹，平底，四个桥形纽。口径11.7、底径12、高16厘米（图二七，3）。

钵　16件。根据口部的不同分二型。

A型　7件。微敛口。依腹部的变化分二式。

Ⅰ式：3件。深腹。M13：3，青瓷。圆唇，假圈足，弧腹，内底有一圈支钉痕迹。素面。口径16.4、底径10.3、高7.3厘米（图二七，4）。

Ⅱ式：4件。浅腹。M1：9，青瓷。圆唇，假圈足，腹微鼓，内底有一圈支钉痕迹。素面。口径15.5、底径1.2、高6.9厘米（图二七，5）。

B型　9件。敞口。依腹部的变化分二式。

Ⅰ式：4件。深腹。M13：5，青瓷。圆唇，假圈足，弧腹，内底有一圈支钉痕迹。素面。口径21.2、底径12.5、高6.9厘米（图二七，6）。

Ⅱ式：5件。浅腹。M1：6，青瓷。圆唇，弧腹，内底有一圈支钉痕迹。素面。口径17.8、底径10、高5.2厘米（图二七，7）。

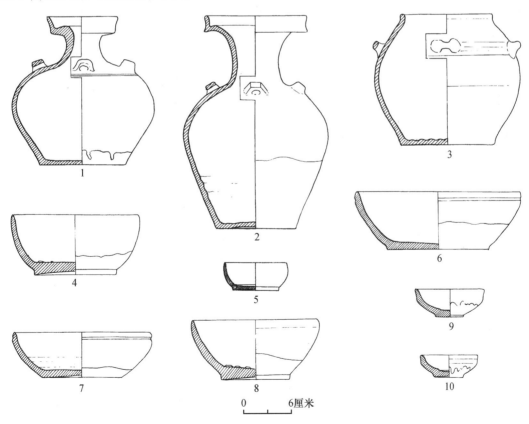

图二七　出土瓷器

1. Ⅰ式盘口四系壶（M13：14）　2. Ⅱ式盘口四系壶（M5：7）　3. 四系罐（M1：4）　4. A型Ⅰ式钵（M13：3）
5. A型Ⅱ式钵（M1：9）　6. B型Ⅰ式钵（M13：5）　7. B型Ⅱ式钵（M1：6）　8. Ⅰ式碗（M13：2）　9. Ⅱ式碗（M5：3）
10. Ⅲ式碗（M10：3）

碗　3件。依腹部的变化分三式。

Ⅰ式：1件。腹深。M13：2，青瓷。圆唇，假圈足，弧腹，内底有一圈支钉痕迹。素面。口径16.3、底径8.5、高6.8厘米（图二七，8）。

Ⅱ式：1件。腹较深。M5：3，青瓷。尖圆唇，弧腹，内底有一圈支钉痕迹。素面。口径8.1、底径3.3、高3.1厘米（图二七，9）。

Ⅲ式：1件。腹浅。M10：3，青瓷。圆唇，弧腹，内底有一圈支钉痕迹。素面。口径7.5、底径4.2、高2.7厘米（图二七，10）。

（三）铜器

9件。有容器、饰件等。

指环　2件。M12：12，截面呈圆形。直径2.6厘米（图二八，1）。

纽环　5件。M9：11，实心环。直径3.2厘米（图二八，2）。

鍪　2件。分二式。

Ⅰ式：1件。口微侈，口径小于腹径。M9：7，方唇，束颈，圜底。肩部饰两个一大一小环耳。口径12.5、残高16厘米（图二八，3）。

Ⅱ式：1件。口侈，口径与腹径相当。M18：16，圆唇，束颈，圜底。上腹部饰三道凸弦纹，上腹饰两个对称环形耳。口径20.8、高18厘米（图二八，4）。

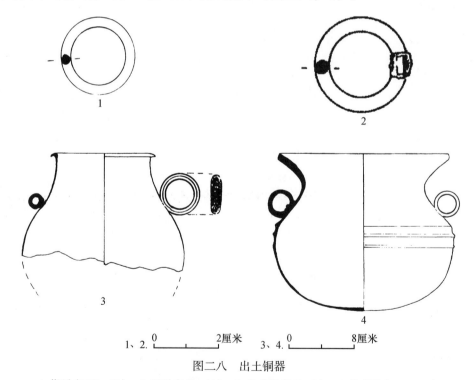

图二八　出土铜器

1.指环（M12：12）　2.纽环（M9：11）　3.Ⅰ式鍪（M9：7）　4.Ⅱ式鍪（M18：16）

（四）铜钱

共604枚。有半两、五铢、大泉五十、货泉、四铢等。部分残破严重者未统计。

半两　6枚。主要出于M9。M9：8，文字较高挺，篆意浓，"半"字下横及"两"字上横较短。钱径2.5、穿宽0.8厘米（图二九，1）。

五铢　481枚。分二型。

A型　454枚。有郭。分三式。

Ⅰ式：165枚。主要出于M8等。M8：1，铸工较细，"五"字交股弯曲大，上下两横出头接于内、外郭，"朱"字上方下圆，"铢"字"金"头呈等腰三角形。钱径2.5～2.6、穿宽1.1～1.2厘米（图二九，2）。

Ⅱ式：25枚。主要出于M7、M12等。M12：18，铸工较细，"五"较宽，"朱"字上下圆

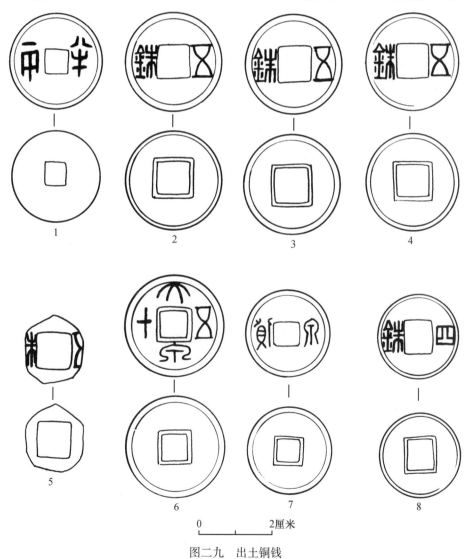

图二九　出土铜钱

1.半两（M9：8）　2.A型Ⅰ式五铢（M8：1）　3.A型Ⅱ式五铢（M12：18）　4.A型Ⅲ式五铢（M8：34）

5.B型五铢（M7：2）　6.大泉五十（M5：12）　7.货泉（M6：4）　8.四铢（M10：4）

折，"铢"字"金"头呈等腰三角形。钱径2.5～2.6、穿宽1.1～1.2厘米（图二九，3）。

Ⅲ式：264枚。主要出于M11、M12等。M8∶34，铸工较细，"五"字交股弯曲，上下两横不出头，"朱"字上下圆折，"铢"字"金"头呈三角形。钱径2.5～2.6、穿宽1.1～1.2厘米（图二九，4）。

B型　27枚。磨郭或剪郭。主要出于M5、M10等。用Ⅰ～Ⅲ式五铢磨郭或剪郭而成。M7∶2，钱径1.7～2、穿宽1～1.1厘米（图二九，5）。

大泉五十　12枚。出于M8、M15。有郭，M5∶12，钱文"大"字呈圆弧形，"泉"字中竖中断。钱径2.5～2.6、穿宽1～1.1厘米（图二九，6）。

货泉　104枚。出于M6。M6∶4，有郭，钱文"泉"字中竖中断，内郭有单双。钱径2～2.1、穿宽0.7～0.8厘米（图二九，7）。

四铢　1枚。出于M10。M10∶4，有郭，"朱"圆折，上下对称，"铢"字"金"头呈三角形。钱径2.1～2.2、穿宽0.9厘米（图二九，8）。

（五）铁器

10件。主要为工具和兵器类。

釜　2件。M8∶39，敛口，尖圆唇，鼓腹，小平底。腹饰一道凸弦纹。口径26.5、腹径44.8、底径11、高31厘米（图三〇，1）。

叉　1件。M9∶1，方叉，长方形銎。残长14.8厘米（图三〇，2）。

铲　1件。M4∶17，弧刃，顶端包卷成圆形銎。长13.8厘米（图三〇，3）。

刀　2件。根据刃部的不同分二型。

A型　1件。宽刃。M4∶2，刀身较直，单刃。残长42.2、宽4、厚0.8厘米（图三〇，4）。

B型　1件。窄刃。M5∶5，刀身较直，单刃，锈蚀严重。长60.4、宽3厘米（图三〇，5）。

削　4件。根据首部的不同分二型。

A型　3件。环首。M8∶41，单刃。残长18.5厘米（图三〇，6）。

B型　1件。直首。M8∶5，单刃，锈蚀严重。残长15.8厘米（图三〇，7）。

（六）银器及其他

1357件。有银镯、银指环、料珠、石璋板等。

银镯　1件。M8∶14，截面呈圆形。直径7.4厘米（图三一，1）。

银指环　2件。M15∶11，截面呈圆形。直径2.2厘米（图三一，2）。

石井盖　1件。M11∶85，上圆下方各半，灰砂岩。边长3.4、厚1.6厘米（图三一，3）。

石璋板　1件。M11∶84，青石。长方形（已残）打磨。残长6.6、宽5.1、厚0.2厘米（图三一，4）。

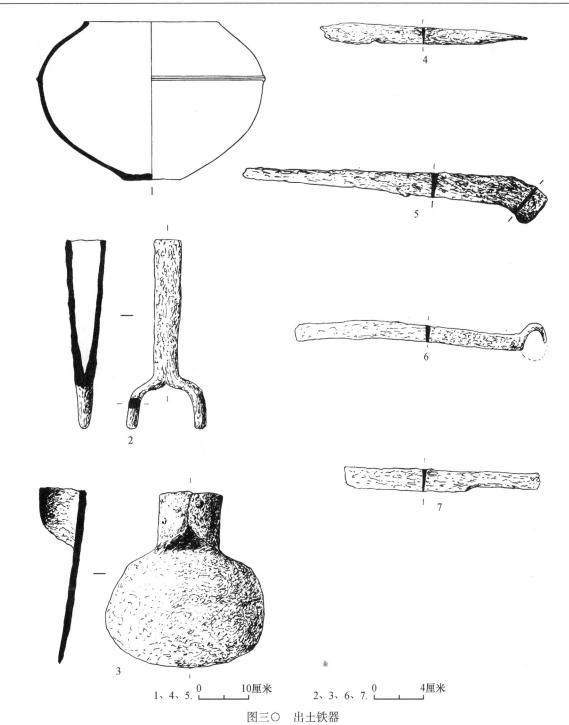

1、4、5.　0　　　　10厘米　　　2、3、6、7.　0　　　　4厘米

图三〇　出土铁器

1.釜（M8：39）　2.叉（M9：1）　3.铲（M4：17）　4.A型刀（M4：2）　5.B型刀（M5：5）　6.A型削（M8：41）

7.B型削（M8：5）

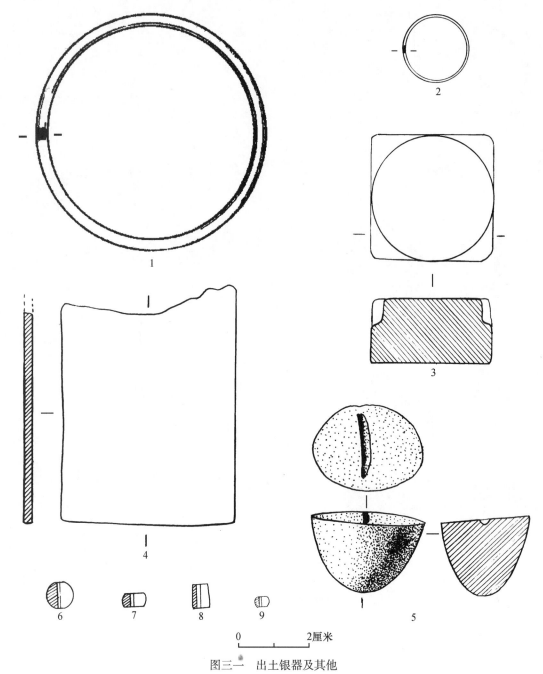

图三一　出土银器及其他

1. 银镯（M8：14）　2. 银指环（M15：11）　3. 石井盖（M11：85）　4. 石璋板（M11：84）　5. 石饰件（M4：41）

6～9. 料珠、料管（M1：15）

　　石饰件　2件。M4：41，青石。圆锥形，底平，上有一凹槽，打磨。高2厘米（图三一，5）。

　　料珠、料管　1348粒。大小不一，颜色各异。M1：15，红黄色，半透明，近球状或管状，中有一穿孔。直径1.2～1.5厘米（图三一，6～9）。

四、墓葬的分期与年代

这次发掘的20座墓葬，时代跨度大，根据墓葬形制、器物组合及铜钱的共存关系，初步将这批墓葬分为六期。

第一期：西汉早期。属于该期的墓葬有1座（M9），为土坑竖穴墓。该墓葬出土铜钱有四铢半两，四铢半两铸行于西汉文帝五年（前175年）。据此，这座墓葬的时代应在公元前175年前后，属西汉早期。陶器均为泥质灰陶，且大部分器表有彩绘。均为Ⅰ式，铜器类：鋈。基本上可推断这批墓葬属西汉早期。

第二期：新莽时期。属于该期的墓葬有3座（M6、M8、M15），均为土坑竖穴墓，器物组合陶器有罐、甑、盆、钵、博山炉、锺、井等，出土铜钱有A型Ⅰ式五铢、货泉、大泉五十。其时代应为新莽时期。

第三期：东汉早期。属于该期的墓葬有1座（M4），为土坑竖穴墓。出土大量A型Ⅰ式五铢，陶器多Ⅱ式，部分陶器与二期相近。这批墓葬的时代应为东汉早期。

第四期：东汉中晚期。属于该期的墓葬有5座（M7、M11、M12、M18、M3）。均为"凸"字形或刀把形砖室墓。这一时期俑的数量明显增多，部分陶器与三期相同，出现釉陶器。铜钱有A型Ⅱ式、Ⅲ式五铢，剪轮五铢大量出现。这批墓葬的时代应为东汉中晚期。

第五期：两晋南朝时期。属于该期的墓葬有5座。均为"凸"字形或刀把形砖室墓。随葬品以瓷器为主，多为罐、盘口壶、碗、钵组合。根据器形的变化和铜钱的共存关系，把这批墓葬分前后两段。

前段：属于该段的墓葬有2座（M13、M2）。罐略矮胖，A型钵均为Ⅰ式。铜钱有剪轮五铢等。故这批墓葬的时代应为两晋时期。

后段：属于该段的墓葬有3座（M1、M5、M10）。罐修长，A型钵均为Ⅱ式，铜钱有剪轮五铢、四铢等，四铢为南朝刘宋时期铸造。故这批墓葬的时代应为南朝刘宋时期。

第六期：明清时期。属于该期的墓葬有2座（M16、M17）。均为长方形石室墓。随葬明清时期的瓦。故这两座墓葬为明清时期。

五、结　　语

通过本年度对秦家院子墓群的发掘，虽然发掘的面积不大，只发掘了其中两个墓地，但每个墓地墓葬分布密集，时代从西汉早期一直延续至明清时期。这次发掘的20座墓葬中，以砖室墓为主，土坑墓次之，且土坑墓与土坑墓、砖室墓与砖室墓之间鲜有打破关系，一般为砖室墓打破土坑墓。每个墓地中的土坑墓的排列有一定的次序，一般早期墓葬居墓地中部，晚期墓葬在其两旁或周围依次排列，可以推测每个墓地是相对独立的家族墓地。

附记：参加本次发掘的工作人员有李大地、徐小林、王海阔、向新民、封建平、秦光正、孙少伟、王胜利、杨晓红、陶一波、丁韦强、何海蓉、蔡远富、夏志平、王银、张勇、吴天清、王晗、郎富海、曾仙斌等。发掘中，得到丰都县文物管理所的大力支持，在此表示感谢！

领　　队：袁东山

资料整理：李大地　杨爱民

绘　　图：谭远辉

执　　笔：李大地　袁东山　杨爱民

附表　丰都秦家院子墓群2001年度发掘墓葬登记表

区号	墓号	方向/(°)	主要尺寸（长×宽-高）			形制与结构	备注
			墓室（底部）/厘米	甬道/厘米	墓道/厘米		
Ⅰ区	M1	278	404×240-280（残）	284×200-172	30（残）×150	"凸"字形砖室墓	盗
Ⅰ区	M2	183	362×268-55（残）	86（残）×188-36（残）	244×194	"凸"字形砖室墓	盗
Ⅰ区	M3	88	280×248-87（残）	226×144-18（残）		刀把形砖室墓	盗
Ⅰ区	M4	200	330×218-130		120×100-40°	长方形土坑竖穴墓	
Ⅰ区	M5	287	368×286-300	200×185-176	200（残）×210	刀把形砖室墓	盗
Ⅰ区	M6	16	385×290-220			长方形土坑竖穴墓	盗
Ⅰ区	M7	335	290×240-142（残）	246×140-142（残）	200×150	刀把形砖室墓	盗
Ⅰ区	M8	206	370×250-140~145			长方形土坑竖穴墓	
Ⅰ区	M9	210	520×250-176			长条形土坑竖穴墓	
Ⅰ区	M10	276	285×240-53（残）	223×140-55（残）		"凸"字形砖室墓	扰
Ⅱ区	M11	193	470×280-156（残）	280×140-112（残）	110（残）×112-15°	"凸"字形砖室墓	耳室240×140-116
Ⅱ区	M12	192	333×234-253（残）	245×160-129（残）	120×140~150-23°	刀把形砖室墓	盗
Ⅱ区	M13	195	346×245-190（残）	208×144-142（残）	95（残）×162-15°	刀把形砖室墓	盗
Ⅱ区	M14	294	272×158-38（残）	130×120-46（残）		"凸"字形砖室墓	扰
Ⅱ区	M15	21	336×172-90（残）			长条形土坑竖穴墓	
Ⅱ区	M16	138	290×118-50~110（残）			长方形石室墓	
Ⅱ区	M17	305	280×108-124（残）			长方形石室墓	
Ⅱ区	M18	45	260×230-105（残）	130×120-49（残）	143×120	刀把形砖室墓	扰

续表

区号	墓号	方向/	主要尺寸（长×宽−高）			形制与结构	备注
		（°）	墓室（底部）/厘米	甬道/厘米	墓道/厘米		
Ⅱ区	M19	254	332×196−76（残）			长方形土坑竖穴墓	
Ⅱ区	M20	250	330×182−160（残）			长方形土坑竖穴墓	

续表

丰都汇南墓群2001年度发掘简报

四川省文物考古研究院

丰 都 县 文 物 管 理 所

汇南墓群位于重庆市丰都县新县城北部，墓群北临长江。这里是缓坡与平坝起伏交错的狭长丘陵地带，墓地分布在今三合街道①沿江一带的21座小山梁上，分布范围西起斜南溪，东至龙河与长江的交汇处，长约3.5、宽约1千米的范围内，地理坐标大约位于东经107°42′、北纬29°53′，海拔150～195米是墓葬分布最为密集的区域（图一；图版二七，1）。

该墓群在1992年三峡库区文物调查时发现。1993～1994年，四川省文物考古研究所与丰都县文物管理所进行过发掘。1998年、1999年，四川省文物考古研究所进行了两期较大规模的发掘。2000年四川省文物考古研究所因故承担汇南墓群的发掘任务，由丰都县文物管理所配合新县城的基本建设发掘清理了十余座墓葬。2001年11月至2002年2月，又对该墓群进行了抢救性勘探与发掘，此次勘探面积140000平方米，发掘地点位于会仙堡、祠堂堡、水井湾、吊脚崖四座山梁，发掘面积2250平方米。共发掘墓葬33座，墓葬形制有三类，即土坑墓、土坑-砖室复合结构墓、砖室墓（附表）。其中，会仙堡发掘525平方米，发掘墓葬5座，编号为

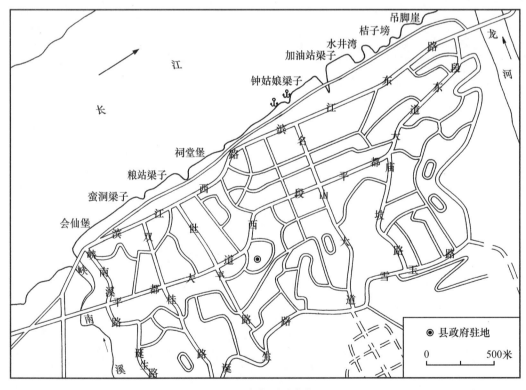

图一　汇南墓群分布位置

---

① 墓群所在地原属于汇南乡，1998年撤乡并镇汇南乡并入三合镇，2009年三合镇改设为三合街道。

2001FHHM1～2001FHHM5（以下简称HM1～HM5）（图二；图版二七，2）。祠堂堡发掘200平方米，墓葬3座，编号为2001FHCM1～2001FHCM3（以下简称CM1～CM3）（图三）。水井湾发掘225平方米，发掘墓葬6座，编号为2001FHSM1～2001FHSM6（以下简称SM1～SM6）（图四）。吊脚崖共发掘 1300平方米，发掘墓葬19座，编号为2001FHDM1～2001FHDM19（以下简称DM1～DM19）（图五）。

现选择有代表性的墓葬叙述如下。

一、土 坑 墓

共3座（HM5、CM2、CM3），均为长方形竖穴，未见封土和墓道，属小型墓。墓底均筑有熟土二层台，葬具大多腐朽，仅存木质棺（椁）灰痕。据残存人骨痕迹判断，葬式均为仰身直肢葬，有单人葬和双人葬两种。随葬器物主要是陶器和铜器，个别出有铁器。随葬器物多置于棺外。举例如下。

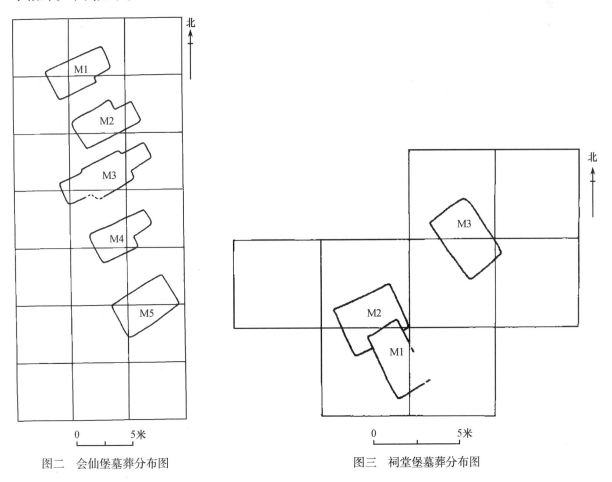

图二　会仙堡墓葬分布图　　　　　　　　图三　祠堂堡墓葬分布图

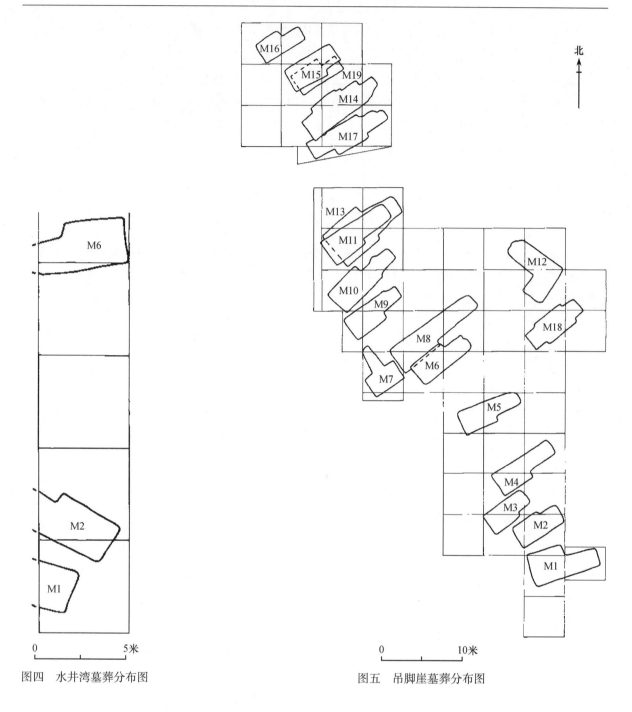

图四　水井湾墓葬分布图　　　　　　　　图五　吊脚崖墓葬分布图

（一）HM5

1. 墓葬形制、结构及葬式

　　长方形竖穴土坑墓，墓口遭破坏，开口层位不明，打破生土。方向63°。坑壁经加工修整，墓口长5.18～5.36、宽3.64米；墓底略小于墓口，长4、宽2.5米，距墓口深2.4米。墓底四周有熟土二层台，宽0.4～0.6、高1.18米。墓内填土为黄灰色和灰褐色五花土，结构疏松，内含少量陶片。墓内有两具人骨架，仰身直肢，头东足西。葬具为木棺，残留红色漆皮痕，未发现椁痕（图六）。

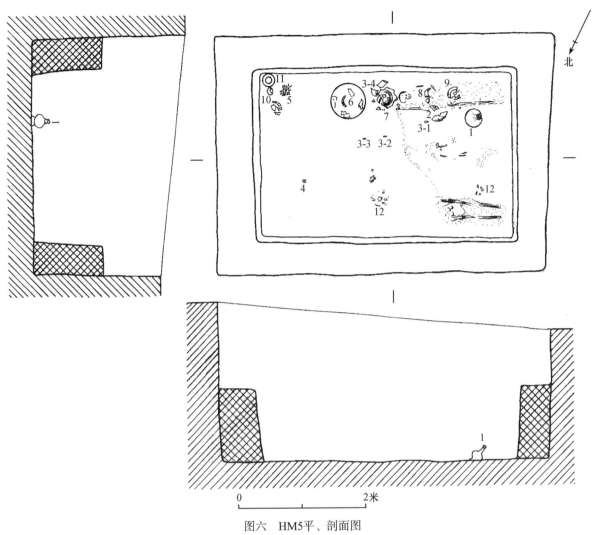

图六   HM5平、剖面图

1. 铜蒜头壶   2. 铜盘   3-1～3-3. 铜器足   3-4. 铜泡钉   4. 铜半两钱   5. 陶网坠   6. 陶器盖（罐无法修复）   7、8、10、11. 陶罐
9. 陶盆   12. 铜器（残片）   陶片修复：13. 陶器（残片）   14. 陶罐   15. 陶豆

2. 随葬器物

HM5经多次盗扰，仅墓室南部残存少量随葬品。出土器物计有17件（套），种类有陶器、铜器和铜钱。

（1）陶器

9件（套）。

罐   5件。HM5：7，灰陶。带盖。侈口，圆唇，卷沿外翻，广肩，鼓腹，平底。肩部饰一周凹弦纹，腹部饰两周凹弦纹。盖为斗笠形，盖顶为一圆纽。罐口径16、底径30、高35、通高43.5厘米（图七，1；图版二八，1）。HM5：10，灰陶。侈口，尖圆唇，卷沿，束颈，斜弧腹，大平底。肩部饰两周凹弦纹，隐约可见方格纹。口径11.8、底径15.4、高12.6厘米（图七，8；图版二八，2）。HM5：14，灰陶。侈口，尖圆唇，平折沿，矮束颈，斜溜肩，斜弧腹，平底。肩及上腹部饰弦断绳纹。口径14、底径16.3、高19.2厘米（图七，4；图版二八，3）。HM5：11，黄褐陶。侈口，方唇，唇面内凹，卷沿，束颈，斜溜

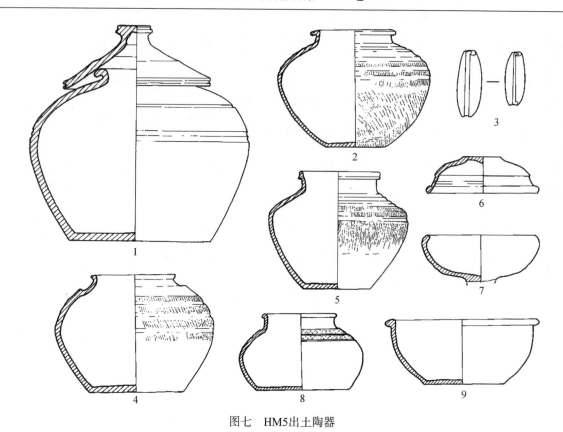

图七　HM5出土陶器

1、2、4、5、8.罐（HM5：7、HM5：8、HM5：14、HM5：11、HM5：10）　3.网坠（HM5：5）　6.器盖（HM5：6）

7.豆（HM5：15）　9.盆（HM5：9）

肩，深鼓腹，平底。肩部饰四周凹弦纹，上腹饰绳纹，其间隔一道凹弦纹。口径13.6、底径11.6、高19.2厘米（图七，5；图版二八，4）。HM5：8，灰陶。敛口，圆唇，卷沿，斜弧肩，斜弧腹。肩部饰凹弦纹及绳纹，腹部饰斜绳纹。口径15.8、底径12、高24厘米（图七，2；图版二八，5）。

盆　1件。HM5：9，灰褐陶。直口，圆唇，腹微鼓，大平底。口径26、底径13.4、高10.6厘米（图七，9；图版二八，6）。

豆　1件。HM5：15，黄褐陶。仅存豆盘，敛口，浅弧腹。口径24、残高10.6厘米（图七，7；图版二八，7）。

器盖　1件。HM5：6，黄褐陶。为罐盖，覆钵形，圆唇，卷沿，平顶。顶径6.1、底径18.6、高6厘米（图七，6；图版二八，8）。

网坠　数百粒。HM5：5，椭圆柱体，纵穿一圆孔。长2.2～2.7厘米（图七，3）。

（2）铜器

6件。其中盘极残，无法复原。

蒜头壶　1件。HM5：1，器表锈蚀。蒜头形口，细长颈，斜弧肩，扁圆腹，圈足。颈部铸一道宽带状凸棱，凸棱中部又铸一道圆形凸棱，外底中部有一环纽。口径3.6、底径12.9、高29.7厘米（图八，1；图版二八，9）。

器足　3件。形制、大小相同，蹄形足，内侧中间有一尖钉。HM5：3-1，高2.6厘米（图八，2）。

泡钉　1枚（HM5：3-4）。半球面形，内侧正中有一尖钉。直径1.8、长1.5厘米（图八，3）。

（3）铜钱

秦半两　1枚。HM5：4，无内外郭，胎厚，钱文高挺而狭长，素背。直径2.9厘米（图九）。

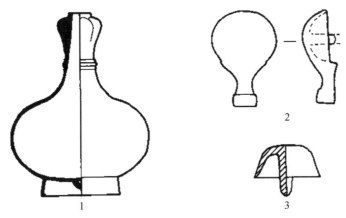

図八　HM5出土铜器

1. 蒜头壶（HM5：1）　2. 器足（HM5：3-1）　3. 泡钉（HM5：3-4）

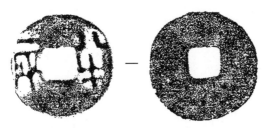

图九　HM5出土秦半两（HM5：4）拓片

（二）CM2

1. 墓葬形制、结构及葬式

长方形竖穴土坑墓，墓口遭破坏，开口层位不明，打破生土。方向250°。墓坑东南角被砖室墓CM1打破，东部及北壁被现代施工破坏。墓口残长3.3、残宽2.8米，墓底残长3.8、宽1.98米，距墓口深2.4米。坑底有宽0.3～0.4、高约1米的熟土二层台。墓内填土为黄褐色五花土，结构疏松，含少量砂岩粒及陶片。墓底西南角顺置两块板瓦，上有漆器残痕。葬具已腐烂，但根据板灰痕迹观察，原有的葬具应为一椁二棺。木椁残长3.6、宽1.8、残高0.24米，边框厚度约0.1米。木棺置于椁室东端，头均向西，仰身直肢（图一〇）。

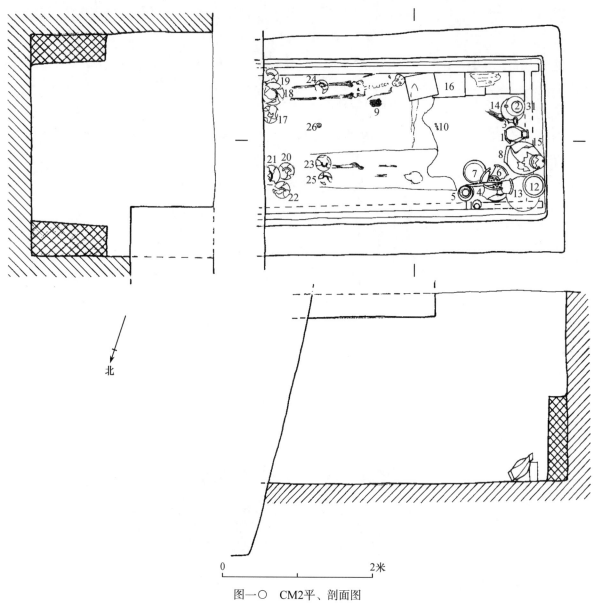

图一〇　CM2平、剖面图

1.铜钫　2.铜鍪　3.铁灯　4、32.铁环首刀　5、13、17～23、25.陶罐　6.陶甑　7.铜鉴　8.陶锺　9.铜钱　10.铜泡钉　11.铁釜　12.陶簋　14.陶鼎　15.陶釜　16.陶板瓦　24.陶器（残片）　26.陶豆　31.铁钺　陶片修复：27.陶盘　28.陶钵　29.陶器盖　30.陶器（残片）

2. 随葬器物

CM2除墓室东端被施工破坏外，墓室其余部位的随葬器物未经扰乱。出土器物计有32件，种类有陶器、铜器、铁器和铜钱。

（1）陶器

20件。

罐　10件。

圜底罐　1件。CM2：13，夹砂灰陶。平折沿，束颈，广肩，腹圆鼓，圜底。肩部和上腹部饰弦断绳纹，中腹以下饰绳纹。口径16.4、高31.8厘米（图一一，1）。

深腹罐 1件。CM2：5，夹砂黄褐陶。侈口，方唇，斜折沿，束颈，溜肩，深腹，下腹斜收，平底。肩以下饰斜绳纹。口径13.6、底径8.4、高27.2厘米（图一一，6）。

折肩罐 2件。夹砂陶。侈口，方唇，折肩，弧腹，平底。肩部饰凹弦纹，腹、底饰乱绳纹。CM2：17，灰褐陶。折沿。口径13.6、底径7、高15.2厘米（图一一，4）。CM2：22，灰陶。卷沿。口径13、底径8、高13.5厘米（图一一，3）。

大平底罐 6件。泥质陶。形制基本相同。侈口，圆唇，短束颈，圆肩，鼓腹，大平底。肩部饰二至三周凹弦纹。其中4件器表残留有朱砂痕迹。CM2：18，磨光黑皮陶。口径12.2、底径19.4、高19.6厘米（图一一，9）。CM2：21，灰陶。口径11.4、底径16.6、高13.2厘米（图一一，10）。CM2：23，磨光黑皮陶。口径9、底径14、高13.8厘米（图一一，7）。

釜 1件。CM2：15，夹砂黄褐陶。侈口，方唇，圆肩，斜弧腹，小平底。腹部饰交错绳纹。口径14、底径6.4、高12.7厘米（图一一，11）。

鼎 1件。CM2：14，泥质灰胎磨光黑皮陶。子母口，深腹，圜底，三蹄足，口下两侧有附耳，素面。盖为覆钵形，盖面对称分布三实心扁纽。器表残留朱砂。口径23.2、高10.8、通高17.6厘米（图一一，5）。

锺 1件。CM2：8，泥质灰胎磨光黑皮陶，器表残留朱砂。盘形侈口，束颈，圆肩，鼓腹，圈足内折。肩部两侧各有一铺首，肩、腹和圈足处各饰一周凹弦纹。圆拱形盖，口内折，盖上对称分布三凸纽。口径20、圈足径26、高46.4、通高52.4厘米（图一一，2）。

簋 1件。CM2：12，泥质黄褐陶。直口，平折沿，折腹，圜底，矮圈足。上腹饰一周凹弦纹。口径27.8、底径16.4、高9.6厘米（图一一，17）。

甑 1件。CM2：6，夹砂灰陶。敞口，卷沿外翻，颈微束，斜直腹，平底。底部有箅孔。上腹饰三周凹弦纹。口径34、底径16、高19.8厘米（图一一，8）。

豆 1件。CM2：26，泥质灰红陶。子母口，浅弧盘，矮柄，喇叭形圈足。外壁饰成组的三角形划纹。口径12、底径9.8、高9.6厘米（图一一，12）。

盘 1件。CM2：27，泥质灰陶。侈口，圆唇，斜折沿，浅斜腹，大平底。沿下饰一周凹弦纹。口径16.8、底径14、高4.2厘米（图一一，13）。

钵 1件。CM2：28，泥质灰陶。敞口，浅斜腹，平底。素面。口径14.6、底径8.4、高4.5厘米（图一一，14）。

器盖 1件。CM2：29。泥质灰陶。整体呈覆钵形，弧顶。口径16.4、高3.6厘米（图一一，15）。

板瓦 1件。CM2：16，断面呈圆弧形，拱面饰绳纹。长52、宽37.6、厚1.3厘米（图一一，16）。

（2）铜器

4件。

钫 1件。CM2：1，方形敞口，短颈，长鼓腹，平底，高圈足。肩部两侧各有一铺首衔环。口径11.2、圈足径13、高33.9厘米（图一二，1）。

鉴 1件。CM2：7，口沿残破。斜折沿，直腹，圜底。腹部饰对称铺首衔环。口径34、高9.8厘米（图一二，4）。

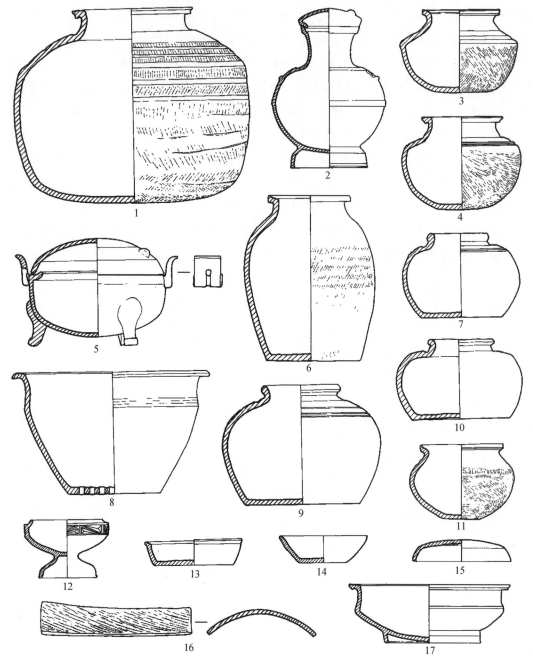

图一一　CM2出土陶器

1. 圜底罐（CM2：13）　2. 锺（CM2：8）　3、4. 折肩罐（CM2：22、CM2：17）　5. 鼎（CM2：14）　6. 深腹罐（CM2：5）
7、9、10. 大平底罐（CM2：23、CM2：18、CM2：21）　8. 甑（CM2：6）　11. 釜（CM2：15）　12. 豆（CM2：26）
13. 盘（CM2：27）　14. 钵（CM2：28）　15. 器盖（CM2：29）　16. 板瓦（CM2：16）　17. 簋（CM2：12）

　　鍪　1件。CM2：2，腹部残。侈口，束颈，圆折肩。肩饰大小环耳各一个，耳间饰两周凸弦纹。口径14.1、残高11.4厘米（图一二，3）。

　　泡钉　1枚。CM2：10，半球形，内侧有一长钉。直径1.8、长1.8厘米（图一二，5）。

　　（3）铁器

　　5件。

　　釜　1件。CM2：11，锈蚀严重。直口，斜沿，高领，鼓腹，圜底。上腹两侧各有一环形纽，纽内套一圆环。口径21、高25.7厘米。釜置于一支架上，支架与釜体锈蚀粘连（图一二，2）。

灯 1件。CM2：3，锈蚀严重，豆形灯。盘径13、底径8.5厘米。

环首刀 2件。CM2：4，刀尖残断，环首，长条形。残长54.5、宽30、厚6厘米（图一二，6）。

钺 1件。CM2：31，长8.5、刃宽8、厚2厘米。

（4）铜钱

90枚。均无内外郭。

榆荚半两 钱文瘦长，"两"字上面一横较短，"半"字两横等齐。直径2.3厘米（图一三，1）。

四铢半两 "两"字上面一横较长，中间两个人字竖画短（图一三，2），有的两人字为一横线（图一三，3）。直径2.2～2.4厘米。

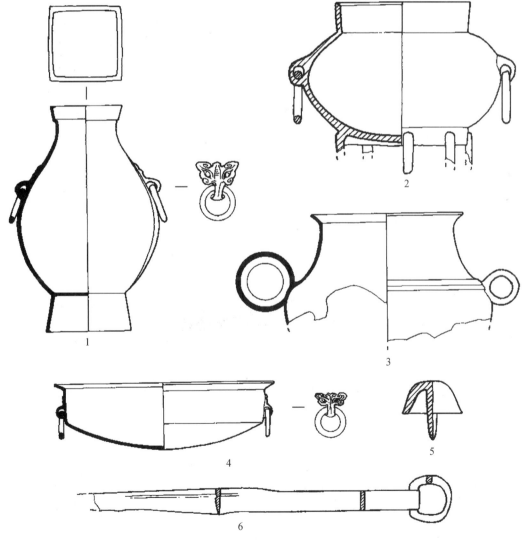

图一二 CM2出土铜、铁器

1.铜钫（CM2：1） 2.铁釜（CM2：11） 3.铜鍪（CM2：2） 4.铜鉴（CM2：7） 5.铜泡钉（CM2：10）

6.铁环首刀（CM2：4）

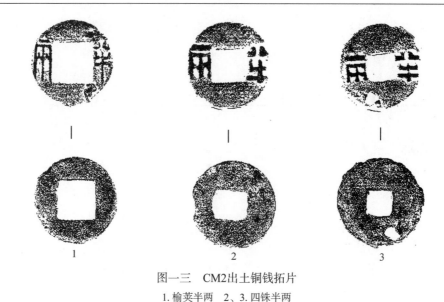

图一三　CM2出土铜钱拓片
1. 榆荚半两　2、3. 四铢半两

二、土坑-砖室复合结构墓

1座（DM13）。墓室平面结构呈"凸"字形，带斜坡墓道，由砖砌甬道及竖穴土坑墓室组成。

1. 墓葬形制、结构及葬式

DM13开口于第2层下，打破生土层，被砖室墓DM11打破，又被DM17封土叠压。方向53°。长方形斜坡墓道，残长1.7、宽1.8米，坡度约40°。甬道长2.6、宽1.6～1.8、高1.8米，两侧壁用规格为长40、宽23、厚7.5厘米的长方形砖错缝平砌，从第16层砖起以楔形子母砖券拱。墓砖纹饰均为菱形几何纹（图一五，1）。甬道出口有封门墙，内侧以单砖纵向平砌，外侧用砖横垒。墓室为长方形竖穴，坑口长5.2、宽4.5米，至坑底深3.3米。除墓室与甬道相接处，其余三面均夯筑有熟土二层台，宽0.34～0.8、高1.4米。甬道及墓室底部均未铺砖。

墓室西南角残留两具棺木朽痕，可见朱漆残片。棺痕长2.05、宽0.4米，两棺相距约0.3米。棺下横置垫木，其中一具棺下垫木痕清晰可见。骨架保存极差，大体可见头骨痕。两具尸骨头向相反，靠外侧的头向西，内侧的头向东。棺内散布铜钱（图一四）。

2. 随葬器物

DM13被盗，甬道内随葬器物无存，残留器物均分布在墓室内。种类有陶器、铜器、铁器、漆木器（仅存痕迹，不能提取）和铜钱等。

（1）陶器

完整或经修复复原的器物共27件。

罐　5件。

圜底罐　2件。DM13：32，夹砂灰陶。直口，卷沿，束颈，鼓腹，圜底。肩部饰弦断绳纹，下腹及底部饰绳纹。口径17.5、高34厘米（图一六，1）。DM13：34，带盖，罐为夹砂灰

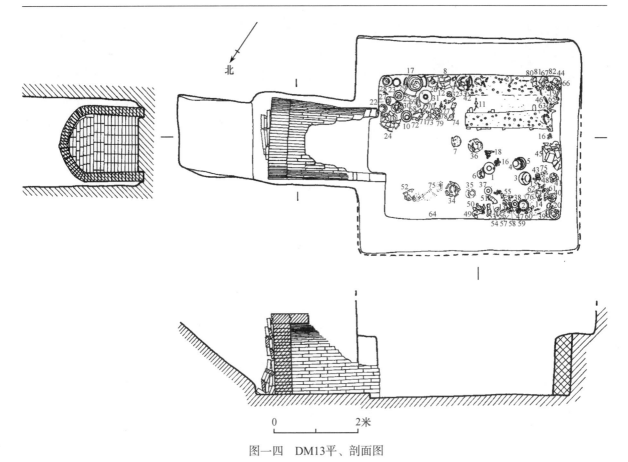

图一四　DM13平、剖面图

1.铜锺　2、4、5、8.铜洗　3、10.铜鉴　6、7.铜鍪　9.铜钫　11.铜镰　12、15.鎏金铜耳杯扣　13、14.铜耳杯（残片）　16.铜钱　17.铁釜　18、21.铁环首刀　19.铁器（残片）　20.铁灯　22、38.陶器盖　23.陶钵　24.陶盆　25.陶甑（残片）　26、27、30.陶井　28、35、40.陶仓　29、32～34、36、37、39、41.陶罐　31.陶豆　42.铜泡钉　43、48.陶博山炉（残片）　44.陶杯　45.陶房（残片）　46.陶琴（残片）　47.陶耳杯　49.陶鸡（残片）　50.陶狗（残片）　51.陶猪　52～54、56～63、66、68～74.陶俑（残片）　55.陶坐俑　64、65.陶侍俑　67.鎏金铜片　75.漆器（仅存朽痕）　76.木案（仅存朽痕）

陶片修复：77～79.陶器盖　80～82.陶耳杯

图一五　墓砖纹饰拓片

1.DM13墓砖　2.DM9墓砖　3.DM17墓砖

陶，盖为泥质灰陶。罐侈口，圆唇，唇面内凹，广弧肩，鼓腹，圜底。肩部饰弦断绳纹，腹部及底部饰绳纹。钵形盖，仰放于罐上。罐口径11.5、高21.5、通高26.5厘米（图一六，2）。

平底罐　3件。泥质灰陶，其中两件带盖。侈口，圆唇，卷沿，鼓腹，平底。DM13：29，带盖。罐肩部饰一周三角形戳印纹和一周凹弦纹。盖为钵形，反扣于罐上。罐口径10.4、底径14.8、高14.4、通高15.9厘米（图一六，9）。DM13：33，肩部饰一周凹弦纹。口径10.5、底径14、高14.4厘米（图一六，5）。

仓　3件。均为泥质陶。敛口，圆唇，折肩，筒形腹，平底。素面。DM13：35，灰陶。口径11.2、底径8.6、高12厘米（图一六，11）。DM13：28，灰黄陶。盖为钵形，仰放于罐上。

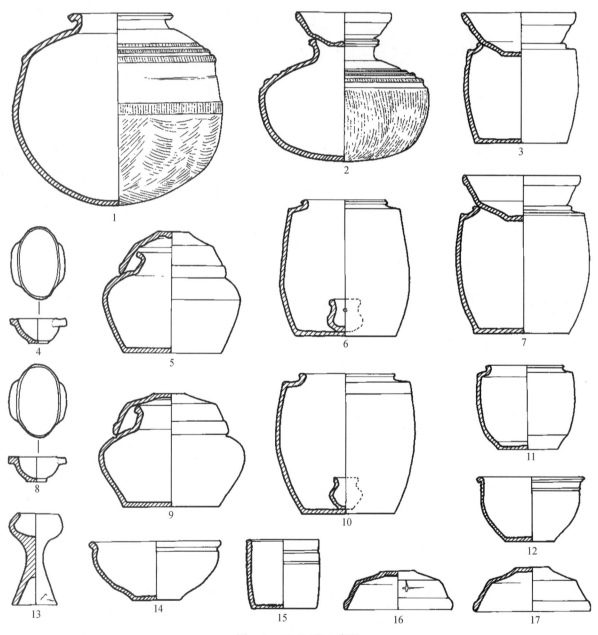

图一六　DM13出土陶器

1、2.圜底罐（DM13：32、DM13：34）　3、7、11.仓（DM13：28、DM13：40、DM13：35）　4、8.耳杯（DM13：80、DM13：81）　5、9.平底罐（DM13：33、DM13：29）　6、10.井（DM13：27、DM13：26）　12.盆（DM13：24）　13.豆（DM13：31）　14.钵（DM13：23）　15.杯（DM13：44）　16、17.器盖（DM13：38、DM13：79）

口径12.8、底径13.6、高14.2、通高18.3厘米（图一六，3）。DM13：40，灰陶。盖为钵形，仰放于罐上。口径14.6、底径14、高18.2、通高22.4厘米（图一六，7）。

井　2件。泥质陶。圆唇，卷沿，矮折领，平折肩，筒形腹，平底。井内置一小汲水罐。DM13：26，灰陶。井口径14.2、底径14、高19.8厘米。罐口径3.3、底径2.1、高4.4厘米（图一六，10）。DM13：27，灰黄陶。井口径11.8、底径15、高19.2厘米。汲水罐颈部有一小圆孔。口径4.1、底径2.4、高4.5厘米（图一六，6）。

盆　1件。DM13：24，泥质灰陶。方唇，唇面内凹，卷沿，上腹较直，下腹斜收，平底。上腹饰一周凸棱。口径38.5、底径19、高23厘米（图一六，12）。

钵　1件。DM13：23，泥质灰陶。侈口，圆唇，卷沿，曲腹，小平底。口径19.2、底径7、高8.4厘米（图一六，14）。

豆　1件。DM13：31，泥质灰红陶。敛口，弧腹，高柄，喇叭口形圈足。口径6.1、底径6.9、高13厘米（图一六，13）。

耳杯　4件。泥质红陶。椭圆形，折沿，斜弧腹，饼足。两侧有半月形耳，耳略上翘。素面。DM13：80，口长10.3、宽8.6、高4厘米（图一六，4）。DM13：81，口长10.3、宽8.6、高3.6厘米（图一六，8）。

器盖　5件。泥质灰黄陶。钵形盖，圆唇，折壁，平顶。DM13：38，盖面有一"十"字形刻划纹。口径15.6、顶径5.3、高5.6厘米（图一六，16）。DM13：79，口径17、顶径5、高6.2厘米（图一六，17）。

杯　1件。DM13：44，泥质灰陶。直口，直壁，平底。器表残留朱砂痕迹。上腹饰两道凹弦纹。口径10.6、底径9.4、高9.8厘米（图一六，15）。

侍俑　2件。泥质红陶。DM13：65，梳双髻，扎巾，着宽袖长袍，下摆呈喇叭状。束腰，两手相拥。高16厘米（图一七，2）。DM13：64，俑头残缺。残高12.2厘米（图一七，3）。

坐俑　1件。DM13：55，泥质红陶。戴平巾帻，着长袍，圆领，右衽，宽长袖。跪坐式，左手下垂，右手上举。高19.8厘米（图一七，1）。

猪　1件。DM13：51，泥质红陶。吻部凸出，垂耳，体肥，直立，尾下垂。高10厘米（图一七，4）。

图一七　DM13出土陶俑

1.坐俑（DM13：55）　2、3.侍俑（DM13：65、DM13：64）　4.猪（DM13：51）

（2）铜器

15件。

锺　1件。DM13：1，锈残。盘形侈口，束颈，深鼓腹，圜底，折圈足。肩部两侧饰对称铺首衔环，器身饰瓦棱纹。口径14.5、圈足径17.5、高33厘米（图一八，2）。

钫　1件。DM13：9，方形侈口，束颈，鼓腹，平底，高圈足外敞。腹部饰两个铺首衔环。口径12.5、圈足径12.7、高37厘米（图一八，3）。

鍪　2件。DM13：7，侈口，方唇，束颈，圜底。肩两侧各有一环形立耳，腹部饰两周瓦棱纹。口径16.3、高15.3厘米（图一八，4）。另一件残。

鉴　2件。侈口，折沿，浅腹，平底稍内凹。腹部两侧各有一铺首衔环，铺首处饰两周瓦棱纹。DM13：10，口径24.9、底径17.4、高10.8厘米（图一八，6）。DM13：3，口径30.3、底径21.9、高11.1厘米（图一八，5）。

洗　3件。DM13：4，敞口，宽折沿，斜弧腹，假圈足。口径21.9、底径11.4、高7.2厘米（图一八，8）。DM13：2，直腹，平底。腹部两侧饰对称小穿耳。口径24.9、底径12.6、高9.7厘米（图一八，7）。

耳杯　2件。均为残片。

耳杯扣　2副。DM13：15，新月形，外表鎏金。长9.9、宽1.6厘米。

镳　1件。DM13：11，镳两头为长条弧形，中部扁平，有二穿孔，一穿孔内套一马衔。总长24.6厘米。

泡钉　1枚。DM13：42，伞状，内侧正中有一尖钉。直径9、长2.9厘米。

（3）铁器

5件。其中1件锈蚀过甚，器形难辨。

釜　1件。DM13：17，器表锈蚀。直口，鼓腹，下腹急收，圜底近尖。肩部两侧各有一实心器耳，器耳处饰两周凸弦纹。口径29、高35厘米（图一八，1）。

灯　1件。DM13：20，圆弧形提梁，提梁残断。浅盘，直口，平底，底有三乳钉足。盘内中央有一烛钉和一三瓣花形饰，外有二周弦纹。盘径10.4、残高2.8厘米。

环首刀　2件。DM13：21，仅存刀柄。残长14.2厘米。

（4）铜钱

834枚。

五铢　434枚。有内外郭，外郭轮沿较宽，据钱文差异分二式。

Ⅰ式：西汉五铢。铸工较精。“五”字交叉两笔弯曲，“铢”字金字头较小，“朱”字头方折，钱文清晰。直径2.5~2.6厘米（图一九，1）。

Ⅱ式：东汉五铢。“五”字放宽，交叉两笔弯曲，“铢”字金字头较大，“朱”字两端略圆折。直径约2.5厘米（图一九，2）。

货泉　400枚。据其形制可分三式。

Ⅰ式：有内外郭。直径1.8厘米（图一九，3）。

Ⅱ式：磨郭货泉。直径1.9厘米（图一九，4）。

Ⅲ式：綖环货泉。直径2.1~2.2厘米（图一九，5）。

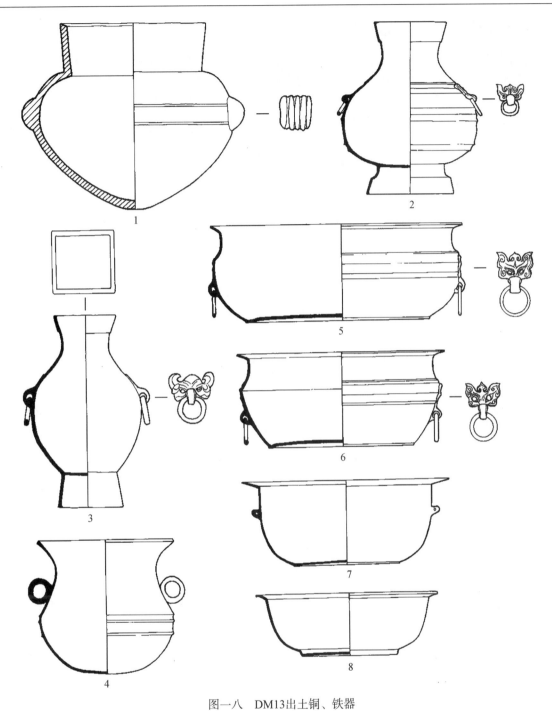

图一八　DM13出土铜、铁器

1. 铁釜（DM13：17）　　2. 铜锺（DM13：1）　　3. 铜钫（DM13：9）　　4. 铜鋞（DM13：7）　　5、6. 铜鉴（DM13：3、DM13：10）

7、8. 铜洗（DM13：2、DM13：4）

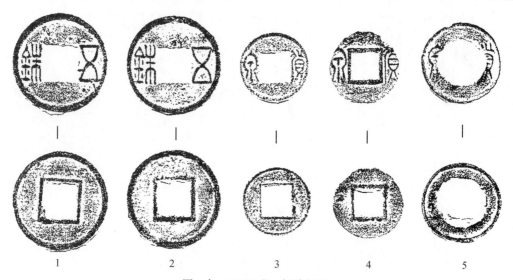

图一九　DM13出土铜钱拓片

1. Ⅰ式五铢　2. Ⅱ式五铢　3. Ⅰ式货泉　4. Ⅱ式货泉　5. Ⅲ式货泉

三、砖 室 墓

共29座，均为竖穴券顶砖室墓，墓向以东西向为主，少数为南北向。除2座墓因被毁坏形制不明外，其余27座墓据其平面形状，可分为长方形、刀形、"凸"字形、曲尺形、"中"字形五种。

（一）刀形墓

20座（HM1、HM2、HM4、SM2～SM6、DM1、DM3～M6、DM8～M11、DM15、DM16、DM19），甬道位于墓室一端靠左或靠右。

DM9

1. 墓葬形制、结构及葬式

DM9开口于第2层下，打破生土，方向52°。墓道为长方形斜坡式，残长0.8、宽1.8、残深1.3米，甬道长2、宽1.96、残高1.32米，墓室长3.5、宽2.6、残高1.5米。甬道和墓室四壁用规格为长45、宽21、厚8.5厘米的长方形单砖错缝平砌15层，其上再用规格为长43、宽19、厚7～7.5厘米的楔形子母砖券顶，券顶已塌陷。墓砖侧面饰几何纹、轮形纹、马纹（图一五，2）。甬道和墓室底部用砖呈"人"字形平铺，墓室和甬道之间以一排单砖横列。墓室西南部残留零星人骨痕，未见葬具痕迹（图二〇）。

2. 随葬器物

该墓被盗严重，残留器物大多分布在甬道内，计有38件。种类有陶、瓷、铜、铁以及玛瑙、琉璃等。

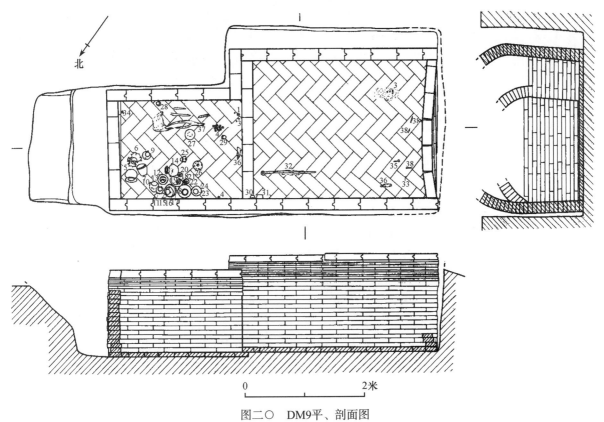

图二〇　DM9平、剖面图

1. 玛瑙珠　2、17、19、24、27、29、31. 瓷碗　3. 饰品（3-1～3-4. 琉璃耳珰、3-5～3-8. 玛瑙珠、3-9～3-16. 烧料珠）　4. 铜钱　5. 陶釜　6. 陶双耳罐　7. 陶甑　8. 陶罐　9～12、15. 瓷四系罐　13、16、18、20～23、28、30. 瓷盏　14、25、26. 瓷四系盘口壶　32. 铁环首刀　33. 铜钗　34、35. 铁轴陶纺轮　36. 残铁器　37. 鹿茸　38. 铁削

（1）陶器

6件。

罐　1件。DM9：8，泥质灰黄陶。直口，方唇，唇面内凹，圆肩，斜弧腹，平底。肩、腹交界处饰戳印纹和凹旋纹各一周。口径11.8、底径13、高15.2厘米（图二一，3）。

双耳罐　1件。DM9：6，夹砂灰陶。敛口，圆唇，斜弧腹，平底。肩部有两环耳。口径15.3、底径11.8、高15.6厘米（图二一，1）。

釜　1件。DM9：5，夹砂灰陶。敛口，斜折沿，垂腹，平底。素面。口径23、底径14.3、高15.2厘米（图二一，4）。

甑　1件。DM9：7，夹砂灰陶。敛口，圆唇，平沿，斜直腹，平底，底部有箅孔。沿下饰一周凹旋纹。口径18.4、底径12、高12厘米（图二一，2）。

纺轮　2件。泥质灰陶。饼形，器中圆穿内插一铁轴。DM9：34，直径4.1、高1.5厘米（图二一，5）。

（2）瓷器

24件。灰白胎或灰红色胎，大多施青釉或青黄色釉，少数施酱釉，釉多不及底。

四系盘口壶　3件。平底，肩部有四个桥形系，系间饰一周凹旋纹。DM9：14，盘形直口，短束颈，鼓腹。口外壁饰两周凹旋纹。口径11.8、底径10.2、高18厘米（图二二，1；图版二九，1）。DM9：26，口部残。高束颈，扁鼓腹。底径8、残高11.6厘米（图二二，4；图版

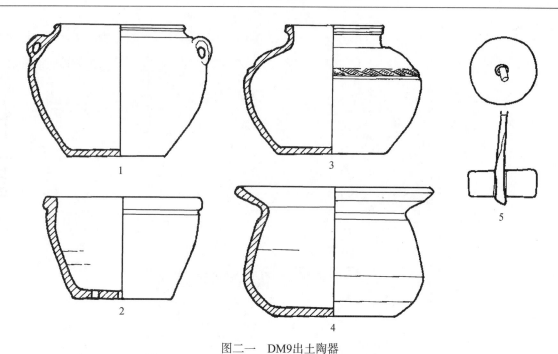

图二一　DM9出土陶器

1. 双耳罐（DM9：6）　2. 甑（DM9：7）　3. 罐（DM9：8）　4. 釜（DM9：5）　5. 纺轮（DM9：34）

二九，2）。

四系罐　5件。有深腹和浅腹两种。

四系深腹罐　4件。形制相近。直口，圆唇，深鼓腹，平底。肩有四个桥形系。DM9：11，口径7、底径8.4、高13.6厘米（图二二，3；图版二九，3）。DM9：9，上半部施酱色釉，下半部为白色装饰土。口径10、底径10.4、高17.7厘米（图二二，11；图版二九，4）。DM9：12，口径11.2、底径12、高17.2厘米（图二二，5；图版二九，5）。

四系浅腹罐　1件。DM9：15，侈口，溜肩，浅鼓腹，平底。肩部有四个桥形系，系间饰一周凹旋纹。口径11、底径8.8、高6.2厘米（图二二，2；图版二九，6）。

碗　7件。

平底碗　2件。直口，圆唇，浅弧腹，平底。沿下饰一周凹旋纹。DM9：24，口径17、底径11.8、高5.4厘米（图二二，14；图版二九，7）。DM9：17，口径16、底径10、高5.4厘米（图二二，13；图版二九，8）。

饼足碗　5件。形制略异。敞口，尖圆唇，斜弧腹，饼足。沿下多饰一周凹旋纹。DM9：19，口径17.4、底径10.2、高6.3厘米（图二二，10；图版二九，9）。DM9：31，口径13.2、底径8.3、高6.1厘米（图二二，12；图版二九，11）。DM9：27，口径14.8、底径9.4、高6.6厘米（图二二，15；图版二九，10）。

盏　9件。敞口或直口，尖圆唇，饼足。沿下多饰一周凹弦纹。DM9：20，浅弧腹。口径9、底径5、高3.8厘米（图二二，7）。DM9：30，弧腹微鼓，底微内凹。口径7.9、底径4.7、高3.8厘米（图二二，6）。DM9：16，弧腹微鼓，底微内凹。口径8.3、底径4.4、高4厘米（图二二，8）。DM9：13，鼓腹，饼足较小且略内收。口径7.2、底径4、高4.1厘米（图二二，9）。

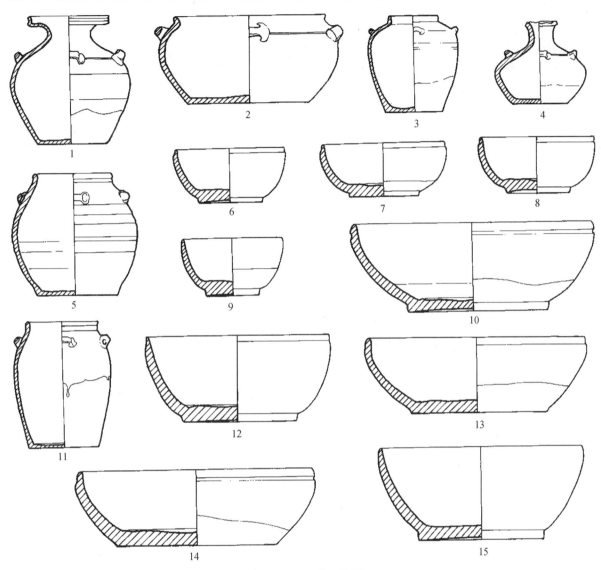

图二二　DM9出土瓷器

1、4. 四系盘口壶（DM9：14、DM9：26）　2. 四系浅腹罐（DM9：15）　3、5、11. 四系深腹罐（DM9：11、DM9：12、DM9：9）　6~9. 盏（DM9：30、DM9：20、DM9：16、DM9：13）　10、12~15. 碗（DM9：19、DM9：31、DM9：17、DM9：24、DM9：27）

（3）其他

铜钗　1件。DM9：33，残长10厘米。

铁环首刀　1件。DM9：32，残长36.4、宽3厘米。

铁削　1件。DM9：38，均锈残。长11.4~14.9厘米。

残铁器　1件。DM9：36，锈残，器形不可辨。

玛瑙珠　5粒。球形，中有穿孔。DM9：1，紫红色。直径2厘米。DM9：3-5~DM9：3-8，红色。直径0.3~0.6厘米。

琉璃耳珰　4件。DM9：3-1~DM9：3-4，蓝色，亚腰形，中有一穿。长1.2~1.5厘米。

烧料珠　8粒。呈圆柱状，中有穿孔，有绿色、白色和黄色，直径0.5~0.8厘米。DM9：3-15、DM9：3-16，呈管状，朱砂色。长1.2厘米。

（4）铜钱

16枚。

货泉　1枚。新莽钱币。直径1.6厘米（图二三，1）。

五铢　10枚。为东汉晚期剪轮五铢。直径1.8厘米（图二三，2）。

太平百钱　1枚。东汉晚期或三国初铸币。直径1.8厘米（图二三，3）。

四铢　4枚。南朝铸币。直径2.1厘米（图二三，4）。

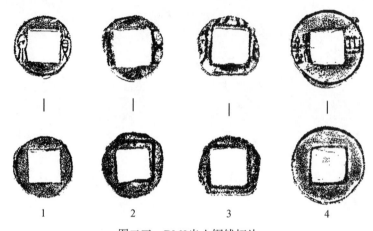

图二三　DM9出土铜钱拓片
1. 货泉　2. 剪轮五铢　3. 太平百钱　4. 四铢

（二）"中"字形墓

共4座（HM3、DM14、DM17、DM18），由甬道、前室和后室组成，平面呈"中"字形。

DM17

1. 墓葬形制、结构及葬式

DM17位于第1层下，打破生土，被DM11、DM14打破，方向64°。墓口长9.1、宽2.3～3.36米，至墓底深2.7米。由墓道、甬道、前室和后室组成。墓道长1.7、宽1.8米，形状不甚规整，略呈二级阶梯状，中部呈弧形下凹。甬道长2.6、宽1.9、高1.7米，后室长2.5、宽2.2、高1.8米，前室向两侧宽出，长3.4、宽2.7、高2.04米。四壁均用规格为长44、宽20、厚8厘米的长方形砖错缝平砌，顶部用楔形子母砖纵向券。砖侧面饰菱形回纹和菱形叶脉纹（图一五，3）。甬道及后室券顶完好，前室券顶上凿有3个盗洞。封门墙宽2.6、高2.1米，其宽度和高度均超过甬道。底部用砖横向错缝平铺。尸骨及葬具均无存（图二四）。

2. 随葬器物

该墓被盗扰，随葬器物散乱分布于甬道、前室和后室。出土器物计有67件，绝大多数为俑类及明器，种类有陶器、釉陶器和铜钱等。

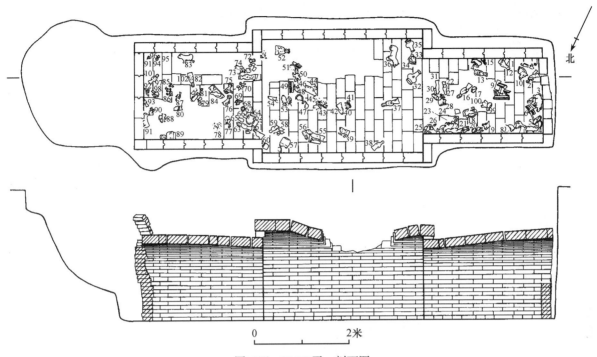

图二四　DM17平、剖面图

1、25、40、46、81、85.铜五铢钱　2.陶抱物俑　3、14.陶猪　4、15、20.陶器盖　5、36、83、91.陶狗　6、9、11、43、49、69、74、87、92.陶房（残片）　7、19.陶子母鸡　8、47、68.陶兽（残片）　10.陶马头（残片）　12.陶胡人吹箫俑　13、22.陶提袋持便面俑　16、80.陶佩剑侍卫俑　17、29、39、45、51、53、54、56、58、64、67、70、73、78、79、90、93、101.陶俑（残片）　18、34、48、99.釉陶钵　21.陶母子俑　23、26.陶器（残片）　24、30、75.陶公鸡　27、31、37、38、41、42、55、62、63、65、71、72、82、84、97.陶侍俑　28、44.陶抚琴俑　32、35.釉陶锺　33、60.陶罐　50、61、77.陶舞俑　52.陶抚耳俑　57.釉陶井　59.陶持物立俑　66.陶俑头　76.釉陶灯　86.釉陶豆　88.釉陶盘　89.陶击鼓俑　94.釉陶博山炉　95.陶勺　96.陶耳杯　98.陶釜　100.陶驾驭俑　陶片修复：102.陶器盖

（1）陶器

完整或经修复复原的器物共51件。

罐　2件。灰陶。平底。DM17：33，侈口，圆唇，束颈，斜溜肩，下腹急收。肩部饰两周戳印纹和一周凹旋纹。口径10.8、底径6.5、高12.4厘米（图二五，5）。DM17：60，直口，平折肩，下腹微鼓。素面。口径8.8、底径7.2、高14.6厘米（图二五，4）。

釜　1件。DM17：98，红陶。敞口，圆唇，斜折沿，束颈，垂腹，圜底。腹部饰六周戳印纹，圜底饰乱绳纹。口径16.4、高11.4厘米（图二五，1）。

器盖　4件。平底钵形，1件。DM17：20，灰陶。折壁，平顶。口径18.6、顶径5.7、高7厘米（图二五，2）。圜底钵形，3件。均为红陶。宽唇，平沿，表面饰以若干纽状凸起。DM17：102，口径12、高4厘米（图二五，3）。DM17：4，盖顶有一凸纽，沿部饰一周折线锯齿纹。口径14.8、高6.8厘米（图二五，9）。DM17：15，盖顶有一凸纽。口径11.6、高5.6厘米（图二五，8）。

耳杯　1件。DM17：96，红陶。椭圆形，平折沿。两侧有半月形耳。素面。口长8.3、宽6.4、高2.6厘米（图二五，6）。

勺　1件。DM17：95，红陶。柄微曲。残长9.8厘米（图二五，7）。

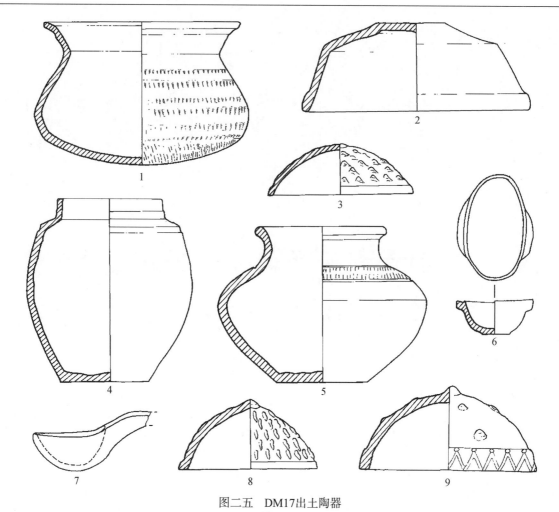

图二五　DM17出土陶器

1. 釜（DM17：98）　2、3、8、9. 器盖（DM17：20、DM17：102、DM17：15、DM17：4）　4、5. 罐（DM17：60、
DM17：33）　6. 耳杯（DM17：96）　7. 勺（DM17：95）

　　佩剑侍卫俑　2件。红陶。着长袍，圆领，右衽，宽长袖，束腰。两手相拥，左胁挟剑。
DM17：16，戴平巾帻。高21.6厘米（图二六，1）。DM17：80，梳髻，裹巾。高21.3厘米（图
二六，2）。

　　侍俑　15件。着长袍，右衽，束腰，两手相拥。DM17：84，灰陶。戴平巾帻。高20.3厘
米（图二六，6）。DM17：72，红陶。戴冠。高21.9厘米（图二六，3）。DM17：55，红陶。
梳髻，裹巾裦衣圆领。高25.2厘米（图二六，4）。DM17：31，红陶。俑头较大，戴平巾帻。
高19.3厘米（图二六，8）。DM17：82，红陶。大耳，戴平巾帻。高24.6厘米（图二六，5）。
DM17：65，红陶。戴进贤冠。高21厘米（图二六，7）。DM17：38，红陶。制作粗糙，裹
发。高16.8厘米（图二六，9）。

　　舞俑　3件。红陶。梳山形髻，束巾，着长袍，圆领，右衽，宽长袖，束腰。DM17：50，
左手提裙，右手上扬，跨步起舞。高23.3厘米（图二七，3）。DM17：77，高30厘米（图
二七，2）。

　　抚琴俑　2件。红陶。梳髻，裹巾，着长袍，圆领，右衽，宽长袖。跪坐式，琴置于
膝上，手抚琴弦。DM17：28，高20.3厘米（图二七，7）。DM17：44，高17.6厘米（图

图二六　DM17出土陶俑

1、2. 佩剑侍卫俑（DM17：16、DM17：80）　　3～9. 侍俑（DM17：72、DM17：55、DM17：82、DM17：84、DM17：65、

DM17：31、DM17：38）

二七，8）。

击鼓俑　1件。DM17：89，红陶。戴平巾帻，着长袍，圆领，右衽，宽长袖，右衣袖挽于手腕后。跪坐式，左手抚鼓，右手执槌。高27.3厘米（图二七，1）。

胡人吹箫俑　1件。DM17：12，红陶。戴帻帽，着长袍，圆领，长袖。跪坐式，双手握箫。高21.6厘米（图二七，10）。

抚耳俑　1件。DM17：52，红陶。梳山形髻，束巾，着长袍，圆领，右衽，宽长袖。跪坐式，右手置于膝上，左手抚耳，做倾听状。高24.6厘米（图二七，4）。

提袋持便面俑　2件。着长袍，梳髻，扎巾，右手持便面，左手提袋。DM17：22，灰红陶。高24厘米（图二七，12）。DM17：13，红陶。高17.3厘米（图二七，6）。

母子俑　1件。DM17：21，红陶。母梳高髻，扎巾，着长袍，圆领，右衽。左手下垂，右手握住背上小孩右手，脚穿翘头履。子梳髻，裹巾，左手搭于母左肩。高19.4厘米（图二七，5）。

持物立俑　1件。DM17：59，红陶。梳髻，裹巾，着长袍，右衽。双手持物置于胸前。高

图二七　DM17出土陶俑

1. 击鼓俑（DM17：89）　　2、3. 舞俑（DM17：77、DM17：50）　　4. 抚耳俑（DM17：52）　　5. 母子俑（DM17：21）

6、12. 提袋持便面俑（DM17：13、DM17：22）　　7、8. 抚琴俑（DM17：28、DM17：44）　　9. 持物立俑（DM17：59）

10. 胡人吹箫俑（DM17：12）　　11. 抱物俑（DM17：2）　　13. 驾驭俑（DM17：100）

16.1厘米（图二七，9）。

抱物俑 1件。DM17：2，红陶。右手掌残缺。戴平巾帻，着长袍，右衽，宽长袖。左手挽一袋状物。高23.2厘米（图二七，11）。

驾驭俑 1件。DM17：100，红陶。俑头残缺。着长袍，右衽，宽长袖。跪坐式，两手前伸，做驾驭状。残高13.8厘米（图二七，13）。

狗 4件。耸耳，昂头，立足，卷尾上翘。腹部系带，背上拴环。DM17：91，红陶。张嘴做吠状。高21.5厘米（图二八，1）。DM17：5，红陶。高22.6厘米（图二八，2）。DM17：36，灰陶。闭嘴，做起动状。高25.5厘米（图二八，3）。

猪 2件。瞪眼，立耳，体肥，四蹄直立。DM17：14，红陶。尾部下卷。高11.8厘米（图二八，9）。DM17：3，灰陶。背部鬃毛凸出，尾部上卷。高12厘米（图二八，10）。

公鸡 3件。红陶。昂头，翘尾，立足，鸡冠明显。DM17：24，高21.6厘米（图二八，8）。DM17：30，红陶。有鸡绶，下部呈圆台状。高20.7厘米（图二八，7）。DM17：75，灰陶。两爪合为一整体。高17.1厘米（图二八，4）。

子母鸡 2件。昂头，翘尾，背负一只小鸡，身边遮伏数只小鸡。DM17：7，灰陶。高12.3厘米（图二八，5）。DM17：19，红陶。高10.5厘米（图二八，6）。

（2）釉陶器

11件。均为泥质红陶，施酱黄或酱红色釉。

锺 2件。盘口，束颈，高圈足，圈足外敞。肩部两侧各有一铺首衔环，肩、腹、圈足均饰有凹弦纹。DM17：35，圆鼓腹。口径15.2、圈足径16、高32.5厘米（图二九，3）。DM17：32，扁鼓腹。口径12.2、圈足径16.5、高29厘米（图二九，2）。

钵 4件。有小平底和圜底两种。小平底钵，3件。DM17：99，侈口，折沿，斜折腹。素面。口径17.9、底径5.6、高5.4厘米（图二九，6）。DM17：34，直口，折腹，下腹曲收。上腹饰三周凹旋纹。口径16.4、底径5.3、高6厘米（图二九，7）。DM17：48，直口，方唇，折腹，下腹斜收。沿下饰一周凹旋纹。口径16、底径5.6、高5.6厘米（图二九，8）。圜底钵，1件。DM17：18，直口，圆弧腹。沿下饰两周凹旋纹。口径18、底径8.3、高6厘米（图二九，9）。

盘 1件。DM17：88，圆唇，斜折沿，斜直腹，平底。盘底刻划"永建元八月七日祝日□□富贵二百"十五个字样。口径16.8、底径7.6、高4厘米（图二九，10；图三〇）。

豆 1件。DM17：86，侈口，浅折盘，高柄，喇叭口形折圈足。豆柄饰两周斜向凹旋纹，柄、足交界处饰一周凹弦纹。口径11.8、底径9.2、高12.6厘米（图二九，11）。

博山炉 1件。DM17：94，子母敛口，圆唇，浅折盘，高柄，矮圈足。素面。口径10.8、底径8.4、高8.8厘米（图二九，5）。

灯 1件。DM17：76，盘部倾斜，直口，浅折盘。灯座为一熊蹲坐于一蟾蜍背上。盘径12、通高28.5厘米（图二九，1）。

井 1件。DM17：57，井亭残缺，无法复原。井身呈圆筒形，敛口，上腹微束，平底。腹部饰凹旋纹。口径12.7、底径12.5、残高15.6厘米（图二九，4）。

图二八　DM17出土陶俑

1～3.狗（DM17：91、DM17：5、DM17：36）　4、7、8.公鸡（DM17：75、DM17：30、DM17：24）

5、6.子母鸡（DM17：7、DM17：19）　9、10.猪（DM17：14、DM17：3）

（3）铜钱

共16枚。

五铢　12枚。有内外郭，字体较长，金字四点排列整齐，朱字头呈等腰三角形。直径2.4～2.6厘米。

磨郭五铢　4枚。直径2.3厘米。

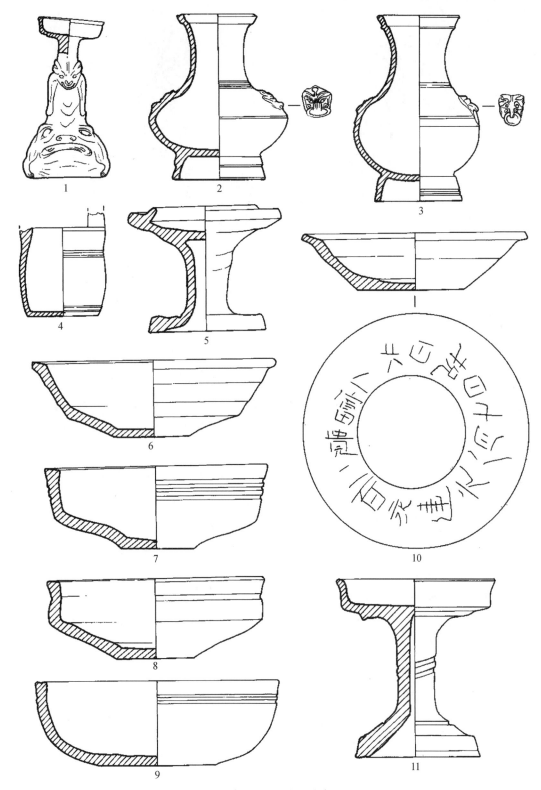

图二九 DM17出土釉陶器

1.灯（DM17：76） 2、3.锺（DM17：32、DM17：35） 4.井（DM17：57） 5.博山炉（DM17：94）

6～9.钵（DM17：99、DM17：34、DM17：48、DM17：18） 10.盘（DM17：88） 11.豆（DM17：86）

图三〇　DM17出土陶盘（DM17：88）铭文拓片

四、年　代

下面对以上5座墓葬进行年代推论。

1）HM5，墓坑形制具有西汉早期墓的一般特征。随葬器物具有秦代至西汉初年的风格，如墓中出土的HM5：1铜蒜头壶与湖北云梦睡虎地西汉初年墓所出M47：20铜蒜头壶[①]的造型相似，HM5：3铜器足与云阳李家坝10号岩坑墓出土的器足[②]相似，HM5：9陶盆与湖北襄樊郑家山M45：3陶盆[③]相近，这两座墓均为秦代至西汉初年墓。故推测HM5的年代为西汉早期。

2）CM2，就器形而言，该墓出土的彩绘陶锺、鼎、罐有比较明显的西汉早期风格，如CM2：14陶鼎与湖北房县松嘴M78：4A型Ⅰ式鼎[④]、CM2：8陶锺与湖北房县松嘴M78：3B型Ⅰ式壶[⑤]、CM2：20陶罐与丰都汇南M7：42Ab型Ⅰ式罐形制相似[⑥]。CM2：1铜钫与湖北云梦睡虎地M47：7[⑦]相似。出土铜钱均为无郭半两，系西汉初期的榆荚半两和文帝四铢半两。因此，CM2的年代应为西汉早期后段。

3）DM13，墓坑形制为土坑-砖室复合结构墓，为西汉土坑墓向东汉砖室券顶墓演变的一种过渡形态。随葬品种类较西汉土坑墓丰富，陶明器及模型器数量丰富。其中，DM13：10

①　湖北省博物馆：《1978年云梦秦汉墓发掘报告》，《考古学报》1986年第4期。

②　四川大学历史文化学院考古系、云阳县文物管理所：《云阳李家坝10号岩坑墓发掘报告》，《重庆库区考古报告集·1997卷》，科学出版社，2001年。

③　湖北省文物考古研究所、襄樊市博物馆：《湖北襄樊郑家山战国秦汉墓》，《考古学报》1999年第3期。

④　湖北省文物考古研究所、十堰市博物馆、房县博物馆：《湖北房县松嘴战国两汉墓地第三、四次发掘报告》，《考古学报》1998年第2期。

⑤　湖北省文物考古研究所、十堰市博物馆、房县博物馆：《湖北房县松嘴战国两汉墓地第三、四次发掘报告》，《考古学报》1998年第2期。

⑥　四川省文物考古研究所、丰都县文物管理所：《丰都汇南墓群发掘简报》，《重庆库区考古报告集·1997卷》，科学出版社，2001年。

⑦　湖北省博物馆：《1978年云梦秦汉墓发掘报告》，《考古学报》1986年第4期。

铜鉴、DM13：7铜鍪与巫山麦沱新莽时期墓出土的M22：8Ⅱ式洗、M29：4鍪形制相似[①]。出土铜钱有西汉五铢、东汉初期五铢和新莽货泉，未见更晚的钱币。推测其年代大致属于东汉早期。

4）DM17，墓中出土"永建元八月七日祝日□□富贵二百"纪年铭文陶盘，查东汉在位的皇帝，以"永建"为年号的只有顺帝刘保，"元"应是永建元年之意，即126年，属东汉中期。但墓中的其他因素显得略晚，如出土的陶器中，陶俑和模型器占相当大的比例，其中的人俑及鸡、狗、猪等陶俑形象生动，与丰都汇南东汉中、晚期墓出土的同类器十分相似[②]；出土的铜钱均为东汉五铢，其中有东汉晚期的磨郭五铢。所以，此墓年代定为东汉末年。

5）DM9，出土铜钱种类较多，其中最晚的是南朝宋文帝元嘉七年（430年）始铸的四铢钱。其次，墓中随葬品主要为青瓷器，从DM9：14瓷四系盘口壶来看，其盘口浅，盘径小于腹径，器体略显矮胖，明显与南朝中后期盘口大、腹径小、体修长的特征不符，与万州上河坝墓南朝宋墓的M2：7盘口壶相似[③]。故该墓的年代大致为南朝早期。

五、结　语

此次发掘的墓葬除常见的竖穴土坑墓和砖室墓外，尚有一座土坑-砖室复合结构墓，这在本地属首次出现。各墓群内墓葬方向基本一致，分布密集，排列比较有序，表明汇南乡在当时是一处万民聚族而葬的公共墓地。

这次发掘的33座墓葬的时代从西汉初至南朝晚期，根据它们的墓葬形制和出土器物，可将其年代初步分为西汉、新莽、东汉和六朝四个阶段。西汉和新莽时期以竖穴土坑墓为主，随葬品主要为陶质生活用品及少量铜礼器。从东汉开始至六朝，墓葬形制以砖室墓为主，墓室平面形状多样，有长方形、曲尺形、"凸"字形、刀形和"中"字形；随葬器物以早期陶质生活用具为主演变为随葬大量陶俑及模型明器，至后期再发展到随葬青瓷器，这也是南方地区共有的特性。土坑-砖室复合结构墓的发现为峡江地区增添了一种新的墓葬形制，揭示了西汉至东汉墓葬形制的演变过程，对进一步研究汉代三峡地区的墓葬埋葬习俗及其演变规律有着积极的意义。

本次发掘发现墓葬数量多，时间跨度大，出土文物丰富，墓葬关系清楚，不仅为三峡地区的考古学建立了年代序列，尤其是HM5出土的铜蒜头壶、CM2中的铜钫、DM13的铜锺、DM17的陶母子俑等系汇南墓群首次发现，为今后深入研究峡江地区汉至六朝时期社会、经济、文化以及丧葬习俗等，均提供了珍贵的实物资料。

---

①　湖南省文物考古研究所、巫山县文物管理所：《巫山麦沱汉墓群发掘报告》，《重庆库区考古报告集·1997卷》，科学出版社，2001年。

②　四川省文物考古研究所、丰都县文物管理所：《丰都汇南墓群发掘简报》，《重庆库区考古报告集·1997卷》，科学出版社，2001年。

③　青海省文物考古研究所三峡工作队、万州区文物管理所：《万州上河坝墓地发掘简报》，《重庆库区考古报告集·1997卷》，科学出版社，2001年。

附记：参加发掘的人员有陈德安、钟治、罗泽云、焦中义、曾俊、李国洪、周金山、肖玉，线图由罗泽云、朱岁明、曾令玲绘制，器物修复为曾庆红、段家义，拓片由曾令玲制作。

执笔：陈德安　曾　俊　钟　治

附表　汇南墓群2001年度发掘墓葬登记表

年代	墓号	形制	墓向/(°)	墓葬规格(长×宽−高)/厘米		葬具	葬式	随葬器物	备注
				甬道	墓室				
东汉	HM1	刀形砖室墓	65	180×200−124(残)	346×257−134(残)	未见	不详	陶器：罐3、钵4、奁1、器盖3、耳杯4、勺1、侍俑9、佩剑俑1、侍俑2、提袋持便面俑1、房1、畜栏1、舞俑1、抱物俑1、庖厨俑1、击鼓俑1、抚琴俑1、吹箫俑1、案1、镇墓兽1、狗1、猪1、子母鸡2　釉陶器：罐4、锺1、匜2、盘1、井1、豆2　铜器：泡钉1、龙形饰1、饰件1、残铜器1　铜钱：五铢33	被盗毁
东汉	HM2	刀形砖室墓	65	222×180−50(残)	300×260−50(残)	未见	不详	陶器：罐1、侍俑3、提袋持便面俑1、公鸡1、庖厨俑1、舞俑1、击鼓俑1　釉陶器：盘1、井1	被盗毁
东汉	HM3	"中"字形砖室墓	67	200×190−70(残)	前室360×276−70(残)　后室240×214−70(残)	未见	不详	陶器：罐1、案1(均未修复)	被盗毁
东汉	HM4	刀形砖室墓	68	200×168−40(残)	312×270−40(残)	无	不详	陶器：塘1、侍俑2、抚耳俑1、舞俑1、子母鸡1　釉陶器：盘2　其他：琉璃串饰1、螺壳10　铜钱：五铢5	被盗毁
西汉早期	HM5	长方形土坑墓	63		墓口518−536×364　墓底400×250−240	二棺	仰身直肢	陶器：罐5、盆1、豆1、器盖1、网坠若干　铜器：蒜头壶1、盘1、器足3、泡钉1、残铜器1　铜钱：秦半两1	被盗掘，有熟土二层台
不详	CM1	砖室墓	286	不详	不详	未见	不详		被盗毁
西汉早期	CM2	长方形土坑墓	250		墓口330(残)×280　墓底380(残)×198−240	一椁二棺	仰身直肢	陶器：罐9、圜底罐1、釜1、鼎1、锺1、瓿1、甑1、豆1、盘1、钵1、器盖1、盒1、板瓦1　铜器：钫1、鉴1、釜1、泡钉1　铁器：釜1、环首刀2、灯1、锸1　铜钱：半两90	被CM1打破，有熟土二层台

续表

年代	墓号	形制	墓向/（°）	墓葬规格（长×宽×高）/厘米 甬道	墓葬规格（长×宽×高）/厘米 墓室	葬具	葬式	随葬器物	备注
新莽	CM3	长方形土坑墓	150		墓口364×276 墓底314×226-190	单棺	仰身直肢	陶器：罐11、井4、壶2、盆1、器盖16　釉陶器：鼎1、博山炉1、钫1、鋈1、盒2、豆1　铜器：釜1、钟1　铁器：黛板1　石器：　其他：蛋壳4　铜钱：五铢326、货泉70	墓口被扰，有熟土二层台
东汉	SM1	砖室墓	286	不详	212（残）×238（残）-116（残）	未见	不详	铜钱：五铢3	被盗毁，形状不明
东汉	SM2	刀形砖室墓	298	170（残）×168-110（残）	302×212-246（残）	二棺	不详	陶器：罐4、圜底罐2、井1、器盖1、击鼓俑1、舞俑1、侍俑1、抚琴俑1、吹埙俑1　釉陶器：釜1、盆1、杯1、豆1、勺1　铜器：釜1、耳杯1　铁器：釜1、剑1　铜钱：货泉（共450枚）	被盗毁
东汉	SM3	刀形砖室墓	275	116（残）×166-120（残）	306×230-162（残）	无	不详	陶器：器盖3　釉陶器：釜1、博山炉1、豆1、钵1　铜钱：五铢1	被盗毁
东汉	SM4	刀形砖室墓	263	200×188-166（残）	80（残）×240-180（残）	未见	不详	陶器：勺1、畜栏1、塘1、持丸俑1、侍俑1、镇墓兽1、猫头鹰俑1、兽头1、猪1、鸡1、马1　釉陶器：罐5、器盖5、盘1、匜3、勺1、耳杯2　铜器：镜1、钫1、耳杯扣1　铜钱：五铢8、货泉1	墓室被毁坏
南朝中晚期	SM5	刀形砖室墓	260	204×200-170（残）	400×284-220（残）	未见	不详	瓷器：四系盘口壶1、盘1、碗3　铜器：簪1　铜钱：1	被盗毁

续表

年代	墓号	形制	墓向/(°)	墓葬规格（长×度−高）/厘米 甬道	墓葬规格（长×度−高）/厘米 墓室	葬具	葬式	随葬器物	备注
南朝	SM6	刀形砖室墓	255	160（残）×164-138（残）	310×230-280（残）	未见	不详	釉陶器：四系罐 铁器：镶斗1 铜钱1	被盗毁
东汉	DM1	刀形砖室墓	85	210×160-180	280×260-260	单棺	不详	陶器：罐5、圆底罐1、甑1、豆1、盘3、仓1、盆1、灯2. 器盖1、舞俑1、击鼓俑1、镇墓兽1、狗1. 猪1、公鸡1、房1 釉陶器：钟1、匜1、钵1	被盗毁
东汉	DM2	长方形砖室墓	60		320×226×252	无	直肢	陶器：罐7、圆底罐1、钵1、器盖2、瓿1 铁器：环首刀1、釜1 石器：黛板1 铜钱：五铢11	被盗
两晋	DM3	刀形砖室墓	55	220×172-160	300×260-230	单棺	不详	陶器：罐1、器盖1、塘1、侍俑4、击鼓俑1、抚耳俑1、提袋持便面俑1、抚琴俑1 釉陶器：钟1、碗1、钵1 瓷器：碗5 铁器：釜1 铜钱1	被盗毁
东汉	DM4	刀形砖室墓	58	110×168-188	330×268-258	无	仰身直肢	陶器：罐8、圆底罐1、豆1、钵2、井2、器盖2、侍俑5、抚耳俑1、佩剑俑1 釉陶器：釜2、杯1、博山炉1、器盖2、盘2、锺3、盆1、钵2、勺1 铁器：釜2 铜钱：货泉2、五铢140	

续表

年代	墓号	形制	墓向/(°)	墓葬规格（长×宽（度）-高）/厘米		葬具	葬式	随葬器物	备注
				甬道	墓室				
南朝早期	DM5	刀形砖室墓	70	240×176-170	308×250-230	单棺	仰身直肢	陶器：圜底罐1、罐1 釉陶器：釜1 瓷器：四系盘口壶5、碗11、盏11、四系罐2、器盖1 铜器：釜1 铁器：环首刀1	
东汉	DM6	刀形砖室墓	53	202×184~188-180	290×252-240	无	不详	陶器：罐4、圜底罐1、瓿1、盆1、器盖1、钵1、猪1、公鸡2、抱物提袋俑1、持袋俑1、佩剑侍俑3、舞俑1、狗1 釉陶器：釜4、博山炉1、器盖2、匜1、罐1、盘2、钵4、豆2、镭1 石器：饼1 铜钱：五铢133	打破DM8
东汉	DM7	"凸"字形砖室墓	325	220×150-192	400×220-116（残）	不存	不详	陶器：罐3、圜底罐1、釜1、器盖7、钵1、井1、猪1 釉陶器：盒1、盘1、釜2、钵2、勺1 铁器（残片）1 铜钱：四铢半两172	被盗毁
东汉	DM8	刀形砖室墓	48	254×174-184	400×286-256	未见	不详	陶器：罐6、钵2、器盖7、井1、坐俑1、哺乳俑1、抚琴俑2、侍俑8、舞俑1、佩剑侍俑4、击鼓俑1、抚耳俑2、庖厨俑1、武士俑1、马1、狗1、子母鸡2 釉陶器：釜2、豆1、罐2、盘1、器盖2、勺1、钵2 铜器：带钩1 铜钱：五铢119、货泉1	被M6打破，且被盗

续表

年代	墓号	形制	墓向/(°)	墓葬规格（长×度-高）/厘米		葬具	葬式	随葬器物	备注
				甬道	墓室				
南朝早期	DM9	刀形砖室墓	52	200×196-132（残）	350×260-150（残）	无	不详	陶器：平底罐1、双耳罐1、釜1、甑1、纺轮2 瓷器：四系盘口壶3、四系罐5、盏9 铜器：钗1 铁器：环首刀1、削1、残铁器1 其他：玛瑙珠5、琉璃耳珰4、烧料珠8、鹿茸 铜钱：五铢10、货泉1、太平百钱1、四铢4	其封土叠压DM10，被盗
东汉	DM10	刀形砖室墓	48	200×210-118（残）	340×268-232	未见	不详	陶器：平底罐1、圆底罐1、舞俑1、器盖2、抚琴俑2、侍俑2、抚耳俑1、击鼓俑1、猪1、子母鸡1 釉陶器：釜1、博山炉2 铜钱：五铢1	被DM9封土叠压，且被盗扰
东汉晚期	DM11	刀形砖室墓	65	220×200-170	320×260-270-250	未见	不详	陶器：罐1、器盖2、抱物俑1、吹箫俑1、击鼓俑1、抚琴俑1、抚耳俑1、庖厨俑1、马鞍头1、马1、勺1、侍俑3、持袋俑1 釉陶器：罐2、镭2、盘1、器盖9 其他：螺壳1 铜钱：五铢14、货泉1	打破DM13和DM17封土
东汉	DM12	曲尺形砖室墓	295	180×180-150（残）	270×320-180	未见	不详	陶器：罐1、井1、器盖2、灯1、侍俑7、武士俑1、击鼓俑2、吹箫俑1、抚耳俑3、子母鸡1、猪2、马鞍1 釉陶器：罐2、豆1、博山炉2、盘2 铜钱：五铢、货泉（共11枚）	被盗毁
东汉早期	DM13	土坑-砖室复合结构墓	53	260×（160~180）-180	墓口520×450 墓底420×320-330	二棺	仰身直肢	陶器：器盖5、耳杯1、镭1、井2、仓3、猪1、圆底罐2、平底罐3、钵1、坐俑1、侍俑2、盆1、杯1、洗3、鉴2、纺轮1、鎏金耳杯扣2、镮1、 铜器：釜1、环首刀2、灯1、泡钉1 铁器：耳杯2、泡钉1 铜钱：五铢434、货泉400	被DM11、DM17封土打破

续表

年代	墓号	形制	墓向/(°)	墓葬规格（长×度~高）/厘米		葬具	葬式	随葬器物	备注
				甬道	墓室				
东汉	DM14	"中"字形砖室墓	53	200×220-190	前室280×266-250 后室280×246-230	未见	不详	陶器：罐1、盆2、盘2、侍俑3、舞俑1、击鼓俑1、子母鸡1、灯3 釉陶器：罐1、钵1、摇钱树座1 铜钱：五铢2	打破DM17，且被盗
东汉	DM15	刀形砖室墓	50	230×200-90（残）	350×294-220	未见	不详	陶器：罐1、圈底罐2、侍俑1、抚琴俑1、器盖1 釉陶器：罐1 铜钱：五铢23	打破DM19，且被盗毁
东汉	DM16	刀形砖室墓	55	184×160-132（残）	230×220-180	未见	不详	陶器：井1、器盖1、盆1、甑1、侍俑3、抚耳俑1、佩剑侍卫俑1、卫俑2、持物立俑1、公鸡1 釉陶器：罐1、豆1	被盗毁
东汉末年	DM17	"中"字形砖室墓	64	260×190-170	前室340×272-204 后室250×220-180	未见	不详	陶器：罐2、釜1、器盖1、耳杯4、侍俑15、佩剑侍卫俑2、舞俑3、抚耳俑2、击鼓俑1、吹箫俑1、提袋持便面俑1、母子俑1、抱物俑1、驾取俑1、狗4、猪2、公鸡3、子母鸡2 釉陶器：罐2、钵4、盘1、豆1、博山炉1、灯1、井1 铜钱：五铢12、磨郭五铢4	被DM14、DM11打破，其封土打破DM13
东汉	DM18	"中"字形砖室墓	53	120×200-90（残）	前室320×270-135（残） 后室260×200-180（残）	未见	不详	陶器：罐1、钵2、盆1、甑1、勺1、耳杯2、器盖1、侍俑8、击鼓俑1、抱物持便面俑1、提袋持便面俑1、塘1、子母鸡1、公鸡1、猪1、狗1 釉陶器：罐8、提梁罐1、钟4、钵1、灯1、盘4、匜2、勺2、耳杯4、镇墓兽1 铜钱：五铢42	被盗毁

续表

年代	墓号	形制	墓向/(°)	墓葬规格（长×度−高）/厘米		葬具	葬式	随葬器物	备注
				甬道	墓室				
东汉	DM19	刀形砖室墓	48	230×160−260（残）	400×230−260	未见	不详	陶器：罐3、圜底罐2、器盖2、侍俑2、驾驭俑1、持物立俑1、抚耳俑1、抚琴俑1、舞俑1、公鸡1、猪1 釉陶：锺1、盆1 铜器：洗3、釜1、摇钱树枝1、器足1、泡钉1、残铜器1、钩1 铁器： 铜钱：货泉126、五铢4	被DM15打破，且被盗

注：随葬器物栏中阿拉伯数字为件数。

丰都汇南墓群2002年度发掘简报

四川省文物考古研究院
丰都县文物管理所

汇南墓群位于重庆市丰都县新县城区内的长江南岸,与丰都老县城隔江相望。墓群分布范围西起斜南溪,东至龙河,东西长约3.5、南北宽约1千米。这里是缓坡与平坝、冲沟交错分布的狭长丘陵地带,其中心地理坐标为东经107°42′,北纬29°53′,海拔150～195米是墓葬分布最为密集的中心区域(图一)。

1992年7月,在三峡库区地下文物调查时发现并确认了汇南墓群。1993～1994年,四川省文物考古研究所与丰都县文物管理所联合对该墓群的庙嘴梁子、李家梁子进行过发掘。1998～1999年,四川省文物考古研究所又进行了两期发掘。为配合三峡工程重庆库区135米水位线以下的文物保护抢救工作,2001年、2002年四川省文物考古研究所又对汇南墓群进行了抢救性发掘和钻探工作。

2002年的发掘地点位于汇南墓群中部的加油站梁子和钟姑娘梁子(图版三〇)。发掘从2002年11月开始,至2003年1月结束,发掘面积1987平方米,发掘墓葬23座(附表)。墓葬形

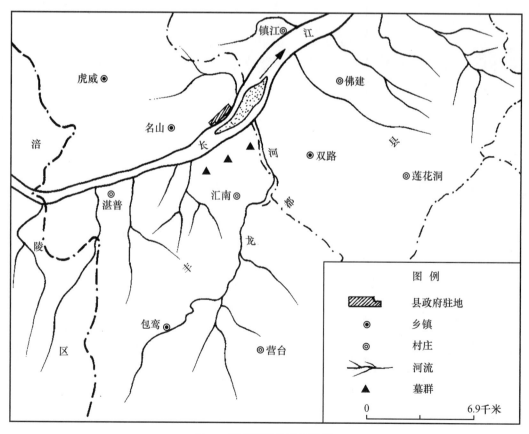

图一 汇南墓群位置示意图

制有土坑墓、土坑-砖室复合结构墓、砖室墓及瓦棺葬墓四类。其中，加油站梁子发掘墓葬5座（图二），编号为2002FHJM1～2002FHJM5（以下简称JM1～JM5）。钟姑娘梁子发掘墓葬18座，编号为2002FHZM1～2002FHZM18（以下简称ZM1～ZM18）（图三）。

　　现选择有代表性的墓葬叙述如下。

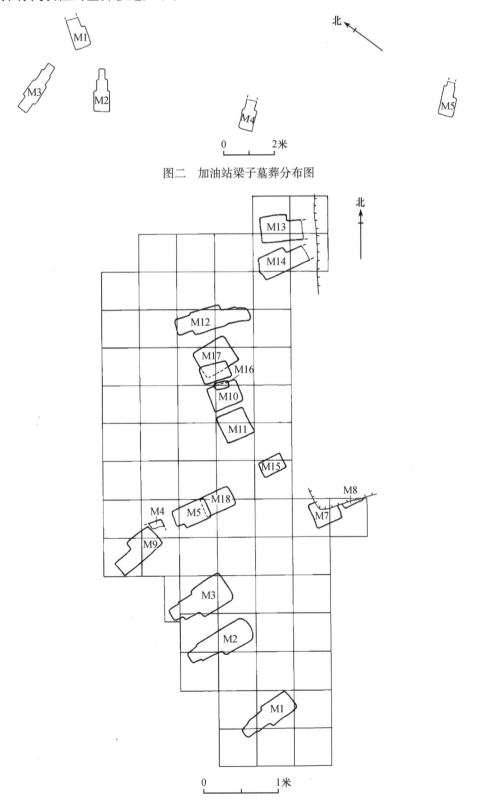

图二　加油站梁子墓葬分布图

图三　钟姑娘梁子墓葬分布图

一、土　坑　墓

共9座（ZM4、ZM7、ZM8、ZM10、ZM11、ZM15、ZM16、ZM17、ZM18），均为长方形或近方形竖穴土坑墓，不带墓道。墓坑长3.4～5、宽2～3.7米，墓坑最深的可达3.6米，最浅的现仅深数十厘米，应属中小型墓。

ZM18

1. 墓葬形制、结构及葬式

长方形竖穴土坑墓，方向250°。开口于第2层下，打破生土，墓坑西端上部被ZM5打破。墓口长4.1、宽2.4米，墓坑北壁从上至下略向外凸，其余三面坑壁较直，墓底长3.7、宽1.86、深3米。墓室下部四周筑有熟土二层台，宽0.2、高约1.2米。在距二层台台面下0.5米左右，二层台侧壁遍布椁板灰痕。墓内填黄褐色五花土，结构较疏松。墓底有三具人骨，呈"品"字形分布，头骨及肢骨清晰可见。位于墓室西端的两具人骨，头向西，残留零星棺灰痕。墓室东壁二层台处的骨架，从其大小和长度来看，应属于未成年人的骨架，头南足北，以灰陶瓦做铺垫。位于西端的两具骨架随葬品较东端的为丰，从随葬器物分析，西端靠北壁的骨架似为女性（右手肘部置一面铜镜），靠南壁的骨架似男性（右侧随葬铁剑），此墓应为夫妻同穴合葬墓（图四；图版三一；图版三二，1）。

2. 随葬器物

ZM18出土随葬品共26件（套）。多置于西端两具骨架之间及其足部。质地有陶、铜、铁、漆木器（仅存痕迹，不能提取）和铜钱等类。

（1）陶器

16件（套）。

罐　6件。均为泥质陶。

圜底罐　1件。ZM18：15，灰陶。带盖。直口，尖圆唇，卷折沿，矮领，鼓腹，圜底。肩部饰弦断绳纹，腹、底遍饰竖绳纹。覆钵形盖。罐口径11.1、高20.6、通高22.8厘米（图五，1）。

直口罐　2件。深灰陶。直口，圆唇，溜肩，斜直腹，平底微内凹。颈部有一道凸棱。ZM18：23，颈部凸棱至下腹部饰竖绳纹，肩部饰一道凹弦纹。口径12、底径12.8、高16.8厘米（图五，5）。ZM18：24，肩、颈部饰竖绳纹，肩、腹交界处饰四组弦断绳纹。口径15.2、底径19、高25.4厘米（图五，2）。

短颈罐　3件。灰陶。侈口，圆唇，束颈，圆肩，鼓腹，下腹内收，平底。ZM18：21，底略内凹。肩部饰二道凹弦纹。口径11.6、底径15.4、高14.8厘米（图五，6）。ZM18：22，底微内凹。口径11.5、底径12.4、高11.6厘米（图五，12）。ZM18：16，肩部饰三道凹弦纹。口径10.4、底径11.2、高11.2厘米（图五，13）。

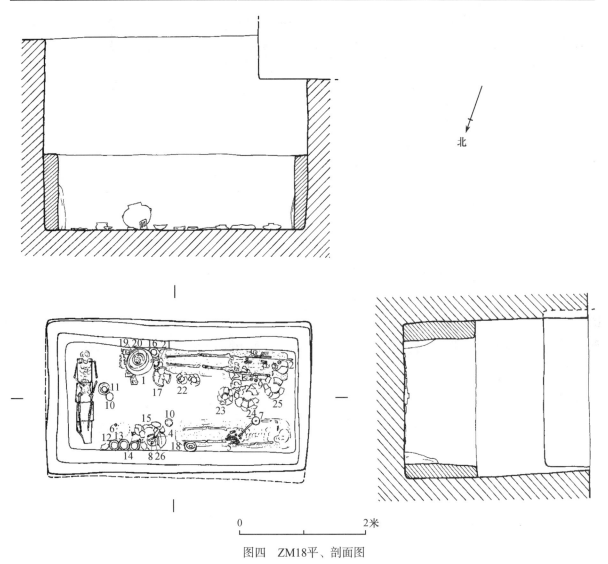

图四　ZM18平、剖面图

1. 铁釜　2. 铁剑　3. 铁环首刀　4. 八铢半两　5. 四铢半两　6. 铜铺首衔环　7. 铜镜　8. 铜扣饰　9. 铜泡钉　10. 陶豆
11、25. 陶釜　12. 陶盒　13、14. 陶盒盖　15. 陶圜底罐　16、21、22. 陶短颈罐　17. 陶盆　18. 陶钵　19、20. 陶甑
23、24. 陶直口罐　26. 料珠

　　釜　2件。侈口，尖唇，鼓腹，圜底。ZM18：11，泥质灰陶。短束颈，腹部满饰横斜向粗绳纹。口径14、高11.6厘米（图五，14；图版三二，2）。ZM18：25，夹砂灰陶。颈较高，折肩。肩部以下遍饰绳纹。口径11.5、高17.4厘米（图五，7）。

　　盒　3件。泥质灰陶。ZM18：12，子母口，弧腹，矮圈足。沿下饰凹弦纹二道。口径12.8、圈足径11.6、高6.4厘米（图五，9）。ZM18：13，仅存盖，覆钵形，直口，圈足纽。近口部饰凹弦纹二道。口径19.8、纽径9.2、高8厘米（图五，16）。ZM18：14，仅存盖，覆钵形，口微敛，方唇，圈足纽。口径15.5、纽径10.8、高5.4厘米（图五，10）。

　　豆　1件。ZM18：10。泥质灰陶。直口，折平沿，直壁，平底略上拱，柱状柄，盘口状圈足。口径11.4、底径8.8、高9.7厘米（图五，11）。

　　甑　2件。泥质陶。ZM18：19，灰陶。敞口，尖圆唇，卷沿，斜折腹，小平底，底部有4个圆形箅孔。口径19.6、底径5.6、高6.8厘米（图五，15）。ZM18：20，深灰陶。直口，尖

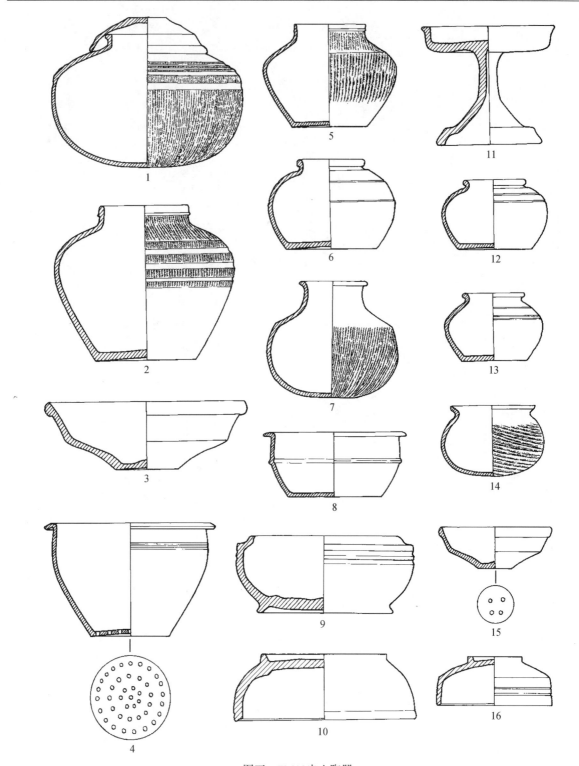

图五　ZM18出土陶器

1. 圜底罐（ZM18：15）　　2、5. 直口罐（ZM18：24、ZM18：23）　　3. 钵（ZM18：18）　　4、15. 甑（ZM18：20、ZM18：19）

6、12、13. 短颈罐（ZM18：21、ZM18：22、ZM18：16）　　7、14. 釜（ZM18：25、ZM18：11）　　8. 盆（ZM18：17）

9. 盒（ZM18：12）　　10、16. 盒盖（ZM18：14、ZM18：13）　　11. 豆（ZM18：10）

唇，翻沿，深弧腹，平底微内凹。底部有数十个圆形算孔，上腹饰三道凹弦纹。口径29.6、底径13.6、高18.4厘米（图五，4）。

钵　1件。ZM18：18，泥质灰陶。敞口，折腹，下腹曲收，小平底微内凹。口径17.4、底径5.4、高5.6厘米（图五，3）。

盆　1件。ZM18：17，泥质灰陶。敛口，尖唇，宽沿，浅弧腹，平底。中腹部饰一周凸棱。口径24.4、底径15.6、高10.5厘米（图五，8）。

（2）铜器

4件。

镜　1件。ZM18：7，甚残，无法修复。

铺首衔环　1副。ZM18：6，铺首已残断，仅存圆环。内径2.3、外径3.1厘米（图六，2）。

泡钉　6枚。ZM18：9，长短不一，泡状，背面正中有一短钉。直径1.6、长0.9～1.4厘米。

扣饰　1件。ZM18：8。残，长方形帽，背面有一扁钉，帽上饰三角形镂孔。长3.8、宽2.5、厚0.5厘米。

（3）铁器

3件。

釜　1件。ZM18：1，器表锈蚀，两耳残断。直口，高领，鼓腹，小平底。口径25.2、底径12.4、高30.4厘米（图六，1）。

剑　1件。ZM18：2，柄为铜铸，锈蚀，剑身残断，有格，圆茎。残长92厘米（图六，3）。

环首刀　1件。ZM18：3，甚残，可见环首残片。

（4）其他

料珠　6粒。ZM18：26，白色，其中1粒呈亚腰形，其余呈圆柱状，中有穿孔。直径0.6～1.5厘米。

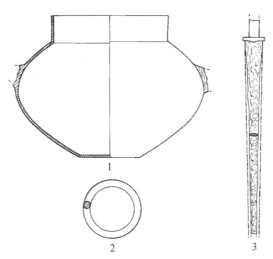

图六　ZM18出土器物

1. 铁釜（ZM18：1）　2. 铜铺首衔环（ZM18：6）　3. 铜柄铁剑（ZM18：2）

（5）铜钱

238枚。

八铢半两　5枚。ZM18：4，无郭，"两"字上面一横较短，中间两个人字竖笔较长，"半"字两横等齐，背平素。钱文清晰。直径3~3.2厘米（图七，1、2；图版三二，3）。

四铢半两　233枚。制作规整，钱文清晰，分无郭、有郭及传形半两三种。

无郭四铢半两　无内外郭，"两"字上面一横较长，中间两个人字竖笔较短，有的为一横画，"半"字两横等齐。素背。直径2.1~2.3厘米（图七，3、4）。

有郭四铢半两　有外郭，"两"字上面一横较长，"半"字两横等齐。素背。直径2.4厘米（图七，5）。

传形四铢半两　钱文传形，无郭。直径2.2厘米（图七，6）。

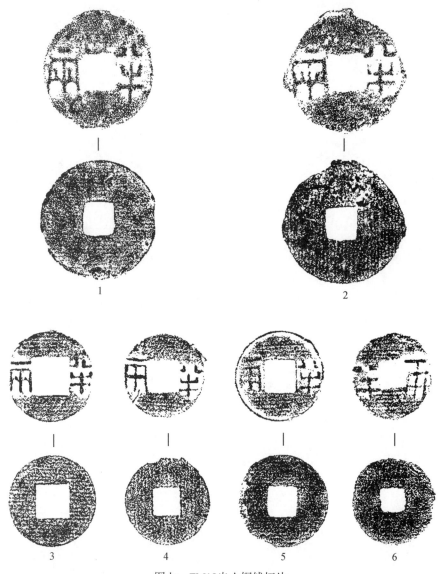

图七　ZM18出土铜钱拓片

1、2.八铢半两　3、4.无郭四铢半两　5.有郭四铢半两　6.传形四铢半两

二、土坑-砖室复合结构墓

　　两座（ZM1、ZM3）。平面形状均呈"凸"字形，由墓圹、墓道、甬道、墓室组成。甬道壁用长方形砖砌成，其中一座墓（ZM1）为砖砌券顶，另一座墓（ZM3）仅见两侧壁，无券顶。墓室为长方形竖穴土坑，墓底三面筑有熟土二层台。

ZM3

1. 墓葬形制、结构及葬式

　　墓葬上部地层遭损坏，方向241°。斜坡墓道，平面略呈梯形，坡度约26°，残长1.8、宽1.5～1.8米。墓圹口长6.5、宽2.54米。墓内填褐灰色五花土，较疏松。甬道长2、宽2、高1.46米，两侧壁以长方形子母砖错缝平砌，顶部毁坏不存，墓砖长40、宽18～22、厚7～8厘米，饰有菱形纹及乳钉纹（图八，1）。墓室为长方形竖穴，西端与甬道相接，坑口长4.6、宽3.75米，坑底长4.36、宽3.3米，残深2.35米。墓底除与甬道相接的一面外，其余三面筑有熟土二层台，高30～45、宽20～50厘米。墓室及甬道底部用不规则形石板镶砌，甬道入口及甬道与墓室相交处以一列单砖横铺。墓室西端残存棺灰痕，灰痕长2.4、宽0.65米。人骨头向南，直肢。随葬器物多置于墓室两侧近甬道端，甬道内也有少量随葬器物（图九）。

2. 随葬器物

　　ZM3墓室遭破坏，出土器物29件，质地有陶、铜、铁、漆木器（仅存痕迹，不能提取）和铜钱等类。

　　（1）陶器

　　18件。均为泥质陶。

　　罐　11件。

　　圜底罐　2件。灰陶。侈口，尖唇，束颈，广肩，鼓腹，圜底。肩部饰弦断绳纹，腹、底遍饰绳纹。ZM3：15，覆钵形盖。罐表面残留朱砂痕迹。罐口径13.2、高22.4、通高25.8厘米（图一○，3）。ZM3：19，口径12.8、高21.6厘米（图一○，6）。

　　高领罐　2件。器表残留朱砂痕迹，侈口，尖圆唇，高领，溜肩，深鼓腹，平底略内凹。均带盖，盖为灰褐陶，覆钵形。ZM3：12，罐黑衣灰褐陶，斜沿。肩部饰凹弦纹及戳印纹各二道。罐口径14.4、底径11.2、高28.4、通高33厘米（图一○，1）。ZM3：14，罐灰褐陶。平折沿。领部饰竖条状暗纹，肩上部饰网格纹、凹弦纹、戳印纹各二道。罐口径14.8、底径13.6、高28.4、通高34厘米（图一○，2）。

　　短颈罐　7件。均带盖，盖呈覆钵形。罐、盖均为灰陶。器表残留朱砂痕迹，圆唇，束颈，溜肩，鼓腹，平底。ZM3：11，侈口。肩部饰二道凹弦纹。罐口径11.6、底径14.4、高20.8、通高24厘米（图一○，8）。ZM3：16，直口。肩部饰二道凹弦纹。罐口径10.8、底径

图八　墓砖纹饰拓片

1.ZM3墓砖　2.ZM13墓砖　3.JM2墓砖　4、5.JM3墓砖

13.2、高17.4、通高22厘米（图一〇，4）。ZM3：10，侈口，底微内凹。肩部饰斜向压印纹及三道凹弦纹。罐口径12、底径13.6、高19.4、通高22.8厘米（图一〇，7）。ZM3：18，侈口，底微内凹。肩部饰二道凹弦纹。罐口径11.6、底径13.2、高15.2、通高17.8厘米（图一〇，5）。

　　侍俑　3件。ZM3：20，红陶。裹发，着长袍，圆领，右衽，宽长袖，脚穿翘头履。双手相拥，下摆边缘缝缀。高20.8厘米（图一一，1；图版三三，1）。ZM3：21，灰红陶。梳髻，裹巾，着宽袖长袍，下穿裤，着履。双手相拥。高24厘米（图一一，2；图版三三，2）。ZM3：22，灰红陶。戴冠，着及地长袍，圆领，右衽，宽长袖，边缘缝缀。双手相拥。高24.8

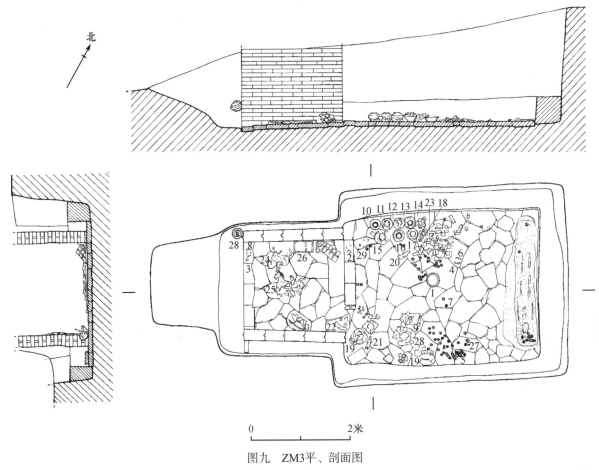

图九 ZM3平、剖面图

1. 铜盘 2. 铜盖弓帽 3. 铜镳 4. 铜扣饰 5. 铜钱 6. 铜耳杯扣 7. 铜环 8. 铜饰件 9. 残铁器 10、11、13、16～18、28. 陶短
颈罐 12、14. 陶高领罐 15、19. 陶圜底罐 20～22. 陶侍俑 23. 陶吹笙俑 24、25. 陶骑马俑 26. 陶田 27. 铁环首刀 29. 铜曹

厘米（图一一，3；图版三三，3）。

吹笙俑 1件。ZM3：23，红陶。梳髻，束巾，着长袍，右衽，挽袖。跪坐式，双手捧笙，鼓腮做吹奏状。彩绘大多脱落，残存白地残迹。高21.6厘米（图一一，4；图版三三，4）。

骑马俑 2件。马俑束羁绊，头微偏，做嘶鸣状，四肢健壮有力，带鞍，扬尾，呈行走状。ZM3：24，灰陶。马鞍上骑坐一人，人头残，穿甲衣，束腰，下着裤。右手上扬，左手握于胸前，上身微后仰。马高38、通高42厘米（图一一，5；图版三三，5）。ZM3：25，红陶。仅存马俑。高38厘米（图一一，6；图版三三，6）。

田 1件。ZM3：26，灰褐陶，长方形，中有一埂。素面。长39.2、宽25.6、高4厘米（图一〇，9；图版三四，1）。

（2）铜器

盘 1件。ZM3：1，出土时内盛禽骨。方唇，斜折沿，斜直腹，下腹内折收，平底。口径28.4、底径12.4、高5.6厘米（图一二；图版三四，2）。

盖弓帽 8件。ZM3：2，圆头，柱状，偏下部有刺，中空。外表鎏金。长2.4厘米。

镳 2副。ZM3：3，两头为长条弧形，中部扁平有二穿孔。马衔中间以4个小环穿连，两头大环内穿马镳。外表鎏金。镳长12.7厘米。

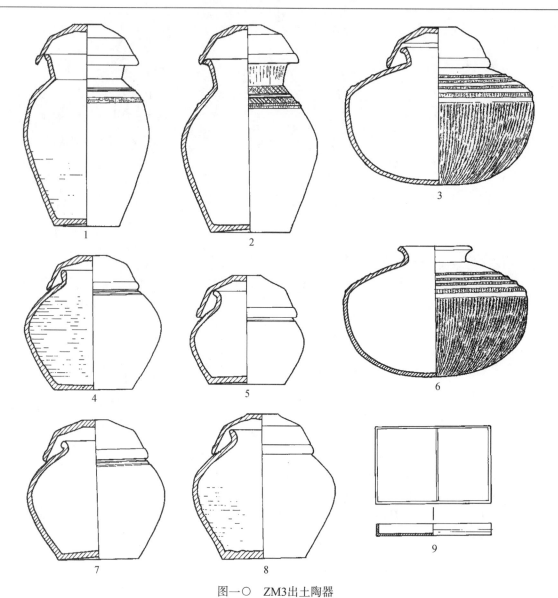

图一○　ZM3出土陶器

1、2. 高领罐（ZM3：12、ZM3：14）　　3、6. 圜底罐（ZM3：15、ZM3：19）　　4、5、7、8. 短颈罐（ZM3：16、ZM3：18、ZM3：10、ZM3：11）　　9. 田（ZM3：26）

　　曹　4枚。ZM3：29，均为柱状，中空，外表鎏金。其中1枚较长，近端部有三道凸棱，高2.4厘米。另3枚较短，中部有一道凸棱，高1.5厘米。

　　耳杯扣　1副。ZM3：6，新月形，外表鎏金。长10.2、宽1.6厘米（图版三四，3）。

　　扣饰　1件。ZM3：4，残断，圆环形，表面光滑，背有凹槽，外表鎏金，当是漆木器口部饰件。直径24、宽1厘米（图版三四，4）。

　　环　1件。ZM3：7，圆环形，表面鎏金。直径2.2厘米（图版三四，5）。

　　饰件　1件。ZM3：8，圆形，表面微弧，有一穿孔，外表鎏金。直径2.6厘米。

　　（3）铁器

　　2件。

　　环首刀　1件。ZM3：27，极残，仅存柄部及椭圆形环首。残长8.5厘米（图版三四，6）。

　　残铁器　1件。ZM3：9，锈残，器形不可辨。长条弧形，扁平。残长18厘米。

图一一　ZM3出土陶俑

1～3.侍俑（ZM3：20、ZM3：21、ZM3：22）　4.吹笙俑（ZM3：23）　5、6.骑马俑（ZM3：24、ZM3：25）

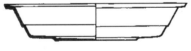

图一二　ZM3出土铜盘（ZM3：1）

（4）铜钱

700枚。

西汉五铢　制作精良，有内外郭。"五"字交叉两笔弯曲，"铢"字金字头较小，四点较长，"朱"字头方折，钱文清晰。直径2.5～2.6厘米（图一三，1）。其中一枚为穿上横郭，"五"字交叉两笔缓曲，"朱"字头方折，下端圆折。直径2.55厘米（图一三，2）。

东汉五铢　内、外郭规整，外郭轮沿较宽。"五"字交叉两笔弯曲，"铢"字金字头呈等边三角形，朱字两端略圆折。直径约2.55厘米（图一三，4、5）。

货泉　1枚。内外郭规整，外郭轮沿较宽，钱文为悬针篆体。直径2.3厘米（图一三，3）。

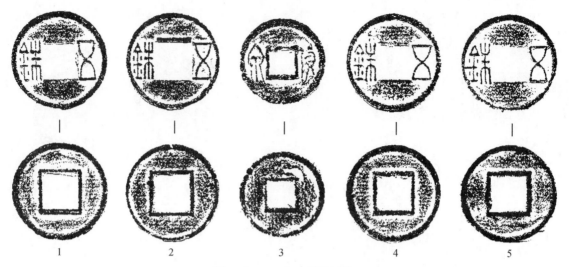

图一三　ZM3出土铜钱拓片
1、2.西汉五铢　3.货泉　4、5.东汉五铢

三、砖　室　墓

共11座，均为竖穴券顶砖室墓，其方向为东西向或偏东西向，未见封土。墓顶大多垮塌，墓室内充满填土或淤土，夹杂大量碎砖以及经扰动的随葬品残片。根据墓室的平面形状，可分为长方形、刀形、"凸"字形及"中"字形墓四种。墓平面以刀形为主，其次为"凸"字形、"中"字形，长方形墓仅有一座（ZM5）。

（一）ZM13

1. 墓葬形制、结构及葬式

开口于第4层下，方向85°，南面距砖室墓ZM14不足1米。平面呈刀形，由甬道和墓室组成。墓顶垮塌，甬道壁被破坏，砖室整体向北倾斜。墓圹口长5.34、宽2.34～3.28、至圹底残深1.2米。墓道毁坏不存。甬道及墓室壁用长38、宽18、厚6厘米的长方形砖错缝平砌，至第15层砖处用楔形子母砖纵向券拱，砖长40、宽18、厚6～6.5厘米。砖侧面饰几何纹、鱼纹和菱形回纹（图八，2）。墓门处仅存两块长方形子母砖。墓底无铺地砖。甬道长2.1、宽1.98、残高0.6米，墓室长2.98、宽2.76、残高1.26米。墓底仅存零星骨痕，未见葬具痕迹（图一四）。

2. 随葬器物

随葬器物大多置于甬道内，墓室内仅有少量分布。出土陶、釉陶、铜、铁、鸡蛋等类随葬品，共计45件（套）。下面分别叙述。

（1）陶器

完整或经修复复原的有22件，均为泥质陶。

罐　5件。其中4件可修复复原。

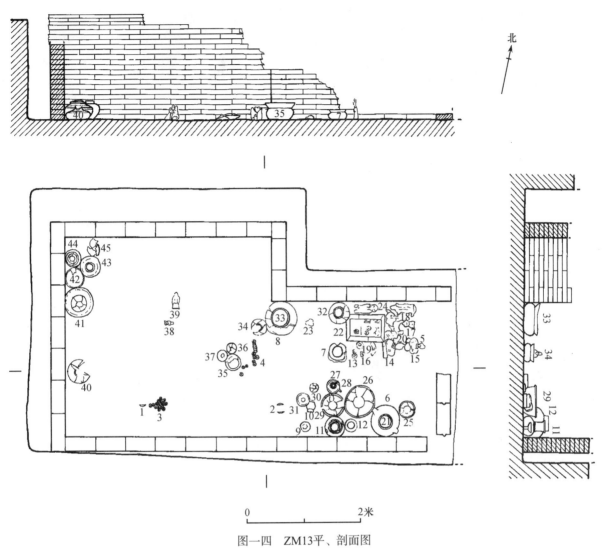

图一四　ZM13平、剖面图

1、2.铜耳杯扣　6、8.铁釜　9.釉陶豆　10.釉陶杯　11.釉陶锺　12.釉陶釜　13、19、39.陶佩剑侍卫俑　14.陶抚琴俑

15.陶击鼓俑　16、38.陶持物立俑　17.陶舞俑　18.陶抚耳俑　20.陶子母鸡　21.陶甗　22.陶塘　23.鸡蛋　24.陶狗

25、33.陶钵　26.陶盆　27.釉陶勺　28.釉陶匜　29.釉陶盆　30.釉陶圈足　31.釉陶盒　32、43.陶短颈罐　34、42.陶仓

35.釉陶盘　36.釉陶博山炉盖　37.釉陶博山炉　41.陶圜底罐　44.陶高领罐（另有铜钱，余为残片）

圜底罐　1件。ZM13：41，灰褐陶。带盖。直口，尖唇，卷折沿，广折肩，浅弧腹。肩部及上腹部饰弦断绳纹，下腹及底遍饰绳纹。覆钵形盖，折壁，平顶。素面。罐口径10.8、高19.6、通高22厘米（图一五，7）。

高领罐　1件。ZM13：44，灰陶。侈口，圆唇，弧肩，深弧腹，平底。肩部饰波浪纹四周，下饰二道戳印纹，腹部饰一道凹弦纹。口径12.8、底径12、高20.8厘米（图一五，8）。

短颈罐　2件。灰陶。直口，尖圆唇，束颈，斜弧腹，平底。ZM13：43，肩上部饰斜向暗条纹及一道凹弦纹，肩、腹之际饰一道凹弦纹。口径12.8、底径11.6、高17.2厘米（图一五，1）。ZM13：32，肩部饰一道凹弦纹。口径11.8、底径12、高16.8厘米（图一五，4）。

仓　2件。均带盖。敛口，尖圆唇，平折肩，鼓腹，下腹内收，平底。覆钵形盖，折壁，平顶。素面。ZM13：42，灰褐陶。仓口径15.1、底径14.8、高18.4、通高24厘米（图一五，

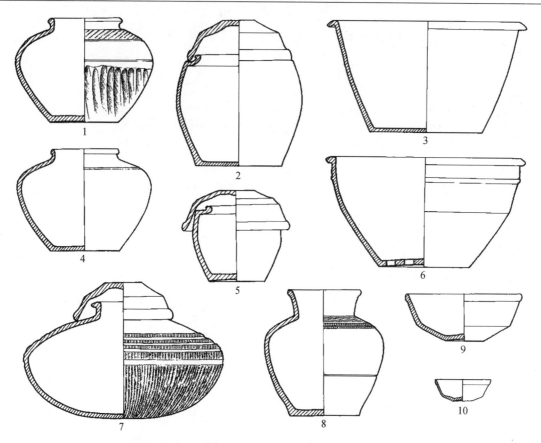

图一五　ZM13出土陶器

1、4. 短颈罐（ZM13：43、ZM13：32）　2、5. 仓（ZM13：42、ZM13：34）　3. 盆（ZM13：26）　6. 甑（ZM13：21）

7. 圜底罐（ZM13：41）　8. 高领罐（ZM13：44）　9、10. 钵（ZM13：33、ZM13：25）

2）。ZM13：34，灰陶。仓口径8.4、底径7、高12.5、通高13.4厘米（图一五，5）。

钵　2件。灰褐陶。敞口，尖圆唇，卷沿，斜折腹，平底微内凹。素面。ZM13：33，口径20、底径6.4、高7.6厘米（图一五，9）。ZM13：25，口径9.4、底径3.2、高3.6厘米（图一五，10）。

盆　1件。ZM13：26，灰陶。敞口，尖唇，折沿下垂，斜直腹，平底。素面。口径33.7、底径19.2、高18.2厘米（图一五，3）。

甑　1件。ZM13：21，灰陶。直口，尖唇，翻折沿，弧腹，平底微内凹。底部有数个圆形算孔，沿下饰一周凸弦纹。口径34、底径15.2、高18厘米（图一五，6）。

佩剑侍卫俑　3件。红陶。着及地长袍，圆领，右衽，宽长袖，束腰。双手相拥，左胁挟剑。ZM13：19，戴平巾帻，足尖外露。高22厘米（图一六，2）。ZM13：39，戴平巾帻。高22.8厘米（图一六，1）。ZM13：13，裹巾。高14.6厘米（图一六，3）。

持物立俑　2件。着及地长袍，宽长袖。右手上提至胸，左手持物置于胸前。ZM13：38，灰陶，裹巾，长袍为圆领，右衽，足尖外露。高16.2厘米（图一六，10）。ZM13：16，红陶。面目及服饰不清。高16.1厘米（图一六，11）。

抚耳俑　1件。ZM13：18，红陶。裹巾，着长袍，圆领，右衽，宽长袖，束腰，跪坐式。左手抚膝，右手抚耳，做倾听状。高18厘米（图一六，7）。

抚琴俑　1件。ZM13：14，红陶。梳髻，裹巾，着长袍，圆领，右衽，宽长袖。跪坐式，面带微笑，琴置于膝上，双手抚琴。高19.8厘米（图一六，8）。

击鼓俑　1件。ZM13：15，红陶。戴进贤冠，着长袍，圆领，右衽，宽长袖，跪坐式。鼓置于怀中地下，左手抚鼓，右手上举。高16.4厘米（图一六，6）。

舞俑　1件。ZM13：17，红陶。头顶残断，着长袍，圆领，右衽，中衣袖长至腕端，外衣袖口呈喇叭状。左手提裙，右手上扬，做舞蹈状。残高20.8厘米（图一六，4）。

子母鸡　1件。ZM13：20，红陶。昂头，翘尾，背负一只小鸡，胸前依偎一只小鸡。底为圆座。高11.4厘米（图一六，12）。

狗　1件。ZM13：24，红陶。昂头，耸耳，张嘴做吠状，立足。颈部系箍，背部拴环。高23.6厘米（图一六，9）。

塘　1件。ZM13：22，灰陶。长方形，中有埂，一端留口互通，埂左侧有泥塑的龟、螺、蛙、鱼等。长45.6、宽24、高4厘米（图一六，5）。

图一六　ZM13出土陶器

1～3. 佩剑侍卫俑（ZM13：39、ZM13：19、ZM13：13）　4. 舞俑（ZM13：17）　5. 塘（ZM13：22）　6. 击鼓俑（ZM13：15）

7. 抚耳俑（ZM13：18）　8. 抚琴俑（ZM13：14）　9. 狗（ZM13：24）　10、11. 持物立俑（ZM13：38、ZM13：16）

12. 子母鸡（ZM13：20）

（2）釉陶器

13件。泥质红陶胎，表面施酱釉。

锺　2件，其中1件可复原。ZM13：11，带盖。盘口，长弧颈，浅鼓腹，圈足略外敞。肩部饰对称的铺首衔环，肩部铺首上饰三道凹弦纹，足部饰一周宽带状凸棱。覆钵形盖，子母口，盖面对称分布三乳钉状纽。口径15.2、圈足径15.2、通高33.6厘米（图一七，4）。

釜　1件。ZM13：12，侈口，圆唇，斜折沿，束颈，溜肩，腹壁略直，平底微内凹。上腹近肩处饰二道凹旋纹。口径13.2、底径6.6、高9.8厘米（图一七，2）。

豆　1件。ZM13：9，侈口，平沿，高柄，浅盘状圈足。柄、足交界处饰一道凹弦纹。口径11.4、底径11、高10厘米（图一七，1）。

盒　1件。ZM13：31，带盖。方唇，直口，折腹，小平顶。上腹饰一道凹旋纹。盖与盒身相似。盒口径15.8、底径6、高5.2、通高10.4厘米（图一七，3）。

盆　1件。ZM13：29，侈口，圆唇，折沿，束颈，弧腹，下腹急收，小平底。颈下有二道弦纹。口径23.2、底径7.2、高8.8厘米（图一七，10）。

匜　1件。ZM13：28，直口，弧腹，圜底近平，口部一侧有一短直柄。口径16、柄长3.6、高6.4厘米（图一七，8）。

杯　1件。ZM13：10，敛口，方唇，鼓腹，平底。上腹有一道凹弦纹。口径9.2、底径

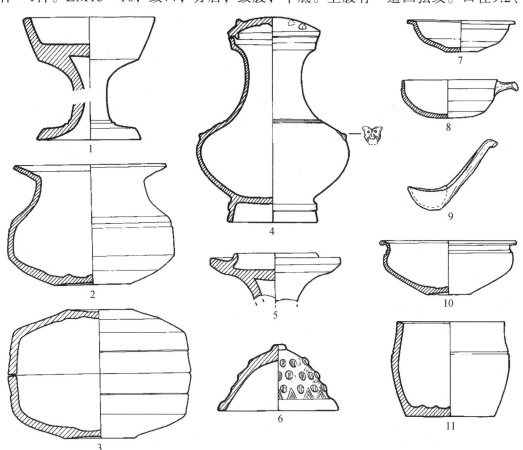

图一七　ZM13出土釉陶器

1. 豆（ZM13：9）　2. 釜（ZM13：12）　3. 盒（ZM13：31）　4. 锺（ZM13：11）　5. 博山炉（ZM13：37）　6. 博山炉盖（ZM13：36）　7. 盘（ZM13：35）　8. 匜（ZM13：28）　9. 勺（ZM13：27）　10. 盆（ZM13：29）　11. 杯（ZM13：10）

7.4、高7.8厘米（图一七，11）。

盘　1件。ZM13：35，敞口，方唇，平折沿，微折腹，小平底。口径18.4、底径5.6、高5.2厘米（图一七，7）。

勺　1件。ZM13：27，敞口，圜底，长直柄，柄端部下折。长16.5厘米（图一七，9）。

博山炉　1件。ZM13：37，残存盘部。子母口，圆唇，浅折盘。口径6.9、残高4厘米（图一七，5）。

博山炉盖　1件。ZM13：36，半球形，盖顶有一圆形凸纽，盖面装饰若干乳状突起，空白处填以折线锯齿纹。口径10.4、高5.6厘米（图一七，6）。

圈足　1件。ZM13：30，覆盘形。底径9.9、残高1.7厘米。

（3）铜器

耳杯扣　2副。新月形，表面鎏金。ZM13：1，长7.6、宽1.2厘米。ZM13：2，长7.7、宽1.1厘米。

（4）铁器

釜　2件。ZM13：6，器表锈蚀。直口，高领，鼓腹，下腹急收成小平底。肩部两侧各有一器耳，器耳处饰两周凸棱纹。口径24.8、底径9.2、高28.7厘米（图一八，2）。ZM13：8，锈蚀严重。侈口，斜折沿，圜底。口径26.4、高20.5厘米（图一八，1）。

（5）其他

鸡蛋　2枚。ZM13：23，腐朽，仅存蛋壳，白色。

（6）铜钱

共161枚，均为五铢。可分三式。

Ⅰ式："五"字交叉两笔弯曲，"铢"字金字头呈三角形，四点较短，"朱"字上端方折，下端圆折。钱文清晰。直径2.5厘米（图一九，1）。

Ⅱ式：字体特征与Ⅰ式大致相同，但"朱"字上下端均圆折。直径2.55厘米（图一九，2）。

Ⅲ式："五"字交叉两笔弯曲，"铢"字金字头呈矢形，"朱"字头左右两笔外撇。直径2.5厘米（图一九，3）。

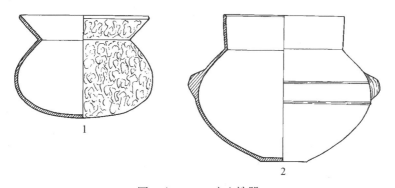

图一八　ZM13出土铁器

1、2.釜（ZM13：8、ZM13：6）

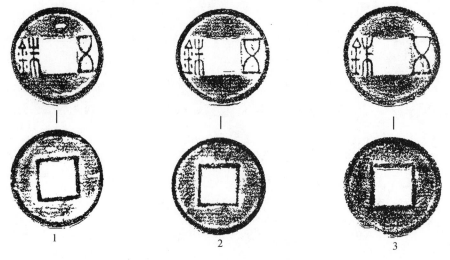

图一九　ZM13出土铜钱拓片
1. Ⅰ式五铢　2. Ⅱ式五铢　3. Ⅲ式五铢

（二）JM2

1. 墓葬形制、结构及葬式

JM2位于加油站梁子中部，开口层位不明，方向57°。平面呈"凸"字形，由甬道和墓室组成。土圹口全长6.06、宽2.04～3.28、残深2.6米。墓道为长方形斜坡式，残长1.7、宽1米，坡度30°。甬道位于墓室东端中部，甬道及墓室下部用规格为长42、宽20、厚7厘米的长方形砖错缝平砌，上部用长43、宽19、厚6～7厘米的楔形子母砖纵向券拱，券顶残存少许。墓砖纹饰多为菱形、田字纹、几何纹（图八，3）。墓门用长方形砖平砌至顶，从下往上数第15层砖处左右两侧各有一块砖为纵铺，因此外露半块砖。铺地砖呈"人"字形平铺，仅甬道前部残存铺地砖。甬道长2.34、宽1.84、残高1.76米，墓室长3.26、宽2.7、高2.5米。该墓遭严重盗扰，人骨及葬具均不存（图二〇）。

2. 随葬器物

JM2因扰乱破坏严重，残留器物仅6件，均位于甬道内。计有釉陶器、青瓷器及铜器三类。

（1）釉陶器

2件。泥质红陶胎，表面施青黄色釉，釉部分脱落。

锺　1件。JM2：3，盘口，宽束颈，圆鼓腹，高圈足外敞。上腹饰对称铺首衔环，铺首上部饰二道凹弦纹。口径13.2、圈足径16、高28.4厘米（图二一，1；图版三五，1）。

罐　1件。JM2：2，直口，圆唇，溜肩，鼓腹，下腹内收，平底微内凹。肩部饰一道凹弦纹。口径8.4、底径9.2、高10.8厘米（图二一，3；图版三五，2）。

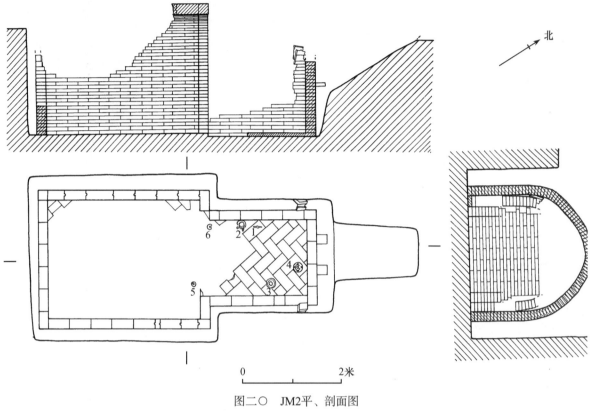

图二〇　JM2平、剖面图

1.铜摇钱树干　2.釉陶罐　3.釉陶锺　4.瓷四系盘口壶　5、6.瓷盏

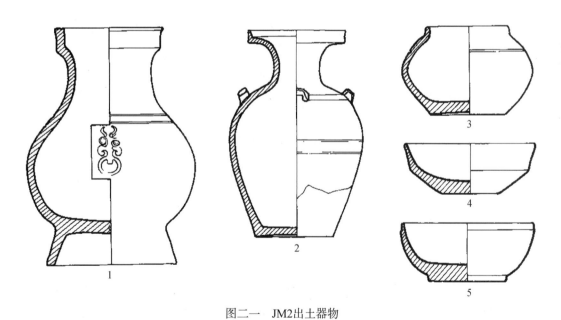

图二一　JM2出土器物

1.釉陶锺（JM2：3）　2.瓷四系盘口壶（JM2：4）　3.釉陶罐（JM2：2）　4、5.瓷盏（JM2：5、JM2：6）

图二二　JM2出土铜摇钱树干
（JM2：1）

（2）瓷器

3件。

四系盘口壶　1件。JM2：4，盘口较直，细长颈，深弧腹，下腹斜收，平底。肩部有四个对称桥形系，系间饰二道凹弦纹。浅红胎，施青黄色釉。口径12、底径10、高25.2厘米（图二一，2；图版三五，3）。

盏　2件。敞口，尖圆唇。JM2：5，折腹，下腹斜收，平底。浅红色胎，施酱青釉。口径8.2、底径3.6、高3.1厘米（图二一，4；图版三五，3）。JM2：6，弧腹微鼓，饼足。沿下饰一道凹弦纹。灰白胎，施青黄色釉。口径8.4、底径3.8、高3.6厘米（图二一，5；图版三五，4）。

（3）铜器

摇钱树干　1件。JM2：1，残。树干上铸有一尊佛像，头后有椭圆形项光，高肉髻，额上有发际，双眼微合，穿圆领衣，右袒。右手掌心向外，作饰无畏印，左手提衣角，衣下摆呈"∪"形，结跏趺坐。树干残高14.5、佛像高5.5厘米（图二二；图版三五，5）。

（三）JM3

1. 墓葬形制、结构及葬式

JM3位于加油站梁子中部，开口层位不明，方向92°。平面呈"中"字形，由甬道、前室和后室组成。墓圹口长7.8、宽2~2.74、残深1.7米。墓道为长方形斜坡式，残长1.8、宽1.7米，坡度38°。砖室由甬道、前室和后室三部分组成，甬道长2.12、宽1.94、残高1.78米，前室长3.28、宽2.6、残高1.56米，后室长2.22、宽1.8、残高1米。甬道及墓室壁用长43~45、宽18、厚8厘米的长方形砖错缝平砌，上部用楔形子母砖纵向券拱。长方形砖错缝平砌封门。前、后室之间用砖墙相隔，用长方形砖和子母砖错缝横砌，残高0.5米。侧面多饰有菱形回纹、菱形乳钉纹、田字纹（图八，4、5）。甬道、前室有铺地砖，呈"人"字形交错平铺。甬道与前室之间以两列单砖横向平铺相隔。后室无铺地砖，仅以一层细砂作铺垫，后室底部比前室高8厘米。该墓前、后室遭严重盗扰，人骨及葬具均不存（图二三）。

2. 随葬器物

甬道内的随葬器物保存较好，集中分布在甬道南部，少量置于靠北壁处。墓室内也有少量分布。出土随葬器物37件，有陶、瓷、银、铁、铜钱等类。叙述如下。

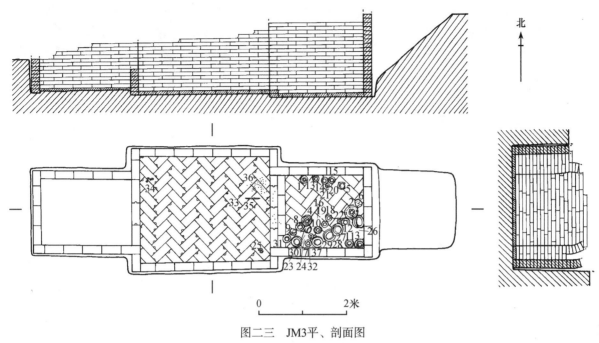

图二三　JM3平、剖面图

1～4. 瓷四系盘口壶　5～9. 瓷四系深腹罐　10. 瓷四系浅腹罐　11～19. 瓷碗　20～24、37. 瓷盏　25. 瓷器盖
26～29. 陶釜　30、31. 陶罐　32. 陶碗　33. 银指环　34. 铜钱　35. 铁刀　36. 串珠

（1）陶器

7件。

罐　2件。均为泥质灰陶。敛口，斜直颈。素面。JM3：30，尖唇，沿微卷，广折肩，斜弧腹，大平底，底微内凹。口径12.8、底径16.4、高17.6厘米（图二四，5）。JM3：31，方唇，斜沿，溜肩，斜直腹，平底微内凹。口径12.4、底径10、高18.4厘米（图二四，6）。

釜　4件。

圜底釜　3件。夹砂红褐陶，侈口，斜折沿，束颈，鼓腹，圜底。颈以下满饰竖绳纹。JM3：28，球形腹。口径26、高18.4厘米（图二四，2）。JM3：27，垂腹。口径24.4、高21.2厘米（图二四，1）。JM3：29，垂腹。口径20.6、高17.2厘米（图二四，3）。

平底釜　1件。JM3：26，泥质灰陶。鼓腹，下腹近底处折收，平底。颈、腹部饰凹弦纹。口径18.8、底径10.4、高14.8厘米（图二四，4）。

碗　1件。JM3：32，泥质灰陶。敛口，尖唇，斜弧腹，矮圈足。沿下饰一道凹弦纹。口径13、圈足径6、高6.4厘米（图二四，7）。

（2）瓷器

26件。浅红色或灰白色胎，施青绿色釉或青黄色釉。

四系盘口壶　4件。束颈，平底，肩部有四个桥形系。JM3：2，器形矮胖。口部残，广肩，腹较大，底微内凹。底径13.5、残高27.2厘米（图二五，1）。JM3：1，器形修长。口部残，颈较长，深腹。系部上饰一道凹弦纹。底径9.6、残高24厘米（图二五，4）。JM3：3，盘口上端外侈，腹部较大，下腹曲收，底微内凹。颈部饰二道凸棱。口径14、底径11.6、高26.8厘米（图二五，5）。JM3：4，盘形侈口，长颈，下腹曲收较甚，近底部外撇。颈部饰三道凸

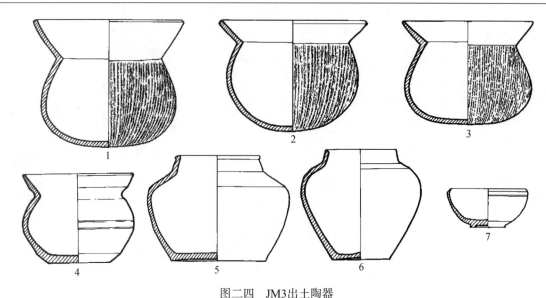

图二四　JM3出土陶器

1~4.釜（JM3：27、JM3：28、JM3：29、JM3：26）　5、6.罐（JM3：30、JM3：31）　7.碗（JM3：32）

棱，腹部饰覆莲瓣纹。口径12.4、底径12.8、高28.8厘米（图二五，2）。

四系罐　6件。

四系深腹罐　5件。圆唇，短颈，深鼓腹，平底。肩部有四个桥形系。沿下和系间饰凹弦纹。JM3：6，侈口。口径10.8、底径11.2、高17.2厘米（图二五，7）。JM3：7，侈口。口径11.2、底径11.6、高18.4厘米（图二五，8）。JM3：5，直口，腹最大径偏下。口径12、底径13.6、高17.6厘米（图二五，9）。

四系浅腹罐　1件。JM3：10，体较矮。直口，溜肩，鼓腹，平底微凹。肩部有四对称桥形系，颈及系间饰二组凹弦纹，两组弦纹间饰松针叶纹及戳印纹各一周。口径9.6、底径9.8、高9.6厘米（图二五，6）。

碗　9件。

平底碗　3件。敞口，尖圆唇，斜弧腹，平底。JM3：19，口径14.2、底径9.8、高5.4厘米（图二六，2）。JM3：17，底内凹。沿下饰一道凹弦纹。口径16.6、底径11.2、高6厘米（图二六，13）。JM3：11，底微内凹。沿下饰一周凹弦纹。口径18.8、底径10.8、高8厘米（图二六，1）。

饼足碗　6件。敞口或直口，尖圆唇，斜弧腹，饼足。JM3：15，足心内凹。口径15.6、底径9、高6.8厘米（图二六，5）。JM3：16，口径14.6、底径9.6、高6厘米（图二六，4）。JM3：18，沿下饰一周凹弦纹。口径14.4、底径9.6、高5.2厘米（图二六，3）。JM3：13，深弧腹，小饼足。口径15.2、底径6.2、高7.6厘米（图二六，6）。

盏　6件。

平底盏　2件。尖圆唇，平底。JM3：20，敛口，折腹。口径8、底径4、高2.9厘米（图二六，10）。JM3：21，敞口，浅弧腹。沿下饰一道凹弦纹。口径10.4、底径6、高3.6厘米（图二六，7）。

饼足盏　4件。敞口，尖圆唇，斜弧腹，饼足。沿下饰一道凹弦纹。JM3：23，口径9、底

图二五　JM3出土瓷器

1、2、4、5.四系盘口壶（JM3：2、JM3：4、JM3：1、JM3：3）　3.器盖（JM3：25）　6.四系浅腹罐（JM3：10）

7～9.四系深腹罐（JM3：6、JM3：7、JM3：5）

径5.6、高4.4厘米（图二六，9）。JM3：24，足心微内凹。口径10.4、底径6、高4.6厘米（图二六，12）。JM3：22，浅鼓腹。口径8.4、底径4.7、高3.4厘米（图二六，11）。JM3：37，足心微内凹。口径8.6、底径5.2、高3.2厘米（图二六，8）。

器盖　1件。JM3：25，子母口，宽平顶。顶部饰一桥形纽，近沿处饰二道凹弦纹。口径8.1、顶径5.9、高3.2厘米（图二五，3）。

（3）其他

银指环　1件。JM3：33，圆环形。直径2.1厘米。

铁刀　1件。JM3：35，锈蚀严重。单面刃，刃末端斜收成尖角状。残长38、最宽处3.7厘米（图二七）。

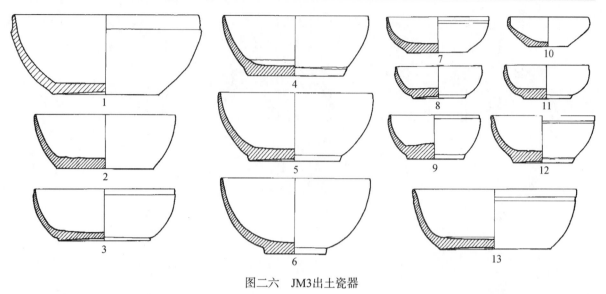

图二六　JM3出土瓷器

1～6、13. 碗（JM3：11、JM3：19、JM3：18、JM3：16、JM3：15、JM3：13、JM3：17）　7～12. 盏（JM3：21、JM3：37、

JM3：23、JM3：20、JM3：22、JM3：24）

图二七　JM3出土铁刀

（JM3：35）

　　串珠　251粒。JM3：36，玛瑙，橙红色。球形，中穿一孔，直径0.9厘米。其余为琉璃珠，直径0.2～0.7厘米，有白色、黄色、蓝色、红色、绿色等，多呈圆柱状，中有一穿孔。

　　（4）铜钱

　　10枚。钱质较差，较轻薄，钱文不清。有剪边五铢和五铢钱两种，直径分别为2.1厘米和2.5厘米。

四、年　代

　　下面对以上5座墓葬进行年代的推论。

　　1）ZM18出土半两钱，包括八铢半两、无郭四铢半两和武帝时期的有郭四铢半两，未见有五铢，据此推测，该墓年代当在建元五年（前136年）至武帝行五铢钱（前118年）的19年间，时值西汉早、中期之交。同时，ZM18出土的陶器有比较明显的西汉早期的风格，直口陶罐（ZM18：24）与湖北房县松嘴A型Ⅰ式瓮（半M6：4）[1]、陶盒（ZM18：12）与湖北房县松嘴陶盒（M78：6）形制相似[2]，M6、M78均为西汉早期墓，故此墓年代约为西汉中期前段。

---

　　① 湖北省文物考古研究所、十堰市博物馆、房县博物馆：《湖北房县松嘴战国两汉墓地第三、四次发掘报告》，《考古学报》1998年第2期。

　　② 湖北省文物考古研究所、十堰市博物馆、房县博物馆：《湖北房县松嘴战国两汉墓地第三、四次发掘报告》，《考古学报》1998年第2期。

2）ZM3土坑-砖室复合结构墓，为土坑墓向砖室券顶墓的过渡形态，砖室甬道无券顶，土坑墓室尚具有西汉墓特征。其次，随葬器物中无釉陶器及青瓷器，陶器以彩绘带盖罐为大宗，圜底陶罐（ZM3：19）与巫山麦沱西汉晚期墓出土的Ⅰ式瓮（M39：7）形制及纹饰相似[①]；出土铜钱有西汉五铢、东汉早期五铢及新莽货泉。因此推测此墓年代为东汉初期。

3）ZM13随葬器物主要为陶器和釉陶器，种类以俑和模型器为主，实用器只占少部分。其中，釉陶锺（ZM13：11）、釉陶釜（ZM13：12）与万州上河坝东汉晚期墓的M3：3、M3：11相似[②]；釉陶盆（ZM13：29）、釉陶杯（ZM13：10）与万州松岭包东汉晚期墓的M3：1、M9：16基本相同[③]；各种人俑及动物俑与彭山汉代崖墓的同类器相似[④]；出土铜钱中最晚的是东汉五铢，"朱"字头两竖略向外撇，这是东汉中、晚期主要流行的货币。故其年代大致应为东汉晚期。

4）JM2墓中残留随葬器物主要为青黄釉红陶器及青瓷器。其中，瓷四系盘口壶（JM2：4）的盘径略小于腹径，颈细长，整体显得修长，与忠县的Ⅱ式盘口壶（M6：13）相似[⑤]；且出现了饼足瓷盏（JM2：6），这些特点在西晋时期或以后更流行。JM2：1铜摇钱树干上铸有佛像，带佛像的摇钱树也见于忠县涂井蜀汉崖墓[⑥]。因此，JM2当属两晋时期。

5）JM3出土器物以青瓷器为主，所出青瓷四系罐、盘口壶等形体修长，比例匀称，深腹小饼足碗等都具有南朝时期风格。其中，瓷四系盘口壶（JM3：4）具有南朝中后期较流行的风格特征，如下腹向外曲收较甚，几成饼足，颈部出现凸棱纹，腹部刻划莲瓣纹等；瓷四系深腹罐（JM3：7）与丰都汇南汇星堡M2：41[⑦]、陶釜（JM3：29、JM3：26）分别与汇星堡M2：4、M2：35形制相近[⑧]。可将此墓年代定在南朝中晚期。

五、结　　语

汇南墓群是三峡地区一处分布面积较大的墓地，墓葬年代跨度之大亦不多见。本年度共发掘墓葬23座，其时代上自西汉中期，下迄南朝晚期，其间连续发展，没有明显的缺环，表明汇南乡一带一直是两汉至六朝时期的墓葬区。墓葬分布集中，并有一定规律。墓葬形制较为丰

---

① 湖南省文物考古研究所、巫山县文物管理所：《巫山麦沱汉墓群发掘报告》，《重庆库区考古报告集·1997卷》，科学出版社，2001年。

② 青海省文物考古研究所三峡工作队、万州区文物管理所：《万州上河坝墓地发掘简报》，《重庆库区考古报告集·1997卷》，科学出版社，2001年。

③ 青海省文物考古研究所三峡工作队、万州区文物管理所：《万州松岭包墓地发掘报告》，《重庆库区考古报告集·1997卷》，科学出版社，2001年。

④ 南京博物院：《四川彭山汉代崖墓》，文物出版社，1991年。

⑤ 四川省文物管理委员会：《四川忠县涂井蜀汉崖墓》，《文物》1985年第7期。

⑥ 四川省文物管理委员会：《四川忠县涂井蜀汉崖墓》，《文物》1985年第7期。

⑦ 四川省文物考古研究所、丰都县文物管理所：《丰都汇南墓群发掘简报》，《重庆库区考古报告集·1997卷》，科学出版社，2001年。

⑧ 四川省文物考古研究所、丰都县文物管理所：《丰都汇南墓群发掘简报》，《重庆库区考古报告集·1997卷》，科学出版社，2001年。

富，见有土坑墓、土坑-砖室复合结构墓、竖穴砖室墓、瓦棺葬墓等四类。其中，西汉至新莽时期有土坑墓及瓦棺葬墓（仅1座，系婴幼儿墓），东汉早中期有土坑-砖室复合结构墓，东汉中后期至六朝时期几乎全为砖室墓。土坑-砖室复合结构墓的清理，揭示了西汉至东汉墓葬形制的演变过程。就这批墓葬的形制规模以及随葬品的种类看，墓葬等级普遍较低，墓主的总体身份不高，可能属当地商人、中小地主或一般平民。

这批墓葬虽普遍被盗，仍出土了相当数量的器物，不同时期墓葬的器物组合及形态有较大的区别。随葬品种类主要有罐、锺、釜、鍪、甑、仓、盆、盒、钵、盘、杯、匜、豆与人、动物俑等，几乎囊括了当时人们现实生活中的各种用品，这对研究峡江地区汉至六朝的社会、经济、文化提供了资料，尤其是JM2出土的铜佛像摇钱树干对研究佛教的传播提供了新的实物依据。

附记：参加发掘的人员有陈德安、罗泽云、焦中义、曾俊、曾令玲、李国洪、李雪松、陈蓁、孙少伟，线图由罗泽云、曾令玲绘制，照片由罗泽云、焦中义拍摄，器物修复为曾庆红，拓片为曾令玲制作。

执笔：陈德安　曾　俊

附表　汇南墓群2002年度发掘墓葬登记表

年代	墓号	形制	墓向/(°)	墓葬规格（长×宽（宽）-深）/厘米		葬具	葬式	随葬器物	备注
				甬道	墓室				
六朝	JM1	刀形砖室墓	40	240×210-62（残）	358×298-302	无	不详	瓷器：碗2、双耳罐1　铜器：指环1、残铜器1　其他：玛瑙、琉璃串饰59粒　铜钱：五铢3	被盗毁
两晋	JM2	"凸"字形砖室墓	57	234×184-176（残）	326×270-250	不明	不详	釉陶器：罐1、俑1　瓷器：四系盘口壶1、盏2　铜钱：摇钱树干1	被盗毁
南朝中晚期	JM3	"中"字形砖室墓	92	212×194-178（残）	前室328×260-156 后室222×180-100	不明	不详	陶器：罐2、釜4、碗1　瓷器：四系盘口壶4、四系罐6、碗9、盏6、器盖1　铁器：刀1　银器：指环1　其他：串珠251粒　铜钱：五铢10	被盗毁
六朝	JM4	"凸"字形砖室墓	70	200×167-166	326×260-118~198	无	直肢	陶器：纺轮1　瓷器：四系罐1、碗2、盏5件、器盖1　铜器：权1、指环1、饰件1、扣器1、环1　铁器：剪1、铁构件2　银器：镯2、指环2　其他：石器1、琉璃耳珰1、炭精卧狮1、玛瑙卧狮1、串饰1、3032粒　铜钱：五铢30	被盗毁
六朝	JM5	刀形砖室墓	67	208×156-126（残）	318×254-160（残）	墓底有枕棺砖	不详	陶器：罐5、盆2、吹箫俑1、侍俑1、子母鸡1、公鸡1　釉陶器：罐1　瓷器：盘口壶1、水注1、四系罐4、碗8、盏4　银器：指环1　铜钱：五铢2	被盗毁

续表

年代	墓号	形制	墓向/(°)	墓葬规格（长×宽-深）/厘米		葬具	葬式	随葬器物	备注
				甬道	墓室				
东汉初期	ZM1	土坑-砖室复合结构墓	238	237×165-208	390×280-228（残）	单棺	不详	陶器：罐3、圆底罐2、罐2、匜2、井3、钵3、盘1、钵1、勺1 釉陶器：博山炉1、豆1、塘1 铜器：整1 铁器：环首刀1 铜钱：五铢10	被盗毁
不详	ZM2	"凸"字形砖室墓	245	272×200-176	384×280-64	不明	不详		被盗掘
东汉初期	ZM3	土坑-砖室复合结构墓	241	200×200-146	墓口460×375 墓底436×330-235（残）	单棺	直肢	陶器：罐9、圆底罐2、待俑3、吹笙俑1、骑马2、田1 铜器：盘1、盖弓帽8、镳2、害4、耳杯扣1、扣饰1、环1、饰件1 铁器：环首刀1、残铁器1 铜钱：五铢699、货泉1	被盗毁
新莽	ZM4	长方形竖穴土坑墓	不明		190（残）×120（残）-25（残）	不明	不详	陶器：罐2、圆底罐1、甑1、盆1、器盖2 铜器：釜1、洗1、环3、带钩1 铜钱：货泉167	被ZM9打破，且遭盗毁
不详	ZM5	长方形砖室墓	248		350×250-110（残）	不明	不详		打破ZM18，且遭盗毁
西汉	ZM6	瓦棺葬墓	260		193×112-45	瓦棺	不详	陶器：罐1、釜1 铜钱：五铢19	打破ZM10
西汉	ZM7	长方形竖穴土坑墓	250		墓口350×325 墓底310×286-（125~205）（残）	一椁一棺	不详	陶器：罐1、圆底罐2、釜1、盆1、器盖1 铜器：印章1 铁器：釜1、环首刀1 铜钱：五铢72	被盗毁，有生土二层台
西汉	ZM8	长方形竖穴土坑墓	不明		300（残）×52（残）-150（残）	不明	不详		仅存墓室南端少许

续表

年代	墓号	形制	墓向/(°)	墓葬规格（长×宽-深）/厘米 甬道	墓室	葬具	葬式	随葬器物	备注
六朝	ZM9	刀形砖室墓	235	280×208-135（残）	300×301-195（残）	无	不详	陶器：罐2、釜1　瓷器：四系盘口壶2、碗10、盏7　铜器：指环1　银器：指环4　其他：烧料珠5粒	打破2002FHZM4，且遭盗毁
西汉	ZM10	长方形竖穴土坑墓	不明		墓口410×336 墓底340×158-248	一椁（棺一明）	不详	陶器：仓1、井1　铜器：带钩1、泡钉1　铁器：削1　铜钱：五铢13	被ZM6打破，有熟土二层台
西汉	ZM11	长方形竖穴土坑墓	69		墓口460×360 墓底320×278-210~220	一椁二棺	直肢	陶器：罐4、圆底罐1、盆1、器盖9、盒1、井1、井盖1　铜器：泡钉2　铁器：环首刀1　铜钱：五铢19	被盗掘，有熟土二层台
蜀汉	ZM12	"中"字形砖室墓	77	190×185-140（残）	前室250×274-276 后室300×232-254	无	不详	瓷器：香炉1、盏1　铜器：钗1　银器：银钗1、环3、镯1　其他：玛瑙、烧料珠16粒、云母片　铜钱：直百五铢1、四铢2、五铢7	被盗毁
东汉晚期	ZM13	刀形砖室墓	85	210×198-60（残）	298×276-126（残）	无	不详	陶器：罐3、圆底罐1、仓2、盆1、甑1、佩剑侍卫俑1、持物立俑2、抚耳俑1、抚琴俑1、击鼓俑1、舞俑1、子母鸡1、狗1、塘1　釉陶器：罐2、镡2、豆1、盒1、匜1、杯1、盘1、勺1、博山炉1、博山炉盖1、圈足1　铜器：耳杯扣2　铁器：釜3　其他：鸡蛋2　铜钱：五铢161	被盗毁

续表

年代	墓号	形制	墓向/(°)	墓葬规格（长×宽-深）/厘米		葬具	葬式	随葬器物	备注
				甬道	墓室				
六朝	ZM14	刀形砖室墓	68	220×151-196（残）	300×228-148（残）	无	仰身直肢	陶器：罐1 瓷器：四系盘口壶1、碗2、盏1 石器：纺轮1	被盗毁
西汉	ZM15	长方形竖穴土坑墓	245		墓口344×230 墓底342×224-146	单棺	仰身直肢	陶器：钟1、蒜头壶1、罐7、盆1、盒2、钵2、器盖1、豆1 铜器：釜1 铁器：釜1、环首刀1 铜钱：五铢22	
新莽	ZM16	长方形竖穴土坑墓	67		墓口380×206 墓底344×169-106	单棺	不详	铜钱：货泉8、大泉五十1	打破ZM17
西汉	ZM17	长方形竖穴土坑墓	241		墓口480×370 墓底414×240-360	一椁一棺	仰身直肢、双手置胸前	铜器：环2、镜2 银器：耳环6 其他：漆木器3（仅存朽痕）	被ZM16打破，有熟土及生二层台
西汉中期	ZM18	长方形竖穴土坑墓	250		墓口410×240 墓底370×186-300	一椁三棺（二木棺一瓦棺）	仰身直肢	陶器：罐5、圜底罐1、釜2、盒1、盒盖2、豆1、瓿2、钵1、盆1 铜器：镜1、铺首衔环1、泡钉6、扣饰1 铁器：剑1、釜1、环首刀1 其他：料珠6 铜钱：八铢半两5、四铢半两233	被ZM5打破，有熟土及生二层台

注：随葬器物栏中阿拉伯数字为件数。

丰都汇南墓群2003年度第一次发掘报告

四川省文物考古研究院
丰 都 县 文 物 管 理 所

　　汇南墓群位于重庆市丰都县新县城区内的长江南岸，与丰都老县城隔江相望。墓群分布范围西起斜南溪，东至龙河，东西长约3.5、南北宽约1千米。这里是缓坡与平坝、冲沟交错分布的狭长丘陵地带，其中心地理坐标为东经107°42′，北纬29°53′，海拔150～195米是墓葬分布最为密集的中心区域（图一）。1992年，四川省文物考古研究所在三峡水库淹没区文物调查时确认了丰都汇南墓群。为配合三峡工程的建设，1993～1994年，四川省文物考古研究所对该墓群的庙嘴梁子、李家梁子进行了试掘。1998年和1999年，我队在该墓群进行了两期较大规模的发掘。2001年、2002年，我队又承担了重庆市文化局三峡办每年2000平方米的抢救性发掘任务。2003年2～4月，四川省文物考古研究所再次对该墓群进行了抢救性发掘（图二）。在钟姑娘梁子中部和南部发掘250平方米，发掘砖室墓5座，编号为2003FHZM1～2003FHZM5（以下简称ZM1～ZM5）（图三）。在加油站梁子东北部开5米×5米探方36个，加上扩方，实际发掘面积990平方米，共发掘墓葬22座，编号为2003FHJM1～2003FHJM22（以下简称JM1～JM22），

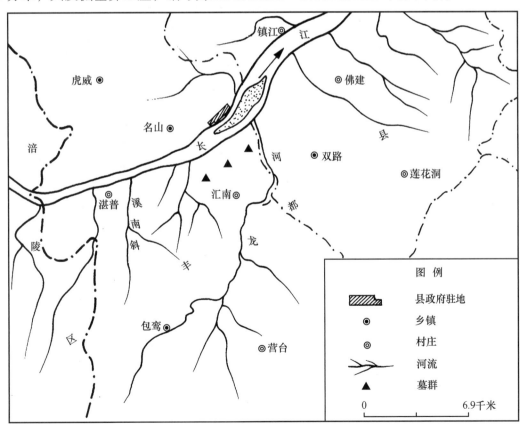

图一　汇南墓群位置示意图

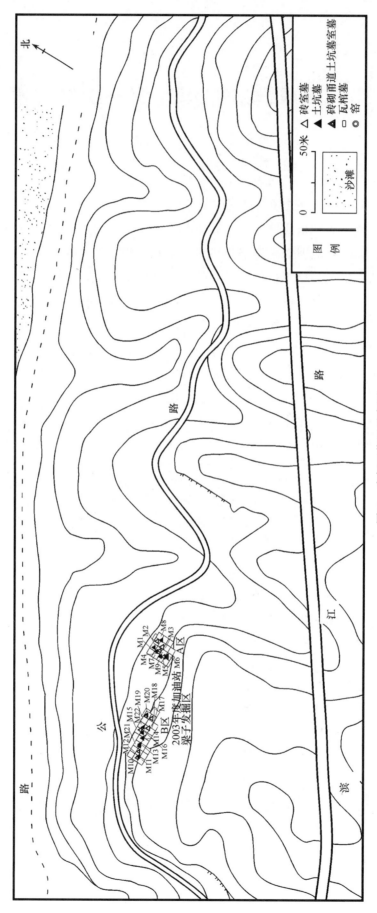

图二 发掘区位置示意图

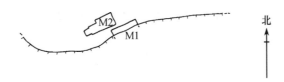

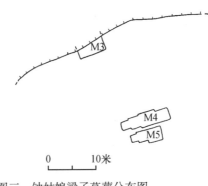

图三　钟姑娘梁子墓葬分布图

土坑墓和砖室墓各11座（图四）。另外，2000～2001年，在丰都新县城的建设施工过程中，于汇南墓群陆续发现一批古墓葬，丰都县文物管理所先后对这批墓葬进行了清理，共清理墓葬13座，出土文物334件，其发掘资料交由我队整理，发掘面积纳入我队2003年的发掘任务。本报告只报道2003年钟姑娘梁子和加油站梁子的发掘情况。

一、墓葬概况

本年度在钟姑娘梁子和加油站梁子的发掘点，由于其地层被近现代农耕土破坏严重，耕土层下就是生土，所以墓葬现在的开口均在耕土层下，墓上未见封土，另有3座墓（ZM1～ZM3）被推土机推去表土而暴露出墓砖。

钟姑娘梁子发掘区的墓葬大体呈东西向排列，墓向均朝西，略微偏南，在248°～261°。加油站梁子发掘区的墓葬分布密集，排列较乱，墓向从72°～337°，似无固定的方向。墓坑之间相距最近的仅5厘米。墓葬之间的叠压打破关系较多，共有八组打破关系。

大部分墓葬已经被盗扰，其中有4座墓（ZM1、JM10、JM18、JM19）未见任何随葬品，其余墓葬出土陶、铜、铁、银、玉石、琉璃等质地的随葬品共334件，铜钱1173枚（附表）。经初步分析，现对出土有随葬品的23座墓按时代先后择例介绍如下。

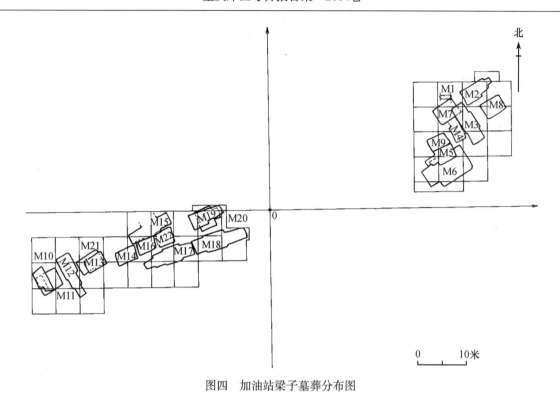

图四　加油站梁子墓葬分布图

二、墓葬分述

（一）西汉墓

共10座（JM1、JM6～JM8、JM11、JM13、JM14、JM16、JM21、JM22）。均为长方形竖穴土坑墓。除JM6带有台阶式墓道外，余则无墓道。共6座墓（JM6～JM8、JM11、JM13、JM16）有二层台，其中一座墓（JM6）的墓室北侧筑有三层台，2座墓（JM11、JM13）的西端墓底带有头箱。JM22墓底四周用石板铺砌，墓坑的长、宽之比在1∶1～2∶1，呈长方形或宽长方形。葬具均腐朽，仅存板灰痕迹，葬具有单棺、一椁单棺和一椁多棺。

1. JM13

（1）墓葬形制、结构及葬式

JM13为长方形竖穴土坑墓，墓向245°，墓口距地表深30厘米，打破土坑墓JM21至墓底。直壁，墓口长4.14、宽2.4～2.6米，墓底长3.46、宽1.8米，深1.7米。墓内填土为褐灰色五花土，结构略紧。墓底四面筑有熟土二层台，宽0.25～0.4、高0.5米，西侧二层台最窄。墓底西端有头箱，其北、南、西三壁紧贴墓室壁向下挖筑，头箱长2.4、宽1.52米，距墓底深0.45米。四周二层台内和墓底有明显的灰白色粉状痕迹，似应为椁，因腐朽严重，高、厚均不明。墓底被盗扰，残留零星漆皮痕，似应为棺。头箱内四周也存有椁痕，保存状况较墓室好，椁板厚0.1、残高0.28米。墓底有两具骨架灰痕，可判断头向西。头箱东北角陶罐碎片上有一枚人牙和零星骨渣，疑为北部的人骨架因头箱的椁盖板垮塌后所掉入（图五）。

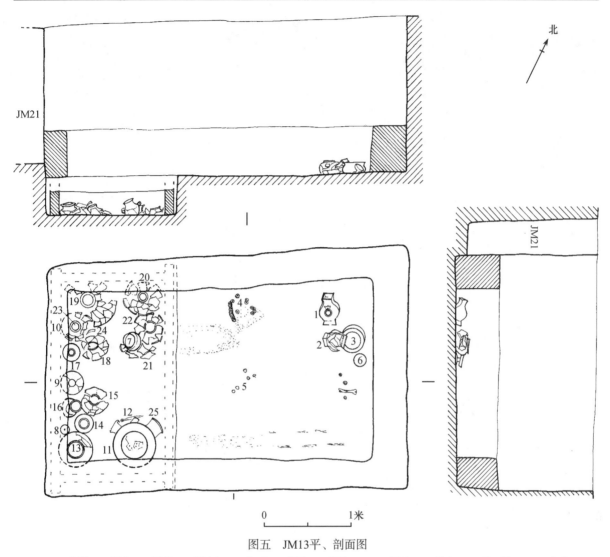

图五　JM13平、剖面图

1、2.铜钫　3.铜釜　4.铜钱　5.铜泡钉　6.陶豆　7.铜鍪　8.铜镜　9、10.铜洗　11.铁釜　12.铁环首刀　13.陶瓮
14、17、19、22、23.陶圜底罐　15、18、20.陶罐　16、21.陶釜　24.陶盆　25.陶甑

（2）随葬器物

该墓被盗掘，但头箱和墓室东北角的随葬品未被触及。出土随葬器物33件，有陶器、铜器和铁器，另有五铢钱。

1）陶器。

14件。器形有罐、瓮、釜、盆、甑、豆等。

罐　8件。

垂腹圜底罐　1件。JM13：19，泥质灰黄陶。敛口，方唇，折沿，束颈，窄肩，下垂腹，圜底。腹、底满饰细绳纹。口径16.1、高29.7厘米（图六，1）。

折肩圜底罐　4件。均为泥质灰陶，形制相近，其中一件个体较大，另外三件个体较小。尖唇，宽平沿，折肩，鼓腹，圜底。JM13：22，侈口，曲领。肩部饰弦断绳纹，腹、底满饰绳纹。口径14.4、高22.7厘米（图六，4）。JM13：17，直口，直领。腹、底饰细绳纹。口径14.6、高15.8厘米（图六，5）。

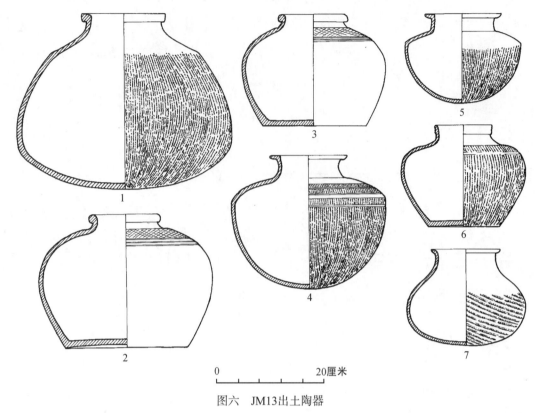

图六　JM13出土陶器

1. 垂腹圜底罐（JM13：19）　2、3. 圆肩平底罐（JM13：20、JM13：15）　4、5. 折肩圜底罐（JM13：22、JM13：17）
6. 鼓肩平底罐（JM13：18）　7. 釜（JM13：16）

　　圆肩平底罐　2件。形制相近。泥质灰胎黑皮陶，出土时器表残留有朱彩。敛口，圆唇，卷沿，束颈，圆肩，鼓腹，大平底。肩部饰凹弦纹和网格暗纹。JM13：15，口径12.8、底径19、高19.6厘米（图六，3）。JM13：20，底微内凹。口径12.9、底径23.4、高22.4厘米（图六，2）。

　　鼓肩平底罐　1件。JM13：18，泥质灰陶。口微侈，尖唇，直领，圆鼓肩，斜弧腹，平底略内凹。颈部有一道凸棱，肩及上腹部饰细绳纹。口径10.4、底径13、高17.9厘米（图六，6）。

　　带盖瓮　1件。JM13：13，夹细砂灰黄陶。覆钵形盖。敛口，尖唇，沿微卷，领外撇，领内壁有一道凸棱，广折肩，鼓腹，下腹弧收成小平底。腹部遍饰竖绳纹。口径20.1、底径9.2、高30.2、通高36厘米（图七，4）。

　　釜　2件。夹细砂灰陶，形制、大小相当。侈口，圆唇，束颈，溜肩，垂腹，圜底。腹、底饰横斜向粗绳纹。JM13：16，口径13、高17厘米（图六，7）。

　　盆　1件。JM13：24，夹细砂灰褐陶。敞口，尖唇，卷沿，口沿下垂，斜直腹，平底。上腹饰一道凸弦纹。口径32.3、底径17.5、高20.5厘米（图七，3）。

　　甑　1件。JM13：25，夹细砂灰褐陶。敞口，尖唇，折沿外翻，斜弧腹，平底略内凹，底部有36个圆形箅孔。上腹饰二道凹弦纹。口径37.2、底径19.6、高24厘米（图七，1）。

　　豆　1件。JM13：6，泥质灰陶。敛口，尖唇，沿内卷，弧腹，高柄中空，喇叭状圈足。圈足与柄相交处饰圆形镂孔三个。口径17.5、底径12.5、高18.1厘米（图七，2）。

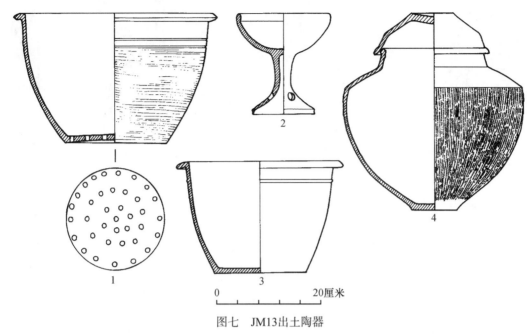

图七　JM13出土陶器

1.甑（JM13：25）　2.豆（JM13：6）　3.盆（JM13：24）　4.带盖瓮（JM13：13）

2）铜器。

8件。器形有钫、釜、鍪、洗、镜、泡钉等。

钫　2件。其中一件仅存圈足。JM13：1，口微敞，短颈，鼓腹，高圈足外敞。钫身两侧各饰一铺首衔环，环较大。口径11、底径11.2、高35厘米（图八，1）。

釜　1件。JM13：3，口沿残破。侈口，方唇，斜折沿，束颈，垂腹，圜底。肩部饰两个对称的辫索纹环耳，耳间饰一道凸弦纹。口径22.3、高13.8厘米（图八，8）。

鍪　1件。JM13：7，口微残。侈口，尖唇，束颈，垂腹，圜底。肩、腹交界处饰对称环耳，耳间饰一道凸弦纹。口径13.7、高14.5厘米（图八，7）。

镜　1件。JM13：8，圆形，连峰式纽，圆纽座，座外围连弧纹一周，其外分布带座四乳间五枚小乳钉，以双曲线相连，内向十六连弧纹缘。直径11.1、缘厚0.4厘米（图八，4；图九）。

泡钉　1件12枚。JM13：5，长短不等，半球面形，背面有一短钉。长1～1.5厘米（图八，6）。

洗　2件。仅存上部。JM13：10，口微敛，平折沿。口径27.2、残高3.6厘米（图八，5）。

3）铁器。

2件。器形有釜、环首刀等。

釜　1件。JM13：11，器表锈蚀。方唇，直领，鼓腹，下腹斜收成小平底。器耳残断。置于三足架上，足外撇。口径24.3、底径19.3、高28.9、通高40厘米（图八，2）。

环首刀　1件。JM13：12，刀尖残断。残长21.6厘米（图八，3）。

4）铜钱。

JM13：4，98枚。均为西汉五铢，制作规范，字迹清晰，面有外郭，背有内外郭，直径2.5厘米。可分二式。

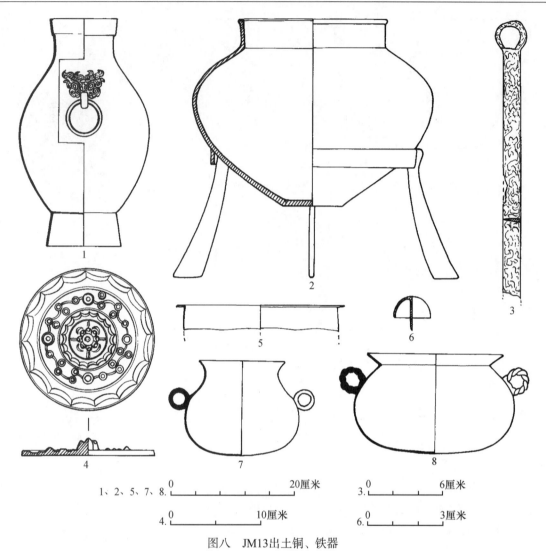

图八　JM13出土铜、铁器

1. 铜钫（JM13：1）　2. 铁釜（JM13：11）　3. 铁环首刀（JM13：12）　4. 铜镜（JM13：8）　5. 铜洗（JM13：10）
6. 铜泡钉（JM13：5）　7. 铜鍪（JM13：7）　8. 铜釜（JM13：3）

图九　JM13出土铜镜（JM13：8）拓片

Ⅰ式：1枚。"五"字交笔直，"铢"字金头较大，呈三角形，四点较长，朱字上、端均方折（图一〇，1）。

Ⅱ式：97枚。"五"字交笔弯曲，"铢"字金字头呈箭镞形，四点较短，朱字上端方折，下端略圆折，字体较Ⅰ式瘦长。其中3枚为穿上横郭（图一〇，2），其余均为穿下半星（图一〇，3、4）。

出土铜钱均为西汉五铢。随葬器物组合有罐、钫、釜、瓿、豆、大口瓮等，在西汉早中期墓葬中常见，如平底罐（JM13：15）、圜底罐（JM13：22）分别与四川郫县古城乡西汉中期墓所出土的同类器物（M22：6、M18：1）[1]相似。所出铜器也多为西汉中后期所流行的器类及型式，如星云纹镜（JM13：8）与重庆市临江支路西汉中期墓所出铜镜（M3：24）[2]的形制和大小相同。另外，JM13打破土坑墓JM21，JM21出土铸刻有手、虎图案的巴蜀式铜剑和釜、瓿、钫等铜容器，其时代约为西汉初年。JM13应晚于JM21，时代大致为西汉中期。

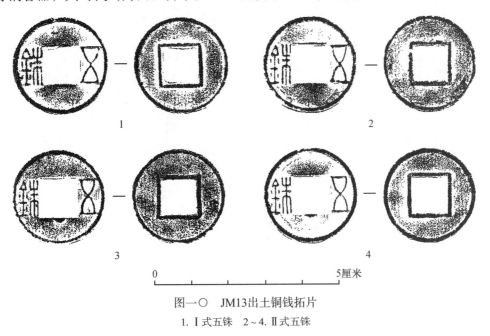

图一〇　JM13出土铜钱拓片
1. Ⅰ式五铢　2～4.Ⅱ式五铢

2. JM8

（1）墓葬形制、结构及葬式

JM8为长方形竖穴土坑墓，墓口距地表深20厘米。墓口长4.6、宽3.6米，墓底长4.28、宽3.34米，深3.8米。墓壁经加工修整，向下略内收。墓内填黄褐色五花土，结构紧密。墓底四面筑有熟土二层台，宽0.3～0.6、高约1米，北壁二层台最宽。葬具为一椁三棺，全部腐朽，四周二层台内和台面上残留大量板灰痕。棺均呈南北向放置，位于椁室西端，仅存黑色灰痕及红色漆皮痕。人骨架腐朽严重，大致可判断头向南，直肢葬（图一一；图版三六，1）。

---

① 成都市文物考古研究所、郫县博物馆：《四川郫县古城乡汉墓》，《考古》2004年第1期。

② 重庆市博物馆：《重庆市临江支路西汉墓》，《考古》1986年第3期。

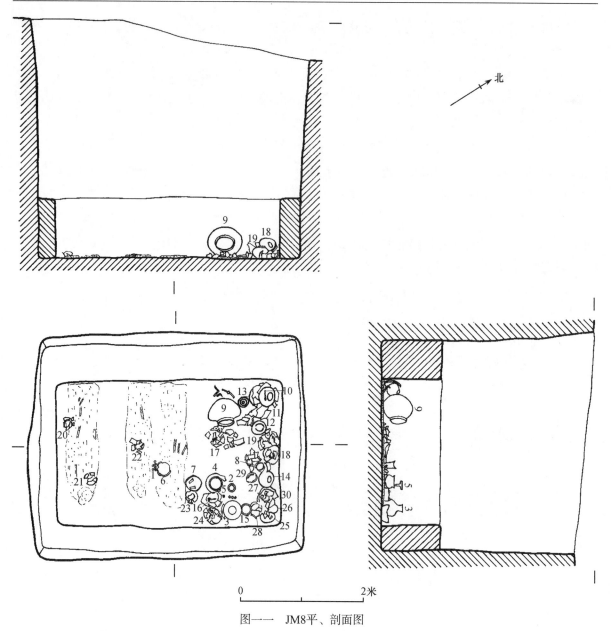

图一一　JM8平、剖面图

1.铜钱　2.铜灯　3.铜锤　4.铜鍪　5~8.铜洗　9.铁釜　10、16.铁环首刀　11、12、14、18、25、27、28、30.陶罐　13.陶器盖　15.陶豆　17.陶甑　19、20、31.陶圜底罐　21、22.陶钵　23、24.陶盒盖　26.陶井　29.陶盒

（2）随葬器物

随葬品集中放置在墓室东部的棺、椁之间，铜钱则多串联在随葬器物的肩部，棺内也随葬少量铜钱。出土陶器、铜器、铁器等共30件（组），另有五铢钱。因棺、椁腐朽塌陷，多数器物残碎不堪。

1）陶器。

20件（组）。器形有罐、甑、井、钵、豆、盒、盒盖、器盖等。

罐　11件。

折肩圜底罐　1件。JM8：20，夹砂灰陶。直口，尖唇，宽折沿，领外撇，斜折肩，斜弧腹，圜底。腹、底饰竖绳纹。口径14.7、高16厘米（图一二，4）。

　　小口圜底罐　1件。JM8：19，泥质灰陶。敛口，尖圆唇，折沿，束颈，广肩，鼓腹，圜底近平。肩部饰弦断绳纹，腹、底满饰绳纹。口径15、高25厘米（图一二，2）。

　　高领圜底罐　1件。JM8：31，夹细砂灰陶。直口，圆唇，高直领，球形腹，圜底。肩饰弦断绳纹，腹、底饰交错绳纹。口径14.6、高31.5厘米（图一二，1）。

　　带盖平底罐　2件。一大一小，形制相近，泥质灰陶。覆钵形盖，盖面饰一道凹弦纹；罐为侈口，圆唇，卷沿，短束颈，圆肩，鼓腹，平底。JM8：12，罐肩部饰一道凹弦纹。口径11.1、底径13.9、高14.3、通高16.8厘米（图一二，10）。

　　圆肩平底罐　6件，泥质陶，形制相似。侈口，圆唇，卷沿，束颈，圆肩，鼓腹，平底。JM8：25，灰陶。平底内凹。肩部饰二道凹弦纹和网格暗纹。口径11.7、底径17.3、高18.2厘米（图一二，6）。JM8：28，灰陶。肩部饰二道凹弦纹和网格暗纹。口径11.6、底径19、高18.8厘米（图一二，5）。

　　甑　1件。JM8：17，夹细砂灰陶。敞口，尖唇，折沿下垂，上腹较直，下腹斜收，平底略内凹，底部有24个圆形箅孔。颈下饰一道凸棱。口径41.7、底径19.2、高26.8厘米（图一二，3）。

　　井　1件。JM8：26，泥质灰褐陶。敛口，方唇，折肩，筒腹，平底略内凹。肩下对称分布两小耳，中有孔以连接井盖。腹部上、中、下各饰一道凹弦纹。口径15.7、底径18.1、高21厘米（图一二，15）。

　　钵　2件。敞口，尖圆唇，卷沿，折腹，小平底。素面。JM8：21，泥质灰褐陶。口径18.2、底径6.6、高6.2厘米（图一二，7）。JM8：22，泥质灰陶。口径16.8、底径5.5、高5.6厘米（图一二，8）。

　　豆　1件。JM8：15，泥质灰陶。仅存豆盘。子口，方唇，直腹，盘内底下凹。腹部饰二道凹弦纹。口径14.2、残高11.9厘米（图一二，14）。

　　盒　1件。JM8：29，泥质灰陶。子口，方唇，折腹，圈足略外撇。上腹部饰三道凹弦纹。口径16.5、底径10.9、高9.6厘米（图一二，11）。

　　盒盖　2件。泥质灰黄陶。覆碗形，直口，方唇，折腹，圈足状捉手。近口部饰二道凹弦纹。JM8：23，口径19.8、顶径10、高8.6厘米（图一二，12）。JM8：24，口径18、顶径10.2、高7.6厘米（图一二，13）。

　　器盖　3件。泥质灰黄陶，出土时3件重叠放置，形制相似。覆钵形，素面。JM8：13-1，口径14.2、顶径4.5、高5.1厘米（图一二，9）。

　　2）铜器。

　　7件。器形有灯、锺、鉴、洗等。

　　灯　1件。JM8：2，口略侈，直壁，平底，盘中部有一尖状烛钉。细高柄，柄上饰三道凸棱，盘口形圈足，圈足表面饰卷云纹。口径10.2、底径7.8、高15.8厘米（图一三，2；图版三六，2）。

　　锺　1件。JM8：3，锈甚，残存口、肩和圈足部分。盘口，长束颈，鼓腹，盘形口圈足。肩部饰对称的铺首衔环两个。口径14.5、底径18、复原高20.2厘米（图一三，1；图版三六，4）。

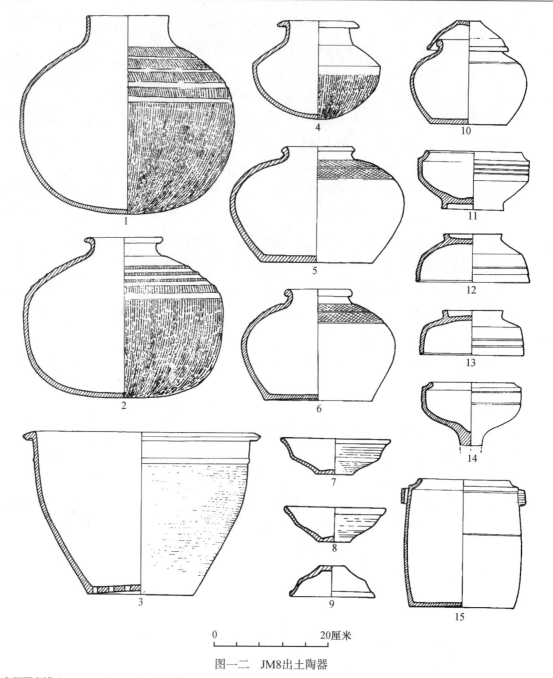

图一二　JM8出土陶器

1. 高领圜底罐（JM8：31）　2. 小口圜底罐（JM8：19）　3. 甑（JM8：17）　4. 折肩圜底罐（JM8：20）　5、6. 圆肩平底罐
（JM8：28、JM8：25）　7、8. 钵（JM8：21、JM8：22）　9. 器盖（JM8：13-1）　10. 带盖平底罐（JM8：12）
11. 盒（JM8：29）　12、13. 盒盖（JM8：23、JM8：24）　14. 豆（JM8：15）　15. 井（JM8：26）

鍪　1件。JM8：4，残存上部。侈口，方唇，束颈。肩部饰对称立耳，耳下有一道凹弦纹。口径18、残高12.4厘米（图一三，4；图版三六，5）。

洗　4件。均锈残，不能复原。JM8：5，侈口，斜折沿，斜腹，底部残。腹部饰对称的铺首衔环，衔环处饰二道凸弦纹。口径25.6、残高8厘米（图一三，3）。

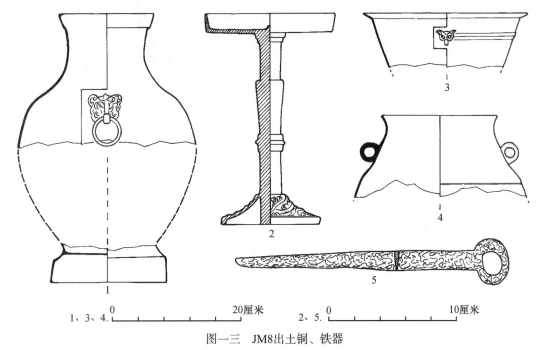

图一三　JM8出土铜、铁器

1. 铜锺（JM8：3）　2. 铜灯（JM8：2）　3. 铜洗（JM8：5）　4. 铜鍪（JM8：4）　5. 铁环首刀（JM8：10）

3）铁器。

3件。器形有釜、环首刀。

釜　1件。JM8：9，器表锈蚀。方唇，直领，溜肩，鼓腹，下腹斜收，小平底。口径26.7、底径19.5、高29.6厘米（图版三六，6）。

环首刀　2件。锈甚。椭圆形环首，扁茎，刃略弧，直背。JM8：10，长21.2厘米（图一三，5；图版三六，3）。

4）铜钱。

76枚。均为西汉五铢，面有外郭，背有内外郭，边郭整齐，"朱"字上端方折，下端圆折。直径2.5～2.6厘米，可分二式。

Ⅰ式：29枚。"五"字交笔较直，"铢"字金头较大（图一四，1）。其中8枚有穿上横郭（图一四，2）。

Ⅱ式：47枚。"五"字交笔弯曲，"铢"字金头呈箭镞形（图一四，3）。其中穿上横郭10枚（图一四，4），穿下半星29枚（图一四，5）。

出土的圆肩平底罐为小口，卷沿，大平底，其底径明显大于口径，且最大径在器身上部，这种器形常见于西汉中晚期墓葬。铜灯（JM8：2）与涪陵易家坝西汉中期墓M3出土铜灯[①]的形制相同。出土Ⅰ式五铢为武帝后期所铸，Ⅱ式五铢为宣帝时期所铸。因此，该墓大致为西汉后期。

---

① 重庆市博物馆、涪陵县文化馆：《涪陵县易家坝西汉墓发掘简报》，《考古与文物》1990年第5期。

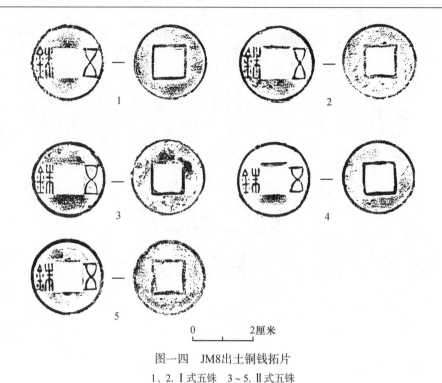

图一四　JM8出土铜钱拓片

1、2. Ⅰ式五铢　3～5. Ⅱ式五铢

（二）新莽时期墓

1座（JM9）。

（1）墓葬形制、结构及葬式

JM9为长方形竖穴土坑墓，与砖室墓（JM5）仅相距约0.1米。墓向251°，墓口距地表深25厘米。口大底小，墓口长4、宽2.5米，墓底长3.66、宽2.3米，深1.1米。墓内填黄褐色五花土，结构较疏松，填土中有少量陶器残片和一枚大泉五十。墓底无二层台，底部较为平坦。葬具为单棺，呈东西向置放于墓室偏西处。棺底铺有一层朱砂，棺腐朽仅存灰痕，灰痕分布长1.86、宽0.62米。棺内有人骨架一具，据骨架朽痕可判断头向西（图一五）。

（2）随葬器物

随葬品除铜钱外，都分布在棺外，主要置于骨架足部一侧。棺外的铜钱皆串联在随葬器物的肩部。该墓未经盗扰，出土陶器、釉陶器和铁器共30件，另出土五铢和大泉五十。

1）陶器。

18件。器形有罐、盆、甑、井、仓、器盖等。

罐　9件。

双耳圜底罐　1件。JM9：18，夹砂灰陶。盖呈覆钵形，素面。罐口部变形，直口，方唇，唇面有凹槽，溜肩，球腹，圜底。肩部有对称的两个环耳，耳间及腹中部饰凹弦纹，肩以下满饰竖绳纹。口径11.5～12.5、高21.2、通高23.5厘米（图一六，2）。

小口圜底罐　1件。JM9：28，夹砂灰陶。盖呈覆钵形，素面。罐侈口，方唇，折沿外翻，唇面有凹槽，束颈，广肩，鼓腹，圜底。肩部饰弦断绳纹，腹、底满饰斜向绳纹。口径12.8、高18.4、通高28.4厘米（图一六，1）。

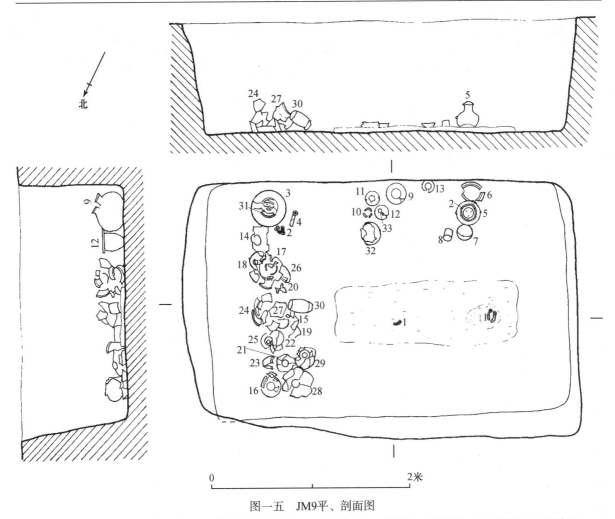

图一五　JM9平、剖面图

1、2.铜钱　3.铁釜　4.铁环首刀　5.釉陶锤　6.釉陶盒　7.釉陶盒盖　8.釉陶杯　9.釉陶盘　10.釉陶豆　11.釉陶釜

12.釉陶匜　13、30、32.陶器盖　14.陶井　15、19、23.陶仓　16、21、22、24、25、27、29.陶罐　17.陶盆

18.陶双耳圈底罐　20.釉陶博山炉　26.釉陶鼎　28.陶圈底罐　31.陶甑　33.釉陶勺

带盖平底罐　3件。大小、形制相似，均为泥质灰陶。盖呈覆钵形，素面。罐侈口，圆唇，卷沿，束颈，圆肩，鼓腹，平底。JM9：16，出土时器身残留有朱彩，罐肩部饰网格暗纹和一道凹弦纹。口径10.8、底径13.4、高18.2、通高19.4厘米（图一六，5）。

小口平底罐　2件。大小、形制相似，夹细砂灰陶。侈口，圆唇，束颈，圆肩，鼓腹，平底。JM9：22，肩饰二道凹弦纹，弦纹间饰网格暗纹。口径10.6、底径15、高16.8厘米（图一六，4）。

广肩平底罐　1件。JM9：27，泥质灰陶。直口，尖圆唇，卷沿，束颈，广肩，斜弧腹，平底。肩饰三道凹弦纹。口径16.5、底径20.2、高25.5厘米（图一六，6）。

直领深腹罐　1件。JM9：24，泥质灰陶。侈口，圆唇，卷沿，直领，鼓肩，斜弧腹，平底内凹。肩饰二道凹弦纹和网格暗纹，其下饰一道戳印纹。口径13.8、底径15.3、高24.1厘米（图一六，3）。

盆　1件。JM9：17，泥质灰陶。直口，尖唇，卷沿，唇面有凹槽，斜腹，平底。上腹饰一道凸弦纹。口径32、底径15.4、高18.8厘米（图一七，3）。

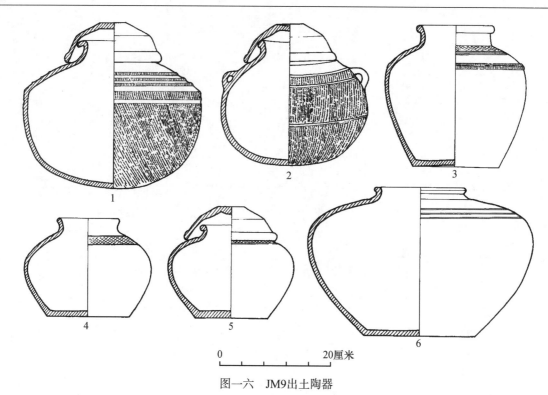

图一六　JM9出土陶器

1. 小口圜底罐（JM9∶28）　2. 双耳圜底罐（JM9∶18）　3. 直领深腹罐（JM9∶24）　4. 小口平底罐（JM9∶22）

5. 带盖平底罐（JM9∶16）　6. 广肩平底罐（JM9∶27）

甑　1件。JM9∶31，泥质灰陶。敞口，方唇，折沿外翻，唇面有凹槽，斜弧腹，平底。底有八个圆形箅孔，上腹饰二道凸弦纹。口径32.7、底径14.4、高18.8厘米（图一七，2）。

井　1件。JM9∶14，泥质灰陶。由井盖、井身和汲水罐三部分组成。井盖平面呈"＃"形，中央有一圆形井圈，两侧各有一长条形孔以插井架，井架上置山形横梁，横梁中部有一小孔以系井绳。盖面阴刻菱格纹、圆弧纹、鱼纹和叶脉纹，井盖底部有圈足，与井身相套接；井身敛口，折肩，腹中部微鼓，平底，素面；井内置一汲水罐，侈口，圆唇，斜腹，平底，素面。口径12.3、底径14.5、高9.2、通高30.1厘米（图一七，1）。

仓　3件。泥质灰陶，其中一件带盖。敛口，方唇，折肩，筒形腹，下腹略收，平底。素面。JM9∶15，带盖，盖呈覆钵形。口径14.1、底径14.4、高18.6、通高22厘米（图一七，4）。JM9∶23，口径13.6、底径13.5、高16.8厘米（图一七，5）。

器盖　3件。泥质灰陶，覆钵形，素面。其中一件出土时器表残留有朱彩。JM9∶32，口径13.6、顶径4.1、高5.1厘米（图一七，6）。JM9∶13，口径13.8、顶径5.4、高5厘米（图一七，7）。

2）釉陶器。

10件。均为泥质红陶，施酱红色或酱黄色釉。器形有锺、釜、鼎、盒、匜、杯、盘、豆、博山炉、勺等。

锺　1件。JM9∶5，覆钵形盖，顶部对称分布三乳钉纽，与器身以子母口相合。盘口，长束颈，溜肩，圆鼓腹，高圈足外敞，上腹部饰对称铺首衔环，铺首上、下各饰二道凹弦纹。口径13.1、底径19.8、高34、通高38.9厘米（图一八，1）。

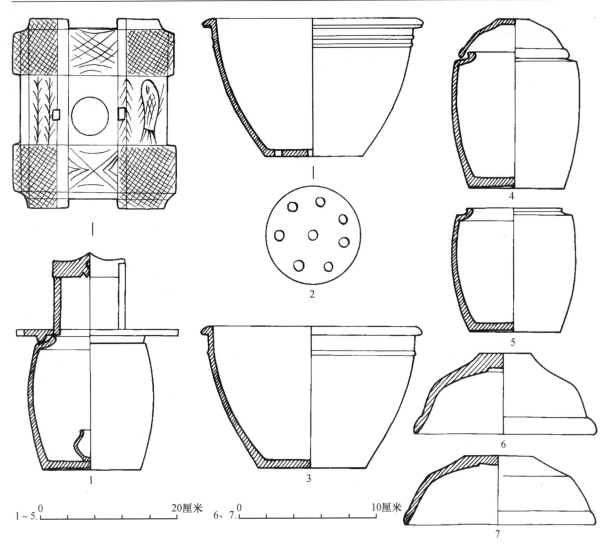

图一七 JM9出土陶器

1. 井（JM9：14） 2. 甑（JM9：31） 3. 盆（JM9：17） 4、5. 仓（JM9：15、JM9：23） 6、7. 器盖（JM9：32、JM9：13）

　　釜 1件。JM9：11，侈口，圆唇，束颈，折肩，鼓腹，圜底。肩两侧各饰一环耳，耳下饰二道凸弦纹和一道凹弦纹。釉不及底。口径14、高15.4厘米（图一八，3）。

　　鼎 1件。JM9：26，带盖，盖面弧拱，顶部饰三乳钉纽，盖面有瓦棱纹。鼎子口，浅弧腹，圜底，口部两侧饰长方形附耳，三蹄足外撇较甚。口径13.2、高8.5、通高14.4厘米（图一八，2）。

　　盒 1件。JM9：6，盒身。为子口，折腹，圈足。器盖（JM9：7）与器身形制相似。盖、身各饰二道凹弦纹。盒口径14.9、底径10.3、高8.5、通高15厘米（图一八，5）。

　　匜 1件。JM9：12，直口，圆唇，弧腹，圈足，直柄，柄端略下垂，柄上有明显的刮削修整痕迹。沿下饰一道凹弦纹。口径17.4、底径10.1、高8.4、柄长7.2厘米（图一八，8）。

　　杯 1件。JM9：8，方唇，直腹，平底，底有三个呈对称分布的乳钉状足。上腹饰一鋬耳，沿下饰一道凹弦纹。口径10.2、底径9.9、高10.4厘米（图一八，7）。

　　盘 1件。JM9：9，敞口，方唇，斜折沿，折腹，平底。口径21.9、底径10、高5.6厘米

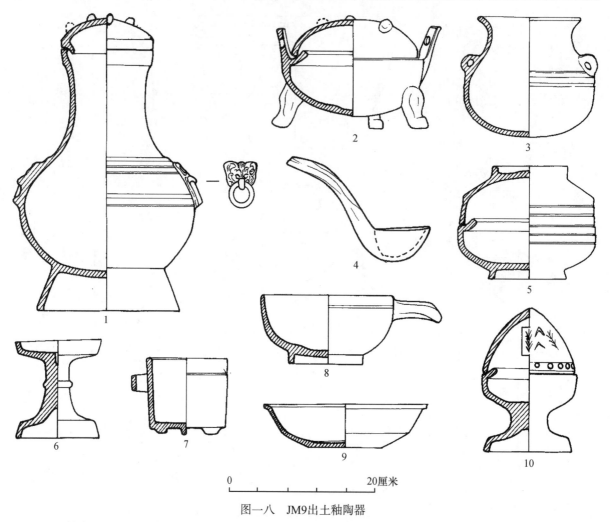

0　　　　　　　　　　　　20厘米

图一八　JM9出土釉陶器

1.锺（JM9：5）　2.鼎（JM9：26）　3.釜（JM9：11）　4.勺（JM9：33）　5.盒和盖（JM9：6、JM9：7）
6.豆（JM9：10）　7.杯（JM9：8）　8.匜（JM9：12）　9.盘（JM9：9）　10.博山炉（JM9：20）

（图一八，9）。

　　豆　1件。JM9：10，直口，方唇，浅盘，实心高柄，覆盘形圈足。盘内底下凹成孔状，柄中部饰一周凸棱。口径11.6、底径11.1、高12.6厘米（图一八，6）。

　　博山炉　1件。JM9：20，山形盖，顶部有一圆纽，盖面饰两周三角形折线镂孔，其间分布四组阴线叶脉纹，近口部饰二道凹弦纹，弦纹内饰一周共12个圆形镂孔。器身子母口，折腹，短柄，盘口状圈足。腹饰二道凹弦纹。口径9.9、底径11.6、高10.8、通高18.6厘米（图一八，10）。

　　勺　1件。JM9：33，敞口，长曲柄，柄断面呈半圆形。通长21.3厘米（图一八，4）。

　　3）铁器。

　　2件。有釜和环首刀。

　　釜　1件。JM9：3，锈残。敛口，尖唇，鼓腹，下腹斜收，小平底。腹中部有一道凸弦纹。口径24.3、底径10.8、高26厘米（图一九，1）。

　　环首刀　1件。JM9：4，刀尖不存。椭圆形环首，直刃。残长14.8厘米（图一九，2）。

4）铜钱。

67枚。有西汉五铢和大泉五十两种。

西汉五铢　8枚。"五"字交笔弯曲，"朱"字上端方折，下端圆折。直径2.5厘米。

大泉五十　59枚。版式较多，铸造粗劣，均有不同程度的铸造缺陷，面、背均有内外郭，直径2.5~2.8厘米（图二〇，1、2）。其中4枚为传形大泉五十，直径2.5~2.8厘米（图二〇，3）。另有1枚钱文回读，"五"字横置。直径2.5厘米（图二〇，4）。

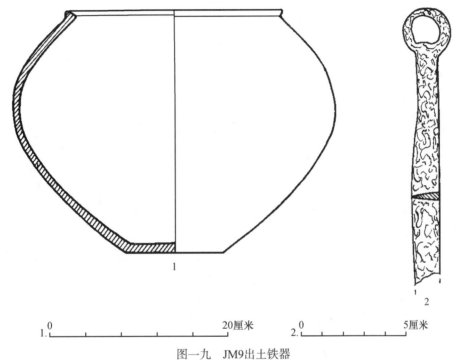

图一九　JM9出土铁器

1.釜（JM9：3）　2.环首刀（JM9：4）

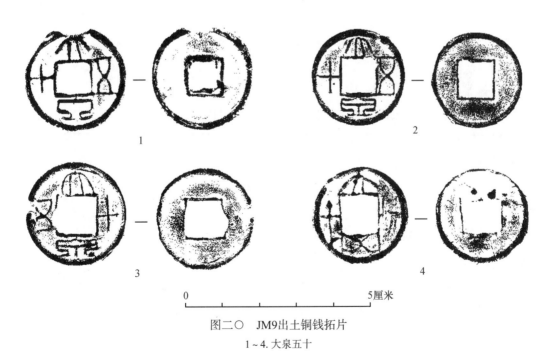

图二〇　JM9出土铜钱拓片

1~4.大泉五十

出土铜钱大部分为货泉,另有少量西汉五铢,而货泉和西汉五铢共出是峡江地区新莽至东汉初期墓葬的一个特点。随葬陶器中有罐、釜、甑、鼎、锤以及模型明器仓、井等,器物组合也具有西汉末东汉初的特征。圆肩陶罐均为大平底,与成都凤凰山新莽时期砖室墓所出的陶罐[①]形制相同;直领罐(JM9:24)、甑(JM9:31)与四川郫县古城乡西汉晚期至新莽时期土坑墓所出的E型罐(M6:3)和甑(M7:2)[②]相近。此墓年代可定在新莽时期。

(三)东汉墓

共6座(ZM3、JM2、JM4、JM5、JM15、JM20),均为竖穴砖室墓。所有墓葬皆被盗毁,砖室内充满淤泥和墓砖,随葬品位置和人骨架被扰乱。JM4仅存墓底少许砖壁,出土遗物只有3枚五铢钱。按墓室平面结构的不同,可分为"凸"字形、刀形和"中"字形三类,以刀形墓为主,中字形墓最少。墓道为斜坡式,入口端均被毁坏。多数墓葬的人骨已腐朽毁坏不存,JM20葬人骨架1具,葬式不可辨。

1. JM20

(1)墓葬形制、结构及葬式

JM20为"凸"字形砖室墓,墓向77°,墓室上部被另一砖室墓JM19打破。由土圹、甬道、墓室三部分组成,无墓道。土圹总长4.5、宽1.8~4、残深1.46米。甬道位于墓室东端,甬道入口处仅残存底部一块砖。甬道和墓室壁均用长方形砖和子母口砖错缝砌筑,甬道墙砖残存12层,墓室残存墙砖14层,均未见券顶,在墓室内堆积的残砖中也未见有券顶砖(楔形砖),推测是用木板封顶。甬道和墓室底部未铺砖。甬道长1.18、宽1.52、残高0.94米;墓室呈横长方形,长2.72、宽3.72、残高1.22米。砖规格长42、宽21、厚8或11厘米,侧面饰菱形乳钉纹(图二二)。

葬具为单棺,位于墓室北部,腐朽仅存灰痕。人骨架腐朽,仅可辨其头向西,葬式不明(图二一)。

(2)随葬器物

随葬品主要分布在墓室南部以及棺外右侧,棺内头端置有铜钱,甬道内随葬器物被盗尽。出土随葬器物共28件(组),有陶器、釉陶器、铜器和铁器,另有五铢钱。

1)陶器。

16件。器形有罐、瓮、井、仓、钵、盆、甑、器盖等。

罐　7件。

折肩圜底罐　1件。JM20:24,泥质灰陶。敛口,尖唇,平折沿,领外撇,折肩,弧腹,圜底。腹、底饰绳纹。口径12、高13.4厘米(图二三,7)。

小口圜底罐　2件。泥质灰陶。JM20:26,侈口,圆唇,卷沿,广折肩,鼓腹,圜底。肩饰弦断绳纹,腹、底饰竖绳纹。口径10.3、高18.8厘米(图二三,3)。

---

① 刘雨茂:《成都凤凰山发现一座汉代砖室墓》,《文物》1992年第1期。

② 成都市文物考古研究所、郫县博物馆:《四川郫县古城乡汉墓》,《考古》2004年第1期。

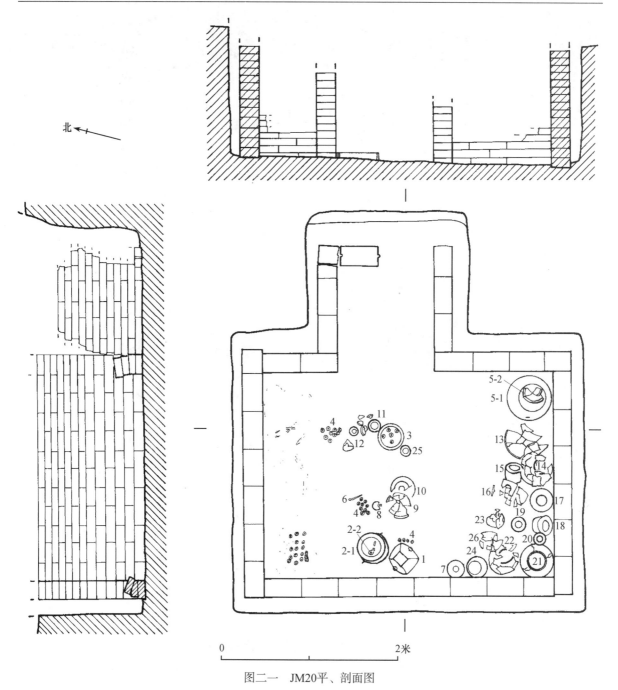

图二一　JM20平、剖面图

1. 铜钫　2-1. 铜釜　2-2. 釉陶勺　3. 铜洗　4. 铜钱　5-1. 铁釜　5-2. 陶甑　6. 铁环首刀　7、10. 釉陶盒　8. 釉陶杯
9. 釉陶盘　11. 釉陶豆　12. 釉陶博山炉　13. 陶盆　14、24、26. 陶圜底罐　15、18、23. 陶仓　16. 陶井　17、19～21. 陶罐
22. 陶瓮　25. 陶钵　27、28. 釉陶盒盖　29. 陶器盖

　　小口平底罐　2件。JM20：17，泥质灰陶。敛口，尖唇，平沿，折肩，鼓腹，平底内凹。肩饰网格暗纹。口径14、底径13.6、高16.3厘米（图二三，2）。JM20：19，夹细砂灰陶。敛口，圆唇，卷沿，矮领，斜折肩，斜弧腹，平底。素面。口径10.9、底径8.8、高11.6厘米（图二三，6）。

　　小口束颈罐　1件。JM20：20，泥质灰黄陶。直口，尖圆唇，折沿，束颈，斜肩，斜弧腹，平底内凹。肩饰三角形戳印纹和凹弦纹各一周。口径10.4、底径9.4、高12.4厘米（图

图二二　JM20墓砖纹饰拓片

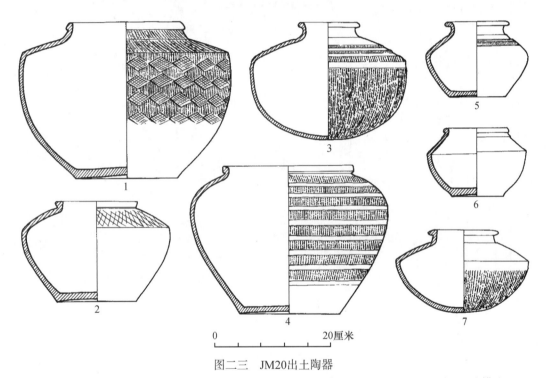

0　　　　　　　　　20厘米

图二三　JM20出土陶器

1.瓮（JM20：22）　　2、6.小口平底罐（JM20：17、JM20：19）　　3.小口圜底罐（JM20：26）　　4.大口平底罐（JM20：21）
5.小口束颈罐（JM20：20）　　7.折肩圜底罐（JM20：24）

二三，5）。

大口平底罐　1件。JM20：21，个体较大，泥质灰陶。直口，方唇，鼓肩，腹微鼓，平底内凹。肩、腹部饰数周弦断绳纹。口径26、底径17.8、高24.4厘米（图二三，4）。

瓮　1件。JM20：22，泥质灰陶。直口，尖唇，卷沿，颈外斜，折肩近平，鼓腹，平底略内凹。肩、颈部饰绳纹，上腹部饰菱形方格纹，空隙处饰绳纹。口径20.2、底径17.9、高25.1厘米（图二三，1）。

井　1件。JM20：16，泥质灰黄陶。由井盖、井身、汲水罐三部分组成。井盖平面呈"井"形，中央有一圆形井圈，两旁各有一长方形插孔以插井架，盖面阴刻方格纹、鱼纹、圆弧纹和叶脉纹；井架上置山形横梁，用以系井绳。井盖底部有圈足，与井身相套接。井身敛口，方唇，短颈，折肩，深腹微鼓，平底，素面。井内置一汲水罐，直口，鼓腹，平底，素面。口径13、底径14.9、高20、通高29.4厘米（图二四，3）。

　　仓　3件。其中一件带盖。泥质灰陶，敛口，方唇，折肩，筒形腹，腹中部微鼓，平底。JM20：23，盖作覆钵形，素面。器身肩部阴刻折线锯齿纹。口径14.7、底径14.6、高18.8、通高23.4厘米（图二四，5）。JM20：18，口径13.1、底径14.4、高18.1厘米（图二四，4）。

　　钵　1件。JM20：25，泥质灰褐陶。敞口，圆唇，折腹，小平底。素面。口径17、底径4.6、高5.7厘米（图二四，7）。

　　盆　1件。JM20：13，泥质灰陶。直口，方唇，翻沿，唇面内凹，上腹近直，下腹斜收，平底内凹。沿下饰一道凸弦纹。口径32.5、底径16.5、高18.7厘米（图二四，2）。

　　甑　1件。JM20：5-2，出土时放在铁釜内，泥质灰褐陶。直口，尖圆唇，翻沿，唇面内凹，腹微鼓，平底内凹，底部有6个圆形箅孔。腹部饰四道三角形戳印纹。口径34.8、底径

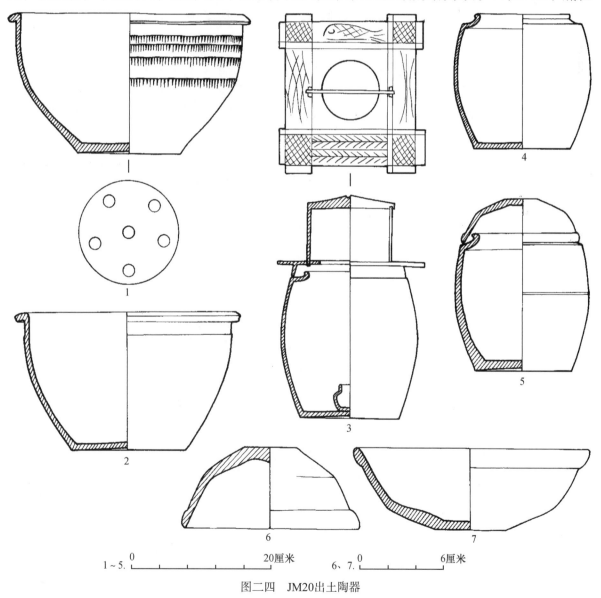

1～5. 0　　　　　　20厘米　　　　6、7. 0　　　6厘米

图二四　JM20出土陶器

1.甑（JM20：5-2）　2.盆（JM20：13）　3.井（JM20：16）　4、5.仓（JM20：18、JM20：23）　6.器盖（JM20：29）

7.钵（JM20：25）

14.9、高18.6厘米（图二四，1）。

器盖　1件。JM20：29，泥质灰陶。覆钵形。素面。口径12.4、顶径3.7、高5.6厘米（图二四，6）。

2）釉陶器。

7件。器形有盒、盘、杯、勺、豆、博山炉等，均为泥质红陶，表面施酱釉。

盒　2套。带盖，形制、大小基本相同。盒盖与盒身均呈折腹钵形，侈口，方唇，折腹，平底，沿下饰一道凹弦纹。JM20：7、JM20：27，口径19.1、底径6.8、高6.8、通高12.4厘米（图二五，1）。JM20：10、JM20：28，口径18.8、底径6.6、高6.4、通高13厘米（图二五，2）。

盘　1件。JM20：9，敞口，方唇，平折沿，斜折腹，小平底。内壁施釉。口径21、底径6.3、高5.2厘米（图二五，5）。

杯　1件。JM20：8，敛口，圆唇，腹微鼓，平底。沿下饰一道凹弦纹。近底处无釉。口径9、底径7.8、高7.5厘米（图二五，6）。

勺　1件。JM20：2-2，敞口，浅腹，圜底，长直柄，柄断面呈半圆形。釉多剥落。通长15.5厘米（图二五，7）。

豆　1件。JM20：11，侈口，方圆唇，浅折盘，高柄中空，盘口形圈足。盘内底饰一道凹弦纹。口径11、底径10.1、高9.5厘米（图二五，3）。

博山炉　1件。JM20：12，山形盖，盖顶饰一乳钉状纽，盖面饰若干椭圆形凸起，近顶处饰三个条形镂孔，盖口饰一周折线锯齿纹；器身为子口，浅折盘，矮柄中空，盘形口圈足。口径8.1、底径9.5、高8、通高14.7厘米（图二五，4）。

3）铜器。

3件。器形有钫、釜、洗等。

钫　1件。JM20：1，下腹近底处残。敞口，束颈，鼓腹，高圈足。口径11.8、底径14.4、复原高36厘米（图二六，1）。

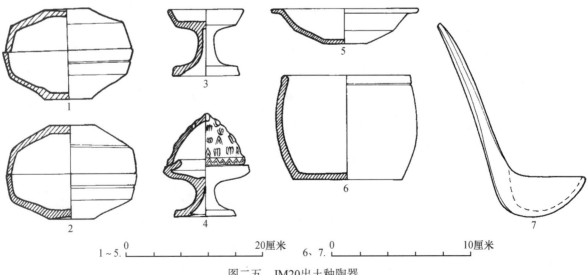

图二五　JM20出土釉陶器

1、2. 盒（JM20：7、JM20：27，JM20：10、JM20：28）　3. 豆（JM20：11）　4. 博山炉（JM20：12）　5. 盘（JM20：9）

6. 杯（JM20：8）　7. 勺（JM20：2-2）

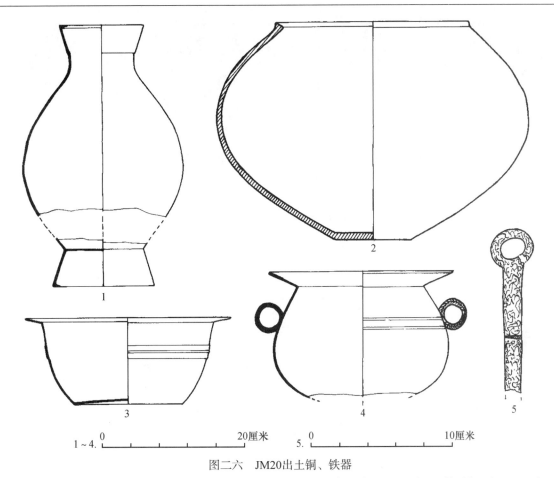

图二六　JM20出土铜、铁器

1.铜钫（JM20：1）　2.铁釜（JM20：5-1）　3.铜洗（JM20：3）　4.铜釜（JM20：2-1）　5.铁环首刀（JM20：6）

　　釜　1件。JM20：2-1，侈口，斜折沿，束颈，垂腹，圜底。沿面饰一道凹弦纹，肩部饰对称的辫索纹环耳两个，耳间饰二道凸弦纹。口径26.3、残高17.2厘米（图二六，4）。

　　洗　1件。JM20：3，侈口，方唇，宽折沿，斜弧腹，平底内凹。腹部饰三道凸弦纹。口径28.8、底径14.9、高11.8厘米（图二六，3）。

　　4）铁器。

　　2件。器形有釜和环首刀。

　　釜　1件。JM20：5-1，器表锈蚀，敛口，尖唇，鼓腹，下腹急收，小平底。腹中部饰一道凸弦纹。口径27、底径10.4、高30.2厘米（图二六，2）。

　　环首刀　1件。JM20：6，刀尖残。椭圆形环首，单刃，直背。残长11.2厘米（图二六，5）。

　　5）铜钱

　　413枚。均为五铢，铸工较精，字迹清晰，面有内郭，背有内外郭，可分二式。

　　Ⅰ式：32枚，西汉五铢。“五”字交笔弯曲，“铢”字金头较小，朱字头方折。直径2.5～2.6厘米（图二七，1、2）。

　　Ⅱ式：381枚，东汉五铢。“五”字交笔弯曲，“铢”字金旁头较大，呈矢镞形或等边三角形，朱字头圆折（图二七，3、4）。

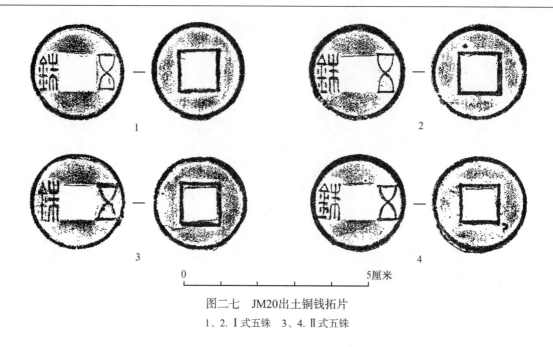

图二七　JM20出土铜钱拓片
1、2. Ⅰ式五铢　3、4. Ⅱ式五铢

墓室呈横长方形，并且未见有券顶，具有重庆地区东汉早期砖室墓的形制特征。随葬品有铜礼器钫和容器釜、洗，也反映出较早的时代特征。陶圜底罐（JM20：24）、瓮（JM20：22）分别与湖北宜昌前坪包金头东汉早期墓出土的罐（M18：17）[①]和丰都赤溪东汉早期墓中的罐（赤M3：22）[②]相似。从墓内出土的铜钱来看，大量的铜钱为东汉五铢，且铸工精美，钱文清晰，"五铢"两字宽放丰满，具有东汉初年五铢之特征。此墓应属东汉前期。

2. JM15

（1）墓葬形制、结构及葬式

JM15为"中"字形券顶砖室墓，墓向243°，打破砖室墓JM16和土坑墓JM22。由土圹、墓道、甬道、前室和后室五部分组成。土圹长7.6、宽2.2～3.2、残深1.6米，坑壁加工粗糙。墓道为长方形斜坡式，残长1.4、宽2.1米，底端比甬道底高0.3米。封门砖残高0.58米，系由单砖平砌。甬道和墓室四壁均用长方形砖错缝砌筑，上部以楔形子母口砖券拱，顶部被毁坏。长方形砖长44、宽20、厚7厘米，楔形子母口砖长44、宽20、厚6～7厘米。砖侧面饰有细菱形纹和大菱形纹（图二九）。前室北壁严重变形，砖墙向外倾倒。后室后壁在距地砖高1.34米处，共伸出两个半块砖，两砖相距0.5米。整个墓底都铺有砖，呈"人"字形交错平铺。甬道长1.84、宽2、残高1.2米，前室长3.16、宽2.8、残高1.2米，后室长2.5、宽2.36、残高1.82米（图二八）。

该墓被破坏严重，未见葬具痕迹。人骨架亦腐朽，仅在后室南部（出土铜钱处）发现少量骨渣。

（2）随葬器物

因被盗，随葬品分布零乱，出土陶器、釉陶器和铜器共24件，另有五铢和货泉。

---

① 长办库区处红花套考古工作站：《湖北宜昌前坪包金头东汉、三国墓》，《考古》1990年第9期。

② 四川省文物考古研究所：《丰都县三峡工程淹没区调查报告》，《四川考古报告集》，文物出版社，1998年。

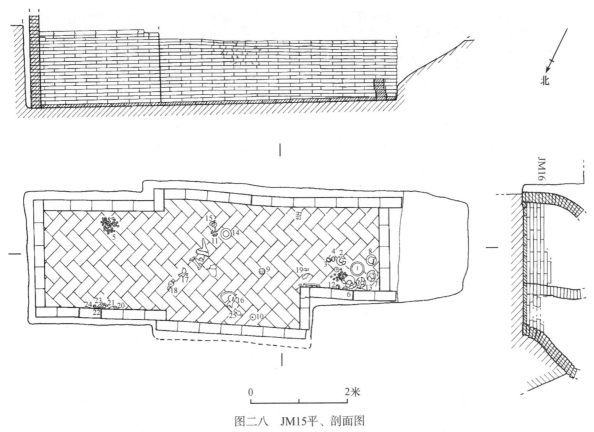

图二八　JM15平、剖面图

1. 铜洗　2. 铜盘　3、4. 铜耳杯　5. 铜钱　6. 釉陶锺　7. 釉陶釜　8. 釉陶罐　9. 釉陶博山炉盖　10、12. 釉陶器盖
11. 釉陶匜　13. 陶小口圜底罐　14、15. 陶平底罐　16. 陶马头　17. 陶母鸡　18. 陶胡人吹箫俑　19、23、25. 陶侍俑
20~22、24. 陶提袋持便面俑

1）陶器。

13件。器形有罐、胡人吹箫俑、侍俑、提袋持便面俑、母鸡俑、马头等。

罐　3件。

小口圜底罐　1件。JM15：13，夹砂灰陶。口微侈，圆唇，束颈，广肩，弧腹，圜底。肩饰二道凹弦纹，其下为三周弦断绳纹，腹、底饰绳纹。口径10.3、高13.7厘米（图三〇，1）。

平底罐　2件。侈口，圆唇，束颈，斜肩，平底。JM15：14，泥质灰陶。鼓腹。肩饰一道凹弦纹。口径11.7、底径9.5、高13.8厘米（图三〇，2）。JM15：15，泥质深灰陶，领较高，斜腹。肩饰二道凹弦纹。口径9.5、底径6.2、高12厘米（图三〇，3）。

胡人吹箫俑　1件。JM15：18，泥质红陶。戴帷帽，着交领衣，长袖，袖口上挽，足尖外露，双手握箫做吹奏状，正坐于圆凳上，凳周饰斜方格点纹。高19.2厘米（图三〇，4）。

侍俑　3件。泥质红陶，其中两件形制、大小相近。JM15：23，戴平巾帻，着及地长袍，右衽，窄长袖，束腰，两手相拥。高19.3厘米（图三〇，7）。JM15：19，梳髻，束巾，着及地长袍，右衽，宽长袖，着履，两手相拥。高19.7厘米（图三〇，8）。

提袋持便面俑　4件。泥质红陶，形制、大小相近。梳山形髻，束巾，于额前交结，着长袍，右衽，窄袖，束腰，两手相拥。右臂处置便面于胸前，左侧腰部系袋，袋口朝上。JM15：21，高18.1厘米（图三〇，9）。

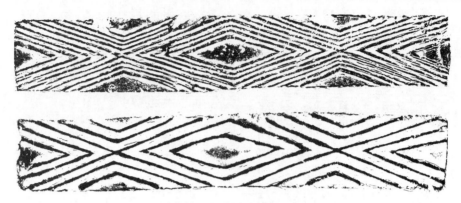

图二九　JM15墓砖纹饰拓片

母鸡俑　1件。JM15：17，泥质红陶。昂首，头部偏向右侧，短尾，立足。高18.8厘米（图三〇，6）。

马头　1件。JM15：16，泥质红陶。张嘴做嘶鸣状，鬃毛高耸，线条刻划清晰。高25.3厘米（图三〇，5）。

2）釉陶器。

7件。器形有锺、釜、罐、匜、博山炉盖、器盖等。均为泥质红陶，施酱釉。

锺　1件。JM15：6，盘形直口，高束颈，溜肩，扁鼓腹，覆碗状高圈足。肩部饰对称的铺首衔环，铺首处有四道凹弦纹。先施酱釉，表面再施青黄色铅釉，釉面光亮，外釉部分脱落。口径13.5、底径19.6、高32.7厘米（图三一，4）。

釜　1件。JM15：7，侈口，方圆唇，束颈，下垂腹，圜底近平。肩部饰二道凹弦纹。下腹部无釉。口径14.5、高10.7厘米（图三一，5）。

罐　1件。JM15：8，侈口，圆唇，束颈，鼓肩，斜腹微鼓，平底。肩部饰一道凹弦纹。下腹部无釉。口径11.4、底径14.5、高10.5厘米（图三一，6）。

匜　1件。JM15：11，侈口，方唇，斜折沿，弧腹，下腹急收，圜底。腹部一侧饰一长直柄，柄断面呈圆形，中空。下腹部无釉。口径18、高6.9、柄长9.7厘米（图三一，1）。

博山炉盖　1件。JM15：9，山形，盖顶饰一圆形凸纽，盖面饰若干乳状凸起。釉多已脱落。口径9.3、高5.7厘米（图三一，3）。

器盖　2件。两件形制相似，似为锺盖，子母口，盖面微弧拱，顶近平，盖顶饰一立鸟为纽。JM15：10，口径7.7、高5.7厘米（图三一，2）。

3）铜器。

4件。器形有洗、盘、耳杯等。

洗　1件。JM15：1，侈口，方唇，束颈，弧腹，平底。腹部两侧饰对称铺首衔环，铺首处饰四道凸弦纹。口径24.9、底径15.7、高12厘米（图三二，3）。

盘　1件。JM15：2，敞口，折沿，斜折腹，平底。沿面饰一周短线纹，其外饰一圈菱形回纹。口径17.2、底径7.2、高2.4厘米（图三二，2）。

耳杯　2件，其中一件锈甚。JM15：3，敞口，浅腹，平底，两侧有半月形耳。耳上饰回纹及锯齿状折线纹。口长径10.7、短径8.1、高2.5厘米（图三二，1）。

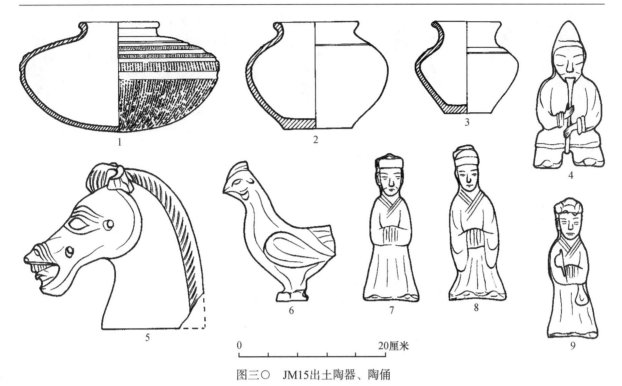

图三〇　JM15出土陶器、陶俑

1. 小口圜底罐（JM15∶13）　　2、3. 平底罐（JM15∶14、JM15∶15）　　4. 胡人吹箫俑（JM15∶18）　5. 马头（JM15∶16）

6. 母鸡俑（JM15∶17）　　7、8. 侍俑（JM15∶23、JM15∶19）　　9. 提袋持便面俑（JM15∶21）

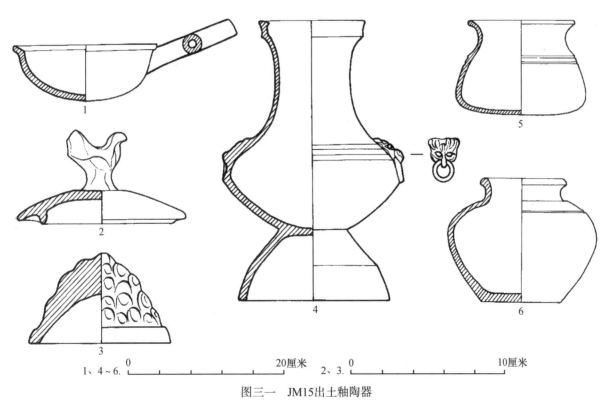

图三一　JM15出土釉陶器

1. 匜（JM15∶11）　　2. 器盖（JM15∶10）　　3. 博山炉盖（JM15∶9）　　4. 锺（JM15∶6）　　5. 釜（JM15∶7）

6. 罐（JM15∶8）

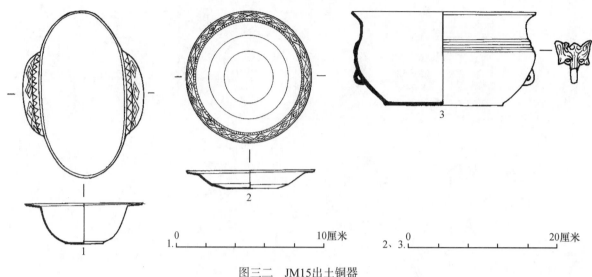

图三二　JM15出土铜器

1.耳杯（JM15：3）　　2.盘（JM15：2）　　3.洗（JM15：1）

4）铜钱。

196枚。有五铢和货泉两种。

五铢　194枚。面有内郭，背有内外郭，可分为三式。

Ⅰ式：5枚，西汉五铢。"五"字交笔弯曲，"铢"字金头较小，四点较圆，朱字头方折。直径2.5厘米（图三三，1）。

Ⅱ式：151枚，东汉五铢。"五"字交笔弯曲，"铢"字金头较大，呈三角形，四点较长，朱字头圆折。直径2.4~2.6厘米。部分铜钱面、背有阴文（图三三，2~4）。

Ⅲ式：38枚。剪轮五铢。直径2.2厘米（图三三，5）。

货泉　2枚。有内外郭。直径2.3厘米（图三三，6）。

该墓打破土坑墓JM16和JM22，随葬器物中的陶圜底罐、釉陶锺、灰陶罐、红陶俑等具有东汉时期特征，如陶圜底罐（JM15：13）与丰都汇南东汉晚期墓所出的Aa型Ⅱ式罐（M18：85）[①]形态相似；陶罐（JM15：14）与重庆奉节县三峡工程库区东汉晚期崖墓所出的罐（SM8：1）[②]相近；陶马头（JM15：16）与丰都县槽房沟东汉中晚期墓中的马头（槽M1：10）[③]相近。又该墓出土剪轮五铢，因而，可定为东汉晚期墓。

（四）六朝墓

共6座（ZM2、ZM4、ZM5、JM3、JM12、JM17），均为竖穴砖室墓。所有墓葬皆被盗毁，砖室内充满泥土和碎砖，随葬品位置和人骨架被扰乱。按墓室平面结构的不同，可分为

① 四川省文物管理委员会、四川省文物考古研究所、丰都县文物管理所：《丰都县汇南两汉—六朝墓发掘简报》，《四川考古研究论文集》，《四川文物》1996年增刊。

② 吉林大学边疆考古研究中心：《重庆奉节县三峡工程库区崖墓的清理》，《考古》2004年第1期。

③ 四川省文物考古研究所：《丰都县三峡工程淹没区调查报告》，《四川考古报告集》，文物出版社，1998年。

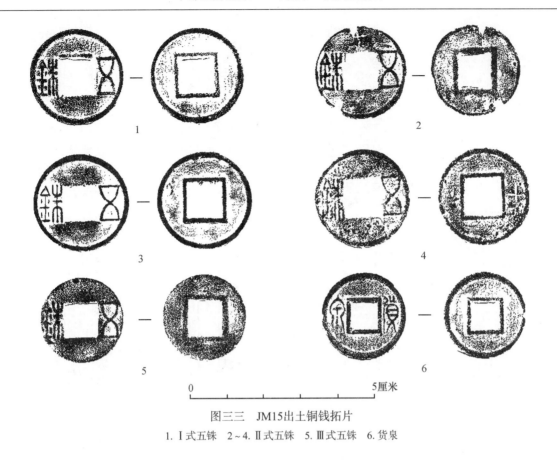

图三三　JM15出土铜钱拓片

1. I式五铢　2~4. II式五铢　5. III式五铢　6. 货泉

"凸"字形、刀形和"中"字形三类，以"中"字形墓为主，"凸"字形墓最少。墓道为斜坡式，入口端均被毁坏。多数墓葬的人骨已腐朽毁坏不存，墓内所葬人骨数量为2~3具，以多人合葬为主。葬式可辨的有侧身直肢葬。

1. ZM2

（1）墓葬形制、结构及葬式

ZM2为刀把形券顶砖室墓，墓向248°。该墓系修建长江防护大堤时被挖土机挖出，墓葬上部地层和墓顶结构均遭破坏。由土圹、墓道、甬道、墓室四部分组成。土圹长5.38、宽1.9~2.7、残深2.94米，坑壁经加工修整。墓道平面略呈梯形，斜坡式，残长0.64、宽1.42~1.54、残深0.5米。甬道券顶不存，入口处以单砖叠砌封门，封门砖残高0.82米。甬道和墓室四壁用规格为长42、宽20、厚8厘米的长方形砖错缝砌筑，上部以楔形子母口砖纵向起券，砖长44、宽20、厚7.5~8厘米。砖侧面纹饰为菱形乳钉纹、十字纹、车轮纹（图三五）。甬道底砖呈纵向平铺，甬道底部较墓室低8厘米，墓室底砖为纵、横相间平铺，铺地用砖为长方形去榫子母口砖，砖长44、宽20、厚9厘米。甬道长2.08、宽1.68、残高1.54米，墓室长3.04、宽2.48、残高2.8米。墓底未见葬具痕迹，尸骨腐朽严重，仅在墓室东北部发现一处骨渣，似头骨痕（图三四；图版三七）。

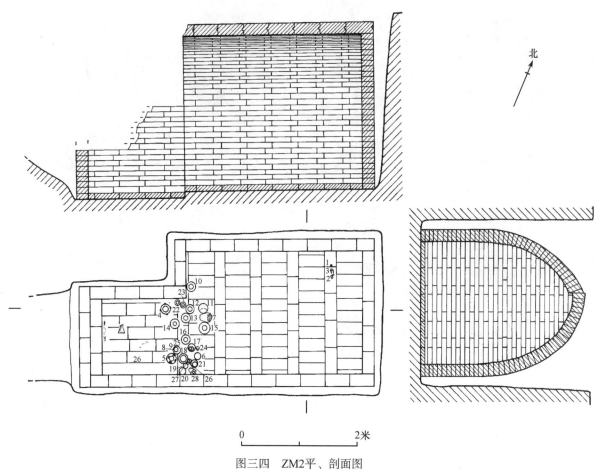

图三四　ZM2平、剖面图

1.铜钱　2.铜泡钉　3.银钗　4、5、7.瓷四系罐　6.瓷四系壶　8.瓷器盖　9.釉陶豆盘　10~21.瓷碗　22~27.瓷盏

28.陶双耳罐

图三五　ZM2墓砖纹饰拓片

（2）随葬器物

随葬品集中分布在甬道和墓室相接处，甬道前部和墓室内的随葬品基本被盗空。出土陶器、釉陶器、瓷器等共30件，另有五铢钱。

1）陶器。

双耳筒腹罐　1件。ZM2：28，泥质黄褐陶。直口，圆唇，直颈，折肩，腹中部微鼓，平底。肩下饰两个对称的弓形耳，中有一小穿，耳间饰三道凹弦纹，中腹部饰二道凹弦纹。口径8.5、底径12.1、高17.5厘米（图三六，1；图版三八，1）。

2）釉陶器。

豆盘　1件。ZM2：9，仅存豆盘。泥质红陶，施酱黄釉。侈口，平沿，浅弧盘。上腹饰一道凹弦纹。口径14.1、残高5厘米（图三六，2；图版三八，4）。

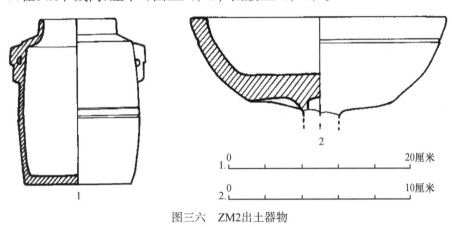

图三六　ZM2出土器物
1.陶双耳筒腹罐（ZM2：28）　2.釉陶豆盘（ZM2：9）

3）瓷器。

23件。灰白色或浅红色胎，施酱青色或青黄色釉。器形有四系壶、四系罐、碗、盏、器盖等。

四系壶　1件。ZM2：6，口、颈残断。圆鼓腹，平底内凹。肩部有四个对称的桥形系，系间饰一道凹弦纹。下腹部无釉。底径7.5、残高9.3厘米（图三七，1；图版三八，2）。

四系罐　3件（图版三八，6）。ZM2：7，侈口，方圆唇，溜肩，深鼓腹，平底内凹。肩部有四个对称的桥形系，系间饰一道凹弦纹。腹下部无釉。口径8.5、底径9.5、高16.3厘米（图三七，3；图版三八，5）。ZM2：4，圆唇，直口，直领，折肩，鼓腹，平底。上腹饰四个对称的桥形系，腹饰布纹。口径9.7、底径12.6、高13.7厘米（图三七，2；图版三八，3）。

平底碗　3件。形制、大小相近。敞口，尖圆唇，斜腹，平底微内凹，内底有一周支钉痕。ZM2：15，外表釉不及底。口径16.7、底径10.3、高6.1厘米（图三七，5）。

饼足碗　9件。饼足，内底有一周支钉痕。可分为三型。

A型　1件。ZM2：10，个体较大，浅腹。直口，尖圆唇，浅斜腹，足心内凹。口径19、底径10.2、高6.4厘米（图三七，8）。

B型　5件。个体较小，弧腹较浅。ZM2：16，敛口，腹微鼓，足心内凹。内、外底各有一周支钉痕。口径14.5、底径9.7、高6.2厘米（图三七，7）。ZM2：20，直口，斜弧腹。口径

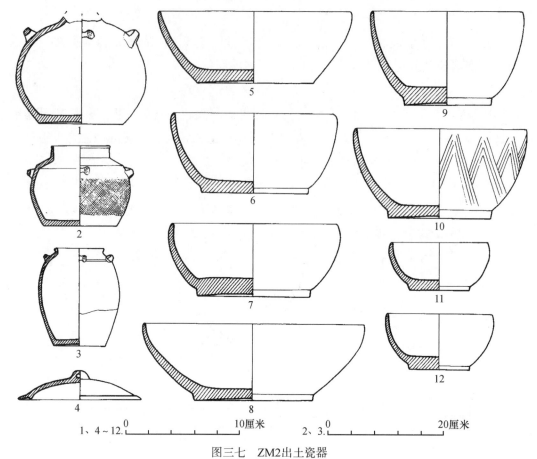

图三七　ZM2出土瓷器

1. 四系壶（ZM2：6）　2、3. 四系罐（ZM2：4、ZM2：7）　4. 器盖（ZM2：8）　5. 平底碗（ZM2：15）
6、7. B型饼足碗（ZM2：20、ZM2：16）　8. A型饼足碗（ZM2：10）　9、10. C型饼足碗（ZM2：19、ZM2：21）
11. A型盏（ZM2：25）　12. B型盏（ZM2：27）

14.1、底径9.5、高6.5厘米（图三七，6）。

C型　3件。腹较深，饼足较前两型小。直口，尖圆唇，弧腹，足心内凹。ZM2：19，口径13.2、底径7.3、高7.5厘米（图三七，9）。ZM2：21，腹部饰六瓣仰莲瓣纹，瓣间以小莲瓣纹相连。口径14.8、底径8.9、高7.5厘米（图三七，10）。

盏　6件。可分为二型。

A型　4件。腹较浅。ZM2：25，口微敛，尖唇，弧腹微鼓，饼足。口径7.9、底径5.1、高4.1厘米（图三七，11）。

B型　2件。腹较深。ZM2：27，直口，尖唇，弧腹微鼓，饼足。口径8.8、底径5.3、高4.7厘米（图三七，12）。

器盖　1件。ZM2：8，母口，顶部有一桥形纽，纽外饰一道凹弦纹，近口部饰二道凹弦纹。口径8.6、高2.2厘米（图三七，4）。

4）其他。

铜泡钉　3件。形制、大小相同。ZM2：2，钉面弧拱，背面有一小环纽。直径2.2厘米（图三八，1）。

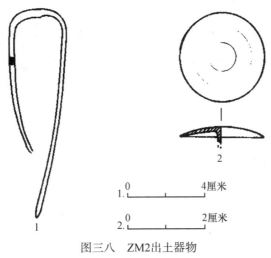

图三八　ZM2出土器物

1. 铜泡钉（ZM2：2）　　2. 银钗（ZM2：3-1）

银钗　2件。形制相似，均残断。钗首断面呈三角形，空心，钗身为圆条形。ZM2：3-1，长10.6厘米（图三八，2）。

5）铜钱。

五铢　2枚。锈蚀成为碎块。

随葬器物基本上为青瓷器，器类有碗、盏、四系罐、四系盘口壶，是长江中游地区六朝时期墓葬中常见的器物。所出瓷四系罐（ZM2：7）、仰莲瓣纹深腹碗（ZM2：21）等都具有南朝时期风格，其中，饼足碗（ZM2：20）的形制与丰都汇南汇星堡南朝墓M2中的同类器[①]近似。综上所述，ZM2的年代应为南朝早中期。

三、结　语

汇南乡是丰都地区汉至六朝时期的古墓群，墓葬分布密集，在长江南岸相互紧邻的21座山梁上汇集了上千座墓葬。这说明，汇南乡在峡江地区，至少从汉代开始，就是政治、经济、文化比较发达的重要地区之一。

此次清理的这批墓葬，其时代从西汉初期至南朝中期，根据它们的墓葬形制和出土器物，可将其年代初步分为西汉、新莽、东汉和六朝这四个阶段。各阶段墓葬在形制和随葬器物方面存在着一些差异及各自的特点。可归纳如下。

1）从墓葬形制上看，东汉以前的墓葬全为竖穴土坑墓，西汉早中期墓坑平面呈长方形，长宽之比在1.5：1至2：1之间，到西汉晚期时，墓坑的宽度增加，长宽之比小于1.5：1，而接近1：1。新莽时期的墓坑形制较西汉时期小，坑口平面又变为长方形，无二层台。东汉和六朝时期则均为砖室墓，平面形状有刀形、"凸"字形、"中"字形三种。墓顶采用楔形子母口砖错缝纵向券拱，其中一座东汉早期墓（JM20）无券顶。墓底铺砖或有或无，铺地砖形式有纵

① 四川省文物考古研究所、丰都县文物管理所：《丰都汇南墓群发掘简报》，《重庆库区考古报告集·1997卷》，科学出版社，2001年。

向、横向、斜向和"人"字形平铺。

　　2）从随葬器物看，西汉时期除随葬陶器外，还有铜钫、锺等礼器和釜、鍪、甑、洗等生活用器，西汉早期还随葬有铜兵器，而西汉中晚期墓葬无铜兵器出土。釉陶器在西汉末期墓葬中开始出现，器形有锺、盒、盆等。这段时期墓葬的出土铜钱仅见西汉五铢。新莽时期随葬器物中釉陶器的数量增加，器类以日用器和模型器为主。出土铜钱为西汉五铢和莽钱大泉五十。东汉时期出土器物除日用陶器外，还出现了大量的模型明器和俑类，出土铜钱较杂，有西汉五铢、新莽货泉、大泉五十和东汉五铢、剪轮五铢等。六朝时期的随葬器物以青瓷器为主，主要为日常生活用器，出土铜钱有五铢、货泉、大泉五十、直百五铢、大泉当千等。

　　本次发掘出土了丰富的随葬器物以及铜钱，这些都为我们更为清楚地认识、研究这批墓葬提供了重要的实物资料，同时也为峡江地区汉至六朝时期墓葬的分期断代树立了标尺。

　　　　　　　　　参加发掘人员：陈德安　罗泽云　焦中义　曾　俊
　　　　　　　　　　　　　　　　曾令玲　曾庆红　李国洪　毛　卫
　　　　　　　　　　　　　　　　徐本远　陈游军
　　　绘　　　图：罗泽云　曾令玲
　　　修　　　复：曾庆红　曾卷炳
　　　拓　　　片：曾令玲
　　　摄　　　影：罗泽云　焦中义
　　　执　　　笔：陈德安　曾　俊

附表　汇南墓群2003年度第一次发掘墓葬登记表

年代	墓号	形制	墓向（°）	墓葬规格（长×宽×高）/厘米 甬道	墓葬规格（长×宽×高）/厘米 墓室	葬具	葬式	随葬器物	备注
不详	ZM1	砖室墓、形状不明	不明		540×78（残）－99（残）	不明	不详		被盗毁
南朝早中期	ZM2	刀形砖室墓	248	208×168－154（残）	304×248－280	无	不详	陶器：双耳罐1 釉陶器：豆盘1 瓷器：四系罐3、四系壶1、碗12、盏6、器盖1 铜器：泡钉3 银器：钗2 铜钱：五铢2	被毁坏
东汉	ZM3	刀形砖室墓	257	234×166（残）－156（残）	340×288（残）－200（残）	无	不详	陶器：侍俑2	被盗毁
六朝	ZM4	"中"字形砖室墓	260	228×192－134（残）	前室304×242－136（残） 后室280×212－180（残）	残存铁质棺钉	不详	瓷器：盏3 铜器：环1 铁器：环首刀2、棺钉1 其他：琉璃耳珰1、串饰205粒、圆片形饰 铜钱：五铢1	被盗毁
六朝	ZM5	刀形砖室墓	261	205×200－126（残）	298×260－134（残）	无	不详	陶器：釜1、钵1 瓷器：碗3、盏2	被盗毁
西汉晚期	JM1	长方形竖穴土坑墓	不明		东西宽236，南北残长74～105，残深12～16	不明	不详	陶器：罐3、仓1、器盖3 铜器：洗1、釜1 铁器：环首刀1 铜钱：五铢47	打破JM7，且被毁坏
东汉中晚期	JM2	刀形砖室墓	73	170×188－122（残）	336×264－148（残）	无	不详	陶器：罐2、钵1、盆1、侍俑2 釉陶器：钵3、器盖2、豆1、博山炉1、勺1 铜钱：五铢3	被盗毁

续表

年代	墓号	形制	墓向(°)	墓葬规格（长×宽−高）/厘米 甬道	墓室	葬具	葬式	随葬器物	备注
六朝	JM3	"中"字形砖室墓	332	250×206−46−118（残）	前室312×270−48（残）后室225×250−34（残）	无	侧身直肢	陶器：釜1 瓷器：盘口壶1、四系盘口壶1、碗2 铜器：钗1、环1、铃2、指环2、镯2 铁器：剪1、棺钉1 银器：钗2、指环1 其他：玛瑙珠1粒、烧料珠1粒 铜钱：五铢14、货泉1、直百五铢2、大泉五十1	打破JM7，且被毁坏
东汉	JM4	刀形砖室墓	337	152×134−10（残）	252×218−30（残）	无	不详	铜钱：五铢3	被盗毁至墓底
东汉早中期	JM5	"凸"字形砖室墓	255	170×180−82（残）	338×278−124（残）	单棺	不详	陶器：罐1、圆底罐3、井3 釉陶器：盘1、釜3、锺1、匜1、器盖3 铜器：钵1、罐1、杯1、博山炉1 铜器：扣饰1 铜钱：大泉五十1、五铢46	打破JM6，且被盗毁
西汉	JM6	长方形竖穴土坑墓（带墓道）	250	墓道236（残）×350−180（残）	墓口710×510 墓底565×290−400	一椁（棺不明）	不详	铜器：剑1 玉器：璜1	被JM5打破，且被盗掘
西汉晚期	JM7	长方形竖穴土坑墓	165		墓口（470~492）×370 墓底420×286−298	一椁二棺	不详	陶器：罐9、钵1、器盖6、盒3 铁器：环首刀1 铜钱：五铢10	被JM1、JM3打破，且被盗毁
西汉	JM8	长方形竖穴土坑墓	160		墓口460×360 墓底428×334−380	一椁三棺	直肢	陶器：罐8、圆底罐3、钵2、豆1、器盖3、盒盖2、井1、甑1 铜器：灯1、锺1、釜1、洗4 铁器：釜1、环首刀2 铜钱：五铢76	

续表

年代	墓号	形制	墓向/(°)	墓葬规格（长×宽−高）/厘米		葬具	葬式	随葬器物	备注
				甬道	墓室				
新莽	JM9	长方形竖穴土坑墓	251		墓口400×250 墓底366×230−110	单棺	直肢	陶器：罐7、圜底罐1、双耳圜底罐1、甑1、盆1、仓3、井1、器盖3 釉陶器：锺1、盒1、杯1、盘1、豆1、釜1、匜1、博山炉1、鼎1、勺1 铁器：釜1、环首刀1 铜钱：五铢8、大泉五十59	
不详	JM10	刀形砖室墓	150	162×170−24（残）	318×245−40（残）	不明	不详		打破JM11，且被盗毁
西汉晚期	JM11	长方形竖穴土坑墓	245		墓口440×350 墓底350×256−205	一椁（棺不明）	不详	陶器：罐3、钵1 铜钱：五铢8	被JM10打破，有头箱
六朝	JM12	"凸"字形砖室墓	152	240×168−70（残）	400×280−70（残）	不明	不详	瓷器：四系罐1、盏1	被盗毁
西汉中期	JM13	长方形竖穴土坑墓	245		墓口414×（240~260） 墓底346×180−170	一椁二棺	不详	陶器：罐3、圜底罐5、釜2、盆1、甑1、瓮1、豆1 铜器：钫2、釜1、鉴1、镜1、洗2、泡钉12 铁器：釜1、环首刀1 铜钱：五铢98	打破JM21，有头箱
西汉	JM14	长方形竖穴土坑墓	260		墓口410×280 墓底406×275−160	一椁（棺不明）	不详	陶器：罐6、瓮1、盆1、豆1、纺轮1 铜器：钫1、鐎壶1、泡钉5、残铜器1 铁器：釜1、削1 铜钱：五铢17	被盗掘

续表

年代	墓号	形制	墓向/(°)	墓葬规格（长×宽×高）/厘米 甬道	墓葬规格（长×宽×高）/厘米 墓室	葬具	葬式	随葬器物	备注
东汉晚期	JM15	"中"字形砖室墓	243	184×200-120（残）	前室316×280-120（残）后室250×236-182（残）	不明	不详	陶器：罐2、圆底罐1、胡人吹箫俑1、侍俑3、提袋持便面俑4、马头1、母鸡1 釉陶器：钟1、罐1、博山炉盖1、器盖1、匜1 铜器：洗1、盘1、耳杯2 铜钱：货泉2、五铢194	打破JM16、JM22，且被盗毁
西汉晚期	JM16	长方形竖穴土坑墓	254		墓口382×（260~282）墓底318×190-170	一椁一棺	不详	铜器：带钩1 铁器：削1 石器：黛板1 铜钱：五铢3	被JM15打破
六朝	JM17	"中"字形砖室墓	256	250×174-130（残）	前室354×252-130（残）后室264×156-130（残）	不明	不详	瓷器：壶1、碗2、盏2、器盖1 铜器：钗1 铁器：剪1、削1 其他：玛瑙珠11粒 铜钱：五铢1、大泉当千1	被盗毁
不详	JM18	"中"字形砖室墓	74	270×206-150（残）	前室350×290-112（残）后室300×242-120（残）	不明	不详		被盗毁
不详	JM19	刀形砖室墓	72	188×190-90（残）	294×264-140（残）	不明	不详		打破JM20，且被盗毁
东汉早期	JM20	"凸"字形砖室墓	77	118×152-94（残）	272×372-122（残）	单棺	不详	陶器：罐4、圆底罐3、仓3、井1、瓮1、钵1、器盖1、瓶1、盆1 釉陶器：盒2、勺1、杯1、豆1、博山炉1 铜器：钫1、釜1、盘1、洗1 铁器：釜1、环首刀1 铜钱：五铢413	被JM19打破

续表

年代	墓号	形制	墓向/(°)	墓葬规格（长×宽-高）/厘米		葬具	葬式	随葬器物	备注
				甬道	墓室				
西汉早期	JM21	长方形竖穴土坑墓	245		墓口510×300 墓底500×270-150	一椁（棺不明）	不详	陶器：罐2 铜器：钫1、瓶1、釜2、匜1、剑1、器座1 铁器：削1	被JM13打破
西汉末期	JM22	近方形竖穴土坑墓	175		380×340-90（残）	二棺	直肢	陶器：罐4、圜底罐2、双耳圜底罐1、器盖2、钵1、仓3 釉陶器：盒1、盒盖1、锺1、双耳盆1 铜器：洗1、釜1、泡钉1 铁器：环首刀2 铜钱：五铢168	被JM15打破

注：随葬器物栏中阿拉伯数字为件数。

丰都铺子河遗址群2003年度发掘报告

山西省考古研究院
丰都县文物管理所

一、遗址概况及遗迹介绍

铺子河遗址群位于重庆市丰都县兴义镇柳寺村（原张家坪村）碓窝冲社的长江南岸台地上，地理坐标为东经107°47′47″，北纬29°55′42″（图一），遗址包括东西六处台地，自西向东依次名为梨子湾台地、石院子台地、铺子河台地、四方碑台地、下河咀台地和青龙咀台地。为配合长江三峡重庆库区文物抢救保护工作，山西省考古研究所丰都考古队于2003～2004年对此进行发掘。为便于工作，我们将这六处台地自西向东依次划归为Ⅰ、Ⅱ、Ⅲ、Ⅳ、Ⅴ、Ⅵ区（图二；图版三九）。2001～2002年，通过调查、钻探，我们大致划定了遗址的范围，并对Ⅰ、Ⅱ、Ⅲ区进行了布方发掘①。2003年11月到2004年1月的发掘，在之前工作基础上进行，地点位于遗址群的第Ⅲ、Ⅳ、Ⅵ区，以Ⅳ区为重点，Ⅲ区做适当发掘，因Ⅴ区有许多现

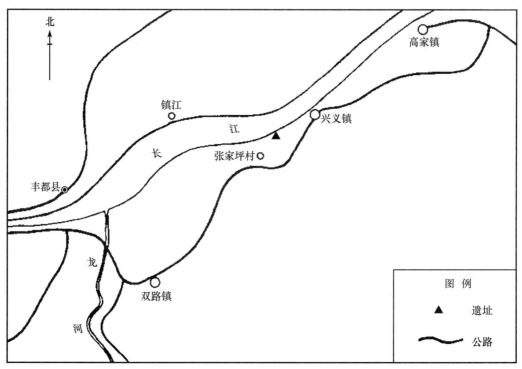

图一　铺子河遗址群位置示意图

---

① 山西省考古研究所、重庆市文物局：《丰都铺子河遗址考古发掘报告》，《重庆库区考古报告集·2001卷》，科学出版社，2007年。

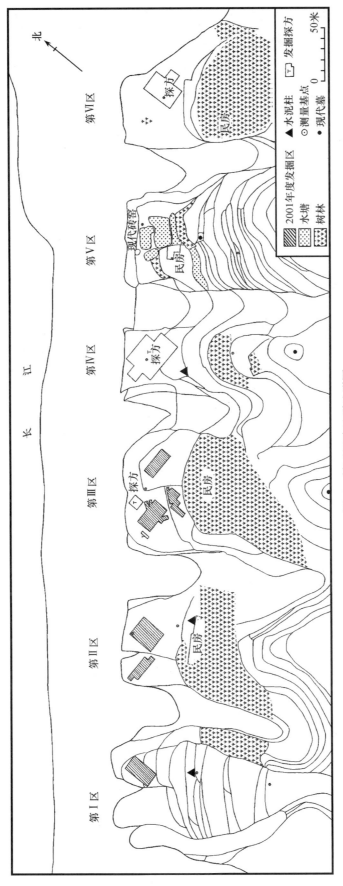

图二 铺子河遗址群地形图

代砖窑、池塘和民房，且被破坏严重，不便作业，故未布方，共布10米×10米探方20个、2米×10米探沟1个。其中Ⅲ区布方1个（2003CFPT90）、探沟1个（2003CFPG5），Ⅳ区布方12个（2003CFPT78～2003CFPT 89），Ⅵ区布方7个（2003CFPT91～2003CFPT97）（图三、图四；图版四〇，1）。

Ⅳ区地层情况综述如表一所示。

表一　铺子河遗址群2003年Ⅳ区发掘地层堆积情况

层号	土质土色	包含物	备注
1	灰黑色，质松软	少量现代瓷片、瓦片	
2	灰褐色，质硬	红烧土块、炉炭渣，出有少量瓷片和较多冶炼罐残片	
3	红褐色，质较硬	红烧土块、炉炭渣，出土少量碎陶片	

此次发掘共发现灰坑12座（H1～H10、H12、H13），窑址1座（Y1）。其中H13为近现代沟槽。H1～H5、H7～H10坑内堆积以炉炭渣和红烧土块为主，出有少量瓷片和大量冶炼罐及其残片，H6、H12、Y1灰坑堆积为红褐土，内含较多碎红烧土块，H6出有较多陶片，H12所出陶片少且碎小。Y1为一处窑址，被破坏严重，残存部分呈长方形竖坑，坑壁为红色烧土，自下而上烧土由薄变厚，底部未烧结，有大约0.04米厚的木炭灰，推测为窑室部分。

Ⅳ区各探方遗迹层位关系：

T78：①→H7→②→③→生土

T79：①→②→H12→③→生土

T80：①→②→③→生土

T81：①→②→③→生土

T82：①→②→③→生土

T83：①→H7→②→Y1→③→生土

　　　①→H7→H9→Y1→生土

T84：①→H10→②→③→生土

T85：①→②→③→生土

T86：①→②→③→生土

T87：①→H7、H5、H6→③→生土

T88：①→H1、H7→H8→②→H6→③→生土

　　　①→H2→②→H6→③→生土

T89：①→H3→H4→②→③→生土

　　　①→H3→H2→②→③→生土

　　　①→H13→H3→H2→②→③→生土

以T88东壁、西壁情况为例（图五）：

整体堆积南高北低：

第1层：厚30～20厘米。灰黑色，质松软。含少量现代瓷片、瓦片。

第2层：厚约30厘米。灰褐色，质硬。含红烧土块、炉炭渣。

第3层：厚50～30厘米。红褐色，质较硬。含红烧土块、炉炭渣。

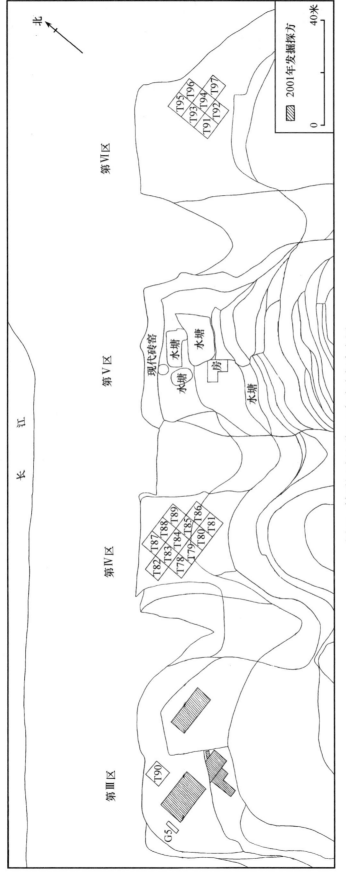

图三　铺子河遗址群2003年度发掘布方图

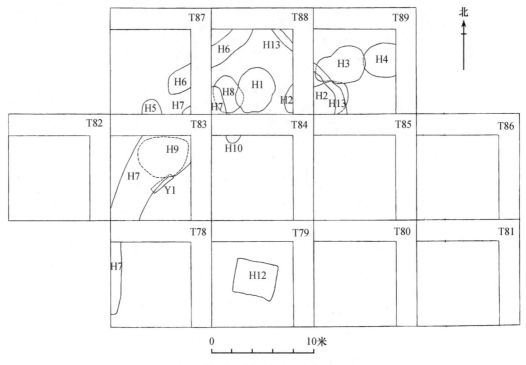

图四　铺子河遗址群Ⅳ区遗迹平面图

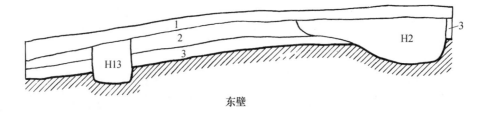

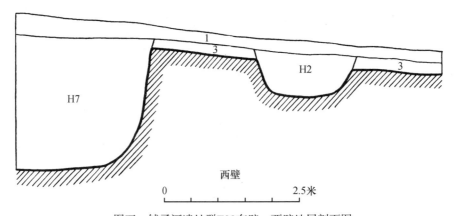

图五　铺子河遗址群T88东壁、西壁地层剖面图

二、出土遗物

（一）第2层

1. 陶器

冶炼缸　2件。形制相同。圆唇，敛口，鼓肩，深腹，平底。素面，器身有明显旋坯痕。灰黑胎，夹砂，较坚。素烧。似有釉，烧焦。

T79②：1，口径8.5、底径8.8、高28.6厘米（图六，1）。

T79②：2，口径8、底径8.8、高24厘米（图六，2）。

2. 瓷器

青花碗　4件。

T81②：1，残存底部。底内凹，圈足，足墙外高内低，外墙内斜，内墙外斜，足沿平切。内底圆圈内用青花书一"寿"字。白胎，坚致。底径6.6厘米（图六，3）。T83②：1，残存底部。竖腹内收至底，底微塌，圈足，足墙外撇，外高内低，足沿较尖。外腹用青花描绘纹饰，内底圆圈内书写文字，无法识别。白胎，坚质。底径4.5、残高4厘米（图六，4）。T92②：1，残。尖圆唇，敞口，弧腹，圈足，足墙外低内高，外墙内斜，内墙外斜，足沿平切。外壁用青花描绘双层灵芝纹，内底绘折枝灵芝，发色灰蓝，纹饰简练。内外施釉，白中泛灰，足沿刮釉一圈。口径15.6、底径6.8、高7厘米（图六，7）。T92②：2，残。尖唇，撇口，壁微弧，圈足，足墙外撇，外低内高，足沿微圆，底心有乳突。外壁用青花描绘葵花纹，发色暗黑。除内底及足沿，内外壁皆施釉，白中泛灰，釉面不平。口径16、底径8.8、高7.2厘米（图六，6）。

白釉碗　1件。T84②：1，尖唇，撇口，弧腹。素面。口径12.8、残高3.5厘米（图六，5）。

3. 铁器

刀　T92②：3，圆形銎口，刃部呈三角形，一侧有刃。通长38.6、銎口直径3厘米（图七）。

（二）第3层

陶器

罐　5件。

T78③：1，泥质灰陶。仅残存肩部以上。直口，鼓肩。肩部装饰弦纹。残高6厘米（图八，21）。T78③：2，泥质灰陶。仅存罐底。弧腹平底。残高6、底径12厘米（图八，23）。T83③：2，夹砂灰陶。仅存上腹部以上。侈口，弧肩。器表装饰绳纹。口径11.6厘米

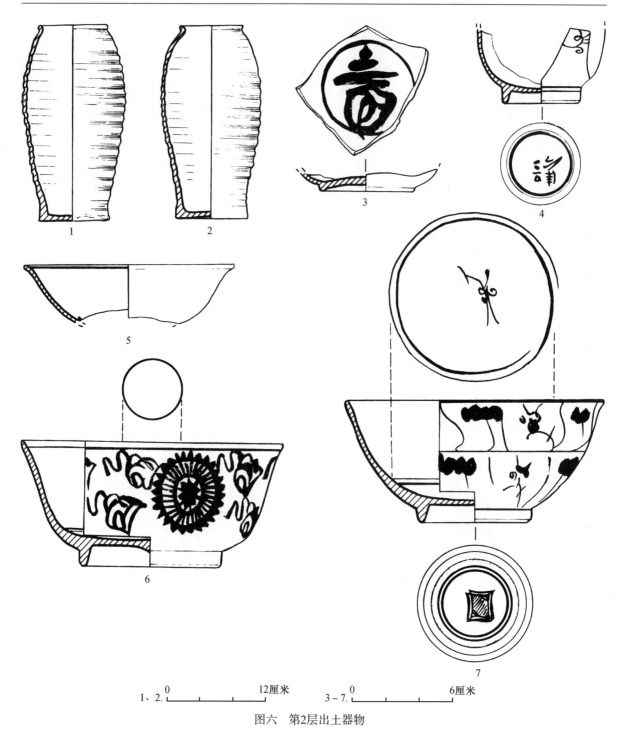

图六　第2层出土器物

1、2.陶冶炼缸（T79②∶1、T79②∶2）　3、4、6、7.青花瓷碗（T81②∶1、T83②∶1、T92②∶2、T92②∶1）

5.白釉瓷碗（T84②∶1）

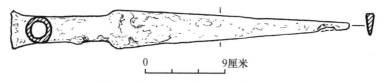

图七　第2层出土铁刀（T92②∶3）

（图八，26）。T84③：3，夹砂灰陶。仅存口部。侈口。器表装饰绳纹。口径12.8厘米（图八，20）。T84③：5，泥质灰陶。残存口部。直口，厚唇。残高2.8、口径6厘米（图八，19）。

钵　15件。皆泥质灰陶，素面。

T90③：1，完整。圆唇，口沿内折，斜弧腹，较浅，假圈足。口径9.5、底径4、高3.3厘米（图八，5）。T90③：2，残。圆唇，敛口，弧腹，平底。口径9.6、底径3.6、高3.9厘米（图八，4）。T90③：3，敞口，斜收腹，平底。口径10、底径3、高1.8厘米（图八，7）。T90③：4，完整。圆唇，敞口，浅弧腹，平底。口径8.7、底径2.7、高2.7厘米（图八，1）。T90③：6，圆唇，敞口，浅弧腹，假圈足。口径9.2、底径3、高2.7厘米（图八，25）。T90③：7，圆唇，撇口，斜弧腹，假圈足。口径8、底径2.4、高2.7厘米（图八，3）。T90③：8，圆唇，敞口，弧腹，平底。口径10、底径4.5、高2.7厘米（图八，8）。T90③：12，敞口，弧腹，平底。口径10、底径4.8、高4厘米（图八，10）。T90③：11，残。尖圆唇，敞口，斜腹，平底。口径11、底径4.8、高3.6厘米（图八，9）。T90③：15，圆唇，敞口，斜腹，假圈足。口径8.7、底径3、高3厘米（图八，6）。T90③：22，敞口，斜收腹，假圈足。口径9.6、底径3.6、高4.4厘米（图八，12）。G5③：2，尖圆唇，口微敛，弧腹，实足。素面。口径8.4、底径3.9、高3厘米（图八，13）。G5③：3，圆唇，敞口，浅弧腹，平底。素面。口径9、底径3.9、高2.7厘米（图八，14）。G5③：4，圆唇，敛口，弧腹，平底。素面。口径9.6、底径3.9、高3厘米（图八，2）。G5③：5，尖圆唇，口微敛，弧腹，实足。素面。口径9.9、底径4.5、高3.3厘米（图八，18）。

碗　2件。

T90③：5，泥质灰陶。残。尖圆唇，撇口，弧腹，平底。素面。口径16.8、底径6、高6厘米（图八，11）。T90③：20，泥质灰陶。残。尖圆唇，撇口，弧腹，假圈足。器表涂抹有黑灰色物质，类似釉，呈流淌状。口径16.8、底径6、高6厘米（图八，16）。

盖　2件。

T90③：13，泥质灰陶。草帽状，下端敞口，平折沿。口径12、高5.6厘米（图八，15）。T90③：19，泥质灰陶。残。圆唇，斜壁，捉手顶平。盖面有凹弦纹一周。顶径3.2、口径10、高3.2厘米（图八，22）。

纺轮　1件。T84③：1，泥质灰陶。圆形，一面稍小，中部有孔。高1.9、直径2.3～4厘米（图九，9）。

盆　2件。

T84③：4，泥质灰陶。残存部分口沿。折沿。高4厘米（图八，17）。T84③：6，泥质灰陶。残存部分口沿。卷沿，直腹。残高6厘米（图八，24）。

冶炼缸　1件。T89③：4，夹砂深灰陶。完整。圆唇，敛口，鼓肩，深长腹，内收至底，平底。素面。器身有明显旋坯痕。素烧。器表有大量焦状物质。口径12、底径8.4、高32厘米（图九，10）。

杯　1件。T90③：14，泥质灰陶。残。尖唇，口沿外翻，斜腹微弧，平底高足。素面。口径8、底径4.4、高6.4厘米（图九，7）。

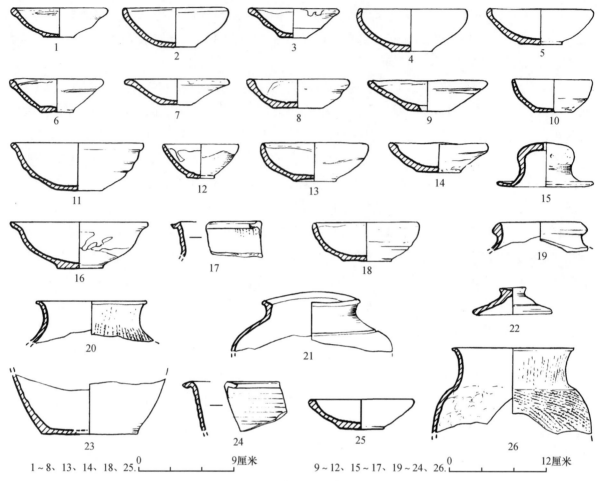

图八　第3层出土陶器

1～10、12～14、18、25. 钵（T90③：4、G5③：4、T90③：7、T90③：2、T90③：1、T90③：15、T90③：3、T90③：8、
　　T90③：11、T90③：12、T90③：22、G5③：2、G5③：3、G5③：5、T90③：6）　11、16. 碗（T90③：5、T90③：20）
15、22. 器盖（T90③：13、T90③：19）　17、24. 盆（T84③：4、T84③：6）　19～21、23、26. 罐（T84③：5、T84③：3、
　　T78③：1、T78③：2、T83③：2）

　　窑具　7件。

　　垫圈　3件。器形相同。

　　T90③：9，泥质褐色陶。残存一半。圆饼形，中空，穿孔边缘斜切。器形不甚规整。素面。孔径2.7、外径10.5、厚0.4厘米（图九，3）。T90③：10，泥质黄褐陶。残存一半。穿孔及外缘皆斜切。器形不甚规整。素面。孔径3.6、外径10.5、厚0.5厘米（图九，2）。G5③：1，泥质灰褐陶。完整。圆饼形，中空，穿孔边缘斜切。器形较规整。素面。孔径4.8、外径1.4、厚0.6厘米（图九，1）。

　　齿形垫烧具　2件。

　　T90③：16，夹砂灰褐陶，烧结程度高。表面涂有褐色陶衣。完整。垫圈上均匀分置6颗齿形垫钉。素面。径6.6、最大齿间距6、高2.7厘米（图九，4）。T90③：17，泥质灰褐陶。烧结程度高。表面涂有褐色陶衣。残。垫圈上均匀分置8颗齿形垫钉。素面。径20、最大齿间距19.2、高5.2厘米（图九，8）。

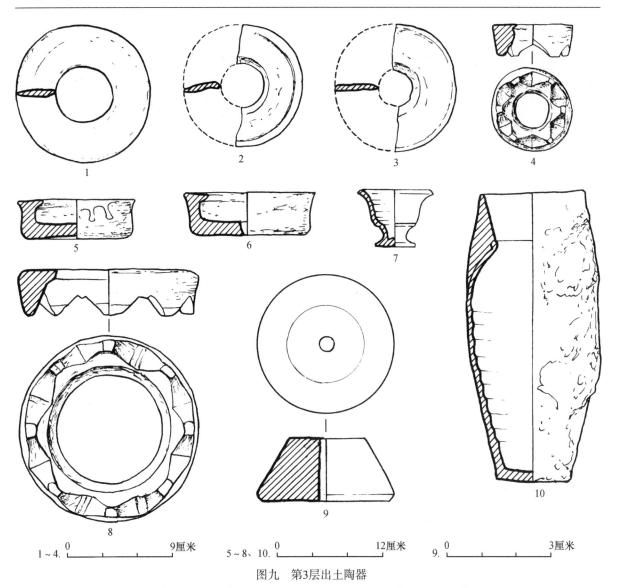

图九　第3层出土陶器

1~3. 垫圈（G5③：1、T90③：10、T90③：9）　4、8. 齿形垫烧具（T90③：16、T90③：17）　5、6. 圈形支烧具
（T90③：21、T90③：18）　7. 杯（T90③：14）　9. 纺轮（T84③：1）　10. 冶炼缸（T89③：4）

圈形支烧具　2件。器形相同。

T90③：18，泥质夹砂褐陶。平顶，边缘微圆，直壁外撇，底部中空，整体呈矮圈座形。素面。顶径13.2、底径15.8、高4.8厘米（图九，6）。T90③：21，泥质夹砂褐陶。残。器壁微内收。素面。表面涂有褐色陶衣。顶径12、底径13.6、高4.4厘米（图九，5）。

（三）H1

位于T88南部，开口于第1层下，打破H8，坑口为椭圆形，直径3.8~4.2米，坑内堆积以炉炭渣和红烧土块为主，没有遗物出土。

（四）H2

位于T88东南角，T89西南角，开口于第1层下，整体呈圆角长方形，长6.2、宽2米，深0.85米。坑内堆积以炉炭渣和红烧土块为主。

1. 陶器

冶炼缸　3件。形制基本相同。

T89H2：4，夹砂灰陶。完整。圆唇，敛口，深长腹，斜收至底，平底。素面。器身有明显旋坯痕。口径9、底径8.8、高26厘米（图一〇，3）。T89H2：6，夹砂黄褐陶。完整。圆唇，敛口，深长腹，斜收至底，平底。素面。器身有明显旋坯痕。口径8、底径8.8、高25厘米（图一〇，4）。T89H2：7，夹砂灰黄色陶。完整。圆唇，敛口，鼓肩，深腹，平底。素面。器身有明显旋坯痕。口径6.4、底径8.4、高24.8厘米（图一〇，5）。

杯　1件。T89H2：2，泥质灰褐陶，较坚。口磕。圆唇，侈口，带流，扁条形柄，深腹，平底。素面。器身有明显旋坯痕。口径7.6、底径8.8、高14厘米（图一〇，8）。

2. 瓷器

青花碗　1件。T89H2：1，尖圆唇，撇口，弧腹，圈足，足墙较直，外高内低，足沿平切。外腹和内壁用青花单线涂绘鱼藻纹，口沿处上下各绘弦纹两周，纹饰简练。胎色灰白，胎质较坚。内外施釉，白釉泛青，足沿无釉，有开片。口径24.8、底径9.6、高9.8厘米（图一〇，7）。

茶叶末釉罐　1件。T88H2：5，残。圆唇，直口，短颈，鼓腹，圈足，足墙外高内低，外墙内斜，内墙竖直，足沿斜切后平切。素面。白胎泛灰，较坚致。内外施釉，外不及地，釉面不甚光洁。口径6、底径6.8、高12厘米（图一〇，9）。

（五）H3

位于T89西部，开口于第1层下，打破H4，整体呈不规则形，最宽约6.8米。坑内堆积以炉炭渣和红烧土块为主。

遗物皆为陶器。

冶炼缸　1件。T89H3：3，夹砂灰陶。口残。圆唇，敛口，深长腹，斜收至底，平底。素面。器表大面积焦状堆积。口径不详，底径9.2厘米（图一〇，6）。

盆　2件。器形相同。T89H3：1，泥质红陶。残存口部。尖唇，外凸，侈口，弧腹。周身有数道暗弦纹。口径40.5、残高8厘米（图一〇，2）。T89H3：2，泥质红陶。残存口部。尖唇，外凸，侈口，弧腹。周身有数道暗弦纹。口径41、残高15厘米（图一〇，1）。

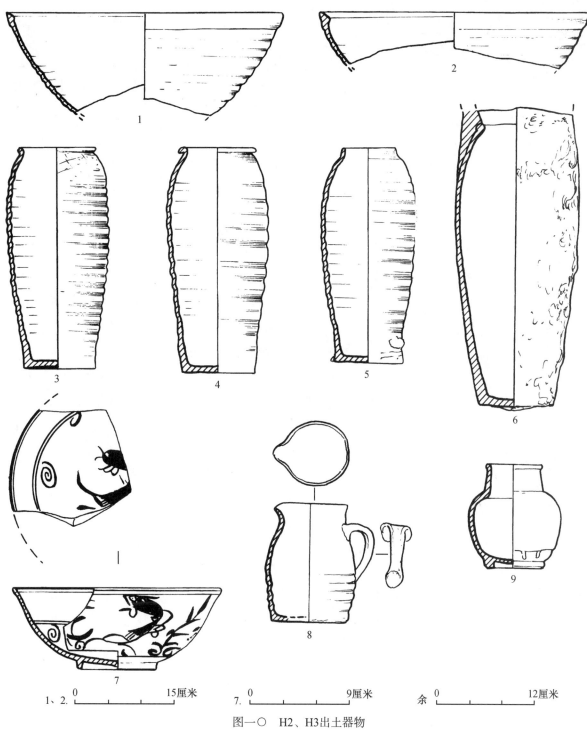

图一○ H2、H3出土器物

1、2.陶盆（T89H3：2、T89H3：1）　　3～6.陶冶炼缸（T89H2：4、T89H2：6、T89H2：7、T89H3：3）

7.青花瓷碗（T89H2：1）　8.陶杯（T89H2：2）　9.茶叶末釉瓷罐（T88H2：5）

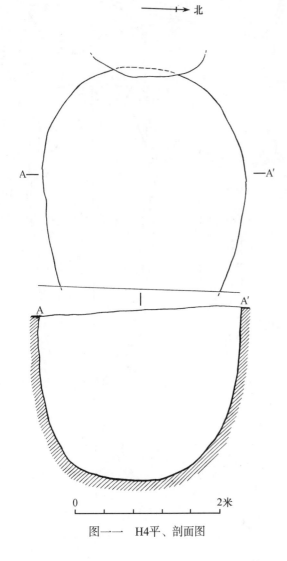

图一一　H4平、剖面图

（六）H4

位于T89东部，进入东部隔梁下，开口于第1层下，被H3打破，坑口呈椭圆形，圜底，直径约2.8、深2.2米。坑内堆积以炉炭渣和红烧土块为主（图一一；图版四〇，2）。

1. 陶器

冶炼缸　6件。形制基本相同。

T89H4：3，深灰胎，夹砂。完整。圆唇，敛口，溜肩，深长腹，平底。素面，器身有明显旋坯痕。素烧。口径8、底径8.8、高28厘米（图一二，2）。T89H4：2，夹砂灰陶。完整。圆唇，敛口，鼓肩，深长腹，束径，平底。素面。器身有明显旋坯痕。素烧。口径8.5、底径9.2、高26厘米（图一二，5）。T89H4：4，夹砂灰陶。完整。圆唇，敛口，深长腹，平底。素面。器表有大面积焦状物质。口径8.4、底径10、高28.4厘米（图一二，3）。T89H4：5，夹砂深灰陶。完整。圆唇，敛口，深长鼓腹，平底。素面。器身有明显旋坯痕。口径9.2、底径8.4、高25厘米（图一二，1）。T89H4：6，夹砂灰陶。完整。圆唇，敛口，深长腹，斜收至底，平底。素面。器表有烧焦痕迹。口径10、底径9.2、高28.8厘米（图一二，6）。T89H4：7，夹砂灰陶。完整。圆唇，敛口，深长腹，斜收至底，平底。素面。器表有烧焦痕迹。口径9.6、底径10、高28.4厘米（图一二，4）。

2. 瓷器

青花碗　1件。T89H4：1，残。尖唇，敞口，弧腹，圈足，足墙竖直，内外齐平，足沿二次切削。外壁及内底用青花单线涂绘螭龙纹，纹饰草率。胎色洁白，胎质坚致。内外施满釉，釉面较光洁。足沿粘砂。口径12.8、底径6.2、高5.4厘米（图一二，7）。

（七）H5

位于T87南部，开口于第1层下，南壁进入隔梁下，露出部分宽约2米。坑内堆积以炉炭渣和红烧土块为主。

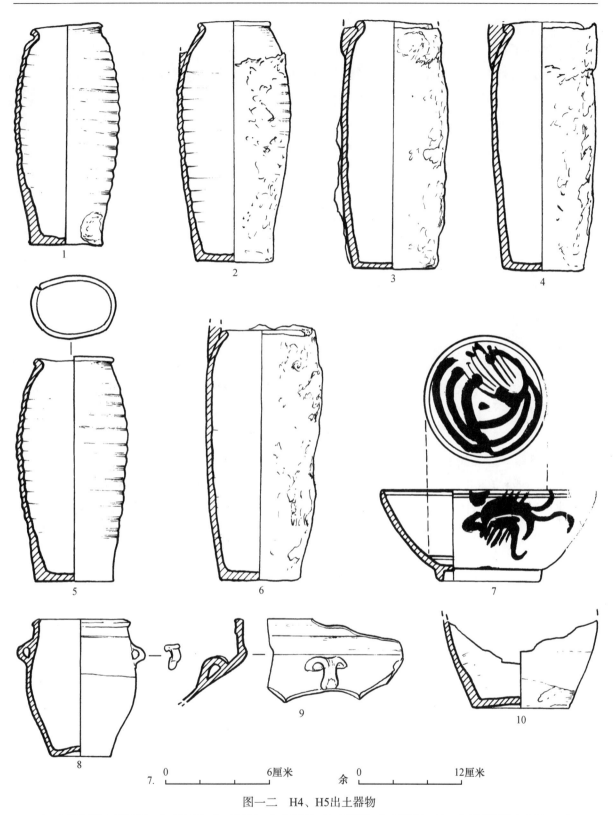

图一二　H4、H5出土器物

1～6.陶冶炼缸（T89H4：5、T89H4：3、T89H4：4、T89H4：7、T89H4：2、T89H4：6）　7.青花瓷碗（T89H4：1）

8、9.青釉瓷罐（H87H5：1、T87H5：2）　10.陶罐（T87H5：3）

青釉瓷罐　2件。

T87H5：1，灰褐胎。外壁施半截釉，釉层稀薄。完整。方唇，出沿，直口，短颈，溜肩，肩部对称各置一圆条形系，鼓腹，底内凹。素面。口径10、底径7.2、高16厘米（图一二，8）。T87H5：2，红褐胎，稍坚。器表施青釉，釉面不甚光洁。残存口部。方唇出棱，直口，丰肩，置扁条形系。素面。残高10厘米（图一二，9）。

陶罐　1件。T87H5：3，泥质灰陶。仅存底部。弧腹平底略凹。残高10、底径12厘米（图一二，10）。

（八）H6

由T87东部进入东壁，再由T88西壁，经探方西北部，进入北壁，整体为一西南—东北方向的长沟。开口于第2层下，露出部分长9、宽约1.6米，沟底为弧形，最深0.8米。灰坑堆积为红褐土，内含较多灰粒和碎红烧土块，出有较多陶片（图一三）。

遗物皆为陶器。

盆　12件，皆泥质灰陶。

T88H6：1，底部残缺。卷沿，斜直腹。口径48厘米（图一四，1）。T88H6：2，折沿，斜直腹，底部残。口径42厘米（图一四，7）。T88H6：3，仅存部分口沿。卷沿（图一四，3）。T88H6：4，仅存口沿。卷沿直腹。口径40厘米（图一四，11）。T88H6：5，仅存口部。窄折沿，直腹。口径30厘米（图一四，6）。T88H6：6，仅存口部。卷沿，直腹。口径39厘米（图一四，5）。T88H6：7，仅存部分口部。卷沿，直腹（图一四，2）。T88H6：23，仅存部分口部。卷沿，直腹（图一四，9）。T88H6：28，仅存残片（图一四，8）。T88H6：29，仅存部分口部。平折沿。口径54厘米（图一四，4）。T88H6：31，仅存底部。平底。底径20.8厘米（图一四，12）。T88H6：33，仅存底部。平底。底径28.8厘米（图一四，10）。

罐　11件。皆泥质灰陶，侈口折腹。腹部装饰绳纹。

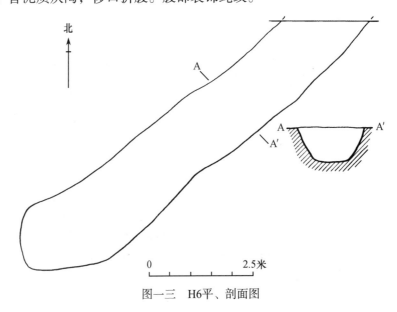

图一三　H6平、剖面图

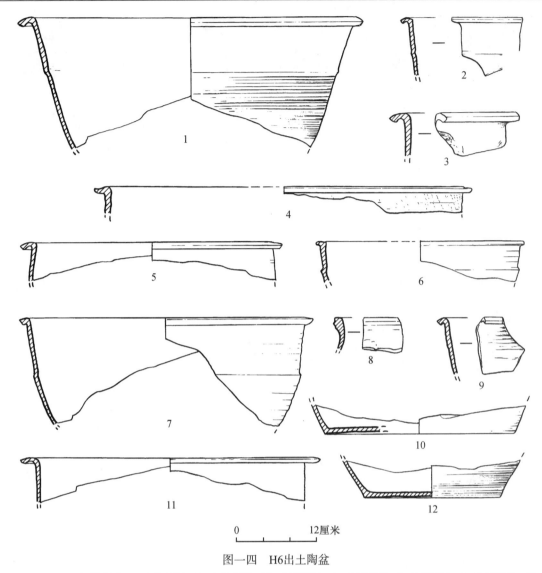

图一四　H6出土陶盆

1. T88H6：1　2. T88H6：7　3. T88H6：3　4. T88H6：29　5. T88H6：6　6. T88H6：5　7. T88H6：2　8. T88H6：28

9. T88H6：23　10. T88H6：33　11. T88H6：4　12. T88H6：31

　　T88H6：10，腹部以下残失。口径15.5厘米（图一五，1）。T88H6：11，腹部以下残失。残高8.4、口径15.6厘米（图一五，2）。T88H6：13，腹部以下残失。口径12.5厘米（图一五，3）。T88H6：14，腹部以下残失。残高6.4、口径15.8厘米（图一五，5）。T88H6：15，仅存部分口部。侈口。残高5.2厘米（图一五，4）。T88H6：18，仅存口部。折沿。残高6.2、口径15.6厘米（图一五，6）。T88H6：19，腹部以下残失。平折沿，束颈。腹部装饰绳纹（图一五，8）。T88H6：21，腹部以下残失。口径14厘米（图一五，7）。T88H6：24，仅存口部。平折沿束颈。口径8厘米（图一五，11）。T88H6：25，肩部以下残失。侈口。腹部装饰绳纹。口径16厘米（图一五，10）。T88H6：34，仅存底部。平底。底径13.2厘米（图一五，9）。

　　钵　1件。T88H6：22，泥质灰陶。残破成多片。侈口，折腹（图一五，15）。

　　甑　2件。皆泥质灰陶。

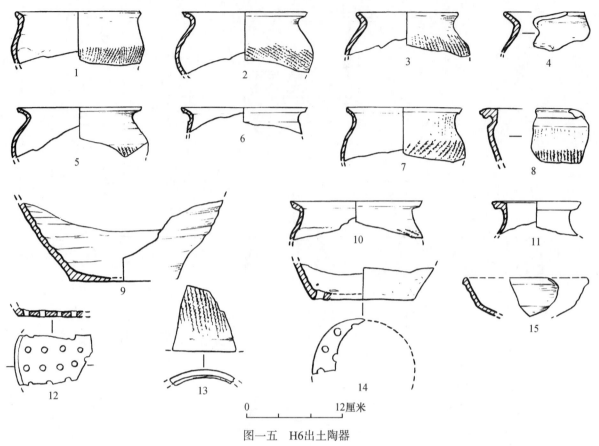

图一五　H6出土陶器

1~11. 罐（T88H6：10、T88H6：11、T88H6：13、T88H6：15、T88H6：14、T88H6：18、T88H6：21、T88H6：19、
T88H6：34、T88H6：25、T88H6：24）　12、14. 甑（T88H6：36、T88H6：35）　13. 板瓦（T88H6：37）
15. 钵（T88H6：22）

T88H6：35，仅存底部。平底有箅孔。底径12.8厘米（图一五，14）。T88H6：36，仅存底部残片。有箅孔（图一五，12）。

瓦　1件。T88H6：37，泥质灰陶。仅存残片。背部有绳纹（图一五，13）。

（九）H7

坑口长条形，在T78西侧南北延伸，西南向东北贯穿T83，进入T88西南角。打破Y1和H9，且由西南向东北渐宽，露出部分宽3.2~6、深约2.5米。坑内堆积以炉炭渣和红烧土块为主。

1. 陶器

冶炼缸　2件。形制相同。T83H7：1，灰黑胎，夹砂，较坚。完整。圆唇，敛口，溜肩，深长腹，平底。素面。器身有明显旋坯痕。素烧。似有釉，烧焦。口径8.5、底径8.4、高25.6厘米（图一六，1）。T83H7：6，完整。口径8、底径9、高22厘米（图一六，2）。

盘　1件。T83H7：3，泥质灰陶。完整。尖唇，出沿，敞口，浅腹，实足。素面。口径9.3、底径3、高3.3厘米（图一六，3）。

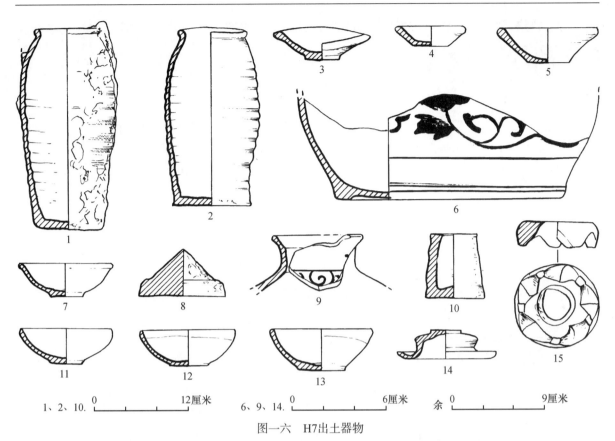

图一六　H7出土器物

1、2. 陶冶炼缸（T83H7：1、T83H7：6）　3. 陶盘（T83H7：3）　4、5、11~13. 陶钵（H83H7：11、T83H7：16、
T83H7：7、T83H7：4、T83H7：10）　6. 白釉黑彩瓷盆（T78H7：17）　7. 陶碗（T83H7：9）　8、14. 陶器盖（T83H7：13、
　　　T83H7：14）　9. 青花瓷瓶（T83H7：15）　10. 陶支烧具（T83H7：5）　15. 陶垫烧具（T83H7：12）

钵　5件。

T83H7：4，泥质灰陶。完整。圆唇，口微敛，弧腹，实足。素面。口径9.3、底径3.6、高3.6厘米（图一六，12）。T83H7：7，泥质灰陶。完整。圆唇，口微敛，弧腹，实足。素面。口径9、底径3、高3.6厘米（图一六，11）。T83H7：10，泥质灰陶。完整。圆唇，口微敛，弧腹，实足。素面。口径9.6、底径4.5、高3.7厘米（图一六，13）。T83H7：16，泥质灰陶。完整。圆唇，敞口，斜弧腹，平底。素面。口径9.6、底径3.6、高3厘米（图一六，5）。T83H7：11，泥质灰陶。完整。圆唇，敞口，浅斜腹，平底。素面。口径6.9、底径3.3、高1.8厘米（图一六，4）。

碗　1件。T83H7：9，泥质灰陶。完整。圆唇，撇口，浅弧腹，实足。素面。口径9、底径3.3、高3厘米（图一六，7）。

器盖　2件。T83H7：13，泥质灰陶。制作粗糙。完整。平面呈锥形。素面。口径5.4、高3厘米（图一六，8）。T83H7：14，泥质灰陶。完整。尖圆唇，卷沿，盖面平坦，上置圆台形捉手。素面。顶径2、盖径6.4、高1.8厘米（图一六，14）。

窑具　2件。

柱形支烧具　1件。泥质红褐陶。T83H7：5，完整。顶部平坦，内部中空，斜直腹内收至底，底平有孔。素面。顶径8、底径6、高8厘米（图一六，10）。

齿形垫烧具　1件。泥质灰陶。T83H7：12，完整。垫圈上均匀分置5颗齿形垫钉。素面。径7.5、高1.5厘米（图一六，15）。

2. 瓷器

青花瓶　1件。T83H7：15，残存口颈部。敞口，束颈。外壁青花描绘卷草纹。胎釉情况不明。口径7.8、残高3.6厘米（图一六，9）。

白釉黑彩盆　1件。残存底部。T78H7：17，弧腹，平底，浅圈足。腹部彩绘缠枝花卉纹，线条流畅。胎质稍疏。底径32、残高18厘米（图一六，6）。

（十）H8

位于T88西南部，开口于第1层下，被H1、H7打破，坑口呈圆形，直径约3.4米。坑内堆积以炉炭渣和红烧土块为主。

陶冶炼缸　6件。形制基本相同。

T88H8：1，夹砂灰陶。完整。圆唇，敛口，鼓肩，深长腹，束颈，平底。素面。器身有不明显旋坯痕。口径6.8、底径10、高24厘米（图一七，1）。T88H8：2，夹砂灰陶。完整。圆唇，敛口，鼓肩，深长腹，斜收至底，平底。素面。器身有明显旋坯痕。器表有烧焦痕迹。口径8、底径9.6、高24厘米（图一七，2）。T88H8：3，夹砂灰黑陶。完整。圆唇，敛口，深长鼓腹，平底。素面。器身有明显旋坯痕。器表有火烧痕迹。有大量粘砂和烧焦痕。口径9.2、底径9.6、高28.4厘米（图一七，3）。T88H8：4，夹砂灰褐陶。完整。圆唇，敛口，深长鼓腹，斜收至底，平底。素面。器身有明显旋坯痕。口径9.6、底径10.8、高24厘米（图一七，4）。T88H8：6，夹砂灰陶。完整。圆唇，敛口，深长腹，斜收至底，平底。素面。器身有旋坯痕。器表有粘砂和烧焦痕迹。口径9.2、底径9.6、高27.6厘米（图一七，5）。T88H8：7，夹砂灰陶。完整。圆唇，敛口，鼓肩，深长腹，平底。素面。器身有不明显旋坯痕。器表有烧焦痕迹。口径10.4、底径11.2、高28.4厘米（图一七，6）。

（十一）H9

位于T83东北部，开口于第1层下，被H7打破，坑口呈圆形，直径1～1.8米。坑内堆积以炉炭渣和红烧土块为主（图一八）。

遗物皆为陶器。

冶炼缸　4件。形制基本相同。

T83H9：1，泥质红陶，夹白砂，较疏。完整。圆唇，敛口，鼓肩，深长腹，束颈，平底。素面。器身有不明显旋坯痕。素烧。口径7.6、底径7.6、高24厘米（图一七，7）。T83H9：2，夹砂灰陶，较疏。完整。圆唇，敛口，鼓肩，深长腹，斜收至底，平底。素面。器身有明显旋坯痕。器表有烧焦痕迹。口径8、底径8、高21.8厘米（图一七，8）。T83H9：4，夹砂红陶。完整。圆唇，敛口，鼓肩，深长腹，束颈，平底。素面。器身有明显

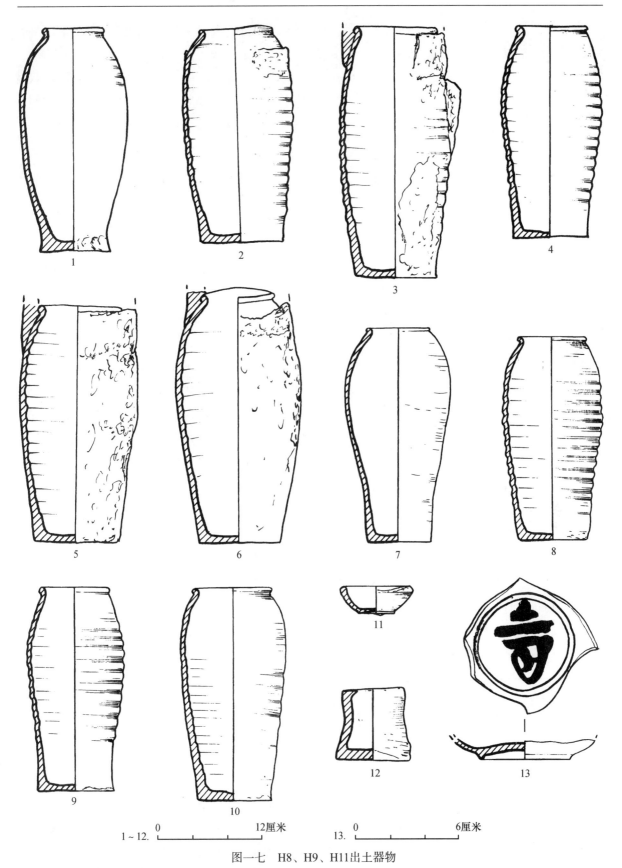

图一七　H8、H9、H11出土器物

1~10. 陶冶炼缸（T88H8：1、T88H8：2、T88H8：3、T88H8：4、T88H8：6、T88H8：7、T83H9：1、T83H9：2、T83H9：4、
T83H9：6）　11. 陶钵（T83H9：3）　12. 陶支烧具（T83H9：5）　13. 青花瓷碗（T90H11：1）

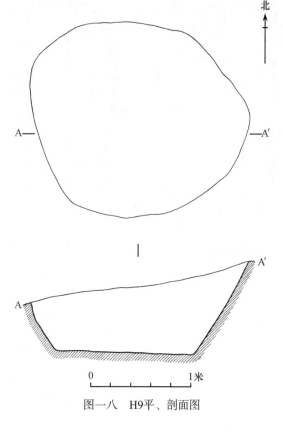

图一八　H9平、剖面图

旋坯痕。器表有火烧痕迹。口径8、底径8.8、高23.6厘米（图一七，9）。T83H9：6，夹砂灰陶。完整。圆唇，敛口，丰肩，深长腹，斜收至底，平底。素面。器身有旋坯痕。器表有烧焦痕迹。口径7.2、底径6.6、高24厘米（图一七，10）。

钵　1件。T83H9：3，泥质灰陶。完整。圆唇，敞口，浅腹，小平底，微内凹。素面。口部有粘烧痕。口径8、底径4、高3.6厘米（图一七，11）。

柱形支烧具　1件。泥质灰褐陶。T83H9：5，完整。略有变形。顶部平坦，内部中空，束腰，底平有孔。素面。顶径8、底径7.6、高8.8厘米（图一七，12）。

（十二）H11

青花瓷碗　1件。T90H11：1，残存碗底。底部上凸，圈足，外高内低，足墙内斜，尖足沿。内底青花书一"寿"字，外有双圈。底径5.3厘米（图一七，13）。

（十三）H12

位于T79正中，坑口长方形，长4.2、宽3.1米。灰坑堆积为红褐土，内含较多灰粒和碎红烧土块，所出陶片细碎，无法拼对。

此外还有H10、H13未出土遗物。

（十四）Y1

遗迹综述已经介绍，此不赘述。

三、结　语

根据各层及单位土质土色和包含物情况，可以将各探方遗迹层位情况分组如表二所示。

其中，第二组遗迹所出遗物主要为冶炼缸，器形瘦高，有使用过和未使用过两种，其次为瓷器，器形以青花瓷碗为主，个别瓷片上有用针戳刻的人名，还发现少量釉陶壶和陶片。再参照之前发掘的资料，可以确定为其时代为明代。第一组遗迹所出遗物皆为陶片，分为泥质和夹砂两种，以泥质为主，夹砂较少，陶色有深灰和浅灰两种，以深灰色居多，纹饰以绳纹为主，有少量弦纹，绳纹有细、中、粗三种，以细绳纹为主，器形有釜、罐、盆、甑等，以罐、盆为多见。时代应为战国至汉代。

此外在Ⅲ区发掘出土的文物如陶碗、双耳罐、支圈、支垫等，与2001年出土相关器物对比，应为宋代遗物，比较重要。

本次发掘完善了之前对铺子河遗址群的认识，丰富了资料。

表二　遗迹分组情况

探方	近现代层	第二组	第一组	生土
T78	①层	②层、H7	③层	生土
T79	①层	②层	③层、H12	生土
T80	①层	②层	③层	生土
T81	①层	②层	③层	生土
T82	①层	②层	③层	生土
T83	①层	②层、H7、H9	③层、Y1	生土
T84	①层	②层、H10	③层	生土
T85	①层	②层	③层	生土
T86	①层	②层	③层	生土
T87	①层	H5、H7	③层、H6	生土
T88	①层	②层、H1、H2、H7、H8	③层、H6	生土
T89	①层	②层、H2、H3、H4	③层	生土

附记：感谢重庆市文化局三峡办、重庆市文物局、丰都县文物管理所、兴义镇柳寺村的干部及村民对我们工作的大力支持和协助。本次发掘领队为谢尧亭，执行领队为王金平，参加发掘的人员有常如意、褚启俊、史春明、马教河。

绘图：马教河

执笔：谢尧亭　王金平　祁　冰

丰都赤溪墓群2003年度发掘报告

吉林省文物考古研究所
长春市文物保护研究所
丰都县文物管理所

一、墓群概况

丰都县位于重庆市中部，四川盆地东部边缘，其境东临石柱，南接武隆，西靠涪陵，北毗忠县，长江由西向东横贯县境，根据文献记载，该区域先秦时曾为"巴子别都"，至秦属巴郡枳县（今涪陵）；西汉时属益州巴郡枳县，东汉和帝永元二年（90年）置县，名平都，置所因依平都山（今名山）故名；蜀汉延熙十七年（254年）并入临江县（今忠县），属益州巴郡；东晋属梁州巴郡，南朝时期、宋初属益州巴郡，齐属巴州巴郡，梁属楚州临江郡，北朝西魏、北周属临江郡，其后几经易名，至1958年，始名丰都县。

赤溪墓群位于长江三峡重庆库区北岸的三级台地上，高程175～195米，中心地理坐标为东经107°48′05″，北纬29°57′16″。行政区划隶属丰都县镇江镇赤溪村二队，赤溪村原为丰都县农花乡，后因长江三峡库区淹没，农花乡迁至镇江易名为镇江镇，原农花乡改为镇江镇赤溪村，距赤溪墓群200米左右为赤溪遗址（图一）。

1992年，在国家文物局统一组织的三峡工程淹没区考古调查中，确认了丰都县镇江镇赤溪古墓葬群，1993年9月复查，1993年12月四川省文物考古研究所、丰都县文物管理所联合对赤溪墓群进行了小规模的试掘，共发掘了3座砖室墓，其中2座为刀形砖室墓、1座形制不明。

2002年对赤溪墓群按当地地形分三个区进行发掘。

A区名为"挖断梁"，其西与乡路相连，向东延伸至交椅山南侧，南为阶形台地直至江边，北为缓坡与乌龟堡相望。1993年四川省文物考古研究所与丰都县文物管理所曾联合对这里进行过试掘工作。此次在A区共布10米×10米探方9个，共发现墓葬9座，均是遭不同程度破坏而裸露于地表的砖室墓，墓葬编号为02CFCAM1～02CFCAM9。

B区名"屋基坪"，西与深基坪相连，向东与挖断梁相接，中间被乡路隔开，其上原为农田和果树。此次B区布10米×10米探方21个，发现墓葬7座，编号为02CFCBM1～02CFCBM7，均为砖室墓。

C区名"深基坪"，向西为阶形台地直至与担水河相接，隔担水河与流沙坡相望，向东与屋基坪相连。此次发掘在C区布10米×10米探方2个，发现砖室墓1座，编号为02CFCCM1。

2003年对赤溪墓群的发掘系2002年对赤溪墓群发掘的延续，2003年度的发掘依然按2002年的三个发掘区进行，探方独立编号，所发现墓葬编号依2002年度各区发掘墓葬顺序编号。

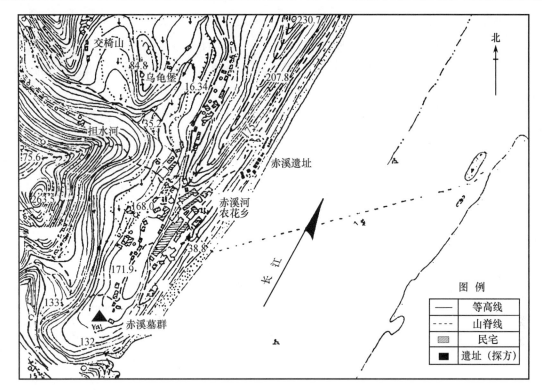

图一　赤溪墓群位置示意图

A区布10米×10米探方11个，发现墓葬6座，编号为03CFCAM10～03CFCAM15，均为砖室墓。

B区布10米×10米探方9个，发现墓葬5座，编号为03CFCBM8～03CFCBM12，除03CFCBM10、03CFCBM12为长方形土坑墓之外，其余均为砖室墓。

C区布10米×10米探方10个，发现墓葬4座，编号为03CFCCM2～03CFCCM5（以下省略03CFC），均为砖室墓。

二、墓葬形制

2003年，在A、B、C三区共发现墓葬15座，依据形制可分为土坑墓和砖室墓两种。

（一）土坑墓

发现2座，编号为BM10、BM12。

BM10　方向220°，墓室为长方形，墓内填土为黄褐色五花土，土质较硬，其中不见包含物。墓壁经修整后拍打而成。墓底留有生土二层台，二层台宽20～25厘米，墓室中部铺有一层厚3～5厘米的河卵石，其东西长3.05、南北宽2.5米，河卵石规格在3～9厘米（直径），以3～6厘米居多，其边缘距东壁0.47、距西壁0.4、距南壁0.38、距北壁0.2米，应为摆放葬具和随葬品所用，河卵石直接铺于生土之上（图二）。

　　由于保存环境的关系，只发现了3颗牙齿，未发现人骨架和棺椁痕迹。其中随葬品发现21件（套）：BM10：1，陶罐，灰陶，残，可复原；BM10：2，陶囷，灰陶，残，可复原；BM10：3，铜釜，残；BM10：4，石斧（填土中采集）；BM10：5，陶钵，灰陶，残，可复原，6件，其中3件完整；BM10：6，陶甑，灰陶，残，可复原；BM10：7，陶钵，灰陶，残，可复原；BM10：8，陶罐，灰陶，残，可复原；BM10：9，陶罐，灰陶，残，可复原；BM10：10，鎏金器耳，残；BM10：11，陶钵，灰陶，残，可复原，6件；BM10：12，陶灯，灰陶，残；BM10：13，铜钱，20枚；BM10：14，铜钱；BM10：15，鎏金器耳，完整；BM10：16，陶壶，灰陶，残；BM10：17，鎏金器耳；BM10：18，鎏金器耳；BM10：19，陶井饰件，灰陶，完整；BM10：20，陶罐（小），灰陶，完整；BM10：21，鎏金器耳。

　　BM12　方向206°，墓室平面呈长方形，为长方形土坑墓。墓内填土可分2层，第1层为灰褐色，土质较硬；第2层为黑褐色，土质相对疏松。墓室内侧四周有熟土二层台，土色为黄褐色，较黏，墓室东侧北部被BM11打破，在墓室南壁处发现一盗洞，直径45厘米（图三）。

　　由于盗扰等人为原因的破坏，未发现人骨架和棺椁痕迹，只在其中发现3件随葬品：BM12：1，彩陶俑，红陶，残；BM12：2，子母鸡，红陶，微残；BM12：3，铁器。

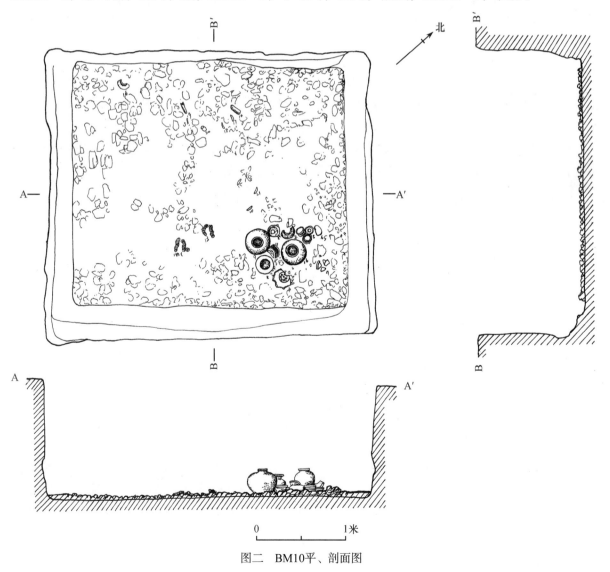

图二　BM10平、剖面图

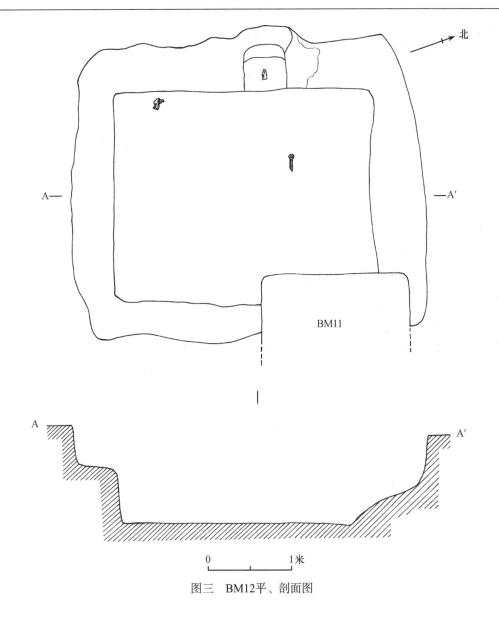

图三 BM12平、剖面图

（二）砖室墓

发现13座。编号为AM10～AM15、BM8、BM9、BM11、CM2～CM5。

所见墓葬均未见封土，且均遭到不同程度的破坏与盗扰。被盗扰严重者所剩无几，有的甚至空无一物。墓葬多由墓道、甬道、墓室三部分组成，但由于盗扰原因，有的墓葬的墓道或甬道已破坏殆尽，券顶也多遭破坏，只有CM5保存完好。多数墓葬残存随葬品，其中AM14、BM9、CM4、CM5出土随葬品较丰富，AM11、AM13由于盗扰严重未见随葬品。

AM11、AM12、AM13、CM3由于破坏严重，不可辨其平面结构；BM11为不规则四边形。其余均可见墓道，其中AM14、AM15、CM2、CM4、CM5发现完整墓道。

墓圹：坑壁较直，而且多经拍打修整，与墓砖壁的间距多在0.05～0.2米。

墓道：AM10、AM14、CM2、CM4、CM5发现完整墓道。AM10、AM14、CM2、CM5为长方形竖穴土坑斜坡式墓道，其中AM10、AM14较为规整，坡度分别为38°、50°；CM2、CM5

虽为长方形，但不规则，CM2坡度为35°，CM5底部中间垫有几块砖。CM4虽有完整墓道，但为不规则形状。

墓室：四壁均用单砖错缝平铺相砌而成，其中BM11、CM3用的是无榫卯结构的单砖，其余均用的是长方形子母扣砖。砖长多在41～46、宽18～21、厚7～9厘米，墓顶用楔形砖以子母扣式起券。楔形砖刃部一般厚5～6、背部厚6～8厘米，长宽与长方形砖大致相同，墓砖均为青灰色，多一立侧饰几何形规矩纹。

墓底：墓底先铺一层厚5～10厘米的细沙或黏土，再用长方形砖单层平铺而成，墓底与墓壁所用砖基本相同，有的无子母扣。有直铺和斜铺两种，直铺是以纵排或横排或纵横相间，错缝或对缝平砌而成，斜铺为"人"字形。有的墓葬甬道平铺、墓室斜铺或甬道斜铺、墓室平铺，也有墓室、甬道均直铺或均斜铺的。也有甬道或墓室不铺墓砖的。墓室与甬道底多同高，少数墓葬墓室高出甬道一砖的厚度。

封门：保存有封门的墓，用长方形砖错缝叠砌。

根据墓室平面结构，这批墓葬可分为三型。

A型　平面呈刀形，共7座，AM10、AM14、AM15、BM8、BM9、CM2、CM5。

AM14　方向北偏东230°，开口于第2层下，打破生土。券顶遭到破坏不复存在，墓室下部保存尚好。墓口距地表0.95、墓底距地表2.6米。墓内填土为黄褐色五花土，其中夹杂墓的残砖碎块等遗物，是墓被扰动破坏所致（图四）。

甬道长2、上部开口宽2、下部宽1.58、残深1.2～1.7米。墓室长3.01、宽2.4～2.6、残深1.5～1.7米。位于甬道前方的墓道为坡度为50°的长方形斜坡土坑墓道，上下端口均长2.35、宽1～1.6、分别深0.4和1.6米。墓道和甬道之间有封门砖，但大多被破坏，只余5层封门砖。墓壁用单砖错缝平砌而成，砖长41、宽17.5、厚7厘米，纹饰一侧多朝向墓内，墓底的铺法不一

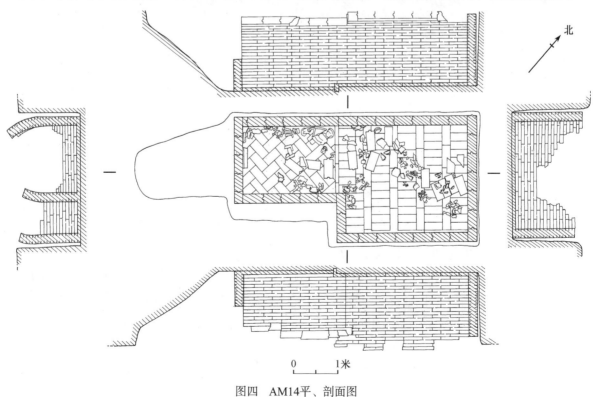

0　　　　1米

图四　AM14平、剖面图

致，墓室底部用单砖单层竖排与横排交替平铺而成。甬道底部用单砖单层"人"字形错缝平铺而成。墓室和甬道之间用单砖竖起横排对缝平铺。

墓室中部发现几块腐朽的人骨，但不能辨其部位及性别年龄。未发现棺椁痕迹，只在墓室靠近西壁中部发现朱砂痕迹。

随葬品共发现12件（套）：AM14：1，车马配件，共3件；AM14：2，博山炉盖，红陶；AM14：3，陶盘，红陶；AM14：4，博山炉盖，红陶；AM14：5，陶盉，红陶；AM14：6，器盖，红陶，器表施黄绿色釉，器身上有羊头纹饰，纽部为一小鸡；AM14：7，器盖，红陶，器表施绿色釉，纽部为一小鸡，器身上有一凸起纽饰；AM14：8，耳杯，红陶；AM14：9，人物俑，红陶；AM14：10，釉陶钵，器身施黄绿色釉，敞口，深腹，高圈足；AM14：11，青铜饰件；AM14：12，青铜饰件。

CM2 方向北偏东29°，开口于第2层下，打破生土。券顶已遭破坏不复存在，墓室下部保存尚好。墓口距地表0.15～0.5、墓底距地表1.95～2.45米。墓内填土为黄褐色五花土，其中夹杂残砖碎块等遗物，是墓被扰动破坏所致（图五）。

甬道平面呈长方形，长2.2、宽1.7、残深1.5米。墓壁单砖错缝平铺相砌而成，墓底用单砖单层竖排对缝平铺而成，只在墓室西北角和甬道前部有个别横排平铺现象，砖长46、宽18、厚7.5厘米。墓道和甬道之间有封门砖，由于长时间挤压破坏而凸向墓内，封门砖用单砖错缝相砌而成。

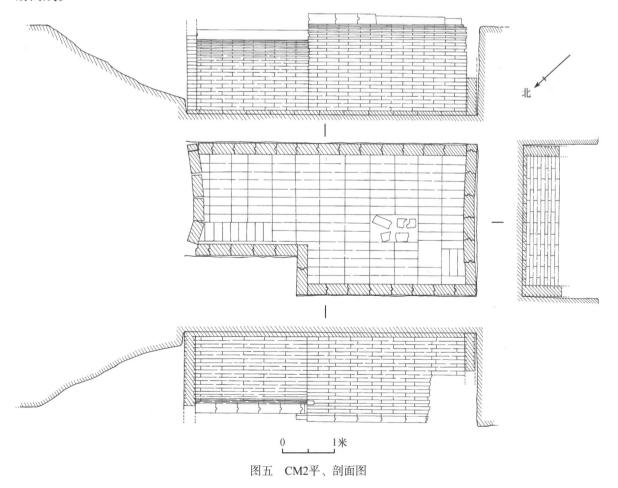

0   1米

图五 CM2平、剖面图

墓室内未发现人骨架和棺椁痕迹。

只发现可复原的随葬品2件（套），CM2∶1，陶罐，灰陶；CM2∶2，铜钱，3枚。其余均为残片。

CM5　是此次发掘中形制相对较为完整的一座墓，方向北偏东26°，开口于第2层下，打破生土（图六）。

墓口距地表0.3～0.6、墓底距地表2.96～3.2米。墓内填土可分2层：第1层为灰褐色土，土质较硬；第2层为多年淤积形成的黄色胶泥。

墓道为长方形斜坡式墓道，底部中间垫有几块砖，不规则。长2.4、宽1.5～1.7、深0～1.2米。

甬道券顶保存完好，用楔形砖子母扣式券。甬道底部长2.1、宽1.5～1.6、深2.5米。

墓室长3.1、宽2.35～2.5米。墓室券顶遭到破坏。墓壁用单砖错缝平砌而成，后壁有一不规则形盗洞，距墓室上部开口0.6、长0.8、宽0.55～0.7米。墓底用单砖单层"人"字形错缝平铺而成，甬道和墓室之间底有一排砖为顺长平铺而成。

在墓室中部偏南处发现有灰的痕迹，上面附有朱砂，应为葬具腐朽而致，但未发现人骨架的痕迹。

随葬品有42件：CM5∶1，瓷碗；CM5∶2，陶盘；CM5∶3，陶盘；CM5∶4，陶光头俑；CM5∶5，陶博山炉盖；CM5∶6，陶锤；CM5∶7，陶桌；CM5∶8，陶耳杯；CM5∶9，陶人物俑；CM5∶10，陶人物俑；CM5∶11，陶人物俑；CM5∶12，陶鸡；CM5∶13，陶

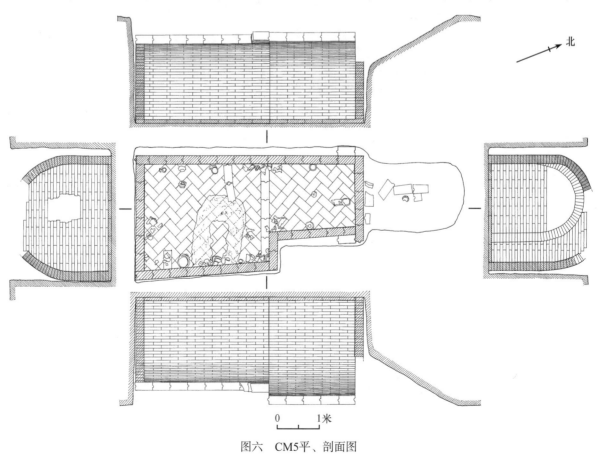

0　　1米

图六　CM5平、剖面图

鸡；CM5：14，陶钵；CM5：15，抚琴俑；CM5：16，陶盂；CM5：17，陶盆，残，灰陶；CM5：18，陶熊，红陶；CM5：19，陶镇墓兽；CM5：20，陶灯座；CM5：21，陶马俑；CM5：22，陶马俑；CM5：23，陶持袋俑；CM5：24，陶摇钱树座；CM5：25，陶琴；CM5：26，鎏金铜泡；CM5：27，鎏金铜泡；CM5：28，釉陶罐；CM5：29，陶杂技俑，残；CM5：30，陶方盒；CM5：31，陶击掌俑；CM5：32，陶胡人巫师俑；CM5：33，陶钵；CM5：34，陶器盖；CM5：35，陶武士俑；CM5：36，陶佩剑侍卫俑；CM5：37，铜镜；CM5：38，陶人物俑；CM5：39，陶人物俑；CM5：40，陶人物俑，灰陶；CM5：41，铜钱；CM5：42，陶灯碗。

B型　平面呈不规则四边形，共1座，BM11。

BM11　方向北偏东295°，开口于第1层下，打破BM12一角并打破第2层和生土（图七）。

墓口距地表0.2、墓底距地表1.77米。墓内填土为黑褐色，土质较硬，其中夹杂残砖碎块等遗物，是墓被破坏所致。

此墓无墓道和甬道，墓室也是三面砌砖，北壁未砌砖。墓室形状呈不规则四边形，为砖室结构，墓壁用砖平铺竖砌而成，其中在东、西壁各有一断口，宽20厘米，从墓口直至墓底。其

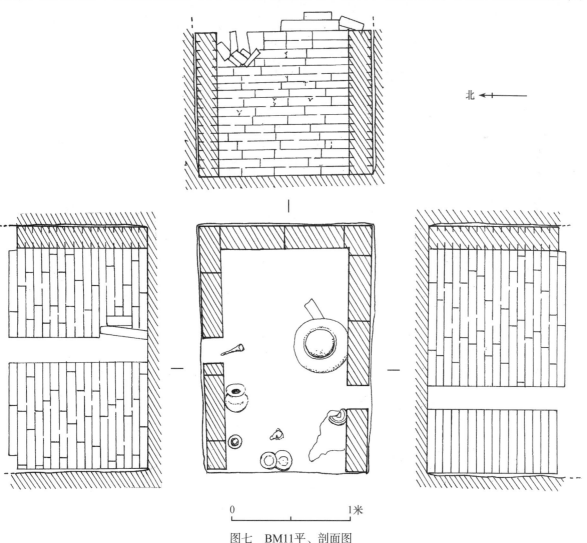

图七　BM11平、剖面图

中东壁断口至南壁0.76、西壁断口至南壁1.2米。墓底无铺地砖，系在生土上挖平而成。砖长45、宽20、厚8厘米。

在墓底的南端和北端发现大片的朱砂痕迹，未发现人骨架和棺椁痕迹。

共发现7件随葬品：BM11：1，陶钵，灰陶，残，可复原；BM11：2，陶罐；BM11：3，陶釜，红陶，残，可复原；BM11：4，陶钵，灰陶，残，可复原；BM11：5，陶钵，灰陶，残，可复原；BM11：6，陶灯，红陶，完整；BM11：7，铁锥。

C型　平面呈"中"字形，只有CM4一座。

CM4　方向北偏东28°，该墓开口于第2层下，打破生土（图八）。

墓口距地表1.1、墓底距地表3.15米。墓内填土上层为黄褐色五花土，下层为黄色胶泥，其中均夹杂残砖碎块等遗物。

该墓的整体形制为"中"字形，甬道平面呈长方形，长2.2、宽2.45米，墓壁用单砖错缝平砌而成，在北侧墓壁有一盗洞，距墓壁上部开口0.94米，呈不规则形状，长0.4、宽0.2～0.58米。在甬道北壁和墓室衔接处有一0.16米×0.2米的壁龛、在墓室后壁中间有一0.2米×0.2米的壁龛，甬道和前室的墓底用单砖单层竖排对缝平铺而成，甬道后部与前室后部用单砖单层横排

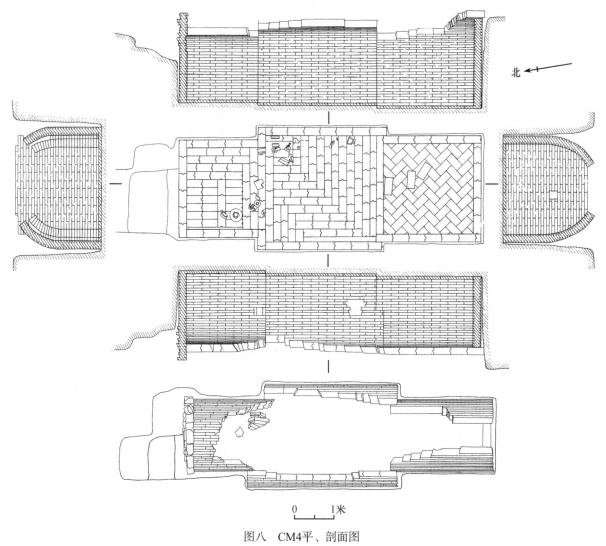

0　　　1米

图八　CM4平、剖面图

对缝或错缝平铺而成，后室墓底用单砖单层"人"字形错缝平铺而成。砖长42～43、宽19～22.5、厚6～10厘米，其中带榫卯结构的砖，榫长3厘米。

墓道为不规则形状，上下端口均长1.7、宽1.6～2.25、深分别为0.4、1米。

由于破坏较为严重，未发现人骨架和棺椁痕迹。

共发现完整和可复原的随葬品16件：CM4：1，绿釉陶锺；CM4：2，石斧；CM4：3，扶耳听琴俑，红陶；CM4：4，子母鸡，红陶；CM4：5，人物俑，红陶；CM4：6，陶盘，红陶；CM4：7，人物俑，红陶；CM4：8，陶塘，灰陶；CM4：9，灰陶钵；CM4：10，陶鸡，红陶，残；CM4：11，人物俑，红陶；CM4：12，博山炉盖，红陶；CM4：13，人物俑，红陶；CM4：14，铜钱；CM4：15，红陶罐；CM4：16，灰陶碗。

三、器　物

由于烧制火候及保存状况等原因，保存较差，完整者较少，完整和可修复的陶器及俑类共计120件。可分为生活用具、模型明器及俑类等，生活用具以钵、罐、壶等居多，另有盆、杯、锺、灯、甑、釜、囷、豆等，均为轮制。模型明器主要有塘、井、房等，除井身外，均为手制而成。俑类为合范制作。

陶器　多为泥质陶，且多为泥质红陶或泥质灰陶。陶俑以红陶居多，罐、灯、锺等器类的少量陶器器表施酱釉或绿色釉。可见纹饰多为弦纹、绳纹等。

钵　22件。依沿、腹、底部特征可分七型。

A型　5件。侈口，圆唇，小平底，折腹。

Aa型　3件。侈口，圆唇，折腹内收，平底，素面。CM4：9，泥质灰陶。模制。侈口，圆唇，折腹，平底。口径13.7、底径4、高5厘米（图九，1）。

Ab型　1件。侈口，折腹，平底。AM15：3，泥质灰陶。模制。侈口，折腹，小平底。器身上下各饰一圈弦纹。口径14.8、底径4.4、高5.8厘米（图九，2）。

Ac型　1件。BM10：7，泥质灰陶。轮制。侈口，圆唇，曲腹，小平底。口径15.7、底径4.6、高5厘米（图九，3）。

B型　2件。侈口，圆唇，深腹，平底。

Ⅰ式：1件。BM10：5，泥质灰陶。轮制。侈口，圆唇，深腹，平底。口径12、底径4、高4.2厘米（图九，4）。

Ⅱ式：1件。CM5：14，泥质红陶。模制。平沿，敞口，斜直腹。器身上饰多圈弦纹。口径14.2、底径7、高6.3厘米（图九，5）。

C型　7件。均为泥质灰陶，模制，敞口，斜直腹，平底。BM10：5-6，敞口，尖圆唇，斜直腹，平底。器身饰弦纹。口径12、底径4.5、高3.9厘米（图九，6）。

D型　5件。圆唇，敞口，折腹，小平底。

Ⅰ式：4件。AM15：4，圆唇，敞口，折腹，小平底。器身饰三圈弦纹。口径15、底径5.3、高5.8厘米（图九，7）。

Ⅱ式：1件。CM5：33，泥质红陶。模制。方唇，敞口，折腹，平底。折腹处饰多圈弦

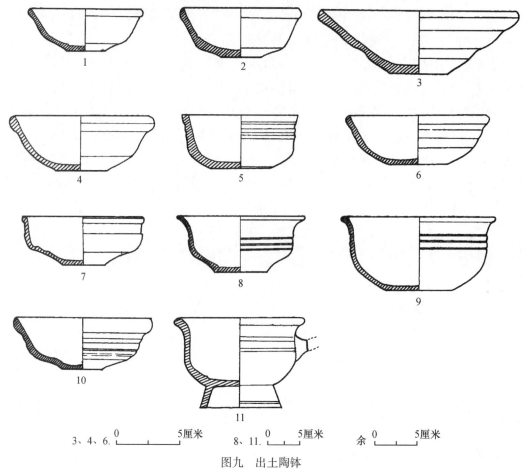

图九　出土陶钵

1. Aa型（CM4：9）　2. Ab型（AM15：3）　3. Ac型（BM10：7）　4. B型Ⅰ式（BM10：5）　5. B型Ⅱ式（CM5：14）
6. C型（BM10：5-6）　7. D型Ⅰ式（AM15：4）　8. D型Ⅱ式（CM5：33）　9. E型（BM9：7）　10. F型（BM10：11-5）
11. G型（AM14：10）

纹。口径20.5、底径8.2、高9.1厘米（图九，8）。

E型　1件。BM9：7，泥质红陶。侈口，平沿，直腹内收，平底。腹部饰两周弦纹。口径
18.5、底径8、高8.6厘米（图九，9）。

F型　1件。BM10：11-5，泥质灰陶。模制。敞口，尖圆唇，斜直腹，假圈足。器身饰凹
弦纹。口径16.4、底径5、高6厘米（图九，10）。

G型　1件。AM14：10，釉陶，器身施黄绿色釉。圆唇，敞口，深腹，高圈足，一侧饰
耳，器耳残。器身上部和足底部饰弦纹。口径21.5、底径13.5、高14.2厘米（图九，11）。

罐　11件。依整体特征可分为三型。

A型　9件。深鼓腹。依肩部特征分二亚型。

Aa型　1件。BM9：19，泥质灰陶。模制。侈口，尖圆唇，鼓肩，鼓腹，下腹部斜收，平
底。器身上部饰两周凹弦纹。口径11.9、底径8.8、腹径17.6、高12.1厘米（图一○，1）。

Ab型　8件。溜肩。依腹部变化分二式。

Ⅰ式：2件。侈口，圆唇，下腹部急收，平底，口大于底。BM8：1，泥质灰陶。轮制。侈
口，圆唇，小平底，口大于底。口径8.6、底径4、高7.6厘米（图一○，2）。

Ⅱ式：6件。溜肩，鼓腹，下腹缓收，平底。BM10：9，泥质灰陶。模制。直口，溜肩，鼓腹，下腹缓收，平底。器身口沿下饰细绳纹，未到底。口径14.3、底径16.6、腹径27、高23.1厘米（图一○，3）。

B型　1件。CM2：1，泥质红陶。侈口，平沿，腹微鼓。腹上部饰三周弦纹。口径12.6、底径9.5、高11.5厘米（图一○，4）。

C型　1件。BM10：20，小陶罐。泥质灰陶。斜直口，圆鼓腹，平底。口径3.2、底径2.1、高4.85厘米（图一○，5）。

釜　1件。BM11：3，敞口，卷沿束颈，鼓腹，圜底，肩部饰两耳。肩部饰两周弦纹。口径12.5、腹径13.8、高10.3厘米（图一○，6）。

耳杯　3件。CM5：8，泥质红陶。敞口，方唇，弧腹，平底，两对称实耳。口长径8.5、短径5.7、高3厘米（图一○，7）。

囷　1件。BM10：2，泥质灰陶。敛口，尖唇，溜肩，鼓腹，平底。素面。口径12.2、腹径17.3、底径12.2、高17.3厘米（图一○，8）。

锺　3件。均泥质红陶，模制，施豆绿色釉。CM4：1，方唇，盘口，长颈，鼓腹，高圈足，腹部有两个对称的铺首衔环。器身中部饰多周弦纹。口径15.5、底径18、腹径24.6、高

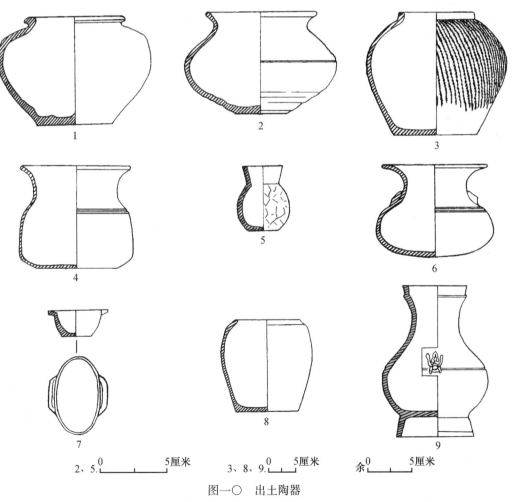

图一○　出土陶器

1. Aa型罐（BM9：19）　2. Ab型Ⅰ式罐（BM8：1）　3. Ab型Ⅱ式罐（BM10：9）　4. B型罐（CM2：1）
5. C型罐（BM10：20）　6. 釜（BM11：3）　7. 耳杯（CM5：8）　8. 囷（BM10：2）　9. 锺（CM4：1）

34.4厘米（图一〇，9）。

瓢　1件。BM9：25，泥质红陶。模制。圆唇，侈口，斜直腹，平底。器身施豆绿色釉，口沿一侧有兽状耳。口径16.8、底径6.4、高5.8厘米（图一一，1）。

甑　2件。均为泥质灰陶，模制。侈口，尖唇，鼓腹，平底，器身上部饰两周凹弦纹。BM10：6，口径28.8、底径13.5、高20厘米（图一一，2）。

井　1件。BM9：1，泥质红陶。模制。敞口，平唇，盘口，斜弧腹，平底。肩部饰弦纹，井口有提梁。口径14.5、底径12.4、高29.6厘米（图一一，3）。

井饰件　1件。BM10：19，泥质灰陶。模制。长13.5、直径2.15厘米（图一一，4）。

灯　3件。依整体特征分三型。

A型　1件。BM9：17，红褐色陶。轮制。深腹盘，空心柄。素面。盘口径10.6、柄底径10.7、高15.4厘米（图一一，5）。

B型　1件。BM11：6，红褐色陶。轮制。盘为子母口，座为喇叭口，矮圈足。素面。盘口径7、座底径9、高8.5厘米（图一一，6）。

C型　1件。BM9：6，红褐色陶。模制。盘位子母口，座为一动物，似熊，蹲坐状，尖嘴，鼓腹，短尾。盘口径11.1、座高6.95、通高18.7厘米（图一一，7）。

灯座　1件。CM5：20，泥质红陶。底座为一动物，似熊，蹲坐状，其上灯盘已残。残高15.8、宽7.5厘米（图一一，8）。

器盖　11件。分三型。

A型　7件。覆钵状，器表饰乳突状纹饰，应为博山炉盖。AM14：4，泥质红陶。模制。口径12.2、高5.1厘米（图一二，1）。

B型　2件。覆钵状，素面。AM14：2，泥质红陶。模制。口径11.8、高4.3厘米（图一二，2）。

C型　2件。均出自AM14，覆钵状，纽部为雀形纽，AM14：7，泥质红陶。模制。器表施豆绿色釉。口径22.8、高11.6厘米（图一二，3）。

塘　3件。其内均置一横隔将塘一分为二。BM9：9，泥质红褐色陶。模制。长方形，其一侧有螺、鱼各一，略残。长40、宽24、高4.4厘米（图一二，4）。BM9：33，泥质灰陶。模制。呈方形，一侧有龟、螺等水生动物，略残。长37.1、宽24.2厘米（图一二，5）。CM4：8，泥质灰陶。模制。方形，一侧有龟、螺、鱼等水生动物。长35.2、宽22.2、高4.5厘米（图一二，6）。

人物俑　25件。其中有抚琴俑、女舞俑、击掌俑、佩剑侍卫俑、胡人俑、杂技俑、持袋俑、抚耳俑、庖厨俑、光头俑、侍俑。

抚琴俑　2件。CM5：15，泥质红陶。模制。头戴平顶冠，右衽宽袖长袍，盘坐，其双膝上置琴，做弹奏状。头长9.8、底宽27.95、高27.3厘米（图一三，1）。

女舞俑　1件。BM9：30，泥质红褐陶。模制。做蹲下状，右脚向右前方跨出半步，裙、袖有百褶花边。高31.5厘米（图一三，2）。

击掌俑　1件。CM5：31，泥质红陶。模制。头上有冠，右衽宽袖长袍，袖上有莲花纹装饰，盘坐状，两手做击掌状。头长10.25、底宽17.2、高25.7厘米（图一三，8）。

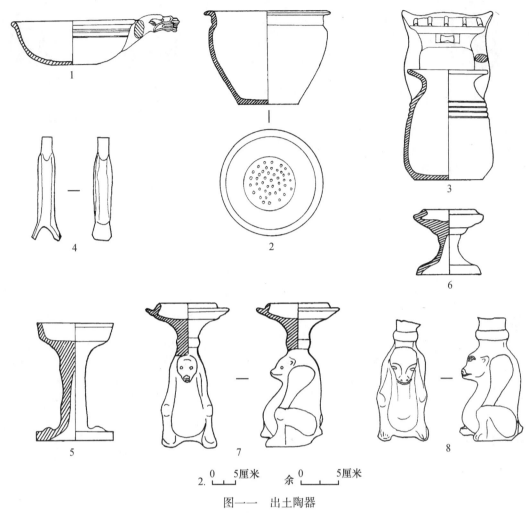

图一一　出土陶器

1. 瓢（BM9：25）　　2. 甑（BM10：6）　　3. 井（BM9：1）　　4. 井饰件（BM10：19）　　5. A型灯（BM9：17）
6. B型灯（BM11：6）　　7. C型灯（BM9：6）　　8. 灯座（CM5：20）

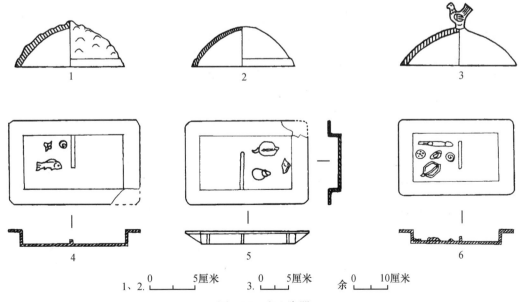

图一二　出土陶器

1. A型器盖（AM14：4）　　2. B型器盖（AM14：2）　　3. C型器盖（AM14：7）　　4～6. 塘（BM9：9、BM9：33、CM4：8）

图一三 出土陶人物俑

1. 抚琴俑（CM5：15） 2. 女舞俑（BM9：30） 3. 杂技俑（CM5：29） 4. 佩剑侍卫俑（CM5：36） 5. 胡人俑（CM5：32）

6. 抚耳俑（BM9：28） 7. 持袋俑（CM5：23） 8. 击掌俑（CM5：31） 9. 庖厨俑（CM4：13） 10. 光头俑（CM5：4）

11. 平顶冠侍俑（CM5：11） 12. 圆顶冠侍俑（CM5：10） 13. 进贤冠侍俑（CM5：9）

佩剑侍卫俑　1件。CM5：36，泥质红陶。模制。头戴圆顶冠，右衽宽袖长袍，足上蹬靴，左手握剑提于胸前，右手抬起。肩宽20.5、高54厘米（图一三，4）。

胡人俑　1件。CM5：32，泥质红陶。模制。头顶有冠，面目清晰，圆眼高鼻，双手合拢上举，下骑一蟾蜍。底宽9.85、高32厘米（图一三，5）。

杂技俑　1件。CM5：29，泥质红陶。模制。光头，两手上扬，右腿向后抬起，做跳跃状。头长5.7、宽7.2、高23.5厘米（图一三，3）。

持袋俑　1件。CM5：23，泥质红陶。模制。头戴平顶冠，右衽宽袖，长袍，站立，左手持袋。头长8.6、底宽12.2、高40.4厘米（图一三，7）。

抚耳俑　3件。均泥质红陶，模制，坐式，双腿盘起，做抚耳听歌状，BM9：28，袖上有百褶花边。高26.3厘米（图一三，6）。

庖厨俑　3件。均坐式，双腿盘坐，上放案板，右手执刀，做庖厨状，CM4：13，右衽宽袖长袍。头长11.5、底宽17.8、高27.2厘米（图一三，9）。

光头俑　2件。均为泥质红陶。模制，光头，右衽宽袖长袍，双手拢抱于腹前。CM5：4，底宽6.4、高14.1厘米（图一三，10）。

侍俑　9件。均泥质红陶，模制，双手拢于腹前，有戴平顶冠、圆顶冠、进贤冠三种。

平顶冠　2件。CM5：11，头戴平顶冠，右衽宽袖长袍，双手拢抱于腹前。头长4.9、底宽8.4、高20.6厘米（图一三，11）。

圆顶冠　6件。CM5：10，头戴圆顶冠，面目清晰，右衽宽袖长袍，双手拢抱于腹前。头长5.4、底宽7.8、高20.9厘米（图一三，12）。

进贤冠　1件。CM5：9，头戴进贤冠，右衽宽袖长袍，双手拢抱于腹前。头长6.5、底宽8.9、高21.5厘米（图一三，13）。

动物俑　17件。均为模制，其中有一件镇墓兽为泥质灰陶，其余均为泥质红陶，有狗、鸡、猪、马、镇墓兽等。

狗　3件。BM9：14，立式，尾巴上翘贴背，双耳直立，睁眼，做吠状，颈腹有缚带。长24.8、高18.2厘米（图一四，1）。

鸡　2件。CM5：13，尖喙，直颈昂首，鸡尾高翘，合范而成。高17.1、长16.2、宽8厘米（图一四，2）。

子母鸡　5件。BM12：2，呈伏卧状，底部平，背部有一只小鸡。长14.1、宽8.7、高12.8厘米（图一四，3）。

猪　1件。BM9：23，体肥，鼓眼，凸嘴，尾上翻贴背，前背高脊，似为野猪。长26.8、高14.8厘米（图一四，4）。

马　2件。均已残，只剩马头。CM5：22，昂首张嘴，做嘶鸣状，两耳直立，头上戴绺。残长17.8、残高21.8厘米（图一四，5）。

镇墓兽　3件。1件泥质灰陶、2件泥质红陶。CM5：19，泥质红陶。合范而成。口大张，长舌，怒目圆睁，短尾，小耳，呈蹲坐状，体前倾。体长18、宽14、高16.9厘米（图一四，6）。

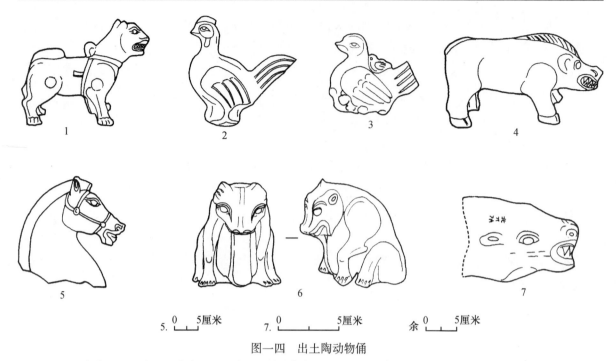

图一四　出土陶动物俑

1. 狗（BM9：14）　2. 鸡（CM5：13）　3. 子母鸡（BM12：2）　4. 猪（BM9：23）　5. 马（CM5：22）

6. 镇墓兽（CM5：19）　7. "北下伯"动物俑（BM9：36）

　　另有一动物俑，BM9：36，仅存头部，张嘴，眼、鼻清晰，耳后贴，右侧耳上部有隶书"北下伯"三字。残长10.3、残高6.5厘米（图一四，7）。

　　盘　4件。均为泥质红陶，模制。根据腹部特征分为二式。

　　Ⅰ式：2件。均侈口，斜直腹，平底。CM5：2，方唇，内壁施酱黄色釉。口径14.8、底径5.6、高3.3厘米（图一五，1）。

　　Ⅱ式：2件。均侈口，斜直折腹，平底。CM5：3，圆唇，器身饰两周弦纹，内壁施酱黄色釉。口径14.5、底径5.1、高3.8厘米（图一五，2）。

　　碗　1件。CM4：16，泥质灰陶。模制。尖圆唇，敛口，弧腹，假圈足。口径11.8、底径5.7、高4.6厘米（图一五，3）。

　　壶　1件。BM10：16，泥质灰陶。模制。盘口，长颈，溜肩，鼓腹，假圈足。肩部饰两组弦纹。口径14.2、底径16.5、腹径26.5、高26.7厘米（图一五，4）。

　　方盒　3件。BM9：13，泥质灰陶。模制。呈方形。素面。长29.5、宽19、高9.4厘米（图一五，5）。BM9：3，泥质红陶。模制。呈正方形。其上有盖，盖为四角攒尖式，饰桃形纹饰。长19.4、宽19.1、高19.5厘米（图一五，6）。CM5：30，泥质红陶。方形，其上有盖，下有四足支撑。口径15.8、底宽21.5、高13.7厘米（图一五，7）。

　　房　3件。均出自BM9。依整体特征分为二式。

　　Ⅰ式：1件。平顶式。BM9：16，泥质红陶。模制，檐下由斗拱支撑，由隔墙将房屋分为两室。面阔40.8、进深11.1、高28.1厘米（图一六，1）。

　　Ⅱ式：2件。均歇山顶。BM9：21，泥质灰陶。模制。斗拱支撑，由隔墙将房屋分为两室。面阔37.4、进深12、高23厘米（图一六，2）。BM9：32，泥质红陶。模制。檐下

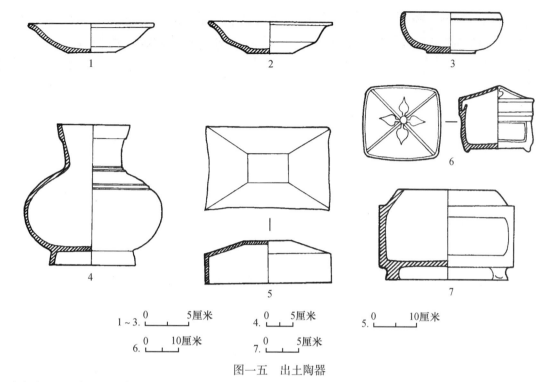

图一五　出土陶器

1. Ⅰ式盘（CM5：2）　2. Ⅱ式盘（CM5：3）　3. 碗（CM4：16）　4. 壶（BM10：16）　5~7. 方盒（BM9：13、BM9：3、CM5：30）

由斗拱支撑，由隔墙将房屋分为两室，前面有护栏。面阔37.6、进深11.8、高26.6厘米（图一六，3）。

桌　1件。BM9：34，泥质红陶。模制。呈方形，一角残，其下有四足支撑。长49.5、宽31.4、高5.3厘米（图一六，6）。

摇钱树座　2件。BM9：20，泥质红陶。模制。座上为一蹲伏怪兽，昂首张口四肢着地。底径25.5、器残高34.6厘米（图一六，4）。CM5：24，泥质红陶。模制。座呈葫芦状，下部怪兽呈半蹲状，中间为一半蹲状小怪兽，上部为一更小怪兽，呈蹲坐状。宽26.5、高34.6厘米（图一六，5）。

琴　1件。CM5：25，泥质红陶。模制。呈长条状。长21.5、宽5.1、高2厘米（图一六，7）。

青瓷器　仅3件。碗、钵、器盖各1件。

碗　1件。CM5：1，侈口，斜直腹，圈足。口径18、底径6.4、高6.3厘米（图一七，1）。

钵　1件。AM12：2，轮制。敞口，直折腹，平底。口径8.1、底径3.8、高3.2厘米（图一七，2）。

器盖　1件。AM12：1，轮制。平顶。弧壁。口径8.3、底径4.8、高2.6厘米（图一七，3）。

铜器　7件。有铜釜、铜镜、铜泡饰、车马配件及少量锈蚀铜钱。

釜　1件。BM10：3，青铜，有绿锈。范铸。腹上方有两个对称环状耳。口径19.3、腹径22.8、高19.5厘米（图一七，4）。

镜　1件。CM5：37，范铸。中间有一桥形纽，纽周围均匀分布四个桃形纹饰，桃形纹饰

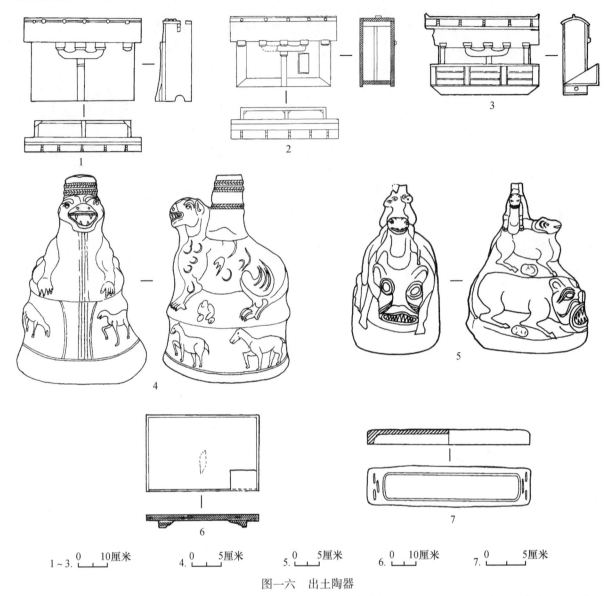

图一六　出土陶器

1. Ⅰ式房（BM9：16）　2、3. Ⅱ式房（BM9：21、BM9：32）　4、5. 摇钱树座（BM9：20、CM5：24）　6. 桌（BM9：34）

7. 琴（CM5：25）

中间穿插四个篆字，外侧为一同心圆，同心圆外侧饰一心八角纹饰。直径10.43、厚0.45厘米（图一七，5）。

　　泡饰　2件。均范铸，馒头状，器表鎏金。BM9：35，1件。直径3.8、钉长1.65厘米（图一七，6）。CM5：26，1件。直径4.8、钉长1.55厘米。

　　车马配件　3件。均出自AM14。AM14：1-1，范铸。帽状，较小，下部中空。直径8.8、高8.2厘米（图一七，7）。AM14：1-2，与AM14：1-1相同。AM14：1-3，范铸。呈圆环状。直径7.1、环宽0.3厘米（图一七，8）。

　　铜钱　比较少，仅见于AM10、BM8、BM10、CM2、CM4、CM5，均残蚀不堪。

　　铁器　1件。BM11：7，锻制。锈蚀。整体呈锥形，截面为扁圆形。残长21厘米（图一七，9）。

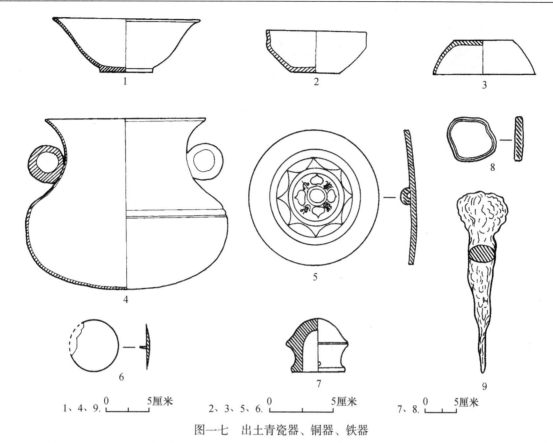

1、4、9. 0   5厘米   2、3、5、6. 0   5厘米   7、8. 0   5厘米

图一七 出土青瓷器、铜器、铁器

1.青瓷碗（CM5：1） 2.青瓷钵（AM12：2） 3.青瓷器盖（AM12：1） 4.铜釜（BM10：3） 5.铜镜（CM5：37）
6.铜泡饰（BM9：35） 7、8.铜车马配件（AM14：1-1、AM14：1-3） 9.铁器（BM11：7）

四、结　语

　　赤溪墓群处于长江北岸高程在175～195米的二、三级台地上，尤以三级台地居多，从今年的勘探和发掘情况来看，赤溪墓群的墓葬分布相对密集，但破坏尤其严重，这对整个墓葬群的发掘和保护应该说是一个巨大的挑战。

　　此次发掘的15座墓葬中，2座为土坑墓，其余均为砖室墓，形制相对比较单一，规模都不大，但这不应该代表赤溪墓群的全貌，随着赤溪墓群发掘的不断深入，应该会不断丰富其文化内涵。所出土的随葬品因为墓葬盗扰严重，除个别墓葬相对较丰富外，多数较少甚至不见，随葬品的配套组合也不全，所出陶器多制造粗糙，且火候较低，易破碎，这些都表明这些墓主人的身份和社会地位都不是很高，应该为一些下层平民墓葬。

　　在BM9发现带有"北下伯"字的动物俑，应该具有特定含义，有待于进一步研究。

　　这批墓葬的年代，从墓葬形制和出土的随葬品看，多集中在东汉中后期至南北朝，除几座墓葬未见随葬品外，只AM12、CM5出土3件随葬品为青瓷器，因此可以断定这两座墓葬年代稍晚，但这并不代表整个赤溪墓群的断代体系，相信随着赤溪墓群墓葬发掘的不断深入，材料的不断丰富，其断代体系也会越来越清晰。

　　附记：此次发掘的领队为安文荣，参加此次发掘的人员有长春市文物保护研究所驻赤溪墓群考古工作队的王卫民、王义学、孙东文、佟有波、姚启龙，丰都县文物管理所的徐本远；王卫民摄影，徐本远绘图。此次发掘得到了重庆市文化局三峡办以及丰都县文物管理所的李国洪所长及全所工作人员的大力支持，在此一并致谢。

执笔：张冰冰　王义学

附表　赤溪墓群墓葬情况一览表

墓号	方向 /（°）	尺寸（长×宽-深）/米			类型	型制与结构	备注
		墓室	甬道	墓道			
AM10	58	3×前室2.3（后室2.12）-0.95	2.1×1.43-0.9	长方形斜坡土坑，坡度38°　2.2×1.3	砖室墓A型	刀形竖穴	被破坏，长、宽为内长、内宽，深度为残存高度
AM11	128	1.4（残长）×2.17-1.2	破坏	破坏	形制不清	形制不清	同上
AM12	45	1.5（残长）×2.1-0.2	1.25（残长）×0.8，高只余一层砖	破坏	形制不清	形制不清	同上
AM13	25	1（残长）×1.45（残宽）-0.55	破坏	破坏	形制不清	形制不清	同上
AM14	230	3.01×（2.4~2.6）-（1.5~1.7）	2.0×（1.58~2）-（1.2~1.7）	长方形斜坡土坑，坡度50°　2.35×（1~1.6）-1.65	砖室墓A型	刀形竖穴	同上
AM15	210	2.86×1.98-1.6	2.03×1.46-0.95		砖室墓A型	刀形竖穴	同上
BM8	327	2.58×2-1.4	0.86×1.36-0.2		砖室墓A型	刀形竖穴	同上
BM9	315	2.3×1.95-1.78	0.42（残长）×1.5-0.2		砖室墓A型	刀形竖穴	同上
BM10	220	4.0×3.3-1.55			土坑墓	长方形	同上
BM11	295	1.55×2-1.57			砖室墓B型	不规则四边形，北壁未砌砖	同上
BM12	206	3.9×3.3-1.45			土坑墓	长方形	同上
CM2	29	3.1×2.45-1.9	2.2×1.7-1.5	长方形（不规则）斜坡土坑，坡度35°　3.1×1.9	砖室墓A型	刀形竖穴	同上
CM3	122	7×3.1-0.6	破坏	破坏	型制不清	形制不清	同上
CM4	28	前室3.04×2.6-2.05　后室2.34×2.24-2.05	2.2×2.45	不规则形　1.7×（1.6~2.25）-1	砖室墓C型	"中"字形竖穴	同上
CM5	26	3.1×（2.35~2.5）	2.1×（1.5~1.6）-2.5	长方形斜坡，不规则　2.4×（1.5~1.7）-（0~1.2）	砖室墓A型	刀形竖穴	同上

涪陵北岩墓群2002年度M4发掘简报

重庆市文物考古研究院
涪 陵 区 博 物 馆

一、引　言

　　涪陵区位于重庆市中部，长江由西向东横贯区境，其城区位于长江与乌江出口汇合处。北岩墓群分布在长江北岸三级台地上，东西长，南北窄，中心坐标北纬29°40'03″，东经170°11'47″，海拔240米。台地为山前台地，北为高山，南为断坎，断坎下为长江河漫滩，东西为缓坡接长江河滩，东南紧接二级台地上原涪陵市针织厂汉墓群。台地地貌为平台、缓坡、小山丘相间，涪丰公路北线东西纵贯台地中部，公路两旁为江北街道办事处办公大楼及民居。1981年，曾在相邻的涪陵市针织厂发掘西汉土坑墓3座[①]；1985年在点易村三社发掘岩墓1座[②]；1995年，四川省文物考古研究所进行三峡工程迁建区文物调查时确认了该墓葬群[③]。

　　因三峡工程建设需要，涪陵区长江两岸海拔175米以下的部分乡镇及街道将被淹没。涪陵城区对面的江北街道辖区的点易村二、三、四、五社一带属迁建区，北岩墓群即位于此迁建区内（图一）。

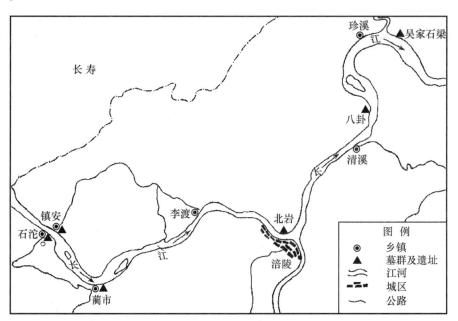

图一　北岩墓群位置示意图

---

① 发掘资料现存涪陵区博物馆，未发表。
② 发掘资料现存涪陵区博物馆，未发表。
③ 三峡工程库区保护规划组：《三峡工程淹没区及迁建区文物保护规划》，1995年6月。

2002年3～5月，为配合三峡工程建设，重庆市文物考古所、涪陵区博物馆联合对该墓群进行了钻探、发掘工作。墓地地形复杂，众多自然冲沟将墓群分割为无数个小山梁。本次工作以江北镇政府西南角为圆心，按顺时针方向将钻探的区域分为Ⅰ、Ⅱ、Ⅲ区（图二）。

Ⅰ区　位于北岩墓群东北端，北为现代公路，东为针织厂宿舍，南为断坎，西为规划中的农行办公大楼。本次在Ⅰ区发掘155.5平方米，发掘墓葬3座，编号为2002FBM8～2002FBM10，均为砖室墓。

Ⅱ区　小地名"转转堡"，东西为自然冲沟，北为山坡，南为现代水泥小路，Ⅱ区共发掘115平方米，发掘墓葬2座，编号为2002FBM11、2002FBM12，前者为石室墓，后者为岩坑墓。

Ⅲ区　位于北岩墓群西南部，东起"烧灵坝"，西至"狮子岩"，北邻现代公路，南邻断坝。发掘面积400平方米，共发掘墓葬7座，其中"烧灵坝"发掘4座岩墓、"狮子岩"3座砖室墓。

"烧灵坝"山堡不高，却颇为陡峭，对面为长江。根据调查钻探得知在山顶山崖边有4座岩墓围绕山堡一周排列。其中有3座墓相互之间仅相距0.5米，另1座位于山堡东。均保存较为完整，由西向东分别编号为2002FBM4～2002FBM7。我们于2002年4月21日，同时分别对这几座岩墓进行了发掘，因2002FBM4（以下简称M4）出土遗物较多，器形较为别致，特单独简报如下。

二、墓 葬 形 制

M4凿于山顶部，坐北向南，由于其墓室顶部距地表较浅和石质的风化、断裂等原因，使其顶部垮塌。由暴露的墓道及凿入岩石的墓室组成，平面呈"凸"字形，方向185°。墓道位于墓室前端中央，呈长方形，长3.1、宽1.38米，墓道壁高1.1～2.6米。其底部平缓与墓门相结合。墓门略窄于墓道，呈长方形，宽0.9～1、厚0.7、高1.12米，用烧制的单面花纹砖，错缝平砌封住墓门。墓室为长方形，长3.38、宽2.56～2.68米，四壁1.08米处起券顶呈弧形，弧顶最高处距墓室底部1.65米，四壁皆素面无雕饰。墓门内两侧各凿一个长形龛，东侧龛距墓底0.52米，长1.28、宽0.34、高0.48米；西侧龛距墓底0.56米，长0.7、宽0.3、高0.44米。墓底平整，墓壁垂直至墓底。壁上加工痕迹明显，有经人工用细小工具精修细凿的痕迹。根据这些痕迹观察，其开凿时使用很粗的铁凿类工具，并且可能使用了"撞击法"开凿。在修整墓壁时则用稍细的铁凿进行（图三）。

三、出 土 器 物

M4未发现葬具及人骨，虽墓顶垮塌墓室留有大量淤泥破坏了大部分随葬品，但大多能修复，有陶器、铜摇钱树、玻璃耳珰、铁削、五铢钱等。现分述如下。

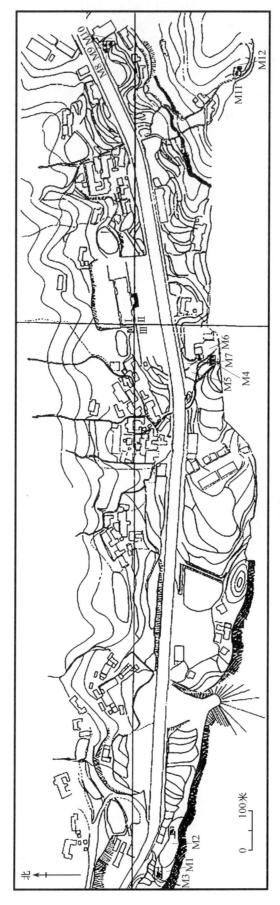

图二　北岩墓群地形及4号墓位置示意图

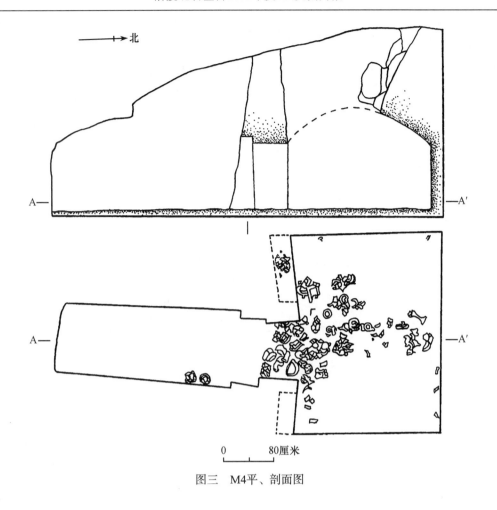

图三 M4平、剖面图

1. 陶器

共36件。

罐 10件。M4：42，泥质红陶。轮制。敛口，圆唇，斜溜肩，鼓腹，平底。肩上有一道凹弦纹。外施绿釉。口径11、腹径20.5、底径11.2、通高15.8厘米（图四，5）。M4：46，泥质红陶。轮制。敛口，圆唇，短束颈，斜溜肩，鼓腹，平底微凹。肩上部有一道凹弦纹。外部施绿釉。口径9.3、腹径15.5、底径9.6、通高13厘米（图四，2）。M4：28，通体施釉，保存完好。口径9、腹径11.8、底径9、高12.2厘米（图四，1）。

锺 2件。M4：4，泥质红陶。轮制。盘口，平沿，尖唇，口内壁内折明显，且盘口较浅，长颈内束较大。溜肩，鼓腹，喇叭状圈足接于圜底，圈足较高，中部折收。上腹饰凹弦纹五周，肩饰两对称兽面铺首。器表及口内壁施黄绿色釉。口径15.4、腹径24、底径17.4、高32.3厘米（图四，6）。

钵 2件。M4：15，泥质红陶。轮制。内外施釉，釉厚，干涩无光泽。敞口，平沿，圆唇，盘较浅。腹靠下部折收，平底，假圈足，内外壁多旋切痕。口径21、底径9、高4.5厘米（图四，7）。M4：58，泥质红陶。轮制。敞口，斜折沿，圆唇，斜折腹，腹较直下折，浅盘，平底。内外施酱釉。口径16.6、底径7.6、高3.8厘米（图四，8）。

簋 1件。M4：26，泥质红陶。轮制。直口，圆唇，腹微鼓，内收。圈足外敞，呈喇叭

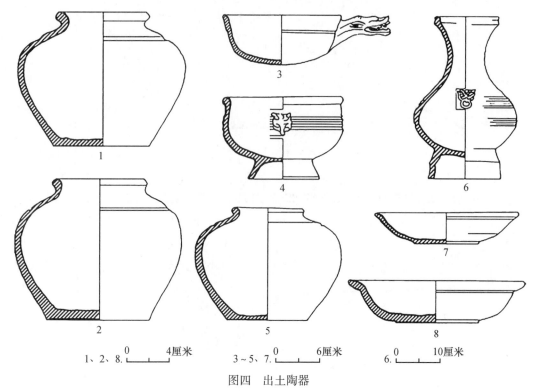

图四　出土陶器

1、2、5.罐（M4：28、M4：46、M4：42）　3.匜（M4：51）　4.簋（M4：26）　6.锺（M4：4）

7、8.钵（M4：15、M4：58）

状，较高。腹部饰三周凸弦纹，并饰对称兽面纹。内外施酱釉。高11.5、口径17.3、足径11.3厘米（图四，4）。

　　匜　1件。M4：51，泥质红陶。轮制。敞口，圆唇，斜腹微曲，圜底。柄为龙首形，张嘴露齿。内外施绿釉，中下部一周弦纹，柄为手制。口径16.7、通长23.7、高7厘米（图四，3）。

　　香炉　1件。M4：45，泥质红陶。轮制。敛口，圆唇，矮直领，斜肩，腹微鼓，圜底。腹部饰对称四兽面，兽面眉、眼、鼻凸出，双耳尖竖。底部有三柱足，饰异兽承托关。通高9.4、腹径16、口径11.2厘米（图五，1）。

　　盖　7件。M4：11，泥质红陶。轮制。盖面弧形较深，盖口斜沿微凹，顶中有一鸡形纽，较模糊。外部施绿釉。盖径13.8、通高7.6厘米（图五，2）。M4：6，泥质红陶。轮制。半圆形扁纽，手制。覆斗形盖体。盖沿平，外部施绿釉。盖径12.6、通高6.2厘米（图五，3）。M4：59，泥质红陶。手模合制。龟形纽，龟头伸出，龟背饰有一物，脱落。龟甲及四脚刻划精美。盖弧形较深，盖沿微斜。盖表贴塑青龙、白虎、朱雀等图案。器表施酱黄釉。盖径18.6、通高8.4厘米（图五，4）。

　　耳杯　8件。M4：62，器体较大。泥质红陶。模制。敞口，圆唇，斜弧微曲，腹内收，假圈足，双实耳，耳与杯沿交接处有一凹槽。内外施黄绿釉。口部长13.1、宽8.6、底部长7.6、宽4.3、通高4.9厘米（图五，6）。M4：52，泥质红陶。模制。敞口，圆唇，斜曲腹内收，双实耳微上翘，耳与沿平，假圈足。内外施黄绿釉。口部长径8.6、宽5.9、底部长径5、宽3.1、通高2.9厘米（图五，7）。

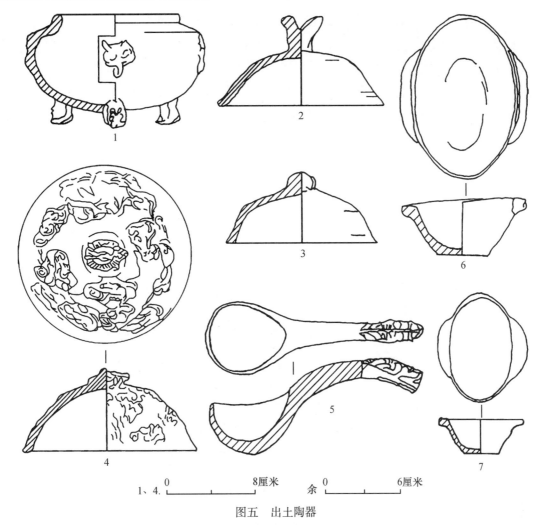

图五　出土陶器

1. 香炉（M4：45）　2~4. 盖（M4：11、M4：6、M4：59）　5. 勺（M4：18）　6、7. 耳杯（M4：62、M4：52）

勺　2件。M4：18，泥质红陶。模制。勺体瓢形，侈口，圆唇，曲腹，圜底有一凸棱，圆柱弧形长柄，弧度较大，柄端为龙头状。内外施黄绿釉。通高7.3、勺体高4.2、勺口径5.8、通长18、把长11.6厘米（图五，5）。

鉴　2件。M4：8，泥质红陶。轮制。敞口，平沿，尖唇，斜领束颈，溜肩，扁圆腹，圜底。口沿附加两对称环形立耳，为双凤朝阳状。通体施绿釉。口径22.7、底径9.4、通高17.7厘米（图一〇，1）。

2. 陶模型

房　1件。M4：21，泥质红陶。手模合制。双层楼房，上层为两座庑殿顶方形阁楼，顶中部施动物造型，再由顶分施八条瓦脊，脊端和正面檐角各施一圆形素面瓦当。正面两柱及斗拱上端饰兽做承托状，下端亦饰两兽。下饰横栏式露台，墙体饰菱形窗花。右面墙体饰斗拱，斗拱及栏上各饰一兽做承托状，开一小门。左面饰斗拱承托一封闭式露台，上饰菱形窗花。两座阁楼分置下层半遮檐式底楼上，两阁楼形式一致。层呈横长方形，四柱三开间，顶中施平脊一条，前坡施筒瓦五组。正面中间两柱饰一斗三升式斗拱，斗拱上饰六兽承托横梁，柱下部近斗拱及下端亦各饰一兽做承托状。两中柱与墙柱间饰挡板，两中间柱一斜坡式道直通长方形正门。方法为先作模块，再拼合一起。阁楼长18、宽13、高22厘米，下层长35.5、宽17.5、高24厘米（图六）。

塘　1件。M4：36，泥质灰陶。手模合制。长方形，口大底小，平底，中间用堤半分，外边为平沿，塘体微内斜，沿、体用6个三角形斜撑。塘内壁上泥塑鱼4条、螺1只，塘底堆塑螺2只。火候较高。口、底、壁分制后拼接而成。口通长30.6、通宽18.9、底长22.5、宽11、通高3.4厘米（图七）。

博山炉　1件。M4：5，泥质灰陶。手制、模制、轮制相结合。盖呈锥形，顶中部饰站立小鸡，盖面饰三周20个堆塑异兽。座为一蹲状兽，虎背熊腰，上肢及头承托炉盘，面部向下，眼球较凸，口略张，做承托状。内外施绿釉。盖口径15.5、高10.8厘米，炉口径11.4、高21.6、通高31.5厘米（图八，1）。

摇钱树座　1件。M4：47，泥质红陶。手模合制。座顶为一蹲跪羊，体态丰满，短尾，昂首，弯角，后脑饰一圆形方孔钱纹，背承一圆柱形插座，中空。座体饰两层图案，上为仙鹤、神鹿，下为青龙、白虎，神鸟兽间空隙满饰圆形方孔钱文。通高24、底径18.8厘米（图八，2）。

0　　　　　　　10厘米

图六　出土陶房（M4：21）

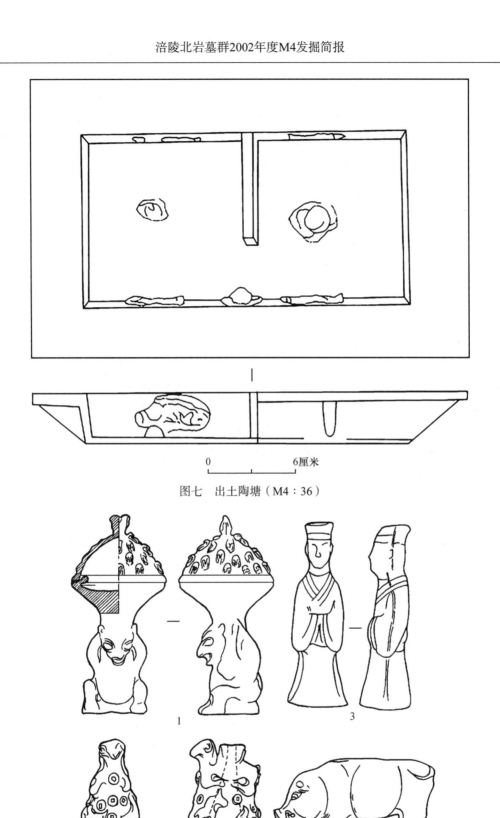

图七　出土陶塘（M4∶36）

1

2

3

4

0　　　　6厘米

图八　出土陶器

1.博山炉（M4∶5）　　2.摇钱树座（M4∶47）　　3.侍俑（M4∶22）　　4.猪（M4∶10）

3. 陶俑

侍俑　3件。立式，中空。M4：22，泥质红陶。头戴圆顶冠，高鼻，面部眉、眼不清，附耳。身着尖领、交衽、长袖及地长袍；双手拢于胸前，双宽袖下垂。器表施绿釉。通高28.5厘米（图八，3）。

狗　2件。M4：68，泥质红陶。手模合制。体态肥硕。四肢站立，昂首张嘴，做吠叫状。双圆耳上竖，瞪眼张口露齿，短尾，圆腹，四肢短状，领部系带，颈后有活扣。通体施绿釉。通长26.7、通高21.9厘米（图九，1）。

猪　1件。M4：10，泥质红陶。手模合制。体态肥硕。头低，做拱食状。双尖耳上竖，眼睁，长嘴上翘，露两獠牙，尾扁平上卷。四肢粗短，腹背浑圆。外部通体施绿釉。通高12.3、长25.4厘米（图八，4）。

鸡　2件。M4：14，泥质红陶。模制。站立状，双脚分开，高冠尖嘴，凸眼，垂耳，曲颈，身肥，腿粗短，尾上翘。通体施绿釉。长14、高18厘米（图九，3）。M4：12，泥质红陶。模制。站立状，身置一圆柱座上，脚饰于圆筒两侧；高冠，尖嘴，凸眼，垂耳，曲颈，身肥，腿细，尾上翘后卷。通体施绿釉。长16.2、高19.4厘米（图九，4）。

镇墓兽　1件。M4：35，泥质红陶。模制。蹲踞状，四肢及臀着地。头额部高昂，双尖耳上竖，双目扁圆而凸，高鼻，张口，露上齿，吐舌，舌宽而长紧贴凸起的胸部及地。因弧背，四肢肌肉外凸。中空。通体施绿釉。通高19.8、底宽5.2厘米（图九，2）。

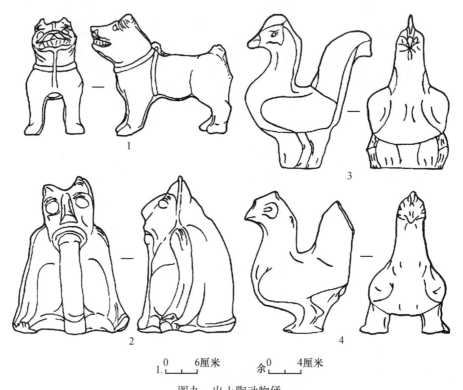

图九　出土陶动物俑

1. 狗（M4：68）　2. 镇墓兽（M4：35）　3、4. 鸡（M4：14、M4：12）

4. 铜器

1件。为摇钱树残片。残存四节树干和5片残枝，每节树干中部施玉兔，玉兔呈跪姿。树叶饰佛像、白虎以及羽人。但均由于较碎及锈蚀无法辨认出完整形象。M4：9，树干残段。圆柱形，中空，上端铸插孔，中部铸玉兔及圆环，通体饰竖向凸棱。残长17.5厘米（图一〇，2）。

5. 玻璃耳珰

2件。M4：53，模制。束腰圆柱状，中间有一空通穿，已接近于现代玻璃质地。顶面残径0.8、底面径1.4、高1.5厘米（图一〇，3）。

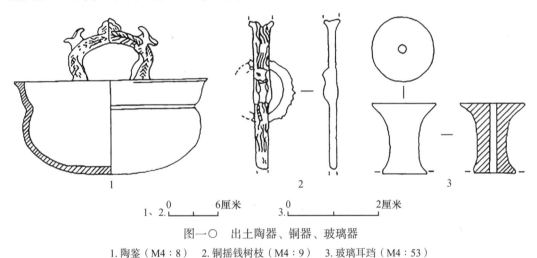

1、2.　0　　6厘米　　3.　0　　2厘米

图一〇　出土陶器、铜器、玻璃器

1.陶鉴（M4：8）　2.铜摇钱树枝（M4：9）　3.玻璃耳珰（M4：53）

四、结　语

烧灵坝山堡4座墓皆位于山腰，坐北向南，依山傍水。该岩层为砂岩层，质地较为细腻，易开凿，故当时大都是在面对河谷的岗岭下开凿岩墓。

M4虽未发现任何葬具及人骨，但出土器物十分丰富。器物以陶器为主，还有铜器、铁器、玻璃器等。陶器主要分夹砂和泥质两大类。以泥质红陶为主，以各类釉陶器最为珍贵。从釉色上看，分绿釉和酱黄釉，釉色鲜亮、美观。釉陶器物有罐、锺、房、盘、钵、博山炉、耳杯、勺等。俑类有人物俑、动物俑等。人物俑分男立俑、女立俑等，造型优美，线条流畅，动作夸张，釉色亮丽。动物俑种类繁多，如镇墓兽、陶狗、陶鸡、陶蛙等。特别是一件镇墓兽，膘肥体壮，其造型逼真，比例适当，实为不可多得的汉代釉陶珍品。另外，还有釉陶房，纹饰精美，做工精细，比例适中。在许多釉陶器的器盖上，还装饰各种精美的动物纹饰图案，以釉陶博山炉为代表。M4的形制与四川三台县郪江崖墓有着相同之处[①]，与出土刻有铭文"元初三年"（116年）陶案的M5墓室相距仅0.15米。出土的五铢钱也与M5、M6的钱币属同一时代，

---

① 孙华：《三台县郪江崖墓》，《四川文物》1991年第5期。

其墓葬形制和出土器物较一致，故年代应为东汉中期。M4出土的釉陶器充分反映了这一区域汉代繁荣的社会生活许多方面的发展状况，同时也为研究我国陶器的产生与发展，提供了宝贵的实物资料。

发掘：黄　海　周　虹

线图：李　洪

摄影：周　虹

执笔：周　虹　李琼波　刘　海

（原载《四川文物》2012年第4期）

1. Ⅱ区部分遗迹

2. 石祖（H7：1）

3. 陶鼎、壶、敦（M4：1、M4：2、M4：3）

巫山大滂遗址

1. Ⅲ区（蓝家寨）外景

2. Ⅲ区（蓝家寨）探方分布

巫山东坝遗址

1. F1

2. M1

巫山东坝遗址

1. Ⅱ区

2. Ⅲ区

云阳云安盐场遗址

1. 池3

2. 墙基11

3. F2

云阳云安盐场遗址Ⅰ区遗迹

1. Z4、Z5

2. Z8

3. Z4上部的"垄"

云阳云安盐场遗址Ⅱ区遗迹

云阳云安盐场遗址Ⅱ区Z4、Z5

1. J1

2. F1

3. A型水池（池9和池10）

4. B型水池（池1～池4）

云阳云安盐场遗址Ⅱ区遗迹

1. 黄泥包发掘区地貌

2. M3

3. M4

4. M11

丰都大湾墓群

1. 陶立侍俑（M1：1）

2. 陶子母鸡（M1：5）

3. 瓷四系壶（M3：2）

4. 瓷六系罐（M2：1）

5. 陶房（M3：8）

6. 陶子母鸡（M4：15）

丰都大湾墓群出土器物

1. 吹埙俑（M4：10）

2. 抚琴俑（M4：13）

3. 立侍俑（M4：18）

4. 击鼓俑（M4：12）

5. 舞俑（M8：6）

6. 吹埙俑（M8：23）

丰都大湾墓群出土陶俑

1. 陶猪（M8：18）

2. 陶公鸡（M8：26）

3. 陶案（M8：14）

4. 陶房（M8：15）

5. 铁剪（M6：2）

6. 铜耳杯（M9：23）

丰都大湾墓群出土器物

1. 砖室墓（ⅡM114）

2. 土洞墓（ⅡM136）

巫山大溪遗址六朝墓葬

1. ⅡM120

2. ⅡM177

巫山大溪遗址六朝石室墓

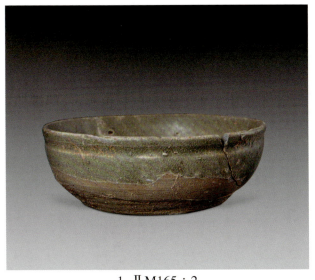

1. ⅡM165：2

2. ⅡM165：3

3. ⅡM165：6

4. ⅡM120：1

5. ⅡM154：3

6. ⅡM177：2

巫山大溪遗址六朝墓葬出土瓷碗

1. 碗（ⅡM177：3）

2. 碗（ⅡM179：2）

3. 盏（ⅡM165：5）

4. 盏（ⅡM165：7）

5. 盏（ⅡM135：2）

6. 钵（ⅡM135：1）

巫山大溪遗址六朝墓葬出土瓷器

1. 瓷钵（ⅡM154：1）

2. 瓷钵（ⅡM154：2）

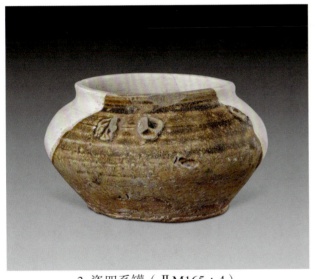

3. 瓷四系罐（ⅡM165：4）

4. 瓷四系罐（ⅡM136：1）

5. 陶双耳罐（ⅡM179：4）

6. 陶折肩罐（ⅡM136：2）

巫山大溪遗址六朝墓葬出土器物

1. 陶折肩罐（ⅡM136：3）

2. 瓷盘口壶（ⅡM120：2）

3. 瓷唾壶（ⅡM177：1）

4. 瓷熏炉（ⅡM165：1）

5. 铜铃（ⅡM177：4）

6. 陶祖（ⅡM135：01）

巫山大溪遗址六朝墓葬出土器物

1. 发掘区远景

2. 发掘区局部

万州渣子门遗址

1. M4

2. M6

万州渣子门遗址墓葬

1. 陶四棱台形器（T101②：2）

2. 紫砂烟锅（T110②：3）

3. 铜剑（M1：1）

万州渣子门遗址出土器物

1. 陶罐（2000FHMM3：15）　　2. 陶仓（2000FHMM3：11）　　3. 陶甋（2000FHMM3：17）

4. 釉陶罐（2000FHMM3：22）　　5. 釉陶博山炉（2000FHMM3：23）　　6. 釉陶博山炉盖（2000FHMM3：9）

7. 釉陶器盖（2000FHMM3：25）　　8. 铜锺（2000FHMM3：19）　　9. 铜洗（2000FHMM3：12）

丰都汇南墓群2000年度发掘出土器物

1. 铜洗（2000FHMM3：10）

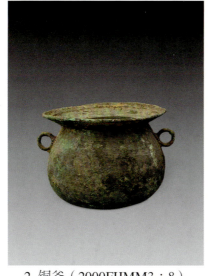

2. 铜釜（2000FHMM3：8）

3. 铜鍪（2000FHMM3：21）

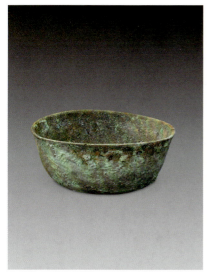

4. 铜钵（2000FHMM3：14）

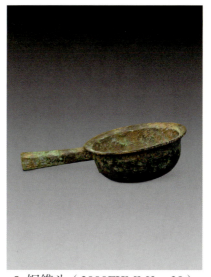

5. 铜鐎斗（2000FHMM3：28）

6. 铜璧形器（2000FHMM3：5）

7. 陶房（2000FHLM2：58）

8. 陶房（2000FHLM2：65）

9. 陶塘（2000FHLM2：17）

丰都汇南墓群2000年度发掘出土器物

1. 舞俑（2000FHLM2：26）

2. 武士俑（2000FHLM2：3、
2000FHLM2：81）

3. 提袋持便面俑（2000FHLM2：74）

4. 击鼓俑（2000FHLM2：36、
2000FHLM2：76）

5. 吹箫俑（2000FHLM2：15、
2000FHLM2：80）

6. 抚耳俑（2000FHLM2：30、
2000FHLM2：86）

7. 庖厨俑（2000FHLM2：48）

8. 马（2000FHLM2：51）

9. 猪（2000FHLM2：12）

丰都汇南墓群2000年度发掘出土陶器

1. 陶狗（2000FHLM2：8）

2. 陶子母鸡（2000FHLM2：13）

3. 陶镇墓兽（2000FHLM2：45）

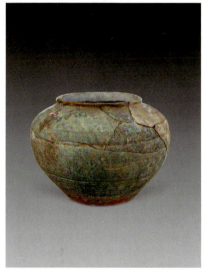

4. 釉陶罐（2000FHLM2：31）

5. 釉陶罐（2000FHLM2：66）

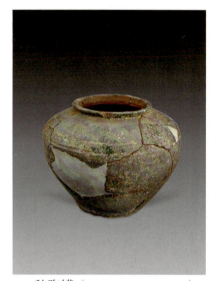

6. 釉陶罐（2000FHLM2：53）

7. 釉陶罐（2000FHLM2：55）

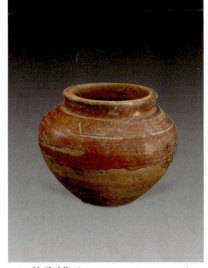

8. 釉陶罐（2000FHLM2：20）

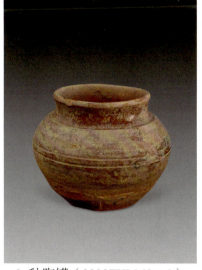

9. 釉陶罐（2000FHLM2：9）

丰都汇南墓群2000年度发掘出土器物

1. 罐（2000FHLM2：33）　　2. 罐（2000FHLM2：44）　　3. 罐（2000FHLM2：68）

4. 双耳杯（2000FHLM2：47、
2000FHLM2：49）　　5. 奁（2000FHLM2：2）　　6. 锺（2000FHLM2：32）

7. 匜（2000FHLM2：21）　　8. 勺（2000FHLM2：40）　　9. 摇钱树座（2000FHLM2：63）

丰都汇南墓群2000年度发掘出土釉陶器

1. 汇南墓群全景

2. 会仙堡墓葬

丰都汇南墓群2001年度发掘

1. 陶罐（HM5：7）

2. 陶罐（HM5：10）

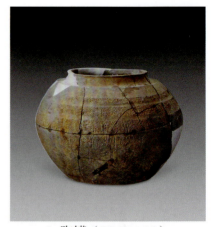

3. 陶罐（HM5：14）

4. 陶罐（HM5：11）

5. 陶罐（HM5：8）

6. 陶盆（HM5：9）

7. 陶豆（HM5：15）

8. 陶器盖（HM5：6）

9. 铜蒜头壶（HM5：1）

丰都汇南墓群2001年度发掘出土器物

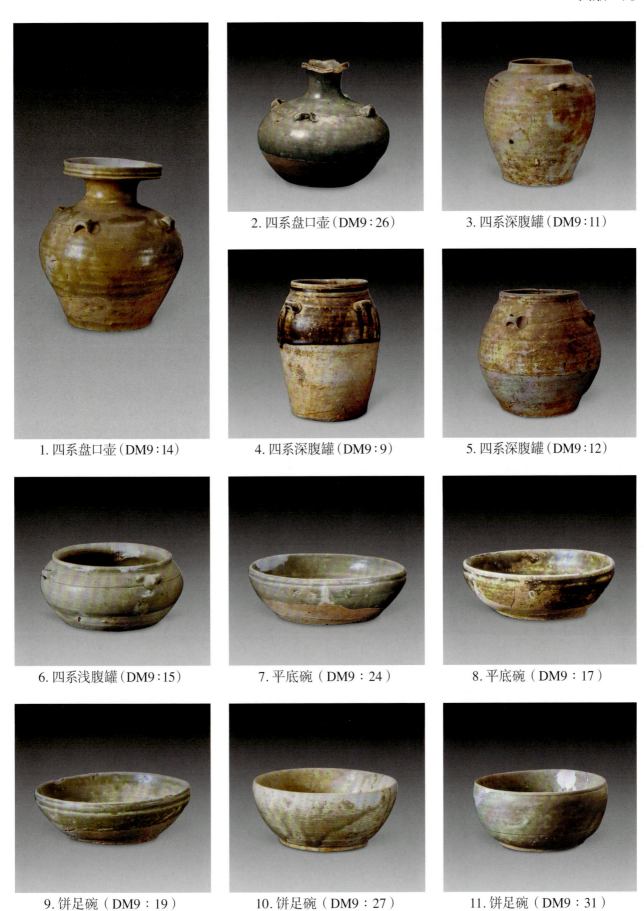

1. 四系盘口壶（DM9：14）　2. 四系盘口壶（DM9：26）　3. 四系深腹罐（DM9：11）

4. 四系深腹罐（DM9：9）　5. 四系深腹罐（DM9：12）

6. 四系浅腹罐（DM9：15）　7. 平底碗（DM9：24）　8. 平底碗（DM9：17）

9. 饼足碗（DM9：19）　10. 饼足碗（DM9：27）　11. 饼足碗（DM9：31）

丰都汇南墓群2001年度发掘出土瓷器

1. 钟姑娘梁子发掘区全景

2. 钟姑娘梁子发掘场景

丰都汇南墓群2002年度发掘

1. ZM18全景

2. ZM18清理中

丰都汇南墓群2002年度发掘

1. ZM18墓底人骨架及随葬器物

2. 陶釜（ZM18：11）

3. 八铢半两（ZM18：4）

丰都汇南墓群2002年度发掘

1. 侍俑（ZM3：20）

2. 侍俑（ZM3：21）

3. 侍俑（ZM3：22）

4. 吹笙俑（ZM3：23）

5. 骑马俑（ZM3：24）

6. 骑马俑（ZM3：25）

丰都汇南墓群2002年度发掘出土陶俑

1. 陶田（ZM3：26）

2. 铜盘（ZM3：1）

3. 铜耳杯扣（ZM3：6）

4. 铜扣饰（ZM3：4）

5. 铜环（ZM3：7）

6. 铁环首刀（ZM3：27）

丰都汇南墓群2002年度发掘出土器物

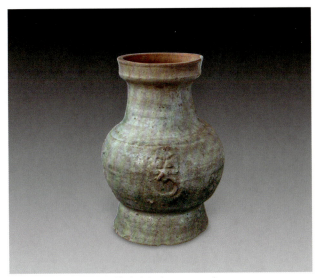

1. 釉陶锺（JM2：3）

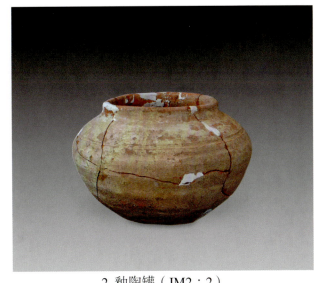

2. 釉陶罐（JM2：2）

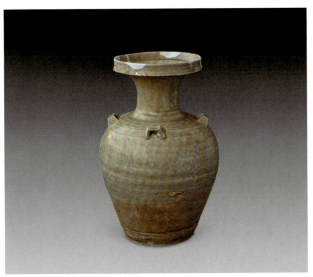

3. 瓷四系盘口壶（JM2：4）

5. 铜摇钱树干（JM2：1）

4. 瓷盏（JM2：5、JM2：6）

丰都汇南墓群2002年度发掘出土器物

1. JM8出土情况

2. 铜灯（JM8：2）

3. 铁环首刀（JM8：10）

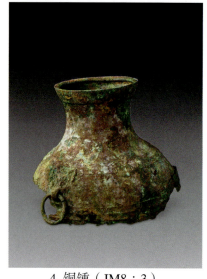

4. 铜锺（JM8：3）

5. 铜鍪（JM8：4）

6. 铁釜（JM8：9）

丰都汇南墓群2003年度第一次发掘

1. ZM2

2. ZM2墓底随葬器物

丰都汇南墓群2003年度第一次发掘

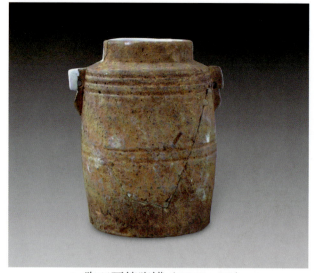

1. 陶双耳筒腹罐（ZM2：28）

2. 瓷四系壶（ZM2：6）

3. 瓷四系罐（ZM2：4）

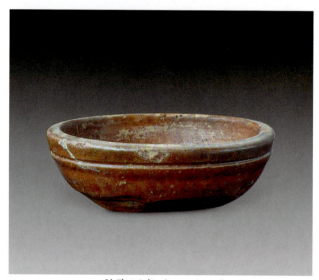

4. 釉陶豆盘（ZM2：9）

5. 瓷四系罐（ZM2：7）

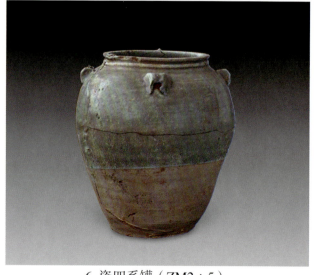

6. 瓷四系罐（ZM2：5）

丰都汇南墓群2003年度第一次发掘出土器物

1. 第Ⅳ发掘区远景

2. 第Ⅵ发掘区远景

丰都铺子河遗址群

1. T83东北角遗迹现象

2. H4

丰都铺子河遗址群遗迹

www.sciencep.com

(K–3921.01)

ISBN 978-7-03-077071-4

9 787030 770714 >

定 价：1158.00元（全二册）